2020

专利代理师资格考试指南

知识产权出版社有限责任公司 编

图书在版编目（CIP）数据

专利代理师资格考试指南. 2020/知识产权出版社有限责任公司编. —北京：知识产权出版社，2020.7
ISBN 978-7-5130-6912-0

Ⅰ.①专… Ⅱ.①知… Ⅲ.①专利—代理（法律）—中国—资格考试—自学参考资料 Ⅳ.①D923.42

中国版本图书馆CIP数据核字（2020）第076584号

内容提要

本书收录了2020年专利代理师资格考试大纲以及与考试密切相关的法律、行政法规、部门规章等，特别是收录了2019年修订的最新版的《专利审查指南》，完整地体现了我国最新的与专利有关的法律、行政法规、部门规章的修改情况，是广大考生复习、备考的权威工具书。

责任编辑：卢海鹰 王瑞璞	责任校对：谷 洋
执行编辑：崔思琪	责任印制：刘译文

专利代理师资格考试指南（2020）
Zhuanli Dailishi Zige Kaoshi Zhinan（2020）

知识产权出版社有限责任公司　编

出版发行：知识产权出版社 有限责任公司	网　　址：http://www.ipph.cn
社　　址：北京市海淀区气象路50号院	邮　　编：100081
责编电话：010-82000860转8116	责编邮箱：wangruipu@cnipr.com
发行电话：010-82000860转8101/8102	发行传真：010-82000893/82005070/82000270
印　　刷：三河市国英印务有限公司	经　　销：各大网上书店、新华书店及相关专业书店
开　　本：889mm×1194mm 1/16	印　　张：61.75
版　　次：2020年7月第1版	印　　次：2020年7月第1次印刷
字　　数：1745千字	定　　价：218.00元
ISBN 978-7-5130-6912-0	

出版权专有　侵权必究
如有印装质量问题，本社负责调换。

目　　录

专利代理师资格考试法律法规汇编

（2020）

第一部分　专利法律知识

（一）专利法律、法规及司法解释

中华人民共和国专利法	（ 3 ）
中华人民共和国专利法实施细则	（ 10 ）
国防专利条例	（ 26 ）
专利代理条例	（ 29 ）
全国人民代表大会常务委员会关于专利等知识产权案件诉讼程序若干问题的决定	（ 32 ）
最高人民法院关于对诉前停止侵犯专利权行为适用法律问题的若干规定	（ 32 ）
最高人民法院关于审理专利纠纷案件适用法律问题的若干规定	（ 34 ）
最高人民法院关于审理侵犯专利权纠纷案件应用法律若干问题的解释	（ 37 ）
最高人民法院关于审理侵犯专利权纠纷案件应用法律若干问题的解释（二）	（ 39 ）
最高人民法院关于审查知识产权纠纷行为保全案件适用法律若干问题的规定	（ 42 ）
最高人民法院关于知识产权法庭若干问题的规定	（ 45 ）
最高人民法院关于技术调查官参与知识产权案件诉讼活动的若干规定	（ 46 ）

（二）国家知识产权局规章、公告

专利审查指南 2010❶	（ 50 ）
国家知识产权局行政复议规程	（285）
施行修改后的专利法的过渡办法	（288）
施行修改后的专利法实施细则的过渡办法	（289）

---

　　❶ 已体现国家知识产权局令第六十七号、第六十八号、第七十四号，公告第三二八号和第三四三号的修改内容。——编者注

— 1 —

专利代理管理办法 ·· (289)

专利代理师资格考试办法 ··· (296)

关于规范专利申请行为的若干规定 ··· (302)

用于专利程序的生物材料保藏办法 ··· (303)

关于用于专利程序的微生物菌（毒）种、培养物入境检疫暂行规定 ················ (305)

关于香港回归后中国内地和香港专利申请若干问题的说明 ··························· (305)

关于在香港特别行政区知识产权署提出的首次申请的优先权的规定 ··············· (306)

关于台湾同胞专利申请的若干规定 ··· (307)

关于受理台胞国际申请的通知 ··· (308)

关于我国学者在国外完成的发明创造申请专利的规定 ································· (309)

关于中国实施《专利合作条约》的规定 ·· (310)

中国申请人向国际局递交国际申请实施办法 ··· (315)

专利收费减缴办法 ·· (315)

关于停征和调整部分专利收费的公告 ·· (316)

PCT申请收费项目和收费标准 ·· (321)

国际申请（PCT申请）费用减、退、免方面的规定 ····································· (321)

关于执行新的行政事业性收费标准的公告 ·· (322)

专利权质押登记办法 ··· (324)

专利实施许可合同备案办法 ·· (326)

专利行政执法办法 ·· (328)

专利标识标注办法 ·· (334)

专利实施强制许可办法 ·· (334)

专利优先审查管理办法 ·· (339)

专利申请号标准 ··· (341)

《专利申请号标准》公告 ··· (343)

中国专利文献号 ··· (343)

中国专利文献著录项目 ·· (346)

关于专利电子申请的规定 ··· (354)

对专利申请权进行保全的办理规定公告 ··· (356)

部分发明专利权的期限延长事宜公告 ·· (356)

新版《专利登记簿副本》、《证明》和《专利说明书》启用事宜公告 ·············· (356)

香港、澳门居民参加全国专利代理人资格考试的安排 ································· (357)

（三）相关国际专利条约

专利合作条约 ·· (362)

— 2 —

专利合作条约实施细则……………………………………………………………………（380）
国际承认用于专利程序的微生物保存布达佩斯条约……………………………………（453）
国际专利分类斯特拉斯堡协定……………………………………………………………（458）
建立工业品外观设计国际分类洛迦诺协定………………………………………………（463）

第二部分　相关法律知识

（一）相关法律、法规、规章及司法解释

中华人民共和国民法总则…………………………………………………………………（476）
最高人民法院关于适用《中华人民共和国民法总则》诉讼时效制度若干问题的解释………（488）
中华人民共和国民法通则…………………………………………………………………（489）
最高人民法院关于贯彻执行《中华人民共和国民法通则》若干问题的意见（试行）………（499）
中华人民共和国合同法……………………………………………………………………（511）
最高人民法院关于适用《中华人民共和国合同法》若干问题的解释（一）……………（536）
最高人民法院关于适用《中华人民共和国合同法》若干问题的解释（二）……………（538）
最高人民法院关于审理技术合同纠纷案件适用法律若干问题的解释……………………（541）
中华人民共和国民事诉讼法………………………………………………………………（547）
最高人民法院关于适用《中华人民共和国民事诉讼法》的解释…………………………（570）
最高人民法院关于民事诉讼证据的若干规定……………………………………………（612）
最高人民法院关于在知识产权审判中贯彻落实《全国人民代表大会常务委员会关于
　修改〈中华人民共和国民事诉讼法〉的决定》有关问题的通知………………………（622）
中华人民共和国行政复议法………………………………………………………………（623）
中华人民共和国行政复议法实施条例……………………………………………………（628）
中华人民共和国行政诉讼法………………………………………………………………（633）
最高人民法院关于适用《中华人民共和国行政诉讼法》的解释…………………………（642）
最高人民法院关于行政诉讼证据若干问题的规定………………………………………（660）
最高人民法院关于审理行政协议案件若干问题的规定…………………………………（668）
中华人民共和国国家赔偿法………………………………………………………………（670）
中华人民共和国对外贸易法………………………………………………………………（675）
中华人民共和国技术进出口管理条例……………………………………………………（681）
中华人民共和国刑法………………………………………………………………………（684）
最高人民法院、最高人民检察院关于办理侵犯知识产权刑事案件具体应用
　法律若干问题的解释………………………………………………………………………（732）
最高人民法院、最高人民检察院关于办理侵犯知识产权刑事案件具体应用
　法律若干问题的解释（二）………………………………………………………………（735）
中华人民共和国著作权法…………………………………………………………………（735）

中华人民共和国著作权法实施条例	(742)
计算机软件保护条例	(745)
信息网络传播权保护条例	(748)
最高人民法院关于审理著作权民事纠纷案件适用法律若干问题的解释	(752)
最高人民法院关于审理侵害信息网络传播权民事纠纷案件适用法律若干问题的规定	(754)
最高人民法院关于互联网法院审理案件若干问题的规定	(756)
中华人民共和国商标法	(759)
中华人民共和国商标法实施条例	(767)
最高人民法院关于审理商标案件有关管辖和法律适用范围问题的解释	(777)
最高人民法院关于审理商标授权确权行政案件若干问题的规定	(778)
最高人民法院关于审理商标授权确权行政案件若干问题的意见	(782)
最高人民法院关于诉前停止侵犯注册商标专用权行为和保全证据适用法律问题的解释	(785)
最高人民法院关于审理商标民事纠纷案件适用法律若干问题的解释	(786)
规范商标申请注册行为若干规定	(789)
关于商标电子申请的规定	(790)
中华人民共和国反不正当竞争法	(791)
最高人民法院关于审理不正当竞争民事案件应用法律若干问题的解释	(795)
中华人民共和国植物新品种保护条例	(798)
中华人民共和国植物新品种保护条例实施细则（农业部分）	(801)
中华人民共和国植物新品种保护条例实施细则（林业部分）	(808)
最高人民法院关于审理侵犯植物新品种权纠纷案件具体应用法律问题的若干规定	(813)
集成电路布图设计保护条例	(814)
集成电路布图设计保护条例实施细则	(818)
集成电路布图设计行政执法办法	(823)
集成电路布图设计登记收费项目和标准	(826)
中华人民共和国知识产权海关保护条例	(826)
中华人民共和国海关关于《中华人民共和国知识产权海关保护条例》的实施办法	(829)
展会知识产权保护办法	(835)

（二）相关国际条约

保护工业产权巴黎公约	(840)
与贸易（包括假冒商品贸易在内）有关的知识产权协定	(852)
商标国际注册马德里协定	(870)
商标国际注册马德里协定有关议定书	(877)
商标国际注册马德里协定及该协定有关议定书的共同实施细则	(884)

（三）重要补充*

商标评审规则 …………………………………………………………………………（914）
集体商标、证明商标注册和管理办法 …………………………………………………（920）
驰名商标认定和保护规定 ………………………………………………………………（922）
企业知识产权管理规范 …………………………………………………………………（924）
高等学校知识产权管理规范 ……………………………………………………………（930）
科研组织知识产权管理规范 ……………………………………………………………（935）

专利代理师资格考试大纲

（2020）

第一部分　专利法律知识 …………………………………………………………………（942）
第二部分　相关法律知识 …………………………………………………………………（959）
第三部分　专利代理实务 …………………………………………………………………（976）

---

* 关于大纲第一部分第六章第四节的相关内容参见知识产权出版社出版的相关图书；关于大纲第二部分第三章第三节国外主要国家和地区专利、商标法律参见知识产权出版社出版的《美国专利法》《美国商标法》《日本商标法》《韩国商标法》《外国专利法选译》等图书。

专利代理师资格考试
法律法规汇编
(2020)

第一部分 专利法律知识

(一)

专利法律、法规及司法解释

中华人民共和国专利法

（1984年3月12日第六届全国人民代表大会常务委员会第四次会议通过　根据1992年9月4日第七届全国人民代表大会常务委员会第二十七次会议《关于修改〈中华人民共和国专利法〉的决定》第一次修正　根据2000年8月25日第九届全国人民代表大会常务委员会第十七次会议《关于修改〈中华人民共和国专利法〉的决定》第二次修正　根据2008年12月27日第十一届全国人民代表大会常务委员会第六次会议《关于修改〈中华人民共和国专利法〉的决定》第三次修正）

第一章　总　则

第一条　为了保护专利权人的合法权益，鼓励发明创造，推动发明创造的应用，提高创新能力，促进科学技术进步和经济社会发展，制定本法。

第二条　本法所称的发明创造是指发明、实用新型和外观设计。

发明，是指对产品、方法或者其改进所提出的新的技术方案。

实用新型，是指对产品的形状、构造或者其结合所提出的适于实用的新的技术方案。

外观设计，是指对产品的形状、图案或者其结合以及色彩与形状、图案的结合所作出的富有美感并适于工业应用的新设计。

第三条　国务院专利行政部门负责管理全国的专利工作；统一受理和审查专利申请，依法授予专利权。

省、自治区、直辖市人民政府管理专利工作的部门负责本行政区域内的专利管理工作。

第四条　申请专利的发明创造涉及国家安全或者重大利益需要保密的，按照国家有关规定办理。

第五条　对违反法律、社会公德或者妨害公共利益的发明创造，不授予专利权。

对违反法律、行政法规的规定获取或者利用遗传资源，并依赖该遗传资源完成的发明创造，不授予专利权。

第六条　执行本单位的任务或者主要是利用本单位的物质技术条件所完成的发明创造为职务发明创造。职务发明创造申请专利的权利属于该单位；申请被批准后，该单位为专利权人。

非职务发明创造，申请专利的权利属于发明人或者设计人；申请被批准后，该发明人或者设计人为专利权人。

利用本单位的物质技术条件所完成的发明创造，单位与发明人或者设计人订有合同，对申请专利的权利和专利权的归属作出约定的，从其约定。

第七条　对发明人或者设计人的非职务发明创造专利申请，任何单位或者个人不得压制。

第八条　两个以上单位或者个人合作完成的发明创造、一个单位或者个人接受其他单位或者个人委托所完成的发明创造，除另有协议的以外，申请专利的权利属于完成或者共同完成的单位或者个人；申请被批准后，申请的单位或者个人为专利权人。

第九条　同样的发明创造只能授予一项专利权。但是，同一申请人同日对同样的发明创造既申请实用新型专利又申请发明专利，先获得的实用新型专利权尚未终止，且申请人声明放弃该实用新型专利权的，可以授予发明专利权。

两个以上的申请人分别就同样的发明创造申请专利的，专利权授予最先申请的人。

第十条　专利申请权和专利权可以转让。

中国单位或者个人向外国人、外国企业或者外国其他组织转让专利申请权或者专利权的，应当依照有关法律、行政法规的规定办理手续。

转让专利申请权或者专利权的，当事人应当订立书面合同，并向国务院专利行政部门登记，由国务院专利行政部门予以公告。专利申请权或者专利权的转让自登记之日起生效。

第十一条 发明和实用新型专利权被授予后，除本法另有规定的以外，任何单位或者个人未经专利权人许可，都不得实施其专利，即不得为生产经营目的制造、使用、许诺销售、销售、进口其专利产品，或者使用其专利方法以及使用、许诺销售、销售、进口依照该专利方法直接获得的产品。

外观设计专利权被授予后，任何单位或者个人未经专利权人许可，都不得实施其专利，即不得为生产经营目的制造、许诺销售、销售、进口其外观设计专利产品。

第十二条 任何单位或者个人实施他人专利的，应当与专利权人订立实施许可合同，向专利权人支付专利使用费。被许可人无权允许合同规定以外的任何单位或者个人实施该专利。

第十三条 发明专利申请公布后，申请人可以要求实施其发明的单位或者个人支付适当的费用。

第十四条 国有企业事业单位的发明专利，对国家利益或者公共利益具有重大意义的，国务院有关主管部门和省、自治区、直辖市人民政府报经国务院批准，可以决定在批准的范围内推广应用，允许指定的单位实施，由实施单位按照国家规定向专利权人支付使用费。

第十五条 专利申请权或者专利权的共有人对权利的行使有约定的，从其约定。没有约定的，共有人可以单独实施或者以普通许可方式许可他人实施该专利；许可他人实施该专利的，收取的使用费应当在共有人之间分配。

除前款规定的情形外，行使共有的专利申请权或者专利权应当取得全体共有人的同意。

第十六条 被授予专利权的单位应当对职务发明创造的发明人或者设计人给予奖励；发明创造专利实施后，根据其推广应用的范围和取得的经济效益，对发明人或者设计人给予合理的报酬。

第十七条 发明人或者设计人有权在专利文件中写明自己是发明人或者设计人。

专利权人有权在其专利产品或者该产品的包装上标明专利标识。

第十八条 在中国没有经常居所或者营业所的外国人、外国企业或者外国其他组织在中国申请专利的，依照其所属国同中国签订的协议或者共同参加的国际条约，或者依照互惠原则，根据本法办理。

第十九条 在中国没有经常居所或者营业所的外国人、外国企业或者外国其他组织在中国申请专利和办理其他专利事务的，应当委托依法设立的专利代理机构办理。

中国单位或者个人在国内申请专利和办理其他专利事务的，可以委托依法设立的专利代理机构办理。

专利代理机构应当遵守法律、行政法规，按照被代理人的委托办理专利申请或者其他专利事务；对被代理人发明创造的内容，除专利申请已经公布或者公告的以外，负有保密责任。专利代理机构的具体管理办法由国务院规定。

第二十条 任何单位或者个人将在中国完成的发明或者实用新型向外国申请专利的，应当事先报经国务院专利行政部门进行保密审查。保密审查的程序、期限等按照国务院的规定执行。

中国单位或者个人可以根据中华人民共和国参加的有关国际条约提出专利国际申请。申请人提出专利国际申请的，应当遵守前款规定。

国务院专利行政部门依照中华人民共和国参加的有关国际条约、本法和国务院有关规定处理专利国际申请。

对违反本条第一款规定向外国申请专利的发明或者实用新型，在中国申请专利的，不授予专利权。

第二十一条 国务院专利行政部门及其专利复审委员会应当按照客观、公正、准确、及时的要求，依法处理有关专利的申请和请求。

国务院专利行政部门应当完整、准确、及时发布专利信息，定期出版专利公报。

在专利申请公布或者公告前，国务院专利行政部门的工作人员及有关人员对其内容负有保密责任。

第二章　授予专利权的条件

第二十二条　授予专利权的发明和实用新型，应当具备新颖性、创造性和实用性。

新颖性，是指该发明或者实用新型不属于现有技术；也没有任何单位或者个人就同样的发明或者实用新型在申请日以前向国务院专利行政部门提出过申请，并记载在申请日以后公布的专利申请文件或者公告的专利文件中。

创造性，是指与现有技术相比，该发明具有突出的实质性特点和显著的进步，该实用新型具有实质性特点和进步。

实用性，是指该发明或者实用新型能够制造或者使用，并且能够产生积极效果。

本法所称现有技术，是指申请日以前在国内外为公众所知的技术。

第二十三条　授予专利权的外观设计，应当不属于现有设计；也没有任何单位或者个人就同样的外观设计在申请日以前向国务院专利行政部门提出过申请，并记载在申请日以后公告的专利文件中。

授予专利权的外观设计与现有设计或者现有设计特征的组合相比，应当具有明显区别。

授予专利权的外观设计不得与他人在申请日以前已经取得的合法权利相冲突。

本法所称现有设计，是指申请日以前在国内外为公众所知的设计。

第二十四条　申请专利的发明创造在申请日以前六个月内，有下列情形之一的，不丧失新颖性：

（一）在中国政府主办或者承认的国际展览会上首次展出的；

（二）在规定的学术会议或者技术会议上首次发表的；

（三）他人未经申请人同意而泄露其内容的。

第二十五条　对下列各项，不授予专利权：

（一）科学发现；

（二）智力活动的规则和方法；

（三）疾病的诊断和治疗方法；

（四）动物和植物品种；

（五）用原子核变换方法获得的物质；

（六）对平面印刷品的图案、色彩或者二者的结合作出的主要起标识作用的设计。

对前款第（四）项所列产品的生产方法，可以依照本法规定授予专利权。

第三章　专利的申请

第二十六条　申请发明或者实用新型专利的，应当提交请求书、说明书及其摘要和权利要求书等文件。

请求书应当写明发明或者实用新型的名称，发明人的姓名，申请人姓名或者名称、地址，以及其他事项。

说明书应当对发明或者实用新型作出清楚、完整的说明，以所属技术领域的技术人员能够实现为准；必要的时候，应当有附图。摘要应当简要说明发明或者实用新型的技术要点。

权利要求书应当以说明书为依据，清楚、简要地限定要求专利保护的范围。

依赖遗传资源完成的发明创造，申请人应当在专利申请文件中说明该遗传资源的直接来源和原始来源；申请人无法说明原始来源的，应当陈述理由。

第二十七条　申请外观设计专利的，应当提交请求书、该外观设计的图片或者照片以及对该外观设计的简要说明等文件。

申请人提交的有关图片或者照片应当清楚地显示要求专利保护的产品的外观设计。

第二十八条　国务院专利行政部门收到专利申请文件之日为申请日。如果申请文件是邮寄的，以寄出的邮戳日为申请日。

第二十九条　申请人自发明或者实用新型在外国第一次提出专利申请之日起十二个月内，或者自外观设计在外国第一次提出专利申请之日起六个月内，又在中国就相同主题提出专利申请的，依照该外国同中国签订的协议或者共同参加的国际条约，或者依照相互承认优先权的原则，可以享有优先权。

申请人自发明或者实用新型在中国第一次提出专利申请之日起十二个月内，又向国务院专利行政部门就相同主题提出专利申请的，可以享有优先权。

第三十条 申请人要求优先权的，应当在申请的时候提出书面声明，并且在三个月内提交第一次提出的专利申请文件的副本；未提出书面声明或者逾期未提交专利申请文件副本的，视为未要求优先权。

第三十一条 一件发明或者实用新型专利申请应当限于一项发明或者实用新型。属于一个总的发明构思的两项以上的发明或者实用新型，可以作为一件申请提出。

一件外观设计专利申请应当限于一项外观设计。同一产品两项以上的相似外观设计，或者用于同一类别并且成套出售或者使用的产品的两项以上外观设计，可以作为一件申请提出。

第三十二条 申请人可以在被授予专利权之前随时撤回其专利申请。

第三十三条 申请人可以对其专利申请文件进行修改，但是，对发明和实用新型专利申请文件的修改不得超出原说明书和权利要求书记载的范围，对外观设计专利申请文件的修改不得超出原图片或者照片表示的范围。

第四章 专利申请的审查和批准

第三十四条 国务院专利行政部门收到发明专利申请后，经初步审查认为符合本法要求的，自申请日起满十八个月，即行公布。国务院专利行政部门可以根据申请人的请求早日公布其申请。

第三十五条 发明专利申请自申请日起三年内，国务院专利行政部门可以根据申请人随时提出的请求，对其申请进行实质审查；申请人无正当理由逾期不请求实质审查的，该申请即被视为撤回。

国务院专利行政部门认为必要的时候，可以自行对发明专利申请进行实质审查。

第三十六条 发明专利的申请人请求实质审查的时候，应当提交在申请日前与其发明有关的参考资料。

发明专利已经在外国提出过申请的，国务院专利行政部门可以要求申请人在指定期限内提交该国为审查其申请进行检索的资料或者审查结果的资料；无正当理由逾期不提交的，该申请即被视为撤回。

第三十七条 国务院专利行政部门对发明专利申请进行实质审查后，认为不符合本法规定的，应当通知申请人，要求其在指定的期限内陈述意见，或者对其申请进行修改；无正当理由逾期不答复的，该申请即被视为撤回。

第三十八条 发明专利申请经申请人陈述意见或者进行修改后，国务院专利行政部门仍然认为不符合本法规定的，应当予以驳回。

第三十九条 发明专利申请经实质审查没有发现驳回理由的，由国务院专利行政部门作出授予发明专利权的决定，发给发明专利证书，同时予以登记和公告。发明专利权自公告之日起生效。

第四十条 实用新型和外观设计专利申请经初步审查没有发现驳回理由的，由国务院专利行政部门作出授予实用新型专利权或者外观设计专利权的决定，发给相应的专利证书，同时予以登记和公告。实用新型专利权和外观设计专利权自公告之日起生效。

第四十一条 国务院专利行政部门设立专利复审委员会。专利申请人对国务院专利行政部门驳回申请的决定不服的，可以自收到通知之日起三个月内，向专利复审委员会请求复审。专利复审委员会复审后，作出决定，并通知专利申请人。

专利申请人对专利复审委员会的复审决定不服的，可以自收到通知之日起三个月内向人民法院起诉。

第五章 专利权的期限、终止和无效

第四十二条 发明专利权的期限为二十年，实用新型专利权和外观设计专利权的期限为十年，均自申请日起计算。

第四十三条 专利权人应当自被授予专利权的当年开始缴纳年费。

第四十四条 有下列情形之一的，专利权在期限届满前终止：

（一）没有按照规定缴纳年费的；

（二）专利权人以书面声明放弃其专利

权的。

专利权在期限届满前终止的，由国务院专利行政部门登记和公告。

第四十五条 自国务院专利行政部门公告授予专利权之日起，任何单位或者个人认为该专利权的授予不符合本法有关规定的，可以请求专利复审委员会宣告该专利权无效。

第四十六条 专利复审委员会对宣告专利权无效的请求应当及时审查和作出决定，并通知请求人和专利权人。宣告专利权无效的决定，由国务院专利行政部门登记和公告。

对专利复审委员会宣告专利权无效或者维持专利权的决定不服的，可以自收到通知之日起三个月内向人民法院起诉。人民法院应当通知无效宣告请求程序的对方当事人作为第三人参加诉讼。

第四十七条 宣告无效的专利权视为自始即不存在。

宣告专利权无效的决定，对在宣告专利权无效前人民法院作出并已执行的专利侵权的判决、调解书，已经履行或者强制执行的专利侵权纠纷处理决定，以及已经履行的专利实施许可合同和专利权转让合同，不具有追溯力。但是因专利权人的恶意给他人造成的损失，应当给予赔偿。

依照前款规定不返还专利侵权赔偿金、专利使用费、专利权转让费，明显违反公平原则的，应当全部或者部分返还。

第六章 专利实施的强制许可

第四十八条 有下列情形之一的，国务院专利行政部门根据具备实施条件的单位或者个人的申请，可以给予实施发明专利或者实用新型专利的强制许可：

（一）专利权人自专利权被授予之日起满三年，且自提出专利申请之日起满四年，无正当理由未实施或者未充分实施其专利的；

（二）专利权人行使专利权的行为被依法认定为垄断行为，为消除或者减少该行为对竞争产生的不利影响的。

第四十九条 在国家出现紧急状态或者非常情况时，或者为了公共利益的目的，国务院专利行政部门可以给予实施发明专利或者实用新型专利的强制许可。

第五十条 为了公共健康目的，对取得专利权的药品，国务院专利行政部门可以给予制造并将其出口到符合中华人民共和国参加的有关国际条约规定的国家或者地区的强制许可。

第五十一条 一项取得专利权的发明或者实用新型比前已经取得专利权的发明或者实用新型具有显著经济意义的重大技术进步，其实施又有赖于前一发明或者实用新型的实施的，国务院专利行政部门根据后一专利权人的申请，可以给予实施前一发明或者实用新型的强制许可。

在依照前款规定给予实施强制许可的情形下，国务院专利行政部门根据前一专利权人的申请，也可以给予实施后一发明或者实用新型的强制许可。

第五十二条 强制许可涉及的发明创造为半导体技术的，其实施限于公共利益的目的和本法第四十八条第（二）项规定的情形。

第五十三条 除依照本法第四十八条第（二）项、第五十条规定给予的强制许可外，强制许可的实施应当主要为了供应国内市场。

第五十四条 依照本法第四十八条第（一）项、第五十一条规定申请强制许可的单位或者个人应当提供证据，证明其以合理的条件请求专利权人许可其实施专利，但未能在合理的时间内获得许可。

第五十五条 国务院专利行政部门作出的给予实施强制许可的决定，应当及时通知专利权人，并予以登记和公告。

给予实施强制许可的决定，应当根据强制许可的理由规定实施的范围和时间。强制许可的理由消除并不再发生时，国务院专利行政部门应当根据专利权人的请求，经审查后作出终止实施强制许可的决定。

第五十六条 取得实施强制许可的单位或者个人不享有独占的实施权，并且无权允许他人实施。

第五十七条 取得实施强制许可的单位或者个人应当付给专利权人合理的使用费，或者依照中华人民共和国参加的有关国际条约的规定处理使用费问题。付给使用费的，其数额由双方协商；双方不能达成协议的，由国务院专利行政部门裁决。

第五十八条 专利权人对国务院专利行政部门关于实施强制许可的决定不服的，专利权人和取得实施强制许可的单位或者个人对国务院专利行政部门关于实施强制许可的使用费的裁决不服的，可以自收到通知之日起三个月内向人民法院起诉。

第七章 专利权的保护

第五十九条 发明或者实用新型专利权的保护范围以其权利要求的内容为准，说明书及附图可以用于解释权利要求的内容。

外观设计专利权的保护范围以表示在图片或者照片中的该产品的外观设计为准，简要说明可以用于解释图片或者照片所表示的该产品的外观设计。

第六十条 未经专利权人许可，实施其专利，即侵犯其专利权，引起纠纷的，由当事人协商解决；不愿协商或者协商不成的，专利权人或者利害关系人可以向人民法院起诉，也可以请求管理专利工作的部门处理。管理专利工作的部门处理时，认定侵权行为成立的，可以责令侵权人立即停止侵权行为，当事人不服的，可以自收到处理通知之日起十五日内依照《中华人民共和国行政诉讼法》向人民法院起诉；侵权人期满不起诉又不停止侵权行为的，管理专利工作的部门可以申请人民法院强制执行。进行处理的管理专利工作的部门应当事人的请求，可以就侵犯专利权的赔偿数额进行调解；调解不成的，当事人可以依照《中华人民共和国民事诉讼法》向人民法院起诉。

第六十一条 专利侵权纠纷涉及新产品制造方法的发明专利的，制造同样产品的单位或者个人应当提供其产品制造方法不同于专利方法的证明。

专利侵权纠纷涉及实用新型专利或者外观设计专利的，人民法院或者管理专利工作的部门可以要求专利权人或者利害关系人出具由国务院专利行政部门对相关实用新型或者外观设计进行检索、分析和评价后作出的专利权评价报告，作为审理、处理专利侵权纠纷的证据。

第六十二条 在专利侵权纠纷中，被控侵权人有证据证明其实施的技术或者设计属于现有技术或者现有设计的，不构成侵犯专利权。

第六十三条 假冒专利的，除依法承担民事责任外，由管理专利工作的部门责令改正并予公告，没收违法所得，可以并处违法所得四倍以下的罚款；没有违法所得的，可以处二十万元以下的罚款；构成犯罪的，依法追究刑事责任。

第六十四条 管理专利工作的部门根据已经取得的证据，对涉嫌假冒专利行为进行查处时，可以询问有关当事人，调查与涉嫌违法行为有关的情况；对当事人涉嫌违法行为的场所实施现场检查；查阅、复制与涉嫌违法行为有关的合同、发票、账簿以及其他有关资料；检查与涉嫌违法行为有关的产品，对有证据证明是假冒专利的产品，可以查封或者扣押。

管理专利工作的部门依法行使前款规定的职权时，当事人应当予以协助、配合，不得拒绝、阻挠。

第六十五条 侵犯专利权的赔偿数额按照权利人因被侵权所受到的实际损失确定；实际损失难以确定的，可以按照侵权人因侵权所获得的利益确定。权利人的损失或者侵权人获得的利益难以确定的，参照该专利许可使用费的倍数合理确定。赔偿数额还应当包括权利人为制止侵权行为所支付的合理开支。

权利人的损失、侵权人获得的利益和专利许可使用费均难以确定的，人民法院可以根据专利权的类型、侵权行为的性质和情节等因素，确定给予一万元以上一百万元以下的赔偿。

第六十六条 专利权人或者利害关系人有证据证明他人正在实施或者即将实施侵犯专利权的行为，如不及时制止将会使其合法权益受到难以弥补的损害的，可以在起诉前向人民法院申请采取责令停止有关行为的措施。

申请人提出申请时，应当提供担保；不提供担保的，驳回申请。

人民法院应当自接受申请之时起四十八小时内作出裁定；有特殊情况需要延长的，可以延长四十八小时。裁定责令停止有关行为的，应当立即执行。当事人对裁定不服的，可以申请复议一次；复议期间不停止裁定的执行。

申请人自人民法院采取责令停止有关行为的措施之日起十五日内不起诉的，人民法院应当解除该措施。

申请有错误的，申请人应当赔偿被申请人因停止有关行为所遭受的损失。

第六十七条 为了制止专利侵权行为，在证据可能灭失或者以后难以取得的情况下，专利权人或者利害关系人可以在起诉前向人民法院申请保全证据。

人民法院采取保全措施，可以责令申请人提供担保；申请人不提供担保的，驳回申请。

人民法院应当自接受申请之时起四十八小时内作出裁定；裁定采取保全措施的，应当立即执行。

申请人自人民法院采取保全措施之日起十五日内不起诉的，人民法院应当解除该措施。

第六十八条 侵犯专利权的诉讼时效为二年，自专利权人或者利害关系人得知或者应当得知侵权行为之日起计算。

发明专利申请公布后至专利权授予前使用该发明未支付适当使用费的，专利权人要求支付使用费的诉讼时效为二年，自专利权人得知或者应当得知他人使用其发明之日起计算，但是，专利权人于专利权授予之日前即已得知或者应当得知的，自专利权授予之日起计算。

第六十九条 有下列情形之一的，不视为侵犯专利权：

（一）专利产品或者依照专利方法直接获得的产品，由专利权人或者经其许可的单位、个人售出后，使用、许诺销售、销售、进口该产品的；

（二）在专利申请日前已经制造相同产品、使用相同方法或者已经作好制造、使用的必要准备，并且仅在原有范围内继续制造、使用的；

（三）临时通过中国领陆、领水、领空的外国运输工具，依照其所属国同中国签订的协议或者共同参加的国际条约，或者依照互惠原则，为运输工具自身需要而在其装置和设备中使用有关专利的；

（四）专为科学研究和实验而使用有关专利的；

（五）为提供行政审批所需要的信息，制造、使用、进口专利药品或者专利医疗器械的，以及专门为其制造、进口专利药品或者专利医疗器械的。

第七十条 为生产经营目的使用、许诺销售或者销售不知道是未经专利权人许可而制造并售出的专利侵权产品，能证明该产品合法来源的，不承担赔偿责任。

第七十一条 违反本法第二十条规定向外国申请专利，泄露国家秘密的，由所在单位或者上级主管机关给予行政处分；构成犯罪的，依法追究刑事责任。

第七十二条 侵夺发明人或者设计人的非职务发明创造专利申请权和本法规定的其他权益的，由所在单位或者上级主管机关给予行政处分。

第七十三条 管理专利工作的部门不得参与向社会推荐专利产品等经营活动。

管理专利工作的部门违反前款规定的，由其上级机关或者监察机关责令改正，消除影响，有违法收入的予以没收；情节严重的，对直接负责的主管人员和其他直接责任人员依法给予行政处分。

第七十四条 从事专利管理工作的国家机关工作人员以及其他有关国家机关工作人员玩忽职守、滥用职权、徇私舞弊，构成犯罪的，依法追究刑事责任；尚不构成犯罪的，依法给予行政处分。

第八章 附 则

第七十五条 向国务院专利行政部门申请专利和办理其他手续，应当按照规定缴纳费用。

第七十六条 本法自1985年4月1日起施行。

中华人民共和国专利法实施细则

(2001年6月15日中华人民共和国国务院令第306号公布　根据2002年12月28日《国务院关于修改〈中华人民共和国专利法实施细则〉的决定》第一次修订　根据2010年1月9日《国务院关于修改〈中华人民共和国专利法实施细则〉的决定》第二次修订)

第一章　总　则

第一条　根据《中华人民共和国专利法》(以下简称专利法)，制定本细则。

第二条　专利法和本细则规定的各种手续，应当以书面形式或者国务院专利行政部门规定的其他形式办理。

第三条　依照专利法和本细则规定提交的各种文件应当使用中文；国家有统一规定的科技术语的，应当采用规范词；外国人名、地名和科技术语没有统一中文译文的，应当注明原文。

依照专利法和本细则规定提交的各种证件和证明文件是外文的，国务院专利行政部门认为必要时，可以要求当事人在指定期限内附送中文译文；期满未附送的，视为未提交该证件和证明文件。

第四条　向国务院专利行政部门邮寄的各种文件，以寄出的邮戳日为递交日；邮戳日不清晰的，除当事人能够提出证明外，以国务院专利行政部门收到日为递交日。

国务院专利行政部门的各种文件，可以通过邮寄、直接送交或者其他方式送达当事人。当事人委托专利代理机构的，文件送交专利代理机构；未委托专利代理机构的，文件送交请求书中指明的联系人。

国务院专利行政部门邮寄的各种文件，自文件发出之日起满15日，推定为当事人收到文件之日。

根据国务院专利行政部门规定应当直接送交的文件，以交付日为送达日。

文件送交地址不清，无法邮寄的，可以通过公告的方式送达当事人。自公告之日起满1个月，该文件视为已经送达。

第五条　专利法和本细则规定的各种期限的第一日不计算在期限内。期限以年或者月计算的，以其最后一月的相应日为期限届满日；该月无相应日的，以该月最后一日为期限届满日；期限届满日是法定休假日的，以休假日后的第一个工作日为期限届满日。

第六条　当事人因不可抗拒的事由而延误专利法或者本细则规定的期限或者国务院专利行政部门指定的期限，导致其权利丧失的，自障碍消除之日起2个月内，最迟自期限届满之日起2年内，可以向国务院专利行政部门请求恢复权利。

除前款规定的情形外，当事人因其他正当理由延误专利法或者本细则规定的期限或者国务院专利行政部门指定的期限，导致其权利丧失的，可以自收到国务院专利行政部门的通知之日起2个月内向国务院专利行政部门请求恢复权利。

当事人依照本条第一款或者第二款的规定请求恢复权利的，应当提交恢复权利请求书，说明理由，必要时附具有关证明文件，并办理权利丧失前应当办理的相应手续；依照本条第二款的规定请求恢复权利的，还应当缴纳恢复权利请求费。

当事人请求延长国务院专利行政部门指定的期限的，应当在期限届满前，向国务院专利行政部门说明理由并办理有关手续。

本条第一款和第二款的规定不适用专利法第二十四条、第二十九条、第四十二条、第六十八条规定的期限。

第七条　专利申请涉及国防利益需要保密的，由国防专利机构受理并进行审查；国务院专利行政部门受理的专利申请涉及国防利益需要保密的，应当及时移交国防专利机构进行审查。经国防专利机构审查没有发现驳回理由的，由国务院专利行政部门作出授予国防专利权的决定。

国务院专利行政部门认为其受理的发明或者实用新型专利申请涉及国防利益以外的国家安全或者重大利益需要保密的，应当及时作出按照保密专利申请处理的决定，并通知申请人。保密专利申请的审查、复审以及保密专利权无效宣告的特殊程序，由国务院专利行政部门规定。

第八条 专利法第二十条所称在中国完成的发明或者实用新型，是指技术方案的实质性内容在中国境内完成的发明或者实用新型。

任何单位或者个人将在中国完成的发明或者实用新型向外国申请专利的，应当按照下列方式之一请求国务院专利行政部门进行保密审查：

（一）直接向外国申请专利或者向有关国外机构提交专利国际申请的，应当事先向国务院专利行政部门提出请求，并详细说明其技术方案；

（二）向国务院专利行政部门申请专利后拟向外国申请专利或者向有关国外机构提交专利国际申请的，应当在向外国申请专利或者向有关国外机构提交专利国际申请前向国务院专利行政部门提出请求。

向国务院专利行政部门提交专利国际申请的，视为同时提出了保密审查请求。

第九条 国务院专利行政部门收到依照本细则第八条规定递交的请求后，经过审查认为该发明或者实用新型可能涉及国家安全或者重大利益需要保密的，应当及时向申请人发出保密审查通知；申请人未在其请求递交日起4个月内收到保密审查通知的，可以就该发明或者实用新型向外国申请专利或者向有关国外机构提交专利国际申请。

国务院专利行政部门依照前款规定通知进行保密审查的，应当及时作出是否需要保密的决定，并通知申请人。申请人未在其请求递交日起6个月内收到需要保密的决定的，可以就该发明或者实用新型向外国申请专利或者向有关国外机构提交专利国际申请。

第十条 专利法第五条所称违反法律的发明创造，不包括仅其实施为法律所禁止的发明创造。

第十一条 除专利法第二十八条和第四十二条规定的情形外，专利法所称申请日，有优先权的，指优先权日。

本细则所称申请日，除另有规定的外，是指专利法第二十八条规定的申请日。

第十二条 专利法第六条所称执行本单位的任务所完成的职务发明创造，是指：

（一）在本职工作中作出的发明创造；

（二）履行本单位交付的本职工作之外的任务所作出的发明创造；

（三）退休、调离原单位后或者劳动、人事关系终止后1年内作出的，与其在原单位承担的本职工作或者原单位分配的任务有关的发明创造。

专利法第六条所称本单位，包括临时工作单位；专利法第六条所称本单位的物质技术条件，是指本单位的资金、设备、零部件、原材料或者不对外公开的技术资料等。

第十三条 专利法所称发明人或者设计人，是指对发明创造的实质性特点作出创造性贡献的人。在完成发明创造过程中，只负责组织工作的人、为物质技术条件的利用提供方便的人或者从事其他辅助工作的人，不是发明人或者设计人。

第十四条 除依照专利法第十条规定转让专利权外，专利权因其他事由发生转移的，当事人应当凭有关证明文件或者法律文书向国务院专利行政部门办理专利权转移手续。

专利权人与他人订立的专利实施许可合同，应当自合同生效之日起3个月内向国务院专利行政部门备案。

以专利权出质的，由出质人和质权人共同向国务院专利行政部门办理出质登记。

第二章 专利的申请

第十五条 以书面形式申请专利的，应当向国务院专利行政部门提交申请文件一式两份。

以国务院专利行政部门规定的其他形式申

请专利的,应当符合规定的要求。

申请人委托专利代理机构向国务院专利行政部门申请专利和办理其他专利事务的,应当同时提交委托书,写明委托权限。

申请人有2人以上且未委托专利代理机构的,除请求书中另有声明的外,以请求书中指明的第一申请人为代表人。

第十六条 发明、实用新型或者外观设计专利申请的请求书应当写明下列事项:

(一)发明、实用新型或者外观设计的名称;

(二)申请人是中国单位或者个人的,其名称或者姓名、地址、邮政编码、组织机构代码或者居民身份证件号码;申请人是外国人、外国企业或者外国其他组织的,其姓名或者名称、国籍或者注册的国家或者地区;

(三)发明人或者设计人的姓名;

(四)申请人委托专利代理机构的,受托机构的名称、机构代码以及该机构指定的专利代理人的姓名、执业证号码、联系电话;

(五)要求优先权的,申请人第一次提出专利申请(以下简称在先申请)的申请日、申请号以及原受理机构的名称;

(六)申请人或者专利代理机构的签字或者盖章;

(七)申请文件清单;

(八)附加文件清单;

(九)其他需要写明的有关事项。

第十七条 发明或者实用新型专利申请的说明书应当写明发明或者实用新型的名称,该名称应当与请求书中的名称一致。说明书应包括下列内容:

(一)技术领域:写明要求保护的技术方案所属的技术领域;

(二)背景技术:写明对发明或者实用新型的理解、检索、审查有用的背景技术;有可能的,并引证反映这些背景技术的文件;

(三)发明内容:写明发明或者实用新型所要解决的技术问题以及解决其技术问题采用的技术方案,并对照现有技术写明发明或者实用新型的有益效果;

(四)附图说明:说明书有附图的,对各幅附图作简略说明;

(五)具体实施方式:详细写明申请人认为实现发明或者实用新型的优选方式;必要时,举例说明;有附图的,对照附图。

发明或者实用新型专利申请人应当按照前款规定的方式和顺序撰写说明书,并在说明书每一部分前面写明标题,除非其发明或者实用新型的性质用其他方式或者顺序撰写能节约说明书的篇幅并使他人能够准确理解其发明或者实用新型。

发明或者实用新型说明书应当用词规范、语句清楚,并不得使用"如权利要求……所述的……"一类的引用语,也不得使用商业性宣传用语。

发明专利申请包含一个或者多个核苷酸或者氨基酸序列的,说明书应当包括符合国务院专利行政部门规定的序列表。申请人应当将该序列表作为说明书的一个单独部分提交,并按照国务院专利行政部门的规定提交该序列表的计算机可读形式的副本。

实用新型专利申请说明书应当有表示要求保护的产品的形状、构造或者其结合的附图。

第十八条 发明或者实用新型的几幅附图应当按照"图1,图2,……"顺序编号排列。

发明或者实用新型说明书文字部分中未提及的附图标记不得在附图中出现,附图中未出现的附图标记不得在说明书文字部分中提及。申请文件中表示同一组成部分的附图标记应当一致。

附图中除必需的词语外,不应当含有其他注释。

第十九条 权利要求书应当记载发明或者实用新型的技术特征。

权利要求书有几项权利要求的,应当用阿拉伯数字顺序编号。

权利要求书中使用的科技术语应当与说明书中使用的科技术语一致,可以有化学式或者数学式,但是不得有插图。除绝对必要的外,不得使用"如说明书……部分所述"或者"如图……所示"的用语。

权利要求中的技术特征可以引用说明书附图中相应的标记,该标记应当放在相应的技术特征后并置于括号内，便于理解权利要求。附图标记不得解释为对权利要求的限制。

第二十条 权利要求书应当有独立权利要求，也可以有从属权利要求。

独立权利要求应当从整体上反映发明或者实用新型的技术方案，记载解决技术问题的必要技术特征。

从属权利要求应当用附加的技术特征，对引用的权利要求作进一步限定。

第二十一条 发明或者实用新型的独立权利要求应当包括前序部分和特征部分，按照下列规定撰写：

（一）前序部分：写明要求保护的发明或者实用新型技术方案的主题名称和发明或者实用新型主题与最接近的现有技术共有的必要技术特征；

（二）特征部分：使用"其特征是……"或者类似的用语，写明发明或者实用新型区别于最接近的现有技术的技术特征。这些特征和前序部分写明的特征合在一起，限定发明或者实用新型要求保护的范围。

发明或者实用新型的性质不适于用前款方式表达的，独立权利要求可以用其他方式撰写。

一项发明或者实用新型应当只有一个独立权利要求，并写在同一发明或者实用新型的从属权利要求之前。

第二十二条 发明或者实用新型的从属权利要求应当包括引用部分和限定部分，按照下列规定撰写：

（一）引用部分：写明引用的权利要求的编号及其主题名称；

（二）限定部分：写明发明或者实用新型附加的技术特征。

从属权利要求只能引用在前的权利要求。引用两项以上权利要求的多项从属权利要求，只能以择一方式引用在前的权利要求，并不得作为另一项多项从属权利要求的基础。

第二十三条 说明书摘要应当写明发明或者实用新型专利申请所公开内容的概要，即写明发明或者实用新型的名称和所属技术领域，并清楚地反映所要解决的技术问题、解决该问题的技术方案的要点以及主要用途。

说明书摘要可以包含最能说明发明的化学式；有附图的专利申请，还应当提供一幅最能说明该发明或者实用新型技术特征的附图。附图的大小及清晰度应当保证在该图缩小到4厘米×6厘米时，仍能清晰地分辨出图中的各个细节。摘要文字部分不得超过300个字。摘要中不得使用商业性宣传用语。

第二十四条 申请专利的发明涉及新的生物材料，该生物材料公众不能得到，并且对该生物材料的说明不足以使所属领域的技术人员实施其发明的，除应当符合专利法和本细则的有关规定外，申请人还应当办理下列手续：

（一）在申请日前或者最迟在申请日（有优先权的，指优先权日），将该生物材料的样品提交国务院专利行政部门认可的保藏单位保藏，并在申请时或者最迟自申请日起4个月内提交保藏单位出具的保藏证明和存活证明；期满未提交证明的，该样品视为未提交保藏；

（二）在申请文件中，提供有关该生物材料特征的资料；

（三）涉及生物材料样品保藏的专利申请应当在请求书和说明书中写明该生物材料的分类命名（注明拉丁文名称）、保藏该生物材料样品的单位名称、地址、保藏日期和保藏编号；申请时未写明的，应当自申请日起4个月内补正；期满未补正的，视为未提交保藏。

第二十五条 发明专利申请人依照本细则第二十四条的规定保藏生物材料样品的，在发明专利申请公布后，任何单位或者个人需要将该专利申请所涉及的生物材料作为实验目的使用的，应当向国务院专利行政部门提出请求，并写明下列事项：

（一）请求人的姓名或者名称和地址；

（二）不向其他任何人提供该生物材料的保证；

（三）在授予专利权前，只作为实验目的使用的保证。

第二十六条 专利法所称遗传资源，是指取自人体、动物、植物或者微生物等含有遗传功能单位并具有实际或者潜在价值的材料；专利法所称依赖遗传资源完成的发明创造，是指利用了遗传资源的遗传功能完成的发明创造。

就依赖遗传资源完成的发明创造申请专利的，申请人应当在请求书中予以说明，并填写国务院专利行政部门制定的表格。

第二十七条 申请人请求保护色彩的，应当提交彩色图片或者照片。

申请人应当就每件外观设计产品所需要保护的内容提交有关图片或者照片。

第二十八条 外观设计的简要说明应当写明外观设计产品的名称、用途，外观设计的设计要点，并指定一幅最能表明设计要点的图片或者照片。省略视图或者请求保护色彩的，应当在简要说明中写明。

对同一产品的多项相似外观设计提出一件外观设计专利申请的，应当在简要说明中指定其中一项作为基本设计。

简要说明不得使用商业性宣传用语，也不能用来说明产品的性能。

第二十九条 国务院专利行政部门认为必要时，可以要求外观设计专利申请人提交使用外观设计的产品样品或者模型。样品或者模型的体积不得超过 30 厘米×30 厘米×30 厘米，重量不得超过 15 公斤。易腐、易损或者危险品不得作为样品或者模型提交。

第三十条 专利法第二十四条第（一）项所称中国政府承认的国际展览会，是指国际展览会公约规定的在国际展览局注册或者由其认可的国际展览会。

专利法第二十四条第（二）项所称学术会议或者技术会议，是指国务院有关主管部门或者全国性学术团体组织召开的学术会议或者技术会议。

申请专利的发明创造有专利法第二十四条第（一）项或者第（二）项所列情形的，申请人应当在提出专利申请时声明，并自申请日起 2 个月内提交有关国际展览会或者学术会议、技术会议的组织单位出具的有关发明创造已经展出或者发表，以及展出或者发表日期的证明文件。

申请专利的发明创造有专利法第二十四条第（三）项所列情形的，国务院专利行政部门认为必要时，可以要求申请人在指定期限内提交证明文件。

申请人未依照本条第三款的规定提出声明和提交证明文件的，或者未依照本条第四款的规定在指定期限内提交证明文件的，其申请不适用专利法第二十四条的规定。

第三十一条 申请人依照专利法第三十条的规定要求外国优先权的，申请人提交的在先申请文件副本应当经原受理机构证明。依照国务院专利行政部门与该受理机构签订的协议，国务院专利行政部门通过电子交换等途径获得在先申请文件副本的，视为申请人提交了经该受理机构证明的在先申请文件副本。要求本国优先权，申请人在请求书中写明在先申请的申请日和申请号的，视为提交了在先申请文件副本。

要求优先权，但请求书中漏写或者错写在先申请的申请日、申请号和原受理机构名称中的一项或者两项内容的，国务院专利行政部门应当通知申请人在指定期限内补正；期满未补正的，视为未要求优先权。

要求优先权的申请人的姓名或者名称与在先申请文件副本中记载的申请人姓名或者名称不一致的，应当提交优先权转让证明材料，未提交该证明材料的，视为未要求优先权。

外观设计专利申请的申请人要求外国优先权，其在先申请未包括对外观设计的简要说明，申请人按照本细则第二十八条规定提交的简要说明未超出在先申请文件的图片或者照片表示的范围的，不影响其享有优先权。

第三十二条 申请人在一件专利申请中，可以要求一项或者多项优先权；要求多项优先权的，该申请的优先权期限从最早的优先权日起计算。

申请人要求本国优先权，在先申请是发明专利申请的，可以就相同主题提出发明或者实用新型专利申请；在先申请是实用新型专利申请的，可以就相同主题提出实用新型或者发明专利申请。但是，提出后一申请时，在先申请的主题有下列情形之一的，不得作为要求本国优先权的基础：

（一）已经要求外国优先权或者本国优先权的；

（二）已经被授予专利权的；

（三）属于按照规定提出的分案申请的。

申请人要求本国优先权的，其在先申请自后一申请提出之日起即视为撤回。

第三十三条 在中国没有经常居所或者营业所的申请人，申请专利或者要求外国优先权的，国务院专利行政部门认为必要时，可以要求其提供下列文件：

（一）申请人是个人的，其国籍证明；

（二）申请人是企业或者其他组织的，其注册的国家或者地区的证明文件；

（三）申请人的所属国，承认中国单位和个人可以按照该国国民的同等条件，在该国享有专利权、优先权和其他与专利有关的权利的证明文件。

第三十四条 依照专利法第三十一条第一款规定，可以作为一件专利申请提出的属于一个总的发明构思的两项以上的发明或者实用新型，应当在技术上相互关联，包含一个或者多个相同或者相应的特定技术特征，其中特定技术特征是指每一项发明或者实用新型作为整体，对现有技术作出贡献的技术特征。

第三十五条 依照专利法第三十一条第二款规定，将同一产品的多项相似外观设计作为一件申请提出的，对该产品的其他设计应当与简要说明中指定的基本设计相似。一件外观设计专利申请中的相似外观设计不得超过10项。

专利法第三十一条第二款所称同一类别并且成套出售或者使用的产品的两项以上外观设计，是指各产品属于分类表中同一大类，习惯上同时出售或同时使用，而且各产品的外观设计具有相同的设计构思。

将两项以上外观设计作为一件申请提出的，应当将各项外观设计的顺序编号标注在每件外观设计产品各幅图片或者照片的名称之前。

第三十六条 申请人撤回专利申请的，应当向国务院专利行政部门提出声明，写明发明创造的名称、申请号和申请日。

撤回专利申请的声明在国务院专利行政部门作好公布专利申请文件的印刷准备工作后提出的，申请文件仍予公布；但是，撤回专利申请的声明应当在以后出版的专利公报上予以公告。

第三章　专利申请的审查和批准

第三十七条 在初步审查、实质审查、复审和无效宣告程序中，实施审查和审理的人员有下列情形之一的，应当自行回避，当事人或者其他利害关系人可以要求其回避：

（一）是当事人或者其代理人的近亲属的；

（二）与专利申请或者专利权有利害关系的；

（三）与当事人或者其代理人有其他关系，可能影响公正审查和审理的；

（四）专利复审委员会成员曾参与原申请的审查的。

第三十八条 国务院专利行政部门收到发明或者实用新型专利申请的请求书、说明书（实用新型必须包括附图）和权利要求书，或者外观设计专利申请的请求书、外观设计的图片或者照片和简要说明后，应当明确申请日、给予申请号，并通知申请人。

第三十九条 专利申请文件有下列情形之一的，国务院专利行政部门不予受理，并通知申请人：

（一）发明或者实用新型专利申请缺少请求书、说明书（实用新型无附图）或者权利要求书的，或者外观设计专利申请缺少请求书、图片或者照片、简要说明的；

（二）未使用中文的；

（三）不符合本细则第一百二十一条第一款规定的；

（四）请求书中缺少申请人姓名或者名称，或者缺少地址的；

（五）明显不符合专利法第十八条或者第十九条第一款的规定的；

（六）专利申请类别（发明、实用新型或者外观设计）不明确或者难以确定的。

第四十条 说明书中写有对附图的说明但无附图或者缺少部分附图的，申请人应当在国务院专利行政部门指定的期限内补交附图或者声明取消对附图的说明。申请人补交附图的，以向国务院专利行政部门提交或者邮寄附图之日为申请日；取消对附图的说明的，保留原申请日。

第四十一条 两个以上的申请人同日（指申请日；有优先权的，指优先权日）分别就同样的发明创造申请专利的，应当在收到国务院专利行政部门的通知后自行协商确定申请人。

同一申请人在同日（指申请日）对同样的发明创造既申请实用新型专利又申请发明专利的，应当在申请时分别说明对同样的发明创造已申请了另一专利；未作说明的，依照专利法第九条第一款关于同样的发明创造只能授予一项专利权的规定处理。

国务院专利行政部门公告授予实用新型专利权，应当公告申请人已依照本条第二款的规定同时申请了发明专利的说明。

发明专利申请经审查没有发现驳回理由，国务院专利行政部门应当通知申请人在规定期限内声明放弃实用新型专利权。申请人声明放弃的，国务院专利行政部门应当作出授予发明专利权的决定，并在公告授予发明专利权时一并公告申请人放弃实用新型专利权声明。申请人不同意放弃的，国务院专利行政部门应当驳回该发明专利申请；申请人期满未答复的，视为撤回该发明专利申请。

实用新型专利权自公告授予发明专利权之日起终止。

第四十二条 一件专利申请包括两项以上发明、实用新型或者外观设计的，申请人可以在本细则第五十四条第一款规定的期限届满前，向国务院专利行政部门提出分案申请；但是，专利申请已经被驳回、撤回或者视为撤回的，不能提出分案申请。

国务院专利行政部门认为一件专利申请不符合专利法第三十一条和本细则第三十四条或者第三十五条的规定的，应当通知申请人在指定期限内对其申请进行修改；申请人期满未答复的，该申请视为撤回。

分案的申请不得改变原申请的类别。

第四十三条 依照本细则第四十二条规定提出的分案申请，可以保留原申请日，享有优先权的，可以保留优先权日，但是不得超出原申请记载的范围。

分案申请应当依照专利法及本细则的规定办理有关手续。

分案申请的请求书中应当写明原申请的申请号和申请日。提交分案申请时，申请人应当提交原申请文件副本；原申请享有优先权的，并应当提交原申请的优先权文件副本。

第四十四条 专利法第三十四条和第四十条所称初步审查，是指审查专利申请是否具备专利法第二十六条或者第二十七条规定的文件和其他必要的文件，这些文件是否符合规定的格式，并审查下列各项：

（一）发明专利申请是否明显属于专利法第五条、第二十五条规定的情形，是否不符合专利法第十八条、第十九条第一款、第二十条第一款或者本细则第十六条、第二十六条第二款的规定，是否明显不符合专利法第二条第二款、第二十六条第五款、第三十一条第一款、第三十三条或者本细则第十七条至第二十一条的规定；

（二）实用新型专利申请是否明显属于专利法第五条、第二十五条规定的情形，是否不符合专利法第十八条、第十九条第一款、第二十条第一款或者本细则第十六条至第十九条、第二十一条至第二十三条的规定，是否明显不符合专利法第二条第三款、第二十二条第二款、第四款、第二十六条第三款、第四款、第三十一条第一款、第三十三条或者本细则第二十条、第四十三条第一款的规定，是否依照专利法第九条规定不能取得专利权；

（三）外观设计专利申请是否明显属于专利法第五条、第二十五条第一款第（六）项规定的情形，是否不符合专利法第十八条、第十九条第一款或者本细则第十六条、第二十七条、第二十八条的规定，是否明显不符合专利法第二条第四款、第二十三条第一款、第二十七条第二款、第三十一条第二款、第三十三条或者本细则第四十三条第一款的规定，是否依照专利法第九条规定不能取得专利权；

（四）申请文件是否符合本细则第二条、第三条第一款的规定。

国务院专利行政部门应当将审查意见通知申请人，要求其在指定期限内陈述意见或者补正；申请人期满未答复的，其申请视为撤回。申请人陈述意见或者补正后，国务院专利行政部门仍然认为不符合前款所列各项规定的，应当予以驳回。

第四十五条 除专利申请文件外，申请人向国务院专利行政部门提交的与专利申请有关的其他文件有下列情形之一的，视为未提交：

（一）未使用规定的格式或者填写不符合规定的；

（二）未按照规定提交证明材料的。

国务院专利行政部门应当将视为未提交的审查意见通知申请人。

第四十六条 申请人请求早日公布其发明专利申请的，应当向国务院专利行政部门声明。国务院专利行政部门对该申请进行初步审查后，除予以驳回的外，应当立即将申请予以公布。

第四十七条 申请人写明使用外观设计的产品及其所属类别的，应当使用国务院专利行政部门公布的外观设计产品分类表。未写明使用外观设计的产品所属类别或者所写的类别不确切的，国务院专利行政部门可以予以补充或者修改。

第四十八条 自发明专利申请公布之日起至公告授予专利权之日止，任何人均可以对不符合专利法规定的专利申请向国务院专利行政部门提出意见，并说明理由。

第四十九条 发明专利申请人因有正当理由无法提交专利法第三十六条规定的检索资料或者审查结果资料的，应当向国务院专利行政部门声明，并在得到有关资料后补交。

第五十条 国务院专利行政部门依照专利法第三十五条第二款的规定对专利申请自行进行审查时，应当通知申请人。

第五十一条 发明专利申请人在提出实质审查请求时以及在收到国务院专利行政部门发出的发明专利申请进入实质审查阶段通知书之日起的3个月内，可以对发明专利申请主动提出修改。

实用新型或者外观设计专利申请人自申请日起2个月内，可以对实用新型或者外观设计专利申请主动提出修改。

申请人在收到国务院专利行政部门发出的审查意见通知书后对专利申请文件进行修改的，应当针对通知书指出的缺陷进行修改。

国务院专利行政部门可以自行修改专利申请文件中文字和符号的明显错误。国务院专利行政部门自行修改的，应当通知申请人。

第五十二条 发明或者实用新型专利申请的说明书或者权利要求书的修改部分，除个别文字修改或者增删外，应当按照规定格式提交替换页。外观设计专利申请的图片或者照片的修改，应当按照规定提交替换页。

第五十三条 依照专利法第三十八条的规定，发明专利申请经实质审查应当予以驳回的情形是指：

（一）申请属于专利法第五条、第二十五条规定的情形，或者依照专利法第九条规定不能取得专利权的；

（二）申请不符合专利法第二条第二款、第二十条第一款、第二十二条、第二十六条第三款、第四款、第五款、第三十一条第一款或者本细则第二十条第二款规定的；

（三）申请的修改不符合专利法第三十三条规定，或者分案的申请不符合本细则第四十三条第一款的规定的。

第五十四条 国务院专利行政部门发出授予专利权的通知后，申请人应当自收到通知之日起2个月内办理登记手续。申请人按期办理登记手续的，国务院专利行政部门应当授予专利权，颁发专利证书，并予以公告。

期满未办理登记手续的，视为放弃取得专利权的权利。

第五十五条 保密专利申请经审查没有发现驳回理由的，国务院专利行政部门应当作出授予保密专利权的决定，颁发保密专利证书，登记保密专利权的有关事项。

第五十六条 授予实用新型或者外观设计专利权的决定公告后，专利法第六十条规定的专利权人或者利害关系人可以请求国务院专利行政部门作出专利权评价报告。

请求作出专利权评价报告的，应当提交专利权评价报告请求书，写明专利号。每项请求应当限于一项专利权。

专利权评价报告请求书不符合规定的，国务院专利行政部门应当通知请求人在指定期限内补正；请求人期满未补正的，视为未提出请求。

第五十七条 国务院专利行政部门应当自收到专利权评价报告请求书后2个月内作出专利权评价报告。对同一项实用新型或者外观设计专利权，有多个请求人请求作出专利权评价报告的，国务院专利行政部门仅作出一份专利权评价报告。任何单位或者个人可以查阅或者复制该专利权评价报告。

第五十八条 国务院专利行政部门对专利公告、专利单行本中出现的错误，一经发现，应当及时更正，并对所作更正予以公告。

第四章 专利申请的复审与专利权的无效宣告

第五十九条 专利复审委员会由国务院专利行政部门指定的技术专家和法律专家组成，主任委员由国务院专利行政部门负责人兼任。

第六十条 依照专利法第四十一条的规定向专利复审委员会请求复审的，应当提交复审请求书，说明理由，必要时还应当附具有关证据。

复审请求不符合专利法第十九条第一款或者第四十一条第一款规定的，专利复审委员会不予受理，书面通知复审请求人并说明理由。

复审请求书不符合规定格式的，复审请求人应当在专利复审委员会指定的期限内补正；期满未补正的，该复审请求视为未提出。

第六十一条 请求人在提出复审请求或者在对专利复审委员会的复审通知书作出答复时，可以修改专利申请文件；但是，修改应当仅限于消除驳回决定或者复审通知书指出的缺陷。

修改的专利申请文件应当提交一式两份。

第六十二条 专利复审委员会应当将受理的复审请求书转交国务院专利行政部门原审查部门进行审查。原审查部门根据复审请求人的请求，同意撤销原决定的，专利复审委员会应当据此作出复审决定，并通知复审请求人。

第六十三条 专利复审委员会进行复审后，认为复审请求不符合专利法和本细则有关规定的，应当通知复审请求人，要求其在指定期限内陈述意见。期满未答复的，该复审请求视为撤回；经陈述意见或者进行修改后，专利复审委员会认为仍不符合专利法和本细则有关规定的，应当作出维持原驳回决定的复审决定。

专利复审委员会进行复审后，认为原驳回决定不符合专利法和本细则有关规定的，或者认为经过修改的专利申请文件消除了原驳回决定指出的缺陷的，应当撤销原驳回决定，由原审查部门继续进行审查程序。

第六十四条 复审请求人在专利复审委员会作出决定前，可以撤回其复审请求。

复审请求人在专利复审委员会作出决定前撤回其复审请求的，复审程序终止。

第六十五条 依照专利法第四十五条的规定，请求宣告专利权无效或者部分无效的，应当向专利复审委员会提交专利权无效宣告请求书和必要的证据一式两份。无效宣告请求书应当结合提交的所有证据，具体说明无效宣告请求的理由，并指明每项理由所依据的证据。

前款所称无效宣告请求的理由，是指被授予专利的发明创造不符合专利法第二条、第二十条第一款、第二十二条、第二十三条、第二十六条第三款、第四款、第二十七条第二款、第三十三条或者本细则第二十条第二款、第四十三条第一款的规定，或者属于专利法第五条、第二十五条的规定，或者依照专利法第九条规定不能取得专利权。

第六十六条 专利权无效宣告请求不符合专利法第十九条第一款或者本细则第六十五条规定的，专利复审委员会不予受理。

在专利复审委员会就无效宣告请求作出决定之后，又以同样的理由和证据请求无效宣告的，专利复审委员会不予受理。

以不符合专利法第二十三条第三款的规定为理由请求宣告外观设计专利权无效，但是未提交证明权利冲突的证据的，专利复审委员会不予受理。

专利权无效宣告请求书不符合规定格式的，无效宣告请求人应当在专利复审委员会指定的期限内补正；期满未补正的，该无效宣告请求视为未提出。

第六十七条 在专利复审委员会受理无效宣告请求后，请求人可以在提出无效宣告请求之日起1个月内增加理由或者补充证据。逾期增加理由或者补充证据的，专利复审委员会可以不予考虑。

第六十八条 专利复审委员会应当将专利权无效宣告请求书和有关文件的副本送交专利权人，要求其在指定的期限内陈述意见。

专利权人和无效宣告请求人应当在指定期限内答复专利复审委员会发出的转送文件通知书或者无效宣告请求审查通知书；期满未答复的，不影响专利复审委员会审理。

第六十九条 在无效宣告请求的审查过程中，发明或者实用新型专利的专利权人可以修改其权利要求书，但是不得扩大原专利的保护范围。

发明或者实用新型专利的专利权人不得修改专利说明书和附图，外观设计专利的专利权人不得修改图片、照片和简要说明。

第七十条 专利复审委员会根据当事人的请求或者案情需要，可以决定对无效宣告请求进行口头审理。

专利复审委员会决定对无效宣告请求进行口头审理的，应当向当事人发出口头审理通知书，告知举行口头审理的日期和地点。当事人应当在通知书指定的期限内作出答复。

无效宣告请求人对专利复审委员会发出的口头审理通知书在指定的期限内未作答复，并且不参加口头审理的，其无效宣告请求视为撤回；专利权人不参加口头审理的，可以缺席审理。

第七十一条 在无效宣告请求审查程序中，专利复审委员会指定的期限不得延长。

第七十二条 专利复审委员会对无效宣告的请求作出决定前，无效宣告请求人可以撤回其请求。

专利复审委员会作出决定之前，无效宣告请求人撤回其请求或者其无效宣告请求被视为撤回的，无效宣告请求审查程序终止。但是，专利复审委员会认为根据已进行的审查工作能够作出宣告专利权无效或者部分无效的决定的，不终止审查程序。

第五章 专利实施的强制许可

第七十三条 专利法第四十八条第（一）项所称未充分实施其专利，是指专利权人及其被许可人实施其专利的方式或者规模不能满足国内对专利产品或者专利方法的需求。

专利法第五十条所称取得专利权的药品，是指解决公共健康问题所需的医药领域中的任何专利产品或者依照专利方法直接获得的产品，包括取得专利权的制造该产品所需的活性成分以及使用该产品所需的诊断用品。

第七十四条 请求给予强制许可的，应当向国务院专利行政部门提交强制许可请求书，说明理由并附具有关证明文件。

国务院专利行政部门应当将强制许可请求书的副本送交专利权人，专利权人应当在国务院专利行政部门指定的期限内陈述意见；期满未答复的，不影响国务院专利行政部门作出决定。

国务院专利行政部门在作出驳回强制许可请求的决定或者给予强制许可的决定前，应当通知请求人和专利权人拟作出的决定及其理由。

国务院专利行政部门依照专利法第五十条的规定作出给予强制许可的决定，应当同时符合中国缔结或者参加的有关国际条约关于为了解决公共健康问题而给予强制许可的规定，但中国作出保留的除外。

第七十五条 依照专利法第五十七条的规定，请求国务院专利行政部门裁决使用费数额的，当事人应当提出裁决请求书，并附具双方不能达成协议的证明文件。国务院专利行政部门应当自收到请求书之日起3个月内作出裁决，并通知当事人。

第六章 对职务发明创造的发明人或者设计人的奖励和报酬

第七十六条 被授予专利权的单位可以与发明人、设计人约定或者在其依法制定的规章制度中规定专利法第十六条规定的奖励、报酬的方式和数额。

企业、事业单位给予发明人或者设计人的奖励、报酬，按照国家有关财务、会计制度的规定进行处理。

第七十七条 被授予专利权的单位未与发明人、设计人约定也未在其依法制定的规章制度中规定专利法第十六条规定的奖励的方式和数额的，应当自专利权公告之日起3个月内发给发明人或者设计人奖金。一项发明专利的奖金最低不少于3000元；一项实用新型专利或者外观设计专利的奖金最低不少于1000元。

由于发明人或者设计人的建议被其所属单位采纳而完成的发明创造，被授予专利权的单位应当从优发给奖金。

第七十八条 被授予专利权的单位未与发明人、设计人约定也未在其依法制定的规章制度中规定专利法第十六条规定的报酬的方式和数额的，在专利权有效期限内，实施发明创造专利后，每年应当从实施该项发明或者实用新型专利的营业利润中提取不低于2%或者从实施该项外观设计专利的营业利润中提取不低于0.2%，作为报酬给予发明人或者设计人，或者参照上述比例，给予发明人或者设计人一次性报酬；被授予专利权的单位许可其他单位或者个人实施其专利的，应当从收取的使用费中提取不低于10%，作为报酬给予发明人或者设计人。

第七章 专利权的保护

第七十九条 专利法和本细则所称管理专利工作的部门，是指由省、自治区、直辖市人民政府以及专利管理工作量大又有实际处理能力的设区的市人民政府设立的管理专利工作的部门。

第八十条 国务院专利行政部门应当对管理专利工作的部门处理专利侵权纠纷、查处假冒专利行为、调解专利纠纷进行业务指导。

第八十一条 当事人请求处理专利侵权纠纷或者调解专利纠纷的，由被请求人所在地或者侵权行为地的管理专利工作的部门管辖。

两个以上管理专利工作的部门都有管辖权的专利纠纷，当事人可以向其中一个管理专利工作的部门提出请求；当事人向两个以上有管辖权的管理专利工作的部门提出请求的，由最先受理的管理专利工作的部门管辖。

管理专利工作的部门对管辖权发生争议的，由其共同的上级人民政府管理专利工作的部门指定管辖；无共同上级人民政府管理专利工作的部门的，由国务院专利行政部门指定管辖。

第八十二条 在处理专利侵权纠纷过程中，被请求人提出无效宣告请求并被专利复审委员会受理的，可以请求管理专利工作的部门中止处理。

管理专利工作的部门认为被请求人提出的中止理由明显不能成立的，可以不中止处理。

第八十三条 专利权人依照专利法第十七条的规定，在其专利产品或者该产品的包装上标明专利标识的，应当按照国务院专利行政部门规定的方式予以标明。

专利标识不符合前款规定的，由管理专利工作的部门责令改正。

第八十四条 下列行为属于专利法第六十三条规定的假冒专利的行为：

（一）在未被授予专利权的产品或者其包装上标注专利标识，专利权被宣告无效后或者终止后继续在产品或者其包装上标注专利标识，或者未经许可在产品或者产品包装上标注他人的专利号；

（二）销售第（一）项所述产品；

（三）在产品说明书等材料中将未被授予专利权的技术或者设计称为专利技术或者专利设计，将专利申请称为专利，或者未经许可使用他人的专利号，使公众将所涉及的技术或者设计误认为是专利技术或者专利设计；

（四）伪造或者变造专利证书、专利文件或者专利申请文件；

（五）其他使公众混淆，将未被授予专利权的技术或者设计误认为是专利技术或者专利设计的行为。

专利权终止前依法在专利产品、依照专利方法直接获得的产品或者其包装上标注专利标识，在专利权终止后许诺销售、销售该产品的，不属于假冒专利行为。

销售不知道是假冒专利的产品，并且能够证明该产品合法来源的，由管理专利工作的部门责令停止销售，但免除罚款的处罚。

第八十五条 除专利法第六十条规定的外，管理专利工作的部门应当事人请求，可以对下列专利纠纷进行调解：

（一）专利申请权和专利权归属纠纷；

（二）发明人、设计人资格纠纷；

（三）职务发明创造的发明人、设计人的奖励和报酬纠纷；

（四）在发明专利申请公布后专利权授予前使用发明而未支付适当费用的纠纷；

（五）其他专利纠纷。

对于前款第（四）项所列的纠纷，当事人请求管理专利工作的部门调解的，应当在专利权被授予之后提出。

第八十六条 当事人因专利申请权或者专利权的归属发生纠纷，已请求管理专利工作的部门调解或者向人民法院起诉的，可以请求国务院专利行政部门中止有关程序。

依照前款规定请求中止有关程序的，应当向国务院专利行政部门提交请求书，并附具管理专利工作的部门或者人民法院的写明申请号或者专利号的有关受理文件副本。

管理专利工作的部门作出的调解书或者人民法院作出的判决生效后，当事人应当向国务院专利行政部门办理恢复有关程序的手续。自请求中止之日起1年内，有关专利申请权或者专利权归属的纠纷未能结案，需要继续中止有关程序的，请求人应当在该期限内请求延长中止。期满未请求延长的，国务院专利行政部门自行恢复有关程序。

第八十七条 人民法院在审理民事案件中裁定对专利申请权或者专利权采取保全措施的，国务院专利行政部门应当在收到写明申请号或者专利号的裁定书和协助执行通知书之日中止被保全的专利申请权或者专利权的有关程序。保全期限届满，人民法院没有裁定继续采取保全措施的，国务院专利行政部门自行恢复有关程序。

第八十八条 国务院专利行政部门根据本细则第八十六条和第八十七条规定中止有关程序，是指暂停专利申请的初步审查、实质审查、复审程序，授予专利权程序和专利权无效宣告程序；暂停办理放弃、变更、转移专利权或者专利申请权手续，专利权质押手续以及专利权期限届满前的终止手续等。

第八章 专利登记和专利公报

第八十九条 国务院专利行政部门设置专利登记簿，登记下列与专利申请和专利权有关的事项：

（一）专利权的授予；

（二）专利申请权、专利权的转移；

（三）专利权的质押、保全及其解除；

（四）专利实施许可合同的备案；

（五）专利权的无效宣告；

（六）专利权的终止；

（七）专利权的恢复；

（八）专利实施的强制许可；

（九）专利权人的姓名或者名称、国籍和地址的变更。

第九十条 国务院专利行政部门定期出版专利公报，公布或者公告下列内容：

（一）发明专利申请的著录事项和说明书摘要；

（二）发明专利申请的实质审查请求和国务院专利行政部门对发明专利申请自行进行实质审查的决定；

（三）发明专利申请公布后的驳回、撤回、视为撤回、视为放弃、恢复和转移；

（四）专利权的授予以及专利权的著录事项；

（五）发明或者实用新型专利的说明书摘要，外观设计专利的一幅图片或者照片；

（六）国防专利、保密专利的解密；

（七）专利权的无效宣告；

（八）专利权的终止、恢复；

（九）专利权的转移；

（十）专利实施许可合同的备案；

（十一）专利权的质押、保全及其解除；

（十二）专利实施的强制许可的给予；

（十三）专利权人的姓名或者名称、地址的变更；

（十四）文件的公告送达；
（十五）国务院专利行政部门作出的更正；
（十六）其他有关事项。

第九十一条 国务院专利行政部门应当提供专利公报、发明专利申请单行本以及发明专利、实用新型专利、外观设计专利单行本，供公众免费查阅。

第九十二条 国务院专利行政部门负责按照互惠原则与其他国家、地区的专利机关或者区域性专利组织交换专利文献。

第九章 费 用

第九十三条 向国务院专利行政部门申请专利和办理其他手续时，应当缴纳下列费用：

（一）申请费、申请附加费、公布印刷费、优先权要求费；
（二）发明专利申请实质审查费、复审费；
（三）专利登记费、公告印刷费、年费；
（四）恢复权利请求费、延长期限请求费；
（五）著录事项变更费、专利权评价报告请求费、无效宣告请求费。

前款所列各种费用的缴纳标准，由国务院价格管理部门、财政部门会同国务院专利行政部门规定。

第九十四条 专利法和本细则规定的各种费用，可以直接向国务院专利行政部门缴纳，也可以通过邮局或者银行汇付，或者以国务院专利行政部门规定的其他方式缴纳。

通过邮局或者银行汇付的，应当在送交国务院专利行政部门的汇单上写明正确的申请号或者专利号以及缴纳的费用名称。不符合本款规定的，视为未办理缴费手续。

直接向国务院专利行政部门缴纳费用的，以缴纳当日为缴费日；以邮局汇付方式缴纳费用的，以邮局汇出的邮戳日为缴费日；以银行汇付方式缴纳费用的，以银行实际汇出日为缴费日。

多缴、重缴、错缴专利费用的，当事人可以自缴费日起3年内，向国务院专利行政部门提出退款请求，国务院专利行政部门应当予以退还。

第九十五条 申请人应当自申请日起2个月内或者在收到受理通知书之日起15日内缴纳申请费、公布印刷费和必要的申请附加费；期满未缴纳或者未缴足的，其申请视为撤回。

申请人要求优先权的，应当在缴纳申请费的同时缴纳优先权要求费；期满未缴纳或者未缴足的，视为未要求优先权。

第九十六条 当事人请求实质审查或者复审的，应当在专利法及本细则规定的相关期限内缴纳费用；期满未缴纳或者未缴足的，视为未提出请求。

第九十七条 申请人办理登记手续时，应当缴纳专利登记费、公告印刷费和授予专利权当年的年费；期满未缴纳或者未缴足的，视为未办理登记手续。

第九十八条 授予专利权当年以后的年费应当在上一年度期满前缴纳。专利权人未缴纳或者未缴足的，国务院专利行政部门应当通知专利权人自应当缴纳年费期满之日起6个月内补缴，同时缴纳滞纳金；滞纳金的金额按照每超过规定的缴费时间1个月，加收当年全额年费的5%计算；期满未缴纳的，专利权自应当缴纳年费期满之日起终止。

第九十九条 恢复权利请求费应当在本细则规定的相关期限内缴纳；期满未缴纳或者未缴足的，视为未提出请求。

延长期限请求费应当在相应期限届满之日前缴纳；期满未缴纳或者未缴足的，视为未提出请求。

著录事项变更费、专利权评价报告请求费、无效宣告请求费应当自提出请求之日起1个月内缴纳；期满未缴纳或者未缴足的，视为未提出请求。

第一百条 申请人或者专利权人缴纳本细则规定的各种费用有困难的，可以按照规定向国务院专利行政部门提出减缴或者缓缴的请求。减缴或者缓缴的办法由国务院财政部门会同国务院价格管理部门、国务院专利行政部门规定。

第十章 关于国际申请的特别规定

第一百零一条 国务院专利行政部门根据专利法第二十条规定，受理按照专利合作条约提出的专利国际申请。

按照专利合作条约提出并指定中国的专利国际申请（以下简称国际申请）进入国务院专利行政部门处理阶段（以下称进入中国国家阶段）的条件和程序适用本章的规定；本章没有规定的，适用专利法及本细则其他各章的有关规定。

第一百零二条 按照专利合作条约已确定国际申请日并指定中国的国际申请，视为向国务院专利行政部门提出的专利申请，该国际申请日视为专利法第二十八条所称的申请日。

第一百零三条 国际申请的申请人应当在专利合作条约第二条所称的优先权日（本章简称优先权日）起30个月内，向国务院专利行政部门办理进入中国国家阶段的手续；申请人未在该期限内办理该手续的，在缴纳宽限费后，可以在自优先权日起32个月内办理进入中国国家阶段的手续。

第一百零四条 申请人依照本细则第一百零三条的规定办理进入中国国家阶段的手续的，应当符合下列要求：

（一）以中文提交进入中国国家阶段的书面声明，写明国际申请号和要求获得的专利权类型；

（二）缴纳本细则第九十三条第一款规定的申请费、公布印刷费，必要时缴纳本细则第一百零三条规定的宽限费；

（三）国际申请以外文提出的，提交原始国际申请的说明书和权利要求书的中文译文；

（四）在进入中国国家阶段的书面声明中写明发明创造的名称，申请人姓名或者名称、地址和发明人的姓名，上述内容应当与世界知识产权组织国际局（以下简称国际局）的记录一致；国际申请中未写明发明人的，在上述声明中写明发明人的姓名；

（五）国际申请以外文提出的，提交摘要的中文译文，有附图和摘要附图的，提交附图副本和摘要附图副本，附图中有文字的，将其替换为对应的中文文字；国际申请以中文提出的，提交国际公布文件中的摘要和摘要附图副本；

（六）在国际阶段向国际局已办理申请人变更手续的，提供变更后的申请人享有申请权的证明材料；

（七）必要时缴纳本细则第九十三条第一款规定的申请附加费。

符合本条第一款第（一）项至第（三）项要求的，国务院专利行政部门应当给予申请号，明确国际申请进入中国国家阶段的日期（以下简称进入日），并通知申请人其国际申请已进入中国国家阶段。

国际申请已进入中国国家阶段，但不符合本条第一款第（四）项至第（七）项要求的，国务院专利行政部门应当通知申请人在指定期限内补正；期满未补正的，其申请视为撤回。

第一百零五条 国际申请有下列情形之一的，其在中国的效力终止：

（一）在国际阶段，国际申请被撤回或者被视为撤回，或者国际申请对中国的指定被撤回的；

（二）申请人未在优先权日起32个月内按照本细则第一百零三条规定办理进入中国国家阶段手续的；

（三）申请人办理进入中国国家阶段的手续，但自优先权日起32个月期限届满仍不符合本细则第一百零四条第（一）项至第（三）项要求的。

依照前款第（一）项的规定，国际申请在中国的效力终止的，不适用本细则第六条的规定；依照前款第（二）项、第（三）项的规定，国际申请在中国的效力终止的，不适用本细则第六条第二款的规定。

第一百零六条 国际申请在国际阶段作过修改，申请人要求以经修改的申请文件为基础进行审查的，应当自进入日起2个月内提交修改部分的中文译文。在该期间内未提交中文译文的，对申请人在国际阶段提出的修改，国务院专利行政部门不予考虑。

第一百零七条 国际申请涉及的发明创造有专利法第二十四条第（一）项或者第（二）项所列情形之一，在提出国际申请时作过声明的，申请人应当在进入中国国家阶段的书面声明中予以说明，并自进入日起2个月内提交本细则第三十条第三款规定的有关证明文件；未予说明或者期满未提交证明文件的，其申请不适用专利法第二十四条的规定。

第一百零八条　申请人按照专利合作条约的规定，对生物材料样品的保藏已作出说明的，视为已经满足了本细则第二十四条第（三）项的要求。申请人应当在进入中国国家阶段声明中指明记载生物材料样品保藏事项的文件以及在该文件中的具体记载位置。

申请人在原始提交的国际申请的说明书中已记载生物材料样品保藏事项，但是没有在进入中国国家阶段声明中指明的，应当自进入日起4个月内补正。期满未补正的，该生物材料视为未提交保藏。

申请人自进入日起4个月内向国务院专利行政部门提交生物材料样品保藏证明和存活证明的，视为在本细则第二十四条第（一）项规定的期限内提交。

第一百零九条　国际申请涉及的发明创造依赖遗传资源完成的，申请人应当在国际申请进入中国国家阶段的书面声明中予以说明，并填写国务院专利行政部门制定的表格。

第一百一十条　申请人在国际阶段已要求一项或者多项优先权，在进入中国国家阶段时该优先权要求继续有效的，视为已经依照专利法第三十条的规定提出了书面声明。

申请人应当自进入日起2个月内缴纳优先权要求费；期满未缴纳或者未缴足的，视为未要求该优先权。

申请人在国际阶段已依照专利合作条约的规定，提交过在先申请文件副本的，办理进入中国国家阶段手续时不需要向国务院专利行政部门提交在先申请文件副本。申请人在国际阶段未提交在先申请文件副本的，国务院专利行政部门认为必要时，可以通知申请人在指定期限内补交；申请人期满未补交的，其优先权要求视为未提出。

第一百一十一条　在优先权日起30个月期满前要求国务院专利行政部门提前处理和审查国际申请的，申请人除应当办理进入中国国家阶段手续外，还应当依照专利合作条约第二十三条第二款规定提出请求。国际局尚未向国务院专利行政部门传送国际申请的，申请人应当提交经确认的国际申请副本。

第一百一十二条　要求获得实用新型专利权的国际申请，申请人可以自进入日起2个月内对专利申请文件主动提出修改。

要求获得发明专利权的国际申请，适用本细则第五十一条第一款的规定。

第一百一十三条　申请人发现提交的说明书、权利要求书或者附图中的文字的中文译文存在错误的，可以在下列规定期限内依照原始国际申请文本提出改正：

（一）在国务院专利行政部门作好公布发明专利申请或者公告实用新型专利权的准备工作之前；

（二）在收到国务院专利行政部门发出的发明专利申请进入实质审查阶段通知书之日起3个月内。

申请人改正译文错误的，应当提出书面请求并缴纳规定的译文改正费。

申请人按照国务院专利行政部门的通知书的要求改正译文的，应当在指定期限内办理本条第二款规定的手续；期满未办理规定手续的，该申请视为撤回。

第一百一十四条　对要求获得发明专利权的国际申请，国务院专利行政部门经初步审查认为符合专利法和本细则有关规定的，应当在专利公报上予以公布；国际申请以中文以外的文字提出的，应当公布申请文件的中文译文。

要求获得发明专利权的国际申请，由国际局以中文进行国际公布的，自国际公布日起适用专利法第十三条的规定；由国际局以中文以外的文字进行国际公布的，自国务院专利行政部门公布之日起适用专利法第十三条的规定。

对国际申请，专利法第二十一条和第二十二条中所称的公布是指本条第一款所规定的公布。

第一百一十五条　国际申请包含两项以上发明或者实用新型的，申请人可以自进入日起，依照本细则第四十二条第一款的规定提出分案申请。

在国际阶段，国际检索单位或者国际初步审查单位认为国际申请不符合专利合作条约规定的单一性要求时，申请人未按照规定缴纳附加费，导致国际申请某些部分未经国际检索或者未经国际初步审查，在进入中国国家阶段时，申请人要求将所述部分作为审查基础，国务院专利行政部门认为国际检索单位或者国际初步审查单位对发明单一性的判断正确的，应当通知申请人在指定期限内缴纳单一性恢复费。期满未缴纳或者未足额缴纳的，国际申请中未经检索或者未经国际初步审查的部分视为撤回。

第一百一十六条 国际申请在国际阶段被有关国际单位拒绝给予国际申请日或者宣布视为撤回的，申请人在收到通知之日起 2 个月内，可以请求国际局将国际申请档案中任何文件的副本转交国务院专利行政部门，并在该期限内向国务院专利行政部门办理本细则第一百零三条规定的手续，国务院专利行政部门应当在接到国际局传送的文件后，对国际单位作出的决定是否正确进行复查。

第一百一十七条 基于国际申请授予的专利权，由于译文错误，致使依照专利法第五十九条规定确定的保护范围超出国际申请的原文所表达的范围的，以依据原文限制后的保护范围为准；致使保护范围小于国际申请的原文所表达的范围的，以授权时的保护范围为准。

第十一章 附 则

第一百一十八条 经国务院专利行政部门同意，任何人均可以查阅或者复制已经公布或者公告的专利申请的案卷和专利登记簿，并可以请求国务院专利行政部门出具专利登记簿副本。

已视为撤回、驳回和主动撤回的专利申请的案卷，自该专利申请失效之日起满 2 年后不予保存。

已放弃、宣告全部无效和终止的专利权的案卷，自该专利权失效之日起满 3 年后不予保存。

第一百一十九条 向国务院专利行政部门提交申请文件或者办理各种手续，应当由申请人、专利权人、其他利害关系人或者其代表人签字或者盖章；委托专利代理机构的，由专利代理机构盖章。

请求变更发明人姓名、专利申请人和专利权人的姓名或者名称、国籍和地址、专利代理机构的名称、地址和代理人姓名的，应当向国务院专利行政部门办理著录事项变更手续，并附具变更理由的证明材料。

第一百二十条 向国务院专利行政部门邮寄有关申请或者专利权的文件，应当使用挂号信函，不得使用包裹。

除首次提交专利申请文件外，向国务院专利行政部门提交各种文件、办理各种手续的，应当标明申请号或者专利号、发明创造名称和申请人或者专利权人姓名或者名称。

一件信函中应当只包含同一申请的文件。

第一百二十一条 各类申请文件应当打字或者印刷，字迹呈黑色，整齐清晰，并不得涂改。附图应当用制图工具和黑色墨水绘制，线条应当均匀清晰，并不得涂改。

请求书、说明书、权利要求书、附图和摘要应当分别用阿拉伯数字顺序编号。

申请文件的文字部分应当横向书写。纸张限于单面使用。

第一百二十二条 国务院专利行政部门根据专利法和本细则制定专利审查指南。

第一百二十三条 本细则自 2001 年 7 月 1 日起施行。1992 年 12 月 12 日国务院批准修订、1992 年 12 月 21 日中国专利局发布的《中华人民共和国专利法实施细则》同时废止。

国防专利条例

(2004年9月17日中华人民共和国国务院、中华人民共和国中央军事委员会令第418号公布)

第一章 总 则

第一条 为了保护有关国防的发明专利权，确保国家秘密，便利发明创造的推广应用，促进国防科学技术的发展，适应国防现代化建设的需要，根据《中华人民共和国专利法》，制定本条例。

第二条 国防专利是指涉及国防利益以及对国防建设具有潜在作用需要保密的发明专利。

第三条 国家国防专利机构（以下简称国防专利机构）负责受理和审查国防专利申请。经国防专利机构审查认为符合本条例规定的，由国务院专利行政部门授予国防专利权。

国务院国防科学技术工业主管部门和中国人民解放军总装备部（以下简称总装备部）分别负责地方系统和军队系统的国防专利管理工作。

第四条 涉及国防利益或者对国防建设具有潜在作用被确定为绝密级国家秘密的发明不得申请国防专利。

国防专利申请以及国防专利的保密工作，在解密前依照《中华人民共和国保守国家秘密法》和国家有关规定进行管理。

第五条 国防专利权的保护期限为20年，自申请日起计算。

第六条 国防专利在保护期内，因情况变化需要变更密级、解密或者国防专利权终止后需要延长保密期限的，国防专利机构可以作出变更密级、解密或者延长保密期限的决定；但是对在申请国防专利前已被确定为国家秘密的，应当征得原确定密级和保密期限的机关、单位或者其上级机关的同意。

被授予国防专利权的单位或者个人（以下统称国防专利权人）可以向国防专利机构提出变更密级、解密或者延长保密期限的书面申请；属于国有企业事业单位或者军队单位的，应当附送原确定密级和保密期限的机关、单位或者其上级机关的意见。

国防专利机构应当将变更密级、解密或者延长保密期限的决定，在该机构出版的《国防专利内部通报》上刊登，并通知国防专利权人，同时将解密的国防专利报送国务院专利行政部门转为普通专利。国务院专利行政部门应当及时将解密的国防专利向社会公告。

第七条 国防专利申请权和国防专利权经批准可以向国内的中国单位和个人转让。

转让国防专利申请权或者国防专利权，应当确保国家秘密不被泄露，保证国防和军队建设不受影响，并向国防专利机构提出书面申请，由国防专利机构进行初步审查后依照本条例第三条第二款规定的职责分工，及时报送国务院国防科学技术工业主管部门、总装备部审批。

国务院国防科学技术工业主管部门、总装备部应当自国防专利机构受理申请之日起30日内作出批准或者不批准的决定；作出不批准决定的，应当书面通知申请人并说明理由。

经批准转让国防专利申请权或者国防专利权的，当事人应当订立书面合同，并向国防专利机构登记，由国防专利机构在《国防专利内部通报》上刊登。国防专利申请权或者国防专利权的转让自登记之日起生效。

第八条 禁止向国外的单位和个人以及在国内的外国人和外国机构转让国防专利申请权和国防专利权。

第九条 需要委托专利代理机构申请国防专利和办理其他国防专利事务的，应当委托国防专利机构指定的专利代理机构办理。专利代理机构及其工作人员对在办理国防专利申请和其他国防专利事务过程中知悉的国家秘密，负有保密义务。

第二章 国防专利的申请、审查和授权

第十条 申请国防专利的，应当向国防专利机构提交请求书、说明书及其摘要和权利要求书等文件。

国防专利申请人应当按照国防专利机构规定的要求和统一格式撰写申请文件，并亲自送交或者经过机要通信以及其他保密方式传交国防专利机构，不得按普通函件邮寄。

国防专利机构收到国防专利申请文件之日为申请日；申请文件通过机要通信邮寄的，以寄出的邮戳日为申请日。

第十一条 国防专利机构定期派人到国务院专利行政部门查看普通专利申请，发现其中有涉及国防利益或者对国防建设具有潜在作用需要保密的，经国务院专利行政部门同意后转为国防专利申请，并通知申请人。

普通专利申请转为国防专利申请后，国防专利机构依照本条例的有关规定对该国防专利申请进行审查。

第十二条 授予国防专利权的发明，应当具备新颖性、创造性和实用性。

新颖性，是指在申请日之前没有同样的发明在国外出版物上公开发表过、在国内出版物上发表过、在国内使用过或者以其他方式为公众所知，也没有同样的发明由他人提出过申请并在申请日以后获得国防专利权。

创造性，是指同申请日之前已有的技术相比，该发明有突出的实质性特点和显著的进步。

实用性，是指该发明能够制造或者使用，并且能够产生积极效果。

第十三条 申请国防专利的发明在申请日之前6个月内，有下列情形之一的，不丧失新颖性：

（一）在国务院有关主管部门、中国人民解放军有关主管部门举办的内部展览会上首次展出的；

（二）在国务院有关主管部门、中国人民解放军有关主管部门召开的内部学术会议或者技术会议上首次发表的；

（三）他人未经国防专利申请人同意而泄露其内容的。

有前款所列情形的，国防专利申请人应当在申请时声明，并自申请日起2个月内提供有关证明文件。

第十四条 国防专利机构对国防专利申请进行审查后，认为不符合本条例规定的，应当通知国防专利申请人在指定的期限内陈述意见或者对其国防专利申请进行修改、补正；无正当理由逾期不答复的，该国防专利申请即被视为撤回。

国防专利申请人在自申请日起6个月内或者在对第一次审查意见通知书进行答复时，可以对其国防专利申请主动提出修改。

申请人对其国防专利申请文件进行修改不得超出原说明书和权利要求书记载的范围。

第十五条 国防专利申请人陈述意见或者对国防专利申请进行修改、补正后，国防专利机构认为仍然不符合本条例规定的，应当予以驳回。

第十六条 国防专利机构设立国防专利复审委员会，负责国防专利的复审和无效宣告工作。

国防专利复审委员会由技术专家和法律专家组成，其主任委员由国防专利机构负责人兼任。

第十七条 国防专利申请人对国防专利机构驳回申请的决定不服的，可以自收到通知之日起3个月内，向国防专利复审委员会请求复审。国防专利复审委员会复审并作出决定后，通知国防专利申请人。

第十八条 国防专利申请经审查认为没有驳回理由或者驳回后经过复审认为不应当驳回的，由国务院专利行政部门作出授予国防专利权的决定，并委托国防专利机构颁发国防专利证书，同时在国务院专利行政部门出版的专利公报上公告该国防专利的申请日、授权日和专利号。国防专利机构应当将该国防专利的有关事项予以登记，并在《国防专利内部通报》上刊登。

第十九条 任何单位或者个人认为国防专利权的授予不符合本条例规定的，可以向国防

专利复审委员会提出宣告该国防专利权无效的请求。

第二十条 国防专利复审委员会对宣告国防专利权无效的请求进行审查并作出决定后，通知请求人和国防专利权人。宣告国防专利权无效的决定，国防专利机构应当予以登记并在《国防专利内部通报》上刊登，国务院专利行政部门应当在专利公报上公布。

第三章　国防专利的实施

第二十一条 国防专利机构应当自授予国防专利权之日起 3 个月内，将该国防专利有关文件副本送交国务院有关主管部门或者中国人民解放军有关主管部门。收到文件副本的部门，应当在 4 个月内就该国防专利的实施提出书面意见，并通知国防专利机构。

第二十二条 国务院有关主管部门、中国人民解放军有关主管部门，可以允许其指定的单位实施本系统或者本部门内的国防专利；需要指定实施本系统或者本部门以外的国防专利的，应当向国防专利机构提出书面申请，由国防专利机构依照本条例第三条第二款规定的职责分工报国务院国防科学技术工业主管部门、总装备部批准后实施。

国防专利机构对国防专利的指定实施予以登记，并在《国防专利内部通报》上刊登。

第二十三条 实施他人国防专利的单位应当与国防专利权人订立书面实施合同，依照本条例第二十五条的规定向国防专利权人支付费用，并报国防专利机构备案。实施单位不得允许合同规定以外的单位实施该国防专利。

第二十四条 国防专利权人许可国外的单位或者个人实施其国防专利的，应当确保国家秘密不被泄露，保证国防和军队建设不受影响，并向国防专利机构提出书面申请，由国防专利机构进行初步审查后依照本条例第三条第二款规定的职责分工，及时报送国务院国防科学技术工业主管部门、总装备部审批。

国务院国防科学技术工业主管部门、总装备部应当自国防专利机构受理申请之日起 30 日内作出批准或者不批准的决定；作出不批准决定的，应当书面通知申请人并说明理由。

第二十五条 实施他人国防专利的，应当向国防专利权人支付国防专利使用费。实施使用国家直接投入的国防科研经费或者其他国防经费进行科研活动所产生的国防专利，符合产生该国防专利的经费使用目的的，可以只支付必要的国防专利实施费；但是，科研合同另有约定或者科研任务书另有规定的除外。

前款所称国防专利实施费，是指国防专利实施中发生的为提供技术资料、培训人员以及进一步开发技术等所需的费用。

第二十六条 国防专利指定实施的实施费或者使用费的数额，由国防专利权人与实施单位协商确定；不能达成协议的，由国防专利机构裁决。

第二十七条 国家对国防专利权人给予补偿。国防专利机构在颁发国防专利证书后，向国防专利权人支付国防专利补偿费，具体数额由国防专利机构确定。属于职务发明的，国防专利权人应当将不少于 50% 的补偿费发给发明人。

第四章　国防专利的管理和保护

第二十八条 国防专利机构出版的《国防专利内部通报》属于国家秘密文件，其知悉范围由国防专利机构确定。

《国防专利内部通报》刊登下列内容：

（一）国防专利申请中记载的著录事项；
（二）国防专利的权利要求书；
（三）发明说明书的摘要；
（四）国防专利权的授予；
（五）国防专利权的终止；
（六）国防专利权的无效宣告；
（七）国防专利申请权、国防专利权的转移；
（八）国防专利的指定实施；
（九）国防专利实施许可合同的备案；
（十）国防专利的变更密级、解密；
（十一）国防专利保密期限的延长；
（十二）国防专利权人的姓名或者名称、地址的变更；
（十三）其他有关事项。

第二十九条 国防专利权被授予后，有下列情形之一的，经国防专利机构同意，可以查阅国防专利说明书：

（一）提出宣告国防专利权无效请求的；

（二）需要实施国防专利的；

（三）发生国防专利纠纷的；

（四）因国防科研需要的。

查阅者对其在查阅过程中知悉的国家秘密负有保密义务。

第三十条 国务院有关主管部门、中国人民解放军有关主管部门和各省、自治区、直辖市的国防科学技术工业管理部门应当指定一个机构管理国防专利工作，并通知国防专利机构。该管理国防专利工作的机构在业务上受国防专利机构指导。

承担国防科研、生产任务以及参与军事订货的军队单位、国务院履行出资人职责的企业和国务院直属事业单位，应当指定相应的机构管理本单位的国防专利工作。

第三十一条 国防专利机构应当事人请求，可以对下列国防专利纠纷进行调解：

（一）国防专利申请权和国防专利权归属纠纷；

（二）国防专利发明人资格纠纷；

（三）职务发明的发明人的奖励和报酬纠纷；

（四）国防专利使用费和实施费纠纷。

第三十二条 除《中华人民共和国专利法》和本条例另有规定的以外，未经国防专利权人许可实施其国防专利，即侵犯其国防专利权，引起纠纷的，由当事人协商解决；不愿协商或者协商不成的，国防专利权人或者利害关系人可以向人民法院起诉，也可以请求国防专利机构处理。

第三十三条 违反本条例规定，泄露国家秘密的，依照《中华人民共和国保守国家秘密法》和国家有关规定处理。

第五章 附 则

第三十四条 向国防专利机构申请国防专利和办理其他手续，应当按照规定缴纳费用。

第三十五条 《中华人民共和国专利法》和《中华人民共和国专利法实施细则》的有关规定适用于国防专利，但本条例有专门规定的依照本条例的规定执行。

第三十六条 本条例自 2004 年 11 月 1 日起施行。1990 年 7 月 30 日国务院、中央军事委员会批准的《国防专利条例》同时废止。

专利代理条例

（1991 年 3 月 4 日中华人民共和国国务院令第 76 号发布 2018 年 9 月 6 日国务院第 23 次常务会议修订通过）

第一章 总 则

第一条 为了规范专利代理行为，保障委托人、专利代理机构和专利代理师的合法权益，维护专利代理活动的正常秩序，促进专利代理行业健康发展，根据《中华人民共和国专利法》，制定本条例。

第二条 本条例所称专利代理，是指专利代理机构接受委托，以委托人的名义在代理权限范围内办理专利申请、宣告专利权无效等专利事务的行为。

第三条 任何单位和个人可以自行在国内申请专利和办理其他专利事务，也可以委托依法设立的专利代理机构办理，法律另有规定的除外。

专利代理机构应当按照委托人的委托办理专利事务。

第四条 专利代理机构和专利代理师执业应当遵守法律、行政法规，恪守职业道德、执业纪律，维护委托人的合法权益。

专利代理机构和专利代理师依法执业受法律保护。

第五条 国务院专利行政部门负责全国的专利代理管理工作。

省、自治区、直辖市人民政府管理专利工作的部门负责本行政区域内的专利代理管理工作。

第六条 专利代理机构和专利代理师可以依法成立和参加专利代理行业组织。

专利代理行业组织应当制定专利代理行业自律规范。专利代理行业自律规范不得与法律、行政法规相抵触。

国务院专利行政部门依法对专利代理行业组织进行监督、指导。

第二章 专利代理机构和专利代理师

第七条 专利代理机构的组织形式应当为合伙企业、有限责任公司等。

第八条 合伙企业、有限责任公司形式的专利代理机构从事专利代理业务应当具备下列条件：

（一）有符合法律、行政法规规定的专利代理机构名称；

（二）有书面合伙协议或者公司章程；

（三）有独立的经营场所；

（四）合伙人、股东符合国家有关规定。

第九条 从事专利代理业务，应当向国务院专利行政部门提出申请，提交有关材料，取得专利代理机构执业许可证。国务院专利行政部门应当自受理申请之日起20日内作出是否颁发专利代理机构执业许可证的决定。

专利代理机构合伙人、股东或者法定代表人等事项发生变化的，应当办理变更手续。

第十条 具有高等院校理工科专业专科以上学历的中国公民可以参加全国专利代理师资格考试；考试合格的，由国务院专利行政部门颁发专利代理师资格证。专利代理师资格考试办法由国务院专利行政部门制定。

第十一条 专利代理师执业应当取得专利代理师资格证，在专利代理机构实习满1年，并在一家专利代理机构从业。

第十二条 专利代理师首次执业，应当自执业之日起30日内向专利代理机构所在地省、自治区、直辖市人民政府管理专利工作的部门备案。

省、自治区、直辖市人民政府管理专利工作的部门应当为专利代理师通过互联网备案提供方便。

第三章 专利代理执业

第十三条 专利代理机构可以接受委托，代理专利申请、宣告专利权无效、转让专利申请权或者专利权以及订立专利实施许可合同等专利事务，也可以应当事人要求提供专利事务方面的咨询。

第十四条 专利代理机构接受委托，应当与委托人订立书面委托合同。专利代理机构接受委托后，不得就同一专利申请或者专利权的事务接受有利益冲突的其他当事人的委托。

专利代理机构应当指派在本机构执业的专利代理师承办专利代理业务，指派的专利代理师本人及其近亲属不得与其承办的专利代理业务有利益冲突。

第十五条 专利代理机构解散或者被撤销、吊销执业许可证的，应当妥善处理各种尚未办结的专利代理业务。

第十六条 专利代理师应当根据专利代理机构的指派承办专利代理业务，不得自行接受委托。

专利代理师不得同时在两个以上专利代理机构从事专利代理业务。

专利代理师对其签名办理的专利代理业务负责。

第十七条 专利代理机构和专利代理师对其在执业过程中了解的发明创造的内容，除专利申请已经公布或者公告的以外，负有保守秘密的义务。

第十八条 专利代理机构和专利代理师不得以自己的名义申请专利或者请求宣告专利权无效。

第十九条 国务院专利行政部门和地方人民政府管理专利工作的部门的工作人员离职后，在法律、行政法规规定的期限内不得从事专利代理工作。

曾在国务院专利行政部门或者地方人民政府管理专利工作的部门任职的专利代理师，不得对其审查、审理或者处理过的专利申请或专利案件进行代理。

第二十条 专利代理机构收费应当遵循自愿、公平和诚实信用原则，兼顾经济效益和社会效益。

国家鼓励专利代理机构和专利代理师为小微企业以及无收入或者低收入的发明人、设计人提供专利代理援助服务。

第二十一条 专利代理行业组织应当加强对会员的自律管理，组织开展专利代理师业务培训和职业道德、执业纪律教育，对违反行业自律规范的会员实行惩戒。

第二十二条 国务院专利行政部门和省、自治区、直辖市人民政府管理专利工作的部门应当采取随机抽查等方式，对专利代理机构和专利代理师的执业活动进行检查、监督，发现违反本条例规定的，及时依法予以处理，并向社会公布检查、处理结果。检查不得收取任何费用。

第二十三条 国务院专利行政部门和省、自治区、直辖市人民政府管理专利工作的部门应当加强专利代理公共信息发布，为公众了解专利代理机构经营情况、专利代理师执业情况提供查询服务。

第四章 法律责任

第二十四条 以隐瞒真实情况、弄虚作假手段取得专利代理机构执业许可证、专利代理师资格证的，由国务院专利行政部门撤销专利代理机构执业许可证、专利代理师资格证。

专利代理机构取得执业许可证后，因情况变化不再符合本条例规定的条件的，由国务院专利行政部门责令限期整改；逾期未改正或者整改不合格的，撤销执业许可证。

第二十五条 专利代理机构有下列行为之一的，由省、自治区、直辖市人民政府管理专利工作的部门责令限期改正，予以警告，可以处10万元以下的罚款；情节严重或者逾期未改正的，由国务院专利行政部门责令停止承接新的专利代理业务6个月至12个月，直至吊销专利代理机构执业许可证：

（一）合伙人、股东或者法定代表人等事项发生变化未办理变更手续；

（二）就同一专利申请或者专利权的事务接受有利益冲突的其他当事人的委托；

（三）指派专利代理师承办与其本人或者其近亲属有利益冲突的专利代理业务；

（四）泄露委托人的发明创造内容，或者以自己的名义申请专利或请求宣告专利权无效；

（五）疏于管理，造成严重后果。

专业代理机构在执业过程中泄露委托人的发明创造内容，涉及泄露国家秘密、侵犯商业秘密的，或者向有关行政、司法机关的工作人员行贿，提供虚假证据的，依照有关法律、行政法规的规定承担法律责任；由国务院专利行政部门吊销专利代理机构执业许可证。

第二十六条 专利代理师有下列行为之一的，由省、自治区、直辖市人民政府管理专利工作的部门责令限期改正，予以警告，可以处5万元以下的罚款；情节严重或者逾期未改正的，由国务院专利行政部门责令停止承办新的专利代理业务6个月至12个月，直至吊销专利代理师资格证：

（一）未依照本条例规定进行备案；

（二）自行接受委托办理专利代理业务；

（三）同时在两个以上专利代理机构从事专利代理业务；

（四）违反本条例规定对其审查、审理或者处理过的专利申请或专利案件进行代理；

（五）泄露委托人的发明创造内容，或者以自己的名义申请专利或请求宣告专利权无效。

专利代理师在执业过程中泄露委托人的发明创造内容，涉及泄露国家秘密、侵犯商业秘密的，或者向有关行政、司法机关的工作人员行贿，提供虚假证据的，依照有关法律、行政法规的规定承担法律责任；由国务院专利行政部门吊销专利代理师资格证。

第二十七条 违反本条例规定擅自开展专利代理业务的，由省、自治区、直辖市人民政府管理专利工作的部门责令停止违法行为，没收违法所得，并处违法所得1倍以上5倍以下的罚款。

第二十八条 国务院专利行政部门或者省、自治区、直辖市人民政府管理专利工作的部门的工作人员违反本条例规定，滥用职权、玩忽职守、徇私舞弊的，依法给予处分；构成犯罪的，依法追究刑事责任。

第五章 附 则

第二十九条 外国专利代理机构在中华人民共和国境内设立常驻代表机构，须经国务院专利行政部门批准。

第三十条 律师事务所可以依据《中华人民共和国律师法》、《中华人民共和国民事诉讼法》等法律、行政法规开展与专利有关的业务，但从事代理专利申请、宣告专利权无效业务应当遵守本条例规定，具体办法由国务院专利行政部门商国务院司法行政部门另行制定。

第三十一条 代理国防专利事务的专利代理机构和专利代理师的管理办法，由国务院专利行政部门商国家国防专利机构主管机关另行制定。

第三十二条 本条例自2019年3月1日起施行。

本条例施行前依法设立的专利代理机构以及依法执业的专利代理人，在本条例施行后可以继续以专利代理机构、专利代理师的名义开展专利代理业务。

全国人民代表大会常务委员会关于专利等知识产权案件诉讼程序若干问题的决定

（2018年10月26日第十三届全国人民代表大会常务委员会第六次会议通过）

为了统一知识产权案件裁判标准，进一步加强知识产权司法保护，优化科技创新法治环境，加快实施创新驱动发展战略，特作如下决定：

一、当事人对发明专利、实用新型专利、植物新品种、集成电路布图设计、技术秘密、计算机软件、垄断等专业技术性较强的知识产权民事案件第一审判决、裁定不服，提起上诉的，由最高人民法院审理。

二、当事人对专利、植物新品种、集成电路布图设计、技术秘密、计算机软件、垄断等专业技术性较强的知识产权行政案件第一审判决、裁定不服，提起上诉的，由最高人民法院审理。

三、对已经发生法律效力的上述案件第一审判决、裁定、调解书，依法申请再审、抗诉等，适用审判监督程序的，由最高人民法院审理。最高人民法院也可以依法指令下级人民法院再审。

四、本决定施行满三年，最高人民法院应当向全国人民代表大会常务委员会报告本决定的实施情况。

五、本决定自2019年1月1日起施行。

最高人民法院关于对诉前停止侵犯专利权行为适用法律问题的若干规定

（2001年6月5日最高人民法院审判委员会第1179次会议通过 2001年6月7日公布 自2001年7月1日起施行）法释〔2001〕20号

为切实保护专利权人和其他利害关系人的合法权益，根据《中华人民共和国民法通则》、《中华人民共和国专利法》（以下简称专利法）、《中华人民共和国民事诉讼法》（以下简称民事诉讼法）的有关规定，现就有关诉前停止侵犯专利权行为适用法律若干问题规定如下：

第一条 根据专利法第六十一条的规定，专利权人或者利害关系人可以向人民法院提出诉前责令被申请人停止侵犯专利权行为的申请。

提出申请的利害关系人，包括专利实施许可合同的被许可人、专利财产权利的合法继承人等。专利实施许可合同被许可人中，独占实施许可合同的被许可人可以单独向人民法院提出申请；排他实施许可合同的被许可人在专利权人不申请的情况下，可以提出申请。

第二条 诉前责令停止侵犯专利权行为的申请，应当向有专利侵权案件管辖权的人民法院提出。

第三条 专利权人或者利害关系人向人民法院提出申请，应当递交书面申请状；申请状应当载明当事人及其基本情况、申请的具体内容、范围和理由等事项。申请的理由包括有关行为如不及时制止会使申请人合法权益受到难以弥补的损害的具体说明。

第四条 申请人提出申请时，应当提交下列证据：

（一）专利权人应当提交证明其专利权真实有效的文件，包括专利证书、权利要求书、说明书、专利年费交纳凭证。提出的申请涉及实用新型专利的，申请人应当提交国务院专利行政部门出具的检索报告。

（二）利害关系人应当提供有关专利实施许可合同及其在国务院专利行政部门备案的证明材料，未经备案的应当提交专利权人的证明，或者证明其享有权利的其他证据。

排他实施许可合同的被许可人单独提出申请的，应当提交专利权人放弃申请的证明材料。

专利财产权利的继承人应当提交已经继承或者正在继承的证据材料。

（三）提交证明被申请人正在实施或者即将实施侵犯其专利权的行为的证据，包括被控侵权产品以及专利技术与被控侵权产品技术特征对比材料等。

第五条 人民法院作出诉前停止侵犯专利权行为的裁定事项，应当限于专利权人或者利害关系人申请的范围。

第六条 申请人提出申请时应当提供担保，申请人不提供担保的，驳回申请。

当事人提供保证、抵押等形式的担保合理、有效的，人民法院应当准予。

人民法院确定担保范围时，应当考虑责令停止有关行为所涉及产品的销售收入，以及合理的仓储、保管等费用；被申请人停止有关行为可能造成的损失，以及人员工资等合理费用支出；其他因素。

第七条 在执行停止有关行为裁定过程中，被申请人可能因采取该项措施造成更大损失的，人民法院可以责令申请人追加相应的担保。申请人不追加担保的，解除有关停止措施。

第八条 停止侵犯专利权行为裁定所采取的措施，不因被申请人提出反担保而解除。

第九条 人民法院接受专利权人或者利害关系人提出责令停止侵犯专利权行为的申请后，经审查符合本规定第四条的，应当在四十八小时内作出书面裁定；裁定责令被申请人停止侵犯专利权行为的，应当立即开始执行。

人民法院在前述期限内，需要对有关事实进行核对的，可以传唤单方或双方当事人进行询问，然后再及时作出裁定。

人民法院作出诉前责令被申请人停止有关行为的裁定，应当及时通知被申请人，至迟不得超过五日。

第十条 当事人对裁定不服的，可以在收到裁定之日起十日内申请复议一次。复议期间不停止裁定的执行。

第十一条 人民法院对当事人提出的复议申请应当从以下方面进行审查：

（一）被申请人正在实施或即将实施的行为是否构成侵犯专利权；

（二）不采取有关措施，是否会给申请人合法权益造成难以弥补的损害；

（三）申请人提供担保的情况；

（四）责令被申请人停止有关行为是否损害社会公共利益。

第十二条 专利权人或者利害关系人在人民法院采取停止有关行为的措施后十五日内不起诉的，人民法院解除裁定采取的措施。

第十三条 申请人不起诉或者申请错误造

成被申请人损失的，被申请人可以向有管辖权的人民法院起诉请求申请人赔偿，也可以在专利权人或者利害关系人提起的专利权侵权诉讼中提出损害赔偿的请求，人民法院可以一并处理。

第十四条 停止侵犯专利权行为裁定的效力，一般应维持到终审法律文书生效时止。人民法院也可以根据案情，确定具体期限；期限届满时，根据当事人的请求仍可作出继续停止有关行为的裁定。

第十五条 被申请人违反人民法院责令停止有关行为裁定的，依照民事诉讼法第一百零二条规定处理。

第十六条 人民法院执行诉前停止侵犯专利权行为的措施时，可以根据当事人的申请，参照民事诉讼法第七十四条的规定，同时进行证据保全。

人民法院可以根据当事人的申请，依照民事诉讼法第九十二条、第九十三条的规定进行财产保全。

第十七条 专利权人或者利害关系人向人民法院提起专利侵权诉讼时，同时提出先行停止侵犯专利权行为请求的，人民法院可以先行作出裁定。

第十八条 诉前停止侵犯专利权行为的案件，申请人应当按照《人民法院诉讼收费办法》及其补充规定交纳费用。

最高人民法院关于审理专利纠纷案件适用法律问题的若干规定

（2001年6月19日最高人民法院审判委员会第1180次会议通过 根据2013年2月25日最高人民法院审判委员会第1570次会议通过的《最高人民法院关于修改〈最高人民法院关于审理专利纠纷案件适用法律问题的若干规定〉的决定》第一次修正 根据2015年1月19日最高人民法院审判委员会第1641次会议通过的《最高人民法院关于修改〈最高人民法院关于审理专利纠纷案件适用法律问题的若干规定〉的决定》第二次修正 该修正自2015年2月1日起施行）法释〔2015〕4号

为了正确审理专利纠纷案件，根据《中华人民共和国民法通则》（以下简称民法通则）、《中华人民共和国专利法》（以下简称专利法）、《中华人民共和国民事诉讼法》和《中华人民共和国行政诉讼法》等法律的规定，作如下规定：

第一条 人民法院受理下列专利纠纷案件：

1. 专利申请权纠纷案件；
2. 专利权权属纠纷案件；
3. 专利权、专利申请权转让合同纠纷案件；
4. 侵犯专利权纠纷案件；
5. 假冒他人专利纠纷案件；
6. 发明专利申请公布后、专利权授予前使用费纠纷案件；
7. 职务发明创造发明人、设计人奖励、报酬纠纷案件；
8. 诉前申请停止侵权、财产保全案件；
9. 发明人、设计人资格纠纷案件；
10. 不服专利复审委员会维持驳回申请复审决定案件；
11. 不服专利复审委员会专利权无效宣告请求决定案件；
12. 不服国务院专利行政部门实施强制许可决定案件；
13. 不服国务院专利行政部门实施强制许可使用费裁决案件；
14. 不服国务院专利行政部门行政复议决定案件；
15. 不服管理专利工作的部门行政决定案件；
16. 其他专利纠纷案件。

第二条 专利纠纷第一审案件，由各省、自治区、直辖市人民政府所在地的中级人民法院和最高人民法院指定的中级人民法院管辖。

最高人民法院根据实际情况，可以指定基层人民法院管辖第一审专利纠纷案件。

第三条 当事人对专利复审委员会于2001年7月1日以后作出的关于实用新型、外观设计专利权撤销请求复审决定不服向人民法院起诉的，人民法院不予受理。

第四条 当事人对专利复审委员会于2001年7月1日以后作出的关于维持驳回实用新型、外观设计专利申请的复审决定，或者关于实用新型、外观设计专利权无效宣告请求的决定不服向人民法院起诉的，人民法院应当受理。

第五条 因侵犯专利权行为提起的诉讼，由侵权行为地或者被告住所地人民法院管辖。

侵权行为地包括：被诉侵犯发明、实用新型专利权的产品的制造、使用、许诺销售、销售、进口等行为的实施地；专利方法使用行为的实施地，依照该专利方法直接获得的产品的使用、许诺销售、销售、进口等行为的实施地；外观设计专利产品的制造、许诺销售、销售、进口等行为的实施地；假冒他人专利的行为实施地。上述侵权行为的侵权结果发生地。

第六条 原告仅对侵权产品制造者提起诉讼，未起诉销售者，侵权产品制造地与销售地不一致的，制造地人民法院有管辖权；以制造者与销售者为共同被告起诉的，销售地人民法院有管辖权。

销售者是制造者分支机构，原告在销售地起诉侵权产品制造者制造、销售行为的，销售地人民法院有管辖权。

第七条 原告根据1993年1月1日以前提出的专利申请和根据该申请授予的方法发明专利权提起的侵权诉讼，参照本规定第五条、第六条的规定确定管辖。

人民法院在上述案件实体审理中依法适用方法发明专利权不延及产品的规定。

第八条 对申请日在2009年10月1日前（不含该日）的实用新型专利提起侵犯专利权诉讼，原告可以出具由国务院专利行政部门作出的检索报告；对申请日在2009年10月1日以后的实用新型或者外观设计专利提起侵犯专利权诉讼，原告可以出具由国务院专利行政部门作出的专利权评价报告。根据案件审理需要，人民法院可以要求原告提交检索报告或者专利权评价报告。原告无正当理由不提交的，人民法院可以裁定中止诉讼或者判令原告承担可能的不利后果。

侵犯实用新型、外观设计专利权纠纷案件的被告请求中止诉讼的，应当在答辩期内对原告的专利权提出宣告无效的请求。

第九条 人民法院受理的侵犯实用新型、外观设计专利权纠纷案件，被告在答辩期间内请求宣告该项专利权无效的，人民法院应当中止诉讼，但具备下列情形之一的，可以不中止诉讼：

（一）原告出具的检索报告或者专利权评价报告未发现导致实用新型或者外观设计专利权无效的事由的；

（二）被告提供的证据足以证明其使用的技术已经公知的；

（三）被告请求宣告该项专利权无效所提供的证据或者依据的理由明显不充分的；

（四）人民法院认为不应当中止诉讼的其他情形。

第十条 人民法院受理的侵犯实用新型、外观设计专利权纠纷案件，被告在答辩期间届满后请求宣告该项专利权无效的，人民法院不应当中止诉讼，但经审查认为有必要中止诉讼的除外。

第十一条 人民法院受理的侵犯发明专利权纠纷案件或者经专利复审委员会审查维持专利权的侵犯实用新型、外观设计专利权纠纷案件，被告在答辩期间内请求宣告该项专利权无效的，人民法院可以不中止诉讼。

第十二条 人民法院决定中止诉讼，专利权人或者利害关系人请求责令被告停止有关行为或者采取其他制止侵权损害继续扩大的措施，并提供了担保，人民法院经审查符合有关法律规定的，可以在裁定中止诉讼的同时一并作出有关裁定。

第十三条 人民法院对专利权进行财产保全，应当向国务院专利行政部门发出协助执行通知书，载明要求协助执行的事项，以及对专利权保全的期限，并附人民法院作出的裁定书。

对专利权保全的期限一次不得超过六个月，自国务院专利行政部门收到协助执行通知书之日起计算。如果仍然需要对该专利权继续采取保全措施的，人民法院应当在保全期限届满前向国务院专利行政部门另行送达继续保全的协助执行通知书。保全期限届满前未送达的，视为自动解除对该专利权的财产保全。

人民法院对出质的专利权可以采取财产保全措施，质权人的优先受偿权不受保全措施的影响；专利权人与被许可人已经签订的独占实施许可合同，不影响人民法院对该专利权进行财产保全。

人民法院对已经进行保全的专利权，不得重复进行保全。

第十四条 2001年7月1日以前利用本单位的物质技术条件所完成的发明创造，单位与发明人或者设计人订有合同，对申请专利的权利和专利权的归属作出约定的，从其约定。

第十五条 人民法院受理的侵犯专利权纠纷案件，涉及权利冲突的，应当保护在先依法享有权利的当事人的合法权益。

第十六条 专利法第二十三条所称的在先取得的合法权利包括：商标权、著作权、企业名称权、肖像权、知名商品特有包装或者装潢使用权等。

第十七条 专利法第五十九条第一款所称的"发明或者实用新型专利权的保护范围以其权利要求的内容为准，说明书及附图可以用于解释权利要求的内容"，是指专利权的保护范围应当以权利要求记载的全部技术特征所确定的范围为准，也包括与该技术特征相等同的特征所确定的范围。

等同特征，是指与所记载的技术特征以基本相同的手段，实现基本相同的功能，达到基本相同的效果，并且本领域普通技术人员在被诉侵权行为发生时无需经过创造性劳动就能够联想到的特征。

第十八条 侵犯专利权行为发生在2001年7月1日以前的，适用修改前专利法的规定确定民事责任；发生在2001年7月1日以后的，适用修改后专利法的规定确定民事责任。

第十九条 假冒他人专利的，人民法院可以依照专利法第六十三条的规定确定其民事责任。管理专利工作的部门未给予行政处罚的，人民法院可以依照民法通则第一百三十四条第三款的规定给予民事制裁，适用民事罚款数额可以参照专利法第六十三条的规定确定。

第二十条 专利法第六十五条规定的权利人因被侵权所受到的实际损失可以根据专利权人的专利产品因侵权所造成销售量减少的总数乘以每件专利产品的合理利润所得之积计算。权利人销售量减少的总数难以确定的，侵权产品在市场上销售的总数乘以每件专利产品的合理利润所得之积可以视为权利人因被侵权所受到的实际损失。

专利法第六十五条规定的侵权人因侵权所获得的利益可以根据该侵权产品在市场上销售的总数乘以每件侵权产品的合理利润所得之积计算。侵权人因侵权所获得的利益一般按照侵权人的营业利润计算，对于完全以侵权为业的侵权人，可以按照销售利润计算。

第二十一条 权利人的损失或者侵权人获得的利益难以确定，有专利许可使用费可以参照的，人民法院可以根据专利权的类型、侵权行为的性质和情节、专利许可的性质、范围、时间等因素，参照该专利许可使用费的倍数合理确定赔偿数额；没有专利许可使用费可以参照或者专利许可使用费明显不合理的，人民法院可以根据专利权的类型、侵权行为的性质和情节等因素，依照专利法第六十五条第二款的规定确定赔偿数额。

第二十二条 权利人主张其为制止侵权行为所支付合理开支的，人民法院可以在专利法第六十五条确定的赔偿数额之外另行计算。

第二十三条 侵犯专利权的诉讼时效为二年，自专利权人或者利害关系人知道或者应当知道侵权行为之日起计算。权利人超过二年起诉的，如果侵权行为在起诉时仍在继续，在该项专利权有效期内，人民法院应当判决被告停止侵权行为，侵权损害赔偿数额应当自权利人向人民法院起诉之日起向前推算二年计算。

第二十四条 专利法第十一条、第六十九条所称的许诺销售，是指以做广告、在商店橱窗中陈列或者在展销会上展出等方式作出销售商品的意思表示。

第二十五条 人民法院受理的侵犯专利权纠纷案件，已经过管理专利工作的部门作出侵权或者不侵权认定的，人民法院仍应当就当事人的诉讼请求进行全面审查。

第二十六条 以前的有关司法解释与本规定不一致的，以本规定为准。

最高人民法院关于审理侵犯专利权纠纷案件应用法律若干问题的解释

(2009年12月21日最高人民法院审判委员会第1480次会议通过 2009年12月28日公布 自2010年1月1日起施行) 法释〔2009〕21号

为正确审理侵犯专利权纠纷案件，根据《中华人民共和国专利法》、《中华人民共和国民事诉讼法》等有关法律规定，结合审判实际，制定本解释。

第一条 人民法院应当根据权利人主张的权利要求，依据专利法第五十九条第一款的规定确定专利权的保护范围。权利人在一审法庭辩论终结前变更其主张的权利要求的，人民法院应当准许。

权利人主张以从属权利要求确定专利权保护范围的，人民法院应当以该从属权利要求记载的附加技术特征及其引用的权利要求记载的技术特征，确定专利权的保护范围。

第二条 人民法院应当根据权利要求的记载，结合本领域普通技术人员阅读说明书及附图后对权利要求的理解，确定专利法第五十九条第一款规定的权利要求的内容。

第三条 人民法院对于权利要求，可以运用说明书及附图、权利要求书中的相关权利要求、专利审查档案进行解释。说明书对权利要求用语有特别界定的，从其特别界定。

以上述方法仍不能明确权利要求含义的，可以结合工具书、教科书等公知文献以及本领域普通技术人员的通常理解进行解释。

第四条 对于权利要求中以功能或者效果表述的技术特征，人民法院应当结合说明书和附图描述的该功能或者效果的具体实施方式及其等同的实施方式，确定该技术特征的内容。

第五条 对于仅在说明书或者附图中描述而在权利要求中未记载的技术方案，权利人在侵犯专利权纠纷案件中将其纳入专利权保护范围的，人民法院不予支持。

第六条 专利申请人、专利权人在专利授权或者无效宣告程序中，通过对权利要求、说明书的修改或者意见陈述而放弃的技术方案，权利人在侵犯专利权纠纷案件中又将其纳入专利权保护范围的，人民法院不予支持。

第七条 人民法院判定被诉侵权技术方案是否落入专利权的保护范围，应当审查权利人主张的权利要求所记载的全部技术特征。

被诉侵权技术方案包含与权利要求记载的全部技术特征相同或者等同的技术特征的，人民法院应当认定其落入专利权的保护范围；被诉侵权技术方案的技术特征与权利要求记载的全部技术特征相比，缺少权利要求记载的一个以上的技术特征，或者有一个以上技术特征不相同也不等同的，人民法院应当认定其没有落入专利权的保护范围。

第八条 在与外观设计专利产品相同或者相近种类产品上，采用与授权外观设计相同或者近似的外观设计的，人民法院应当认定被诉侵权设计落入专利法第五十九条第二款规定的外观设计专利权的保护范围。

第九条 人民法院应当根据外观设计产品的用途，认定产品种类是否相同或者相近。确定产品的用途，可以参考外观设计的简要说明、国际外观设计分类表、产品的功能以及产品销售、实际使用的情况等因素。

第十条 人民法院应当以外观设计专利产品的一般消费者的知识水平和认知能力，判断外观设计是否相同或者近似。

第十一条 人民法院认定外观设计是否相同或者近似时，应当根据授权外观设计、被诉侵权设计的设计特征，以外观设计的整体视觉效果进行综合判断；对于主要由技术功能决定的设计特征以及对整体视觉效果不产生影响的产品的材料、内部结构等特征，应当不予考虑。

下列情形，通常对外观设计的整体视觉效果更具有影响：

（一）产品正常使用时容易被直接观察到的部位相对于其他部位；

（二）授权外观设计区别于现有设计的设计特征相对于授权外观设计的其他设计特征。

被诉侵权设计与授权外观设计在整体视觉效果上无差异的，人民法院应当认定两者相同；在整体视觉效果上无实质性差异的，应当认定两者近似。

第十二条 将侵犯发明或者实用新型专利权的产品作为零部件，制造另一产品的，人民法院应当认定属于专利法第十一条规定的使用行为；销售该另一产品的，人民法院应当认定属于专利法第十一条规定的销售行为。

将侵犯外观设计专利权的产品作为零部件，制造另一产品并销售的，人民法院应当认定属于专利法第十一条规定的销售行为，但侵犯外观设计专利权的产品在该另一产品中仅具有技术功能的除外。

对于前两款规定的情形，被诉侵权人之间存在分工合作的，人民法院应当认定为共同侵权。

第十三条 对于使用专利方法获得的原始产品，人民法院应当认定为专利法第十一条规定的依照专利方法直接获得的产品。

对于将上述原始产品进一步加工、处理而获得后续产品的行为，人民法院应当认定属于专利法第十一条规定的使用依照该专利方法直接获得的产品。

第十四条 被诉落入专利权保护范围的全部技术特征，与一项现有技术方案中的相应技术特征相同或者无实质性差异的，人民法院应当认定被诉侵权人实施的技术属于专利法第六十二条规定的现有技术。

被诉侵权设计与一个现有设计相同或者无实质性差异的，人民法院应当认定被诉侵权人实施的设计属于专利法第六十二条规定的现有设计。

第十五条 被诉侵权人以非法获得的技术或者设计主张先用权抗辩的，人民法院不予支持。

有下列情形之一的，人民法院应当认定属于专利法第六十九条第（二）项规定的已经作好制造、使用的必要准备：

（一）已经完成实施发明创造所必需的主要技术图纸或者工艺文件；

（二）已经制造或者购买实施发明创造所必需的主要设备或者原材料。

专利法第六十九条第（二）项规定的原有范围，包括专利申请日前已有的生产规模以及利用已有的生产设备或者根据已有的生产准备可以达到的生产规模。

先用权人在专利申请日后将其已经实施或作好实施必要准备的技术或设计转让或者许可他人实施，被诉侵权人主张该实施行为属于在原有范围内继续实施的，人民法院不予支持，但该技术或设计与原有企业一并转让或者承继的除外。

第十六条 人民法院依据专利法第六十五条第一款的规定确定侵权人因侵权所获得的利益，应当限于侵权人因侵犯专利权行为所获得的利益；因其他权利所产生的利益，应当合理扣除。

侵犯发明、实用新型专利权的产品系另一产品的零部件的，人民法院应当根据该零部件本身的价值及其在实现成品利润中的作用等因素合理确定赔偿数额。

侵犯外观设计专利权的产品为包装物的，人民法院应当按照包装物本身的价值及其在实现被包装产品利润中的作用等因素合理确定赔偿数额。

第十七条 产品或者制造产品的技术方案在专利申请日以前为国内外公众所知的，人民法院应当认定该产品不属于专利法第六十一条第一款规定的新产品。

第十八条 权利人向他人发出侵犯专利权的警告，被警告人或者利害关系人经书面催告权利人行使诉权，自权利人收到该书面催告之日起一个月内或者自书面催告发出之日起二个月内，权利人不撤回警告也不提起诉讼，被警告人或者利害关系人向人民法院提起请求确认其行为不侵犯专利权的诉讼的，人民法院应当受理。

第十九条 被诉侵犯专利权行为发生在2009年10月1日以前的，人民法院适用修改前的专利法；发生在2009年10月1日以后的，人民法院适用修改后的专利法。

被诉侵犯专利权行为发生在2009年10月1日以前且持续到2009年10月1日以后，依据修改前和修改后的专利法的规定侵权人均应承担赔偿责任的，人民法院适用修改后的专利法确定赔偿数额。

第二十条 本院以前发布的有关司法解释与本解释不一致的，以本解释为准。

最高人民法院关于审理侵犯专利权纠纷案件应用法律若干问题的解释（二）

（2016年1月25日最高人民法院审判委员会第1676次会议通过 2016年3月21日公布 自2016年4月1日起施行）法释〔2016〕1号

为正确审理侵犯专利权纠纷案件，根据《中华人民共和国专利法》《中华人民共和国侵权责任法》《中华人民共和国民事诉讼法》等有关法律规定，结合审判实践，制定本解释。

第一条 权利要求书有两项以上权利要求的，权利人应当在起诉状中载明以起诉被侵权人侵犯其专利权的权利要求。起诉状对此未记载或者记载不明的，人民法院应当要求权利人明确。经释明，权利人仍不予明确的，人民法院可以裁定驳回起诉。

第二条 权利人在专利侵权诉讼中主张的权利要求被专利复审委员会宣告无效的，审理侵犯专利权纠纷案件的人民法院可以裁定驳回权利人基于该无效权利要求的起诉。

有证据证明宣告上述权利要求无效的决定被生效的行政判决撤销的，权利人可以另行起诉。

专利权人另行起诉的，诉讼时效期间从本条第二款所称行政判决书送达之日起计算。

第三条 因明显违反专利法第二十六条第三款、第四款导致说明书无法用于解释权利要求，且不属于本解释第四条规定的情形，专利权因此被请求宣告无效的，审理侵犯专利权纠纷案件的人民法院一般应当裁定中止诉讼；在合理期限内专利权未被请求宣告无效的，人民法院可以根据权利要求的记载确定专利权的保护范围。

第四条 权利要求书、说明书及附图中的语法、文字、标点、图形、符号等存有歧义，但本领域普通技术人员通过阅读权利要求书、说明书及附图可以得出唯一理解的，人民法院应当根据该唯一理解予以认定。

第五条 在人民法院确定专利权的保护范围时，独立权利要求的前序部分、特征部分以及从属权利要求的引用部分、限定部分记载的技术特征均有限定作用。

第六条 人民法院可以运用与涉案专利存在分案申请关系的其他专利及其专利审查档案、生效的专利授权确权裁判文书解释涉案专利的权利要求。

专利审查档案，包括专利审查、复审、无效程序中专利申请人或者专利权人提交的书面材料，国务院专利行政部门及其专利复审委员会制作的审查意见通知书、会晤记录、口头审理记录、生效的专利复审请求审查决定书和专利权无效宣告请求审查决定书等。

第七条 被诉侵权技术方案在包含封闭式组合物权利要求全部技术特征的基础上增加其他技术特征的，人民法院应当认定被诉侵权技术方案未落入专利权的保护范围，但该增加的技术特征属于不可避免的常规数量杂质的除外。

前款所称封闭式组合物权利要求，一般不包括中药组合物权利要求。

第八条 功能性特征，是指对于结构、组分、步骤、条件或其之间的关系等，通过其在发明创造中所起的功能或者效果进行限定的技术特征，但本领域普通技术人员仅通过阅读权利要求即可直接、明确地确定实现上述功能或者效果的具体实施方式的除外。

与说明书及附图记载的实现前款所称功能或者效果不可缺少的技术特征相比，被诉侵权技术方案的相应技术特征是以基本相同的手段，实现相同的功能，达到相同的效果，且本领域普通技术人员在被诉侵权行为发生时无需经过创造性劳动就能够联想到的，人民法院应当认定该相应技术特征与功能性特征相同或等同。

第九条 被诉侵权技术方案不能适用于权利要求中使用环境特征所限定的使用环境的，人民法院应当认定被诉侵权技术方案未落入专利权的保护范围。

第十条 对于权利要求中以制备方法界定产品的技术特征，被诉侵权产品的制备方法与其不相同也不等同的，人民法院应当认定被诉侵权技术方案未落入专利权的保护范围。

第十一条 方法权利要求未明确记载技术步骤的先后顺序，但本领域普通技术人员阅读权利要求书、说明书及附图后直接、明确地认为该技术步骤应当按照特定顺序实施的，人民法院应当认定该步骤顺序对于专利权的保护范围具有限定作用。

第十二条 权利要求采用"至少""不超过"等用语对数值特征进行界定，且本领域普通技术人员阅读权利要求书、说明书及附图后认为专利技术方案特别强调该用语对技术特征的限定作用，权利人主张与其不相同的数值特征属于等同特征的，人民法院不予支持。

第十三条 权利人证明专利申请人、专利权人在专利授权确权程序中对权利要求书、说明书及附图的限缩性修改或者陈述被明确否定的，人民法院应当认定该修改或者陈述未导致技术方案的放弃。

第十四条 人民法院在认定一般消费者对于外观设计所具有的知识水平和认知能力时，一般应当考虑被诉侵权行为发生时授权外观设计所属相同或者相近种类产品的设计空间。设计空间较大的，人民法院可以认定一般消费者通常不容易注意到不同设计之间的较小区别；设计空间较小的，人民法院可以认定一般消费者通常更容易注意到不同设计之间的较小区别。

第十五条 对于成套产品的外观设计专利，被诉侵权设计与其一项外观设计相同或者近似的，人民法院应当认定被诉侵权设计落入专利权的保护范围。

第十六条 对于组装关系唯一的组件产品的外观设计专利，被诉侵权设计与其组合状态下的外观设计相同或者近似的，人民法院应当认定被诉侵权设计落入专利权的保护范围。

对于各构件之间无组装关系或者组装关系不唯一的组件产品的外观设计专利，被诉侵权设计与其全部单个构件的外观设计均相同或者近似的，人民法院应当认定被诉侵权设计落入专利权的保护范围；被诉侵权设计缺少其单个构件的外观设计或者与之不相同也不近似的，人民法院应当认定被诉侵权设计未落入专利权的保护范围。

第十七条 对于变化状态产品的外观设计专利，被诉侵权设计与变化状态图所示各种使用状态下的外观设计均相同或者近似的，人民法院应当认定被诉侵权设计落入专利权的保护范围；被诉侵权设计缺少其一种使用状态下的外观设计或者与之不相同也不近似的，人民法院应当认定被诉侵权设计未落入专利权的保护范围。

第十八条 权利人依据专利法第十三条诉请在发明专利申请公布日至授权公告日期间实

施该发明的单位或者个人支付适当费用的，人民法院可以参照有关专利许可使用费合理确定。

发明专利申请公布时申请人请求保护的范围与发明专利公告授权时的专利权保护范围不一致，被诉技术方案均落入上述两种范围的，人民法院应当认定被告在前款所称期间内实施了该发明；被诉技术方案仅落入其中一种范围的，人民法院应当认定被告在前款所称期间内未实施该发明。

发明专利公告授权后，未经专利权人许可，为生产经营目的使用、许诺销售、销售在本条第一款所称期间内已由他人制造、销售、进口的产品，且该他人已支付或者书面承诺支付专利法第十三条规定的适当费用的，对于权利人关于上述使用、许诺销售、销售行为侵犯专利权的主张，人民法院不予支持。

第十九条 产品买卖合同依法成立的，人民法院应当认定属于专利法第十一条规定的销售。

第二十条 对于将依照专利方法直接获得的产品进一步加工、处理而获得的后续产品，进行再加工、处理的，人民法院应当认定不属于专利法第十一条规定的"使用依照该专利方法直接获得的产品"。

第二十一条 明知有关产品系专门用于实施专利的材料、设备、零部件、中间物等，未经专利权人许可，为生产经营目的将该产品提供给他人实施了侵犯专利权的行为，权利人主张该提供者的行为属于侵权责任法第九条规定的帮助他人实施侵权行为的，人民法院应予支持。

明知有关产品、方法被授予专利权，未经专利权人许可，为生产经营目的积极诱导他人实施了侵犯专利权的行为，权利人主张该诱导者的行为属于侵权责任法第九条规定的教唆他人实施侵权行为的，人民法院应予支持。

第二十二条 对于被诉侵权人主张的现有技术抗辩或者现有设计抗辩，人民法院应当依照专利申请日时施行的专利法界定现有技术或者现有设计。

第二十三条 被诉侵权技术方案或者外观设计落入在先的涉案专利权的保护范围，被诉侵权人以其技术方案或者外观设计被授予专利权为由抗辩不侵犯涉案专利权的，人民法院不予支持。

第二十四条 推荐性国家、行业或者地方标准明示所涉必要专利的信息，被诉侵权人以实施该标准无需专利权人许可为由抗辩不侵犯该专利权的，人民法院一般不予支持。

推荐性国家、行业或者地方标准明示所涉必要专利的信息，专利权人、被诉侵权人协商该专利的实施许可条件时，专利权人故意违反其在标准制定中承诺的公平、合理、无歧视的许可义务，导致无法达成专利实施许可合同，且被诉侵权人在协商中无明显过错的，对于权利人请求停止标准实施行为的主张，人民法院一般不予支持。

本条第二款所称实施许可条件，应当由专利权人、被诉侵权人协商确定。经充分协商，仍无法达成一致的，可以请求人民法院确定。人民法院在确定上述实施许可条件时，应当根据公平、合理、无歧视的原则，综合考虑专利的创新程度及其在标准中的作用、标准所属的技术领域、标准的性质、标准实施的范围和相关的许可条件等因素。

法律、行政法规对实施标准中的专利另有规定的，从其规定。

第二十五条 为生产经营目的使用、许诺销售或者销售不知道是未经专利权人许可而制造并售出的专利侵权产品，且举证证明该产品合法来源的，对于权利人请求停止上述使用、许诺销售、销售行为的主张，人民法院应予支持，但被诉侵权产品的使用者举证证明其已支付该产品的合理对价的除外。

本条第一款所称不知道，是指实际不知道且不应当知道。

本条第一款所称合法来源，是指通过合法的销售渠道、通常的买卖合同等正常商业方式取得产品。对于合法来源，使用者、许诺销售者或者销售者应当提供符合交易习惯的相关证据。

第二十六条 被告构成对专利权的侵犯，权利人请求判令其停止侵权行为的，人民法院应予支持，但基于国家利益、公共利益的考量，人民法院可以不判令被告停止被诉行为，而判令其支付相应的合理费用。

第二十七条 权利人因被侵权所受到的实际损失难以确定的，人民法院应当依照专利法第六十五条第一款的规定，要求权利人对侵权人因侵权所获得的利益进行举证；在权利人已经提供侵权人所获利益的初步证据，而与专利侵权行为相关的账簿、资料主要由侵权人掌握的情况下，人民法院可以责令侵权人提供该账簿、资料；侵权人无正当理由拒不提供或者提供虚假的账簿、资料的，人民法院可以根据权利人的主张和提供的证据认定侵权人因侵权所获得的利益。

第二十八条 权利人、侵权人依法约定专利侵权的赔偿数额或者赔偿计算方法，并在专利侵权诉讼中主张依据该约定确定赔偿数额的，人民法院应予支持。

第二十九条 宣告专利权无效的决定作出后，当事人根据该决定依法申请再审，请求撤销专利权无效宣告前人民法院作出但未执行的专利侵权的判决、调解书的，人民法院可以裁定中止再审审查，并中止原判决、调解书的执行。

专利权人向人民法院提供充分、有效的担保，请求继续执行前款所称判决、调解书的，人民法院应当继续执行；侵权人向人民法院提供充分、有效的反担保，请求中止执行的，人民法院应当准许。人民法院生效裁判未撤销宣告专利权无效的决定的，专利权人应当赔偿因继续执行给对方造成的损失；宣告专利权无效的决定被人民法院生效裁判撤销，专利权仍有效的，人民法院可以依据前款所称判决、调解书直接执行上述反担保财产。

第三十条 在法定期限内对宣告专利权无效的决定不向人民法院起诉或者起诉后生效裁判未撤销该决定，当事人根据该决定依法申请再审，请求撤销宣告专利权无效前人民法院作出但未执行的专利侵权的判决、调解书的，人民法院应当再审。当事人根据该决定，依法申请终结执行宣告专利权无效前人民法院作出但未执行的专利侵权的判决、调解书的，人民法院应当裁定终结执行。

第三十一条 本解释自 2016 年 4 月 1 日起施行。最高人民法院以前发布的相关司法解释与本解释不一致的，以本解释为准。

最高人民法院关于审查知识产权纠纷行为保全案件适用法律若干问题的规定

(2018 年 11 月 26 日最高人民法院审判委员会第 1755 次会议通过　2018 年 12 月 12 日公布　自 2019 年 1 月 1 日起施行) 法释〔2018〕21 号

为正确审查知识产权纠纷行为保全案件，及时有效保护当事人的合法权益，根据《中华人民共和国民事诉讼法》《中华人民共和国专利法》《中华人民共和国商标法》《中华人民共和国著作权法》等有关法律规定，结合审判、执行工作实际，制定本规定。

第一条 本规定中的知识产权纠纷是指《民事案件案由规定》中的知识产权与竞争纠纷。

第二条 知识产权纠纷的当事人在判决、裁定或者仲裁裁决生效前，依据民事诉讼法第一百条、第一百零一条规定申请行为保全的，人民法院应当受理。

知识产权许可合同的被许可人申请诉前责令停止侵害知识产权行为的，独占许可合同的被许可人可以单独向人民法院提出申请；排他许可合同的被许可人在权利人不申请的情况下，可以单独提出申请；普通许可合同的被许可人经权利人明确授权以自己的名义起诉的，可以单独提出申请。

第三条 申请诉前行为保全，应当向被申请人住所地具有相应知识产权纠纷管辖权的人民法院或者对案件具有管辖权的人民法院提出。

当事人约定仲裁的，应当向前款规定的人民法院申请行为保全。

第四条 向人民法院申请行为保全，应当递交申请书和相应证据。申请书应当载明下列事项：

（一）申请人与被申请人的身份、送达地址、联系方式；

（二）申请采取行为保全措施的内容和期限；

（三）申请所依据的事实、理由，包括被申请人的行为将会使申请人的合法权益受到难以弥补的损害或者造成案件裁决难以执行等损害的具体说明；

（四）为行为保全提供担保的财产信息或资信证明，或者不需要提供担保的理由；

（五）其他需要载明的事项。

第五条 人民法院裁定采取行为保全措施前，应当询问申请人和被申请人，但因情况紧急或者询问可能影响保全措施执行等情形除外。

人民法院裁定采取行为保全措施或者裁定驳回申请的，应当向申请人、被申请人送达裁定书。向被申请人送达裁定书可能影响采取保全措施的，人民法院可以在采取保全措施后及时向被申请人送达裁定书，至迟不得超过五日。

当事人在仲裁过程中申请行为保全的，应当通过仲裁机构向人民法院提交申请书、仲裁案件受理通知书等相关材料。人民法院裁定采取行为保全措施或者裁定驳回申请的，应当将裁定书送达当事人，并通知仲裁机构。

第六条 有下列情况之一，不立即采取行为保全措施即足以损害申请人利益的，应当认定属于民事诉讼法第一百条、第一百零一条规定的"情况紧急"：

（一）申请人的商业秘密即将被非法披露；

（二）申请人的发表权、隐私权等人身权利即将受到侵害；

（三）诉争的知识产权即将被非法处分；

（四）申请人的知识产权在展销会等时效性较强的场合正在或者即将受到侵害；

（五）时效性较强的热播节目正在或者即将受到侵害；

（六）其他需要立即采取行为保全措施的情况。

第七条 人民法院审查行为保全申请，应当综合考量下列因素：

（一）申请人的请求是否具有事实基础和法律依据，包括请求保护的知识产权效力是否稳定；

（二）不采取行为保全措施是否会使申请人的合法权益受到难以弥补的损害或者造成案件裁决难以执行等损害；

（三）不采取行为保全措施对申请人造成的损害是否超过采取行为保全措施对被申请人造成的损害；

（四）采取行为保全措施是否损害社会公共利益；

（五）其他应当考量的因素。

第八条 人民法院审查判断申请人请求保护的知识产权效力是否稳定，应当综合考量下列因素：

（一）所涉权利的类型或者属性；

（二）所涉权利是否经过实质审查；

（三）所涉权利是否处于宣告无效或者撤销程序中以及被宣告无效或者撤销的可能性；

（四）所涉权利是否存在权属争议；

（五）其他可能导致所涉权利效力不稳定的因素。

第九条 申请人以实用新型或者外观设计专利权为依据申请行为保全的，应当提交由国务院专利行政部门作出的检索报告、专利权评价报告或者专利复审委员会维持该专利权有效的决定。申请人无正当理由拒不提交的，人民法院应当裁定驳回其申请。

第十条 在知识产权与不正当竞争纠纷行为保全案件中，有下列情形之一的，应当认定属于民事诉讼法第一百零一条规定的"难以弥补的损害"：

（一）被申请人的行为将会侵害申请人享

有的商誉或者发表权、隐私权等人身性质的权利且造成无法挽回的损害；

（二）被申请人的行为将会导致侵权行为难以控制且显著增加申请人损害；

（三）被申请人的侵害行为将会导致申请人的相关市场份额明显减少；

（四）对申请人造成其他难以弥补的损害。

第十一条 申请人申请行为保全的，应当依法提供担保。

申请人提供的担保数额，应当相当于被申请人可能因执行行为保全措施所遭受的损失，包括责令停止侵权行为所涉产品的销售收益、保管费用等合理损失。

在执行行为保全措施过程中，被申请人可能因此遭受的损失超过申请人担保数额的，人民法院可以责令申请人追加相应的担保。申请人拒不追加的，可以裁定解除或者部分解除保全措施。

第十二条 人民法院采取的行为保全措施，一般不因被申请人提供担保而解除，但是申请人同意的除外。

第十三条 人民法院裁定采取行为保全措施的，应当根据申请人的请求或者案件具体情况等因素合理确定保全措施的期限。

裁定停止侵害知识产权行为的效力，一般应当维持至案件裁判生效时止。

人民法院根据申请人的请求、追加担保等情况，可以裁定继续采取保全措施。申请人请求续行保全措施的，应当在期限届满前七日内提出。

第十四条 当事人不服行为保全裁定申请复议的，人民法院应当在收到复议申请后十日内审查并作出裁定。

第十五条 人民法院采取行为保全的方法和措施，依照执行程序相关规定处理。

第十六条 有下列情形之一的，应当认定属于民事诉讼法第一百零五条规定的"申请有错误"：

（一）申请人在采取行为保全措施后三十日内不依法提起诉讼或者申请仲裁；

（二）行为保全措施因请求保护的知识产权被宣告无效等原因自始不当；

（三）申请责令被申请人停止侵害知识产权或者不正当竞争，但生效裁判认定不构成侵权或者不正当竞争；

（四）其他属于申请有错误的情形。

第十七条 当事人申请解除行为保全措施，人民法院收到申请后经审查符合《最高人民法院关于适用〈中华人民共和国民事诉讼法〉的解释》第一百六十六条规定的情形的，应当在五日内裁定解除。

申请人撤回行为保全申请或者申请解除行为保全措施的，不因此免除民事诉讼法第一百零五条规定的赔偿责任。

第十八条 被申请人依据民事诉讼法第一百零五条规定提起赔偿诉讼，申请人申请诉前行为保全后没有起诉或者当事人约定仲裁的，由采取保全措施的人民法院管辖；申请人已经起诉的，由受理起诉的人民法院管辖。

第十九条 申请人同时申请行为保全、财产保全或者证据保全的，人民法院应当依法分别审查不同类型保全申请是否符合条件，并作出裁定。

为避免被申请人实施转移财产、毁灭证据等行为致使保全目的无法实现，人民法院可以根据案件具体情况决定不同类型保全措施的执行顺序。

第二十条 申请人申请行为保全，应当依照《诉讼费用交纳办法》关于申请采取行为保全措施的规定交纳申请费。

第二十一条 本规定自2019年1月1日起施行。最高人民法院以前发布的相关司法解释与本规定不一致的，以本规定为准。

最高人民法院关于知识产权法庭若干问题的规定

(2018年12月3日最高人民法院审判委员会第1756次会议通过 自2019年1月1日起施行）法释〔2018〕22号

为进一步统一知识产权案件裁判标准，依法平等保护各类市场主体合法权益，加大知识产权司法保护力度，优化科技创新法治环境，加快实施创新驱动发展战略，根据《中华人民共和国人民法院组织法》《中华人民共和国民事诉讼法》《中华人民共和国行政诉讼法》《全国人民代表大会常务委员会关于专利等知识产权案件诉讼程序若干问题的决定》等法律规定，结合审判工作实际，就最高人民法院知识产权法庭相关问题规定如下。

第一条 最高人民法院设立知识产权法庭，主要审理专利等专业技术性较强的知识产权上诉案件。

知识产权法庭是最高人民法院派出的常设审判机构，设在北京市。

知识产权法庭作出的判决、裁定、调解书和决定，是最高人民法院的判决、裁定、调解书和决定。

第二条 知识产权法庭审理下列案件：

（一）不服高级人民法院、知识产权法院、中级人民法院作出的发明专利、实用新型专利、植物新品种、集成电路布图设计、技术秘密、计算机软件、垄断第一审民事案件判决、裁定而提起上诉的案件；

（二）不服北京知识产权法院对发明专利、实用新型专利、外观设计专利、植物新品种、集成电路布图设计授权确权作出的第一审行政案件判决、裁定而提起上诉的案件；

（三）不服高级人民法院、知识产权法院、中级人民法院对发明专利、实用新型专利、外观设计专利、植物新品种、集成电路布图设计、技术秘密、计算机软件、垄断行政处罚等作出的第一审行政案件判决、裁定而提起上诉的案件；

（四）全国范围内重大、复杂的本条第一、二、三项所称第一审民事和行政案件；

（五）对本条第一、二、三项所称第一审案件已经发生法律效力的判决、裁定、调解书依法申请再审、抗诉、再审等适用审判监督程序的案件；

（六）本条第一、二、三项所称第一审案件管辖权争议，罚款、拘留决定申请复议，报请延长审限等案件；

（七）最高人民法院认为应当由知识产权法庭审理的其他案件。

第三条 本规定第二条第一、二、三项所称第一审案件的审理法院应当按照规定及时向知识产权法庭移送纸质和电子卷宗。

第四条 经当事人同意，知识产权法庭可以通过电子诉讼平台、中国审判流程信息公开网以及传真、电子邮件等电子方式送达诉讼文件、证据材料及裁判文书等。

第五条 知识产权法庭可以通过电子诉讼平台或者采取在线视频等方式组织证据交换、召集庭前会议等。

第六条 知识产权法庭可以根据案件情况到实地或者原审人民法院所在地巡回审理案件。

第七条 知识产权法庭采取保全等措施，依照执行程序相关规定办理。

第八条 知识产权法庭审理的案件的立案信息、合议庭组成人员、审判流程、裁判文书等向当事人和社会依法公开，同时可以通过电子诉讼平台、中国审判流程信息公开网查询。

第九条 知识产权法庭法官会议由庭长、副庭长和若干资深法官组成，讨论重大、疑难、复杂案件等。

第十条 知识产权法庭应当加强对有关案件审判工作的调研，及时总结裁判标准和审理规则，指导下级人民法院审判工作。

第十一条 对知识产权法院、中级人民法院已经发生法律效力的本规定第二条第一、二、三项所称第一审案件判决、裁定、调解书，省级人民检察院向高级人民法院提出抗诉的，高级人民法院应当告知其由最高人民检察院依法向最高人民法院提出，并由知识产权法庭审理。

第十二条 本规定第二条第一、二、三项所称第一审案件的判决、裁定或者决定，于2019年1月1日前作出，当事人依法提起上诉或者申请复议的，由原审人民法院的上一级人民法院审理。

第十三条 本规定第二条第一、二、三项所称第一审案件已经发生法律效力的判决、裁定、调解书，于2019年1月1日前作出，对其依法申请再审、抗诉、再审的，适用《中华人民共和国民事诉讼法》《中华人民共和国行政诉讼法》有关规定。

第十四条 本规定施行前经批准可以受理专利、技术秘密、计算机软件、垄断第一审民事和行政案件的基层人民法院，不再受理上述案件。

对于基层人民法院2019年1月1日尚未审结的前款规定的案件，当事人不服其判决、裁定依法提起上诉的，由其上一级人民法院审理。

第十五条 本规定自2019年1月1日起施行。最高人民法院此前发布的司法解释与本规定不一致的，以本规定为准。

最高人民法院关于技术调查官参与知识产权案件诉讼活动的若干规定

（2019年1月28日最高人民法院审判委员会第1760次会议通过 自2019年5月1日起施行）法释〔2019〕2号

为规范技术调查官参与知识产权案件诉讼活动，根据《中华人民共和国人民法院组织法》《中华人民共和国刑事诉讼法》《中华人民共和国民事诉讼法》《中华人民共和国行政诉讼法》的规定，结合审判实际，制定本规定。

第一条 人民法院审理专利、植物新品种、集成电路布图设计、技术秘密、计算机软件、垄断等专业技术性较强的知识产权案件时，可以指派技术调查官参与诉讼活动。

第二条 技术调查官属于审判辅助人员。

人民法院可以设置技术调查室，负责技术调查官的日常管理，指派技术调查官参与知识产权案件诉讼活动、提供技术咨询。

第三条 参与知识产权案件诉讼活动的技术调查官确定或者变更后，应当在三日内告知当事人，并依法告知当事人有权申请技术调查官回避。

第四条 技术调查官的回避，参照适用刑事诉讼法、民事诉讼法、行政诉讼法等有关其他人员回避的规定。

第五条 在一个审判程序中参与过案件诉讼活动的技术调查官，不得再参与该案其他程序的诉讼活动。

发回重审的案件，在一审法院作出裁判后又进入第二审程序的，原第二审程序中参与诉讼的技术调查官不受前款规定的限制。

第六条 参与知识产权案件诉讼活动的技术调查官就案件所涉技术问题履行下列职责：

（一）对技术事实的争议焦点以及调查范围、顺序、方法等提出建议；

（二）参与调查取证、勘验、保全；

（三）参与询问、听证、庭前会议、开庭审理；

（四）提出技术调查意见；

（五）协助法官组织鉴定人、相关技术领域的专业人员提出意见；

（六）列席合议庭评议等有关会议；

（七）完成其他相关工作。

第七条 技术调查官参与调查取证、勘验、保全的，应当事先查阅相关技术资料，就调查取证、勘验、保全的方法、步骤和注意事项等提出建议。

第八条 技术调查官参与询问、听证、庭前会议、开庭审理活动时，经法官同意，可以就案件所涉技术问题向当事人及其他诉讼参与人发问。

技术调查官在法庭上的座位设在法官助理的左侧，书记员的座位设在法官助理的右侧。

第九条 技术调查官应当在案件评议前就案件所涉技术问题提出技术调查意见。

技术调查意见由技术调查官独立出具并签名，不对外公开。

第十条 技术调查官列席案件评议时，其提出的意见应当记入评议笔录，并由其签名。

技术调查官对案件裁判结果不具有表决权。

第十一条 技术调查官提出的技术调查意见可以作为合议庭认定技术事实的参考。合议庭对技术事实认定依法承担责任。

第十二条 技术调查官参与知识产权案件诉讼活动的，应当在裁判文书上署名。技术调查官的署名位于法官助理之下、书记员之上。

第十三条 技术调查官违反与审判工作有关的法律及相关规定，贪污受贿、徇私舞弊，故意出具虚假、误导或者重大遗漏的不实技术调查意见的，应当追究法律责任；构成犯罪的，依法追究刑事责任。

第十四条 根据案件审理需要，上级人民法院可以对本辖区内各级人民法院的技术调查官进行调派。

人民法院审理本规定第一条所称案件时，可以申请上级人民法院调派技术调查官参与诉讼活动。

第十五条 本规定自 2019 年 5 月 1 日起施行。本院以前发布的相关规定与本规定不一致的，以本规定为准。

（二）

国家知识产权局规章、公告

专利审查指南 2010[1]

(2010 年 1 月 21 日国家知识产权局令第五十五号发布　自 2010 年 2 月 1 日起施行)

总　目　录

第一部分　初步审查
　第一章　发明专利申请的初步审查
　第二章　实用新型专利申请的初步审查
　第三章　外观设计专利申请的初步审查
　第四章　专利分类

第二部分　实质审查
　第一章　不授予专利权的申请
　第二章　说明书和权利要求书
　第三章　新颖性
　第四章　创造性
　第五章　实用性
　第六章　单一性和分案申请
　第七章　检索
　第八章　实质审查程序
　第九章　关于涉及计算机程序的发明专利申请审查的若干规定
　第十章　关于化学领域发明专利申请审查的若干规定

第三部分　进入国家阶段的国际申请的审查
　第一章　进入国家阶段的国际申请的初步审查和事务处理
　第二章　进入国家阶段的国际申请的实质审查

第四部分　复审与无效请求的审查
　第一章　总　则
　第二章　复审请求的审查
　第三章　无效宣告请求的审查
　第四章　复审和无效宣告程序中有关口头审理的规定
　第五章　无效宣告程序中外观设计专利的审查
　第六章　无效宣告程序中实用新型专利审查的若干规定
　第七章　无效宣告程序中对于同样的发明创造的处理
　第八章　无效宣告程序中有关证据问题的规定

第五部分　专利申请及事务处理
　第一章　专利申请文件及手续
　第二章　专利费用
　第三章　受　理
　第四章　专利申请文档
　第五章　保密申请与向外国申请专利的保密审查
　第六章　通知和决定
　第七章　期限、权利的恢复、中止、审查的顺序
　第八章　专利公报和单行本的编辑
　第九章　专利权的授予和终止
　第十章　专利权评价报告
　第十一章　关于电子申请的若干规定

---

[1] 已体现国家知识产权局令第六十七号、第六十八号、第七十四号，公告第三二八号和第三四三号的修改内容。——编者注

第一部分 初步审查

第一章 发明专利申请的初步审查

1. 引 言

根据中华人民共和国专利法（以下简称专利法）第三十四条的规定，专利局收到发明专利申请后，经初步审查认为符合专利法要求的，自申请日起满十八个月，即行公布。专利局也可以根据申请人的请求早日公布其申请。因此，发明专利申请的初步审查是受理发明专利申请之后、公布该申请之前的一个必要程序。

发明专利申请初步审查的主要任务是：

（1）审查申请人提交的申请文件是否符合专利法及其实施细则的规定，发现存在可以补正的缺陷时，通知申请人以补正的方式消除缺陷，使其符合公布的条件；发现存在不可克服的缺陷时，发出审查意见通知书，指明缺陷的性质，并通过驳回的方式结束审查程序。

（2）审查申请人在提出专利申请的同时或者随后提交的与专利申请有关的其他文件是否符合专利法及其实施细则的规定，发现文件存在缺陷时，根据缺陷的性质，通知申请人以补正的方式消除缺陷，或者直接作出文件视为未提交的决定。

（3）审查申请人提交的与专利申请有关的其他文件是否是在专利法及其实施细则规定的期限内或者专利局指定的期限内提交；期满未提交或者逾期提交的，根据情况作出申请视为撤回或者文件视为未提交的决定。

（4）审查申请人缴纳的有关费用的金额和期限是否符合专利法及其实施细则的规定，费用未缴纳或者未缴足或者逾期缴纳的，根据情况作出申请视为撤回或者请求视为未提出的决定。

发明专利申请初步审查的范围是：

（1）申请文件的形式审查，包括专利申请是否包含专利法第二十六条规定的申请文件，以及这些文件格式上是否明显不符合专利法实施细则第十六条至第十九条、第二十三条的规定，是否符合专利法实施细则第二条、第三条、第二十六条第二款、第一百一十九条、第一百二十一条的规定。

（2）申请文件的明显实质性缺陷审查，包括专利申请是否明显属于专利法第五条、第二十五条规定的情形，是否不符合专利法第十八条、第十九条第一款、第二十条第一款的规定，是否明显不符合专利法第二条第二款、第二十六条第五款、第三十一条第一款、第三十三条或者专利法实施细则第十七条、第十九条的规定。

（3）其他文件的形式审查，包括与专利申请有关的其他手续和文件是否符合专利法第十条、第二十四条、第二十九条、第三十条以及专利法实施细则第二条、第三条、第六条、第七条、第十五条第三款和第四款、第二十四条、第三十条、第三十一条第一款至第三款、第三十二条、第三十三条、第三十六条、第四十条、第四十二条、第四十三条、第四十五条、第四十六条、第八十六条、第八十七条、第一百条的规定。

（4）有关费用的审查，包括专利申请是否按照专利法实施细则第九十三条、第九十五条、第九十六条、第九十九条的规定缴纳了相关费用。

2. 审查原则

初步审查程序中，审查员应当遵循以下审查原则。

（1）保密原则

审查员在专利申请的审批程序中，根据有关保密规定，对于尚未公布、公告的专利申请文件和与专利申请有关的其他内容，以及其他不适宜公开的信息负有保密责任。

（2）书面审查原则

审查员应当以申请人提交的书面文件为基础进行审查，审查意见（包括补正通知）和审查结果应当以书面形式通知申请人。初步审查程序中，原则上不进行会晤。

（3）听证原则

审查员在作出驳回决定之前，应当将驳回所依据的事实、理由和证据通知申请人，至少给申请人一次陈述意见和/或修改申请文件的机会。审查员作出驳回决定时，驳回决定所依据的事实、理由和证据，应当是已经通知过申请人的，不得包含新的事实、理由和/或证据。

（4）程序节约原则

在符合规定的情况下，审查员应尽可能提高审查效率，缩短审查过程。对于存在可以通过补正克服的缺陷的申请，审查员应当进行全面审查，并尽可能在一次补正通知书中指出全部缺陷。对于申请文件中文字和符号的明显错误，审查员可以依职权自行修改，并通知申请人。对于存在不可能通过补正克服的实质性缺陷的申请，审查员可以不对申请文件和其他文件的形式缺陷进行审查，在审查意见通知书中可以仅指出实质性缺陷。

除遵循以上原则外，审查员在作出视为未提出、视为撤回、驳回等处分决定的同时，应当告知申请人可以启动的后续程序。

3. 审查程序

3.1 初步审查合格

经初步审查，对于申请文件符合专利法及其实施细则有关规定并且不存在明显实质性缺陷的专利申请，包括经过补正符合初步审查要求的专利申请，应当认为初步审查合格。审查员应当发出初步审查合格通知书，指明公布所依据的申请文本，之后进入公布程序。

3.2 申请文件的补正

初步审查中，对于申请文件存在可以通过补正克服的缺陷的专利申请，审查员应当进行全面审查，并发出补正通知书。补正通知书中应当指明专利申请存在的缺陷，说明理由，同时指定答复期限。经申请人补正后，申请文件仍然存在缺陷的，审查员应当再次发出补正通知书。

3.3 明显实质性缺陷的处理

初步审查中，对于申请文件存在不可能通过补正方式克服的明显实质性缺陷的专利申请，审查员应当发出审查意见通知书。审查意见通知书中应当指明专利申请存在的实质性缺陷，说明理由，同时指定答复期限。

对于申请文件中存在的实质性缺陷，只有其明显存在并影响公布时，才需指出和处理。

3.4 通知书的答复

申请人在收到补正通知书或者审查意见通知书后，应当在指定的期限内补正或者陈述意见。申请人对专利申请进行补正的，应当提交补正书和相应修改文件替换页。申请文件的修改替换页应当一式两份，其他文件只需提交一份。对申请文件的修改，应当针对通知书指出的缺陷进行。修改的内容不得超出申请日提交的说明书和权利要求书记载的范围。

申请人期满未答复的，审查员应当根据情况发出视为撤回通知书或者其他通知书。申请人因正当理由难以在指定的期限内作出答复的，可以提出延长期限请求。有关延长期限请求的处理，适用本指南第五部分第七章第4节的规定。

对于因不可抗拒事由或者因其他正当理由耽误期限而导致专利申请被视为撤回的，申请人可以在规定的期限内向专利局提出恢复权利的请求。有关恢复权利请求的处理，适用本指南第五部分第七章第6节的规定。

3.5 申请的驳回

申请文件存在明显实质性缺陷，在审查员发出审查意见通知书后，经申请人陈述意见或者修改后仍然没有消除的，或者申请文件存在形式缺陷，审查员针对该缺陷已发出过两次补正通知书，经申请人陈述意见或者补正后仍然没有消除的，审查员可以作出驳回决定。

驳回决定正文应当包括案由、驳回的理由和决定三部分内容。案由部分应当简述被驳回申请的审查过程；驳回的理由部分应当说明驳回的事实、理由和证据；决定部分应当明确指出该专利申请不符合专利法及其实施细则的相应条款，并说明根据专利法实施细则第四十四条第二款的规定驳回该专利申请。

3.6 前置审查与复审后的处理

申请人对驳回决定不服的，可以在规定的期限内向专利复审委员会提出复审请求。对复审请求的前置审查及复审后的处理,参照本指南第二部分第八章第 8 节的规定。

4. 申请文件的形式审查

4.1 请 求 书

4.1.1 发明名称

请求书中的发明名称和说明书中的发明名称应当一致。发明名称应当简短、准确地表明发明专利申请要求保护的主题和类型。发明名称中不得含有非技术词语,例如人名、单位名称、商标、代号、型号等;也不得含有含糊的词语,例如"及其他"、"及其类似物"等;也不得仅使用笼统的词语,致使未给出任何发明信息,例如仅用"方法"、"装置"、"组合物"、"化合物"等词作为发明名称。

发明名称一般不得超过 25 个字,特殊情况下,例如,化学领域的某些发明,可以允许最多到 40 个字。

4.1.2 发 明 人

专利法实施细则第十三条规定,发明人是指对发明创造的实质性特点作出创造性贡献的人。在专利局的审查程序中,审查员对请求书中填写的发明人是否符合该规定不作审查。

发明人应当是个人,请求书中不得填写单位或者集体,例如不得写成"××课题组"等。发明人应当使用本人真实姓名,不得使用笔名或者其他非正式的姓名。多个发明人的,应当自左向右顺序填写。不符合规定的,审查员应当发出补正通知书。申请人改正请求书中所填写的发明人姓名的,应当提交补正书、当事人的声明及相应的证明文件。

发明人可以请求专利局不公布其姓名。提出专利申请时请求不公布发明人姓名的,应当在请求书"发明人"一栏所填写的相应发明人后面注明"(不公布姓名)"。不公布姓名的请求提出之后,经审查认为符合规定的,专利局在专利公报、专利申请单行本、专利单行本以及专利证书中均不公布其姓名,并在相应位置注明"请求不公布姓名"字样,发明人也不得再请求重新公布其姓名。提出专利申请后请求不公布发明人姓名的,应当提交由发明人签字或者盖章的书面声明,但是专利申请进入公布准备后才提出该请求的,视为未提出请求,审查员应当发出视为未提出通知书。外国发明人中文译名中可以使用外文缩写字母,姓和名之间用圆点分开,圆点置于中间位置,例如 M·琼斯。

4.1.3 申 请 人

4.1.3.1 申请人是本国人

职务发明,申请专利的权利属于单位;非职务发明,申请专利的权利属于发明人。

在专利局的审查程序中,审查员对请求书中填写的申请人一般情况下不作资格审查。申请人是个人的,可以推定该发明为非职务发明,该个人有权提出专利申请,除非根据专利申请的内容判断申请人的资格明显有疑义的,才需要通知申请人提供所在单位出具的非职务发明证明。申请人是单位的,可以推定该发明是职务发明,该单位有权提出专利申请,除非该单位的申请人资格明显有疑义的,例如填写的单位是××大学科研处或者××研究所××课题组,才需要发出补正通知书,通知申请人提供能表明其具有申请人资格的证明文件。

申请人声明自己具有资格并提交证明文件的,可视为申请人具备资格。上级主管部门出具的证明、加盖本单位公章的法人证书或者有效营业执照的复印件,均视为有效的证明文件。填写的申请人不具备申请人资格,需要更换申请人的,应当由更换后的申请人办理补正手续,提交补正书及更换前、后申请人签字或者盖章的更换申请人声明。

申请人是中国单位或者个人的,应当填写其名称或者姓名、地址、邮政编码、组织机构代码或者居民身份证件号码。申请人是个人的,应当使用本人真实姓名,不得使用笔名或者其他非正式的姓名。申请人是单位的,应当使用正式全称,不得使用缩写或者简称。请求书中填写的单位名称应当与所使用的公章上的单位名称一致。不符合规定的,审查员应当发出补正通知书。申请人改正请求书中所填写的姓名或者名称的,应当提交补正书、当事人的声明及相应的证明文件。

4.1.3.2 申请人是外国人、外国企业或

者外国其他组织

专利法第十八条规定：在中国没有经常居所或者营业所的外国人、外国企业或者外国其他组织在中国申请专利的，依照其所属国同中国签订的协议或者共同参加的国际条约，或者依照互惠原则，根据本法办理。

申请人是外国人、外国企业或者外国其他组织的，应当填写其姓名或者名称、国籍或者注册的国家或者地区。审查员认为请求书中填写的申请人的国籍、注册地有疑义时，可以根据专利法实施细则第三十三条第（一）项或者第（二）项的规定，通知申请人提供国籍证明或注册的国家或者地区的证明文件。申请人在请求书中表明在中国有营业所的，审查员应当要求申请人提供当地工商行政管理部门出具的证明文件。申请人在请求书中表明在中国有经常居所的，审查员应当要求申请人提交公安部门出具的可在中国居住一年以上的证明文件。

在确认申请人是在中国没有经常居所或者营业所的外国人、外国企业或者外国其他组织后，应当审查请求书中填写的申请人国籍、注册地是否符合下列三个条件之一：

（1）申请人所属国同我国签订有相互给予对方国民以专利保护的协议；

（2）申请人所属国是保护工业产权巴黎公约（以下简称巴黎公约）成员国或者世界贸易组织成员；

（3）申请人所属国依互惠原则给外国人以专利保护。

审查员应当从申请人所属国（申请人是个人的，以国籍或者经常居所来确定；申请人是企业或者其他组织的，以注册地来确定）是否是巴黎公约成员国或者世界贸易组织成员开始审查，一般不必审查该国是否与我国签订有互相给予对方国民以专利保护的协议，因为与我国已签订上述协议的所有国家都是巴黎公约成员国或者世界贸易组织成员。只有当申请人所属国不是巴黎公约成员国或者世界贸易组织成员时，才需审查该国法律中是否订有依互惠原则给外国人以专利保护的条款。申请人所属国法律中没有明文规定依互惠原则给外国人以专利保护的条款的，审查员应当要求申请人提交其所属国承认中国公民和单位可以按照该国国民的同等条件，在该国享有专利权和其他有关权利的证明文件。申请人不能提供证明文件的，根据专利法实施细则第四十四条的规定，以不符合专利法第十八条为理由，驳回该专利申请。

对于来自某巴黎公约成员国领地或者属地的申请人，应当审查该国是否声明巴黎公约适用于该地区。

申请人是个人的，其中文译名中可以使用外文缩写字母，姓和名之间用圆点分开，圆点置于中间位置，例如 M·琼斯。姓名中不应当含有学位、职务等称号，例如××博士、××教授等。申请人是企业或者其他组织的，其名称应当使用中文正式译文的全称。对于申请人所属国法律规定具有独立法人地位的某些称谓允许使用。

4.1.3.3 本国申请人与外国申请人共同申请

本国申请人与外国申请人共同申请专利的，本国申请人适用本章第4.1.3.1节的规定，外国申请人适用本章第4.1.3.2节的规定。

4.1.4 联系人

申请人是单位且未委托专利代理机构的，应当填写联系人，联系人是代替该单位接收专利局所发信函的收件人。联系人应当是本单位的工作人员，必要时审查员可以要求申请人出具证明。申请人为个人且需由他人代收专利局所发信函的，也可以填写联系人。联系人只能填写一人。填写联系人的，还需要同时填写联系人的通信地址、邮政编码和电话号码。

4.1.5 代表人

申请人有两人以上且未委托专利代理机构的，除本指南另有规定或请求书中另有声明外，以第一署名申请人为代表人。请求书中另有声明的，所声明的代表人应当是申请人之一。除直接涉及共有权利的手续外，代表人可以代表全体申请人办理在专利局的其他手续。直接涉及共有权利的手续包括：提出专利申请，委托专利代理，转让专利申请权、优先权或者专利权，撤回专利申请，撤回优先权要求，放弃专利权等。直接涉及共有权利的手续应当由全体权利人签字或者盖章。

4.1.6 专利代理机构、专利代理人

专利代理机构应当依照专利代理条例的规定经国家知识产权局批准成立。

专利代理机构的名称应当使用其在国家知识产权局登记的全称，并且要与加盖在申请文件中的专利代理机构公章上的名称一致，不得使用简称或者缩写。请求书中还应当填写国家知识产权局给予该专利代理机构的机构代码。

专利代理人，是指获得专利代理人资格证书、在合法的专利代理机构执业，并且在国家知识产权局办理了专利代理人执业证的人员。在请求书中，专利代理人应当使用其真实姓名，同时填写专利代理人执业证号码和联系电话。一件专利申请的专利代理人不得超过两人。

4.1.7 地 址

请求书中的地址（包括申请人、专利代理机构、联系人的地址）应当符合邮件能够迅速、准确投递的要求。本国的地址应当包括所在地区的邮政编码，以及省（自治区）、市（自治州）、区、街道门牌号码和电话号码，或者省（自治区）、县（自治县）、镇（乡）、街道门牌号码和电话号码，或者直辖市、区、街道门牌号码和电话号码。有邮政信箱的，可以按照规定使用邮政信箱。地址中可以包含单位名称，但单位名称不得代替地址，例如不得仅填写××省××大学。外国的地址应当注明国别、市（县、州），并附具外文详细地址。

4.2 说明书

说明书第一页第一行应当写明发明名称，该名称应当与请求书中的名称一致，并左右居中。发明名称前面不得冠以"发明名称"或者"名称"等字样。发明名称与说明书正文之间应当空一行。

说明书的格式应当包括以下各部分，并在每一部分前面写明标题：

技术领域

背景技术

发明内容

附图说明

具体实施方式

说明书无附图的，说明书文字部分不包括附图说明及其相应的标题。

涉及核苷酸或者氨基酸序列的申请，应当将该序列表作为说明书的一个单独部分，并单独编写页码。申请人应当在申请的同时提交与该序列表相一致的计算机可读形式的副本，如提交记载有该序列表的符合规定的光盘或者软盘。提交的光盘或者软盘中记载的序列表与说明书中的序列表不一致的，以说明书中的序列表为准。未提交计算机可读形式的副本，或者所提交的副本与说明书中的序列表明显不一致的，审查员应当发出补正通知书，通知申请人在指定期限内补交正确的副本。期满未补交的，审查员应当发出视为撤回通知书。

说明书文字部分可以有化学式、数学式或者表格，但不得有插图。

说明书文字部分写有附图说明的，说明书应当有附图。说明书有附图的，说明书文字部分应当有附图说明。

说明书文字部分写有附图说明但说明书无附图或者缺少相应附图的，应当通知申请人取消说明书文字部分的附图说明，或者在指定的期限内补交相应附图。申请人补交附图的，以向专利局提交或者邮寄补交附图之日为申请日，审查员应当发出重新确定申请日通知书。申请人取消相应附图说明的，保留原申请日。

说明书应当用阿拉伯数字顺序编写页码。

4.3 说明书附图

说明书附图应当使用包括计算机在内的制图工具和黑色墨水绘制，线条应当均匀清晰、足够深，不得着色和涂改，不得使用工程蓝图。

剖面图中的剖面线不得妨碍附图标记线和主线条的清楚识别。

几幅附图可以绘制在一张图纸上。一幅总体图可以绘制在几张图纸上，但应当保证每一张上的图都是独立的，而且当全部图纸组合起来构成一幅完整总体图时又不互相影响其

清晰程度。附图的周围不得有与图无关的框线。附图总数在两幅以上的，应当使用阿拉伯数字顺序编号，并在编号前冠以"图"字，例如图1、图2。该编号应当标注在相应附图的正下方。

附图应当尽量竖向绘制在图纸上，彼此明显分开。当零件横向尺寸明显大于竖向尺寸必须水平布置时，应当将附图的顶部置于图纸的左边。一页图纸上有两幅以上的附图，且有一幅已经水平布置时，该页上其他附图也应当水平布置。

附图标记应当使用阿拉伯数字编号。说明书文字部分中未提及的附图标记不得在附图中出现，附图中未出现的附图标记不得在说明书文字部分中提及。申请文件中表示同一组成部分的附图标记应当一致。

附图的大小及清晰度，应当保证在该图缩小到三分之二时仍能清晰地分辨出图中各个细节，以能够满足复印、扫描的要求为准。

同一附图中应当采用相同比例绘制，为使其中某一组成部分清楚显示，可以另外增加一幅局部放大图。附图中除必需的词语外，不得含有其他注释。附图中的词语应当使用中文，必要时，可以在其后的括号里注明原文。

流程图、框图应当作为附图，并应当在其框内给出必要的文字和符号。一般不得使用照片作为附图，但特殊情况下，例如，显示金相结构、组织细胞或者电泳图谱时，可以使用照片贴在图纸上作为附图。

说明书附图应当用阿拉伯数字顺序编写页码。

4.4 权利要求书

权利要求书有几项权利要求的，应当用阿拉伯数字顺序编号，编号前不得冠以"权利要求"或者"权项"等词。

权利要求中可以有化学式或者数学式，必要时也可以有表格，但不得有插图。

权利要求书应当用阿拉伯数字顺序编写页码。

4.5 说明书摘要

申请发明专利的，应当提交说明书摘要（以下简称摘要）。

4.5.1 摘要文字部分

摘要文字部分应当写明发明的名称和所属的技术领域，清楚反映所要解决的技术问题，解决该问题的技术方案的要点以及主要用途。未写明发明名称或者不能反映技术方案要点的，应当通知申请人补正；使用了商业性宣传用语的，可以通知申请人删除或者由审查员删除，审查员删除的，应当通知申请人。

摘要文字部分不得使用标题，文字部分（包括标点符号）不得超过300个字。摘要超过300个字的，可以通知申请人删节或者由审查员删节；审查员删节的，应当通知申请人。

4.5.2 摘要附图

说明书有附图的，申请人应当提交一幅最能说明该发明技术方案主要技术特征的附图作为摘要附图。摘要附图应当是说明书附图中的一幅。申请人未提交摘要附图的，审查员可以通知申请人补正，或者依职权指定一幅，并通知申请人。审查员确认没有合适的摘要附图可以指定的，可以不要求申请人补正。

申请人提交的摘要附图明显不能说明发明技术方案主要技术特征的，或者提交的摘要附图不是说明书附图之一的，审查员可以通知申请人补正，或者依职权指定一幅，并通知申请人。

摘要附图的大小及清晰度应当保证在该图缩小到4厘米×6厘米时，仍能清楚地分辨出图中的各个细节。

摘要中可以包含最能说明发明的化学式，该化学式可被视为摘要附图。

4.6 申请文件出版条件的格式审查

专利申请公布时的说明书、权利要求书和说明书摘要的文字应当整齐清晰，不得涂改，行间不得加字。说明书附图、说明书摘要附图的线条（如轮廓线、点划线、剖面线、中心线、标引线等）应当清晰可辨。文字和线条应当是黑色，并且足够深，背景干净，以能够满足复印、扫描的要求为准。文字和附图的版心四周不应有框线。各种文件的页码应当分别连续编写。

申请文件不符合上述规定的,审查员应当发出补正通知书,通知申请人补正。期满未补正的,审查员应当发出视为撤回通知书。

5. 特殊专利申请的初步审查

5.1 分案申请

5.1.1 分案申请的核实

一件专利申请包括两项以上发明的,申请人可以主动提出或者依据审查员的审查意见提出分案申请。分案申请应当以原申请(第一次提出的申请)为基础提出。分案申请的类别应当与原申请的类别一致。分案申请应当在请求书中填写原申请的申请号和申请日;对于已提出过分案申请,申请人需要针对该分案申请再次提出分案申请的,还应当在原申请的申请号后的括号内填写该分案申请的申请号。

对于分案申请,除按规定审查申请文件和其他文件外,审查员还应当根据原申请核实下列各项内容:

(1)请求书中填写的原申请的申请日

请求书中应当正确填写原申请的申请日,申请日填写有误的,审查员应当发出补正通知书,通知申请人补正。期满未补正的,审查员应当发出视为撤回通知书;补正符合规定的,审查员应当发出重新确定申请日通知书。

(2)请求书中填写的原申请的申请号

请求书中应当正确填写原申请的申请号。原申请是国际申请的,申请人还应当在所填写的原申请的申请号后的括号内注明国际申请号。不符合规定的,审查员应当发出补正通知书,通知申请人补正。期满未补正的,审查员应当发出视为撤回通知书。

(3)分案申请的递交时间

申请人最迟应当在收到专利局对原申请作出授予专利权通知书之日起两个月期限(即办理登记手续的期限)届满之前提出分案申请。上述期限届满后,或者原申请已被驳回,或者原申请已撤回,或者原申请被视为撤回且未被恢复权利的,一般不得再提出分案申请。

对于审查员已发出驳回决定的原申请,自申请人收到驳回决定之日起三个月内,不论申请人是否提出复审请求,均可以提出分案申请;在提出复审请求以后以及对复审决定不服提起行政诉讼期间,申请人也可以提出分案申请。

初步审查中,对于分案申请递交日不符合上述规定的,审查员应当发出分案申请视为未提出通知书,并作结案处理。

对于已提出过分案申请,申请人需要针对该分案申请再次提出分案申请的,再次提出的分案申请的递交时间仍应当根据原申请审核。再次分案的递交日不符合上述规定的,不得分案。

但是,因审查员发出分案通知书或审查意见通知书中指出分案申请存在单一性的缺陷,申请人按照审查员的审查意见再次提出分案申请的,再次提出的分案申请的递交时间应当以该存在单一性缺陷的分案申请为基础审核。不符合规定的,不得以该分案申请为基础进行分案,审查员应当发出分案申请视为未提出通知书,并作结案处理。❶

(4)分案申请的申请人和发明人❷

分案申请的申请人应当与提出分案申请时原申请的申请人相同。针对分案申请提出再次分案申请的申请人应当与该分案申请的申请人相同。不符合规定的,审查员应当发出分案申请视为未提出通知书。

分案申请的发明人应当是原申请的发明人或者是其中的部分成员。针对分案申请提出的再次分案申请的发明人应当是该分案申请的发明人或者是其中的部分成员。对于不符合规定的,审查员应当发出补正通知书,通知申请人补正。期满未补正的,审查员应当发出视为撤回通知书。

(5)分案申请提交的文件

分案申请除应当提交申请文件外,还应当提交原申请的申请文件副本以及原申请中与本分案申请有关的其他文件副本(如优先权文件副本)。原申请中已提交的各种证明材料,可

---

❶ 该段已根据 2019 年 9 月 23 日公布的国家知识产权局公告第三二八号修改。——编者注

❷ 该项已根据 2019 年 9 月 23 日公布的国家知识产权局公告第三二八号修改。——编者注

以使用复印件。原申请的国际公布使用外文的，除提交原申请的中文副本外，还应当同时提交原申请国际公布文本的副本。对于不符合规定的，审查员应当发出补正通知书，通知申请人补正。期满未补正的，审查员应当发出视为撤回通知书。

5.1.2 分案申请的期限和费用

分案申请适用的各种法定期限，例如提出实质审查请求的期限，应当从原申请日起算。对于已经届满或者自分案申请递交日起至期限届满日不足两个月的各种期限，申请人可以自分案申请递交日起两个月内或者自收到受理通知书之日起十五日内补办各种手续；期满未补办的，审查员应当发出视为撤回通知书。

对于分案申请，应当视为一件新申请收取各种费用。对于已经届满或者自分案申请递交日起至期限届满日不足两个月的各种费用，申请人可以在自分案申请递交日起两个月内或者自收到受理通知书之日起十五日内补缴；期满未补缴或未缴足的，审查员应当发出视为撤回通知书。

5.2 涉及生物材料的申请

5.2.1 涉及生物材料的申请的核实

对于涉及生物材料的申请，申请人除应当使申请符合专利法及其实施细则的有关规定外，还应当办理下列手续：

（1）在申请日前或者最迟在申请日（有优先权的，指优先权日），将该生物材料样品提交至国家知识产权局认可的生物材料样品国际保藏单位保藏。

（2）在请求书和说明书中注明保藏该生物材料样品的单位名称、地址、保藏日期和编号，以及该生物材料的分类命名（注明拉丁文名称）。

（3）在申请文件中提供有关生物材料特征的资料。

（4）自申请日起四个月内提交保藏单位出具的保藏证明和存活证明。

初步审查中，对于已在规定期限内提交保藏证明的，审查员应当根据保藏证明核实下列各项内容：

（1）保藏单位

保藏单位应当是国家知识产权局认可的生物材料样品国际保藏单位，不符合规定的，审查员应当发出生物材料样品视为未保藏通知书。

（2）保藏日期

保藏日期应当在申请日之前或者在申请日（有优先权的，指优先权日）当天。不符合规定的，审查员应当发出生物材料样品视为未保藏通知书。

但是，保藏证明写明的保藏日期在所要求的优先权日之后，并且在申请日之前的，审查员应当发出办理手续补正通知书，要求申请人在指定的期限内撤回优先权要求或者声明该保藏证明涉及的生物材料的内容不要求享受优先权，期满未答复或者补正后仍不符合规定的，审查员应当发出生物材料样品视为未保藏通知书。

（3）保藏及存活证明和请求书的一致性

保藏及存活证明与请求书中所填写的项目应当一致，不一致的，审查员应当发出补正通知书，通知申请人在规定期限内补正。期满未补正的，审查员应当发出生物材料样品视为未保藏通知书。

初步审查中，对于未在规定期限内提交保藏证明的，该生物材料样品视为未提交保藏，审查员应当发出生物材料样品视为未保藏通知书。在自申请日起四个月内，申请人未提交生物材料存活证明，又没有说明未能提交该证明的正当理由的，该生物材料样品视为未提交保藏，审查员应当发出生物材料样品视为未保藏通知书。

提交生物材料样品保藏过程中发生样品死亡的，除申请人能够提供证据证明造成生物材料样品死亡并非申请人责任外，该生物材料样品视为未提交保藏，审查员应当发出生物材料样品视为未保藏通知书。申请人提供证明的，可以在自申请日起四个月内重新提供与原样品相同的新样品重新保藏，并以原提交保藏日为保藏日。

涉及生物材料的专利申请，申请人应当在请求书和说明书中分别写明生物材料的分类命名，保藏该生物材料样品的单位名称、地址、保藏日期和保藏编号，并且相一致（参见本指南第二部分第十章第9.2.1节）。申请时请求书和说明书都未写明的，申请人应当自申请日起四个月内补正，期满未补正的，视为未提交保藏。请求书和说明书填写不一致的，申请人可以在收到专利局通知书后，在指定的期限内补正，期满未补正的，视为未提交保藏。

5.2.2 保藏的恢复

审查员发出生物材料样品视为未保藏通知书后，申请人有正当理由的，可以根据专利法实施细则第六条第二款的规定启动恢复程序。除其他方面正当理由外，属于生物材料样品未提交保藏或未存活方面的正当理由如下：

（1）保藏单位未能在自申请日起四个月内作出保藏证明或者存活证明，并出具了证明文件；

（2）提交生物材料样品过程中发生生物材料样品死亡，申请人能够提供证据证明生物材料样品死亡并非申请人的责任。

5.3 涉及遗传资源的申请

就依赖遗传资源完成的发明创造申请专利，申请人应当在请求书中对于遗传资源的来源予以说明，并填写遗传资源来源披露登记表，写明该遗传资源的直接来源和原始来源。申请人无法说明原始来源的，应当陈述理由。对于不符合规定的，审查员应当发出补正通知书，通知申请人补正。期满未补正的，审查员应当发出视为撤回通知书。补正后仍不符合规定的，该专利申请应当被驳回。

6. 其他文件和相关手续的审查

6.1 委托专利代理机构

6.1.1 委 托

根据专利法第十九条第一款的规定，在中国内地没有经常居所或者营业所的外国人、外国企业或者外国其他组织在中国申请专利和办理其他专利事务，或者作为第一署名申请人与中国内地的申请人共同申请专利和办理其他专利事务的，应当委托专利代理机构办理。审查中发现上述申请人申请专利和办理其他专利事务时，未委托专利代理机构的，审查员应当发出审查意见通知书，通知申请人在指定期限内答复。申请人在指定期限内未答复的，其申请被视为撤回；申请人陈述意见或者补正后，仍然不符合专利法第十九条第一款规定的，该专利申请应当被驳回。

中国内地的单位或者个人可以委托专利代理机构在国内申请专利和办理其他专利事务。委托不符合规定的，审查员应当发出补正通知书，通知专利代理机构在指定期限内补正。期满未答复或者补正后仍不符合规定的，应当向申请人和被委托的专利代理机构发出视为未委托专利代理机构通知书。

在中国内地没有经常居所或者营业所的香港、澳门或者台湾地区的申请人向专利局提出专利申请和办理其他专利事务，或者作为第一署名申请人与中国内地的申请人共同申请专利和办理其他专利事务的，应当委托专利代理机构办理。未委托专利代理机构的，审查员应当发出审查意见通知书，通知申请人在指定期限内答复。申请人在指定期限内未答复的，审查员应当发出视为撤回通知书；申请人陈述意见或者补正后仍不符合规定的，该专利申请应当被驳回。

委托的双方当事人是申请人和被委托的专利代理机构。申请人有两个以上的，委托的双方当事人是全体申请人和被委托的专利代理机构。被委托的专利代理机构仅限一家，本指南另有规定的除外。专利代理机构接受委托后，应当指定该专利代理机构的专利代理人办理有关事务，被指定的专利代理人不得超过两名。

6.1.2 委 托 书

申请人委托专利代理机构向专利局申请专利和办理其他专利事务的，应当提交委托书。委托书应当使用专利局制定的标准表格，写明委托权限、发明创造名称、专利代理机构名称、专利代理人姓名，并应当与请求书中填写的内容一致。在专利申请确定申请号后提交委托书的，还应当注明专利申请号。

申请人是个人的，委托书应当由申请人签字或者盖章；申请人是单位的，应当加盖单位公章，同时也可以附有其法定代表人的签字或者盖章；申请人有两个以上的，应当由全体申请人签字或者盖章。此外，委托书还应当由专利代理机构加盖公章。

申请人委托专利代理机构的，可以向专利局交存总委托书；专利局收到符合规定的总委托书后，应当给出总委托书编号，并通知该专利代理机构。已交存总委托书的，在提出专利申请时可以不再提交专利代理委托书原件，而提交总委托书复印件，同时写明发明创造名称、专利代理机构名称、专利代理人姓名和专利局给出的总委托书编号，并加盖专利代理机构公章。

委托书不符合规定的，审查员应当发出补正通知书，通知专利代理机构在指定期限内补正。第一署名申请人是中国内地单位或者个人的，期满未答复或者补正后仍不符合规定的，审查员应当向双方当事人发出视为未委托专利代理机构通知书。第一署名申请人为外国人、外国企业或者外国其他组织的，期满未答复的，审查员应当发出视为撤回通知书；补正后仍不符合规定的，该专利申请应当被驳回。第一署名申请人是香港、澳门或者台湾地区的个人、企业或者其他组织的，期满未答复的，审查员应当发出视为撤回通知书；补正后仍不符合规定的，该专利申请应当被驳回。

6.1.3 解除委托和辞去委托

申请人（或专利权人）委托专利代理机构后，可以解除委托；专利代理机构接受申请人（或专利权人）委托后，可以辞去委托。办理解除委托和辞去委托手续的相关规定参见本章第6.7.2.4节。

6.2 要求优先权

要求优先权，是指申请人根据专利法第二十九条规定向专利局要求以其在先提出的专利申请为基础享有优先权。申请人要求优先权应当符合专利法第二十九条、第三十条、专利法实施细则第三十一条、第三十二条以及巴黎公约的有关规定。

申请人就相同主题的发明或者实用新型在外国第一次提出专利申请之日起十二个月内，或者就相同主题的外观设计在外国第一次提出专利申请之日起六个月内，又在中国提出申请的，依照该国同中国签订的协议或者共同参加的国际条约，或者依照相互承认优先权的原则，可以享有优先权。这种优先权称为外国优先权。

申请人就相同主题的发明或者实用新型在中国第一次提出专利申请之日起十二个月内，又以该发明专利申请为基础向专利局提出发明专利申请或者实用新型专利申请的，或者又以该实用新型专利申请为基础向专利局提出实用新型专利申请或者发明专利申请的，可以享有优先权。这种优先权称为本国优先权。

6.2.1 要求外国优先权

6.2.1.1 在先申请和要求优先权的在后申请

申请人向专利局提出一件专利申请并要求外国优先权的，审查员应当审查作为要求优先权基础的在先申请是否是在巴黎公约成员国内提出的，或者是对该成员国有效的地区申请或者国际申请；对于来自非巴黎公约成员国的要求优先权的申请，应当审查该国是否是承认我国优先权的国家；还应当审查要求优先权的申请人是否有权享受巴黎公约给予的权利，即申请人是否是巴黎公约成员国的国民或者居民，或者申请人是否是承认我国优先权的国家的国民或者居民。

审查员还应当审查要求优先权的在后申请是否是在规定的期限内提出的；不符合规定的，审查员应当发出视为未要求优先权通知书。在先申请有两项以上的，其期限从最早的在先申请的申请日起算，对于超过规定期限的，针对那项超出期限的要求优先权声明，审查员应当发出视为未要求优先权通知书。

初步审查中，对于在先申请是否是巴黎公约定义的第一次申请以及在先申请和在后申请的主题的实质内容是否相同均不予审查，除非第一次申请明显不符合巴黎公约的有关规定或者在先申请与在后申请的主题明显不相关。

在先申请可以是巴黎公约第四条定义的要求发明人证书的申请。

6.2.1.2 要求优先权声明

申请人要求优先权的，应当在提出专利申

请的同时在请求书中声明；未在请求书中提出声明的，视为未要求优先权。

申请人在要求优先权声明中应当写明作为优先权基础的在先申请的申请日、申请号和原受理机构名称；未写明或者错写在先申请日、申请号和原受理机构名称中的一项或者两项内容，而申请人已在规定的期限内提交了在先申请文件副本的，审查员应当发出办理手续补正通知书，期满未答复或者补正后仍不符合规定的，审查员应当发出视为未要求优先权通知书。

要求多项优先权而在声明中未写明或者错写某个在先申请的申请日、申请号和原受理机构名称中的一项或者两项内容，而申请人已在规定的期限内提交了该在先申请文件副本的，审查员应当发出办理手续补正通知书，期满未答复或者补正后仍不符合规定的，视为未要求该项优先权，审查员应当发出视为未要求优先权通知书。

6.2.1.3 在先申请文件副本

作为优先权基础的在先申请文件的副本应当由该在先申请的原受理机构出具。在先申请文件副本的格式应当符合国际惯例，至少应当表明原受理机构、申请人、申请日、申请号；不符合规定的，审查员应当发出办理手续补正通知书，期满未答复或者补正后仍不符合规定的，视为未提交在先申请文件副本，审查员应当发出视为未要求优先权通知书。

要求多项优先权的，应当提交全部在先申请文件副本，其中某份不符合规定的，审查员应当发出办理手续补正通知书，期满未答复或者补正后仍不符合规定的，视为未提交该在先申请文件副本，针对该在先申请文件副本对应的那项要求优先权声明，审查员应当发出视为未要求优先权通知书。

在先申请文件副本应当在提出在后申请之日起三个月内提交；期满未提交的，审查员应当发出视为未要求优先权通知书。

依照国家知识产权局与在先申请的受理机构签订的协议，专利局通过电子交换等途径从该受理机构获得在先申请文件副本的，视为申请人提交了经该受理机构证明的在先申请文件副本。

已向专利局提交过的在先申请文件副本，需要再次提交的，可以仅提交该副本的中文题录译文，但应当注明在先申请文件副本的原件所在案卷的申请号。

6.2.1.4 在后申请的申请人

要求优先权的在后申请的申请人与在先申请文件副本中记载的申请人应当一致，或者是在先申请文件副本中记载的申请人之一。

申请人完全不一致，且在先申请的申请人将优先权转让给在后申请的申请人的，应当在提出在后申请之日起三个月内提交由在先申请的全体申请人签字或者盖章的优先权转让证明文件。在先申请具有多个申请人，且在后申请具有多个与之不同的申请人的，可以提交由在先申请的所有申请人共同签字或者盖章的转让给在后申请的所有申请人的优先权转让证明文件；也可以提交由在先申请的所有申请人分别签字或者盖章的转让给在后申请的申请人的优先权转让证明文件。

申请人期满未提交优先权转让证明文件或者提交的优先权转让证明文件不符合规定的，审查员应当发出视为未要求优先权通知书。

6.2.2 要求本国优先权

6.2.2.1 在先申请和要求优先权的在后申请

在先申请和要求优先权的在后申请应当符合下列规定：

（1）在先申请应当是发明或者实用新型专利申请，不应当是外观设计专利申请，也不应当是分案申请。

（2）在先申请的主题没有要求过外国优先权或者本国优先权，或者虽然要求过外国优先权或者本国优先权，但未享有优先权。

（3）该在先申请的主题，尚未授予专利权。

（4）要求优先权的在后申请是在其在先申请的申请日起十二个月内提出的。

审查上述第（3）项时，以要求优先权的在后申请的申请日为时间判断基准。审查上述第（4）项时，对于要求多项优先权的，以最早的在先申请的申请日为时间判断基准,即要求优先权的在后申请的申请日是在最早的在先申请的申请日起十二个月内提出的。

在先申请不符合上述规定情形之一的,针对不符合规定的那项要求优先权声明,审查员应当发出视为未要求优先权通知书。

审查优先权时,如果发现专利局已经对在先申请发出授予专利权通知书和办理登记手续通知书,并且申请人已经办理了登记手续的,审查员应当针对在后申请发出视为未要求优先权通知书。初步审查中,审查员只审查在后申请与在先申请的主题是否明显不相关,不审查在后申请与在先申请的实质内容是否一致。当其申请的主题明显不相关时,审查员应当发出视为未要求优先权通知书。

6.2.2.2 要求优先权声明

申请人要求优先权的,应当在提出专利申请的同时在请求书中声明;未在请求书中提出声明的,视为未要求优先权。

申请人在要求优先权声明中应当写明作为优先权基础的在先申请的申请日、申请号和原受理机构名称(即中国)。未写明或者错写上述各项中的一项或者两项内容的,审查员应当发出办理手续补正通知书,期满未答复或者补正后仍不符合规定的,审查员应当发出视为未要求优先权通知书。

要求多项优先权而在声明中未写明或者错写某个在先申请的申请日、申请号和原受理机构名称中的一项或者两项内容的,审查员应当发出办理手续补正通知书,期满未答复或者补正后仍不符合规定的,视为未要求该项优先权,审查员应当发出视为未要求优先权通知书。

6.2.2.3 在先申请文件副本

在先申请文件的副本,由专利局根据规定制作。申请人要求本国优先权并且在请求书中写明了在先申请的申请日和申请号的,视为提交了在先申请文件副本。

6.2.2.4 在后申请的申请人

要求优先权的在后申请的申请人与在先申请中记载的申请人应当一致;不一致的,在后申请的申请人应当在提出在后申请之日起三个月内提交由在先申请的全体申请人签字或者盖章的优先权转让证明文件。在后申请的申请人期满未提交优先权转让证明文件,或者提交的优先权转让证明文件不符合规定的,审查员应当发出视为未要求优先权通知书。

6.2.2.5 视为撤回在先申请的程序

申请人要求本国优先权的,其在先申请自在后申请提出之日起即视为撤回。

申请人要求本国优先权,经初步审查认为符合规定的,审查员应当对在先申请发出视为撤回通知书。申请人要求两项以上本国优先权,经初步审查认为符合规定的,审查员应当针对相应的在先申请,发出视为撤回通知书。

被视为撤回的在先申请不得请求恢复。

6.2.3 优先权要求的撤回

申请人要求优先权之后,可以撤回优先权要求。申请人要求多项优先权之后,可以撤回全部优先权要求,也可以撤回其中某一项或者几项优先权要求。

申请人要求撤回优先权要求的,应当提交全体申请人签字或者盖章的撤回优先权声明书。符合规定的,审查员应当发出手续合格通知书。不符合规定的,审查员应当发出视为未提出通知书。

优先权要求撤回后,导致该专利申请的最早优先权日变更时,自该优先权日起算的各种期限尚未届满的,该期限应当自变更后的最早优先权日或者申请日起算,撤回优先权的请求是在原最早优先权日起十五个月之后到达专利局的,则在后专利申请的公布期限仍按照原最早优先权日起算。

要求本国优先权的,撤回优先权后,已按照专利法实施细则第三十二条第三款规定被视为撤回的在先申请不得因优先权要求的撤回而请求恢复。

6.2.4 优先权要求费

要求优先权的,应当在缴纳申请费的同时缴纳优先权要求费;期满未缴纳或者未缴足的,审查员应当发出视为未要求优先权通知书。

视为未要求优先权或者撤回优先权要求的,已缴纳的优先权要求费不予退回。

6.2.5 优先权要求的恢复

视为未要求优先权并属于下列情形之一的,申请人可以根据专利法实施细则第六条的规定请求恢复要求优先权的权利:

(1) 由于未在指定期限内答复办理手续补正通知书导致视为未要求优先权。

(2) 要求优先权声明中至少一项内容填写正确,但未在规定的期限内提交在先申请文件副本或者优先权转让证明。

(3) 要求优先权声明中至少一项内容填写正确,但未在规定期限内缴纳或者缴足优先权要求费。

(4) 分案申请的原申请要求了优先权。

有关恢复权利请求的处理规定,适用本指南第五部分第七章第6节的规定。

除以上情形外,其他原因造成被视为未要求优先权的,不予恢复。例如,由于提出专利申请时未在请求书中提出声明而视为未要求优先权的,不予恢复要求优先权的权利。

6.3 不丧失新颖性的公开

根据专利法第二十四条的规定,申请专利的发明创造在申请日(享有优先权的指优先权日)之前六个月内有下列情况之一的,不丧失新颖性:

(1) 在中国政府主办或者承认的国际展览会上首次展出的;

(2) 在规定的学术会议或者技术会议上首次发表的;

(3) 他人未经申请人同意而泄露其内容的。

6.3.1 在中国政府主办或者承认的国际展览会上首次展出

中国政府主办的国际展览会,包括国务院、各部委主办或者国务院批准由其他机关或者地方政府举办的国际展览会。中国政府承认的国际展览会,是指国际展览会公约规定的由国际展览局注册或者认可的国际展览会。所谓国际展览会,即展出的展品除了举办国的产品以外,还应当有来自外国的展品。

申请专利的发明创造在申请日以前六个月内在中国政府主办或者承认的国际展览会上首次展出过,申请人要求不丧失新颖性宽限期的,应当在提出申请时在请求书中声明,并在自申请日起两个月内提交证明材料。

国际展览会的证明材料,应当由展览会主办单位出具。证明材料中应当注明展览会展出日期、地点、展览会的名称以及该发明创造展出的日期、形式和内容,并加盖公章。

6.3.2 在规定的学术会议或者技术会议上首次发表

规定的学术会议或者技术会议,是指国务院有关主管部门或者全国性学术团体组织召开的学术会议或者技术会议,不包括省以下或者受国务院各部委或者全国性学术团体委托或者以其名义组织召开的学术会议或者技术会议。在后者所述的会议上的公开将导致丧失新颖性,除非这些会议本身有保密约定。

申请专利的发明创造在申请日以前六个月内在规定的学术会议或者技术会议上首次发表过,申请人要求不丧失新颖性宽限期的,应当在提出申请时在请求书中声明,并在自申请日起两个月内提交证明材料。

学术会议和技术会议的证明材料,应当由国务院有关主管部门或者组织会议的全国性学术团体出具。证明材料中应当注明会议召开的日期、地点、会议的名称以及该发明创造发表的日期、形式和内容,并加盖公章。

6.3.3 他人未经申请人同意而泄露其内容

他人未经申请人同意而泄露其内容所造成的公开,包括他人未遵守明示或者默示的保密信约而将发明创造的内容公开,也包括他人用威胁、欺诈或者间谍活动等手段从发明人或者申请人那里得知发明创造的内容而后造成的公开。

申请专利的发明创造在申请日以前六个月内他人未经申请人同意而泄露了其内容,若申请人在申请日前已获知,应当在提出专利申请时在请求书中声明,并在自申请日起两个月内提交证明材料。若申请人在申请日以后得知的,应当在得知情况后两个月内提出要求不丧失新颖性宽限期的声明,并附具证明材料。审查员认为必要时,可以要求申请人在指定期限内提交证明材料。

申请人提交的关于他人泄露申请内容的证明材料,应当注明泄露日期、泄露方式、泄露的内容,并由证明人签字或者盖章。

申请人要求享有不丧失新颖性宽限期但不符合上述规定的,审查员应当发出视为未要求不丧失新颖性宽限期的通知书。

6.4 实质审查请求

发明专利申请的实质审查程序主要依据申请人的实质审查请求而启动。

6.4.1 实质审查请求的相关要求

实质审查请求应当在自申请日(有优先权的,指优先权日)起三年内提出,并在此期限内缴纳实质审查费。

发明专利申请人请求实质审查时,应当提交在申请日(有优先权的,指优先权日)前与其发明有关的参考资料。

6.4.2 实质审查请求的审查及处理

对实质审查请求的审查按照下述要求进行:

(1)在实质审查请求的提出期限届满前三个月时,申请人尚未提出实质审查请求的,审查员应当发出期限届满前通知书。

(2)申请人已在规定期限内提交了实质审查请求书并缴纳了实质审查费,但实质审查请求书的形式仍不符合规定的,审查员可以发出视为未提出通知书;如果期限届满前通知书已经发出,则审查员应当发出办理手续补正通知书,通知申请人在规定期限内补正;期满未补正或者补正后仍不符合规定的,审查员应当发出视为未提出通知书。

(3)申请人未在规定的期限内提交实质审查请求书,或者未在规定的期限内缴纳或者缴足实质审查费的,审查员应当发出视为撤回通知书。

(4)实质审查请求符合规定的,在进入实质审查程序时,审查员应当发出发明专利申请进入实质审查阶段通知书。

6.5 提前公布声明

提前公布声明只适用于发明专利申请。

申请人提出提前公布声明不能附有任何条件。

提前公布声明不符合规定的,审查员应当发出视为未提出通知书;符合规定的,在专利申请初步审查合格后立即进入公布准备。进入公布准备后,申请人要求撤销提前公布声明的,该要求视为未提出,申请文件照常公布。

6.6 撤回专利申请声明

授予专利权之前,申请人随时可以主动要求撤回其专利申请。申请人撤回专利申请的,应当提交撤回专利申请声明,并附具全体申请人签字或者盖章同意撤回专利申请的证明材料,或者仅提交由全体申请人签字或者盖章的撤回专利申请声明。委托专利代理机构的,撤回专利申请的手续应当由专利代理机构办理,并附具全体申请人签字或者盖章同意撤回专利申请的证明材料,或者仅提交由专利代理机构和全体申请人签字或者盖章的撤回专利申请声明。

撤回专利申请不得附有任何条件。

撤回专利申请声明不符合规定的,审查员应当发出视为未提出通知书;符合规定的,审查员应当发出手续合格通知书。撤回专利申请的生效日为手续合格通知书的发文日。对于已经公布的发明专利申请,还应当在专利公报上予以公告。申请人无正当理由不得要求撤销撤回专利申请的声明;但在申请权非真正拥有人恶意撤回专利申请后,申请权真正拥有人(应当提交生效的法律文书来证明)可要求撤销撤回专利申请的声明。

撤回专利申请的声明是在专利申请进入公布准备后提出的,申请文件照常公布或者公告,但审查程序终止。

6.7 著录项目变更

著录项目(即著录事项)包括:申请号、申请日、发明创造名称、分类号、优先权事项(包括在先申请的申请号、申请日和原受理机构的名称)、申请人或者专利权人事项(包括申请人或者专利权人的姓名或者名称、国籍或者注册的国家或地区、地址、邮政编码、组织机构代码或者居民身份证件号码)、发明人姓名、专利代理事项(包括专利代理机构的名称、机构代码、地址、邮政编码、专利代理人姓名、执业证号码、联系电话)、联系人事项(包括姓名、地址、邮政编码、联系电话)以及代表人等。

其中有关人事的著录项目(指申请人或者专利权人事项、发明人姓名、专利代理事项、联系人事项、代表人)发生变化的,应当由当事人按照规定办理著录项目变更手续;其他著录项目发生变化的,可以由专利局根据情况依职权进行变更。

专利申请权(或专利权)转让或者因其他事由发生转移的,申请人(或专利权人)应当以著录项目变更的形式向专利局登记。

6.7.1 著录项目变更手续

6.7.1.1 著录项目变更申报书

办理著录项目变更手续应当提交著录项目变更申报书。一件专利申请的多个著录项目同时发生变更的,只需提交一份著录项目变更申报书;一件专利申请同一著录项目发生连续变更的,应当分别提交著录项目变更申报书;多件专利申请的同一著录项目发生变更的,即使变更的内容完全相同,也应当分别提交著录项目变更申报书。

6.7.1.2 著录项目变更手续费

办理著录项目变更手续应当按照规定缴纳著录项目变更手续费(即著录事项变更费)。专利局公布的专利收费标准中的著录项目变更手续费是指,一件专利申请每次每项申报著录项目变更的费用。针对一项专利申请(或专利),申请人在一次著录项目变更申报手续中对同一著录项目提出连续变更,视为一次变更。申请人请求变更发明人和/或申请人(或专利权人)的,应当缴纳著录项目变更手续费200元,请求变更专利代理机构和/或专利代理人的,应当缴纳著录项目变更手续费50元。

例如,在一次著录项目变更申报手续中申请人请求将一件专利申请的申请人从甲变更为乙,再从乙变更为丙,视为一次申请人变更,应当缴纳著录项目变更手续费200元。若同时变更发明人姓名,申请人也只需缴纳一项著录项目变更手续费200元。

又如,在一次著录项目变更申报手续中申请人请求将一件专利申请的申请人从甲变更为乙,同时变更专利代理机构和代理人,申请人应当缴纳著录项目变更手续费200元和代理机构、代理人变更手续费50元。

6.7.1.3 著录项目变更手续费缴纳期限

著录项目变更手续费应当自提出请求之日起一个月内缴纳,另有规定的除外;期满未缴纳或者未缴足的,视为未提出著录项目变更申报。

6.7.1.4 办理著录项目变更手续的人

未委托专利代理机构的,著录项目变更手续应当由申请人(或专利权人)或者其代表人办理;已委托专利代理机构的,应当由专利代理机构办理。因权利转移引起的变更,也可以由新的权利人或者其委托的专利代理机构办理。

6.7.2 著录项目变更证明文件

6.7.2.1 申请人(或专利权人)姓名或者名称变更

(1) 个人因更改姓名提出变更请求的,应当提交户籍管理部门出具的证明文件。

(2) 个人因填写错误提出变更请求的,应当提交本人签字或者盖章的声明及本人的身份证明文件。

(3) 企业法人因更名提出变更请求的,应当提交工商行政管理部门出具的证明文件。

(4) 事业单位法人、社会团体法人因更名提出变更请求的,应当提交登记管理部门出具的证明文件。

(5) 机关法人因更名提出变更请求的,应当提交上级主管部门签发的证明文件。

(6) 其他组织因更名提出变更请求的,应当提交登记管理部门出具的证明文件。

(7) 外国人、外国企业或者外国其他组织因更名提出变更请求的,应当参照以上各项规定提交相应的证明文件。

(8) 外国人、外国企业或者外国其他组织因更改中文译名提出变更请求的，应当提交申请人（或专利权人）的声明。

6.7.2.2 专利申请权（或专利权）转移

（1）申请人（或专利权人）因权属纠纷发生权利转移提出变更请求的，如果纠纷是通过协商解决的，应当提交全体当事人签字或者盖章的权利转移协议书。如果纠纷是由地方知识产权管理部门调解解决的，应当提交该部门出具的调解书；如果纠纷是由人民法院调解或者判决确定的，应当提交生效的人民法院调解书或者判决书，对一审法院的判决，收到判决书后，审查员应当通知其他当事人，确认是否提起上诉，在指定的期限内未答复或者明确不上诉的，应当依据此判决书予以变更；提起上诉的，当事人应当提交上级人民法院出具的证明文件，原人民法院判决书不发生法律效力；如果纠纷是由仲裁机构调解或者裁决确定的，应当提交仲裁调解书或者仲裁裁决书。

（2）申请人（或专利权人）因权利的转让或者赠与发生权利转移提出变更请求的，应当提交双方签字或者盖章的转让或者赠与合同。必要时还应当提交主体资格证明，例如：有当事人对专利申请权（或专利权）转让或者赠与有异议的；当事人办理专利申请权（或专利权）转移手续，多次提交的证明文件相互矛盾的；转让或者赠与协议中申请人或专利权人的签字或者盖章与案件中记载的签字或者盖章不一致的。该合同是由单位订立的，应当加盖单位公章或者合同专用章。公民订立合同的，由本人签字或者盖章。有多个申请人（或专利权人）的，应当提交全体权利人同意转让或者赠与的证明材料。❶

（3）专利申请权（或专利权）转让（或赠与）涉及外国人、外国企业或者外国其他组织的，应当符合下列规定：

（i）转让方、受让方均是外国人、外国企业或者外国其他组织的，应当提交双方签字或者盖章的转让合同。

（ii）对于发明或者实用新型专利申请（或专利），转让方是中国内地的个人或者单位，受让方是外国人、外国企业或者外国其他组织的，应当出具国务院商务主管部门颁发的《技术出口许可证》或者《自由出口技术合同登记证书》，或者地方商务主管部门颁发的《自由出口技术合同登记证书》，以及双方签字或者盖章的转让合同。

（iii）转让方是外国人、外国企业或者外国其他组织，受让方是中国内地个人或者单位的，应当提交双方签字或者盖章的转让合同。

中国内地的个人或者单位与外国人、外国企业或者外国其他组织作为共同转让方，受让方是外国人、外国企业或者外国其他组织的，适用本项（ii）的规定处理；中国内地的个人或者单位与外国人、外国企业或者外国其他组织作为共同受让方，转让方是外国人、外国企业或者外国其他组织的，适用本项（iii）的规定处理。

中国内地的个人或者单位与香港、澳门或者台湾地区的个人、企业或者其他组织作为共同转让方，受让方是外国人、外国企业或者外国其他组织的，参照本项（ii）的规定处理；中国内地的个人或者单位与香港、澳门或者台湾地区的个人、企业或者其他组织作为共同受让方，转让方是外国人、外国企业或者外国其他组织的，参照本项（iii）的规定处理。

转让方是中国内地的个人或者单位，受让方是香港、澳门或者台湾地区的个人、企业或者其他组织的，参照本项（ii）的规定处理。

（4）申请人（或专利权人）是单位，因其合并、分立、注销或者改变组织形式提出变更请求的，应当提交登记管理部门出具的证明文件。

（5）申请人（或专利权人）因继承提出变更请求的，应当提交经公证的当事人是唯一合法继承人或者当事人已包括全部法定继承人的证明文件。除另有明文规定外，共同继承人应当共同继承专利申请权（或专利权）。

（6）专利申请权（或专利权）因拍卖提出变更请求的，应当提交有法律效力的证明文件。

（7）专利权质押期间的专利权转移，除应

---

❶ 该项已根据2019年9月23日公布的国家知识产权局公告第三二八号修改。——编者注

当提交变更所需的证明文件外，还应当提交质押双方当事人同意变更的证明文件。

6.7.2.3 发明人变更

（1）因发明人更改姓名提出变更请求的，参照本章第6.7.2.1节第（1）项的规定。

（2）因漏填或者错填发明人提出变更请求的，应当提交由全体申请人（或专利权人）和变更前全体发明人签字或者盖章的证明文件。

（3）因发明人资格纠纷提出变更请求的，参照本章第6.7.2.2节第（1）项的规定。

（4）因更改中文译名提出变更请求的，应当提交发明人声明。

6.7.2.4 专利代理机构及代理人变更

（1）专利代理机构更名、迁址的，应当首先在国家知识产权局主管部门办理备案的注册变更手续，注册变更手续生效后，由专利局统一对其代理的全部有效专利申请及专利进行变更处理。专利代理人的变更应当由专利代理机构办理个案变更手续。

（2）办理解除委托或者辞去委托手续的，应当事先通知对方当事人。

解除委托时，申请人（或专利权人）应当提交著录项目变更申报书，并附具全体申请人（或专利权人）签字或者盖章的解聘书，或者仅提交由全体申请人（或专利权人）签字或者盖章的著录项目变更申报书。

辞去委托时，专利代理机构应当提交著录项目变更申报书，并附具申请人（或专利权人）或者其代表人签字或者盖章的同意辞去委托声明，或者附具由专利代理机构盖章的表明已通知申请人（或专利权人）的声明。

变更手续生效（即发出手续合格通知书）之前，原专利代理委托关系依然有效，且专利代理机构已为申请人（或专利权人）办理的各种事务在变更手续生效之后继续有效。变更手续不符合规定的，审查员应当向办理变更手续的当事人发出视为未提出通知书；变更手续符合规定的，审查员应当向当事人发出手续合格通知书。

对于第一署名申请人是在中国内地没有经常居所或者营业所的外国申请人的专利申请，在办理解除委托或者辞去委托手续时，申请人（或专利权人）应当同时委托新的专利代理机构，否则不予办理解除委托或者辞去委托手续，审查员应当发出视为未提出通知书。

对于第一署名申请人是在中国内地没有经常居所或者营业所的香港、澳门或者台湾地区申请人的专利申请，在办理解除委托或者辞去委托手续时，申请人（或专利权人）应当同时委托新的专利代理机构，否则不予办理解除委托或者辞去委托手续，审查员应当发出视为未提出通知书。

（3）申请人（或专利权人）更换专利代理机构的，应当提交由全体申请人（或专利权人）签字或者盖章的对原专利代理机构的解除委托声明以及对新的专利代理机构的委托书。

（4）专利申请权（或专利权）转移的，变更后的申请人（或专利权人）委托新专利代理机构的，应当提交变更后的全体申请人（或专利权人）签字或者盖章的委托书；变更后的申请人（或专利权人）委托原专利代理机构的，只需提交新增申请人（或专利权人）签字或者盖章的委托书。

6.7.2.5 申请人（或专利权人）国籍变更

申请人（或专利权人）变更国籍的，应当提交身份证明文件。

6.7.2.6 证明文件的形式要求

（1）提交的各种证明文件中，应当写明申请号（或专利号）、发明创造名称和申请人（或专利权人）姓名或者名称。

（2）一份证明文件仅对应一次著录项目变更请求，同一著录项目发生连续变更的，应当分别提交证明文件。

（3）各种证明文件应当是原件。证明文件是复印件的，应当经过公证或者由出具证明文件的主管部门加盖公章（原件在专利局备案确认的除外）；在外国形成的证明文件是复印件的，应当经过公证。

6.7.3 著录项目变更手续的审批

审查员应当依据当事人提交的著录项目变更申报书和附具的证明文件进行审查。著录项目变更申报手续不符合规定的，应当向办理变更手续的当事人发出视为未提出通知书；著录项目变更申报手续符合规定的，应当向有关当事人发出手续合格通知书，通知著录项目变更前后的情况，应当予以公告的，还应当同时通知准备公告的卷期号。

著录项目变更涉及权利转移的，手续合格通知书应当发给双方当事人。同一次提出的申请人（或专利权人）涉及多次变更的，手续合格通知书应当发给变更前的申请人（或专利权人）和变更最后的申请人（或专利权人）。手续合格通知书中的申请人（或专利权人）应当填写变更后的申请人（或专利权人）。涉及专利代理机构更换的，手续合格通知书应当发给变更前和变更后的专利代理机构。与此同时，审查员还应当作如下处理：

（1）涉及享有费用减缓的：

（i）申请人（或专利权人）全部变更的，变更后的申请人（或专利权人）未提出费用减缓请求的，不再予以费用减缓，审查员应当修改数据库中的费用减缓标记，并通知申请人（或专利权人）。

（ii）变更后申请人（或专利权人）增加的，新增的申请人（或专利权人）未提出费用减缓请求的，不再予以费用减缓，审查员应当修改数据库中的费用减缓标记，并通知申请人（或专利权人）。

（iii）变更后申请人（或专利权人）减少的，申请人（或专利权人）未再提出费用减缓请求的，费用减缓标准不变。

变更后的申请人（或专利权人）可以根据专利费用减缓办法重新办理请求费用减缓的手续。

（2）变更前申请人（或专利权人）填写了联系人的，变更后的申请人（或专利权人）未指定原联系人为其联系人的，审查员应当删除数据库中变更前的申请人（或专利权人）指定的联系人信息。

（3）涉及委托专利代理机构的，变更后的申请人（或专利权人）未委托专利代理机构的，审查员应当删除数据库中变更前的申请人（或专利权人）委托的专利代理机构信息。

（4）按规定应当在专利公报上公告变更情况的，例如专利权人的变更等，应当公告著录项目变更前后的情况。

（5）专利代理机构名称、地址变更以及按照专利代理条例撤销专利代理机构的，应当作如下处理：

（i）对于因专利代理机构的集体著录项目变更和专利代理机构被撤销需要统一处理的，统一修改数据库中有关著录项目。

（ii）被撤销专利代理机构的专利申请（或专利）的申请人（或专利权人）是中国内地个人或者单位的，自撤销公告之日起，第一署名申请人（或专利权人）视为专利申请的代表人，另有声明的除外。申请人（或专利权人）也可以重新委托其他专利代理机构。

6.7.4 著录项目变更的生效

（1）著录项目变更手续自专利局发出变更手续合格通知书之日起生效。专利申请权（或专利权）的转移自登记日起生效，登记日即上述的手续合格通知书的发文日。

（2）著录项目变更手续生效前，专利局发出的通知书以及已进入专利公布或公告准备的有关事项，仍以变更前为准。

7. 明显实质性缺陷的审查

7.1 根据专利法第二条第二款的审查

根据专利法第二条第二款的规定，专利法所称的发明是指对产品、方法或者其改进所提出的新的技术方案。

初步审查中，申请文件描述了"发明"的部分技术特征的，审查员可以不判断该技术方案是否完整，也可以不判断该技术方案能否实施。但是，申请文件仅描述了某些技术指标、优点和效果，而对解决技术问题的技术方案未作任何描述，甚至未描述任何技术内容的，审查员应当发出审查意见通知书，通知申请人在指定期限内陈述意见或者修改。申请人未在指定期限内答复的，审查员应当发出视为撤回通知书；申请人陈述意见或者补正后仍不符合规定的，审查员可以作出驳回决定。

7.2 根据专利法第五条的审查

根据专利法第五条的规定，对违反法律、

社会公德或者妨害公共利益的发明创造，以及违反法律、行政法规的规定获取或者利用遗传资源，并依赖该遗传资源完成的发明创造，不授予专利权。

初步审查中，审查员应当参照本指南第二部分第一章第3节的规定，对申请专利的发明是否明显违反法律、是否明显违反社会公德、是否明显妨害公共利益三个方面进行审查；对依赖遗传资源完成的发明创造，应当审查遗传资源的获取或利用是否明显违反法律、行政法规的规定。审查员认为专利申请的全部内容或者部分内容属于上述几个方面之一的，例如申请人提交下列或者类似申请："一种吸毒工具"、"一种赌博工具及其使用方法"，审查员应当发出审查意见通知书，说明理由，通知申请人在指定期限内陈述意见或者删除相应部分。申请人陈述的理由不足以说明该申请不属于专利法第五条规定的范围或者无充分理由而又拒绝删除相应部分的，应当作出驳回决定。申请人按照审查员意见删除相应部分，为使上下文内容达到文字上的连贯性而增加必要的文字应当允许。

上述所称违反专利法第五条的发明创造，不包括仅其实施为法律所禁止的发明创造。

7.3　根据专利法第二十条第一款的审查

根据专利法第二十条第一款的规定，申请人将在中国完成的发明向外国申请专利的，应当事先报经专利局进行保密审查。

根据专利法实施细则第八条第一款的规定，在中国完成的发明，是指技术方案的实质性内容在中国境内完成的发明。

初步审查中，审查员有理由认为申请人违反上述规定向外国申请专利的，对于其在国内就相同的发明提出的专利申请，应当发出审查意见通知书。申请人陈述的理由不足以说明该申请不属于上述情形的，审查员可以以不符合专利法第二十条第一款为理由，根据专利法第二十条第四款和专利法实施细则第四十四条的规定作出驳回决定。

7.4　根据专利法第二十五条的审查

根据专利法第二十五条的规定，下列各项不授予专利权：

（1）科学发现；
（2）智力活动的规则和方法；
（3）疾病的诊断和治疗方法；
（4）动物和植物品种；
（5）用原子核变换方法获得的物质。

对上述第（4）项所列产品的生产方法，可以依照专利法的规定授予专利权。

初步审查中，审查员应当参照本指南第二部分第一章第4节的规定，对申请专利的发明是否明显属于专利法第二十五条规定的不授予专利权的客体进行审查。审查员认为专利申请的全部内容属于专利法第二十五条所列情形之一的，例如申请人提交下列或者类似申请的："一颗新发现的小行星"、"一种人体疾病的诊断方法"，审查员应当发出审查意见通知书，说明理由，通知申请人在指定期限内陈述意见。申请人陈述的理由不足以说明该申请不属于上述情形之一的，审查员可以作出驳回决定。审查员认为专利申请的部分内容属于上述情形之一，而又难以从该申请中分割出来时，在初步审查中可不作处理，留待实质审查时处理。

7.5　根据专利法第三十一条第一款的审查

根据专利法第三十一条第一款的规定，一件发明专利申请应当限于一项发明，属于一个总的发明构思的两项以上的发明，可以作为一件申请提出。

初步审查中，只有当一件专利申请包含了两项以上完全不相关联的发明时，审查员才需发出审查意见通知书，通知申请人修改其专利申请，使其符合单一性规定；申请人无正当理由而又拒绝对其申请进行修改的，审查员可以作出驳回决定。

7.6　根据专利法第三十三条的审查

根据专利法第三十三条的规定，申请人可以对其专利申请文件进行修改。但是，对专利申请文件的修改不得超出原说明书和权利要求书记载的范围。

初步审查中，只有当审查员发出了审查意见通知书，要求申请人修改申请文件时，才需对申请人就此作出的修改是否明显超出原说明书和权利要求书记载范围进行审查。修改明显超范围的，例如申请人修改了数据或者扩大了数值范围，或者增加了原说明书中没有相应文字记载的技术方案的权利要求，或者增加一页或者数页原说明书或者权利要求中没有记载的发明的实质内容，审查员应当发出审查意见通知书，通知申请人该修改不符合专利法第三十三条的规定，申请人陈述意见或者补正后仍不符合规定的，审查员可以作出驳回决定。

在初步审查程序中，申请人根据专利法实施细则第五十一条的规定提出了主动修改文本的，审查员除对补正书进行形式审查外，仅需对主动修改的提出时机是否符合专利法实施细则第五十一条的规定进行核实。符合规定的，作出合格的处理意见后存档；不符合规定的，作出供实审参考的处理意见后存档。对主动修改文本的内容不进行审查，留待实质审查时处理。

7.7 根据专利法实施细则第十七条的审查

在说明书中，不得使用与技术无关的词句，也不得使用商业性宣传用语以及贬低或者诽谤他人或者他人产品的词句，但客观地指出背景技术所存在的技术问题不应当认为是贬低行为。说明书中应当记载发明的技术内容。说明书明显不符合上述规定的，审查员应当发出审查意见通知书，说明理由，并通知申请人在指定期限内陈述意见或者补正；申请人未在指定期限内答复的，审查员应当发出视为撤回通知书；申请人陈述意见或者补正后仍不符合规定的，审查员可以作出驳回决定。

初步审查中，只要说明书中描述了发明的部分技术特征，并且形式上符合本章第4.2节的规定，对其他实质性问题不必审查，留待实质审查时处理。

7.8 根据专利法实施细则第十九条的审查

权利要求书应当记载发明的技术特征。

权利要求书中不得使用与技术方案的内容无关的词句，例如"请求保护该专利的生产、销售权"等，不得使用商业性宣传用语，也不得使用贬低他人或者他人产品的词句。

初步审查中，权利要求书明显不符合上述规定的，审查员应当发出审查意见通知书，说明理由，并通知申请人在指定期限内陈述意见或者补正；申请人未在指定期限内答复的，审查员应当发出视为撤回通知书；申请人陈述意见或者补正后仍不符合规定的，审查员可以作出驳回决定。

8. 依职权修改

根据专利法实施细则第五十一条第四款的规定，对于发明专利申请文件中文字和符号的明显错误，审查员可以在初步审查合格之前依职权进行修改，并通知申请人。依职权修改的常见情形如下：

（1）请求书：修改申请人地址或联系人地址中漏写、错写或者重复填写的省（自治区、直辖市）、市、邮政编码等信息。

（2）权利要求书和说明书：改正明显的文字错误和标点符号错误，修改明显的文本编辑错误，删除明显多余的信息。但是，可能导致原始申请文件记载范围发生变化的修改，不属于依职权修改的范围。

（3）摘要：添加明显遗漏的内容，改正明显的文字错误和标点符号错误，删除明显多余的信息，指定摘要附图。

第二章 实用新型专利申请的初步审查

1. 引 言

根据专利法第三条和第四十条的规定，专利局受理和审查实用新型专利申请，经初步审查没有发现驳回理由的，作出授予实用新型专利权的决定，发给相应的专利证书，同时予以登记和公告。因此，实用新型专利申请的初步审查是受理实用新型专利申请之后、授予专利权之前的一个必要程序。

实用新型专利申请初步审查的范围是：

（1）申请文件的形式审查，包括专利申请是否包含专利法第二十六条规定的申请文件，以及这些文件是否符合专利法实施细则第二条、第三条、第十六条至第二十三条、第四十条、第四十二条、第四十三条第二款和第三款、第五十一条、第五十二条、第一百一十九条、第一百二十一条的规定。

(2) 申请文件的明显实质性缺陷审查，包括专利申请是否明显属于专利法第五条、第二十五条规定的情形，是否不符合专利法第十八条、第十九条第一款、第二十条第一款的规定，是否明显不符合专利法第二条第三款、第二十二条第二款或第四款、第二十六条第三款或第四款、第三十一条第一款、第三十三条或专利法实施细则第十七条至第二十二条、第四十三条第一款的规定，是否依照专利法第九条规定不能取得专利权。

(3) 其他文件的形式审查，包括与专利申请有关的其他手续和文件是否符合专利法第十条第二款、第二十四条、第二十九条、第三十条以及专利法实施细则第二条、第三条、第六条、第十五条、第三十条、第三十一条第一款至第三款、第三十二条、第三十三条、第三十六条、第四十五条、第八十六条、第一百条、第一百一十九条的规定。

(4) 有关费用的审查，包括专利申请是否按照专利法实施细则第九十三条、第九十五条、第九十九条的规定缴纳了相关费用。

2. 审查原则

初步审查程序中，审查员应当遵循以下审查原则。

(1) 保密原则

审查员在专利申请的审批程序中，根据有关保密规定，对于尚未公布、公告的专利申请文件和与专利申请有关的其他内容，以及其他不适宜公开的信息负有保密责任。

(2) 书面审查原则

审查员应当以申请人提交的书面文件为基础进行审查，审查意见（包括补正通知）和审查结果应当以书面形式通知申请人。初步审查程序中，原则上不进行会晤。

(3) 听证原则

审查员在作出驳回决定之前，应当将驳回所依据的事实、理由和证据通知申请人，至少给申请人一次陈述意见和/或修改申请文件的机会。审查员作出驳回决定时，驳回决定所依据的事实、理由和证据，应当是已经通知过申请人的，不得包含新的事实、理由和/或证据。

(4) 程序节约原则

在符合规定的情况下，审查员应当尽可能提高审查效率，缩短审查过程。对于存在可以通过补正克服的缺陷的申请，审查员应当进行全面审查，并尽可能在一次补正通知书中指出全部缺陷。对于存在不可能通过补正克服的实质性缺陷的申请，审查员可以不对申请文件和其他文件的形式缺陷进行审查，在审查意见通知书中可以仅指出实质性缺陷。对于申请文件中的缺陷均可以通过依职权修改克服的申请，审查员可以不发出补正通知书。

除遵循以上原则外，审查员在作出视为未提出、视为撤回、驳回等处分决定的同时，应当告知申请人可以启动的后续程序。

3. 审查程序

3.1 授予专利权通知

实用新型专利申请经初步审查没有发现驳回理由的，审查员应当作出授予实用新型专利权通知。能够授予专利权的实用新型专利申请包括不需要补正就符合初步审查要求的专利申请，以及经过补正符合初步审查要求的专利申请。

授予专利权通知书除收件人信息、著录项目外，还应指明授权所依据的文本和实用新型名称。审查员依职权修改的，还应当写明依职权修改的内容。

3.2 申请文件的补正

初步审查中，对于申请文件存在可以通过补正克服的缺陷的专利申请，审查员应当进行全面审查，并发出补正通知书。经申请人补正后，申请文件仍然存在缺陷的，审查员应当再次发出补正通知书。

补正通知书除收件人信息、著录项目外，还应包括如下内容：

(1) 指出补正通知书所针对的是申请人何时提交的何种文件；

(2) 明确具体地指出申请文件中存在的缺陷，并指出其不符合专利法及其实施细则的有关条款；

(3) 明确具体地说明审查员的倾向性意见

和可能的建议，使申请人能够理解审查员的意图；

（4）指定申请人答复补正通知书的期限；

（5）提示申请人补正时的文件种类和数量要求。

3.3 明显实质性缺陷的处理

初步审查中，如果审查员认为申请文件存在不可能通过补正方式克服的明显实质性缺陷，应当发出审查意见通知书。

审查意见通知书除收件人信息、著录项目外，还应包括如下内容：

（1）指出审查意见通知书所针对的是申请人何时提交的何种文件；

（2）明确具体地指出申请文件中存在的缺陷，并指出其不符合专利法及其实施细则的有关条款，对申请文件存在的明显实质性缺陷的事实，必要时还应结合有关证据进行分析；

（3）说明审查员将根据专利法及其实施细则的有关规定准备驳回专利申请的倾向性意见；

（4）指定申请人答复审查意见通知书的期限。

3.4 通知书的答复

申请人在收到补正通知书或者审查意见通知书后，应当在指定的期限内补正或者陈述意见。申请人对专利申请进行补正的，应当提交补正书和相应修改文件替换页。申请文件的修改替换页应当一式两份，其他文件只需提交一份。对申请文件的修改，应当针对通知书指出的缺陷进行修改。修改的内容不得超出申请日提交的说明书和权利要求书记载的范围。

申请人期满未答复的，审查员应当根据情况发出视为撤回通知书或者其他通知书。申请人因正当理由难以在指定的期限内作出答复的，可以提出延长期限请求。有关延长期限请求的处理，适用本指南第五部分第七章第4节的规定。

对于因不可抗拒事由或者因其他正当理由耽误期限而导致专利申请被视为撤回的，申请人可以在规定的期限内向专利局提出恢复权利的请求。有关恢复权利请求的处理，适用本指南第五部分第七章第6节的规定。

3.5 申请的驳回

3.5.1 驳回条件

申请文件存在审查员认为不可能通过补正方式克服的明显实质性缺陷，审查员发出审查意见通知书后，在指定的期限内申请人未提出有说服力的意见陈述和/或证据，也未针对通知书指出的缺陷进行修改，例如仅改变了错别字或改变了表述方式，审查员可以作出驳回决定。如果是针对通知书指出的缺陷进行了修改，即使所指出的缺陷仍然存在，也应当给申请人再次陈述和/或修改文件的机会。对于此后再次修改涉及同类缺陷的，如果修改后的申请文件仍然存在已通知过申请人的缺陷，审查员可以作出驳回决定。

申请文件存在可以通过补正方式克服的缺陷，审查员针对该缺陷已发出过两次补正通知书，并且在指定的期限内经申请人陈述意见或者补正后仍然没有消除的，审查员可以作出驳回决定。

3.5.2 驳回决定正文

驳回决定正文包括案由、驳回的理由以及决定三个部分。

（1）在案由部分，应当指明驳回决定所针对的申请文本，并简述被驳回申请的审查过程。

（2）在驳回的理由部分，应当详细论述驳回决定所依据的事实、理由和证据，尤其应当注意下列各项要求：

（i）正确选用法律条款。当可以同时根据专利法及其实施细则的不同条款驳回专利申请时，应当选择其中最为适合、占主导地位的条款作为驳回的主要法律依据，同时简要指出申请中存在的其他实质性缺陷。驳回的法律依据应当包含在专利法实施细则第四十四条所列的法律条款中。

（ii）以令人信服的事实、理由和证据作为驳回的依据，而且对于这些事实、理由和证据的听证，已经符合驳回条件。

（iii）经多次补正仍然存在缺陷而驳回专利申请的，应当明确指出针对该缺陷已经发出过两次或两次以上补正通知书，并且最后一次补正文件仍然存在该缺陷。

(iv) 以专利法第二条第三款、第五条、第九条、第二十条第一款、第二十二条第二款或第四款、第二十五条、第二十六条第三款或第四款、第三十一条第一款、第三十三条或专利法实施细则第二十条、第四十三条第一款为理由驳回专利申请的，应当对申请文件中的明显实质性缺陷进行分析。

审查员在驳回理由部分还应当对申请人的争辩意见进行简要的评述。

(3) 在决定部分，应当明确指出该专利申请不符合专利法及其实施细则的相应条款，并根据专利法实施细则第四十四条第二款的规定作出驳回该专利申请的结论。

3.6 前置审查和复审后的处理

因不符合专利法及其实施细则的规定，专利申请被驳回，申请人对驳回决定不服的，可以在规定的期限内向专利复审委员会提出复审请求。对复审请求的前置审查及复审后的处理，参照本指南第二部分第八章第8节的规定。

4. 其他文件和相关手续的审查

4.1 委托专利代理机构

适用本部分第一章第6.1节的规定。

4.2 要求优先权

适用本部分第一章第6.2节的规定。

4.3 不丧失新颖性的公开

适用本部分第一章第6.3节的规定。

4.4 撤回专利申请声明

适用本部分第一章第6.6节的规定。

4.5 著录项目变更

适用本部分第一章第6.7节的规定。

5. 根据专利法第五条和第二十五条的审查

对实用新型专利申请是否明显属于专利法第五条、第二十五条规定的不授予专利权的申请的审查，参照本指南第二部分第一章第3节和第4节的规定。

6. 根据专利法第二条第三款的审查

根据专利法第二条第三款的规定，专利法所称实用新型，是指对产品的形状、构造或者其结合所提出的适于实用的新的技术方案。这是对可以获得专利保护的实用新型的一般性定义，而不是判断新颖性、创造性、实用性的具体审查标准。

6.1 实用新型专利只保护产品

根据专利法第二条第三款的规定，实用新型专利只保护产品。所述产品应当是经过产业方法制造的，有确定形状、构造且占据一定空间的实体。

一切方法以及未经人工制造的自然存在的物品不属于实用新型专利保护的客体。

上述方法包括产品的制造方法、使用方法、通信方法、处理方法、计算机程序以及将产品用于特定用途等。

例如，齿轮的制造方法、工作间的除尘方法或数据处理方法，自然存在的雨花石等不属于实用新型专利保护的客体。

一项发明创造可能既包括对产品形状、构造的改进，也包括对生产该产品的专用方法、工艺或构成该产品的材料本身等方面的改进。但是实用新型专利仅保护针对产品形状、构造提出的改进技术方案。

应当注意的是：

(1) 权利要求中可以使用已知方法的名称限定产品的形状、构造，但不得包含方法的步骤、工艺条件等。例如，以焊接、铆接等已知方法名称限定各部件连接关系的，不属于对方法本身提出的改进。

(2) 如果权利要求中既包含形状、构造特征，又包含对方法本身提出的改进，例如含有对产品制造方法、使用方法或计算机程序进行限定的技术特征，则不属于实用新型专利保护的客体。例如，一种木质牙签，主体形状为圆柱形，端部为圆锥形，其特征在于：木质牙签加工成形后，浸泡于医用杀菌剂中5～20分钟，然后取出晾干。由于该权利要求包含了对方法本身提出的改进，因而不属于实用新型专利保护的客体。

6.2 产品的形状和/或构造

根据专利法第二条第三款的规定，实用新

型应当是针对产品的形状和/或构造所提出的改进。

6.2.1 产品的形状

产品的形状是指产品所具有的、可以从外部观察到的确定的空间形状。

对产品形状所提出的改进可以是对产品的三维形态所提出的改进，例如对凸轮形状、刀具形状作出的改进；也可以是对产品的二维形态所提出的改进，例如对型材的断面形状的改进。

无确定形状的产品，例如气态、液态、粉末状、颗粒状的物质或材料，其形状不能作为实用新型产品的形状特征。

应当注意的是：

（1）不能以生物的或者自然形成的形状作为产品的形状特征。例如，不能以植物盆景中植物生长所形成的形状作为产品的形状特征，也不能以自然形成的假山形状作为产品的形状特征。

（2）不能以摆放、堆积等方法获得的非确定的形状作为产品的形状特征。

（3）允许产品中的某个技术特征为无确定形状的物质，如气态、液态、粉末状、颗粒状物质，只要其在该产品中受该产品结构特征限制即可，例如，对温度计的形状构造所提出的技术方案中允许写入无确定形状的酒精。

（4）产品的形状可以是在某种特定情况下所具有的确定的空间形状。例如，具有新颖形状的冰杯、降落伞等。又如，一种用于钢带运输和存放的钢带包装壳，由内钢圈、外钢圈、捆带、外护板以及防水复合纸等构成，若其各部分按照技术方案所确定的相互关系将钢带包装起来后形成确定的空间形状，这样的空间形状不具有任意性，则钢带包装壳属于实用新型专利保护的客体。

6.2.2 产品的构造

产品的构造是指产品的各个组成部分的安排、组织和相互关系。

产品的构造可以是机械构造，也可以是线路构造。机械构造是指构成产品的零部件的相对位置关系、连接关系和必要的机械配合关系等；线路构造是指构成产品的元器件之间的确定的连接关系。

复合层可以认为是产品的构造，产品的渗碳层、氧化层等属于复合层结构。

物质的分子结构、组分、金相结构等不属于实用新型专利给予保护的产品的构造。例如，仅改变焊条药皮组分的电焊条不属于实用新型专利保护的客体。

应当注意的是：

（1）权利要求中可以包含已知材料的名称，即可以将现有技术中的已知材料应用于具有形状、构造的产品上，例如复合木地板、塑料杯、记忆合金制成的心脏导管支架等，不属于对材料本身提出的改进。

（2）如果权利要求中既包含形状、构造特征，又包含对材料本身提出的改进，则不属于实用新型专利保护的客体。例如，一种菱形药片，其特征在于，该药片是由20%的A组分、40%的B组分及40%的C组分构成的。由于该权利要求包含了对材料本身提出的改进，因而不属于实用新型专利保护的客体。

6.3 技术方案

专利法第二条第三款所述的技术方案，是指对要解决的技术问题所采取的利用了自然规律的技术手段的集合。技术手段通常是由技术特征来体现的。

未采用技术手段解决技术问题，以获得符合自然规律的技术效果的方案，不属于实用新型专利保护的客体。

产品的形状以及表面的图案、色彩或者其结合的新方案，没有解决技术问题的，不属于实用新型专利保护的客体。产品表面的文字、符号、图表或者其结合的新方案，不属于实用新型专利保护的客体。例如：仅改变按键表面文字、符号的计算机或手机键盘；以十二生肖形状为装饰的开罐刀；仅以表面图案设计为区别特征的棋类、牌类，如古诗扑克等。

7. 申请文件的审查

7.1 请求书

适用本部分第一章第4.1节的规定。

7.2 说明书

初步审查中,对说明书是否明显不符合专利法第二十六条第三款以及专利法实施细则第十七条第一款至第三款的规定进行审查。涉及专利法第二十六条第三款的审查,参照本指南第二部分第二章第2.1节的规定。

说明书的审查包括下述内容:

(1) 说明书应当对实用新型作出清楚、完整的说明,以所属技术领域的技术人员能够实现为准;所属技术领域的技术人员能够实现,是指所属技术领域的技术人员按照说明书记载的内容,就能够实现该实用新型的技术方案,解决其技术问题,并且产生预期的技术效果。

(2) 说明书应当写明实用新型的名称,该名称应当与请求书中的名称一致,说明书还应当包括技术领域、背景技术、实用新型内容、附图说明和具体实施方式等五个部分,并且在每个部分前面写明标题。

(3) 说明书中实用新型内容部分应当描述实用新型所要解决的技术问题、解决其技术问题所采用的技术方案、对照背景技术写明实用新型的有益效果,并且所要解决的技术问题、所采用的技术方案和有益效果应当相互适应,不得出现相互矛盾或不相关联的情形。

(4) 说明书中记载的实用新型内容应当与权利要求所限定的相应技术方案的表述相一致。

(5) 说明书中应当写明各幅附图的图名,并且对图示的内容作简要说明。附图不止一幅的,应当对所有附图作出图面说明。

(6) 说明书中具体实施方式部分至少应给出一个实现该实用新型的优选方式,并且应当对照附图进行说明。

(7) 说明书应当用词规范、语句清楚,用技术术语准确地表达实用新型的技术方案,并不得使用"如权利要求……所述的……"一类的引用语,也不得使用商业性宣传用语及贬低他人或者他人产品的词句。

(8) 说明书文字部分可以有化学式、数学式或者表格,但不得有插图,包括流程图、方框图、曲线图、相图等,它们只可以作为说明书的附图。

(9) 说明书文字部分写有附图说明但说明书缺少相应附图的,应当通知申请人取消说明书文字部分的附图说明,或者在指定的期限内补交相应附图。申请人补交附图的,以向专利局提交或者邮寄补交附图之日为申请日,审查员应当发出重新确定申请日通知书。申请人取消相应附图说明的,保留原申请日。

(10) 说明书应当用阿拉伯数字顺序编写页码。

7.3 说明书附图

附图是说明书的一个组成部分。附图的作用在于用图形补充说明书文字部分的描述,使人能够直观地、形象地理解实用新型的每个技术特征和整体技术方案。因此,说明书附图应该清楚地反映实用新型的内容。

根据专利法实施细则第十七条第五款和第十八条的规定对说明书附图进行审查。说明书附图的审查包括下述内容:

(1) 附图不得使用工程蓝图、照片。

(2) 附图应当使用包括计算机在内的制图工具和黑色墨水绘制,线条应当均匀清晰,并不得着色和涂改;附图的周围不得有与图无关的框线。

(3) 附图应当用阿拉伯数字顺序编号,用图1、图2等表示,并应当标注在相应附图的正下方。

(4) 附图应当尽量竖向绘制在图纸上,彼此明显分开。当零件横向尺寸明显大于竖向尺寸必须水平布置时,应当将附图的顶部置于图纸的左边。一页图纸上有两幅以上的附图,且有一幅已经水平布置时,该页上其他附图也应当水平布置。

(5) 附图的大小及清晰度,应当保证在该图缩小到三分之二时仍能清晰地分辨出图中的各个细节,以能够满足复印、扫描的要求为准。

(6) 一件专利申请有多幅附图时,在用于表示同一实施方式的各附图中,表示同一组成部分(同一技术特征或者同一对象)的附图标记应当一致。说明书中与附图中使用的相同的附图标记应当表示同一组成部分。说明书文字部分中未提及的附图标记不得在附图中出现,附图中未出现的附图标记也不得在说明书文字部分中提及。

（7）附图中除必需的词语外，不得含有其他的注释；词语应当使用中文，必要时，可以在其后的括号里注明原文。

（8）结构框图、逻辑框图、工艺流程图应当在其框内给出必要的文字和符号。

（9）同一幅附图中应当采用相同比例绘制，为清楚显示其中某一组成部分时可增加一幅局部放大图。

（10）说明书附图中应当有表示要求保护的产品的形状、构造或者其结合的附图，不得仅有表示现有技术的附图，也不得仅有表示产品效果、性能的附图，例如温度变化曲线图等。

（11）说明书附图应当用阿拉伯数字顺序编写页码。

7.4 权利要求书

初步审查中，对权利要求书是否明显不符合专利法第二十六条第四款以及专利法实施细则第十九条至第二十二条的规定进行审查。涉及专利法第二十六条第四款的审查，参照本指南第二部分第二章第3.2节的规定。

权利要求书的审查包括下述内容：

（1）权利要求书应当以说明书为依据，清楚、简要地限定要求专利保护的范围。

（2）权利要求书应当记载实用新型的技术特征。

（3）独立权利要求应当从整体上反映实用新型的技术方案；除必须用其他方式表达的以外，独立权利要求应当包括前序部分和特征部分，前序部分应写明要求保护的实用新型技术方案的主题名称和实用新型主题与最接近的现有技术共有的必要技术特征，特征部分使用"其特征是……"或者类似的用语，写明实用新型区别于最接近的现有技术的技术特征。

（4）从属权利要求应当用附加技术特征，对引用的权利要求作进一步的限定，其撰写应当包括引用部分和限定部分，引用部分写明引用的权利要求的编号及与独立权利要求一致的主题名称，限定部分写明实用新型附加的技术特征。

（5）一项实用新型应当只有一个独立权利要求，并应写在同一项实用新型的从属权利要求之前。

（6）在权利要求中作出记载但未记载在说明书中的内容应当补入说明书中。

（7）权利要求中不得包含不产生技术效果的特征。

（8）权利要求中一般不得含有用图形表达的技术特征。

（9）权利要求中应当尽量避免使用功能或者效果特征来限定实用新型，特征部分不得单纯描述实用新型功能，只有在某一技术特征无法用结构特征来限定，或者技术特征用结构特征限定不如用功能或者效果特征来限定更为恰当，而且该功能或者效果在说明书中有充分说明时，使用功能或者效果特征来限定实用新型才可能是允许的。

（10）权利要求中不得使用技术概念模糊或含义不确定的用语。

（11）权利要求中不得使用与技术方案的内容无关的词句，例如"请求保护该专利的生产、销售权"等，也不得使用商业性宣传用语及贬低他人或者他人产品的词句。

此外，权利要求书还应当符合下列形式要求：

（1）每一项权利要求仅允许在权利要求的结尾处使用句号；一项权利要求可以用一个自然段表述，也可以在一个自然段中分行或者分小段表述，分行和分小段处只可用分号或逗号，必要时可在分行或小段前给出其排序的序号。

（2）权利要求书不得加标题。

（3）权利要求书中有几项权利要求的，应当用阿拉伯数字顺序编号。

（4）权利要求中可以有化学式或者数学式，但不得有插图，通常也不得有表格。除绝对必要外，不得使用"如说明书……部分所述"或者"如图……所示"的用语。

（5）权利要求中的技术特征可以引用说明书附图中相应的标记，以帮助理解权利要求所记载的技术方案。但是，这些标记应当用括号括起来，并放在相应的技术特征后面，权利要求中使用的附图标记,应当与说明书附图标记一致。

(6)从属权利要求只能引用在前的权利要求。引用两项以上权利要求的多项从属权利要求只能以择一方式引用在前的权利要求,并不得作为被另一项多项从属权利要求引用的基础,即在后的多项从属权利要求不得引用在前的多项从属权利要求。

(7)权利要求书应当用阿拉伯数字顺序编写页码。

7.5 说明书摘要

根据专利法实施细则第二十三条的规定,对说明书摘要进行审查。说明书摘要的审查包括下述内容:

(1)摘要应当写明实用新型的名称和所属的技术领域,清楚反映所要解决的技术问题,解决该问题的技术方案的要点以及主要用途,尤其应当写明反映该实用新型相对于背景技术在形状和构造上作出改进的技术特征,不得写成广告或者单纯功能性的产品介绍。

(2)摘要不得用实用新型名称作为标题。

(3)摘要可以有化学式或数学式。

(4)摘要文字部分(包括标点符号)不得超过300个字。

(5)说明书摘要应当有摘要附图,申请人应当提交一幅从说明书附图中选出的能够反映技术方案的附图作为摘要附图。

7.6 申请文件出版条件的格式审查

适用本部分第一章第4.6节的规定。

8. 根据专利法第三十三条的审查

根据专利法第三十三条的规定,申请人可以对其实用新型专利申请文件进行修改,但是,对申请文件的修改不得超出原说明书和权利要求书记载的范围。

如果申请人对申请文件进行修改时,加入了所属技术领域的技术人员不能从原说明书和权利要求书中直接地、毫无疑义地确定的内容,这样的修改被认为超出了原说明书和权利要求书记载的范围。

申请人从申请中删除某个或者某些特征,也有可能导致超出原说明书和权利要求书记载的范围。

说明书中补入原权利要求书中记载而原说明书中没有描述过的技术特征,并作了扩大其内容的描述的,被认为修改超出了原说明书和权利要求书记载的范围。

说明书中补入原说明书和权利要求书中没有记载的技术特征并且借助原说明书附图表示的内容不能毫无疑义地确定的,被认为修改超出了原说明书和权利要求书记载的范围。

应当注意的是:

(1)对明显错误的更正,不能被认为超出了原说明书和权利要求书记载的范围。所谓明显错误,是指不正确的内容可以从原说明书、权利要求书的上下文中清楚地判断出来,没有作其他解释或者修改的可能。

(2)对于附图中明显可见并有唯一解释的结构,允许补入说明书并写入权利要求书中。

根据专利法实施细则第五十一条的规定,申请人可以自申请日起两个月内对实用新型专利申请文件主动提出修改。此外,申请人在收到专利局的审查意见通知书或者补正通知书后,应当针对通知书指出的缺陷进行修改。

8.1 申请人主动修改

对于申请人的主动修改,审查员应当首先核对提出修改的日期是否在自申请日起两个月内。对于超过两个月的修改,如果修改的文件消除了原申请文件存在的缺陷,并且具有被授权的前景,则该修改文件可以接受。对于不予接受的修改文件,审查员应当发出视为未提出通知书。

对于在两个月内提出的主动修改,审查员应当审查其修改是否超出原说明书和权利要求书记载的范围。修改超出原说明书和权利要求书记载的范围的,审查员应当发出审查意见通知书,通知申请人该修改不符合专利法第三十三条的规定。申请人陈述意见或补正后仍然不符合规定的,审查员可以根据专利法第三十三条和专利法实施细则第四十四条的规定作出驳回决定。

8.2 针对通知书指出的缺陷进行修改

对于申请人答复通知书时所作的修改,审

查员应当审查该修改是否超出原说明书和权利要求书记载的范围以及是否针对通知书指出的缺陷进行修改。对于申请人提交的包含有并非针对通知书所指出的缺陷进行修改的修改文件，如果其修改符合专利法第三十三条的规定，并消除了原申请文件存在的缺陷，且具有授权的前景，则该修改可以被视为是针对通知书指出的缺陷进行的修改，经此修改的申请文件应当予以接受。对于不符合专利法实施细则第五十一条第三款规定的修改文本，审查员可以发出通知书，通知申请人该修改文本不予接受，并说明理由，要求申请人在指定期限内提交符合专利法实施细则第五十一条第三款规定的修改文本，同时应当指出，如果申请人再次提交的修改文本仍然不符合专利法实施细则第五十一条第三款的规定，审查员将针对修改前的文本继续审查，例如作出授权或驳回决定。

如果申请人提交的修改文件超出了原说明书和权利要求书记载的范围，审查员应当发出审查意见通知书，通知申请人该修改不符合专利法第三十三条的规定。申请人陈述意见或补正后仍然不符合规定的，审查员可以根据专利法第三十三条和专利法实施细则第四十四条的规定作出驳回决定。

8.3 审查员依职权修改

审查员在作出授予实用新型专利权通知前，可以对申请文件中文字和符号的明显错误依职权进行修改。依职权修改的内容如下：

（1）请求书：修改申请人地址或联系人地址中漏写、错写或者重复填写的省（自治区、直辖市）、市、邮政编码等信息。

（2）说明书：修改明显不适当的实用新型名称和/或所属技术领域；改正错别字、错误的符号、标记等；修改明显不规范的用语；增补说明书各部分所遗漏的标题；删除附图中不必要的文字说明等。

（3）权利要求书：改正错别字、错误的标点符号、错误的附图标记、附图标记增加括号。但是，可能引起保护范围变化的修改，不属于依职权修改的范围。

（4）摘要：修改摘要中不适当的内容及明显的错误，指定摘要附图。

审查员依职权修改的内容，应当在文档中记载并通知申请人。

9. 根据专利法第三十一条第一款的审查

根据专利法第三十一条第一款以及专利法实施细则第三十四条的规定对实用新型专利申请明显缺乏单一性的缺陷进行审查。在实用新型的初步审查中，确定特定技术特征时一般依据申请文件中所描述的背景技术。

有关单一性的审查参照本指南第二部分第六章第 2 节的规定。

10. 根据专利法实施细则第四十三条的审查

根据专利法实施细则第四十二条和第四十三条的规定对实用新型分案申请进行审查。分案申请的审查适用本部分第一章第 5.1 节的规定，同时参照本指南第二部分第六章第 3 节的规定。

11. 根据专利法第二十二条第二款的审查❶

初步审查中，审查员对于实用新型专利申请是否明显不具备新颖性进行审查。审查员可以根据其获得的有关现有技术或者抵触申请的信息，审查实用新型专利申请是否明显不具备新颖性。

实用新型可能涉及非正常申请的，例如明显抄袭现有技术或者重复提交内容明显实质相同的专利申请，审查员应当根据检索获得的对比文件或者其他途径获得的信息，审查实用新型专利申请是否明显不具备新颖性。

有关新颖性的审查参照本指南第二部分第三章的规定。

12. 根据专利法第二十二条第四款的审查

实用性是指所申请的产品必须能够在产业中制造和应用，而且该产品能够产生积极、有益的效果。

有关实用性的审查参照本指南第二部分第五章的规定。

13. 根据专利法第九条的审查❷

专利法第九条第一款规定，同样的发明创

---

❶❷ 该节已根据 2013 年 9 月 16 日公布的国家知识产权局令第六十七号修改。——编者注

造只能授予一项专利权。专利法第九条第二款规定，两个以上的申请人分别就同样的发明创造申请专利的，专利权授予最先申请的人。

初步审查中，审查员对于实用新型专利申请是否符合专利法第九条的规定进行审查。审查员可以根据其获得的同样的发明创造的专利申请或专利，审查实用新型专利申请是否符合专利法第九条的规定。

对同样的发明创造的处理，参照本指南第二部分第三章第 6 节的规定。

14. 根据专利法第二十条第一款的审查

根据专利法第二十条第一款的规定，申请人将在中国完成的实用新型向外国申请专利的，应当事先报经专利局进行保密审查。

根据专利法实施细则第八条第一款的规定，在中国完成的实用新型，是指技术方案的实质性内容在中国境内完成的实用新型。

初步审查中，审查员有理由认为申请人违反上述规定向外国申请专利的，对于其在国内就相同的实用新型提出的专利申请，应当发出审查意见通知书。申请人陈述的理由不足以说明该申请不属于上述情形的，审查员可以不符合专利法第二十条第一款为理由，根据专利法第二十条第四款和专利法实施细则第四十四条的规定作出驳回决定。

15. 进入国家阶段的国际申请的审查

本节仅对进入国家阶段要求获得实用新型专利保护的国际申请（以下简称国际申请）的特殊问题作出说明和规定，与国家申请相同的问题，适用本章其他规定。

15.1 审查依据文本的确认

15.1.1　申请人的请求

在进入国家阶段时，国际申请的申请人需要在进入国家阶段的书面声明（以下简称进入声明）中确认其希望专利局依据的审查文本。

国际申请国家阶段的审查，应当按照申请人的请求，依据其在进入声明中确认的文本以及随后提交的符合有关规定的文本进行。

15.1.2　审查依据的文本

作为审查基础的文本可能包括：

（1）对于以中文作出国际公布的国际申请，原始提交的国际申请；对于使用外文公布的国际申请，原始提交的国际申请的中文译文。

（2）对于以中文作出国际公布的国际申请，根据专利合作条约第 19 条提交的修改的权利要求书；对于使用外文公布的国际申请，根据专利合作条约第 19 条提交的修改的权利要求书的中文译文。

（3）对于以中文作出国际公布的国际申请，根据专利合作条约第 34 条提交的修改的权利要求书、说明书和附图；对于使用外文公布的国际申请，根据专利合作条约第 34 条提交的修改的权利要求书、说明书和附图的中文译文。

（4）根据专利法实施细则第四十四条和/或第一百零四条提交的补正文本。

（5）根据专利法实施细则第一百一十二条第一款提交的修改文本。

根据专利合作条约第 28 条或第 41 条的规定，申请人提交所修改的权利要求书、说明书和附图的期限应当符合专利法实施细则第一百一十二条第一款的规定。

作为审查基础的文本以审查基础声明中指明的为准。审查基础声明包括：进入国家阶段时在进入声明规定栏目中的指明，以及进入国家阶段之后在规定期限内以补充声明的形式对审查基础的补充指明。后者是对前者的补充和修正。

如果申请人在进入声明中指明申请文件中含有援引加入的项目或者部分，并且在办理进入国家阶段手续时已经重新确定了相对于中国的国际申请日，则援引加入的项目或者部分应当是原始提交的申请文件的一部分。审查过程中，不允许申请人通过修改相对于中国的申请日而保留援引加入的项目或部分。

对于国际阶段的修改文件，进入国家阶段时未指明作为审查基础的，或者未按规定提交中文译文的，不作为审查的基础。

15.1.3　原始提交的国际申请文件的法律效力

对于以外文公布的国际申请，针对其中文

译文进行审查，一般不需核对原文；但是原始提交的国际申请文件具有法律效力，作为申请文件修改的依据。

对于国际申请，专利法第三十三条所说的原说明书和权利要求书是指原始提交的国际申请的说明书、权利要求书和附图。

15.2 审查要求

15.2.1 申请文件的审查

对于申请文件的形式或内容的审查，除下列各项外，适用专利法及其实施细则和专利审查指南的规定。

（1）在实用新型名称没有多余词汇的情况下，审查员不得以不符合本指南第一部分第一章第4.1.1节关于名称字数的规定为理由要求申请人修改或者依职权修改。

（2）在没有多余词句的情况下，审查员不得以不符合专利法实施细则第二十三条第二款关于摘要字数的规定为理由要求申请人修改或依职权修改。

（3）审查员不得以不符合专利法实施细则第十七条第一款和第二款关于说明书的撰写方式、顺序和小标题的规定为理由要求申请人修改或依职权修改。

15.2.2 单一性的审查

在审查过程中，如果审查员发现作为审查基础的申请文件要求保护缺乏单一性的多项实用新型，则需要核实以下内容：

（1）缺乏单一性的多项实用新型中是否包含了在国际阶段未经国际检索或国际初步审查的发明创造。

（2）缺乏单一性的多项实用新型是否包含了申请人在国际阶段已表示放弃的发明创造（例如申请人在国际阶段选择对某些权利要求加以限制而舍弃的发明创造）。

（3）对于存在上述（1）或（2）中的情形，国际单位作出的发明缺乏单一性的结论是否正确。

审查员如果认定国际单位所作出的结论是正确的，则应当发出缴纳单一性恢复费通知书，通知申请人在两个月内缴纳单一性恢复费。如果申请人在规定期限内未缴纳或未缴足单一性恢复费，并且也没有删除缺乏单一性的实用新型的，审查员应当发出审查意见通知书，通知申请人国际申请中上述未经国际检索的部分将被视为撤回，并要求申请人提交删除这部分内容的修改文本。审查员将以删除了该部分内容的文本继续审查。

对于申请人因未缴纳单一性恢复费而删除的实用新型，根据专利法实施细则第一百一十五条第二款、第四十二条第一款的规定，申请人不得提出分案申请。除此情形外，国际申请包含两项以上实用新型的，申请人可以依照专利法实施细则第一百一十五条第一款的规定提出分案申请。

在国际阶段的检索和审查中，国际单位未提出单一性问题，而实际上申请存在单一性缺陷的，参照本章第9节的规定进行处理。

15.2.3 在先申请是在中国提出

进入国家阶段的国际申请要求的是在中国提出的在先申请的优先权，或者要求的是已经进入中国国家阶段的在先国际申请的优先权，则可能造成重复授权。对于由此可能造成重复授权的情况的处理，适用本章第13节的规定。

需要注意的是，如果出现视为未要求优先权的情况，则在先申请可能成为破坏该国际申请的新颖性的现有技术或抵触申请。

15.2.4 改正译文错误

根据专利法实施细则第一百一十三条的规定，在专利局作好公告实用新型专利权的准备工作之前，申请人发现提交的说明书、权利要求书或者附图的文字的中文译文存在错误，可以提出改正请求。申请人改正译文错误的，应当提出书面请求并缴纳规定的译文改正费。

第三章 外观设计专利申请的初步审查

1. 引言

根据专利法第三条和第四十条的规定，专利局受理和审查外观设计专利申请，经初步审查没有发现驳回理由的，作出授予外观设计专利权的决定，发给相应的专利证书，同时予以登记和公告。因此，外观设计专利申请的初步审查是受理外观设计专利申请之后、授予专利权之前的一个必要程序。

外观设计专利申请初步审查的范围是：

（1）申请文件的形式审查，包括专利申请是否具备专利法第二十七条第一款规定的申请文件，以及这些文件是否符合专利法实施细则第二条、第三条第一款、第十六条、第二十七条、第二十八条、第二十九条、第三十五条第三款、第五十一条、第五十二条、第一百一十九条、第一百二十一条的规定。

（2）申请文件的明显实质性缺陷审查，包括专利申请是否明显属于专利法第五条第一款、第二十五条第一款第（六）项规定的情形，或者不符合专利法第十八条、第十九条第一款的规定，或者明显不符合专利法第二条第四款、第二十三条第一款、第二十七条第二款、第三十一条第二款、第三十三条，以及专利法实施细则第四十三条第一款的规定，或者依照专利法第九条规定不能取得专利权。

（3）其他文件的形式审查，包括与专利申请有关的其他手续和文件是否符合专利法第二十四条、第二十九条第一款、第三十条，以及专利法实施细则第六条、第十五条第三款和第四款、第三十条、第三十一条、第三十二条第一款、第三十三条、第三十六条、第四十二条、第四十三条第二款和第三款、第四十五条、第八十六条、第一百条的规定。

（4）有关费用的审查，包括专利申请是否按照专利法实施细则第九十三条、第九十五条、第九十九条的规定缴纳了相关费用。

2. 审查原则

初步审查程序中，审查员应当遵循以下审查原则。

（1）保密原则

审查员在专利申请的审批程序中，根据有关保密规定，对于尚未公告的专利申请文件和与专利申请有关的其他内容，以及其他不适宜公开的信息负有保密责任。

（2）书面审查原则

审查员应当以申请人提交的书面文件为基础进行审查，审查意见（包括补正通知）和审查结果应当以书面形式通知申请人。初步审查程序中，原则上不进行会晤。

（3）听证原则

审查员在作出驳回决定之前，应当将驳回所依据的事实、理由和证据通知申请人，至少给申请人一次陈述意见和/或修改申请文件的机会。审查员作出驳回决定时，驳回决定所依据的事实、理由和证据，应当是已经通知过申请人的，不得包含新的事实、理由和/或证据。

（4）程序节约原则

在符合规定的情况下，审查员应当尽可能提高审查效率，缩短审查过程。对于存在可以通过补正克服的缺陷的申请，审查员应当进行全面审查，并尽可能在一次补正通知书中指出全部缺陷。对于存在不可能通过补正克服的实质性缺陷的申请，审查员可以不对申请文件和其他文件的形式缺陷进行审查，在审查意见通知书中可以仅指出实质性缺陷。对于所有缺陷均可以通过依职权修改克服的申请，审查员可以不发出补正通知书。

除遵循以上原则外，审查员在作出视为未提出、视为撤回、驳回等处分决定的同时，应当告知申请人可以启动的后续程序。

3. 审查程序

3.1 授予专利权通知

外观设计专利申请经初步审查没有发现驳回理由的，审查员应当作出授予外观设计专利权通知。能够授予专利权的外观设计专利申请包括不需要补正就符合初步审查要求的专利申请，以及经过补正符合初步审查要求的专利申请。

3.2 申请文件的补正

初步审查中，对于申请文件存在可以通过补正克服的缺陷的专利申请，审查员应当进行全面审查，并发出补正通知书。经申请人补正后，申请文件仍然存在缺陷的，审查员应当再次发出补正通知书。

补正通知书除收件人信息、著录项目外，还应包括如下内容：

（1）指出补正通知书所针对的是申请人何时提交的何种文件；

（2）明确、具体地指出申请文件中存在的缺陷，并指出其不符合专利法及其实施细则的有关条款；

（3）明确、具体地说明审查员的倾向性意见和可能的建议，使申请人能够理解审查员的意图；

（4）指定申请人答复补正通知书的期限。

3.3 明显实质性缺陷的处理

初步审查中，对于申请文件存在不可能通过补正方式克服的明显实质性缺陷的专利申请，审查员应当发出审查意见通知书。

审查意见通知书除收件人信息、著录项目外，还应包括如下内容：

（1）指出审查意见通知书所针对的是申请人何时提交的何种文件；

（2）明确、具体地指出申请文件中存在的缺陷，并指出其不符合专利法及其实施细则的有关条款，对申请文件存在明显实质性缺陷的事实，必要时还应结合有关证据进行分析；

（3）说明审查员将根据专利法及其实施细则的有关规定准备驳回专利申请的倾向性意见；

（4）指定申请人答复审查意见通知书的期限。

3.4 通知书的答复

申请人在收到补正通知书或者审查意见通知书后，应当在指定的期限内补正或者陈述意见。申请人对专利申请进行补正的，应当提交补正书和相应修改文件替换页。申请文件的修改替换页应当一式两份，其他文件只需提交一份。对申请文件的修改，应当针对通知书指出的缺陷进行。修改的内容不得超出申请日提交的图片或者照片表示的范围。

申请人期满未答复的，审查员应当根据情况发出视为撤回通知书或者其他通知书。申请人因正当理由难以在指定的期限内作出答复的，可以提出延长期限请求。有关延长期限请求的处理，适用本指南第五部分第七章第 4 节的规定。

对于因不可抗拒事由或者因其他正当理由耽误期限而导致专利申请被视为撤回的，申请人可以在规定的期限内向专利局提出恢复权利的请求。有关恢复权利请求的处理，适用本指南第五部分第七章第 6 节的规定。

3.5 申请的驳回

申请文件存在明显实质性缺陷，在审查员发出审查意见通知书后，经申请人陈述意见或者修改后仍然没有消除的，或者申请文件存在形式缺陷，审查员针对该缺陷已发出过两次补正通知书，经申请人陈述意见或者补正后仍然没有消除的，审查员可以作出驳回决定。

驳回决定正文应当包括案由、驳回的理由和决定三部分内容。

案由部分应当简述被驳回申请的审查过程，即历次的审查意见和申请人的答复概要、申请所存在的导致被驳回的缺陷以及驳回决定所针对的申请文本。

驳回的理由部分应当说明驳回的事实、理由和证据，并符合下列要求：

（1）正确选用法律条款。当可以同时根据专利法及其实施细则的不同条款驳回专利申请时，应当选择其中最适合、占主导地位的条款作为驳回的主要法律依据，同时简要地指出专利申请中存在的其他缺陷。

（2）以令人信服的事实、理由和证据作为驳回的依据，而且对于这些事实、理由和证据，应当已经通知过申请人，并已给申请人至少一次陈述意见和/或修改申请文件的机会。

审查员在驳回理由部分还应当对申请人的争辩意见进行简要的评述。

决定部分应当明确指出该专利申请不符合专利法及其实施细则的相应条款，并说明根据专利法实施细则第四十四条第二款的规定驳回该专利申请。

3.6 前置审查与复审后的处理

因不符合专利法及其实施细则的规定，专利申请被驳回，申请人对驳回决定不服的，可以在规定的期限内向专利复审委员会提出复审请求。对复审请求的前置审查及复审后的处理，参照本指南第二部分第八章第 8 节的规定。

4. 申请文件的审查

根据专利法第二十七条的规定，申请外观设计专利的，应当提交请求书、该外观设计的图片或者照片以及对该外观设计的简要说明等文件；申请人提交的有关图片或者照片应当清楚地显示要求专利保护的产品的外观设计。

4.1 请 求 书

4.1.1 使用外观设计的产品名称

使用外观设计的产品名称对图片或者照片中表示的外观设计所应用的产品种类具有说明作用。使用外观设计的产品名称应当与外观设计图片或者照片中表示的外观设计相符合，准确、简明地表明要求保护的产品的外观设计。产品名称一般应当符合国际外观设计分类表中小类列举的名称。产品名称一般不得超过20个字。

产品名称通常还应当避免下列情形：

（1）含有人名、地名、国名、单位名称、商标、代号、型号或以历史时代命名的产品名称；

（2）概括不当、过于抽象的名称，例如"文具"、"炊具"、"乐器"、"建筑用物品"等；

（3）描述技术效果、内部构造的名称，例如"节油发动机"、"人体增高鞋垫"、"装有新型发动机的汽车"等；

（4）附有产品规格、大小、规模、数量单位的名称，例如"21英寸电视机"、"中型书柜"、"一副手套"等；

（5）以外国文字或无确定的中文意义的文字命名的名称，例如"克莱斯酒瓶"，但已经众所周知并且含义确定的文字可以使用，例如"DVD播放机"、"LED灯"、"USB集线器"等。

4.1.2 设 计 人

适用本部分第一章第4.1.2节有关发明人的规定。

4.1.3 申 请 人

适用本部分第一章第4.1.3节的规定。

4.1.4 联 系 人

适用本部分第一章第4.1.4节的规定。

4.1.5 代 表 人

适用本部分第一章第4.1.5节的规定。

4.1.6 专利代理机构、专利代理人

适用本部分第一章第4.1.6节的规定。

4.1.7 地 址

适用本部分第一章第4.1.7节的规定。

4.2 外观设计图片或者照片❶

专利法第五十九条第二款规定，外观设计专利权的保护范围以表示在图片或者照片中的该产品的外观设计为准，简要说明可以用于解释图片或者照片所表示的该产品的外观设计。专利法第二十七条第二款规定，申请人提交的有关图片或者照片应当清楚地显示要求专利保护的产品的外观设计。

就立体产品的外观设计而言，产品设计要点涉及六个面的，应当提交六面正投影视图；产品设计要点仅涉及一个或几个面的，应当至少提交所涉及面的正投影视图和立体图，并应当在简要说明中写明省略视图的原因。

就平面产品的外观设计而言，产品设计要点涉及一个面的，可以仅提交该面正投影视图；产品设计要点涉及两个面的，应当提交两面正投影视图。

必要时，申请人还应当提交该外观设计产品的展开图、剖视图、剖面图、放大图以及变化状态图。

此外，申请人可以提交参考图，参考图通常用于表明使用外观设计的产品的用途、使用方法或者使用场所等。

色彩包括黑白灰系列和彩色系列。对于简要说明中声明请求保护色彩的外观设计专利申请，图片的颜色应当着色牢固、不易褪色。

4.2.1 视图名称及其标注

六面正投影视图的视图名称，是指主视图、后视图、左视图、右视图、俯视图和仰视图。其中主视图所对应的面应当是使用时通常朝向消费者的面或者最大程度反映产品的整体设计的面。例如，带杯把的杯子的主视图应是

---

❶ 该节根据2014年3月12日公布的国家知识产权局令第六十八号增加了原第4段，后根据2019年9月23日公布的国家知识产权局公告第三二八号进行了删除。——编者注

杯把在侧边的视图。

各视图的视图名称应当标注在相应视图的正下方。

对于成套产品，应当在其中每件产品的视图名称前以阿拉伯数字顺序编号标注，并在编号前加"套件"字样。例如，对于成套产品中的第4套件的主视图，其视图名称为：套件4主视图。

对于同一产品的相似外观设计，应当在每个设计的视图名称前以阿拉伯数字顺序编号标注，并在编号前加"设计"字样。例如，设计1主视图。

组件产品，是指由多个构件相结合构成的一件产品。分为无组装关系、组装关系唯一或者组装关系不唯一的组件产品。对于组装关系唯一的组件产品，应当提交组合状态的产品视图；对于无组装关系或者组装关系不唯一的组件产品，应当提交各构件的视图，并在每个构件的视图名称前以阿拉伯数字顺序编号标注，并在编号前加"组件"字样。例如，对于组件产品中的第3组件的左视图，其视图名称为：组件3左视图。对于有多种变化状态的产品的外观设计，应当在其显示变化状态的视图名称后，以阿拉伯数字顺序编号标注。

4.2.2 图片的绘制

图片应当参照我国技术制图和机械制图国家标准中有关正投影关系、线条宽度以及剖切标记的规定绘制，并应当以粗细均匀的实线表达外观设计的形状。不得以阴影线、指示线、虚线、中心线、尺寸线、点划线等线条表达外观设计的形状。可以用两条平行的双点划线或自然断裂线表示细长物品的省略部分。图面上可以用指示线表示剖切位置和方向、放大部位、透明部位等，但不得有不必要的线条或标记。图片应当清楚地表达外观设计。

图片可以使用包括计算机在内的制图工具绘制，但不得使用铅笔、蜡笔、圆珠笔绘制，也不得使用蓝图、草图、油印件。对于使用计算机绘制的外观设计图片，图面分辨率应当满足清晰的要求。

4.2.3 照片的拍摄

（1）照片应当清晰，避免因对焦等原因导致产品的外观设计无法清楚地显示。

（2）照片背景应当单一，避免出现该外观设计产品以外的其他内容。产品和背景应有适当的明度差，以清楚地显示产品的外观设计。

（3）照片的拍摄通常应当遵循正投影规则，避免因透视产生的变形影响产品的外观设计的表达。

（4）照片应当避免因强光、反光、阴影、倒影等影响产品的外观设计的表达。

（5）照片中的产品通常应当避免包含内装物或者衬托物，但对于必须依靠内装物或者衬托物才能清楚地显示产品的外观设计时，则允许保留内装物或者衬托物。

4.2.4 图片或者照片的缺陷

对于图片或者照片中的内容存在缺陷的专利申请，审查员应当向申请人发出补正通知书或者审查意见通知书。根据专利法第三十三条的规定，申请人对专利申请文件的修改不得超出原图片或者照片表示的范围。所述缺陷主要是指下列各项：

（1）视图投影关系有错误，例如投影关系不符合正投影规则、视图之间的投影关系不对应或者视图方向颠倒等。

（2）外观设计图片或者照片不清晰，图片或者照片中显示的产品图形尺寸过小；或者虽然图形清晰，但因存在强光、反光、阴影、倒影、内装物或者衬托物等而影响产品外观设计的正确表达。

（3）外观设计图片中的产品绘制线条包含有应删除或修改的线条，例如视图中的阴影线、指示线、虚线、中心线、尺寸线、点划线等。

（4）表示立体产品的视图有下述情况的：

(i) 各视图比例不一致；

(ii) 产品设计要点涉及六个面，而六面正投影视图不足，但下述情况除外：

后视图与主视图相同或对称时可以省略后视图；

左视图与右视图相同或对称时可以省略左视图（或右视图）；

俯视图与仰视图相同或对称时可以省略俯视图（或仰视图）；

大型或位置固定的设备和底面不常见的物品可以省略仰视图。

（5）表示平面产品的视图有下述情况的：

（i）各视图比例不一致；

（ii）产品设计要点涉及两个面，而两面正投影视图不足，但后视图与主视图相同或对称的情况以及后视图无图案的情况除外。

（6）细长物品例如量尺、型材等，绘图时省略了中间一段长度，但没有使用两条平行的双点划线或自然断裂线断开的画法。

（7）剖视图或剖面图的剖面及剖切处的表示有下述情况的：

（i）缺少剖面线或剖面线不完全；

（ii）表示剖切位置的剖切位置线、符号及方向不全或缺少上述内容（但可不给出表示从中心位置处剖切的标记）。

（8）有局部放大图，但在有关视图中没有标出放大部位的。

（9）组装关系唯一的组件产品缺少组合状态的视图；无组装关系或者组装关系不唯一的组件产品缺少必要的单个构件的视图。

（10）透明产品的外观设计，外层与内层有两种以上形状、图案和色彩时，没有分别表示出来。

4.3 简要说明

专利法第五十九条第二款规定，外观设计专利权的保护范围以表示在图片或者照片中的该产品的外观设计为准，简要说明可以用于解释图片或者照片所表示的该产品的外观设计。

根据专利法实施细则第二十八条的规定，简要说明应当包括下列内容：

（1）外观设计产品的名称。简要说明中的产品名称应当与请求书中的产品名称一致。

（2）外观设计产品的用途。简要说明中应当写明有助于确定产品类别的用途。对于具有多种用途的产品，简要说明应当写明所述产品的多种用途。

（3）外观设计的设计要点。设计要点是指与现有设计相区别的产品的形状、图案及其结合，或者色彩与形状、图案的结合，或者部位。对设计要点的描述应当简明扼要。

（4）指定一幅最能表明设计要点的图片或者照片。指定的图片或者照片用于出版专利公报。

此外，下列情形应当在简要说明中写明❶：

（1）请求保护色彩或者省略视图的情况。

如果外观设计专利申请请求保护色彩，应当在简要说明中声明。

如果外观设计专利申请省略了视图，申请人通常应当写明省略视图的具体原因，例如因对称或者相同而省略；如果难以写明的，也可仅写明省略某视图，例如大型设备缺少仰视图，可以写为"省略仰视图"。

（2）对同一产品的多项相似外观设计提出一件外观设计专利申请的，应当在简要说明中指定其中一项作为基本设计。

（3）对于花布、壁纸等平面产品，必要时应当描述平面产品中的单元图案两方连续或者四方连续等无限定边界的情况。

（4）对于细长物品，必要时应当写明细长物品的长度采用省略画法。

（5）如果产品的外观设计由透明材料或者具有特殊视觉效果的新材料制成，必要时应当在简要说明中写明。

（6）如果外观设计产品属于成套产品，必要时应当写明各套件所对应的产品名称。

简要说明不得使用商业性宣传用语，也不能用来说明产品的性能和内部结构。

4.4 涉及图形用户界面的产品外观设计❷

涉及图形用户界面的产品外观设计是指产品设计要点包括图形用户界面的设计。

4.4.1 产品名称

包括图形用户界面的产品外观设计名称，应表明图形用户界面的主要用途和其所应用的产品，一般要有"图形用户界面"字样的关键词，动态图形用户界面的产品名称要有"动

---

❶ 该节根据2014年3月12日公布的国家知识产权局令第六十八号，增加第（7）项，后根据2019年9月23日公布的国家知识产权局公告第三二八号删除。——编者注

❷ 根据2019年9月23日公布的国家知识产权局公告第三二八号，增加该节。——编者注

态"字样的关键词。如："带有温控图形用户界面的冰箱"、"手机的天气预报动态图形用户界面"、"带视频点播图形用户界面的显示屏幕面板"。

不应笼统仅以"图形用户界面"名称作为产品名称，如："软件图形用户界面"、"操作图形用户界面"。

4.4.2 外观设计图片或照片

包括图形用户界面的产品外观设计应当满足本部分第三章第 4.2 节的规定。对于设计要点仅在于图形用户界面的，应当至少提交一幅包含该图形用户界面的显示屏幕面板的正投影视图。

如果需要清楚地显示图形用户界面设计在最终产品中的大小、位置和比例关系，需要提交图形用户界面所涉及面的一幅正投影最终产品视图。

图形用户界面为动态图案的，申请人应当至少提交一个状态的图形用户界面所涉及面的正投影视图作为主视图；其余状态可仅提交图形用户界面关键帧的视图作为变化状态图，所提交的视图应能唯一确定动态图案中动画完整的变化过程。标注变化状态图时，应根据动态变化过程的先后顺序标注。

对于用于操作投影设备的图形用户界面，除提交图形用户界面的视图之外，还应当提交至少一幅清楚显示投影设备的视图。

4.4.3 简要说明

包括图形用户界面的产品外观设计应在简要说明中清楚说明图形用户界面的用途，并与产品名称中体现的用途相对应。如果仅提交了包含该图形用户界面的显示屏幕面板的正投影视图，应当穷举该图形用户界面显示屏幕面板所应用的最终产品，例如，"该显示屏幕面板用于手机、电脑"。必要时说明图形用户界面在产品中的区域、人机交互方式以及变化过程等。

5. 其他文件和相关手续的审查

5.1 委托专利代理机构

适用本部分第一章第 6.1 节的规定。

5.2 要求优先权

申请人要求享有优先权应当符合专利法第二十九条第一款、第三十条，专利法实施细则第三十一条、第三十二条第一款以及巴黎公约的有关规定。

根据专利法第二十九条第一款的规定，外观设计专利申请的优先权要求仅限于外国优先权，即申请人自外观设计在外国第一次提出专利申请之日起六个月内，又在中国就相同的主题提出外观设计专利申请的，依照该外国同中国签订的协议或者共同参加的国际条约，或者依照相互承认优先权的原则，可以享有优先权。

根据专利法实施细则第三十一条第四款的规定，外观设计专利申请的申请人要求外国优先权，其在先申请未包括对外观设计的简要说明，申请人按照专利法实施细则第二十八条规定提交的简要说明未超出在先申请文件的图片或者照片表示的范围的，不影响其享有优先权。

根据专利法实施细则第三十二条第一款的规定，申请人在一件外观设计专利申请中，可以要求一项或者多项优先权。

初步审查中，对多项优先权的审查，应当审查每一项优先权是否符合本章的有关规定。

5.2.1 在先申请和要求优先权的在后申请
适用本部分第一章第 6.2.1.1 节的规定。

5.2.2 要求优先权声明
适用本部分第一章第 6.2.1.2 节的规定。

5.2.3 在先申请文件副本
适用本部分第一章第 6.2.1.3 节的规定。

5.2.4 在后申请的申请人
适用本部分第一章第 6.2.1.4 节的规定。

5.2.5 优先权要求的撤回
适用本部分第一章第 6.2.3 节的规定。

5.2.6 优先权要求费
适用本部分第一章第 6.2.4 节的规定。

5.2.7 优先权要求的恢复
适用本部分第一章第 6.2.5 节的规定。

5.3 不丧失新颖性的公开

适用本部分第一章第 6.3 节的规定。

5.4 撤回专利申请声明

适用本部分第一章第 6.6 节的规定。

5.5 著录项目变更

适用本部分第一章第 6.7 节的规定。

6. 根据专利法第五条第一款和第二十五条第一款第（六）项的审查

6.1 根据专利法第五条第一款的审查

根据专利法第五条第一款的规定，对违反法律、社会公德或者妨害公共利益的发明创造，不授予专利权。

审查员应当根据本指南第二部分第一章第 3 节的有关规定，对申请专利的外观设计是否明显违反法律、是否明显违反社会公德、是否明显妨害公共利益三个方面进行审查。

6.1.1 违反法律

违反法律，是指外观设计专利申请的内容违反了由全国人民代表大会或者全国人民代表大会常务委员会依照立法程序制定和颁布的法律。

例如，带有人民币图案的床单的外观设计，因违反《中国人民银行法》，不能被授予专利权。

6.1.2 违反社会公德

社会公德，是指公众普遍认为是正当的、并被接受的伦理道德观念和行为准则。它的内涵基于一定的文化背景，随着时间的推移和社会的进步不断地发生变化，而且因地域不同而各异。中国专利法中所称的社会公德限于中国境内。例如，带有暴力凶杀或者淫秽内容的图片或者照片的外观设计不能被授予专利权。

6.1.3 妨害公共利益

妨害公共利益，是指外观设计的实施或使用会给公众或社会造成危害，或者会使国家和社会的正常秩序受到影响。

专利申请中外观设计的文字或者图案涉及国家重大政治事件、经济事件、文化事件，或者涉及宗教信仰，以致妨害公共利益或者伤害人民感情或民族感情的、或者宣扬封建迷信的、或者造成不良政治影响的，该专利申请不能被授予专利权。

以著名建筑物（如天安门）以及领袖肖像等为内容的外观设计不能被授予专利权。

以中国国旗、国徽作为图案内容的外观设计，不能被授予专利权。

6.2 根据专利法第二十五条第一款第（六）项的审查

专利法第二十五条第一款第（六）项规定，对平面印刷品的图案、色彩或者二者的结合作出的主要起标识作用的设计，不授予专利权。根据专利法实施细则第四十四条第一款第（三）项的规定，在外观设计专利申请的初步审查中，应当对外观设计专利申请是否明显属于专利法第二十五条第一款第（六）项的情形进行审查。

如果一件外观设计专利申请同时满足下列三个条件，则认为所述申请属于专利法第二十五条第一款第（六）项规定的不授予专利权的情形：

（1）使用外观设计的产品属于平面印刷品；

（2）该外观设计是针对图案、色彩或者二者的结合而作出的；

（3）该外观设计主要起标识作用。

在依据上述规定对外观设计专利申请进行审查时，审查员首先根据申请的图片或者照片以及简要说明，审查使用外观设计的产品是否属于平面印刷品。其次，审查所述外观设计是否是针对图案、色彩或者二者的结合而作出的。由于不考虑形状要素，所以任何二维产品的外观设计均可认为是针对图案、色彩或者二者的结合而作出的。再次，审查所述外观设计对于所使用的产品来说是否主要起标识作用。主要起标识作用是指所述外观设计的主要用途在于使公众识别所涉及的产品、服务的来源等。

壁纸、纺织品不属于本条款规定的对象。

7. 根据专利法第二条第四款的审查

根据专利法第二条第四款的规定，专利法所称外观设计，是指对产品的形状、图案或者其结合以及色彩与形状、图案的结合所作出的富有美感并适于工业应用的新设计。

7.1 外观设计必须以产品为载体

外观设计是产品的外观设计，其载体应当是产品。不能重复生产的手工艺品、农产品、畜产品、自然物不能作为外观设计的载体。

7.2 产品的形状、图案或者其结合以及色彩与形状、图案的结合

构成外观设计的是产品的外观设计要素或要素的结合，其中包括形状、图案或者其结合以及色彩与形状、图案的结合。产品的色彩不能独立构成外观设计，除非产品色彩变化的本身已形成一种图案。可以构成外观设计的组合有：产品的形状；产品的图案；产品的形状和图案；产品的形状和色彩；产品的图案和色彩；产品的形状、图案和色彩。

形状，是指对产品造型的设计，也就是指产品外部的点、线、面的移动、变化、组合而呈现的外表轮廓，即对产品的结构、外形等同时进行设计、制造的结果。

图案，是指由任何线条、文字、符号、色块的排列或组合而在产品的表面构成的图形。图案可以通过绘图或其他能够体现设计者的图案设计构思的手段制作。❶

色彩，是指用于产品上的颜色或者颜色的组合，制造该产品所用材料的本色不是外观设计的色彩。

外观设计要素，即形状、图案、色彩是相互依存的，有时其界限是难以界定的，例如多种色块的搭配即成图案。

7.3 适于工业应用的富有美感的新设计

适于工业应用，是指该外观设计能应用于产业上并形成批量生产。

富有美感，是指在判断是否属于外观设计专利权的保护客体时，关注的是产品的外观给人的视觉感受，而不是产品的功能特性或者技术效果。

专利法第二条第四款是对可获得专利保护的外观设计的一般性定义，而不是判断外观设计是否相同或实质相同的具体审查标准。因此，在审查中，对于要求保护的外观设计是否满足新设计的一般性要求，审查员通常仅需根据申请文件的内容及一般消费者的常识进行判断。

7.4 不授予外观设计专利权的情形

根据专利法第二条第四款的规定，以下属于不授予外观设计专利权的情形：

（1）取决于特定地理条件、不能重复再现的固定建筑物、桥梁等。例如，包括特定的山水在内的山水别墅。

（2）因其包含有气体、液体及粉末状等无固定形状的物质而导致其形状、图案、色彩不固定的产品。

（3）产品的不能分割或者不能单独出售且不能单独使用的局部设计，例如袜跟、帽檐、杯把等。

（4）对于由多个不同特定形状或者图案的构件组成的产品，如果构件本身不能单独出售且不能单独使用，则该构件不属于外观设计专利保护的客体。例如，一组由不同形状的插接块组成的拼图玩具，只有将所有插接块共同作为一项外观设计申请时，才属于外观设计专利保护的客体。

（5）不能作用于视觉或者肉眼难以确定，需要借助特定的工具才能分辨其形状、图案、色彩的物品。例如，其图案是在紫外灯照射下才能显现的产品。

（6）要求保护的外观设计不是产品本身常规的形态，例如手帕扎成动物形态的外观设计。

（7）以自然物原有形状、图案、色彩作为主体的设计，通常指两种情形，一种是自然物本身；一种是自然物仿真设计。

（8）纯属美术、书法、摄影范畴的作品。

（9）仅以在其产品所属领域内司空见惯的几何形状和图案构成的外观设计。

（10）文字和数字的字音、字义不属于外观设计保护的内容。

（11）游戏界面以及与人机交互无关的显示装置所显示的图案，例如，电子屏幕壁纸、开关机画面、与人机交互无关的网站网页的图

---

❶ 根据2014年3月12日公布的国家知识产权局令第六十八号，删除了该段原先的最后一句。——编者注

文排版。❶

8. 根据专利法第二十三条第一款的审查❷

初步审查中，审查员对于外观设计专利申请是否明显不符合专利法第二十三条第一款的规定进行审查。审查员可以根据其获得的有关现有设计或抵触申请的信息，审查外观设计专利申请是否明显不符合专利法第二十三条第一款的规定。

外观设计可能涉及非正常申请的，例如明显抄袭现有设计或者重复提交内容明显实质相同的专利申请，审查员应当根据检索获得的对比文件或者其他途径获得的信息，审查外观设计专利申请是否明显不符合专利法第二十三条第一款的规定。

相同或者实质相同的审查参照本指南第四部分第五章的相关规定。

9. 根据专利法第三十一条第二款的审查

专利法第三十一条第二款规定，一件外观设计专利申请应当限于一项外观设计。同一产品两项以上的相似外观设计，或者属于同一类别并且成套出售或者使用的产品的两项以上的外观设计，可以作为一件申请提出（简称合案申请）。

9.1 同一产品的两项以上的相似外观设计

根据专利法第三十一条第二款的规定，同一产品两项以上的相似外观设计可以作为一件申请提出。

一件外观设计专利申请中的相似外观设计不得超过10项。超过10项的，审查员应发出审查意见通知书，申请人修改后未克服缺陷的，驳回该专利申请。

9.1.1 同一产品

根据专利法第三十一条第二款的规定，一件申请中的各项外观设计应当为同一产品的外观设计，例如，均为餐用盘的外观设计。如果各项外观设计分别为餐用盘、碟、杯、碗的外观设计，虽然各产品同属于国际外观设计分类表中的同一大类，但并不属于同一产品。

9.1.2 相似外观设计

根据专利法实施细则第三十五条第一款的规定，同一产品的其他外观设计应当与简要说明中指定的基本外观设计相似。

判断相似外观设计时，应当将其他外观设计与基本外观设计单独进行对比。

初步审查时，对涉及相似外观设计的申请，应当审查其是否明显不符合专利法第三十一条第二款的规定。一般情况下，经整体观察，如果其他外观设计和基本外观设计具有相同或者相似的设计特征，并且二者之间的区别点在于局部细微变化、该类产品的惯常设计、设计单元重复排列或者仅色彩要素的变化等情形，则通常认为二者属于相似的外观设计。

9.2 成套产品的外观设计

专利法实施细则第三十五条第二款规定，用于同一类别并且成套出售或者使用的产品并且具有相同设计构思的两项以上外观设计，可以作为一件申请提出。

成套产品是指由两件以上（含两件）属于同一大类、各自独立的产品组成，各产品的设计构思相同，其中每一件产品具有独立的使用价值，而各件产品组合在一起又能体现出其组合使用价值的产品，例如由咖啡杯、咖啡壶、牛奶壶和糖罐组成的咖啡器具。

9.2.1 同一类别

根据专利法第三十一条第二款以及专利法实施细则第三十五条第二款的规定，两项以上（含两项）外观设计可以作为一件申请提出的条件之一是该两项以上外观设计的产品属于同一类别，即该两项以上外观设计的产品属于国际外观设计分类表中的同一大类。

需要说明的是，产品属于同一大类并非是合案申请的充分条件，其还应当满足专利法第三十一条第二款有关成套出售或者使用以及属于相同设计构思的要求。

9.2.2 成套出售或者使用

专利法实施细则第三十五条第二款所述的

---

❶ 该项已根据2014年3月12日公布的国家知识产权局令第六十八号和2019年9月23日公布的国家知识产权局公告第三二八号修改。——编者注

❷ 该节已根据2013年9月16日公布的国家知识产权局令第六十七号修改。——编者注

成套出售或者使用,指习惯上同时出售或者同时使用并具有组合使用价值。

(1) 同时出售

同时出售,是指外观设计产品习惯上同时出售,例如由床罩、床单和枕套等组成的多套件床上用品。为促销而随意搭配出售的产品,例如书包和铅笔盒,虽然在销售书包时赠送铅笔盒,但是这不应认为是习惯上同时出售,不能作为成套产品提出申请。

(2) 同时使用

同时使用,是指产品习惯上同时使用,也就是说,使用其中一件产品时,会产生使用联想,从而想到另一件或另几件产品的存在,而不是指在同一时刻同时使用这几件产品。例如咖啡器具中的咖啡杯、咖啡壶、糖罐、牛奶壶等。

9.2.3 各产品的设计构思相同

设计构思相同,是指各产品的设计风格是统一的,即对各产品的形状、图案或者其结合以及色彩与形状、图案的结合所作出的设计是统一的。

形状的统一,是指各个构成产品都以同一种特定的造型为特征,或者各构成产品之间以特定的造型构成组合关系,即认为符合形状统一。

图案的统一,是指各产品上图案设计的题材、构图、表现形式等方面应当统一。若其中有一方面不同,则认为图案不统一,例如咖啡壶上的设计以兰花图案为设计题材,而咖啡杯上的设计图案为熊猫,由于图案所选设计题材不同,则认为图案不统一,不符合统一和谐的原则,因此不能作为成套产品合案申请。

对于色彩的统一,不能单独考虑,应当与各产品的形状、图案综合考虑。当各产品的形状、图案符合统一协调的原则时,在简要说明中没有写明请求保护色彩的情况下,设计构思相同;在简要说明中写明请求保护色彩的情况下,如果产品的色彩风格一致则设计构思相同;如果各产品的色彩变换较大,破坏了整体的和谐,则不能作为成套产品合案申请。

9.2.4 成套产品中不应包含相似外观设计

成套产品外观设计专利申请中不应包含某一件或者几件产品的相似外观设计。例如,一项包含餐用杯和碟的成套产品外观设计专利申请中,不应再包括所述杯和碟的两项以上的相似外观设计。

对不符合上述规定的申请,审查员应当发出审查意见通知书要求申请人修改。

9.3 合案申请的外观设计应当分别具备授权条件

需要注意的是,无论是涉及同一产品的两项以上的相似外观设计,还是成套产品的外观设计专利申请,其中的每一项外观设计或者每件产品的外观设计除了应当满足上述合案申请的相关规定外,还应当分别具备其他授权条件;如果其中的一项外观设计或者一件产品的外观设计不具备授权条件,则应当删除该项外观设计或者该件产品的外观设计,否则该专利申请不能被授予专利权。

9.4 分案申请的审查

9.4.1 分案申请的核实

适用本部分第一章第5.1.1节的规定。

9.4.2 分案申请的其他要求

(1) 原申请中包含两项以上外观设计的,分案申请应当是原申请中的一项或几项外观设计,并且不得超出原申请表示的范围。

(2) 原申请为产品整体外观设计的,不允许将其中的一部分作为分案申请提出,例如一件专利申请请求保护的是摩托车的外观设计,摩托车的零部件不能作为分案申请提出。

分案申请不符合上述第(1)项规定的,审查员应当发出审查意见通知书,通知申请人修改;期满未答复的,应当发出视为撤回通知书;申请人无充足理由而又坚持不作修改的,对该分案申请作出驳回决定。分案申请不符合上述第(2)项规定的,审查员应当发出审查意见通知书;期满未答复的,应当发出视为撤回通知书;申请人无充足理由而又坚持作为分案申请提出的,则对该分案申请作出驳回决定。

9.4.3 分案申请的期限和费用

适用本部分第一章第5.1.2节的规定。

10. 根据专利法第三十三条的审查

根据专利法第三十三条的规定,申请人对

其外观设计专利申请文件的修改不得超出原图片或者照片表示的范围。修改超出原图片或者照片表示的范围，是指修改后的外观设计与原始申请文件中表示的相应的外观设计相比，属于不相同的设计。

在判断申请人对其外观设计专利申请文件的修改是否超出原图片或者照片表示的范围时，如果修改后的内容在原图片或者照片中已有表示，或者可以直接地、毫无疑义地确定，则认为所述修改符合专利法第三十三条的规定。

申请人可以自申请日起两个月内对外观设计专利申请文件主动提出修改。此外，申请人在收到专利局的审查意见通知书或者补正通知书后，应当针对通知书指出的缺陷对专利申请文件进行修改。

10.1 申请人主动修改

对于申请人的主动修改，审查员应当首先核对提出修改的日期是否在自申请日起两个月内。对于超过两个月的修改，如果修改的文件消除了原申请文件存在的缺陷，并且具有被授权的前景，则该修改文件可以接受。对于不接受的修改文件，审查员应当发出视为未提出通知书。

对于在两个月内提出的主动修改，审查员应当审查其修改是否超出原图片或者照片表示的范围。修改超出原图片或者照片表示的范围的，审查员应当发出审查意见通知书，通知申请人该修改不符合专利法第三十三条的规定。申请人陈述意见或补正后仍然不符合规定的，审查员可以根据专利法第三十三条和专利法实施细则第四十四条第二款的规定作出驳回决定。

10.2 针对通知书指出的缺陷进行修改

对于针对通知书指出的缺陷进行的修改，审查员应当审查该修改是否超出原图片或者照片表示的范围以及是否是针对通知书指出的缺陷进行的修改。对于申请人提交的包含有并非针对通知书所指出的缺陷进行修改的修改文件，如果其修改符合专利法第三十三条的规定，并消除了原申请文件存在的缺陷，且具有授权的前景，则该修改可以被视为是针对通知书指出的缺陷进行的修改，经此修改的申请文件应当予以接受。申请人提交的修改文件超出了原图片或者照片表示的范围的，审查员应当发出审查意见通知书，通知申请人该修改不符合专利法第三十三条的规定，申请人陈述意见或补正后仍然不符合规定的，审查员可以根据专利法第三十三条和专利法实施细则第四十四条第二款的规定作出驳回决定。

10.3 审查员依职权修改

初步审查中，审查员可以对本章第4.1节、第4.2节和第4.3节规定的申请文件中出现的明显错误依职权进行修改，并通知申请人。依职权修改的内容主要指以下几个方面：

（1）明显的产品名称错误；

（2）明显的视图名称错误；

（3）明显的视图方向错误；

（4）外观设计图片中的产品绘制线条包含有应删除的线条，例如阴影线、指示线、中心线、尺寸线、点划线等；

（5）简要说明中写有明显不属于简要说明可以写明的内容，例如关于产品内部结构、技术效果的描述、产品推广宣传等用语；

（6）申请人在简要说明中指定的最能表明设计要点的图片或者照片明显不恰当；

（7）请求书中，申请人地址或联系人地址漏写、错写或者重复填写的省（自治区、直辖市）、市、邮政编码等信息。

审查员依职权修改的内容，应当在文档中记载并通知申请人。

11. 根据专利法第九条的审查[1]

专利法第九条第一款规定，同样的发明创造只能授予一项专利权。专利法第九条第二款规定，两个以上的申请人分别就同样的发明创造申请专利的，专利权授予最先申请的人。

初步审查中，审查员对于外观设计专利申请是否符合专利法第九条的规定进行审查。审查员可以根据其获得的同样的外观设计的专利申请或专利，审查外观设计专利申请是否符合专利法第九条的规定。

---

[1] 该节已根据2013年9月16日公布的国家知识产权局令第六十七号修改。——编者注

11.1 判断原则

在判断是否构成专利法第九条所述的同样的发明创造时,应当以表示在两件外观设计专利申请或专利的图片或者照片中的产品的外观设计为准。同样的外观设计是指两项外观设计相同或者实质相同。外观设计相同或者实质相同的判断原则,适用本指南第四部分第五章的相关规定。

11.2 处理方式

参照本指南第二部分第三章第6.2节的规定。

12. 外观设计分类

专利局采用国际外观设计分类法(即洛迦诺分类法)对外观设计专利申请进行分类,以最新公布的《国际外观设计分类表》中文译本为工作文本。

外观设计分类的目的是:
(1) 确定外观设计产品的类别属性;
(2) 对外观设计专利进行归类管理;
(3) 便于对外观设计专利进行检索查询;
(4) 按照分类号顺序编排和公告外观设计专利文本。

外观设计分类是针对使用该外观设计的产品进行的,分类号由"LOC"、"(版本号)"、"Cl."、"大类号-小类号"组合而成(以下所述分类号是指"大类号-小类号"),例如 LOC(9) Cl.06-04。多个分类号的,各分类号之间用分号分隔,例如:LOC(9) Cl.06-04;23-02。

12.1 分类的依据

外观设计分类以外观设计的产品名称、图片或者照片以及简要说明中记载的产品用途为依据。

12.2 分类的方法

外观设计分类一般应遵循用途原则,不考虑制造该产品的材料。产品的用途可以从申请人提供的外观设计的产品名称、图片或者照片,以及产品的使用目的、使用领域、使用方法等信息中获知。

确定产品的类别,应当按照先大类再小类的顺序进行。一件外观设计产品的类别应属于包含其产品用途的大类和该大类下的小类,如果该大类下未列出包含其产品用途的小类,则分入该大类下的99小类,即其他杂项类。

对于产品的零部件,有专属类别的,应当将该零部件分入其专属的类别,例如汽车的轮胎,应分入12-15类;没有专属类别的,且通常不应用于其他产品的,应当将该零部件分入其上位产品所属的类别,例如打火机的打火轮,应分入27-05类。确定产品的零部件是否具有专属的类别,并不限于与分类表中的具体产品项一一对应,例如验钞机的外壳,应分入10-07类。

对于因时代的发展衍生出新用途的产品,一般仍应当保持其传统用途的所属类别。例如灯笼,其已逐渐从以往单纯的照明设备演变为装饰用品,仍应将其分入26大类照明设备中。

12.3 分类号的确定

12.3.1 单一用途产品的分类

(1) 外观设计专利申请中仅包含一件产品的外观设计,且用途单一的,应当给出一个分类号。

(2) 外观设计专利申请中包含同一产品的多项外观设计,且用途单一的,应当给出一个分类号。

(3) 外观设计专利申请中包含多件产品的外观设计,且用途相同、单一的,应当给出一个分类号。例如,一项外观设计专利申请中包含枕套、床单和被罩三件产品,均属于床上用品,分类号为06-13类。

12.3.2 多用途产品的分类

(1) 外观设计专利申请中仅包含一件产品的外观设计,且该产品为两个或两个以上不同用途的产品的组合体,应当给出与其用途对应的多个分类号,但家具组合体除外。例如,带有温度计的相框,具有测量温度和放置照片两种用途,分类号为06-07和10-04。又如,连体桌椅,属于家具组合体,分类号为06-05。

(2) 外观设计专利申请中包含同一产品的多项外观设计,且该产品为两个或两个以上不同用途的产品的组合体,应当给出与其用途对应的多个分类号。

(3) 外观设计专利申请中包含多件产品的

外观设计,且各单件产品具有不同的用途,应当给出与其用途对应的多个分类号。例如,一件外观设计专利申请中包含碗和勺子两件产品,分类号为 07－01 和 07－03。

12.3.3 分类过程中的补正

根据专利法实施细则第二十八条的规定,简要说明中应当写明外观设计产品的用途。

外观设计分类过程中出现以下情形的,应当发出补正通知书:

(1) 外观设计的产品名称、图片或者照片不能确定产品的用途,且简要说明中未写明产品用途或所写的产品用途不确切;

(2) 外观设计的产品名称、图片或者照片所确定的产品用途与简要说明中记载的产品用途明显不一致。

申请人应当在收到补正通知书后两个月内答复,提交外观设计简要说明的替换页。期满未答复的,该申请将视为撤回。

第四章 专利分类

1. 引 言

专利局采用国际专利分类对发明专利申请和实用新型专利申请进行分类,以最新版的国际专利分类表(IPC,包括其使用指南)中文译本为工作文本,有疑义时以相同版的英文或法文版本为准。

分类的目的是:

(1) 建立有利于检索的专利申请文档;

(2) 将发明专利申请和实用新型专利申请分配给相应的审查部门;

(3) 按照分类号编排发明专利申请和实用新型专利申请,系统地向公众公布或者公告。

本章仅涉及发明专利申请和实用新型专利申请的分类。外观设计的分类适用本部分第三章第12节的规定。

2. 分类的内容

对每一件发明专利申请或者实用新型专利申请的技术主题进行分类,应当给出完整的、能代表发明或实用新型的发明信息的分类号,并尽可能对附加信息进行分类;将最能充分代表发明信息的分类号排在第一位。

发明信息是专利申请的全部文本(例如:权利要求书、说明书、附图)中代表对现有技术的贡献的技术信息,对现有技术的贡献的技术信息是指在专利申请中明确披露的所有新颖的和非显而易见的技术信息。

附加信息本身不代表对现有技术的贡献,而是对检索可能是有用的信息,其中包括引得码所表示的技术信息。附加信息是对发明信息的补充。例如:组合物或混合物的成分,或者是方法、结构的要素或组成部分,或者是已经分类的技术主题的用途或应用方面的特征。

3. 技术主题

3.1 技术主题的类别

发明创造的技术主题可以是方法、产品、设备或材料,其中包括这些技术主题的使用或应用方式。应当以最宽泛的含义来理解这些技术主题的范围。

(1) 方法。例如:聚合、发酵、分离、成形、输送、纺织品的处理、能量的传递和转换、建筑、食品的制备、试验、设备的操作及其运行、信息的处理和传输的方法。

(2) 产品。例如:化合物、组合物、织物、制造的物品。

(3) 设备。例如:化学或物理工艺设备、各种工具、各种器具、各种机器、各种执行操作的装置。

(4) 材料。例如:组成混合物的各种组分。

材料包括各种物质、中间产品以及用于制造产品的组合物。材料的例子如下:

【例1】

混凝土。组成材料是水泥、沙石、水。

【例2】

用于制造家具的胶合板。由基本上是厚度均匀的、或多或少连续接触并结合在一起的多个层构成的材料。

应当注意的是:一个设备,由于它是通过一种方法制造的,可以看作是一件产品。术语"设备"是与某种预期用途或目的联系在一起的,例如:用于产生气体的设备、用于切割的设备。但术语"产品"只用来表示某一方法的结果,而不管该产品的功能如何,例如:某化学方法或制造方法的最终产品。材料本身就可以构成产品。

3.2 技术主题的确定

要根据专利申请的全部文本(例如:权利要求书、说明书、附图)确定技术主题。在根据权利要求书确定技术主题的同时,还要根据说明书、附图确定未要求专利保护的技术主题。

3.2.1 根据权利要求书确定技术主题的几种情况

根据权利要求书确定技术主题时,应当完整地理解权利要求书中所记载的技术内容。例如:以独立权利要求来确定技术主题时,应当将其前序部分记载的技术特征和特征部分记载的技术特征结合起来确定。

此外,还应当结合说明书、附图的内容来正确理解或澄清权利要求书中所记载的、构成其要求专利保护的技术方案的技术特征。

(1)一般以独立权利要求中前序部分记载的技术特征为主,将特征部分记载的技术特征看作是对前序部分的限定。

【例1】

用于墙或屋顶的建筑板,其特征是该板由片材制成,该片材为矩形并由四个部分组成,各部分的表面形状为双曲抛物面……

技术主题为:以形状为特征的片状的用于墙或屋顶的建筑板。

【例2】

一种具有改进的倾点特征的原油组合物,其特征是包括含蜡原油和有效量的倾点下降添加剂,该添加剂是由乙烯与丙烯腈的共聚物和三元共聚物组成的。

技术主题为:以含乙烯与丙烯腈的共聚物和三元共聚物组成的添加剂为特征的原油组合物。

【例3】

一种棉织机减震器,其特征是在钢板上粘有粘弹材料,两者结合成一体。

技术主题为:以钢板上粘有粘弹材料并且两者结合成一体为特征的棉织机减震器。

【例4】

一种扬声器,在筒状壳体的一端压接压电陶瓷片,另一端为扬声器口,在压电陶瓷片上有两个金属接点,其特征是在壳体外部安装一层振动壳,该振动壳与壳体上扬声器口的边缘相接,两层壳之间存在间隙,组成双壳体。

技术主题为:以双壳体为特征的采用压电陶瓷片的扬声器。

【例5】

一种活性染料化合物,其特征是利用一种酶进行合成……

技术主题为:利用酶合成的一种活性染料化合物。

(2)当独立权利要求中前序部分所描述的对象在分类表中没有确切的分类位置时,以特征部分记载的技术特征为主,将前序部分记载的技术特征看作是对特征部分的限定。

【例1】

一种开关,包括一个外壳、设置在外壳盖中的控制装置、电线通道及开闭触点,其特征是在具有开口的外壳盖的开口下设有一个由透明材料制成的光导板以及一个指示开关位置的辉光灯泡。

技术主题为:开关的指示开关位置的装置。

【例2】

一种计时钟,包括外壳和机芯,其特征是该外壳用陶瓷材料制成,外壳的外形为……

技术主题为:一种计时钟的用陶瓷材料制成的外壳,……

3.2.2 根据权利要求书无法确定技术主题的情况

当根据权利要求书无法确定技术主题时,应当根据其说明书中记载的该发明或实用新型所解决的技术问题、技术方案、技术效果或者实施例来确定。

3.2.3 根据说明书、附图确定未要求专利保护的技术主题

如果说明书、附图中记载了对现有技术的贡献的内容,即使该内容未被要求专利保护,也应当确定其技术主题。

4. 分类方法

对于一件专利申请,应当首先确定其技术主题所涉及的发明信息和附加信息,然后给出对应于发明信息和附加信息的分类号。

4.1 整体分类

应当尽可能地将技术主题作为一个整体来分类，而不是对其各个组成部分分别进行分类。

但如果技术主题的某组成部分本身代表了对现有技术的贡献，那么该组成部分构成发明信息，也应当对其进行分类。例如：将一个较大系统作为整体进行分类时，若其部件或零件是新颖的和非显而易见的，则应当对这个系统以及这些部件或零件分别进行分类。

【例1】

由中间梁、弹性密封件、横托梁、支撑弹簧、横托梁密封箱等组成的转臂自控式桥梁伸缩缝装置，其特征是每根横托梁……

按桥梁伸缩缝装置的整体分类，分入 E01D 19/06。

如果横托梁是新颖的和非显而易见的，还应将横托梁分入 E04C 3/02。

【例2】

固体垃圾的处理系统，由输入装置及分拣、粉碎、金属回收、塑料回收和肥料制造等设备组成。

按固体垃圾的处理系统整体分类，分入 B09B 3/00。

如果粉碎设备是新颖的和非显而易见的，还应将粉碎设备分入 B02C 21/00。

4.2 功能分类或应用分类的确定

4.2.1 功能分类

若技术主题在于某物的本质属性或功能，且不受某一特定应用领域的限制，则将该技术主题按功能分类。

如果技术主题涉及某种特定的应用，但没有明确披露或完全确定，若分类表中有功能分类位置，则按功能分类；若宽泛地提到了若干种应用，则也按功能分类。

【例1】

特征在于结构或功能方面的各种阀，其结构或功能不取决于流过的特定流体（例如油）的性质或包括该阀的任何设备，按功能分类，分入 F16K。

【例2】

特征在于其化学结构的有机化合物的技术主题，按功能分类，分入 C07。

【例3】

装有绕活动轴转动的圆盘切刀的切割机械，按功能分类，分入 B26D 1/157。

4.2.2 应用分类

若技术主题属于下列情况，则将该技术主题按应用分类。

（1）技术主题涉及"专门适用于"某特定用途或目的的物。

例如：

专门适用于嵌入人体心脏中的机械阀，按应用分类，分入 A61F 2/24。

（2）技术主题涉及某物的特殊用途或应用。

【例如】

香烟过滤嘴，按应用分类，分入 A24D 3/00。

（3）技术主题涉及将某物加入到一个更大的系统中。

【例如】

把板簧安装到车轮的悬架中，按应用分类，分入 B60G 11/02。

4.2.3 既按功能分类又按应用分类

若技术主题既涉及某物的本质属性或功能，又涉及该物的特殊用途或应用、或其在某较大系统中的专门应用，则既按功能分类又按应用分类。

如果不能适用上述 4.2.1 和 4.2.2 中指出的情况，则既按功能分类又按应用分类。

【例1】

涂料组合物，既涉及组合物的成分，又涉及专门的应用，则既按功能分类，分入 C09D 101/00 至 C09D 201/00 的适当分类位置，又按应用分类，分入 C09D 5/00。

【例2】

布置在汽车悬架中的板簧，如果板簧本身是新颖的和非显而易见的，则应按功能分类，分入 F16F 1/18；如果这种板簧在汽车悬架中的布置方式也是新颖的和非显而易见的，则还应按应用分类，分入 B60G 11/02。

4.2.4 特殊情况

（1）应当按功能分类的技术主题，若分类表中不存在该功能分类位置，则按适当的应用分类。

【例如】

线缆覆盖层的剥离器。

分类表中不存在覆盖层的剥离器的功能分类位置，经判断其主要应用于电缆外皮的剥离。按应用分类，分入 H02G 1/12。

（2）应当按应用分类的技术主题，若分类表中不存在该应用分类位置，则按适当的功能分类。

【例如】

电冰箱过负荷、过电压及延时启动保护装置。

分类表中不存在电冰箱专用的紧急保护电路装置的应用分类位置，经判断其为紧急保护电路装置。按功能分类，分入 H02H 小类。

（3）当技术主题应当既按功能分类，又按应用分类时，若分类表中不存在该功能分类位置，则只按应用分类；若分类表中不存在该应用分类位置，则只按功能分类。

【例如】

适用于畜拉车照明用的发电机，该发电机装有可调速比齿轮箱，并可方便地和车轮配合。

分类表中不存在畜拉车照明用的发电机的应用分类位置，则只按功能分类，分入 H02K 7/116。

4.3 多重分类

分类的主要目的是为了检索，根据技术主题的内容，可以赋予多个分类号。

当专利申请涉及不同类型的技术主题，并且这些技术主题构成发明信息时，则应当根据所涉及的技术主题进行多重分类。例如：技术主题涉及产品及产品的制造方法，如果分类表中产品和方法的分类位置都存在，则对产品和方法分别进行分类。

当技术主题涉及功能分类和应用分类二者时，则既按功能分类又按应用分类。

对检索有用的附加信息，也尽可能采用多重分类或与引得码组合的分类。

4.3.1 技术主题的多方面分类

技术主题的多方面分类代表一种特殊类型的多重分类，是指以一个技术主题的多个方面为特征进行的分类，例如：以其固有的结构和其特殊的应用或功能为特征的技术主题，若只依据一个方面对这类技术主题进行分类，会导致检索信息的不完全。

在分类表中由附注指明采用"多方面分类"的分类位置。例如：

G11B 7/24 ·按所选用的材料或按结构或按形式区分的记录载体

G11B 7/241 ··以材料的选择为特征

G11B 7/252 ···不同于记录层的层

附注

在小组 G11B 7/252 中，使用多方面分类，所以如果技术主题的特征在于其不止包含一个小组的方面，该技术主题应分类在这些小组的每一个中。

G11B 7/253 ····底层

G11B 7/254 ····保护性外涂层

当技术主题涉及不同于记录层的底层和保护性外涂层时，要对底层和保护性外涂层分别进行分类，分入 G11B 7/253 和 G11B 7/254。

4.3.2 二级分类表

二级分类表用于对已经分类在其他分类位置上的技术主题进行强制补充分类。二级分类表，例如：A01P、A61P、A61Q 和 C12S。

二级分类表中的分类号不能作为第一位置分类号。

4.3.3 混合系统与引得码

混合系统由分类表的分类号和与其联合使用的引得码组成。

引得码只能与分类号联合使用，具有与分类号相同的格式，但通常使用一种独特的编号体系。

在分类表中由附注指明可以采用引得码的分类位置。相应地，在每个引得表前面的附注、类名或导引标题中指明了这些引得码与哪些分类号联合使用。

4.4 技术主题的特殊分类

（1）技术主题可以有不同的类别。如果在分类表中没有某类别技术主题的分类位置，则使用最适当的其他类别的技术主题进行分类，详见本章第 8 节。

(2) 若在分类表中找不到充分包括某技术主题的分类位置，则将该技术主题分入以类号 99/00 表示的专门的剩余大组。

【例如】

A 部中

A99Z 99/00 为本部其他类目不包括的技术主题；

F 部 F02M 小类中

F02M 99/00 为不包括在本小类的其他组中的技术主题。

5. 分类位置的规则简述

在分类表的某些地方用参见、附注指明了如何使用优先规则（最先位置规则、最后位置规则）和特殊规则。要特别注意这些分类位置规则的使用。

附注只适用于相关的位置及其细分位置，并且在与一般规定相抵触的时候，附注优先于一般规定。

6. 分类的步骤

按照部、大类、小类、大组、小组的顺序逐级进行分类，直到找到最低等级的合适的组。

7. 对不同公布级专利申请的分类

7.1 对未检索专利申请的分类

对所有可能是新颖的和非显而易见的权利要求的技术主题，所有构成权利要求的技术主题的可能是新颖的和非显而易见的组成部分，以及说明书、附图中所有可能是新颖的和非显而易见的任何未要求专利保护的技术主题一起作为发明信息进行分类。

如果对检索有用，则尽可能对要求专利保护的和未要求专利保护的任何附加信息进行分类或引得。

7.2 对已检索和审查后专利申请的分类

对所有新颖的和非显而易见的权利要求的技术主题，所有构成权利要求的技术主题的新颖的和非显而易见的组成部分，以及说明书、附图中新颖的和非显而易见的未要求专利保护的技术主题一起作为发明信息进行分类。

如果对检索有用，则尽可能对要求专利保护的和未要求专利保护的任何附加信息进行分类或引得。

8. 特定技术主题的分类方法

8.1 化合物

当技术主题涉及一种化合物本身时，例如：有机、无机或高分子化合物，应将该化合物分在 C 部。当技术主题还涉及化合物的某一特定应用时，如果该应用构成对现有技术的贡献，还应将其分类在该应用的分类位置上。但是，当化合物是已知的，并且技术主题仅涉及这种化合物的应用时，则只分类在该应用的分类位置上。

8.2 化学混合物或者组合物

当技术主题涉及一种化学混合物或组合物本身时，应当根据其化学组成分类到适当的分类位置上。例如：将玻璃分类入 C03C，将水泥、陶瓷分类入 C04B，将高分子化合物的组合物分类入 C08L，将合金分类入 C22C。如果分类表中不存在这样的分类位置，则根据其用途或应用来分类。如果用途或应用也构成对现有技术的贡献，则根据其化学成分及其用途或应用两者进行分类。但是，当化学混合物或组合物是已知的，并且技术主题仅涉及其用途或应用时，则只分类在用途或应用的分类位置上。

8.3 化合物的制备或处理

当技术主题涉及一种化合物的制备或处理方法时，将其分类在该化合物的制备或处理方法的位置上。如果分类表中不存在这样的分类位置，则分类在该化合物的分类位置上。当从这种制备方法得到的化合物也是新颖的时候，还应对该化合物进行分类。当技术主题涉及多种化合物的制备或处理的一般方法时，将其分类在所采用的方法的分类位置上。

8.4 设备或方法

当技术主题涉及一种设备时，将其分类在该设备的分类位置上。如果分类表中不存在这样的分类位置，则将其分类在由该设备所执行的方法的分类位置上。当技术主题涉及产品的制造或处理方法时，将其分类在所采用的方法的分类位置上。如果分类表中不存在这样的分类位置，则分类在执行该方法的设备的分类位置上。如果分类表中不存在执行该方法的设备的分类位置，则分类在该产品的分类位置上。

8.5 制造的物品

当技术主题涉及一种物品时，将其分类在该物品的分类位置上。如果分类表中不存在该物品本身的分类位置，则根据该物品所执行的功能，将其分类在适当的功能分类位置上。如果没有适当的功能分类位置，则根据其应用领域进行分类。

8.6 多步骤方法、成套设备

当技术主题涉及一种多步骤方法或成套设备，且该方法或成套设备分别由多个处理步骤或多个机器的组合体构成时，应将其作为一个整体进行分类，即分类在用于这种组合体的分类位置上，例如：小类 B09B。如果分类表中不存在这样的分类位置，则将其分类在由这种方法或成套设备所制得的产品的分类位置上。当技术主题涉及这种组合体的一个单元时，例如该方法的一个单独步骤或该套设备中的单个机器，则应当对该单元进行分类。

8.7 零件、结构部件

当技术主题涉及用于产品或设备的结构或功能的零件或部件时，应当按照下列规则进行分类：

对只适用于或专门适用于某种产品或设备的零件或部件，将其分类在该产品或设备的零件或部件的分类位置上。如果分类表中不存在该零件或部件的分类位置，则将其分类在该产品或设备的分类位置上。

对可应用于多种不同的产品或设备的零件或部件，将其分类在更一般性的零件或部件的分类位置上。如果分类表中不存在更一般性的分类位置，则将其分类在明确应用该零件或部件的所有产品或设备的分类位置上。

8.8 化学通式

化学通式是用来表示一类或几类化合物的，其中至少一个基团是可变化的，例如："马库什"型化合物。当在通式的范围内，有大量的化合物可以独立地分类在其相应的分类位置上时，只对那些对检索最有用的化合物进行分类。如果这些化合物是使用一个化学通式说明的，则遵循以下的分类程序：

步骤1：

对所有新颖的和非显而易见的"完全确定"的化合物进行分类。被认为是"完全确定"的化合物是指：

（i）有确定的化学名称或化学结构式，或能够从其制备所用的指定反应物推导出来的唯一反应产物；

（ii）该化合物的特征在于其物理性质，例如：熔点，或者给出了一个具体描述其制备过程的实施例。

不能认为仅由经验式代表的化合物是"完全确定"的化合物。

步骤2：

如果没有披露"完全确定"的化合物，将通式分在包括所有的可能实施方案的最确定的组中，或分在包括大部分的可能实施方案的最确定的组中。应当将化学通式的分类限制在一个组中或尽可能少的组中。

步骤3：

除了按照上述的步骤1、2分类以外，当化学通式范围内的其他化合物是重要的时候，也可以对其进行分类。

当将所有"完全确定"的化合物分类到其最确定的分类位置会导致大量（例如：超过20个）的分类号时，分类人员可以减少分类号的数量。但是只在下述情况下才可以减少分类号的数量：若"完全确定"的化合物的分类会导致在较高等级的单一组的下面派生出大量的小组，可以将这些化合物只分类到较高等级的组中。否则，将这些化合物分类到所有的更明确的组中。

8.9 组合库

当技术主题以"库"的形式表示由很多化合物、生物实体或其他物质组成的集合时，将库作为一个整体分类到小类 C40B 的一个合适的组内，同时将"库"中"完全确定"的单个成员分类到最明确的分类位置中。例如：将核苷酸的化合物库作为一个整体分类到小类 C40B 的一个合适的组内，同时将"完全确定"的核苷酸分到 C 部的适当分类位置。

第二部分 实质审查

第一章 不授予专利权的申请

1. 引言

对发明创造授予专利权必须有利于推动其应用,提高创新能力,促进我国科学技术进步和经济社会发展。为此,专利法第二条对可授予专利权的客体作出了规定。考虑到国家和社会的利益,专利法还对专利保护的范围作了某些限制性规定。一方面,专利法第五条规定,对违反法律、社会公德或者妨害公共利益的发明创造不授予专利权,对违反法律、行政法规的规定获取或者利用遗传资源,并依赖该遗传资源完成的发明创造不授予专利权;另一方面,专利法第二十五条规定了不授予专利权的客体。

2. 不符合专利法第二条第二款规定的客体

专利法所称的发明,是指对产品、方法或者其改进所提出的新的技术方案,这是对可申请专利保护的发明客体的一般性定义,不是判断新颖性、创造性的具体审查标准。

技术方案是对要解决的技术问题所采取的利用了自然规律的技术手段的集合。技术手段通常是由技术特征来体现的。

未采用技术手段解决技术问题,以获得符合自然规律的技术效果的方案,不属于专利法第二条第二款规定的客体。

气味或者诸如声、光、电、磁、波等信号或者能量也不属于专利法第二条第二款规定的客体。但利用其性质解决技术问题的,则不属此列。

3. 根据专利法第五条不授予专利权的发明创造

根据专利法第五条第一款的规定,发明创造的公开、使用、制造违反了法律、社会公德或者妨害了公共利益的,不能被授予专利权。

根据专利法第五条第二款的规定,对违反法律、行政法规的规定获取或者利用遗传资源,并依赖该遗传资源完成的发明创造不授予专利权。

法律、行政法规、社会公德和公共利益的含义较广泛,常因时期、地区的不同而有所变化,有时由于新法律、行政法规的颁布实施或原有法律、行政法规的修改、废止,会增设或解除某些限制,因此审查员在依据专利法第五条进行审查时,要特别注意。

3.1 根据专利法第五条第一款不授予专利权的发明创造

3.1.1 违反法律的发明创造

法律,是指由全国人民代表大会或者全国人民代表大会常务委员会依照立法程序制定和颁布的法律。它不包括行政法规和规章。

发明创造与法律相违背的,不能被授予专利权。例如,用于赌博的设备、机器或工具;吸毒的器具;伪造国家货币、票据、公文、证件、印章、文物的设备等都属于违反法律的发明创造,不能被授予专利权。

发明创造并没有违反法律,但是由于其被滥用而违反法律的,则不属此列。例如,用于医疗的各种毒药、麻醉品、镇静剂、兴奋剂和用于娱乐的棋牌等。

专利法实施细则第十条规定,专利法第五条所称违反法律的发明创造,不包括仅其实施为法律所禁止的发明创造。其含义是,如果仅仅是发明创造的产品的生产、销售或使用受到法律的限制或约束,则该产品本身及其制造方法并不属于违反法律的发明创造。例如,用于国防的各种武器的生产、销售及使用虽然受到法律的限制,但这些武器本身及其制造方法仍然属于可给予专利保护的客体。

3.1.2 违反社会公德的发明创造

社会公德,是指公众普遍认为是正当的、并被接受的伦理道德观念和行为准则。它的内涵基于一定的文化背景,随着时间的推移和社会的进步不断地发生变化,而且因地域不同而各异。中国专利法中所称的社会公德限于中国境内。

发明创造与社会公德相违背的，不能被授予专利权。例如，带有暴力凶杀或者淫秽的图片或者照片的外观设计，非医疗目的的人造性器官或者其替代物，人与动物交配的方法，改变人生殖系遗传同一性的方法或改变了生殖系遗传同一性的人，克隆的人或克隆人的方法，人胚胎的工业或商业目的的应用，可能导致动物痛苦而对人或动物的医疗没有实质性益处的改变动物遗传同一性的方法等，上述发明创造违反社会公德，不能被授予专利权。

但是，如果发明创造是利用未经过体内发育的受精14天以内的人类胚胎分离或者获取干细胞的，则不能以"违反社会公德"为理由拒绝授予专利权。❶

3.1.3 妨害公共利益的发明创造

妨害公共利益，是指发明创造的实施或使用会给公众或社会造成危害，或者会使国家和社会的正常秩序受到影响。

【例如】

发明创造以致人伤残或损害财物为手段的，如一种使盗窃者双目失明的防盗装置及方法，不能被授予专利权；

发明创造的实施或使用会严重污染环境、严重浪费能源或资源、破坏生态平衡、危害公众健康的，不能被授予专利权；

专利申请的文字或者图案涉及国家重大政治事件或宗教信仰、伤害人民感情或民族感情或者宣传封建迷信的，不能被授予专利权。

但是，如果发明创造因滥用而可能造成妨害公共利益的，或者发明创造在产生积极效果的同时存在某种缺点的，例如对人体有某种副作用的药品，则不能以"妨害公共利益"为理由拒绝授予专利权。

3.1.4 部分违反专利法第五条第一款的申请

一件专利申请中含有违反法律、社会公德或者妨害公共利益的内容，而其他部分是合法的，则该专利申请称为部分违反专利法第五条第一款的申请。对于这样的专利申请，审查员在审查时，应当通知申请人进行修改，删除违反专利法第五条第一款的部分。如果申请人不同意删除违法的部分，就不能被授予专利权。

例如，一项"投币式弹子游戏机"的发明创造。游戏者如果达到一定的分数，机器则抛出一定数量的钱币。审查员应当通知申请人将抛出钱币的部分删除或对其进行修改，使之成为一个单纯的投币式游戏机。否则，它即使是一项新的有创造性的技术方案，也不能被授予专利权。

3.2 根据专利法第五条第二款不授予专利权的发明创造

根据专利法第五条第二款的规定，对违反法律、行政法规的规定获取或者利用遗传资源，并依赖该遗传资源完成的发明创造，不授予专利权。

根据专利法实施细则第二十六条第一款的规定，专利法所称遗传资源，是指取自人体、动物、植物或者微生物等含有遗传功能单位并具有实际或者潜在价值的材料；专利法所称依赖遗传资源完成的发明创造，是指利用了遗传资源的遗传功能完成的发明创造。

在上述规定中，遗传功能是指生物体通过繁殖将性状或者特征代代相传或者使整个生物体得以复制的能力。

遗传功能单位是指生物体的基因或者具有遗传功能的DNA或者RNA片段。

取自人体、动物、植物或者微生物等含有遗传功能单位的材料，是指遗传功能单位的载体，既包括整个生物体，也包括生物体的某些部分，例如器官、组织、血液、体液、细胞、基因组、基因、DNA或者RNA片段等。

发明创造利用了遗传资源的遗传功能是指对遗传功能单位进行分离、分析、处理等，以完成发明创造，实现其遗传资源的价值。

违反法律、行政法规的规定获取或者利用遗传资源，是指遗传资源的获取或者利用未按照我国有关法律、行政法规的规定事先获得有关行政管理部门的批准或者相关权利人的许可。例如，按照《中华人民共和国畜牧法》和

---

❶ 根据2019年9月23日公布的国家知识产权局公告第三二八号，增加该段。——编者注

《中华人民共和国畜禽遗传资源进出境和对外合作研究利用审批办法》的规定，向境外输出列入中国畜禽遗传资源保护名录的畜禽遗传资源应当办理相关审批手续，某发明创造的完成依赖于中国向境外出口的列入中国畜禽遗传资源保护名录的某畜禽遗传资源，未办理审批手续的，该发明创造不能被授予专利权。

4. 根据专利法第二十五条不授予专利权的客体

专利申请要求保护的主题属于专利法第二十五条第一款所列不授予专利权的客体的，不能被授予专利权。

4.1 科学发现

科学发现，是指对自然界中客观存在的物质、现象、变化过程及其特性和规律的揭示。科学理论是对自然界认识的总结，是更为广义的发现。它们都属于人们认识的延伸。这些被认识的物质、现象、过程、特性和规律不同于改造客观世界的技术方案，不是专利法意义上的发明创造，因此不能被授予专利权。例如，发现卤化银在光照下有感光特性，这种发现不能被授予专利权，但是根据这种发现制造出的感光胶片以及此感光胶片的制造方法则可以被授予专利权。又如，从自然界找到一种以前未知的以天然形态存在的物质，仅仅是一种发现，不能被授予专利权（关于首次从自然界分离或提取出来的物质的审查，适用本部分第十章第2.1节的规定）。

应当注意，发明和发现虽有本质不同，但两者关系密切。通常，很多发明是建立在发现的基础之上的，进而发明又促进了发现。发明与发现的这种密切关系在化学物质的"用途发明"上表现最为突出，当发现某种化学物质的特殊性质之后，利用这种性质的"用途发明"则应运而生。

4.2 智力活动的规则和方法

智力活动，是指人的思维运动，它源于人的思维，经过推理、分析和判断产生出抽象的结果，或者必须经过人的思维运动作为媒介，间接地作用于自然产生结果。智力活动的规则和方法是指导人们进行思维、表述、判断和记忆的规则和方法。由于其没有采用技术手段或者利用自然规律，也未解决技术问题和产生技术效果，因而不构成技术方案。它既不符合专利法第二条第二款的规定，又属于专利法第二十五条第一款第（二）项规定的情形。因此，指导人们进行这类活动的规则和方法不能被授予专利权。

在判断涉及智力活动的规则和方法的专利申请要求保护的主题是否属于可授予专利权的客体时，应当遵循以下原则：

（1）如果一项权利要求仅仅涉及智力活动的规则和方法，则不应当被授予专利权。

如果一项权利要求，除其主题名称以外，对其进行限定的全部内容均为智力活动的规则和方法，则该权利要求实质上仅仅涉及智力活动的规则和方法，也不应当被授予专利权。

【例如】

审查专利申请的方法；

组织、生产、商业实施和经济等方面的管理方法及制度；

交通行车规则、时间调度表、比赛规则；

演绎、推理和运筹的方法；

图书分类规则、字典的编排方法、情报检索的方法、专利分类法；

日历的编排规则和方法；

仪器和设备的操作说明；

各种语言的语法、汉字编码方法；

计算机的语言及计算规则；

速算法或口诀；

数学理论和换算方法；

心理测验方法；

教学、授课、训练和驯兽的方法；

各种游戏、娱乐的规则和方法；

统计、会计和记账的方法；

乐谱、食谱、棋谱；

锻炼身体的方法；

疾病普查的方法和人口统计的方法；

信息表述方法；

计算机程序本身。

（2）除了上述（1）所描述的情形之外，如果一项权利要求在对其进行限定的全部内容中既包含智力活动的规则和方法的内容，又包含技术特征，则该权利要求就整体而言并不是一种智力活动的规则和方法，不应当依据专利法第二十五条排除其获得专利权的可能性。

【例如】

涉及商业模式的权利要求，如果既包含商业规则和方法的内容，又包含技术特征，则不应当依据专利法第二十五条排除其获得专利权的可能性。❶

4.3 疾病的诊断和治疗方法

疾病的诊断和治疗方法，是指以有生命的人体或者动物体为直接实施对象，进行识别、确定或消除病因或病灶的过程。

出于人道主义的考虑和社会伦理的原因，医生在诊断和治疗过程中应当有选择各种方法和条件的自由。另外，这类方法直接以有生命的人体或动物体为实施对象，无法在产业上利用，不属于专利法意义上的发明创造。因此疾病的诊断和治疗方法不能被授予专利权。

但是，用于实施疾病诊断和治疗方法的仪器或装置，以及在疾病诊断和治疗方法中使用的物质或材料属于可被授予专利权的客体。

4.3.1 诊断方法

诊断方法，是指为识别、研究和确定有生命的人体或动物体病因或病灶状态的过程。

4.3.1.1 属于诊断方法的发明

一项与疾病诊断有关的方法如果同时满足以下两个条件，则属于疾病的诊断方法，不能被授予专利权：

（1）以有生命的人体或动物体为对象；

（2）以获得疾病诊断结果或健康状况为直接目的。

如果一项发明从表述形式上看是以离体样品为对象的，但该发明是以获得同一主体疾病诊断结果或健康状况为直接目的，则该发明仍然不能被授予专利权。

如果请求专利保护的方法中包括了诊断步骤或者虽未包括诊断步骤但包括检测步骤，而根据现有技术中的医学知识和该专利申请公开的内容，只要知晓所说的诊断或检测信息，就能够直接获得疾病的诊断结果或健康状况，则该方法满足上述条件（2）。

以下方法是不能被授予专利权的例子：

血压测量法、诊脉法、足诊法、X光诊断法、超声诊断法、胃肠造影诊断法、内窥镜诊断法、同位素示踪影像诊断法、红外光无损诊断法、患病风险度评估方法、疾病治疗效果预测方法、基因筛查诊断法。

4.3.1.2 不属于诊断方法的发明

以下几类方法是不属于诊断方法的例子：

（1）在已经死亡的人体或动物体上实施的病理解剖方法；

（2）直接目的不是获得诊断结果或健康状况，而只是从活的人体或动物体获取作为中间结果的信息的方法，或处理该信息（形体参数、生理参数或其他参数）的方法；

（3）直接目的不是获得诊断结果或健康状况，而只是对已经脱离人体或动物体的组织、体液或排泄物进行处理或检测以获取作为中间结果的信息的方法，或处理该信息的方法。

对上述（2）和（3）项需要说明的是，只有当根据现有技术中的医学知识和该专利申请公开的内容从所获得的信息本身不能够直接得出疾病的诊断结果或健康状况时，这些信息才能被认为是中间结果。

4.3.2 治疗方法

治疗方法，是指为使有生命的人体或者动物体恢复或获得健康或减少痛苦，进行阻断、缓解或者消除病因或病灶的过程。

治疗方法包括以治疗为目的或者具有治疗性质的各种方法。预防疾病或者免疫的方法视为治疗方法。

对于既可能包含治疗目的，又可能包含非治疗目的的方法，应当明确说明该方法用于非治疗目的，否则不能被授予专利权。

4.3.2.1 属于治疗方法的发明

以下几类方法是属于或者应当视为治疗方法的例子，不能被授予专利权。

（1）外科手术治疗方法、药物治疗方法、心理疗法。

---

❶ 根据2017年2月28日公布的国家知识产权局令第七十四号，增加该段。——编者注

(2) 以治疗为目的的针灸、麻醉、推拿、按摩、刮痧、气功、催眠、药浴、空气浴、阳光浴、森林浴和护理方法。

(3) 以治疗为目的利用电、磁、声、光、热等种类的辐射刺激或照射人体或者动物体的方法。

(4) 以治疗为目的采用涂覆、冷冻、透热等方式的治疗方法。

(5) 为预防疾病而实施的各种免疫方法。

(6) 为实施外科手术治疗方法和/或药物治疗方法采用的辅助方法，例如返回同一主体的细胞、组织或器官的处理方法、血液透析方法、麻醉深度监控方法、药物内服方法、药物注射方法、药物外敷方法等。

(7) 以治疗为目的的受孕、避孕、增加精子数量、体外受精、胚胎转移等方法。

(8) 以治疗为目的的整容、肢体拉伸、减肥、增高方法。

(9) 处置人体或动物体伤口的方法，例如伤口消毒方法、包扎方法。

(10) 以治疗为目的的其他方法，例如人工呼吸方法、输氧方法。

需要指出的是，虽然使用药物治疗疾病的方法是不能被授予专利权的，但是，药物本身是可以被授予专利权的。有关物质的医药用途的专利申请的审查，适用本部分第十章第2.2节和第4.5.2节的规定。

4.3.2.2 不属于治疗方法的发明

以下几类方法是不属于治疗方法的例子，不得依据专利法第二十五条第一款第（三）项拒绝授予其专利权。

(1) 制造假肢或者假体的方法，以及为制造该假肢或者假体而实施的测量方法。例如一种制造假牙的方法，该方法包括在病人口腔中制作牙齿模具，而在体外制造假牙。虽然其最终目的是治疗，但是该方法本身的目的是制造出合适的假牙。

(2) 通过非外科手术方式处置动物体以改变其生长特性的畜牧业生产方法。例如，通过对活羊施加一定的电磁刺激促进其增长、提高羊肉质量或增加羊毛产量的方法。

(3) 动物屠宰方法。

(4) 对于已经死亡的人体或动物体采取的处置方法。例如解剖、整理遗容、尸体防腐、制作标本的方法。

(5) 单纯的美容方法，即不介入人体或不产生创伤的美容方法，包括在皮肤、毛发、指甲、牙齿外部可为人们所视的部位局部实施的、非治疗目的的身体除臭、保护、装饰或者修饰方法。

(6) 为使处于非病态的人或者动物感觉舒适、愉快或者在诸如潜水、防毒等特殊情况下输送氧气、负氧离子、水分的方法。

(7) 杀灭人体或者动物体外部（皮肤或毛发上，但不包括伤口和感染部位）的细菌、病毒、虱子、跳蚤的方法。

4.3.2.3 外科手术方法

外科手术方法，是指使用器械对有生命的人体或者动物体实施的剖开、切除、缝合、纹刺等创伤性或者介入性治疗或处置的方法，这种外科手术方法不能被授予专利权。但是，对于已经死亡的人体或者动物体实施的剖开、切除、缝合、纹刺等处置方法，只要该方法不违反专利法第五条第一款，则属于可被授予专利权的客体。

外科手术方法分为治疗目的和非治疗目的的外科手术方法。

以治疗为目的的外科手术方法，属于治疗方法，根据专利法第二十五条第一款第（三）项的规定不授予其专利权。

非治疗目的的外科手术方法的审查，适用本部分第五章第3.2.4节的规定。

4.4 动物和植物品种

动物和植物是有生命的物体。根据专利法第二十五条第一款第（四）项的规定，动物和植物品种不能被授予专利权。专利法所称的动物不包括人，所述动物是指不能自己合成，而只能靠摄取自然的碳水化合物及蛋白质来维系其生命的生物。专利法所称的植物，是指可以借助光合作用，以水、二氧化碳和无机盐等无机物合成碳水化合物、蛋白质来维系生存，并通常不发生移动的生物。动物和植物品种可以通过专利法以外的其他法律法规保护，例如，植物新品种可以通过《植物新品种保护条例》给予保护。

根据专利法第二十五条第二款的规定，对动物和植物品种的生产方法，可以授予专利权。但这里所说的生产方法是指非生物学的方法，不包括生产动物和植物主要是生物学的方法。

一种方法是否属于"主要是生物学的方法"，取决于在该方法中人的技术介入程度。如果人的技术介入对该方法所要达到的目的或者效果起了主要的控制作用或者决定性作用，则这种方法不属于"主要是生物学的方法"。例如，采用辐照饲养法生产高产牛奶的乳牛的方法；改进饲养方法生产瘦肉型猪的方法等属于可被授予发明专利权的客体。

所谓微生物发明是指利用各种细菌、真菌、病毒等微生物去生产一种化学物质（如抗生素）或者分解一种物质等的发明。微生物和微生物方法可以获得专利保护。关于微生物发明专利申请的审查，适用本部分第十章的有关规定。

4.5 原子核变换方法和用该方法获得的物质

原子核变换方法以及用该方法所获得的物质关系到国家的经济、国防、科研和公共生活的重大利益，不宜为单位或私人垄断，因此不能被授予专利权。

4.5.1 原子核变换方法

原子核变换方法，是指使一个或几个原子核经分裂或者聚合，形成一个或几个新原子核的过程，例如：完成核聚变反应的磁镜阱法、封闭阱法以及实现核裂变的各种方法等，这些变换方法是不能被授予专利权的。但是，为实现原子核变换而增加粒子能量的粒子加速方法（如电子行波加速法、电子驻波加速法、电子对撞法、电子环形加速法等），不属于原子核变换方法，而属于可被授予发明专利权的客体。

为实现核变换方法的各种设备、仪器及其零部件等，均属于可被授予专利权的客体。

4.5.2 用原子核变换方法所获得的物质

用原子核变换方法所获得的物质，主要是指用加速器、反应堆以及其他核反应装置生产、制造的各种放射性同位素，这些同位素不能被授予发明专利权。

但是这些同位素的用途以及使用的仪器、设备属于可被授予专利权的客体。

第二章　说明书和权利要求书

1. 引　言

根据专利法第二十六条第一款的规定，一件发明专利申请应当有说明书（必要时应当有附图）及其摘要和权利要求书；一件实用新型专利申请应当有说明书（包括附图）及其摘要和权利要求书。

说明书和权利要求书是记载发明或者实用新型及确定其保护范围的法律文件。

说明书及附图主要用于清楚、完整地描述发明或者实用新型，使所属技术领域的技术人员能够理解和实施该发明或者实用新型。

权利要求书应当以说明书为依据，清楚、简要地限定要求专利保护的范围。

根据专利法第五十九条第一款的规定，发明或者实用新型专利权的保护范围以其权利要求的内容为准，说明书及附图可以用于解释权利要求的内容。

本章对说明书和权利要求书的主要内容及撰写要求作了适用于所有技术领域的一般性规定。涉及计算机程序以及化学领域专利申请的说明书和权利要求书的若干具体问题，适用本部分第九章和第十章的规定。

2. 说　明　书

专利法第二十六条第三款和专利法实施细则第十七条分别对说明书的实质性内容和撰写方式作了规定。

2.1 说明书应当满足的要求

专利法第二十六条第三款规定，说明书应当对发明或者实用新型作出清楚、完整的说明，以所属技术领域的技术人员能够实现为准。

说明书对发明或者实用新型作出的清楚、完整的说明，应当达到所属技术领域的技术人员能够实现的程度。也就是说，说明书应当满足充分公开发明或者实用新型的要求。

关于"所属技术领域的技术人员"的含

义,适用本部分第四章第 2.4 节的规定。

2.1.1 清楚

说明书的内容应当清楚,具体应满足下述要求:

(1) 主题明确。说明书应当从现有技术出发,明确地反映出发明或者实用新型想要做什么和如何去做,使所属技术领域的技术人员能够确切地理解该发明或者实用新型要求保护的主题。换句话说,说明书应当写明发明或者实用新型所要解决的技术问题以及解决其技术问题采用的技术方案,并对照现有技术写明发明或者实用新型的有益效果。上述技术问题、技术方案和有益效果应当相互适应,不得出现相互矛盾或不相关联的情形。

(2) 表述准确。说明书应当使用发明或者实用新型所属技术领域的技术术语。说明书的表述应当准确地表达发明或者实用新型的技术内容,不得含糊不清或者模棱两可,以致所属技术领域的技术人员不能清楚、正确地理解该发明或者实用新型。

2.1.2 完整

完整的说明书应当包括有关理解、实现发明或者实用新型所需的全部技术内容。

一份完整的说明书应当包含下列各项内容:

(1) 帮助理解发明或者实用新型不可缺少的内容。例如,有关所属技术领域、背景技术状况的描述以及说明书有附图时的附图说明等。

(2) 确定发明或者实用新型具有新颖性、创造性和实用性所需的内容。例如,发明或者实用新型所要解决的技术问题,解决其技术问题采用的技术方案和发明或者实用新型的有益效果。

(3) 实现发明或者实用新型所需的内容。例如,为解决发明或者实用新型的技术问题而采用的技术方案的具体实施方式。

对于克服了技术偏见的发明或者实用新型,说明书中还应当解释为什么说该发明或者实用新型克服了技术偏见,新的技术方案与技术偏见之间的差别以及为克服技术偏见所采用的技术手段。

应当指出,凡是所属技术领域的技术人员不能从现有技术中直接、唯一地得出的有关内容,均应当在说明书中描述。

2.1.3 能够实现

所属技术领域的技术人员能够实现,是指所属技术领域的技术人员按照说明书记载的内容,就能够实现该发明或者实用新型的技术方案,解决其技术问题,并且产生预期的技术效果。

说明书应当清楚地记载发明或者实用新型的技术方案,详细地描述实现发明或者实用新型的具体实施方式,完整地公开对于理解和实现发明或者实用新型必不可少的技术内容,达到所属技术领域的技术人员能够实现该发明或者实用新型的程度。审查员如果有合理的理由质疑发明或者实用新型没有达到充分公开的要求,则应当要求申请人予以澄清。

以下各种情况由于缺乏解决技术问题的技术手段而被认为无法实现:

(1) 说明书中只给出任务和/或设想,或者只表明一种愿望和/或结果,而未给出任何使所属技术领域的技术人员能够实施的技术手段;

(2) 说明书中给出了技术手段,但对所属技术领域的技术人员来说,该手段是含糊不清的,根据说明书记载的内容无法具体实施;

(3) 说明书中给出了技术手段,但所属技术领域的技术人员采用该手段并不能解决发明或者实用新型所要解决的技术问题;

(4) 申请的主题为由多个技术手段构成的技术方案,对于其中一个技术手段,所属技术领域的技术人员按照说明书记载的内容并不能实现;

(5) 说明书中给出了具体的技术方案,但未给出实验证据,而该方案又必须依赖实验结果加以证实才能成立。例如,对于已知化合物的新用途发明,通常情况下,需要在说明书中给出实验证据来证实其所述的用途以及效果,否则将无法达到能够实现的要求。

2.2 说明书的撰写方式和顺序

根据专利法实施细则第十七条的规定,发明或者实用新型专利申请的说明书应当写明发明或者实用新型的名称,该名称应当与请求书中的名称一致。说明书应当包括以下组成部分：

（一）技术领域：写明要求保护的技术方案所属的技术领域；

（二）背景技术：写明对发明或者实用新型的理解、检索、审查有用的背景技术；有可能的，并引证反映这些背景技术的文件；

（三）发明或者实用新型内容：写明发明或者实用新型所要解决的技术问题以及解决其技术问题采用的技术方案，并对照现有技术写明发明或者实用新型的有益效果；

（四）附图说明：说明书有附图的，对各幅附图作简略说明；

（五）具体实施方式：详细写明申请人认为实现发明或者实用新型的优选方式；必要时，举例说明；有附图的，对照附图说明。

发明或者实用新型的说明书应当按照上述方式和顺序撰写，并在每一部分前面写明标题，除非其发明或者实用新型的性质用其他方式或者顺序撰写能够节约说明书的篇幅并使他人能够准确理解其发明或者实用新型。

发明或者实用新型说明书应当用词规范、语句清楚，并且不得使用"如权利要求……所述的……"一类的引用语，也不得使用商业性宣传用语。

发明专利申请包含一个或者多个核苷酸或者氨基酸序列的，说明书应当包括符合规定的序列表。有关序列表的提交参见本指南第一部分第一章第4.2节。

以下就上述方式和顺序逐项详细说明。

2.2.1 名 称

发明或者实用新型的名称应当清楚、简要，写在说明书首页正文部分的上方居中位置。

发明或者实用新型的名称应当按照以下各项要求撰写：

（1）说明书中的发明或者实用新型的名称与请求书中的名称应当一致，一般不得超过25个字，特殊情况下，例如，化学领域的某些申请，可以允许最多到40个字；

（2）采用所属技术领域通用的技术术语，最好采用国际专利分类表中的技术术语，不得采用非技术术语；

（3）清楚、简要、全面地反映要求保护的发明或者实用新型的主题和类型（产品或者方法），以利于专利申请的分类，例如一件包含拉链产品和该拉链制造方法两项发明的申请，其名称应当写成"拉链及其制造方法"；

（4）不得使用人名、地名、商标、型号或者商品名称等，也不得使用商业性宣传用语。

2.2.2 技术领域

发明或者实用新型的技术领域应当是要求保护的发明或者实用新型技术方案所属或者直接应用的具体技术领域，而不是上位的或者相邻的技术领域，也不是发明或者实用新型本身。该具体的技术领域往往与发明或者实用新型在国际专利分类表中可能分入的最低位置有关。例如，一项关于挖掘机悬臂的发明，其改进之处是将背景技术中的长方形悬臂截面改为椭圆形截面。其所属技术领域可以写成"本发明涉及一种挖掘机，特别是涉及一种挖掘机悬臂"（具体的技术领域），而不宜写成"本发明涉及一种建筑机械"（上位的技术领域），也不宜写成"本发明涉及挖掘机悬臂的椭圆形截面"或者"本发明涉及一种截面为椭圆形的挖掘机悬臂"（发明本身）。

2.2.3 背景技术

发明或者实用新型说明书的背景技术部分应当写明对发明或者实用新型的理解、检索、审查有用的背景技术，并且尽可能引证反映这些背景技术的文件。尤其要引证包含发明或者实用新型权利要求书中的独立权利要求前序部分技术特征的现有技术文件，即引证与发明或者实用新型专利申请最接近的现有技术文件。说明书中引证的文件可以是专利文件，也可以是非专利文件，例如期刊、杂志、手册和书籍等。引证专利文件的，至少要写明专利文件的国别、公开号，最好包括公开日期；引证非专利文件的，要写明这些文件的标题和详细出处。

此外，在说明书背景技术部分中，还要客观地指出背景技术中存在的问题和缺点，但是，仅限于涉及由发明或者实用新型的技术方案所解决的问题和缺点。在可能的情况下，说明存在这种问题和缺点的原因以及解决这些问题时曾经遇到的困难。

引证文件还应当满足以下要求：

（1）引证文件应当是公开出版物，除纸件形式外，还包括电子出版物等形式。

（2）所引证的非专利文件和外国专利文件的公开日应当在本申请的申请日之前；所引证的中国专利文件的公开日不能晚于本申请的公开日。

（3）引证外国专利或非专利文件的，应当以所引证文件公布或发表时的原文所使用的文字写明引证文件的出处以及相关信息，必要时给出中文译文，并将译文放置在括号内。

如果引证文件满足上述要求，则认为本申请说明书中记载了所引证文件中的内容。但是这样的引证方式是否达到充分公开发明或者实用新型的要求，参见本章第2.2.6节。

2.2.4 发明或者实用新型内容

本部分应当清楚、客观地写明以下内容：

（1）要解决的技术问题

发明或者实用新型所要解决的技术问题，是指发明或者实用新型要解决的现有技术中存在的技术问题。发明或者实用新型专利申请记载的技术方案应当能够解决这些技术问题。

发明或者实用新型所要解决的技术问题应当按照下列要求撰写：

（i）针对现有技术中存在的缺陷或不足；

（ii）用正面的、尽可能简洁的语言客观而有根据地反映发明或者实用新型要解决的技术问题，也可以进一步说明其技术效果。

对发明或者实用新型所要解决的技术问题的描述不得采用广告式宣传用语。

一件专利申请的说明书可以列出发明或者实用新型所要解决的一个或者多个技术问题，但是同时应当在说明书中描述解决这些技术问题的技术方案。当一件申请包含多项发明或者实用新型时，说明书中列出的多个要解决的技术问题应当都与一个总的发明构思相关。

（2）技术方案

一件发明或者实用新型专利申请的核心是其在说明书中记载的技术方案。

专利法实施细则第十七条第一款第（三）项所说的写明发明或者实用新型解决其技术问题所采用的技术方案是指清楚、完整地描述发明或者实用新型解决其技术问题所采取的技术方案的技术特征。在技术方案这一部分，至少应反映包含全部必要技术特征的独立权利要求的技术方案，还可以给出包含其他附加技术特征的进一步改进的技术方案。

说明书中记载的这些技术方案应当与权利要求所限定的相应技术方案的表述相一致。

一般情况下，说明书技术方案部分首先应当写明独立权利要求的技术方案，其用语应当与独立权利要求的用语相应或者相同，以发明或者实用新型必要技术特征总和的形式阐明其实质，必要时，说明必要技术特征总和与发明或者实用新型效果之间的关系。

然后，可以通过对该发明或者实用新型的附加技术特征的描述，反映对其作进一步改进的从属权利要求的技术方案。

如果一件申请中有几项发明或者几项实用新型，应当说明每项发明或者实用新型的技术方案。

（3）有益效果

说明书应当清楚、客观地写明发明或者实用新型与现有技术相比所具有的有益效果。

有益效果是指由构成发明或者实用新型的技术特征直接带来的，或者是由所述的技术特征必然产生的技术效果。

有益效果是确定发明是否具有"显著的进步"，实用新型是否具有"进步"的重要依据。

通常，有益效果可以由产率、质量、精度和效率的提高，能耗、原材料、工序的节省，加工、操作、控制、使用的简便，环境污染的治理或者根治，以及有用性能的出现等方面反映出来。

有益效果可以通过对发明或者实用新型结构特点的分析和理论说明相结合，或者通过列出实验数据的方式予以说明，不得只断言发明或者实用新型具有有益的效果。

但是，无论用哪种方式说明有益效果，都应当与现有技术进行比较，指出发明或者实用新型与现有技术的区别。

机械、电气领域中的发明或者实用新型的有益效果，在某些情况下，可以结合发明或者实用新型的结构特征和作用方式进行说明。但是，化学领域中的发明，在大多数情况下，不适于用这种方式说明发明的有益效果，而是借助于实验数据来说明。

对于目前尚无可取的测量方法而不得不依赖于人的感官判断的，例如味道、气味等，可以采用统计方法表示的实验结果来说明有益效果。

在引用实验数据说明有益效果时，应当给出必要的实验条件和方法。

2.2.5 附图说明

说明书有附图的，应当写明各幅附图的图名，并且对图示的内容作简要说明。在零部件较多的情况下，允许用列表的方式对附图中具体零部件名称列表说明。

附图不止一幅的，应当对所有附图作出图面说明。

例如，一件发明名称为"燃煤锅炉节能装置"的专利申请，其说明书包括四幅附图，这些附图的图面说明如下：

图1是燃煤锅炉节能装置的主视图；

图2是图1所示节能装置的侧视图；

图3是图2中的A向视图；

图4是沿图1中B－B线的剖视图。

2.2.6 具体实施方式

实现发明或者实用新型的优选的具体实施方式是说明书的重要组成部分，它对于充分公开、理解和实现发明或者实用新型，支持和解释权利要求都是极为重要的。因此，说明书应当详细描述申请人认为实现发明或者实用新型的优选的具体实施方式。在适当情况下，应当举例说明；有附图的，应当对照附图进行说明。

优选的具体实施方式应当体现申请中解决技术问题所采用的技术方案，并应当对权利要求的技术特征给予详细说明，以支持权利要求。

对优选的具体实施方式的描述应当详细，使发明或者实用新型所属技术领域的技术人员能够实现该发明或者实用新型。

实施例是对发明或者实用新型的优选的具体实施方式的举例说明。实施例的数量应当根据发明或者实用新型的性质、所属技术领域、现有技术状况以及要求保护的范围来确定。

当一个实施例足以支持权利要求所概括的技术方案时，说明书中可以只给出一个实施例。当权利要求（尤其是独立权利要求）覆盖的保护范围较宽，其概括不能从一个实施例中找到依据时，应当给出至少两个不同实施例，以支持要求保护的范围。当权利要求相对于背景技术的改进涉及数值范围时，通常应给出两端值附近（最好是两端值）的实施例，当数值范围较宽时，还应当给出至少一个中间值的实施例。

在发明或者实用新型技术方案比较简单的情况下，如果说明书涉及技术方案的部分已经就发明或者实用新型专利申请所要求保护的主题作出了清楚、完整的说明，说明书就不必在涉及具体实施方式部分再作重复说明。

对于产品的发明或者实用新型，实施方式或者实施例应当描述产品的机械构成、电路构成或者化学成分，说明组成产品的各部分之间的相互关系。对于可动作的产品，只描述其构成不能使所属技术领域的技术人员理解和实现发明或者实用新型时，还应当说明其动作过程或者操作步骤。

对于方法的发明，应当写明其步骤，包括可以用不同的参数或者参数范围表示的工艺条件。

在具体实施方式部分，对最接近的现有技术或者发明或实用新型与最接近的现有技术共有的技术特征，一般来说可以不作详细的描述，但对发明或者实用新型区别于现有技术的技术特征以及从属权利要求中的附加技术特征应当足够详细地描述，以所属技术领域的技术人员能够实现该技术方案为准。应当注意的是，为了方便专利审查，也为了帮助公众更直接地理解发明或者实用新型，对于那些就满足专利法第二十六条第三款的要求而言必不可少的内容，不能采用引证其他文件的方式撰写，而应当将其具体内容写入说明书。

对照附图描述发明或者实用新型的优选的具体实施方式时，使用的附图标记或者符号应当与附图中所示的一致，并放在相应的技术名称的后面，不加括号。例如，对涉及电路连接的说明，可以写成"电阻 3 通过三极管 4 的集电极与电容 5 相连接"，不得写成"3 通过 4 与 5 连接"。

2.2.7 对于说明书撰写的其他要求

说明书应当用词规范，语句清楚。即说明书的内容应当明确，无含糊不清或者前后矛盾之处，使所属技术领域的技术人员容易理解。

说明书应当使用发明或者实用新型所属技术领域的技术术语。对于自然科学名词，国家有规定的，应当采用统一的术语，国家没有规定的，可以采用所属技术领域约定俗成的术语，也可以采用鲜为人知或者最新出现的科技术语，或者直接使用外来语（中文音译或意译词），但是其含义对所属技术领域的技术人员来说必须是清楚的，不会造成理解错误；必要时可以采用自定义词，在这种情况下，应当给出明确的定义或者说明。一般来说，不应当使用在所属技术领域中具有基本含义的词汇来表示其本意之外的其他含义，以免造成误解和语义混乱。说明书中使用的技术术语与符号应当前后一致。

说明书应当使用中文，但是在不产生歧义的前提下，个别词语可以使用中文以外的其他文字。在说明书中第一次使用非中文技术名词时，应当用中文译文加以注释或者使用中文给予说明。

例如，在下述情况下可以使用非中文表述形式：

（1）本领域技术人员熟知的技术名词可以使用非中文形式表述，例如用"EPROM"表示可擦除可编程只读存储器，用"CPU"表示中央处理器；但在同一语句中连续使用非中文技术名词可能造成该语句难以理解的，则不允许。

（2）计量单位、数学符号、数学公式、各种编程语言、计算机程序、特定意义的表示符号（例如中国国家标准缩写 GB）等可以使用非中文形式。

此外，所引用的外国专利文献、专利申请、非专利文献的出处和名称应当使用原文，必要时给出中文译文，并将译文放置在括号内。

说明书中的计量单位应当使用国家法定计量单位，包括国际单位制计量单位和国家选定的其他计量单位。必要时可以在括号内同时标注本领域公知的其他计量单位。

说明书中无法避免使用商品名称时，其后应当注明其型号、规格、性能及制造单位。

说明书中应当避免使用注册商标来确定物质或者产品。

2.3 说明书附图

附图是说明书的一个组成部分。

附图的作用在于用图形补充说明书文字部分的描述，使人能够直观地、形象化地理解发明或者实用新型的每个技术特征和整体技术方案。对于机械和电学技术领域中的专利申请，说明书附图的作用尤其明显。因此，说明书附图应该清楚地反映发明或者实用新型的内容。

对发明专利申请，用文字足以清楚、完整地描述其技术方案的，可以没有附图。

实用新型专利申请的说明书必须有附图。

一件专利申请有多幅附图时，在用于表示同一实施方式的各幅图中，表示同一组成部分（同一技术特征或者同一对象）的附图标记应当一致。说明书中与附图中使用的相同的附图标记应当表示同一组成部分。说明书文字部分中未提及的附图标记不得在附图中出现，附图中未出现的附图标记也不得在说明书文字部分中提及。

附图中除了必需的词语外，不应当含有其他的注释；但对于流程图、框图一类的附图，应当在其框内给出必要的文字或符号。

关于附图的绘制要求适用本指南第一部分第一章第 4.3 节的规定。

2.4 说明书摘要

摘要是说明书记载内容的概述，它仅是一种技术信息，不具有法律效力。

摘要的内容不属于发明或者实用新型原始记载的内容，不能作为以后修改说明书或者权利要求书的根据，也不能用来解释专利权的保护范围。

摘要应当满足以下要求：

（1）摘要应当写明发明或者实用新型的名

称和所属技术领域,并清楚地反映所要解决的技术问题、解决该问题的技术方案的要点以及主要用途,其中以技术方案为主;摘要可以包含最能说明发明的化学式;

(2)有附图的专利申请,应当提供或者由审查员指定一幅最能反映该发明或者实用新型技术方案的主要技术特征的附图作为摘要附图,该摘要附图应当是说明书附图中的一幅;

(3)摘要附图的大小及清晰度应当保证在该图缩小到4厘米×6厘米时,仍能清楚地分辨出图中的各个细节;

(4)摘要文字部分(包括标点符号)不得超过300个字,并且不得使用商业性宣传用语。

此外,摘要文字部分出现的附图标记应当加括号。

本章以上各节对说明书的实质性内容和撰写方式的要求作了详细的规定。应当注意,在实质审查中,当说明书因公开不充分而不符合专利法第二十六条第三款的规定时,属于专利法实施细则第五十三条规定的应当予以驳回的情形;若仅仅存在不满足专利法实施细则第十七条要求的缺陷,则不属于可以根据专利法实施细则第五十三条规定予以驳回的情形。如果说明书中存在的用词不规范、语句不清楚缺陷并不导致发明不可实现,那么该情形属于专利法实施细则第十七条所述的缺陷,审查员不应当据此驳回该申请。此外,专利法实施细则第五十三条规定的应当予以驳回的情形中不包括说明书摘要不满足要求的情形。

3. 权利要求书

权利要求书应当以说明书为依据,清楚、简要地限定要求专利保护的范围。

权利要求书应当记载发明或者实用新型的技术特征,技术特征可以是构成发明或者实用新型技术方案的组成要素,也可以是要素之间的相互关系。专利法第二十六条第四款和专利法实施细则第十九条至第二十二条对权利要求的内容及其撰写作了规定。

一份权利要求书中应当至少包括一项独立权利要求,还可以包括从属权利要求。

3.1 权利要求

3.1.1 权利要求的类型

按照性质划分,权利要求有两种基本类型,即物的权利要求和活动的权利要求,或者简单地称为产品权利要求和方法权利要求。第一种基本类型的权利要求包括人类技术生产的物(产品、设备);第二种基本类型的权利要求包括有时间过程要素的活动(方法、用途)。属于物的权利要求有物品、物质、材料、工具、装置、设备等权利要求;属于活动的权利要求有制造方法、使用方法、通信方法、处理方法以及将产品用于特定用途的方法等权利要求。

在类型上区分权利要求的目的是为了确定权利要求的保护范围。通常情况下,在确定权利要求的保护范围时,权利要求中的所有特征均应当予以考虑,而每一个特征的实际限定作用应当最终体现在该权利要求所要求保护的主题上。例如,当产品权利要求中的一个或多个技术特征无法用结构特征并且也不能用参数特征予以清楚地表征时,允许借助于方法特征表征。但是,方法特征表征的产品权利要求的保护主题仍然是产品,其实际的限定作用取决于对所要求保护的产品本身带来何种影响。

对于主题名称中含有用途限定的产品权利要求,其中的用途限定在确定该产品权利要求的保护范围时应当予以考虑,但其实际的限定作用取决于对所要求保护的产品本身带来何种影响。例如,主题名称为"用于钢水浇铸的模具"的权利要求,其中"用于钢水浇铸"的用途对主题"模具"具有限定作用;对于"一种用于冰块成型的塑料模盒",因其熔点远低于"用于钢水浇铸的模具"的熔点,不可能用于钢水浇铸,故不在上述权利要求的保护范围内。然而,如果"用于……"的限定对所要求保护的产品或设备本身没有带来影响,只是对产品或设备的用途或使用方式的描述,则其对产品或设备例如是否具有新颖性、创造性的判断不起作用。例如,"用于……的化合物X",如果其中"用于……"对化合物X本身没有带来任何影响,则在判断该化合物X是否具有新颖性、创造性时，其中的用途限定不起作用。

3.1.2 独立权利要求和从属权利要求

独立权利要求应当从整体上反映发明或者实用新型的技术方案，记载解决技术问题的必要技术特征。

必要技术特征是指，发明或者实用新型为解决其技术问题所不可缺少的技术特征，其总和足以构成发明或者实用新型的技术方案，使之区别于背景技术中所述的其他技术方案。

判断某一技术特征是否为必要技术特征，应当从所要解决的技术问题出发并考虑说明书描述的整体内容，不应简单地将实施例中的技术特征直接认定为必要技术特征。

在一件专利申请的权利要求书中，独立权利要求所限定的一项发明或者实用新型的保护范围最宽。

如果一项权利要求包含了另一项同类型权利要求中的所有技术特征，且对该另一项权利要求的技术方案作了进一步的限定，则该权利要求为从属权利要求。由于从属权利要求用附加的技术特征对所引用的权利要求作了进一步的限定，所以其保护范围落在其所引用的权利要求的保护范围之内。

从属权利要求中的附加技术特征，可以是对所引用的权利要求的技术特征作进一步限定的技术特征，也可以是增加的技术特征。

一件专利申请的权利要求书中，应当至少有一项独立权利要求。当有两项或者两项以上独立权利要求时，写在最前面的独立权利要求被称为第一独立权利要求，其他独立权利要求称为并列独立权利要求。审查员应当注意，有时并列独立权利要求也引用在前的独立权利要求，例如，"一种实施权利要求1的方法的装置，……"；"一种制造权利要求1的产品的方法，……"；"一种包含权利要求1的部件的设备，……"；"与权利要求1的插座相配合的插头，……"等。这种引用其他独立权利要求的权利要求是并列的独立权利要求，而不能被看作是从属权利要求。对于这种引用另一权利要求的独立权利要求，在确定其保护范围时，被引用的权利要求的特征均应予以考虑，而其实际的限定作用应当最终体现在对该独立权利要求的保护主题产生了何种影响。

在某些情况下，形式上的从属权利要求（即其包含有从属权利要求的引用部分），实质上不一定是从属权利要求。例如，独立权利要求1为："包括特征X的机床"。在后的另一项权利要求为："根据权利要求1所述的机床，其特征在于用特征Y代替特征X"。在这种情况下，后一权利要求也是独立权利要求。审查员不得仅从撰写的形式上判定在后的权利要求为从属权利要求。

3.2 权利要求书应当满足的要求

专利法第二十六条第四款规定，权利要求书应当以说明书为依据，清楚、简要地限定要求专利保护的范围。专利法实施细则第十九条第一款规定，权利要求书应当记载发明或者实用新型的技术特征。

3.2.1 以说明书为依据

权利要求书应当以说明书为依据，是指权利要求应当得到说明书的支持。权利要求书中的每一项权利要求所要求保护的技术方案应当是所属技术领域的技术人员能够从说明书充分公开的内容中得到或概括得出的技术方案，并且不得超出说明书公开的范围。

权利要求通常由说明书记载的一个或者多个实施方式或实施例概括而成。权利要求的概括应当不超出说明书公开的范围。如果所属技术领域的技术人员可以合理预测说明书给出的实施方式的所有等同替代方式或明显变型方式都具备相同的性能或用途，则应当允许申请人将权利要求的保护范围概括至覆盖其所有的等同替代或明显变型的方式。对于权利要求概括得是否恰当，审查员应当参照与之相关的现有技术进行判断。开拓性发明可以比改进性发明有更宽的概括范围。

对于用上位概念概括或用并列选择方式概括的权利要求，应当审查这种概括是否得到说明书的支持。如果权利要求的概括包含申请人推测的内容，而其效果又难于预先确定和评价，应当认为这种概括超出了说明书公开的范围。如果权利要求的概括使所属技术领域的技术人员有理由怀疑该上位概括或并列概括所包含的一种或多种下位概念或选择方式不能解决发明或者实用新型所要解决的技术问题，并达到相同的技术效果，则应当认为该权利要求没有得到说明书的支持。对于这些情况，审查员应当根据专利法第二十六条第四款的规定，以权利要求得不到说明书的支持为理由，要求申请人修改权利要求。

例如，对于"用高频电能影响物质的方法"这样一个概括较宽的权利要求，如果说明书中只给出一个"用高频电能从气体中除尘"的实施方式，对高频电能影响其他物质的方法未作说明，而且所属技术领域的技术人员也难以预先确定或评价高频电能影响其他物质的效果，则该权利要求被认为未得到说明书的支持。

再如，对于"控制冷冻时间和冷冻程度来处理植物种子的方法"这样一个概括较宽的权利要求，如果说明书中仅记载了适用于处理一种植物种子的方法，未涉及其他种类植物种子的处理方法，而且园艺技术人员也难以预先确定或评价处理其他种类植物种子的效果，则该权利要求也被认为未得到说明书的支持。除非说明书中还指出了这种植物种子和其他植物种子的一般关系，或者记载了足够多的实施例，使园艺技术人员能够明了如何使用这种方法处理植物种子，才可以认为该权利要求得到了说明书的支持。

对于一个概括较宽又与整类产品或者整类机械有关的权利要求，如果说明书中有较好的支持，并且也没有理由怀疑发明或者实用新型在权利要求范围内不可以实施，那么，即使这个权利要求范围较宽也是可以接受的。但是当说明书中给出的信息不充分，所属技术领域的技术人员用常规的实验或者分析方法不足以把说明书记载的内容扩展到权利要求所述的保护范围时，审查员应当要求申请人作出解释，说明所属技术领域的技术人员在说明书给出信息的基础上，能够容易地将发明或者实用新型扩展到权利要求的保护范围；否则，应当要求申请人限制权利要求。例如，对于"一种处理合成树脂成型物来改变其性质的方法"的权利要求，如果说明书中只涉及热塑性树脂的实施例，而且申请人又不能证明该方法也适用于热固性树脂，那么申请人就应当把权利要求限制在热塑性树脂的范围内。

通常，对产品权利要求来说，应当尽量避免使用功能或者效果特征来限定发明。只有在某一技术特征无法用结构特征来限定，或者技术特征用结构特征限定不如用功能或效果特征来限定更为恰当，而且该功能或者效果能通过说明书中规定的实验或者操作或者所属技术领域的惯用手段直接和肯定地验证的情况下，使用功能或者效果特征来限定发明才可能是允许的。

对于权利要求中所包含的功能性限定的技术特征，应当理解为覆盖了所有能够实现所述功能的实施方式。对于含有功能性限定的特征的权利要求，应当审查该功能性限定是否得到说明书的支持。如果权利要求中限定的功能是以说明书实施例中记载的特定方式完成的，并且所属技术领域的技术人员不能明了此功能还可以采用说明书中未提到的其他替代方式来完成，或者所属技术领域的技术人员有理由怀疑该功能性限定所包含的一种或几种方式不能解决发明或者实用新型所要解决的技术问题，并达到相同的技术效果，则权利要求中不得采用覆盖了上述其他替代方式或者不能解决发明或实用新型技术问题的方式的功能性限定。

此外，如果说明书中仅以含糊的方式描述了其他替代方式也可能适用，但对所属技术领域的技术人员来说，并不清楚这些替代方式是什么或者怎样应用这些替代方式，则权利要求中的功能性限定也是不允许的。另外，纯功能性的权利要求得不到说明书的支持，因而也是不允许的。

在判断权利要求是否得到说明书的支持时，应当考虑说明书的全部内容，而不是仅限于具体实施方式部分的内容。如果说明书的其他部分也记载了有关具体实施方式或实施例的内容，从说明书的全部内容来看，能说明权利要求的概括是适当的，则应当认为权利要求得到了说明书的支持。

对于包括独立权利要求和从属权利要求或

者不同类型权利要求的权利要求书,需要逐一判断各项权利要求是否都得到了说明书的支持。独立权利要求得到说明书支持并不意味着从属权利要求也必然得到支持;方法权利要求得到说明书支持也并不意味着产品权利要求必然得到支持。

当要求保护的技术方案的部分或全部内容在原始申请的权利要求书中已经记载而在说明书中没有记载时,允许申请人将其补入说明书。但是权利要求的技术方案在说明书中存在一致性的表述,并不意味着权利要求必然得到说明书的支持。只有当所属技术领域的技术人员能够从说明书充分公开的内容中得到或概括得出该项权利要求所要求保护的技术方案时,记载该技术方案的权利要求才被认为得到了说明书的支持。

3.2.2 清 楚

权利要求书是否清楚,对于确定发明或者实用新型要求保护的范围是极为重要的。

权利要求书应当清楚,一是指每一项权利要求应当清楚,二是指构成权利要求书的所有权利要求作为一个整体也应当清楚。

首先,每项权利要求的类型应当清楚。权利要求的主题名称应当能够清楚地表明该权利要求的类型是产品权利要求还是方法权利要求。不允许采用模糊不清的主题名称,例如,"一种……技术",或者在一项权利要求的主题名称中既包含有产品又包含有方法,例如,"一种……产品及其制造方法"。

另一方面,权利要求的主题名称还应当与权利要求的技术内容相适应。

产品权利要求适用于产品发明或者实用新型,通常应当用产品的结构特征来描述。特殊情况下,当产品权利要求中的一个或多个技术特征无法用结构特征予以清楚地表征时,允许借助物理或化学参数表征;当无法用结构特征并且也不能用参数特征予以清楚地表征时,允许借助于方法特征表征。使用参数表征时,所使用的参数必须是所属技术领域的技术人员根据说明书的教导或通过所属技术领域的惯用手段可以清楚而可靠地加以确定的。

方法权利要求适用于方法发明,通常应当用工艺过程、操作条件、步骤或者流程等技术特征来描述。

用途权利要求属于方法权利要求。但应当注意从权利要求的撰写措词上区分用途权利要求和产品权利要求。例如,"用化合物X作为杀虫剂"或者"化合物X作为杀虫剂的应用"是用途权利要求,属于方法权利要求,而"用化合物X制成的杀虫剂"或者"含化合物X的杀虫剂",则不是用途权利要求,而是产品权利要求。

其次,每项权利要求所确定的保护范围应当清楚。权利要求的保护范围应当根据其所用词语的含义来理解。一般情况下,权利要求中的用词应当理解为相关技术领域通常具有的含义。在特定情况下,如果说明书中指明了某词具有特定的含义,并且使用了该词的权利要求的保护范围由于说明书中对该词的说明而被限定得足够清楚,这种情况也是允许的。但此时也应要求申请人尽可能修改权利要求,使得根据权利要求的表述即可明确其含义。

权利要求中不得使用含义不确定的用语,如"厚"、"薄"、"强"、"弱"、"高温"、"高压"、"很宽范围"等,除非这种用语在特定技术领域中具有公认的确切含义,如放大器中的"高频"。对没有公认含义的用语,如果可能,应选择说明书中记载的更为精确的措词替换上述不确定的用语。

权利要求中不得出现"例如"、"最好是"、"尤其是"、"必要时"等类似用语。因为这类用语会在一项权利要求中限定出不同的保护范围,导致保护范围不清楚。当权利要求中出现某一上位概念后面跟一个由上述用语引出的下位概念时,应当要求申请人修改权利要求,允许其在该权利要求中保留其中之一,或将两者分别在两项权利要求中予以限定。

在一般情况下,权利要求中不得使用"约"、"接近"、"等"、"或类似物"等类似的用语,因为这类用语通常会使权利要求的范围不清楚。当权利要求中出现了这类用语时,审查员应当针对具体情况判断使用该用语是否会导致权利要求不清楚,如果不会,则允许。

除附图标记或者化学式及数学式中使用的

括号之外，权利要求中应尽量避免使用括号，以免造成权利要求不清楚，例如"（混凝土）模制砖"。然而，具有通常可接受含义的括号是允许的，例如"（甲基）丙烯酸酯"，"含有10%～60%（重量）的A"。

最后，构成权利要求书的所有权利要求作为一个整体也应当清楚，这是指权利要求之间的引用关系应当清楚（参见本章第3.1.2和3.3.2节）。

3.2.3 简 要

权利要求书应当简要，一是指每一项权利要求应当简要，二是指构成权利要求书的所有权利要求作为一个整体也应当简要。例如，一件专利申请中不得出现两项或两项以上保护范围实质上相同的同类权利要求。

权利要求的数目应当合理。在权利要求书中，允许有合理数量的限定发明或者实用新型优选技术方案的从属权利要求。

权利要求的表述应当简要，除记载技术特征外，不得对原因或者理由作不必要的描述，也不得使用商业性宣传用语。

为避免权利要求之间相同内容的不必要重复，在可能的情况下，权利要求应尽量采取引用在前权利要求的方式撰写。

3.3 权利要求的撰写规定

权利要求的保护范围是由权利要求中记载的全部内容作为一个整体限定的，因此每一项权利要求只允许在其结尾处使用句号。

权利要求书有几项权利要求的，应当用阿拉伯数字顺序编号。

权利要求中使用的科技术语应当与说明书中使用的科技术语一致。权利要求中可以有化学式或者数学式，但是不得有插图。除绝对必要外，权利要求中不得使用"如说明书……部分所述"或者"如图……所示"等类似用语。绝对必要的情况是指当发明或者实用新型涉及的某特定形状仅能用图形限定而无法用语言表达时，权利要求可以使用"如图……所示"等类似用语。

权利要求中通常不允许使用表格，除非使用表格能够更清楚地说明发明或者实用新型要求保护的主题。

权利要求中的技术特征可以引用说明书附图中相应的标记，以帮助理解权利要求所记载的技术方案。但是，这些标记应当用括号括起来，放在相应的技术特征后面。附图标记不得解释为对权利要求保护范围的限制。

通常，一项权利要求用一个自然段表述。但是当技术特征较多，内容和相互关系较复杂，借助于标点符号难以将其关系表达清楚时，一项权利要求也可以用分行或者分小段的方式描述。

通常，开放式的权利要求宜采用"包含"、"包括"、"主要由……组成"的表达方式，其解释为还可以含有该权利要求中没有述及的结构组成部分或方法步骤。封闭式的权利要求宜采用"由……组成"的表达方式，其一般解释为不含有该权利要求所述以外的结构组成部分或方法步骤。

一般情况下，权利要求中包含有数值范围的，其数值范围尽量以数学方式表达，例如，"$\geqslant 30℃$"、">5"等。通常，"大于"、"小于"、"超过"等理解为不包括本数；"以上"、"以下"、"以内"等理解为包括本数。

在得到说明书支持的情况下，允许权利要求对发明或者实用新型作概括性的限定。通常，概括的方式有以下两种：

（1）用上位概念概括。例如，用"气体激光器"概括氦氖激光器、氩离子激光器、一氧化碳激光器、二氧化碳激光器等。又如用"C_1—C_4烷基"概括甲基、乙基、丙基和丁基。再如，用"皮带传动"概括平皮带、三角皮带和齿形皮带传动等。

（2）用并列选择法概括，即用"或者"或者"和"并列几个必择其一的具体特征。例如，"特征A、B、C或者D"。又如，"由A、B、C和D组成的物质组中选择的一种物质"等。

采用并列选择法概括时，被并列选择概括的具体内容应当是等效的，不得将上位概念概括的内容，用"或者"与其下位概念并列。另外，被并列选择概括的概念，应含义清楚。例如在"A、B、C、D或者类似物（设备、方法、物质)"这一描述中,"类似物"这一概念含义是不清楚的,因而不能与具体的物或者方法(A、B、C、D)并列。

3.3.1 独立权利要求的撰写规定

根据专利法实施细则第二十一条第一款的规定,发明或者实用新型的独立权利要求应当包括前序部分和特征部分,按照下列规定撰写:

(1) 前序部分:写明要求保护的发明或者实用新型技术方案的主题名称和发明或者实用新型主题与最接近的现有技术共有的必要技术特征;

(2) 特征部分:使用"其特征是……"或者类似的用语,写明发明或者实用新型区别于最接近的现有技术的技术特征,这些特征和前序部分写明的特征合在一起,限定发明或者实用新型要求保护的范围。

专利法实施细则第二十一条第三款规定一项发明或者实用新型应当只有一项独立权利要求,并且写在同一发明或者实用新型的从属权利要求之前。这一规定的本意是为了使权利要求书从整体上更清楚、简要。

独立权利要求的前序部分中,发明或者实用新型主题与最接近的现有技术共有的必要技术特征,是指要求保护的发明或者实用新型技术方案与最接近的一份现有技术文件中所共有的技术特征。在合适的情况下,选用一份与发明或者实用新型要求保护的主题最接近的现有技术文件进行"划界"。

独立权利要求的前序部分中,除写明要求保护的发明或者实用新型技术方案的主题名称外,仅需写明那些与发明或实用新型技术方案密切相关的、共有的必要技术特征。例如,一项涉及照相机的发明,该发明的实质在于照相机布帘式快门的改进,其权利要求的前序部分只要写出"一种照相机,包括布帘式快门……"就可以了,不需要将其他共有特征,例如透镜和取景窗等照相机零部件都写在前序部分中。独立权利要求的特征部分,应当记载发明或者实用新型的必要技术特征中与最接近的现有技术不同的区别技术特征,这些区别技术特征与前序部分中的技术特征一起,构成发明或者实用新型的全部必要技术特征,限定独立权利要求的保护范围。

独立权利要求分两部分撰写的目的,在于使公众更清楚地看出独立权利要求的全部技术特征中哪些是发明或者实用新型与最接近的现有技术所共有的技术特征,哪些是发明或者实用新型区别于最接近的现有技术的特征。

根据专利法实施细则第二十一条第二款的规定,发明或者实用新型的性质不适于用上述方式撰写的,独立权利要求也可以不分前序部分和特征部分。例如下列情况:

(1) 开拓性发明;

(2) 由几个状态等同的已知技术整体组合而成的发明,其发明实质在组合本身;

(3) 已知方法的改进发明,其改进之处在于省去某种物质或者材料,或者是用一种物质或材料代替另一种物质或材料,或者是省去某个步骤;

(4) 已知发明的改进在于系统中部件的更换或者其相互关系上的变化。

3.3.2 从属权利要求的撰写规定

根据专利法实施细则第二十二条第一款的规定,发明或者实用新型的从属权利要求应当包括引用部分和限定部分,按照下列规定撰写:

(1) 引用部分:写明引用的权利要求的编号及其主题名称;

(2) 限定部分:写明发明或者实用新型附加的技术特征。

从属权利要求只能引用在前的权利要求。引用两项以上权利要求的多项从属权利要求只能以择一方式引用在前的权利要求,并不得作为被另一项多项从属权利要求引用的基础,即在后的多项从属权利要求不得引用在前的多项从属权利要求。

从属权利要求的引用部分应当写明引用的权利要求的编号,其后应当重述引用的权利要求的主题名称。例如,一项从属权利要求的引用部分应当写成:"根据权利要求1所述的金属纤维拉拔装置,……"。

多项从属权利要求是指引用两项以上权利要求的从属权利要求,多项从属权利要求的引用方式，包括引用在前的独立权利要求和从属权利要求，以及引用在前的几项从属权利要求。

当从属权利要求是多项从属权利要求时，其引用的权利要求的编号应当用"或"或者其他与"或"同义的择一引用方式表达。例如，从属权利要求的引用部分写成下列方式："根据权利要求 1 或 2 所述的……"；"根据权利要求 2、4、6 或 8 所述的……"；或者"根据权利要求 4 至 9 中任一权利要求所述的……"。

一项引用两项以上权利要求的多项从属权利要求不得作为另一项多项从属权利要求的引用基础。例如，权利要求 3 为"根据权利要求 1 或 2 所述的摄像机调焦装置，……"，如果多项从属权利要求 4 写成"根据权利要求 1、2 或 3 所述的摄像机调焦装置，……"，则是不允许的，因为被引用的权利要求 3 是一项多项从属权利要求。

从属权利要求的限定部分可以对在前的权利要求（独立权利要求或者从属权利要求）中的技术特征进行限定。在前的独立权利要求采用两部分撰写方式的，其后的从属权利要求不仅可以进一步限定该独立权利要求特征部分中的特征，也可以进一步限定前序部分中的特征。

直接或间接从属于某一项独立权利要求的所有从属权利要求都应当写在该独立权利要求之后，另一项独立权利要求之前。

第三章 新颖性

1. 引 言

根据专利法第二十二条第一款的规定，授予专利权的发明和实用新型应当具备新颖性、创造性和实用性。因此，申请专利的发明和实用新型具备新颖性是授予其专利权的必要条件之一。

2. 新颖性的概念

新颖性，是指该发明或者实用新型不属于现有技术；也没有任何单位或者个人就同样的发明或者实用新型在申请日以前向专利局提出过申请，并记载在申请日以后（含申请日）公布的专利申请文件或者公告的专利文件中。

2.1 现有技术

根据专利法第二十二条第五款的规定，现有技术是指申请日以前在国内外为公众所知的技术。现有技术包括在申请日（有优先权的，指优先权日）以前在国内外出版物上公开发表、在国内外公开使用或者以其他方式为公众所知的技术。

现有技术应当是在申请日以前公众能够得知的技术内容。换句话说，现有技术应当在申请日以前处于能够为公众获得的状态，并包含有能够使公众从中得知实质性技术知识的内容。

应当注意，处于保密状态的技术内容不属于现有技术。所谓保密状态，不仅包括受保密规定或协议约束的情形，还包括社会观念或者商业习惯上被认为应当承担保密义务的情形，即默契保密的情形。

然而，如果负有保密义务的人违反规定、协议或者默契泄露秘密，导致技术内容公开，使公众能够得知这些技术，这些技术也就构成了现有技术的一部分。

2.1.1 时间界限

现有技术的时间界限是申请日，享有优先权的，则指优先权日。广义上说，申请以前公开的技术内容都属于现有技术，但申请日当天公开的技术内容不包括在现有技术范围内。

2.1.2 公开方式

现有技术公开方式包括出版物公开、使用公开和以其他方式公开三种，均无地域限制。

2.1.2.1 出版物公开

专利法意义上的出版物是指记载有技术或设计内容的独立存在的传播载体，并且应当表明或者有其他证据证明其公开发表或出版的时间。

符合上述含义的出版物可以是各种印刷的、打字的纸件，例如专利文献、科技杂志、科技书籍、学术论文、专业文献、教科书、技术手册、正式公布的会议记录或者技术报告、报纸、产品样本、产品目录、广告宣传册等，也可以是用电、光、磁、照相等方法制成的视听资料，例如缩微胶片、影片、照相底片、录像带、磁带、唱片、光盘等，还可以是以其他形式存在的资料，例如存在于互联网或其他在线数据库中的资料等。

出版物不受地理位置、语言或者获得方式的限制，也不受年代的限制。出版物的出版发行量多少、是否有人阅读过、申请人是否知道是无关紧要的。

印有"内部资料"、"内部发行"等字样的出版物，确系在特定范围内发行并要求保密的，不属于公开出版物。

出版物的印刷日视为公开日，有其他证据证明其公开日期的除外。印刷日只写明年月或者年份的，以所写月份的最后一日或者所写年份的 12 月 31 日为公开日。

审查员认为出版物的公开日期存在疑义的，可以要求该出版物的提交人提出证明。

2.1.2.2 使用公开

由于使用而导致技术方案的公开，或者导致技术方案处于公众可以得知的状态，这种公开方式称为使用公开。

使用公开的方式包括能够使公众得知其技术内容的制造、使用、销售、进口、交换、馈赠、演示、展出等方式。只要通过上述方式使有关技术内容处于公众想得知就能够得知的状态，就构成使用公开，而不取决于是否有公众得知。但是，未给出任何有关技术内容的说明，以致所属技术领域的技术人员无法得知其结构和功能或材料成分的产品展示，不属于使用公开。

如果使用公开的是一种产品，即使所使用的产品或者装置需要经过破坏才能够得知其结构和功能，也仍然属于使用公开。此外，使用公开还包括放置在展台上、橱窗内公众可以阅读的信息资料及直观资料，例如招贴画、图纸、照片、样本、样品等。

使用公开是以公众能够得知该产品或者方法之日为公开日。

2.1.2.3 以其他方式公开

为公众所知的其他方式，主要是指口头公开等。例如，口头交谈、报告、讨论会发言、广播、电视、电影等能够使公众得知技术内容的方式。口头交谈、报告、讨论会发言以其发生之日为公开日。公众可接收的广播、电视或电影的报道，以其播放日为公开日。

2.2 抵触申请

根据专利法第二十二条第二款的规定，在发明或者实用新型新颖性的判断中，由任何单位或者个人就同样的发明或者实用新型在申请日以前向专利局提出并且在申请日以后（含申请日）公布的专利申请文件或者公告的专利文件损害该申请日提出的专利申请的新颖性。为描述简便，在判断新颖性时，将这种损害新颖性的专利申请，称为抵触申请。

审查员在检索时应当注意，确定是否存在抵触申请，不仅要查阅在先专利或专利申请的权利要求书，而且要查阅其说明书（包括附图），应当以其全文内容为准。

抵触申请还包括满足以下条件的进入了中国国家阶段的国际专利申请，即申请日以前由任何单位或者个人提出、并在申请日之后（含申请日）由专利局作出公布或公告的且为同样的发明或者实用新型的国际专利申请。

另外，抵触申请仅指在申请日以前提出的，不包含在申请日提出的同样的发明或实用新型专利申请。

2.3 对比文件

为判断发明或者实用新型是否具备新颖性或创造性等所引用的相关文件，包括专利文件和非专利文件，统称为对比文件。

由于在实质审查阶段审查员一般无法得知在国内外公开使用或者以其他方式为公众所知的技术，因此，在实质审查程序中所引用的对比文件主要是公开出版物。

引用的对比文件可以是一份，也可以是数份；所引用的内容可以是每份对比文件的全部内容，也可以是其中的部分内容。

对比文件是客观存在的技术资料。引用对比文件判断发明或者实用新型的新颖性和创造性等时，应当以对比文件公开的技术内容为准。该技术内容不仅包括明确记载在对比文件中的内容，而且包括对于所属技术领域的技术人员来说，隐含的且可直接地、毫无疑义地确定的技术内容。但是，不得随意将对比文件的内容扩大或缩小。另外，对比文件中包括附图的，也可以引用附图。但是，审查员在引用附图时必须注意，只有能够从附图中直接地、毫无疑义地确定的技术特征才属于公开的内容，由附图中推测的内容，或者无文字说明、仅仅是从附图中测量得出的尺寸及其关系，不应当作为已公开的内容。

3. 新颖性的审查

发明或者实用新型专利申请是否具备新颖性，只有在其具备实用性后才予以考虑。

3.1 审查原则

审查新颖性时，应当根据以下原则进行判断：

（1）同样的发明或者实用新型

被审查的发明或者实用新型专利申请与现有技术或者申请日前由任何单位或者个人向专利局提出申请并在申请日后（含申请日）公布或公告的（以下简称申请在先公布或公告在后的）发明或者实用新型的相关内容相比，如果其技术领域、所解决的技术问题、技术方案和预期效果实质上相同，则认为两者为同样的发明或者实用新型。需要注意的是，在进行新颖性判断时，审查员首先应当判断被审查专利申请的技术方案与对比文件的技术方案是否实质上相同，如果专利申请与对比文件公开的内容相比，其权利要求所限定的技术方案与对比文件公开的技术方案实质上相同，所属技术领域的技术人员根据两者的技术方案可以确定两者能够适用于相同的技术领域，解决相同的技术问题，并具有相同的预期效果，则认为两者为同样的发明或者实用新型。

（2）单独对比

判断新颖性时，应当将发明或者实用新型专利申请的各项权利要求分别与每一项现有技术或申请在先公布或公告在后的发明或实用新型的相关技术内容单独地进行比较，不得将其与几项现有技术或者申请在先公布或公告在后的发明或实用新型内容的组合、或者与一份对比文件中的多项技术方案的组合进行对比。即，判断发明或者实用新型专利申请的新颖性适用单独对比的原则。这与发明或者实用新型专利申请创造性的判断方法有所不同（参见本部分第四章第3.1节）。

3.2 审查基准

判断发明或者实用新型有无新颖性，应当以专利法第二十二条第二款为基准。

为有助于掌握该基准，以下给出新颖性判断中几种常见的情形。

3.2.1 相同内容的发明或者实用新型

如果要求保护的发明或者实用新型与对比文件所公开的技术内容完全相同，或者仅仅是简单的文字变换，则该发明或者实用新型不具备新颖性。另外，上述相同的内容应该理解为包括可以从对比文件中直接地、毫无疑义地确定的技术内容。例如一件发明专利申请的权利要求是"一种电机转子铁心，所述铁心由钕铁硼永磁合金制成，所述钕铁硼永磁合金具有四方晶体结构并且主相是 $Nd_2Fe_{14}B$ 金属间化合物"，如果对比文件公开了"采用钕铁硼磁体制成的电机转子铁心"，就能够使上述权利要求丧失新颖性，因为该领域的技术人员熟知所谓的"钕铁硼磁体"即指主相是 $Nd_2Fe_{14}B$ 金属间化合物的钕铁硼永磁合金，并且具有四方晶体结构。

3.2.2 具体（下位）概念与一般（上位）概念

如果要求保护的发明或者实用新型与对比文件相比，其区别仅在于前者采用一般（上位）概念，而后者采用具体（下位）概念限定同类性质的技术特征，则具体（下位）概念的公开使采用一般（上位）概念限定的发明或者实用新型丧失新颖性。例如，对比文件公开某产品是"用铜制成的"，就使"用金属制成的"同一产品的发明或者实用新型丧失新颖性。但是，该铜制品的公开并不使铜之外的其他具体金属制成的同一产品的发明或者实用新型丧失新颖性。

反之，一般（上位）概念的公开并不影响采用具体（下位）概念限定的发明或者实用新型的新颖性。例如，对比文件公开的某产品是"用金属制成的"，并不能使"用铜制成的"同一产品的发明或者实用新型丧失新颖性。又如，要求保护的发明或者实用新型与对比文件的区别仅在于发明或者实用新型中选用了"氯"来代替对比文件中的"卤素"或者另一种具体的卤素"氟"，则对比文件中"卤素"的公开或者"氟"的公开并不导致用氯对其作限定的发明或者实用新型丧失新颖性。

3.2.3 惯用手段的直接置换

如果要求保护的发明或者实用新型与对比文件的区别仅仅是所属技术领域的惯用手段的直接置换，则该发明或者实用新型不具备新颖性。例如，对比文件公开了采用螺钉固定的装置，而要求保护的发明或者实用新型仅将该装置的螺钉固定方式改换为螺栓固定方式，则该发明或者实用新型不具备新颖性。

3.2.4 数值和数值范围

如果要求保护的发明或者实用新型中存在以数值或者连续变化的数值范围限定的技术特征，例如部件的尺寸、温度、压力以及组合物的组分含量，而其余技术特征与对比文件相同，则其新颖性的判断应当依照以下各项规定。

（1）对比文件公开的数值或者数值范围落在上述限定的技术特征的数值范围内，将破坏要求保护的发明或者实用新型的新颖性。

【例1】

专利申请的权利要求为一种铜基形状记忆合金，包含10%～35%（重量）的锌和2%～8%（重量）的铝，余量为铜。如果对比文件公开了包含20%（重量）锌和5%（重量）铝的铜基形状记忆合金，则上述对比文件破坏该权利要求的新颖性。

【例2】

专利申请的权利要求为一种热处理台车窑炉，其拱衬厚度为100～400毫米。如果对比文件公开了拱衬厚度为180～250毫米的热处理台车窑炉，则该对比文件破坏该权利要求的新颖性。

（2）对比文件公开的数值范围与上述限定的技术特征的数值范围部分重叠或者有一个共同的端点，将破坏要求保护的发明或者实用新型的新颖性。

【例1】

专利申请的权利要求为一种氮化硅陶瓷的生产方法，其烧成时间为1～10小时。如果对比文件公开的氮化硅陶瓷的生产方法中的烧成时间为4～12小时，由于烧成时间在4～10小时的范围内重叠，则该对比文件破坏该权利要求的新颖性。

【例2】

专利申请的权利要求为一种等离子喷涂方法，喷涂时的喷枪功率为20～50kW。如果对比文件公开了喷枪功率为50～80kW的等离子喷涂方法，因为具有共同的端点50kW，则该对比文件破坏该权利要求的新颖性。

（3）对比文件公开的数值范围的两个端点将破坏上述限定的技术特征为离散数值并且具有该两端点中任一个的发明或者实用新型的新颖性，但不破坏上述限定的技术特征为该两端点之间任一数值的发明或者实用新型的新颖性。

【例如】

专利申请的权利要求为一种二氧化钛光催化剂的制备方法，其干燥温度为40℃、58℃、75℃或者100℃。如果对比文件公开了干燥温度为40℃～100℃的二氧化钛光催化剂的制备方法，则该对比文件破坏干燥温度分别为40℃和100℃时权利要求的新颖性，但不破坏干燥温度分别为58℃和75℃时权利要求的新颖性。

（4）上述限定的技术特征的数值或者数值范围落在对比文件公开的数值范围内，并且与对比文件公开的数值范围没有共同的端点，则对比文件不破坏要求保护的发明或者实用新型的新颖性。

【例1】

专利申请的权利要求为一种内燃机用活塞环，其活塞环的圆环直径为95毫米，如果对比文件公开了圆环直径为70～105毫米的内燃机用活塞环，则该对比文件不破坏该权利要求的新颖性。

【例2】

专利申请的权利要求为一种乙烯-丙烯共聚物，其聚合度为100～200，如果对比文件公开了聚合度为50～400的乙烯－丙烯共聚物，则该对比文件不破坏该权利要求的新颖性。

有关数值范围的修改适用本部分第八章第5.2节的规定。有关通式表示的化合物的新颖性判断适用本部分第十章第5.1节的规定。

3.2.5 包含性能、参数、用途或制备方法等特征的产品权利要求

对于包含性能、参数、用途、制备方法等特征的产品权利要求新颖性的审查，应当按照以下原则进行。

(1) 包含性能、参数特征的产品权利要求

对于这类权利要求，应当考虑权利要求中的性能、参数特征是否隐含了要求保护的产品具有某种特定结构和/或组成。如果该性能、参数隐含了要求保护的产品具有区别于对比文件产品的结构和/或组成，则该权利要求具备新颖性；相反，如果所属技术领域的技术人员根据该性能、参数无法将要求保护的产品与对比文件产品区分开，则可推定要求保护的产品与对比文件产品相同，因此申请的权利要求不具备新颖性，除非申请人能够根据申请文件或现有技术证明权利要求中包含性能、参数特征的产品与对比文件产品在结构和/或组成上不同。例如，专利申请的权利要求为用X衍射数据等多种参数表征的一种结晶形态的化合物A，对比文件公开的也是结晶形态的化合物A，如果根据对比文件公开的内容，难以将两者的结晶形态区分开，则可推定要求保护的产品与对比文件产品相同，该申请的权利要求相对于对比文件而言不具备新颖性，除非申请人能够根据申请文件或现有技术证明，申请的权利要求所限定的产品与对比文件公开的产品在结晶形态上的确不同。

(2) 包含用途特征的产品权利要求

对于这类权利要求，应当考虑权利要求中的用途特征是否隐含了要求保护的产品具有某种特定结构和/或组成。如果该用途由产品本身固有的特性决定，而且用途特征没有隐含产品在结构和/或组成上发生改变，则该用途特征限定的产品权利要求相对于对比文件的产品不具有新颖性。例如，用于抗病毒的化合物X的发明与用作催化剂的化合物X的对比文件相比，虽然化合物X用途改变，但决定其本质特性的化学结构式并没有任何变化，因此用于抗病毒的化合物X的发明不具备新颖性。但是，如果该用途隐含了产品具有特定的结构和/或组成，即该用途表明产品结构和/或组成发生改变，则该用途作为产品的结构和/或组成的限定特征必须予以考虑。例如"起重机用吊钩"是指仅适用于起重机的尺寸和强度等结构的吊钩，其与具有同样形状的一般钓鱼者用的"钓鱼用吊钩"相比，结构上不同，两者是不同的产品。

(3) 包含制备方法特征的产品权利要求

对于这类权利要求，应当考虑该制备方法是否导致产品具有某种特定的结构和/或组成。如果所属技术领域的技术人员可以断定该方法必然使产品具有不同于对比文件产品的特定结构和/或组成，则该权利要求具备新颖性；相反，如果申请的权利要求所限定的产品与对比文件产品相比，尽管所述方法不同，但产品的结构和组成相同，则该权利要求不具备新颖性，除非申请人能够根据申请文件或现有技术证明该方法导致产品在结构和/或组成上与对比文件产品不同，或者该方法给产品带来了不同于对比文件产品的性能从而表明其结构和/或组成已发生改变。例如，专利申请的权利要求为用X方法制得的玻璃杯，对比文件公开的是用Y方法制得的玻璃杯，如果两个方法制得的玻璃杯的结构、形状和构成材料相同，则申请的权利要求不具备新颖性。相反，如果上述X方法包含了对比文件中没有记载的在特定温度下退火的步骤，使得用该方法制得的玻璃杯在耐碎性上比对比文件的玻璃杯有明显的提高，则表明要求保护的玻璃杯因制备方法的不同而导致了微观结构的变化，具有了不同于对比文件产品的内部结构，该权利要求具备新颖性。

上述第3.2.1至3.2.5节中的基准同样适用于创造性判断中对该类技术特征是否相同的对比判断。

4. 优先权

根据专利法第二十九条的规定，申请人就

相同主题的发明或者实用新型在外国第一次提出专利申请之日起十二个月内,又在中国提出申请的,依照该国同中国签订的协议或者共同参加的国际条约,或者依照相互承认优先权的原则,可以享有优先权。这种优先权,称为外国优先权。

申请人就相同主题的发明或者实用新型在中国第一次提出专利申请之日起十二个月内,又以该发明专利申请为基础向专利局提出发明专利申请或者实用新型专利申请的,或者又以该实用新型专利申请为基础向专利局提出实用新型专利申请或者发明专利申请的,可以享有优先权。这种优先权称为本国优先权。

4.1 外国优先权

4.1.1 享有外国优先权的条件

享有外国优先权的专利申请应当满足以下条件:

(1)申请人就相同主题的发明创造在外国第一次提出专利申请(以下简称外国首次申请)后又在中国提出专利申请(以下简称中国在后申请)。

(2)就发明和实用新型而言,中国在后申请之日不得迟于外国首次申请之日起十二个月。

(3)申请人提出首次申请的国家或政府间组织应当是同中国签有协议或者共同参加国际条约,或者相互承认优先权原则的国家或政府间组织。

享有外国优先权的发明创造与外国首次申请审批的最终结果无关,只要该首次申请在有关国家或政府间组织中获得了确定的申请日,就可作为要求外国优先权的基础。

4.1.2 相同主题的发明创造的定义

专利法第二十九条所述的相同主题的发明或者实用新型,是指技术领域、所解决的技术问题、技术方案和预期的效果相同的发明或者实用新型。但应注意这里所谓的相同,并不意味在文字记载或者叙述方式上完全一致。

审查员应该注意,对于中国在后申请权利要求中限定的技术方案,只要已记载在外国首次申请中就可享有该首次申请的优先权,而不必要求其包含在该首次申请的权利要求书中(有关优先权的核实适用本部分第八章第4.6节的规定)。

4.1.3 外国优先权的效力

申请人在外国首次申请后,就相同主题的发明创造在优先权期限内向中国提出的专利申请,都看作是在该外国首次申请的申请日提出的,不会因为在优先权期间内,即首次申请的申请日与在后申请的申请日之间任何单位和个人提出了相同主题的申请或者公布、利用这种发明创造而失去效力。

此外,在优先权期间内,任何单位和个人可能会就相同主题的发明创造提出专利申请。由于优先权的效力,任何单位和个人提出的相同主题发明创造的专利申请不能被授予专利权。就是说,由于有作为优先权基础的外国首次申请的存在,使得从外国首次申请的申请日起至中国在后申请的申请日中间由任何单位和个人提出的相同主题的发明创造专利申请因失去新颖性而不能被授予专利权。

4.1.4 外国多项优先权和外国部分优先权

根据专利法实施细则第三十二条第一款的规定,申请人在一件专利申请中,可以要求一项或者多项优先权;要求多项优先权的,该申请的优先权期限从最早的优先权日起计算。

关于外国多项优先权和外国部分优先权的规定如下。

(1)要求多项优先权的专利申请,应当符合专利法第三十一条及专利法实施细则第三十四条关于单一性的规定。

(2)作为多项优先权基础的外国首次申请可以是在不同的国家或政府间组织提出的。例如,中国在后申请中,记载了两个技术方案A和B,其中,A是在法国首次申请中记载的,B是在德国首次申请中记载的,两者都是在中国在后申请之日以前十二个月内分别在法国和德国提出的,在这种情况下,中国在后申请就可以享有多项优先权,即A享有法国的优先权日,B享有德国的优先权日。如果上述的A和B是两个可供选择的技术方案，申请人用"或"结构将A和B记载在中国在后申请的一项权利要求中，则中国在后申请同样可以享有多项优先权，即有不同的优先权日。但是，如果中国在后申请记载的一项技术方案是由两件或者两件以上外国首次申请中分别记载的不同技术特征组合成的，则不能享有优先权。例如，中国在后申请中记载的一项技术方案是由一件外国首次申请中记载的特征C和另一件外国首次申请中记载的特征D组合而成的，而包含特征C和D的技术方案未在上述两件外国首次申请中记载，则中国在后申请就不能享有以此两件外国首次申请为基础的外国优先权。

（3）要求外国优先权的申请中，除包括作为外国优先权基础的申请中记载的技术方案外，还可以包括一个或多个新的技术方案。例如中国在后申请中除记载了外国首次申请的技术方案外，还记载了对该技术方案进一步改进或者完善的新技术方案，如增加了反映说明书中新增实施方式或实施例的从属权利要求，或者增加了符合单一性的独立权利要求，在这种情况下，审查员不得以中国在后申请的权利要求书中增加的技术方案未在外国首次申请中记载为理由，拒绝给予优先权，或者将其驳回，而应当对于该中国在后申请中所要求的与外国首次申请中相同主题的发明创造给予优先权，有效日期为外国首次申请的申请日，即优先权日，其余的则以中国在后申请之日为申请日。该中国在后申请中有部分技术方案享有外国优先权，故称为外国部分优先权。

4.2 本国优先权

4.2.1 享有本国优先权的条件

享有本国优先权的专利申请应当满足以下条件：

（1）只适用于发明或者实用新型专利申请；

（2）申请人就相同主题的发明或者实用新型在中国第一次提出专利申请（以下简称中国首次申请）后又向专利局提出专利申请（以下简称中国在后申请）；

（3）中国在后申请之日不得迟于中国首次申请之日起十二个月。

被要求优先权的中国在先申请的主题有下列情形之一的，不得作为要求本国优先权的基础：

（1）已经要求外国优先权或者本国优先权的，但要求过外国优先权或者本国优先权而未享有优先权的除外；

（2）已经被授予专利权的；

（3）属于按照专利法实施细则第四十二条规定提出的分案申请。

应当注意，当申请人要求本国优先权时，作为本国优先权基础的中国首次申请，自中国在后申请提出之日起即被视为撤回。

4.2.2 相同主题的发明或者实用新型的定义

适用本章第4.1.2节的规定。

4.2.3 本国优先权的效力

参照本章第4.1.3节的相应规定。

4.2.4 本国多项优先权和本国部分优先权

专利法实施细则第三十二条第一款的规定不仅适用于外国多项优先权，也适用于本国多项优先权。关于本国多项优先权和本国部分优先权的规定如下：

（1）要求多项优先权的专利申请，应当符合专利法第三十一条及专利法实施细则第三十四条关于单一性的规定。

（2）一件中国在后申请中记载了多个技术方案。例如，记载了A、B和C三个方案，它们分别在三件中国首次申请中记载过，则该中国在后申请可以要求多项优先权，即A、B、C分别以其中国首次申请的申请日为优先权日。

（3）一件中国在后申请中记载了技术方案A和实施例a_1、a_2、a_3，其中只有a_1在中国首次申请中记载过，则该中国在后申请中a_1可以享有本国优先权，其余则不能享有本国优先权。

（4）一件中国在后申请中记载了技术方案

A 和实施例 a_1、a_2。技术方案 A 和实施例 a_1 已经记载在中国首次申请中，则在后申请中技术方案 A 和实施例 a_1 可以享有本国优先权，实施例 a_2 则不能享有本国优先权。

应当指出，本款情形在技术方案 A 要求保护的范围仅靠实施例 a_1 支持是不够的时候，申请人为了使方案 A 得到支持，可以补充实施例 a_2。但是，如果 a_2 在中国在后申请提出时已经是现有技术，则应当删除 a_2，并将 A 限制在由 a_1 支持的范围内。

（5）继中国首次申请和在后申请之后，申请人又提出第二件在后申请。中国首次申请中仅记载了技术方案 A_1；第一件在后申请中记载了技术方案 A_1 和 A_2，其中 A_1 已享有中国首次申请的优先权；第二件在后申请记载了技术方案 A_1、A_2 和 A_3。对第二件在后申请来说，其中方案 A_2 可以要求第一件在后申请的优先权；对于方案 A_1，由于该第一件在后申请中方案 A_1 已享有优先权，因而不能再要求第一件在后申请的优先权，但还可要求中国首次申请的优先权。

5. 不丧失新颖性的宽限期

专利法第二十四条规定，申请专利的发明创造在申请日以前六个月内，有下列情形之一的，不丧失新颖性：

（一）在中国政府主办或者承认的国际展览会上首次展出的；

（二）在规定的学术会议或者技术会议上首次发表的；

（三）他人未经申请人同意而泄露其内容的。

关于上述三种情况的审查适用本指南第一部分第一章第 6.3 节的规定。

申请专利的发明创造在申请日以前六个月内，发生专利法第二十四条规定的三种情形之一的，该申请不丧失新颖性。即这三种情况不构成影响该申请的现有技术。所说的六个月期限，称为宽限期，或者称为优惠期。

宽限期和优先权的效力是不同的。它仅仅是把申请人（包括发明人）的某些公开，或者第三人从申请人或发明人那里以合法手段或者不合法手段得来的发明创造的某些公开，认为是不损害该专利申请新颖性和创造性的公开。实际上，发明创造公开以后已经成为现有技术，只是这种公开在一定期限内对申请人的专利申请来说不视为影响其新颖性和创造性的现有技术，并不是把发明创造的公开日看作是专利申请的申请日。所以，从公开之日至提出申请的期间，如果第三人独立地作出了同样的发明创造，而且在申请人提出专利申请以前提出了专利申请，那么根据先申请原则，申请人就不能取得专利权。当然，由于申请人（包括发明人）的公开，使该发明创造成为现有技术，故第三人的申请没有新颖性，也不能取得专利权。

发生专利法第二十四条规定的任何一种情形之日起六个月内，申请人提出申请之前，发明创造再次被公开的，只要该公开不属于上述三种情况，则该申请将由于此在后公开而丧失新颖性。再次公开属于上述三种情况的，该申请不会因此而丧失新颖性，但是，宽限期自发明创造的第一次公开之日起计算。

专利申请有专利法第二十四条第（三）项所说情形的，专利局在必要时可以要求申请人提出证明文件，证实其发生所说情形的日期及实质内容。

申请人未按照专利法实施细则第三十条第三款的规定提出声明和提交证明文件的（参见本指南第一部分第一章第 6.3 节），或者未按照专利法实施细则第三十条第四款的规定在指定期限内提交证明文件的，其申请不能享受专利法第二十四条规定的新颖性宽限期。

对专利法第二十四条的适用发生争议时，主张该规定效力的一方有责任举证或者作出使人信服的说明。

6. 对同样的发明创造的处理

专利法第九条规定，同样的发明创造只能授予一项专利权。两个以上的申请人分别就同样的发明创造申请专利的，专利权授予最先申请的人。

上述条款规定了不能重复授予专利权的原则。禁止对同样的发明创造授予多项专利权，是为了防止权利之间存在冲突。

对于发明或实用新型，专利法第九条或专

利法实施细则第四十一条中所述的"同样的发明创造"是指两件或两件以上申请（或专利）中存在的保护范围相同的权利要求。

在先申请构成抵触申请或已公开构成现有技术的，应根据专利法第二十二条第二、三款，而不是根据专利法第九条对在后专利申请（或专利）进行审查。

6.1 判断原则

专利法第五十九条第一款规定，发明或者实用新型专利权的保护范围以其权利要求的内容为准，说明书及附图可以用于解释权利要求的内容。为了避免重复授权，在判断是否为同样的发明创造时，应当将两件发明或者实用新型专利申请或专利的权利要求书的内容进行比较，而不是将权利要求书与专利申请或专利文件的全部内容进行比较。

判断时，如果一件专利申请或专利的一项权利要求与另一件专利申请或专利的某一项权利要求保护范围相同，应当认为它们是同样的发明创造。

两件专利申请或专利说明书的内容相同，但其权利要求保护范围不同的，应当认为所要求保护的发明创造不同。例如，同一申请人提交的两件专利申请的说明书都记载了一种产品以及制造该产品的方法，其中一件专利申请的权利要求书要求保护的是该产品，另一件专利申请的权利要求书要求保护的是制造该产品的方法，应当认为要求保护的是不同的发明创造。应当注意的是，权利要求保护范围仅部分重叠的，不属于同样的发明创造。例如，权利要求中存在以连续的数值范围限定的技术特征的，其连续的数值范围与另一件发明或者实用新型专利申请或专利权利要求中的数值范围不完全相同的，不属于同样的发明创造。

6.2 处理方式

6.2.1 对两件专利申请的处理

6.2.1.1 申请人相同

在审查过程中，对于同一申请人同日（指申请日，有优先权的指优先权日）就同样的发明创造提出两件专利申请，并且这两件申请符合授予专利权的其他条件的，应当就这两件申请分别通知申请人进行选择或者修改。申请人期满不答复的，相应的申请被视为撤回。经申请人陈述意见或者进行修改后仍不符合专利法第九条第一款规定的，两件申请均予以驳回。

6.2.1.2 申请人不同

在审查过程中，对于不同的申请人同日（指申请日，有优先权的指优先权日）就同样的发明创造分别提出专利申请，并且这两件申请符合授予专利权的其他条件的，应当根据专利法实施细则第四十一条第一款的规定，通知申请人自行协商确定申请人。申请人期满不答复的，其申请被视为撤回；协商不成，或者经申请人陈述意见或进行修改后仍不符合专利法第九条第一款规定的，两件申请均予以驳回。

6.2.2 对一件专利申请和一项专利权的处理

在对一件专利申请进行审查的过程中，对于同一申请人同日（指申请日，有优先权的指优先权日）就同样的发明创造提出的另一件专利申请已经被授予专利权，并且尚未授权的专利申请符合授予专利权的其他条件的，应当通知申请人进行修改。申请人期满不答复的，其申请被视为撤回。经申请人陈述意见或者进行修改后仍不符合专利法第九条第一款规定的，应当驳回其专利申请。

但是，对于同一申请人同日（仅指申请日）对同样的发明创造既申请实用新型又申请发明专利的，在先获得的实用新型专利权尚未终止，并且申请人在申请时分别做出说明的，除通过修改发明专利申请外，还可以通过放弃实用新型专利权避免重复授权。因此，在对上述发明专利申请进行审查的过程中，如果该发明专利申请符合授予专利权的其他条件，应当通知申请人进行选择或者修改，申请人选择放弃已经授予的实用新型专利权的，应当在答复审查意见通知书时附交放弃实用新型专利权的书面声明。此时，对那件符合授权条件、尚未授权的发明专利申请，应当发出授权通知书，并将放弃上述实用新型专利权的书面声明转至有关审查部门，由专利局予以登记和公告，公告上注明上述实用新型专利权自公告授予发明专利权之日起终止。

第四章 创造性

1. 引 言

根据专利法第二十二条第一款的规定，授予专利权的发明和实用新型应当具备新颖性、创造性和实用性。因此，申请专利的发明和实用新型具备创造性是授予其专利权的必要条件之一。本章仅对发明的创造性审查作了规定。

2. 发明创造性的概念

发明的创造性，是指与现有技术相比，该发明有突出的实质性特点和显著的进步。

2.1 现有技术

专利法第二十二条第三款所述的现有技术，是指专利法第二十二条第五款和本部分第三章第2.1节所定义的现有技术。

专利法第二十二条第二款中所述的，在申请日以前由任何单位或个人向专利局提出过申请并且记载在申请日以后公布的专利申请文件或者公告的专利文件中的内容，不属于现有技术，因此，在评价发明创造性时不予考虑。

2.2 突出的实质性特点

发明有突出的实质性特点，是指对所属技术领域的技术人员来说，发明相对于现有技术是非显而易见的。如果发明是所属技术领域的技术人员在现有技术的基础上仅仅通过合乎逻辑的分析、推理或者有限的试验可以得到的，则该发明是显而易见的，也就不具备突出的实质性特点。

2.3 显著的进步

发明有显著的进步，是指发明与现有技术相比能够产生有益的技术效果。例如，发明克服了现有技术中存在的缺点和不足，或者为解决某一技术问题提供了一种不同构思的技术方案，或者代表某种新的技术发展趋势。

2.4 所属技术领域的技术人员

发明是否具备创造性，应当基于所属技术领域的技术人员的知识和能力进行评价。所属技术领域的技术人员，也可称为本领域的技术人员，是指一种假设的"人"，假定他知晓申请日或者优先权日之前发明所属技术领域所有的普通技术知识，能够获知该领域中所有的现有技术，并且具有应用该日期之前常规实验手段的能力，但他不具有创造能力。如果所要解决的技术问题能够促使本领域的技术人员在其他技术领域寻找技术手段，他也应具有从该其他技术领域中获知该申请日或优先权日之前的相关现有技术、普通技术知识和常规实验手段的能力。

设定这一概念的目的，在于统一审查标准，尽量避免审查员主观因素的影响。

3. 发明创造性的审查

一件发明专利申请是否具备创造性，只有在该发明具备新颖性的条件下才予以考虑。

3.1 审查原则

根据专利法第二十二条第三款的规定，审查发明是否具备创造性，应当审查发明是否具有突出的实质性特点，同时还应当审查发明是否具有显著的进步。

在评价发明是否具备创造性时，审查员不仅要考虑发明的技术方案本身，而且还要考虑发明所属技术领域、所解决的技术问题和所产生的技术效果，将发明作为一个整体看待。

与新颖性"单独对比"的审查原则（参见本部分第三章第3.1节）不同，审查创造性时，将一份或者多份现有技术中的不同的技术内容组合在一起对要求保护的发明进行评价。

如果一项独立权利要求具备创造性，则不再审查该独立权利要求的从属权利要求的创造性。

3.2 审查基准

评价发明有无创造性，应当以专利法第二十二条第三款为基准。为有助于正确掌握该基准，下面分别给出突出的实质性特点的一般性判断方法和显著的进步的判断标准。

3.2.1 突出的实质性特点的判断

判断发明是否具有突出的实质性特点，就是要判断对本领域的技术人员来说，要求保护的发明相对于现有技术是否显而易见。

如果要求保护的发明相对于现有技术是显而易见的，则不具有突出的实质性特点；反之，如果对比的结果表明要求保护的发明相对于现有技术是非显而易见的，则具有突出的实质性特点。

3.2.1.1 判断方法

判断要求保护的发明相对于现有技术是否显而易见，通常可按照以下三个步骤进行。

（1）确定最接近的现有技术

最接近的现有技术，是指现有技术中与要求保护的发明最密切相关的一个技术方案，它是判断发明是否具有突出的实质性特点的基础。最接近的现有技术，例如可以是，与要求保护的发明技术领域相同，所要解决的技术问题、技术效果或者用途最接近和/或公开了发明的技术特征最多的现有技术，或者虽然与要求保护的发明技术领域不同，但能够实现发明的功能，并且公开发明的技术特征最多的现有技术。应当注意的是，在确定最接近的现有技术时，应首先考虑技术领域相同或相近的现有技术。

（2）确定发明的区别特征和发明实际解决的技术问题❶

在审查中应当客观分析并确定发明实际解决的技术问题。为此，首先应当分析要求保护的发明与最接近的现有技术相比有哪些区别特征，然后根据该区别特征在要求保护的发明中所能达到的技术效果确定发明实际解决的技术问题。从这个意义上说，发明实际解决的技术问题，是指为获得更好的技术效果而需对最接近的现有技术进行改进的技术任务。

审查过程中，由于审查员所认定的最接近的现有技术可能不同于申请人在说明书中所描述的现有技术，因此，基于最接近的现有技术重新确定的该发明实际解决的技术问题，可能不同于说明书中所描述的技术问题；在这种情况下，应当根据审查员所认定的最接近的现有技术重新确定发明实际解决的技术问题。

重新确定的技术问题可能要依据每项发明的具体情况而定。作为一个原则，发明的任何技术效果都可以作为重新确定技术问题的基础，只要本领域的技术人员从该申请说明书中所记载的内容能够得知该技术效果即可。对于功能上彼此相互支持、存在相互作用关系的技术特征，应整体上考虑所述技术特征和它们之间的关系在要求保护的发明中所达到的技术效果。

（3）判断要求保护的发明对本领域的技术人员来说是否显而易见

在该步骤中，要从最接近的现有技术和发明实际解决的技术问题出发，判断要求保护的发明对本领域的技术人员来说是否显而易见。判断过程中，要确定的是现有技术整体上是否存在某种技术启示，即现有技术中是否给出将上述区别特征应用到该最接近的现有技术以解决其存在的技术问题（即发明实际解决的技术问题）的启示，这种启示会使本领域的技术人员在面对所述技术问题时，有动机改进该最接近的现有技术并获得要求保护的发明。如果现有技术存在这种技术启示，则发明是显而易见的，不具有突出的实质性特点。

下述情况，通常认为现有技术中存在上述技术启示：

（i）所述区别特征为公知常识，例如，本领域中解决该重新确定的技术问题的惯用手段，或教科书或者工具书等中披露的解决该重新确定的技术问题的技术手段。

【例如】

要求保护的发明是一种用铝制造的建筑构件，其要解决的技术问题是减轻建筑构件的重量。一份对比文件公开了相同的建筑构件，同时说明建筑构件是轻质材料，但未提及使用铝材。而在建筑标准中，已明确指出铝作为一种轻质材料，可作为建筑构件。该要求保护的发明明显应用了铝材轻质的公知性质。因此可认为现有技术中存在上述技术启示。

（ii）所述区别特征为与最接近的现有技术相关的技术手段，例如，同一份对比文件其他部分披露的技术手段，该技术手段在该其他部分所起的作用与该区别特征在要求保护的发明中为解决该重新确定的技术问题所起的作用相同。

【例如】

要求保护的发明是一种氦气检漏装置，其

---

❶ 该项已根据2019年9月23日公布的国家知识产权局公告第三二八号修改。——编者注

包括：检测真空箱是否有整体泄漏的整体泄漏检测装置；对泄漏氦气进行回收的回收装置；和用于检测具体漏点的氦质谱检漏仪，所述氦质谱检漏仪包括有一个真空吸枪。

对比文件1的某一部分公开了一种全自动氦气检漏系统，该系统包括：检测真空箱是否有整体泄漏的整体泄漏检测装置和对泄漏的氦气进行回收的回收装置。该对比文件1的另一部分公开了一种具有真空吸枪的氦气漏点检测装置，其中指明该漏点检测装置可以是检测具体漏点的氦质谱检漏仪，此处记载的氦质谱检漏仪与要求保护的发明中的氦质谱检漏仪的作用相同。根据对比文件1中另一部分的教导，本领域的技术人员能容易地将对比文件1中的两种技术方案结合成发明的技术方案。因此可认为现有技术中存在上述技术启示。

（iii）所述区别特征为另一份对比文件中披露的相关技术手段，该技术手段在该对比文件中所起的作用与该区别特征在要求保护的发明中为解决该重新确定的技术问题所起的作用相同。

【例如】

要求保护的发明是设置有排水凹槽的石墨盘式制动器，所述凹槽用以排除为清洗制动器表面而使用的水。发明要解决的技术问题是如何清除制动器表面上因摩擦产生的妨碍制动的石墨屑。对比文件1记载了一种石墨盘式制动器。对比文件2公开了在金属盘式制动器上设有用于冲洗其表面上附着的灰尘而使用的排水凹槽。

要求保护的发明与对比文件1的区别在于发明在石墨盘式制动器表面上设置了凹槽，而该区别特征已被对比文件2所披露。由于对比文件1所述的石墨盘式制动器会因为摩擦而在制动器表面产生磨屑，从而妨碍制动。对比文件2所述的金属盘式制动器会因表面上附着灰尘而妨碍制动，为了解决妨碍制动的技术问题，前者必须清除磨屑，后者必须清除灰尘，这是性质相同的技术问题。为了解决石墨盘式制动器的制动问题，本领域的技术人员按照对比文件2的启示，容易想到用水冲洗，从而在石墨盘式制动器上设置凹槽，把冲洗磨屑的水从凹槽中排出。由于对比文件2中凹槽的作用与发明要求保护的技术方案中凹槽的作用相同，因此本领域的技术人员有动机将对比文件1和对比文件2相结合，从而得到发明所述的技术方案。因此可认为现有技术中存在上述技术启示。

3.2.1.2 判断示例

专利申请的权利要求涉及一种改进的内燃机排气阀，该排气阀包括一个由耐热镍基合金A制成的主体，还包括一个阀头部分，其特征在于所述阀头部分涂敷了由镍基合金B制成的覆层，发明所要解决的是阀头部分耐腐蚀、耐高温的技术问题。

对比文件1公开了一种内燃机排气阀，所述的排气阀包括主体和阀头部分，主体由耐热镍基合金A制成，而阀头部分的覆层使用的是与主体所用合金不同的另一种合金，对比文件1进一步指出，为了适应高温和腐蚀性环境，所述的覆层可以选用具有耐高温和耐腐蚀特性的合金。

对比文件2公开的是有关镍基合金材料的技术内容。其中指出，镍基合金B对极其恶劣的腐蚀性环境和高温影响具有优异的耐受性，这种镍基合金B可用于发动机的排气阀。

在两份对比文件中，由于对比文件1与专利申请的技术领域相同，所解决的技术问题相同，且公开专利申请的技术特征最多，因此可以认为对比文件1是最接近的现有技术。

将专利申请的权利要求与对比文件1对比之后可知，发明要求保护的技术方案与对比文件1的区别在于发明将阀头覆层的具体材料限定为镍基合金B，以便更好地适应高温和腐蚀性环境。由此可以得出发明实际解决的技术问题是如何使发动机的排气阀更好地适应高温和腐蚀性的工作环境。

根据对比文件2，本领域的技术人员可以清楚地知道镍基合金B适用于发动机的排气阀，并且可以起到提高耐腐蚀性和耐高温的作用，这与该合金在本发明中所起的作用相同。由此，可以认为对比文件2给出了可将镍基合金B用作有耐腐蚀和耐高温要求的阀头覆层的技术启示，进而使得本领域的技术人员有动机将对比文件 2 和对比文件 1 结合起来构成该专利申请权利要求的技术方案，故该专利申请要求保护的技术方案相对于现有技术是显而易见的。

3.2.2 显著的进步的判断

在评价发明是否具有显著的进步时，主要应当考虑发明是否具有有益的技术效果。以下情况，通常应当认为发明具有有益的技术效果，具有显著的进步：

（1）发明与现有技术相比具有更好的技术效果，例如，质量改善、产量提高、节约能源、防治环境污染等；

（2）发明提供了一种技术构思不同的技术方案，其技术效果能够基本上达到现有技术的水平；

（3）发明代表某种新技术发展趋势；

（4）尽管发明在某些方面有负面效果，但在其他方面具有明显积极的技术效果。

4. 几种不同类型发明的创造性判断

应当注意的是，本节中发明类型的划分主要是依据发明与最接近的现有技术的区别特征的特点作出的，这种划分仅是参考性的，审查员在审查申请案时，不要生搬硬套，而要根据每项发明的具体情况，客观地做出判断。

以下就几种不同类型发明的创造性判断举例说明。

4.1 开拓性发明

开拓性发明，是指一种全新的技术方案，在技术史上未曾有过先例，它为人类科学技术在某个时期的发展开创了新纪元。

开拓性发明同现有技术相比，具有突出的实质性特点和显著的进步，具备创造性。例如，中国的四大发明——指南针、造纸术、活字印刷术和火药。此外，作为开拓性发明的例子还有：蒸汽机、白炽灯、收音机、雷达、激光器、利用计算机实现汉字输入等。

4.2 组合发明

组合发明，是指将某些技术方案进行组合，构成一项新的技术方案，以解决现有技术客观存在的技术问题。

在进行组合发明创造性的判断时通常需要考虑：组合后的各技术特征在功能上是否彼此相互支持、组合的难易程度、现有技术中是否存在组合的启示以及组合后的技术效果等。

（1）显而易见的组合

如果要求保护的发明仅仅是将某些已知产品或方法组合或连接在一起，各自以其常规的方式工作，而且总的技术效果是各组合部分效果之总和，组合后的各技术特征之间在功能上无相互作用关系，仅仅是一种简单的叠加，则这种组合发明不具备创造性。

【例如】

一项带有电子表的圆珠笔的发明，发明的内容是将已知的电子表安装在已知的圆珠笔的笔身上。将电子表同圆珠笔组合后，两者仍各自以其常规的方式工作，在功能上没有相互作用关系，只是一种简单的叠加，因而这种组合发明不具备创造性。

此外，如果组合仅仅是公知结构的变型，或者组合处于常规技术继续发展的范围之内，而没有取得预料不到的技术效果，则这样的组合发明不具备创造性。

（2）非显而易见的组合

如果组合的各技术特征在功能上彼此支持，并取得了新的技术效果；或者说组合后的技术效果比每个技术特征效果的总和更优越，则这种组合具有突出的实质性特点和显著的进步，发明具备创造性。其中组合发明的每个单独的技术特征本身是否完全或部分已知并不影响对该发明创造性的评价。

【例如】

一项"深冷处理及化学镀镍－磷－稀土工艺"的发明，发明的内容是将公知的深冷处理和化学镀相互组合。现有技术在深冷处理后需要对工件采用非常规温度回火处理，以消除应力，稳定组织和性能。本发明在深冷处理后，对工件不作回火或时效处理，而是在 $80℃±10℃$ 的镀液中进行化学镀，这不但省去了所说的回火或时效处理，还使该工件仍具有稳定的基体组织以及耐磨、耐蚀并与基体结合良好的镀层，这种组合发明的技术效果，对本领域的技术人员来说，预先是难以想到的，因而，该发明具备创造性。

4.3 选择发明

选择发明，是指从现有技术中公开的宽范围中，有目的地选出现有技术中未提到的窄范围或个体的发明。

在进行选择发明创造性的判断时，选择所带来的预料不到的技术效果是考虑的主要因素。

（1）如果发明仅是从一些已知的可能性中进行选择，或者发明仅仅是从一些具有相同可能性的技术方案中选出一种，而选出的方案未能取得预料不到的技术效果，则该发明不具备创造性。

【例如】

现有技术中存在很多加热的方法，一项发明是在已知的采用加热的化学反应中选用一种公知的电加热法，该选择发明没有取得预料不到的技术效果，因而该发明不具备创造性。

（2）如果发明是在可能的、有限的范围内选择具体的尺寸、温度范围或者其他参数，而这些选择可以由本领域的技术人员通过常规手段得到并且没有产生预料不到的技术效果，则该发明不具备创造性。

【例如】

一项已知反应方法的发明，其特征在于规定一种惰性气体的流速，而确定流速是本领域的技术人员能够通过常规计算得到的，因而该发明不具备创造性。

（3）如果发明是可以从现有技术中直接推导出来的选择，则该发明不具备创造性。

【例如】

一项改进组合物Y的热稳定性的发明，其特征在于确定了组合物Y中某组分X的最低含量，实际上，该含量可以从组分X的含量与组合物Y的热稳定性关系曲线中推导出来，因而该发明不具备创造性。

（4）如果选择使得发明取得了预料不到的技术效果，则该发明具有突出的实质性特点和显著的进步，具备创造性。

【例如】

在一份制备硫代氯甲酸的现有技术对比文件中，催化剂羧酸酰胺和/或尿素相对于原料硫醇，其用量比大于 0、小于等于 100%（mol）；在给出的例子中，催化剂用量比为 2%（mol）～13%（mol），并且指出催化剂用量比从 2%（mol）起，产率开始提高；此外，一般专业人员为提高产率，也总是采用提高催化剂用量比的办法。一项制备硫代氯甲酸方法的选择发明，采用了较小的催化剂用量比（0.02%（mol）～0.2%（mol）），提高产率 11.6%～35.7%，大大超出了预料的产率范围，并且还简化了对反应物的处理工艺。这说明，该发明选择的技术方案，产生了预料不到的技术效果，因而该发明具备创造性。

4.4 转用发明

转用发明，是指将某一技术领域的现有技术转用到其他技术领域中的发明。

在进行转用发明的创造性判断时通常需要考虑：转用的技术领域的远近、是否存在相应的技术启示、转用的难易程度、是否需要克服技术上的困难、转用所带来的技术效果等。

（1）如果转用是在类似的或者相近的技术领域之间进行的，并且未产生预料不到的技术效果，则这种转用发明不具备创造性。

【例如】

将用于柜子的支撑结构转用到桌子的支撑，这种转用发明不具备创造性。

（2）如果这种转用能够产生预料不到的技术效果，或者克服了原技术领域中未曾遇到的困难，则这种转用发明具有突出的实质性特点和显著的进步，具备创造性。

【例如】

一项潜艇副翼的发明，现有技术中潜艇在潜入水中时是靠自重和水对它产生的浮力相平衡停留在任意点上，上升时靠操纵水平舱产生浮力，而飞机在航行中完全是靠主翼产生的浮力浮在空中，发明借鉴了飞机中的技术手段，将飞机的主翼用于潜艇，使潜艇在起副翼作用的可动板作用下产生升浮力或沉降力，从而极大地改善了潜艇的升降性能。由于将空中技术运用到水中需克服许多技术上的困难，且该发明取得了极好的效果，所以该发明具备创造性。

4.5 已知产品的新用途发明

已知产品的新用途发明，是指将已知产

用于新的目的的发明。

在进行已知产品新用途发明的创造性判断时通常需要考虑：新用途与现有用途技术领域的远近、新用途所带来的技术效果等。

（1）如果新的用途仅仅是使用了已知材料的已知的性质，则该用途发明不具备创造性。

【例如】

将作为润滑油的已知组合物在同一技术领域中用作切削剂，这种用途发明不具备创造性。

（2）如果新的用途是利用了已知产品新发现的性质，并且产生了预料不到的技术效果，则这种用途发明具有突出的实质性特点和显著的进步，具备创造性。

【例如】

将作为木材杀菌剂的五氯酚制剂用作除草剂而取得了预料不到的技术效果，该用途发明具备创造性。

4.6 要素变更的发明

要素变更的发明，包括要素关系改变的发明、要素替代的发明和要素省略的发明。

在进行要素变更发明的创造性判断时通常需要考虑：要素关系的改变、要素替代和省略是否存在技术启示、其技术效果是否可以预料等。

4.6.1 要素关系改变的发明

要素关系改变的发明，是指发明与现有技术相比，其形状、尺寸、比例、位置及作用关系等发生了变化。

（1）如果要素关系的改变没有导致发明效果、功能及用途的变化，或者发明效果、功能及用途的变化是可预料到的，则发明不具备创造性。

【例如】

现有技术公开了一种刻度盘固定不动、指针转动式的测量仪表，一项发明是指针不动而刻度盘转动的同类测量仪表，该发明与现有技术之间的区别仅是要素关系的调换，即"动静转换"。这种转换并未产生预料不到的技术效果，所以这种发明不具备创造性。

（2）如果要素关系的改变导致发明产生了预料不到的技术效果，则发明具有突出的实质性特点和显著的进步，具备创造性。

【例如】

一项有关剪草机的发明，其特征在于刀片斜角与公知的不同，其斜角可以保证刀片的自动研磨，而现有技术中所用刀片的角度没有自动研磨的效果。该发明通过改变要素关系，产生了预料不到的技术效果，因此具备创造性。

4.6.2 要素替代的发明

要素替代的发明，是指已知产品或方法的某一要素由其他已知要素替代的发明。

（1）如果发明是相同功能的已知手段的等效替代，或者是为解决同一技术问题，用已知最新研制出的具有相同功能的材料替代公知产品中的相应材料，或者是用某一公知材料替代公知产品中的某材料，而这种公知材料的类似应用是已知的，且没有产生预料不到的技术效果，则该发明不具备创造性。

【例如】

一项涉及泵的发明，与现有技术相比，该发明中的动力源是液压马达替代了现有技术中使用的电机，这种等效替代的发明不具备创造性。

（2）如果要素的替代能使发明产生预料不到的技术效果，则该发明具有突出的实质性特点和显著的进步，具备创造性。

4.6.3 要素省略的发明

要素省略的发明，是指省去已知产品或者方法中的某一项或多项要素的发明。

（1）如果发明省去一项或多项要素后其功能也相应地消失，则该发明不具备创造性。

【例如】

一种涂料组合物发明，与现有技术的区别在于不含防冻剂。由于取消使用防冻剂后，该涂料组合物的防冻效果也相应消失，因而该发明不具备创造性。

（2）如果发明与现有技术相比，发明省去一项或多项要素（例如，一项产品发明省去了一个或多个零、部件或者一项方法发明省去一步或多步工序）后，依然保持原有的全部功能，或者带来预料不到的技术效果，则具有突出的实质性特点和显著的进步，该发明具备创造性。

5. 判断发明创造性时需考虑的其他因素

发明是否具备创造性，通常应当根据本章第3.2节所述的审查基准进行审查。应当强调的是，当申请属于以下情形时，审查员应当予以考虑，不应轻易作出发明不具备创造性的结论。

5.1 发明解决了人们一直渴望解决但始终未能获得成功的技术难题

如果发明解决了人们一直渴望解决但始终未能获得成功的技术难题，这种发明具有突出的实质性特点和显著的进步，具备创造性。

【例如】

自有农场以来，人们一直期望解决在农场牲畜（如奶牛）身上无痛而且不损坏牲畜表皮地打上永久性标记的技术问题，某发明人基于冷冻能使牲畜表皮着色这一发现而发明的一项冷冻"烙印"的方法成功地解决了这个技术问题，该发明具备创造性。

5.2 发明克服了技术偏见

技术偏见，是指在某段时间内、某个技术领域中，技术人员对某个技术问题普遍存在的、偏离客观事实的认识，它引导人们不去考虑其他方面的可能性，阻碍人们对该技术领域的研究和开发。如果发明克服了这种技术偏见，采用了人们由于技术偏见而舍弃的技术手段，从而解决了技术问题，则这种发明具有突出的实质性特点和显著的进步，具备创造性。

【例如】

对于电动机的换向器与电刷间界面，通常认为越光滑接触越好，电流损耗也越小。一项发明将换向器表面制出一定粗糙度的细纹，其结果电流损耗更小，优于光滑表面。该发明克服了技术偏见，具备创造性。

5.3 发明取得了预料不到的技术效果

发明取得了预料不到的技术效果，是指发明同现有技术相比，其技术效果产生"质"的变化，具有新的性能；或者产生"量"的变化，超出人们预期的想象。这种"质"的或者"量"的变化，对所属技术领域的技术人员来说，事先无法预测或者推理出来。当发明产生了预料不到的技术效果时，一方面说明发明具有显著的进步，同时也反映出发明的技术方案是非显而易见的，具有突出的实质性特点，该发明具备创造性。

5.4 发明在商业上获得成功

当发明的产品在商业上获得成功时，如果这种成功是由于发明的技术特征直接导致的，则一方面反映了发明具有有益效果，同时也说明了发明是非显而易见的，因而这类发明具有突出的实质性特点和显著的进步，具备创造性。但是，如果商业上的成功是由于其他原因所致，例如由于销售技术的改进或者广告宣传造成的，则不能作为判断创造性的依据。

6. 审查创造性时应当注意的问题

在审查发明的创造性时还应当注意以下的问题。

6.1 创立发明的途径

不管发明者在创立发明的过程中是历尽艰辛，还是唾手而得，都不应当影响对该发明创造性的评价。绝大多数发明是发明者创造性劳动的结晶，是长期科学研究或者生产实践的总结。但是，也有一部分发明是偶然做出的。

【例如】

公知的汽车轮胎具有很好的强度和耐磨性能，它曾经是由于一名工匠在准备黑色橡胶配料时，把决定加入3%的碳黑错用为30%而造成的。事实证明，加入30%碳黑生产出来的橡胶具有原先不曾预料到的高强度和耐磨性能，尽管它是由操作者偶然的疏忽而造成的，但不影响该发明具备创造性。

6.2 避免"事后诸葛亮"

审查发明的创造性时，由于审查员是在了解了发明内容之后才作出判断，因而容易对发明的创造性估计偏低，从而犯"事后诸葛亮"的错误。审查员应当牢牢记住，对发明的创造性评价是由发明所属技术领域的技术人员依据申请日以前的现有技术与发明进行比较而作出的，以减少和避免主观因素的影响。

6.3 对预料不到的技术效果的考虑

在创造性的判断过程中，考虑发明的技术

— 131 —

效果有利于正确评价发明的创造性。按照本章第5.3节中所述，如果发明与现有技术相比具有预料不到的技术效果，则不必再怀疑其技术方案是否具有突出的实质性特点，可以确定发明具备创造性。但是，应当注意的是，如果通过本章第3.2节中所述的方法，可以判断出发明的技术方案对本领域的技术人员来说是非显而易见的，且能够产生有益的技术效果，则发明具有突出的实质性特点和显著的进步，具备创造性，此种情况不应强调发明是否具有预料不到的技术效果。

6.4 对要求保护的发明进行审查

发明是否具备创造性是针对要求保护的发明而言的，因此，对发明创造性的评价应当针对权利要求限定的技术方案进行。发明对现有技术作出贡献的技术特征，例如，使发明产生预料不到的技术效果的技术特征，或者体现发明克服技术偏见的技术特征，应当写入权利要求中；否则，即使说明书中有记载，评价发明的创造性时也不予考虑。此外，创造性的判断，应当针对权利要求限定的技术方案整体进行评价，即评价技术方案是否具备创造性，而不是评价某一技术特征是否具备创造性。

第五章 实用性

1. 引 言

根据专利法第二十二条第一款的规定，授予专利权的发明和实用新型应当具备新颖性、创造性和实用性。因此，申请专利的发明和实用新型具备实用性是授予其专利权的必要条件之一。

2. 实用性的概念

实用性，是指发明或者实用新型申请的主题必须能够在产业上制造或者使用，并且能够产生积极效果。

授予专利权的发明或者实用新型，必须是能够解决技术问题，并且能够应用的发明或者实用新型。换句话说，如果申请的是一种产品（包括发明和实用新型），那么该产品必须在产业中能够制造，并且能够解决技术问题；如果申请的是一种方法（仅限发明），那么这种方法必须在产业中能够使用，并且能够解决技术问题。只有满足上述条件的产品或者方法专利申请才可能被授予专利权。

所谓产业，它包括工业、农业、林业、水产业、畜牧业、交通运输业以及文化体育、生活用品和医疗器械等行业。

在产业上能够制造或者使用的技术方案，是指符合自然规律、具有技术特征的任何可实施的技术方案。这些方案并不一定意味着使用机器设备，或者制造一种物品，还可以包括例如驱雾的方法，或者将能量由一种形式转换成另一种形式的方法。

能够产生积极效果，是指发明或者实用新型专利申请在提出申请之日，其产生的经济、技术和社会的效果是所属技术领域的技术人员可以预料到的。这些效果应当是积极的和有益的。

3. 实用性的审查

发明或者实用新型专利申请是否具备实用性，应当在新颖性和创造性审查之前首先进行判断。

3.1 审查原则

审查发明或者实用新型专利申请的实用性时，应当遵循下列原则：

（1）以申请日提交的说明书（包括附图）和权利要求书所公开的整体技术内容为依据，而不仅仅局限于权利要求所记载的内容；

（2）实用性与所申请的发明或者实用新型是怎样创造出来的或者是否已经实施无关。

3.2 审查基准

专利法第二十二条第四款所说的"能够制造或者使用"是指发明或者实用新型的技术方案具有在产业中被制造或使用的可能性。满足实用性要求的技术方案不能违背自然规律并且应当具有再现性。因不能制造或者使用而不具备实用性是由技术方案本身固有的缺陷引起的，与说明书公开的程度无关。

以下给出不具备实用性的几种主要情形。

3.2.1 无再现性

具有实用性的发明或者实用新型专利申请主题，应当具有再现性。反之，无再现性的发明或者实用新型专利申请主题不具备实用性。

再现性，是指所属技术领域的技术人员，根据公开的技术内容，能够重复实施专利申请中为解决技术问题所采用的技术方案。这种重复实施不得依赖任何随机的因素，并且实施结果应该是相同的。

但是，审查员应当注意，申请发明或者实用新型专利的产品的成品率低与不具有再现性是有本质区别的。前者是能够重复实施，只是由于实施过程中未能确保某些技术条件（例如环境洁净度、温度等）而导致成品率低；后者则是在确保发明或者实用新型专利申请所需全部技术条件下，所属技术领域的技术人员仍不可能重复实现该技术方案所要求达到的结果。

3.2.2　违背自然规律

具有实用性的发明或者实用新型专利申请应当符合自然规律。违背自然规律的发明或者实用新型专利申请是不能实施的，因此，不具备实用性。

审查员应当特别注意，那些违背能量守恒定律的发明或者实用新型专利申请的主题，例如永动机，必然是不具备实用性的。

3.2.3　利用独一无二的自然条件的产品

具备实用性的发明或者实用新型专利申请不得是由自然条件限定的独一无二的产品。利用特定的自然条件建造的自始至终都是不可移动的唯一产品不具备实用性。应当注意的是，不能因为上述利用独一无二的自然条件的产品不具备实用性，而认为其构件本身也不具备实用性。

3.2.4　人体或者动物体的非治疗目的的外科手术方法

外科手术方法包括治疗目的和非治疗目的的手术方法。以治疗为目的的外科手术方法属于本部分第一章第4.3节中不授予专利权的客体；非治疗目的的外科手术方法，由于是以有生命的人或者动物为实施对象，无法在产业上使用，因此不具备实用性。例如，为美容而实施的外科手术方法，或者采用外科手术从活牛身体上摘取牛黄的方法，以及为辅助诊断而采用的外科手术方法，例如实施冠状造影之前采用的外科手术方法等。

3.2.5　测量人体或者动物体在极限情况下的生理参数的方法

测量人体或动物体在极限情况下的生理参数需要将被测对象置于极限环境中，这会对人或动物的生命构成威胁，不同的人或动物个体可以耐受的极限条件是不同的，需要有经验的测试人员根据被测对象的情况来确定其耐受的极限条件，因此这类方法无法在产业上使用，不具备实用性。

以下测量方法属于不具备实用性的情况：

（1）通过逐渐降低人或动物的体温，以测量人或动物对寒冷耐受程度的测量方法；

（2）利用降低吸入气体中氧气分压的方法逐级增加冠状动脉的负荷，并通过动脉血压的动态变化观察冠状动脉的代偿反应，以测量冠状动脉代谢机能的非侵入性的检查方法。

3.2.6　无积极效果

具备实用性的发明或者实用新型专利申请的技术方案应当能够产生预期的积极效果。明显无益、脱离社会需要的发明或者实用新型专利申请的技术方案不具备实用性。

第六章　单一性和分案申请

1.　引　言

专利申请应当符合专利法及其实施细则有关单一性的规定。专利法第三十一条第一款及其实施细则第三十四条对发明或者实用新型专利申请的单一性作了规定。专利法实施细则第四十二条、第四十三条对不符合单一性的专利申请的分案及其修改作了规定。

本章的单一性规定主要涉及发明专利申请，其中基本概念和原则也适用于实用新型专利申请。关于外观设计专利申请单一性的审查，适用本指南第一部分第三章第9节的规定。关于化学领域发明专利申请单一性审查的特殊问题，适用本部分第十章第8节的规定。

2.　单　一　性

2.1　单一性的基本概念

2.1.1　单一性要求

单一性，是指一件发明或者实用新型专利

申请应当限于一项发明或者实用新型，属于一个总的发明构思的两项以上发明或者实用新型，可以作为一件申请提出。也就是说，如果一件申请包括几项发明或者实用新型，则只有在所有这几项发明或者实用新型之间有一个总的发明构思使之相互关联的情况下才被允许。这是专利申请的单一性要求。

专利申请应当符合单一性要求的主要原因是：

（1）经济上的原因：为了防止申请人只支付一件专利的费用而获得几项不同发明或者实用新型专利的保护。

（2）技术上的原因：为了便于专利申请的分类、检索和审查。

缺乏单一性不影响专利的有效性，因此缺乏单一性不应当作为专利无效的理由。

2.1.2 总的发明构思

专利法实施细则第三十四条规定，可以作为一件专利申请提出的属于一个总的发明构思的两项以上的发明或者实用新型，应当在技术上相互关联，包含一个或者多个相同或者相应的特定技术特征，其中特定技术特征是指每一项发明或者实用新型作为整体，对现有技术作出贡献的技术特征。

上述条款定义了一种判断一件申请中要求保护两项以上的发明是否属于一个总的发明构思的方法。也就是说，属于一个总的发明构思的两项以上的发明在技术上必须相互关联，这种相互关联是以相同或者相应的特定技术特征表示在它们的权利要求中的。

上述条款还对特定技术特征作了定义。特定技术特征是专门为评定专利申请单一性而提出的一个概念，应当把它理解为体现发明对现有技术作出贡献的技术特征，也就是使发明相对于现有技术具有新颖性和创造性的技术特征，并且应当从每一项要求保护的发明的整体上考虑后加以确定。

因此，专利法第三十一条第一款所称的"属于一个总的发明构思"是指具有相同或者相应的特定技术特征。

2.2 单一性的审查

2.2.1 审查原则

审查员在审查发明专利申请的单一性时，应当遵循以下基本原则：

（1）根据专利法第三十一条第一款及其实施细则第三十四条所规定的内容，判断一件专利申请中要求保护的两项以上发明是否满足发明单一性的要求，就是要看权利要求中记载的技术方案的实质性内容是否属于一个总的发明构思，即判断这些权利要求中是否包含使它们在技术上相互关联的一个或者多个相同或者相应的特定技术特征。这一判断是根据权利要求的内容来进行的，必要时可以参照说明书和附图的内容。

（2）属于一个总的发明构思的两项以上发明的权利要求可以按照以下六种方式之一撰写；但是，不属于一个总的发明构思的两项以上独立权利要求，即使按照所列举的六种方式中的某一种方式撰写，也不能允许在一件申请中请求保护：

（i）不能包括在一项权利要求内的两项以上产品或者方法的同类独立权利要求；

（ii）产品和专用于制造该产品的方法的独立权利要求；

（iii）产品和该产品的用途的独立权利要求；

（iv）产品、专用于制造该产品的方法和该产品的用途的独立权利要求；

（v）产品、专用于制造该产品的方法和为实施该方法而专门设计的设备的独立权利要求；

（vi）方法和为实施该方法而专门设计的设备的独立权利要求。

其中，第（i）种方式中所述的"同类"是指独立权利要求的类型相同，即一件专利申请中所要求保护的两项以上发明仅涉及产品发明，或者仅涉及方法发明。只要有一个或者多个相同或者相应的特定技术特征使多项产品类独立权利要求之间或者多项方法类独立权利要求之间在技术上相关联，则允许在一件专利申请中包含多项同类独立权利要求。

第（ii）至第（vi）种方式涉及的是两项以上不同类独立权利要求的组合。

对于产品与专用于生产该产品的方法独立权利要求的组合，该"专用"方法使用的结果就是获得该产品，两者之间在技术上相关联。但"专用"并不意味该产品不能用其他方法制造。

对于产品与该产品用途独立权利要求的组合，该用途必须是由该产品的特定性能决定的，它们在技术上相关联。

对于方法与为实施该方法而专门设计的设备独立权利要求的组合，除了该"专门设计"的设备能够实施该方法外，该设备对现有技术作出的贡献还必须与该方法对现有技术作出的贡献相对应。但是，"专门设计"的含义并不是指该设备不能用来实施其他方法，或者该方法不能用其他设备来实施。

不同类独立权利要求之间是否按照引用关系撰写，只是形式上的不同，不影响它们的单一性。例如，与一项产品 A 独立权利要求相并列的一项专用于制造该产品 A 的方法独立权利要求，可以写成"权利要求 1 的产品 A 的制造方法，……"也可以写成"产品 A 的制造方法，……"

（3）以上列举了六种可允许包括在一件申请中的两项以上同类或不同类独立权利要求的组合方式及适当的排列次序，但是，所列六种方式并非穷举，也就是说，在属于一个总的发明构思的前提下，除上述排列组合方式外，还允许有其他的方式。

（4）评定两项以上发明是否属于一个总的发明构思，无须考虑这些发明是分别在各自的独立权利要求中要求保护，还是在同一项权利要求中作为并列选择的技术方案要求保护。对于上述两种情况，均应当按照相同的标准判断其单一性。后一种情况经常出现在马库什权利要求中，关于马库什权利要求单一性的审查，适用本部分第十章第 8.1 节的规定。此外，权利要求的排列次序也不应当影响发明单一性的判断。

（5）一般情况下，审查员只需要考虑独立权利要求之间的单一性，从属权利要求与其所从属的独立权利要求之间不存在缺乏单一性的问题。但是，在遇有形式上为从属权利要求而实质上是独立权利要求的情况时，应当审查其是否符合单一性规定。

如果一项独立权利要求由于缺乏新颖性、创造性等理由而不能被授予专利权，则需要考虑其从属权利要求之间是否符合单一性的规定。

（6）某些申请的单一性可以在检索现有技术之前确定，而某些申请的单一性则只有在考虑了现有技术之后才能确定。当一件申请中不同的发明明显不具有一个总的发明构思时，则在检索之前即可判断其缺乏单一性。例如一件申请中包括了除草剂和割草机两项独立权利要求，由于两者之间没有相同或者相应的技术特征，更不可能有相同或者相应的特定技术特征，因而明显不具有单一性，检索前即可得出结论。然而，由于特定技术特征是体现发明对现有技术作出贡献的技术特征，是相对于现有技术而言的，只有在考虑了现有技术之后才能确定，因此，不少申请的单一性问题常常要在检索之后才能作出判断。

当申请与现有技术比较后，在否定了第一独立权利要求的新颖性或创造性的情形下，与其并列的其余独立权利要求之间是否还属于一个总的发明构思，应当重新确定。

2.2.2 单一性审查的方法和举例

在对包含在一件申请中的两项以上发明进行检索之前，应当首先判断它们之间是否明显不具有单一性。如果这几项发明没有包含相同或相应的技术特征，或所包含的相同或相应的技术特征均属于本领域惯用的技术手段，则它们不可能包含相同或相应的体现发明对现有技术作出贡献的特定技术特征，因而明显不具有单一性。

对于不明显缺乏单一性的两项以上发明，即需要通过检索之后才能判断单一性的情形，通常采用以下的分析方法：

（1）将第一项发明的主题与相关的现有技术进行比较，确定体现发明对现有技术作出贡献的特定技术特征。

（2）判断第二项发明中是否存在一个或者

多个与第一项发明相同或者相应的特定技术特征，从而确定这两项发明是否在技术上相关联。

（3）如果在发明之间存在一个或者多个相同或者相应的特定技术特征，即存在技术上的关联，则可以得出它们属于一个总的发明构思的结论。相反，如果各项发明之间不存在技术上的关联，则可以作出它们不属于一个总的发明构思的结论，进而确定它们不具有单一性。

以下结合单一性的基本概念、审查原则及判断方法举例说明单一性的审查要点。

2.2.2.1 同类独立权利要求的单一性

【例1】

权利要求1：一种传送带X，特征为A。

权利要求2：一种传送带Y，特征为B。

权利要求3：一种传送带Z，特征为A和B。

现有技术中没有公开具有特征A或B的传送带，从现有技术来看，具有特征A或B的传送带不是显而易见的，且A与B不相关。

说明：权利要求1和权利要求2没有记载相同或相应的技术特征，也就不可能存在相同或者相应的特定技术特征，因此，它们在技术上没有相互关联，不具有单一性。权利要求1中的特征A是体现发明对现有技术作出贡献的特定技术特征，权利要求3中包括了该特定技术特征A，两者之间存在相同的特定技术特征，具有单一性。类似地，权利要求2和权利要求3之间存在相同的特定技术特征B，具有单一性。

【例2】

权利要求1：一种发射器，特征在于视频信号的时轴扩展器。

权利要求2：一种接收器，特征在于视频信号的时轴压缩器。

权利要求3：一种传送视频信号的设备，包括权利要求1的发射器和权利要求2的接收器。

现有技术中既没有公开也没有暗示在本领域中使用时轴扩展器和时轴压缩器，这种使用不是显而易见的。

说明：权利要求1的特定技术特征是视频信号时轴扩展器，权利要求2的特定技术特征是视频信号时轴压缩器，它们之间相互关联不能分开使用，两者是彼此相应的特定技术特征，权利要求1与2有单一性；权利要求3包含了权利要求1和2两者的特定技术特征，因此它与权利要求1或与权利要求2均有单一性。

【例3】

权利要求1：一种插头，特征为A。

权利要求2：一种插座，特征与A相应。

现有技术中没有公开和暗示具有特征A的插头及相应的插座，这种插头和插座不是显而易见的。

说明：权利要求1与2具有相应的特定技术特征，其要求保护的插头和插座是相互关联且必须同时使用的两种产品，因此有单一性。

【例4】

权利要求1：一种用于直流电动机的控制电路，所说的电路具有特征A。

权利要求2：一种用于直流电动机的控制电路，所说的电路具有特征B。

权利要求3：一种设备，包括一台具有特征A的控制电路的直流电机。

权利要求4：一种设备，包括一台具有特征B的控制电路的直流电机。

从现有技术来看，特征A和B分别是体现发明对现有技术作出贡献的技术特征，而且特征A和B完全不相关。

说明：特征A是权利要求1和3的特定技术特征，特征B是权利要求2和4的特定技术特征，但A与B不相关。因此，权利要求1与3之间或者权利要求2与4之间有相同的特定技术特征，因而有单一性；而权利要求1与2或4之间，或者权利要求3与2或4之间没有相同或相应的特定技术特征，因而无单一性。

【例5】

权利要求1：一种灯丝A。

权利要求2：一种用灯丝A制成的灯泡B。

权利要求3：一种探照灯，装有用灯丝A制成的灯泡B和旋转装置C。

与现有技术公开的用于灯泡的灯丝相比，灯丝A是新的并具有创造性。

说明：该三项权利要求具有相同的特定技术特征灯丝 A，因此它们之间有单一性。

【例 6】

权利要求 1：一种制造产品 A 的方法 B。

权利要求 2：一种制造产品 A 的方法 C。

权利要求 3：一种制造产品 A 的方法 D。

与现有技术相比，产品 A 是新的并具有创造性。

说明：产品 A 是上述三项方法权利要求的相同的特定技术特征，这三项方法 B、C、D 之间有单一性。当然，产品 A 本身还可以有一项产品权利要求。如果产品 A 是已知的，则其不能作为特定技术特征，这时应重新判断这三项方法的单一性。

【例 7】

权利要求 1：一种树脂组合物，包括树脂 A、填料 B 及阻燃剂 C。

权利要求 2：一种树脂组合物，包括树脂 A、填料 B 及抗静电剂 D。

本领域中树脂 A、填料 B、阻燃剂 C 及抗静电剂 D 分别都是已知的，且 AB 组合不体现发明对现有技术的贡献，而 ABC 的组合形成了一种性能良好的不易燃树脂组合物，ABD 的组合也形成了一种性能良好的防静电树脂组合物，它们分别具有新颖性和创造性。

说明：尽管这两项权利要求都包括相同的特征 A 和 B，但是，A、B 及 AB 组合都不体现发明对现有技术的贡献，权利要求 1 的特定技术特征是 ABC 组合，权利要求 2 的特定技术特征是 ABD 组合，两者不相同也不相应，因此，权利要求 2 与权利要求 1 没有单一性。

2.2.2.2 不同类独立权利要求的单一性

【例 8】

权利要求 1：一种化合物 X。

权利要求 2：一种制备化合物 X 的方法。

权利要求 3：化合物 X 作为杀虫剂的应用。

(1) 第一种情况：化合物 X 具有新颖性和创造性。

说明：化合物 X 是这三项权利要求相同的技术特征。由于它是体现发明对现有技术作出贡献的技术特征，即特定技术特征，因此，权利要求 1 至 3 存在相同的特定技术特征，权利要求 1、2 和 3 有单一性。

(2) 第二种情况：通过检索发现化合物 X 与现有技术相比不具有新颖性或创造性。

说明：权利要求 1 不具有新颖性或创造性，不能被授予专利权。权利要求 2 和 3 之间的相同技术特征仍为化合物 X，但是，由于化合物 X 对现有技术没有作出贡献，故不是相同的特定技术特征，而且，权利要求 2 和 3 之间也没有相应的特定技术特征。因此，权利要求 2 和 3 之间不存在相同或相应的特定技术特征，缺乏单一性。

【例 9】

权利要求 1：一种高强度、耐腐蚀的不锈钢带，主要成分为（按%重量计）Ni＝2.0～5.0，Cr＝15～19，Mo＝1～2 及平衡量的 Fe，带的厚度为 0.5mm～2.0mm，其伸长率为 0.2%时屈服强度超过 50kg/mm^2。

权利要求 2：一种生产高强度、耐腐蚀不锈钢带的方法，该带的主要成分为（按%重量计）Ni＝2.0～5.0，Cr＝15～19，Mo＝1～2 及平衡量的 Fe，该方法包括以下次序的工艺步骤：

(1) 热轧至 2.0mm～5.0mm 的厚度；

(2) 退火该经热轧后的带子，退火温度为 800℃～1000℃；

(3) 冷轧该带子至 0.5mm～2.0mm 厚度；

(4) 退火：温度为 1120℃～1200℃，时间为 2～5 分钟。

与现有技术相比，伸长率为 0.2%时屈服强度超过 50kg/mm^2 的不锈钢带具有新颖性和创造性。

说明：权利要求 1 与 2 之间有单一性。该产品权利要求 1 的特定技术特征是伸长率为 0.2%时屈服强度超过 50kg/mm^2。方法权利要求 2 中的工艺步骤正是为生产出具有这样的屈服强度的不锈钢带而采用的加工方法，虽然在权利要求 2 的措词中没有体现出这一点，但是从说明书中可以清楚地看出，因此，这些工艺步骤就是与产品权利要求 1 所限定的强度特征相应的特定技术特征。

本例的权利要求 2 也可以写成引用权利要

求1的形式，而不影响它们之间的单一性，如：

权利要求2：一种生产权利要求1的不锈钢带的方法，包括以下工艺步骤：

（步骤（1）至（4）同前所述，此处省略。）

【例10】

权利要求1：一种含有防尘物质X的涂料。

权利要求2：应用权利要求1所述的涂料涂布制品的方法，包括以下步骤：（1）用压缩空气将涂料喷成雾状；（2）将雾状的涂料通过一个电极装置A使之带电后再喷涂到制品上。

权利要求3：一种喷涂设备，包括一个电极装置A。

与现有技术相比，含有物质X的涂料是新的并具有创造性，电极装置A也是新的并具有创造性。但是，用压缩空气使涂料雾化以及使雾化涂料带电后再直接喷涂到制品上的方法是已知的。

说明：权利要求1与2有单一性，其中含X的涂料是它们相同的特定技术特征；权利要求2与3也有单一性，其中电极装置A是它们相同的特定技术特征。但权利要求1与3缺乏单一性，因为它们之间缺乏相同或者相应的特定技术特征。

【例11】

权利要求1：一种处理纺织材料的方法，其特征在于用涂料A在工艺条件B下喷涂该纺织材料。

权利要求2：根据权利要求1的方法喷涂得到的一种纺织材料。

权利要求3：权利要求1方法中用的一种喷涂机，其特征在于有一喷嘴C能使涂料均匀分布在纺织材料上。

现有技术中公开了用涂料处理纺织品的方法，但是，没有公开权利要求1的用一种特殊的涂料A在特定的工艺条件B下（例如温度、辐照度等）喷涂的方法，而且，权利要求2的纺织材料具有预想不到的特性。喷嘴C是新的并具有创造性。

说明：权利要求1的特定技术特征是由于选用了特殊的涂料而必须相应地采用的特定的工艺条件；而在采用该特殊涂料和特定工艺条件处理之后得到了权利要求2所述的纺织材料，因此，权利要求1与权利要求2具有相应的特定技术特征，有单一性。权利要求3的喷涂机与权利要求1或2无相应的特定技术特征，因此权利要求3与权利要求1或2均无单一性。

【例12】

权利要求1：一种制造方法，包括步骤A和B。

权利要求2：为实施步骤A而专门设计的设备。

权利要求3：为实施步骤B而专门设计的设备。

没有检索到任何与权利要求1方法相关的现有技术文献。

说明：步骤A和B分别为两个体现发明对现有技术作出贡献的特定技术特征，权利要求1与2或者权利要求1与3之间有单一性。权利要求2与3之间由于不存在相同的或相应的特定技术特征，因而没有单一性。

【例13】

权利要求1：一种燃烧器，其特征在于混合燃烧室有正切方向的燃料进料口。

权利要求2：一种制造燃烧器的方法，其特征在于其中包括使混合燃烧室形成具有正切方向燃料进料口的步骤。

权利要求3：一种制造燃烧器的方法，其特征在于浇铸工序。

权利要求4：一种制造燃烧器的设备，其特征在于该设备有一个装置X，该装置使燃料进料口按正切方向设置在混合燃烧室上。

权利要求5：一种制造燃烧器的设备，其特征在于有一个自动控制装置D。

权利要求6：一种用权利要求1的燃烧器制造碳黑的方法，其特征在于其中包括使燃料从正切方向进入燃烧室的步骤。

现有技术公开了具有非切向的燃料进料口和混合室的燃烧器，从现有技术来看，带有正切方向的燃料进料口的燃烧器既不是已知的，也不是显而易见的。

（2）在修改的申请文件中所增加或替换的独立权利要求与原权利要求书中的发明之间不具有单一性。

在审查过程中，申请人在修改权利要求时，将原来仅在说明书中描述的发明作为独立权利要求增加到原权利要求书中，或者在答复审查意见通知书时修改权利要求，将原来仅在说明书中描述的发明作为独立权利要求替换原独立权利要求，而该发明与原权利要求书中的发明之间缺乏单一性。在此情况下，审查员一般应当要求申请人将后增加或替换的发明从权利要求书中删除。申请人可以对该删除的发明提交分案申请。

（3）独立权利要求之一缺乏新颖性或创造性，其余的权利要求之间缺乏单一性。

某一独立权利要求（通常是权利要求1）缺乏新颖性或创造性，导致与其并列的其余独立权利要求之间，甚至其从属权利要求之间失去相同或者相应的特定技术特征，即缺乏单一性，因此需要修改，对于因修改而删除的主题，申请人可以提交分案申请。例如，一件包括产品、制造方法及用途的申请，经检索和审查发现，产品是已知的，其余的该产品制造方法独立权利要求与该产品用途独立权利要求之间显然不可能有相同或者相应的特定技术特征，因此它们需要修改。

上述情况的分案，可以是申请人主动要求分案，也可以是申请人按照审查员要求而分案。应当指出，由于提出分案申请是申请人自愿的行为，所以审查员只需要求申请人将不符合单一性要求的两项以上发明改为一项发明，或者改为属于一个总的发明构思的两项以上发明，至于修改后对其余的发明是否提出分案申请，完全由申请人自己决定。

另外，针对一件申请，可以提出一件或者一件以上的分案申请，针对一件分案申请还可以以原申请为依据再提出一件或者一件以上的分案申请。针对一件分案申请再提出分案申请的，若其递交日不符合本指南第一部分第一章第5.1.1节（3）的规定，则不能被允许，除非审查员指出了单一性的缺陷。

3.2 分案申请应当满足的要求

分案申请应当满足如下要求。

（1）分案申请的文本

分案申请应当在其说明书的起始部分，即发明所属技术领域之前，说明本申请是哪一件申请的分案申请，并写明原申请的申请日、申请号和发明创造名称。

在提交分案申请时，应当提交原申请文件的副本；要求优先权的，还应当提交原申请的优先权文件副本。

（2）分案申请的内容

分案申请的内容不得超出原申请记载的范围。否则，应当以不符合专利法实施细则第四十三条第一款或者专利法第三十三条规定为理由驳回该分案申请。

（3）分案申请的说明书和权利要求书

分案以后的原申请与分案申请的权利要求书应当分别要求保护不同的发明；而它们的说明书可以允许有不同的情况。例如，分案前原申请有A、B两项发明；分案之后，原申请的权利要求书若要求保护A，其说明书可以仍然是A和B，也可以只保留A；分案申请的权利要求书若要求保护B，其说明书可以仍然是A和B，也可以只是B。

有关分案申请的申请人、递交时间和分案申请的类别的要求，适用本指南第一部分第一章第5.1.1节的规定。

3.3 分案的审查

在一件申请需要分案的情况下，对分案的审查包括对分案申请的审查以及对分案以后的原申请的审查，应当依据专利法实施细则第四十二条和第四十三条进行。

（1）根据专利法实施细则第四十三条第一款的规定，分案申请的内容不得超出原申请记载的范围。否则，审查员应当要求申请人进行修改。如果申请人不修改或者进一步修改的内容超出原申请说明书和权利要求书记载的范围，则审查员可以根据专利法实施细则第五十三条第（三）项的规定，以分案申请不符合专利法实施细则第四十三条第一款规定或修改不符合专利法第三十三条规定为理由驳回该分案申请。

（2）根据专利法实施细则第四十二条第二款的规定，一件申请不符合专利法第三十一条第一款和专利法实施细则第三十四条规定的，应当通知申请人在指定期限内对其申请进行修改。也就是说，在该期限内将原申请改为一项发明或者属于一个总的发明构思的几项发明。同时应当提醒申请人注意：无正当理由期满未答复的，则该申请被视为撤回；无充分理由不将原申请改为具有单一性的申请的，审查员可以以申请不符合专利法第三十一条第一款的规定为理由驳回该申请。同样，对于原申请的分案申请不符合单一性规定的，也应当按照上述方式处理。

（3）除了依据专利法实施细则第四十二条和第四十三条进行审查之外，其他的审查与对一般申请的审查相同。

第七章 检 索

1. 引 言

每一件发明专利申请在被授予专利权前都应当进行检索。检索是发明专利申请实质审查程序中的一个关键步骤，其目的在于找出与申请的主题密切相关或者相关的现有技术中的对比文件，或者找出抵触申请文件和防止重复授权的文件，以确定申请的主题是否具备专利法第二十二条第二款和第三款规定的新颖性和创造性，或者是否符合专利法第九条第一款的规定。

实用新型专利检索和香港特别行政区短期专利检索参照本章执行。

检索的结果应当记载在检索报告中。

2. 审查用检索资源❶

2.1 专利文献资源

发明专利申请实质审查程序中应当检索专利文献，其包括：中文专利文献和外文专利文献。

审查员主要使用计算机检索系统对专利文献数据库进行检索，专利文献数据库主要包括：专利文摘数据库、专利全文数据库、专利分类数据库等。

2.2 非专利文献资源

审查员除在专利文献中进行检索外，还应当检索非专利文献。在计算机检索系统和互联网中可获取的非专利文献主要包括：国内外科技图书、期刊、学位论文、标准/协议、索引工具及手册等。

3. 检索的主题

3.1 检索依据的申请文本

检索依据的申请文本，通常是申请人在申请日提交的原权利要求书和说明书（有附图的，包括附图）。申请人按照专利法实施细则第四十四条应审查员的要求对权利要求书和/或说明书进行了修改，或者按照专利法实施细则第五十一条第一款规定对权利要求书和/或说明书提出了主动修改的，检索依据的申请文本应当是申请人最后提交的、并且符合专利法第三十三条规定的权利要求书和/或说明书（参见本部分第八章第4.1节）。

3.2 对独立权利要求的检索

检索主要针对申请的权利要求书进行，并考虑说明书及其附图的内容。审查员首先应当以独立权利要求所限定的技术方案作为检索的主题。这时，应当把重点放在独立权利要求的发明构思上，而不应当只限于独立权利要求的字面意义，但也不必扩展到考虑说明书及其附图的内容后得出的每个细节。

3.3 对从属权利要求的检索

对独立权利要求限定的技术方案进行检索，找到了使该技术方案丧失新颖性或者创造性的对比文件的，为了评价从属权利要求进一步限定的技术方案是否具备专利法第二十二条第二款和第三款规定的新颖性和创造性，审查员还需要以从属权利要求进一步限定的技术方案作为检索的主题，继续检索。但是，对于其限定部分的附加技术特征属于公知常识范围的从属权利要求则可不作进一步的检索。

当检索的结果显示独立权利要求限定的技

---

❶ 该节已根据2019年9月23日公布的国家知识产权局公告第三二八号修改。——编者注

术方案具有新颖性和创造性时，一般不需要再对其从属权利要求限定的技术方案作进一步的检索。

3.4 对要素组合的权利要求的检索

权利要求是要素 A、B 和 C 的组合的，审查员在检索这种权利要求时，应当首先对 A＋B＋C 的技术方案进行检索，如果未查找到可评述其新颖性、创造性的对比文件，则应当对 A＋B、B＋C、A＋C 的分组组合以及 A、B 和 C 单个要素进行检索。

3.5 对不同类型权利要求的检索

申请中包含了几种不同类型（产品、方法、设备或者用途）权利要求的，审查员应当对所有不同类型的权利要求进行检索。在某些情况下，即使申请只包含一种类型的权利要求，也可能需要对相关的其他类型的主题进行检索。例如，对一项化学方法权利要求进行检索时，除了对该方法权利要求本身进行检索外，为了评价其创造性，对用该方法制造的最终产品，除它们是明显已知的以外，也应当进行检索。

3.6 对说明书及其附图的检索

除了对由权利要求限定的技术方案，即申请请求保护的主题（以下简称申请的主题）进行检索之外，审查员有时还应当针对说明书及其附图中公开的对该申请的主题作进一步限定的其他实质性内容进行检索。因为申请人在修改权利要求时，有可能把它们补充到权利要求中去。例如，一件有关电路的申请，其权利要求限定的技术方案仅仅是电路的功能和工作方式。但是，在说明书及其附图中，详细公开了一个重要的晶体管电路，对于这件申请，审查员不但应当对权利要求所限定的电路的功能和工作方式进行检索，而且还应当将该晶体管电路作为检索的主题。这样，即使申请人以后通过修改将该晶体管电路写入权利要求书，审查员也不必再进行补充检索。但是，对于在说明书中记载的那些与权利要求限定的技术方案之间不具有单一性的发明内容不必进行检索，因为通过修改将这些不具有单一性的发明内容作为申请请求保护的主题写入权利要求书是不允许的（参见本部分第八章第 5.2.1.3 节（3））。

4. 检索的时间界限

4.1 检索现有技术中相关文献的时间界限

审查员应当检索发明专利申请在中国提出申请之日以前公开的所有相同或相近技术领域的专利文献和非专利文献。这样做的好处是，审查员可以省去核实优先权是否成立的工作，除非出现了本部分第八章第 4.6.1 节所述的需要核实优先权的情况，例如检索到在该申请的优先权期间申请或公开的、影响其新颖性或创造性的对比文件。

4.2 检索抵触申请的时间界限

为了确定是否存在影响发明专利申请主题新颖性的抵触申请，审查员至少还需要检索：

（1）所有由任何单位或个人在该申请的申请日之前向专利局提交的，并且在该申请的申请日后十八个月内已经公布或公告的相同或相近技术领域的专利申请或专利文件；

（2）所有由任何单位或个人在该申请的申请日之前向国际申请受理局提交的，并且在该申请的申请日后十八个月内作出国际公布的相同或相近技术领域的指定中国的国际申请，以便检索出与该申请相同的、可能会按照专利合作条约（PCT）的规定进入中国国家阶段而成为该申请的抵触申请的国际申请。

5. 检索前的准备

5.1 阅读有关文件

说明书中引证了下面的文件的，审查员在必要时应当找出并阅读这些文件：

（1）作为申请主题的基础的文件；

（2）与发明所要解决的技术问题相关的背景技术文件；

（3）有助于正确理解申请的主题的文件。

如果上述文件在专利局内不能得到，而它们对于正确理解和评价申请的主题又是必要的，没有这类文件，审查员不能进行有效的检索，那么审查员应当暂缓进行检索，通知申请人在规定的期限内提供这类文件的副本，待收到副本后再进行检索（参见本部分第八章第 3.2.4 和 3.2.5 节）。

如果说明书中所引证的文件明显与申请的主题没有直接关系，那么审查员可以不予考虑。

如果申请人提交了外国的检索报告，审查员应当阅读检索报告中引证的文件，尤其要阅读其中对申请的主题的新颖性、创造性有影响的文件。

5.2 核对申请的国际专利分类号

为了更有效地进行检索，审查员应当先确定申请的国际专利分类号（简称分类号）。关于如何确定分类号，适用本指南第一部分第四章的规定。为此，审查员应当在正确理解申请的主题的基础上，运用分类知识核对分类部门或国际检索单位所给出的分类号。当发现分类号不准确时，应当按照本部分第八章第3.1节中的规定处理。

5.3 确定检索的技术领域

通常，审查员在申请的主题所属的技术领域中进行检索，必要时应当把检索扩展到功能类似或应用类似的技术领域。所属技术领域是根据权利要求书中限定的内容来确定的，特别是根据明确指出的那些特定的功能和用途以及相应的具体实施例来确定的。审查员确定的表示发明信息的分类号，就是申请的主题所属的技术领域。功能类似或应用类似的技术领域是根据申请文件中揭示出的申请的主题所必须具备的本质功能或者用途来确定，而不是只根据申请的主题的名称，或者申请文件中明确指出的特定功能或者特定应用来确定。❶

5.3.1 利用机检数据库

审查员可以用关键词、发明名称、发明人等检索入口在机检数据库中通过计算机检索来确定检索的技术领域。其中利用关键词检索入口来确定检索的技术领域是最主要的方式。

在正确理解申请的主题的基础上，确定一个或者几个"关键词"，然后根据确定的"关键词"在机检数据库中进行检索和统计分析，例如，对检索得到的文献的分类号进行统计分析，尽可能准确、全面地确定检索的技术领域。采用同样的方法，也可以确定针对前面所述的其他的检索主题应当检索的技术领域。

5.3.2 利用国际专利分类表

在利用机检数据库得不到确切的检索技术领域的情况下，审查员可以按照下面的步骤查阅国际专利分类表，确定检索的技术领域：

（1）查阅国际专利分类表每个部开始部分的"部的内容"栏，按类名选择可能的分部和大类。

（2）阅读所选定分部和大类下面的类名，从中选择最适合于覆盖检索的主题内容的小类。

在进行以上两步时，审查员应当注意分部类名和/或大类、小类类名中的附注或者参见。这种附注或者参见可能影响小类的内容，指出小类之间的可能的差别，并可能指示所期望的检索的主题所在的位置。如果选择的小类在高级版分类表的电子层信息中有分类定义，则应当注意其详细内容，因为分类定义对小类的范围给出了最准确的指示。另外，审查员还应当注意，当存在与检索主题的功能类似的功能性分类位置时，可能还存在与检索主题的功能相关的一个或多个应用性分类位置。在找不到检索主题的专门位置时，可以考虑将类名或者组名为"其他××"、"未列入××组的××"的这一类剩余分类位置的分类号作为检索的技术领域。

（3）参看小类开始部分的"小类索引"，阅读大组完整的类名及附注和参见，选择最适合于覆盖检索的主题的大组。

（4）阅读所选择的大组下面全部带一个圆点的小组，确定一个最适合于覆盖检索的主题的小组。如果该小组有附注和参见部分，则应当根据它们考虑其他分类位置，以便找到一个或者多个更适合于检索的主题的分类位置。

（5）选择带一个以上圆点的，但仍旧覆盖检索的主题的小组。

通过以上五个步骤可以选定最适合于覆盖检索的主题的小组。这个小组及其下的不明显排除检索的主题的全部小组就是检索的技术领

---

❶ 该段已根据2019年9月23日公布的国家知识产权局公告第三二八号修改。——编者注

域。如果选定的小组有优先注释，那么由优先注释确定的小组及其下的不明显排除检索的主题的全部小组也是检索的技术领域。此外，选定的小组上面的高一级小组直到大组都是检索的技术领域，因为在那里具有包含了检索的主题且范围更宽的主题的文献资料。如果选定的小组处于按"最后位置规则"分类的小类中，那么除了对选定小组及其下不明显排除检索的主题的小组进行检索外，还应当对与选定小组具有相同点数、且相关的在后的小组及其下不明显排除检索的主题的小组进行检索，此外，还应当对该选定小组的高一级相关的各小组直到大组进行检索。例如，C08G 8/00 中的三点组 8/20，是按"最后位置规则"选定的小组，其下有四点组 8/22。在 8/20 后，具有与 8/20 相同点数、且相关的小组，还有三点组 8/24。在三点组以上，有相关的二点组 8/08 及一点组 8/04。因此，审查员应当首先检索 8/20 小组，然后依次检索 8/22、8/24、8/08、8/04 小组，直到 8/00 大组。

（6）用上述方法考虑同一小类中可能的其他大组或小组，以及通过步骤（2）选择的其他小类。

5.4 分析权利要求、确定检索要素

审查员在阅读申请文件、充分理解了发明内容并初步确定了分类号和检索的技术领域后，应该进一步分析权利要求，确定检索要素。

5.4.1 整体分析权利要求

阅读权利要求书，找出全部独立权利要求，初步分析独立权利要求，以确定独立权利要求所请求保护的技术方案是否属于本章第 10 节所述的不必检索的情况。

对于能够检索的权利要求，确定请求保护范围最宽的独立权利要求并分析该独立权利要求。一般首先针对保护范围最宽的独立权利要求进行检索。

5.4.2 确定检索要素❶

首先分析请求保护范围最宽的独立权利要求的技术方案，确定反映该技术方案的基本检索要素。基本检索要素是体现技术方案的基本构思的可检索的要素。一般地，确定基本检索要素时需要考虑技术领域、技术问题、技术手段、技术效果等方面。

在确定了基本检索要素之后，应该结合检索的技术领域的特点，确定这些基本检索要素中每个要素在计算机检索系统中的表达形式。

在确定反映技术方案的检索要素时，不仅要考虑技术方案中明确的技术特征，必要时还应当考虑技术方案中的某些技术特征的等同特征。等同特征是指与所记载的技术特征相比，以基本相同的手段，实现基本相同的功能，达到基本相同的效果，并且所属技术领域的技术人员能够联想到的特征。在确定等同特征时，应当考虑说明书中描述的各种变型实施例、说明书中不明显排除的内容等因素。

6. 对发明专利申请的检索

6.1 检索的要点

审查员在检索时，要把注意力集中到新颖性上，同时也要注意和创造性有关的现有技术，把那些相互结合后可能使申请的主题不具备创造性的两份或者多份对比文件检索出来。此外，审查员也要注意那些由于其他原因可能是重要的文件。例如，有助于理解申请的主题的文件；或者最适于说明申请的主题，并可能成为审查员要求申请人改写独立权利要求前序部分及说明书的有关部分的最接近的现有技术文件。

在检索时，审查员应当注意现有技术中专利文献的全部内容，尤其是专利文献的说明书（及其附图）的内容，而不应仅将注意力放在权利要求书上，应当将要检索的申请的权利要求书的内容与有关的现有技术中专利文献所公开的内容进行对比。

6.2 检索过程❷

审查员通常根据申请的特点，按照初步检索、常规检索和扩展检索的顺序进行检索，浏览检索结果并对新颖性和创造性进行判断，直到符合本章第 8 节所述的中止检索的条件。

---

❶❷ 该节已根据 2019 年 9 月 23 日公布的国家知识产权局公告第三二八号修改。——编者注

6.2.1 初步检索

审查员应利用申请人、发明人、优先权等信息检索申请的同族申请、母案/分案申请、申请人或发明人提交的与申请的主题所属相同或相近技术领域的其他申请，还可以利用语义检索，以期快速找到可以对申请的主题的新颖性、创造性有影响的对比文件。

6.2.2 常规检索

常规检索是在申请的主题的所属技术领域进行的检索。

所属技术领域是申请的主题所在的主要技术领域，在这些领域中检索，找到密切相关的对比文件的可能性最大。因此，审查员首先应当在这些领域的专利文献中进行检索。

对申请的其他应检索的主题，应当在其所属和相关的技术领域采用类似的方法进行检索。

如果通过本节中的检索，发现确定的技术领域不正确，审查员应当重新确定技术领域，并在该技术领域中进行检索。

6.2.3 扩展检索

扩展检索是在功能类似或应用类似的技术领域进行的检索。

例如，一件申请的独立权利要求限定了一种使用硅基液压油的液压印刷机。发明使用硅基液压油，以解决运动部件的腐蚀问题。如果在液压印刷机所属的技术领域中检索不到对比文件，应当到功能类似的技术领域，如存在运动部件腐蚀问题的一般液压系统所属的领域，或者到应用类似的技术领域，如液压系统的特定应用技术领域，进行扩展检索。

6.3 检索策略[1]

制定检索策略通常包括选择检索系统或数据库、表达基本检索要素、构建检索式和调整检索策略。

在检索过程中，审查员可以随时根据相关文献进行针对引用文献、被引用文献、发明人、申请人的追踪检索，以便找到进一步相关的文献。

6.3.1 选择检索系统或数据库

在选择检索系统/数据库时，审查员一般需要考虑如下因素：

（1）申请的主题的所属技术领域；
（2）预期要检索文件的国别和年代；
（3）检索时拟采用的检索字段和检索系统/数据库能够提供的功能；
（4）申请人、发明人的特点。

6.3.2 表达基本检索要素

基本检索要素的表达形式主要包括：分类号、关键词等。一般地，对于体现申请的主题的基本检索要素应当优先用分类号进行表达。

在用分类号表达时，通常需要根据申请的主题的特点和分类体系的特点，选择使用合适的分类体系。当选择了某一分类体系后，首先使用最准确、最下位的分类号进行检索，但如果同时存在多个非常相关的分类号，也可以一并进行检索。

在用关键词表达时，通常首先使用最基本、最准确的关键词，再逐步从形式上、意义上、角度上三个层次完善关键词的表达。形式上应充分考虑关键词表达的各种形式，如英文的不同词性、单复数词形、常见错误拼写形式等；意义上应充分考虑关键词的各种同义词、近义词、反义词、上下位概念等；角度上应充分考虑说明书中记载的所要解决的技术问题、技术效果等。

6.3.3 构建检索式

审查员可以将同一个基本检索要素的不同表达方式构造成块，结合申请的主题的特点和检索情况，运用逻辑运算符对块进行组合构建检索式。块的组合方式包括全要素组合检索、部分要素组合检索和单要素检索。

6.3.4 调整检索策略

审查员一般需要根据检索结果以及对新颖性和创造性评价的预期方向调整检索策略。

（1）调整基本检索要素的选择

审查员需要根据掌握的现有技术和对发明的进一步理解，改变、增加或减少基本检索要素。

---

[1] 该节已根据 2019 年 9 月 23 日公布的国家知识产权局公告第三二八号修改。——编者注

(2) 调整检索系统/数据库

当审查员在某一检索系统/数据库中没有获得对比文件时，需要根据可以使用的检索字段和功能，以及预期对比文件的特点重新选择检索系统/数据库。

(3) 调整基本检索要素的表达

审查员需要根据检索结果随时调整基本检索要素的表达，例如，调整分类号的表达时，通常首先使用最准确的下位组，再逐步调整到上位组，直至大组，甚至小类，也可以根据检索结果，或者利用分类表内部或之间的关联性发现新的适合的分类号；调整关键词的表达时，通常首先使用最基本、最准确的关键词，再逐步在形式、意义和角度三个层次调整表达。

6.4 抵触申请的检索

6.4.1 基本原则

在对申请发出授予专利权的通知前，抵触申请的检索应当完成到尽可能完善的程度，即应当作到已经全面查阅了当时的检索用专利文献中在本申请的申请日之前提出并在其后公布的专利申请文件和公告的专利文件。

6.4.2 申请满十八个月公布后进入实质审查程序的检索

通常，发明专利申请在其申请日起满十八个月公布，此后进入实质审查程序。对这种情况，审查员在发出第一次审查意见通知书之前所作的检索，应当包括抵触申请的检索。

6.4.3 申请提前公布后进入实质审查程序的检索

发明专利申请提前公布后进入实质审查程序的，审查员在发出第一次审查意见通知书之前，可以初步检索抵触申请。如果对该申请作出审查结论的日期在从该申请的申请日起十八个月之内，审查员可视抵触申请进入检索用专利文献中的情况不断进行抵触申请的补充检索；如果对该申请作出审查结论的日期，在该申请的申请日起满十八个月当天或者之后，审查员应当在满十八个月当天或者之后，在作出审查结论前，进一步进行抵触申请检索。

7. 防止重复授权的检索

在对申请发出授予专利权的通知前，防止重复授权的检索应当完成到尽可能完善的程度，即应当将在中国专利文献中已经有的涉及同样的发明创造的专利申请或者专利文件检索出来。有关同样的发明创造的判断，适用本部分第三章第6节的规定。

8. 中止检索

8.1 检索的限度

从理论上说，任何完善的检索都应当是既全面又彻底的检索。但是从成本的合理性角度考虑，检索要有一定的限度。审查员要随时根据已经检索出的对比文件的数量和质量决定是否应当中止检索。考虑的原则是用于检索的时间、精力和成本与预期可能获得的结果要相称。

在这一原则下，审查员在没有获得对比文件而决定中止检索时，应当至少在最低限度数据库内进行了检索。最低限度数据库一般情况下应当包括中国专利文摘类数据库、中国专利全文类数据库、外文专利文摘类数据库、英文专利全文类数据库以及中国期刊全文数据库。对于一些特定领域的申请，还应当包括该领域专用数据库（例如，化学结构数据库）。必要时可根据领域特点，调整英文全文数据库的范围，或增加其他非专利文献数据库，如标准/协议等。[1]

8.2 可中止检索的几种情况

检索过程中，出现下列情况之一时，审查员可以中止检索：

(1) 审查员已经找到一份与申请的全部主题密切相关的对比文件，并且认为它清楚地公开了申请的全部主题的全部技术特征，或者由它所公开的内容使所属技术领域的技术人员能够得出权利要求书中的全部技术方案，即审查员认为该对比文件单独影响申请的全部主题的新颖性或创造性，构成检索报告中所规定的X类文件或E类文件；

---

[1] 根据2019年9月23日公布的国家知识产权局公告第三二八号，增加该段。——编者注

（2）审查员已经找到两份或者多份与申请的全部主题密切相关的对比文件，并且认为，申请所属技术领域的技术人员能够容易地把它们结合起来，得出权利要求书中的全部技术方案，即审查员认为这些对比文件结合起来影响申请的全部主题的创造性，构成检索报告中所规定的 Y 类文件；

（3）审查员根据其知识和工作经验，认为不可能找到密切相关的对比文件，或者认为预期的结果与需要花费的时间、精力和成本相比十分不相称，不值得继续检索；

（4）审查员从公众提供的材料中，或者从申请人提交的外国为其申请进行检索的资料或者审查结果的资料中，发现了上述（1）或（2）所述的密切相关的对比文件（通常为检索报告中所规定的 X 或 Y 类文件）。

9. 特殊情况的检索

9.1 申请的主题跨领域时的检索

如果申请的主题跨越不同的技术领域，审查员除了在其负责审查的技术领域进行检索外，还应当视情况与负责其他技术领域的审查员商量，决定如何进行进一步检索。

9.2 申请缺乏单一性时的检索

9.2.1 对明显缺乏单一性的申请的检索

审查员在分析研究权利要求书和说明书（及其附图）后，就能判断申请的主题之间缺乏单一性的，可以采取下列方式之一处理申请：

（1）待申请人修改申请并消除缺乏单一性的缺陷后再进行检索；

（2）如果缺乏单一性的两项或者多项独立权利要求的技术方案都属于该审查员负责审查的技术领域，且它们涉及的检索领域非常接近或者在很大程度上重叠，则审查员可以在不增加太多工作量的情况下同时完成对它们检索，这样，在撰写审查意见通知书正文时，既可以指出缺乏单一性的缺陷，又可以对这些独立权利要求作出评价，减少一次审查意见通知书，从而加速审查进程。如果通过检索发现申请中的一项或者几项独立权利要求不具备新颖性或者创造性，那么申请人在收到审查意见通知书之后，就可以删去这样的权利要求，而且不会再对它或者它们提出分案申请，从而避免了一些不必要的工作。此外，通过这样的检索还有可能找到进一步证明申请的主题缺乏单一性的对比文件。

9.2.2 对不明显缺乏单一性的申请的检索

不明显缺乏单一性的申请，是指只有经过检索，才能确定其申请的主题之间缺乏单一性的那些申请。对于这些申请，审查员应当按照下列方式进行检索：

（1）对第一独立权利要求进行检索，若发现它不具备新颖性或者创造性，则按照本部分第六章第 2.2.1 节所述的单一性审查原则，根据已有检索结果判断其余各独立权利要求之间是否缺乏单一性，对缺乏单一性的独立权利要求可以不再进行检索。

（2）如果一件申请中的两项或者多项相互并列的独立权利要求，在发明构思上非常接近，而且其中没有一项独立权利要求需要在其他的技术领域中进行检索，则可以对申请的全部主题进行检索，因为这不会增加太多工作量。

（3）对独立权利要求进行检索，若发现它不具备新颖性或创造性，从而导致其相互并列的从属权利要求之间缺乏单一性，则可参照本章第 9.2.1 节（1）或（2）或者本节（1）或（2）所述的方式处理。

9.3 其他情况的检索

申请的部分主题属于本章第 10 节中列出的情形的，审查员应当对该申请其他不属于这些情形的主题进行检索；申请中其他不属于这些情形的主题之间存在单一性缺陷的，按本章第 9.2 节的规定进行检索。

10. 不必检索的情况

一件申请的全部主题属于下列情形之一的，审查员对该申请不必进行检索：

（1）属于专利法第五条或者第二十五条规定的不授予专利权的情形；

（2）不符合专利法第二条第二款的规定；

（3）不具备实用性；

(4) 说明书和权利要求书未对该申请的主题作出清楚、完整的说明,以致于所属技术领域的技术人员不能实现。

需要注意的是,对于申请的全部主题是否属于上述情形,必要时审查员仍需通过恰当方式了解相关背景技术,以站位于本领域的技术人员做出判断。❶

11. 补充检索

在申请的实质审查过程中,有下列情形之一的,为了获得更适合的对比文件,审查员应当对申请进行补充检索:

(1) 申请人修改了权利要求,原先的检索没有覆盖修改后权利要求请求保护的范围;

(2) 申请人澄清了某些内容,使得原先的检索不完整、不准确;

(3) 第一次审查意见通知书以前的检索不完整或者不准确;

(4) 审查意见的改变使得已经作出的检索不完整或者不准确而需要增加或者改变其检索领域的。

在复审后的继续审查过程中,如果出现上述情形,也应当进行补充检索。

此外,对于本章第 4.2 节(2)中所述的可能构成抵触申请的指定中国的国际专利申请文件,在对申请发出授予专利权的通知之前,应当通过补充检索查看其是否进入了中国国家阶段并作出了中文公布。

12. 检索报告

检索报告用于记载检索的结果,特别是记载构成相关现有技术的文件,以及与检索过程有关的检索记录信息。检索报告采用专利局规定的表格。审查员应当在检索报告中清楚地记载检索到最接近的现有技术的主要检索式,包括检索的数据库以及在该数据库中执行的检索表达式(包括基本检索要素表达形式和逻辑运算符),准确列出由检索获得的对比文件以及对比文件与申请主题的相关程度,并且应当按照检索报告表格的要求完整地填写其他各项。❷

在检索报告中,审查员采用下列符号来表示对比文件与权利要求的关系:

X:单独影响权利要求的新颖性或创造性的文件;

Y:与检索报告中其他 Y 类文件组合后影响权利要求的创造性的文件;

A:背景技术文件,即反映权利要求的部分技术特征或者有关的现有技术的文件;

R:任何单位或个人在申请日向专利局提交的、属于同样的发明创造的专利或专利申请文件;

P:中间文件,其公开日在申请的申请日与所要求的优先权日之间的文件,或者会导致需要核实该申请优先权的文件;

E:单独影响权利要求新颖性的抵触申请文件。

上述类型的文件中,符号 X、Y 和 A 表示对比文件与申请的权利要求在内容上的相关程度;符号 R 和 E 同时表示对比文件与申请在时间上的关系和在内容上的相关程度;而符号 P 表示对比文件与申请在时间上的关系,其后应附带标明文件内容相关程度的符号 X、Y、E 或 A,它属于在未核实优先权的情况下所作的标记。

一项权利要求中包括几个并列的技术方案,而一份对比文件与这些技术方案的相关程度各不相同的,审查员在检索报告中应当用表示其中最高相关程度的符号来标注该对比文件。

除上述类型的文献外,审查意见通知书中引用的其他文献也应当填写在检索报告中,但不填写文献类型和/或所涉及的权利要求。

第八章 实质审查程序

1. 引 言

根据专利法第三十五条的规定,专利局对发明专利申请进行实质审查。

对发明专利申请进行实质审查的目的在于确定发明专利申请是否应当被授予专利权,特别是确定其是否符合专利法有关新颖性、创造

---

❶ 根据 2019 年 9 月 23 日公布的国家知识产权局公告第三二八号,增加该段。——编者注

❷ 该段已根据 2019 年 9 月 23 日公布的国家知识产权局公告第三二八号修改。——编者注

性和实用性的规定。

根据专利法第三十五条第一款的规定,实质审查程序通常由申请人提出请求后启动。根据该条第二款的规定,实质审查程序也可以由专利局启动。

根据专利法第三十九条的规定,发明专利申请经实质审查没有发现驳回理由的,专利局应当作出授予发明专利权的决定。

根据专利法第三十八条的规定,在实质审查中,发明专利申请经申请人陈述意见或者进行修改后,专利局认为仍然不符合专利法规定,即仍然存在属于专利法实施细则第五十三条规定情形的缺陷的,应当予以驳回。

根据专利法第三十二条的规定,申请人可以在被授予专利权之前随时撤回其专利申请。专利法第三十六条第二款、第三十七条以及专利法实施细则第四十二条第二款还规定了在实质审查程序中专利申请被视为撤回的情形。

本章所说的实质审查,是指中国发明专利申请的实质审查。对于进入中国国家阶段的国际申请的实质审查,在本指南第三部分第二章"进入国家阶段的国际申请的实质审查"中有具体规定的,适用该章规定;无具体规定的,适用本章的规定。

2. 实质审查程序及其基本原则

2.1　实质审查程序概要

在发明专利申请的实质审查程序中可能发生的行为如下:

(1) 对发明专利申请进行实质审查后,审查员认为该申请不符合专利法及其实施细则的有关规定的,应当通知申请人,要求其在指定的期限内陈述意见或者对其申请进行修改;审查员发出通知书(审查意见通知书、分案通知书或提交资料通知书等)和申请人的答复可能反复多次,直到申请被授予专利权、被驳回、被撤回或者被视为撤回;

(2) 对经实质审查没有发现驳回理由,或者经申请人陈述意见或修改后消除了原有缺陷的专利申请,审查员应当发出授予发明专利权的通知书;

(3) 专利申请经申请人陈述意见或者修改后,仍然存在通知书中指出过的属于专利法实施细则第五十三条所列情形的缺陷的,审查员应当予以驳回;

(4) 申请人无正当理由对审查意见通知书、分案通知书或者提交资料通知书等逾期不答复的,审查员应当发出申请被视为撤回通知书。

此外,根据需要,审查员还可以按照本指南的规定在实质审查程序中采用会晤、电话讨论和现场调查等辅助手段。

2.2　实质审查程序中的基本原则

(1) 请求原则

除专利法及其实施细则另有规定外,实质审查程序只有在申请人提出实质审查请求的前提下才能启动。审查员只能根据申请人依法正式呈请审查(包括提出申请时、依法提出修改时或者答复审查意见通知书时)的申请文件进行审查。

(2) 听证原则

在实质审查过程中,审查员在作出驳回决定之前,应当给申请人提供至少一次针对驳回所依据的事实、理由和证据陈述意见和/或修改申请文件的机会,即审查员作出驳回决定时,驳回所依据的事实、理由和证据应当在之前的审查意见通知书中已经告知过申请人。

(3) 程序节约原则

在对发明专利申请进行实质审查时,审查员应当尽可能地缩短审查过程。换言之,审查员要设法尽早地结案。因此,除非确认申请根本没有被授权的前景,审查员应当在第一次审查意见通知书中,将申请中不符合专利法及其实施细则规定的所有问题通知申请人,要求其在指定期限内对所有问题给予答复,尽量地减少与申请人通信的次数,以节约程序。

但是,审查员应当注意,不得以节约程序为理由而违反请求原则和听证原则。

3. 申请文件的核查与实审准备❶

3.1　核对申请的国际专利分类号

审查员接到申请案后,不管近期是否进行

---

❶ 根据2019年9月23日公布的国家知识产权局公告第三二八号,删除其中的第3.4节。——编者注

审查，都应当首先核对申请的国际专利分类号。

审查员认为申请不属于自己负责审查的分类范围的，应当根据专利分类协调的规定及时处理，以免延误审查。

审查员认为分类号不确切，但仍属于自己负责审查的范围的，应当自行改正分类号。

3.2 查对申请文档

审查员对属于自己负责审查的分类范围的申请案，或者调配给自己的申请案，不管近期是否进行审查，都应当及时查对申请文档。对于应由其他部门处理的手续文件以及与实质审查无关的其他文件，审查员应当及时转交相应的部门，以免延误。

3.2.1 查对启动程序的依据

审查员应当查对申请文档中是否有实质审查请求书，其提交的时间是否在自申请日起三年之内（分案申请参见本指南第一部分第一章第5.1.2节），是否有发明专利申请公布及进入实质审查程序通知书；专利局决定自行对发明专利申请进行实质审查的，是否有经局长签署的通知书和已经通知申请人的记录。

3.2.2 查对申请文件

审查员应当查对实质审查所需要的文件（包括原始申请文件及公布的申请文件，如果申请人对申请文件进行了主动修改或在初审期间应专利局的要求作过修改，还应当包括经修改的申请文件）是否齐全。

3.2.3 查对涉及优先权的资料

申请人要求外国优先权的，审查员应当查对申请文档中是否有要求优先权声明以及经受理在先申请的国家或者政府间组织的主管部门出具的在先申请文件的副本；申请人要求本国优先权的，审查员应当查对申请文档中是否有要求优先权声明以及在中国第一次提出的专利申请文件的副本。

3.2.4 查对其他有关文件

发明已在外国提出过专利申请的，审查员应当查对申请文档中是否有申请人提交的该国为审查其申请进行检索的资料或者审查结果的资料。

3.2.5 申请文档存在缺陷时的处理

审查员如果发现申请文档中缺少上述第3.2.1节至3.2.3节中任何一项所述的依据、文件或资料，或者某些文件不符合专利法及其实施细则的规定，应当将申请案返回流程管理部门并且说明理由。审查员如果发现申请文档中缺少上述第3.2.4节所述的资料，而且确信申请人已获得这样的资料，可以填写提交资料通知书，要求申请人在指定的两个月期限内提交有关资料；申请人无正当理由逾期不提交的，该申请被视为撤回。

此外，在实质审查前，审查员最好能初阅申请文件，查看是否需要申请人提交有关的参考资料，如果需要，可填写提交资料通知书，通知申请人在指定的两个月期限内提交。提前做好此项工作，有利于加快审查程序。

3.3 建立个人审查档案

审查员查对申请文档之后，应当着手建立个人审查档案，记载本人审查的案件的重要数据，并在此后的审查过程中补充有关信息，以便随时掌握各申请案的审查过程及其基本情况。

4. 实质审查

4.1 审查的文本

审查员首次审查所针对的文本通常是申请人按照专利法及其实施细则规定提交的原始申请文件或者应专利局初步审查部门要求补正后的文件。

申请人在提出实质审查请求时，或者在收到专利局发出的发明专利申请进入实质审查阶段通知书之日起的三个月内，对发明专利申请进行了主动修改的，无论修改的内容是否超出原说明书和权利要求书记载的范围，均应当以申请人提交的经过该主动修改的申请文件作为审查文本。

申请人在上述规定期间内多次对申请文件进行了主动修改的，应当以最后一次提交的申请文件为审查文本。申请人在上述规定以外的时间对申请文件进行的主动修改，一般不予接受，其提交的经修改的申请文件，不应作为审查文本。审查员应当在审查意见通知书中告知此修改文本不作为审查文本的理由，并以之前的能够接受的文本作为审查文本。如果申请人进行的修改不符合专利法实施细则第五十一条第一款的规定，但审查员在阅读该经修改的文件后认为其消除了原申请文件存在的应当消除的缺陷，又符合专利法第三十三条的规定，且在该修改文本的基础上进行审查将有利于节约审查程序，则可以接受该经修改的申请文件作为审查文本。

4.2 阅读申请文件并理解发明❶

审查员在开始实质审查后，首先要仔细阅读申请文件，并充分了解背景技术整体状况，力求准确地理解发明。重点在于了解发明所要解决的技术问题，理解解决所述技术问题的技术方案和该技术方案所能带来的技术效果，并且明确该技术方案的全部必要技术特征，特别是其中区别于背景技术的特征，进而明确发明相对于背景技术所作出的改进。审查员在阅读和理解发明时，可以作必要的记录，便于进一步审查。

4.3 不必检索即可发出审查意见通知书的情况

专利申请的全部主题明显属于本部分第七章第10节情形的，审查员不必检索即可发出第一次审查意见通知书。

应当指出的是，如果申请中只有部分主题属于上述情形，而其他主题不属于上述情形，则应当对不属于上述情形的其他主题进行检索后再发出第一次审查意见通知书。

4.4 对缺乏单一性申请的处理

专利申请缺乏单一性的缺陷有时是明显的，有时要通过检索与审查后才能确定。缺乏单一性的缺陷既可能存在于相互并列的独立权利要求之间，也可能因所引用的独立权利要求不具备新颖性或创造性而存在于相互并列的从属权利要求之间，还可能存在于一项权利要求的多个并列技术方案之间。

对于缺乏单一性的申请，审查员可以采用下述之一的方法进行处理。

（1）先通知申请人修改

审查员在阅读申请文件时，立即能判断出申请的主题之间明显缺乏单一性的，可以暂缓进行检索（参见本部分第七章第9.2.1节（1）），先向申请人发出分案通知书，通知申请人在指定的两个月期限内对其申请进行修改。

（2）检索后再通知申请人修改

检索后才能确定申请的主题之间缺乏单一性的，审查员可以视情况决定是暂缓进一步检索和审查还是继续进一步检索和审查（参见本部分第七章第9.2.2节）：

如果经检索和审查后认为第一独立权利要求或者其从属权利要求具有被授权的前景，而其他独立权利要求与该有授权前景的权利要求之间缺乏单一性，则审查员可以暂缓对其他独立权利要求的检索和审查，并且在第一次审查意见通知书中只针对第一独立权利要求或者其从属权利要求提出审查意见，同时要求申请人删除或者修改缺乏单一性的其他权利要求，以克服申请缺乏单一性的缺陷。

如果经检索和审查后确认第一独立权利要求和其从属权利要求没有授权前景，而其他的独立权利要求之间缺乏单一性，审查员可以暂缓对其他独立权利要求的检索和审查，在第一次审查意见通知书中指出第一独立权利要求和其从属权利要求没有授权前景的同时，指出该专利申请缺乏单一性的缺陷；也可以继续检索和审查其他独立权利要求，尤其是当检索领域非常接近或者在很大程度上重叠时，并在第一次审查意见通知书中，同时指出单一性缺陷和其他缺陷（参见本部分第七章第9.2.2节（1）或（2））。

如果申请人按照第一次审查意见通知书的要求，对申请进行了符合本章第5.2节规定的修改，且权利要求书已不存在缺乏单一性的缺陷，审查员应当对该权利要求书继续进行审查。

对于因独立权利要求不具备新颖性或创造性而导致其相互并列的从属权利要求之间缺乏单一性的情况，参照上述（1）或（2）的方式处理。

---

❶ 该节已根据2019年9月23日公布的国家知识产权局公告第三二八号修改。——编者注

应当注意的是，有时申请的主题之间虽然缺乏单一性，特别是因独立权利要求不具备新颖性或创造性而导致其相互并列的从属权利要求之间缺乏单一性，但是它们所对应的检索领域非常接近，或者在很大程度上是重叠的，在这种情况下，审查员最好一并检索和审查这些权利要求，在审查意见通知书中指出这些权利要求不符合专利法及其实施细则的其他规定的缺陷，同时指出申请缺乏单一性的缺陷，以利于节约审查程序（参见本部分第七章第9.2.1节（2））。

无论申请属于上述第（1）、（2）项中的哪一种情形，申请人都应当在指定的期限内，对其申请进行修改，例如对权利要求书进行限制，以克服单一性缺陷。申请人期满不答复的，该申请被视为撤回。

申请人在答复中对审查员关于申请缺乏单一性的论点提出了反对意见，审查员认为反对意见成立，或者申请人修改了权利要求书并克服了单一性缺陷的，申请的审查程序应当继续进行；反对意见不成立，或者未消除单一性缺陷的，审查员可以根据专利法第三十八条的有关规定驳回该申请。

4.5 检索

每一件发明专利申请在被授予专利权之前都应当进行检索。如何确定检索的技术领域及如何进行检索，参见本部分第七章的内容。

4.6 优先权的核实

4.6.1 需要核实优先权的情况

审查员应当在检索后确定是否需要核实优先权。当检索得到的所有对比文件的公开日都早于申请人所要求的优先权日时，不必核实优先权。出现下列情形之一时，需要核实优先权：

（1）对比文件公开了与申请的主题相同或密切相关的内容，而且对比文件的公开日在申请日和所要求的优先权日之间，即该对比文件构成PX或PY类文件；

（2）任何单位或者个人在专利局的申请所公开的内容与申请的全部主题相同，或者与部分主题相同，前者的申请日在后者的申请日和所要求的优先权日之间，而前者的公布或公告日在后者的申请日或申请日之后，即任何单位或者个人在专利局的申请构成PE类文件；

（3）任何单位或者个人在专利局的申请所公开的内容与申请的全部主题相同，或者与部分主题相同，前者所要求的优先权日在后者的申请日和所要求的优先权日之间，而前者的公布或公告日在后者的申请日或申请日之后，即任何单位或者个人在专利局的申请构成PE类文件。

对于第（3）种情形，应当首先核实所审查的申请的优先权；当所审查的申请不能享有优先权时，还应当核实作为对比文件的任何单位或个人在专利局的申请的优先权。

4.6.2 优先权核实的一般原则

一般来说，核实优先权是指核查申请人要求的优先权是否能依照专利法第二十九条的规定成立。为此，审查员应当在初步审查部门审查的基础上（参见本指南第一部分第一章第6.2节）核实：

（1）作为要求优先权的基础的在先申请是否涉及与要求优先权的在后申请相同的主题；

（2）该在先申请是否是记载了同一主题的首次申请；

（3）在后申请的申请日是否在在先申请的申请日起十二个月内。

进行上述第（1）项核实，即判断在后申请中各项权利要求所述的技术方案是否清楚地记载在上述在先申请的文件（说明书和权利要求书，不包括摘要）中。为此，审查员应当把在先申请作为一个整体进行分析研究，只要在先申请文件清楚地记载了在后申请权利要求所述的技术方案，就应当认定该在先申请与在后申请涉及相同的主题。审查员不得以在先申请的权利要求书中没有包含该技术方案为理由，而拒绝给予优先权。

所谓清楚地记载，并不要求在叙述方式上完全一致，只要阐明了申请的权利要求所述的技术方案即可。但是，如果在先申请对上述技术方案中某一或者某些技术特征只作了笼统或者含糊的阐述，甚至仅仅只有暗示，而要求优先权的申请增加了对这一或者这些技术特征的详细叙述，以致于所属技术领域的技术人员认为该技术方案不能从在先申请中直接和毫无疑义地得出，则该在先申请不能作为在后申请要求优先权的基础。

在某些情况下，应当对上述第（2）项进行核实。例如，一件申请 A 以申请人的另一件在先申请 B 为基础要求优先权，在对申请 A 进行检索时审查员找到了该申请人的又一件在申请 A 的申请日和优先权日之间公布的专利申请文件或公告的专利文件 C，文件 C 中已公开了申请 A 的主题，且文件 C 的申请日早于申请 A 的优先权日，即早于申请 B 的申请日，因此可以确定在先申请 B 并不是该申请人提出的记载了申请 A 的相同主题的首次申请，因此申请 A 不能要求以在先申请 B 的申请日为优先权日。

4.6.2.1 部分优先权的核实

由于对在先申请中的发明作进一步的改进或者完善，申请人在其在后申请中，可能会增加在先申请中没有的技术方案。在这种情况下，审查员在核实优先权时，不能以在后申请增加内容为理由断定优先权要求不成立，而应当对在后申请中被在先申请清楚记载过的相同主题给予优先权，即给予部分优先权。具体地说，在在后申请中，其技术方案已在在先申请中清楚记载的权利要求可以享有优先权；而其技术方案未在在先申请中记载的权利要求则不能享有优先权，应当视为是在在后申请的申请日提出的。就整个申请而言，这种情况称为部分优先权，即该申请的部分主题享有优先权，也就是说部分权利要求所限定的技术方案享有优先权。

4.6.2.2 多项优先权的核实

如果一件具有单一性的专利申请要求了多项优先权，审查员在核实优先权时，应当检查该申请的权利要求书中所反映的各种技术方案，是否分别在作为优先权基础的多件外国或者本国的专利申请中已有清楚的记载。此外，审查员还要核实所有的在先申请的申请日是否都在在后申请的优先权期限之内。满足上述两个条件的，在后申请的多项优先权成立，并且其记载上述各种技术方案的各项权利要求具有不同的优先权日。如果某些权利要求不满足上述条件，但其他权利要求满足上述条件，则不满足上述条件的那些权利要求的优先权不能成立，而满足上述条件的其他权利要求的优先权成立。

如果作为优先权基础的多件外国或者本国的专利申请，分别记载了不同的技术特征，而在后申请的权利要求是这些特征的组合，则多项优先权不能成立。

4.6.3 优先权核实后的处理程序

经核实，申请的优先权不成立的，审查员应当在审查意见通知书中说明优先权不成立的理由，并以新确定的优先权日（在没有其他优先权时，以申请日）为基础，进行后续审查。在该申请被授予专利权时，审查员应当在著录项目变更通知单中对其优先权作出变更。

4.7 全面审查

为节约程序，审查员通常应当在发出第一次审查意见通知书之前对专利申请进行全面审查，即审查申请是否符合专利法及其实施细则有关实质方面和形式方面的所有规定。

审查的重点是说明书和全部权利要求是否存在专利法实施细则第五十三条所列的情形。一般情况下，首先审查申请的主题是否属于专利法第五条、第二十五条规定的不授予专利权的情形；是否符合专利法第二条第二款的规定；是否具有专利法第二十二条第四款所规定的实用性；说明书是否按照专利法第二十六条第三款的要求充分公开了请求保护的主题。然后审查权利要求所限定的技术方案是否具备专利法第二十二条第二款和第三款规定的新颖性和创造性；权利要求书是否按照专利法第二十六条第四款的规定，以说明书为依据，清楚、简要地限定要求专利保护的范围；独立权利要求是否表述了一个解决技术问题的完整的技术方案。在进行上述审查的过程中，还应当审查权利要求书是否存在缺乏单一性的缺陷；申请的修改是否符合专利法第三十三条及实施细则第五十一条的规定；分案申请是否符合专利法实施细则第四十三条第一款的规定；对于依赖遗传资源完成的发明创造，还需审查申请文件是否符合专利法第二十六条第五款的规定。

如果审查员有理由认为申请所涉及的发明是在中国完成，且向外国申请专利之前未报经专利局进行保密审查，应当审查申请是否符合专利法第二十条的规定。

申请不存在专利法实施细则第五十三条所列情形，或者虽然存在专利法实施细则第五十三条所列情形的实质性缺陷但经修改后仍有授权前景的，为节约程序，审查员应当一并审查其是否符合专利法及其实施细则的其他所有规定。

审查员在检索之后已经确切地理解了请求保护的主题及其对现有技术作出的贡献的，这一阶段的主要工作是根据检索结果对上述审查重点作出肯定或者否定的判断。

4.7.1 审查权利要求书

根据专利法第二十六条第四款的规定，权利要求书应当以说明书为依据，清楚、简要地限定要求专利保护的范围。根据专利法第五十九条第一款的规定，专利权的保护范围以其权利要求的内容为准。因此，实质审查应当围绕权利要求书，特别是独立权利要求进行。

一般情况下，在确定申请的主题不属于专利法第五条、第二十五条规定的不授予专利权的情形，符合专利法第二条第二款的规定，具有专利法第二十二条第四款所规定的实用性，且说明书充分公开了请求保护的主题后，应当对权利要求书进行下述审查。

（1）按照本部分第三章和第四章的规定审查独立权利要求是否具备新颖性和创造性。

如果经审查认为独立权利要求不具备新颖性或创造性，则应当进一步审查从属权利要求是否具备新颖性和创造性。如果经审查认为全部独立权利要求和从属权利要求均不具备新颖性或创造性，则对权利要求书不必再继续进行审查。

如果经审查认为独立权利要求具备新颖性和创造性，或者虽然独立权利要求不具备新颖性或创造性，但是从属权利要求具备新颖性和创造性，则该申请有被授予专利权的前景，审查员应当遵循程序节约的原则，对权利要求书进行下述第（2）至第（7）项的审查。

（2）审查权利要求书中的全部权利要求是否得到说明书（及其附图）的支持，以及是否清楚、简要地限定要求专利保护的范围。

（3）审查独立权利要求是否表述了一个针对发明所要解决的技术问题的完整的技术方案。判断独立权利要求的技术方案是否完整的关键，在于查看独立权利要求是否记载了解决上述技术问题的全部必要技术特征。

（4）审查从属权利要求是否符合专利法实施细则第二十条第三款及第二十二条的规定。

（5）审查一项发明是否只有一个独立权利要求，并且该独立权利要求写在同一发明的从属权利要求之前。

（6）审查权利要求书中的技术术语（科技术语）是否符合专利法实施细则第三条第一款的规定，是否与说明书中使用的技术术语一致。

（7）如果检索出任何单位或个人在同一申请日向专利局提交的属于同样的发明创造的对比文件，应当注意避免对相同权利要求的重复授权。有关同样的发明创造的处理方式，适用本部分第三章第6节的规定。如果两件或两件以上的发明专利申请涉及同样的发明创造，则应当由同一审查员进行审查，原则上由最先提出转案要求的审查员审查。

需要说明的是，对于某些申请，由于存在例如权利要求不清楚等问题，而导致审查员无法先审查该申请权利要求的新颖性和创造性，则应当先就这些问题进行审查。同时审查员也可以根据对说明书的理解，就说明书中的技术方案给出有关新颖性或创造性的审查意见，供申请人参考。

4.7.2 审查说明书和摘要

说明书（及其附图）应当清楚、完整地公开发明，使所属技术领域的技术人员能够实现。同时，说明书作为权利要求书的依据，在确定专利权的保护范围时，用于解释权利要求的内容。

对于说明书（及其附图），审查员应当审查下列内容：

（1）说明书（及其附图）是否清楚、完整

地公开了发明,使所属技术领域的技术人员能够实现;说明书中记载的技术方案能否解决发明的技术问题并取得预期的有益效果(参见本部分第二章第 2.1 节);

(2) 各权利要求的技术方案所表述的请求保护的范围能否在说明书中找到根据,且说明书中发明内容部分所述的技术方案与权利要求所限定的相应技术方案的表述是否一致;

(3) 说明书是否包含专利法实施细则第十七条规定的相关内容,是否按照规定的方式和顺序撰写,并且用词规范、语句清楚(参见本部分第二章第 2.2 节)。

如果发明的性质使采用其他方式或者顺序撰写说明书能节约篇幅并有利于他人准确地理解发明,则根据专利法实施细则第十七条第二款的规定,这种撰写也是允许的。

专利申请包含一个或多个核苷酸或氨基酸序列的,应当审查说明书是否包括符合规定的序列表。

对于有附图的申请,应当审查附图是否符合专利法实施细则第十八条的规定(参见本部分第二章第 2.3 节)。

在不需要附图的申请中,其说明书可以不包括专利法实施细则第十七条第一款第(四)项的内容。

另外,审查员还应当审查说明书中所用的科技术语是否规范;外国人名、地名和科技术语尚无标准中文译文的,是否注明了原文等。

审查员还应当重视对说明书摘要的审查。对于说明书摘要的审查,适用本部分第二章第 2.4 节的规定。

审查员按照本章第 4.7.1 节(1)进行审查后,如果认为全部权利要求都不具备新颖性或创造性,则应当注意说明书中是否记载了与原独立权利要求属于同一个总的发明构思且具备新颖性和创造性的其他技术方案,以便确定申请属于本章第 4.10.2.2 节中所列的第(3)种情形还是第(4)种情形。

4.7.3 审查其他申请文件

对于依赖遗传资源完成的发明创造,审查员还应当审查申请人是否提交了专利局制定的遗传资源来源披露登记表,该遗传资源来源披露登记表中是否说明了该遗传资源的直接来源和原始来源;对于未说明原始来源的,是否说明了理由。

4.8 不全面审查的情况

对于一件发明专利申请,通常应当按照本章第 4.7 节的要求进行全面审查,以节约程序。

但是,申请文件存在严重不符合专利法及其实施细则规定的缺陷的,即存在专利法实施细则第五十三条所列情形的缺陷,并且该申请不可能被授予专利权的,审查员可以对该申请不作全面审查,在审查意见通知书中仅指出对审查结论起主导作用的实质缺陷即可,此时指出其次要的缺陷和/或形式方面的缺陷是没有实际意义的。

4.9 对公众意见的处理

任何人对不符合专利法规定的发明专利申请向专利局提出的意见,应当存入该申请文档中供审查员在实质审查时考虑。如果公众的意见是在审查员发出授予专利权的通知之后收到的,就不必考虑。专利局对公众意见的处理情况,不必通知提出意见的公众。

4.10 第一次审查意见通知书

4.10.1 总的要求

审查员对申请进行实质审查后,通常以审查意见通知书的形式,将审查的意见和倾向性结论通知申请人。

在审查意见通知书正文中,审查员必须根据专利法及其实施细则具体阐述审查的意见。审查的意见应当明确、具体,使申请人能够清楚地了解其申请存在的问题。

在任何情况下,审查的意见都应当说明理由,明确结论,并引用专利法或专利法实施细则的相关条款,但不应当写入带有个人感情色彩的词语。为了使申请人尽快地作出符合要求的修改,必要时审查员可以提出修改的建议供申请人修改时参考。如果申请人接受审查员的建议,应当正式提交经过修改的文件,审查员在通知书中提出的修改建议不能作为进一步审查的文本。

为了加快审查程序,应当尽可能减少审查

意见通知书的次数。因此，除该申请因存在严重实质性缺陷而无授权前景（例如本章第4.3节、第4.8节的情况）或者审查员因申请缺乏单一性而暂缓继续审查之外，第一次审查意见通知书应当写明审查员对申请的实质方面和形式方面的全部意见。此外，在审查文本不符合专利法第三十三条规定的情况下，审查员也可以针对审查文本之外的其他文本提出审查意见，供申请人参考。

4.10.2 组成部分和要求

第一次审查意见通知书应当包括标准表格和通知书正文。审查意见通知书中引用对比文件的，视情况，还应当包括对比文件的复制件。

4.10.2.1 标准表格

审查员应当按照要求完整地填写标准表格中的各项内容，尤其要注意确认和填写审查依据的文本，该审查依据的文本应当是依据本章第4.1节的规定确认的审查文本，在审查意见通知书正文中对其提出参考性的审查意见的文本不在该表格中填写。申请人有两个以上的，应当写明全部申请人或其代表人。

在标准表格的引用对比文件一项中，审查员应当按照下列要求填写。

（1）对比文件为专利文献（指专利说明书或者专利申请公开说明书）的，应当按照"巴黎联盟专利局间情报检索国际合作委员会"（ICIREPAT）的规定，写明国别代码、文献号和文献类别；此外，还应注明这些文献的公开日期；对于抵触申请还应注明其申请日。

例如：文献名称　　　　　　公开日
　　　CN1161293A　　　1997.10.8
　　　US4243128A　　　1981.1.6
　　　JP昭59-144825（A）　1984.8.20

（2）对比文件为期刊中的文章的，应当写明文章的名称、作者姓名、期刊名称、期刊卷号、相关内容的起止页数、出版日期等。

例如："激光两坐标测量仪"，中国计量科学研究院激光两坐标测量仪研制小组，计量学报，第1卷第2期，第84～85页，1980年4月。

（3）对比文件为书籍的，应当写明书名、作者姓名、相关内容的起止页数、出版社名称及出版日期。

例如："气体放电"，杨津基，第258～260页，科学出版社，1983年10月。

4.10.2.2 审查意见通知书正文

根据申请的具体情况和检索结果，通知书正文可以按照如下几种方式撰写。

（1）申请属于本章第4.3节所述的不必检索即可发出审查意见通知书的情形的，通知书正文只需指出主要问题并说明理由，而不必指出任何其他缺陷，最后指出因申请属于专利法实施细则第五十三条所列的某种驳回情形，将根据专利法第三十八条驳回申请。

（2）申请虽然可以被授予专利权，但还存在某些不重要的缺陷的，为了加快审查程序，审查员可以在通知书中提出具体的修改建议，或者直接在作为通知书附件的申请文件复制件上进行建议性修改，并在通知书正文中说明建议的理由，然后指出，如果申请人同意审查员建议的修改，应当正式提交修改的文件或者替换页。

（3）申请虽然可以被授予专利权，但还存在较严重的缺陷，而且这些缺陷既涉及权利要求书，又涉及说明书的，通知书正文应当按照审查意见的重要性的顺序来撰写。通常，首先阐述对独立权利要求的审查意见；其次是对从属权利要求的审查意见；再次是对说明书（及其附图）和说明书摘要的审查意见。对说明书的审查意见，可以按照专利法实施细则第十七条规定的顺序加以陈述。

独立权利要求必须进行修改的，通常应当要求申请人对说明书的有关部分作相应的修改。此外，如果审查员检索到比申请人在说明书中引证的对比文件更相关的对比文件，则在通知书正文中，应当要求申请人对说明书背景技术部分和其他相关部分作相应的修改。

对于改进型发明，审查员如果检索到一份与发明最接近的对比文件，使原先用作独立权利要求划界所依据的对比文件显然不适合，则应当要求申请人对独立权利要求重新划界。在这种情况下，通知书正文还应当详细说明根据引用的这份对比文件如何划界，并要求申请人对说明书进行相应的修改，例如在说明书的背景技术部分对该对比文件公开的内容作客观的评述。

如果说明书中没有明确记载或者仅仅笼统地记载了发明所要解决的技术问题，但审查员通过阅读整个说明书的内容，能够理解出发明所要解决的技术问题，并据此进行了检索和实质审查，那么审查员应当在通知书正文一开始就明确指出其认定的发明所要解决的技术问题。

（4）申请由于不具备新颖性或创造性而不可能被授予专利权的，审查员在通知书正文中，必须对每项权利要求的新颖性或者创造性提出反对意见，首先对独立权利要求进行评述，然后对从属权利要求——评述。但是，在权利要求较多或者反对意见的理由相同的情况下，也可以将从属权利要求分组加以评述；最后还应当指出说明书中也没有可以取得专利权的实质内容。

在此种情况下，审查员在通知书正文中不必指出次要的缺陷和形式方面的缺陷，也不必要求申请人作任何修改。

审查员在审查意见通知书中依据所引用的对比文件的某部分提出意见的，应当指出对比文件中相关的具体段落或者附图的图号及附图中零部件的标记。

如何根据专利法第二十二条有关新颖性和创造性的规定，对权利要求及说明书的内容提出审查意见并说明理由，请参见本部分第三章和第四章的有关内容。

审查员在审查意见通知书中引用的本领域的公知常识应当是确凿的，如果申请人对审查员引用的公知常识提出异议，审查员应当能够提供相应的证据予以证明或说明理由。在审查意见通知书中，审查员将权利要求中对技术问题的解决作出贡献的技术特征认定为公知常识时，通常应当提供证据予以证明。❶

（5）申请属于本章第4.4节（1）中所述的明显缺乏单一性的情形的，审查员可发出分案通知书，要求申请人修改申请文件，并明确告之待申请克服单一性缺陷后再进行审查；申请属于本章第4.4节（2）中所述的情形的，审查员在审查意见通知书正文中阐述具体审查意见的同时，还应当指出申请包含的几项发明不符合专利法第三十一条第一款有关单一性的规定。审查员检索后发现独立权利要求不具备新颖性或创造性，从而导致发明专利申请缺乏单一性的，应当根据本章第4.4节的规定，决定是否继续审查。

4.10.2.3 对比文件的复制件

审查意见通知书中引用的对比文件，应复制一份放入申请案卷中。当引用的对比文件篇幅较长时，只需复制其中与审查意见通知书正文相关的部分。此外，对比文件的复制件上应当有清楚的标记，表明其来源及公开日，尤其是对比文件引自期刊或者书籍的，更需要包含上述标记。

4.10.3 答复期限

在审查意见通知书中，审查员应当指定答复期限。该期限由审查员考虑与申请有关的因素后确定。这些因素包括：审查意见的数量和性质；申请可能进行修改的工作量和复杂程度等。答复第一次审查意见通知书的期限为四个月。

4.10.4 签 署

审查意见通知书应当由负责审查的审查员盖章。如果审查意见通知书是由实习审查员起草的，应当由实习审查员和负责指导其审查的审查员共同盖章。

4.11 继续审查

在申请人答复第一次审查意见通知书之后，审查员应当对申请继续进行审查，考虑申请人陈述的意见和/或对申请文件作出的修改。审查员应当在审查程序的各阶段，使用相同的审查标准。

在继续审查前，审查员应当核实答复文件中的申请号、申请人、专利代理机构及代理人、发明名称等事项，以避免差错。

---

❶ 该段已根据2019年9月23日公布的国家知识产权局公告第三二八号修改。——编者注

如果审查员在撰写第一次审查意见通知书之前，已对申请进行了全面审查，则在继续审查阶段应当把注意力集中在申请人对通知书正文中提出的各审查意见的反应上，特别应当注意申请人针对全部或者部分审查意见进行争辩时所陈述的理由和提交的证据。如果申请人同时提交了经修改的说明书和/或权利要求书，审查员首先应当按照专利法第三十三条和专利法实施细则第五十一条第三款的规定，分别审查修改是否超出原说明书和权利要求书记载的范围以及修改是否按照审查意见通知书要求进行（参见本章第5.2节）；如果修改符合上述规定，再进一步审查经过修改的申请是否克服了审查意见通知书中所指出的缺陷，是否出现了新的不符合专利法及其实施细则有关规定的缺陷，尤其是审查新修改的独立权利要求是否符合专利法第二十二条的规定，从而确定该经修改的申请是否可以被授予专利权。

4.11.1　对申请继续审查后的处理

审查员继续审查申请后，视不同情况，可对申请作如下不同的处理。

（1）申请人根据审查员的意见，对申请作了修改，消除了可能导致被驳回的缺陷，使修改后的申请有可能被授予专利权的，如果申请仍存在某些缺陷，则审查员应当再次通知申请人消除这些缺陷，必要时，还可以通过与申请人会晤、电话讨论及其他方式（参见本章第4.12节和第4.13节）加速审查。但是，除审查员对明显错误进行依职权修改（参见本章第5.2.4.2和第6.2.2节）的情况外，不论采用什么方式提出修改意见，都必须以申请人正式提交的书面修改文件为依据。❶

（2）申请经申请人陈述意见或者进行修改后，仍然存在原审查意见通知书中指出过的、属于专利法实施细则第五十三条规定情形的缺陷的，在符合听证原则的前提下，审查员可以作出驳回申请的决定。

（3）申请经过修改或者申请人陈述意见后已经符合专利法及其实施细则的规定的，审查员应当发出授予发明专利权通知书。

4.11.2　补充检索

在继续审查（包括复审后的审查）中，必要时，审查员应当进行补充检索。例如，在阅读申请人的答复之后，审查员意识到，原先对发明的理解不够准确，从而影响了检索的全面性；或者由于申请人对申请文件进行了修改，需要进一步的检索；或者由于在首次检索时检索到了本部分第七章第4.2节（2）中所述的有可能构成抵触申请的指定中国的国际申请文件（参见本部分第七章第11节），而需要通过补充检索确定其是否进入了中国国家阶段，并作出了中文公布。

4.11.3　再次审查意见通知书

4.11.3.1　再次发出审查意见通知书的情况

出现下列情况之一时，审查员应当再次发出审查意见通知书：

（1）审查员发现与申请的主题更加相关的对比文件，需要对权利要求进行重新评价；

（2）在前一阶段的审查中，审查员未对某项或某几项权利要求提出审查意见，经继续审查后，发现其中有不符合专利法及其实施细则规定的情况；

（3）经申请人陈述意见和/或进行修改之后，审查员认为有必要提出新的审查意见；

（4）修改后的申请有可能被授予专利权，但仍存在不符合专利法及其实施细则规定的缺陷，这些缺陷可能是修改后出现的新缺陷、审查员新发现的缺陷以及已经通知过申请人但仍未完全消除的缺陷；

（5）审查员拟驳回申请，但在此前的审查意见通知书中未向申请人明确指出驳回所依据的事实、理由或证据。

4.11.3.2　再次审查意见通知书的内容及要求

第一次审查意见通知书的撰写方式及要求同样适合于再次审查意见通知书。

申请人在答复审查意见通知书时提交了修改文本的，审查员应当针对修改文本提出审查意见，指出新修改的权利要求书和说明书中存

---

❶ 该项已根据2019年9月23日公布的国家知识产权局公告第三二八号修改。——编者注

在的问题。

申请人在答复时仅陈述意见而未对申请文件作修改的，审查员通常可以在再次审查意见通知书正文中，坚持先前阐述过的意见；但是如果申请人提出了充分的理由，或者出现本章第 4.11.3.1 节中所述的某些情形时，审查员应当考虑新的审查意见。

审查员在再次审查意见通知书中，应当对申请人提交的意见陈述书中的争辩意见进行必要的评述。

为了加快审查程序，再次审查意见通知书应当将对申请审查的结论明确告知申请人。再次审查意见通知书指定的答复期限为两个月。

4.12 会 晤❶

在实质审查过程中，审查员可以约请申请人会晤，以加快审查程序。申请人亦可以要求会晤，此时，只要通过会晤能达到有益的目的，有利于澄清问题、消除分歧、促进理解，审查员就应当同意申请人提出的会晤要求。某些情况下，审查员可以拒绝会晤要求，例如，通过书面方式、电话讨论等，双方意见已经表达充分、相关事实认定清楚的。

4.12.1 会晤的启动

不管是审查员约请的，还是申请人要求的会晤，都应当预先约定。可采用会晤通知书或通过电话来约定，会晤通知书的副本和约定会晤的电话记录应当存放在申请案卷中。在会晤通知书或约定会晤的电话记录中，应当写明经审查员确认的会晤内容、时间和地点。如果审查员或者申请人准备在会晤中提出新的文件，应当事先提交给对方。

会晤日期确定后一般不得变动；必须变动时，应当提前通知对方。申请人无正当理由不参加会晤的，审查员可以不再安排会晤，而通过书面方式继续审查。

4.12.2 会晤地点和参加人

会晤应当在专利局指定的地点进行，审查员不得在其他地点同申请人就有关申请的问题进行会晤。

会晤由负责审查该申请的审查员主持。必要时，可以邀请有经验的其他审查员协助。实习审查员主持的会晤，应当有负责指导的审查员参加。

申请人委托了专利代理机构的，会晤必须有代理人参加。参加会晤的代理人应当出示代理人执业证。申请人更换代理人的，应当办理著录项目变更手续，并在著录项目变更手续合格后由变更后的代理人参加会晤。在委托代理机构的情况下，申请人可以与代理人一起参加会晤。

申请人没有委托专利代理机构的，申请人应当参加会晤；申请人是单位的，由该单位指定的人员参加，该参加会晤的人员应当出示证明其身份的证件和单位出具的介绍信。

上述规定也适用于共同申请人。除非另有声明或者委托了代理机构，共有专利申请的单位或者个人都应当参加会晤。

必要时，发明人受申请人的指定或委托，可以同代理人一起参加会晤，或者在申请人未委托代理机构的情况下受申请人的委托代表申请人参加会晤。

参加会晤的申请人或代理人等的总数，一般不得超过两名；两个以上单位或者个人共有一项专利申请，又未委托代理机构的，可以按共同申请的单位或个人的数目确定参加会晤的人数。

4.12.3 会晤记录

会晤结束后，审查员应当填写会晤记录。会晤记录采用专利局统一制定的标准表格，一式两份，经审查员和参加会晤的申请人（或者代理人）签字或盖章后，一份交申请人，一份留在申请案卷中。

通常，在会晤记录中应当写明讨论的问题、结论或者同意修改的内容。如果会晤时讨论的问题很多，例如涉及有关新颖性、创造性、修改是否引入了新的内容等诸方面的问题，审查员应当详尽记录讨论的情况和取得一致的意见。

会晤记录不能代替申请人的正式书面答复

---

❶ 该节已根据 2019 年 9 月 23 日公布的国家知识产权局公告第三二八号修改。——编者注

或者修改。即使在会晤中，双方就如何修改申请达成了一致的意见，申请人也必须重新提交正式的修改文件，审查员不能代为修改。

如果在会晤中，对申请文件的修改没有取得一致意见，审查工作将通过书面方式继续进行。

会晤后，需要申请人重新提交修改文件或者作出书面意见陈述的，如果对原定答复期限的监视还继续存在，则该答复期限可以不因会晤而改变，或者视情况延长一个月；如果对原定答复期限的监视已不再存在，则审查员应当在会晤记录中另行指定提交修改文件或意见陈述书的期限。此提交的修改文件或意见陈述书视为对审查意见通知书的答复，申请人未按期答复的，该申请将被视为撤回。

如果会晤时，申请人提出了新的文件，而会晤前审查员没有收到这些文件，审查员可以决定中止会晤。

4.13 电话讨论及其他方式❶

在实质审查过程中，审查员与申请人可以就发明和现有技术的理解、申请文件中存在的问题等进行电话讨论，也可以通过视频会议、电子邮件等其他方式与申请人进行讨论。必要时，审查员应当记录讨论的内容，并将其存入申请案卷。

对于讨论中审查员同意的修改内容，属于本章第 5.2.4.2 节和第 6.2.2 节所述的情况的，审查员可以对这些明显错误依职权进行修改。除审查员可依职权修改的内容以外，对审查员同意的修改内容均需要申请人正式提交经过该修改的书面文件，审查员应当根据该书面修改文件作出审查结论。

4.14 取证和现场调查

一般说来，在实质审查程序中审查员不必要求申请人提供证据，因为审查员的主要职责是向申请人指出申请不符合专利法及其实施细则规定的问题。如果申请人不同意审查员的意见，那么，由申请人决定是否提供证据来支持其主张。如果申请人决定提供证据，审查员应当给予申请人一个适当的机会，使其能提供任何有关可能的证据，除非审查员确信提供证据也达不到有益的目的。

申请人提供的证据可以是书面文件或者实物模型。例如，申请人提供有关发明的技术优点方面的资料，以证明其申请具有创造性；又如，申请人提供实物模型进行演示，以证明其申请具有实用性等。

如果某些申请中的问题，需要审查员到现场调查方能得到解决，则应当由申请人提出要求，经负责审查该申请的实质审查部的部长批准后，审查员方可去现场调查。调查所需的费用由专利局承担。

5. 答复和修改

5.1 答复

对专利局发出的审查意见通知书，申请人应当在通知书指定的期限内作出答复。

申请人的答复可以仅仅是意见陈述书，也可以进一步包括经修改的申请文件（替换页和/或补正书）。申请人在其答复中对审查意见通知书中的审查意见提出反对意见或者对申请文件进行修改时，应当在其意见陈述书中详细陈述其具体意见，或者对修改内容是否符合相关规定以及如何克服原申请文件存在的缺陷予以说明。例如当申请人在修改后的权利要求中引入新的技术特征以克服审查意见通知书中指出的该权利要求不具有创造性的缺陷时，应当在其意见陈述书中具体指出该技术特征可以从说明书的哪些部分得到，并说明修改后的权利要求具有创造性的理由。

申请人可以请求专利局延长指定的答复期限。但是，延长期限的请求应当在期限届满前提出。有关延长期限请求的处理适用本指南第五部分第七章第 4 节的规定。专利局收到申请人的答复之后即可以开始后续的审查程序，如果后续审查程序的通知书或者决定已经发出，对于此后在原答复期限内申请人再次提交的答复，审查员不予考虑。

5.1.1 答复的方式

对于审查意见通知书，申请人应当采用专

---

❶ 该节已根据 2019 年 9 月 23 日公布的国家知识产权局公告第三二八号修改。——编者注

利局规定的意见陈述书或补正书的方式（参见本指南第五部分第一章第4节），在指定的期限内作出答复。申请人提交的无具体答复内容的意见陈述书或补正书，也是申请人的正式答复，对此审查员可理解为申请人未对审查意见通知书中的审查意见提出具体反对意见，也未克服审查意见通知书所指出的申请文件中存在的缺陷。

申请人的答复应当提交给专利局受理部门。直接提交给审查员的答复文件或征询意见的信件不视为正式答复，不具备法律效力。

5.1.2 答复的签署

申请人未委托专利代理机构的，其提交的意见陈述书或者补正书，应当有申请人的签字或者盖章；申请人是单位的，应当加盖公章；申请人有两个以上的，可以由其代表人签字或者盖章。

申请人委托了专利代理机构的，其答复应当由其所委托的专利代理机构盖章，并由委托书中指定的专利代理人签字或者盖章。专利代理人变更之后，由变更后的专利代理人签字或者盖章。

申请人未委托专利代理机构的，如果其答复没有申请人的签字或者盖章（当申请人有两个以上时，应当有全部申请人的签字或盖章，或者至少有其代表人的签字或盖章），审查员应当将该答复退回初步审查部门处理。

申请人委托了专利代理机构的，如果其答复没有专利代理机构盖章，或者由申请人本人作出了答复，审查员应当将该答复退回初步审查部门处理。

如果申请人或者委托的专利代理人发生变更，则审查员应当核查案卷中是否有相应的著录项目变更通知单；没有该通知单的，审查员应当将答复退回初步审查部门处理。

5.2 修 改

根据专利法第三十三条的规定，申请人可以对其专利申请文件进行修改，但是，对发明和实用新型专利申请文件的修改不得超出原说明书和权利要求书记载的范围。国际申请的申请人根据专利合作条约规定所提交的修改文件，同样应当符合专利法第三十三条的规定。

根据专利法实施细则第五十一条第一款的规定，发明专利申请人在提出实质审查请求时以及在收到专利局发出的发明专利申请进入实质审查阶段通知书之日起的三个月内，可以对发明专利申请主动提出修改。

根据专利法实施细则第五十一条第三款的规定，申请人在收到专利局发出的审查意见通知书后修改专利申请文件，应当针对通知书指出的缺陷进行修改。

5.2.1 修改的要求

专利法第三十三条对修改的内容与范围作出了规定。专利法实施细则第五十一条第一款对主动修改的时机作出了规定，专利法实施细则第五十一条第三款对答复审查意见通知书时的修改方式作出了规定。

5.2.1.1 修改的内容与范围

在实质审查程序中，为了使申请符合专利法及其实施细则的规定，对申请文件的修改可能会进行多次。审查员对申请人提交的修改文件进行审查时，要严格掌握专利法第三十三条的规定。不论申请人对申请文件的修改属于主动修改还是针对通知书指出的缺陷进行的修改，都不得超出原说明书和权利要求书记载的范围。原说明书和权利要求书记载的范围包括原说明书和权利要求书文字记载的内容和根据原说明书和权利要求书文字记载的内容以及说明书附图能直接地、毫无疑义地确定的内容。申请人在申请日提交的原说明书和权利要求书记载的范围，是审查上述修改是否符合专利法第三十三条规定的依据，申请人向专利局提交的申请文件的外文文本和优先权文件的内容，不能作为判断申请文件的修改是否符合专利法第三十三条规定的依据。但进入国家阶段的国际申请的原始提交的外文文本除外，其法律效力参见本指南第三部分第二章第3.3节。

如果修改的内容与范围不符合专利法第三十三条的规定，则这样的修改不能被允许。

5.2.1.2 主动修改的时机

申请人仅在下述两种情形下可对其发明专利申请文件进行主动修改：

(1) 在提出实质审查请求时；

(2) 在收到专利局发出的发明专利申请进入实质审查阶段通知书之日起的三个月内。

在答复专利局发出的审查意见通知书时，不得再进行主动修改。

5.2.1.3 答复审查意见通知书时的修改方式

根据专利法实施细则第五十一条第三款的规定，在答复审查意见通知书时，对申请文件进行修改的，应当针对通知书指出的缺陷进行修改，如果修改的方式不符合专利法实施细则第五十一条第三款的规定，则这样的修改文本一般不予接受。

然而，对于虽然修改的方式不符合专利法实施细则第五十一条第三款的规定，但其内容与范围满足专利法第三十三条要求的修改，只要经修改的文件消除了原申请文件存在的缺陷，并且具有被授权的前景，这种修改就可以被视为是针对通知书指出的缺陷进行的修改，因而经此修改的申请文件可以接受。这样处理有利于节约审查程序。但是，当出现下列情况时，即使修改的内容没有超出原说明书和权利要求书记载的范围，也不能被视为是针对通知书指出的缺陷进行的修改，因而不予接受。

(1) 主动删除独立权利要求中的技术特征，扩大了该权利要求请求保护的范围。

例如，申请人从独立权利要求中主动删除技术特征，或者主动删除一个相关的技术术语，或者主动删除限定具体应用范围的技术特征，即使该主动修改的内容没有超出原说明书和权利要求书记载的范围，只要修改导致权利要求请求保护的范围扩大，则这种修改不予接受。

(2) 主动改变独立权利要求中的技术特征，导致扩大了请求保护的范围。

例如，申请人主动将原权利要求中的技术特征"螺旋弹簧"修改为"弹性部件"，尽管原说明书中记载了"弹性部件"这一技术特征，但由于这种修改扩大了请求保护的范围，因而不予接受。

又如，本章第 5.2.3.2 节 (1) 的例 1 至例 4 中，即使这四种改变后的内容在原说明书中有记载，也不予接受，因为这样的修改扩大了其请求保护的范围。

(3) 主动将仅在说明书中记载的与原来要求保护的主题缺乏单一性的技术内容作为修改后权利要求的主题。

例如，一件有关自行车新式把手的发明专利申请，申请人在说明书中不仅描述了新式把手，而且还描述了其他部件，例如，自行车的车座等。经实质审查，权利要求限定的新式把手不具备创造性。在这种情况下，申请人作出主动修改，将权利要求限定为自行车车座。由于修改后的主题与原来要求保护的主题之间缺乏单一性，这种修改不予接受。

(4) 主动增加新的独立权利要求，该独立权利要求限定的技术方案在原权利要求书中未出现过。

(5) 主动增加新的从属权利要求，该从属权利要求限定的技术方案在原权利要求书中未出现过。

如果申请人答复审查意见通知书时提交的修改文本不是针对通知书指出的缺陷作出的，而是属于上述不予接受的情况，则审查员应当发出审查意见通知书，说明不接受该修改文本的理由，要求申请人在指定期限内提交符合专利法实施细则第五十一条第三款规定的修改文本。同时应当指出，到指定期限届满日为止，申请人所提交的修改文本如果仍然不符合专利法实施细则第五十一条第三款规定或者出现其他不符合专利法实施细则第五十一条第三款规定的内容，审查员将针对修改前的文本继续审查，如作出授权或驳回决定。

如果审查员对当前修改文本中符合要求的部分文本有新的审查意见，可以在本次通知书中一并指出。

5.2.2 允许的修改

这里所说的"允许的修改"，主要指符合专利法第三十三条规定的修改。

5.2.2.1 对权利要求书的修改

对权利要求书的修改主要包括：通过增加或变更独立权利要求的技术特征，或者通过变更独立权利要求的主题类型或主题名称以及其相应的技术特征，来改变该独立权利要求请求保护的范围；增加或者删除一项或多项权利要求；修改独立权利要求，使其相对于最接近的现有技术重新划界；修改从属权利要求的引用部分，改正其引用关系，或者修改从属权利要求的限定部分，以清楚地限定该从属权利要求请求保护的范围。对于上述修改，只要经修改后的权利要求的技术方案已清楚地记载在原说明书和权利要求书中，就应该允许。

允许的对权利要求书的修改，包括下述各种情形：

（1）在独立权利要求中增加技术特征，对独立权利要求作进一步的限定，以克服原独立权利要求无新颖性或创造性、缺少解决技术问题的必要技术特征、未以说明书为依据或者未清楚地限定要求专利保护的范围等缺陷。只要增加了技术特征的独立权利要求所述的技术方案未超出原说明书和权利要求书记载的范围，这样的修改就应当被允许。

（2）变更独立权利要求中的技术特征，以克服原独立权利要求未以说明书为依据、未清楚地限定要求专利保护的范围或者无新颖性或创造性等缺陷。只要变更了技术特征的独立权利要求所述的技术方案未超出原说明书和权利要求书记载的范围，这种修改就应当被允许。

对于含有数值范围技术特征的权利要求中数值范围的修改，只有在修改后数值范围的两个端值在原说明书和/或权利要求书中已确实记载且修改后的数值范围在原数值范围之内的前提下，才是允许的。例如，权利要求的技术方案中，某温度为20℃～90℃，对比文件公开的技术内容与该技术方案的区别是其所公开的相应的温度范围为0℃～100℃，该文件还公开了该范围内的一个特定值40℃，因此，审查员在审查意见通知书中指出该权利要求无新颖性。如果发明专利申请的说明书或者权利要求书还记载了20℃～90℃范围内的特定值40℃、60℃和80℃，则允许申请人将权利要求中该温度范围修改成60℃～80℃或者60℃～90℃。

（3）变更独立权利要求的类型、主题名称及相应的技术特征，以克服原独立权利要求类型错误或者缺乏新颖性或创造性等缺陷。只要变更后的独立权利要求所述的技术方案未超出原说明书和权利要求书记载的范围，就可允许这种修改。

（4）删除一项或多项权利要求，以克服原第一独立权利要求和并列的独立权利要求之间缺乏单一性，或者两项权利要求具有相同的保护范围而使权利要求书不简要，或者权利要求未以说明书为依据等缺陷，这样的修改不会超出原权利要求书和说明书记载的范围，因此是允许的。

（5）将独立权利要求相对于最接近的现有技术正确划界。这样的修改不会超出原权利要求书和说明书记载的范围，因此是允许的。

（6）修改从属权利要求的引用部分，改正引用关系上的错误，使其准确地反映原说明书中所记载的实施方式或实施例。这样的修改不会超出原权利要求书和说明书记载的范围，因此是允许的。

（7）修改从属权利要求的限定部分，清楚地限定该从属权利要求的保护范围，使其准确地反映原说明书中所记载的实施方式或实施例，这样的修改不会超出原说明书和权利要求书记载的范围，因此是允许的。

上面对权利要求书允许修改的几种情况作了说明，由于这些修改符合专利法第三十三条的规定，因而是允许的。但经过上述修改后的权利要求书是否符合专利法及其实施细则的其他所有规定，还有待审查员对其进行继续审查。对于答复审查意见通知书时所作的修改，审查员要判断修改后的权利要求书是否已克服了审查意见通知书所指出的缺陷，这样的修改是否造成了新出现的其他缺陷；对于申请人所作出的主动修改，审查员应当判断该修改后的权利要求书是否存在不符合专利法及其实施细则规定的其他缺陷。

5.2.2.2 对说明书及其摘要的修改

对于说明书的修改，主要有两种情况，一种是针对说明书中本身存在的不符合专利法及其实施细则规定的缺陷作出的修改，另一种是根据修改后的权利要求书作出的适应性修改，上述两种修改只要不超出原说明书和权利要求书记载的范围，则都是允许的。

允许的说明书及其摘要的修改包括下述各种情形。

（1）修改发明名称，使其准确、简要地反映要求保护的主题的名称。如果独立权利要求的类型包括产品、方法和用途，则这些请求保护的主题都应当在发明名称中反映出来。发明名称应当尽可能简短，一般不得超过25个字，特殊情况下，例如，化学领域的某些专利申请，可以允许最多到40个字。

（2）修改发明所属技术领域。该技术领域是指该发明在国际专利分类表中的分类位置所反映的技术领域。为便于公众和审查员清楚地理解发明和其相应的现有技术，应当允许修改发明所属技术领域，使其与国际专利分类表中最低分类位置涉及的领域相关。

（3）修改背景技术部分，使其与要求保护的主题相适应。独立权利要求按照专利法实施细则第二十一条的规定撰写的，说明书背景技术部分应当记载与该独立权利要求前序部分所述的现有技术相关的内容，并引证反映这些背景技术的文件。如果审查员通过检索发现了比申请人在原说明书中引用的现有技术更接近所要求保护的主题的对比文件，则应当允许申请人修改说明书，将该文件的内容补入这部分，并引证该文件，同时删除描述不相关的现有技术的内容。应当指出，这种修改实际上使说明书增加了原申请的权利要求书和说明书未曾记载的内容，但由于修改仅涉及背景技术而不涉及发明本身，且增加的内容是申请日前已经公知的现有技术，因此是允许的。

（4）修改发明内容部分中与该发明所解决的技术问题有关的内容，使其与要求保护的主题相适应，即反映该发明的技术方案相对于最接近的现有技术所解决的技术问题。当然，修改后的内容不应超出原说明书和权利要求书记载的范围。

（5）修改发明内容部分中与该发明技术方案有关的内容，使其与独立权利要求请求保护的主题相适应。如果独立权利要求进行了符合专利法及其实施细则规定的修改，则允许该部分作相应的修改；如果独立权利要求未作修改，则允许在不改变原技术方案的基础上，对该部分进行理顺文字、改正不规范用词、统一技术术语等修改。

（6）修改发明内容部分中与该发明的有益效果有关的内容。只有在某（些）技术特征在原始申请文件中已清楚地记载，而其有益效果没有被清楚地提及，但所属技术领域的技术人员可以直接地、毫无疑义地从原始申请文件中推断出这种效果的情况下，才允许对发明的有益效果作合适的修改。

（7）修改附图说明。申请文件中有附图，但缺少附图说明的，允许补充所缺的附图说明；附图说明不清楚的，允许根据上下文作出合适的修改。

（8）修改最佳实施方式或者实施例。这种修改中允许增加的内容一般限于补入原实施方式或者实施例中具体内容的出处以及已记载的反映发明的有益效果数据的标准测量方法（包括所使用的标准设备、器具）。如果由检索结果得知原申请要求保护的部分主题已成为现有技术的一部分，则申请人应当将反映这部分主题的内容删除，或者明确写明其为现有技术。

（9）修改附图。删除附图中不必要的词语和注释，可将其补入说明书文字部分之中；修改附图中的标记使之与说明书文字部分相一致；在文字说明清楚的情况下，为使局部结构清楚起见，允许增加局部放大图；修改附图的阿拉伯数字编号，使每幅图使用一个编号。

（10）修改摘要。通过修改使摘要写明发明的名称和所属技术领域，清楚地反映所要解决的技术问题、解决该问题的技术方案的要点以及主要用途；删除商业性宣传用语；更换摘要附图，使其最能反映发明技术方案的主要技术特征。

（11）修改由所属技术领域的技术人员能够识别出的明显错误，即语法错误、文字错误和打印错误。对这些错误的修改必须是所属技术领域的技术人员能从说明书的整体及上下文看出的唯一的正确答案。

5.2.3 不允许的修改

作为一个原则，凡是对说明书（及其附图）和权利要求书作出不符合专利法第三十三条规定的修改，均是不允许的。

具体地说，如果申请的内容通过增加、改变和/或删除其中的一部分，致使所属技术领域的技术人员看到的信息与原申请记载的信息不同，而且又不能从原申请记载的信息中直接地、毫无疑义地确定，那么，这种修改就是不允许的。

这里所说的申请内容，是指原说明书（及其附图）和权利要求书记载的内容，不包括任何优先权文件的内容。

5.2.3.1 不允许的增加

不能允许的增加内容的修改，包括下述几种。

（1）将某些不能从原说明书（包括附图）和/或权利要求书中直接明确认定的技术特征写入权利要求和/或说明书。

（2）为使公开的发明清楚或者使权利要求完整而补入不能从原说明书（包括附图）和/或权利要求书中直接地、毫无疑义地确定的信息。

（3）增加的内容是通过测量附图得出的尺寸参数技术特征。

（4）引入原申请文件中未提及的附加组分，导致出现原申请没有的特殊效果。

（5）补入了所属技术领域的技术人员不能直接从原始申请中导出的有益效果。

（6）补入实验数据以说明发明的有益效果，和/或补入实施方式和实施例以说明在权利要求请求保护的范围内发明能够实施。

（7）增补原说明书中未提及的附图，一般是不允许的；如果增补背景技术的附图，或者将原附图中的公知技术附图更换为最接近现有技术的附图，则应当允许。

5.2.3.2 不允许的改变

不能允许的改变内容的修改，包括下述几种。

（1）改变权利要求中的技术特征，超出了原权利要求书和说明书记载的范围。

【例1】

原权利要求限定了一种在一边开口的唱片套。附图中也只给出了一幅三边胶接在一起、一边开口的套子视图。如果申请人后来把权利要求修改成"至少在一边开口的套子"，而原说明书中又没有任何地方提到过"一个以上的边可以开口"，那么，这种改变超出了原权利要求书和说明书记载的范围。

【例2】

原权利要求涉及制造橡胶的成分，不能将其改成制造弹性材料的成分，除非原说明书已经清楚地指明。

【例3】

原权利要求请求保护一种自行车闸，后来申请人把权利要求修改成一种车辆的闸，而从原权利要求书和说明书不能直接得到修改后的技术方案。这种修改也超出了原权利要求书和说明书记载的范围。

【例4】

用不能从原申请文件中直接得出的"功能性术语＋装置"的方式，来代替具有具体结构特征的零件或者部件。这种修改超出了原权利要求书和说明书记载的范围。

（2）由不明确的内容改成明确具体的内容而引入原申请文件中没有的新的内容。

【例如】

一件有关合成高分子化合物的发明专利申请，原申请文件中只记载在"较高的温度"下进行聚合反应。当申请人看到审查员引证的一份对比文件中记载了在40℃下进行同样的聚合反应后，将原说明书中"较高的温度"改成"高于40℃的温度"。虽然"高于40℃的温度"的提法包括在"较高的温度"范围内，但是，所属技术领域的技术人员，并不能从原申请文件中理解到"较高的温度"是指"高于40℃的温度"。因此，这种修改引入了新内容。

（3）将原申请文件中的几个分离的特征，改变成一种新的组合，而原申请文件没有明确提及这些分离的特征彼此间的关联。

（4）改变说明书中的某些特征，使得改变后反映的技术内容不同于原申请文件记载的内容，超出了原说明书和权利要求书记载的范围。

【例1】

一件有关多层层压板的发明专利申请，其

原申请文件中描述了几种不同的层状安排的实施方式，其中一种结构是外层为聚乙烯。如果申请人修改说明书，将外层的聚乙烯改变为聚丙烯，那么，这种修改是不允许的。因为修改后的层压板完全不同于原来记载的层压板。

【例2】

原申请文件中记载了"例如螺旋弹簧支持物"的内容，说明书经修改后改变为"弹性支持物"，导致将一个具体的螺旋弹簧支持方式，扩大到一切可能的弹性支持方式，使所反映的技术内容超出了原说明书和权利要求书记载的范围。

【例3】

原申请文件中限定温度条件为10℃或者300℃，后来说明书中修改为10℃～300℃，如果根据原申请文件记载的内容不能直接地、毫无疑义地得到该温度范围，则该修改超出了原说明书和权利要求书记载的范围。

【例4】

原申请文件中限定组合物的某成分的含量为5%或者45%～60%，后来说明书中修改为5%～60%，如果根据原申请文件记载的内容不能直接地、毫无疑义地得到该含量范围，则该修改超出了原说明书和权利要求书记载的范围。

5.2.3.3 不允许的删除

不能允许删除某些内容的修改，包括下述几种。

（1）从独立权利要求中删除在原申请中明确认定为发明的必要技术特征的那些技术特征，即删除在原说明书中始终作为发明的必要技术特征加以描述的那些技术特征；或者从权利要求中删除一个与说明书记载的技术方案有关的技术术语；或者从权利要求中删除在说明书中明确认定的关于具体应用范围的技术特征。

例如，将"有肋条的侧壁"改成"侧壁"。又例如，原权利要求是"用于泵的旋转轴密封……"，修改后的权利要求是"旋转轴密封"。上述修改都是不允许的，因为在原说明书中找不到依据。

（2）从说明书中删除某些内容而导致修改后的说明书超出了原说明书和权利要求书记载的范围。

例如，一件有关多层层压板的发明专利申请，其说明书中描述了几种不同的层状安排的实施方式，其中一种结构是外层为聚乙烯。如果申请人修改说明书，将外层的聚乙烯这一层去掉，那么，这种修改是不允许的。因为修改后的层压板完全不同于原来记载的层压板。

（3）如果在原说明书和权利要求书中没有记载某特征的原数值范围的其他中间数值，而鉴于对比文件公开的内容影响发明的新颖性和创造性，或者鉴于当该特征取原数值范围的某部分时发明不可能实施，申请人采用具体"放弃"的方式，从上述原数值范围中排除该部分，使得要求保护的技术方案中的数值范围从整体上看来明显不包括该部分，由于这样的修改超出了原说明书和权利要求书记载的范围，因此除非申请人能够根据申请原始记载的内容证明该特征取被"放弃"的数值时，本发明不可能实施，或者该特征取经"放弃"后的数值时，本发明具有新颖性和创造性，否则这样的修改不能被允许。例如，要求保护的技术方案中某一数值范围为$X_1=600～10000$，对比文件公开的技术内容与该技术方案的区别仅在于其所述的数值范围为$X_2=240～1500$，因为X_1与X_2部分重叠，故该权利要求无新颖性。申请人采用具体"放弃"的方式对X_1进行修改，排除X_1中与X_2相重叠的部分，即600～1500，将要求保护的技术方案中该数值范围修改为$X_1>1500$至$X_1=10000$。如果申请人不能根据原始记载的内容和现有技术证明本发明在$X_1>1500$至$X_1=10000$的数值范围相对于对比文件公开的$X_2=240～1500$具有创造性，也不能证明X_1取600～1500时，本发明不能实施，则这样的修改不能被允许。

5.2.4 修改的具体形式

5.2.4.1 提交替换页

根据专利法实施细则第五十二条的规定，说明书或者权利要求书的修改部分，应当按照规定格式提交替换页。替换页的提交有两种方式。

（1）提交重新打印的替换页和修改对照表。

这种方式适用于修改内容较多的说明书、权利要求书以及所有作了修改的附图。申请人在提交替换页的同时，要提交一份修改前后的对照明细表。

（2）提交重新打印的替换页和在原文复制件上作出修改的对照页。

这种方式适用于修改内容较少的说明书和权利要求书。申请人在提交重新打印的替换页的同时提交直接在原文复制件上修改的对照页，使审查员更容易察觉修改的内容。

5.2.4.2 审查员依职权修改

通常，对申请的修改必须由申请人以正式文件的形式提出。对于申请文件中个别文字、标记的修改或者增删及对发明名称或者摘要的明显错误（参见本章第5.2.2.2节（11）和第6.2.2节）的修改，审查员可以依职权进行，并通知申请人。此时，应当使用钢笔、签字笔或者圆珠笔作出清楚明显的修改，而不得使用铅笔进行修改。

6. 驳回决定和授予专利权的通知

审查员应当在尽可能短的时间内完成申请的实质审查。通常，在发出一次或者两次审查意见通知书后，审查员就可以作出驳回决定或者发出授予专利权的通知书。决定或者通知书一经发出，申请人的任何呈文、答复和修改均不再予以考虑。

6.1 驳回决定

6.1.1 驳回申请的条件

审查员在作出驳回决定之前，应当将其经实质审查认定申请属于专利法实施细则第五十三条规定的应予驳回情形的事实、理由和证据通知申请人，并给申请人至少一次陈述意见和/或修改申请文件的机会。

驳回决定一般应当在第二次审查意见通知书之后才能作出。但是，如果申请人在第一次审查意见通知书指定的期限内未针对通知书指出的可驳回缺陷提出有说服力的意见陈述和/或证据，也未针对该缺陷对申请文件进行修改或者修改仅是改正了错别字或更换了表述方式而技术方案没有实质上的改变，则审查员可以直接作出驳回决定。

如果申请人对申请文件进行了修改，即使修改后的申请文件仍然存在用已通知过申请人的理由和证据予以驳回的缺陷，但只要驳回所针对的事实改变，就应当给申请人再一次陈述意见和/或修改申请文件的机会。但对于此后再次修改涉及同类缺陷的，如果修改后的申请文件仍然存在足以用已通知过申请人的理由和证据予以驳回的缺陷，则审查员可以直接作出驳回决定，无需再次发出审查意见通知书，以兼顾听证原则与程序节约原则。

6.1.2 驳回的种类

专利法实施细则第五十三条规定的驳回发明专利申请的情形如下：

（1）专利申请的主题违反法律、社会公德或者妨害公共利益，或者申请的主题是违反法律、行政法规的规定获取或者利用遗传资源，并依赖该遗传资源完成的，或者申请的主题属于专利法第二十五条规定的不授予发明专利权的客体；

（2）专利申请不是对产品、方法或者其改进所提出的新的技术方案；

（3）专利申请所涉及的发明在中国完成，且向外国申请专利前未报经专利局进行保密审查的；

（4）专利申请的发明不具备新颖性、创造性或实用性；

（5）专利申请没有充分公开请求保护的主题，或者权利要求未以说明书为依据，或者权利要求未清楚、简要地限定要求专利保护的范围；

（6）专利申请是依赖遗传资源完成的发明创造，申请人在专利申请文件中没有说明该遗传资源的直接来源和原始来源；对于无法说明原始来源的，也没有陈述理由；

（7）专利申请不符合专利法关于发明专利申请单一性的规定；

（8）专利申请的发明是依照专利法第九条规定不能取得专利权的；

（9）独立权利要求缺少解决技术问题的必要技术特征；

（10）申请的修改或者分案的申请超出原说明书和权利要求书记载的范围。

6.1.3 驳回决定的组成

驳回决定应当包括如下两部分。

（1）标准表格

标准表格中各项应当按照要求填写完整；申请人有两个以上的，应当填写所有申请人的姓名或者名称（参见本指南第五部分第六章第1.2节）。

（2）驳回决定正文

驳回决定正文包括案由、驳回的理由以及决定三个部分。

6.1.4 驳回决定正文的撰写

6.1.4.1 案　由

案由部分应当简要陈述申请的审查过程，特别是与驳回决定有关的情况，即历次的审查意见（包括所采用的证据）和申请人的答复概要、申请所存在的导致被驳回的缺陷以及驳回决定所针对的申请文本。

6.1.4.2 驳回的理由

在驳回理由部分，审查员应当详细论述驳回决定所依据的事实、理由和证据，尤其应当注意下列各项要求。

（1）正确选用法律条款。当可以同时根据专利法及其实施细则的不同条款驳回申请时，应当选择其中最为适合、占主导地位的条款作为驳回的主要法律依据，同时简要地指出申请中存在的其他实质性缺陷。

（2）以令人信服的事实、理由和证据作为驳回的依据，而且对于这些事实、理由和证据的听证，已经符合本章第6.1.1节所述的驳回申请的条件。

（3）对于不符合专利法第二十二条规定并且即使经过修改也不可能被授予专利权的申请，应当逐一地对每项权利要求进行分析。

驳回的理由要充分完整、说理透彻、逻辑严密、措词恰当，不能只援引法律条款或者只作出断言。审查员在驳回理由部分还应当对申请人的争辩意见进行简要的评述。

6.1.4.3 决　定

在决定部分，审查员应当写明驳回的理由属于专利法实施细则第五十三条的哪一种情形，并根据专利法第三十八条的规定引出驳回该申请的结论。

6.2 授予专利权的通知

6.2.1 发出授予专利权的通知书的条件

发明专利申请经实质审查没有发现驳回理由的，专利局应当作出授予专利权的决定。在作出授予专利权的决定之前，应当发出授予发明专利权的通知书。授权的文本，必须是经申请人以书面形式最后确认的文本。

6.2.2 发出授予专利权的通知书时应做的工作

在发出授予专利权的通知书前，允许审查员对准备授权的文本依职权作如下的修改（参见本章第5.2.4.2节）。

（1）说明书方面：修改明显不适当的发明名称和/或发明所属技术领域；改正错别字、错误的符号、标记等；修改明显不规范的用语；增补说明书各部分所遗漏的标题；删除附图中不必要的文字说明等。

（2）权利要求书方面：改正错别字、错误的标点符号、错误的附图标记、附图标记增加括号。但是，可能引起保护范围变化的修改，不属于依职权修改的范围。

（3）摘要方面：修改摘要中不适当的内容及明显的错误。

审查员所作的上述修改应当通知申请人。

审查员还应当依次做好下述工作：在案卷封面上填写自己确定的该专利的 IPC 分类号并交本审查处的分类裁决负责人核定；将整理好的准备授权的文本放入公报袋，同时在公报袋上填写规定的项目并且盖章；填写授予专利权的通知书（标准表格），一式两份，盖章后，一份装订在案卷中，另一份放入申请案卷封面里夹；整理好一份完整的案卷，并且在封面和封底填写授权时案卷交接记录和授权发文记录；申请人对发明的名称进行了修改的，优先权经核实有变化的,或者经核定的 IPC 分类号相对于原分类号有变化的,还应当填写"著录项目变更通知单"一式两份,一份装订在案卷第一装订条的首页之前,另一份放入案卷封面里夹。

7. 实质审查程序的终止、中止和恢复

7.1 程序的终止

发明专利申请的实质审查程序,因审查员作出驳回决定且决定生效,或者发出授予专利权的通知书,或者因申请人主动撤回申请,或者因申请被视为撤回而终止。

对于驳回或者授权的申请,审查员应当在其案卷封面上的"实审"一栏内写明"驳回"或者"授权"字样,并且盖章。

对于每件申请,审查员应当建立个人审查档案,便于今后的查询、统计(参见本章第3.3节)。

7.2 程序的中止

实质审查程序可能因专利申请权归属纠纷的当事人根据专利法实施细则第八十六条第一款的规定提出请求而中止或因财产保全而中止。一旦审查员接到程序中止调回案卷的通知,应当在规定的期限内将案卷返还流程管理部门。

7.3 程序的恢复

专利申请因不可抗拒的事由或正当理由耽误专利法或其实施细则规定的期限或者专利局指定的期限造成被视为撤回而导致程序终止的,根据专利法实施细则第六条第一款和第二款的规定,申请人可以向专利局请求恢复被终止的实质审查程序,权利被恢复的,专利局恢复实质审查程序。

对于因专利申请权归属纠纷当事人的请求而中止的实质审查程序,在专利局收到发生法律效力的调解书或判决书后,凡不涉及权利人变动的,应及时予以恢复;涉及权利人变动的,在办理相应的著录项目变更手续后予以恢复。若自上述请求中止之日起一年内,专利申请权归属纠纷未能结案,请求人又未请求延长中止的,专利局将自行恢复被中止的实质审查程序。

审查员在接到流程管理部门送达的有关恢复审查程序的书面通知和专利申请案卷后,应当重新启动实质审查程序。

8. 前置审查与复审后的继续审查

根据专利法实施细则第六十二条的规定,审查员应当对专利复审委员会转送的复审请求书进行前置审查,并在收到转交的案卷之日起一个月内作出前置审查意见书,该前置审查意见书随案卷转送专利复审委员会,由专利复审委员会作出复审决定。前置审查的要求适用本指南第四部分第二章第3节的规定。

专利复审委员会作出撤销专利局的驳回决定的复审决定后,审查员应当对专利申请进行继续审查。对继续审查的要求适用本章的规定,但在继续审查过程中,审查员不得以同一事实、理由和证据作出与该复审决定意见相反的驳回决定(参见本指南第四部分第二章第7节)。

第九章 关于涉及计算机程序的发明专利申请审查的若干规定

1. 引 言

涉及计算机程序的发明专利申请的审查具有一定的特殊性,本章旨在根据专利法及其实施细则的规定,对涉及计算机程序的发明专利申请的审查特殊性作出具体规定。

涉及计算机程序的发明专利申请还具有与其他领域的发明专利申请相同的一般性,对于本章未提及的一般性审查事项,应当遵循本指南其他章的规定,对涉及计算机程序的发明专利申请进行审查。

本章所说的计算机程序本身是指为了能够得到某种结果而可以由计算机等具有信息处理能力的装置执行的代码化指令序列,或者可被自动转换成代码化指令序列的符号化指令序列或者符号化语句序列。计算机程序本身包括源程序和目标程序。

本章所说的涉及计算机程序的发明是指为解决发明提出的问题,全部或部分以计算机程序处理流程为基础,通过计算机执行按上述流程编制的计算机程序,对计算机外部对象或者内部对象进行控制或处理的解决方案。所说的对外部对象的控制或处理包括对某种外部运行

过程或外部运行装置进行控制，对外部数据进行处理或者交换等；所说的对内部对象的控制或处理包括对计算机系统内部性能的改进，对计算机系统内部资源的管理，对数据传输的改进等。涉及计算机程序的解决方案并不必须包含对计算机硬件的改变。

2. 涉及计算机程序的发明专利申请的审查基准

审查应当针对要求保护的解决方案，即每项权利要求所限定的解决方案。

根据专利法第二十五条第一款第（二）项的规定，对智力活动的规则和方法不授予专利权。涉及计算机程序的发明专利申请属于本部分第一章第4.2节所述情形的，按照该节的原则进行审查：

（1）如果一项权利要求仅仅涉及一种算法或数学计算规则，或者计算机程序本身或仅仅记录在载体（例如磁带、磁盘、光盘、磁光盘、ROM、PROM、VCD、DVD或者其他的计算机可读介质）上的计算机程序本身，或者游戏的规则和方法等，则该权利要求属于智力活动的规则和方法，不属于专利保护的客体。❶

如果一项权利要求除其主题名称之外，对其进行限定的全部内容仅仅涉及一种算法或者数学计算规则，或者程序本身，或者游戏的规则和方法等，则该权利要求实质上仅仅涉及智力活动的规则和方法，不属于专利保护的客体。

例如，仅由所记录的程序本身限定的计算机可读存储介质或者一种计算机程序产品，或者仅由游戏规则限定的、不包括任何技术性特征，例如不包括任何物理实体特征限定的计算机游戏装置等，由于其实质上仅仅涉及智力活动的规则和方法，因而不属于专利保护的客体。但是，如果专利申请要求保护的介质涉及其物理特性的改进，例如叠层构成、磁道间隔、材料等，则不属此列。❷

（2）除了上述（1）所述的情形之外，如果一项权利要求在对其进行限定的全部内容中既包含智力活动的规则和方法的内容，又包含技术特征，例如在对上述游戏装置等限定的内容中既包括游戏规则，又包括技术特征，则该权利要求就整体而言并不是一种智力活动的规则和方法，不应当依据专利法第二十五条排除其获得专利权的可能性。

根据专利法第二条第二款的规定，专利法所称的发明是指对产品、方法或者其改进所提出的新的技术方案。涉及计算机程序的发明专利申请只有构成技术方案才是专利保护的客体。

如果涉及计算机程序的发明专利申请的解决方案执行计算机程序的目的是解决技术问题，在计算机上运行计算机程序从而对外部或内部对象进行控制或处理所反映的是遵循自然规律的技术手段，并且由此获得符合自然规律的技术效果，则这种解决方案属于专利法第二条第二款所说的技术方案，属于专利保护的客体。

如果涉及计算机程序的发明专利申请的解决方案执行计算机程序的目的不是解决技术问题，或者在计算机上运行计算机程序从而对外部或内部对象进行控制或处理所反映的不是利用自然规律的技术手段，或者获得的不是受自然规律约束的效果，则这种解决方案不属于专利法第二条第二款所说的技术方案，不属于专利保护的客体。

例如，如果涉及计算机程序的发明专利申请的解决方案执行计算机程序的目的是为了实现一种工业过程、测量或测试过程控制，通过计算机执行一种工业过程控制程序，按照自然规律完成对该工业过程各阶段实施的一系列控制，从而获得符合自然规律的工业过程控制效果，则这种解决方案属于专利法第二条第二款所说的技术方案，属于专利保护的客体。

如果涉及计算机程序的发明专利申请的解决方案执行计算机程序的目的是为了处理一种外部技术数据，通过计算机执行一种技术数据处理程序，按照自然规律完成对该技术数据实施的一系列技术处理，从而获得符合自然规律的技术数据处理效果，则这种解决方案属于专

---

❶❷ 该段已根据2017年2月28日公布的国家知识产权局令第七十四号修改。——编者注

利法第二条第二款所说的技术方案，属于专利保护的客体。

如果涉及计算机程序的发明专利申请的解决方案执行计算机程序的目的是为了改善计算机系统内部性能，通过计算机执行一种系统内部性能改进程序，按照自然规律完成对该计算机系统各组成部分实施的一系列设置或调整，从而获得符合自然规律的计算机系统内部性能改进效果，则这种解决方案属于专利法第二条第二款所说的技术方案，属于专利保护的客体。

3. 涉及计算机程序的发明专利申请的审查示例❶

以下，根据上述审查基准，给出涉及计算机程序的发明专利申请的审查示例。

（1）属于专利法第二十五条第一款第（二）项范围之内的涉及计算机程序的发明专利申请，不属于专利保护的客体。

【例1】

利用计算机程序求解圆周率的方法

申请内容概述

发明专利申请的解决方案是一种利用计算机程序求解圆周率的方法，该方法首先将一正方形的面积用均匀的足够精确的"点"进行划分，再作此正方形的内切圆，然后执行一个计算机程序来求解圆周率 π，该计算机程序先对上述正方形内均匀分布的"点"进行脉冲计数，然后按照如下公式进行计算求出圆周率 π：

$$\pi = \frac{\Sigma 圆内"点"计数值}{\Sigma 正方形内"点"计数值} \times 4$$

在计算中，若取样的"点"划分得越多越细，则圆周率的值也就计算得越精确。

申请的权利要求

一种利用计算机程序求解圆周率的方法，其特征在于，包括以下步骤：

计算一个正方形内"点"的数目；

计算该正方形内切圆内"点"的数目；

根据公式

$$\pi = \frac{\Sigma 圆内"点"计数值}{\Sigma 正方形内"点"计数值} \times 4$$

来求解圆周率。

分析及结论

这种解决方案仅仅涉及一种由计算机程序执行的纯数学运算方法或者规则，本质属于人的抽象思维方式，因此，该发明专利申请属于专利法第二十五条第一款第（二）项规定的智力活动的规则和方法，不属于专利保护的客体。

【例2】

一种自动计算动摩擦系数 μ 的方法

申请内容概述

发明专利申请的解决方案涉及一种使用计算机程序计算动摩擦系数 μ 的方法。测量动摩擦系数的传统方法是采用一种装置以固定速度牵引被测绳状物，分别测出摩擦片的位置变化量 S_1 和 S_2，再按下列公式：

$$\mu = (\log S_2 - \log S_1)/e$$

计算出被测绳状物的动摩擦系数 μ。

申请的权利要求

一种利用计算机程序实现自动计算动摩擦系数 μ 的方法，其特征在于，包括以下步骤：

计算摩擦片的位置变化量 S_1 和 S_2 的比值；

计算变化量的比值 S_2/S_1 的对数 $\log S_2/S_1$；

求出对数 $\log S_2/S_1$ 与 e 的比值。

分析及结论

这种解决方案不是对测量方法的改进，而是一种由计算机程序执行的数值计算方法，求解的虽然与物理量有关，但求解过程是一种数值计算，该解决方案整体仍旧属于一种数学计算方法。因此，该发明专利申请属于专利法第二十五条第一款第（二）项规定的智力活动的规则和方法，不属于专利保护的客体。

【例3】

一种全球语言文字通用转换方法

申请内容概述

现有的自动翻译系统只是一对一、一对多或者多对多的语言处理系统，其存在的问题是程序复杂、各种词性的词性标注方式不同、数量繁多且复杂。针对上述缺陷，发明专利申请提供一种统一的、针对全球任意多种语言进行翻译的方法，利用与世界语辅助语标注方式相同的"全球语言文字输入方法"实现不同语言

---

❶ 根据2017年2月28日公布的国家知识产权局令第七十四号，删除了该节的例9。——编者注

在语法、句法上一体化，在语言转换时，使用世界语和世界语辅助语作为机器翻译的中介语。

申请的权利要求

一种利用计算机进行全球语言文字通用转换的方法，包括以下步骤：

将全球语言文字统一在单词后先以辅音字母标词法，后以辅音字母标句法的方式，形成与各种录入语言相对应的录入语言辅助语；

利用中介语与录入的语言辅助语的对应关系进行语言转换，所述中介语为世界语和世界语辅助语；

其特征在于，所述录入时的标词法和标句法方式与形成世界语辅助语的标词法和标句法方式相同，其中标词法方式为：－m为名词，－x为形容词，－y为复数，－s为数量词，－f为副词；所述标句法的方式为：－z为主语，－w为谓语，－d为定语，－n为宾语，－b为补语，其包括表语，－k为状语。

分析及结论

这种解决方案虽然在主题名称中包括有计算机，但对其限定的全部内容只是利用统一的翻译中介语，通过人为规定全球语言文字的录入规则，实现对全球语言进行统一方式的翻译转换。该解决方案不是对机器翻译方法的改进，没有在机器翻译上体现不同语言文字自身固有的客观语言规律与计算机技术结合的改进，而是根据发明人自己的主观认识对语言文字转换规则进行重新规定和定义，所体现的只是录入语言辅助语与中介语的对应关系被统一于世界语辅助语的标词和标句规则，其本质属于专利法第二十五条第一款第（二）项规定的智力活动的规则和方法，不属于专利保护的客体。

（2）为了解决技术问题而利用技术手段，并获得技术效果的涉及计算机程序的发明专利申请属于专利法第二条第二款规定的技术方案，因而属于专利保护的客体。

【例4】

一种控制橡胶模压成型工艺的方法

申请内容概述

发明专利申请涉及一种利用计算机程序对橡胶模压成型工艺进行控制的方法，该计算机程序可以精确、实时地控制该成型工艺中的橡胶硫化时间，克服了现有技术的橡胶模压成型工艺过程中经常出现的过硫化和欠硫化的缺陷，使橡胶产品的质量大为提高。

申请的权利要求

一种采用计算机程序控制橡胶模压成型工艺的方法，其特征在于包括以下步骤：

通过温度传感器对橡胶硫化温度进行采样；

响应所述硫化温度计算橡胶制品在硫化过程中的正硫化时间；

判断所述的正硫化时间是否达到规定的正硫化时间；

当所述正硫化时间达到规定的正硫化时间时即发出终止硫化信号。

分析及结论

该解决方案是利用计算机程序控制橡胶模压成型工艺过程，其目的是为了防止橡胶的过硫化和欠硫化，解决的是技术问题，该方法通过执行计算机程序完成对橡胶模压成型工艺进行的处理，反映的是根据橡胶硫化原理对橡胶硫化时间进行精确、实时控制，利用的是遵循自然规律的技术手段，由于精确实时地控制了硫化时间，从而使橡胶产品的质量大为提高，所获得的是技术效果。因此，该发明专利申请是一种通过执行计算机程序实现工业过程控制的解决方案，属于专利法第二条第二款规定的技术方案，属于专利保护的客体。

【例5】

一种扩充移动计算设备存储容量的方法

申请内容概述

现有移动计算设备例如便携式计算机、手机等由于其体积以及便携性的要求，通常使用存储容量较小的闪存卡作为存储介质，使得移动计算设备由于受到存储容量的限制而不能处理需要大存储容量的多媒体数据，因而在移动计算设备上无法应用多媒体技术。发明专利申请提供了一种利用虚拟设备文件系统来扩充移动计算设备的存储容量的方法，使移动计算设备能够将服务器上的大容量存储空间用于本地应用。

申请的权利要求

一种利用虚拟设备文件系统扩充移动计算设备存储容量的方法，其特征在于，包括以下步骤：

在移动计算设备上建立一个虚拟设备文件系统模块，并挂入移动设备的操作系统；

通过虚拟设备文件系统模块向移动计算设备上的应用提供一个虚拟的存储空间，并把对这个虚拟存储空间的读写请求通过网络发送到远端服务器；

在远端服务器上，把从移动计算设备传来的读写请求转化为对服务器上本地存储设备的读写请求，并把读写的结果通过网络传回移动计算设备。

分析及结论

该解决方案是一种改进移动计算设备存储容量的方法，解决的是如何增加便携式计算机等移动计算设备的有效存储容量的技术问题，该方法通过执行计算机程序实现对移动计算设备内部运行性能的改进，反映的是利用虚拟设备文件系统模块在本地计算机上建立虚拟存储空间，将对本地存储设备的访问转换为对服务器上的存储设备的访问，利用的是遵循自然规律的技术手段，获得移动计算设备对数据的存储不受其本身存储容量限制的技术效果。因此，该发明专利申请是一种通过执行计算机程序实现计算机系统内部性能改进的解决方案，属于专利法第二条第二款规定的技术方案，属于专利保护的客体。

【例6】

一种去除图像噪声的方法

申请内容概述

现有技术通常采用均值滤波方式，即用噪声周围的像素点的均值替代噪声的像素值的方式来去除图像噪声，但这会造成相邻像素的灰度差值被缩小，从而产生图像模糊的现象。发明专利申请提出一种去除图像噪声的方法，利用概率统计中的 3σ 原理，将灰度值落在均值上下3倍方差外的像素点看作是噪声进行去除，而对灰度值落在均值上下3倍方差内的像素点不修改其灰度值，从而既能有效地去除图像噪声，又能够减少因去除图像噪声处理产生的图像模糊现象。

申请的权利要求

一种去除图像噪声的方法，其特征在于，包括以下步骤：

获取输入计算机的待处理图像的各个像素数据；

使用该图像所有像素的灰度值，计算出该图像的灰度均值及其灰度方差值；

读取图像所有像素的灰度值，逐个判断各个像素的灰度值是否落在均值上下3倍方差内，如果是，则不修改该像素的灰度值，否则该像素为噪声，通过修改该像素的灰度值去除噪声。

分析及结论

该解决方案是一种图像数据处理方法，所要解决的问题是如何在有效地去除图像噪声的同时，又能够减少因去除图像噪声处理产生的图像模糊现象，是技术问题，该方法通过执行计算机程序实现图像数据的去除噪声处理，反映的是根据具有技术含义的像素数据的灰度均值及其灰度方差值，对灰度值落在均值上下3倍方差外的像素点视为图像噪声予以去除，对灰度值落在均值上下3倍方差内的像素点视为图像信号不修改其灰度值，避免像现有技术那样对所有像素点都用均值替代的缺陷，利用的是遵循自然规律的技术手段，获得既能有效去除图像噪声又能减少因去除图像噪声处理造成的图像模糊现象的效果，同时由于被替换的像素点明显减少，使得系统的运算量减少，图像处理速度和图像质量提高，因而获得的是技术效果。因此，该发明专利申请是一种通过执行计算机程序实现外部技术数据处理的解决方案，属于专利法第二条第二款规定的技术方案，属于专利保护的客体。

【例7】

一种利用计算机程序测量液体粘度的方法

申请内容概述

液体粘度是液体生产和应用过程中一个常用的重要技术指标，通常的液体粘度测量方法是利用一种旋转式测量装置通过人工操作的方式进行的，首先电机带动转子在液体中旋转，转子转动的角度通过指针在刻度盘上扭转的角度反映出来，然后读取刻度盘上的扭转角度，从而测出液体粘度值。该测量方法存在的问题是测量过程由人工操作完成，测量速度慢，精度低，不适宜在生产现场实时检测。发明专利申请提出一种利用计算机程序控制的粘度测量方法，通过执行计算机程序对液体粘度测量的数据采集、数据处理和数据显示过程进行自动控制，实现在生产现场对液体粘度进行实时检测。

申请的权利要求

一种利用计算机程序测量液体粘度的方法，其特征在于包括以下步骤：

通过前置参数信号处理程序，根据液体种类确定合适的传感探头转速；

通过传感探头控制程序启动传感探头，使传感探头在液体中以上述转速做旋转剪切运动，并将传感探头感应到的液体粘滞阻力值变换成电流信号；

通过传感探头信号处理程序，根据上述电流信号计算出液体的粘度值，并将计算得到的粘度值传送到液晶显示器上显示，或者通过通讯接口送入生产控制中心。

分析及结论

该解决方案是一种测量液体粘度的方法，所要解决的是如何提高液体粘度测量的速度和精度的技术问题，该方法通过执行计算机程序实现对液体粘度测量过程的控制，反映的是对传感探头的转速选定、启动运动状态等传感探头工作过程以及对所采集技术数据的处理过程和测量结果的显示过程进行自动控制，利用的是遵循自然规律的技术手段，从而实现对液体粘度的现场实时检测，获得提高液体粘度测量的速度和精度的技术效果。因此，该发明专利申请是一种通过执行计算机程序实现测量或者测试过程控制的解决方案，属于专利法第二条第二款规定的技术方案，属于专利保护的客体。

（3）未解决技术问题，或者未利用技术手段，或者未获得技术效果的涉及计算机程序的发明专利申请，不属于专利法第二条第二款规定的技术方案，因而不属于专利保护的客体。

【例8】

一种计算机游戏方法

申请内容概述

就现有计算机游戏类型而言，一种是通过问答方式达到寓教于乐的目的，另一种是成长类游戏，根据游戏角色的成长来实现游戏角色和游戏环境的变化。发明专利申请要集中上述两种游戏类型的优点于一身，通过游戏中的问答方式实现游戏角色和游戏环境的变化。该游戏方法向用户提供一个游戏界面，根据游戏进度，将对应所述游戏进度的问题显示出来，当使用者输入问题答案时，判断上述答案是否正确以决定是否需要改变受用户操作的游戏角色在该计算机游戏中的等级、装备或环境。

申请的权利要求

一种向用户提供兼具成长类及问答类游戏方式的计算机游戏方法，其特征在于，该方法包括：

提问步骤，当使用者通过计算机游戏装置进入该计算机游戏的游戏环境时，从存储的题目资料、对应该题目资料的答案资料及游戏进度资料中调出对应该游戏进度的问题资料，并将问题资料显示给使用者；

成绩判断步骤，根据提供的问题资料判断使用者所输入的答案是否与存储的对应该题目的答案资料一致，若是，则进到下一步骤，若否，则返回提问步骤；

改变游戏状态步骤，依据成绩判断步骤的判断结果及所存储的问答成绩记录资料，决定受使用者操作的游戏角色在该计算机游戏中的等级、装备或环境，若答对问题的次数达到一定的标准，则其等级、装备或环境会相应升级、增加；若未达到一定的次数标准，则其等级、装备或环境不予改变。

分析与评述

该解决方案是利用公知计算机执行问答游戏过程控制的程序，从而形成将问答类游戏及成长类游戏结合在一起的计算机游戏方法，该方法通过问答以及改变游戏角色状态的方式，使游戏角色和环境在问答过程中相应变化。该解决方案虽然通过游戏装置进入计算机游戏环境并通过执行计算机程序对游戏过程进行控制，但该游戏装置是公知的游戏装置，对游戏过程进行的控制既没有给游戏装置的内部性能例如数据传输、内部资源管理等带来改进，也没有给游戏装置的构成或功能带来任何技术上的改变。而该方案所要解决的问题是如何根据人的主观意志来兼顾两种游戏的特点，不构成技术问题，采用的手段是根据人为制定的活动规则将问答类游戏和成长类游戏结合，而不是技术手段，获得的效果仅仅是对问答类游戏和成长类游戏结合的过程进行管理和控制，该效果仍然只是对游戏过程或游戏规则的管理和控制，而不是技术效果。因此，该发明专利申请不属于专利法第二条第二款规定的技术方案，不属于专利保护的客体。

4. 汉字编码方法及计算机汉字输入方法

汉字编码方法属于一种信息表述方法，它与声音信号、语言信号、可视显示信号或者交通指示信号等各种信息表述方式一样，解决的问题仅取决于人的表达意愿，采用的解决手段仅是人为规定的编码规则，实施该编码方法的结果仅仅是一个符号/字母数字串，解决的问题、采用的解决手段和获得的效果也未遵循自然规律。因此，仅仅涉及汉字编码方法的发明专利申请属于专利法第二十五条第一款第（二）项规定的智力活动的规则和方法，不属于专利保护的客体。

例如，一项发明专利申请的解决方案仅仅涉及一种汉语字根编码方法，这种汉语字根编码方法用于编纂字典和利用所述字典检索汉字，该发明专利申请的汉字编码方法仅仅是根据发明人的认识和理解，人为地制定编码汉字的相应规则，选择、指定和组合汉字编码码元，形成表示汉字的代码/字母数字串。该汉字编码方法没有解决技术问题，未使用技术手段，且不具有技术效果。因此，该发明专利申请的汉字编码方法属于专利法第二十五条第一款第（二）项规定的智力活动的规则和方法，不属于专利保护的客体。

但是，如果把汉字编码方法与该编码方法可使用的特定键盘相结合，构成计算机系统处理汉字的一种计算机汉字输入方法或者计算机汉字信息处理方法，使计算机系统能够以汉字信息为指令，运行程序，从而控制或处理外部对象或者内部对象，则这种计算机汉字输入方法或者计算机汉字信息处理方法构成专利法第二条第二款所说的技术方案，不再属于智力活动的规则和方法，而属于专利保护的客体。

对于这种由汉字编码方法与该编码方法所使用的特定键盘相结合而构成的计算机汉字输入方法的发明专利申请，在说明书及权利要求书中应当描述该汉字输入方法的技术特征，必要时，还应当描述该输入方法所使用键盘的技术特征，包括该键盘中对各键位的定义以及各键位在该键盘中的位置等。

例如，发明专利申请的主题涉及一种计算机汉字输入方法，包括从组成汉字的所有字根中选择确定数量的特定字根作为编码码元的步骤、将这些编码码元指定到所述特定键盘相应键位上的步骤、利用键盘上的特定键位根据汉字编码输入规则输入汉字的步骤。

该发明专利申请涉及将汉字编码方法与特定键盘相结合的计算机汉字输入方法，通过该输入方法，使计算机系统能够运行汉字，增加了计算机系统的处理功能。该发明专利申请要解决的是技术问题，采用的是技术手段，并能够产生技术效果，因此该发明专利申请构成技术方案，属于专利保护的客体。

5. 涉及计算机程序的发明专利申请的说明书及权利要求书的撰写

涉及计算机程序的发明专利申请的说明书及权利要求书的撰写要求与其他技术领域的发明专利申请的说明书及权利要求书的撰写要求原则上相同。以下仅就涉及计算机程序的发明专利申请的说明书及权利要求书在撰写方面的特殊要求作如下说明。

5.1 说明书的撰写

涉及计算机程序的发明专利申请的说明书除了应当从整体上描述该发明的技术方案之外，还必须清楚、完整地描述该计算机程序的设计构思及其技术特征以及达到其技术效果的实施方式。为了清楚、完整地描述该计算机程序的主要技术特征，说明书附图中应当给出该计算机程序的主要流程图。说明书中应当以所给出的计算机程序流程为基础，按照该流程的时间顺序，以自然语言对该计算机程序的各步骤进行描述。说明书对该计算机程序主要技术特征的描述程度应当以本领域的技术人员能够根据说明书所记载的流程图及其说明编制出能够达到所述技术效果的计算机程序为准。为了清楚起见，如有必要，申请人可以用惯用的标记性程序语言简短摘录某些关键部分的计算机源程序以供参考，但不需要提交全部计算机源程序。

涉及计算机程序的发明专利申请包含对计算机装置硬件结构作出改变的发明内容的，说明书附图应当给出该计算机装置的硬件实体结构图，说明书应当根据该硬件实体结构图，清楚、完整地描述该计算机装置的各硬件组成部分及其相互关系，以本领域的技术人员能够实现为准。

5.2 权利要求书的撰写

涉及计算机程序的发明专利申请的权利要求可以写成一种方法权利要求，也可以写成一种产品权利要求，例如实现该方法的装置。无论写成哪种形式的权利要求，都必须得到说明书的支持，并且都必须从整体上反映该发明的技术方案，记载解决技术问题的必要技术特征，而不能只概括地描述该计算机程序所具有的功能和该功能所能够达到的效果。如果写成方法权利要求，应当按照方法流程的步骤详细描述该计算机程序所执行的各项功能以及如何完成这些功能；如果写成装置权利要求，应当具体描述该装置的各个组成部分及其各组成部分之间的关系，所述组成部分不仅可以包括硬件，还可以包括程序。❶

如果全部以计算机程序流程为依据，按照与该计算机程序流程的各步骤完全对应一致的方式，或者按照与反映该计算机程序流程的方法权利要求完全对应一致的方式，撰写装置权利要求，即这种装置权利要求中的各组成部分与该计算机程序流程的各个步骤或者该方法权利要求中的各个步骤完全对应一致，则这种装置权利要求中的各组成部分应当理解为实现该程序流程各步骤或该方法各步骤所必须建立的程序模块，由这样一组程序模块限定的装置权利要求应当理解为主要通过说明书记载的计算机程序实现该解决方案的程序模块构架，而不应当理解为主要通过硬件方式实现该解决方案的实体装置。❷

下面给出涉及计算机程序的发明分别撰写成装置权利要求和方法权利要求的例子，以供参考。

【例1】

一件关于"对CRT屏幕上的字符进行游标控制"的发明专利申请，其独立权利要求可以按下述方法权利要求撰写。

一种CRT显示屏幕的游标控制方法，包括：

用于输入信息的输入步骤；

用于将游标水平和垂直移动起始位置地址存储到H/V起始位置存储装置中的步骤；

用于将游标水平和垂直移动终点位置地址存储到H/V终点位置存储装置中的步骤；

用于将游标当前位置的水平和垂直地址存储到游标位置存储装置中的步骤；

其特征是所述游标控制方法还包括：

用于分别将存储在所述游标位置存储装置中的游标当前的水平及垂直地址与存储在所述H/V终点位置存储装置中相应于其水平及垂直终点位置的地址进行比较的比较步骤；

由所述输入键盘输出信号和所述比较器输出信号控制的游标位置变换步骤；该步骤可对如下动作进行选择：

对存储在游标位置存储装置中的水平及垂直地址，按单个字符位置给予增1，

或对存储在游标位置存储装置中的水平及垂直地址，按单个字符位置给予减1，

或把存储在H/V起点存储装置中的水平及垂直起始位置的地址向游标位置存储装置进行置位；

用于根据所述游标位置存储装置中的存储状态在显示屏上显示所述游标当前位置的游标显示步骤。

【例2】

将上述例1所述涉及计算机程序的发明专利申请的权利要求写成装置权利要求。

一种CRT显示屏幕的游标控制器，包括：

用于输入信息的输入装置；

用于存储游标水平和垂直移动起始位置地

---

❶❷ 该段已根据2017年2月28日公布的国家知识产权局令第七十四号修改。——编者注

址的 H/V 起始位置存储装置；

用于存储游标水平和垂直移动终点位置地址的 H/V 终点位置存储装置；

用于存储游标当前位置的水平和垂直地址的游标位置存储装置；

其特征是所述游标控制器还包括：

用于分别将存储在所述游标位置存储装置中的游标当前的水平及垂直地址与存储在所述H/V 终点位置存储装置中相应于其水平及垂直终点位置的地址进行比较的比较器；

由所述输入键盘输出信号和所述比较器输出信号控制的游标位置变换装置；该装置包含：

对存储在游标位置存储装置中的水平及垂直地址，按单个字符位置给予增1的装置，

或对存储在游标位置存储装置中的水平及垂直地址，按单个字符位置给予减1的装置，

或把存储在 H/V 起点存储装置中的水平及垂直起始位置的地址向游标位置存储装置进行置位的装置；

用于根据所述游标位置存储装置中的存储状态在显示屏上显示所述游标当前位置的游标显示装置。

【例 3】

一件有关"适用作顺序控制和伺服控制的计算机系统"的发明专利申请，其采用并行处理，以打开、关闭和暂停三种指令作为在第一和第二程序之间并行处理指令来进行顺序控制和伺服控制。其写成的方法独立权利要求如下。

利用打开、关闭和暂停指令作为并行处理指令来进行顺序控制和伺服控制的方法，其特征在于采用下列步骤：

将欲执行任务的顺序控制或者伺服控制程序存入该计算机系统的程序存贮器中；

启动该计算机系统工作，CPU 按程序计数器内容读取指令、执行操作，并根据所执行指令的内容更新程序计数器；

当所执行指令为通常的程序指令时，程序计数器的更新与通用计算机相同；

当所执行指令为打开指令时，程序计数器被更新为此打开指令之后指令的地址，即要打开的并行处理程序的首地址，从而启动控制子过程操作；

当所执行指令为关闭指令时，程序计数器由地址表中选择得到的地址，或者此关闭指令之后指令的地址来更新，从而使发出该关闭指令的程序本身或者另一并行程序终止执行，同时伴随着启动其他的并行程序；

当所执行的指令为暂停指令时，程序计数器由该暂停指令之后的指令地址更新，从而使此程序按需要暂停执行一定的时间，同时在此期间内启动另一并行程序。

6. 包含算法特征或商业规则和方法特征的发明专利申请审查相关规定❶

涉及人工智能、"互联网＋"、大数据以及区块链等的发明专利申请，一般包含算法或商业规则和方法等智力活动的规则和方法特征，本节旨在根据专利法及其实施细则，对这类申请的审查特殊性作出规定。

6.1 审查基准

审查应当针对要求保护的解决方案，即权利要求所限定的解决方案进行。在审查中，不应当简单割裂技术特征与算法特征或商业规则和方法特征等，而应将权利要求记载的所有内容作为一个整体，对其中涉及的技术手段、解决的技术问题和获得的技术效果进行分析。

6.1.1 根据专利法第二十五条第一款第（二）项的审查

如果权利要求涉及抽象的算法或者单纯的商业规则和方法，且不包含任何技术特征，则这项权利要求属于专利法第二十五条第一款第（二）项规定的智力活动的规则和方法，不应当被授予专利权。例如，一种基于抽象算法且不包含任何技术特征的数学模型建立方法，属于专利法第二十五条第一款第（二）项规定的不应当被授予专利权的情形。再如，一种根据用户的消费额度进行返利的方法，该方法中包含的特征全部是与返利规则相关的商业规则和方法特征，不包含任何技术特征，属于专利法

---

❶ 根据 2019 年 12 月 31 日公布的国家知识产权局公告第三四三号，增加本节。——编者注

第二十五条第一款第（二）项规定的不应当被授予专利权的情形。

如果权利要求中除了算法特征或商业规则和方法特征，还包含技术特征，该权利要求就整体而言并不是一种智力活动的规则和方法，则不应当依据专利法第二十五条第一款第（二）项排除其获得专利权的可能性。

6.1.2 根据专利法第二条第二款的审查

如果要求保护的权利要求作为一个整体不属于专利法第二十五条第一款第（二）项排除获得专利权的情形，则需要就其是否属于专利法第二条第二款所述的技术方案进行审查。

对一项包含算法特征或商业规则和方法特征的权利要求是否属于技术方案进行审查时，需要整体考虑权利要求中记载的全部特征。如果该项权利要求记载了对要解决的技术问题采用了利用自然规律的技术手段，并且由此获得符合自然规律的技术效果，则该权利要求限定的解决方案属于专利法第二条第二款所述的技术方案。例如，如果权利要求中涉及算法的各个步骤体现出与所要解决的技术问题密切相关，如算法处理的数据是技术领域中具有确切技术含义的数据，算法的执行能直接体现出利用自然规律解决某一技术问题的过程，并且获得了技术效果，则通常该权利要求限定的解决方案属于专利法第二条第二款所述的技术方案。

6.1.3 新颖性和创造性的审查

对包含算法特征或商业规则和方法特征的发明专利申请进行新颖性审查时，应当考虑权利要求记载的全部特征，所述全部特征既包括技术特征，也包括算法特征或商业规则和方法特征。

对既包含技术特征又包含算法特征或商业规则和方法特征的发明专利申请进行创造性审查时，应将与技术特征功能上彼此相互支持、存在相互作用关系的算法特征或商业规则和方法特征与所述技术特征作为一个整体考虑。"功能上彼此相互支持、存在相互作用关系"是指算法特征或商业规则和方法特征与技术特征紧密结合、共同构成了解决某一技术问题的技术手段，并且能够获得相应的技术效果。

例如，如果权利要求中的算法应用于具体的技术领域，可以解决具体技术问题，那么可以认为该算法特征与技术特征功能上彼此相互支持、存在相互作用关系，该算法特征成为所采取的技术手段的组成部分，在进行创造性审查时，应当考虑所述的算法特征对技术方案作出的贡献。

再如，如果权利要求中的商业规则和方法特征的实施需要技术手段的调整或改进，那么可以认为该商业规则和方法特征与技术特征功能上彼此相互支持、存在相互作用关系，在进行创造性审查时，应当考虑所述的商业规则和方法特征对技术方案作出的贡献。

6.2 审查示例

以下，根据上述审查基准，给出包含算法特征或商业规则和方法特征的发明专利申请的审查示例。

（1）属于专利法第二十五条第一款第（二）项范围之内的包含算法特征或商业规则和方法特征的发明专利申请，不属于专利保护的客体。

【例1】

一种建立数学模型的方法

申请内容概述

发明专利申请的解决方案是一种建立数学模型的方法，通过增加训练样本数量，提高建模的准确性。该建模方法将与第一分类任务相关的其它分类任务的训练样本也作为第一分类任务数学模型的训练样本，从而增加训练样本数量，并利用训练样本的特征值、提取特征值、标签值等对相关数学模型进行训练，并最终得到第一分类任务的数学模型，克服了由于训练样本少导致过拟合而建模准确性较差的缺陷。

申请的权利要求

一种建立数学模型的方法，其特征在于，包括以下步骤：

根据第一分类任务的训练样本中的特征值和至少一个第二分类任务的训练样本中的特征值，对初始特征提取模型进行训练，得到目标特征提取模型；其中，所述第二分类任务是与所述第一分类任务相关的其它分类任务；

根据所述目标特征提取模型，分别对所述

第一分类任务的每个训练样本中的特征值进行处理，得到所述每个训练样本对应的提取特征值；

将所述每个训练样本对应的提取特征值和标签值组成提取训练样本，对初始分类模型进行训练，得到目标分类模型；

将所述目标分类模型和所述目标特征提取模型组成所述第一分类任务的数学模型。

分析及结论

该解决方案不涉及任何具体的应用领域，其中处理的训练样本的特征值、提取特征值、标签值、目标分类模型以及目标特征提取模型都是抽象的通用数据，利用训练样本的相关数据对数学模型进行训练等处理过程是一系列抽象的数学方法步骤，最后得到的结果也是抽象的通用分类数学模型。该方案是一种抽象的模型建立方法，其处理对象、过程和结果都不涉及与具体应用领域的结合，属于对抽象数学方法的优化，且整个方案并不包括任何技术特征，该发明专利申请的解决方案属于专利法第二十五条第一款第（二）项规定的智力活动的规则和方法，不属于专利保护客体。

（2）为了解决技术问题而利用技术手段并获得技术效果的包含算法特征或商业规则和方法特征的发明专利申请，属于专利法第二条第二款规定的技术方案，因而属于专利保护的客体。

【例2】

一种卷积神经网络模型的训练方法

申请内容概述

发明专利申请的解决方案是，在各级卷积层上对训练图像进行卷积操作和最大池化操作后，进一步对最大池化操作后得到的特征图像进行水平池化操作，使训练好的CNN模型在识别图像类别时能够识别任意尺寸的待识别图像。

申请的权利要求

一种卷积神经网络CNN模型的训练方法，其特征在于，所述方法包括：

获取待训练CNN模型的初始模型参数，所述初始模型参数包括各级卷积层的初始卷积核、所述各级卷积层的初始偏置矩阵、全连接层的初始权重矩阵和所述全连接层的初始偏置向量；

获取多个训练图像；

在所述各级卷积层上，使用所述各级卷积层上的初始卷积核和初始偏置矩阵，对每个训练图像分别进行卷积操作和最大池化操作，得到每个训练图像在所述各级卷积层上的第一特征图像；

对每个训练图像在至少一级卷积层上的第一特征图像进行水平池化操作，得到每个训练图像在各级卷积层上的第二特征图像；

根据每个训练图像在各级卷积层上的第二特征图像确定每个训练图像的特征向量；

根据所述初始权重矩阵和初始偏置向量对每个特征向量进行处理，得到每个训练图像的类别概率向量；

根据所述每个训练图像的类别概率向量及每个训练图像的初始类别，计算类别误差；

基于所述类别误差，对所述待训练CNN模型的模型参数进行调整；

基于调整后的模型参数和所述多个训练图像，继续进行模型参数调整的过程，直至迭代次数达到预设次数；

将迭代次数达到预设次数时所得到的模型参数作为训练好的CNN模型的模型参数。

分析及结论

该解决方案是一种卷积神经网络CNN模型的训练方法，其中明确了模型训练方法的各步骤中处理的数据均为图像数据以及各步骤如何处理图像数据，体现出神经网络训练算法与图像信息处理密切相关。该解决方案所解决的是如何克服CNN模型仅能识别具有固定尺寸的图像的技术问题，采用了在不同卷积层上对图像进行不同处理并训练的手段，利用的是遵循自然规律的技术手段，获得了训练好的CNN模型能够识别任意尺寸待识别图像的技术效果。因此，该发明专利申请的解决方案属于专利法第二条第二款规定的技术方案，属于专利保护客体。

【例3】

一种共享单车的使用方法

申请内容概述

发明专利申请提出一种共享单车的使用方

法，通过获取用户终端设备的位置信息和对应一定距离范围内的共享单车的状态信息，使用户可以根据共享单车的状态信息准确地找到可以骑行的共享单车进行骑行，并通过提示引导用户进行停车，该方法方便了共享单车的使用和管理，节约了用户的时间，提升了用户体验。

申请的权利要求

一种共享单车的使用方法，其特征在于，包括以下步骤：

步骤一，用户通过终端设备向服务器发送共享单车的使用请求；

步骤二，服务器获取用户的第一位置信息，查找与所述第一位置信息对应一定距离范围内的共享单车的第二位置信息，以及这些共享单车的状态信息，将所述共享单车的第二位置信息和状态信息发送到终端设备，其中第一位置信息和第二位置信息是通过GPS信号获取的；

步骤三，用户根据终端设备上显示的共享单车的位置信息，找到可以骑行的目标共享单车；

步骤四，用户通过终端设备扫描目标共享单车车身上的二维码，通过服务器认证后，获得目标共享单车的使用权限；

步骤五，服务器根据骑行情况，向用户推送停车提示，若用户将车停放在指定区域，则采用优惠资费进行计费，否则采用标准资费进行计费；

步骤六，用户根据所述提示进行选择，骑行结束后，用户进行共享单车的锁车动作，共享单车检测到锁车状态后向服务器发送骑行完毕信号。

分析及结论

该解决方案涉及一种共享单车的使用方法，所要解决的是如何准确找到可骑行共享单车位置并开启共享单车的技术问题，该方案通过执行终端设备和服务器上的计算机程序实现了对用户使用共享单车行为的控制和引导，反映的是对位置信息、认证等数据进行采集和计算的控制，利用的是遵循自然规律的技术手段，实现了准确找到可骑行共享单车位置并开启共享单车等技术效果。因此，该发明专利申请的解决方案属于专利法第二条第二款规定的技术方案，属于专利保护的客体。

【例4】

一种区块链节点间通信方法及装置

申请内容概述

发明专利申请提出一种区块链节点通信方法和装置，区块链中的业务节点在建立通信连接之前，可以根据通信请求中携带的CA证书以及预先配置的CA信任列表，确定是否建立通信连接，从而减少了业务节点泄露隐私数据的可能性，提高了区块链中存储数据的安全性。

申请的权利要求

一种区块链节点通信方法，区块链网络中的区块链节点包括业务节点，其中，所述业务节点存储证书授权中心CA发送的证书，并预先配置有CA信任列表，所述方法包括：

第一区块链节点接收第二区块链节点发送的通信请求，其中，所述通信请求中携带有第二区块链节点的第二证书；

确定所述第二证书对应的CA标识；

判断确定出的所述第二证书对应的CA标识，是否存在于所述CA信任列表中；

若是，则与所述第二区块链节点建立通信连接；

若否，则不与所述第二区块链节点建立通信连接。

分析及结论

本申请要解决的问题是联盟链网络中如何防止区块链业务节点泄露用户隐私数据的问题，属于提高区块链数据安全性的技术问题，通过在通信请求中携带CA证书并预先配置CA信任列表的方式确定是否建立连接，限制了业务节点可建立连接的对象，利用的是遵循自然规律的技术手段，获得了业务节点间安全通信和减少业务节点泄露隐私数据可能性的技术效果。因此，该发明专利申请的解决方案属于专利法第二条第二款规定的技术方案，属于专利保护的客体。

（3）未解决技术问题，或者未利用技术手段，或者未获得技术效果的包含算法特征或商业规则和方法特征的发明专利申请,不属于专利法第二条第二款规定的技术方案,因而不属于专利保护的客体。

【例 5】

一种消费返利的方法

申请内容概述

发明专利申请提出一种消费返利的方法,通过计算机执行设定的返利规则给予消费的用户现金券,从而提高了用户的消费意愿,为商家获得了更多的利润。

申请的权利要求

一种消费返利的方法,其特征在于,包括以下步骤:

用户在商家进行消费时,商家根据消费的金额返回一定的现金券,具体地,

商家采用计算机对用户的消费金额进行计算,将用户的消费金额 R 划分为 M 个区间,其中,M 为整数,区间 1 到区间 M 的数值由小到大,将返回现金券的额度 F 也分为 M 个值,M 个数值也由小到大进行排列;

根据计算机的计算值,判断当用户本次消费金额位于区间 1 时,返利额度为第 1 个值,当用户本次消费金额位于区间 2 时,返利额度为第 2 个值,依次类推,将相应区间的返利额度返回给用户。

分析及结论

该解决方案涉及一种消费返利的方法,该方法是由计算机执行的,其处理对象是用户的消费数据,所要解决的是如何促进用户消费的问题,不构成技术问题,所采用的手段是通过计算机执行人为设定的返利规则,但对计算机的限定只是按照指定的规则根据用户消费金额确定返利额度,不受自然规律的约束,因而未利用技术手段,该方案获得的效果仅仅是促进用户消费,不是符合自然规律的技术效果。因此,该发明专利申请不属于专利法第二条第二款规定的技术方案,不属于专利保护的客体。

【例 6】

一种基于用电特征的经济景气指数分析方法

申请内容概述

发明专利申请通过统计各项经济指标和用电指标,来评估待检测地区的经济景气指数。

申请的权利要求

一种基于地区用电特征的经济景气指数分析方法,其特征在于,包括以下步骤:

根据待检测地区的经济数据和用电数据,选定待检测地区的经济景气指数的初步指标,其中,所述初步指标包括经济指标和用电指标;

通过计算机执行聚类分析方法和时差相关分析法,确定所述待检测地区的经济景气指标体系,包括先行指标、一致指标和滞后指标;

根据所述待检测地区的经济景气指标体系,采用合成指数计算方法,获取所述待检测地区的经济景气指数。

分析及结论

该解决方案是一种经济景气指数的分析和计算方法,该方法是由计算机执行的,其处理对象是各种经济指标、用电指标,解决的问题是对经济走势进行判断,不构成技术问题,所采用的手段是根据经济数据和用电数据对经济情况进行分析,仅是依照经济学规律采用经济管理手段,不受自然规律的约束,因而未利用技术手段,该方案最终可以获得用于评估经济的经济景气指数,不是符合自然规律的技术效果,因此该解决方案不属于专利法第二条第二款规定的技术方案,不属于专利保护的客体。

(4)在进行创造性审查时,应当考虑与技术特征在功能上彼此相互支持、存在相互作用关系的算法特征或商业规则和方法特征对技术方案作出的贡献。

【例 7】

一种基于多传感器信息仿人机器人跌倒状态检测方法

申请内容概述

现有对仿人机器人步行时跌倒状态的判定主要利用姿态信息或 ZMP 点位置信息,但这样判断是不全面的。发明专利申请提出了基于多传感器检测仿人机器人跌倒状态的方法,通过实时融合机器人步态阶段信息、姿态信息和 ZMP 点位置信息,并利用模糊决策系统,判定机器人当前的稳定性和可控性,为机器人下一步动作提供参考。

申请的权利要求

一种基于多传感器信息仿人机器人跌倒状态检测方法，其特征在于包含如下步骤：

（1）通过对姿态传感器信息、零力矩点 ZMP 传感器信息和机器人步行阶段信息进行融合，建立分层结构的传感器信息融合模型；

（2）分别利用前后模糊决策系统和左右模糊决策系统来判定机器人在前后方向和左右方向的稳定性，具体步骤如下：

①根据机器人支撑脚和地面之间的接触情况与离线步态规划确定机器人步行阶段；

②利用模糊推理算法对 ZMP 点位置信息进行模糊化；

③利用模糊推理算法对机器人的俯仰角或滚动角进行模糊化；

④确定输出隶属函数；

⑤根据步骤①～步骤④确定模糊推理规则；

⑥去模糊化。

分析及结论

对比文件 1 公开了仿人机器人的步态规划与基于传感器信息的反馈控制，并根据相关融合信息对机器人稳定性进行判断，其中包括根据多个传感器信息进行仿人机器人稳定状态评价，即对比文件 1 公开了发明专利申请的解决方案中的步骤（1），该解决方案与对比文件 1 的区别在于采用步骤（2）的具体算法的模糊决策方法。

基于申请文件可知，该解决方案有效地提高了机器人的稳定状态以及对其可能跌倒方向判读的可靠性和准确率。姿态信息、ZMP 点位置信息以及步行阶段信息作为输入参数，通过模糊算法输出判定仿人机器人稳定状态的信息，为进一步发出准确的姿势调整指令提供依据。因此，上述算法特征与技术特征在功能上彼此相互支持、存在相互作用关系，相对于对比文件 1，确定发明实际解决的技术问题为：如何判断机器人稳定状态以及准确预测其可能的跌倒方向。上述模糊决策的实现算法及将其应用于机器人稳定状态的判断均未被其它对比文件公开，也不属于本领域公知常识，现有技术整体上并不存在使本领域技术人员改进对比文件 1 以获得要求保护发明的启示，要求保护的发明技术方案相对于最接近的现有技术是非显而易见的，具备创造性。

【例 8】

基于合作协进化和多种群遗传算法的多机器人路径规划系统

申请内容概述

现有的多移动机器人运动规划控制结构通常采用集中式规划方法，该方法将多机器人系统视为一个具有多个自由度的复杂机器人，由系统中的一个规划器来统一完成对所有机器人的运动规划，其缺点在于计算时间较长，实用性不佳。发明专利申请提供了一种基于协作进化和多种群遗传算法的多机器人路径规划系统。机器人的每一条路径都采用一个染色体表示，将最短距离、平滑度、安全距离作为设计路径适应度函数的三个目标，通过 Messy 遗传算法对每个机器人的路径进行优化得到最佳路径。

申请的权利要求

一种基于合作协进化和多种群遗传算法的多机器人路径规划系统，其特征在于：

（1）机器人的一条路径采用一个染色体表示，染色体就表示成节点的链表形式，即 [（x, y），time]，（x, y, time∈R），（x, y）表示机器人的位置坐标，time 表示从前一个节点移动本节点需要的时间消耗，开始节点的 time 等于 0，每个机器人个体的染色体除了初始节点的初始位置，结束节点的目标位置固定以外，中间节点和节点个数都是可变的；

（2）每个机器人 Robot（i）的路径 path（j）的适应度函数表示成 ϕ（pi, j）：

||pi, j|| = Distance（pi, j）+ ws × smooth（pi, j）+ wt × Time（pi, j）

其中 ||pi, j|| 是距离、平滑度和时间消耗的线性组合，ws 是平滑加权因子，wt 是时间加权因子；Distance（pi, j）表示路径长度，smooth（pi, j）表示路径的平滑度，Time（pi, j）是路径 pi, j 的时间消耗；每个机器人采用所述适应度函数，通过 Messy 遗传算法优化得到最优路径。

分析及结论

对比文件 1 公开了一种基于合作协进化的

多机器人路径规划方法，其中采用适应度函数，通过混沌遗传算法来获得最优路径。发明专利申请的解决方案与对比文件1的区别在于通过Messy遗传算法来实现多机器人路径规划。

在该解决方案中，采用Messy遗传算法优化后得到机器人的前进路径，该解决方案的算法特征与技术特征在功能上相互支持、存在相互作用关系，实现了对机器人前进路径的优化。相对于对比文件1，确定发明实际解决的技术问题为：如何基于特定的算法使机器人以最优路径前进。对比文件2已经公开了包括所述混沌遗传算法在内的多种遗传算法都可被用来进行路径优化，同时采用Messy遗传算法可以解决其他算法的弊端，从而获得更合理的优化结果。基于对比文件2给出的启示，本领域技术人员有动机将对比文件1与对比文件2结合得到发明专利申请的技术方案。因此，要求保护的发明技术方案相对于对比文件1和对比文件2的结合是显而易见的，不具备创造性。

【例9】
一种物流配送方法
申请内容概述

在货物配送过程中，如何有效提高货物配送效率以及降低配送成本，是发明专利申请所要解决的问题。在物流人员到达配送地点后，可以通过服务器向订货用户终端推送消息的形式同时通知特定配送区域的多个订货用户进行提货，达到了提高货物配送效率以及降低配送成本的目的。

申请的权利要求

一种物流配送方法，其通过批量通知用户取件的方式来提高物流配送效率，该方法包括：

当派件员需要通知用户取件时，派件员通过手持的物流终端向服务器发送货物已到达的通知；

服务器批量通知派件员派送范围内的所有订货用户；

接收到通知的订货用户根据通知信息完成取件；

其中，服务器进行批量通知具体实现方式为，服务器根据物流终端发送的到货通知中所携带的派件员ID、物流终端当前位置以及对应的配送范围，确定该派件员ID所对应的、以所述物流终端的当前位置为中心的配送距离范围内的所有目标订单信息，然后将通知信息推送给所有目标订单信息中的订货用户账号所对应的订货用户终端。

分析及结论

对比文件1公开了一种物流配送方法，其由物流终端对配送单上的条码进行扫描，并将扫描信息发送给服务器以通知服务器货物已经到达；服务器获取扫描信息中的订货用户信息，并向该订货用户发出通知；接收到通知的订货用户根据通知信息完成取件。

发明专利申请的解决方案与对比文件1的区别在于批量通知用户订货到达，为实现批量通知，方案中服务器、物流终端和用户终端之间的数据架构和数据通信方式均做出了相应调整，取件通知规则和具体的批量通知实现方式在功能上彼此相互支持、存在相互作用关系。相对于对比文件1，确定发明实际解决的技术问题是如何提高订单到达通知效率进而提高货物配送效率。从用户角度来看，用户可以更快地获知订货到达情况的信息，也提高了用户体验。由于现有技术并不存在对上述对比文件1做出改进从而获得发明专利申请的解决方案的技术启示，该解决方案具备创造性。

【例10】
一种动态观点演变的可视化方法
申请内容概述

近年来人们越来越多地通过社交平台发表他们的意见和想法，人们在社交平台上发表的带有情感的内容反映了人们观点的演变，并可以由此看出事件的发展、变化和趋势。发明专利申请通过自动采集社交平台人们发表的信息并对其中的情感进行分析，通过计算机绘制情感可视化图来帮助人们更好地理解情感在不同时间的强度变化和随时间而演变的趋势。

申请的权利要求

一种动态观点演变的可视化方法，所述方法包括：

步骤一，由计算设备确定所采集的信息集合中信息的情感隶属度和情感分类，所述信息的情感隶属度表示该信息以多大概率属于某一情感分类；

步骤二，所述情感分类为积极、中立或消极，具体分类方法为：如果点赞的数目 p 除以点踩的数目 q 的值 r 大于阈值 a，那么认为该情感分类为积极，如果值 r 小于阈值 b，那么认为该情感分类为消极，如果值 $b \leqslant r \leqslant a$，那么情感分类为中立，其中 $a > b$；

步骤三，基于所述信息的情感分类，自动建立所述信息集合的情感可视化图形的几何布局，以横轴表示信息产生的时间，以纵轴表示属于各情感分类的信息的数量；

步骤四，所述计算设备基于所述信息的情感隶属度对所建立的几何布局进行着色，按照信息颜色的渐变顺序为各情感分类层上的信息着色。

分析及结论

对比文件1公开了一种基于情感的可视化分析方法，其中时间被表示为一条水平轴，每条色带在不同时间的宽度代表一种情感在该时间的度量，用不同的色带代表不同的情感。

发明专利申请的解决方案与对比文件1的区别在于步骤二中设定的情感的具体分类规则。从申请内容中可以看出，即使情感分类规则不同，对相应数据进行着色处理的技术手段也可以是相同的，不必作出改变，即上述情感分类规则与具体的可视化手段并非功能上彼此相互支持、存在相互作用关系。与对比文件1相比，发明专利申请只是提出了一种新的情感分类的规则，没有实际解决任何技术问题，也没有针对现有技术作出技术贡献。因此，要求保护的发明技术方案相对于对比文件1不具备创造性。

6.3 说明书及权利要求书的撰写

6.3.1 说明书的撰写

包含算法特征或商业规则和方法特征的发明专利申请的说明书应当清楚、完整地描述发明为解决其技术问题所采用的解决方案。所述解决方案在包含技术特征的基础上，可以进一步包含与技术特征功能上彼此相互支持、存在相互作用关系的算法特征或商业规则和方法特征。

说明书中应当写明技术特征和与其功能上彼此相互支持、存在相互作用关系的算法特征或商业规则和方法特征如何共同作用并且产生有益效果。例如，包含算法特征时，应当将抽象的算法与具体的技术领域结合，至少一个输入参数及其相关输出结果的定义应当与技术领域中的具体数据对应关联起来；包含商业规则和方法特征时，应当对解决技术问题的整个过程进行详细描述和说明，使得所属技术领域的技术人员按照说明书记载的内容，能够实现该发明的解决方案。

说明书应当清楚、客观地写明发明与现有技术相比所具有的有益效果，例如质量、精度或效率的提高，系统内部性能的改善等。如果从用户的角度而言，客观上提升了用户体验，也可以在说明书中进行说明，此时，应当同时说明这种用户体验的提升是如何由构成发明的技术特征，以及与其功能上彼此相互支持、存在相互作用关系的算法特征或商业规则和方法特征共同带来或者产生的。

6.3.2 权利要求书的撰写

包含算法特征或商业规则和方法特征的发明专利申请的权利要求应当以说明书为依据，清楚、简要地限定要求专利保护的范围。权利要求应当记载技术特征以及与技术特征功能上彼此相互支持、存在相互作用关系的算法特征或商业规则和方法特征。

第十章　关于化学领域发明专利申请审查的若干规定

1. 引　言

化学领域发明专利申请的审查存在着许多特殊的问题。例如，在多数情况下，化学发明能否实施往往难以预测，必须借助于试验结果加以证实才能得到确认；有的化学产品的结构尚不清楚，不得不借助于性能参数和/或制备方法来定义；发现已知化学产品新的性能或用途并不意味着其结构或组成的改变，因此不能视为新的产品；某些涉及生物材料的发明仅仅按照说明书的文字描述很难实现，必须借助于保藏生物材料作为补充手段。本章旨在按照专利法和专利法实施细则的原则，并在符合本指南一般性规定的前提下，对于如何处理化学发明审查中的某些特殊问题作出若干规定。

2. 不授予专利权的化学发明专利申请

2.1 天然物质

人们从自然界找到以天然形态存在的物质，仅仅是一种发现，属于专利法第二十五条第一款第（一）项规定的"科学发现"，不能被授予专利权。但是，如果是首次从自然界分离或提取出来的物质，其结构、形态或者其他物理化学参数是现有技术中不曾认识的，并能被确切地表征，且在产业上有利用价值，则该物质本身以及取得该物质的方法均可依法被授予专利权。

2.2 物质的医药用途

物质的医药用途如果是用于诊断或治疗疾病，则因属于专利法第二十五条第一款第（三）项规定的情形，不能被授予专利权。但是如果它们用于制造药品，则可依法被授予专利权（参见本章第4.5.2节）。

3. 化学发明的充分公开

3.1 化学产品发明的充分公开

这里所称的化学产品包括化合物、组合物以及用结构和/或组成不能够清楚描述的化学产品。要求保护的发明为化学产品本身的，说明书中应当记载化学产品的确认、化学产品的制备以及化学产品的用途。

（1）化学产品的确认

对于化合物发明，说明书中应当说明该化合物的化学名称及结构式（包括各种官能基团、分子立体构型等）或者分子式，对化学结构的说明应当明确到使本领域的技术人员能确认该化合物的程度；并应当记载与发明要解决的技术问题相关的化学、物理性能参数（例如各种定性或者定量数据和谱图等），使要求保护的化合物能被清楚地确认。此外，对于高分子化合物，除了应当对其重复单元的名称、结构式或者分子式按照对上述化合物的相同要求进行记载之外，还应当对其分子量及分子量分布、重复单元排列状态（如均聚、共聚、嵌段、接枝等）等要素作适当的说明；如果这些结构要素未能完全确认该高分子化合物，则还应当记载其结晶度、密度、二次转变点等性能参数。

对于组合物发明，说明书中除了应当记载组合物的组分外，还应当记载各组分的化学和/或物理状态、各组分可选择的范围、各组分的含量范围及其对组合物性能的影响等。

对于仅用结构和/或组成不能够清楚描述的化学产品，说明书中应当进一步使用适当的化学、物理参数和/或制备方法对其进行说明，使要求保护的化学产品能被清楚地确认。

（2）化学产品的制备

对于化学产品发明，说明书中应当记载至少一种制备方法，说明实施所述方法所用的原料物质、工艺步骤和条件、专用设备等，使本领域的技术人员能够实施。对于化合物发明，通常需要有制备实施例。

（3）化学产品的用途和/或使用效果

对于化学产品发明，应当完整地公开该产品的用途和/或使用效果，即使是结构首创的化合物，也应当至少记载一种用途。

如果所属技术领域的技术人员无法根据现有技术预测发明能够实现所述用途和/或使用效果，则说明书中还应当记载对于本领域技术人员来说，足以证明发明的技术方案可以实现所述用途和/或达到预期效果的定性或者定量实验数据。

对于新的药物化合物或者药物组合物，应当记载其具体医药用途或者药理作用，同时还应当记载其有效量及使用方法。如果本领域技术人员无法根据现有技术预测发明能够实现所述医药用途、药理作用，则应当记载对于本领域技术人员来说，足以证明发明的技术方案可以解决预期要解决的技术问题或者达到预期的技术效果的实验室试验（包括动物试验）或者临床试验的定性或者定量数据。说明书对有效量和使用方法或者制剂方法等应当记载至所属技术领域的技术人员能够实施的程度。

对于表示发明效果的性能数据，如果现有

技术中存在导致不同结果的多种测定方法，则应当说明测定它的方法，若为特殊方法，应当详细加以说明，使所属技术领域的技术人员能实施该方法。

3.2　化学方法发明的充分公开

（1）对于化学方法发明，无论是物质的制备方法还是其他方法，均应当记载方法所用的原料物质、工艺步骤和工艺条件，必要时还应当记载方法对目的物质性能的影响，使所属技术领域的技术人员按照说明书中记载的方法去实施时能够解决该发明要解决的技术问题。

（2）对于方法所用的原料物质，应当说明其成分、性能、制备方法或者来源，使得本领域技术人员能够得到。

3.3　化学产品用途发明的充分公开

对于化学产品用途发明，在说明书中应当记载所使用的化学产品、使用方法及所取得的效果，使得本领域技术人员能够实施该用途发明。如果所使用的产品是新的化学产品，则说明书对于该产品的记载应当满足本章第 3.1 节的相关要求。如果本领域的技术人员无法根据现有技术预测该用途，则应当记载对于本领域的技术人员来说，足以证明该物质可以用于所述用途并能解决所要解决的技术问题或者达到所述效果的实验数据。

3.4　关于实施例❶

由于化学领域属于实验性学科，多数发明需要经过实验证明，因此说明书中通常应当包括实施例，例如产品的制备和应用实施例。

说明书中实施例的数目，取决于权利要求的技术特征的概括程度，例如并列选择要素的概括程度和数据的取值范围；在化学发明中，根据发明的性质不同，具体技术领域不同，对实施例数目的要求也不完全相同。一般的原则是，应当能足以理解发明如何实施，并足以判断在权利要求所限定的范围内都可以实施并取得所述的效果。

3.5　关于补交的实验数据❷

判断说明书是否充分公开，以原说明书和权利要求书记载的内容为准。

对于申请日之后补交的实验数据，审查员应当予以审查。补交实验数据所证明的技术效果应当是所属技术领域的技术人员能够从专利申请公开的内容中得到的。

4. 化学发明的权利要求

4.1　化合物权利要求

化合物权利要求应当用化合物的名称或者化合物的结构式或分子式来表征。化合物应当按通用的命名法来命名，不允许用商品名或者代号；化合物的结构应当是明确的，不能用含糊不清的措词。

4.2　组合物权利要求

4.2.1　开放式、封闭式及它们的使用要求

根据专利法实施细则第二十一条第二款的规定，发明的性质不适合将独立权利要求分为前序和特征两部分撰写的，独立权利要求可以用其他方式撰写。组合物权利要求一般属于这种情况。

组合物权利要求应当用组合物的组分或者组分和含量等组成特征来表征。组合物权利要求分开放式和封闭式两种表达方式。开放式表示组合物中并不排除权利要求中未指出的组分；封闭式则表示组合物中仅包括所指出的组分而排除所有其他的组分。开放式和封闭式常用的措词如下：

（1）开放式，例如"含有"、"包括"、"包含"、"基本含有"、"本质上含有"、"主要由……组成"、"主要组成为"、"基本上由……组成"、"基本组成为"等，这些都表示该组合物中还可以含有权利要求中所未指出的某些组分，即使其在含量上占较大的比例。

（2）封闭式，例如"由……组成"、"组成为"、"余量为"等，这些都表示要求保护的组合物由所指出的组分组成，没有别的组分，但可以带有杂质，该杂质只允许以通常的含量

---

❶ 根据 2017 年 2 月 28 日公布的国家知识产权局令第七十四号，将该节第（2）项移至本章第 3.5 节并作修改。——编者注

❷ 根据 2017 年 2 月 28 日公布的国家知识产权局令第七十四号，增加该节。——编者注

存在。

使用开放式或者封闭式表达方式时,必须要得到说明书的支持。例如,权利要求的组合物 A+B+C,如果说明书中实际上没有描述除此之外的组分,则不能使用开放式权利要求。

另外还应当指出的是,一项组合物独立权利要求为 A+B+C,假如其下面一项权利要求为 A+B+C+D,则对于开放式的 A+B+C 权利要求而言,含 D 的这项为从属权利要求;对于封闭式的 A+B+C 权利要求而言,含 D 的这项为独立权利要求。

4.2.2 组合物权利要求中组分和含量的限定

(1) 如果发明的实质或者改进只在于组分本身,其技术问题的解决仅取决于组分的选择,而组分的含量是本领域的技术人员根据现有技术或者通过简单实验就能够确定的,则在独立权利要求中可以允许只限定组分;但如果发明的实质或者改进既在组分上,又与含量有关,其技术问题的解决不仅取决于组分的选择,而且还取决于该组分特定含量的确定,则在独立权利要求中必须同时限定组分和含量,否则该权利要求就不完整,缺少必要技术特征。

(2) 在某些领域中,例如在合金领域中,合金的必要成分及其含量通常应当在独立权利要求中限定。

(3) 在限定组分的含量时,不允许有含糊不清的用词,例如"大约"、"左右"、"近"等等,如果出现这样的词,一般应当删去。组分含量可以用"0~X"、"<X"或者"X 以下"等表示,以"0~X"表示的,为选择组分,"<X"、"X 以下"等的含义为包括 X=0。通常不允许以">X"表示含量范围。

(4) 一个组合物中各组分含量百分数之和应当等于 100%,几个组分的含量范围应当符合以下条件:

某一组分的上限值+其他组分的下限值≤100

某一组分的下限值+其他组分的上限值≥100

(5) 用文字或数值难以表示组合物各组分之间的特定关系的,可以允许用特性关系或者用量关系式,或者用图来定义权利要求。图的具体意义应当在说明书中加以说明。

(6) 用文字定性表述来代替数字定量表示的方式,只要其意思是清楚的,且在所属技术领域是众所周知的,就可以接受,例如"含量为足以使某物料湿润"、"催化量的"等等。

4.2.3 组合物权利要求的其他限定

组合物权利要求一般有三种类型,即非限定型、性能限定型以及用途限定型。例如:

(1) "一种水凝胶组合物,含有分子式(Ⅰ)的聚乙烯醇、皂化剂和水"(分子式(Ⅰ)略);

(2) "一种磁性合金,含有 10%~60%(重量)的 A 和 90%~40%(重量)的 B";

(3) "一种丁烯脱氢催化剂,含有 Fe_3O_4 和 K_2O……"。

以上(1)为非限定型,(2)为性能限定型,(3)为用途限定型。

当该组合物具有两种或者多种使用性能和应用领域时,可以允许用非限定型权利要求。例如,上述(1)的水凝胶组合物,在说明书中叙述了它具有可成型性、吸湿性、成膜性、粘结性以及热容量大等性能,因而可用于食品添加剂、上胶剂、粘合剂、涂料、微生物培养介质以及绝热介质等多种领域。

如果在说明书中仅公开了组合物的一种性能或者用途,则应写成性能限定型或者用途限定型,例如(2)、(3)。在某些领域中,例如合金,通常应当写明发明合金所固有的性质和/或用途。大多数药品权利要求应当写成用途限定型。

4.3 仅用结构和/或组成特征不能清楚表征的化学产品权利要求

对于仅用结构和/或组成特征不能清楚表征的化学产品权利要求,允许进一步采用物理-化学参数和/或制备方法来表征。

(1) 允许用物理-化学参数来表征化学产品权利要求的情况是:仅用化学名称或者结构式或者组成不能清楚表征的结构不明的化学产品。参数必须是清楚的。

（2）允许用制备方法来表征化学产品权利要求的情况是：用制备方法之外的其他特征不能充分表征的化学产品。

4.4 化学方法权利要求

化学领域中的方法发明，无论是制备物质的方法还是其他方法（如物质的使用方法、加工方法、处理方法等），其权利要求可以用涉及工艺、物质以及设备的方法特征来进行限定。

涉及工艺的方法特征包括工艺步骤（也可以是反应步骤）和工艺条件，例如温度、压力、时间、各工艺步骤中所需的催化剂或者其他助剂等；

涉及物质的方法特征包括该方法中所采用的原料和产品的化学成分、化学结构式、理化特性参数等；

涉及设备的方法特征包括该方法所专用的设备类型及其与方法发明相关的特性或者功能等。

对于一项具体的方法权利要求来说，根据方法发明要求保护的主题不同、所解决的技术问题不同以及发明的实质或者改进不同，选用上述三种技术特征的重点可以各不相同。

4.5 用途权利要求

4.5.1 用途权利要求的类型

化学产品的用途发明是基于发现产品新的性能，并利用此性能而作出的发明。无论是新产品还是已知产品，其性能是产品本身所固有的，用途发明的本质不在于产品本身，而在于产品性能的应用。因此，用途发明是一种方法发明，其权利要求属于方法类型。

如果利用一种产品 A 而发明了一种产品 B，那么自然应当以产品 B 本身申请专利，其权利要求属于产品类型，不作为用途权利要求。

审查员应当注意从权利要求的撰写措词上区分用途权利要求和产品权利要求。例如，"用化合物 X 作为杀虫剂"或者"化合物 X 作为杀虫剂的应用"是用途权利要求，属于方法类型，而"用化合物 X 制成的杀虫剂"或者"含化合物 X 的杀虫剂"，则不是用途权利要求，而是产品权利要求。

还应当明确的是，不应当把"化合物 X 作为杀虫剂的应用"理解为与"作杀虫剂用的化合物 X"相等同。后者是限定用途的产品权利要求，不是用途权利要求。

4.5.2 物质的医药用途权利要求

物质的医药用途如果以"用于治病"、"用于诊断病"、"作为药物的应用"等等这样的权利要求申请专利，则属于专利法第二十五条第一款第（三）项"疾病的诊断和治疗方法"，因此不能被授予专利权；但是由于药品及其制备方法均可依法授予专利权，因此物质的医药用途发明以药品权利要求或者例如"在制药中的应用"、"在制备治疗某病的药物中的应用"等等属于制药方法类型的用途权利要求申请专利，则不属于专利法第二十五条第一款第（三）项规定的情形。

上述的属于制药方法类型的用途权利要求可撰写成例如"化合物 X 作为制备治疗 Y 病药物的应用"或与此类似的形式。

5. 化学发明的新颖性

5.1 化合物的新颖性

（1）专利申请要求保护一种化合物的，如果在一份对比文件里已经提到该化合物，即推定该化合物不具备新颖性，但申请人能提供证据证明在申请日之前无法获得该化合物的除外。这里所谓"提到"的含义是：明确定义或者说明了该化合物的化学名称、分子式（或结构式）、理化参数或制备方法（包括原料）。

例如，如果一份对比文件中所公开的化合物的名称和分子式（或结构式）难以辨认或者不清楚，但该文件公开了与专利申请要求保护的化合物相同的理化参数或者鉴定化合物用的其他参数等，即推定该化合物不具备新颖性，但申请人能提供证据证明在申请日之前无法获得该化合物的除外。

如果一份对比文件中所公开的化合物的名称、分子式（或结构式）和理化参数不清楚，但该文件公开了与专利申请要求保护的化合物相同的制备方法，即推定该化合物不具备新颖性。

（2）通式不能破坏该通式中一个具体化合物的新颖性。一个具体化合物的公开使包括该具体化合物的通式权利要求丧失新颖性，但不影响该通式所包括的除该具体化合物以外的其他化合物的新颖性。一系列具体的化合物能破坏这系列中相应的化合物的新颖性。一个范围的化合物（例如 $C_{1~4}$）能破坏该范围内两端具体化合物（C_1 和 C_4）的新颖性，但若 C_4 化合物有几种异构体，则 $C_{1~4}$ 化合物不能破坏每个单独异构体的新颖性。

（3）天然物质的存在本身并不能破坏该发明物质的新颖性，只有对比文件中公开的与发明物质的结构和形态一致或者直接等同的天然物质，才能破坏该发明物质的新颖性。

5.2 组合物的新颖性

（1）仅涉及组分时的新颖性判断

一份对比文件公开了由组分（A＋B＋C）组成的组合物甲，如果

（i）发明专利申请为组合物乙（组分：A＋B），并且权利要求采用封闭式撰写形式，如"由 A＋B 组成"，即使该发明与组合物甲所解决的技术问题相同，该权利要求仍有新颖性。

（ii）上述发明组合物乙的权利要求采用开放式撰写形式，如"含有 A＋B"，且该发明与组合物甲所解决的技术问题相同，则该权利要求无新颖性。

（iii）上述发明组合物乙的权利要求采取排除法撰写形式，即指明不含 C，则该权利要求仍有新颖性。

（2）涉及组分含量时的新颖性判断

涉及组分含量时的新颖性判断适用本部分第三章第 3.2.4 节的规定。

5.3 用物理化学参数或者用制备方法表征的化学产品的新颖性

（1）对于用物理化学参数表征的化学产品权利要求，如果无法依据所记载的参数对由该参数表征的产品与对比文件公开的产品进行比较，从而不能确定采用该参数表征的产品与对比文件产品的区别，则推定用该参数表征的产品权利要求不具备专利法第二十二条第二款所述的新颖性。

（2）对于用制备方法表征的化学产品权利要求，其新颖性审查应针对该产品本身进行，而不是仅仅比较其中的制备方法是否与对比文件公开的方法相同。制备方法不同并不一定导致产品本身不同。

如果申请没有公开可与对比文件公开的产品进行比较的参数以证明该产品的不同之处，而仅仅是制备方法不同，也没有表明由于制备方法上的区别为产品带来任何功能、性质上的改变，则推定该方法表征的产品权利要求不具备专利法第二十二条第二款所述的新颖性。

5.4 化学产品用途发明的新颖性

一种新产品的用途发明由于该产品是新的而自然具有新颖性。

一种已知产品不能因为提出了某一新的应用而被认为是一种新的产品。例如，产品 X 作为洗涤剂是已知的，那么一种用作增塑剂的产品 X 不具有新颖性。但是，如果一项已知产品的新用途本身是一项发明，则已知产品不能破坏该新用途的新颖性。这样的用途发明属于使用方法发明，因为发明的实质不在于产品本身，而在于如何去使用它。例如，上述原先作为洗涤剂的产品 X，后来有人研究发现将它配以某种添加剂后能作为增塑剂用。那么如何配制、选择什么添加剂、配比多少等就是使用方法的技术特征。这时，审查员应当评价该使用方法本身是否具备新颖性，而不能凭产品 X 是已知的认定该使用方法不具备新颖性。

对于涉及化学产品的医药用途发明，其新颖性审查应考虑以下方面：

（1）新用途与原已知用途是否实质上不同。仅仅表述形式不同而实质上属于相同用途的发明不具备新颖性。

（2）新用途是否被原已知用途的作用机理、药理作用所直接揭示。与原作用机理或者药理作用直接等同的用途不具有新颖性。

（3）新用途是否属于原已知用途的上位概念。已知下位用途可以破坏上位用途的新颖性。

（4）给药对象、给药方式、途径、用量及时间间隔等与使用有关的特征是否对制药过程具有限定作用。仅仅体现在用药过程中的区别

特征不能使该用途具有新颖性。

6. 化学发明的创造性

6.1 化合物的创造性

（1）结构上与已知化合物不接近的、有新颖性的化合物，并有一定用途或者效果，审查员可以认为它有创造性而不必要求其具有预料不到的用途或者效果。

（2）结构上与已知化合物接近的化合物，必须要有预料不到的用途或者效果。此预料不到的用途或者效果可以是与该已知化合物的已知用途不同的用途；或者是对已知化合物的某一已知效果有实质性的改进或提高；或者是在公知常识中没有明确的或不能由常识推论得到的用途或效果。

（3）两种化合物结构上是否接近，与所在的领域有关，审查员应当对不同的领域采用不同的判断标准。以下仅举几个例子。

【例1】

现有技术：

（Ⅰa）

申请：

（Ⅰb）

结构接近的化合物，它们必须有相同的基本核心部分或者基本的环。以上的（Ⅰb）与（Ⅰa）结构不接近，在创造性判断时，不必要求举证（Ⅰb）比（Ⅰa）有预料不到的用途或效果。

【例2】

现有技术：$H_2N-C_6H_4-SO_2NHR^1$

（Ⅱa）

申请：$H_2N-C_6H_4-SO_2-NHCONHR^1$

（Ⅱb）

（Ⅱa）磺胺是抗菌素，（Ⅱb）磺酰脲是抗糖尿药，结构接近，但药理作用不同，有预料不到的用途或效果，有创造性。

【例3】

现有技术：$H_2N-C_6H_4-SO_2NHCONHR^1$

（Ⅲa）

申请：$H_3C-C_6H_4-SO_2NHCONHR^1$

（Ⅲb）

（Ⅲa）氨基-磺酰脲与（Ⅲb）甲基-磺酰脲结构接近，只有NH_2与CH_3之区别，无预料不到的用途或效果，无创造性。

（4）应当注意，不要简单地仅以结构接近为由否定一种化合物的创造性，还需要进一步说明它的用途或效果是可以预计的，或者说明本领域的技术人员在现有技术的基础上通过合乎逻辑的分析、推理或者有限的试验就能制造或使用此化合物。

（5）若一项技术方案的效果是已知的必然趋势所导致的，则该技术方案没有创造性。例如，现有技术的一种杀虫剂A-R，其中R为C_{1-3}的烷基，并且已经指出杀虫效果随着烷基C原子数的增加而提高。如果某一申请的杀虫剂是A-C_4H_9，杀虫效果比现有技术的杀虫效果有明显提高。由于现有技术中指出了提高杀虫效果的必然趋势，因此该申请不具备创造性。

6.2 化学产品用途发明的创造性

（1）新产品用途发明的创造性

对于新的化学产品，如果该用途不能从结构或者组成相似的已知产品预见到，可认为这种新产品的用途发明有创造性。

（2）已知产品用途发明的创造性

对于已知产品的用途发明，如果该新用途不能从产品本身的结构、组成、分子量、已知的物理化学性质以及该产品的现有用途显而易见地得出或者预见到，而是利用了产品新发现的性质，并且产生了预料不到的技术效果，可认为这种已知产品的用途发明有创造性。

7. 化学发明的实用性

7.1 菜肴和烹调方法

不适于在产业上制造和不能重复实施的菜肴，不具备实用性，不能被授予专利权；依赖于厨师的技术、创作等不确定因素导致不能重复实施的烹调方法不适于在产业上应用，也不具备实用性，不能被授予专利权。

7.2 医生处方

医生处方，指医生根据具体病人的病情所开的药方。医生处方和医生对处方的调剂以及仅仅根据医生处方配药的过程，均没有工业实用性，不能被授予专利权。

8. 化学发明的单一性

8.1 马库什权利要求的单一性

8.1.1 基本原则

如果一项申请在一个权利要求中限定多个并列的可选择要素，则构成"马库什"权利要求。马库什权利要求同样应当符合专利法第三十一条第一款及专利法实施细则第三十四条关于单一性的规定。如果一项马库什权利要求中的可选择要素具有相类似的性质，则应当认为这些可选择要素在技术上相互关联，具有相同或相应的特定技术特征，该权利要求可被认为符合单一性的要求。这种可选择要素称为马库什要素。

当马库什要素是化合物时，如果满足下列标准，应当认为它们具有类似的性质，该马库什权利要求具有单一性：

（1）所有可选择化合物具有共同的性能或作用；和

（2）所有可选择化合物具有共同的结构，该共同结构能够构成它与现有技术的区别特征，并对通式化合物的共同性能或作用是必不可少的；或者在不能有共同结构的情况下，所有的可选择要素应属于该发明所属领域中公认的同一化合物类别。

"公认的同一化合物类别"是指根据本领域的知识可以预期到该类的成员对于要求保护的发明来说其表现是相同的一类化合物。也就是说，每个成员都可以互相替代，而且可以预期所要达到的效果是相同的。

8.1.2 举例

【例1】

权利要求1：通式为

的化合物，式中 R^1 为吡啶基；R^2-R^4 是甲基、甲苯基或苯基，……该化合物是用作进一步提高血液吸氧能力的药物。

说明：通式中吲哚部分构成所有马库什化合物的共有部分，但是由于现有技术中存在以所述吲哚部分为共同结构且具有增强血液吸氧能力的化合物，因此吲哚部分不能够构成权利要求1通式化合物与现有技术的区别技术特征，所以无法根据吲哚部分判断权利要求1的单一性。

权利要求1通式化合物将吲哚上的 R^1 基团改变为3－吡啶基，其作用是进一步提高血液吸氧能力，因此，可以将3－吡啶基吲哚部分看作是对通式化合物的作用不可缺少的，是区别于现有技术的共同结构，所以该马库什权利要求具有单一性。

【例2】

权利要求1：通式为

$$X + C - \bigcirc - C - O + CH_2)_6 O)_n H$$

的化合物，式中 $100 \geq n \geq 50$，X 为

（Ⅰ）

或

（Ⅱ）

说明：说明书中指出，所述化合物是由已知的聚亚己基对苯二甲酸酯的端基经酯化制得的。当酯化成（Ⅰ）时，具有抗热降解性能；但当酯化成（Ⅱ）时，因为有"$CH_2=CH-$"存在

而不具有抗热降解性能。因此，它们没有共同的性能，所以该马库什权利要求不具有单一性。

【例3】

权利要求1：一种杀线虫组合物，含有作为活性成分的以下通式化合物：

$$\underset{R^2}{\overset{(R^3)_m}{\bigcirc}}_X \overset{R^1}{\underset{Y}{\mid}}$$

式中 m、n＝1、2 或 3；X＝O、S；R^3＝H、C_1-C_8烷基；R^1 和 R^2＝H、卤素、C_1-C_3烷基；Y＝H、卤素、胺基；……

说明：该通式的所有化合物，虽具有共同的杀线虫作用，但是，它们分别为五元、六元或七元环化合物，并且是不同类别的杂环化合物，因此它们没有共同的结构；同时根据本领域的现有技术不能够预期到这些化合物对于发明来说具有相同的表现，可以相互代替并且得到相同的效果。所以该马库什权利要求不具有单一性。

【例4】

权利要求1：一种除草组合物，包括有效量的 A 和 B 两种化合物的混合物和稀释剂或惰性载体，A 是 2，4－二氯苯氧基醋酸；B 选自如下化合物：硫酸铜，氯化钠，氨基磺酸铵，三氯醋酸钠，二氯丙酸，3－氨基－2，5－二氯苯甲酸，联苯甲酰胺，碘苯腈，2－（1－甲基－正丙基）4，6－二硝基苯酚，二硝基苯胺和三嗪。

说明：在此情况下，由于马库什要素 B 没有共同的结构而且不能根据本领域内现有技术预期这些马库什要素 B 的各类化合物在作除草成分时可以相互替代并且得到相同结果，因而在该发明的相关技术中也不能被认为是属于同一类化合物，而是属于如下不同类的化合物：（a）无机盐：硫酸铜，氯化钠，氨基磺酸铵；（b）有机盐或酸：三氯醋酸钠，二氯丙酸，3－氨基－2，5－二氯苯甲酸；（c）酰胺：联苯甲酰胺；（d）腈：碘苯腈；（e）苯酚：2－（1－甲基－正丙基）4，6－二硝基苯酚；（f）胺：二硝基苯胺；（g）杂环：三嗪，所以权利要求 1 所要求保护的发明不具有单一性。

【例5】

权利要求1：烃类气相氧化催化剂，含有 X 或 X＋A。

说明：说明书中，X 使 RCH_3 氧化成 RCH_2OH，X＋A 使 RCH_3 氧化成 RCOOH。这两种催化剂具有共同的作用，都是用于 RCH_3 的氧化，虽然 X＋A 使 RCH_3 氧化得更完全，但作用是相同的，并且这两种催化剂都具有区别于现有技术并对该共同作用是必不可少的共同成分 X，所以权利要求 1 具有单一性。

8.2 中间体与最终产物的单一性

涉及中间体的申请的单一性同样需要符合专利法第三十一条第一款和专利法实施细则第三十四条的规定。

8.2.1 基本原则

（1）中间体与最终产物之间同时满足以下两个条件，则有单一性：

（i）中间体与最终产物有相同的基本结构单元，或者它们的化学结构在技术上密切相关，中间体的基本结构单元进入最终产物；

（ii）最终产物是直接由中间体制备的，或者直接从中间体分离出来的。

（2）由不同中间体制备同一最终产物的几种方法，如果这些不同的中间体具有相同的基本结构单元，允许在同一件申请中要求保护。

（3）用于同一最终产物的不同结构部分的不同中间体，不能在同一件申请中要求保护。

8.2.2 举例

【例1】

权利要求1：

$$\underset{OH}{\underset{\mid}{N}}\overset{R^2}{\underset{N}{\bigcirc}}\overset{R^1}{\underset{R^3}{}}$$

（中间体）

权利要求2：

$$\begin{array}{c} R^2 \diagdown \diagup R^1 \\ N \diagdown \diagup R^3 \\ N \\ O \diagdown P \diagdown O-R^4 \\ \| \quad \diagdown \\ Y \quad X-R^5 \end{array}$$

（最终产物）

说明：以上中间体与最终产物的化学结构在技术上密切相关，中间体的基本结构单元进入最终产物，并可从该中间体直接制备最终产物。因此，权利要求1和2有单一性。

【例2】

权利要求1：一种无定型聚异戊二烯（中间体）

权利要求2：一种结晶聚异戊二烯（最终产物）

说明：在此例中，无定型聚异戊二烯经过拉伸后直接得到结晶型的聚异戊二烯，它们的化学结构相同，该两项权利要求有单一性。

9. 生物技术领域发明专利申请的审查

在本节中，术语"生物材料"是指任何带有遗传信息并能够自我复制或者能够在生物系统中被复制的材料，如基因、质粒、微生物、动物和植物等。

术语"动物"、"植物"的定义适用本部分第一章第4.4节的规定。其中所述的动物和植物可以是动物和植物的各级分类单位，如界、门、纲、目、科、属和种等。

9.1 对要求保护的客体的审查

9.1.1 依据专利法第五条对要求保护的客体的审查[1]

在本部分第一章第3.1.2节中例举了一些属于专利法第五条第一款规定的不能被授予专利权的生物技术发明类型。此外，下列情况也属于专利法第五条规定的不能被授予专利权的发明。

9.1.1.1 处于各形成和发育阶段的人体

处于各个形成和发育阶段的人体，包括人的生殖细胞、受精卵、胚胎及个体，均属于专利法第五条第一款规定的不能被授予专利权的发明。人类胚胎干细胞不属于处于各个形成和发育阶段的人体。

9.1.1.2 违法获取或利用遗传资源完成的发明创造

违反法律、行政法规的规定获取或者利用遗传资源，并依赖该遗传资源完成的发明创造，属于专利法第五条第二款规定的不能被授予专利权的发明创造，其审查适用本部分第一章第3.2节的规定。

9.1.2 根据专利法第二十五条对要求保护的客体的审查

9.1.2.1 微 生 物

微生物包括：细菌、放线菌、真菌、病毒、原生动物、藻类等。由于微生物既不属于动物，也不属于植物的范畴，因而微生物不属于专利法第二十五条第一款第（四）项所列的情况。

但是未经人类的任何技术处理而存在于自然界的微生物由于属于科学发现，所以不能被授予专利权。只有当微生物经过分离成为纯培养物，并且具有特定的工业用途时，微生物本身才属于可给予专利保护的客体。

9.1.2.2 基因或DNA片段

无论是基因或是DNA片段，其实质是一种化学物质。这里所述的基因或DNA片段包括从微生物、植物、动物或人体分离获得的，以及通过其他手段制备得到的。

正如本章第2.1节所述，人们从自然界找到以天然形态存在的基因或DNA片段，仅仅是一种发现，属于专利法第二十五条第一款第（一）项规定的"科学发现"，不能被授予专利权。但是，如果是首次从自然界分离或提取出来的基因或DNA片段，其碱基序列是现有技术中不曾记载的，并能被确切地表征，且在产业上有利用价值，则该基因或DNA片段本身及其得到方法均属于可给予专利保护的客体。

---

[1] 该节已根据2019年9月23日公布的国家知识产权局公告第三二八号修改。——编者注

9.1.2.3 动物和植物个体及其组成部分

动物的胚胎干细胞、动物个体及其各个形成和发育阶段例如生殖细胞、受精卵、胚胎等，属于本部分第一章第 4.4 节所述的"动物品种"的范畴，根据专利法第二十五条第一款第（四）项规定，不能被授予专利权。

动物的体细胞以及动物组织和器官（除胚胎以外）不符合本部分第一章第 4.4 节所述的"动物"的定义，因此不属于专利法第二十五条第一款第（四）项规定的范畴。

可以借助光合作用，以水、二氧化碳和无机盐等无机物合成碳水化合物、蛋白质来维系生存的植物的单个植株及其繁殖材料（如种子等），属于本部分第一章第 4.4 节所述的"植物品种"的范畴，根据专利法第二十五条第一款第（四）项规定，不能被授予专利权。

植物的细胞、组织和器官如果不具有上述特性，则其不能被认为是"植物品种"，因此不属于专利法第二十五条第一款第（四）项规定的范畴。

9.1.2.4 转基因动物和植物

转基因动物或植物是通过基因工程的重组 DNA 技术等生物学方法得到的动物或植物。其本身仍然属于本部分第一章第 4.4 节定义的"动物品种"或"植物品种"的范畴，根据专利法第二十五条第一款第（四）项规定，不能被授予专利权。

9.2 说明书的充分公开

9.2.1 生物材料的保藏

（1）专利法第二十六条第三款规定，说明书应当对发明或者实用新型作出清楚、完整的说明，以所属技术领域的技术人员能够实现为准。

通常情况下，说明书应当通过文字记载充分公开申请专利保护的发明。在生物技术这一特定的领域中，有时由于文字记载很难描述生物材料的具体特征，即使有了这些描述也得不到生物材料本身，所属技术领域的技术人员仍然不能实施发明。在这种情况下，为了满足专利法第二十六条第三款的要求，应按规定将所涉及的生物材料到国家知识产权局认可的保藏单位进行保藏。

如果申请涉及的完成发明必须使用的生物材料是公众不能得到的，而申请人却没有按专利法实施细则第二十四条的规定进行保藏，或者虽然按规定进行了保藏，但是未在申请日或者最迟自申请日起四个月内提交保藏单位出具的保藏证明和存活证明的，审查员应当以申请不符合专利法第二十六条第三款的规定驳回该申请。

对于涉及公众不能得到的生物材料的专利申请，应当在请求书和说明书中均写明生物材料的分类命名、拉丁文学名、保藏该生物材料样品的单位名称、地址、保藏日期和保藏编号。在说明书中第一次提及该生物材料时，除描述该生物材料的分类命名、拉丁文学名以外，还应当写明其保藏日期、保藏该生物材料样品的保藏单位全称及简称和保藏编号；此外，还应当将该生物材料的保藏日期、保藏单位全称及简称和保藏编号作为说明书的一个部分集中写在相当于附图说明的位置。如果申请人按时提交了符合专利法实施细则第二十四条规定的请求书、保藏证明和存活证明，但未在说明书中写明与保藏有关的信息，允许申请人在实质审查阶段根据请求书的内容将相关信息补充到说明书中。

（2）专利法实施细则第二十四条中所说的"公众不能得到的生物材料"包括：个人或单位拥有的、由非专利程序的保藏机构保藏并对公众不公开发放的生物材料；或者虽然在说明书中描述了制备该生物材料的方法，但是本领域技术人员不能重复该方法而获得所述的生物材料，例如通过不能再现的筛选、突变等手段新创制的微生物菌种。这样的生物材料均要求按照规定进行保藏。

以下情况被认为是公众可以得到、而不要求进行保藏：

（i）公众能从国内外商业渠道买到的生物材料，应当在说明书中注明购买的渠道，必要时，应提供申请日（有优先权的，指优先权日）前公众可以购买得到该生物材料的证据；

（ii）在各国专利局或国际专利组织承认的用于专利程序的保藏机构保藏的，并且在向我国提交的专利申请的申请日（有优先权的，指优先权日）前已在专利公报中公布或已授权的生物材料；

（iii）专利申请中必须使用的生物材料在申请日（有优先权的，指优先权日）前已在非专利文献中公开的，应当在说明书中注明了文献的出处，说明了公众获得该生物材料的途径，并由专利申请人提供了保证从申请日起二十年内向公众发放生物材料的证明。

（3）在国家知识产权局认可的机构内保藏的生物材料，应当由该单位确认生物材料的生存状况，如果确认生物材料已经死亡、污染、失活或变异的，申请人必须将与原来保藏的样品相同的生物材料和原始样品同时保藏，并将此事呈报专利局，即可认为后来的保藏是原来保藏的继续。

（4）国家知识产权局认可的保藏单位是指布达佩斯条约承认的生物材料样品国际保藏单位，其中包括位于我国北京的中国微生物菌种保藏管理委员会普通微生物中心（CGMCC）和位于武汉的中国典型培养物保藏中心（CCTCC）。

9.2.2 涉及遗传工程的发明

术语"遗传工程"指基因重组、细胞融合等人工操作基因的技术。涉及遗传工程的发明包括基因（或 DNA 片段）、载体、重组载体、转化体、多肽或蛋白质、融合细胞、单克隆抗体等的发明。

9.2.2.1 产品发明

对于涉及基因、载体、重组载体、转化体、多肽或蛋白质、融合细胞、单克隆抗体本身的发明，说明书应当包括下列内容：产品的确认，产品的制备，产品的用途和/或效果。

（1）产品的确认

对于涉及基因、载体、重组载体、转化体、多肽或蛋白质、融合细胞、单克隆抗体等的发明，说明书应明确记载其结构，如基因的碱基序列，多肽或蛋白质的氨基酸序列等。在无法清楚描述其结构的情况下，应当描述其相应的物理－化学参数，生物学特性和/或制备方法等。

（2）产品的制备

说明书中应描述制造该产品的方式，除非本领域的技术人员根据原始说明书、权利要求书和附图的记载和现有技术无需该描述就可制备该产品。

对于涉及基因、载体、重组载体、转化体、多肽或蛋白质、融合细胞、单克隆抗体等的发明，如果说明书中描述的制备所述产物的方法，是本领域技术人员不能重复实施的方法，则获得的导入了基因、载体、重组载体的转化体（包括产生多肽或蛋白质的转化体）或融合细胞等应当按照专利法实施细则第二十四条的规定进行生物材料的保藏，具体保藏事项适用本章第 9.2.1 节的规定。

对于制备基因、载体、重组载体、转化体、多肽或蛋白质、融合细胞、单克隆抗体等的方法，如果其实施过程中使用了在申请日（有优先权的，指优先权日）前公众不能获得的生物材料，则应当按照专利法实施细则第二十四条的规定将所述的生物材料进行保藏，具体保藏事项适用本章第 9.2.1 节的规定。

具体可采用下列方式进行描述：

（i）基因、载体或者重组载体

对于产生基因、载体或重组载体的方法，应当描述其各自的起源或来源，获得所述基因、载体或重组载体的方法，所用的酶、处理条件、收集和纯化它的步骤、鉴定方法等。

（ii）转化体

对于制备转化体的方法，应当描述导入的基因或重组载体、宿主（微生物、植物或动物）、将基因或重组载体导入宿主的方法、选择性收集转化体的方法或鉴定方法等。

（iii）多肽或者蛋白质

对于以基因重组技术制备多肽或蛋白质的方法，应当描述获得编码多肽或蛋白质的基因的方法、获得表达载体的方法、获得宿主的方法、将基因导入宿主的方法、选择性收集转化体的方法、从导入基因的转化体收集和纯化多肽或蛋白质的步骤或鉴定所获得的多肽或蛋白质的方法等。

（iv）融合细胞

对于制备融合细胞（例如杂交瘤等）的方

法，应当描述亲本细胞的来源、对亲本细胞的预处理、融合条件、选择性收集融合细胞的方法或其鉴定方法等。

(v) 单克隆抗体

对于制备单克隆抗体的方法，应当描述获得或制备免疫原的方法、免疫方法、选择性获得产生抗体的细胞的方法或鉴定单克隆抗体的方法等。

当发明涉及满足特定条件（例如用特定的结合常数来说明其与抗原 A 的亲和性）的单克隆抗体时，即使按照上文"（iv）融合细胞"部分所述记载了制备产生满足所述特定条件的单克隆抗体的杂交瘤的方法，但是由于实施该方法获得某一特定结果是随机的，不能重复再现，因此所述杂交瘤应当按照专利法实施细则第二十四条的规定进行保藏，但申请人能够提供足够的证据证明本领域技术人员可根据说明书的记载重复制备该杂交瘤的除外。

（3）产品的用途和/或效果

对于涉及基因、载体、重组载体、转化体、多肽或蛋白质、融合细胞、单克隆抗体等的发明，应在说明书中描述其用途和/或效果，明确记载获得所述效果所需的技术手段、条件等。

例如，应在说明书中提供证据证明基因具有特定的功能，对于结构基因，应该证明所述基因编码的多肽或蛋白质具有特定的功能。

9.2.2.2 制备产品的方法发明

对于制备基因、载体、重组载体、转化体、多肽或蛋白质、融合细胞和单克隆抗体等的方法的发明，说明书应当清楚、完整地描述所述方法以使本领域技术人员能使用该方法制备所述的产品，而且当所述产品为新物质时，应记载所述产品的至少一种用途。具体要求适用本章第 9.2.2.1 节的规定。

9.2.3 核苷酸或氨基酸序列表

（1）当发明涉及由 10 个或更多核苷酸组成的核苷酸序列，或由 4 个或更多 L-氨基酸组成的蛋白质或肽的氨基酸序列时，应当递交根据国家知识产权局发布的《核苷酸和/或氨基酸序列表和序列表电子文件标准》撰写的序列表。

（2）序列表应作为单独部分来描述并置于说明书的最后。此外申请人还应当提交记载有核苷酸或氨基酸序列表的计算机可读形式的副本。有关序列表的提交参见第一部分第一章第 4.2 节。

如果申请人提交的计算机可读形式的核苷酸或氨基酸序列表与说明书和权利要求书中书面记载的序列表不一致，则以书面提交的序列表为准。

9.2.4 涉及微生物的发明

（1）经保藏的微生物应以分类鉴定的微生物株名、种名、属名进行表述。如未鉴定到种名的应当给出属名。在说明书中，第一次提及该发明所使用的微生物时，应用括号注明其拉丁文学名。如果该微生物已按专利法实施细则第二十四条的规定在国家知识产权局认可的保藏单位保藏，应当在说明书中按本章第 9.2.1 节的规定写明其保藏日期、保藏单位全称及简称和保藏编号。在说明书的其他位置可以用该保藏单位的简称以及该微生物的保藏编号代表所保藏的微生物，例如以"金黄色葡萄球菌 CCTCC8605"进行描述。

（2）当涉及的微生物属于新种时，要详细记载其分类学性质，要写明鉴定为新种的理由，并给出作为判断基准的有关文献。

9.3 生物技术领域发明的权利要求书

权利要求书应当符合专利法第二十六条第四款、专利法实施细则第二十条第二款的规定。

9.3.1 涉及遗传工程的发明

对于涉及基因、载体、重组载体、转化体、多肽或蛋白质、融合细胞和单克隆抗体等的发明，其权利要求可按下面所述进行描述。

9.3.1.1 基 因

（1）直接限定其碱基序列。

（2）对于结构基因，可限定由所述基因编码的多肽或蛋白质的氨基酸序列。

（3）当该基因的碱基序列或其编码的多肽或蛋白质的氨基酸序列记载在序列表或说明书附图中时，可以采用直接参见序列表或附图的方式进行描述。

【例如】

一种 DNA 分子，其碱基序列如 SEQ ID NO：1（或附图 1）所示。

（4）对于具有某一特定功能，例如其编码的蛋白质具有酶 A 活性的基因，可采用术语"取代、缺失或添加"与功能相结合的方式进行限定。

【例如】

编码如下蛋白质（a）或（b）的基因：

(a) 由 Met－Tyr－⋯－Cys－Leu 所示的氨基酸序列组成的蛋白质，

(b) 在（a）限定的氨基酸序列中经过取代、缺失或添加一个或几个氨基酸且具有酶 A 活性的由（a）衍生的蛋白质。

允许用上述方式表示的条件是：

Ⅰ．说明书例如实施例中例举了（b）所述的衍生的蛋白质；

Ⅱ．说明书中记载了制备（b）所述衍生的蛋白质以及证明其功能的技术手段（否则认为说明书公开不充分）。

（5）对于具有某一特定功能，例如其编码的蛋白质具有酶 A 活性的基因，可采用在严格条件下"杂交"，并与功能相结合的方式进行限定。

【例如】

如下（a）或（b）的基因：

(a) 其核苷酸序列为 ATGTATCGG⋯TGCCT 所示的 DNA 分子，

(b) 在严格条件下与（a）限定的 DNA 序列杂交且编码具有酶 A 活性的蛋白质的 DNA 分子。

允许用上述方式表示的条件是：

Ⅰ．说明书中详细描述了"严格条件"；

Ⅱ．说明书如实施例中例举了（b）所述 DNA 分子。

（6）当无法使用前述五种方式进行描述时，通过限定所述基因的功能、理化特性、起源或来源、产生所述基因的方法等描述基因才可能是允许的。

9.3.1.2　载　体

（1）限定其 DNA 的碱基序列。

（2）利用 DNA 的裂解图谱、分子量、碱基对数量、载体来源、生产该载体的方法、该载体的功能或特征等进行描述。

9.3.1.3　重组载体

重组载体可通过限定至少一个基因和载体来描述。

9.3.1.4　转 化 体

转化体可通过限定其宿主和导入的基因（或重组载体）来描述。

9.3.1.5　多肽或蛋白质

（1）限定氨基酸序列或编码所述氨基酸序列的结构基因的碱基序列。

（2）当其氨基酸序列记载在序列表或说明书附图中时，可以采用直接参见序列表或附图的方式进行描述。

【例如】

一种蛋白质，其氨基酸序列如 SEQ ID NO：2（或附图 2）所示。

（3）对于具有某一特定功能，例如具有酶 A 活性的蛋白质，可采用术语"取代、缺失或添加"与功能相结合的方式进行限定，具体方式如下：

如下（a）或（b）的蛋白质：

(a) 由 Met－Tyr－⋯－Cys－Leu 所示的氨基酸序列组成的蛋白质，

(b) 在（a）中的氨基酸序列经过取代、缺失或添加一个或几个氨基酸且具有酶 A 活性的由（a）衍生的蛋白质。

允许用上述方式表示的条件是：

Ⅰ．说明书例如实施例中例举了（b）所述的衍生的蛋白质；

Ⅱ．说明书中记载了制备（b）所述衍生的蛋白质以及证明其功能的技术手段（否则认为说明书公开不充分）。

（4）当无法使用前述三种方式进行描述时，采用所述多肽或蛋白质的功能、理化特性、起源或来源、产生所述多肽或蛋白质的方法等进行描述才可能是允许的。

9.3.1.6　融合细胞

融合细胞可通过限定亲本细胞，融合细胞的功能和特征，或产生该融合细胞的方法等进行描述。

9.3.1.7 单克隆抗体

针对单克隆抗体的权利要求可以用产生它的杂交瘤来限定。

【例如】

抗原 A 的单克隆抗体，由保藏号为 CGMCC NO：×××的杂交瘤产生。

9.3.2 涉及微生物的发明

（1）权利要求中所涉及的微生物应按微生物学分类命名法进行表述，有确定的中文名称的，应当用中文名称表述，并在第一次出现时用括号注明该微生物的拉丁文学名。如果微生物已在国家知识产权局认可的保藏单位保藏，还应当以该微生物的保藏单位的简称和保藏编号表述该微生物。

（2）如果说明书中没有提及某微生物的具体突变株，或者虽提及具体突变株，但是没有提供相应的具体实施方式，而权利要求中却要求保护这样的突变株，则不允许。

对于要求保护某一微生物的"衍生物"的权利要求，由于"衍生物"含义不仅是指由该微生物产生的新的微生物菌株，而且可以延伸到由该微生物产生的代谢产物等，因此其含义是不确定的，这样的权利要求的保护范围是不清楚的。

9.4 新颖性、创造性和实用性的审查

9.4.1 涉及遗传工程的发明的新颖性

（1）基因

如果某蛋白质本身具有新颖性，则编码该蛋白质的基因的发明也具有新颖性。

（2）重组蛋白

如果以单一物质形式被分离和纯化的蛋白质是已知的，那么由不同的制备方法定义的、具有同样氨基酸序列的重组蛋白的发明不具有新颖性。

（3）单克隆抗体

如果抗原 A 是新的，那么抗原 A 的单克隆抗体也是新的。但是，如果某已知抗原 A′的单克隆抗体是已知的，而发明涉及的抗原 A 具有与已知抗原 A′相同的表位，即推定已知抗原 A′的单克隆抗体就能与发明涉及的抗原 A 结合。在这种情况下，抗原 A 的单克隆抗体的发明不具有新颖性，除非申请人能够根据申请文件或现有技术证明，申请的权利要求所限定的单克隆抗体与对比文件公开的单克隆抗体的确不同。

9.4.2 创 造 性

9.4.2.1 涉及遗传工程的发明

（1）基因

如果在申请的发明中，某蛋白质已知而其氨基酸序列是未知的，那么只要本领域技术人员在该申请提交时可以容易地确定其氨基酸序列，编码该蛋白质的基因发明就不具有创造性。但是，如果该基因具有特定的碱基序列，而且与其他编码所述蛋白质的、具有不同碱基序列的基因相比，具有本领域技术人员预料不到的效果，则该基因的发明具有创造性。

如果某蛋白质的氨基酸序列是已知的，则编码该蛋白质的基因的发明不具有创造性。但是，如果该基因具有特定的碱基序列，而且与其他编码所述蛋白质的、具有不同碱基序列的基因相比，具有本领域技术人员预料不到的效果，则该基因的发明具有创造性。

如果一项发明要求保护的结构基因是一个已知结构基因的可自然获得的突变的结构基因，且该要求保护的结构基因与该已知结构基因源于同一物种，也具有相同的性质和功能，则该发明不具备创造性。

（2）重组载体

如果载体与插入的基因都是已知的，通常由它们的结合所得到的重组载体的发明不具有创造性。但是，如果由它们的特定结合形成的重组载体的发明与现有技术相比具有预料不到的技术效果，则该重组载体的发明具有创造性。

（3）转化体

如果宿主与插入的基因都是已知的，通常由它们的结合所得到的转化体的发明不具有创造性。但是，如果由它们的特定结合形成的转化体的发明与现有技术相比具有预料不到的技术效果，则该转化体的发明具有创造性。

（4）融合细胞

如果亲代细胞是已知的，通常由这些亲代

细胞融合所得到的融合细胞的发明不具有创造性。但是，如果该融合细胞与现有技术相比具有预料不到的技术效果，则该融合细胞的发明具有创造性。

（5）单克隆抗体

如果抗原是已知的，并且很清楚该抗原具有免疫原性（例如由该抗原的多克隆抗体是已知的或者该抗原是大分子多肽就能得知该抗原明显具有免疫原性），那么该抗原的单克隆抗体的发明不具有创造性。但是，如果该发明进一步由其他特征等限定，并因此使其产生了预料不到的效果，则该单克隆抗体的发明具有创造性。

9.4.2.2 涉及微生物的发明

（1）微生物本身

与已知种的分类学特征明显不同的微生物（即新的种）具有创造性。如果发明涉及的微生物的分类学特征与已知种的分类学特征没有实质区别，但是该微生物产生了本领域技术人员预料不到的技术效果，那么该微生物的发明具有创造性。

（2）有关微生物应用的发明

对于微生物应用的发明，如果发明中使用的微生物是已知的种，并且该微生物与已知的、用于同样用途的另一微生物属于同一个属，那么该微生物应用的发明不具有创造性。但是，如果与应用已知的、属于同一个属中的另一微生物相比，该微生物的应用产生了预料不到的技术效果，那么该微生物应用的发明具有创造性。

如果发明中所用的微生物与已知种的微生物具有明显不同的分类学特征（即发明所用的微生物是新的种），那么即使用途相同，该微生物应用的发明也具有创造性。

9.4.3 实用性

在生物技术领域中，某些发明由于不能重现而不具有工业实用性，因此不能被授予专利权。

9.4.3.1 由自然界筛选特定微生物的方法

这种类型的方法由于受到客观条件的限制，且具有很大随机性，因此在大多数情况下都是不能重现的。例如从某省某县某地的土壤中分离筛选出一种特定的微生物，由于其地理位置的不确定和自然、人为环境的不断变化，再加上同一块土壤中特定的微生物存在的偶然性，致使不可能在专利有效期二十年内能重现地筛选出同种同属、生化遗传性能完全相同的微生物体。因此，由自然界筛选特定微生物的方法，一般不具有工业实用性，除非申请人能够给出充足的证据证明这种方法可以重复实施，否则这种方法不能被授予专利权。

9.4.3.2 通过物理、化学方法进行人工诱变生产新微生物的方法

这种类型的方法主要依赖于微生物在诱变条件下所产生的随机突变，这种突变实际上是DNA复制过程中的一个或者几个碱基的变化，然后从中筛选出具有某种特征的菌株。由于碱基变化是随机的，因此即使清楚记载了诱变条件，也很难通过重复诱变条件而得到完全相同的结果。这种方法在绝大多数情况下不符合专利法第二十二条第四款的规定，除非申请人能够给出足够的证据证明在一定的诱变条件下经过诱变必然得到具有所需特性的微生物，否则这种类型的方法不能被授予专利权。

9.5 遗传资源来源的披露

9.5.1 术语的解释

专利法所称遗传资源的直接来源，是指获取遗传资源的直接渠道。申请人说明遗传资源的直接来源，应当提供获取该遗传资源的时间、地点、方式、提供者等信息。

专利法所称遗传资源的原始来源，是指遗传资源所属的生物体在原生环境中的采集地。遗传资源所属的生物体为自然生长的生物体的，原生环境是指该生物体的自然生长环境；遗传资源所属的生物体为培植或者驯化的生物体的，原生环境是指该生物体形成其特定性状或者特征的环境。申请人说明遗传资源的原始来源，应当提供采集该遗传资源所属的生物体的时间、地点、采集者等信息。

9.5.2 对披露内容的具体要求

就依赖遗传资源完成的发明创造申请专

利,申请人应当在请求书中予以说明,并且在专利局制定的遗传资源来源披露登记表(以下简称为登记表)中填写有关遗传资源直接来源和原始来源的具体信息。

申请人对直接来源和原始来源的披露应符合登记表的填写要求,清楚、完整地披露相关信息。

如果遗传资源的直接来源为从某个机构获得,例如保藏机构、种子库(种质库)、基因文库等,该机构知晓并能够提供原始来源的,申请人应当提供该遗传资源的原始来源信息。申请人声称无法说明原始来源的,应当陈述理由,必要时提供有关证据。例如指明"该种子库未记载该遗传资源的原始来源"、"该种子库不能提供该遗传资源的原始来源",并提供该种子库出具的相关书面证明。

9.5.3 遗传资源来源披露的审查

在依据专利法第二十六条第五款和专利法实施细则第二十六条第二款进行审查时,审查员应当首先仔细阅读说明书和权利要求书,准确理解发明,在此基础上确定发明创造的完成是否依赖于遗传资源以及所依赖的是何种遗传资源。

对于依赖于遗传资源完成的发明创造,审查员应当审查申请人是否提交了登记表。

如果申请人未提交登记表,审查员应当在审查意见通知书中告知申请人补交登记表,通知书中还应当具体指明哪些遗传资源需要披露来源并说明理由。

如果申请人提交的登记表中仅披露了部分遗传资源的来源,审查员应当在审查意见通知书中告知申请人补全登记表,通知书中还应当具体指明需要补充披露来源的遗传资源并说明理由。

如果申请人提交了登记表,审查员应当审查该登记表中是否说明了该遗传资源的直接来源和原始来源;对于未说明原始来源的,是否说明了理由。如果申请人填写的登记表不符合规定,审查员应当在审查意见通知书中指出登记表中存在的缺陷。经申请人陈述意见或者进行修改后仍不符合专利法第二十六条第五款规定的,审查员应当驳回其专利申请。

需要注意的是,登记表中的内容不属于原说明书和权利要求书记载的内容,因此不能作为判断说明书是否充分公开的依据,也不得作为修改说明书和权利要求书的基础。

第三部分 进入国家阶段的国际申请的审查

第一章 进入国家阶段的国际申请的初步审查和事务处理

1. 引 言

按照专利合作条约(即 PCT)提出的国际申请,指明希望获得中国的发明专利或者实用新型专利保护的,在完成国际阶段的程序后,应当根据专利法实施细则第一百零三条、第一百零四条的规定,向专利局办理进入中国国家阶段(以下简称国家阶段)的手续,从而启动国家阶段的程序。国家阶段程序包括:在专利合作条约允许的限度内进行的初步审查、国家公布,参考国际检索和国际初步审查结果进行的实质审查、授权或驳回,以及可能发生的其他程序。

本章涉及国际申请进入国家阶段条件的审查、在国家阶段中对国际申请的初步审查以及在国家阶段中对国际申请所作的事务处理等内容。本章仅对上述内容中的特殊问题作出说明和规定;与国家申请相同的其他问题,本章没有说明和规定的,应当参照本指南第一部分第一章、第二章和第五部分的规定。

本章所涉及的初步审查和事务处理的主要内容是:

(1)根据专利法实施细则第一百零五条,审查声称进入国家阶段的国际申请是否符合规定的条件,对在中国没有效力或失去效力的申请作出处理。

（2）根据专利法实施细则第一百零四条，审查国际申请进入国家阶段时是否提交了符合规定的原始申请的中文译文（以下简称译文）或文件，根据专利法实施细则第四十四条审查译文和文件是否符合规定，对于不符合规定的申请作出处理。

（3）根据专利法实施细则第一百零六条，审查申请人提交国际阶段作出的修改文件译文的时机是否符合规定，对于不符合规定的文件作出处理。

（4）根据专利法实施细则第一百零四条、第一百零七条、第一百零八条、第一百零九条、第一百一十条、第一百一十二条、第一百一十三条以及专利法第十八条、第十九条第一款，审查与申请有关的其他文件是否提交并符合规定，如有缺陷，作出相应处理。

（5）根据专利法实施细则第一百一十四条，对国际申请的国家公布等事务作出处理。

2. 国际申请进入国家阶段手续的审查

国际申请希望在中国获得专利保护的，申请人应当在专利法实施细则第一百零三条规定的期限内办理进入国家阶段手续。国际申请在中国没有效力或者在中国的效力丧失的，不能进入国家阶段。办理进入国家阶段手续的，应当符合专利法实施细则第一百零四条的规定。

申请人在办理进入国家阶段手续时提出撤回优先权要求的，办理该手续的期限仍按照原最早优先权日起算。

因中国对专利合作条约及其实施细则的有关规定作出保留，而使国际申请的优先权在国家阶段不成立的，办理进入国家阶段手续的期限仍按照原最早优先权日起算。

进入国家阶段的国际申请的文件提交地点和方式适用本指南第五部分第三章的规定。进入国家阶段的国际申请的费用缴纳除本章规定的外，适用本指南第五部分第二章的规定。

2.1 在中国没有效力

凡是确定了国际申请日的国际申请均已由受理局对其是否符合专利合作条约第11条进行了审查，并作出了肯定的结论，所以只要国际申请指定了中国，根据专利法实施细则第一百零二条的规定，专利局应当承认该申请有正规的国家申请的效力。审查员应当审查声称进入国家阶段的国际申请对中国的指定是否继续有效。

声称进入国家阶段的国际申请，其国际公布文本中没有指定中国的记载的，该国际申请在中国没有效力，审查员应当发出国际申请不能进入中国国家阶段通知书，通知申请人该国际申请进入国家阶段的手续不予接受。

2.2 在中国的效力丧失

2.2.1 国际局通知效力丧失

对于声称进入国家阶段的国际申请，在国际阶段中，国际局曾经向专利局传送了"撤回国际申请"（PCT/IB/307表）或"国际申请被认为撤回"（PCT/IB/325表）通知的，或者传送了该国际申请对中国"撤回指定"（PCT/IB/307表）的，根据专利法实施细则第一百零五条第一款第（一）项的规定，该国际申请在中国的效力终止，审查员应当发出国际申请不能进入中国国家阶段通知书，通知申请人该国际申请进入国家阶段的手续不予接受。

2.2.2 延误办理进入国家阶段的手续

申请人未在专利法实施细则第一百零三条规定的期限内办理进入国家阶段手续，或者虽然办理进入国家阶段手续，但是不符合专利法实施细则第一百零四条第一款第（一）项至第（三）项的规定，根据专利法实施细则第一百零五条第一款第（二）项和第（三）项的规定，该国际申请在中国的效力终止，审查员应当发出国际申请不能进入中国国家阶段通知书，通知申请人该国际申请进入国家阶段的手续不予接受。

申请人在专利法实施细则第一百零三条规定期限内办理的进入国家阶段手续不符合规定的，审查员应当通知申请人进入国家阶段的手续存在缺陷而不予接受。申请人在规定期限届满之前再次办理进入国家阶段手续，并且克服了上述缺陷的，该国际申请在中国仍然具有效力。

由于耽误了专利法实施细则第一百零三条规定的期限造成国际申请在中国的效力终止，申请人按照专利法实施细则第六条第二款提出恢复权利请求的，审查员应当通知申请人，根据专利法实施细则第一百零五条第二款的规定，该请求不予接受。如果申请人提出耽误上述期限是由于不可抗拒的事由造成的，审查员应当参照专利法实施细则第六条第一款的规定处理。

2.2.3 关于选定

国际申请在规定的期限内选定中国，并且该选定直至进入国家阶段时仍然有效的，应当在专利法实施细则第一百零三条规定的期限内办理进入国家阶段手续。

是否选定中国应当以国际局传送的"选定通知书"（PCT/IB/331 表）为依据。

在国际局传送"选定通知书"之后，又传送"撤回要求书或者选定通知书"（PCT/IB/339 表）或者"要求书被认为未提交或者选定被认为未作出通知书"（PCT/IB/350 表），并且上述通知书涉及到撤回选定或选定被认为未作出的，如果标明的国家有"CN"，则该国际申请对中国的选定无效。

2.3 进入国家阶段的处理

按照规定办理进入国家阶段手续的国际申请，凡是经审查在中国具有效力，且符合专利法实施细则第一百零四条第一款第（一）项至第（三）项要求的，专利局应当给予国家申请号，明确国际申请进入国家阶段的日期（以下简称进入日），并发出国际申请进入中国国家阶段通知书。进入日是指向专利局办理并满足专利法实施细则第一百零四条第一款第（一）项至第（三）项规定的进入国家阶段手续之日。上述满足要求的进入国家阶段手续是在同一日办理的，该日即为进入日。上述满足要求的进入国家阶段手续是在不同日办理的，以进入国家阶段手续最后办理之日为进入日。在随后的审批程序中，申请人办理各种手续、审查员发出的各种通知应当使用国家申请号予以标明。

3. 进入国家阶段时提交的申请文件的审查

3.1 进入国家阶段的书面声明

3.1.1 国际申请日

国际申请日是在国际阶段由受理局确定的。在国际阶段国际申请日由于某种原因被更改的，以更改后的日期为准。进入国家阶段的书面声明（以下简称进入声明）中填写的国际申请日应当与国际公布文本扉页上的记载相同。出现不一致情况的，审查员应当依据国际公布文本上的记载依职权加以改正，并将改正通知申请人。

除因中国对专利合作条约及其实施细则的有关规定作出保留而需要重新确定相对于中国的申请日外，由受理局确定的国际申请日视为该申请在中国的实际申请日。

3.1.2 保护类型

专利法第九条第一款规定：同样的发明创造只能授予一项专利权。国际申请指定中国的，办理进入国家阶段手续时，应当选择要求获得的是"发明专利"或者"实用新型专利"，两者择其一，不允许同时要求获得"发明专利"和"实用新型专利"。不符合规定的，审查员应当发出国际申请不能进入中国国家阶段通知书。

3.1.3 发明名称

进入声明中的发明名称应当与国际公布文本扉页中记载的一致。国际申请以外文进行国际公布的，发明名称的译文除准确表达原意外，还应当使译文简短。在译文没有多余词汇的情况下，不得根据本指南第一部分第一章第 4.1.1 节中的规定对发明名称的字数加以限制。

国际公布文本扉页上记载的发明名称一般来自于原始国际申请请求书，个别是由国际检索单位审查员确定的。对于经国际检索单位审查员确定的，进入声明中应当是该审查员确定的发明名称的译文。

进入国家阶段时请求修改发明名称的，应当以修改申请文件的形式提出，不得将修改后的发明名称直接填写在进入声明中，国家公布时不公布修改后的发明名称。

3.1.4 发明人

3.1.4.1 发明人信息的确定

除在国际阶段由国际局记录过变更的情况外，进入声明中填写的发明人应当是国际申请请求书中写明的发明人。专利合作条约规定，国际申请有多个发明人的，可以针对不同的指定国有不同的发明人。在这种情况下，进入声明中要求填写的是针对中国的发明人。国际公布使用外文的，应当准确地将发明人的姓名译成中文。审查员应当将进入声明中写明的发明人姓名与国际公布文本扉页上的记载进行核对。不符合规定的，审查员应当发出补正通知书，通知申请人补正。期满未补正的，审查员应当发出视为撤回通知书。

在国际阶段曾经由国际局传送过"记录变更通知书"（PCT/IB/306 表），通报发明人或者发明人姓名变更的，应当认为已经向专利局申报，在进入声明中直接填写变更以后的信息。审查员应当根据国际局的通知，将进入声明中写明的有关内容与国际公布文本及通知书中记载的信息进行核对。不符合规定的，审查员应当发出补正通知书，通知申请人补正。期满未补正的，审查员应当发出视为撤回通知书。

针对中国的发明人经国际局登记已经死亡的，在进入国家阶段时，仍应作为发明人填写在进入声明中。

3.1.4.2 国际申请没有发明人事项

在国际公布文本中没有记载发明人姓名的国际申请，在进入国家阶段时应当在进入声明中补充写明发明人。不符合规定的，审查员应当发出补正通知书，通知申请人补正。期满未补正的，审查员应当发出视为撤回通知书。

审查员对发明人的资格不必审查。

3.1.4.3 发明人的译名

在国际阶段中规定，发明人姓名的写法应当姓在前、名在后，在进入声明中填写发明人译名时姓和名的先后顺序应当按照其所属国的习惯写法书写。

申请人认为进入声明中填写的发明人译名不准确的，在专利局作好公布发明专利申请或者公告实用新型专利权的准备工作之前可以用主动补正的方式提出。审查员经审查确认改正后的译名与原文相符，应当接受补正，并在国家公布或者公告中使用新译名。在专利局作好公布发明专利申请或者公告实用新型专利权的准备工作之后要求改正发明人译名的，应当办理著录项目变更手续。

3.1.5 申请人

3.1.5.1 申请人信息的确定

进入声明中填写的申请人，除在国际阶段由国际局记录过变更的情况外，应当是国际申请请求书中写明的申请人。国际申请有多个申请人的，根据专利合作条约的规定，对不同的指定国可以写明不同的申请人。进入声明中要求填写的是对中国的申请人。国际公布使用外文的，应当准确地将申请人的姓名或名称、地址译成中文；申请人是企业或者其他组织的，其名称应当使用中文正式译文的全称。审查员应当将进入声明中写明的内容与国际公布文本扉页上的记载进行核对。不符合规定的，审查员应当发出补正通知书，通知申请人补正。期满未补正的，审查员应当发出视为撤回通知书。

在国际阶段曾经由国际局传送过"记录变更通知书"（PCT/IB/306 表），通报申请人变更或者申请人的姓名或名称、地址变更的，应当认为已向专利局申报，在进入声明中直接填写变更以后的信息。审查员应当根据国际局的通知，将进入声明中写明的有关内容与国际公布文本及通知书中记载的信息进行核对。不符合规定的，审查员应当发出补正通知书，通知申请人补正。期满未补正的，审查员应当发出视为撤回通知书。

经国际局登记已经死亡的申请人，进入国家阶段时，不应写入进入声明中，已死亡申请人的继承人尚未确定的除外。

专利合作条约规定，申请人的国籍、居所是否如其所声称，应当由受理局根据其本国法审查并决定。经过受理局审查过的信息记载在国际局出版的国际公布文本扉页上，审查员一般不得再提出疑问。

3.1.5.2 申请人的资格

申请人是外国人、外国企业或者外国其他组织的，应当根据专利法第十八条的规定审查申请人是否有资格提出申请。

国际申请是由一个申请人提出的，该申请

人通常是 PCT 缔约国的国民或居民，至少是《巴黎公约》成员国的国民或居民，所以申请人未发生变化的，不必再审查其是否符合专利法第十八条的规定。国际申请中有两个或两个以上申请人的，专利合作条约规定只要其中至少有一人是 PCT 缔约国的国民或居民即可，照此规定，国际申请提出时对中国的申请人就有可能是非 PCT 缔约国的国民或居民。另外，专利合作条约只对提出国际申请时的申请人的所属国加以限定，而当申请人发生变更时，对于受让人的所属国没有任何规定。

进入国家阶段时申请人或部分申请人所属国有可能是非 PCT 缔约国。在这种情况下，应当参照本指南第一部分第一章第 4.1.3.2 节的规定进行审查。所有申请人都不符合专利法第十八条规定的，应当驳回该申请。部分申请人不符合专利法第十八条规定的，应当发出审查意见通知书，通知申请人删除没有资格的申请人。如果申请人拒绝删除，应当驳回该申请。

3.1.5.3 申请人的译名

在国际阶段中规定，申请人为个人时姓名的写法应当姓在前、名在后，在进入声明中填写申请人译名时姓和名的先后顺序应当按照其所属国的习惯写法书写。

申请人认为进入声明中填写的申请人译名不准确的，在专利局作好公布发明专利申请或者公告实用新型专利权的准备工作之前可以用主动补正的方式提出。审查员经审查确认改正后的译名与原文相符，应当接受补正，并在国家公布或者公告中使用新译名。申请人在专利局作好准备工作之后要求改正译名的，应当办理著录项目变更手续。

3.1.6 审查基础文本声明

在国际阶段，申请人在收到国际检索报告之后，可以根据专利合作条约第 19 条的规定对权利要求书作出修改，修改应当在规定的期限内向国际局提出。在国际初步审查过程中，申请人还可以按照专利合作条约第 34 条的规定对说明书、附图和权利要求书作出修改，修改应当向国际初步审查单位提出。此外，国际申请进入国家阶段时，申请人也可能按照专利合作条约第 28 条或第 41 条提出修改。

由此可见，国际申请进入国家阶段时，除原始申请文件外，可能还要提出一份或几份修改文本，申请人应当在进入声明中审查基础一栏内指明在后续程序中应当依据的文本，即对审查基础文本作出声明。

在国际阶段及进入国家阶段后均没有对申请作出修改的，审查基础应当是原始申请。国际阶段或者进入国家阶段时作出过修改并在审查基础文本声明中加以指明的，审查使用的文本应当是以修改文件替换原始申请相应部分之后的文本。国际阶段作出过修改但在审查基础文本声明中没有指明的，应当认为该修改已经放弃，专利局对该修改不予考虑。

审查基础文本声明中提及的国际阶段按照专利合作条约第 19 条的修改，应当在国际公布文本中有相应内容；按照专利合作条约第 34 条的修改，应当在专利性国际初步报告之后附有相应内容。审查基础文本声明中提及的国际阶段的修改实际不存在的，审查员应当发出补正通知书，通知申请人改正进入声明中审查基础一栏中的有关内容。

审查基础文本声明中提及国际阶段的修改的，应当自进入日起两个月内提交该修改文件的译文。期限届满时仍未提交的，对声明中提及的修改将不予考虑，审查员应当发出修改不予考虑通知书。

3.2 原始申请的译文和附图

根据专利法实施细则第一百零四条第一款第（三）项的规定，国际申请以外文提出的，在进入国家阶段时，需提交原始国际申请的说明书、权利要求书的译文。译文与原文明显不符的，该译文不作为确定进入日的基础。

根据专利法实施细则第一百零四条第一款第（五）项的规定，国际申请以外文提出的，应当提交摘要的译文，有附图和摘要附图的，还应当提交附图副本和摘要附图副本，附图中有文字的，应当将其替换为对应的中文文字。

3.2.1 说明书和权利要求书的译文

说明书、权利要求书的译文应当与国际局

传送的国际公布文本中说明书、权利要求书的内容相符。译文应当完整,并忠实于原文。申请人不得将任何修改的内容加入到原始申请的译文中。

国际公布文本中标明是替换页、更正页的内容一般认为是原始申请的内容。在国际申请提出时作为说明书、权利要求书的一部分的内容,经过受理局审查后宣布"不予考虑",并且在国际公布文本中加以标注的,在译文中应当用中文作出同样的标注,例如在没有提供附图的情况下说明书中提及附图的内容。

说明书(包括附图)、权利要求书中含有违反道德或公共秩序的内容,或者其他贬低性的陈述,经国际局认定,并在国际公布时删除的内容,不应当再加入到原始申请的译文中。如果上述内容又出现在译文中,审查员应当发出补正通知书,通知申请人改正译文中的错误。国际公布时对上述内容没有删除,并出现在译文中的,应当参照本指南第一部分第一章第7节的规定处理。

在国际阶段,国际申请说明书、权利要求书中包含有核苷酸和/或氨基酸序列,并且序列表是作为说明书单独部分提交的,在提交译文时,也应当将其作为说明书单独部分,并且单独编写页码。申请人还应当提交与该序列表相一致的计算机可读形式的副本。如果提交的计算机可读形式的副本中记载的序列表与说明书中的序列表不一致,以说明书中的序列表为准。未提交计算机可读形式的副本,或者所提交的副本与说明书中的序列表明显不一致的,审查员应当发出补正通知书,通知申请人补正。期满未补正的,审查员应当发出视为撤回通知书。

序列表部分的自由文字内容已写入说明书的主要部分的,序列表部分的任何文字不需要翻译。

在国际阶段,国际申请说明书中包含纸页在400页以上的核苷酸和/或氨基酸序列表部分的,在进入国家阶段时可以只提交符合规定的计算机可读形式的序列表。

说明书中引用的计算机程序语言不需要翻译,引用的参考资料中的编者姓名、文献标题的翻译只要满足国家公布的要求即可。

3.2.2 附 图

根据专利法实施细则第一百零四条第一款第(五)项的规定,国际申请以外文提出,有附图的应当提交附图副本。附图中有文字的,应当将其替换为对应的中文文字,并且重新绘制附图,以中文文字替换原文并标注在适当的位置上。即使附图中的文字内容不符合专利法实施细则第十八条的规定,也应当按照原始申请译出。重新绘制的附图应当与国际公布文本中的附图相同,同时要满足本指南第一部分第一章第4.3节对附图的格式要求。

附图中的"Fig"字样可以不译成中文。附图中出现的计算机程序语言或作为屏幕显示图像的某些文字内容不必译成中文。

不符合规定的,审查员应当发出补正通知书,通知申请人补正。期满未补正的,审查员应当发出视为撤回通知书。

3.2.3 摘要译文和摘要附图

摘要译文应当与国际公布文本扉页记载的摘要内容一致。国际检索单位的审查员对申请人提交的摘要作出修改的,应当提交修改后摘要的译文。例如,国际检索报告不包含在首次公布的国际公布文本A2中,而在随后公布的国际公布文本A3中,并且国际公布文本A3与国际公布文本A2扉页记载的摘要内容不相同的,应当以国际公布文本A3中的摘要内容为依据译出。

译文在不改变原文内容的基础上应当简短,在没有多余词句的情况下,审查员不得以不符合专利法实施细则第二十三条第二款关于摘要字数的规定为理由要求申请人修改或依职权修改。

国际公布中没有摘要的,进入国家阶段时,申请人也应提交国际申请原始摘要的译文。

国际申请有摘要附图的,应当提交摘要附图副本。摘要附图副本应当与国际公布时的摘要附图一致。附图中有文字的,应当将其替换为对应的中文文字,并且重新绘制附图,以中文文字替换原文并标注在适当的位置上。首次公布不包括检索报告，并且首次公布的国际公布文本 A2 与随后公布的国际公布文本 A3 使用的摘要附图不一致的，应当以随后公布时的摘要附图为准。

不符合规定的，审查员应当发出补正通知书，通知申请人补正。期满未补正的，审查员应当发出视为撤回通知书。

3.3 使用中文完成国际公布的国际申请

使用中文完成国际公布的国际申请在进入国家阶段时只需要提交进入声明、原始申请中摘要的副本及摘要附图（有摘要附图时）的副本，不需要提交说明书、权利要求书及附图的副本。但是，以中文提出的国际申请在完成国际公布前，申请人请求提前处理并要求提前进行国家公布的，还需要提交原始申请的说明书、权利要求书及附图（有附图时）的副本。

3.4 期限届满前的处理

专利合作条约第 23 条（1）规定，在按照第 22 条适用的期限届满以前，任何指定局不应处理或审查国际申请。适用的期限是指自优先权日起三十个月。同时在第 23 条（2）又规定，尽管有（1）的规定，指定局根据申请人的明确的请求，可以在任何时候处理或审查国际申请。对于选定局，专利合作条约第 40 条也作了相应的规定。

3.4.1 提前处理

要求专利局在优先权日起三十个月期限届满前处理和审查国际申请的，根据专利法实施细则第一百一十一条的规定，申请人除应当办理第一百零三条和第一百零四条所述的进入国家阶段手续外，还应当办理下述手续：

（1）按照专利合作条约第 23 条（2）的规定提出明确的请求。

（2）国际局尚未向专利局传送国际申请的，申请人应当提交经确认的国际申请副本，该副本是经受理局确认的"受理本"副本，或者是经国际局确认的"登记本"副本。

（3）申请人也可以要求国际局按照专利合作条约实施细则 47.4 的规定向专利局传送国际申请副本，或者向专利局提出请求，由专利局要求国际局传送国际申请副本。

对于满足上述要求的国际申请，审查员应当及时处理和审查。

3.4.2 暂时不作处理

对于在优先权日起三十个月期限届满前办理了进入国家阶段手续，但是没有办理专利法实施细则第一百一十一条所述手续的国际申请，按照专利合作条约的规定暂时不作处理。

4. 国际阶段的修改文件译文的审查

4.1 按照专利合作条约第 19 条修改的权利要求书的译文

申请人声明以按照专利合作条约第 19 条作出修改的权利要求书作为审查基础，并且该修改的国际公布使用外文的，申请人应当在办理进入国家阶段手续时，最迟应当自进入日起两个月内提交其译文。根据专利法实施细则第一百零六条的规定，在该期限之后提交译文的，修改部分将不予考虑，审查员应当发出修改不予考虑通知书。国际公布文本中包含按照专利合作条约第 19 条（1）提出的修改声明，并且申请人要求审查员考虑该声明的，应当在提交修改的权利要求书译文的同时提交该声明的译文。

修改的权利要求书（包括修改、增加、删除权利要求）的译文应当与国际公布文本中记载的相应部分内容一致。在国际阶段虽然提出过，但是由于不符合专利合作条约实施细则第 46 条的规定而未被国际局接受的修改，在进入国家阶段时不能再作为按照专利合作条约第 19 条的修改提出。

修改部分的译文应当作成能够与原始申请译文中对应部分互相替换的修改页。修改的权利要求书译文的第一页上方应标明"权利要求书（按照专利合作条约第 19 条的修改）"字样。

在进入国家阶段之后提交该修改文件译文的，应当附有补交修改文件的译文或修改文件表，在该表中应当表明将修改后的内容作为审查基础的意愿。

按照专利合作条约第 19 条修改的权利要求书的译文与原始申请的权利要求书的译文一

起公布,该译文应当满足本指南关于公布的格式要求。

修改文件的译文不符合规定的,审查员应当发出修改文件缺陷通知书,通知申请人改正。期满未改正的,审查员应当发出修改不予考虑通知书。

按照专利合作条约第 19 条修改的权利要求书又作为国际初步审查的基础,并且申请人在进入国家阶段时将其作为专利性国际初步报告附件的译文提交的,在国家公布时不再公布该译文。

4.2 按照专利合作条约第 34 条作出的修改的译文

申请人声明以按照专利合作条约第 34 条作出的修改作为审查基础,并且该修改是以外文作出的,应当在办理进入国家阶段手续时,最迟应当自进入日起两个月内提交其译文。在该期限之后提交译文的,修改部分将不予考虑,审查员应当发出修改不予考虑通知书。

修改部分的译文内容应当与国际局传送的专利性国际初步报告所附修改页的内容相符。在国际阶段申请人声称按照专利合作条约第 34 条作出修改,但未被审查员采纳,因而没有作为专利性国际初步报告附件传送的,在进入国家阶段时申请人不应当再将该内容作为按照专利合作条约第 34 条的修改向专利局提出。

修改部分的译文应当作成能够与原始申请译文中对应部分互相替换的修改页。如果由于修改使该页内容增加,可以在该页之后补入一页或几页。其页码为"Xa"、"Xb"或"X-1"、"X-2"。由于修改使某页完全删除的,应当在修改说明中指出。权利要求书中某项被删除时,可以保留原编号,注明"删除"字样,也可以将修改后的权利要求书中的权利要求重新连续编号,并加以说明。修改的译文前应附有简短的修改说明,该说明上方应标有"专利性国际初步报告附件译文"字样。修改说明只需指明修改所涉及的部分。

在进入国家阶段之后提交专利性国际初步报告附件译文的,应当附有补交修改文件的译文或修改文件表,在该表中表明以该修改为审查基础的意愿。

修改文件的译文不符合规定的,审查员应当发出修改文件缺陷通知书,通知申请人改正。期满未改正的,审查员应当发出修改不予考虑通知书。

专利性国际初步报告附件译文在国家公布时不予公布。

5. 其他文件的审查

5.1 委托和委托书

5.1.1 委 托

在中国内地没有经常居所或者营业所的外国申请人,其国际申请在进入国家阶段时,应当委托专利代理机构办理有关事务。如果申请人没有委托专利代理机构,审查员应当参照本指南第一部分第一章第 6.1.1 节中的有关规定处理。

在中国内地有经常居所或者营业所的申请人,其国际申请在进入国家阶段时,可以不委托专利代理机构。

5.1.2 委 托 书

国际申请进入国家阶段时,提交的委托书除应当符合本指南第一部分第一章第 6.1.2 节的规定外,还应当写明国际申请号、申请人(即委托人)的原文姓名或名称以及中文译名。申请人的原文姓名或名称,除有变更的情况外,应当与国际公布文本扉页的记载使用相同的语言并且内容完全一致;国际阶段作过变更的,应当与"记录变更通知书"(PCT/IB/306 表)上记载的变更后的内容完全一致。译名应当与进入声明中的记载完全一致。

在进入国家阶段的同时办理变更申请人手续的,可以只提交变更后申请人签署的委托书。

国际申请在进入国家阶段时没有提交委托书,或者提交的委托书存在缺陷的,应当适用本指南第一部分第一章第 6.1.2 节中的有关规定。

5.2 要求优先权

5.2.1 要求优先权声明

根据专利法实施细则第一百一十条第一款的规定,申请人在国际阶段要求了一项或者多项优先权，而且在进入国家阶段时该优先权要求继续有效的，视为已经依照专利法第三十条的规定提出了书面声明。

因中国对专利合作条约及其实施细则的有关规定作出保留，专利局对国际申请在国际阶段恢复的优先权（例如，国际申请日在该优先权日起十二个月之后、十四个月之内）不予认可，相应的优先权要求在中国不发生效力，审查员应当针对该项优先权要求发出视为未要求优先权通知书。

申请人应当在进入声明中准确地写明其在先申请的申请日、申请号及原受理机构名称。除下段所述情况外，写明的内容应当与国际公布文本扉页中的记载一致。审查员发现不一致时，可以以国际公布文本扉页中记载的内容为依据，依职权改正进入声明中的不符之处，并且及时通知申请人。

国际局曾经向专利局传送的"撤回优先权要求通知书"（PCT/IB/317表）或"优先权要求被认为未提出通知书"（PCT/IB/318表）中所涉及的优先权要求应认为已经失去效力，不应写入进入声明中。不符合规定的，审查员应当针对该项优先权要求发出视为未要求优先权通知书。

在国际阶段受理局对于优先权要求的有效性，即作为优先权基础的在先申请是否在《巴黎公约》成员国或世界贸易组织成员中提出、申请人是否为《巴黎公约》成员国的国民或居民、在先申请的申请日是否在国际申请日前十二个月之内等已经作出审查，并且对不符合上述条件的优先权要求宣布视为未提出的，专利局不再提出疑问。

申请人在国际阶段没有提供在先申请的申请号的，应当在进入声明中写明。不符合规定的，审查员应当发出办理手续补正通知书，期满未答复或者补正后仍不符合规定的，审查员应当针对该项优先权要求发出视为未要求优先权通知书。

申请人认为在国际阶段提出的优先权书面声明中某一事项有书写错误，可以在办理进入国家阶段手续的同时或者自进入日起两个月内提出改正请求。改正请求应以书面形式提出，写明改正后的优先权事项。对于申请人未向国际局提交过在先申请文件副本的，在提出改正请求的同时还应当附上在先申请文件副本作为改正的依据。不符合规定的，视为未提出该改正请求。

进入国家阶段不允许提出新的优先权要求。

5.2.2 在先申请文件副本的提供

根据专利合作条约实施细则第 17 条的规定，如果申请人已向受理局提交了在先申请文件副本或者向受理局提出制作在先申请文件副本的要求，专利局不得要求申请人本人提供在先申请文件副本，该在先申请文件副本由专利局请求国际局提供。专利局的审查员认为有必要核查在先申请文件副本的，应当请求国际局传送该申请的在先申请文件副本。例如，国际检索报告中相关文件一栏内标明"PX"、"PY"等类文件的，或者国际检索单位审查员没有检索到，但是专利局负责实质审查的审查员在补充检索中检索到"PX"、"PY"等类文件的。

国际局通知专利局，申请人在国际阶段没有按照规定提交在先申请文件副本的，审查员应当发出办理手续补正通知书，通知申请人在指定期限内补交；期满仍未提交的，审查员应当针对相应的优先权要求发出视为未要求优先权通知书。

5.2.3 在先申请文件副本的审查

国际局提供了在先申请文件副本或者申请人补交了在先申请文件副本的，审查员应当对在先申请文件副本进行审查。

5.2.3.1 与优先权声明不一致

审查员应当以在先申请文件副本为依据，检查优先权声明中的各项内容，如果与在先申请文件副本中记载的一项或者两项内容不一致，审查员应当发出办理手续补正通知书，期满未答复或者补正后仍不符合规定的，审查员应当发出视为未要求优先权通知书。

5.2.3.2 提供享有优先权的证明

审查员应当检查国际申请的申请人在申请日时是否有权要求申请中指明的在先申请的优

先权。对于不是向专利局提出的在先申请,符合下列情况之一的,应当认为申请人有权要求优先权:

(1) 在后申请的申请人与在先申请的申请人为同一人。

(2) 在后申请的申请人是在先申请的申请人之一。

(3) 在后申请的申请人由于在先申请的申请人的转让、赠与或者其他方式形成的权利转移而享有优先权。

对于(3)的情况,除申请人在国际阶段已经作出符合要求的享有优先权的声明以外,申请人应当提交相应的证明文件。证明文件应当由转让人签字或者盖章。证明文件应当是原件,或者是经过公证的复印件。

经审查发现国际申请的申请人不符合上述(1)、(2) 两种情况的,应当检查国际公布文本中是否记载有申请人作出的有权要求该在先申请优先权的声明,如果有该声明,并且审查员认为声明是真实可信的,不得再要求申请人提交证明文件。在没有声明或声明不符合要求的情况下,审查员应当发出办理手续补正通知书,期满未答复或者补正后仍不符合规定的,审查员应当发出视为未要求优先权通知书。

对于在先申请是在中国提出的国家申请,审查员应当适用本章第5.2.6节的规定审查在后申请的申请人是否有权要求申请中指明的在先申请的优先权。

5.2.4　优先权要求费

要求优先权的,申请人应当自进入日起两个月内缴纳优先权要求费;期满未缴纳或者未缴足的,视为未要求优先权,审查员应当发出视为未要求优先权通知书。

5.2.5　优先权要求的恢复

国际申请在国际阶段发生过专利合作条约实施细则第26条之二.2的情形,由国际局或者受理局宣布过优先权要求视为未提出的,申请人在办理进入国家阶段手续的同时可以提出恢复优先权要求的请求,并且缴纳恢复费,对于申请人未向国际局提交过在先申请文件副本的,同时还应当附具在先申请文件副本作为恢复的依据。其条件是被视为未提出的优先权要求的有关信息连同国际申请一起公布过。进入国家阶段之后提出的恢复请求不予考虑。

国际申请在进入国家阶段后,由于下述情形之一导致视为未要求优先权的,可以根据专利法实施细则第六条的规定请求恢复要求优先权的权利:

(1) 申请人在国际阶段没有提供在先申请的申请号,进入声明中仍未写明在先申请的申请号。

(2) 要求优先权声明填写符合规定,申请人未在规定期限内提交在先申请文件副本或者优先权转让证明。

(3) 要求优先权声明中在先申请的申请日、申请号和原受理机构名称中的一项或者两项内容与在先申请文件副本中记载的不一致。

(4) 要求优先权声明填写符合规定,但未在规定期限内缴纳或者缴足优先权要求费。

有关恢复权利请求的处理,适用本指南第五部分第七章第6节的有关规定。

除以上情形外,其他原因造成被视为未要求优先权的,不予恢复。

5.2.6　在先申请是在中国提出

国际申请要求优先权的在先申请是在中国提出的国家申请,对于优先权的初步审查,除本章第5.2.3.2节外,与其他国际申请的审查完全相同。

在先申请是在中国提出的,要求优先权的在后申请的申请人与在先申请的申请人应当完全一致,或者由在先申请的全体申请人将优先权转让给在后申请的申请人。未满足上述条件的,视为未要求优先权。

在先申请是在中国提出的,要求优先权的国际申请进入国家阶段,应当看作是要求本国优先权。对于在提出国际申请时,其要求优先权的在先申请的主题有专利法实施细则第三十二条第二款第(一)、(二)和(三)项所列情形之一的,审查员应当发出视为未要求优先权通知书。由于国际申请的特殊程序,审查员不按专利法实施细则第三十二条第三款规定对被要求优先权的在先申请作出处理;同样,对于在国际申请提出之后在先申请被授予专利权的

— 209 —

情况，审查员也不处理其有可能造成在先与在后申请重复授权的问题；上述问题均留待后续程序中处理。

5.3 援引加入

根据专利合作条约实施细则的规定，申请人在递交国际申请时遗漏了某些项目或部分，可以通过援引在先申请中相应部分的方式加入遗漏项目或部分，而保留原国际申请日。其中的"项目"是指全部说明书或者全部权利要求，"部分"是指部分说明书、部分权利要求或者全部或部分附图。

因中国对专利合作条约实施细则的上述规定作出保留，国际申请在进入国家阶段时，对于通过援引在先申请的方式加入遗漏项目或部分而保留原国际申请日的，专利局将不予认可。

对于申请文件中含有援引加入项目或部分的，如果申请人在办理进入国家阶段手续时在进入声明中予以指明并请求修改相对于中国的申请日，则允许申请文件中保留援引加入项目或部分。审查员应当以国际局传送的"确认援引项目或部分决定的通知书"（PCT/RO/114表）中的记载为依据，重新确定该国际申请在中国的申请日，并发出重新确定申请日通知书。因重新确定申请日而导致申请日超出优先权日起十二个月的，审查员还应当针对该项优先权要求发出视为未要求优先权通知书。对于申请文件中含有援引加入项目或部分的，如果申请人在办理进入国家阶段手续时未予以指明或者未请求修改相对于中国的申请日，则不允许申请文件中保留援引加入项目或部分。审查员应当发出补正通知书，通知申请人删除援引加入项目或部分，期满未补正的，审查员应当发出视为撤回通知书。申请人在后续程序中不能再通过请求修改相对于中国的申请日的方式保留援引加入项目或部分。

5.4 不丧失新颖性的公开

根据专利法实施细则第一百零七条的规定，国际申请涉及的发明创造有专利法第二十四条第（一）项或者第（二）项所述情形之一，并且在提出国际申请时作出过声明的，应当在进入声明中予以说明，并自进入日起两个月内提交专利法实施细则第三十条第三款规定的有关证明文件；未予说明或者期满未提交证明文件的，其申请不适用专利法第二十四条的规定。

申请人在进入声明中指明在国际申请提出时要求过不丧失新颖性宽限期的，国际公布文本扉页中应当有相应的记载，记载的内容包括所提及的不丧失新颖性的公开发生的日期、地点、公开类型以及展览会或会议的名称。进入声明中提及的展览会应当属于专利法实施细则第三十条第一款规定的情形，所提及的学术会议或技术会议应当属于专利法实施细则第三十条第二款规定的情形。不符合规定的，审查员应当发出视为未要求不丧失新颖性宽限期通知书。

在国际公布文本中有记载而在进入声明中没有指明的，申请人可以在进入日起两个月内补正。

由于国际申请的特殊程序，提交证明材料的期限是自进入日起两个月。对于证明材料的要求参照本指南第一部分第一章第6.3节的规定。

5.5 生物材料样品保藏事项

5.5.1 进入声明中的指明

根据专利法实施细则第一百零八条第一款的规定，申请人按照专利合作条约规定对生物材料样品的保藏作出过说明的，应当在进入声明中予以指明。该指明应当包括指出记载保藏事项的文件种类，以及必要时指出有关内容在该文件中的具体记载位置。

保藏事项是以非表格形式记载在说明书中的，应当在进入声明的规定栏目中，指明记载的内容在说明书译文中的页码和行数。审查员应当对译文的相应内容进行检查。保藏事项记载在"关于微生物保藏的说明"（PCT/RO/134表）中或其他单独的纸页中的，该表或该纸页应当包含在国际公布文本中。审查员经核对发现在进入声明中指明的译文的相应位置没有关于保藏事项的记载，或者在进入声明中指明的"关于微生物保藏的说明"（PCT/RO/

134表）或其他另页说明并不包含在国际公布文本中的，应当发出生物材料样品视为未保藏通知书，认为该生物材料样品的保藏说明没有作出。

申请人在国际阶段已经按照专利合作条约的规定对生物材料样品的保藏作出说明，但是没有在进入声明中予以指明或指明不准确的，可以在自进入日起四个月内主动补正。期满未补正的，认为该生物材料样品的保藏说明没有作出，审查员应当发出生物材料样品视为未保藏通知书，通知申请人该生物材料样品视为未保藏。

5.5.2　生物材料样品保藏说明

根据专利法实施细则第一百零八条的规定，申请人按照专利合作条约的规定对生物材料样品的保藏作出过说明的，应当视为符合专利法实施细则第二十四条第（三）项的规定。

根据专利合作条约实施细则的规定，对保藏的生物材料的说明应包括的事项有：保藏单位的名称和地址、保藏日期、保藏单位给予的保藏编号。只要该说明在国际局完成国际公布准备工作之前到达国际局，就应认为该说明已及时提交。因此，申请人在进入声明中所指明的生物材料样品的保藏说明作为说明书的一部分或者以单独的纸页包含在国际公布文本中，其内容包括上述规定事项，审查员应当认为是符合要求的说明。在国际阶段申请人没有作出生物材料样品保藏说明，而在进入声明中声称该申请涉及生物材料样品保藏的，审查员应当发出生物材料样品视为未保藏通知书，通知申请人该生物材料样品视为未保藏。

如果申请人在申请日时提交了生物材料样品的保藏证明，并且国际局将其作为国际申请的一部分包含在国际公布文本中，申请人请求对生物材料样品保藏说明中遗漏事项作出补充的，审查员可以以国际公布文本中的保藏证明为依据，同意其补充或改正。

审查员发现生物材料样品保藏说明与保藏证明中记载的保藏事项的内容不一致，并且可以确定不一致是由于保藏说明中的书写错误造成的，审查员应当发出办理手续补正通知书，通知申请人补正。期满未补正，审查员应当发出生物材料样品视为未保藏通知书，通知申请人该生物材料样品视为未保藏。

生物材料样品保藏的说明是以"关于微生物保藏的说明"（PCT/RO/134表）的形式或者以说明书以外的其他单独纸页形式提交的，作为国际申请的一部分，进入国家阶段时应当译成中文。没有译成中文的，审查员应当发出办理手续补正通知书，通知申请人补正。期满未补正，视为没有作出生物材料样品保藏说明，审查员应当发出生物材料样品视为未保藏通知书，通知申请人该生物材料样品视为未保藏。

5.5.3　生物材料样品保藏证明

由于国际申请的特殊程序，提交生物材料样品保藏证明和存活证明的期限是自进入日起四个月。对保藏证明和存活证明内容的审查，适用本指南第一部分第一章第 5.2.1 节的规定。

5.6　遗传资源的来源

国际申请涉及的发明创造的完成依赖于遗传资源的，申请人应当在进入声明中予以说明，并填写遗传资源来源披露登记表。不符合规定的，审查员应当发出补正通知书，通知申请人补正。期满未补正的，审查员应当发出视为撤回通知书。补正后仍不符合规定的，该专利申请应当被驳回。

5.7　进入国家阶段后对申请文件的修改

专利法实施细则第一百一十二条规定，申请人可以在办理进入国家阶段手续之后在规定的期限内提出对专利申请文件的修改，此种修改称为国家阶段的修改。

要求获得实用新型专利权的国际申请，申请人可以自进入日起两个月内对专利申请文件主动提出修改。

要求获得发明专利权的国际申请，可以按照专利法实施细则第五十一条第一款的规定对申请文件主动提出修改。

当国际申请进入国家阶段时，申请人明确要求以按照专利合作条约第 28 条或第 41 条作出的修改为审查基础的，可以在提交原始申请译文的同时提交修改文件，该修改视为按照专利法实施细则第一百一十二条的规定主动提出的修改。

申请人提交修改文件时应当附有详细的修改说明。修改说明可以是修改前后内容的对照表，也可以是在原文件复制件上的修改标注。修改是在进入国家阶段时提出的，在修改说明上方应当注明"按照专利合作条约第28条（或第41条）作出修改"的字样。

修改的内容应当以替换页的形式提交，替换页与被替换页的内容应当相互对应，与被替换页的前、后页内容相互连接。

5.8 改正译文错误

根据专利合作条约的规定，国际申请在每个指定国内自国际申请日起具有正规的国家申请的效力。因此，由国际局传送给指定局或选定局的国际申请是具有法律效力的文本。以该文本为依据发现进入国家阶段时提交的译文存在错误的，在满足专利法实施细则第一百一十三条规定的条件下，允许改正译文中的错误。

译文错误是指译文文本与国际局传送的原文文本相比个别术语、个别句子或者个别段落遗漏或者不准确的情况。译文文本与国际局传送的原文文本明显不符的情况不允许以改正译文错误的形式进行更正。

申请人可以在专利局作好公布发明专利申请或者公告实用新型专利权的准备工作之前办理改正译文错误手续。

申请人改正译文错误，除提交改正页外，还应当提交书面改正译文错误请求，并且缴纳规定的改正译文错误手续费。不符合规定的，审查员应当发出视为未提出通知书。

译文改正页与原始译文的相应页应当能够相互替换，即替换后的前、后页内容能够连接。

如果不符之处是非文字部分，如数学式、化学式等，不作为译文错误处理，仅要求申请人作出补正。

5.9 实质审查请求

进入国家阶段的国际申请，如果指定了中国的发明专利，自优先权日起三年内应当提出实质审查请求，并缴纳实质审查费。审查员应当按照本指南第一部分第一章第6.4节的规定进行审查。

5.10 著录项目变更

5.10.1 经国际局记录的变更

5.10.1.1 国际局通知的效力

在国际阶段国际局应申请人或受理局的要求，对请求书中的申请人或其姓名（名称）、居所、国籍或地址的变更，或者对请求书中的发明人或其姓名的变更进行记录，并书面通知指定局。专利局收到国际局"记录变更通知书"（PCT/IB/306表），应当认为申请人已向专利局提出了著录项目变更申报，即不需要就该项变更再提交著录项目变更申报书及缴纳变更手续费。国际申请进入国家阶段时，应当直接使用变更后的著录项目。

5.10.1.2 补交证明材料

国际局传送的"记录变更通知书"（PCT/IB/306表）中指明变更的项目是申请人（指实体），在进入国家阶段时申请人应当按照专利法实施细则第一百零四条第一款第（六）项的规定，提交申请权转让或赠予合同、由工商行政管理部门出具的公司合并的证明文件或者其他权利转移的证明文件。证明文件应当是原件或者是由公证机关公证的复印件。审查员应当审查证明文件的有效性。没有提交证明文件的，审查员应当发出补正通知书，通知申请人补交，期满未补交的，审查员应当发出视为撤回通知书。

国际局传送的"记录变更通知书"（PCT/IB/306表）中记载的变更事项是由中国内地的单位或个人将申请权转让给外国人、外国企业或者外国其他组织的，适用本指南第一部分第一章第6.7.2.2节第（3）(ii)项的规定。

国际局传送的记录变更通知书中指明变更的项目是申请人的姓名或名称、地址以及发明人姓名的，不需要提供任何证明材料，应当认为变更已经生效。

5.10.2 国家阶段的著录项目变更

进入国家阶段时或之后办理著录项目变更

手续的，适用本指南第一部分第一章第6.7.1节的规定。

除本指南第一部分第一章第6.7.2节所述的几种著录项目变更证明文件外，以下两种情况当事人（申请人或发明人）本人作出的声明也可以作为申报变更的证明文件。

（1）申请人声称在国际申请提出时填写了错误的申请人姓名或名称，或者错误的发明人的姓名，进入国家阶段后为了改正错误申报变更。

（2）申请人声称国际申请的申请人或发明人在不同的国家使用不同的名称或姓名（不仅仅是语种的不同），在中国希望使用不同于国际公布时记载的另一名称或姓名，为此申报变更。例如美籍华人在美国使用的姓名是×××·汤姆，并使用该姓名提出国际申请，而在进入中国时请求使用×××为其姓名。

5.11 请求复查

5.11.1 提出复查请求

根据专利合作条约的规定，允许申请人向作为指定局或选定局的专利局提出复查请求的情况是：

（1）受理局拒绝给予国际申请日，或者宣布国际申请已被认为撤回。

（2）国际局由于在规定期限内没有收到国际申请的登记本而宣布该申请被视为撤回。

复查请求应当自收到上述处理决定的通知之日起两个月内向专利局提出，请求中应当陈述要求复查的理由，同时附具要求进行复查处理决定的副本。国际局应申请人请求传送的有关档案文件的副本随后到达专利局。

5.11.2 其他手续

申请人在按照本章第5.11.1节所述提出复查请求的同时，应当向专利局办理专利法实施细则第一百零三条和第一百零四条规定的进入国家阶段手续，并且在进入声明中标明已经提出复查请求的事实。

5.11.3 复查及复查后的处理

审查员认为复查请求是按照专利合作条约及其实施细则规定提出，并且按照规定办理了进入国家阶段手续的，应当对受理局或国际作出的决定是否正确进行复查。

审查员认为上述国际单位的决定是正确的，该国际申请在中国的效力终止，应当按照本章第2.2.1节的规定办理。

审查员认为上述国际单位的决定是不正确的，应当认定该国际申请在中国是有效的，并继续进入国家阶段的处理和审查。对于受理局尚未确定国际申请日的申请，审查员应当通知申请人，该申请被认为是在应当确定为国际申请日的那一日向专利局提出的。

由于国际阶段程序的中断而没有完成国际公布的申请，审查员进行本章规定的审查时，应当以国际局传送的档案文件中登记本的副本代替本指南中提及的国际公布文本。

5.12 国际单位错误的改正

5.12.1 改正国际单位错误的声明

由于国际单位在事务处理上的疏忽而造成发出错误的通知书、在国际公布文本上出现了错误的记载、国际公布文本错误或者造成漏发通知书、遗漏记载，由此导致进入国家阶段后审查员作出"国际申请在中国的效力终止"、"补正"、"优先权视为未要求"等处理的，申请人可以自审查员发出相应的通知书之日起六个月之内要求改正国际单位错误，该要求可以以"意见陈述书"的形式提出。

5.12.2 附 件

申请人提交要求改正国际单位错误的意见陈述书的同时，应当提供国际局已经改正或者已经接受改正的相应文件的复制件作为附件。例如：国际公布文本的改正本、"记录变更通知书"（PCT/IB/306表）的改正页、"选定通知书"（PCT/IB/331表）的改正页等。没有附件的改正要求不予接受。

5.12.3 改正后的处理

经审查或者经与国际局联系，证明确实是国际单位的错误并且已经由国际局作出改正，专利局应当承认改正后的结论。由于国际单位错误而作出"国际申请在中国的效力终止"结论的，专利局应当重新接受译文和费用，并以第一次办理并满足专利法实施细则第一百零四条第一款第（一）项至第

— 213 —

（三）项规定的进入国家阶段手续之日为进入日。在等待国际单位改正错误期间，办理某种手续的期限已经届满，由于错误尚未改正而无法按期办理的（例如提出实质审查请求、提交生物材料样品保藏及存活证明、提交不丧失新颖性公开证明等），申请人还应当在提交要求改正国际单位错误的意见陈述书的同时，完成各种耽误的手续。审查员对此应当认为是在规定期限内完成的。

由于国际单位错误而作出的其他导致申请人权利丧失的结论，经国际局通知改正错误后，应当恢复其相应的权利。

6. 国家公布

国家公布仅适用于进入中国的发明专利的国际申请。根据专利法实施细则第一百一十四条第一款的规定，对于要求获得发明专利权的国际申请，专利局经初步审查认为符合专利法及其实施细则有关规定的，应当在发明专利公报上予以公布。国际申请是以中文以外文字提出的，还应当公布申请文件的中文译文。

国际申请在进入国家阶段之前多数已由国际局自优先权日起满十八个月完成国际公布，根据专利合作条约规定，如果国际公布使用的语言和在指定国按本国法公布所使用的语言不同，指定国可以规定，就权利的保护而言，公布的效力仅从使用后一种语言的译文按照本国法的规定予以公布后才产生。专利法实施细则第一百一十四条第二款对此作了明确规定，对于以中文以外文字提出的国际申请，专利法第十三条规定的要求临时保护的权利是在完成国家公布之后产生。

国家公布的另一目的是将该申请进入国家阶段的信息告之公众。

6.1 何时公布

除本章第3.4节所述的情况外，多数国际申请在自优先权日起满十八个月后进入国家阶段，不适用专利法第三十四条的规定。专利局对进入国家阶段的国际申请进行初步审查，认为合格之后，应当及时进行国家公布的准备工作。专利局完成国家公布准备工作的时间一般不早于自该国际申请进入国家阶段之日起两个月。

6.2 公布形式

6.2.1 国际公布是使用外文的申请

国家公布以在发明专利公报中的登载和发明专利申请单行本的出版两种形式完成。

6.2.2 国际公布是使用中文的申请

国家公布以在发明专利公报中的登载完成。以中文提出的国际申请在完成国际公布前，申请人请求提前处理并要求提前进行国家公布的，国家公布以在发明专利公报中的登载和发明专利申请单行本的出版两种形式完成。

6.3 公布内容

6.3.1 发明专利公报中国家公布的内容

国际申请的国家公布在发明专利公报中与国家申请的公布分开，作为单独的一部分。国际申请的国家公布由著录项目、摘要和摘要附图（必要时）组成。著录项目包括：国际专利分类号、申请号、公布号、申请日、国际申请号、国际公布号、国际公布日、优先权事项、专利代理事项、申请人事项、发明人事项、发明名称和电子形式公布的核苷酸和/或氨基酸序列表信息等。

发明专利公报中的索引部分是将公布的国际申请与国家申请合并按照规定序列编辑的。

6.3.2 发明专利申请单行本的内容

国际申请的发明专利申请单行本的内容应当包括扉页、说明书和权利要求书的译文、摘要的译文，还可以包括附图及附图中文字的译文。必要时，包括核苷酸和/或氨基酸的序列表部分、记载有生物材料样品保藏事项的"关于微生物保藏的说明"（PCT/RO/134表）的译文、按照专利合作条约第19条修改后的权利要求书的译文以及有关修改的声明译文。修改后的权利要求书的译文应当排在原始提出的权利要求书译文的后面。扉页的内容应当与同时出版的发明专利公报中对同一申请公布的内容完全一致。

7. 缴费的特殊规定

7.1 申请费、公布印刷费、申请附加费及宽限费

申请费、公布印刷费及宽限费应当在专利法实施细则第一百零三条规定的期限内缴纳。

申请人在收到国际申请进入中国国家阶段通知书之后，应当以国家申请号缴纳相关费用，在此之前可以以国际申请号缴纳相关费用。

申请人在办理进入国家阶段手续时未缴纳或未缴足申请附加费的，审查员应当通知申请人在指定期限内缴纳，期满未缴纳或未补足的，该申请被视为撤回。

7.2 费用减免

7.2.1 申请费的免缴

由专利局作为受理局受理的国际申请在进入国家阶段时免缴申请费及申请附加费。

7.2.2 实质审查费的减免

由中国作出国际检索报告及专利性国际初步报告的国际申请，在进入国家阶段并提出实质审查请求时，免缴实质审查费。

由欧洲专利局、日本专利局、瑞典专利局三个国际检索单位作出国际检索报告的国际申请，在进入国家阶段并提出实质审查请求时，只需要缴纳 80% 的实质审查费。

提出实质审查请求时，专利局未收到国际检索报告的，实质审查费不予减免；但是，在专利局发出发明专利申请进入实质审查阶段通知书之前，申请人主动提交了由欧洲专利局、日本专利局、瑞典专利局三个国际检索单位完成的国际检索报告的，可以请求退回多缴费用。

7.2.3 复审费和年费的减缓

国际申请的申请人缴纳复审费和年费确有困难的，可以根据专利费用减缓办法向专利局提出费用减缓的请求。

7.3 其他特殊费用

在国际申请国家阶段流程中除本指南第五部分第二章第 1 节提到的几种费用以及本章第 7.1 节提到的宽限费外，还有以下几种特殊费用：

（1）改正译文错误手续费（即译文改正费），应当在提出改正译文错误请求的同时缴纳。

（2）单一性恢复费，应当在审查员发出的缴纳单一性恢复费通知规定的期限内缴纳（有关单一性恢复费的详细说明参见本部分第二章第 5.5 节）。

（3）说明书中包含纸页在 400 页以上的核苷酸和/或氨基酸序列表，且进入国家阶段时仅提交了计算机可读形式序列表的，该序列表的说明书附加费按照 400 页收取。

第二章　进入国家阶段的国际申请的实质审查

1. 引　言

进入国家阶段的国际申请的实质审查，是指对符合专利法及其实施细则的规定进入国家阶段要求获得发明专利保护的国际申请的实质审查。进入国家阶段的国际申请，可以是根据专利合作条约第 22 条未经国际初步审查的国际申请，也可以是根据专利合作条约第 39 条经过国际初步审查的国际申请。

2. 实质审查原则

2.1 实质审查的基本原则

根据专利合作条约第 27 条（1）的规定，任何缔约国的本国法不得对国际申请的形式或内容提出与专利合作条约及其实施细则的规定不同的或其他额外的要求。专利合作条约第 27 条（5）又规定，专利合作条约及其实施细则中，没有一项规定的意图可以解释为限制任何缔约国按其意志规定授予专利权的实质条件的自由。尤其是专利合作条约及其实施细则关于现有技术的定义的任何规定是专门为国际程序使用的，因而各缔约国在确定国际申请中请求保护的发明是否可以被授予专利权时，可以自由适用本国法关于现有技术的标准。

基于专利合作条约的规定，对于进入国家阶段的国际申请，应当根据以下原则进行审查：

（1）申请的形式或内容，适用专利法及其

实施细则和审查指南的规定，但上述规定与专利合作条约及其实施细则的规定不同的，以专利合作条约及其实施细则的规定为准。

（2）授予专利权的实质条件，适用专利法及其实施细则和审查指南的规定。

2.2 与授予专利权的实质条件有关的条款

本章第2.1节（2）中规定的"授予专利权的实质条件"涉及专利法及其实施细则中的以下条款：

专利法第二条第二款：发明的定义；

专利法第五条：违反法律、社会公德或者妨害公共利益的发明创造，以及违反法律、行政法规的规定获取或者利用遗传资源并依赖该遗传资源完成的发明创造；

专利法第九条第一款及专利法实施细则第四十一条：避免重复授权；

专利法第九条第二款：先申请原则；

专利法第二十条：保密审查；

专利法第二十二条：新颖性、创造性和实用性；

专利法第二十五条第一款第（一）项至第（五）项：不授予专利权的客体；

专利法第二十六条第三款：发明的充分公开；

专利法第二十六条第四款：权利要求书以说明书为依据，清楚、简要地限定要求专利保护的范围；

专利法第二十六条第五款及专利法实施细则第二十六条和第一百零九条：遗传资源来源的披露；

专利法第二十九条：优先权；

专利法第三十一条及专利法实施细则第三十四条和第四十二条：单一性；

专利法第三十三条及专利法实施细则第四十三条第一款：修改及分案申请不得超出原说明书和权利要求书记载的范围；

专利法实施细则第二十条第二款：独立权利要求应当包括发明的全部必要技术特征。

3. 实质审查依据文本的确认

3.1 申请人的请求

在进入国家阶段时，国际申请的申请人需要在书面进入声明中确认其希望专利局依据的审查文本。

国际申请国家阶段的实质审查，应当按申请人的请求，依据其在书面声明中确认的文本以及随后提交的符合有关规定的文本进行。

3.2 审查依据的文本

作为实质审查基础的文本可能包括：

（1）对于以中文作出国际公布的国际申请，原始提交的国际申请；对于使用外文公布的国际申请，原始提交的国际申请的中文译文。

（2）对于以中文作出国际公布的国际申请，根据专利合作条约第19条提交的修改的权利要求书；对于使用外文公布的国际申请，根据专利合作条约第19条提交的修改的权利要求书的中文译文。

（3）对于以中文作出国际公布的国际申请，根据专利合作条约第34条提交的修改的权利要求书、说明书和附图；对于使用外文公布的国际申请，根据专利合作条约第34条提交的修改的权利要求书、说明书和附图的中文译文。

（4）根据专利法实施细则第四十四条和/或第一百零四条提交的补正文本。

（5）根据专利法实施细则第一百一十二条第二款或第五十一条第一款提交的修改文本。

根据专利合作条约第28条或第41条提交的修改的权利要求书、说明书和附图视为根据专利法实施细则第一百一十二条第二款或第五十一条第一款提交的修改文本。

作为审查基础的文本以审查基础声明中指明的为准。审查基础声明包括：进入国家阶段时在进入国家阶段的书面声明（以下简称进入声明）规定栏目中的指明，以及进入国家阶段之后在规定期限内以补充声明的形式对审查基础的补充指明。后者是对前者的补充和修正。

如果申请人在进入声明中指明申请文件中含有援引加入的项目或部分，并且在初步审查阶段已经重新确定了该国际申请相对于中国的申请日，则援引加入的项目或部分应当是原始提交的申请文件的一部分。实质审查过程中，不允许申请人通过修改相对于中国的申请日而保留援引加入的项目或部分。

对于国际阶段的修改文件，进入国家阶段未指明作为审查基础的，或者虽指明但未按规定提交中文译文的，不作为实质审查的基础。

此外，申请人在国际申请进入国家阶段后提出实质审查请求时，或者在收到专利局发出的发明专利申请进入实质审查阶段通知书之日起三个月内，可以根据专利法实施细则第五十一条第一款的规定对申请文件进行修改。

有关审查依据文本的确认，适用本指南第二部分第八章第4.1节的规定。上述修改文本以及按照专利法实施细则第五十一条的规定提交的修改文本的审查，适用本指南第二部分第八章第5.2节的规定。

3.3 原始提交的国际申请文件的法律效力

对于以外文公布的国际申请，针对其中文译文进行实质审查，一般不需核对原文；但是原始提交的国际申请文件具有法律效力，作为申请文件修改的依据。

对于国际申请，专利法第三十三条所说的原说明书和权利要求书是指原始提交的国际申请的权利要求书、说明书及其附图。

4. 实质审查中的检索

4.1 一般原则

对于进入国家阶段实质审查的国际申请，一般应当作全面检索。有关检索的要求适用本指南第二部分第七章的规定。

4.2 节约原则

从节约原则上考虑，审查员应当参考国际检索报告和专利性国际初步报告所提供的信息。但是需要注意，申请人要求作为审查依据的文本与作出国际检索报告和专利性国际初步报告所依据的文本是否一致，以及要求保护的主题在国际阶段是否已被全面检索。

申请人要求作为审查依据的文本，其要求保护的主题已经在作出国际检索报告和专利性国际初步报告所依据的文本基础上进行了修改的，或者要求保护的主题在国际阶段未被全面检索的，审查中不能简单地使用国际检索报告和专利性国际初步报告的结果，而需要对检索结果重新分析，并根据需要作出补充检索。

国际检索报告中所列出的对比文件和专利性国际初步报告中引入的对比文件足以破坏专利申请的新颖性和创造性的，则无需对该专利申请做进一步的检索。

需要注意的是，国际检索报告中所列出的某些文件类型与中国国家阶段实质审查的检索报告中所列出的相应文件类型含义不同，例如P类文件和E类文件。在国际检索报告中，"P"表示公布日先于国际申请的申请日但迟于其所要求的优先权日的文件，"E"表示申请日或优先权日早于国际申请的申请日（非优先权日），公布日在该国际申请日的当天或之后且其内容涉及国际申请的新颖性的专利文件。在国际检索报告中出现的E类文件可能成为国家阶段检索报告中的PE类或E类文件。

5. 实质审查所涉及的内容和审查要求

本节重点说明进入国家阶段的国际申请的实质审查与国家申请实质审查的区别之处，对于相同之处则仅仅简单列举和指引参照相应的章节。

5.1 专利性国际初步报告的使用

国际申请的国际初步审查是根据专利合作条约第33条（1）的规定对请求保护的发明看起来是否有新颖性、是否有创造性（非显而易见性）和是否有工业实用性提出初步的无约束力的意见。专利合作条约第33条（2）～（4）对于新颖性、创造性和工业实用性的判断标准提出了具体要求，同时专利合作条约第33条（5）说明，该条（2）～（4）所述标准只供国际初步审查使用。任何缔约国为了决定请求保护的发明在该国是否可以获得专利，可以采用附加的或不同的标准。

对附有专利性国际初步报告的国际申请，从节约原则上考虑，审查员应当参考专利性国际初步报告中所提供的意见。但是需要注意，申请人要求作为审查依据的文本与作出专利性国际初步报告所依据的文本是否一致。如果在申请人要求作为审查依据的文本中所要求保护的主题已经在作出专利性国际初步报告所依据的文本基础上进行了修改，则通常可以不参考专利性国际初步报告中对发明是否满足新颖性、创造性、工业实用性和其他授权条件所作出的判断。

需要强调的是，不能简单地将专利性国际初步报告中所给出的参考性意见作为国家阶段实质审查的结论性意见。审查员还应当注意在专利性国际初步报告中是否引用了未列入国际检索报告中的其他现有技术。

对于进入国家阶段的国际申请的实质审查，审查员应当对该专利申请是否符合专利法及其实施细则的实质要求作出独立的判断。

5.2 审查申请是否属于不授予专利权的发明创造

对进入国家阶段的国际申请进行实质审查时，首先应当对该申请的主题是否属于专利法第五条和第二十五条规定的情形、是否符合专利法第二条第二款的规定进行审查。进入国家阶段的国际申请属于专利法第五条或专利法第二十五条规定不授予专利权的发明创造（例如赌博工具、原子核变换方法）的，即使其申请主题不属于专利合作条约实施细则第 39 条规定所排除的内容，也不能被授予专利权。

有关这方面的审查要求，适用本指南第二部分第一章的规定。

5.3 优先权的审查

国际检索报告中列出了 PX、PY 类对比文件的，审查员应当对国际申请的优先权进行核实。

国际申请的优先权不能成立的，审查员应当通知申请人。在这种情况下，这些标有 PX、PY 的对比文件在对国际申请进行新颖性、创造性审查时可作为评价其新颖性、创造性的现有技术。

国际申请的优先权成立的，则应当对其中标有 PX 的对比文件进行核查。若标有 PX 的对比文件是中国的专利申请（或专利），或者是指定中国的国际申请，且其申请日早于该国际申请的优先权日，则在对该国际申请进行新颖性审查时，应当判断该对比文件是否构成抵触申请。

国际检索报告中列出了 E 类对比文件，且对比文件是中国的专利申请（或专利），或者是进入中国国家阶段的国际申请，并且其申请日介于该国际申请的优先权日和申请日之间的，则也应当核实国际申请的优先权。国际申请的优先权不能成立的，在对国际申请进行新颖性审查时，应当判断该对比文件是否构成抵触申请。

在进入国家阶段的国际申请的实质审查中检索到了在国际申请的优先权日与申请日之间公开，并影响其新颖性、创造性的对比文件，或者检索到了在国际申请的优先权日与申请日之间由任何单位或者个人向专利局提出申请并已公开的、影响其新颖性的在先申请或在先专利，审查员应当对国际申请的优先权进行核实。

需要注意的是，由于专利局对专利合作条约及其实施细则的某些规定作出了保留，例如，涉及国际申请在国际阶段恢复的优先权和援引加入的条款（参见本部分第一章第 5.2.1 节和第 5.3 节），国际申请在国际阶段被认可的优先权有可能在该国际申请进入国家阶段后不被接受。

5.4 新颖性和创造性的审查

对于专利性国际初步报告中列出、但没有被国际初步审查意见考虑的某些已公布的文件和非书面公开，在进入国家阶段的国际申请的实质审查中，对发明的新颖性和创造性进行判断时应予考虑。

专利性国际初步报告中列出的非书面公开是指：在国际申请的申请日或者有效的优先权日之前，通过口头公开、使用、展览或者其他非书面方式向公众公开，而且这种非书面公开的日期记载在与国际申请的申请日或者有效的优先权日同日或者在其之后公众可以得到的书面公开之中。这种非书面公开在国际初步审查阶段不构成现有技术。

专利性国际初步报告中列出的某些已公布的文件是指：在国际申请的申请日或者有效的优先权日之前提出申请、并且是在该日期之后或与该日期同日公布的专利申请文件或专利文件，或者要求享有一项在该日期之前提出的在先申请优先权的专利申请公布文件。这类已公布的申请或者专利在国际初步审查阶段不构成现有技术。

对进入国家阶段的国际申请的新颖性和创造性的审查，分别适用本指南第二部分第三章和第四章的规定。

5.5 单一性的审查

审查员应当注意，在申请人提出的作为审查基础的申请文件中，要求保护的发明是否存在缺乏单一性的多项发明。

对于缺乏单一性的多项发明，需要核实以下内容：

（1）缺乏单一性的多项发明中是否包含了在国际阶段由于申请人没有应审查员要求缴纳因缺乏单一性所需的附加检索费或附加审查费，而导致未做国际检索或国际初步审查的发明。

（2）缺乏单一性的多项发明是否包含了申请人在国际阶段未缴纳附加检索费或附加审查费而表示放弃的发明（例如申请人在国际阶段选择对某些权利要求加以限制而舍弃的发明）。

（3）对于存在上述（1）或（2）中的情形，国际单位作出的发明缺乏单一性的结论是否正确。

经审查认定国际单位所作出的结论是正确的，审查员应当发出缴纳单一性恢复费通知书，通知申请人在两个月内缴纳单一性恢复费。如果申请人在规定期限内未缴纳或未缴足单一性恢复费，并且也没有删除缺乏单一性的发明的，审查员应当发出审查意见通知书，通知申请人国际申请中上述未经国际检索的部分将被视为撤回，并要求申请人提交删除这部分内容的修改文本。审查员将以删除了该部分内容的文本继续审查。

对于申请人因未缴纳单一性恢复费而删除的发明，根据专利法实施细则第一百一十五条第二款、第四十二条第一款的规定，申请人不得提出分案申请。除此情形外，国际申请包含两项以上发明的，申请人可以依照专利法实施细则第一百一十五条第一款的规定提出分案申请。

经审查认定申请人提出的作为审查基础的申请文件中要求保护的主题不存在缺乏单一性问题，但是与国际单位所作出的结论不一致的，则应当对所有要求保护的主题进行审查。

在国际阶段的检索和审查中，国际单位未提出单一性问题，而实际上申请存在单一性缺陷的，参照本指南第二部分第六章的规定进行处理。

5.6 避免重复授权的审查

如果进入国家阶段的国际申请要求的是在中国提出的在先申请的优先权，或者要求的是已经进入中国国家阶段的在先国际申请的优先权，则可能造成重复授权。为避免重复授权，对此两件专利申请的审查，适用本指南第二部分第三章第6节的规定。

需要注意的是，在上述两种情形中，如果出现了视为未要求优先权或优先权不成立的情况，则在先申请可能成为破坏该国际申请新颖性的现有技术或抵触申请。

5.7 改正译文错误

申请人自己发现提交的权利要求书、说明书及其附图中文字的中文译文存在错误，可以在下述期限内提出改正请求：

（1）在专利局作好公布发明专利申请的准备工作之前；

（2）在收到专利局发出的发明专利申请进入实质审查阶段通知书之日起三个月内。

申请人改正译文错误，应当提出书面请求，同时提交译文的改正页和缴纳规定的改正译文错误手续费。未按规定缴纳费用的，视为未提出改正请求。对于提出书面请求并缴纳规定的改正译文错误手续费的，审查员应当判断是否属于译文错误（参见本部分第一章第5.8节）。如果不属于译文错误，则应当拒绝改正译文错误的请求；如果属于译文错误，则需要核实改正的译文是否正确。在确认改正的译文正确的情况下，应当以此改正的文本为基础做进一步审查；如果改正的译文仍与原文不符，则应当通知申请人提交与原文相符的改正译文。

对于进入国家阶段后又提出分案申请的情况，如果在实质审查阶段申请人自己发现其原申请译文错误而导致分案申请也存在译文错误，则申请人可以办理改正译文错误手续，根据其原申请在提出国际申请时所提交的国际申请文本改正译文错误。审查员按照上述要求对改正的译文文本进行审查。

对于以外文公布的国际申请，针对其译文进行实质审查，一般不需核对原文。但是如果审查员在实质审查过程中发现由于译文错误而造成的某些缺陷在原始提交的国际申请文本或者国际阶段作出修改的原文中不存在，而在译文中存在，则应当在审查意见通知书中指出存在的缺陷，例如，说明书不符合专利法第二十六条第三款的规定，或者权利要求书不符合专利法第二十六条第四款的规定，并要求申请人澄清或者办理请求改正译文错误手续。若申请人在答复时提交的修改文本超出了原中文译文记载的范围，但未办理请求改正译文错误手续，则审查员应当发出改正译文错误通知书。若申请人未在规定的期限内办理改正译文错误手续，则申请被视为撤回。

第四部分 复审与无效请求的审查

第一章 总 则

1. 引 言

根据专利法第四十一条第一款的规定，国家知识产权局设立专利复审委员会。

专利复审委员会设主任委员、副主任委员、复审委员、兼职复审委员、复审员和兼职复审员。专利复审委员会主任委员由国家知识产权局局长兼任，副主任委员、复审委员和兼职复审委员由局长从局内有经验的技术和法律专家中任命，复审员和兼职复审员由局长从局内有经验的审查员和法律人员中聘任。

根据专利法第四十一条的规定，专利复审委员会对复审请求进行受理和审查，并作出决定。复审请求案件包括对初步审查和实质审查程序中驳回专利申请的决定不服而请求复审的案件。

根据专利法第四十五条和第四十六条第一款的规定，专利复审委员会对专利权无效宣告请求进行受理和审查，并作出决定。

当事人对专利复审委员会的决定不服，依法向人民法院起诉的，专利复审委员会可出庭应诉。

2. 审查原则

复审请求审查程序（简称复审程序）和无效宣告请求审查程序（简称无效宣告程序）中普遍适用的原则包括：合法原则、公正执法原则、请求原则、依职权审查原则、听证原则和公开原则。

2.1 合法原则

专利复审委员会应当依法行政，复审请求案件（简称复审案件）和无效宣告请求案件（简称无效宣告案件）的审查程序和审查决定应当符合法律、法规、规章等有关规定。

2.2 公正执法原则

专利复审委员会以客观、公正、准确、及时为原则，坚持以事实为根据，以法律为准绳，独立地履行审查职责，不徇私情，全面、客观、科学地分析判断，作出公正的决定。

2.3 请求原则

复审程序和无效宣告程序均应当基于当事人的请求启动。

请求人在专利复审委员会作出复审请求或者无效宣告请求审查决定前撤回其请求的，其启动的审查程序终止；但对于无效宣告请求，专利复审委员会认为根据已进行的审查工作能够作出宣告专利权无效或者部分无效的决定的除外。

请求人在审查决定的结论已宣布或者书面决定已经发出之后撤回请求的，不影响审查决定的有效性。

2.4 依职权审查原则

专利复审委员会可以对所审查的案件依职

权进行审查，而不受当事人请求的范围和提出的理由、证据的限制。

2.5 听证原则

在作出审查决定之前，应当给予审查决定对其不利的当事人针对审查决定所依据的理由、证据和认定的事实陈述意见的机会，即审查决定对其不利的当事人已经通过通知书、转送文件或者口头审理被告知过审查决定所依据的理由、证据和认定的事实，并且具有陈述意见的机会。

在作出审查决定之前，在已经根据人民法院或者地方知识产权管理部门作出的生效的判决或者调解决定变更专利申请人或者专利权人的情况下，应当给予变更后的当事人陈述意见的机会。

2.6 公开原则

除了根据国家法律、法规等规定需要保密的案件（包括专利申请人不服初审驳回提出复审请求的案件）以外，其他各种案件的口头审理应当公开举行，审查决定应当公开出版发行。

3. 合议审查

专利复审委员会合议审查的案件，应当由三或五人组成的合议组负责审查，其中包括组长一人、主审员一人、参审员一或三人。

3.1 合议组的组成

专利复审委员会根据专业分工、案源情况以及参加同一专利申请或者专利案件在先程序审查人员的情况，按照规定的程序确定、变更复审和无效宣告案件的合议组成员。

专利复审委员会各申诉处负责人和复审委员具有合议组组长资格；其他人员经主任委员或者副主任委员批准后获得合议组组长资格。

复审委员、复审员、兼职复审委员或者兼职复审员可以担任主审员或者参审员。

从审查部依个案聘请的审查员可以担任参审员。

专利复审委员会作出维持专利权有效或者宣告专利权部分无效的审查决定以后，同一请求人针对该审查决定涉及的专利权以不同理由或者证据提出新的无效宣告请求的，作出原审查决定的主审员不再参加该无效宣告案件的审查工作。

对于审查决定被人民法院的判决撤销后重新审查的案件，一般应当重新成立合议组。

3.2 关于组成五人合议组的规定

对下列案件，应当组成五人合议组：

（1）在国内或者国外有重大影响的案件。
（2）涉及重要疑难法律问题的案件。
（3）涉及重大经济利益的案件。

需要组成五人合议组的，由主任委员或者副主任委员决定，或者由有关处室负责人或者合议组成员提出后按照规定的程序报主任委员或者副主任委员审批。

由五人组成合议组审查的案件，在组成五人合议组之前没有进行过口头审理的，应当进行口头审理。

3.3 合议组成员的职责分工

组长负责主持复审或者无效宣告程序的全面审查，主持口头审理，主持合议会议及其表决，确定合议组的审查决定是否需要报主任委员或者副主任委员审批。

主审员负责案件的全面审查和案卷的保管，起草审查通知书和审查决定，负责合议组与当事人之间的事务性联系；在无效宣告请求审查结论为宣告专利权部分无效时，准备需要出版的公告文本。

参审员参与审查并协助组长和主审员工作。

3.4 合议组审查意见的形成

合议组依照少数服从多数的原则对复审或者无效宣告案件的审查所涉及的证据是否采信、事实是否认定以及理由是否成立等进行表决，作出审查决定。

4. 独任审查

对于简单的案件，可以由一人独任审查。

5. 回避制度与从业禁止

复审或者无效宣告案件合议组成员有专利法实施细则第三十七条规定情形之一的，应当自行回避；合议组成员应当自行回避而没有回避的，当事人有权请求其回避。

专利复审委员会主任委员或者副主任委员任职期间，其近亲属不得代理复审或者无效宣告案件；处室负责人任职期间，其近亲属不得代理该处室负责审理的复审或者无效宣告案件。其中近亲属包括配偶、父母、子女、兄弟姐妹、祖父母、外祖父母、孙子女、外孙子女和其他具有扶养、赡养关系的亲属。

专利复审委员会主任委员或者副主任委员离职后三年内，其他人员离职后两年内，不得代理复审或者无效宣告案件。

当事人请求合议组成员回避的或者认为代理人不符合上述规定的，应当以书面方式提出，并且说明理由，必要时附具有关证据。专利复审委员会对当事人提出的请求，应当以书面方式作出决定，并通知当事人。

6. 审查决定

6.1 审查决定的审批

合议组应当对审查决定的事实认定、法律适用、结论以及决定文件的形式和文字负全面责任。

合议组作出的审查决定，属下列情形的，须经主任委员或者副主任委员审核批准：

（1）组成五人合议组审查的案件。
（2）合议组的表决意见不一致的案件。
（3）专利复审委员会的审查决定被法院的判决撤销后，重新作出决定的案件。

负责审批合议组决定的主任委员或者副主任委员不同意合议组作出的审查决定时，可以提出意见并指示合议组重新合议；合议组重新合议后，与主任委员或者副主任委员的意见仍不一致的，主任委员或者至少两位副主任委员认为有必要在较大范围内进行研究的，应当召开有三分之二以上的专利复审委员会主任委员、副主任委员和复审委员参加的会议进行讨论，合议组和负责审批的主任委员或者副主任委员应当按照与会人员二分之一以上的多数意见处理。

案件的审批者对审查决定的法律适用及结论负审批责任。

6.2 审查决定的构成

审查决定包括下列部分。

（1）审查决定的著录项目

复审请求审查决定的著录项目应当包括决定号、决定日、发明创造名称、国际分类号（或者外观设计分类号）、复审请求人、申请号、申请日、发明专利申请的公开日和合议组成员。

无效宣告请求审查决定的著录项目应当包括决定号、决定日、发明创造名称、国际分类号（或者外观设计分类号）、无效宣告请求人、专利权人、专利号、申请日、授权公告日和合议组成员。

（2）法律依据

审查决定的法律依据是指审查决定的理由所涉及的法律、法规条款。

（3）决定要点

决定要点是决定正文中理由部分的实质性概括和核心论述。它是针对该案争论点或者难点所采用的判断性标准。决定要点应当对所适用的专利法、专利法实施细则有关条款作进一步解释，并尽可能地根据该案的特定情况得出具有指导意义的结论。

决定要点在形式上应当满足下列要求：
(i) 以简明、扼要的文字表述；
(ii) 表述应当合乎逻辑、准确、严密和有根据，并与决定结论相适应；
(iii) 既不是简单地引用根据专利法或者专利法实施细则有关条款所得出的结论，也不是具体案由及结论的简述；可以从决定正文中摘出符合上述要求的关键语句。

（4）案由

案由部分应当按照时间顺序叙述复审或者无效宣告请求的提出、范围、理由、证据、受理，文件的提交、转送，审查过程以及主要争议等情况。这部分内容应当客观、真实，与案件中的相应记载相一致，能够正确地、概括性地反映案件的审查过程和争议的主要问题。

案由部分应当用简明、扼要的语言，对当事人陈述的意见进行归纳和概括，清楚、准确地反映当事人的观点，并且应当写明决定的结论对其不利的当事人的全部理由和证据。

在针对发明或者实用新型专利申请或者专利的复审或者无效宣告请求的审查决定中，应当写明审查决定所涉及的权利要求的内容。

（5）决定的理由

决定的理由部分应当阐明审查决定所依据的法律、法规条款的规定，得出审查结论所依据的事实，并且具体说明所述条款对该案件的适用。这部分内容的论述应当详细到足以根据所述规定和事实得出审查结论的程度。对于决定的结论对其不利的当事人的全部理由、证据和主要观点应当进行具体分析，阐明其理由不成立、观点不被采纳的原因。

对于涉及外观设计的审查决定，应当根据需要使用文字对所涉及外观设计的主要内容进行客观的描述。

（6）结论

结论部分应当给出具体的审查结论，并且应当对后续程序的启动、时限和受理单位等给出明确、具体的指示。

（7）附图

对于涉及外观设计的审查决定，应当根据需要使用外观设计的图片或者照片作为审查决定的附图。

6.3 审查决定的出版

专利复审委员会对其所作的复审和无效宣告请求审查决定的正文，除所针对的专利申请未公开的情况以外，应当全部公开出版。对于应当公开出版的审查决定，当事人对审查决定不服向法院起诉并已被受理的，在人民法院判决生效后，审查决定与判决书一起公开。

7. 更正及驳回请求

7.1 受理的更正

复审或者无效宣告请求属于应当受理而不予受理的，或者已经受理而属于不予受理的，经主任委员或者副主任委员批准后进行更正，并且通知当事人。

7.2 通知书的更正

专利复审委员会对发出的各种通知书中存在的错误，发现后需要更正的，经主任委员或者副主任委员批准后进行更正，并且通知当事人。

7.3 审查决定的更正

对于复审或者无效宣告请求审查决定中的明显文字错误，发现后需要更正的，经主任委员或者副主任委员批准后进行更正，并以通知书随附替换页的形式通知当事人。

7.4 视为撤回的更正

对于已经按照视为撤回处理的复审请求或者无效宣告请求，一旦发现不应被视为撤回的，经主任委员或者副主任委员批准后进行更正，复审或者无效宣告程序继续进行，并且通知当事人。

7.5 其他处理决定的更正

专利复审委员会作出的其他处理决定需要更正的，经主任委员或者副主任委员批准后进行更正。

7.6 驳回请求

对于已经受理的复审或者无效宣告案件，经审查认定不符合受理条件的，经主任委员或者副主任委员批准后，作出驳回复审请求或者驳回无效宣告请求的决定。

8. 关于审查决定被法院生效判决撤销后的审查程序

（1）复审请求或者无效宣告请求审查决定被人民法院的生效判决撤销后，专利复审委员会应当重新作出审查决定。

（2）因主要证据不足或者法律适用错误导致审查决定被撤销的，不得以相同的理由和证据作出与原决定相同的决定。

（3）因违反法定程序导致审查决定被撤销的，根据人民法院的判决，在纠正程序错误的基础上，重新作出审查决定。

第二章 复审请求的审查

1. 引 言

根据专利法第四十一条和专利法实施细则第六十条至第六十四条的规定制定本章。

复审程序是因申请人对驳回决定不服而启动的救济程序，同时也是专利审批程序的延续。因此，一方面，专利复审委员会一般仅针对驳回决定所依据的理由和证据进行审查，不承担对专利申请全面审查的义务；另一方面，为了提高专利授权的质量，避免不合理地延长审批程序，专利复审委员会可以依职权对驳回决定未提及的明显实质性缺陷进行审查。

2. 复审请求的形式审查

专利复审委员会收到复审请求书后，应当进行形式审查。

2.1 复审请求客体

对专利局作出的驳回决定不服的，专利申请人可以向专利复审委员会提出复审请求。复审请求不是针对专利局作出的驳回决定的，不予受理。

2.2 复审请求人资格

被驳回申请的申请人可以向专利复审委员会提出复审请求。复审请求人不是被驳回申请的申请人的，其复审请求不予受理。

被驳回申请的申请人属于共同申请人的，如果复审请求人不是全部申请人，专利复审委员会应当通知复审请求人在指定期限内补正；期满未补正的，其复审请求视为未提出。

2.3 期 限

（1）在收到专利局作出的驳回决定之日起三个月内，专利申请人可以向专利复审委员会提出复审请求；提出复审请求的期限不符合上述规定的，复审请求不予受理。

（2）提出复审请求的期限不符合上述规定、但在专利复审委员会作出不予受理的决定后复审请求人提出恢复权利请求的，如果该恢复权利请求符合专利法实施细则第六条和第九十九条第一款有关恢复权利的规定，则允许恢复，且复审请求应当予以受理；不符合该有关规定的，不予恢复。

（3）提出复审请求的期限不符合上述规定、但在专利复审委员会作出不予受理的决定前复审请求人提出恢复权利请求的，可对上述两请求合并处理；该恢复权利请求符合专利法实施细则第六条和第九十九条第一款有关恢复权利的规定，复审请求应当予以受理；不符合该有关规定的，复审请求不予受理。

2.4 文件形式

（1）复审请求人应当提交复审请求书，说明理由，必要时还应当附具有关证据。

（2）复审请求书应当符合规定的格式，不符合规定格式的，专利复审委员会应当通知复审请求人在指定期限内补正；期满未补正或者在指定期限内补正但经两次补正后仍存在同样缺陷的，复审请求视为未提出。

2.5 费 用

（1）复审请求人在收到驳回决定之日起三个月内提出了复审请求，但在此期限内未缴纳或者未缴足复审费的，其复审请求视为未提出。

（2）在专利复审委员会作出视为未提出决定后复审请求人提出恢复权利请求的，如果恢复权利请求符合专利法实施细则第六条和第九十九条第一款有关恢复权利的规定，则允许恢复，且复审请求应当予以受理；不符合上述规定的，不予恢复。

（3）在收到驳回决定之日起三个月后才缴足复审费、且在作出视为未提出决定前提出恢复权利请求的，可对上述两请求合并处理；该恢复权利请求符合专利法实施细则第六条和第九十九条第一款有关恢复权利的规定，复审请求应当予以受理；不符合该有关规定的，复审请求视为未提出。

2.6 委托手续

（1）复审请求人委托专利代理机构请求复审或者解除、辞去委托的，应当参照本指南第一部分第一章第6.1节的规定在专利局办理手续。但是，复审请求人在复审程序中委托专利代理机构，且委托书中写明其委托权限仅限于办理复审程序有关事务的，其委托手续或者解除、辞去委托的手续应当参照上述规定在专利复审委员会办理，无需办理著录项目变更手续。

复审请求人在专利复审委员会办理委托手续，但提交的委托书中未写明委托权限仅限于办理复审程序有关事务的，应当在指定期限内补正；期满未补正的，视为未委托。

（2）复审请求人与多个专利代理机构同时存在委托关系的，应当以书面方式指定其中一个专利代理机构作为收件人；未指定的，专利复审委员会将在复审程序中最先委托的专利代理机构视为收件人；最先委托的专利代理机构有多个的，专利复审委员会将署名在先的视为收件人；署名无先后（同日分别委托）的，专利复审委员会应当通知复审请求人在指定期限内指定；未在指定期限内指定的，视为未委托。

（3）对于根据专利法第十九条第一款规定应当委托专利代理机构的复审请求人，未按规定委托的，其复审请求不予受理。

2.7 形式审查通知书

（1）复审请求经形式审查不符合专利法及其实施细则和审查指南有关规定需要补正的，专利复审委员会应当发出补正通知书，要求复审请求人在收到通知书之日起十五日内补正。

（2）复审请求视为未提出或者不予受理的，专利复审委员会应当发出复审请求视为未提出通知书或者复审请求不予受理通知书，通知复审请求人。

（3）复审请求经形式审查符合专利法及其实施细则和审查指南有关规定的，专利复审委员会应当发出复审请求受理通知书，通知复审请求人。

3. 前置审查

3.1 前置审查的程序

根据专利法实施细则第六十二条的规定，专利复审委员会应当将经形式审查合格的复审请求书（包括附具的证明文件和修改后的申请文件）连同案卷一并转交作出驳回决定的原审查部门进行前置审查。

原审查部门应当提出前置审查意见，作出前置审查意见书。除特殊情况外，前置审查应当在收到案卷后一个月内完成。

3.2 前置审查意见的类型

前置审查意见分为下列三种类型：

（1）复审请求成立，同意撤销驳回决定。

（2）复审请求人提交的申请文件修改文本克服了申请中存在的缺陷，同意在修改文本的基础上撤销驳回决定。

（3）复审请求人陈述的意见和提交的申请文件修改文本不足以使驳回决定被撤销，因而坚持驳回决定。

3.3 前置审查意见

（1）原审查部门应当说明其前置审查意见属于上述何种类型。坚持驳回决定的，应当对所坚持的各驳回理由及其涉及的各缺陷详细说明意见；所述意见和驳回决定相同的，可以简要说明，不必重复。

（2）复审请求人提交修改文本的，原审查部门应当按照本章第4.2节的规定进行审查。经审查，原审查部门认为修改符合本章第4.2节规定的，应当以修改文本为基础进行前置审查。原审查部门认为修改不符合本章第4.2节规定的，应当坚持驳回决定，并且在详细说明修改不符合规定的意见的同时，说明驳回决定所针对的申请文件中未克服的各驳回理由所涉及的缺陷。

（3）复审请求人提交新证据或者陈述新理由的，原审查部门应当对该证据或者理由进行审查。

（4）原审查部门在前置审查意见中不得补充驳回理由和证据，但下列情形除外：

（i）对驳回决定和前置审查意见中主张的公知常识补充相应的技术词典、技术手册、教科书等所属技术领域中的公知常识性证据；

（ii）认为审查文本中存在驳回决定未指出，但足以用已告知过申请人的事实、理由和证据予以驳回的缺陷的，应当在前置审查意见中指出该缺陷；

（iii）认为驳回决定指出的缺陷仍然存在的，如果发现审查文本中还存在其他明显实质性缺陷或者与驳回决定所指出缺陷性质相同的缺陷，可以一并指出。

例如，原审查部门在审查意见通知书中曾指出原权利要求1不符合专利法第二十二条第三款的规定，但最终以修改不符合专利法第三十三条的规定为由作出驳回决定。在复审请求人将申请文件修改为原申请文件的情况下，如果原审查部门认为上述不符合专利法第二十二条第三款规定的缺陷依然存在，则属于第（ii）种情形，此时原审查部门应当在前置审查意见中指出该缺陷。

（5）前置审查意见属于本章第3.2节规定的第（1）种或者第（2）种类型的，专利复审委员会不再进行合议审查，应当根据前置审查意见作出复审决定，通知复审请求人，并且由原审查部门继续进行审批程序。原审查部门不得未经专利复审委员会作出复审决定而直接进行审批程序。

4. 复审请求的合议审查

4.1 理由和证据的审查

在复审程序中，合议组一般仅针对驳回决定所依据的理由和证据进行审查。

除驳回决定所依据的理由和证据外，合议组发现审查文本中存在下列缺陷的，可以对与之相关的理由及其证据进行审查，并且经审查认定后，应当依据该理由及其证据作出维持驳回决定的审查决定：

（1）足以用在驳回决定作出前已告知过申请人的其他理由及其证据予以驳回的缺陷。

（2）驳回决定未指出的明显实质性缺陷或者与驳回决定所指出缺陷性质相同的缺陷。

例如，驳回决定指出权利要求1不具备创造性，经审查认定该权利要求请求保护的明显是永动机时，合议组应当以该权利要求不符合专利法第二十二条第四款的规定为由作出维持驳回决定的复审决定。

又如，驳回决定指出权利要求1因存在含义不确定的用语，导致保护范围不清楚，合议组发现权利要求2同样因存在此类用语而导致保护范围不清楚时，应当在复审程序中一并告知复审请求人；复审请求人的答复未使权利要求2的缺陷被克服的，合议组应当以不符合专利法第二十六条第四款的规定为由作出维持驳回决定的复审决定。

在合议审查中，合议组可以引入所属技术领域的公知常识，或者补充相应的技术词典、技术手册、教科书等所属技术领域中的公知常识性证据。

4.2 修改文本的审查

在提出复审请求、答复复审通知书（包括复审请求口头审理通知书）或者参加口头审理时，复审请求人可以对申请文件进行修改。但是，所作修改应当符合专利法第三十三条和专利法实施细则第六十一条第一款的规定。

根据专利法实施细则第六十一条第一款的规定，复审请求人对申请文件的修改应当仅限于消除驳回决定或者合议组指出的缺陷。下列情形通常不符合上述规定：

（1）修改后的权利要求相对于驳回决定针对的权利要求扩大了保护范围。

（2）将与驳回决定针对的权利要求所限定的技术方案缺乏单一性的技术方案作为修改后的权利要求。

（3）改变权利要求的类型或者增加权利要求。

（4）针对驳回决定指出的缺陷未涉及的权利要求或者说明书进行修改。但修改明显文字错误，或者修改与驳回决定所指出缺陷性质相同的缺陷的情形除外。

在复审程序中，复审请求人提交的申请文件不符合专利法实施细则第六十一条第一款规定的，合议组一般不予接受，并应当在复审通知书中说明该修改文本不能被接受的理由，同时对之前可接受的文本进行审查。如果修改文本中的部分内容符合专利法实施细则第六十一条第一款的规定，合议组可以对该部分内容提出审查意见，并告知复审请求人应当对该文本中不符合专利法实施细则第六十一条第一款规定的部分进行修改，并提交符合规定的文本，否则合议组将以之前可接受的文本为基础进行审查。

4.3 审查方式

针对一项复审请求，合议组可以采取书面审理、口头审理或者书面审理与口头审理相结合的方式进行审查。

根据专利法实施细则第六十三条第一款的规定，有下列情形之一的，合议组应当发出复审通知书（包括复审请求口头审理通知书）或者进行口头审理：

（1）复审决定将维持驳回决定。

（2）需要复审请求人依照专利法及其实施细则和审查指南有关规定修改申请文件，才有可能撤销驳回决定。

（3）需要复审请求人进一步提供证据或者对有关问题予以说明。

（4）需要引入驳回决定未提出的理由或者

证据。

针对合议组发出的复审通知书，复审请求人应当在收到该通知书之日起一个月内针对通知书指出的缺陷进行书面答复；期满未进行书面答复的，其复审请求视为撤回。复审请求人提交无具体答复内容的意见陈述书的，视为对复审通知书中的审查意见无反对意见。

针对合议组发出的复审请求口头审理通知书，复审请求人应当参加口头审理或者在收到该通知书之日起一个月内针对通知书指出的缺陷进行书面答复；如果该通知书已指出申请不符合专利法及其实施细则和审查指南有关规定的事实、理由和证据，复审请求人未参加口头审理且期满未进行书面答复的，其复审请求视为撤回。

5. 复审请求审查决定的类型

复审请求审查决定（简称复审决定）分为下列三种类型：

（1）复审请求不成立，维持驳回决定。

（2）复审请求成立，撤销驳回决定。

（3）专利申请文件经复审请求人修改，克服了驳回决定所指出的缺陷，在修改文本的基础上撤销驳回决定。

上述第（2）种类型包括下列情形：

（i）驳回决定适用法律错误的；

（ii）驳回理由缺少必要的证据支持的；

（iii）审查违反法定程序的，例如，驳回决定以申请人放弃的申请文本或者不要求保护的技术方案为依据；在审查程序中没有给予申请人针对驳回决定所依据的事实、理由和证据陈述意见的机会；驳回决定没有评价申请人提交的与驳回理由有关的证据，以至可能影响公正审理的；

（iv）驳回理由不成立的其他情形。

6. 复审决定的送达

根据专利法第四十一条第一款的规定，专利复审委员会应当将复审决定送达复审请求人。

7. 复审决定对原审查部门的约束力

复审决定撤销原审查部门作出的决定的，专利复审委员会应当将有关的案卷返回原审查部门，由原审查部门继续审批程序。

原审查部门应当执行专利复审委员会的决定，不得以同样的事实、理由和证据作出与该复审决定意见相反的决定。

8. 复审程序的中止

适用本指南第五部分第七章第 7 节的规定。

9. 复审程序的终止

复审请求因期满未答复而被视为撤回的，复审程序终止。

在作出复审决定前，复审请求人撤回其复审请求的，复审程序终止。

已受理的复审请求因不符合受理条件而被驳回请求的，复审程序终止。

复审决定作出后复审请求人不服该决定的，可以根据专利法第四十一条第二款的规定在收到复审决定之日起三个月内向人民法院起诉；在规定的期限内未起诉或者人民法院的生效判决维持该复审决定的，复审程序终止。

第三章 无效宣告请求的审查

1. 引 言

根据专利法第四十五条、第四十六条、第四十七条、第五十九条和专利法实施细则第六十五条至第七十二条的规定制定本章。

无效宣告程序是专利公告授权后依当事人请求而启动的、通常为双方当事人参加的程序。

2. 审查原则

在无效宣告程序中，除总则规定的原则外，专利复审委员会还应当遵循一事不再理原则、当事人处置原则和保密原则。

2.1 一事不再理原则

对已作出审查决定的无效宣告案件涉及的专利权，以同样的理由和证据再次提出无效宣告请求的，不予受理和审理。

如果再次提出的无效宣告请求的理由（简称无效宣告理由）或者证据因时限等原因未被在先的无效宣告请求审查决定所考虑，则该请求不属于上述不予受理和审理的情形。

2.2 当事人处置原则

请求人可以放弃全部或者部分无效宣告请求的范围、理由及证据。对于请求人放弃的无效宣告请求的范围、理由和证据，专利复审委员会通常不再审查。

在无效宣告程序中，当事人有权自行与对方和解。对于请求人和专利权人均向专利复审委员会表示有和解愿望的，专利复审委员会可以给予双方当事人一定的期限进行和解，并暂缓作出审查决定，直至任何一方当事人要求专利复审委员会作出审查决定，或者专利复审委员会指定的期限已届满。

在无效宣告程序中，专利权人针对请求人提出的无效宣告请求主动缩小专利权保护范围且相应的修改文本已被专利复审委员会接受的，视为专利权人承认大于该保护范围的权利要求自始不符合专利法及其实施细则的有关规定，并且承认请求人对该权利要求的无效宣告请求，从而免去请求人对宣告该权利要求无效这一主张的举证责任。

在无效宣告程序中，专利权人声明放弃部分权利要求或者多项外观设计中的部分项的，视为专利权人承认该项权利要求或者外观设计自始不符合专利法及其实施细则的有关规定，并且承认请求人对该项权利要求或者外观设计的无效宣告请求，从而免去请求人对宣告该项权利要求或者外观设计无效这一主张的举证责任。

2.3 保密原则

在作出审查决定之前，合议组的成员不得私自将自己、其他合议组成员、负责审批的主任委员或者副主任委员对该案件的观点明示或者暗示给任何一方当事人。

为了保证公正执法和保密，合议组成员原则上不得与一方当事人会晤。

3. 无效宣告请求的形式审查

专利复审委员会收到无效宣告请求书后，应当进行形式审查。

3.1 无效宣告请求客体

无效宣告请求的客体应当是已经公告授权的专利，包括已经终止或者放弃（自申请日起放弃的除外）的专利。无效宣告请求不是针对已经公告授权的专利的，不予受理。

专利复审委员会作出宣告专利权全部或者部分无效的审查决定后，当事人未在收到该审查决定之日起三个月内向人民法院起诉或者人民法院生效判决维持该审查决定的，针对已被该决定宣告无效的专利权提出的无效宣告请求不予受理。

3.2 无效宣告请求人资格

请求人属于下列情形之一的，其无效宣告请求不予受理：

（1）请求人不具备民事诉讼主体资格的。

（2）以授予专利权的外观设计与他人在申请日以前已经取得的合法权利相冲突为理由请求宣告外观设计专利权无效，但请求人不能证明是在先权利人或者利害关系人的。

其中，利害关系人是指有权根据相关法律规定就侵犯在先权利的纠纷向人民法院起诉或者请求相关行政管理部门处理的人。

（3）专利权人针对其专利权提出无效宣告请求且请求宣告专利权全部无效、所提交的证据不是公开出版物或者请求人不是共有专利权的所有专利权人的。

（4）多个请求人共同提出一件无效宣告请求的，但属于所有专利权人针对其共有的专利权提出的除外。

3.3 无效宣告请求范围以及理由和证据

（1）无效宣告请求书中应当明确无效宣告请求范围，未明确的，专利复审委员会应当通知请求人在指定期限内补正；期满未补正的，无效宣告请求视为未提出。

（2）无效宣告理由仅限于专利法实施细则第六十五条第二款规定的理由，并且应当以专利法及其实施细则中有关的条、款、项作为独立的理由提出。无效宣告理由不属于专利法实施细则第六十五条第二款规定的理由的，不予受理。

（3）在专利复审委员会就一项专利权已作出无效宣告请求审查决定后，又以同样的理由和证据提出无效宣告请求的，不予受理，但所述理由或者证据因时限等原因未被所述决定考虑的情形除外。

（4）以授予专利权的外观设计与他人在申请日以前已经取得的合法权利相冲突为理由请求宣告外观设计专利权无效，但是未提交证明权利冲突的证据的，不予受理。

（5）请求人应当具体说明无效宣告理由，提交有证据的，应当结合提交的所有证据具体说明。对于发明或者实用新型专利需要进行技术方案对比的，应当具体描述涉案专利和对比文件中相关的技术方案，并进行比较分析；对于外观设计专利需要进行对比的，应当具体描述涉案专利和对比文件中相关的图片或者照片表示的产品外观设计，并进行比较分析。例如，请求人针对专利法第二十二条第三款的无效宣告理由提交多篇对比文件的，应当指明与请求宣告无效的专利最接近的对比文件以及单独对比还是结合对比的对比方式，具体描述涉案专利和对比文件的技术方案，并进行比较分析。如果是结合对比，存在两种或者两种以上结合方式的，应当首先将最主要的结合方式进行比较分析。未明确最主要结合方式的，则默认第一组对比文件的结合方式为最主要结合方式。对于不同的独立权利要求，可以分别指明最接近的对比文件。❶

请求人未具体说明无效宣告理由的，或者提交有证据但未结合提交的所有证据具体说明无效宣告理由的，或者未指明每项理由所依据的证据的，其无效宣告请求不予受理。

3.4 文件形式

无效宣告请求书及其附件应当一式两份，并符合规定的格式，不符合规定格式的，专利复审委员会应当通知请求人在指定期限内补正；期满未补正或者在指定期限内补正但经两次补正后仍存在同样缺陷的，无效宣告请求视为未提出。

3.5 费 用

请求人自提出无效宣告请求之日起一个月内未缴纳或者未缴足无效宣告请求费的，其无效宣告请求视为未提出。

3.6 委托手续

（1）请求人或者专利权人在无效宣告程序中委托专利代理机构的，应当提交无效宣告程序授权委托书，且专利权人应当在委托书中写明委托权限仅限于办理无效宣告程序有关事务。在无效宣告程序中，即使专利权人此前已就其专利委托了在专利权有效期内的全程代理并继续委托该全程代理的机构的，也应当提交无效宣告程序授权委托书。

（2）在无效宣告程序中，请求人委托专利代理机构的，或者专利权人委托专利代理机构且委托书中写明其委托权限仅限于办理无效宣告程序有关事务的，其委托手续或者解除、辞去委托的手续应当在专利复审委员会办理，无需办理著录项目变更手续。

请求人或者专利权人委托专利代理机构而未向专利复审委员会提交委托书或者委托书中未写明委托权限的，专利权人未在委托书中写明其委托权限仅限于办理无效宣告程序有关事务的，专利复审委员会应当通知请求人或者专利权人在指定期限内补正；期满未补正的，视为未委托。

（3）请求人和专利权人委托了相同的专利代理机构的，专利复审委员会应当通知双方当事人在指定期限内变更委托；未在指定期限内变更委托的，后委托的视为未委托，同一日委托的，视为双方均未委托。

（4）对于根据专利法第十九条第一款规定应当委托专利代理机构的请求人，未按规定委托的，其无效宣告请求不予受理。

（5）同一当事人与多个专利代理机构同时存在委托关系的，当事人应当以书面方式指定其中一个专利代理机构作为收件人；未指定的，专利复审委员会将在无效宣告程序中最先委托的专利代理机构视为收件人；最先委托的代理机构有多个的，专利复审委员会将署名在先的专利代理机构视为收件人；署名无先后（同日分别委托）的，专利复审委员会应当通知当事人在指定期限内指定；未在指定期限内指定的，视为未委托。

（6）当事人委托公民代理的，参照有关委

---

❶ 该项已根据2019年9月23日公布的国家知识产权局公告第三二八号修改。——编者注

托专利代理机构的规定办理。公民代理的权限仅限于在口头审理中陈述意见和接收当庭转送的文件。

(7) 对于下列事项，代理人需要具有特别授权的委托书：

(i) 专利权人的代理人代为承认请求人的无效宣告请求；

(ii) 专利权人的代理人代为修改权利要求书；

(iii) 代理人代为和解；

(iv) 请求人的代理人代为撤回无效宣告请求。

(8) 上述规定未涵盖事宜参照本指南第一部分第一章第 6.1 节的规定办理。

3.7 形式审查通知书

(1) 无效宣告请求经形式审查不符合专利法及其实施细则和审查指南有关规定需要补正的，专利复审委员会应当发出补正通知书，要求请求人在收到通知书之日起十五日内补正。

(2) 无效宣告请求视为未提出或者不予受理的，专利复审委员会应当发出无效宣告请求视为未提出通知书或者无效宣告请求不予受理通知书，通知请求人。

(3) 无效宣告请求经形式审查符合专利法及其实施细则和审查指南有关规定的，专利复审委员会应当向请求人和专利权人发出无效宣告请求受理通知书，并将无效宣告请求书和有关文件副本转送专利权人，要求其在收到该通知书之日起一个月内答复。专利权人就其专利委托了在专利权有效期内的全程代理的，所述无效宣告请求书和有关文件副本转送该全程代理的机构。

(4) 受理的无效宣告请求需等待在先作出的专利权无效或部分无效的审查决定生效而暂时无法审查的，专利复审委员会应当发出通知书通知请求人和专利权人；在先审查决定生效或者被人民法院生效判决予以撤销后，专利复审委员会应当及时恢复审查。

(5) 受理的无效宣告请求涉及专利侵权案件的，专利复审委员会可以应人民法院、地方知识产权管理部门或者当事人的请求，向处理该专利侵权案件的人民法院或者地方知识产权管理部门发出无效宣告请求案件审查状态通知书。

4. 无效宣告请求的合议审查

4.1 审查范围

在无效宣告程序中，专利复审委员会通常仅针对当事人提出的无效宣告请求的范围、理由和提交的证据进行审查，不承担全面审查专利有效性的义务。

专利复审委员会作出宣告专利权部分无效的审查决定后，当事人未在收到该审查决定之日起三个月内向人民法院起诉或者人民法院生效判决维持该审查决定的，针对该专利权的其他无效宣告请求的审查以维持有效的专利权为基础。

请求人在提出无效宣告请求时没有具体说明的无效宣告理由以及没有用于具体说明相关无效宣告理由的证据，且在提出无效宣告请求之日起一个月内也未补充具体说明的，专利复审委员会不予考虑。

请求人增加无效宣告理由不符合本章第 4.2 节或者补充证据不符合本章第 4.3 节规定的，专利权人提交或者补充证据不符合本章第 4.3 节规定的，专利复审委员会不予考虑。

专利复审委员会在下列情形可以依职权进行审查：

(1) 请求人提出的无效宣告理由明显与其提交的证据不相对应的，专利复审委员会可以告知其有关法律规定的含义，允许其变更或者依职权变更为相对应的无效宣告理由。例如，请求人提交的证据为同一专利权人在专利申请日前申请并在专利申请日后公开的中国发明专利文件，而无效宣告理由为不符合专利法第九条第一款的，专利复审委员会可以告知请求人专利法第九条第一款和第二十二条第二款的含义，允许其将无效宣告理由变更为该专利不符合专利法第二十二条第二款，或者依职权将无效宣告理由变更为该专利不符合专利法第二十二条第二款。

(2) 专利权存在请求人未提及的明显不属于专利保护客体的缺陷，专利复审委员会可以引入相关的无效宣告理由进行审查。

（3）专利权存在请求人未提及的缺陷而导致无法针对请求人提出的无效宣告理由进行审查的，专利复审委员会可以依职权针对专利权的上述缺陷引入相关无效宣告理由并进行审查。例如，无效宣告理由为独立权利要求1不具备创造性，但该权利要求因不清楚而无法确定其保护范围，从而不存在审查创造性的基础的情形下，专利复审委员会可以引入涉及专利法第二十六条第四款的无效宣告理由并进行审查。

（4）请求人请求宣告权利要求之间存在引用关系的某些权利要求无效，而未以同样的理由请求宣告其他权利要求无效，不引入该无效宣告理由将会得出不合理的审查结论的，专利复审委员会可以依职权引入该无效宣告理由对其他权利要求进行审查。例如，请求人以权利要求1不具备新颖性、从属权利要求2不具备创造性为由请求宣告专利权无效，如果专利复审委员会认定权利要求1具有新颖性，而从属权利要求2不具备创造性，则可以依职权对权利要求1的创造性进行审查。

（5）请求人以权利要求之间存在引用关系的某些权利要求存在缺陷为由请求宣告其无效，而未指出其他权利要求也存在相同性质的缺陷，专利复审委员会可以引入与该缺陷相对应的无效宣告理由对其他权利要求进行审查。例如，请求人以权利要求1增加了技术特征而导致其不符合专利法第三十三条的规定为由请求宣告权利要求1无效，而未指出从属权利要求2也存在同样的缺陷，专利复审委员会可以引入专利法第三十三条的无效宣告理由对从属权利要求2进行审查。

（6）请求人以不符合专利法第三十三条或者专利法实施细则第四十三条第一款的规定为由请求宣告专利权无效，且对修改超出原申请文件记载范围的事实进行了具体的分析和说明，但未提交原申请文件的，专利复审委员会可以引入该专利的原申请文件作为证据。

（7）专利复审委员会可以依职权认定技术手段是否为公知常识，并可以引入技术词典、技术手册、教科书等所属技术领域中的公知常识性证据。

4.2 无效宣告理由的增加

（1）请求人在提出无效宣告请求之日起一个月内增加无效宣告理由的，应当在该期限内对所增加的无效宣告理由具体说明；否则，专利复审委员会不予考虑。

（2）请求人在提出无效宣告请求之日起一个月后增加无效宣告理由的，专利复审委员会一般不予考虑，但下列情形除外：

（i）针对专利权人以删除以外的方式修改的权利要求，在专利复审委员会指定期限内针对修改内容增加无效宣告理由，并在该期限内对所增加的无效宣告理由具体说明的；❶

（ii）对明显与提交的证据不相对应的无效宣告理由进行变更的。

4.3 举证期限

4.3.1 请求人举证

（1）请求人在提出无效宣告请求之日起一个月内补充证据的，应当在该期限内结合该证据具体说明相关的无效宣告理由，否则，专利复审委员会不予考虑。

（2）请求人在提出无效宣告请求之日起一个月后补充证据的，专利复审委员会一般不予考虑，但下列情形除外：

（i）针对专利权人提交的反证，请求人在专利复审委员会指定的期限内补充证据，并在该期限内结合该证据具体说明相关无效宣告理由的；❷

（ii）在口头审理辩论终结前提交技术词典、技术手册和教科书等所属技术领域中的公知常识性证据或者用于完善证据法定形式的公证文书、原件等证据，并在该期限内结合该证据具体说明相关无效宣告理由的。

（3）请求人提交的证据是外文的，提交其中文译文的期限适用该证据的举证期限。

4.3.2 专利权人举证

专利权人应当在专利复审委员会指定的答复期限内提交证据，但对于技术词典、技术手

---

❶❷ 该项已根据2017年2月28日公布的国家知识产权局令第七十四号修改。——编者注

册和教科书等所属技术领域中的公知常识性证据或者用于完善证据法定形式的公证文书、原件等证据，可以在口头审理辩论终结前补充。

专利权人提交或者补充证据的，应当在上述期限内对提交或者补充的证据具体说明。

专利权人提交的证据是外文的，提交其中文译文的期限适用该证据的举证期限。

专利权人提交或者补充证据不符合上述期限规定或者未在上述期限内对所提交或者补充的证据具体说明的，专利复审委员会不予考虑。

4.3.3 延期举证

对于有证据表明因无法克服的困难在本章第 4.3.1 节和第 4.3.2 节所述期限内不能提交的证据，当事人可以在所述期限内书面请求延期提交。不允许延期提交明显不公平的，专利复审委员会应当允许延期提交。

4.4 审查方式

4.4.1 文件的转送

专利复审委员会根据案件审查需要将有关文件转送有关当事人。需要指定答复期限的，指定答复期限为一个月。当事人期满未答复的，视为当事人已得知转送文件中所涉及的事实、理由和证据，并且未提出反对意见。

当事人提交的意见陈述书及其附件应当一式两份。

4.4.2 口头审理

专利复审委员会根据当事人的请求或者案情需要可以决定对无效宣告请求进行口头审理。口头审理的具体规定参见本部分第四章。

4.4.3 无效宣告请求审查通知书

在无效宣告程序中，有下列情形之一的，专利复审委员会可以向双方当事人发出无效宣告请求审查通知书：

（1）当事人主张的事实或者提交的证据不清楚或者有疑问的。

（2）专利权人对其权利要求书主动提出修改，但修改不符合专利法及其实施细则和审查指南有关规定的。

（3）需要依职权引入当事人未提及的理由或者证据的。

（4）需要发出无效宣告请求审查通知书的其他情形。

审查通知书的内容所针对的有关当事人应当在收到该通知书之日起一个月内答复。期满未答复的，视为当事人已得知通知书中所涉及的事实、理由和证据，并且未提出反对意见。

4.4.4 审查方式的选择

在无效宣告程序中，针对不同的情形，采用下列方式进行审查。

（1）专利复审委员会已将无效宣告请求文件转送专利权人，并且指定答复期限届满后，无论专利权人是否答复，专利复审委员会认为请求人提交的证据充分，其请求宣告专利权全部无效的理由成立的，可以直接作出宣告专利权全部无效的审查决定；在这种情况下，请求人请求宣告无效的范围是宣告专利权部分无效的，专利复审委员会也可以针对该范围直接作出宣告专利权部分无效的决定。专利权人提交答复意见的，将答复意见随直接作出的审查决定一并送达请求人。

（2）专利复审委员会已将无效宣告请求文件转送专利权人，并且指定答复期限届满后，无论专利权人是否答复，专利复审委员会认为请求人请求宣告无效的范围部分成立，可能会作出宣告专利权部分无效的决定的，专利复审委员会应当发出口头审理通知书，通过口头审理结案。专利权人提交答复意见的，将答复意见随口头审理通知书一并送达请求人。

（3）专利复审委员会已将无效宣告请求文件转送专利权人，在指定答复期限内专利权人已经答复，专利复审委员会认为专利权人提交的意见陈述理由充分，将会作出维持专利权的决定的，专利复审委员会应当根据案情，选择发出转送文件通知书或者无效宣告请求审查通知书进行书面审查，或者发出口头审理通知书随附转送文件通知书，通过口头审理结案。

（4）专利复审委员会已将无效宣告请求文件转送专利权人，在指定答复期限内专利权人没有答复，专利复审委员会认为请求人提交的证据不充分，其请求宣告专利权无效的理由不成立，将会作出维持专利权的决定的，专利复审委员会应当根据案情，选择发出无效宣告请求审查通知书进行书面审查，或者发出口头审理通知书，通过口头审理结案。

在发出口头审理通知书后，由于当事人原因未按期举行口头审理的，专利复审委员会可以直接作出审查决定。

4.5 案件的合并审理

为了提高审查效率和减少当事人负担，专利复审委员会可以对案件合并审理。合并审理的情形通常包括：

（1）针对一项专利权的多个无效宣告案件，尽可能合并口头审理。

（2）针对不同专利权的无效宣告案件，部分或者全部当事人相同且案件事实相互关联的，专利复审委员会可以依据当事人书面请求或者自行决定合并口头审理。

合并审理的各无效宣告案件的证据不得相互组合使用。

4.6 无效宣告程序中专利文件的修改

4.6.1 修改原则

发明或者实用新型专利文件的修改仅限于权利要求书，其原则是：

（1）不得改变原权利要求的主题名称。

（2）与授权的权利要求相比，不得扩大原专利的保护范围。

（3）不得超出原说明书和权利要求书记载的范围。

（4）一般不得增加未包含在授权的权利要求书中的技术特征。

外观设计专利的专利权人不得修改其专利文件。

4.6.2 修改方式❶

在满足上述修改原则的前提下，修改权利要求书的具体方式一般限于权利要求的删除、技术方案的删除、权利要求的进一步限定、明显错误的修正。❷

权利要求的删除是指从权利要求书中去掉某项或者某些项权利要求，例如独立权利要求或者从属权利要求。

技术方案的删除是指从同一权利要求中并列的两种以上技术方案中删除一种或者一种以上技术方案。

权利要求的进一步限定是指在权利要求中补入其他权利要求中记载的一个或者多个技术特征，以缩小保护范围。❸

4.6.3 修改方式的限制

在专利复审委员会作出审查决定之前，专利权人可以删除权利要求或者权利要求中包括的技术方案。

仅在下列三种情形的答复期限内，专利权人可以以删除以外的方式修改权利要求书：❹

（1）针对无效宣告请求书。

（2）针对请求人增加的无效宣告理由或者补充的证据。

（3）针对专利复审委员会引入的请求人未提及的无效宣告理由或者证据。

4.7 无效宣告程序的中止

适用本指南第五部分第七章第7节的规定。

5. 无效宣告请求审查决定的类型

无效宣告请求审查决定分为下列三种类型：

（1）宣告专利权全部无效。

（2）宣告专利权部分无效。

（3）维持专利权有效。

宣告专利权无效包括宣告专利权全部无效和部分无效两种情形。根据专利法第四十七条的规定，宣告无效的专利权视为自始即不存在。

在无效宣告程序中，如果请求人针对一件发明或者实用新型专利的部分权利要求的无效宣告理由成立，针对其余权利要求（包括以合并方式修改后的权利要求）的无效宣告理由不成立，则无效宣告请求审查决定应当宣告上述

---

❶ 根据2017年2月28日公布的国家知识产权局令第七十四号，该节原第3段已删除。——编者注

❷ 该段已根据2017年2月28日公布的国家知识产权局令第七十四号修改。——编者注

❸ 根据2017年2月28日公布的国家知识产权局令第七十四号，增加该段。——编者注

❹ 该段已根据2017年2月28日公布的国家知识产权局令第七十四号修改。——编者注

无效宣告理由成立的部分权利要求无效，并且维持其余的权利要求有效。对于包含有若干个具有独立使用价值的产品的外观设计专利，如果请求人针对其中一部分产品的外观设计专利的无效宣告理由成立，针对其余产品的外观设计专利的无效宣告理由不成立，则无效宣告请求审查决定应当宣告无效宣告理由成立的该部分产品外观设计专利无效，并且维持其余产品的外观设计专利有效。例如，对于包含有同一产品两项以上的相似外观设计的一件外观设计专利，如果请求人针对其中部分项外观设计的无效宣告理由成立，针对其余外观设计的无效宣告理由不成立，则无效宣告请求审查决定应当宣告无效宣告理由成立的该部分项外观设计无效，并且维持其余外观设计有效。上述审查决定均属于宣告专利权部分无效的审查决定。

一项专利被宣告部分无效后，被宣告无效的部分应视为自始即不存在。但是被维持的部分（包括修改后的权利要求）也同时应视为自始即存在。

6. 无效宣告请求审查决定的送达、登记和公告

6.1 决定的送达

根据专利法第四十六条第一款的规定，专利复审委员会应当将无效宣告请求审查决定送达双方当事人。

对于涉及侵权案件的无效宣告请求，在无效宣告请求审理开始之前曾通知有关人民法院或者地方知识产权管理部门的，专利复审委员会作出决定后，应当将审查决定和无效宣告审查结案通知书送达有关人民法院或者地方知识产权管理部门。

6.2 决定的登记和公告

根据专利法第四十六条第一款的规定，专利复审委员会作出宣告专利权无效（包括全部无效和部分无效）的审查决定后，当事人未在收到该审查决定之日起三个月内向人民法院起诉或者人民法院生效判决维持该审查决定的，由专利局予以登记和公告。

7. 无效宣告程序的终止

请求人在专利复审委员会对无效宣告请求作出审查决定之前，撤回其无效宣告请求的，无效宣告程序终止，但专利复审委员会认为根据已进行的审查工作能够作出宣告专利权无效或者部分无效的决定的除外。

请求人未在指定的期限内答复口头审理通知书，并且不参加口头审理，其无效宣告请求被视为撤回的，无效宣告程序终止，但专利复审委员会认为根据已进行的审查工作能够作出宣告专利权无效或者部分无效的决定的除外。

已受理的无效宣告请求因不符合受理条件而被驳回请求的，无效宣告程序终止。

在专利复审委员会对无效宣告请求作出审查决定之后，当事人未在收到该审查决定之日起三个月内向人民法院起诉，或者人民法院生效判决维持该审查决定的，无效宣告程序终止。

在专利复审委员会作出宣告专利权全部无效的审查决定后，当事人未在收到该审查决定之日起三个月内向人民法院起诉，或者人民法院生效判决维持该审查决定的，针对该专利权的所有其他无效宣告程序终止。

第四章 复审和无效宣告程序中有关口头审理的规定

1. 引 言

口头审理是根据专利法实施细则第六十三条、第七十条的规定而设置的行政听证程序，其目的在于查清事实，给当事人当庭陈述意见的机会。

2. 口头审理的确定

在无效宣告程序中，有关当事人可以向专利复审委员会提出进行口头审理的请求，并且说明理由。请求应当以书面方式提出。

无效宣告程序的当事人可以依据下列理由请求进行口头审理：

（1）当事人一方要求同对方当面质证和辩论。

（2）需要当面向合议组说明事实。

（3）需要实物演示。

（4）需要请出具过证言的证人出庭作证。

对于尚未进行口头审理的无效宣告案件，专利复审委员会在审查决定作出前收到当事人依据上述理由以书面方式提出口头审理请求的,合议组应当同意进行口头审理。

在复审程序中,复审请求人可以向专利复审委员会提出进行口头审理的请求,并且说明理由。请求应当以书面方式提出。

复审请求人可以依据下列理由请求进行口头审理:

(1) 需要当面向合议组说明事实或者陈述理由。

(2) 需要实物演示。

复审请求人提出口头审理请求的,合议组根据案件的具体情况决定是否进行口头审理。

在无效宣告程序或者复审程序中,合议组可以根据案情需要自行决定进行口头审理。针对同一案件已经进行过口头审理的,必要时可以再次进行口头审理。

经主任委员或者副主任委员批准,专利复审委员会可以进行巡回口头审理,就地审理办案,并承担所需费用。

3. 口头审理的通知

在无效宣告程序中,确定需要进行口头审理的,合议组应当向当事人发出口头审理通知书,通知进行口头审理的日期和地点等事项。口头审理的日期和地点一经确定一般不再改动,遇特殊情况需要改动的,需经双方当事人同意或者经主任委员或者副主任委员批准。当事人应当在收到口头审理通知之日起七日内向专利复审委员会提交口头审理通知书回执。无效宣告请求人期满未提交回执,并且不参加口头审理的,其无效宣告请求视为撤回,无效宣告请求审查程序终止。但专利复审委员会认为根据已进行的审查工作能够作出宣告专利权无效或者部分无效的决定的除外。专利权人不参加口头审理的,可以缺席审理。

在复审程序中,确定需要进行口头审理的,合议组应当向复审请求人发出口头审理通知书,通知进行口头审理的日期、地点以及口头审理拟调查的事项。合议组认为专利申请不符合专利法及其实施细则有关规定的,可以随口头审理通知书将专利申请不符合专利法及实施细则有关规定的具体事实、理由和证据告知复审请求人。

合议组应当在口头审理通知书中告知复审请求人,可以选择参加口头审理进行口头答辩,或者在指定的期限内进行书面意见陈述。复审请求人应当在收到口头审理通知书之日起七日内向专利复审委员会提交口头审理通知书回执,并在回执中明确表示是否参加口头审理;逾期未提交回执的,视为不参加口头审理。

口头审理通知书中已经告知该专利申请不符合专利法及其实施细则和审查指南有关规定的具体事实、理由和证据的,如果复审请求人既未出席口头审理,也未在指定的期限内进行书面意见陈述,其复审请求视为撤回。

无效宣告程序或者复审程序的口头审理通知书回执中应当有当事人的签名或者盖章。表示参加口头审理的,应当写明参加口头审理人员的姓名。要求委派出具过证言的证人就其证言出庭作证的,应当在口头审理通知书回执中声明,并且写明该证人的姓名、工作单位(或者职业)和要证明的事实。

参加口头审理的每方当事人及其代理人的数量不得超过四人。回执中写明的参加口头审理人员不足四人的,可以在口头审理开始前指定其他人参加口头审理。一方有多人参加口头审理的,应当指定其中之一作为第一发言人进行主要发言。

当事人不能在指定日期参加口头审理的,可以委托其专利代理人或者其他人代表出庭。

当事人依照专利法第十九条规定委托专利代理机构代理的,该机构应当指派专利代理人参加口头审理。

4. 口头审理前的准备

在口头审理开始前,合议组应当完成下列工作:

(1) 将无效宣告程序中当事人提交的有关文件转送对方。

(2) 阅读和研究案卷,了解案情,掌握争议的焦点和需要调查、辩论的主要问题。

(3) 举行口头审理前的合议组会议,研究确定合议组成员在口头审理中的分工,调查的顺序和内容,应当重点查清的问题,以及口头审理中可能出现的各种情况及处置方案。

— 235 —

(4) 准备必要的文件。

(5) 口头审理两天前应当公告进行该口头审理的有关信息（口头审理不公开进行的除外）。

(6) 口头审理其他事务性工作的准备。

5. 口头审理的进行

口头审理按照通知书指定的日期进行。

口头审理应当公开进行，但根据国家法律、法规等规定需要保密的除外。

5.1 口头审理第一阶段

在口头审理开始前，合议组应当核对参加口头审理人员的身份证件，并确认其是否有参加口头审理的资格。

口头审理由合议组组长主持。合议组组长宣布口头审理开始后，介绍合议组成员；由当事人介绍出席口头审理的人员，有双方当事人出庭的，还应当询问双方当事人对于对方出席人员资格有无异议；合议组组长宣读当事人的权利和义务；询问当事人是否请求审案人员回避，是否请证人作证和请求演示物证。

在有双方当事人参加的口头审理中，还应当询问当事人是否有和解的愿望。双方当事人均有和解愿望并欲当庭协商的，暂停口头审理；双方和解条件差别较小的，可以中止口头审理；双方和解条件差别较大，难以短时间内达成和解协议的，或者任何一方当事人没有和解愿望的，口头审理继续进行。

5.2 口头审理第二阶段

在进行口头审理调查之前，必要时，由合议组成员简要介绍案情。然后，开始进行口头审理调查。

在无效宣告程序的口头审理中，先由无效宣告请求人陈述无效宣告请求的范围及其理由，并简要陈述有关事实和证据，再由专利权人进行答辩。其后，由合议组就案件的无效宣告请求的范围、理由和各方当事人提交的证据进行核对，确定口头审理的审理范围。当事人当庭增加理由或者补充证据的，合议组应当根据有关规定判断所述理由或者证据是否予以考虑。决定予以考虑的，合议组应当给予首次得知所述理由或者收到所述证据的对方当事人选择当庭口头答辩或者以后进行书面答辩的权利。接着，由无效宣告请求人就无效宣告理由以及所依据的事实和证据进行举证，然后由专利权人进行质证，需要时专利权人可以提出反证，由对方当事人进行质证。案件存在多个无效宣告理由、待证事实或者证据的，可以要求当事人按照无效宣告理由和待证事实逐个举证和质证。

在复审程序的口头审理中，在合议组告知复审请求人口头审理调查的事项后，由复审请求人进行陈述。复审请求人当庭提交修改文本的，合议组应当审查该修改文本是否符合专利法及其实施细则和审查指南的有关规定。

在口头审理调查过程中，为了全面、客观地查清案件事实，合议组成员可以就有关事实和证据向当事人或者证人提问，也可以要求当事人或者证人作出解释。提问应当公正、客观、具体、明确。

5.3 口头审理第三阶段

在无效宣告程序的口头审理调查后，进行口头审理辩论。在双方当事人对案件证据和事实无争议的情况下，可以在双方当事人对证据和事实予以确认的基础上，直接进行口头审理辩论。由当事人就证据所表明的事实、争议的问题和适用的法律、法规各自陈述其意见，并进行辩论。在口头审理辩论时，合议组成员可以提问，但不得发表自己的倾向性意见，也不得与任何一方当事人辩论。在口头审理辩论过程中，当事人又提出事先已提交过、但未经调查的事实或者证据的，合议组组长可以宣布中止辩论，恢复口头审理调查。调查结束后，继续进行口头审理辩论。

在双方当事人的辩论意见表达完毕后，合议组组长宣布辩论终结，由双方当事人作最后意见陈述。在进行最后意见陈述时，无效宣告请求人可以坚持原无效宣告请求，也可以请求撤回无效宣告请求，还可以放弃无效宣告请求的部分理由及相应证据，或者缩小无效宣告请求的范围；专利权人可以坚持要求驳回无效宣告请求人的无效宣告请求，也可以声明缩小专利保护范围或者放弃部分权利要求。此后，再次以前述方式处理和解事宜。

在复审程序的口头审理调查后，合议组可以就有关问题发表倾向性意见，必要时将其认为专利申请不符合专利法及其实施细则和审查指南有关规定的具体事实、理由和证据告知复审请求人，并听取复审请求人的意见。

5.4 口头审理第四阶段

在口头审理过程中，合议组可以根据案情需要休庭合议。

合议组组长宣布暂时休庭，合议组进行合议。然后，重新开始口头审理，合议组组长宣布口头审理结论。口头审理结论可以是审查决定的结论，也可以是其他结论，例如，案件事实已经查清，可以作出审查决定等结论。至此，口头审理结束。

6. 口头审理的中止

有下列情形之一的，合议组组长可以宣布中止口头审理，并在必要时确定继续进行口头审理的日期：

（1）当事人请求审案人员回避的。
（2）因和解需要协商的。
（3）需要对发明创造进一步演示的。
（4）合议组认为必要的其他情形。

7. 口头审理的终止

对于事实已经调查清楚、可以作出审查决定并且不属于需要经过主任委员或者副主任委员审核批准的案件，合议组可以当场宣布审查决定的结论。

对于经口头审理拟当场宣布审查决定结论的案件，需要经主任委员或者副主任委员审核批准的，应当在批准后宣布审查决定的结论。

合议组不当场宣布审查决定结论的，由合议组组长作简要说明。

在上述三种情况下，均由合议组组长宣布口头审理终止。此后，在一定期限内，将决定的全文以书面形式送达当事人。

8. 当事人的缺席

有当事人未出席口头审理的，只要一方当事人的出庭符合规定，合议组按照规定的程序进行口头审理。

9. 当事人中途退庭

在无效宣告程序或者复审程序的口头审理过程中，未经合议组许可，当事人不得中途退庭。当事人未经合议组许可而中途退庭的，或者因妨碍口头审理进行而被合议组责令退庭的，合议组可以缺席审理。但是，应当就该当事人已经陈述的内容及其中途退庭或者被责令退庭的事实进行记录，并由当事人或者合议组签字确认。

10. 证人出庭作证

出具过证言并在口头审理通知书回执中写明的证人可以就其证言出庭作证。当事人在口头审理中提出证人出庭作证请求的，合议组可根据案件的具体情况决定是否准许。

证人出庭作证时，应当出示证明其身份的证件。合议组应当告知其诚实作证的法律义务和作伪证的法律责任。出庭作证的证人不得旁听案件的审理。询问证人时，其他证人不得在场，但需要证人对质的除外。

合议组可以对证人进行提问。在双方当事人参加的口头审理中，双方当事人可以对证人进行交叉提问。证人应当对合议组提出的问题作出明确回答，对于当事人提出的与案件无关的问题可以不回答。

11. 记　录

在口头审理中，由书记员或者合议组组长指定的合议组成员进行记录。担任记录的人员应当将重要的审理事项记入口头审理笔录。除笔录外，合议组还可以使用录音、录像设备进行记录。

在重要的审理事项记录完毕后或者在口头审理终止时，合议组应当将笔录交当事人阅读。对笔录的差错，当事人有权请求记录人更正。笔录核实无误后，应当由当事人签字并存入案卷。当事人拒绝签字的，由合议组组长在口头审理笔录中注明。

上述重要的审理事项包括：

（1）在无效宣告程序的口头审理中，当事人声明放弃的权利要求、无效宣告请求的范围、理由或者证据。
（2）在无效宣告程序的口头审理中，双方当事人均认定的重要事实。
（3）在复审程序的口头审理中，合议组当

庭告知复审请求人其专利申请不符合专利法及其实施细则和审查指南有关规定的具体事实、理由和证据以及复审请求人陈述的主要内容。

（4）其他需要记录的重要事项。

12. 旁　听

在口头审理中允许旁听，旁听者无发言权；未经批准，不得拍照、录音和录像，也不得向参加口头审理的当事人传递有关信息。

必要时，专利复审委员会可以要求旁听者办理旁听手续。

13. 当事人的权利和义务

合议组组长应当在口头审理开始阶段告知当事人在口头审理中的权利和义务。

（1）当事人的权利

当事人有权请求审案人员回避；无效宣告程序中的当事人有权与对方当事人和解；有权在口头审理中请出具过证言的证人就其证言出庭作证和请求演示物证；有权进行辩论。无效宣告请求人有权请求撤回无效宣告请求，放弃无效宣告请求的部分理由及相应证据，以及缩小无效宣告请求的范围。专利权人有权放弃部分权利要求及其提交的有关证据。复审请求人有权撤回复审请求；有权提交修改文件。

（2）当事人的义务

当事人应当遵守口头审理规则，维护口头审理的秩序；发言时应当征得合议组组长同意，任何一方当事人不得打断另一方当事人的发言；辩论中应当摆事实、讲道理；发言和辩论仅限于合议组指定的与审理案件有关的范围；当事人对自己提出的主张有举证责任，反驳对方主张的，应当说明理由；口头审理期间，未经合议组许可不得中途退庭。

第五章　无效宣告程序中外观设计专利的审查

1. 引　言

本章主要涉及外观设计专利无效宣告请求程序中有关专利法第二十三条和第九条的审查。关于外观设计专利无效宣告请求涉及的其他条款的审查，适用本指南第一部分第三章的相关规定。

2. 现有设计

根据专利法第二十三条第四款的规定，现有设计是指申请日（有优先权的，指优先权日）以前在国内外为公众所知的设计。

现有设计包括申请日以前在国内外出版物上公开发表过、公开使用过或者以其他方式为公众所知的设计。关于现有设计的时间界限、公开方式等参照第二部分第三章第2.1节的规定。

现有设计中一般消费者所熟知的、只要提到产品名称就能想到的相应设计，称为惯常设计。例如，提到包装盒就能想到其有长方体、正方体形状的设计。

3. 判断客体

在对外观设计专利进行审查时，将进行比较的对象称为判断客体。其中被请求宣告无效的外观设计专利简称涉案专利，与涉案专利进行比较的判断客体简称对比设计。

在确定判断客体时，对于涉案专利，除应当根据外观设计专利的图片或者照片进行确定外，还应当根据简要说明中是否写明请求保护色彩、"平面产品单元图案两方连续或者四方连续等无限定边界的情况"（简称为不限定边界）等内容加以确定。

涉案专利有下列六种类型：

（1）单纯形状的外观设计

单纯形状的外观设计是指无图案且未请求保护色彩的产品的形状设计。

（2）单纯图案的外观设计

单纯图案的外观设计是指未请求保护色彩并且不限定边界的平面产品的图案设计。

（3）形状和图案结合的外观设计

形状和图案结合的外观设计是指未请求保护色彩的产品的形状和图案设计。

（4）形状和色彩结合的外观设计

形状和色彩结合的外观设计是指请求保护色彩的无图案产品的形状和色彩设计。

（5）图案和色彩结合的外观设计

图案和色彩结合的外观设计是指请求保护色彩的并且不限定边界的平面产品的图案和色彩设计。

(6) 形状、图案和色彩结合的外观设计

形状、图案和色彩结合的外观设计是指请求保护色彩的产品的形状、图案和色彩设计。

4. 判断主体

在判断外观设计是否符合专利法第二十三条第一款、第二款规定时，应当基于涉案专利产品的一般消费者的知识水平和认知能力进行评价。

不同种类的产品具有不同的消费者群体。作为某种类外观设计产品的一般消费者应当具备下列特点：

（1）对涉案专利申请日之前相同种类或者相近种类产品的外观设计及其常用设计手法具有常识性的了解。例如，对于汽车，其一般消费者应当对市场上销售的汽车以及诸如大众媒体中常见的汽车广告中所披露的信息等有所了解。

常用设计手法包括设计的转用、拼合、替换等类型。

（2）对外观设计产品之间在形状、图案以及色彩上的区别具有一定的分辨力，但不会注意到产品的形状、图案以及色彩的微小变化。

5. 根据专利法第二十三条第一款的审查

根据专利法第二十三条第一款的规定，授予专利权的外观设计，应当不属于现有设计；也没有任何单位或者个人就同样的外观设计在申请日以前向国务院专利行政部门提出过申请，并记载在申请日以后公告的专利文件中。

不属于现有设计，是指在现有设计中，既没有与涉案专利相同的外观设计，也没有与涉案专利实质相同的外观设计。在涉案专利申请日以前任何单位或者个人向专利局提出并且在申请日以后（含申请日）公告的同样的外观设计专利申请，称为抵触申请。其中，同样的外观设计是指外观设计相同或者实质相同。

判断对比设计是否构成涉案专利的抵触申请时，应当以对比设计所公告的专利文件全部内容为判断依据。与涉案专利要求保护的产品的外观设计进行比较时，判断对比设计中是否包含有与涉案专利相同或者实质相同的外观设计。例如，涉案专利请求保护色彩，对比设计所公告的为带有色彩的外观设计，即使对比设计未请求保护色彩，也可以将对比设计中包含有该色彩要素的外观设计与涉案专利进行比较；又如，对比设计所公告的专利文件含有使用状态参考图，即使该使用状态参考图中包含有不要求保护的外观设计，也可以将其与涉案专利进行比较，判断是否为相同或者实质相同的外观设计。

5.1 判断基准

5.1.1 外观设计相同

外观设计相同，是指涉案专利与对比设计是相同种类产品的外观设计，并且涉案专利的全部外观设计要素与对比设计的相应设计要素相同，其中外观设计要素是指形状、图案以及色彩。

如果涉案专利与对比设计仅属于常用材料的替换，或者仅存在产品功能、内部结构、技术性能或者尺寸的不同，而未导致产品外观设计的变化，二者仍属于相同的外观设计。

在确定产品的种类时，可以参考产品的名称、国际外观设计分类以及产品销售时的货架分类位置，但是应当以产品的用途是否相同为准。相同种类产品是指用途完全相同的产品。例如机械表和电子表尽管内部结构不同，但是它们的用途是相同的，所以属于相同种类的产品。

5.1.2 外观设计实质相同

外观设计实质相同的判断仅限于相同或者相近种类的产品外观设计。对于产品种类不相同也不相近的外观设计，不进行涉案专利与对比设计是否实质相同的比较和判断，即可认定涉案专利与对比设计不构成实质相同，例如，毛巾和地毯的外观设计。

相近种类的产品是指用途相近的产品。例如，玩具和小摆设的用途是相近的，两者属于相近种类的产品。应当注意的是，当产品具有多种用途时，如果其中部分用途相同，而其他用途不同，则二者应属于相近种类的产品。如带MP3的手表与手表都具有计时的用途，二者属于相近种类的产品。

如果一般消费者经过对涉案专利与对比设

计的整体观察可以看出，二者的区别仅属于下列情形，则涉案专利与对比设计实质相同：

（1）其区别在于施以一般注意力不能察觉到的局部的细微差异，例如，百叶窗的外观设计仅有具体叶片数不同；

（2）其区别在于使用时不容易看到或者看不到的部位，但有证据表明在不容易看到部位的特定设计对于一般消费者能够产生引人瞩目的视觉效果的情况除外；

（3）其区别在于将某一设计要素整体置换为该类产品的惯常设计的相应设计要素，例如，将带有图案和色彩的饼干桶的形状由正方体置换为长方体；

（4）其区别在于将对比设计作为设计单元按照该种类产品的常规排列方式作重复排列或者将其排列的数量作增减变化，例如，将影院座椅成排重复排列或者将其成排座椅的数量作增减；

（5）其区别在于互为镜像对称。

5.2 判断方式

对外观设计进行比较判断时应当从本章第4节所定义的一般消费者的角度进行判断。

5.2.1 单独对比

一般应当用一项对比设计与涉案专利进行单独对比，而不能将两项或者两项以上对比设计结合起来与涉案专利进行对比。

涉案专利包含有若干项具有独立使用价值的产品的外观设计的，例如，成套产品外观设计或者同一产品两项以上的相似外观设计，可以用不同的对比设计与其所对应的各项外观设计分别进行单独对比。

涉案专利是由组装在一起使用的至少两个构件构成的产品的外观设计的，可以将与其构件数量相对应的明显具有组装关系的构件结合起来作为一项对比设计与涉案专利进行对比。

5.2.2 直接观察

在对比时应当通过视觉进行直接观察，不能借助放大镜、显微镜、化学分析等其他工具或者手段进行比较，不能由视觉直接分辨的部分或者要素不能作为判断的依据。例如，有些纺织品用视觉观看其形状、图案和色彩是相同的，但在放大镜下观察，其纹路有很大的不同。

5.2.3 仅以产品的外观作为判断的对象

在对比时应当仅以产品的外观作为判断的对象，考虑产品的形状、图案、色彩这三个要素产生的视觉效果。

在涉案专利仅以部分要素限定其保护范围的情况下，其余要素在与对比设计比较时不予考虑。

在涉案专利为产品零部件的情况下，仅将对比设计中与涉案专利相对应的零部件部分作为判断对象，其余部分不予考虑。

对于外表使用透明材料的产品而言，通过人的视觉能观察到的其透明部分以内的形状、图案和色彩，应当视为该产品的外观设计的一部分。

5.2.4 整体观察、综合判断

对比时应当采用整体观察、综合判断的方式。所谓整体观察、综合判断是指由涉案专利与对比设计的整体来判断，而不从外观设计的部分或者局部出发得出判断结论。

5.2.4.1 确定对比设计公开的信息

对比设计的图片或者照片未反映产品各面视图的，应当依据一般消费者的认知能力来确定对比设计所公开的信息。

依据一般消费者的认知能力，根据对比设计图片或者照片已经公开的内容即可推定出产品其他部分或者其他变化状态的外观设计的，则该其他部分或者其他变化状态的外观设计也视为已经公开。例如在轴对称、面对称或者中心对称的情况下，如果图片或者照片仅公开了产品外观设计的一个对称面，则其余对称面也视为已经公开。

5.2.4.2 确定涉案专利

在确定涉案专利时，应当以外观设计专利授权文本中的图片或者照片表示的外观设计为准。简要说明可以用于解释图片或者照片所表示的该产品的外观设计。

5.2.4.3 涉案专利与对比设计的对比

在进行涉案专利与对比设计的对比时，应

当采用整体观察、综合判断的方式。

如果对比设计图片或者照片未公开的部位属于该种类产品使用状态下不会被一般消费者关注的部位，并且涉案专利在相应部位的设计的变化也不足以对产品的整体视觉效果产生影响，例如冷暖空调扇，如果对比设计图片或者照片没有公开冷暖空调扇的底面和背面，涉案专利在底面或者背面的设计的变化也不足以对产品整体视觉效果产生影响，则不影响对二者进行整体观察、综合判断。

如果涉案专利中对应于对比设计图片或者照片未公开的内容仅仅是该种类产品的惯常设计并且不受一般消费者关注，例如对比设计图片或者照片未公开的部分是货车车厢的后挡板，而当涉案专利中货车车厢的后挡板仅仅是这类产品的惯常设计时，则不影响对二者进行整体观察、综合判断。

5.2.5 组件产品和变化状态产品的判断

5.2.5.1 组件产品

组件产品，是指由多个构件相结合构成的一件产品。

对于组装关系唯一的组件产品，例如，由水壶和加热底座组成的电热开水壶组件产品，在购买和使用这类产品时，一般消费者会对各构件组合后的电热开水壶的整体外观设计留下印象；由榨汁杯、刨冰杯与底座组成的榨汁刨冰机，在购买和使用这类产品时，一般消费者会对榨汁杯与底座组合后的榨汁机、刨冰杯与底座组合后的刨冰机的整体外观设计留下印象，所以，应当以上述组合状态下的整体外观设计为对象，而不是以所有单个构件的外观为对象进行判断。

对于组装关系不唯一的组件产品，例如插接组件玩具产品，在购买和插接这类产品的过程中，一般消费者会对单个构件的外观留下印象，所以，应当以插接组件的所有单个构件的外观为对象，而不是以插接后的整体的外观设计为对象进行判断。

对于各构件之间无组装关系的组件产品，例如扑克牌、象棋棋子等组件产品，在购买和使用这类产品的过程中，一般消费者会对单个构件的外观留下印象，所以，应当以所有单个构件的外观为对象进行判断。

5.2.5.2 变化状态产品

变化状态产品，是指在销售和使用时呈现不同状态的产品。

对于对比设计而言，所述产品在不同状态下的外观设计均可用作与涉案专利进行比较的对象。对于涉案专利而言，应当以其使用状态所示的外观设计作为与对比设计进行比较的对象，其判断结论取决于对产品各种使用状态的外观设计的综合考虑。

5.2.6 设计要素的判断

5.2.6.1 形状的判断

对于产品外观设计整体形状而言，圆形和三角形、四边形相比，其形状有较大差异，通常不能认定为实质相同，但产品形状是惯常设计的除外。对于包装盒这类产品，应当以其使用状态下的形状作为判断依据。

5.2.6.2 图案的判断

图案不同包括题材、构图方法、表现方式及设计纹样等因素的不同，色彩的不同也可能使图案不同。如果题材相同，但其构图方法、表现方式、设计纹样不相同，则通常也不构成图案的实质相同。

产品外表出现的包括产品名称在内的文字和数字应当作为图案予以考虑，而不应当考虑字音、字义。

5.2.6.3 色彩的判断

对色彩的判断要根据颜色的色相、纯度和明度三个属性以及两种以上颜色的组合、搭配进行综合判断。色相指各类色彩的相貌称谓，例如朱红、湖蓝、柠檬黄、粉绿等；纯度即彩度，指色彩的鲜艳程度；明度指色彩的亮度。白色明度最高，黑色明度最低。

单一色彩的外观设计仅作色彩改变，两者仍属于实质相同的外观设计。

6. 根据专利法第二十三条第二款的审查

根据专利法第二十三条第二款的规定，授予专利权的外观设计与现有设计或者现有设计特征的组合相比，应当具有明显区别。涉案专

— 241 —

利与现有设计或者现有设计特征的组合相比不具有明显区别是指如下几种情形：

（1）涉案专利与相同或者相近种类产品现有设计相比不具有明显区别；

（2）涉案专利是由现有设计转用得到的，二者的设计特征相同或者仅有细微差别，且该具体的转用手法在相同或者相近种类产品的现有设计中存在启示；

（3）涉案专利是由现有设计或者现有设计特征组合得到的，所述现有设计与涉案专利的相应设计部分相同或者仅有细微差别，且该具体的组合手法在相同或者相近种类产品的现有设计中存在启示。

对于涉案专利是由现有设计通过转用和组合之后得到的，应当依照（2）、（3）所述规定综合考虑。

应当注意的是，上述转用和/或组合后产生独特视觉效果的除外。

现有设计特征，是指现有设计的部分设计要素或者其结合，如现有设计的形状、图案、色彩要素或者其结合，或者现有设计的某组成部分的设计，如整体外观设计产品中的零部件的设计。

6.1 与相同或者相近种类产品现有设计对比

如果一般消费者经过对涉案专利与现有设计的整体观察可以看出，二者的差别对于产品外观设计的整体视觉效果不具有显著影响，则涉案专利与现有设计相比不具有明显区别。显著影响的判断仅限于相同或者相近种类的产品外观设计。

在确定涉案专利与相同或者相近种类产品现有设计相比是否具有明显区别时，一般还应当综合考虑如下因素：

（1）对涉案专利与现有设计进行整体观察时，应当更关注使用时容易看到的部位，使用时容易看到部位的设计变化相对于不容易看到或者看不到部位的设计变化，通常对整体视觉效果更具有显著影响。例如，电视机的背面和底面在使用过程中不被一般消费者关注，因而在使用过程中容易看到部位设计的变化相对于不容易看到的背面和看不到的底面设计的变化对整体视觉效果通常更具有显著的影响。但有证据表明在不容易看到部位的特定设计对于一般消费者能够产生引人瞩目的视觉效果的除外。

（2）当产品上某些设计被证明是该类产品的惯常设计（如易拉罐产品的圆柱形状设计）时，其余设计的变化通常对整体视觉效果更具有显著的影响。例如，在型材的横断面周边构成惯常的矩形的情况下，型材横断面其余部分的变化通常更具有显著的影响。

（3）由产品的功能唯一限定的特定形状对整体视觉效果通常不具有显著的影响。例如，凸轮曲面形状是由所需要的特定运动行程唯一限定的，其区别对整体视觉效果通常不具有显著影响；汽车轮胎的圆形形状是由功能唯一限定的，其胎面上的花纹对整体视觉效果更具有显著影响。

（4）若区别点仅在于局部细微变化，则其对整体视觉效果不足以产生显著影响，二者不具有明显区别。例如，涉案专利与对比设计均为电饭煲，区别点仅在于二者控制按钮的形状不同，且控制按钮在电饭煲中仅为一个局部细微的设计，在整体设计中所占比例很小，其变化不足以对整体视觉效果产生显著影响。

（5）对于包括图形用户界面的产品外观设计，如果涉案专利其余部分的设计为惯常设计，其图形用户界面对整体视觉效果更具有显著的影响。❶

应当注意的是，外观设计简要说明中设计要点所指设计并不必然对外观设计整体视觉效果具有显著影响，不必然导致涉案专利与现有设计相比具有明显区别。例如，对于汽车的外观设计，简要说明中指出其设计要点在于汽车底面，但汽车底面的设计对汽车的整体视觉效果并不具有显著影响。

显著影响的判断方式参照本章第5.2节的规定。

---

❶ 根据2014年3月12日公布的国家知识产权局令第六十八号，增加该项。——编者注

6.2 现有设计的转用、现有设计及其特征的组合

6.2.1 判断方法

在判断现有设计的转用以及现有设计及其特征的组合时，通常可以按照以下步骤进行判断：

（1）确定现有设计的内容，包括形状、图案、色彩或者其结合；

（2）将现有设计或者现有设计特征与涉案专利对应部分的设计进行对比；

（3）在现有设计或者现有设计特征与涉案专利对应部分的设计相同或者仅存在细微差别的情况下，判断在与涉案专利相同或者相近种类产品的现有设计中是否存在具体的转用和/或组合手法的启示。

如果存在上述启示，则二者不具有明显区别。产生独特视觉效果的除外。

6.2.2 现有设计的转用

转用，是指将产品的外观设计应用于其他种类的产品。模仿自然物、自然景象以及将无产品载体的单纯形状、图案、色彩或者其结合应用到产品的外观设计中，也属于转用。

以下几种类型的转用属于明显存在转用手法的启示的情形，由此得到的外观设计与现有设计相比不具有明显区别：

（1）单纯采用基本几何形状或者对其仅作细微变化得到的外观设计；

（2）单纯模仿自然物、自然景象的原有形态得到的外观设计；

（3）单纯模仿著名建筑物、著名作品的全部或者部分形状、图案、色彩得到的外观设计；

（4）由其他种类产品的外观设计转用得到的玩具、装饰品、食品类产品的外观设计。

上述情形中产生独特视觉效果的除外。

6.2.3 现有设计及其特征的组合

组合包括拼合和替换，是指将两项或者两项以上设计或者设计特征拼合成一项外观设计，或者将一项外观设计中的设计特征用其他设计特征替换。以一项设计或者设计特征为单元重复排列而得到的外观设计属于组合设计。上述组合也包括采用自然物、自然景象以及无产品载体的单纯形状、图案、色彩或者其结合进行的拼合和替换。

以下几种类型的组合属于明显存在组合手法的启示的情形，由此得到的外观设计属于与现有设计或者现有设计特征的组合相比没有明显区别的外观设计：

（1）将相同或者相近种类产品的多项现有设计原样或者作细微变化后进行直接拼合得到的外观设计。例如，将多个零部件产品的设计直接拼合为一体形成的外观设计。

（2）将产品外观设计的设计特征用另一项相同或者相近种类产品的设计特征原样或者作细微变化后替换得到的外观设计。

（3）将产品现有的形状设计与现有的图案、色彩或者其结合通过直接拼合得到该产品的外观设计；或者将现有设计中的图案、色彩或者其结合替换成其他现有设计的图案、色彩或者其结合得到的外观设计。

上述情形中产生独特视觉效果的除外。

6.2.4 独特视觉效果

独特视觉效果，是指涉案专利相对于现有设计产生了预料不到的视觉效果。在组合后的外观设计中，如果各项现有设计或者设计特征在视觉效果上并未产生呼应关系，而是各自独立存在、简单叠加，通常不会形成独特视觉效果。

外观设计如果具有独特视觉效果，则与现有设计或者现有设计特征的组合相比具有明显区别。

7. 根据专利法第二十三条第三款的审查

一项外观设计专利权被认定与他人在申请日（有优先权的，指优先权日）之前已经取得的合法权利相冲突的，应当宣告该项外观设计专利权无效。

他人，是指专利权人以外的民事主体，包括自然人、法人或者其他组织。

合法权利，是指依照中华人民共和国法律享有并且在涉案专利申请日仍然有效的权利或者权益。包括商标权、著作权、企业名称权（包括商号权）、肖像权以及知名商品特有包装或者装潢使用权等。

在申请日以前已经取得（以下简称在先取

得），是指在先合法权利的取得日在涉案专利申请日之前。

相冲突，是指未经权利人许可，外观设计专利使用了在先合法权利的客体，从而导致专利权的实施将会损害在先权利人的相关合法权利或者权益。

在无效宣告程序中请求人应就其主张进行举证，包括证明其是在先权利的权利人或者利害关系人以及在先权利有效。

7.1 商标权

在先商标权是指在涉案专利申请日之前，他人在中华人民共和国法域内依法受到保护的商标权。未经商标所有人许可，在涉案专利中使用了与在先商标相同或者相似的设计，专利的实施将会误导相关公众或者导致相关公众产生混淆，损害商标所有人的相关合法权利或者权益的，应当判定涉案专利权与在先商标权相冲突。

在先商标与涉案专利中含有的相关设计的相同或者相似的认定，原则上适用商标相同、相似的判断标准。

对于在中国境内为相关公众广为知晓的注册商标，在判定权利冲突时可以适当放宽产品种类。

7.2 著作权

在先著作权，是指在涉案专利申请日之前，他人通过独立创作完成作品或者通过继承、转让等方式合法享有的著作权。其中作品是指受中华人民共和国著作权法及其实施条例保护的客体。

在接触或者可能接触他人享有著作权的作品的情况下，未经著作权人许可，在涉案专利中使用了与该作品相同或者实质性相似的设计，从而导致涉案专利的实施将会损害在先著作权人的相关合法权利或者权益的，应当判定涉案专利权与在先著作权相冲突。

8. 根据专利法第九条的审查

专利法第九条所述的同样的发明创造对于外观设计而言，是指要求保护的产品外观设计相同或实质相同。对比时应当将所有设计要素进行整体对比。

涉案专利包含多项外观设计的，应当将每项外观设计分别与对比设计进行对比。如果涉案专利中的一项外观设计与另一件专利中的一项外观设计相同或者实质相同，应当认为他们是同样的发明创造。

外观设计相同和实质相同的判断适用本章第5节的规定。

9. 外观设计优先权的核实

9.1 需要核实优先权的情况

外观设计专利仅可享有外国优先权，因此对优先权的核实是指核实外国优先权。

当存在如下几种情况之一时应当对优先权进行核实：

（1）涉案专利与对比设计相同或实质相同，或者涉案专利与对比设计或其特征的组合相比不具有明显区别，且对比设计的公开日在涉案专利所要求的优先权日之后（含优先权日）、申请日之前。

（2）任何单位或者个人在专利局申请的外观设计与涉案专利相同或者实质相同，且前者的申请日在后者的申请日之前（含申请日）、所要求的优先权日之后（含优先权日），而前者的授权公告日在后者的申请日之后（含申请日）。

（3）任何单位或者个人在专利局申请的外观设计与涉案专利相同或者实质相同，且前者所要求的优先权日在后者的申请日之前（含申请日）、所要求的优先权日之后（含优先权日），而前者的授权公告日在后者的申请日之后（含申请日）。

对于第（3）种情形，应当首先核实涉案专利的优先权；当涉案专利不能享有优先权，且涉案专利的申请日在任何单位或者个人在专利局申请的外观设计的申请日之前，还应当核实作为对比设计的外观设计优先权。

9.2 外观设计相同主题的认定

外观设计相同主题的认定应当根据中国在后申请的外观设计与其在外国首次申请中表示的内容进行判断。属于相同主题的外观设计应当同时满足以下两个条件：

（1）属于相同产品的外观设计；

（2）中国在后申请要求保护的外观设计清楚地表示在其外国首次申请中。

如果中国在后申请要求保护的外观设计与其在外国首次申请中的图片或者照片不完全一致，或者在后申请文本中有简要说明而在先申请文本中无相关简要说明，但根据两者的申请文件可知，所述在后申请要求保护的外观设计已经清楚地表示在所述外国首次申请中，则可认定中国在后申请要求保护的外观设计与其在外国首次申请的外观设计主题相同，可以享有优先权。例如，一件外国首次申请包括一件产品的主视图、后视图、左视图和立体图，其中国在后申请提交了该件产品的主视图、后视图、左视图、右视图和俯视图，且在简要说明中写明因底面不经常看到故省略仰视图。在这种情形下，只要所述在后申请的主视图、后视图和左视图与在所述外国首次申请中表示的相同，且其右视图和俯视图已清楚地表示在所述外国首次申请的立体图中，则可认定两者具有相同的主题，所述在后申请可以享有所述外国首次申请的优先权。

9.3 享有优先权的条件

参照本指南第二部分第三章第 4.1.1 节的规定。但是，中国在后申请之日不得迟于外国首次申请之日起六个月。

9.4 优先权的效力

参照本指南第二部分第三章第 4.1.3 节的规定。

9.5 多项优先权

根据专利法实施细则第三十二条第一款的规定，在一件外观设计专利中，可以要求一项或者多项优先权；要求多项优先权的，该专利的优先权期限从最早的优先权日起计算。

对于包含有若干项具有独立使用价值的产品的外观设计，如果其中一项或者多项产品外观设计与相应的一个或者多个外国首次申请中表示的外观设计的主题相同，则该外观设计专利可以享有一项或者多项优先权。

第六章 无效宣告程序中实用新型专利审查的若干规定

1. 引　言

根据专利法第二条第三款和第二十二条第二款、第三款的规定制定本章。

2. 实用新型专利保护客体的审查

在无效宣告程序中，有关实用新型专利保护客体的审查适用本指南第一部分第二章第 6 节的规定。

3. 实用新型专利新颖性的审查

在实用新型专利新颖性的审查中，应当考虑其技术方案中的所有技术特征，包括材料特征和方法特征。

实用新型专利新颖性审查的有关内容，包括新颖性的概念、新颖性的审查原则、审查基准、优先权的审查以及不丧失新颖性的宽限期等内容适用本指南第二部分第三章的规定。

4. 实用新型专利创造性的审查

在实用新型专利创造性的审查中，应当考虑其技术方案中的所有技术特征，包括材料特征和方法特征。

实用新型专利创造性审查的有关内容，包括创造性的概念、创造性的审查原则、审查基准以及不同类型发明的创造性判断等内容，参照本指南第二部分第四章的规定。

但是，根据专利法第二十二条第三款的规定，发明的创造性，是指与现有技术相比，该发明具有突出的实质性特点和显著的进步；实用新型的创造性，是指与现有技术相比，该实用新型具有实质性特点和进步。因此，实用新型专利创造性的标准应当低于发明专利创造性的标准。

两者在创造性判断标准上的不同，主要体现在现有技术中是否存在"技术启示"。在判断现有技术中是否存在技术启示时，发明专利与实用新型专利存在区别，这种区别体现在下述两个方面。

（1）现有技术的领域

对于发明专利而言，不仅要考虑该发明专利所属的技术领域，还要考虑其相近或者相关的技术领域，以及该发明所要解决的技术问题能够促使本领域的技术人员到其中去寻找技术手段的其他技术领域。

对于实用新型专利而言，一般着重于考虑该实用新型专利所属的技术领域。但是现有技术中给出明确的启示，例如现有技术中有明确的记载，促使本领域的技术人员到相近或者相关的技术领域寻找有关技术手段的，可以考虑其相近或者相关的技术领域。

(2) 现有技术的数量

对于发明专利而言，可以引用一项、两项或者多项现有技术评价其创造性。

对于实用新型专利而言，一般情况下可以引用一项或者两项现有技术评价其创造性，对于由现有技术通过"简单的叠加"而成的实用新型专利，可以根据情况引用多项现有技术评价其创造性。

第七章 无效宣告程序中对于同样的发明创造的处理

1. 引言

根据专利法实施细则第六十五条的规定，被授予专利权的发明创造不符合专利法第九条的，属于无效宣告理由。

专利法第九条所述的同样的发明创造，对于发明和实用新型而言，是指要求保护的发明或者实用新型相同，有关判断原则适用本指南第二部分第三章第6.1节的规定；对于外观设计而言，是指要求保护的产品外观设计相同或者实质相同，所述相同或者实质相同的判断适用本部分第五章的规定。

任何单位或者个人以某项发明或者实用新型专利权与申请在先的另一项发明或者实用新型专利权构成同样的发明创造而不符合专利法第九条的规定为由请求宣告无效的，如果申请在先的专利已构成现有技术或者属于任何单位或者个人申请在先公开在后的专利，专利复审委员会可以依据专利法第二十二条的规定进行审查。

任何单位或者个人以某项外观设计专利权与申请在先的另一项外观设计专利权构成同样的发明创造而不符合专利法第九条的规定为由请求宣告无效的，如果申请在先的专利已构成现有设计或者属于任何单位或者个人申请在先公开在后的专利，专利复审委员会可以依据专利法第二十三条的规定进行审查。

2. 专利权人相同

2.1 授权公告日不同

任何单位或者个人认为属于同一专利权人的具有相同申请日（有优先权的，指优先权日）的两项专利权不符合专利法第九条第一款的规定而请求专利复审委员会宣告其中授权在前的专利权无效的，在不存在其他无效宣告理由或者其他理由不成立的情况下，专利复审委员会应当维持该项专利权有效。

任何单位或者个人认为属于同一专利权人的具有相同申请日（有优先权的，指优先权日）的两项专利权不符合专利法第九条第一款的规定而请求专利复审委员会宣告其中授权在后的专利权无效的，专利复审委员会经审查后认为构成同样的发明创造的，应当宣告该项专利权无效。

如果上述两项专利权为同一专利权人同日（仅指申请日）申请的一项实用新型专利权和一项发明专利权，专利权人在申请时根据专利法实施细则第四十一条第二款的规定作出过说明，且发明专利权授予时实用新型专利权尚未终止，在此情形下，专利权人可以通过放弃授权在前的实用新型专利权以保留被请求宣告无效的发明专利权。

2.2 授权公告日相同

任何单位或者个人认为属于同一专利权人的具有相同申请日（有优先权的，指优先权日）和相同授权公告日的两项专利权不符合专利法第九条第一款规定的，可以请求专利复审委员会宣告其中一项专利权无效。

无效宣告请求人仅针对其中一项专利权提出无效宣告请求的，专利复审委员会经审查后认为构成同样的发明创造的，应当宣告被请求宣告无效的专利权无效。

两项专利权均被提出无效宣告请求的，专利复审委员会一般应合并审理。经审查认为构成同样的发明创造的，专利复审委员会应当告知专利权人上述两项专利权构成同样的发明创造，并要求其选择仅保留其中一项专利权。专利权人选择仅保留其中一项专利权的，在不存在其他无效宣告理由或者其他理由不成立的情况下，专利复审委员会应当维持该项专利权有效，宣告另一项专利权无效。专利权人未进行选择的，专利复审委员会应当宣告两项专利权无效。

3. 专利权人不同

任何单位或者个人认为属于不同专利权人的两项具有相同申请日（有优先权的，指优先权日）的专利权不符合专利法第九条第一款规定的，可以分别请求专利复审委员会宣告这两项专利权无效。

两项专利权均被提出无效宣告请求的，专利复审委员会一般应合并审理。经审查认为构成同样的发明创造的，专利复审委员会应当告知两专利权人上述两项专利权构成同样的发明创造，并要求其协商选择仅保留其中一项专利权。两专利权人经协商共同书面声明仅保留其中一项专利权的，在不存在其他无效宣告理由或者其他理由不成立的情况下，专利复审委员会应当维持该项专利权有效，宣告另一项专利权无效。专利权人协商不成未进行选择的，专利复审委员会应当宣告两项专利权无效。

无效宣告请求人仅针对其中一项专利权提出无效宣告请求，专利复审委员会经审查认为构成同样的发明创造的，应当告知双方当事人。专利权人可以请求宣告另外一项专利权无效，并与另一专利权人协商选择仅保留其中一项专利权。专利权人请求宣告另外一项专利权无效的，按照本节前述规定处理；专利权人未请求宣告另一项专利权无效的，专利复审委员会应当宣告被请求宣告无效的专利权无效。

第八章　无效宣告程序中有关证据问题的规定

1. 引　言

根据专利法及其实施细则的有关规定，结合无效宣告案件审查实践，制定本章。

无效宣告程序中有关证据的各种问题，适用本指南的规定，本指南没有规定的，可参照人民法院民事诉讼中的相关规定。

2. 当事人举证

2.1　举证责任的分配

当事人对自己提出的无效宣告请求所依据的事实或者反驳对方无效宣告请求所依据的事实有责任提供证据加以证明。

在依据前述规定无法确定举证责任承担时，专利复审委员会可以根据公平原则和诚实信用原则，综合当事人的举证能力以及待证事实发生的盖然性等因素确定举证责任的承担。

没有证据或者证据不足以证明当事人的事实主张的，由负有举证责任的当事人承担不利后果。

2.2　证据的提交

证据的提交除本章规定之外，应当符合本部分第三章第4.3节的规定。

2.2.1　外文证据的提交

当事人提交外文证据的，应当提交中文译文，未在举证期限内提交中文译文的，该外文证据视为未提交。

当事人应当以书面方式提交中文译文，未以书面方式提交中文译文的，该中文译文视为未提交。

当事人可以仅提交外文证据的部分中文译文。该外文证据中没有提交中文译文的部分，不作为证据使用。但当事人应专利复审委员会的要求补充提交该外文证据其他部分的中文译文的除外。

对方当事人对中文译文内容有异议的，应当在指定的期限内对有异议的部分提交中文译文。没有提交中文译文的，视为无异议。

对中文译文出现异议时，双方当事人就异议部分达成一致意见的，以双方最终认可的中文译文为准。双方当事人未能就异议部分达成一致意见的，必要时，专利复审委员会可以委托翻译。双方当事人就委托翻译达成协议的，专利复审委员会可以委托双方当事人认可的翻译单位进行全文、所使用部分或者有异议部分的翻译。双方当事人就委托翻译达不成协议的，专利复审委员会可以自行委托专业翻译单位进行翻译。委托翻译所需翻译费用由双方当事人各承担50%；拒绝支付翻译费用的，视为其承认对方当事人提交的中文译文正确。

2.2.2　域外证据及香港、澳门、台湾地区形成的证据的证明手续

域外证据是指在中华人民共和国领域外形

成的证据,该证据应当经所在国公证机关予以证明,并经中华人民共和国驻该国使领馆予以认证,或者履行中华人民共和国与该所在国订立的有关条约中规定的证明手续。

当事人向专利复审委员会提供的证据是在香港、澳门、台湾地区形成的,应当履行相关的证明手续。

但是在以下三种情况下,对上述两类证据,当事人可以在无效宣告程序中不办理相关的证明手续:

(1) 该证据是能够从除香港、澳门、台湾地区外的国内公共渠道获得的,如从专利局获得的国外专利文件,或者从公共图书馆获得的国外文献资料。

(2) 有其他证据足以证明该证据真实性的。

(3) 对方当事人认可该证据的真实性的。

2.2.3 物证的提交

当事人应当在本部分第三章第4.3节规定的举证期限内向专利复审委员会提交物证。当事人提交物证的,应当在举证期限内提交足以反映该物证客观情况的照片和文字说明,具体说明依据该物证所要证明的事实。

当事人确有正当理由不能在举证期限内提交物证的,应当在举证期限内书面请求延期提交,但仍应当在上述期限内提交足以反映该物证客观情况的照片和文字说明,具体说明依据该物证所要证明的事实。当事人最迟在口头审理辩论终结前提交该物证。

对于经公证机关公证封存的物证,当事人在举证期限内可以仅提交公证文书而不提交该物证,但最迟在口头审理辩论终结前提交该物证。

3. 专利复审委员会对证据的调查收集

专利复审委员会一般不主动调查收集审查案件需要的证据。对当事人及其代理人确因客观原因不能自行收集的证据,应当事人在举证期限内提出的申请,专利复审委员会认为确有必要时,可以调查收集。

专利复审委员会可以实地调查收集有关证据,也可以委托地方知识产权管理部门或者其他有关职能部门调查收集有关证据。

应当事人的申请对证据进行调查收集的,所需费用由提出申请的当事人或者专利复审委员会承担。专利复审委员会自行决定调查收集证据的,所需费用由专利复审委员会承担。

4. 证据的质证和审核认定

4.1 证据的质证

证据应当由当事人质证,未经质证的证据,不能作为认定案件事实的依据。

质证时,当事人应当围绕证据的关联性、合法性、真实性,针对证据证明力有无以及证明力大小,进行质疑、说明和辩驳。

4.2 证据的审核

合议组对于当事人提交的证据应当逐一进行审查和对全部证据综合进行审查。

合议组应当明确证据与案件事实之间的证明关系,排除不具有关联性的证据。

合议组应当根据案件的具体情况,从以下方面审查证据的合法性:

(1) 证据是否符合法定形式;

(2) 证据的取得是否符合法律、法规的规定;

(3) 是否有影响证据效力的其他违法情形。

合议组应当根据案件的具体情况,从以下方面审查证据的真实性:

(1) 证据是否为原件、原物,复印件、复制品与原件、原物是否相符;

(2) 提供证据的人与当事人是否有利害关系;

(3) 发现证据时的客观环境;

(4) 证据形成的原因和方式;

(5) 证据的内容;

(6) 影响证据真实性的其他因素。

4.3 证据的认定

对于一方当事人提出的证据,另一方当事人认可或者提出的相反证据不足以反驳的,专利复审委员会可以确认其证明力。

对于一方当事人提出的证据,另一方当事人有异议并提出反驳证据,对方当事人对反驳证据认可的,可以确认反驳证据的证明力。

双方当事人对同一事实分别举出相反的证

据，但都没有足够的依据否定对方证据的，专利复审委员会应当结合案件情况，判断一方提供证据的证明力是否明显大于另一方提供证据的证明力，并对证明力较大的证据予以确认。

因证据的证明力无法判断导致争议事实难以认定的，专利复审委员会应当依据举证责任分配的规则作出判定。

4.3.1 证人证言

证人应当陈述其亲历的具体事实。证人根据其经历所作的判断、推测或者评论，不能作为认定案件事实的依据。

专利复审委员会认定证人证言，可以通过对证人与案件的利害关系以及证人的智力状况、品德、知识、经验、法律意识和专业技能等的综合分析作出判断。

证人应当出席口头审理作证，接受质询。未能出席口头审理作证的证人所出具的书面证言不能单独作为认定案件事实的依据，但证人确有困难不能出席口头审理作证的除外。证人确有困难不能出席口头审理作证的，专利复审委员会根据前款的规定对其书面证言进行认定。

4.3.2 认可和承认

在无效宣告程序中，一方当事人明确认可的另外一方当事人提交的证据，专利复审委员会应当予以确认。但其与事实明显不符，或者有损国家利益、社会公共利益，或者当事人反悔并有相反证据足以推翻的除外。

在无效宣告程序中，对一方当事人陈述的案件事实，另外一方当事人明确表示承认的，专利复审委员会应当予以确认。但其与事实明显不符，或者有损国家利益、社会公共利益，或者当事人反悔并有相反证据足以推翻的除外；另一方当事人既未承认也未否认，经合议组充分说明并询问后，其仍不明确表示肯定或者否定的，视为对该项事实的承认。

当事人委托代理人参加无效宣告程序的，代理人的承认视为当事人的承认。但是，未经特别授权的代理人对事实的承认直接导致承认对方无效宣告请求的除外；当事人在场但对其代理人的承认不作否认表示的，视为当事人的承认。

进行口头审理的案件当事人在口头审理辩论终结前，没有进行口头审理的案件当事人在无效宣告决定作出前撤回承认并经对方当事人同意，或者有充分证据证明其承认行为是在受胁迫或者重大误解情况下作出且与事实不符的，专利复审委员会不予确认该承认的法律效力。

在无效宣告程序中，当事人为达成调解协议或者和解的目的作出妥协所涉及的对案件事实的认可，不得在其后的无效宣告程序中作为对其不利的证据。

4.3.3 公知常识

主张某技术手段是本领域公知常识的当事人，对其主张承担举证责任。该当事人未能举证证明或者未能充分说明该技术手段是本领域公知常识，并且对方当事人不予认可的，合议组对该技术手段是本领域公知常识的主张不予支持。

当事人可以通过教科书或者技术词典、技术手册等工具书记载的技术内容来证明某项技术手段是本领域的公知常识。

4.3.4 公证文书

一方当事人将公证文书作为证据提交时，有效公证文书所证明的事实，应当作为认定事实的依据，但有相反证据足以推翻公证证明的除外。

如果公证文书在形式上存在严重缺陷，例如缺少公证人员签章，则该公证文书不能作为认定案件事实的依据。

如果公证文书的结论明显缺乏依据或者公证文书的内容存在自相矛盾之处，则相应部分的内容不能作为认定案件事实的依据。例如，公证文书仅根据证人的陈述而得出证人陈述内容具有真实性的结论，则该公证文书的结论不能作为认定案件事实的依据。

5. 其 他

5.1 互联网证据的公开时间

公众能够浏览互联网信息的最早时间为该互联网信息的公开时间，一般以互联网信息的发布时间为准。

5.2 申请日后记载的使用公开或者口头公开

申请日后（含申请日）形成的记载有使用公开或者口头公开内容的书证，或者其他形式的证据可以用来证明专利在申请日前使用公开或者口头公开。

在判断上述证据的证明力时，形成于专利公开前（含公开日）的证据的证明力一般大于形成于专利公开后的证据的证明力。

5.3 技术内容和问题的咨询、鉴定

专利复审委员会可以根据需要邀请有关单位或者专家对案件中涉及的技术内容和问题提供咨询性意见，必要时可以委托有关单位进行鉴定，所需的费用根据案件的具体情况由专利复审委员会或者当事人承担。

5.4 当事人提交的样品等不作为证据的物品的处理

在无效宣告程序中，当事人在提交样品等不作为证据的物品时，有权以书面方式请求在其案件审结后取走该物品。

对于当事人提出的取走物品的请求，合议组应当根据案件审查以及后续程序的需要决定何时允许取走。允许当事人取走物品时，专利复审委员会应当通知提交该物品的当事人，当事人应当在收到该通知之日起三个月内取走该物品。期满未取走的，或者在提交物品时未提出取走请求的，专利复审委员会有权处置该物品。

第五部分 专利申请及事务处理

第一章 专利申请文件及手续

1. 引 言

申请人就一项发明创造要求获得专利权的，应当根据专利法及其实施细则的规定向专利局提出专利申请。在专利审批程序中，申请人根据专利法及其实施细则的规定或者审查员的要求，还需要办理各种与该专利申请有关的事务。申请人向专利局提出专利申请以及在专利审批程序中办理其他专利事务，统称为专利申请手续。

申请人提出专利申请，向专利局提交的专利法第二十六条规定的请求书、说明书、权利要求书、说明书附图和摘要或者专利法第二十七条规定的请求书、图片或者照片、简要说明等文件，称为专利申请文件；在提出专利申请的同时或者提出专利申请之后，申请人（或专利权人）、其他相关当事人在办理与该专利申请（或专利）有关的各种手续时，提交的除专利申请文件以外的各种请求、申报、意见陈述、补正以及各种证明、证据材料，称为其他文件。

办理各种手续应当提交相应的文件，缴纳相应的费用，并且符合相应的期限要求。

2. 办理专利申请的形式

专利申请手续应当以书面形式（纸件形式）或者电子文件形式办理。

2.1 书面形式

申请人以书面形式提出专利申请并被受理的，在审批程序中应当以纸件形式提交相关文件。除另有规定外，申请人以电子文件形式提交的相关文件视为未提交。

以口头、电话、实物等非书面形式办理各种手续的，或者以电报、电传、传真、电子邮件等通讯手段办理各种手续的，均视为未提出，不产生法律效力。

2.2 电子文件形式

申请人以电子文件形式提出专利申请并被受理的，在审批程序中应当通过电子专利申请系统以电子文件形式提交相关文件，另有规定的除外。不符合规定的，该文件视为未提交。

3. 适用文字

3.1 中 文

专利申请文件以及其他文件，除由外国政府部门出具的或者在外国形成的证明或者证据材料外，应当使用中文。

审查员以申请人提交的中文专利申请文本

为审查的依据。申请人在提出专利申请的同时提交的外文申请文本，供审查员在审查程序中参考，不具有法律效力。

3.2 汉字

本章第 3.1 节中的"中文"一词是指汉字。专利申请文件及其他文件应当使用汉字，词、句应当符合现代汉语规范。

汉字应当以国家公布的简化字为准。申请文件中的异体字、繁体字、非规范简化字，审查员可以依职权予以改正或者通知申请人补正。

3.3 外文的翻译

专利申请文件是外文的，应当翻译成中文，其中外文科技术语应当按照规定译成中文，并采用规范用语。外文科技术语没有统一中文译法的，可按照一般惯例译成中文，并在译文后的括号内注明原文。计量单位应当使用国家法定计量单位，包括国际单位制计量单位和国家选定的其他计量单位，必要时可以在括号内同时标注本领域公知的其他计量单位。

当事人在提交外文证明文件、证据材料时（例如优先权证明文本、转让证明等），应当同时附具中文题录译文，审查员认为必要时，可以要求当事人在规定的期限内提交全文中文译文或者摘要中文译文；期满未提交译文的，视为未提交该文件。

4. 标准表格

办理专利申请（或专利）手续时应当使用专利局制定的标准表格。标准表格由专利局按照一定的格式和样式统一制定、修订和公布。

办理专利申请（或专利）手续时以非标准表格提交的文件，审查员可以根据有关规定发出补正通知书或者针对该手续发出视为未提出通知书。

但是，申请人在答复补正通知书或者审查意见通知书时，提交的补正书或者意见陈述书为非标准格式的，只要写明申请号，表明是对申请文件的补正，并且签字或者盖章符合规定的，可视为文件格式符合要求。

4.1 纸 张

各种文件使用的纸张应当柔韧、结实、耐久、光滑、无光、白色。其质量应当与 80 克胶版纸相当或者更高。

4.2 规 格

说明书、说明书附图、权利要求书、说明书摘要、摘要附图、图片或照片、简要说明与其他表格用纸的规格均应为 297 毫米×210 毫米（A4）。

4.3 页 边

申请文件的顶部（有标题的，从标题上沿至页边）应当留有 25 毫米空白，左侧应当留有 25 毫米空白，右侧应当留有 15 毫米空白，底部从页码下沿至页边应当留有 15 毫米空白。

5. 书写规则

5.1 打字或印刷

请求书、权利要求书、说明书、说明书摘要、说明书附图和摘要附图中文字部分以及简要说明应当打字或者印刷。上述文件中的数学式和化学式可以按照制图方式手工书写。

其他文件除另有规定外，可以手工书写，但字体应当工整，不得涂改。

5.2 字体及规格

各种文件应当使用宋体、仿宋体或者楷体，不得使用草体或者其他字体。

字高应当在 3.5 毫米至 4.5 毫米之间，行距应当在 2.5 毫米至 3.5 毫米之间。

5.3 书写方式

各种文件除另有规定外，应当单面、纵向使用。自左至右横向书写，不得分栏书写。

一份文件不得涉及两件以上专利申请（或专利），一页纸上不得包含两种以上文件（例如一页纸不得同时包含说明书和权利要求书）。

5.4 书写内容

文件各栏目应当如实、详尽填写，同一内容在不同栏目或不同文件中应当填写一致。例如地址栏目应当按照行政区划填写完整，邮政编码与地址相符；申请人的签字或者盖章应当与申请人栏目中填写的内容一致。

5.5 字体颜色

字体颜色应当为黑色，字迹应当清晰、牢固、不易擦、不褪色，以能够满足复印、扫描的要求为准。

5.6 编写页码

各种文件应当分别用阿拉伯数字顺序编写页码。页码应当置于每页下部页边的上沿，并左右居中。

6. 证明文件

专利申请审批程序中常用的证明文件有非职务发明证明、国籍证明、经常居所证明、注册地或经常营业所所在地证明、申请人资格证明、优先权证明（在先申请文件副本）、优先权转让证明、生物材料样品保藏证明、申请人（或专利权人）名称变更或者权利转移证明、文件寄发日期证明等。

各种证明文件应当由有关主管部门出具或者由当事人签署。各种证明文件应当提供原件；证明文件是复印件的，应当经公证或者由主管部门加盖公章予以确认（原件在专利局备案确认的除外）。

7. 文件份数

申请人提交的专利申请文件应当一式两份，原本和副本各一份，其中发明或者实用新型专利申请的请求书、说明书、说明书附图、权利要求书、说明书摘要、摘要附图应当提交一式两份，外观设计专利申请的请求书、图片或者照片、简要说明应当提交一式两份，并应当注明其中的原本。申请人未注明原本的，专利局指定一份作为原本。两份文件的内容不同时，以原本为准。

除专利法实施细则和审查指南另有规定以及申请文件的替换页外，向专利局提交的其他文件（如专利代理委托书、实质审查请求书、著录项目变更申报书、转让合同等）为一份。文件需要转送其他有关方的，专利局可以根据需要在通知书中规定文件的份数。

8. 签字或者盖章

向专利局提交的专利申请文件或者其他文件，应当按照规定签字或者盖章。其中未委托专利代理机构的申请，应当由申请人（或专利权人）、其他利害关系人或者其代表人签字或者盖章，办理直接涉及共有权利的手续，应当由全体权利人签字或者盖章；委托了专利代理机构的，应当由专利代理机构盖章，必要时还应当由申请人（或专利权人）、其他利害关系人或者其代表人签字或者盖章。

第二章 专利费用

1. 费用缴纳的期限

（1）申请费的缴纳期限是自申请日起两个月内，或者自收到受理通知书之日起15日内。需要在该期限内缴纳的费用有优先权要求费和申请附加费以及发明专利申请的公布印刷费。

优先权要求费是指申请人要求外国优先权或者本国优先权时，需要缴纳的费用，该项费用的数额以作为优先权基础的在先申请的项数计算。

申请附加费是指申请文件的说明书（包括附图、序列表）页数超过30页或者权利要求超过10项时需要缴纳的费用，该项费用的数额以页数或者项数计算。

公布印刷费是指发明专利申请公布需要缴纳的费用。

未在规定的期限内缴纳或者缴足申请费（含公布印刷费、申请附加费）的，该申请被视为撤回。未在规定的期限内缴纳或者缴足优先权要求费的，视为未要求优先权。

（2）实质审查费的缴纳期限是自申请日（有优先权要求的，自最早的优先权日）起三年内。该项费用仅适用于发明专利申请。

（3）延长期限请求费的缴纳期限是在相应期限届满之日前。该项费用以要求延长的期限长短（以月为单位）计算。

（4）恢复权利请求费的缴纳期限是自当事人收到专利局确认权利丧失通知之日起两个月内。

（5）复审费的缴纳期限是自申请人收到专利局作出的驳回决定之日起三个月内。

（6）专利登记费、授权当年的年费以及公告印刷费的缴纳期限是自申请人收到专利局作出的授予专利权通知书和办理登记手续通知书之日起两个月内。

（7）年费及其滞纳金的缴纳期限参照本部分第九章第2.2.1节的规定。

（8）著录事项变更费、专利权评价报告请

求费、无效宣告请求费的缴纳期限是自提出相应请求之日起一个月内。

2. 费用支付和结算方式

费用可以直接向专利局（包括专利局各代办处）缴纳，也可以通过邮局或者银行汇付，或者以规定的其他方式缴纳。专利局代办处的收费范围另行规定。

费用通过邮局或者银行汇付的，应当在汇单上写明正确的申请号（或专利号）以及缴纳的费用名称，且不得设置取款密码。不符合上述规定的，视为未办理缴费手续。

在汇单上还应当写明汇款人姓名或者名称及其通讯地址（包括邮政编码）。同一专利申请（或专利）缴纳的费用为两项以上的，应当分别注明每项费用的名称和金额，并且各项费用的金额之和应当等于缴纳费用的总额。

同一汇单中包括多个专利申请（或专利），其缴纳费用的总额少于各项专利申请（或专利）费用金额之和的，处理方法如下：

（1）缴费人对申请号（或专利号）标注顺序号的，按照标注的顺序分割费用；

（2）缴费人未对申请号（或专利号）标注顺序号的，按照从左至右、从上至下的顺序分割费用。

造成其中部分专利申请（或专利）费用金额不足或者无费用的，视为未办理缴费手续。

在中国内地没有经常居所或者营业所的当事人使用外币向专利局缴纳费用的，应当使用指定的外币，并通过专利代理机构办理，但是另有规定的除外。

费用通过邮局汇付，且在汇单上写明申请号（或专利号）以及费用名称的，以邮局取款通知单上的汇出日为缴费日。邮局取款通知单上的汇出日与中国邮政普通汇款收据上收汇邮戳日表明的日期不一致的，以当事人提交的中国邮政普通汇款收据原件或者经公证的收据复印件上表明的收汇邮戳日为缴费日。审查员认为当事人提交的证据有疑义时，可以要求当事人提交汇款邮局出具的加盖部门公章的证明材料。

费用通过银行汇付，且写明申请号（或专利号）以及费用名称的，以银行实际汇出日为缴费日。当事人对缴费日有异议，并提交银行出具的加盖部门公章的证明材料的，以证明材料确认的汇出日重新确定缴费日。

费用通过邮局或者银行汇付，未写明申请号（或专利号）的，费用退回。费用退回的，视为未办理缴费手续。

因缴费人信息填写不完整或者不准确，造成费用不能退回或者退款无人接收的，费用暂时存入专利局账户（以下简称暂存）。费用入暂存的，视为未办理缴费手续。

各种费用以人民币结算。按照规定应当使用外币支付的费用，按照汇出该费用之日国家规定的汇兑率折合成人民币后结算。

3. 费用的减缓

申请人（或专利权人）缴纳专利费用有困难的，可以根据专利费用减缓办法向专利局提出费用减缓的请求。

3.1 可以减缓的费用种类

（1）申请费（不包括公布印刷费、申请附加费）；

（2）发明专利申请实质审查费；

（3）复审费；

（4）年费（自授予专利权当年起三年的年费）。

3.2 费用减缓的手续

提出专利申请时以及在审批程序中，申请人（或专利权人）可以请求减缓应当缴纳但尚未到期的费用。

提出费用减缓请求的，应当提交费用减缓请求书，必要时还应当附具证明文件。费用减缓请求书应当由全体申请人（或专利权人）签字或者盖章；申请人（或专利权人）委托专利代理机构办理费用减缓手续并提交声明的，可以由专利代理机构盖章。委托专利代理机构办理费用减缓手续的声明可以在专利代理委托书中注明，也可以单独提交。

费用减缓请求符合规定的，审查员应当予以批准并发出费用减缓审批通知书，同时注明费用减缓的比例和种类。费用减缓请求不符合规定的，审查员应当发出费用减缓审批通知书，并说明不予减缓的理由。

专利费用减缓办法另行公布。

4. 费用的暂存与退款

4.1 暂　存

由于费用汇单字迹不清或者缺少必要事项造成既不能开出收据又不能退款的，应当将该款项暂存在专利局账户上。经缴款人提供证明后，对于能够查清内容的，应当及时开出收据或者予以退款。开出收据的，以出暂存之日为缴费日。但是，对于自收到专利局关于权利丧失的通知之日起两个月内向专利局提交了证据，表明是由于银行或者邮局原因导致汇款暂存的，应当以原汇出日为缴费日。暂存满三年仍无法查清其内容的，进行清账上缴。

4.2 退　款

4.2.1 退款的原则

多缴、重缴、错缴专利费用的，当事人可以自缴费日起三年内，提出退款请求。符合规定的，专利局应当予以退款。

4.2.1.1 当事人可以请求退款的情形

（1）多缴费用的情形：如当事人应当缴纳年费为600元，在规定期限内实际缴纳费用为650元，可以对多缴的50元提出退款请求。

（2）重缴费用的情形：如提出一次著录项目变更请求应当缴纳著录项目变更手续费200元，当事人缴纳200元后，再次缴纳了200元，当事人可以对再次缴纳的200元提出退款请求。

（3）错缴费用的情形：如当事人缴费时写错费用种类、申请号（或专利号）的；或者因缴费不足、逾期缴费导致权利丧失的，或者权利丧失后缴纳专利费用的，当事人可以提出退款请求。

4.2.1.2 专利局主动退款的情形

下列情形一经核实，专利局应当主动退款。

（1）专利申请已被视为撤回或者撤回专利申请的声明已被批准后，并且在专利局作出发明专利申请进入实质审查阶段通知书之前，已缴纳的实质审查费。

（2）在专利权终止或者宣告专利权全部无效的决定公告后缴纳的年费。

（3）恢复权利请求审批程序启动后，专利局作出不予恢复权利决定的，当事人已缴纳的恢复权利请求费及相关费用。

4.2.1.3 不予退款的情形

（1）对多缴、重缴、错缴的费用，当事人在自缴费日起三年后才提出退款请求的。

（2）当事人不能提供错缴费用证据的。

（3）在费用减缓请求被批准之前已经按照规定缴纳的各种费用，当事人又请求退款的。

4.2.2 退款的手续

4.2.2.1 退款请求的提出

退款请求人应当是该款项的缴款人。申请人（或专利权人）、专利代理机构作为非缴款人请求退款的，应当声明是受缴款人委托办理退款手续。

请求退款应当书面提出、说明理由并附具相应证明，例如，专利局开出的费用收据复印件、邮局或者银行出具的汇款凭证等。提供邮局或者银行的证明应当是原件，不能提供原件的，应当提供经出具部门加盖公章确认的或经公证的复印件。

退款请求应当注明申请号（或专利号）和要求退款的款项的信息（如票据号、费用金额等）及收款人信息。当事人要求通过邮局退款的，收款人信息包括姓名、地址和邮政编码；当事人要求通过银行退款的，收款人信息包括姓名或者名称、开户行、账号等信息。

4.2.2.2 退款的处理

经核实可以退款的，专利局应当按照退款请求中注明的收款人信息退款。

退款请求中未注明收款人信息的，退款请求人是申请人（或专利权人）或专利代理机构的，应当按照文档中记载的相应的地址和姓名或者名称退款。

完成退款处理后，审查员应当发出退款审批通知书。经核实不予退款的，审查员应当在退款审批通知书中说明不予退款的理由。

4.2.3 退款的效力

被退的款项视为自始未缴纳。

4.2.4 特殊情形的处理

4.2.4.1 因银行或者邮局责任造成必要缴费信息不全被退款的情形

因银行或者邮局责任造成必要缴费信息（如申请号、费用名称等）不完整被退款，当事人提出异议的，应当以书面形式陈述意见，并附具汇款银行或者邮局出具的加盖公章的证明。该证明至少应当包括：汇款人姓名或者名称、汇款金额、汇款日期、汇款时所提供的申请号（或专利号）、费用名称等内容。同时当事人应当重新缴纳已被退回的款项。

符合上述规定的，原缴费日视为重新缴纳款项的缴费日，因此导致已作出的处分决定需要更改的，审查员应当发出修改更正通知书。不符合上述规定的，审查员应当发出通知书通知当事人，该款项视为未缴纳。

4.2.4.2 因汇款人汇款后又取回汇款造成汇单无法兑付的情形

专利局收到邮局取款通知单并开出收据后，因汇款人取回汇款造成汇款无法兑付的，应当要求邮局在邮局取款通知单上写明"汇款已被汇款人取回"字样并加盖邮局的公章。

邮局出具了确认汇款被取回的证明后，专利局应当及时处理，该款项视为未缴纳。

5. 费用的查询

当事人需要查询费用缴纳情况的，应当提供银行汇单复印件或者邮局汇款凭证复印件（未收到专利局收费收据的）或者提供收据复印件（已收到专利局收费收据的）。查询时效为一年，自汇出费用之日起算。

6. 费用种类的转换

对于同一专利申请（或专利）缴纳费用时，费用种类填写错误的，缴纳该款项的当事人可以在转换后费用的缴纳期限内提出转换费用种类请求并附具相应证明，经专利局确认后可以对费用种类进行转换。但不同申请号（或专利号）之间的费用不能转换。

当事人缴纳的费用种类明显错误，审查员可以依职权对费用种类进行转换。依职权转换费用种类的，应当通知当事人。

费用种类转换的，缴费日不变。

7. 缴费信息的补充❶

费用通过邮局或者银行汇付时遗漏必要缴费信息的，应当在汇款当日通过专利局规定的方式及要求补充。当日补充不完整而再次补充的，以专利局收到完整缴费信息之日为缴费日。

第三章 受 理

1. 受理地点

专利局的受理部门包括专利局受理处和专利局各代办处。专利局受理处负责受理专利申请及其他有关文件，代办处按照相关规定受理专利申请及其他有关文件。专利复审委员会可以受理与复审和无效宣告请求有关的文件。

专利局受理处和代办处应当开设受理窗口。未经过受理登记的文件，不得进入审批程序。

专利局受理处和代办处的地址由专利局以公告形式公布。邮寄或者直接交给专利局的任何个人或者非受理部门的申请文件和其他有关文件，其邮寄文件的邮戳日或者提交文件的提交日都不具有确定申请日和递交日的效力。

2. 专利申请的受理与不受理

2.1 受理条件

专利申请符合下列条件的，专利局应当受理：

（1）申请文件中有请求书。该请求书中申请专利的类别明确；写明了申请人姓名或者名称及其地址。

（2）发明专利申请文件中有说明书和权利要求书；实用新型专利申请文件中有说明书、说明书附图和权利要求书；外观设计专利申请文件中有图片或者照片和简要说明。

（3）申请文件是使用中文打字或者印刷的。全部申请文件的字迹和线条清晰可辨，没有涂改，能够分辨其内容。发明或者实用新型专利申请的说明书附图和外观设计专利申请的

---

❶ 该节已根据 2019 年 9 月 23 日公布的国家知识产权局公告第三二八号修改。——编者注

图片是用不易擦去的笔迹绘制,并且没有涂改。

(4)申请人是外国人、外国企业或者外国其他组织的,符合专利法第十九条第一款的有关规定,其所属国符合专利法第十八条的有关规定。

(5)申请人是香港、澳门或者台湾地区的个人、企业或者其他组织的,符合本指南第一部分第一章第 6.1.1 节的有关规定。

2.2 不受理的情形

专利申请有下列情形之一的,专利局不予受理:

(1)发明专利申请缺少请求书、说明书或者权利要求书的;实用新型专利申请缺少请求书、说明书、说明书附图或者权利要求书的;外观设计专利申请缺少请求书、图片或照片或者简要说明的。

(2)未使用中文的。

(3)不符合本章第 2.1 节(3)中规定的受理条件的。

(4)请求书中缺少申请人姓名或者名称,或者缺少地址的。

(5)外国申请人因国籍或者居所原因,明显不具有提出专利申请的资格的。

(6)在中国内地没有经常居所或者营业所的外国人、外国企业或者外国其他组织作为第一署名申请人,没有委托专利代理机构的。

(7)在中国内地没有经常居所或者营业所的香港、澳门或者台湾地区的个人、企业或者其他组织作为第一署名申请人,没有委托专利代理机构的。

(8)直接从外国向专利局邮寄的。

(9)直接从香港、澳门或者台湾地区向专利局邮寄的。

(10)专利申请类别(发明、实用新型或者外观设计)不明确或者难以确定的。

(11)分案申请改变申请类别的。

2.3 受理与不受理程序

专利局受理处及代办处收到专利申请后,应当检查和核对全部文件,作出受理或者不受理决定。

2.3.1 受理程序

专利申请符合受理条件的,受理程序如下:

(1)确定收到日:根据文件收到日期,在文件上注明受理部门收到日,以记载受理部门收到该申请文件的日期。

(2)核实文件数量:清点全部文件数量,核对请求书上注明的申请文件和其他文件名称与数量,并记录核实情况。对于涉及核苷酸或者氨基酸序列的发明专利申请,还应当核实是否提交了包含相应序列表的计算机可读形式的副本,例如光盘或者软盘等。

(3)确定申请日:向专利局受理处或者代办处窗口直接递交的专利申请,以收到日为申请日;通过邮局邮寄递交到专利局受理处或者代办处的专利申请,以信封上的寄出邮戳日为申请日;寄出的邮戳日不清晰无法辨认的,以专利局受理处或者代办处收到日为申请日,并将信封存档。通过速递公司递交到专利局受理处或者代办处的专利申请,以收到日为申请日。邮寄或者递交到专利局非受理部门或者个人的专利申请,其邮寄日或者递交日不具有确定申请日的效力,如果该专利申请被转送到专利局受理处或者代办处,以受理处或者代办处实际收到日为申请日。分案申请以原申请的申请日为申请日,并在请求书上记载分案申请递交日。

(4)给出申请号:按照专利申请的类别和专利申请的先后顺序给出相应的专利申请号,号条贴在请求书和案卷夹上。

(5)记录邮件挂号号码:通过邮局挂号邮寄递交的专利申请,在请求书上记录邮寄该文件的挂号号码。

(6)审查费用减缓请求书:根据专利费用减缓办法,对与专利申请同时提交的费用减缓请求书进行审查,作出费用减缓审批决定,并在请求书上注明相应标记。

(7)采集与核实数据:依据请求书中的内容,采集并核实数据,打印出数据校对单,对错录数据进行更正。

(8)发出通知书:作出专利申请受理通知书、缴纳申请费通知书或者费用减缓审批通知书送交申请人。专利申请受理通知书至少应当写明申请号、申请日、申请人姓名或者名称和文件核实情况,加盖专利局受理处或者代办处印章,并有审查员的署名和发文日期。

缴纳申请费通知书应当写明申请人应当缴纳的申请费、申请附加费和在申请时应当缴纳的其他费用,以及缴费期限;同时写明缴纳费用须知。费用减缓审批通知书应当包括费用减缓比例、应缴纳的金额和缴费的期限以及相关的缴费须知。

(9)扫描文件:对符合受理条件的专利申请的文件应当进行扫描,并存入数据库。电子扫描的内容包括申请时提交的申请文件和其他文件。此外,专利局发出的各种通知书(如专利申请受理通知书、缴纳申请费通知书或者费用减缓审批通知书)的电子数据,也应当保存在数据库中。

2.3.2 分案申请的受理程序

2.3.2.1 国家申请的分案申请的受理程序

对于国家申请的分案申请除按照一般专利申请的受理条件对分案申请进行受理审查外,还应当对分案申请请求书中是否填写了原申请的申请号和原申请的申请日进行审查。分案申请请求书中原申请的申请号填写正确,但未填写原申请的申请日的,以原申请号所对应的申请日为申请日。分案申请请求书中未填写原申请的申请号或者填写的原申请的申请号有误的,按照一般专利申请受理。

对符合受理条件的分案申请,专利局应当受理,给出专利申请号,以原申请的申请日为申请日,并记载分案申请递交日。

2.3.2.2 进入国家阶段的国际申请的分案申请的受理程序

国际申请进入国家阶段之后提出的分案申请,审查员除了按照一般专利申请的受理条件对分案申请进行受理审查外,还应当核实分案申请请求书中是否填写了原申请的申请日和原申请的申请号,该原申请的申请日应当是其国际申请日,原申请的申请号是进入国家阶段时专利局给予的申请号,并应当在其后的括号内注明原申请的国际申请号。

2.3.3 不受理程序

专利申请不符合受理条件的,不受理程序如下:

(1)确定收到日:根据文件收到日期,在文件上注明受理部门收到日,以记载受理部门收到该申请文件的日期。

(2)采集数据并发出文件不受理通知书:采集数据,作出文件不受理通知书,送交当事人。文件不受理通知书至少应当记载当事人姓名或者名称、详细地址、不受理原因及不受理文档编号,加盖专利局受理处或者代办处印章,并有审查员署名及发文日期。

(3)不符合受理条件的申请文件存档备查,原则上不退回当事人。

在专利局受理处或者代办处窗口直接递交的专利申请,不符合受理条件的,应当直接向当事人说明原因,不予接收。

3. 其他文件的受理与不受理

3.1 其他文件的受理条件

申请后当事人提交的其他文件符合下列条件的,专利局应当受理:

(1)各文件中注明了该文件所涉及专利申请的申请号(或专利号),并且仅涉及一件专利申请(或专利)。

(2)各文件用中文书写,字迹清晰、字体工整,并且用不易擦去的笔迹完成;外文证明材料附有中文清单。

专利局受理处、代办处、专利复审委员会收到申请人(或专利权人)或者其他相关当事人递交的与专利申请有关的其他文件时,应当检查和核对全部文件。

3.2 其他文件的受理程序

其他文件符合受理条件的,受理程序如下:

(1)确定收到日:根据文件收到日期,在文件上注明受理部门接收日,以记载受理部门收到该文件的日期。

(2)核实文件数量:清点全部文件数量。核对清单上当事人注明的文件名称与数量,将核实情况记录在清单上;申请人未提供清单的，核对主文件上注明的附件情况，将核实情况记录在主文件上。递交文件的申请号是错号的，若受理处依据其他信息能正确判定其正确申请号的，可以依职权予以确定；若不能予以判定的，则不予受理。

（3）确定递交日：其他文件递交日的确定参照本章第2.3.1节第（3）项的规定。文件递交日应当记录在主文件上。

（4）给出收到文件回执：当事人在受理窗口递交文件的同时附具了文件清单一式两份的，应当在清单副本上注明受理部门接收日，注明文件核实情况后送交当事人作为回执，清单正本上应当加盖审查员名章和发文日期后存入案卷。当事人在递交文件同时未附具文件清单，或者附送了文件清单但不足两份的，不出具收到文件的回执。当事人以寄交方式递交文件的，专利局不再出具收到文件回执。

专利代理机构批量递交文件并且提供了文件清单的，其文件清单经受理部门确认签章后一份交专利代理机构作为回执，另一份存档备查。

（5）数据采集与文件扫描：采集文件的类型、份数、页数和文件代码等所有相关数据，对文件进行扫描，并存入数据库中。

3.3 其他文件的不受理程序

其他文件不符合受理条件的，按照本章第2.3.3节中规定的程序处理并发出文件不受理通知书。

4. 申请日的更正

申请人收到专利申请受理通知书之后认为该通知书上记载的申请日与邮寄该申请文件日期不一致的，可以请求专利局更正申请日。

专利局受理处收到申请人的申请日更正请求后，应当检查更正请求是否符合下列规定：

（1）在递交专利申请文件之日起两个月内或者申请人收到专利申请受理通知书一个月内提出。

（2）附有收寄专利申请文件的邮局出具的寄出日期的有效证明，该证明中注明的寄出挂号号码与请求书中记录的挂号号码一致。

符合上述规定的，应予更正申请日；否则，不予更正申请日。

准予更正申请日的，应当作出重新确定申请日通知书，送交申请人，并修改有关数据；不予更正申请日的，应当对此更正申请日的请求发出视为未提出通知书，并说明理由。

当事人对专利局确定的其他文件递交日有异议的，应当提供专利局出具的收到文件回执、收寄邮局出具的证明或者其他有效证明材料。证明材料符合规定的，专利局应当重新确定递交日并修改有关数据。

5. 受理程序中错误的更正

专利局受理处或者代办处在受理工作中出现的错误一经发现，应当及时更正，并发出修改更正通知书，同时修改有关数据。对专利局内部错投到各审查部门的文件应当及时退回受理处，并注明退回原因。

6. 查　询

专利局受理处设置收文登记簿。当事人除能提供专利局或者专利局代办处的收文回执或者受理通知书外，以收文登记簿的记载为准。

查询时效为一年，自提交该文件之日起算。

第四章　专利申请文档

1. 文档及组成

专利申请文档是在专利申请审查程序中以及专利权有效期内逐步形成、并作为原始记录保存起来以备查考的各种文件的集合，包括案卷和电子文档。专利申请文档是专利局进行审批和作出各种结论的依据。

2. 案　卷

案卷包括案卷夹和案卷夹内的各种文件。

2.1 案卷夹

案卷夹用于保存文件，同时也用于记录案卷的重要内容，因此案卷夹是案卷的一个重要组成部分。

当案卷夹遭到自然或者人为的损坏需要更换新案卷夹时，应当将案卷夹上的全部记录移至新案卷夹上，并将原案卷夹与案卷同时保存，不得销毁。

2.2 文件

专利申请案卷中的文件主要来自以下几个方面：

（1）申请人提出专利申请时，提交的专利申请文件及其他文件。

（2）专利局在对专利申请文件及其他文件进行审查的过程中，申请人应审查员要求作出的各种答复。

（3）提出专利申请之后申请人主动办理各种手续时提交的文件及证明材料。

（4）在专利申请审查程序中以及专利权有效期间内，任何人依法对专利申请（或专利）提交的各种文件以及人民法院等部门对这些文件审理后产生的文件。

（5）其他相关文件。

上述文件经过处理、立卷、归档形成案卷的重要组成部分。

2.3 案卷的立卷

立卷时应当遵循以下原则：

（1）真实原则。收集的内容应当是申请人（或专利权人）、其他相关当事人等在申请专利、专利申请的审批、授权后各个法律程序中提交的原始文件。这些文件不得替换、删除、补充和涂改。

（2）独立原则。每一件专利申请应当建立一份独立的案卷，以该专利申请的申请号作为该案卷的案卷号，该案卷号使用于案卷存在的全过程。

同一申请人（或专利权人）对若干专利申请（或专利）办理内容完全相同的手续时，应当分别对所有专利申请（或专利）提出请求，这些文件将被归入各自的案卷中。申请人（或专利权人）不得使用"参见"的方式省略文件。对于专利申请集体进行申请人（或专利权人）名称变更或者权利转移的，证明文件副本由专利局确认后，与正本具有同等效力。

（3）时间顺序原则。当事人依法向专利局办理各种手续时，专利局应当对所提出的各种文件及时处理，并立卷归档。

专利申请案卷应当按照各文件处理时间的先后顺序立卷。

3. 电子文档

电子文档的建立应当参照本章第2.3节的原则，并包括以下内容：

（1）专利局基于当事人提交的纸件文件制作的图形文件和代码化文件；

（2）当事人按照规定形式提交的核苷酸或者氨基酸的序列表；

（3）在专利审批程序和复审、无效程序中，专利局、专利复审委员会作出的通知、决定（如补正通知书、驳回决定等）及其他文件（如发明专利申请单行本，发明专利、实用新型专利和外观设计专利单行本等）；

（4）专利费用的相关数据；

（5）与专利申请或者专利审批有关的法律状态及变化的历史记录；

（6）在专利审批程序中全部著录项目及其变更的历史记录；

（7）当事人以电子申请方式提交的电子文件；

（8）专利权评价报告；

（9）分类号、所属审查部门、各种标记（如优先权标记、实审请求标记、保密标记等）。

4. 法律效力

专利申请文档是对专利审批、复审、无效宣告等法律程序和涉及由权利归属纠纷引起的相关程序的真实记录。

5. 查阅和复制

5.1 查阅和复制的原则

（1）专利局对公布前的发明专利申请、授权公告前的实用新型和外观设计专利申请负有保密责任。在此期间，查阅和复制请求人仅限于该案申请人及其专利代理人。

（2）任何人均可向专利局请求查阅和复制公布后的发明专利申请案卷和授权后的实用新型和外观设计专利申请案卷。

（3）对于已经审结的复审案件和无效宣告案件的案卷，原则上可以查阅和复制。

（4）专利局、专利复审委员会对尚未审结的复审和无效案卷负有保密责任。对于复审和无效宣告程序中的文件，查阅和复制请求人仅限于该案当事人。

（5）案件结论为视为未提出、不予受理、主动撤回、视为撤回的复审和无效案卷，对于复审和无效宣告程序中的文件，查阅和复制请求人仅限于该案当事人。

（6）专利局、专利复审委员会根据审查需要要求当事人提供的各种文件，原则上可以查阅和复制。但查阅和复制行为可能存在损害当事人合法权益，或者涉及个人隐私或者商业秘密等情形的除外。

（7）涉及国家利益或者因专利局、专利复审委员会内部业务及管理需要在案卷中留存的有关文件，不予查阅和复制。

5.2 允许查阅和复制的内容❶

（1）对于公布前的发明专利申请、授权公告前的实用新型和外观设计专利申请，该案申请人或者代理人可以查阅和复制该专利申请案卷中的有关内容，包括：申请文件，与申请直接有关的手续文件，以及在初步审查程序中向申请人发出的通知书和决定书、申请人对通知书的答复意见正文。

（2）对于已经公布但尚未公告授予专利权的发明专利申请案卷，可以查阅和复制该专利申请案卷中的有关内容，包括：申请文件，与申请直接有关的手续文件，公布文件，在初步审查程序中向申请人发出的通知书和决定书、申请人对通知书的答复意见正文，以及在实质审查程序中向申请人发出的通知书、检索报告和决定书。❷

（3）对于已经公告授予专利权的专利申请案卷，可以查阅和复制的内容包括：申请文件，优先权文件，与申请直接有关的手续文件，发明专利申请单行本，发明专利、实用新型专利和外观设计专利单行本，专利登记簿，专利权评价报告，以及在各已审结的审查程序（包括初步审查、实质审查、复审和无效宣告等）中专利局、专利复审委员会向申请人或者有关当事人发出的通知书、检索报告和决定书、申请人或者有关当事人对通知书的答复意见。❸

（4）对于处在复审程序、无效宣告程序之中尚未结案的专利申请案卷，因特殊情况需要查阅和复制的，经有关方面同意后，参照上述第（1）和（2）项的有关规定查阅和复制专利申请案卷中进入当前审查程序以前的内容。

5.3 查阅和复制程序

查阅和复制专利申请案卷中的文件，应当按照下列顺序进行：

（1）请求人提出书面请求并缴纳规定费用。

（2）专利局工作人员在审核请求人出具的有关证明或者证件后，到案卷所在部门提取案卷，根据本章第 5.2 节的规定对案卷进行整理，取出不允许查阅和复制的文件。

（3）与请求人约定查阅时间并发出查阅通知书。

（4）查阅人凭查阅通知书到指定地点查阅文件，对需要复制的文件进行复制。

（5）专利局工作人员对查阅完毕的专利申请案卷重新整理，并将请求阅档的证明原件和证件复印件存入案卷后，将该案卷退回所在部门。

6. 案卷的保存期限和销毁

6.1 保存期限

已结案的案卷可分成：未授权结案（视为撤回、撤回和驳回等）的案卷和授权后结案（视为放弃取得专利权、主动放弃专利权、未缴年费专利权终止、专利权期限届满和专利权被宣告全部无效等）的案卷两种。

未授权结案的案卷的保存期限不少于二年，一般为三年；授权后结案的案卷的保存期限不少于三年，一般为五年。保存期限自结案日起算。

有分案申请的原申请的案卷的保存期从最后结案的分案的结案日起算。

作出不受理决定的专利申请文件保存期限为一年。保存期限自不受理通知书发出之日起算。

---

❶ 根据 2017 年 2 月 28 日公布的国家知识产权局令第七十四号，该节原第（5）项已删除。——编者注

❷❸ 该项已根据 2017 年 2 月 28 日公布的国家知识产权局令第七十四号修改。——编者注

6.2 销　毁

销毁前通过计算机作出案卷销毁清册，该清册记载被销毁的案卷的案卷号、基本著录项目、销毁日期。清册经主管局长签署同意销毁后，由主管案卷部门实施销毁工作。

第五章　保密申请与向外国申请专利的保密审查

1. 保密的范围

专利法第四条规定的保密范围是涉及国家安全或者重大利益两个方面的发明创造。

根据专利法实施细则第七条第一款的规定，专利局受理的专利申请涉及国防利益需要保密的，应当及时移交国防专利机构进行审查。

根据专利法实施细则第七条第二款的规定，专利局认为其受理的发明或者实用新型专利申请涉及国防利益以外的国家安全或者重大利益需要保密的，应当及时作出按照保密专利申请处理的决定，并通知申请人。

2. 保密的基准

保密的基准按照国家有关规定执行。

3. 专利申请的保密确定

3.1 申请人提出保密请求的保密确定

3.1.1 保密请求的提出

申请人认为其发明或者实用新型专利申请涉及国家安全或者重大利益需要保密的，应当在提出专利申请的同时，在请求书上作出要求保密的表示，其申请文件应当以纸件形式提交。申请人也可以在发明专利申请进入公布准备之前，或者实用新型专利申请进入授权公告准备之前，提出保密请求。

申请人在提出保密请求之前已确定其申请的内容涉及国家安全或者重大利益需要保密的，应当提交有关部门确定密级的相关文件。

3.1.2 保密的确定

审查员应当根据保密基准对专利申请进行审查，并根据不同情况确定是否需要保密。

（1）专利申请的内容涉及国防利益的，由国防专利局进行保密确定。需要保密的，应当及时移交国防专利局进行审查，审查员向申请人发出专利申请移交国防专利局通知书；不需要保密的，审查员应当发出保密审批通知书，通知申请人该专利申请不予保密，按照一般专利申请处理。

（2）发明或者实用新型内容涉及国防利益以外的国家安全或者重大利益的，由专利局进行保密确定，必要时可以邀请相关领域的技术专家协助确定。审查员根据保密确定的结果发出保密审批通知书，需要保密的，通知申请人该专利申请予以保密，按照保密专利申请处理；不需要保密的，通知申请人该专利申请不予保密，按照一般专利申请处理。

3.2 专利局自行进行的保密确定

分类审查员在对发明或者实用新型专利申请进行分类时，应当将发明内容可能涉及国家安全或者重大利益，但申请人未提出保密请求的发明或者实用新型专利申请挑选出来。审查员应当参照本章第 3.1.2 节的规定，对上述专利申请进行保密确定。

对于已确定为保密专利申请的电子申请，如果涉及国家安全或者重大利益需要保密，审查员应当将该专利申请转为纸件形式继续审查并通知申请人，申请人此后应当以纸件形式向专利局或国防专利局递交各种文件，不得通过电子专利申请系统提交文件。

4. 保密专利申请的审批流程

（1）涉及国防利益需要保密的专利申请，由国防专利局进行审查，经审查没有发现驳回理由的，由专利局根据国防专利局的审查意见作出授予国防专利权的决定，并委托国防专利局颁发国防专利证书，同时在专利公报上公告国防专利的专利号、申请日和授权公告日。

国防专利复审委员会作出宣告国防专利权无效决定的，专利局应当在专利公报上公告专利号、授权公告日、无效宣告决定号和无效宣告决定日。

（2）涉及国防利益以外的国家安全或者重大利益需要保密的发明或者实用新型专利申请，由专利局按照以下程序进行审查和管理。

审查员应当对确定需要保密的专利申请案

卷作出保密标记，在对该专利申请作出解密决定之前，对其进行保密管理。

保密专利申请的初步审查和实质审查均由专利局指定的审查员进行。

对于发明专利申请，初步审查和实质审查按照与一般发明专利申请相同的基准进行。初步审查合格的保密专利申请不予公布，实质审查请求符合规定的，直接进入实质审查程序。经实质审查没有发现驳回理由的，作出授予保密发明专利权的决定，并发出授予发明专利权通知书和办理登记手续通知书。

对于实用新型专利申请，初步审查按照与一般实用新型专利申请相同的基准进行。经初步审查没有发现驳回理由的，作出授予保密实用新型专利权的决定，并发出授予实用新型专利权通知书和办理登记手续通知书。

保密专利申请的授权公告仅公布专利号、申请日和授权公告日。

5. 专利申请（或专利）的解密程序

5.1 申请人（或专利权人）提出解密请求

保密专利申请的申请人或者保密专利的专利权人可以书面提出解密请求。提出保密请求时提交了有关部门确定密级的相关文件的，申请人（或专利权人）提出解密请求时，应当附具原确定密级的部门同意解密的证明文件。

专利局对提出解密请求的保密专利申请（或专利）进行解密确定，并将结果通知申请人。

5.2 专利局定期解密

专利局每两年对保密专利申请（或专利）进行一次复查，经复查认为不需要继续保密的，通知申请人予以解密。

5.3 解密后的处理

审查员应当对已经解密的专利申请（或专利）作出解密标记。发明专利申请解密后，尚未被授予专利权的，按照一般发明专利申请进行审查和管理，符合公布条件的，应当予以公布，并出版发明专利申请单行本；实用新型专利申请解密后，尚未被授予专利权的，按照一般实用新型专利申请进行审查和管理。

发明或者实用新型专利解密后，应当进行解密公告、出版发明或者实用新型专利单行本，并按照一般专利进行管理。

6. 向外国申请专利的保密审查

专利法第二十条第一款规定，任何单位或者个人将在中国完成的发明或者实用新型向外国申请专利的，应当事先报经专利局进行保密审查。

专利法第二十条第四款规定，对违反本条第一款规定向外国申请专利的发明或者实用新型，在中国申请专利的，不授予专利权。

根据专利法实施细则第八条的规定，任何单位或者个人将在中国完成的发明或者实用新型向外国申请专利的，应当采用下列方式之一请求专利局进行保密审查：

（1）直接向外国申请专利或者向有关国外机构提交专利国际申请的，应当事先向专利局提出请求，并详细说明其技术方案；

（2）向专利局申请专利后拟向外国申请专利或者向有关国外机构提交专利国际申请的，应当在向外国申请专利或者向有关国外机构提交专利国际申请前向专利局提出请求。

向专利局提交专利国际申请的，视为同时提出了保密审查请求。

上述规定中所述的向外国申请专利是指向外国国家或外国政府间专利合作组织设立的专利主管机构提交专利申请，向有关国外机构提交专利国际申请是指向作为PCT受理局的外国国家或外国政府间专利合作组织设立的专利主管机构或世界知识产权组织国际局提交专利国际申请。

6.1 准备直接向外国申请专利的保密审查

6.1.1 保密审查请求的提出

向外国申请专利保密审查请求的文件应当包括向外国申请专利保密审查请求书和技术方案说明书。请求书和技术方案说明书应当使用中文，请求人可以同时提交相应的外文文本供审查员参考。技术方案说明书应当与向外国申请专利的内容一致。技术方案说明书可以参照专利法实施细则第十七条的规定撰写，并符合本部分第一章的其他规定。

6.1.2 保密审查

审查员对向外国申请专利保密审查请求文件进行初步保密审查。请求文件形式不符合规定的，审查员应当通知请求人该向外国申请专利保密审查请求视为未提出，请求人可以重新提出符合规定的向外国申请专利保密审查请求。技术方案明显不需要保密的，审查员应当及时通知请求人可以就该技术方案向外国申请专利。技术方案可能需要保密的，审查员应当将需作进一步保密审查、暂缓向外国申请专利的审查意见通知请求人。审查员发出向外国申请专利保密审查意见通知书，将上述审查结论通知请求人。

请求人未在其请求递交日起四个月内收到向外国申请专利保密审查意见通知书的，可以就该技术方案向外国申请专利。

已通知请求人暂缓向外国申请专利的，审查员应当作进一步保密审查，必要时可以邀请相关领域的技术专家协助审查。审查员根据保密审查的结论发出向外国申请专利保密审查决定，将是否同意就该技术方案向外国申请专利的审查结果通知请求人。

请求人未在其请求递交日起六个月内收到向外国申请专利保密审查决定的，可以就该技术方案向外国申请专利。

专利法实施细则第九条所称申请人未在其请求递交日起四个月或六个月内收到相应通知或决定，是指专利局发出相应通知或决定的推定收到日未在规定期限内。

6.2 申请专利后拟向外国申请专利的保密审查

6.2.1 保密审查请求的提出

申请人拟在向专利局申请专利后又向外国申请专利的，应当在提交专利申请同时或之后提交向外国申请专利保密审查请求书。未按上述规定提出请求的，视为未提出请求。向外国申请专利的内容应当与该专利申请的内容一致。

6.2.2 保密审查

对提出向外国申请专利保密审查请求的专利申请，审查员应当参见本章第 6.1.2 节中的规定进行保密审查。

6.3 国际申请的保密审查

6.3.1 保密审查请求的提出

申请人向专利局提交国际申请的，视为同时提出向外国申请专利保密审查请求。

6.3.2 保密审查

国际申请不需要保密的，审查员应当按照正常国际阶段程序进行处理。国际申请需要保密的，审查员应当自申请日起三个月内发出因国家安全原因不再传送登记本和检索本的通知书，通知申请人和国际局该申请将不再作为国际申请处理，终止国际阶段程序。申请人收到上述通知的，不得就该申请的内容向外国申请专利。

第六章　通知和决定

1. 通知和决定的产生

1.1 通知和决定

在专利申请的审批程序、复审程序、无效宣告程序以及专利法及其实施细则规定的其他程序中，审查员根据不同情况，将作出各种通知和决定。这些通知和决定主要包括：专利申请受理通知书、审查意见通知书、补正通知书、手续合格通知书、视为撤回通知书、恢复权利请求审批通知书、发明专利申请实质审查请求期限届满前通知书、缴费通知书、费用减缓审批通知书、发明专利申请初步审查合格通知书、发明专利申请公布通知书、发明专利申请进入实质审查阶段通知书、授予发明专利权通知书、授予实用新型专利权通知书、授予外观设计专利权通知书、办理登记手续通知书、视为放弃取得专利权通知书、专利权终止通知书、驳回决定、复审决定书、无效宣告请求审查决定等。

1.2 通知和决定的撰写

撰写通知和决定应当符合专利法及其实施细则和本指南的有关规定。

除本指南中其他章节作出专门规定之外，通知和决定一般应当包括：收件人信息、著录项目、通知或者决定的内容、署名和/或盖章、发文日期。其中：

（1）收件人信息包括：收件人地址、邮政编码、收件人姓名。

（2）著录项目包括：申请号（或专利号）、发明创造名称、全体申请人（或专利权人）姓名或者名称，如果是无效、中止程序中的通知书，还应当包括全体请求人的姓名或者名称。

（3）通知、决定的内容包括：通知或者决定的名称及正文。在作出不利于当事人的通知或者决定时，应当说明理由，必要时指明后续法律程序。

（4）署名和/或盖章：通知和决定应当有审查员署名或者盖章；需要审核的，还应当由审核人员署名或者盖章；发出的通知和决定均应当加盖国家知识产权局或者国家知识产权局专利复审委员会审查业务用章。

2. 通知和决定的送达

2.1 送达方式

2.1.1 邮　寄

邮寄送达文件是指通过邮局把通知和决定送交当事人。除另有规定外，邮寄的文件应当挂号，并应当在计算机中登记挂号的号码、收件人地址和姓名、文件类别、所涉及的专利申请号、发文日期、发文部门。邮寄被退回的函件要登记退函日期。

2.1.2 直接送交

经专利局同意，专利代理机构可以在专利局指定的时间和地点，按时接收通知和决定。特殊情况下经专利局同意，当事人本人也可以在专利局指定的时间和地点接收通知和决定。

除受理窗口当面交付受理通知书和文件回执外，当面交付其他文件时应当办理登记签收手续。特殊情况下，应当由当事人在申请案卷上签字或者盖章，并记录当事人身份证件的名称、号码和签发单位。

2.1.3 电子方式送达

对于以电子文件形式提交的专利申请，专利局以电子文件形式向申请人发出各种通知书、决定和其他文件的，申请人应当按照电子专利申请系统用户注册协议规定的方式接收。

2.1.4 公告送达

专利局发出的通知和决定被退回的，审查员应当与文档核对；如果确定文件因送交地址不清或者存在其他原因无法再次邮寄的，应当在专利公报上通过公告方式通知当事人。自公告之日起满一个月，该文件视为已经送达。

2.2 收件人

2.2.1 当事人未委托专利代理机构

当事人未委托专利代理机构的，通知和决定的收件人为请求书中填写的联系人。若请求书中未填写联系人的，收件人为当事人；当事人有两个以上时，请求书中另有声明指定非第一署名当事人为代表人的，收件人为该代表人；除此之外，收件人为请求书中第一署名当事人。

2.2.2 当事人已委托专利代理机构

当事人委托了专利代理机构的，通知和决定的收件人为该专利代理机构指定的专利代理人。专利代理人有两个的，收件人为该两名专利代理人。

2.2.3 其他情况

当事人无民事行为能力的，在专利局已被告知的情况下，通知和决定的收件人是法定监护人或者法定代理人。

2.3 送　达　日

2.3.1 邮寄、直接送交和电子方式送达

通过邮寄、直接送交和电子方式送达的通知和决定，自发文日起满十五日推定为当事人收到通知和决定之日。对于通过邮寄的通知和决定，当事人提供证据，证明实际收到日在推定收到日之后的，以实际收到日为送达日。

2.3.2 公告送达

通知和决定是通过在专利公报上公告方式通知当事人的，以公告之日起满一个月推定为送达日。当事人见到公告后可以向专利局提供详细地址，要求重新邮寄有关文件，但仍以自公告之日起满一个月为送达日。

3. 退件的处理和文件的查询

3.1 退件的处理

邮寄退回的通知和决定由发文部门作计算

机登录,再转送相关部门进行处理。

处理退件首先应当根据申请文档中申请人、专利代理机构提供的各种文件进行分析,查清退件的原因。能够重新确定正确地址和收件人的,更正后重新发出。

退件经过处理仍无法邮寄或者再次被退回时,根据通知和决定的性质,必要时采用公告的方式送达当事人。

退件(连同信封)应当存档。

3.2 文件的查询

当事人陈述未收到专利局的某一通知和决定的,应当由退件处理部门进行查询。查询首先在专利局发文部门进行,查询结果(包括通知和决定的发文日期、挂号号码和收件人)应当由退件处理部门通知当事人。

当事人需要进一步了解送达情况的,应当办理邮路查询手续,由发文部门通过当地邮局查询收件人所在邮政部门。查询结果表明未送达的责任在专利局或者邮局的,应当按照新的发文日重新发出有关通知和决定;查询结果表明未送达的责任在收件人所在单位收发部门或者收件人本人及其有关人员的,专利局可以根据当事人的请求重新发出有关通知和决定的复印件,但不得变更发文日。

邮路查询时效为十个月,自发文日起计算。

第七章 期限、权利的恢复、中止、审查的顺序❶

1. 期限的种类

1.1 法定期限

法定期限是指专利法及其实施细则规定的各种期限。例如,发明专利申请的实质审查请求期限(专利法第三十五条第一款的规定)、申请人办理登记手续的期限(专利法实施细则第五十四条第一款的规定)。

1.2 指定期限

指定期限是指审查员在根据专利法及其实施细则作出的各种通知中,规定申请人(或专利权人)、其他当事人作出答复或者进行某种行为的期限。例如,根据专利法第三十七条的

规定,专利局对发明专利申请进行实质审查后,认为不符合专利法规定的,应当通知申请人,要求其在指定的期限内陈述意见,或者对其申请进行修改,该期限由审查员指定。又如,根据专利法实施细则第三条第二款的规定,当事人根据专利法及其实施细则规定提交的各种证件和证明文件是外文的,专利局认为必要时,可以要求当事人在指定期限内提交中文译文,该期限也由审查员指定。

指定期限一般为两个月。发明专利申请的实质审查程序中,申请人答复第一次审查意见通知书的期限为四个月。对于较为简单的行为,也可以给予一个月或更短的期限。上述指定期限自推定当事人收到通知之日起计算。

2. 期限的计算

2.1 期限的起算日

(1)自申请日、优先权日、授权公告日等固定日期起计算

大部分法定期限是自申请日、优先权日、授权公告日等固定日期起计算的。例如,专利法第四十二条规定的专利权的期限均自申请日起计算。专利法第二十九条第一款规定要求外国优先权的发明或者实用新型专利申请应当在十二个月内提出,该期限的起算日为在外国第一次提出专利申请之日(优先权日)。

(2)自通知和决定的推定收到日起计算

全部指定期限和部分法定期限自通知和决定的推定收到日起计算。例如,审查员根据专利法第三十七条的规定指定申请人陈述意见或者修改其申请的期限(指定期限)是自推定申请人收到审查意见通知书之日起计算;专利法实施细则第五十四条第一款规定的申请人办理登记手续的期限(法定期限)是自推定申请人收到授予专利权通知之日起计算。

推定收到日为自专利局发出文件之日(该日期记载在通知和决定上)起满十五日。例如,专利局于2001年7月4日发出的通知书,

---

❶ 根据2019年9月23日公布的国家知识产权局公告第三二八号,增加第8节,并对该章章名进行了修改。——编者注

其推定收到日为 2001 年 7 月 19 日。

2.2 期限的届满日

期限起算日加上法定或者指定的期限即为期限的届满日。相应的行为应当在期限届满日之前、最迟在届满日当天完成。

2.3 期限的计算

期限的第一日（起算日）不计算在期限内。期限以年或者月计算的，以其最后一月的相应日（与起算日相对应的日期）为期限届满日；该月无相应日的，以该月最后一日为期限届满日。例如，一件发明专利申请的申请日为 1998 年 6 月 1 日，其实质审查请求期限的届满日应当是 2001 年 6 月 1 日。又如，专利局于 2008 年 6 月 6 日发出审查意见通知书，指定期限两个月，其推定收到日是 2008 年 6 月 21 日（遇休假日不顺延），则期限届满日应当是 2008 年 8 月 21 日。再如，专利局于 1999 年 12 月 16 日发出的通知书，其推定收到日是 1999 年 12 月 31 日，如果该通知书的指定期限为两个月，则期限届满日应当是 2000 年 2 月 29 日。

期限届满日是法定休假日或者移用周休息日的，以法定休假日或者移用周休息日后的第一个工作日为期限届满日，该第一个工作日为周休息日的，期限届满日顺延至周一。法定休假日包括国务院发布的《全国年节及纪念日放假办法》第二条规定的全体公民放假的节日和《国务院关于职工工作时间的规定》第七条第一款规定的周休息日。

3. 期限的监视

3.1 期限的确定

各种期限均自期限起算日确定。例如，申请人提出专利申请，并确定了其申请日后，在建立专利申请文档的同时确定自申请日起算的各种期限；审查员在作出各种与期限有关的通知和决定时，确定自该通知和决定推定收到日起算的答复期限。

3.2 期限监视方式

各种期限的监视一般由计算机系统进行。申请人办理与期限有关的手续后，在计算机系统中应当记录办理手续的日期，并将该日期与期限届满日进行比较，确定该手续在期限方面的合法性。

期限以日为单位进行监视并及时处理。期限届满日起满一个月尚未销去的期限，应当予以处理，作出相应处理决定。例如，专利局于 2001 年 9 月 4 日发出补正通知书指定申请人于一个月内提交优先权转让证明文件的中文译本，该通知书的推定收到日为 2001 年 9 月 19 日，期限届满日为 2001 年 10 月 19 日，如果专利局一直未收到申请人提交的中文译本，应当于 2001 年 11 月 19 日后针对该期限进行处理，并发出视为未要求优先权通知书。

3.3 期限届满的通知

（1）发明专利申请实质审查请求期限届满前三个月，对尚未提出实质审查请求或者尚未缴纳实质审查费的发明专利申请发出发明专利申请实质审查请求期限届满前通知书，通知申请人办理有关手续。

（2）专利年费缴纳期限届满后一个月，对尚未缴纳相关费用的专利发出缴费通知书，通知专利权人在专利法实施细则第九十八条规定的滞纳期内缴纳相关费用及滞纳金。

（3）其他期限届满前不发出通知书提示。

4. 期限的延长

4.1 延长期限请求

当事人因正当理由不能在期限内进行或者完成某一行为或者程序时，可以请求延长期限。可以请求延长的期限仅限于指定期限。但在无效宣告程序中，专利复审委员会指定的期限不得延长。

请求延长期限的，应当在期限届满前提交延长期限请求书，说明理由，并缴纳延长期限请求费。延长期限请求费以月计算。

4.2 延长期限请求的批准

延长期限请求由作出相应通知和决定的部门或者流程管理部门进行审批。

延长的期限不足一个月的，以一个月计算。延长的期限不得超过两个月。对同一通知或者决定中指定的期限一般只允许延长一次。

延长期限请求不符合规定的，审查员应当

发出延长期限审批通知书,并说明不予延长期限的理由;符合规定的,审查员应当发出延长期限审批通知书,在计算机系统中更改该期限的届满日,继续监视该期限。

5. 耽误期限的处置

5.1 作出处分决定前的审核

申请人(或专利权人)耽误期限的后果是丧失各种相应的权利,这些权利主要包括:专利申请权(或专利权)、优先权等。

审查员在作出各种处分决定前,应当对是否需要作出该决定进行复核,当确认申请人(或专利权人)在规定期限之内未完成应当完成的行为时,再作出相应的处分决定。

5.2 处分决定

因耽误期限作出的处分决定主要包括:视为撤回专利申请权、视为放弃取得专利权的权利、专利权终止、不予受理、视为未提出请求和视为未要求优先权等。

处分决定的撰写应当符合本部分第六章第1.2节的规定,并自期限届满日起满一个月后作出。

5.3 作出处分决定后的处理

处分决定不影响专利申请权(或专利权)的,原程序继续进行。

处分决定作出后,专利申请权(或专利权)丧失的,应当按照规定给予两个月(自该处分决定的推定收到日起算)的恢复权利请求期限,期满未提出恢复权利请求或者恢复权利请求不符合规定的,自处分通知书发出之日起四个月(涉及复审或者无效宣告程序的为六个月)后分别按照以下情形处理:

(1)处分决定涉及尚未公开的专利申请的,应当对处分决定再次复核,确定无误的,将专利申请进行失效处理。

(2)处分决定涉及已公布的发明专利申请或者已公告的专利的,应当对处分决定再次复核,确定无误的,在专利公报上公告相应处分决定,将专利申请(或专利)进行失效处理。

作出丧失专利申请权(或专利权)的处分决定后又收到有关文件表明相关手续已在规定的期限内完成的,流程部门应当及时撤销有关处分决定,发出修改更正通知书,处分决定已公告的还应当作出公告更正。

6. 权利的恢复

6.1 适用范围

专利法实施细则第六条第一款和第二款规定了当事人因耽误期限而丧失权利之后,请求恢复其权利的条件。该条第五款又规定,不丧失新颖性的宽限期、优先权期限、专利权期限和侵权诉讼时效这四种期限被耽误而造成的权利丧失,不能请求恢复权利。

6.2 手续

根据专利法实施细则第六条第二款规定请求恢复权利的,应当自收到专利局或者专利复审委员会的处分决定之日起两个月内提交恢复权利请求书,说明理由,并同时缴纳恢复权利请求费;根据专利法实施细则第六条第一款规定请求恢复权利的,应当自障碍消除之日起两个月内,最迟自期限届满之日起两年内提交恢复权利请求书,说明理由,必要时还应当附具有关证明文件。

当事人在请求恢复权利的同时,应当办理权利丧失前应当办理的相应手续,消除造成权利丧失的原因。例如,申请人因未缴纳申请费,其专利申请被视为撤回后,在请求恢复其申请权的同时,还应当补缴规定的申请费。

6.3 审批

审查员应当按照本章第6.1节和第6.2节的规定对恢复权利的请求进行审查。

(1)恢复权利的请求符合规定的,应当准予恢复权利,并发出恢复权利请求审批通知书。申请人提交信函表明请求恢复权利的意愿,只要写明申请号(或专利号)并且签字或者盖章符合要求的,可视为合格的恢复权利请求书。

(2)已在规定期限内提交了书面请求或缴足恢复权利请求费,但仍不符合规定的,审查员应当发出办理恢复权利手续补正通知书,要求当事人在指定期限之内补正或者补办有关手续,补正或者补办的手续符合规定的,应当准予恢复权利,并发出恢复权利请求审批通知书。期满未补正或者经补正仍不符合规定的,不予恢复,发出恢复权利请求审批通知书,并说明不予恢复的理由。

经专利局同意恢复专利申请权（或专利权）的，继续专利审批程序。对于已公告过处分决定的，还应当在专利公报上公告恢复权利的决定。

7. 中止程序

中止，是指当地方知识产权管理部门或者人民法院受理了专利申请权（或专利权）权属纠纷，或者人民法院裁定对专利申请权（或专利权）采取财产保全措施时，专利局根据权属纠纷的当事人的请求或者人民法院的要求中止有关程序的行为。

7.1 请求中止的条件

请求专利局中止有关程序应当符合下列条件：

（1）当事人请求中止的，专利申请权（或专利权）权属纠纷已被地方知识产权管理部门或者人民法院受理；人民法院要求协助执行对专利申请权（或专利权）采取财产保全措施的，应当已作出财产保全的民事裁定。

（2）中止的请求人是权属纠纷的当事人或者对专利申请权（或专利权）采取财产保全措施的人民法院。

7.2 中止的范围

中止的范围是指：

（1）暂停专利申请的初步审查、实质审查、复审、授予专利权和专利权无效宣告程序；

（2）暂停视为撤回专利申请、视为放弃取得专利权、未缴年费终止专利权等程序；

（3）暂停办理撤回专利申请、放弃专利权、变更申请人（或专利权人）的姓名或者名称、转移专利申请权（或专利权）、专利权质押登记等手续。

中止请求批准前已进入公布或者公告准备的，该程序不受中止的影响。

7.3 请求中止的手续和审批

7.3.1 权属纠纷的当事人请求的中止

7.3.1.1 权属纠纷的当事人请求中止的手续

专利申请权（或专利权）权属纠纷的当事人请求专利局中止有关程序的，应当符合下列规定：

（1）提交中止程序请求书；

（2）附具证明文件，即地方知识产权管理部门或者人民法院的写明专利申请号（或专利号）的有关受理文件正本或者副本。

7.3.1.2 权属纠纷的当事人请求中止的审批及处理

专利局收到当事人提出的中止程序请求书和有关证明后，专利局的流程管理部门应当审查是否满足下列各项条件：

（1）请求中止的专利申请（或专利）未丧失权利，涉及无效宣告程序的除外；

（2）未执行中止程序；

（3）请求是由有关证明文件中所记载的权属纠纷当事人提出；

（4）受理权属纠纷的机关对该专利申请（或专利）权属纠纷案有管辖权；

（5）证明文件中记载的申请号（或专利号）、发明创造名称和权利人与请求中止的专利申请（或专利）记载的内容一致；

（6）中止请求书与证明文件其他方面符合规定的形式要求。

不满足上述第（1）至（5）项条件的，审查员应当向中止程序请求人发出视为未提出通知书。不满足上述第（6）项条件的，例如中止程序请求书不符合格式要求或者提交的证明文件不是正本或者副本的，审查员应当发出办理手续补正通知书，通知中止程序请求人在一个月的期限内补正其缺陷。补正期限内，暂停有关程序。期满未补正的或者补正后仍未能消除缺陷的，应当向中止程序请求人发出视为未提出通知书，恢复有关程序。

满足上述条件或者经补正后满足上述条件的，应当执行中止，审查员应当向专利申请（或专利）权属纠纷的双方当事人发出中止程序请求审批通知书，并告知中止期限的起止日期（自提出中止请求之日起）。对处于无效宣告程序中的专利，专利局的流程管理部门还应当将执行中止的决定通知专利复审委员会，由专利复审委员会通知无效宣告程序中的当事人。

7.3.2 因人民法院要求协助执行财产保全的中止

7.3.2.1 因协助执行财产保全而中止的手续

因人民法院要求协助执行财产保全措施需要中止有关程序的，应当符合下列规定：

（1）人民法院应当将对专利申请权（或专利权）进行财产保全的民事裁定书及协助执行通知书送达专利局指定的接收部门，并提供人民法院的通讯地址、邮政编码和收件人姓名。

（2）民事裁定书及协助执行通知书应当写明要求专利局协助执行的专利申请号（或专利号）、发明创造名称、申请人（或专利权人）的姓名或者名称、财产保全期限等内容。

（3）要求协助执行财产保全的专利申请（或专利）处于有效期内。

7.3.2.2 因协助执行财产保全而中止的审核及处理

专利局收到人民法院的民事裁定书和协助执行通知书后，应当按照本章第7.3.2.1节的规定进行审核，并按照下列情形处理：

（1）不符合规定的，应当向人民法院发出不予执行财产保全通知书，说明不执行中止的原因并继续原程序。

（2）符合规定的，应当执行中止，并向人民法院和申请人（或专利权人）发出保全程序开始通知书，说明协助执行财产保全期限的起止日期（自收到民事裁定书之日起），并对专利权的财产保全予以公告。

（3）对已执行财产保全的不得重复进行保全。执行中止后，其他人民法院又要求协助执行财产保全的，可以轮候保全。专利局应当进行轮候登记，对轮候登记在先的，自前一保全结束之日起轮候保全开始。

对于处在无效宣告程序中的专利，专利局的流程管理部门还应当将执行中止的决定通知专利复审委员会，由专利复审委员会通知无效宣告程序中的当事人。

7.4 中止的期限

7.4.1 权属纠纷的当事人请求中止的期限

对于专利申请权（或专利权）权属纠纷当事人提出的中止请求，中止期限一般不得超过一年，即自中止请求之日起满一年的，该中止程序结束。

有关专利申请权（或专利权）权属纠纷在中止期限一年内未能结案，需要继续中止程序的，请求人应当在中止期满前请求延长中止期限，并提交权属纠纷受理部门出具的说明尚未结案原因的证明文件。中止程序可以延长一次，延长的期限不得超过六个月。不符合规定的，审查员应当发出延长期限审批通知书并说明不予延长的理由；符合规定的，审查员应当发出延长期限审批通知书，通知权属纠纷的双方当事人。

7.4.2 因协助执行财产保全而中止的期限❶

对于人民法院要求专利局协助执行财产保全而执行中止程序的，按照民事裁定书及协助执行通知书写明的财产保全期限中止有关程序。

人民法院要求继续采取财产保全措施的，应当在中止期限届满前将继续保全的协助执行通知书送达专利局，经审核符合本章第7.3.2.1节规定的，中止期限予以续展。

7.4.3 涉及无效宣告程序的中止期限❷

对涉及无效宣告程序中的专利，应权属纠纷当事人请求的中止，中止期限不超过一年，中止期限届满专利局将自行恢复有关程序。

7.5 中止程序的结束

7.5.1 权属纠纷的当事人提出的中止程序的结束

中止期限届满，专利局自行恢复有关程序，审查员应当向权属纠纷的双方当事人发出中止程序结束通知书。

对于尚在中止期限内的专利申请（或专利），地方知识产权管理部门作出的处理决定或者人民法院作出的判决产生法律效力之后（涉及权利人变更的，在办理著录项目变更手

---

❶❷ 该节已根据2017年2月28日公布的国家知识产权局令第七十四号修改。——编者注

续之后），专利局应当结束中止程序。

专利局收到当事人、利害关系人、地方知识产权管理部门或者人民法院送交的调解书、裁定书或者判决书后，应当审查下列各项：

（1）文件是否有效，即是否是正式文本（正本或副本），是否是由有管辖权的机关作出的。

（2）文件中记载的申请号（或专利号）、发明创造名称和权利人是否与请求结束中止程序的专利申请（或专利）中记载的内容一致。

（3）文件是否已生效，如判决书的上诉期是否已满（调解书均没有上诉期）。当不能确定该文件是否已发生法律效力时，审查员应当给另一方当事人发出收到人民法院判决书的通知书，确认是否提起上诉；在指定的期限内未答复或者明确不上诉的，文件视为发生法律效力。提起上诉的，当事人应当提交上级人民法院出具的证明文件，原人民法院判决书不发生法律效力。

文件不符合规定的，审查员应当向请求人发出视为未提出通知书，继续中止程序。文件符合规定并且未涉及权利人变更的，审查员应当发出中止程序结束通知书，通知双方当事人，恢复有关程序。

文件符合规定，但涉及权利人变更的，审查员应当发出办理手续补正通知书，通知取得权利一方的当事人在收到通知书之日起三个月内办理著录项目变更手续，并补办在中止程序中应办而未办的其他手续；取得权利一方的当事人办理有关手续后，审查员应当发出中止程序结束通知书，通知双方当事人，恢复有关程序。期满未办理有关手续的，视为放弃取得专利申请权（或专利权）的权利，审查员应当向取得权利的一方当事人发出视为放弃取得专利申请权或专利权的权利通知书，期满未办理恢复手续的，中止程序结束，审查员应当发出中止程序结束通知书，通知权属纠纷的双方当事人，恢复有关程序。

7.5.2 因人民法院要求协助执行财产保全的中止程序的结束

中止期限届满，人民法院没有要求继续采取财产保全措施的，审查员应当发出中止程序结束通知书，通知人民法院和申请人（或专利权人），恢复有关程序，并对专利权保全解除予以公告。有轮候保全登记的，对轮候登记在先的，自前一保全结束之日起轮候保全开始，中止期限为民事裁定书及协助执行通知书写明的财产保全期限。审查员应当向前一个人民法院和申请人（或专利权人）发出中止程序结束通知书，向轮候登记在先的人民法院和申请人（或专利权人）发出保全程序开始通知书，说明协助执行财产保全期的起止日期，并对专利权的财产保全予以公告。❶

要求协助执行财产保全的人民法院送达解除保全通知书后，经审核符合规定的，审查员应当发出中止程序结束通知书，通知人民法院和申请人（或专利权人），恢复有关程序，并对专利权的保全解除予以公告。

8. 审查的顺序 ❷

8.1 一般原则

对于发明、实用新型和外观设计专利申请，一般应当按照申请提交的先后顺序启动初步审查；对于发明专利申请，在符合启动实审程序的其他条件前提下，一般应当按照提交实质审查请求书并缴纳实质审查费的先后顺序启动实质审查；另有规定的除外。

8.2 优先审查

对涉及国家、地方政府重点发展或鼓励的产业，对国家利益或者公共利益具有重大意义的申请，或者在市场活动中具有一定需求的申请等，由申请人提出请求，经批准后，可以优先审查，并在随后的审查过程中予以优先处理。按照规定由其他相关主体提出优先审查请求的，依照规定处理。适用优先审查的具体情形由《专利优先审查管理办法》规定。

但是，同一申请人同日（仅指申请日）对同样的发明创造既申请实用新型又申请发明的，对于其中的发明专利申请一般不予优先审查。

---

❶ 该段已根据2017年2月28日公布的国家知识产权局令第七十四号修改。——编者注

❷ 根据2019年9月23日公布的国家知识产权局公告第三二八号，增加该节。——编者注

8.3 延迟审查

申请人可以对发明和外观设计专利申请提出延迟审查请求。发明专利延迟审查请求，应当由申请人在提出实质审查请求的同时提出，但发明专利申请延迟审查请求自实质审查请求生效之日起生效；外观设计延迟审查请求，应当由申请人在提交外观设计申请的同时提出。延迟期限为自提出延迟审查请求生效之日起1年、2年或3年。延迟期限届满后，该申请将按顺序待审。必要时，专利局可以自行启动审查程序并通知申请人，申请人请求的延迟审查期限终止。

8.4 专利局自行启动

对于专利局自行启动实质审查的专利申请，可以优先处理。

第八章 专利公报和单行本的编辑

1. 专利公报

1.1 专利公报的种类

专利局编辑出版的专利公报有发明专利公报、实用新型专利公报和外观设计专利公报。专利公报以期刊形式发行，同时以电子公报形式在国家知识产权局政府网站上公布，或者以专利局规定的其他形式公布。专利公报按照年度计划出版，三种专利公报每周各出版一期。

1.2 专利公报的内容

1.2.1 发明专利公报

发明专利公报包括发明专利申请公布、国际专利申请公布、发明专利权授予、保密发明专利、发明专利事务、索引（申请公布索引、授权公告索引）。

1.2.1.1 发明专利申请公布

发明专利申请经初步审查合格后，自申请日（有优先权的，为优先权日）起满十五个月进行公布准备，并于十八个月期满时公布。发明专利申请人在初步审查合格前，要求提前公布其专利申请的，自初步审查合格之日起进行公布准备；在初步审查合格后，要求提前公布其专利申请的，自提前公布请求合格之日起进行公布准备，并及时予以公布。自申请日（有优先权的，为优先权日）起满十五个月，因各种原因初步审查尚未合格的发明专利申请将延迟公布。在初步审查程序中被驳回、被视为撤回以及在公布准备之前申请人主动撤回或确定保密的发明专利申请不予公布。

发明专利申请公布的内容包括：著录事项、摘要和摘要附图，但说明书没有附图的，可以没有摘要附图。著录事项主要包括：国际专利分类号、申请号、公布号（出版号）、公布日、申请日、优先权事项、申请人事项、发明人事项、专利代理事项、发明名称等。

1.2.1.2 发明专利权授予

发明专利申请人根据专利局作出的授予专利权通知和办理登记手续通知，按时缴纳专利登记费、授予专利权当年的年费和其他有关费用后，该专利申请进入授权公告准备，并予以公告。

发明专利权授予公告的内容包括：著录事项、摘要和摘要附图，但说明书没有附图的，可以没有摘要附图。著录事项主要包括：国际专利分类号、专利号、授权公告号（出版号）、申请日、授权公告日、优先权事项、专利权人事项、发明人事项、专利代理事项、发明名称等。

1.2.1.3 保密发明专利和国防发明专利

保密发明专利只公告保密专利权的授予和保密专利的解密，保密专利公告的著录事项包括：专利号、申请日、授权公告日等。

保密发明专利解密后，在专利公报的解密栏中予以公告，出版单行本。

国防发明专利权的授予和解密的公告参照上述规定执行。

1.2.1.4 发明专利事务

发明专利事务公布专利局对发明专利申请和发明专利作出的决定和通知。包括：实质审查请求的生效，专利局对专利申请自行进行实质审查的决定，发明专利申请公布后的驳回，发明专利申请公布后的撤回，发明专利申请公布后的视为撤回，视为放弃取得专利权，专利权的全部（或部分）无效宣告，专利权的终止，专利权的主动放弃，专利申请（或专利）权利的恢复，专利申请权、专利权的转移，专利实施的强制许可，专利实施许可合同的备案，专利权的质押、保全及其解除，专利权人的姓名或者名称、地址等著录事项的变更，文件的公告送达，专利局的更正，其他有关事项等。

1.2.1.5 索 引

发明索引分申请公布索引和授权公告索引两种。每种索引又分国际分类号索引、申请号索引（或者专利号索引）、申请人索引（或者专利权人索引）和公布号/申请号（授权公告号/专利号）对照表索引。

1.2.2 实用新型专利公报

实用新型专利公报包括实用新型专利权授予、保密实用新型专利、实用新型专利事务和授权公告索引。

1.2.2.1 实用新型专利权授予

实用新型专利申请人根据专利局作出的授予专利权通知和办理登记手续通知，按时缴纳专利登记费、授予专利权当年的年费和其他有关费用后，该专利申请进入授权公告准备，并予以公告。

实用新型专利权授予公告的内容包括：著录事项、摘要和摘要附图。著录事项主要包括：国际专利分类号、专利号、授权公告号（出版号）、申请日、授权公告日、优先权事项、专利权人事项、发明人事项、专利代理事项、实用新型名称。

申请人在申请时对同样的发明创造已申请发明专利作出说明的，应予以公告。

1.2.2.2 保密实用新型专利和国防实用新型专利

保密实用新型专利只公告保密专利权的授予和保密专利的解密，保密专利公告的著录事项包括：专利号、申请日、授权公告日等。

保密实用新型专利解密后，在专利公报的解密栏中予以公告，出版单行本。

国防实用新型专利权的授予和解密的公告参照上述规定执行。

1.2.2.3 实用新型专利事务

实用新型专利事务公布专利局对实用新型专利申请和实用新型专利作出的决定和通知。包括：专利权的全部（或部分）无效宣告，专利权的终止，专利权的主动放弃，避免重复授权放弃实用新型专利权，专利权的恢复，专利权的转移，专利实施的强制许可，专利实施许可合同的备案，专利权的质押、保全及解除，专利权人的姓名或者名称、地址等著录事项的变更，文件的公告送达，专利局的更正，其他有关事项等。

1.2.2.4 授权公告索引

实用新型授权公告索引包括国际专利分类号索引、专利号索引、专利权人索引和授权公告号/专利号对照表索引。

1.2.3 外观设计专利公报

外观设计专利公报包括外观设计专利权的授予、外观设计专利事务和授权公告索引。

1.2.3.1 外观设计专利权授予

外观设计专利申请人根据专利局作出的授予专利权通知和办理登记手续通知，按时缴纳专利登记费、授予专利权当年的年费和其他有关费用后，该专利申请进入授权公告准备，并予以公告。

外观设计专利权授予公告的内容包括：著录事项、外观设计专利的一幅图片或者照片。著录事项主要包括：分类号、专利号、授权公告号（出版号）、申请日、授权公告日、优先权事项、专利权人事项、设计人事项、专利代理事项、使用该外观设计的产品名称等。

1.2.3.2 外观设计专利事务

外观设计专利事务公布专利局对外观设计专利申请和外观设计专利作出的决定和通知。包括：专利权的全部（或部分）无效宣告，专利权的终止，专利权的主动放弃，专利权的恢复，专利权的转移，专利实施许可合同的备案，专利权的质押、保全及其解除，专利权人的姓名或者名称、地址等著录事项的变更，文件的公告送达，专利局的更正，其他有关事项等。

1.2.3.3 授权公告索引

外观设计授权公告索引包括外观设计分类

号索引、专利号索引、专利权人索引和授权公告号/专利号对照表索引。

1.3 专利公报的编辑

1.3.1 申请文件的编辑

用于公布的发明专利申请文件以及用于授权公告的发明专利申请文件、实用新型专利申请文件或外观设计专利申请文件应当符合制版要求，著录事项应当与公布准备或授权公告准备时专利申请文档记载的内容一致。

发明专利申请公布或发明专利权及实用新型专利权的授予按照国际专利分类号顺序编辑，主分类号相同的按照申请号顺序编辑。

外观设计专利权的授予按照外观设计分类号顺序编辑，分类号相同的按照申请号顺序编辑。

专利公报每一版面分左右两栏，自上而下，自左至右连续编排。

1.3.2 事务部分的编辑

各种专利公报事务部分编辑的原则：

（1）授予专利权公告之前专利局对实用新型和外观设计专利申请的权利丧失作出的决定不予刊登；公布之前专利局对发明专利申请的权利丧失作出的决定不予刊登。

（2）刊登专利局作出的各种已经生效的按照规定应当公告的决定。

（3）同一期公报中公布两项以上相同事务时，按照主分类号顺序编辑，主分类号相同的按照申请号顺序编辑。

1.3.2.1 实质审查请求的生效、专利局对发明专利申请自行进行实质审查的决定

本事务仅适用于发明专利申请。公布的项目包括：主分类号、专利申请号、申请日。

1.3.2.2 发明专利申请公布后的驳回、撤回和视为撤回

本事务仅适用于已公布的发明专利申请。公布的项目包括：主分类号、专利申请号、公布日。

1.3.2.3 发明专利申请视为放弃取得专利权

公布的项目包括：主分类号、专利申请号。

1.3.2.4 专利实施的强制许可

公布的项目包括：主分类号、专利号、授权公告日。

1.3.2.5 专利权的终止

公布的项目包括：主分类号、专利号、申请日、授权公告日。

1.3.2.6 专利实施许可合同备案的生效、变更及注销

专利实施许可合同备案生效公布的项目包括：主分类号、专利号、备案号、让与人、受让人、发明名称、申请日、发明公布日、授权公告日、许可种类（独占、排他、普通）、备案日。

专利实施许可合同备案变更公布的项目包括：主分类号、专利号、备案号、变更日、变更项（许可种类、让与人、受让人）及变更前后内容。

专利实施许可合同备案注销公布的项目包括：主分类号、专利号、备案号、让与人、受让人、许可合同备案解除日。

1.3.2.7 专利权质押合同登记的生效、变更及注销

专利权质押合同登记生效公布的项目包括：主分类号、专利号、登记号、质押合同登记生效日、出质人、质权人、发明名称、申请日、授权公告日。

专利权质押合同登记变更公布的项目包括：主分类号、专利号、登记号、变更日、变更项（出质人、质权人）及变更前后内容。

专利权质押合同登记注销公布的项目包括：主分类号、专利号、登记号、出质人、质权人、申请日、授权公告日、质押合同登记解除日。

1.3.2.8 专利权的保全及其解除

保全公布的项目包括：主分类号、专利号、申请日、授权公告日、保全登记生效日。

保全解除公布的项目包括：主分类号、专利号、申请日、授权公告日、保全解除日。

1.3.2.9 专利申请权、专利权的转移

公布的项目包括：主分类号、专利申请号

（专利号）、变更项目、变更前权利人、变更后权利人、登记生效日。

1.3.2.10 专利权的全部或者部分无效宣告

专利权全部无效宣告公布的项目包括：主分类号、专利号、授权公告日、无效宣告决定号、无效宣告决定日。

专利权部分无效宣告公布的内容包括：主分类号、专利号、授权公告日、无效宣告决定号、无效宣告决定日、维持有效的权利要求。

1.3.2.11 专利权的主动放弃

公布的项目包括：主分类号、专利号、申请日、授权公告日、放弃生效日。

1.3.2.12 避免重复授权放弃实用新型专利权

公布的项目包括：主分类号、专利号、申请日、授权公告日、放弃生效日。

1.3.2.13 权利的恢复

公布的项目包括：主分类号、专利申请号（专利号）、原决定名称、原决定公告日。

1.3.2.14 文件的公告送达

由于文件送交地址不清，专利局无法通知当事人在规定或者指定的期限内答复或者办理手续的，应当在通知事项栏中公布。公布的项目包括：主分类号、申请号、收件人、文件名称。

1.3.2.15 其他有关事项

各事务栏内未规定的其他需要公告的内容，在本栏内公布。

1.3.2.16 更　正

专利局对专利公报上出现的印刷及其他错误，一经发现，应当在更正栏中及时更正。各种不同类型错误的更正分别公布。公布的项目包括：主分类号、申请号（或专利号）、原公告所在卷号、更正项目、更正前内容、更正后内容。

1.3.3 索引的编辑

1.3.3.1 分类号索引

对于发明和实用新型，按照国际专利分类号编辑；对于外观设计按照外观设计分类号编辑。

分类号索引按照分类号为序，分类号相同的以公布号或者授权公告号为序。

分类号索引的项目包括：分类号，公布号或者授权公告号。

1.3.3.2 申请号或者专利号索引

申请号或者专利号索引以申请号或者专利号为序。

申请号或者专利号索引的项目包括：申请号或者专利号，公布号或者授权公告号。

1.3.3.3 申请人或者专利权人索引

申请人或者专利权人索引以申请人或者专利权人的姓名或者名称的拼音顺序为序。第一汉字相同的以第二汉字的拼音顺序为序，以此类推。外文名称排列在最前面，并以字母顺序为序。申请人或者专利权人相同的，以公布号或者授权公告号为序。

申请人或者专利权人索引的项目包括：申请人或者专利权人，公布号或者授权公告号。

1.3.3.4 公布号/申请号（授权公告号/专利号）索引

公布号/申请号（授权公告号/专利号）对照表索引以公布号（授权公告号）为序。

公布号/申请号（授权公告号/专利号）对照表索引的项目包括：公布号（授权公告号），申请号（专利号）。

2. 专利申请及专利单行本

专利局编辑出版单行本。专利申请及专利单行本每周出版一次，与相应的专利公报同一天出版。

2.1 单行本的种类

单行本的种类包括：发明专利申请单行本、发明专利单行本、实用新型专利单行本及外观设计专利单行本。

2.2 单行本的内容

2.2.1 发明专利申请单行本

发明专利申请单行本的文献种类代码为"A"。包括：扉页、权利要求书、说明书（说明书有附图的，包含说明书附图）。

扉页由著录事项、摘要、摘要附图组成，说明书无附图的，则没有摘要附图。其内容应当与同一天出版的专利公报中相应专利申请的内容一致。

权利要求书、说明书及其附图，应当以审查员作出的发明专利申请初步审查合格通知书中指明的文本为准。

2.2.2 发明专利单行本

发明专利单行本的文献种类代码为"B"。包括：扉页、权利要求书、说明书（说明书有附图的，包含说明书附图）。

扉页由著录事项、摘要、摘要附图组成，说明书无附图的，则没有摘要附图。其内容比同一天出版的专利公报中相应发明专利的内容增加审查员项和对比文件项。

权利要求书、说明书及其附图应当以审查员作出的授予专利权通知书中指明的文本为准。

发明专利权授予之后，在无效宣告程序中权利要求书需要修改后才能维持专利权的，应当再次出版该修改后的权利要求书，其文献种类代码依次为"C1-C7"，并标明修改后的权利要求书的公告日。

2.2.3 实用新型专利单行本

实用新型专利单行本的文献种类代码为"U"。包括：扉页、权利要求书、说明书和说明书附图。

扉页由著录事项、摘要和摘要附图组成，其内容应当与同一天出版的实用新型专利公报中相应实用新型专利的内容一致。

权利要求书、说明书及其附图，应当以审查员作出的授予专利权通知书中指明的文本为准。

实用新型专利权授予之后，在无效宣告程序中权利要求书需要修改后才能维持专利权的，应当再次出版该修改后的权利要求书，其文献种类代码依次为"Y1-Y7"，并标明修改后的权利要求书的公告日。

2.2.4 外观设计专利单行本

外观设计专利单行本的文献种类代码为"S"。包括：扉页、彩色外观设计图片或者照片以及简要说明。

扉页由著录事项、一幅外观设计图片或者照片组成，其内容应当与同一天出版的外观设计专利公报中相应的外观设计专利内容一致。

彩色图片或者照片以及简要说明应当以审查员作出的授予专利权通知书中指明的图片或者照片以及简要说明为准。

外观设计专利权授予之后，在无效宣告程序中图片或者照片需要修改后才能维持专利权的，应当再次出版该修改后的图片或者照片，其文献种类代码依次为"S1-S7"，并标明修改后的图片或者照片的公告日。

2.3 更 正

专利局对发明专利申请单行本、发明专利单行本、实用新型专利单行本及外观设计专利单行本的错误，一经发现，应当及时更正，重新出版更正的专利申请或专利单行本，并在其扉页上作出标记。

第九章 专利权的授予和终止

1. 专利权的授予

1.1 专利权授予的程序

1.1.1 授予专利权通知

发明专利申请经实质审查、实用新型和外观设计专利申请经初步审查，没有发现驳回理由的，专利局应当作出授予专利权的决定，颁发专利证书，并同时在专利登记簿和专利公报上予以登记和公告。专利权自公告之日起生效。

在授予专利权之前，专利局应当发出授予专利权的通知书。

1.1.2 办理登记手续通知

专利局发出授予专利权通知书的同时，应当发出办理登记手续通知书，申请人应当在收到该通知之日起两个月内办理登记手续。

1.1.3 登记手续

申请人在办理登记手续时，应当按照办理登记手续通知书中写明的费用金额缴纳专利登记费、授权当年（办理登记手续通知书中指明的年度）的年费、公告印刷费，同时还应当缴纳专利证书印花税。

1.1.4 颁发专利证书、登记和公告授予专利权

申请人在规定期限之内办理登记手续的，专利局应当颁发专利证书，并同时予以登记和公告，专利权自公告之日起生效。

申请人办理登记手续后，专利局应当制作专利证书，进行专利权授予登记和公告授予专利权决定的准备。专利证书制作完成后即可按照本部分第六章第2.1.1节中的规定送交专利权人。在特殊情况下，也可按照本部分第六章第2.1.2节中的规定直接送交专利权人。

1.1.5 视为放弃取得专利权的权利

专利局发出授予专利权的通知书和办理登记手续通知书后，申请人在规定期限内未按照本章第1.1.3节规定办理登记手续的，应当发出视为放弃取得专利权通知书。该通知书应当在办理登记手续期满一个月后作出，并指明恢复权利的法律程序。自该通知书发出之日起四个月期满，未办理恢复手续的，或者专利局作出不予恢复权利决定的，将专利申请进行失效处理。对于发明专利申请，视为放弃取得专利权的，还应当在专利公报上予以公告。

1.2 专利证书

1.2.1 专利证书的构成

专利证书由证书首页和专利单行本构成。

专利证书应当记载与专利权有关的重要著录事项、国家知识产权局印记、局长签字和授权公告日等。

著录事项包括：专利证书号（顺序号）、发明创造名称、专利号（即申请号）、专利申请日、发明人或者设计人姓名和专利权人姓名或者名称。当一件专利的著录事项过长，在一页纸上记载有困难的，可以增加附页；证书中的专利单行本的总页数超过110页，则自第101页起以续本形式制作。

1.2.2 专利证书副本

一件专利有两名以上专利权人的，根据共同权利人的请求，专利局可以颁发专利证书副本。对同一专利权颁发的专利证书副本数目不能超过共同权利人的总数。专利权终止后，专利局不再颁发专利证书副本。

颁发专利证书后，因专利权转移发生专利权人变更的，专利局不再向新专利权人或者新增专利权人颁发专利证书副本。

专利证书副本标有"副本"字样。专利证书副本与专利证书正本格式、内容应当一致。颁发专利证书副本应当收取专利证书副本费和印花税。

1.2.3 专利证书的更换

专利权权属纠纷经地方知识产权管理部门调解或者人民法院调解或者判决后，专利权归还请求人的，在该调解或者判决发生法律效力后，当事人可以在办理变更专利权人手续合格后，请求专利局更换专利证书。专利证书损坏的，专利权人可以请求更换专利证书。专利权终止后，专利局不再更换专利证书。因专利权的转移、专利权人更名发生专利权人姓名或者名称变更的，均不予更换专利证书。

请求更换专利证书应当交回原专利证书，并缴纳手续费。专利局收到更换专利证书请求后，应当核实专利申请文档，符合规定的，可以重新制作专利证书发送给当事人，更换后的证书应当与原专利证书的格式、内容一致。原证书记载"已更换"字样后存入专利申请案卷。

1.2.4 专利证书打印错误的更正

专利证书中存在打印错误时，专利权人可以退回该证书，请求专利局更正。专利局经核实为打印错误的，应予更正，并应当将更换的证书发给专利权人。原证书记载"已更换"字样后存入专利申请案卷。

专利证书遗失的，除专利局的原因造成的以外，不予补发。

1.3 专利登记簿

1.3.1 专利登记簿的格式

专利局授予专利权时应当建立专利登记簿。专利登记簿登记的内容包括：专利权的授予，专利申请权、专利权的转移，保密专利的解密，专利权的无效宣告，专利权的终止，专利权的恢复，专利权的质押、保全及其解除，

专利实施许可合同的备案，专利实施的强制许可以及专利权人姓名或者名称、国籍、地址的变更。

上述事项一经作出即在专利登记簿中记载，专利登记簿登记的事项以数据形式储存于数据库中，制作专利登记簿副本时，按照规定的格式打印而成，加盖证件专用章后生效。

1.3.2 专利登记簿的效力

授予专利权时，专利登记簿与专利证书上记载的内容是一致的，在法律上具有同等效力；专利权授予之后，专利的法律状态的变更仅在专利登记簿上记载，由此导致专利登记簿与专利证书上记载的内容不一致的，以专利登记簿上记载的法律状态为准。

1.3.3 专利登记簿副本

专利登记簿副本依据专利登记簿制作。专利权授予公告之后，任何人都可以向专利局请求出具专利登记簿副本。请求出具专利登记簿副本的，应当提交办理文件副本请求书并缴纳相关费用。

专利局收到有关请求和费用后，应当制作专利登记簿副本，经与专利申请文档核对无误后，加盖证件专用章后发送请求人。

2. 专利权的终止

2.1 专利权期满终止

发明专利权的期限为二十年，实用新型专利权和外观设计专利权期限为十年，均自申请日起计算。例如，一件实用新型专利的申请日是 1999 年 9 月 6 日，该专利的期限为 1999 年 9 月 6 日至 2009 年 9 月 5 日，专利权期满终止日为 2009 年 9 月 6 日（遇节假日不顺延）。

专利权期满时应当及时在专利登记簿和专利公报上分别予以登记和公告，并进行失效处理。

2.2 专利权人没有按照规定缴纳年费的终止

2.2.1 年 费

授予专利权当年的年费应当在办理登记手续的同时缴纳，以后的年费应当在上一年度期满前缴纳。缴费期限届满日是申请日在该年的相应日。

2.2.1.1 年 度

专利年度从申请日起算，与优先权日、授权日无关，与自然年度也没有必然联系。例如，一件专利申请的申请日是 1999 年 6 月 1 日，该专利申请的第一年度是 1999 年 6 月 1 日至 2000 年 5 月 31 日，第二年度是 2000 年 6 月 1 日至 2001 年 5 月 31 日，以此类推。

2.2.1.2 应缴年费数额

各年度年费按照收费表中规定的数额缴纳。例如，一件专利申请的申请日是 1997 年 6 月 3 日，如果该专利申请于 2001 年 8 月 1 日被授予专利权（授予专利权公告之日），申请人在办理登记手续时已缴纳了第五年度年费，那么该专利权人最迟应当在 2002 年 6 月 3 日按照第六年度年费标准缴纳第六年度年费。

2.2.1.3 滞纳金

专利权人未按时缴纳年费（不包括授予专利权当年的年费）或者缴纳的数额不足的，可以在年费期满之日起六个月内补缴，补缴时间超过规定期限但不足一个月时，不缴纳滞纳金。补缴时间超过规定时间一个月或以上的，缴纳按照下述计算方法算出的相应数额的滞纳金：

（1）超过规定期限一个月（不含一整月）至两个月（含两个整月）的，缴纳数额为全额年费的 5%。

（2）超过规定期限两个月至三个月（含三个整月）的，缴纳数额为全额年费的 10%。

（3）超过规定期限三个月至四个月（含四个整月）的，缴纳数额为全额年费的 15%。

（4）超过规定期限四个月至五个月（含五个整月）的，缴纳数额为全额年费的 20%。

（5）超过规定期限五个月至六个月的，缴纳数额为全额年费的 25%。

凡在六个月的滞纳期内补缴年费或者滞纳金不足需要再次补缴的，应当依照再次补缴年费或者滞纳金时所在滞纳金时段内的滞纳金标准，补足应当缴纳的全部年费和滞纳金。例如，年费滞纳金 5% 的缴纳时段为 5 月 10 日至6月10日，滞纳金为45元，但缴费人仅交了25元。缴费人在6月15日补缴滞纳金时，应当依照再次缴费日所对应的滞纳期时段的标准10%缴纳。该时段滞纳金金额为90元，还应当补缴65元。

凡因年费和/或滞纳金缴纳逾期或者不足而造成专利权终止的，在恢复程序中，除补缴年费之外，还应当缴纳或者补足全额年费25%的滞纳金。

2.2.2 终　止

专利年费滞纳期满仍未缴纳或者缴足专利年费或者滞纳金的，自滞纳期满之日起两个月后审查员应当发出专利权终止通知书。专利权人未启动恢复程序或者恢复权利请求未被批准的，专利局应当在终止通知书发出四个月后，进行失效处理，并在专利公报上公告。

专利权自应当缴纳年费期满之日起终止。

2.3 专利权人放弃专利权

授予专利权后，专利权人随时可以主动要求放弃专利权，专利权人放弃专利权的，应当提交放弃专利权声明，并附具全体专利权人签字或者盖章同意放弃专利权的证明材料，或者仅提交由全体专利权人签字或者盖章的放弃专利权声明。委托专利代理机构的，放弃专利权的手续应当由专利代理机构办理，并附具全体申请人签字或者盖章的同意放弃专利权声明。主动放弃专利权的声明不得附有任何条件。放弃专利权只能放弃一件专利的全部，放弃部分专利权的声明视为未提出。

放弃专利权声明经审查，不符合规定的，审查员应当发出视为未提出通知书；符合规定的，审查员应当发出手续合格通知书，并将有关事项分别在专利登记簿和专利公报上登记和公告。放弃专利权声明的生效日为手续合格通知书的发文日，放弃的专利权自该日起终止。专利权人无正当理由不得要求撤销放弃专利权的声明。除非在专利权非真正拥有人恶意要求放弃专利权后，专利权真正拥有人（应当提供生效的法律文书来证明）可要求撤销放弃专利权声明。

申请人依据专利法第九条第一款和专利法实施细则第四十一条第四款声明放弃实用新型专利权的，专利局在公告授予发明专利权时对放弃实用新型专利权的声明予以登记和公告。在无效宣告程序中声明放弃实用新型专利权的，专利局及时登记和公告该声明。放弃实用新型专利权声明的生效日为发明专利权的授权公告日，放弃的实用新型专利权自该日起终止。

第十章　专利权评价报告

1. 引　言

专利法第六十一条第二款规定，专利侵权纠纷涉及实用新型专利或者外观设计专利的，人民法院或者管理专利工作的部门可以要求专利权人或者利害关系人出具由国家知识产权局作出的专利权评价报告。

国家知识产权局根据专利权人或者利害关系人的请求，对相关实用新型专利或者外观设计专利进行检索，并就该专利是否符合专利法及其实施细则规定的授权条件进行分析和评价，作出专利权评价报告。

专利权评价报告是人民法院或者管理专利工作的部门审理、处理专利侵权纠纷的证据，主要用于人民法院或者管理专利工作的部门确定是否需要中止相关程序。专利权评价报告不是行政决定，因此专利权人或者利害关系人不能就此提起行政复议和行政诉讼。

2. 专利权评价报告请求的形式审查

国家知识产权局收到专利权人或者利害关系人提交的专利权评价报告请求书后，应当进行形式审查。

2.1 专利权评价报告请求的客体

专利权评价报告请求的客体应当是已经授权公告的实用新型专利或者外观设计专利，包括已经终止或者放弃的实用新型专利或者外观设计专利。针对下列情形提出的专利权评价报告请求视为未提出：

（1）未授权公告的实用新型专利申请或者外观设计专利申请；

（2）已被专利复审委员会宣告全部无效的实用新型专利或者外观设计专利；

(3) 国家知识产权局已作出专利权评价报告的实用新型专利或者外观设计专利。

2.2 请求人资格

根据专利法实施细则第五十六条第一款的规定，专利权人或者利害关系人可以请求国家知识产权局作出专利权评价报告。其中，利害关系人是指有权根据专利法第六十条的规定就专利侵权纠纷向人民法院起诉或者请求管理专利工作的部门处理的人，例如专利实施独占许可合同的被许可人和由专利权人授予起诉权的专利实施普通许可合同的被许可人。

请求人不是专利权人或者利害关系人的，其专利权评价报告请求视为未提出。实用新型或者外观设计专利权属于多个专利权人共有的，请求人可以是部分专利权人。

2.3 专利权评价报告请求书

在请求作出专利权评价报告时，请求人应当提交专利权评价报告请求书及相关的文件。

(1) 专利权评价报告请求书应当采用国家知识产权局规定的表格。请求书中应当写明实用新型专利或者外观设计专利的专利号、发明创造名称、请求人和/或专利权人名称或者姓名。每一请求应当限于一件实用新型或者外观设计专利。

(2) 请求书中应当指明专利权评价报告所针对的文本。所述文本应当是与授权公告一并公布的实用新型专利文件或者外观设计专利文件，或者是由生效的无效宣告请求审查决定维持有效的实用新型专利文件或者外观设计专利文件。如果请求作出专利权评价报告的文本是由生效的无效宣告请求审查决定维持部分有效的实用新型专利文件或者外观设计专利文件，请求人应当在请求书中指明相关的无效宣告请求审查决定的决定号。

(3) 请求人是利害关系人的，在提出专利权评价报告请求的同时应当提交相关证明文件。例如，请求人是专利实施独占许可合同的被许可人的，应当提交与专利权人订立的专利实施独占许可合同或其复印件；请求人是专利权人授予起诉权的专利实施普通许可合同的被许可人的，应当提交与专利权人订立的专利实施普通许可合同或其复印件，以及专利权人授予起诉权的证明文件。如果所述专利实施许可合同已在国家知识产权局备案，请求人可以不提交专利实施许可合同，但应在请求书中注明。

专利权评价报告请求书不符合上述规定的，国家知识产权局应当通知请求人在指定期限内补正。

2.4 费 用

请求人自提出专利权评价报告请求之日起一个月内未缴纳或者未缴足专利权评价报告请求费的，专利权评价报告请求视为未提出。

2.5 委托手续

专利权评价报告请求的相关事务可以由请求人或者其委托的专利代理机构办理。对于根据专利法第十九条第一款规定应当委托专利代理机构的请求人，未按规定委托的，国家知识产权局应当通知请求人在指定期限内补正。

请求人是专利权人且已委托专利代理机构作全程代理，而在提出专利权评价报告请求时另行委托专利代理机构办理有关手续的，应当另行提交委托书，并在委托书中写明其委托权限仅限于办理专利权评价报告相关事务；委托手续不符合规定的，国家知识产权局应当要求请求人在指定期限内补正；期满未补正或者在指定期限内补正不符合规定的，视为未委托；本人办理的，应当说明本人仅办理专利权评价报告相关事务。

请求人是利害关系人且委托专利代理机构办理的，应当提交委托书，并在委托书中写明委托权限为办理专利权评价报告相关事务；委托手续不符合规定的，国家知识产权局应当要求请求人在指定期限内补正；期满未补正或者在指定期限内补正不符合规定的，视为未委托。

2.6 形式审查后的处理

(1) 专利权评价报告请求经形式审查不符合规定需要补正的，国家知识产权局应当发出补正通知书，要求请求人在收到通知书之日起十五日内补正；期满未补正或者在指定期限内补正但经两次补正后仍存在同样缺陷的，其请求视为未提出。

（2）专利权评价报告请求视为未提出的，国家知识产权局应当发出视为未提出通知书，通知请求人。

（3）专利权评价报告请求经形式审查合格的，应当及时转送给指定的作出专利权评价报告的部门。

根据专利法实施细则第五十七条的规定，作出专利权评价报告前，多个请求人分别请求对同一件实用新型专利或者外观设计专利作出专利权评价报告的，国家知识产权局均予以受理，但仅作出一份专利权评价报告。

3. 专利权评价

作出专利权评价报告的部门在收到专利权评价报告请求书后，应当指派审查员按照本章的规定对该专利进行检索、分析和评价，作出专利权评价报告。

3.1 核查专利权评价报告请求书

审查员首先应当核查专利权评价报告请求书及其相关文件。发现不符合规定的，返回相应的部门处理，并说明理由。

3.2 专利权评价的内容

3.2.1 实用新型专利

实用新型专利权评价所涉及的内容包括：

（1）实用新型是否属于专利法第五条或者第二十五条规定的不授予专利权的情形，其评价标准适用本指南第二部分第一章的规定。

（2）实用新型是否属于专利法第二条第三款规定的客体，其评价标准适用本指南第一部分第二章第6节的规定。

（3）实用新型是否具备专利法第二十二条第四款规定的实用性，其评价标准适用本指南第二部分第五章第3节的规定。

（4）实用新型专利的说明书是否按照专利法第二十六条第三款的要求充分公开了专利保护的主题，其评价标准适用本指南第二部分第二章第2.1节的规定。

（5）实用新型是否具备专利法第二十二条第二款规定的新颖性，其评价标准适用本指南第四部分第六章第3节的规定。

（6）实用新型是否具备专利法第二十二条第三款规定的创造性，其评价标准适用本指南第四部分第六章第4节的规定。

（7）实用新型是否符合专利法第二十六条第四款的规定，其评价标准适用本指南第二部分第二章第3.2节的规定。

（8）实用新型是否符合专利法实施细则第二十条第二款的规定，其评价标准适用本指南第二部分第二章第3.1.2节的规定。

（9）实用新型专利文件的修改是否符合专利法第三十三条的规定，其评价标准适用本指南第一部分第二章第8节和第二部分第八章第5.2节的规定。

（10）分案的实用新型专利是否符合专利法实施细则第四十三条第一款的规定，其评价标准适用本指南第二部分第六章第3.2节的规定。

（11）实用新型是否符合专利法第九条的规定，其评价标准适用本指南第二部分第三章第6节的规定。

3.2.2 外观设计专利

外观设计专利权评价所涉及的内容包括：

（1）外观设计是否属于专利法第五条或者第二十五条规定的不授予专利权的情形，其评价标准适用本指南第一部分第三章第6.1和6.2节的规定。

（2）外观设计是否属于专利法第二条第四款规定的客体，其评价标准适用本指南第一部分第三章第7节的规定。

（3）外观设计是否符合专利法第二十三条第一款的规定，其评价标准适用本指南第四部分第五章第5节的规定。

（4）外观设计是否符合专利法第二十三条第二款的规定，其评价标准适用本指南第四部分第五章第6节的规定。

（5）外观设计专利的图片或者照片是否符合专利法第二十七条第二款的规定，其评价标准适用本指南第一部分第三章第4节的规定。

（6）外观设计专利文件的修改是否符合专利法第三十三条的规定，其评价标准适用本指南第一部分第三章第10节的规定。

（7）分案的外观设计专利是否符合专利法实施细则第四十三条第一款的规定，其评价标准适用本指南第一部分第三章第9.4.2节的规定。

（8）外观设计是否符合专利法第九条的规定，其评价标准适用本指南第四部分第五章第8节的规定。

3.3 检 索

一般情况下，作出实用新型专利权评价报告或者外观设计专利权评价报告前，都应当进行检索。

3.3.1 实用新型专利

检索应当针对实用新型专利的所有权利要求进行，但实用新型专利保护的主题属于下列情形之一的，审查员对该主题不必进行检索：

（1）不符合专利法第二条第三款的规定；

（2）属于专利法第五条或者第二十五条规定的不授予专利权的情形；

（3）不具备实用性；

（4）说明书和权利要求书未对该主题作出清楚、完整的说明，以致于所属技术领域的技术人员不能实现。

检索的具体要求可以参照本指南第二部分第七章。

3.3.2 外观设计专利

检索应当针对外观设计专利的图片或照片表示的所有产品外观设计进行，并考虑简要说明的内容。但外观设计专利保护的产品外观设计属于下列情形之一的，审查员不必对该产品外观设计进行检索：

（1）不符合专利法第二条第四款的规定；

（2）属于专利法第五条或者第二十五条规定的不授予专利权的情形；

（3）图片或者照片未清楚地显示要求专利保护的产品的外观设计。

审查员应当检索外观设计专利在中国提出申请之日以前公开的外观设计。为了确定是否存在抵触申请，审查员应当检索在该外观设计专利的申请日之前向专利局提交、并且在该外观设计专利的申请日后公告的外观设计专利。为了确定是否存在重复授权，审查员还应当检索在该外观设计专利的申请日向专利局提交的、并且已经公告的外观设计专利。

4. 专利权评价报告

国家知识产权局应当自收到合格的专利权评价报告请求书和请求费后两个月内作出专利权评价报告。

未发现被评价专利存在不符合专利法及其实施细则规定的授予专利权条件的，审查员应当在专利权评价报告中给出明确结论。

对于被评价专利存在不符合专利法及其实施细则规定的授予专利权条件的，审查员应当在专利权评价报告中根据专利法及其实施细则具体阐述评价意见，并给出该专利不符合专利法及其实施细则规定的授予专利权条件的明确结论。

专利权评价报告使用国家知识产权局统一制定的标准表格，作出后由审查员与审核员共同签章，并加盖"中华人民共和国国家知识产权局专利权评价报告专用章"。

4.1 专利权评价报告的内容

专利权评价报告包括反映对比文件与被评价专利相关程度的表格部分，以及该专利是否符合专利法及其实施细则规定的授予专利权的条件的说明部分。

4.1.1 表格部分

对于实用新型专利权评价报告，其表格部分的填写要求参见本指南第二部分第七章第12节的规定。

对于外观设计专利权评价报告，其表格部分应当清楚地记载检索的领域、数据库、由检索获得的对比文件以及对比文件与外观设计专利的相关程度等内容。通常，采用下列符号表示对比文件与外观设计专利的关系：

X：单独导致外观设计专利不符合专利法第二十三条第一款或第二款规定的文件；

Y：与报告中其他文件结合导致外观设计专利不符合专利法第二十三条第二款规定的文件；

A：背景文件，即反映外观设计的部分设计特征或者有关的现有设计的文件；

P：中间文件，其公开日在外观设计专利的申请日与所要求的优先权日之间的文件，或者会导致需要核实外观设计专利优先权的文件；

E：与外观设计专利相同或者实质相同的抵触申请文件；

R：任何单位或个人在申请日向专利局提交的、属于同样的发明创造的外观设计专利文件。

上述类型的文件中，符号X、Y和A表示对比文件与外观设计专利在内容上的相关程度；符号R和E同时表示对比文件与外观设计专利在时间上的关系和在内容上的相关程度；符号P表示对比文件与外观设计专利在时间上的关系，其后应附带标明文件内容相关程度的符号X、Y、E或A，它属于在未核实优先权的情况下所作的标记。

4.1.2 说明部分

说明部分应当记载和反映专利权评价的结论。对于不符合专利法及其实施细则规定的授予专利权条件的被评价专利，还应当给出明确、具体的评价意见。

（1）对于不符合专利法及其实施细则规定的授予专利权条件的实用新型专利，应当给出具体的评价说明，并明确结论，必要时应当引证对比文件。例如，对于不具备新颖性和/或创造性的权利要求，审查员应当逐一进行评述；对于多项从属权利要求，应当对其引用不同的权利要求时的技术方案分别进行评述；对于具有并列选择方案的权利要求，应当对各选择方案分别进行评述。

（2）对于不符合专利法及其实施细则规定的授予专利权条件的外观设计专利的每项外观设计，均须给出具体的评价说明，并明确结论，必要时应当引证对比文件。

4.2 专利权评价报告的发送

专利权评价报告作出后，应当发送给请求人。

5. 专利权评价报告的查阅与复制

根据专利法实施细则第五十七条的规定，国家知识产权局在作出专利权评价报告后，任何单位或者个人可以查阅或者复制。查阅、复制的相关手续参见本指南第五部分第四章第5.3节的规定。

6. 专利权评价报告的更正

作出专利权评价报告的部门在发现专利权评价报告中存在错误后，可以自行更正。请求人认为专利权评价报告存在需要更正的错误的，可以请求更正。

更正后的专利权评价报告应当及时发送给请求人。

6.1 可更正的内容

专利权评价报告中存在下列错误的，可以进行更正：

（1）著录项目信息或文字错误；
（2）作出专利权评价报告的程序错误；
（3）法律适用明显错误；
（4）结论所依据的事实认定明显错误；
（5）其他应当更正的错误。

6.2 更正程序的启动

（1）作出专利权评价报告的部门自行启动

作出专利权评价报告的部门在发现专利权评价报告中存在需要更正的错误后，可以自行启动更正程序。

（2）请求人请求启动

请求人认为作出的专利权评价报告存在需要更正的错误的，可以在收到专利权评价报告后两个月内提出更正请求。

提出更正请求的，应当以意见陈述书的形式书面提出，写明需要更正的内容及更正的理由，但不得修改专利文件。

6.3 更正程序的进行和终止

更正程序启动后，作出专利权评价报告的部门应当成立由组长、主核员和参核员组成的三人复核组，对原专利权评价报告进行复核。复核结果经复核组合议作出，合议时采取少数服从多数的原则。作出原专利权评价报告的审查员和审核员不参加复核组。

复核组认为更正理由不成立，原专利权评价报告无误、不需更正的，应当发出专利权评价报告复核意见通知书，说明不予更正的理由，更正程序终止。

复核组认为更正理由成立，原专利权评价报告有误、确需更正的，应当发出更正的专利权评价报告，并在更正的专利权评价报告上注明以此报告代替原专利权评价报告，更正程序终止。

在更正程序中，复核组一般不进行补充检索，除非因事实认定发生变化，导致原来的检索不完整或者不准确。针对专利权评价报告，一般只允许提出一次更正请求，但对于复核组在补充检索后重新作出的专利权评价报告，请求人可以再次提出更正请求。

第十一章　关于电子申请的若干规定

1. 引　言

专利法实施细则第二条规定，专利法及其实施细则规定的各种手续，应当以书面形式或者专利局规定的其他形式办理。专利局规定的其他形式包括电子文件形式。

电子申请是指以互联网为传输媒介将专利申请文件以符合规定的电子文件形式向专利局提出的专利申请。

专利法及其实施细则和本指南中关于专利申请和其他文件的规定，除针对以纸件形式提交的专利申请和其他文件的规定之外，均适用于电子申请。

电子文件格式要求由专利局另行规定。

2. 电子申请用户

电子申请用户是指已经与国家知识产权局签订电子专利申请系统用户注册协议（以下简称用户注册协议），办理了有关注册手续，获得用户代码和密码的申请人和专利代理机构。

2.1　电子申请代表人

申请人有两人以上且未委托专利代理机构的，以提交电子申请的电子申请用户为代表人。

2.2　电子签名

电子签名是指通过专利局电子专利申请系统提交或发出的电子文件中所附的用于识别签名人身份并表明签名人认可其中内容的数据。

专利法实施细则第一百一十九条第一款所述的签字或者盖章，在电子申请文件中是指电子签名，电子申请文件采用的电子签名与纸件文件的签字或者盖章具有相同的法律效力。

3. 电子申请用户注册

电子申请用户注册方式包括：当面注册、邮寄注册和网上注册。

办理电子申请用户注册手续应当提交电子申请用户注册请求书、签字或者盖章的用户注册协议一式两份以及用户注册证明文件。

3.1　电子申请用户注册请求书

电子申请用户注册请求书应当采用专利局制定的标准表格，请求书中应当写明注册请求人姓名或者名称、类型、证件号码、国籍或注册地、经常居所地或营业所所在地、详细地址和邮政编码。

注册请求人是单位的，请求书中还应当写明经办人信息。

3.2　用户注册证明文件

注册请求人是个人的，应当提交由本人签字或者盖章的居民身份证复印件或者其他身份证明文件。注册请求人是单位的，应当提交加盖单位公章的企业营业执照或者组织机构证复印件、经办人签字或者盖章的身份证明文件复印件。注册请求人是专利代理机构的，应当提交加盖专利代理机构公章的专利代理机构注册证复印件、经办人签字或者盖章的身份证明文件复印件。

3.3　注册请求的审查

注册材料经审查合格的，应当向注册请求人发出电子申请注册请求审批通知书和一份经专利局盖章的用户注册协议，并给予用户代码。当面注册的，由注册请求人当面设置密码；邮寄注册的，应当在电子申请注册请求审批通知书中告知注册请求人密码；网上注册的，由申请人在提出注册请求时预置密码。

注册材料经审查不合格，当面注册的，应当直接向注册请求人说明不予注册的理由，注册材料不予接收；邮寄注册和网上注册的，应当向注册请求人发出电子申请注册请求审批通知书，通知书应当记载不予注册的理由，注册材料不予退还。

3.4　电子申请用户信息的变更

注册用户的密码、详细地址、邮政编码、

电话、传真、电子邮箱及信息提示方式等信息发生变更的，注册用户应当登录电子申请网站在线进行变更。

注册用户的姓名或者名称、类型、证件号码、国籍或注册地、经常居所地或营业所所在地等信息发生变更的，注册用户应当向专利局提交电子申请用户注册信息变更请求书及相应的证明文件，办理变更手续。

注册用户代码不予变更。

4. 电子申请的接收和受理

电子申请受理范围包括：
（1）发明、实用新型和外观设计专利申请。
（2）进入国家阶段的国际申请。
（3）复审和无效宣告请求。

4.1 电子申请的接收

申请人应当按照规定的文件格式、数据标准、操作规范和传输方式提交电子申请文件。符合规定的，发出文件接收情况的电子申请回执；不符合规定的，不予接收。

任何单位和个人认为其专利申请需要按照保密专利申请处理的，不得通过电子专利申请系统提交。

4.2 电子申请的受理

电子申请的内容明显不属于专利申请的，不予受理。

电子申请的受理条件应当符合本指南第五部分第三章第2.1节的规定，受理程序如下：
（1）确定递交日和申请日
专利局电子专利申请系统收到电子文件的日期为递交日。
专利局电子专利申请系统收到符合专利法及其实施细则规定的专利申请文件之日为申请日。
（2）给出申请号
专利局电子专利申请系统根据专利申请的类型和申请日，自动分配申请号，并将申请号记载在请求书和数据库中。
（3）发出通知书
电子申请经审查符合受理条件的，审查员应当发出专利申请受理通知书和缴纳申请费通知书；提出费用减缓请求的，应当发出专利申请受理通知书和费用减缓审批通知书。

5. 电子申请的特殊审查规定

5.1 专利代理委托书

申请人委托专利代理机构使用电子文件形式申请专利和办理其他专利事务的，应当提交电子文件形式的专利代理委托书和专利代理委托书纸件原件。申请人委托专利代理机构办理费用减缓手续的，应当在电子文件形式的专利代理委托书中声明。

已在专利局交存总委托书，提出专利申请时在请求书中写明总委托书编号的，或者办理著录项目变更时在申报书中写明总委托书编号的，不需要提交电子文件形式的总委托书和总委托书复印件。

5.2 解除委托和辞去委托

电子申请的申请人已委托专利代理机构的，在办理解除委托或者辞去委托手续时，应当至少有一名申请人是电子申请用户。全体申请人均不是电子申请用户的，不予办理解除委托或者辞去委托手续，审查员应当发出视为未提出通知书，并告知当事人应当办理电子申请用户注册手续。

解除委托手续合格的，以办理解除委托手续的已成为电子申请用户的申请人为该专利申请的代表人。

辞去委托手续合格的，以指定的已成为电子申请用户的申请人为该专利申请的代表人。未指定代表人的，以第一署名并成为电子申请用户的申请人为该专利申请的代表人。

5.3 撤销专利代理机构引起的变更

申请人委托的专利代理机构被国家知识产权局撤销，而申请人重新委托其他专利代理机构的，该专利代理机构应当是电子申请用户。

申请人委托的专利代理机构被撤销，而申请人未重新委托其他专利代理机构的，如果申请人是中国内地的个人或者单位，且为电子申请用户的，以第一署名并成为电子申请用户的申请人为代表人；全体申请人都不是电子申请用户的，审查员应当以纸件形式通知申请人办理电子申请用户注册手续；根据专利法第十九条第一款规定，申请人应当委托专利代理机构的，审查员应当通知申请人重新委托其他已成为电子申请用户的专利代理机构。

5.4 专利申请权（或专利权）转移引起的变更

专利申请权（或专利权）转移引起的申请人（或专利权人）姓名或者名称的变更，变更后的权利人未委托专利代理机构的，该权利人应当是电子申请用户。变更后的权利人委托专利代理机构的，该专利代理机构应当是电子申请用户。

著录项目变更手续应当以电子文件形式办理。以纸件形式提出著录项目变更请求的，审查员应当向当事人发出视为未提出通知书。

5.5 需要提交纸件原件的文件

申请人提出电子申请并被受理的，办理专利申请的各种手续应当以电子文件形式提交。对专利法及其实施细则和本指南中规定的必须以原件形式提交的文件，例如，费用减缓证明、专利代理委托书、著录项目变更证明和复审及无效程序中的证据等，应当在专利法及其实施细则和本指南中规定的期限内提交纸件原件。

其中，申请专利时提交费用减缓证明的，申请人还应当同时提交费用减缓证明纸件原件的扫描文件。

5.6 纸件申请和电子申请的转换

申请人或专利代理机构可以请求将纸件申请转换为电子申请，涉及国家安全或者重大利益需要保密的专利申请除外。

提出请求的申请人或专利代理机构应当是电子申请用户，并且应当通过电子文件形式提出请求。经审查符合要求的，该专利申请后续手续均应当以电子文件形式提交。使用纸件形式提出请求的，审查员应当发出纸件形式的视为未提出通知书。

6. 电子发文

专利局以电子文件形式通过电子专利申请系统向电子申请用户发送各种通知书和决定。电子申请用户应当及时接收专利局电子文件形式的通知书和决定。电子申请用户未及时接收的，不作公告送达。

自发文日起十五日内申请人未接收电子文件形式的通知书和决定的，专利局可以发出纸件形式的该通知书和决定的副本。

国家知识产权局行政复议规程

（2012年7月18日国家知识产权局令第六十六号发布）

第一章 总 则

第一条 为了防止和纠正违法或者不当的具体行政行为，保护公民、法人和其他组织的合法权益，保障和监督国家知识产权局依法行使职权，根据《中华人民共和国行政复议法》和《中华人民共和国行政复议法实施条例》，制定本规程。

第二条 公民、法人或者其他组织认为国家知识产权局的具体行政行为侵犯其合法权益的，可以依照本规程向国家知识产权局申请行政复议。

第三条 国家知识产权局负责法制工作的机构（以下称"行政复议机构"）具体办理行政复议事项，履行下列职责：

（一）受理行政复议申请；

（二）向有关部门及人员调查取证，调阅有关文档和资料；

（三）审查具体行政行为是否合法与适当；

（四）办理一并请求的行政赔偿事项；

（五）拟订、制作和发送行政复议法律文书；

（六）办理因不服行政复议决定提起行政诉讼的应诉事项；

（七）督促行政复议决定的履行；

（八）办理行政复议、行政应诉案件统计和重大行政复议决定备案事项；

（九）研究行政复议工作中发现的问题，

及时向有关部门提出行政复议意见或者建议。

第二章 行政复议范围和参加人

第四条 除本规程第五条另有规定外，有下列情形之一的，可以依法申请行政复议：

（一）对国家知识产权局作出的有关专利申请、专利权的具体行政行为不服的；

（二）对国家知识产权局作出的有关集成电路布图设计登记申请、布图设计专有权的具体行政行为不服的；

（三）对国家知识产权局专利复审委员会作出的有关专利复审、无效的程序性决定不服的；

（四）对国家知识产权局作出的有关专利代理管理的具体行政行为不服的；

（五）认为国家知识产权局作出的其他具体行政行为侵犯其合法权益的。

第五条 对下列情形之一，不能申请行政复议：

（一）专利申请人对驳回专利申请的决定不服的；

（二）复审请求人对复审请求审查决定不服的；

（三）专利权人或者无效宣告请求人对无效宣告请求审查决定不服的；

（四）专利权人或者专利实施强制许可的被许可人对强制许可使用费的裁决不服的；

（五）国际申请的申请人对国家知识产权局作为国际申请的受理单位、国际检索单位和国际初步审查单位所作决定不服的；

（六）集成电路布图设计登记申请人对驳回登记申请的决定不服的；

（七）集成电路布图设计登记申请人对复审决定不服的；

（八）集成电路布图设计权利人对撤销布图设计登记的决定不服的；

（九）集成电路布图设计权利人、非自愿许可取得人对非自愿许可报酬的裁决不服的；

（十）集成电路布图设计权利人、被控侵权人对集成电路布图设计专有权侵权纠纷处理决定不服的；

（十一）法律、法规规定的其他不能申请行政复议的情形。

第六条 依照本规程申请行政复议的公民、法人或者其他组织是复议申请人。

在具体行政行为作出时其权利或者利益受到损害的其他利害关系人可以申请行政复议，也可以作为第三人参加行政复议。

第七条 复议申请人、第三人可以委托代理人代为参加行政复议。

第三章 申请与受理

第八条 公民、法人或者其他组织认为国家知识产权局的具体行政行为侵犯其合法权益的，可以自知道该具体行政行为之日起60日内提出行政复议申请。

因不可抗力或者其他正当理由耽误前款所述期限的，该期限自障碍消除之日起继续计算。

第九条 有权申请行政复议的公民、法人或者其他组织向人民法院提起行政诉讼，人民法院已经依法受理的，不得向国家知识产权局申请行政复议。

向国家知识产权局申请行政复议，行政复议机构已经依法受理的，在法定行政复议期限内不得向人民法院提起行政诉讼。

国家知识产权局受理行政复议申请后，发现在受理前或者受理后当事人向人民法院提起行政诉讼并且人民法院已经依法受理的，驳回行政复议申请。

第十条 行政复议申请应当符合下列条件：

（一）复议申请人是认为具体行政行为侵犯其合法权益的专利申请人、专利权人、集成电路布图设计登记申请人、集成电路布图设计权利人或者其他利害关系人；

（二）有具体的行政复议请求和理由；

（三）属于行政复议的范围；

（四）在法定申请期限内提出。

第十一条 申请行政复议应当提交行政复议申请书一式两份，并附具必要的证据材料。被申请复议的具体行政行为以书面形式作出的，应当附具该文书或者其复印件。

委托代理人的，应当附具授权委托书。

— 286 —

第十二条 行政复议申请书应当载明下列内容：

（一）复议申请人的姓名或者名称、通信地址、联系电话；

（二）具体的行政复议请求；

（三）申请行政复议的主要事实和理由；

（四）复议申请人的签名或者盖章；

（五）申请行政复议的日期。

第十三条 行政复议申请书可以使用国家知识产权局制作的标准表格。

行政复议申请书可以手写或者打印。

第十四条 行政复议申请书应当以邮寄、传真或者当面递交等方式向行政复议机构提交。

第十五条 行政复议机构自收到行政复议申请书之日起 5 日内，根据情况分别作出如下处理：

（一）行政复议申请符合本规程规定的，予以受理，并向复议申请人发送受理通知书；

（二）行政复议申请不符合本规程规定的，决定不予受理并书面告知理由；

（三）行政复议申请书不符合本规程第十一条、第十二条规定的，通知复议申请人在指定期限内补正；期满未补正的，视为放弃行政复议申请。

第四章　审理与决定

第十六条 在审理行政复议案件过程中，行政复议机构可以向有关部门和人员调查情况，也可应请求听取复议申请人或者第三人的口头意见。

第十七条 行政复议机构应当自受理行政复议申请之日起 7 日内将行政复议申请书副本转交有关部门。该部门应当自收到行政复议申请书副本之日起 10 日内提出维持、撤销或者变更原具体行政行为的书面答复意见，并提交当时作出具体行政行为的证据、依据和其他有关材料。期满未提出答复意见的，不影响行政复议决定的作出。

复议申请人、第三人可以查阅前款所述书面答复意见以及作出具体行政行为所依据的证据、依据和其他有关材料，但涉及保密内容的除外。

第十八条 行政复议决定作出之前，复议申请人可以要求撤回行政复议申请。准予撤回的，行政复议程序终止。

第十九条 行政复议期间，具体行政行为原则上不停止执行。行政复议机构认为需要停止执行的，应当向有关部门发出停止执行通知书，并通知复议申请人及第三人。

第二十条 审理行政复议案件，以法律、行政法规、部门规章为依据。

第二十一条 具体行政行为认定事实清楚，证据确凿，适用依据正确，程序合法，内容适当的，应当决定维持。

第二十二条 被申请人不履行法定职责的，应当决定其在一定期限内履行法定职责。

第二十三条 具体行政行为有下列情形之一的，应当决定撤销、变更该具体行政行为或者确认该具体行政行为违法，并可以决定由被申请人重新作出具体行政行为：

（一）主要事实不清，证据不足的；

（二）适用依据错误的；

（三）违反法定程序的；

（四）超越或者滥用职权的；

（五）具体行政行为明显不当的；

（六）出现新证据，撤销或者变更原具体行政行为更为合理的。

第二十四条 具体行政行为有下列情形之一的，可以决定变更该具体行政行为：

（一）认定事实清楚，证据确凿，程序合法，但是明显不当或者适用依据错误的；

（二）认定事实不清，证据不足，经行政复议程序审理查明事实清楚，证据确凿的。

第二十五条 有下列情形之一的，应当驳回行政复议申请并书面告知理由：

（一）复议申请人认为被申请人不履行法定职责而申请行政复议，行政复议机构受理后发现被申请人没有相应法定职责或者在受理前已经履行法定职责的；

（二）行政复议机构受理行政复议申请后，发现该行政复议申请不符合受理条件的。

第二十六条 复议申请人申请行政复议时可以一并提出行政赔偿请求。行政复议机构依据国家赔偿法的规定对行政赔偿请求进行审理，在行政复议决定中对赔偿请求一并作出决定。

第二十七条 行政复议决定应当自受理行政复议申请之日起 60 日内作出，但是情况复杂不能在规定期限内作出的，经审批后可以延长期限，并通知复议申请人和第三人。延长的期限最多不得超过 30 日。

第二十八条 行政复议决定以国家知识产权局的名义作出。行政复议决定书应当加盖国家知识产权局行政复议专用章。

第二十九条 行政复议期间，行政复议机构发现相关行政行为违法或者需要做好善后工作的，可以制作行政复议意见书。有关部门应当自收到行政复议意见书之日起 60 日内将纠正相关行政违法行为或者做好善后工作的情况通报行政复议机构。

行政复议期间，行政复议机构发现法律、法规、规章实施中带有普遍性的问题，可以制作行政复议建议书，向有关部门提出完善制度和改进行政执法的建议。

第五章　期间与送达

第三十条 期间开始之日不计算在期间内。期间届满的最后一日是节假日的，以节假日后的第一日为期间届满的日期。本规程中有关"5 日"、"7 日"、"10 日"的规定是指工作日，不含节假日。

第三十一条 行政复议决定书直接送达的，复议申请人在送达回证上的签收日期为送达日期。行政复议决定书邮寄送达的，自交付邮寄之日起满 15 日视为送达。

行政复议决定书一经送达，即发生法律效力。

第三十二条 复议申请人或者第三人委托代理人的，行政复议决定书除送交代理人外，还应当按国内的通讯地址送交复议申请人和第三人。

第六章　附　则

第三十三条 外国人、外国企业或者外国其他组织向国家知识产权局申请行政复议，适用本规程。

第三十四条 行政复议不收取费用。

第三十五条 本规程自 2012 年 9 月 1 日起施行。2002 年 7 月 25 日国家知识产权局令第二十四号发布的《国家知识产权局行政复议规程》同时废止。

施行修改后的专利法的过渡办法

（2009 年 9 月 29 日国家知识产权局令第五十三号发布）

第一条 为了保障 2008 年 12 月 27 日公布的《全国人民代表大会常务委员会关于修改〈中华人民共和国专利法〉的决定》的施行，依照立法法第八十四条的规定，制定本办法。

第二条 修改前的专利法的规定适用于申请日在 2009 年 10 月 1 日前（不含该日，下同）的专利申请以及根据该专利申请授予的专利权；修改后的专利法的规定适用于申请日在 2009 年 10 月 1 日以后（含该日，下同）的专利申请以及根据该专利申请授予的专利权；但本办法以下各条对申请日在 2009 年 10 月 1 日前的专利申请以及根据该申请授予的专利权的特殊规定除外。

前款所述申请日的含义依照专利法实施细则的有关规定理解。

第三条 2009 年 10 月 1 日以后请求给予实施专利的强制许可的，适用修改后的专利法第六章的规定。

第四条 管理专利工作的部门对发生在 2009 年 10 月 1 日以后的涉嫌侵犯专利权行为进行处理的，适用修改后的专利法第十一条、第六十二条、第六十九条、第七十条的规定。

第五条 管理专利工作的部门对发生在 2009 年 10 月 1 日以后的涉嫌假冒专利行为进

行查处的，适用修改后的专利法第六十三条、第六十四条的规定。

第六条 专利权人在 2009 年 10 月 1 日以后标明专利标识的，适用修改后的专利法第十七条的规定。

第七条 在中国没有经常居所或者营业所的外国人、外国企业或者外国其他组织在 2009 年 10 月 1 日以后委托或者变更专利代理机构的，适用修改后的专利法第十九条的规定。

第八条 本办法自 2009 年 10 月 1 日起施行。

施行修改后的专利法实施细则的过渡办法

(2010 年 1 月 21 日国家知识产权局令第五十四号发布)

第一条 为了保障 2010 年 1 月 9 日公布的《国务院关于修改〈中华人民共和国专利法实施细则〉的决定》的施行，依照立法法第八十四条的规定，制定本办法。

第二条 修改前的专利法实施细则的规定适用于申请日在 2010 年 2 月 1 日前（不含该日）的专利申请以及根据该专利申请授予的专利权；修改后的专利法实施细则的规定适用于申请日在 2010 年 2 月 1 日以后（含该日，下同）的专利申请以及根据该专利申请授予的专利权；但本办法以下各条对申请日在 2010 年 2 月 1 日前的专利申请以及根据该申请授予的专利权的特殊规定除外。

第三条 2010 年 2 月 1 日以后以不符合专利法第二十三条第三款的规定为理由提出无效宣告请求的，对该无效宣告请求的审查适用修改后的专利法实施细则第六十六条第三款的规定。

第四条 2010 年 2 月 1 日以后提出无效宣告请求的，对该无效宣告请求的审查适用修改后的专利法实施细则第七十二条第二款的规定。

第五条 专利国际申请的申请人在 2010 年 2 月 1 日以后办理进入中国国家阶段手续的，该国际申请适用修改后的专利法实施细则第十章的规定。

第六条 在 2010 年 2 月 1 日以后请求国家知识产权局中止有关程序的，适用修改后的专利法实施细则第九十三条和第九十九条的规定，不再缴纳中止程序请求费。

在 2010 年 2 月 1 日以后请求退还多缴、重缴、错缴的专利费用的，适用修改后的专利法实施细则第九十四条第四款的规定。

在 2010 年 2 月 1 日以后缴纳申请费、公布印刷费和申请附加费的，适用修改后的专利法实施细则第九十五条的规定。

在 2010 年 2 月 1 日以后办理授予专利权的登记手续的，适用修改后的专利法实施细则第九十三条和第九十七条的规定，不再缴纳申请维持费。

第七条 本办法自 2010 年 2 月 1 日起施行。

专利代理管理办法

(2019 年 4 月 4 日国家市场监督管理总局令第 6 号公布)

第一章 总 则

第一条 为了规范专利代理行为，保障委托人、专利代理机构以及专利代理师的合法权益，维护专利代理行业的正常秩序，促进专利代理行业健康发展，根据《中华人民共和国专利法》《专利代理条例》以及其他有关法律、行政法规的规定，制定本办法。

第二条　国家知识产权局和省、自治区、直辖市人民政府管理专利工作的部门依法对专利代理机构和专利代理师进行管理和监督。

第三条　国家知识产权局和省、自治区、直辖市人民政府管理专利工作的部门应当按照公平公正公开、依法有序、透明高效的原则对专利代理执业活动进行检查和监督。

第四条　专利代理机构和专利代理师可以依法成立和参加全国性或者地方性专利代理行业组织。专利代理行业组织是社会团体，是专利代理师的自律性组织。

专利代理行业组织应当制定专利代理行业自律规范，行业自律规范不得与法律、行政法规、部门规章相抵触。专利代理机构、专利代理师应当遵守行业自律规范。

第五条　专利代理机构和专利代理师执业应当遵守法律、行政法规和本办法，恪守职业道德、执业纪律，诚实守信，规范执业，提升专利代理质量，维护委托人的合法权益和专利代理行业正常秩序。

第六条　国家知识产权局和省、自治区、直辖市人民政府管理专利工作的部门可以根据实际情况，通过制定政策、建立机制等措施，支持引导专利代理机构为小微企业以及无收入或者低收入的发明人、设计人提供专利代理援助服务。

鼓励专利代理行业组织和专利代理机构利用自身资源开展专利代理援助工作。

第七条　国家知识产权局和省、自治区、直辖市人民政府管理专利工作的部门应当加强电子政务建设和专利代理公共信息发布，优化专利代理管理系统，方便专利代理机构、专利代理师和公众办理事务、查询信息。

第八条　任何单位、个人未经许可，不得代理专利申请和宣告专利权无效等业务。

第二章　专利代理机构

第九条　专利代理机构的组织形式应当为合伙企业、有限责任公司等。合伙人、股东应当为中国公民。

第十条　合伙企业形式的专利代理机构申请办理执业许可证的，应当具备下列条件：

（一）有符合法律、行政法规和本办法第十四条规定的专利代理机构名称；

（二）有书面合伙协议；

（三）有独立的经营场所；

（四）有两名以上合伙人；

（五）合伙人具有专利代理师资格证，并有两年以上专利代理师执业经历。

第十一条　有限责任公司形式的专利代理机构申请办理执业许可证的，应当具备下列条件：

（一）有符合法律、行政法规和本办法第十四条规定的专利代理机构名称；

（二）有书面公司章程；

（三）有独立的经营场所；

（四）有五名以上股东；

（五）五分之四以上股东以及公司法定代表人具有专利代理师资格证，并有两年以上专利代理师执业经历。

第十二条　律师事务所申请办理执业许可证的，应当具备下列条件：

（一）有独立的经营场所；

（二）有两名以上合伙人或者专职律师具有专利代理师资格证。

第十三条　有下列情形之一的，不得作为专利代理机构的合伙人、股东：

（一）不具有完全民事行为能力；

（二）因故意犯罪受过刑事处罚；

（三）不能专职在专利代理机构工作；

（四）所在专利代理机构解散或者被撤销、吊销执业许可证，未妥善处理各种尚未办结的专利代理业务。

专利代理机构以欺骗、贿赂等不正当手段取得执业许可证，被依法撤销、吊销的，其合伙人、股东、法定代表人自处罚决定作出之日起三年内不得在专利代理机构新任合伙人或者股东、法定代表人。

第十四条　专利代理机构只能使用一个名称。除律师事务所外，专利代理机构的名称中应当含有"专利代理"或者"知识产权代理"等字样。专利代理机构分支机构的名称由专利代理机构全名称、分支机构所在城市名称或者所在地区名称和"分公司"或者"分所"等组成。

专利代理机构的名称不得在全国范围内与正在使用或者已经使用过的专利代理机构的名称相同或者近似。

律师事务所申请办理执业许可证的，可以使用该律师事务所的名称。

第十五条 申请专利代理机构执业许可证的，应当通过专利代理管理系统向国家知识产权局提交申请书和下列申请材料：

（一）合伙企业形式的专利代理机构应当提交营业执照、合伙协议和合伙人身份证件扫描件；

（二）有限责任公司形式的专利代理机构应当提交营业执照、公司章程和股东身份证件扫描件；

（三）律师事务所应当提交律师事务所执业许可证和具有专利代理师资格证的合伙人、专职律师身份证件扫描件。

申请人应当对其申请材料实质内容的真实性负责。必要时，国家知识产权局可以要求申请人提供原件进行核实。法律、行政法规和国务院决定另有规定的除外。

第十六条 申请材料不符合本办法第十五条规定的，国家知识产权局应当自收到申请材料之日起五日内一次告知申请人需要补正的全部内容，逾期未告知的，自收到申请材料之日起视为受理；申请材料齐全、符合法定形式，或者申请人按照要求提交全部补正申请材料的，应当受理该申请。受理或者不予受理申请的，应当书面通知申请人并说明理由。

国家知识产权局应当自受理之日起十日内予以审核，对符合规定条件的，予以批准，向申请人颁发专利代理机构执业许可证；对不符合规定条件的，不予批准，书面通知申请人并说明理由。

第十七条 专利代理机构名称、经营场所、合伙协议或者公司章程、合伙人或者执行事务合伙人、股东或者法定代表人发生变化的，应当自办理企业变更登记之日起三十日内向国家知识产权局申请办理变更手续；律师事务所具有专利代理师资格证的合伙人或者专职律师等事项发生变化的，应当自司法行政部门批准之日起三十日内向国家知识产权局申请办理变更手续。

国家知识产权局应当自申请受理之日起十日内作出相应决定，对符合本办法规定的事项予以变更。

第十八条 专利代理机构在国家知识产权局登记的信息应当与其在市场监督管理部门或者司法行政部门的登记信息一致。

第十九条 专利代理机构解散或者不再办理专利代理业务的，应当在妥善处理各种尚未办结的业务后，向国家知识产权局办理注销专利代理机构执业许可证手续。

专利代理机构注销营业执照，或者营业执照、执业许可证被撤销、吊销的，应当在营业执照注销三十日前或者接到撤销、吊销通知书之日起三十日内通知委托人解除委托合同，妥善处理尚未办结的业务，并向国家知识产权局办理注销专利代理机构执业许可证的手续。未妥善处理全部专利代理业务的，专利代理机构的合伙人、股东不得办理专利代理师执业备案变更。

第二十条 专利代理机构设立分支机构办理专利代理业务的，应当具备下列条件：

（一）办理专利代理业务时间满两年；

（二）有十名以上专利代理师执业，拟设分支机构应当有一名以上专利代理师执业，并且分支机构负责人应当具有专利代理师资格证；

（三）专利代理师不得同时在两个以上的分支机构担任负责人；

（四）设立分支机构前三年内未受过专利代理行政处罚；

（五）设立分支机构时未被列入经营异常名录或者严重违法失信名单。

第二十一条 专利代理机构的分支机构不得以自己的名义办理专利代理业务。专利代理机构应当对其分支机构的执业活动承担法律责任。

第二十二条 专利代理机构设立、变更或者注销分支机构的，应当自完成分支机构相关企业或者司法登记手续之日起三十日内，通过专利代理管理系统向分支机构所在地的省、自治区、直辖市人民政府管理专利工作的部门进行备案。

备案应当填写备案表并上传下列材料：

（一）设立分支机构的，上传分支机构营业执照或者律师事务所分所执业许可证扫描件；

（二）变更分支机构注册事项的，上传变更以后的分支机构营业执照或者律师事务所分所执业许可证扫描件；

（三）注销分支机构的，上传妥善处理完各种事项的说明。

第二十三条 专利代理机构应当建立健全质量管理、利益冲突审查、投诉处理、年度考核等执业管理制度以及人员管理、财务管理、档案管理等运营制度，对专利代理师在执业活动中遵守职业道德、执业纪律的情况进行监督。

专利代理机构的股东应当遵守国家有关规定，恪守专利代理职业道德、执业纪律，维护专利代理行业正常秩序。

第二十四条 专利代理机构通过互联网平台宣传、承接专利代理业务的，应当遵守《中华人民共和国电子商务法》等相关规定。

前款所述专利代理机构应当在首页显著位置持续公示并及时更新专利代理机构执业许可证等信息。

第三章 专利代理师

第二十五条 专利代理机构应当依法按照自愿和协商一致的原则与其聘用的专利代理师订立劳动合同。专利代理师应当受专利代理机构指派承办专利代理业务，不得自行接受委托。

第二十六条 专利代理师执业应当符合下列条件：

（一）具有完全民事行为能力；

（二）取得专利代理师资格证；

（三）在专利代理机构实习满一年，但具有律师执业经历或者三年以上专利审查经历的人员除外；

（四）在专利代理机构担任合伙人、股东，或者与专利代理机构签订劳动合同；

（五）能专职从事专利代理业务。

符合前款所列全部条件之日为执业之日。

第二十七条 专利代理实习人员进行专利代理业务实习，应当接受专利代理机构的指导。

第二十八条 专利代理师首次执业的，应当自执业之日起三十日内通过专利代理管理系统向专利代理机构所在地的省、自治区、直辖市人民政府管理专利工作的部门进行执业备案。

备案应当填写备案表并上传下列材料：

（一）本人身份证件扫描件；

（二）与专利代理机构签订的劳动合同；

（三）实习评价材料。

专利代理师应当对其备案材料实质内容的真实性负责。必要时，省、自治区、直辖市人民政府管理专利工作的部门可以要求提供原件进行核实。

第二十九条 专利代理师从专利代理机构离职的，应当妥善办理业务移交手续，并自离职之日起三十日内通过专利代理管理系统向专利代理机构所在地的省、自治区、直辖市人民政府管理专利工作的部门提交解聘证明等，进行执业备案变更。

专利代理师转换执业专利代理机构的，应当自转换执业之日起三十日内进行执业备案变更，上传与专利代理机构签订的劳动合同或者担任股东、合伙人的证明。

未在规定时间内变更执业备案的，视为逾期未主动履行备案变更手续，省、自治区、直辖市人民政府管理专利工作的部门核实后可以直接予以变更。

第四章 专利代理行业组织

第三十条 专利代理行业组织应当严格行业自律，组织引导专利代理机构和专利代理师依法规范执业，不断提高行业服务水平。

第三十一条 国家知识产权局和省、自治区、直辖市人民政府管理专利工作的部门根据国家有关规定对专利代理行业组织进行监督和管理。

第三十二条 专利代理行业组织应当依法履行下列职责：

（一）维护专利代理机构和专利代理师的合法权益；

（二）制定行业自律规范，加强行业自律，对会员实施考核、奖励和惩戒，及时向社会公布其吸纳的会员信息和对会员的惩戒情况；

（三）组织专利代理机构、专利代理师开展专利代理援助服务；

（四）组织专利代理师实习培训和执业培训，以及职业道德、执业纪律教育；

（五）按照国家有关规定推荐专利代理师担任诉讼代理人；

（六）指导专利代理机构完善管理制度，提升专利代理服务质量；

（七）指导专利代理机构开展实习工作；

（八）开展专利代理行业国际交流；

（九）其他依法应当履行的职责。

第三十三条 专利代理行业组织应当建立健全非执业会员制度，鼓励取得专利代理师资格证的非执业人员参加专利代理行业组织、参与专利代理行业组织事务，加强非执业会员的培训和交流。

第五章　专利代理监管

第三十四条 国家知识产权局组织指导全国的专利代理机构年度报告、经营异常名录和严重违法失信名单的公示工作。

第三十五条 专利代理机构应当按照国家有关规定提交年度报告。年度报告应当包括以下内容：

（一）专利代理机构通信地址、邮政编码、联系电话、电子邮箱等信息；

（二）执行事务合伙人或者法定代表人、合伙人或者股东、专利代理师的姓名，从业人数信息；

（三）合伙人、股东的出资额、出资时间、出资方式等信息；

（四）设立分支机构的信息；

（五）专利代理机构通过互联网等信息网络提供专利代理服务的信息网络平台名称、网址等信息；

（六）专利代理机构办理专利申请、宣告专利权无效、转让、许可、纠纷的行政处理和诉讼、质押融资等业务信息；

（七）专利代理机构资产总额、负债总额、营业总收入、主营业务收入、利润总额、净利润、纳税总额等信息；

（八）专利代理机构设立境外分支机构、其从业人员获得境外专利代理从业资质的信息；

（九）其他应当予以报告的信息。

律师事务所可仅提交其从事专利事务相关的内容。

第三十六条 国家知识产权局以及省、自治区、直辖市人民政府管理专利工作的部门的工作人员应当对专利代理机构年度报告中不予公示的内容保密。

第三十七条 专利代理机构有下列情形之一的，按照国家有关规定列入经营异常名录：

（一）未在规定的期限提交年度报告；

（二）取得专利代理机构执业许可证或者提交年度报告时提供虚假信息；

（三）擅自变更名称、办公场所、执行事务合伙人或者法定代表人、合伙人或者股东；

（四）分支机构设立、变更、注销未按照规定办理备案手续；

（五）不再符合执业许可条件，省、自治区、直辖市人民政府管理专利工作的部门责令其整改，期限届满仍不符合条件；

（六）专利代理机构公示信息与其在市场监督管理部门或者司法行政部门的登记信息不一致；

（七）通过登记的经营场所无法联系。

第三十八条 专利代理机构有下列情形之一的，按照国家有关规定列入严重违法失信名单：

（一）被列入经营异常名录满三年仍未履行相关义务；

（二）受到责令停止承接新的专利代理业务、吊销专利代理机构执业许可证的专利代理行政处罚。

第三十九条 国家知识产权局指导省、自

治区、直辖市人民政府管理专利工作的部门对专利代理机构和专利代理师的执业活动情况进行检查、监督。

专利代理机构跨省设立分支机构的，其分支机构应当由分支机构所在地的省、自治区、直辖市人民政府管理专利工作的部门进行检查、监督。该专利代理机构所在地的省、自治区、直辖市人民政府管理专利工作的部门应当予以协助。

第四十条 国家知识产权局和省、自治区、直辖市人民政府管理专利工作的部门应当采取书面检查、实地检查、网络监测等方式对专利代理机构和专利代理师进行检查、监督。

在检查过程中应当随机抽取检查对象，随机选派执法检查人员。发现违法违规情况的，应当及时依法处理，并向社会公布检查、处理结果。对已被列入经营异常名录或者严重违法失信名单的专利代理机构，省、自治区、直辖市人民政府管理专利工作的部门应当进行实地检查。

第四十一条 省、自治区、直辖市人民政府管理专利工作的部门应当重点对下列事项进行检查、监督：

（一）专利代理机构是否符合执业许可条件；

（二）专利代理机构合伙人、股东以及法定代表人是否符合规定；

（三）专利代理机构年度报告的信息是否真实、完整、有效，与其在市场监督管理部门或者司法行政部门公示的信息是否一致；

（四）专利代理机构是否存在本办法第三十七条规定的情形；

（五）专利代理机构是否建立健全执业管理制度和运营制度等情况；

（六）专利代理师是否符合执业条件并履行备案手续；

（七）未取得专利代理执业许可的单位或者个人是否存在擅自开展专利代理业务的违法行为。

第四十二条 省、自治区、直辖市人民政府管理专利工作的部门依法进行检查监督时，应当将检查监督的情况和处理结果予以记录，由检查监督人员签字后归档。

当事人应当配合省、自治区、直辖市人民政府管理专利工作的部门的检查监督，接受询问，如实提供有关情况和材料。

第四十三条 国家知识产权局和省、自治区、直辖市人民政府管理专利工作的部门对存在违法违规行为的机构或者人员，可以进行警示谈话、提出意见，督促及时整改。

第四十四条 国家知识产权局和省、自治区、直辖市人民政府管理专利工作的部门应当督促专利代理机构贯彻实施专利代理相关服务规范，引导专利代理机构提升服务质量。

第四十五条 国家知识产权局应当及时向社会公布专利代理机构执业许可证取得、变更、注销、撤销、吊销等相关信息，以及专利代理师的执业备案、撤销、吊销等相关信息。

国家知识产权局和省、自治区、直辖市人民政府管理专利工作的部门应当及时向社会公示专利代理机构年度报告信息，列入或者移出经营异常名录、严重违法失信名单信息，行政处罚信息，以及对专利代理执业活动的检查情况。行政处罚、检查监督结果纳入国家企业信用信息公示系统向社会公布。

律师事务所、律师受到专利代理行政处罚的，应当由国家知识产权局和省、自治区、直辖市人民政府管理专利工作的部门将信息通报相关司法行政部门。

第六章 专利代理违法行为的处理

第四十六条 任何单位或者个人认为专利代理机构、专利代理师的执业活动违反专利代理管理有关法律、行政法规、部门规章规定，或者认为存在擅自开展专利代理业务情形的，可以向省、自治区、直辖市人民政府管理专利工作的部门投诉和举报。

省、自治区、直辖市人民政府管理专利工作的部门收到投诉和举报后，应当依据市场监督管理投诉举报处理办法、行政处罚程序等有关规定进行调查处理。本办法另有规定的除外。

第四十七条 对具有重大影响的专利代理违法违规行为，国家知识产权局可以协调或者指定有关省、自治区、直辖市人民政府管理专利工作的部门进行处理。对于专利代理违法行为的处理涉及两个以上省、自治区、直辖市人民政府管理专利工作的部门的，可以报请国家知识产权局组织协调处理。

对省、自治区、直辖市人民政府管理专利工作的部门专利代理违法行为处理工作，国家知识产权局依法进行监督。

第四十八条 省、自治区、直辖市人民政府管理专利工作的部门可以依据本地实际，要求下一级人民政府管理专利工作的部门协助处理专利代理违法违规行为；也可以依法委托有实际处理能力的管理公共事务的事业组织处理专利代理违法违规行为。

委托方应当对受托方的行为进行监督和指导，并承担法律责任。

第四十九条 省、自治区、直辖市人民政府管理专利工作的部门应当及时、全面、客观、公正地调查收集与案件有关的证据。可以通过下列方式对案件事实进行调查核实：

（一）要求当事人提交书面意见陈述；

（二）询问当事人；

（三）到当事人所在地进行现场调查，可以调阅有关业务案卷和档案材料；

（四）其他必要、合理的方式。

第五十条 案件调查终结后，省、自治区、直辖市人民政府管理专利工作的部门认为应当对专利代理机构作出责令停止承接新的专利代理业务、吊销执业许可证，或者对专利代理师作出责令停止承办新的专利代理业务、吊销专利代理师资格证行政处罚的，应当及时报送调查结果和处罚建议，提请国家知识产权局处理。

第五十一条 专利代理机构有下列情形之一的，属于《专利代理条例》第二十五条规定的"疏于管理，造成严重后果"的违法行为：

（一）因故意或者重大过失给委托人、第三人利益造成损失，或者损害社会公共利益；

（二）从事非正常专利申请行为，严重扰乱专利工作秩序；

（三）诋毁其他专利代理师、专利代理机构，以不正当手段招揽业务，存在弄虚作假行为，严重扰乱行业秩序，受到有关行政机关处罚；

（四）严重干扰专利审查工作或者专利行政执法工作正常进行；

（五）专利代理师从专利代理机构离职未妥善办理业务移交手续，造成严重后果；

（六）专利代理机构执业许可证信息与市场监督管理部门、司法行政部门的登记信息或者实际情况不一致，未按照要求整改，给社会公众造成重大误解；

（七）分支机构设立、变更、注销不符合规定的条件或者没有按照规定备案，严重损害当事人利益；

（八）默许、指派专利代理师在未经其本人撰写或者审核的专利申请等法律文件上签名，严重损害当事人利益；

（九）涂改、倒卖、出租、出借专利代理机构执业许可证，严重扰乱行业秩序。

第五十二条 有下列情形之一的，属于《专利代理条例》第二十七条规定的"擅自开展专利代理业务"的违法行为：

（一）通过租用、借用等方式利用他人资质开展专利代理业务；

（二）未取得专利代理机构执业许可证或者不符合专利代理师执业条件，擅自代理专利申请、宣告专利权无效等相关业务，或者以专利代理机构、专利代理师的名义招揽业务；

（三）专利代理机构执业许可证或者专利代理师资格证被撤销或者吊销后，擅自代理专利申请、宣告专利权无效等相关业务，或者以专利代理机构、专利代理师的名义招揽业务。

第五十三条 专利代理师对其签名办理的专利代理业务负责。对于非经本人办理的专利事务，专利代理师有权拒绝在相关法律文件上签名。

专利代理师因专利代理质量等原因给委托人、第三人利益造成损失或者损害社会公共利益的，省、自治区、直辖市人民政府管理专利工作的部门可以对签名的专利代理师予以警告。

第五十四条 国家知识产权局按照有关规定，对专利代理领域严重失信主体开展联合惩戒。

第五十五条 法律、行政法规对专利代理机构经营活动违法行为的处理另有规定的，从其规定。

第七章 附 则

第五十六条 本办法由国家市场监督管理总局负责解释。

第五十七条 本办法中二十日以内期限的规定是指工作日，不含法定节假日。

第五十八条 本办法自2019年5月1日起施行。2015年4月30日国家知识产权局令第70号发布的《专利代理管理办法》、2002年12月12日国家知识产权局令第25号发布的《专利代理惩戒规则（试行）》同时废止。

专利代理师资格考试办法

（2019年4月23日国家市场监督管理总局令第7号公布）

第一章 总 则

第一条 为了规范专利代理师资格考试工作，根据《中华人民共和国专利法》和《专利代理条例》，制定本办法。

第二条 专利代理师资格考试（以下简称考试）是全国统一的专利代理师执业准入资格考试。

第三条 国家知识产权局负责考试组织工作，制定考试政策和考务管理制度，指导省、自治区、直辖市人民政府管理专利工作的部门的考务工作，负责考试命题、专利代理师资格证书颁发、组织巡考、考试安全保密、全国范围内重大突发事件的应急处理、应试人员和考试工作人员的违规违纪行为处理等工作。

国家知识产权局成立专利代理师考试委员会。考试委员会审定考试大纲和确定考试合格分数线，其成员由国家知识产权局、国务院有关部门、专利代理行业组织的有关人员和专利代理师代表组成，主任由国家知识产权局局长担任。考试委员会办公室负责考试各项具体工作。

第四条 省、自治区、直辖市人民政府管理专利工作的部门负责本行政区域内的考务工作，执行国家知识产权局制定的考试政策和考务管理制度。省、自治区、直辖市人民政府管理专利工作的部门成立考试工作领导小组，负责本行政区域内考务组织、考试安全保密、突发事件应急处理和上报、应试人员和考试工作人员违规违纪行为处理等工作。

第五条 考试每年举行一次，实行全国统一命题，命题范围以考试大纲为准。考试包括以下科目：

（一）专利法律知识；

（二）相关法律知识；

（三）专利代理实务。

第六条 考试为闭卷考试，采用计算机化考试方式。

第七条 考试实行全国统一评卷。阅卷的组织协调工作由考试委员会办公室承担。

第八条 应试人员在三年内全部科目考试合格的，经审核后由国家知识产权局颁发专利代理师资格证。

第九条 国家知识产权局和省、自治区、直辖市人民政府管理专利工作的部门应当做好考试的保密工作。保密工作应当坚持统一领导、分级管理、逐级负责、积极防范、突出重点的原则。

第十条 国家知识产权局和省、自治区、直辖市人民政府管理专利工作的部门应当及时预防和有效应对考试过程中的突发事件。突发事件应急处理工作应当遵循统一指挥、分级负责、有效控制、依法处理的原则，做到预防为主、常备不懈。

第十一条 国家知识产权局和省、自治区、直辖市人民政府管理专利工作的部门依据本办法对应试人员和考试工作人员的违规违纪行为进行处理时，应当事实清楚、证据确凿，程序规范，适用规定准确。

第十二条 国家知识产权局可以根据专利代理行业发展的需要，在符合条件的地区实施考试优惠政策。符合考试优惠政策的考生，由国家知识产权局颁发允许在本省、自治区、直辖市内执业的专利代理师资格证。

第二章 考试组织

第十三条 国家知识产权局每年在举行考试四个月前向社会发布考试有关事项公告，公布考点城市、报名程序、考试时间和资格授予等相关安排。

第十四条 省、自治区、直辖市人民政府管理专利工作的部门符合规定条件的，可以向国家知识产权局申请在本行政区域内设置考点。

第十五条 国家知识产权局可以委托计算机化考试服务方（以下简称考试服务方）执行部分考务工作。

考试服务方应当接受国家知识产权局和在本行政区域内设有考点的省、自治区、直辖市人民政府管理专利工作的部门（以下简称考点局）的监督和指导。

第十六条 国家知识产权局向考点局指派巡考人员。巡考人员监督、协调考点局和考试服务方的考务工作，发现问题及时向国家知识产权局上报。

全部科目考试结束后，巡考人员应当将考点局回收的考场情况记录表复印件、违规情况报告单和相关资料带回，交至考试委员会办公室。

第十七条 考点局监督和指导考试服务方落实本地区考站和考场，组织对本地区考站和考场情况进行检查，监督和指导考试服务方承办考务工作，并应当在考试前召开监考职责说明会。

考点局应当指派考站负责人。

第十八条 考点局应当监督和指导考试服务方按照集中、便利的原则选择考场。考场应当符合下列要求：

（一）消防设施齐全、疏散通道畅通、安静、通风良好、光线充足；

（二）硬件、软件和网络配置符合规定；

（三）具备暂时存放考生随身携带物品的区域或者设施。

第十九条 考点局应当在每个考站设置考务办公室，作为处理考试相关事务的场所，并根据需要安排、配备保卫和医务人员，协助维护考试秩序，提供医疗救助服务。

第二十条 考试工作人员应当具有较高政治素质，遵守考试纪律，熟悉考试业务，工作认真负责。有配偶或者直系亲属参加当年考试的，应当主动回避。

第三章 考试报名

第二十一条 符合以下条件的中国公民，可以报名参加考试：

（一）具有完全民事行为能力；

（二）取得国家承认的理工科大专以上学历，并获得毕业证书或者学位证书。

香港特别行政区、澳门特别行政区永久性居民中的中国公民和台湾地区居民可以报名参加考试。

第二十二条 从事专利审查等工作满七年的中国公民，可以申请免予专利代理实务科目考试。

第二十三条 有下列情形之一的，不得报名参加考试：

（一）因故意犯罪受过刑事处罚，自刑罚执行完毕之日起未满三年；

（二）受吊销专利代理师资格证的处罚，自处罚决定之日起未满三年。

第二十四条 报名参加考试的人员，应当选择适合的考点城市之一，在规定的时间内报名。报名人员应当填写、上传下列材料，并缴纳相关费用：

（一）报名表、专利代理师资格预申请表及照片；

（二）有效身份证件扫描件；

（三）学历或者学位证书扫描件。持香港

特别行政区、澳门特别行政区、台湾地区或者国外高等学校学历学位证书报名的，须上传教育部留学服务中心的学历学位认证书扫描件；

（四）专利代理师资格申请承诺书扫描件。

申请免予专利代理实务科目考试的人员报名时还应当填写、上传免试申请书，证明从事专利审查等工作情况的材料。

第二十五条　国家知识产权局考试委员会办公室统一制作准考证，并发放给符合报名条件的考试报名人员。

第四章　考场规则

第二十六条　应试人员应当持本人准考证和与报名信息一致的有效身份证件原件，在每科考试开始前的指定时间进入考场，接受身份查验后在指定位置参加考试。

第二十七条　应试人员不得携带下列物品进入考场：

（一）任何书籍、期刊、笔记以及带有文字的纸张；

（二）任何具有通讯、存储、录放等功能的电子产品。

应试人员携带前款所述物品或者其他与考试无关的物品的，应当在各科考试开始前交由监考人员代为保管。

第二十八条　应试人员在考试期间应当严格遵守考场纪律，保持考场肃静，不得相互交谈、随意站立或者走动，不得查看或者窥视他人答题，不得传递任何信息，不得在考场内喧哗、吸烟、饮食或者有其他影响考场秩序的行为。

第二十九条　考试开始30分钟后，应试人员不得进入考场。考试开始60分钟后，应试人员方可交卷离场。

第三十条　应试人员入座后，不得擅自离开座位和考场。考试结束前，应试人员有特殊情况需要暂时离开考场的，应当由监考人员陪同，返回考场时应当重新接受身份查验。

应试人员因突发疾病不能继续考试的，应当立即停止考试，离开考场。

第三十一条　考试期间出现考试机故障、网络故障或者供电故障等异常情况，导致应试人员无法正常考试的，应试人员应当听从监考人员的安排。

因前款所述客观原因导致应试人员答题时间出现损失的，应试人员可以当场向监考人员提出补时要求，由监考人员依据本办法第三十九条的规定予以处理。

第三十二条　考试结束时，应试人员应当听从监考人员指令，立即停止考试，将草稿纸整理好放在桌面上，等候监考人员清点回收。监考人员宣布退场后，应试人员方可退出考场。应试人员离开考场后不得在考场附近逗留、喧哗。

第三十三条　应试人员不得抄录、复制、传播和扩散试题内容，不得将草稿纸带出考场。

第五章　监考规则

第三十四条　监考人员由国家知识产权局委托的考试服务方选派，并报国家知识产权局和考点局备案。

第三十五条　监考人员进入考场应当佩戴统一制发的监考标志。

第三十六条　考试开始前，监考人员应当完成下列工作：

（一）考试开始前90分钟，进入考场，检查考场管理机、考试服务器和考试机是否正常运行；

（二）考试开始前60分钟，到考务办公室领取考务相关表格和草稿纸；

（三）考试开始前40分钟，组织应试人员进入考场，核对准考证和身份证件，查验应试人员身份，要求应试人员本人在考场情况记录表中签名并拍照。对没有同时携带准考证和身份证件的应试人员，不得允许其进入考场；

（四）考试开始前10分钟，向应试人员宣读或者播放应试人员考场守则；

（五）考试开始前5分钟，提醒应试人员登录考试界面、核对考试相关信息，并向应试人员发放草稿纸，做好考试准备；

（六）考试开始时，准时点击考场管理机

上的"开始考试"按钮。

第三十七条 考试期间，监考人员应当逐一核对应试人员准考证和身份证件上的照片是否与本人一致。

发现应试人员本人与证件上照片不一致的，监考人员应当在考场管理机上与报名数据库中信息进行核对。经核对确认不一致的，监考人员应当报告考站负责人，由其决定该应试人员是否能够继续参加考试，并及时做好相应处理。

第三十八条 考试期间出现考试机故障、网络故障或者供电故障等异常情况，导致应试人员无法正常考试的，监考人员应当维持考场秩序，安抚应试人员，立即请技术支持人员排除故障。重要情况应当及时向考站负责人报告。考站负责人应当做好相应处理，必要时应当逐级上报国家知识产权局，并根据国家知识产权局指令进行相应处理。

第三十九条 因考试机故障等客观原因导致个别应试人员答题时间出现损失，应当向应试人员补时，补时应当等于应试人员实际损失时间。补时不超过10分钟的，经监考人员批准给予补时；补时10分钟以上30分钟以下的，报经考站负责人批准，给予补时；补时超过30分钟的，应当逐级上报国家知识产权局，并根据国家知识产权局指令进行相应处理。

第四十条 监考人员应当恪尽职守，不得在考场内吸烟、阅读书报、闲谈、接打电话或者有其他与监考要求无关的行为。监考人员不得对试题内容作任何解释或者暗示。应试人员对试题的正确性提出质疑的，监考人员应当及时上报，并根据国家知识产权局指令进行相应处理。

第四十一条 发现应试人员违规违纪行为的，监考人员应当及时报告考站负责人并做好以下工作：

（一）要求该应试人员立即停止答题；

（二）收缴违规物品，填写违规物品暂扣和退还表；

（三）对应试人员违规违纪行为进行认定，并在违规情况报告单中记录其违规情况和交卷时间，由两名监考人员签字确认；

（四）将记录的内容告知应试人员，并要求其签字确认。应试人员拒不签字的，监考人员应当在违规情况报告单中注明；

（五）在考场情况记录表中记录该应试人员姓名、准考证号、违规违纪情形等内容；

（六）及时向考站负责人报告应试人员违规违纪情况，并将考务相关表格及违规物品等证据材料一并上交考站负责人。确认应试人员有抄袭作弊行为的，监考人员应当提交相关证明材料。

第四十二条 考试结束后，监考人员应当清点、回收草稿纸，检查所有考试机是否交卷成功，确认成功后按照要求上传本考场考试数据。

第四十三条 考试期间监考人员应当如实填写考务相关表格。应试人员退出考场后，监考人员应当将考场情况记录表、违规情况报告单、违规物品暂扣和退还表、工作程序记录表和草稿纸交考站负责人验收。

第四十四条 每科考试结束后，监考人员应当清理考场并对考场进行封闭，考场钥匙由考站指定的专人管理。

第六章 成绩公布与资格授予

第四十五条 考试成绩及考试合格分数线由考试委员会办公室公布。考试成绩公布前，任何人不得擅自泄露分数情况。

第四十六条 应试人员认为其考试成绩有明显异常的，可以自考试成绩公布之日起十五日内向考试委员会办公室提出书面复查申请，逾期提出的复查申请不予受理。考试成绩复查仅限于重新核对各题得分之和相加是否有误。应试人员不得自行查阅本人试卷。

第四十七条 考试委员会办公室应当指定两名以上工作人员共同完成复查工作。复查结果由考试委员会办公室书面通知提出复查请求的应试人员。

复查发现分数确有错误需要予以更正的，经考试委员会办公室负责人审核同意，报考试委员会主任批准后，方可更正分数。

第四十八条 国家知识产权局在考试合格分数线公布后一个月内向通过考试并经过审核的应试人员颁发专利代理师资格证。

第七章 保密与应急处理

第四十九条 未启用的考试试题为机密级国家秘密,考试试题题库为秘密级国家秘密,按照《中华人民共和国保守国家秘密法》的规定管理。

第五十条 命审题人员信息、试题命制工作方案、参考答案、评分标准、考试合格标准、应试人员的考试成绩和其他有关数据,属于工作秘密,未经国家知识产权局批准不得公开。

第五十一条 国家知识产权局组织成立考试保密工作领导小组,负责制定考试保密管理有关工作方案,指导、检查和监督考点局的考试安全保密工作,对命审题、巡考、阅卷等相关涉密人员进行保密教育和业务培训,在发生失泄密事件时会同国家知识产权局保密委员会采取有效措施进行处置。

国家知识产权局组织成立考试突发事件应急处理领导小组,指导考点局的突发事件应急处理工作,组织处理全国范围内的重大突发事件。

第五十二条 考点局应当会同同级保密工作部门成立地方考试保密工作领导小组,负责制定本行政区域内考试保密制度的具体实施方案,监督、检查保密制度的执行情况,对参与考试工作的涉密人员进行审核并向国家知识产权局备案,对相关涉密考试工作人员进行保密教育和业务培训。

考点局应当成立考试突发事件应急处理领导小组,负责制定本行政区域内的考试突发事件应急处理预案,负责突发事件的处理和上报工作。

第五十三条 考试服务方接受国家知识产权局委托,执行相应部分考务工作时应当接受国家知识产权局的监督和检查,严格遵守保密法律法规、本办法及委托合同中的具体要求,并对涉及考试的相关人员进行严格管理。

第五十四条 考试保密工作管理具体办法和考试应急处理具体预案由国家知识产权局制定。

第八章 违规违纪行为的处理

第五十五条 应试人员有下列情形之一的,由监考人员给予其口头警告,并责令其改正;经警告仍不改正的,监考人员应当报告考站负责人,由其决定责令违规违纪人员离开考场:

(一)随身携带本办法第二十七条禁止携带的物品进入考场;

(二)有本办法第二十八条禁止的行为;

(三)故意损坏考试设备;

(四)有其他违规违纪行为。

第五十六条 应试人员有下列情形之一的,监考人员应当报告考站负责人,由其决定责令违规违纪人员离开考场,并报国家知识产权局决定给予其本场考试成绩无效的处理:

(一)夹带或者查看与考试有关资料;

(二)违规使用具有通讯、存储、录放等功能的电子产品;

(三)抄袭他人答案或者同意、默许、帮助他人抄袭;

(四)以口头、书面或者肢体语言等方式传递答题信息;

(五)协助他人作弊;

(六)将考试内容带出考场;

(七)有其他较为严重的违规违纪行为。

第五十七条 应试人员有下列情形之一的,监考人员应当报告考站负责人,由其决定责令违规违纪人员离开考场,并报国家知识产权局决定给予其当年考试成绩无效的处理:

(一)与其他考场应试人员或者考场外人员串通作弊;

(二)以打架斗殴等方式严重扰乱考场秩序;

(三)以威胁、侮辱、殴打等方式妨碍考试工作人员履行职责;

(四)有其他严重的违规违纪行为。

应试人员以及其他人员有前款规定情形,

构成违反治安管理行为的，移交公安机关处理；构成犯罪的，移交司法机关处理。

第五十八条 应试人员有下列情形之一的，监考人员应当报告考站负责人，由其决定责令违规违纪人员离开考场，并报国家知识产权局决定给予其当年考试成绩无效、三年不得报名参加专利代理师资格考试的处理：

（一）由他人冒名代替或者代替他人参加考试；

（二）参与有组织作弊情节严重；

（三）有其他特别严重的违规违纪行为。

应试人员以及其他人员有前款规定情形，构成违反治安管理行为的，移交公安机关处理；构成犯罪的，移交司法机关处理。

第五十九条 通过提供虚假证明材料或者以其他违法手段获得准考证并参加考试的，由国家知识产权局决定给予其当年考试成绩无效的处理。已经取得专利代理师资格证的，由国家知识产权局决定给予撤销专利代理师资格证的处理。

第六十条 考试工作人员有下列行为之一的，由国家知识产权局或者考点局决定停止其参加当年考务工作，并视情节轻重给予或者建议其所在单位给予相应处理：

（一）有应当回避考试工作的情形而未回避；

（二）发现报名人员有提供虚假证明或者证件等行为而隐瞒不报；

（三）因资料审核、考场巡检或者发放准考证等环节工作失误，致使应试人员未能如期参加考试或者使考试工作受到重大影响；

（四）擅自变更考试时间、地点或者其他考试安排；

（五）因未认真履行职责，造成所负责的考场秩序混乱；

（六）擅自将试题等与考试有关内容带出考场或者传递给他人；

（七）命题人员在保密期内从事与专利代理师考试有关的授课、答疑、辅导等活动；

（八）阅卷人员在评卷中擅自更改评分标准，或者不按评分标准进行评卷；

（九）偷换或者涂改应试人员答卷、考试成绩或者考场原始记录材料。

第六十一条 考试工作人员有下列情形之一的，由国家知识产权局或者考点局决定停止其参加当年考务工作，并视情节轻重给予或者建议其所在单位给予相应处分；构成犯罪的，移交司法机关处理：

（一）组织或者参与组织考试作弊；

（二）纵容、包庇或者帮助应试人员作弊；

（三）丢失、泄露、窃取未启用的考试试题、参考答案和评分标准；

（四）未按规定履行职责或者有其他违规违纪行为。

第六十二条 国家知识产权局依据本办法对应试人员给予本场考试成绩无效、当年考试成绩无效、三年不得报名参加专利代理师考试、撤销专利代理师资格证的处理的，应当以书面方式作出处理决定并通知本人，按照有关规定实施失信联合惩戒。

对考试工作人员违规违纪行为进行处理的，应当以书面方式作出处理决定并通知本人，并将有关证据材料存档备查。

第六十三条 对于应试人员或者考试工作人员因违规违纪行为受到处理的有关情况，国家知识产权局或者考点局认为必要时可以通报其所在单位。

第六十四条 应试人员对处理决定不服的，可以依法申请行政复议或者提起行政诉讼。

第九章 附 则

第六十五条 本办法中的考站是指实施考试的学校或者机构，考场是指举行考试的机房，考试机是指应试人员考试用计算机，考试工作人员是指参与考试命审题、试卷制作、监考、巡考、阅卷和考试保密管理等相关工作的人员。

第六十六条 本办法施行之前国家知识产权局颁发的专利代理人资格证书继续有效。

第六十七条 本办法自2019年6月1日起施行。2008年8月25日国家知识产权局令第47号发布的《专利代理人资格考试实施办法》、第 48 号发布的《专利代理人资格考试考务规则》和 2008 年 9 月 26 日国家知识产权局令第 49 号发布的《专利代理人资格考试违纪行为处理办法》同时废止。

关于规范专利申请行为的若干规定

（2007 年 8 月 27 日国家知识产权局令第四十五号发布　根据 2017 年 2 月 28 日公布的国家知识产权局令第七十五号修改）

第一条　为了规范申请专利的行为，维护正常的专利工作秩序，依据专利法、专利法实施细则和专利代理条例制定本规定。

第二条　提交或者代理提交专利申请的，应当遵照法律、法规和规章的有关规定，恪守诚实信用原则，不得从事非正常申请专利的行为。

第三条　本规定所称非正常申请专利的行为是指：

（一）同一单位或者个人提交多件内容明显相同的专利申请；

（二）同一单位或者个人提交多件明显抄袭现有技术或者现有设计的专利申请；

（三）同一单位或者个人提交多件不同材料、组分、配比、部件等简单替换或者拼凑的专利申请；

（四）同一单位或者个人提交多件实验数据或者技术效果明显编造的专利申请；

（五）同一单位或者个人提交多件利用计算机技术等随机生成产品形状、图案或者色彩的专利申请；

（六）帮助他人提交或者专利代理机构代理提交本条第一项至第五项所述类型的专利申请。

第四条　对非正常申请专利的行为，除依据专利法及其实施细则的规定对提交的专利申请进行处理之外，可以视情节采取下列处理措施：

（一）不予减缴专利费用；已经减缴的，要求补缴已经减缴的费用；情节严重的，自本年度起五年内不予减缴专利费用；

（二）在国家知识产权局政府网站以及《中国知识产权报》上予以通报并纳入全国信用信息共享平台；

（三）在国家知识产权局的专利申请数量统计中扣除非正常申请专利的数量；

（四）各级知识产权局不予资助或者奖励；已经资助或者奖励的，全部或者部分追还；情节严重的，自本年度起五年内不予资助或者奖励；

（五）中华全国专利代理人协会对从事非正常申请专利行为的专利代理机构以及专利代理人采取行业自律措施，必要时专利代理惩戒委员会根据《专利代理惩戒规则（暂行）》的规定给予相应惩戒；

（六）通过非正常申请专利的行为骗取资助和奖励，情节严重构成犯罪的，依法移送有关机关追究刑事责任。

第五条　采取本规定第四条所列处理措施前，必要时应当给予当事人陈述意见的机会。

第六条　各级知识产权局应当引导公众和专利代理机构依法提交专利申请。

专利代办处发现非正常申请专利行为的，应当及时报告国家知识产权局。

第七条　本规定自 2007 年 10 月 1 日起施行。

用于专利程序的生物材料保藏办法

(2015年1月16日国家知识产权局令第六十九号公布)

第一章 总 则

第一条 为了规范用于专利程序的生物材料的保藏和提供样品的程序,根据《中华人民共和国专利法》和《中华人民共和国专利法实施细则》(以下简称专利法实施细则),制定本办法。

第二条 生物材料保藏单位负责保藏用于专利程序的生物材料以及向有权获得样品的单位或者个人提供所保藏的生物材料样品。

第三条 在中国没有经常居所或者营业所的外国人、外国企业或者外国其他组织根据本办法办理相关事务的,应当委托依法设立的专利代理机构办理。

第二章 保藏生物材料

第四条 专利申请人依照专利法实施细则第二十四条提交生物材料保藏时,应当向保藏单位提交该生物材料,并附具保藏请求书写明下列事项:

(一)请求保藏的生物材料是用于专利程序的目的,并保证在本办法第九条规定的保藏期间内不撤回该保藏;

(二)专利申请人的姓名或者名称和地址;

(三)详细叙述该生物材料的培养、保藏和进行存活性检验所需的条件;保藏两种以上生物材料的混合培养物时,应当说明其组分以及至少一种能检查各个组分存在的方法;

(四)专利申请人给予该生物材料的识别符号,以及对该生物材料的分类命名或者科学描述;

(五)写明生物材料具有或者可能具有危及健康或者环境的特性,或者写明专利申请人不知道该生物材料具有此种特性。

第五条 保藏单位对请求保藏的生物材料的生物特性不承担复核的义务。专利申请人要求对该生物材料的生物特性和分类命名进行复核检验的,应当在提交保藏生物材料时与保藏单位另行签订合同。

第六条 保藏单位收到生物材料和保藏请求书后,应当向专利申请人出具经保藏单位盖章和负责人签字的书面保藏证明。保藏证明应当包括下列各项:

(一)保藏单位的名称和地址;

(二)专利申请人的姓名或者名称和地址;

(三)收到生物材料的日期;

(四)专利申请人给予该生物材料的识别符号,以及对该生物材料的分类命名或者科学描述;

(五)保藏单位给予的保藏编号。

第七条 有下列情形之一的,保藏单位对生物材料不予保藏,并应当通知专利申请人:

(一)该生物材料不属于保藏单位接受保藏的生物材料种类;

(二)该生物材料的性质特殊,保藏单位的技术条件无法进行保藏;

(三)保藏单位在收到保藏请求时,有其他理由无法接受该生物材料。

第八条 保藏单位收到生物材料以及保藏请求后应当及时进行存活性检验,并向专利申请人出具经保藏单位盖章和负责人签字的书面存活证明。存活证明应当记载该生物材料是否存活,并应当包括下列各项:

(一)保藏单位的名称和地址;

(二)专利申请人的姓名或者名称和地址;

(三)收到生物材料的日期;

(四)保藏单位给予的保藏编号;

(五)存活性检验的日期。

在保藏期间内,应专利申请人或者专利权人随时提出的请求,保藏单位应当对该生物材料进行存活性检验并向其出具经保藏单位盖章和负责人签字的书面存活证明。

第九条 用于专利程序的生物材料的保藏期限至少30年,自保藏单位收到生物材料之日起计算。保藏单位在保藏期限届满前收到提供生物材料样品请求的,自请求日起至少应当再保藏5年。在保藏期间内,保藏单位应当采取一切必要的措施保持其保藏的生物材料存活和不受污染。

第十条 涉及保藏的生物材料的专利申请公布前,保藏单位对其保藏的生物材料以及相关信息负有保密责任,不得向任何第三方提供该生物材料的样品和信息。

第十一条 生物材料在保藏期间内发生死亡或者污染等情况的,保藏单位应当及时通知专利申请人或者专利权人。专利申请人或者专利权人在收到上述通知之日起4个月内重新提交与原保藏的生物材料相同的生物材料的,保藏单位予以继续保藏。

第三章 提供生物材料样品

第十二条 在保藏期间内,应保藏生物材料的专利申请人或者专利权人或者经其允许的任何单位或者个人的请求,保藏单位应当向其提供该生物材料的样品。

专利申请权或者专利权发生转让的,请求提供生物材料样品的权利以及允许他人获得生物材料样品的权利一并转让。

专利申请权或者专利权发生转让的,受让人应当及时通知保藏单位该专利申请权或者专利权的转让情况。

第十三条 《国际承认用于专利程序的微生物保藏布达佩斯条约》缔约方专利局正在审查的专利申请或者已经授予的专利权涉及保藏单位所保藏的生物材料,该专利局为其专利程序的目的要求保藏单位提供该生物材料样品的,保藏单位应当向其提供。

第十四条 国家知识产权局收到请求人依照专利法实施细则第二十五条提出的请求后,应当核实下列事项:

(一)涉及该保藏生物材料的专利申请已经向国家知识产权局提交,并且该申请的主题包括该生物材料或者其利用;

(二)所述专利申请已经公布或者授权;

(三)请求人已经按照专利法实施细则第二十五条的规定作出保证。

国家知识产权局应当将该请求和有关文件的副本转送专利申请人或者专利权人,要求其在指定期限内就是否同意向请求人提供样品提出意见。专利申请人或者专利权人不同意向请求人提供样品的,应当说明理由并提交必要的证据;逾期不提出意见的,视为同意向请求人提供样品。

国家知识产权局应当综合考虑核实的情况以及专利申请人或者专利权人提出的意见,确定是否向请求人出具其有权获得生物材料样品的证明。

第十五条 除本办法第十二条和第十三条规定的情形外,请求提供生物材料样品的单位或者个人向保藏单位提交提供样品请求书以及国家知识产权局根据本办法第十四条所出具的证明的,保藏单位应当向其提供生物材料样品。

第十六条 保藏单位依照本办法提供生物材料样品,获得生物材料样品的人使用生物材料样品的,还应当遵守国家有关生物安全、出入境管理等法律法规的规定。

第十七条 保藏单位依照本办法向专利申请人或者专利权人之外的其他单位或者个人提供生物材料样品的,应当及时通知专利申请人或者专利权人。

第十八条 自本办法第九条规定的保藏期限届满之日起1年内,专利申请人或者专利权人可以取回所保藏的生物材料或者与保藏单位协商处置该生物材料。专利申请人或者专利权人在该期限内不取回也不进行处置的,保藏单位有权处置该生物材料。

第四章 附 则

第十九条 保藏单位确定的接受保藏的生物材料种类以及收费标准应当予以公布,并报国家知识产权局备案。

第二十条　本办法自 2015 年 3 月 1 日起施行。1985 年 3 月 12 日中华人民共和国专利局公告第八号发布的《中国微生物菌种保藏管理委员会普通微生物中心用于专利程序的微生物保藏办法》和《中国典型培养物中心用于专利程序的微生物保藏办法》同时废止。

关于用于专利程序的微生物菌（毒）种、培养物入境检疫暂行规定

(1985 年 9 月 10 日卫生部、农牧渔业部、中国专利局颁布　自 1985 年 9 月 10 日起施行)

一、外国申请人向我国提出涉及微生物的专利申请，将微生物菌（毒）种、培养物交中国专利局指定的保藏单位保藏的，应事先由其委托的涉外专利代理机构向卫生部或农牧渔业部办理入境许可审批手续。

与人、环境卫生有关的微生物菌（毒）种、培养物，由卫生部审批；与动物、植物有关的微生物菌（毒）种、培养物，由农牧渔业部审批；与人畜共患性疾病有关的，应由卫生部和农牧渔业部协商后联合审批。审批单位一般应在收到微生物菌（毒）种、培养物入境申请后一周内，作出决定，并通知申请人。

二、审批单位根据国家颁布的有关法令、条例进行审批。对微生物菌（毒）种、培养物进口时，要求包装绝对安全，不得造成污染。

三、涉外专利代理机构在办理入境许可审批手续时，应向审批单位提交申请入境的微生物菌（毒）种、培养物的名称、来源、数量、用途，对人和动植物有否危害等简要资料。

四、经审批单位同意，涉外专利代理机构方可通知外国专利申请人将微生物菌（毒）种培养物寄入我国或携带入境。进口时涉外专利代理机构应将外国委托人的有关证明及审批单位的许可单向进口的国境卫生检疫机关或口岸动植物检疫机关报检。国境卫生检疫机关或口岸动植物检疫机关接受报检后，应及时查验，放行。若发现进口的微生物菌（毒）种、培养物与证件不符，或包装不符合要求，即予以退回或没收销毁。

五、微生物菌（毒）种、培养物保藏单位应对微生物菌（毒）种、培养物妥善保藏，确保安全，严防扩散。

六、任何人要求获取用于专利程序的微生物菌（毒）种、培养物样品供国内使用的，除按中国专利局《用于专利程序的微生物保藏办法》办理外，均应经卫生部或农牧渔业部批准。

关于香港回归后中国内地和香港专利申请若干问题的说明

(1997 年 12 月 29 日中国专利局公告第五十七号发布　自 1997 年 12 月 29 日起施行)

中国政府对香港恢复行使主权后，香港特别行政区设有单独的专利制度，施行香港《专利条例》和《注册外观设计条例》。为方便中国内地、香港特别行政区以及其他国家和地区的申请人办理有关申请专利手续，现就有关问题说明如下：

一、关于香港特别行政区的法人和居民提交专利申请的问题

（一）提交国际申请

中国专利局是香港特别行政区法人和居民

根据《专利合作条约》提交国际申请的受理局。

香港特别行政区的法人和居民也可以直接向世界知识产权组织国际局提交国际申请。

（二）提交中国国家专利申请

香港特别行政区的法人和居民向中国专利局提交中国国家专利申请的，仍按照中国专利局1995年8月21日公告的《关于港澳地区专利申请若干问题的规定》办理。

二、关于国际申请在香港特别行政区获得专利保护的问题

（一）申请人在提出的国际申请中指定中国并希望其申请在香港获得专利保护的，除应向中国专利局办理有关手续外，还应当按照香港《专利条例》的有关规定办理标准专利的请求注册批予手续或短期专利的请求批予手续。

（二）要求获得中国发明专利的国际申请在进入中国国家阶段后，申请人为获得香港标准专利的保护，应当向香港知识产权署办理标准专利的注册手续，即：自该申请由中国专利局以中文公布之日起六个月内，或者该申请已由国际局以中文公布的、自中国专利局国家申请号通知书发文日起六个月内，向香港知识产权署办理记录请求手续；并自该申请由中国专利局授予专利权之日起六个月内向香港知识产权署办理注册与批予请求手续。

以上程序适用于公布日或国家申请号通知书发文日是在1997年6月27日或之后的申请。

（三）要求获得中国实用新型专利的国际申请在进入中国国家阶段后，申请人为获得香港短期专利的保护，应当自中国专利局国家申请号通知书发文日起六个月内，向香港知识产权署办理短期专利的批予请求手续。

以上程序适用于国家申请号通知书发文日是在1997年7月1日或之后的申请。

三、关于中国发明专利申请在香港特别行政区获得专利保护的问题

向中国专利局提出发明专利申请的申请人，为获得香港标准专利的保护，应当按照香港《专利条例》的有关规定，向香港知识产权署办理标准专利的注册手续，即：自该申请由中国专利局公布之日起六个月内向香港知识产权署办理记录请求手续；并自该申请由中国专利局授予专利权之日起六个月内向香港知识产权署办理注册与批予请求手续。

以上程序适用于公布日是在1997年6月27日或之后的申请。

四、关于要求获得香港短期专利或注册外观设计保护的问题

要求获得香港短期专利（除前述通过国际申请途径外）或注册外观设计保护的，应当按照香港《专利条例》或《注册外观设计条例》的规定，向香港知识产权署办理有关手续。

根据香港《专利条例规则》的规定，要求获得香港短期专利保护的，还应提交包括中国专利局在内的国际检索单位或香港知识产权署指定的专利当局所作的检索报告。

关于在香港特别行政区知识产权署提出的首次申请的优先权的规定

（1999年12月15日国家知识产权局局长令第十号发布　自1999年12月15日起施行）

为方便在香港特别行政区知识产权署首次提出短期专利申请或者外观设计注册申请的申请人在国家知识产权局专利局提出专利申请，特规定如下：

申请人自其短期专利申请在香港特别行政区知识产权署第一次提出之日起十二个月内，或者自其外观设计注册申请在香港特别行政区知识产权署第一次提出之日起六个月内，又在国家知识产权局专利局就相同主题提出专利申请的，可以享有优先权。

申请人要求上述短期专利申请或者外观设计注册申请的优先权的，应当在申请的时候提出书面声明，并且在三个月内提交第一次提出的上述短期专利申请或者外观设计注册申请（以下称在先申请）文件的副本；未提出书面声明或者逾期未提交在先申请文件副本的，视为未要求优先权。

申请人应当在书面声明中写明在先申请的申请日和申请号，并写明受理局为香港特别行政区知识产权署；书面声明中未写明在先申请的申请日和受理局的，视为未提出声明。

申请人提交的在先申请文件副本应当经香港特别行政区知识产权署证明。

申请人在一件专利申请中，可以要求一项或者多项优先权；要求多项优先权的，该申请的优先权期限从最早的优先权日起算。

本规定适用于自1999年12月1日起在香港特别行政区知识产权署第一次提出的短期专利申请和外观设计注册申请。

关于台湾同胞专利申请的若干规定

（2010年11月15日国家知识产权局令第五十八号发布）

第一条 为了方便台湾同胞向国家知识产权局申请专利，制定本规定。

第二条 台湾地区申请人（以下简称申请人）在台湾地区专利主管机构第一次提出发明或者实用新型专利申请之日起12个月内，或者第一次提出外观设计专利申请之日起6个月内，又在国家知识产权局就相同主题提出专利申请的，可以要求享有其台湾地区在先申请的优先权（以下简称台湾地区优先权）。

申请人根据前款规定要求台湾地区优先权的，其在先申请的申请日应当在2010年9月12日（含当日）以后。

第三条 申请人可以在一件申请中要求一项或者多项台湾地区优先权；要求多项台湾地区优先权的，该申请的台湾地区优先权期限从最早的在先申请的申请日起计算。

第四条 申请人要求台湾地区优先权的，应当在向国家知识产权局提出专利申请的同时在请求书中声明，并且在3个月内提交由台湾地区专利主管机构出具的在先申请文件的副本；未在请求书中声明或者期满未提交在先申请文件副本的，视为未要求台湾地区优先权。

申请人在请求书中声明要求台湾地区优先权的，应当写明在先申请的申请日和申请号，并写明原受理机构为"台湾地区"。

第五条 申请人要求一项或者多项台湾地区优先权而在请求书的声明中未写明或者错写其中某件在先申请的申请日、申请号和原受理机构名称中的一项或者两项内容，但申请人已在规定的期限内提交了在先申请文件副本的，国家知识产权局应当通知申请人补正；申请人期满未答复或者补正后仍不符合规定的，视为未要求该项台湾地区优先权。

第六条 申请人要求多项台湾地区优先权的，应当提交全部在先申请文件副本。

在先申请文件副本至少应当表明原受理机构、申请人、申请日、申请号。在先申请文件副本不符合规定的，国家知识产权局应当通知申请人补正；申请人期满未答复或者补正后仍不符合规定的，视为未提交该在先申请文件副本。

国家知识产权局依据有关协议，通过电子交换途径获得在先申请文件副本的，视为申请人提交了符合规定的在先申请文件副本。

申请人已向国家知识产权局提交过在先申请文件副本，需要再次提交的，可以仅提交该副本的题录，但应当注明在先申请文件副本的原件所在申请案卷的申请号。

第七条 要求台湾地区优先权的申请人与在先申请文件副本中记载的申请人不一致的，应当在向国家知识产权局提出专利申请之日起

3个月内提交台湾地区优先权转让证明或者有关说明；期满未提交或者提交的文件不符合规定的，视为未要求台湾地区优先权。

第八条 申请人要求台湾地区优先权后，可以撤回其全部或者其中某一项或者几项台湾地区优先权要求。

申请人撤回其台湾地区优先权要求的，应当提交全体申请人签字或者盖章的撤回台湾地区优先权声明；撤回台湾地区优先权声明不符合规定的，视为未提出撤回台湾地区优先权声明。

申请人撤回其台湾地区优先权要求导致该申请的最早台湾地区优先权日变更，且自该台湾地区优先权日起算的各种期限尚未届满的，其台湾地区优先权期限应当自变更后的最早台湾地区优先权日或者申请日起算；撤回台湾地区优先权的声明是在变更前的最早台湾地区优先权日起15个月之后到达国家知识产权局的，则在后专利申请的公布期限仍按照变更前的最早台湾地区优先权日起算。

第九条 要求台湾地区优先权的，应当在缴纳申请费的同时，根据专利法实施细则第九十三条的规定缴纳台湾地区优先权要求费；期满未缴纳或者未缴足的，视为未要求台湾地区优先权。

第十条 被视为未要求台湾地区优先权并属于下列情形之一的，申请人可以根据专利法实施细则第六条的规定请求恢复要求台湾地区优先权的权利：

（一）由于未在指定期限内办理补正手续导致视为未要求台湾地区优先权的；

（二）要求台湾地区优先权声明中至少一项内容填写正确，但未在规定的期限内提交在先申请文件副本或者台湾地区优先权转让证明文件或者有关说明的；

（三）要求台湾地区优先权声明中至少一项内容填写正确，但未在规定的期限内缴纳或者缴足台湾地区优先权要求费的；

（四）分案申请的原申请要求了台湾地区优先权的。

除上述情形外，其他原因造成被视为未要求台湾地区优先权的，不予恢复。

第十一条 申请人提出的专利申请文件中，含有与现行法律、法规、规章相抵触的词句的，国家知识产权局应当通知申请人在2个月内删除或者修改，期满不答复的，其申请被视为撤回；申请人拒绝删除、修改或者修改后仍不符合规定的，应当驳回该专利申请。明显不涉及技术内容的词句，国家知识产权局可以依职权删除并通知申请人；申请人不同意删除的，应当驳回该专利申请。

第十二条 国家知识产权局依申请人请求出具申请文件副本的，应当先根据本规定第十一条对申请文件用语进行审查；申请文件中含有与现行法律、法规、规章相抵触的词句的，在初审合格之前不予办理。

第十三条 申请人不愿公布其地址的，可在"申请人地址"栏中注明"中国台湾"。

第十四条 本规定自2010年11月22日起施行。原中国专利局1993年3月29日颁布的《关于受理台胞专利申请的规定》（国专发法字〔1993〕第63号）和1993年4月23日颁布的《关于台胞申请专利手续中若干问题的处理办法》（国专发审字〔1993〕第69号）同时废止。

关于受理台胞国际申请的通知

(1993年12月18日国专发法字〔1993〕第307号发布
根据2017年3月22日发布的国家知识产权局公告第二三九号修改)

各专利管理机关、代办处、专利代理机构：

我国于1994年1月1日正式成为《专利合作条约》（PCT）的成员国。根据中国专利局颁布的《关于中国实施专利合作条约的规定》，现就我局受理台胞国际申请的有关事项通知如下：

一、国家知识产权局作为国际申请的受理局，受理台胞提出的国际申请。

二、台胞向国家知识产权局提出国际申请，在国家知识产权局作为国际检索单位或者国际初步审查单位，或者作为指定局或者选定局的程序中，以及处理与国际申请有关的其他事务，应当委托依法设立的专利代理机构办理。

三、台胞向国家知识产权局提交的国际申请，应当使用中文或者英文。

四、国家知识产权局收到台胞提出的、符合《专利合作条约》第十一条第一款规定的国际申请之日为国际申请日。

五、台胞向国家知识产权局提出国际申请，可以依照《专利合作条约》第八条的规定要求在《保护工业产权巴黎公约》缔约国提出或者对于该缔约国有效的一项或者几项在先申请的优先权。

六、台胞在国家知识产权局提交国际申请以及办理国际申请有关事务，应当依照国家知识产权局的规定支付有关费用。

七、本通知适用于台湾地区的公司、企业和其他经济组织。

八、本通知自1994年1月1日起施行。

关于我国学者在国外完成的发明创造申请专利的规定

(1986年2月1日中国专利局、外交部、国家科委发布　自1986年2月1日起施行)

1. 为维护我国的正当权益，避免耽误我国在外的访问学者、进修生、留学生等（下称我国学者）在国外完成的发明创造申请专利的时机，上述发明创造申请专利事宜由我国驻外使馆科技处或分管科技工作的其他处（下称使馆科技处）负责管理。国内归口单位是中国专利局。

2. 我国学者在国外期间作出的发明创造，若根据所在国的专利法及有关规定，明显属于职务发明创造的，经报使馆科技处核实后，可按照所在国的法律规定，由我国学者在外工作所在的单位申请专利。

若非明显属于职务发明创造的情况，应力争我方的专利申请权或共同申请权；必要时使馆科技处应及早同国内有关主管部门联系，酌定处理办法。

3. 若明显属于非职务发明创造的，应报使馆科技处酌定其经济意义等情况，准其直接在国外申请专利。然后根据情况办理国内申请或向第三国申请专利。申请所需要的外汇，原则上在国外自行解决，确有困难，可以和国内派出部门联系解决或向中国专利局申请专利基金。

4. 在国外取得的专利权，应根据中国专利法及实施细则的有关规定确定其归属问题。

5. 中外科技合作项目中，中方人员在国外作出的发明创造，除另有协议外，申请专利的权利属于中方人员的国内派出单位；并可根据情况，报使馆科技处，准其直接在国外申请专利或先在国内申请专利。

6. 我国单位或个人在国内完成的发明创造向国外申请专利，应遵照中华人民共和国专利法第二十条及中国专利局（85）国专发法字第135号文件的规定办理，不得擅自带到国外申请专利。

7. 使馆科技处在处理上述事务过程中，如有问题咨询，可随时与国内联系。中国专利局应尽早研究后，复告处理办法。

关于中国实施《专利合作条约》的规定

(1993年11月23日中国专利局令第五号发布 根据1995年5月28日发布的中国专利局令第七号修改)

第一章 总 则

第一条 为实施《专利合作条约》，特制定本规定。

第二条 在本规定中：

（一）"条约"是指《专利合作条约》；

（二）"条约实施细则"是指上述条约的实施细则；

（三）"条约行政规程"是指上述条约的行政规程；

（四）"国际局"是指世界知识产权组织的国际局；

（五）"国际申请"是指按照上述条约规定提出的发明或者实用新型专利申请；

（六）"专利局"是指中华人民共和国专利局；

（七）"专利法"是指中华人民共和国专利法；

（八）"实施细则"是指中华人民共和国专利法实施细则；

（九）为计算期限的目的，"优先权日"是指：国际申请要求优先权的，指在先申请的申请日；国际申请要求多项优先权的，指最早的在先申请的申请日；国际申请未要求优先权的，指该国际申请的国际申请日。

第三条 向专利局提出或者指定或者选定中国的国际申请适用条约、条约实施细则、条约行政规程和本规定的规定。除非条约、条约实施细则、条约行政规程或者本规定另有规定，在专利局作为指定局或者选定局的程序开始后，国际申请适用专利法和实施细则的规定。

第二章 国际申请程序

第四条 专利局作为国际申请的受理局，负责受理中国国民，或者在中国有经常居所或者营业所的外国人、外国企业或者外国其他组织提出的国际申请，并按照条约、条约实施细则和条约行政规程的规定对该国际申请进行检查和处理。

根据中国与其他的条约缔约国签订的双边协定，专利局也可以受理该缔约国的国民或者居民提出的国际申请。

第五条 申请人应当使用中文或者英文向专利局提出国际申请，该申请应当包括请求书、说明书、一项或者几项权利要求、一幅或者几幅附图（需要时）和摘要各一份。

第六条 专利局收到符合条约第十一条第一款规定的国际申请之日为国际申请日。专利法第二十八条第二句不适用于国际申请日的确定。

国际申请不符合条约第十一条第一款规定的，专利局应当通知申请人在专利局依照条约实施细则第二十条第六款指定的期限内进行改正。申请人按照要求进行改正的，以专利局收到改正之日为国际申请日；申请人期满未答复的，或者改正后，专利局认为仍然不符合条约第十一条第一款规定的，专利局应当迅速通知申请人，其申请将不作为国际申请处理。

国际申请中写有对附图的说明但申请中又未包括该附图的，专利局应当通知申请人在不完整的文件提交之日起三十天内补交附图。申请人在规定期限内补交附图的，以专利局收到该附图之日为国际申请日；否则，对附图的说明被认为不存在。

第七条 申请人向专利局提出国际申请的，可以按照条约第八条规定要求在《保护工业产权巴黎公约》的缔约国提出的或者对该缔约国有效的一项或者几项在先申请的优先权。要求该优先权的，其手续适用条约实施细则第四条第十款和第十七条第一款的规定。

第八条 专利局发现国际申请存在条约第十四条第一款（i）项所述缺陷的，应当通知申请人按照条约实施细则第二十六条的规定进行改正；未改正的，该国际申请被认为撤回，并由专利局予以宣布。

第三章 国际检索程序

第九条 专利局作为国际申请的主管国际检索单位，应当按照条约、条约实施细则、条约行政规程以及专利局与国际局依照条约第十六条第三款签订的协议的规定对该申请进行国际检索。

如果专利局认为：

(i) 国际申请涉及的情况或者主题按照条约实施细则第十三条之三第一款（c）或者第三十九条的规定无须专利局检索而且专利局决定对该申请不作检索，或者

(ii) 说明书、权利要求书或者附图不符合条约实施细则规定的要求，以至不能进行有意义的检索，专利局应当作出相应的宣布，并通知申请人和国际局将不作出国际检索报告。如果（i）或者（ii）所述的情形仅存在于某些权利要求，国际检索报告中应当对这些权利要求加以说明，而对其他权利要求则应当作出检索报告。

如果专利局认为国际申请不符合条约实施细则第十三条规定的发明单一性的要求，它应当要求申请人按照条约实施细则第四十条的规定缴纳附加费。专利局应当对国际申请的权利要求中首先提到的发明（"主要发明"）部分作出国际检索报告，并在要求的附加费已在条约实施细则第四十条第三款规定的期限内付清后，对国际申请中已经缴纳该项费用的发明部分作出国际检索报告。

第十条 专利局应当在自收到检索本之日起三个月内或者自优先权日起九个月内，以后到期的为准，作出国际检索报告或者宣布不进行国际检索。

第十一条 申请人根据条约实施细则第四十六条的规定，有一次机会按照条约第十九条向国际局对国际申请的权利要求提出修改。修改应当在自专利局向国际局和申请人送交国际检索报告之日起二个月内或者自优先权日起十六个月内提出，以后到期的为准。但国际局在适用的期限届满后收到按照条约第十九条规定所作的修改的，如果该修改在国际公布的技术准备工作完成之前到达国际局，应当认为国际局已在上述期限的最后一日收到该修改。这种修改不得超出国际申请提出时对发明公开的范围。

第四章 国际初步审查程序

第十二条 已经向专利局提出了国际申请的申请人以及属于专利局与国际局为国际初步审查目的签订的协议中所规定的范围内的人，可以请求专利局对该申请进行国际初步审查。

国际初步审查的要求应当以书面形式提交，使用提出国际申请时所用的语言，并应当符合条约实施细则第五十三条的规定。

国际初步审查要求书中应当至少指明一个预定使用该国际初步审查结果，并受条约第二章约束的缔约国作为选定国，该选定应当仅选已经在国际申请中指定的国家。

第十三条 专利局作为国际申请的主管国际初步审查单位，应当按照条约、条约实施细则、条约行政规程以及专利局与国际局根据条约第三十二条签订的协议的规定对国际申请进行国际初步审查。

如果专利局认为：

(i) 国际申请涉及的情况或者主题按照条约实施细则第六十六条第二款（a）(vi) 或者 (a)(vii) 或者第六十七条的规定，无须专利局进行国际初步审查，并且专利局决定对该申请不作审查，或者

(ii) 说明书、权利要求书或者附图不清楚，或者权利要求书在说明书中没有适当的依据，因而不能对请求保护的发明的新颖性、创造性（非显而易见性）或者工业上的实用性，形成有意义的意见。

专利局应当不就条约第三十三条第一款规定的各项问题进行审查，并应当将这种意见和理由通知申请人。如果认为（i）或者（ii）所述的任何一种情况只存在于某些权利要求中，

或者只与某些权利要求有关，上句规定只适用于这些权利要求。

专利局发现国际申请存在条约实施细则第六十六条第二款（a）项所列情形的，专利局应当书面通知申请人并要求申请人提出书面答复。申请人答复时可以提出修改，或者，申请人不同意专利局意见的，可以提出答辩，或者两者兼用。这种修改不得超出国际申请提出时对发明公开的范围。

专利局认为国际申请不符合条约实施细则第十三条关于发明单一性的规定的，专利局应当根据条约第三十四条第三款和条约实施细则第六十八条的规定进行处理。申请人可以自己选择对权利要求书加以限制，或者缴纳附加费；申请人未在指定期限内进行选择的，或者，申请人虽然对权利要求作了限制，但是仍然不足以符合发明单一性要求的，或者申请人缴纳附加费不足的，专利局仅就国际申请中看来是主要发明的部分或者已经交纳附加费的发明部分作出国际初步审查报告。

第十四条 申请人可以在提出国际初步审查要求书时，或者在国际初步审查报告作出之前，按照条约实施细则第六十六条的规定，向专利局提出条约第三十四条规定的对权利要求书、说明书和附图的修改。这种修改不得超出国际申请提出时对发明公开的范围。

第十五条 专利局作出国际初步审查报告的期限应当为：

（i）如果国际初步审查要求书是在优先权日起十九个月届满之前收到的，自优先权日起二十八个月；

（ii）如果国际初步审查要求书是在优先权日起十九个月届满之后收到的，自国际初步审查开始起九个月。

第五章 指定和选定程序

第十六条 指定中国的国际申请，自按照条约第十一条第一款确定的国际申请日起与同一日向专利局提出的中国国家申请具有同等效力。

第十七条 指定中国的国际申请的申请人，如果要求专利局授予实用新型专利的，应当在其国际申请请求书中作出说明。

第十八条 指定中国并要求获得发明专利保护的国际申请，由国际局按照条约第二十一条规定以中文进行国际公布的，自国际公布日起，申请人享有专利法第十三条规定的权利；由国际局以中文以外的文字进行国际公布的，自专利局收到申请人提交的该国际申请中文译文并在中国专利公报上公布该译文之日起，申请人享有专利法第十三条规定的权利。

第十九条 除本规定第二十条的规定外，指定中国的国际申请以中文以外的文字提交的，申请人应当在自优先权日起二十个月届满前向专利局提交国际申请的中文译文；期满未提交中文译文的，该申请在中国的效力终止。

第二十条 在自优先权日起第十九个月届满前已经选定中国的国际申请，如果是以中文以外的文字提交的，申请人应当在自优先权日起三十个月届满前向专利局提交国际申请的中文译文；期满未提交中文译文的，该申请在中国的效力终止。

第二十一条 申请人按照本规定第十九条或者第二十条规定提交的国际申请的译文应当包括请求书、说明书、权利要求书、附图中的文字（附具附图副本）和摘要各一式两份，如果权利要求书已经按照条约第十九条规定进行了修改，该译文还应当包括修改后的权利要求和条约第十九条所述的声明；如果申请文件已经按照条约第三十四条规定进行了修改，该译文还应当包括国际初步审查报告附件中的任何修改。

如果申请人提交了前款所述的译文，但对于修改部分未同时提交原始提出的和修改后的译文的，专利局应当通知申请人在根据情况是适当的并在通知中规定的期限内提交缺少的译文。如果申请人未按通知规定提交缺少的原始申请的译文，该国际申请被认为撤回；如果申请人未按通知规定提交缺少的修改后的译文，该修改不予以考虑。

如果申请人仅提交了一份译文，专利局应当通知申请人在根据情况是适当的并在通知中规定的期限内提交另一份译文。申请人未遵守通知规定的，该申请被认为撤回。

如果申请人未提交按条约第十九条所述的声明的译文，该声明不予以考虑。

第二十二条 国际申请指定中国的，申请人可以在履行本规定第十九条规定的行为之日起一个月内向专利局提出对权利要求书、说明书和附图的修改；但是，如果在本规定第十九条规定的期限届满时，条约实施细则第四十七条第一款规定的送达尚未进行，申请人可以在自该期限届满之日起四个月内向专利局提出上述修改。这种修改不得超出国际申请提出时对发明公开的范围。

第二十三条 国际申请在自优先权日起十九个月届满前选定中国的，申请人可以在履行本规定第二十条规定的行为之日起一个月内向专利局提出对权利要求书、说明书和附图的修改；但是，如果在本规定第二十条规定的期限届满时，国际初步审查报告的送交尚未进行，申请人可以在自该期限届满之日起四个月内向专利局提出上述修改。这种修改不得超出国际申请提出时对发明公开的范围。

第二十四条 指定中国或者选定中国的国际申请由于不符合发明单一性的规定，其某些部分未经国际检索或者国际初步审查的，申请人应当在专利局指定的期限内缴纳条约第十七条第三款（b）或者条约第三十四条第三款（b）中所述的特别的费用。期满未缴纳或者未缴足的，该申请中的发明的未经检索或者国际初步审查部分被认为撤回。

第二十五条 按照专利法和实施细则的规定，指定中国或者选定中国的国际申请应当向专利局提交条约第二十七条第二款和第六款规定的证明文件的，应当在本规定第十九条或者第二十条规定的期限届满前提交；期满未提交的，专利局应当通知申请人在通知规定的期限内补交。

第二十六条 指定中国并要求一个或者几个按照专利法规定提出的在先申请的优先权的国际申请适用实施细则第三十三条的规定。

第六章 费 用

第二十七条 在国际申请的国际程序中，申请人应当按照条约实施细则的规定缴纳下列费用：

（一）传送费；
（二）国际费，包括基本费和指定费；
（三）检索费和附加检索费；
（四）手续费；
（五）初步审查费和附加初步审查费；
（六）确认费；
（七）滞纳金；
（八）条约实施细则规定的其他费用。

前款所列各种费用的数额，缴费的币种和缴费方式由专利局另行公布。

第二十八条 申请人应当在自专利局收到国际申请之日起一个月内缴纳传送费、基本费和检索费；期满未缴纳或者未缴足的，专利局应当通知申请人在自通知之日起一个月内缴纳未缴的费用和滞纳金；期满未缴纳的，该申请被认为撤回。

申请人应当在自优先权日起一年内，或者在专利局收到国际申请之日起一个月内，以后到期的为准，缴纳指定费；期满未缴纳或者未缴足的，专利局应当通知申请人在自通知之日起一个月内缴纳未缴的费用和滞纳金；期满未缴纳的，与该费用有关的指定，或者如果未缴纳任何指定费的，该项指定或者该国际申请被认为撤回。

在按照条约实施细则第四条第九款（c）确认一项指定时，申请人应当在自优先权日起十五个月内缴纳指定费和确认费。

申请人在向专利局提交国际初步审查要求书时应当缴纳手续费和初步审查费；未按规定缴纳或者缴足的，专利局应当通知申请人在通知之日起一个月内缴纳；期满未缴纳的，该要求书被认为未提交。

国际申请不符合发明单一性的规定的，申请人应当在专利局按照条约实施细则第四十条第三款或者第六十八条第二款指定的期限内缴纳附加检索费和附加初步审查费。

第二十九条 国际申请指定中国或者选定中国的，申请人应当在本规定第十九条或者第二十条规定的期限内缴纳申请费；期满未缴纳或者未缴足的，该申请在中国的效力终止。

国际申请指定中国或者选定中国并要求优

— 313 —

先权的，申请人应当在本规定第十九条或者第二十条规定的期限内缴纳优先权要求费；期满未缴纳或者未缴足的，专利局应当通知申请人在自通知规定的期限内缴纳，期满仍未缴纳的，该优先权被认为未要求。

第三十条 国际申请指定中国或者选定中国并要求获得发明专利保护的，申请人应当在自国际申请日起第二十五个月届满前缴纳第三年度申请维持费。

如果上述缴费期限届满之日早于本规定第二十条规定的期限届满之日，申请人应当在本规定第二十条规定的期限届满前缴纳第三年度申请维持费；期满未缴纳或者未缴足的，专利局应当通知申请人自应当缴纳该申请维持费期限届满之日起六个月内补缴，同时缴纳金额为申请维持费的25%滞纳金。

第三十一条 指定中国或者选定中国的国际申请，在履行本规定第十九条或者第二十条规定的行为和缴纳本规定第二十九条第一款规定的申请费之后，除本规定第二十九条和第三十条另有规定外，申请人应当按照专利法和实施细则的规定缴纳费用。

第七章 其他条款

第三十二条 向专利局提出国际申请，在专利局作为国际检索单位或者国际初步审查单位，或者作为指定局或者选定局的程序中，以及处理与国际申请有关的其他事务的，申请人应当委托专利局指定的专利代理机构办理。

第三十三条 中国单位和个人提出国际申请的，应当经国务院有关主管部门同意。

中国单位和个人提出国际申请的，可以首先向专利局提出国内申请，并在自申请日起十二个月内提出国际申请指定或者选定条约其他缔约国，或者直接向专利局提出国际申请指定或者选定中国和条约其他缔约国。

第三十四条 如果受理局拒绝给予国际申请日，或者宣布国际申请已被认为撤回，或者如果国际局已经按条约第十二条第三款作出认定，申请人在履行本规定第十九条或者第二十条规定的行为和缴纳本规定第二十九条第一款规定的申请费之后，根据条约第二十五条第二款（a），可以要求专利局根据条约和条约实施细则决定该拒绝，宣布或者认定是否合理。如果专利局认为拒绝或者宣布是由受理局的错误或者疏忽所造成，或者认定是由国际局的错误或者疏忽所造成，就本规定而言，该国际申请应当和未发生这种错误或者疏忽一样被对待。

第三十五条 指定中国或者选定中国的国际申请因未履行本规定第十九条或者第二十条规定的行为和缴纳本规定第二十九条第一款规定的申请费其效力在中国被终止的，申请人可以在本规定第十九条或者第二十条规定的期限届满之日起二个月内请求恢复其权利。申请人请求恢复权利的，应当缴纳恢复费并同时履行上述各条款中规定的行为。

除本规定另有规定的以外，指定中国或者选定中国的国际申请在履行本规定第十九条或者第二十条规定的行为和缴纳本规定第二十九条第一款规定的申请费之后由于不可抗拒的事由或者由于正当理由未能遵守专利法或者实施细则规定的期限或者专利局指定的期限，造成其权利丧失的，适用实施细则第七条的规定。

第三十六条 指定中国或者选定中国的国际申请涉及新的微生物、微生物学方法或者其产品，而且使用的微生物是公众不能得到的，申请人最迟应当在国际申请日向依照布达佩斯条约取得了国际保藏单位资格的保藏单位，提交微生物菌种保藏。❶

申请人按照上款提交微生物菌种保藏的，应当在本规定第十九或者第二十条规定的期限届满之日起三个月内提交国际保藏单位出具的保藏证明和存活证明；期满未提交证明的，该菌种被认为未提交保藏。❷

第三十七条 本规定由中国专利局负责解释。

第三十八条 本规定自1994年1月1日起施行。

---

❶❷ 该款已根据1995年5月28日公布的专利局令第七号修改。——编者注

中国申请人向国际局递交国际申请实施办法

(1994年2月15日中国专利局发布)

1. 根据PCT联盟大会第二十一次会议于1993年9月29日通过的专利合作条约实施细则修订本第19.1（a）（iii）规定，中国居民或者国民可以向国际局递交国际申请。

2. 中国单位或者个人将其在国内完成的发明创造向国际局提出国际申请的，应当首先向专利局申请专利或者在国际申请中指定中国，并经国务院有关主管部门同意后，委托国务院授权专利局指定的专利代理机构办理。上述专利代理机构接受申请人委托后，应当把国务院有关主管部门同意向外国申请专利的有关文件（在该文件上注明已向专利局递交相关申请的申请号）送交专利局备案。

3. 我国台湾同胞向国际局递交国际申请的，应当向专利局提供申请人居所地或者营业所所在地证明文件，并委托国务院授权专利局指定的专利代理机构办理。居住在港、澳以及其他地区的我国同胞向国际局递交国际申请并在请求书中指明中国专利局为国际检索单位的，应当向专利局提供国籍证明文件，并委托国务院授权专利局指定的专利代理机构办理。

上述专利代理机构接受申请人委托后，应当把上述证明文件送交专利局备案。

4. 根据专利合作实施细则修订本第35.3（3）和第59.1（b）规定，中国居民或者国民按照本办法向国际局递交国际申请的，其主管国际检索单位和国际初步审查单位是中国专利局。

专利收费减缴办法

财税〔2016〕78号

第一条 为贯彻落实国务院《关于新形势下加快知识产权强国建设的若干意见》（国发〔2015〕71号）要求，根据《中华人民共和国专利法实施细则》有关规定，制定本办法。

第二条 专利申请人或者专利权人可以请求减缴下列专利收费：

（一）申请费（不包括公布印刷费、申请附加费）；

（二）发明专利申请实质审查费；

（三）年费（自授予专利权当年起六年内的年费）；

（四）复审费。

第三条 专利申请人或者专利权人符合下列条件之一的，可以向国家知识产权局请求减缴上述收费：

（一）上年度月均收入低于3500元（年4.2万元）的个人；

（二）上年度企业应纳税所得额低于30万元的企业；

（三）事业单位、社会团体、非营利性科研机构。

两个或者两个以上的个人或者单位为共同专利申请人或者共有专利权人的，应当分别符合前款规定。

第四条 专利申请人或者专利权人为个人或者单位的，减缴本办法第二条规定收费的85%。

两个或者两个以上的个人或者单位为共同专利申请人或者共有专利权人的，减缴本办法第二条规定收费的70%。

第五条 专利申请人或者专利权人只能请

求减缴尚未到期的收费。减缴申请费的请求应当与专利申请同时提出，减缴其他收费的请求可以与专利申请同时提出，也可以在相关收费缴纳期限届满日两个半月之前提出。未按规定时限提交减缴请求的，不予减缴。

第六条 专利申请人或者专利权人请求减缴专利收费的，应当提交收费减缴请求书及相关证明材料。专利申请人或者专利权人通过专利事务服务系统提交专利收费减缴请求并经审核批准备案的，在一个自然年度内再次请求减缴专利收费，仅需提交收费减缴请求书，无需再提交相关证明材料。

第七条 个人请求减缴专利收费的，应当在收费减缴请求书中如实填写本人上年度收入情况，同时提交所在单位出具的年度收入证明；无固定工作的，提交户籍所在地或者经常居住地县级民政部门或者乡镇人民政府（街道办事处）出具的关于其经济困难情况证明。

企业请求减缴专利收费的，应当在收费减缴请求书中如实填写经济困难情况，同时提交上年度企业所得税年度纳税申报表复印件。在汇算清缴期内，企业提交上上年度企业所得税年度纳税申报表复印件。

事业单位、社会团体、非营利性科研机构请求减缴专利收费的，应当提交法人证明材料复印件。

第八条 国家知识产权局收到收费减缴请求书后，应当进行审查，作出是否批准减缴请求的决定，并通知专利申请人或者专利权人。

第九条 专利收费减缴请求有下列情形之一的，不予批准：

（一）未使用国家知识产权局制定的收费减缴请求书的；

（二）收费减缴请求书未签字或者盖章的；

（三）收费减缴请求不符合本办法第二条或者第三条规定的；

（四）收费减缴请求的个人或者单位未提供符合本办法第七条规定的证明材料的；

（五）收费减缴请求书中的专利申请人或者专利权人的姓名或者名称，或者发明创造名称，与专利申请书或者专利登记簿中的相应内容不一致的。

第十条 经国家知识产权局批准的收费减缴请求，专利申请人或者专利权人应当在规定期限内，按照批准后的应缴数额缴纳专利费。收费减缴请求批准后，专利申请人或者专利权人发生变更的，对于尚未缴纳的收费，变更后的专利申请人或者专利权人应当重新提交收费减缴请求。

第十一条 专利收费减缴请求审批决定作出后，国家知识产权局发现该决定存在错误的，应予更正，并将更正决定及时通知专利申请人或者专利权人。

专利申请人或者专利权人在专利收费减缴请求时提供虚假情况或者虚假证明材料的，国家知识产权局应当在查实后撤销减缴专利收费决定，通知专利申请人或者专利权人在指定期限内补缴已经减缴的收费，并取消其自本年度起五年内收费减缴资格，期满未补缴或者补缴额不足的，按缴费不足依法作出相应处理。

专利代理机构或者专利代理人帮助、指使、引诱专利申请人或者专利权人实施上述行为的，依照有关规定进行处理。

第十二条 本办法自 2016 年 9 月 1 日起施行。此前有关规定与本办法不一致的，以本办法为准。

关于停征和调整部分专利收费的公告

（2018 年 6 月 15 日国家知识产权局公告第二七二号发布）

为进一步减轻社会负担，促进专利创造保护，根据《财政部国家发展改革委关于停征免征和调整部分行政事业性收费有关政策的通知》（财税〔2018〕37 号）精神，国家知识产权局将于 2018 年 8 月 1 日起停征和调整部分专利收费，现公告如下：

一、停征专利收费（国内部分）中的专利登记费、公告印刷费、著录事项变更费（专利代理机构、代理人委托关系的变更），PCT（《专利合作条约》）专利申请收费（国际阶段部分）中的传送费。对于缴费期限届满日在 2018 年 7 月 31 日（含）前的上述费用，应按现行规定缴纳。

二、对符合《专利收费减缴办法》（财税〔2016〕78 号）有关条件的专利申请人或者专利权人，专利年费的减缴期限由自授权当年起 6 年内，延长至 10 年内。对于 2018 年 7 月 31 日（含）前已准予减缴的专利，作如下处理：处于授权当年起 6 年内的，年费减缴期限延长至第 10 年；处于授权当年起 7—9 年的，自下一年度起继续减缴年费直至 10 年；处于授权当年起 10 年及 10 年以上的，不再减缴年费。

三、对进入实质审查阶段的发明专利申请，在第一次审查意见通知书答复期限届满前（已提交答复意见的除外）主动申请撤回的，可以请求退还 50％的专利申请实质审查费。

根据上述调整，国家知识产权局对费用减缴请求书、意见陈述书（关于费用）等请求类表格作了修改，新版表格将于 2018 年 8 月 1 日起正式启用（表 1、表 2），旧版表格同时停用。

特此公告。

附件：1. 费用减缴请求书（申请日后提交适用）

2. 意见陈述书（关于费用）

国家知识产权局
2018 年 6 月 15 日

附件 1：

费用减缴请求书（申请日后提交适用）

请按照"注意事项"正确填写本表各栏

①专利申请或专利	申请号或专利号	此框由国家知识产权局填写
		递交日
	发明创造名称	申请号条码
	申请人或专利权人	挂号条码

②请求费用减缴

　　申请人/专利权人请求费用减缴，且已全体完成费减资格备案。

③申请人（或专利权人）或专利代理机构签字或者盖章	④国家知识产权局处理意见
年　月　日	年　月　日

注意事项

一、本表应当使用中文填写，字迹为黑色，文字应当打字或印刷，提交一式一份。

二、本表第①栏所填内容应当与该专利申请请求书中内容一致。其中，申请人或专利权人应为第一署名申请人或专利权人。如果该专利申请或者专利办理过著录项目变更手续，应当按照国家知识产权局批准变更后的内容填写。

三、申请人或者专利权人请求减缴专利收费，应当登录专利事务服务系统（http：//cpservice.sipo.gov.cn）办理费用减缴备案，经审核备案合格后再行提交费用减缴请求书。

四、申请人或者专利权人可以请求减缴下列专利收费：申请费（不包括公布印刷费、申请附加费）、发明专利申请实质审查费、年费（自授予专利权当年起十年内的年费）、复审费。费用减缴请求是在提出专利申请的同时提出的，可以一并请求减缴上述费用。提出专利申请之后只能请求减缴除申请费外尚未到期的费用，但该请求最迟应当在有关费用缴纳期限届满前二个半月之前提出。

五、进入中国国家阶段的国际申请可以请求减缓的费用为复审费和自授予专利权当年起（含当年）十年内的年费。

六、符合下列条件之一的申请人或专利权人，可以向国家知识产权局请求减缴上述收费：

（一）申请人或者专利权人是个人，并上一年度月均收入低于三千五佰元的；

（二）申请人或者专利权人是小型微利企业，并上年度企业应纳税所得额低于30万元的。

（三）两个或者两个以上的个人，或者单位为共同申请人，或者共有专利权人的，应当分别符合上述第一项或者第二项的规定。

（四）事业单位、社会团体、非盈利性科研机构视为上述第二项规定的小型微利企业。

申请人或者专利权人为一个个人或者单位的，可以请求减缴85%的上述收费。两个或者两个以上的个人，或单位为共同申请人，或者专利权人的，可以请求减缴70%的上述收费。

七、费用减缴请求由国家知识产权局或专利代办处审批。国家知识产权局或者专利代办处将同意减缴的比例通知申请人或专利权人。未被批准的，申请人或专利权人应当在专利法及其实施细则规定的期限内按规定数额缴足费用。

八、本表第③栏，应当由申请人或专利权人签字或者盖章，申请人或专利权人为多个的应当由全体申请人或专利权人签字或者盖章。申请人或专利权人委托专利代理机构办理费用减缴手续的，可以由专利代理机构加盖公章。

九、专利费用可以通过网上缴费、邮局或银行汇款缴纳，也可以到国家知识产权局面缴。

网上缴费：电子申请注册用户可登录 http：//cponline.sipo.gov.cn，并按照相关要求使用网上缴费系统缴纳。

邮局汇款：收款人姓名：国家知识产权局专利局收费处，商户客户号：110000860。

银行汇款：开户银行：中信银行北京知春路支行，户名：中华人民共和国国家知识产权局专利局，账号：7111710182600166032。

汇款时应当准确写明申请号、费用名称（或简称）及分项金额。未写明申请号和费用名称（或简称）的视为未办理缴费手续。

了解更多详细信息及要求，请登录 http：//www.sipo.gov.cn 查询。

附件2：

意见陈述书（关于费用）

请按照"注意事项"正确填写本表各栏

		此框由国家知识产权局填写
①专利申请或专利	申请号或专利号	递交日
	发明创造名称	申请号条码
	申请人或专利权人	挂号条码
②陈述事项：		

☐退款请求	退款情形	☐根据专利法实施细则第94条第4款的规定请求退款		
^	^	费用种类	金额	收据号
^	^			
^	^			
^	^	☐根据《财税〔2018〕37号》通知请求退50%实审费		
^	^	收据号：			
^	退款账户	开户行：			
^	^	银行账号：			
^	^	开户名称：			
^	退款审批通知书收件人	姓名：			
^	^	地址：	省、自治区、直辖市：		
^	^	^	市县：		
^	^	^	城区（乡）、街道、门牌号：		
^	^	邮政编码：			
^	^	电话：			
^	委托声明	☐受缴款人委托请求退款			
☐请求转换费用种类				
☐缴纳专利费用两个月后尚未收到国家知识产权局开出的费用收据				
针对国家知识产权局于_____年___月___日发出的_____通知书（发文序号_____）陈述意见				
③陈述的意见：（第②栏中已填写事项请勿在此栏中重复）				

续表

④附件清单 □银行汇单原件　□邮局汇单原件　□费用收据原件 　　□加盖公章或经公证的银行汇单复印件　□加盖公章或经公证的邮局汇单复印件 　　□费用收据复印件 　　□已备案的证明文件备案编号：_____ 　　□_____	
⑤缴款人、申请人（或专利权人）或专利代理机构签字或者盖章 　　　　　　　　　　　　年　　月　　日	⑥国家知识产权局处理意见 　　　　　　　　　　　　年　　月　　日

注意事项

一、本表应当使用中文填写，字迹为黑色，文字应当打字或印刷，提交一式一份。

二、本表第①栏所填内容应当与该专利申请请求书中内容一致。其中，申请人或专利权人应为第一署名申请人或专利权人。如果该专利申请或者专利办理过著录项目变更手续，应当按照国家知识产权局批准变更后的内容填写。

三、本表第②、④栏中的方格供填表人选择使用，若有方格后所述情况的，应当在方格内作标记。

四、本表第②栏，开户行名称一般应具体到地级市支行，即＊＊银行＊＊市＊＊支行。

五、本表第②栏，缴纳专利费用两个月后尚未收到国家知识产权局开出的费用收据的，应当提供银行汇单或者邮局汇款凭证原件或者经公证的复印件。

六、本表第②栏中的"发文序号"位于国家知识产权局发出的通知书地址栏下方。

七、本表第③栏填写不下时，应当使用规定格式的附页续写。

八、本表第⑤栏，应当由缴款人、申请人（或专利权人）或专利代理机构签字或者加盖公章。

九、申请人或者专利权人如果对国家知识产权局作出的因逾期缴费或缴费不足导致权利丧失有异议的，建议在陈述意见的同时办理恢复权利手续，以免耽误恢复权利的期限，造成权利丧失。经核实确属国家知识产权局责任的，将退回恢复权利请求费。

十、专利费用可以通过网上缴费、邮局或银行汇款缴纳，也可以到国家知识产权局或代办处面缴。

网上缴费：电子申请注册用户可登录 http://cponline.sipo.gov.cn，并按照相关要求使用网上缴费系统缴纳。

邮局汇款：收款人姓名：国家知识产权局专利局收费处，商户客户号：110000860。

银行汇款：开户银行：中信银行北京知春路支行，户名：中华人民共和国国家知识产权局专利局，账号：7111710182600166032。

汇款时应当准确写明申请号、费用名称（或简称）及分项金额。未写明申请号和费用名称（或简称）的视为未办理缴费手续。了解更多详细信息及要求，请登录 http://www.sipo.gov.cn 查询。

PCT申请收费项目和收费标准

(2008年6月27日国家知识产权局公告第一百三十五号发布)

2008年7月1日,世界知识产权组织国际局对PCT申请收费项目和标准进行了调整,现根据世界知识产权组织的要求,将调整后的PCT申请收费项目和标准公告如下:

PCT申请收费项目和收费标准(单位:人民币 元)

一、PCT申请国际阶段部分

(一)国家知识产权局代世界知识产权组织国际局收取的费用

1. 国际申请费
(1) 国际申请文件不超过30页　　8858
(2) 超出30页每页加　　　　　　100
2. 手续费　　　　　　　　　　　1332

(注:国家知识产权局代世界知识产权组织国际局收取的费用部分,本公告中的收费标准按2008年6月1日国家外汇管理局公布的外汇牌价计算,实际收费以国家知识产权局向世界知识产权组织国际局转费当日外汇牌价计算。)

(二)国家知识产权局收取的费用

1. 传送费　　　　　　　　　　　500
2. 检索费　　　　　　　　　　　2100
　　附加检索费　　　　　　　　2100
3. 优先权文件费　　　　　　　　150
4. 初步审查费　　　　　　　　　1500
　　初步审查附加费　　　　　　1500
5. 单一性异议费　　　　　　　　200
6. 副本复制费(每页)　　　　　　2
7. 后提交费　　　　　　　　　　200
8. 滞纳金按应缴纳费用的50%计收;滞纳金数额按最低不少于传送费,最高不多于国际申请费(1)项的50%收取。

二、PCT申请进入中国国家阶段部分

1. 宽限费　　　　　　　　　　　1000
2. 改正译文错误手续费
(1) 初审阶段　　　　　　　　　300
(2) 实审阶段　　　　　　　　　1200
3. 单一性恢复费　　　　　　　　900
4. 改正优先权要求请求费　　　　300

上述收费标准自2008年7月1日起施行。

国际申请(PCT申请)费用减、退、免方面的规定

(2008年6月27日国家知识产权局公告第一百三十六号发布)

为了便于专利申请人了解有关国际申请(PCT申请)费用减、退、免方面的规定,根据《专利合作条约实施细则》第15条、第16条、第57条、第58条和世界知识产权组织的有关规定,以及《审查指南》第三部分第一章第8.2节的规定,现将有关事项公告如下:

一、PCT申请国际阶段费用减、退、免的规定

对于以国家知识产权局为受理局的PCT申请,其国际阶段费用的减、退、免具体办法是:

(一)国际阶段任何错缴的费用或者超过应缴数额部分的费用,予以退还。

(二)在国家知识产权局向国际局传送登记本之前,有下列情形退还已缴纳的检索费和国际申请费:PCT申请被撤回或者被视为撤回的;或者决定该国际申请不作为PCT申请处理的。

(三)因国家安全,申请没有被受理的,退还已缴纳的全部费用。

（四）在国际检索单位收到国际检索本之前，PCT 申请被撤回或者视为撤回的，退还已缴纳的检索费。

（五）在国际检索中完全或者绝大部分地利用了《专利合作条约》规定的在先检索结果的，退还检索费的 75%。

（六）在向国际初步审查单位传送初审本之前，PCT 申请或者国际初步审查要求书被撤回或者被视为撤回的，退还已缴纳的初步审查费。

（七）在国家知识产权局向国际局传送国际初步审查要求书之前，该要求书被撤回或者视为未提出的，退还已缴纳的手续费。

（八）国际申请的所有申请人都是自然人，并且是中国国民、居民，或者是国际局列出的符合费用减缴条件的其他 PCT 成员国的国民或居民，国际申请费和手续费减缴 90%。

（九）以电子形式提交的国际申请的费用的减少：

1. 国际申请以纸件形式并附有使用字符码格式的电子形式请求书和摘要的副本的，国际申请费减缴 666 元；

2. 国际申请是以请求书没有使用字符码格式的电子形式提交的，国际申请费减缴 666 元；

3. 国际申请是以请求书使用字符码格式的电子形式提交（基于 PDF 格式）的，国际申请费减缴 1332 元；

4. 国际申请是以请求书、说明书、权利要求书和摘要使用字符码格式的电子形式提交（基于 XML 格式）的，国际申请费减缴 1998 元。

二、PCT 申请进入国家阶段的费用减、退、免的规定

（一）以国家知识产权局为受理局的 PCT 申请，其后进入中国国家阶段时，免缴申请费及申请附加费（公布印刷费除外）。

（二）由国家知识产权局进行国际检索并作出国际检索报告的 PCT 申请，进入中国国家阶段并提出实质审查请求的，减缴 50% 的实质审查费。

（三）申请人利用《专利合作条约》第Ⅱ章提出国际初步审查要求且由国家知识产权局作出国际检索报告和国际初步审查报告的 PCT 申请，进入中国国家阶段并提出实质审查请求的，免缴实质审查费。

（四）由欧洲专利局、日本特许厅和瑞典专利局三个国际检索单位作出国际检索报告的 PCT 申请，进入了中国国家阶段并提出实质审查请求的，减缴 20% 的实质审查费。

关于执行新的行政事业性收费标准的公告

（2017 年 6 月 16 日国家知识产权局公告第二四四号发布）

为进一步规范行政事业性收费标准，根据《国家发展改革委 财政部关于重新核发国家知识产权局行政事业性收费标准等有关问题的通知》（发改价格〔2017〕270 号）精神，国家知识产权局将于 2017 年 7 月 1 日起执行新的行政事业性收费标准，现将收费标准公告如下：

国家知识产权局行政事业性收费标准

一、专利收费（金额单位：人民币元）

专利收费－国内部分	
（一）申请费	
1. 发明专利	900
2. 实用新型专利	500
3. 外观设计专利	500

续表

(二) 申请附加费	
1. 权利要求附加费从第 11 项起每项加收	150
2. 说明书附加费从第 31 页起每页加收	50
从第 301 页起每页加收	100
(三) 公告、公布印刷费	50
(四) 优先权要求费（每项）	80
(五) 发明专利申请实质审查费	2500
(六) 复审费	
1. 发明专利	1000
2. 实用新型专利	300
3. 外观设计专利	300
(七) 专利登记费	
1. 发明专利	200
2. 实用新型专利	150
3. 外观设计专利	150
(八) 年费	
1. 发明专利	
1—3 年（每年）	900
4—6 年（每年）	1200
7—9 年（每年）	2000
10—12 年（每年）	4000
13—15 年（每年）	6000
16—20 年（每年）	8000
2. 实用新型专利、外观设计专利	
1—3 年（每年）	600
4—5 年（每年）	900
6—8 年（每年）	1200
9—10 年（每年）	2000
(九) 年费滞纳金	
每超过规定的缴费时间 1 个月，加收当年全额年费的 5%	
(十) 恢复权利请求费	1000
(十一) 延长期限请求费	
1. 第一次延长期限请求费（每月）	300
2. 再次延长期限请求费（每月）	2000

续表

(十二) 著录事项变更费	
1. 发明人、申请人、专利权人的变更	200
2. 专利代理机构、代理人委托关系的变更	50
(十三) 专利权评价报告请求费	
1. 实用新型专利	2400
2. 外观设计专利	2400
(十四) 无效宣告请求费	
1. 发明专利权	3000
2. 实用新型专利权	1500
3. 外观设计专利权	1500
(十五) 专利文件副本证明费（每份）	30

注：对经济困难的专利申请人或专利权人的专利收费减缴按照《专利收费减缴办法》有关规定执行。

专利收费－PCT 申请收费

(一) PCT 申请国际阶段部分

1. 国家知识产权局代世界知识产权组织国际局收取的费用

国家知识产权局代世界知识产权组织国际局收取的费用（国际申请费、手续费），其收费标准和减缴规定参照《专利合作条约实施细则》执行，实际收费以国家知识产权局确定的国际申请日所在月国家外汇管理局公布的汇率计算。

2. 国家知识产权局收取的费用

(1) 传送费	500
(2) 检索费	2100
附加检索费	2100
(3) 优先权文件费	150
(4) 初步审查费	1500
初步审查附加费	1500
(5) 单一性异议费	200
(6) 副本复制费（每页）	2
(7) 后提交费	200
(8) 恢复权利请求费	1000

(9) 滞纳金 按应交费用的 50% 计收，最低不少于传送费，最高不超过《专利合作条约实施细则》中国际申请费的 50%。

续表

(二) PCT申请进入中国国家阶段部分	
1. 宽限费	1000
2. 译文改正费	
初审阶段	300
实审阶段	1200
3. 单一性恢复费	900
4. 优先权恢复费	1000
注：由中国国家知识产权局作为受理局受理的PCT申请在进入国家阶段时免缴申请费及申请附加费；提出实质审查请求时，减缴50%的实质审查费。 由中国国家知识产权局作出国际检索报告或专利性国际初步报告的PCT申请，在进入国家阶段并提出实质审查请求时，免缴实质审查费。 由欧洲专利局、日本特许厅、瑞典专利局三个国际检索单位作出国际检索报告的PCT申请，在进入国家阶段并提出实质审查请求时，减缴20%的实质审查费。 PCT申请进入中国国家阶段的其他收费标准依照国内部分执行。	
专利收费—依据约定收费	
国家知识产权局在为其他国家和地区的专利申请提供检索和审查服务时，收取的专利收费标准按双方约定执行。	

二、集成电路布图设计保护费标准（金额单位：人民币元）

（一）布图设计登记费（每件）	2000
（二）布图设计登记复审请求费（每件）	2000
（三）著录事项变更手续费（每件每次）	100
（四）延长期限请求费（每件每次）	300
（五）恢复布图设计登记权利请求费（每件）	1000
（六）非自愿许可使用布图设计请求费（每件）	300
（七）非自愿许可使用布图设计支付报酬裁决费（每件）	300

三、专利代理人资格考试考务费标准

国家知识产权局在组织全国专利代理人资格考试时，向各省（自治区、直辖市）知识产权局收取的考务费标准，按照《国家发展改革委 财政部关于改革全国性职业资格考试收费标准管理方式的通知》（发改价格〔2015〕1217号）有关规定执行，在国家规定的收费标准上限范围内按成本补偿原则自行确定。

专利权质押登记办法

（2010年8月26日国家知识产权局令第五十六号发布）

第一条 为了促进专利权的运用和资金融通，保障债权的实现，规范专利权质押登记，根据《中华人民共和国物权法》《中华人民共和国担保法》《中华人民共和国专利法》及有关规定，制定本办法。

第二条 国家知识产权局负责专利权质押登记工作。

第三条 以专利权出质的，出质人与质权人应当订立书面质押合同。

质押合同可以是单独订立的合同，也可以是主合同中的担保条款。

第四条 以共有的专利权出质的，除全体共有人另有约定的以外，应当取得其他共有人的同意。

第五条 在中国没有经常居所或者营业所的外国人、外国企业或者外国其他组织办理专利权质押登记手续的，应当委托依法设立的专利代理机构办理。

中国单位或者个人办理专利权质押登记手续的，可以委托依法设立的专利代理机构办理。

第六条 当事人可以通过邮寄、直接送交等方式办理专利权质押登记相关手续。

第七条 申请专利权质押登记的，当事人应当向国家知识产权局提交下列文件：

（一）出质人和质权人共同签字或者盖章的专利权质押登记申请表；

（二）专利权质押合同；

（三）双方当事人的身份证明；

（四）委托代理的，注明委托权限的委托书；

（五）其他需要提供的材料。

专利权经过资产评估的，当事人还应当提交资产评估报告。

除身份证明外，当事人提交的其他各种文件应当使用中文。身份证明是外文的，当事人应当附送中文译文；未附送的，视为未提交。

对于本条第一款和第二款规定的文件，当事人可以提交电子扫描件。

第八条 国家知识产权局收到当事人提交的质押登记申请文件后，应当通知申请人。

第九条 当事人提交的专利权质押合同应当包括以下与质押登记相关的内容：

（一）当事人的姓名或者名称、地址；

（二）被担保债权的种类和数额；

（三）债务人履行债务的期限；

（四）专利权项数以及每项专利权的名称、专利号、申请日、授权公告日；

（五）质押担保的范围。

第十条 除本办法第九条规定的事项外，当事人可以在专利权质押合同中约定下列事项：

（一）质押期间专利权年费的缴纳；

（二）质押期间专利权的转让、实施许可；

（三）质押期间专利权被宣告无效或者专利权归属发生变更时的处理；

（四）实现质权时，相关技术资料的交付。

第十一条 国家知识产权局自收到专利权质押登记申请文件之日起7个工作日内进行审查并决定是否予以登记。

第十二条 专利权质押登记申请经审查合格的，国家知识产权局在专利登记簿上予以登记，并向当事人发送《专利权质押登记通知书》。质权自国家知识产权局登记时设立。

经审查发现有下列情形之一的，国家知识产权局作出不予登记的决定，并向当事人发送《专利权质押不予登记通知书》：

（一）出质人与专利登记簿记载的专利权人不一致的；

（二）专利权已终止或者已被宣告无效的；

（三）专利申请尚未被授予专利权的；

（四）专利权处于年费缴纳滞纳期的；

（五）专利权已被启动无效宣告程序的；

（六）因专利权的归属发生纠纷或者人民法院裁定对专利权采取保全措施，专利权的质押手续被暂停办理的；

（七）债务人履行债务的期限超过专利权有效期的；

（八）质押合同约定在债务履行期届满质权人未受清偿时，专利权归质权人所有的；

（九）质押合同不符合本办法第九条规定的；

（十）以共有专利权出质但未取得全体共有人同意的；

（十一）专利权已被申请质押登记且处于质押期间的；

（十二）其他应当不予登记的情形。

第十三条 专利权质押期间，国家知识产权局发现质押登记存在本办法第十二条第二款所列情形并且尚未消除的，或者发现其他应当撤销专利权质押登记的情形的，应当撤销专利权质押登记，并向当事人发出《专利权质押登记撤销通知书》。

专利权质押登记被撤销的，质押登记的效力自始无效。

第十四条 国家知识产权局在专利公报上公告专利权质押登记的下列内容：出质人、质权人、主分类号、专利号、授权公告日、质押登记日等。

专利权质押登记后变更、注销的，国家知识产权局予以登记和公告。

第十五条 专利权质押期间，出质人未提交质权人同意其放弃该专利权的证明材料的，国家知识产权局不予办理专利权放弃手续。

第十六条 专利权质押期间，出质人未提交质权人同意转让或者许可实施该专利权的证明材料的，国家知识产权局不予办理专利权转让登记手续或者专利实施合同备案手续。

出质人转让或者许可他人实施出质的专利权的，出质人所得的转让费、许可费应当向质权人提前清偿债务或者提存。

第十七条 专利权质押期间，当事人的姓名或者名称、地址、被担保的主债权种类及数额或者质押担保的范围发生变更的，当事人应当自变更之日起30日内持变更协议、原《专利权质押登记通知书》和其他有关文件，向国家知识产权局办理专利权质押登记变更手续。

第十八条 有下列情形之一的，当事人应当持《专利权质押登记通知书》以及相关证明文件，向国家知识产权局办理质押登记注销手续：

（一）债务人按期履行债务或者出质人提前清偿所担保的债务的；

（二）质权已经实现的；

（三）质权人放弃质权的；

（四）因主合同无效、被撤销致使质押合同无效、被撤销的；

（五）法律规定质权消灭的其他情形。

国家知识产权局收到注销登记申请后，经审核，向当事人发出《专利权质押登记注销通知书》。专利权质押登记的效力自注销之日起终止。

第十九条 专利权在质押期间被宣告无效或者终止的，国家知识产权局应当通知质权人。

第二十条 专利权人没有按照规定缴纳已经质押的专利权的年费的，国家知识产权局应当在向专利权人发出缴费通知书的同时通知质权人。

第二十一条 本办法由国家知识产权局负责解释。

第二十二条 本办法自2010年10月1日起施行。1996年9月19日中华人民共和国专利局令第八号发布的《专利权质押合同登记管理暂行办法》同时废止。

专利实施许可合同备案办法

（2011年6月27日国家知识产权局令第六十二号发布）

第一条 为了切实保护专利权，规范专利实施许可行为，促进专利权的运用，根据《中华人民共和国专利法》、《中华人民共和国合同法》和相关法律法规，制定本办法。

第二条 国家知识产权局负责全国专利实施许可合同的备案工作。

第三条 专利实施许可的许可人应当是合法的专利权人或者其他权利人。

以共有的专利权订立专利实施许可合同的，除全体共有人另有约定或者《中华人民共和国专利法》另有规定的外，应当取得其他共有人的同意。

第四条 申请备案的专利实施许可合同应当以书面形式订立。

订立专利实施许可合同可以使用国家知识产权局统一制订的合同范本；采用其他合同文本的，应当符合《中华人民共和国合同法》的规定。

第五条 当事人应当自专利实施许可合同生效之日起3个月内办理备案手续。

第六条 在中国没有经常居所或者营业所的外国人、外国企业或者外国其他组织办理备案相关手续的，应当委托依法设立的专利代理机构办理。

中国单位或者个人办理备案相关手续的，可以委托依法设立的专利代理机构办理。

第七条 当事人可以通过邮寄、直接送交或者国家知识产权局规定的其他方式办理专利实施许可合同备案相关手续。

第八条 申请专利实施许可合同备案的，应当提交下列文件：

（一）许可人或者其委托的专利代理机构签字或者盖章的专利实施许可合同备案申请表；

（二）专利实施许可合同；

（三）双方当事人的身份证明；

（四）委托专利代理机构的，注明委托权限的委托书；

（五）其他需要提供的材料。

第九条 当事人提交的专利实施许可合同应当包括以下内容：

（一）当事人的姓名或者名称、地址；

（二）专利权项数以及每项专利权的名称、专利号、申请日、授权公告日；

（三）实施许可的种类和期限。

第十条 除身份证明外，当事人提交的其他各种文件应当使用中文。身份证明是外文的，当事人应当附送中文译文；未附送的，视为未提交。

第十一条 国家知识产权局自收到备案申请之日起7个工作日内进行审查并决定是否予以备案。

第十二条 备案申请经审查合格的，国家知识产权局应当向当事人出具《专利实施许可合同备案证明》。

备案申请有下列情形之一的，不予备案，并向当事人发送《专利实施许可合同不予备案通知书》：

（一）专利权已经终止或者被宣告无效的；

（二）许可人不是专利登记簿记载的专利权人或者有权授予许可的其他权利人的；

（三）专利实施许可合同不符合本办法第九条规定的；

（四）实施许可的期限超过专利权有效期的；

（五）共有专利权人违反法律规定或者约定订立专利实施许可合同的；

（六）专利权处于年费缴纳滞纳期的；

（七）因专利权的归属发生纠纷或者人民法院裁定对专利权采取保全措施，专利权的有关程序被中止的；

（八）同一专利实施许可合同重复申请备案的；

（九）专利权被质押的，但经质权人同意的除外；

（十）与已经备案的专利实施许可合同冲突的；

（十一）其他不应当予以备案的情形。

第十三条 专利实施许可合同备案后，国家知识产权局发现备案申请存在本办法第十二条第二款所列情形并且尚未消除的，应当撤销专利实施许可合同备案，并向当事人发出《撤销专利实施许可合同备案通知书》。

第十四条 专利实施许可合同备案的有关内容由国家知识产权局在专利登记簿上登记，并在专利公报上公告以下内容：许可人、被许可人、主分类号、专利号、申请日、授权公告日、实施许可的种类和期限、备案日期。

专利实施许可合同备案后变更、注销以及撤销的，国家知识产权局予以相应登记和公告。

第十五条 国家知识产权局建立专利实施许可合同备案数据库。公众可以查询专利实施许可合同备案的法律状态。

第十六条 当事人延长实施许可的期限的，应当在原实施许可的期限届满前2个月内，持变更协议、备案证明和其他有关文件向国家知识产权局办理备案变更手续。

变更专利实施许可合同其他内容的，参照前款规定办理。

第十七条 实施许可的期限届满或者提前解除专利实施许可合同的，当事人应当在期限届满或者订立解除协议后30日内持备案证明、解除协议和其他有关文件向国家知识产权局办理备案注销手续。

第十八条 经备案的专利实施许可合同涉及的专利权被宣告无效或者在期限届满前终止的，当事人应当及时办理备案注销手续。

第十九条 经备案的专利实施许可合同的种类、期限、许可使用费计算方法或者数额等，可以作为管理专利工作的部门对侵权赔偿数额进行调解的参照。

第二十条 当事人以专利申请实施许可合同申请备案的，参照本办法执行。

申请备案时，专利申请被驳回、撤回或者视为撤回的，不予备案。

第二十一条 当事人以专利申请实施许可合同申请备案的，专利申请被批准授予专利权后，当事人应当及时将专利申请实施许可合同名称及有关条款作相应变更；专利申请被驳回、撤回或者视为撤回的，当事人应当及时办理备案注销手续。

第二十二条 本办法自 2011 年 8 月 1 日起施行。2001 年 12 月 17 日国家知识产权局令第十八号发布的《专利实施许可合同备案管理办法》同时废止。

专利行政执法办法

（2010 年 12 月 29 日国家知识产权局令第六十号发布 根据 2015 年 5 月 29 日发布的国家知识产权局令第七十一号《国家知识产权局关于修改〈专利行政执法办法〉的决定》修正）

第一章 总则

第一条 为深入推进依法行政，规范专利行政执法行为，保护专利权人和社会公众的合法权益，维护社会主义市场经济秩序，根据《中华人民共和国专利法》、《中华人民共和国专利法实施细则》以及其他有关法律法规，制定本办法。

第二条 管理专利工作的部门开展专利行政执法，即处理专利侵权纠纷、调解专利纠纷以及查处假冒专利行为，适用本办法。

第三条 管理专利工作的部门处理专利侵权纠纷应当以事实为依据、以法律为准绳，遵循公正、及时的原则。

管理专利工作的部门调解专利纠纷，应当遵循自愿、合法的原则，在查明事实、分清是非的基础上，促使当事人相互谅解，达成调解协议。

管理专利工作的部门查处假冒专利行为，应当以事实为依据、以法律为准绳，遵循公正、公开的原则，给予的行政处罚应当与违法行为的事实、性质、情节以及社会危害程度相当。

第四条 管理专利工作的部门应当加强专利行政执法力量建设，严格行政执法人员资格管理，落实行政执法责任制，规范开展专利行政执法。

专利行政执法人员（以下简称"执法人员"）应当持有国家知识产权局或者省、自治区、直辖市人民政府颁发的行政执法证件。执法人员执行公务时应当严肃着装。

第五条 对有重大影响的专利侵权纠纷案件、假冒专利案件，国家知识产权局在必要时可以组织有关管理专利工作的部门处理、查处。

对于行为发生地涉及两个以上省、自治区、直辖市的重大案件，有关省、自治区、直辖市管理专利工作的部门可以报请国家知识产权局协调处理或者查处。

管理专利工作的部门开展专利行政执法遇到疑难问题的，国家知识产权局应当给予必要的指导和支持。

第六条 管理专利工作的部门可以依据本地实际，委托有实际处理能力的市、县级人民政府设立的专利管理部门查处假冒专利行为、调解专利纠纷。

委托方应当对受托方查处假冒专利和调解专利纠纷的行为进行监督和指导，并承担法律责任。

第七条 管理专利工作的部门指派的执法人员与当事人有直接利害关系的，应当回避，当事人有权申请其回避。当事人申请回避的，应当说明理由。

执法人员的回避，由管理专利工作部门的负责人决定。是否回避的决定作出前，被申请回避的人员应当暂停参与本案的工作。

第八条 管理专利工作的部门应当加强展会和电子商务领域的行政执法，快速调解、处理展会期间和电子商务平台上的专利侵权纠纷，及时查处假冒专利行为。

第九条 管理专利工作的部门应当加强行政执法信息化建设和信息共享。

第二章 专利侵权纠纷的处理

第十条 请求管理专利工作的部门处理专利侵权纠纷的,应当符合下列条件:

(一)请求人是专利权人或者利害关系人;

(二)有明确的被请求人;

(三)有明确的请求事项和具体事实、理由;

(四)属于受案管理专利工作的部门的受案和管辖范围;

(五)当事人没有就该专利侵权纠纷向人民法院起诉。

第一项所称利害关系人包括专利实施许可合同的被许可人、专利权人的合法继承人。专利实施许可合同的被许可人中,独占实施许可合同的被许可人可以单独提出请求;排他实施许可合同的被许可人在专利权人不请求的情况下,可以单独提出请求;除合同另有约定外,普通实施许可合同的被许可人不能单独提出请求。

第十一条 请求管理专利工作的部门处理专利侵权纠纷的,应当提交请求书及下列证明材料:

(一)主体资格证明,即个人应当提交居民身份证或者其他有效身份证件,单位应当提交有效的营业执照或者其他主体资格证明文件副本及法定代表人或者主要负责人的身份证明;

(二)专利权有效的证明,即专利登记簿副本,或者专利证书和当年缴纳专利年费的收据。

专利侵权纠纷涉及实用新型或者外观设计专利的,管理专利工作的部门可以要求请求人出具由国家知识产权局作出的专利权评价报告(实用新型专利检索报告)。

请求人应当按照被请求人的数量提供请求书副本及有关证据。

第十二条 请求书应当记载以下内容:

(一)请求人的姓名或者名称、地址,法定代表人或者主要负责人的姓名、职务,委托代理人的,代理人的姓名和代理机构的名称、地址;

(二)被请求人的姓名或者名称、地址;

(三)请求处理的事项以及事实和理由。

有关证据和证明材料可以以请求书附件的形式提交。

请求书应当由请求人签名或者盖章。

第十三条 请求符合本办法第十条规定条件的,管理专利工作的部门应当在收到请求书之日起 5 个工作日内立案并通知请求人,同时指定 3 名或者 3 名以上单数执法人员处理该专利侵权纠纷;请求不符合本办法第十条规定条件的,管理专利工作的部门应当在收到请求书之日起 5 个工作日内通知请求人不予受理,并说明理由。

第十四条 管理专利工作的部门应当在立案之日起 5 个工作日内将请求书及其附件的副本送达被请求人,要求其在收到之日起 15 日内提交答辩书并按照请求人的数量提供答辩书副本。被请求人逾期不提交答辩书的,不影响管理专利工作的部门进行处理。

被请求人提交答辩书的,管理专利工作的部门应当在收到之日起 5 个工作日内将答辩书副本送达请求人。

第十五条 管理专利工作的部门处理专利侵权纠纷案件时,可以根据当事人的意愿进行调解。双方当事人达成一致的,由管理专利工作的部门制作调解协议书,加盖其公章,并由双方当事人签名或者盖章。调解不成的,应当及时作出处理决定。

第十六条 管理专利工作的部门处理专利侵权纠纷,可以根据案情需要决定是否进行口头审理。管理专利工作的部门决定进行口头审理的,应当至少在口头审理 3 个工作日前将口头审理的时间、地点通知当事人。当事人无正当理由拒不参加的,或者未经允许中途退出的,对请求人按撤回请求处理,对被请求人按缺席处理。

第十七条 管理专利工作的部门举行口头审理的,应当将口头审理的参加人和审理要点记入笔录,经核对无误后,由执法人员和参加人签名或者盖章。

第十八条 专利法第五十九条第一款所称的"发明或者实用新型专利权的保护范围以其权利要求的内容为准",是指专利权的保护范围应当以其权利要求记载的技术特征所确定的范围为准,也包括与记载的技术特征相等同的特征所确定的范围。等同特征是指与记载的技术特征以基本相同的手段，实现基本相同的功能，达到基本相同的效果，并且所属领域的普通技术人员无需经过创造性劳动就能够联想到的特征。

第十九条　除达成调解协议或者请求人撤回请求之外，管理专利工作的部门处理专利侵权纠纷应当制作处理决定书，写明以下内容：

（一）当事人的姓名或者名称、地址；

（二）当事人陈述的事实和理由；

（三）认定侵权行为是否成立的理由和依据；

（四）处理决定认定侵权行为成立并需要责令侵权人立即停止侵权行为的，应当明确写明责令被请求人立即停止的侵权行为的类型、对象和范围；认定侵权行为不成立的，应当驳回请求人的请求；

（五）不服处理决定提起行政诉讼的途径和期限。

处理决定书应当加盖管理专利工作的部门的公章。

第二十条　管理专利工作的部门或者人民法院作出认定侵权成立并责令侵权人立即停止侵权行为的处理决定或者判决之后，被请求人就同一专利权再次作出相同类型的侵权行为，专利权人或者利害关系人请求处理的，管理专利工作的部门可以直接作出责令立即停止侵权行为的处理决定。

第二十一条　管理专利工作的部门处理专利侵权纠纷，应当自立案之日起 3 个月内结案。案件特别复杂需要延长期限的，应当由管理专利工作的部门负责人批准。经批准延长的期限，最多不超过 1 个月。

案件处理过程中的公告、鉴定、中止等时间不计入前款所述案件办理期限。

第三章　专利纠纷的调解

第二十二条　请求管理专利工作的部门调解专利纠纷的，应当提交请求书。

请求书应当记载以下内容：

（一）请求人的姓名或者名称、地址，法定代表人或者主要负责人的姓名、职务，委托代理人的，代理人的姓名和代理机构的名称、地址；

（二）被请求人的姓名或者名称、地址；

（三）请求调解的具体事项和理由。

单独请求调解侵犯专利权赔偿数额的，应当提交有关管理专利工作的部门作出的认定侵权行为成立的处理决定书副本。

第二十三条　管理专利工作的部门收到调解请求书后，应当及时将请求书副本通过寄交、直接送交或者其他方式送达被请求人，要求其在收到之日起 15 日内提交意见陈述书。

第二十四条　被请求人提交意见陈述书并同意进行调解的，管理专利工作的部门应当在收到意见陈述书之日起 5 个工作日内立案，并通知请求人和被请求人进行调解的时间和地点。

被请求人逾期未提交意见陈述书，或者在意见陈述书中表示不接受调解的，管理专利工作的部门不予立案，并通知请求人。

第二十五条　管理专利工作的部门调解专利纠纷可以邀请有关单位或者个人协助，被邀请的单位或者个人应当协助进行调解。

第二十六条　当事人经调解达成协议的，由管理专利工作的部门制作调解协议书，加盖其公章，并由双方当事人签名或者盖章；未能达成协议的，管理专利工作的部门以撤销案件的方式结案，并通知双方当事人。

第二十七条　因专利申请权或者专利权的归属纠纷请求调解的，当事人可以持管理专利工作的部门的受理通知书请求国家知识产权局中止该专利申请或者专利权的有关程序。

经调解达成协议的，当事人应当持调解协议书向国家知识产权局办理恢复手续；达不成协议的，当事人应当持管理专利工作的部门出具的撤销案件通知书向国家知识产权局办理恢复手续。自请求中止之日起满 1 年未请求延长中止的，国家知识产权局自行恢复有关程序。

第四章　假冒专利行为的查处

第二十八条　管理专利工作的部门发现或者接受举报、投诉发现涉嫌假冒专利行为的，应当自发现之日起 5 个工作日内或者收到举报、投诉之日起 10 个工作日内立案，并指定两名或者两名以上执法人员进行调查。

第二十九条 查处假冒专利行为由行为发生地的管理专利工作的部门管辖。

管理专利工作的部门对管辖权发生争议的，由其共同的上级人民政府管理专利工作的部门指定管辖；无共同上级人民政府管理专利工作的部门的，由国家知识产权局指定管辖。

第三十条 管理专利工作的部门查封、扣押涉嫌假冒专利产品的，应当经其负责人批准。查封、扣押时，应当向当事人出具有关通知书。

管理专利工作的部门查封、扣押涉嫌假冒专利产品，应当当场清点，制作笔录和清单，由当事人和执法人员签名或者盖章。当事人拒绝签名或者盖章的，由执法人员在笔录上注明。清单应当交当事人一份。

第三十一条 案件调查终结，经管理专利工作的部门负责人批准，根据案件情况分别作如下处理：

（一）假冒专利行为成立应当予以处罚的，依法给予行政处罚；

（二）假冒专利行为轻微并已及时改正的，免予处罚；

（三）假冒专利行为不成立的，依法撤销案件；

（四）涉嫌犯罪的，依法移送公安机关。

第三十二条 管理专利工作的部门作出行政处罚决定前，应当告知当事人作出处罚决定的事实、理由和依据，并告知当事人依法享有的权利。

管理专利工作的部门作出较大数额罚款的决定之前，应当告知当事人有要求举行听证的权利。当事人提出听证要求的，应当依法组织听证。

第三十三条 当事人有权进行陈述和申辩，管理专利工作的部门不得因当事人申辩而加重行政处罚。

管理专利工作的部门对当事人提出的事实、理由和证据应当进行核实。当事人提出的事实属实、理由成立的，管理专利工作的部门应当予以采纳。

第三十四条 对情节复杂或者重大违法行为给予较重的行政处罚的，应当由管理专利工作的部门负责人集体讨论决定。

第三十五条 经调查，假冒专利行为成立应当予以处罚的，管理专利工作的部门应当制作处罚决定书，写明以下内容：

（一）当事人的姓名或者名称、地址；

（二）认定假冒专利行为成立的证据、理由和依据；

（三）处罚的内容以及履行方式；

（四）不服处罚决定申请行政复议和提起行政诉讼的途径和期限。

处罚决定书应当加盖管理专利工作的部门的公章。

第三十六条 管理专利工作的部门查处假冒专利案件，应当自立案之日起1个月内结案。案件特别复杂需要延长期限的，应当由管理专利工作的部门负责人批准。经批准延长的期限，最多不超过15日。

案件处理过程中听证、公告等时间不计入前款所述案件办理期限。

第五章 调查取证

第三十七条 在专利侵权纠纷处理过程中，当事人因客观原因不能自行收集部分证据的，可以书面请求管理专利工作的部门调查取证。管理专利工作的部门根据情况决定是否调查收集有关证据。

在处理专利侵权纠纷、查处假冒专利行为过程中，管理专利工作的部门可以根据需要依职权调查收集有关证据。

执法人员调查收集有关证据时，应当向当事人或者有关人员出示其行政执法证件。当事人和有关人员应当协助、配合，如实反映情况，不得拒绝、阻挠。

第三十八条 管理专利工作的部门调查收集证据可以查阅、复制与案件有关的合同、账册等有关文件；询问当事人和证人；采用测量、拍照、摄像等方式进行现场勘验。涉嫌侵犯制造方法专利权的，管理专利工作的部门可以要求被调查人进行现场演示。

管理专利工作的部门调查收集证据应当制作笔录。笔录应当由执法人员、被调查的单位或者个人签名或者盖章。被调查的单位或者个人拒绝签名或者盖章的，由执法人员在笔录上注明。

第三十九条 管理专利工作的部门调查收集证据可以采取抽样取证的方式。

涉及产品专利的，可以从涉嫌侵权的产品中抽取一部分作为样品；涉及方法专利的，可以从涉嫌依照该方法直接获得的产品中抽取一部分作为样品。被抽取样品的数量应当以能够证明事实为限。

管理专利工作的部门进行抽样取证应当制作笔录和清单，写明被抽取样品的名称、特征、数量以及保存地点，由执法人员、被调查的单位或者个人签字或者盖章。被调查的单位或者个人拒绝签名或者盖章的，由执法人员在笔录上注明。清单应当交被调查人一份。

第四十条 在证据可能灭失或者以后难以取得，又无法进行抽样取证的情况下，管理专利工作的部门可以进行登记保存，并在7日内作出决定。

经登记保存的证据，被调查的单位或者个人不得销毁或者转移。

管理专利工作的部门进行登记保存应当制作笔录和清单，写明被登记保存证据的名称、特征、数量以及保存地点，由执法人员、被调查的单位或者个人签名或者盖章。被调查的单位或者个人拒绝签名或者盖章的，由执法人员在笔录上注明。清单应当交被调查人一份。

第四十一条 管理专利工作的部门需要委托其他管理专利工作的部门协助调查收集证据的，应当提出明确的要求。接受委托的部门应当及时、认真地协助调查收集证据，并尽快回复。

第四十二条 海关对被扣留的侵权嫌疑货物进行调查，请求管理专利工作的部门提供协助的，管理专利工作的部门应当依法予以协助。

管理专利工作的部门处理涉及进出口货物的专利案件的，可以请求海关提供协助。

第六章 法律责任

第四十三条 管理专利工作的部门认定专利侵权行为成立，作出处理决定，责令侵权人立即停止侵权行为的，应当采取下列制止侵权行为的措施：

（一）侵权人制造专利侵权产品的，责令其立即停止制造行为，销毁制造侵权产品的专用设备、模具，并且不得销售、使用尚未售出的侵权产品或者以任何其他形式将其投放市场；侵权产品难以保存的，责令侵权人销毁该产品；

（二）侵权人未经专利权人许可使用专利方法的，责令侵权人立即停止使用行为，销毁实施专利方法的专用设备、模具，并且不得销售、使用尚未售出的依照专利方法所直接获得的侵权产品或者以任何其他形式将其投放市场；侵权产品难以保存的，责令侵权人销毁该产品；

（三）侵权人销售专利侵权产品或者依照专利方法直接获得的侵权产品的，责令其立即停止销售行为，并且不得使用尚未售出的侵权产品或者以任何其他形式将其投放市场；尚未售出的侵权产品难以保存的，责令侵权人销毁该产品；

（四）侵权人许诺销售专利侵权产品或者依照专利方法直接获得的侵权产品的，责令其立即停止许诺销售行为，消除影响，并且不得进行任何实际销售行为；

（五）侵权人进口专利侵权产品或者依照专利方法直接获得的侵权产品的，责令侵权人立即停止进口行为；侵权产品已经入境的，不得销售、使用该侵权产品或者以任何其他形式将其投放市场；侵权产品难以保存的，责令侵权人销毁该产品；侵权产品尚未入境的，可以将处理决定通知有关海关；

（六）责令侵权的参展方采取从展会上撤出侵权展品、销毁或者封存相应的宣传材料、更换或者遮盖相应的展板等撤展措施；

（七）停止侵权行为的其他必要措施。

管理专利工作的部门认定电子商务平台上的专利侵权行为成立，作出处理决定的，应当通知电子商务平台提供者及时对专利侵权产品或者依照专利方法直接获得的侵权产品相关网页采取删除、屏蔽或者断开链接等措施。

第四十四条 管理专利工作的部门作出认定专利侵权行为成立并责令侵权人立即停止侵

权行为的处理决定后，被请求人向人民法院提起行政诉讼的，在诉讼期间不停止决定的执行。

侵权人对管理专利工作的部门作出的认定侵权行为成立的处理决定期满不起诉又不停止侵权行为的，管理专利工作的部门可以申请人民法院强制执行。

第四十五条 管理专利工作的部门认定假冒专利行为成立的，应当责令行为人采取下列改正措施：

（一）在未被授予专利权的产品或者其包装上标注专利标识、专利权被宣告无效后或者终止后继续在产品或者其包装上标注专利标识或者未经许可在产品或者产品包装上标注他人的专利号的，立即停止标注行为，消除尚未售出的产品或者其包装上的专利标识；产品上的专利标识难以消除的，销毁该产品或者包装；

（二）销售第（一）项所述产品的，立即停止销售行为；

（三）在产品说明书等材料中将未被授予专利权的技术或者设计称为专利技术或者专利设计，将专利申请称为专利，或者未经许可使用他人的专利号，使公众将所涉及的技术或者设计误认为是他人的专利技术或者专利设计的，立即停止发放该材料，销毁尚未发出的材料，并消除影响；

（四）伪造或者变造专利证书、专利文件或者专利申请文件的，立即停止伪造或者变造行为，销毁伪造或者变造的专利证书、专利文件或者专利申请文件，并消除影响；

（五）责令假冒专利的参展方采取从展会上撤出假冒专利展品、销毁或者封存相应的宣传材料、更换或者遮盖相应的展板等撤展措施；

（六）其他必要的改正措施。

管理专利工作的部门认定电子商务平台上的假冒专利行为成立的，应当通知电子商务平台提供者及时对假冒专利产品相关网页采取删除、屏蔽或者断开链接等措施。

第四十六条 管理专利工作的部门作出认定专利侵权行为成立并责令侵权人立即停止侵权行为的决定，或者认定假冒专利行为成立并作出处罚决定的，应当自作出决定之日起20个工作日内予以公开，通过政府网站等途径及时发布执法信息。

第四十七条 管理专利工作的部门认定假冒专利行为成立的，可以按照下列方式确定行为人的违法所得：

（一）销售假冒专利的产品的，以产品销售价格乘以所销售产品的数量作为其违法所得；

（二）订立假冒专利的合同的，以收取的费用作为其违法所得。

第四十八条 管理专利工作的部门作出处罚决定后，当事人申请行政复议或者向人民法院提起行政诉讼的，在行政复议或者诉讼期间不停止决定的执行。

第四十九条 假冒专利行为的行为人应当自收到处罚决定书之日起15日内，到指定的银行缴纳处罚决定书写明的罚款；到期不缴纳的，每日按罚款数额的百分之三加处罚款。

第五十条 拒绝、阻碍管理专利工作的部门依法执行公务的，由公安机关根据《中华人民共和国治安管理处罚法》的规定给予处罚；情节严重构成犯罪的，由司法机关依法追究刑事责任。

第七章 附 则

第五十一条 管理专利工作的部门可以通过寄交、直接送交、留置送达、公告送达或者其他方式送达有关法律文书和材料。

第五十二条 本办法由国家知识产权局负责解释。

第五十三条 本办法自2011年2月1日起施行。2001年12月17日国家知识产权局令第十九号发布的《专利行政执法办法》同时废止。

专利标识标注办法

(2012年3月8日国家知识产权局令第六十三号发布)

第一条 为了规范专利标识的标注方式，维护正常的市场经济秩序，根据《中华人民共和国专利法》（以下简称专利法）和《中华人民共和国专利法实施细则》的有关规定，制定本办法。

第二条 标注专利标识的，应当按照本办法予以标注。

第三条 管理专利工作的部门负责在本行政区域内对标注专利标识的行为进行监督管理。

第四条 在授予专利权之后的专利权有效期内，专利权人或者经专利权人同意享有专利标识标注权的被许可人可以在其专利产品、依照专利方法直接获得的产品、该产品的包装或者该产品的说明书等材料上标注专利标识。

第五条 标注专利标识的，应当标明下述内容：

（一）采用中文标明专利权的类别，例如中国发明专利、中国实用新型专利、中国外观设计专利；

（二）国家知识产权局授予专利权的专利号。

除上述内容之外，可以附加其他文字、图形标记，但附加的文字、图形标记及其标注方式不得误导公众。

第六条 在依照专利方法直接获得的产品、该产品的包装或者该产品的说明书等材料上标注专利标识的，应当采用中文标明该产品系依照专利方法所获得的产品。

第七条 专利权被授予前在产品、该产品的包装或者该产品的说明书等材料上进行标注的，应当采用中文标明中国专利申请的类别、专利申请号，并标明"专利申请，尚未授权"字样。

第八条 专利标识的标注不符合本办法第五条、第六条或者第七条规定的，由管理专利工作的部门责令改正。

专利标识标注不当，构成假冒专利行为的，由管理专利工作的部门依照专利法第六十三条的规定进行处罚。

第九条 本办法由国家知识产权局负责解释。

第十条 本办法自2012年5月1日起施行。2003年5月30日国家知识产权局令第二十九号发布的《专利标记和专利号标注方式的规定》同时废止。

专利实施强制许可办法

(2012年3月15日国家知识产权局令第六十四号发布)

第一章 总 则

第一条 为了规范实施发明专利或者实用新型专利的强制许可（以下简称强制许可）的给予、费用裁决和终止程序，根据《中华人民共和国专利法》（以下简称专利法）、《中华人民共和国专利法实施细则》及有关法律法规，制定本办法。

第二条 国家知识产权局负责受理和审查强制许可请求、强制许可使用费裁决请求和终止强制许可请求并作出决定。

第三条 请求给予强制许可、请求裁决强制许可使用费和请求终止强制许可，应当使用中文以书面形式办理。

依照本办法提交的各种证件、证明文件是外文的，国家知识产权局认为必要时，可以要求当事人在指定期限内附送中文译文；期满未附送的，视为未提交该证件、证明文件。

第四条 在中国没有经常居所或者营业所的外国人、外国企业或者外国其他组织办理强制许可事务的，应当委托依法设立的专利代理机构办理。

当事人委托专利代理机构办理强制许可事务的，应当提交委托书，写明委托权限。一方当事人有两个以上且未委托专利代理机构的，除另有声明外，以提交的书面文件中指明的第一当事人为该方代表人。

第二章 强制许可请求的提出与受理

第五条 专利权人自专利权被授予之日起满3年，且自提出专利申请之日起满4年，无正当理由未实施或者未充分实施其专利的，具备实施条件的单位或者个人可以根据专利法第四十八条第一项的规定，请求给予强制许可。

专利权人行使专利权的行为被依法认定为垄断行为的，为消除或者减少该行为对竞争产生的不利影响，具备实施条件的单位或者个人可以根据专利法第四十八条第二项的规定，请求给予强制许可。

第六条 在国家出现紧急状态或者非常情况时，或者为了公共利益的目的，国务院有关主管部门可以根据专利法第四十九条的规定，建议国家知识产权局给予其指定的具备实施条件的单位强制许可。

第七条 为了公共健康目的，具备实施条件的单位可以根据专利法第五十条的规定，请求给予制造取得专利权的药品并将其出口到下列国家或者地区的强制许可：

（一）最不发达国家或者地区；

（二）依照有关国际条约通知世界贸易组织表明希望作为进口方的该组织的发达成员或者发展中成员。

第八条 一项取得专利权的发明或者实用新型比前已经取得专利权的发明或者实用新型具有显著经济意义的重大技术进步，其实施又有赖于前一发明或者实用新型的实施的，该专利权人可以根据专利法第五十一条的规定请求给予实施前一专利的强制许可。国家知识产权局给予实施前一专利的强制许可的，前一专利权人也可以请求给予实施后一专利的强制许可。

第九条 请求给予强制许可的，应当提交强制许可请求书，写明下列各项：

（一）请求人的姓名或者名称、地址、邮政编码、联系人及电话；

（二）请求人的国籍或者注册的国家或者地区；

（三）请求给予强制许可的发明专利或者实用新型专利的名称、专利号、申请日、授权公告日，以及专利权人的姓名或者名称；

（四）请求给予强制许可的理由和事实、期限；

（五）请求人委托专利代理机构的，受托机构的名称、机构代码以及该机构指定的代理人的姓名、执业证号码、联系电话；

（六）请求人的签字或者盖章；委托专利代理机构的，还应当有该机构的盖章；

（七）附加文件清单；

（八）其他需要注明的事项。

请求书及其附加文件应当一式两份。

第十条 强制许可请求涉及两个或者两个以上的专利权人的，请求人应当按专利权人的数量提交请求书及其附加文件副本。

第十一条 根据专利法第四十八条第一项或者第五十一条的规定请求给予强制许可的，请求人应当提供证据，证明其以合理的条件请求专利权人许可其实施专利，但未能在合理的时间内获得许可。

根据专利法第四十八条第二项的规定请求给予强制许可的，请求人应当提交已经生效的司法机关或者反垄断执法机构依法将专利权人行使专利权的行为认定为垄断行为的判决或者决定。

第十二条 国务院有关主管部门根据专利法第四十九条建议给予强制许可的，应当指明下列各项：

（一）国家出现紧急状态或者非常情况，或者为了公共利益目的需要给予强制许可；

（二）建议给予强制许可的发明专利或者实用新型专利的名称、专利号、申请日、授权公告日，以及专利权人的姓名或者名称；

（三）建议给予强制许可的期限；

（四）指定的具备实施条件的单位名称、地址、邮政编码、联系人及电话；

（五）其他需要注明的事项。

第十三条 根据专利法第五十条的规定请求给予强制许可的，请求人应当提供进口方及其所需药品和给予强制许可的有关信息。

第十四条 强制许可请求有下列情形之一的，不予受理并通知请求人：

（一）请求给予强制许可的发明专利或者实用新型专利的专利号不明确或者难以确定；

（二）请求文件未使用中文；

（三）明显不具备请求强制许可的理由；

（四）请求给予强制许可的专利权已经终止或者被宣告无效。

第十五条 请求文件不符合本办法第四条、第九条、第十条规定的，请求人应当自收到通知之日起 15 日内进行补正。期满未补正的，该请求视为未提出。

第十六条 国家知识产权局受理强制许可请求的，应当及时将请求书副本送交专利权人。除另有指定的外，专利权人应当自收到通知之日起 15 日内陈述意见；期满未答复的，不影响国家知识产权局作出决定。

第三章　强制许可请求的审查和决定

第十七条 国家知识产权局应当对请求人陈述的理由、提供的信息和提交的有关证明文件以及专利权人陈述的意见进行审查；需要实地核查的，应当指派两名以上工作人员实地核查。

第十八条 请求人或者专利权人要求听证的，由国家知识产权局组织听证。

国家知识产权局应当在举行听证 7 日前通知请求人、专利权人和其他利害关系人。

除涉及国家秘密、商业秘密或者个人隐私外，听证公开进行。

举行听证时，请求人、专利权人和其他利害关系人可以进行申辩和质证。

举行听证时应当制作听证笔录，交听证参加人员确认无误后签字或者盖章。

根据专利法第四十九条或者第五十条的规定建议或者请求给予强制许可的，不适用听证程序。

第十九条 请求人在国家知识产权局作出决定前撤回其请求的，强制许可请求的审查程序终止。

在国家知识产权局作出决定前，请求人与专利权人订立了专利实施许可合同的，应当及时通知国家知识产权局，并撤回其强制许可请求。

第二十条 经审查认为强制许可请求有下列情形之一的，国家知识产权局应当作出驳回强制许可请求的决定：

（一）请求人不符合本办法第四条、第五条、第七条或者第八条的规定；

（二）请求给予强制许可的理由不符合专利法第四十八条、第五十条或者第五十一条的规定；

（三）强制许可请求涉及的发明创造是半导体技术的，其理由不符合专利法第五十二条的规定；

（四）强制许可请求不符合本办法第十一条或者第十三条的规定；

（五）请求人陈述的理由、提供的信息或者提交的有关证明文件不充分或者不真实。

国家知识产权局在作出驳回强制许可请求的决定前，应当通知请求人拟作出的决定及其理由。除另有指定的外，请求人可以自收到通知之日起 15 日内陈述意见。

第二十一条 经审查认为请求给予强制许可的理由成立的，国家知识产权局应当作出给予强制许可的决定。在作出给予强制许可的决定前，应当通知请求人和专利权人拟作出的决定及其理由。除另有指定的外，双方当事人可以自收到通知之日起 15 日内陈述意见。

国家知识产权局根据专利法第四十九条作出给予强制许可的决定前，应当通知专利权人拟作出的决定及其理由。

第二十二条 给予强制许可的决定应当写明下列各项：

（一）取得强制许可的单位或者个人的名

称或者姓名、地址；

（二）被给予强制许可的发明专利或者实用新型专利的名称、专利号、申请日及授权公告日；

（三）给予强制许可的范围和期限；

（四）决定的理由、事实和法律依据；

（五）国家知识产权局的印章及负责人签字；

（六）决定的日期；

（七）其他有关事项。

给予强制许可的决定应当自作出之日起5日内通知请求人和专利权人。

第二十三条 国家知识产权局根据专利法第五十条作出给予强制许可的决定的，还应当在该决定中明确下列要求：

（一）依据强制许可制造的药品数量不得超过进口方所需的数量，并且必须全部出口到该进口方；

（二）依据强制许可制造的药品应当采用特定的标签或者标记明确注明该药品是依据强制许可而制造的；在可行并且不会对药品价格产生显著影响的情况下，应当对药品本身采用特殊的颜色或者形状，或者对药品采用特殊的包装；

（三）药品装运前，取得强制许可的单位应当在其网站或者世界贸易组织的有关网站上发布运往进口方的药品数量以及本条第二项所述的药品识别特征等信息。

第二十四条 国家知识产权局根据专利法第五十条作出给予强制许可的决定的，由国务院有关主管部门将下列信息通报世界贸易组织：

（一）取得强制许可的单位的名称和地址；

（二）出口药品的名称和数量；

（三）进口方；

（四）强制许可的期限；

（五）本办法第二十三条第三项所述网址。

第四章　强制许可使用费裁决请求的审查和裁决

第二十五条 请求裁决强制许可使用费的，应当提交强制许可使用费裁决请求书，写明下列各项：

（一）请求人的姓名或者名称、地址；

（二）请求人的国籍或者注册的国家或者地区；

（三）给予强制许可的决定的文号；

（四）被请求人的姓名或者名称、地址；

（五）请求裁决强制许可使用费的理由；

（六）请求人委托专利代理机构的，受托机构的名称、机构代码以及该机构指定的代理人的姓名、执业证号码、联系电话；

（七）请求人的签字或者盖章；委托专利代理机构的，还应当有该机构的盖章；

（八）附加文件清单；

（九）其他需要注明的事项。

请求书及其附加文件应当一式两份。

第二十六条 强制许可使用费裁决请求有下列情形之一的，不予受理并通知请求人：

（一）给予强制许可的决定尚未作出；

（二）请求人不是专利权人或者取得强制许可的单位或者个人；

（三）双方尚未进行协商或者经协商已经达成协议。

第二十七条 国家知识产权局受理强制许可使用费裁决请求的，应当及时将请求书副本送交对方当事人。除另有指定的外，对方当事人应当自收到通知之日起15日内陈述意见；期满未答复的，不影响国家知识产权局作出决定。

强制许可使用费裁决过程中，双方当事人可以提交书面意见。国家知识产权局可以根据案情需要听取双方当事人的口头意见。

第二十八条 请求人在国家知识产权局作出决定前撤回其裁决请求的，裁决程序终止。

第二十九条 国家知识产权局应当自收到请求书之日起3个月内作出强制许可使用费的裁决决定。

第三十条 强制许可使用费裁决决定应当写明下列各项：

（一）取得强制许可的单位或者个人的名称或者姓名、地址；

（二）被给予强制许可的发明专利或者实用新型专利的名称、专利号、申请日及授权公告日；

（三）裁决的内容及其理由；

（四）国家知识产权局的印章及负责人签字；

（五）决定的日期；

（六）其他有关事项。

强制许可使用费裁决决定应当自作出之日起5日内通知双方当事人。

第五章 终止强制许可请求的审查和决定

第三十一条 有下列情形之一的，强制许可自动终止：

（一）给予强制许可的决定规定的强制许可期限届满；

（二）被给予强制许可的发明专利或者实用新型专利终止或者被宣告无效。

第三十二条 给予强制许可的决定中规定的强制许可期限届满前，强制许可的理由消除并不再发生的，专利权人可以请求国家知识产权局作出终止强制许可的决定。

请求终止强制许可的，应当提交终止强制许可请求书，写明下列各项：

（一）专利权人的姓名或者名称、地址；

（二）专利权人的国籍或者注册的国家或者地区；

（三）请求终止的给予强制许可决定的文号；

（四）请求终止强制许可的理由和事实；

（五）专利权人委托专利代理机构的，受托机构的名称、机构代码以及该机构指定的代理人的姓名、执业证号码、联系电话；

（六）专利权人的签字或者盖章；委托专利代理机构的，还应当有该机构的盖章；

（七）附加文件清单；

（八）其他需要注明的事项。

请求书及其附加文件应当一式两份。

第三十三条 终止强制许可的请求有下列情形之一的，不予受理并通知请求人：

（一）请求人不是被给予强制许可的发明专利或者实用新型专利的专利权人；

（二）未写明请求终止的给予强制许可决定的文号；

（三）请求文件未使用中文；

（四）明显不具备终止强制许可的理由。

第三十四条 请求文件不符合本办法第三十二条规定的，请求人应当自收到通知之日起15日内进行补正。期满未补正的，该请求视为未提出。

第三十五条 国家知识产权局受理终止强制许可请求的，应当及时将请求书副本送交取得强制许可的单位或者个人。除另有指定的外，取得强制许可的单位或者个人应当自收到通知之日起15日内陈述意见；期满未答复的，不影响国家知识产权局作出决定。

第三十六条 国家知识产权局应当对专利权人陈述的理由和提交的有关证明文件以及取得强制许可的单位或者个人陈述的意见进行审查；需要实地核查的，应当指派两名以上工作人员实地核查。

第三十七条 专利权人在国家知识产权局作出决定前撤回其请求的，相关程序终止。

第三十八条 经审查认为请求终止强制许可的理由不成立的，国家知识产权局应当作出驳回终止强制许可请求的决定。在作出驳回终止强制许可请求的决定前，应当通知专利权人拟作出的决定及其理由。除另有指定的外，专利权人可以自收到通知之日起15日内陈述意见。

第三十九条 经审查认为请求终止强制许可的理由成立的，国家知识产权局应当作出终止强制许可的决定。在作出终止强制许可的决定前，应当通知取得强制许可的单位或者个人拟作出的决定及其理由。除另有指定的外，取得强制许可的单位或者个人可以自收到通知之日起15日内陈述意见。

终止强制许可的决定应当写明下列各项：

（一）专利权人的姓名或者名称、地址；

（二）取得强制许可的单位或者个人的名称或者姓名、地址；

（三）被给予强制许可的发明专利或者实用新型专利的名称、专利号、申请日及授权公告日；

（四）给予强制许可的决定的文号；

（五）决定的事实和法律依据；
（六）国家知识产权局的印章及负责人签字；
（七）决定的日期；
（八）其他有关事项。

终止强制许可的决定应当自作出之日起5日内通知专利权人和取得强制许可的单位或者个人。

附　则

第四十条　已经生效的给予强制许可的决定和终止强制许可的决定，以及强制许可自动终止的，应当在专利登记簿上登记并在专利公报上公告。

第四十一条　当事人对国家知识产权局关于强制许可的决定不服的，可以依法申请行政复议或者提起行政诉讼。

第四十二条　本办法由国家知识产权局负责解释。

第四十三条　本办法自2012年5月1日起施行。2003年6月13日国家知识产权局令第三十一号发布的《专利实施强制许可办法》和2005年11月29日国家知识产权局令第三十七号发布的《涉及公共健康问题的专利实施强制许可办法》同时废止。

专利优先审查管理办法

（2017年6月27日国家知识产权局令第七十六号发布）

第一条　为了促进产业结构优化升级，推进国家知识产权战略实施和知识产权强国建设，服务创新驱动发展，完善专利审查程序，根据《中华人民共和国专利法》和《中华人民共和国专利法实施细则》（以下简称专利法实施细则）的有关规定，制定本办法。

第二条　下列专利申请或者案件的优先审查适用本办法：
（一）实质审查阶段的发明专利申请；
（二）实用新型和外观设计专利申请；
（三）发明、实用新型和外观设计专利申请的复审；
（四）发明、实用新型和外观设计专利的无效宣告。

依据国家知识产权局与其他国家或者地区专利审查机构签订的双边或者多边协议开展优先审查的，按照有关规定处理，不适用本办法。

第三条　有下列情形之一的专利申请或者专利复审案件，可以请求优先审查：
（一）涉及节能环保、新一代信息技术、生物、高端装备制造、新能源、新材料、新能源汽车、智能制造等国家重点发展产业；
（二）涉及各省级和设区的市级人民政府重点鼓励的产业；
（三）涉及互联网、大数据、云计算等领域且技术或者产品更新速度快；
（四）专利申请人或者复审请求人已经做好实施准备或者已经开始实施，或者有证据证明他人正在实施其发明创造；
（五）就相同主题首次在中国提出专利申请又向其他国家或者地区提出申请的该中国首次申请；
（六）其他对国家利益或者公共利益具有重大意义需要优先审查。

第四条　有下列情形之一的无效宣告案件，可以请求优先审查：
（一）针对无效宣告案件涉及的专利发生侵权纠纷，当事人已请求地方知识产权局处理、向人民法院起诉或者请求仲裁调解组织仲裁调解；
（二）无效宣告案件涉及的专利对国家利益或者公共利益具有重大意义。

第五条　对专利申请、专利复审案件提出优先审查请求，应当经全体申请人或者全体复审请求人同意；对无效宣告案件提出优先审查请求，应当经无效宣告请求人或者全体专利权人同意。

处理、审理涉案专利侵权纠纷的地方知识产权局、人民法院或者仲裁调解组织可以对无效宣告案件提出优先审查请求。

第六条 对专利申请、专利复审案件、无效宣告案件进行优先审查的数量，由国家知识产权局根据不同专业技术领域的审查能力、上一年度专利授权量以及本年度待审案件数量等情况确定。

第七条 请求优先审查的专利申请或者专利复审案件应当采用电子申请方式。

第八条 申请人提出发明、实用新型、外观设计专利申请优先审查请求的，应当提交优先审查请求书、现有技术或者现有设计信息材料和相关证明文件；除本办法第三条第五项的情形外，优先审查请求书应当由国务院相关部门或者省级知识产权局签署推荐意见。

当事人提出专利复审、无效宣告案件优先审查请求的，应当提交优先审查请求书和相关证明文件；除在实质审查或者初步审查程序中已经进行优先审查的专利复审案件外，优先审查请求书应当由国务院相关部门或者省级知识产权局签署推荐意见。

地方知识产权局、人民法院、仲裁调解组织提出无效宣告案件优先审查请求的，应当提交优先审查请求书并说明理由。

第九条 国家知识产权局受理和审核优先审查请求后，应当及时将审核意见通知优先审查请求人。

第十条 国家知识产权局同意进行优先审查的，应当自同意之日起，在以下期限内结案：

（一）发明专利申请在四十五日内发出第一次审查意见通知书，并在一年内结案；

（二）实用新型和外观设计专利申请在两个月内结案；

（三）专利复审案件在七个月内结案；

（四）发明和实用新型专利无效宣告案件在五个月内结案，外观设计专利无效宣告案件在四个月内结案。

第十一条 对于优先审查的专利申请，申请人应当尽快作出答复或者补正。申请人答复发明专利审查意见通知书的期限为通知书发文日起两个月，申请人答复实用新型和外观设计专利审查意见通知书的期限为通知书发文日起十五日。

第十二条 对于优先审查的专利申请，有下列情形之一的，国家知识产权局可以停止优先审查程序，按普通程序处理，并及时通知优先审查请求人：

（一）优先审查请求获得同意后，申请人根据专利法实施细则第五十一条第一、二款对申请文件提出修改；

（二）申请人答复期限超过本办法第十一条规定的期限；

（三）申请人提交虚假材料；

（四）在审查过程中发现为非正常专利申请。

第十三条 对于优先审查的专利复审或者无效宣告案件，有下列情形之一的，专利复审委员会可以停止优先审查程序，按普通程序处理，并及时通知优先审查请求人：

（一）复审请求人延期答复；

（二）优先审查请求获得同意后，无效宣告请求人补充证据和理由；

（三）优先审查请求获得同意后，专利权人以删除以外的方式修改权利要求书；

（四）专利复审或者无效宣告程序被中止；

（五）案件审理依赖于其他案件的审查结论；

（六）疑难案件，并经专利复审委员会主任批准。

第十四条 本办法由国家知识产权局负责解释。

第十五条 本办法自2017年8月1日起施行。2012年8月1日起施行的《发明专利申请优先审查管理办法》同时废止。

专利申请号标准

ZC 0006—2003

(2003年7月14日国家知识产权局令第三十二号发布 自2003年10月1日起施行)

1 范围

本标准规定了专利申请号的编号规则。

本标准适用于为各种目的，特别是为法定程序和文献出版的目的，在任何地点，以任何方式使用中国专利申请号的任何单位和个人。

2 术语和定义

下列术语和定义适用于本标准。除国家法律另有明确规定外，国家知识产权局对于本标准中采用的术语和定义拥有最终解释权。

2.1 专利申请

本标准所称专利申请包括发明专利申请、实用新型专利申请和外观设计专利申请。

2.2 专利申请号

专利申请号是指国家知识产权局受理一件专利申请时给予该专利申请的一个标识号码。

2.3 校验位

校验位是指以专利申请号中使用的数字组合作为源数据经过计算得出的1位阿拉伯数字（0至9）或大写英文字母X。

3 制定原则

3.1 惟一性原则

为了使一件专利申请在受理、审查及其他与专利有关的法定程序中能够明确地区别于任何其他专利申请，本标准制定的专利申请号编号规则体现了惟一性原则。

惟一性原则具有两层含义：第一层含义是，在一件专利申请的审查程序及其他相关法定程序中，以及在由该专利申请所取得的专利权存续期间，国家知识产权局仅给予该专利申请一个专利申请号。这个专利申请号不会由于专利申请文件内容的修改、专利申请法律状态的变化以及发明人/设计人、专利申请人或专利权人的变更而发生变化。专利申请号也不会因分案而发生改变，在依据一件专利申请（母案）提出分案申请的情况下，分案申请将具有新的专利申请号，而母案申请仍然保留原专利申请号不变。第二层含义是，一个专利申请号只可能用于一件专利申请，即使在一件专利申请或由此取得的专利权灭失之后，任何其他专利申请也不再可能使用该专利申请号。

3.2 科学性原则

由于专利制度的法律保护和技术信息作用均具有广泛的社会性和长久的时间性，要求专利申请号既具有惟一性和有利于信息化管理工作的特性，又具有容易理解和记忆，方便使用的特点，因此，在制定本标准时采用了科学的编号规则，在专利申请号中包含了表示受理专利申请的公元年号、表示专利申请种类的种类号和表示专利申请相对顺序的流水号。

4 专利申请号的编号规则

4.1 专利申请号的组成结构

专利申请号用12位阿拉伯数字表示，包括申请年号、申请种类号和申请流水号三个部分。

按照由左向右的次序，专利申请号中的第1—4位数字表示受理专利申请的年号，第5位数字表示专利申请的种类，第6—12位数字（共7位）为申请流水号，表示受理专利申请的相对顺序。

专利申请号中使用的每一位阿拉伯数字均为十进制。

4.2 申请年号

专利申请号中的年号采用公元纪年，例如2004表示专利申请的受理年份为公元2004年。

4.3 申请种类号

专利申请号中的申请种类号用1位数字表示，所使用数字的含义规定如下：1表示发明专利申请；2 表示实用新型专利申请；3 表示外观设计专利申请；8 表示进入中国国家阶段的 PCT 发明专利申请；9 表示进入中国国家阶段的 PCT 实用新型专利申请。

上述申请种类号中未包含的其他阿拉伯数字在作为种类号使用时的含义由国家知识产权局另行规定。

4.4 申请流水号

专利申请号中的申请流水号用 7 位连续数字表示，一般按照升序使用，例如从 0000001 开始，顺序递增，直至 9999999。

每一自然年度的专利申请号中的申请流水号重新编排，即从每年 1 月 1 日起，新发放的专利申请号中的申请流水号不延续上一年度所使用的申请流水号，而是从 0000001 重新开始编排。

4.5 专利申请号编号规则图示

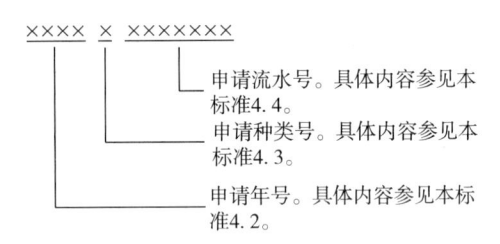

```
××××  ×  ×××××××
              ├── 申请流水号。具体内容参见本标准4.4。
              ├── 申请种类号。具体内容参见本标准4.3。
              └── 申请年号。具体内容参见本标准4.2。
```

5 专利申请号的使用规则

5.1 专利申请号与校验位的联合使用

国家知识产权局在受理专利申请时给予专利申请号和校验位。校验位位于专利申请号之后，在专利申请号与校验位之间使用一个下标单字节实心圆点符号作为间隔符。除法律法规和行政规章另有规定以外，在专利法、专利法实施细则及其他相关法规规定的各种法定程序中均应将专利申请号与校验位（包括两者之间的间隔符）联合使用。

5.2 专利申请号与中国国家代码 CN 的联合使用

可以将中国国家代码 CN 与专利申请号联合使用，以表明该专利申请是由中国国家知识产权局受理。代码 CN 应位于专利申请号之前，如果需要，可以在 CN 与专利申请号之间使用 1 位单字节空格。

5.3 专利申请号的书写及印刷格式

除法律法规、行政规章规定专利申请号（包括与校验位联合使用的情况）的所有数字必须连续书写或印刷以外，在专利申请号的年号与种类号、种类号与流水号之间可以分别使用 1 位单字节空格。

在表示年号及流水号的数字段内、流水号与间隔符之间、间隔符与校验位之间不得使用空格。

在专利申请号（包括与校验位联合使用的情况）的前后或其中不得使用 5.1、5.2 和 5.3 第 1 款规定以外的任何其他文字、数字、符号或空格作为专利申请号的组成部分。

6 专利申请号标准的管理

由国家知识产权局指定的本标准管理者依据本标准的条款内容，对专利申请号标准进行管理，并负责建立一个专利申请号标准有效运行环境。

本标准管理者的具体职责是：

——依据本标准的内容，保证专利申请号使用的惟一性；

——负责专利申请号的管理和维护；

——解释本标准的规范性术语和定义；

——提出改进建议。

7 标准的发布

本标准于 2003 年 7 月 14 日发布。

8 标准的施行

8.1 标准施行

本标准于 2003 年 10 月 1 日正式施行。

8.2 标准监督

国家知识产权局标准化委员会负责监督标准的实施。

8.3 标准改进

国家知识产权局标准化委员会对本标准管理者提出的改进建议进行评审，如有必要，可以制定新标准代替本标准。

《专利申请号标准》公告

(2003年7月14日国家知识产权局公告第九十二号发布)

2003年7月14日发布的第三十二号国家知识产权局令颁布了《专利申请号标准》(ZC 0006—2003)(以下简称"标准"),该标准自2003年10月1日起施行。

该标准制定的专利申请号编号规则与现行专利申请号编号规则不同,专利申请号长度由8位变为12位(不包含校验位)。为使专利申请人、专利权人和社会公众正确理解和使用该标准制定的新专利申请号,特发布本公告。

一、专利申请日为2003年10月1日或此日之后的发明专利申请、实用新型专利申请和外观设计专利申请一律按照该标准给予和使用新专利申请号。

二、申请日在2003年10月1日(含当日)至2003年12月31日(含当日)的发明专利申请、实用新型专利申请和外观设计专利申请,专利申请号中后七位(流水号)均自0100001开始使用,顺序递增。自2004年起每一自然年度,三种专利申请号中后七位(流水号)均自0000001开始使用,顺序递增。

三、除另有明文规定外,在向国家知识产权局办理各种手续时使用的、或在各种法定程序中发出或接收的文件和/或表格中,专利申请号应当与其校验位联合使用,即一同填写或印刷。

本条所述文件或表格中要求填写或印刷的"专利申请号"是指专利申请号加校验位,不得理解为仅要求书写或印刷专利申请号本身。

四、在2003年9月30日(含当日)之前给予的专利申请号在2003年10月1日之后不进行升位和更换,在专利法规定的各种法定程序中继续使用原有专利申请号,其使用规则参照本公告第三条执行。

中国专利文献号
ZC 0007—2012

1 范围

本标准规定了中国专利文献的编号规则及使用规则。

本标准适用于国家知识产权局以任何载体形式(包括纸载体、缩微胶片、磁带或软盘、光盘、联机数据库、计算机网络等)出版的专利文献号。

2 规范性引用文件

下列文件对于本文件的应用是必不可少的。凡是注日期的引用文件,仅注日期的版本适用于本文件。凡是不注日期的引用文件,其最新版本(包括所有的修改单)适用于本文件。

ZC 0006—2003 专利申请号

ZC 0008—2012 中国专利文献种类标识代码

WIPO ST.3 用双字母代码表示国家、其他实体及政府间组织的推荐标准

WIPO ST.6 对公布的专利文献编号的建议

WIPO ST.13 专利、补充保护证书、工业设计及集成电路布图设计申请的编号建议

WIPO ST.16 用于标识不同种类专利文献的推荐标准代码

3 术语和定义

下列术语和定义适用于本标准。

3.1 专利申请

任何单位或者个人向国家知识产权局提交专利申请文件,要求对其发明创造授予专利权的请求,包括发明专利申请、实用新型专利申请和外观设计专利申请。

3.2 公　布

发明专利申请经初步审查合格后，自申请日（或优先权日）起18个月期满时的公布或根据申请人的请求提前进行的公开公布。

3.3 公　告

国家知识产权局定期以公报形式将各种决定及其他事务向公众发出的通告。

3.4 专利文献

各国家、地区、政府间知识产权组织在审批专利过程中按照法定程序产生的出版物，以及其他信息机构对上述出版物加工后的出版物。

3.5 专利文献号

国家知识产权局按照法定程序，在专利申请公布和专利授权公告时给予的文献标识号码。

4 制定原则

4.1 唯一性原则

为了使专利文献与其获得的专利文献号之间的关系清楚、确定，本标准制定的专利文献的编号规则遵守唯一性原则。

唯一性原则体现在以下两个方面：

——基于一件专利申请形成的专利文献只能获得一个专利文献号，该专利申请在不同程序中公布或公告的专利文献种类由相应的专利文献种类标识代码确定；

——一个专利文献号只能唯一地用于一件专利申请所形成的专利文献。

4.2 实用性原则

为便于专利信息的检索以及公众的理解和记忆，本标准采用了简明实用的编号规则，专利文献号中包含了表示专利申请的种类号和表示专利文献公布或公告顺序的流水号。同时，发明专利申请公布号与发明专利授权公告号采用同样的专利文献号，其文献类型区别由相应公布级的专利文献种类标识代码确定。

5 专利文献号的编号规则

5.1 专利文献号的组成结构

专利文献号用9位阿拉伯数字表示，包括申请种类号和文献流水号两个部分。

专利文献号中的第1位数字表示申请种类号，第2～9位数字（共8位）为文献流水号，表示文献公布或公告的排列顺序。

5.2 申请种类号

专利文献号中的申请种类号用1位阿拉伯数字表示。所使用的数字含义规定如下：1表示发明专利申请；2表示实用新型专利申请；3表示外观设计专利申请。

上述申请种类号中未包含的其他阿拉伯数字在作为种类号使用时的含义由国家知识产权局另行规定。

5.3 文献流水号

专利文献号的流水号用8位连续阿拉伯数字表示，按照发明专利申请第一次公布，或实用新型、外观设计申请第一次公告各自不同的编号序列顺序递增。

5.4 专利文献号图示

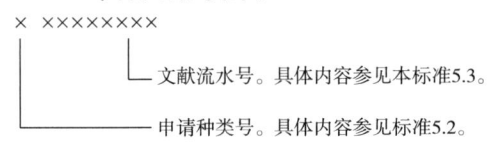

```
× ××××××××
  │       └── 文献流水号。具体内容参见本标准5.3。
  └────────── 申请种类号。具体内容参见标准5.2。
```

6 专利文献号的使用规则

6.1 专利文献号编排规则

一件专利申请形成的专利文献只能获得一个专利文献号，该专利申请在后续公布或公告（如，该专利申请的更正，宣告专利权部分无效的公告）时被赋予的专利文献号与首次获得的专利文献号相同，不再另行编号。因该专利申请公布或公告而产生的专利文献种类由相应的专利文献种类标识代码确定。例如：发明专利授权公告号沿用该发明专利申请在第一次公布时被赋予的专利文献号。

6.2 专利文献号与中国国家代码CN，以及专利文献种类标识代码的联合使用

中国国家代码CN和专利文献种类标识代码均不构成专利文献号的组成部分。然而，为了完整、准确地标识不同种类的专利文献，应将中国国家代码CN、专利文献号、专利文献种类标识代码联合使用。排列顺序应为：国家代码CN、专利文献号、专利文献种类标识

代码。

6.3 专利文献号的书写及印刷格式

除法律法规、行政规章另有规定以外，为了保证专利文献号的易读性，在印刷及数据显示格式中，可以在国家代码 CN、专利文献号、专利文献种类标识代码之间分别空一个字符的间隙。允许在申请种类号与文献流水号之间空一个字符的间隙。

在专利文献号的前后或其中不得使用上述 5.1 规定以外的任何其他文字、数字、符号或空格作为专利文献号的组成部分。

示例：

CN XXXXXXXXX A

CN XXXXXXXXX B

CN XXXXXXXXX U

CN XXXXXXXXX S

6.4 专利文献中使用的专利文献号

专利文献中专利文献号的使用规则，见附录：发明、实用新型和外观设计专利文献号。

附录 （规范性附录）

发明、实用新型和外观设计专利文献号

发明专利文献号

专利文献名称	专利文献号名称	专利文献标识 中国国家代码、专利文献号、文献种类标识代码联合使用	说 明
发明专利申请	申请公布号	CN 1 02102675 A	不同专利申请应顺序编号
		CN 1 01960299 A	
发明专利申请（扉页更正）		CN 1 02102675 A8	同一专利申请沿用首次赋予的专利文献号（9位或7位）
发明专利申请（全文更正）		CN 1 01960299 A9	
发明专利	授权公告号	CN 1 399818 B	同一专利申请的授权公告号沿用首次赋予的专利文献号（9位或7位）
		CN 1 01184265 B	
发明专利（扉页更正）		CN 1 399818 B8	
发明专利（全文更正）		CN 1 01184265 B9	
发明专利（宣告专利权部分无效）（第1次）		CN 100378905 C1	
发明专利（宣告专利权部分无效）（第2次）		CN 100378905 C2	

实用新型专利文献号

专利文献名称	专利文献号名称	专利文献标识 中国国家代码、专利文献号、文献种类标识代码联合使用	说　明
实用新型专利	授权公告号	CN 2 01908404 U CN 2 01529462 U	不同专利申请应顺序编号
实用新型专利（扉页更正）		CN 2 01908404 U8	同一专利申请的授权公告号沿用首次赋予的专利文献号（9位或7位）
实用新型专利（全文更正）		CN 2 01529462 U9	
实用新型专利（宣告专利权部分无效）（第1次）		CN 200364512 Y1	
实用新型专利（宣告专利权部分无效）（第2次）		CN 200364512 Y2	

外观设计专利文献号

专利文献名称	专利文献号名称	专利文献标识 中国国家代码、专利文献号、文献种类标识代码的联合使用	说　明
外观设计专利	授权公告号	CN 3 01558470 S CN 3 01471528 S	不同专利申请应顺序编号
外观设计专利（扉页更正）		CN 3 01558470 S8	同一专利申请的授权公告号沿用首次赋予的专利文献号（9位或7位）
外观设计专利（全文更正）		CN 3 01471528 S9	
外观设计专利（宣告专利权部分无效）（第1次）		CN 300123456 S1	
外观设计专利（宣告专利权部分无效）（第2次）		CN 300123456 S2	

中国专利文献著录项目

ZC 0009—2012

1　范　围

本标准规定了中国专利文献著录项目的名称和相应的国际承认的（著录项目）数据识别代码（Internationally agreed Numbers for the Identification of (bibliographic) Data，英文缩略语为"INID代码"）的标识及使用规则。

本标准适用于国家知识产权局以任何载体形式（包括纸载体、缩微胶片、磁带或软盘、光盘、联机数据库、计算机网络等）公布或公告的专利文献与信息。

2　规范性引用文件

下列文件对于本文件的应用是必不可少的。凡是注日期的引用文件，仅注日期的版本适用于本文件。凡是不注日期的引用文件，其最新版本（包括所有的修改单）适用于本文件。

ZC 0001—2001 专利申请人和专利权人（单位）代码标准

ZC 0006—2003 专利申请号

ZC 0007—2012 中国专利文献号

ZC 0008—2012 中国专利文献种类标识代码

ISO639：1988 语种名称代码

WIPO ST.2 采用公历标示日期的标准方法

WIPO ST.3 用双字母代码表示国家、其他实体及政府间组织的推荐标准

WIPO ST.9 关于专利及补充保护证书的著录数据的建议

WIPO ST.10/B 著录项目数据的设计

WIPO ST.10/C 著录项目数据的表示

WIPO ST.14 在专利文献中列入引证的参考文献的建议

WIPO ST.18 关于专利公报及其他专利公告期刊的建议

WIPO ST.34 用于著录项目数据交换的以电子形式记录申请号的建议

WIPO ST.50 与专利信息有关的修正、替换和增补文献出版指南

WIPO ST.80 关于工业品外观设计著录项目数据的建议

3 术语和定义

下列术语和定义适用于本标准。

3.1 专利申请

任何单位或者个人向国家知识产权局提交专利申请文件，要求对其发明创造授予专利权的请求，包括发明专利申请、实用新型专利申请和外观设计专利申请。

3.2 公布

发明专利申请经初步审查合格后，自申请日（或优先权日）起18个月期满时的公布或根据申请人的请求提前进行的公开公布。

3.3 公告

国家知识产权局定期以公报形式将各种决定及其他事务向公众发出的通告。

3.4 专利文献

各国家、地区、政府间知识产权组织在审批专利过程中按照法定程序产生的出版物，以及其他信息机构对上述出版物加工后的出版物。

3.5 单行本

国家知识产权局对公布的专利申请文件和公告的授权专利文件定期编辑出版而形成的出版物。

注1：单行本的种类包括：发明专利申请单行本、发明专利单行本、实用新型专利单行本及外观设计专利单行本。

注2：发明专利申请单行本、发明专利单行本以及实用新型专利单行本由扉页、权利要求书、说明书、说明书附图组成，实用新型应有说明书附图，其中扉页由著录项目、摘要、摘要附图组成。

注3：外观设计专利单行本由扉页、彩色外观设计图片或照片以及简要说明组成。

3.6 专利文献号

国家知识产权局按照法定程序，在专利申请公布和专利授权公告时给予的专利文献标识号码。

3.7 专利文献种类

国家知识产权局按照相关法律法规对发明、实用新型、外观设计专利申请在法定程序中予以公布或公告，由此产生的各种专利文献。

3.8 专利文献种类标识代码

国家知识产权局为标识不同种类的专利文献规定使用的字母编码，或者字母与数字的组合编码。

3.9 专利公报

国家知识产权局公开有关中国专利申请的审批状况及相关法律法规信息的定期出版物。

注1：专利公报的种类包括：发明专利公报、实用新型专利公报和外观设计专利公报。

注2：发明专利公报的内容包括：发明专利申请公布、发明专利权授予、保密发明专利和国防发明专利、发明专利事务和索引（申请公布索引、授权公告索引）等。

注3：实用新型专利公报的内容包括：实用新型专利权授予、保密实用新型专利和国防实用新型专

利、实用新型专利事务和授权公告索引等。

注4：外观设计专利公报的内容包括：外观设计专利权的授予、外观设计专利事务和授权公告索引等。

3.10 著录项目数据

登载在单行本扉页或专利公报中与专利申请及专利授权有关的各种著录数据，包括文献标识数据、国内申请提交数据、优先权数据、公布或公告数据、分类数据等类型。由著录项目名称和著录项目内容组成。

3.11 INID代码

专利文献著录项目的识别代码。Internationally agreed Numbers for the Identification of (bibliographic) Data 的缩略语。

4 INID代码的使用规则

4.1 INID代码的指定

在本标准中，以"0"结尾的INID组别代码指定用于以下情形：

当国家代码/专利文献号/专利文献种类代码联用并同处一行时，使用专利文献标识的组别代码（10）；

当作为优先权基础的在先申请的申请号/申请日/申请受理国或组织联用并同处一行时，使用优先权数据组别代码（30）。

4.2 INID代码在专利文献扉页及专利公报中的使用

在专利文献扉页和专利公报中登载的IN-ID代码及其著录项目数据应一致。每期专利公报应登载INID代码及其著录项目数据。

4.3 专利文献中使用的著录项目名称及相应的INID代码

为明确专利文献著录项目的名称和相应INID代码的标识及使用规则，本标准附有如下4个附录予以规定：

附录A：发明、实用新型专利文献著录项目名称及相应INID代码

附录B：发明、实用新型专利文献著录项目名称及相应INID代码的使用规则

附录C：外观设计专利文献著录项目名称及相应INID代码

附录D：外观设计专利文献著录项目名称及相应INID代码的使用规则

5 INID代码的印刷及显示格式

为保证INID代码的易读性，在印刷及数据显示格式中，INID代码应以阿拉伯数字表示，直接标在相应的著录项目之前，并且置于圆括号内。

对于某些INID代码所表示的著录项目，未使用（例如，没有要求优先权）或由于其他原因未登载在专利文献扉页或专利公报中，则不必在专利文献扉页或专利公报中登载INID代码本身。

附录A （规范性附录）

发明、实用新型专利文献著录项目名称及相应INID代码

(10) 专利文献标识
(12) 专利文献名称
(15) 专利文献更正数据
(19) 公布或公告专利文献的国家机构名称
(21) 申请号
(22) 申请日
(30) 优先权数据
(43) 申请公布日
(45) 授权公告日
(48) 更正文献出版日
(51) 国际专利分类
(54) 发明或实用新型名称
(56) 对比文件
(57) 摘要
(62) 分案原申请数据

(66) 本国优先权数据
(71) 申请人
(72) 发明人
(73) 专利权人
(74) 专利代理机构及代理人

(83) 生物保藏信息
(85) PCT 国际申请进入国家阶段日
(86) PCT 国际申请的申请数据
(87) PCT 国际申请的公布数据

附录 B （规范性附录）

发明、实用新型专利文献著录项目名称及相应 INID 代码的使用规则

(10) 专利文献标识

用于标识在法定程序中予以公布或公告的发明、实用新型专利文献。

专利文献标识由中国国家代码、专利文献号、专利文献种类标识代码联用表示。

不同专利文献使用不同的专利文献标识：发明专利申请单行本（含扉页更正、全文更正）的专利文献标识为申请公布号；发明专利单行本（含扉页更正、全文更正、宣告专利权部分无效）、实用新型专利单行本（含扉页更正、全文更正、宣告专利权部分无效）的专利文献标识为授权公告号。

示例1：
(10) 申请公布号 CN 100000001 A
示例2：
(10) 授权公告号 CN 100000001 B
示例3：
(10) 授权公告号 CN 200000001 U

(12) 专利文献名称

用于标识在法定程序中予以公布或公告的发明、实用新型专利文献的名称，包括发明专利申请、发明专利申请（扉页更正）、发明专利申请（全文更正）、发明专利、发明专利（扉页更正）、发明专利（全文更正）、发明专利（宣告专利权部分无效）、实用新型专利、实用新型专利（扉页更正）、实用新型专利（全文更正）、实用新型专利（宣告专利权部分无效）。

示例1：
(12) 发明专利申请

示例2：
(12) 发明专利
示例3：
(12) 实用新型专利

(15) 专利文献更正数据

用于标识发明、实用新型单行本扉页或全文的更正数据。

更正数据包括更正版次和更正范围：

——更正版次，包括版次文字表达和更正类型代码：

●版次文字表达，形式为"第 X 版"；

●更正类型代码，表示错误的类型。更正类型代码包括以下内容：

◆Wn，其中 W 表示由于文献内容出现错误所做的更正，n 表示更正次数；

◆被更正专利文献的专利文献种类标识代码，位于 Wn 后，并与 Wn 一起置于圆括号内；

——更正范围，用来表示更正的具体位置，包括 INID 代码、权利要求的序号、说明书的段号、说明书附图的编号。当权利要求书或说明书中出现大量文字错误，如，在说明书中多处出现某一词汇翻译或书写错误，为避免更正内容过于冗长，将更正范围表示为：文字错误。

示例1：
(15) 专利文献更正数据
更正版次　第 2 版（W2A8）
更正范围　INID（30）优先权数据
在先更正文献　A9 2000.01.12

示例2：

(15) 专利文献更正数据

更正版次　第 1 版（W1A）

更正范围　说明书第 0012，0023

权利要求 1

示例3：

(15) 专利文献更正数据

更正版次　第 1 版（W1A）

更正范围　文字错误

(19) 公布或公告专利文献的国家机构名称

用于标识公布或公告发明、实用新型专利文献的国家机构名称及标志。

示例：

(19) 中华人民共和国国家知识产权局

(21) 申请号

用于标识发明、实用新型专利申请的申请号。

示例1：

(21) 申请号 200410000001.4

示例2：

(21) 申请号 200420000001.9

(22) 申请日

用于标识发明、实用新型专利申请的日期。

示例：

(22) 申请日 2004.10.05

(30) 优先权数据

用于标识发明、实用新型的外国优先权数据，包括外国优先权的申请号、申请日、申请受理国或组织代码。

示例：

(30) 优先权数据 10129010.1 2001.06.13 DE

(43) 申请公布日

用于标识发明专利申请的公布日期。

示例：

(43) 申请公布日 2004.09.22

(45) 授权公告日

用于标识发明、实用新型专利申请被授予专利权的公告日期。对于发明专利（宣告专利权部分无效）和实用新型专利（宣告专利权部分无效）来说，用于标识授权公告日期，同时在"授权公告日"下列出"无效宣告决定日"。

示例1：

(45) 授权公告日 2004.09.22

示例2：

(45) 授权公告日 1999.07.21

无效宣告决定日 2015.09.21

(48) 更正文献出版日

用于标识发明、实用新型专利文献扉页或全文更正的出版日期。

示例：

(48) 更正文献出版日 2005.08.17

(51) 国际专利分类

用于标识发明、实用新型专利申请的国际专利分类号及版本信息，应注意以下几点：

为便于计算机转换，分类号用列表形式表示；

IPC 高级版分类号用斜体印刷或显示；

发明信息用黑体印刷或显示，附加信息用普通字体印刷或显示。

示例：

(51) *Int. Cl.*

B60W 1/00（2006.01）

B60K 6/22（2007.10）

H04H 20/02（2008.01）

(54) 发明或实用新型名称

用于标识发明、实用新型专利申请或专利文件的名称。

示例1：

(54) 发明名称　一种手持牙科医疗器械

示例2：

(54) 实用新型名称　一种吸尘装置

(56) 对比文件

用于标识发明专利申请的实质审查或实用新型专利申请的审查过程中引用的对比文件清单，登载于发明专利单行本或实用新型专利单行本扉页上。

对比文件按照中国专利文献、外国专利文献、非专利文献顺序排列。

示例：

(56) 对比文件

CN 1064892 A，1992.09.30

US 5878290 A，1999.03.02

张志祥. 间断动力系统的随机扰动及其在守恒律方程中的应用. 北京大学数学学院，1998.

WALTON Herrmann. Microwave Quantum Theory. Sweet and Maxwell，1973，Vol. 2.

(57) 摘要

用于标识发明、实用新型专利申请或专利文件的简要说明。

示例：

(57) 摘要

一种旅行睡眠支架，为用于旅途中休息的支架，主要包括用于支撑人体头部的第一支撑板，其顶面上包覆有一层海绵或其它弹性物，以及调节第一支撑板的第一支架，及一用于支撑人体胸、腹部的第二支撑板及调节第二支撑板的第二支架，该支架可组装于座椅前、桌椅之间或飞机餐桌上，支撑于人的头部和胸腹部，合理分配人体重量的支撑部位，能使人获得较好的休息，其美观轻巧、装拆简捷、便于携带，实为旅行中必备的用具。

(62) 分案原申请数据

用于标识发明、实用新型分案申请的原申请数据，包括原申请的申请号和申请日。

示例：

(62) 分案原申请数据 01108925.3 2001.02.28

(66) 本国优先权数据

用于标识发明、实用新型专利申请的本国优先权数据，包括本国优先权的申请号，申请日，中国国家代码。

示例：

(66) 本国优先权数据 02118757.6 2002.05.01 CN

(71) 申请人

用于标识发明、实用新型专利申请的申请人姓名或名称，申请人国别代码及地址（含邮政编码）。

示例1：

(71) 申请人 中国石油化工股份有限公司（CN）

地址 100029 北京市朝阳区惠新东街甲6号

示例2：

(71) 申请人 中国石油化工股份有限公司（CN）

地址 100029 北京市朝阳区惠新东街甲6号

申请人 中国石油大学（CN）

中国石油化工研究院（CN）

(72) 发明人

用于标识发明或实用新型专利申请的发明人姓名。

示例1：

(72) 发明人 王甲

示例2：

(72) 发明人 王小甲 张仲乙 李丙

(73) 专利权人

用于标识发明、实用新型专利的专利权人姓名或名称，专利权人国别代码及地址（含邮政编码）。

示例1：

(73) 专利权人 中国石油化工股份有限公司（CN）

地址 100029 北京市朝阳区惠新东街甲6号

示例2：

(73) 专利权人 中国石油化工股份有限公司（CN）

地址 100029 北京市朝阳区惠新东街甲6号

专利权人 中国石油大学（CN）

中国石油化工研究院（CN）

(74) 专利代理机构及代理人

用于标识发明、实用新型专利申请的代理机构名称和代码及代理人姓名。

示例：

(74) 代理机构 中国国际贸易促进委员

会专利商标事务所 11038

代理人 李丁

(83) 生物保藏信息

用于标识微生物保藏的相关信息,包括微生物的保藏号和保藏日期。

保藏号由保藏单位字母代码和数字序号构成,代码与序号之间空一位。

示例:

(83) 生物保藏信息
CGMCC 0483 2000.08.28

(85) PCT 国际申请进入国家阶段日

用于标识 PCT 国际申请进入中国国家阶段的日期。

示例:

(85) PCT 国际申请进入国家阶段日 2003.04.12

(86) PCT 国际申请的申请数据

用于标识 PCT 国际申请的申请数据,包括 PCT 国际申请号、PCT 国际申请日期。

示例:

(86) PCT 国际申请的申请数据 PCT/JP2004/001234 2004.02.10

(87) PCT 国际申请的公布数据

用于标识 PCT 国际申请的公布数据,包括 PCT 国际申请公布号、PCT 国际申请公布语言、PCT 国际公布日期。

PCT 国际申请公布语言,应采用国际标准化组织 ISO 639:1988 的双字母语言符号表示。

示例:

(87) PCT 国际申请的公布数据 WO95/09231 FR 1995.04.06

附录 C (规范性附录)

外观设计专利文献著录项目名称及相应 INID 代码

(10) 专利文献标识
(12) 专利文献名称
(15) 专利文献更正数据
(19) 公告专利文献的国家机构名称
(21) 申请号
(22) 申请日
(30) 优先权数据
(45) 授权公告日
(48) 更正文献出版日
(51) 国际外观设计分类(洛迦诺分类)
(54) 使用外观设计的产品名称
(56) 对比文件
(62) 分案原申请数据
(72) 设计人
(73) 专利权人
(74) 专利代理机构及代理人

附录 D (规范性附录)

外观设计专利文献著录项目名称及相应 INID 代码的使用规则

(10) 专利文献标识

用于标识在法定程序中予以授权公告的外观设计专利文献。

专利文献标识由中国国家代码、专利文献号、专利文献种类代码联用表示。

外观设计专利单行本(含扉页更正、全文更正、宣告专利权部分无效)的专利文献标识为授权公告号。

示例：

(10) 授权公告号 CN 300000001 S

(12) 专利文献名称

用于标识在法定程序中予以授权公告的外观设计专利文献的名称，包括外观设计专利、外观设计专利（扉页更正）、外观设计专利（全文更正）、外观设计专利（宣告专利权部分无效）等。

示例：

(12) 外观设计专利

(15) 专利文献更正数据

用于标识外观设计专利扉页或全文的更正数据。

更正数据包括更正版次和更正范围：

——更正版次，包括版次文字表达和更正类型代码：

●版次文字表达，形式为"第 X 版"；

●更正类型代码，表示错误的类型。更正类型代码包括以下内容：

◆Wn，其中 W 表示由于文献内容出现错误所做的更正，n 表示更正次数；

◆被更正专利文献的专利文献种类标识代码，位于 Wn 后，并与 Wn 一起置于圆括号内；

——更正范围，用来表示更正的具体位置，包括 INID 代码、外观设计照片或图片的名称。

示例1：

(15) 专利文献更正数据

更正版次　第 2 版（W2S8）

更正范围　INID（73）专利权人

在先更正文献 S9 2000.01.12（W1S）

示例2：

(15) 专利文献更正数据

更正版次　第 1 版（W1S）

更正范围　左视图

(19) 公告专利文献的国家机构名称

用于标识公告外观设计专利文献的国家机构名称及标志。

示例：

(19) 中华人民共和国国家知识产权局

(21) 申请号

用于标识外观设计专利申请的申请号。

示例：

(21) 申请号 200430024257.8

(22) 申请日

用于标识外观设计专利申请的申请日期。

示例：

(22) 申请日 2004.10.05

(30) 优先权数据

用于标识外观设计的优先权数据，包括优先权的申请号、申请日、申请受理国或组织代码。

示例：

(30) 优先权数据 29/191338 2003.10.07 US

(45) 授权公告日

用于标识外观设计专利授权公告的日期，对于外观设计专利（宣告专利权部分无效）来说，用于标识授权公告日期，同时在"授权公告日"下列出"无效宣告决定日"。

示例1：

(45) 授权公告日 2004.09.22

示例2：

(45) 授权公告日 1999.07.21

无效宣告决定日 2015.09.21

(48) 更正文献出版日

用于标识外观设计专利扉页或全文更正的出版日期。

示例：

(48) 更正文献出版日 2005.08.17

(51) 国际外观设计分类（洛迦诺分类）

用于标识产品外观设计的国际分类号（洛迦诺分类）。

国际外观设计分类号由大类号和小类号组成，大类号和小类号之间用破折号"－"分开，大类号和小类号均采用两位阿拉伯数字，大类号和小类号前加"LOC（n）Cl."表示。n为所使用的国际外观设计分类表的版本号。

示例1：

（51）LOC（8）Cl. 06－13

示例2：

（51）LOC（8）Cl. 08－05 08－08 11－01

（54）使用外观设计的产品名称

用于标识使用外观设计的产品的名称。

示例：

（54）使用外观设计的产品名称 沙发

（56）对比文件

用于标识外观设计专利申请的审查过程中引用的对比文件清单，登载于外观设计专利扉页上。

示例：

（56）对比文件

CN 3005789 S，1990.06.13

US D324585 S，1992.03.10

（62）分案原申请数据

用于标识外观设计专利分案申请的原申请数据，包括原申请的申请号和申请日。

示例：

（62）分案原申请数据 200530009780.8 2005.04.21

（72）设计人

用于标识产品外观设计的设计人姓名。

示例1：

（72）设计人 王甲

示例2：

（72）设计人 王小甲 张仲乙 李丙

（73）专利权人

用于标识外观设计专利的专利权人姓名或名称、专利权人国别代码及地址（含邮政编码）。

示例1：

（73）专利权人 中国石油化工股份有限公司（CN）

地址 100029 北京市朝阳区惠新东街甲6号

示例2：

（73）专利权人 中国石油化工股份有限公司（CN）

地址 100029 北京市朝阳区惠新东街甲6号

专利权人 中国石油大学（CN）

中国石油化工研究院（CN）

（74）专利代理机构及代理人

用于标识外观设计专利申请的代理机构名称和代码及代理人姓名。

示例：

（74）专利代理机构 中国国际贸易促进委员会专利商标事务所 11038

代理人 李乙

关于专利电子申请的规定

（2010年8月26日国家知识产权局令第五十七号发布）

第一条 为了规范与通过互联网传输并以电子文件形式提出的专利申请（以下简称专利电子申请）有关的程序和要求，方便申请人提交专利申请，提高专利审批效率，推进电子政务建设，依照《中华人民共和国专利法实施细则》（以下简称专利法实施细则）第二条和第十五条第二款，制定本规定。

第二条 提出专利电子申请的，应当事先与国家知识产权局签订《专利电子申请系统用户注册协议》（以下简称用户协议）。

开办专利电子申请代理业务的专利代理机构，应当以该专利代理机构名义与国家知识产权局签订用户协议。

申请人委托已与国家知识产权局签订用户协议的专利代理机构办理专利电子申请业务的，无须另行与国家知识产权局签订用户协议。

第三条 申请人有两人以上且未委托专利代理机构的，以提交电子申请的申请人为代表人。

第四条 发明、实用新型和外观设计专利申请均可以采用电子文件形式提出。

依照专利法实施细则第一百零一条第二款的规定进入中国国家阶段的专利申请，可以采用电子文件形式提交。

依照专利法实施细则第一百零一条第一款的规定向国家知识产权局提出专利国际申请的，不适用本规定。

第五条 申请专利的发明创造涉及国家安全或者重大利益需要保密的，应当以纸件形式提出专利申请。

申请人以电子文件形式提出专利申请后，国家知识产权局认为该专利申请需要保密的，应当将该专利申请转为纸件形式继续审查并通知申请人。申请人在后续程序中应当以纸件形式递交各种文件。

依照专利法实施细则第八条第二款第（一）项直接向外国申请专利或者向有关国外机构提交专利国际申请的，申请人向国家知识产权局提出的保密审查请求和技术方案应当以纸件形式提出。

第六条 提交专利电子申请和相关文件的，应当遵守规定的文件格式、数据标准、操作规范和传输方式。专利电子申请和相关文件未能被国家知识产权局专利电子申请系统正常接收的，视为未提交。

第七条 申请人办理专利电子申请各种手续的，应当以电子文件形式提交相关文件。除另有规定外，国家知识产权局不接受申请人以纸件形式提交的相关文件。不符合本款规定的，相关文件视为未提交。

以纸件形式提出专利申请并被受理后，除涉及国家安全或者重大利益需要保密的专利申请外，申请人可以请求将纸件申请转为专利电子申请。

特殊情形下需要将专利电子申请转为纸件申请的，申请人应当提出请求，经国家知识产权局审批并办理相关手续后可以转为纸件申请。

第八条 申请人办理专利电子申请的各种手续的，对专利法及其实施细则或者专利审查指南中规定的应当以原件形式提交的相关文件，申请人可以提交原件的电子扫描文件。国家知识产权局认为必要时，可以要求申请人在指定期限内提交原件。

申请人在提出专利电子申请时请求减缴或者缓缴专利法实施细则规定的各种费用需要提交有关证明文件的，应当在提出专利申请时提交证明文件原件的电子扫描文件。未提交电子扫描文件的，视为未提交有关证明文件。

第九条 采用电子文件形式向国家知识产权局提交的各种文件，以国家知识产权局专利电子申请系统收到电子文件之日为递交日。

对于专利电子申请，国家知识产权局以电子文件形式向申请人发出的各种通知书、决定或者其他文件，自文件发出之日起满15日，推定为申请人收到文件之日。

第十条 专利法及其实施细则和专利审查指南中关于专利申请和相关文件的所有规定，除专门针对以纸件形式提交的专利申请和相关文件的规定之外，均适用于专利电子申请。

第十一条 本规定由国家知识产权局负责解释。

第十二条 本规定自2010年10月1日起施行。2004年2月12日国家知识产权局令第三十五号发布的《关于电子专利申请的规定》同时废止。

对专利申请权保全的办理规定公告

(2001年11月26日国家知识产权局公告第七十九号发布)

经商最高人民法院,人民法院根据《中华人民共和国民事诉讼法》有关规定采取财产保全措施需要对专利申请权进行保全的,应当向国家知识产权局发出协助执行通知书并附人民法院作出的财产保全民事裁定,国家知识产权局收到协助执行通知书和财产保全民事裁定,按如下规定办理:

根据协助执行通知书的内容,在保全期限内中止被保全的专利申请的有关程序。如果期限届满仍然需要对该专利申请权继续采取保全措施的,人民法院应当在保全期限届满前向国家知识产权局重新发出协助执行通知书,要求继续保全。否则,视为人民法院自动解除对该专利申请权的财产保全,国家知识产权局将恢复该专利申请的有关程序。

特此公告。

部分发明专利权的期限延长事宜公告

(2001年12月10日国家知识产权局公告第八十号发布)

为了履行世界贸易组织的与贸易有关的知识产权协议(TRIPS)第70条的规定,现就一部分发明专利权的期限延长事宜作如下规定:

一、1992年12月31日前(含当日,下同)向原中国专利局提出申请、到2001年12月11日仍然有效的发明专利权,其专利权期限延长为自申请日起20年。

二、上述发明专利权延长期限的,专利权人应当按照现行专利法实施细则第九十五条的规定缴纳年费。

1986年12月11日至1987年1月11日期间向原中国专利局提出申请、到2001年12月11日仍然有效的发明专利权延长期限的,专利权人应当在2002年1月11日前缴纳第16年度的年费。

缴纳年费的金额根据国家知识产权局公告第七十五号的规定确定。

三、国家知识产权局对上述发明专利权的期限延长予以公告,但不更新专利证书,原专利证书继续有效。

特此公告。

新版《专利登记簿副本》、《证明》和《专利说明书》启用事宜公告

(2003年6月30日国家知识产权局公告第九十一号发布)

为满足当事人在经济、法律活动中对专利相关证明文件的需要,国家知识产权局制定了新版《专利登记簿副本》、《证明》和《专利说明书》三种证明文件,现将有关启用事宜公告

如下。

一、新版证明文件自 2003 年 7 月 1 日起启用，自同日起，国家知识产权局不再使用原旧版证明文件；国家知识产权局在 2003 年 6 月 30 日（含当日）之前出具的各种旧版证明文件在 2003 年 7 月 1 日之后仍具有规定的效力，不予以更换。

二、《专利登记簿副本》是根据国家知识产权局设置的专利登记簿制作的证明文件，用以记载《中华人民共和国专利法实施细则》第八十八条规定的事项。根据《中华人民共和国专利法实施细则》第一百一十七条的规定，自专利申请被公告授予专利权之日起，任何人均可以请求国家知识产权局出具《专利登记簿副本》。

《证明》用于证明国家知识产权局曾经颁发专利证书的事实，记载国家知识产权局颁发相关专利证书的时间以及所涉及专利的相关事项。由于专利证书丢失、专利权转移或其他合法原因，专利权人（包含其专利权已经终止或者转移的原专利权人）可以请求国家知识产权局出具《证明》。

《专利说明书》是发明或实用新型专利的公告文本的副本，其主要包含已授权的权利要求书和说明书（有附图的，还包含说明书附图）。专利权人为到香港进行短期注册的目的或法律法规允许的其他目的，可以请求国家知识产权局出具《专利说明书》。

三、向国家知识产权局请求办理上述证明文件的单位或个人除必须满足本公告的规定外，还应当提交该单位出具的证明或者个人身份证明文件，以及按照法律法规和行政规章应当提交的其他文件；由他人代为办理的，应当提交当事人出具的委托书正本。

四、根据《中华人民共和国专利法》第六十八条的规定，办理上述证明文件，应当按照规定缴纳费用。

五、办理上述证明文件的请求书应当遵循规范格式，用中文填写。

六、办理上述证明文件的请求书及费用可以面交或寄交至：北京市海淀区西土城路 6 号国家知识产权局专利局初审及流程管理部综合处（邮编 100088）。

七、三种证明文件新版式样附后。❶

特此公告。

香港、澳门居民参加全国专利代理人资格考试的安排

（2004 年 4 月 26 日国家知识产权局公告第一百零一号发布）

2004 年 3 月 8 日至 13 日，中央政府商务部、国务院港澳事务办公室、国家知识产权局组成联合小组前往香港、澳门，与香港、澳门特区政府有关部门就允许香港、澳门居民参加内地 2004 年 10 月举行的专利代理人资格考试的事宜进行了磋商。

3 月 29 日，香港特区政府工商及科技局和知识产权署的代表访问北京，就上述事宜与中央政府有关部门再次进行了磋商。

在上述磋商的基础上，参照中央政府 1991 年 4 月 1 日起施行的《专利代理条例》的有关规定，达成如下一致意见：

第一条　参加考试的条件

香港、澳门居民参加内地举行的全国专利代理人资格考试的，应当符合以下条件：

（一）香港、澳门特区永久性居民中的中国公民；

（二）具有内地、香港、澳门高等院校理工科毕业或者中华人民共和国教育主管部门认可的其他国家、地区高等院校理工科毕业的学历；

---

❶ 本书未收录这部分附录。——编者注

（三）年满十八周岁；

（四）从事过两年以上的科学技术工作或者法律工作。

第二条　报名地点、时间和所需提交的文件

（一）香港居民申请参加内地举行的全国专利代理人资格考试的，应当向香港特区政府知识产权署报名；澳门居民参加内地举行的全国专利代理人资格考试的，应当向澳门特区政府经济局报名。

（二）报名时间为 2004 年 4 月 30 日至 6 月 30 日。

（三）报名时应当提交：

（1）经内地认可的香港、澳门公证人公证的报名者身份证明、学历证明和工作经历证明的复印件各一式三份以及公证书原件；

（2）凡身份证明、学历证明和工作经历证明不是以中文书写的，应当各附具中文译文一式三份，中文译文由报名者自行预备，无需公证；

（3）报考者近期一寸免冠照片三张；

（4）按照要求填写的报名表一份，另加报名表复印件二份。

第三条　报名者参加考试资格的认定

（一）香港、澳门特区办理报名手续的机构就报名者是否提交了第二条（三）规定的证明文件和其他材料进行初步核对，但不对报名者提交的证明文件和其他材料是否完备以及报名者是否符合第一条规定的参加考试的条件进行审核。

（二）报名时间截止后，香港、澳门特区办理报名手续的机构在 7 月 10 日之前将报名者按照第二条（三）规定提交的公证书原件、证明文件两份、中文译文两份和两张照片转交国家知识产权局，由国家知识产权局审核报名者提交的证明文件和其他材料是否完备以及报名者是否符合第一条规定的参加考试的条件。

（三）国家知识产权局在 8 月 30 日之前通过香港、澳门特区办理报名手续的机构，将审核结论发给相应报名者。

第四条　考试地点、考试指南、考试培训和其他事项

（一）符合第一条规定的条件、获准参加考试的香港、澳门考生应当在 2004 年 10 月 15 日前往深圳考点报到，缴纳 30 元人民币的报名费，领取准考证，于 10 月 16 至 17 日在深圳考点参加考试。

（二）报名者可以购买国家知识产权局编制的《2004 年专利代理人资格考试指南》。

（三）是否需要为报名者组办考试培训，由香港、澳门特区政府有关部门与国家知识产权局协商确定。

（四）考试试题采用简体汉字，香港、澳门特区的考生可以采用繁体汉字作答。

（五）阅卷工作结束后，国家知识产权局将在其政府网站（www.sipo.gov.cn）上公布所有考生的考试成绩，各考生可以通过输入其准考证号码查询其考试成绩。

（六）考试合格分数线确定后，国家知识产权局将在其政府网站上予以公布。香港、澳门考生凡考试成绩达到合格分数线的，国家知识产权局将通过香港、澳门特区办理报名手续的机构将《专利代理人资格证书》发给相应考生。

第五条　取得《专利代理人资格证书》后的执业问题

（一）取得《专利代理人资格证书》的香港、澳门居民在内地已经批准设立的专利代理机构中或者在内地在香港、澳门设立的专利代理机构中实习满一年的，可以申请领取《专利代理人执业证》，在内地已经批准设立的专利代理机构中执业。

（二）取得《专利代理人资格证书》香港、澳门居民获准在内地已经批准设立的专利代理机构中执业的，在符合规定条件的情况下可以加入成为在内地已经批准设立的专利代理机构的合伙人或者股东。

（三）关于取得《专利代理人资格证书》的香港、澳门居民在内地已经批准设立的专利代理机构中执业的具体办法另行制定。

第六条 咨询事宜

（一）关于内地举行的全国专利代理人资格考试的有关规定和信息，可以查询国家知识产权局的政府网站。

（二）对本安排的第一条、第二条、第三条、第四条的规定，香港、澳门居民可以向香港、澳门办理报名手续的机构咨询，也可以通过电子邮件方式向国家知识产权局咨询，邮件收件地址为 wangyun@sipo.gov.cn。

（三）对香港、澳门居民提出的咨询，国家知识产权局可以通过电子邮件方式单个作出回答，也可以针对较为普遍的问题在其政府网站上统一作出回答。

(三)

相关国际专利条约

专利合作条约

(1970年6月19日签订于华盛顿 1979年9月28日修正
1984年2月3日和2001年10月3日修改)

缔约各国，

期望对科学和技术的进步作出贡献，

期望使发明的法律保护臻于完备，

期望简化在几个国家取得发明保护的手续，并使之更加经济，

期望使公众便于尽快获得记载新发明的文件中的技术信息，

期望通过采用提高发展中国家为保护发明而建立的国家或地区法律制度的效率的措施，来促进和加速这些国家的经济发展；其办法是，对适合其特殊需要的技术解决方案提供易于利用的信息，以及对数量日益增长的现代技术提供利用的方便，

深信各国之间的合作将大大有助于达到这些目的，

缔结本条约。

绪 则

第1条 联盟的建立

(1) 参加本条约的国家（下称各缔约国）组成联盟，对保护发明的申请的提出、检索和审查进行合作，并提供特殊的技术服务。本联盟称为国际专利合作联盟。

(2) 本条约的任何规定不应解释为有损《保护工业产权巴黎公约》缔约国的任何国民或居民按照该公约应该享有的权利。

第2条 定 义

除另有明文规定外，为本条约和实施细则的目的，

(i) "申请"是指保护发明的申请；述及"申请"应解释为述及发明专利、发明人证书、实用证书、实用新型、增补专利或增补证书、增补发明人证书和增补实用证书的申请；

(ii) 述及"专利"应解释为述及发明专利、发明人证书、实用证书、实用新型、增补专利或增补证书、增补发明人证书和增补实用证书；

(iii) "国家专利"是指由国家机关授予的专利；

(iv) "地区专利"是指有权授予在一个以上国家发生效力的专利的国家机关或政府间机关所授予的专利；

(v) "地区申请"是指地区专利的申请；

(vi) 述及"国家申请"应解释为述及国家专利和地区专利的申请，但按本条约提出的申请除外；

(vii) "国际申请"是指按本条约提出的申请；

(viii) 述及"申请"应解释为述及国际申请和国家申请；

(ix) 述及"专利"应解释为述及国家专利和地区专利；

(x) 述及"本国法"应解释为述及缔约国的本国法，或者，如果涉及地区申请或地区专利，则应解释为述及规定提出地区申请或授予地区专利的条约；

(xi) 为计算期限的目的，"优先权日"是指：

(a) 国际申请中包含按第8条提出的一项优先权要求的，指作为优先权基础的申请的提出日期；

(b) 国际申请中包含按第8条提出的几项优先权要求的，指作为优先权基础的最早申请的提出日期；

(c) 国际申请中不包含按第8条提出的优先权要求的，指该申请的国际申请日；

(xii) "国家局"是指缔约国授权发给专利的政府机关；凡提及"国家局"时，应解释为也是指几个国家授权发给地区专利的政府间机关，但这些国家中至少应有一国是缔约国，

而且这些国家已授权该机关承担本条约和细则为各国家局所规定的义务并行使本条约和细则为各国家局所规定的权力;

(xiii)"指定局"是指申请人按本条约第Ⅰ章所指定的国家的国家局或代表该国的国家局;

(xiv)"选定局"是指申请人按本条约第Ⅱ章所选定的国家的国家局或代表该国的国家局;

(xv)"受理局"是指受理国际申请的国家局或政府间组织;

(xvi)"本联盟"是指国际专利合作联盟;

(xvii)"大会"是指本联盟的大会;

(xviii)"本组织"是指"世界知识产权组织";

(xix)"国际局"是指本组织的国际局和保护知识产权联合国际局(在后者存在期间);

(xx)"总干事"是指本组织的总干事和保护知识产权联合国际局(在该局存在期间)的局长。

第Ⅰ章 国际申请和国际检索

第3条 国际申请

(1)在任何缔约国,保护发明的申请都可以按照本条约作为国际申请提出。

(2)按照本条约和细则的规定,国际申请应包括请求书、说明书、一项或几项权利要求、一幅或几幅附图(需要时)和摘要。

(3)摘要仅作为技术信息之用,不能考虑作为任何其他用途,特别是不能用来解释所要求的保护范围。

(4)国际申请应该:

(i)使用规定的语言;

(ii)符合规定的形式要求;

(iii)符合规定的发明单一性的要求;

(iv)按照规定缴纳费用。

第4条 请求书

(1)请求书应该包括:

(i)将国际申请按本条约的规定予以处理的请求;

(ii)对一个或几个缔约国的指定,要求这些国家在国际申请的基础上对发明给予保护

("指定国");如果对于任何指定国可以获得地区专利,并且申请人希望获得地区专利而非国家专利的,应在请求书中说明;如果按照地区专利条约的规定,申请人不能将其申请限制在该条约的某些缔约国的,指定这些国家中的一国并说明希望获得地区专利,应认为指定该条约的所有缔约国;如果按照指定国的本国法,对该国的指定具有申请地区专利的效力的,对该国的指定应认为声明希望获得地区专利;

(iii)申请人和代理人(如果有的话)的姓名和其他规定事项;

(iv)发明的名称;

(v)发明人的姓名和其他规定事项——如果指定国中至少有一国的本国法规定在提出国家申请时应该提供这些事项。在其他情况下,上述这些事项可以在请求书中提供,也可以在写给每一个指定国的通知中提供,如果该国本国法要求提供这些事项,但是允许提出国家申请以后提供这些事项。

(2)每一个指定都应在规定的期限内缴纳规定的费用。

(3)除申请人要求第43条所述的其他任何一种保护外,指定国家是指希望得到的保护是由指定国授予专利或者代表指定国授予专利。为本款的目的,不适用第2条(ii)的规定。

(4)指定国的本国法要求提供发明人的姓名和其他规定事项,但允许在提出国家申请以后提供的,请求书中没有提供这些事项在这些指定国不应产生任何后果。指定国的本国法不要求提供这些事项的,没有另行提供这些事项在这些指定国也不应产生任何后果。

第5条 说明书

说明书应对发明作出清楚和完整的说明,足以使本技术领域的技术人员能实施该项发明。

第6条 权利要求书

权利要求应确定要求书保护的内容。权利要求书应清楚和简明,并应以说明书作为充分依据。

第7条 附图

(1)除本条(2)(ii)另有规定外,对理

解发明有必要时，应有附图。

（2）对理解发明虽无必要，但发明的性质容许用附图说明的：

（i）申请人在提出国际申请时可以将这些附图包括在内；

（ii）任何指定局可以要求申请人在规定的期限内向该局提供这些附图。

第8条　要求优先权

（1）国际申请可以按细则的规定包含一项声明，要求在《保护工业产权巴黎公约》缔约国提出或对该缔约国有效的一项或几项在先申请的优先权。

（2）（a）除（b）另有规定外，按（1）提出的优先权要求的条件和效力，应按照《保护工业产权巴黎公约》的斯德哥尔摩议定书第4条的规定。

（b）国际申请要求在一个缔约国提出或对该缔约国有效的一项或几项在先申请的优先权的，可以包含对该国的指定。国际申请要求在一个指定国提出或对该指定国有效的一项或几项国家申请的优先权的，或者要求仅指定一个国家的国际申请的优先权的，在该国要求优先权的条件和效力应按照该国本国法的规定。

第9条　申请人

（1）缔约国的任何居民或国民均可提出国际申请。

（2）大会可以决定，允许《保护工业产权巴黎公约》缔约国但不是本条约缔约国的居民或国民提出国际申请。

（3）居所和国籍的概念，以及这些概念在有几个申请人或者这些申请人对所有指定国并不相同的情形的适用，由细则规定。

第10条　受理局

国际申请应向规定的受理局提出。该受理局应按本条约和细则的规定对国际申请进行检查和处理。

第11条　国际申请的申请日和效力

（1）受理局应以收到国际申请之日作为国际申请日，但以该局在收到申请时认定该申请符合下列要求为限：

（i）申请人并不因为居所或国籍的原因而明显缺乏向该受理局提出国际申请的权利；

（ii）国际申请是用规定的语言撰写；

（iii）国际申请至少包括下列项目：

（a）说明是作为国际申请提出的；

（b）至少指定一个缔约国；

（c）按规定方式写明的申请人的姓名或者名称；

（d）有一部分表面上看像是说明书；

（e）有一部分表面上看像是一项或几项权利要求。

（2）（a）如果受理局在收到国际申请时认定该申请不符合本条（1）列举的要求，该局应按细则的规定，要求申请人提供必要的改正。

（b）如果申请人按细则的规定履行了上述的要求，受理局应以收到必要的改正之日作为国际申请日。

（3）除第64条（4）另有规定外，国际申请符合本条（1）（i）至（iii）列举的要求，并已被给予国际申请日的，在每个指定国内自国际申请日起具有正规的国家申请的效力。国际申请日应认为是在每个指定国的实际申请日。

（4）国际申请符合本条（1）（i）至（iii）列举的要求的，即相当于《保护工业产权巴黎公约》所称的正规国家申请。

第12条　将国际申请送交国际局和国际检索单位

（1）按照细则的规定，国际申请一份由受理局保存（"受理本"），一份送交国际局（"登记本"），另一份送交第16条所述的主管国际检索单位（"检索本"）。

（2）登记本应被视为是国际申请的正本。

（3）如果国际局在规定的期限内没有收到登记本，国际申请即被视为撤回。

第13条　向指定局提供国际申请副本

（1）任何指定局可以要求国际局在按第20条规定送达之前将一份国际申请副本送交该局，国际局应在从优先权日起1年期满后尽快将一份国际申请副本送交该指定局。

（2）（a）申请人可以在任何时候将其一份国际申请副本送交任一指定局。

（b）申请人可以在任何时候要求国际局将

其一份国际申请副本送交任一指定局。国际局应尽快将该国际申请副本送交该指定局。

(c) 任何国家局可以通知国际局，说明不愿接受（b）规定的副本。在这种情况下，该项规定不适用于该局。

第 14 条　国际申请中的某些缺陷

(1)(a) 受理局应检查国际申请是否有下列缺陷，即：

(i) 国际申请没有按细则的规定签字；

(ii) 国际申请没有按规定载明申请人的情况；

(iii) 国际申请没有发明名称；

(iv) 国际申请没有摘要；

(v) 国际申请不符合细则规定的形式要求。

(b) 如果受理局发现上述缺陷，应要求申请人在规定期限内改正该国际申请，期满不改正的，该申请即被视为撤回，并由受理局作相应的宣布。

(2) 如果国际申请提及附图，而实际上该申请并没有附图，受理局应相应地通知申请人，申请人可以在规定的期限内提供这些附图；如果申请人在规定期限内提供这些附图的，应以受理局收到附图之日为国际申请日。否则，应认为该申请没有提及附图。

(3)(a) 如果受理局发现在规定的期限内没有缴纳第 3 条（4）(iv) 所规定的费用，或者对于任何一个指定国都没有缴纳第 4 条（2）规定的费用，国际申请即被视为撤回，并由受理局作相应的宣布。

(b) 如果受理局发现，已经在规定的期限内就一个或几个指定国家（但不是全部国家）缴清第 4 条（2）规定的费用，对其余指定国家没有在规定期限内缴清该项费用的，则未缴清费用的指定即被视为撤回，并由受理局作相应的宣布。

(4) 如果在国际申请被给予国际申请日之后，受理局在规定的期限内发现，第 11 条（1）(i) 至 (iii) 列举的任何一项要求在该日没有履行，上述申请即被视为撤回，并由受理局作相应的宣布。

第 15 条　国际检索

(1) 每一国际申请都应经过国际检索。

(2) 国际检索的目的是发现有关的现有技术。

(3) 国际检索应在权利要求书的基础上进行，并适当考虑到说明书和附图（如果有的话）。

(4) 第 16 条所述的国际检索单位应在其条件允许的情况下，尽量努力发现有关的现有技术，但无论如何应当查阅细则规定的文献。

(5)(a) 如果缔约国的本国法允许，向该国或代表该国的国家局提出国家申请的申请人，可以按照该本国法规定的条件要求对该申请进行一次与国际检索相似的检索（"国际式检索"）。

(b) 如果缔约国的本国法允许，该国或代表该国的国家局可以将向其提出的国家申请交付国际式检索。

(c) 国际式检索应由第 16 条所述的国际检索单位进行，这个国际检索单位也就是假设国家申请是向（a）和（b）所述的国家局提出的国际申请时有权对之进行国际检索的国际检索单位。如果国家申请是用国际检索单位认为自己没有人能处理的语言撰写的，该国际式检索应该用申请人准备的译文进行，该译文的语言应该是为国际申请所规定并且是国际检索单位同意接受的国际申请的语言。如果国际检索单位要求，国家申请及其译文应按照为国际申请所规定的形式提出。

第 16 条　国际检索单位

(1) 国际检索应由国际检索单位进行。该单位可以是一个国家局，或者是一个政府间组织，如国际专利机构，其任务包括对作为申请主题的发明提出现有技术的文献检索报告。

(2) 在设立单一的国际检索单位之前，如果存在几个国际检索单位，每个受理局应按照本条（3）(b) 所述的适用协议的规定，指定一个或几个有权对向该局提出的国际申请进行检索的国际检索单位。

(3)(a) 国际检索单位应由大会指定。符合（c）要求的国家局和政府间组织均可以被指定为国际检索单位。

— 365 —

（b）前项指定以取得将被指定的国家局或政府间组织的同意，并由该局或该组织与国际局签订协议为条件，该协议须经大会批准。该协议应规定双方的权利和义务，特别是上述局或组织正式承诺执行和遵守国际检索的所有各项共同规则。

（c）细则应规定，国家局或政府间组织在其被指定为国际检索单位之前必须满足，而且在其被指定期间必须继续满足的最低要求，尤其是关于人员和文献的要求。

（d）指定应有一定的期限，期满可以延长。

（e）在大会对任何国家局或政府间组织的指定或对其指定的延长作出决定之前，或在大会听任此种指定终止之前，大会应听取有关局或组织的意见，一旦第 56 条所述的技术合作委员会成立之后，并应征求该委员会的意见。

第 17 条　国际检索单位的程序

（1）国际检索单位的检索程序应依本条约、细则以及国际局与该单位签订的协议的规定，但该协议不得违反本条约和细则的规定。

（2）（a）如果国际检索单位认为：

（i）国际申请涉及的内容按细则的规定不要求国际检索单位检索，而且该单位对该特定案件决定不作检索；或者

（ii）说明书、权利要求书或附图不符合规定要求，以至于不能进行有意义的检索的；

上述检索单位应作相应的宣布，并通知申请人和国际局将不作出国际检索报告。

（b）如果（a）所述的任何一种情况仅存在于某些权利要求，国际检索报告中应对这些权利要求加以相应的说明，而对其他权利要求则应按第 18 条的规定作出国际检索报告。

（3）（a）如果国际检索单位认为国际申请不符合细则中规定的发明单一性的要求，该检索单位应要求申请人缴纳附加费。国际检索单位应对国际申请的权利要求中首先提到的发明（"主要发明"）部分作出国际检索报告；在规定期限内付清要求的附加费后，再对国际申请中已经缴纳该项费用的发明部分作出国际检索报告。

（b）指定国的本国法可以规定，如果该国的国家局认为（a）所述的国际检索单位的要求是正当的，而申请人并未付清所有应缴纳的附加费，国际申请中因此而未经检索的部分，就其在该国的效力而言，除非申请人向该国的国家局缴纳特别费用，即被视为撤回。

第 18 条　国际检索报告

（1）国际检索报告应在规定的期限内按规定的格式作出。

（2）国际检索单位作出国际检索报告后，应尽快将报告送交申请人和国际局。

（3）国际检索报告或依第 17 条（2）（a）所述的宣布，应按细则的规定予以翻译。译文应由国际局作出，或在其承担责任的情况下作出。

第 19 条　向国际局提出对权利要求书的修改

（1）申请人在收到国际检索报告后，有权享受一次机会，在规定的期限内对国际申请的权利要求向国际局提出修改。申请人可以按细则的规定同时提出一项简短声明，解释上述修改并指出其对说明书和附图可能产生的影响。

（2）修改不应超出国际申请提出时对发明公开的范围。

（3）如果指定国的本国法准许修改超出上述公开范围，不遵守本条（2）的规定在该国不应产生任何后果。

第 20 条　向指定局的送达

（1）（a）国际申请连同国际检索报告（包括按第 17 条（2）（b）所作的任何说明）或者按第 17 条（2）（a）所作的宣布，应按细则的规定送达每一个指定局，除非该指定局全部或部分放弃这种要求。

（b）送达的材料应包括上述报告或宣布的（按规定的）译文。

（2）如果根据第 19 条（1）对权利要求作出了修改，送达的材料应包括原提出的和经过修改的权利要求的全文，或者包括原提出的权利要求的全文并具体说明修改的各点，并且还应包括第 19 条（1）所述的声明，如果有时。

（3）国际检索单位根据指定局或申请人的请求，应按细则的规定，将国际检索报告中引用的文件副本分别送达上述指定局或申请人。

第 21 条 国际公布

(1) 国际局应公布国际申请。

(2)(a) 除本款(b)和第 64 条(3)规定的例外以外,国际申请的国际公布应在自该申请的优先权日起满 18 个月后迅速予以办理。

(b) 申请人可以要求国际局在本款(a)所述的期限届满之前任何时候公布其国际申请。国际局应按照细则的规定予以办理。

(3) 国际检索报告或第 17 条(2)(a)所述的宣布应按细则的规定予以公布。

(4) 国际公布所用的语言和格式以及其他细节,应按照细则的规定。

(5) 如果国际申请在其公布的技术准备完成以前被撤回或被视为撤回,即不进行国际公布。

(6) 如果国际局认为国际申请含有违反道德或公共秩序的词句或附图,或者国际局认为国际申请含有细则所规定的贬低性陈述,国际局在公布时可以删去这些词句、附图和陈述,同时指出删去的文字或附图的位置和字数或号数。根据请求,国际局提供删去部分的副本。

第 22 条 向指定局提供副本、译本和缴纳费用

(1) 申请人应在不迟于自优先权日起 30 个月❶届满之日,向每个指定局提供国际申请的副本(除非已按第 20 条的规定送达)及其译本(按照规定)各一份,并缴纳国家费用(如果有这种费用的话)。如果指定国的本国法要求写明发明人的姓名和其他规定的事项,但准许在提出国家申请之后提供这些说明的,除请求书中已包括这些说明外,申请人应在不迟于自优先权日起的 30 个月❷届满之日,向该国或代表该国的国家局提供上述说明。

(2) 如果国际检索单位按照第 17 条(2)(a)的规定,宣布不作出国际检索报告,则完成(1)所述各项行为的期限与(1)所规定的期限相同。

(3) 为完成本条(1)或(2)所述的行为,任何缔约国的本国法可以另行规定期限,该期限可以在前两款规定的期限之后届满。

第 23 条 国家程序的推迟

(1) 在按照第 22 条适用的期限届满以前,任何指定局不应处理或审查国际申请。

(2) 尽管有本条(1)的规定,指定局根据申请人的明确的请求,可以在任何时候处理或审查国际申请。

第 24 条 在指定国的效力可能丧失

(1) 有下列情况之一的,除在下列(ii)的情况下第 25 条另有规定外,第 11 条(3)规定的国际申请的效力,在任何指定国家中应即终止,其后果和该国的任何国家申请的撤回相同:

(i) 如果申请人撤回其国际申请或撤回对该国的指定;

(ii) 如果根据第 12 条(3)、第 14 条(1)(b)、第 14 条(3)(a)或第 14 条(4),国际申请被视为撤回,或者如果根据第 14 条(3)(b),对该国的指定被视为撤回;

(iii) 如果申请人没有在适用的期限内履行第 22 条所述的行为。

(2) 尽管有本条(1)的规定,任何指定局仍可以保持第 11 条(3)所规定的效力,甚至这种效力根据第 25 条(2)并不需要保持也一样。

第 25 条 指定局的复查

(1)(a) 如果受理局拒绝给予国际申请日,或者宣布国际申请被视为撤回,或者如果国际局已经按第 12 条(3)作出认定,国际局应该根据申请人的请求,立即将档案中任何文件的副本送交申请人指明的任何指定局。

(b) 如果受理局宣布对某一国家的指定已被视为撤回,国际局应该根据申请人的请求立即将档案中任何文件的副本送交该国的国家局。

(c) 按照(a)或(b)的请求应在规定的期限内提出。

(2)(a) 除(b)另有规定外,如果在规定

---

❶❷ 自 2002 年 4 月 1 日施行的 30 个月期限不适用于已通知国际局其适用的国内法与该期限不符的指定局。只要修改后的第 22 条(1)的规定继续与其适用的国内法不符,至 2002 年 3 月 31 日有效的 20 个月期限在该日后对这些指定局继续有效。国际局收到的任何有关这种不符的信息将在公报以及 WIPO 下述网站上公告:www.wipo.int/pct/en/texts/reservations/res_incomp.(pdf)。——编译者注

的期限内国家费用已经缴纳（如需缴费），并且适当的译文（按规定）已经提交，每个指定局应按本条约和细则的规定，决定（1）所述的拒绝、宣布或认定是否正当；如果指定局认为拒绝或宣布是由于受理局的错误或疏忽所造成，或者认定是由于国际局的错误或疏忽所造成，就国际申请在指定局所在国的效力而言，该局应和未发生这种错误或疏忽一样对待该国际申请。

（b）如果由于申请人的错误或疏忽，登记本到达国际局是在第 12 条（3）规定的期限届满之后，本款（a）的规定只有第 48 条（2）所述的情况下才应适用。

第 26 条 向指定局提出改正的机会

任何指定局在按照本国法所规定的对国家申请在相同或类似情况下允许改正的范围和程序，给予申请人以改正国际申请的机会之前，不得以不符合本条约和细则的要求为理由驳回国际申请。

第 27 条 国家的要求

（1）任何缔约国的本国法不得就国际申请的形式或内容提出与本条约和细则的规定不同的或其他额外的要求。

（2）指定局一旦开始处理国际申请后，（1）的规定既不影响第 7 条（2）规定的适用，也不妨碍任何缔约国的本国法要求提供下列各项：

（i）申请人是法人时，有权代表该法人的职员的姓名；

（ii）并非国际申请的一部分，但构成该申请中提出的主张或声明的证明的文件，包括该国际申请提出时是由申请人的代表或代理人签署，申请人以签字表示对该申请认可的文件。

（3）就指定国而言，如果申请人依该国本国法因为不是发明人而没有资格提出国家申请，指定局可以驳回国际申请。

（4）如果从申请人的观点看，本国法对国家申请的形式或内容的要求比本条约和细则对国际申请所规定的要求更为有利，除申请人坚持对其国际申请适用本条约和细则规定的要求外，指定国或代表该指定国的国家局、法院和任何其他主管机关可以对该国际申请适用前一种要求以代替后一种要求。

（5）本条约和细则的任何规定都不得解释为意图限制任何缔约国按其意志规定授予专利权的实质性条件的自由。特别是，本条约和细则关于现有技术的定义的任何规定是专门为国际程序使用的，不构成对申请的形式和内容的要求。因而，各缔约国在确定国际申请中请求保护的发明的专利性时，可以自由适用其本国法关于现有技术及其他专利性条件的标准。

（6）缔约国的本国法可以要求申请人提供该法规定的关于专利性的任何实质条件的证据。

（7）任何受理局或者已开始处理国际申请的指定局，在本国法有关要求申请人指派有权在该局代表其自己的代理人以及（或者）要求申请人在指定国有一地址以便接受通知的范围内，可以适用本国法。

（8）本条约和细则中，没有一项规定的意图可以解释为限制任何缔约国为维护其国家安全而采用其认为必要的措施，或者为保护该国一般经济利益而限制其居民或国民提出国际申请的权利的自由。

第 28 条 向指定局提出对权利要求书、说明书和附图的修改

（1）申请人应有机会在规定的期限内，向每个指定局提出对权利要求书、说明书和附图的修改。除经申请人明确同意外，任何指定局，在该项期限届满前，不应授予专利权，也不应拒绝授予专利权。

（2）修改不应超出国际申请提出时对发明公开的范围，除非指定国的本国法允许修改超出该范围。

（3）在本条约和细则所没有规定的一切方面，修改应遵守指定国的本国法。

（4）如果指定局要求国际申请的译本，修改应使用该译本的语言。

第 29 条 国际公布的效力

（1）就申请人在指定国的任何权利的保护而言，国际申请的国际公布在该国的效力，除（2）至（4）另有规定外，应与指定国本国法对未经审查的本国申请所规定的强制国家公布

的效力相同。

(2) 如果国际公布所使用的语言和在指定国按本国法公布所使用的语言不同，该本国法可以规定 (1) 规定的效力仅从下列时间起才能产生：

(i) 使用后一种语言的译本已经按本国法的规定予以公布；或者

(ii) 使用后一种语言的译本已经按本国法的规定通过公开展示而向公众提供；或者

(iii) 使用后一种语言的译本已经由申请人送达实际的或未来的未经授权而使用国际申请中请求保护的发明的人；或者

(iv) 上列 (i) 和 (iii) 所述的行为，或 (ii) 和 (iii) 所述的行为已经发生。

(3) 如果根据申请人的要求，在自优先权日起的 18 个月期限届满以前国际申请已经予以国际公布，任何指定国的本国法可以规定，本条 (1) 规定的效力只有自优先权日起 18 个月期限届满后才能产生。

(4) 任何指定国的本国法可以规定，(1) 规定的效力，只有自按第 21 条公布的国际申请的副本已为该国的或代表该国的国家局收到之日起才能产生。该局应将收到副本的日期尽快在其公报中予以公布。

第 30 条 国际申请的保密性

(1)(a) 除 (b) 另有规定外，国际局和国际检索单位除根据申请人的请求或授权外，不得允许任何人或机构在国际申请的国际公布前接触该申请。

(b) 上列 (a) 的规定不适用于将国际申请送交主管国际检索单位，不适用于按第 13 条规定的送交，也不适用于按第 20 条规定的送达。

(2)(a) 除根据申请人的请求或授权外，任何国家局均不得允许第三人在下列各日期中最早的日期之前接触国际申请：

(i) 国际申请的国际公布日；

(ii) 按第 20 条送达的国际申请的收到日期；

(iii) 按第 22 条提供国际申请副本的收到日期。

(b) 上列 (a) 的规定并不妨碍任何国家局将该局已经被指定的事实告知第三人，也不妨碍其公布上述事实。但这种告知或公布只能包括下列事项：受理局的名称、申请人的姓名或名称、国际申请日、国际申请号和发明名称。

(c) 上列 (a) 的规定并不妨碍任何指定局为供司法当局使用而允许接触国际申请。

(3) 上列 (2)(a) 的规定除涉及第 12 条 (1) 规定的送交外，适用于任何受理局。

(4) 为本条的目的，"接触"一词包含第三人可以得知国际申请的任何方法，包括个别传递和普遍公布，但条件是在国际公布前，国家局不得普遍公布国际申请或其译本，或者如果在自优先权日起的 20 个月期限届满时，还没有进行国际公布，那么在自优先权日起的 20 个月届满前，国家局也不得普遍公布国际申请或其译本。

第 II 章 国际初步审查

第 31 条 要求国际初步审查

(1) 经申请人要求，对国际申请应按下列规定和细则进行国际初步审查。

(2)(a) 凡受第 II 章约束的缔约国的居民或国民（按照细则的规定）的申请人，在其国际申请已提交该国或代表该国的受理局后，可以要求进行国际初步审查。

(b) 大会可以决定准许有权提出国际申请的人要求国际初步审查，即使他们是没有参加本条约的国家或不受第 II 章约束的国家的居民或国民。

(3) 国际初步审查的要求应与国际申请分别提出，这种要求应包括规定事项，并使用规定的语言和格式。

(4)(a) 国际初步审查的要求应说明申请人预定在哪些缔约国使用国际初步审查的结果（"选定国"）。以后还可选定更多的缔约国。选定应只限于按第 4 条已被指定的缔约国。

(b) 上列 (2)(a) 所述的申请人可以选定受第 II 章约束的任何缔约国。本条 (2)(b) 所述的申请人只可以选定已经声明准备接受这些申请人选定的那些受第 II 章约束的缔约国。

(5) 要求国际初步审查，应在规定的期限内缴纳规定的费用。

（6）（a）国际初步审查的要求应向第32条所述的主管国际初步审查单位提出。

（b）任何以后的选定都应向国际局提出。

（7）每个选定局应接到其被选定的通知。

第32条 国际初步审查单位

（1）国际初步审查应由国际初步审查单位进行。

（2）受理局（指第31条（2）（a）所述的要求的情形）和大会（指第31条（2）（b）所述的要求的情形）应按照有关的国际初步审查单位与国际局之间适用的协议，确定一个或几个主管初步审查的国际初步审查单位。

（3）第16条（3）的规定比照适用于国际初步审查单位。

第33条 国际初步审查

（1）国际初步审查的目的是对下述问题提出初步的无约束力的意见，即请求保护的发明看来是否有新颖性，是否有创造性（非显而易见性）和是否有工业实用性。

（2）为国际初步审查的目的，请求保护的发明如果是细则所规定的现有技术中所没有的，应认为具有新颖性。

（3）为国际初步审查的目的，如果按细则所规定的现有技术考虑，请求保护的发明在规定的相关日期对所属领域的技术人员不是显而易见的，它应被认为具有创造性。

（4）为国际初步审查的目的，请求保护的发明如果根据其性质可以在任何一种工业中制造或使用（从技术意义来说），应认为具有工业实用性。对"工业"一词应如同在《保护工业产权巴黎公约》中那样作最广义的理解。

（5）上述标准只供国际初步审查之用。任何缔约国为了决定请求保护的发明在该国是否可以获得专利，可以采用附加的或不同的标准。

（6）国际初步审查应考虑国际检索报告中引用的所有文件。该审查也可以考虑被认为与特定案件有关的任何附加文件。

第34条 国际初步审查单位的程序

（1）国际初步审查单位的审查程序，应遵守本条约、细则以及国际局与该单位签订的协议，但该协议不得违反本条约和细则的规定。

（2）（a）申请人有权口头和书面与国际初步审查单位进行联系。

（b）在国际初步审查报告作出之前，申请人有权依规定的方式，并在规定的期限内修改权利要求书、说明书和附图。这种修改不应超出国际申请提出时对发明公开的范围。

（c）除国际初步审查单位认为下列所有条件均已符合外，申请人应从该单位至少得到一份书面意见：

（i）发明符合第33条（1）所规定的标准；

（ii）经该单位检查，国际申请符合本条约和细则的各项要求；

（iii）该单位不准备按照第35条（2）最后一句提出任何意见。

（d）申请人可以对上述书面意见作出答复。

（3）（a）如果国际初步审查单位认为国际申请不符合细则所规定的发明单一性要求，可以要求申请人选择对权利要求加以限制，以符合该要求，或缴纳附加费。

（b）任何选定国的本国法可以规定，如果申请人按（a）规定选择对权利要求加以限制，国际申请中因限制的结果而不再是国际初步审查对象的那些部分，就其在该国的效力而言，应该认为已经撤回，除非申请人向该国的国家局缴纳特别的费用。

（c）如果申请人在规定的期限内不履行本款（a）所述的要求，国际初步审查应就国际申请中看来是主要发明的那些部分作出国际初步审查报告，并在该报告中说明有关的事实。任何选定国的本国法可以规定，如果该国的国家局认为国际初步审查单位的要求是正当的，该国际申请中与主要发明无关的那些部分，就其在该国的效力而言，应认为已经撤回，除非申请人向该局缴纳特别的费用。

（4）（a）如果国际初步审查单位认为：

（i）国际申请涉及的主题按照细则的规定并不要求国际初步审查单位进行国际初步审查，并且国际初步审查单位已决定不对该特定案件进行这种审查；或者

（ii）说明书、权利要求书或附图不清楚、

或者权利要求在说明书中没有足够的依据,因而不能对请求保护的发明的新颖性、创造性（非显而易见性）或工业实用性形成有意义的意见；

则所述单位将不就第33条（1）规定的各项问题进行审查,并应将这种意见及其理由通知申请人。

(b) 如果认为本款（a）所述的任何一种情况只存在于某些权利要求或只与某些权利要求有关,该项规定只适用于这些权利要求。

第35条 国际初步审查报告

(1) 国际初步审查报告应在规定的期限内并按规定的格式写成。

(2) 国际初步审查报告不应包括关于下列问题的说明,即请求保护的发明按照任何国家的本国法可以或看来可以取得专利或不可以取得专利。除（3）另有规定外,报告应就每项权利要求作出说明,即该权利要求看来是否符合第33条（1）至（4）为国际初步审查的目的所规定的新颖性、创造性（非显而易见性）和工业实用性的标准。说明中应附有据以认为能证明所述结论的引用文件的清单,以及根据案件的情况可能需要作出的解释。说明还应附有细则所规定的其他意见。

(3)(a) 如果国际初步审查单位在作出国际初步审查报告时,认为存在着第34条（4）(a) 所述的任何一种情况,该报告应说明这一意见及其理由。报告不应包括（2）所规定的任何说明。

(b) 如果发现存在着第34条（4）（b）所述的情况,国际初步审查报告应对涉及的权利要求作出（a）所规定的说明,而对其他权利要求则应作出本条（2）规定的说明。

第36条 国际初步审查报告的送交、翻译和送达

(1) 国际初步审查报告,连同规定的附件,应送交申请人和国际局。

(2)(a) 国际初步审查报告及其附件应译成规定的语言。

(b) 上述报告的译本应由国际局作出或在其承担责任的情况下作出,而上述附件的译本则应由申请人作出。

(3)(a) 国际初步审查报告,连同其译本（按规定）以及其附件（用原来的语言）,应由国际局送达每个选定局。

(b) 附件的规定译本应由申请人在规定期限内送交各选定局。

(4) 第20条（3）的规定比照适用于国际初步审查报告中引用而在国际检索报告中未引用的任何文件的副本。

第37条 国际初步审查要求或选定的撤回

(1) 申请人可以撤回任何一个或所有的选定。

(2) 如果对所有选定国的选定都撤回,国际初步审查的要求应视为撤回。

(3)(a) 任何撤回都应通知国际局。

(b) 国际局应相应通知有关的选定局和有关的国际初步审查单位。

(4)(a) 除本款（b）另有规定外,撤回国际初步审查的要求或撤回对某个缔约国的选定,就该国而言,除非该国的本国法另有规定,应视为撤回国际申请。

(b) 如果撤回国际初步审查的要求或撤回选定是在第22条规定的适用期限届满之前,这种撤回不应该视为撤回国际申请；但是任何缔约国可以在其本国法中规定,只有在其国家局已在该期限内收到国际申请的副本及其译本（按照规定）,以及国家费用的情形,本规定才适用。

第38条 国际初步审查的保密性

(1) 国际初步审查报告一经作出,除经申请人请求或授权,国际局或国际初步审查单位均不得准许除选定局外的任何个人或单位,以第30条（4）规定的意义并按其规定的限制,在任何时候接触国际初步审查的档案。

(2) 除本条（1）、第36条（1）和（3）以及第37条（3）（b）另有规定外,如未经申请人请求或授权,无论国际局或国际初步审查单位均不得就国际初步审查报告的发布或不发布,以及就国际初步审查要求或选定的撤回或不撤回提供任何信息。

第39条 向选定局提供副本、译本和缴纳费用

(1)(a) 如果在自优先权日起第19个月

届满前已经选定缔约国、第 22 条的规定不适用于该国，申请人应在不迟于自优先权日起 30 个月届满之日向每个选定局提供国际申请副本（除非已按第 20 条的规定送达）和译本（按照规定）各一份，并缴纳国家费用（如果需要缴纳）。

（b）为履行本款（a）所述的行为，任何缔约国的本国法可以另行规定期限，该期限可以在该项所规定的期限之后届满。

（2）如果申请人没有在按（1）(a) 或（b）适用的期限内履行（1）(a) 所述的行为，第 11 条（3）规定的效力即在选定国终止，其结果和在该选定国撤回国家申请相同。

（3）即使申请人不遵守（1）(a) 或（b）的要求，任何选定局仍可维持第 11 条（3）所规定的效力。

第 40 条 国家审查和其他处理程序的推迟

（1）如果在自优先权日起第 19 个月届满之前已经选定某个缔约国，第 23 条的规定不适用于该国，该国的国家局或代表该国的国家局，除（2）另有规定外，在第 39 条适用的期限届满前，对国际申请不应进行审查和其他处理程序。

（2）尽管有本条（1）的规定，任何一个选定局根据申请人的明确的请求，可以在任何时候对国际申请进行审查和其他处理程序。

第 41 条 向选定局提出对权利要求书、说明书和附图的修改

（1）申请人应有机会在规定的期限内向每一个选定局提出对权利要求书、说明书和附图的修改。除经申请人明确同意外，任何选定局，在该项期限届满前，不应授予专利权，也不应拒绝授予专利权。

（2）修改不应超出国际申请提出时对发明公开的范围，除非选定国的本国法允许修改超出该范围。

（3）在本条约和细则所没有规定的一切方面，修改应遵守选定国的本国法。

（4）如果选定局要求国际申请的译本，修改应使用该译本的语言。

第 42 条 选定局的国家审查的结果

接到国际初步审查报告的选定局，不得要求申请人提供任何其他选定局对同一国际申请的审查有关的任何文件副本或有关其内容的信息。

第Ⅲ章 共同规定

第 43 条 寻求某些种类的保护

在任何指定国或选定国，按照其法律授予发明人证书、实用证书、实用新型、增补专利或增补证书、增补发明人证书或增补实用证书的，申请人可以按细则的规定，表示其国际申请就该国而言是请求授予发明人证书、实用证书或实用新型，而不是专利，或者表示请求授予增补专利或增补证书，增补发明人证书或增补实用证书，随此产生的效果取决于申请人的选择。为本条和细则中有关本条的规定的目的，第 2 条（ii）不应适用。

第 44 条 寻求两种保护

在任何指定国或选定国，按照其法律允许一项申请要求授予专利或第 43 条所述的其他各种保护之一的同时，也可以要求授予所述各种保护中另一种保护的，申请人可以按细则的规定，表明他所寻求的两种保护，随此产生的效果取决于申请人的表示。为本条的目的，第 2 条（ii）不应适用。

第 45 条 地区专利条约

（1）任何条约规定授予地区专利（"地区专利条约"），并对按照第 9 条有权提出国际申请的任何人给予授予此种专利的权利的，可以规定，凡指定或选定既是地区专利条约又是本条约的缔约国的国际申请，可以作为请求此种专利的申请提出。

（2）上述指定国或选定国的本国法可以规定，在国际申请中对该国的指定或选定，具有表明要求按地区专利条约取得地区专利的效力。

第 46 条 国际申请的不正确译文

如果由于国际申请的不正确译文，致使根据该申请授予的专利的范围超出了使用原来语言的国际申请的范围，有关缔约国的主管当局可以相应地限制该专利的范围，并且对该专利超出使用原来语言的国际申请范围的部分宣告无效。这种限制和无效宣告有追溯既往的效力。

第47条 期 限

(1) 计算本条约所述的期限的细节，由细则规定。

(2)(a) 本第Ⅰ章和第Ⅱ章规定的所有期限，除按第60条规定的修改外，可以按照各缔约国的决定予以修改。

(b) 上述决定应在大会作出，或者经由通讯投票作出，而且必须一致通过。

(c) 程序的细节由细则规定。

第48条 延误某些期限

(1) 如果本条约或细则规定的任何期限由于邮政中断或者由于邮递中不可避免的丢失或延误而未能遵守的，应视为该期限在该情况下已经遵守，但应有细则规定的证明和符合细则规定的其他条件。

(2)(a) 任何缔约国，就该国而言，应按照其本国法所许可的理由，对期限的任何延误予以宽恕。

(b) 任何缔约国，就该国而言，可以按照(a)所述理由以外的理由，对期限的任何延误予以宽恕。

第49条 在国际单位执行业务的权利

任何律师、专利代理人或其他人员有权在提出国际申请的国家局执行业务的，应有权就该申请在国际局和主管的国际检索单位以及主管的国际初步审查单位执行业务。

第Ⅳ章 技术服务

第50条 专利信息服务

(1) 国际局可以在已公布的文件，主要是已公布的专利和专利申请的基础上，就其所得到的技术信息和任何其他有关信息提供服务（在本条中称为"信息服务"）。

(2) 国际局可以直接地，或通过与该局达成协议的一个或一个以上的国际检索单位或其他国家的或国际的专门机构，提供上述信息服务。

(3) 信息服务进行的方式，应特别便利本身是发展中国家的缔约国获得技术知识和技术，包括可以得到的已公布的技术诀窍在内。

(4) 信息服务应向缔约国政府及其国民和居民提供。大会可以决定也可以向其他人提供这些服务。

(5)(a) 向缔约国政府提供的任何服务应按成本收费，但该政府是一个发展中国家的缔约国政府时，提供服务的收费应低于成本，如果不足之数能够从向缔约国政府以外的其他人员提供服务所获得的利润中弥补，或能从第51条(4)所述的来源中弥补。

(b) 本款(a)所述的成本费应该理解为高于国家局进行服务或国际检索单位履行义务正常征收的费用。

(6) 有关实行本条规定的细节应遵照大会和大会为此目的可能设立的工作组（在大会规定的限度内）作出的决定。

(7) 大会认为必要时，应建议筹措资金的方法，作为本条(5)所述办法的补充。

第51条 技术援助

(1) 大会应设立技术援助委员会（本条称为"委员会"）。

(2)(a) 委员会委员应在各缔约国中选举产生，适当照顾发展中国家的代表性。

(b) 总干事应依其倡议或经委员会的请求，邀请向发展中国家提供技术援助的有关的政府间组织的代表参加委员会的工作。

(3)(a) 委员会的任务是组织和监督对本身是发展中国家的缔约国个别地或在地区的基础上发展其专利制度的技术援助。

(b) 除其他事项外，技术援助应包括训练专门人员、借调专家以及为表演示范和操作目的提供设备。

(4) 为了给依据本条进行的计划项目筹措资金，国际局应一方面寻求与国际金融组织和政府间组织，特别是联合国、联合国各机构以及与联合国有联系的有关技术援助的专门机构达成协议，另一方面寻求与接受技术援助的各国政府达成协议。

(5) 有关实行本条规定的细节，应遵照大会和大会为此目的可能设立的工作组（在大会规定的限度内）作出的决定。

第 52 条　与本条约其他规定的关系

本章中的任何规定均不影响本条约其他章中所述的财政规定。其他章的财政规定对本章或本章的执行均不适用。

第 V 章　行政规定

第 53 条　大　会

(1)(a) 除第 57 条(8)另有规定外，大会应由各缔约国组成。

(b) 每个缔约国政府应有一名代表，该代表可以由副代表、顾问和专家辅助。

(2)(a) 大会应：

(i) 处理有关维持和发展本联盟及执行本条约的一切事项；

(ii) 执行本条约其他条款特别授予大会的任务；

(iii) 就有关修订本条约会议的筹备事项对国际局给予指示；

(iv) 审议和批准总干事有关本联盟的报告和活动，并就有关本联盟职权范围内的事项对总干事给予一切必要的指示；

(v) 审议和批准按(9)建立的执行委员会的报告和活动，并对该委员会给予指示；

(vi) 决定本联盟的计划，通过本联盟的 3 年❶预算，并批准其决算；

(vii) 通过本联盟的财务规则；

(viii) 为实现本联盟的目的，成立适当的委员会和工作组；

(ix) 决定接纳缔约国以外的哪些国家，以及除(8)另有规定外，哪些政府间组织和非政府间国际组织作为观察员参加大会的会议；

(x) 采取旨在促进本联盟目的的任何其他适当行动，并履行按本条约是适当的其他职责。

(b) 关于与本组织管理的其他联盟共同有关的事项，大会应在听取本组织的协调委员会的意见后作出决定。

(3) 一个代表只可代表一个国家，并且以该国名义投票。

(4) 每个缔约国只有一票表决权。

(5)(a) 缔约国的半数构成开会的法定人数。

(b) 在未达到法定人数时，大会可以作出决议，但除有关其自己的议事程序的决议以外，所有决议只有在按照细则规定，依通信投票的方法达到法定人数和必要的多数时，才有效力。

(6)(a) 除第 47 条(2)(b)、第 58 条(2)(b)、第 58 条(3)和第 61 条(2)(b)另有规定外，大会的各项决议需要有所投票数的三分之二票。

(b) 弃权票不应认为是投票。

(7) 对于仅与受第 Ⅱ 章约束的国家有关的事项，(4)、(5)和(6)中所述的缔约国，都应认为只适用于受第 Ⅱ 章约束的国家。

(8) 被指定为国际检索单位或国际初步审查单位的任何政府间组织，应被接纳为大会的观察员。

(9) 缔约国超过 40 国时，大会应设立执行委员会。一旦该委员会设立后，本条约和细则中所述的执行委员会应解释为这种委员会。

(10) 在执行委员会设立前，大会应在计划和 3 年❷预算的限度内，批准由总干事制定的年度计划和预算。

(11)(a) 大会应每两日历年召开一次通常会议，由总干事召集，如无特殊情况，应和本组织的大会同时间和同地点召开。

(b) 大会的临时会议由总干事应执行委员会或四分之一的缔约国的要求召集召开。

(12) 大会应通过其自己的议事规则。

第 54 条　执行委员会

(1) 大会设立执行委员会后，该委员会应遵守下列的规定。

(2)(a) 除第 57 条(8)另有规定外，执行委员会应由大会从大会成员国中选出的国家组成。

(b) 执行委员会的每个委员国政府应有一名代表，该代表可以由副代表、顾问和专家若

---

❶❷ 自 1980 年起，本联盟的计划和预算是两年制。——编译者注

干人辅助。

(3) 执行委员会委员国的数目应相当于大会成员国数目的四分之一。在确定席位数目时,用四除后的余数不计。

(4) 大会在选举执行委员会委员时,应适当考虑公平的地理分配。

(5)(a) 执行委员会每个委员的任期,应自选出该委员会的大会会议闭幕开始,到大会下次通常会议闭幕为止。

(b) 执行委员会委员可以连选连任,但连任的委员数目最多不能超过全体委员的三分之二。

(c) 大会应制定有关执行委员会委员选举和可能连选连任的详细规则。

(6)(a) 执行委员会的职权如下：

(i) 拟定大会议事日程草案；

(ii) 就总干事拟定的本联盟计划和两年预算草案,向大会提出建议；

(iii) [已删除]

(iv) 向大会递交总干事的定期报告和对账目的年度审计报告,并附具适当的意见；

(v) 按照大会的决定并考虑到大会两次通常会议之间发生的情况,采取一切必要措施,以保证总干事执行本联盟的计划；

(vi) 执行按照本条约赋予的其他职责。

(b) 关于与本组织管理下的其他联盟共同有关的事项,执行委员会应在听取本组织协调委员会的意见后作出决定。

(7)(a) 执行委员会每年应举行一次通常会议,由总干事召集,最好和本组织协调委员会同时间和同地点召开。

(b) 执行委员会临时会议应由总干事依其本人倡议,或根据委员会主席或四分之一的委员的要求而召集召开。

(8)(a) 执行委员会每个委员国应有一票表决权。

(b) 执行委员会委员的半数构成开会的法定人数。

(c) 决议应有所投票数的简单多数。

(d) 弃权票不应认为是投票。

(e) 一个代表只可代表一个国家,并以该国的名义投票。

(9) 非执行委员会委员的缔约国,以及被指定为国际检索单位或国际初步审查单位的任何政府间组织,应被接纳为观察员参加委员会的会议。

(10) 执行委员会应通过其自己的议事规则。

第55条 国际局

(1) 有关本联盟的行政工作应由国际局执行。

(2) 国际局应提供本联盟各机构的秘书处。

(3) 总干事为本联盟的最高行政官员,并代表本联盟。

(4) 国际局应出版公报和细则规定的或大会要求的其他出版物。

(5) 为协助国际局、国际检索单位和国际初步审查单位执行本条约规定的各项任务,细则应规定国家局应提供的服务。

(6) 总干事和他所指定的工作人员应参加大会、执行委员会以及按本条约或细则设立的其他委员会或工作小组的所有会议,但无表决权。总干事或由他指定的一名工作人员应为这些机构的当然秘书。

(7)(a) 国际局应按照大会的指示并与执行委员会合作,为修订本条约的会议进行准备工作。

(b) 关于修订本条约会议的准备工作,国际局可与政府间组织和非政府间国际组织进行磋商。

(c) 总干事及其指定的人员应在修订本条约会议上参加讨论,但无表决权。

(8) 国际局应执行指定的任何其他任务。

第56条 技术合作委员会

(1) 大会应设立技术合作委员会(在本条中称为"委员会")。

(2)(a) 大会应决定委员会的组成,并指派其委员,适当注意发展中国家的公平代表性。

(b) 国际检索单位和国际初步审查单位应为委员会的当然委员。如果该单位是缔约国的国家局,该国在委员会不应再有代表。

(c) 如果缔约国的数目允许,委员会委员的总数应是当然委员数的两倍以上。

（d）总干事应依其本人倡议或根据委员会的要求，邀请有利害关系组织的代表参加与其利益有关的讨论。

（3）委员会的目的是提出意见和建议，以致力于：

(i) 不断改进本条约所规定的各项服务；

(ii) 在存在几个国际检索单位和几个国际初步审查单位的情况下，保证这些单位的文献和工作方法具有最大程度的一致性，并使其提出的报告同样具有最大程度的高质量；并且

(iii) 在大会或执行委员会的倡议下，解决在设立单一的国际检索单位过程中所特有的技术问题。

（4）任何缔约国和任何有利害关系的国际组织，可以书面就属于委员会权限以内的问题和委员会进行联系。

（5）委员会可以向总干事或通过总干事向大会、执行委员会，所有或某些国际检索单位和国际初步审查单位，以及所有或某些受理局提出意见和建议。

（6）（a）在任何情况下，总干事应将委员会的所有意见和建议的文本送交执行委员会。总干事可以对这些文本表示意见。

（b）执行委员会可以对委员会的意见、建议或其他活动表示其看法，并且可以要求委员会对属于其主管范围内的问题进行研究并提出报告。执行委员会可将委员会的意见、建议和报告提交大会，并附以适当的说明。

（7）在执行委员会建立前，本款（6）中所称执行委员会应解释为大会。

（8）委员会议事程序的细节应由大会以决议加以规定。

第57条　财　务

（1）（a）本联盟应有预算。

（b）本联盟的预算应包括本联盟自己的收入和支出，及其对本组织管理下各联盟的共同支出预算应缴的份额。

（c）并非专属于本联盟而同时也属于本组织管理下的一个或一个以上其他联盟的支出，应认为是这些联盟的共同支出。本联盟在这些共同支出中应负担的份额，应和本联盟在其中的利益成比例。

（2）制定本联盟的预算时，应适当注意到与本组织管理下的其他联盟的预算进行协调的需要。

（3）除本条（5）另有规定外，本联盟预算的资金来源如下：

(i) 国际局提供有关本联盟的服务应收取的费用；

(ii) 国际局有关本联盟的出版物的出售所得或版税；

(iii) 赠款，遗赠和补助金；

(iv) 租金、利息和其他杂项收入。

（4）确定应付给国际局的费用的金额及其出版物的价格时，应使这些收入在正常情况下足以支付国际局为执行本条约所需要的一切开支。

（5）（a）如果任何财政年度结束时出现赤字，缔约国应在遵守（b）和（c）规定的情况下，缴纳会费以弥补赤字。

（b）每个缔约国缴纳会费的数额，应由大会决定，但应适当考虑当年来自各缔约国的国际申请的数目。

（c）如果有暂时弥补赤字或其一部分的其他办法，大会可以决定将赤字转入下一年度，而不要求各缔约国缴纳会费。

（d）如果本联盟的财政情况允许，大会可以决定把按（a）缴纳的会费退还给原缴款的缔约国。

（e）缔约国在大会规定的应缴会费日的两年内没有缴清（b）规定的会费的，不得在本联盟的任何机构中行使表决权。但是，只要确信缴款的延误是由于特殊的和不可避免的情况，本联盟的任何机构可以允许该国继续在该机构中行使表决权。

（6）如果在新财政期间开始前预算尚未通过，按财务规则的规定，此预算的水平应同前一年的预算一样。

（7）（a）本联盟应有一笔工作基金，由每个缔约国一次缴款构成。如果基金不足，大会应安排予以增加。如果基金的一部分已不再需要，应予退还。

（b）每个缔约国首次向上述基金缴付的数额，或参与增加上述基金的数额，应由大会根据

与本条（5）（b）所规定的相似的原则予以决定。

(c) 缴款的条件应由大会按照总干事的建议并且在听取本组织协调委员会的意见后，予以规定。

(d) 退还应与每个缔约国原缴纳的数额成比例，并且考虑到缴纳的日期。

(8)（a）本组织与其总部所在国签订的总部协议中应规定，在工作基金不足时，该国应给予贷款。贷予的数额和条件应按每次的情况由该国和本组织订立单独的协议加以规定。只要该国仍负有给予贷款的义务，该国在大会和执行委员会就应享有当然席位。

(b) 本款（a）中所述的国家和本组织每一方都有权以书面通知废除贷款的义务。废除自通知发出的当年年底起3年后发生效力。

(9) 账目的审核应按财务规则的规定，由一个或一个以上缔约国或外界审计师进行。这些缔约国或审计师应由大会在征得其同意后指定。

第58条 实施细则

(1) 本条约所附的细则规定以下事项的规则：

(i) 关于本条约明文规定应按细则办理的事项，或明文规定由或将由细则规定的事项；

(ii) 关于管理的要求、事项或程序；

(iii) 关于在贯彻本条约的规定中有用的细节。

(2)（a）大会可以修改细则。

(b) 除本条（3）另有规定外，修改需要有所投票数的四分之三票。

(3)（a）细则应规定哪些规则只有按照下列方法才能修改：

(i) 全体一致同意；或者

(ii) 其国家局担任国际检索单位或国际初步审查单位的各缔约国都没有表示异议，而且在这种单位是政府间组织时，经该组织主管机构内其他成员国为此目的的授权的该组织的成员国兼缔约国并没有表示异议。

(b) 将来如从应予适用的要求中排除上述任何一项规则，应分别符合（a）（i）或（ii）规定的条件。

(c) 将来如将任何一项规则包括在（a）所述的这一项或那一项要求中，应经全体一致同意。

(4) 细则应规定，总干事应在大会监督下制定行政规程。

(5) 本条约的规定与细则的规定发生抵触时，应以条约规定为准。

第Ⅵ章 争 议

第59条 争 议

除第64条（5）另有规定外，两个或两个以上缔约国之间有关本条约或细则的解释或适用发生争议，通过谈判未解决的，如果有关各国不能就其他的解决方法达成协议，有关各国中任何一国可以按照国际法院规约的规定将争议提交该法院。将争议提交国际法院的缔约国应通知国际局；国际局应将此事提请其他缔约国予以注意。

第Ⅶ章 修订和修改

第60条 本条约的修订

(1) 本条约随时可以由缔约国的特别会议加以修订。

(2) 修订会议的召开应由大会决定。

(3) 被指定为国际检索单位或国际初步审查单位的政府间组织，应被接纳为修订会议的观察员。

(4) 第53条（5）、（9）和（11），第54条，第55条（4）至（8），第56条和第57条，可以由修订会议修改，或按照第61条的规定予以修改。

第61条 本条约某些规定的修改

(1)（a）大会的任何成员国、执行委员会或总干事可以对第53条（5）、（9）和（11），第54条、第55条（4）至（8），第56条以及第57条提出修改建议。

(b) 总干事应将这些建议在大会进行审议前至少6个月通知各缔约国。

(2)（a）对本条（1）所述各条的任何修改应由大会通过。

(b) 通过需要有所投票数的四分之三票。

(3)（a）对（1）所述各条的任何修改，应在总干事从大会通过修改时的四分之三成员国收到按照其各自宪法程序办理的书面接受通知起1个月后开始生效。

（b）对上述各条的任何修改经这样接受后，对修改生效时是大会成员的所有国家均具有约束力，但增加缔约国财政义务的任何修改只对那些已通知接受该修改的国家具有约束力。

（c）凡按（a）的规定已经接受的任何修改，在按该项规定生效后，对于以后成为大会成员国的所有国家都具有约束力。

第Ⅷ章 最后条款

第62条 加入本条约

（1）凡保护工业产权国际联盟的成员国，通过以下手续可以加入本条约：

（i）签字并交存批准书；或

（ii）交存加入书。

（2）批准书或加入书应交总干事保存。

（3）《保护工业产权巴黎公约》的斯德哥尔摩议定书第24条应适用于本条约。

（4）在任何情况下，本条（3）不应理解为意味着一个缔约国承认或默示接受有关另一缔约国根据该款将本条约适用于某领地的事实状况。

第63条 本条约的生效

（1）（a）除本条（3）另有规定外，本条约应在8个国家交存其批准书或加入书后3个月生效，但其中至少应有4国各自符合下列条件中的任一条件：

（i）按照国际局公布的最新年度统计，在该国提出的申请已超过4万件；

（ii）按照国际局公布的最新年度统计，该国的国民或居民在某一外国提出的申请至少已达1000件；

（iii）按照国际局公布的最新年度统计，该国的国家局收到外国国民或居民的申请至少已达1万件。

（b）为本款的目的，"申请"一词不包括实用新型申请。

（2）除本条（3）另有规定外，在本条约按（1）生效时未成为缔约国的任何国家，在该国交存其批准书或加入书3个月后，应受本条约的约束。

（3）但是，第Ⅱ章的规定和附于本条约的细则的相应规定，只是在有3个国家至少各自符合本条（1）规定的三项条件之一而加入本条约之日，并且它们没有按第64条（1）声明不愿受第Ⅱ章规定的约束，才能适用。但是，该日期不得先于按（1）最初生效的日期。

第64条 保留❶

（1）（a）任何国家可以声明不受第Ⅱ章规定的约束。

（b）按（a）作出声明的国家，不受第Ⅱ章的规定和细则的相应规定的约束。

（2）（a）没有按（1）（a）作出声明的任何国家可以声明：

（i）不受第39条（1）关于提供国际申请副本及其译本（按照规定）各一份的规定的约束；

（ii）按第40条的规定推迟国家处理程序的义务并不妨碍由国家局或通过国家局公布国际申请或其译本，但应理解为该国并没有免除第30条和第38条规定的限制。

（b）作出以上声明的国家应受到相应的约束。

（3）（a）任何国家可以声明，就该国而言，不要求国际申请的国际公布。

（b）如果在自优先权日起18个月期满时，国际申请只包含对作出本款（a）项声明的国家的指定，该国际申请不应按第21条（2）的规定予以公布。

（c）在适用本款（b）项规定时，如遇下列情况，国际申请仍应由国际局公布：

（i）按细则的规定，根据申请人的请求；

（ii）当已经按（a）规定作出了声明的任何以国际申请为基础的国家申请或专利已被指定国的国家局或代表该国的国家局公布，立即在该公布后并在不早于自优先权日起18个月届满前。

（4）（a）当任何本国法规定，其专利的现

---

❶ 国际局收到的有关依照条约第64条（1）至（5）作出的保留的信息将在公报以及WIPO下述网站上公告：www.wipo.int/pct/en/texts/reservations/res_incomp.（pdf）。——编译者注

有技术效力自公布前的某一个日期起计算,但不将为现有技术的目的,把按照《保护工业产权巴黎公约》所要求的优先权日等同于在该国的实际申请日的,该国可以声明,为现有技术的目的,在该国之外提交的指定该国的国际申请日不等同于在该国的实际申请日。

(b) 按本款(a)作出声明的任何国家,在该项规定的范围内,不受第 11 条(3)规定的约束。

(c) 按本款(a)作出声明的国家,应同时以书面声明指定该国的国际申请的现有技术效力在该国开始生效的日期和条件。该项声明可以在任何时候通知总干事予以修改。

(5) 每个国家可以声明不受第 59 条的约束。关于作出这种声明的缔约国与其他缔约国之间的任何争议,不适用第 59 条的规定。

(6)(a) 按本条作出的任何声明均应是书面的声明。它可以在本条约上签字时或交存批准书或加入书时作出,或者除(5)所述的情况外,在以后任何时候以通知总干事的方式作出。在通知总干事的情况下,上述声明应在总干事收到通知之日起 6 个月后生效,对于在 6 个月期满前提出的国际申请没有影响。

(b) 按本条所作的任何声明,均可以在任何时候通知总干事予以撤回。这种撤回应在总干事收到通知之日起 3 个月后生效,在撤回按本条(3)所作声明的情形下,撤回对在 3 个月期满前提出的国际申请没有影响。

(7) 除按本条(1)至(5)提出保留外,不允许对本条约作任何其他保留。

第 65 条　逐步适用

(1) 如果在与国际检索单位或国际初步审查单位达成的协议中,对该单位承担处理的国际申请的数量或种类规定临时性的限制,大会应就某些种类的国际申请逐步适用本条约和细则采取必要措施。本规定应同样适用于按第 15 条(5)提出的国际式检索的请求。

(2) 除本条(1)另有规定外,大会应规定可以提出国际申请和可以要求国际初步审查的开始日期。这些日期应分别不迟于本条约按第 63 条(1)的规定生效后 6 个月,或按第 63 条(3)第Ⅱ章适用后 6 个月。

第 66 条　退　出

(1) 任何缔约国可以通知总干事退出本条约。

(2) 退出应自总干事收到所述通知 6 个月后生效。如果国际申请是在上述 6 个月期满以前提出,并且,在宣布退出的国家是选定国的情况下,如果是在上述 6 个月届满以前选定,退出不影响国际申请在宣布退出国家的效力。

第 67 条　签字和语言

(1)(a) 本条约在用英语和法语写成的一份原本上签字,两种文本具有同等效力。

(b) 总干事在与有利害关系的各国政府协商后,应制定德语、日语、葡萄牙语、俄语和西班牙语,以及大会可能指定的其他语言的官方文本。

(2) 本条约在 1970 年 12 月 31 日以前可以在华盛顿签字。

第 68 条　保管的职责

(1) 本条约停止签字后,其原本由总干事保管。

(2) 总干事应将经其证明的本条约及其附件细则两份送交《保护工业产权巴黎公约》的所有缔约国政府,并根据要求送交任何其他国家的政府。

(3) 总干事应将本条约送联合国秘书处登记。

(4) 总干事应将经其证明的本条约及其细则的任何修改的附本两份,送交所有缔约国政府,并根据要求送交任何其他国家的政府。

第 69 条　通　知

总干事应将下列事项通知《保护工业产权巴黎公约》的所有缔约国政府:

(i) 按第 62 条的签字;

(ii) 按第 62 条批准书或加入书的交存;

(iii) 本条约的生效日期以及按第 63 条(3)开始适用第Ⅱ章的日期;

(iv) 按第 64 条(1)至(5)所作的声明;

(v) 按第 64 条(6)(b)所作任何声明的撤回;

(vi) 按第 66 条收到的退出声明;

(vii) 按第 31 条(4)所作的声明。

专利合作条约实施细则

(2019年7月1日起生效)❶

第一部分　绪　则

第1条　缩略语

1.1　缩略语的含义

(a) 在本细则中,"条约"一词指专利合作条约。

(b) 在本细则中,"章"和"条"指条约的特定的"章"或者"条"。(译者注:在本译文中均加"条约"二字)

第2条　对某些词的释义

2.1　"申请人"

凡使用"申请人"一词时,应解释为也指申请人的代理人或者其他代表,除非从规定的措词或者本意,或者从该词的上下文来看,该词明显表示与此相反的意思,例如特别是在述及申请人的居所或者国籍的规定中。

2.2　"代理人"

凡使用"代理人"一词时,应解释为是指根据本细则90.1委托的代理人,除非从规定的措词或者本意,或者该词的上下文来看,该词明显表示与此相反的意思。

2.2之二　"共同代表"

凡使用"共同代表"一词时,应解释为是指根据本细则90.2被委托为或者被认为是共同代表的申请人。

2.3　"签字"

凡使用"签字"一词时,如果受理局或者主管国际检索单位或者国际初步审查单位所适用的本国法要求用盖章代替签字,则为该局或者该单位的目的,该签字即指盖章。

2.4　"优先权期限"

(a) 凡涉及优先权要求而使用"优先权期限"一词时,应当解释为自作为优先权基础的在先申请的申请日起12个月期限。在先申请的申请日当天不包括在该期限中。

(b) 优先权期限应当比照适用本细则80.5的规定。

第二部分　有关条约第Ⅰ章的细则

第3条　请求书(形式)

3.1　请求书表格

请求书应填写在印制的表格上或者用计算机打印出来。

3.2　表格的提供

印就的表格应由受理局免费向申请人提供,如果受理局希望的话,也可由国际局提供。

3.3　清单

(a) 请求书应包括一份清单,注明:

(i) 国际申请文件的总页数和国际申请如下每一部分的页数:请求书、说明书(单独标注说明书中序列表部分的页数)、权利要求书、附图、摘要;

---

❶ 本实施细则于1970年6月19日通过,并于下列日期修订过:1978年4月14日、1978年10月3日、1979年5月1日、1980年6月16日、1980年9月26日、1981年7月3日、1982年9月10日、1983年10月4日、1984年2月3日、1984年9月28日、1985年10月1日、1991年7月12日、1991年10月2日、1992年9月29日、1993年9月29日、1995年10月3日、1997年10月1日、1998年9月15日、1999年9月29日、2000年3月17日、2000年10月3日、2001年10月3日、2002年10月1日、2003年10月1日、2004年10月5日、2005年10月5日、2006年10月3日、2007年11月12日、2008年5月15日、2008年9月29日、2009年10月1日、2010年9月29日、2011年10月5日、2012年10月9日、2013年10月2日、2014年9月30日、2015年10月14日、2016年10月11日、2017年10月11日和2018年10月2日。

(ii) 在适用的情况下，提交国际申请所附具的委托书（即委托代理人或者共同代表的文件）、总委托书的副本、优先权文件、电子形式的序列表、关于缴费的文件或（需要在清单中注明的）任何其他文件；

(iii) 申请人建议在摘要公布时与摘要一起公布的附图的号码；在例外情况下，申请人可以建议一幅以上的附图。

(b) 清单应由申请人填写。如果申请人漏填，则由受理局作必要的注明，但（a）(iii) 中所述的号码不应由受理局指定。

3.4 细节

除本细则 3.3 规定之外，印就的请求书表格的细节和用计算机打印的请求书的细节应在行政规程中予以规定。

第 4 条 请求书（内容）

4.1 必要内容和非强制性内容；签字

(a) 请求书应包括：

(i) 请求；

(ii) 发明名称；

(iii) 关于申请人和代理人（如有代理人的话）的事项；

(iv) 关于发明人的事项，如果至少有一个指定国的国家法要求在提出国家申请时提供发明人的姓名。

(b) 在适用的情况下，请求书还应包括：

(i) 优先权要求；

(ii) 本细则 4.12 (i)、12 之二.1 (b) 和 (d) 规定的与在先检索有关的说明；

(iii) 有关主专利申请或者主专利的说明；

(iv) 申请人选择主管国际检索单位的说明。

(c) 请求书中可以包括：

(i) 关于发明人的事项，如果任何指定国的国家法都不要求在提出国家申请时提供发明人的姓名；

(ii) 要求受理局准备优先权文件并向国际局传送的请求，如果作为优先权基础的在先申请是向国家局或者政府间组织提出，而该国家局或者政府间组织又是受理局时；

(iii) 本细则 4.17 规定的声明；

(iv) 本细则 4.18 规定的说明；

(v) 恢复优先权权利的请求；

(vi) 本细则 4.12 (ii) 规定的说明。

(d) 请求书应签字。

4.2 请求

请求的作用如下，并最好这样措词："下列签字人请求按照专利合作条约的规定处理本国际申请"。

4.3 发明名称

发明名称应当简短（用英文或者译成英文时，最好是 2～7 个词）和明确。

4.4 姓名、名称和地址

(a) 自然人的姓名应写明其姓和名字，姓应写在名字之前。

(b) 法人的名称应写明其正式全称。

(c) 地址的写法应符合按所写明的地址能迅速邮递的通常要求，在任何情况下，它应包括所有有关的行政区划名称，如果有门牌号的话，直到包括门牌号。如果指定国的本国法并不要求写明门牌号，则不写明门牌号在该国不产生影响。为了能和申请人迅速通讯，建议写明申请人、或者代理人或者共同代表（如果有代理人或者共同代表）的电传、电话和传真号码，或者其他类似通讯方式的有关数据。

(d) 每一个申请人、发明人或者代理人只应写明一个地址，但在未委托代理人代表申请人或者在申请人不止一个时未委托代理人代表所有申请人的情形下，申请人或者在申请人不止一个时申请人的共同代表，除在请求书中写明的任何其他地址以外，可以写明一个送达通知的地址。

4.5 申请人

(a) 请求书应写明申请人（如有几个申请人，则应写明每个申请人）的：

(i) 姓名或名称；

(ii) 地址；

(iii) 国籍和居所。

(b) 申请人的国籍应写明他是其国民的那个国家的名称。

(c) 申请人的居所应写明他是其居民的那个国家的名称。

(d) 对不同的指定国，请求书可以写明不同的申请人。在这种情况下，请求书应写明对每一个指定国或者每组指定国的申请人。

(e) 申请人向作为受理局的国家局注册的，请求书可以写明申请人注册时的注册号或其他说明。

4.6 发明人

(a) 在适用本细则 4.1（a）（iv）或者（c）（i）的情况下，请求书应写明发明人的姓名和地址。如有几个发明人，则应写明每一个发明人的姓名和地址。

(b) 如果申请人即为发明人，请求书应包括一项关于申请人即为发明人的说明，以代替（a）所述的内容。

(c) 当指定国的本国法对发明人的要求不一样时，对不同的指定国，请求书可以写明不同的发明人。在这种情况下，对每一个指定国或者对每组指定国，请求书应有一个单独的说明，说明某特定人或者同一人被认为是发明人，或者某几个特定人或者相同的几个人被认为是发明人。

4.7 代理人

(a) 如已委托了代理人，请求书应如实写明，并写明该代理人的姓名和地址。

(b) 代理人向作为受理局的国家局注册的，请求书可以写明代理人注册时的注册号或其他说明。

4.8 共同代表

如已委托了共同代表，请求书应如实写明。

4.9 国家的指定；保护类型；国家和地区专利

(a) 请求书的提交意味着：

(i) 指定在国际申请日时受条约约束的所有成员国；

(ii) 对条约第 43 条或第 44 条适用的所有指定国，该国际申请要求获得通过指定该国可以获得的所有保护类型；

(iii) 对条约第 45 条（1）适用的所有指定国，该国际申请要求获得地区专利和国家专利，除非条约第 45 条（2）适用。

(b) 尽管有本条（a）（i）的规定，如果在 2005 年 10 月 5 日，某缔约国的国家法规定：提交的国际申请指定该国并要求了在该国有效的在先国家申请的优先权，将会导致该在先国家申请停止有效，即与撤回该在先国家申请的结果相同，如果该指定局在 2006 年 1 月 5 日之前通知国际局本条适用于指定该国的情形，并且该通知在国际申请日仍然有效，则任何以在该国提交的在先国家申请为基础要求优先权的请求书中都可以包含一项未指定该国的说明。国际局应当将收到的信息迅速在公报❶上公布。

4.10 优先权要求

(a) 条约第 8 条（1）所述的声明（"优先权要求"），可以要求一个或多个在先申请的优先权，该在先申请是在保护工业产权巴黎公约的任何成员国提出的或者为该条约的任何成员国申请的，或者在不是该公约成员国的任何世界贸易组织成员提出的，或者为不是该公约成员国的任何世界贸易组织成员申请的。任何优先权要求应写在请求书中；它应包括要求享受在先申请的优先权的声明，并应写明：

(i) 在先申请的申请日；

(ii) 在先申请的申请号；

(iii) 如果在先申请是国家申请，受理该申请的保护工业产权巴黎公约成员国的名称或者不是该公约成员的任何世界贸易组织成员的名称；

(iv) 如果在先申请是地区申请，根据适用的地区专利条约有权授予地区专利的组织名称；

(v) 如果在先申请是国际申请，受理该申请的受理局。

(b) 除（a）（iv）或（v）要求的写明事项外：

(i) 如果在先申请是地区申请或国际申请，优先权要求可以指明为其提出该在先申请的一个或多个保护工业产权巴黎公约成员国；

---

❶ 该信息也在 WIPO 的下述网页上公布：www.wipo.int/pct/en/texts/reservations/res_incomp.html。——原编者注

(ii) 如果在先申请是地区申请,而且该地区专利条约缔约国中至少有一个既不是保护工业产权巴黎公约成员国,也不是世界贸易组织的成员,则优先权要求应至少指明一个为其提出该在先申请的保护工业产权巴黎公约成员国或者世界贸易组织成员。

(c) 为(a)和(b)的目的,条约第2条(vi)的规定不应适用。

4.11 对继续或部分继续申请、主申请或主权利的说明

(a) 如果:

(i) 申请人想根据本细则49之二.1(a)或(b)表明希望其国际申请在任一指定国作为增补专利、增补证书、增补发明人证书或者增补实用证书的申请;或

(ii) 申请人想根据本细则49之二.1(d)表明希望其国际申请在任一指定国作为一项在先申请的继续申请或者部分继续申请;

请求书应如此说明,并指明相关的主申请或主专利或其他主权利。

(b) 在请求书中包含本条(a)的说明应不影响本细则4.9的适用。

4.12 考虑在先检索的结果

如果申请人希望国际检索单位在制作检索报告时,考虑由同一或其他国际检索单位或国家局作出的在先国际检索、国际式检索或者国家检索("在先检索")的结果:

(i) 请求书应如此说明,并且应当详细说明涉及作出在先检索的单位或局以及申请;

(ii) 在适用的情况下,请求书可以包含一个说明,其效力是说明该国际申请与作出在先检索的申请内容一致或基本一致,或者说明该国际申请与在先申请除使用不同的语言提交外,内容一致或基本一致。

4.13 和 4.14 [删除]

4.14 之二 国际检索单位的选择

如果有两个或者两个以上的国际检索单位主管国际申请的检索,申请人应在请求书中写明其所选择的国际检索单位。

4.15 签字

请求书应由申请人签字,如果有一个以上申请人时,应由所有申请人签字。

4.16 某些词的音译或者意译

(a) 任何姓名、名称或者地址,如果是用拉丁字母以外的文字写的,还应该通过音译,或者通过意译译成英文用拉丁字母表示出来。申请人应确定哪些词用音译,哪些词用意译。

(b) 任何国家的名称用拉丁字母以外的文字书写的,还应用英文表明。

4.17 本细则51之二.1(a)至(v)所述国家要求的声明

为一个或多个指定国所适用的本国法的目的,请求书可以包括下述一项或多项按照行政规程规定的方式撰写的声明:

(i) 本细则51之二.1(a)(i)所述的关于发明人身份的声明;

(ii) 本细则51之二.1(a)(ii)所述的关于申请人在国际申请日有权申请并被授予专利的声明;

(iii) 本细则51之二.1(a)(iii)所述的关于申请人在国际申请日有权要求在先申请优先权的声明;

(iv) 本细则51之二.1(a)(iv)所述的关于发明人资格的声明,该声明应当按照行政规程规定的方式签字;

(v) 本细则51之二.1(a)(v)所述的关于不影响新颖性的公开或者丧失新颖性的例外的声明。

4.18 援引加入的说明

如果一件国际申请,在受理局首次收到条约11(1)(iii)所述一个或者多个项目之日,要求了在先申请的优先权,那么请求书中可以包含这样的说明,如果条约11(1)(iii)(d)或(e)所述的国际申请的某一项目,或者本细则20.5(a)所述的说明书、权利要求书或附图的某一部分不包含在本国际申请中,但是全部包含在在先申请中,根据本细则20.6的确认,则该项目或该部分可以为本细则20.6的目的援引加入到该国际申请中。这样的说明如果在当日没有包含在请求书中,可以允许增加到请求书中,但仅限于这一说明包含在国际申请中或者当日随国际申请一起提交。

4.19 附加事项

（a）请求书中不得包含本细则 4.1 至 4.18 规定以外的事项，除非行政规程允许在请求书中包含该规程所规定的任何其他附加事项。但行政规程不得强制要求在请求书中包含这些其他附加事项。

（b）如果请求书中包含有本细则 4.1 至 4.18 规定以外的事项，或者包含（a）中所述行政规程允许的事项以外的事项，受理局应依职权删去这些附加的事项。

第 5 条　说明书

5.1　撰写说明书的方式

（a）说明书应首先写明发明名称，该名称应与请求书中的发明名称相同，并应：

（i）说明发明所属的技术领域；

（ii）指出就申请人所知，对发明的理解、检索和审查有用的背景技术，最好引用反映这些背景技术的文件；

（iii）将要求保护的发明予以公开，应使人能理解技术问题（即使不是明确说明也可以）及其解决方案，如果具有有益效果，应该对照背景技术说明该发明的有益效果；

（iv）如果有附图，简略地说明附图中的各幅图；

（v）至少说明申请人认为实施要求保护的发明的最佳方式；在适当的情况下，应举例说明，如果有附图的话，还应参照附图；如果指定国的法律不要求描述最佳实施方式，而允许描述任何实施方式（不论是否是最佳方式），则不描述所知的最佳实施方式在该国并不产生影响；

（vi）如果从发明的描述或者性质不能明显看出该发明能在工业上利用的方法及其制造和使用方法，应明确指出这种方法；如果该发明只能被使用，则应明确指出该使用方法。这里的"工业"一词应如在保护工业产权巴黎公约中那样，作最广义的理解。

（b）上面（a）中规定的撰写方式和顺序应予遵守，除非由于发明的性质，用不同的方式或者不同的顺序撰写说明书能使人更好地理解发明，并能使说明书更简明。

（c）除（b）规定之外，（a）中所述的每一部分之前最好按照行政规程的建议加上合适的标题。

5.2　核苷酸和/或者氨基酸序列的公开

（a）如果国际申请包含一个或多个核苷酸和/或者氨基酸序列的公开，说明书应包括符合行政规程规定的标准的序列表，并根据该标准将其作为说明书的单独部分提交。

（b）如果说明书序列表部分含有行政规程规定的标准定义的自由内容，则该自由内容也应用撰写说明书所用的语言写入说明书的主要部分内。

第 6 条　权利要求书

6.1　权利要求的数目和编号

（a）考虑到要求保护的发明的性质，权利要求的数目应适当。

（b）如果有几项权利要求，应用阿拉伯数字连续编号。

（c）在修改权利要求时，编号的方法应按行政规程的规定进行。

6.2　引用国际申请的其他部分

（a）权利要求在说明发明的技术特征时，除非绝对必要，不得依赖引用说明书或者附图，特别是不得依赖这样的引用："如说明书第……部分所述"，或者"如附图第……图所示"。

（b）如果国际申请有附图，在权利要求描述的技术特征后面最好加上有关该特征的引用标记。在使用引用标记时，最好放在括号内，如果加上引用标记并不能使人更快地理解权利要求，就不应加引用标记。指定局为了公布申请的目的可以删去这些引用标记。

6.3　权利要求的撰写方式

（a）请求保护的主题应以发明的技术特征来确定。

（b）在适当的情况下，权利要求应包括：

（i）前叙部分，写明对确定要求保护的主题所必要的技术特征，但这些技术特征的结合是现有技术的一部分；

（ii）特征部分：开头使用"其特征是"，

"其特征在于"，"其改进部分包括"或者其他类似的用语，简洁写明技术特征，这些特征与（i）中所述的特征一起，是请求保护的内容。

（c）如果指定国的本国法并不要求按（b）规定的方式撰写权利要求，则不采取这种方式撰写权利要求在该国不产生影响，只要其实际采用的撰写权利要求的方式满足了该国本国法的要求。

6.4 从属权利要求

（a）包括一个或者多个其他权利要求的全部特征的权利要求（从属形式的权利要求，以下称为"从属权利要求"），如果可能，应在开始部分引用所述一个或者多个权利要求，然后写明要求保护的附加特征。引用一个以上其他权利要求的从属权利要求（多项从属权利要求）只能择一地引用这些权利要求。多项从属权利要求不得作为另一多项从属权利要求的基础。如果作为国际检索单位的国家局的本国法不允许使用与上述两句话中所说的方式不同的方式撰写多项从属权利要求，则未用该种方式撰写权利要求可能导致按照条约第17条（2）（b）的规定在国际检索报告中作一说明。如果实际所用的撰写权利要求的方式满足指定国本国法的要求，则未用上述方式撰写权利要求在该指定国不产生任何影响。

（b）任何从属权利要求应解释为包含其所引用的权利要求中的所有限定，如果该从属权利要求是一多项从属权利要求，则应解释为包含其所特指的权利要求中的所有限定。

（c）所有引用一项在前权利要求的从属权利要求，以及所有引用几项在前权利要求的所有从属权利要求，都应尽可能用最切实可行的方式归并在一起。

6.5 实用新型

申请人依据国际申请，请求指定国授予实用新型的，只要国际申请的处理已在该国开始，关于本细则6.1至6.4规定的事项，该指定国可以适用该国本国法关于实用新型的规定，而不适用本细则上述的规定，但应允许申请人自条约第22条规定的期限届满日起至少有2个月的时间，以调整其申请适应该国本国法的要求。

第7条 附 图

7.1 流程图和图表

流程图和图表应认为是附图。

7.2 期限

条约第7条（2）（ii）所述的期限，根据案件的具体情况应该适当，但无论如何不能比根据该规定书面通知要求申请人提交附图或者补充附图之日起2个月的期限短。

第8条 摘 要

8.1 摘要的内容和格式

（a）摘要应包括下述内容：

（i）说明书、权利要求书和任何附图中所包含的公开内容的概要；概要应写明发明所属的技术领域，并应撰写得使人能清楚地理解要解决的技术问题、通过发明解决该问题的方案的要点以及发明的主要用途；

（ii）在适用的情况下，国际申请包括的所有各种化学式中最能表示发明特征的化学式。

（b）摘要应在公开的限度内写得尽可能简洁（用英文或者翻译成英文后最好是50～150个词）。

（c）摘要不得包含对要求保护的发明的所谓优点或者价值、或者属于推测性的应用的说明。

（d）摘要中提到的每一主要技术特征并在国际申请的附图中说明的，应在特征之后加引用标记，放在括号内。

8.2 图

（a）如果申请人未按本细则3.3（a）（iii）的规定作出注明，或者如果国际检索单位认为在所有附图中，有一幅或者几幅图比申请人所建议的图能更好地表示发明的特征，除（b）的规定之外，该单位应指明该一幅或几幅图应于国际局公布摘要时与摘要一起公布。在这种情况下，摘要就应包括国际检索单位所指明的一幅或几幅图。否则，除（b）的规定之外，摘要应包括申请人所建议的图。

(b) 如果国际检索单位认为附图中没有任何图对于理解摘要有用，该单位应将此事通知国际局。在这种情况下，国际局公布摘要时不应包括附图中的任何一幅图，尽管申请人已按照本细则 3.3（a）（iii）的规定建议了附图。

8.3　撰写的指导原则

摘要应撰写成使其成为对特定技术进行检索的有效查阅工具，尤其应有助于科学家、工程师或者研究人员作出是否需要参阅国际申请本身的决定。

第 9 条　不得使用的词语

9.1　定义

国际申请中不应包括：

（i）违反道德的用语和附图；

（ii）违反公共秩序的用语和附图；

（iii）贬低申请人以外任何特定人的产品或者方法的说法，或者贬低申请人以外任何特定人的申请或者专利的优点或者有效性的说法（仅仅与现有技术作比较本身不应认为是贬低行为）；

（iv）根据情况明显是无关或者不必要的说明或者其他事项。

9.2　发现不符合规定

受理局、国际检索单位、指定补充检索单位和国际局可能发现国际申请与本细则 9.1 的规定不符，可以建议申请人自愿对其国际申请作相应修改，在此情况下，应当将该建议，在适用的情况下，通知受理局、主管国际检索单位、主管指定补充检索单位和国际局。

9.3　与条约第 21 条（6）的关系

条约第 21 条（6）中所指的"贬低性陈述"，应具有本细则 9.1（iii）所规定的含义。

第 10 条　术语和标记

10.1　术语和标记

（a）计量单位应用公制单位，或者，如果首先用其他方式表示，也应加注公制单位。

（b）温度应用摄氏度表示，或者，如果首先用其他方式表示，也应加注摄氏度数。

（c）[删除]

（d）对于热、能、光、声和磁的表示，以及对数学公式和电的单位的表示，应遵循国际通用的规则；对于化学公式，应使用通用的符号、原子量和分子式。

（e）总的来说，只应使用在有关技术领域里一般公认的技术术语、标记和符号。

（f）在国际申请或者其译文是用中文、英文或者日文书写时，任何小数部分的前面应标有圆点，国际申请或者其译文是用中文、英文或者日文以外的语言书写时，任何小数部分的前面则应标有逗号。

10.2　一致性

术语和标记在整个国际申请中应前后一致。

第 11 条　国际申请的形式要求

11.1　副本的份数

（a）除（b）另有规定以外，国际申请和清单（本细则 3.3（a）（ii））中所述的每一种文件都应提交一份。

（b）任何受理局可以要求国际申请以及清单（本细则 3.3（a）（ii））中所述的任何文件各提交两份或者三份，除费用收据或者缴费清单以外。在这种情况下，受理局应负责核实第二副本和第三副本与原登记本的一致性。

11.2　适于复制

（a）递交的国际申请的各个组成部分（即请求书、说明书、权利要求书、附图和摘要），都应可供摄影、静电方法、照相胶印和摄制缩微胶卷等方法直接复制任何数目的副本。

（b）所有的纸张都应无折痕和裂纹；不得折叠。

（c）每张纸应单面使用。

（d）除了本细则 11.10（d）和 11.13（j）另有规定以外，每张纸应竖向使用（即短的两边在上方和下方）。

11.3　使用的材料

国际申请的各个组成部分都应写在柔韧、结实、洁白、平滑、无光和耐久的纸上。

11.4　分页等

（a）国际申请的各个组成部分（请求书、

说明书、权利要求书、附图、摘要）都应另起一页。

(b) 国际申请的所有纸张应连接得易于翻阅、易于分开以及分开复制后易于重新合在一起。

11.5 纸张的规格

纸张的规格应采用 A4 型（29.7cm×21cm）。但是，任何受理局可以接受用其他规格纸张的国际申请。但是送交国际局的登记本，或者如果主管国际检索单位有同样要求，送交该单位的检索本，应该用 A4 规格的纸张。

11.6 空白边缘

(a) 说明书、权利要求书和摘要各页的最小空白边缘应如下：

　—上边：2cm
　—左边：2.5cm
　—右边：2cm
　—底边：2cm

(b) 上面（a）中所规定的空白边缘，建议最大的限度为：

　—上边：4cm
　—左边：4cm
　—右边：3cm
　—底边：3cm

(c) 在有附图的页上，可以使用的区域不得超过 26.2cm×17.0cm，在可以使用或者已使用的区域周围不得带边框，其最小空白边缘应如下：

　—上边：2.5cm
　—左边：2.5cm
　—右边：1.5cm
　—底边：1cm

(d) 上面（a）至（c）规定的空白边缘适用于 A4 型纸，因此即使受理局接受其他规格的纸张，其 A4 型纸的登记本，以及如果主管国际检索单位也这样要求的话，其 A4 型纸的检索本，都应按上述规定留出空白边缘。

(e) 除（f）和本细则 11.8（b）另有规定外，提出国际申请时，其空白边缘应完全空白。

(f) 上边空白边缘的左角可以记载申请人的档案号，但该档案号应位于自纸张顶端起 1.5cm 的范围内。申请人档案号的字数不应超过行政规程规定的最大限度。

11.7 纸页的编号

(a) 国际申请中的所有纸页都应用阿拉伯数字连续编号。

(b) 编号应写在纸张顶部或者底部左右居中位置，但不应写在空白边缘上。

11.8 行的编号

(a) 强烈建议在说明书和权利要求书的每一页上，每逢第 5 行注明行数。

(b) 行的编号应写在左边空白边缘的右半部分。

11.9 文字内容的书写

(a) 请求书、说明书、权利要求书和摘要应打字或者印刷。

(b) 只有图解符号和字符，化学式或者数学式以及中文和日文中的某些字，必要时可以手写和描绘。

(c) 打字应用 1.5 倍的行距。

(d) 所有文字内容应采用其大写字母不小于 0.28cm 高的字体，并采用不易消除的黑色，以符合本细则 11.2 规定的要求，但是请求书的任何文字内容可以采用其大写字母不小于 0.21cm 高的字体。

(e) 就打字的行距和字体的大小而言，(c) 和 (d) 的规定不适用于中文和日文书写的文件。

11.10 文字内容中的附图、公式和表格

(a) 请求书、说明书、权利要求书和摘要中不应有附图。

(b) 说明书、权利要求书和摘要可以包括化学式或者数学式。

(c) 说明书和摘要可以包括表格；任何权利要求只有在其主题需要利用表格来限定时，才能包括表格。

(d) 如果表格和化学式或数学式无法令人满意地竖向绘制在纸张上，它们也可横向绘制在纸张上；如果表格或者化学式或者数学式是横向绘制在纸张上的，则表格或者数学式的

顶部位于纸张的左边。

11.11 附图中的文字

（a）附图中不得包括文字内容，除非绝对必要，可使用例如"水"、"汽"、"开"、"关"、"AB的剖面"等个别词，在电路图、框图或者流程图中，可使用为理解所必不可少的几个关键词。

（b）所使用的任何词都应该放在恰当的位置，以便翻译后可以被盖住，而不致妨碍附图中的任何线条。

11.12 改动等

每页纸都应合乎情理地无擦痕，无改动，无字迹重叠，也无行间加字。如果内容的真实性不会发生问题，并且良好的复制效果不会受到影响，可以允许不符合这一规定。

11.13 对附图的特殊要求

（a）附图应用耐久的、黑色的、足够深而浓的、粗细均匀并且轮廓分明的无彩色的线条和笔画制成。

（b）剖面应用剖面线表明，剖面线不得妨碍引用标记和引线的清楚识别。

（c）附图的比例及制图的清晰度应使该图在线性缩小至三分之二的照相复制品时，仍能容易地辨认所有细节。

（d）在例外的情况下，附图上注明比例时，应用图形表示。

（e）在附图上的所有数字、字母和引用线条都应简单、清楚。括号、圆圈或者引号都不得与数字和字母一起使用。

（f）附图中的所有线条通常都应该用制图工具绘制。

（g）每幅图的每一组成部分同该图中的其他组成部分应成适当比例，但为了使该图清楚可看而必须采用另外一种比例的除外。

（h）数字和字母的高度不得低于0.32cm，附图中的字母应该使用拉丁字母，也可按照惯例使用希腊字母。

（i）同一页附图纸上可以包括几幅附图。两页或者两页以上纸上的几幅图实际上形成一幅完整的图时，这数页上的图的排列应该能使各图组成一幅完整的图，而不致遮盖各页上的任何一图的任何部分。

（j）不同的图安排在一页或者几页纸上时应注意节约篇幅，最好采用竖向放置，彼此明显地分开。如果图不是竖向放置的，它们可以横向放置，这时图的顶部应位于纸的左边。

（k）不同的图应用阿拉伯数字连续编号，图的编号与页的编号无关。

（l）说明书中未提到的引用标记不得在附图中出现，反之亦然。

（m）当用引用标记标识特征时，在整个国际申请中，同一特征用同一引用标记标识。

（n）如果附图中包括许多引用标记，强烈建议申请人另附一页，列出所有引用标记及其所标识的特征。

11.14 后交的文件

本细则10和11.1至11.13的规定也适用于在提出国际申请之后提交的任何文件，例如替换页、修改后的权利要求、译文。

第12条 国际申请的语言和为国际检索和国际公布目的的译文

12.1 所接受的提出国际申请的语言

（a）提出国际申请应使用受理局为此目的所接受的任何一种语言。

（b）每一个受理局对国际申请的提出应至少接受一种符合以下两条件的语言：

（i）是国际检索单位所接受的语言，或在适用的情况下，是对该受理局受理的国际申请有权进行国际检索的至少一个国际检索单位所接受的语言；

（ii）是公布使用的语言。

（c）尽管有（a）的规定，请求书应以受理局为本款目的所接受的任何公布语言提出。

（d）尽管有（a）的规定，本细则5.2（a）所述说明书序列表部分包含的任何文字应符合行政规程制定的标准。

12.1之二 根据本细则20.3、20.5或者20.6提交项目和部分内容所用的语言

申请人根据本细则20.3（b）或者20.6（a）提交的、涉及条约第11条（1）（iii）（d）或者（e）的项目和申请人根据本细则20.5（b）或者20.6（a）提交的说明书、权利要求书或者附图的部分内容，应使用国际申请提出时的语言；或者，如果根据本细则 12.3（a）或者 12.4（a）要求提交申请的译文的，应使用申请提出时使用的语言和译文使用的语言两种语言提交。

12.1 之三　根据本细则 13 之二.4 提交说明的语言

根据本细则 13 之二.4 提交的有关保藏生物材料的任何说明应使用国际申请提出时的语言，如果根据本细则 12.3（a）或者 12.4（a）要求提交申请的译文的，应使用申请提出时使用的语言和译文使用的语言两种语言提交。

12.2　国际申请变动时的语言

（a）除本细则 46.3 和 55.3 另有规定之外，国际申请的任何修改都应使用申请提出时使用的语言。

（b）根据本细则 91.1 对国际申请中的明显错误所作的任何更正，都应使用申请提出时使用的语言，但是：

（i）如果根据本细则 12.3（a）、12.4（a）或 55.2（a）的规定，要求提交国际申请的译文的，本细则 91.1（b）（ii）和（iii）所述的更正应使用申请提出时使用的语言和译文使用的语言两种语言提交；

（ii）如果根据本细则 26.3 之三（c）需要提交请求书的译文的，本细则 91.1（b）（i）所述的更正只需要使用译文使用的语言提交。

（c）根据本细则 26 对国际申请文件中缺陷的任何改正，应使用申请提出时使用的语言。根据本细则 12.3 或 12.4 的规定提交的根据本细则 26 对国际申请文件译文缺陷的任何改正，或根据本细则 55.2（a）的规定提交的根据本细则 55.2（c）对译文缺陷的任何改正，或根据本细则 26.3 之三（c）的规定提交的对请求书的译文的缺陷的任何改正，均应使用译文使用的语言。

12.3　为国际检索目的的译文

（a）如果提出国际申请时所使用的语言不为进行国际检索的国际检索单位所接受，申请人应自受理局收到国际申请之日起 1 个月内，向该局提交一份该国际申请的译文，其使用的语言应符合以下条件：

（i）是该检索单位接受的语言；和

（ii）是公布使用的语言；和

（iii）是受理局根据本细则 12.1（a）所接受的语言，除非国际申请使用的是公布的语言。

（b）（a）既不适用于请求书也不适用于说明书的序列表部分。

（c）在受理局根据本细则 20.2（c）给申请人发通知时，如果申请人尚没有提交根据（c）所要求的译文，受理局应最好连同该通知一起，要求申请人：

（i）在（a）规定的期限内提交要求的译文；

（ii）如果没有在（a）规定的期限内提交要求的译文，则自通知之日起 1 个月内，或者自受理局收到国际申请之日 2 个月内，提交要求的译文，而且在适用的情况下，缴纳（e）中所述的后提交费，两个期限以后到期的为准。

（d）如果受理局根据（c）向申请人发出通知而申请人没有在（c）（ii）规定的期限内提交要求的译文和缴纳规定的后提交费，该国际申请应被视为撤回，受理局应作出这样的宣告。如果译文和费用是受理局在根据前句规定作出宣告之前并且在自优先权日起 15 个月期限届满之前收到的，应视为在期限届满前收到。

（e）对在（a）规定的期限届满后提交的译文，受理局为其自身的利益，可以责令缴纳后提交费，其数额为费用表第 1 项国际申请费的 25%，不考虑国际申请超过 30 页部分每页的费用。

12.4　为国际公布目的的译文

（a）如果提出国际申请时所使用的语言不是公布的语言，而且不需要根据本细则 12.3（a）提交译文，申请人应自优先权日起 14 个月内向受理局提供该国际申请的译文，使用受理局为本款目的所接受的任何公布语言。

（b）（a）的规定既不适用于请求书，也不适用于说明书的序列表部分。

（c）如果申请人没有在（a）规定的期限

内提交该款所要求的译文，受理局应通知申请人在自优先权日起 16 个月内提交要求的译文，而且在适用的情况下，缴纳（e）所要求的后提交费。如果译文是受理局在根据前句规定发出通知之前收到的，应视为在（a）规定的期限届满前收到。

（d）如果申请人没有在（c）规定的期限内提交要求的译文和缴纳规定的后提交费，该国际申请应被视为撤回，受理局应作出这样的宣告。如果译文和费用是受理局在根据前句规定作出宣告之前并且在自优先权日起 17 个月期限届满之前收到的，应视为在期限届满前收到。

（e）对在（a）规定的期限届满后提交的译文，受理局为其自身的利益，可以责令缴纳后提交费，其数额为费用表第 1 项国际申请费的 25%，不考虑国际申请超过 30 页部分每页的费用。

第 12 条之二　申请人提交在先检索有关文件

12 之二.1　根据细则 4.12 提出请求时申请人提供在先检索有关文件

（a）如果申请人根据细则 4.12 已请求国际检索单位考虑由同一或其他国际检索单位或国家局作出的在先检索的结果，除本条（b）至（d）另有规定外，申请人应当将在先检索结果的副本以相关单位或局原来采用的任何形式（例如以检索报告、被引用现有技术列表或者审查报告的形式）与国际申请一起提交给受理局。

（b）如果在先检索是由作为受理局的同一个局进行的，申请人可以不提交（a）所述的副本，而是表明希望受理局制作此副本并将其传送给国际检索单位。该请求应在请求书中提出，并且受理局可以对此为其自身利益收取费用。

（c）如果在先检索是由同一国际检索单位或者作为国际检索单位的同一局进行的，则无需提交（a）所述的副本。

（d）如果（a）所述的副本对于受理局或者国际检索单位是以其可接受的形式和方式（例如通过数字图书馆）能够获得的，并且申请人在请求书中也如此说明，则无需提交（a）所述的副本。

12 之二.2　根据细则 4.12 提出请求时国际检索单位通知提供在先检索有关文件

（a）除（b）和（c）另有规定外，国际检索单位可以要求申请人在根据情况是合理的期限内提交下列文件：

（i）相关在先申请的副本；

（ii）如果在先申请的语言不是国际检索单位所接受的语言，提交该单位接受语言的在先申请的译文；

（iii）如果在先检索结果的语言不是国际检索单位所接受的语言，提交该单位接受语言的在先检索结果的译文；

（iv）在先检索结果中所引用任何文件的副本。

（b）如果在先检索是由同一国际检索单位或者作为国际检索单位的同一局进行的，或者如果（a）所述的副本或者译文对于国际检索单位是以其可接受的形式和方式（例如通过数字图书馆）或者是以优先权文件的形式能够获得的，则无需提交（a）所述的副本或译文。

（c）如果请求书中含有根据细则 4.12（ii）作出的声明，说明国际申请与在先检索所针对的申请内容相同或者基本相同，或者国际申请与该在先申请除语言不同之外内容相同或者基本相同，则无需提交（a）（i）和（ii）所述的副本或译文。

第 13 条　发明的单一性

13.1　要求

一件国际申请应只涉及一项发明或者由一个总的发明构思联系在一起的一组发明（"发明单一性的要求"）。

13.2　被认为满足发明单一性要求的情形

在同一件国际申请中要求保护一组发明的，只有在这些发明之间存在着技术关联，含有一个或者多个相同或者相应的特定技术特征时，才应被认为满足本细则 13.1 所述的发明单一性的要求。"特定技术特征"一词应指，在每个要求保护的发明作为一个整体考虑时，对现有技术作出贡献的技术特征。

13.3 发明单一性的确定不受权利要求撰写方式的影响

在确定一组发明是否由一个总的发明构思联系在一起时，不应考虑这些发明是在不同的权利要求中要求保护，还是在同一个权利要求中作为选择方案要求保护。

13.4 从属权利要求

除本细则 13.1 另有规定之外，同一件国际申请中允许包括适当数目的从属权利要求，以便要求保护独立权利要求所要求保护的发明的特定形式，即使任何从属权利要求的一些特征本身可能被认为构成一项发明。

13.5 实用新型

申请人依据国际申请请求指定国授予实用新型的，只要国际申请的处理已在该国开始，关于本细则 13.1 至 13.4 规定的事项，该指定国可以适用该国本国法关于实用新型的规定，而不适用本细则上述的规定，但应允许申请人自条约第 22 条规定的期限届满日起至少有 2 个月的时间，以调整其申请适应该国本国法的要求。

第 13 条之二　与生物材料有关的发明

13 之二．1　定义

为本条的目的，"对某一保藏的生物材料的记载"是指国际申请中有关某保藏单位保藏生物材料的事项，或有关已保藏的生物材料的事项。

13 之二．2　记载（总则）

对保藏的生物材料的任何记载应符合本细则的规定。任何记载如果是这样作出的，应认为满足每个指定国本国法的要求。

13 之二．3　记载：内容；未作记载或者说明

（a）对保藏的生物材料的记载应说明下列事项：

（i）进行保藏的保藏单位的名称和地址；

（ii）在该单位保藏生物材料的日期；

（iii）该单位对保藏物给予的入藏号；

（iv）依照本细则 13 之二．7（a）（i），已经通知国际局的任何补充事项，但条件是有关记载该事项的要求已经根据本细则 13 之二．7（c）的规定在提出国际申请之前至少 2 个月在公报上公布。

（b）未包括对保藏的生物材料的记载，或对保藏的生物材料的记载中未包括按（a）的规定的说明，对本国法不要求在本国申请中作出这种记载或这种说明的任何指定国不产生后果。

13 之二．4　记载：提交说明的期限

（a）除（b）和（c）的规定之外，如果本细则 13 之二．3（a）所述的任何说明未包括在提交的国际申请有关保藏的生物材料的记载中而是送到了国际局，则

（i）如果是在自优先权日起 16 个月内送交的，任何指定局应认为说明已按时提交；

（ii）如果是在自优先权日起 16 个月期限届满之后送交的，但是是在国际局完成国际公布的技术准备工作之前到达国际局的，则任何指定局应认为该说明已在期限的最后一天提交。

（b）如果指定局适用的本国法对国家申请有同样的要求，则该局可以要求任何根据本细则 13 之二．3（a）的说明在自优先权日起 16 个月之前提交，条件是该要求已经根据本细则 13 之二．7（a）（ii）通知了国际局，并且国际局在国际申请提交之前至少 2 个月已经根据本细则 13 之二．7（c）在公报中公布了该要求。

（c）如果申请人根据条约第 21 条（2）（b）要求提前公布，任何指定局可以认为未在国际公布的技术准备完成前提交的任何说明是未及时提交。

（d）国际局应将其收到的任何根据（a）提交的说明的日期通知申请人，并且：

（i）如果根据（a）提交的说明是在国际公布的技术准备完成之前收到的，应当将该说明以及收到日期的说明与国际申请一同公布；

（ii）如果根据（a）提交的说明是在国际公布的技术准备完成之后收到的，应当将收到该说明的日期和该说明中的相关数据通知指定局。

13之二.5 为一个或者多个指定国而作的记载和说明：为不同的指定国作的不同的保藏；向通知以外的保藏单位提交的保藏

（a）对保藏的生物材料的记载应认为是为所有指定国而作，除非该记载明确表示是仅为某几个指定国而作；这也适用于记载中包括的说明。

（b）为不同的指定国可以作出不同的生物材料保藏的记载。

（c）任何指定局对向其根据本细则13之二.7（b）的规定通知的保藏单位以外的其他保藏单位提交的保藏，可以置之不理。

13之二.6 提供样品

根据条约第23条和第40条的规定，除非申请人允许，在根据这两条的规定可开始国内程序的适用期限届满前，不得提供国际申请中记载的保藏的生物材料的样品。但是，如果申请人在国际公布之后但在上述期限届满前履行条约第22条或者第39条所述的行为，一旦该行为已经履行，即可提供已保藏的生物材料的样品。尽管有前述规定，按照任何指定局所适用的本国法，一旦国际公布对未审查的国内申请有强制国内公布的效力，就可以按照该国法律提供已保藏的生物材料的样品。

13之二.7 国家要求：通知和公布

（a）任何国家局均可将其本国法规定的任何要求通知国际局：

（i）除了本细则13之二.3（a）（i）、（ii）和（iii）所述的事项外，通知中规定的任何事项均应包括在本国申请对保藏的生物材料的记载中；

（ii）本细则13之二.3（a）中所述的一项或者几项说明应包括在所提交的本国申请中，或者应在通知中规定的在自优先权日起16个月以前的某个时候提交。

（b）每一个国家局应通知国际局其本国法认可的、为了该局的专利程序对生物材料进行保藏的保藏单位名称，或者如果本国法未规定或者不允许这种保藏，则应将该事实通知国际局。

（c）国际局应将根据（a）的规定向其通知的各项要求和根据（b）的规定向其通知的有关信息在公报上迅速予以公布。

第13条之三　核苷酸和/或者氨基酸序列表

13之三.1 国际检索单位的程序

（a）如果国际申请包括了一个或多个核苷酸和/或氨基酸序列的公开，为了国际检索的目的，国际检索单位可以要求申请人提交符合行政规程规定标准的电子形式的序列表，除非该电子形式的序列表已经能够由该国际检索单位以一种其能接受的形式和方式所获得，并且在适用的情况下，要求申请人于通知规定的期限内缴纳本款（c）所述的后提交费。

（b）如果至少国际申请的一部分是以纸件提出的，并且国际检索单位发现说明书不符合本细则5.2（a）的规定，为了国际检索的目的，该国际检索单位可以要求申请人提交符合行政规程规定标准的纸件形式序列表，除非该纸件形式的序列表已经能够由该国际检索单位以一种其接受的形式和方式所获得，无论是否已经根据本款（a）要求提交电子形式的序列表，以及在适用的情况下，是否要求申请人于通知规定的期限内缴纳本款（c）所述的后提交费。

（c）根据（a）或（b）所述通知而提交序列表的，国际检索单位为其自身的利益，可以要求向其缴纳后提交费，其数额由国际检索单位决定，但不应超过费用表第1项所述的国际申请费的25%，不考虑国际申请超过30页部分每页的任何费用，但是后提交费只能根据本款（a）或（b）之一要求缴纳，而不能同时根据上述两项要求缴纳。

（d）如果申请人没有在（a）或（b）所述通知规定的期限内提交所要求的序列表和缴纳任何所要求的后提交费，国际检索单位只需在没有序列表的情况下可以进行的有意义检索的范围内对国际申请进行检索。

（e）任何不包括在提出时国际申请中的序列表，无论是否是根据（a）或（b）所述通知提交的，还是以其他方式提交的，均不能成为国际申请的一部分，但本款并不妨碍申请人根据条约第 34 条（2）（b）修改涉及序列表的说明书。

（f）如果国际检索单位发现说明书不符合本细则 5.2（b），应通知申请人提交要求的改正。申请人所提出的任何改正应比照适用本细则 26.4 的规定。国际检索单位应将改正送交受理局和国际局。

13 之三.2　国际初步审查单位的程序

国际初步审查单位的程序应比照适用本细则 13 之三.1 的规定。

13 之三.3　提交给指定局的序列表

任何指定局都不得要求申请人提交符合行政规程规定标准的序列表之外的序列表。

第 14 条　传送费

14.1　传送费

（a）任何受理局，因受理国际申请，因向国际局和主管国际检索单位送交申请副本，以及因作为受理局履行其对国际申请所必须履行的一切其他任务，可以为该局自身利益要求申请人向其缴纳费用（传送费）。

（b）如果有传送，其数额应由受理局确定。

（c）传送费应自国际申请收到之日起 1 个月内缴纳。应缴数额为该收到日所适用的数额。

第 15 条　国际申请费

15.1　国际申请费

每件国际申请都应为国际局的利益缴纳费用（"国际申请费"），该费用由受理局收取。

15.2　数额

（a）国际申请费的数额由费用表规定。

（b）国际申请费应以受理局规定的货币或其中的一种缴纳（"规定货币"）。

（c）当规定货币是瑞士法郎时，受理局应当迅速将上述费用以瑞士法郎汇交国际局。

（d）当规定货币不是瑞士法郎，且该货币：

（i）能够自由兑换成瑞士法郎的，对于每一个规定以此种货币缴纳国际申请费的受理局，总干事应根据大会的指示为之确定以该种规定货币缴纳所述费用的等值数额，受理局应当按该数额将规定货币迅速汇交国际局；

（ii）不能自由兑换成瑞士法郎的，受理局应负责将国际申请费从规定货币转换成瑞士法郎，并迅速按费用表列出的数额以瑞士法郎汇交国际局。或者，如果受理局愿意，可以将国际申请费从规定货币转换成欧元或美元，并迅速按（i）中所述由总干事根据大会指示确定的等值数额、以欧元或者美元汇交国际局。

15.3　缴费期限；缴费数额

国际申请费应当自收到国际申请之日起 1 个月内向受理局缴纳。缴费数额应当是收到日所适用的数额。

15.4　退款

如有下列情况之一，受理局应将国际申请费退还给申请人：

（i）如果根据条约第 11 条（1）所作的决定是否定的；

（ii）如果在将登记本送交国际局之前，该国际申请已被撤回或者被视为撤回的；或者

（iii）如果根据有关国家安全的规定，该国际申请未作为国际申请处理的。

第 16 条　检索费

16.1　要求缴费的权利

（a）每一国际检索单位，因完成国际检索，因履行条约和本细则委托国际检索单位的一切其他任务，可以为其自身利益要求申请人缴纳费用（"检索费"）。

（b）检索费应由受理局收取。该费用应以该局规定的货币缴纳（"规定货币"）。

（c）如果规定货币是国际检索单位用以确定该费数额的货币（"确定货币"），受理局应迅速将上述费用以该货币汇交国际检索单位。

（d）当规定货币不是确定货币，且该货币：

（i）能够自由兑换成确定货币的，对于每一个规定以此种货币缴纳检索费的受理局，总干事应根据大会的指示为之确定以该种规定货币缴纳所述费用的等值数额，受理局应当按该数额将规定货币迅速汇交国际检索单位；

（ii）不能自由兑换成确定货币的，受理

局应负责将检索费从规定货币转换成确定货币，并迅速按国际检索单位确定的数额、以确定货币汇交国际检索单位。

（e）用确定货币以外的规定货币缴纳检索费时，如果国际检索单位根据本条（d）（i）规定实际收到的规定货币数额换算成确定货币后低于其确定的数额，则该差额应由国际局付给国际检索单位，如果实际收到的数额高于确定的数额，则余额应属于国际局。

（f）关于缴纳检索费的期限和数额，应比照适用本细则15.3有关国际申请费的规定。

16.2　退款

如果有下列情况之一，受理局应将检索费退还给申请人：

（i）根据条约第11条（1）所作的决定是否定的；

（ii）在将检索本送交国际检索单位之前，该国际申请已被撤回或者被视为撤回；或者

（iii）根据有关国家安全的规定，该国际申请未作为国际申请处理的。

16.3　部分退款

根据本细则41.1，如果国际检索单位在国际检索时考虑了在先检索的结果，该单位应将申请人为该在后国际申请所缴纳的检索费退还给申请人，退还的程度和条件根据条约第16条（3）（b）中协议的规定办理。

第16条之二　缴费期限的延长

16之二.1　受理局的通知

（a）如果根据本细则14.1（c）、15.3和16.1（f）规定的缴费期限已到，受理局发现尚未向其缴费，或者向其缴纳的数额不足以付清传送费、国际申请费和检索费的，除（d）另有规定外，受理局应通知申请人在自通知之日起1个月的期限内向其缴纳足以付清那些费用所需的数额，以及（在适用的情况下）本细则16之二.2规定的滞纳金。

（b）［删除］

（c）如果受理局已根据（a）的规定向申请人发出了通知，而申请人在该项所述的期限内没有缴纳应缴的全部数额，包括在适用的情况下本细则16之二.2规定的滞纳金的，除

（e）另有规定外，受理局应：

（i）根据条约第14条（3）的规定作相应的宣布；以及

（ii）根据本细则29的规定进行处理。

（d）在受理局根据（a）发出通知之前收到的任何费用，根据情况应认为是在本细则14.1（c）、15.3或16.1（f）规定的期限届满前收到的。

（e）在受理局根据条约第14条（3）作出相应的宣布之前收到的任何费用，应认为是在（a）中所述的期限届满前收到的。

16之二.2　滞纳金

（a）受理局可以规定，按本细则16之二.1（a）中规定的通知缴纳费用的，为该局的利益，应向其缴纳滞纳金。滞纳金的数额应为：

（i）通知中指明的未缴纳的费用的数额的50%；或者

（ii）如果根据（i）计算的数额少于传送费，滞纳金数额应与传送费相等。

（b）但滞纳金的数额不应超过费用表中第1项所述的国际申请费数额的50%，不考虑国际申请超出30页部分每页的费用。

第17条　优先权文件

17.1　提交在先国家或国际申请副本的义务

（a）如果根据条约第8条的规定要求享有一项在先国家申请或者国际申请的优先权，除非在提出要求优先权的国际申请的同时已经把优先权文件提交给受理局，以及除（b）和（b之二）另有规定外，申请人应将经原受理机构证明的在先申请文件副本（"优先权文件"），在自优先权日起16个月内，向国际局或者受理局提交。但国际局在上述期限届满之后收到的该在先申请的任何副本，如果是在国际申请的国际公布日之前到达国际局的，应认为国际局已在上述期限的最后一天收到。

（b）如果优先权文件是由受理局出具，申请人不提交优先权文件，而是可以请求受理局准备优先权文件并将该文件送交国际局。该请求应在优先权日起16个月期限届满之前提

出，并且受理局还可以要求申请人为此缴纳费用。

（b之二）如果优先权文件已经可以由国际局根据行政规程在国际申请的国际公布日之前从电子图书馆获得，申请人可以不提交优先权文件，而是在国际公布日之前请求国际局从电子图书馆获取该优先权文件。

（c）如果上述三项中的规定都不符合，任何指定局，除（d）另有规定外，可以不理会优先权要求，但是任何指定局在根据情况给予申请人在合理的期限内提供优先权文件的机会之前，不得对其优先权要求置之不理。

（d）任何指定局不得对（c）中的优先权要求置之不理，只要该局作为国家局受理了（a）中所述的在先申请，或者根据行政规程优先权文件可以通过电子图书馆获取。

17.2　副本的取得

（a）如果申请人遵守本细则17.1（a）、(b）或者（b之二）的规定，国际局根据指定局的特定请求，应迅速地但不在国际申请国际公布以前，向该局提供一份优先权文件副本。任何指定局不得要求申请人本人向该局提供优先权文件副本。不应要求申请人在条约第22条适用的期限届满以前向指定局提供译本。如果申请人在国际申请国际公布之前根据条约第23条（2）向指定局提出明确请求，则根据该指定局的特定请求，国际局应在收到优先权文件后向该指定局迅速提供优先权文件副本。

（b）在国际申请的国际公布以前，国际局不得将优先权文件副本向公众提供。

（c）如果国际申请已按条约第21条的规定予以公布，国际局应根据请求向任何人提供优先权文件的副本，并收取成本费，除非在公布前：

（i）该国际申请已被撤回；

（ii）有关的优先权要求已被撤回或者依据本细则26之二.2（b）被视为未提出。

第18条　申请人

18.1　居所和国籍

（a）除（b）和（c）另有规定外，关于申请人是否如其所声明的是某一缔约国的居民或国民的问题，应取决于该国的本国法，并应由受理局决定。

（b）在任何情况下，

（i）在缔约国内拥有实际有效的工商业营业所，应认为在该国有居所；

（ii）按照某一缔约国的本国法成立的法人，应认为是该国的国民。

（c）如果国际申请是向作为受理局的国际局递交的，国际局在行政规程指明的情况下，应要求有关缔约国的国家局或者代表该国的国家局决定（a）所述的问题。国际局应将这种要求告知申请人。申请人应有机会直接向国家局提出意见。该国家局应迅速对上述问题作出决定。

18.2　[删除]

18.3　两个或者两个以上申请人

如果有两个或者两个以上申请人，只要其中至少有一人根据条约第9条有权提出国际申请，就应认为有权提出国际申请。

18.4　关于本国法对申请人的要求情况

（a）和（b）[删除]

（c）国际局应将各国法中关于谁（发明人、发明人的权利继受人、发明的所有人等）有资格提出国家申请的情况时常公布，并同时告诫，国际申请在指定国的效力可能取决于在国际申请中为该国的目的指定为申请人的人，根据该国的本国法，是否有资格提出国家申请。

第19条　主管受理局

19.1　在哪里申请

（a）除（b）另有规定之外，国际申请应按照申请人的选择，

（i）向申请人是其居民的缔约国的或者代表该国的国家局提出；或

（ii）向申请人是其国民的缔约国的或者代表该国的国家局提出；

（iii）向国际局提出，而与申请人是其居民或者国民的缔约国无关。

（b）任何缔约国可以与另一个缔约国或者任何政府间组织达成协议，规定为了所有或者某些目的，后一国的国家局或者该政府间组

织代表前一国的国家局，作为前一国居民或者国民的申请人的受理局。尽管有这样的协议，为了条约第15条（5）的目的，前一国的国家局应被认为是主管受理局。

（c）结合按照条约第9条（2）所作的决定，大会应委托国家局或者政府间组织，作为大会指定国家的居民或者国民申请专利的受理局。这种委托应事先获得上述国家局或者政府间组织的同意。

19.2　两个或者两个以上申请人

如果有两个或者两个以上申请人，

（i）只要接受国际申请的国家局是一个缔约国的或者代表一个缔约国的国家局，而且申请人中至少有一人是该缔约国的居民或者国民，则应认为已经符合本细则19.1的要求；

（ii）只要申请人中至少有一人是某缔约国的国民或者居民，根据本细则19.1（a）（iii），国际申请可以向国际局递交。

19.3　公布委托受理局任务的事实

（a）本细则19.1（b）所述的任何协议应由将受理局的任务委托给另一缔约国的或者代表另一缔约国的国家局或者政府间组织行使的缔约国迅速通知国际局。

（b）国际局收到通知后，应迅速在公报上公布该通知。

19.4　向作为受理局的国际局传送

（a）如果国际申请是向按照条约作为受理局的某一国家局提出的，但是，在下列情形下：

（i）该国家局依照本细则19.1或者19.2无权受理该国际申请；或者

（ii）该国际申请所使用的语言不是该国家局根据本细则12.1（a）应接受的语言，而是国际局作为受理局依照该条细则所接受的语言；或者

（iii）由于（i）和（ii）项规定之外的任何理由，并征得申请人的授权后，国家局和国际局同意适用本条的程序，则除（b）另有规定外，应认为该国际申请已被该国家局代表按本细则19.1（a）（iii）作为受理局的国际局所受理。

（b）按照（a）的规定，国际申请是由某一国家局代表按本细则19.1（a）（iii）作为受理局的国际局受理的，除有关国家安全的规定禁止送交该国际申请外，该国家局应迅速将该申请送交国际局。国家局为其本身的利益可以对该送交收取费用，数额与该局根据本细则14所要求的传送费相等。如此送交的国际申请应认为已经由按照本细则19.1（a）（iii）作为受理局的国际局在该国家局受理之日所受理。

（c）为了本细则14.1（c）、15.3和16.1（f）的目的，国际申请已经依照（b）项被送交国际局的，国际申请的收到日应认为是国际局实际收到该国际申请之日。为了本项的目的，（b）的最后一句应不予适用。

第20条　国际申请日

20.1　根据条约第11条（1）所作的决定

（a）受理局收到据称是国际申请的文件后，应立即决定该文件是否符合条约第11条（1）的要求。

（b）为条约第11条（1）（iii）（c）的目的，申请人姓名的记载只要能确认出申请人的身份，即使申请人姓名有拼写错误或者名字没有全部拼写出来，或者在申请人为法人时，名称用了缩写或者写得不完全，即应被视为是充分符合条件。

（c）为条约第11条（1）（ii）的目的，看似说明书的部分（除其任何序列表部分外）以及看似权利要求书的部分，是用根据本细则12.1（a）受理局接受的一种语言撰写的，就足够了。

（d）如果，在1997年10月1日，（c）的规定与受理局所适用的本国法不一致，只要它继续与该本国法相抵触，（c）就不适用于该受理局，但该局应将此情况于1997年12月31日前通知国际局。国际局应将所收到的信息迅速地在公报❶上予以公布。

───────

❶　该信息也在WIPO的下述网页上公布：www.wipo.int/pct/en/texts/reservations/res_incomp.html.——原编者注

20.2 根据条约第 11 条（1）所作的肯定决定

（a）受理局收到据称为国际申请的文件时，如果确定所述文件符合条约第 11 条（1）的要求，受理局应当把国际申请的收到日记录为国际申请日。

（b）受理局应当按照行政规程的规定，在记录了国际申请日的国际申请请求书上盖章。请求书上盖了上述印章的文本应为国际申请的登记本。

（c）受理局应迅速地将国际申请号和国际申请日通知申请人。同时，受理局除已经或者正在同时按照本细则 22.1（a）的规定将登记本送交国际局外，应将寄给申请人的通知副本送交国际局。

20.3 不满足条约第 11 条（1）的缺陷

（a）在确定收到据称为国际申请的文件是否满足条约第 11 条（1）的要求时，受理局如果发现不满足条约第 11 条（1）的要求，或者看似不满足，受理局应迅速地通知申请人，并让申请人作出选择：

（i）根据条约第 11 条（2）提交必要的改正；或者

（ii）如果上述要求是有关条约 11 条（1）(iii)（d）或（e）所述项目的，申请人根据本细则 20.6（a）确认按细则 4.18 通过援引加入所述项目；并且，在根据本细则 20.7 适用的期限内作出说明，如果有说明的话。如果该期限在所要求优先权的在先申请的申请日起 12 个月后届满，受理局应通知申请人注意这种情况。

（b）在根据（a）项通知之后，或者其他情况下：

（i）如果在据称为国际申请的收到日之后，但是在根据本细则 20.7 适用的期限内的某一天，申请人向受理局提交了根据条约第 11 条（2）的必要改正，受理局应当记录后面的提交日为国际申请日，并且根据本细则 20.2（b）和本细 20.2（c）的规定处理；

（ii）如果根据本细则 20.6（b），认为条约 11 条（1）(iii)（d）或（e）所述项目，在受理局首次收到条约第 11 条（1）(iii) 所述一个或多个项目的当天，已经包含在国际申请中，受理局应将满足条约第 11 条（1）所有要求的日期记录为国际申请日，并且根据细则 20.2（b）和（c）的规定处理。

（c）如果受理局后来发现，或者在申请人答复的基础上发现，根据（a）项发出的通知是错误的，因为在收到申请文件时其就已经符合条约第 11 条（1）的规定，受理局应当根据细则 20.2 的规定处理。

20.4 根据条约第 11 条（1）所作的否定决定

在根据本细则 20.7 适用的期限内，如果受理局没有收到本细则 20.3（a）所述的改正或确认，或者如果已经收到改正或确认，但是申请仍然不符合条约第 11 条（1）规定的要求，受理局应：

（i）迅速通知申请人，其申请没有作为国际申请进行处理，将来也不会给予处理，并说明理由；

（ii）通知国际局，受理局在该文件上标明的编号将不作为国际申请号使用；

（iii）按照本细则 93.1 的规定，保管该据称是国际申请所包含的文件和与其有关的信件；以及

（iv）应申请人根据条约第 25 条（1）提出的请求，国际局需要并特别提出要求上述文件时，受理局应将上述文件的副本送交国际局。

20.5 遗漏部分

（a）当确定据称为国际申请的文件是否满足条约第 11 条（1）的要求时，受理局发现说明书、权利要求书或者附图的一部分被遗漏，或者看似被遗漏，包括所有附图被遗漏或者看似被遗漏的情况，但是不包括条约 11 条（1）(iii)（d）或（e）所述一个完整项目被遗漏或者看似被遗漏的情况，受理局应迅速地通知申请人，并让申请人作出选择：

（i）通过提交遗漏部分使据称的国际申请变得完整；或者

（ii）根据本细则 20.6（a）的规定，确认根据本细则 4.18 通过援引方式加入遗漏部分；

并且，在适用本细则20.7所规定的期限内作出说明，如果有说明的话。如果该期限在所要求优先权的在先申请的申请日起12个月后届满，受理局应通知申请人注意这种情况。

（b）在根据（a）项通知申请人之后或者其他情况下，在满足条约第11条（1）的所有要求之日或者之前，但是在根据本细则20.7适用的期限内，申请人将（a）中所述的遗漏部分提交给受理局以使国际申请完整，该部分应包括在申请中，受理局应将满足条约第11条（1）的所有要求之日记录为国际申请日，并且根据细则20.2（b）和（c）的规定处理。

（c）在根据（a）项通知之后或者其他情况下，在满足条约第11条（1）的要求之日后但是在根据本细则20.7适用的期限内，申请人将（a）中所述的遗漏部分提交给受理局，以使国际申请完整，该遗漏部分应包括在申请中，受理局应将国际申请日修改为受理局收到该遗漏部分之日，并相应的通知申请人，并且根据行政规程的规定处理。

（d）在根据（a）项通知之后或者其他情况下，如果根据本细则20.6（b），认为在受理局首次收到条约第11条（1）（iii）所述一个或者多个项目之日，（a）项所述的遗漏部分已经包含在据称的国际申请中，受理局应将满足条约第11条（1）的所有要求之日记录为国际申请日，并且根据本细则20.2（b）和（c）的规定处理。

（e）如果根据（c）项更改了国际申请日，申请人可以自根据（c）项的通知之日起1个月内向受理局提交意见陈述书，请求不考虑有关遗漏部分，在这种情况下，将视为没有提交遗漏部分，并且认为没有根据该款的规定更改国际申请日，受理局应根据行政规程的规定处理。

20.6 确认援引加入的项目和部分

（a）申请人可以在根据本细则20.7适用的期限内向受理局提交一份书面意见，确认根据本细则4.18援引加入国际申请的项目或者部分，并附具：

（i）涉及包含于在先申请的整个项目或者部分的一页或者多页；

（ii）如果申请人没有满足本细则17.1（a）（b）或者（b之二）涉及优先权文件的规定，应附在先申请的副本；

（iii）当在先申请没有使用国际申请提出时的语言时，附具用国际申请提出时的语言翻译的在先申请译文；或者，如果根据本细则12.3（a）或者12.4（a）要求提交国际申请的译文的，附具用提交国际申请时的语言和译文使用的语言两种语言的在先申请译文；以及

（iv）如果是说明书、权利要求书、或者附图的一部分，说明该部分包含于在先申请中的位置，以及在适用的情况下，包含于（iii）项所述的任何译文中的位置。

（b）如果受理局发现满足本细则4.18和本条（a）的要求，并且本条（a）所述的项目或者部分完全包含在所涉及的在先申请中，则应认为在受理局首次收到条约第11条（1）（iii）所述的一个或者多个项目之日，该项目或者部分已经包含在据称的国际申请中。

（c）如果受理局发现不满足本细则4.18和本条（a）的要求，或者本条（a）所述的项目或者部分没有完全包含在所涉及的在先申请中，受理局应根据情况，根据本细则20.3（b）（i），20.5（b）或20.5（c）的规定处理。

20.7 期限

（a）本细则20.3（a）和（b）、20.4、20.5（a）、20.5（b）和20.5（c）以及20.6（a）所述的适用期限应为：

（i）根据本细则20.3（a）或者20.5（b）的通知（在适用的情况下）发送给申请人，适用的期限为通知之日起2个月；

（ii）没有这样的通知发送给申请人时，适用的期限为自受理局首次收到条约第11条（1）（iii）所述的一个或者多个项目之日起2个月。

（b）如果在根据（a）适用的期限届满之前，受理局既没有收到根据条约第11条（2）的改正也没有收到根据本细则20.6（a）确认援引加入条约第11条（1）（iii）（d）或（e）所述的项目的意见，但在该期限届满之后、受理局根据本细则20.4（i）通知申请人之前，受理局收到改正或者意见，则该改正或者意见

应认为是在该期限内收到的。

20.8 国家法的保留

(a) 如果在2005年10月5日时，本细则20.3 (a) (ii) 和 (b) (ii)、20.5 (a) (ii) 和 (d) 以及20.6中的任一规定与受理局所适用的本国法不符，只要该局在2006年4月5日之前通知国际局，那么所述细则规定不应适用于向该受理局提交的国际申请，直至其与本国法一致为止。国际局收到该信息后应迅速在公报上公布❶。

(a之二) 如果由于本条 (a) 的执行，遗漏的项目或者部分不能根据本细则4.18和20.6援引加入国际申请中，受理局应视情况，根据细则20.3 (b) (i)、20.5 (b) 或 20.5 (c) 的规定处理。当受理局根据本细则20.5 (c) 的规定处理时，申请人可以根据本细则20.5 (e) 的规定处理。

(b) 如果在2005年10月5日时，本细则20.3 (a) (ii) 和 (b) (ii)、20.5 (a) (ii) 和 (d) 以及20.6的任一规定与指定局所适用的本国法不符，只要该局在2006年4月5日之前通知国际局，那么所述细则规定不应适用于该指定局根据条约第22条处理国际申请的情况，直至其与所述本国法一致为止。国际局收到该信息后应迅速在公报上公布❷。

(c) 当由于受理局根据细则20.6 (b) 已将一个项目或者部分通过援引加入国际申请中，但是由于本条 (b) 的执行，为了指定局的程序目的，所述通过援引加入并不适用于为了指定局程序目的的国际申请，指定局可以视情况处理国际申请，将国际申请日认定是根据细则20.3 (b) (i) 或者20.5 (b) 记录的国际申请日，或者根据细则20.5 (c) 改正的国际申请日，并应当比照适用本细则82之三.1 (c) 和 (d) 的规定。

第21条 副本的准备

21.1 受理局的责任

(a) 如果只要求提交一份国际申请文本，受理局应负责准备按照条约第12条 (1) 要求的受理本和检索本。

(b) 如果要求提交两份国际申请文本，受理局应负责准备受理本。

(c) 如果国际申请提交的份数少于本细则11.1 (b) 中要求的份数，受理局应负责迅速准备所要求的份数，并应有权确定履行该项任务的费用和向申请人收取该项费用。

21.2 向申请人提供经认证的副本

应申请人的要求，并在收取费用后，受理局应当向申请人提供原国际申请文件及其任何改正的经认证的副本。

第22条 登记本和译文的传送

22.1 程序

(a) 如果根据条约第11条 (1) 所作的决定是肯定的，除非有关国家安全的规定禁止将国际申请进行处理，受理局应将登记本传送给国际局。这种传送应在收到国际申请后迅速进行，或者如果必须经过国家安全检查，应在获得必要的批准后迅速传送。无论如何，受理局应及时传送登记本，使其能在自优先权日起第13个月届满前到达国际局。如果传送通过邮寄进行，受理局应在不迟于自优先权日起第13个月届满前5天寄出登记本。

(b) 如果国际局已收到根据本细则20.2 (c) 的通知副本，但在自优先权日起13个月届满时还未得到登记本，国际局应提醒受理局将登记本迅速传送给国际局。

(c) 如果国际局已收到根据本细则20.2 (c) 的通知副本，但在自优先权日起14个月届满时还未得到登记本，国际局将此情况通知申请人和受理局。

(d) 自优先权日起14个月届满后，申请人可以请求受理局认证其国际申请副本与原始提交的国际申请一致，并可以将经过认证的副本传送给国际局。

(e) 根据 (d) 所作的认证不应收费，并且只能因下列理由之一才可以拒绝认证：

(i) 要求受理局认证的副本与原始提交的国际申请不一致；

―――――――
❶❷ 该信息也在WIPO的下述网页上公布：www.wipo.int/pct/en/texts/reservations/res_incomp.html。——原编者注

— 399 —

（ii）有关国家安全的规定禁止对该国际申请进行处理；

（iii）受理局已将登记本传送给国际局，并且国际局通知受理局已收到了登记本。

（f）除非国际局已收到登记本，或者至国际局收到登记本以前，根据（e）认证并已由国际局收到的副本应被认为是登记本。

（g）如果根据条约第22条适用的期限届满时，申请人已履行该条所述的各项行为，但指定局尚未收到国际局关于已收到登记本的通知，指定局应通知国际局。如果国际局没有登记本，应迅速通知申请人和受理局，除非国际局已经按（c）的规定通知了申请人和受理局。

（h）如果国际申请将以根据本细则12.3或者12.4提交的译文的语言公布，受理局应将该译文连同根据（a）传送的登记本一起传送给国际局，或者，如果受理局已经根据（a）将登记本传送给国际局，应在收到译文后迅速将其传送给国际局。

22.2　［删除］

22.3　条约第12条（3）规定的期限

条约第12条（3）所述的期限，应为根据本细则22.1（c）或者（g），国际局通知申请人之日起3个月。

第23条　检索本、译文和序列表的传送

23.1　程序

（a）如果根据本细则12.3（a）不需要提交国际申请的译文，受理局应将检索本传送给国际检索单位，最迟应于受理局将登记本传送给国际局的同一日进行，没有缴纳检索费的除外。在后一种情况下，检索本应在缴纳检索费后迅速传送。

（b）如果根据本细则12.3提交了国际申请的译文，受理局应将译文的副本和请求书的副本（两者一起应认为是条约第12条（1）所称的检索本）传送给国际检索单位，没有缴纳检索费的除外。在后一种情况下，该译文的副本和请求书的副本应在缴纳检索费后迅速传送。

（c）为本细则13之三的目的而提交的任何电子形式序列表，如果提交给了受理局而不是提交给了国际检索单位，该受理局应迅速传送给该国际检索单位。

第23条之二　在先检索或分类有关文件的传送

23之二.1　根据细则4.12提出要求时传送在先检索有关文件

（a）受理局应将细则12之二.1（a）所述的、与申请人根据细则4.12所提请求涉及的在先检索有关的任何副本，与检索本一起传送给国际检索单位，只要该副本：

（i）已由申请人与国际申请一起提交给受理局；

（ii）已由申请人请求受理局制作并传送给该单位；或者

（iii）对于受理局是以其可接受的形式和方式能够获得的，例如根据细则12之二.1（d）通过数字图书馆能够获得。

（b）如果在细则12之二.1（a）所述的在先检索结果的副本中不包含任何在先分类结果，在已经能够获得的情况下，受理局还应将其给予的任何在先分类结果的副本与检索本一起传送给国际检索单位。

23之二.2　为细则41.2的目的传送在先检索或分类有关文件

（a）为细则41.2的目的，如果国际申请要求优先权的一件或多件在先申请是向作为受理局的同一局提交的，并且该局已对此在先申请作出在先检索或者已对此在先申请进行分类，除依据条约第30（3）条而适用的条约30（2）（a）与本条（b）、（d）、（e）另有规定外，受理局应当将任何该在先检索结果的副本，以其原来的任何形式（例如以检索报告、被引用现有技术列表或者审查报告的形式），以及在已经能够获得的情况下，由该局给出的任何该在先分类结果的副本，与检索本一起传送给国际检索单位。除依据条约第30（3）条而适用的条约30（2）（a）条另有规定外，受理局还可以向国际检索单位传送其认为有助于该单位进行国际检索的关于该在先检索的任何其他文件。

（b）尽管有（a）的规定，受理局可以在

2016 年 4 月 14 日之前通知国际局，它可能依据申请人在提交国际申请时一并提出的请求，决定不向国际检索单位传送在先检索结果。国际局应将根据本款作出的任何通知在公报上公布。

（c）根据受理局的选择，如果国际申请要求优先权的一件或多件在先申请是向不同于受理局的其他局提交的，且该局已对此在先申请作出在先检索或者已对此在先申请进行分类，并且任何该在先检索或分类的结果对于受理局是以其可接受的形式和方式（例如通过数字图书馆）能够获得的，（a）应当参照适用。

（d）如果在先检索是由同一国际检索单位或作为国际检索单位的同一局作出的，或者受理局知晓在先检索或分类结果的副本对于国际检索单位是以其可接受的形式和方式（例如通过数字图书馆）能够获得的，则（a）和（c）不应当适用。

（e）如果在 2015 年 10 月 14 日，在未经申请人授权的情况下传送（a）所述副本或者以某种特定形式（例如以（a）所述的形式）传送此类副本与受理局适用的本国法不符，则只要未经申请人授权进行此类传送继续与该本国法不符，（a）就不应当适用于关于该受理局受理的任何国际申请的此类副本传送或者以该特定形式的传送，前提是该局在 2016 年 4 月 14 日之前已照此告知国际局。国际局应将所收到的该信息即时在公报中公布。

第 24 条　国际局收到登记本

24.1　[删除]

24.2　收到登记本的通知

（a）国际局应将收到登记本的事实以及收到登记本的日期迅速通知：

（i）申请人；

（ii）受理局，和

（iii）国际检索单位（除非它已通知国际局不希望得到这样的通知）。

通知中应标明国际申请号、国际申请日、申请人的姓名，并应标明所要求优先权的在先申请的申请日。在送交申请人的通知中还应包括一份指定局名单，若某指定局是负责授予地区专利的，还应包括为该地区专利所指定的成员国名单。

（b）[删除]

（c）如果登记本是在本细则 22.3 规定的期限届满后收到的，国际局应迅速将此事通知申请人，受理局和国际检索单位。

第 25 条　国际检索单位收到检索本

25.1　收到检索本的通知

国际检索单位应将收到检索本的事实和收到日期迅速通知国际局、申请人和受理局（除非该国际检索单位本身就是受理局）。

第 26 条　受理局对国际申请某些部分的检查和改正

26.1　根据条约第 14 条（1）（b）的改正通知

受理局应尽快发出条约第 14 条（1）（b）所规定的改正通知，最好在收到国际申请后的 1 个月内发出。在通知中，受理局应当要求申请人在本细则 26.2 规定的期限内提交必要的改正，并且给申请人陈述意见的机会。

26.2　改正的期限

本细则 26.1 涉及的期限应为自发出改正通知之日起 2 个月。在作出决定前的任何时候，受理局可以延长该期限。

26.2 之二　根据条约第 14 条（1）（a）（i）和（ii）要求的检查

（a）为条约第 14 条（1）（a）（i）的目的，如果有多个申请人，请求书由其中一个申请人签字即满足要求。

（b）为条约第 14 条（1）（a）（ii）的目的，如果有多个申请人，其中一个根据本细则 19.1 的规定有权向该受理局提交国际申请的申请人提供了本细则 4.5（a）（ii）和（iii）要求的说明，即满足要求。

26.3　根据条约第 14 条（1）（a）（v）对形式要求的检查

（a）如果国际申请使用公布的语言提交，受理局应：

（i）只在为达到适度统一国际公布的目的所必要的限度内，检查国际申请是否符合本细则11所述的形式要求；

（ii）在为达到令人满意的复制的目的所必要的限度内，检查根据本细则12.3提交的译文是否符合本细则11所述的形式要求。

（b）如果国际申请不是使用公布的语言提交的，受理局应：

（i）只在为达到令人满意的复制的目的所必要的限度内，检查国际申请是否符合本细则11所述的形式要求；

（ii）在为达到适度统一国际公布的目的所必要的限度内，检查根据本细则12.3或者12.4提交的任何译文及附图是否符合本细则11所述的形式要求。

26.3之二　根据条约第14条（1）（b）通知改正不符合本细则11的缺陷

如果国际申请在本细则26.3所要求的程度上符合本细则11所述的形式要求，受理局不应被要求根据条约第14条（1）（b）发出通知要求改正不符合本细则11所述的缺陷。

26.3之三　根据条约第3条（4）（i）通知改正缺陷

（a）如果摘要或附图的任何文字内容使用不同于说明书和权利要求书的语言提交，受理局应通知申请人提交摘要或附图文字内容的译文，所述译文使用该国际申请公布所要使用的语言，本细则26.1、26.2、26.3、26.3之二、26.5和29.1应予以比照适用，但下列情况除外：

（i）国际申请的译文是本细则12.3（a）所要求的，或

（ii）摘要或附图的文字内容使用该国际申请的公布语言。

（b）如果在1997年10月1日，（a）的规定不符合受理局适用的国家法，如果该局在1997年12月31日前通知国际局，则只要这种不一致继续存在，（a）的规定就不应适用于该受理局。国际局应将收到的信息迅速在公报上公布❶。

（c）如果请求书不符合本细则12.1（c），受理局应通知申请人提交符合该条要求的译文。本细则3，26.1，26.2，26.5和29.1应予以比照适用。

（d）如果在1997年10月1日，（c）的规定不符合受理局适用的国家法，如果该局在1997年12月31日之前通知国际局，则只要这种不一致继续存在，则（c）的规定就不应适用于该受理局。国际局应将收到的信息迅速在公报上予以公布[5]。

26.4　程序

向受理局提出改正请求书可以在写给受理局的信件中说明，只要改正能从信件移至请求书上，而不致影响将改正移至其上的纸页的清晰性和直接复制；然而，在改正国际申请的除请求书以外的任何部分的情况下，应要求申请人提交包含改正的替换页，同时附以信件说明被替换页和替换页之间的不同之处。

26.5　受理局的决定

受理局应决定申请人是否已在本细则26.2规定的适用期限内提交了改正，并且，如果该改正已在该期限内提交，受理局应决定经过改正的国际申请应该或者不应该视为撤回，如果国际申请在为适度统一国际公布的目的所必要的程度上符合本细则11所述的形式要求，就不得以其不符合本细则11所述的形式要求为理由而视为撤回。

第26条之二　优先权要求的改正或增加

26之二.1　优先权要求的改正或增加

（a）申请人可以通过向受理局或国际局递交一份通知而在请求书中改正或增加一项优先权要求，期限是自优先权日起16个月内，或者如果所做的改正或增加将导致优先权日改变，期限是自改变了的优先权日起16个月内，以先届满的任一个16个月期限为准，但是，此项通知可以在自国际申请日起4个月届满之前提交为限。对一项优先权要求的改正可以包括增加本细则4.10所述的说明。

（b）如果受理局或者国际局收到（a）所述的任何通知是在申请人根据条约第21条（2）（b）提出提前公布的请求之后，该通知

---

❶ 该信息也在WIPO的下述网页上公布：www.wipo.int/pct/en/texts/reservations/res_incomp.html。——原编者注

应视为未提交，但提前公布的请求在国际公布的技术准备完成之前已撤回的除外。

（c）如果对一项优先权要求的改正或增加导致优先权日发生改变，则自原适用的优先权日起计算并且尚未届满的任何期限，应自改变后的优先权日起计算。

26之二.2 优先权要求中的缺陷

（a）当受理局发现，或者如果受理局没有发现而国际局发现优先权要求中存在如下缺陷的：

（i）国际申请的国际申请日迟于优先权期限届满日，并且没有提交根据本细则26之二.3的恢复优先权权利的请求；

（ii）优先权要求不符合本细则4.10的要求；或者

（iii）优先权要求的某项说明与优先权文本中的相应说明不一致；根据具体情况，受理局或者国际局应当通知申请人改正优先权要求。在（i）所述的情况下，如果国际申请日在自优先权期限届满日起的2个月内，根据具体情况，受理局或者国际局也应当通知申请人，可以依照本细则26之二.3提交优先权权利的恢复请求，除非受理局已根据本细则26之二.3（j）通知国际局，本细则26之二.3（a）至（i）与该局适用的国家法冲突。

（b）如果在本细则26之二.1（a）规定的期限届满前，申请人没有提交一份改正优先权要求的通知，除（c）另有规定外，为了条约程序的目的，该优先权要求应视为未提出（"视为无效"），根据具体情况，受理局或者国际局应当作出上述宣布，并应相应的通知申请人。在受理局或者国际局根据具体情况作出上述宣布之前，并且不迟于本细则26之二.1（a）规定的期限届满日起1个月内，收到的任何改正优先权要求的请求，应当被视为是在期限届满前收到的。

（c）优先权要求不应仅仅因为下述原因而被视为未提出：

（i）没有写明本细则4.10（a）（ii）涉及的在先申请号；

（ii）优先权要求中的某一说明与优先权文本中的相应说明不一致；或者

（iii）国际申请的国际申请日晚于优先权期限届满日，但是国际申请日在自该届满日起的2个月期限内。

（d）如果受理局或者国际局已经根据（b）作出宣布，或者如果优先权要求仅由于适用（c）而没有被视为无效，国际局应当将行政规程所规定的优先权要求的相关信息以及国际局在国际公布准备技术完成之前收到的由申请人提交的关于优先权要求的任何信息与国际申请一起公布。如果国际申请依条约第64条（3）没有被公布，这些信息应当包含在根据条约第20条的通信中。

（e）如果申请人希望改正或者增加一个优先权要求，但是本细则26之二.1所规定的期限已经届满，申请人可以在优先权之日起30个月届满前，并且缴纳数额由行政规程规定的特别费用后，要求国际局将有关信息公布，国际局应迅速公布该信息。

26之二.3 由受理局作出优先权权利的恢复

（a）如果国际申请的国际申请日在优先权期限届满日之后，但是在自该优先权期限届满日起的2个月期限内，根据本条（b）至（g）项的规定，且应申请人的要求，如果受理局认为符合该局所适用的标准（"恢复标准"），即因未能在优先权期限内提交国际申请是因为：

（i）尽管已采取了适当的注意，但仍出现了未能满足期限的疏忽；或者

（ii）非故意的。

则受理局应恢复优先权。

每一个受理局至少应当选择适用上述一项标准，或者两项都适用。

（b）根据（a）的要求应：

（i）在（e）适用的期限内，提交给受理局；

（ii）说明未在优先权期限内提交国际申请的原因；以及

（iii）最好和根据（f）要求的声明或者其他证据一起提交。

（c）如果国际申请中没有包含关于在先申请的优先权要求，申请人应当在（e）适用的期限内，根据本细则26之二.1（a）提交一

份增加优先权要求的通知。

（d）受理局为了其自身的利益，可以要求申请人在提交本条（a）所述请求时，在本条（e）适用的期限内缴纳恢复请求费。如果有的话，该费用的数额应当由受理局决定。受理局可以选择延长缴纳费用的期限，上限为自本条（e）适用的期限届满后2个月。

（e）（b）（i）、（c）和（d）所述的期限，应当是自优先权届满之日起2个月，但是，如果申请人根据条约第21条（2）（b）要求提前公布，则在国际公布技术准备完成之后，根据（a）提交的任何要求或者（c）所述的任何通知，或者（d）所述的任何费用，均应当被认为没有及时提交或缴纳。

（f）受理局可以要求申请人在根据情况是合理的期限内提交声明或者其他证据来支持（b）（ii）所述的原因说明。

（g）在没有根据具体情况给申请人在合理期限内针对欲驳回事项发表意见的机会前，受理局不应当全部或者部分驳回根据（a）的请求。受理局发给申请人的欲拒绝的通知中，可以附有根据（f）提交的声明或者其他证据的通知。

（h）受理局应当迅速：
（i）通知国际局收到根据（a）的请求；
（ii）根据该请求作出决定；
（iii）将决定和决定所依据的恢复标准通知申请人和国际局；
（iv）除（h之二）另有规定外，向国际局传送所收到的申请人针对（a）请求所提交的所有文件（包括该请求本身的副本、（b）（ii）所述的任何原因说明，以及（f）所述的任何声明或者其他证据）。

（h之二）如果受理局发现存在下述情况，应根据申请人写明理由的请求，或者自行决定，不传送所收到的申请人针对（a）请求所提交的文件或者其部分：
（i）该文件或部分明显不是为使公众了解国际申请的目的；
（ii）公开或允许公众获取该文件或部分会明显损害任何人的个人或经济利益；并且
（iii）没有更重要的公共利益需要获取该文件或部分。

如果受理局决定不将该文件或部分传送给国际局，应当相应地通知国际局。

（i）每一个受理局应当将其所适用的恢复标准以及以后就此的任何变化通知国际局。国际局应迅速将此信息公布在公报上。

（j）如果在2005年10月5日时，（a）至（i）与受理局适用的本国法不符，则只要它们与该本国法继续不符，（a）至（i）不应适用于该局，但该局应当在2006年4月5日之前通知国际局。国际局应迅速将所收到的信息在公报上予以公布❶。

第26条之三 根据本细则4.17声明的改正或增加

26之三.1 声明的改正或增加

在自优先权日起16个月的期限内，申请人可以通过向国际局提交通知对请求书中本细则4.17中所述的任何声明进行改正或增加。只要国际局是在国际公布的技术准备工作完成之前收到该通知，则在该期限届满之后国际局收到的任何该通知应当视为是在该期限的最后一天收到。

26之三.2 声明的处理

（a）如果受理局或国际局发现本细则4.17所述的任何声明未按照规定的要求撰写，或在本细则4.17（iv）所述发明人资格的声明未按照要求签字的情况下，该受理局或国际局根据具体情况，可以通知申请人在自优先权日起16个月的期限内对声明进行改正。

（b）如果在本细则26之三.1规定的期限届满之后，国际局收到根据本细则26之三.1的任何声明或改正，国际局应当相应通知申请人，并应按照行政规程的规定进行处理。

第27条 未缴纳费用

27.1 费用

（a）为条约第14条（3）（a）的目的，

---

❶ 该信息也在WIPO的下述网页上公布：www.wipo.int/pct/en/texts/reservations/res_incomp.html。——原编者注

"条约第 3 条（4）（iv）规定的费用"是指：传送费（本细则 14）、国际申请费（本细则 15.1）、检索费（本细则 16）以及在需要的情况下，滞纳金（本细则 16 之二.2）。

(b) 为条约第 14 条（3）（a）和（b）的目的，"条约第 4 条（2）规定的费用"是指国际申请费（本细则 15.1）以及在需要的情况下，滞纳金（本细则 16 之二.2）。

第 28 条 国际局发现的缺陷

28.1 对某些缺陷的发现

(a) 如果国际局认为国际申请中包含有条约第 14 条（1）（a）（i）、(ii) 或者 (v) 中所述的任何缺陷，国际局应通知受理局注意这些缺陷。

(b) 除非不同意上述意见，受理局应按条约第 14 条（1）（b）和本细则 26 的规定处理。

第 29 条 国际申请被视为撤回

29.1 受理局的决定

如果受理局根据条约第 14 条（1）（b）和本细则 26.5（未改正某些缺陷），或者根据条约第 14 条（3）（a）（未缴纳本细则 27.1（a）规定的费用），或者根据条约第 14 条（4）（后来认定申请与条约第 11 条（1）（i）至 (iii) 项列举的要求不符），或者根据本细则 12.3（d）或 12.4（d）（未提交要求的译文，或者在适用的情况下未缴纳后提交费），或者根据本细则 92.4（g）（i）（未提交文件的原件），宣布国际申请被视为撤回：

(i) 受理局应将登记本（除非已经传送）和申请人提交的任何改正传送给国际局；

(ii) 受理局应将上述宣布迅速通知申请人和国际局，国际局应随即通知每一个曾被通知指定的指定局；

(iii) 受理局将不按照本细则 23 的规定传送检索本，或者如检索本已经传送，受理局应将上述宣布通知国际检索单位；

(iv) 不应要求国际局通知申请人已经收到登记本；

(v) 如果受理局将撤回通知传送到国际局的时间在国际公布技术准备完成之前，那么该

国际申请将不会被国际公布。

29.2 ［删除］

29.3 提请受理局注意某些事实

如果国际局或者国际检索单位认为受理局应根据条约第 14 条（4）作出决定时，该局或者该单位应将有关事实提请受理局注意。

29.4 准备根据条约第 14 条（4）作出宣布的通知

(a) 受理局在根据条约第 14 条（4）发出任何宣布前，应将其准备作出该宣布的意图及理由通知申请人。如果申请人不同意受理局准备作出的宣布，可以自通知之日起 2 个月内提出反对意见。

(b) 如果受理局准备根据条约第 14 条（4）发出的宣布是关于条约 11 条（1）（iii）（d）或（e）的项目，受理局应在本条（a）所提到的通知中，要求申请人根据本细则 20.6（a）确认该项目是根据本细则 4.18 通过援引方式加入的。为本细则 20.7（a）（i）的目的，根据本条给申请人的通知被视为根据本细则 20.3（a）（ii）的通知。

(c) 如果受理局根据细则 20.8（a）已经通知国际局细则 20.3（a）（ii）和（b）（ii）、20.6 的规定与该局适用的本国法规定不符，不适用（b）的规定。

第 30 条 条约第 14 条（4）规定的期限

30.1 期限

条约第 14 条（4）规定的期限为自国际申请日起 4 个月。

第 31 条 条约第 13 条要求的副本

31.1 要求副本

(a) 条约第 13 条（1）的要求，可以涉及指定该局的全部、某些种类或者个别的国际申请。关于全部和某些种类国际申请的要求应每年续展，由该国家局在前一年的 11 月 30 日以前通知国际局。

(b) 申请人根据条约第 13 条（2）（b）提出要求时，应为准备和邮寄该副本缴纳费用。

31.2 副本的准备

条约第 13 条要求的副本应由国际局负责准备。

第 32 条 国际申请的效力延伸至某些后继国

32.1 国际申请向后继国的延伸

（a）国际申请日在（b）规定的期间内的任何国际申请的效力，延伸至另一国（后继国），该后继国在独立前领土是国际申请中指定的一个后来不再存在的缔约国（"原有国"）领土的一部分，条件是该后继国已通过向总干事交存说明条约继续适用于该国的声明而成为缔约国。

（b）（a）所述的期间从原有国存在的最后一日的次日开始至总干事将（a）所述的声明通知保护工业产权巴黎公约成员国政府之日后 2 个月为止。但是，如果后继国的独立日早于原有国存在的最后一日的次日，后继国可以声明上述期间从其独立日开始；该声明应和（a）所述的声明一起作出，并应指明独立日。

（c）国际申请日在（b）规定的适用期间内并且效力延伸到后继国的任何国际申请的信息，应由国际局在公报中予以公布。

32.2 向后继国延伸的效力

（a）如果根据本细则 32.1 国际申请的效力延伸至后继国，

（i）应视为已在国际申请中指定该后继国，并且

（ii）条约第 22 条或者条约第 39 条（1）的适用期限对该国应延长至自按照本细则 32.1 (c) 公布信息之日起至少 6 个月届满时止。

（b）后继国可以规定期限在（a）(ii) 规定的期限以后届满。国际局应将有关这种期限的信息在公报上公布。

第 33 条 与国际检索有关的现有技术

33.1 与国际检索有关的现有技术

（a）为条约第 15 条（2）的目的，有关的现有技术应包括世界上任何地方公众可以通过书面公开（包括绘图和其他图解）得到、并能有助于确定要求保护的发明是否是新的和是否具有创造性（即是否是显而易见的）的一切事物，条件是公众可以得到的事实发生在国际申请日之前。

（b）当任何书面公开涉及口头公开、使用、展示或者其他方式，公众通过这些方式可以得到书面公开的内容，并且公众通过这些方式可以得到的事实发生在国际申请日之前时，如果公众可以得到该书面公开的事实发生在国际申请日的同一日或者之后，国际检索报告应分别说明该事实以及该事实发生的日期。

（c）任何公布的申请或者专利，其公布日在检索的国际申请的国际申请日之后或者同一日，而其申请日或者（在适用的情况下）要求的优先权日在该国际申请日之前，假如它们在国际申请日之前公布，就会构成为条约第 15 条（2）目的的有关现有技术时，国际检索报告应特别指明这些专利申请或专利。

33.2 国际检索应覆盖的领域

（a）国际检索应覆盖可能包含与发明有关的材料的所有技术领域，并应在所有那些检索文档的基础上进行。

（b）因此，不仅应检索发明所属分类的技术领域，还应检索与该发明类似的技术领域，而不管该类似的技术领域分类在哪个领域。

（c）在任何特定的申请案中，对于什么领域应认为与发明类似，应根据看来是该发明的必要实质性功能或者用途来考虑，而不仅是根据该国际申请中明确写明的特定功能来考虑。

（d）国际检索应包括通常被认为与要求保护的发明主题的全部或者部分特征等同的所有主题，即使在其细节方面，国际申请中所描述的发明与上述主题并不相同。

33.3 国际检索的方向

（a）国际检索应根据权利要求书进行，适当考虑说明书和附图（如果有），并应特别注重权利要求所针对的发明构思。

（b）在可能和合理的范围内，国际检索应包括权利要求所针对的所有主题，或者可以合理预期的在权利要求修改后可能针对的所有主题。

第 34 条 最低限度文献

34.1 定义

(a) 条约第 2 条（i）和（ii）的定义不适用于本条。

(b) 条约第 15 条（4）所述的文献（"最低限度文献"）应包括：

(i) 下面（c）指定的"国家专利文献"；

(ii) 公布的国际（PCT）申请，公布的地区专利申请和发明人证书申请，以及公布的地区专利和发明人证书；

(iii) 公布的其他非专利文献，这些非专利文献应经各国际检索单位同意，并由国际局在首次同意时以及在任何时候变化时以清单公布。

(c) 除了（d）和（e）另有规定以外，"国家专利文献"应包括：

(i) 在 1920 年和该年以后由法国、前德国专利局、日本、前苏联、瑞士（只限于使用法文和德文）、英国和美国颁发的专利；

(ii) 德意志联邦共和国、中华人民共和国、韩国和俄罗斯联邦颁发的专利；

(iii) (i) 和 (ii) 项中所提到的国家在 1920 年和该年以后公布的专利申请（如果有的话）；

(iv) 前苏联颁发的发明人证书；

(v) 法国颁发的实用证书和已公布的法国实用证书申请；

(vi) 1920 年以后在任何其他国家用英文、法文、德文或者西班牙文颁发的专利或者公布的专利申请，而且这些专利或者专利申请没有要求优先权，但条件是这些利益有关国家的国家局分检出了这些文献，并提供给每个国际检索单位随意使用。

(d) 在一份申请文件再次公布（如联邦德国的公开说明书和展出说明书）或者再次公布一次以上时，任何国际检索单位均无义务在其文献中保存所有版本；因此，每一检索单位应有权只保存一种版本。此外，在申请已获批准，并已发给专利或者实用证书（法国）时，任何国际检索单位均无义务在其文献中同时保存申请和专利或者实用证书（法国）；因此，每一国际检索单位应有权只保存申请，或者只保存专利或者实用证书（法国）。

(e) 任何一个国际检索单位其官方语言或者官方语言之一不是中文、日文、韩文、俄文或西班牙文的，有权在其文献中不收入那些一般没有英文摘要的中华人民共和国、日本、韩国、俄罗斯联邦、前苏联的专利文件以及西班牙文的专利文件。本细则生效之日以后英文摘要一般可以得到的，应在该英文摘要一般可以得到后不超过 6 个月内，将该英文摘要所涉及的专利文件包括在专利文献中。在以前一般可以得到英文摘要的技术领域内，如果英文摘要服务工作中断，大会应采取适当措施迅速恢复上述领域内的英文摘要服务工作。

(f) 为本条的目的，仅仅为提供公众查阅而公开展示的申请，不认为是公布的申请。

第 35 条 主管的国际检索单位

35.1 主管的国际检索单位只有一个时

每个受理局应根据条约第 16 条（3）（b）所述的有关协议，将负责对该局受理的国际申请进行检索的国际检索单位通知国际局。国际局应迅速公布这一信息。

35.2 主管的国际检索单位有几个时

(a) 任何受理局均可根据条约第 16 条（3）（b）所述的有关协议，通过下述方式指定几个国际检索单位：

(i) 宣布这些国际检索单位均可负责对该局受理的任何国际申请进行检索，而由申请人进行选择，或者

(ii) 宣布一个或者几个国际检索单位负责对该局受理的某些种类的国际申请进行检索，宣布另外一个或者几个国际检索单位负责对该局受理的其他种类的国际申请进行检索，但是，如果对有些种类的国际申请宣布有几个国际检索单位可以负责进行检索，应由申请人进行选择。

(b) 凡决定行使（a）所规定的权能的任何受理局应迅速通知国际局，国际局应迅速公布这一信息。

35.3 根据本细则 19.1（a）(iii) 国际局是受理局时

(a) 如果国际申请是根据本细则 19.1

（a）（iii）向作为受理局的国际局提出，对该国际申请进行国际检索的主管国际检索单位应是，当该国际申请是向根据本细则19.1（a）（i）或（ii），（b）或（c）或本细则19.2（i）有权受理的受理局提出时，主管对该国际申请进行检索的国际检索单位。

（b）按照（a）的规定有两个或者两个以上的主管国际检索单位的，应由申请人选择。

（c）本细则35.1和35.2不适用于按照本细则19.1（a）（iii）作为受理局的国际局。

第36条 对国际检索单位的最低要求

36.1 最低要求的定义

条约第16条（3）（c）所述的最低要求如下：

（i）国家局或者政府间组织至少必须拥有100名具有足以胜任检索工作的技术资格的专职人员；

（ii）该局或者该组织至少必须拥有或能够利用本细则34所述的最低限度文献，并且为检索目的而妥善整理的载于纸件、缩微品或储存在电子媒介上；

（iii）该局或者该组织必须拥有一批工作人员，能够对所要求的技术领域进行检索，并且具有至少能够理解用来撰写或者翻译本细则34所述最低限度文献的语言的语言能力；

（iv）该局或该组织必须根据国际检索共同规则，设置质量管理系统和内部复查措施；

（v）该局或该组织必须被指定为国际初步审查单位。

第37条 发明名称遗漏或者有缺陷

37.1 发明名称的遗漏

如果国际申请没有包含发明名称，并且受理局已将要求申请人改正这一缺陷之事通知国际检索单位，除非该单位接到该申请已被视为撤回的通知，否则该单位应进行国际检索，直到接到该申请已被视为撤回的通知。

37.2 发明名称的制定

如果国际申请没有包含发明名称，并且国际检索单位没有接到受理局关于已经要求申请人提交发明名称的通知，或者如果该国际检索单位认为发明名称不符合本细则4.3，该国际检索单位应自行确定一个发明名称。确定名称应使用该国际申请的公布语言，或者，如果根据本细则23.1（b）译成另一种语言的国际申请译本已被传送，并且国际检索单位愿意的话，确定名称应使用该译本的语言。

第38条 摘要遗漏或者有缺陷

38.1 摘要的遗漏

如果国际申请没有包含摘要，并且受理局已将要求申请人改正这一缺陷之事通知了国际检索单位，除非该单位接到该申请已被视为撤回的通知，否则该单位应进行国际检索，直至该单位接到该申请已被视为撤回的通知。

38.2 摘要的制定

如果国际申请没有包含摘要，并且国际检索单位没有接到受理局关于已经要求申请人提交摘要的通知，或者如果该单位认为摘要不符合本细则8，该单位应自行制定摘要。制定摘要应使用国际申请的公布语言，或者，如果根据本细则23.1（b）译成另一种语言的国际申请的译本已经传送，并且该国际检索单位愿意的话，制定摘要应使用该译本的语言。

38.3 摘要的修改

申请人可以自国际检索报告寄出之日起1个月届满之前向国际检索单位提交：

（i）修改摘要的请求；或者

（ii）如果摘要已由该单位制定，对该摘要进行修改的请求或意见陈述，或者请求修改的同时附有意见陈述；

该单位应当决定是否相应地修改摘要。如果该单位修改了摘要，应当将该修改通知国际局。

第39条 条约第17条（2）（a）（i）规定的主题

39.1 定义

国际申请主题有下列情形之一，并且在有下列情形之一的限定内，国际检索单位无须对该国际申请进行检索：

（i）科学和数学理论；

（ii）植物或者动物品种或者主要是用生

物学方法生产植物或者动物的方法，但微生物学方法和由该方法获得的产品除外；

（iii）经营业务、纯粹智力行为或者游戏比赛的方案、规则或者方法；

（iv）处置人体或者动物体的外科手术方法或治疗方法，以及诊断方法；

（v）单纯的信息提供；

（vi）计算机程序，在国际检索单位不具备条件检索与该程序有关的现有技术的限度内。

第 40 条 缺乏发明单一性（国际检索）

40.1 通知缴纳附加费；期限

按条约第 17 条（3）（a）的规定缴纳附加费的通知应：

（i）明确指出认为国际申请不符合发明单一性要求的理由；

（ii）通知申请人自通知之日起 1 个月内缴纳附加费，并说明应缴纳的费用数额；以及

（iii）在适用的情况下，通知申请人自通知之日起 1 个月内缴纳本细则 40.2（e）涉及的异议费，并说明应缴纳费用的数额。

40.2 附加费

（a）条约第 17 条（3）（a）规定的检索附加费的数额应由主管国际检索单位确定。

（b）条约第 17 条（3）（a）规定的检索附加费，应直接向该国际检索单位缴纳。

（c）任何申请人可以在缴纳附加费时提出异议，即附一说明理由的声明，说明该国际申请符合发明单一性的要求或者说明要求缴纳的附加费数额过高。该项异议应由设立在国际检索单位机构内的一个复核组进行审查，在其认为异议有理由的限度内，应将附加费的全部或者一部分退还申请人。根据申请人的请求，异议及其决定的文本应连同国际检索报告一起通知指定局。申请人在提交条约第 22 条所要求的国际申请译本时，也应提交异议文件的译本。

（d）（c）所述的复核组成员可以包括，但应不限于由于其作出的决定而导致异议的人。

（e）对（c）所述的异议审查，国际检索单位为其自身的利益，可以要求缴纳异议费。如果申请人在本细则第 40.1（iii）规定的期限内没有缴纳任何所要求的异议费，该异议应当被视为未提出并且国际检索单位应当宣布此事。如果（c）所述的复核组认为异议完全成立，异议费应当退还给申请人。

第 41 条 考虑在先检索结果和分类

41.1 根据细则 4.12 提出请求时考虑在先检索结果

如果申请人已经根据细则 4.12 请求国际检索单位考虑在先检索结果且满足细则 12 之二.1 的规定，并且：

（i）在先检索由同一国际检索单位，或者由作为国际检索单位的同一局作出，则国际检索单位在国际检索时应当尽可能地考虑那些检索结果；

（ii）在先检索由其他国际检索单位，或者由不同于国际检索单位的其他局作出，则国际检索单位在国际检索时可以考虑那些检索结果。

41.2 在其他情况下考虑在先检索和分类结果

（a）如果国际申请要求优先权的一件或多件在先申请已经由同一国际检索单位或作为国际检索单位的同一局作出在先检索，则国际检索单位在进行国际检索时应尽可能地考虑任何此类在先检索结果。

（b）如果受理局已经根据细则 23 之二.2（a）或（c）向国际检索单位传送了任何在先检索结果或任何在先分类结果的副本，或者此种副本对于国际检索单位是以其可接受的形式和方式（例如通过数字图书馆）能够获得的，则国际检索单位在进行国际检索时可以考虑这些结果。

第 42 条 国际检索的期限

42.1 国际检索的期限

制定国际检索报告或者提出条约第 17 条（2）（a）所述宣布的期限应为自国际检索单位收到检索本起 3 个月，或者自优先权日起 9 个月，以后到期者为准。

第 43 条 国际检索报告

43.1 标明

国际检索报告应写明国际检索单位的名称

以标明制定该报告的国际检索单位,并写明国际申请号、申请人名称和国际申请日以标明国际申请。

43.2 日期

国际检索报告应记明日期,并应写明该国际检索实际完成的日期。国际检索报告还应写明作为优先权要求的在先申请的申请日,或者如果要求一个以上在先申请的优先权时,写明其中最早一个在先申请的申请日。

43.3 分类

(a) 国际检索报告至少应有按国际专利分类法对主题所作的分类号。

(b) 上述分类应由国际检索单位作出。

43.4 语言

每一份国际检索报告和根据条约第17条(2)(a)作出的任何宣布,均应使用所涉及的国际申请公布时所用的语言,条件是:

(i) 如果根据本细则23.1(b)已传送译成另一种语言的国际申请译本,并且该国际检索单位愿意时,国际检索报告和根据条约第17条(2)(a)作出的任何宣布可以使用该译本所用的语言;

(ii) 如果国际申请使用根据本细则12.4提交的译文所使用的语言公布,该语言不是国际检索单位接受的语言,并且国际检索单位愿意时,国际检索报告和根据条约第17条(2)(a)作出的任何宣布,可以使用一种语言,该语言既是该国际检索单位所接受的语言也是本细则48.3(a)所述的公布语言。

43.5 引证

(a) 国际检索报告应包括对被认为是有关文件的引证。

(b) 标明任何引证的文件的方法应由行政规程规定。

(c) 特别有关文件的引证应专门予以标明。

(d) 不是与所有权利要求都相关的引证,应注明其与哪个或者哪些权利要求相关。

(e) 如果被引证的文件中只有某些段落相关或者特别相关,应予指明,例如,指出这些段落所在的页、栏或者行数。如果整篇文件都相关,而其中某些段落特别相关,应指明这些段落,除非实际上无法指明。

43.6 检索的领域

(a) 国际检索报告应列出已检索领域的分类号。如果该分类号是按照国际专利分类法以外的分类法给出的,国际检索单位应公布所用的分类。

(b) 如果国际检索扩展到本细则34规定的最低限度文献所不包括的国家、期间或者语种的专利、发明人证书、实用证书、实用新型、增补专利或者增补证书、增补发明人证书、增补实用证书或任何这些保护类型的公开申请文件,国际检索报告应在实际可行的情况下标明它扩展的文件种类、国家、期间和语言。为本项的目的,不适用条约第2条(ii)的规定。

(c) 如果国际检索依据或者扩展到任何电子数据库,国际检索报告可以写明该数据库的名称,如果认为对他人有用而且实际可行时,可以写明所用的检索术语。

43.6之二 明显错误更正的考虑

(a) 根据本细则91.1许可的明显错误更正,除(b)另有规定之外,国际检索单位为了国际检索的目的应该予以考虑,并应在国际检索报告中对此作出说明。

(b) 如果国际检索单位许可明显错误更正或者收到明显错误更正的通知,在适用的情况下,其发生在已开始起草国际检索报告之后,那么该国际检索单位为了国际检索的目的不必考虑该明显错误更正,在此种情况下报告中应尽可能加以说明,如果没有,国际检索单位应相应通知国际局,国际局应按照行政规程的规定进行处理。

43.7 关于发明单一性的说明

如果申请人缴纳了国际检索附加费,国际检索报告应作这样的说明。此外,如果国际检索仅是针对主要发明或者不是针对所有的发明进行(条约第17条(3)(a)),国际检索报告应说明国际申请中哪些部分已经检索,哪些部分没有检索。

43.8 授权官员

国际检索报告应标明国际检索单位对该报告负责的官员的姓名。

43.9 附加内容

国际检索报告中应只包括本细则 33.1（b）和（c）、43.1 至 43.3、43.5 至 43.8 和 44.2 所规定的事项，以及条约第 17 条（2）（b）所述的说明，不得包括其他内容，但行政规程可以允许在国际检索报告中包括行政规程中规定的任何附加内容。国际检索报告不应包括，并且行政规程不应允许包括有关意见、理由、论证或解释的任何词语。

43.10 格式

国际检索报告表格式的形式要求应由行政规程规定。

第43条之二 国际检索单位的书面意见

43之二.1 书面意见

（a）除本细则 69.1（b之二）另有规定外，国际检索单位应当在其作出国际检索报告或作出条约第 17 条（2）（a）所述宣布的同时就以下内容作出书面意见：

（i）该要求保护的发明是否看起来是新的，包含创造性（非显而易见性），并且能在工业上应用；

（ii）根据该国际检索单位的检查，该国际申请是否符合条约和本细则的要求。

书面意见中还应附有本细则规定的其他意见。

（b）为作出书面意见的目的，条约第 33 条（2）至（6）、第 35 条（2）和（3）以及本细则 43.4，43.6 之二、64、65、66.1（e）、66.7、67、70.2（b）和（d）、70.3、70.4（ii）、70.5（a）、70.6 至 70.10、70.12、70.14 和 70.15（a）应比照适用。

（c）书面意见应当包括告知申请人的通知，如果已提出国际初步审查请求，除本细则 66.1之二（b）另有规定外，依据本细则 66.1之二（a），该书面意见应被认为是国际初步审查单位为本细则 66.2（a）目的的书面意见，在这种情况下，应要求申请人在本细则 54 之二.1（a）规定的期限届满之前，向该单位提交书面答复，在适当的情况下并应同时提交修改。

第44条 国际检索报告、书面意见等的传送

44.1 报告或者宣布以及书面意见的副本

国际检索单位应在同一日内将国际检索报告或者条约第 17 条（2）（a）所述宣布的副本，以及根据本细则 43 之二.1 作出的书面意见的副本传送给国际局一份，并也给申请人传送一份。

44.2 发明名称或者摘要

国际检索报告应表明国际检索单位同意申请人所提交的发明名称和摘要，或者国际检索报告应附有国际检索单位根据本细则 37 和 38 确定的发明名称和/或摘要的文本。

44.3 引用文件的副本

（a）条约第 20 条（3）所述的请求，可以在该国际检索报告涉及的国际申请的国际申请日起 7 年内随时提出。

（b）国际检索单位可以要求提出请求的申请人或者指定局向其缴纳准备和邮寄副本的费用。准备副本的费用水平应在条约第 16 条（3）（b）所述的国际检索单位和国际局之间的协议中规定。

（c）〔删除〕

（d）任何国际检索单位都可以委托向其负责的另一机构履行（a）和（b）所述的职责。

第44条之二 国际检索单位的专利性国际初步报告

44之二.1 作出报告；传送给申请人

（a）除非已经或即将作出国际初步审查报告，国际局应当代表国际检索单位就本细则 43 之二.1（a）所述内容作出报告（在本条中简称为"该报告"）。该报告的内容应与根据本细则 43 之二.1 所作书面意见的内容相同。

（b）该报告的题目应为"专利性国际初步报告（专利合作条约第Ⅰ章）"，并有关于根据本条的规定由国际局代表国际检索单位作出该报告的说明。

（c）国际局应迅速将按照（a）作出的报告副本传送给申请人。

44之二.2　向指定局的送达

（a）一旦根据本细则44之二.1作出报告，国际局应根据本细则93之二.1将它送达给每一个指定局，但不应早于自优先权日起30个月。

（b）如果申请人依据条约第23条（2）向指定局提出了明确的请求，国际局根据该局或申请人的请求应当迅速向该局送达由国际检索单位根据本细则43之二.1所作书面意见的副本。

44之二.3　给指定局的译文

（a）如果根据本细则44之二.1作出的报告使用国家局官方语言以外的语言或不是其官方语言之一，任何该指定国可以要求将该报告译成英文。任何这类要求应当通知国际局，国际局应迅速在公报上予以公布。

（b）如果根据（a）要求译文，该译文应由国际局准备或在国际局负责下准备。

（c）国际局在向该局送交报告时，应同时向任何相关的指定局及申请人传送报告的译文副本。

（d）在本细则44之二.（2）（b）所述的情况下，依据本细则43之二.1作出的书面意见，根据相关指定局的请求，应当由国际局译成英文或在国际局负责下译成英文。国际局应在收到译文请求之日起2个月内向有关的指定局传送译文的副本，并同时应向申请人传送一份副本。

44之二.4　对译文的意见

申请人可以对本细则44之二.3（b）或（d）中所述的译文的正确性提出书面意见，并应向每一有关的指定局和国际局提交该意见的副本。

第45条　国际检索报告的译文

45.1　语言

国际检索报告和条约第17条（2）（a）所述的宣布，如果不是以英文撰写的，应译成英文。

第45条之二　补充国际检索

45之二.1　补充检索请求

（a）申请人可以在优先权日起22个月期限届满前的任何时候，根据细则45之二.9的规定请求主管的国际检索单位对国际申请进行补充国际检索。该请求可向多个国际检索单位提出。

（b）根据本条（a）提出的请求（"补充检索请求"）应当向国际局提交，并且应当指明：

（i）申请人以及代理人（如有的话）的名称和地址，发明名称，国际申请日和国际申请号；

（ii）所请求进行补充国际检索的国际检索单位（"指定补充检索单位"）；和

（iii）如果提出国际申请时所使用的语言不为进行补充国际检索的国际检索单位所接受，申请人是否用根据细则12.3或12.4向受理局提交的译文作为补充国际检索的基础。

（c）适用时，应连同补充检索请求一起提交：

（i）如果提出国际申请时所使用的语言或者根据细则12.3或12.4提交的译文（如果有）都不为指定补充检索单位接受，应当提交该单位接受的国际申请的译文；

（ii）如果指定补充检索单位要求，最好有一份符合行政规程标准的电子形式的序列表副本。

（d）如果国际检索单位认为国际申请不符合发明单一性的要求，补充检索请求可以包含一份声明，指明申请人希望补充国际检索限制于仅针对国际检索单位确定的发明中的一个，而不是条约第17条（3）（a）中所述的主要发明进行。

（e）在下列情况下，补充检索请求应被视为未提出，并且国际局应作出这样的宣布：

（i）如果该请求是在本条（a）所述的期限届满后收到；或者

（ii）如果指定补充检索单位在根据条约第16条（3）（b）的适用协议中尚未声明其准备进行补充检索，或者根据细则45之二.9（b）不主管进行补充检索。

45之二.2 补充检索手续费

(a) 补充检索请求应为国际局的利益缴纳费用（"补充检索手续费"），费用的数额由费用表规定。

(b) 补充检索手续费应以费用表规定的货币或国际局规定的其他任一种货币缴纳。该种其他货币的数额其整数应与国际局在费用表中列出的数额相当，并应在公报上公布。

(c) 补充检索手续费应在自收到补充检索请求之日起1个月内向国际局缴纳。应缴数额为该缴费日适用的数额。

(d) 如果在将本细则45之二.4（e）（i）至（iv）所述的文件传送给指定补充检索单位之前，国际申请已被撤回或被视为撤回，或者补充检索请求已被撤回或根据细则45条之二.1（e）被视为未提出，国际局应将补充检索手续费退还给申请人。

45之二.3 补充检索费

(a) 进行补充国际检索的国际检索单位，可以为其利益要求申请人缴纳费用（"补充检索费"）。

(b) 国际检索费应由国际局收取。应比照适用本细则16.1（b）至（e）。

(c) 关于缴纳补充检索费的期限和缴费的数额，应比照适用本细则45之二.2（c）的规定。

(d) 如果在细则45之二.4（e）（i）至（iv）所述的文件传送给指定补充检索单位之前，国际申请已被撤回或被视为撤回，或者补充检索请求已被撤回或根据细则45条之二.1（e）或者45条之二.4（d）被视为未提出，国际局应将补充检索费退还给申请人。

(e) 如果在指定补充检索单位根据细则45之二.5（a）开始补充国际检索之前，补充检索请求根据细则45条之二.5（g）被视为未提出，该单位应退还补充检索费，退还的程度和条件按根据条约第16条（3）（b）适用的协议办理。

45之二.4 补充检索请求的检查；缺陷的改正；滞纳金；向指定的补充检索单位传送

(a) 收到补充检索请求后，国际局应立即检查该请求是否符合本细则4之二.1（b）和（c）（i）的要求，并应通知申请人在自通知之日起1个月的期限内改正缺陷；

(b) 如果根据本细则45之二.2（c）和45之二.3（c）规定的缴费期限已到，国际局发现补充检索手续费和补充检索费尚未全部缴纳，应通知申请人在自通知之日起1个月的期限内，向其缴纳付清那些费用所需的数额，以及本条（c）规定的滞纳金。

(c) 国际局为其自己的利益，可以规定根据本条（b）的通知缴纳费用的，应向其缴纳滞纳金，滞纳金的数额应为补充检索手续费的50%。

(d) 如果申请人在本条（a）或本条（b）适用的期限届满前没有提供所要求的改正或者没有缴纳应付的全部数额，包括滞纳金，补充检索请求应被认为没有提出，且国际局应作出这样的宣布并相应的通知申请人。

(e) 如果满足本细则45之二.1（b）和（c）（i）、45之二.2（c）和45之二.3（c）的要求，国际局应尽快传送下列文件的副本给指定补充检索单位，但不早于国际局收到国际检索报告的日期或自优先权日起17个月届满之日，以先发生者为准：

(i) 补充检索请求书；

(ii) 国际申请；

(iii) 根据细则45之二.1（c）（ii）提交的序列表；和

(iv) 根据细则12.3，12.4或细则45之二.1（c）（i）提交的作为补充国际检索基础的译文；

和，国际局在期限后收到下列文件的同时或之后尽快传送：

(v) 根据细则43之二.1作出的国际检索报告和书面意见；

(vi) 国际检索单位根据条约第17条（3）（a）作出的缴纳附加费的通知；和

(vii) 申请人根据细则40.2（c）提出的异议和由设立在国际检索单位机构内的复查组对该异议的决定。

(f) 应指定补充检索单位的请求，本条（e）（v）所述的书面意见如果不是使用英文或使用的语言不被该单位接受,应当由国际局或在国际局负责下译成英文,并应在收到译文请求之日起2个月内向有关检索单位传送译文的副本,并且同时向申请人传送一份副本。

45之二.5 补充国际检索的启动、基础和范围

(a)指定补充检索单位在收到本细则45之二.4(e)(i)至(iv)所述的文件之后应当尽快启动补充国际检索,但该单位也可以选择延迟启动检索直到其收到本细则45之二.4(e)(v)所述的文件或直到自优先权日起22个月届满,以先发生者为准。

(b)进行补充国际检索应以提交的国际申请或本细则45之二.1(b)(iii)或45之二.1(c)(i)中所述的译文作为基础,并且,如果根据细则43之二.1作出的国际检索报告和书面意见可以在启动补充检索之前指定补充检索单位获得,该单位应当予以考虑。如果,补充检索请求中包含一份根据本细则45之二.1(d)的声明,则补充国际检索可以被限制于申请人根据本细则45之二.1(d)指明的发明以及国际申请中与该发明相关的部分。

(c)为补充国际检索的目的,条约第17条(2)和细则13之三.1,33和条约第39应予以比照适用。

(d)如果指定补充检索单位在根据本条(a)启动补充检索之前可获得国际检索报告,该单位可以从补充检索中排除任何不是国际检索主题的权利要求。

(e)如果国际检索单位根据条约第17条(2)(a)作出宣布,并且指定补充检索单位在根据本条(a)启动补充检索之前可获得该宣布,该单位可以决定不制定补充国际检索报告,并且应作这样的宣布,同时迅速通知申请人和国际局。

(f)补充国际检索至少应覆盖根据条约第16条(3)(b)适用协议中指明的文献。

(g)除了根据本细则45之二.5(c)适用条约第17条(2)的限定而排除检索以外,如果指定补充检索单位发现该检索因本细则45之二.9(a)所述的限制和条件而被完全排除,则该补充检索请求应被视为未提出,该单位应当如此宣布,并且应当迅速通知申请人和国际局。

(h)根据本细则45之二.9(a)所述的限制和条件,指定补充检索单位可以决定将补充检索限制于仅针对某些权利要求,在这种情况下,应在补充国际检索报告中对此作出说明。

45之二.6 发明的单一性

(a)如果指定补充检索单位认为国际申请不符合发明单一性的要求,应:

(i)对国际申请涉及权利要求中首先提到的发明("主要发明")相关的部分作出补充国际检索报告;

(ii)通知申请人国际申请不符合发明单一性要求的意见,并且明确说明得出该意见的理由;和

(iii)通知申请人在本条(c)所述的期限内可以提出复查该意见。

(b)在考虑国际申请是否符合发明单一性的要求时,补充检索单位应在启动补充国际检索之前适当考虑根据细则45之二.4(e)(vi)和(vii)收到的任何文件。

(c)自根据本条(a)(ii)所发出通知之日起1个月内,申请人可以要求补充检索单位复查本条(a)所述的意见。对复查请求,补充检索单位为其自身的利益,可以要求缴纳复查费,并自行确定费用的数额。

(d)如果申请人在本条(c)规定的期限内,提出复查补充检索单位作出的意见的要求并缴纳了所需的复查费,补充检索单位应当复查该意见。此项复查不应仅由作出待复查的意见的人进行。

如果补充检索单位:

(i)认为被复查的意见完全正确,应相应的通知申请人;

(ii)认为被复查的意见部分不正确,但该国际申请仍不符合发明单一性的要求,应相应的通知申请人,必要时按本条(a)(i)的规定处理;

(iii)认为被复查的意见完全不正确,应相应的通知申请人,对国际申请的所有部分制作补充国际检索报告,并且,将复查费退还给

申请人。

（e）根据申请人的请求，请求复查和复查决定的文本应当随补充国际检索报告一起传送指定局。根据条约第 22 条提供国际申请译文的要求，申请人应当提交任何相关的译文。

（f）如果指定补充检索单位决定根据本细则 45 之二.5（b）的第二句或者细则 45 之二.5（h）限制补充国际检索，应比照适用本条（a）至（e），但上述段落中述及的"国际申请"应分别解释为国际申请中与申请人根据细则 45 之二.1（d）指明的发明相关的部分，或者与补充检索单位将进行检索的权利要求相关的部分。

45 之二.7 补充国际检索报告

（a）指定补充检索单位应当在自优先权日起 28 个月内制定补充国际检索报告，或者根据细则 45 之二.5（c）适用条约第 17 条（2）（a）作出不制作补充国际检索报告的宣布。

（b）每一份补充国际检索报告，任何根据细则 45 之二.5（c）适用条约第 17 条（2）（a）作出的宣布和任何根据细则 45 之二.5（e）作出的宣布都应当使用公布语言。

（c）为制定补充国际检索报告的目的，除本条（d）和（e）另有规定外，本细则 43.1、43.2、43.5、43.6、43.6 之二、43.8 和 43.10 应比照适用。除对本细则 43.3、43.7 和 44.2 的引用应被视为不存在外，本细则 43.9 应比照适用。条约第 20 条（3）和本细则 44.3 应比照适用。

（d）补充国际检索报告不必再引证国际检索报告中已引用的文件，除非该文件需要与国际检索报告中未引用的其他文件一起被引用。

（e）补充国际检索报告可包含下述解释：
（i）关于被认为相关的文件的引证；
（ii）关于补充国际检索的范围。

45 之二.8 补充国际检索报告的传送和效力

（a）指定补充检索单位应在同一日将补充国际检索报告的或不制作补充国际检索报告的宣布的副本，如适用的话，分别传送给国际局和申请人。

（b）除本条（c）另有规定外，条约第 20 条（1）和本细则 45.1，47.1（d）和 70.7（a）应适用于补充国际检索报告，就如同其是国际检索报告的一部分。

（c）如果国际初步审查单位在开始起草书面意见或报告之后收到一份补充国际检索报告，则不必为制作书面意见或国际初步审查报告的目的考虑该报告。

45 之二.9 补充国际检索的主管国际检索单位

（a）如果国际检索单位在根据条约第 16 条（3）（b）适用的协议中声明准备进行补充国际检索，则应当进行补充国际检索，除非该协议中另规定了限制和条件。

（b）根据条约第 16 条（1）对一份国际申请进行国际检索的国际检索单位不应主管进行该国际申请的补充国际检索。

（c）本条（a）所述的限制可以是，例如，除了根据本细则 45 之二.5（c）适用的条约第 17 条（2）对国际检索的限制之外的、有关补充国际检索主题的限制，在规定期限内进行补充国际检索的总数的限制，以及不对超过一定数量的权利要求进行补充国际检索的限制。

第 46 条 向国际局提出对权利要求的修改

46.1 期限

条约第 19 条所述的期限应为自国际检索单位将国际检索报告传送给国际局和申请人之日起 2 个月，或者自优先权日起 16 个月，以后到期者为准，但国际局在适用的期限届满后收到根据条约第 19 条所作修改的，如果该修改在国际公布的技术准备工作完成之前到达国际局，应认为国际局已在上述期限的最后一日收到该修改。

46.2 向哪里提出

根据条约第 19 条所作的修改应直接向国际局提出。

46.3 修改的语言

如果提出国际申请所用的语言与该申请公

— 415 —

布时所用的语言不同，根据条约第 19 条所作的任何修改，应使用申请公布时所用的语言。

46.4 声明

（a）条约第 19 条（1）中所述的声明，应使用国际申请公布时所用的语言，且该声明用英文撰写或被译成英文后，应不超过 500 字。该声明应有标题以便辨认，最好用"根据条约第 19 条（1）所作的声明"的字样，或者用该声明所用的语言的等同语。

（b）声明中不得包括对国际检索报告或者对该报告中引证文件的相关与否发表贬低性评价。只有对特定权利要求进行修改时，声明才可涉及国际检索报告中与该权利要求有关的引证。

46.5 修改的形式

（a）申请人在根据条约第 19 条作出修改时，应当提交替换页，该替换页包括一套完整的权利要求书用来替换原始提交的全部权利要求。

（b）替换页应附有一封信件：

（i）信件中应指出由于修改导致哪些权利要求与原始提交的权利要求不同，同时指出其不同之处；

（ii）信件中应指出由于修改导致哪些原始提交的权利要求被删除；

（iii）信件中应指出所做修改在原始提交的申请中的基础。

第 47 条 向指定局送达

47.1 程序

（a）条约第 20 条规定的送达应由国际局按照本细则 93 之二.1 向每一个指定局作出，但除本细则 47.4 规定的情况外，不得早于国际申请的国际公布之日。

（a 之二）国际局应按照本细则 93 之二.1 将收到登记本的事实和日期以及收到任何优先权文件的事实和日期通知每个指定局。

（b）国际局应将其在本细则 46.1 规定的期限内收到并且没有包括在条约第 20 条规定的送达之中的任何修改迅速地送达指定局，并应将此情况通知申请人。

（c）❶ 国际局应在自优先权日起 28 个月的期限届满后迅速向申请人发出通知，说明：

（i）已经请求按照本细则 93 之二.1 进行条约第 20 条规定的送达的各指定局的名称和向这些指定局送达的日期；和

（ii）没有请求按照本细则 93 之二.1 进行条约第 20 条规定的送达的各指定局的名称。

（c 之二）指定局收到的（c）所述的通知：

（i）对（c）（i）所述的指定局而言，应作为条约第 20 条规定的送达已于通知中要求的日期送交的确实证据；

（ii）对（c）（ii）所述的指定局而言，应作为以该局作为指定局的缔约国不要求申请人按照条约第 22 条提交国际申请副本的确实证据。

（d）每个指定局如果提出要求，还应得到按本细则 45.1 所述的国际检索报告和条约第 17（2）（a）所述的宣布的译本。

（e）❶ 如果任何指定局在自优先权日起 28 个月的期限届满之前没有根据本细则 93 之二.1 请求国际局进行条约第 20 条规定的送达，以该局作为指定局的缔约国应被视为已经按照本细则 49.1（a 之二）通知了国际局其不要求申请人按照条约第 22 条的规定提供国际申请的副本。

47.2 副本

送达所需要的副本应由国际局准备。关于送达所要求的副本的具体要求由行政规程予以规定。

---

❶ 本细则 47.1（c）和（e）应当适用于国际申请日为 2004 年 1 月 1 日当天或之后的任何国际申请，并且就那些已经根据文件 PCT/A/30/7 附录Ⅳ中的大会决定第（2）段发出了通知（表明条约第 22 条（1）期限的修改与该局于 2001 年 10 月 3 日适用的本国法不符），且该通知尚未按照大会决定第（3）段被撤回的指定局而言，本细则 47.1（c）和（e）每次提及的"28 个月"应为"19 个月"，为此，在适用的情况下，应当就这样的申请发出本细则 47.1（c）规定的两个通知。

国际局收到的任何有关这种不符的信息在公报和 WIPO 网址的下述网页上公布：www.wipo.int/pct/en/texts/reservations/res_incomp.html。——原编者注

47.3 语言

(a) 根据条约第 20 条送达的国际申请,应使用该申请公布时所用的语言。

(b) 如果国际申请公布时所用的语言与该申请提出时所用的语言不同,根据任何指定局的请求,国际局应向其提供使用提出时所用语言的该申请的副本。

47.4 国际公布前根据条约第 23 条 (2) 的明确请求

如果在国际申请的国际公布前,申请人根据条约第 23 条 (2) 的规定向指定局提出明确请求,国际局应根据申请人或者指定局的要求迅速向该局进行条约第 20 条规定的送达。

第 48 条 国际公布

48.1 形式和方式

国际申请的公布形式和方式应由行政规程予以规定。

48.2 内容

(a) 国际申请的公布应包括:

(i) 标准格式扉页;

(ii) 说明书;

(iii) 权利要求书;

(iv) 附图,如果有的话;

(v) 除 (g) 另有规定外,国际检索报告或者条约第 17 条 (2) (a) 所述的宣布;

(vi) 根据条约第 19 条 (1) 所提出的任何声明,但国际局认为该声明不符合本细则 46.4 的规定的除外;

(vii) 国际局在国际公布的技术准备完成之前收到的根据细则 91.3 (d) 所提出的公布请求,即明显错误更正的请求、理由和细则 91.3 (d) 所述的任何意见;

(viii) 根据本细则 13 之二与说明书分开提交的有关生物材料保藏的说明,以及国际局收到该说明的日期标记;

(ix) 任何依据本细则 26 之二.2 (d) 所述的关于优先权的信息;

(x) 在本细则 26 之三.1 所述的期限届满前国际局收到的本细则 4.17 中所述的任何声明和本细则 26 之三.1 所述的任何有关改正。

(xi) 任何根据本细则第 26 条之二.3 所提出的恢复优先权请求的信息,以及受理局根据该请求所作出的恢复优先权决定的信息,包括受理局作出该决定所依据标准的相关信息。

(b) 除 (c) 另有规定外,扉页应包括:

(i) 请求书中摘出的事项以及行政规程规定的其他事项;

(ii) 除适用本细则 8.2 (b) 的规定外,如果国际申请包括附图,应有一幅或者几幅图;

(iii) 摘要;如果摘要是同时用英文和另一种语言撰写的,英文摘要应放在前面;

(iv) 在适用的情况下,关于请求书中包括国际局在本细则 26 之三.1 中所述的期限届满前收到的本细则 4.17 中所述声明的说明;

(v) 如果受理局根据本细则 4.18 和 20.6 的规定确认援引加入的项目和部分,在此基础上根据本细则 20.3 (b) (ii) 或 20.5 (d) 的规定记录了国际申请日,一份就此的说明,连同一份说明,说明为本细则 20.6 (a) (ii) 目的,申请人是基于符合本细则 17.1 (a)、(b) 或 (b 之二) 规定的优先权文件或是基于单独提交的相关在先申请副本;

(vi) 在适用的情况下,公布的国际申请包含根据本细则 26 之二.2 (d) 信息的说明;

(vii) 在适用的情况下,公布的国际申请包含根据本细则 26 之二.3 恢复优先权的请求以及受理局依据此请求作出决定的相关信息的说明。

(c) 如已根据条约第 17 条 (2) (a) 作出宣布,则应在扉页上明显地表明这一事实,并且无须包括附图和摘要。

(d) (b) (ii) 所述的图应按本细则 8.2 的规定选出。在扉页上复制这些图时可以缩小。

(e) 如果扉页没有刊登 (b) (iii) 所述摘要全文的余地,该摘要应刊登在扉页的背面。根据本细则 48.3 (c) 的规定需要公布摘要的译文时,该译文也应同样处理。

(f) 如果权利要求根据条约第 19 条的规定进行过修改,则国际申请的公布应包括原始提交的和经修改后的权利要求全文。条约第 19 条

— 417 —

(1) 所述的声明也应包括在内，但国际局认为该声明不符合本细则46.4规定的除外。国际局收到修改的权利要求的日期应予以注明。

(g) 如果在国际公布的技术准备工作完成时，尚不能得到国际检索报告，则扉页应当包括不能得到国际检索报告的说明，以及国际检索报告（在其可以得到时）将连同修订后的扉页另行公布的说明。

(h) 如果在国际公布的技术准备工作完成时，根据条约第19条修改权利要求的期限尚未届满，扉页应说明这一情况，并表示如果权利要求根据条约第19条进行了修改，则在国际局于本细则46.1规定的期限之内收到该修改之后，迅速将修改后的权利要求书全文连同修订后的扉页一起公布。如果申请人根据条约第19条（1）提出了声明，该声明也应予以公布，除非国际局认为该声明不符合本细则46.4的规定。

(i) 在国际公布技术准备完成之后，如果国际局收到受理局、国际检索单位或国际局根据本细则91.1对国际申请中明显错误更正的许可，或者在适用的情况下，国际局作出对国际申请中明显错误更正的许可，则根据具体情况，所有与更正有关的声明、包含更正的页、替换页、以及根据本细则91.2提交的信函应当一同公布，扉页也应重新公布。

(j) 如果在国际公布技术准备完成时，根据本细则26之二.3提出恢复优先权的请求仍未作出决定，公布的国际申请不包含受理局对该请求作出的决定，而应包含尚不能得到这一决定，以及一旦得到该决定，将另行公布的说明。

(k) 如果国际局在国际公布的技术准备完成之后收到根据细则91.3（d）所提出的公布请求，国际局在收到这一公布请求后，应迅速公布更正请求、理由和细则91.3（d）中涉及的相应意见，同时重新公布扉页。

(l) 如果国际局在国际公布的技术准备完成之前发现存在下述情况，应当根据申请人写明理由的请求，将有关信息不予公布：

(i) 该信息明显不是为使公众了解国际申请的目的；

(ii) 公开该信息会明显损害任何人的个人或经济利益；并且

(iii) 没有更重要的公共利益需要获取该信息。

申请人提交依本款所提请求中所涉信息的方式比照适用本细则26.4。

(m) 如果受理局、国际检索单位、指定补充检索单位或国际局发现任何信息符合（l）中所列的标准，该局或者单位可以建议申请人根据（l）的规定请求将该信息不予国际公布。

(n) 如果国际局根据（l）的规定将有关信息不予国际公布而该信息也包含在受理局、国际检索单位、指定补充检索单位或者国际初步审查单位所持有的国际申请文档中，国际局应当迅速地相应通知该局和单位。

48.3 公布语言

(a) 如果国际申请是用阿拉伯文、中文、英文、法文、德文、日文、韩文、葡萄牙文、俄文或者西班牙文（"公布语言"）提出的，该申请应以其提出时使用的语言公布。

(b) 如果国际申请未使用一种公布语言提出，并且已根据本细则12.3或者12.4提交了翻译成公布语言的译文，则该申请应以该译文的语言公布。

(c) 如果国际申请是用英文以外的一种语言公布的，根据本细则48.2（a）（v）的规定公布的国际检索报告或者条约第17条（2）（a）所述的宣布，发明的名称、摘要以及摘要附图所附的文字都应使用这种语言和英文公布。如果申请人没有提交根据本细则12.3的译文，译文应由国际局负责准备。

48.4 根据申请人的请求提前公布

(a) 如果申请人根据条约第21条（2）(b) 和第64条（3）（c）（i）的规定要求公布，而国际检索报告或者条约第17条（2）（a）所述的宣布还不能提供以便与国际申请一起公布，国际局应收取特别公布费，其数额应由行政规程确定。

(b) 根据条约第21条（2）(b) 和第64条（3）（c）（i）规定的公布，应在申请人提出要求后由国际局迅速进行，如果根据（a）

规定需要收取特别公布费，则应在收到该费后迅速进行。

48.5 国家公布的通知

如果国际局公布国际申请是按条约第64条（3）（c）（ii）的规定进行，有关国家局在上述条款所述的国家公布进行后，应尽快将这种国家公布的事实通知国际局。

48.6 某些事实的公告

（a）如果根据本细则29.1（ii）规定的通知到达国际局之日，国际局已不能阻止国际申请的国际公布，国际局应立即在公报上发表公告，复述该通知的要点。

（b）［删除］

（c）如果在国际公布的技术准备工作完成之后，根据本细则90之二的规定，国际申请、指定国的指定或者优先权的要求被撤回，该撤回的通知应在公报上予以公布。

第49条 根据条约第22条的副本、译文和费用

49.1 通知

（a）任何缔约国根据条约第22条的规定要求提供译文或者缴纳国家费，或者同时要求这两者的，应将下列各项通知国际局：

（i）缔约国要求的译文是从何种语言译成何种语言；

（ii）国家费的数额。

（a之二）任何缔约国不要求申请人根据条约第22条的规定提供国际申请副本的（尽管国际局在条约第22条适用的期限届满时尚未按照本细则47送达国际申请副本），应该将此情况通知国际局。

（a之三）任何缔约国，如果是指定国，即使申请人在条约第22条适用的期限届满时未向其提供国际申请副本，仍根据条约第24条（2）的规定保持条约第11条（3）所规定的该申请效力的，应该将此情况通知国际局。

（b）国际局收到上述（a）、（a之二）或者（a之三）的任何通知，应迅速在公报上公布。

（c）如果根据（a）规定的要求以后有了变更，缔约国应将此种变更通知国际局，该局应迅速在公报上公布。如果变更意味着，要求译成一种在变更前未要求的语言，这种变更应只对在公报公布通知2个月后提出的国际申请有效力。在其他情况下，任何变更的生效日期应由缔约国决定。

49.2 语言

要求译成的语言必须是指定局的官方语言。如果有几种官方语言，而国际申请使用的语言是其中的一种，则不应要求提供译文。如果有几种官方语言，而且必须提供译文，则申请人可以选择其中任何一种语言。尽管有上述规定，如果有几种官方语言，而本国法规定外国人应使用其中的某一种语言，可以要求提供该种语言的译文。

49.3 条约第19条规定的声明；本细则13之二.4的说明

为条约第22条和本条细则的目的，任何根据条约第19条（1）所作的声明和任何根据本细则13之二.4所提供的说明，除本细则49.5（c）和（h）另有规定外，应认为是国际申请的一部分。

49.4 国家表格的使用

在履行条约第22条所述行为时，不应要求申请人使用国家表格。

49.5 译文的内容和形式要求

（a）为条约第22条的目的，国际申请的译文应包括说明书（除（a之二）项规定情况外）、权利要求书、附图中的文字和摘要。如果指定局要求，除（b）、（c之二）和（e）另有规定外，译文还应：

（i）包括请求书，

（ii）如果权利要求已经根据条约第19条进行过修改，则既应包括原始提交的权利要求，也应包括修改后的权利要求（修改后的权利要求应以根据本细则46.5（a）规定提交的、替换全部原始权利要求的完整权利要求书的译文形式提交）以及

（iii）附有附图的副本。

（a之二）如果序列表部分符合本细则12.1（d）的规定，而且说明书符合本细则5.2（b）的规定，任何指定局不应要求申请人向其提供包含说明书序列表部分任何文字的译文。

(b) 任何指定局要求提供请求书译文的，应免费向申请人提供使用该译文语言的请求书表格。使用该译文语言的请求书表格的形式和内容不应与本细则 3 和 4 规定的请求书表格的形式和内容不同；尤其是使用该译文语言的请求书表格不应要求提供原请求书所没有的信息。该译文语言的请求书表格的使用不是强制性的。

(c) 如果申请人未提供根据条约第 19 条 (1) 所作声明的译文，指定局可以对该声明置之不理。

(c之二) 如果指定局根据 (a)(ii) 的规定要求原始提交的权利要求的译文和修改的权利要求的译文，而申请人只提交了这两种所需译文的一种，该指定局可以对未提交其译文的权利要求置之不理，或者通知申请人在根据情况是适当并在通知中规定的期限内提交所缺的译文。如果指定局选择通知申请人提交所缺的译文，而该译文没有在通知规定的期限内提交，该指定局可以对没有提交译文的那些权利要求置之不理，或者认为该国际申请已经被撤回。

(d) 如果附图包含有文字内容，应提供该文字内容的译文，其方式可以是提供原来附图的副本，在原来文字内容上贴以译文，也可以提供重新绘制的附图。

(e) 任何指定局根据 (a) 要求提供附图副本的，如果申请人未能在条约第 22 条适用的期限内提供该副本，应通知申请人在根据具体情况是适当的并在通知中规定的期限内提供副本。

(f) "Fig." 字样不需译成任何语言。

(g) 如果根据 (d) 或者 (e) 规定提供的附图副本或者重新绘制的附图不符合本细则 11 所述的形式要求，指定局可以通知申请人在根据具体情况是适当的并在通知中规定的期限内改正缺陷。

(h) 如果申请人未提供摘要的译文或者根据本细则 13 之二.4 所作说明的译文，指定局如果认为该译文是必要的，应通知申请人在根据具体情况是适当并在通知中规定的期限内提供该译文。

(i) 各指定局根据 (a) 第二句话所述各种事项的要求和做法的信息，应由国际局在公报上公布。

(j) 任何指定局对国际申请的译文，除对原始国际申请规定的形式要求外，不应要求其符合其他的形式要求。

(k) 如果发明名称已由国际检索单位根据本细则 37.2 确定，译文应包括由该国际检索单位确定的该发明名称。

(l) 如果在 1991 年 7 月 12 日，(c之二) 或者 (k) 的规定与指定局适用的本国法不一致，只要这种不一致继续存在，则 (c之二) 或者 (k) 不应适用于该指定局，但该局应在 1991 年 12 月 31 日前通知国际局。国际局应将收到的信息迅速在公报上予以公布❶。

49.6 未履行条约第 22 条所述行为之后的权利恢复❷

(a) 如果因为申请人未在适用的期限内履行条约第 22 条所述的行为，条约第 11 条 (3) 所设定的国际申请的效力已经中止，则除按本细则本条 (b) 至本条 (e) 的规定外，如果发现耽误期限是非故意的，或者按照指定局的选择，如果发现尽管已采取了适当的注意但仍出现了未能满足期限的疏忽，指定局依据申请人的请求，应

---

❶ 该信息也在 WIPO 网址的下述网页上公布：www. wipo. int/pct/en/texts/reservations/res _ incomp. html。——原编者注

❷ 本细则 49.6 (a) 至 (e) 的规定不适用于其国际申请日是在 2003 年 1 月 1 日之前的国际申请，但是：

(i) 除 (iii) 另有规定外，这些规定应当适用于其国际申请日是在 2003 年 1 月 1 日之前，并且其适用的条约第 22 条的期限是在 2003 年 1 月 1 日当天或之后届满的国际申请；

(ii) 除 (iii) 另有规定外，在这些规定是通过本细则 76.5 而得以适用的范围内，细则 76.5 的规定应当适用于其国际申请日是在 2003 年 1 月 1 日之前，并且其适用的条约第 39 条 (1) 的期限是在 2003 年 1 月 1 日当天或之后届满的国际申请；

(iii) 如果一个指定局依据本细则 49.6 (f) 的规定已经通知国际局细则 49.6 (a) 至 (e) 与该局适用的本国法不符，则 (i) 和 (ii) 应当适用于该局，但在这些款项中提及的日期 2003 年 1 月 1 日应解释为本细则 49.6 (a) 至 (e) 在该局生效的日期。

国际局收到任何有关这种不符的信息在公报和 WIPO 网址的下述网页上公布：www. wipo. int/pct/en/texts/reservations/res_incomp. html。——原编者注

当恢复申请人关于该国际申请的权利。

(b)(a)规定的请求应当提交给指定局,且应当在下述期限第一个届满日前履行条约第22条所述的行为:

(i)自未能满足条约第22条规定的适用期限的原因消除之日起2个月;

(ii)自条约第22条规定的适用期限届满之日起12个月;

但只要指定局适用的国家法允许,申请人可在其后任何时间提出请求。

(c)(a)规定的请求应陈述未能遵守条约第22条规定的适用期限的原因。

(d)指定局适用的国家法可以要求:

(i)缴纳关于根据(a)提出的请求的费用;

(ii)提交支持(c)所述原因的声明或其他证据。

(e)在根据情况是合理的期限内,未给申请人机会对拟作出的拒绝发表意见之前,指定局不应拒绝(a)规定的请求。

(f)如果(a)至(e)的规定与指定局在2002年10月1日适用的本国法不符,则只要它们与该法继续不符,这些规定对该指定局不适用,但该局应当在2003年1月1日之前通知国际局。国际局应将所收到的信息迅速在公报上予以公布❶。

第49条之二 为国家程序的目的对所要求的保护的说明

49之二.1 某些保护类型的选择

(a)在适用条约第43条的指定国中,如果申请人希望其国际申请不是作为专利申请,而是作为该条规定的任何一种其他授予保护的类型处理,申请人在办理条约第22条规定的手续时应向指定局如此说明。

(b)在适用条约第44条的指定国中,如果申请人希望其国际申请作为要求获得条约第43条所述的多于一种的保护类型处理,申请人在办理条约第22条规定的手续时应向指定局如此说明,并在适用的情况下说明何种保护类型为主,何种保护类型为辅。

(c)在(a)和(b)所述的情况下,如果申请人希望其国际申请在某指定国作为增补专利、增补证书、增补发明人证书或增补实用证书申请处理,申请人在办理条约第22条规定的手续时应说明涉及的主申请、主专利或其他主权利。

(d)如果申请人希望其国际申请在某指定国作为一项在先申请的继续申请或部分继续申请处理,申请人在办理条约第22条规定的手续时应向指定局如此说明,并应说明所涉及的主申请。

(e)如果申请人在办理条约第22条规定的手续时没有根据(a)作出明确说明,但申请人支付的条约第22条所述的国家费用与某一特定保护类型的国家费用相同,则该费用的支付应被认为是该申请人希望其国际申请被当做该种保护类型处理的说明,指定局应相应的通知申请人。

49之二.2 提交说明的时间

(a)任何指定局不应要求申请人在办理条约第22条规定的手续之前提交本细则49之二.1规定的说明,或者在适用的情况下,有关申请人是否要求授予国家或地区专利的说明。

(b)如果指定局适用的国家法允许,申请人可以在其后的任何时间提交所述的说明,或在适用的情况下,将一种保护类型转化为另一种保护类型。

第49条之三 由受理局作出的优先权恢复的效力;指定局对优先权的恢复

49之三.1 由受理局作出的优先权恢复的效力

(a)如果受理局认为申请人尽管已采取了适当的注意,但仍出现未能在优先权期限内递交国际申请的疏忽,受理局根据本细则26之二.3的规定恢复了优先权,除(c)另有规定外,应对每个指定国都发生效力。

(b)如果受理局认为由于申请人是非故

---

❶ 该信息也在WIPO网址的下述网页上公布:www.wipo.int/pct/en/texts/reservations/res_incomp.html。——原编者注

意地导致未在优先权期限内递交国际申请，受理局根据本细则26之二.3的规定恢复了优先权，除（c）另有规定外，应对如下指定国发生效力，即指定国适用的本国法根据上述标准或从申请人角度看制定了一个更有利于申请人的标准规定了优先权的恢复。

（c）如果指定国的指定局、法院、或其他主管机构发现申请人根据本细则26之二.3（a）向受理局提交的请求书中陈述的理由和根据本细则26之二.3（b）(iii)向受理局提交的声明或者其他证据不符合本细则26之二.3（a）、(b)(i)或(c)的规定，受理局根据本细则26之二.3作出优先权恢复的决定将不在该指定国发生效力。

（d）指定局不应复查受理局的决定，除非有理由怀疑出现（c）所述的情况，此时指定局应通知申请人，说明怀疑的理由，并给申请人在合理的期限内陈述意见的机会。

（e）指定局不必被受理局根据本细则26之二.3所作出的拒绝恢复优先权请求的决定所约束。

（f）当受理局已经拒绝了恢复优先权的请求，指定局可以认为该请求是根据本细则49之三.2（a）在该细则规定期限内向该指定局提出的优先权恢复请求。

（g）如果，(a)到(d)的规定与指定局在2005年10月5日适用的本国法不符，则只要它们与该本国法继续不符，这些规定对该局不适用，但该局应当在2006年4月5日之前通知国际局。国际局应将所收到的信息迅速在公报上予以公布❶。

49之三.2 指定局对优先权的恢复

（a）如果国际申请要求了在先申请的优先权，而其国际申请日晚于优先权期限届满之日但在自该日起2个月内，如果指定局认为申请人没能在优先权期限内提交国际申请的理由满足了该局适用的恢复优先权的标准（"恢复的标准"），那么指定局将基于申请人依据（b）提出的请求给予恢复优先权，该标准是：

(i) 尽管已采取了适当的注意，但仍出现了未能满足期限的疏忽；或者

(ii) 非故意的。

每一个指定局应当至少适用一项标准，或者可以两项都适用。

（b）根据（a）的请求应：

(i) 在条约第22条适用期限起1个月内，或者如果申请人根据条约第23条(2)向指定局提出明确请求，自指定局收到该请求之日起1个月内，向指定局提交；

(ii) 说明没有在优先权日期内提交国际申请的原因，并且最好附具根据（c）所要求的任何声明或者其他证据；以及

(iii) 缴纳（d）规定的请求恢复优先权的费用。

（c）指定局可以要求在根据具体情况是合理的期限内提供声明或其他证据来支持（b）(ii)所述的原因说明。

（d）针对根据（a）提交的请求，指定局为了其自身的利益，可以收取请求恢复的费用。

（e）指定局没有给申请人在根据具体情况是合理的期限内陈述意见的机会之前，不应当全部或部分拒绝根据（a）的恢复请求。指定局可以与要求申请人根据（c）提交声明或证据的通知一起发给申请人打算拒绝的通知。

（f）如果指定局所适用的本国法中对优先权恢复的规定，提供了从申请人角度看比（a）至（d）的规定更有利的标准，指定局可以在确定恢复优先权时适用其本国法的相关规定，而不采用（a）至（d）的上述规定。

（g）每个指定局应当通知国际局其所适用的恢复标准和要求，在适用的情况下，还应当通知根据（f）所适用的本国法的相关规定，以及由此带来的变化。国际局应当迅速将这些信息在公报上予以公布。

（h）如果，(a)到(g)的规定与指定局在2005年10月5日适用的本国法不符，则只要它们与该本国法继续不符，这些规定对该局不适用，但该局应当在2006年4月5日之前通知国际局。国际局应将所收到的信息迅速在

---

❶ 该信息也在WIPO网址的下述网页上公布：www.wipo.int/pct/en/texts/reservations/res_incomp.html。——原编者注

公报上予以公布❶。

第50条 条约第22条（3）规定的权能

50.1 权能的行使

（a）任何缔约国允许一项期限在条约第22条（1）或者（2）所规定的期限之后届满的，应将这样规定的期限通知国际局。

（b）国际局收到（a）所述的任何通知后应迅速在公报上予以公布。

（c）有关缩短之前已确定期限的通知，应对自国际局公布该通知之日起3个月届满以后提出的国际申请发生效力。

（d）有关延长之前已确定期限的通知经国际局在公报上公布后，应即对当时正在处理中的国际申请，或者在这一公布日期以后提出的国际申请生效，如果发出通知的缔约国规定了某一较后的日期，则从该较后日期起生效。

第51条 指定局的复查

51.1 提出送交副本要求的期限

条约第25条（1）（c）所述的期限应为2个月，自根据本细则20.4（i）、24.2（c）或者29.1（ii）的规定将通知送交申请人之日起计算。

51.2 通知书的副本

如果申请人收到根据条约第11条（1）所作的否定决定后，要求国际局根据条约第25条（1），将据称是国际申请的档案的副本送交其打算指定的国家局，申请人应在其要求中附送本细则20.4（i）所述通知书的副本。

51.3 缴纳国家费和提供译文的期限

条约第25条（2）（a）所述的期限，应与本细则51.1所规定的期限同时届满。

第51条之二 根据条约第27条允许的某些国家要求

51之二.1 某些允许的国家要求

（a）除本细则51之二.2另有规定外，指定局适用的国家法根据条约第27条可以要求申请人特别提供下列各项：

（i）有关发明人身份的任何文件；

（ii）有关该申请人有权申请或被授予专利的任何文件；

（iii）如果申请人与提出在先申请的申请人不是同一人，或者申请人在提出在先申请后姓名改变，包含有申请人有权要求该在先申请优先权的证明的任何文件；

（iv）如果国际申请指定的国家在2012年10月9日适用的本国法要求提供发明人资格的誓言或者声明，任何包括发明人资格的誓言或者声明的文件；

（v）含有不影响新颖性的公开或者丧失新颖性的例外的任何证据，例如因滥用导致的公开，在某些展览会上的公开，以及申请人自己在一定期间内的公开；

（vi）申请人未在请求书上签字的，其对该指定国确认该国际申请的任何签字；

（vii）根据本细则4.5（a）（ii）和（iii）的要求，申请人对该指定国遗漏的任何说明。

（b）根据条约第27条（7），指定局适用的本国法可以要求：

（i）申请人由代理人代表，代理人有权代表申请人在该局办理事务和/或为接受通知的目的在指定国中有一个地址；

（ii）代表申请人的代理人（有代理人时）应由申请人正式委托。

（c）根据条约第27条（1），指定局适用的本国法可以要求提供一份以上的国际申请、该申请的译文或者任何与该申请有关的文件。

（d）根据条约第27条（2）（ii），指定局适用的本国法可以要求申请人按照条约第22条所提供的国际申请译文：

（i）由该申请人或者翻译该国际申请的译者以声明证实，就其所知，该译文是完整的和忠实于原文的；

（ii）已由公共主管机构或经过宣誓的译者对国际申请的译文进行认证，但仅限于指定局有理由怀疑译文的准确性之时。

（e）根据条约第27条，指定局适用的本国法可以要求申请人提供该优先权文件的译

---

❶ 该信息也在WIPO网址的下述网页上公布：www.wipo.int/pct/en/texts/reservations/res_incomp.html。——原编者注

文，但仅限于：

(i) 当优先权要求的有效性与确定该发明是否具有专利性相关之时；或者

(ii) 如果受理局在根据本细则 4.18 和 20.6 援引加入项目和部分的基础上，根据本细则 20.3（b）(ii) 或 20.5（d）的规定确定了国际申请日，那么为了根据本细则 82 之三.1（b）的规定确定该项目或部分是否完全包含在相关的优先权文件中，指定局也可以根据本国法要求申请人提供优先权文件中说明书、权利要求书和附图的部分译文，并指明所包含的援引加入部分在优先权文件译文中的位置。

51 之二.2 可以不要求文件或证据的某些情况

除非有理由怀疑相关说明或者声明的真实性，指定局不应对下列事项要求文件或者证据：

(i) 关于发明人的身份（本细则 51 之二.1（a）(i)）（含有发明人资格的誓言或者声明的文件（本细则 51 之二.1（a）(iv)）除外），如果根据本细则 4.6，请求书中包括关于发明人的说明，或者如果根据本细则 4.17（i），请求书中包括发明人身份的声明或者发明人身份的声明被直接提交给指定局；

(ii) 关于该申请人在国际申请日有权申请并被授予专利（本细则 51 之二.1（a）(ii)），如果根据本细则 4.17（ii），请求书中包括上述内容的声明或上述内容的声明被直接提交给指定局；

(iii) 关于该申请人在国际申请日时有权要求一项在先申请的优先权（本细则 51 之二.1（a）(iii)），如果根据本细则 4.17（iii），请求书中包括上述内容的声明或者上述内容的声明被直接提交给指定局；

(iv) 包含发明人资格的誓言或者声明（本细则 51 之二.1（a）(iv)），如果根据本细则 4.17（iv），请求书中包括发明人资格的声明或者发明人资格的声明被直接提交给指定局。

51 之二.3 遵守国家要求的机会

(a) 如果本细则 51 之二.1（a）(i) 至 (iv) 和（c）至（e）规定的任何要求，或者指定局适用的本国法根据条约第 27 条（1）或（2）可以规定的任何其他要求，在必须遵守条约第 22 条要求的相同期限内还未满足，指定局应当通知申请人在自通知之日起不少于 2 个月的期限内符合要求。申请人为满足本国法的要求答复通知时，指定局可以要求其缴纳费用。

(b) 如果指定局按照条约第 27 条（6）或者（7）可以适用本国法的任何要求，在必须遵守条约第 22 条要求的相同期限内还未满足的，在该期限届满后申请人应有机会符合这些要求。

(c) 如果（a）的规定与指定局在 2000 年 3 月 17 日适用的本国法关于该规定中所述的期限不符，只要该规定继续与该本国法不符，该规定所述的期限对该局不适用，但该局应当在 2000 年 11 月 30 日之前通知国际局。国际局应当将收到的信息迅速在公报上公布❶。

第 52 条 向指定局提出的对权利要求书、说明书和附图的修改

52.1 期限

(a) 在不需任何特别请求即可开始处理或者审查程序的任何指定国中，如果申请人希望行使条约第 28 条规定的权利，那么他应在履行条约第 22 条规定的要求之日起 1 个月内进行，但是，如果在条约第 22 条适用的期限届满时，本细则 47.1 规定的送达尚未进行，申请人应在该期限届满之日起不超过 4 个月的期限内行使上述权利。不论在哪种情况下，只要上述国家的本国法允许，申请人可以在其后的任何时间行使上述权利。

(b) 在其本国法规定审查只能根据特别请求才能开始的任何指定国中，申请人行使条约第 28 条规定的权利的期限或者时间，应与该本国法规定的在根据特别请求进行对本国申请的审查时提出修改的期限或者时间相同，但

---

❶ 该信息也在 WIPO 网址的下述网页上公布：www.wipo.int/pct/en/texts/reservations/res_incomp.html。——原编者注

该期限不应在（a）适用的期限届满前届满，或者该时间不应在（a）适用的期限届满前到来。

第三部分　有关条约第Ⅱ章的细则

第 53 条　国际初步审查要求书

53.1　格式

（a）要求书应填写在印制的表格上或者用计算机打印出来。印制要求书表格的细节和用计算机打印要求书的细节应在行政规程中予以规定。

（b）印制的要求书表格应由受理局或者国际初步审查单位免费提供。

53.2　内容

（a）要求书应包括：

（i）请求；

（ii）有关申请人和代理人（有代理人时）的记载；

（iii）有关所涉及的国际申请的记载；

（iv）在适用的情况下，有关修改的声明。

（b）要求书应签字。

53.3　请求

请求的大意如下，并最好这样措词："根据专利合作条约第 31 条提出要求；下列签字人请求将下述的国际申请按照专利合作条约进行国际初步审查"。

53.4　申请人

关于申请人的记载应适用本细则 4.4 和 4.16 的规定，并比照适用本细则 4.5 的规定。

53.5　代理人或者共同代表

如果委托了代理人或者共同代表，要求书应如此写明，并应适用本细则 4.4 和 4.16 的规定，并比照适用本细则 4.7 的规定。

53.6　国际申请的标明

为了标明国际申请，要求书应写明申请人的姓名或者名称以及地址、发明名称、国际申请日（如果申请人知道）和国际申请号，或者当申请人不知道该号时，受理该国际申请的受理局的名称。

53.7　国家的选定

要求书的提交应构成对所有被指定并受条约第Ⅱ章约束的缔约国的选定。

53.8　签字

要求书应由申请人签字，如果有一个以上申请人，应由所有提出要求的申请人签字。

53.9　有关修改的声明

（a）如果根据条约第 19 条提出过修改，有关该修改的声明应写明申请人为国际初步审查的目的，是否希望那些修改：

（i）被考虑，在这种情况下，修改的副本和按照本细则 46.5（b）要求的信函的副本最好和国际初步审查要求书一起提出；或者

（ii）被认为撤销，因为已经根据条约第 34 条提出了修改。

（b）如果没有根据条约第 19 条提出过修改并且提出这种修改的期限尚未届满，该声明可以写明，如果国际初步审查单位希望在根据本细则 69.（1）（b）作出国际检索的同时启动国际初步审查，申请人希望根据本细则 69.1（d）将国际初步审查的启动推迟。

（c）如果和国际初步审查要求书一起提出了根据条约第 34 条提出的修改，该声明应予以写明。

第 54 条　有权提出国际初步审查要求的申请人

54.1　居所和国籍

（a）除（b）另有规定外，为了条约第 31 条（2）的目的，申请人的居所和国籍应按本细则 18.1（a）和（b）的规定予以确定。

（b）国际初步审查单位应在行政规程指明的情况下要求受理局，或者在国际申请是向作为受理局的国际局提出的情况下，要求有关缔约国的国家局或代表该国的局，决定该自称是其居民或国民的申请人是否是该缔约国的居民或者国民。国际初步审查单位应将这种要求告知申请人。申请人应有机会直接向有关局提供他的论据。有关局应迅速对上述问题作出决定。

54.2　提出国际初步审查要求的权利

如果提出国际初步审查要求的申请人，或

者如果有两个或两个以上的申请人,至少其中有一人是受条约第Ⅱ章约束的缔约国的国民或者居民,并且已向受条约第Ⅱ章约束的缔约国受理局或者代表该国的受理局提出了国际申请,就有权根据条约第31条(2)提出要求。

54.3 向作为受理局的国际局提出的国际申请

如果国际申请是向根据本细则19.1(a)(iii)作为受理局的国际局提出的,为条约第31条(2)(a)的目的,国际局应被认为代表申请人是其居民或者国民的缔约国。

54.4 无权提出国际初步审查要求的申请人

如果申请人无权提出国际初步审查要求,或者在有两个或者两个以上申请人的情况下,其中无人有权根据本细则54.2的规定提出上述要求,要求书应被认为未提出。

第54条之二 提交要求书的期限

54之二.1 提交要求书的期限

(a)要求书可以在以下期限届满之前的任何时间提交,以后到期的为准:
(i)向申请人传送国际检索报告或条约第17条(2)(a)所述声明和根据本细则43之二.1作出的书面意见之日起3个月,或
(ii)自优先权日起22个月。
(b)(a)规定的期限届满之后所提交的要求书将被视为未提出,国际初步审查单位并应如此宣布。

第55条 语言(国际初步审查)

55.1 要求书的语言

要求书应使用国际申请的语言,或者如果国际申请在提出时使用的语言与公布时使用的语言不同,应使用国际申请公布时的语言。但是,根据本细则55.2的规定要求提供国际申请的译文的,要求书应使用该译文所用的语言。

55.2 国际申请的译文

(a)如果国际申请提出时使用的语言,以及国际申请公布时使用的语言,都不是进行国际初步审查的国际初步审查单位所接受的语言,除(b)另有规定外,申请人应连同国际初步审查要求一起,提交该国际申请的译文,所用语言应符合以下两个条件:
(i)是该单位接受的一种语言;和
(ii)是公布语言中的一种。

(a之二)国际申请译成(a)中所述语言的译文应包括条约第11条(1)(iii)(d)或(e)所述由申请人根据本细则20.3(b)或20.6(a)的规定提交的任何项目和根据本细则20.5(b)或20.6(a)提交的任何说明书、权利要求或附图部分,原因是根据本细则20.6(b)的规定,这些项目和部分已被认为包含在国际申请中。

(a之三)国际初步审查单位应检查根据(a)提交的译文是否符合本细则11所述的形式要求,以达到能够进行国际初步审查的目的。

(b)如果国际申请译成(a)中所述语言的译文已根据本细则23.1(b)送交国际检索单位,并且国际初步审查单位和国际检索单位同是一个国家局或者政府间组织的一部分的,申请人不必根据(a)的规定提交译文。在这种情况下,除非申请人提交了(a)中所述的译文,国际初步审查应在根据本细则23.1(b)送交的译文的基础上进行。

(c)如果申请人没有遵守(a)、(a之二)以及(a之三)所述的规定,并且(b)不适用,国际初步审查单位应通知申请人在根据情况是合理的期限内提交所规定的译文,或者根据情况提交所需的改正。该期限自通知之日起不应少于1个月。国际初步审查单位在作出决定前的任何时候可以将该期限予以延长。

(d)如果申请人在(c)规定的期限内满足了该通知的要求,应认为已经符合上述规定。如果申请人没有满足该通知的要求,该要求书应被认为没有提出,国际初步审查单位应作出这样的宣布。

55.3 修改和信函的语言和译文

(a)除(b)规定外,如果国际申请在提出时使用的语言与公布时使用的语言不同,根据条约第34条的修改以及本细则66.8(a)、66.8(b)和根据66.8(c)所适用的46.5

(b) 所述的信函应以公布的语言提出。

(b) 如果根据本细则 55.2 的规定要求提交国际申请的译文：

（i）所有修改以及（a）中提及的信函；以及

（ii）所有根据条约第 19 条作出并且按照本细则 66.1（c）或（d）将予以考虑的修改以及本细则 46.5（b）提及的信函；都应使用该译文所用的语言。如果这种修改或信函已经或者正在用另一种语言提出，也应提交其译文。

（c）如果提交的修改或信函不是以（a）或（b）所要求的语言提交，国际初步审查单位应通知申请人在根据情况是合理的期限内提交规定语言要求的修改或信函。该期限自通知之日起不应少于 1 个月。国际初步审查单位在作出决定前的任何时候可以将该期限予以延长。

（d）如果申请人没有在（c）规定的期限内按通知要求提交规定语言的修改，该修改在国际初步审查中不应予以考虑。如果申请人没有在（c）规定的期限内按通知要求提交（a）述及的规定语言的信函，所涉及的修改在国际初步审查中不应予以考虑。

第 56 条 ［删除］

第 57 条 手续费

57.1 缴纳费用的要求

每份国际初步审查要求均应为国际局的利益缴纳费用（"手续费"），该费用由受理要求书的国际初步审查单位收取。

57.2 数额

（a）手续费数额在费用表中规定。

（b）手续费应以国际初步审查单位规定的货币或其中的一种货币缴纳（"规定货币"）；

（c）当规定货币是瑞士法郎时，国际初步审查单位应当迅速将该手续费以瑞士法郎汇交国际局。

（d）当规定货币不是瑞士法郎，且该货币：

（i）能够自由兑换成瑞士法郎的，对于每一个规定以此种货币缴纳手续费的国际初步审查单位，总干事应根据大会的指示为之确定以该种规定货币缴纳所述费用的等值数额，国际初步审查单位应当按该数额将规定货币迅速汇交国际局；

（ii）不能自由兑换成瑞士法郎的，国际初步审查单位应负责将手续费从规定货币转换成瑞士法郎，并迅速按费用表列出的数额以瑞士法郎汇交国际局。或者，如果国际初步审查单位愿意，可以将手续费从规定货币转换成欧元或美元，并迅速按（i）中所述由总干根据大会指示确定的等值数额、以欧元或者美元汇交国际局。

57.3 缴纳费用的期限；应缴的数额

（a）除（b）和（c）另有规定外，手续费应在自提交国际初步审查要求书之日起 1 个月内或自优先权日起 22 个月内缴纳，以后到期的为准。

（b）除（c）另有规定外，如果该要求书已根据本细则 59.3 送交国际初步审查单位的，手续费应在自该单位收到之日起 1 个月内或自优先权日起 22 个月内缴纳，以后到期的为准。

（c）如果根据本细则 69.1（b），国际初步审查单位希望在进行国际检索的同时启动国际初步审查，该单位应通知申请人在自通知之日起 1 个月内缴纳手续费。

（d）应缴的手续费数额是在缴纳日所适用的数额。

57.4 退款

如果有下列情形之一，国际初步审查单位应将手续费退还给申请人：

（i）如果在该单位将国际初步审查要求书送交国际局之前，该要求书已被撤回；或者

（ii）如果根据本细则 54.4 或 54 之二.1（b），该要求书被认为没有提出。

第 58 条 初步审查费

58.1 要求缴纳费用的权利

（a）每个国际初步审查单位为进行国际初步审查和执行根据条约和本细则委托国际初步审查单位的一切其他任务，可以为其自己的利益，要求申请人缴纳费用（"初步审查费"）。

（b）初步审查费的数额，如果该费用应缴纳时，应由国际初步审查单位确定。关于缴纳初步审查费的期限以及应缴的数额，应比照

适用与手续费有关的本细则 57.3 的规定。

（c）初步审查费应直接向国际初步审查单位缴纳。如果该单位是国家局，初步审查费应以该局规定的货币缴纳，如果该单位是政府间组织，初步审查费应以该政府间组织所在国家的货币缴纳，或者以任何可以自由兑换成该国货币的其他货币缴纳。

58.2　[删除]

58.3　退款

国际初步审查单位应通知国际局在要求书被认为没有提出的情况下，该单位退还作为初步审查费缴纳的款项的程度（如果有时）和条件（如果有时），国际局应将该项信息迅速予以公布。

第 58 条之二　缴费期限的延长

58 之二.1　国际初步审查单位的通知

（a）如果国际初步审查单位发现：

（i）向其缴纳的数额不足以付清手续费和初步审查费；或

（ii）本细则 57.3 和 58.1（b）规定的缴费期限已到，却尚未向其缴费；该单位应通知申请人在自通知之日起 1 个月的期限内，向其缴纳付清那些费用所需的数额以及在适用的情况下本细则 58 之二.2 规定的滞纳金。

（b）如果国际初步审查单位已根据（a）发出通知，而申请人在（a）所述的期限内没有缴纳应付的全部数额，包括在适用的情况下本细则 58 之二.2 规定的滞纳金的，除（c）另有规定外，要求书应被认为没有提出，国际初步审查单位应作这样的宣布。

（c）国际初步审查单位在根据（a）发出通知之前收到的费用，按照情况应认为是在本细则 57.3 或 58.1（b）所规定的期限届满前收到。

（d）国际初步审查单位在其开始（b）规定的程序之前收到的任何费用应认为是在（a）规定的期限届满前收到。

58 之二.2　滞纳金

（a）国际初步审查单位为其自己的利益，可以规定按本细则 58 之二.1（a）的通知缴纳费用的，应向其缴纳滞纳金，滞纳金的数额应为：

（i）通知中指明的未缴纳费用数额的 50%；或者

（ii）如果根据（i）计算的数额小于手续费，则与手续费相等的数额。

（b）但是，滞纳金的数额不应超过手续费的 2 倍。

第 59 条　主管的国际初步审查单位

59.1　根据条约第 31 条（2）（a）提出的要求

（a）对于根据条约第 31 条（2）（a）规定提出的国际初步审查要求，受条约第 II 章规定约束的各缔约国的或者代表该国的受理局应根据条约第 32 条（2）和（3）所述的适用协议的条件通知国际局，说明向该局提出的国际申请应由哪一个或者哪几个国际初步审查单位进行国际初步审查。国际局应将该信息迅速予以公布。在有几个主管国际初步审查单位的情况下，应比照适用本细则 35.2 的规定。

（b）如果国际申请已经根据本细则 19.1（a）（iii）向作为受理局的国际局提出，应比照适用本细则 35.3（a）和（b）的规定。本条（a）不适用于根据本细则 19.1（a）（iii）作为受理局的国际局。

59.2　根据条约第 31 条（2）（b）提出的要求

对于根据条约第 31 条（2）（b）规定提出的要求，大会在指定国际申请的主管国际初步审查单位时，如果受理国际申请的国家局本身是国际初步审查单位，则大会应优先指定该单位，如果该国家局不是国际初步审查单位，则大会应优先指定该局推荐的国际初步审查单位。

59.3　向主管的国际初步审查单位传送要求书

（a）如果国际初步审查要求书是提交给受理局、国际检索单位或者非主管该国际申请的国际初步审查的国际初步审查单位的，则该局或者单位应在要求书上标明收到日期，除决定根据（f）进行处理外，将要求书迅速传送给国际局。

（b）如果要求书是提交给国际局的，国际局应在要求书上标明收到日期。

（c）如果要求书是根据（a）传送给国际局的，或者根据（b）向其提出的，国际局应迅速：

（i）如果仅有一个主管的国际初步审查单位，将要求书传送给该单位并通知申请人；或者

（ii）如果有两个或者两个以上主管的国际初步审查单位，通知申请人在按本细则54之二.1（a）适用的时间期限或在通知之日起15天内，以后到期的为准，指明应向其传送要求书的主管国际初步审查单位。

（d）如果已按（c）（ii）的要求提交了指明，国际局应迅速将要求书传送给申请人指明的国际初步审查单位。如果未按此提交指明，则要求书应认为没有提出，国际局应作这样的宣布。

（e）如果要求书是根据（c）传送给主管国际初步审查单位的，应认为该要求书是根据（a）或者（b）在要求书上标明的日期代表该单位收到的，而且应认为这样传送的要求书已被主管单位在该日收到。

（f）如果根据（a）接到要求书的受理局或单位决定将要求书直接传送给主管国际初步审查单位，应比照适用（c）至（e）的规定。

第 60 条　要求书中的某些缺陷

60.1　要求书中的缺陷

（a）除（a）之二和（a）之三另有规定外，如果要求书不符合本细则 53.1、53.2（a）（i）至（iii）、53.2（b）、53.3 至 53.8 和 55.1 的规定，国际初步审查单位应通知申请人在根据情况是合理的期限内改正该缺陷。该期限自通知之日起不应少于 1 个月。国际初步审查单位在作出决定前的任何时候可以将该期限予以延长。

（a之二）为本细则 53.4 的目的，如果有两个或以上申请人，针对其中一个根据本细则 54.2 的规定有权提出国际初步审查要求的申请人写明了本细则 4.5（a）（ii）和（iii）所述的内容，即足以符合规定。

（a之三）为本细则 53.8 的目的，如果有两个或两个以上申请人，要求书由其中一个申请人签字的，则足以符合规定。

（b）如果申请人在（a）规定的期限内满足了通知的要求，则只要原提出的要求书足以确定该国际申请，即应认为该要求书已经在其实际提出日收到；否则该要求书应认为是在国际初步审查单位收到改正之日收到。

（c）如果申请人在（a）规定的期限内未满足通知的要求，该要求书应认为没有提出，国际初步审查单位应作这样的宣布。

（d）［删除］

（e）如果缺陷是国际局发现的，该局应提请国际初步审查单位注意该缺陷，该单位应按照（a）至（c）的规定进行处理。

（f）如果国际初步审查要求书没有包括有关修改的声明，国际初步审查单位应根据本细则 66.1 和 69.1（a）或者（b）的规定进行处理。

（g）如果有关修改的声明中写明和要求书一起提交了根据条约第 34 条提出的修改（本细则 53.9（c）），但实际上该修改并没有提交，国际初步审查单位应通知申请人在通知中规定的期限内提交修改，并应根据本细则 69.1（e）的规定进行处理。

第 61 条　要求书和选定书的通知

61.1　给国际局和申请人的通知

（a）国际初步审查单位应在国际初步审查要求书上注明收到日期，或者在适用的情况下，注明本细则 60.1（b）所述的日期。国际初步审查单位应将要求书迅速送交国际局，并将副本存在自己的文档中，或者将要求书副本迅速送交国际局，并将要求书存在自己的文档中。

（b）国际初步审查单位应将收到要求书的日期迅速通知申请人。根据本细则 54.4、55.2（d）、58之二.1（b）或者 60.1（c）的规定要求书被认为没有提出的，国际初步审查单位应相应地通知申请人和国际局。

61.2　给选定局的通知

（a）条约第 31 条（7）所规定的通知应由

国际局发出。

（b）通知应写明该国际申请的申请号和申请日，申请人的姓名或者名称，（在要求优先权的情况下）作为优先权基础的申请的申请日，国际初步审查单位收到要求书的日期。

（c）通知应和条约第20条规定的送达一起送交选定局。在该送达以后作出的选定应一经作出就迅速通知。

（d）如果在国际申请的国际公布之前，申请人根据条约第40条（2）的规定向选定局提出明确请求，国际局应根据申请人或者选定局的要求，迅速向该局进行条约第20条所述的送达。

61.3　给申请人的信息

国际局应将本细则61.2中所述的通知和根据条约第31条（7）被通知的选定局以书面形式告知申请人。

61.4　在公报上公布

国际局应在要求书提出之后，但不应在国际申请的国际公布之前，迅速在公报上按照行政规程的规定公布有关要求书和选定国的信息。

第62条　向国际初步审查单位传送国际检索单位书面意见副本和根据条约第19条提出的修改的副本

62.1　国际检索单位书面意见副本和修改的副本在提交要求书之前传送

国际局从国际初步审查单位收到要求书或者其副本后，应迅速向该单位传送：

（i）根据本细则43之二.1作出的书面意见的副本，除非该作为国际检索单位的国家局或政府间组织同时还是国际初步审查单位；以及

（ii）根据条约第19条进行的任何修改的副本、该条所述的任何声明的副本以及本细则46.5（b）所要求的信函的副本，除非该单位已说明它已收到了这种副本。

62.2　在提交要求书后提出的修改

如果在提出根据条约第19条的修改时已经提出了国际初步审查要求，申请人最好在向国际局提出修改的同时，也向国际初步审查单位提交此修改的副本、该条所述的声明副本及本细则46.5（b）所要求的信函的副本。在任何情况下，国际局应迅速将此修改的副本、声明的副本和信函的副本传送该单位。

第62条之二　向国际初步审查单位传送国际检索单位书面意见的译文

62之二.1　译文和意见

（a）应国际初步审查单位的请求，当根据本细则43之二.1作出的书面意见未使用英文或该单位所接受的语言的，则应由国际局或由其负责译成英文。

（b）国际局应自收到提供译文请求之日起2个月内向国际初步审查单位传送译文副本，并同时向申请人传送副本。

（c）申请人可以就译文的正确性提交书面意见并将意见副本传送给国际初步审查单位和国际局。

第63条　对国际初步审查单位的最低要求

63.1　最低要求的定义

条约第32条（3）中所述的最低要求如下：

（i）国家局或者政府间组织至少必须拥有100名具有足以胜任审查工作的技术资格的专职人员；

（ii）该局或者该组织至少必须拥有本细则34所述的为审查目的而妥善整理的最低限度文献；

（iii）该局或者该组织必须拥有一批能对所要求的技术领域进行审查，并且具有至少能够理解用来撰写或者翻译本细则34所述的最低限度文献的语言的语言条件的工作人员；

（iv）该局或者该组织必须根据国际初步审查共同规则设置质量管理系统和内部复查机构；

（v）该局或者该组织必须被指定为国际检索单位。

第64条　与国际初步审查有关的现有技术

64.1　现有技术

（a）为条约第32条（2）和（3）的目的，

在世界上任何地方，公众通过书面公开（包括绘图和其他图解）可以得到的一切事物，应认为是现有技术，但以公众可以得到发生在有关日期之前为限。

（b）为（a）的目的，相关日期应当是指：

（i）除（ii）和（iii）另有规定外，在国际初步审查中国际申请的国际申请日；

（ii）在国际初步审查中国际申请要求了一项在先申请的优先权的且国际申请日在优先权期限内，该在先申请的申请日，除非国际初步审查单位认定该优先权请求无效；

（iii）在国际初步审查中，国际申请要求了一项在先申请的优先权，并且其国际申请日晚于优先权期限，但是在自优先权期限届满日起2个月内，该在先申请的申请日，除非国际初步审查单位以国际申请日迟于优先权期限届满日以外的其他理由认定该优先权请求无效。

64.2 非书面公开

在本细则64.1（b）所定义的相关日期之前公众通过口头公开、使用、展览或者其他非书面方式可以得到（"非书面公开"），而且这种非书面公开的日期记载在与相关日期同日或者在其之后公众可以得到的书面公开之中的，为条约第33条（2）和（3）的目的，该非书面公开不应认为是现有技术的一部分。但是，国际初步审查报告应依本细则70.9规定的方式提请注意这种非书面公开。

64.3 某些已公布的文件

任何申请或者任何专利如果在本细则64.1所述相关日期之前公布即会构成条约第33条（2）和（3）所称的现有技术，但其实际上是在与相关日期同日或者在其之后公布，并且其申请是在该相关日期之前提出的，或者要求了一项在相关日期之前提出的在先申请的优先权，则这类已公布的申请或者专利不应认为构成条约第33条（2）和（3）所称现有技术的一部分。但是，国际初步审查报告应以本细则70.10规定的方式提请注意这类申请或者专利。

第65条 创造性或者非显而易见性

65.1 与现有技术的关系

为条约第33条（3）的目的，国际初步审查应对每项特定权利要求与现有技术的整体之间的关系加以考虑。不仅应考虑该权利要求与各个文件或者该文件各部分内容分开来看时之间的关系，如果这些文件或者文件的各部分内容的结合对于本技术领域的普通技术人员是显而易见的，还应考虑该权利要求与这种结合之间的关系。

65.2 相关日期

为条约第33条（3）的目的，评价创造性（非显而易见性）时的有关日期是指本细则64.1所述的日期。

第66条 国际初步审查单位的程序

66.1 国际初步审查的基础

（a）除（b）至（d）另有规定外，国际初步审查应以原始提交的国际申请为基础。

（b）申请人可以根据条约第34条在提交国际初步审查要求书时提出修改，或者除本细则66.4之二另有规定外，在国际初步审查报告制定之前提出修改。

（c）在国际初步审查要求书提出前根据条约第19条提出的任何修改在国际初步审查中都应予以考虑，除非该修改已被根据条约第34条提出的修改所代替或者被认为撤销。

（d）在国际初步审查要求书提出后根据条约第19条提出的任何修改，以及向国际初步审查单位提出的根据条约第34条提出的任何修改，除本细则66.4之二另有规定外，在国际初步审查中均应予以考虑。

（d之二）根据本细则91.1许可的明显错误更正，除本细则66.4之二另有规定外，为国际初步审查的目的，在国际初步审查中均应予以考虑。

（e）对于没有作出过任何国际检索报告的发明的权利要求，不需进行国际初步审查。

66.1之二 国际检索单位的书面意见

（a）除（b）另有规定外，国际检索单位根据本细则43之二.1所作出的书面意见，为本细则66.2（a）之目的，应被视为是国际初步审查单位的书面意见。

（b）国际初步审查单位可以通知国际局，当书面意见是由国际检索单位或者其通知中指明的单位根据本细则43之二.1作出时，（a）的规定对该单位的程序不适用，但如果作为国际检索单位的该国家局或政府间组织同时也是国际初步审查单位时，该通知不予适用。国际局应将任何这类通知在公报❶上迅速公布。

（c）如果根据（b）所作的通知，国际检索单位根据本细则43之二.1所作出的书面意见不被认为是国际初步审查单位为本细则66.2（a）目的作出的书面意见，该国际初步审查单位应相应地书面通知申请人。

（d）尽管根据（b）所作的通知，国际检索单位根据本细则43之二.1所作出的书面意见不被认为是国际初步审查单位为本细则66.2（a）目的作出的书面意见，国际初步审查单位在根据本细则66.2（a）进行处理中仍应对该书面意见予以考虑。

66.1之三 扩展检索

国际初步审查单位应当进行一项检索（"扩展检索"），以发现本细则64所提及的在国际检索报告制定之后公开或者可以供所述国际初步审查单位检索的文件，除非该单位认为这样的扩展检索并无用处。如果该单位发现存在条约34（3）或（4）或者细则66.1（e）提及的情况，则扩展检索应当仅涉及国际申请中属于国际初步审查主题的那些部分。

66.2 国际初步审查单位的书面意见

（a）如果国际初步审查单位认为有下列情形之一的，应相应书面通知申请人：

（i）国际申请有条约第34条（4）中所述情形之一的；

（ii）任何一项权利要求要求保护的发明看来并不具备新颖性，看来并不具备创造性（看来并不是非显而易见），或者看来不能在工业上应用，因而国际初步审查报告对该权利要求均应予以否定；

（iii）根据条约或者本细则的规定，国际申请的格式或者内容有某些缺陷；

（iv）国际申请的修改超出了国际申请提出时所公开的范围；或者

（v）希望在国际初步审查报告上附加对权利要求书、说明书和附图是否清楚的说明，或者对权利要求书是否得到说明书充分支持的意见；

（vi）对某一权利要求涉及的发明没有制定相应的国际检索报告，并且对该权利要求已决定不进行国际初步审查；或者

（vii）所提供的核苷酸和/或者氨基酸序列表不符合规定，以至于不能进行有意义的国际初步审查。

如果作为国际初步审查单位的国家局的本国法不允许以不同于本细则6.4（a）第二句和第三句所规定的方式撰写多项从属权利要求，则在该申请未使用该方式提出权利要求的情况下，国际初步审查单位可以适用条约第34条（4）（b）的规定。在这种情况下，该单位应相应的书面通知申请人。

（b）国际初步审查单位应在通知中详细说明其持上述意见的理由。

（c）通知应要求申请人提出书面答复，在情况需要时并应附修改。

（d）通知应规定答复的期限。该期限视具体情况应当合理。一般应为自通知之日起2个月。期限无论如何不得少于自通知之日起1个月。在国际检索报告与通知同时送交的情况下，该期限至少应自通知之日起2个月。除另有规定外，该期限不得多于自通知之日起3个月。

（e）申请人在答复通知的期限届满前提出请求的，该答复通知的期限可以延长。

66.3 对国际初步审查单位的正式答复

（a）申请人答复本细则66.2（c）所述的国际初步审查单位的通知时可以提出修改，或者，根据情况，如果申请人不同意该单位的意见，可以提出答辩，或者两者均采用。

（b）任何答复应直接提交国际初步审查单位。

66.4 提出修改或者答辩的追加机会

（a）如果国际初步审查单位愿意发出一份

---

❶ 该信息也在WIPO网址的下述网页上公布：www.wipo.int/pct/en/texts/reservations/res_incomp.html。——原编者注

或者多份追加书面意见，它可以这样做，并应适用本细则66.2和66.3的规定。

（b）应申请人的请求，国际初步审查单位可以给予一次或者多次提出修改或者答辩的追加机会。

66.4之二 对修改、答辩和明显错误更正的考虑

修改、答辩和明显错误更正是在国际初步审查单位已经开始起草书面意见或者国际初步审查报告后收到的、许可的或者被通知的，该单位在该意见或者报告中不必对修改、答辩或更正加以考虑。

66.5 修改

除明显错误的更正外，凡改动权利要求书、说明书或者附图，包括删去权利要求，删去说明书中某些段落，或者删去某些附图，均应认为是修改。

66.6 与申请人的非正式联系

国际初步审查单位可以随时通过电话、书信或者个人会晤与申请人非正式地联系。该单位应自行决定，如果申请人请求，是否同意进行一次以上的个人会晤，或者是否愿意答复申请人非正式的书面通信。

66.7 优先权文件副本和译文

（a）如果国际初步审查单位需要国际申请中作为优先权基础的在先申请的副本，国际局应请求应迅速提供该副本。如果由于申请人未满足本细则17.1的要求，以致未能向国际初步审查单位提供该副本，并且该在先申请未向作为国家局的该单位提交或者该单位不能按照行政规程的规定从数字图书馆中获得该优先权文件，则该国际初步审查单位可以在优先权要求视为没有提出的情况下制定国际初步审查报告。

（b）如果国际申请中作为优先权基础的申请使用的语言不是国际初步审查单位使用的语言或者语言之一，该单位可以，当优先权要求的有效性与撰写条约第33条（1）所述意见相关时，要求申请人在自通知之日起2个月内提交该语言或者该语言之一的译文。如果该译文没有在该期限内提交，可以在优先权要求视为没有提出的情况下制定国际初步审查报告。

66.8 修改的形式

（a）除段落（b）另有规定外，当修改说明书或附图时，对国际申请中由于修改而导致与原始提出页不同的每一页，申请人均应提交替换页。随替换页一起提交的信函应说明被替换页与替换页之间的差别，并应当指出所做修改在原始提交的申请中的基础，并且最好解释修改的原因。

（b）如果修改是删去某些段落或者是做小的改动或者增加，则（a）所述的替换页可以是国际申请含有改动或增加的有关页的复印件，条件是该页的清晰度和直接复制性没有受到不利的影响。如果修改结果导致整页删除，该项修改应以信函提出，而该信函最好对修改的原因也予以解释。

（c）当修改权利要求时，本细则46.5应比照适用。根据本条适用的根据本细则46.5提交的权利要求应替换原始提交的，或适用情况下，根据条约19条或条约34条修改的全部权利要求。

第67条 条约第34条（4）（a）（i）所述的主题

67.1 定义

如果国际申请的主题是下列各项之一，并且在有下列情形之一的限度内，国际初步审查单位无须对该国际申请进行国际初步审查：

（i）科学和数学理论；

（ii）植物、动物品种或者主要是用生物学方法生产植物和动物的方法，但微生物学方法和由该方法获得的产品除外；

（iii）经营业务，纯粹智力活动或者游戏比赛的方案、规则或者方法；

（iv）治疗人体或者动物体的外科手术或者疗法以及诊断方法；

（v）单纯的信息提供；

（vi）计算机程序，在国际初步审查单位不具备条件对其进行国际初步审查的限度内。

第68条 缺乏发明单一性（国际初步审查）

68.1 不通知限制权利要求或者缴费

如果国际初步审查单位认为国际申请不符

合发明单一性要求，并决定不通知申请人限制权利要求或者缴纳附加费的，除条约第 34 条 (4) (b) 和本细则 66.1 (e) 另有规定外，该单位应就整个国际申请继续国际初步审查，但应在任何书面意见和国际初步审查报告中指出，该单位认为该申请不符合发明单一性要求，并说明理由。

68.2 通知限制权利要求或者缴费

如果国际初步审查单位认为国际申请不符合发明单一性要求，并决定通知申请人根据其自己选择限制权利要求或者缴纳附加费的，该通知应当：

（i）至少应举出一种以国际初步审查单位的观点认为符合要求的限制权利要求的可能方案；

（ii）写明它认为国际申请不符合发明单一性要求的理由；

（iii）通知申请人自通知之日起 1 个月内满足该通知的要求；

（iv）如果申请人选择了缴纳附加费，应指明要求缴纳的数额；以及

（v）在适用的情况下要求申请人自通知之日起 1 个月内缴纳本细则 68.3（e）所述的异议费，并指明应缴纳的数额。

68.3 附加费

（a）条约第 34 条（3）（a）规定的国际初步审查附加费的数额应由主管国际初步审查单位确定。

（b）条约第 34 条（3）（a）规定的国际初步审查附加费，应直接向国际初步审查单位缴纳。

（c）任何申请人在缴纳附加费时可以提出异议，即附一说明理由的声明，说明该国际申请符合发明单一性要求或者说明要求缴纳的附加费数额过高。该项异议应由设立在国际初步审查单位的一个复审机构进行审查，并应在其认为异议理由成立的限度内命令向申请人退还全部或者部分附加费。根据申请人的请求，异议及异议决定的文本应作为国际初步审查报告的附件通知选定局。

（d）（c）所述复审机构的成员可以包括，但应不限于作出被异议的决定的人。

（e）对（c）所述异议的审查，国际初步审查单位为其自己的利益，可以要求缴纳异议费。如果申请人在本细则 68.2（v）规定的期限内没有缴纳任何所需的异议费，该异议应当被视为未提出并且国际初步审查单位应当如此宣布。如果（c）所述的复审机构认为异议完全正当，异议费应当退还给申请人。

68.4 对权利要求书限制不充分时的程序

如果申请人对权利要求书作了限制，但不足以符合发明单一性要求，国际初步审查单位应按照条约第 34 条（3）（c）的规定进行处理。

68.5 主要发明

为条约第 34 条（3）（c）的目的，对于哪一项发明是主要发明如果存在疑问，应认为权利要求中首先记载的发明是主要发明。

第 69 条　国际初步审查的启动和期限

69.1 国际初步审查的启动

（a）除（b）至（e）另有规定外，国际初步审查单位在得到以下全部文件后应启动国际初步审查：

（i）国际初步审查要求书；

（ii）应当缴纳的（全部）手续费和初步审查费，包括：在适用的情况下根据本细则 58 之二.2 所收取的滞纳金；和

（iii）国际检索报告或者国际检索单位根据条约第 17 条（2）（a）作出的关于将不制定国际检索报告的宣布，以及根据本细则 43 之二.1 所作出的书面意见；除非申请人明确请求将国际初步审查的启动推迟至细则 54 之二.1（a）所适用的期限届满。

（b）如果作为国际检索单位的国家局或政府间组织同时也是国际初步审查单位，如果该国家局或国际初步审查单位愿意，并且除（d）和（e）另有规定外，国际初步审查可以和国际检索同时启动。

（b之二）如果同时作为国际检索单位和国际初步审查单位的国家局或政府间组织根据（b）希望在启动国际检索的同时也启动国际初步审查，并且认为已满足条约第 34 条（2）

(c)(i)至(iii)的全部条件,则作为国际检索单位的该国家局或政府间组织不需要根据本细则 43 之二.1 的规定作出书面意见。

(c)如果有关修改的声明写明根据条约第 19 条提出的修改应予以考虑(本细则 53.9(a)(i)),国际初步审查单位在收到有关修改的副本之前不应启动国际初步审查。

(d)如果有关修改的声明写明国际初步审查的启动应予以推迟(本细则 53.9(b)),国际初步审查单位在下列情形发生之前不应启动国际初步审查,以先发生者为准:

(i)收到根据条约第 19 条提出的任何修改的副本;

(ii)收到申请人表示无意根据条约第 19 条提出修改的通知;或者

(iii)根据本细则 46.1 所适用的期限届满。

(e)如果有关修改的声明写明根据条约第 34 条提出的修改已和要求书一起提出(本细则 53.9(c)),但实际上该修改并没有提出,国际初步审查单位在收到修改前或者在本细则 60.1(g)所述的通知中确定的期限届满前,以先发生者为准,不应启动国际初步审查。

69.2 国际初步审查的期限

制定国际初步审查报告的期限应为以下最后到期期限届满之前:

(i)自优先权日起 28 个月;或

(ii)自本细则 69.1 规定的启动国际初步审查之时起 6 个月;或

(iii)自国际初步审查单位收到根据本细则 55.2 递交的译文之日起 6 个月。

第 70 条 国际初步审查单位的专利性国际初步报告(国际初步审查报告)

70.1 定义

为本条的目的,"报告"一词是指国际初步审查报告。

70.2 报告的基础

(a)如果对权利要求已经进行修改,则应按照经过修改的权利要求提出报告。

(b)如果报告是在根据本细则 66.7(a)或者(b)的规定,在优先权要求视为没有提出的情况下制定的,报告中应相应予以注明。

(c)如果国际初步审查单位认为修改超出了该国际申请提出时公开的范围,应按照该修改视为没有提出的情况制定报告,并应在报告中相应予以注明。报告并应写明该单位认为修改超出所述公开范围的理由。

(c 之二)如果对权利要求书、说明书或者附图进行了修改,但是没有按照本细则 46.5(b)(iii)、本细则 66.8(a)或者根据本细则 66.8(c)所适用的本细则 46.5(b)(iii)的要求,随替换页一起提交指明所做修改在原始提交的国际申请中的基础的信函,在适用的情况下,应按照该修改视为没有提出的情况制定报告,并应在报告中相应予以注明。

(d)如果对权利要求涉及的发明没有制定相应的国际检索报告,并且因此不是国际初步审查的主题,国际初步审查报告应相应予以注明。

(e)如果根据本细则 66.1 所述的明显错误更正被考虑,报告应当予以注明。如果根据细则 66.4 之二所述的明显错误更正没有被考虑,则报告在可能的情况下,应当予以注明,如果报告漏填,则国际初步审查单位应当相应通知国际局,同时,国际局应当根据行政规程处理。

(f)国际初步审查报告应当说明根据细则 66.1 之三进行扩展检索的日期,或者说明没有进行扩展检索。

70.3 标明

报告应标明制定该报告的国际初步审查单位的名称,并应写明国际申请号、申请人姓名或者名称及国际申请日以标明国际申请。

70.4 日期

报告应注明:

(i)递交国际初步审查要求书的日期;和

(ii)报告的日期;该日期应为报告完成的日期。

70.5 分类

(a)如果国际初步审查单位同意根据本细则 43.3 所确定的分类,报告应重复该分类号。

(b)否则,国际初步审查单位至少应根

据国际专利分类法，在报告中注明该单位认为是正确的分类号。

70.6 条约第35条（2）的说明

（a）条约第35条（2）所述的说明应使用"是"或者"否"，或者使用报告所使用的语言中相应的词，或者使用行政规程规定的其他适当的记号，如有引用文件清单、解释和条约第35条（2）最后一句所述的意见，应将其作为附件。

（b）如果条约第35条（2）所述的三项标准（即新颖性，创造性（非显而易见性）和实用性）中的任何一项未符合要求，都应作出否定的说明。在此情况下，如果这些标准中的任何一项单独来看符合要求，报告应指明该已符合要求的标准。

70.7 条约第35条（2）的引证

（a）报告应引用那些被认为与支持依照条约第35条（2）所作出的说明有关的文件，而不论这些文件在国际检索报告中是否被引用。在国际检索报告中引用的文件仅在国际初步审查单位认为有关时才需要在报告中引用。

（b）本细则43.5（b）和（e）的规定也适用于报告。

70.8 条约第35条（2）的解释

行政规程应包括是否应作出条约第35条（2）所述的解释以及这种解释的格式的基准。该基准则应根据下列原则：

（i）对于任何一项权利要求作出否定说明时，应给予解释；

（ii）在作出肯定说明的情况下，除根据参考所引用的文件容易想出引用该文件的理由以外，都应给予解释；

（iii）如果认可本细则70.6（b）最后一句规定的情形，一般应给予解释。

70.9 非书面公开

因根据本细则64.2的规定而在报告中提及任何非书面公开时，应写明其类型，述及该非书面公开的书面公开向公众提供的日期，以及该非书面公开在公众中出现的日期。

70.10 某些公布的文件

因根据本细则64.3的规定而在报告中提及公布的申请或者专利时，应如实予以说明，并应记明其公布日、申请日以及其要求的优先权日（如果有的话）。对于此类文件的优先权日，报告可以指出，按照国际初步审查单位的意见，该日期尚未有效地成立。

70.11 修改的记述

如果已经向国际初步审查单位提出了修改，报告中应注明此事。如因修改而导致整页删除，报告中也应注明此事。

70.12 某些缺陷和其他事项的记述

如果国际初步审查单位在制定报告时：

（i）认为国际申请中含有本细则66.2（a）（iii）所述的缺陷的，报告中应写明这种意见并说明理由；

（ii）认为国际申请需要本细则66.2（a）（v）中所述的意见的，报告中可以写明这种意见；如果写明了这种意见，报告中还应说明这种意见的理由；

（iii）认为条约第34条（4）所述的情形之一存在的，报告中应写明这种意见并说明理由；

（iv）认为申请人没有以一种使其能进行有意义的国际初步审查的形式提供核苷酸和/或氨基酸序列表的，报告中应相应予以写明。

70.13 关于发明单一性的说明

如果申请人缴纳了国际初步审查附加费，或者如果根据条约第34条（3）的规定对国际申请或者国际初步审查做了限制，报告中应作相应的说明。另外，如果国际初步审查是根据已经限制的权利要求（条约第34条（3）（a）），或者是仅根据主要发明（条约第34条（3）（c））进行的，报告中应写明对国际申请的哪些部分进行了国际初步审查，对哪些部分没有进行国际初步审查。如果国际初步审查单位决定不要求申请人限制权利要求或者缴纳附加费，报告中应包括本细则68.1中规定的说明。

70.14 授权官员

报告应写明国际初步审查单位负责该报告的官员的姓名。

70.15 格式；标题

（a）对该报告的形式的形式要求应由行政规程规定。

（b）该报告的标题应为"专利性国际初步报告（专利合作条约第 II 章）"，同时应指明它是国际初步审查单位所作的国际初步审查报告。

70.16 报告的附件

（a）以下替换页和信函应作为报告的附件：

（i）根据本细则 66.8 提交的、包含根据条约第 34 条作出的修改的替换页，以及根据本细则 66.8（a）、66.8（b）和根据本细则 66.8（c）所适用的本细则 46.5（b）提交的信函；

（ii）根据本细则 46.5 提交的、包含根据条约第 19 条作出的修改的替换页，以及根据本细则 46.5 提交的信函；

（iii）根据本细则 91.2 适用本细则 26.4 提交的、包含国际单位根据本细则 91.1（b）

（iii）许可的明显错误更正的替换页，以及根据本细则 91.2 适用本细则 26.4 规定的信函；

除非替换页被后提交的替换页所取代或者撤销，或根据本细则 66.8（b）的修改导致整页删除；以及

（iv）当报告中含有本细则 70.2（e）提及的注明，根据本细则 66.4 之二不被国际初步审查单位考虑的与明显错误更正相关的替换页和信函。

（b）尽管有（a）的规定，该段中所述的被取代或撤销的替换页以及与之相关的信函也应作为报告的附件：

（i）国际初步审查单位认为相关的取代或撤销修改超出了国际申请中原始公开的范围，并且该报告包含有本细则 70.2（c）所述的注明；

（ii）相关的取代或撤销修改没有附信函说明修改在原始提交申请中的基础，报告是按照该修改没有提出的情况制定的，并且报告中包含根据本细则 70.2（c之二）所述的注明。

在这种情况下，被取代或撤销的替换页应当根据行政规程的规定予以标注。

70.17 报告和附件使用的语言

报告和附件均应使用与其相关的国际申请在公布时所使用的语言，或者如果根据本细则 55.2 国际初步审查是在国际申请译文的基础上进行的，使用该译文的语言。

第 71 条 国际初步审查报告的传送

71.1 收件人

国际初步审查单位应在同日内将国际初步审查报告和附件（如果有的话）的副本传送国际局一份，并也传送给申请人一份。

71.2 引用文件的副本

（a）条约第 36 条（4）所述的请求，可以在报告涉及的国际申请的国际申请日起 7 年内随时提出。

（b）国际初步审查单位可以要求提出请求的一方（申请人或者选定局）向其缴纳准备和邮寄副本的费用。准备副本的费用金额应在条约第 32 条（2）所述的国际初步审查单位和国际局之间的协议中确定。

（c）［删除］

（d）任何国际初步审查单位都可以委托向其负责的另一机构履行（a）和（b）所述的职责。

第 72 条 国际初步审查报告和国际检索单位书面意见的译文

72.1 语言

（a）任何选定国均可要求将使用该国国家局的官方语言或者官方语言之一以外的任何一种语言制定的国际初步审查报告译成英文。

（b）任何此类要求均应通知国际局，国际局应迅速在公报中予以公布。

72.2 给申请人的译文副本

国际局将本细则 72.1（a）所述的国际初步审查报告的译文送达有关的选定局时，应同时将该译文的副本传送给申请人。

72.2 之二 国际检索单位根据本细则 43 之二.1 作出的书面意见的译文

在本细则 73.2（b）（ii）所述的情况下，应有关选定局的请求，国际检索单位根据本细

则43之二.1作出的书面意见应由该局或由国际局负责翻译成英文。国际局应在收到译文请求之日起2个月内向有关的选定局传送译文的一份副本，并同时向申请人传送一份副本。

72.3 对译文的意见

申请人可以对国际初步审查报告或国际检索单位根据本细则43之二.1作出的书面意见的译文的正确性提出书面意见，并将该意见的副本传送给每个有关的选定局和国际局各一份。

第73条 国际初步审查报告或者国际检索单位书面意见的送达

73.1 副本的制备

国际局应制作根据条约第36条（3）（a）规定应予以送达的文件副本。

73.2 向选定局的送达

（a）国际局应根据本细则93之二.1向各选定局进行条约第36条（3）（a）所规定的送达，但不应早于自优先权日起30个月届满之日。

（b）如果申请人根据条约第40条（2）向选定局提出明确请求，国际局应根据该局或申请人的请求，

（i）如果国际初步审查报告已经按照本细则71.1传送给国际局，迅速向该局进行条约第36条（3）（a）的送达；

（ii）如果国际初步审查报告尚未按照本细则71.1传送给国际局，迅速向该局送达由国际检索单位根据本细则43之二.1作出的书面意见的副本。

（c）如果申请人撤回要求书或任何或所有的选定，假若国际局已经收到了国际初步审查报告，它仍应向受这一撤回影响的选定局进行（a）所述的送达。

第74条 国际初步审查报告附件的译文及其传送

74.1 译文的内容和传送的期限

（a）如果选定局要求提供条约第39条（1）规定的国际申请的译文，申请人应在条约第39条（1）适用的期限内传送本细则70.16中所述的作为国际初步审查报告附件的任何替换页的译文，除非这种替换页已使用了国际申请所要求的译文所用的语言。对因根据条约第64条（2）（a）（i）作出声明而必须在条约第22条规定适用的期限内向选定局传送国际申请的译文的，附件译文的传送应适用同一期限。

（b）如果选定局不要求根据条约39条（1）的规定提供国际申请的译文，该局可以要求申请人在该条规定的适用期限内，对本细则70.16所述的作为国际初步审查报告附件的任何替换页，且在该替换页没有使用该国际申请公布时所使用的语言的情况下，提交使用该国际申请公布时所用语言的译文。

第75条 ［删除］

第76条 优先权文件的译文；选定局程序中某些细则的适用

76.1、76.2和76.3 ［删除］

76.4 提供优先权文件译文的期限

在根据条约第39条适用的期限届满以前，不应要求申请人向任何选定局提供优先权文件的译文。

76.5 选定局程序中某些细则的适用

本细则13之三.3、20.8（c）、22.1（g）、47.1、49、49之二、49之三和51之二应予适用，但：

（i）在上述规定中述及指定局或者指定国之处，应分别理解为述及选定局或者选定国；

（ii）在上述规定中述及条约第22条、第23条（2）或者第24条（2）之处，应分别理解为述及条约第39条（1）、第40条（2）或者第39条（3）；

（iii）本细则49.1（c）中"提出的国际申请"一语应由"提出的要求书"一语代替；

（iv）为条约第39条（1）的目的，如果已经制定国际初步审查报告，根据条约第19条提出的修改只有在其作为该报告的附件时，才应要求该修改的译文；

（v）述及本细则47.1（a）至47.4应理解为述及本细则61.2（d）。

第77条 条约第39条（1）（b）规定的权能

77.1 权能的行使

（a）任何缔约国允许一项期限在条约第39条（1）（a）所确定的期限之后届满的，应将这样规定的期限通知国际局。

（b）国际局收到（a）所述的任何通知后应迅速在公报上予以公布。

（c）有关缩短前已确定的期限的通知，应对自国际局公布该通知之日起3个月届满以后提出的国际初步审查要求书发生效力。

（d）有关延长前已确定的期限的通知经国际局在公报上公布后，应即对当时正在审查中的国际初步审查要求书，或者在这一公布日期以后提出的这种要求书生效；如果发出通知的缔约国规定了某一较后的日期，则自该较后日期起生效。

第78条 向选定局递交的对权利要求书、说明书和附图的修改

78.1 期限

（a）如果申请人愿意，应在满足条约第39条（1）（a）的规定之后1个月内行使其在条约第41条中的权利，即向有关的选定局提出有关权利要求书、说明书和附图的修改；但是，在条约第39条规定的适用期限届满时条约第36条（1）规定的国际初步审查报告的送交尚未进行的，申请人应在该期限届满之日起不超过4个月的期限内行使上述权利。不论在哪种情形下，只要上述国家的本国法允许，申请人可以在任何以后的时间行使上述权利。

（b）在其本国法规定审查只有根据一项特别请求才能启动的任何选定国中，该本国法可以规定申请人行使根据条约第41条规定权利的期限或者时间，应与该本国法规定的在根据特别请求进行对本国申请的审查时提出修改的期限或者时间相同，但该期限不得在（a）规定的适用期限届满前届满，或者该时间不得在（a）规定的适用期限届满前到来。

78.2 ［删除］

78.3 实用新型

选定局应比照适用本细则6.5和13.5的规定。如果在优先权日起19个月届满前进行了选定，根据条约第22条所述的适用期限应被根据条约第39条所述的适用期限替代。

第四部分 有关条约第Ⅲ章的细则

第79条 历 法

79.1 日期的表示

申请人、国家局、受理局、国际检索单位、国际初步审查单位以及国际局，为条约和本细则的目的，应使用耶稣纪元和公历表示任何日期；或者，如果它们使用其他纪元和历法，也应一并使用耶稣纪元和公历表示任何日期。

第80条 期限的计算

80.1 以年表示的期限

当期限以一年或者若干年表示时，期限的计算应自有关事件发生的次日开始，并在以后的有关年份中，于该事件发生的月和日的相应月和相应日届满，但如果在后来的有关月份中没有相应日，则该期限应在该月的最后一日届满。

80.2 以月表示的期限

当期限以一个月或者若干月表示时，期限的计算应自有关事件发生的次日开始，并在以后的有关月份中，于该事件发生日的相应日届满，但如果在后来的有关月份中没有相应日，则该期限应在该月的最后一日届满。

80.3 以日表示的期限

当期限以若干日表示时，期限的计算应自有关事件发生的次日开始，并在计算日数的最后一日届满。

80.4 当地日期

（a）计算任何期限时作为开始日加以考虑的日期应为有关事件发生时当地的日期。

（b）期限届满的日期应为在当地必须递交所要求的文件或者缴纳所要求的费用的日期。

80.5 在非工作日或法定假日届满

如果任何文件或者费用必须送达国家局或

者政府间组织的任何期限的届满日是下述日子之一：

（i）是该局或者该组织不为处理公务向公众开放的日子；

（ii）是在该局或者该组织所在地不投递普通邮件的日子；

（iii）在该局或组织位于多个地方时，是该局或组织至少一个所在地的法定假日，并且该局或组织适用的本国法规定，就国家申请而言，在此情况下该期限应于次日届满；或者

（iv）在该局是某成员国委托授予专利权的政府部门时，是该成员国某部分的法定假日，并且该局适用的本国法规定，就国家申请而言，在此情况下该期限应于次日届满，则该期限应顺延至上述四种情形均不存在的次日届满。

80.6 文件的日期

当期限是从国家局或者政府间组织的文件或者信函的发出日开始时，利害有关的一方可以证明该文件或者信函是在其记载的日期以后的一日寄出的。在此情况下，为计算期限的目的，实际邮寄日应认为是期限的开始日。无论该文件或者信函是在何日邮寄的，如果申请人向该国家局或者该政府间组织提供证据，使其确信该文件或者信函是在其所记载日期起7日以后收到的，该局或者该政府间组织应将自该文件或者信函的日期开始的期限，推迟若干日届满，推迟的日数应与在文件或者信函上记载日期7日以后收到该文件或者信函的日数相等。

80.7 工作日的结束

（a）在某一确定日届满的任何期限，应在必须向其递交文件或者必须向其缴纳费用的国家局或者政府间组织该日停止办公的时刻届满。

（b）任何局或者组织可以不按照（a）的规定，而将期限届满的时刻推迟至有关日期的午夜。

第81条 对条约所规定的期限的修改

81.1 提议

（a）任何缔约国或者总干事均可根据条约第47条（2）的规定提出修改期限的提案。

（b）缔约国的提案应送交总干事。

81.2 大会的决议

（a）当提案向大会提出时，总干事应在其议程中包括该提案的那届大会以前至少2个月将提案文本分送所有缔约国。

（b）在大会讨论上述提案期间，对提案可以进行修改，或者提出修正案。

（c）如果投票时出席的缔约国没有一个投票反对，提案即被认为通过。

81.3 通信投票

（a）选择用通信方式投票时，总干事应向各缔约国发出包括有提案在内的书面通知，要求缔约国以书面形式投票。

（b）通知中应指定期限，在该期限内包括书面投票的答复应送达国际局。该期限自通知之日起不得少于3个月。

（c）答复应在赞成或者反对之中选择其一。提出修正案或者只是提出意见将不认为是投票。

（d）如果没有缔约国反对修改，而且至少有半数缔约国表示赞成、中立或者弃权的，提案应被认为通过。

第82条 邮递业务异常

82.1 邮递的延误或者邮件的丢失

（a）任何利害有关的当事人可以提出证据，证明他在期限届满前5天已将文件或者信函付邮。除了在正常情况下非航空邮件付邮后2天内可送达目的地，或者如果没有航空邮递业务，只有邮件是航空邮寄时才可以提出这种证据。无论何种情形，只有邮件是由邮政当局挂号时才可提出此类证据。

（b）如果根据（a）对文件或者信函的邮寄的证明能使作为收件人的国家局或者政府间组织满意，邮递的延误应予以宽免，或者，如果文件或者信函在邮递中丢失，应允许用一份新副本代替，但利害有关当事人应证明作为代替的文件或者信函与丢失的文件或者信函相同，并使该国家局或政府间组织满意。

（c）在（b）规定的情形中，关于在规定的期限内付邮的证据，以及在文件或者信函丢失的情况下，代替的文件或者信函和关于其与

原件相同的证据，应在利害有关的当事人注意到，或者经适当努力应注意到该延误或者丢失之日起 1 个月内提出，无论如何不得迟于特定案件适用的期限届满后 6 个月。

（d）任何国家局或者政府间组织已通知国际局愿意委托快递服务机构而不是邮政当局来寄送文件或者信函的，应将快递服务机构认为邮政当局，适用（a）至（c）的规定。在此情况下，（a）最后一句不适用，但是只有在快递服务机构在接受寄件时对交寄细节进行登记的，其证据才能接受。上述通知可以包含一项说明，通知只适用于使用某些特定的快递服务机构或者满足某些特定标准的快递服务机构的寄件。国际局应将通知中的信息在公报中予以公布。

（e）任何国家局或者政府间组织在下列情况下也可以适用（d）的规定：

（i）在适用的情况下，即使所委托的快递服务机构不是（d）的有关通知中说明的特定机构，或者不满足所说明的特定标准；或者

（ii）即使该局或者该组织没有向国际局送交（d）所述的通知。

第 82 条之二　指定国或者选定国对延误某些期限的宽免

82 之二．1　条约第 48 条（2）中"期限"的含义

条约第 48 条（2）中述及的"期限"应解释为：

（i）条约或者本细则中规定的任何期限；

（ii）受理局、国际检索单位、国际初步审查单位或者国际局规定的任何期限，或者受理局根据其本国法可以适用的任何期限；

（iii）申请人在指定局或者选定局办理任何事务时，各该局规定的、或者各该局所适用的本国法规定的任何期限。

82 之二．2　权利的恢复以及条约第 48 条（2）适用的其他规定

条约第 48 条（2）所述指定国或者选定国的本国法对于延误期限给予宽免的规定，是指那些尽管未能遵守期限但给予恢复权利、复原、恢复原状或继续程序的条款，以及任何其他规定延长期限或者对延误期限给予宽免的条款。

第 82 条之三　受理局或者国际局所犯错误的更正

82 之三．1　有关国际申请日和优先权要求的错误

（a）如果申请人提出证明使指定局或者选定局满意地认为，由于受理局的错误而使国际申请日有误，或者优先权的要求被受理局或国际局错误地认为无效，而且这种错误是这样的错误，假如其为指定局或者选定局自己所犯，该局即可根据本国法或者本国惯例予以更正，则该局即应更正该错误，并应将国际申请看做是已经给予了更正后的国际申请日，或者该优先权要求未被认为无效。

（b）如果受理局根据本细则 4.18 和 20.6 的规定确认援引加入的项目和部分，在此基础上根据本细则 20.3（b）（ii）或 20.5（d）的规定确定了国际申请日，但是指定局或者选定局发现：

（i）关于优先权文件，申请人不符合本细则 17.1（a），（b）或者（b 之二）的规定；

（ii）不符合本细则 4.18、20.6（a）（i）或者 51 之二．1（e）（ii）的规定；或者

（iii）项目或者部分没有完全包含在涉及的优先权文件中；

除（c）另有规定外，指定局或者选定局可以根据本细则 20.3（b）（i）或者 20.5（b）的规定，认为国际申请的国际申请日已记录，或者，也可以根据本细则 20.5（c）认为已修改，在适用的情况下，应比照适用本细则 17.1（c）的规定。

（c）根据（b），指定局或者选定局不应在依专利合作条约规定的根据具体情况是合理的期限内，且没有给申请人发表意见的机会前，认为国际申请日已经根据本细则 20.3（b）（i）或者 20.5（b）被记录，或者根据 20.5（c）被修改。

（d）如果指定局或者选定局，根据（c）已经通知申请人，其打算按国际申请日已根据细则 20.5（c）修改的情况处理国际申请，申

请人可以在（c）项规定的期限内向该局提交一份答复，请求为国家程序的目的不考虑相关遗漏部分，在这种情况下，这部分内容应被视为未提交过，同时该局应在其国际申请日从未被修改的条件下处理该国际申请。

第82条之四 期限延误的宽免

82之四.1 期限延误的宽免

（a）任何相关当事人可以提交证据证明，其未能遵守本细则中所规定的向受理局、国际检索单位、指定补充检索单位、国际初步审查单位或者国际局办理手续的期限是由于在其居住地、营业地或者逗留地发生的战争、革命、内乱、罢工、自然灾害、电子通信服务普遍不可用或者其他类似原因造成的，并且已经在合理限度内尽快办理了相关手续。

（b）这种证据应当在不迟于具体适用的期限届满后6个月，视情况提交至受理局、国际单位或者国际局。如果对上述情况的证明能使收件机构满意，期限的延误应予以宽免。

（c）如果在对期限延误作出宽免决定时，申请人已经履行本条约第22条或者第39条的行为，则指定局或者选定局不必考虑对期限延误作出的宽免。

第83条 在各国际单位执行业务的权利

83.1 权利的证明

国际局、主管国际检索单位和主管国际初步审查单位可以要求提供条约第49条所述的有执行业务权利的证明。

83.1之二 国际局是受理局的情形

（a）有权在申请人是其居民或者国民，或者在几个申请人之一是其居民或者国民的缔约国的国家局或者代表该国的局执行业务的任何人，有权在根据本细则19.1（a）（iii）作为受理局的国际局就该国际申请执行业务。

（b）任何人有权在作为受理局的国际局执行有关国际申请业务的，有权在国际局的任何其他工作中以及主管国际检索单位或主管国际初步审查单位执行与该申请有关的业务。

83.2 通知

（a）利害相关人员声称有权在某国家局或者政府间组织执行业务的，该局或者该组织应根据请求通知国际局、主管国际检索单位或者主管国际初步审查单位，说明该人是否享有在该局或者该组织执行业务的权利。

（b）上述通知应视情况对国际局、国际检索单位或者国际初步审查单位具有约束力。

第五部分 有关条约第Ⅴ章的细则

第84条 代表团的费用

84.1 费用由政府负担

参加条约所设立的或者在条约之下的任何机构的各代表团的费用，应由指派该代表团的政府负担。

第85条 大会不足法定人数

85.1 通信投票

在条约第53条（5）（b）所规定的情形下，国际局应将大会的决议（有关大会本身程序以外的决议）送达未派代表出席会议的各缔约国，并邀请其自送达之日起3个月内以书面表示其投票或者弃权。如果在该期限届满时，以这种方式表示其投票或者弃权的缔约国数目达到了构成那次会议本身开会的法定人数所缺少的缔约国的数目，同时只要达到了所需要的多数，该决议即应生效。

第86条 公 报

86.1 内容

条约第55条（4）所述的公报应包含：

（i）对于公布的每项国际申请，从国际申请公布的扉页摘出的行政规程规定的事项，该扉页上的附图（如果有时）和摘要；

（ii）向受理局、国际局以及国际检索单位和国际初步审查单位缴纳各种费用的费用表；

（iii）根据条约或者本细则的规定需要公布的通知；

（iv）根据细则95.1的规定通报国际局的已公布国际申请的关于指定局和选定局事项的信息；

（v）行政规程规定的任何其他有用的信息，但以条约或者本细则不禁止接触这些信息为限。

86.2 语言；公布的形式和方式；期限

（a）公报应同时以英文和法文出版。国际局应当确保英文和法文的译文。

（b）大会可以命令出版（a）所述语种以外语种的公报版本。

（c）公报出版的形式和方式应当在行政规程中予以规定。

（d）对于每件公布的国际申请，国际局应当确保本细则86.1（i）所述的信息，能够在公布国际申请的当日或其后尽可能短的时间内在公报中予以公布。

86.3 出版周期

公报的出版周期应由总干事确定。

86.4 出售

公报的预订价格和其他售价应由总干事确定。

86.5 公报名称

公报的名称应由总干事确定。

86.6 其他细节

有关公报的其他细节可在行政规程中予以规定。

第87条 出版物的送达

87.1 根据请求进行的出版物送达

根据相关国际检索单位、国际初步审查单位以及国家局的请求，国际局应当免费向其送达由国际局出版的与条约和细则有关的已经公布的国际申请、公报以及任何其他具有普遍影响的出版物。有关出版物送达的形式和方式的其他细节应当由行政规程予以规定。

第88条 本细则的修改

88.1 需要一致同意

修改本细则的以下规定需要在大会上有投票权的国家对修改提议均不投反对票：（i）本细则14.1（传送费）；

（ii）［删除］

（iii）本细则22.3（根据条约第12条（3）规定的期限）；

（iv）本细则33（与国际检索有关的现有技术）；

（v）本细则64（与国际初步审查有关的现有技术）；

（vi）本细则81（对条约所规定的期限的修改）；

（vii）本款（即本细则88.1）。

88.2 ［删除］

88.3 要求某些国家不反对

修改本细则的以下规定要求条约第58条（3）（a）（ii）中所述的并且在大会上有投票权的国家对修改提议均不投反对票：

（i）本细则34（最低限度文献）；

（ii）本细则39（根据条约第17条（2）(a)（i）规定的主题）；

（iii）本细则67（根据条约第34条（4）(a)（i）规定的主题）；

（iv）本款（即本细则88.3）。

88.4 程序

修改本细则88.1或者88.3所述各规定的提案，如该提案须由大会决定，应在大会为就此提案作出决定而举行的会议召开之前至少2个月将提案送交各缔约国。

第89条 行政规程

89.1 范围

（a）行政规程应包含下列规定：

（i）关于本细则明确规定由行政规程规定的事项；

（ii）有关适用本细则的细节。

（b）行政规程不得与条约、本细则的规定，或者与国际局和国际检索单位或者国际初步审查单位所缔结的任何协议的规定相抵触。

89.2 渊源

（a）行政规程应由总干事在与受理局、国际检索单位和国际初步审查单位磋商后予以拟订和颁布。

（b）行政规程可以由总干事在与同修改有直接利益关系的局或者单位磋商后予以修改。

（c）大会可以要求总干事修改行政规程，总干事应当办理。

89.3 公布和生效

(a) 行政规程及其修改均应在公报中公布。

(b) 每次公布应说明公布的规定的生效日期。不同的规定可有不同的生效日期，但任何规定均不得在公报公布之前生效。

第六部分 有关条约各章的细则

第89条之二 国际申请和其他文件用电子形式或以电子方法的提出、处理和传送

89之二.1 国际申请

(a) 除 (b) 至 (e) 另有规定外，按照行政规程，国际申请可以用电子形式或以电子方法提出和处理，条件是任何受理局应允许用纸件形式提出国际申请。

(b) 除行政规程另有特别规定外，本细则的规定比照适用于用电子形式或以电子方法提出的国际申请。

(c) 行政规程应对全部或部分用电子形式或以电子方法提出的国际申请的提出和处理制定规定和要求，包括但不限于有关的收件通知，给予国际申请日的程序、形式要求及不符合这些要求的后果，文件的签字，文件的证明方法以及与各局和单位通信的当事人的识别方法，以及条约第12条对受理本、登记本和检索本的操作，并且可以包含对用不同语言提出的国际申请的不同规定和要求。

(d) 任何国家局或政府间组织均无义务受理或处理用电子形式或以电子方法提出的国际申请，除非它已通知国际局准备按行政规程中适用的规定受理或处理用电子形式或以电子方法提出的国际申请。国际局应将得到的这种通知的信息在公报上予以公布。

(e) 任何已经根据 (d) 向国际局发出通知的受理局，不得拒绝处理用电子形式或以电子方法提出的符合行政规程要求的国际申请。

89之二.2 其他文件

本细则89之二.1的规定比照适用于与国际申请有关的其他文件和信函。

89之二.3 各局之间的传送

当条约、本细则或行政规程规定国际申请的送达、通知或传送（送达）以及通知、通讯、通信或其他文件由一个国家局或政府间组织传送给另一个国家局或政府间组织时，在发送方和接受方同意的情况下，这种送达可以用电子形式或通过电子方法进行。

第89条之三 以纸件提出的文件的电子形式副本

89之三.1 以纸件提出的文件的电子形式副本

任何国家局或政府间组织可以规定，如果国际申请或与国际申请有关的其他文件是用纸件提出的，申请人可以提出一份符合行政规程规定的该文件的电子形式副本。

第90条 代理人和共同代表

90.1 委托代理人

(a) 申请人可以委托有权在提交国际申请的国家局执行业务的人，或者如果国际申请向国际局提交，有权在作为受理局的国际局执行关于国际申请的业务的人为其代理人，以代表申请人在受理局、国际局、国际检索单位、指定的补充检索单位和国际初步审查单位办理事务。

(b) 申请人可以委托有权在作为国际检索单位的国家局或者政府间组织办理事务的人为其代理人，代表申请人专门在该单位办理事务。

(b之二) 申请人可以委托有权在作为指定的补充检索单位的国家局或者政府间组织办理事务的人为其代理人，代表申请人专门在该单位办理事务。

(c) 申请人可以委托有权在作为国际初步审查单位的国家局或者政府间组织办理事务的人为其代理人，代表申请人专门在该单位办理事务。

(d) 根据本条 (a) 接受委托的代理人，除委托文件中另有规定外，可以委托一个或者多个副代理人作为申请人的代理人代表申请人：

(i) 在受理局、国际局、国际检索单位、任何指定补充检索单位和国际初步审查单位办理事务，但条件是接受委托为副代理人的人有权在国际申请提交的国家局办理事务或者有权在作为受理局的国际局根据具体情况办理关于

国际申请的事务；

（ii）专门在国际检索单位、任何指定补充检索单位或者国际初步审查单位办理事务，但条件是接受委托为副代理人的人有权在作为国际检索单位、指定的补充检索单位或者国际初步审查单位的国家局或者政府间组织根据具体情况执行业务。

90.2 共同代表

（a）如果有两个或者两个以上申请人，并且他们没有根据本细则90.1（a）委托一个代理人代表他们全体（"共同代理人"），如果其中一个申请人有权根据条约第9条提出国际申请，可以被其他申请人委托为他们的共同代表。

（b）如果有两个或者两个以上申请人，并且他们没有根据本细则90.1（a）委托一个共同代理人或者根据（a）委托一个共同代表，请求书中名列第一位的有权根据本细则19.1向受理局提出国际申请的申请人，应被认为是所有申请人的共同代表。

90.3 代理人和共同代表的行为，或者对其进行的行为的效力

（a）代理人的行为或者对代理人进行的行为，应具有该申请人的行为，或者对该申请人进行的行为的效力。

（b）如果有两个或者两个以上申请人或者有几个代理人代表同一个申请人，其中任何一个代理人的行为，或者对其中任何一个代理人进行的行为，应具有该申请人或者该几个申请人的行为，或者对该申请人或者该几个申请人进行的行为的效力。

（c）除本细则90之二.5第二句另有规定外，共同代表或者其代理人的行为，或者对共同代表或者其代理人进行的行为，应具有全体申请人的行为，或者对全体申请人进行的行为的效力。

90.4 委托代理人或者共同代表的方式

（a）委托代理人应由申请人通过签署请求书、要求书或者单独的委托书来进行。如果有两个或者两个以上申请人，委托共同代理人或者共同代表应由每个申请人，由其自己选择，签署请求书、要求书或者单独的委托书。

（b）除本细则90.5另有规定外，单独的委托书应提交给受理局或者国际局，但是，如果委托书是根据本细则90.1（b）、（b之二）、（c）或者（d）（ii）委托代理人，应根据具体情况将委托书提交给国际检索单位、指定的补充检索单位或者国际初步审查单位。

（c）如果单独的委托书没有签字，或者如果没有所要求的单独委托书，或者如果被委托人的姓名或者地址的记载不符合本细则4.4的规定，除该缺陷被改正外，该委托书应被认为不存在。

（d）除本条（e）另有规定之外，任何受理局、国际检索单位、任何主管补充检索单位、国际初步审查单位和国际局都可以放弃本条（b）要求的向其提交单独的委托书的要求，在这种情况下，本条（c）不适用。

（e）当代理人或共同代表提交任何本细则90之二.1至90之二.4所述的撤回通知，则不能根据（d）的规定放弃（b）对单独的代理委托书的要求。

90.5 总委托书

（a）就一个特定的国际申请委托代理人，申请人可以通过在请求书、要求书或者单独的通知中引用现存的单独的委托书来进行，表示申请人委托该代理人代表申请人办理该申请人可能提出的任何国际申请的事务（即"总委托书"），但条件是：

（i）该总委托书已根据（b）的规定提出；并且

（ii）该总委托书的一份副本已根据情况附在请求书、要求书或者单独的通知的后面；该副本无须签字。

（b）该总委托书应提交给受理局，但是，如果申请人根据本细则90.1（b）、（b之二）、（c）或者（d）（ii）委托代理人，应根据具体情况将总委托书提交给国际检索单位、指定的补充检索单位或者国际初步审查单位。

（c）任何受理局、国际检索单位、主管补充检索单位和国际初步审查单位可以放弃本条（a）（ii）要求的根据具体情况在请求书、要求书或者单独的通知后面附有总委托书副本。

（d）尽管有本条（c）的规定，当代理人

向受理局、指定的补充检索单位、国际初步审查单位或国际局提交任何本细则 90 之二.1 至 90 之二.4 所述的撤回通知时，应根据具体情况向该局或单位提交总委托书的副本。

90.6　撤销和辞去委托

（a）对任何代理人或者共同代表的委托都可以由委托人或者其权利继受人予以撤销，在这种情况下，任何由该代理人根据本细则 90.1（d）进行的副代理人的委托也应被认为撤销。根据本细则 90.1（d）委托的副代理人也可以由有关的申请人予以撤销。

（b）根据本细则 90.1（a）委托的代理人，除另有说明外，应具有撤销根据该规定以前委托的任何代理人的效力。

（c）委托共同代表，除另有说明外，应具有撤销以前委托的任何共同代表的效力。

（d）代理人或者共同代表可以通过一份由他亲笔签字的通知辞去对其的委托。

（e）本细则 90.4（b）和（c）应比照适用于根据本规定提出的撤销或者辞去的任何文件。

第 90 条之二　撤　回

90 之二.1　国际申请的撤回

（a）申请人可以在自优先权日起 30 个月届满前的任何时候撤回国际申请。

（b）撤回应在收到申请人，根据其选择，提交给国际局或受理局，或者在条约第 39 条（1）适用的情况下，提交给国际初步审查单位的通知时生效。

（c）如果申请人提交的，或者由受理局或者国际初步审查单位送交的撤回通知是在国际公布的技术准备完成前到达国际局的，不应进行国际申请的国际公布。

90 之二.2　指定的撤回

（a）申请人可以在自优先权日起 30 个月届满前的任何时候撤回对任何指定国的指定。对已选国家的指定的撤回应导致撤回根据本细则 90 之二.4 所作的相应的选择。

（b）如果指定一个国家的目的是为了既获得国家专利又获得地区专利，除另有说明外，撤回对该国的指定应认为仅撤回为获得国家专利的指定。

（c）撤回对所有指定国的指定，应作为根据本细则 90 之二.1 撤回国际申请来处理。

（d）撤回应在收到申请人，根据其选择，提交给国际局或受理局，或者在条约第 39 条（1）适用的情况下，提交给国际初步审查单位的通知时生效。

（e）如果申请人提交的或者由受理局或者国际初步审查单位送交的撤回通知是在国际公布的技术准备完成前到达国际局的，不应进行指定的国际公布。

90 之二.3　优先权要求的撤回

（a）申请人可以在自优先权日起 30 个月届满前的任何时候，撤回在国际申请中根据条约第 8 条（1）提出的优先权要求。

（b）如果国际申请包含一个以上的优先权要求，申请人可以对一个或者多个或者全部优先权要求行使本条（a）规定的权利。

（c）撤回应在收到申请人，根据其选择，提交给国际局或受理局，或者如果在条约第 39 条（1）适用的情况下提交给国际初步审查单位的通知时生效。

（d）如果优先权要求的撤回引起优先权日的变更，任何自原优先权日起计算并且尚未届满的期限，除本条（e）另有规定外，应自变更后的优先权日起计算。

（e）对于条约第 21 条（2）（a）所述的期限，如果申请人提交的或者受理局或者国际初步审查单位送交的撤回通知是在国际公布的技术准备完成后到达国际局的，国际局仍然可以在所述的自原优先权日起计算期限的基础上进行国际公布。

90 之二.3 之二　补充检索请求的撤回

（a）申请人可以撤回补充检索请求，撤回期限为向申请人和国际局根据细则 45 之二.8（a）传送补充国际检索报告或者宣布不制定这样的报告之前的任何时间。

（b）在本条（a）规定的期限内，撤回应在收到申请人根据其选择，提交给指定的补充检索单位或者国际局的通知时生效，除非通告没有及时到达指定的补充检索单位，以致没能阻止传送本条（a）述及的报告或者宣布，那么由于适用细则45之二.8（b），根据条约第20条（1），报告或者宣布的传送将不受到影响。

90之二.4　国际初步审查要求书或者选定的撤回

（a）申请人可以在自优先权日起30个月届满前的任何时候撤回国际初步审查要求书或者任何一个选定或者全部选定。

（b）撤回自国际局收到申请人提交的通知时生效。

（c）如果申请人将撤回通知提交给了国际初步审查单位，该单位应在通知上标明收到的日期并将其迅速送交国际局。该通知应被认为于所标明的日期提交给了国际局。

90之二.5　签字

本细则90之二.1至90之二.4所述的任何撤回通知应由申请人签字，如果有两个或者两个以上申请人，则由所有申请人签字。根据本细则90.2（b）被认为是共同代表的申请人，无权代表其他申请人在这样的通知上签字。

90之二.6　撤回的效力

（a）根据本细则90之二撤回国际申请、任何指定、任何优先权要求、国际初步审查要求书或者任何选定，对已根据条约第23条（2）或者第40条（2）开始处理或者审查国际申请的任何指定局或者选定局没有效力。

（b）根据本细则90之二.1撤回国际申请的，该国际申请的国际处理应即终止。

（b之二）根据本细则90之二.3之二撤回补充检索请求的，有关单位进行的补充国际检索应即终止。

（c）根据本细则90之二.4撤回要求书或者所有的选定的，国际初步审查单位对该国际申请的处理应即终止。

90之二.7　条约第37条（4）(b) 规定的权能

（a）任何缔约国其本国法规定了条约第37条（4）(b) 后半部分所述内容的，应以书面通知国际局。

（b）国际局应将（a）所述的通知迅速在公报上予以公布，并且该通知应对在这种公布之日起1个月以后提出的国际申请生效。

第91条　国际申请和其他文件中明显错误的更正

91.1　明显错误更正

（a）如果申请人要求，申请人提交的国际申请或者其他文件中的明显错误可以根据本细则更正。

（b）错误的更正，应当由"主管单位"许可，意思是：

（i）国际申请的请求书或其改正中存在错误的情况下——通过受理局；

（ii）说明书、权利要求书、附图或其改正中存在错误的情况下，除根据（iii）由主管的国际初步审查单位处理外——通过国际检索单位；

（iii）如果国际初步审查要求已经提出且没有撤回，并且根据细则69.1启动国际初步审查的日期已过，说明书、权利要求书、附图或其改正，或者根据条约第19条或者第34条进行的修改中存在错误的情况下——通过国际初步审查单位；

（iv）文件中存在的错误不是根据（i）至（iii）所述提交到受理局、国际检索单位、国际初步审查单位或者国际局的情况下，除摘要或者根据条约第19条修改外——应当根据情况通过受理局、国际检索单位、国际初步审查单位或者国际局。

（c）仅限于主管单位在根据（f）所述的合适日期内，认为以下事实对其来说是明显的，即申请文件原本想写的内容不是实际出现在文件上的内容，并且除了建议更正的内容以外不可能是其他更正内容，在此情况下，主管单位应当根据本细则许可更正明显错误。

（d）在说明书、权利要求书或者附图、或者相关改正或修改中存在错误的情况下，为了（c）的目的，主管单位应当在适用的情况下，仅考虑说明书、权利要求书、附图及改正或者修改的内容。

（e）在错误或相关更正出现在国际申请的请求书中或者在（b）(iv) 所述文件中时，为了（c）的目的，主管单位应当在适用的情况下，仅考虑国际申请本身，以及所涉及的更正，或者（b）（iv）所涉及的文件，以及随请求书、更正或文件同时提交的其他文件，在可能的情况下，任何根据行政规程的规定由该单位可以获得国际申请的优先权文件，和在根据（f）所述合适日期内提交该国际申请包括的任何其他文件。

（f）对于（c）和（e）而言，合适日期应当是：

（i）在原始国际申请的部分中有错误的情况下——国际申请日；

（ii）在原始国际申请以外的其他文件有错误，包括在国际申请中改正或修改中存在错误的情况下——该文件的提交日；

（g）根据本细则，下述错误不应当被更正：

（i）条约第3条（2）所涉及国际申请的一项或多项，或者国际申请的一页或多页内容遗漏的错误；

（ii）摘要中的错误；

（iii）根据条约第19条修改中的错误，除非根据（b）（ii）主管国际初步审查单位许可其错误的更正；或者

（iv）优先权要求或者根据细则26之二.1（a）改正或增加优先权中的错误，更正错误可能导致优先权日期的改变；

但是本条不影响本细则20.4、20.5、26之二和38.3的执行。

（h）如果受理局、国际检索单位、国际初步审查单位或者国际局发现国际申请或者其他文件中存在可更正的明显错误，它可以通知申请人根据本细则要求更正。

91.2 更正请求

根据本细则91.1的更正请求，应当在自优先权日起26个月内送交到主管单位。该更正请求应当指明需要被更正的错误以及建议的更正内容，同时，申请人可以选择，在更正请求中包含一个简短的解释。本细则26.4关于更正需要被指明的方式应当比照适用。

91.3 更正的许可和效力

（a）主管单位应当根据细则91.1迅速地决定是否许可或者拒绝许可更正，同时应当迅速地将许可或者拒绝的决定通知申请人和国际局，在拒绝的情况下，应说明拒绝的理由。国际局应当按照行政规程的规定处理，必要时，包括将许可或者拒绝的决定通知受理局，国际检索单位，国际初步审查单位，指定局和选定局。

（b）如果明显错误更正根据本细则91.1被许可，文件涉及的内容应当按照行政规程规定被更正。

（c）如果明显错误更正被许可，应当在下述条件下生效：

（i）在原始国际申请中有错误的情况下——自国际申请日起生效；

（ii）存在在除原始国际申请文本以外的其他文件中存在错误的情况下，包括改正和修改国际申请中的错误，自文件提交日起生效。

（d）主管单位拒绝根据本细则91.1许可更正，国际局应当根据申请人在自拒绝之日起2个月内提交的请求，同时缴纳特别费用（该项费用数额应在行政规程中予以规定）后，将更正请求、主管单位拒绝更正的原因以及任何由申请人提交的详细而简短的意见陈述一起公布，在可能的情况下，应当与国际申请一起公布。如果国际申请根据条约第64条（3）不被公布，那么请求、原因和意见陈述（如果有的话）的副本应当根据条约第20条的规定送达。

（e）明显错误更正，不需要被那些在得到主管单位根据本细则91.3（a）更正许可通知之前，就已经开始处理或者审查国际申请的指定局考虑。

（f）仅当指定局发现若其自身作为主管单位根据本细则91.1的规定不会许可这些更正时，指定局可以忽略根据本细则91.1所许可的更正。但前提是，在忽略所述更正之前，指定局应当根据具体情况在合理期限内给予申请人陈述意见的机会。

第92条 通 信

92.1 信函和签字的必要性

（a）申请人在条约和本细则规定的国际程序中送交的任何文件，除国际申请本身以外，如其本身并非信函形式，则应附有一信函，说明与其有关的国际申请。该信函应由申请人签字。

(b) 如果（a）规定的要求没有遵守，应将没有遵守要求的情况通知申请人，并请其在通知中规定的期限内将遗漏补正。规定的期限根据情况应合理；即使规定的期限在提交文件适用的期限届满之后（或者即使后一期限已经届满），该期限自通知邮寄日起仍不得少于10日和多于1个月。如果遗漏在通知中规定的期限内已经补正，该遗漏应不予理会；否则，应通知申请人说明该文件已被置之不理。

(c) 如果（a）规定的要求没有遵守之事被忽视，并且该文件在国际程序中已经予以考虑，则没有遵守要求之事在随后的程序中不产生影响。

92.2 语言

(a) 除本细则 55.1、55.3 和（b）另有规定外，申请人向国际检索单位或者国际初步审查单位提交的任何信函或者文件，均应使用与其有关的国际申请相同的语言。但是，如果国际申请的译文根据本细则 23.1（b）已经送交，或者根据本细则 55.2 已经提交的，应使用该译文的语言。

(b) 申请人向国际检索单位或者国际初步审查单位提交的任何信函可以使用不同于国际申请的语言，但以该单位许可使用该语言为限。

(c)［删除］

(d) 申请人写给国际局的信函应当使用英文、法文或者行政规程允许的任何其他公布语言。

(e) 国际局向申请人或者向任何国家局发出的任何信函或者通知应使用英文或者法文。

92.3 国家局或者政府间组织的邮件

国家局或者政府间组织发出或者送交的任何文件或者信函的日期构成条约或者本细则所规定的期限的起算日的，该文件或者信函应以航空邮递，只有非航空邮件在正常情况下付邮后两天内可到达目的地或者没有航空邮递业务的情况下才可以用非航空邮递代替航空邮递。

92.4 电报机电传机传真机等的使用

(a) 尽管有本细则 11.14 和 92.1（a）的规定，但除（h）另有规定外，构成国际申请的文件以及在申请之后提交的与其有关的任何文件或者信函，在可行的范围内，可以使用电报机、电传机、传真机或者其他类似的能产生打印或书面文件的通讯手段送交。

(b) 通过传真送交的文件上的签字，为条约和本细则的目的，应认为是适当的签字。

(c) 如果申请人已试图通过（a）所述的任何手段送交文件，但收到的部分或者全部文件字迹不清，或者部分文件没有收到，在收到的文件字迹不清或者试图进行的送交失败的限度内，该文件应作为没有收到处理。国家局或者政府间组织应迅速相应地通知申请人。

(d) 任何国家局或者政府间组织可以要求，依（a）所述的任何方法传送的任何文件的原件以及说明该在先送交的附信应于传送日起 14 日内提交，但是条件是，这种要求已经通知国际局，并且国际局已在公报上公布了该信息。该通知应指明这种要求是涉及全部文件还是仅涉及某些种类的文件。

(e) 如果申请人没有提交（d）规定的文件的原件，有关的国家局或者政府组织，根据送交的文件种类并且考虑了本细则 11 和 26.3 的规定，可以

(i) 放弃（d）规定的要求；或者

(ii) 通知申请人在通知书中规定的根据情况是合理的期限内提交送交的文件的原件。

但是，如果送交的文件有缺陷，或者已显示出原件有缺陷，而且这种缺陷是国家局或者政府间组织可以发通知要求改正的，该局或者该组织可以在根据（i）或者（ii）的处理的同时发出改正通知，或者以发出改正通知取代根据（i）或（ii）的处理。

(f) 如果根据（d）的规定不需要提交文件的原件，但国家局或者政府间组织认为有必要收到原件的，它可以根据（e）（ii）的规定发出通知。

(g) 如果申请人没有履行（e）（ii）或者（f）通知的要求：

(i) 当有关的文件是国际申请，该国际申请应被认为撤回，并且受理局应如此宣布；

(ii) 当有关的文件是国际申请之后的文件，该文件应被认为没有提交。

(h) 任何国家局或者政府间组织无义务接受通过（a）所述的方法提交的任何文件，除非

它已通知国际局准备通过这种方法接受文件，并且国际局已将这种信息在公报上予以公布。

第92条之二 请求书或者要求书中某些事项变更的记录

92之二.1 由国际局记录变更

（a）根据申请人或者受理局的请求，国际局应对请求书或者国际初步审查要求书中下列事项的变更予以记录：

（i）申请人的姓名或者名称、居所、国籍或者地址；

（ii）代理人、共同代表或者发明人的姓名或者名称、地址。

（b）对其在自优先权日起30个月的期限届满后收到的变更记录请求，国际局对请求的变更不应予以记录。

第93条 记录和文档的保存

93.1 受理局

各受理局应保存与每一个国际申请或据称的国际申请有关的记录，包括受理本，至少10年，自国际申请日起，或者如未确定国际申请日的，自收到日起计算。

93.2 国际局

（a）国际局应保存任何国际申请的文档，包括登记本，至少30年，自收到登记本之日起计算。

（b）国际局的基本记录应无限期地保存。

93.3 国际检索单位和国际初步审查单位

各国际检索单位和各国际初步审查单位应保存它收到的每一个国际申请的文档至少10年，自国际申请日起计算。

93.4 复制件

为本条的目的，记录、副本和文档也可用摄影的、电子的或其他形式的复制件保存，条件是这些复制件能够符合本细则93.1至93.3规定的关于保存记录、副本和文档的义务。

第93条之二 文件送达的方式

93之二.1 根据请求的送达；通过数字图书馆的送达

（a）条约、本细则或行政规程规定国际申请、通知、通讯、通信或其他文件（"文件"）由国际局送达、通知或传送（"送达"）给任一指定局或选定局的，这种送达应仅根据有关局的请求，并在该局确定的时间进行。这种请求可以就个别文件或某一类或多类文件提出。

（b）在国际局和指定局或选定局同意的情况下，（a）所述的送达应认为是自国际局按照行政规程的规定以电子形式将该文件放入数字图书馆中并且该局能够检索得到该文件之时起生效。

第94条 ❶文档的获得

94.1 获得国际局持有的文档

（a）根据申请人或者申请人授权的任何人的请求，国际局以收取服务费用为条件，应提供其文档中所包含的任何文件的副本。

（b）国际局根据任何人的请求，但不在国际申请的国际公布以前，并除条约第38条和（d）至（g）另有规定外，应提供其文档中所包含的任何文件的副本。提供副本可以以收取服务成本费为条件。

（c）❷国际局根据选定局的请求，应以国际局的名义根据（b）提供国际初步审查报告的副本。国际局应在公报❸上迅速公布任何这

---

❶ 1998年7月1日生效的本细则94只适用于在该日或该日之后提出的国际申请。1998年6月30日前有效的本细则94在该日之后对在该日之前提出的国际申请继续有效。1998年6月30日前有效的本细则94的内容复述如下：

"第94条 国际局和国际初步审查单位提供的副本

94.1 提供的义务

根据申请人或者申请人授权的任何人的请求，国际局和国际初步审查单位，以收取服务费用为条件，应当提供申请人的国际申请或者据称是国际申请的文档中所包含的任何文件的副本。"——原编者注

❷ 2004年1月1日生效的本细则94.1（c）适用于在该日以及该日之后提交的国际申请。本细则94.1（c）也适用于在2004年1月1日或该日之后提交的任何国际申请的国际初步审查报告的副本，无论该国际申请的国际申请日是在2004年1月1日之前、当天或之后。——原编者注

❸ 有关选定局已经请求国际局向其提供国际初审报告副本的信息也在WIPO网址的下述网页上公布：www.wipo.int/pct/en/texts/access_iper.html。——原编者注

类请求的细节。

（d）国际局不应当提供包含在其文档中的、已根据本细则48.2（1）不予公布的任何信息，也不应提供包含在其文档中的与根据该细则所提请求相关的任何文件。

（e）根据申请人写明理由的请求，如果国际局发现存在如下情况，则不应当提供包含在其文档中的任何有关信息，也不应提供包含在其文档中与该请求相关的任何文件：

(i) 该信息明显不是为使公众了解国际申请的目的；

(ii) 公布该信息会明显损害任何人的个人或经济利益；并且

(iii) 没有更重要的公共利益需要获取该信息。

申请人提交依本款所提请求中所涉信息的方式比照适用本细则26.4。

（f）如果国际局根据（d）或（e）的规定不向公众提供有关信息而该信息也包含在受理局、国际检索单位、指定补充检索单位或国际初步审查单位持有的国际申请文档中，国际局应当迅速地相应通知该局和单位。

（g）国际局不应当提供包含在其文档中的仅为国际局内部使用的任何文件。

94.1之二　获得受理局持有的文档

（a）根据申请人或者申请人授权的任何人的请求，受理局应当提供包含在其文档中的任何文件。提供文件副本可以以收取服务成本费为条件。

（b）受理局根据任何人的请求，但不在国际申请的国际公布以前，并除（c）另有规定外，可以提供其文档中所包含的任何文件。提供文件副本可以以收取服务成本费为条件。

（c）受理局不应当根据（b）提供任何国际局已经通知已根据本细则48.2（1）不予公布的信息或者已根据本细则94.1（d）或（e）不提供公众查阅的信息。

94.1之三　获得国际检索单位持有的文档

（a）根据申请人或者申请人授权的任何人的请求，国际检索单位应当提供其文档中所包含的任何文件。提供文件副本可以以收取服务成本费为条件。

（b）国际检索单位根据任何人的请求，但不在国际申请的国际公布以前，并除（c）另有规定外，可以提供其文档中所包含的任何文件。提供文件副本可以以收取服务成本费为条件。

（c）国际检索单位不应当根据（b）提供任何国际局已经通知已根据本细则48.2（1）不予公布的信息或者已根据本细则94.1（d）或（e）不提供公众查阅的信息。

（d）对于指定补充检索单位，（a）至（c）应比照适用。

94.2　获得国际初步审查单位持有的文档

（a）根据申请人或者申请人授权的任何人的请求，国际初步审查单位应提供其文档中所包含的任何文件的副本。提供文件副本可以以收取服务成本费为条件。

（b）根据任何选定局的请求，但不在国际初步审查报告作出以前，并除（c）另有规定外，国际初步审查单位应提供其文档中所含的任何文件。提供文件副本可以以收取服务成本费为条件。

（c）国际初步审查单位不应当根据（b）提供任何国际局已经通知已根据本细则48.2（1）不予公布的信息或者已根据本细则94.1（d）或（e）不提供公众查阅的信息。

94.2之二　获得指定局持有的文档

如果指定局适用的本国法允许第三方查阅国家申请的文档，该局可以允许在本国法规定的查阅国家申请文档的相同限度内，但不得在条约第30条（2）（a）规定的各日期中最早的日期之前，查阅其文档中所包含的与国际申请相关的任何文件。提供文件副本可以以收取服务成本费为条件。

94.3　获得选定局持有的文档

如果选定局适用的本国法允许第三方查阅国家申请的文档，该局可以允许在本国法规定的查阅国家申请文档的相同限度内，但不得在条约第30条（2）（a）规定的各日期中最早的日期之前，查阅其文档中所包含的与国际申请相关的任何文件，包括与国际初步审查相关的任何文件。文件副本的提供可以以收取服务成本费为条件。

第 95 条　来自指定局和选定局的信息和译文

95.1　关于指定局和选定局事项的信息

任何指定局或者选定局应当在下列任何事项发生之后的两个月内，或者在之后尽合理可能快的时间内，向国际局通报关于国际申请的下列信息：

（i）在申请人完成条约第 22 条或者第 39 条所述行为之后，完成该行为的日期以及任何分配给该国际申请的国家申请号；

（ii）在指定局或者选定局根据其本国法或惯例明确公布该国际申请时，该国家公布的号码和日期；

（iii）在授予专利时，授予专利的日期，以及在指定局或者选定局根据其本国法以授权形式明确公布该国际申请时，该国家公布的号码和日期。

95.2　提供译文的副本

（a）根据国际局的请求，任何指定局或者选定局应当向国际局提供申请人向该局提供的国际申请的译文副本。

（b）国际局可以根据请求并且以收费为条件，向任何人提供根据（a）规定收到的译文副本。

第 96 条　费用表

96.1　附于本细则的费用表

本细则 15、45 之二.2 和 57 所述的费用数额应以瑞士货币表示，并应在费用表中列出，费用表附于本细则，并且是本细则不可分的一部分。

费用表

费用名称	数额
1. 国际申请费（本细则 15.2）：	1330 瑞士法郎，外加国际申请超出 30 页部分的每页 15 瑞士法郎
2. 补充检索手续费（本细则 45 之二.2）：	200 瑞士法郎
3. 手续费（本细则 57.2）：	200 瑞士法郎

费用减免

4. 如果国际申请按照行政规程的规定以下列形式提交，国际申请费按照以下数额减少：

（a）电子形式，请求书没有使用字符码格式：	100 瑞士法郎
（b）电子形式，请求书使用字符码格式：	200 瑞士法郎
（c）电子形式，请求书、说明书、权利要求书以及摘要使用字符码格式：	300 瑞士法郎

5. 如果国际申请由以下申请人提交，项目 1 的国际申请费（适用的情况下，按照项目 4 减少后）、项目 2 的补充检索手续费和项目 3 的手续费减少 90%：

（a）申请人是自然人，并且是名单上所列的符合下述条件的国家的国民且居民，即该国人均国内生产总值低于 25000 美元（依据联合国发布的以 2005 年不变美元价值计算的最近十年平均人均国内生产总值数字），并且依据国际局发布的最近五年的年平均申请数字，该国属于自然人的国民且居民提交的国际申请按每百万人口计少于每年 10 件，或者按绝对数计少于每年 50 件；或者

（b）无论是否自然人，申请人是名单上所列的由联合国确定为最不发达国家的国民且居民；条件是在提交国际申请时，国际申请不存在任何不满足（a）或（b）项条件的实益所有人，并且如果有多个申请人，每一个申请人都需要满足（a）或（b）项的条件。5（a）和 5（b）项所述的国家名单❶应由总干事根据大会指令，至少每五年更新一次。5（a）和 5（b）项中所列的标准应由大会至少每五年审查一次。

---

❶ 第一次国家名单已在 2015 年 2 月 12 日公报第 32 页上公布（参见：http://www.wipo.int/pct/en/official_notices/index.html）。——原编者注

国际承认用于专利程序的微生物保存布达佩斯条约

(1977年4月28日于布达佩斯签订 1980年9月26日修正)

绪 则

第一条 本联盟的建立

参加本条约的国家（以下称为"缔约国"）组成国际承认用于专利程序的微生物保存联盟。

第二条 定 义

在本条约和施行细则中：

(i)"专利"，应解释为发明专利、发明人证书、实用证书、实用新型、增补专利或增补证书、增补发明人证书和增补实用证书；

(ii)"微生物保存"，按照使用该用语的上下文，指按照本条约以及施行细则发生的下列行为：向接收与受理微生物的国际保存单位送交微生物或由国际保存单位贮存此种微生物，或兼有上述送交与贮存两种行为；

(iii)"专利程序"，指与专利申请或专利有关的任何行政的或司法的程序；

(iv)"用于专利程序的公布"，指专利申请文件或专利说明书的官方公布或官方公开供公众查阅；

(v)"政府间工业产权组织"，指按照第九条第（1）款递交了声明的组织；

(vi)"工业产权局"，指缔约国的或政府间工业产权组织的主管授予专利的机构；

(vii)"保存机构"，指接收、受理和储存微生物并提供其样品的机构；

(viii)"国际保存单位"，指取得第七条所规定的国际保存单位资格的保存机构；

(ix)"交存人"，指向接收与受理微生物国际保存单位送交微生物的自然人或法人，以及该自然人或法人的任何合法继承人；

(x)"本联盟"，指第一条所述的联盟；

(xi)"大会"，指第十条所述的大会；

(xii)"本组织"，指世界知识产权组织；

(xiii)"国际局"，指上述组织的国际局，在保护工业产权联合国际局（BIRPI）存在期间亦指该联合国际局；

(xiv)"总干事"，指本组织的总干事；

(xv)"施行细则"，指第十二条所述的施行细则。

第一章 实质性条款

第三条 微生物保存的承认与效力

(1)(a)缔约国允许或要求保存用于专利程序的微生物的，应承认为此种目的而在任一国际保存单位所做的微生物保存。这种承认由该国际保存单位说明的保存事实和交存日期，以及承认提供的样品是所保存的微生物样品。

(b)任一缔约国均可索取由国际保存单位发出的（a）项所述保存的存单副本。

(2)就本条约和施行细则所规定的事务而言，任何缔约国均无需遵守和本条约及施行细则的规定不同的或另外的要求。

第四条 重新保存

(1)(a)国际保存单位由于任何原因，特别是由于下列原因而不能提供所保存的微生物样品，

(i)这种微生物不能存活时，或

(ii)提供的样品需要送出国外，而因出境或入境限制向国外送出或在国外接受该样品有阻碍时，

该单位在注意到它不可能提供样品后，应立即将这种不可能情况通知交存人，并说明其原因，除第（2）款另有规定应适用该规定外，根据本款规定，交存人享有将原来保存的微生物重新提交保存的权力。

(b)重新保存应向原接受保存的国际保存单位提交，但下列情况下在此限：

(i)原接受保存机构无论是全部或仅对保存的微生物所属种类丧失了国际保存单位资格时，或者原接受保存的国际保存单位对所保存

的微生物暂时或永久停止履行其职能时，应向另一国际保存单位保存；

(ii) 在(a)项第(ii)目所述情况下，可同另一国际保存单位保存。

(c) 任一重新保存均应附具有交存人签字的文件，声明重新提交保存的微生物与原来保存的微生物相同。如果对交存人的声明有争议时，应根据适用的法律确定举证责任。

(d) 除(a)项至(c)项和(e)项另有规定应适用各该规定外，如果涉及原保存微生物存活能力的所有文件都表明该微生物是能存活的，而且交存人是在收到（a）项所述通知之日起3个月内重新保存的，该重新保存的微生物应视为在原保存日提出。

(e) 如果属于(b)项第(i)目所述情况，但在国际局将(b)项第(i)目所述丧失或限制国际保存单位资格或停止保存公告之日起6个月内，交存人仍未收到(a)项所述通知时，则(d)项所述的3个月期限应自上述公告之日起算。

（2）如果保存的微生物已经移交另一国际保存单位，只要另一国际保存单位能够提供这种微生物样品，第(1)款(a)项所述的权利即不存在。

第五条 输出入限制

各缔约国公认以下规定是十分合乎需要的，即如某些种类微生物自其领土输出或向其领土输入受到限制时，只有在对国家安全或对健康或环境有危险而需要进行限制的情况下，这样的限制才适用于根据本条约保存或将要保存的微生物。

第六条 国际保存单位的资格

（1）任何保存机构如要具备国际保存单位的资格，必须是设在缔约国领土上的，而且必须由该国作出该保存机构符合并将继续符合第(2)款所列各项要求条件的保证。上述保证也可由一政府间工业产权组织作出；在这种情况下，该保存机构必须设在该组织的成员国领土上。

（2）保存机构欲具有为国际保存单位的资格必须：

(i) 连续存在；

(ii) 拥有施行细则所规定的必要人员和设施，执行按照本条约承担的科学和管理的任务；

(iii) 公正和客观；

(iv) 对任何要求保存的交存人按照同样条件提供服务；

(v) 按照施行细则的规定受理各种或某些类别的微生物的交存，审查其存活能力并予储存；

(vi) 按照施行细则的规定发给交存人存单，以及所要求的关于存活能力的声明；

(vii) 按照施行细则的规定，遵守对所存的微生物保密的规定；

(viii) 按照施行细则规定的条件和手续提供所保存的任何微生物的样品。

（3）施行细则应规定在下述情况下采取的措施：

(i) 如果一个国际保存单位对于所保存的微生物暂时或永久停止履行其职责，或者拒绝受理按照所作保证应受理的任何种类的微生物；

(ii) 当终止或限制一个国际保存单位的国际保存单位资格时。

第七条 国际保存单位资格的取得

（1）(a)通过保存机构所在的缔约国递交总干事的书面通知，包括一件声明保证该机构符合并将继续符合第六条第（2）款规定的各项要求，该保存机构即可取得国际保存单位资格。也可通过政府间工业产权组织递交总干事的书面通知，其中包括上述声明，取得上述资格。

(b) 上述通知还应包括按照施行细则规定需提供的关于该保存机构的情报，并可写明自何日起国际保存单位资格开始生效。

（2）(a) 如果总干事确认该通知包括了所要求的声明，并且收到了所要求的全部情报，国际局应将该通知立即予以公布。

(b) 国际保存单位资格自该通知公布之日起取得，或者，如果根据第（1）款（b）项表明了某一日期，而此日期迟于该通知的公布日，则自此日期起取得资格。

（3）第（1）款和第（2）款规定的手续细节应在施行细则中规定。

第八条 国际保存单位资格的终止和限制

(1)(a)任何缔约国或任何政府间工业产权组织均可以按第六条规定的各项要求没得到或不再得到满足为理由,请求大会终止任何保存单位的国际保存单位资格,或将其资格限制在某些微生物种类之内。但是一个缔约国或政府间工业产权组织曾为一国际保存单位作出第七条第(1)款(a)项所述保证的,该缔约国或政府间工业产权组织不得就该国际保存单位提出这种请求。

(b)在按照(a)项提出请求之前,该缔约国或政府间工业产权组织应通过总干事把即将提出请求的理由告知递交了第七条第(1)款所述通知的缔约国或政府间工业产权组织,以便该国或该组织自接到通知之日起 6 个月内采取适当行动排除提出该请求的需要。

(c)如果大会确认该请求有充分的依据时,则应决定终止(a)项中所述单位的国际保存单位资格,或限制其保存的微生物种类。大会的这种决定需要以三分之二多数的赞成票通过。

(2)(a)曾作出第七条第(1)款(a)项所述声明的缔约国或政府间工业产权组织可以向总干事发出通知,全部地或只就某些种类微生物撤回其声明,而当其作出的保证不再适用时,无论如何都应就其不适用的范围撤回其声明。

(b)自施行细则规定的日期起,如果该通知关系到整个声明,则使该国际保存单位资格停止,或者,如果只关系到某些种类微生物,则使这种资格受到相应限制。

(3)第(1)款和第(2)款规定的手续细节应在施行细则中规定。

第九条 政府间工业产权组织

(1)(a)受若干国家委托以批准地区专利而其成员国都是保护工业产权国际(巴黎)联盟成员国的任何政府间组织,均可以向总干事递交一份声明,表明其承担第三条第(1)款(a)项所规定的承认义务,承担第三条第(2)款所述要求的义务,并接受本条约和施行细则适用于政府间工业产权组织的各种规定的全部效力。如果是在本条约根据第十六条第(1)款生效之前递交的,则前一句中所述声明,自条约生效之日起生效。如果是在条约生效之后递交的,所述声明应自递交 3 个月之后生效,除非在声明中指定了较迟的日期。在后一种情况下,该声明应自该指定日期生效。

(b)所述组织应享有第三条第(1)款(b)项所规定的权利。

(2)如果本条约或施行细则有关政府间工业产权组织的任何规定经修订或修正时,任何政府间工业产权组织均可以向总干事发出通知撤回其按第(1)款中所述的声明。撤回应自下列日期生效:

(i)通知在该修订或修正生效之日以前收到的,自修订或修正生效之日起;

(ii)如果通知是在第(i)目所述日期以后收到的,自通知指定日期起,或者没有作出这种指定时,自收到通知之日后 3 个月起。

(3)除第(2)款所述情况外,任何政府间工业产权组织还可以向总干事发出通知撤回其按第(1)款(a)项所述声明。撤回应自总干事收到该通知之日两年后生效。在该声明生效之日起 5 年期间不接受根据本款提出的撤回通知。

(4)一个政府间工业产权组织根据第七条第(1)款发出的通知使得一个保存机构取得国际保存单位资格的,该政府间工业产权组织所发的按第(2)款或第(3)款所述撤回,应在总干事收到该撤回通知之日起 1 年后终止这种资格。

(5)第(1)款(a)项所述声明、第(2)款或第(3)款所述撤回通知,根据第七条第(1)款(a)项发出的声明,包括根据第六条第(1)款第 2 句作出的保证,根据第八条第(1)款提出的请求,以及第八条第(2)款所述撤回通知,均应要求得到该政府间工业产权组织的上级机关明确认可,该上级机关成员国应全部是该组织成员国,并且决定是由这些国家政府的正式代表作出的。

第二章 行政性条款

第十条 大 会

(1)(a)大会应由缔约国组成。

(b) 每一缔约国应有一名代表，可辅以副代表、顾问和专家。

(c) 各政府间工业产权组织在大会以及由大会建立的各委员会和工作组的会议上应由特别观察员代表。

(d) 任何本组织成员或保护工业产权国际（巴黎）联盟成员而非本联盟成员的国家以及除第二条第（v）项定义的政府间工业产权组织之外的专门从事专利方面事务的任何政府间组织，在大会的会议上，如经大会决定，在大会建立的各委员会和工作组的会议上，都可由观察员出席。

（2）(a) 大会的职权如下：

(i) 处理有关本联盟的维持与发展和有关本条约的执行的一切事务；

(ii) 行使本条约专门赋与的权利，执行本条约专门分配的任务；

(iii) 就修订会议的筹备事项给予总干事指示；

(iv) 审核和批准总干事关于本联盟的报告和活动，并就有关本联盟职权范围内的事务给予总干事一切必要的指示；

(v) 建立大会为促进本联盟的工作认为应当建立的委员会和工作组；

(vi) 除第（1）款（d）项另有规定应适用该规定外，确定哪些非缔约国国家除第二条第（v）项定义的政府间工业产权组织以外的哪些政府间组织以及哪些非政府间国际组织应作为观察员出席会议，以及在何种范围内国际保存单位应作为观察员出席会议；

(vii) 为促进实现本联盟的目标而采取任何其他适当的行动；

(viii) 履行按照本条约是适当的其他职责。

(b) 关于与本组织管理的其他联盟共同有关的事项，大会应在听取本组织协调委员会的意见后作出决议。

（3）一个代表只可以代表一个国家，并以该国的名义投票。

（4）每一缔约国应有一票表决权。

（5）(a) 缔约国的半数构成开会的法定人数。

(b) 不足法定人数时，大会可以作出决议，但除有关其本身程序的决议外，所有这类决议都应按照施行细则规定以通信投票方式取得法定人数及所需的多数票之后才生效。

（6）(a) 除第八条第（1）款（c）项、第十二条第（4）款和第十四条第（2）款（b）项另有规定应适用该规定外，大会的决定需有所投票数的多数票。

(b) 弃权不应认为是投票。

（7）(a) 大会每三历年由总干事召集一次通常会议，最好与本组织的大会在同时同地举行。

(b) 经总干事主动发起或应四分之一缔约国要求，应由总干事召集大会临时会议。

（8）大会应通过其自身的议事规程。

第十一条　国际局

（1）国际局应：

(i) 执行有关本联盟的行政工作，特别是本条约和施行细则规定或由大会专门指定的这类工作；

(ii) 为修订会议、大会、大会建立的委员会和工作组以及由总干事召集的处理本联盟有关事务的任何其他会议设立秘书处。

（2）总干事为本联盟的最高行政官员，并代表本联盟。

（3）总干事应召集有关处理本联盟事务的一切会议。

（4）(a) 总干事及其指定的职员应参加大会和由大会建立的委员会和工作组的所有会议，以及由总干事召集的有关处理本联盟事务的任何其他会议，但无表决权。

(b) 总干事，或由其指定的职员，应作为大会、各委员会、各工作组以及（a）项所述其他会议的当然秘书。

（5）(a) 总干事应遵照大会的指示为修订会议进行筹备。

(b) 总干事可以就修订会议的筹备工作与政府间组织和非政府间国际组织进行磋商。

(c) 总干事及其指定人员应参加修订会议的讨论，但无表决权。

(d) 总干事，或其指定的职员，应作为任何修订会议的当然秘书。

第十二条 施行细则

（1）施行细则应规定有关以下事项的规则：

（i）本条约明文规定由施行细则规定或明文规定应予以规定的事项；

（ii）任何行政性的要求、事项或手续；

（iii）对执行本条约有用的任何细节。

（2）与本条约同时通过的施行细则作为附件附在本条约之后。

（3）大会可以修订施行细则。

（4）（a）除（b）项另有规定应适用该规定外，对本施行细则的任何修正需有所投票数的三分之二票。

（b）有关由国际保存单位提供所保存的微生物样品规定的任何修正，在没有任何缔约国投票反对该修正提案的情况下才能通过。

（5）在本条约与施行细则的规定发生抵触时，以本条约的规定为准。

第三章　修订和修正

第十三条　本条约的修订

（1）本条约可以由缔约国参加的会议随时修订。

（2）修订会议的召集均应由大会决定。

（3）第十条和第十一条可以由修订会议或按照第十四条的规定进行修正。

第十四条　本条约中某些规定的修正

（1）（a）根据本条约提出修正第十条和第十一条的提案，可以由任何缔约国或由总干事提出。

（b）这些提案应在提供大会对其审议之前至少6个月，由总干事预先通知各缔约国。

（2）（a）对第（1）款所述各条的修正应由大会通过。

（b）对第十条的任何修正需要所投票数的五分之四票；对第十一条的任何修正需有所投票数的四分之三票。

（3）（a）对第（1）款所述各条的修正，应在总干事收到大会通过该修正时四分之三的成员国依照各自的宪法程序表示接受该修正的书面通知起1个月后生效。

（b）对上述各条的任何修正，一经接受后，对于在该修正案经大会通过时是缔约国的所有缔约国都有约束力，但对上述缔约国产生财政义务或增加这种义务的任何修正仅对通知接受这种修正的国家有约束力。

（c）根据（a）项规定接受并生效的任何修正对在大会通过该修正案后成为缔约国的所有国家均有约束力。

第四章　最后条款

第十五条　成为本条约的缔约国

（1）保护工业产权国际（巴黎）联盟的任何成员国经下列手续均可成为本条约的缔约国：

（i）签字后递交批准书。

（ii）递交加入书。

（2）批准书或加入书应交总干事保存。

第十六条　本条约的生效

（1）对于最早递交批准书或加入书的五个国家，本条约应自递交第五份批准书或加入书之日后三个月开始生效。

（2）对于任何其他国家，除非在其批准书或加入书中指定以后的日期，本条约应自该国递交其批准书或加入书之日三个月后开始生效。在指定日期的情况下，本条约应在该国指定的日期开始生效。

第十七条　退出本条约

（1）任何缔约国均可通知总干事退出本条约。

（2）自总干事收到退出通知之日起2年后，退出发生效力。

（3）任何缔约国在其成为本条约缔约国之日起5年届满以前，不得行使第（1）款规定的退约权利。

（4）一个缔约国曾对于一保存机构发出第七条第（1）款（a）项所述声明因而使该保存机构取得国际保存单位资格的，该国退出本条约应使这种资格在总干事收到第（1）款所述通知之日起1年后终止。

第十八条　本条约的签字和使用语言

（1）（a）本条约应在一份用英语和法语两种语言写成的条约原本上签字，两种文本均为同等的正本。

457

（b）总干事在与有关政府协商后，并在本条约签字日起两个月内用建立世界知识产权组织公约签字时所用的其他语言制定本条约的正式文本。

（c）总干事在与有关政府协商后，应用阿拉伯语、德语、意大利语、日语和葡萄牙语以及大会指定的其他语言制定本条约的正式文本。

（2）本条约在布达佩斯开放签字至1977年12月31日截止。

第十九条 本条约的保存；文本的送交；本条约的登记

（1）本条约签字截止后，其原本应由总干事保存。

（2）总干事应将经其证明的本条约和施行细则文本两份送交第十五条第（1）款所述所有国家的政府，送交可能按照第九条第（1）款（a）项递交声明的政府间组织，并根据请求，送交任何其他国家政府。

（3）总干事应将本条约向联合国秘书处登记。

（4）总干事应将经其证明的对本条约和施行细则的修正条款文本两份送交所有缔约国、所有政府间工业产权组织，并根据请求送交任何其他国家政府和按照第九条第（1）款（a）项递交声明的任何其他政府间组织。

第二十条 通 知

总干事应将以下事项通知缔约国、政府间工业产权组织以及不是本联盟成员国而是保护工业产权国际（巴黎）联盟成员国的国家：

（i）按照第十八条的签字；

（ii）按照第十五条第（2）款保存的批准书或加入书；

（iii）按照第九条第（1）款（a）项递交的声明以及按照第九条第（2）款或第（3）款撤回声明的通知；

（iv）按照第十六条第（1）款本条约的生效日期；

（v）按照第七条和第八条发出的通知以及按照第八条作出的决议；

（vi）按照第十四条第（3）款接受对本条约的修正；

（vii）对施行细则的任何修正；

（viii）对本条约或施行细则所作修正的生效日期；

（ix）按照第十七条收到的退约通知。

国际专利分类斯特拉斯堡协定

(1971年3月24日签订 1979年10月2日修正)

各缔约国，

考虑到普遍采用一种统一的专利、发明人证书、实用新型和实用证书的分类系统，是符合全体的利益的，而且可能在工业产权领域建立较为密切的国际合作，有助于协调各国在该领域的立法工作；

认识到1954年12月19日的发明专利国际分类欧洲公约的重要性，根据这一公约，欧洲理事会创建了发明专利国际分类法；

注意到这一分类法的普遍价值及其对《保护工业产权巴黎公约》的全体缔约国的重要性；

注意到这一分类法对发展中国家的重要性，将使这些国家比较容易地获得一直在大量发展的现代技术；

注意到1883年3月20日在巴黎签订、1900年12月14日在布鲁塞尔、1911年6月2日在华盛顿、1925年11月6日在海牙、1934年6月2日在伦敦、1958年10月31日在里斯本、1967年7月14日在斯德哥尔摩先后修订的《保护工业产权巴黎公约》第十九条的规定，

达成协议如下：

第一条 专门联盟的建立；国际分类法的采用

适用本协定的国家组成专门联盟，对发明专利、发明人证书、实用新型和实用证书采用

相同的分类法，即已知的"国际专利分类法"（以下简称"本分类法"）。

第二条　本分类法的定义

（1）（a）本分类法包括：

（i）依据1954年12月19日的发明专利国际分类欧洲公约（以下简称"欧洲公约"）的规定而制订的、1968年9月1日生效并由欧洲理事会秘书长公布的分类法正文；

（ii）在本协定生效之前依据欧洲公约第二第（2）款生效的修正案；

（iii）此后依据本协定第五条制订并依据本协定第六条生效的修正案；

（b）本分类法正文中所包括的指南和注释是其组成部分。

（2）（a）第（1）款（a）项第（i）目所指的本分类法正文包括在两份正本中，每份用英语和法语写成，在本协定签字期间，一份由欧洲理事会秘书长保存，另一份由1967年7月14日的公约所建立的世界知识产权组织总干事保存（以下分别简称"本组织"和"总干事"）。

（b）第（1）款（a）项第（ii）目中所指的修正案将载于两份正本中，每份用英语和法语写成，一份由欧洲理事会秘书长保存，另一份由总干事保存。

（c）第（1）款（a）项第（iii）目中所指的修正案将只载于一份正本，用英语和法语写成，由总干事保存。

第三条　本分类法的语言

（1）本分类法应用英语和法语制定，两种文本均为同等的正本。

（2）本组织国际局（以下简称"国际局"）应与有关国家政府协商，或在各该政府提交的译文的基础上，或通过对本专门联盟或对本组织的预算不产生财政义务的其他任何方法，制定德语、日语、葡萄牙语、俄罗斯语、西班牙语以及本协定第七条所述大会指定的其他语言的正式文本。

第四条　本分类法的使用

（1）本分类法纯属行政管理性质。

（2）本专门联盟的每一国家有权将本分类法作为主要的分类系统或者作为辅助的分类系统使用。

（3）本专门联盟国家的主管机关应在以下文件上标明适用于第（i）项所指文件涉及的发明的完整分类号：

（i）该机关所颁发的专利证书、发明人证书、实用新型、实用证书及其有关的申请文件，不论是公布的或仅供公众查阅的，以及

（ii）官方期刊发表的关于第（i）项所指文件的公布或供公众查阅的有关通知。

（4）在本协定签字时或在递交本协定批准书或加入书时：

（i）任何国家都可以声明，在第（3）款所指仅供公众查阅的申请文件及其有关通知中，不承担标明组分类号或分组分类号，以及

（ii）任何国家不进行即时的或延迟的新颖性审查，以及在授予专利证书或其他保护形式的程序中没有规定现有技术检索的，可以声明在第（3）款所指文件和通知中不承担标明组分类号和分组分类号。如果上述情况仅在涉及某种保护形式或某些技术领域时才存在，有关国家可以在适用这些情况的范围内作出该项保留。

（5）分类号及其前面写明的"国际专利分类"或由第五条所述的专家委员会决定的缩写词，应用粗体字印刷，或以其他清晰可辨的方式，在包括这些符号的第（1）款（i）项所述每一文件的上端标明。

（6）如本专门联盟的任何国家委托政府间机构授予专利的，应采取一切可能的措施，保证该机构依本条规定使用本分类法。

第五条　专家委员会

（1）本专门联盟设立专家委员会，每一国家应派代表参加。

（2）（a）总干事应邀请以专利为其专业的、其成员至少有一国是本协定的缔约国的政府间组织，派观察员出席专家委员会的会议。

（b）总干事可以邀请，如经专家委员会请求，应该邀请其他政府间组织和非政府间国际组织派代表参加与其有关的讨论。

（3）专家委员会的职权如下：

（i）修订本分类法；

（ii）向本专门联盟国家提出旨在便利本

分类法的使用和促进本分类法的统一应用的建议；

(iii) 帮助促进对用于发明审查的文献进行重新分类的国际合作，特别要考虑发展中国家的需要；

(iv) 在对本专门联盟或本组织的预算不产生财政义务的情况下，采取其他一切措施促进发展中国家应用本分类法；

(v) 有权设立小组委员会和工作组。

(4) 专家委员会应制订自己的议事规程，该规程应允许第（2）款（a）项所指能在本分类法的发展中担任实质性工作的政府间组织参加小组委员会和工作组的会议。

(5) 本专门联盟任何国家的主管机关、国际局、依第（2）款（a）项的规定有代表出席专家委员会会议的任何政府间组织，以及应专家委员会特别邀请对修订本分类法提出建议的任何其他组织，均可对本分类法提出修订建议。修订建议应递交国际局，国际局应在不迟于专家委员会开会审议上述建议前两个月提交专家委员会成员和观察员。

(6)（a）专家委员会的每个成员国应有一票表决权。

(b) 专家委员会的决议需有出席并参加表决的国家的简单多数票。

(c) 任何决议，如出席并参加表决的国家的五分之一国家认为会引起本分类法基本结构的改变，或需要进行大量重新分类工作的，应有出席并参加表决的国家的四分之三多数票。

(d) 弃权不应视为投票。

第六条 修正案及其他决议的通知、生效和公布

(1) 专家委员会通过的修正本分类法的决议和专家委员会的建议，应由国际局通知本专门联盟各国的主管机关。修正案应自发出通知之日起 6 个月后生效。

(2) 国际局应将已生效的修正案编入本分类法中。修正案应在第七条所述大会指定的期刊上公布。

第七条 本专门联盟的大会

(1)（a）本专门联盟应设大会，由本专门联盟的国家组成。

(b) 本专门联盟每一国家的政府应有一名代表，可辅以若干副代表、顾问和专家。

(c) 第五条第（2）款（a）项所指的政府间组织可以派观察员出席大会的会议，如经大会决定，也可以出席大会所设立的委员会或工作组的会议。

(d) 各国代表团的费用应由委派该代表团的政府负担。

(2)（a）除第五条另有规定应适用该规定外，大会的职权如下：

(i) 处理有关维持和发展本专门联盟以及执行本协定的一切事项；

(ii) 就有关修订会议的筹备事项对国际局给予指示；

(iii) 审查和批准总干事有关本专门联盟的报告和活动，并就有关本专门联盟职权范围内的事项对总干事给予一切必要的指示；

(iv) 决定本专门联盟的计划和通过 3 年预算，并批准决算；

(v) 通过本专门联盟的财务规则；

(vi) 决定除英语、法语和第三条第（2）款所列语言外的其他语言分类法正式文本的制定；

(vii) 建立为实现本专门联盟的目标而认为适当的委员会和工作组；

(viii) 除第（1）款（c）项另有规定应适用该规定外，决定接受哪些非本专门联盟成员的国家、政府间组织和非政府间国际组织为观察员出席大会以及大会所设立的委员会或工作组的会议；

(ix) 采取旨在促进实现本专门联盟目标的任何其他适当的行动；

(x) 履行按照本协定是适当的其他职责。

(b) 关于与本组织管理的其他联盟共同有关的事项，大会应在听取本组织协调委员会的意见后作出决议。

(3)（a）大会的每一成员国应有一票表决权。

(b) 大会成员国的半数构成开会的法定人数。

(c) 在不足法定人数时，大会可以作出决议，但除有关大会本身程序的决议外，所有这类决议只有符合以下规定的条件才能生效。国际局应将上述决议通知未出席大会的成员国,并请其在通知之日起3个月的期间内以书面表示是否赞成或弃权。如在该期间届满时,投票或弃权国家的数目已达到本届会议法定人数缺额,这些决议只要同时取得所需的多数票,即应生效。

(d) 除第十一条第(2)款另有规定应适用该规定外,大会的决议需有所投票数的三分之二票。

(e) 弃权不应视为投票。

(f) 一名代表仅可以一国名义代表一个国家投票。

(4)(a) 大会应每三历年由总干事召开一次通常会议,如无特殊情况,应与本组织的大会同时间、同地点召开。

(b) 大会的临时会议应由总干事根据大会四分之一成员国的请求召开。

(c) 每届会议的议程应由总干事准备。

(d) 大会应通过自己的议事规程。

第八条 国际局

(1)(a) 有关本专门联盟的行政工作应由国际局执行。

(b) 国际局特别应负责筹备各种会议,并为大会、专家委员会以及由大会或专家委员会所设立的其他委员会或工作组设置秘书处。

(c) 总干事是本专门联盟的最高行政官员,并代表本专门联盟。

(2) 总干事及其指定的职员均应参加大会、专家委员会以及由大会或专家委员会所设立的其他委员会或工作组的所有会议,但无表决权。总干事或其指定的职员是这些机构的当然秘书。

(3)(a) 国际局应按照大会的指示,为修订会议进行筹备工作。

(b) 国际局可以就修订会议的筹备工作,同政府间组织和非政府间国际组织进行磋商。

(c) 总干事及其指定的人员应参加修订会议的讨论,但无表决权。

(4) 国际局应执行指定的其他工作。

第九条 财务

(1)(a) 本专门联盟应有预算。

(b) 本专门联盟的预算应包括本专门联盟专有的收入和支出,对各联盟共同支出预算的摊款,以及在需要时包括对本组织成员国会议预算提供的款项数额。

(c) 对于不是专属于本专门联盟的,而是与本组织管理下的一个或一个以上其他联盟有关的支出,应视为各联盟的共同支出。本专门联盟在该项共同支出中的摊款,应与本专门联盟在其中所享的利益成比例。

(2) 制订本专门联盟的预算,应适当考虑到与本组织管理的其他联盟预算协调的需要。

(3) 本专门联盟预算的财政来源如下:

(i) 本专门联盟国家的会费;

(ii) 国际局提供的与本专门联盟有关的服务应收的各种费用;

(iii) 国际局有关本专门联盟出版物的售款或版税;

(iv) 赠款、遗赠和补助金;

(v) 租金、利息和其他杂项收入。

(4)(a) 为了确定第(3)款第(i)项所指的会费数额,本专门联盟每一国家应与其在保护工业产权巴黎联盟属于同一等级,并应以该联盟对该等级所确定的单位数字为基础缴纳其年度会费。

(b) 本专门联盟每一国家年度会费的数额,在所有国家向本专门联盟预算缴纳的会费总额中所占的比例,应与该国的单位数额在所有缴纳会费国家的单位总数中所占的比例相同。

(c) 会费应在每年的1月1日缴纳。

(d) 一个国家欠缴的会费数额等于或超过其前两个整年的会费数额的,不得在本专门联盟的任何机构内行使表决权。但是,如果本联盟的任何机构证实延迟缴费是由于特殊的和不可避免的情况,则在此期间内,可以允许该国在该机构内继续行使表决权。

(e) 如预算在新财政年度开始前尚未通过,根据财务规则的规定,预算应与上一年度预算的水平相同。

(5) 国际局提供的与本专门联盟有关的服务应收的各种费用数额,应由总干事确定并报告大会。

(6)(a)本专门联盟应设工作基金，由本专门联盟每一国家一次缴纳组成。如基金不足，大会应决定予以增加。

(b)每一国家向上述基金初次缴纳的数额或在基金增加时缴纳的数额，应和建立基金或决定增加基金的当年该国缴纳的会费成比例。

(c)缴款的比例和条件，应由大会根据总干事的建议并听取本组织协调委员会的意见后规定。

(7)(a)在本组织与本组织总部所在地国家签订的总部协定中应规定：工作基金不足时，该国应予贷款。该项贷款的数额和条件，每一次应由本组织与该国签订单独的协定。

(b)(a)项所指的国家与本组织都各自有权以书面通知废除贷款的义务。废除应在发出通知当年年底起3年后生效。

(8)账目的审核工作应按财务规则的规定，由本专门联盟一个或一个以上国家或外界的审计师进行。审计师应由大会在征得其同意后指定。

第十条 本协定的修订

(1)本协定可以由本专门联盟国家的特别会议随时修订。

(2)任何修订会议的召开，应由大会规定。

(3)本协定第七、八、九和十一条，可以由修订会议或按第十一条的规定进行修订。

第十一条 本协定某些规定的修订

(1)本专门联盟任何国家或总干事均可对第七、八、九条和本条提出修正案。修正案至少应在提交大会审议前6个月，由总干事通知本专门联盟各国。

(2)对第(1)款所指各条的修正案，应由大会通过。通过需有所投票数的四分之三票。但对第七条和本款的任何修正案，需有所投票数的五分之四票。

(3)(a)对第(1)款所指各条的任何修正案，应在总干事收到修正案通过时的本专门联盟四分之三国家按其各自宪法程序表示接受修正案的书面通知日起1个月后生效。

(b)对上述各条的任何修正案经依上述规定接受后，在修正案生效时，对本专门联盟的所有成员国都有约束力，但增加本专门联盟国家财政义务的修正案，只对已经通知接受该修正案的国家有约束力。

(c)依(a)项规定已经接受的任何修正案，在依(a)项规定生效后对于成为本专门联盟成员国的所有国家都有约束力。

第十二条 成为本协定的缔约国

(1)《保护工业产权巴黎公约》的任何缔约国，通过以下手续均可成为本协定的缔约国：(i)签字并交存批准书，或

(ii)交存加入书。

(2)批准书或加入书均应递交总干事保存。

(3)《保护工业产权巴黎公约》斯德哥尔摩议定书第二十四条的规定应适用于本协定。

(4)第(3)款的规定不应理解为意味着本专门联盟国家承认或默认另一国家依该款规定将本协定适用于其领地的实际状况。

第十三条 本协定的生效

(1)(a)本协定应在以下国家递交批准书或加入书一年后生效。

(i)在协定开放签字之日有欧洲公约的三分之二缔约国，以及

(ii)三个以前不是欧洲公约的缔约国，而是《保护工业产权巴黎公约》的缔约国，其中至少有一国在其交存批准书或加入书之日，根据国际局公布的最新年度统计，其专利或发明人证书的申请数已超过4万件。

(b)除按照(a)项规定本协定对之生效的国家外，对于其他任何国家，本协定在总干事就其批准书或加入书发出通知之日起一年后生效，除非批准书或加入书已经指定以后的日期。在后一情况下，本协定应在指定的日期对该国生效。

(c)欧洲公约缔约国批准或加入本协定的，有义务退出该公约，最迟自本协定对这些国家生效之日起发生效力。

(2)批准或加入本协定，应自动接受本协定的全部条款并享有本协定的一切利益。

第十四条 本协定的有效期

本协定的有效期与《保护工业产权巴黎公约》的有效期相同。

第十五条 退 出

(1) 本专门联盟的任何国家均可通知总干事退出本协定。

(2) 退出应自总干事收到通知之日起一年后生效。

(3) 任何国家在成为本专门联盟成员之日起5年届满以前，不得行使本条规定的退出的权利。

第十六条 签字、语言、通知、保存职责

(1)(a) 本协定应在一份用英语和法语写成的原本上签字，两种文本均为同等的正本。

(b) 本协定于1971年9月30日以前在斯特拉斯堡开放签字。

(c) 本协定的原本在签字日期截止后，应由总干事保存。

(2) 总干事在与有关政府协商后，应制定德语、日语、葡萄牙语、俄罗斯语、西班牙语以及大会指定的其他语言的正式文本。

(3)(a) 总干事应将经其证明的本协定的签字文本两份送各签字国政府，并根据请求，送交任何其他国家政府。总干事还应将经其证明的文本一份送交欧洲理事会秘书长。

(b) 总干事应将经其证明的本协定任何修正案两份送交本专门联盟各国政府，并根据请求，送交任何其他国家政府。总干事还应将经其证明的一份送交欧洲理事会秘书长。

(c) 总干事应根据请求，将经其证明的用英语或法语写的本分类法一份送交在本协定上签字或加入本协定的任何国家政府。

(4) 总干事应将本协定向联合国秘书处登记。

(5) 总干事应将下列事项通知《保护工业产权巴黎公约》所有缔约国政府以及欧洲理事会秘书长：

(i) 签字；

(ii) 批准书或加入书的交存；

(iii) 本协定生效的日期；

(iv) 对使用本分类法的保留；

(v) 对本协定修正案的接受；

(vi) 上述修正案的生效日期；

(vii) 收到的退出通知。

第十七条 过渡条款

(1) 在本协定生效后2年内，未参加本专门联盟的欧洲公约缔约国可根据自愿，与本专门联盟成员国一样在专家委员会中享有相同的权利。

(2) 在第(1)款所指的期限届满后3年内，该款所指的国家可以委派观察员出席专家委员会会议，如经专家委员会决定，也可以出席该委员会所设的任何小组委员会或工作组会议。在同一期间内，也可以根据第五条第(5)款的规定提交修订本分类法的建议，根据第六条第(1)款的规定，并应得到关于专家委员会所作决定和建议的通知。

(3) 在本协定生效后5年内，未参加本专门联盟的欧洲公约缔约国，可以委派观察员出席大会的会议，如经大会决定，也可以出席大会所设立的任何委员会或工作组的会议。

建立工业品外观设计国际分类洛迦诺协定

(1968年10月8日签订于洛迦诺 1979年9月28日修正)

第一条 专门联盟的建立；国际分类法的采用

(1) 适用本协定的国家组成专门联盟。

(2) 上述国家采用统一的工业品外观设计分类法（下称"国际分类法"）。

(3) 国际分类法应当包括：

(i) 大类和小类表；

(ii) 使用工业品外观设计的按字母顺序排列的商品目录，包括这些商品分成大类和小类的分类标记；

(iii) 用法说明。

(4) 大类和小类表作为本协定的附件，依照第三条规定设立的专家委员会（下称"专家委员会"）可以对其作出修正和补充。

（5）按字母顺序排列的商品目录和用法说明应当由专家委员会依照第三条规定的程序通过。

（6）专家委员会可以依照第三条规定的程序对国际分类法进行修正和补充。

（7）（a）国际分类法应当使用英语和法语制定。

（b）第五条所述大会可以指定的其他语言的国际分类法正式文本，应当由建立世界知识产权组织（下称"本组织"）公约所述的知识产权国际局（下称"国际局"）与有关国家政府协商后制定。

第二条　国际分类法的使用和法定范围

（1）除本协定规定的要求外，国际分类法纯属管理性质。然而，每个国家可以将其认为适当的法定范围归属于国际分类法。特别是本专门联盟各国对本国给予外观设计的保护性质和范围应当不受国际分类法的约束。

（2）本专门联盟的每一国家保留将国际分类法作为主要的分类系统或者作为辅助的分类系统使用的权利。

（3）本专门联盟国家的主管局应当在外观设计保存或注册的官方文件上以及在正式公布这些文件时在有关刊物上标明使用外观设计的商品所属国际分类法的大类和小类号。

（4）在选择按字母顺序排列的商品目录中的用语时，专家委员会应相当谨慎，避免使用含有专有权的用语。但是按字母顺序排列的索引中所列的任何用语并不表示专家委员会对该用语是否含有专有权的意见。

第三条　专家委员会

（1）专家委员会应当承担第一条第（4）款、第（5）款和第（6）款所述的任务。本专门联盟的每一国家，在专家委员会都应当有代表，该委员会应当按照出席国家的简单多数所通过的议事规则进行组织。

（2）专家委员会应依本专门联盟国家的简单多数票通过按字母顺序排列的商品目录和用法说明。

（3）对国际分类法的修正和补充的建议可以由本专门联盟的任何国家主管局或者由国际局提出。由主管局提出的任何建议应当由该局通知国际局。由主管局以及由国际局提出的建议应当由国际局在不迟于审议该建议的专家委员会会议开会前2个月送交专家委员会的每一成员。

（4）专家委员会关于国际分类法的修正和补充的决定应当由本专门联盟国家的简单多数通过。然而，如果决定涉及建立新的大类或者将一些商品由一个大类转移至另一大类时，需要全体一致同意。

（5）每个专家应当有通过邮寄投票的权利。

（6）如果一个国家未指派代表参加专家委员会的一届会议，或者指派的专家在会议期间或者在专家委员会议事规则所规定的期间未参加投票，该有关国家应当认为已接受专家委员会的决定。

第四条　国际分类法及其修正和补充的通知与公布

（1）专家委员会所通过的按字母顺序排列的商品目录和用法说明，以及该委员会所决定的国际分类法的修正或补充应当由国际局通知本专门联盟各国主管局。通知一经收到，专家委员会的决定就应当开始生效。然而，如果决定涉及建立新的大类，或将一些商品从一个大类转移至另一大类时，该决定应当自发出上述通知之日起6个月开始生效。

（2）国际局作为国际分类法的保存机构，应当将已开始生效的修正和补充编入国际分类法中。修正和补充的公告应当在大会指定的期刊上公布。

第五条　本专门联盟大会

（1）（a）本专门联盟应当设立大会，由本专门联盟各国组成。

（b）本专门联盟每一国家的政府应当有一名代表，可辅以若干副代表、顾问和专家。

（c）每一代表团的费用应当由委派代表团的政府负担。

（2）（a）除第三条规定外，大会应当：

（i）处理有关维持和发展本专门联盟以及

执行本协定的一切事项；

（ii）就有关修订会议的筹备事项对国际局给予指示；

（iii）审查和批准本组织总干事（下称"总干事"）关于本专门联盟的报告和活动，并就本专门联盟职权范围内的事项对总干事给予一切必要的指示；

（iv）确定本专门联盟的计划和通过其3年预算，并批准其决算；

（v）通过本专门联盟的财务规则；

（vi）决定英语和法语以外语言的国际分类法正式文本的制定；

（vii）除按第三条所设立的专家委员会以外，建立为实现本专门联盟目标而认为适当的其他专家委员会和工作组；

（viii）确定接受哪些非本专门联盟成员的国家以及哪些政府间组织和非政府间国际组织为观察员出席大会的会议；

（ix）通过第五条至第八条的修正案；

（x）采取旨在促进实现本专门联盟的目标的任何其他适当的行动；

（xi）履行按照本协定是适当的其他职责。

（b）关于与本组织管理的其他联盟共同有关的事项，大会应在听取本组织协调委员会的意见后作出决定。

（3）（a）大会的每一成员国应当有一票表决权。

（b）大会成员国的半数构成开会的法定人数。

（c）尽管有（b）项的规定，如任何一次会议出席的国家不足大会成员国的半数，但达到三分之一或者三分之一以上时，大会可以作出决定，但是，除有关大会本身议事程序的决定外，所有其他决定只有符合下述条件才能生效。国际局应当将上述决定通知未出席的大会成员国，请其在通知之日起3个月的期间内，以书面表示是否赞成或弃权。如该期间届满时，这些表示是否赞成或弃权的国家数目达到会议本身开会法定人数所缺少的国家数目，只要同时也取得了规定的多数票，这些决定即应当生效。

（d）除第八条第（2）款规定外，大会的决定需有所投票数的三分之二票。

（e）弃权不应当认为是投票。

（f）一名代表仅可以一国名义代表一个国家投票。

（4）（a）大会应当每三历年由总干事召开一次例会，如无特殊情况，应当与本组织的大会在同一期间和同一地点召开。

（b）大会的非常会议应当由总干事根据大会四分之一成员国的请求召开。

（c）每届会议的议程应由总干事准备。

（5）大会应当通过自己的议事规则。

第六条　国际局

（1）（a）有关本专门联盟的行政工作应当由国际局执行。

（b）国际局特别应当负责筹备各种会议，并为大会、专家委员会以及由大会或专家委员会所设立的其他专家委员会和工作组设置秘书处。

（c）总干事是本专门联盟的最高行政官员，并代表本专门联盟。

（2）总干事及其指定的职员均应当参加大会、专家委员会以及由大会或者专家委员会所设立的其他专家委员会或工作组的所有会议，但无表决权。总干事或者其指定的职员应当是这些机构的当然秘书。

（3）（a）国际局应当依照大会的指示，为修订本协定除第五条至第八条以外的各规定的会议进行筹备工作。

（b）国际局可以就修订会议的筹备工作与政府间组织及非政府间国际组织进行磋商。

（c）总干事及其指定的人员应当参加修订会议的讨论，但无表决权。

（4）国际局应当执行指定的其他工作。

第七条　财　务

（1）（a）本专门联盟应当有预算。

（b）本专门联盟的预算应当包括本专门联盟的专有的收入和支出，对各联盟共同支出预算的摊款，以及在需要时包括向本组织成员国会议预算提供的款项数。

（c）对于不是专属于本专门联盟的支出，而是与本组织管理下的一个或一个以上的其他联盟有关的支出，应当视为各联盟的共同支出。本专门联盟在该项共同支出中的摊款，应当与本专门联盟在其中所享有的利益成比例。

（2）制订本专门联盟的预算，应当适当考虑与本组织管理的其他联盟预算相协调的需要。

（3）本专门联盟预算的财政来源如下：

（i）本专门联盟国家的会费；

（ii）国际局提供的与本专门联盟有关的服务应得的各种费用；

（iii）国际局有关本专门联盟出版物的售款或版税；

（iv）赠款、遗赠和补助金；

（v）租金、利息以及其他杂项收入。

（4）（a）为了确定第（3）款第（i）项所指的会费数额，本专门联盟每一国家应当与其在保护工业产权巴黎联盟属于同一等级，并应当以该联盟对该等级所确定的单位数为基础缴纳其年度会费。

（b）本专门联盟每一个国家年度会费的数额在所有国家向本专门联盟预算缴纳的会费总额中所占的比例，应当与该国的单位数在所有缴纳会费国家的单位总数中所占的比例相同。

（c）会费应当在每年的1月1日缴纳。

（d）一个国家欠缴的会费数额等于或超过其前两个整年的会费数额的，不得在本专门联盟的任何机构内行使表决权。但是，如果本专门联盟的任何机构确知延迟缴费是由于特殊的和不可避免的情况，则在这期间内，可以允许该国在该机构内继续行使其表决权。

（e）如果预算在新财政年度开始以前尚未通过，预算应当按财务规则的规定与上一年度预算的水平相同。

（5）国际局提供的与本专门联盟有关的服务应得的各种费用数额，应当由总干事确定并报告大会。

（6）（a）本专门联盟应当设立工作基金，由本专门联盟的每一国家一次缴纳组成，如果基金不足，大会应当决定予以增加。

（b）每一国家对上述基金初次缴纳的数额或在基金增加时缴纳的数额，应当与建立基金或决定增加基金的当年该国缴纳的会费成比例。

（c）缴款的比例和条件，应当由大会根据总干事的建议，并听取本组织协调委员会的意见后确定。

（7）（a）在本组织与本组织总部所在地国家签订的总部协定中应当规定：工作基金不足时，该国应予贷款。该项贷款的数额和条件，每一次应当由本组织与该国签订单独的协定。

（b）上列（a）项所指的国家与本组织都各自有权以书面通知废除贷款的义务。废除应当自发出通知当年年底起3年后生效。

（8）账目的审计工作应当按财务规则的规定，由本专门联盟一个或多个国家或者外来的审计师进行。审计师应当由大会在征得其同意后指定。

第八条　第五条至第八条的修正

（1）本专门联盟任何国家或者总干事均可对第五、六、七条和本条提出修正案。修正案至少应当在提交大会审议前6个月，由总干事通知本专门联盟各国。

（2）对第（1）款所指各条的修正案，应当由大会通过。通过需有投票数的四分之三票。但对第五条和本款的任何修正案，需有所投票数的五分之四票。

（3）对第（1）款所指各条的任何修正案，应当自总干事收到修正案通过时的本专门联盟四分之三国家按其各自宪法程序表示接受修正案的书面通知之日起一个月后生效。对上述各条的任何修正案经依上述规定接受后，对修正案生效时本专门联盟的成员国或者在此后日期成为成员国的所有国家都有约束力，但是增加本专门联盟国家财政义务的修正案，只对已经通知接受该修正案的国家有约束力。

第九条　批准和加入；生效

（1）《保护工业产权巴黎公约》的任何缔约国已在本协定签字的都可以批准本协定；未在本协定签字的，可以加入本协定。

（2）批准书和加入书均应当递交总干事保存。

（3）（a）对于最先递交其批准书或加入书的五个国家，本协定应当在递交第五份批准书或者加入书3个月后开始生效。

(b) 对于其他任何国家，本协定应当自总干事就其批准书或者加入书发出通知之日起3个月后生效，除非批准书或者加入书已经指定以后的日期。在后一种情况下，本协定应当在指定的日期对该国生效。

(4) 批准或加入本协定，应当自动接受本协定的全部条款，并享有本协定的一切利益。

第十条 本协定的效力和有效期

本协定的效力和有效期应当与《保护工业产权巴黎公约》的效力和有效期相同。

第十一条 对第一条至第四条和第九条至第十五条的修订

(1) 对第一条至第四条和第九条至第十五条都可提出修订，以便采用期望的改进。

(2) 每项修订都应当在本专门联盟国家的代表会议上予以审议。

第十二条 退　出

(1) 任何国家均可通知总干事退出本协定。退出仅对发出此通知的国家生效，对于本专门联盟的其他国家，本协定仍保持其全部效力。

(2) 退出应当自总干事收到通知之日起一年后生效。

(3) 任何国家在成为本专门联盟成员国之日起5年届满以前，不得行使本条规定的退出的权利。

第十三条 领　地

《保护工业产权巴黎公约》第二十四条的规定适用于本协定。

第十四条 签字、语言、通知

(1)(a) 本协定应当在一份用英语和法语写成的文本上签字，两种文本均为同等的正本，并应当由瑞士政府保存。

(b) 本协定于1969年6月30日以前在伯尔尼开放签字。

(2) 总干事在与有关政府协商后，应当制定大会指定的其他语言的正式文本。

(3) 总干事应当将经瑞士政府证明的本协定签字文本两份送给各签字国政府，并根据请求送交任何其他国家政府。

(4) 总干事应当将本协定向联合国秘书处登记。

(5) 总干事应当将本协定的生效日期、签字、批准书或者加入书的保存、本协定修正案的接受、该修正案的生效日期以及退出的通知，通知本专门联盟所有国家政府。

第十五条 过渡条款

在第一任总干事就职前，本协定所指本组织的国际局或者总干事应当认为分别指保护知识产权联合国际局（BIRPI）或者其总干事。

附　件

国际分类的大类和小类表

01类　食品

注：(a) 包括人类食品、动物食品和食疗食品。

(b) 不包括包装（09类）。

01－01　烘制食品，饼干，点心，意大利面制品及其他谷类食品，巧克力，糖果类，冰冻食品

01－02　水果、蔬菜和水果蔬菜制品

01－03　奶酪、黄油及其代用品、其他奶制品

01－04　肉制品（包括猪肉制品）、鱼肉制品

01－05　豆腐和豆腐制品

01－06　动物食品

01－99　其他杂项

02类　服装、服饰用品和缝纫用品

注：不包括玩偶服装（21－01类），防火灾、防事故和救援用的专用装备（29类），以及动物服装（30－01类）。

02－01　内衣、女内衣、妇女紧身胸衣、乳罩和睡衣

注：(a) 包括矫形用妇女紧身胸衣和亚麻内衣。

(b) 不包括家用亚麻制品（06－13类）。

02－02　服装

注：(a) 包括各种服装，皮衣、游泳衣、运动衣和矫形用服装，受(b) 所列排除项的限制。

(b) 不包括内衣（02－01类）或分入02－03类、02－04类、02－05类、02－06类中的服装。

02－03　帽子、头部遮盖物

注：包括男用、女用及儿童用的各种帽子和头部遮盖物。

02－04　鞋、短袜和长袜

注：包括足球、滑雪和冰球等专用运动鞋，矫形鞋，矫形短袜，紧身裤袜，绑腿及其他袜类。

02－05　领带、围巾、颈巾和手帕

注：包括所有"平面的"服装附件。

02－06　手套

注：包括外科手套，家用、各种职业用、运动用橡胶或塑料防护手套。

02－07　缝纫用品、服饰用品和服装附件

注：（a）包括服装用、帽类用及鞋类用纽扣、鞋带、别针，手工缝制、编织、刺绣的工具，服装附件如腰带、吊带、背带。

（b）不包括纱线或其他细线（05－01类），装饰边（05－04类），缝纫、编织和刺绣机械（15－06类）或缝纫用具包（容器）（03－01类）。

02－99　其他杂项

03类　其他类未列入的旅行用品、箱包、阳伞和个人用品

03－01　大衣箱、手提箱、公文包、手提包、钥匙袋、钱夹、专门为内容物设计的箱包和类似物品

注：不包括商品运输用容器（09类）、雪茄盒和香烟盒（27－06类）。

03－02　［空缺］

03－03　雨伞、阳伞、遮阳篷和手杖

03－04　扇子

03－05　用于婴儿、儿童的携带及辅助行走装置

注：不包括06类和12类中的婴儿携带装置。

03－99　其他杂项

04类　刷子

04－01　清洁刷和扫帚

注：不包括服装刷（04－02类）。

04－02　梳妆刷、服装刷和鞋刷

注：（a）"梳妆刷"指身体用刷，例如用于头发、指甲或牙齿。

（b）不包括电动牙刷［器具］（28－03类）。

04－03　机器用刷

注："机器用刷"指与机器或专用车辆相结合的刷子。

04－04　油漆刷和烹饪用刷

04－99　其他杂项

05类　纺织品，人造或天然材料片材

注：（a）包括所有以纱线和非成品形式出售的纺织品或类似物品。

（b）不包括成品（02或06类）。

05－01　纺纱制品

注：（a）包括纱和线。

（b）不包括如绳索、金属绳、细绳、合股绳等（09－06类）。

05－02　花边

05－03　刺绣品

05－04　缎带、编带和其他缀饰品

05－05　纺织纤维制品

注：包括机织的、编织的或其他人造的纺织纤维制品，防水布，毛毡和罗登呢。

05－06　人造或天然材料片材

注：（a）包括其特征仅在于表面装饰性和纹理质地的片材，特别是覆盖片材如墙纸、油毡、自黏性塑料片材、包装片材和卷纸，受（b）所列排除项的限制。

（b）不包括书写用纸和卷状书写用纸（19－01类），不包括用于建筑构件的片材，如墙板和壁板（25－01类）。

05－99　其他杂项

06类　家具和家居用品

注：（a）组成部分包含于不同小类的组合家具分入06－05类。

（b）被视为一项设计的成套家具分入06－05类。

（c）不包括纺织品（05类）。

06－01　座椅

注：（a）包括所有座椅，即使其适于躺卧，如长凳、长沙发、长榻、无扶手无靠背的长沙发椅［沙发］、有垫矮凳、桑拿浴用长凳和沙发。

（b）包括交通工具上的座椅。

06－02　床

注：（a）包括床垫架。

（b）不包括适于躺卧的座椅（06－01类），如长凳、长沙发、长榻、无扶手无靠背的长沙发椅［沙发］、有垫矮凳、桑拿浴用长凳和沙发。

06－03　桌子及类似家具

06－04　存放物品用家具

注：（a）包括橱柜、架子、带抽屉或间隔的家具。

（b）包括棺材、棺材衬套和骨灰盒。

06－05　组合家具

06－06　其他家具和家具零部件

06－07　镜子和框架

注：不包括包含在其他类的镜子（见字母顺序表）。

06－08　挂衣架
06－09　床垫和垫子
06－10　窗帘、门帘和室内百叶帘
06－11　地毯、地席、地垫和小地毯
06－12　挂毯
06－13　毯子及其他覆盖物，家用亚麻制品和餐桌用布

注：包括家具覆盖物、床单床罩和桌面覆盖物。

06－99　其他杂项

07类　其他类未列入的家用物品

注：（a）包括手动或者电动的家用用具和器具。

（b）不包括食物和饮料的制备机械和设备（31类）。

07－01　瓷器、玻璃器皿、餐用盘碟和其他类似物品

注：（a）包括各种材料的盘子、碟子和罐子，特别是纸盘和纸板盘。

（b）不包括烹调器具和容器，如玻璃锅和陶制锅（07－02类）；也不包括花瓶、花盆以及纯装饰性的瓷器和玻璃器皿（11－02类）。

07－02　烹调用具、器具和容器
07－03　桌上用刀、叉、匙等餐具
07－04　用于制备食物或饮料的手动操作用具和器具

注：（a）不包括07－02类和31类中的设备和器具。

（b）不包括菜刀和剔骨刀（08－03类）。

07－05　熨烫用具、洗涤用具、清洁用具和干燥用具

注：不包括用于洗涤、清洁或干燥的家用电动设备（15－05类）。

07－06　其他桌上用品
07－07　其他家用容器
07－08　壁炉用具
07－09　家用器具和用具的立架及支架
07－10　用于冷却、冷冻的器具和保温容器
07－99　其他杂项

08类　工具和五金器具

注：（a）包括手动操作工具，即机械力代替了人力，如电锯和电钻。

（b）不包括机械或机床（15或31类）。

08－01　钻孔、铣削或挖掘的工具和器具

08－02　锤及其他类似工具和器具
08－03　切削工具和器具

注：（a）包括锯切工具和器具。

（b）不包括餐刀（07－03类），厨房用切削工具和器具（31类），外科手术用刀（24－02类）。

08－04　螺丝起子及其他类似工具和器具
08－05　其他工具和器具

注：（a）包括未分类或者不能放在其他大类或小类中的工具。

（b）包括打磨墩、砂磨块和砂轮打磨机盘。

（c）不包括砂纸（05－06类）。

08－06　把手，球形捏手，铰链、合页
08－07　锁紧或关闭装置

注：不包括扣环，皮带扣［服饰用品］（02－07类）和钥匙环（03－01类）。

08－08　其他类中未包括的夹紧、支撑或安装装置

注：（a）包括钉子、螺丝钉、螺母和螺栓。

（b）不包括用于服装（02－07类）、装饰品（11－01类）或办公（19－02类）的夹紧装置。

08－09　其他大类或小类未包括的用于门、窗、家具的金属配件、金属装配件及类似物品

08－10　自行车和摩托车支架

注：（a）包括修理支架或停车支架。

（b）不包括作为自行车部件的可收放脚撑（12－11类）。

08－11　窗帘用五金件
08－99　其他杂项

注：包括非电力线缆，不考虑其制作材料。

09类　用于商品运输或装卸的包装和容器

09－01　瓶、长颈瓶、罐、鼓形瓶、盛装腐蚀性液体的大玻璃瓶、细颈瓶和带有动力分配装置的容器

注：（a）"罐、鼓形瓶"仅指包装容器。

（b）不包括家用罐（07－01类）或花盆（11－02类）。

09－02　储藏用罐、鼓形圆桶和木桶
09－03　盒子、箱子、集装箱和防腐罐头罐

注：包括货运集装箱。

09－04　有盖篮子、柳条筐和篮子
09－05　袋、小袋、管和囊

469

注：(a) 包括采用各种封口方式的有提手或无提手的塑料袋和小袋。

(b) "囊"指包装物。

09－06　绳索和捆扎用品

09－07　封口装置和封口附件

注：(a) 仅包括用于包装的封口装置。

(b) "封口附件"，例如可拆卸的喷嘴、与容器一体的分配装置和定量给料装置。

09－08　叉车的货盘和装卸台

09－09　废物和垃圾的容器及其座架

09－10　运输或搬运包装物及容器用提手和握柄

09－99　其他杂项

10类　钟、表及其他计量仪器，检测仪器，信号仪器

注：包括电子仪器。

10－01　钟和闹钟

10－02　表和手表

10－03　其他计时仪器

注：包括如停车计时器、厨房用定时器和类似仪器的计时装置。

10－04　其他计量仪器、设备和装置

注：(a) 包括测量温度、压力、重量、长度、体积和电流等的仪器、设备和装置。

(b) 不包括曝光计（16－05类）。

10－05　检测、安全和测试用仪器、设备和装置

注：包括防火及防盗警铃和各种类型的探测器。

10－06　信号设备和装置

注：不包括交通工具上的照明或信号装置（26－06类）。

10－07　计量仪器、检测仪器和信号仪器的外壳、盘面、指针和所有其他零部件及附件

注："外壳"指手表及钟表外壳和保护机械装置并作为仪器组成部分的所有外壳，为了其内装物（03－01类）或包装（09－03类）而专门设计的容器除外。

10－99　其他杂项

11类　装饰品

11－01　珠宝和首饰

注：(a) 包括高档和仿制珠宝首饰。

(b) 不包括表（10－02类）。

11－02　小装饰品，桌子、壁炉台和墙的装饰物，花瓶和花盆

注：包括雕塑、风铃和雕像。

11－03　纪念章和徽章

11－04　人造的花、水果和植物

11－05　旗帜、节日装饰物

注：(a) 包括花环、彩带和圣诞树装饰物。

(b) 不包括蜡烛（26－04类）。

11－99　其他杂项

12类　运输或提升工具

注：(a) 包括陆、海、空、太空等所有交通工具。

(b) 包括仅用于交通工具且其他大类未包含的零件、部件和附件；该零件、部件和附件应分入其所涉及的交通工具的小类中，若其可通用于多个不同小类的交通工具，则分入12－16类。

(c) 原则上，不包括其他类中已含有的交通工具零件、部件和附件。这些零件、部件和附件应与其同类型或同用途的产品分入一类。因此，车辆用地毯或地垫应与地毯（06－11类）分入一类；交通工具的电动马达分入13－01类，交通工具的非电动马达分入15－01类（上述两类马达的零件同理）；车辆前灯应与照明设备分入一类（26－06类）。

(d) 不包括交通工具的比例模型（21－01类）。

12－01　畜力车辆

12－02　手推车、独轮手推车

12－03　机车、铁路车辆及其他有轨车辆

12－04　高架索车、缆椅和滑雪索车

12－05　装载或输送用的升降机和提升机

注：包括载客升降机、货物升降机、起重机、铲车和传送带。

12－06　船和艇

12－07　航空器和太空运载工具

12－08　汽车、公共汽车和货车

注：包括救护车和冷藏货车（公路）。

12－09　拖拉机

12－10　公路车辆的挂车

注：包括篷车。

12－11　自行车和摩托车

12－12　婴儿车、病人用轮椅、担架

注：(a) "婴儿车"指婴儿的手推车。

(b) 不包括玩具婴儿车（21－01类）。

12－13　专用车辆

注：(a) 仅包括不特定用于运输的车辆，如街道清洁车、洒水车、消防车、除雪犁车和救援车辆。

(b) 不包括复合用途农业机械（15－03类）或用于建筑和土木工程的自驱动式机械（15－04类）。

12－14　其他交通工具

注：包括雪橇、气垫车和气垫船。

12—15　交通工具的轮胎和防滑链

12—16　其他大类或小类中未包括的交通工具零部件、装置和附件

注：(a) 不包括交通工具座位安全带（29—02类）和交通工具门把手（08—06类）。

(b) 不包括电力机车和有轨电车用集电弓（13—03类）。

12—17　铁路基础设施零件

注：不包括铁轨和铁路轨枕（25—01类）、铁轨终端缓冲垫（25—99类）和铁路信号设备（10—06类）。

12—99　其他杂项

13类　发电、配电或变电设备

注：(a) 仅包括发电、配电或变电的设备。

(b) 也包括电动机。

(c) 不包括电动设备，例如电子表（10—02类）或电流测量仪（10—04类）。

13—01　发电机和电动机

注：包括交通工具的电动机。

13—02　电力变压器、整流器、电池和蓄电池

13—03　配电或电力控制设备

注：包括导线、导电体、开关、电闸和配电盘。

13—04　太阳能设备

注：不包括太阳能集热器（23—03类）。

13—99　其他杂项

14类　记录、电信或数据处理设备

14—01　声音或图像的记录或再现设备

注：不包括照相或电影摄影设备（16类）。

14—02　数据处理设备及其外围设备和装置

14—03　电信设备、无线遥控设备和无线电放大器

注：包括电话和电视设备，以及无线电设备。

14—04　显示界面和图标

注：包括属于其他大类的产品的显示界面和图标。

14—05　记录数据和存储数据的介质

14—06　其他类未列入的电子设备用支架、立架和支撑装置

14—99　其他杂项

15类　其他类未列入的机械

15—01　发动机

注：(a) 包括交通工具的非电力发动机。

(b) 不包括电动机（13类）。

15—02　泵和压缩机

注：不包括手动、脚动的泵（08—05类），或消防泵（29—01类）。

15—03　农业和林业机械

注：(a) 包括犁和既是机器又是交通工具的联合机械，例如收割捆扎机。

(b) 不包括手动工具（08类）。

15—04　建筑机械、采矿机械、选矿机械

注：(a) 包括土木工程用的机械、自驱动式机械，例如挖掘机、混凝土搅拌机和挖泥机。

(b) 不包括提升机和起重机（12—05类）。

15—05　洗涤、清洁和干燥机械

注：(a) 包括亚麻制品、服装的处理设备和机械，例如熨平机、绞干机。

(b) 包括碗盘清洗机和工业干燥设备。

15—06　纺织、缝纫、针织和绣花机械及其零部件

15—07　制冷机械和冷藏设备

注：(a) 包括家用冷藏设备。

(b) 不包括冷藏车（铁路用）（12—03类）或冷藏车（公路用）（12—08类）。

15—08　[空缺]

15—09　机床、研磨和铸造机械

注：(a) 包括3D打印机。

(b) 不包括土方工程机械和原料分离机（15—99类）。

15—10　填装、打包和包装机械

15—99　其他杂项

16类　照相设备、电影摄影设备和光学设备

注：不包括照相和摄影用灯（26—05类）。

16—01　照相机和电影摄影机

16—02　放映机、投影仪和看片器

16—03　影印设备和放大机

注：包括缩微设备、观看缩微胶片的设备和被通称为"影印机"的办公设备，该设备不采用照相工艺（特别是热工艺或磁工艺）。

16—04　显影器械和设备

16—05　附件

注：包括照相机用滤镜、曝光计、三脚架和照相闪光设备。

16—06　光学制品

注：(a) 包括眼镜和显微镜。

— 471 —

（b）不包括含有光学器件的测量仪器（10－04类）。

16－99 其他杂项

17类 乐器

注：不包括乐器盒（03－01类）、声音的记录或再现设备（14－01类）。

17－01 键盘乐器

注：包括电子式和其他类型的风琴、手风琴、机械式和其他类型的钢琴。

17－02 管乐器

注：不包括风琴、脚踏式风琴和手风琴（17－01类）。

17－03 弦乐器

17－04 打击乐器

17－05 机械乐器

注：（a）包括音乐盒、八音盒。

（b）不包括机械式键盘乐器（17－01类）。

17－99 其他杂项

18类 印刷和办公机械

18－01 打字机和运算机器

注：不包括属于14－02类中的计算机及其他设备。

18－02 印刷机械

注：（a）包括排版机、铅版印刷机、活版印刷机和其他复制机，例如复制机、胶印机、印地址机、邮资盖戳机和盖销机。

（b）不包括计算机打印机（14－02类）和影印设备（16－03类）。

18－03 活字和字体

18－04 装订机、印刷工用订书机、切纸机和修边机（装订用）

注：包括类似切纸机、修边机的切纸机械和类似装置。

18－99 其他杂项

19类 文具、办公用品、美术用品和教学用品

19－01 书写用纸、通信用卡片和通知用卡片

注：包括广义而言的纸张，即用于书写、绘图、绘画或印刷的所有纸张，即使其中记录有声音，例如描图纸、复写纸、新闻用纸、信封、贺卡和插图明信片。

19－02 办公用品

注：（a）包括收款台上用的设备，如零钱拣选机。

（b）不包括办公家具（06类）、办公机械和设备（14－02、16－03、18－01、18－02或者18－04类）和书写用具（19－01或者19－06类）。

19－03 日历

注：不包括日记簿（19－04类）。

19－04 书本及与其外观相似的其他物品

注：包括封面、书籍装帧、剪贴簿、日记簿和其他类似物品。

19－05 ［空缺］

19－06 用于书写、绘图、绘画、雕塑、雕刻和其他艺术技法的用品和工具

注：不包括油漆刷（04－04类）、绘图桌及其附属设备（06－03类）或者书写用纸（19－01类）。

19－07 教学用具和教学设备

注：（a）包括各种地图、地球仪和天象仪。

（b）不包括音视频教学设备（14－01类）。

19－08 其他印刷品

注：包括印刷的广告品。

19－99 其他杂项

20类 销售设备、广告设备和标志物

20－01 自动售货机

20－02 陈列设备和销售设备

注：不包括家具和家居用品（06类）。

20－03 标志物，招牌、布告牌和广告设备

注：（a）包括发光和可动的广告设备。

（b）不包括包装物（09类）或者信号装置（10－06类）。

20－99 其他杂项

21类 游戏器具、玩具、帐篷和体育用品

21－01 游戏器具和玩具

注：（a）包括比例模型。

（b）不包括动物用玩具（30－12类）。

21－02 体育和运动的器械及设备

注：（a）包括用于各种运动锻炼所必需且通常无其他特定用途的运动器械和设备，例如足球、滑雪板、网球拍。不包括根据其他功能可以分入其他大类或小类的运动用品，例如独木舟、小艇（12－06类）、气枪（22－01类）、运动用地垫（06－11类）。

（b）在（a）所限定的条件下，包括训练设备和器械，以及户外运动所必需的设备。

（c）不包括运动服装（02类），雪橇或雪地车（12－14类）。

21—03　其他娱乐和游艺用品

注：(a) 包括露天旋转木马和碰运气游戏的自动机器。

(b) 不包括游戏器具和玩具（21—01类），或者其他列入21—01或21—02类中的物品。

21—04　帐篷及其附件

注：(a) 包括撑杆、拴柱和其他类似物品。

(b) 不包括根据其用途分在其他类中的露营物品，如椅子（06—01类）、桌子（06—03类）、盘子（07—01类）、旅行用大篷车（12—10类）。

21—99　其他杂项

22类　武器，烟火用品，用于狩猎、捕鱼及捕杀有害动物的用具

22—01　射击武器

22—02　其他武器

22—03　弹药、火箭和烟火用品

22—04　靶及附件

注：包括驱动活动靶子的专用装置。

22—05　狩猎和捕鱼器械

注：不包括服装（02类）或武器（22—01或22—02类）。

22—06　捕捉器、捕杀有害动物的用具

22—99　其他杂项

23类　流体分配设备、卫生设备、加热设备、通风和空调设备、固体燃料

23—01　流体分配设备

注：包括管和管配件。

23—02　[空缺]

23—03　加热设备

23—04　通风和空调设备

23—05　固体燃料

23—06　个人卫生用卫生设备

23—07　便溺设备

23—08　其他大类或小类中未包括的卫生设备及附件

23—99　其他杂项

24类　医疗设备和实验室设备

注：术语"医疗设备"还包括外科、牙科和兽医用设备。

24—01　医生、医院和实验室用的仪器和设备

24—02　医疗器械、实验室用器械和实验室用工具

注：仅包括手动操作的器械。

24—03　修复假体及其用具

24—04　用于包扎伤口、护理和医疗处理的用品

注：包括吸水性敷料剂。

24—99　其他杂项

25类　建筑构件和施工元件

25—01　建筑材料

注：包括砖、梁、未成形板、瓦、瓷砖、石板和镶板。

25—02　预制或预装建筑构件

注：(a) 包括窗户、门、户外百叶窗、隔断墙和栅栏。

(b) 不包括楼梯（25—04类）。

25—03　房屋、车库和其他建筑

25—04　台阶、梯子和脚手架

25—99　其他杂项

26类　照明设备

26—01　烛台和烛架

26—02　手电筒、手提灯和灯笼

26—03　公共场所照明装置

注：包括户外灯、舞台照明设备和探照灯。

26—04　电或非电的光源

注：包括电灯泡、发光板、发光管和蜡烛。

26—05　灯，落地灯，枝形吊灯，墙壁和天花板装置，灯罩，反光罩，摄影和电影投光灯

26—06　交通工具发光装置

26—99　其他杂项

27类　烟草和吸烟用具

27—01　烟草、雪茄和香烟

27—02　烟斗、雪茄和香烟烟嘴

27—03　烟灰缸

27—04　火柴

27—05　打火机

27—06　雪茄盒、香烟盒、烟草罐和烟草袋

注：不包括包装（09类）。

27—07　电子香烟

27—99　其他杂项

28类　药品，化妆用品，梳妆用品和设备

28—01　药品

注：（a）包括动物用药品。

（b）包括扁囊剂、胶囊剂、锭剂、丸剂、片剂形状的化学药品，也可用于植物。

（c）不包括包扎伤口和护理用品（24－04类）。

28－02 化妆用品

注：包括动物用化妆用品。

28－03 梳妆用品和美容院设备

注：（a）包括剃须刀，按摩、剪发、美发用器械和设备。

（b）不包括梳妆刷和化妆刷（04－02类）或者动物用用品和设备（30－10类）。

28－04 假发和人造美妆用品

28－05 空气清新剂

28－99 其他杂项

29类 防火灾、防事故、救援用的装置及设备

29－01 防火灾装置和设备

注：（a）包括灭火器。

（b）不包括消防车（交通工具）(12－13类)、消防水带和消防水带喷嘴（23－01类）。

29－02 其他类未列入的防事故和救援用装置及设备

注：（a）包括动物用的装置和设备。

（b）不包括头盔（02－03）和避免意外伤害的保护服装（02－02、02－04、02－06类）。

29－99 其他杂项

30类 动物照管与驯养用品

注：不包括动物食品（01类），或者动物用药品和化妆用品（28－01或28－02类）。

30－01 动物服装

30－02 围栏、笼、舍及类似居所

注：不包括建筑物（25类）。

30－03 喂食器和饮水器

30－04 鞍具

注：包括动物颈圈。

30－05 鞭子和刺棒

30－06 动物用床、窝和家具

注：包括猫抓柱。

30－07 栖木和其他笼子配件

30－08 标记用具、标记和脚镣

30－09 拴柱

30－10 动物梳洗用品

30－11 动物排泄用具和排泄物清除装置

30－12 动物用玩具

30－99 其他杂项

31类 其他类未列入的食品或饮料制备机械和设备

注：不包括用于分发或制备食品或饮料的手动操作器具、工具和用具（07类）或者菜刀、剔骨刀（08－03类）。

31－00 其他类未列入的食品或饮料制备机械和设备

32类 图形符号、标识、表面图案、纹饰

32－00 图形符号、标识、表面图案、纹饰

决 议

1968年10月7日

洛迦诺会议通过

（1）在国际局设立一个临时专家委员会。本临时专家委员会应当包括在建立工业品外观设计国际分类洛迦诺协定上签字的每一国家代表。

（2）本临时专家委员会应当将本协定第一条第（5）款所述的按字母顺序排列的商品目录和用法说明草案提交给国际局，并应当对本协定所附大类和小类表再予审查，必要时应当将该表的修正和补充草案提交给国际局。

（3）国际局应当为本临时专家委员会的工作进行准备，并应当尽早地召开会议。

（4）本协定一旦生效，依照本协定第三条设立的专家委员会应当对上述第（2）款所述的有关草案作出决定。

（5）本临时专家委员会成员的旅费和生活费应当由其所代表的国家负担。

第二部分　相关法律知识

（一）

相关法律、法规、规章及司法解释

中华人民共和国民法总则

(2017年3月15日第十二届全国人民代表大会第五次会议通过 2017年3月15日中华人民共和国主席令第66号公布)

第一章 基本规定

第一条 为了保护民事主体的合法权益，调整民事关系，维护社会和经济秩序，适应中国特色社会主义发展要求，弘扬社会主义核心价值观，根据宪法，制定本法。

第二条 民法调整平等主体的自然人、法人和非法人组织之间的人身关系和财产关系。

第三条 民事主体的人身权利、财产权利以及其他合法权益受法律保护，任何组织或者个人不得侵犯。

第四条 民事主体在民事活动中的法律地位一律平等。

第五条 民事主体从事民事活动，应当遵循自愿原则，按照自己的意思设立、变更、终止民事法律关系。

第六条 民事主体从事民事活动，应当遵循公平原则，合理确定各方的权利和义务。

第七条 民事主体从事民事活动，应当遵循诚信原则，秉持诚实，恪守承诺。

第八条 民事主体从事民事活动，不得违反法律，不得违背公序良俗。

第九条 民事主体从事民事活动，应当有利于节约资源、保护生态环境。

第十条 处理民事纠纷，应当依照法律；法律没有规定的，可以适用习惯，但是不得违背公序良俗。

第十一条 其他法律对民事关系有特别规定的，依照其规定。

第十二条 中华人民共和国领域内的民事活动，适用中华人民共和国法律。法律另有规定的，依照其规定。

第二章 自然人

第一节 民事权利能力和民事行为能力

第十三条 自然人从出生时起到死亡时止，具有民事权利能力，依法享有民事权利，承担民事义务。

第十四条 自然人的民事权利能力一律平等。

第十五条 自然人的出生时间和死亡时间，以出生证明、死亡证明记载的时间为准；没有出生证明、死亡证明的，以户籍登记或者其他有效身份登记记载的时间为准。有其他证据足以推翻以上记载时间的，以该证据证明的时间为准。

第十六条 涉及遗产继承、接受赠与等胎儿利益保护的，胎儿视为具有民事权利能力。但是胎儿娩出时为死体的，其民事权利能力自始不存在。

第十七条 十八周岁以上的自然人为成年人。不满十八周岁的自然人为未成年人。

第十八条 成年人为完全民事行为能力人，可以独立实施民事法律行为。

十六周岁以上的未成年人，以自己的劳动收入为主要生活来源的，视为完全民事行为能力人。

第十九条 八周岁以上的未成年人为限制民事行为能力人，实施民事法律行为由其法定代理人代理或者经其法定代理人同意、追认，但是可以独立实施纯获利益的民事法律行为或者与其年龄、智力相适应的民事法律行为。

第二十条 不满八周岁的未成年人为无民事行为能力人，由其法定代理人代理实施民事法律行为。

第二十一条 不能辨认自己行为的成年人为无民事行为能力人，由其法定代理人代理实施民事法律行为。

八周岁以上的未成年人不能辨认自己行为的，适用前款规定。

第二十二条 不能完全辨认自己行为的成

年人为限制民事行为能力人，实施民事法律行为由其法定代理人代理或者经其法定代理人同意、追认，但是可以独立实施纯获利益的民事法律行为或者与其智力、精神健康状况相适应的民事法律行为。

第二十三条 无民事行为能力人、限制民事行为能力人的监护人是其法定代理人。

第二十四条 不能辨认或者不能完全辨认自己行为的成年人，其利害关系人或者有关组织，可以向人民法院申请认定该成年人为无民事行为能力人或者限制民事行为能力人。

被人民法院认定为无民事行为能力人或者限制民事行为能力人的，经本人、利害关系人或者有关组织申请，人民法院可以根据其智力、精神健康恢复的状况，认定该成年人恢复为限制民事行为能力人或者完全民事行为能力人。

本条规定的有关组织包括：居民委员会、村民委员会、学校、医疗机构、妇女联合会、残疾人联合会、依法设立的老年人组织、民政部门等。

第二十五条 自然人以户籍登记或者其他有效身份登记记载的居所为住所；经常居所与住所不一致的，经常居所视为住所。

第二节 监 护

第二十六条 父母对未成年子女负有抚养、教育和保护的义务。

成年子女对父母负有赡养、扶助和保护的义务。

第二十七条 父母是未成年子女的监护人。

未成年人的父母已经死亡或者没有监护能力的，由下列有监护能力的人按顺序担任监护人：

（一）祖父母、外祖父母；
（二）兄、姐；
（三）其他愿意担任监护人的个人或者组织，但是须经未成年人住所地的居民委员会、村民委员会或者民政部门同意。

第二十八条 无民事行为能力或者限制民事行为能力的成年人，由下列有监护能力的人按顺序担任监护人：

（一）配偶；
（二）父母、子女；
（三）其他近亲属；
（四）其他愿意担任监护人的个人或者组织，但是须经被监护人住所地的居民委员会、村民委员会或者民政部门同意。

第二十九条 被监护人的父母担任监护人的，可以通过遗嘱指定监护人。

第三十条 依法具有监护资格的人之间可以协议确定监护人。协议确定监护人应当尊重被监护人的真实意愿。

第三十一条 对监护人的确定有争议的，由被监护人住所地的居民委员会、村民委员会或者民政部门指定监护人，有关当事人对指定不服的，可以向人民法院申请指定监护人；有关当事人也可以直接向人民法院申请指定监护人。

居民委员会、村民委员会、民政部门或者人民法院应当尊重被监护人的真实意愿，按照最有利于被监护人的原则在依法具有监护资格的人中指定监护人。

依照本条第一款规定指定监护人前，被监护人的人身权利、财产权利以及其他合法权益处于无人保护状态的，由被监护人住所地的居民委员会、村民委员会、法律规定的有关组织或者民政部门担任临时监护人。

监护人被指定后，不得擅自变更；擅自变更的，不免除被指定的监护人的责任。

第三十二条 没有依法具有监护资格的人的，监护人由民政部门担任，也可以由具备履行监护职责条件的被监护人住所地的居民委员会、村民委员会担任。

第三十三条 具有完全民事行为能力的成年人，可以与其近亲属、其他愿意担任监护人的个人或者组织事先协商，以书面形式确定自己的监护人。协商确定的监护人在该成年人丧失或者部分丧失民事行为能力时，履行监护职责。

第三十四条 监护人的职责是代理被监护人实施民事法律行为，保护被监护人的人身权利、财产权利以及其他合法权益等。

监护人依法履行监护职责产生的权利，受

法律保护。

监护人不履行监护职责或者侵害被监护人合法权益的，应当承担法律责任。

第三十五条 监护人应当按照最有利于被监护人的原则履行监护职责。监护人除为维护被监护人利益外，不得处分被监护人的财产。

未成年人的监护人履行监护职责，在作出与被监护人利益有关的决定时，应当根据被监护人的年龄和智力状况，尊重被监护人的真实意愿。

成年人的监护人履行监护职责，应当最大程度地尊重被监护人的真实意愿，保障并协助被监护人实施与其智力、精神健康状况相适应的民事法律行为。对被监护人有能力独立处理的事务，监护人不得干涉。

第三十六条 监护人有下列情形之一的，人民法院根据有关个人或者组织的申请，撤销其监护人资格，安排必要的临时监护措施，并按照最有利于被监护人的原则依法指定监护人：

（一）实施严重损害被监护人身心健康行为的；

（二）怠于履行监护职责，或者无法履行监护职责并且拒绝将监护职责部分或者全部委托给他人，导致被监护人处于危困状态的；

（三）实施严重侵害被监护人合法权益的其他行为的。

本条规定的有关个人和组织包括：其他依法具有监护资格的人，居民委员会、村民委员会、学校、医疗机构、妇女联合会、残疾人联合会、未成年人保护组织、依法设立的老年人组织、民政部门等。

前款规定的个人和民政部门以外的组织未及时向人民法院申请撤销监护人资格的，民政部门应当向人民法院申请。

第三十七条 依法负担被监护人抚养费、赡养费、扶养费的父母、子女、配偶等，被人民法院撤销监护人资格后，应当继续履行负担的义务。

第三十八条 被监护人的父母或者子女被人民法院撤销监护人资格后，除对被监护人实施故意犯罪的外，确有悔改表现的，经其申请，人民法院可以在尊重被监护人真实意愿的前提下，视情况恢复其监护人资格，人民法院指定的监护人与被监护人的监护关系同时终止。

第三十九条 有下列情形之一的，监护关系终止：

（一）被监护人取得或者恢复完全民事行为能力；

（二）监护人丧失监护能力；

（三）被监护人或者监护人死亡；

（四）人民法院认定监护关系终止的其他情形。

监护关系终止后，被监护人仍然需要监护的，应当依法另行确定监护人。

第三节　宣告失踪和宣告死亡

第四十条 自然人下落不明满二年的，利害关系人可以向人民法院申请宣告该自然人为失踪人。

第四十一条 自然人下落不明的时间从其失去音讯之日起计算。战争期间下落不明的，下落不明的时间自战争结束之日或者有关机关确定的下落不明之日起计算。

第四十二条 失踪人的财产由其配偶、成年子女、父母或者其他愿意担任财产代管人的人代管。

代管有争议，没有前款规定的人，或者前款规定的人无代管能力的，由人民法院指定的人代管。

第四十三条 财产代管人应当妥善管理失踪人的财产，维护其财产权益。

失踪人所欠税款、债务和应付的其他费用，由财产代管人从失踪人的财产中支付。

财产代管人因故意或者重大过失造成失踪人财产损失的，应当承担赔偿责任。

第四十四条 财产代管人不履行代管职责、侵害失踪人财产权益或者丧失代管能力的，失踪人的利害关系人可以向人民法院申请变更财产代管人。

财产代管人有正当理由的，可以向人民法院申请变更财产代管人。

人民法院变更财产代管人的，变更后的财产代管人有权要求原财产代管人及时移交有关财产并报告财产代管情况。

第四十五条 失踪人重新出现，经本人或者利害关系人申请，人民法院应当撤销失踪宣告。

失踪人重新出现，有权要求财产代管人及时移交有关财产并报告财产代管情况。

第四十六条 自然人有下列情形之一的，利害关系人可以向人民法院申请宣告该自然人死亡：

（一）下落不明满四年；

（二）因意外事件，下落不明满二年。

因意外事件下落不明，经有关机关证明该自然人不可能生存的，申请宣告死亡不受二年时间的限制。

第四十七条 对同一自然人，有的利害关系人申请宣告死亡，有的利害关系人申请宣告失踪，符合本法规定的宣告死亡条件的，人民法院应当宣告死亡。

第四十八条 被宣告死亡的人，人民法院宣告死亡的判决作出之日视为其死亡的日期；因意外事件下落不明宣告死亡的，意外事件发生之日视为其死亡的日期。

第四十九条 自然人被宣告死亡但是并未死亡的，不影响该自然人在被宣告死亡期间实施的民事法律行为的效力。

第五十条 被宣告死亡的人重新出现，经本人或者利害关系人申请，人民法院应当撤销死亡宣告。

第五十一条 被宣告死亡的人的婚姻关系，自死亡宣告之日起消灭。死亡宣告被撤销的，婚姻关系自撤销死亡宣告之日起自行恢复，但是其配偶再婚或者向婚姻登记机关书面声明不愿意恢复的除外。

第五十二条 被宣告死亡的人在被宣告死亡期间，其子女被他人依法收养的，在死亡宣告被撤销后，不得以未经本人同意为由主张收养关系无效。

第五十三条 被撤销死亡宣告的人有权请求依照继承法取得其财产的民事主体返还财产。无法返还的，应当给予适当补偿。

利害关系人隐瞒真实情况，致使他人被宣告死亡取得其财产的，除应当返还财产外，还应当对由此造成的损失承担赔偿责任。

第四节 个体工商户和农村承包经营户

第五十四条 自然人从事工商业经营，经依法登记，为个体工商户。个体工商户可以起字号。

第五十五条 农村集体经济组织的成员，依法取得农村土地承包经营权，从事家庭承包经营的，为农村承包经营户。

第五十六条 个体工商户的债务，个人经营的，以个人财产承担；家庭经营的，以家庭财产承担；无法区分的，以家庭财产承担。

农村承包经营户的债务，以从事农村土地承包经营的农户财产承担；事实上由农户部分成员经营的，以该部分成员的财产承担。

第三章 法 人

第一节 一般规定

第五十七条 法人是具有民事权利能力和民事行为能力，依法独立享有民事权利和承担民事义务的组织。

第五十八条 法人应当依法成立。

法人应当有自己的名称、组织机构、住所、财产或者经费。法人成立的具体条件和程序，依照法律、行政法规的规定。

设立法人，法律、行政法规规定须经有关机关批准的，依照其规定。

第五十九条 法人的民事权利能力和民事行为能力，从法人成立时产生，到法人终止时消灭。

第六十条 法人以其全部财产独立承担民事责任。

第六十一条 依照法律或者法人章程的规定，代表法人从事民事活动的负责人，为法人的法定代表人。

法定代表人以法人名义从事的民事活动，其法律后果由法人承受。

法人章程或者法人权力机构对法定代表人代表权的限制，不得对抗善意相对人。

— 479 —

第六十二条　法定代表人因执行职务造成他人损害的,由法人承担民事责任。

法人承担民事责任后,依照法律或者法人章程的规定,可以向有过错的法定代表人追偿。

第六十三条　法人以其主要办事机构所在地为住所。依法需要办理法人登记的,应当将主要办事机构所在地登记为住所。

第六十四条　法人存续期间登记事项发生变化的,应当依法向登记机关申请变更登记。

第六十五条　法人的实际情况与登记的事项不一致的,不得对抗善意相对人。

第六十六条　登记机关应当依法及时公示法人登记的有关信息。

第六十七条　法人合并的,其权利和义务由合并后的法人享有和承担。

法人分立的,其权利和义务由分立后的法人享有连带债权,承担连带债务,但是债权人和债务人另有约定的除外。

第六十八条　有下列原因之一并依法完成清算、注销登记的,法人终止:

(一)法人解散;

(二)法人被宣告破产;

(三)法律规定的其他原因。

法人终止,法律、行政法规规定须经有关机关批准的,依照其规定。

第六十九条　有下列情形之一的,法人解散:

(一)法人章程规定的存续期间届满或者法人章程规定的其他解散事由出现;

(二)法人的权力机构决议解散;

(三)因法人合并或者分立需要解散;

(四)法人依法被吊销营业执照、登记证书,被责令关闭或者被撤销;

(五)法律规定的其他情形。

第七十条　法人解散的,除合并或者分立的情形外,清算义务人应当及时组成清算组进行清算。

法人的董事、理事等执行机构或者决策机构的成员为清算义务人。法律、行政法规另有规定的,依照其规定。

清算义务人未及时履行清算义务,造成损害的,应当承担民事责任;主管机关或者利害关系人可以申请人民法院指定有关人员组成清算组进行清算。

第七十一条　法人的清算程序和清算组职权,依照有关法律的规定;没有规定的,参照适用公司法的有关规定。

第七十二条　清算期间法人存续,但是不得从事与清算无关的活动。

法人清算后的剩余财产,根据法人章程的规定或者法人权力机构的决议处理。法律另有规定的,依照其规定。

清算结束并完成法人注销登记时,法人终止;依法不需要办理法人登记的,清算结束时,法人终止。

第七十三条　法人被宣告破产的,依法进行破产清算并完成法人注销登记时,法人终止。

第七十四条　法人可以依法设立分支机构。法律、行政法规规定分支机构应当登记的,依照其规定。

分支机构以自己的名义从事民事活动,产生的民事责任由法人承担;也可以先以该分支机构管理的财产承担,不足以承担的,由法人承担。

第七十五条　设立人为设立法人从事的民事活动,其法律后果由法人承受;法人未成立的,其法律后果由设立人承受,设立人为二人以上的,享有连带债权,承担连带债务。

设立人为设立法人以自己的名义从事民事活动产生的民事责任,第三人有权选择请求法人或者设立人承担。

第二节　营利法人

第七十六条　以取得利润并分配给股东等出资人为目的成立的法人,为营利法人。

营利法人包括有限责任公司、股份有限公司和其他企业法人等。

第七十七条　营利法人经依法登记成立。

第七十八条　依法设立的营利法人,由登记机关发给营利法人营业执照。营业执照签发日期为营利法人的成立日期。

第七十九条　设立营利法人应当依法制定

法人章程。

第八十条 营利法人应当设权力机构。

权力机构行使修改法人章程，选举或者更换执行机构、监督机构成员，以及法人章程规定的其他职权。

第八十一条 营利法人应当设执行机构。

执行机构行使召集权力机构会议，决定法人的经营计划和投资方案，决定法人内部管理机构的设置，以及法人章程规定的其他职权。

执行机构为董事会或者执行董事的，董事长、执行董事或者经理按照法人章程的规定担任法定代表人；未设董事会或者执行董事的，法人章程规定的主要负责人为其执行机构和法定代表人。

第八十二条 营利法人设监事会或者监事等监督机构的，监督机构依法行使检查法人财务，监督执行机构成员、高级管理人员执行法人职务的行为，以及法人章程规定的其他职权。

第八十三条 营利法人的出资人不得滥用出资人权利损害法人或者其他出资人的利益。滥用出资人权利给法人或者其他出资人造成损失的，应当依法承担民事责任。

营利法人的出资人不得滥用法人独立地位和出资人有限责任损害法人的债权人利益。滥用法人独立地位和出资人有限责任，逃避债务，严重损害法人的债权人利益的，应当对法人债务承担连带责任。

第八十四条 营利法人的控股出资人、实际控制人、董事、监事、高级管理人员不得利用其关联关系损害法人的利益。利用关联关系给法人造成损失的，应当承担赔偿责任。

第八十五条 营利法人的权力机构、执行机构作出决议的会议召集程序、表决方式违反法律、行政法规、法人章程，或者决议内容违反法人章程的，营利法人的出资人可以请求人民法院撤销该决议，但是营利法人依据该决议与善意相对人形成的民事法律关系不受影响。

第八十六条 营利法人从事经营活动，应当遵守商业道德，维护交易安全，接受政府和社会的监督，承担社会责任。

第三节 非营利法人

第八十七条 为公益目的或者其他非营利目的成立，不向出资人、设立人或者会员分配所取得利润的法人，为非营利法人。

非营利法人包括事业单位、社会团体、基金会、社会服务机构等。

第八十八条 具备法人条件，为适应经济社会发展需要，提供公益服务设立的事业单位，经依法登记成立，取得事业单位法人资格；依法不需要办理法人登记的，从成立之日起，具有事业单位法人资格。

第八十九条 事业单位法人设理事会的，除法律另有规定外，理事会为其决策机构。事业单位法人的法定代表人依照法律、行政法规或者法人章程的规定产生。

第九十条 具备法人条件，基于会员共同意愿，为公益目的或者会员共同利益等非营利目的设立的社会团体，经依法登记成立，取得社会团体法人资格；依法不需要办理法人登记的，从成立之日起，具有社会团体法人资格。

第九十一条 设立社会团体法人应当依法制定法人章程。

社会团体法人应当设会员大会或者会员代表大会等权力机构。

社会团体法人应当设理事会等执行机构。理事长或者会长等负责人按照法人章程的规定担任法定代表人。

第九十二条 具备法人条件，为公益目的以捐助财产设立的基金会、社会服务机构等，经依法登记成立，取得捐助法人资格。

依法设立的宗教活动场所，具备法人条件的，可以申请法人登记，取得捐助法人资格。法律、行政法规对宗教活动场所有规定的，依照其规定。

第九十三条 设立捐助法人应当依法制定法人章程。

捐助法人应当设理事会、民主管理组织等决策机构，并设执行机构。理事长等负责人按照法人章程的规定担任法定代表人。

捐助法人应当设监事会等监督机构。

第九十四条 捐助人有权向捐助法人查询

捐助财产的使用、管理情况，并提出意见和建议，捐助法人应当及时、如实答复。

捐助法人的决策机构、执行机构或者法定代表人作出决定的程序违反法律、行政法规、法人章程，或者决定内容违反法人章程的，捐助人等利害关系人或者主管机关可以请求人民法院撤销该决定，但是捐助法人依据该决定与善意相对人形成的民事法律关系不受影响。

第九十五条　为公益目的成立的非营利法人终止时，不得向出资人、设立人或者会员分配剩余财产。剩余财产应当按照法人章程的规定或者权力机构的决议用于公益目的；无法按照法人章程的规定或者权力机构的决议处理的，由主管机关主持转给宗旨相同或者相近的法人，并向社会公告。

第四节　特别法人

第九十六条　本节规定的机关法人、农村集体经济组织法人、城镇农村的合作经济组织法人、基层群众性自治组织法人，为特别法人。

第九十七条　有独立经费的机关和承担行政职能的法定机构从成立之日起，具有机关法人资格，可以从事为履行职能所需要的民事活动。

第九十八条　机关法人被撤销的，法人终止，其民事权利和义务由继任的机关法人享有和承担；没有继任的机关法人的，由作出撤销决定的机关法人享有和承担。

第九十九条　农村集体经济组织依法取得法人资格。

法律、行政法规对农村集体经济组织有规定的，依照其规定。

第一百条　城镇农村的合作经济组织依法取得法人资格。

法律、行政法规对城镇农村的合作经济组织有规定的，依照其规定。

第一百零一条　居民委员会、村民委员会具有基层群众性自治组织法人资格，可以从事为履行职能所需要的民事活动。

未设立村集体经济组织的，村民委员会可以依法代行村集体经济组织的职能。

第四章　非法人组织

第一百零二条　非法人组织是不具有法人资格，但是能够依法以自己的名义从事民事活动的组织。

非法人组织包括个人独资企业、合伙企业、不具有法人资格的专业服务机构等。

第一百零三条　非法人组织应当依照法律的规定登记。

设立非法人组织，法律、行政法规规定须经有关机关批准的，依照其规定。

第一百零四条　非法人组织的财产不足以清偿债务的，其出资人或者设立人承担无限责任。法律另有规定的，依照其规定。

第一百零五条　非法人组织可以确定一人或者数人代表该组织从事民事活动。

第一百零六条　有下列情形之一的，非法人组织解散：

（一）章程规定的存续期间届满或者章程规定的其他解散事由出现；

（二）出资人或者设立人决定解散；

（三）法律规定的其他情形。

第一百零七条　非法人组织解散的，应当依法进行清算。

第一百零八条　非法人组织除适用本章规定外，参照适用本法第三章第一节的有关规定。

第五章　民事权利

第一百零九条　自然人的人身自由、人格尊严受法律保护。

第一百一十条　自然人享有生命权、身体权、健康权、姓名权、肖像权、名誉权、荣誉权、隐私权、婚姻自主权等权利。

法人、非法人组织享有名称权、名誉权、荣誉权等权利。

第一百一十一条　自然人的个人信息受法律保护。任何组织和个人需要获取他人个人信息的，应当依法取得并确保信息安全，不得非法收集、使用、加工、传输他人个人信息，不得非法买卖、提供或者公开他人个人信息。

第一百一十二条　自然人因婚姻、家庭关

系等产生的人身权利受法律保护。

第一百一十三条 民事主体的财产权利受法律平等保护。

第一百一十四条 民事主体依法享有物权。

物权是权利人依法对特定的物享有直接支配和排他的权利，包括所有权、用益物权和担保物权。

第一百一十五条 物包括不动产和动产。法律规定权利作为物权客体的，依照其规定。

第一百一十六条 物权的种类和内容，由法律规定。

第一百一十七条 为了公共利益的需要，依照法律规定的权限和程序征收、征用不动产或者动产的，应当给予公平、合理的补偿。

第一百一十八条 民事主体依法享有债权。

债权是因合同、侵权行为、无因管理、不当得利以及法律的其他规定，权利人请求特定义务人为或者不为一定行为的权利。

第一百一十九条 依法成立的合同，对当事人具有法律约束力。

第一百二十条 民事权益受到侵害的，被侵权人有权请求侵权人承担侵权责任。

第一百二十一条 没有法定的或者约定的义务，为避免他人利益受损失而进行管理的人，有权请求受益人偿还由此支出的必要费用。

第一百二十二条 因他人没有法律根据，取得不当利益，受损失的人有权请求其返还不当利益。

第一百二十三条 民事主体依法享有知识产权。

知识产权是权利人依法就下列客体享有的专有的权利：

（一）作品；
（二）发明、实用新型、外观设计；
（三）商标；
（四）地理标志；
（五）商业秘密；
（六）集成电路布图设计；
（七）植物新品种；
（八）法律规定的其他客体。

第一百二十四条 自然人依法享有继承权。

自然人合法的私有财产，可以依法继承。

第一百二十五条 民事主体依法享有股权和其他投资性权利。

第一百二十六条 民事主体享有法律规定的其他民事权利和利益。

第一百二十七条 法律对数据、网络虚拟财产的保护有规定的，依照其规定。

第一百二十八条 法律对未成年人、老年人、残疾人、妇女、消费者等的民事权利保护有特别规定的，依照其规定。

第一百二十九条 民事权利可以依据民事法律行为、事实行为、法律规定的事件或者法律规定的其他方式取得。

第一百三十条 民事主体按照自己的意愿依法行使民事权利，不受干涉。

第一百三十一条 民事主体行使权利时，应当履行法律规定的和当事人约定的义务。

第一百三十二条 民事主体不得滥用民事权利损害国家利益、社会公共利益或者他人合法权益。

第六章 民事法律行为

第一节 一般规定

第一百三十三条 民事法律行为是民事主体通过意思表示设立、变更、终止民事法律关系的行为。

第一百三十四条 民事法律行为可以基于双方或者多方的意思表示一致成立，也可以基于单方的意思表示成立。

法人、非法人组织依照法律或者章程规定的议事方式和表决程序作出决议的，该决议行为成立。

第一百三十五条 民事法律行为可以采用书面形式、口头形式或者其他形式；法律、行政法规规定或者当事人约定采用特定形式的，应当采用特定形式。

第一百三十六条 民事法律行为自成立时生效，但是法律另有规定或者当事人另有约定的除外。

行为人非依法律规定或者未经对方同意，不得擅自变更或者解除民事法律行为。

第二节　意思表示

第一百三十七条　以对话方式作出的意思表示，相对人知道其内容时生效。

以非对话方式作出的意思表示，到达相对人时生效。以非对话方式作出的采用数据电文形式的意思表示，相对人指定特定系统接收数据电文的，该数据电文进入该特定系统时生效；未指定特定系统的，相对人知道或者应当知道该数据电文进入其系统时生效。当事人对采用数据电文形式的意思表示的生效时间另有约定的，按照其约定。

第一百三十八条　无相对人的意思表示，表示完成时生效。法律另有规定的，依照其规定。

第一百三十九条　以公告方式作出的意思表示，公告发布时生效。

第一百四十条　行为人可以明示或者默示作出意思表示。

沉默只有在有法律规定、当事人约定或者符合当事人之间的交易习惯时，才可以视为意思表示。

第一百四十一条　行为人可以撤回意思表示。撤回意思表示的通知应当在意思表示到达相对人前或者与意思表示同时到达相对人。

第一百四十二条　有相对人的意思表示的解释，应当按照所使用的词句，结合相关条款、行为的性质和目的、习惯以及诚信原则，确定意思表示的含义。

无相对人的意思表示的解释，不能完全拘泥于所使用的词句，而应当结合相关条款、行为的性质和目的、习惯以及诚信原则，确定行为人的真实意思。

第三节　民事法律行为的效力

第一百四十三条　具备下列条件的民事法律行为有效：

（一）行为人具有相应的民事行为能力；

（二）意思表示真实；

（三）不违反法律、行政法规的强制性规定，不违背公序良俗。

第一百四十四条　无民事行为能力人实施的民事法律行为无效。

第一百四十五条　限制民事行为能力人实施的纯获利益的民事法律行为或者与其年龄、智力、精神健康状况相适应的民事法律行为有效；实施的其他民事法律行为经法定代理人同意或者追认后有效。

相对人可以催告法定代理人自收到通知之日起一个月内予以追认。法定代理人未作表示的，视为拒绝追认。民事法律行为被追认前，善意相对人有撤销的权利。撤销应当以通知的方式作出。

第一百四十六条　行为人与相对人以虚假的意思表示实施的民事法律行为无效。

以虚假的意思表示隐藏的民事法律行为的效力，依照有关法律规定处理。

第一百四十七条　基于重大误解实施的民事法律行为，行为人有权请求人民法院或者仲裁机构予以撤销。

第一百四十八条　一方以欺诈手段，使对方在违背真实意思的情况下实施的民事法律行为，受欺诈方有权请求人民法院或者仲裁机构予以撤销。

第一百四十九条　第三人实施欺诈行为，使一方在违背真实意思的情况下实施的民事法律行为，对方知道或者应当知道该欺诈行为的，受欺诈方有权请求人民法院或者仲裁机构予以撤销。

第一百五十条　一方或者第三人以胁迫手段，使对方在违背真实意思的情况下实施的民事法律行为，受胁迫方有权请求人民法院或者仲裁机构予以撤销。

第一百五十一条　一方利用对方处于危困状态、缺乏判断能力等情形，致使民事法律行为成立时显失公平的，受损害方有权请求人民法院或者仲裁机构予以撤销。

第一百五十二条　有下列情形之一的，撤销权消灭：

（一）当事人自知道或者应当知道撤销事由之日起一年内、重大误解的当事人自知道或者应当知道撤销事由之日起三个月内没有行使撤销权；

（二）当事人受胁迫，自胁迫行为终止之

日起一年内没有行使撤销权；

（三）当事人知道撤销事由后明确表示或者以自己的行为表明放弃撤销权。

当事人自民事法律行为发生之日起五年内没有行使撤销权的，撤销权消灭。

第一百五十三条 违反法律、行政法规的强制性规定的民事法律行为无效，但是该强制性规定不导致该民事法律行为无效的除外。

违背公序良俗的民事法律行为无效。

第一百五十四条 行为人与相对人恶意串通，损害他人合法权益的民事法律行为无效。

第一百五十五条 无效的或者被撤销的民事法律行为自始没有法律约束力。

第一百五十六条 民事法律行为部分无效，不影响其他部分效力的，其他部分仍然有效。

第一百五十七条 民事法律行为无效、被撤销或者确定不发生效力后，行为人因该行为取得的财产，应当予以返还；不能返还或者没有必要返还的，应当折价补偿。有过错的一方应当赔偿对方由此所受到的损失；各方都有过错的，应当各自承担相应的责任。法律另有规定的，依照其规定。

第四节 民事法律行为的附条件和附期限

第一百五十八条 民事法律行为可以附条件，但是按照其性质不得附条件的除外。附生效条件的民事法律行为，自条件成就时生效。附解除条件的民事法律行为，自条件成就时失效。

第一百五十九条 附条件的民事法律行为，当事人为自己的利益不正当地阻止条件成就的，视为条件已成就；不正当地促成条件成就的，视为条件不成就。

第一百六十条 民事法律行为可以附期限，但是按照其性质不得附期限的除外。附生效期限的民事法律行为，自期限届至时生效。附终止期限的民事法律行为，自期限届满时失效。

第七章 代 理

第一节 一般规定

第一百六十一条 民事主体可以通过代理人实施民事法律行为。

依照法律规定、当事人约定或者民事法律行为的性质，应当由本人亲自实施的民事法律行为，不得代理。

第一百六十二条 代理人在代理权限内，以被代理人名义实施的民事法律行为，对被代理人发生效力。

第一百六十三条 代理包括委托代理和法定代理。

委托代理人按照被代理人的委托行使代理权。法定代理人依照法律的规定行使代理权。

第一百六十四条 代理人不履行或者不完全履行职责，造成被代理人损害的，应当承担民事责任。

代理人和相对人恶意串通，损害被代理人合法权益的，代理人和相对人应当承担连带责任。

第二节 委托代理

第一百六十五条 委托代理授权采用书面形式的，授权委托书应当载明代理人的姓名或者名称、代理事项、权限和期间，并由被代理人签名或者盖章。

第一百六十六条 数人为同一代理事项的代理人的，应当共同行使代理权，但是当事人另有约定的除外。

第一百六十七条 代理人知道或者应当知道代理事项违法仍然实施代理行为，或者被代理人知道或者应当知道代理人的代理行为违法未作反对表示的，被代理人和代理人应当承担连带责任。

第一百六十八条 代理人不得以被代理人的名义与自己实施民事法律行为，但是被代理人同意或者追认的除外。

代理人不得以被代理人的名义与自己同时代理的其他人实施民事法律行为，但是被代理的双方同意或者追认的除外。

第一百六十九条 代理人需要转委托第三人代理的,应当取得被代理人的同意或者追认。

转委托代理经被代理人同意或者追认的,被代理人可以就代理事务直接指示转委托的第三人,代理人仅就第三人的选任以及对第三人的指示承担责任。

转委托代理未经被代理人同意或者追认的,代理人应当对转委托的第三人的行为承担责任,但是在紧急情况下代理人为了维护被代理人的利益需要转委托第三人代理的除外。

第一百七十条 执行法人或者非法人组织工作任务的人员,就其职权范围内的事项,以法人或者非法人组织的名义实施民事法律行为,对法人或者非法人组织发生效力。

法人或者非法人组织对执行其工作任务的人员职权范围的限制,不得对抗善意相对人。

第一百七十一条 行为人没有代理权、超越代理权或者代理权终止后,仍然实施代理行为,未经被代理人追认的,对被代理人不发生效力。

相对人可以催告被代理人自收到通知之日起一个月内予以追认。被代理人未作表示的,视为拒绝追认。行为人实施的行为被追认前,善意相对人有撤销的权利。撤销应当以通知的方式作出。

行为人实施的行为未被追认的,善意相对人有权请求行为人履行债务或者就其受到的损害请求行为人赔偿,但是赔偿的范围不得超过被代理人追认时相对人所能获得的利益。

相对人知道或者应当知道行为人无权代理的,相对人和行为人按照各自的过错承担责任。

第一百七十二条 行为人没有代理权、超越代理权或者代理权终止后,仍然实施代理行为,相对人有理由相信行为人有代理权的,代理行为有效。

第三节 代理终止

第一百七十三条 有下列情形之一的,委托代理终止:

(一)代理期间届满或者代理事务完成;

(二)被代理人取消委托或者代理人辞去委托;

(三)代理人丧失民事行为能力;

(四)代理人或者被代理人死亡;

(五)作为代理人或者被代理人的法人、非法人组织终止。

第一百七十四条 被代理人死亡后,有下列情形之一的,委托代理人实施的代理行为有效:

(一)代理人不知道并且不应当知道被代理人死亡;

(二)被代理人的继承人予以承认;

(三)授权中明确代理权在代理事务完成时终止;

(四)被代理人死亡前已经实施,为了被代理人的继承人的利益继续代理。

作为被代理人的法人、非法人组织终止的,参照适用前款规定。

第一百七十五条 有下列情形之一的,法定代理终止:

(一)被代理人取得或者恢复完全民事行为能力;

(二)代理人丧失民事行为能力;

(三)代理人或者被代理人死亡;

(四)法律规定的其他情形。

第八章 民事责任

第一百七十六条 民事主体依照法律规定和当事人约定,履行民事义务,承担民事责任。

第一百七十七条 二人以上依法承担按份责任,能够确定责任大小的,各自承担相应的责任;难以确定责任大小的,平均承担责任。

第一百七十八条 二人以上依法承担连带责任的,权利人有权请求部分或者全部连带责任人承担责任。

连带责任人的责任份额根据各自责任大小确定;难以确定责任大小的,平均承担责任。实际承担责任超过自己责任份额的连带责任人,有权向其他连带责任人追偿。

连带责任,由法律规定或者当事人约定。

第一百七十九条 承担民事责任的方式主要有:

（一）停止侵害；
（二）排除妨碍；
（三）消除危险；
（四）返还财产；
（五）恢复原状；
（六）修理、重作、更换；
（七）继续履行；
（八）赔偿损失；
（九）支付违约金；
（十）消除影响、恢复名誉；
（十一）赔礼道歉。

法律规定惩罚性赔偿的，依照其规定。

本条规定的承担民事责任的方式，可以单独适用，也可以合并适用。

第一百八十条 因不可抗力不能履行民事义务的，不承担民事责任。法律另有规定的，依照其规定。

不可抗力是指不能预见、不能避免且不能克服的客观情况。

第一百八十一条 因正当防卫造成损害的，不承担民事责任。

正当防卫超过必要的限度，造成不应有的损害的，正当防卫人应当承担适当的民事责任。

第一百八十二条 因紧急避险造成损害的，由引起险情发生的人承担民事责任。

危险由自然原因引起的，紧急避险人不承担民事责任，可以给予适当补偿。

紧急避险采取措施不当或者超过必要的限度，造成不应有的损害的，紧急避险人应当承担适当的民事责任。

第一百八十三条 因保护他人民事权益使自己受到损害的，由侵权人承担民事责任，受益人可以给予适当补偿。没有侵权人、侵权人逃逸或者无力承担民事责任，受害人请求补偿的，受益人应当给予适当补偿。

第一百八十四条 因自愿实施紧急救助行为造成受助人损害的，救助人不承担民事责任。

第一百八十五条 侵害英雄烈士等的姓名、肖像、名誉、荣誉，损害社会公共利益的，应当承担民事责任。

第一百八十六条 因当事人一方的违约行为，损害对方人身权益、财产权益的，受损害方有权选择请求其承担违约责任或者侵权责任。

第一百八十七条 民事主体因同一行为应当承担民事责任、行政责任和刑事责任的，承担行政责任或者刑事责任不影响承担民事责任；民事主体的财产不足以支付的，优先用于承担民事责任。

第九章 诉讼时效

第一百八十八条 向人民法院请求保护民事权利的诉讼时效期间为三年。法律另有规定的，依照其规定。

诉讼时效期间自权利人知道或者应当知道权利受到损害以及义务人之日起计算。法律另有规定的，依照其规定。但是自权利受到损害之日起超过二十年的，人民法院不予保护；有特殊情况的，人民法院可以根据权利人的申请决定延长。

第一百八十九条 当事人约定同一债务分期履行的，诉讼时效期间自最后一期履行期限届满之日起计算。

第一百九十条 无民事行为能力人或者限制民事行为能力人对其法定代理人的请求权的诉讼时效期间，自该法定代理终止之日起计算。

第一百九十一条 未成年人遭受性侵害的损害赔偿请求权的诉讼时效期间，自受害人年满十八周岁之日起计算。

第一百九十二条 诉讼时效期间届满的，义务人可以提出不履行义务的抗辩。

诉讼时效期间届满后，义务人同意履行的，不得以诉讼时效期间届满为由抗辩；义务人已自愿履行的，不得请求返还。

第一百九十三条 人民法院不得主动适用诉讼时效的规定。

第一百九十四条 在诉讼时效期间的最后六个月内，因下列障碍，不能行使请求权的，诉讼时效中止：

（一）不可抗力；
（二）无民事行为能力人或者限制民事行为能力人没有法定代理人，或者法定代理人死亡、丧失民事行为能力、丧失代理权；
（三）继承开始后未确定继承人或者遗产

管理人；

（四）权利人被义务人或者其他人控制；

（五）其他导致权利人不能行使请求权的障碍。

自中止时效的原因消除之日起满六个月，诉讼时效期间届满。

第一百九十五条 有下列情形之一的，诉讼时效中断，从中断、有关程序终结时起，诉讼时效期间重新计算：

（一）权利人向义务人提出履行请求；

（二）义务人同意履行义务；

（三）权利人提起诉讼或者申请仲裁；

（四）与提起诉讼或者申请仲裁具有同等效力的其他情形。

第一百九十六条 下列请求权不适用诉讼时效的规定：

（一）请求停止侵害、排除妨碍、消除危险；

（二）不动产物权和登记的动产物权的权利人请求返还财产；

（三）请求支付抚养费、赡养费或者扶养费；

（四）依法不适用诉讼时效的其他请求权。

第一百九十七条 诉讼时效的期间、计算方法以及中止、中断的事由由法律规定，当事人约定无效。

当事人对诉讼时效利益的预先放弃无效。

第一百九十八条 法律对仲裁时效有规定的，依照其规定；没有规定的，适用诉讼时效的规定。

第一百九十九条 法律规定或者当事人约定的撤销权、解除权等权利的存续期间，除法律另有规定外，自权利人知道或者应当知道权利产生之日起计算，不适用有关诉讼时效中止、中断和延长的规定。存续期间届满，撤销权、解除权等权利消灭。

第十章 期间计算

第二百条 民法所称的期间按照公历年、月、日、小时计算。

第二百零一条 按照年、月、日计算期间的，开始的当日不计入，自下一日开始计算。

按照小时计算期间的，自法律规定或者当事人约定的时间开始计算。

第二百零二条 按照年、月计算期间的，到期月的对应日为期间的最后一日；没有对应日的，月末日为期间的最后一日。

第二百零三条 期间的最后一日是法定休假日的，以法定休假日结束的次日为期间的最后一日。

期间的最后一日的截止时间为二十四时；有业务时间的，停止业务活动的时间为截止时间。

第二百零四条 期间的计算方法依照本法的规定，但是法律另有规定或者当事人另有约定的除外。

第十一章 附 则

第二百零五条 民法所称的"以上""以下""以内""届满"，包括本数；所称的"不满""超过""以外"，不包括本数。

第二百零六条 本法自2017年10月1日起施行。

最高人民法院关于适用《中华人民共和国民法总则》诉讼时效制度若干问题的解释

（2018年7月2日最高人民法院审判委员会第1744次会议通过 自2018年7月23日起施行）法释〔2018〕12号

为正确适用《中华人民共和国民法总则》关于诉讼时效制度的规定，保护当事人的合法权益，结合审判实践，制定本解释。

第一条 民法总则施行后诉讼时效期间开

始计算的，应当适用民法总则第一百八十八条关于三年诉讼时效期间的规定。当事人主张适用民法通则关于二年或者一年诉讼时效期间规定的，人民法院不予支持。

第二条 民法总则施行之日，诉讼时效期间尚未满民法通则规定的二年或者一年，当事人主张适用民法总则关于三年诉讼时效期间规定的，人民法院应予支持。

第三条 民法总则施行前，民法通则规定的二年或者一年诉讼时效期间已经届满，当事人主张适用民法总则关于三年诉讼时效期间规定的，人民法院不予支持。

第四条 民法总则施行之日，中止时效的原因尚未消除的，应当适用民法总则关于诉讼时效中止的规定。

第五条 本解释自2018年7月23日起施行。

本解释施行后，案件尚在一审或者二审阶段的，适用本解释；本解释施行前已经终审，当事人申请再审或者按照审判监督程序决定再审的案件，不适用本解释。

中华人民共和国民法通则

(1986年4月12日第六届全国人民代表大会第四次会议通过 根据2009年8月27日第十一届全国人民代表大会常务委员会第十次会议《关于修改部分法律的决定》修正)

第一章 基本原则

第一条 为了保障公民、法人的合法的民事权益，正确调整民事关系，适应社会主义现代化建设事业发展的需要，根据宪法和我国实际情况，总结民事活动的实践经验，制定本法。

第二条 中华人民共和国民法调整平等主体的公民之间、法人之间、公民和法人之间的财产关系和人身关系。

第三条 当事人在民事活动中的地位平等。

第四条 民事活动应当遵循自愿、公平、等价有偿、诚实信用的原则。

第五条 公民、法人的合法的民事权益受法律保护，任何组织和个人不得侵犯。

第六条 民事活动必须遵守法律，法律没有规定的，应当遵守国家政策。

第七条 民事活动应当尊重社会公德，不得损害社会公共利益，扰乱社会经济秩序。

第八条 在中华人民共和国领域内的民事活动，适用中华人民共和国法律，法律另有规定的除外。

本法关于公民的规定，适用于在中华人民共和国领域内的外国人、无国籍人，法律另有规定的除外。

第二章 公民（自然人）

第一节 民事权利能力和民事行为能力

第九条 公民从出生时起到死亡时止，具有民事权利能力，依法享有民事权利，承担民事义务。

第十条 公民的民事权利能力一律平等。

第十一条 十八周岁以上的公民是成年人，具有完全民事行为能力，可以独立进行民事活动，是完全民事行为能力人。

十六周岁以上不满十八周岁的公民，以自己的劳动收入为主要生活来源的，视为完全民事行为能力人。

第十二条 十周岁以上的未成年人是限制民事行为能力人，可以进行与他的年龄、智力相适应的民事活动；其他民事活动由他的法定代理人代理，或者征得他的法定代理人的同意。

不满十周岁的未成年人是无民事行为能力人，由他的法定代理人代理民事活动。

第十三条 不能辨认自己行为的精神病人是无民事行为能力人，由他的法定代理人代理民事活动。

不能完全辨认自己行为的精神病人是限制民事行为能力人，可以进行与他的精神健康状况相适应的民事活动；其他民事活动由他的法定代理人代理，或者征得他的法定代理人的同意。

第十四条　无民事行为能力人、限制民事行为能力人的监护人是他的法定代理人。

第十五条　公民以他的户籍所在地的居住地为住所，经常居住地与住所不一致的，经常居住地视为住所。

第二节　监　护

第十六条　未成年人的父母是未成年人的监护人。

未成年人的父母已经死亡或者没有监护能力的，由下列人员中有监护能力的人担任监护人：

（一）祖父母、外祖父母；

（二）兄、姐；

（三）关系密切的其他亲属、朋友愿意承担监护责任，经未成年人的父、母的所在单位或者未成年人住所地的居民委员会、村民委员会同意的。

对担任监护人有争议的，由未成年人的父、母的所在单位或者未成年人住所地的居民委员会、村民委员会在近亲属中指定。对指定不服提起诉讼的，由人民法院裁决。

没有第一款、第二款规定的监护人的，由未成年人的父、母的所在单位或者未成年人住所地的居民委员会、村民委员会或者民政部门担任监护人。

第十七条　无民事行为能力或者限制民事行为能力的精神病人，由下列人员担任监护人：

（一）配偶；

（二）父母；

（三）成年子女；

（四）其他近亲属；

（五）关系密切的其他亲属、朋友愿意承担监护责任，经精神病人的所在单位或者住所地的居民委员会、村民委员会同意的。

对担任监护人有争议的，由精神病人的所在单位或者住所地的居民委员会、村民委员会在近亲属中指定。对指定不服提起诉讼的，由人民法院裁决。

没有第一款规定的监护人的，由精神病人的所在单位或者住所地的居民委员会、村民委员会或者民政部门担任监护人。

第十八条　监护人应当履行监护职责，保护被监护人的人身、财产及其他合法权益，除为被监护人的利益外，不得处理被监护人的财产。

监护人依法履行监护的权利，受法律保护。

监护人不履行监护职责或者侵害被监护人的合法权益的，应当承担责任；给被监护人造成财产损失的，应当赔偿损失。人民法院可以根据有关人员或者有关单位的申请，撤销监护人的资格。

第十九条　精神病人的利害关系人，可以向人民法院申请宣告精神病人为无民事行为能力人或者限制民事行为能力人。

被人民法院宣告为无民事行为能力人或者限制民事行为能力人的，根据他健康恢复的状况，经本人或者利害关系人申请，人民法院可以宣告他为限制民事行为能力人或者完全民事行为能力人。

第三节　宣告失踪和宣告死亡

第二十条　公民下落不明满二年的，利害关系人可以向人民法院申请宣告他为失踪人。

战争期间下落不明的，下落不明的时间从战争结束之日起计算。

第二十一条　失踪人的财产由他的配偶、父母、成年子女或者关系密切的其他亲属、朋友代管。代管有争议的，没有以上规定的人或者以上规定的人无能力代管的，由人民法院指定的人代管。

失踪人所欠税款、债务和应付的其他费用，由代管人从失踪人的财产中支付。

第二十二条　被宣告失踪的人重新出现或者确知他的下落，经本人或者利害关系人申请，人民法院应当撤销对他的失踪宣告。

第二十三条　公民有下列情形之一的，利害关系人可以向人民法院申请宣告他死亡：

（一）下落不明满四年的；
（二）因意外事故下落不明，从事故发生之日起满二年的。
战争期间下落不明的，下落不明的时间从战争结束之日起计算。

第二十四条 被宣告死亡的人重新出现或者确知他没有死亡，经本人或者利害关系人申请，人民法院应当撤销对他的死亡宣告。
有民事行为能力人在被宣告死亡期间实施的民事法律行为有效。

第二十五条 被撤销死亡宣告的人有权请求返还财产。依照继承法取得他的财产的公民或者组织，应当返还原物；原物不存在的，给予适当补偿。

第四节 个体工商户、农村承包经营户

第二十六条 公民在法律允许的范围内，依法经核准登记，从事工商业经营的，为个体工商户。个体工商户可以起字号。

第二十七条 农村集体经济组织的成员，在法律允许的范围内，按照承包合同规定从事商品经营的，为农村承包经营户。

第二十八条 个体工商户、农村承包经营户的合法权益，受法律保护。

第二十九条 个体工商户、农村承包经营户的债务，个人经营的，以个人财产承担；家庭经营的，以家庭财产承担。

第五节 个人合伙

第三十条 个人合伙是指两个以上公民按照协议，各自提供资金、实物、技术等，合伙经营、共同劳动。

第三十一条 合伙人应当对出资数额、盈余分配、债务承担、入伙、退伙、合伙终止等事项，订立书面协议。

第三十二条 合伙人投入的财产，由合伙人统一管理和使用。
合伙经营积累的财产，归合伙人共有。

第三十三条 个人合伙可以起字号，依法经核准登记，在核准登记的经营范围内从事经营。

第三十四条 个人合伙的经营活动，由合伙人共同决定，合伙人有执行和监督的权利。
合伙人可以推举负责人。合伙负责人和其他人员的经营活动，由全体合伙人承担民事责任。

第三十五条 合伙的债务，由合伙人按照出资比例或者协议的约定，以各自的财产承担清偿责任。
合伙人对合伙的债务承担连带责任，法律另有规定的除外。偿还合伙债务超过自己应当承担数额的合伙人，有权向其他合伙人追偿。

第三章 法 人

第一节 一般规定

第三十六条 法人是具有民事权利能力和民事行为能力，依法独立享有民事权利和承担民事义务的组织。
法人的民事权利能力和民事行为能力，从法人成立时产生，到法人终止时消灭。

第三十七条 法人应当具备下列条件：
（一）依法成立；
（二）有必要的财产或者经费；
（三）有自己的名称、组织机构和场所；
（四）能够独立承担民事责任。

第三十八条 依照法律或者法人组织章程规定，代表法人行使职权的负责人，是法人的法定代表人。

第三十九条 法人以它的主要办事机构所在地为住所。

第四十条 法人终止，应当依法进行清算，停止清算范围外的活动。

第二节 企业法人

第四十一条 全民所有制企业、集体所有制企业有符合国家规定的资金数额，有组织章程、组织机构和场所，能够独立承担民事责任，经主管机关核准登记，取得法人资格。
在中华人民共和国领域内设立的中外合资经营企业、中外合作经营企业和外资企业，具备法人条件的，依法经工商行政管理机关核准登记，取得中国法人资格。

第四十二条 企业法人应当在核准登记的

经营范围内从事经营。

第四十三条　企业法人对它的法定代表人和其他工作人员的经营活动，承担民事责任。

第四十四条　企业法人分立、合并或者有其他重要事项变更，应当向登记机关办理登记并公告。

企业法人分立、合并，它的权利和义务由变更后的法人享有和承担。

第四十五条　企业法人由于下列原因之一终止：

（一）依法被撤销；

（二）解散；

（三）依法宣告破产；

（四）其他原因。

第四十六条　企业法人终止，应当向登记机关办理注销登记并公告。

第四十七条　企业法人解散，应当成立清算组织，进行清算。企业法人被撤销、被宣告破产的，应当由主管机关或者人民法院组织有关机关和有关人员成立清算组织，进行清算。

第四十八条　全民所有制企业法人以国家授予它经营管理的财产承担民事责任。集体所有制企业法人以企业所有的财产承担民事责任。中外合资经营企业法人、中外合作经营企业法人和外资企业法人以企业所有的财产承担民事责任，法律另有规定的除外。

第四十九条　企业法人有下列情形之一的，除法人承担责任外，对法定代表人可以给予行政处分、罚款，构成犯罪的，依法追究刑事责任：

（一）超出登记机关核准登记的经营范围从事非法经营的；

（二）向登记机关、税务机关隐瞒真实情况、弄虚作假的；

（三）抽逃资金、隐匿财产逃避债务的；

（四）解散、被撤销、被宣告破产后，擅自处理财产的；

（五）变更、终止时不及时申请办理登记和公告，使利害关系人遭受重大损失的；

（六）从事法律禁止的其他活动，损害国家利益或者社会公共利益的。

第三节　机关、事业单位和社会团体法人

第五十条　有独立经费的机关从成立之日起，具有法人资格。

具备法人条件的事业单位、社会团体，依法不需要办理法人登记的，从成立之日起，具有法人资格；依法需要办理法人登记的，经核准登记，取得法人资格。

第四节　联　营

第五十一条　企业之间或者企业、事业单位之间联营，组成新的经济实体，独立承担民事责任、具备法人条件的，经主管机关核准登记，取得法人资格。

第五十二条　企业之间或者企业、事业单位之间联营，共同经营、不具备法人条件的，由联营各方按照出资比例或者协议的约定，以各自所有的或者经营管理的财产承担民事责任。依照法律的规定或者协议的约定负连带责任的，承担连带责任。

第五十三条　企业之间或者企业、事业单位之间联营，按照合同的约定各自独立经营的，它的权利和义务由合同约定，各自承担民事责任。

第四章　民事法律行为和代理

第一节　民事法律行为

第五十四条　民事法律行为是公民或者法人设立、变更、终止民事权利和民事义务的合法行为。

第五十五条　民事法律行为应当具备下列条件：

（一）行为人具有相应的民事行为能力；

（二）意思表示真实；

（三）不违反法律或者社会公共利益。

第五十六条　民事法律行为可以采取书面形式、口头形式或者其他形式。法律规定用特定形式的，应当依照法律规定。

第五十七条　民事法律行为从成立时起具有法律约束力。行为人非依法律规定或者取得

对方同意，不得擅自变更或者解除。

第五十八条 下列民事行为无效：

（一）无民事行为能力人实施的；

（二）限制民事行为能力人依法不能独立实施的；

（三）一方以欺诈、胁迫的手段或者乘人之危，使对方在违背真实意思的情况下所为的；

（四）恶意串通，损害国家、集体或者第三人利益的；

（五）违反法律或者社会公共利益的；

（六）以合法形式掩盖非法目的的。

无效的民事行为，从行为开始起就没有法律约束力。

第五十九条 下列民事行为，一方有权请求人民法院或者仲裁机关予以变更或者撤销：

（一）行为人对行为内容有重大误解的；

（二）显失公平的。

被撤销的民事行为从行为开始起无效。

第六十条 民事行为部分无效，不影响其他部分的效力的，其他部分仍然有效。

第六十一条 民事行为被确认为无效或者被撤销后，当事人因该行为取得的财产，应当返还给受损失的一方。有过错的一方应当赔偿对方因此所受的损失，双方都有过错的，应当各自承担相应的责任。

双方恶意串通，实施民事行为损害国家的、集体的或者第三人的利益的，应当追缴双方取得的财产，收归国家、集体所有或者返还第三人。

第六十二条 民事法律行为可以附条件，附条件的民事法律行为在符合所附条件时生效。

第二节 代 理

第六十三条 公民、法人可以通过代理人实施民事法律行为。

代理人在代理权限内，以被代理人的名义实施民事法律行为。被代理人对代理人的代理行为，承担民事责任。

依照法律规定或者按照双方当事人约定，应当由本人实施的民事法律行为，不得代理。

第六十四条 代理包括委托代理、法定代理和指定代理。

委托代理人按照被代理人的委托行使代理权，法定代理人依照法律的规定行使代理权，指定代理人按照人民法院或者指定单位的指定行使代理权。

第六十五条 民事法律行为的委托代理，可以用书面形式，也可以用口头形式。法律规定用书面形式的，应当用书面形式。

书面委托代理的授权委托书应当载明代理人的姓名或者名称、代理事项、权限和期间，并由委托人签名或者盖章。

委托书授权不明的，被代理人应当向第三人承担民事责任，代理人负连带责任。

第六十六条 没有代理权、超越代理权或者代理权终止后的行为，只有经过被代理人的追认，被代理人才承担民事责任。未经追认的行为，由行为人承担民事责任。本人知道他人以本人名义实施民事行为而不作否认表示的，视为同意。

代理人不履行职责而给被代理人造成损害的，应当承担民事责任。

代理人和第三人串通，损害被代理人的利益的，由代理人和第三人负连带责任。

第三人知道行为人没有代理权、超越代理权或者代理权已终止还与行为人实施民事行为给他人造成损害的，由第三人和行为人负连带责任。

第六十七条 代理人知道被委托代理的事项违法仍然进行代理活动的，或者被代理人知道代理人的代理行为违法不表示反对的，由被代理人和代理人负连带责任。

第六十八条 委托代理人为被代理人的利益需要转托他人代理的，应当事先取得被代理人的同意。事先没有取得被代理人同意的，应当在事后及时告诉被代理人，如果被代理人不同意，由代理人对自己所转托的人的行为负民事责任，但在紧急情况下，为了保护被代理人的利益而转托他人代理的除外。

第六十九条 有下列情形之一的，委托代理终止：

（一）代理期间届满或者代理事务完成；

（二）被代理人取消委托或者代理人辞去

委托；

（三）代理人死亡；

（四）代理人丧失民事行为能力；

（五）作为被代理人或者代理人的法人终止。

第七十条 有下列情形之一的，法定代理或者指定代理终止：

（一）被代理人取得或者恢复民事行为能力；

（二）被代理人或者代理人死亡；

（三）代理人丧失民事行为能力；

（四）指定代理的人民法院或者指定单位取消指定；

（五）由其他原因引起的被代理人和代理人之间的监护关系消灭。

第五章 民事权利

第一节 财产所有权和与财产所有权有关的财产权

第七十一条 财产所有权是指所有人依法对自己的财产享有占有、使用、收益和处分的权利。

第七十二条 财产所有权的取得，不得违反法律规定。

按照合同或者其他合法方式取得财产的，财产所有权从财产交付时起转移，法律另有规定或者当事人另有约定的除外。

第七十三条 国家财产属于全民所有。

国家财产神圣不可侵犯，禁止任何组织或者个人侵占、哄抢、私分、截留、破坏。

第七十四条 劳动群众集体组织的财产属于劳动群众集体所有，包括：

（一）法律规定为集体所有的土地和森林、山岭、草原、荒地、滩涂等；

（二）集体经济组织的财产；

（三）集体所有的建筑物、水库、农田水利设施和教育、科学、文化、卫生、体育等设施；

（四）集体所有的其他财产。

集体所有的土地依照法律属于村农民集体所有，由村农业生产合作社等农业集体经济组织或者村民委员会经营、管理。已经属于乡（镇）农民集体经济组织所有的，可以属于乡（镇）农民集体所有。

集体所有的财产受法律保护，禁止任何组织或者个人侵占、哄抢、私分、破坏或者非法查封、扣押、冻结、没收。

第七十五条 公民的个人财产，包括公民的合法收入、房屋、储蓄、生活用品、文物、图书资料、林木、牲畜和法律允许公民所有的生产资料以及其他合法财产。

公民的合法财产受法律保护，禁止任何组织或者个人侵占、哄抢、破坏或者非法查封、扣押、冻结、没收。

第七十六条 公民依法享有财产继承权。

第七十七条 社会团体包括宗教团体的合法财产受法律保护。

第七十八条 财产可以由两个以上的公民、法人共有。

共有分为按份共有和共同共有。按份共有人按照各自的份额，对共有财产分享权利，分担义务。共同共有人对共有财产享有权利，承担义务。

按份共有财产的每个共有人有权要求将自己的份额分出或者转让。但在出售时，其他共有人在同等条件下，有优先购买的权利。

第七十九条 所有人不明的埋藏物、隐藏物，归国家所有。接收单位应当对上缴的单位或者个人，给予表扬或者物质奖励。

拾得遗失物、漂流物或者失散的饲养动物，应当归还失主，因此而支出的费用由失主偿还。

第八十条 国家所有的土地，可以依法由全民所有制单位使用，也可以依法确定由集体所有制单位使用，国家保护它的使用、收益的权利；使用单位有管理、保护、合理利用的义务。

公民、集体依法对集体所有的或者国家所有由集体使用的土地的承包经营权，受法律保护。承包双方的权利和义务，依照法律由承包合同规定。

土地不得买卖、出租、抵押或者以其他形式非法转让。

第八十一条 国家所有的森林、山岭、草原、荒地、滩涂、水面等自然资源，可以依法由全民所有制单位使用，也可以依法确定由集体所有制单位使用，国家保护它的使用、收益的权利；使用单位有管理、保护、合理利用的义务。

国家所有的矿藏，可以依法由全民所有制单位和集体所有制单位开采，也可以依法由公民采挖。国家保护合法的采矿权。

公民、集体依法对集体所有的或者国家所有由集体使用的森林、山岭、草原、荒地、滩涂、水面的承包经营权，受法律保护。承包双方的权利和义务，依照法律由承包合同规定。

国家所有的矿藏、水流，国家所有的和法律规定属于集体所有的林地、山岭、草原、荒地、滩涂不得买卖、出租、抵押或者以其他形式非法转让。

第八十二条 全民所有制企业对国家授予它经营管理的财产依法享有经营权，受法律保护。

第八十三条 不动产的相邻各方，应当按照有利生产、方便生活、团结互助、公平合理的精神，正确处理截水、排水、通行、通风、采光等方面的相邻关系。给相邻方造成妨碍或者损失的，应当停止侵害，排除妨碍，赔偿损失。

第二节 债 权

第八十四条 债是按照合同的约定或者依照法律的规定，在当事人之间产生的特定的权利和义务关系，享有权利的人是债权人，负有义务的人是债务人。

债权人有权要求债务人按照合同的约定或者依照法律的规定履行义务。

第八十五条 合同是当事人之间设立、变更、终止民事关系的协议。依法成立的合同，受法律保护。

第八十六条 债权人为二人以上的，按照确定的份额分享权利。债务人为二人以上的，按照确定的份额分担义务。

第八十七条 债权人或者债务人一方人数为二人以上的，依照法律的规定或者当事人的约定，享有连带权利的每个债权人，都有权要求债务人履行义务；负有连带义务的每个债务人，都负有清偿全部债务的义务，履行了义务的人，有权要求其他负有连带义务的人偿付他应当承担的份额。

第八十八条 合同的当事人应当按照合同的约定，全部履行自己的义务。

合同中有关质量、期限、地点或者价款约定不明确，按照合同有关条款内容不能确定，当事人又不能通过协商达成协议的，适用下列规定：

（一）质量要求不明确的，按照国家质量标准履行，没有国家质量标准的，按照通常标准履行。

（二）履行期限不明确的，债务人可以随时向债权人履行义务，债权人也可以随时要求债务人履行义务，但应当给对方必要的准备时间。

（三）履行地点不明确，给付货币的，在接受给付一方的所在地履行，其他标的在履行义务一方的所在地履行。

（四）价款约定不明确的，按照国家规定的价格履行；没有国家规定价格的，参照市场价格或者同类物品的价格或者同类劳务的报酬标准履行。

合同对专利申请权没有约定的，完成发明创造的当事人享有申请权。

合同对科技成果的使用权没有约定的，当事人都有使用的权利。

第八十九条 依照法律的规定或者按照当事人的约定，可以采用下列方式担保债务的履行：

（一）保证人向债权人保证债务人履行债务，债务人不履行债务的，按照约定由保证人履行或者承担连带责任；保证人履行债务后，有权向债务人追偿。

（二）债务人或者第三人可以提供一定的财产作为抵押物。债务人不履行债务的，债权人有权依照法律的规定以抵押物折价或者以变卖抵押物的价款优先得到偿还。

（三）当事人一方在法律规定的范围内可以向对方给付定金。债务人履行债务后，定金应当抵作价款或者收回。给付定金的一方不履行债务的，无权要求返还定金；接受定金的一方不履行债务的，应当双倍返还定金。

（四）按照合同约定一方占有对方的财产，对方不按照合同给付应付款项超过约定期限的，占有人有权留置该财产，依照法律的规定以留置财产折价或者以变卖该财产的价款优先得到偿还。

第九十条 合法的借贷关系受法律保护。

第九十一条 合同一方将合同的权利、义务全部或者部分转让给第三人的，应当取得合同另一方的同意，并不得牟利。依照法律规定应当由国家批准的合同，需经原批准机关批准。但是，法律另有规定或者原合同另有约定的除外。

第九十二条 没有合法根据，取得不当利益，造成他人损失的，应当将取得的不当利益返还受损失的人。

第九十三条 没有法定的或者约定的义务，为避免他人利益受损失进行管理或者服务的，有权要求受益人偿付由此而支付的必要费用。

第三节 知识产权

第九十四条 公民、法人享有著作权（版权），依法有署名、发表、出版、获得报酬等权利。

第九十五条 公民、法人依法取得的专利权受法律保护。

第九十六条 法人、个体工商户、个人合伙依法取得的商标专用权受法律保护。

第九十七条 公民对自己的发现享有发现权。发现人有权申请领取发现证书、奖金或者其他奖励。

公民对自己的发明或者其他科技成果，有权申请领取荣誉证书、奖金或者其他奖励。

第四节 人身权

第九十八条 公民享有生命健康权。

第九十九条 公民享有姓名权，有权决定、使用和依照规定改变自己的姓名，禁止他人干涉、盗用、假冒。

法人、个体工商户、个人合伙享有名称权。企业法人、个体工商户、个人合伙有权使用、依法转让自己的名称。

第一百条 公民享有肖像权，未经本人同意，不得以营利为目的使用公民的肖像。

第一百零一条 公民、法人享有名誉权，公民的人格尊严受法律保护，禁止用侮辱、诽谤等方式损害公民、法人的名誉。

第一百零二条 公民、法人享有荣誉权，禁止非法剥夺公民、法人的荣誉称号。

第一百零三条 公民享有婚姻自主权，禁止买卖、包办婚姻和其他干涉婚姻自由的行为。

第一百零四条 婚姻、家庭、老人、母亲和儿童受法律保护。

残疾人的合法权益受法律保护。

第一百零五条 妇女享有同男子平等的民事权利。

第六章 民事责任

第一节 一般规定

第一百零六条 公民、法人违反合同或者不履行其他义务的，应当承担民事责任。

公民、法人由于过错侵害国家的、集体的财产，侵害他人财产、人身的，应当承担民事责任。

没有过错，但法律规定应当承担民事责任的，应当承担民事责任。

第一百零七条 因不可抗力不能履行合同或者造成他人损害的，不承担民事责任，法律另有规定的除外。

第一百零八条 债务应当清偿。暂时无力偿还的，经债权人同意或者人民法院裁决，可以由债务人分期偿还。有能力偿还拒不偿还的，由人民法院判决强制偿还。

第一百零九条 因防止、制止国家的、集体的财产或者他人的财产、人身遭受侵害而使自己受到损害的，由侵害人承担赔偿责任，受益人也可以给予适当的补偿。

第一百一十条 对承担民事责任的公民、法人需要追究行政责任的，应当追究行政责任；构成犯罪的，对公民、法人的法定代表人应当依法追究刑事责任。

第二节 违反合同的民事责任

第一百一十一条 当事人一方不履行合同义务或者履行合同义务不符合约定条件的，另一方有权要求履行或者采取补救措施，并有权要求赔偿损失。

第一百一十二条 当事人一方违反合同的赔偿责任,应当相当于另一方因此所受到的损失。

当事人可以在合同中约定,一方违反合同时,向另一方支付一定数额的违约金;也可以在合同中约定对于违反合同而产生的损失赔偿额的计算方法。

第一百一十三条 当事人双方都违反合同的,应当分别承担各自应负的民事责任。

第一百一十四条 当事人一方因另一方违反合同受到损失的,应当及时采取措施防止损失的扩大;没有及时采取措施致使损失扩大的,无权就扩大的损失要求赔偿。

第一百一十五条 合同的变更或者解除,不影响当事人要求赔偿损失的权利。

第一百一十六条 当事人一方由于上级机关的原因,不能履行合同义务的,应当按照合同约定向另一方赔偿损失或者采取其他补救措施,再由上级机关对它因此受到的损失负责处理。

第三节 侵权的民事责任

第一百一十七条 侵占国家的、集体的财产或者他人财产的,应当返还财产,不能返还财产的,应当折价赔偿。

损坏国家的、集体的财产或者他人财产的,应当恢复原状或者折价赔偿。

受害人因此遭受其他重大损失的,侵害人并应当赔偿损失。

第一百一十八条 公民、法人的著作权(版权)、专利权、商标专用权、发现权、发明权和其他科技成果权受到剽窃、篡改、假冒等侵害的,有权要求停止侵害,消除影响,赔偿损失。

第一百一十九条 侵害公民身体造成伤害的,应当赔偿医疗费、因误工减少的收入、残废者生活补助费等费用;造成死亡的,并应当支付丧葬费、死者生前扶养的人必要的生活费等费用。

第一百二十条 公民的姓名权、肖像权、名誉权、荣誉权受到侵害的,有权要求停止侵害,恢复名誉,消除影响,赔礼道歉,并可以要求赔偿损失。

法人的名称权、名誉权、荣誉权受到侵害的,适用前款规定。

第一百二十一条 国家机关或者国家机关工作人员在执行职务中,侵犯公民、法人的合法权益造成损害的,应当承担民事责任。

第一百二十二条 因产品质量不合格造成他人财产、人身损害的,产品制造者、销售者应当依法承担民事责任。运输者、仓储者对此负有责任的,产品制造者、销售者有权要求赔偿损失。

第一百二十三条 从事高空、高压、易燃、易爆、剧毒、放射性、高速运输工具等对周围环境有高度危险的作业造成他人损害的,应当承担民事责任;如果能够证明损害是由受害人故意造成的,不承担民事责任。

第一百二十四条 违反国家保护环境防止污染的规定,污染环境造成他人损害的,应当依法承担民事责任。

第一百二十五条 在公共场所、道旁或者通道上挖坑、修缮安装地下设施等,没有设置明显标志和采取安全措施造成他人损害的,施工人应当承担民事责任。

第一百二十六条 建筑物或者其他设施以及建筑物上的搁置物、悬挂物发生倒塌、脱落、坠落造成他人损害的,它的所有人或者管理人应当承担民事责任,但能够证明自己没有过错的除外。

第一百二十七条 饲养的动物造成他人损害的,动物饲养人或者管理人应当承担民事责任;由于受害人的过错造成损害的,动物饲养人或者管理人不承担民事责任;由于第三人的过错造成损害的,第三人应当承担民事责任。

第一百二十八条 因正当防卫造成损害的,不承担民事责任。正当防卫超过必要的限度,造成不应有的损害的,应当承担适当的民事责任。

第一百二十九条 因紧急避险造成损害的,由引起险情发生的人承担民事责任。如果危险是由自然原因引起的,紧急避险人不承担民事责任或者承担适当的民事责任。因紧急避险采取措施不当或者超过必要的限度,造成不应有的损害的,紧急避险人应当承担适当的民事责任。

第一百三十条 二人以上共同侵权造成他人损害的，应当承担连带责任。

第一百三十一条 受害人对于损害的发生也有过错的，可以减轻侵害人的民事责任。

第一百三十二条 当事人对造成损害都没有过错的，可以根据实际情况，由当事人分担民事责任。

第一百三十三条 无民事行为能力人、限制民事行为能力人造成他人损害的，由监护人承担民事责任。监护人尽了监护责任的，可以适当减轻他的民事责任。

有财产的无民事行为能力人、限制民事行为能力人造成他人损害的，从本人财产中支付赔偿费用。不足部分，由监护人适当赔偿，但单位担任监护人的除外。

第四节 承担民事责任的方式

第一百三十四条 承担民事责任的方式主要有：

（一）停止侵害；
（二）排除妨碍；
（三）消除危险；
（四）返还财产；
（五）恢复原状；
（六）修理、重作、更换；
（七）赔偿损失；
（八）支付违约金；
（九）消除影响、恢复名誉；
（十）赔礼道歉。

以上承担民事责任的方式，可以单独适用，也可以合并适用。

人民法院审理民事案件，除适用上述规定外，还可以予以训诫、责令具结悔过、收缴进行非法活动的财物和非法所得，并可以依照法律规定处以罚款、拘留。

第七章 诉讼时效

第一百三十五条 向人民法院请求保护民事权利的诉讼时效期间为二年，法律另有规定的除外。

第一百三十六条 下列的诉讼时效期间为一年：

（一）身体受到伤害要求赔偿的；
（二）出售质量不合格的商品未声明的；
（三）延付或者拒付租金的；
（四）寄存财物被丢失或者损毁的。

第一百三十七条 诉讼时效期间从知道或者应当知道权利被侵害时起计算。但是，从权利被侵害之日起超过二十年的，人民法院不予保护。有特殊情况的，人民法院可以延长诉讼时效期间。

第一百三十八条 超过诉讼时效期间，当事人自愿履行的，不受诉讼时效限制。

第一百三十九条 在诉讼时效期间的最后六个月内，因不可抗力或者其他障碍不能行使请求权的，诉讼时效中止。从中止时效的原因消除之日起，诉讼时效期间继续计算。

第一百四十条 诉讼时效因提起诉讼、当事人一方提出要求或者同意履行义务而中断。从中断时起，诉讼时效期间重新计算。

第一百四十一条 法律对诉讼时效另有规定的，依照法律规定。

第八章 涉外民事关系的法律适用

第一百四十二条 涉外民事关系的法律适用，依照本章的规定确定。

中华人民共和国缔结或者参加的国际条约同中华人民共和国的民事法律有不同规定的，适用国际条约的规定，但中华人民共和国声明保留的条款除外。

中华人民共和国法律和中华人民共和国缔结或者参加的国际条约没有规定的，可以适用国际惯例。

第一百四十三条 中华人民共和国公民定居国外的，他的民事行为能力可以适用定居国法律。

第一百四十四条 不动产的所有权，适用不动产所在地法律。

第一百四十五条 涉外合同的当事人可以选择处理合同争议所适用的法律，法律另有规定的除外。

涉外合同的当事人没有选择的，适用与合同有最密切联系的国家的法律。

第一百四十六条 侵权行为的损害赔偿，适用侵权行为地法律。当事人双方国籍相同或者在同一国家有住所的，也可以适用当事人本国法律或者住所地法律。

中华人民共和国法律不认为在中华人民共和国领域外发生的行为是侵权行为的，不作为侵权行为处理。

第一百四十七条　中华人民共和国公民和外国人结婚适用婚姻缔结地法律，离婚适用受理案件的法院所在地法律。

第一百四十八条　扶养适用与被扶养人有最密切联系的国家的法律。

第一百四十九条　遗产的法定继承，动产适用被继承人死亡时住所地法律，不动产适用不动产所在地法律。

第一百五十条　依照本章规定适用外国法律或者国际惯例的，不得违背中华人民共和国的社会公共利益。

第九章　附　则

第一百五十一条　民族自治地方的人民代表大会可以根据本法规定的原则，结合当地民族的特点，制定变通的或者补充的单行条例或者规定。自治区人民代表大会制定的，依照法律规定报全国人民代表大会常务委员会批准或者备案；自治州、自治县人民代表大会制定的，报省、自治区人民代表大会常务委员会批准。

第一百五十二条　本法生效以前，经省、自治区、直辖市以上主管机关批准开办的全民所有制企业，已经向工商行政管理机关登记的，可以不再办理法人登记，即具有法人资格。

第一百五十三条　本法所称的"不可抗力"，是指不能预见、不能避免并不能克服的客观情况。

第一百五十四条　民法所称的期间按照公历年、月、日、小时计算。

规定按照小时计算期间的，从规定时开始计算。规定按照日、月、年计算期间的，开始的当天不算入，从下一天开始计算。

期间的最后一天是星期日或者其他法定休假日的，以休假日的次日为期间的最后一天。

期间的最后一天的截止时间为二十四点。有业务时间的，到停止业务活动的时间截止。

第一百五十五条　民法所称的"以上"、"以下"、"以内"、"届满"，包括本数；所称的"不满"、"以外"，不包括本数。

第一百五十六条　本法自1987年1月1日起施行。

最高人民法院关于贯彻执行《中华人民共和国民法通则》若干问题的意见（试行）[1]

（1988年1月26日最高人民法院审判委员会讨论通过　1988年4月2日发布施行）法（办）发〔1988〕6号

《中华人民共和国民法通则》（以下简称民法通则）已于1987年1月1日起施行。现就民法通则在贯彻执行中遇到的问题提出以下意见。

一、公　民

（一）关于民事权利能力和民事行为能力问题

1. 公民的民事权利能力自出生时开始。出生的时间以户籍证明为准；没有户籍证明的，以医院出具的出生证明为准。没有医院证明的，参照其他有关证明认定。

---

[1] 根据《最高人民法院关于废止2007年底以前发布的有关司法解释（第七批）的决定》，《最高人民法院关于贯彻执行〈中华人民共和国民法通则〉若干问题的意见（试行）》第88条、第94条、第115条、第117条、第118条、第177条废止，理由是与物权法有关规定冲突。为方便考生复习，本文已在原版本上直接删除上述各条，其他文字未作相应修改与调整。——编者注

2. 十六周岁以上不满十八周岁的公民，能够以自己的劳动取得收入，并能维持当地群众一般生活水平的，可以认定为以自己的劳动收入为主要生活来源的完全民事行为能力人。

3. 十周岁以上的未成年人进行的民事活动是否与其年龄、智力状况相适应，可以从行为与本人生活相关联的程度、本人的智力能否理解其行为，并预见相应的行为后果，以及行为标的数额等方面认定。

4. 不能完全辨认自己行为的精神病人进行的民事活动，是否与其精神健康状态相适应，可以从行为与本人生活相关联的程度、本人的精神状态能否理解其行为，并预见相应的行为后果，以及行为标的数额等方面认定。

5. 精神病人（包括痴呆症人）如果没有判断能力和自我保护能力，不知其行为后果的，可以认定为不能辨认自己行为的人；对于比较复杂的事物或者比较重大的行为缺乏判断能力和自我保护能力，并且不能预见其行为后果的，可以认定为不能完全辨认自己行为的人。

6. 无民事行为能力人、限制民事行为能力人接受奖励、赠与、报酬，他人不得以行为人无民事行为能力、限制民事行为能力为由，主张以上行为无效。

7. 当事人是否患有精神病，人民法院应当根据司法精神病学鉴定或者参照医院的诊断、鉴定确认。在不具备诊断、鉴定条件的情况下，也可以参照群众公认的当事人的精神状态认定，但应以利害关系人没有异议为限。

8. 在诉讼中，当事人及利害关系人提出一方当事人患有精神病（包括痴呆症），人民法院认为确有必要认定的，应当按照民事诉讼法（试行）规定的特别程序，先作出当事人有无民事行为能力的判决。

确认精神病人（包括痴呆症人）为限制民事行为能力人的，应当比照民事诉讼法（试行）规定的特别程序进行审理。

9. 公民离开住所地最后连续居住一年以上的地方，为经常居住地。但住医院治病的除外。

公民由其户籍所在地迁出后至迁入另一地之前，无经常居住地的，仍以其原户籍所在地为住所。

（二）关于监护问题

10. 监护人的监护职责包括：保护被监护人的身体健康，照顾被监护人的生活，管理和保护被监护人的财产，代理被监护人进行民事活动，对被监护人进行管理和教育，在被监护人合法权益受到侵害或者与人发生争议时，代理其进行诉讼。

11. 认定监护人的监护能力，应当根据监护人的身体健康状况、经济条件，以及与被监护人在生活上的联系状况等因素确定。

12. 民法通则中规定的近亲属，包括配偶、父母、子女、兄弟姐妹、祖父母、外祖父母、孙子女、外孙子女。

13. 为患有精神病的未成年人设定监护人，适用民法通则第十六条的规定。

14. 人民法院指定监护人时，可以将民法通则第十六条第二款中的（一）、（二）、（三）项或者第十七条第一款中的（一）、（二）、（三）、（四）、（五）项规定视为指定监护人的顺序。前一顺序有监护资格的人无监护能力或者对被监护人明显不利的，人民法院可以根据对被监护人有利的原则，从后一顺序有监护资格的人中择优确定。被监护人有识别能力的，应视情况征求被监护人的意见。

监护人可以是一人，也可以是同一顺序中的数人。

15. 有监护资格的人之间协议确定监护人的，应当由协议确定的监护人对被监护人承担监护责任。

16. 对于担任监护人有争议的，应当按照民法通则第十六条第三款或者第十七条第二款的规定，由有关组织予以指定。未经指定而向人民法院起诉的，人民法院不予受理。

17. 有关组织依照民法通则规定指定监护人，以书面或者口头通知了被指定人的，应当认定指定成立。被指定人不服的，应当在接到通知的次日起三十日内向人民法院起诉。逾期起诉的，按变更监护关系处理。

18. 监护人被指定后，不得自行变更。擅自变更的，由原被指定的监护人和变更后的监护人承担监护责任。

19. 被指定人对指定不服提起诉讼的，人民法院应当根据本意见第十四条的规定，作出维持或者撤销指定监护人的判决。如果判决是撤销原指定的，可以同时另行指定监护人。此类案件，比照民事诉讼法（试行）规定的特别程序进行审理。

在人民法院作出判决前的监护责任，一般应当按照指定监护人的顺序，由有监护资格的人承担。

20. 监护人不履行监护职责，或者侵害了被监护人的合法权益，民法通则第十六条、第十七条规定的其他有监护资格的人或者单位向人民法院起诉，要求监护人承担民事责任的，按照普通程序审理；要求变更监护关系的，按照特别程序审理；既要求承担民事责任，又要求变更监护关系的，分别审理。

21. 夫妻离婚后，与子女共同生活的一方无权取消对方对该子女的监护权；但是，未与该子女共同生活的一方，对该子女有犯罪行为、虐待行为或者对该子女明显不利的，人民法院认为可以取消的除外。

22. 监护人可以将监护职责部分或者全部委托给他人。因被监护人的侵权行为需要承担民事责任的，应当由监护人承担，但另有约定的除外；被委托人确有过错的，负连带责任。

23. 夫妻一方死亡后，另一方将子女送给他人收养，如收养对子女的健康成长并无不利，又办了合法收养手续的，认定收养关系成立；其他有监护资格的人不得以收养未经其同意而主张收养关系无效。

（三）关于宣告失踪、宣告死亡问题

24. 申请宣告失踪的利害关系人，包括被申请宣告失踪人的配偶、父母、子女、兄弟姐妹、祖父母、外祖父母、孙子女、外孙子女以及其他与被申请人有民事权利义务关系的人。

25. 申请宣告死亡的利害关系人的顺序是：

（一）配偶；

（二）父母、子女；

（三）兄弟姐妹、祖父母、外祖父母、孙子女、外孙子女；

（四）其他有民事权利义务关系的人。

申请撤销死亡宣告不受上列顺序限制。

26. 下落不明是指公民离开最后居住地后没有音讯的状况。对于在台湾或者在国外，无法正常通讯联系的，不得以下落不明宣告死亡。

27. 战争期间下落不明的，申请宣告死亡的期间适用民法通则第二十三条第一款第一项的规定。

28. 民法通则第二十条第一款、第二十三条第一款第一项中的下落不明的起算时间，从公民音讯消失之次日起算。

宣告失踪的案件，由被宣告失踪人住所地的基层人民法院管辖。住所地与居住地不一致的，由最后居住地的基层人民法院管辖。

29. 宣告失踪不是宣告死亡的必经程序。公民下落不明，符合申请宣告死亡的条件，利害关系人可以不经申请宣告失踪而直接申请宣告死亡。但利害关系人只申请宣告失踪的，应当宣告失踪；同一顺序的利害关系人，有的申请宣告死亡，有的不同意宣告死亡，则应当宣告死亡。

30. 人民法院指定失踪人的财产代管人，应当根据有利于保护失踪人财产的原则指定。没有民法通则第二十一条规定的代管人，或者他们无能力作代管人，或者不宜作代管人的，人民法院可以指定公民或者有关组织为失踪人的财产代管人。

无民事行为能力人、限制民事行为能力人失踪的，其监护人即为财产代管人。

31. 民法通则第二十一条第二款中的"其他费用"，包括赡养费、扶养费、抚育费和因代管财产所需的管理费等必要的费用。

32. 失踪人的财产代管人拒绝支付失踪人所欠的税款、债务和其他费用，债权人提起诉讼的，人民法院应当将代管人列为被告。

失踪人的财产代管人向失踪人的债务人要求偿还债务的，可以作为原告提起诉讼。

33. 债务人下落不明，但未被宣告失踪，债权人起诉要求清偿债务的，人民法院可以在公告传唤后缺席判决或者按中止诉讼处理。

34. 人民法院审理宣告失踪的案件，比照民事诉讼法（试行）规定的特别程序进行。人民法院审理宣告失踪的案件，应当查清被申请宣告失踪人的财产，指定临时管理人或者采取诉讼保全措施，发出寻找失踪人的公告。公告期间为半年。公告期间届满，人民法院根据被宣告失踪人失踪的事实是否得到确认，作出宣告失踪的判决或者终结审理的裁定。如果判决宣告为失踪人，应当同时指定失踪人的财产代管人。

35. 失踪人的财产代管人以无力履行代管职责，申请变更代管人的，人民法院比照特别程序进行审理。

失踪人的财产代管人不履行代管职责或者侵犯失踪人财产权益的，失踪人的利害关系人可以向人民法院请求财产代管人承担民事责任。如果同时申请人民法院变更财产代管人的，变更之诉比照特别程序单独审理。

36. 被宣告死亡的人，判决宣告之日为其死亡的日期。判决书除发给申请人外，还应当在被宣告死亡的人住所地和人民法院所在地公告。

被宣告死亡和自然死亡的时间不一致的，被宣告死亡所引起的法律后果仍然有效，但自然死亡前实施的民事法律行为与被宣告死亡引起的法律后果相抵触的，则以其实施的民事法律行为为准。

37. 被宣告死亡的人与配偶的婚姻关系，自死亡宣告之日起消灭。死亡宣告被人民法院撤销，如果其配偶尚未再婚的，夫妻关系从撤销死亡宣告之日起自行恢复；如果其配偶再婚后又离婚或者再婚后配偶又死亡的，则不得认定夫妻关系自行恢复。

38. 被宣告死亡的人在被宣告死亡期间，其子女被他人依法收养，被宣告死亡的人在死亡宣告被撤销后，仅以未经本人同意而主张收养关系无效的，一般不应准许，但收养人和被收养人同意的除外。

39. 利害关系人隐瞒真实情况使他人被宣告死亡而取得其财产的，除应返还原物及孳息外，还应对造成的损失予以赔偿。

40. 被撤销死亡宣告的人请求返还财产，其原物已被第三人合法取得的，第三人可不予返还。但依继承法取得原物的公民或者组织，应当返还原物或者给予适当补偿。

（四）关于个体工商户、农村承包经营户、个人合伙问题

41. 起字号的个体工商户，在民事诉讼中，应以营业执照登记的户主（业主）为诉讼当事人，在诉讼文书中注明系某字号的户主。

42. 以公民个人名义申请登记的个体工商户和个人承包的农村承包经营户，用家庭共有财产投资，或者收益的主要部分供家庭成员享用的，其债务应以家庭共有财产清偿。

43. 在夫妻关系存续期间，一方从事个体经营或者承包经营的，其收入为夫妻共有财产，债务亦应以夫妻共有财产清偿。

44. 个体工商户、农村承包经营户的债务，如以其家庭共有财产承担责任时，应当保留家庭成员的生活必需品和必要的生产工具。

45. 起字号的个人合伙，在民事诉讼中，应当以依法核准登记的字号为诉讼当事人，并由合伙负责人为诉讼代表人。合伙负责人的诉讼行为，对全体合伙人发生法律效力。

未起字号的个人合伙，合伙人在民事诉讼中为共同诉讼人。合伙人人数众多的，可以推举诉讼代表人参加诉讼。诉讼代表人的诉讼行为，对全体合伙人发生法律效力。推举诉讼代表人，应当办理书面手续。

46. 公民按照协议提供资金或者实物，并约定参与合伙盈余分配，但不参与合伙经营、劳动的，或者提供技术性劳务而不提供资金、实物，但约定参与盈余分配的，视为合伙人。

47. 全体合伙人对合伙经营的亏损额，对外应当负连带责任；对内则应按照协议约定的债务承担比例或者出资比例分担；协议未规定债务承担比例或者出资比例的，可以按照约定的或者实际的盈余分配比例承担。但是对造成合伙经营亏损有过错的合伙人，应当根据其过错程度相应的多承担责任。

48. 只提供技术性劳务，不提供资金、实物的合伙人，对于合伙经营的亏损额，对外也应当承担连带责任；对内则应当按照协议约定的债务承担比例或者技术性劳务折抵的出资比例承担；协议未规定债务承担比例或者出资比例的,可以按照约定的或者合伙人实际的盈余分配比例承担;没有盈余分配比例的,按照其余合伙人平均投资比例承担。

49. 个人合伙或者个体工商户,虽经工商行政管理部门错误地登记为集体所有制的企业,但实际为个人合伙或者个体工商户的,应当按个人合伙或者个体工商户对待。

50. 当事人之间没有书面合伙协议,又未经工商行政管理部门核准登记,但具备合伙的其他条件,又有两个以上利害关系人证明有口头合伙协议的,人民法院可以认定为合伙关系。

51. 在合伙经营过程中增加合伙人,书面协议有约定的,按照协议处理;书面协议未约定的,须经全体合伙人同意;未经全体合伙人同意的,应当认定入伙无效。

52. 合伙人退伙,书面协议有约定的,按书面协议处理;书面协议未约定的,原则上应予准许。但因其退伙给其他合伙人造成损失的,应当考虑退伙的原因、理由以及双方当事人的过错等情况,确定其应当承担的赔偿责任。

53. 合伙经营期间发生亏损,合伙人退出合伙时未按约定分担或者未合理分担合伙债务的,退伙人对原合伙的债务,应当承担清偿责任;退伙人已分担合伙债务的,对其参加合伙期间的全部债务仍负连带责任。

54. 合伙人退伙时分割的合伙财产,应当包括合伙时投入的财产和合伙期间积累的财产,以及合伙期间的债权和债务。入伙的原物退伙时原则上应予退还;一次清退有困难的,可以分批分期清退;退还原物确有困难的,可以折价处理。

55. 合伙终止时,对合伙财产的处理,有书面协议的,按协议处理;没有书面协议,又协商不成的,如果合伙人出资额相等,应当考虑多数人意见酌情处理;合伙人出资额不等的,可以按出资额占全部合伙额多的合伙人的意见处理,但要保护其他合伙人的利益。

56. 合伙人互相串通逃避合伙债务的,除应责令其承担清偿责任外,还可以按照民法通则第一百三十四条第三款的规定处理。

57. 民法通则第三十五条第一款中关于"以各自的财产承担清偿责任"是指合伙人以个人财产出资的,以合伙人的个人财产承担;合伙人以其家庭共有财产出资的,以其家庭共有财产承担;合伙人以个人财产出资,合伙的盈余分配所得用于其家庭成员生活的,应先以合伙人的个人财产承担,不足部分以合伙人的家庭共有财产承担。

二、法　人

58. 企业法人的法定代表人和其他工作人员,以法人名义从事的经营活动,给他人造成经济损失的,企业法人应当承担民事责任。

59. 企业法人解散或者被撤销的,应当由其主管机关组织清算小组进行清算。企业法人被宣告破产的,应当由人民法院组织有关机关和有关人员成立清算组织进行清算。

60. 清算组织是以清算企业法人债权、债务为目的而依法成立的组织。它负责对终止的企业法人的财产进行保管、清理、估价、处理和清偿。

对于涉及终止的企业法人债权、债务的民事诉讼,清算组织可以用自己的名义参加诉讼。

以逃避债务责任为目的而成立的清算组织,其实施的民事行为无效。

61. 人民法院审理案件时,如果查明企业法人有民法通则第四十九条所列的六种情形之一的,除企业法人承担责任外,还可以根据民法通则第四十九条和第一百三十四条第三款的规定,对企业法定代表人直接给予罚款的处罚;对需要给予行政处分的,可以向有关部门提出司法建议,由有关部门决定处理;对构成犯罪需要依法追究刑事责任的,应当依法移送公安、检察机关。

62. 人民法院在审理案件中,依法对企业法定代表人或者其他人采用罚款、拘留制裁措施,必须经院长批准,另行制作民事制裁决定书。被制裁人对决定不服的,在收到决定书的次日起十日内可以向上一级人民法院申请复议一次。复议期间,决定暂不执行。

63. 对法定代表人直接处以罚款的数额一般在二千元以下。法律另有规定的除外。

64. 以提供土地使用权作为联营条件的一方，对联营企业的债务，应当按照书面协议的约定承担；书面协议未约定的，可以按照出资比例或者盈余分配比例承担。

三、民事法律行为和代理

65. 当事人以录音、录像等视听资料形式实施的民事行为，如有两个以上无利害关系人作为证人或者有其他证据证明该民事行为符合民法通则第五十五条的规定，可以认定有效。

66. 一方当事人向对方当事人提出民事权利的要求，对方未用语言或者文字明确表示意见，但其行为表明已接受的，可以认定为默示。不作为的默示只有在法律有规定或者当事人双方有约定的情况下，才可以视为意思表示。

67. 间歇性精神病人的民事行为，确能证明是在发病期间实施的，应当认定无效。

行为人在神志不清的状态下所实施的民事行为，应当认定无效。

68. 一方当事人故意告知对方虚假情况，或者故意隐瞒真实情况，诱使对方当事人作出错误意思表示的，可以认定为欺诈行为。

69. 以给公民及其亲友的生命健康、荣誉、名誉、财产等造成损害，或者以给法人的荣誉、名誉、财产等造成损害为要挟，迫使对方作出违背真实的意思表示的，可以认定为胁迫行为。

70. 一方当事人乘对方处于危难之机，为牟取不正当利益，迫使对方作出不真实的意思表示，严重损害对方利益的，可以认定为乘人之危。

71. 行为人因对行为的性质、对方当事人、标的物的品种、质量、规格和数量等的错误认识，使行为的后果与自己的意思相悖，并造成较大损失的，可以认定为重大误解。

72. 一方当事人利用优势或者利用对方没有经验，致使双方的权利与义务明显违反公平、等价有偿原则的，可以认定为显失公平。

73. 对于重大误解或者显失公平的民事行为，当事人请求变更的，人民法院应当予以变更；当事人请求撤销的，人民法院可以酌情予以变更或者撤销。

可变更或者可撤销的民事行为，自行为成立时起超过一年当事人才请求变更或者撤销的，人民法院不予保护。

74. 民法通则第六十一条第二款中的"双方取得的财产"，应当包括双方当事人已经取得和约定取得的财产。

75. 附条件的民事行为，如果所附的条件是违背法律规定或者不可能发生的，应当认定该民事行为无效。

76. 附期限的民事法律行为，在所附期限到来时生效或者解除。

77. 意思表示由第三人义务转达，而第三人由于过失转达错误或者没有转达，使他人造成损失的，一般可由意思表示人负赔偿责任。但法律另有规定或者双方另有约定的除外。

78. 凡是依法或者依双方的约定必须由本人亲自实施的民事行为，本人未亲自实施的，应当认定行为无效。

79. 数个委托代理人共同行使代理权的，如果其中一人或者数人未与其他委托代理人协商，所实施的行为侵害被代理人权益的，由实施行为的委托代理人承担民事责任。

被代理人为数人时，其中一人或者数人未经其他被代理人同意而提出解除代理关系，因此造成损害的，由提出解除代理关系的被代理人承担。

80. 由于急病、通讯联络中断等特殊原因，委托代理人自己不能办理代理事项，又不能与被代理人及时取得联系，如不及时转托他人代理，会给被代理人的利益造成损失或者扩大损失的，属于民法通则第六十八条中的"紧急情况"。

81. 委托代理人转托他人代理的，比照民法通则第六十五条规定的条件办理转托手续。因委托代理人转托不明，给第三人造成损失的，第三人可以直接要求被代理人赔偿损失；被代理人承担民事责任后，可以要求委托代理人赔偿损失，转托代理人有过错的，应当负连带责任。

82. 被代理人死亡后有下列情况之一的，委托代理人实施的代理行为有效：（1）代理人不知道被代理人死亡的；（2）被代理人的继承人均予承认的；(3) 被代理人与代理人约定到代理事项完成时代理权终止的；(4) 在被代理人死亡前已经进行、而在被代理人死亡后为了被代理人的继承人的利益继续完成的。

83. 代理人和被代理人对已实施的民事行为负连带责任的，在民事诉讼中，可以列为共同诉讼人。

四、民事权利

（一）关于财产所有权和与财产所有权有关的财产权问题

84. 财产已经交付，但当事人约定财产所有权转移附条件的，在所附条件成就时，财产所有权方为转移。

85. 财产所有权合法转移后，一方翻悔的，不予支持。财产所有权尚未按原协议转移，一方翻悔并无正当理由，协议又能够履行的，应当继续履行；如果协议不能履行，给对方造成损失的，应当负赔偿责任。

86. 非产权人在使用他人的财产上增添附属物，财产所有人同意增添，并就财产返还时附属物如何处理有约定的，按约定办理；没有约定又协商不成，能够拆除的，可以责令拆除；不能拆除的，也可以折价归财产所有人；造成财产所有人损失的，应当负赔偿责任。

87. 有附属物的财产，附属物随财产所有权的转移而转移。但当事人另有约定又不违法的，按约定处理。

89. 共同共有人对共有财产享有共同的权利，承担共同的义务。在共同共有关系存续期间，部分共有人擅自处分共有财产的，一般认定无效。但第三人善意、有偿取得该项财产的，应当维护第三人的合法权益；对其他共有人的损失，由擅自处分共有财产的人赔偿。

90. 在共同共有关系终止时，对共有财产的分割，有协议的，按协议处理；没有协议的，应当根据等分原则处理，并且考虑共有人对共有财产的贡献大小，适当照顾共有人生产、生活的实际需要等情况。但分割夫妻共有财产，应当根据婚姻法的有关规定处理。

91. 共有财产是特定物，而且不能分割或者分割有损其价值的，可以折价处理。

92. 共同共有财产分割后，一个或者数个原共有人出卖自己分得的财产时，如果出卖的财产与其他原共有人分得的财产属全一个整体或者配套使用，其他原共有人主张优先购买权的，应当予以支持。

93. 公民、法人对于挖掘、发现的埋藏物、隐藏物，如果能够证明属其所有，而且根据现行的法律、政策又可以归其所有的，应当予以保护。

95. 公民和集体依法对集体所有的或者国家所有由集体使用的森林、土地、山岭、草原、荒地、滩涂、水面等承包经营的权利和义务，按承包合同的规定处理。承包人未经发包人同意擅自转包或者转让的无效。

96. 因土地、山岭、森林、草原、荒地、滩涂、水面等自然资源的所有权或者使用权发生权属争议的，应当由有关行政部门处理。对行政处理不服的，当事人可以依据有关法律和行政法规的规定，向人民法院提起诉讼；因侵权纠纷起诉的，人民法院可以直接受理。

97. 相邻一方因施工临时占用他方使用的土地，占用的一方如未按照双方约定的范围、用途和期限使用的，应当责令其及时清理现场，排除妨碍，恢复原状，赔偿损失。

98. 一方擅自堵截或者独占自然流水，影响他方正常生产、生活的，他方有权请求排除妨碍；造成他方损失的，应负赔偿责任。

99. 相邻一方必须使用另一方的土地排水的，应当予以准许；但应在必要限度内使用并采取适当的保护措施排水，如仍造成损失的，由受益人合理补偿。

相邻一方可以采取其他合理的措施排水而未采取，向他方土地排水毁损或者可能毁损他方财产，他方要求致害人停止侵害、消除危险、恢复原状、赔偿损失的，应当予以支持。

100. 一方必须在相邻一方使用的土地上通行的，应当予以准许；因此造成损失的，应当给予适当补偿。

101. 对于一方所有的或者使用的建筑物范围内历史形成的必经通道，所有权人或者使用权人不得堵塞。因堵塞影响他人生产、生活，他人要求排除妨碍或者恢复原状的，应当予以支持。但有条件另开通道的，也可以另开通道。

102. 处理相邻房屋滴水纠纷时，对有过错的一方造成他方损害的，应当责令其排除妨碍、赔偿损失。

103. 相邻一方在自己使用的土地上挖水沟、水池、地窖等或者种植的竹木根枝伸延，危及另一方建筑物的安全和正常使用的，应当分别情况，责令其消除危险，恢复原状，赔偿损失。

(二) 关于债权问题

104. 债权人无正当理由拒绝债务人履行义务，债务人将履行的标的物向有关部门提存的，应当认定债务已经履行。因提存所支出的费用，应当由债权人承担。提存期间，财产收益归债权人所有，风险责任由债权人承担。

105. 依据民法通则第八十八条第二款第 (一) 项规定，合同对产品质量要求不明确，当事人未能达成协议，又没有国家质量标准的，按部颁标准或者专业标准处理；没有部颁标准或者专业标准的，按经过批准的企业标准处理；没有经过批准的企业标准的，按标的物产地同行业其他企业经过批准的同类产品质量标准处理。

106. 保证人应当是具有代偿能力的公民、企业法人以及其他经济组织。保证人即使不具备完全代偿能力，仍应以自己的财产承担保证责任。国家机关不能担任保证人。

107. 不具有法人资格的企业法人的分支机构，以自己的名义对外签订的保证合同，一般应当认定无效。但因此产生的财产责任，分支机构如有偿付能力的，应当自行承担；如无偿付能力的，应由企业法人承担。

108. 保证人向债权人保证债务人履行债务的，应当与债权人订立书面保证合同，确定保证人对主债务的保证范围和保证期限。虽未单独订立书面保证合同，但在主合同中写明保证人的保证范围和保证期限，并由保证人签名盖章的，视为书面保证合同成立。公民间的口头保证，有两个以上无利害关系人证明的，也视为保证合同成立，法律另有规定的除外。

保证范围不明确的，推定保证人对全部主债务承担保证责任。

109. 在保证期限内，保证人的保证范围，可因主债务的减少而减少。新增加的债务，未经保证人同意担保的，保证人不承担保证责任。

110. 保证人为二人以上的，相互之间负连带保证责任。但是保证人与债权人约定按份承担保证责任的除外。

111. 被担保的经济合同确认无效后，如果被保证人应当返还财产或者赔偿损失的，除有特殊约定外，保证人仍应承担连带责任。

112. 债务人或者第三人向债权人提供抵押物时，应当订立书面合同或者在原债权文书中写明，没有书面合同。但有其他证据证明抵押物或者其权利证书已交给抵押权人的，可以认定抵押关系成立。

113. 以自己不享有所有权或者经营管理权的财产作抵押物的，应当认定抵押无效。

以法律限制流通的财产作为抵押物的，在清偿债务时，应当由有关部门收购，抵押权人可以从价款中优先受偿。

114. 抵押物在抵押权人保管期间灭失、毁损的，抵押权人如有过错，应当承担民事责任。

抵押物在抵押人处灭失、毁损的，应当认定抵押关系存在，并责令抵押人以其他财产代替抵押物。

116. 有要求清偿银行贷款和其他债权等数个债权人的，有抵押权的债权人应享有优先受偿的权利；法律、法规另有规定的除外。

119. 承租户以一人名义承租私有房屋，在租赁期内，承租人死亡，该户共同居住人要求按原租约履行的，应当准许。

私有房屋在租赁期内，因买卖、赠与或者继承发生房屋产权转移的，原租赁合同对承租人和新房主继续有效。

未定租期，房主要求收房屋自住的，一般应当准许。承租人有条件搬迁的，应责令其搬迁；如果承租人搬迁确有困难的，可给一定期限让其找房或者腾让部分房屋。

120. 在房屋出典期间或者典期届满时，当事人之间约定延长典期或者增减典价的，应当准许。承典人要求出典人高于原典价回赎的，一般不予支持。以合法流通物作典价的，应当按照回赎时市场零售价格折算。

121. 公民之间的借贷，双方对返还期限有约定的，一般应按约定处理；没有约定的，出借人随时可以请求返还，借方应当根据出借人的请求及时返还；暂时无力返还的，可以根据实际情况责令分期返还。

122. 公民之间的生产经营性借贷的利率，可以适当高于生活性借贷利率。如因利率发生纠纷，应本着保护合法借贷关系，考虑当地实际情况，有利于生产和稳定经济秩序的原则处理。

123. 公民之间的无息借款，有约定偿还期限而借款人不按期偿还，或者未约定偿还期限但经出借人催告后，借款人仍不偿还的，出借人要求借款人偿付逾期利息，应当予以准许。

124. 借款双方因利率发生争议，如果约定不明，又不能证明的，可以比照银行同类贷款利率计息。

125. 公民之间的借贷，出借人将利息计入本金计算复利的，不予保护；在借款时将利息扣除的，应当按实际出借款数计息。

126. 借用实物的，出借人要求归还原物或者同等数量、质量的实物，应当予以支持；如果确实无法归还实物的，可以按照或者适当高于归还时市场零售价格折价给付。

127. 借用人因管理、使用不善造成借用物毁损的，借用人应当负赔偿责任；借用物自身有缺陷的，可以减轻借用人的赔偿责任。

128. 公民之间赠与关系的成立，以赠与物的交付为准。赠与房屋，如根据书面赠与合同办理了过户手续的，应当认定赠与关系成立；未办理过户手续，但赠与人根据书面赠与合同已将产权证书交与受赠人，受赠人根据赠与合同已占有、使用该房屋的，可以认定赠与有效，但应令其补办过户手续。

129. 赠与人明确表示将赠与物赠给未成年人个人的，应当认定该赠与物为未成年人的个人财产。

130. 赠与人为了逃避应履行的法定义务，将自己的财产赠与他人，如果利害关系人主张权利的，应当认定赠与无效。

131. 返还的不当利益，应当包括原物和原物所生的孳息。利用不当得利所取得的其他利益，扣除劳务管理费用后，应当予以收缴。

132. 民法通则第九十三条规定的管理人或者服务人可以要求受益人偿付的必要费用，包括在管理或者服务活动中直接支出的费用，以及在该活动中受到的实际损失。

（三）关于知识产权、人身权问题

133. 作品不论是否发表，作者均享有著作权（版权）。

134. 二人以上按照约定共同创作作品的，不论各人的创作成果在作品中被采用多少，应当认定该项作品为共同创作。

135. 合著的作品，著作权（版权）应当认定为全体合著人共同享有；其中各组成部分可以分别独立存在的，各组成部分的著作权（版权）由各组成部分的作者分别享有。

136. 作者死亡后，著作权（版权）中由继承人继承的财产权利在法律规定的保护期限内受到侵犯，继承人依法要求保护的，人民法院应当予以支持。

137. 公民、法人通过申请专利取得的专利权，或者通过继承、受赠、受让等方式取得的专利权，应当予以保护。

转让专利权应当由国家专利局登记并公告，专利权自国家专利局公告之日起转移。

138. 法人、个体工商户、个人合伙通过申请商标注册或者受让等方式取得的商标专用权，除依法定程序撤销者外，应当予以保护。

转让商标专用权应当由国家工商行政管理局商标局核准，商标专用权自核准之日起转移。

139. 以营利为目的，未经公民同意利用其肖像做广告、商标、装饰橱窗等，应当认定为侵犯公民肖像权的行为。

140. 以书面、口头等形式宣扬他人的隐私，或者捏造事实公然丑化他人人格，以及用侮辱、诽谤等方式损害他人名誉，造成一定影响的，应当认定为侵害公民名誉权的行为。

以书面、口头等形式诋毁、诽谤法人名誉，给法人造成损害的，应当认定为侵害法人名誉权的行为。

141. 盗用、假冒他人姓名、名称造成损害的，应当认定为侵犯姓名权、名称权的行为。

五、民事责任

142. 为维护国家、集体或者他人合法权益而使自己受到损害，在侵害人无力赔偿或者没有侵害人的情况下，如果受害人提出请求的，人民法院可以根据受益人受益的多少及其经济状况，责令受益人给予适当补偿。

143. 受害人的误工日期，应当按其实际损害程度、恢复状况并参照治疗医院出具的证明或者法医鉴定等认定。赔偿费用的标准，可以按照受害人的工资标准或者实际收入的数额计算。

受害人是承包经营户或者个体工商户的，其误工费的计算标准，可以参照受害人一定期限内的平均收入酌定。如果受害人承包经营的种植、养殖业季节性很强，不及时经营会造成更大损失的，除受害人应当采取措施防止损失扩大外，还可以裁定侵害人采取措施防止扩大损失。

144. 医药治疗费的赔偿，一般应以所在地治疗医院的诊断证明和医药费、住院费的单据为凭。应经医务部门批准而未获批准擅自另找医院治疗的费用，一般不予赔偿；擅自购买与损害无关的药品或者治疗其他疾病的，其费用则不予赔偿。

145. 经医院批准专事护理的人，其误工补助费可以按收入的实际损失计算。应得奖金一般可以计算在应赔偿的数额内。本人没有工资收入的，其补偿标准应以当地的一般临时工的工资标准为限。

146. 侵害他人身体致使其丧失全部或者部分劳动能力的，赔偿的生活补助费一般应补足到不低于当地居民基本生活费的标准。

147. 侵害他人身体致人死亡或者丧失劳动能力的，依靠受害人实际扶养而又没有其他生活来源的人要求侵害人支付必要生活费的，应当予以支持，其数额根据实际情况确定。

148. 教唆、帮助他人实施侵权行为的人，为共同侵权人，应当承担连带民事责任。

教唆、帮助无民事行为能力人实施侵权行为的人，为侵权人，应当承担民事责任。

教唆、帮助限制民事行为能力人实施侵权行为的人，为共同侵权人，应当承担主要民事责任。

149. 盗用、假冒他人名义，以函、电等方式进行欺骗或者愚弄他人，并使其财产、名誉受到损害的，侵权人应当承担民事责任。

150. 公民的姓名权、肖像权、名誉权、荣誉权和法人的名称权、名誉权、荣誉权受到侵害，公民或者法人要求赔偿损失的，人民法院可以根据侵权人的过错程度、侵权行为的具体情节、后果和影响确定其赔偿责任。

151. 侵害他人的姓名权、名称权、名像权、名誉权、荣誉权而获利的，侵权人除依法赔偿受害人的损失外，其非法所得应当予以收缴。

152. 国家机关工作人员在执行职务中，给公民、法人的合法权益造成损害的，国家机关应当承担民事责任。

153. 消费者、用户因为使用质量不合格的产品造成本人或者第三人人身伤害、财产损失的，受害人可以向产品制造者或者销售者要求赔偿。因此提起的诉讼，由被告所在地或者侵权行为地人民法院管辖。运输者和仓储者对产品质量负有责任，制造者或者销售者请求赔偿损失的，可以另案处理，也可以将运输者和仓储者列为第三人，一并处理。

154. 从事高度危险作业，没有按有关规定采取必要的安全防护措施，严重威胁他人人身、财产安全的，人民法院应当根据他人的要求，责令作业人消除危险。

155. 因堆放物品倒塌造成他人损害的，如果当事人均无过错，应当根据公平原则酌情处理。

156. 因紧急避险造成他人损失的，如果险情是由自然原因引起，行为人采取的措施又无不当，则行为人不承担民事责任。受害人要求补偿的，可以责令受益人适当补偿。

157. 当事人对造成损害均无过错，但一方是在为对方的利益或者共同的利益进行活动的过程中受到损害的，可以责令对方或者受益人给予一定的经济补偿。

158. 夫妻离婚后，未成年子女侵害他人权益的，同该子女共同生活的一方应当承担民事责任；如果独立承担民事责任确有困难的，可以责令未与该子女共同生活的一方共同承担民事责任。

159. 被监护人造成他人损害的，有明确的监护人时，由监护人承担民事责任；监护人不明确的，由顺序在前的有监护能力的人承担民事责任。

160. 在幼儿园、学校生活、学习的无民事行为能力人或者在精神病院治疗的精神病人，受到伤害或者给他人造成损害，单位有过错的，可以责令这些单位适当给予赔偿。

161. 侵权行为发生时行为人不满十八周岁，在诉讼时已满十八周岁，并有经济能力的，应当承担民事责任；行为人没有经济能力的，应当由原监护人承担民事责任。

行为人致人损害时年满十八周岁的，应当由本人承担民事责任；没有经济收入的，由扶养人垫付；垫付有困难的，也可以判决或者调解延期给付。

162. 在诉讼中遇有需要停止侵害、排除妨碍、消除危险的情况时，人民法院可以根据当事人的申请或者依职权先行作出裁定。

当事人在诉讼中用赔礼道歉方式承担了民事责任的，应当在判决中叙明。

163. 在诉讼中发现与本案有关的违法行为需要给予制裁的，可适用民法通则第一百三十四条第三款规定，予以训诫、责令具结悔过、收缴进行非法活动的财物和非法所得，或者依照法律规定处以罚款、拘留。

采用收缴、罚款、拘留制裁措施，必须经院长批准，另行制作民事制裁决定书。被制裁人对决定不服的，在收到决定书的次日起十日内可以向上一级人民法院申请复议一次。复议期间，决定暂不执行。

164. 适用民法通则第一百三十四条第三款对公民处以罚款的数额为五百元以下，拘留为十五日以下。

依法对法定代表人处以拘留制裁措施，为十五日以下。

以上两款，法律另有规定的除外。

六、诉讼时效

165. 在民法通则实施前，权利人知道或者应当知道其民事权利被侵害，民法通则实施后，向人民法院请求保护的诉讼时效期间，应当适用民法通则第一百三十五条和第一百三十六条的规定，从1987年1月1日起算。

166. 民法通则实施前，民事权利被侵害超过二十年的，民法通则实施后，权利人向人民法院请求保护的诉讼时效期间，分别为民法通则第一百三十五条规定的二年或者第一百三十六条规定的一年，从1987年1月1日起算。

167. 民法通则实施后，属于民法通则第一百三十五条规定的二年诉讼时效期间，权利人自权利被侵害时起的第十八年后至第二十年期间才知道自己的权利被侵害的，或者属于民法通则第一百三十六条规定的一年诉讼时效期间，权利人自权利被侵害时起的第十九年后至第二十年期间才知道自己的权利被侵害的，提起诉讼请求的权利，应当在权利被侵害之日起的二十年内行使；超过二十年的，不予保护。

168. 人身损害赔偿的诉讼时效期间，伤害明显的，从受伤害之日起算；伤害当时未曾发现，后经检查确诊并能证明是由侵害引起的，从伤势确诊之日起算。

169. 权利人由于客观的障碍在法定诉讼时效期间不能行使请求权的，属于民法通则第一百三十七条规定的"特殊情况"。

170. 未授权给公民、法人经营、管理的国家财产受到侵害的，不受诉讼时效期间的限制。

171. 过了诉讼时效期间，义务人履行义务后，又以超过诉讼时效为由翻悔的，不予支持。

172. 在诉讼时效期间的最后六个月内，权利被侵害的无民事行为能力人、限制民事行为能力人没有法定代理人，或者法定代理人死亡、丧失代理权，或者法定代理人本人丧失行为能力的，可以认定为因其他障碍不能行使请求权，适用诉讼时效中止。

173. 诉讼时效因权利人主张权利或者义务人同意履行义务而中断后，权利人在新的诉讼时效期间内，再次主张权利或者义务人再次

— 509 —

同意履行义务的，可以认定为诉讼时效再次中断。

权利人向债务保证人、债务人的代理人或者财产代管人主张权利的，可以认定诉讼时效中断。

174. 权利人向人民调解委员会或者有关单位提出保护民事权利的请求，从提出请求时起，诉讼时效中断。经调处达不成协议的，诉讼时效期间即重新起算；如调处达成协议，义务人未按协议所定期限履行义务的，诉讼时效期间应从期限届满时重新起算。

175. 民法通则第一百三十五条、第一百三十六条规定的诉讼时效期间，可以适用民法通则有关中止、中断和延长的规定。

民法通则第一百三十七条规定的"二十年"诉讼时效期间，可以适用民法通则有关延长的规定，不适用中止、中断的规定。

176. 法律、法规对索赔时间和对产品质量等提出异议的时间有特殊规定的，按特殊规定办理。

七、涉外民事关系的法律适用

178. 凡民事关系的一方或者双方当事人是外国人、无国籍人、外国法人的；民事关系的标的物在外国领域内的；产生、变更或者消灭民事权利义务关系的法律事实发生在外国的，均为涉外民事关系。

人民法院在审理涉外民事关系的案件时，应当按照民法通则第八章的规定来确定应适用的实体法。

179. 定居国外的我国公民的民事行为能力，如其行为是在我国境内所为，适用我国法律；在定居国所为，可以适用其定居国法律。

180. 外国人在我国领域内进行民事活动，如依其本国法律为无民事行为能力，而依我国法律为民事行为能力，应当认定为有民事行为能力。

181. 无国籍人的民事行为能力，一般适用其定居国法律；如未定居的，适用其住所地国法律。

182. 有双重或者多重国籍的外国人，以其有住所或者与其有最密切联系的国家的法律为其本国法。

183. 当事人的住所不明或者不能确定的，以其经常居住地为住所。当事人有几个住所的，以与产生纠纷的民事关系有最密切联系的住所为住所。

184. 外国法人以其注册登记地国家的法律为其本国法，法人的民事行为能力依其本国法确定。

外国法人在我国领域内进行的民事活动，必须符合我国的法律规定。

185. 当事人有二个以上营业所的，应以与产生纠纷的民事关系有最密切联系的营业所为准；当事人没有营业所的，以其住所或者经常居住地为准。

186. 土地、附着于土地的建筑物及其他定着物、建筑物的固定附属设备为不动产。不动产的所有权、买卖、租赁、抵押、使用等民事关系，均应适用不动产所在地法律。

187. 侵权行为地的法律包括侵权行为实施地法律和侵权结果发生地法律。如果两者不一致时，人民法院可以选择适用。

188. 我国法院受理的涉外离婚案件，离婚以及因离婚而引起的财产分割，适用我国法律。认定其婚姻是否有效，适用婚姻缔结地法律。

189. 父母子女相互间的扶养、夫妻相互之间的扶养以及其他有扶养关系的人之间的扶养，应当适用与被扶养人有最密切联系国家的法律。扶养人和被扶养人的国籍、住所以及供养被扶养人的财产所在地，均可视为与被扶养人有最密切的联系。

190. 监护的设立、变更和终止，适用被监护人的本国法律。但是，被监护人在我国境内有住所的，适用我国的法律。

191. 在我国境内死亡的外国人，遗留在我国境内的财产如果无人继承又无人受遗赠的，依照我国法律处理，两国缔结或者参加的国际条约另有规定的除外。

192. 依法应当适用的外国法律，如果该外国不同地区实施不同的法律的，依据该国法律关于调整国内法律冲突的规定，确定应适用的法律。该国法律未作规定的，直接适用与该民事关系有最密切联系的地区的法律。

193. 对于应当适用的外国法律，可通过下列途径查明：（1）由当事人提供；（2）由与我国订立司法协助协定的缔约对方的中央机关提供；（3）由我国驻该国使领馆提供；（4）由该国驻我国使馆提供；（5）由中外法律专家提供。通过以上途径仍不能查明的，适用中华人民共和国法律。

194. 当事人规避我国强制或者禁止性法律规范的行为，不发生适用外国法律的效力。

195. 涉外民事法律关系的诉讼时效，依冲突规范确定的民事法律关系的准据法确定。

八、其 他

196. 1987年1月1日以后受理的案件，如果民事行为发生在1987年以前，适用民事行为发生时的法律、政策；当时的法律、政策没有具体规定的，可以比照民法通则处理。

197. 处理申诉案件和按审判监督程序再审的案件，适用原审审结时应当适用的法律或者政策。

198. 当事人约定的期间不是以月、年第一天起算的，一个月为三十日，一年为三百六十五日。

期间的最后一天是星期日或者其他法定休假日，而星期日或者其他法定休假日有变通的，以实际休假日的次日为期间的最后一天。

199. 按照日、月、年计算期间，当事人对起算时间有约定的，按约定办。

200. 最高人民法院以前的有关规定，与民法通则和本意见抵触的，各级人民法院今后在审理一、二审民事案件和经济纠纷案件中不再适用。

中华人民共和国合同法

（1999年3月15日第九届全国人民代表大会第二次会议通过 1999年3月15日中华人民共和国主席令第十五号公布 自1999年10月1日起施行）

总 则

第一章 一般规定

第一条 为了保护合同当事人的合法权益，维护社会经济秩序，促进社会主义现代化建设，制定本法。

第二条 本法所称合同是平等主体的自然人、法人、其他组织之间设立、变更、终止民事权利义务关系的协议。

婚姻、收养、监护等有关身份关系的协议，适用其他法律的规定。

第三条 合同当事人的法律地位平等，一方不得将自己的意志强加给另一方。

第四条 当事人依法享有自愿订立合同的权利，任何单位和个人不得非法干预。

第五条 当事人应当遵循公平原则确定各方的权利和义务。

第六条 当事人行使权利、履行义务应当遵循诚实信用原则。

第七条 当事人订立、履行合同，应当遵守法律、行政法规，尊重社会公德，不得扰乱社会经济秩序，损害社会公共利益。

第八条 依法成立的合同，对当事人具有法律约束力。当事人应当按照约定履行自己的义务，不得擅自变更或者解除合同。

依法成立的合同，受法律保护。

第二章 合同的订立

第九条 当事人订立合同，应当具有相应的民事权利能力和民事行为能力。

当事人依法可以委托代理人订立合同。

第十条 当事人订立合同，有书面形式、口头形式和其他形式。

法律、行政法规规定采用书面形式的，应当采用书面形式。当事人约定采用书面形式的，应当采用书面形式。

第十一条　书面形式是指合同书、信件和数据电文（包括电报、电传、传真、电子数据交换和电子邮件）等可以有形地表现所载内容的形式。

第十二条　合同的内容由当事人约定，一般包括以下条款：

（一）当事人的名称或者姓名和住所；

（二）标的；

（三）数量；

（四）质量；

（五）价款或者报酬；

（六）履行期限、地点和方式；

（七）违约责任；

（八）解决争议的方法。

当事人可以参照各类合同的示范文本订立合同。

第十三条　当事人订立合同，采取要约、承诺方式。

第十四条　要约是希望和他人订立合同的意思表示，该意思表示应当符合下列规定：

（一）内容具体确定；

（二）表明经受要约人承诺，要约人即受该意思表示约束。

第十五条　要约邀请是希望他人向自己发出要约的意思表示。寄送的价目表、拍卖公告、招标公告、招股说明书、商业广告等为要约邀请。

商业广告的内容符合要约规定的，视为要约。

第十六条　要约到达受要约人时生效。

采用数据电文形式订立合同，收件人指定特定系统接收数据电文的，该数据电文进入该特定系统的时间，视为到达时间；未指定特定系统的，该数据电文进入收件人的任何系统的首次时间，视为到达时间。

第十七条　要约可以撤回。撤回要约的通知应当在要约到达受要约人之前或者与要约同时到达受要约人。

第十八条　要约可以撤销。撤销要约的通知应当在受要约人发出承诺通知之前到达受要约人。

第十九条　有下列情形之一的，要约不得撤销：

（一）要约人确定了承诺期限或者以其他形式明示要约不可撤销；

（二）受要约人有理由认为要约是不可撤销的，并已经为履行合同作了准备工作。

第二十条　有下列情形之一的，要约失效：

（一）拒绝要约的通知到达要约人；

（二）要约人依法撤销要约；

（三）承诺期限届满，受要约人未作出承诺；

（四）受要约人对要约的内容作出实质性变更。

第二十一条　承诺是受要约人同意要约的意思表示。

第二十二条　承诺应当以通知的方式作出，但根据交易习惯或者要约表明可以通过行为作出承诺的除外。

第二十三条　承诺应当在要约确定的期限内到达要约人。

要约没有确定承诺期限的，承诺应当依照下列规定到达：

（一）要约以对话方式作出的，应当即时作出承诺，但当事人另有约定的除外；

（二）要约以非对话方式作出的，承诺应当在合理期限内到达。

第二十四条　要约以信件或者电报作出的，承诺期限自信件载明的日期或者电报交发之日开始计算。信件未载明日期的，自投寄该信件的邮戳日期开始计算。要约以电话、传真等快速通讯方式作出的，承诺期限自要约到达受要约人时开始计算。

第二十五条　承诺生效时合同成立。

第二十六条　承诺通知到达要约人时生效。承诺不需要通知的，根据交易习惯或者要约的要求作出承诺的行为时生效。

采用数据电文形式订立合同的，承诺到达的时间适用本法第十六条第二款的规定。

第二十七条　承诺可以撤回。撤回承诺的通知应当在承诺通知到达要约人之前或者与承诺通知同时到达要约人。

第二十八条　受要约人超过承诺期限发出

承诺的,除要约人及时通知受要约人该承诺有效的以外,为新要约。

第二十九条 受要约人在承诺期限内发出承诺,按照通常情形能够及时到达要约人,但因其他原因承诺到达要约人时超过承诺期限的,除要约人及时通知受要约人因承诺超过期限不接受该承诺的以外,该承诺有效。

第三十条 承诺的内容应当与要约的内容一致。受要约人对要约的内容作出实质性变更的,为新要约。有关合同标的、数量、质量、价款或者报酬、履行期限、履行地点和方式、违约责任和解决争议方法等的变更,是对要约内容的实质性变更。

第三十一条 承诺对要约的内容作出非实质性变更的,除要约人及时表示反对或者要约表明承诺不得对要约的内容作出任何变更的以外,该承诺有效,合同的内容以承诺的内容为准。

第三十二条 当事人采用合同书形式订立合同的,自双方当事人签字或者盖章时合同成立。

第三十三条 当事人采用信件、数据电文等形式订立合同的,可以在合同成立之前要求签订确认书。签订确认书时合同成立。

第三十四条 承诺生效的地点为合同成立的地点。

采用数据电文形式订立合同的,收件人的主营业地为合同成立的地点;没有主营业地的,其经常居住地为合同成立的地点。当事人另有约定的,按照其约定。

第三十五条 当事人采用合同书形式订立合同的,双方当事人签字或者盖章的地点为合同成立的地点。

第三十六条 法律、行政法规规定或者当事人约定采用书面形式订立合同,当事人未采用书面形式但一方已经履行主要义务,对方接受的,该合同成立。

第三十七条 采用合同书形式订立合同,在签字或者盖章之前,当事人一方已经履行主要义务,对方接受的,该合同成立。

第三十八条 国家根据需要下达指令性任务或者国家订货任务的,有关法人、其他组织之间应当依照有关法律、行政法规规定的权利和义务订立合同。

第三十九条 采用格式条款订立合同的,提供格式条款的一方应当遵循公平原则确定当事人之间的权利和义务,并采取合理的方式提请对方注意免除或者限制其责任的条款,按照对方的要求,对该条款予以说明。

格式条款是当事人为了重复使用而预先拟定,并在订立合同时未与对方协商的条款。

第四十条 格式条款具有本法第五十二条和第五十三条规定情形的,或者提供格式条款一方免除其责任、加重对方责任、排除对方主要权利的,该条款无效。

第四十一条 对格式条款的理解发生争议的,应当按照通常理解予以解释。对格式条款有两种以上解释的,应当作出不利于提供格式条款一方的解释。格式条款和非格式条款不一致的,应当采用非格式条款。

第四十二条 当事人在订立合同过程中有下列情形之一,给对方造成损失的,应当承担损害赔偿责任:

(一)假借订立合同,恶意进行磋商;

(二)故意隐瞒与订立合同有关的重要事实或者提供虚假情况;

(三)有其他违背诚实信用原则的行为。

第四十三条 当事人在订立合同过程中知悉的商业秘密,无论合同是否成立,不得泄露或者不正当地使用。泄露或者不正当地使用该商业秘密给对方造成损失的,应当承担损害赔偿责任。

第三章 合同的效力

第四十四条 依法成立的合同,自成立时生效。

法律、行政法规规定应当办理批准、登记等手续生效的,依照其规定。

第四十五条 当事人对合同的效力可以约定附条件。附生效条件的合同,自条件成就时生效。附解除条件的合同,自条件成就时失效。

当事人为自己的利益不正当地阻止条件成就的,视为条件已成就;不正当地促成条件成就的，视为条件不成就。

第四十六条 当事人对合同的效力可以约定附期限。附生效期限的合同，自期限届至时生效。附终止期限的合同，自期限届满时失效。

第四十七条 限制民事行为能力人订立的合同，经法定代理人追认后，该合同有效，但纯获利益的合同或者与其年龄、智力、精神健康状况相适应而订立的合同，不必经法定代理人追认。

相对人可以催告法定代理人在一个月内予以追认。法定代理人未作表示的，视为拒绝追认。合同被追认之前，善意相对人有撤销的权利。撤销应当以通知的方式作出。

第四十八条 行为人没有代理权、超越代理权或者代理权终止后以被代理人名义订立的合同，未经被代理人追认，对被代理人不发生效力，由行为人承担责任。

相对人可以催告被代理人在一个月内予以追认。被代理人未作表示的，视为拒绝追认。合同被追认之前，善意相对人有撤销的权利。撤销应当以通知的方式作出。

第四十九条 行为人没有代理权、超越代理权或者代理权终止后以被代理人名义订立合同，相对人有理由相信行为人有代理权的，该代理行为有效。

第五十条 法人或者其他组织的法定代表人、负责人超越权限订立的合同，除相对人知道或者应当知道其超越权限的以外，该代表行为有效。

第五十一条 无处分权的人处分他人财产，经权利人追认或者无处分权的人订立合同后取得处分权的，该合同有效。

第五十二条 有下列情形之一的，合同无效：

（一）一方以欺诈、胁迫的手段订立合同，损害国家利益；

（二）恶意串通，损害国家、集体或者第三人利益；

（三）以合法形式掩盖非法目的；

（四）损害社会公共利益；

（五）违反法律、行政法规的强制性规定。

第五十三条 合同中的下列免责条款无效：

（一）造成对方人身伤害的；

（二）因故意或者重大过失造成对方财产损失的。

第五十四条 下列合同，当事人一方有权请求人民法院或者仲裁机构变更或者撤销：

（一）因重大误解订立的；

（二）在订立合同时显失公平的。

一方以欺诈、胁迫的手段或者乘人之危，使对方在违背真实意思的情况下订立的合同，受损害方有权请求人民法院或者仲裁机构变更或者撤销。

当事人请求变更的，人民法院或者仲裁机构不得撤销。

第五十五条 有下列情形之一的，撤销权消灭：

（一）具有撤销权的当事人自知道或者应当知道撤销事由之日起一年内没有行使撤销权；

（二）具有撤销权的当事人知道撤销事由后明确表示或者以自己的行为放弃撤销权。

第五十六条 无效的合同或者被撤销的合同自始没有法律约束力。合同部分无效，不影响其他部分效力的，其他部分仍然有效。

第五十七条 合同无效、被撤销或者终止的，不影响合同中独立存在的有关解决争议方法的条款的效力。

第五十八条 合同无效或者被撤销后，因该合同取得的财产，应当予以返还；不能返还或者没有必要返还的，应当折价补偿。有过错的一方应当赔偿对方因此所受到的损失，双方都有过错的，应当各自承担相应的责任。

第五十九条 当事人恶意串通，损害国家、集体或者第三人利益的，因此取得的财产收归国家所有或者返还集体、第三人。

第四章 合同的履行

第六十条 当事人应当按照约定全面履行自己的义务。

当事人应当遵循诚实信用原则，根据合同的性质、目的和交易习惯履行通知、协助、保密等义务。

第六十一条 合同生效后，当事人就质量、价款或者报酬、履行地点等内容没有约定或者约定不明确的，可以协议补充；不能达成补充协议的，按照合同有关条款或者交易习惯确定。

第六十二条 当事人就有关合同内容约定不明确，依照本法第六十一条的规定仍不能确定的，适用下列规定：

（一）质量要求不明确的，按照国家标准、行业标准履行；没有国家标准、行业标准的，按照通常标准或者符合合同目的的特定标准履行。

（二）价款或者报酬不明确的，按照订立合同时履行地的市场价格履行；依法应当执行政府定价或者政府指导价的，按照规定履行。

（三）履行地点不明确，给付货币的，在接受货币一方所在地履行；交付不动产的，在不动产所在地履行；其他标的，在履行义务一方所在地履行。

（四）履行期限不明确的，债务人可以随时履行，债权人也可以随时要求履行，但应当给对方必要的准备时间。

（五）履行方式不明确的，按照有利于实现合同目的的方式履行。

（六）履行费用的负担不明确的，由履行义务一方负担。

第六十三条 执行政府定价或者政府指导价的，在合同约定的交付期限内政府价格调整时，按照交付时的价格计价。逾期交付标的物的，遇价格上涨时，按照原价格执行；价格下降时，按照新价格执行。逾期提取标的物或者逾期付款的，遇价格上涨时，按照新价格执行；价格下降时，按照原价格执行。

第六十四条 当事人约定由债务人向第三人履行债务的，债务人未向第三人履行债务或者履行债务不符合约定，应当向债权人承担违约责任。

第六十五条 当事人约定由第三人向债权人履行债务的，第三人不履行债务或者履行债务不符合约定，债务人应当向债权人承担违约责任。

第六十六条 当事人互负债务，没有先后履行顺序的，应当同时履行。一方在对方履行之前有权拒绝其履行要求。一方在对方履行债务不符合约定时，有权拒绝其相应的履行要求。

第六十七条 当事人互负债务，有先后履行顺序，先履行一方未履行的，后履行一方有权拒绝其履行要求。先履行一方履行债务不符合约定的，后履行一方有权拒绝其相应的履行要求。

第六十八条 应当先履行债务的当事人，有确切证据证明对方有下列情形之一的，可以中止履行：

（一）经营状况严重恶化；

（二）转移财产、抽逃资金，以逃避债务；

（三）丧失商业信誉；

（四）有丧失或者可能丧失履行债务能力的其他情形。

当事人没有确切证据中止履行的，应当承担违约责任。

第六十九条 当事人依照本法第六十八条的规定中止履行的，应当及时通知对方。对方提供适当担保时，应当恢复履行。中止履行后，对方在合理期限内未恢复履行能力并且未提供适当担保的，中止履行的一方可以解除合同。

第七十条 债权人分立、合并或者变更住所没有通知债务人，致使履行债务发生困难的，债务人可以中止履行或者将标的物提存。

第七十一条 债权人可以拒绝债务人提前履行债务，但提前履行不损害债权人利益的除外。

债务人提前履行债务给债权人增加的费用，由债务人负担。

第七十二条 债权人可以拒绝债务人部分履行债务，但部分履行不损害债权人利益的除外。

债务人部分履行债务给债权人增加的费用，由债务人负担。

第七十三条 因债务人怠于行使其到期债权，对债权人造成损害的，债权人可以向人民法院请求以自己的名义代位行使债务人的债权，但该债权专属于债务人自身的除外。

代位权的行使范围以债权人的债权为限。债权人行使代位权的必要费用，由债务人负担。

第七十四条 因债务人放弃其到期债权或者无偿转让财产，对债权人造成损害的，债权人可以请求人民法院撤销债务人的行为。债务人以明显不合理的低价转让财产，对债权人造成损害，并且受让人知道该情形的，债权人也可以请求人民法院撤销债务人的行为。

撤销权的行使范围以债权人的债权为限。债权人行使撤销权的必要费用，由债务人负担。

第七十五条 撤销权自债权人知道或者应当知道撤销事由之日起一年内行使。自债务人的行为发生之日起五年内没有行使撤销权的，该撤销权消灭。

第七十六条 合同生效后，当事人不得因姓名、名称的变更或者法定代表人、负责人、承办人的变动而不履行合同义务。

第五章 合同的变更和转让

第七十七条 当事人协商一致，可以变更合同。

法律、行政法规规定变更合同应当办理批准、登记等手续的，依照其规定。

第七十八条 当事人对合同变更的内容约定不明确的，推定为未变更。

第七十九条 债权人可以将合同的权利全部或者部分转让给第三人，但有下列情形之一的除外：

（一）根据合同性质不得转让；
（二）按照当事人约定不得转让；
（三）依照法律规定不得转让。

第八十条 债权人转让权利的，应当通知债务人。未经通知，该转让对债务人不发生效力。

债权人转让权利的通知不得撤销，但经受让人同意的除外。

第八十一条 债权人转让权利的，受让人取得与债权有关的从权利，但该从权利专属于债权人自身的除外。

第八十二条 债务人接到债权转让通知后，债务人对让与人的抗辩，可以向受让人主张。

第八十三条 债务人接到债权转让通知时，债务人对让与人享有债权，并且债务人的债权先于转让的债权到期或者同时到期的，债务人可以向受让人主张抵销。

第八十四条 债务人将合同的义务全部或者部分转移给第三人的，应当经债权人同意。

第八十五条 债务人转移义务的，新债务人可以主张原债务人对债权人的抗辩。

第八十六条 债务人转移义务的，新债务人应当承担与主债务有关的从债务，但该从债务专属于原债务人自身的除外。

第八十七条 法律、行政法规规定转让权利或者转移义务应当办理批准、登记等手续的，依照其规定。

第八十八条 当事人一方经对方同意，可以将自己在合同中的权利和义务一并转让给第三人。

第八十九条 权利和义务一并转让的，适用本法第七十九条、第八十一条至第八十三条、第八十五条至第八十七条的规定。

第九十条 当事人订立合同后合并的，由合并后的法人或者其他组织行使合同权利，履行合同义务。当事人订立合同后分立的，除债权人和债务人另有约定的以外，由分立的法人或者其他组织对合同的权利和义务享有连带债权，承担连带债务。

第六章 合同的权利义务终止

第九十一条 有下列情形之一的，合同的权利义务终止：

（一）债务已经按照约定履行；
（二）合同解除；
（三）债务相互抵销；
（四）债务人依法将标的物提存；
（五）债权人免除债务；
（六）债权债务同归于一人；
（七）法律规定或者当事人约定终止的其他情形。

第九十二条 合同的权利义务终止后，当事人应当遵循诚实信用原则，根据交易习惯履行通知、协助、保密等义务。

第九十三条 当事人协商一致，可以解除合同。

当事人可以约定一方解除合同的条件。解除合同的条件成就时，解除权人可以解除合同。

第九十四条 有下列情形之一的，当事人可以解除合同：

（一）因不可抗力致使不能实现合同目的；

（二）在履行期限届满之前，当事人一方明确表示或者以自己的行为表明不履行主要债务；

（三）当事人一方迟延履行主要债务，经催告后在合理期限内仍未履行；

（四）当事人一方迟延履行债务或者有其他违约行为致使不能实现合同目的；

（五）法律规定的其他情形。

第九十五条 法律规定或者当事人约定解除权行使期限，期限届满当事人不行使的，该权利消灭。

法律没有规定或者当事人没有约定解除权行使期限，经对方催告后在合理期限内不行使的，该权利消灭。

第九十六条 当事人一方依照本法第九十三条第二款、第九十四条的规定主张解除合同的，应当通知对方。合同自通知到达对方时解除。对方有异议的，可以请求人民法院或者仲裁机构确认解除合同的效力。

法律、行政法规规定解除合同应当办理批准、登记等手续的，依照其规定。

第九十七条 合同解除后，尚未履行的，终止履行；已经履行的，根据履行情况和合同性质，当事人可以要求恢复原状、采取其他补救措施，并有权要求赔偿损失。

第九十八条 合同的权利义务终止，不影响合同中结算和清理条款的效力。

第九十九条 当事人互负到期债务，该债务的标的物种类、品质相同的，任何一方可以将自己的债务与对方的债务抵销，但依照法律规定或者按照合同性质不得抵销的除外。

当事人主张抵销的，应当通知对方。通知自到达对方时生效。抵销不得附条件或者附期限。

第一百条 当事人互负债务，标的物种类、品质不相同的，经双方协商一致，也可以抵销。

第一百零一条 有下列情形之一，难以履行债务的，债务人可以将标的物提存：

（一）债权人无正当理由拒绝受领；

（二）债权人下落不明；

（三）债权人死亡未确定继承人或者丧失民事行为能力未确定监护人；

（四）法律规定的其他情形。

标的物不适于提存或者提存费用过高的，债务人依法可以拍卖或者变卖标的物，提存所得的价款。

第一百零二条 标的物提存后，除债权人下落不明的以外，债务人应当及时通知债权人或者债权人的继承人、监护人。

第一百零三条 标的物提存后，毁损、灭失的风险由债权人承担。提存期间，标的物的孳息归债权人所有。提存费用由债权人负担。

第一百零四条 债权人可以随时领取提存物，但债权人对债务人负有到期债务的，在债权人未履行债务或者提供担保之前，提存部门根据债务人的要求应当拒绝其领取提存物。

债权人领取提存物的权利，自提存之日起五年内不行使而消灭，提存物扣除提存费用后归国家所有。

第一百零五条 债权人免除债务人部分或者全部债务的，合同的权利义务部分或者全部终止。

第一百零六条 债权和债务同归于一人的，合同的权利义务终止，但涉及第三人利益的除外。

第七章 违约责任

第一百零七条 当事人一方不履行合同义务或者履行合同义务不符合约定的，应当承担继续履行、采取补救措施或者赔偿损失等违约责任。

第一百零八条 当事人一方明确表示或者以自己的行为表明不履行合同义务的，对方可以在履行期限届满之前要求其承担违约责任。

第一百零九条 当事人一方未支付价款或者报酬的，对方可以要求其支付价款或者报酬。

第一百一十条 当事人一方不履行非金钱债务或者履行非金钱债务不符合约定的，对方可以要求履行，但有下列情形之一的除外：

（一）法律上或者事实上不能履行；

（二）债务的标的不适于强制履行或者履行费用过高；

（三）债权人在合理期限内未要求履行。

第一百一十一条 质量不符合约定的，应当按照当事人的约定承担违约责任。对违约责任没有约定或者约定不明确，依照本法第六十一条的规定仍不能确定的，受损害方根据标的的性质以及损失的大小，可以合理选择要求对方承担修理、更换、重作、退货、减少价款或者报酬等违约责任。

第一百一十二条 当事人一方不履行合同义务或者履行合同义务不符合约定的，在履行义务或者采取补救措施后，对方还有其他损失的，应当赔偿损失。

第一百一十三条 当事人一方不履行合同义务或者履行合同义务不符合约定，给对方造成损失的，损失赔偿额应当相当于因违约所造成的损失，包括合同履行后可以获得的利益，但不得超过违反合同一方订立合同时预见到或者应当预见到的因违反合同可能造成的损失。

经营者对消费者提供商品或者服务有欺诈行为的，依照《中华人民共和国消费者权益保护法》的规定承担损害赔偿责任。

第一百一十四条 当事人可以约定一方违约时应当根据违约情况向对方支付一定数额的违约金，也可以约定因违约产生的损失赔偿额的计算方法。

约定的违约金低于造成的损失的，当事人可以请求人民法院或者仲裁机构予以增加；约定的违约金过分高于造成的损失的，当事人可以请求人民法院或者仲裁机构予以适当减少。

当事人就迟延履行约定违约金的，违约方支付违约金后，还应当履行债务。

第一百一十五条 当事人可以依照《中华人民共和国担保法》约定一方向对方给付定金作为债权的担保。债务人履行债务后，定金应当抵作价款或者收回。给付定金的一方不履行约定的债务的，无权要求返还定金；收受定金的一方不履行约定的债务的，应当双倍返还定金。

第一百一十六条 当事人既约定违约金，又约定定金的，一方违约时，对方可以选择适用违约金或者定金条款。

第一百一十七条 因不可抗力不能履行合同的，根据不可抗力的影响，部分或者全部免除责任，但法律另有规定的除外。当事人迟延履行后发生不可抗力的，不能免除责任。

本法所称不可抗力，是指不能预见、不能避免并不能克服的客观情况。

第一百一十八条 当事人一方因不可抗力不能履行合同的，应当及时通知对方，以减轻可能给对方造成的损失，并应当在合理期限内提供证明。

第一百一十九条 当事人一方违约后，对方应当采取适当措施防止损失的扩大；没有采取适当措施致使损失扩大的，不得就扩大的损失要求赔偿。

当事人因防止损失扩大而支出的合理费用，由违约方承担。

第一百二十条 当事人双方都违反合同的，应当各自承担相应的责任。

第一百二十一条 当事人一方因第三人的原因造成违约的，应当向对方承担违约责任。当事人一方和第三人之间的纠纷，依照法律规定或者按照约定解决。

第一百二十二条 因当事人一方的违约行为，侵害对方人身、财产权益的，受损害方有权选择依照本法要求其承担违约责任或者依照其他法律要求其承担侵权责任。

第八章 其他规定

第一百二十三条 其他法律对合同另有规定的，依照其规定。

第一百二十四条 本法分则或者其他法律没有明文规定的合同，适用本法总则的规定，并可以参照本法分则或者其他法律最相类似的规定。

第一百二十五条 当事人对合同条款的理

解有争议的，应当按照合同所使用的词句、合同的有关条款、合同的目的、交易习惯以及诚实信用原则，确定该条款的真实意思。

合同文本采用两种以上文字订立并约定具有同等效力的，对各文本使用的词句推定具有相同含义。各文本使用的词句不一致的，应当根据合同的目的予以解释。

第一百二十六条 涉外合同的当事人可以选择处理合同争议所适用的法律，但法律另有规定的除外。涉外合同的当事人没有选择的，适用与合同有最密切联系的国家的法律。

在中华人民共和国境内履行的中外合资经营企业合同、中外合作经营企业合同、中外合作勘探开发自然资源合同，适用中华人民共和国法律。

第一百二十七条 工商行政管理部门和其他有关行政主管部门在各自的职权范围内，依照法律、行政法规的规定，对利用合同危害国家利益、社会公共利益的违法行为，负责监督处理；构成犯罪的，依法追究刑事责任。

第一百二十八条 当事人可以通过和解或者调解解决合同争议。

当事人不愿和解、调解或者和解、调解不成的，可以根据仲裁协议向仲裁机构申请仲裁。涉外合同的当事人可以根据仲裁协议向中国仲裁机构或者其他仲裁机构申请仲裁。当事人没有订立仲裁协议或者仲裁协议无效的，可以向人民法院起诉。当事人应当履行发生法律效力的判决、仲裁裁决、调解书；拒不履行的，对方可以请求人民法院执行。

第一百二十九条 因国际货物买卖合同和技术进出口合同争议提起诉讼或者申请仲裁的期限为四年，自当事人知道或者应当知道其权利受到侵害之日起计算。因其他合同争议提起诉讼或者申请仲裁的期限，依照有关法律的规定。

分 则

第九章 买卖合同

第一百三十条 买卖合同是出卖人转移标的物的所有权于买受人，买受人支付价款的合同。

第一百三十一条 买卖合同的内容除依照本法第十二条的规定以外，还可以包括包装方式、检验标准和方法、结算方式、合同使用的文字及其效力等条款。

第一百三十二条 出卖的标的物，应当属于出卖人所有或者出卖人有权处分。

法律、行政法规禁止或者限制转让的标的物，依照其规定。

第一百三十三条 标的物的所有权自标的物交付时起转移，但法律另有规定或者当事人另有约定的除外。

第一百三十四条 当事人可以在买卖合同中约定买受人未履行支付价款或者其他义务的，标的物的所有权属于出卖人。

第一百三十五条 出卖人应当履行向买受人交付标的物或者交付提取标的物的单证，并转移标的物所有权的义务。

第一百三十六条 出卖人应当按照约定或者交易习惯向买受人交付提取标的物单证以外的有关单证和资料。

第一百三十七条 出卖具有知识产权的计算机软件等标的物的，除法律另有规定或者当事人另有约定的以外，该标的物的知识产权不属于买受人。

第一百三十八条 出卖人应当按照约定的期限交付标的物。约定交付期间的，出卖人可以在该交付期间内的任何时间交付。

第一百三十九条 当事人没有约定标的物的交付期限或者约定不明确的，适用本法第六十一条、第六十二条第四项的规定。

第一百四十条 标的物在订立合同之前已为买受人占有的，合同生效的时间为交付时间。

第一百四十一条 出卖人应当按照约定的地点交付标的物。

当事人没有约定交付地点或者约定不明确，依照本法第六十一条的规定仍不能确定的，适用下列规定：

（一）标的物需要运输的，出卖人应当将标的物交付给第一承运人以运交给买受人；

（二）标的物不需要运输，出卖人和买受

人订立合同时知道标的物在某一地点的，出卖人应当在该地点交付标的物；不知道标的物在某一地点的，应当在出卖人订立合同时的营业地交付标的物。

第一百四十二条　标的物毁损、灭失的风险，在标的物交付之前由出卖人承担，交付之后由买受人承担，但法律另有规定或者当事人另有约定的除外。

第一百四十三条　因买受人的原因致使标的物不能按照约定的期限交付的，买受人应当自违反约定之日起承担标的物毁损、灭失的风险。

第一百四十四条　出卖人出卖交由承运人运输的在途标的物，除当事人另有约定的以外，毁损、灭失的风险自合同成立时起由买受人承担。

第一百四十五条　当事人没有约定交付地点或者约定不明确，依照本法第一百四十一条第二款第一项的规定标的物需要运输的，出卖人将标的物交付给第一承运人后，标的物毁损、灭失的风险由买受人承担。

第一百四十六条　出卖人按照约定或者依照本法第一百四十一条第二款第二项的规定将标的物置于交付地点，买受人违反约定没有收取的，标的物毁损、灭失的风险自违反约定之日起由买受人承担。

第一百四十七条　出卖人按照约定未交付有关标的物的单证和资料的，不影响标的物毁损、灭失风险的转移。

第一百四十八条　因标的物质量不符合质量要求，致使不能实现合同目的的，买受人可以拒绝接受标的物或者解除合同。买受人拒绝接受标的物或者解除合同的，标的物毁损、灭失的风险由出卖人承担。

第一百四十九条　标的物毁损、灭失的风险由买受人承担的，不影响因出卖人履行债务不符合约定，买受人要求其承担违约责任的权利。

第一百五十条　出卖人就交付的标的物，负有保证第三人不得向买受人主张任何权利的义务，但法律另有规定的除外。

第一百五十一条　买受人订立合同时知道或者应当知道第三人对买卖的标的物享有权利的，出卖人不承担本法第一百五十条规定的义务。

第一百五十二条　买受人有确切证据证明第三人可能就标的物主张权利的，可以中止支付相应的价款，但出卖人提供适当担保的除外。

第一百五十三条　出卖人应当按照约定的质量要求交付标的物。出卖人提供有关标的物质量说明的，交付的标的物应当符合该说明的质量要求。

第一百五十四条　当事人对标的物的质量要求没有约定或者约定不明确，依照本法第六十一条的规定仍不能确定的，适用本法第六十二条第一项的规定。

第一百五十五条　出卖人交付的标的物不符合质量要求的，买受人可以依照本法第一百一十一条的规定要求承担违约责任。

第一百五十六条　出卖人应当按照约定的包装方式交付标的物。对包装方式没有约定或者约定不明确，依照本法第六十一条的规定仍不能确定的，应当按照通用的方式包装，没有通用方式的，应当采取足以保护标的物的包装方式。

第一百五十七条　买受人收到标的物时应当在约定的检验期间内检验。没有约定检验期间的，应当及时检验。

第一百五十八条　当事人约定检验期间的，买受人应当在检验期间内将标的物的数量或者质量不符合约定的情形通知出卖人。买受人怠于通知的，视为标的物的数量或者质量符合约定。

当事人没有约定检验期间的，买受人应当在发现或者应当发现标的物的数量或者质量不符合约定的合理期间内通知出卖人。买受人在合理期间内未通知或者自标的物收到之日起两年内未通知出卖人的，视为标的物的数量或者质量符合约定，但对标的物有质量保证期的，适用质量保证期，不适用该两年的规定。

出卖人知道或者应当知道提供的标的物不符合约定的，买受人不受前两款规定的通知时间的限制。

第一百五十九条　买受人应当按照约定的数额支付价款。对价款没有约定或者约定不明确的，适用本法第六十一条、第六十二条第二项的规定。

第一百六十条　买受人应当按照约定的地点支付价款。对支付地点没有约定或者约定不明确，依照本法第六十一条的规定仍不能确定的，买受人应当在出卖人的营业地支付，但约定支付价款以交付标的物或者交付提取标的物单证为条件的，在交付标的物或者交付提取标的物单证的所在地支付。

第一百六十一条　买受人应当按照约定的时间支付价款。对支付时间没有约定或者约定不明确，依照本法第六十一条的规定仍不能确定的，买受人应当在收到标的物或者提取标的物单证的同时支付。

第一百六十二条　出卖人多交标的物的，买受人可以接收或者拒绝接收多交的部分。买受人接收多交部分的，按照合同的价格支付价款；买受人拒绝接收多交部分的，应当及时通知出卖人。

第一百六十三条　标的物在交付之前产生的孳息，归出卖人所有，交付之后产生的孳息，归买受人所有。

第一百六十四条　因标的物的主物不符合约定而解除合同的，解除合同的效力及于从物。因标的物的从物不符合约定被解除的，解除的效力不及于主物。

第一百六十五条　标的物为数物，其中一物不符合约定的，买受人可以就该物解除，但该物与他物分离使标的物的价值显受损害的，当事人可以就数物解除合同。

第一百六十六条　出卖人分批交付标的物的，出卖人对其中一批标的物不交付或者交付不符合约定，致使该批标的物不能实现合同目的的，买受人可以就该批标的物解除。

出卖人不交付其中一批标的物或者交付不符合约定，致使今后其他各批标的物的交付不能实现合同目的的，买受人可以就该批以及今后其他各批标的物解除。

买受人如果就其中一批标的物解除，该批标的物与其他各批标的物相互依存的，可以就已经交付和未交付的各批标的物解除。

第一百六十七条　分期付款的买受人未支付到期价款的金额达到全部价款的五分之一的，出卖人可以要求买受人支付全部价款或者解除合同。

出卖人解除合同的，可以向买受人要求支付该标的物的使用费。

第一百六十八条　凭样品买卖的当事人应当封存样品，并可以对样品质量予以说明。出卖人交付的标的物应当与样品及其说明的质量相同。

第一百六十九条　凭样品买卖的买受人不知道样品有隐蔽瑕疵的，即使交付的标的物与样品相同，出卖人交付的标的物的质量仍然应当符合同种物的通常标准。

第一百七十条　试用买卖的当事人可以约定标的物的试用期间。对试用期间没有约定或者约定不明确，依照本法第六十一条的规定仍不能确定的，由出卖人确定。

第一百七十一条　试用买卖的买受人在试用期内可以购买标的物，也可以拒绝购买。试用期间届满，买受人对是否购买标的物未作表示的，视为购买。

第一百七十二条　招标投标买卖的当事人的权利和义务以及招标投标程序等，依照有关法律、行政法规的规定。

第一百七十三条　拍卖的当事人的权利和义务以及拍卖程序等，依照有关法律、行政法规的规定。

第一百七十四条　法律对其他有偿合同有规定的，依照其规定；没有规定的，参照买卖合同的有关规定。

第一百七十五条　当事人约定易货交易，转移标的物的所有权的，参照买卖合同的有关规定。

第十章　供用电、水、气、热力合同

第一百七十六条　供用电合同是供电人向用电人供电，用电人支付电费的合同。

第一百七十七条　供用电合同的内容包括供电的方式、质量、时间，用电容量、地址、性质，计量方式，电价、电费的结算方式，供用电设施的维护责任等条款。

第一百七十八条 供用电合同的履行地点，按照当事人约定；当事人没有约定或者约定不明确的，供电设施的产权分界处为履行地点。

第一百七十九条 供电人应当按照国家规定的供电质量标准和约定安全供电。供电人未按照国家规定的供电质量标准和约定安全供电，造成用电人损失的，应当承担损害赔偿责任。

第一百八十条 供电人因供电设施计划检修、临时检修、依法限电或者用电人违法用电等原因，需要中断供电时，应当按照国家有关规定事先通知用电人。未事先通知用电人中断供电，造成用电人损失的，应当承担损害赔偿责任。

第一百八十一条 因自然灾害等原因断电，供电人应当按照国家有关规定及时抢修。未及时抢修，造成用电人损失的，应当承担损害赔偿责任。

第一百八十二条 用电人应当按照国家有关规定和当事人的约定及时交付电费。用电人逾期不交付电费的，应当按照约定支付违约金。经催告用电人在合理期限内仍不交付电费和违约金的，供电人可以按照国家规定的程序中止供电。

第一百八十三条 用电人应当按照国家有关规定和当事人的约定安全用电。用电人未按照国家有关规定和当事人的约定安全用电，造成供电人损失的，应当承担损害赔偿责任。

第一百八十四条 供用水、供用气、供用热力合同，参照供用电合同的有关规定。

第十一章 赠与合同

第一百八十五条 赠与合同是赠与人将自己的财产无偿给予受赠人，受赠人表示接受赠与的合同。

第一百八十六条 赠与人在赠与财产的权利转移之前可以撤销赠与。

具有救灾、扶贫等社会公益、道德义务性质的赠与合同或者经过公证的赠与合同，不适用前款规定。

第一百八十七条 赠与的财产依法需要办理登记等手续的，应当办理有关手续。

第一百八十八条 具有救灾、扶贫等社会公益、道德义务性质的赠与合同或者经过公证的赠与合同，赠与人不交付赠与的财产的，受赠人可以要求交付。

第一百八十九条 因赠与人故意或者重大过失致使赠与的财产毁损、灭失的，赠与人应当承担损害赔偿责任。

第一百九十条 赠与可以附义务。

赠与附义务的，受赠人应当按照约定履行义务。

第一百九十一条 赠与的财产有瑕疵的，赠与人不承担责任。附义务的赠与，赠与的财产有瑕疵的，赠与人在附义务的限度内承担与出卖人相同的责任。

赠与人故意不告知瑕疵或者保证无瑕疵，造成受赠人损失的，应当承担损害赔偿责任。

第一百九十二条 受赠人有下列情形之一的，赠与人可以撤销赠与：

（一）严重侵害赠与人或者赠与人的近亲属；

（二）对赠与人有扶养义务而不履行；

（三）不履行赠与合同约定的义务。

赠与人的撤销权，自知道或者应当知道撤销原因之日起一年内行使。

第一百九十三条 因受赠人的违法行为致使赠与人死亡或者丧失民事行为能力的，赠与人的继承人或者法定代理人可以撤销赠与。

赠与人的继承人或者法定代理人的撤销权，自知道或者应当知道撤销原因之日起六个月内行使。

第一百九十四条 撤销权人撤销赠与的，可以向受赠人要求返还赠与的财产。

第一百九十五条 赠与人的经济状况显著恶化，严重影响其生产经营或者家庭生活的，可以不再履行赠与义务。

第十二章 借款合同

第一百九十六条 借款合同是借款人向贷款人借款，到期返还借款并支付利息的合同。

第一百九十七条 借款合同采用书面形

式，但自然人之间借款另有约定的除外。

借款合同的内容包括借款种类、币种、用途、数额、利率、期限和还款方式等条款。

第一百九十八条 订立借款合同，贷款人可以要求借款人提供担保。担保依照《中华人民共和国担保法》的规定。

第一百九十九条 订立借款合同，借款人应当按照贷款人的要求提供与借款有关的业务活动和财务状况的真实情况。

第二百条 借款的利息不得预先在本金中扣除。利息预先在本金中扣除的，应当按照实际借款数额返还借款并计算利息。

第二百零一条 贷款人未按照约定的日期、数额提供借款，造成借款人损失的，应当赔偿损失。

借款人未按照约定的日期、数额收取借款的，应当按照约定的日期、数额支付利息。

第二百零二条 贷款人按照约定可以检查、监督借款的使用情况。借款人应当按照约定向贷款人定期提供有关财务会计报表等资料。

第二百零三条 借款人未按照约定的借款用途使用借款的，贷款人可以停止发放借款、提前收回借款或者解除合同。

第二百零四条 办理贷款业务的金融机构贷款的利率，应当按照中国人民银行规定的贷款利率的上下限确定。

第二百零五条 借款人应当按照约定的期限支付利息。对支付利息的期限没有约定或者约定不明确，依照本法第六十一条的规定仍不能确定，借款期间不满一年的，应当在返还借款时一并支付；借款期间一年以上的，应当在每届满一年时支付，剩余期间不满一年的，应当在返还借款时一并支付。

第二百零六条 借款人应当按照约定的期限返还借款。对借款期限没有约定或者约定不明确，依照本法第六十一条的规定仍不能确定的，借款人可以随时返还；贷款人可以催告借款人在合理期限内返还。

第二百零七条 借款人未按照约定的期限返还借款的，应当按照约定或者国家有关规定支付逾期利息。

第二百零八条 借款人提前偿还借款的，除当事人另有约定的以外，应当按照实际借款的期间计算利息。

第二百零九条 借款人可以在还款期限届满之前向贷款人申请展期。贷款人同意的，可以展期。

第二百一十条 自然人之间的借款合同，自贷款人提供借款时生效。

第二百一十一条 自然人之间的借款合同对支付利息没有约定或者约定不明确的，视为不支付利息。

自然人之间的借款合同约定支付利息的，借款的利率不得违反国家有关限制借款利率的规定。

第十三章 租赁合同

第二百一十二条 租赁合同是出租人将租赁物交付承租人使用、收益，承租人支付租金的合同。

第二百一十三条 租赁合同的内容包括租赁物的名称、数量、用途、租赁期限、租金及其支付期限和方式、租赁物维修等条款。

第二百一十四条 租赁期限不得超过二十年。超过二十年的，超过部分无效。

租赁期间届满，当事人可以续订租赁合同，但约定的租赁期限自续订之日起不得超过二十年。

第二百一十五条 租赁期限六个月以上的，应当采用书面形式。当事人未采用书面形式的，视为不定期租赁。

第二百一十六条 出租人应当按照约定将租赁物交付承租人，并在租赁期间保持租赁物符合约定的用途。

第二百一十七条 承租人应当按照约定的方法使用租赁物。对租赁物的使用方法没有约定或者约定不明确，依照本法第六十一条的规定仍不能确定的，应当按照租赁物的性质使用。

第二百一十八条 承租人按照约定的方法或者租赁物的性质使用租赁物，致使租赁物受到损耗的，不承担损害赔偿责任。

第二百一十九条 承租人未按照约定的方

法或者租赁物的性质使用租赁物，致使租赁物受到损失的，出租人可以解除合同并要求赔偿损失。

第二百二十条 出租人应当履行租赁物的维修义务，但当事人另有约定的除外。

第二百二十一条 承租人在租赁物需要维修时可以要求出租人在合理期限内维修。出租人未履行维修义务的，承租人可以自行维修，维修费用由出租人负担。因维修租赁物影响承租人使用的，应当相应减少租金或者延长租期。

第二百二十二条 承租人应当妥善保管租赁物，因保管不善造成租赁物毁损、灭失的，应当承担损害赔偿责任。

第二百二十三条 承租人经出租人同意，可以对租赁物进行改善或者增设他物。

承租人未经出租人同意，对租赁物进行改善或者增设他物的，出租人可以要求承租人恢复原状或者赔偿损失。

第二百二十四条 承租人经出租人同意，可以将租赁物转租给第三人。承租人转租的，承租人与出租人之间的租赁合同继续有效，第三人对租赁物造成损失的，承租人应当赔偿损失。

承租人未经出租人同意转租的，出租人可以解除合同。

第二百二十五条 在租赁期间因占有、使用租赁物获得的收益，归承租人所有，但当事人另有约定的除外。

第二百二十六条 承租人应当按照约定的期限支付租金。对支付期限没有约定或者约定不明确，依照本法第六十一条的规定仍不能确定，租赁期间不满一年的，应当在租赁期间届满时支付；租赁期间一年以上的，应当在每届满一年时支付，剩余期间不满一年的，应当在租赁期间届满时支付。

第二百二十七条 承租人无正当理由未支付或者迟延支付租金的，出租人可以要求承租人在合理期限内支付。承租人逾期不支付的，出租人可以解除合同。

第二百二十八条 因第三人主张权利，致使承租人不能对租赁物使用、收益的，承租人可以要求减少租金或者不支付租金。

第三人主张权利的，承租人应当及时通知出租人。

第二百二十九条 租赁物在租赁期间发生所有权变动的，不影响租赁合同的效力。

第二百三十条 出租人出卖租赁房屋的，应当在出卖之前的合理期限内通知承租人，承租人享有以同等条件优先购买的权利。

第二百三十一条 因不可归责于承租人的事由，致使租赁物部分或者全部毁损、灭失的，承租人可以要求减少租金或者不支付租金；因租赁物部分或者全部毁损、灭失，致使不能实现合同目的的，承租人可以解除合同。

第二百三十二条 当事人对租赁期限没有约定或者约定不明确，依照本法第六十一条的规定仍不能确定的，视为不定期租赁。当事人可以随时解除合同，但出租人解除合同应当在合理期限之前通知承租人。

第二百三十三条 租赁物危及承租人的安全或者健康的，即使承租人订立合同时明知该租赁物质量不合格，承租人仍然可以随时解除合同。

第二百三十四条 承租人在房屋租赁期间死亡的，与其生前共同居住的人可以按照原租赁合同租赁该房屋。

第二百三十五条 租赁期间届满，承租人应当返还租赁物。返还的租赁物应当符合按照约定或者租赁物的性质使用后的状态。

第二百三十六条 租赁期间届满，承租人继续使用租赁物，出租人没有提出异议的，原租赁合同继续有效，但租赁期限为不定期。

第十四章 融资租赁合同

第二百三十七条 融资租赁合同是出租人根据承租人对出卖人、租赁物的选择，向出卖人购买租赁物，提供给承租人使用，承租人支付租金的合同。

第二百三十八条 融资租赁合同的内容包括租赁物名称、数量、规格、技术性能、检验方法、租赁期限、租金构成及其支付期限和方式、币种、租赁期间届满租赁物的归属等条款。

融资租赁合同应当采用书面形式。

第二百三十九条 出租人根据承租人对出卖人、租赁物的选择订立的买卖合同，出卖人应当按照约定向承租人交付标的物，承租人享有与受领标的物有关的买受人的权利。

第二百四十条 出租人、出卖人、承租人可以约定，出卖人不履行买卖合同义务的，由承租人行使索赔的权利。承租人行使索赔权利的，出租人应当协助。

第二百四十一条 出租人根据承租人对出卖人、租赁物的选择订立的买卖合同，未经承租人同意，出租人不得变更与承租人有关的合同内容。

第二百四十二条 出租人享有租赁物的所有权。承租人破产的，租赁物不属于破产财产。

第二百四十三条 融资租赁合同的租金，除当事人另有约定的以外，应当根据购买租赁物的大部分或者全部成本以及出租人的合理利润确定。

第二百四十四条 租赁物不符合约定或者不符合使用目的的，出租人不承担责任，但承租人依赖出租人的技能确定租赁物或者出租人干预选择租赁物的除外。

第二百四十五条 出租人应当保证承租人对租赁物的占有和使用。

第二百四十六条 承租人占有租赁物期间，租赁物造成第三人的人身伤害或者财产损害的，出租人不承担责任。

第二百四十七条 承租人应当妥善保管、使用租赁物。

承租人应当履行占有租赁物期间的维修义务。

第二百四十八条 承租人应当按照约定支付租金。承租人经催告后在合理期限内仍不支付租金的，出租人可以要求支付全部租金；也可以解除合同，收回租赁物。

第二百四十九条 当事人约定租赁期间届满租赁物归承租人所有，承租人已经支付大部分租金，但无力支付剩余租金，出租人因此解除合同收回租赁物的，收回的租赁物的价值超过承租人欠付的租金以及其他费用的，承租人可以要求部分返还。

第二百五十条 出租人和承租人可以约定租赁期间届满租赁物的归属。对租赁物的归属没有约定或者约定不明确，依照本法第六十一条的规定仍不能确定的，租赁物的所有权归出租人。

第十五章　承揽合同

第二百五十一条 承揽合同是承揽人按照定作人的要求完成工作，交付工作成果，定作人给付报酬的合同。

承揽包括加工、定作、修理、复制、测试、检验等工作。

第二百五十二条 承揽合同的内容包括承揽的标的、数量、质量、报酬、承揽方式、材料的提供、履行期限、验收标准和方法等条款。

第二百五十三条 承揽人应当以自己的设备、技术和劳力，完成主要工作，但当事人另有约定的除外。

承揽人将其承揽的主要工作交由第三人完成的，应当就该第三人完成的工作成果向定作人负责；未经定作人同意的，定作人也可以解除合同。

第二百五十四条 承揽人可以将其承揽的辅助工作交由第三人完成。承揽人将其承揽的辅助工作交由第三人完成的，应当就该第三人完成的工作成果向定作人负责。

第二百五十五条 承揽人提供材料的，承揽人应当按照约定选用材料，并接受定作人检验。

第二百五十六条 定作人提供材料的，定作人应当按照约定提供材料。承揽人对定作人提供的材料，应当及时检验，发现不符合约定时，应当及时通知定作人更换、补齐或者采取其他补救措施。

承揽人不得擅自更换定作人提供的材料，不得更换不需要修理的零部件。

第二百五十七条 承揽人发现定作人提供的图纸或者技术要求不合理的，应当及时通知定作人。因定作人怠于答复等原因造成承揽人损失的，应当赔偿损失。

第二百五十八条 定作人中途变更承揽工作的要求,造成承揽人损失的,应当赔偿损失。

第二百五十九条 承揽工作需要定作人协助的,定作人有协助的义务。定作人不履行协助义务致使承揽工作不能完成的,承揽人可以催告定作人在合理期限内履行义务,并可以顺延履行期限;定作人逾期不履行的,承揽人可以解除合同。

第二百六十条 承揽人在工作期间,应当接受定作人必要的监督检验。定作人不得因监督检验妨碍承揽人的正常工作。

第二百六十一条 承揽人完成工作的,应当向定作人交付工作成果,并提交必要的技术资料和有关质量证明。定作人应当验收该工作成果。

第二百六十二条 承揽人交付的工作成果不符合质量要求的,定作人可以要求承揽人承担修理、重作、减少报酬、赔偿损失等违约责任。

第二百六十三条 定作人应当按照约定的期限支付报酬。对支付报酬的期限没有约定或者约定不明确,依照本法第六十一条的规定仍不能确定的,定作人应当在承揽人交付工作成果时支付;工作成果部分交付的,定作人应当相应支付。

第二百六十四条 定作人未向承揽人支付报酬或者材料费等价款的,承揽人对完成的工作成果享有留置权,但当事人另有约定的除外。

第二百六十五条 承揽人应当妥善保管定作人提供的材料以及完成的工作成果,因保管不善造成毁损、灭失的,应当承担损害赔偿责任。

第二百六十六条 承揽人应当按照定作人的要求保守秘密,未经定作人许可,不得留存复制品或者技术资料。

第二百六十七条 共同承揽人对定作人承担连带责任,但当事人另有约定的除外。

第二百六十八条 定作人可以随时解除承揽合同,造成承揽人损失的,应当赔偿损失。

第十六章 建设工程合同

第二百六十九条 建设工程合同是承包人进行工程建设,发包人支付价款的合同。

建设工程合同包括工程勘察、设计、施工合同。

第二百七十条 建设工程合同应当采用书面形式。

第二百七十一条 建设工程的招标投标活动,应当依照有关法律的规定公开、公平、公正进行。

第二百七十二条 发包人可以与总承包人订立建设工程合同,也可以分别与勘察人、设计人、施工人订立勘察、设计、施工承包合同。发包人不得将应当由一个承包人完成的建设工程肢解成若干部分发包给几个承包人。

总承包人或者勘察、设计、施工承包人经发包人同意,可以将自己承包的部分工作交由第三人完成。第三人就其完成的工作成果与总承包人或者勘察、设计、施工承包人向发包人承担连带责任。承包人不得将其承包的全部建设工程转包给第三人或者将其承包的全部建设工程肢解以后以分包的名义分别转包给第三人。

禁止承包人将工程分包给不具备相应资质条件的单位。禁止分包单位将其承包的工程再分包。建设工程主体结构的施工必须由承包人自行完成。

第二百七十三条 国家重大建设工程合同,应当按照国家规定的程序和国家批准的投资计划、可行性研究报告等文件订立。

第二百七十四条 勘察、设计合同的内容包括提交有关基础资料和文件(包括概预算)的期限、质量要求、费用以及其他协作条件等条款。

第二百七十五条 施工合同的内容包括工程范围、建设工期、中间交工工程的开工和竣工时间、工程质量、工程造价、技术资料交付时间、材料和设备供应责任、拨款和结算、竣工验收、质量保修范围和质量保证期、双方相互协作等条款。

第二百七十六条 建设工程实行监理的,

发包人应当与监理人采用书面形式订立委托监理合同。发包人与监理人的权利和义务以及法律责任，应当依照本法委托合同以及其他有关法律、行政法规的规定。

第二百七十七条　发包人在不妨碍承包人正常作业的情况下，可以随时对作业进度、质量进行检查。

第二百七十八条　隐蔽工程在隐蔽以前，承包人应当通知发包人检查。发包人没有及时检查的，承包人可以顺延工程日期，并有权要求赔偿停工、窝工等损失。

第二百七十九条　建设工程竣工后，发包人应当根据施工图纸及说明书、国家颁发的施工验收规范和质量检验标准及时进行验收。验收合格的，发包人应当按照约定支付价款，并接收该建设工程。建设工程竣工经验收合格后，方可交付使用；未经验收或者验收不合格的，不得交付使用。

第二百八十条　勘察、设计的质量不符合要求或者未按照期限提交勘察、设计文件拖延工期，造成发包人损失的，勘察人、设计人应当继续完善勘察、设计，减收或者免收勘察、设计费并赔偿损失。

第二百八十一条　因施工人的原因致使建设工程质量不符合约定的，发包人有权要求施工人在合理期限内无偿修理或者返工、改建。经过修理或者返工、改建后，造成逾期交付的，施工人应当承担违约责任。

第二百八十二条　因承包人的原因致使建设工程在合理使用期限内造成人身和财产损害的，承包人应当承担损害赔偿责任。

第二百八十三条　发包人未按照约定的时间和要求提供原材料、设备、场地、资金、技术资料的，承包人可以顺延工程日期，并有权要求赔偿停工、窝工等损失。

第二百八十四条　因发包人的原因致使工程中途停建、缓建的，发包人应当采取措施弥补或者减少损失，赔偿承包人因此造成的停工、窝工、倒运、机械设备调迁、材料和构件积压等损失和实际费用。

第二百八十五条　因发包人变更计划，提供的资料不准确，或者未按照期限提供必需的勘察、设计工作条件而造成勘察、设计的返工、停工或者修改设计，发包人应当按照勘察人、设计人实际消耗的工作量增付费用。

第二百八十六条　发包人未按照约定支付价款的，承包人可以催告发包人在合理期限内支付价款。发包人逾期不支付的，除按照建设工程的性质不宜折价、拍卖的以外，承包人可以与发包人协议将该工程折价，也可以申请人民法院将该工程依法拍卖。建设工程的价款就该工程折价或者拍卖的价款优先受偿。

第二百八十七条　本章没有规定的，适用承揽合同的有关规定。

第十七章　运输合同

第一节　一般规定

第二百八十八条　运输合同是承运人将旅客或者货物从起运地点运输到约定地点，旅客、托运人或者收货人支付票款或者运输费用的合同。

第二百八十九条　从事公共运输的承运人不得拒绝旅客、托运人通常、合理的运输要求。

第二百九十条　承运人应当在约定期间或者合理期间内将旅客、货物安全运输到约定地点。

第二百九十一条　承运人应当按照约定的或者通常的运输路线将旅客、货物运输到约定地点。

第二百九十二条　旅客、托运人或者收货人应当支付票款或者运输费用。承运人未按照约定路线或者通常路线运输增加票款或者运输费用的，旅客、托运人或者收货人可以拒绝支付增加部分的票款或者运输费用。

第二节　客运合同

第二百九十三条　客运合同自承运人向旅客交付客票时成立，但当事人另有约定或者另有交易习惯的除外。

第二百九十四条　旅客应当持有效客票乘运。旅客无票乘运、超程乘运、越级乘运或者持失效客票乘运的，应当补交票款，承运人可以按照规定加收票款。旅客不交付票款的，承运人可以拒绝运输。

第二百九十五条 旅客因自己的原因不能按照客票记载的时间乘坐的，应当在约定的时间内办理退票或者变更手续。逾期办理的，承运人可以不退票款，并不再承担运输义务。

第二百九十六条 旅客在运输中应当按照约定的限量携带行李。超过限量携带行李的，应当办理托运手续。

第二百九十七条 旅客不得随身携带或者在行李中夹带易燃、易爆、有毒、有腐蚀性、有放射性以及有可能危及运输工具上人身和财产安全的危险物品或者其他违禁物品。

旅客违反前款规定的，承运人可以将违禁物品卸下、销毁或者送交有关部门。旅客坚持携带或者夹带违禁物品的，承运人应当拒绝运输。

第二百九十八条 承运人应当向旅客及时告知有关不能正常运输的重要事由和安全运输应当注意的事项。

第二百九十九条 承运人应当按照客票载明的时间和班次运输旅客。承运人迟延运输的，应当根据旅客的要求安排改乘其他班次或者退票。

第三百条 承运人擅自变更运输工具而降低服务标准的，应当根据旅客的要求退票或者减收票款；提高服务标准的，不应当加收票款。

第三百零一条 承运人在运输过程中，应当尽力救助患有急病、分娩、遇险的旅客。

第三百零二条 承运人应当对运输过程中旅客的伤亡承担损害赔偿责任，但伤亡是旅客自身健康原因造成的或者承运人证明伤亡是旅客故意、重大过失造成的除外。

前款规定适用于按照规定免票、持优待票或者经承运人许可搭乘的无票旅客。

第三百零三条 在运输过程中旅客自带物品毁损、灭失，承运人有过错的，应当承担损害赔偿责任。

旅客托运的行李毁损、灭失的，适用货物运输的有关规定。

第三节　货运合同

第三百零四条 托运人办理货物运输，应当向承运人准确表明收货人的名称或者姓名或者凭指示的收货人，货物的名称、性质、重量、数量，收货地点等有关货物运输的必要情况。

因托运人申报不实或者遗漏重要情况，造成承运人损失的，托运人应当承担损害赔偿责任。

第三百零五条 货物运输需要办理审批、检验等手续的，托运人应当将办理完有关手续的文件提交承运人。

第三百零六条 托运人应当按照约定的方式包装货物。对包装方式没有约定或者约定不明确的，适用本法第一百五十六条的规定。

托运人违反前款规定的，承运人可以拒绝运输。

第三百零七条 托运人托运易燃、易爆、有毒、有腐蚀性、有放射性等危险物品的，应当按照国家有关危险物品运输的规定对危险物品妥善包装，作出危险物标志和标签，并将有关危险物品的名称、性质和防范措施的书面材料提交承运人。

托运人违反前款规定的，承运人可以拒绝运输，也可以采取相应措施以避免损失的发生，因此产生的费用由托运人承担。

第三百零八条 在承运人将货物交付收货人之前，托运人可以要求承运人中止运输、返还货物、变更到达地或者将货物交给其他收货人，但应当赔偿承运人因此受到的损失。

第三百零九条 货物运输到达后，承运人知道收货人的，应当及时通知收货人，收货人应当及时提货。收货人逾期提货的，应当向承运人支付保管费等费用。

第三百一十条 收货人提货时应当按照约定的期限检验货物。对检验货物的期限没有约定或者约定不明确，依照本法第六十一条的规定仍不能确定的，应当在合理期限内检验货物。收货人在约定的期限或者合理期限内对货物的数量、毁损等未提出异议的，视为承运人已经按照运输单证的记载交付的初步证据。

第三百一十一条　承运人对运输过程中货物的毁损、灭失承担损害赔偿责任，但承运人证明货物的毁损、灭失是因不可抗力、货物本身的自然性质或者合理损耗以及托运人、收货人的过错造成的，不承担损害赔偿责任。

第三百一十二条　货物的毁损、灭失的赔偿额，当事人有约定的，按照其约定；没有约定或者约定不明确，依照本法第六十一条的规定仍不能确定的，按照交付或者应当交付时货物到达地的市场价格计算。法律、行政法规对赔偿额的计算方法和赔偿限额另有规定的，依照其规定。

第三百一十三条　两个以上承运人以同一运输方式联运的，与托运人订立合同的承运人应当对全程运输承担责任。损失发生在某一运输区段的，与托运人订立合同的承运人和该区段的承运人承担连带责任。

第三百一十四条　货物在运输过程中因不可抗力灭失，未收取运费的，承运人不得要求支付运费；已收取运费的，托运人可以要求返还。

第三百一十五条　托运人或者收货人不支付运费、保管费以及其他运输费用的，承运人对相应的运输货物享有留置权，但当事人另有约定的除外。

第三百一十六条　收货人不明或者收货人无正当理由拒绝受领货物的，依照本法第一百零一条的规定，承运人可以提存货物。

第四节　多式联运合同

第三百一十七条　多式联运经营人负责履行或者组织履行多式联运合同，对全程运输享有承运人的权利，承担承运人的义务。

第三百一十八条　多式联运经营人可以与参加多式联运的各区段承运人就多式联运合同的各区段运输约定相互之间的责任，但该约定不影响多式联运经营人对全程运输承担的义务。

第三百一十九条　多式联运经营人收到托运人交付的货物时，应当签发多式联运单据。按照托运人的要求，多式联运单据可以是可转让单据，也可以是不可转让单据。

第三百二十条　因托运人托运货物时的过错造成多式联运经营人损失的，即使托运人已经转让多式联运单据，托运人仍然应当承担损害赔偿责任。

第三百二十一条　货物的毁损、灭失发生于多式联运的某一运输区段的，多式联运经营人的赔偿责任和责任限额，适用调整该区段运输方式的有关法律规定。货物毁损、灭失发生的运输区段不能确定的，依照本章规定承担损害赔偿责任。

第十八章　技术合同

第一节　一般规定

第三百二十二条　技术合同是当事人就技术开发、转让、咨询或者服务订立的确立相互之间权利和义务的合同。

第三百二十三条　订立技术合同，应当有利于科学技术的进步，加速科学技术成果的转化、应用和推广。

第三百二十四条　技术合同的内容由当事人约定，一般包括以下条款：

（一）项目名称；

（二）标的的内容、范围和要求；

（三）履行的计划、进度、期限、地点、地域和方式；

（四）技术情报和资料的保密；

（五）风险责任的承担；

（六）技术成果的归属和收益的分成办法；

（七）验收标准和方法；

（八）价款、报酬或者使用费及其支付方式；

（九）违约金或者损失赔偿的计算方法；

（十）解决争议的方法；

（十一）名词和术语的解释。

与履行合同有关的技术背景资料、可行性论证和技术评价报告、项目任务书和计划书、技术标准、技术规范、原始设计和工艺文件，以及其他技术文档，按照当事人的约定可以作为合同的组成部分。

技术合同涉及专利的，应当注明发明创造的名称、专利申请人和专利权人、申请日期、申请号、专利号以及专利权的有效期限。

第三百二十五条 技术合同价款、报酬或者使用费的支付方式由当事人约定，可以采取一次总算、一次总付或者一次总算、分期支付，也可以采取提成支付或者提成支付附加预付入门费的方式。

约定提成支付的，可以按照产品价格、实施专利和使用技术秘密后新增的产值、利润或者产品销售额的一定比例提成，也可以按照约定的其他方式计算。提成支付的比例可以采取固定比例、逐年递增比例或者逐年递减比例。

约定提成支付的，当事人应当在合同中约定查阅有关会计帐目的办法。

第三百二十六条 职务技术成果的使用权、转让权属于法人或者其他组织的，法人或者其他组织可以就该项职务技术成果订立技术合同。法人或者其他组织应当从使用和转让该项职务技术成果所取得的收益中提取一定比例，对完成该项职务技术成果的个人给予奖励或者报酬。法人或者其他组织订立技术合同转让职务技术成果时，职务技术成果的完成人享有以同等条件优先受让的权利。

职务技术成果是执行法人或者其他组织的工作任务，或者主要是利用法人或者其他组织的物质技术条件所完成的技术成果。

第三百二十七条 非职务技术成果的使用权、转让权属于完成技术成果的个人，完成技术成果的个人可以就该项非职务技术成果订立技术合同。

第三百二十八条 完成技术成果的个人有在有关技术成果文件上写明自己是技术成果完成者的权利和取得荣誉证书、奖励的权利。

第三百二十九条 非法垄断技术、妨碍技术进步或者侵害他人技术成果的技术合同无效。

第二节 技术开发合同

第三百三十条 技术开发合同是指当事人之间就新技术、新产品、新工艺或者新材料及其系统的研究开发所订立的合同。

技术开发合同包括委托开发合同和合作开发合同。

技术开发合同应当采用书面形式。

当事人之间就具有产业应用价值的科技成果实施转化订立的合同，参照技术开发合同的规定。

第三百三十一条 委托开发合同的委托人应当按照约定支付研究开发经费和报酬；提供技术资料、原始数据；完成协作事项；接受研究开发成果。

第三百三十二条 委托开发合同的研究开发人应当按照约定制定和实施研究开发计划；合理使用研究开发经费；按期完成研究开发工作，交付研究开发成果，提供有关的技术资料和必要的技术指导，帮助委托人掌握研究开发成果。

第三百三十三条 委托人违反约定造成研究开发工作停滞、延误或者失败的，应当承担违约责任。

第三百三十四条 研究开发人违反约定造成研究开发工作停滞、延误或者失败的，应当承担违约责任。

第三百三十五条 合作开发合同的当事人应当按照约定进行投资，包括以技术进行投资；分工参与研究开发工作；协作配合研究开发工作。

第三百三十六条 合作开发合同的当事人违反约定造成研究开发工作停滞、延误或者失败的，应当承担违约责任。

第三百三十七条 因作为技术开发合同标的的技术已经由他人公开，致使技术开发合同的履行没有意义的，当事人可以解除合同。

第三百三十八条 在技术开发合同履行过程中，因出现无法克服的技术困难，致使研究开发失败或者部分失败的，该风险责任由当事人约定。没有约定或者约定不明确，依照本法第六十一条的规定仍不能确定的，风险责任由当事人合理分担。

当事人一方发现前款规定的可能致使研究开发失败或者部分失败的情形时，应当及时通知另一方并采取适当措施减少损失。没有及时通知并采取适当措施，致使损失扩大的，应当就扩大的损失承担责任。

第三百三十九条 委托开发完成的发明创

造，除当事人另有约定的以外，申请专利的权利属于研究开发人。研究开发人取得专利权的，委托人可以免费实施该专利。

研究开发人转让专利申请权的，委托人享有以同等条件优先受让的权利。

第三百四十条 合作开发完成的发明创造，除当事人另有约定的以外，申请专利的权利属于合作开发的当事人共有。当事人一方转让其共有的专利申请权的，其他各方享有以同等条件优先受让的权利。

合作开发的当事人一方声明放弃其共有的专利申请权的，可以由另一方单独申请或者由其他各方共同申请。申请人取得专利权的，放弃专利申请权的一方可以免费实施该专利。

合作开发的当事人一方不同意申请专利的，另一方或者其他各方不得申请专利。

第三百四十一条 委托开发或者合作开发完成的技术秘密成果的使用权、转让权以及利益的分配办法，由当事人约定。没有约定或者约定不明确，依照本法第六十一条的规定仍不能确定的，当事人均有使用和转让的权利，但委托开发的研究开发人不得在向委托人交付研究开发成果之前，将研究开发成果转让给第三人。

第三节 技术转让合同

第三百四十二条 技术转让合同包括专利权转让、专利申请权转让、技术秘密转让、专利实施许可合同。

技术转让合同应当采用书面形式。

第三百四十三条 技术转让合同可以约定让与人和受让人实施专利或者使用技术秘密的范围，但不得限制技术竞争和技术发展。

第三百四十四条 专利实施许可合同只在该专利权的存续期间内有效。专利权有效期限届满或者专利权被宣布无效的，专利权人不得就该专利与他人订立专利实施许可合同。

第三百四十五条 专利实施许可合同的让与人应当按照约定许可受让人实施专利，交付实施专利有关的技术资料，提供必要的技术指导。

第三百四十六条 专利实施许可合同的受让人应当按照约定实施专利，不得许可约定以外的第三人实施该专利；并按照约定支付使用费。

第三百四十七条 技术秘密转让合同的让与人应当按照约定提供技术资料，进行技术指导，保证技术的实用性、可靠性，承担保密义务。

第三百四十八条 技术秘密转让合同的受让人应当按照约定使用技术，支付使用费，承担保密义务。

第三百四十九条 技术转让合同的让与人应当保证自己是所提供的技术的合法拥有者，并保证所提供的技术完整、无误、有效，能够达到约定的目标。

第三百五十条 技术转让合同的受让人应当按照约定的范围和期限，对让与人提供的技术中尚未公开的秘密部分，承担保密义务。

第三百五十一条 让与人未按照约定转让技术的，应当返还部分或者全部使用费，并应当承担违约责任；实施专利或者使用技术秘密超越约定的范围的，违反约定擅自许可第三人实施该项专利或者使用该项技术秘密的，应当停止违约行为，承担违约责任；违反约定的保密义务的，应当承担违约责任。

第三百五十二条 受让人未按照约定支付使用费的，应当补交使用费并按照约定支付违约金；不补交使用费或者支付违约金的，应当停止实施专利或者使用技术秘密，交还技术资料，承担违约责任；实施专利或者使用技术秘密超越约定的范围的，未经让与人同意擅自许可第三人实施该专利或者使用该技术秘密的，应当停止违约行为，承担违约责任；违反约定的保密义务的，应当承担违约责任。

第三百五十三条 受让人按照约定实施专利、使用技术秘密侵害他人合法权益的，由让与人承担责任，但当事人另有约定的除外。

第三百五十四条 当事人可以按照互利的原则，在技术转让合同中约定实施专利、使用技术秘密后续改进的技术成果的分享办法。没有约定或者约定不明确，依照本法第六十一条的规定仍不能确定的，一方后续改进的技术成果，其他各方无权分享。

第三百五十五条 法律、行政法规对技术进出口合同或者专利、专利申请合同另有规定的，依照其规定。

第四节 技术咨询合同和技术服务合同

第三百五十六条 技术咨询合同包括就特定技术项目提供可行性论证、技术预测、专题技术调查、分析评价报告等合同。

技术服务合同是指当事人一方以技术知识为另一方解决特定技术问题所订立的合同，不包括建设工程合同和承揽合同。

第三百五十七条 技术咨询合同的委托人应当按照约定阐明咨询的问题，提供技术背景材料及有关技术资料、数据；接受受托人的工作成果，支付报酬。

第三百五十八条 技术咨询合同的受托人应当按照约定的期限完成咨询报告或者解答问题；提出的咨询报告应当达到约定的要求。

第三百五十九条 技术咨询合同的委托人未按照约定提供必要的资料和数据，影响工作进度和质量，不接受或者逾期接受工作成果的，支付的报酬不得追回，未支付的报酬应当支付。

技术咨询合同的受托人未按期提出咨询报告或者提出的咨询报告不符合约定的，应当承担减收或者免收报酬等违约责任。

技术咨询合同的委托人按照受托人符合约定要求的咨询报告和意见作出决策所造成的损失，由委托人承担，但当事人另有约定的除外。

第三百六十条 技术服务合同的委托人应当按照约定提供工作条件，完成配合事项；接受工作成果并支付报酬。

第三百六十一条 技术服务合同的受托人应当按照约定完成服务项目，解决技术问题，保证工作质量，并传授解决技术问题的知识。

第三百六十二条 技术服务合同的委托人不履行合同义务或者履行合同义务不符合约定，影响工作进度和质量，不接受或者逾期接受工作成果的，支付的报酬不得追回，未支付的报酬应当支付。

技术服务合同的受托人未按照合同约定完成服务工作的，应当承担免收报酬等违约责任。

第三百六十三条 在技术咨询合同、技术服务合同履行过程中，受托人利用委托人提供的技术资料和工作条件完成的新的技术成果，属于受托人。委托人利用受托人的工作成果完成的新的技术成果，属于委托人。当事人另有约定的，按照其约定。

第三百六十四条 法律、行政法规对技术中介合同、技术培训合同另有规定的，依照其规定。

第十九章 保管合同

第三百六十五条 保管合同是保管人保管寄存人交付的保管物，并返还该物的合同。

第三百六十六条 寄存人应当按照约定向保管人支付保管费。

当事人对保管费没有约定或者约定不明确，依照本法第六十一条的规定仍不能确定的，保管是无偿的。

第三百六十七条 保管合同自保管物交付时成立，但当事人另有约定的除外。

第三百六十八条 寄存人向保管人交付保管物的，保管人应当给付保管凭证，但另有交易习惯的除外。

第三百六十九条 保管人应当妥善保管保管物。

当事人可以约定保管场所或者方法。除紧急情况或者为了维护寄存人利益的以外，不得擅自改变保管场所或者方法。

第三百七十条 寄存人交付的保管物有瑕疵或者按照保管物的性质需要采取特殊保管措施的，寄存人应当将有关情况告知保管人。寄存人未告知，致使保管物受损失的，保管人不承担损害赔偿责任；保管人因此受损失的，除保管人知道或者应当知道并且未采取补救措施的以外，寄存人应当承担损害赔偿责任。

第三百七十一条 保管人不得将保管物转交第三人保管，但当事人另有约定的除外。

保管人违反前款规定，将保管物转交第三人保管，对保管物造成损失的，应当承担损害赔偿责任。

第三百七十二条　保管人不得使用或者许可第三人使用保管物，但当事人另有约定的除外。

第三百七十三条　第三人对保管物主张权利的，除依法对保管物采取保全或者执行的以外，保管人应当履行向寄存人返还保管物的义务。

第三人对保管人提起诉讼或者对保管物申请扣押的，保管人应当及时通知寄存人。

第三百七十四条　保管期间，因保管人保管不善造成保管物毁损、灭失的，保管人应当承担损害赔偿责任，但保管是无偿的，保管人证明自己没有重大过失的，不承担损害赔偿责任。

第三百七十五条　寄存人寄存货币、有价证券或者其他贵重物品的，应当向保管人声明，由保管人验收或者封存。寄存人未声明的，该物品毁损、灭失后，保管人可以按照一般物品予以赔偿。

第三百七十六条　寄存人可以随时领取保管物。

当事人对保管期间没有约定或者约定不明确的，保管人可以随时要求寄存人领取保管物；约定保管期间的，保管人无特别事由，不得要求寄存人提前领取保管物。

第三百七十七条　保管期间届满或者寄存人提前领取保管物的，保管人应当将原物及其孳息归还寄存人。

第三百七十八条　保管人保管货币的，可以返还相同种类、数量的货币。保管其他可替代物的，可以按照约定返还相同种类、品质、数量的物品。

第三百七十九条　有偿的保管合同，寄存人应当按照约定的期限向保管人支付保管费。

当事人对支付期限没有约定或者约定不明确，依照本法第六十一条的规定仍不能确定的，应当在领取保管物的同时支付。

第三百八十条　寄存人未按照约定支付保管费以及其他费用的，保管人对保管物享有留置权，但当事人另有约定的除外。

第二十章　仓储合同

第三百八十一条　仓储合同是保管人储存存货人交付的仓储物，存货人支付仓储费的合同。

第三百八十二条　仓储合同自成立时生效。

第三百八十三条　储存易燃、易爆、有毒、有腐蚀性、有放射性等危险物品或者易变质物品，存货人应当说明该物品的性质，提供有关资料。

存货人违反前款规定的，保管人可以拒收仓储物，也可以采取相应措施以避免损失的发生，因此产生的费用由存货人承担。

保管人储存易燃、易爆、有毒、有腐蚀性、有放射性等危险物品的，应当具备相应的保管条件。

第三百八十四条　保管人应当按照约定对入库仓储物进行验收。保管人验收时发现入库仓储物与约定不符合的，应当及时通知存货人。保管人验收后，发生仓储物的品种、数量、质量不符合约定的，保管人应当承担损害赔偿责任。

第三百八十五条　存货人交付仓储物的，保管人应当给付仓单。

第三百八十六条　保管人应当在仓单上签字或者盖章。仓单包括下列事项：

（一）存货人的名称或者姓名和住所；

（二）仓储物的品种、数量、质量、包装、件数和标记；

（三）仓储物的损耗标准；

（四）储存场所；

（五）储存期间；

（六）仓储费；

（七）仓储物已经办理保险的，其保险金额、期间以及保险人的名称；

（八）填发人、填发地和填发日期。

第三百八十七条　仓单是提取仓储物的凭证。存货人或者仓单持有人在仓单上背书并经保管人签字或者盖章的，可以转让提取仓储物的权利。

第三百八十八条　保管人根据存货人或者

仓单持有人的要求，应当同意其检查仓储物或者提取样品。

第三百八十九条　保管人对入库仓储物发现有变质或者其他损坏的，应当及时通知存货人或者仓单持有人。

第三百九十条　保管人对入库仓储物发现有变质或者其他损坏，危及其他仓储物的安全和正常保管的，应当催告存货人或者仓单持有人作出必要的处置。因情况紧急，保管人可以作出必要的处置，但事后应当将该情况及时通知存货人或者仓单持有人。

第三百九十一条　当事人对储存期间没有约定或者约定不明确的，存货人或者仓单持有人可以随时提取仓储物，保管人也可以随时要求存货人或者仓单持有人提取仓储物，但应当给予必要的准备时间。

第三百九十二条　储存期间届满，存货人或者仓单持有人应当凭仓单提取仓储物。存货人或者仓单持有人逾期提取的，应当加收仓储费；提前提取的，不减收仓储费。

第三百九十三条　储存期间届满，存货人或者仓单持有人不提取仓储物的，保管人可以催告其在合理期限内提取，逾期不提取的，保管人可以提存仓储物。

第三百九十四条　储存期间，因保管人保管不善造成仓储物毁损、灭失的，保管人应当承担损害赔偿责任。因仓储物的性质、包装不符合约定或者超过有效储存期造成仓储物变质、损坏的，保管人不承担损害赔偿责任。

第三百九十五条　本章没有规定的，适用保管合同的有关规定。

第二十一章　委托合同

第三百九十六条　委托合同是委托人和受托人约定，由受托人处理委托人事务的合同。

第三百九十七条　委托人可以特别委托受托人处理一项或者数项事务，也可以概括委托受托人处理一切事务。

第三百九十八条　委托人应当预付处理委托事务的费用。受托人为处理委托事务垫付的必要费用，委托人应当偿还该费用及其利息。

第三百九十九条　受托人应当按照委托人的指示处理委托事务。需要变更委托人指示的，应当经委托人同意；因情况紧急，难以和委托人取得联系的，受托人应当妥善处理委托事务，但事后应当将该情况及时报告委托人。

第四百条　受托人应当亲自处理委托事务。经委托人同意，受托人可以转委托。转委托经同意的，委托人可以就委托事务直接指示转委托的第三人，受托人仅就第三人的选任及其对第三人的指示承担责任。转委托未经同意的，受托人应当对转委托的第三人的行为承担责任，但在紧急情况下受托人为维护委托人的利益需要转委托的除外。

第四百零一条　受托人应当按照委托人的要求，报告委托事务的处理情况。委托合同终止时，受托人应当报告委托事务的结果。

第四百零二条　受托人以自己的名义，在委托人的授权范围内与第三人订立的合同，第三人在订立合同时知道受托人与委托人之间的代理关系的，该合同直接约束委托人和第三人，但有确切证据证明该合同只约束受托人和第三人的除外。

第四百零三条　受托人以自己的名义与第三人订立合同时，第三人不知道受托人与委托人之间的代理关系的，受托人因第三人的原因对委托人不履行义务，受托人应当向委托人披露第三人，委托人因此可以行使受托人对第三人的权利，但第三人与受托人订立合同时如果知道该委托人就不会订立合同的除外。

受托人因委托人的原因对第三人不履行义务，受托人应当向第三人披露委托人，第三人因此可以选择受托人或者委托人作为相对人主张其权利，但第三人不得变更选定的相对人。

委托人行使受托人对第三人的权利的，第三人可以向委托人主张其对受托人的抗辩。第三人选定委托人作为其相对人的，委托人可以向第三人主张其对受托人的抗辩以及受托人对第三人的抗辩。

第四百零四条　受托人处理委托事务取得的财产，应当转交给委托人。

第四百零五条　受托人完成委托事务的，委托人应当向其支付报酬。因不可归责于受托人的事由，委托合同解除或者委托事务不能完成的，委托人应当向受托人支付相应的报酬。当事人另有约定的，按照其约定。

第四百零六条　有偿的委托合同，因受托人的过错给委托人造成损失的，委托人可以要求赔偿损失。无偿的委托合同，因受托人的故意或者重大过失给委托人造成损失的，委托人可以要求赔偿损失。

受托人超越权限给委托人造成损失的，应当赔偿损失。

第四百零七条　受托人处理委托事务时，因不可归责于自己的事由受到损失的，可以向委托人要求赔偿损失。

第四百零八条　委托人经受托人同意，可以在受托人之外委托第三人处理委托事务。因此给受托人造成损失的，受托人可以向委托人要求赔偿损失。

第四百零九条　两个以上的受托人共同处理委托事务的，对委托人承担连带责任。

第四百一十条　委托人或者受托人可以随时解除委托合同。因解除合同给对方造成损失的，除不可归责于该当事人的事由以外，应当赔偿损失。

第四百一十一条　委托人或者受托人死亡、丧失民事行为能力或者破产的，委托合同终止，但当事人另有约定或者根据委托事务的性质不宜终止的除外。

第四百一十二条　因委托人死亡、丧失民事行为能力或者破产，致使委托合同终止将损害委托人利益的，在委托人的继承人、法定代理人或者清算组织承受委托事务之前，受托人应当继续处理委托事务。

第四百一十三条　因受托人死亡、丧失民事行为能力或者破产，致使委托合同终止的，受托人的继承人、法定代理人或者清算组织应当及时通知委托人。因委托合同终止将损害委托人利益的，在委托人作出善后处理之前，受托人的继承人、法定代理人或者清算组织应当采取必要措施。

第二十二章　行纪合同

第四百一十四条　行纪合同是行纪人以自己的名义为委托人从事贸易活动，委托人支付报酬的合同。

第四百一十五条　行纪人处理委托事务支出的费用，由行纪人负担，但当事人另有约定的除外。

第四百一十六条　行纪人占有委托物的，应当妥善保管委托物。

第四百一十七条　委托物交付给行纪人时有瑕疵或者容易腐烂、变质的，经委托人同意，行纪人可以处分该物；和委托人不能及时取得联系的，行纪人可以合理处分。

第四百一十八条　行纪人低于委托人指定的价格卖出或者高于委托人指定的价格买入的，应当经委托人同意。未经委托人同意，行纪人补偿其差额的，该买卖对委托人发生效力。

行纪人高于委托人指定的价格卖出或者低于委托人指定的价格买入的，可以按照约定增加报酬。没有约定或者约定不明确，依照本法第六十一条的规定仍不能确定的，该利益属于委托人。

委托人对价格有特别指示的，行纪人不得违背该指示卖出或者买入。

第四百一十九条　行纪人卖出或者买入具有市场定价的商品，除委托人有相反的意思表示以外，行纪人自己可以作为买受人或者出卖人。

行纪人有前款规定情形的，仍然可以要求委托人支付报酬。

第四百二十条　行纪人按照约定买入委托物，委托人应当及时受领。经行纪人催告，委托人无正当理由拒绝受领的，行纪人依照本法第一百零一条的规定可以提存委托物。

委托物不能卖出或者委托人撤回出卖，经行纪人催告，委托人不取回或者不处分该物的，行纪人依照本法第一百零一条的规定可以提存委托物。

第四百二十一条　行纪人与第三人订立合同的，行纪人对该合同直接享有权利、承担义务。

第三人不履行义务致使委托人受到损害的，行纪人应当承担损害赔偿责任，但行纪人与委托人另有约定的除外。

第四百二十二条　行纪人完成或者部分完

成委托事务的，委托人应当向其支付相应的报酬。委托人逾期不支付报酬的，行纪人对委托物享有留置权，但当事人另有约定的除外。

第四百二十三条 本章没有规定的，适用委托合同的有关规定。

第二十三章 居间合同

第四百二十四条 居间合同是居间人向委托人报告订立合同的机会或者提供订立合同的媒介服务，委托人支付报酬的合同。

第四百二十五条 居间人应当就有关订立合同的事项向委托人如实报告。

居间人故意隐瞒与订立合同有关的重要事实或者提供虚假情况，损害委托人利益的，不得要求支付报酬并应当承担损害赔偿责任。

第四百二十六条 居间人促成合同成立的，委托人应当按照约定支付报酬。对居间人的报酬没有约定或者约定不明确，依照本法第六十一条的规定仍不能确定的，根据居间人的劳务合理确定。因居间人提供订立合同的媒介服务而促成合同成立的，由该合同的当事人平均负担居间人的报酬。

居间人促成合同成立的，居间活动的费用，由居间人负担。

第四百二十七条 居间人未促成合同成立的，不得要求支付报酬，但可以要求委托人支付从事居间活动支出的必要费用。

附　则

第四百二十八条 本法自1999年10月1日起施行，《中华人民共和国经济合同法》、《中华人民共和国涉外经济合同法》、《中华人民共和国技术合同法》同时废止。

最高人民法院关于适用《中华人民共和国合同法》若干问题的解释（一）

（1999年12月1日最高人民法院审判委员会第1090次会议通过　1999年12月19日公布　自1999年12月29日起施行）法释〔1999〕19号

为了正确审理合同纠纷案件，根据《中华人民共和国合同法》（以下简称合同法）的规定，对人民法院适用合同法的有关问题作出如下解释：

一、法律适用范围

第一条 合同法实施以后成立的合同发生纠纷起诉到人民法院的，适用合同法的规定；合同法实施以前成立的合同发生纠纷起诉到人民法院的，除本解释另有规定的以外，适用当时的法律规定，当时没有法律规定的，可以适用合同法的有关规定。

第二条 合同成立于合同法实施之前，但合同约定的履行期限跨越合同法实施之日或者履行期限在合同法实施之后，因履行合同发生的纠纷，适用合同法第四章的有关规定。

第三条 人民法院确认合同效力时，对合同法实施以前成立的合同，适用当时的法律合同无效而适用合同法合同有效的，则适用合同法。

第四条 合同法实施以后，人民法院确认合同无效，应当以全国人大及其常委会制定的法律和国务院制定的行政法规为依据，不得以地方性法规、行政规章为依据。

第五条 人民法院对合同法实施以前已经作出终审裁决的案件进行再审，不适用合同法。

二、诉讼时效

第六条 技术合同争议当事人的权利受到侵害的事实发生在合同法实施之前，自当事人知道或者应当知道其权利受到侵害之日起至合同法实施之日超过一年的，人民法院不予保护；尚未超过一年的，其提起诉讼的时效期间为二年。

第七条 技术进出口合同争议当事人的权利受到侵害的事实发生在合同法实施之前，自当事人知道或者应当知道其权利受到侵害之日起至合同法施行之日超过二年的，人民法院不予保护；尚未超过二年的，其提起诉讼的时效期间为四年。

第八条 合同法第五十五条规定的"一年"、第七十五条和第一百零四条第二款规定的"五年"为不变期间，不适用诉讼时效中止、中断或者延长的规定。

三、合同效力

第九条 依照合同法第四十四条第二款的规定，法律、行政法规规定合同应当办理批准手续，或者办理批准、登记等手续才生效，在一审法庭辩论终结前当事人仍未办理批准手续的，或者仍未办理批准、登记等手续的，人民法院应当认定该合同未生效；法律、行政法规规定合同应当办理登记手续，但未规定登记后生效的，当事人未办理登记手续不影响合同的效力，合同标的物所有权及其他物权不能转移。

合同法第七十七条第二款、第八十七条、第九十六条第二款所列合同变更、转让、解除等情形，依照前款规定处理。

第十条 当事人超越经营范围订立合同，人民法院不因此认定合同无效。但违反国家限制经营、特许经营以及法律、行政法规禁止经营规定的除外。

四、代位权

第十一条 债权人依照合同法第七十三条的规定提起代位诉讼，应当符合下列条件：

（一）债权人对债务人的债权合法；

（二）债务人怠于行使其到期债权，对债权人造成损害；

（三）债务人的债权已到期；

（四）债务人的债权不是专属于债务人自身的债权。

第十二条 合同法第七十三条第一款规定的专属于债务人自身的债权，是指基于扶养关系、抚养关系、赡养关系、继承关系产生的给付请求权和劳动报酬、退休金、养老金、抚恤金、安置费、人寿保险、人身伤害赔偿请求权等权利。

第十三条 合同法第七十三条规定的"债务人怠于行使其到期债权，对债权人造成损害的"，是指债务人不履行其对债权人的到期债务，又不以诉讼方式或者仲裁方式向其债务人主张其享有的具有金钱给付内容的到期债权，致使债权人的到期债权未能实现。

次债务人（即债务人的债务人）不认为债务人有怠于行使其到期债权情况的，应当承担举证责任。

第十四条 债权人依照合同法第七十三条的规定提起代位权诉讼的，由被告住所地人民法院管辖。

第十五条 债权人向人民法院起诉债务人以后，又向同一人民法院对次债务人提起代位权诉讼，符合本解释第十三条的规定和《中华人民共和国民事诉讼法》第一百零八条规定的起诉条件的，应当立案受理；不符合本解释第十三条规定的，告知债权人向次债务人住所地人民法院另行起诉。

受理代位权诉讼的人民法院在债权人起诉债务人的诉讼裁决发生法律效力以前，应当依照《中华人民共和国民事诉讼法》第一百三十六条第（五）项的规定中止代位权诉讼。

第十六条 债权人以次债务人为被告向人民法院提起代位权诉讼，未将债务人列为第三人的，人民法院可以追加债务人为第三人。

两个或者两个以上债权人以同一次债务人为被告提起代位权诉讼的，人民法院可以合并审理。

第十七条 在代位权诉讼中，债权人请求人民法院对次债务人的财产采取保全措施的，应当提供相应的财产担保。

第十八条 在代位权诉讼中，次债务人对债务人的抗辩，可以向债权人主张。

债务人在代位权诉讼中对债权人的债权提出异议，经审查异议成立的，人民法院应当裁定驳回债权人的起诉。

第十九条 在代位权诉讼中，债权人胜诉的，诉讼费由次债务人负担，从实现的债权中优先支付。

第二十条 债权人向次债务人提起的代位权诉讼经人民法院审理后认定代位权成立的，由次债务人向债权人履行清偿义务，债权人与债务人、债务人与次债务人之间相应的债权债务关系即予消灭。

第二十一条 在代位权诉讼中，债权人行使代位权的请求数额超过债务人所负债务额或者超过次债务人对债务人所负债务额的，对超出部分人民法院不予支持。

第二十二条 债务人在代位权诉讼中，对超过债权人代位请求数额的债权部分起诉次债务人的，人民法院应当告知其向有管辖权的人民法院另行起诉。

债务人的起诉符合法定条件的，人民法院应当受理；受理债务人起诉的人民法院在代位权诉讼裁决发生法律效力以前，应当依法中止。

五、撤销权

第二十三条 债权人依照合同法第七十四条的规定提起撤销权诉讼的，由被告住所地人民法院管辖。

第二十四条 债权人依照合同法第七十四条的规定提起撤销权诉讼时只以债务人为被告，未将受益人或者受让人列为第三人的，人民法院可以追加该受益人或者受让人为第三人。

第二十五条 债权人依照合同法第七十四条的规定提起撤销权诉讼，请求人民法院撤销债务人放弃债权或转让财产的行为，人民法院应当就债权人主张的部分进行审理，依法撤销的，该行为自始无效。

两个或者两个以上债权人以同一债务人为被告，就同一标的提起撤销权诉讼的，人民法院可以合并审理。

第二十六条 债权人行使撤销权所支付的律师代理费、差旅费等必要费用，由债务人负担；第三人有过错的，应当适当分担。

六、合同转让中的第三人

第二十七条 债权人转让合同权利后，债务人与受让人之间因履行合同发生纠纷诉至人民法院，债务人对债权人的权利提出抗辩的，可以将债权人列为第三人。

第二十八条 经债权人同意，债务人转移合同义务后，受让人与债权人之间因履行合同发生纠纷诉至人民法院，受让人就债务人对债权人的权利提出抗辩的，可以将债务人列为第三人。

第二十九条 合同当事人一方经对方同意将其在合同中的权利义务一并转让给受让人，对方与受让人因履行合同发生纠纷诉至人民法院，对方就合同权利义务提出抗辩的，可以将出让方列为第三人。

七、请求权竞合

第三十条 债权人依照合同法第一百二十二条的规定向人民法院起诉时作出选择后，在一审开庭以前又变更诉讼请求的，人民法院应当准许。对方当事人提出管辖权异议，经审查异议成立的，人民法院应当驳回起诉。

最高人民法院关于适用《中华人民共和国合同法》若干问题的解释（二）

(2009年2月9日最高人民法院审判委员会第1462次会议通过 2009年4月24日公布 自2009年5月13日起施行）法释〔2009〕5号

为了正确审理合同纠纷案件，根据《中华人民共和国合同法》的规定，对人民法院适用合同法的有关问题作出如下解释：

一、合同的订立

第一条 当事人对合同是否成立存在争议，人民法院能够确定当事人名称或者姓名、标的和数量的，一般应当认定合同成立。但法律另有规定或者当事人另有约定的除外。

对合同欠缺的前款规定以外的其他内容，当事人达不成协议的，人民法院依照合同法第六十一条、第六十二条、第一百二十五条等有关规定予以确定。

第二条　当事人未以书面形式或者口头形式订立合同,但从双方从事的民事行为能够推定双方有订立合同意愿的,人民法院可以认定是以合同法第十条第一款中的"其他形式"订立的合同。但法律另有规定的除外。

第三条　悬赏人以公开方式声明对完成一定行为的人支付报酬,完成特定行为的人请求悬赏人支付报酬的,人民法院依法予以支持。但悬赏有合同法第五十二条规定情形的除外。

第四条　采用书面形式订立合同,合同约定的签订地与实际签字或者盖章地点不符的,人民法院应当认定约定的签订地为合同签订地;合同没有约定签订地,双方当事人签字或者盖章不在同一地点的,人民法院应当认定最后签字或者盖章的地点为合同签订地。

第五条　当事人采用合同书形式订立合同的,应当签字或者盖章。当事人在合同书上摁手印的,人民法院应当认定其具有与签字或者盖章同等的法律效力。

第六条　提供格式条款的一方对格式条款中免除或者限制其责任的内容,在合同订立时采用足以引起对方注意的文字、符号、字体等特别标识,并按照对方的要求对该格式条款予以说明的,人民法院应当认定符合合同法第三十九条所称"采取合理的方式"。

提供格式条款一方对已尽合理提示及说明义务承担举证责任。

第七条　下列情形,不违反法律、行政法规强制性规定的,人民法院可以认定为合同法所称"交易习惯":

(一)在交易行为当地或者某一领域、某一行业通常采用并为交易对方订立合同时所知道或者应当知道的做法;

(二)当事人双方经常使用的习惯做法。

对于交易习惯,由提出主张的一方当事人承担举证责任。

第八条　依照法律、行政法规的规定经批准或者登记才能生效的合同成立后,有义务办理申请批准或者申请登记等手续的一方当事人未按照法律规定或者合同约定办理申请批准或者未申请登记的,属于合同法第四十二条第(三)项规定的"其他违背诚实信用原则的行为",人民法院可以根据案件的具体情况和相对人的请求,判决相对人自己办理有关手续;对方当事人对由此产生的费用和给相对人造成的实际损失,应当承担损害赔偿责任。

二、合同的效力

第九条　提供格式条款的一方当事人违反合同法第三十九条第一款关于提示和说明义务的规定,导致对方没有注意免除或者限制其责任的条款,对方当事人申请撤销该格式条款的,人民法院应当支持。

第十条　提供格式条款的一方当事人违反合同法第三十九条第一款的规定,并具有合同法第四十条规定的情形之一的,人民法院应当认定该格式条款无效。

第十一条　根据合同法第四十七条、第四十八条的规定,追认的意思表示自到达相对人时生效,合同自订立时起生效。

第十二条　无权代理人以被代理人的名义订立合同,被代理人已经开始履行合同义务的,视为对合同的追认。

第十三条　被代理人依照合同法第四十九条的规定承担有效代理行为所产生的责任后,可以向无权代理人追偿因代理行为而遭受的损失。

第十四条　合同法第五十二条第(五)项规定的"强制性规定",是指效力性强制性规定。

第十五条　出卖人就同一标的物订立多重买卖合同,合同均不具有合同法第五十二条规定的无效情形,买受人因不能按照合同约定取得标的物所有权,请求追究出卖人违约责任的,人民法院应予支持。

三、合同的履行

第十六条　人民法院根据具体案情可以将合同法第六十四条、第六十五条规定的第三人列为无独立请求权的第三人,但不得依职权将其列为该合同诉讼案件的被告或者有独立请求权的第三人。

第十七条　债权人以境外当事人为被告提起的代位权诉讼,人民法院根据《中华人民共和国民事诉讼法》第二百四十一条的规定确定管辖。

第十八条 债务人放弃其未到期的债权或者放弃债权担保，或者恶意延长到期债权的履行期，对债权人造成损害，债权人依照合同法第七十四条的规定提起撤销权诉讼的，人民法院应当支持。

第十九条 对于合同法第七十四条规定的"明显不合理的低价"，人民法院应当以交易当地一般经营者的判断，并参考交易当时交易地的物价部门指导价或者市场交易价，结合其他相关因素综合考虑予以确认。

转让价格达不到交易时交易地的指导价或者市场交易价百分之七十的，一般可以视为明显不合理的低价；对转让价格高于当地指导价或者市场交易价百分之三十的，一般可以视为明显不合理的高价。

债务人以明显不合理的高价收购他人财产，人民法院可以根据债权人的申请，参照合同法第七十四条的规定予以撤销。

第二十条 债务人的给付不足以清偿其对同一债权人所负的数笔相同种类的全部债务，应当优先抵充已到期的债务；几项债务均到期的，优先抵充对债权人缺乏担保或者担保数额最少的债务；担保数额相同的，优先抵充债务负担较重的债务；负担相同的，按照债务到期的先后顺序抵充；到期时间相同的，按比例抵充。但是，债权人与债务人对清偿的债务或者清偿抵充顺序有约定的除外。

第二十一条 债务人除主债务之外还应当支付利息和费用，当其给付不足以清偿全部债务时，并且当事人没有约定的，人民法院应当按照下列顺序抵充：

（一）实现债权的有关费用；
（二）利息；
（三）主债务。

四、合同的权利义务终止

第二十二条 当事人一方违反合同法第九十二条规定的义务，给对方当事人造成损失，对方当事人请求赔偿实际损失的，人民法院应当支持。

第二十三条 对于依照合同法第九十九条的规定可以抵销的到期债权，当事人约定不得抵销的，人民法院可以认定该约定有效。

第二十四条 当事人对合同法第九十六条、第九十九条规定的合同解除或者债务抵销虽有异议，但在约定的异议期限届满后才提出异议并向人民法院起诉的，人民法院不予支持；当事人没有约定异议期间，在解除合同或者债务抵销通知到达之日起三个月以后才向人民法院起诉的，人民法院不予支持。

第二十五条 依照合同法第一百零一条的规定，债务人将合同标的物或者标的物拍卖、变卖所得价款交付提存部门时，人民法院应当认定提存成立。

提存成立的，视为债务人在其提存范围内已经履行债务。

第二十六条 合同成立以后客观情况发生了当事人在订立合同时无法预见的、非不可抗力造成的不属于商业风险的重大变化，继续履行合同对于一方当事人明显不公平或者不能实现合同目的，当事人请求人民法院变更或者解除合同的，人民法院应当根据公平原则，并结合案件的实际情况确定是否变更或者解除。

五、违约责任

第二十七条 当事人通过反诉或者抗辩的方式，请求人民法院依照合同法第一百一十四条第二款的规定调整违约金的，人民法院应予支持。

第二十八条 当事人依照合同法第一百一十四条第二款的规定，请求人民法院增加违约金的，增加后的违约金数额以不超过实际损失额为限。增加违约金以后，当事人又请求对方赔偿损失的，人民法院不予支持。

第二十九条 当事人主张约定的违约金过高请求予以适当减少的，人民法院应当以实际损失为基础，兼顾合同的履行情况、当事人的过错程度以及预期利益等综合因素，根据公平原则和诚实信用原则予以衡量，并作出裁决。

当事人约定的违约金超过造成损失的百分之三十的，一般可以认定为合同法第一百一十四条第二款规定的"过分高于造成的损失"。

六、附 则

第三十条 合同法施行后成立的合同发生纠纷的案件，本解释施行后尚未终审的，适用本解释；本解释施行前已经终审，当事人申请再审或者按照审判监督程序决定再审的，不适用本解释。

最高人民法院关于审理技术合同纠纷案件适用法律若干问题的解释

（2004年11月30日由最高人民法院审判委员会第1335次会议通过 2004年12月16日公布 自2005年1月1日起施行）法释〔2004〕20号

为了正确审理技术合同纠纷案件，根据《中华人民共和国合同法》、《中华人民共和国专利法》和《中华人民共和国民事诉讼法》等法律的有关规定，结合审判实践，现就有关问题作出以下解释。

一、一般规定

第一条 技术成果，是指利用科学技术知识、信息和经验作出的涉及产品、工艺、材料及其改进等的技术方案，包括专利、专利申请、技术秘密、计算机软件、集成电路布图设计、植物新品种等。

技术秘密，是指不为公众所知悉、具有商业价值并经权利人采取保密措施的技术信息。

第二条 合同法第三百二十六条第二款所称"执行法人或者其他组织的工作任务"包括：

（一）履行法人或者其他组织的岗位职责或者承担其交付的其他技术开发任务；

（二）离职后一年内继续从事与其原所在法人或者其他组织的岗位职责或者交付的任务有关的技术开发工作，但法律、行政法规另有规定的除外。

法人或者其他组织与其职工就职工在职期间或者离职以后所完成的技术成果的权益有约定的，人民法院应当依约定确认。

第三条 合同法第三百二十六条第二款所称"物质技术条件"，包括资金、设备、器材、原材料、未公开的技术信息和资料等。

第四条 合同法第三百二十六条第二款所称"主要利用法人或者其他组织的物质技术条件"，包括职工在技术成果的研究开发过程中，全部或者大部分利用了法人或者其他组织的资金、设备、器材或者原材料等物质条件，并且这些物质条件对形成该技术成果具有实质性的影响；还包括该技术成果实质性内容是在法人或者其他组织尚未公开的技术成果、阶段性技术成果基础上完成的情形。但下列情况除外：

（一）对利用法人或者其他组织提供的物质技术条件，约定返还资金或者交纳使用费的；

（二）在技术成果完成后利用法人或者其他组织的物质技术条件对技术方案进行验证、测试的。

第五条 个人完成的技术成果，属于执行原所在法人或者其他组织的工作任务，又主要利用了现所在法人或者其他组织的物质技术条件的，应当按照该自然人原所在和现所在法人或者其他组织达成的协议确认权益。不能达成协议的，根据对完成该项技术成果的贡献大小由双方合理分享。

第六条 合同法第三百二十六条、第三百二十七条所称完成技术成果的"个人"，包括对技术成果单独或者共同作出创造性贡献的人，也即技术成果的发明人或者设计人。人民法院在对创造性贡献进行认定时，应当分解所涉及技术成果的实质性技术构成。提出实质性技术构成并由此实现技术方案的人，是作出创造性贡献的人。

提供资金、设备、材料、试验条件，进行组织管理，协助绘制图纸、整理资料、翻译文献等人员，不属于完成技术成果的个人。

第七条 不具有民事主体资格的科研组织订立的技术合同，经法人或者其他组织授权或者认可的，视为法人或者其他组织订立的合同，由法人或者其他组织承担责任；未经法人或者其他组织授权或者认可的，由该科研组织成员共同承担责任，但法人或者其他组织因该合同受益的，应当在其受益范围内承担相应责任。

前款所称不具有民事主体资格的科研组织，包括法人或者其他组织设立的从事技术研究开发、转让等活动的课题组、工作室等。

第八条 生产产品或者提供服务依法须经有关部门审批或者取得行政许可，而未经审批或者许可的，不影响当事人订立的相关技术合同的效力。

当事人对办理前款所称审批或者许可的义务没有约定或者约定不明确的，人民法院应当判令由实施技术的一方负责办理，但法律、行政法规另有规定的除外。

第九条 当事人一方采取欺诈手段，就其现有技术成果作为研究开发标的与他人订立委托开发合同收取研究开发费用，或者就同一研究开发课题先后与两个或者两个以上的委托人分别订立委托开发合同重复收取研究开发费用的，受损害方依照合同法第五十四条第二款规定请求变更或者撤销合同的，人民法院应当予以支持。

第十条 下列情形，属于合同法第三百二十九条所称的"非法垄断技术、妨碍技术进步"：

（一）限制当事人一方在合同标的技术基础上进行新的研究开发或者限制其使用所改进的技术，或者双方交换改进技术的条件不对等，包括要求一方将其自行改进的技术无偿提供给对方、非互惠性转让给对方、无偿独占或者共享该改进技术的知识产权；

（二）限制当事人一方从其他来源获得与技术提供方类似技术或者与其竞争的技术；

（三）阻碍当事人一方根据市场需求，按照合理方式充分实施合同标的技术，包括明显不合理地限制技术接受方实施合同标的技术生产产品或者提供服务的数量、品种、价格、销售渠道和出口市场；

（四）要求技术接受方接受并非实施技术必不可少的附带条件，包括购买非必需的技术、原材料、产品、设备、服务以及接收非必需的人员等；

（五）不合理地限制技术接受方购买原材料、零部件、产品或者设备等的渠道或者来源；

（六）禁止技术接受方对合同标的技术知识产权的有效性提出异议或者对提出异议附加条件。

第十一条 技术合同无效或者被撤销后，技术开发合同研究开发人、技术转让合同让与人、技术咨询合同和技术服务合同的受托人已经履行或者部分履行了约定的义务，并且造成合同无效或者被撤销的过错在对方的，对其已履行部分应当收取的研究开发经费、技术使用费、提供咨询服务的报酬，人民法院可以认定为因对方原因导致合同无效或者被撤销给其造成的损失。

技术合同无效或者被撤销后，因履行合同所完成新的技术成果或者在他人技术成果基础上完成后续改进技术成果的权利归属和利益分享，当事人不能重新协议确定的，人民法院可以判决由完成技术成果的一方享有。

第十二条 根据合同法第三百二十九条的规定，侵害他人技术秘密的技术合同被确认无效后，除法律、行政法规另有规定的以外，善意取得该技术秘密的一方当事人可以在其取得时的范围内继续使用该技术秘密，但应当向权利人支付合理的使用费并承担保密义务。

当事人双方恶意串通或者一方知道或者应当知道另一方侵权仍与其订立或者履行合同的，属于共同侵权，人民法院应当判令侵权人承担连带赔偿责任和保密义务，因此取得技术秘密的当事人不得继续使用该技术秘密。

第十三条 依照前条第一款规定可以继续使用技术秘密的人与权利人就使用费支付发生纠纷的，当事人任何一方都可以请求人民法院予以处理。继续使用技术秘密但又拒不支付使用费的，人民法院可以根据权利人的请求判令使用人停止使用。

人民法院在确定使用费时，可以根据权利人通常对外许可该技术秘密的使用费或者使用人取得该技术秘密所支付的使用费，并考虑该技术秘密的研究开发成本、成果转化和应用程度以及使用人的使用规模、经济效益等因素合理确定。

不论使用人是否继续使用技术秘密，人民法院均应当判令其向权利人支付已使用期间的使用费。使用人已向无效合同的让与人支付的使用费应当由让与人负责返还。

第十四条 对技术合同的价款、报酬和使用费，当事人没有约定或者约定不明确的，人民法院可以按照以下原则处理：

（一）对于技术开发合同和技术转让合同，根据有关技术成果的研究开发成本、先进性、实施转化和应用的程度，当事人享有的权益和承担的责任，以及技术成果的经济效益等合理确定；

（二）对于技术咨询合同和技术服务合同，根据有关咨询服务工作的技术含量、质量和数量，以及已经产生和预期产生的经济效益等合理确定。

技术合同价款、报酬、使用费中包含非技术性款项的，应当分项计算。

第十五条 技术合同当事人一方迟延履行主要债务，经催告后在30日内仍未履行，另一方依据合同法第九十四条第（三）项的规定主张解除合同的，人民法院应当予以支持。

当事人在催告通知中附有履行期限且该期限超过30日的，人民法院应当认定该履行期限为合同法第九十四条第（三）项规定的合理期限。

第十六条 当事人以技术成果向企业出资但未明确约定权属，接受出资的企业主张该技术成果归其享有的，人民法院一般应当予以支持，但是该技术成果价值与该技术成果所占出资额比例明显不合理损害出资人利益的除外。

当事人对技术成果的权属约定有比例的，视为共同所有，其权利使用和利益分配，按共有技术成果的有关规定处理，但当事人另有约定的，从其约定。

当事人对技术成果的使用权约定有比例的，人民法院可以视为当事人对实施该项技术成果所获收益的分配比例，但当事人另有约定的，从其约定。

二、技术开发合同

第十七条 合同法第三百三十条所称"新技术、新产品、新工艺、新材料及其系统"，包括当事人在订立技术合同时尚未掌握的产品、工艺、材料及其系统等技术方案，但对技术上没有创新的现有产品的改型、工艺变更、材料配方调整以及对技术成果的验证、测试和使用除外。

第十八条 合同法第三百三十条第四款规定的"当事人之间就具有产业应用价值的科技成果实施转化订立的"技术转化合同，是指当事人之间就具有产业实用价值但尚未实现工业化应用的科技成果包括阶段性技术成果，以实现该科技成果工业化应用为目标，约定后续试验、开发和应用等内容的合同。

第十九条 合同法第三百三十五条所称"分工参与研究开发工作"，包括当事人按照约定的计划和分工，共同或者分别承担设计、工艺、试验、试制等工作。

技术开发合同当事人一方仅提供资金、设备、材料等物质条件或者承担辅助协作事项，另一方进行研究开发工作的，属于委托开发合同。

第二十条 合同法第三百四十一条所称"当事人均有使用和转让的权利"，包括当事人均有不经对方同意而自己使用或者以普通使用许可的方式许可他人使用技术秘密，并独占由此所获利益的权利。当事人一方将技术秘密成果的转让权让与他人，或者以独占或者排他使用许可的方式许可他人使用技术秘密，未经对方当事人同意或者追认的，应当认定该让与或者许可行为无效。

第二十一条 技术开发合同当事人依照合同法的规定或者约定自行实施专利或使用技术秘密，但因其不具备独立实施专利或者使用技术秘密的条件，以一个普通许可方式许可他人实施或者使用的，可以准许。

三、技术转让合同

第二十二条 合同法第三百四十二条规定的"技术转让合同"，是指合法拥有技术的权利人，包括其他有权对外转让技术的人，将现有特定的专利、专利申请、技术秘密的相关权利让与他人，或者许可他人实施、使用所订立的合同。但就尚待研究开发的技术成果或者不涉及专利、专利申请或者技术秘密的知识、技术、经验和信息所订立的合同除外。

技术转让合同中关于让与人向受让人提供实施技术的专用设备、原材料或者提供有关的技术咨询、技术服务的约定，属于技术转让合同的组成部分。因此发生的纠纷，按照技术转让合同处理。

当事人以技术入股方式订立联营合同，但技术入股人不参与联营体的经营管理，并且以保底条款形式约定联营体或者联营对方支付其技术价款或者使用费的，视为技术转让合同。

第二十三条 专利申请权转让合同当事人以专利申请被驳回或者被视为撤回为由请求解除合同，该事实发生在依照专利法第十条第三款的规定办理专利申请权转让登记之前的，人民法院应当予以支持；发生在转让登记之后的，不予支持，但当事人另有约定的除外。

专利申请因专利申请权转让合同成立时即存在尚未公开的同样发明创造的在先专利申请被驳回，当事人依据合同法第五十四条第一款第（二）项的规定请求予以变更或者撤销合同的，人民法院应当予以支持。

第二十四条 订立专利权转让合同或者专利申请权转让合同前，让与人自己已经实施发明创造，在合同生效后，受让人要求让与人停止实施的，人民法院应当予以支持，但当事人另有约定的除外。

让与人与受让人订立的专利权、专利申请权转让合同，不影响在合同成立前让与人与他人订立的相关专利实施许可合同或者技术秘密转让合同的效力。

第二十五条 专利实施许可包括以下方式：

（一）独占实施许可，是指让与人在约定许可实施专利的范围内，将该专利仅许可一个受让人实施，让与人依约定不得实施该专利；

（二）排他实施许可，是指让与人在约定许可实施专利的范围内，将该专利仅许可一个受让人实施，但让与人依约定可以自行实施该专利；

（三）普通实施许可，是指让与人在约定许可实施专利的范围内许可他人实施该专利，并且可以自行实施该专利。

当事人对专利实施许可方式没有约定或者约定不明确的，认定为普通实施许可。专利实施许可合同约定受让人可以再许可他人实施专利的，认定该再许可为普通实施许可，但当事人另有约定的除外。

技术秘密的许可使用方式，参照本条第一、二款的规定确定。

第二十六条 专利实施许可合同让与人负有在合同有效期内维持专利权有效的义务，包括依法缴纳专利年费和积极应对他人提出宣告专利权无效的请求，但当事人另有约定的除外。

第二十七条 排他实施许可合同让与人不具备独立实施其专利的条件，以一个普通许可的方式许可他人实施专利的，人民法院可以认定为让与人自己实施专利，但当事人另有约定的除外。

第二十八条 合同法第三百四十三条所称"实施专利或者使用技术秘密的范围"，包括实施专利或者使用技术秘密的期限、地域、方式以及接触技术秘密的人员等。

当事人对实施专利或者使用技术秘密的期限没有约定或者约定不明确的，受让人实施专利或者使用技术秘密不受期限限制。

第二十九条 合同法第三百四十七条规定技术秘密转让合同让与人承担的"保密义务"不限制其申请专利，但当事人约定让与人不得申请专利的除外。

当事人之间就申请专利的技术成果所订立的许可使用合同，专利申请公开以前，适用技术秘密转让合同的有关规定，发明专利申请公开以后、授权以前，参照适用专利实施许可合同的有关规定；授权以后，原合同即为专利实施许可合同，适用专利实施许可合同的有关规定。

人民法院不以当事人就已经申请专利但尚未授权的技术订立专利实施许可合同为由，认定合同无效。

四、技术咨询合同和技术服务合同

第三十条 合同法第三百五十六条第一款所称"特定技术项目"，包括有关科学技术与经济社会协调发展的软科学研究项目，促进科技进步和管理现代化、提高经济效益和社会效益等运用科学知识和技术手段进行调查、分析、论证、评价、预测的专业性技术项目。

第三十一条　当事人对技术咨询合同受托人进行调查研究、分析论证、试验测定等所需费用的负担没有约定或者约定不明确的，由受托人承担。

当事人对技术咨询合同委托人提供的技术资料和数据或者受托人提出的咨询报告和意见未约定保密义务，当事人一方引用、发表或者向第三人提供的，不认定为违约行为，但侵害对方当事人对此享有的合法权益的，应当依法承担民事责任。

第三十二条　技术咨询合同受托人发现委托人提供的资料、数据等有明显错误或者缺陷，未在合理期限内通知委托人的，视为其对委托人提供的技术资料、数据等予以认可。委托人在接到受托人的补正通知后未在合理期限内答复并予补正的，发生的损失由委托人承担。

第三十三条　合同法第三百五十六条第二款所称"特定技术问题"包括需要运用专业技术知识、经验和信息解决的有关改进产品结构、改良工艺流程、提高产品质量、降低产品成本、节约资源能耗、保护资源环境、实现安全操作、提高经济效益和社会效益等专业技术问题。

第三十四条　当事人一方以技术转让的名义提供已进入公有领域的技术，或者在技术转让合同履行过程中合同标的技术进入公有领域，但是技术提供方进行技术指导、传授技术知识，为对方解决特定技术问题符合约定条件的，按照技术服务合同处理，约定的技术转让费可以视为提供技术服务的报酬和费用，但是法律、行政法规另有规定的除外。

依照前款规定，技术转让费视为提供技术服务的报酬和费用明显不合理的，人民法院可以根据当事人的请求合理确定。

第三十五条　当事人对技术服务合同受托人提供服务所需费用的负担没有约定或者约定不明确的，由受托人承担。

技术服务合同受托人发现委托人提供的资料、数据、样品、材料、场地等工作条件不符合约定，未在合理期限内通知委托人的，视为其对委托人提供的工作条件予以认可。委托人在接到受托人的补正通知后未在合理期限内答复并予补正的，发生的损失由委托人承担。

第三十六条　合同法第三百六十四条规定的"技术培训合同"，是指当事人一方委托另一方对指定的学员进行特定项目的专业技术训练和技术指导所订立的合同，不包括职业培训、文化学习和按照行业、法人或者其他组织的计划进行的职工业余教育。

第三十七条　当事人对技术培训必需的场地、设施和试验条件等工作条件的提供和管理责任没有约定或者约定不明确的，由委托人负责提供和管理。

技术培训合同委托人派出的学员不符合约定条件，影响培训质量的，由委托人按照约定支付报酬。

受托人配备的教员不符合约定条件，影响培训质量，或者受托人未按照计划和项目进行培训，导致不能实现约定培训目标的，应当减收或者免收报酬。

受托人发现学员不符合约定条件或者委托人发现教员不符合约定条件，未在合理期限内通知对方，或者接到通知的一方未在合理期限内按约定改派的，应当由负有履行义务的当事人承担相应的民事责任。

第三十八条　合同法第三百六十四条规定的"技术中介合同"，是指当事人一方以知识、技术、经验和信息为另一方与第三人订立技术合同进行联系、介绍以及对履行合同提供专门服务所订立的合同。

第三十九条　中介人从事中介活动的费用，是指中介人在委托人和第三人订立技术合同前，进行联系、介绍活动所支出的通信、交通和必要的调查研究等费用。中介人的报酬，是指中介人为委托人与第三人订立技术合同以及对履行该合同提供服务应当得到的收益。

当事人对中介人从事中介活动的费用负担没有约定或者约定不明确的，由中介人承担。当事人约定该费用由委托人承担但未约定具体数额或者计算方法的，由委托人支付中介人从事中介活动支出的必要费用。

— 545 —

当事人对中介人的报酬数额没有约定或者约定不明确的，应当根据中介人所进行的劳务合理确定，并由委托人承担。仅在委托人与第三人订立的技术合同中约定中介条款，但未约定给付中介人报酬或者约定不明确的，应当支付的报酬由委托人和第三人平均承担。

第四十条 中介人未促成委托人与第三人之间的技术合同成立的，其要求支付报酬的请求，人民法院不予支持；其要求委托人支付其从事中介活动必要费用的请求，应当予以支持，但当事人另有约定的除外。

中介人隐瞒与订立技术合同有关的重要事实或者提供虚假情况，侵害委托人利益的，应当根据情况免收报酬并承担赔偿责任。

第四十一条 中介人对造成委托人与第三人之间的技术合同的无效或者被撤销没有过错，并且该技术合同的无效或者被撤销不影响有关中介条款或者技术中介合同继续有效，中介人要求按照约定或者本解释的有关规定给付从事中介活动的费用和报酬的，人民法院应当予以支持。

中介人收取从事中介活动的费用和报酬不应当被视为委托人与第三人之间的技术合同纠纷中一方当事人的损失。

五、与审理技术合同纠纷有关的程序问题

第四十二条 当事人将技术合同和其他合同内容或者将不同类型的技术合同内容订立在一个合同中的，应当根据当事人争议的权利义务内容，确定案件的性质和案由。

技术合同名称与约定的权利义务关系不一致的，应当按照约定的权利义务内容，确定合同的类型和案由。

技术转让合同中约定让与人负责包销或者回购受让人实施合同标的技术制造的产品，仅因让与人不履行或者不能全部履行包销或者回购义务引起纠纷，不涉及技术问题的，应当按照包销或者回购条款约定的权利义务内容确定案由。

第四十三条 技术合同纠纷案件一般由中级以上人民法院管辖。

各高级人民法院根据本辖区的实际情况并报经最高人民法院批准，可以指定若干基层人民法院管辖第一审技术合同纠纷案件。

其他司法解释对技术合同纠纷案件管辖另有规定的，从其规定。

合同中既有技术合同内容，又有其他合同内容，当事人就技术合同内容和其他合同内容均发生争议的，由具有技术合同纠纷案件管辖权的人民法院受理。

第四十四条 一方当事人以诉讼争议的技术合同侵害他人技术成果为由请求确认合同无效，或者人民法院在审理技术合同纠纷中发现可能存在该无效事由的，人民法院应当依法通知有关利害关系人，其可以作为有独立请求权的第三人参加诉讼或者依法向有管辖权的人民法院另行起诉。

利害关系人在接到通知后15日内不提起诉讼的，不影响人民法院对案件的审理。

第四十五条 第三人向受理技术合同纠纷案件的人民法院就合同标的技术提出权属或者侵权请求时，受诉人民法院对此也有管辖权的，可以将权属或者侵权纠纷与合同纠纷合并审理；受诉人民法院对此没有管辖权的，应当告知其向有管辖权的人民法院另行起诉或者将已经受理的权属或者侵权纠纷案件移送有管辖权的人民法院。权属或者侵权纠纷另案受理后，合同纠纷应当中止诉讼。

专利实施许可合同诉讼中，受让人或者第三人向专利复审委员会请求宣告专利权无效的，人民法院可以不中止诉讼。在案件审理过程中专利权被宣告无效的，按照专利法第四十七条第二款和第三款的规定处理。

六、其 他

第四十六条 集成电路布图设计、植物新品种许可使用和转让等合同争议，相关行政法规另有规定的，适用其规定；没有规定的，适用合同法总则的规定，并可以参照合同法第十八章和本解释的有关规定处理。

计算机软件开发、许可使用和转让等合同争议，著作权法以及其他法律、行政法规另有规定的，依照其规定；没有规定的，适用合同法总则的规定，并可以参照合同法第十八章和本解释的有关规定处理。

第四十七条 本解释自2005年1月1日起施行。

中华人民共和国民事诉讼法

（1991年4月9日第七届全国人民代表大会第四次会议通过　根据2007年10月28日第十届全国人民代表大会常务委员会第三十次会议《关于修改〈中华人民共和国民事诉讼法〉的决定》第一次修正　根据2012年8月31日第十一届全国人民代表大会常务委员会第二十八次会议《关于修改〈中华人民共和国民事诉讼法〉的决定》第二次修正　根据2017年6月27日第十二届全国人民代表大会常务委员会第二十八次会议《关于修改〈中华人民共和国民事诉讼法〉和〈中华人民共和国行政诉讼法〉的决定》第三次修正）

第一编　总　则

第一章　任务、适用范围和基本原则

第一条　中华人民共和国民事诉讼法以宪法为根据，结合我国民事审判工作的经验和实际情况制定。

第二条　中华人民共和国民事诉讼法的任务，是保护当事人行使诉讼权利，保证人民法院查明事实，分清是非，正确适用法律，及时审理民事案件，确认民事权利义务关系，制裁民事违法行为，保护当事人的合法权益，教育公民自觉遵守法律，维护社会秩序、经济秩序，保障社会主义建设事业顺利进行。

第三条　人民法院受理公民之间、法人之间、其他组织之间以及他们相互之间因财产关系和人身关系提起的民事诉讼，适用本法的规定。

第四条　凡在中华人民共和国领域内进行民事诉讼，必须遵守本法。

第五条　外国人、无国籍人、外国企业和组织在人民法院起诉、应诉，同中华人民共和国公民、法人和其他组织有同等的诉讼权利义务。

外国法院对中华人民共和国公民、法人和其他组织的民事诉讼权利加以限制的，中华人民共和国人民法院对该国公民、企业和组织的民事诉讼权利，实行对等原则。

第六条　民事案件的审判权由人民法院行使。

人民法院依照法律规定对民事案件独立进行审判，不受行政机关、社会团体和个人的干涉。

第七条　人民法院审理民事案件，必须以事实为根据，以法律为准绳。

第八条　民事诉讼当事人有平等的诉讼权利。人民法院审理民事案件，应当保障和便利当事人行使诉讼权利，对当事人在适用法律上一律平等。

第九条　人民法院审理民事案件，应当根据自愿和合法的原则进行调解；调解不成的，应当及时判决。

第十条　人民法院审理民事案件，依照法律规定实行合议、回避、公开审判和两审终审制度。

第十一条　各民族公民都有用本民族语言、文字进行民事诉讼的权利。

在少数民族聚居或者多民族共同居住的地区，人民法院应当用当地民族通用的语言、文字进行审理和发布法律文书。

人民法院应当对不通晓当地民族通用的语言、文字的诉讼参与人提供翻译。

第十二条　人民法院审理民事案件时，当事人有权进行辩论。

第十三条　民事诉讼应当遵循诚实信用原则。

当事人有权在法律规定的范围内处分自己的民事权利和诉讼权利。

第十四条　人民检察院有权对民事诉讼实行法律监督。

第十五条　机关、社会团体、企业事业单位对损害国家、集体或者个人民事权益的行

为，可以支持受损害的单位或者个人向人民法院起诉。

第十六条 民族自治地方的人民代表大会根据宪法和本法的原则，结合当地民族的具体情况，可以制定变通或者补充的规定。自治区的规定，报全国人民代表大会常务委员会批准。自治州、自治县的规定，报省或者自治区的人民代表大会常务委员会批准，并报全国人民代表大会常务委员会备案。

第二章 管 辖

第一节 级别管辖

第十七条 基层人民法院管辖第一审民事案件，但本法另有规定的除外。

第十八条 中级人民法院管辖下列第一审民事案件：

（一）重大涉外案件；

（二）在本辖区有重大影响的案件；

（三）最高人民法院确定由中级人民法院管辖的案件。

第十九条 高级人民法院管辖在本辖区有重大影响的第一审民事案件。

第二十条 最高人民法院管辖下列第一审民事案件：

（一）在全国有重大影响的案件；

（二）认为应当由本院审理的案件。

第二节 地域管辖

第二十一条 对公民提起的民事诉讼，由被告住所地人民法院管辖；被告住所地与经常居住地不一致的，由经常居住地人民法院管辖。

对法人或者其他组织提起的民事诉讼，由被告住所地人民法院管辖。

同一诉讼的几个被告住所地、经常居住地在两个以上人民法院辖区的，各该人民法院都有管辖权。

第二十二条 下列民事诉讼，由原告住所地人民法院管辖；原告住所地与经常居住地不一致的，由原告经常居住地人民法院管辖：

（一）对不在中华人民共和国领域内居住的人提起的有关身份关系的诉讼；

（二）对下落不明或者宣告失踪的人提起的有关身份关系的诉讼；

（三）对被采取强制性教育措施的人提起的诉讼；

（四）对被监禁的人提起的诉讼。

第二十三条 因合同纠纷提起的诉讼，由被告住所地或者合同履行地人民法院管辖。

第二十四条 因保险合同纠纷提起的诉讼，由被告住所地或者保险标的物所在地人民法院管辖。

第二十五条 因票据纠纷提起的诉讼，由票据支付地或者被告住所地人民法院管辖。

第二十六条 因公司设立、确认股东资格、分配利润、解散等纠纷提起的诉讼，由公司住所地人民法院管辖。

第二十七条 因铁路、公路、水上、航空运输和联合运输合同纠纷提起的诉讼，由运输始发地、目的地或者被告住所地人民法院管辖。

第二十八条 因侵权行为提起的诉讼，由侵权行为地或者被告住所地人民法院管辖。

第二十九条 因铁路、公路、水上和航空事故请求损害赔偿提起的诉讼，由事故发生地或者车辆、船舶最先到达地、航空器最先降落地或者被告住所地人民法院管辖。

第三十条 因船舶碰撞或者其他海事损害事故请求损害赔偿提起的诉讼，由碰撞发生地、碰撞船舶最先到达地、加害船舶被扣留地或者被告住所地人民法院管辖。

第三十一条 因海难救助费用提起的诉讼，由救助地或者被救助船舶最先到达地人民法院管辖。

第三十二条 因共同海损提起的诉讼，由船舶最先到达地、共同海损理算地或者航程终止地的人民法院管辖。

第三十三条 下列案件，由本条规定的人民法院专属管辖：

（一）因不动产纠纷提起的诉讼，由不动产所在地人民法院管辖；

（二）因港口作业中发生纠纷提起的诉讼，

由港口所在地人民法院管辖；

（三）因继承遗产纠纷提起的诉讼，由被继承人死亡时住所地或者主要遗产所在地人民法院管辖。

第三十四条 合同或者其他财产权益纠纷的当事人可以书面协议选择被告住所地、合同履行地、合同签订地、原告住所地、标的物所在地等与争议有实际联系的地点的人民法院管辖，但不得违反本法对级别管辖和专属管辖的规定。

第三十五条 两个以上人民法院都有管辖权的诉讼，原告可以向其中一个人民法院起诉；原告向两个以上有管辖权的人民法院起诉的，由最先立案的人民法院管辖。

第三节 移送管辖和指定管辖

第三十六条 人民法院发现受理的案件不属于本院管辖的，应当移送有管辖权的人民法院，受移送的人民法院应当受理。受移送的人民法院认为受移送的案件依照规定不属于本院管辖的，应当报请上级人民法院指定管辖，不得再自行移送。

第三十七条 有管辖权的人民法院由于特殊原因，不能行使管辖权的，由上级人民法院指定管辖。

人民法院之间因管辖权发生争议，由争议双方协商解决；协商解决不了的，报请它们的共同上级人民法院指定管辖。

第三十八条 上级人民法院有权审理下级人民法院管辖的第一审民事案件；确有必要将本院管辖的第一审民事案件交下级人民法院审理的，应当报请其上级人民法院批准。

下级人民法院对它所管辖的第一审民事案件，认为需要由上级人民法院审理的，可以报请上级人民法院审理。

第三章 审判组织

第三十九条 人民法院审理第一审民事案件，由审判员、陪审员共同组成合议庭或者由审判员组成合议庭。合议庭的成员人数，必须是单数。

适用简易程序审理的民事案件，由审判员一人独任审理。

陪审员在执行陪审职务时，与审判员有同等的权利义务。

第四十条 人民法院审理第二审民事案件，由审判员组成合议庭。合议庭的成员人数，必须是单数。

发回重审的案件，原审人民法院应当按照第一审程序另行组成合议庭。

审理再审案件，原来是第一审的，按照第一审程序另行组成合议庭；原来是第二审的或者是上级人民法院提审的，按照第二审程序另行组成合议庭。

第四十一条 合议庭的审判长由院长或者庭长指定审判员一人担任；院长或者庭长参加审判的，由院长或者庭长担任。

第四十二条 合议庭评议案件，实行少数服从多数的原则。评议应当制作笔录，由合议庭成员签名。评议中的不同意见，必须如实记入笔录。

第四十三条 审判人员应当依法秉公办案。

审判人员不得接受当事人及其诉讼代理人请客送礼。

审判人员有贪污受贿，徇私舞弊，枉法裁判行为的，应当追究法律责任；构成犯罪的，依法追究刑事责任。

第四章 回避

第四十四条 审判人员有下列情形之一的，应当自行回避，当事人有权用口头或者书面方式申请他们回避：

（一）是本案当事人或者当事人、诉讼代理人近亲属的；

（二）与本案有利害关系的；

（三）与本案当事人、诉讼代理人有其他关系，可能影响对案件公正审理的。

审判人员接受当事人、诉讼代理人请客送礼，或者违反规定会见当事人、诉讼代理人的，当事人有权要求他们回避。

审判人员有前款规定的行为的，应当依法追究法律责任。

前三款规定，适用于书记员、翻译人员、鉴定人、勘验人。

第四十五条 当事人提出回避申请，应当说明理由，在案件开始审理时提出；回避事由在案件开始审理后知道的，也可以在法庭辩论终结前提出。

被申请回避的人员在人民法院作出是否回避的决定前，应当暂停参与本案的工作，但案件需要采取紧急措施的除外。

第四十六条 院长担任审判长时的回避，由审判委员会决定；审判人员的回避，由院长决定；其他人员的回避，由审判长决定。

第四十七条 人民法院对当事人提出的回避申请，应当在申请提出的三日内，以口头或者书面形式作出决定。申请人对决定不服的，可以在接到决定时申请复议一次。复议期间，被申请回避的人员，不停止参与本案的工作。人民法院对复议申请，应当在三日内作出复议决定，并通知复议申请人。

第五章 诉讼参加人

第一节 当事人

第四十八条 公民、法人和其他组织可以作为民事诉讼的当事人。

法人由其法定代表人进行诉讼。其他组织由其主要负责人进行诉讼。

第四十九条 当事人有权委托代理人，提出回避申请，收集、提供证据，进行辩论，请求调解，提起上诉，申请执行。

当事人可以查阅本案有关材料，并可以复制本案有关材料和法律文书。查阅、复制本案有关材料的范围和办法由最高人民法院规定。

当事人必须依法行使诉讼权利，遵守诉讼秩序，履行发生法律效力的判决书、裁定书和调解书。

第五十条 双方当事人可以自行和解。

第五十一条 原告可以放弃或者变更诉讼请求。被告可以承认或者反驳诉讼请求，有权提起反诉。

第五十二条 当事人一方或者双方为二人以上，其诉讼标的是共同的，或者诉讼标的是同一种类、人民法院认为可以合并审理并经当事人同意的，为共同诉讼。

共同诉讼的一方当事人对诉讼标的有共同权利义务的，其中一人的诉讼行为经其他共同诉讼人承认，对其他共同诉讼人发生效力；对诉讼标的没有共同权利义务的，其中一人的诉讼行为对其他共同诉讼人不发生效力。

第五十三条 当事人一方人数众多的共同诉讼，可以由当事人推选代表人进行诉讼。代表人的诉讼行为对其所代表的当事人发生效力，但代表人变更、放弃诉讼请求或者承认对方当事人的诉讼请求，进行和解，必须经被代表的当事人同意。

第五十四条 诉讼标的是同一种类、当事人一方人数众多在起诉时人数尚未确定的，人民法院可以发出公告，说明案件情况和诉讼请求，通知权利人在一定期间向人民法院登记。

向人民法院登记的权利人可以推选代表人进行诉讼；推选不出代表人的，人民法院可以与参加登记的权利人商定代表人。

代表人的诉讼行为对其所代表的当事人发生效力，但代表人变更、放弃诉讼请求或者承认对方当事人的诉讼请求，进行和解，必须经被代表的当事人同意。

人民法院作出的判决、裁定，对参加登记的全体权利人发生效力。未参加登记的权利人在诉讼时效期间提起诉讼的，适用该判决、裁定。

第五十五条 对污染环境、侵害众多消费者合法权益等损害社会公共利益的行为，法律规定的机关和有关组织可以向人民法院提起诉讼。

人民检察院在履行职责中发现破坏生态环境和资源保护、食品药品安全领域侵害众多消费者合法权益等损害社会公共利益的行为，在没有前款规定的机关和组织或者前款规定的机关和组织不提起诉讼的情况下，可以向人民法院提起诉讼。前款规定的机关或者组织提起诉讼的，人民检察院可以支持起诉。

第五十六条 对当事人双方的诉讼标的，第三人认为有独立请求权的，有权提起诉讼。

对当事人双方的诉讼标的，第三人虽然没有独立请求权，但案件处理结果同他有法律上的利害关系的，可以申请参加诉讼，或者由人民法院通知他参加诉讼。人民法院判决承担民事责任的第三人，有当事人的诉讼权利义务。

前两款规定的第三人，因不能归责于本人的事由未参加诉讼，但有证据证明发生法律效力的判决、裁定、调解书的部分或者全部内容错误，损害其民事权益的，可以自知道或者应当知道其民事权益受到损害之日起六个月内，向作出该判决、裁定、调解书的人民法院提起诉讼。人民法院经审理，诉讼请求成立的，应当改变或者撤销原判决、裁定、调解书；诉讼请求不成立的，驳回诉讼请求。

第二节 诉讼代理人

第五十七条 无诉讼行为能力人由他的监护人作为法定代理人代为诉讼。法定代理人之间互相推诿代理责任的，由人民法院指定其中一人代为诉讼。

第五十八条 当事人、法定代理人可以委托一至二人作为诉讼代理人。

下列人员可以被委托为诉讼代理人：

（一）律师、基层法律服务工作者；
（二）当事人的近亲属或者工作人员；
（三）当事人所在社区、单位以及有关社会团体推荐的公民。

第五十九条 委托他人代为诉讼，必须向人民法院提交由委托人签名或者盖章的授权委托书。

授权委托书必须记明委托事项和权限。诉讼代理人代为承认、放弃、变更诉讼请求，进行和解，提起反诉或者上诉，必须有委托人的特别授权。

侨居在国外的中华人民共和国公民从国外寄交或者托交的授权委托书，必须经中华人民共和国驻该国的使领馆证明；没有使领馆的，由与中华人民共和国有外交关系的第三国驻该国的使领馆证明，再转由中华人民共和国驻该第三国使领馆证明，或者由当地的爱国华侨团体证明。

第六十条 诉讼代理人的权限如果变更或者解除，当事人应当书面告知人民法院，并由人民法院通知对方当事人。

第六十一条 代理诉讼的律师和其他诉讼代理人有权调查收集证据，可以查阅本案有关材料。查阅本案有关材料的范围和办法由最高人民法院规定。

第六十二条 离婚案件有诉讼代理人的，本人除不能表达意思的以外，仍应出庭；确因特殊情况无法出庭的，必须向人民法院提交书面意见。

第六章 证 据

第六十三条 证据包括：

（一）当事人的陈述；
（二）书证；
（三）物证；
（四）视听资料；
（五）电子数据；
（六）证人证言；
（七）鉴定意见；
（八）勘验笔录。

证据必须查证属实，才能作为认定事实的根据。

第六十四条 当事人对自己提出的主张，有责任提供证据。

当事人及其诉讼代理人因客观原因不能自行收集的证据，或者人民法院认为审理案件需要的证据，人民法院应当调查收集。

人民法院应当按照法定程序，全面地、客观地审查核实证据。

第六十五条 当事人对自己提出的主张应当及时提供证据。

人民法院根据当事人的主张和案件审理情况，确定当事人应当提供的证据及其期限。当事人在该期限内提供证据确有困难的，可以向人民法院申请延长期限，人民法院根据当事人的申请适当延长。当事人逾期提供证据的，人民法院应当责令其说明理由；拒不说明理由或者理由不成立的，人民法院根据不同情形可以不予采纳该证据，或者采纳该证据但予以训诫、罚款。

第六十六条 人民法院收到当事人提交的证据材料，应当出具收据，写明证据名称、页数、份数、原件或者复印件以及收到时间等，并由经办人员签名或者盖章。

第六十七条　人民法院有权向有关单位和个人调查取证，有关单位和个人不得拒绝。

人民法院对有关单位和个人提出的证明文书，应当辨别真伪，审查确定其效力。

第六十八条　证据应当在法庭上出示，并由当事人互相质证。对涉及国家秘密、商业秘密和个人隐私的证据应当保密，需要在法庭出示的，不得在公开开庭时出示。

第六十九条　经过法定程序公证证明的法律事实和文书，人民法院应当作为认定事实的根据，但有相反证据足以推翻公证证明的除外。

第七十条　书证应当提交原件。物证应当提交原物。提交原件或者原物确有困难的，可以提交复制品、照片、副本、节录本。

提交外文书证，必须附有中文译本。

第七十一条　人民法院对视听资料，应当辨别真伪，并结合本案的其他证据，审查确定能否作为认定事实的根据。

第七十二条　凡是知道案件情况的单位和个人，都有义务出庭作证。有关单位的负责人应当支持证人作证。

不能正确表达意思的人，不能作证。

第七十三条　经人民法院通知，证人应当出庭作证。有下列情形之一的，经人民法院许可，可以通过书面证言、视听传输技术或者视听资料等方式作证：

（一）因健康原因不能出庭的；

（二）因路途遥远，交通不便不能出庭的；

（三）因自然灾害等不可抗力不能出庭的；

（四）其他有正当理由不能出庭的。

第七十四条　证人因履行出庭作证义务而支出的交通、住宿、就餐等必要费用以及误工损失，由败诉一方当事人负担。当事人申请证人作证的，由该当事人先行垫付；当事人没有申请，人民法院通知证人作证的，由人民法院先行垫付。

第七十五条　人民法院对当事人的陈述，应当结合本案的其他证据，审查确定能否作为认定事实的根据。

当事人拒绝陈述的，不影响人民法院根据证据认定案件事实。

第七十六条　当事人可以就查明事实的专门性问题向人民法院申请鉴定。当事人申请鉴定的，由双方当事人协商确定具备资格的鉴定人；协商不成的，由人民法院指定。

当事人未申请鉴定，人民法院对专门性问题认为需要鉴定的，应当委托具备资格的鉴定人进行鉴定。

第七十七条　鉴定人有权了解进行鉴定所需要的案件材料，必要时可以询问当事人、证人。

鉴定人应当提出书面鉴定意见，在鉴定书上签名或者盖章。

第七十八条　当事人对鉴定意见有异议或者人民法院认为鉴定人有必要出庭的，鉴定人应当出庭作证。经人民法院通知，鉴定人拒不出庭作证的，鉴定意见不得作为认定事实的根据；支付鉴定费用的当事人可以要求返还鉴定费用。

第七十九条　当事人可以申请人民法院通知有专门知识的人出庭，就鉴定人作出的鉴定意见或者专业问题提出意见。

第八十条　勘验物证或者现场，勘验人必须出示人民法院的证件，并邀请当地基层组织或者当事人所在单位派人参加。当事人或者当事人的成年家属应当到场，拒不到场的，不影响勘验的进行。

有关单位和个人根据人民法院的通知，有义务保护现场，协助勘验工作。

勘验人应当将勘验情况和结果制作笔录，由勘验人、当事人和被邀参加人签名或者盖章。

第八十一条　在证据可能灭失或者以后难以取得的情况下，当事人可以在诉讼过程中向人民法院申请保全证据，人民法院也可以主动采取保全措施。

因情况紧急，在证据可能灭失或者以后难以取得的情况下，利害关系人可以在提起诉讼或者申请仲裁前向证据所在地、被申请人住所地或者对案件有管辖权的人民法院申请保全证据。

证据保全的其他程序，参照适用本法第九章保全的有关规定。

第七章 期间、送达

第一节 期 间

第八十二条 期间包括法定期间和人民法院指定的期间。

期间以时、日、月、年计算。期间开始的时和日，不计算在期间内。

期间届满的最后一日是节假日的，以节假日后的第一日为期间届满的日期。

期间不包括在途时间，诉讼文书在期满前交邮的，不算过期。

第八十三条 当事人因不可抗拒的事由或者其他正当理由耽误期限的，在障碍消除后的十日内，可以申请顺延期限，是否准许，由人民法院决定。

第二节 送 达

第八十四条 送达诉讼文书必须有送达回证，由受送达人在送达回证上记明收到日期，签名或者盖章。

受送达人在送达回证上的签收日期为送达日期。

第八十五条 送达诉讼文书，应当直接送交受送达人。受送达人是公民的，本人不在交他的同住成年家属签收；受送达人是法人或者其他组织的，应当由法人的法定代表人、其他组织的主要负责人或者该法人、组织负责收件的人签收；受送达人有诉讼代理人的，可以送交其代理人签收；受送达人已向人民法院指定代收人的，送交代收人签收。

受送达人的同住成年家属，法人或者其他组织的负责收件的人，诉讼代理人或者代收人在送达回证上签收的日期为送达日期。

第八十六条 受送达人或者他的同住成年家属拒绝接收诉讼文书的，送达人可以邀请有关基层组织或者所在单位的代表到场，说明情况，在送达回证上记明拒收事由和日期，由送达人、见证人签名或者盖章，把诉讼文书留在受送达人的住所；也可以把诉讼文书留在受送达人的住所，并采用拍照、录像等方式记录送达过程，即视为送达。

第八十七条 经受送达人同意，人民法院可以采用传真、电子邮件等能够确认其收悉的方式送达诉讼文书，但判决书、裁定书、调解书除外。

采用前款方式送达的，以传真、电子邮件等到达受送达人特定系统的日期为送达日期。

第八十八条 直接送达诉讼文书有困难的，可以委托其他人民法院代为送达，或者邮寄送达。邮寄送达的，以回执上注明的收件日期为送达日期。

第八十九条 受送达人是军人的，通过其所在部队团以上单位的政治机关转交。

第九十条 受送达人被监禁的，通过其所在监所转交。

受送达人被采取强制性教育措施的，通过其所在强制性教育机构转交。

第九十一条 代为转交的机关、单位收到诉讼文书后，必须立即交受送达人签收，以在送达回证上的签收日期，为送达日期。

第九十二条 受送达人下落不明，或者用本节规定的其他方式无法送达的，公告送达。自发出公告之日起，经过六十日，即视为送达。

公告送达，应当在案卷中记明原因和经过。

第八章 调 解

第九十三条 人民法院审理民事案件，根据当事人自愿的原则，在事实清楚的基础上，分清是非，进行调解。

第九十四条 人民法院进行调解，可以由审判员一人主持，也可以由合议庭主持，并尽可能就地进行。

人民法院进行调解，可以用简便方式通知当事人、证人到庭。

第九十五条 人民法院进行调解，可以邀请有关单位和个人协助。被邀请的单位和个人，应当协助人民法院进行调解。

第九十六条 调解达成协议，必须双方自愿，不得强迫。调解协议的内容不得违反法律规定。

第九十七条 调解达成协议，人民法院应当制作调解书。调解书应当写明诉讼请求、案件的事实和调解结果。

调解书由审判人员、书记员署名，加盖人民法院印章，送达双方当事人。

调解书经双方当事人签收后，即具有法律效力。

第九十八条 下列案件调解达成协议，人民法院可以不制作调解书：

（一）调解和好的离婚案件；

（二）调解维持收养关系的案件；

（三）能够即时履行的案件；

（四）其他不需要制作调解书的案件。

对不需要制作调解书的协议，应当记入笔录，由双方当事人、审判人员、书记员签名或者盖章后，即具有法律效力。

第九十九条 调解未达成协议或者调解书送达前一方反悔的，人民法院应当及时判决。

第九章 保全和先予执行

第一百条 人民法院对于可能因当事人一方的行为或者其他原因，使判决难以执行或者造成当事人其他损害的案件，根据对方当事人的申请，可以裁定对其财产进行保全、责令其作出一定行为或者禁止其作出一定行为；当事人没有提出申请的，人民法院在必要时也可以裁定采取保全措施。

人民法院采取保全措施，可以责令申请人提供担保，申请人不提供担保的，裁定驳回申请。

人民法院接受申请后，对情况紧急的，必须在四十八小时内作出裁定；裁定采取保全措施的，应当立即开始执行。

第一百零一条 利害关系人因情况紧急，不立即申请保全将会使其合法权益受到难以弥补的损害的，可以在提起诉讼或者申请仲裁前向被保全财产所在地、被申请人住所地或者对案件有管辖权的人民法院申请采取保全措施。申请人应当提供担保，不提供担保的，裁定驳回申请。

人民法院接受申请后，必须在四十八小时内作出裁定；裁定采取保全措施的，应当立即开始执行。

申请人在人民法院采取保全措施后三十日内不依法提起诉讼或者申请仲裁的，人民法院应当解除保全。

第一百零二条 保全限于请求的范围，或者与本案有关的财物。

第一百零三条 财产保全采取查封、扣押、冻结或者法律规定的其他方法。人民法院保全财产后，应当立即通知被保全财产的人。

财产已被查封、冻结的，不得重复查封、冻结。

第一百零四条 财产纠纷案件，被申请人提供担保的，人民法院应当裁定解除保全。

第一百零五条 申请有错误的，申请人应当赔偿被申请人因保全所遭受的损失。

第一百零六条 人民法院对下列案件，根据当事人的申请，可以裁定先予执行：

（一）追索赡养费、扶养费、抚育费、抚恤金、医疗费用的；

（二）追索劳动报酬的；

（三）因情况紧急需要先予执行的。

第一百零七条 人民法院裁定先予执行的，应当符合下列条件：

（一）当事人之间权利义务关系明确，不先予执行将严重影响申请人的生活或者生产经营的；

（二）被申请人有履行能力。

人民法院可以责令申请人提供担保，申请人不提供担保的，驳回申请。申请人败诉的，应当赔偿被申请人因先予执行遭受的财产损失。

第一百零八条 当事人对保全或者先予执行的裁定不服的，可以申请复议一次。复议期间不停止裁定的执行。

第十章 对妨害民事诉讼的强制措施

第一百零九条 人民法院对必须到庭的被告，经两次传票传唤，无正当理由拒不到庭的，可以拘传。

第一百一十条 诉讼参与人和其他人应当遵守法庭规则。

人民法院对违反法庭规则的人，可以予以训诫，责令退出法庭或者予以罚款、拘留。

人民法院对哄闹、冲击法庭、侮辱、诽谤、威胁、殴打审判人员，严重扰乱法庭秩序的人，依法追究刑事责任；情节较轻的，予以罚款、拘留。

第一百一十一条 诉讼参与人或者其他人有下列行为之一的，人民法院可以根据情节轻重予以罚款、拘留；构成犯罪的，依法追究刑事责任：

（一）伪造、毁灭重要证据，妨碍人民法院审理案件的；

（二）以暴力、威胁、贿买方法阻止证人作证或者指使、贿买、胁迫他人作伪证的；

（三）隐藏、转移、变卖、毁损已被查封、扣押的财产，或者已被清点并责令其保管的财产，转移已被冻结的财产的；

（四）对司法工作人员、诉讼参加人、证人、翻译人员、鉴定人、勘验人、协助执行的人，进行侮辱、诽谤、诬陷、殴打或者打击报复的；

（五）以暴力、威胁或者其他方法阻碍司法工作人员执行职务的；

（六）拒不履行人民法院已经发生法律效力的判决、裁定的。

人民法院对有前款规定的行为之一的单位，可以对其主要负责人或者直接责任人员予以罚款、拘留；构成犯罪的，依法追究刑事责任。

第一百一十二条 当事人之间恶意串通，企图通过诉讼、调解等方式侵害他人合法权益的，人民法院应当驳回其请求，并根据情节轻重予以罚款、拘留；构成犯罪的，依法追究刑事责任。

第一百一十三条 被执行人与他人恶意串通，通过诉讼、仲裁、调解等方式逃避履行法律文书确定的义务的，人民法院应当根据情节轻重予以罚款、拘留；构成犯罪的，依法追究刑事责任。

第一百一十四条 有义务协助调查、执行的单位有下列行为之一的，人民法院除责令其履行协助义务外，并可以予以罚款：

（一）有关单位拒绝或者妨碍人民法院调查取证的；

（二）有关单位接到人民法院协助执行通知书后，拒不协助查询、扣押、冻结、划拨、变价财产的；

（三）有关单位接到人民法院协助执行通知书后，拒不协助扣留被执行人的收入、办理有关财产权证照转移手续、转交有关票证、证照或者其他财产的；

（四）其他拒绝协助执行的。

人民法院对有前款规定的行为之一的单位，可以对其主要负责人或者直接责任人员予以罚款；对仍不履行协助义务的，可以予以拘留；并可以向监察机关或者有关机关提出予以纪律处分的司法建议。

第一百一十五条 对个人的罚款金额，为人民币十万元以下。对单位的罚款金额，为人民币五万元以上一百万元以下。

拘留的期限，为十五日以下。

被拘留的人，由人民法院交公安机关看管。在拘留期间，被拘留人承认并改正错误的，人民法院可以决定提前解除拘留。

第一百一十六条 拘传、罚款、拘留必须经院长批准。

拘传应当发拘传票。

罚款、拘留应当用决定书。对决定不服的，可以向上一级人民法院申请复议一次。复议期间不停止执行。

第一百一十七条 采取对妨害民事诉讼的强制措施必须由人民法院决定。任何单位和个人采取非法拘禁他人或者非法私自扣押他人财产追索债务的，应当依法追究刑事责任，或者予以拘留、罚款。

第十一章 诉讼费用

第一百一十八条 当事人进行民事诉讼，应当按照规定交纳案件受理费。财产案件除交纳案件受理费外，并按照规定交纳其他诉讼费用。

当事人交纳诉讼费用确有困难的，可以按照规定向人民法院申请缓交、减交或者免交。

收取诉讼费用的办法另行制定。

— 555 —

第二编 审判程序

第十二章 第一审普通程序

第一节 起诉和受理

第一百一十九条 起诉必须符合下列条件：

（一）原告是与本案有直接利害关系的公民、法人和其他组织；

（二）有明确的被告；

（三）有具体的诉讼请求和事实、理由；

（四）属于人民法院受理民事诉讼的范围和受诉人民法院管辖。

第一百二十条 起诉应当向人民法院递交起诉状，并按照被告人数提出副本。

书写起诉状确有困难的，可以口头起诉，由人民法院记入笔录，并告知对方当事人。

第一百二十一条 起诉状应当记明下列事项：

（一）原告的姓名、性别、年龄、民族、职业、工作单位、住所、联系方式，法人或者其他组织的名称、住所和法定代表人或者主要负责人的姓名、职务、联系方式；

（二）被告的姓名、性别、工作单位、住所等信息，法人或者其他组织的名称、住所等信息；

（三）诉讼请求和所根据的事实与理由；

（四）证据和证据来源，证人姓名和住所。

第一百二十二条 当事人起诉到人民法院的民事纠纷，适宜调解的，先行调解，但当事人拒绝调解的除外。

第一百二十三条 人民法院应当保障当事人依照法律规定享有的起诉权利。对符合本法第一百一十九条的起诉，必须受理。符合起诉条件的，应当在七日内立案，并通知当事人；不符合起诉条件的，应当在七日内作出裁定书，不予受理；原告对裁定不服的，可以提起上诉。

第一百二十四条 人民法院对下列起诉，分别情形，予以处理：

（一）依照行政诉讼法的规定，属于行政诉讼受案范围的，告知原告提起行政诉讼；

（二）依照法律规定，双方当事人达成书面仲裁协议申请仲裁、不得向人民法院起诉的，告知原告向仲裁机构申请仲裁；

（三）依照法律规定，应当由其他机关处理的争议，告知原告向有关机关申请解决；

（四）对不属于本院管辖的案件，告知原告向有管辖权的人民法院起诉；

（五）对判决、裁定、调解书已经发生法律效力的案件，当事人又起诉的，告知原告申请再审，但人民法院准许撤诉的裁定除外；

（六）依照法律规定，在一定期限内不得起诉的案件，在不得起诉的期限内起诉的，不予受理；

（七）判决不准离婚和调解和好的离婚案件，判决、调解维持收养关系的案件，没有新情况、新理由，原告在六个月内又起诉的，不予受理。

第二节 审理前的准备

第一百二十五条 人民法院应当在立案之日起五日内将起诉状副本发送被告，被告应当在收到之日起十五日内提出答辩状。答辩状应当记明被告的姓名、性别、年龄、民族、职业、工作单位、住所、联系方式；法人或者其他组织的名称、住所和法定代表人或者主要负责人的姓名、职务、联系方式。人民法院应当在收到答辩状之日起五日内将答辩状副本发送原告。

被告不提出答辩状的，不影响人民法院审理。

第一百二十六条 人民法院对决定受理的案件，应当在受理案件通知书和应诉通知书中向当事人告知有关的诉讼权利义务，或者口头告知。

第一百二十七条 人民法院受理案件后，当事人对管辖权有异议的，应当在提交答辩状期间提出。人民法院对当事人提出的异议，应当审查。异议成立的，裁定将案件移送有管辖权的人民法院；异议不成立的，裁定驳回。

当事人未提出管辖异议，并应诉答辩的，视为受诉人民法院有管辖权，但违反级别管辖和专属管辖规定的除外。

第一百二十八条 合议庭组成人员确定后,应当在三日内告知当事人。

第一百二十九条 审判人员必须认真审核诉讼材料,调查收集必要的证据。

第一百三十条 人民法院派出人员进行调查时,应当向被调查人出示证件。

调查笔录经被调查人校阅后,由被调查人、调查人签名或者盖章。

第一百三十一条 人民法院在必要时可以委托外地人民法院调查。

委托调查,必须提出明确的项目和要求。受委托人民法院可以主动补充调查。

受委托人民法院收到委托书后,应当在三十日内完成调查。因故不能完成的,应当在上述期限内函告委托人民法院。

第一百三十二条 必须共同进行诉讼的当事人没有参加诉讼的,人民法院应当通知其参加诉讼。

第一百三十三条 人民法院对受理的案件,分别情形,予以处理:

(一)当事人没有争议,符合督促程序规定条件的,可以转入督促程序;

(二)开庭前可以调解的,采取调解方式及时解决纠纷;

(三)根据案件情况,确定适用简易程序或者普通程序;

(四)需要开庭审理的,通过要求当事人交换证据等方式,明确争议焦点。

第三节 开庭审理

第一百三十四条 人民法院审理民事案件,除涉及国家秘密、个人隐私或者法律另有规定的以外,应当公开进行。

离婚案件,涉及商业秘密的案件,当事人申请不公开审理的,可以不公开审理。

第一百三十五条 人民法院审理民事案件,根据需要进行巡回审理,就地办案。

第一百三十六条 人民法院审理民事案件,应当在开庭三日前通知当事人和其他诉讼参与人。公开审理的,应当公告当事人姓名、案由和开庭的时间、地点。

第一百三十七条 开庭审理前,书记员应当查明当事人和其他诉讼参与人是否到庭,宣布法庭纪律。

开庭审理时,由审判长核对当事人,宣布案由,宣布审判人员、书记员名单,告知当事人有关的诉讼权利义务,询问当事人是否提出回避申请。

第一百三十八条 法庭调查按照下列顺序进行:

(一)当事人陈述;

(二)告知证人的权利义务,证人作证,宣读未到庭的证人证言;

(三)出示书证、物证、视听资料和电子数据;

(四)宣读鉴定意见;

(五)宣读勘验笔录。

第一百三十九条 当事人在法庭上可以提出新的证据。

当事人经法庭许可,可以向证人、鉴定人、勘验人发问。

当事人要求重新进行调查、鉴定或者勘验的,是否准许,由人民法院决定。

第一百四十条 原告增加诉讼请求,被告提出反诉,第三人提出与本案有关的诉讼请求,可以合并审理。

第一百四十一条 法庭辩论按照下列顺序进行:

(一)原告及其诉讼代理人发言;

(二)被告及其诉讼代理人答辩;

(三)第三人及其诉讼代理人发言或者答辩;

(四)互相辩论。

法庭辩论终结,由审判长按照原告、被告、第三人的先后顺序征询各方最后意见。

第一百四十二条 法庭辩论终结,应当依法作出判决。判决前能够调解的,还可以进行调解,调解不成的,应当及时判决。

第一百四十三条 原告经传票传唤,无正当理由拒不到庭的,或者未经法庭许可中途退庭的,可以按撤诉处理;被告反诉的,可以缺席判决。

第一百四十四条 被告经传票传唤,无正当理由拒不到庭的,或者未经法庭许可中途退

— 557 —

庭的，可以缺席判决。

第一百四十五条 宣判前，原告申请撤诉的，是否准许，由人民法院裁定。

人民法院裁定不准许撤诉的，原告经传票传唤，无正当理由拒不到庭的，可以缺席判决。

第一百四十六条 有下列情形之一的，可以延期开庭审理：

（一）必须到庭的当事人和其他诉讼参与人有正当理由没有到庭的；

（二）当事人临时提出回避申请的；

（三）需要通知新的证人到庭，调取新的证据，重新鉴定、勘验，或者需要补充调查的；

（四）其他应当延期的情形。

第一百四十七条 书记员应当将法庭审理的全部活动记入笔录，由审判人员和书记员签名。

法庭笔录应当当庭宣读，也可以告知当事人和其他诉讼参与人当庭或者在五日内阅读。当事人和其他诉讼参与人认为对自己的陈述记录有遗漏或者差错的，有权申请补正。如果不予补正，应当将申请记录在案。

法庭笔录由当事人和其他诉讼参与人签名或者盖章。拒绝签名盖章的，记明情况附卷。

第一百四十八条 人民法院对公开审理或者不公开审理的案件，一律公开宣告判决。

当庭宣判的，应当在十日内发送判决书；定期宣判的，宣判后立即发给判决书。

宣告判决时，必须告知当事人上诉权利、上诉期限和上诉的法院。

宣告离婚判决，必须告知当事人在判决发生法律效力前不得另行结婚。

第一百四十九条 人民法院适用普通程序审理的案件，应当在立案之日起六个月内审结。有特殊情况需要延长的，由本院院长批准，可以延长六个月；还需要延长的，报请上级人民法院批准。

第四节 诉讼中止和终结

第一百五十条 有下列情形之一的，中止诉讼：

（一）一方当事人死亡，需要等待继承人表明是否参加诉讼的；

（二）一方当事人丧失诉讼行为能力，尚未确定法定代理人的；

（三）作为一方当事人的法人或者其他组织终止，尚未确定权利义务承受人的；

（四）一方当事人因不可抗拒的事由，不能参加诉讼的；

（五）本案必须以另一案的审理结果为依据，而另一案尚未审结的；

（六）其他应当中止诉讼的情形。

中止诉讼的原因消除后，恢复诉讼。

第一百五十一条 有下列情形之一的，终结诉讼：

（一）原告死亡，没有继承人，或者继承人放弃诉讼权利的；

（二）被告死亡，没有遗产，也没有应当承担义务的人的；

（三）离婚案件一方当事人死亡的；

（四）追索赡养费、扶养费、抚育费以及解除收养关系案件的一方当事人死亡的。

第五节 判决和裁定

第一百五十二条 判决书应当写明判决结果和作出该判决的理由。判决书内容包括：

（一）案由、诉讼请求、争议的事实和理由；

（二）判决认定的事实和理由、适用的法律和理由；

（三）判决结果和诉讼费用的负担；

（四）上诉期间和上诉的法院。

判决书由审判人员、书记员署名，加盖人民法院印章。

第一百五十三条 人民法院审理案件，其中一部分事实已经清楚，可以就该部分先行判决。

第一百五十四条 裁定适用于下列范围：

（一）不予受理；

（二）对管辖权有异议的；

（三）驳回起诉；

（四）保全和先予执行；

（五）准许或者不准许撤诉；

（六）中止或者终结诉讼；

（七）补正判决书中的笔误；

（八）中止或者终结执行；

（九）撤销或者不予执行仲裁裁决；

（十）不予执行公证机关赋予强制执行效力的债权文书；

（十一）其他需要裁定解决的事项。

对前款第一项至第三项裁定，可以上诉。

裁定书应当写明裁定结果和作出该裁定的理由。裁定书由审判人员、书记员署名，加盖人民法院印章。口头裁定的，记入笔录。

第一百五十五条 最高人民法院的判决、裁定，以及依法不准上诉或者超过上诉期没有上诉的判决、裁定，是发生法律效力的判决、裁定。

第一百五十六条 公众可以查阅发生法律效力的判决书、裁定书，但涉及国家秘密、商业秘密和个人隐私的内容除外。

第十三章 简易程序

第一百五十七条 基层人民法院和它派出的法庭审理事实清楚、权利义务关系明确、争议不大的简单的民事案件，适用本章规定。

基层人民法院和它派出的法庭审理前款规定以外的民事案件，当事人双方也可以约定适用简易程序。

第一百五十八条 对简单的民事案件，原告可以口头起诉。

当事人双方可以同时到基层人民法院或者它派出的法庭，请求解决纠纷。基层人民法院或者它派出的法庭可以当即审理，也可以另定日期审理。

第一百五十九条 基层人民法院和它派出的法庭审理简单的民事案件，可以用简便方式传唤当事人和证人、送达诉讼文书、审理案件，但应当保障当事人陈述意见的权利。

第一百六十条 简单的民事案件由审判员一人独任审理，并不受本法第一百三十六条、第一百三十八条、第一百四十一条规定的限制。

第一百六十一条 人民法院适用简易程序审理案件，应当在立案之日起三个月内审结。

第一百六十二条 基层人民法院和它派出的法庭审理符合本法第一百五十七条第一款规定的简单的民事案件，标的额为各省、自治区、直辖市上年度就业人员年平均工资百分之三十以下的，实行一审终审。

第一百六十三条 人民法院在审理过程中，发现案件不宜适用简易程序的，裁定转为普通程序。

第十四章 第二审程序

第一百六十四条 当事人不服地方人民法院第一审判决的，有权在判决书送达之日起十五日内向上一级人民法院提起上诉。

当事人不服地方人民法院第一审裁定的，有权在裁定书送达之日起十日内向上一级人民法院提起上诉。

第一百六十五条 上诉应当递交上诉状。上诉状的内容，应当包括当事人的姓名，法人的名称及其法定代表人的姓名或者其他组织的名称及其主要负责人的姓名；原审人民法院名称、案件的编号和案由；上诉的请求和理由。

第一百六十六条 上诉状应当通过原审人民法院提出，并按照对方当事人或者代表人的人数提出副本。

当事人直接向第二审人民法院上诉的，第二审人民法院应当在五日内将上诉状移交原审人民法院。

第一百六十七条 原审人民法院收到上诉状，应当在五日内将上诉状副本送达对方当事人，对方当事人在收到之日起十五日内提出答辩状。人民法院应当在收到答辩状之日起五日内将副本送达上诉人。对方当事人不提出答辩状的，不影响人民法院审理。

原审人民法院收到上诉状、答辩状，应当在五日内连同全部案卷和证据，报送第二审人民法院。

第一百六十八条 第二审人民法院应当对上诉请求的有关事实和适用法律进行审查。

第一百六十九条 第二审人民法院对上诉案件，应当组成合议庭，开庭审理。经过阅卷、调查和询问当事人，对没有提出新的事实、证据或者理由，合议庭认为不需要开庭审理的，可以不开庭审理。

第二审人民法院审理上诉案件，可以在本院进行，也可以到案件发生地或者原审人民法院所在地进行。

第一百七十条　第二审人民法院对上诉案件，经过审理，按照下列情形，分别处理：

（一）原判决、裁定认定事实清楚，适用法律正确的，以判决、裁定方式驳回上诉，维持原判决、裁定；

（二）原判决、裁定认定事实错误或者适用法律错误的，以判决、裁定方式依法改判、撤销或者变更；

（三）原判决认定基本事实不清的，裁定撤销原判决，发回原审人民法院重审，或者查清事实后改判；

（四）原判决遗漏当事人或者违法缺席判决等严重违反法定程序的，裁定撤销原判决，发回原审人民法院重审。

原审人民法院对发回重审的案件作出判决后，当事人提起上诉的，第二审人民法院不得再次发回重审。

第一百七十一条　第二审人民法院对不服第一审人民法院裁定的上诉案件的处理，一律使用裁定。

第一百七十二条　第二审人民法院审理上诉案件，可以进行调解。调解达成协议，应当制作调解书，由审判人员、书记员署名，加盖人民法院印章。调解书送达后，原审人民法院的判决即视为撤销。

第一百七十三条　第二审人民法院判决宣告前，上诉人申请撤回上诉的，是否准许，由第二审人民法院裁定。

第一百七十四条　第二审人民法院审理上诉案件，除依照本章规定外，适用第一审普通程序。

第一百七十五条　第二审人民法院的判决、裁定，是终审的判决、裁定。

第一百七十六条　人民法院审理对判决的上诉案件，应当在第二审立案之日起三个月内审结。有特殊情况需要延长的，由本院院长批准。

人民法院审理对裁定的上诉案件，应当在第二审立案之日起三十日内作出终审裁定。

第十五章　特别程序

第一节　一般规定

第一百七十七条　人民法院审理选民资格案件、宣告失踪或者宣告死亡案件、认定公民无民事行为能力或者限制民事行为能力案件、认定财产无主案件、确认调解协议案件和实现担保物权案件，适用本章规定。本章没有规定的，适用本法和其他法律的有关规定。

第一百七十八条　依照本章程序审理的案件，实行一审终审。选民资格案件或者重大、疑难的案件，由审判员组成合议庭审理；其他案件由审判员一人独任审理。

第一百七十九条　人民法院在依照本章程序审理案件的过程中，发现本案属于民事权益争议的，应当裁定终结特别程序，并告知利害关系人可以另行起诉。

第一百八十条　人民法院适用特别程序审理的案件，应当在立案之日起三十日内或者公告期满后三十日内审结。有特殊情况需要延长的，由本院院长批准。但审理选民资格的案件除外。

第二节　选民资格案件

第一百八十一条　公民不服选举委员会对选民资格的申诉所作的处理决定，可以在选举日的五日以前向选区所在地基层人民法院起诉。

第一百八十二条　人民法院受理选民资格案件后，必须在选举日前审结。

审理时，起诉人、选举委员会的代表和有关公民必须参加。

人民法院的判决书，应当在选举日前送达选举委员会和起诉人，并通知有关公民。

第三节　宣告失踪、宣告死亡案件

第一百八十三条　公民下落不明满二年，利害关系人申请宣告其失踪的，向下落不明人住所地基层人民法院提出。

申请书应当写明失踪的事实、时间和请

求，并附有公安机关或者其他有关机关关于该公民下落不明的书面证明。

第一百八十四条 公民下落不明满四年，或者因意外事故下落不明满二年，或者因意外事故下落不明，经有关机关证明该公民不可能生存，利害关系人申请宣告其死亡的，向下落不明人住所地基层人民法院提出。

申请书应当写明下落不明的事实、时间和请求，并附有公安机关或者其他有关机关关于该公民下落不明的书面证明。

第一百八十五条 人民法院受理宣告失踪、宣告死亡案件后，应当发出寻找下落不明人的公告。宣告失踪的公告期间为三个月，宣告死亡的公告期间为一年。因意外事故下落不明，经有关机关证明该公民不可能生存的，宣告死亡的公告期间为三个月。

公告期间届满，人民法院应当根据被宣告失踪、宣告死亡的事实是否得到确认，作出宣告失踪、宣告死亡的判决或者驳回申请的判决。

第一百八十六条 被宣告失踪、宣告死亡的公民重新出现，经本人或者利害关系人申请，人民法院应当作出新判决，撤销原判决。

第四节 认定公民无民事行为能力、限制民事行为能力案件

第一百八十七条 申请认定公民无民事行为能力或者限制民事行为能力，由其近亲属或者其他利害关系人向该公民住所地基层人民法院提出。

申请书应当写明该公民无民事行为能力或者限制民事行为能力的事实和根据。

第一百八十八条 人民法院受理申请后，必要时应当对被请求认定为无民事行为能力或者限制民事行为能力的公民进行鉴定。申请人已提供鉴定意见的，应当对鉴定意见进行审查。

第一百八十九条 人民法院审理认定公民无民事行为能力或者限制民事行为能力的案件，应当由该公民的近亲属为代理人，但申请人除外。近亲属互相推诿的，由人民法院指定其中一人为代理人。该公民健康情况许可的，还应当询问本人的意见。

人民法院经审理认定申请有事实根据的，判决该公民为无民事行为能力或者限制民事行为能力人；认定申请没有事实根据的，应当判决予以驳回。

第一百九十条 人民法院根据被认定为无民事行为能力人、限制民事行为能力人或者他的监护人的申请，证实该公民无民事行为能力或者限制民事行为能力的原因已经消除的，应当作出新判决，撤销原判决。

第五节 认定财产无主案件

第一百九十一条 申请认定财产无主，由公民、法人或者其他组织向财产所在地基层人民法院提出。

申请书应当写明财产的种类、数量以及要求认定财产无主的根据。

第一百九十二条 人民法院受理申请后，经审查核实，应当发出财产认领公告。公告满一年无人认领的，判决认定财产无主，收归国家或者集体所有。

第一百九十三条 判决认定财产无主后，原财产所有人或者继承人出现，在民法通则规定的诉讼时效期间可以对财产提出请求，人民法院审查属实后，应当作出新判决，撤销原判决。

第六节 确认调解协议案件

第一百九十四条 申请司法确认调解协议，由双方当事人依照人民调解法等法律，自调解协议生效之日起三十日内，共同向调解组织所在地基层人民法院提出。

第一百九十五条 人民法院受理申请后，经审查，符合法律规定的，裁定调解协议有效，一方当事人拒绝履行或者未全部履行的，对方当事人可以向人民法院申请执行；不符合法律规定的，裁定驳回申请，当事人可以通过调解方式变更原调解协议或者达成新的调解协议，也可以向人民法院提起诉讼。

第七节 实现担保物权案件

第一百九十六条 申请实现担保物权，由

担保物权人以及其他有权请求实现担保物权的人依照物权法等法律，向担保财产所在地或者担保物权登记地基层人民法院提出。

第一百九十七条 人民法院受理申请后，经审查，符合法律规定的，裁定拍卖、变卖担保财产，当事人依据该裁定可以向人民法院申请执行；不符合法律规定的，裁定驳回申请，当事人可以向人民法院提起诉讼。

第十六章 审判监督程序

第一百九十八条 各级人民法院院长对本院已经发生法律效力的判决、裁定、调解书，发现确有错误，认为需要再审的，应当提交审判委员会讨论决定。

最高人民法院对地方各级人民法院已经发生法律效力的判决、裁定、调解书，上级人民法院对下级人民法院已经发生法律效力的判决、裁定、调解书，发现确有错误的，有权提审或者指令下级人民法院再审。

第一百九十九条 当事人对已经发生法律效力的判决、裁定，认为有错误的，可以向上一级人民法院申请再审；当事人一方人数众多或者当事人双方为公民的案件，也可以向原审人民法院申请再审。当事人申请再审的，不停止判决、裁定的执行。

第二百条 当事人的申请符合下列情形之一的，人民法院应当再审：

（一）有新的证据，足以推翻原判决、裁定的；

（二）原判决、裁定认定的基本事实缺乏证据证明的；

（三）原判决、裁定认定事实的主要证据是伪造的；

（四）原判决、裁定认定事实的主要证据未经质证的；

（五）对审理案件需要的主要证据，当事人因客观原因不能自行收集，书面申请人民法院调查收集，人民法院未调查收集的；

（六）原判决、裁定适用法律确有错误的；

（七）审判组织的组成不合法或者依法应当回避的审判人员没有回避的；

（八）无诉讼行为能力人未经法定代理人代为诉讼或者应当参加诉讼的当事人，因不能归责于本人或者其诉讼代理人的事由，未参加诉讼的；

（九）违反法律规定，剥夺当事人辩论权利的；

（十）未经传票传唤，缺席判决的；

（十一）原判决、裁定遗漏或者超出诉讼请求的；

（十二）据以作出原判决、裁定的法律文书被撤销或者变更的；

（十三）审判人员审理该案件时有贪污受贿，徇私舞弊，枉法裁判行为的。

第二百零一条 当事人对已经发生法律效力的调解书，提出证据证明调解违反自愿原则或者调解协议的内容违反法律的，可以申请再审。经人民法院审查属实的，应当再审。

第二百零二条 当事人对已经发生法律效力的解除婚姻关系的判决、调解书，不得申请再审。

第二百零三条 当事人申请再审的，应当提交再审申请书等材料。人民法院应当自收到再审申请书之日起五日内将再审申请书副本发送对方当事人。对方当事人应当自收到再审申请书副本之日起十五日内提交书面意见；不提交书面意见的，不影响人民法院审查。人民法院可以要求申请人和对方当事人补充有关材料，询问有关事项。

第二百零四条 人民法院应当自收到再审申请书之日起三个月内审查，符合本法规定的，裁定再审；不符合本法规定的，裁定驳回申请。有特殊情况需要延长的，由本院院长批准。

因当事人申请裁定再审的案件由中级人民法院以上的人民法院审理，但当事人依照本法第一百九十九条的规定选择向基层人民法院申请再审的除外。最高人民法院、高级人民法院裁定再审的案件，由本院再审或者交其他人民法院再审，也可以交原审人民法院再审。

第二百零五条 当事人申请再审，应当在判决、裁定发生法律效力后六个月内提出；有本法第二百条第一项、第三项、第十二项、第十三项规定情形的，自知道或者应当知道之日起六个月内提出。

第二百零六条 按照审判监督程序决定再审的案件，裁定中止原判决、裁定、调解书的执行，但追索赡养费、扶养费、抚育费、抚恤金、医疗费用、劳动报酬等案件，可以不中止执行。

第二百零七条 人民法院按照审判监督程序再审的案件，发生法律效力的判决、裁定是由第一审法院作出的，按照第一审程序审理，所作的判决、裁定，当事人可以上诉；发生法律效力的判决、裁定是由第二审法院作出的，按照第二审程序审理，所作的判决、裁定，是发生法律效力的判决、裁定；上级人民法院按照审判监督程序提审的，按照第二审程序审理，所作的判决、裁定是发生法律效力的判决、裁定。

人民法院审理再审案件，应当另行组成合议庭。

第二百零八条 最高人民检察院对各级人民法院已经发生法律效力的判决、裁定，上级人民检察院对下级人民法院已经发生法律效力的判决、裁定，发现有本法第二百条规定情形之一的，或者发现调解书损害国家利益、社会公共利益的，应当提出抗诉。

地方各级人民检察院对同级人民法院已经发生法律效力的判决、裁定，发现有本法第二百条规定情形之一的，或者发现调解书损害国家利益、社会公共利益的，可以向同级人民法院提出检察建议，并报上级人民检察院备案；也可以提请上级人民检察院向同级人民法院提出抗诉。

各级人民检察院对审判监督程序以外的其他审判程序中审判人员的违法行为，有权向同级人民法院提出检察建议。

第二百零九条 有下列情形之一的，当事人可以向人民检察院申请检察建议或者抗诉：

（一）人民法院驳回再审申请的；

（二）人民法院逾期未对再审申请作出裁定的；

（三）再审判决、裁定有明显错误的。

人民检察院对当事人的申请应当在三个月内进行审查，作出提出或者不予提出检察建议或者抗诉的决定。当事人不得再次向人民检察院申请检察建议或者抗诉。

第二百一十条 人民检察院因履行法律监督职责提出检察建议或者抗诉的需要，可以向当事人或者案外人调查核实有关情况。

第二百一十一条 人民检察院提出抗诉的案件，接受抗诉的人民法院应当自收到抗诉书之日起三十日内作出再审的裁定；有本法第二百条第一项至第五项规定情形之一的，可以交下一级人民法院再审，但经该下一级人民法院再审的除外。

第二百一十二条 人民检察院决定对人民法院的判决、裁定、调解书提出抗诉的，应当制作抗诉书。

第二百一十三条 人民检察院提出抗诉的案件，人民法院再审时，应当通知人民检察院派员出席法庭。

第十七章 督促程序

第二百一十四条 债权人请求债务人给付金钱、有价证券，符合下列条件的，可以向有管辖权的基层人民法院申请支付令：

（一）债权人与债务人没有其他债务纠纷的；

（二）支付令能够送达债务人的。

申请书应当写明请求给付金钱或者有价证券的数量和所根据的事实、证据。

第二百一十五条 债权人提出申请后，人民法院应当在五日内通知债权人是否受理。

第二百一十六条 人民法院受理申请后，经审查债权人提供的事实、证据，对债权债务关系明确、合法的，应当在受理之日起十五日内向债务人发出支付令；申请不成立的，裁定予以驳回。

债务人应当自收到支付令之日起十五日内清偿债务，或者向人民法院提出书面异议。

债务人在前款规定的期间不提出异议又不履行支付令的，债权人可以向人民法院申请执行。

第二百一十七条 人民法院收到债务人提出的书面异议后，经审查，异议成立的，应当裁定终结督促程序，支付令自行失效。

支付令失效的，转入诉讼程序，但申请支付令的一方当事人不同意提起诉讼的除外。

第十八章　公示催告程序

第二百一十八条　按照规定可以背书转让的票据持有人，因票据被盗、遗失或者灭失，可以向票据支付地的基层人民法院申请公示催告。依照法律规定可以申请公示催告的其他事项，适用本章规定。

申请人应当向人民法院递交申请书，写明票面金额、发票人、持票人、背书人等票据主要内容和申请的理由、事实。

第二百一十九条　人民法院决定受理申请，应当同时通知支付人停止支付，并在三日内发出公告，催促利害关系人申报权利。公示催告的期间，由人民法院根据情况决定，但不得少于六十日。

第二百二十条　支付人收到人民法院停止支付的通知，应当停止支付，至公示催告程序终结。

公示催告期间，转让票据权利的行为无效。

第二百二十一条　利害关系人应当在公示催告期间向人民法院申报。

人民法院收到利害关系人的申报后，应当裁定终结公示催告程序，并通知申请人和支付人。

申请人或者申报人可以向人民法院起诉。

第二百二十二条　没有人申报的，人民法院应当根据申请人的申请，作出判决，宣告票据无效。判决应当公告，并通知支付人。自判决公告之日起，申请人有权向支付人请求支付。

第二百二十三条　利害关系人因正当理由不能在判决前向人民法院申报的，自知道或者应当知道判决公告之日起一年内，可以向作出判决的人民法院起诉。

第三编　执行程序

第十九章　一般规定

第二百二十四条　发生法律效力的民事判决、裁定，以及刑事判决、裁定中的财产部分，由第一审人民法院或者与第一审人民法院同级的被执行的财产所在地人民法院执行。

法律规定由人民法院执行的其他法律文书，由被执行人住所地或者被执行的财产所在地人民法院执行。

第二百二十五条　当事人、利害关系人认为执行行为违反法律规定的，可以向负责执行的人民法院提出书面异议。当事人、利害关系人提出书面异议的，人民法院应当自收到书面异议之日起十五日内审查，理由成立的，裁定撤销或者改正；理由不成立的，裁定驳回。当事人、利害关系人对裁定不服的，可以自裁定送达之日起十日内向上一级人民法院申请复议。

第二百二十六条　人民法院自收到申请执行书之日起超过六个月未执行的，申请执行人可以向上一级人民法院申请执行。上一级人民法院经审查，可以责令原人民法院在一定期限内执行，也可以决定由本院执行或者指令其他人民法院执行。

第二百二十七条　执行过程中，案外人对执行标的提出书面异议的，人民法院应当自收到书面异议之日起十五日内审查，理由成立的，裁定中止对该标的的执行；理由不成立的，裁定驳回。案外人、当事人对裁定不服，认为原判决、裁定错误的，依照审判监督程序办理；与原判决、裁定无关的，可以自裁定送达之日起十五日内向人民法院提起诉讼。

第二百二十八条　执行工作由执行员进行。

采取强制执行措施时，执行员应当出示证件。执行完毕后，应当将执行情况制作笔录，由在场的有关人员签名或者盖章。

人民法院根据需要可以设立执行机构。

第二百二十九条　被执行人或者被执行的财产在外地的，可以委托当地人民法院代为执行。受委托人民法院收到委托函件后，必须在十五日内开始执行，不得拒绝。执行完毕后，应当将执行结果及时函复委托人民法院；在三十日内如果还未执行完毕，也应当将执行情况函告委托人民法院。

受委托人民法院自收到委托函件之日起十五日内不执行的,委托人民法院可以请求受委托人民法院的上级人民法院指令受委托人民法院执行。

第二百三十条　在执行中,双方当事人自行和解达成协议的,执行员应当将协议内容记入笔录,由双方当事人签名或者盖章。

申请执行人因受欺诈、胁迫与被执行人达成和解协议,或者当事人不履行和解协议的,人民法院可以根据当事人的申请,恢复对原生效法律文书的执行。

第二百三十一条　在执行中,被执行人向人民法院提供担保,并经申请执行人同意的,人民法院可以决定暂缓执行及暂缓执行的期限。被执行人逾期仍不履行的,人民法院有权执行被执行人的担保财产或者担保人的财产。

第二百三十二条　作为被执行人的公民死亡的,以其遗产偿还债务。作为被执行人的法人或者其他组织终止的,由其权利义务承受人履行义务。

第二百三十三条　执行完毕后,据以执行的判决、裁定和其他法律文书确有错误,被人民法院撤销的,对已被执行的财产,人民法院应当作出裁定,责令取得财产的人返还;拒不返还的,强制执行。

第二百三十四条　人民法院制作的调解书的执行,适用本编的规定。

第二百三十五条　人民检察院有权对民事执行活动实行法律监督。

第二十章　执行的申请和移送

第二百三十六条　发生法律效力的民事判决、裁定,当事人必须履行。一方拒绝履行的,对方当事人可以向人民法院申请执行,也可以由审判员移送执行员执行。

调解书和其他应当由人民法院执行的法律文书,当事人必须履行。一方拒绝履行的,对方当事人可以向人民法院申请执行。

第二百三十七条　对依法设立的仲裁机构的裁决,一方当事人不履行的,对方当事人可以向有管辖权的人民法院申请执行。受申请的人民法院应当执行。

被申请人提出证据证明仲裁裁决有下列情形之一的,经人民法院组成合议庭审查核实,裁定不予执行:

(一)当事人在合同中没有订有仲裁条款或者事后没有达成书面仲裁协议的;

(二)裁决的事项不属于仲裁协议的范围或者仲裁机构无权仲裁的;

(三)仲裁庭的组成或者仲裁的程序违反法定程序的;

(四)裁决所根据的证据是伪造的;

(五)对方当事人向仲裁机构隐瞒了足以影响公正裁决的证据的;

(六)仲裁员在仲裁该案时有贪污受贿,徇私舞弊,枉法裁决行为的。

人民法院认定执行该裁决违背社会公共利益的,裁定不予执行。

裁定书应当送达双方当事人和仲裁机构。

仲裁裁决被人民法院裁定不予执行的,当事人可以根据双方达成的书面仲裁协议重新申请仲裁,也可以向人民法院起诉。

第二百三十八条　对公证机关依法赋予强制执行效力的债权文书,一方当事人不履行的,对方当事人可以向有管辖权的人民法院申请执行,受申请的人民法院应当执行。

公证债权文书确有错误的,人民法院裁定不予执行,并将裁定书送达双方当事人和公证机关。

第二百三十九条　申请执行的期间为二年。申请执行时效的中止、中断,适用法律有关诉讼时效中止、中断的规定。

前款规定的期间,从法律文书规定履行期间的最后一日起计算;法律文书规定分期履行的,从规定的每次履行期间的最后一日起计算;法律文书未规定履行期间的,从法律文书生效之日起计算。

第二百四十条　执行员接到申请执行书或者移交执行书,应当向被执行人发出执行通知,并可以立即采取强制执行措施。

第二十一章　执行措施

第二百四十一条　被执行人未按执行通知履行法律文书确定的义务,应当报告当前以及收到执行通知之日前一年的财产情况。被执行人拒绝报告或者虚假报告的，人民法院可以根据情节轻重对被执行人或者其法定代理人、有关单位的主要负责人或者直接责任人员予以罚款、拘留。

第二百四十二条　被执行人未按执行通知履行法律文书确定的义务，人民法院有权向有关单位查询被执行人的存款、债券、股票、基金份额等财产情况。人民法院有权根据不同情形扣押、冻结、划拨、变价被执行人的财产。人民法院查询、扣押、冻结、划拨、变价的财产不得超出被执行人应当履行义务的范围。

人民法院决定扣押、冻结、划拨、变价财产，应当作出裁定，并发出协助执行通知书，有关单位必须办理。

第二百四十三条　被执行人未按执行通知履行法律文书确定的义务，人民法院有权扣留、提取被执行人应当履行义务部分的收入。但应当保留被执行人及其所扶养家属的生活必需费用。

人民法院扣留、提取收入时，应当作出裁定，并发出协助执行通知书，被执行人所在单位、银行、信用合作社和其他有储蓄业务的单位必须办理。

第二百四十四条　被执行人未按执行通知履行法律文书确定的义务，人民法院有权查封、扣押、冻结、拍卖、变卖被执行人应当履行义务部分的财产。但应当保留被执行人及其所扶养家属的生活必需品。

采取前款措施，人民法院应当作出裁定。

第二百四十五条　人民法院查封、扣押财产时，被执行人是公民的，应当通知被执行人或者他的成年家属到场；被执行人是法人或者其他组织的，应当通知其法定代表人或者主要负责人到场。拒不到场的，不影响执行。被执行人是公民的，其工作单位或者财产所在地的基层组织应当派人参加。

对被查封、扣押的财产，执行员必须造具清单，由在场人签名或者盖章后，交被执行人一份。被执行人是公民的，也可以交他的成年家属一份。

第二百四十六条　被查封的财产，执行员可以指定被执行人负责保管。因被执行人的过错造成的损失，由被执行人承担。

第二百四十七条　财产被查封、扣押后，执行员应当责令被执行人在指定期间履行法律文书确定的义务。被执行人逾期不履行的，人民法院应当拍卖被查封、扣押的财产；不适于拍卖或者当事人双方同意不进行拍卖的，人民法院可以委托有关单位变卖或者自行变卖。国家禁止自由买卖的物品，交有关单位按照国家规定的价格收购。

第二百四十八条　被执行人不履行法律文书确定的义务，并隐匿财产的，人民法院有权发出搜查令，对被执行人及其住所或者财产隐匿地进行搜查。

采取前款措施，由院长签发搜查令。

第二百四十九条　法律文书指定交付的财物或者票证，由执行员传唤双方当事人当面交付，或者由执行员转交，并由被交付人签收。

有关单位持有该项财物或者票证的，应当根据人民法院的协助执行通知书转交，并由被交付人签收。

有关公民持有该项财物或者票证的，人民法院通知其交出。拒不交出的，强制执行。

第二百五十条　强制迁出房屋或者强制退出土地，由院长签发公告，责令被执行人在指定期间履行。被执行人逾期不履行的，由执行员强制执行。

强制执行时，被执行人是公民的，应当通知被执行人或者他的成年家属到场；被执行人是法人或者其他组织的，应当通知其法定代表人或者主要负责人到场。拒不到场的，不影响执行。被执行人是公民的，其工作单位或者房屋、土地所在地的基层组织应当派人参加。执行员应当将强制执行情况记入笔录，由在场人签名或者盖章。

强制迁出房屋被搬出的财物，由人民法院派人运至指定处所，交给被执行人。被执行人是公民的，也可以交给他的成年家属。因拒绝接收而造成的损失，由被执行人承担。

第二百五十一条　在执行中，需要办理有关财产权证照转移手续的，人民法院可以向有关单位发出协助执行通知书，有关单位必须办理。

第二百五十二条　对判决、裁定和其他法律文书指定的行为，被执行人未按执行通知履行的，人民法院可以强制执行或者委托有关单位或者其他人完成，费用由被执行人承担。

第二百五十三条　被执行人未按判决、裁定和其他法律文书指定的期间履行给付金钱义务的，应当加倍支付迟延履行期间的债务利息。被执行人未按判决、裁定和其他法律文书指定的期间履行其他义务的，应当支付迟延履行金。

第二百五十四条　人民法院采取本法第二百四十二条、第二百四十三条、第二百四十四条规定的执行措施后，被执行人仍不能偿还债务的，应当继续履行义务。债权人发现被执行人有其他财产的，可以随时请求人民法院执行。

第二百五十五条　被执行人不履行法律文书确定的义务的，人民法院可以对其采取或者通知有关单位协助采取限制出境，在征信系统记录、通过媒体公布不履行义务信息以及法律规定的其他措施。

第二十二章　执行中止和终结

第二百五十六条　有下列情形之一的，人民法院应当裁定中止执行：

（一）申请人表示可以延期执行的；

（二）案外人对执行标的提出确有理由的异议的；

（三）作为一方当事人的公民死亡，需要等待继承人继承权利或者承担义务的；

（四）作为一方当事人的法人或者其他组织终止，尚未确定权利义务承受人的；

（五）人民法院认为应当中止执行的其他情形。

中止的情形消失后，恢复执行。

第二百五十七条　有下列情形之一的，人民法院裁定终结执行：

（一）申请人撤销申请的；

（二）据以执行的法律文书被撤销的；

（三）作为被执行人的公民死亡，无遗产可供执行，又无义务承担人的；

（四）追索赡养费、扶养费、抚育费案件的权利人死亡的；

（五）作为被执行人的公民因生活困难无力偿还借款，无收入来源，又丧失劳动能力的；

（六）人民法院认为应当终结执行的其他情形。

第二百五十八条　中止和终结执行的裁定，送达当事人后立即生效。

第四编　涉外民事诉讼程序的特别规定

第二十三章　一般原则

第二百五十九条　在中华人民共和国领域内进行涉外民事诉讼，适用本编规定。本编没有规定的，适用本法其他有关规定。

第二百六十条　中华人民共和国缔结或者参加的国际条约同本法有不同规定的，适用该国际条约的规定，但中华人民共和国声明保留的条款除外。

第二百六十一条　对享有外交特权与豁免的外国人、外国组织或者国际组织提起的民事诉讼，应当依照中华人民共和国有关法律和中华人民共和国缔结或者参加的国际条约的规定办理。

第二百六十二条　人民法院审理涉外民事案件，应当使用中华人民共和国通用的语言、文字。当事人要求提供翻译的，可以提供，费用由当事人承担。

第二百六十三条　外国人、无国籍人、外国企业和组织在人民法院起诉、应诉，需要委托律师代理诉讼的，必须委托中华人民共和国的律师。

第二百六十四条　在中华人民共和国领域内没有住所的外国人、无国籍人、外国企业和组织委托中华人民共和国律师或者其他人代理诉讼，从中华人民共和国领域外寄交或者托交的授权委托书，应当经所在国公证机关证明，并经中华人民共和国驻该国使领馆认证，或者履行中华人民共和国与该所在国订立的有关条约中规定的证明手续后，才具有效力。

第二十四章 管 辖

第二百六十五条 因合同纠纷或者其他财产权益纠纷，对在中华人民共和国领域内没有住所的被告提起的诉讼，如果合同在中华人民共和国领域内签订或者履行，或者诉讼标的物在中华人民共和国领域内，或者被告在中华人民共和国领域内有可供扣押的财产，或者被告在中华人民共和国领域内设有代表机构，可以由合同签订地、合同履行地、诉讼标的物所在地、可供扣押财产所在地、侵权行为地或者代表机构住所地人民法院管辖。

第二百六十六条 因在中华人民共和国履行中外合资经营企业合同、中外合作经营企业合同、中外合作勘探开发自然资源合同发生纠纷提起的诉讼，由中华人民共和国人民法院管辖。

第二十五章 送达、期间

第二百六十七条 人民法院对在中华人民共和国领域内没有住所的当事人送达诉讼文书，可以采用下列方式：

（一）依照受送达人所在国与中华人民共和国缔结或者共同参加的国际条约中规定的方式送达；

（二）通过外交途径送达；

（三）对具有中华人民共和国国籍的受送达人，可以委托中华人民共和国驻受送达人所在国的使领馆代为送达；

（四）向受送达人委托的有权代其接受送达的诉讼代理人送达；

（五）向受送达人在中华人民共和国领域内设立的代表机构或者有权接受送达的分支机构、业务代办人送达；

（六）受送达人所在国的法律允许邮寄送达的，可以邮寄送达，自邮寄之日起满三个月，送达回证没有退回，但根据各种情况足以认定已经送达的，期间届满之日视为送达；

（七）采用传真、电子邮件等能够确认受送达人收悉的方式送达；

（八）不能用上述方式送达的，公告送达，自公告之日起满三个月，即视为送达。

第二百六十八条 被告在中华人民共和国领域内没有住所的，人民法院应当将起诉状副本送达被告，并通知被告在收到起诉状副本后三十日内提出答辩状。被告申请延期的，是否准许，由人民法院决定。

第二百六十九条 在中华人民共和国领域内没有住所的当事人，不服第一审人民法院判决、裁定的，有权在判决书、裁定书送达之日起三十日内提起上诉。被上诉人在收到上诉状副本后，应当在三十日内提出答辩状。当事人不能在法定期间提起上诉或者提出答辩状，申请延期的，是否准许，由人民法院决定。

第二百七十条 人民法院审理涉外民事案件的期间，不受本法第一百四十九条、第一百七十六条规定的限制。

第二十六章 仲 裁

第二百七十一条 涉外经济贸易、运输和海事中发生的纠纷，当事人在合同中订有仲裁条款或者事后达成书面仲裁协议，提交中华人民共和国涉外仲裁机构或者其他仲裁机构仲裁的，当事人不得向人民法院起诉。

当事人在合同中没有订有仲裁条款或者事后没有达成书面仲裁协议的，可以向人民法院起诉。

第二百七十二条 当事人申请采取保全的，中华人民共和国的涉外仲裁机构应当将当事人的申请，提交被申请人住所地或者财产所在地的中级人民法院裁定。

第二百七十三条 经中华人民共和国涉外仲裁机构裁决的，当事人不得向人民法院起诉。一方当事人不履行仲裁裁决的，对方当事人可以向被申请人住所地或者财产所在地的中级人民法院申请执行。

第二百七十四条 对中华人民共和国涉外仲裁机构作出的裁决，被申请人提出证据证明仲裁裁决有下列情形之一的，经人民法院组成合议庭审查核实，裁定不予执行：

（一）当事人在合同中没有订有仲裁条款或者事后没有达成书面仲裁协议的；

（二）被申请人没有得到指定仲裁员或者进行仲裁程序的通知，或者由于其他不属于被申请人负责的原因未能陈述意见的；

（三）仲裁庭的组成或者仲裁的程序与仲裁规则不符的；

（四）裁决的事项不属于仲裁协议的范围或者仲裁机构无权仲裁的。

人民法院认定执行该裁决违背社会公共利益的，裁定不予执行。

第二百七十五条 仲裁裁决被人民法院裁定不予执行的，当事人可以根据双方达成的书面仲裁协议重新申请仲裁，也可以向人民法院起诉。

第二十七章 司法协助

第二百七十六条 根据中华人民共和国缔结或者参加的国际条约，或者按照互惠原则，人民法院和外国法院可以相互请求，代为送达文书、调查取证以及进行其他诉讼行为。

外国法院请求协助的事项有损于中华人民共和国的主权、安全或者社会公共利益的，人民法院不予执行。

第二百七十七条 请求和提供司法协助，应当依照中华人民共和国缔结或者参加的国际条约所规定的途径进行；没有条约关系的，通过外交途径进行。

外国驻中华人民共和国的使领馆可以向该国公民送达文书和调查取证，但不得违反中华人民共和国的法律，并不得采取强制措施。

除前款规定的情况外，未经中华人民共和国主管机关准许，任何外国机关或者个人不得在中华人民共和国领域内送达文书、调查取证。

第二百七十八条 外国法院请求人民法院提供司法协助的请求书及其所附文件，应当附有中文译本或者国际条约规定的其他文字文本。

人民法院请求外国法院提供司法协助的请求书及其所附文件，应当附有该国文字译本或者国际条约规定的其他文字文本。

第二百七十九条 人民法院提供司法协助，依照中华人民共和国法律规定的程序进行。外国法院请求采用特殊方式的，也可以按照其请求的特殊方式进行，但请求采用的特殊方式不得违反中华人民共和国法律。

第二百八十条 人民法院作出的发生法律效力的判决、裁定，如果被执行人或者其财产不在中华人民共和国领域内，当事人请求执行的，可以由当事人直接向有管辖权的外国法院申请承认和执行，也可以由人民法院依照中华人民共和国缔结或者参加的国际条约的规定，或者按照互惠原则，请求外国法院承认和执行。

中华人民共和国涉外仲裁机构作出的发生法律效力的仲裁裁决，当事人请求执行的，如果被执行人或者其财产不在中华人民共和国领域内，应当由当事人直接向有管辖权的外国法院申请承认和执行。

第二百八十一条 外国法院作出的发生法律效力的判决、裁定，需要中华人民共和国人民法院承认和执行的，可以由当事人直接向中华人民共和国有管辖权的中级人民法院申请承认和执行，也可以由外国法院依照该国与中华人民共和国缔结或者参加的国际条约的规定，或者按照互惠原则，请求人民法院承认和执行。

第二百八十二条 人民法院对申请或者请求承认和执行的外国法院作出的发生法律效力的判决、裁定，依照中华人民共和国缔结或者参加的国际条约，或者按照互惠原则进行审查后，认为不违反中华人民共和国法律的基本原则或者国家主权、安全、社会公共利益的，裁定承认其效力，需要执行的，发出执行令，依照本法的有关规定执行。违反中华人民共和国法律的基本原则或者国家主权、安全、社会公共利益的，不予承认和执行。

第二百八十三条 国外仲裁机构的裁决，需要中华人民共和国人民法院承认和执行的，应当由当事人直接向被执行人住所地或者其财产所在地的中级人民法院申请，人民法院应当依照中华人民共和国缔结或者参加的国际条约，或者按照互惠原则办理。

第二百八十四条 本法自公布之日起施行，《中华人民共和国民事诉讼法（试行）》同时废止。

最高人民法院关于适用《中华人民共和国民事诉讼法》的解释

(2014年12月18日最高人民法院审判委员会第1636次会议通过 2015年1月30日公布 自2015年2月4日起施行）法释〔2015〕5号

2012年8月31日，第十一届全国人民代表大会常务委员会第二十八次会议审议通过了《关于修改〈中华人民共和国民事诉讼法〉的决定》。根据修改后的民事诉讼法，结合人民法院民事审判和执行工作实际，制定本解释。

一、管 辖

第一条 民事诉讼法第十八条第一项规定的重大涉外案件，包括争议标的额大的案件、案情复杂的案件，或者一方当事人人数众多等具有重大影响的案件。

第二条 专利纠纷案件由知识产权法院、最高人民法院确定的中级人民法院和基层人民法院管辖。

海事、海商案件由海事法院管辖。

第三条 公民的住所地是指公民的户籍所在地，法人或者其他组织的住所地是指法人或者其他组织的主要办事机构所在地。

法人或者其他组织的主要办事机构所在地不能确定的，法人或者其他组织的注册地或者登记地为住所地。

第四条 公民的经常居住地是指公民离开住所地至起诉时已连续居住一年以上的地方，但公民住院就医的地方除外。

第五条 对没有办事机构的个人合伙、合伙型联营体提起的诉讼，由被告注册登记地人民法院管辖。没有注册登记，几个被告又不在同一辖区的，被告住所地的人民法院都有管辖权。

第六条 被告被注销户籍的，依照民事诉讼法第二十二条规定确定管辖；原告、被告均被注销户籍的，由被告居住地人民法院管辖。

第七条 当事人的户籍迁出后尚未落户，有经常居住地的，由该地人民法院管辖；没有经常居住地的，由其原户籍所在地人民法院管辖。

第八条 双方当事人都被监禁或者被采取强制性教育措施的，由被告原住所地人民法院管辖。被告被监禁或者被采取强制性教育措施一年以上的，由被告被监禁地或者被采取强制性教育措施地人民法院管辖。

第九条 追索赡养费、抚育费、扶养费案件的几个被告住所地不在同一辖区的，可以由原告住所地人民法院管辖。

第十条 不服指定监护或者变更监护关系的案件，可以由被监护人住所地人民法院管辖。

第十一条 双方当事人均为军人或者军队单位的民事案件由军事法院管辖。

第十二条 夫妻一方离开住所地超过一年，另一方起诉离婚的案件，可以由原告住所地人民法院管辖。

夫妻双方离开住所地超过一年，一方起诉离婚的案件，由被告经常居住地人民法院管辖；没有经常居住地的，由原告起诉时被告居住地人民法院管辖。

第十三条 在国内结婚并定居国外的华侨，如定居国法院以离婚诉讼须由婚姻缔结地法院管辖为由不予受理，当事人向人民法院提出离婚诉讼的，由婚姻缔结地或者一方在国内的最后居住地人民法院管辖。

第十四条 在国外结婚并定居国外的华侨，如定居国法院以离婚诉讼须由国籍所属国法院管辖为由不予受理，当事人向人民法院提出离婚诉讼的，由一方原住所地或者在国内的最后居住地人民法院管辖。

第十五条 中国公民一方居住在国外，一方居住在国内，不论哪一方向人民法院提起离婚诉讼，国内一方住所地人民法院都有权管辖。国外一方在居住国法院起诉，国内一方向人民法院起诉的，受诉人民法院有权管辖。

第十六条 中国公民双方在国外但未定居，一方向人民法院起诉离婚的，应由原告或者被告原住所地人民法院管辖。

第十七条 已经离婚的中国公民，双方均定居国外，仅就国内财产分割提起诉讼的，由主要财产所在地人民法院管辖。

第十八条 合同约定履行地点的，以约定的履行地点为合同履行地。

合同对履行地点没有约定或者约定不明确，争议标的为给付货币的，接收货币一方所在地为合同履行地；交付不动产的，不动产所在地为合同履行地；其他标的，履行义务一方所在地为合同履行地。即时结清的合同，交易行为地为合同履行地。

合同没有实际履行，当事人双方住所地都不在合同约定的履行地的，由被告住所地人民法院管辖。

第十九条 财产租赁合同、融资租赁合同以租赁物使用地为合同履行地。合同对履行地有约定的，从其约定。

第二十条 以信息网络方式订立的买卖合同，通过信息网络交付标的的，以买受人住所地为合同履行地；通过其他方式交付标的的，收货地为合同履行地。合同对履行地有约定的，从其约定。

第二十一条 因财产保险合同纠纷提起的诉讼，如果保险标的物是运输工具或者运输中的货物，可以由运输工具登记注册地、运输目的地、保险事故发生地人民法院管辖。

因人身保险合同纠纷提起的诉讼，可以由被保险人住所地人民法院管辖。

第二十二条 因股东名册记载、请求变更公司登记、股东知情权、公司决议、公司合并、公司分立、公司减资、公司增资等纠纷提起的诉讼，依照民事诉讼法第二十六条规定确定管辖。

第二十三条 债权人申请支付令，适用民事诉讼法第二十一条规定，由债务人住所地基层人民法院管辖。

第二十四条 民事诉讼法第二十八条规定的侵权行为地，包括侵权行为实施地、侵权结果发生地。

第二十五条 信息网络侵权行为实施地包括实施被诉侵权行为的计算机等信息设备所在地，侵权结果发生地包括被侵权人住所地。

第二十六条 因产品、服务质量不合格造成他人财产、人身损害提起的诉讼，产品制造地、产品销售地、服务提供地、侵权行为地和被告住所地人民法院都有管辖权。

第二十七条 当事人申请诉前保全后没有在法定期间起诉或者申请仲裁，给被申请人、利害关系人造成损失引起的诉讼，由采取保全措施的人民法院管辖。

当事人申请诉前保全后在法定期间内起诉或者申请仲裁，被申请人、利害关系人因保全受到损失提起的诉讼，由受理起诉的人民法院或者采取保全措施的人民法院管辖。

第二十八条 民事诉讼法第三十三条第一项规定的不动产纠纷是指因不动产的权利确认、分割、相邻关系等引起的物权纠纷。

农村土地承包经营合同纠纷、房屋租赁合同纠纷、建设工程施工合同纠纷、政策性房屋买卖合同纠纷，按照不动产纠纷确定管辖。

不动产已登记的，以不动产登记簿记载的所在地为不动产所在地；不动产未登记的，以不动产实际所在地为不动产所在地。

第二十九条 民事诉讼法第三十四条规定的书面协议，包括书面合同中的协议管辖条款或者诉讼前以书面形式达成的选择管辖的协议。

第三十条 根据管辖协议，起诉时能够确定管辖法院的，从其约定；不能确定的，依照民事诉讼法的相关规定确定管辖。

管辖协议约定两个以上与争议有实际联系的地点的人民法院管辖，原告可以向其中一个人民法院起诉。

第三十一条 经营者使用格式条款与消费者订立管辖协议，未采取合理方式提请消费者注意，消费者主张管辖协议无效的，人民法院应予支持。

第三十二条 管辖协议约定由一方当事人住所地人民法院管辖，协议签订后当事人住所地变更的，由签订管辖协议时的住所地人民法院管辖，但当事人另有约定的除外。

第三十三条 合同转让的，合同的管辖协议对合同受让人有效，但转让时受让人不知道有管辖协议，或者转让协议另有约定且原合同相对人同意的除外。

第三十四条　当事人因同居或者在解除婚姻、收养关系后发生财产争议，约定管辖的，可以适用民事诉讼法第三十四条规定确定管辖。

第三十五条　当事人在答辩期间届满后未应诉答辩，人民法院在一审开庭前，发现案件不属于本院管辖的，应当裁定移送有管辖权的人民法院。

第三十六条　两个以上人民法院都有管辖权的诉讼，先立案的人民法院不得将案件移送给另一个有管辖权的人民法院。人民法院在立案前发现其他有管辖权的人民法院已先立案的，不得重复立案；立案后发现其他有管辖权的人民法院已先立案的，裁定将案件移送给先立案的人民法院。

第三十七条　案件受理后，受诉人民法院的管辖权不受当事人住所地、经常居住地变更的影响。

第三十八条　有管辖权的人民法院受理案件后，不得以行政区域变更为由，将案件移送给变更后有管辖权的人民法院。判决后的上诉案件和依审判监督程序提审的案件，由原审人民法院的上级人民法院进行审判；上级人民法院指令再审、发回重审的案件，由原审人民法院再审或者重审。

第三十九条　人民法院对管辖异议审查后确定有管辖权的，不因当事人提起反诉、增加或者变更诉讼请求等改变管辖，但违反级别管辖、专属管辖规定的除外。

人民法院发回重审或者按第一审程序再审的案件，当事人提出管辖异议的，人民法院不予审查。

第四十条　依照民事诉讼法第三十七条第二款规定，发生管辖权争议的两个人民法院因协商不成报请它们的共同上级人民法院指定管辖时，双方为同属一个地、市辖区的基层人民法院的，由该地、市的中级人民法院及时指定管辖；同属一个省、自治区、直辖市的两个人民法院的，由该省、自治区、直辖市的高级人民法院及时指定管辖；双方为跨省、自治区、直辖市的人民法院，高级人民法院协商不成的，由最高人民法院及时指定管辖。

依照前款规定报请上级人民法院指定管辖时，应当逐级进行。

第四十一条　人民法院依照民事诉讼法第三十七条第二款规定指定管辖的，应当作出裁定。

对报请上级人民法院指定管辖的案件，下级人民法院应当中止审理。指定管辖裁定作出前，下级人民法院对案件作出判决、裁定的，上级人民法院应当在裁定指定管辖的同时，一并撤销下级人民法院的判决、裁定。

第四十二条　下列第一审民事案件，人民法院依照民事诉讼法第三十八条第一款规定，可以在开庭前交下级人民法院审理：

（一）破产程序中有关债务人的诉讼案件；

（二）当事人人数众多且不方便诉讼的案件；

（三）最高人民法院确定的其他类型案件。

人民法院交下级人民法院审理前，应当报请其上级人民法院批准。上级人民法院批准后，人民法院应当裁定将案件交下级人民法院审理。

二、回　避

第四十三条　审判人员有下列情形之一的，应当自行回避，当事人有权申请其回避：

（一）是本案当事人或者当事人近亲属的；

（二）本人或者其近亲属与本案有利害关系的；

（三）担任过本案的证人、鉴定人、辩护人、诉讼代理人、翻译人员的；

（四）是本案诉讼代理人近亲属的；

（五）本人或者其近亲属持有本案非上市公司当事人的股份或者股权的；

（六）与本案当事人或者诉讼代理人有其他利害关系，可能影响公正审理的。

第四十四条　审判人员有下列情形之一的，当事人有权申请其回避：

（一）接受本案当事人及其受托人宴请，或者参加由其支付费用的活动的；

（二）索取、接受本案当事人及其受托人财物或者其他利益的；

（三）违反规定会见本案当事人、诉讼代理人的；

（四）为本案当事人推荐、介绍诉讼代理人，或者为律师、其他人员介绍代理本案的；

（五）向本案当事人及其受托人借用款物的；

（六）有其他不正当行为，可能影响公正审理的。

第四十五条 在一个审判程序中参与过本案审判工作的审判人员，不得再参与该案其他程序的审判。

发回重审的案件，在一审法院作出裁判后又进入第二审程序的，原第二审程序中合议庭组成人员不受前款规定的限制。

第四十六条 审判人员有应当回避的情形，没有自行回避，当事人也没有申请其回避的，由院长或者审判委员会决定其回避。

第四十七条 人民法院应当依法告知当事人对合议庭组成人员、独任审判员和书记员等人员有申请回避的权利。

第四十八条 民事诉讼法第四十四条所称的审判人员，包括参与本案审理的人民法院院长、副院长、审判委员会委员、庭长、副庭长、审判员、助理审判员和人民陪审员。

第四十九条 书记员和执行员适用审判人员回避的有关规定。

三、诉讼参加人

第五十条 法人的法定代表人以依法登记的为准，但法律另有规定的除外。依法不需要办理登记的法人，以其正职负责人为法定代表人；没有正职负责人的，以其主持工作的副职负责人为法定代表人。

法定代表人已经变更，但未完成登记，变更后的法定代表人要求代表法人参加诉讼的，人民法院可以准许。

其他组织，以其主要负责人为代表人。

第五十一条 在诉讼中，法人的法定代表人变更的，由新的法定代表人继续进行诉讼，并应向人民法院提交新的法定代表人身份证明书。原法定代表人进行的诉讼行为有效。

前款规定，适用于其他组织参加的诉讼。

第五十二条 民事诉讼法第四十八条规定的其他组织是指合法成立、有一定的组织机构和财产，但又不具备法人资格的组织，包括：

（一）依法登记领取营业执照的个人独资企业；

（二）依法登记领取营业执照的合伙企业；

（三）依法登记领取我国营业执照的中外合作经营企业、外资企业；

（四）依法成立的社会团体的分支机构、代表机构；

（五）依法设立并领取营业执照的法人的分支机构；

（六）依法设立并领取营业执照的商业银行、政策性银行和非银行金融机构的分支机构；

（七）经依法登记领取营业执照的乡镇企业、街道企业；

（八）其他符合本条规定条件的组织。

第五十三条 法人非依法设立的分支机构，或者虽依法设立，但没有领取营业执照的分支机构，以设立该分支机构的法人为当事人。

第五十四条 以挂靠形式从事民事活动，当事人请求由挂靠人和被挂靠人依法承担民事责任的，该挂靠人和被挂靠人为共同诉讼人。

第五十五条 在诉讼中，一方当事人死亡，需要等待继承人表明是否参加诉讼的，裁定中止诉讼。人民法院应当及时通知继承人作为当事人承担诉讼，被继承人已经进行的诉讼行为对承担诉讼的继承人有效。

第五十六条 法人或者其他组织的工作人员执行工作任务造成他人损害的，该法人或其他组织为当事人。

第五十七条 提供劳务一方因劳务造成他人损害，受害人提起诉讼的，以接受劳务一方为被告。

第五十八条 在劳务派遣期间，被派遣的工作人员因执行工作任务造成他人损害的，以接受劳务派遣的用工单位为当事人。当事人主张劳务派遣单位承担责任的，该劳务派遣单位为共同被告。

第五十九条 在诉讼中，个体工商户以营业执照上登记的经营者为当事人。有字号的，以营业执照上登记的字号为当事人，但应同时注明该字号经营者的基本信息。

营业执照上登记的经营者与实际经营者不一致的，以登记的经营者和实际经营者为共同诉讼人。

第六十条　在诉讼中，未依法登记领取营业执照的个人合伙的全体合伙人为共同诉讼人。个人合伙有依法核准登记的字号的，应在法律文书中注明登记的字号。全体合伙人可以推选代表人；被推选的代表人，应由全体合伙人出具推选书。

第六十一条　当事人之间的纠纷经人民调解委员会调解达成协议后，一方当事人不履行调解协议，另一方当事人向人民法院提起诉讼的，应以对方当事人为被告。

第六十二条　下列情形，以行为人为当事人：

（一）法人或者其他组织应登记而未登记，行为人即以该法人或者其他组织名义进行民事活动的；

（二）行为人没有代理权、超越代理权或者代理权终止后以被代理人名义进行民事活动的，但相对人有理由相信行为人有代理权的除外；

（三）法人或者其他组织依法终止后，行为人仍以其名义进行民事活动的。

第六十三条　企业法人合并的，因合并前的民事活动发生的纠纷，以合并后的企业为当事人；企业法人分立的，因分立前的民事活动发生的纠纷，以分立后的企业为共同诉讼人。

第六十四条　企业法人解散的，依法清算并注销前，以该企业法人为当事人；未依法清算即被注销的，以该企业法人的股东、发起人或者出资人为当事人。

第六十五条　借用业务介绍信、合同专用章、盖章的空白合同书或者银行账户的，出借单位和借用人为共同诉讼人。

第六十六条　因保证合同纠纷提起的诉讼，债权人向保证人和被保证人一并主张权利的，人民法院应当将保证人和被保证人列为共同被告。保证合同约定为一般保证，债权人仅起诉保证人的，人民法院应当通知被保证人作为共同被告参加诉讼；债权人仅起诉被保证人的，可以只列被保证人为被告。

第六十七条　无民事行为能力人、限制民事行为能力人造成他人损害的，无民事行为能力人、限制民事行为能力人和其监护人为共同被告。

第六十八条　村民委员会或者村民小组与他人发生民事纠纷的，村民委员会或者有独立财产的村民小组为当事人。

第六十九条　对侵害死者遗体、遗骨以及姓名、肖像、名誉、荣誉、隐私等行为提起诉讼的，死者的近亲属为当事人。

第七十条　在继承遗产的诉讼中，部分继承人起诉的，人民法院应通知其他继承人作为共同原告参加诉讼；被通知的继承人不愿意参加诉讼又未明确表示放弃实体权利的，人民法院仍应将其列为共同原告。

第七十一条　原告起诉被代理人和代理人，要求承担连带责任的，被代理人和代理人为共同被告。

第七十二条　共有财产权受到他人侵害，部分共有权人起诉的，其他共有权人为共同诉讼人。

第七十三条　必须共同进行诉讼的当事人没有参加诉讼的，人民法院应当依照民事诉讼法第一百三十二条的规定，通知其参加；当事人也可以向人民法院申请追加。人民法院对当事人提出的申请，应当进行审查，申请理由不成立的，裁定驳回；申请理由成立的，书面通知被追加的当事人参加诉讼。

第七十四条　人民法院追加共同诉讼的当事人时，应当通知其他当事人。应当追加的原告，已明确表示放弃实体权利的，可不予追加；既不愿意参加诉讼，又不放弃实体权利的，仍应追加为共同原告，其不参加诉讼，不影响人民法院对案件的审理和依法作出判决。

第七十五条　民事诉讼法第五十三条、第五十四条和第一百九十九条规定的人数众多，一般指十人以上。

第七十六条　依照民事诉讼法第五十三条规定，当事人一方人数众多在起诉时确定的，可以由全体当事人推选共同的代表人，也可以由部分当事人推选自己的代表人；推选不出代表人的当事人，在必要的共同诉讼中可以自己参加诉讼，在普通的共同诉讼中可以另行起诉。

第七十七条 根据民事诉讼法第五十四条规定，当事人一方人数众多在起诉时不确定的，由当事人推选代表人。当事人推选不出的，可以由人民法院提出人选与当事人协商；协商不成的，也可以由人民法院在起诉的当事人中指定代表人。

第七十八条 民事诉讼法第五十三条和第五十四条规定的代表人为二至五人，每位代表人可以委托一至二人作为诉讼代理人。

第七十九条 依照民事诉讼法第五十四条规定受理的案件，人民法院可以发出公告，通知权利人向人民法院登记。公告期间根据案件的具体情况确定，但不得少于三十日。

第八十条 根据民事诉讼法第五十四条规定向人民法院登记的权利人，应当证明其与对方当事人的法律关系和所受到的损害。证明不了的，不予登记，权利人可以另行起诉。人民法院的裁判在登记的范围内执行。未参加登记的权利人提起诉讼，人民法院认定其请求成立的，裁定适用人民法院已作出的判决、裁定。

第八十一条 根据民事诉讼法第五十六条的规定，有独立请求权的第三人有权向人民法院提出诉讼请求和事实、理由，成为当事人；无独立请求权的第三人，可以申请或者由人民法院通知参加诉讼。

第一审程序中未参加诉讼的第三人，申请参加第二审程序的，人民法院可以准许。

第八十二条 在一审诉讼中，无独立请求权的第三人无权提出管辖异议，无权放弃、变更诉讼请求或者申请撤诉，被判决承担民事责任的，有权提起上诉。

第八十三条 在诉讼中，无民事行为能力人、限制民事行为能力人的监护人是他的法定代理人。事先没有确定监护人的，可以由有监护资格的人协商确定；协商不成的，由人民法院在他们之中指定诉讼中的法定代理人。当事人没有民法通则第十六条第一款、第二款或者第十七条第一款规定的监护人的，可以指定该法第十六条第四款或者第十七条第三款规定的有关组织担任诉讼中的法定代理人。

第八十四条 无民事行为能力人、限制民事行为能力人以及其他依法不能作为诉讼代理人的，当事人不得委托其作为诉讼代理人。

第八十五条 根据民事诉讼法第五十八条第二款第二项规定，与当事人有夫妻、直系血亲、三代以内旁系血亲、近姻亲关系以及其他有抚养、赡养关系的亲属，可以当事人近亲属的名义作为诉讼代理人。

第八十六条 根据民事诉讼法第五十八条第二款第二项规定，与当事人有合法劳动人事关系的职工，可以当事人工作人员的名义作为诉讼代理人。

第八十七条 根据民事诉讼法第五十八条第二款第三项规定，有关社会团体推荐公民担任诉讼代理人的，应当符合下列条件：

（一）社会团体属于依法登记设立或者依法免予登记设立的非营利性法人组织；

（二）被代理人属于该社会团体的成员，或者当事人一方住所地位于该社会团体的活动地域；

（三）代理事务属于该社会团体章程载明的业务范围；

（四）被推荐的公民是该社会团体的负责人或者与该社会团体有合法劳动人事关系的工作人员。

专利代理人经中华全国专利代理人协会推荐，可以在专利纠纷案件中担任诉讼代理人。

第八十八条 诉讼代理人除根据民事诉讼法第五十九条规定提交授权委托书外，还应当按照下列规定向人民法院提交相关材料：

（一）律师应当提交律师执业证、律师事务所证明材料；

（二）基层法律服务工作者应当提交法律服务工作者执业证、基层法律服务所出具的介绍信以及当事人一方位于本辖区内的证明材料；

（三）当事人的近亲属应当提交身份证件和与委托人有近亲属关系的证明材料；

（四）当事人的工作人员应当提交身份证件和与当事人有合法劳动人事关系的证明

材料；

（五）当事人所在社区、单位推荐的公民应当提交身份证件、推荐材料和当事人属于该社区、单位的证明材料；

（六）有关社会团体推荐的公民应当提交身份证件和符合本解释第八十七条规定条件的证明材料。

第八十九条 当事人向人民法院提交的授权委托书，应当在开庭审理前送交人民法院。授权委托书仅写"全权代理"而无具体授权的，诉讼代理人无权代为承认、放弃、变更诉讼请求，进行和解，提出反诉或者提起上诉。

适用简易程序审理的案件，双方当事人同时到庭并径行开庭审理的，可以当场口头委托诉讼代理人，由人民法院记入笔录。

四、证 据

第九十条 当事人对自己提出的诉讼请求所依据的事实或者反驳对方诉讼请求所依据的事实，应当提供证据加以证明，但法律另有规定的除外。

在作出判决前，当事人未能提供证据或者证据不足以证明其事实主张的，由负有举证证明责任的当事人承担不利的后果。

第九十一条 人民法院应当依照下列原则确定举证证明责任的承担，但法律另有规定的除外：

（一）主张法律关系存在的当事人，应当对产生该法律关系的基本事实承担举证证明责任；

（二）主张法律关系变更、消灭或者权利受到妨害的当事人，应当对该法律关系变更、消灭或者权利受到妨害的基本事实承担举证证明责任。

第九十二条 一方当事人在法庭审理中，或者在起诉状、答辩状、代理词等书面材料中，对于己不利的事实明确表示承认的，另一方当事人无需举证证明。

对于涉及身份关系、国家利益、社会公共利益等应当由人民法院依职权调查的事实，不适用前款自认的规定。

自认的事实与查明的事实不符的，人民法院不予确认。

第九十三条 下列事实，当事人无须举证证明：

（一）自然规律以及定理、定律；

（二）众所周知的事实；

（三）根据法律规定推定的事实；

（四）根据已知的事实和日常生活经验法则推定出的另一事实；

（五）已为人民法院发生法律效力的裁判所确认的事实；

（六）已为仲裁机构生效裁决所确认的事实；

（七）已为有效公证文书所证明的事实。

前款第二项至第四项规定的事实，当事人有相反证据足以反驳的除外；第五项至第七项规定的事实，当事人有相反证据足以推翻的除外。

第九十四条 民事诉讼法第六十四条第二款规定的当事人及其诉讼代理人因客观原因不能自行收集的证据包括：

（一）证据由国家有关部门保存，当事人及其诉讼代理人无权查阅调取的；

（二）涉及国家秘密、商业秘密或者个人隐私的；

（三）当事人及其诉讼代理人因客观原因不能自行收集的其他证据。

当事人及其诉讼代理人因客观原因不能自行收集的证据，可以在举证期限届满前书面申请人民法院调查收集。

第九十五条 当事人申请调查收集的证据，与待证事实无关联、对证明待证事实无意义或者其他无调查收集必要的，人民法院不予准许。

第九十六条 民事诉讼法第六十四条第二款规定的人民法院认为审理案件需要的证据包括：

（一）涉及可能损害国家利益、社会公共利益的；

（二）涉及身份关系的；

（三）涉及民事诉讼法第五十五条规定诉讼的；

（四）当事人有恶意串通损害他人合法权益可能的；

（五）涉及依职权追加当事人、中止诉讼、终结诉讼、回避等程序性事项的。

除前款规定外，人民法院调查收集证据，应当依照当事人的申请进行。

第九十七条 人民法院调查收集证据，应当由两人以上共同进行。调查材料要由调查人、被调查人、记录人签名、捺印或者盖章。

第九十八条 当事人根据民事诉讼法第八十一条第一款规定申请证据保全的，可以在举证期限届满前书面提出。

证据保全可能对他人造成损失的，人民法院应当责令申请人提供相应的担保。

第九十九条 人民法院应当在审理前的准备阶段确定当事人的举证期限。举证期限可以由当事人协商，并经人民法院准许。

人民法院确定举证期限，第一审普通程序案件不得少于十五日，当事人提供新的证据的第二审案件不得少于十日。

举证期限届满后，当事人对已经提供的证据，申请提供反驳证据或者对证据来源、形式等方面的瑕疵进行补正的，人民法院可以酌情再次确定举证期限，该期限不受前款规定的限制。

第一百条 当事人申请延长举证期限的，应当在举证期限届满前向人民法院提出书面申请。

申请理由成立的，人民法院应当准许，适当延长举证期限，并通知其他当事人。延长的举证期限适用于其他当事人。

申请理由不成立的，人民法院不予准许，并通知申请人。

第一百零一条 当事人逾期提供证据的，人民法院应当责令其说明理由，必要时可以要求其提供相应的证据。

当事人因客观原因逾期提供证据，或者对方当事人对逾期提供证据未提出异议的，视为未逾期。

第一百零二条 当事人因故意或者重大过失逾期提供的证据，人民法院不予采纳。但该证据与案件基本事实有关的，人民法院应当采纳，并依照民事诉讼法第六十五条、第一百一十五条第一款的规定予以训诫、罚款。

当事人非因故意或者重大过失逾期提供的证据，人民法院应当采纳，并对当事人予以训诫。

当事人一方要求另一方赔偿因逾期提供证据致使其增加的交通、住宿、就餐、误工、证人出庭作证等必要费用的，人民法院可予支持。

第一百零三条 证据应当在法庭上出示，由当事人互相质证。未经当事人质证的证据，不得作为认定案件事实的根据。

当事人在审理前的准备阶段认可的证据，经审判人员在庭审中说明后，视为质证过的证据。

涉及国家秘密、商业秘密、个人隐私或者法律规定应当保密的证据，不得公开质证。

第一百零四条 人民法院应当组织当事人围绕证据的真实性、合法性以及与待证事实的关联性进行质证，并针对证据有无证明力和证明力大小进行说明和辩论。

能够反映案件真实情况、与待证事实相关联、来源和形式符合法律规定的证据，应当作为认定案件事实的根据。

第一百零五条 人民法院应当按照法定程序，全面、客观地审核证据，依照法律规定，运用逻辑推理和日常生活经验法则，对证据有无证明力和证明力大小进行判断，并公开判断的理由和结果。

第一百零六条 对以严重侵害他人合法权益、违反法律禁止性规定或者严重违背公序良俗的方法形成或者获取的证据，不得作为认定案件事实的根据。

第一百零七条 在诉讼中，当事人为达成调解协议或者和解协议作出妥协而认可的事实，不得在后续的诉讼中作为对其不利的根据，但法律另有规定或者当事人均同意的除外。

第一百零八条 对负有举证证明责任的当事人提供的证据，人民法院经审查并结合相关事实，确信待证事实的存在具有高度可能性的，应当认定该事实存在。

对一方当事人为反驳负有举证证明责任的当事人所主张事实而提供的证据，人民法院经

— 577 —

审查并结合相关事实，认为待证事实真伪不明的，应当认定该事实不存在。

法律对于待证事实所应达到的证明标准另有规定的，从其规定。

第一百零九条 当事人对欺诈、胁迫、恶意串通事实的证明，以及对口头遗嘱或者赠与事实的证明，人民法院确信该待证事实存在的可能性能够排除合理怀疑的，应当认定该事实存在。

第一百一十条 人民法院认为有必要的，可以要求当事人本人到庭，就案件有关事实接受询问。在询问当事人之前，可以要求其签署保证书。

保证书应当载明据实陈述、如有虚假陈述愿意接受处罚等内容。当事人应当在保证书上签名或者捺印。

负有举证证明责任的当事人拒绝到庭、拒绝接受询问或者拒绝签署保证书，待证事实又欠缺其他证据证明的，人民法院对其主张的事实不予认定。

第一百一十一条 民事诉讼法第七十条规定的提交书证原件确有困难，包括下列情形：

（一）书证原件遗失、灭失或者毁损的；

（二）原件在对方当事人控制之下，经合法通知提交而拒不提交的；

（三）原件在他人控制之下，而其有权不提交的；

（四）原件因篇幅或者体积过大而不便提交的；

（五）承担举证证明责任的当事人通过申请人民法院调查收集或者其他方式无法获得书证原件的。

前款规定情形，人民法院应当结合其他证据和案件具体情况，审查判断书证复制品等能否作为认定案件事实的根据。

第一百一十二条 书证在对方当事人控制之下的，承担举证证明责任的当事人可以在举证期限届满前书面申请人民法院责令对方当事人提交。

申请理由成立的，人民法院应当责令对方当事人提交，因提交书证所产生的费用，由申请人负担。对方当事人无正当理由拒不提交的，人民法院可以认定申请人所主张的书证内容为真实。

第一百一十三条 持有书证的当事人以妨碍对方当事人使用为目的，毁灭有关书证或者实施其他致使书证不能使用行为的，人民法院可以依照民事诉讼法第一百一十一条规定，对其处以罚款、拘留。

第一百一十四条 国家机关或者其他依法具有社会管理职能的组织，在其职权范围内制作的文书所记载的事项推定为真实，但有相反证据足以推翻的除外。必要时，人民法院可以要求制作文书的机关或者组织对文书的真实性予以说明。

第一百一十五条 单位向人民法院提出的证明材料，应当由单位负责人及制作证明材料的人员签名或者盖章，并加盖单位印章。人民法院就单位出具的证明材料，可以向单位及制作证明材料的人员进行调查核实。必要时，可以要求制作证明材料的人员出庭作证。

单位及制作证明材料的人员拒绝人民法院调查核实，或者制作证明材料的人员无正当理由拒绝出庭作证的，该证明材料不得作为认定案件事实的根据。

第一百一十六条 视听资料包括录音资料和影像资料。

电子数据是指通过电子邮件、电子数据交换、网上聊天记录、博客、微博客、手机短信、电子签名、域名等形成或者存储在电子介质中的信息。

存储在电子介质中的录音资料和影像资料，适用电子数据的规定。

第一百一十七条 当事人申请证人出庭作证的，应当在举证期限届满前提出。

符合本解释第九十六条第一款规定情形的，人民法院可以依职权通知证人出庭作证。

未经人民法院通知，证人不得出庭作证，但双方当事人同意并经人民法院准许的除外。

第一百一十八条 民事诉讼法第七十四条规定的证人因履行出庭作证义务而支出的交通、住宿、就餐等必要费用，按照机关事业单位工作人员差旅费用和补贴标准计算；误工损失按照国家上年度职工日平均工资标准计算。

人民法院准许证人出庭作证申请的,应当通知申请人预缴证人出庭作证费用。

第一百一十九条 人民法院在证人出庭作证前应当告知其如实作证的义务以及作伪证的法律后果,并责令其签署保证书,但无民事行为能力人和限制民事行为能力人除外。

证人签署保证书适用本解释关于当事人签署保证书的规定。

第一百二十条 证人拒绝签署保证书的,不得作证,并自行承担相关费用。

第一百二十一条 当事人申请鉴定,可以在举证期限届满前提出。申请鉴定的事项与待证事实无关联,或者对证明待证事实无意义的,人民法院不予准许。

人民法院准许当事人鉴定申请的,应当组织双方当事人协商确定具备相应资格的鉴定人。当事人协商不成的,由人民法院指定。

符合依职权调查收集证据条件的,人民法院应当依职权委托鉴定,在询问当事人的意见后,指定具备相应资格的鉴定人。

第一百二十二条 当事人可以依照民事诉讼法第七十九条的规定,在举证期限届满前申请一至二名具有专门知识的人出庭,代表当事人对鉴定意见进行质证,或者对案件事实所涉及的专业问题提出意见。

具有专门知识的人在法庭上就专业问题提出的意见,视为当事人的陈述。

人民法院准许当事人申请的,相关费用由提出申请的当事人负担。

第一百二十三条 人民法院可以对出庭的具有专门知识的人进行询问。经法庭准许,当事人可以对出庭的具有专门知识的人进行询问,当事人各自申请的具有专门知识的人可以就案件中的有关问题进行对质。

具有专门知识的人不得参与专业问题之外的法庭审理活动。

第一百二十四条 人民法院认为有必要的,可以根据当事人的申请或者依职权对物证或者现场进行勘验。勘验时应当保护他人的隐私和尊严。

人民法院可以要求鉴定人参与勘验。必要时,可以要求鉴定人在勘验中进行鉴定。

五、期间和送达

第一百二十五条 依照民事诉讼法第八十二条第二款规定,民事诉讼中以时起算的期间从次时起算;以日、月、年计算的期间从次日起算。

第一百二十六条 民事诉讼法第一百二十三条规定的立案期限,因起诉状内容欠缺通知原告补正的,从补正后交人民法院的次日起算。由上级人民法院转交下级人民法院立案的案件,从受诉人民法院收到起诉状的次日起算。

第一百二十七条 民事诉讼法第五十六条第三款、第二百零五条以及本解释第三百七十四条、第三百八十四条、第四百零一条、第四百二十二条、第四百二十三条规定的六个月,民事诉讼法第二百二十三条规定的一年,为不变期间,不适用诉讼时效中止、中断、延长的规定。

第一百二十八条 再审案件按照第一审程序或者第二审程序审理的,适用民事诉讼法第一百四十九条、第一百七十六条规定的审限。审限自再审立案的次日起算。

第一百二十九条 对申请再审案件,人民法院应当自受理之日起三个月内审查完毕,但公告期间、当事人和解期间等不计入审查期限。有特殊情况需要延长的,由本院院长批准。

第一百三十条 向法人或者其他组织送达诉讼文书,应当由法人的法定代表人、该组织的主要负责人或者办公室、收发室、值班室等负责收件的人签收或者盖章,拒绝签收或者盖章的,适用留置送达。

民事诉讼法第八十六条规定的有关基层组织和所在单位的代表,可以是受送达人住所地的居民委员会、村民委员会的工作人员以及受送达人所在单位的工作人员。

第一百三十一条 人民法院直接送达诉讼文书的,可以通知当事人到人民法院领取。当事人到达人民法院,拒绝签署送达回证的,视为送达。审判人员、书记员应当在送达回证上注明送达情况并签名。

人民法院可以在当事人住所地以外向当事

人直接送达诉讼文书。当事人拒绝签署送达回证的，采用拍照、录像等方式记录送达过程即视为送达。审判人员、书记员应当在送达回证上注明送达情况并签名。

第一百三十二条　受送达人有诉讼代理人的，人民法院既可以向受送达人送达，也可以向其诉讼代理人送达。受送达人指定诉讼代理人为代收人的，向诉讼代理人送达时，适用留置送达。

第一百三十三条　调解书应当直接送达当事人本人，不适用留置送达。当事人本人因故不能签收的，可由其指定的代收人签收。

第一百三十四条　依照民事诉讼法第八十八条规定，委托其他人民法院代为送达的，委托法院应当出具委托函，并附需要送达的诉讼文书和送达回证，以受送达人在送达回证上签收的日期为送达日期。

委托送达的，受委托人民法院应当自收到委托函及相关诉讼文书之日起十日内代为送达。

第一百三十五条　电子送达可以采用传真、电子邮件、移动通信等即时收悉的特定系统作为送达媒介。

民事诉讼法第八十七条第二款规定的到达受送达人特定系统的日期，为人民法院对应系统显示发送成功的日期，但受送达人证明到达其特定系统的日期与人民法院对应系统显示发送成功的日期不一致的，以受送达人证明到达其特定系统的日期为准。

第一百三十六条　受送达人同意采用电子方式送达的，应当在送达地址确认书中予以确认。

第一百三十七条　当事人在提起上诉、申请再审、申请执行时未书面变更送达地址的，其在第一审程序中确认的送达地址可以作为第二审程序、审判监督程序、执行程序的送达地址。

第一百三十八条　公告送达可以在法院的公告栏和受送达人住所地张贴公告，也可以在报纸、信息网络等媒体上刊登公告，发出公告日期以最后张贴或者刊登的日期为准。对公告送达方式有特殊要求的，应当按要求的方式进行。公告期满，即视为送达。

人民法院在受送达人住所地张贴公告的，应当采取拍照、录像等方式记录张贴过程。

第一百三十九条　公告送达应当说明公告送达的原因；公告送达起诉状或者上诉状副本的，应当说明起诉或者上诉要点，受送达人答辩期限及逾期不答辩的法律后果；公告送达传票，应当说明出庭的时间和地点及逾期不出庭的法律后果；公告送达判决书、裁定书的，应当说明裁判主要内容，当事人有权上诉的，还应当说明上诉权利、上诉期限和上诉的人民法院。

第一百四十条　适用简易程序的案件，不适用公告送达。

第一百四十一条　人民法院在定期宣判时，当事人拒不签收判决书、裁定书的，应视为送达，并在宣判笔录中记明。

六、调　解

第一百四十二条　人民法院受理案件后，经审查，认为法律关系明确、事实清楚，在征得当事人双方同意后，可以径行调解。

第一百四十三条　适用特别程序、督促程序、公示催告程序的案件，婚姻等身份关系确认案件以及其他根据案件性质不能进行调解的案件，不得调解。

第一百四十四条　人民法院审理民事案件，发现当事人之间恶意串通，企图通过和解、调解方式侵害他人合法权益的，应当依照民事诉讼法第一百一十二条的规定处理。

第一百四十五条　人民法院审理民事案件，应当根据自愿、合法的原则进行调解。当事人一方或者双方坚持不愿调解的，应当及时裁判。

人民法院审理离婚案件，应当进行调解，但不应久调不决。

第一百四十六条　人民法院审理民事案件，调解过程不公开，但当事人同意公开的除外。

调解协议内容不公开，但为保护国家利益、社会公共利益、他人合法权益，人民法院认为确有必要公开的除外。

主持调解以及参与调解的人员，对调解过

程以及调解过程中获悉的国家秘密、商业秘密、个人隐私和其他不宜公开的信息,应当保守秘密,但为保护国家利益、社会公共利益、他人合法权益的除外。

第一百四十七条 人民法院调解案件时,当事人不能出庭的,经其特别授权,可由其委托代理人参加调解,达成的调解协议,可由委托代理人签名。

离婚案件当事人确因特殊情况无法出庭参加调解的,除本人不能表达意志的以外,应当出具书面意见。

第一百四十八条 当事人自行和解或者调解达成协议后,请求人民法院按照和解协议或者调解协议的内容制作判决书的,人民法院不予准许。

无民事行为能力人的离婚案件,由其法定代理人进行诉讼。法定代理人与对方达成协议要求发给判决书的,可根据协议内容制作判决书。

第一百四十九条 调解书需经当事人签收后才发生法律效力的,应当以最后收到调解书的当事人签收的日期为调解书生效日期。

第一百五十条 人民法院调解民事案件,需由无独立请求权的第三人承担责任的,应当经其同意。该第三人在调解书送达前反悔的,人民法院应当及时裁判。

第一百五十一条 根据民事诉讼法第九十八条第一款第四项规定,当事人各方同意在调解协议上签名或者盖章后即发生法律效力的,经人民法院审查确认后,应当记入笔录或者将调解协议附卷,并由当事人、审判人员、书记员签名或者盖章后即具有法律效力。

前款规定情形,当事人请求制作调解书的,人民法院审查确认后可以制作调解书送交当事人。当事人拒收调解书的,不影响调解协议的效力。

七、保全和先予执行

第一百五十二条 人民法院依照民事诉讼法第一百条、第一百零一条规定,在采取诉前保全、诉讼保全措施时,责令利害关系人或者当事人提供担保的,应当书面通知。

利害关系人申请诉前保全的,应当提供担保。申请诉前财产保全的,应当提供相当于请求保全数额的担保;情况特殊的,人民法院可以酌情处理。申请诉前行为保全的,担保的数额由人民法院根据案件的具体情况决定。

在诉讼中,人民法院依申请或者依职权采取保全措施的,应当根据案件的具体情况,决定当事人是否应当提供担保以及担保的数额。

第一百五十三条 人民法院对季节性商品、鲜活、易腐烂变质以及其他不宜长期保存的物品采取保全措施时,可以责令当事人及时处理,由人民法院保存价款;必要时,人民法院可予以变卖,保存价款。

第一百五十四条 人民法院在财产保全中采取查封、扣押、冻结财产措施时,应当妥善保管被查封、扣押、冻结的财产。不宜由人民法院保管的,人民法院可以指定被保全人负责保管;不宜由被保全人保管的,可以委托他人或者申请保全人保管。

查封、扣押、冻结担保物权人占有的担保财产,一般由担保物权人保管;由人民法院保管的,质权、留置权不因采取保全措施而消灭。

第一百五十五条 由人民法院指定被保全人保管的财产,如果继续使用对该财产的价值无重大影响,可以允许被保全人继续使用;由人民法院保管或者委托他人、申请保全人保管的财产,人民法院和其他保管人不得使用。

第一百五十六条 人民法院采取财产保全的方法和措施,依照执行程序相关规定办理。

第一百五十七条 人民法院对抵押物、质押物、留置物可以采取财产保全措施,但不影响抵押权人、质权人、留置权人的优先受偿权。

第一百五十八条 人民法院对债务人到期应得的收益,可以采取财产保全措施,限制其支取,通知有关单位协助执行。

第一百五十九条 债务人的财产不能满足保全请求,但对他人有到期债权的,人民法院可以依债权人的申请裁定该他人不得对本案债务人清偿。该他人要求偿付的,由人民法院提存财物或者价款。

第一百六十条 当事人向采取诉前保全措施以外的其他有管辖权的人民法院起诉的,采取诉前保全措施的人民法院应当将保全手续移送受理案件的人民法院。诉前保全的裁定视为受移送人民法院作出的裁定。

第一百六十一条 对当事人不服一审判决提起上诉的案件，在第二审人民法院接到报送的案件之前，当事人有转移、隐匿、出卖或者毁损财产等行为，必须采取保全措施的，由第一审人民法院依当事人申请或者依职权采取。第一审人民法院的保全裁定，应当及时报送第二审人民法院。

第一百六十二条 第二审人民法院裁定对第一审人民法院采取的保全措施予以续保或者采取新的保全措施的，可以自行实施，也可以委托第一审人民法院实施。

再审人民法院裁定对原保全措施予以续保或者采取新的保全措施的，可以自行实施，也可以委托原审人民法院或者执行法院实施。

第一百六十三条 法律文书生效后，进入执行程序前，债权人因对方当事人转移财产等紧急情况，不申请保全将可能导致生效法律文书不能执行或者难以执行的，可以向执行法院申请采取保全措施。债权人在法律文书指定的履行期间届满后五日内不申请执行的，人民法院应当解除保全。

第一百六十四条 对申请保全人或者他人提供的担保财产，人民法院应当依法办理查封、扣押、冻结等手续。

第一百六十五条 人民法院裁定采取保全措施后，除作出保全裁定的人民法院自行解除或者其上级人民法院决定解除外，在保全期限内，任何单位不得解除保全措施。

第一百六十六条 裁定采取保全措施后，有下列情形之一的，人民法院应当作出解除保全裁定：

（一）保全错误的；

（二）申请人撤回保全申请的；

（三）申请人的起诉或者诉讼请求被生效裁判驳回的；

（四）人民法院认为应当解除保全的其他情形。

解除以登记方式实施的保全措施的，应当向登记机关发出协助执行通知书。

第一百六十七条 财产保全的被保全人提供其他等值担保财产且有利于执行的，人民法院可以裁定变更保全标的物为被保全人提供的担保财产。

第一百六十八条 保全裁定未经人民法院依法撤销或者解除，进入执行程序后，自动转为执行中的查封、扣押、冻结措施，期限连续计算，执行法院无需重新制作裁定书，但查封、扣押、冻结期限届满的除外。

第一百六十九条 民事诉讼法规定的先予执行，人民法院应当在受理案件后终审判决作出前采取。先予执行应当限于当事人诉讼请求的范围，并以当事人的生活、生产经营的急需为限。

第一百七十条 民事诉讼法第一百零六条第三项规定的情况紧急，包括：

（一）需要立即停止侵害、排除妨碍的；

（二）需要立即制止某项行为的；

（三）追索恢复生产、经营急需的保险理赔费的；

（四）需要立即返还社会保险金、社会救助资金的；

（五）不立即返还款项，将严重影响权利人生活和生产经营的。

第一百七十一条 当事人对保全或者先予执行裁定不服的，可以自收到裁定书之日起五日内向作出裁定的人民法院申请复议。人民法院应当在收到复议申请后十日内审查。裁定正确的，驳回当事人的申请；裁定不当的，变更或者撤销原裁定。

第一百七十二条 利害关系人对保全或者先予执行的裁定不服申请复议的，由作出裁定的人民法院依照民事诉讼法第一百零八条规定处理。

第一百七十三条 人民法院先予执行后，根据发生法律效力的判决，申请人应当返还因先予执行所取得的利益的，适用民事诉讼法第二百三十三条的规定。

八、对妨害民事诉讼的强制措施

第一百七十四条 民事诉讼法第一百零九条规定的必须到庭的被告，是指负有赡养、抚育、扶养义务和不到庭就无法查清案情的被告。

人民法院对必须到庭才能查清案件基本事实的原告，经两次传票传唤，无正当理由拒不到庭的，可以拘传。

第一百七十五条 拘传必须用拘传票，并直接送达被拘传人；在拘传前，应当向被拘传人说明拒不到庭的后果，经批评教育仍拒不到庭的，可以拘传其到庭。

第一百七十六条 诉讼参与人或者其他人有下列行为之一的，人民法院可以适用民事诉讼法第一百一十条规定处理：

（一）未经准许进行录音、录像、摄影的；

（二）未经准许以移动通信等方式现场传播审判活动的；

（三）其他扰乱法庭秩序，妨害审判活动进行的。

有前款规定情形的，人民法院可以暂扣诉讼参与人或者其他人进行录音、录像、摄影、传播审判活动的器材，并责令其删除有关内容；拒不删除的，人民法院可以采取必要手段强制删除。

第一百七十七条 训诫、责令退出法庭由合议庭或者独任审判员决定。训诫的内容、被责令退出法庭者的违法事实应当记入庭审笔录。

第一百七十八条 人民法院依照民事诉讼法第一百一十条至第一百一十四条的规定采取拘留措施的，应经院长批准，作出拘留决定书，由司法警察将被拘留人送交当地公安机关看管。

第一百七十九条 被拘留人不在本辖区的，作出拘留决定的人民法院应当派员到被拘留人所在地的人民法院，请该院协助执行，受委托的人民法院应当及时派员协助执行。被拘留人申请复议或者在拘留期间承认并改正错误，需要提前解除拘留的，受委托人民法院应当向委托人民法院转达或者提出建议，由委托人民法院审查决定。

第一百八十条 人民法院对被拘留人采取拘留措施后，应当在二十四小时内通知其家属；确实无法按时通知或者通知不到的，应当记录在案。

第一百八十一条 因哄闹、冲击法庭，用暴力、威胁等方法抗拒执行公务等紧急情况，必须立即采取拘留措施的，可在拘留后，立即报告院长补办批准手续。院长认为拘留不当的，应当解除拘留。

第一百八十二条 被拘留人在拘留期间认错悔改的，可以责令其具结悔过，提前解除拘留。提前解除拘留，应报经院长批准，并作出提前解除拘留决定书，交负责看管的公安机关执行。

第一百八十三条 民事诉讼法第一百一十条至第一百一十三条规定的罚款、拘留可以单独适用，也可以合并适用。

第一百八十四条 对同一妨害民事诉讼行为的罚款、拘留不得连续适用。发生新的妨害民事诉讼行为的，人民法院可以重新予以罚款、拘留。

第一百八十五条 被罚款、拘留的人不服罚款、拘留决定申请复议的，应当自收到决定书之日起三日内提出。上级人民法院应当在收到复议申请后五日内作出决定，并将复议结果通知下级人民法院和当事人。

第一百八十六条 上级人民法院复议时认为强制措施不当的，应当制作决定书，撤销或者变更下级人民法院作出的拘留、罚款决定。情况紧急的，可以在口头通知后三日内发出决定书。

第一百八十七条 民事诉讼法第一百一十一条第一款第五项规定的以暴力、威胁或者其他方法阻碍司法工作人员执行职务的行为，包括：

（一）在人民法院哄闹、滞留，不听从司法工作人员劝阻的；

（二）故意毁损、抢夺人民法院法律文书、查封标志的；

（三）哄闹、冲击执行公务现场，围困、扣押执行或者协助执行公务人员的；

（四）毁损、抢夺、扣留案件材料、执行公务车辆、其他执行公务器械、执行公务人员服装和执行公务证件的；

（五）以暴力、威胁或者其他方法阻碍司法工作人员查询、查封、扣押、冻结、划拨、拍卖、变卖财产的；

（六）以暴力、威胁或者其他方法阻碍司法工作人员执行职务的其他行为。

第一百八十八条 民事诉讼法第一百一十一条第一款第六项规定的拒不履行人民法院已经发生法律效力的判决、裁定的行为，包括：

（一）在法律文书发生法律效力后隐藏、转移、变卖、毁损财产或者无偿转让财产、以明显不合理的价格交易财产、放弃到期债权、无偿为他人提供担保等，致使人民法院无法执行的；

（二）隐藏、转移、毁损或者未经人民法院允许处分已向人民法院提供担保的财产的；

（三）违反人民法院限制高消费令进行消费的；

（四）有履行能力而拒不按照人民法院执行通知履行生效法律文书确定的义务的；

（五）有义务协助执行的个人接到人民法院协助执行通知书后，拒不协助执行的。

第一百八十九条 诉讼参与人或者其他人有下列行为之一的，人民法院可以适用民事诉讼法第一百一十一条的规定处理：

（一）冒充他人提起诉讼或者参加诉讼的；

（二）证人签署保证书后作虚假证言，妨碍人民法院审理案件的；

（三）伪造、隐藏、毁灭或者拒绝交出有关被执行人履行能力的重要证据，妨碍人民法院查明被执行人财产状况的；

（四）擅自解冻已被人民法院冻结的财产的；

（五）接到人民法院协助执行通知书后，给当事人通风报信，协助其转移、隐匿财产的。

第一百九十条 民事诉讼法第一百一十二条规定的他人合法权益，包括案外人的合法权益、国家利益、社会公共利益。

第三人根据民事诉讼法第五十六条第三款规定提起撤销之诉，经审查，原案当事人之间恶意串通进行虚假诉讼的，适用民事诉讼法第一百一十二条规定处理。

第一百九十一条 单位有民事诉讼法第一百一十二条或者第一百一十三条规定行为的，人民法院应当对该单位进行罚款，并可以对其主要负责人或者直接责任人员予以罚款、拘留；构成犯罪的，依法追究刑事责任。

第一百九十二条 有关单位接到人民法院协助执行通知书后，有下列行为之一的，人民法院可以适用民事诉讼法第一百一十四条规定处理：

（一）允许被执行人高消费的；

（二）允许被执行人出境的；

（三）拒不停止办理有关财产权证照转移手续、权属变更登记、规划审批等手续的；

（四）以需要内部请示、内部审批，有内部规定等为由拖延办理的。

第一百九十三条 人民法院对个人或者单位采取罚款措施时，应当根据其实施妨害民事诉讼行为的性质、情节、后果，当地的经济发展水平，以及诉讼标的额等因素，在民事诉讼法第一百一十五条第一款规定的限额内确定相应的罚款金额。

九、诉讼费用

第一百九十四条 依照民事诉讼法第五十四条审理的案件不预交案件受理费，结案后按照诉讼标的额由败诉方交纳。

第一百九十五条 支付令失效后转入诉讼程序的，债权人应当按照《诉讼费用交纳办法》补交案件受理费。

支付令被撤销后，债权人另行起诉的，按照《诉讼费用交纳办法》交纳诉讼费用。

第一百九十六条 人民法院改变原判决、裁定、调解结果的，应当在裁判文书中对原审诉讼费用的负担一并作出处理。

第一百九十七条 诉讼标的物是证券的，按照证券交易规则并根据当事人起诉之日前最后一个交易日的收盘价、当日的市场价或者其载明的金额计算诉讼标的金额。

第一百九十八条 诉讼标的物是房屋、土地、林木、车辆、船舶、文物等特定物或者知识产权，起诉时价值难以确定的，人民法院应当向原告释明主张过高或者过低的诉讼风险，以原告主张的价值确定诉讼标的金额。

第一百九十九条 适用简易程序审理的案件转为普通程序的，原告自接到人民法院交纳诉讼费用通知之日起七日内补交案件受理费。

原告无正当理由未按期足额补交的，按撤诉处理，已经收取的诉讼费用退还一半。

第二百条 破产程序中有关债务人的民事诉讼案件，按照财产案件标准交纳诉讼费，但劳动争议案件除外。

第二百零一条 既有财产性诉讼请求，又有非财产性诉讼请求的，按照财产性诉讼请求的标准交纳诉讼费。

有多个财产性诉讼请求的，合并计算交纳诉讼费；诉讼请求中有多个非财产性诉讼请求的，按一件交纳诉讼费。

第二百零二条 原告、被告、第三人分别上诉的，按照上诉请求分别预交二审案件受理费。

同一方多人共同上诉的，只预交一份二审案件受理费；分别上诉的，按照上诉请求分别预交二审案件受理费。

第二百零三条 承担连带责任的当事人败诉的，应当共同负担诉讼费用。

第二百零四条 实现担保物权案件，人民法院裁定拍卖、变卖担保财产的，申请费由债务人、担保人负担；人民法院裁定驳回申请的，申请费由申请人负担。

申请人另行起诉的，其已经交纳的申请费可以从案件受理费中扣除。

第二百零五条 拍卖、变卖担保财产的裁定作出后，人民法院强制执行的，按照执行金额收取执行申请费。

第二百零六条 人民法院决定减半收取案件受理费的，只能减半一次。

第二百零七条 判决生效后，胜诉方预交但不应负担的诉讼费用，人民法院应当退还，由败诉方向人民法院交纳，但胜诉方自愿承担或者同意败诉方直接向其支付的除外。

当事人拒不交纳诉讼费用的，人民法院可以强制执行。

十、第一审普通程序

第二百零八条 人民法院接到当事人提交的民事起诉状时，对符合民事诉讼法第一百一十九条的规定，且不属于第一百二十四条规定情形的，应当登记立案；对当场不能判定是否符合起诉条件的，应当接收起诉材料，并出具注明收到日期的书面凭证。

需要补充必要相关材料的，人民法院应当及时告知当事人。在补齐相关材料后，应当在七日内决定是否立案。

立案后发现不符合起诉条件或者属于民事诉讼法第一百二十四条规定情形的，裁定驳回起诉。

第二百零九条 原告提供被告的姓名或者名称、住所等信息具体明确，足以使被告与他人相区别的，可以认定为有明确的被告。

起诉状列写被告信息不足以认定明确的被告的，人民法院可以告知原告补正。原告补正后仍不能确定明确的被告的，人民法院裁定不予受理。

第二百一十条 原告在起诉状中有谩骂和人身攻击之辞的，人民法院应当告知其修改后提起诉讼。

第二百一十一条 对本院没有管辖权的案件，告知原告向有管辖权的人民法院起诉；原告坚持起诉的，裁定不予受理；立案后发现本院没有管辖权的，应当将案件移送有管辖权的人民法院。

第二百一十二条 裁定不予受理、驳回起诉的案件，原告再次起诉，符合起诉条件且不属于民事诉讼法第一百二十四条规定情形的，人民法院应予受理。

第二百一十三条 原告应当预交而未预交案件受理费，人民法院应当通知其预交，通知后仍不预交或者申请减、缓、免未获批准而仍不预交的，裁定按撤诉处理。

第二百一十四条 原告撤诉或者人民法院按撤诉处理后，原告以同一诉讼请求再次起诉的，人民法院应予受理。

原告撤诉或者按撤诉处理的离婚案件，没有新情况、新理由，六个月内又起诉的，比照民事诉讼法第一百二十四条第七项的规定不予受理。

第二百一十五条 依照民事诉讼法第一百二十四条第二项的规定，当事人在书面合同中订有仲裁条款，或者在发生纠纷后达成书面仲裁协议，一方向人民法院起诉的，人民法院应当告知原告向仲裁机构申请仲裁，其坚持起诉的，裁定不予受理，但仲裁条款或者仲裁协议不成立、无效、失效、内容不明确无法执行的除外。

第二百一十六条 在人民法院首次开庭前，被告以有书面仲裁协议为由对受理民事案件提出异议的，人民法院应当进行审查。

经审查符合下列情形之一的，人民法院应当裁定驳回起诉：

（一）仲裁机构或者人民法院已经确认仲裁协议有效的；

（二）当事人没有在仲裁庭首次开庭前对仲裁协议的效力提出异议的；

（三）仲裁协议符合仲裁法第十六条规定且不具有仲裁法第十七条规定情形的。

第二百一十七条 夫妻一方下落不明，另一方诉至人民法院，只要求离婚，不申请宣告下落不明人失踪或者死亡的案件，人民法院应当受理，对下落不明人公告送达诉讼文书。

第二百一十八条 赡养费、扶养费、抚育费案件，裁判发生法律效力后，因新情况、新理由，一方当事人再行起诉要求增加或者减少费用的，人民法院应作为新案受理。

第二百一十九条 当事人超过诉讼时效期间起诉的，人民法院应予受理。受理后对方当事人提出诉讼时效抗辩，人民法院经审理认为抗辩事由成立的，判决驳回原告的诉讼请求。

第二百二十条 民事诉讼法第六十八条、第一百三十四条、第一百五十六条规定的商业秘密，是指生产工艺、配方、贸易联系、购销渠道等当事人不愿公开的技术秘密、商业情报及信息。

第二百二十一条 基于同一事实发生的纠纷，当事人分别向同一人民法院起诉的，人民法院可以合并审理。

第二百二十二条 原告在起诉状中直接列写第三人的，视为其申请人民法院追加该第三人参加诉讼。是否通知第三人参加诉讼，由人民法院审查决定。

第二百二十三条 当事人在提交答辩状期间提出管辖异议，又针对起诉状的内容进行答辩的，人民法院应当依照民事诉讼法第一百二十七条第一款的规定，对管辖异议进行审查。

当事人未提出管辖异议，就案件实体内容进行答辩、陈述或者反诉的，可以认定为民事诉讼法第一百二十七条第二款规定的应诉答辩。

第二百二十四条 依照民事诉讼法第一百三十三条第四项规定，人民法院可以在答辩期届满后，通过组织证据交换、召集庭前会议等方式，作好审理前的准备。

第二百二十五条 根据案件具体情况，庭前会议可以包括下列内容：

（一）明确原告的诉讼请求和被告的答辩意见；

（二）审查处理当事人增加、变更诉讼请求的申请和提出的反诉，以及第三人提出的与本案有关的诉讼请求；

（三）根据当事人的申请决定调查收集证据，委托鉴定，要求当事人提供证据，进行勘验，进行证据保全；

（四）组织交换证据；

（五）归纳争议焦点；

（六）进行调解。

第二百二十六条 人民法院应当根据当事人的诉讼请求、答辩意见以及证据交换的情况，归纳争议焦点，并就归纳的争议焦点征求当事人的意见。

第二百二十七条 人民法院适用普通程序审理案件，应当在开庭三日前用传票传唤当事人。对诉讼代理人、证人、鉴定人、勘验人、翻译人员应当用通知书通知其到庭。当事人或者其他诉讼参与人在外地的，应当留有必要的在途时间。

第二百二十八条 法庭审理应当围绕当事人争议的事实、证据和法律适用等焦点问题进行。

第二百二十九条 当事人在庭审中对其在审理前的准备阶段认可的事实和证据提出不同意见的，人民法院应当责令其说明理由。必要时，可以责令其提供相应证据。人民法院应当结合当事人的诉讼能力、证据和案件的具体情况进行审查。理由成立的，可以列入争议焦点进行审理。

第二百三十条 人民法院根据案件具体情

况并征得当事人同意，可以将法庭调查和法庭辩论合并进行。

第二百三十一条 当事人在法庭上提出新的证据的，人民法院应当依照民事诉讼法第六十五条第二款规定和本解释相关规定处理。

第二百三十二条 在案件受理后，法庭辩论结束前，原告增加诉讼请求，被告提出反诉，第三人提出与本案有关的诉讼请求，可以合并审理的，人民法院应当合并审理。

第二百三十三条 反诉的当事人应当限于本诉的当事人的范围。

反诉与本诉的诉讼请求基于相同法律关系、诉讼请求之间具有因果关系，或者反诉与本诉的诉讼请求基于相同事实的，人民法院应当合并审理。

反诉应由其他人民法院专属管辖，或者与本诉的诉讼标的及诉讼请求所依据的事实、理由无关联的，裁定不予受理，告知另行起诉。

第二百三十四条 无民事行为能力人的离婚诉讼，当事人的法定代理人应当到庭；法定代理人不能到庭的，人民法院应当在查清事实的基础上，依法作出判决。

第二百三十五条 无民事行为能力的当事人的法定代理人，经传票传唤无正当理由拒不到庭，属于原告方的，比照民事诉讼法第一百四十三条的规定，按撤诉处理；属于被告方的，比照民事诉讼法第一百四十四条的规定，缺席判决。必要时，人民法院可以拘传其到庭。

第二百三十六条 有独立请求权的第三人经人民法院传票传唤，无正当理由拒不到庭的，或者未经法庭许可中途退庭的，比照民事诉讼法第一百四十三条的规定，按撤诉处理。

第二百三十七条 有独立请求权的第三人参加诉讼后，原告申请撤诉，人民法院在准许原告撤诉后，有独立请求权的第三人作为另案原告，原案原告、被告作为另案被告，诉讼继续进行。

第二百三十八条 当事人申请撤诉或者依法可以按撤诉处理的案件，如果当事人有违反法律的行为需要依法处理的，人民法院可以不准许撤诉或者不按撤诉处理。

法庭辩论终结后原告申请撤诉，被告不同意的，人民法院可以不予准许。

第二百三十九条 人民法院准许本诉原告撤诉的，应当对反诉继续审理；被告申请撤回反诉的，人民法院应予准许。

第二百四十条 无独立请求权的第三人经人民法院传票传唤，无正当理由拒不到庭，或者未经法庭许可中途退庭的，不影响案件的审理。

第二百四十一条 被告经传票传唤无正当理由拒不到庭，或者未经法庭许可中途退庭的，人民法院应当按期开庭或者继续开庭审理，对到庭的当事人诉讼请求、双方的诉辩理由以及已经提交的证据及其他诉讼材料进行审理后，可以依法缺席判决。

第二百四十二条 一审宣判后，原审人民法院发现判决有错误，当事人在上诉期内提出上诉的，原审人民法院可以提出原判决有错误的意见，报送第二审人民法院，由第二审人民法院按照第二审程序进行审理；当事人不上诉的，按照审判监督程序处理。

第二百四十三条 民事诉讼法第一百四十九条规定的审限，是指从立案之日起至裁判宣告、调解书送达之日止的期间，但公告期间、鉴定期间、双方当事人和解期间、审理当事人提出的管辖异议以及处理人民法院之间的管辖争议期间不应计算在内。

第二百四十四条 可以上诉的判决书、裁定书不能同时送达双方当事人的，上诉期从各自收到判决书、裁定书之日计算。

第二百四十五条 民事诉讼法第一百五十四条第一款第七项规定的笔误是指法律文书误写、误算，诉讼费用漏写、误算和其他笔误。

第二百四十六条 裁定中止诉讼的原因消除，恢复诉讼程序时，不必撤销原裁定，从人民法院通知或者准许当事人双方继续进行诉讼时起，中止诉讼的裁定即失去效力。

第二百四十七条 当事人就已经提起诉讼的事项在诉讼过程中或者裁判生效后再次起诉，同时符合下列条件的，构成重复起诉：

（一）后诉与前诉的当事人相同；

（二）后诉与前诉的诉讼标的相同；

（三）后诉与前诉的诉讼请求相同，或者后诉的诉讼请求实质上否定前诉裁判结果。

当事人重复起诉的，裁定不予受理；已经受理的，裁定驳回起诉，但法律、司法解释另有规定的除外。

第二百四十八条 裁判发生法律效力后，发生新的事实，当事人再次提起诉讼的，人民法院应当依法受理。

第二百四十九条 在诉讼中，争议的民事权利义务转移的，不影响当事人的诉讼主体资格和诉讼地位。人民法院作出的发生法律效力的判决、裁定对受让人具有拘束力。

受让人申请以无独立请求权的第三人身份参加诉讼的，人民法院可予准许。受让人申请替代当事人承担诉讼的，人民法院可以根据案件的具体情况决定是否准许；不予准许的，可以追加其为无独立请求权的第三人。

第二百五十条 依照本解释第二百四十九条规定，人民法院准许受让人替代当事人承担诉讼的，裁定变更当事人。

变更当事人后，诉讼程序以受让人为当事人继续进行，原当事人应当退出诉讼。原当事人已经完成的诉讼行为对受让人具有拘束力。

第二百五十一条 二审裁定撤销一审判决发回重审的案件，当事人申请变更、增加诉讼请求或者提出反诉，第三人提出与本案有关的诉讼请求的，依照民事诉讼法第一百四十条规定处理。

第二百五十二条 再审裁定撤销原判决、裁定发回重审的案件，当事人申请变更、增加诉讼请求或者提出反诉，符合下列情形之一的，人民法院应当准许：

（一）原审未合法传唤缺席判决，影响当事人行使诉讼权利的；

（二）追加新的诉讼当事人的；

（三）诉讼标的物灭失或者发生变化致使原诉讼请求无法实现的；

（四）当事人申请变更、增加的诉讼请求或者提出的反诉，无法通过另诉解决的。

第二百五十三条 当庭宣判的案件，除当事人当庭要求邮寄发送裁判文书的外，人民法院应当告知当事人或者诉讼代理人领取裁判文书的时间和地点以及逾期不领取的法律后果。上述情况，应当记入笔录。

第二百五十四条 公民、法人或者其他组织申请查阅发生法律效力的判决书、裁定书的，应当向作出该生效裁判的人民法院提出。申请应当以书面形式提出，并提供具体的案号或者当事人姓名、名称。

第二百五十五条 对于查阅判决书、裁定书的申请，人民法院根据下列情形分别处理：

（一）判决书、裁定书已经通过信息网络向社会公开的，应当引导申请人自行查阅；

（二）判决书、裁定书未通过信息网络向社会公开，且申请符合要求的，应当及时提供便捷的查阅服务；

（三）判决书、裁定书尚未发生法律效力，或者已失去法律效力的，不提供查阅并告知申请人；

（四）发生法律效力的判决书、裁定书不是本院作出的，应当告知申请人向作出生效裁判的人民法院申请查阅；

（五）申请查阅的内容涉及国家秘密、商业秘密、个人隐私的，不予准许并告知申请人。

十一、简易程序

第二百五十六条 民事诉讼法第一百五十七条规定的简单民事案件中的事实清楚，是指当事人对争议的事实陈述基本一致，并能提供相应的证据，无须人民法院调查收集证据即可查明事实；权利义务关系明确是指能明确区分谁是责任的承担者，谁是权利的享有者；争议不大是指当事人对案件的是非、责任承担以及诉讼标的争执无原则分歧。

第二百五十七条 下列案件，不适用简易程序：

（一）起诉时被告下落不明的；

（二）发回重审的；

（三）当事人一方人数众多的；

（四）适用审判监督程序的；

（五）涉及国家利益、社会公共利益的；

（六）第三人起诉请求改变或者撤销生效判决、裁定、调解书的；

（七）其他不宜适用简易程序的案件。

第二百五十八条　适用简易程序审理的案件，审理期限到期后，双方当事人同意继续适用简易程序的，由本院院长批准，可以延长审理期限。延长后的审理期限累计不得超过六个月。

人民法院发现案情复杂，需要转为普通程序审理的，应当在审理期限届满前作出裁定并将合议庭组成人员及相关事项书面通知双方当事人。

案件转为普通程序审理的，审理期限自人民法院立案之日计算。

第二百五十九条　当事人双方可就开庭方式向人民法院提出申请，由人民法院决定是否准许。经当事人双方同意，可以采用视听传输技术等方式开庭。

第二百六十条　已经按照普通程序审理的案件，在开庭后不得转为简易程序审理。

第二百六十一条　适用简易程序审理案件，人民法院可以采取捎口信、电话、短信、传真、电子邮件等简便方式传唤双方当事人、通知证人和送达裁判文书以外的诉讼文书。

以简便方式送达的开庭通知，未经当事人确认或者没有其他证据证明当事人已经收到的，人民法院不得缺席判决。

适用简易程序审理案件，由审判员独任审判，书记员担任记录。

第二百六十二条　人民法庭制作的判决书、裁定书、调解书，必须加盖基层人民法院印章，不得用人民法庭的印章代替基层人民法院的印章。

第二百六十三条　适用简易程序审理案件，卷宗中应当具备以下材料：

（一）起诉状或者口头起诉笔录；

（二）答辩状或者口头答辩笔录；

（三）当事人身份证明材料；

（四）委托他人代理诉讼的授权委托书或者口头委托笔录；

（五）证据；

（六）询问当事人笔录；

（七）审理（包括调解）笔录；

（八）判决书、裁定书、调解书或者调解协议；

（九）送达和宣判笔录；

（十）执行情况；

（十一）诉讼费收据；

（十二）适用民事诉讼法第一百六十二条规定审理的，有关程序适用的书面告知。

第二百六十四条　当事人双方根据民事诉讼法第一百五十七条第二款规定约定适用简易程序的，应当在开庭前提出。口头提出的，记入笔录，由双方当事人签名或者捺印确认。

本解释第二百五十七条规定的案件，当事人约定适用简易程序的，人民法院不予准许。

第二百六十五条　原告口头起诉的，人民法院应当将当事人的姓名、性别、工作单位、住所、联系方式等基本信息，诉讼请求，事实及理由等准确记入笔录，由原告核对无误后签名或者捺印。对当事人提交的证据材料，应当出具收据。

第二百六十六条　适用简易程序案件的举证期限由人民法院确定，也可以由当事人协商一致并经人民法院准许，但不得超过十五日。被告要求书面答辩的，人民法院可在征得其同意的基础上，合理确定答辩期间。

人民法院应当将举证期限和开庭日期告知双方当事人，并向当事人说明逾期举证以及拒不到庭的法律后果，由双方当事人在笔录和开庭传票的送达回证上签名或者捺印。

当事人双方均表示不需要举证期限、答辩期间的，人民法院可以立即开庭审理或者确定开庭日期。

第二百六十七条　适用简易程序审理案件，可以简便方式进行审理前的准备。

第二百六十八条　对没有委托律师、基层法律服务工作者代理诉讼的当事人，人民法院在庭审过程中可以对回避、自认、举证证明责任等相关内容向其作必要的解释或者说明，并在庭审过程中适当提示当事人正确行使诉讼权利、履行诉讼义务。

第二百六十九条　当事人就案件适用简易程序提出异议，人民法院经审查，异议成立的，裁定转为普通程序；异议不成立的，口头告知当事人，并记入笔录。

转为普通程序的，人民法院应当将合议庭

组成人员及相关事项以书面形式通知双方当事人。

转为普通程序前，双方当事人已确认的事实，可以不再进行举证、质证。

第二百七十条 适用简易程序审理的案件，有下列情形之一的，人民法院在制作判决书、裁定书、调解书时，对认定事实或者裁判理由部分可以适当简化：

（一）当事人达成调解协议并需要制作民事调解书的；

（二）一方当事人明确表示承认对方全部或者部分诉讼请求的；

（三）涉及商业秘密、个人隐私的案件，当事人一方要求简化裁判文书中的相关内容，人民法院认为理由正当的；

（四）当事人双方同意简化的。

十二、简易程序中的小额诉讼

第二百七十一条 人民法院审理小额诉讼案件，适用民事诉讼法第一百六十二条的规定，实行一审终审。

第二百七十二条 民事诉讼法第一百六十二条规定的各省、自治区、直辖市上年度就业人员年平均工资，是指已经公布的各省、自治区、直辖市上一年度就业人员年平均工资。在上一年度就业人员年平均工资公布前，以已经公布的最近年度就业人员年平均工资为准。

第二百七十三条 海事法院可以审理海事、海商小额诉讼案件。案件标的额应当以实际受理案件的海事法院或者其派出法庭所在的省、自治区、直辖市上年度就业人员年平均工资百分之三十为限。

第二百七十四条 下列金钱给付的案件，适用小额诉讼程序审理：

（一）买卖合同、借款合同、租赁合同纠纷；

（二）身份关系清楚，仅在给付的数额、时间、方式上存在争议的赡养费、抚育费、扶养费纠纷；

（三）责任明确，仅在给付的数额、时间、方式上存在争议的交通事故损害赔偿和其他人身损害赔偿纠纷；

（四）供用水、电、气、热力合同纠纷；

（五）银行卡纠纷；

（六）劳动关系清楚，仅在劳动报酬、工伤医疗费、经济补偿金或者赔偿金给付数额、时间、方式上存在争议的劳动合同纠纷；

（七）劳务关系清楚，仅在劳务报酬给付数额、时间、方式上存在争议的劳务合同纠纷；

（八）物业、电信等服务合同纠纷；

（九）其他金钱给付纠纷。

第二百七十五条 下列案件，不适用小额诉讼程序审理：

（一）人身关系、财产确权纠纷；

（二）涉外民事纠纷；

（三）知识产权纠纷；

（四）需要评估、鉴定或者对诉前评估、鉴定结果有异议的纠纷；

（五）其他不宜适用一审终审的纠纷。

第二百七十六条 人民法院受理小额诉讼案件，应当向当事人告知该类案件的审判组织、一审终审、审理期限、诉讼费用交纳标准等相关事项。

第二百七十七条 小额诉讼案件的举证期限由人民法院确定，也可以由当事人协商一致并经人民法院准许，但一般不超过七日。

被告要求书面答辩的，人民法院可以在征得其同意的基础上合理确定答辩期间，但最长不得超过十五日。

当事人到庭后表示不需要举证期限和答辩期间的，人民法院可立即开庭审理。

第二百七十八条 当事人对小额诉讼案件提出管辖异议的，人民法院应当作出裁定。裁定一经作出即生效。

第二百七十九条 人民法院受理小额诉讼案件后，发现起诉不符合民事诉讼法第一百一十九条规定的起诉条件的，裁定驳回起诉。裁定一经作出即生效。

第二百八十条 因当事人申请增加或者变更诉讼请求、提出反诉、追加当事人等，致使案件不符合小额诉讼案件条件的，应当适用简易程序的其他规定审理。

前款规定案件，应当适用普通程序审理的，裁定转为普通程序。

适用简易程序的其他规定或者普通程序审理前,双方当事人已确认的事实,可以不再进行举证、质证。

第二百八十一条 当事人对按照小额诉讼案件审理有异议的,应当在开庭前提出。人民法院经审查,异议成立的,适用简易程序的其他规定审理;异议不成立的,告知当事人,并记入笔录。

第二百八十二条 小额诉讼案件的裁判文书可以简化,主要记载当事人基本信息、诉讼请求、裁判主文等内容。

第二百八十三条 人民法院审理小额诉讼案件,本解释没有规定的,适用简易程序的其他规定。

十三、公益诉讼

第二百八十四条 环境保护法、消费者权益保护法等法律规定的机关和有关组织对污染环境、侵害众多消费者合法权益等损害社会公共利益的行为,根据民事诉讼法第五十五条规定提起公益诉讼,符合下列条件的,人民法院应当受理:

(一)有明确的被告;

(二)有具体的诉讼请求;

(三)有社会公共利益受到损害的初步证据;

(四)属于人民法院受理民事诉讼的范围和受诉人民法院管辖。

第二百八十五条 公益诉讼案件由侵权行为地或者被告住所地中级人民法院管辖,但法律、司法解释另有规定的除外。

因污染海洋环境提起的公益诉讼,由污染发生地、损害结果地或者采取预防污染措施地海事法院管辖。

对同一侵权行为分别向两个以上人民法院提起公益诉讼的,由最先立案的人民法院管辖,必要时由它们的共同上级人民法院指定管辖。

第二百八十六条 人民法院受理公益诉讼案件后,应当在十日内书面告知相关行政主管部门。

第二百八十七条 人民法院受理公益诉讼案件后,依法可以提起诉讼的其他机关和有关组织,可以在开庭前向人民法院申请参加诉讼。人民法院准许参加诉讼的,列为共同原告。

第二百八十八条 人民法院受理公益诉讼案件,不影响同一侵权行为的受害人根据民事诉讼法第一百一十九条规定提起诉讼。

第二百八十九条 对公益诉讼案件,当事人可以和解,人民法院可以调解。

当事人达成和解或者调解协议后,人民法院应当将和解或者调解协议进行公告。公告期间不得少于三十日。

公告期满后,人民法院经审查,和解或者调解协议不违反社会公共利益的,应当出具调解书;和解或者调解协议违反社会公共利益的,不予出具调解书,继续对案件进行审理并依法作出裁判。

第二百九十条 公益诉讼案件的原告在法庭辩论终结后申请撤诉的,人民法院不予准许。

第二百九十一条 公益诉讼案件的裁判发生法律效力后,其他依法具有原告资格的机关和有关组织就同一侵权行为另行提起公益诉讼的,人民法院裁定不予受理,但法律、司法解释另有规定的除外。

十四、第三人撤销之诉

第二百九十二条 第三人对已经发生法律效力的判决、裁定、调解书提起撤销之诉的,应当自知道或者应当知道其民事权益受到损害之日起六个月内,向作出生效判决、裁定、调解书的人民法院提出,并应当提供存在下列情形的证据材料:

(一)因不能归责于本人的事由未参加诉讼;

(二)发生法律效力的判决、裁定、调解书的全部或者部分内容错误;

(三)发生法律效力的判决、裁定、调解书内容错误损害其民事权益。

第二百九十三条 人民法院应当在收到起诉状和证据材料之日起五日内送交对方当事人,对方当事人可以自收到起诉状之日起十日内提出书面意见。

人民法院应当对第三人提交的起诉状、证

据材料以及对方当事人的书面意见进行审查。必要时，可以询问双方当事人。

经审查，符合起诉条件的，人民法院应当在收到起诉状之日起三十日内立案。不符合起诉条件的，应当在收到起诉状之日起三十日内裁定不予受理。

第二百九十四条 人民法院对第三人撤销之诉案件，应当组成合议庭开庭审理。

第二百九十五条 民事诉讼法第五十六条第三款规定的因不能归责于本人的事由未参加诉讼，是指没有被列为生效判决、裁定、调解书当事人，且无过错或者无明显过错的情形。包括：

（一）不知道诉讼而未参加的；
（二）申请参加未获准许的；
（三）知道诉讼，但因客观原因无法参加的；
（四）因其他不能归责于本人的事由未参加诉讼的。

第二百九十六条 民事诉讼法第五十六条第三款规定的判决、裁定、调解书的部分或者全部内容，是指判决、裁定的主文，调解书中处理当事人民事权利义务的结果。

第二百九十七条 对下列情形提起第三人撤销之诉的，人民法院不予受理：

（一）适用特别程序、督促程序、公示催告程序、破产程序等非讼程序处理的案件；
（二）婚姻无效、撤销或者解除婚姻关系等判决、裁定、调解书中涉及身份关系的内容；
（三）民事诉讼法第五十四条规定的未参加登记的权利人对代表人诉讼案件的生效裁判；
（四）民事诉讼法第五十五条规定的损害社会公共利益行为的受害人对公益诉讼案件的生效裁判。

第二百九十八条 第三人提起撤销之诉，人民法院应当将该第三人列为原告，生效判决、裁定、调解书的当事人列为被告，但生效判决、裁定、调解书中没有承担责任的无独立请求权的第三人列为第三人。

第二百九十九条 受理第三人撤销之诉案件后，原告提供相应担保，请求中止执行的，人民法院可以准许。

第三百条 对第三人撤销或者部分撤销发生法律效力的判决、裁定、调解书内容的请求，人民法院经审理，按下列情形分别处理：

（一）请求成立且确认其民事权利的主张全部或部分成立的，改变原判决、裁定、调解书内容的错误部分；
（二）请求成立，但确认其全部或部分民事权利的主张不成立，或者未提出确认其民事权利请求的，撤销原判决、裁定、调解书内容的错误部分；
（三）请求不成立的，驳回诉讼请求。

对前款规定裁判不服的，当事人可以上诉。

原判决、裁定、调解书的内容未改变或者未撤销的部分继续有效。

第三百零一条 第三人撤销之诉案件审理期间，人民法院对生效判决、裁定、调解书裁定再审的，受理第三人撤销之诉的人民法院应当裁定将第三人的诉讼请求并入再审程序。但有证据证明原审当事人之间恶意串通损害第三人合法权益的，人民法院应当先行审理第三人撤销之诉案件，裁定中止再审诉讼。

第三百零二条 第三人诉讼请求并入再审程序审理的，按照下列情形分别处理：

（一）按照第一审程序审理的，人民法院应当对第三人的诉讼请求一并审理，所作的判决可以上诉；
（二）按照第二审程序审理的，人民法院可以调解，调解达不成协议的，应当裁定撤销原判决、裁定、调解书，发回一审法院重审，重审时应当列明第三人。

第三百零三条 第三人提起撤销之诉后，未中止生效判决、裁定、调解书执行的，执行法院对第三人依照民事诉讼法第二百二十七条规定提出的执行异议，应予审查。第三人不服驳回执行异议裁定，申请对原判决、裁定、调解书再审的，人民法院不予受理。

案外人对人民法院驳回其执行异议裁定不服，认为原判决、裁定、调解书内容错误损害其合法权益的，应当根据民事诉讼法第二百二十七条规定申请再审，提起第三人撤销之诉的，人民法院不予受理。

十五、执行异议之诉

第三百零四条 根据民事诉讼法第二百二十七条规定，案外人、当事人对执行异议裁定不服，自裁定送达之日起十五日内向人民法院提起执行异议之诉的，由执行法院管辖。

第三百零五条 案外人提起执行异议之诉，除符合民事诉讼法第一百一十九条规定外，还应当具备下列条件：

（一）案外人的执行异议申请已经被人民法院裁定驳回；

（二）有明确的排除对执行标的执行的诉讼请求，且诉讼请求与原判决、裁定无关；

（三）自执行异议裁定送达之日起十五日内提起。

人民法院应当在收到起诉状之日起十五日内决定是否立案。

第三百零六条 申请执行人提起执行异议之诉，除符合民事诉讼法第一百一十九条规定外，还应当具备下列条件：

（一）依案外人执行异议申请，人民法院裁定中止执行；

（二）有明确的对执行标的继续执行的诉讼请求，且诉讼请求与原判决、裁定无关；

（三）自执行异议裁定送达之日起十五日内提起。

人民法院应当在收到起诉状之日起十五日内决定是否立案。

第三百零七条 案外人提起执行异议之诉的，以申请执行人为被告。被执行人反对案外人异议的，被执行人为共同被告；被执行人不反对案外人异议的，可以列被执行人为第三人。

第三百零八条 申请执行人提起执行异议之诉的，以案外人为被告。被执行人反对申请执行人主张的，以案外人和被执行人为共同被告；被执行人不反对申请执行人主张的，可以列被执行人为第三人。

第三百零九条 申请执行人对中止执行裁定未提起执行异议之诉，被执行人提起执行异议之诉的，人民法院告知其另行起诉。

第三百一十条 人民法院审理执行异议之诉案件，适用普通程序。

第三百一十一条 案外人或者申请执行人提起执行异议之诉的，案外人应当就其对执行标的享有足以排除强制执行的民事权益承担举证证明责任。

第三百一十二条 对案外人提起的执行异议之诉，人民法院经审理，按照下列情形分别处理：

（一）案外人就执行标的享有足以排除强制执行的民事权益的，判决不得执行该执行标的；

（二）案外人就执行标的不享有足以排除强制执行的民事权益的，判决驳回诉讼请求。

案外人同时提出确认其权利的诉讼请求的，人民法院可以在判决中一并作出裁判。

第三百一十三条 对申请执行人提起的执行异议之诉，人民法院经审理，按照下列情形分别处理：

（一）案外人就执行标的不享有足以排除强制执行的民事权益的，判决准许执行该执行标的；

（二）案外人就执行标的享有足以排除强制执行的民事权益的，判决驳回诉讼请求。

第三百一十四条 对案外人执行异议之诉，人民法院判决不得对执行标的执行的，执行异议裁定失效。

对申请执行人执行异议之诉，人民法院判决准许对该执行标的的执行的，执行异议裁定失效，执行法院可以根据申请执行人的申请或者依职权恢复执行。

第三百一十五条 案外人执行异议之诉审理期间，人民法院不得对执行标的进行处分。申请执行人请求人民法院继续执行并提供相应担保的，人民法院可以准许。

被执行人与案外人恶意串通，通过执行异议、执行异议之诉妨害执行的，人民法院应当依照民事诉讼法第一百一十三条规定处理。申请执行人因此受到损害的，可以提起诉讼要求被执行人、案外人赔偿。

第三百一十六条 人民法院对执行标的裁定中止执行后，申请执行人在法律规定的期间内未提起执行异议之诉的，人民法院应当自起诉期限届满之日起七日内解除对该执行标的采取的执行措施。

十六、第二审程序

第三百一十七条 双方当事人和第三人都提起上诉的，均列为上诉人。人民法院可以依职权确定第二审程序中当事人的诉讼地位。

第三百一十八条 民事诉讼法第一百六十六条、第一百六十七条规定的对方当事人包括被上诉人和原审其他当事人。

第三百一十九条 必要共同诉讼人的一人或者部分人提起上诉的，按下列情形分别处理：

（一）上诉仅对与对方当事人之间权利义务分担有意见，不涉及其他共同诉讼人利益的，对方当事人为被上诉人，未上诉的同一方当事人依原审诉讼地位列明；

（二）上诉仅对共同诉讼人之间权利义务分担有意见，不涉及对方当事人利益的，未上诉的同一方当事人为被上诉人，对方当事人依原审诉讼地位列明；

（三）上诉对双方当事人之间以及共同诉讼人之间权利义务承担有意见的，未提起上诉的其他当事人均为被上诉人。

第三百二十条 一审宣判时或者判决书、裁定书送达时，当事人口头表示上诉的，人民法院应告知其必须在法定上诉期间内递交上诉状。未在法定上诉期间内递交上诉状的，视为未提起上诉。虽递交上诉状，但未在指定的期限内交纳上诉费的，按自动撤回上诉处理。

第三百二十一条 无民事行为能力人、限制民事行为能力人的法定代理人，可以代理当事人提起上诉。

第三百二十二条 上诉案件的当事人死亡或者终止的，人民法院依法通知其权利义务承继者参加诉讼。

需要终结诉讼的，适用民事诉讼法第一百五十一条规定。

第三百二十三条 第二审人民法院应当围绕当事人的上诉请求进行审理。

当事人没有提出请求的，不予审理，但一审判决违反法律禁止性规定，或者损害国家利益、社会公共利益、他人合法权益的除外。

第三百二十四条 开庭审理的上诉案件，第二审人民法院可以依照民事诉讼法第一百三十三条第四项规定进行审理前的准备。

第三百二十五条 下列情形，可以认定为民事诉讼法第一百七十条第一款第四项规定的严重违反法定程序：

（一）审判组织的组成不合法的；

（二）应当回避的审判人员未回避的；

（三）无诉讼行为能力人未经法定代理人代为诉讼的；

（四）违法剥夺当事人辩论权利的。

第三百二十六条 对当事人在第一审程序中已经提出的诉讼请求，原审人民法院未作审理、判决的，第二审人民法院可以根据当事人自愿的原则进行调解；调解不成的，发回重审。

第三百二十七条 必须参加诉讼的当事人或者有独立请求权的第三人，在第一审程序中未参加诉讼，第二审人民法院可以根据当事人自愿的原则予以调解；调解不成的，发回重审。

第三百二十八条 在第二审程序中，原审原告增加独立的诉讼请求或者原审被告提出反诉的，第二审人民法院可以根据当事人自愿的原则就新增加的诉讼请求或者反诉进行调解；调解不成的，告知当事人另行起诉。

双方当事人同意由第二审人民法院一并审理的，第二审人民法院可以一并裁判。

第三百二十九条 一审判决不准离婚的案件，上诉后，第二审人民法院认为应当判决离婚的，可以根据当事人自愿的原则，与子女抚养、财产问题一并调解；调解不成的，发回重审。

双方当事人同意由第二审人民法院一并审理的，第二审人民法院可以一并裁判。

第三百三十条 人民法院依照第二审程序审理案件，认为依法不应由人民法院受理的，可以由第二审人民法院直接裁定撤销原裁判，驳回起诉。

第三百三十一条 人民法院依照第二审程序审理案件，认为第一审人民法院受理案件违反专属管辖规定的，应当裁定撤销原裁判并移送有管辖权的人民法院。

第三百三十二条　第二审人民法院查明第一审人民法院作出的不予受理裁定有错误的，应当在撤销原裁定的同时，指令第一审人民法院立案受理；查明第一审人民法院作出的驳回起诉裁定有错误的，应当在撤销原裁定的同时，指令第一审人民法院审理。

第三百三十三条　第二审人民法院对下列上诉案件，依照民事诉讼法第一百六十九条规定可以不开庭审理：

（一）不服不予受理、管辖权异议和驳回起诉裁定的；

（二）当事人提出的上诉请求明显不能成立的；

（三）原判决、裁定认定事实清楚，但适用法律错误的；

（四）原判决严重违反法定程序，需要发回重审的。

第三百三十四条　原判决、裁定认定事实或者适用法律虽有瑕疵，但裁判结果正确的，第二审人民法院可以在判决、裁定中纠正瑕疵后，依照民事诉讼法第一百七十条第一款第一项规定予以维持。

第三百三十五条　民事诉讼法第一百七十条第一款第三项规定的基本事实，是指用以确定当事人主体资格、案件性质、民事权利义务等对原判决、裁定的结果有实质性影响的事实。

第三百三十六条　在第二审程序中，作为当事人的法人或者其他组织分立的，人民法院可以直接将分立后的法人或者其他组织列为共同诉讼人；合并的，将合并后的法人或者其他组织列为当事人。

第三百三十七条　在第二审程序中，当事人申请撤回上诉，人民法院经审查认为一审判决确有错误，或者当事人之间恶意串通损害国家利益、社会公共利益、他人合法权益的，不应准许。

第三百三十八条　在第二审程序中，原审原告申请撤回起诉，经其他当事人同意，且不损害国家利益、社会公共利益、他人合法权益的，人民法院可以准许。准许撤诉的，应当一并裁定撤销一审裁判。

原审原告在第二审程序中撤回起诉后重复起诉的，人民法院不予受理。

第三百三十九条　当事人在第二审程序中达成和解协议的，人民法院可以根据当事人的请求，对双方达成的和解协议进行审查并制作调解书送达当事人；因和解而申请撤诉，经审查符合撤诉条件的，人民法院应予准许。

第三百四十条　第二审人民法院宣告判决可以自行宣判，也可以委托原审人民法院或者当事人所在地人民法院代行宣判。

第三百四十一条　人民法院审理对裁定的上诉案件，应当在第二审立案之日起三十日内作出终审裁定。有特殊情况需要延长审限的，由本院院长批准。

第三百四十二条　当事人在第一审程序中实施的诉讼行为，在第二审程序中对该当事人仍具有拘束力。

当事人推翻其在第一审程序中实施的诉讼行为时，人民法院应当责令其说明理由。理由不成立的，不予支持。

十七、特别程序

第三百四十三条　宣告失踪或者宣告死亡案件，人民法院可以根据申请人的请求，清理下落不明人的财产，并指定案件审理期间的财产管理人。公告期满后，人民法院判决宣告失踪的，应当同时依照民法通则第二十一条第一款的规定指定失踪人的财产代管人。

第三百四十四条　失踪人的财产代管人经人民法院指定后，代管人申请变更代管的，比照民事诉讼法特别程序的有关规定进行审理。申请理由成立的，裁定撤销申请人的代管人身份，同时另行指定财产代管人；申请理由不成立的，裁定驳回申请。

失踪人的其他利害关系人申请变更代管的，人民法院应当告知其以原指定的代管人为被告起诉，并按普通程序进行审理。

第三百四十五条　人民法院判决宣告公民失踪后，利害关系人向人民法院申请宣告失踪人死亡，自失踪之日起满四年的，人民法院应当受理，宣告失踪的判决即是该公民失踪的证明，审理中仍应依照民事诉讼法第一百八十五条规定进行公告。

第三百四十六条 符合法律规定的多个利害关系人提出宣告失踪、宣告死亡申请的，列为共同申请人。

第三百四十七条 寻找下落不明人的公告应当记载下列内容：

（一）被申请人应当在规定期间内向受理法院申报其具体地址及其联系方式。否则，被申请人将被宣告失踪、宣告死亡；

（二）凡知悉被申请人生存现状的人，应当在公告期间内将其所知道情况向受理法院报告。

第三百四十八条 人民法院受理宣告失踪、宣告死亡案件后，作出判决前，申请人撤回申请的，人民法院应当裁定终结案件，但其他符合法律规定的利害关系人加入程序要求继续审理的除外。

第三百四十九条 在诉讼中，当事人的利害关系人提出该当事人患有精神病，要求宣告该当事人无民事行为能力或者限制民事行为能力的，应由利害关系人向人民法院提出申请，由受诉人民法院按照特别程序立案审理，原诉讼中止。

第三百五十条 认定财产无主案件，公告期间有人对财产提出请求的，人民法院应当裁定终结特别程序，告知申请人另行起诉，适用普通程序审理。

第三百五十一条 被指定的监护人不服指定，应当自接到通知之日起三十日内向人民法院提出异议。经审理，认为指定并无不当的，裁定驳回异议；指定不当的，判决撤销指定，同时另行指定监护人。判决书应当送达异议人、原指定单位及判决指定的监护人。

第三百五十二条 申请认定公民无民事行为能力或者限制民事行为能力的案件，被申请人没有近亲属的，人民法院可以指定其他亲属为代理人。被申请人没有亲属的，人民法院可以指定经被申请人所在单位或者住所地的居民委员会、村民委员会同意，且愿意担任代理人的关系密切的朋友为代理人。

没有前款规定的代理人的，由被申请人所在单位或者住所地的居民委员会、村民委员会或者民政部门担任代理人。代理人可以是一人，也可以是同一顺序中的两人。

第三百五十三条 申请司法确认调解协议的，双方当事人应当本人或者由符合民事诉讼法第五十八条规定的代理人向调解组织所在地基层人民法院或者人民法庭提出申请。

第三百五十四条 两个以上调解组织参与调解的，各调解组织所在地基层人民法院均有管辖权。

双方当事人可以共同向其中一个调解组织所在地基层人民法院提出申请；双方当事人共同向两个以上调解组织所在地基层人民法院提出申请的，由最先立案的人民法院管辖。

第三百五十五条 当事人申请司法确认调解协议，可以采用书面形式或者口头形式。当事人口头申请的，人民法院应当记入笔录，并由当事人签名、捺印或者盖章。

第三百五十六条 当事人申请司法确认调解协议，应当向人民法院提交调解协议、调解组织主持调解的证明，以及与调解协议相关的财产权利证明等材料，并提供双方当事人的身份、住所、联系方式等基本信息。

当事人未提交上述材料的，人民法院应当要求当事人限期补交。

第三百五十七条 当事人申请司法确认调解协议，有下列情形之一的，人民法院裁定不予受理：

（一）不属于人民法院受理范围的；

（二）不属于收到申请的人民法院管辖的；

（三）申请确认婚姻关系、亲子关系、收养关系等身份关系无效、有效或者解除的；

（四）涉及适用其他特别程序、公示催告程序、破产程序审理的；

（五）调解协议内容涉及物权、知识产权确权的。

人民法院受理申请后，发现有上述不予受理情形的，应当裁定驳回当事人的申请。

第三百五十八条 人民法院审查相关情况时，应当通知双方当事人共同到场对案件进行核实。

人民法院经审查，认为当事人的陈述或者提供的证明材料不充分、不完备或者有疑义的，可以要求当事人限期补充陈述或者补充证明材料。必要时，人民法院可以向调解组织核实有关情况。

第三百五十九条 确认调解协议的裁定作出前，当事人撤回申请的，人民法院可以裁定准许。

当事人无正当理由未在限期内补充陈述、补充证明材料或者拒不接受询问的，人民法院可以按撤回申请处理。

第三百六十条 经审查，调解协议有下列情形之一的，人民法院应当裁定驳回申请：

（一）违反法律强制性规定的；

（二）损害国家利益、社会公共利益、他人合法权益的；

（三）违背公序良俗的；

（四）违反自愿原则的；

（五）内容不明确的；

（六）其他不能进行司法确认的情形。

第三百六十一条 民事诉讼法第一百九十六条规定的担保物权人，包括抵押权人、质权人、留置权人；其他有权请求实现担保物权的人，包括抵押人、出质人、财产被留置的债务人或者所有权人等。

第三百六十二条 实现票据、仓单、提单等有权利凭证的权利质权案件，可以由权利凭证持有人住所地人民法院管辖；无权利凭证的权利质权，由出质登记地人民法院管辖。

第三百六十三条 实现担保物权案件属于海事法院等专门人民法院管辖的，由专门人民法院管辖。

第三百六十四条 同一债权的担保物有多个且所在地不同，申请人分别向有管辖权的人民法院申请实现担保物权的，人民法院应当依法受理。

第三百六十五条 依照物权法第一百七十六条的规定，被担保的债权既有物的担保又有人的担保，当事人对实现担保物权的顺序有约定，实现担保物权的申请违反该约定的，人民法院裁定不予受理；没有约定或者约定不明的，人民法院应当受理。

第三百六十六条 同一财产上设立多个担保物权，登记在先的担保物权尚未实现的，不影响后顺位的担保物权人向人民法院申请实现担保物权。

第三百六十七条 申请实现担保物权，应当提交下列材料：

（一）申请书。申请书应当记明申请人、被申请人的姓名或者名称、联系方式等基本信息，具体的请求和事实、理由；

（二）证明担保物权存在的材料，包括主合同、担保合同、抵押登记证明或者他项权利证书，权利质权的权利凭证或者质权出质登记证明等；

（三）证明实现担保物权条件成就的材料；

（四）担保财产现状的说明；

（五）人民法院认为需要提交的其他材料。

第三百六十八条 人民法院受理申请后，应当在五日内向被申请人送达申请书副本、异议权利告知书等文书。

被申请人有异议的，应当在收到人民法院通知后的五日内向人民法院提出，同时说明理由并提供相应的证据材料。

第三百六十九条 实现担保物权案件可以由审判员一人独任审查。担保财产标的额超过基层人民法院管辖范围的，应当组成合议庭进行审查。

第三百七十条 人民法院审查实现担保物权案件，可以询问申请人、被申请人、利害关系人，必要时可以依职权调查相关事实。

第三百七十一条 人民法院应当就主合同的效力、期限、履行情况，担保物权是否有效设立、担保财产的范围、被担保的债权范围、被担保的债权是否已届清偿期等担保物权实现的条件，以及是否损害他人合法权益等内容进行审查。

被申请人或者利害关系人提出异议的，人民法院应当一并审查。

第三百七十二条 人民法院审查后，按下列情形分别处理：

（一）当事人对实现担保物权无实质性争议且实现担保物权条件成就的，裁定准许拍卖、变卖担保财产；

（二）当事人对实现担保物权有部分实质性争议的，可以就无争议部分裁定准许拍卖、变卖担保财产；

（三）当事人对实现担保物权有实质性争议的，裁定驳回申请，并告知申请人向人民法院提起诉讼。

第三百七十三条 人民法院受理申请后，申请人对担保财产提出保全申请的，可以按照民事诉讼法关于诉讼保全的规定办理。

第三百七十四条 适用特别程序作出的判决、裁定，当事人、利害关系人认为有错误的，可以向作出该判决、裁定的人民法院提出异议。人民法院经审查，异议成立或者部分成立的，作出新的判决、裁定撤销或者改变原判决、裁定；异议不成立的，裁定驳回。

对人民法院作出的确认调解协议、准许实现担保物权的裁定，当事人有异议的，应当自收到裁定之日起十五日内提出；利害关系人有异议的，自知道或者应当知道其民事权益受到侵害之日起六个月内提出。

十八、审判监督程序

第三百七十五条 当事人死亡或者终止的，其权利义务承继者可以根据民事诉讼法第一百九十九条、第二百零一条的规定申请再审。

判决、调解书生效后，当事人将判决、调解书确认的债权转让，债权受让人对该判决、调解书不服申请再审的，人民法院不予受理。

第三百七十六条 民事诉讼法第一百九十九条规定的人数众多的一方当事人，包括公民、法人和其他组织。

民事诉讼法第一百九十九条规定的当事人双方为公民的案件，是指原告和被告均为公民的案件。

第三百七十七条 当事人申请再审，应当提交下列材料：

（一）再审申请书，并按照被申请人和原审其他当事人的人数提交副本；

（二）再审申请人是自然人的，应当提交身份证明；再审申请人是法人或者其他组织的，应当提交营业执照、组织机构代码证书、法定代表人或者主要负责人身份证明书。委托他人代为申请的，应当提交授权委托书和代理人身份证明；

（三）原审判决书、裁定书、调解书；

（四）反映案件基本事实的主要证据及其他材料。

前款第二项、第三项、第四项规定的材料可以是与原件核对无异的复印件。

第三百七十八条 再审申请书应当记明下列事项：

（一）再审申请人与被申请人及原审其他当事人的基本信息；

（二）原审人民法院的名称，原审裁判文书案号；

（三）具体的再审请求；

（四）申请再审的法定情形及具体事实、理由。

再审申请书应当明确申请再审的人民法院，并由再审申请人签名、捺印或者盖章。

第三百七十九条 当事人一方人数众多或者当事人双方为公民的案件，当事人分别向原审人民法院和上一级人民法院申请再审且不能协商一致的，由原审人民法院受理。

第三百八十条 适用特别程序、督促程序、公示催告程序、破产程序等非讼程序审理的案件，当事人不得申请再审。

第三百八十一条 当事人认为发生法律效力的不予受理、驳回起诉的裁定错误的，可以申请再审。

第三百八十二条 当事人就离婚案件中的财产分割问题申请再审，如涉及判决中已分割的财产，人民法院应当依照民事诉讼法第二百条的规定进行审查，符合再审条件的，应当裁定再审；如涉及判决中未作处理的夫妻共同财产，应当告知当事人另行起诉。

第三百八十三条 当事人申请再审，有下列情形之一的，人民法院不予受理：

（一）再审申请被驳回后再次提出申请的；

（二）对再审判决、裁定提出申请的；

（三）在人民检察院对当事人的申请作出不予提出再审检察建议或者抗诉决定后又提出申请的。

前款第一项、第二项规定情形，人民法院应当告知当事人可以向人民检察院申请再审检察建议或者抗诉，但因人民检察院提出再审检察建议或者抗诉而再审作出的判决、裁定除外。

第三百八十四条 当事人对已经发生法律效力的调解书申请再审，应当在调解书发生法律效力后六个月内提出。

第三百八十五条 人民法院应当自收到符合条件的再审申请书等材料之日起五日内向再审申请人发送受理通知书，并向被申请人及原审其他当事人发送应诉通知书、再审申请书副本等材料。

第三百八十六条 人民法院受理申请再审案件后，应当依照民事诉讼法第二百条、第二百零一条、第二百零四条等规定，对当事人主张的再审事由进行审查。

第三百八十七条 再审申请人提供的新的证据，能够证明原判决、裁定认定基本事实或者裁判结果错误的，应当认定为民事诉讼法第二百条第一项规定的情形。

对于符合前款规定的证据，人民法院应当责令再审申请人说明其逾期提供该证据的理由；拒不说明理由或者理由不成立的，依照民事诉讼法第六十五条第二款和本解释第一百零二条的规定处理。

第三百八十八条 再审申请人证明其提交的新的证据符合下列情形之一的，可以认定逾期提供证据的理由成立：

（一）在原审庭审结束前已经存在，因客观原因于庭审结束后才发现的；

（二）在原审庭审结束前已经发现，但因客观原因无法取得或者在规定的期限内不能提供的；

（三）在原审庭审结束后形成，无法据此另行提起诉讼的。

再审申请人提交的证据在原审中已经提供，原审人民法院未组织质证且未作为裁判根据的，视为逾期提供证据的理由成立，但原审人民法院依照民事诉讼法第六十五条规定不予采纳的除外。

第三百八十九条 当事人对原判决、裁定认定事实的主要证据在原审中拒绝发表质证意见或者质证中未对证据发表质证意见的，不属于民事诉讼法第二百条第四项规定的未经质证的情形。

第三百九十条 有下列情形之一，导致判决、裁定结果错误的，应当认定为民事诉讼法第二百条第六项规定的原判决、裁定适用法律确有错误：

（一）适用的法律与案件性质明显不符的；

（二）确定民事责任明显违背当事人约定或者法律规定的；

（三）适用已经失效或者尚未施行的法律的；

（四）违反法律溯及力规定的；

（五）违反法律适用规则的；

（六）明显违背立法原意的。

第三百九十一条 原审开庭过程中有下列情形之一的，应当认定为民事诉讼法第二百条第九项规定的剥夺当事人辩论权利：

（一）不允许当事人发表辩论意见的；

（二）应当开庭审理而未开庭审理的；

（三）违反法律规定送达起诉状副本或者上诉状副本，致使当事人无法行使辩论权利的；

（四）违法剥夺当事人辩论权利的其他情形。

第三百九十二条 民事诉讼法第二百条第十一项规定的诉讼请求，包括一审诉讼请求、二审上诉请求，但当事人未对一审判决、裁定遗漏或者超出诉讼请求提起上诉的除外。

第三百九十三条 民事诉讼法第二百条第十二项规定的法律文书包括：

（一）发生法律效力的判决书、裁定书、调解书；

（二）发生法律效力的仲裁裁决书；

（三）具有强制执行效力的公证债权文书。

第三百九十四条 民事诉讼法第二百条第十三项规定的审判人员审理该案件时有贪污受贿、徇私舞弊、枉法裁判行为，是指已经由生效刑事法律文书或者纪律处分决定所确认的行为。

第三百九十五条 当事人主张的再审事由成立，且符合民事诉讼法和本解释规定的申请再审条件的，人民法院应当裁定再审。

当事人主张的再审事由不成立，或者当事

人申请再审超过法定申请再审期限、超出法定再审事由范围等不符合民事诉讼法和本解释规定的申请再审条件的,人民法院应当裁定驳回再审申请。

第三百九十六条 人民法院对已经发生法律效力的判决、裁定、调解书依法决定再审,依照民事诉讼法第二百零六条规定,需要中止执行的,应当在再审裁定中同时写明中止原判决、裁定、调解书的执行;情况紧急的,可以将中止执行裁定口头通知负责执行的人民法院,并在通知后十日内发出裁定书。

第三百九十七条 人民法院根据审查案件的需要决定是否询问当事人。新的证据可能推翻原判决、裁定的,人民法院应当询问当事人。

第三百九十八条 审查再审申请期间,被申请人及原审其他当事人依法提出再审申请的,人民法院应当将其列为再审申请人,对其再审事由一并审查,审查期限重新计算。经审查,其中一方再审申请人主张的再审事由成立的,应当裁定再审。各方再审申请人主张的再审事由均不成立的,一并裁定驳回再审申请。

第三百九十九条 审查再审申请期间,再审申请人申请人民法院委托鉴定、勘验的,人民法院不予准许。

第四百条 审查再审申请期间,再审申请人撤回再审申请的,是否准许,由人民法院裁定。

再审申请人经传票传唤,无正当理由拒不接受询问的,可以按撤回再审申请处理。

第四百零一条 人民法院准许撤回再审申请或者按撤回再审申请处理后,再审申请人再次申请再审的,不予受理,但有民事诉讼法第二百条第一项、第三项、第十二项、第十三项规定情形,自知道或者应当知道之日起六个月内提出的除外。

第四百零二条 再审申请审查期间,有下列情形之一的,裁定终结审查:

(一) 再审申请人死亡或者终止,无权利义务承继者或者权利义务承继者声明放弃再审申请的;

(二) 在给付之诉中,负有给付义务的被申请人死亡或者终止,无可供执行的财产,也没有应当承担义务的人的;

(三) 当事人达成和解协议且已履行完毕的,但当事人在和解协议中声明不放弃申请再审权利的除外;

(四) 他人未经授权以当事人名义申请再审的;

(五) 原审或者上一级人民法院已经裁定再审的。

(六) 有本解释第三百八十三条第一款规定情形的。

第四百零三条 人民法院审理再审案件应当组成合议庭开庭审理,但按照第二审程序审理,有特殊情况或者双方当事人已经通过其他方式充分表达意见,且书面同意不开庭审理的除外。

符合缺席判决条件的,可以缺席判决。

第四百零四条 人民法院开庭审理再审案件,应当按照下列情形分别进行:

(一) 因当事人申请再审的,先由再审申请人陈述再审请求及理由,后由被申请人答辩、其他原审当事人发表意见;

(二) 因抗诉再审的,先由抗诉机关宣读抗诉书,再由申请抗诉的当事人陈述,后由被申请人答辩、其他原审当事人发表意见;

(三) 人民法院依职权再审,有申诉人的,先由申诉人陈述再审请求及理由,后由被申诉人答辩、其他原审当事人发表意见;

(四) 人民法院依职权再审,没有申诉人的,先由原审原告或者原审上诉人陈述,后由原审其他当事人发表意见。

对前款第一项至第三项规定的情形,人民法院应当要求当事人明确其再审请求。

第四百零五条 人民法院审理再审案件应当围绕再审请求进行。当事人的再审请求超出原审诉讼请求的,不予审理;符合另案诉讼条件的,告知当事人可以另行起诉。

被申请人及原审其他当事人在庭审辩论结束前提出的再审请求,符合民事诉讼法第二百零五条规定的,人民法院应当一并审理。

人民法院经再审,发现已经发生法律效力的判决、裁定损害国家利益、社会公共利益、他人合法权益的，应当一并审理。

第四百零六条 再审审理期间，有下列情形之一的，可以裁定终结再审程序：

（一）再审申请人在再审期间撤回再审请求，人民法院准许的；

（二）再审申请人经传票传唤，无正当理由拒不到庭的，或者未经法庭许可中途退庭，按撤回再审请求处理的；

（三）人民检察院撤回抗诉的；

（四）有本解释第四百零二条第一项至第四项规定情形的。

因人民检察院提出抗诉裁定再审的案件，申请抗诉的当事人有前款规定的情形，且不损害国家利益、社会公共利益或者他人合法权益的，人民法院应当裁定终结再审程序。

再审程序终结后，人民法院裁定中止执行的原生效判决自动恢复执行。

第四百零七条 人民法院经再审审理认为，原判决、裁定认定事实清楚、适用法律正确的，应予维持；原判决、裁定认定事实、适用法律虽有瑕疵，但裁判结果正确的，应当在再审判决、裁定中纠正瑕疵后予以维持。

原判决、裁定认定事实、适用法律错误，导致裁判结果错误的，应当依法改判、撤销或者变更。

第四百零八条 按照第二审程序再审的案件，人民法院经审理认为不符合民事诉讼法规定的起诉条件或者符合民事诉讼法第一百二十四条规定不予受理情形的，应当裁定撤销一、二审判决，驳回起诉。

第四百零九条 人民法院对调解书裁定再审后，按照下列情形分别处理：

（一）当事人提出的调解违反自愿原则的事由不成立，且调解书的内容不违反法律强制性规定的，裁定驳回再审申请；

（二）人民检察院抗诉或者再审检察建议所主张的损害国家利益、社会公共利益的理由不成立的，裁定终结再审程序。

前款规定情形，人民法院裁定中止执行的调解书需要继续执行的，自动恢复执行。

第四百一十条 一审原告在再审审理程序中申请撤回起诉，经其他当事人同意，且不损害国家利益、社会公共利益、他人合法权益的，人民法院可以准许。裁定准许撤诉的，应当一并撤销原判决。

一审原告在再审审理程序中撤回起诉后重复起诉的，人民法院不予受理。

第四百一十一条 当事人提交新的证据致使再审改判，因再审申请人或者申请检察监督当事人的过错未能在原审程序中及时举证，被申请人等当事人请求补偿其增加的交通、住宿、就餐、误工等必要费用的，人民法院应予支持。

第四百一十二条 部分当事人到庭并达成调解协议，其他当事人未作出书面表示的，人民法院应当在判决中对该事实作出表述；调解协议内容不违反法律规定，且不损害其他当事人合法权益的，可以在判决主文中予以确认。

第四百一十三条 人民检察院依法对损害国家利益、社会公共利益的发生法律效力的判决、裁定、调解书提出抗诉，或者经人民检察院检察委员会讨论决定提出再审检察建议的，人民法院应予受理。

第四百一十四条 人民检察院对已经发生法律效力的判决以及不予受理、驳回起诉的裁定依法提出抗诉的，人民法院应予受理，但适用特别程序、督促程序、公示催告程序、破产程序以及解除婚姻关系的判决、裁定等不适用审判监督程序的判决、裁定除外。

第四百一十五条 人民检察院依照民事诉讼法第二百零九条第一款第三项规定对有明显错误的再审判决、裁定提出抗诉或者再审检察建议的，人民法院应予受理。

第四百一十六条 地方各级人民检察院依当事人的申请对生效判决、裁定向同级人民法院提出再审检察建议，符合下列条件的，应予受理：

（一）再审检察建议书和原审当事人申请书及相关证据材料已经提交；

（二）建议再审的对象为依照民事诉讼法和本解释规定可以进行再审的判决、裁定；

（三）再审检察建议书列明该判决、裁定有民事诉讼法第二百零八条第二款规定情形；

（四）符合民事诉讼法第二百零九条第一

款第一项、第二项规定情形；

（五）再审检察建议经该人民检察院检察委员会讨论决定。

不符合前款规定的，人民法院可以建议人民检察院予以补正或者撤回；不予补正或者撤回的，应当函告人民检察院不予受理。

第四百一十七条 人民检察院依当事人的申请对生效判决、裁定提出抗诉，符合下列条件的，人民法院应当在三十日内裁定再审：

（一）抗诉书和原审当事人申请书及相关证据材料已经提交；

（二）抗诉对象为依照民事诉讼法和本解释规定可以进行再审的判决、裁定；

（三）抗诉书列明该判决、裁定有民事诉讼法第二百零八条第一款规定情形；

（四）符合民事诉讼法第二百零九条第一款第一项、第二项规定情形。

不符合前款规定的，人民法院可以建议人民检察院予以补正或者撤回；不予补正或者撤回的，人民法院可以裁定不予受理。

第四百一十八条 当事人的再审申请被上级人民法院裁定驳回后，人民检察院对原判决、裁定、调解书提出抗诉，抗诉事由符合民事诉讼法第二百条第一项至第五项规定情形之一的，受理抗诉的人民法院可以交由下一级人民法院再审。

第四百一十九条 人民法院收到再审检察建议后，应当组成合议庭，在三个月内进行审查，发现原判决、裁定、调解书确有错误，需要再审的，依照民事诉讼法第一百九十八条规定裁定再审，并通知当事人；经审查，决定不予再审的，应当书面回复人民检察院。

第四百二十条 人民法院审理因人民检察院抗诉或者检察建议裁定再审的案件，不受此前已经作出的驳回当事人再审申请裁定的影响。

第四百二十一条 人民法院开庭审理抗诉案件，应当在开庭三日前通知人民检察院、当事人和其他诉讼参与人。同级人民检察院或者提出抗诉的人民检察院应当派员出庭。

人民检察院因履行法律监督职责向当事人或者案外人调查核实的情况，应当向法庭提交并予以说明，由双方当事人进行质证。

第四百二十二条 必须共同进行诉讼的当事人因不能归责于本人或者其诉讼代理人的事由未参加诉讼的，可以根据民事诉讼法第二百条第八项规定，自知道或者应当知道之日起六个月内申请再审，但符合本解释第四百二十三条规定情形的除外。

人民法院因前款规定的当事人申请而裁定再审，按照第一审程序再审的，应当追加其为当事人，作出新的判决、裁定；按照第二审程序再审，经调解不能达成协议的，应当撤销原判决、裁定，发回重审，重审时应追加其为当事人。

第四百二十三条 根据民事诉讼法第二百二十七条规定，案外人对驳回其执行异议的裁定不服，认为原判决、裁定、调解书内容错误损害其民事权益的，可以自执行异议裁定送达之日起六个月内，向作出原判决、裁定、调解书的人民法院申请再审。

第四百二十四条 根据民事诉讼法第二百二十七条规定，人民法院裁定再审后，案外人属于必要的共同诉讼当事人的，依照本解释第四百二十二条第二款规定处理。

案外人不是必要的共同诉讼当事人的，人民法院仅审理原判决、裁定、调解书对其民事权益造成损害的内容。经审理，再审请求成立的，撤销或者改变原判决、裁定、调解书；再审请求不成立的，维持原判决、裁定、调解书。

第四百二十五条 本解释第三百四十条规定适用于审判监督程序。

第四百二十六条 对小额诉讼案件的判决、裁定，当事人以民事诉讼法第二百条规定的事由向原审人民法院申请再审的，人民法院应当受理。申请再审事由成立的，应当裁定再审，组成合议庭进行审理。作出的再审判决、裁定，当事人不得上诉。

当事人以不应按小额诉讼案件审理为由向原审人民法院申请再审的，人民法院应当受理。理由成立的，应当裁定再审，组成合议庭审理。作出的再审判决、裁定，当事人可以上诉。

十九、督促程序

第四百二十七条 两个以上人民法院都有

管辖权的，债权人可以向其中一个基层人民法院申请支付令。

债权人向两个以上有管辖权的基层人民法院申请支付令的，由最先立案的人民法院管辖。

第四百二十八条　人民法院收到债权人的支付令申请书后，认为申请书不符合要求的，可以通知债权人限期补正。人民法院应当自收到补正材料之日起五日内通知债权人是否受理。

第四百二十九条　债权人申请支付令，符合下列条件的，基层人民法院应当受理，并在收到支付令申请书后五日内通知债权人：

（一）请求给付金钱或者汇票、本票、支票、股票、债券、国库券、可转让的存款单等有价证券；

（二）请求给付的金钱或者有价证券已到期且数额确定，并写明了请求所根据的事实、证据；

（三）债权人没有对待给付义务；

（四）债务人在我国境内且未下落不明；

（五）支付令能够送达债务人；

（六）收到申请书的人民法院有管辖权；

（七）债权人未向人民法院申请诉前保全。

不符合前款规定的，人民法院应当在收到支付令申请书后五日内通知债权人不予受理。

基层人民法院受理申请支付令案件，不受债权金额的限制。

第四百三十条　人民法院受理申请后，由审判员一人进行审查。经审查，有下列情形之一的，裁定驳回申请：

（一）申请人不具备当事人资格的；

（二）给付金钱或者有价证券的证明文件没有约定逾期给付利息或者违约金、赔偿金，债权人坚持要求给付利息或者违约金、赔偿金的；

（三）要求给付的金钱或者有价证券属于违法所得的；

（四）要求给付的金钱或者有价证券尚未到期或者数额不确定的。

人民法院受理支付令申请后，发现不符合本解释规定的受理条件的，应当在受理之日起十五日内裁定驳回申请。

第四百三十一条　向债务人本人送达支付令，债务人拒绝接收的，人民法院可以留置送达。

第四百三十二条　有下列情形之一的，人民法院应当裁定终结督促程序，已发出支付令的，支付令自行失效：

（一）人民法院受理支付令申请后，债权人就同一债权债务关系又提起诉讼的；

（二）人民法院发出支付令之日起三十日内无法送达债务人的；

（三）债务人收到支付令前，债权人撤回申请的。

第四百三十三条　债务人在收到支付令后，未在法定期间提出书面异议，而向其他人民法院起诉的，不影响支付令的效力。

债务人超过法定期间提出异议的，视为未提出异议。

第四百三十四条　债权人基于同一债权债务关系，在同一支付令申请中向债务人提出多项支付请求，债务人仅就其中一项或者几项请求提出异议的，不影响其他各项请求的效力。

第四百三十五条　债权人基于同一债权债务关系，就可分之债向多个债务人提出支付请求，多个债务人中的一人或者几人提出异议的，不影响其他请求的效力。

第四百三十六条　对设有担保的债务的主债务人发出的支付令，对担保人没有拘束力。

债权人就担保关系单独提起诉讼的，支付令自人民法院受理案件之日起失效。

第四百三十七条　经形式审查，债务人提出的书面异议有下列情形之一的，应当认定异议成立，裁定终结督促程序，支付令自行失效：

（一）本解释规定的不予受理申请情形的；

（二）本解释规定的裁定驳回申请情形的；

（三）本解释规定的应当裁定终结督促程序情形的；

（四）人民法院对是否符合发出支付令条件产生合理怀疑的。

第四百三十八条　债务人对债务本身没有异议，只是提出缺乏清偿能力、延缓债务清偿期限、变更债务清偿方式等异议的，不影响支付令的效力。

人民法院经审查认为异议不成立的，裁定驳回。

债务人的口头异议无效。

第四百三十九条 人民法院作出终结督促程序或者驳回异议裁定前，债务人请求撤回异议的，应当裁定准许。

债务人对撤回异议反悔的，人民法院不予支持。

第四百四十条 支付令失效后，申请支付令的一方当事人不同意提起诉讼的，应当自收到终结督促程序裁定之日起七日内向受理申请的人民法院提出。

申请支付令的一方当事人不同意提起诉讼的，不影响其向其他有管辖权的人民法院提起诉讼。

第四百四十一条 支付令失效后，申请支付令的一方当事人自收到终结督促程序裁定之日起七日内未向受理申请的人民法院表明不同意提起诉讼的，视为向受理申请的人民法院起诉。

债权人提出支付令申请的时间，即为向人民法院起诉的时间。

第四百四十二条 债权人向人民法院申请执行支付令的期间，适用民事诉讼法第二百三十九条的规定。

第四百四十三条 人民法院院长发现本院已经发生法律效力的支付令确有错误，认为需要撤销的，应当提交本院审判委员会讨论决定后，裁定撤销支付令，驳回债权人的申请。

二十、公示催告程序

第四百四十四条 民事诉讼法第二百一十八条规定的票据持有人，是指票据被盗、遗失或者灭失前的最后持有人。

第四百四十五条 人民法院收到公示催告的申请后，应当立即审查，并决定是否受理。经审查认为符合受理条件的，通知予以受理，并同时通知支付人停止支付；认为不符合受理条件的，七日内裁定驳回申请。

第四百四十六条 因票据丧失，申请公示催告的，人民法院应结合票据存根、丧失票据的复印件、出票人关于签发票据的证明、申请人合法取得票据的证明、银行挂失止付通知书、报案证明等证据，决定是否受理。

第四百四十七条 人民法院依照民事诉讼法第二百一十九条规定发出的受理申请的公告，应当写明下列内容：

（一）公示催告申请人的姓名或者名称；

（二）票据的种类、号码、票面金额、出票人、背书人、持票人、付款期限等事项以及其他可以申请公示催告的权利凭证的种类、号码、权利范围、权利人、义务人、行权日期等事项；

（三）申报权利的期间；

（四）在公示催告期间转让票据等权利凭证，利害关系人不申报的法律后果。

第四百四十八条 公告应当在有关报纸或者其他媒体上刊登，并于同日公布于人民法院公告栏内。人民法院所在地有证券交易所的，还应当同日在该交易所公布。

第四百四十九条 公告期间不得少于六十日，且公示催告期间届满日不得早于票据付款日后十五日。

第四百五十条 在申报期届满后、判决作出之前，利害关系人申报权利的，应当适用民事诉讼法第二百二十一条第二款、第三款规定处理。

第四百五十一条 利害关系人申报权利，人民法院应当通知其向法院出示票据，并通知公示催告申请人在指定的期间查看该票据。公示催告申请人申请公示催告的票据与利害关系人出示的票据不一致的，应当裁定驳回利害关系人的申报。

第四百五十二条 在申报权利的期间无人申报权利，或者申报被驳回的，申请人应当自公示催告期间届满之日起一个月内申请作出判决。逾期不申请判决的，终结公示催告程序。

裁定终结公示催告程序的，应当通知申请人和支付人。

第四百五十三条 判决公告之日起，公示催告申请人有权依据判决向付款人请求付款。

付款人拒绝付款，申请人向人民法院起诉，符合民事诉讼法第一百一十九条规定的起诉条件的，人民法院应予受理。

第四百五十四条 适用公示催告程序审理案件，可由审判员一人独任审理；判决宣告票据无效的，应当组成合议庭审理。

第四百五十五条 公示催告申请人撤回申请，应在公示催告前提出；公示催告期间申请撤回的，人民法院可以径行裁定终结公示催告程序。

第四百五十六条 人民法院依照民事诉讼法第二百二十条规定通知支付人停止支付，应当符合有关财产保全的规定。支付人收到停止支付通知后拒不止付的，除可依照民事诉讼法第一百一十一条、第一百一十四条规定采取强制措施外，在判决后，支付人仍应承担付款义务。

第四百五十七条 人民法院依照民事诉讼法第二百二十一条规定终结公示催告程序后，公示催告申请人或者申报人向人民法院提起诉讼，因票据权利纠纷提起的，由票据支付地或者被告住所地人民法院管辖；因非票据权利纠纷提起的，由被告住所地人民法院管辖。

第四百五十八条 依照民事诉讼法第二百二十一条规定制作的终结公示催告程序的裁定书，由审判员、书记员署名，加盖人民法院印章。

第四百五十九条 依照民事诉讼法第二百二十三条的规定，利害关系人向人民法院起诉的，人民法院可按票据纠纷适用普通程序审理。

第四百六十条 民事诉讼法第二百二十三条规定的正当理由，包括：

（一）因发生意外事件或者不可抗力致使利害关系人无法知道公告事实的；

（二）利害关系人因被限制人身自由而无法知道公告事实，或者虽然知道公告事实，但无法自己或者委托他人代为申报权利的；

（三）不属于法定申请公示催告情形的；

（四）未予公告或者未按法定方式公告的；

（五）其他导致利害关系人在判决作出前未能向人民法院申报权利的客观事由。

第四百六十一条 根据民事诉讼法第二百二十三条的规定，利害关系人请求人民法院撤销除权判决的，应当将申请人列为被告。

利害关系人仅诉请确认其为合法持票人的，人民法院应当在裁判文书中写明，确认利害关系人为票据权利人的判决作出后，除权判决即被撤销。

二十一、执行程序

第四百六十二条 发生法律效力的实现担保物权裁定、确认调解协议裁定、支付令，由作出裁定、支付令的人民法院或者与其同级的被执行财产所在地的人民法院执行。

认定财产无主的判决，由作出判决的人民法院将无主财产收归国家或者集体所有。

第四百六十三条 当事人申请人民法院执行的生效法律文书应当具备下列条件：

（一）权利义务主体明确；

（二）给付内容明确。

法律文书确定继续履行合同的，应当明确继续履行的具体内容。

第四百六十四条 根据民事诉讼法第二百二十七条规定，案外人对执行标的提出异议的，应当在该执行标的的执行程序终结前提出。

第四百六十五条 案外人对执行标的提出的异议，经审查，按照下列情形分别处理：

（一）案外人对执行标的不享有足以排除强制执行的权益的，裁定驳回其异议；

（二）案外人对执行标的享有足以排除强制执行的权益的，裁定中止执行。

驳回案外人执行异议裁定送达案外人之日起十五日内，人民法院不得对执行标的进行处分。

第四百六十六条 申请执行人与被执行人达成和解协议后请求中止执行或者撤回执行申请的，人民法院可以裁定中止执行或者终结执行。

第四百六十七条 一方当事人不履行或者不完全履行在执行中双方自愿达成的和解协议，对方当事人申请执行原生效法律文书的，人民法院应当恢复执行，但和解协议已履行的部分应当扣除。和解协议已经履行完毕的，人民法院不予恢复执行。

第四百六十八条 申请恢复执行原生效法律文书，适用民事诉讼法第二百三十九条申请

— 605 —

执行期间的规定。申请执行期间因达成执行中的和解协议而中断，其期间自和解协议约定履行期限的最后一日起重新计算。

第四百六十九条 人民法院依照民事诉讼法第二百三十一条规定决定暂缓执行的，如果担保是有期限的，暂缓执行的期限应当与担保期限一致，但最长不得超过一年。被执行人或者担保人对担保的财产在暂缓执行期间有转移、隐藏、变卖、毁损等行为的，人民法院可以恢复强制执行。

第四百七十条 根据民事诉讼法第二百三十一条规定向人民法院提供执行担保的，可以由被执行人或者他人提供财产担保，也可以由他人提供保证。担保人应当具有代为履行或者代为承担赔偿责任的能力。

他人提供执行保证的，应当向执行法院出具保证书，并将保证书副本送交申请执行人。被执行人或者他人提供财产担保的，应当参照物权法、担保法的有关规定办理相应手续。

第四百七十一条 被执行人在人民法院决定暂缓执行的期限届满后仍不履行义务的，人民法院可以直接执行担保财产，或者裁定执行担保人的财产，但执行担保人的财产以担保人应当履行义务部分的财产为限。

第四百七十二条 依照民事诉讼法第二百三十二条规定，执行中作为被执行人的法人或者其他组织分立、合并的，人民法院可以裁定变更后的法人或者其他组织为被执行人；被注销的，如果依照有关实体法的规定有权利义务承受人的，可以裁定该权利义务承受人为被执行人。

第四百七十三条 其他组织在执行中不能履行法律文书确定的义务的，人民法院可以裁定执行对该其他组织依法承担义务的法人或者公民个人的财产。

第四百七十四条 在执行中，作为被执行人的法人或者其他组织名称变更的，人民法院可以裁定变更后的法人或者其他组织为被执行人。

第四百七十五条 作为被执行人的公民死亡，其遗产继承人没有放弃继承的，人民法院可以裁定变更被执行人，由该继承人在遗产的范围内偿还债务。继承人放弃继承的，人民法院可以直接执行被执行人的遗产。

第四百七十六条 法律规定由人民法院执行的其他法律文书执行完毕后，该法律文书被有关机关或者组织依法撤销的，经当事人申请，适用民事诉讼法第二百三十三条规定。

第四百七十七条 仲裁机构裁决的事项，部分有民事诉讼法第二百三十七条第二款、第三款规定情形的，人民法院应当裁定对该部分不予执行。

应当不予执行部分与其他部分不可分的，人民法院应当裁定不予执行仲裁裁决。

第四百七十八条 依照民事诉讼法第二百三十七条第二款、第三款规定，人民法院裁定不予执行仲裁裁决后，当事人对该裁定提出执行异议或者复议的，人民法院不予受理。当事人可以就该民事纠纷重新达成书面仲裁协议申请仲裁，也可以向人民法院起诉。

第四百七十九条 在执行中，被执行人通过仲裁程序将人民法院查封、扣押、冻结的财产确权或者分割给案外人的，不影响人民法院执行程序的进行。

案外人不服的，可以根据民事诉讼法第二百二十七条规定提出异议。

第四百八十条 有下列情形之一的，可以认定为民事诉讼法第二百三十八条第二款规定的公证债权文书确有错误：

（一）公证债权文书属于不得赋予强制执行效力的债权文书的；

（二）被执行人一方未亲自或者未委托代理人到场公证等严重违反法律规定的公证程序的；

（三）公证债权文书的内容与事实不符或者违反法律强制性规定的；

（四）公证债权文书未载明被执行人不履行义务或者不完全履行义务时同意接受强制执行的。

人民法院认定执行该公证债权文书违背社会公共利益的，裁定不予执行。

公证债权文书被裁定不予执行后，当事人、公证事项的利害关系人可以就债权争议提起诉讼。

第四百八十一条 当事人请求不予执行仲裁裁决或者公证债权文书的，应当在执行终结前向执行法院提出。

第四百八十二条 人民法院应当在收到申请执行书或者移交执行书后十日内发出执行通知。

执行通知中除应责令被执行人履行法律文书确定的义务外，还应通知其承担民事诉讼法第二百五十三条规定的迟延履行利息或者迟延履行金。

第四百八十三条 申请执行人超过申请执行时效期间向人民法院申请强制执行的，人民法院应予受理。被执行人对申请执行时效期间提出异议，人民法院经审查异议成立的，裁定不予执行。

被执行人履行全部或者部分义务后，又以不知道申请执行时效期间届满为由请求执行回转的，人民法院不予支持。

第四百八十四条 对必须接受调查询问的被执行人、被执行人的法定代表人、负责人或者实际控制人，经依法传唤无正当理由拒不到场的，人民法院可以拘传其到场。

人民法院应当及时对被拘传人进行调查询问，调查询问的时间不得超过八小时；情况复杂，依法可能采取拘留措施的，调查询问的时间不得超过二十四小时。

人民法院在本辖区以外采取拘传措施时，可以将被拘传人拘传到当地人民法院，当地人民法院应予协助。

第四百八十五条 人民法院有权查询被执行人的身份信息与财产信息，掌握相关信息的单位和个人必须按照协助执行通知书办理。

第四百八十六条 对被执行的财产，人民法院非经查封、扣押、冻结不得处分。对银行存款等各类可以直接扣划的财产，人民法院的扣划裁定同时具有冻结的法律效力。

第四百八十七条 人民法院冻结被执行人的银行存款的期限不得超过一年，查封、扣押动产的期限不得超过两年，查封不动产、冻结其他财产权的期限不得超过三年。

申请执行人申请延长期限的，人民法院应当在查封、扣押、冻结期限届满前办理续行查封、扣押、冻结手续，续行期限不得超过前款规定的期限。

人民法院也可以依职权办理续行查封、扣押、冻结手续。

第四百八十八条 依照民事诉讼法第二百四十七条规定，人民法院在执行中需要拍卖被执行人财产的，可以由人民法院自行组织拍卖，也可以交由具备相应资质的拍卖机构拍卖。

交拍卖机构拍卖的，人民法院应当对拍卖活动进行监督。

第四百八十九条 拍卖评估需要对现场进行检查、勘验的，人民法院应当责令被执行人、协助义务人予以配合。被执行人、协助义务人不予配合的，人民法院可以强制进行。

第四百九十条 人民法院在执行中需要变卖被执行人财产的，可以交有关单位变卖，也可以由人民法院直接变卖。

对变卖的财产，人民法院或者其工作人员不得买受。

第四百九十一条 经申请执行人和被执行人同意，且不损害其他债权人合法权益和社会公共利益的，人民法院可以不经拍卖、变卖，直接将被执行人的财产作价交申请执行人抵偿债务。对剩余债务，被执行人应当继续清偿。

第四百九十二条 被执行人的财产无法拍卖或者变卖的，经申请执行人同意，且不损害其他债权人合法权益和社会公共利益的，人民法院可以将该项财产作价后交付申请执行人抵偿债务，或者交付申请执行人管理；申请执行人拒绝接收或者管理的，退回被执行人。

第四百九十三条 拍卖成交或者依法定程序裁定以物抵债的，标的物所有权自拍卖成交裁定或者抵债裁定送达买受人或者接受抵债物的债权人时转移。

第四百九十四条 执行标的物为特定物的，应当执行原物。原物确已毁损或者灭失的，经双方当事人同意，可以折价赔偿。

双方当事人对折价赔偿不能协商一致的，人民法院应当终结执行程序。申请执行人可以另行起诉。

第四百九十五条 他人持有法律文书指定

— 607 —

交付的财物或者票证，人民法院依照民事诉讼法第二百四十九条第二款、第三款规定发出协助执行通知后，拒不转交的，可以强制执行，并可依照民事诉讼法第一百一十四条、第一百一十五条规定处理。

他人持有期间财物或者票证毁损、灭失的，参照本解释第四百九十四条规定处理。

他人主张合法持有财物或者票证的，可以根据民事诉讼法第二百二十七条规定提出执行异议。

第四百九十六条 在执行中，被执行人隐匿财产、会计账簿等资料的，人民法院除可依照民事诉讼法第一百一十一条第一款第六项规定对其处理外，还应责令被执行人交出隐匿的财产、会计账簿等资料。被执行人拒不交出的，人民法院可以采取搜查措施。

第四百九十七条 搜查人员应当按规定着装并出示搜查令和工作证件。

第四百九十八条 人民法院搜查时禁止无关人员进入搜查现场；搜查对象是公民的，应当通知被执行人或者他的成年家属以及基层组织派员到场；搜查对象是法人或者其他组织的，应当通知法定代表人或者主要负责人到场。拒不到场的，不影响搜查。

搜查妇女身体，应当由女执行人员进行。

第四百九十九条 搜查中发现应当依法采取查封、扣押措施的财产，依照民事诉讼法第二百四十五条第二款和第二百四十七条规定办理。

第五百条 搜查应当制作搜查笔录，由搜查人员、被搜查人及其他在场人签名、捺印或者盖章。拒绝签名、捺印或者盖章的，应当记入搜查笔录。

第五百零一条 人民法院执行被执行人对他人的到期债权，可以作出冻结债权的裁定，并通知该他人向申请执行人履行。

该他人对到期债权有异议，申请执行人请求对异议部分强制执行的，人民法院不予支持。利害关系人对到期债权有异议的，人民法院应当按照民事诉讼法第二百二十七条规定处理。

对生效法律文书确定的到期债权，该他人予以否认的，人民法院不予支持。

第五百零二条 人民法院在执行中需要办理房产证、土地证、林权证、专利证书、商标证书、车船执照等有关财产权证照转移手续的，可以依照民事诉讼法第二百五十一条规定办理。

第五百零三条 被执行人不履行生效法律文书确定的行为义务，该义务可由他人完成的，人民法院可以选定代履行人；法律、行政法规对履行该行为义务有资格限制的，应当从有资格的人中选定。必要时，可以通过招标的方式确定代履行人。

申请执行人可以在符合条件的人中推荐代履行人，也可以申请自己代为履行，是否准许，由人民法院决定。

第五百零四条 代履行费用的数额由人民法院根据案件具体情况确定，并由被执行人在指定期限内预先支付。被执行人未预付的，人民法院可以对该费用强制执行。

代履行结束后，被执行人可以查阅、复制费用清单以及主要凭证。

第五百零五条 被执行人不履行法律文书指定的行为，且该项行为只能由被执行人完成的，人民法院可以依照民事诉讼法第一百一十一条第一款第六项规定处理。

被执行人在人民法院确定的履行期间内仍不履行的，人民法院可以依照民事诉讼法第一百一十一条第一款第六项规定再次处理。

第五百零六条 被执行人迟延履行的，迟延履行期间的利息或者迟延履行金自判决、裁定和其他法律文书指定的履行期间届满之日起计算。

第五百零七条 被执行人未按判决、裁定和其他法律文书指定的期间履行非金钱给付义务的，无论是否已给申请执行人造成损失，都应当支付迟延履行金。已经造成损失的，双倍补偿申请执行人已经受到的损失；没有造成损失的，迟延履行金可以由人民法院根据具体案件情况决定。

第五百零八条 被执行人为公民或者其他组织，在执行程序开始后，被执行人的其他已经取得执行依据的债权人发现被执行人的财产不能清偿所有债权的，可以向人民法院申请参与分配。

对人民法院查封、扣押、冻结的财产有优先权、担保物权的债权人，可以直接申请参与分配，主张优先受偿权。

第五百零九条 申请参与分配，申请人应当提交申请书。申请书应当写明参与分配和被执行人不能清偿所有债权的事实、理由，并附有执行依据。

参与分配申请应当在执行程序开始后，被执行人的财产执行终结前提出。

第五百一十条 参与分配执行中，执行所得价款扣除执行费用，并清偿应当优先受偿的债权后，对于普通债权，原则上按照其占全部申请参与分配债权数额的比例受偿。清偿后的剩余债务，被执行人应当继续清偿。债权人发现被执行人有其他财产的，可以随时请求人民法院执行。

第五百一十一条 多个债权人对执行财产申请参与分配的，执行法院应当制作财产分配方案，并送达各债权人和被执行人。债权人或者被执行人对分配方案有异议的，应当自收到分配方案之日起十五日内向执行法院提出书面异议。

第五百一十二条 债权人或者被执行人对分配方案提出书面异议的，执行法院应当通知未提出异议的债权人、被执行人。

未提出异议的债权人、被执行人自收到通知之日起十五日内未提出反对意见的，执行法院依异议人的意见对分配方案审查修正后进行分配；提出反对意见的，应当通知异议人。异议人可以自收到通知之日起十五日内，以提出反对意见的债权人、被执行人为被告，向执行法院提起诉讼；异议人逾期未提起诉讼的，执行法院按原分配方案进行分配。

诉讼期间进行分配的，执行法院应当提存与争议债权数额相应的款项。

第五百一十三条 在执行中，作为被执行人的企业法人符合企业破产法第二条第一款规定情形的，执行法院经申请执行人之一或者被执行人同意，应当裁定中止对该被执行人的执行，将执行案件相关材料移送被执行人住所地人民法院。

第五百一十四条 被执行人住所地人民法院应当自收到执行案件相关材料之日起三十日内，将是否受理破产案件的裁定告知执行法院。不予受理的，应当将相关案件材料退回执行法院。

第五百一十五条 被执行人住所地人民法院裁定受理破产案件的，执行法院应当解除对被执行人财产的保全措施。被执行人住所地人民法院裁定宣告被执行人破产的，执行法院应当裁定终结对该被执行人的执行。

被执行人住所地人民法院不受理破产案件的，执行法院应当恢复执行。

第五百一十六条 当事人不同意移送破产或者被执行人住所地人民法院不受理破产案件的，执行法院就执行变价所得财产，在扣除执行费用及清偿优先受偿的债权后，对于普通债权，按照财产保全和执行中查封、扣押、冻结财产的先后顺序清偿。

第五百一十七条 债权人根据民事诉讼法第二百五十四条规定请求人民法院继续执行的，不受民事诉讼法第二百三十九条规定申请执行时效期间的限制。

第五百一十八条 被执行人不履行法律文书确定的义务的，人民法院除对被执行人予以处罚外，还可以根据情节将其纳入失信被执行人名单，将被执行人不履行或者不完全履行义务的信息向其所在单位、征信机构以及其他相关机构通报。

第五百一十九条 经过财产调查未发现可供执行的财产，在申请执行人签字确认或者执行法院组成合议庭审查核实并经院长批准后，可以裁定终结本次执行程序。

依照前款规定终结执行后，申请执行人发现被执行人有可供执行财产的，可以再次申请执行。再次申请不受申请执行时效期间的限制。

第五百二十条 因撤销申请而终结执行后，当事人在民事诉讼法第二百三十九条规定的申请执行时效期间内再次申请执行的，人民法院应当受理。

第五百二十一条 在执行终结六个月内，

被执行人或者其他人对已执行的标的有妨害行为的，人民法院可以依申请排除妨害，并可以依照民事诉讼法第一百一十一条规定进行处罚。因妨害行为给执行债权人或者其他人造成损失的，受害人可以另行起诉。

二十二、涉外民事诉讼程序的特别规定

第五百二十二条 有下列情形之一，人民法院可以认定为涉外民事案件：

（一）当事人一方或者双方是外国人、无国籍人、外国企业或者组织的；

（二）当事人一方或者双方的经常居所地在中华人民共和国领域外的；

（三）标的物在中华人民共和国领域外的；

（四）产生、变更或者消灭民事关系的法律事实发生在中华人民共和国领域外的；

（五）可以认定为涉外民事案件的其他情形。

第五百二十三条 外国人参加诉讼，应当向人民法院提交护照等用以证明自己身份的证件。

外国企业或者组织参加诉讼，向人民法院提交的身份证明文件，应当经所在国公证机关公证，并经中华人民共和国驻该国使领馆认证，或者履行中华人民共和国与该所在国订立的有关条约中规定的证明手续。

代表外国企业或者组织参加诉讼的人，应当向人民法院提交其有权作为代表人参加诉讼的证明，该证明应当经所在国公证机关公证，并经中华人民共和国驻该国使领馆认证，或者履行中华人民共和国与该所在国订立的有关条约中规定的证明手续。

本条所称的"所在国"，是指外国企业或者组织的设立登记地国，也可以是办理了营业登记手续的第三国。

第五百二十四条 依照民事诉讼法第二百六十四条以及本解释第五百二十三条规定，需要办理公证、认证手续，而外国当事人所在国与中华人民共和国没有建立外交关系的，可以经该国公证机关公证，经与中华人民共和国有外交关系的第三国驻该国使领馆认证，再转由中华人民共和国驻该第三国使领馆认证。

第五百二十五条 外国人、外国企业或者组织的代表人在人民法院法官的见证下签署授权委托书，委托代理人进行民事诉讼的，人民法院应予认可。

第五百二十六条 外国人、外国企业或者组织的代表人在中华人民共和国境内签署授权委托书，委托代理人进行民事诉讼，经中华人民共和国公证机构公证的，人民法院应予认可。

第五百二十七条 当事人向人民法院提交的书面材料是外文的，应当同时向人民法院提交中文翻译件。

当事人对中文翻译件有异议的，应当共同委托翻译机构提供翻译文本；当事人对翻译机构的选择不能达成一致的，由人民法院确定。

第五百二十八条 涉外民事诉讼中的外籍当事人，可以委托本国人为诉讼代理人，也可以委托本国律师以非律师身份担任诉讼代理人；外国驻华使领馆官员，受本国公民的委托，可以以个人名义担任诉讼代理人，但在诉讼中不享有外交或者领事特权和豁免。

第五百二十九条 涉外民事诉讼中，外国驻华使领馆授权其本馆官员，在作为当事人的本国国民不在中华人民共和国领域内的情况下，可以以外交代表身份为其本国国民在中华人民共和国聘请中华人民共和国律师或者中华人民共和国公民代理民事诉讼。

第五百三十条 涉外民事诉讼中，经调解双方达成协议，应当制发调解书。当事人要求发给判决书的，可以依协议的内容制作判决书送达当事人。

第五百三十一条 涉外合同或者其他财产权益纠纷的当事人，可以书面协议选择被告住所地、合同履行地、合同签订地、原告住所地、标的物所在地、侵权行为地等与争议有实际联系地点的外国法院管辖。

根据民事诉讼法第三十三条和第二百六十六条规定，属于中华人民共和国法院专属管辖的案件，当事人不得协议选择外国法院管辖，但协议选择仲裁的除外。

第五百三十二条 涉外民事案件同时符合下列情形的，人民法院可以裁定驳回原告的起诉，告知其向更方便的外国法院提起诉讼：

（一）被告提出案件应由更方便外国法院管辖的请求，或者提出管辖异议；

（二）当事人之间不存在选择中华人民共和国法院管辖的协议；

（三）案件不属于中华人民共和国法院专属管辖；

（四）案件不涉及中华人民共和国国家、公民、法人或者其他组织的利益；

（五）案件争议的主要事实不是发生在中华人民共和国境内，且案件不适用中华人民共和国法律，人民法院审理案件在认定事实和适用法律方面存在重大困难；

（六）外国法院对案件享有管辖权，且审理该案件更加方便。

第五百三十三条　中华人民共和国法院和外国法院都有管辖权的案件，一方当事人向外国法院起诉，而另一方当事人向中华人民共和国法院起诉的，人民法院可予受理。判决后，外国法院申请或者当事人请求人民法院承认和执行外国法院对本案作出的判决、裁定的，不予准许；但双方共同缔结或者参加的国际条约另有规定的除外。

外国法院判决、裁定已经被人民法院承认，当事人就同一争议向人民法院起诉的，人民法院不予受理。

第五百三十四条　对在中华人民共和国领域内没有住所的当事人，经用公告方式送达诉讼文书，公告期满不应诉，人民法院缺席判决后，仍应当将裁判文书依照民事诉讼法第二百六十七条第八项规定公告送达。自公告送达裁判文书满三个月之日起，经过三十日的上诉期当事人没有上诉的，一审判决即发生法律效力。

第五百三十五条　外国人或者外国企业、组织的代表人、主要负责人在中华人民共和国领域内的，人民法院可以向该自然人或者外国企业、组织的代表人、主要负责人送达。

外国企业、组织的主要负责人包括该企业、组织的董事、监事、高级管理人员等。

第五百三十六条　受送达人所在国允许邮寄送达的，人民法院可以邮寄送达。

邮寄送达时应当附有送达回证。受送达人未在送达回证上签收但在邮件回执上签收的，视为送达，签收日期为送达日期。

自邮寄之日起满三个月，如果未收到送达的证明文件，且根据各种情况不足以认定已经送达的，视为不能用邮寄方式送达。

第五百三十七条　人民法院一审时采取公告方式向当事人送达诉讼文书的，二审时可径行采取公告方式向其送达诉讼文书，但人民法院能够采取公告方式之外的其他方式送达的除外。

第五百三十八条　不服第一审人民法院判决、裁定的上诉期，对在中华人民共和国领域内有住所的当事人，适用民事诉讼法第一百六十四条规定的期限；对在中华人民共和国领域内没有住所的当事人，适用民事诉讼法第二百六十九条规定的期限。当事人的上诉期均已届满没有上诉的，第一审人民法院的判决、裁定即发生法律效力。

第五百三十九条　人民法院对涉外民事案件的当事人申请再审进行审查的期间，不受民事诉讼法第二百零四条规定的限制。

第五百四十条　申请人向人民法院申请执行中华人民共和国涉外仲裁机构的裁决，应当提出书面申请，并附裁决书正本。如申请人为外国当事人，其申请书应当用中文文本提出。

第五百四十一条　人民法院强制执行涉外仲裁机构的仲裁裁决时，被执行人以有民事诉讼法第二百七十四条第一款规定的情形为由提出抗辩的，人民法院应当对被执行人的抗辩进行审查，并根据审查结果裁定执行或者不予执行。

第五百四十二条　依照民事诉讼法第二百七十二条规定，中华人民共和国涉外仲裁机构将当事人的保全申请提交人民法院裁定的，人民法院可以进行审查，裁定是否进行保全。裁定保全的，应当责令申请人提供担保，申请人不提供担保的，裁定驳回申请。

当事人申请证据保全，人民法院经审查认为无需提供担保的，申请人可以不提供担保。

第五百四十三条　申请人向人民法院申请承认和执行外国法院作出的发生法律效力的判决、裁定，应当提交申请书，并附外国法院作出的发生法律效力的判决、裁定正本或者经证明无误的副本以及中文译本。外国法院判决、裁定为缺席判决、裁定的，申请人应当同时提交该外国法院已经合法传唤的证明文件，但判决、裁定已经对此予以明确说明的除外。

中华人民共和国缔结或者参加的国际条约对提交文件有规定的，按照规定办理。

第五百四十四条 当事人向中华人民共和国有管辖权的中级人民法院申请承认和执行外国法院作出的发生法律效力的判决、裁定的，如果该法院所在国与中华人民共和国没有缔结或者共同参加国际条约，也没有互惠关系的，裁定驳回申请，但当事人向人民法院申请承认外国法院作出的发生法律效力的离婚判决的除外。

承认和执行申请被裁定驳回的，当事人可以向人民法院起诉。

第五百四十五条 对临时仲裁庭在中华人民共和国领域外作出的仲裁裁决，一方当事人向人民法院申请承认和执行的，人民法院应当依照民事诉讼法第二百八十三条规定处理。

第五百四十六条 对外国法院作出的发生法律效力的判决、裁定或者外国仲裁裁决，需要中华人民共和国法院执行的，当事人应当先向人民法院申请承认。人民法院经审查，裁定承认后，再根据民事诉讼法第三编的规定予以执行。

当事人仅申请承认而未同时申请执行的，人民法院仅对应否承认进行审查并作出裁定。

第五百四十七条 当事人申请承认和执行外国法院作出的发生法律效力的判决、裁定或者外国仲裁裁决的期间，适用民事诉讼法第二百三十九条的规定。

当事人仅申请承认而未同时申请执行的，申请执行的期间自人民法院对承认申请作出的裁定生效之日起重新计算。

第五百四十八条 承认和执行外国法院作出的发生法律效力的判决、裁定或者外国仲裁裁决的案件，人民法院应当组成合议庭进行审查。

人民法院应当将申请书送达被申请人。被申请人可以陈述意见。

人民法院经审查作出的裁定，一经送达即发生法律效力。

第五百四十九条 与中华人民共和国没有司法协助条约又无互惠关系的国家的法院，未通过外交途径，直接请求人民法院提供司法协助的，人民法院应予退回，并说明理由。

第五百五十条 当事人在中华人民共和国领域外使用中华人民共和国法院的判决书、裁定书，要求中华人民共和国法院证明其法律效力的，或者外国法院要求中华人民共和国法院证明判决书、裁定书的法律效力的，作出判决、裁定的中华人民共和国法院，可以本法院的名义出具证明。

第五百五十一条 人民法院审理涉及香港、澳门特别行政区和台湾地区的民事诉讼案件，可以参照适用涉外民事诉讼程序的特别规定。

二十三、附　则

第五百五十二条 本解释公布施行后，最高人民法院于1992年7月14日发布的《关于适用〈中华人民共和国民事诉讼法〉若干问题的意见》同时废止；最高人民法院以前发布的司法解释与本解释不一致的，不再适用。

最高人民法院关于民事诉讼证据的若干规定

（2001年12月6日最高人民法院审判委员会第1201次会议通过　根据2019年10月14日最高人民法院审判委员会第1777次会议《关于修改〈关于民事诉讼证据的若干规定〉的决定》修正　自2020年5月1日起施行）法释〔2019〕19号

为保证人民法院正确认定案件事实，公正、及时审理民事案件，保障和便利当事人依法行使诉讼权利，根据《中华人民共和国民事诉讼法》（以下简称民事诉讼法）等有关法律的规定，结合民事审判经验和实际情况，制定本规定。

一、当事人举证

第一条 原告向人民法院起诉或者被告提出反诉，应当提供符合起诉条件的相应的证据。

第二条 人民法院应当向当事人说明举证的要求及法律后果，促使当事人在合理期限内积极、全面、正确、诚实地完成举证。

当事人因客观原因不能自行收集的证据，可申请人民法院调查收集。

第三条 在诉讼过程中，一方当事人陈述的于己不利的事实，或者对于己不利的事实明确表示承认的，另一方当事人无需举证证明。

在证据交换、询问、调查过程中，或者在起诉状、答辩状、代理词等书面材料中，当事人明确承认于己不利的事实的，适用前款规定。

第四条 一方当事人对于另一方当事人主张的于己不利的事实既不承认也不否认，经审判人员说明并询问后，其仍然不明确表示肯定或者否定的，视为对该事实的承认。

第五条 当事人委托诉讼代理人参加诉讼的，除授权委托书明确排除的事项外，诉讼代理人的自认视为当事人的自认。

当事人在场对诉讼代理人的自认明确否认的，不视为自认。

第六条 普通共同诉讼中，共同诉讼人中一人或者数人作出的自认，对作出自认的当事人发生效力。

必要共同诉讼中，共同诉讼人中一人或者数人作出自认而其他共同诉讼人予以否认的，不发生自认的效力。其他共同诉讼人既不承认也不否认，经审判人员说明并询问后仍然不明确表示意见的，视为全体共同诉讼人的自认。

第七条 一方当事人对于另一方当事人主张的于己不利的事实有所限制或者附加条件予以承认的，由人民法院综合案件情况决定是否构成自认。

第八条 《最高人民法院关于适用〈中华人民共和国民事诉讼法〉的解释》第九十六条第一款规定的事实，不适用有关自认的规定。

自认的事实与已经查明的事实不符的，人民法院不予确认。

第九条 有下列情形之一，当事人在法庭辩论终结前撤销自认的，人民法院应当准许：

（一）经对方当事人同意的；

（二）自认是在受胁迫或者重大误解情况下作出的。

人民法院准许当事人撤销自认的，应当作出口头或者书面裁定。

第十条 下列事实，当事人无须举证证明：

（一）自然规律以及定理、定律；

（二）众所周知的事实；

（三）根据法律规定推定的事实；

（四）根据已知的事实和日常生活经验法则推定出的另一事实；

（五）已为仲裁机构的生效裁决所确认的事实；

（六）已为人民法院发生法律效力的裁判所确认的基本事实；

（七）已为有效公证文书所证明的事实。

前款第二项至第五项事实，当事人有相反证据足以反驳的除外；第六项、第七项事实，当事人有相反证据足以推翻的除外。

第十一条 当事人向人民法院提供证据，应当提供原件或者原物。如需自己保存证据原件、原物或者提供原件、原物确有困难的，可以提供经人民法院核对无异的复制件或者复制品。

第十二条 以动产作为证据的，应当将原物提交人民法院。原物不宜搬移或者不宜保存的，当事人可以提供复制品、影像资料或者其他替代品。

人民法院在收到当事人提交的动产或者替代品后，应当及时通知双方当事人到人民法院或者保存现场查验。

第十三条 当事人以不动产作为证据的，应当向人民法院提供该不动产的影像资料。

人民法院认为有必要的，应当通知双方当事人到场进行查验。

第十四条 电子数据包括下列信息、电子文件：

（一）网页、博客、微博客等网络平台发布的信息；

（二）手机短信、电子邮件、即时通信、通讯群组等网络应用服务的通信信息；

（三）用户注册信息、身份认证信息、电子交易记录、通信记录、登录日志等信息；

（四）文档、图片、音频、视频、数字证书、计算机程序等电子文件；

（五）其他以数字化形式存储、处理、传输的能够证明案件事实的信息。

第十五条 当事人以视听资料作为证据的，应当提供存储该视听资料的原始载体。

当事人以电子数据作为证据的，应当提供原件。电子数据的制作者制作的与原件一致的副本，或者直接来源于电子数据的打印件或其他可以显示、识别的输出介质，视为电子数据的原件。

第十六条 当事人提供的公文书证系在中华人民共和国领域外形成的，该证据应当经所在国公证机关证明，或者履行中华人民共和国与该所在国订立的有关条约中规定的证明手续。

中华人民共和国领域外形成的涉及身份关系的证据，应当经所在国公证机关证明并经中华人民共和国驻该国使领馆认证，或者履行中华人民共和国与该所在国订立的有关条约中规定的证明手续。

当事人向人民法院提供的证据是在香港、澳门、台湾地区形成的，应当履行相关的证明手续。

第十七条 当事人向人民法院提供外文书证或者外文说明资料，应当附有中文译本。

第十八条 双方当事人无争议的事实符合《最高人民法院关于适用〈中华人民共和国民事诉讼法〉的解释》第九十六条第一款规定情形的，人民法院可以责令当事人提供有关证据。

第十九条 当事人应当对其提交的证据材料逐一分类编号，对证据材料的来源、证明对象和内容作简要说明，签名盖章，注明提交日期，并依照对方当事人人数提出副本。

人民法院收到当事人提交的证据材料，应当出具收据，注明证据的名称、份数和页数以及收到的时间，由经办人员签名或者盖章。

二、证据的调查收集和保全

第二十条 当事人及其诉讼代理人申请人民法院调查收集证据，应当在举证期限届满前提交书面申请。

申请书应当载明被调查人的姓名或者单位名称、住所地等基本情况、所要调查收集的证据名称或者内容、需要由人民法院调查收集证据的原因及其要证明的事实以及明确的线索。

第二十一条 人民法院调查收集的书证，可以是原件，也可以是经核对无误的副本或者复制件。是副本或者复制件的，应当在调查笔录中说明来源和取证情况。

第二十二条 人民法院调查收集的物证应当是原物。被调查人提供原物确有困难的，可以提供复制品或者影像资料。提供复制品或者影像资料的，应当在调查笔录中说明取证情况。

第二十三条 人民法院调查收集视听资料、电子数据，应当要求被调查人提供原始载体。

提供原始载体确有困难的，可以提供复制件。提供复制件的，人民法院应当在调查笔录中说明其来源和制作经过。

人民法院对视听资料、电子数据采取证据保全措施的，适用前款规定。

第二十四条 人民法院调查收集可能需要鉴定的证据，应当遵守相关技术规范，确保证据不被污染。

第二十五条 当事人或者利害关系人根据民事诉讼法第八十一条的规定申请证据保全的，申请书应当载明需要保全的证据的基本情况、申请保全的理由以及采取何种保全措施等内容。

当事人根据民事诉讼法第八十一条第一款的规定申请证据保全的，应当在举证期限届满前向人民法院提出。

法律、司法解释对诉前证据保全有规定的，依照其规定办理。

第二十六条 当事人或者利害关系人申请采取查封、扣押等限制保全标的物使用、流通等保全措施，或者保全可能对证据持有人造成损失的，人民法院应当责令申请人提供相应的担保。

担保方式或者数额由人民法院根据保全措施对证据持有人的影响、保全标的物的价值、当事人或者利害关系人争议的诉讼标的金额等因素综合确定。

第二十七条 人民法院进行证据保全，可以要求当事人或者诉讼代理人到场。

根据当事人的申请和具体情况，人民法院可以采取查封、扣押、录音、录像、复制、鉴定、勘验等方法进行证据保全，并制作笔录。

在符合证据保全目的的情况下，人民法院应当选择对证据持有人利益影响最小的保全措施。

第二十八条 申请证据保全错误造成财产损失，当事人请求申请人承担赔偿责任的，人民法院应予支持。

第二十九条 人民法院采取诉前证据保全措施后，当事人向其他有管辖权的人民法院提起诉讼的，采取保全措施的人民法院应当根据当事人的申请，将保全的证据及时移交受理案件的人民法院。

第三十条 人民法院在审理案件过程中认为待证事实需要通过鉴定意见证明的，应当向当事人释明，并指定提出鉴定申请的期间。

符合《最高人民法院关于适用〈中华人民共和国民事诉讼法〉的解释》第九十六条第一款规定情形的，人民法院应当依职权委托鉴定。

第三十一条 当事人申请鉴定，应当在人民法院指定期间内提出，并预交鉴定费用。逾期不提出申请或者不预交鉴定费用的，视为放弃申请。

对需要鉴定的待证事实负有举证责任的当事人，在人民法院指定期间内无正当理由不提出鉴定申请或者不预交鉴定费用，或者拒不提供相关材料，致使待证事实无法查明的，应当承担举证不能的法律后果。

第三十二条 人民法院准许鉴定申请的，应当组织双方当事人协商确定具备相应资格的鉴定人。当事人协商不成的，由人民法院指定。

人民法院依职权委托鉴定的，可以在询问当事人的意见后，指定具备相应资格的鉴定人。

人民法院在确定鉴定人后应当出具委托书，委托书中应当载明鉴定事项、鉴定范围、鉴定目的和鉴定期限。

第三十三条 鉴定开始之前，人民法院应当要求鉴定人签署承诺书。承诺书中应当载明鉴定人保证客观、公正、诚实地进行鉴定，保证出庭作证，如作虚假鉴定应当承担法律责任等内容。

鉴定人故意作虚假鉴定的，人民法院应当责令其退还鉴定费用，并根据情节，依照民事诉讼法第一百一十一条的规定进行处罚。

第三十四条 人民法院应当组织当事人对鉴定材料进行质证。未经质证的材料，不得作为鉴定的根据。

经人民法院准许，鉴定人可以调取证据、勘验物证和现场、询问当事人或者证人。

第三十五条 鉴定人应当在人民法院确定的期限内完成鉴定，并提交鉴定书。

鉴定人无正当理由未按期提交鉴定书的，当事人可以申请人民法院另行委托鉴定人进行鉴定。人民法院准许的，原鉴定人已经收取的鉴定费用应当退还；拒不退还的，依照本规定第八十一条第二款的规定处理。

第三十六条 人民法院对鉴定人出具的鉴定书，应当审查是否具有下列内容：

（一）委托法院的名称；

（二）委托鉴定的内容、要求；

（三）鉴定材料；

（四）鉴定所依据的原理、方法；

（五）对鉴定过程的说明；

（六）鉴定意见；

（七）承诺书。

鉴定书应当由鉴定人签名或者盖章，并附鉴定人的相应资格证明。委托机构鉴定的，鉴定书应当由鉴定机构盖章，并由从事鉴定的人员签名。

第三十七条 人民法院收到鉴定书后，应当及时将副本送交当事人。

当事人对鉴定书的内容有异议的，应当在人民法院指定期间内以书面方式提出。

对于当事人的异议，人民法院应当要求鉴定人作出解释、说明或者补充。人民法院认为有必要的，可以要求鉴定人对当事人未提出异议的内容进行解释、说明或者补充。

第三十八条　当事人在收到鉴定人的书面答复后仍有异议的，人民法院应当根据《诉讼费用交纳办法》第十一条的规定，通知有异议的当事人预交鉴定人出庭费用，并通知鉴定人出庭。有异议的当事人不预交鉴定人出庭费用的，视为放弃异议。

双方当事人对鉴定意见均有异议的，分摊预交鉴定人出庭费用。

第三十九条　鉴定人出庭费用按照证人出庭作证费用的标准计算，由败诉的当事人负担。因鉴定意见不明确或者有瑕疵需要鉴定人出庭的，出庭费用由其自行负担。

人民法院委托鉴定时已经确定鉴定人出庭费用包含在鉴定费用中的，不再通知当事人预交。

第四十条　当事人申请重新鉴定，存在下列情形之一的，人民法院应当准许：

（一）鉴定人不具备相应资格的；

（二）鉴定程序严重违法的；

（三）鉴定意见明显依据不足的；

（四）鉴定意见不能作为证据使用的其他情形。

存在前款第一项至第三项情形的，鉴定人已经收取的鉴定费用应当退还。拒不退还的，依照本规定第八十一条第二款的规定处理。

对鉴定意见的瑕疵，可以通过补正、补充鉴定或者补充质证、重新质证等方法解决的，人民法院不予准许重新鉴定的申请。

重新鉴定的，原鉴定意见不得作为认定案件事实的根据。

第四十一条　对于一方当事人就专门性问题自行委托有关机构或者人员出具的意见，另一方当事人有证据或者理由足以反驳并申请鉴定的，人民法院应予准许。

第四十二条　鉴定意见被采信后，鉴定人无正当理由撤销鉴定意见的，人民法院应当责令其退还鉴定费用，并可以根据情节，依照民事诉讼法第一百一十一条的规定对鉴定人进行处罚。当事人主张鉴定人负担由此增加的合理费用的，人民法院应予支持。

人民法院采信鉴定意见后准许鉴定人撤销的，应当责令其退还鉴定费用。

第四十三条　人民法院应当在勘验前将勘验的时间和地点通知当事人。当事人不参加的，不影响勘验进行。

当事人可以就勘验事项向人民法院进行解释和说明，可以请求人民法院注意勘验中的重要事项。

人民法院勘验物证或者现场，应当制作笔录，记录勘验的时间、地点、勘验人、在场人、勘验的经过、结果，由勘验人、在场人签名或者盖章。对于绘制的现场图应当注明绘制的时间、方位、测绘人姓名、身份等内容。

第四十四条　摘录有关单位制作的与案件事实相关的文件、材料，应当注明出处，并加盖制作单位或者保管单位的印章，摘录人和其他调查人员应当在摘录件上签名或者盖章。

摘录文件、材料应当保持内容相应的完整性。

第四十五条　当事人根据《最高人民法院关于适用〈中华人民共和国民事诉讼法〉的解释》第一百一十二条的规定申请人民法院责令对方当事人提交书证的，申请书应当载明所申请提交的书证名称或者内容、需要以该书证证明的事实及事实的重要性、对方当事人控制该书证的根据以及应当提交该书证的理由。

对方当事人否认控制书证的，人民法院应当根据法律规定、习惯等因素，结合案件的事实、证据，对于书证是否在对方当事人控制之下的事实作出综合判断。

第四十六条　人民法院对当事人提交书证的申请进行审查时，应当听取对方当事人的意见，必要时可以要求双方当事人提供证据、进行辩论。

当事人申请提交的书证不明确、书证对于待证事实的证明无必要、待证事实对于裁判结果无实质性影响、书证未在对方当事人控制之下或者不符合本规定第四十七条情形的，人民法院不予准许。

当事人申请理由成立的，人民法院应当作出裁定，责令对方当事人提交书证；理由不成立的，通知申请人。

第四十七条 下列情形，控制书证的当事人应当提交书证：

（一）控制书证的当事人在诉讼中曾经引用过的书证；

（二）为对方当事人的利益制作的书证；

（三）对方当事人依照法律规定有权查阅、获取的书证；

（四）账簿、记账原始凭证；

（五）人民法院认为应当提交书证的其他情形。

前款所列书证，涉及国家秘密、商业秘密、当事人或第三人的隐私，或者存在法律规定应当保密的情形的，提交后不得公开质证。

第四十八条 控制书证的当事人无正当理由拒不提交书证的，人民法院可以认定对方当事人所主张的书证内容为真实。

控制书证的当事人存在《最高人民法院关于适用〈中华人民共和国民事诉讼法〉的解释》第一百一十三条规定情形的，人民法院可以认定对方当事人主张以该书证证明的事实为真实。

三、举证时限与证据交换

第四十九条 被告应当在答辩期届满前提出书面答辩，阐明其对原告诉讼请求及所依据的事实和理由的意见。

第五十条 人民法院应当在审理前的准备阶段向当事人送达举证通知书。

举证通知书应当载明举证责任的分配原则和要求、可以向人民法院申请调查收集证据的情形、人民法院根据案件情况指定的举证期限以及逾期提供证据的法律后果等内容。

第五十一条 举证期限可以由当事人协商，并经人民法院准许。

人民法院指定举证期限的，适用第一审普通程序审理的案件不得少于十五日，当事人提供新的证据的第二审案件不得少于十日。适用简易程序审理的案件不得超过十五日，小额诉讼案件的举证期限一般不得超过七日。

举证期限届满后，当事人提供反驳证据或者对已经提供的证据的来源、形式等方面的瑕疵进行补正的，人民法院可以酌情再次确定举证期限，该期限不受前款规定的期间限制。

第五十二条 当事人在举证期限内提供证据存在客观障碍，属于民事诉讼法第六十五条第二款规定的"当事人在该期限内提供证据确有困难"的情形。

前款情形，人民法院应当根据当事人的举证能力、不能在举证期限内提供证据的原因等因素综合判断。必要时，可以听取对方当事人的意见。

第五十三条 诉讼过程中，当事人主张的法律关系性质或者民事行为效力与人民法院根据案件事实作出的认定不一致的，人民法院应当将法律关系性质或者民事行为效力作为焦点问题进行审理。但法律关系性质对裁判理由及结果没有影响，或者有关问题已经当事人充分辩论的除外。

存在前款情形，当事人根据法庭审理情况变更诉讼请求的，人民法院应当准许并可以根据案件的具体情况重新指定举证期限。

第五十四条 当事人申请延长举证期限的，应当在举证期限届满前向人民法院提出书面申请。

申请理由成立的，人民法院应当准许，适当延长举证期限，并通知其他当事人。延长的举证期限适用于其他当事人。

申请理由不成立的，人民法院不予准许，并通知申请人。

第五十五条 存在下列情形的，举证期限按照如下方式确定：

（一）当事人依照民事诉讼法第一百二十七条规定提出管辖权异议的，举证期限中止，自驳回管辖权异议的裁定生效之日起恢复计算；

（二）追加当事人、有独立请求权的第三人参加诉讼或者无独立请求权的第三人经人民法院通知参加诉讼的，人民法院应当依照本规定第五十一条的规定为新参加诉讼的当事人确定举证期限，该举证期限适用于其他当事人；

（三）发回重审的案件，第一审人民法院

可以结合案件具体情况和发回重审的原因，酌情确定举证期限；

（四）当事人增加、变更诉讼请求或者提出反诉的，人民法院应当根据案件具体情况重新确定举证期限；

（五）公告送达的，举证期限自公告期届满之次日起计算。

第五十六条 人民法院依照民事诉讼法第一百三十三条第四项的规定，通过组织证据交换进行审理前准备的，证据交换之日举证期限届满。

证据交换的时间可以由当事人协商一致并经人民法院认可，也可以由人民法院指定。当事人申请延期举证经人民法院准许的，证据交换日相应顺延。

第五十七条 证据交换应当在审判人员的主持下进行。

在证据交换的过程中，审判人员对当事人无异议的事实、证据应当记录在卷；对有异议的证据，按照需要证明的事实分类记录在卷，并记载异议的理由。通过证据交换，确定双方当事人争议的主要问题。

第五十八条 当事人收到对方的证据后有反驳证据需要提交的，人民法院应当再次组织证据交换。

第五十九条 人民法院对逾期提供证据的当事人处以罚款的，可以结合当事人逾期提供证据的主观过错程度、导致诉讼迟延的情况、诉讼标的金额等因素，确定罚款数额。

四、质 证

第六十条 当事人在审理前的准备阶段或者人民法院调查、询问过程中发表过质证意见的证据，视为质证过的证据。

当事人要求以书面方式发表质证意见，人民法院在听取对方当事人意见后认为有必要的，可以准许。人民法院应当及时将书面质证意见送交对方当事人。

第六十一条 对书证、物证、视听资料进行质证时，当事人应当出示证据的原件或者原物。但有下列情形之一的除外：

（一）出示原件或者原物确有困难并经人民法院准许出示复制件或者复制品的；

（二）原件或者原物已不存在，但有证据证明复制件、复制品与原件或者原物一致的。

第六十二条 质证一般按下列顺序进行：

（一）原告出示证据，被告、第三人与原告进行质证；

（二）被告出示证据，原告、第三人与被告进行质证；

（三）第三人出示证据，原告、被告与第三人进行质证。

人民法院根据当事人申请调查收集的证据，审判人员对调查收集证据的情况进行说明后，由提出申请的当事人与对方当事人、第三人进行质证。

人民法院依职权调查收集的证据，由审判人员对调查收集证据的情况进行说明后，听取当事人的意见。

第六十三条 当事人应当就案件事实作真实、完整的陈述。

当事人的陈述与此前陈述不一致的，人民法院应当责令其说明理由，并结合当事人的诉讼能力、证据和案件具体情况进行审查认定。

当事人故意作虚假陈述妨碍人民法院审理的，人民法院应当根据情节，依照民事诉讼法第一百一十一条的规定进行处罚。

第六十四条 人民法院认为有必要的，可以要求当事人本人到场，就案件的有关事实接受询问。

人民法院要求当事人到场接受询问的，应当通知当事人询问的时间、地点、拒不到场的后果等内容。

第六十五条 人民法院应当在询问前责令当事人签署保证书并宣读保证书的内容。

保证书应当载明保证据实陈述，绝无隐瞒、歪曲、增减，如有虚假陈述应当接受处罚等内容。当事人应当在保证书上签名、捺印。

当事人有正当理由不能宣读保证书的，由书记员宣读并进行说明。

第六十六条 当事人无正当理由拒不到场、拒不签署或宣读保证书或者拒不接受询问的，人民法院应当综合案件情况，判断待证事实的真伪。待证事实无其他证据证明的，人民法院应当作出不利于该当事人的认定。

第六十七条 不能正确表达意思的人，不能作为证人。

待证事实与其年龄、智力状况或者精神健康状况相适应的无民事行为能力人和限制民事行为能力人，可以作为证人。

第六十八条 人民法院应当要求证人出庭作证，接受审判人员和当事人的询问。证人在审理前的准备阶段或者人民法院调查、询问等双方当事人在场时陈述证言的，视为出庭作证。

双方当事人同意证人以其他方式作证并经人民法院准许的，证人可以不出庭作证。

无正当理由未出庭的证人以书面等方式提供的证言，不得作为认定案件事实的根据。

第六十九条 当事人申请证人出庭作证的，应当在举证期限届满前向人民法院提交申请书。

申请书应当载明证人的姓名、职业、住所、联系方式，作证的主要内容，作证内容与待证事实的关联性，以及证人出庭作证的必要性。

符合《最高人民法院关于适用〈中华人民共和国民事诉讼法〉的解释》第九十六条第一款规定情形的，人民法院应当依职权通知证人出庭作证。

第七十条 人民法院准许证人出庭作证申请的，应当向证人送达通知书并告知双方当事人。通知书中应当载明证人作证的时间、地点，作证的事项、要求以及作伪证的法律后果等内容。

当事人申请证人出庭作证的事项与待证事实无关，或者没有通知证人出庭作证必要的，人民法院不予准许当事人的申请。

第七十一条 人民法院应当要求证人在作证之前签署保证书，并在法庭上宣读保证书的内容。但无民事行为能力人和限制民事行为能力人作为证人的除外。

证人确有正当理由不能宣读保证书的，由书记员代为宣读并进行说明。

证人拒绝签署或者宣读保证书的，不得作证，并自行承担相关费用。

证人保证书的内容适用当事人保证书的规定。

第七十二条 证人应当客观陈述其亲身感知的事实，作证时不得使用猜测、推断或者评论性语言。

证人作证前不得旁听法庭审理，作证时不得以宣读事先准备的书面材料的方式陈述证言。

证人言辞表达有障碍的，可以通过其他表达方式作证。

第七十三条 证人应当就其作证的事项进行连续陈述。

当事人及其法定代理人、诉讼代理人或者旁听人员干扰证人陈述的，人民法院应当及时制止，必要时可以依照民事诉讼法第一百一十条的规定进行处罚。

第七十四条 审判人员可以对证人进行询问。当事人及其诉讼代理人经审判人员许可后可以询问证人。

询问证人时其他证人不得在场。

人民法院认为有必要的，可以要求证人之间进行对质。

第七十五条 证人出庭作证后，可以向人民法院申请支付证人出庭作证费用。证人有困难需要预先支取出庭作证费用的，人民法院可以根据证人的申请在出庭作证前支付。

第七十六条 证人确有困难不能出庭作证，申请以书面证言、视听传输技术或者视听资料等方式作证的，应当向人民法院提交申请书。申请书中应当载明不能出庭的具体原因。

符合民事诉讼法第七十三条规定情形的，人民法院应当准许。

第七十七条 证人经人民法院准许，以书面证言方式作证的，应当签署保证书；以视听传输技术或者视听资料方式作证的，应当签署保证书并宣读保证书的内容。

第七十八条 当事人及其诉讼代理人对证人的询问与待证事实无关，或者存在威胁、侮辱证人或不适当引导等情形的，审判人员应当及时制止。必要时可以依照民事诉讼法第一百一十条、第一百一十一条的规定进行处罚。

证人故意作虚假陈述，诉讼参与人或者其他人以暴力、威胁、贿买等方法妨碍证人作证，或者在证人作证后以侮辱、诽谤、诬陷、恐吓、殴打等方式对证人打击报复的，人民法院应当根据情节，依照民事诉讼法第一百一十一条的规定，对行为人进行处罚。

第七十九条 鉴定人依照民事诉讼法第七十八条的规定出庭作证的，人民法院应当在开庭审理三日前将出庭的时间、地点及要求通知鉴定人。

委托机构鉴定的，应当由从事鉴定的人员代表机构出庭。

第八十条 鉴定人应当就鉴定事项如实答复当事人的异议和审判人员的询问。当庭答复确有困难的，经人民法院准许，可以在庭审结束后书面答复。

人民法院应当及时将书面答复送交当事人，并听取当事人的意见。必要时，可以再次组织质证。

第八十一条 鉴定人拒不出庭作证的，鉴定意见不得作为认定案件事实的根据。人民法院应当建议有关主管部门或者组织对拒不出庭作证的鉴定人予以处罚。

当事人要求退还鉴定费用的，人民法院应当在三日内作出裁定，责令鉴定人退还；拒不退还的，由人民法院依法执行。

当事人因鉴定人拒不出庭作证申请重新鉴定的，人民法院应当准许。

第八十二条 经法庭许可，当事人可以询问鉴定人、勘验人。

询问鉴定人、勘验人不得使用威胁、侮辱等不适当的言语和方式。

第八十三条 当事人依照民事诉讼法第七十九条和《最高人民法院关于适用〈中华人民共和国民事诉讼法〉的解释》第一百二十二条的规定，申请有专门知识的人出庭的，申请书中应当载明有专门知识的人的基本情况和申请的目的。

人民法院准许当事人申请的，应当通知双方当事人。

第八十四条 审判人员可以对有专门知识的人进行询问。经法庭准许，当事人可以对有专门知识的人进行询问，当事人各自申请的有专门知识的人可以就案件中的有关问题进行对质。

有专门知识的人不得参与对鉴定意见质证或者就专业问题发表意见之外的法庭审理活动。

五、证据的审核认定

第八十五条 人民法院应当以证据能够证明的案件事实为根据依法作出裁判。

审判人员应当依照法定程序，全面、客观地审核证据，依据法律的规定，遵循法官职业道德，运用逻辑推理和日常生活经验，对证据有无证明力和证明力大小独立进行判断，并公开判断的理由和结果。

第八十六条 当事人对于欺诈、胁迫、恶意串通事实的证明，以及对于口头遗嘱或赠与事实的证明，人民法院确信该待证事实存在的可能性能够排除合理怀疑的，应当认定该事实存在。

与诉讼保全、回避等程序事项有关的事实，人民法院结合当事人的说明及相关证据，认为有关事实存在的可能性较大的，可以认定该事实存在。

第八十七条 审判人员对单一证据可以从下列方面进行审核认定：

（一）证据是否为原件、原物，复制件、复制品与原件、原物是否相符；

（二）证据与本案事实是否相关；

（三）证据的形式、来源是否符合法律规定；

（四）证据的内容是否真实；

（五）证人或者提供证据的人与当事人有无利害关系。

第八十八条 审判人员对案件的全部证据，应当从各证据与案件事实的关联程度、各证据之间的联系等方面进行综合审查判断。

第八十九条 当事人在诉讼过程中认可的证据，人民法院应当予以确认。但法律、司法解释另有规定的除外。

当事人对认可的证据反悔的，参照《最高人民法院关于适用〈中华人民共和国民事诉讼法〉的解释》第二百二十九条的规定处理。

第九十条 下列证据不能单独作为认定案件事实的根据：

（一）当事人的陈述；
（二）无民事行为能力人或者限制民事行为能力人所作的与其年龄、智力状况或者精神健康状况不相当的证言；
（三）与一方当事人或者其代理人有利害关系的证人陈述的证言；
（四）存有疑点的视听资料、电子数据；
（五）无法与原件、原物核对的复制件、复制品。

第九十一条 公文书证的制作者根据文书原件制作的载有部分或者全部内容的副本，与正本具有相同的证明力。

在国家机关存档的文件，其复制件、副本、节录本经档案部门或者制作原本的机关证明其内容与原本一致的，该复制件、副本、节录本具有与原本相同的证明力。

第九十二条 私文书证的真实性，由主张以私文书证证明案件事实的当事人承担举证责任。

私文书证由制作者或者其代理人签名、盖章或捺印的，推定为真实。

私文书证上有删除、涂改、增添或者其他形式瑕疵的，人民法院应当综合案件的具体情况判断其证明力。

第九十三条 人民法院对于电子数据的真实性，应当结合下列因素综合判断：
（一）电子数据的生成、存储、传输所依赖的计算机系统的硬件、软件环境是否完整、可靠；
（二）电子数据的生成、存储、传输所依赖的计算机系统的硬件、软件环境是否处于正常运行状态，或者不处于正常运行状态时对电子数据的生成、存储、传输是否有影响；
（三）电子数据的生成、存储、传输所依赖的计算机系统的硬件、软件环境是否具备有效的防止出错的监测、核查手段；
（四）电子数据是否被完整地保存、传输、提取，保存、传输、提取的方法是否可靠；
（五）电子数据是否在正常的往来活动中形成和存储；
（六）保存、传输、提取电子数据的主体是否适当；
（七）影响电子数据完整性和可靠性的其他因素。

人民法院认为有必要的，可以通过鉴定或者勘验等方法，审查判断电子数据的真实性。

第九十四条 电子数据存在下列情形的，人民法院可以确认其真实性，但有足以反驳的相反证据的除外：
（一）由当事人提交或者保管的于己不利的电子数据；
（二）由记录和保存电子数据的中立第三方平台提供或者确认的；
（三）在正常业务活动中形成的；
（四）以档案管理方式保管的；
（五）以当事人约定的方式保存、传输、提取的。

电子数据的内容经公证机关公证的，人民法院应当确认其真实性，但有相反证据足以推翻的除外。

第九十五条 一方当事人控制证据无正当理由拒不提交，对待证事实负有举证责任的当事人主张该证据的内容不利于控制人的，人民法院可以认定该主张成立。

第九十六条 人民法院认定证人证言，可以通过对证人的智力状况、品德、知识、经验、法律意识和专业技能等的综合分析作出判断。

第九十七条 人民法院应当在裁判文书中阐明证据是否采纳的理由。

对当事人无争议的证据，是否采纳的理由可以不在裁判文书中表述。

六、其　他

第九十八条 对证人、鉴定人、勘验人的合法权益依法予以保护。

当事人或者其他诉讼参与人伪造、毁灭证据，提供虚假证据，阻止证人作证，指使、贿买、胁迫他人作伪证，或者对证人、鉴定人、勘验人打击报复的，依照民事诉讼法第一百一十条、第一百一十一条的规定进行处罚。

第九十九条 本规定对证据保全没有规定的，参照适用法律、司法解释关于财产保全的规定。

除法律、司法解释另有规定外，对当事

人、鉴定人、有专门知识的人的询问参照适用本规定中关于询问证人的规定；关于书证的规定适用于视听资料、电子数据；存储在电子计算机等电子介质中的视听资料，适用电子数据的规定。

第一百条 本规定自 2020 年 5 月 1 日起施行。

本规定公布施行后，最高人民法院以前发布的司法解释与本规定不一致的，不再适用。

最高人民法院关于在知识产权审判中贯彻落实《全国人民代表大会常务委员会关于修改〈中华人民共和国民事诉讼法〉的决定》有关问题的通知

法〔2012〕317 号

各省、自治区、直辖市高级人民法院，解放军军事法院，新疆维吾尔自治区高级人民法院生产建设兵团分院：

第十一届全国人民代表大会常务委员会第二十八次会议审议通过的《关于修改〈中华人民共和国民事诉讼法〉的决定》（以下简称《民事诉讼法修改决定》）将于 2013 年 1 月 1 日起施行。为在知识产权审判工作中正确适用《民事诉讼法修改决定》，现就有关事项通知如下：

一、充分认识贯彻落实《民事诉讼法修改决定》对知识产权审判工作的重要意义　《民事诉讼法修改决定》明确规定了诚实信用原则，修改了关于委托代理人的规定，完善了证据制度，新增了诉前证据保全和诉前行为保全制度等，对于完善知识产权司法保护机制、充分发挥知识产权司法保护主导作用具有重要意义。要高度重视和深入研究《民事诉讼法修改决定》在知识产权审判工作中的贯彻落实，进一步完善知识产权诉讼制度，加大司法保护力度，提高司法保护水平。

二、规范专利代理人以公民身份担任诉讼代理人　《民事诉讼法修改决定》施行后，专利代理人经中华全国专利代理人协会推荐，可以公民身份在专利案件中担任诉讼代理人。

中华全国专利代理人协会在具体案件中向人民法院个别推荐专利代理人担任诉讼代理人的，人民法院应当对推荐手续和专利代理人资格予以审查。

中华全国专利代理人协会以名单方式向最高人民法院推荐专利代理人担任诉讼代理人，经最高人民法院确认后，名单内的专利代理人在具体案件中担任诉讼代理人无需再履行个别推荐手续。各级人民法院根据最高人民法院确认的推荐名单对专利代理人资格予以审查。

三、正确适用诉前保全制度　《民事诉讼法修改决定》施行后，利害关系人因专利、商标和著作权纠纷在起诉前向人民法院申请采取诉前证据保全或者诉前行为保全措施的，适用修改后民事诉讼法。相关司法解释关于诉前证据保全和诉前行为保全的规定与修改后民事诉讼法有关规定不一致的，不再适用；不相冲突的，应继续适用。

《民事诉讼法修改决定》施行后，利害关系人因不正当竞争、植物新品种、垄断等纠纷在起诉前向人民法院申请采取诉前证据保全或者诉前行为保全措施的，人民法院应当依法受理。

本通知执行中如有问题和新情况，请及时层报最高人民法院。

最高人民法院
2012 年 12 月 24 日

中华人民共和国行政复议法

(1999年4月29日第九届全国人民代表大会常务委员会第九次会议通过 1999年4月29日中华人民共和国主席令第十六号公布 根据2009年8月27日第十一届全国人民代表大会常务委员会第十次会议《关于修改部分法律的决定》第一次修正 根据2017年9月1日第十二届全国人民代表大会常务委员会第二十九次会议《关于修改〈中华人民共和国法官法〉等八部法律的决定》第二次修正)

第一章 总 则

第一条 为了防止和纠正违法的或者不当的具体行政行为，保护公民、法人和其他组织的合法权益，保障和监督行政机关依法行使职权，根据宪法，制定本法。

第二条 公民、法人或者其他组织认为具体行政行为侵犯其合法权益，向行政机关提出行政复议申请，行政机关受理行政复议申请、作出行政复议决定，适用本法。

第三条 依照本法履行行政复议职责的行政机关是行政复议机关。行政复议机关负责法制工作的机构具体办理行政复议事项，履行下列职责：

（一）受理行政复议申请；

（二）向有关组织和人员调查取证，查阅文件和资料；

（三）审查申请行政复议的具体行政行为是否合法与适当，拟订行政复议决定；

（四）处理或者转送对本法第七条所列有关规定的审查申请；

（五）对行政机关违反本法规定的行为依照规定的权限和程序提出处理建议；

（六）办理因不服行政复议决定提起行政诉讼的应诉事项；

（七）法律、法规规定的其他职责。

行政机关中初次从事行政复议的人员，应当通过国家统一法律职业资格考试取得法律职业资格。

第四条 行政复议机关履行行政复议职责，应当遵循合法、公正、公开、及时、便民的原则，坚持有错必纠，保障法律、法规的正确实施。

第五条 公民、法人或者其他组织对行政复议决定不服的，可以依照行政诉讼法的规定向人民法院提起行政诉讼，但是法律规定行政复议决定为最终裁决的除外。

第二章 行政复议范围

第六条 有下列情形之一的，公民、法人或者其他组织可以依照本法申请行政复议：

（一）对行政机关作出的警告、罚款、没收违法所得、没收非法财物、责令停产停业、暂扣或者吊销许可证、暂扣或者吊销执照、行政拘留等行政处罚决定不服的；

（二）对行政机关作出的限制人身自由或者查封、扣押、冻结财产等行政强制措施决定不服的；

（三）对行政机关作出的有关许可证、执照、资质证、资格证等证书变更、中止、撤销的决定不服的；

（四）对行政机关作出的关于确认土地、矿藏、水流、森林、山岭、草原、荒地、滩涂、海域等自然资源的所有权或者使用权的决定不服的；

（五）认为行政机关侵犯合法的经营自主权的；

（六）认为行政机关变更或者废止农业承包合同，侵犯其合法权益的；

（七）认为行政机关违法集资、征收财物、摊派费用或者违法要求履行其他义务的；

（八）认为符合法定条件，申请行政机关颁发许可证、执照、资质证、资格证等证书，或者申请行政机关审批、登记有关事项，行政机关没有依法办理的；

（九）申请行政机关履行保护人身权利、财产权利、受教育权利的法定职责，行政机关没有依法履行的；

（十）申请行政机关依法发放抚恤金、社会保险金或者最低生活保障费，行政机关没有依法发放的；

（十一）认为行政机关的其他具体行政行为侵犯其合法权益的。

第七条 公民、法人或者其他组织认为行政机关的具体行政行为所依据的下列规定不合法，在对具体行政行为申请行政复议时，可以一并向行政复议机关提出对该规定的审查申请：

（一）国务院部门的规定；

（二）县级以上地方各级人民政府及其工作部门的规定；

（三）乡、镇人民政府的规定。

前款所列规定不含国务院部、委员会规章和地方人民政府规章。规章的审查依照法律、行政法规办理。

第八条 不服行政机关作出的行政处分或者其他人事处理决定的，依照有关法律、行政法规的规定提出申诉。

不服行政机关对民事纠纷作出的调解或者其他处理，依法申请仲裁或者向人民法院提起诉讼。

第三章 行政复议申请

第九条 公民、法人或者其他组织认为具体行政行为侵犯其合法权益的，可以自知道该具体行政行为之日起六十日内提出行政复议申请；但是法律规定的申请期限超过六十日的除外。

因不可抗力或者其他正当理由耽误法定申请期限的，申请期限自障碍消除之日起继续计算。

第十条 依照本法申请行政复议的公民、法人或者其他组织是申请人。

有权申请行政复议的公民死亡的，其近亲属可以申请行政复议。有权申请行政复议的公民为无民事行为能力人或者限制民事行为能力人的，其法定代理人可以代为申请行政复议。有权申请行政复议的法人或者其他组织终止的，承受其权利的法人或者其他组织可以申请行政复议。

同申请行政复议的具体行政行为有利害关系的其他公民、法人或者其他组织，可以作为第三人参加行政复议。

公民、法人或者其他组织对行政机关的具体行政行为不服申请行政复议的，作出具体行政行为的行政机关是被申请人。

申请人、第三人可以委托代理人代为参加行政复议。

第十一条 申请人申请行政复议，可以书面申请，也可以口头申请；口头申请的，行政复议机关应当当场记录申请人的基本情况、行政复议请求、申请行政复议的主要事实、理由和时间。

第十二条 对县级以上地方各级人民政府工作部门的具体行政行为不服的，由申请人选择，可以向该部门的本级人民政府申请行政复议，也可以向上一级主管部门申请行政复议。

对海关、金融、国税、外汇管理等实行垂直领导的行政机关和国家安全机关的具体行政行为不服的，向上一级主管部门申请行政复议。

第十三条 对地方各级人民政府的具体行政行为不服的，向上一级地方人民政府申请行政复议。

对省、自治区人民政府依法设立的派出机关所属的县级地方人民政府的具体行政行为不服的，向该派出机关申请行政复议。

第十四条 对国务院部门或者省、自治区、直辖市人民政府的具体行政行为不服的，向作出该具体行政行为的国务院部门或者省、自治区、直辖市人民政府申请行政复议。对行政复议决定不服的，可以向人民法院提起行政诉讼；也可以向国务院申请裁决，国务院依照本法的规定作出最终裁决。

第十五条 对本法第十二条、第十三条、第十四条规定以外的其他行政机关、组织的具体行政行为不服的，按照下列规定申请行政复议：

（一）对县级以上地方人民政府依法设立的派出机关的具体行政行为不服的，向设立该派出机关的人民政府申请行政复议；

（二）对政府工作部门依法设立的派出机构依照法律、法规或者规章规定，以自己的名义作出的具体行政行为不服的，向设立该派出机构的部门或者该部门的本级地方人民政府申请行政复议；

（三）对法律、法规授权的组织的具体行政行为不服的，分别向直接管理该组织的地方人民政府、地方人民政府工作部门或者国务院部门申请行政复议；

（四）对两个或者两个以上行政机关以共同的名义作出的具体行政行为不服的，向其共同上一级行政机关申请行政复议；

（五）对被撤销的行政机关在撤销前所作出的具体行政行为不服的，向继续行使其职权的行政机关的上一级行政机关申请行政复议。

有前款所列情形之一的，申请人也可以向具体行政行为发生地的县级地方人民政府提出行政复议申请，由接受申请的县级地方人民政府依照本法第十八条的规定办理。

第十六条 公民、法人或者其他组织申请行政复议，行政复议机关已经依法受理的，或者法律、法规规定应当先向行政复议机关申请行政复议、对行政复议决定不服再向人民法院提起行政诉讼的，在法定行政复议期限内不得向人民法院提起行政诉讼。

公民、法人或者其他组织向人民法院提起行政诉讼，人民法院已经依法受理的，不得申请行政复议。

第四章 行政复议受理

第十七条 行政复议机关收到行政复议申请后，应当在五日内进行审查，对不符合本法规定的行政复议申请，决定不予受理，并书面告知申请人；对符合本法规定，但是不属于本机关受理的行政复议申请，应当告知申请人向有关行政复议机关提出。

除前款规定外，行政复议申请自行政复议机关负责法制工作的机构收到之日起即为受理。

第十八条 依照本法第十五条第二款的规定接受行政复议申请的县级地方人民政府，对依照本法第十五条第一款的规定属于其他行政复议机关受理的行政复议申请，应当自接到该行政复议申请之日起七日内，转送有关行政复议机关，并告知申请人。接受转送的行政复议机关应当依照本法第十七条的规定办理。

第十九条 法律、法规规定应当先向行政复议机关申请行政复议、对行政复议决定不服再向人民法院提起行政诉讼的，行政复议机关决定不予受理或者受理后超过行政复议期限不作答复的，公民、法人或者其他组织可以自收到不予受理决定书之日起或者行政复议期满之日起十五日内，依法向人民法院提起行政诉讼。

第二十条 公民、法人或者其他组织依法提出行政复议申请，行政复议机关无正当理由不予受理的，上级行政机关应当责令其受理；必要时，上级行政机关也可以直接受理。

第二十一条 行政复议期间具体行政行为不停止执行；但是，有下列情形之一的，可以停止执行：

（一）被申请人认为需要停止执行的；
（二）行政复议机关认为需要停止执行的；
（三）申请人申请停止执行，行政复议机关认为其要求合理，决定停止执行的；
（四）法律规定停止执行的。

第五章 行政复议决定

第二十二条 行政复议原则上采取书面审查的办法，但是申请人提出要求或者行政复议机关负责法制工作的机构认为有必要时，可以向有关组织和人员调查情况，听取申请人、被申请人和第三人的意见。

第二十三条 行政复议机关负责法制工作的机构应当自行政复议申请受理之日起七日内，将行政复议申请书副本或者行政复议申请笔录复印件发送被申请人。被申请人应当自收到申请书副本或者申请笔录复印件之日起十日内，提出书面答复，并提交当初作出具体行政行为的证据、依据和其他有关材料。

申请人、第三人可以查阅被申请人提出的书面答复、作出具体行政行为的证据、依据和其他有关材料，除涉及国家秘密、商业秘密或者个人隐私外，行政复议机关不得拒绝。

第二十四条 在行政复议过程中，被申请人不得自行向申请人和其他有关组织或者个人收集证据。

第二十五条 行政复议决定作出前，申请人要求撤回行政复议申请的，经说明理由，可以撤回；撤回行政复议申请的，行政复议终止。

第二十六条 申请人在申请行政复议时，一并提出对本法第七条所列有关规定的审查申请的，行政复议机关对该规定有权处理的，应当在三十日内依法处理；无权处理的，应当在七日内按照法定程序转送有权处理的行政机关依法处理，有权处理的行政机关应当在六十日内依法处理。处理期间，中止对具体行政行为的审查。

第二十七条 行政复议机关在对被申请人作出的具体行政行为进行审查时，认为其依据不合法，本机关有权处理的，应当在三十日内依法处理；无权处理的，应当在七日内按照法定程序转送有权处理的国家机关依法处理。处理期间，中止对具体行政行为的审查。

第二十八条 行政复议机关负责法制工作的机构应当对被申请人作出的具体行政行为进行审查，提出意见，经行政复议机关的负责人同意或者集体讨论通过后，按照下列规定作出行政复议决定：

（一）具体行政行为认定事实清楚，证据确凿，适用依据正确，程序合法，内容适当的，决定维持；

（二）被申请人不履行法定职责的，决定其在一定期限内履行；

（三）具体行政行为有下列情形之一的，决定撤销、变更或者确认该具体行政行为违法；决定撤销或者确认该具体行政行为违法的，可以责令被申请人在一定期限内重新作出具体行政行为：

1. 主要事实不清、证据不足的；
2. 适用依据错误的；
3. 违反法定程序的；
4. 超越或者滥用职权的；
5. 具体行政行为明显不当的。

（四）被申请人不按照本法第二十三条的规定提出书面答复、提交当初作出具体行政行为的证据、依据和其他有关材料的，视为该具体行政行为没有证据、依据，决定撤销该具体行政行为。

行政复议机关责令被申请人重新作出具体行政行为的，被申请人不得以同一的事实和理由作出与原具体行政行为相同或者基本相同的具体行政行为。

第二十九条 申请人在申请行政复议时可以一并提出行政赔偿请求，行政复议机关对符合国家赔偿法的有关规定应当给予赔偿的，在决定撤销、变更具体行政行为或者确认具体行政行为违法时，应当同时决定被申请人依法给予赔偿。

申请人在申请行政复议时没有提出行政赔偿请求的，行政复议机关在依法决定撤销或者变更罚款，撤销违法集资、没收财物、征收财物、摊派费用以及对财产的查封、扣押、冻结等具体行政行为时，应当同时责令被申请人返还财产，解除对财产的查封、扣押、冻结措施，或者赔偿相应的价款。

第三十条 公民、法人或者其他组织认为行政机关的具体行政行为侵犯其已经依法取得的土地、矿藏、水流、森林、山岭、草原、荒地、滩涂、海域等自然资源的所有权或者使用权的，应当先申请行政复议；对行政复议决定不服的，可以依法向人民法院提起行政诉讼。

根据国务院或者省、自治区、直辖市人民政府对行政区划的勘定、调整或者征收土地的决定，省、自治区、直辖市人民政府确认土地、矿藏、水流、森林、山岭、草原、荒地、滩涂、海域等自然资源的所有权或者使用权的行政复议决定为最终裁决。

第三十一条 行政复议机关应当自受理申请之日起六十日内作出行政复议决定；但是法律规定的行政复议期限少于六十日的除外。情况复杂，不能在规定期限内作出行政复议决定的，经行政复议机关的负责人批准，可以适当延长，并告知申请人和被申请人；但是延长期限最多不超过三十日。

行政复议机关作出行政复议决定，应当制作行政复议决定书，并加盖印章。

行政复议决定书一经送达，即发生法律效力。

第三十二条 被申请人应当履行行政复议决定。

被申请人不履行或者无正当理由拖延履行行政复议决定的，行政复议机关或者有关上级行政机关应当责令其限期履行。

第三十三条 申请人逾期不起诉又不履行行政复议决定的，或者不履行最终裁决的行政复议决定的，按照下列规定分别处理：

（一）维持具体行政行为的行政复议决定，由作出具体行政行为的行政机关依法强制执行，或者申请人民法院强制执行；

（二）变更具体行政行为的行政复议决定，由行政复议机关依法强制执行，或者申请人民法院强制执行。

第六章 法律责任

第三十四条 行政复议机关违反本法规定，无正当理由不予受理依法提出的行政复议申请或者不按照规定转送行政复议申请的，或者在法定期限内不作出行政复议决定的，对直接负责的主管人员和其他直接责任人员依法给予警告、记过、记大过的行政处分；经责令受理仍不受理或者不按照规定转送行政复议申请，造成严重后果的，依法给予降级、撤职、开除的行政处分。

第三十五条 行政复议机关工作人员在行政复议活动中，徇私舞弊或者有其他渎职、失职行为的，依法给予警告、记过、记大过的行政处分；情节严重的，依法给予降级、撤职、开除的行政处分；构成犯罪的，依法追究刑事责任。

第三十六条 被申请人违反本法规定，不提出书面答复或者不提交作出具体行政行为的证据、依据和其他有关材料，或者阻挠、变相阻挠公民、法人或者其他组织依法申请行政复议的，对直接负责的主管人员和其他直接责任人员依法给予警告、记过、记大过的行政处分；进行报复陷害的，依法给予降级、撤职、开除的行政处分；构成犯罪的，依法追究刑事责任。

第三十七条 被申请人不履行或者无正当理由拖延履行行政复议决定的，对直接负责的主管人员和其他直接责任人员依法给予警告、记过、记大过的行政处分；经责令履行仍拒不履行的，依法给予降级、撤职、开除的行政处分。

第三十八条 行政复议机关负责法制工作的机构发现有无正当理由不予受理行政复议申请、不按照规定期限作出行政复议决定、徇私舞弊、对申请人打击报复或者不履行行政复议决定等情形的，应当向有关行政机关提出建议，有关行政机关应当依照本法和有关法律、行政法规的规定作出处理。

第七章 附 则

第三十九条 行政复议机关受理行政复议申请，不得向申请人收取任何费用。行政复议活动所需经费，应当列入本机关的行政经费，由本级财政予以保障。

第四十条 行政复议期间的计算和行政复议文书的送达，依照民事诉讼法关于期间、送达的规定执行。

本法关于行政复议期间有关"五日"、"七日"的规定是指工作日，不含节假日。

第四十一条 外国人、无国籍人、外国组织在中华人民共和国境内申请行政复议，适用本法。

第四十二条 本法施行前公布的法律有关行政复议的规定与本法的规定不一致的，以本法的规定为准。

第四十三条 本法自 1999 年 10 月 1 日起施行。1990 年 12 月 24 日国务院发布、1994 年 10 月 9 日国务院修订发布的《行政复议条例》同时废止。

中华人民共和国行政复议法实施条例

(2007年5月23日国务院第177次常务会议通过 2007年5月29日国务院令第499号公布)

第一章 总 则

第一条 为了进一步发挥行政复议制度在解决行政争议、建设法治政府、构建社会主义和谐社会中的作用,根据《中华人民共和国行政复议法》(以下简称行政复议法),制定本条例。

第二条 各级行政复议机关应当认真履行行政复议职责,领导并支持本机关负责法制工作的机构(以下简称行政复议机构)依法办理行政复议事项,并依照有关规定配备、充实、调剂专职行政复议人员,保证行政复议机构的办案能力与工作任务相适应。

第三条 行政复议机构除应当依照行政复议法第三条的规定履行职责外,还应当履行下列职责:

(一)依照行政复议法第十八条的规定转送有关行政复议申请;

(二)办理行政复议法第二十九条规定的行政赔偿等事项;

(三)按照职责权限,督促行政复议申请的受理和行政复议决定的履行;

(四)办理行政复议、行政应诉案件统计和重大行政复议决定备案事项;

(五)办理或者组织办理未经行政复议直接提起行政诉讼的行政应诉事项;

(六)研究行政复议工作中发现的问题,及时向有关机关提出改进建议,重大问题及时向行政复议机关报告。

第四条 专职行政复议人员应当具备与履行行政复议职责相适应的品行、专业知识和业务能力,并取得相应资格。具体办法由国务院法制机构会同国务院有关部门规定。

第二章 行政复议申请

第一节 申请人

第五条 依照行政复议法和本条例的规定申请行政复议的公民、法人或者其他组织为申请人。

第六条 合伙企业申请行政复议的,应当以核准登记的企业为申请人,由执行合伙事务的合伙人代表该企业参加行政复议;其他合伙组织申请行政复议的,由合伙人共同申请行政复议。

前款规定以外的不具备法人资格的其他组织申请行政复议的,由该组织的主要负责人代表该组织参加行政复议;没有主要负责人的,由共同推选的其他成员代表该组织参加行政复议。

第七条 股份制企业的股东大会、股东代表大会、董事会认为行政机关作出的具体行政行为侵犯企业合法权益的,可以以企业的名义申请行政复议。

第八条 同一行政复议案件申请人超过5人的,推选1至5名代表参加行政复议。

第九条 行政复议期间,行政复议机构认为申请人以外的公民、法人或者其他组织与被审查的具体行政行为有利害关系的,可以通知其作为第三人参加行政复议。

行政复议期间,申请人以外的公民、法人或者其他组织与被审查的具体行政行为有利害关系的,可以向行政复议机构申请作为第三人参加行政复议。

第三人不参加行政复议,不影响行政复议案件的审理。

第十条 申请人、第三人可以委托1至2名代理人参加行政复议。申请人、第三人委托代理人的,应当向行政复议机构提交授权委托书。授权委托书应当载明委托事项、权限和期限。公民在特殊情况下无法书面委托的,可以口头委托。口头委托的,行政复议机构应当核实并记录在卷。申请人、第三人解除或者变更委托的,应当书面报告行政复议机构。

第二节 被申请人

第十一条 公民、法人或者其他组织对行政机关的具体行政行为不服，依照行政复议法和本条例的规定申请行政复议的，作出该具体行政行为的行政机关为被申请人。

第十二条 行政机关与法律、法规授权的组织以共同的名义作出具体行政行为的，行政机关和法律、法规授权的组织为共同被申请人。

行政机关与其他组织以共同名义作出具体行政行为的，行政机关为被申请人。

第十三条 下级行政机关依照法律、法规、规章规定，经上级行政机关批准作出具体行政行为的，批准机关为被申请人。

第十四条 行政机关设立的派出机构、内设机构或者其他组织，未经法律、法规授权，对外以自己名义作出具体行政行为的，该行政机关为被申请人。

第三节 行政复议申请期限

第十五条 行政复议法第九条第一款规定的行政复议申请期限的计算，依照下列规定办理：

（一）当场作出具体行政行为的，自具体行政行为作出之日起计算；

（二）载明具体行政行为的法律文书直接送达的，自受送达人签收之日起计算；

（三）载明具体行政行为的法律文书邮寄送达的，自受送达人在邮件签收单上签收之日起计算；没有邮件签收单的，自受送达人在送达回执上签名之日起计算；

（四）具体行政行为依法通过公告形式告知受送达人的，自公告规定的期限届满之日起计算；

（五）行政机关作出具体行政行为时未告知公民、法人或者其他组织，事后补充告知的，自该公民、法人或者其他组织收到行政机关补充告知的通知之日起计算；

（六）被申请人能够证明公民、法人或者其他组织知道具体行政行为的，自证据材料证明其知道具体行政行为之日起计算。

行政机关作出具体行政行为，依法应当向有关公民、法人或者其他组织送达法律文书而未送达的，视为该公民、法人或者其他组织不知道该具体行政行为。

第十六条 公民、法人或者其他组织依照行政复议法第六条第（八）项、第（九）项、第（十）项的规定申请行政机关履行法定职责，行政机关未履行的，行政复议申请期限依照下列规定计算：

（一）有履行期限规定的，自履行期限届满之日起计算；

（二）没有履行期限规定的，自行政机关收到申请满60日起计算。

公民、法人或者其他组织在紧急情况下请求行政机关履行保护人身权、财产权的法定职责，行政机关不履行的，行政复议申请期限不受前款规定的限制。

第十七条 行政机关作出的具体行政行为对公民、法人或者其他组织的权利、义务可能产生不利影响的，应当告知其申请行政复议的权利、行政复议机关和行政复议申请期限。

第四节 行政复议申请的提出

第十八条 申请人书面申请行政复议的，可以采取当面递交、邮寄或者传真等方式提出行政复议申请。

有条件的行政复议机构可以接受以电子邮件形式提出的行政复议申请。

第十九条 申请人书面申请行政复议的，应当在行政复议申请书中载明下列事项：

（一）申请人的基本情况，包括：公民的姓名、性别、年龄、身份证号码、工作单位、住所、邮政编码；法人或者其他组织的名称、住所、邮政编码和法定代表人或者主要负责人的姓名、职务；

（二）被申请人的名称；

（三）行政复议请求、申请行政复议的主要事实和理由；

（四）申请人的签名或者盖章；

（五）申请行政复议的日期。

第二十条 申请人口头申请行政复议的，行政复议机构应当依照本条例第十九条规定的事项，当场制作行政复议申请笔录交申请人核对或者向申请人宣读，并由申请人签字确认。

第二十一条 有下列情形之一的，申请人应当提供证明材料：

（一）认为被申请人不履行法定职责的，提供曾经要求被申请人履行法定职责而被申请人未履行的证明材料；

（二）申请行政复议时一并提出行政赔偿请求的，提供受具体行政行为侵害而造成损害的证明材料；

（三）法律、法规规定需要申请人提供证据材料的其他情形。

第二十二条　申请人提出行政复议申请时错列被申请人的，行政复议机构应当告知申请人变更被申请人。

第二十三条　申请人对两个以上国务院部门共同作出的具体行政行为不服的，依照行政复议法第十四条的规定，可以向其中任何一个国务院部门提出行政复议申请，由作出具体行政行为的国务院部门共同作出行政复议决定。

第二十四条　申请人对经国务院批准实行省以下垂直领导的部门作出的具体行政行为不服的，可以选择向该部门的本级人民政府或者上一级主管部门申请行政复议；省、自治区、直辖市另有规定的，依照省、自治区、直辖市的规定办理。

第二十五条　申请人依照行政复议法第三十条第二款的规定申请行政复议的，应当向省、自治区、直辖市人民政府提出行政复议申请。

第二十六条　依照行政复议法第七条的规定，申请人认为具体行政行为所依据的规定不合法的，可以在对具体行政行为申请行政复议的同时一并提出对该规定的审查申请；申请人在对具体行政行为提出行政复议申请时尚不知道该具体行政行为所依据的规定的，可以在行政复议机关作出行政复议决定前向行政复议机关提出对该规定的审查申请。

第三章　行政复议受理

第二十七条　公民、法人或者其他组织认为行政机关的具体行政行为侵犯其合法权益提出行政复议申请，除不符合行政复议法和本条例规定的申请条件的，行政复议机关必须受理。

第二十八条　行政复议申请符合下列规定的，应当予以受理：

（一）有明确的申请人和符合规定的被申请人；

（二）申请人与具体行政行为有利害关系；

（三）有具体的行政复议请求和理由；

（四）在法定申请期限内提出；

（五）属于行政复议法规定的行政复议范围；

（六）属于收到行政复议申请的行政复议机构的职责范围；

（七）其他行政复议机关尚未受理同一行政复议申请，人民法院尚未受理同一主体就同一事实提起的行政诉讼。

第二十九条　行政复议申请材料不齐全或者表述不清楚的，行政复议机构可以自收到该行政复议申请之日起5日内书面通知申请人补正。补正通知应当载明需要补正的事项和合理的补正期限。无正当理由逾期不补正的，视为申请人放弃行政复议申请。补正申请材料所用时间不计入行政复议审理期限。

第三十条　申请人就同一事项向两个或者两个以上有权受理的行政机关申请行政复议的，由最先收到行政复议申请的行政机关受理；同时收到行政复议申请的，由收到行政复议申请的行政机关在10日内协商确定；协商不成的，由其共同上一级行政机关在10日内指定受理机关。协商确定或者指定受理机关所用时间不计入行政复议审理期限。

第三十一条　依照行政复议法第二十条的规定，上级行政机关认为行政复议机关不予受理行政复议申请的理由不成立的，可以先行督促其受理；经督促仍不受理的，应当责令其限期受理，必要时也可以直接受理；认为行政复议申请不符合法定受理条件的，应当告知申请人。

第四章　行政复议决定

第三十二条　行政复议机构审理行政复议案件，应当由2名以上行政复议人员参加。

第三十三条　行政复议机构认为必要时，可以实地调查核实证据；对重大、复杂的案件，申请人提出要求或者行政复议机构认为必要时，可以采取听证的方式审理。

第三十四条　行政复议人员向有关组织和人员调查取证时，可以查阅、复制、调取有关文件和资料，向有关人员进行询问。

调查取证时，行政复议人员不得少于2人，并应当向当事人或者有关人员出示证件。被调查单位和人员应当配合行政复议人员的工作，不得拒绝或者阻挠。

需要现场勘验的，现场勘验所用时间不计入行政复议审理期限。

第三十五条 行政复议机关应当为申请人、第三人查阅有关材料提供必要条件。

第三十六条 依照行政复议法第十四条的规定申请原级行政复议的案件，由原承办具体行政行为有关事项的部门或者机构提出书面答复，并提交作出具体行政行为的证据、依据和其他有关材料。

第三十七条 行政复议期间涉及专门事项需要鉴定的，当事人可以自行委托鉴定机构进行鉴定，也可以申请行政复议机构委托鉴定机构进行鉴定。鉴定费用由当事人承担。鉴定所用时间不计入行政复议审理期限。

第三十八条 申请人在行政复议决定作出前自愿撤回行政复议申请的，经行政复议机构同意，可以撤回。

申请人撤回行政复议申请的，不得再以同一事实和理由提出行政复议申请。但是，申请人能够证明撤回行政复议申请违背其真实意思表示的除外。

第三十九条 行政复议期间被申请人改变原具体行政行为的，不影响行政复议案件的审理。但是，申请人依法撤回行政复议申请的除外。

第四十条 公民、法人或者其他组织对行政机关行使法律、法规规定的自由裁量权作出的具体行政行为不服申请行政复议，申请人与被申请人在行政复议决定作出前自愿达成和解的，应当向行政复议机构提交书面和解协议；和解内容不损害社会公共利益和他人合法权益的，行政复议机构应当准许。

第四十一条 行政复议期间有下列情形之一，影响行政复议案件审理的，行政复议中止：

（一）作为申请人的自然人死亡，其近亲属尚未确定是否参加行政复议的；

（二）作为申请人的自然人丧失参加行政复议的能力，尚未确定法定代理人参加行政复议的；

（三）作为申请人的法人或者其他组织终止，尚未确定权利义务承受人的；

（四）作为申请人的自然人下落不明或者被宣告失踪的；

（五）申请人、被申请人因不可抗力，不能参加行政复议的；

（六）案件涉及法律适用问题，需要有权机关作出解释或者确认的；

（七）案件审理需要以其他案件的审理结果为依据，而其他案件尚未审结的；

（八）其他需要中止行政复议的情形。

行政复议中止的原因消除后，应当及时恢复行政复议案件的审理。

行政复议机构中止、恢复行政复议案件的审理，应当告知有关当事人。

第四十二条 行政复议期间有下列情形之一的，行政复议终止：

（一）申请人要求撤回行政复议申请，行政复议机构准予撤回的；

（二）作为申请人的自然人死亡，没有近亲属或者其近亲属放弃行政复议权利的；

（三）作为申请人的法人或者其他组织终止，其权利义务的承受人放弃行政复议权利的；

（四）申请人与被申请人依照本条例第四十条的规定，经行政复议机构准许达成和解的；

（五）申请人对行政拘留或者限制人身自由的行政强制措施不服申请行政复议后，因申请人同一违法行为涉嫌犯罪，该行政拘留或者限制人身自由的行政强制措施变更为刑事拘留的。

依照本条例第四十一条第一款第（一）项、第（二）项、第（三）项规定中止行政复议，满60日行政复议中止的原因仍未消除的，行政复议终止。

第四十三条 依照行政复议法第二十八条第一款第（一）项规定，具体行政行为认定事实清楚，证据确凿，适用依据正确，程序合法，内容适当的，行政复议机关应当决定维持。

第四十四条 依照行政复议法第二十八条第一款第（二）项规定，被申请人不履行法定职责的，行政复议机关应当决定其在一定期限内履行法定职责。

第四十五条 具体行政行为有行政复议法

第二十八条第一款第（三）项规定情形之一的，行政复议机关应当决定撤销、变更该具体行政行为或者确认该具体行政行为违法；决定撤销该具体行政行为或者确认该具体行政行为违法的，可以责令被申请人在一定期限内重新作出具体行政行为。

第四十六条 被申请人未依照行政复议法第二十三条的规定提出书面答复、提交当初作出具体行政行为的证据、依据和其他有关材料的，视为该具体行政行为没有证据、依据，行政复议机关应当决定撤销该具体行政行为。

第四十七条 具体行政行为有下列情形之一，行政复议机关可以决定变更：

（一）认定事实清楚，证据确凿，程序合法，但是明显不当或者适用依据错误的；

（二）认定事实不清，证据不足，但是经行政复议机关审理查明事实清楚，证据确凿的。

第四十八条 有下列情形之一的，行政复议机关应当决定驳回行政复议申请：

（一）申请人认为行政机关不履行法定职责申请行政复议，行政复议机关受理后发现该行政机关没有相应法定职责或者在受理前已经履行法定职责的；

（二）受理行政复议申请后，发现该行政复议申请不符合行政复议法和本条例规定的受理条件的。

上级行政机关认为行政复议机关驳回行政复议申请的理由不成立的，应当责令其恢复审理。

第四十九条 行政复议机关依照行政复议法第二十八条的规定责令被申请人重新作出具体行政行为的，被申请人应当在法律、法规、规章规定的期限内重新作出具体行政行为；法律、法规、规章未规定期限的，重新作出具体行政行为的期限为60日。

公民、法人或者其他组织对被申请人重新作出的具体行政行为不服，可以依法申请行政复议或者提起行政诉讼。

第五十条 有下列情形之一的，行政复议机关可以按照自愿、合法的原则进行调解：

（一）公民、法人或者其他组织对行政机关行使法律、法规规定的自由裁量权作出的具体行政行为不服申请行政复议的；

（二）当事人之间的行政赔偿或者行政补偿纠纷。

当事人经调解达成协议的，行政复议机关应当制作行政复议调解书。调解书应当载明行政复议请求、事实、理由和调解结果，并加盖行政复议机关印章。行政复议调解书经双方当事人签字，即具有法律效力。

调解未达成协议或者调解书生效前一方反悔的，行政复议机关应当及时作出行政复议决定。

第五十一条 行政复议机关在申请人的行政复议请求范围内，不得作出对申请人更为不利的行政复议决定。

第五十二条 第三人逾期不起诉又不履行行政复议决定的，依照行政复议法第三十三条的规定处理。

第五章 行政复议指导和监督

第五十三条 行政复议机关应当加强对行政复议工作的领导。

行政复议机构在本级行政复议机关的领导下，按照职责权限对行政复议工作进行督促、指导。

第五十四条 县级以上各级人民政府应当加强对所属工作部门和下级人民政府履行行政复议职责的监督。

行政复议机关应当加强对其行政复议机构履行行政复议职责的监督。

第五十五条 县级以上地方各级人民政府应当建立健全行政复议工作责任制，将行政复议工作纳入本级政府目标责任制。

第五十六条 县级以上地方各级人民政府应当按照职责权限，通过定期组织检查、抽查等方式，对所属工作部门和下级人民政府行政复议工作进行检查，并及时向有关方面反馈检查结果。

第五十七条 行政复议期间行政复议机关发现被申请人或者其他下级行政机关的相关行政行为违法或者需要做好善后工作的，可以制作行政复议意见书。有关机关应当自收到行政复议意见书之日起60日内将纠正相关行政违法行为或者做好善后工作的情况通报行政复议机构。

行政复议期间行政复议机构发现法律、法

规、规章实施中带有普遍性的问题,可以制作行政复议建议书,向有关机关提出完善制度和改进行政执法的建议。

第五十八条 县级以上各级人民政府行政复议机构应当定期向本级人民政府提交行政复议工作状况分析报告。

第五十九条 下级行政复议机关应当及时将重大行政复议决定报上级行政复议机关备案。

第六十条 各级行政复议机构应当定期组织对行政复议人员进行业务培训,提高行政复议人员的专业素质。

第六十一条 各级行政复议机关应当定期总结行政复议工作,对在行政复议工作中做出显著成绩的单位和个人,依照有关规定给予表彰和奖励。

第六章 法律责任

第六十二条 被申请人在规定期限内未按照行政复议决定的要求重新作出具体行政行为,或者违反规定重新作出具体行政行为的,依照行政复议法第三十七条的规定追究法律责任。

第六十三条 拒绝或者阻挠行政复议人员调查取证、查阅、复制、调取有关文件和资料的,对有关责任人员依法给予处分或者治安处罚;构成犯罪的,依法追究刑事责任。

第六十四条 行政复议机关或者行政复议机构不履行行政复议法和本条例规定的行政复议职责,经有权监督的行政机关督促仍不改正的,对直接负责的主管人员和其他直接责任人员依法给予警告、记过、记大过的处分;造成严重后果的,依法给予降级、撤职、开除的处分。

第六十五条 行政机关及其工作人员违反行政复议法和本条例规定的,行政复议机构可以向人事、监察部门提出对有关责任人员的处分建议,也可以将有关人员违法的事实材料直接转送人事、监察部门处理;接受转送的人事、监察部门应当依法处理,并将处理结果通报转送的行政复议机构。

第七章 附 则

第六十六条 本条例自 2007 年 8 月 1 日起施行。

中华人民共和国行政诉讼法

(1989 年 4 月 4 日第七届全国人民代表大会第二次会议通过 根据 2014 年 11 月 1 日第十二届全国人民代表大会常务委员会第十一次会议《关于修改〈中华人民共和国行政诉讼法〉的决定》第一次修正 根据 2017 年 6 月 27 日第十二届全国人民代表大会常务委员会第二十八次会议《关于修改〈中华人民共和国民事诉讼法〉和〈中华人民共和国行政诉讼法〉的决定》第二次修正)

第一章 总 则

第一条 为保证人民法院公正、及时审理行政案件,解决行政争议,保护公民、法人和其他组织的合法权益,监督行政机关依法行使职权,根据宪法,制定本法。

第二条 公民、法人或者其他组织认为行政机关和行政机关工作人员的行政行为侵犯其合法权益,有权依照本法向人民法院提起诉讼。

前款所称行政行为,包括法律、法规、规章授权的组织作出的行政行为。

第三条 人民法院应当保障公民、法人和其他组织的起诉权利,对应当受理的行政案件依法受理。

行政机关及其工作人员不得干预、阻碍人民法院受理行政案件。

被诉行政机关负责人应当出庭应诉。不能出庭的,应当委托行政机关相应的工作人员出庭。

第四条 人民法院依法对行政案件独立行使审判权,不受行政机关、社会团体和个人的干涉。

人民法院设行政审判庭,审理行政案件。

第五条 人民法院审理行政案件,以事实为根据，以法律为准绳。

第六条 人民法院审理行政案件，对行政行为是否合法进行审查。

第七条 人民法院审理行政案件，依法实行合议、回避、公开审判和两审终审制度。

第八条 当事人在行政诉讼中的法律地位平等。

第九条 各民族公民都有用本民族语言、文字进行行政诉讼的权利。

在少数民族聚居或者多民族共同居住的地区，人民法院应当用当地民族通用的语言、文字进行审理和发布法律文书。

人民法院应当对不通晓当地民族通用的语言、文字的诉讼参与人提供翻译。

第十条 当事人在行政诉讼中有权进行辩论。

第十一条 人民检察院有权对行政诉讼实行法律监督。

第二章 受案范围

第十二条 人民法院受理公民、法人或者其他组织提起的下列诉讼：

（一）对行政拘留、暂扣或者吊销许可证和执照、责令停产停业、没收违法所得、没收非法财物、罚款、警告等行政处罚不服的；

（二）对限制人身自由或者对财产的查封、扣押、冻结等行政强制措施和行政强制执行不服的；

（三）申请行政许可，行政机关拒绝或者在法定期限内不予答复，或者对行政机关作出的有关行政许可的其他决定不服的；

（四）对行政机关作出的关于确认土地、矿藏、水流、森林、山岭、草原、荒地、滩涂、海域等自然资源的所有权或者使用权的决定不服的；

（五）对征收、征用决定及其补偿决定不服的；

（六）申请行政机关履行保护人身权、财产权等合法权益的法定职责，行政机关拒绝履行或者不予答复的；

（七）认为行政机关侵犯其经营自主权或者农村土地承包经营权、农村土地经营权的；

（八）认为行政机关滥用行政权力排除或者限制竞争的；

（九）认为行政机关违法集资、摊派费用或者违法要求履行其他义务的；

（十）认为行政机关没有依法支付抚恤金、最低生活保障待遇或者社会保险待遇的；

（十一）认为行政机关不依法履行、未按照约定履行或者违法变更、解除政府特许经营协议、土地房屋征收补偿协议等协议的；

（十二）认为行政机关侵犯其他人身权、财产权等合法权益的。

除前款规定外，人民法院受理法律、法规规定可以提起诉讼的其他行政案件。

第十三条 人民法院不受理公民、法人或者其他组织对下列事项提起的诉讼：

（一）国防、外交等国家行为；

（二）行政法规、规章或者行政机关制定、发布的具有普遍约束力的决定、命令；

（三）行政机关对行政机关工作人员的奖惩、任免等决定；

（四）法律规定由行政机关最终裁决的行政行为。

第三章 管 辖

第十四条 基层人民法院管辖第一审行政案件。

第十五条 中级人民法院管辖下列第一审行政案件：

（一）对国务院部门或者县级以上地方人民政府所作的行政行为提起诉讼的案件；

（二）海关处理的案件；

（三）本辖区内重大、复杂的案件；

（四）其他法律规定由中级人民法院管辖的案件。

第十六条 高级人民法院管辖本辖区内重大、复杂的第一审行政案件。

第十七条 最高人民法院管辖全国范围内重大、复杂的第一审行政案件。

第十八条 行政案件由最初作出行政行为的行政机关所在地人民法院管辖。经复议的案件，也可以由复议机关所在地人民法院管辖。

经最高人民法院批准，高级人民法院可以

根据审判工作的实际情况，确定若干人民法院跨行政区域管辖行政案件。

第十九条 对限制人身自由的行政强制措施不服提起的诉讼，由被告所在地或者原告所在地人民法院管辖。

第二十条 因不动产提起的行政诉讼，由不动产所在地人民法院管辖。

第二十一条 两个以上人民法院都有管辖权的案件，原告可以选择其中一个人民法院提起诉讼。原告向两个以上有管辖权的人民法院提起诉讼的，由最先立案的人民法院管辖。

第二十二条 人民法院发现受理的案件不属于本院管辖的，应当移送有管辖权的人民法院，受移送的人民法院应当受理。受移送的人民法院认为受移送的案件按照规定不属于本院管辖的，应当报请上级人民法院指定管辖，不得再自行移送。

第二十三条 有管辖权的人民法院由于特殊原因不能行使管辖权的，由上级人民法院指定管辖。

人民法院对管辖权发生争议，由争议双方协商解决。协商不成的，报它们的共同上级人民法院指定管辖。

第二十四条 上级人民法院有权审理下级人民法院管辖的第一审行政案件。

下级人民法院对其管辖的第一审行政案件，认为需要由上级人民法院审理或者指定管辖的，可以报请上级人民法院决定。

第四章　诉讼参加人

第二十五条 行政行为的相对人以及其他与行政行为有利害关系的公民、法人或者其他组织，有权提起诉讼。

有权提起诉讼的公民死亡，其近亲属可以提起诉讼。

有权提起诉讼的法人或者其他组织终止，承受其权利的法人或者其他组织可以提起诉讼。

人民检察院在履行职责中发现生态环境和资源保护、食品药品安全、国有财产保护、国有土地使用权出让等领域负有监督管理职责的行政机关违法行使职权或者不作为，致使国家利益或者社会公共利益受到侵害的，应当向行政机关提出检察建议，督促其依法履行职责。行政机关不依法履行职责的，人民检察院依法向人民法院提起诉讼。

第二十六条 公民、法人或者其他组织直接向人民法院提起诉讼的，作出行政行为的行政机关是被告。

经复议的案件，复议机关决定维持原行政行为的，作出原行政行为的行政机关和复议机关是共同被告；复议机关改变原行政行为的，复议机关是被告。

复议机关在法定期限内未作出复议决定，公民、法人或者其他组织起诉原行政行为的，作出原行政行为的行政机关是被告；起诉复议机关不作为的，复议机关是被告。

两个以上行政机关作出同一行政行为的，共同作出行政行为的行政机关是共同被告。

行政机关委托的组织所作的行政行为，委托的行政机关是被告。

行政机关被撤销或者职权变更的，继续行使其职权的行政机关是被告。

第二十七条 当事人一方或者双方为二人以上，因同一行政行为发生的行政案件，或者因同类行政行为发生的行政案件、人民法院认为可以合并审理并经当事人同意的，为共同诉讼。

第二十八条 当事人一方人数众多的共同诉讼，可以由当事人推选代表人进行诉讼。代表人的诉讼行为对其所代表的当事人发生效力，但代表人变更、放弃诉讼请求或者承认对方当事人的诉讼请求，应当经被代表的当事人同意。

第二十九条 公民、法人或者其他组织同被诉行政行为有利害关系但没有提起诉讼，或者同案件处理结果有利害关系的，可以作为第三人申请参加诉讼，或者由人民法院通知参加诉讼。

人民法院判决第三人承担义务或者减损第三人权益的，第三人有权依法提起上诉。

第三十条 没有诉讼行为能力的公民，由其法定代理人代为诉讼。法定代理人互相推诿代理责任的，由人民法院指定其中一人代为诉讼。

第三十一条 当事人、法定代理人，可以委托一至二人作为诉讼代理人。

下列人员可以被委托为诉讼代理人：

（一）律师、基层法律服务工作者；

（二）当事人的近亲属或者工作人员；

（三）当事人所在社区、单位以及有关社会团体推荐的公民。

第三十二条 代理诉讼的律师，有权按照规定查阅、复制本案有关材料，有权向有关组织和公民调查，收集与本案有关的证据。对涉及国家秘密、商业秘密和个人隐私的材料，应当依照法律规定保密。

当事人和其他诉讼代理人有权按照规定查阅、复制本案庭审材料，但涉及国家秘密、商业秘密和个人隐私的内容除外。

第五章 证 据

第三十三条 证据包括：

（一）书证；

（二）物证；

（三）视听资料；

（四）电子数据；

（五）证人证言；

（六）当事人的陈述；

（七）鉴定意见；

（八）勘验笔录、现场笔录。

以上证据经法庭审查属实，才能作为认定案件事实的根据。

第三十四条 被告对作出的行政行为负有举证责任，应当提供作出该行政行为的证据和所依据的规范性文件。

被告不提供或者无正当理由逾期提供证据，视为没有相应证据。但是，被诉行政行为涉及第三人合法权益，第三人提供证据的除外。

第三十五条 在诉讼过程中，被告及其诉讼代理人不得自行向原告、第三人和证人收集证据。

第三十六条 被告在作出行政行为时已经收集了证据，但因不可抗力等正当事由不能提供的，经人民法院准许，可以延期提供。

原告或者第三人提出了其在行政处理程序中没有提出的理由或者证据的，经人民法院准许，被告可以补充证据。

第三十七条 原告可以提供证明行政行为违法的证据。原告提供的证据不成立的，不免除被告的举证责任。

第三十八条 在起诉被告不履行法定职责的案件中，原告应当提供其向被告提出申请的证据。但有下列情形之一的除外：

（一）被告应当依职权主动履行法定职责的；

（二）原告因正当理由不能提供证据的。

在行政赔偿、补偿的案件中，原告应当对行政行为造成的损害提供证据。因被告的原因导致原告无法举证的，由被告承担举证责任。

第三十九条 人民法院有权要求当事人提供或者补充证据。

第四十条 人民法院有权向有关行政机关以及其他组织、公民调取证据。但是，不得为证明行政行为的合法性调取被告作出行政行为时未收集的证据。

第四十一条 与本案有关的下列证据，原告或者第三人不能自行收集的，可以申请人民法院调取：

（一）由国家机关保存而须由人民法院调取的证据；

（二）涉及国家秘密、商业秘密和个人隐私的证据；

（三）确因客观原因不能自行收集的其他证据。

第四十二条 在证据可能灭失或者以后难以取得的情况下，诉讼参加人可以向人民法院申请保全证据，人民法院也可以主动采取保全措施。

第四十三条 证据应当在法庭上出示，并由当事人互相质证。对涉及国家秘密、商业秘密和个人隐私的证据，不得在公开开庭时出示。

人民法院应当按照法定程序，全面、客观地审查核实证据。对未采纳的证据应当在裁判文书中说明理由。

以非法手段取得的证据，不得作为认定案

件事实的根据。

第六章 起诉和受理

第四十四条 对属于人民法院受案范围的行政案件，公民、法人或者其他组织可以先向行政机关申请复议，对复议决定不服的，再向人民法院提起诉讼；也可以直接向人民法院提起诉讼。

法律、法规规定应当先向行政机关申请复议，对复议决定不服再向人民法院提起诉讼的，依照法律、法规的规定。

第四十五条 公民、法人或者其他组织不服复议决定的，可以在收到复议决定书之日起十五日内向人民法院提起诉讼。复议机关逾期不作决定的，申请人可以在复议期满之日起十五日内向人民法院提起诉讼。法律另有规定的除外。

第四十六条 公民、法人或者其他组织直接向人民法院提起诉讼的，应当自知道或者应当知道作出行政行为之日起六个月内提出。法律另有规定的除外。

因不动产提起诉讼的案件自行政行为作出之日起超过二十年，其他案件自行政行为作出之日起超过五年提起诉讼的，人民法院不予受理。

第四十七条 公民、法人或者其他组织申请行政机关履行保护其人身权、财产权等合法权益的法定职责，行政机关在接到申请之日起两个月内不履行的，公民、法人或者其他组织可以向人民法院提起诉讼。法律、法规对行政机关履行职责的期限另有规定的，从其规定。

公民、法人或者其他组织在紧急情况下请求行政机关履行保护其人身权、财产权等合法权益的法定职责，行政机关不履行的，提起诉讼不受前款规定期限的限制。

第四十八条 公民、法人或者其他组织因不可抗力或者其他不属于其自身的原因耽误起诉期限的，被耽误的时间不计算在起诉期限内。

公民、法人或者其他组织因前款规定以外的其他特殊情况耽误起诉期限的，在障碍消除后十日内，可以申请延长期限，是否准许由人民法院决定。

第四十九条 提起诉讼应当符合下列条件：

（一）原告是符合本法第二十五条规定的公民、法人或者其他组织；

（二）有明确的被告；

（三）有具体的诉讼请求和事实根据；

（四）属于人民法院受案范围和受诉人民法院管辖。

第五十条 起诉应当向人民法院递交起诉状，并按照被告人数提出副本。

书写起诉状确有困难的，可以口头起诉，由人民法院记入笔录，出具注明日期的书面凭证，并告知对方当事人。

第五十一条 人民法院在接到起诉状时对符合本法规定的起诉条件的，应当登记立案。

对当场不能判定是否符合本法规定的起诉条件的，应当接收起诉状，出具注明收到日期的书面凭证，并在七日内决定是否立案。不符合起诉条件的，作出不予立案的裁定。裁定书应当载明不予立案的理由。原告对裁定不服的，可以提起上诉。

起诉状内容欠缺或者有其他错误的，应当给予指导和释明，并一次性告知当事人需要补正的内容。不得未经指导和释明即以起诉不符合条件为由不接收起诉状。

对于不接收起诉状、接收起诉状后不出具书面凭证，以及不一次性告知当事人需要补正的起诉状内容的，当事人可以向上级人民法院投诉，上级人民法院应当责令改正，并对直接负责的主管人员和其他直接责任人员依法给予处分。

第五十二条 人民法院既不立案，又不作出不予立案裁定的，当事人可以向上一级人民法院起诉。上一级人民法院认为符合起诉条件的，应当立案、审理，也可以指定其他下级人民法院立案、审理。

第五十三条 公民、法人或者其他组织认为行政行为所依据的国务院部门和地方人民政府及其部门制定的规范性文件不合法，在对行政行为提起诉讼时，可以一并请求对该规范性文件进行审查。

— 637 —

前款规定的规范性文件不含规章。

第七章 审理和判决

第一节 一般规定

第五十四条 人民法院公开审理行政案件，但涉及国家秘密、个人隐私和法律另有规定的除外。

涉及商业秘密的案件，当事人申请不公开审理的，可以不公开审理。

第五十五条 当事人认为审判人员与本案有利害关系或者有其他关系可能影响公正审判，有权申请审判人员回避。

审判人员认为自己与本案有利害关系或者有其他关系，应当申请回避。

前两款规定，适用于书记员、翻译人员、鉴定人、勘验人。

院长担任审判长时的回避，由审判委员会决定；审判人员的回避，由院长决定；其他人员的回避，由审判长决定。当事人对决定不服的，可以申请复议一次。

第五十六条 诉讼期间，不停止行政行为的执行。但有下列情形之一的，裁定停止执行：

（一）被告认为需要停止执行的；

（二）原告或者利害关系人申请停止执行，人民法院认为该行政行为的执行会造成难以弥补的损失，并且停止执行不损害国家利益、社会公共利益的；

（三）人民法院认为该行政行为的执行会给国家利益、社会公共利益造成重大损害的；

（四）法律、法规规定停止执行的。

当事人对停止执行或者不停止执行的裁定不服的，可以申请复议一次。

第五十七条 人民法院对起诉行政机关没有依法支付抚恤金、最低生活保障金和工伤、医疗社会保险金的案件，权利义务关系明确、不先予执行将严重影响原告生活的，可以根据原告的申请，裁定先予执行。

当事人对先予执行裁定不服的，可以申请复议一次。复议期间不停止裁定的执行。

第五十八条 经人民法院传票传唤，原告无正当理由拒不到庭，或者未经法庭许可中途退庭的，可以按照撤诉处理；被告无正当理由拒不到庭，或者未经法庭许可中途退庭的，可以缺席判决。

第五十九条 诉讼参与人或者其他人有下列行为之一的，人民法院可以根据情节轻重，予以训诫、责令具结悔过或者处一万元以下的罚款、十五日以下的拘留；构成犯罪的，依法追究刑事责任：

（一）有义务协助调查、执行的人，对人民法院的协助调查决定、协助执行通知书，无故推拖、拒绝或者妨碍调查、执行的；

（二）伪造、隐藏、毁灭证据或者提供虚假证明材料，妨碍人民法院审理案件的；

（三）指使、贿买、胁迫他人作伪证或者威胁、阻止证人作证的；

（四）隐藏、转移、变卖、毁损已被查封、扣押、冻结的财产的；

（五）以欺骗、胁迫等非法手段使原告撤诉的；

（六）以暴力、威胁或者其他方法阻碍人民法院工作人员执行职务，或者以哄闹、冲击法庭等方法扰乱人民法院工作秩序的；

（七）对人民法院审判人员或者其他工作人员、诉讼参与人、协助调查和执行的人员恐吓、侮辱、诽谤、诬陷、殴打、围攻或者打击报复的。

人民法院对有前款规定的行为之一的单位，可以对其主要负责人或者直接责任人员依照前款规定予以罚款、拘留；构成犯罪的，依法追究刑事责任。

罚款、拘留须经人民法院院长批准。当事人不服的，可以向上一级人民法院申请复议一次。复议期间不停止执行。

第六十条 人民法院审理行政案件，不适用调解。但是，行政赔偿、补偿以及行政机关行使法律、法规规定的自由裁量权的案件可以调解。

调解应当遵循自愿、合法原则，不得损害国家利益、社会公共利益和他人合法权益。

第六十一条 在涉及行政许可、登记、征收、征用和行政机关对民事争议所作的裁决的行政诉讼中，当事人申请一并解决相关民事争议的，人民法院可以一并审理。

在行政诉讼中，人民法院认为行政案件的审理需以民事诉讼的裁判为依据的，可以裁定中止行政诉讼。

第六十二条 人民法院对行政案件宣告判决或者裁定前，原告申请撤诉的，或者被告改变其所作的行政行为，原告同意并申请撤诉的，是否准许，由人民法院裁定。

第六十三条 人民法院审理行政案件，以法律和行政法规、地方性法规为依据。地方性法规适用于本行政区域内发生的行政案件。

人民法院审理民族自治地方的行政案件，并以该民族自治地方的自治条例和单行条例为依据。

人民法院审理行政案件，参照规章。

第六十四条 人民法院在审理行政案件中，经审查认为本法第五十三条规定的规范性文件不合法的，不作为认定行政行为合法的依据，并向制定机关提出处理建议。

第六十五条 人民法院应当公开发生法律效力的判决书、裁定书，供公众查阅，但涉及国家秘密、商业秘密和个人隐私的内容除外。

第六十六条 人民法院在审理行政案件中，认为行政机关的主管人员、直接责任人员违法违纪的，应当将有关材料移送监察机关、该行政机关或者其上一级行政机关；认为有犯罪行为的，应当将有关材料移送公安、检察机关。

人民法院对被告经传票传唤无正当理由拒不到庭，或者未经法庭许可中途退庭的，可以将被告拒不到庭或者中途退庭的情况予以公告，并可以向监察机关或者被告的上一级行政机关提出依法给予其主要负责人或者直接责任人员处分的司法建议。

第二节 第一审普通程序

第六十七条 人民法院应当在立案之日起五日内，将起诉状副本发送被告。被告应当在收到起诉状副本之日起十五日内向人民法院提交作出行政行为的证据和所依据的规范性文件，并提出答辩状。人民法院应当在收到答辩状之日起五日内，将答辩状副本发送原告。

被告不提出答辩状的，不影响人民法院审理。

第六十八条 人民法院审理行政案件，由审判员组成合议庭，或者由审判员、陪审员组成合议庭。合议庭的成员，应当是三人以上的单数。

第六十九条 行政行为证据确凿，适用法律、法规正确，符合法定程序的，或者原告申请被告履行法定职责或者给付义务理由不成立的，人民法院判决驳回原告的诉讼请求。

第七十条 行政行为有下列情形之一的，人民法院判决撤销或者部分撤销，并可以判决被告重新作出行政行为：

（一）主要证据不足的；

（二）适用法律、法规错误的；

（三）违反法定程序的；

（四）超越职权的；

（五）滥用职权的；

（六）明显不当的。

第七十一条 人民法院判决被告重新作出行政行为的，被告不得以同一的事实和理由作出与原行政行为基本相同的行政行为。

第七十二条 人民法院经过审理，查明被告不履行法定职责的，判决被告在一定期限内履行。

第七十三条 人民法院经过审理，查明被告依法负有给付义务的，判决被告履行给付义务。

第七十四条 行政行为有下列情形之一的，人民法院判决确认违法，但不撤销行政行为：

（一）行政行为依法应当撤销，但撤销会给国家利益、社会公共利益造成重大损害的；

（二）行政行为程序轻微违法，但对原告权利不产生实际影响的。

行政行为有下列情形之一，不需要撤销或者判决履行的，人民法院判决确认违法：

（一）行政行为违法，但不具有可撤销内容的；

（二）被告改变原违法行政行为，原告仍要求确认原行政行为违法的；

(三) 被告不履行或者拖延履行法定职责, 判决履行没有意义的。

第七十五条 行政行为有实施主体不具有行政主体资格或者没有依据等重大且明显违法情形, 原告申请确认行政行为无效的, 人民法院判决确认无效。

第七十六条 人民法院判决确认违法或者无效的, 可以同时判决责令被告采取补救措施; 给原告造成损失的, 依法判决被告承担赔偿责任。

第七十七条 行政处罚明显不当, 或者其他行政行为涉及对款额的确定、认定确有错误的, 人民法院可以判决变更。

人民法院判决变更, 不得加重原告的义务或者减损原告的权益。但利害关系人同为原告, 且诉讼请求相反的除外。

第七十八条 被告不依法履行、未按照约定履行或者违法变更、解除本法第十二条第一款第十一项规定的协议的, 人民法院判决被告承担继续履行、采取补救措施或者赔偿损失等责任。

被告变更、解除本法第十二条第一款第十一项规定的协议合法, 但未依法给予补偿的, 人民法院判决给予补偿。

第七十九条 复议机关与作出原行政行为的行政机关为共同被告的案件, 人民法院应当对复议决定和原行政行为一并作出裁判。

第八十条 人民法院对公开审理和不公开审理的案件, 一律公开宣告判决。

当庭宣判的, 应当在十日内发送判决书; 定期宣判的, 宣判后立即发给判决书。

宣告判决时, 必须告知当事人上诉权利、上诉期限和上诉的人民法院。

第八十一条 人民法院应当在立案之日起六个月内作出第一审判决。有特殊情况需要延长的, 由高级人民法院批准, 高级人民法院审理第一审案件需要延长的, 由最高人民法院批准。

第三节 简易程序

第八十二条 人民法院审理下列第一审行政案件, 认为事实清楚、权利义务关系明确、争议不大的, 可以适用简易程序:

(一) 被诉行政行为是依法当场作出的;
(二) 案件涉及款额二千元以下的;
(三) 属于政府信息公开案件的。

除前款规定以外的第一审行政案件, 当事人各方同意适用简易程序的, 可以适用简易程序。

发回重审、按照审判监督程序再审的案件不适用简易程序。

第八十三条 适用简易程序审理的行政案件, 由审判员一人独任审理, 并应当在立案之日起四十五日内审结。

第八十四条 人民法院在审理过程中, 发现案件不宜适用简易程序的, 裁定转为普通程序。

第四节 第二审程序

第八十五条 当事人不服人民法院第一审判决的, 有权在判决书送达之日起十五日内向上一级人民法院提起上诉。当事人不服人民法院第一审裁定的, 有权在裁定书送达之日起十日内向上一级人民法院提起上诉。逾期不提起上诉的, 人民法院的第一审判决或者裁定发生法律效力。

第八十六条 人民法院对上诉案件, 应当组成合议庭, 开庭审理。经过阅卷、调查和询问当事人, 对没有提出新的事实、证据或者理由, 合议庭认为不需要开庭审理的, 也可以不开庭审理。

第八十七条 人民法院审理上诉案件, 应当对原审人民法院的判决、裁定和被诉行政行为进行全面审查。

第八十八条 人民法院审理上诉案件, 应当在收到上诉状之日起三个月内作出终审判决。有特殊情况需要延长的, 由高级人民法院批准, 高级人民法院审理上诉案件需要延长的, 由最高人民法院批准。

第八十九条 人民法院审理上诉案件, 按照下列情形, 分别处理:

(一) 原判决、裁定认定事实清楚, 适用法律、法规正确的, 判决或者裁定驳回上诉, 维持原判决、裁定;

（二）原判决、裁定认定事实错误或者适用法律、法规错误的，依法改判、撤销或者变更；

（三）原判决认定基本事实不清、证据不足的，发回原审人民法院重审，或者查清事实后改判；

（四）原判决遗漏当事人或者违法缺席判决等严重违反法定程序的，裁定撤销原判决，发回原审人民法院重审。

原审人民法院对发回重审的案件作出判决后，当事人提起上诉的，第二审人民法院不得再次发回重审。

人民法院审理上诉案件，需要改变原审判决的，应当同时对被诉行政行为作出判决。

第五节　审判监督程序

第九十条　当事人对已经发生法律效力的判决、裁定，认为确有错误的，可以向上一级人民法院申请再审，但判决、裁定不停止执行。

第九十一条　当事人的申请符合下列情形之一的，人民法院应当再审：

（一）不予立案或者驳回起诉确有错误的；

（二）有新的证据，足以推翻原判决、裁定的；

（三）原判决、裁定认定事实的主要证据不足、未经质证或者系伪造的；

（四）原判决、裁定适用法律、法规确有错误的；

（五）违反法律规定的诉讼程序，可能影响公正审判的；

（六）原判决、裁定遗漏诉讼请求的；

（七）据以作出原判决、裁定的法律文书被撤销或者变更的；

（八）审判人员在审理该案件时有贪污受贿、徇私舞弊、枉法裁判行为的。

第九十二条　各级人民法院院长对本院已经发生法律效力的判决、裁定，发现有本法第九十一条规定情形之一，或者发现调解违反自愿原则或者调解书内容违法，认为需要再审的，应当提交审判委员会讨论决定。

最高人民法院对地方各级人民法院已经发生法律效力的判决、裁定，上级人民法院对下级人民法院已经发生法律效力的判决、裁定，发现有本法第九十一条规定情形之一，或者发现调解违反自愿原则或者调解书内容违法的，有权提审或者指令下级人民法院再审。

第九十三条　最高人民检察院对各级人民法院已经发生法律效力的判决、裁定，上级人民检察院对下级人民法院已经发生法律效力的判决、裁定，发现有本法第九十一条规定情形之一，或者发现调解书损害国家利益、社会公共利益的，应当提出抗诉。

地方各级人民检察院对同级人民法院已经发生法律效力的判决、裁定，发现有本法第九十一条规定情形之一，或者发现调解书损害国家利益、社会公共利益的，可以向同级人民法院提出检察建议，并报上级人民检察院备案；也可以提请上级人民检察院向同级人民法院提出抗诉。

各级人民检察院对审判监督程序以外的其他审判程序中审判人员的违法行为，有权向同级人民法院提出检察建议。

第八章　执　行

第九十四条　当事人必须履行人民法院发生法律效力的判决、裁定、调解书。

第九十五条　公民、法人或者其他组织拒绝履行判决、裁定、调解书的，行政机关或者第三人可以向第一审人民法院申请强制执行，或者由行政机关依法强制执行。

第九十六条　行政机关拒绝履行判决、裁定、调解书的，第一审人民法院可以采取下列措施：

（一）对应当归还的罚款或者应当给付的款额，通知银行从该行政机关的账户内划拨；

（二）在规定期限内不履行的，从期满之日起，对该行政机关负责人按日处五十元至一百元的罚款；

（三）将行政机关拒绝履行的情况予以公告；

（四）向监察机关或者该行政机关的上一级行政机关提出司法建议。接受司法建议的机关，根据有关规定进行处理，并将处理情况告知人民法院；

（五）拒不履行判决、裁定、调解书，社会影响恶劣的，可以对该行政机关直接负责的主管人员和其他直接责任人员予以拘留；情节严重，构成犯罪的，依法追究刑事责任。

第九十七条 公民、法人或者其他组织对行政行为在法定期限内不提起诉讼又不履行的，行政机关可以申请人民法院强制执行，或者依法强制执行。

第九章 涉外行政诉讼

第九十八条 外国人、无国籍人、外国组织在中华人民共和国进行行政诉讼，适用本法。法律另有规定的除外。

第九十九条 外国人、无国籍人、外国组织在中华人民共和国进行行政诉讼，同中华人民共和国公民、组织有同等的诉讼权利和义务。

外国法院对中华人民共和国公民、组织的行政诉讼权利加以限制的，人民法院对该国公民、组织的行政诉讼权利，实行对等原则。

第一百条 外国人、无国籍人、外国组织在中华人民共和国进行行政诉讼，委托律师代理诉讼的，应当委托中华人民共和国律师机构的律师。

第十章 附 则

第一百零一条 人民法院审理行政案件，关于期间、送达、财产保全、开庭审理、调解、中止诉讼、终结诉讼、简易程序、执行等，以及人民检察院对行政案件受理、审理、裁判、执行的监督，本法没有规定的，适用《中华人民共和国民事诉讼法》的相关规定。

第一百零二条 人民法院审理行政案件，应当收取诉讼费用。诉讼费用由败诉方承担，双方都有责任的由双方分担。收取诉讼费用的具体办法另行规定。

第一百零三条 本法自1990年10月1日起施行。

最高人民法院关于适用《中华人民共和国行政诉讼法》的解释

（2017年11月13日最高人民法院审判委员会第1726次会议通过 2018年2月6日公布 自2018年2月8日起施行）法释〔2018〕1号

为正确适用《中华人民共和国行政诉讼法》（以下简称行政诉讼法），结合人民法院行政审判工作实际，制定本解释。

一、受案范围

第一条 公民、法人或者其他组织对行政机关及其工作人员的行政行为不服，依法提起诉讼的，属于人民法院行政诉讼的受案范围。

下列行为不属于人民法院行政诉讼的受案范围：

（一）公安、国家安全等机关依照刑事诉讼法的明确授权实施的行为；

（二）调解行为以及法律规定的仲裁行为；

（三）行政指导行为；

（四）驳回当事人对行政行为提起申诉的重复处理行为；

（五）行政机关作出的不产生外部法律效力的行为；

（六）行政机关为作出行政行为而实施的准备、论证、研究、层报、咨询等过程性行为；

（七）行政机关根据人民法院的生效裁判、协助执行通知书作出的执行行为，但行政机关扩大执行范围或者采取违法方式实施的除外；

（八）上级行政机关基于内部层级监督关系对下级行政机关作出的听取报告、执法检查、督促履责等行为；

（九）行政机关针对信访事项作出的登记、受理、交办、转送、复查、复核意见等行为；

（十）对公民、法人或者其他组织权利义务不产生实际影响的行为。

第二条 行政诉讼法第十三条第一项规定的"国家行为",是指国务院、中央军事委员会、国防部、外交部等根据宪法和法律的授权,以国家的名义实施的有关国防和外交事务的行为,以及经宪法和法律授权的国家机关宣布紧急状态等行为。

行政诉讼法第十三条第二项规定的"具有普遍约束力的决定、命令",是指行政机关针对不特定对象发布的能反复适用的规范性文件。

行政诉讼法第十三条第三项规定的"对行政机关工作人员的奖惩、任免等决定",是指行政机关作出的涉及行政机关工作人员公务员权利义务的决定。

行政诉讼法第十三条第四项规定的"法律规定由行政机关最终裁决的行政行为"中的"法律",是指全国人民代表大会及其常务委员会制定、通过的规范性文件。

二、管 辖

第三条 各级人民法院行政审判庭审理行政案件和审查行政机关申请执行其行政行为的案件。

专门人民法院、人民法庭不审理行政案件,也不审查和执行行政机关申请执行其行政行为的案件。铁路运输法院等专门人民法院审理行政案件,应当执行行政诉讼法第十八条第二款的规定。

第四条 立案后,受诉人民法院的管辖权不受当事人住所地改变、追加被告等事实和法律状态变更的影响。

第五条 有下列情形之一的,属于行政诉讼法第十五条第三项规定的"本辖区内重大、复杂的案件":

(一)社会影响重大的共同诉讼案件;

(二)涉外或者涉及香港特别行政区、澳门特别行政区、台湾地区的案件;

(三)其他重大、复杂案件。

第六条 当事人以案件重大复杂为由,认为有管辖权的基层人民法院不宜行使管辖权或者根据行政诉讼法第五十二条的规定,向中级人民法院起诉,中级人民法院应当根据不同情况在七日内分别作出以下处理:

(一)决定自行审理;

(二)指定本辖区其他基层人民法院管辖;

(三)书面告知当事人向有管辖权的基层人民法院起诉。

第七条 基层人民法院对其管辖的第一审行政案件,认为需要由中级人民法院审理或者指定管辖的,可以报请中级人民法院决定。中级人民法院应当根据不同情况在七日内分别作出以下处理:

(一)决定自行审理;

(二)指定本辖区其他基层人民法院管辖;

(三)决定由报请的人民法院审理。

第八条 行政诉讼法第十九条规定的"原告所在地",包括原告的户籍所在地、经常居住地和被限制人身自由地。

对行政机关基于同一事实,既采取限制公民人身自由的行政强制措施,又采取其他行政强制措施或者行政处罚不服的,由被告所在地或者原告所在地的人民法院管辖。

第九条 行政诉讼法第二十条规定的"因不动产提起的行政诉讼"是指因行政行为导致不动产物权变动而提起的诉讼。

不动产已登记的,以不动产登记簿记载的所在地为不动产所在地;不动产未登记的,以不动产实际所在地为不动产所在地。

第十条 人民法院受理案件后,被告提出管辖异议的,应当在收到起诉状副本之日起十五日内提出。

对当事人提出的管辖异议,人民法院应当进行审查。异议成立的,裁定将案件移送有管辖权的人民法院;异议不成立的,裁定驳回。

人民法院对管辖异议审查后确定有管辖权的,不因当事人增加或者变更诉讼请求等改变管辖,但违反级别管辖、专属管辖规定的除外。

第十一条 有下列情形之一的,人民法院不予审查:

(一)人民法院发回重审或者按第一审程序再审的案件,当事人提出管辖异议的;

(二)当事人在第一审程序中未按照法律规定的期限和形式提出管辖异议,在第二审程序中提出的。

三、诉讼参加人

第十二条 有下列情形之一的，属于行政诉讼法第二十五条第一款规定的"与行政行为有利害关系"：

（一）被诉的行政行为涉及其相邻权或者公平竞争权的；

（二）在行政复议等行政程序中被追加为第三人的；

（三）要求行政机关依法追究加害人法律责任的；

（四）撤销或者变更行政行为涉及其合法权益的；

（五）为维护自身合法权益向行政机关投诉，具有处理投诉职责的行政机关作出或者未作出处理的；

（六）其他与行政行为有利害关系的情形。

第十三条 债权人以行政机关对债务人所作的行政行为损害债权实现为由提起行政诉讼的，人民法院应当告知其就民事争议提起民事诉讼，但行政机关作出行政行为时依法应予保护或者应予考虑的除外。

第十四条 行政诉讼法第二十五条第二款规定的"近亲属"，包括配偶、父母、子女、兄弟姐妹、祖父母、外祖父母、孙子女、外孙子女和其他具有扶养、赡养关系的亲属。

公民因被限制人身自由而不能提起诉讼的，其近亲属可以依其口头或者书面委托以该公民的名义提起诉讼。近亲属起诉时无法与被限制人身自由的公民取得联系，近亲属可以先行起诉，并在诉讼中补充提交委托证明。

第十五条 合伙企业向人民法院提起诉讼的，应当以核准登记的字号为原告。未依法登记领取营业执照的个人合伙的全体合伙人为共同原告；全体合伙人可以推选代表人，被推选的代表人，应当由全体合伙人出具推选书。

个体工商户向人民法院提起诉讼的，以营业执照上登记的经营者为原告。有字号的，以营业执照上登记的字号为原告，并应当注明该字号经营者的基本信息。

第十六条 股份制企业的股东大会、股东会、董事会等认为行政机关作出的行政行为侵犯企业经营自主权的，可以企业名义提起诉讼。

联营企业、中外合资或者合作企业的联营、合资、合作各方，认为联营、合资、合作企业权益或者自己一方合法权益受行政行为侵害的，可以自己的名义提起诉讼。

非国有企业被行政机关注销、撤销、合并、强令兼并、出售、分立或者改变企业隶属关系的，该企业或者其法定代表人可以提起诉讼。

第十七条 事业单位、社会团体、基金会、社会服务机构等非营利法人的出资人、设立人认为行政行为损害法人合法权益的，可以自己的名义提起诉讼。

第十八条 业主委员会对于行政机关作出的涉及业主共有利益的行政行为，可以自己的名义提起诉讼。

业主委员会不起诉的，专有部分占建筑物总面积过半数或者占总户数过半数的业主可以提起诉讼。

第十九条 当事人不服经上级行政机关批准的行政行为，向人民法院提起诉讼的，以在对外发生法律效力的文书上署名的机关为被告。

第二十条 行政机关组建并赋予行政管理职能但不具有独立承担法律责任能力的机构，以自己的名义作出行政行为，当事人不服提起诉讼的，应当以组建该机构的行政机关为被告。

法律、法规或者规章授权行使行政职权的行政机关内设机构、派出机构或者其他组织，超出法定授权范围实施行政行为，当事人不服提起诉讼的，应当以实施该行为的机构或者组织为被告。

没有法律、法规或者规章规定，行政机关授权其内设机构、派出机构或者其他组织行使行政职权的，属于行政诉讼法第二十六条规定的委托。当事人不服提起诉讼的，应当以该行政机关为被告。

第二十一条 当事人对由国务院、省级人民政府批准设立的开发区管理机构作出的行政行为不服提起诉讼的，以该开发区管理机构为被告；对由国务院、省级人民政府批准设立的开发区管理机构所属职能部门作出的行政行为不服提起诉讼的，以其职能部门为被告；对其他开发区管理机构所属职能部门作出的行政行为不服提起诉讼的，以开发区管理机构为被告；开发区管理机构没有行政主体资格的，以设立该机构的地方人民政府为被告。

第二十二条 行政诉讼法第二十六条第二款规定的"复议机关改变原行政行为"，是指复议机关改变原行政行为的处理结果。复议机关改变原行政行为所认定的主要事实和证据、改变原行政行为所适用的规范依据，但未改变原行政行为处理结果的，视为复议机关维持原行政行为。

复议机关确认原行政行为无效，属于改变原行政行为。

复议机关确认原行政行为违法，属于改变原行政行为，但复议机关以违反法定程序为由确认原行政行为违法的除外。

第二十三条 行政机关被撤销或者职权变更，没有继续行使其职权的行政机关的，以其所属的人民政府为被告；实行垂直领导的，以垂直领导的上一级行政机关为被告。

第二十四条 当事人对村民委员会或者居民委员会依据法律、法规、规章的授权履行行政管理职责的行为不服提起诉讼的，以村民委员会或者居民委员会为被告。

当事人对村民委员会、居民委员会受行政机关委托作出的行为不服提起诉讼的，以委托的行政机关为被告。

当事人对高等学校等事业单位以及律师协会、注册会计师协会等行业协会依据法律、法规、规章的授权实施的行政行为不服提起诉讼的，以该事业单位、行业协会为被告。

当事人对高等学校等事业单位以及律师协会、注册会计师协会等行业协会受行政机关委托作出的行为不服提起诉讼的，以委托的行政机关为被告。

第二十五条 市、县级人民政府确定的房屋征收部门组织实施房屋征收与补偿工作过程中作出行政行为，被征收人不服提起诉讼的，以房屋征收部门为被告。

征收实施单位受房屋征收部门委托，在委托范围内从事的行为，被征收人不服提起诉讼的，应当以房屋征收部门为被告。

第二十六条 原告所起诉的被告不适格，人民法院应当告知原告变更被告；原告不同意变更的，裁定驳回起诉。

应当追加被告而原告不同意追加的，人民法院应当通知其以第三人的身份参加诉讼，但行政复议机关作共同被告的除外。

第二十七条 必须共同进行诉讼的当事人没有参加诉讼的，人民法院应当依法通知其参加；当事人也可以向人民法院申请参加。

人民法院应当对当事人提出的申请进行审查，申请理由不成立的，裁定驳回；申请理由成立的，书面通知其参加诉讼。

前款所称的必须共同进行诉讼，是指按照行政诉讼法第二十七条的规定，当事人一方或者双方为两人以上，因同一行政行为发生行政争议，人民法院必须合并审理的诉讼。

第二十八条 人民法院追加共同诉讼的当事人时，应当通知其他当事人。应当追加的原告，已明确表示放弃实体权利的，可不予追加；既不愿意参加诉讼，又不放弃实体权利的，应追加为第三人，其不参加诉讼，不能阻碍人民法院对案件的审理和裁判。

第二十九条 行政诉讼法第二十八条规定的"人数众多"，一般指十人以上。

根据行政诉讼法第二十八条的规定，当事人一方人数众多的，由当事人推选代表人。当事人推选不出的，可以由人民法院在起诉的当事人中指定代表人。

行政诉讼法第二十八条规定的代表人为二至五人。代表人可以委托一至二人作为诉讼代理人。

第三十条 行政机关的同一行政行为涉及两个以上利害关系人，其中一部分利害关系人对行政行为不服提起诉讼，人民法院应当通知没有起诉的其他利害关系人作为第三人参加诉讼。

与行政案件处理结果有利害关系的第三人，可以申请参加诉讼，或者由人民法院通知其参加诉讼。人民法院判决其承担义务或者减损其权益的第三人，有权提出上诉或者申请再审。

行政诉讼法第二十九条规定的第三人，因不能归责于本人的事由未参加诉讼，但有证据证明发生法律效力的判决、裁定、调解书损害其合法权益的，可以依照行政诉讼法第九十条的规定，自知道或者应当知道其合法权益受到损害之日起六个月内，向上一级人民法院申请再审。

第三十一条 当事人委托诉讼代理人，应当向人民法院提交由委托人签名或者盖章的授权委托书。委托书应当载明委托事项和具体权限。公民在特殊情况下无法书面委托的，也可以由他人代书，并由自己捺印等方式确认，人民法院应当核实并记录在卷；被诉行政机关或者其他有义务协助的机关拒绝人民法院向被限制人身自由的公民核实的，视为委托成立。当事人解除或者变更委托的，应当书面报告人民法院。

第三十二条 依照行政诉讼法第三十一条第二款第二项规定，与当事人有合法劳动人事关系的职工，可以当事人工作人员的名义作为诉讼代理人。以当事人的工作人员身份参加诉讼活动，应当提交以下证据之一加以证明：

（一）缴纳社会保险记录凭证；

（二）领取工资凭证；

（三）其他能够证明其为当事人工作人员身份的证据。

第三十三条 根据行政诉讼法第三十一条第二款第三项规定，有关社会团体推荐公民担任诉讼代理人的，应当符合下列条件：

（一）社会团体属于依法登记设立或者依法免予登记设立的非营利性法人组织；

（二）被代理人属于该社会团体的成员，或者当事人一方住所地位于该社会团体的活动地域；

（三）代理事务属于该社会团体章程载明的业务范围；

（四）被推荐的公民是该社会团体的负责人或者与该社会团体有合法劳动人事关系的工作人员。

专利代理人经中华全国专利代理人协会推荐，可以在专利行政案件中担任诉讼代理人。

四、证 据

第三十四条 根据行政诉讼法第三十六条第一款的规定，被告申请延期提供证据的，应当在收到起诉状副本之日起十五日内以书面方式向人民法院提出。人民法院准许延期提供的，被告应当在正当事由消除后十五日内提供证据。逾期提供的，视为被诉行政行为没有相应的证据。

第三十五条 原告或者第三人应当在开庭审理前或者人民法院指定的交换证据清单之日提供证据。因正当事由申请延期提供证据的，经人民法院准许，可以在法庭调查中提供。逾期提供证据的，人民法院应当责令其说明理由；拒不说明理由或者理由不成立的，视为放弃举证权利。

原告或者第三人在第一审程序中无正当事由未提供而在第二审程序中提供的证据，人民法院不予接纳。

第三十六条 当事人申请延长举证期限，应当在举证期限届满前向人民法院提出书面申请。

申请理由成立的，人民法院应当准许，适当延长举证期限，并通知其他当事人。申请理由不成立的，人民法院不予准许，并通知申请人。

第三十七条 根据行政诉讼法第三十九条的规定，对当事人无争议，但涉及国家利益、公共利益或者他人合法权益的事实，人民法院可以责令当事人提供或者补充有关证据。

第三十八条 对于案情比较复杂或者证据数量较多的案件，人民法院可以组织当事人在开庭前向对方出示或者交换证据，并将交换证据清单的情况记录在卷。

当事人在庭前证据交换过程中没有争议并记录在卷的证据，经审判人员在庭审中说明后，可以作为认定案件事实的依据。

第三十九条 当事人申请调查收集证据，但该证据与待证事实无关联、对证明待证事实无意义或者其他无调查收集必要的，人民法院不予准许。

第四十条 人民法院在证人出庭作证前应当告知其如实作证的义务以及作伪证的法律

后果。

证人因履行出庭作证义务而支出的交通、住宿、就餐等必要费用以及误工损失，由败诉一方当事人承担。

第四十一条 有下列情形之一，原告或者第三人要求相关行政执法人员出庭说明的，人民法院可以准许：

（一）对现场笔录的合法性或者真实性有异议的；

（二）对扣押财产的品种或者数量有异议的；

（三）对检验的物品取样或者保管有异议的；

（四）对行政执法人员身份的合法性有异议的；

（五）需要出庭说明的其他情形。

第四十二条 能够反映案件真实情况、与待证事实相关联、来源和形式符合法律规定的证据，应当作为认定案件事实的根据。

第四十三条 有下列情形之一的，属于行政诉讼法第四十三条第三款规定的"以非法手段取得的证据"：

（一）严重违反法定程序收集的证据材料；

（二）以违反法律强制性规定的手段获取且侵害他人合法权益的证据材料；

（三）以利诱、欺诈、胁迫、暴力等手段获取的证据材料。

第四十四条 人民法院认为有必要的，可以要求当事人本人或者行政机关执法人员到庭，就案件有关事实接受询问。在询问之前，可以要求其签署保证书。

保证书应当载明据实陈述、如有虚假陈述愿意接受处罚等内容。当事人或者行政机关执法人员应当在保证书上签名或者捺印。

负有举证责任的当事人拒绝到庭、拒绝接受询问或者拒绝签署保证书，待证事实又欠缺其他证据加以佐证的，人民法院对其主张的事实不予认定。

第四十五条 被告有证据证明其在行政程序中依照法定程序要求原告或者第三人提供证据，原告或者第三人依法应当提供而没有提供，在诉讼程序中提供的证据，人民法院一般不予采纳。

第四十六条 原告或者第三人确有证据证明被告持有的证据对原告或者第三人有利的，可以在开庭审理前书面申请人民法院责令行政机关提交。

申请理由成立的，人民法院应当责令行政机关提交，因提交证据所产生的费用，由申请人预付。行政机关无正当理由拒不提交的，人民法院可以推定原告或者第三人基于该证据主张的事实成立。

持有证据的当事人以妨碍对方当事人使用为目的，毁灭有关证据或者实施其他致使证据不能使用行为的，人民法院可以推定对方当事人基于该证据主张的事实成立，并可依照行政诉讼法第五十九条规定处理。

第四十七条 根据行政诉讼法第三十八条第二款的规定，在行政赔偿、补偿案件中，因被告的原因导致原告无法就损害情况举证的，应当由被告就该损害情况承担举证责任。

对于各方主张损失的价值无法认定的，应当由负有举证责任的一方当事人申请鉴定，但法律、法规、规章规定行政机关在作出行政行为时依法应当评估或者鉴定的除外；负有举证责任的当事人拒绝申请鉴定的，由其承担不利的法律后果。

当事人的损失因客观原因无法鉴定的，人民法院应当结合当事人的主张和在案证据，遵循法官职业道德，运用逻辑推理和生活经验、生活常识等，酌情确定赔偿数额。

五、期间、送达

第四十八条 期间包括法定期间和人民法院指定的期间。

期间以时、日、月、年计算。期间开始的时和日，不计算在期间内。

期间届满的最后一日是节假日的，以节假日后的第一日为期间届满的日期。

期间不包括在途时间，诉讼文书在期满前交邮的，视为在期限内发送。

第四十九条 行政诉讼法第五十一条第二款规定的立案期限，因起诉状内容欠缺或者有其他错误通知原告限期补正的，从补正后递交人民法院的次日起算。由上级人民法院转交下

— 647 —

级人民法院立案的案件，从受诉人民法院收到起诉状的次日起算。

第五十条 行政诉讼法第八十一条、第八十三条、第八十八条规定的审理期限，是指从立案之日起至裁判宣告、调解书送达之日止的期间，但公告期间、鉴定期间、调解期间、中止诉讼期间、审理当事人提出的管辖异议以及处理人民法院之间的管辖争议期间不应计算在内。

再审案件按照第一审程序或者第二审程序审理的，适用行政诉讼法第八十一条、第八十八条规定的审理期限。审理期限自再审立案的次日起算。

基层人民法院申请延长审理期限，应当直接报请高级人民法院批准，同时报中级人民法院备案。

第五十一条 人民法院可以要求当事人签署送达地址确认书，当事人确认的送达地址为人民法院法律文书的送达地址。

当事人同意电子送达的，应当提供并确认传真号、电子信箱等电子送达地址。

当事人送达地址发生变更的，应当及时书面告知受理案件的人民法院；未及时告知的，人民法院按原地址送达，视为依法送达。

人民法院可以通过国家邮政机构以法院专递方式进行送达。

第五十二条 人民法院可以在当事人住所地以外向当事人直接送达诉讼文书。当事人拒绝签署送达回证的，采用拍照、录像等方式记录送达过程即视为送达。审判人员、书记员应当在送达回证上注明送达情况并签名。

六、起诉与受理

第五十三条 人民法院对符合起诉条件的案件应当立案，依法保障当事人行使诉讼权利。

对当事人依法提起的诉讼，人民法院应当根据行政诉讼法第五十一条的规定接收起诉状。能够判断符合起诉条件的，应当当场登记立案；当场不能判断是否符合起诉条件的，应当在接收起诉状后七日内决定是否立案；七日内仍不能作出判断的，应当先予立案。

第五十四条 依照行政诉讼法第四十九条的规定，公民、法人或者其他组织提起诉讼时应当提交以下起诉材料：

（一）原告的身份证明材料以及有效联系方式；

（二）被诉行政行为或者不作为存在的材料；

（三）原告与被诉行政行为具有利害关系的材料；

（四）人民法院认为需要提交的其他材料。

由法定代理人或者委托代理人代为起诉的，还应当在起诉状中写明或者在口头起诉时向人民法院说明法定代理人或者委托代理人的基本情况，并提交法定代理人或者委托代理人的身份证明和代理权限证明等材料。

第五十五条 依照行政诉讼法第五十一条的规定，人民法院应当就起诉状内容和材料是否完备以及是否符合行政诉讼法规定的起诉条件进行审查。

起诉状内容或者材料欠缺的，人民法院应当给予指导和释明，并一次性全面告知当事人需要补正的内容、补充的材料及期限。在指定期限内补正并符合起诉条件的，应当登记立案。当事人拒绝补正或者经补正仍不符合起诉条件的，退回诉状并记录在册；坚持起诉的，裁定不予立案，并载明不予立案的理由。

第五十六条 法律、法规规定应当先申请复议，公民、法人或者其他组织未申请复议直接提起诉讼的，人民法院裁定不予立案。

依照行政诉讼法第四十五条的规定，复议机关不受理复议申请或者在法定期限内不作出复议决定，公民、法人或者其他组织不服，依法向人民法院提起诉讼的，人民法院应当依法立案。

第五十七条 法律、法规未规定行政复议为提起行政诉讼必经程序，公民、法人或者其他组织既提起诉讼又申请行政复议的，由先立案的机关管辖；同时立案的，由公民、法人或者其他组织选择。公民、法人或者其他组织已经申请行政复议，在法定复议期间内又向人民法院提起诉讼的，人民法院裁定不予立案。

第五十八条 法律、法规未规定行政复议为提起行政诉讼必经程序，公民、法人或者其他组织向复议机关申请行政复议后，又经复议机关同意撤回复议申请，在法定起诉期限内对原行政行为提起诉讼的，人民法院应当依法立案。

第五十九条 公民、法人或者其他组织向复议机关申请行政复议后，复议机关作出维持决定的，应当以复议机关和原行为机关为共同被告，并以复议决定送达时间确定起诉期限。

第六十条 人民法院裁定准许原告撤诉后，原告以同一事实和理由重新起诉的，人民法院不予立案。

准予撤诉的裁定确有错误，原告申请再审的，人民法院应当通过审判监督程序撤销原准予撤诉的裁定，重新对案件进行审理。

第六十一条 原告或者上诉人未按规定的期限预交案件受理费，又不提出缓交、减交、免交申请，或者提出申请未获批准的，按自动撤诉处理。在按撤诉处理后，原告或者上诉人在法定期限内再次起诉或者上诉，并依法解决诉讼费预交问题的，人民法院应予立案。

第六十二条 人民法院判决撤销行政机关的行政行为后，公民、法人或者其他组织对行政机关重新作出的行政行为不服向人民法院起诉的，人民法院应当依法立案。

第六十三条 行政机关作出行政行为时，没有制作或者没有送达法律文书，公民、法人或者其他组织只要能证明行政行为存在，并在法定期限内起诉的，人民法院应当依法立案。

第六十四条 行政机关作出行政行为时，未告知公民、法人或者其他组织起诉期限的，起诉期限从公民、法人或者其他组织知道或者应当知道起诉期限之日起计算，但从知道或者应当知道行政行为内容之日起最长不得超过一年。

复议决定未告知公民、法人或者其他组织起诉期限的，适用前款规定。

第六十五条 公民、法人或者其他组织不知道行政机关作出的行政行为内容的，其起诉期限从知道或者应当知道该行政行为内容之日起计算，但最长不得超过行政诉讼法第四十六条第二款规定的起诉期限。

第六十六条 公民、法人或者其他组织依照行政诉讼法第四十七条第一款的规定，对行政机关不履行法定职责提起诉讼的，应当在行政机关履行法定职责期限届满之日起六个月内提出。

第六十七条 原告提供被告的名称等信息足以使被告与其他行政机关相区别的，可以认定为行政诉讼法第四十九条第二项规定的"有明确的被告"。

起诉状列写被告信息不足以认定明确的被告的，人民法院可以告知原告补正；原告补正后仍不能确定明确的被告的，人民法院裁定不予立案。

第六十八条 行政诉讼法第四十九条第三项规定的"有具体的诉讼请求"是指：

（一）请求判决撤销或者变更行政行为；

（二）请求判决行政机关履行特定法定职责或者给付义务；

（三）请求判决确认行政行为违法；

（四）请求判决确认行政行为无效；

（五）请求判决行政机关予以赔偿或者补偿；

（六）请求解决行政协议争议；

（七）请求一并审查规章以下规范性文件；

（八）请求一并解决相关民事争议；

（九）其他诉讼请求。

当事人单独或者一并提起行政赔偿、补偿诉讼的，应当有具体的赔偿、补偿事项以及数额；请求一并审查规章以下规范性文件的，应当提供明确的文件名称或者审查对象；请求一并解决相关民事争议的，应当有具体的民事诉讼请求。

当事人未能正确表达诉讼请求的，人民法院应当要求其明确诉讼请求。

第六十九条 有下列情形之一，已经立案的，应当裁定驳回起诉：

（一）不符合行政诉讼法第四十九条规定的；

（二）超过法定起诉期限且无行政诉讼法第四十八条规定情形的；

（三）错列被告且拒绝变更的；

（四）未按照法律规定由法定代理人、指定代理人、代表人为诉讼行为的；

（五）未按照法律、法规规定先向行政机关申请复议的；

（六）重复起诉的；

（七）撤回起诉后无正当理由再行起诉的；

（八）行政行为对其合法权益明显不产生实际影响的；

（九）诉讼标的已为生效裁判或者调解书所羁束的；

（十）其他不符合法定起诉条件的情形。

前款所列情形可以补正或者更正的，人民法院应当指定期间责令补正或者更正；在指定期间已经补正或者更正的，应当依法审理。

人民法院经过阅卷、调查或者询问当事人，认为不需要开庭审理的，可以径行裁定驳回起诉。

第七十条 起诉状副本送达被告后，原告提出新的诉讼请求的，人民法院不予准许，但有正当理由的除外。

七、审理与判决

第七十一条 人民法院适用普通程序审理案件，应当在开庭三日前用传票传唤当事人。对证人、鉴定人、勘验人、翻译人员，应当用通知书通知其到庭。当事人或者其他诉讼参与人在外地的，应当留有必要的在途时间。

第七十二条 有下列情形之一的，可以延期开庭审理：

（一）应当到庭的当事人和其他诉讼参与人有正当理由没有到庭的；

（二）当事人临时提出回避申请且无法及时作出决定的；

（三）需要通知新的证人到庭，调取新的证据，重新鉴定、勘验，或者需要补充调查的；

（四）其他应当延期的情形。

第七十三条 根据行政诉讼法第二十七条的规定，有下列情形之一的，人民法院可以决定合并审理：

（一）两个以上行政机关分别对同一事实作出行政行为，公民、法人或者其他组织不服向同一人民法院起诉的；

（二）行政机关就同一事实对若干公民、法人或者其他组织分别作出行政行为，公民、法人或者其他组织不服分别向同一人民法院起诉的；

（三）在诉讼过程中，被告对原告作出新的行政行为，原告不服向同一人民法院起诉的；

（四）人民法院认为可以合并审理的其他情形。

第七十四条 当事人申请回避，应当说明理由，在案件开始审理时提出；回避事由在案件开始审理后知道的，应当在法庭辩论终结前提出。

被申请回避的人员，在人民法院作出是否回避的决定前，应当暂停参与本案的工作，但案件需要采取紧急措施的除外。

对当事人提出的回避申请，人民法院应当在三日内以口头或者书面形式作出决定。对当事人提出的明显不属于法定回避事由的申请，法庭可以依法当庭驳回。

申请人对驳回回避申请决定不服的，可以向作出决定的人民法院申请复议一次。复议期间，被申请回避的人员不停止参与本案的工作。对申请人的复议申请，人民法院应当在三日内作出复议决定，并通知复议申请人。

第七十五条 在一个审判程序中参与过本案审判工作的审判人员，不得再参与该案其他程序的审判。

发回重审的案件，在一审法院作出裁判后又进入第二审程序的，原第二审程序中合议庭组成人员不受前款规定的限制。

第七十六条 人民法院对于因一方当事人的行为或者其他原因，可能使行政行为或者人民法院生效裁判不能或者难以执行的案件，根据对方当事人的申请，可以裁定对其财产进行保全、责令其作出一定行为或者禁止其作出一定行为；当事人没有提出申请的，人民法院在必要时也可以裁定采取上述保全措施。

人民法院采取保全措施，可以责令申请人提供担保；申请人不提供担保的，裁定驳回申请。

人民法院接受申请后，对情况紧急的，必须在四十八小时内作出裁定；裁定采取保全措施的，应当立即开始执行。

当事人对保全的裁定不服的，可以申请复议；复议期间不停止裁定的执行。

第七十七条 利害关系人因情况紧急，不立即申请保全将会使其合法权益受到难以弥补的损害的，可以在提起诉讼前向被保全财产所在地、被申请人住所地或者对案件有管辖权的人民法院申请采取保全措施。申请人应当提供担保，不提供担保的，裁定驳回申请。

人民法院接受申请后，必须在四十八小时内作出裁定；裁定采取保全措施的，应当立即开始执行。

申请人在人民法院采取保全措施后三十日内不依法提起诉讼的，人民法院应当解除保全。

当事人对保全的裁定不服的，可以申请复议；复议期间不停止裁定的执行。

第七十八条 保全限于请求的范围，或者与本案有关的财物。

财产保全采取查封、扣押、冻结或者法律规定的其他方法。人民法院保全财产后，应当立即通知被保全人。

财产已被查封、冻结的，不得重复查封、冻结。

涉及财产的案件，被申请人提供担保的，人民法院应当裁定解除保全。

申请有错误的，申请人应当赔偿被申请人因保全所遭受的损失。

第七十九条 原告或者上诉人申请撤诉，人民法院裁定不予准许的，原告或者上诉人经传票传唤无正当理由拒不到庭，或者未经法庭许可中途退庭的，人民法院可以缺席判决。

第三人经传票传唤无正当理由拒不到庭，或者未经法庭许可中途退庭的，不发生阻止案件审理的效果。

根据行政诉讼法第五十八条的规定，被告经传票传唤无正当理由拒不到庭，或者未经法庭许可中途退庭的，人民法院可以按期开庭或者继续开庭审理，对到庭的当事人诉讼请求、双方的诉辩理由以及已经提交的证据及其他诉讼材料进行审理后，依法缺席判决。

第八十条 原告或者上诉人在庭审中明确拒绝陈述或者以其他方式拒绝陈述，导致庭审无法进行，经法庭释明法律后果后仍不陈述意见的，视为放弃陈述权利，由其承担不利的法律后果。

当事人申请撤诉或者依法可以按撤诉处理的案件，当事人有违反法律的行为需要依法处理的，人民法院可以不准许撤诉或者不按撤诉处理。

法庭辩论终结后原告申请撤诉，人民法院可以准许，但涉及到国家利益和社会公共利益的除外。

第八十一条 被告在一审期间改变被诉行政行为的，应当书面告知人民法院。

原告或者第三人对改变后的行政行为不服提起诉讼的，人民法院应当就改变后的行政行为进行审理。

被告改变原违法行政行为，原告仍要求确认原行政行为违法的，人民法院应当依法作出确认判决。

原告起诉被告不作为，在诉讼中被告作出行政行为，原告不撤诉的，人民法院应当就不作为依法作出确认判决。

第八十二条 当事人之间恶意串通，企图通过诉讼等方式侵害国家利益、社会公共利益或者他人合法权益的，人民法院应当裁定驳回起诉或者判决驳回其请求，并根据情节轻重予以罚款、拘留；构成犯罪的，依法追究刑事责任。

第八十三条 行政诉讼法第五十九条规定的罚款、拘留可以单独适用，也可以合并适用。

对同一妨害行政诉讼行为的罚款、拘留不得连续适用。发生新的妨害行政诉讼行为的，人民法院可以重新予以罚款、拘留。

第八十四条 人民法院审理行政诉讼法第六十条第一款规定的行政案件，认为法律关系明确、事实清楚，在征得当事人双方同意后，可以迳行调解。

第八十五条 调解达成协议，人民法院应当制作调解书。调解书应当写明诉讼请求、案件的事实和调解结果。

调解书由审判人员、书记员署名，加盖人民法院印章，送达双方当事人。

调解书经双方当事人签收后，即具有法律效力。调解书生效日期根据最后收到调解书的当事人签收的日期确定。

第八十六条 人民法院审理行政案件，调解过程不公开，但当事人同意公开的除外。

经人民法院准许，第三人可以参加调解。人民法院认为有必要的，可以通知第三人参加调解。

调解协议内容不公开，但为保护国家利益、社会公共利益、他人合法权益，人民法院认为确有必要公开的除外。

当事人一方或者双方不愿调解、调解未达成协议的，人民法院应当及时判决。

当事人自行和解或者调解达成协议后，请求人民法院按照和解协议或者调解协议的内容制作判决书的，人民法院不予准许。

第八十七条 在诉讼过程中，有下列情形之一的，中止诉讼：

（一）原告死亡，须等待其近亲属表明是否参加诉讼的；

（二）原告丧失诉讼行为能力，尚未确定法定代理人的；

（三）作为一方当事人的行政机关、法人或者其他组织终止，尚未确定权利义务承受人的；

（四）一方当事人因不可抗力的事由不能参加诉讼的；

（五）案件涉及法律适用问题，需要送请有权机关作出解释或者确认的；

（六）案件的审判须以相关民事、刑事或者其他行政案件的审理结果为依据，而相关案件尚未审结的；

（七）其他应当中止诉讼的情形。

中止诉讼的原因消除后，恢复诉讼。

第八十八条 在诉讼过程中，有下列情形之一的，终结诉讼：

（一）原告死亡，没有近亲属或者近亲属放弃诉讼权利的；

（二）作为原告的法人或者其他组织终止后，其权利义务的承受人放弃诉讼权利的。

因本解释第八十七条第一款第一、二、三项原因中止诉讼满九十日仍无人继续诉讼的，裁定终结诉讼，但有特殊情况的除外。

第八十九条 复议决定改变原行政行为错误，人民法院判决撤销复议决定时，可以一并责令复议机关重新作出复议决定或者判决恢复原行政行为的法律效力。

第九十条 人民法院判决被告重新作出行政行为，被告重新作出的行政行为与原行政行为的结果相同，但主要事实或者主要理由有改变的，不属于行政诉讼法第七十一条规定的情形。

人民法院以违反法定程序为由，判决撤销被诉行政行为的，行政机关重新作出行政行为不受行政诉讼法第七十一条规定的限制。

行政机关以同一事实和理由重新作出与原行政行为基本相同的行政行为，人民法院应当根据行政诉讼法第七十条、第七十一条的规定判决撤销或者部分撤销，并根据行政诉讼法第九十六条的规定处理。

第九十一条 原告请求被告履行法定职责的理由成立，被告违法拒绝履行或者无正当理由逾期不予答复的，人民法院可以根据行政诉讼法第七十二条的规定，判决被告在一定期限内依法履行原告请求的法定职责；尚需被告调查或者裁量的，应当判决被告针对原告的请求重新作出处理。

第九十二条 原告申请被告依法履行支付抚恤金、最低生活保障待遇或者社会保险待遇等给付义务的理由成立，被告依法负有给付义务而拒绝或者拖延履行义务的，人民法院可以根据行政诉讼法第七十三条的规定，判决被告在一定期限内履行相应的给付义务。

第九十三条 原告请求被告履行法定职责或者依法履行支付抚恤金、最低生活保障待遇或者社会保险待遇等给付义务，原告未先向行政机关提出申请的，人民法院裁定驳回起诉。

人民法院经审理认为原告所请求履行的法定职责或者给付义务明显不属于行政机关权限范围的，可以裁定驳回起诉。

第九十四条 公民、法人或者其他组织起诉请求撤销行政行为，人民法院经审查认为行政行为无效的，应当作出确认无效的判决。

公民、法人或者其他组织起诉请求确认行

— 652 —

政行为无效，人民法院审查认为行政行为不属于无效情形，经释明，原告请求撤销行政行为的，应当继续审理并依法作出相应判决；原告请求撤销行政行为但超过法定起诉期限的，裁定驳回起诉；原告拒绝变更诉讼请求的，判决驳回其诉讼请求。

第九十五条 人民法院经审理认为被诉行政行为违法或者无效，可能给原告造成损失，经释明，原告请求一并解决行政赔偿争议的，人民法院可以就赔偿事项进行调解；调解不成的，应当一并判决。人民法院也可以告知其就赔偿事项另行提起诉讼。

第九十六条 有下列情形之一，且对原告依法享有的听证、陈述、申辩等重要程序性权利不产生实质损害的，属于行政诉讼法第七十四条第一款第二项规定的"程序轻微违法"：

（一）处理期限轻微违法；

（二）通知、送达等程序轻微违法；

（三）其他程序轻微违法的情形。

第九十七条 原告或者第三人的损失系由其自身过错和行政机关的违法行政行为共同造成的，人民法院应当依据各方行为与损害结果之间有无因果关系以及在损害发生和结果中作用力的大小，确定行政机关相应的赔偿责任。

第九十八条 因行政机关不履行、拖延履行法定职责，致使公民、法人或者其他组织的合法权益遭受损害的，人民法院应当判决行政机关承担行政赔偿责任。在确定赔偿数额时，应当考虑该不履行、拖延履行法定职责的行为在损害发生过程和结果中所起的作用等因素。

第九十九条 有下列情形之一的，属于行政诉讼法第七十五条规定的"重大且明显违法"：

（一）行政行为实施主体不具有行政主体资格；

（二）减损权利或者增加义务的行政行为没有法律规范依据；

（三）行政行为的内容客观上不可能实施；

（四）其他重大且明显违法的情形。

第一百条 人民法院审理行政案件，适用最高人民法院司法解释的，应当在裁判文书中援引。

人民法院审理行政案件，可以在裁判文书中引用合法有效的规章及其他规范性文件。

第一百零一条 裁定适用于下列范围：

（一）不予立案；

（二）驳回起诉；

（三）管辖异议；

（四）终结诉讼；

（五）中止诉讼；

（六）移送或者指定管辖；

（七）诉讼期间停止行政行为的执行或者驳回停止执行的申请；

（八）财产保全；

（九）先予执行；

（十）准许或者不准许撤诉；

（十一）补正裁判文书中的笔误；

（十二）中止或者终结执行；

（十三）提审、指令再审或者发回重审；

（十四）准许或者不准许执行行政机关的行政行为；

（十五）其他需要裁定的事项。

对第一、二、三项裁定，当事人可以上诉。

裁定书应当写明裁定结果和作出该裁定的理由。裁定书由审判人员、书记员署名，加盖人民法院印章。口头裁定的，记入笔录。

第一百零二条 行政诉讼法第八十二条规定的行政案件中的"事实清楚"，是指当事人对争议的事实陈述基本一致，并能提供相应的证据，无须人民法院调查收集证据即可查明事实；"权利义务关系明确"，是指行政法律关系中权利和义务能够明确区分；"争议不大"，是指当事人对行政行为的合法性、责任承担等没有实质分歧。

第一百零三条 适用简易程序审理的行政案件，人民法院可以用口头通知、电话、短信、传真、电子邮件等简便方式传唤当事人、通知证人、送达裁判文书以外的诉讼文书。

以简便方式送达的开庭通知，未经当事人确认或者没有其他证据证明当事人已经收到的，人民法院不得缺席判决。

第一百零四条 适用简易程序案件的举证期限由人民法院确定，也可以由当事人协商一致并经人民法院准许，但不得超过十五日。被告要求书面答辩的，人民法院可以确定合理的答辩期间。

人民法院应当将举证期限和开庭日期告知双方当事人，并向当事人说明逾期举证以及拒不到庭的法律后果，由双方当事人在笔录和开庭传票的送达回证上签名或者捺印。

当事人双方均表示同意立即开庭或者缩短举证期限、答辩期间的，人民法院可以立即开庭审理或者确定近期开庭。

第一百零五条 人民法院发现案情复杂，需要转为普通程序审理的，应当在审理期限届满前作出裁定并将合议庭组成人员及相关事项书面通知双方当事人。

案件转为普通程序审理的，审理期限自人民法院立案之日起计算。

第一百零六条 当事人就已经提起诉讼的事项在诉讼过程中或者裁判生效后再次起诉，同时具有下列情形的，构成重复起诉：

（一）后诉与前诉的当事人相同；

（二）后诉与前诉的诉讼标的相同；

（三）后诉与前诉的诉讼请求相同，或者后诉的诉讼请求被前诉裁判所包含。

第一百零七条 第一审人民法院作出判决和裁定后，当事人均提起上诉的，上诉各方均为上诉人。

诉讼当事人中的一部分人提出上诉，没有提出上诉的对方当事人为被上诉人，其他当事人依原审诉讼地位列明。

第一百零八条 当事人提出上诉，应当按照其他当事人或者诉讼代表人的人数提出上诉状副本。

原审人民法院收到上诉状，应当在五日内将上诉状副本发送其他当事人，对方当事人应当在收到上诉状副本之日起十五日内提出答辩状。

原审人民法院应当在收到答辩状之日起五日内将副本发送上诉人。对方当事人不提出答辩状的，不影响人民法院审理。

原审人民法院收到上诉状、答辩状，应当在五日内连同全部案卷和证据，报送第二审人民法院；已经预收的诉讼费用，一并报送。

第一百零九条 第二审人民法院经审理认为原审人民法院不予立案或者驳回起诉的裁定确有错误且当事人的起诉符合起诉条件的，应当裁定撤销原审人民法院的裁定，指令原审人民法院依法立案或者继续审理。

第二审人民法院裁定发回原审人民法院重新审理的行政案件，原审人民法院应当另行组成合议庭进行审理。

原审判决遗漏了必须参加诉讼的当事人或者诉讼请求的，第二审人民法院应当裁定撤销原审判决，发回重审。

原审判决遗漏行政赔偿请求，第二审人民法院经审查认为依法不应当予以赔偿的，应当判决驳回行政赔偿请求。

原审判决遗漏行政赔偿请求，第二审人民法院经审理认为依法应当予以赔偿的，在确认被诉行政行为违法的同时，可以就行政赔偿问题进行调解；调解不成的，应当就行政赔偿部分发回重审。

当事人在第二审期间提出行政赔偿请求的，第二审人民法院可以进行调解；调解不成的，应当告知当事人另行起诉。

第一百一十条 当事人向上一级人民法院申请再审，应当在判决、裁定或者调解书发生法律效力后六个月内提出。有下列情形之一的，自知道或者应当知道之日起六个月内提出：

（一）有新的证据，足以推翻原判决、裁定的；

（二）原判决、裁定认定事实的主要证据是伪造的；

（三）据以作出原判决、裁定的法律文书被撤销或者变更的；

（四）审判人员审理该案件时有贪污受贿、徇私舞弊、枉法裁判行为的。

第一百一十一条 当事人申请再审的，应当提交再审申请书等材料。人民法院认为有必要的，可以自收到再审申请书之日起五日内将再审申请书副本发送对方当事人。对方当事人应当自收到再审申请书副本之日起十五日内提交书面意见。人民法院可以要求申请人和对方当事人补充有关材料，询问有关事项。

第一百一十二条 人民法院应当自再审申请案件立案之日起六个月内审查,有特殊情况需要延长的,由本院院长批准。

第一百一十三条 人民法院根据审查再审申请案件的需要决定是否询问当事人;新的证据可能推翻原判决、裁定的,人民法院应当询问当事人。

第一百一十四条 审查再审申请期间,被申请人及原审其他当事人依法提出再审申请的,人民法院应当将其列为再审申请人,对其再审事由一并审查,审查期限重新计算。经审查,其中一方再审申请人主张的再审事由成立的,应当裁定再审。各方再审申请人主张的再审事由均不成立的,一并裁定驳回再审申请。

第一百一十五条 审查再审申请期间,再审申请人申请人民法院委托鉴定、勘验的,人民法院不予准许。

审查再审申请期间,再审申请人撤回再审申请的,是否准许,由人民法院裁定。

再审申请人经传票传唤,无正当理由拒不接受询问的,按撤回再审申请处理。

人民法院准许撤回再审申请或者按撤回再审申请处理后,再审申请人再次申请再审的,不予立案,但有行政诉讼法第九十一条第二项、第三项、第七项、第八项规定情形,自知道或者应当知道之日起六个月内提出的除外。

第一百一十六条 当事人主张的再审事由成立,且符合行政诉讼法和本解释规定的申请再审条件的,人民法院应当裁定再审。

当事人主张的再审事由不成立,或者当事人申请再审超过法定申请再审期限、超出法定再审事由范围等不符合行政诉讼法和本解释规定的申请再审条件的,人民法院应当裁定驳回再审申请。

第一百一十七条 有下列情形之一的,当事人可以向人民检察院申请抗诉或者检察建议:

(一)人民法院驳回再审申请的;

(二)人民法院逾期未对再审申请作出裁定的;

(三)再审判决、裁定有明显错误的。

人民法院基于抗诉或者检察建议作出再审判决、裁定后,当事人申请再审的,人民法院不予立案。

第一百一十八条 按照审判监督程序决定再审的案件,裁定中止原判决、裁定、调解书的执行,但支付抚恤金、最低生活保障费或者社会保险待遇的案件,可以不中止执行。

上级人民法院决定提审或者指令下级人民法院再审的,应当作出裁定,裁定应当写明中止原判决的执行;情况紧急的,可以将中止执行的裁定口头通知负责执行的人民法院或者作出生效判决、裁定的人民法院,但应当在口头通知后十日内发出裁定书。

第一百一十九条 人民法院按照审判监督程序再审的案件,发生法律效力的判决、裁定是由第一审法院作出的,按照第一审程序审理,所作的判决、裁定,当事人可以上诉;发生法律效力的判决、裁定是由第二审法院作出的,按照第二审程序审理,所作的判决、裁定,是发生法律效力的判决、裁定;上级人民法院按照审判监督程序提审的,按照第二审程序审理,所作的判决、裁定是发生法律效力的判决、裁定。

人民法院审理再审案件,应当另行组成合议庭。

第一百二十条 人民法院审理再审案件应当围绕再审请求和被诉行政行为合法性进行。当事人的再审请求超出原审诉讼请求,符合另案诉讼条件的,告知当事人可以另行起诉。

被申请人及原审其他当事人在庭审辩论结束前提出的再审请求,符合本解释规定的申请期限的,人民法院应当一并审理。

人民法院经再审,发现已经发生法律效力的判决、裁定损害国家利益、社会公共利益、他人合法权益的,应当一并审理。

第一百二十一条 再审审理期间,有下列情形之一的,裁定终结再审程序:

(一)再审申请人在再审期间撤回再审请求,人民法院准许的;

(二)再审申请人经传票传唤,无正当理由拒不到庭的,或者未经法庭许可中途退庭,按撤回再审请求处理的;

(三)人民检察院撤回抗诉的;

— 655 —

（四）其他应当终结再审程序的情形。

因人民检察院提出抗诉裁定再审的案件，申请抗诉的当事人有前款规定的情形，且不损害国家利益、社会公共利益或者他人合法权益的，人民法院裁定终结再审程序。

再审程序终结后，人民法院裁定中止执行的原生效判决自动恢复执行。

第一百二十二条 人民法院审理再审案件，认为原生效判决、裁定确有错误，在撤销原生效判决或者裁定的同时，可以对生效判决、裁定的内容作出相应裁判，也可以裁定撤销生效判决或者裁定，发回作出生效判决、裁定的人民法院重新审理。

第一百二十三条 人民法院审理二审案件和再审案件，对原审法院立案、不予立案或者驳回起诉错误的，应当分别情况作如下处理：

（一）第一审人民法院作出实体判决后，第二审人民法院认为不应当立案的，在撤销第一审人民法院判决的同时，可以迳行驳回起诉；

（二）第二审人民法院维持第一审人民法院不予立案裁定错误的，再审法院应当撤销第一审、第二审人民法院裁定，指令第一审人民法院受理；

（三）第二审人民法院维持第一审人民法院驳回起诉裁定错误的，再审法院应当撤销第一审、第二审人民法院裁定，指令第一审人民法院审理。

第一百二十四条 人民检察院提出抗诉的案件，接受抗诉的人民法院应当自收到抗诉书之日起三十日内作出再审的裁定；有行政诉讼法第九十一条第二、三项规定情形之一的，可以指令下一级人民法院再审，但经该下一级人民法院再审过的除外。

人民法院在审查抗诉材料期间，当事人之间已经达成和解协议的，人民法院可以建议人民检察院撤回抗诉。

第一百二十五条 人民检察院提出抗诉的案件，人民法院再审开庭时，应当在开庭三日前通知人民检察院派员出庭。

第一百二十六条 人民法院收到再审检察建议后，应当组成合议庭，在三个月内进行审查，发现原判决、裁定、调解书确有错误，需要再审的，依照行政诉讼法第九十二条规定裁定再审，并通知当事人；经审查，决定不予再审的，应当书面回复人民检察院。

第一百二十七条 人民法院审理因人民检察院抗诉或者检察建议裁定再审的案件，不受此前已经作出的驳回当事人再审申请裁定的限制。

八、行政机关负责人出庭应诉

第一百二十八条 行政诉讼法第三条第三款规定的行政机关负责人，包括行政机关的正职、副职负责人以及其他参与分管的负责人。

行政机关负责人出庭应诉的，可以另行委托一至二名诉讼代理人。行政机关负责人不能出庭的，应当委托行政机关相应的工作人员出庭，不得仅委托律师出庭。

第一百二十九条 涉及重大公共利益、社会高度关注或者可能引发群体性事件等案件以及人民法院书面建议行政机关负责人出庭的案件，被诉行政机关负责人应当出庭。

被诉行政机关负责人出庭应诉的，应当在当事人及其诉讼代理人基本情况、案件由来部分予以列明。

行政机关负责人有正当理由不能出庭应诉的，应当向人民法院提交情况说明，并加盖行政机关印章或者由该机关主要负责人签字认可。

行政机关拒绝说明理由的，不发生阻止案件审理的效果，人民法院可以向监察机关、上一级行政机关提出司法建议。

第一百三十条 行政诉讼法第三条第三款规定的"行政机关相应的工作人员"，包括该行政机关具有国家行政编制身份的工作人员以及其他依法履行公职的人员。

被诉行政行为是地方人民政府作出的，地方人民政府法制工作机构的工作人员，以及被诉行政行为具体承办机关工作人员，可以视为被诉人民政府相应的工作人员。

第一百三十一条 行政机关负责人出庭应诉的，应当向人民法院提交能够证明该行政机关负责人职务的材料。

行政机关委托相应的工作人员出庭应诉的，应当向人民法院提交加盖行政机关印章的授权委托书，并载明工作人员的姓名、职务和代理权限。

第一百三十二条 行政机关负责人和行政机关相应的工作人员均不出庭，仅委托律师出庭的或者人民法院书面建议行政机关负责人出庭应诉，行政机关负责人不出庭应诉的，人民法院应当记录在案和在裁判文书中载明，并可以建议有关机关依法作出处理。

九、复议机关作共同被告

第一百三十三条 行政诉讼法第二十六条第二款规定的"复议机关决定维持原行政行为"，包括复议机关驳回复议申请或者复议请求的情形，但以复议申请不符合受理条件为由驳回的除外。

第一百三十四条 复议机关决定维持原行政行为的，作出原行政行为的行政机关和复议机关是共同被告。原告只起诉作出原行政行为的行政机关或者复议机关的，人民法院应当告知原告追加被告。原告不同意追加的，人民法院应当将另一机关列为共同被告。

行政复议决定既有维持原行政行为内容，又有改变原行政行为内容或者不予受理申请内容的，作出原行政行为的行政机关和复议机关为共同被告。

复议机关作共同被告的案件，以作出原行政行为的行政机关确定案件的级别管辖。

第一百三十五条 复议机关决定维持原行政行为的，人民法院应当在审查原行政行为合法性的同时，一并审查复议决定的合法性。

作出原行政行为的行政机关和复议机关对原行政行为合法性共同承担举证责任，可以由其中一个机关实施举证行为。复议机关对复议决定的合法性承担举证责任。

复议机关作共同被告的案件，复议机关在复议程序中依法收集和补充的证据，可以作为人民法院认定复议决定和原行政行为合法的依据。

第一百三十六条 人民法院对原行政行为作出判决的同时，应当对复议决定一并作出相应判决。

人民法院依职权追加作出原行政行为的行政机关或者复议机关为共同被告的，对原行政行为或者复议决定可以作出相应判决。

人民法院判决撤销原行政行为和复议决定的，可以判决作出原行政行为的行政机关重新作出行政行为。

人民法院判决作出原行政行为的行政机关履行法定职责或者给付义务的，应当同时判决撤销复议决定。

原行政行为合法、复议决定违法的，人民法院可以判决撤销复议决定或者确认复议决定违法，同时判决驳回原告针对原行政行为的诉讼请求。

原行政行为被撤销、确认违法或者无效，给原告造成损失的，应当由作出原行政行为的行政机关承担赔偿责任；因复议决定加重损害的，由复议机关对加重部分承担赔偿责任。

原行政行为不符合复议或者诉讼受案范围等受理条件，复议机关作出维持决定的，人民法院应当裁定一并驳回对原行政行为和复议决定的起诉。

十、相关民事争议的一并审理

第一百三十七条 公民、法人或者其他组织请求一并审理行政诉讼法第六十一条规定的相关民事争议，应当在第一审开庭审理前提出；有正当理由的，也可以在法庭调查中提出。

第一百三十八条 人民法院决定在行政诉讼中一并审理相关民事争议，或者案件当事人一致同意相关民事争议在行政诉讼中一并解决，人民法院准许的，由受理行政案件的人民法院管辖。

公民、法人或者其他组织请求一并审理相关民事争议，人民法院经审查发现行政案件已经超过起诉期限，民事案件尚未立案的，告知当事人另行提起民事诉讼；民事案件已经立案的，由原审判组织继续审理。

人民法院在审理行政案件中发现民事争议为解决行政争议的基础，当事人没有请求人民法院一并审理相关民事争议的，人民法院应当告知当事人依法申请一并解决民事争议。当事人就民事争议另行提起民事诉讼并已立案的，人民法院应当中止行政诉讼的审理。民事争议处理期间不计算在行政诉讼审理期限内。

第一百三十九条 有下列情形之一的，人

民法院应当作出不予准许一并审理民事争议的决定,并告知当事人可以依法通过其他渠道主张权利:

(一)法律规定应当由行政机关先行处理的;

(二)违反民事诉讼法专属管辖规定或者协议管辖约定的;

(三)约定仲裁或者已经提起民事诉讼的;

(四)其他不宜一并审理民事争议的情形。

对不予准许的决定可以申请复议一次。

第一百四十条 人民法院在行政诉讼中一并审理相关民事争议的,民事争议应当单独立案,由同一审判组织审理。

人民法院审理行政机关对民事争议所作裁决的案件,一并审理民事争议的,不另行立案。

第一百四十一条 人民法院一并审理相关民事争议,适用民事法律规范的相关规定,法律另有规定的除外。

当事人在调解中对民事权益的处分,不能作为审查被诉行政行为合法性的根据。

第一百四十二条 对行政争议和民事争议应当分别裁判。

当事人仅对行政裁判或者民事裁判提出上诉的,未上诉的裁判在上诉期满后即发生法律效力。第一审人民法院应当将全部案卷一并移送第二审人民法院,由行政审判庭审理。第二审人民法院发现未上诉的生效裁判确有错误的,应当按照审判监督程序再审。

第一百四十三条 行政诉讼原告在宣判前申请撤诉的,是否准许由人民法院裁定。人民法院裁定准许行政诉讼原告撤诉,但其已经提起的一并审理相关民事争议不撤诉的,人民法院应当继续审理。

第一百四十四条 人民法院一并审理相关民事争议,应当按行政案件、民事案件的标准分别收取诉讼费用。

十一、规范性文件的一并审查

第一百四十五条 公民、法人或者其他组织在对行政行为提起诉讼时一并请求对所依据的规范性文件审查的,由行政行为案件管辖法院一并审查。

第一百四十六条 公民、法人或者其他组织请求人民法院一并审查行政诉讼法第五十三条规定的规范性文件,应当在第一审开庭审理前提出;有正当理由的,也可以在法庭调查中提出。

第一百四十七条 人民法院在对规范性文件审查过程中,发现规范性文件可能不合法的,应当听取规范性文件制定机关的意见。

制定机关申请出庭陈述意见的,人民法院应当准许。

行政机关未陈述意见或者未提供相关证明材料的,不能阻止人民法院对规范性文件进行审查。

第一百四十八条 人民法院对规范性文件进行一并审查时,可以从规范性文件制定机关是否超越权限或者违反法定程序、作出行政行为所依据的条款以及相关条款等方面进行。

有下列情形之一的,属于行政诉讼法第六十四条规定的"规范性文件不合法":

(一)超越制定机关的法定职权或者超越法律、法规、规章的授权范围的;

(二)与法律、法规、规章等上位法的规定相抵触的;

(三)没有法律、法规、规章依据,违法增加公民、法人和其他组织义务或者减损公民、法人和其他组织合法权益的;

(四)未履行法定批准程序、公开发布程序,严重违反制定程序的;

(五)其他违反法律、法规以及规章规定的情形。

第一百四十九条 人民法院经审查认为行政行为所依据的规范性文件合法的,应当作为认定行政行为合法的依据;经审查认为规范性文件不合法的,不作为人民法院认定行政行为合法的依据,并在裁判理由中予以阐明。作出生效裁判的人民法院应当向规范性文件的制定机关提出处理建议,并可以抄送制定机关的同级人民政府、上一级行政机关、监察机关以及规范性文件的备案机关。

规范性文件不合法的,人民法院可以在裁判生效之日起三个月内,向规范性文件制定机关提出修改或者废止该规范性文件的司法建议。

规范性文件由多个部门联合制定的，人民法院可以向该规范性文件的主办机关或者共同上一级行政机关发送司法建议。

接收司法建议的行政机关应当在收到司法建议之日起六十日内予以书面答复。情况紧急的，人民法院可以建议制定机关或者其上一级行政机关立即停止执行该规范性文件。

第一百五十条 人民法院认为规范性文件不合法的，应当在裁判生效后报送上一级人民法院进行备案。涉及国务院部门、省级行政机关制定的规范性文件，司法建议还应当分别层报最高人民法院、高级人民法院备案。

第一百五十一条 各级人民法院院长对本院已经发生法律效力的判决、裁定，发现规范性文件合法性认定错误，认为需要再审的，应当提交审判委员会讨论。

最高人民法院对地方各级人民法院已经发生法律效力的判决、裁定，上级人民法院对下级人民法院已经发生法律效力的判决、裁定，发现规范性文件合法性认定错误的，有权提审或者指令下级人民法院再审。

十二、执　行

第一百五十二条 对发生法律效力的行政判决书、行政裁定书、行政赔偿判决书和行政调解书，负有义务的一方当事人拒绝履行的，对方当事人可以依法申请人民法院强制执行。

人民法院判决行政机关履行行政赔偿、行政补偿或者其他行政给付义务，行政机关拒不履行的，对方当事人可以依法向法院申请强制执行。

第一百五十三条 申请执行的期限为二年。申请执行时效的中止、中断，适用法律有关规定。

申请执行的期限从法律文书规定的履行期间最后一日起计算；法律文书规定分期履行的，从规定的每次履行期间的最后一日起计算；法律文书中没有规定履行期限的，从该法律文书送达当事人之日起计算。

逾期申请的，除有正当理由外，人民法院不予受理。

第一百五十四条 发生法律效力的行政判决书、行政裁定书、行政赔偿判决书和行政调解书，由第一审人民法院执行。

第一审人民法院认为情况特殊，需要由第二审人民法院执行的，可以报请第二审人民法院执行；第二审人民法院可以决定由其执行，也可以决定由第一审人民法院执行。

第一百五十五条 行政机关根据行政诉讼法第九十七条的规定申请执行其行政行为，应当具备以下条件：

（一）行政行为依法可以由人民法院执行；

（二）行政行为已经生效并具有可执行内容；

（三）申请人是作出该行政行为的行政机关或者法律、法规、规章授权的组织；

（四）被申请人是该行政行为所确定的义务人；

（五）被申请人在行政行为确定的期限内或者行政机关催告期限内未履行义务；

（六）申请人在法定期限内提出申请；

（七）被申请执行的行政案件属于受理执行申请的人民法院管辖。

行政机关申请人民法院执行，应当提交行政强制法第五十五条规定的相关材料。

人民法院对符合条件的申请，应当在五日内立案受理，并通知申请人；对不符合条件的申请，应当裁定不予受理。行政机关对不予受理裁定有异议，在十五日内向上一级人民法院申请复议的，上一级人民法院应当在收到复议申请之日起十五日内作出裁定。

第一百五十六条 没有强制执行权的行政机关申请人民法院强制执行其行政行为，应当自被执行人的法定起诉期限届满之日起三个月内提出。逾期申请的，除有正当理由外，人民法院不予受理。

第一百五十七条 行政机关申请人民法院强制执行其行政行为的，由申请人所在地的基层人民法院受理；执行对象为不动产的，由不动产所在地的基层人民法院受理。

基层人民法院认为执行确有困难的，可以报请上级人民法院执行；上级人民法院可以决定由其执行，也可以决定由下级人民法院执行。

第一百五十八条 行政机关根据法律的授权对平等主体之间民事争议作出裁决后,当事人在法定期限内不起诉又不履行,作出裁决的行政机关在申请执行的期限内未申请人民法院强制执行的,生效行政裁决确定的权利人或者其继承人、权利承受人在六个月内可以申请人民法院强制执行。

享有权利的公民、法人或者其他组织申请人民法院强制执行生效行政裁决,参照行政机关申请人民法院强制执行行政行为的规定。

第一百五十九条 行政机关或者行政行为确定的权利人申请人民法院强制执行前,有充分理由认为被执行人可能逃避执行的,可以申请人民法院采取财产保全措施。后者申请强制执行的,应当提供相应的财产担保。

第一百六十条 人民法院受理行政机关申请执行其行政行为的案件后,应当在七日内由行政审判庭对行政行为的合法性进行审查,并作出是否准予执行的裁定。

人民法院在作出裁定前发现行政行为明显违法并损害被执行人合法权益的,应当听取被执行人和行政机关的意见,并自受理之日起三十日内作出是否准予执行的裁定。

需要采取强制执行措施的,由本院负责强制执行非诉行政行为的机构执行。

第一百六十一条 被申请执行的行政行为有下列情形之一的,人民法院应当裁定不准予执行:

(一) 实施主体不具有行政主体资格的;
(二) 明显缺乏事实根据的;
(三) 明显缺乏法律、法规依据的;
(四) 其他明显违法并损害被执行人合法权益的情形。

行政机关对不准予执行的裁定有异议,在十五日内向上一级人民法院申请复议的,上一级人民法院应当在收到复议申请之日起三十日内作出裁定。

十三、附 则

第一百六十二条 公民、法人或者其他组织对2015年5月1日之前作出的行政行为提起诉讼,请求确认行政行为无效的,人民法院不予立案。

第一百六十三条 本解释自2018年2月8日起施行。

本解释施行后,《最高人民法院关于执行〈中华人民共和国行政诉讼法〉若干问题的解释》(法释〔2000〕8号)、《最高人民法院关于适用〈中华人民共和国行政诉讼法〉若干问题的解释》(法释〔2015〕9号)同时废止。最高人民法院以前发布的司法解释与本解释不一致的,不再适用。

最高人民法院关于行政诉讼证据若干问题的规定

(2002年6月4日最高人民法院审判委员会第1224次会议通过 2002年7月24日公布 自2002年10月1日起施行)法释〔2002〕21号

为准确认定案件事实,公正、及时地审理行政案件,根据《中华人民共和国行政诉讼法》(以下简称行政诉讼法)等有关法律规定,结合行政审判实际,制定本规定。

一、举证责任分配和举证期限

第一条 根据行政诉讼法第三十二条和第四十三条的规定,被告对作出的具体行政行为负有举证责任,应当在收到起诉状副本之日起十日内,提供据以作出被诉具体行政行为的全部证据和所依据的规范性文件。被告不提供或者无正当理由逾期提供证据的,视为被诉具体行政行为没有相应的证据。

被告因不可抗力或者客观上不能控制的其他正当事由,不能在前款规定的期限内提供证据的,应当在收到起诉状副本之日起十日内向人民法院提出延期提供证据的书面申请。人民法院准许延期提供的，被告应当在正当事由消除后十日内提供证据。逾期提供的，视为被诉具体行政行为没有相应的证据。

第二条 原告或者第三人提出其在行政程序中没有提出的反驳理由或者证据的，经人民法院准许，被告可以在第一审程序中补充相应的证据。

第三条 根据行政诉讼法第三十三条的规定，在诉讼过程中，被告及其诉讼代理人不得自行向原告和证人收集证据。

第四条 公民、法人或者其他组织向人民法院起诉时，应当提供其符合起诉条件的相应的证据材料。

在起诉被告不作为的案件中，原告应当提供其在行政程序中曾经提出申请的证据材料。但有下列情形的除外：

（一）被告应当依职权主动履行法定职责的；

（二）原告因被告受理申请的登记制度不完备等正当事由不能提供相关证据材料并能够作出合理说明的。

被告认为原告起诉超过法定期限的，由被告承担举证责任。

第五条 在行政赔偿诉讼中，原告应当对被诉具体行政行为造成损害的事实提供证据。

第六条 原告可以提供证明被诉具体行政行为违法的证据。原告提供的证据不成立的，不免除被告对被诉具体行政行为合法性的举证责任。

第七条 原告或者第三人应当在开庭审理前或者人民法院指定的交换证据之日提供证据。因正当事由申请延期提供证据的，经人民法院准许，可以在法庭调查中提供。逾期提供证据的，视为放弃举证权利。

原告或者第三人在第一审程序中无正当事由未提供而在第二审程序中提供的证据，人民法院不予接纳。

第八条 人民法院向当事人送达受理案件通知书或者应诉通知书时，应当告知其举证范围、举证期限和逾期提供证据的法律后果，并告知因正当事由不能按期提供证据时应当提出延期提供证据的申请。

第九条 根据行政诉讼法第三十四条第一款的规定，人民法院有权要求当事人提供或者补充证据。

对当事人无争议，但涉及国家利益、公共利益或者他人合法权益的事实，人民法院可以责令当事人提供或者补充有关证据。

二、提供证据的要求

第十条 根据行政诉讼法第三十一条第一款第（一）项的规定，当事人向人民法院提供书证的，应当符合下列要求：

（一）提供书证的原件，原本、正本和副本均属于书证的原件。提供原件确有困难的，可以提供与原件核对无误的复印件、照片、节录本；

（二）提供由有关部门保管的书证原件的复制件、影印件或者抄录件的，应当注明出处，经该部门核对无异后加盖其印章；

（三）提供报表、图纸、会计账册、专业技术资料、科技文献等书证的，应当附有说明材料；

（四）被告提供的被诉具体行政行为所依据的询问、陈述、谈话类笔录，应当有行政执法人员、被询问人、陈述人、谈话人签名或者盖章。

法律、法规、司法解释和规章对书证的制作形式另有规定的，从其规定。

第十一条 根据行政诉讼法第三十一条第一款第（二）项的规定，当事人向人民法院提供物证的，应当符合下列要求：

（一）提供原物。提供原物确有困难的，可以提供与原物核对无误的复制件或者证明该物证的照片、录像等其他证据；

（二）原物为数量较多的种类物的，提供其中的一部分。

第十二条 根据行政诉讼法第三十一条第一款第（三）项的规定，当事人向人民法院提供计算机数据或者录音、录像等视听资料的，应当符合下列要求：

（一）提供有关资料的原始载体。提供原始载体确有困难的，可以提供复制件；

（二）注明制作方法、制作时间、制作人和证明对象等；

（三）声音资料应当附有该声音内容的文字记录。

第十三条 根据行政诉讼法第三十一条第一款第（四）项的规定，当事人向人民法院提供证人证言的，应当符合下列要求：

（一）写明证人的姓名、年龄、性别、职业、住址等基本情况；

（二）有证人的签名，不能签名的，应当以盖章等方式证明；

（三）注明出具日期；

（四）附有居民身份证复印件等证明证人身份的文件。

第十四条 根据行政诉讼法第三十一条第一款第（六）项的规定，被告向人民法院提供的在行政程序中采用的鉴定结论，应当载明委托人和委托鉴定的事项、向鉴定部门提交的相关材料、鉴定的依据和使用的科学技术手段、鉴定部门和鉴定人鉴定资格的说明，并应有鉴定人的签名和鉴定部门的盖章。通过分析获得的鉴定结论，应当说明分析过程。

第十五条 根据行政诉讼法第三十一条第一款第（七）项的规定，被告向人民法院提供的现场笔录，应当载明时间、地点和事件等内容，并由执法人员和当事人签名。当事人拒绝签名或者不能签名的，应当注明原因。有其他人在现场的，可由其他人签名。

法律、法规和规章对现场笔录的制作形式另有规定的，从其规定。

第十六条 当事人向人民法院提供的在中华人民共和国领域外形成的证据，应当说明来源，经所在国公证机关证明，并经中华人民共和国驻该国使领馆认证，或者履行中华人民共和国与证据所在国订立的有关条约中规定的证明手续。

当事人提供的在中华人民共和国香港特别行政区、澳门特别行政区和台湾地区内形成的证据，应当具有按照有关规定办理的证明手续。

第十七条 当事人向人民法院提供外文书证或者外国语视听资料的，应当附有由具有翻译资质的机构翻译的或者其他翻译准确的中文译本，由翻译机构盖章或者翻译人员签名。

第十八条 证据涉及国家秘密、商业秘密或者个人隐私的，提供人应当作出明确标注，并向法庭说明，法庭予以审查确认。

第十九条 当事人应当对其提交的证据材料分类编号，对证据材料的来源、证明对象和内容作简要说明，签名或者盖章，注明提交日期。

第二十条 人民法院收到当事人提交的证据材料，应当出具收据，注明证据的名称、份数、页数、件数、种类等以及收到的时间，由经办人员签名或者盖章。

第二十一条 对于案情比较复杂或者证据数量较多的案件，人民法院可以组织当事人在开庭前向对方出示或者交换证据，并将交换证据的情况记录在卷。

三、调取和保全证据

第二十二条 根据行政诉讼法第三十四条第二款的规定，有下列情形之一的，人民法院有权向有关行政机关以及其他组织、公民调取证据：

（一）涉及国家利益、公共利益或者他人合法权益的事实认定的；

（二）涉及依职权追加当事人、中止诉讼、终结诉讼、回避等程序性事项的。

第二十三条 原告或者第三人不能自行收集，但能够提供确切线索的，可以申请人民法院调取下列证据材料：

（一）由国家有关部门保存而须由人民法院调取的证据材料；

（二）涉及国家秘密、商业秘密、个人隐私的证据材料；

（三）确因客观原因不能自行收集的其他证据材料。

人民法院不得为证明被诉具体行政行为的合法性，调取被告在作出具体行政行为时未收集的证据。

第二十四条 当事人申请人民法院调取证据的，应当在举证期限内提交调取证据申请书。

调取证据申请书应当写明下列内容：

（一）证据持有人的姓名或者名称、住址等基本情况；

（二）拟调取证据的内容；

（三）申请调取证据的原因及其要证明的案件事实。

第二十五条 人民法院对当事人调取证据的申请，经审查符合调取证据条件的，应当及时决定调取；不符合调取证据条件的，应当向当事人或者其诉讼代理人送达通知书，说明不准许调取的理由。当事人及其诉讼代理人可以在收到通知书之日起三日内向受理申请的人民法院书面申请复议一次。人民法院应当在收到复议申请之日起五日内作出答复。

人民法院根据当事人申请，经取未能取得相应证据的，应当告知申请人并说明原因。

第二十六条 人民法院需要调取的证据在异地的，可以书面委托证据所在地人民法院调取。受托人民法院应当在收到委托书后，按照委托要求及时完成调取证据工作，送交委托人民法院。受托人民法院不能完成委托内容的，应当告知委托的人民法院并说明原因。

第二十七条 当事人根据行政诉讼法第三十六条的规定向人民法院申请保全证据的，应当在举证期限届满前以书面形式提出，并说明证据的名称和地点、保全的内容和范围、申请保全的理由等事项。

当事人申请保全证据的，人民法院可以要求其提供相应的担保。

法律、司法解释规定诉前保全证据的，依照其规定办理。

第二十八条 人民法院依照行政诉讼法第三十六条规定保全证据的，可以根据具体情况，采取查封、扣押、拍照、录音、录像、复制、鉴定、勘验、制作询问笔录等保全措施。

人民法院保全证据时，可以要求当事人或者其诉讼代理人到场。

第二十九条 原告或者第三人有证据或者有正当理由表明被告以认定案件事实的鉴定结论可能有错误，在举证期限内书面申请重新鉴定的，人民法院应予准许。

第三十条 当事人对人民法院委托的鉴定部门作出的鉴定结论有异议申请重新鉴定，提出证据证明存在下列情形之一的，人民法院应予准许：

（一）鉴定部门或者鉴定人不具有相应的鉴定资格的；

（二）鉴定程序严重违法的；

（三）鉴定结论明显依据不足的；

（四）经过质证不能作为证据使用的其他情形。

对有缺陷的鉴定结论，可以通过补充鉴定、重新质证或者补充质证等方式解决。

第三十一条 对需要鉴定的事项负有举证责任的当事人，在举证期限内无正当理由不提出鉴定申请、不预交鉴定费用或者拒不提供相关材料，致使对案件争议的事实无法通过鉴定结论予以认定的，应当对该事实承担举证不能的法律后果。

第三十二条 人民法院对委托或者指定的鉴定部门出具的鉴定书，应当审查是否具有下列内容：

（一）鉴定的内容；

（二）鉴定时提交的相关材料；

（三）鉴定的依据和使用的科学技术手段；

（四）鉴定的过程；

（五）明确的鉴定结论；

（六）鉴定部门和鉴定人鉴定资格的说明；

（七）鉴定人及鉴定部门签名盖章。

前款内容欠缺或者鉴定结论不明确的，人民法院可以要求鉴定部门予以说明、补充鉴定或者重新鉴定。

第三十三条 人民法院可以依当事人申请或者依职权勘验现场。

勘验现场时，勘验人必须出示人民法院的证件，并邀请当地基层组织或者当事人所在单位派人参加。当事人或其成年亲属应当到场，拒不到场的，不影响勘验的进行，但应当在勘验笔录中说明情况。

第三十四条 审判人员应当制作勘验笔录，记载勘验的时间、地点、勘验人、在场人、勘验的经过和结果，由勘验人、当事人、在场人签名。

勘验现场时绘制的现场图，应当注明绘制的时间、方位、绘制人姓名和身份等内容。

当事人对勘验结论有异议的，可以在举证期限内申请重新勘验，是否准许由人民法院决定。

四、证据的对质辨认和核实

第三十五条 证据应当在法庭上出示，并经庭审质证。未经庭审质证的证据，不能作为定案的依据。

当事人在庭前证据交换过程中没有争议并记录在卷的证据，经审判人员在庭审中说明后，可以作为认定案件事实的依据。

第三十六条 经合法传唤，因被告无正当理由拒不到庭而需要依法缺席判决的，被告提供的证据不能作为定案的依据，但当事人在庭前交换证据中没有争议的证据除外。

第三十七条 涉及国家秘密、商业秘密和个人隐私或者法律规定的其他应当保密的证据，不得在开庭时公开质证。

第三十八条 当事人申请人民法院调取的证据，由申请调取证据的当事人在庭审中出示，并由当事人质证。

人民法院依职权调取的证据，由法庭出示，并可就调取该证据的情况进行说明，听取当事人意见。

第三十九条 当事人应当围绕证据的关联性、合法性和真实性，针对证据有无证明效力以及证明效力大小，进行质证。

经法庭准许，当事人及其代理人可以就证据问题相互发问，也可以向证人、鉴定人或者勘验人发问。

当事人及其代理人相互发问，或者向证人、鉴定人、勘验人发问时，发问的内容应当与案件事实有关联，不得采用引诱、威胁、侮辱等语言或者方式。

第四十条 对书证、物证和视听资料进行质证时，当事人应当出示证据的原件或者原物。但有下列情况之一的除外：

（一）出示原件或者原物确有困难并经法庭准许可以出示复制件或者复制品；

（二）原件或者原物已不存在，可以出示证明复制件、复制品与原件、原物一致的其他证据。

视听资料应当当庭播放或者显示，并由当事人进行质证。

第四十一条 凡是知道案件事实的人，都有出庭作证的义务。有下列情形之一的，经人民法院准许，当事人可以提交书面证言：

（一）当事人在行政程序或者庭前证据交换中对证人证言无异议的；

（二）证人因年迈体弱或者行动不便无法出庭的；

（三）证人因路途遥远、交通不便无法出庭的；

（四）证人因自然灾害等不可抗力或者其他意外事件无法出庭的；

（五）证人因其他特殊原因确实无法出庭的。

第四十二条 不能正确表达意志的人不能作证。

根据当事人申请，人民法院可以就证人能否正确表达意志进行审查或者交由有关部门鉴定。必要时，人民法院也可以依职权交由有关部门鉴定。

第四十三条 当事人申请证人出庭作证的，应当在举证期限届满前提出，并经人民法院许可。人民法院准许证人出庭作证的，应当在开庭审理前通知证人出庭作证。

当事人在庭审过程中要求证人出庭作证的，法庭可以根据审理案件的具体情况，决定是否准许以及是否延期审理。

第四十四条 有下列情形之一，原告或者第三人可以要求相关行政执法人员作为证人出庭作证：

（一）对现场笔录的合法性或者真实性有异议的；

（二）对扣押财产的品种或者数量有异议的；

（三）对检验的物品取样或者保管有异议的；

（四）对行政执法人员的身份的合法性有异议的；

（五）需要出庭作证的其他情形。

第四十五条 证人出庭作证时，应当出示证明其身份的证件。法庭应当告知其诚实作证的法律义务和作伪证的法律责任。

出庭作证的证人不得旁听案件的审理。法庭询问证人时，其他证人不得在场，但组织证人对质的除外。

第四十六条　证人应当陈述其亲历的具体事实。证人根据其经历所作的判断、推测或者评论，不能作为定案的依据。

第四十七条　当事人要求鉴定人出庭接受询问的，鉴定人应当出庭。鉴定人因正当事由不能出庭的，经法庭准许，可以不出庭，由当事人对其书面鉴定结论进行质证。

鉴定人不能出庭的正当事由，参照本规定第四十一条的规定。

对于出庭接受询问的鉴定人，法庭应当核实其身份、与当事人及案件的关系，并告知鉴定人如实说明鉴定情况的法律义务和故意作虚假说明的法律责任。

第四十八条　对被诉具体行政行为涉及的专门性问题，当事人可以向法庭申请由专业人员出庭进行说明，法庭也可以通知专业人员出庭说明。必要时，法庭可以组织专业人员进行对质。

当事人对出庭的专业人员是否具备相应专业知识、学历、资历等专业资格等有异议的，可以进行询问。由法庭决定其是否可以作为专业人员出庭。

专业人员可以对鉴定人进行询问。

第四十九条　法庭在质证过程中，对与案件没有关联的证据材料，应予排除并说明理由。

法庭在质证过程中，准许当事人补充证据的，对补充的证据仍应进行质证。

法庭对经过庭审质证的证据，除确有必要外，一般不再进行质证。

第五十条　在第二审程序中，对当事人依法提供的新的证据，法庭应当进行质证；当事人对第一审认定的证据仍有争议的，法庭也应当进行质证。

第五十一条　按照审判监督程序审理的案件，对当事人依法提供的新的证据，法庭应当进行质证；因原判决、裁定认定事实的证据不足而提起再审所涉及的主要证据，法庭也应当进行质证。

第五十二条　本规定第五十条和第五十一条中的"新的证据"是指以下证据：

（一）在一审程序中应当准予延期提供而未获准许的证据；

（二）当事人在一审程序中依法申请调取而未获准许或者未取得，人民法院在第二审程序中调取的证据；

（三）原告或者第三人提供的在举证期限届满后发现的证据。

五、证据的审核认定

第五十三条　人民法院裁判行政案件，应当以证据证明的案件事实为依据。

第五十四条　法庭应当对经过庭审质证的证据和无需质证的证据进行逐一审查和对全部证据综合审查，遵循法官职业道德，运用逻辑推理和生活经验，进行全面、客观和公正地分析判断，确定证据材料与案件事实之间的证明关系，排除不具有关联性的证据材料，准确认定案件事实。

第五十五条　法庭应当根据案件的具体情况，从以下方面审查证据的合法性：

（一）证据是否符合法定形式；

（二）证据的取得是否符合法律、法规、司法解释和规章的要求；

（三）是否有影响证据效力的其他违法情形。

第五十六条　法庭应当根据案件的具体情况，从以下方面审查证据的真实性：

（一）证据形成的原因；

（二）发现证据时的客观环境；

（三）证据是否为原件、原物，复制件、复制品与原件、原物是否相符；

（四）提供证据的人或者证人与当事人是否具有利害关系；

（五）影响证据真实性的其他因素。

第五十七条　下列证据材料不能作为定案依据：

（一）严重违反法定程序收集的证据材料；

（二）以偷拍、偷录、窃听等手段获取侵害他人合法权益的证据材料；

（三）以利诱、欺诈、胁迫、暴力等不正当手段获取的证据材料；

（四）当事人无正当事由超出举证期限提供的证据材料；

（五）在中华人民共和国领域以外或者在中华人民共和国香港特别行政区、澳门特别行政区和台湾地区形成的未办理法定证明手续的证据材料；

（六）当事人无正当理由拒不提供原件、原物，又无其他证据印证，且对方当事人不予认可的证据的复制件或者复制品；

（七）被当事人或者他人进行技术处理而无法辨明真伪的证据材料；

（八）不能正确表达意志的证人提供的证言；

（九）不具备合法性和真实性的其他证据材料。

第五十八条 以违反法律禁止性规定或者侵犯他人合法权益的方法取得的证据，不能作为认定案件事实的依据。

第五十九条 被告在行政程序中依照法定程序要求原告提供证据，原告依法应当提供而拒不提供，在诉讼程序中提供的证据，人民法院一般不予采纳。

第六十条 下列证据不能作为认定被诉具体行政行为合法的依据：

（一）被告及其诉讼代理人在作出具体行政行为后或者在诉讼程序中自行收集的证据；

（二）被告在行政程序中非法剥夺公民、法人或者其他组织依法享有的陈述、申辩或者听证权利所采用的证据；

（三）原告或者第三人在诉讼程序中提供的、被告在行政程序中未作为具体行政行为依据的证据。

第六十一条 复议机关在复议程序中收集和补充的证据，或者作出原具体行政行为的行政机关在复议程序中未向复议机关提交的证据，不能作为人民法院认定原具体行政行为合法的依据。

第六十二条 对被告在行政程序中采纳的鉴定结论，原告或者第三人提出证据证明有下列情形之一的，人民法院不予采纳：

（一）鉴定人不具备鉴定资格；

（二）鉴定程序严重违法；

（三）鉴定结论错误、不明确或者内容不完整。

第六十三条 证明同一事实的数个证据，其证明效力一般可以按照下列情形分别认定：

（一）国家机关以及其他职能部门依职权制作的公文文书优于其他书证；

（二）鉴定结论、现场笔录、勘验笔录、档案材料以及经过公证或者登记的书证优于其他书证、视听资料和证人证言；

（三）原件、原物优于复制件、复制品；

（四）法定鉴定部门的鉴定结论优于其他鉴定部门的鉴定结论；

（五）法庭主持勘验所制作的勘验笔录优于其他部门主持勘验所制作的勘验笔录；

（六）原始证据优于传来证据；

（七）其他证人证言优于与当事人有亲属关系或者其他密切关系的证人提供的对该当事人有利的证言；

（八）出庭作证的证人证言优于未出庭作证的证人证言；

（九）数个种类不同、内容一致的证据优于一个孤立的证据。

第六十四条 以有形载体固定或者显示的电子数据交换、电子邮件以及其他数据资料，其制作情况和真实性经对方当事人确认，或者以公证等其他有效方式予以证明的，与原件具有同等的证明效力。

第六十五条 在庭审中一方当事人或者其代理人在代理权限范围内对另一方当事人陈述的案件事实明确表示认可的，人民法院可以对该事实予以认定。但有相反证据足以推翻的除外。

第六十六条 在行政赔偿诉讼中，人民法院主持调解时当事人为达成调解协议而对案件事实的认可，不得在其后的诉讼中作为对其不利的证据。

第六十七条 在不受外力影响的情况下，一方当事人提供的证据，对方当事人明确表示认可的，可以认定该证据的证明效力；对方当事人予以否认，但不能提供充分的证据进行反驳的，可以综合全案情况审查认定该证据的证明效力。

第六十八条 下列事实法庭可以直接认定：

（一）众所周知的事实；

（二）自然规律及定理；

（三）按照法律规定推定的事实；

（四）已经依法证明的事实；

（五）根据日常生活经验法则推定的事实。

前款（一）、（三）、（四）、（五）项，当事人有相反证据足以推翻的除外。

第六十九条 原告确有证据证明被告持有的证据对原告有利，被告无正当理由拒不提供的，可以推定原告的主张成立。

第七十条 生效的人民法院裁判文书或者仲裁机构裁决文书确认的事实，可以作为定案依据。但是如果发现裁判文书或者裁决文书认定的事实有重大问题的，应当中止诉讼，通过法定程序予以纠正后恢复诉讼。

第七十一条 下列证据不能单独作为定案依据：

（一）未成年人所作的与其年龄和智力状况不相适应的证言；

（二）与一方当事人有亲属关系或者其他密切关系的证人所作的对该当事人有利的证言，或者与一方当事人有不利关系的证人所作的对该当事人不利的证言；

（三）应当出庭作证而无正当理由不出庭作证的证人证言；

（四）难以识别是否经过修改的视听资料；

（五）无法与原件、原物核对的复制件或者复制品；

（六）经一方当事人或者他人改动，对方当事人不予认可的证据材料；

（七）其他不能单独作为定案依据的证据材料。

第七十二条 庭审中经过质证的证据，能够当庭认定的，应当当庭认定；不能当庭认定的，应当在合议庭合议时认定。

人民法院应当在裁判文书中阐明证据是否采纳的理由。

第七十三条 法庭发现当庭认定的证据有误，可以按照下列方式纠正：

（一）庭审结束前发现错误的，应当重新进行认定；

（二）庭审结束后宣判前发现错误的，在裁判文书中予以更正并说明理由，也可以再次开庭予以认定；

（三）有新的证据材料可能推翻已认定的证据的，应当再次开庭予以认定。

六、附　则

第七十四条 证人、鉴定人及其近亲属的人身和财产安全受法律保护。

人民法院应当对证人、鉴定人的住址和联系方式予以保密。

第七十五条 证人、鉴定人因出庭作证或者接受询问而支出的合理费用，由提供证人、鉴定人的一方当事人先行支付，由败诉一方当事人承担。

第七十六条 证人、鉴定人作伪证的，依照行政诉讼法第四十九条第一款第（二）项的规定追究其法律责任。

第七十七条 诉讼参与人或者其他人有对审判人员或者证人、鉴定人、勘验人及其近亲属实施威胁、侮辱、殴打、骚扰或者打击报复等妨碍行政诉讼行为的，依照行政诉讼法第四十九条第一款第（三）项、第（五）项或者第（六）项的规定追究其法律责任。

第七十八条 对应当协助调取证据的单位和个人，无正当理由拒不履行协助义务的，依照行政诉讼法第四十九条第一款第（五）项的规定追究其法律责任。

第七十九条 本院以前有关行政诉讼的司法解释与本规定不一致的，以本规定为准。

第八十条 本规定自2002年10月1日起施行。2002年10月1日尚未审结的一审、二审和再审行政案件不适用本规定。

本规定施行前已经审结的行政案件，当事人以违反本规定为由申请再审的，人民法院不予支持。

本规定施行后按照审判监督程序决定再审的行政案件，适用本规定。

最高人民法院关于审理行政协议案件若干问题的规定

(2019年11月12日最高人民法院审判委员会第1781次会议通过，自2020年1月1日起施行）法释〔2019〕17号

为依法公正、及时审理行政协议案件，根据《中华人民共和国行政诉讼法》等法律的规定，结合行政审判工作实际，制定本规定。

第一条 行政机关为了实现行政管理或者公共服务目标，与公民、法人或者其他组织协商订立的具有行政法上权利义务内容的协议，属于行政诉讼法第十二条第一款第十一项规定的行政协议。

第二条 公民、法人或者其他组织就下列行政协议提起行政诉讼的，人民法院应当依法受理：

（一）政府特许经营协议；

（二）土地、房屋等征收征用补偿协议；

（三）矿业权等国有自然资源使用权出让协议；

（四）政府投资的保障性住房的租赁、买卖等协议；

（五）符合本规定第一条规定的政府与社会资本合作协议；

（六）其他行政协议。

第三条 因行政机关订立的下列协议提起诉讼的，不属于人民法院行政诉讼的受案范围：

（一）行政机关之间因公务协助等事由而订立的协议；

（二）行政机关与其工作人员订立的劳动人事协议。

第四条 因行政协议的订立、履行、变更、终止等发生纠纷，公民、法人或者其他组织作为原告，以行政机关为被告提起行政诉讼的，人民法院应当依法受理。

因行政机关委托的组织订立的行政协议发生纠纷的，委托的行政机关是被告。

第五条 下列与行政协议有利害关系的公民、法人或者其他组织提起行政诉讼的，人民法院应当依法受理：

（一）参与招标、拍卖、挂牌等竞争性活动，认为行政机关应当依法与其订立行政协议但行政机关拒绝订立，或者认为行政机关与他人订立行政协议损害其合法权益的公民、法人或者其他组织；

（二）认为征收征用补偿协议损害其合法权益的被征收征用土地、房屋等不动产的用益物权人、公房承租人；

（三）其他认为行政协议的订立、履行、变更、终止等行为损害其合法权益的公民、法人或者其他组织。

第六条 人民法院受理行政协议案件后，被告就该协议的订立、履行、变更、终止等提起反诉的，人民法院不予准许。

第七条 当事人书面协议约定选择被告所在地、原告所在地、协议履行地、协议订立地、标的物所在地等与争议有实际联系地点的人民法院管辖的，人民法院从其约定，但违反级别管辖和专属管辖的除外。

第八条 公民、法人或者其他组织向人民法院提起民事诉讼，生效法律文书以涉案协议属于行政协议为由裁定不予立案或者驳回起诉，当事人又提起行政诉讼的，人民法院应当依法受理。

第九条 在行政协议案件中，行政诉讼法第四十九条第三项规定的"有具体的诉讼请求"是指：

（一）请求判决撤销行政机关变更、解除行政协议的行政行为，或者确认该行政行为违法；

（二）请求判决行政机关依法履行或者按照行政协议约定履行义务；

（三）请求判决确认行政协议的效力；

（四）请求判决行政机关依法或者按照约定订立行政协议；

（五）请求判决撤销、解除行政协议；

（六）请求判决行政机关赔偿或者补偿；

（七）其他有关行政协议的订立、履行、变更、终止等诉讼请求。

第十条 被告对于自己具有法定职权、履行法定程序、履行相应法定职责以及订立、履行、变更、解除行政协议等行为的合法性承担举证责任。

原告主张撤销、解除行政协议的，对撤销、解除行政协议的事由承担举证责任。

对行政协议是否履行发生争议的，由负有履行义务的当事人承担举证责任。

第十一条 人民法院审理行政协议案件，应当对被告订立、履行、变更、解除行政协议的行为是否具有法定职权、是否滥用职权、适用法律法规是否正确、是否遵守法定程序、是否明显不当、是否履行相应法定职责进行合法性审查。

原告认为被告未依法或者未按照约定履行行政协议的，人民法院应当针对其诉讼请求，对被告是否具有相应义务或者履行相应义务等进行审查。

第十二条 行政协议存在行政诉讼法第七十五条规定的重大且明显违法情形的，人民法院应当确认行政协议无效。

人民法院可以适用民事法律规范确认行政协议无效。

行政协议无效的原因在一审法庭辩论终结前消除的，人民法院可以确认行政协议有效。

第十三条 法律、行政法规规定应当经过其他机关批准等程序后生效的行政协议，在一审法庭辩论终结前未获得批准的，人民法院应当确认该协议未生效。

行政协议约定被告负有履行批准程序等义务而被告未履行，原告要求被告承担赔偿责任的，人民法院应予支持。

第十四条 原告认为行政协议存在胁迫、欺诈、重大误解、显失公平等情形而请求撤销，人民法院经审理认为符合法律规定可撤销情形的，可以依法判决撤销该协议。

第十五条 行政协议无效、被撤销或者确定不发生效力后，当事人因行政协议取得的财产，人民法院应当判决予以返还；不能返还的，判决折价补偿。

因被告的原因导致行政协议被确认无效或者被撤销，可以同时判决责令被告采取补救措施；给原告造成损失的，人民法院应当判决被告予以赔偿。

第十六条 在履行行政协议过程中，可能出现严重损害国家利益、社会公共利益的情形，被告作出变更、解除协议的行政行为后，原告请求撤销该行为，人民法院经审理认为该行为合法的，判决驳回原告诉讼请求；给原告造成损失的，判决被告予以补偿。

被告变更、解除行政协议的行政行为存在行政诉讼法第七十条规定情形的，人民法院判决撤销或者部分撤销，并可以责令被告重新作出行政行为。

被告变更、解除行政协议的行政行为违法，人民法院可以依据行政诉讼法第七十八条的规定判决被告继续履行协议、采取补救措施；给原告造成损失的，判决被告予以赔偿。

第十七条 原告请求解除行政协议，人民法院认为符合约定或者法定解除情形且不损害国家利益、社会公共利益和他人合法权益的，可以判决解除该协议。

第十八条 当事人依据民事法律规范的规定行使履行抗辩权的，人民法院应予支持。

第十九条 被告未依法履行、未按照约定履行行政协议，人民法院可以依据行政诉讼法第七十八条的规定，结合原告诉讼请求，判决被告继续履行，并明确继续履行的具体内容；被告无法履行或者继续履行无实际意义的，人民法院可以判决被告采取相应的补救措施；给原告造成损失的，判决被告予以赔偿。

原告要求按照约定的违约金条款或者定金条款予以赔偿的，人民法院应予支持。

第二十条 被告明确表示或者以自己的行为表明不履行行政协议，原告在履行期限届满之前向人民法院起诉请求其承担违约责任的，人民法院应予支持。

第二十一条 被告或者其他行政机关因国家利益、社会公共利益的需要依法行使行政职权，导致原告履行不能、履行费用明显增加或者遭受损失，原告请求判令被告给予补偿的，人民法院应予支持。

第二十二条 原告以被告违约为由请求人民法院判令其承担违约责任，人民法院经审理认为行政协议无效的，应当向原告释明，并根据原告变更后的诉讼请求判决确认行政协议无效；因被告的行为造成行政协议无效的，人民法院可以依法判决被告承担赔偿责任。原告经释明后拒绝变更诉讼请求的，人民法院可以判决驳回其诉讼请求。

第二十三条 人民法院审理行政协议案件，可以依法进行调解。

人民法院进行调解时，应当遵循自愿、合法原则，不得损害国家利益、社会公共利益和他人合法权益。

第二十四条 公民、法人或者其他组织未按照行政协议约定履行义务，经催告后不履行，行政机关可以作出要求其履行协议的书面决定。公民、法人或者其他组织收到书面决定后在法定期限内未申请行政复议或者提起行政诉讼，且仍不履行，协议内容具有可执行性的，行政机关可以向人民法院申请强制执行。

法律、行政法规规定行政机关对行政协议享有监督协议履行的职权，公民、法人或者其他组织未按照约定履行义务，经催告后不履行，行政机关可以依法作出处理决定。公民、法人或者其他组织在收到该处理决定后在法定期限内未申请行政复议或者提起行政诉讼，且仍不履行，协议内容具有可执行性的，行政机关可以向人民法院申请强制执行。

第二十五条 公民、法人或者其他组织对行政机关不依法履行、未按照约定履行行政协议提起诉讼的，诉讼时效参照民事法律规范确定；对行政机关变更、解除行政协议等行政行为提起诉讼的，起诉期限依照行政诉讼法及其司法解释确定。

第二十六条 行政协议约定仲裁条款的，人民法院应当确认该条款无效，但法律、行政法规或者我国缔结、参加的国际条约另有规定的除外。

第二十七条 人民法院审理行政协议案件，应当适用行政诉讼法的规定；行政诉讼法没有规定的，参照适用民事诉讼法的规定。

人民法院审理行政协议案件，可以参照适用民事法律规范关于民事合同的相关规定。

第二十八条 2015年5月1日后订立的行政协议发生纠纷的，适用行政诉讼法及本规定。

2015年5月1日前订立的行政协议发生纠纷的，适用当时的法律、行政法规及司法解释。

第二十九条 本规定自2020年1月1日起施行。最高人民法院以前发布的司法解释与本规定不一致的，适用本规定。

中华人民共和国国家赔偿法

(1994年5月12日中华人民共和国第八届全国人民代表大会常务委员会第七次会议通过 根据2010年4月29日中华人民共和国第十一届全国人民代表大会常务委员会第十四次会议《关于修改〈中华人民共和国国家赔偿法〉的决定》第一次修正 根据2012年10月26日中华人民共和国第十一届全国人民代表大会常务委员会第二十九次会议《关于修改〈中华人民共和国国家赔偿法〉的决定》第二次修正)

第一章 总 则

第一条 为保障公民、法人和其他组织享有依法取得国家赔偿的权利，促进国家机关依法行使职权，根据宪法，制定本法。

第二条 国家机关和国家机关工作人员行使职权，有本法规定的侵犯公民、法人和其他组织合法权益的情形，造成损害的，受害人有依照本法取得国家赔偿的权利。

本法规定的赔偿义务机关，应当依照本法

及时履行赔偿义务。

第二章 行政赔偿

第一节 赔偿范围

第三条 行政机关及其工作人员在行使行政职权时有下列侵犯人身权情形之一的，受害人有取得赔偿的权利：

（一）违法拘留或者违法采取限制公民人身自由的行政强制措施的；

（二）非法拘禁或者以其他方法非法剥夺公民人身自由的；

（三）以殴打、虐待等行为或者唆使、放纵他人以殴打、虐待等行为造成公民身体伤害或者死亡的；

（四）违法使用武器、警械造成公民身体伤害或者死亡的；

（五）造成公民身体伤害或者死亡的其他违法行为。

第四条 行政机关及其工作人员在行使行政职权时有下列侵犯财产权情形之一的，受害人有取得赔偿的权利：

（一）违法实施罚款、吊销许可证和执照、责令停产停业、没收财物等行政处罚的；

（二）违法对财产采取查封、扣押、冻结等行政强制措施的；

（三）违法征收、征用财产的；

（四）造成财产损害的其他违法行为。

第五条 属于下列情形之一的，国家不承担赔偿责任：

（一）行政机关工作人员与行使职权无关的个人行为；

（二）因公民、法人和其他组织自己的行为致使损害发生的；

（三）法律规定的其他情形。

第二节 赔偿请求人和赔偿义务机关

第六条 受害的公民、法人和其他组织有权要求赔偿。

受害的公民死亡，其继承人和其他有扶养关系的亲属有权要求赔偿。

受害的法人或者其他组织终止的，其权利承受人有权要求赔偿。

第七条 行政机关及其工作人员行使行政职权侵犯公民、法人和其他组织的合法权益造成损害的，该行政机关为赔偿义务机关。

两个以上行政机关共同行使行政职权时侵犯公民、法人和其他组织的合法权益造成损害的，共同行使行政职权的行政机关为共同赔偿义务机关。

法律、法规授权的组织在行使授予的行政权力时侵犯公民、法人和其他组织的合法权益造成损害的，被授权的组织为赔偿义务机关。

受行政机关委托的组织或者个人在行使受委托的行政权力时侵犯公民、法人和其他组织的合法权益造成损害的，委托的行政机关为赔偿义务机关。

赔偿义务机关被撤销的，继续行使其职权的行政机关为赔偿义务机关；没有继续行使其职权的行政机关的，撤销该赔偿义务机关的行政机关为赔偿义务机关。

第八条 经复议机关复议的，最初造成侵权行为的行政机关为赔偿义务机关，但复议机关的复议决定加重损害的，复议机关对加重的部分履行赔偿义务。

第三节 赔偿程序

第九条 赔偿义务机关有本法第三条、第四条规定情形之一的，应当给予赔偿。

赔偿请求人要求赔偿，应当先向赔偿义务机关提出，也可以在申请行政复议或者提起行政诉讼时一并提出。

第十条 赔偿请求人可以向共同赔偿义务机关中的任何一个赔偿义务机关要求赔偿，该赔偿义务机关应当先予赔偿。

第十一条 赔偿请求人根据受到的不同损害，可以同时提出数项赔偿要求。

第十二条 要求赔偿应当递交申请书，申请书应当载明下列事项：

（一）受害人的姓名、性别、年龄、工作单位和住所，法人或者其他组织的名称、住所和法定代表人或者主要负责人的姓名、职务；

（二）具体的要求、事实根据和理由；

（三）申请的年、月、日。

赔偿请求人书写申请书确有困难的,可以委托他人代书;也可以口头申请,由赔偿义务机关记入笔录。

赔偿请求人不是受害人本人的,应当说明与受害人的关系,并提供相应证明。

赔偿请求人当面递交申请书的,赔偿义务机关应当当场出具加盖本行政机关专用印章并注明收讫日期的书面凭证。申请材料不齐全的,赔偿义务机关应当当场或者在五日内一次性告知赔偿请求人需要补正的全部内容。

第十三条 赔偿义务机关应当自收到申请之日起两个月内,作出是否赔偿的决定。赔偿义务机关作出赔偿决定,应当充分听取赔偿请求人的意见,并可以与赔偿请求人就赔偿方式、赔偿项目和赔偿数额依照本法第四章的规定进行协商。

赔偿义务机关决定赔偿的,应当制作赔偿决定书,并自作出决定之日起十日内送达赔偿请求人。

赔偿义务机关决定不予赔偿的,应当自作出决定之日起十日内书面通知赔偿请求人,并说明不予赔偿的理由。

第十四条 赔偿义务机关在规定期限内未作出是否赔偿的决定,赔偿请求人可以自期限届满之日起三个月内,向人民法院提起诉讼。

赔偿请求人对赔偿的方式、项目、数额有异议的,或者赔偿义务机关作出不予赔偿决定的,赔偿请求人可以自赔偿义务机关作出赔偿或者不予赔偿决定之日起三个月内,向人民法院提起诉讼。

第十五条 人民法院审理行政赔偿案件,赔偿请求人和赔偿义务机关对自己提出的主张,应当提供证据。

赔偿义务机关采取行政拘留或者限制人身自由的强制措施期间,被限制人身自由的人死亡或者丧失行为能力的,赔偿义务机关的行为与被限制人身自由的人的死亡或者丧失行为能力是否存在因果关系,赔偿义务机关应当提供证据。

第十六条 赔偿义务机关赔偿损失后,应当责令有故意或者重大过失的工作人员或者受委托的组织或者个人承担部分或者全部赔偿费用。

对有故意或者重大过失的责任人员,有关机关应当依法给予处分;构成犯罪的,应当依法追究刑事责任。

第三章 刑事赔偿

第一节 赔偿范围

第十七条 行使侦查、检察、审判职权的机关以及看守所、监狱管理机关及其工作人员在行使职权时有下列侵犯人身权情形之一的,受害人有取得赔偿的权利:

(一)违反刑事诉讼法的规定对公民采取拘留措施的,或者依照刑事诉讼法规定的条件和程序对公民采取拘留措施,但是拘留时间超过刑事诉讼法规定的时限,其后决定撤销案件、不起诉或者判决宣告无罪终止追究刑事责任的;

(二)对公民采取逮捕措施后,决定撤销案件、不起诉或者判决宣告无罪终止追究刑事责任的;

(三)依照审判监督程序再审改判无罪,原判刑罚已经执行的;

(四)刑讯逼供或者以殴打、虐待等行为或者唆使、放纵他人以殴打、虐待等行为造成公民身体伤害或者死亡的;

(五)违法使用武器、警械造成公民身体伤害或者死亡的。

第十八条 行使侦查、检察、审判职权的机关以及看守所、监狱管理机关及其工作人员在行使职权时有下列侵犯财产权情形之一的,受害人有取得赔偿的权利:

(一)违法对财产采取查封、扣押、冻结、追缴等措施的;

(二)依照审判监督程序再审改判无罪,原判罚金、没收财产已经执行的。

第十九条 属于下列情形之一的,国家不承担赔偿责任:

(一)因公民自己故意作虚伪供述,或者伪造其他有罪证据被羁押或者被判处刑罚的;

(二)依照刑法第十七条、第十八条规定不负刑事责任的人被羁押的;

(三)依照刑事诉讼法第十五条、第一百七十三条第二款、第二百七十三条第二款、第二百七十九条规定不追究刑事责任的人被羁押的；

（四）行使侦查、检察、审判职权的机关以及看守所、监狱管理机关的工作人员与行使职权无关的个人行为；

（五）因公民自伤、自残等故意行为致使损害发生的；

（六）法律规定的其他情形。

第二节 赔偿请求人和赔偿义务机关

第二十条 赔偿请求人的确定依照本法第六条的规定。

第二十一条 行使侦查、检察、审判职权的机关以及看守所、监狱管理机关及其工作人员在行使职权时侵犯公民、法人和其他组织的合法权益造成损害的，该机关为赔偿义务机关。

对公民采取拘留措施，依照本法的规定应当给予国家赔偿的，作出拘留决定的机关为赔偿义务机关。

对公民采取逮捕措施后决定撤销案件、不起诉或者判决宣告无罪的，作出逮捕决定的机关为赔偿义务机关。

再审改判无罪的，作出原生效判决的人民法院为赔偿义务机关。二审改判无罪，以及二审发回重审后作无罪处理的，作出一审有罪判决的人民法院为赔偿义务机关。

第三节 赔偿程序

第二十二条 赔偿义务机关有本法第十七条、第十八条规定情形之一的，应当给予赔偿。

赔偿请求人要求赔偿，应当先向赔偿义务机关提出。

赔偿请求人提出赔偿请求，适用本法第十一条、第十二条的规定。

第二十三条 赔偿义务机关应当自收到申请之日起两个月内，作出是否赔偿的决定。赔偿义务机关作出赔偿决定，应当充分听取赔偿请求人的意见，并可以与赔偿请求人就赔偿方式、赔偿项目和赔偿数额依照本法第四章的规定进行协商。

赔偿义务机关决定赔偿的，应当制作赔偿决定书，并自作出决定之日起十日内送达赔偿请求人。

赔偿义务机关决定不予赔偿的，应当自作出决定之日起十日内书面通知赔偿请求人，并说明不予赔偿的理由。

第二十四条 赔偿义务机关在规定期限内未作出是否赔偿的决定，赔偿请求人可以自期限届满之日起三十日内向赔偿义务机关的上一级机关申请复议。

赔偿请求人对赔偿的方式、项目、数额有异议的，或者赔偿义务机关作出不予赔偿决定的，赔偿请求人可以自赔偿义务机关作出赔偿或者不予赔偿决定之日起三十日内，向赔偿义务机关的上一级机关申请复议。

赔偿义务机关是人民法院的，赔偿请求人可以依照本条规定向其上一级人民法院赔偿委员会申请作出赔偿决定。

第二十五条 复议机关应当自收到申请之日起两个月内作出决定。

赔偿请求人不服复议决定的，可以在收到复议决定之日起三十日内向复议机关所在地的同级人民法院赔偿委员会申请作出赔偿决定；复议机关逾期不作决定的，赔偿请求人可以自期限届满之日起三十日内向复议机关所在地的同级人民法院赔偿委员会申请作出赔偿决定。

第二十六条 人民法院赔偿委员会处理赔偿请求，赔偿请求人和赔偿义务机关对自己提出的主张，应当提供证据。

被羁押人在羁押期间死亡或者丧失行为能力的，赔偿义务机关的行为与被羁押人的死亡或者丧失行为能力是否存在因果关系，赔偿义务机关应当提供证据。

第二十七条 人民法院赔偿委员会处理赔偿请求，采取书面审查的办法。必要时，可以向有关单位和人员调查情况、收集证据。赔偿请求人与赔偿义务机关对损害事实及因果关系有争议的，赔偿委员会可以听取赔偿请求人和赔偿义务机关的陈述和申辩，并可以进行质证。

第二十八条 人民法院赔偿委员会应当自收到赔偿申请之日起三个月内作出决定；属于疑难、复杂、重大案件的，经本院院长批准，可以延长三个月。

第二十九条 中级以上的人民法院设立赔

偿委员会，由人民法院三名以上审判员组成，组成人员的人数应当为单数。

赔偿委员会作赔偿决定，实行少数服从多数的原则。

赔偿委员会作出的赔偿决定，是发生法律效力的决定，必须执行。

第三十条 赔偿请求人或者赔偿义务机关对赔偿委员会作出的决定，认为确有错误的，可以向上一级人民法院赔偿委员会提出申诉。

赔偿委员会作出的赔偿决定生效后，如发现赔偿决定违反本法规定的，经本院院长决定或者上级人民法院指令，赔偿委员会应当在两个月内重新审查并依法作出决定，上一级人民法院赔偿委员会也可以直接审查并作出决定。

最高人民检察院对各级人民法院赔偿委员会作出的决定，上级人民检察院对下级人民法院赔偿委员会作出的决定，发现违反本法规定的，应当向同级人民法院赔偿委员会提出意见，同级人民法院赔偿委员会应当在两个月内重新审查并依法作出决定。

第三十一条 赔偿义务机关赔偿后，应当向有下列情形之一的工作人员追偿部分或者全部赔偿费用：

（一）有本法第十七条第四项、第五项规定情形的；

（二）在处理案件中有贪污受贿，徇私舞弊，枉法裁判行为的。

对有前款规定情形的责任人员，有关机关应当依法给予处分；构成犯罪的，应当依法追究刑事责任。

第四章 赔偿方式和计算标准

第三十二条 国家赔偿以支付赔偿金为主要方式。

能够返还财产或者恢复原状的，予以返还财产或者恢复原状。

第三十三条 侵犯公民人身自由的，每日赔偿金按照国家上年度职工日平均工资计算。

第三十四条 侵犯公民生命健康权的，赔偿金按照下列规定计算：

（一）造成身体伤害的，应当支付医疗费、护理费，以及赔偿因误工减少的收入。减少的收入每日的赔偿金按照国家上年度职工日平均工资计算，最高额为国家上年度职工年平均工资的五倍；

（二）造成部分或者全部丧失劳动能力的，应当支付医疗费、护理费、残疾生活辅助具费、康复费等因残疾而增加的必要支出和继续治疗所必需的费用，以及残疾赔偿金。残疾赔偿金根据丧失劳动能力的程度，按照国家规定的伤残等级确定，最高不超过国家上年度职工年平均工资的二十倍。造成全部丧失劳动能力的，对其扶养的无劳动能力的人，还应当支付生活费；

（三）造成死亡的，应当支付死亡赔偿金、丧葬费，总额为国家上年度职工年平均工资的二十倍。对死者生前扶养的无劳动能力的人，还应当支付生活费。

前款第二项、第三项规定的生活费的发放标准，参照当地最低生活保障标准执行。被扶养的人是未成年人的，生活费给付至十八周岁止；其他无劳动能力的人，生活费给付至死亡时止。

第三十五条 有本法第三条或者第十七条规定情形之一，致人精神损害的，应当在侵权行为影响的范围内，为受害人消除影响，恢复名誉，赔礼道歉；造成严重后果的，应当支付相应的精神损害抚慰金。

第三十六条 侵犯公民、法人和其他组织的财产权造成损害的，按照下列规定处理：

（一）处罚款、罚金、追缴、没收财产或者违法征收、征用财产的，返还财产；

（二）查封、扣押、冻结财产的，解除对财产的查封、扣押、冻结，造成财产损坏或者灭失的，依照本条第三项、第四项的规定赔偿；

（三）应当返还的财产损坏的，能够恢复原状的恢复原状，不能恢复原状的，按照损害程度给付相应的赔偿金；

（四）应当返还的财产灭失的，给付相应的赔偿金；

（五）财产已经拍卖或者变卖的，给付拍卖或者变卖所得的价款；变卖的价款明显低于财产价值的，应当支付相应的赔偿金；

（六）吊销许可证和执照、责令停产停业的，赔偿停产停业期间必要的经常性费用开支；

（七）返还执行的罚款或者罚金、追缴或者没收的金钱，解除冻结的存款或者汇款的，应当支付银行同期存款利息；

（八）对财产权造成其他损害的，按照直接损失给予赔偿。

第三十七条 赔偿费用列入各级财政预算。

赔偿请求人凭生效的判决书、复议决定书、赔偿决定书或者调解书，向赔偿义务机关申请支付赔偿金。

赔偿义务机关应当自收到支付赔偿金申请之日起七日内，依照预算管理权限向有关的财政部门提出支付申请。财政部门应当自收到支付申请之日起十五日内支付赔偿金。

赔偿费用预算与支付管理的具体办法由国务院规定。

第五章 其他规定

第三十八条 人民法院在民事诉讼、行政诉讼过程中，违法采取对妨害诉讼的强制措施、保全措施或者对判决、裁定及其他生效法律文书执行错误，造成损害的，赔偿请求人要求赔偿的程序，适用本法刑事赔偿程序的规定。

第三十九条 赔偿请求人请求国家赔偿的时效为两年，自其知道或者应当知道国家机关及其工作人员行使职权时的行为侵犯其人身权、财产权之日起计算，但被羁押等限制人身自由期间不计算在内。在申请行政复议或者提起行政诉讼时一并提出赔偿请求的，适用行政复议法、行政诉讼法有关时效的规定。

赔偿请求人在赔偿请求时效的最后六个月内，因不可抗力或者其他障碍不能行使请求权的，时效中止。从中止时效的原因消除之日起，赔偿请求时效期间继续计算。

第四十条 外国人、外国企业和组织在中华人民共和国领域内要求中华人民共和国国家赔偿的，适用本法。

外国人、外国企业和组织的所属国对中华人民共和国公民、法人和其他组织要求该国国家赔偿的权利不予保护或者限制的，中华人民共和国与该外国人、外国企业和组织的所属国实行对等原则。

第六章 附 则

第四十一条 赔偿请求人要求国家赔偿的，赔偿义务机关、复议机关和人民法院不得向赔偿请求人收取任何费用。

对赔偿请求人取得的赔偿金不予征税。

第四十二条 本法自 1995 年 1 月 1 日起施行。

中华人民共和国对外贸易法

（1994年5月12日第八届全国人民代表大会常务委员会第七次会议通过 2004年4月6日第十届全国人民代表大会常务委员会第八次会议修订 根据2016年11月7日第十二届全国人民代表大会常务委员会第二十四次会议《关于修改〈中华人民共和国对外贸易法〉等十二部法律的决定》修正）

第一章 总 则

第一条 为了扩大对外开放，发展对外贸易，维护对外贸易秩序，保护对外贸易经营者的合法权益，促进社会主义市场经济的健康发展，制定本法。

第二条 本法适用于对外贸易以及与对外贸易有关的知识产权保护。

本法所称对外贸易，是指货物进出口、技术进出口和国际服务贸易。

第三条 国务院对外贸易主管部门依照本法主管全国对外贸易工作。

第四条 国家实行统一的对外贸易制度，鼓励发展对外贸易，维护公平、自由的对外贸易秩序。

第五条 中华人民共和国根据平等互利的原则，促进和发展同其他国家和地区的贸易关系，缔结或者参加关税同盟协定、自由贸易区协定等区域经济贸易协定，参加区域经济组织。

第六条 中华人民共和国在对外贸易方面根据所缔结或者参加的国际条约、协定，给予其他缔约方、参加方最惠国待遇、国民待遇等待遇，或者根据互惠、对等原则给予对方最惠国待遇、国民待遇等待遇。

第七条 任何国家或者地区在贸易方面对中华人民共和国采取歧视性的禁止、限制或者其他类似措施的，中华人民共和国可以根据实际情况对该国家或者该地区采取相应的措施。

第二章 对外贸易经营者

第八条 本法所称对外贸易经营者，是指依法办理工商登记或者其他执业手续，依照本法和其他有关法律、行政法规的规定从事对外贸易经营活动的法人、其他组织或者个人。

第九条 从事货物进出口或者技术进出口的对外贸易经营者，应当向国务院对外贸易主管部门或者其委托的机构办理备案登记；但是，法律、行政法规和国务院对外贸易主管部门规定不需要备案登记的除外。备案登记的具体办法由国务院对外贸易主管部门规定。对外贸易经营者未按照规定办理备案登记的，海关不予办理进出口货物的报关验放手续。

第十条 从事国际服务贸易，应当遵守本法和其他有关法律、行政法规的规定。

从事对外劳务合作的单位，应当具备相应的资质。具体办法由国务院规定。

第十一条 国家可以对部分货物的进出口实行国营贸易管理。实行国营贸易管理货物的进出口业务只能由经授权的企业经营；但是，国家允许部分数量的国营贸易管理货物的进出口业务由非授权企业经营的除外。实行国营贸易管理的货物和经授权经营企业的目录，由国务院对外贸易主管部门会同国务院其他有关部门确定、调整并公布。

违反本条第一款规定，擅自进出口实行国营贸易管理的货物的，海关不予放行。

第十二条 对外贸易经营者可以接受他人的委托，在经营范围内代为办理对外贸易业务。

第十三条 对外贸易经营者应当按照国务院对外贸易主管部门或者国务院其他有关部门依法作出的规定，向有关部门提交与其对外贸易经营活动有关的文件及资料。有关部门应当为提供者保守商业秘密。

第三章 货物进出口与技术进出口

第十四条 国家准许货物与技术的自由进出口。但是，法律、行政法规另有规定的除外。

第十五条 国务院对外贸易主管部门基于监测进出口情况的需要，可以对部分自由进出口的货物实行进出口自动许可并公布其目录。

实行自动许可的进出口货物，收货人、发货人在办理海关报关手续前提出自动许可申请的，国务院对外贸易主管部门或者其委托的机构应当予以许可；未办理自动许可手续的，海关不予放行。

进出口属于自由进出口的技术，应当向国务院对外贸易主管部门或者其委托的机构办理合同备案登记。

第十六条 国家基于下列原因，可以限制或者禁止有关货物、技术的进口或者出口：

（一）为维护国家安全、社会公共利益或者公共道德，需要限制或者禁止进口或者出口的；

（二）为保护人的健康或者安全，保护动物、植物的生命或者健康，保护环境，需要限制或者禁止进口或者出口的；

（三）为实施与黄金或者白银进出口有关的措施，需要限制或者禁止进口或者出口的；

（四）国内供应短缺或者为有效保护可能用竭的自然资源，需要限制或者禁止出口的；

（五）输往国家或者地区的市场容量有限，需要限制出口的；

（六）出口经营秩序出现严重混乱，需要限制出口的；

（七）为建立或者加快建立国内特定产业，需要限制进口的；

（八）对任何形式的农业、牧业、渔业产品有必要限制进口的；

（九）为保障国家国际金融地位和国际收支平衡，需要限制进口的；

（十）依照法律、行政法规的规定，其他需要限制或者禁止进口或者出口的；

（十一）根据我国缔结或者参加的国际条约、协定的规定，其他需要限制或者禁止进口或者出口的。

第十七条 国家对与裂变、聚变物质或者衍生此类物质的物质有关的货物、技术进出口，以及与武器、弹药或者其他军用物资有关的进出口，可以采取任何必要的措施，维护国家安全。

在战时或者为维护国际和平与安全，国家在货物、技术进出口方面可以采取任何必要的措施。

第十八条 国务院对外贸易主管部门会同国务院其他有关部门，依照本法第十六条和第十七条的规定，制定、调整并公布限制或者禁止进出口的货物、技术目录。

国务院对外贸易主管部门或者由其会同国务院其他有关部门，经国务院批准，可以在本法第十六条和第十七条规定的范围内，临时决定限制或者禁止前款规定目录以外的特定货物、技术的进口或者出口。

第十九条 国家对限制进口或者出口的货物，实行配额、许可证等方式管理；对限制进口或者出口的技术，实行许可证管理。

实行配额、许可证管理的货物、技术，应当按照国务院规定经国务院对外贸易主管部门或者经其会同国务院其他有关部门许可，方可进口或者出口。

国家对部分进口货物可以实行关税配额管理。

第二十条 进出口货物配额、关税配额，由国务院对外贸易主管部门或者国务院其他有关部门在各自的职责范围内，按照公开、公平、公正和效益的原则进行分配。具体办法由国务院规定。

第二十一条 国家实行统一的商品合格评定制度，根据有关法律、行政法规的规定，对进出口商品进行认证、检验、检疫。

第二十二条 国家对进出口货物进行原产地管理。具体办法由国务院规定。

第二十三条 对文物和野生动物、植物及其产品等，其他法律、行政法规有禁止或者限制进出口规定的，依照有关法律、行政法规的规定执行。

第四章 国际服务贸易

第二十四条 中华人民共和国在国际服务贸易方面根据所缔结或者参加的国际条约、协定中所作的承诺，给予其他缔约方、参加方市场准入和国民待遇。

第二十五条 国务院对外贸易主管部门和国务院其他有关部门，依照本法和其他有关法律、行政法规的规定，对国际服务贸易进行管理。

第二十六条 国家基于下列原因，可以限制或者禁止有关的国际服务贸易：

（一）为维护国家安全、社会公共利益或者公共道德，需要限制或者禁止的；

（二）为保护人的健康或者安全，保护动物、植物的生命或者健康，保护环境，需要限制或者禁止的；

（三）为建立或者加快建立国内特定服务产业，需要限制的；

（四）为保障国家外汇收支平衡，需要限制的；

（五）依照法律、行政法规的规定，其他需要限制或者禁止的；

（六）根据我国缔结或者参加的国际条约、协定的规定，其他需要限制或者禁止的。

第二十七条 国家对与军事有关的国际服务贸易，以及与裂变、聚变物质或者衍生此类物质的物质有关的国际服务贸易，可以采取任何必要的措施，维护国家安全。

在战时或者为维护国际和平与安全，国家在国际服务贸易方面可以采取任何必要的措施。

第二十八条 国务院对外贸易主管部门会同国务院其他有关部门，依照本法第二十六条、第二十七条和其他有关法律、行政法规的规定，制定、调整并公布国际服务贸易市场准入目录。

第五章　与对外贸易有关的知识产权保护

第二十九条　国家依照有关知识产权的法律、行政法规，保护与对外贸易有关的知识产权。

进口货物侵犯知识产权，并危害对外贸易秩序的，国务院对外贸易主管部门可以采取在一定期限内禁止侵权人生产、销售的有关货物进口等措施。

第三十条　知识产权权利人有阻止被许可人对许可合同中的知识产权的有效性提出质疑、进行强制性一揽子许可、在许可合同中规定排他性返授条件等行为之一，并危害对外贸易公平竞争秩序的，国务院对外贸易主管部门可以采取必要的措施消除危害。

第三十一条　其他国家或者地区在知识产权保护方面未给予中华人民共和国的法人、其他组织或者个人国民待遇，或者不能对来源于中华人民共和国的货物、技术或者服务提供充分有效的知识产权保护的，国务院对外贸易主管部门可以依照本法和其他有关法律、行政法规的规定，并根据中华人民共和国缔结或者参加的国际条约、协定，对与该国家或者该地区的贸易采取必要的措施。

第六章　对外贸易秩序

第三十二条　在对外贸易经营活动中，不得违反有关反垄断的法律、行政法规的规定实施垄断行为。

在对外贸易经营活动中实施垄断行为，危害市场公平竞争的，依照有关反垄断的法律、行政法规的规定处理。有前款违法行为，并危害对外贸易秩序的，国务院对外贸易主管部门可以采取必要的措施消除危害。

第三十三条　在对外贸易经营活动中，不得实施以不正当的低价销售商品、串通投标、发布虚假广告、进行商业贿赂等不正当竞争行为。

在对外贸易经营活动中实施不正当竞争行为的，依照有关反不正当竞争的法律、行政法规的规定处理。

有前款违法行为，并危害对外贸易秩序的，国务院对外贸易主管部门可以采取禁止该经营者有关货物、技术进出口等措施消除危害。

第三十四条　在对外贸易活动中，不得有下列行为：

（一）伪造、变造进出口货物原产地标记，伪造、变造或者买卖进出口货物原产地证书、进出口许可证、进出口配额证明或者其他进出口证明文件；

（二）骗取出口退税；

（三）走私；

（四）逃避法律、行政法规规定的认证、检验、检疫；

（五）违反法律、行政法规规定的其他行为。

第三十五条　对外贸易经营者在对外贸易经营活动中，应当遵守国家有关外汇管理的规定。

第三十六条　违反本法规定，危害对外贸易秩序的，国务院对外贸易主管部门可以向社会公告。

第七章　对外贸易调查

第三十七条　为了维护对外贸易秩序，国务院对外贸易主管部门可以自行或者会同国务院其他有关部门，依照法律、行政法规的规定对下列事项进行调查：

（一）货物进出口、技术进出口、国际服务贸易对国内产业及其竞争力的影响；

（二）有关国家或者地区的贸易壁垒；

（三）为确定是否应当依法采取反倾销、反补贴或者保障措施等对外贸易救济措施，需要调查的事项；

（四）规避对外贸易救济措施的行为；

（五）对外贸易中有关国家安全利益的事项；

（六）为执行本法第七条、第二十九条第二款、第三十条、第三十一条、第三十二条第三款、第三十三条第三款的规定，需要调查的事项；

（七）其他影响对外贸易秩序，需要调查的事项。

第三十八条　启动对外贸易调查，由国务院对外贸易主管部门发布公告。

调查可以采取书面问卷、召开听证会、实地调查、委托调查等方式进行。

国务院对外贸易主管部门根据调查结果，提出调查报告或者作出处理裁定，并发布公告。

第三十九条 有关单位和个人应当对对外贸易调查给予配合、协助。

国务院对外贸易主管部门和国务院其他有关部门及其工作人员进行对外贸易调查，对知悉的国家秘密和商业秘密负有保密义务。

第八章 对外贸易救济

第四十条 国家根据对外贸易调查结果，可以采取适当的对外贸易救济措施。

第四十一条 其他国家或者地区的产品以低于正常价值的倾销方式进入我国市场，对已建立的国内产业造成实质损害或者产生实质损害威胁，或者对建立国内产业造成实质阻碍的，国家可以采取反倾销措施，消除或者减轻这种损害或者损害的威胁或者阻碍。

第四十二条 其他国家或者地区的产品以低于正常价值出口至第三国市场，对我国已建立的国内产业造成实质损害或者产生实质损害威胁，或者对我国建立国内产业造成实质阻碍的，应国内产业的申请，国务院对外贸易主管部门可以与该第三国政府进行磋商，要求其采取适当的措施。

第四十三条 进口的产品直接或者间接地接受出口国家或者地区给予的任何形式的专向性补贴，对已建立的国内产业造成实质损害或者产生实质损害威胁，或者对建立国内产业造成实质阻碍的，国家可以采取反补贴措施，消除或者减轻这种损害或者损害的威胁或者阻碍。

第四十四条 因进口产品数量大量增加，对生产同类产品或者与其直接竞争的产品的国内产业造成严重损害或者严重损害威胁的，国家可以采取必要的保障措施，消除或者减轻这种损害或者损害的威胁，并可以对该产业提供必要的支持。

第四十五条 因其他国家或者地区的服务提供者向我国提供的服务增加，对提供同类服务或者与其直接竞争的服务的国内产业造成损害或者产生损害威胁的，国家可以采取必要的救济措施，消除或者减轻这种损害或者损害的威胁。

第四十六条 因第三国限制进口而导致某种产品进入我国市场的数量大量增加，对已建立的国内产业造成损害或者产生损害威胁，或者对建立国内产业造成阻碍的，国家可以采取必要的救济措施，限制该产品进口。

第四十七条 与中华人民共和国缔结或者共同参加经济贸易条约、协定的国家或者地区，违反条约、协定的规定，使中华人民共和国根据该条约、协定享有的利益丧失或者受损，或者阻碍条约、协定目标实现的，中华人民共和国政府有权要求有关国家或者地区政府采取适当的补救措施，并可以根据有关条约、协定中止或者终止履行相关义务。

第四十八条 国务院对外贸易主管部门依照本法和其他有关法律的规定，进行对外贸易的双边或者多边磋商、谈判和争端的解决。

第四十九条 国务院对外贸易主管部门和国务院其他有关部门应当建立货物进出口、技术进出口和国际服务贸易的预警应急机制，应对对外贸易中的突发和异常情况，维护国家经济安全。

第五十条 国家对规避本法规定的对外贸易救济措施的行为，可以采取必要的反规避措施。

第九章 对外贸易促进

第五十一条 国家制定对外贸易发展战略，建立和完善对外贸易促进机制。

第五十二条 国家根据对外贸易发展的需要，建立和完善为对外贸易服务的金融机构，设立对外贸易发展基金、风险基金。

第五十三条 国家通过进出口信贷、出口信用保险、出口退税及其他促进对外贸易的方式，发展对外贸易。

第五十四条 国家建立对外贸易公共信息服务体系，向对外贸易经营者和其他社会公众提供信息服务。

第五十五条 国家采取措施鼓励对外贸易经营者开拓国际市场，采取对外投资、对外工程承包和对外劳务合作等多种形式，发展对外贸易。

第五十六条 对外贸易经营者可以依法成立和参加有关协会、商会。

有关协会、商会应当遵守法律、行政法规，按照章程对其成员提供与对外贸易有关的生产、营销、信息、培训等方面的服务，发挥协调和自律作用，依法提出有关对外贸易救济措施的申请，维护成员和行业的利益，向政府有关部门反映成员有关对外贸易的建议，开展对外贸易促进活动。

第五十七条　中国国际贸易促进组织按照章程开展对外联系，举办展览，提供信息、咨询服务和其他对外贸易促进活动。

第五十八条　国家扶持和促进中小企业开展对外贸易。

第五十九条　国家扶持和促进民族自治地方和经济不发达地区发展对外贸易。

第十章　法律责任

第六十条　违反本法第十一条规定，未经授权擅自进出口实行国营贸易管理的货物的，国务院对外贸易主管部门或者国务院其他有关部门可以处五万元以下罚款；情节严重的，可以自行政处罚决定生效之日起三年内，不受理违法行为人从事国营贸易管理货物进出口业务的申请，或者撤销已给予其从事其他国营贸易管理货物进出口的授权。

第六十一条　进出口属于禁止进出口的货物的，或者未经许可擅自进出口属于限制进出口的货物的，由海关依照有关法律、行政法规的规定处理、处罚；构成犯罪的，依法追究刑事责任。

进出口属于禁止进出口的技术的，或者未经许可擅自进出口属于限制进出口的技术的，依照有关法律、行政法规的规定处理、处罚；法律、行政法规没有规定的，由国务院对外贸易主管部门责令改正，没收违法所得，并处违法所得一倍以上五倍以下罚款，没有违法所得或者违法所得不足一万元的，处一万元以上五万元以下罚款；构成犯罪的，依法追究刑事责任。

自前两款规定的行政处罚决定生效之日或者刑事处罚判决生效之日起，国务院对外贸易主管部门或者国务院其他有关部门可以在三年内不受理违法行为人提出的进出口配额或者许可证的申请，或者禁止违法行为人在一年以上三年以下的期限内从事有关货物或者技术的进出口经营活动。

第六十二条　从事属于禁止的国际服务贸易的，或者未经许可擅自从事属于限制的国际服务贸易的，依照有关法律、行政法规的规定处罚；法律、行政法规没有规定的，由国务院对外贸易主管部门责令改正，没收违法所得，并处违法所得一倍以上五倍以下罚款，没有违法所得或者违法所得不足一万元的，处一万元以上五万元以下罚款；构成犯罪的，依法追究刑事责任。

国务院对外贸易主管部门可以禁止违法行为人自前款规定的行政处罚决定生效之日或者刑事处罚判决生效之日起一年以上三年以下的期限内从事有关的国际服务贸易经营活动。

第六十三条　违反本法第三十四条规定，依照有关法律、行政法规的规定处罚；构成犯罪的，依法追究刑事责任。

国务院对外贸易主管部门可以禁止违法行为人自前款规定的行政处罚决定生效之日或者刑事处罚判决生效之日起一年以上三年以下的期限内从事有关的对外贸易经营活动。

第六十四条　依照本法第六十一条至第六十三条规定被禁止从事有关对外贸易经营活动的，在禁止期限内，海关根据国务院对外贸易主管部门依法作出的禁止决定，对该对外贸易经营者的有关进出口货物不予办理报关验放手续，外汇管理部门或者外汇指定银行不予办理有关结汇、售汇手续。

第六十五条　依照本法负责对外贸易管理工作的部门的工作人员玩忽职守、徇私舞弊或者滥用职权，构成犯罪的，依法追究刑事责任；尚不构成犯罪的，依法给予行政处分。

依照本法负责对外贸易管理工作的部门的工作人员利用职务上的便利，索取他人财物，或者非法收受他人财物为他人谋取利益，构成犯罪的，依法追究刑事责任；尚不构成犯罪的，依法给予行政处分。

第六十六条　对外贸易经营活动当事人对依照本法负责对外贸易管理工作的部门作出的具体行政行为不服的，可以依法申请行政复议或者向人民法院提起行政诉讼。

第十一章　附　则

第六十七条　与军品、裂变和聚变物质或

者衍生此类物质的物质有关的对外贸易管理以及文化产品的进出口管理，法律、行政法规另有规定的，依照其规定。

第六十八条 国家对边境地区与接壤国家边境地区之间的贸易以及边民互市贸易，采取灵活措施，给予优惠和便利。具体办法由国务院规定。

第六十九条 中华人民共和国的单独关税区不适用本法。

第七十条 本法自2004年7月1日起施行。

中华人民共和国技术进出口管理条例

(2001年10月31日国务院第46次常务会议通过 2001年12月10日国务院令第331号公布 根据2011年1月8日《国务院关于废止和修改部分行政法规的决定》第一次修订 根据2019年3月2日《国务院关于修改部分行政法规的决定》第二次修订)

第一章 总 则

第一条 为了规范技术进出口管理，维护技术进出口秩序，促进国民经济和社会发展，根据《中华人民共和国对外贸易法》（以下简称对外贸易法）及其他有关法律的有关规定，制定本条例。

第二条 本条例所称技术进出口，是指从中华人民共和国境外向中华人民共和国境内，或者从中华人民共和国境内向中华人民共和国境外，通过贸易、投资或者经济技术合作的方式转移技术的行为。

前款规定的行为包括专利权转让、专利申请权转让、专利实施许可、技术秘密转让、技术服务和其他方式的技术转移。

第三条 国家对技术进出口实行统一的管理制度，依法维护公平、自由的技术进出口秩序。

第四条 技术进出口应当符合国家的产业政策、科技政策和社会发展政策，有利于促进我国科技进步和对外经济技术合作的发展，有利于维护我国经济技术权益。

第五条 国家准许技术的自由进出口；但是，法律、行政法规另有规定的除外。

第六条 国务院对外经济贸易主管部门（以下简称国务院外经贸主管部门）依照对外贸易法和本条例的规定，负责全国的技术进出口管理工作。省、自治区、直辖市人民政府外经贸主管部门根据国务院外经贸主管部门的授权，负责本行政区域内的技术进出口管理工作。

国务院有关部门按照国务院的规定，履行技术进出口项目的有关管理职责。

第二章 技术进口管理

第七条 国家鼓励先进、适用的技术进口。

第八条 有对外贸易法第十六条规定情形之一的技术，禁止或者限制进口。

国务院外经贸主管部门会同国务院有关部门，制定、调整并公布禁止或者限制进口的技术目录。

第九条 属于禁止进口的技术，不得进口。

第十条 属于限制进口的技术，实行许可证管理；未经许可，不得进口。

第十一条 进口属于限制进口的技术，应当向国务院外经贸主管部门提出技术进口申请并附有关文件。

技术进口项目需经有关部门批准的，还应当提交有关部门的批准文件。

第十二条 国务院外经贸主管部门收到技术进口申请后，应当会同国务院有关部门对申请进行审查，并自收到申请之日起30个工作日内作出批准或者不批准的决定。

第十三条 技术进口申请经批准的，由国务院外经贸主管部门发给技术进口许可意向书。

进口经营者取得技术进口许可意向书后，可以对外签订技术进口合同。

第十四条 进口经营者签订技术进口合同后，应当向国务院外经贸主管部门提交技术进口合同副本及有关文件，申请技术进口许可证。

国务院外经贸主管部门对技术进口合同的真实性进行审查，并自收到前款规定的文件之日起10个工作日内，对技术进口作出许可或者不许可的决定。

第十五条 申请人依照本条例第十一条的规定向国务院外经贸主管部门提出技术进口申请时，可以一并提交已经签订的技术进口合同副本。

国务院外经贸主管部门应当依照本条例第十二条和第十四条的规定对申请及其技术进口合同的真实性一并进行审查，并自收到前款规定的文件之日起40个工作日内，对技术进口作出许可或者不许可的决定。

第十六条 技术进口经许可的，由国务院外经贸主管部门颁发技术进口许可证。技术进口合同自技术进口许可证颁发之日起生效。

第十七条 对属于自由进口的技术，实行合同登记管理。

进口属于自由进口的技术，合同自依法成立时生效，不以登记为合同生效的条件。

第十八条 进口属于自由进口的技术，应当向国务院外经贸主管部门办理登记，并提交下列文件：

（一）技术进口合同登记申请书；
（二）技术进口合同副本；
（三）签约双方法律地位的证明文件。

第十九条 国务院外经贸主管部门应当自收到本条例第十八条规定的文件之日起3个工作日内，对技术进口合同进行登记，颁发技术进口合同登记证。

第二十条 申请人凭技术进口许可证或者技术进口合同登记证，办理外汇、银行、税务、海关等相关手续。

第二十一条 依照本条例的规定，经许可或者登记的技术进口合同，合同的主要内容发生变更的，应当重新办理许可或者登记手续。

经许可或者登记的技术进口合同终止的，应当及时向国务院外经贸主管部门备案。

第二十二条 设立外商投资企业，外方以技术作为投资的，该技术的进口，应当按照外商投资企业设立审批的程序进行审查或者办理登记。

第二十三条 国务院外经贸主管部门和有关部门及其工作人员在履行技术进口管理职责中，对所知悉的商业秘密负有保密义务。

第二十四条 技术进口合同的让与人应当保证自己是所提供技术的合法拥有者或者有权转让、许可者。

技术进口合同的受让人按照合同约定使用让与人提供的技术，被第三方指控侵权的，受让人应当立即通知让与人；让与人接到通知后，应当协助受让人排除妨碍。

第二十五条 技术进口合同的让与人应当保证所提供的技术完整、无误、有效，能够达到约定的技术目标。

第二十六条 技术进口合同的受让人、让与人应当在合同约定的保密范围和保密期限内，对让与人提供的技术中尚未公开的秘密部分承担保密义务。

在保密期限内，承担保密义务的一方在保密技术非因自己的原因被公开后，其承担的保密义务即予终止。

第二十七条 技术进口合同期满后，技术让与人和受让人可以依照公平合理的原则，就技术的继续使用进行协商。

第三章　技术出口管理

第二十八条 国家鼓励成熟的产业化技术出口。

第二十九条 有对外贸易法第十六条规定情形之一的技术，禁止或者限制出口。

国务院外经贸主管部门会同国务院有关部门，制定、调整并公布禁止或者限制出口的技术目录。

第三十条 属于禁止出口的技术，不得出口。

第三十一条 属于限制出口的技术，实行许可证管理；未经许可，不得出口。

第三十二条 出口属于限制出口的技术，应当向国务院外经贸主管部门提出申请。

第三十三条 国务院外经贸主管部门收到技术出口申请后，应当会同国务院科技管理部门对申请出口的技术进行审查，并自收到申请之日起30个工作日内作出批准或者不批准的决定。

限制出口的技术需经有关部门进行保密审查的，按照国家有关规定执行。

第三十四条 技术出口申请经批准的，由国务院外经贸主管部门发给技术出口许可意向书。

申请人取得技术出口许可意向书后，方可对外进行实质性谈判，签订技术出口合同。

第三十五条 申请人签订技术出口合同后，应当向国务院外经贸主管部门提交下列文件，申请技术出口许可证：

（一）技术出口许可意向书；

（二）技术出口合同副本；

（三）技术资料出口清单；

（四）签约双方法律地位的证明文件。

国务院外经贸主管部门对技术出口合同的真实性进行审查，并自收到前款规定的文件之日起15个工作日内，对技术出口作出许可或者不许可的决定。

第三十六条 技术出口经许可的，由国务院外经贸主管部门颁发技术出口许可证。技术出口合同自技术出口许可证颁发之日起生效。

第三十七条 对属于自由出口的技术，实行合同登记管理。

出口属于自由出口的技术，合同自依法成立时生效，不以登记为合同生效的条件。

第三十八条 出口属于自由出口的技术，应当向国务院外经贸主管部门办理登记，并提交下列文件：

（一）技术出口合同登记申请书；

（二）技术出口合同副本；

（三）签约双方法律地位的证明文件。

第三十九条 国务院外经贸主管部门应当自收到本条例第三十八条规定的文件之日起3个工作日内，对技术出口合同进行登记，颁发技术出口合同登记证。

第四十条 申请人凭技术出口许可证或者技术出口合同登记证办理外汇、银行、税务、海关等相关手续。

第四十一条 依照本条例的规定，经许可或者登记的技术出口合同，合同的主要内容发生变更的，应当重新办理许可或者登记手续。

经许可或者登记的技术出口合同终止的，应当及时向国务院外经贸主管部门备案。

第四十二条 国务院外经贸主管部门和有关部门及其工作人员在履行技术出口管理职责中，对国家秘密和所知悉的商业秘密负有保密义务。

第四十三条 出口核技术、核两用品相关技术、监控化学品生产技术、军事技术等出口管制技术的，依照有关行政法规的规定办理。

第四章 法律责任

第四十四条 进口或者出口属于禁止进出口的技术的，或者未经许可擅自进口或者出口属于限制进出口的技术的，依照刑法关于走私罪、非法经营罪、泄露国家秘密罪或者其他罪的规定，依法追究刑事责任；尚不够刑事处罚的，区别不同情况，依照海关法的有关规定处罚，或者由国务院外经贸主管部门给予警告，没收违法所得，处违法所得1倍以上5倍以下的罚款；国务院外经贸主管部门并可以撤销其对外贸易经营许可。

第四十五条 擅自超出许可的范围进口或者出口属于限制进出口的技术的，依照刑法关于非法经营罪或者其他罪的规定，依法追究刑事责任；尚不够刑事处罚的，区别不同情况，依照海关法的有关规定处罚，或者由国务院外经贸主管部门给予警告，没收违法所得，处违法所得1倍以上3倍以下的罚款；国务院外经贸主管部门并可以暂停直至撤销其对外贸易经营许可。

第四十六条 伪造、变造或者买卖技术进出口许可证或者技术进出口合同登记证的，依照刑法关于非法经营罪或者伪造、变造、买卖国家机关公文、证件、印章罪的规定，依法追究刑事责任；尚不够刑事处罚的，依照海关法的有关规定处罚；国务院外经贸主管部门并可以撤销其对外贸易经营许可。

第四十七条 以欺骗或者其他不正当手段获取技术进出口许可的，由国务院外经贸主管部门吊销其技术进出口许可证，暂停直至撤销其对外贸易经营许可。

第四十八条 以欺骗或者其他不正当手段获取技术进出口合同登记的，由国务院外经贸主管部门吊销其技术进出口合同登记证，暂停直至撤销其对外贸易经营许可。

第四十九条 技术进出口管理工作人员违反本条例的规定，泄露国家秘密或者所知悉的商业秘密的,依照刑法关于泄露国家秘密罪或者侵犯商业秘密罪的规定,依法追究刑事责任;尚不够刑事处罚的,依法给予行政处分。

第五十条 技术进出口管理工作人员滥用职权、玩忽职守或者利用职务上的便利收受、索取他人财物的,依照刑法关于滥用职权罪、玩忽职守罪、受贿罪或者其他罪的规定,依法追究刑事责任;尚不够刑事处罚的,依法给予行政处分。

第五章 附 则

第五十一条 对国务院外经贸主管部门作出的有关技术进出口的批准、许可、登记或者行政处罚决定不服的,可以依法申请行政复议,也可以依法向人民法院提起诉讼。

第五十二条 本条例公布前国务院制定的有关技术进出口管理的规定与本条例的规定不一致的,以本条例为准。

第五十三条 本条例自2002年1月1日起施行。1985年5月24日国务院发布的《中华人民共和国技术引进合同管理条例》和1987年12月30日国务院批准、1988年1月20日对外经济贸易部发布的《中华人民共和国技术引进合同管理条例施行细则》同时废止。

中华人民共和国刑法

(1979年7月1日中华人民共和国第五届全国人民代表大会第二次会议通过 1997年3月14日中华人民共和国第八届全国人民代表大会第五次会议修订 根据1998年12月29日《全国人民代表大会常务委员会关于惩治骗购外汇、逃汇和非法买卖外汇犯罪的决定》、1999年12月25日《中华人民共和国刑法修正案》、2001年8月31日《中华人民共和国刑法修正案(二)》、2001年12月29日《中华人民共和国刑法修正案(三)》、2002年12月28日《中华人民共和国刑法修正案(四)》、2005年2月28日《中华人民共和国刑法修正案(五)》、2006年6月29日《中华人民共和国刑法修正案(六)》、2009年2月28日《中华人民共和国刑法修正案(七)》、2011年2月25日《中华人民共和国刑法修正案(八)》、2015年8月29日《中华人民共和国刑法修正案(九)》、2017年11月4日《中华人民共和国刑法修正案(十)》修正)

第一编 总 则

第一章 刑法的任务、基本原则和适用范围

第一条 为了惩罚犯罪,保护人民,根据宪法,结合我国同犯罪作斗争的具体经验及实际情况,制定本法。

第二条 中华人民共和国刑法的任务,是用刑罚同一切犯罪行为作斗争,以保卫国家安全,保卫人民民主专政的政权和社会主义制度,保护国有财产和劳动群众集体所有的财产,保护公民私人所有的财产,保护公民的人身权利、民主权利和其他权利,维护社会秩序、经济秩序,保障社会主义建设事业的顺利进行。

第三条 法律明文规定为犯罪行为的,依照法律定罪处刑;法律没有明文规定为犯罪行为的,不得定罪处刑。

第四条 对任何人犯罪,在适用法律上一律平等。不允许任何人有超越法律的特权。

第五条 刑罚的轻重,应当与犯罪分子所犯罪行和承担的刑事责任相适应。

第六条 凡在中华人民共和国领域内犯罪的,除法律有特别规定的以外,都适用本法。

凡在中华人民共和国船舶或者航空器内犯罪的,也适用本法。

犯罪的行为或者结果有一项发生在中华人民共和国领域内的,就认为是在中华人民共和国领域内犯罪。

第七条 中华人民共和国公民在中华人民共和国领域外犯本法规定之罪的,适用本法,但是按本法规定的最高刑为三年以下有期徒刑

的，可以不予追究。

中华人民共和国国家工作人员和军人在中华人民共和国领域外犯本法规定之罪的，适用本法。

第八条 外国人在中华人民共和国领域外对中华人民共和国国家或者公民犯罪，而按本法规定的最低刑为三年以上有期徒刑的，可以适用本法，但是按照犯罪地的法律不受处罚的除外。

第九条 对于中华人民共和国缔结或者参加的国际条约所规定的罪行，中华人民共和国在所承担条约义务的范围内行使刑事管辖权的，适用本法。

第十条 凡在中华人民共和国领域外犯罪，依照本法应当负刑事责任的，虽然经过外国审判，仍然可以依照本法追究，但是在外国已经受过刑罚处罚的，可以免除或者减轻处罚。

第十一条 享有外交特权和豁免权的外国人的刑事责任，通过外交途径解决。

第十二条 中华人民共和国成立以后本法施行以前的行为，如果当时的法律不认为是犯罪的，适用当时的法律；如果当时的法律认为是犯罪的，依照本法总则第四章第八节的规定应当追诉的，按照当时的法律追究刑事责任，但是如果本法不认为是犯罪或者处刑较轻的，适用本法。

本法施行以前，依照当时的法律已经作出的生效判决，继续有效。

第二章 犯 罪

第一节 犯罪和刑事责任

第十三条 一切危害国家主权、领土完整和安全，分裂国家、颠覆人民民主专政的政权和推翻社会主义制度，破坏社会秩序和经济秩序，侵犯国有财产或者劳动群众集体所有的财产，侵犯公民私人所有的财产，侵犯公民的人身权利、民主权利和其他权利，以及其他危害社会的行为，依照法律应当受刑罚处罚的，都是犯罪，但是情节显著轻微危害不大的，不认为是犯罪。

第十四条 明知自己的行为会发生危害社会的结果，并且希望或者放任这种结果发生，因而构成犯罪的，是故意犯罪。

故意犯罪，应当负刑事责任。

第十五条 应当预见自己的行为可能发生危害社会的结果，因为疏忽大意而没有预见，或者已经预见而轻信能够避免，以致发生这种结果的，是过失犯罪。

过失犯罪，法律有规定的才负刑事责任。

第十六条 行为在客观上虽然造成了损害结果，但是不是出于故意或者过失，而是由于不能抗拒或者不能预见的原因所引起的，不是犯罪。

第十七条 已满十六周岁的人犯罪，应当负刑事责任。

已满十四周岁不满十六周岁的人，犯故意杀人、故意伤害致人重伤或者死亡、强奸、抢劫、贩卖毒品、放火、爆炸、投毒罪的，应当负刑事责任。

已满十四周岁不满十八周岁的人犯罪，应当从轻或者减轻处罚。

因不满十六周岁不予刑事处罚的，责令他的家长或者监护人加以管教；在必要的时候，也可以由政府收容教养。

第十七条之一 已满七十五周岁的人故意犯罪的，可以从轻或者减轻处罚；过失犯罪的，应当从轻或者减轻处罚。

第十八条 精神病人在不能辨认或者不能控制自己行为的时候造成危害结果，经法定程序鉴定确认的，不负刑事责任，但是应当责令他的家属或者监护人严加看管和医疗；在必要的时候，由政府强制医疗。

间歇性的精神病人在精神正常的时候犯罪，应当负刑事责任。

尚未完全丧失辨认或者控制自己行为能力的精神病人犯罪的，应当负刑事责任，但是可以从轻或者减轻处罚。

醉酒的人犯罪，应当负刑事责任。

第十九条 又聋又哑的人或者盲人犯罪，可以从轻、减轻或者免除处罚。

第二十条 为了使国家、公共利益、本人或者他人的人身、财产和其他权利免受正在进行的不法侵害，而采取的制止不法侵害的行为，对不法侵害人造成损害的，属于正当防卫，不负刑事责任。

正当防卫明显超过必要限度造成重大损害的，应当负刑事责任，但是应当减轻或者免除处罚。

对正在进行行凶、杀人、抢劫、强奸、绑架以及其他严重危及人身安全的暴力犯罪，采取防卫行为，造成不法侵害人伤亡的，不属于防卫过当，不负刑事责任。

第二十一条　为了使国家、公共利益、本人或者他人的人身、财产和其他权利免受正在发生的危险，不得已采取的紧急避险行为，造成损害的，不负刑事责任。

紧急避险超过必要限度造成不应有的损害的，应当负刑事责任，但是应当减轻或者免除处罚。

第一款中关于避免本人危险的规定，不适用于职务上、业务上负有特定责任的人。

第二节　犯罪的预备、未遂和中止

第二十二条　为了犯罪，准备工具、制造条件的，是犯罪预备。

对于预备犯，可以比照既遂犯从轻、减轻处罚或者免除处罚。

第二十三条　已经着手实行犯罪，由于犯罪分子意志以外的原因而未得逞的，是犯罪未遂。

对于未遂犯，可以比照既遂犯从轻或者减轻处罚。

第二十四条　在犯罪过程中，自动放弃犯罪或者自动有效地防止犯罪结果发生的，是犯罪中止。

对于中止犯，没有造成损害的，应当免除处罚；造成损害的，应当减轻处罚。

第三节　共同犯罪

第二十五条　共同犯罪是指二人以上共同故意犯罪。

二人以上共同过失犯罪，不以共同犯罪论处；应当负刑事责任的，按照他们所犯的罪分别处罚。

第二十六条　组织、领导犯罪集团进行犯罪活动的或者在共同犯罪中起主要作用的，是主犯。

三人以上为共同实施犯罪而组成的较为固定的犯罪组织，是犯罪集团。

对组织、领导犯罪集团的首要分子，按照集团所犯的全部罪行处罚。

对于第三款规定以外的主犯，应当按照其所参与的或者组织、指挥的全部犯罪处罚。

第二十七条　在共同犯罪中起次要或者辅助作用的，是从犯。

对于从犯，应当从轻、减轻处罚或者免除处罚。

第二十八条　对于被胁迫参加犯罪的，应当按照他的犯罪情节减轻处罚或者免除处罚。

第二十九条　教唆他人犯罪的，应当按照他在共同犯罪中所起的作用处罚。教唆不满十八周岁的人犯罪的，应当从重处罚。

如果被教唆的人没有犯被教唆的罪，对于教唆犯，可以从轻或者减轻处罚。

第四节　单位犯罪

第三十条　公司、企业、事业单位、机关、团体实施的危害社会的行为，法律规定为单位犯罪的，应当负刑事责任。

第三十一条　单位犯罪的，对单位判处罚金，并对其直接负责的主管人员和其他直接责任人员判处刑罚。本法分则和其他法律另有规定的，依照规定。

第三章　刑　罚

第一节　刑罚的种类

第三十二条　刑罚分为主刑和附加刑。
第三十三条　主刑的种类如下：
（一）管制；
（二）拘役；
（三）有期徒刑；
（四）无期徒刑；
（五）死刑。
第三十四条　附加刑的种类如下：
（一）罚金；
（二）剥夺政治权利；
（三）没收财产。

附加刑也可以独立适用。

第三十五条 对于犯罪的外国人，可以独立适用或者附加适用驱逐出境。

第三十六条 由于犯罪行为而使被害人遭受经济损失的，对犯罪分子除依法给予刑事处罚外，并应根据情况判处赔偿经济损失。

承担民事赔偿责任的犯罪分子，同时被判处罚金，其财产不足以全部支付的，或者被判处没收财产的，应当先承担对被害人的民事赔偿责任。

第三十七条 对于犯罪情节轻微不需要判处刑罚的，可以免予刑事处罚，但是可以根据案件的不同情况，予以训诫或者责令具结悔过、赔礼道歉、赔偿损失，或者由主管部门予以行政处罚或者行政处分。

第三十七条之一 因利用职业便利实施犯罪，或者实施违背职业要求的特定义务的犯罪被判处刑罚的，人民法院可以根据犯罪情况和预防再犯罪的需要，禁止其自刑罚执行完毕之日或者假释之日起从事相关职业，期限为三年至五年。

被禁止从事相关职业的人违反人民法院依照前款规定作出的决定的，由公安机关依法给予处罚；情节严重的，依照本法第三百一十三条的规定定罪处罚。

其他法律、行政法规对其从事相关职业另有禁止或者限制性规定的，从其规定。

第二节 管 制

第三十八条 管制的期限，为三个月以上二年以下。

判处管制，可以根据犯罪情况，同时禁止犯罪分子在执行期间从事特定活动，进入特定区域、场所，接触特定的人。

对判处管制的犯罪分子，依法实行社区矫正。

违反第二款规定的禁止令的，由公安机关依照《中华人民共和国治安管理处罚法》的规定处罚。

第三十九条 被判处管制的犯罪分子，在执行期间，应当遵守下列规定：

（一）遵守法律、行政法规，服从监督；

（二）未经执行机关批准，不得行使言论、出版、集会、结社、游行、示威自由的权利；

（三）按照执行机关规定报告自己的活动情况；

（四）遵守执行机关关于会客的规定；

（五）离开所居住的市、县或者迁居，应当报经执行机关批准。

对于被判处管制的犯罪分子，在劳动中应当同工同酬。

第四十条 被判处管制的犯罪分子，管制期满，执行机关应即向本人和其所在单位或者居住地的群众宣布解除管制。

第四十一条 管制的刑期，从判决执行之日起计算；判决执行以前先行羁押的，羁押一日折抵刑期二日。

第三节 拘 役

第四十二条 拘役的期限，为一个月以上六个月以下。

第四十三条 被判处拘役的犯罪分子，由公安机关就近执行。

在执行期间，被判处拘役的犯罪分子每月可以回家一天至两天；参加劳动的，可以酌量发给报酬。

第四十四条 拘役的刑期，从判决执行之日起计算；判决执行以前先行羁押的，羁押一日折抵刑期一日。

第四节 有期徒刑、无期徒刑

第四十五条 有期徒刑的期限，除本法第五十条、第六十九条规定外，为六个月以上十五年以下。

第四十六条 被判处有期徒刑、无期徒刑的犯罪分子，在监狱或者其他执行场所执行；凡有劳动能力的，都应当参加劳动，接受教育和改造。

第四十七条 有期徒刑的刑期，从判决执行之日起计算；判决执行以前先行羁押的，羁押一日折抵刑期一日。

第五节 死 刑

第四十八条 死刑只适用于罪行极其严重

的犯罪分子。对于应当判处死刑的犯罪分子，如果不是必须立即执行的，可以判处死刑同时宣告缓期二年执行。

死刑除依法由最高人民法院判决的以外，都应当报请最高人民法院核准。死刑缓期执行的，可以由高级人民法院判决或者核准。

第四十九条　犯罪的时候不满十八周岁的人和审判的时候怀孕的妇女，不适用死刑。

审判的时候已满七十五周岁的人，不适用死刑，但以特别残忍手段致人死亡的除外。

第五十条　判处死刑缓期执行的，在死刑缓期执行期间，如果没有故意犯罪，二年期满以后，减为无期徒刑；如果确有重大立功表现，二年期满以后，减为二十五年有期徒刑；如果故意犯罪，情节恶劣的，报请最高人民法院核准后执行死刑；对于故意犯罪未执行死刑的，死刑缓期执行的期间重新计算，并报最高人民法院备案。

对被判处死刑缓期执行的累犯以及因故意杀人、强奸、抢劫、绑架、放火、爆炸、投放危险物质或者有组织的暴力性犯罪被判处死刑缓期执行的犯罪分子，人民法院根据犯罪情节等情况可以同时决定对其限制减刑。

第五十一条　死刑缓期执行的期间，从判决确定之日起计算。死刑缓期执行减为有期徒刑的刑期，从死刑缓期执行期满之日起计算。

第六节　罚　金

第五十二条　判处罚金，应当根据犯罪情节决定罚金数额。

第五十三条　罚金在判决指定的期限内一次或者分期缴纳。期满不缴纳的，强制缴纳。对于不能全部缴纳罚金的，人民法院在任何时候发现被执行人有可以执行的财产，应当随时追缴。

由于遭遇不能抗拒的灾祸等原因缴纳确实有困难的，经人民法院裁定，可以延期缴纳、酌情减少或者免除。

第七节　剥夺政治权利

第五十四条　剥夺政治权利是剥夺下列权利：

（一）选举权和被选举权；
（二）言论、出版、集会、结社、游行、示威自由的权利；
（三）担任国家机关职务的权利；
（四）担任国有公司、企业、事业单位和人民团体领导职务的权利。

第五十五条　剥夺政治权利的期限，除本法第五十七条规定外，为一年以上五年以下。

判处管制附加剥夺政治权利的，剥夺政治权利的期限与管制的期限相等，同时执行。

第五十六条　对于危害国家安全的犯罪分子应当附加剥夺政治权利；对于故意杀人、强奸、放火、爆炸、投毒、抢劫等严重破坏社会秩序的犯罪分子，可以附加剥夺政治权利。

独立适用剥夺政治权利的，依照本法分则的规定。

第五十七条　对于被判处死刑、无期徒刑的犯罪分子，应当剥夺政治权利终身。

在死刑缓期执行减为有期徒刑或者无期徒刑减为有期徒刑的时候，应当把附加剥夺政治权利的期限改为三年以上十年以下。

第五十八条　附加剥夺政治权利的刑期，从徒刑、拘役执行完毕之日或者从假释之日起计算；剥夺政治权利的效力当然施用于主刑执行期间。

被剥夺政治权利的犯罪分子，在执行期间，应当遵守法律、行政法规和国务院公安部门有关监督管理的规定，服从监督；不得行使本法第五十四条规定的各项权利。

第八节　没收财产

第五十九条　没收财产是没收犯罪分子个人所有财产的一部或者全部。没收全部财产的，应当对犯罪分子个人及其扶养的家属保留必需的生活费用。

在判处没收财产的时候，不得没收属于犯罪分子家属所有或者应有的财产。

第六十条　没收财产以前犯罪分子所负的正当债务，需要以没收的财产偿还的，经债权人请求，应当偿还。

第四章　刑罚的具体运用

第一节　量　刑

第六十一条　对于犯罪分子决定刑罚的时候，应当根据犯罪的事实、犯罪的性质、情节和对于社会的危害程度，依照本法的有关规定判处。

第六十二条　犯罪分子具有本法规定的从重处罚、从轻处罚情节的，应当在法定刑的限度以内判处刑罚。

第六十三条　犯罪分子具有本法规定的减轻处罚情节的，应当在法定刑以下判处刑罚；本法规定有数个量刑幅度的，应当在法定量刑幅度的下一个量刑幅度内判处刑罚。

犯罪分子虽然不具有本法规定的减轻处罚情节，但是根据案件的特殊情况，经最高人民法院核准，也可以在法定刑以下判处刑罚。

第六十四条　犯罪分子违法所得的一切财物，应当予以追缴或者责令退赔；对被害人的合法财产，应当及时返还；违禁品和供犯罪所用的本人财物，应当予以没收。没收的财物和罚金，一律上缴国库，不得挪用和自行处理。

第二节　累　犯

第六十五条　被判处有期徒刑以上刑罚的犯罪分子，刑罚执行完毕或者赦免以后，在五年以内再犯应当判处有期徒刑以上刑罚之罪的，是累犯，应当从重处罚，但是过失犯罪和不满十八周岁的人犯罪的除外。

前款规定的期限，对于被假释的犯罪分子，从假释期满之日起计算。

第六十六条　危害国家安全犯罪、恐怖活动犯罪、黑社会性质的组织犯罪的犯罪分子，在刑罚执行完毕或者赦免以后，在任何时候再犯上述任一类罪的，都以累犯论处。

第三节　自首和立功

第六十七条　犯罪以后自动投案，如实供述自己的罪行的，是自首。对于自首的犯罪分子，可以从轻或者减轻处罚。其中，犯罪较轻的，可以免除处罚。

被采取强制措施的犯罪嫌疑人、被告人和正在服刑的罪犯，如实供述司法机关还未掌握的本人其他罪行的，以自首论。

犯罪嫌疑人虽不具有前两款规定的自首情节，但是如实供述自己罪行的，可以从轻处罚；因其如实供述自己罪行，避免特别严重后果发生的，可以减轻处罚。

第六十八条　犯罪分子有揭发他人犯罪行为，查证属实的，或者提供重要线索，从而得以侦破其他案件等立功表现的，可以从轻或者减轻处罚；有重大立功表现的，可以减轻或者免除处罚。

第四节　数罪并罚

第六十九条　判决宣告以前一人犯数罪的，除判处死刑和无期徒刑的以外，应当在总和刑期以下、数刑中最高刑期以上，酌情决定执行的刑期，但是管制最高不能超过三年，拘役最高不能超过一年，有期徒刑总和刑期不满三十五年的，最高不能超过二十年，总和刑期在三十五年以上的，最高不能超过二十五年。

数罪中有判处有期徒刑和拘役的，执行有期徒刑。数罪中有判处有期徒刑和管制，或者拘役和管制的，有期徒刑、拘役执行完毕后，管制仍须执行。

数罪中有判处附加刑的，附加刑仍须执行，其中附加刑种类相同的，合并执行，种类不同的，分别执行。

第七十条　判决宣告以后，刑罚执行完毕以前，发现被判刑的犯罪分子在判决宣告以前还有其他罪没有判决的，应当对新发现的罪作出判决，把前后两个判决所判处的刑罚，依照本法第六十九条的规定，决定执行的刑罚。已经执行的刑期，应当计算在新判决决定的刑期以内。

第七十一条　判决宣告以后，刑罚执行完毕以前，被判刑的犯罪分子又犯罪的，应当对新犯的罪作出判决，把前罪没有执行的刑罚和后罪所判处的刑罚，依照本法第六十九条的规定，决定执行的刑罚。

第五节　缓　刑

第七十二条　对于被判处拘役、三年以下有期徒刑的犯罪分子，同时符合下列条件的，可以宣告缓刑，对其中不满十八周岁的人、怀孕的妇女和已满七十五周岁的人，应当宣告缓刑：

（一）犯罪情节较轻；

（二）有悔罪表现；

（三）没有再犯罪的危险；

（四）宣告缓刑对所居住社区没有重大不良影响。

宣告缓刑，可以根据犯罪情况，同时禁止犯罪分子在缓刑考验期限内从事特定活动，进入特定区域、场所，接触特定的人。

被宣告缓刑的犯罪分子，如果被判处附加刑，附加刑仍须执行。

第七十三条　拘役的缓刑考验期限为原判刑期以上一年以下，但是不能少于二个月。

有期徒刑的缓刑考验期限为原判刑期以上五年以下，但是不能少于一年。

缓刑考验期限，从判决确定之日起计算。

第七十四条　对于累犯和犯罪集团的首要分子，不适用缓刑。

第七十五条　被宣告缓刑的犯罪分子，应当遵守下列规定：

（一）遵守法律、行政法规，服从监督；

（二）按照考察机关的规定报告自己的活动情况；

（三）遵守考察机关关于会客的规定；

（四）离开所居住的市、县或者迁居，应当报经考察机关批准。

第七十六条　对宣告缓刑的犯罪分子，在缓刑考验期限内，依法实行社区矫正，如果没有本法第七十七条规定的情形，缓刑考验期满，原判的刑罚就不再执行，并公开予以宣告。

第七十七条　被宣告缓刑的犯罪分子，在缓刑考验期限内犯新罪或者发现判决宣告以前还有其他罪没有判决的，应当撤销缓刑，对新犯的罪或者新发现的罪作出判决，把前罪和后罪所判处的刑罚，依照本法第六十九条的规定，决定执行的刑罚。

被宣告缓刑的犯罪分子，在缓刑考验期限内，违反法律、行政法规或者国务院有关部门关于缓刑的监督管理规定，或者违反人民法院判决中的禁止令，情节严重的，应当撤销缓刑，执行原判刑罚。

第六节　减　刑

第七十八条　被判处管制、拘役、有期徒刑、无期徒刑的犯罪分子，在执行期间，如果认真遵守监规，接受教育改造，确有悔改表现的，或者有立功表现的，可以减刑；有下列重大立功表现之一的，应当减刑：

（一）阻止他人重大犯罪活动的；

（二）检举监狱内外重大犯罪活动，经查证属实的；

（三）有发明创造或者重大技术革新的；

（四）在日常生产、生活中舍己救人的；

（五）在抗御自然灾害或者排除重大事故中，有突出表现的；

（六）对国家和社会有其他重大贡献的。

减刑以后实际执行的刑期不能少于下列期限：

（一）判处管制、拘役、有期徒刑的，不能少于原判刑期的二分之一；

（二）判处无期徒刑的，不能少于十三年；

（三）人民法院依照本法第五十条第二款规定限制减刑的死刑缓期执行的犯罪分子，缓期执行期满后依法减为无期徒刑的，不能少于二十五年，缓期执行期满后依法减为二十五年有期徒刑的，不能少于二十年。

第七十九条　对于犯罪分子的减刑，由执行机关向中级以上人民法院提出减刑建议书。人民法院应当组成合议庭进行审理，对确有悔改或者立功事实的，裁定予以减刑。非经法定程序不得减刑。

第八十条　无期徒刑减为有期徒刑的刑期，从裁定减刑之日起计算。

第七节　假　释

第八十一条　被判处有期徒刑的犯罪分子，执行原判刑期二分之一以上，被判处无期徒刑的犯罪分子，实际执行十三年以上，如果认真遵守监规，接受教育改造，确有悔改表现，没有再犯罪的危险的，可以假释。如果有特殊情况，经最高人民法院核准，可以不受上述执行刑期的限制。

对累犯以及因故意杀人、强奸、抢劫、绑架、放火、爆炸、投放危险物质或者有组织的暴力性犯罪被判处十年以上有期徒刑、无期徒刑的犯罪分子，不得假释。

对犯罪分子决定假释时，应当考虑其假释后对所居住社区的影响。

第八十二条 对于犯罪分子的假释，依照本法第七十九条规定的程序进行。非经法定程序不得假释。

第八十三条 有期徒刑的假释考验期限，为没有执行完毕的刑期；无期徒刑的假释考验期限为十年。

假释考验期限，从假释之日起计算。

第八十四条 被宣告假释的犯罪分子，应当遵守下列规定：

（一）遵守法律、行政法规，服从监督；

（二）按照监督机关的规定报告自己的活动情况；

（三）遵守监督机关关于会客的规定；

（四）离开所居住的市、县或者迁居，应当报经监督机关批准。

第八十五条 对假释的犯罪分子，在假释考验期限内，依法实行社区矫正，如果没有本法第八十六条规定的情形，假释考验期满，就认为原判刑罚已经执行完毕，并公开予以宣告。

第八十六条 被假释的犯罪分子，在假释考验期限内犯新罪，应当撤销假释，依照本法第七十一条的规定实行数罪并罚。

在假释考验期限内，发现被假释的犯罪分子在判决宣告以前还有其他罪没有判决的，应当撤销假释，依照本法第七十条的规定实行数罪并罚。

被假释的犯罪分子，在假释考验期限内，有违反法律、行政法规或者国务院有关部门关于假释的监督管理规定的行为，尚未构成新的犯罪的，应当依照法定程序撤销假释，收监执行未执行完毕的刑罚。

第八节 时 效

第八十七条 犯罪经过下列期限不再追诉：

（一）法定最高刑为不满五年有期徒刑的，经过五年；

（二）法定最高刑为五年以上不满十年有期徒刑的，经过十年；

（三）法定最高刑为十年以上有期徒刑的，经过十五年；

（四）法定最高刑为无期徒刑、死刑的，经过二十年。如果二十年以后认为必须追诉的，须报请最高人民检察院核准。

第八十八条 在人民检察院、公安机关、国家安全机关立案侦查或者在人民法院受理案件以后，逃避侦查或者审判的，不受追诉期限的限制。

被害人在追诉期限内提出控告，人民法院、人民检察院、公安机关应当立案而不予立案的，不受追诉期限的限制。

第八十九条 追诉期限从犯罪之日起计算；犯罪行为有连续或者继续状态的，从犯罪行为终了之日起计算。

在追诉期限以内又犯罪的，前罪追诉的期限从犯后罪之日起计算。

第五章 其他规定

第九十条 民族自治地方不能全部适用本法规定的，可以由自治区或者省的人民代表大会根据当地民族的政治、经济、文化的特点和本法规定的基本原则，制定变通或者补充的规定，报请全国人民代表大会常务委员会批准施行。

第九十一条 本法所称公共财产，是指下列财产：

（一）国有财产；

（二）劳动群众集体所有的财产；

（三）用于扶贫和其他公益事业的社会捐助或者专项基金的财产。

在国家机关、国有公司、企业、集体企业和人民团体管理、使用或者运输中的私人财

— 691 —

产，以公共财产论。

第九十二条 本法所称公民私人所有的财产，是指下列财产：

（一）公民的合法收入、储蓄、房屋和其他生活资料；

（二）依法归个人、家庭所有的生产资料；

（三）个体户和私营企业的合法财产；

（四）依法归个人所有的股份、股票、债券和其他财产。

第九十三条 本法所称国家工作人员，是指国家机关中从事公务的人员。

国有公司、企业、事业单位、人民团体中从事公务的人员和国家机关、国有公司、企业、事业单位委派到非国有公司、企业、事业单位、社会团体从事公务的人员，以及其他依照法律从事公务的人员，以国家工作人员论。

第九十四条 本法所称司法工作人员，是指有侦查、检察、审判、监管职责的工作人员。

第九十五条 本法所称重伤，是指有下列情形之一的伤害：

（一）使人肢体残废或者毁人容貌的；

（二）使人丧失听觉、视觉或者其他器官机能的；

（三）其他对于人身健康有重大伤害的。

第九十六条 本法所称违反国家规定，是指违反全国人民代表大会及其常务委员会制定的法律和决定，国务院制定的行政法规、规定的行政措施、发布的决定和命令。

第九十七条 本法所称首要分子，是指在犯罪集团或者聚众犯罪中起组织、策划、指挥作用的犯罪分子。

第九十八条 本法所称告诉才处理，是指被害人告诉才处理。如果被害人因受强制、威吓无法告诉的，人民检察院和被害人的近亲属也可以告诉。

第九十九条 本法所称以上、以下、以内，包括本数。

第一百条 依法受过刑事处罚的人，在入伍、就业的时候，应当如实向有关单位报告自己曾受过刑事处罚，不得隐瞒。

犯罪的时候不满十八周岁被判处五年有期徒刑以下刑罚的人，免除前款规定的报告义务。

第一百零一条 本法总则适用于其他有刑罚规定的法律，但是其他法律有特别规定的除外。

第二编 分 则

第一章 危害国家安全罪

第一百零二条 勾结外国，危害中华人民共和国的主权、领土完整和安全的，处无期徒刑或者十年以上有期徒刑。

与境外机构、组织、个人相勾结，犯前款罪的，依照前款的规定处罚。

第一百零三条 组织、策划、实施分裂国家、破坏国家统一的，对首要分子或者罪行重大的，处无期徒刑或者十年以上有期徒刑；对积极参加的，处三年以上十年以下有期徒刑；对其他参加的，处三年以下有期徒刑、拘役、管制或者剥夺政治权利。

煽动分裂国家、破坏国家统一的，处五年以下有期徒刑、拘役、管制或者剥夺政治权利；首要分子或者罪行重大的，处五年以上有期徒刑。

第一百零四条 组织、策划、实施武装叛乱或者武装暴乱的，对首要分子或者罪行重大的，处无期徒刑或者十年以上有期徒刑；对积极参加的，处三年以上十年以下有期徒刑；对其他参加的，处三年以下有期徒刑、拘役、管制或者剥夺政治权利。

策动、胁迫、勾引、收买国家机关工作人员、武装部队人员、人民警察、民兵进行武装叛乱或者武装暴乱的，依照前款的规定从重处罚。

第一百零五条 组织、策划、实施颠覆国家政权、推翻社会主义制度的，对首要分子或者罪行重大的，处无期徒刑或者十年以上有期徒刑；对积极参加的，处三年以上十年以下有期徒刑；对其他参加的，处三年以下有期徒刑、拘役、管制或者剥夺政治权利。

以造谣、诽谤或者其他方式煽动颠覆国家政权、推翻社会主义制度的，处五年以下有期徒刑、拘役、管制或者剥夺政治权利；首要分子或者罪行重大的，处五年以上有期徒刑。

第一百零六条 与境外机构、组织、个人相勾结，实施本章第一百零三条、第一百零四条、第一百零五条规定之罪的，依照各该条的规定从重处罚。

第一百零七条 境内外机构、组织或者个人资助实施本章第一百零二条、第一百零三条、第一百零四条、第一百零五条规定之罪的，对直接责任人员，处五年以下有期徒刑、拘役、管制或者剥夺政治权利；情节严重的，处五年以上有期徒刑。

第一百零八条 投敌叛变的，处三年以上十年以下有期徒刑；情节严重或者带领武装部队人员、人民警察、民兵投敌叛变的，处十年以上有期徒刑或者无期徒刑。

第一百零九条 国家机关工作人员在履行公务期间，擅离岗位，叛逃境外或者在境外叛逃的，处五年以下有期徒刑、拘役、管制或者剥夺政治权利；情节严重的，处五年以上十年以下有期徒刑。

掌握国家秘密的国家工作人员叛逃境外或者在境外叛逃的，依照前款的规定从重处罚。

第一百一十条 有下列间谍行为之一，危害国家安全的，处十年以上有期徒刑或者无期徒刑；情节较轻的，处三年以上十年以下有期徒刑：

（一）参加间谍组织或者接受间谍组织及其代理人的任务的；

（二）为敌人指示轰击目标的。

第一百一十一条 为境外的机构、组织、人员窃取、刺探、收买、非法提供国家秘密或者情报的，处五年以上十年以下有期徒刑；情节特别严重的，处十年以上有期徒刑或者无期徒刑；情节较轻的，处五年以下有期徒刑、拘役、管制或者剥夺政治权利。

第一百一十二条 战时供给敌人武器装备、军用物资资敌的，处十年以上有期徒刑或者无期徒刑；情节较轻的，处三年以上十年以下有期徒刑。

第一百一十三条 本章上述危害国家安全罪行中，除第一百零三条第二款、第一百零五条、第一百零七条、第一百零九条外，对国家和人民危害特别严重、情节特别恶劣的，可以判处死刑。

犯本章之罪的，可以并处没收财产。

第二章　危害公共安全罪

第一百一十四条 放火、决水、爆炸以及投放毒害性、放射性、传染病病原体等物质或者以其他危险方法危害公共安全，尚未造成严重后果的，处三年以上十年以下有期徒刑。

第一百一十五条 放火、决水、爆炸以及投放毒害性、放射性、传染病病原体等物质或者以其他危险方法致人重伤、死亡或者使公私财产遭受重大损失的，处十年以上有期徒刑、无期徒刑或者死刑。

过失犯前款罪的，处三年以上七年以下有期徒刑；情节较轻的，处三年以下有期徒刑或者拘役。

第一百一十六条 破坏火车、汽车、电车、船只、航空器，足以使火车、汽车、电车、船只、航空器发生倾覆、毁坏危险，尚未造成严重后果的，处三年以上十年以下有期徒刑。

第一百一十七条 破坏轨道、桥梁、隧道、公路、机场、航道、灯塔、标志或者进行其他破坏活动，足以使火车、汽车、电车、船只、航空器发生倾覆、毁坏危险，尚未造成严重后果的，处三年以上十年以下有期徒刑。

第一百一十八条 破坏电力、燃气或者其他易燃易爆设备，危害公共安全，尚未造成严重后果的，处三年以上十年以下有期徒刑。

第一百一十九条 破坏交通工具、交通设施、电力设备、燃气设备、易燃易爆设备，造成严重后果的，处十年以上有期徒刑、无期徒刑或者死刑。

过失犯前款罪的，处三年以上七年以下有期徒刑；情节较轻的，处三年以下有期徒刑或者拘役。

第一百二十条 组织、领导恐怖活动组织的，处十年以上有期徒刑或者无期徒刑，并处没收财产；积极参加的，处三年以上十年以下有期徒刑，并处罚金；其他参加的，处三年以下有期徒刑、拘役、管制或者剥夺政治权利，可以并处罚金。

犯前款罪并实施杀人、爆炸、绑架等犯罪的，依照数罪并罚的规定处罚。

第一百二十条之一 资助恐怖活动组织、实施恐怖活动的个人的，或者资助恐怖活动培训的，处五年以下有期徒刑、拘役、管制或者剥夺政治权利，并处罚金；情节严重的，处五年以上有期徒刑，并处罚金或者没收财产。

为恐怖活动组织、实施恐怖活动或者恐怖活动培训招募、运送人员的，依照前款的规定处罚。

单位犯前两款罪的，对单位判处罚金，并对其直接负责的主管人员和其他直接责任人员，依照第一款的规定处罚。

第一百二十条之二 有下列情形之一的，处五年以下有期徒刑、拘役、管制或者剥夺政治权利，并处罚金；情节严重的，处五年以上有期徒刑，并处罚金或者没收财产：

（一）为实施恐怖活动准备凶器、危险物品或者其他工具的；

（二）组织恐怖活动培训或者积极参加恐怖活动培训的；

（三）为实施恐怖活动与境外恐怖活动组织或者人员联络的；

（四）为实施恐怖活动进行策划或者其他准备的。

有前款行为，同时构成其他犯罪的，依照处罚较重的规定定罪处罚。

第一百二十条之三 以制作、散发宣扬恐怖主义、极端主义的图书、音频视频资料或者其他物品，或者通过讲授、发布信息等方式宣扬恐怖主义、极端主义的，或者煽动实施恐怖活动的，处五年以下有期徒刑、拘役、管制或者剥夺政治权利，并处罚金；情节严重的，处五年以上有期徒刑，并处罚金或者没收财产。

第一百二十条之四 利用极端主义煽动、胁迫群众破坏国家法律确立的婚姻、司法、教育、社会管理等制度实施的，处三年以下有期徒刑、拘役或者管制，并处罚金；情节严重的，处三年以上七年以下有期徒刑，并处罚金；情节特别严重的，处七年以上有期徒刑，并处罚金或者没收财产。

第一百二十条之五 以暴力、胁迫等方式强制他人在公共场所穿着、佩戴宣扬恐怖主义、极端主义服饰、标志的，处三年以下有期徒刑、拘役或者管制，并处罚金。

第一百二十条之六 明知是宣扬恐怖主义、极端主义的图书、音频视频资料或者其他物品而非法持有，情节严重的，处三年以下有期徒刑、拘役或者管制，并处或者单处罚金。

第一百二十一条 以暴力、胁迫或者其他方法劫持航空器的，处十年以上有期徒刑或者无期徒刑；致人重伤、死亡或者使航空器遭受严重破坏的，处死刑。

第一百二十二条 以暴力、胁迫或者其他方法劫持船只、汽车的，处五年以上十年以下有期徒刑；造成严重后果的，处十年以上有期徒刑或者无期徒刑。

第一百二十三条 对飞行中的航空器上的人员使用暴力，危及飞行安全，尚未造成严重后果的，处五年以下有期徒刑或者拘役；造成严重后果的，处五年以上有期徒刑。

第一百二十四条 破坏广播电视设施、公用电信设施，危害公共安全的，处三年以上七年以下有期徒刑；造成严重后果的，处七年以上有期徒刑。

过失犯前款罪的，处三年以上七年以下有期徒刑；情节较轻的，处三年以下有期徒刑或者拘役。

第一百二十五条 非法制造、买卖、运输、邮寄、储存枪支、弹药、爆炸物的，处三年以上十年以下有期徒刑；情节严重的，处十年以上有期徒刑、无期徒刑或者死刑。

非法制造、买卖、运输、储存毒害性、放射性、传染病病原体等物质，危害公共安全的，依照前款的规定处罚。

单位犯前两款罪的，对单位判处罚金，并对其直接负责的主管人员和其他直接责任人员，依照第一款的规定处罚。

第一百二十六条 依法被指定、确定的枪支制造企业、销售企业，违反枪支管理规定，有下列行为之一的，对单位判处罚金，并对其直接负责的主管人员和其他直接责任人员，处五年以下有期徒刑；情节严重的，处五年以上十年以下有期徒刑；情节特别严重的，处十年以上有期徒刑或者无期徒刑：

（一）以非法销售为目的，超过限额或者不按照规定的品种制造、配售枪支的；

（二）以非法销售为目的，制造无号、重号、假号的枪支的；

（三）非法销售枪支或者在境内销售为出口制造的枪支的。

第一百二十七条 盗窃、抢夺枪支、弹药、爆炸物的，或者盗窃、抢夺毒害性、放射性、传染病病原体等物质，危害公共安全的，处三年以上十年以下有期徒刑；情节严重的，处十年以上有期徒刑、无期徒刑或者死刑。

抢劫枪支、弹药、爆炸物的，或者抢劫毒害性、放射性、传染病病原体等物质，危害公共安全的，或者盗窃、抢夺国家机关、军警人员、民兵的枪支、弹药、爆炸物的，处十年以上有期徒刑、无期徒刑或者死刑。

第一百二十八条 违反枪支管理规定，非法持有、私藏枪支、弹药的，处三年以下有期徒刑、拘役或者管制；情节严重的，处三年以上七年以下有期徒刑。

依法配备公务用枪的人员，非法出租、出借枪支的，依照前款的规定处罚。

依法配置枪支的人员，非法出租、出借枪支，造成严重后果的，依照第一款的规定处罚。

单位犯第二款、第三款罪的，对单位判处罚金，并对其直接负责的主管人员和其他直接责任人员，依照第一款的规定处罚。

第一百二十九条 依法配备公务用枪的人员，丢失枪支不及时报告，造成严重后果的，处三年以下有期徒刑或者拘役。

第一百三十条 非法携带枪支、弹药、管制刀具或者爆炸性、易燃性、放射性、毒害性、腐蚀性物品，进入公共场所或者公共交通工具，危及公共安全，情节严重的，处三年以下有期徒刑、拘役或者管制。

第一百三十一条 航空人员违反规章制度，致使发生重大飞行事故，造成严重后果的，处三年以下有期徒刑或者拘役；造成飞机坠毁或者人员死亡的，处三年以上七年以下有期徒刑。

第一百三十二条 铁路职工违反规章制度，致使发生铁路运营安全事故，造成严重后果的，处三年以下有期徒刑或者拘役；造成特别严重后果的，处三年以上七年以下有期徒刑。

第一百三十三条 违反交通运输管理法规，因而发生重大事故，致人重伤、死亡或者使公私财产遭受重大损失的，处三年以下有期徒刑或者拘役；交通运输肇事后逃逸或者有其他特别恶劣情节的，处三年以上七年以下有期徒刑；因逃逸致人死亡的，处七年以上有期徒刑。

第一百三十三条之一 在道路上驾驶机动车，有下列情形之一的，处拘役，并处罚金：

（一）追逐竞驶，情节恶劣的；

（二）醉酒驾驶机动车的；

（三）从事校车业务或者旅客运输，严重超过额定乘员载客，或者严重超过规定时速行驶的；

（四）违反危险化学品安全管理规定运输危险化学品，危及公共安全的。

机动车所有人、管理人对前款第三项、第四项行为负有直接责任的，依照前款的规定处罚。

有前两款行为，同时构成其他犯罪的，依照处罚较重的规定定罪处罚。

第一百三十四条 在生产、作业中违反有关安全管理的规定，因而发生重大伤亡事故或者造成其他严重后果的，处三年以下有期徒刑或者拘役；情节特别恶劣的，处三年以上七年以下有期徒刑。

强令他人违章冒险作业，因而发生重大伤亡事故或者造成其他严重后果的，处五年以下有期徒刑或者拘役；情节特别恶劣的，处五年以上有期徒刑。

第一百三十五条 安全生产设施或者安全生产条件不符合国家规定，因而发生重大伤亡事故或者造成其他严重后果的，对直接负责的主管人员和其他直接责任人员，处三年以下有期徒刑或者拘役；情节特别恶劣的，处三年以上七年以下有期徒刑。

第一百三十五条之一 举办大型群众性活

动违反安全管理规定，因而发生重大伤亡事故或者造成其他严重后果的，对直接负责的主管人员和其他直接责任人员，处三年以下有期徒刑或者拘役；情节特别恶劣的，处三年以上七年以下有期徒刑。

第一百三十六条 违反爆炸性、易燃性、放射性、毒害性、腐蚀性物品的管理规定，在生产、储存、运输、使用中发生重大事故，造成严重后果的，处三年以下有期徒刑或者拘役；后果特别严重的，处三年以上七年以下有期徒刑。

第一百三十七条 建设单位、设计单位、施工单位、工程监理单位违反国家规定，降低工程质量标准，造成重大安全事故的，对直接责任人员，处五年以下有期徒刑或者拘役，并处罚金；后果特别严重的，处五年以上十年以下有期徒刑，并处罚金。

第一百三十八条 明知校舍或者教育教学设施有危险，而不采取措施或者不及时报告，致使发生重大伤亡事故的，对直接责任人员，处三年以下有期徒刑或者拘役；后果特别严重的，处三年以上七年以下有期徒刑。

第一百三十九条 违反消防管理法规，经消防监督机构通知采取改正措施而拒绝执行，造成严重后果的，对直接责任人员，处三年以下有期徒刑或者拘役；后果特别严重的，处三年以上七年以下有期徒刑。

第一百三十九条之一 在安全事故发生后，负有报告职责的人员不报或者谎报事故情况，贻误事故抢救，情节严重的，处三年以下有期徒刑或者拘役；情节特别严重的，处三年以上七年以下有期徒刑。

第三章 破坏社会主义市场经济秩序罪

第一节 生产、销售伪劣商品罪

第一百四十条 生产者、销售者在产品中掺杂、掺假，以假充真，以次充好或者以不合格产品冒充合格产品，销售金额五万元以上不满二十万元的，处二年以下有期徒刑或者拘役，并处或者单处销售金额百分之五十以上二倍以下罚金；销售金额二十万元以上不满五十万元的，处二年以上七年以下有期徒刑，并处销售金额百分之五十以上二倍以下罚金；销售金额五十万元以上不满二百万元的，处七年以上有期徒刑，并处销售金额百分之五十以上二倍以下罚金；销售金额二百万元以上的，处十五年有期徒刑或者无期徒刑，并处销售金额百分之五十以上二倍以下罚金或者没收财产。

第一百四十一条 生产、销售假药的，处三年以下有期徒刑或者拘役，并处罚金；对人体健康造成严重危害或者有其他严重情节的，处三年以上十年以下有期徒刑，并处罚金；致人死亡或者有其他特别严重情节的，处十年以上有期徒刑、无期徒刑或者死刑，并处罚金或者没收财产。

本条所称假药，是指依照《中华人民共和国药品管理法》的规定属于假药和按假药处理的药品、非药品。

第一百四十二条 生产、销售劣药，对人体健康造成严重危害的，处三年以上十年以下有期徒刑，并处销售金额百分之五十以上二倍以下罚金；后果特别严重的，处十年以上有期徒刑或者无期徒刑，并处销售金额百分之五十以上二倍以下罚金或者没收财产。

本条所称劣药，是指依照《中华人民共和国药品管理法》的规定属于劣药的药品。

第一百四十三条 生产、销售不符合食品安全标准的食品，足以造成严重食物中毒事故或者其他严重食源性疾病的，处三年以下有期徒刑或者拘役，并处罚金；对人体健康造成严重危害或者有其他严重情节的，处三年以上七年以下有期徒刑，并处罚金；后果特别严重的，处七年以上有期徒刑或者无期徒刑，并处罚金或者没收财产。

第一百四十四条 在生产、销售的食品中掺入有毒、有害的非食品原料的，或者销售明知掺有有毒、有害的非食品原料的食品的，处五年以下有期徒刑，并处罚金；对人体健康造成严重危害或者有其他严重情节的，处五年以上十年以下有期徒刑，并处罚金；致人死亡或者有其他特别严重情节的，依照本法第一百四十一条的规定处罚。

第一百四十五条 生产不符合保障人体健康的国家标准、行业标准的医疗器械、医用卫生材料,或者销售明知是不符合保障人体健康的国家标准、行业标准的医疗器械、医用卫生材料,足以严重危害人体健康的,处三年以下有期徒刑或者拘役,并处销售金额百分之五十以上二倍以下罚金;对人体健康造成严重危害的,处三年以上十年以下有期徒刑,并处销售金额百分之五十以上二倍以下罚金;后果特别严重的,处十年以上有期徒刑或者无期徒刑,并处销售金额百分之五十以上二倍以下罚金或者没收财产。

第一百四十六条 生产不符合保障人身、财产安全的国家标准、行业标准的电器、压力容器、易燃易爆产品或者其他不符合保障人身、财产安全的国家标准、行业标准的产品,或者销售明知是以上不符合保障人身、财产安全的国家标准、行业标准的产品,造成严重后果的,处五年以下有期徒刑,并处销售金额百分之五十以上二倍以下罚金;后果特别严重的,处五年以上有期徒刑,并处销售金额百分之五十以上二倍以下罚金。

第一百四十七条 生产假农药、假兽药、假化肥,销售明知是假的或者失去使用效能的农药、兽药、化肥、种子,或者生产者、销售者以不合格的农药、兽药、化肥、种子冒充合格的农药、兽药、化肥、种子,使生产遭受较大损失的,处三年以下有期徒刑或者拘役,并处或者单处销售金额百分之五十以上二倍以下罚金;使生产遭受重大损失的,处三年以上七年以下有期徒刑,并处销售金额百分之五十以上二倍以下罚金;使生产遭受特别重大损失的,处七年以上有期徒刑或者无期徒刑,并处销售金额百分之五十以上二倍以下罚金或者没收财产。

第一百四十八条 生产不符合卫生标准的化妆品,或者销售明知是不符合卫生标准的化妆品,造成严重后果的,处三年以下有期徒刑或者拘役,并处或者单处销售金额百分之五十以上二倍以下罚金。

第一百四十九条 生产、销售本节第一百四十一条至第一百四十八条所列产品,不构成各该条规定的犯罪,但是销售金额在五万元以上的,依照本节第一百四十条的规定定罪处罚。

生产、销售本节第一百四十一条至第一百四十八条所列产品,构成各该条规定的犯罪,同时又构成本节第一百四十条规定之罪的,依照处罚较重的规定定罪处罚。

第一百五十条 单位犯本节第一百四十条至第一百四十八条规定之罪的,对单位判处罚金,并对其直接负责的主管人员和其他直接责任人员,依照各该条的规定处罚。

第二节 走私罪

第一百五十一条 走私武器、弹药、核材料或者伪造的货币的,处七年以上有期徒刑,并处罚金或者没收财产;情节特别严重的,处无期徒刑,并处没收财产;情节较轻的,处三年以上七年以下有期徒刑,并处罚金。

走私国家禁止出口的文物、黄金、白银和其他贵重金属或者国家禁止进出口的珍贵动物及其制品的,处五年以上十年以下有期徒刑,并处罚金;情节特别严重的,处十年以上有期徒刑或者无期徒刑,并处没收财产;情节较轻的,处五年以下有期徒刑,并处罚金。

走私珍稀植物及其制品等国家禁止进出口的其他货物、物品的,处五年以下有期徒刑或者拘役,并处或者单处罚金;情节严重的,处五年以上有期徒刑,并处罚金。

单位犯本条规定之罪的,对单位判处罚金,并对其直接负责的主管人员和其他直接责任人员,依照本条各款的规定处罚。

第一百五十二条 以牟利或者传播为目的,走私淫秽的影片、录像带、录音带、图片、书刊或者其他淫秽物品的,处三年以上十年以下有期徒刑,并处罚金;情节严重的,处十年以上有期徒刑或者无期徒刑,并处罚金或者没收财产;情节较轻的,处三年以下有期徒刑、拘役或者管制,并处罚金。

逃避海关监管将境外固体废物、液态废物和气态废物运输进境,情节严重的,处五年以下有期徒刑,并处或者单处罚金;情节特别严重的,处五年以上有期徒刑,并处罚金。

单位犯前两款罪的,对单位判处罚金,并对其直接负责的主管人员和其他直接责任人员，依照前两款的规定处罚。

第一百五十三条 走私本法第一百五十一条、第一百五十二条、第三百四十七条规定以外的货物、物品的，根据情节轻重，分别依照下列规定处罚：

（一）走私货物、物品偷逃应缴税额较大或者一年内曾因走私被给予二次行政处罚后又走私的，处三年以下有期徒刑或者拘役，并处偷逃应缴税额一倍以上五倍以下罚金。

（二）走私货物、物品偷逃应缴税额巨大或者有其他严重情节的，处三年以上十年以下有期徒刑，并处偷逃应缴税额一倍以上五倍以下罚金。

（三）走私货物、物品偷逃应缴税额特别巨大或者有其他特别严重情节的，处十年以上有期徒刑或者无期徒刑，并处偷逃应缴税额一倍以上五倍以下罚金或者没收财产。

单位犯前款罪的，对单位判处罚金，并对其直接负责的主管人员和其他直接责任人员，处三年以下有期徒刑或者拘役；情节严重的，处三年以上十年以下有期徒刑；情节特别严重的，处十年以上有期徒刑。

对多次走私未经处理的，按照累计走私货物、物品的偷逃应缴税额处罚。

第一百五十四条 下列走私行为，根据本节规定构成犯罪的，依照本法第一百五十三条的规定定罪处罚：

（一）未经海关许可并且未补缴应缴税额，擅自将批准进口的来料加工、来件装配、补偿贸易的原材料、零件、制成品、设备等保税货物，在境内销售牟利的；

（二）未经海关许可并且未补缴应缴税额，擅自将特定减税、免税进口的货物、物品，在境内销售牟利的。

第一百五十五条 下列行为，以走私罪论处，依照本节的有关规定处罚：

（一）直接向走私人非法收购国家禁止进口物品的，或者直接向走私人非法收购走私进口的其他货物、物品，数额较大的；

（二）在内海、领海、界河、界湖运输、收购、贩卖国家禁止进出口物品的，或者运输、收购、贩卖国家限制进出口货物、物品，数额较大，没有合法证明的。

第一百五十六条 与走私罪犯通谋，为其提供贷款、资金、账号、发票、证明，或者为其提供运输、保管、邮寄或者其他方便的，以走私罪的共犯论处。

第一百五十七条 武装掩护走私的，依照本法第一百五十一条第一款的规定从重处罚。

以暴力、威胁方法抗拒缉私的，以走私罪和本法第二百七十七条规定的阻碍国家机关工作人员依法执行职务罪，依照数罪并罚的规定处罚。

第三节 妨害对公司、企业的管理秩序罪

第一百五十八条 申请公司登记使用虚假证明文件或者采取其他欺诈手段虚报注册资本，欺骗公司登记主管部门，取得公司登记，虚报注册资本数额巨大、后果严重或者有其他严重情节的，处三年以下有期徒刑或者拘役，并处或者单处虚报注册资本金额百分之一以上百分之五以下罚金。

单位犯前款罪的，对单位判处罚金，并对其直接负责的主管人员和其他直接责任人员，处三年以下有期徒刑或者拘役。

第一百五十九条 公司发起人、股东违反公司法的规定未交付货币、实物或者未转移财产权，虚假出资，或者在公司成立后又抽逃其出资，数额巨大、后果严重或者有其他严重情节的，处五年以下有期徒刑或者拘役，并处或者单处虚假出资金额或者抽逃出资金额百分之二以上百分之十以下罚金。

单位犯前款罪的，对单位判处罚金，并对其直接负责的主管人员和其他直接责任人员，处五年以下有期徒刑或者拘役。

第一百六十条 在招股说明书、认股书、公司、企业债券募集办法中隐瞒重要事实或者编造重大虚假内容，发行股票或者公司、企业债券，数额巨大、后果严重或者有其他严重情节的，处五年以下有期徒刑或者拘役，并处或者单处非法募集资金金额百分之一以上百分之五以下罚金。

单位犯前款罪的，对单位判处罚金，并对

其直接负责的主管人员和其他直接责任人员，处五年以下有期徒刑或者拘役。

第一百六十一条 依法负有信息披露义务的公司、企业向股东和社会公众提供虚假的或者隐瞒重要事实的财务会计报告，或者对依法应当披露的其他重要信息不按照规定披露，严重损害股东或者其他人利益，或者有其他严重情节的，对其直接负责的主管人员和其他直接责任人员，处三年以下有期徒刑或者拘役，并处或者单处二万元以上二十万元以下罚金。

第一百六十二条 公司、企业进行清算时，隐匿财产，对资产负债表或者财产清单作虚伪记载或者在未清偿债务前分配公司、企业财产，严重损害债权人或者其他人利益的，对其直接负责的主管人员和其他直接责任人员，处五年以下有期徒刑或者拘役，并处或者单处二万元以上二十万元以下罚金。

第一百六十二条之一 隐匿或者故意销毁依法应当保存的会计凭证、会计账簿、财务会计报告，情节严重的，处五年以下有期徒刑或者拘役，并处或者单处二万元以上二十万元以下罚金。

单位犯前款罪的，对单位判处罚金，并对其直接负责的主管人员和其他直接责任人员，依照前款的规定处罚。

第一百六十二条之二 公司、企业通过隐匿财产、承担虚构的债务或者以其他方法转移、处分财产，实施虚假破产，严重损害债权人或者其他人利益的，对其直接负责的主管人员和其他直接责任人员，处五年以下有期徒刑或者拘役，并处或者单处二万元以上二十万元以下罚金。

第一百六十三条 公司、企业或者其他单位的工作人员利用职务上的便利，索取他人财物或者非法收受他人财物，为他人谋取利益，数额较大的，处五年以下有期徒刑或者拘役；数额巨大的，处五年以上有期徒刑，可以并处没收财产。

公司、企业或者其他单位的工作人员在经济往来中，利用职务上的便利，违反国家规定，收受各种名义的回扣、手续费，归个人所有的，依照前款的规定处罚。

国有公司、企业或者其他国有单位中从事公务的人员和国有公司、企业或者其他国有单位委派到非国有公司、企业以及其他单位从事公务的人员有前两款行为的，依照本法第三百八十五条、第三百八十六条的规定定罪处罚。

第一百六十四条 为谋取不正当利益，给予公司、企业或者其他单位的工作人员以财物，数额较大的，处三年以下有期徒刑或者拘役，并处罚金；数额巨大的，处三年以上十年以下有期徒刑，并处罚金。

为谋取不正当商业利益，给予外国公职人员或者国际公共组织官员以财物的，依照前款的规定处罚。

单位犯前两款罪的，对单位判处罚金，并对其直接负责的主管人员和其他直接责任人员，依照第一款的规定处罚。

行贿人在被追诉前主动交待行贿行为的，可以减轻处罚或者免除处罚。

第一百六十五条 国有公司、企业的董事、经理利用职务便利，自己经营或者为他人经营与其所任职公司、企业同类的营业，获取非法利益，数额巨大的，处三年以下有期徒刑或者拘役，并处或者单处罚金；数额特别巨大的，处三年以上七年以下有期徒刑，并处罚金。

第一百六十六条 国有公司、企业、事业单位的工作人员，利用职务便利，有下列情形之一，使国家利益遭受重大损失的，处三年以下有期徒刑或者拘役，并处或者单处罚金；致使国家利益遭受特别重大损失的，处三年以上七年以下有期徒刑，并处罚金：

（一）将本单位的盈利业务交由自己的亲友进行经营的；

（二）以明显高于市场的价格向自己的亲友经营管理的单位采购商品或者以明显低于市场的价格向自己的亲友经营管理的单位销售商品的；

（三）向自己的亲友经营管理的单位采购不合格商品的。

第一百六十七条 国有公司、企业、事业单位直接负责的主管人员，在签订、履行合同过程中，因严重不负责任被诈骗，致使国家利益遭受重大损失的，处三年以下有期徒刑或者拘役；致使国家利益遭受特别重大损失的，处三年以上七年以下有期徒刑。

第一百六十八条 国有公司、企业的工作人员，由于严重不负责任或者滥用职权，造成国有公司、企业破产或者严重损失，致使国家利益遭受重大损失的，处三年以下有期徒刑或者拘役；致使国家利益遭受特别重大损失的，处三年以上七年以下有期徒刑。

国有事业单位的工作人员有前款行为，致使国家利益遭受重大损失的，依照前款的规定处罚。

国有公司、企业、事业单位的工作人员，徇私舞弊，犯前两款罪的，依照第一款的规定从重处罚。

第一百六十九条 国有公司、企业或者其上级主管部门直接负责的主管人员，徇私舞弊，将国有资产低价折股或者低价出售，致使国家利益遭受重大损失的，处三年以下有期徒刑或者拘役；致使国家利益遭受特别重大损失的，处三年以上七年以下有期徒刑。

第一百六十九条之一 上市公司的董事、监事、高级管理人员违背对公司的忠实义务，利用职务便利，操纵上市公司从事下列行为之一，致使上市公司利益遭受重大损失的，处三年以下有期徒刑或者拘役，并处或者单处罚金；致使上市公司利益遭受特别重大损失的，处三年以上七年以下有期徒刑，并处罚金：

（一）无偿向其他单位或者个人提供资金、商品、服务或者其他资产的；

（二）以明显不公平的条件，提供或者接受资金、商品、服务或者其他资产的；

（三）向明显不具有清偿能力的单位或者个人提供资金、商品、服务或者其他资产的；

（四）为明显不具有清偿能力的单位或者个人提供担保，或者无正当理由为其他单位或者个人提供担保的；

（五）无正当理由放弃债权、承担债务的；

（六）采用其他方式损害上市公司利益的。

上市公司的控股股东或者实际控制人，指使上市公司董事、监事、高级管理人员实施前款行为的，依照前款的规定处罚。

犯前款罪的上市公司的控股股东或者实际控制人是单位的，对单位判处罚金，并对其直接负责的主管人员和其他直接责任人员，依照第一款的规定处罚。

第四节　破坏金融管理秩序罪

第一百七十条 伪造货币的，处三年以上十年以下有期徒刑，并处罚金；有下列情形之一的，处十年以上有期徒刑或者无期徒刑，并处罚金或者没收财产：

（一）伪造货币集团的首要分子；

（二）伪造货币数额特别巨大的；

（三）有其他特别严重情节的。

第一百七十一条 出售、购买伪造的货币或者明知是伪造的货币而运输，数额较大的，处三年以下有期徒刑或者拘役，并处二万元以上二十万元以下罚金；数额巨大的，处三年以上十年以下有期徒刑，并处五万元以上五十万元以下罚金；数额特别巨大的，处十年以上有期徒刑或者无期徒刑，并处五万元以上五十万元以下罚金或者没收财产。

银行或者其他金融机构的工作人员购买伪造的货币或者利用职务上的便利，以伪造的货币换取货币的，处三年以上十年以下有期徒刑，并处二万元以上二十万元以下罚金；数额巨大或者有其他严重情节的，处十年以上有期徒刑或者无期徒刑，并处二万元以上二十万元以下罚金或者没收财产；情节较轻的，处三年以下有期徒刑或者拘役，并处或者单处一万元以上十万元以下罚金。

伪造货币并出售或者运输伪造的货币的，依照本法第一百七十条的规定定罪从重处罚。

第一百七十二条 明知是伪造的货币而持有、使用，数额较大的，处三年以下有期徒刑或者拘役，并处或者单处一万元以上十万元以下罚金；数额巨大的，处三年以上十年以下有期徒刑，并处二万元以上二十万元以下罚金；数额特别巨大的，处十年以上有期徒刑，并处五万元以上五十万元以下罚金或者没收财产。

第一百七十三条 变造货币，数额较大的，处三年以下有期徒刑或者拘役，并处或者单处一万元以上十万元以下罚金；数额巨大的，处三年以上十年以下有期徒刑，并处二万元以上二十万元以下罚金。

第一百七十四条 未经国家有关主管部门批准，擅自设立商业银行、证券交易所、期货交易所、证券公司、期货经纪公司、保险公司或者其他金融机构的，处三年以下有期徒刑或者拘役，并处或者单处二万元以上二十万元以下罚金；情节严重的，处三年以上十年以下有期徒刑，并处五万元以上五十万元以下罚金。

伪造、变造、转让商业银行、证券交易所、期货交易所、证券公司、期货经纪公司、保险公司或者其他金融机构的经营许可证或者批准文件的，依照前款的规定处罚。

单位犯前两款罪的，对单位判处罚金，并对其直接负责的主管人员和其他直接责任人员，依照第一款的规定处罚。

第一百七十五条 以转贷牟利为目的，套取金融机构信贷资金高利转贷他人，违法所得数额较大的，处三年以下有期徒刑或者拘役，并处违法所得一倍以上五倍以下罚金；数额巨大的，处三年以上七年以下有期徒刑，并处违法所得一倍以上五倍以下罚金。

单位犯前款罪的，对单位判处罚金，并对其直接负责的主管人员和其他直接责任人员，处三年以下有期徒刑或者拘役。

第一百七十五条之一 以欺骗手段取得银行或者其他金融机构贷款、票据承兑、信用证、保函等，给银行或者其他金融机构造成重大损失或者有其他严重情节的，处三年以下有期徒刑或者拘役，并处或者单处罚金；给银行或者其他金融机构造成特别重大损失或者有其他特别严重情节的，处三年以上七年以下有期徒刑，并处罚金。

单位犯前款罪的，对单位判处罚金，并对其直接负责的主管人员和其他直接责任人员，依照前款的规定处罚。

第一百七十六条 非法吸收公众存款或者变相吸收公众存款，扰乱金融秩序的，处三年以下有期徒刑或者拘役，并处或者单处二万元以上二十万元以下罚金；数额巨大或者有其他严重情节的，处三年以上十年以下有期徒刑，并处五万元以上五十万元以下罚金。

单位犯前款罪的，对单位判处罚金，并对其直接负责的主管人员和其他直接责任人员，依照前款的规定处罚。

第一百七十七条 有下列情形之一，伪造、变造金融票证的，处五年以下有期徒刑或者拘役，并处或者单处二万元以上二十万元以下罚金；情节严重的，处五年以上十年以下有期徒刑，并处五万元以上五十万元以下罚金；情节特别严重的，处十年以上有期徒刑或者无期徒刑，并处五万元以上五十万元以下罚金或者没收财产：

（一）伪造、变造汇票、本票、支票的；

（二）伪造、变造委托收款凭证、汇款凭证、银行存单等其他银行结算凭证的；

（三）伪造、变造信用证或者附随的单据、文件的；

（四）伪造信用卡的。

单位犯前款罪的，对单位判处罚金，并对其直接负责的主管人员和其他直接责任人员，依照前款的规定处罚。

第一百七十七条之一 有下列情形之一，妨害信用卡管理的，处三年以下有期徒刑或者拘役，并处或者单处一万元以上十万元以下罚金；数量巨大或者有其他严重情节的，处三年以上十年以下有期徒刑，并处二万元以上二十万元以下罚金：

（一）明知是伪造的信用卡而持有、运输的，或者明知是伪造的空白信用卡而持有、运输，数量较大的；

（二）非法持有他人信用卡，数量较大的；

（三）使用虚假的身份证明骗领信用卡的；

（四）出售、购买、为他人提供伪造的信用卡或者以虚假的身份证明骗领的信用卡的。

窃取、收买或者非法提供他人信用卡信息资料的，依照前款规定处罚。

银行或者其他金融机构的工作人员利用职务上的便利，犯第二款罪的，从重处罚。

第一百七十八条 伪造、变造国库券或者国家发行的其他有价证券，数额较大的，处三年以下有期徒刑或者拘役，并处或者单处二万元以上二十万元以下罚金；数额巨大的，处三年以上十年以下有期徒刑，并处五万元以上五十万元以下罚金；数额特别巨大的，处十年以上有期徒刑或者无期徒刑，并处五万元以上五十万元以下罚金或者没收财产。

伪造、变造股票或者公司、企业债券，数额较大的，处三年以下有期徒刑或者拘役，并处或者单处一万元以上十万元以下罚金；数额巨大的，处三年以上十年以下有期徒刑，并处二万元以上二十万元以下罚金。

单位犯前两款罪的，对单位判处罚金，并对其直接负责的主管人员和其他直接责任人员，依照前两款的规定处罚。

第一百七十九条 未经国家有关主管部门批准，擅自发行股票或者公司、企业债券，数额巨大、后果严重或者有其他严重情节的，处五年以下有期徒刑或者拘役，并处或者单处非法募集资金金额百分之一以上百分之五以下罚金。

单位犯前款罪的，对单位判处罚金，并对其直接负责的主管人员和其他直接责任人员，处五年以下有期徒刑或者拘役。

第一百八十条 证券、期货交易内幕信息的知情人员或者非法获取证券、期货交易内幕信息的人员，在涉及证券的发行，证券、期货交易或者其他对证券、期货交易价格有重大影响的信息尚未公开前，买入或者卖出该证券，或者从事与该内幕信息有关的期货交易，或者泄露该信息，或者明示、暗示他人从事上述交易活动，情节严重的，处五年以下有期徒刑或者拘役，并处或者单处违法所得一倍以上五倍以下罚金；情节特别严重的，处五年以上十年以下有期徒刑，并处违法所得一倍以上五倍以下罚金。

单位犯前款罪的，对单位判处罚金，并对其直接负责的主管人员和其他直接责任人员，处五年以下有期徒刑或者拘役。

内幕信息、知情人员的范围，依照法律、行政法规的规定确定。

证券交易所、期货交易所、证券公司、期货经纪公司、基金管理公司、商业银行、保险公司等金融机构的从业人员以及有关监管部门或者行业协会的工作人员，利用因职务便利获取的内幕信息以外的其他未公开的信息，违反规定，从事与该信息相关的证券、期货交易活动，或者明示、暗示他人从事相关交易活动，情节严重的，依照第一款的规定处罚。

第一百八十一条 编造并且传播影响证券、期货交易的虚假信息，扰乱证券、期货交易市场，造成严重后果的，处五年以下有期徒刑或者拘役，并处或者单处一万元以上十万元以下罚金。

证券交易所、期货交易所、证券公司、期货经纪公司的从业人员，证券业协会、期货业协会或者证券期货监督管理部门的工作人员，故意提供虚假信息或者伪造、变造、销毁交易记录，诱骗投资者买卖证券、期货合约，造成严重后果的，处五年以下有期徒刑或者拘役，并处或者单处一万元以上十万元以下罚金；情节特别恶劣的，处五年以上十年以下有期徒刑，并处二万元以上二十万元以下罚金。

单位犯前两款罪的，对单位判处罚金，并对其直接负责的主管人员和其他直接责任人员，处五年以下有期徒刑或者拘役。

第一百八十二条 有下列情形之一，操纵证券、期货市场，情节严重的，处五年以下有期徒刑或者拘役，并处或者单处罚金；情节特别严重的，处五年以上十年以下有期徒刑，并处罚金：

（一）单独或者合谋，集中资金优势、持股或者持仓优势或者利用信息优势联合或者连续买卖，操纵证券、期货交易价格或者证券、期货交易量的；

（二）与他人串通，以事先约定的时间、价格和方式相互进行证券、期货交易，影响证券、期货交易价格或者证券、期货交易量的；

（三）在自己实际控制的账户之间进行证券交易，或者以自己为交易对象，自买自卖期货合约，影响证券、期货交易价格或者证券、期货交易量的；

（四）以其他方法操纵证券、期货市场的。

单位犯前款罪的，对单位判处罚金，并对其直接负责的主管人员和其他直接责任人员，依照前款的规定处罚。

第一百八十三条 保险公司的工作人员利用职务上的便利，故意编造未曾发生的保险事故进行虚假理赔，骗取保险金归自己所有的，依照本法第二百七十一条的规定定罪处罚。

国有保险公司工作人员和国有保险公司委派到非国有保险公司从事公务的人员有前款行为的，依照本法第三百八十二条、第三百八十三条的规定定罪处罚。

第一百八十四条 银行或者其他金融机构的工作人员在金融业务活动中索取他人财物或者非法收受他人财物，为他人谋取利益的，或者违反国家规定，收受各种名义的回扣、手续费，归个人所有的，依照本法第一百六十三条的规定定罪处罚。

国有金融机构工作人员和国有金融机构委派到非国有金融机构从事公务的人员有前款行为的，依照本法第三百八十五条、第三百八十六条的规定定罪处罚。

第一百八十五条 商业银行、证券交易所、期货交易所、证券公司、期货经纪公司、保险公司或者其他金融机构的工作人员利用职务上的便利，挪用本单位或者客户资金的，依照本法第二百七十二条的规定定罪处罚。

国有商业银行、证券交易所、期货交易所、证券公司、期货经纪公司、保险公司或者其他国有金融机构的工作人员和国有商业银行、证券交易所、期货交易所、证券公司、期货经纪公司、保险公司或者其他国有金融机构委派到前款规定中的非国有机构从事公务的人员有前款行为的，依照本法第三百八十四条的规定定罪处罚。

第一百八十五条之一 商业银行、证券交易所、期货交易所、证券公司、期货经纪公司、保险公司或者其他金融机构，违背受托义务，擅自运用客户资金或者其他委托、信托的财产，情节严重的，对单位判处罚金，并对其直接负责的主管人员和其他直接责任人员，处三年以下有期徒刑或者拘役，并处三万元以上三十万元以下罚金；情节特别严重的，处三年以上十年以下有期徒刑，并处五万元以上五十万元以下罚金。

社会保障基金管理机构、住房公积金管理机构等公众资金管理机构，以及保险公司、保险资产管理公司、证券投资基金管理公司，违反国家规定运用资金的，对其直接负责的主管人员和其他直接责任人员，依照前款的规定处罚。

第一百八十六条 银行或者其他金融机构的工作人员违反国家规定发放贷款，数额巨大或者造成重大损失的，处五年以下有期徒刑或者拘役，并处一万元以上十万元以下罚金；数额特别巨大或者造成特别重大损失的，处五年以上有期徒刑，并处二万元以上二十万元以下罚金。

银行或者其他金融机构的工作人员违反国家规定，向关系人发放贷款的，依照前款的规定从重处罚。

单位犯前两款罪的，对单位判处罚金，并对其直接负责的主管人员和其他直接责任人员，依照前两款的规定处罚。

关系人的范围，依照《中华人民共和国商业银行法》和有关金融法规确定。

第一百八十七条 银行或者其他金融机构的工作人员吸收客户资金不入账，数额巨大或者造成重大损失的，处五年以下有期徒刑或者拘役，并处二万元以上二十万元以下罚金；数额特别巨大或者造成特别重大损失的，处五年以上有期徒刑，并处五万元以上五十万元以下罚金。

单位犯前款罪的，对单位判处罚金，并对其直接负责的主管人员和其他直接责任人员，依照前款的规定处罚。

第一百八十八条 银行或者其他金融机构的工作人员违反规定，为他人出具信用证或者其他保函、票据、存单、资信证明，情节严重的，处五年以下有期徒刑或者拘役；情节特别严重的，处五年以上有期徒刑。

单位犯前款罪的，对单位判处罚金，并对其直接负责的主管人员和其他直接责任人员，依照前款的规定处罚。

第一百八十九条 银行或者其他金融机构的工作人员在票据业务中，对违反票据法规定的票据予以承兑、付款或者保证，造成重大损失的，处五年以下有期徒刑或者拘役；造成特别重大损失的，处五年以上有期徒刑。

单位犯前款罪的，对单位判处罚金，并对其直接负责的主管人员和其他直接责任人员，依照前款的规定处罚。

第一百九十条 国有公司、企业或者其他国有单位，违反国家规定，擅自将外汇存放境外，或者将境内的外汇非法转移到境外，情节严重的，对单位判处罚金，并对其直接负责的主管人员和其他直接责任人员，处五年以下有期徒刑或者拘役。

第一百九十一条 明知是毒品犯罪、黑社会性质的组织犯罪、恐怖活动犯罪、走私犯罪、贪污贿赂犯罪、破坏金融管理秩序犯罪、金融诈骗犯罪的所得及其产生的收益，为掩饰、隐瞒其来源和性质，有下列行为之一的，没收实施以上犯罪的所得及其产生的收益，处五年以下有期徒刑或者拘役，并处或者单处洗钱数额百分之五以上百分之二十以下罚金；情节严重的，处五年以上十年以下有期徒刑，并处洗钱数额百分之五以上百分之二十以下罚金：

（一）提供资金账户的；
（二）协助将财产转换为现金、金融票据、有价证券的；
（三）通过转账或者其他结算方式协助资金转移的；
（四）协助将资金汇往境外的；
（五）以其他方法掩饰、隐瞒犯罪所得及其收益的来源和性质的。

单位犯前款罪的，对单位判处罚金，并对其直接负责的主管人员和其他直接责任人员，处五年以下有期徒刑或者拘役；情节严重的，处五年以上十年以下有期徒刑。

第五节　金融诈骗罪

第一百九十二条 以非法占有为目的，使用诈骗方法非法集资，数额较大的，处五年以下有期徒刑或者拘役，并处二万元以上二十万元以下罚金；数额巨大或者有其他严重情节的，处五年以上十年以下有期徒刑，并处五万元以上五十万元以下罚金；数额特别巨大或者有其他特别严重情节的，处十年以上有期徒刑或者无期徒刑，并处五万元以上五十万元以下罚金或者没收财产。

第一百九十三条 有下列情形之一，以非法占有为目的，诈骗银行或者其他金融机构的贷款，数额较大的，处五年以下有期徒刑或者拘役，并处二万元以上二十万元以下罚金；数额巨大或者有其他严重情节的，处五年以上十年以下有期徒刑，并处五万元以上五十万元以下罚金；数额特别巨大或者有其他特别严重情节的，处十年以上有期徒刑或者无期徒刑，并处五万元以上五十万元以下罚金或者没收财产：

（一）编造引进资金、项目等虚假理由的；
（二）使用虚假的经济合同的；
（三）使用虚假的证明文件的；
（四）使用虚假的产权证明作担保或者超出抵押物价值重复担保的；
（五）以其他方法诈骗贷款的。

第一百九十四条 有下列情形之一，进行金融票据诈骗活动，数额较大的，处五年以下有期徒刑或者拘役，并处二万元以上二十万元以下罚金；数额巨大或者有其他严重情节的，处五年以上十年以下有期徒刑，并处五万元以上五十万元以下罚金；数额特别巨大或者有其他特别严重情节的，处十年以上有期徒刑或者无期徒刑，并处五万元以上五十万元以下罚金或者没收财产：

（一）明知是伪造、变造的汇票、本票、支票而使用的；
（二）明知是作废的汇票、本票、支票而使用的；
（三）冒用他人的汇票、本票、支票的；
（四）签发空头支票或者与其预留印鉴不符的支票，骗取财物的；
（五）汇票、本票的出票人签发无资金保证的汇票、本票或者在出票时作虚假记载，骗取财物的。

使用伪造、变造的委托收款凭证、汇款凭证、银行存单等其他银行结算凭证的，依照前款的规定处罚。

第一百九十五条 有下列情形之一，进行信用证诈骗活动的，处五年以下有期徒刑或者拘役，并处二万元以上二十万元以下罚金；数额巨大或者有其他严重情节的，处五年以上十年以下有期徒刑，并处五万元以上五十万元以下罚金；数额特别巨大或者有其他特别严重情节的，处十年以上有期徒刑或者无期徒刑，并处五万元以上五十万元以下罚金或者没收财产：

（一）使用伪造、变造的信用证或者附随的单据、文件的；

（二）使用作废的信用证的；

（三）骗取信用证的；

（四）以其他方法进行信用证诈骗活动的。

第一百九十六条 有下列情形之一，进行信用卡诈骗活动，数额较大的，处五年以下有期徒刑或者拘役，并处二万元以上二十万元以下罚金；数额巨大或者有其他严重情节的，处五年以上十年以下有期徒刑，并处五万元以上五十万元以下罚金；数额特别巨大或者有其他特别严重情节的，处十年以上有期徒刑或者无期徒刑，并处五万元以上五十万元以下罚金或者没收财产：

（一）使用伪造的信用卡，或者使用以虚假的身份证明骗领的信用卡的；

（二）使用作废的信用卡的；

（三）冒用他人信用卡的；

（四）恶意透支的。

前款所称恶意透支，是指持卡人以非法占有为目的，超过规定限额或者规定期限透支，并且经发卡银行催收后仍不归还的行为。

盗窃信用卡并使用的，依照本法第二百六十四条的规定定罪处罚。

第一百九十七条 使用伪造、变造的国库券或者国家发行的其他有价证券，进行诈骗活动，数额较大的，处五年以下有期徒刑或者拘役，并处二万元以上二十万元以下罚金；数额巨大或者有其他严重情节的，处五年以上十年以下有期徒刑，并处五万元以上五十万元以下罚金；数额特别巨大或者有其他特别严重情节的，处十年以上有期徒刑或者无期徒刑，并处五万元以上五十万元以下罚金或者没收财产。

第一百九十八条 有下列情形之一，进行保险诈骗活动，数额较大的，处五年以下有期徒刑或者拘役，并处一万元以上十万元以下罚金；数额巨大或者有其他严重情节的，处五年以上十年以下有期徒刑，并处二万元以上二十万元以下罚金；数额特别巨大或者有其他特别严重情节的，处十年以上有期徒刑，并处二万元以上二十万元以下罚金或者没收财产：

（一）投保人故意虚构保险标的，骗取保险金的；

（二）投保人、被保险人或者受益人对发生的保险事故编造虚假的原因或者夸大损失的程度，骗取保险金的；

（三）投保人、被保险人或者受益人编造未曾发生的保险事故，骗取保险金的；

（四）投保人、被保险人故意造成财产损失的保险事故，骗取保险金的；

（五）投保人、受益人故意造成被保险人死亡、伤残或者疾病，骗取保险金的。

有前款第四项、第五项所列行为，同时构成其他犯罪的，依照数罪并罚的规定处罚。

单位犯第一款罪的，对单位判处罚金，并对其直接负责的主管人员和其他直接责任人员，处五年以下有期徒刑或者拘役；数额巨大或者有其他严重情节的，处五年以上十年以下有期徒刑；数额特别巨大或者有其他特别严重情节的，处十年以上有期徒刑。

保险事故的鉴定人、证明人、财产评估人故意提供虚假的证明文件，为他人诈骗提供条件的，以保险诈骗的共犯论处。

第二百条 单位犯本节第一百九十二条、第一百九十四条、第一百九十五条规定之罪的，对单位判处罚金，并对其直接负责的主管人员和其他直接责任人员，处五年以下有期徒刑或者拘役，可以并处罚金；数额巨大或者有其他严重情节的，处五年以上十年以下有期徒刑，并处罚金；数额特别巨大或者有其他特别严重情节的，处十年以上有期徒刑或者无期徒刑，并处罚金。

第六节 危害税收征管罪

第二百零一条 纳税人采取欺骗、隐瞒手段进行虚假纳税申报或者不申报，逃避缴纳税款数额较大并且占应纳税额百分之十以上的，处三年以下有期徒刑或者拘役，并处罚金；数额巨大并且占应纳税额百分之三十以上的，处三年以上七年以下有期徒刑，并处罚金。

扣缴义务人采取前款所列手段，不缴或者

少缴已扣、已收税款，数额较大的，依照前款的规定处罚。

对多次实施前两款行为，未经处理的，按照累计数额计算。

有第一款行为，经税务机关依法下达追缴通知后，补缴应纳税款，缴纳滞纳金，已受行政处罚的，不予追究刑事责任；但是，五年内因逃避缴纳税款受过刑事处罚或者被税务机关给予二次以上行政处罚的除外。

第二百零二条 以暴力、威胁方法拒不缴纳税款的，处三年以下有期徒刑或者拘役，并处拒缴税款一倍以上五倍以下罚金；情节严重的，处三年以上七年以下有期徒刑，并处拒缴税款一倍以上五倍以下罚金。

第二百零三条 纳税人欠缴应纳税款，采取转移或者隐匿财产的手段，致使税务机关无法追缴欠缴的税款，数额在一万元以上不满十万元的，处三年以下有期徒刑或者拘役，并处或者单处欠缴税款一倍以上五倍以下罚金；数额在十万元以上的，处三年以上七年以下有期徒刑，并处欠缴税款一倍以上五倍以下罚金。

第二百零四条 以假报出口或者其他欺骗手段，骗取国家出口退税款，数额较大的，处五年以下有期徒刑或者拘役，并处骗取税款一倍以上五倍以下罚金；数额巨大或者有其他严重情节的，处五年以上十年以下有期徒刑，并处骗取税款一倍以上五倍以下罚金；数额特别巨大或者有其他特别严重情节的，处十年以上有期徒刑或者无期徒刑，并处骗取税款一倍以上五倍以下罚金或者没收财产。

纳税人缴纳税款后，采取前款规定的欺骗方法，骗取所缴纳的税款的，依照本法第二百零一条的规定定罪处罚；骗取税款超过所缴纳的税款部分，依照前款的规定处罚。

第二百零五条 虚开增值税专用发票或者虚开用于骗取出口退税、抵扣税款的其他发票的，处三年以下有期徒刑或者拘役，并处二万元以上二十万元以下罚金；虚开的税款数额较大或者有其他严重情节的，处三年以上十年以下有期徒刑，并处五万元以上五十万元以下罚金；虚开的税款数额巨大或者有其他特别严重情节的，处十年以上有期徒刑或者无期徒刑，并处五万元以上五十万元以下罚金或者没收财产。

单位犯本条规定之罪的，对单位判处罚金，并对其直接负责的主管人员和其他直接责任人员，处三年以下有期徒刑或者拘役；虚开的税款数额较大或者有其他严重情节的，处三年以上十年以下有期徒刑；虚开的税款数额巨大或者有其他特别严重情节的，处十年以上有期徒刑或者无期徒刑。

虚开增值税专用发票或者虚开用于骗取出口退税、抵扣税款的其他发票，是指有为他人虚开、为自己虚开、让他人为自己虚开、介绍他人虚开行为之一的。

第二百零五条之一 虚开本法第二百零五条规定以外的其他发票，情节严重的，处二年以下有期徒刑、拘役或者管制，并处罚金；情节特别严重的，处二年以上七年以下有期徒刑，并处罚金。

单位犯前款罪的，对单位判处罚金，并对其直接负责的主管人员和其他直接责任人员，依照前款的规定处罚。

第二百零六条 伪造或者出售伪造的增值税专用发票的，处三年以下有期徒刑、拘役或者管制，并处二万元以上二十万元以下罚金；数量较大或者有其他严重情节的，处三年以上十年以下有期徒刑，并处五万元以上五十万元以下罚金；数量巨大或者有其他特别严重情节的，处十年以上有期徒刑或者无期徒刑，并处五万元以上五十万元以下罚金或者没收财产。

单位犯本条规定之罪的，对单位判处罚金，并对其直接负责的主管人员和其他直接责任人员，处三年以下有期徒刑、拘役或者管制；数量较大或者有其他严重情节的，处三年以上十年以下有期徒刑；数量巨大或者有其他特别严重情节的，处十年以上有期徒刑或者无期徒刑。

第二百零七条 非法出售增值税专用发票的，处三年以下有期徒刑、拘役或者管制，并处二万元以上二十万元以下罚金；数量较大的，处三年以上十年以下有期徒刑，并处五万元以上五十万元以下罚金；数量巨大的，处十年以上有期徒刑或者无期徒刑，并处五万元以上五十万元以下罚金或者没收财产。

第二百零八条 非法购买增值税专用发票或者购买伪造的增值税专用发票的，处五年以下有期徒刑或者拘役，并处或者单处二万元以上二十万元以下罚金。

非法购买增值税专用发票或者购买伪造的增值税专用发票又虚开或者出售的，分别依照本法第二百零五条、第二百零六条、第二百零七条的规定定罪处罚。

第二百零九条 伪造、擅自制造或者出售伪造、擅自制造的可以用于骗取出口退税、抵扣税款的其他发票的，处三年以下有期徒刑、拘役或者管制，并处二万元以上二十万元以下罚金；数量巨大的，处三年以上七年以下有期徒刑，并处五万元以上五十万元以下罚金；数量特别巨大的，处七年以上有期徒刑，并处五万元以上五十万元以下罚金或者没收财产。

伪造、擅自制造或者出售伪造、擅自制造的前款规定以外的其他发票的，处二年以下有期徒刑、拘役或者管制，并处或者单处一万元以上五万元以下罚金；情节严重的，处二年以上七年以下有期徒刑，并处五万元以上五十万元以下罚金。

非法出售可以用于骗取出口退税、抵扣税款的其他发票的，依照第一款的规定处罚。

非法出售第三款规定以外的其他发票的，依照第二款的规定处罚。

第二百一十条 盗窃增值税专用发票或者可以用于骗取出口退税、抵扣税款的其他发票的，依照本法第二百六十四条的规定定罪处罚。

使用欺骗手段骗取增值税专用发票或者可以用于骗取出口退税、抵扣税款的其他发票的，依照本法第二百六十六条的规定定罪处罚。

第二百一十条之一 明知是伪造的发票而持有，数量较大的，处二年以下有期徒刑、拘役或者管制，并处罚金；数量巨大的，处二年以上七年以下有期徒刑，并处罚金。

单位犯前款罪的，对单位判处罚金，并对其直接负责的主管人员和其他直接责任人员，依照前款的规定处罚。

第二百一十一条 单位犯本节第二百零一条、第二百零三条、第二百零四条、第二百零七条、第二百零八条、第二百零九条规定之罪的，对单位判处罚金，并对其直接负责的主管人员和其他直接责任人员，依照各该条的规定处罚。

第二百一十二条 犯本节第二百零一条至第二百零五条规定之罪，被判处罚金、没收财产的，在执行前，应当先由税务机关追缴税款和所骗取的出口退税款。

第七节 侵犯知识产权罪

第二百一十三条 未经注册商标所有人许可，在同一种商品上使用与其注册商标相同的商标，情节严重的，处三年以下有期徒刑或者拘役，并处或者单处罚金；情节特别严重的，处三年以上七年以下有期徒刑，并处罚金。

第二百一十四条 销售明知是假冒注册商标的商品，销售金额数额较大的，处三年以下有期徒刑或者拘役，并处或者单处罚金；销售金额数额巨大的，处三年以上七年以下有期徒刑，并处罚金。

第二百一十五条 伪造、擅自制造他人注册商标标识或者销售伪造、擅自制造的注册商标标识，情节严重的，处三年以下有期徒刑、拘役或者管制，并处或者单处罚金；情节特别严重的，处三年以上七年以下有期徒刑，并处罚金。

第二百一十六条 假冒他人专利，情节严重的，处三年以下有期徒刑或者拘役，并处或者单处罚金。

第二百一十七条 以营利为目的，有下列侵犯著作权情形之一，违法所得数额较大或者有其他严重情节的，处三年以下有期徒刑或者拘役，并处或者单处罚金；违法所得数额巨大或者有其他特别严重情节的，处三年以上七年以下有期徒刑，并处罚金：

（一）未经著作权人许可，复制发行其文字作品、音乐、电影、电视、录像作品、计算机软件及其他作品的；

（二）出版他人享有专有出版权的图书的；

（三）未经录音录像制作者许可，复制发

行其制作的录音录像的；

（四）制作、出售假冒他人署名的美术作品的。

第二百一十八条 以营利为目的，销售明知是本法第二百一十七条规定的侵权复制品，违法所得数额巨大的，处三年以下有期徒刑或者拘役，并处或者单处罚金。

第二百一十九条 有下列侵犯商业秘密行为之一，给商业秘密的权利人造成重大损失的，处三年以下有期徒刑或者拘役，并处或者单处罚金；造成特别严重后果的，处三年以上七年以下有期徒刑，并处罚金：

（一）以盗窃、利诱、胁迫或者其他不正当手段获取权利人的商业秘密的；

（二）披露、使用或者允许他人使用以前项手段获取的权利人的商业秘密的；

（三）违反约定或者违反权利人有关保守商业秘密的要求，披露、使用或者允许他人使用其所掌握的商业秘密的。

明知或者应知前款所列行为，获取、使用或者披露他人的商业秘密的，以侵犯商业秘密论。

本条所称商业秘密，是指不为公众所知悉，能为权利人带来经济利益，具有实用性并经权利人采取保密措施的技术信息和经营信息。

本条所称权利人，是指商业秘密的所有人和经商业秘密所有人许可的商业秘密使用人。

第二百二十条 单位犯本节第二百一十三条至第二百一十九条规定之罪的，对单位判处罚金，并对其直接负责的主管人员和其他直接责任人员，依照本节各该条的规定处罚。

第八节 扰乱市场秩序罪

第二百二十一条 捏造并散布虚伪事实，损害他人的商业信誉、商品声誉，给他人造成重大损失或者有其他严重情节的，处二年以下有期徒刑或者拘役，并处或者单处罚金。

第二百二十二条 广告主、广告经营者、广告发布者违反国家规定，利用广告对商品或者服务作虚假宣传，情节严重的，处二年以下有期徒刑或者拘役，并处或者单处罚金。

第二百二十三条 投标人相互串通投标报价，损害招标人或者其他投标人利益，情节严重的，处三年以下有期徒刑或者拘役，并处或者单处罚金。

投标人与招标人串通投标，损害国家、集体、公民的合法利益的，依照前款的规定处罚。

第二百二十四条 有下列情形之一，以非法占有为目的，在签订、履行合同过程中，骗取对方当事人财物，数额较大的，处三年以下有期徒刑或者拘役，并处或者单处罚金；数额巨大或者有其他严重情节的，处三年以上十年以下有期徒刑，并处罚金；数额特别巨大或者有其他特别严重情节的，处十年以上有期徒刑或者无期徒刑，并处罚金或者没收财产：

（一）以虚构的单位或者冒用他人名义签订合同的；

（二）以伪造、变造、作废的票据或者其他虚假的产权证明作担保的；

（三）没有实际履行能力，以先履行小额合同或者部分履行合同的方法，诱骗对方当事人继续签订和履行合同的；

（四）收受对方当事人给付的货物、货款、预付款或者担保财产后逃匿的；

（五）以其他方法骗取对方当事人财物的。

第二百二十四条之一 组织、领导以推销商品、提供服务等经营活动为名，要求参加者以缴纳费用或者购买商品、服务等方式获得加入资格，并按照一定顺序组成层级，直接或者间接以发展人员的数量作为计酬或者返利依据，引诱、胁迫参加者继续发展他人参加，骗取财物，扰乱经济社会秩序的传销活动的，处五年以下有期徒刑或者拘役，并处罚金；情节严重的，处五年以上有期徒刑，并处罚金。

第二百二十五条 违反国家规定，有下列非法经营行为之一，扰乱市场秩序，情节严重的，处五年以下有期徒刑或者拘役，并处或者单处违法所得一倍以上五倍以下罚金；情节特别严重的，处五年以上有期徒刑，并处违法所得一倍以上五倍以下罚金或者没收财产：

（一）未经许可经营法律、行政法规规定的专营、专卖物品或者其他限制买卖的物品的；

（二）买卖进出口许可证、进出口原产地证明以及其他法律、行政法规规定的经营许可证或者批准文件的；

（三）未经国家有关主管部门批准非法经营证券、期货、保险业务的，或者非法从事资金支付结算业务的；

（四）其他严重扰乱市场秩序的非法经营行为。

第二百二十六条 以暴力、威胁手段，实施下列行为之一，情节严重的，处三年以下有期徒刑或者拘役，并处或者单处罚金；情节特别严重的，处三年以上七年以下有期徒刑，并处罚金：

（一）强买强卖商品的；

（二）强迫他人提供或者接受服务的；

（三）强迫他人参与或者退出投标、拍卖的；

（四）强迫他人转让或者收购公司、企业的股份、债券或者其他资产的；

（五）强迫他人参与或者退出特定的经营活动的。

第二百二十七条 伪造或者倒卖伪造的车票、船票、邮票或者其他有价票证，数额较大的，处二年以下有期徒刑、拘役或者管制，并处或者单处票证价额一倍以上五倍以下罚金；数额巨大的，处二年以上七年以下有期徒刑，并处票证价额一倍以上五倍以下罚金。

倒卖车票、船票，情节严重的，处三年以下有期徒刑、拘役或者管制，并处或者单处票证价额一倍以上五倍以下罚金。

第二百二十八条 以牟利为目的，违反土地管理法规，非法转让、倒卖土地使用权，情节严重的，处三年以下有期徒刑或者拘役，并处或者单处非法转让、倒卖土地使用权价额百分之五以上百分之二十以下罚金；情节特别严重的，处三年以上七年以下有期徒刑，并处非法转让、倒卖土地使用权价额百分之五以上百分之二十以下罚金。

第二百二十九条 承担资产评估、验资、验证、会计、审计、法律服务等职责的中介组织的人员故意提供虚假证明文件，情节严重的，处五年以下有期徒刑或者拘役，并处罚金。

前款规定的人员，索取他人财物或者非法收受他人财物，犯前款罪的，处五年以上十年以下有期徒刑，并处罚金。

第一款规定的人员，严重不负责任，出具的证明文件有重大失实，造成严重后果的，处三年以下有期徒刑或者拘役，并处或者单处罚金。

第二百三十条 违反进出口商品检验法的规定，逃避商品检验，将必须经商检机构检验的进口商品未报经检验而擅自销售、使用，或者将必须经商检机构检验的出口商品未报经检验合格而擅自出口，情节严重的，处三年以下有期徒刑或者拘役，并处或者单处罚金。

第二百三十一条 单位犯本节第二百二十一条至第二百三十条规定之罪的，对单位判处罚金，并对其直接负责的主管人员和其他直接责任人员，依照本节各该条的规定处罚。

第四章 侵犯公民人身权利、民主权利罪

第二百三十二条 故意杀人的，处死刑、无期徒刑或者十年以上有期徒刑；情节较轻的，处三年以上十年以下有期徒刑。

第二百三十三条 过失致人死亡的，处三年以上七年以下有期徒刑；情节较轻的，处三年以下有期徒刑。本法另有规定的，依照规定。

第二百三十四条 故意伤害他人身体的，处三年以下有期徒刑、拘役或者管制。

犯前款罪，致人重伤的，处三年以上十年以下有期徒刑；致人死亡或者以特别残忍手段致人重伤造成严重残疾的，处十年以上有期徒刑、无期徒刑或者死刑。本法另有规定的，依照规定。

第二百三十四条之一 组织他人出卖人体器官的，处五年以下有期徒刑，并处罚金；情节严重的，处五年以上有期徒刑，并处罚金或者没收财产。

未经本人同意摘取其器官，或者摘取不满十八周岁的人的器官，或者强迫、欺骗他人捐献器官的，依照本法第二百三十四条、第二百

三十二条的规定定罪处罚。

违背本人生前意愿摘取其尸体器官，或者本人生前未表示同意，违反国家规定，违背其近亲属意愿摘取其尸体器官的，依照本法第三百零二条的规定定罪处罚。

第二百三十五条 过失伤害他人致人重伤的，处三年以下有期徒刑或者拘役。本法另有规定的，依照规定。

第二百三十六条 以暴力、胁迫或者其他手段强奸妇女的，处三年以上十年以下有期徒刑。

奸淫不满十四周岁的幼女的，以强奸论，从重处罚。

强奸妇女、奸淫幼女，有下列情形之一的，处十年以上有期徒刑、无期徒刑或者死刑：

（一）强奸妇女、奸淫幼女情节恶劣的；
（二）强奸妇女、奸淫幼女多人的；
（三）在公共场所当众强奸妇女的；
（四）二人以上轮奸的；
（五）致使被害人重伤、死亡或者造成其他严重后果的。

第二百三十七条 以暴力、胁迫或者其他方法强制猥亵他人或者侮辱妇女的，处五年以下有期徒刑或者拘役。

聚众或者在公共场所当众犯前款罪的，或者有其他恶劣情节的，处五年以上有期徒刑。

猥亵儿童的，依照前两款的规定从重处罚。

第二百三十八条 非法拘禁他人或者以其他方法非法剥夺他人人身自由的，处三年以下有期徒刑、拘役、管制或者剥夺政治权利。具有殴打、侮辱情节的，从重处罚。

犯前款罪，致人重伤的，处三年以上十年以下有期徒刑；致人死亡的，处十年以上有期徒刑。使用暴力致人伤残、死亡的，依照本法第二百三十四条、第二百三十二条的规定定罪处罚。

为索取债务非法扣押、拘禁他人的，依照前两款的规定处罚。

国家机关工作人员利用职权犯前三款罪的，依照前三款的规定从重处罚。

第二百三十九条 以勒索财物为目的绑架他人的，或者绑架他人作为人质的，处十年以上有期徒刑或者无期徒刑，并处罚金或者没收财产；情节较轻的，处五年以上十年以下有期徒刑，并处罚金。

犯前款罪，杀害被绑架人的，或者故意伤害被绑架人，致人重伤、死亡的，处无期徒刑或者死刑，并处没收财产。

以勒索财物为目的偷盗婴幼儿的，依照前两款的规定处罚。

第二百四十条 拐卖妇女、儿童的，处五年以上十年以下有期徒刑，并处罚金；有下列情形之一的，处十年以上有期徒刑或者无期徒刑，并处罚金或者没收财产；情节特别严重的，处死刑，并处没收财产：

（一）拐卖妇女、儿童集团的首要分子；
（二）拐卖妇女、儿童三人以上的；
（三）奸淫被拐卖的妇女的；
（四）诱骗、强迫被拐卖的妇女卖淫或者将被拐卖的妇女卖给他人迫使其卖淫的；
（五）以出卖为目的，使用暴力、胁迫或者麻醉方法绑架妇女、儿童的；
（六）以出卖为目的，偷盗婴幼儿的；
（七）造成被拐卖的妇女、儿童或者其亲属重伤、死亡或者其他严重后果的；
（八）将妇女、儿童卖往境外的。

拐卖妇女、儿童是指以出卖为目的，有拐骗、绑架、收买、贩卖、接送、中转妇女、儿童的行为之一的。

第二百四十一条 收买被拐卖的妇女、儿童的，处三年以下有期徒刑、拘役或者管制。

收买被拐卖的妇女，强行与其发生性关系的，依照本法第二百三十六条的规定定罪处罚。

收买被拐卖的妇女、儿童，非法剥夺、限制其人身自由或者有伤害、侮辱等犯罪行为的，依照本法的有关规定定罪处罚。

收买被拐卖的妇女、儿童，并有第二款、第三款规定的犯罪行为的，依照数罪并罚的规定处罚。

收买被拐卖的妇女、儿童又出卖的，依照本法第二百四十条的规定定罪处罚。

收买被拐卖的妇女、儿童，对被买儿童没有虐待行为，不阻碍对其进行解救的，可以从轻处罚；按照被买妇女的意愿，不阻碍其返回原居住地的，可以从轻或者减轻处罚。

第二百四十二条　以暴力、威胁方法阻碍国家机关工作人员解救被收买的妇女、儿童的，依照本法第二百七十七条的规定定罪处罚。

聚众阻碍国家机关工作人员解救被收买的妇女、儿童的首要分子，处五年以下有期徒刑或者拘役；其他参与者使用暴力、威胁方法的，依照前款的规定处罚。

第二百四十三条　捏造事实诬告陷害他人，意图使他人受刑事追究，情节严重的，处三年以下有期徒刑、拘役或者管制；造成严重后果的，处三年以上十年以下有期徒刑。

国家机关工作人员犯前款罪的，从重处罚。

不是有意诬陷，而是错告，或者检举失实的，不适用前两款的规定。

第二百四十四条　以暴力、威胁或者限制人身自由的方法强迫他人劳动的，处三年以下有期徒刑或者拘役，并处罚金；情节严重的，处三年以上十年以下有期徒刑，并处罚金。

明知他人实施前款行为，为其招募、运送人员或者有其他协助强迫他人劳动行为的，依照前款的规定处罚。

单位犯前两款罪的，对单位判处罚金，并对其直接负责的主管人员和其他直接责任人员，依照第一款的规定处罚。

第二百四十四条之一　违反劳动管理法规，雇用未满十六周岁的未成年人从事超强度体力劳动的，或者从事高空、井下作业的，或者在爆炸性、易燃性、放射性、毒害性等危险环境下从事劳动，情节严重的，对直接责任人员，处三年以下有期徒刑或者拘役，并处罚金；情节特别严重的，处三年以上七年以下有期徒刑，并处罚金。

有前款行为，造成事故，又构成其他犯罪的，依照数罪并罚的规定处罚。

第二百四十五条　非法搜查他人身体、住宅，或者非法侵入他人住宅的，处三年以下有期徒刑或者拘役。

司法工作人员滥用职权，犯前款罪的，从重处罚。

第二百四十六条　以暴力或者其他方法公然侮辱他人或者捏造事实诽谤他人，情节严重的，处三年以下有期徒刑、拘役、管制或者剥夺政治权利。

前款罪，告诉的才处理，但是严重危害社会秩序和国家利益的除外。

通过信息网络实施第一款规定的行为，被害人向人民法院告诉，但提供证据确有困难的，人民法院可以要求公安机关提供协助。

第二百四十七条　司法工作人员对犯罪嫌疑人、被告人实行刑讯逼供或者使用暴力逼取证人证言的，处三年以下有期徒刑或者拘役。致人伤残、死亡的，依照本法第二百三十四条、第二百三十二条的规定定罪从重处罚。

第二百四十八条　监狱、拘留所、看守所等监管机构的监管人员对被监管人进行殴打或者体罚虐待，情节严重的，处三年以下有期徒刑或者拘役；情节特别严重的，处三年以上十年以下有期徒刑。致人伤残、死亡的，依照本法第二百三十四条、第二百三十二条的规定定罪从重处罚。

监管人员指使被监管人殴打或者体罚虐待其他被监管人的，依照前款的规定处罚。

第二百四十九条　煽动民族仇恨、民族歧视，情节严重的，处三年以下有期徒刑、拘役、管制或者剥夺政治权利；情节特别严重的，处三年以上十年以下有期徒刑。

第二百五十条　在出版物中刊载歧视、侮辱少数民族的内容，情节恶劣，造成严重后果的，对直接责任人员，处三年以下有期徒刑、拘役或者管制。

第二百五十一条　国家机关工作人员非法剥夺公民的宗教信仰自由和侵犯少数民族风俗习惯，情节严重的，处二年以下有期徒刑或者拘役。

第二百五十二条　隐匿、毁弃或者非法开拆他人信件，侵犯公民通信自由权利，情节严重的，处一年以下有期徒刑或者拘役。

第二百五十三条　邮政工作人员私自开拆

或者隐匿、毁弃邮件、电报的，处二年以下有期徒刑或者拘役。

犯前款罪而窃取财物的，依照本法第二百六十四条的规定定罪从重处罚。

第二百五十三条之一 违反国家有关规定，向他人出售或者提供公民个人信息，情节严重的，处三年以下有期徒刑或者拘役，并处或者单处罚金；情节特别严重的，处三年以上七年以下有期徒刑，并处罚金。

违反国家有关规定，将在履行职责或者提供服务过程中获得的公民个人信息，出售或者提供给他人的，依照前款的规定从重处罚。

窃取或者以其他方法非法获取公民个人信息的，依照第一款的规定处罚。

单位犯前三款罪的，对单位判处罚金，并对其直接负责的主管人员和其他直接责任人员，依照各该款的规定处罚。

第二百五十四条 国家机关工作人员滥用职权、假公济私，对控告人、申诉人、批评人、举报人实行报复陷害的，处二年以下有期徒刑或者拘役；情节严重的，处二年以上七年以下有期徒刑。

第二百五十五条 公司、企业、事业单位、机关、团体的领导人，对依法履行职责、抵制违反会计法、统计法行为的会计、统计人员实行打击报复，情节恶劣的，处三年以下有期徒刑或者拘役。

第二百五十六条 在选举各级人民代表大会代表和国家机关领导人员时，以暴力、威胁、欺骗、贿赂、伪造选举文件、虚报选举票数等手段破坏选举或者妨害选民和代表自由行使选举权和被选举权，情节严重的，处三年以下有期徒刑、拘役或者剥夺政治权利。

第二百五十七条 以暴力干涉他人婚姻自由的，处二年以下有期徒刑或者拘役。

犯前款罪，致使被害人死亡的，处二年以上七年以下有期徒刑。

第一款罪，告诉的才处理。

第二百五十八条 有配偶而重婚的，或者明知他人有配偶而与之结婚的，处二年以下有期徒刑或者拘役。

第二百五十九条 明知是现役军人的配偶而与之同居或者结婚的，处三年以下有期徒刑或者拘役。

利用职权、从属关系，以胁迫手段奸淫现役军人的妻子的，依照本法第二百三十六条的规定定罪处罚。

第二百六十条 虐待家庭成员，情节恶劣的，处二年以下有期徒刑、拘役或者管制。

犯前款罪，致使被害人重伤、死亡的，处二年以上七年以下有期徒刑。

第一款罪，告诉的才处理，但被害人没有能力告诉，或者因受到强制、威吓无法告诉的除外。

第二百六十条之一 对未成年人、老年人、患病的人、残疾人等负有监护、看护职责的人虐待被监护、看护的人，情节恶劣的，处三年以下有期徒刑或者拘役。

单位犯前款罪的，对单位判处罚金，并对其直接负责的主管人员和其他直接责任人员，依照前款的规定处罚。

有第一款行为，同时构成其他犯罪的，依照处罚较重的规定定罪处罚。

第二百六十一条 对于年老、年幼、患病或者其他没有独立生活能力的人，负有扶养义务而拒绝扶养，情节恶劣的，处五年以下有期徒刑、拘役或者管制。

第二百六十二条 拐骗不满十四周岁的未成年人，脱离家庭或者监护人的，处五年以下有期徒刑或者拘役。

第二百六十二条之一 以暴力、胁迫手段组织残疾人或者不满十四周岁的未成年人乞讨的，处三年以下有期徒刑或者拘役，并处罚金；情节严重的，处三年以上七年以下有期徒刑，并处罚金。

第二百六十二条之二 组织未成年人进行盗窃、诈骗、抢夺、敲诈勒索等违反治安管理活动的，处三年以下有期徒刑或者拘役，并处罚金；情节严重的，处三年以上七年以下有期徒刑，并处罚金。

第五章 侵犯财产罪

第二百六十三条 以暴力、胁迫或者其他方法抢劫公私财物的，处三年以上十年以下有期徒刑，并处罚金；有下列情形之一的，处十年以上有期徒刑、无期徒刑或者死刑，并处罚金或者没收财产：

（一）入户抢劫的；
（二）在公共交通工具上抢劫的；
（三）抢劫银行或者其他金融机构的；
（四）多次抢劫或者抢劫数额巨大的；
（五）抢劫致人重伤、死亡的；
（六）冒充军警人员抢劫的；
（七）持枪抢劫的；
（八）抢劫军用物资或者抢险、救灾、救济物资的。

第二百六十四条　盗窃公私财物，数额较大的，或者多次盗窃、入户盗窃、携带凶器盗窃、扒窃的，处三年以下有期徒刑、拘役或者管制，并处或者单处罚金；数额巨大或者有其他严重情节的，处三年以上十年以下有期徒刑，并处罚金；数额特别巨大或者有其他特别严重情节的，处十年以上有期徒刑或者无期徒刑，并处罚金或者没收财产。

第二百六十五条　以牟利为目的，盗接他人通信线路、复制他人电信账号或者明知是盗接、复制的电信设备、设施而使用的，依照本法第二百六十四条的规定定罪处罚。

第二百六十六条　诈骗公私财物，数额较大的，处三年以下有期徒刑、拘役或者管制，并处或者单处罚金；数额巨大或者有其他严重情节的，处三年以上十年以下有期徒刑，并处罚金；数额特别巨大或者有其他特别严重情节的，处十年以上有期徒刑或者无期徒刑，并处罚金或者没收财产。本法另有规定的，依照规定。

第二百六十七条　抢夺公私财物，数额较大的，或者多次抢夺的，处三年以下有期徒刑、拘役或者管制，并处或者单处罚金；数额巨大或者有其他严重情节的，处三年以上十年以下有期徒刑，并处罚金；数额特别巨大或者有其他特别严重情节的，处十年以上有期徒刑或者无期徒刑，并处罚金或者没收财产。

携带凶器抢夺的，依照本法第二百六十三条的规定定罪处罚。

第二百六十八条　聚众哄抢公私财物，数额较大或者有其他严重情节的，对首要分子和积极参加的，处三年以下有期徒刑、拘役或者管制，并处罚金；数额巨大或者有其他特别严重情节的，处三年以上十年以下有期徒刑，并处罚金。

第二百六十九条　犯盗窃、诈骗、抢夺罪，为窝藏赃物、抗拒抓捕或者毁灭罪证而当场使用暴力或者以暴力相威胁的，依照本法第二百六十三条的规定定罪处罚。

第二百七十条　将代为保管的他人财物非法占为己有，数额较大，拒不退还的，处二年以下有期徒刑、拘役或者罚金；数额巨大或者有其他严重情节的，处二年以上五年以下有期徒刑，并处罚金。

将他人的遗忘物或者埋藏物非法占为己有，数额较大，拒不交出的，依照前款的规定处罚。

本条罪，告诉的才处理。

第二百七十一条　公司、企业或者其他单位的人员，利用职务上的便利，将本单位财物非法占为己有，数额较大的，处五年以下有期徒刑或者拘役；数额巨大的，处五年以上有期徒刑，可以并处没收财产。

国有公司、企业或者其他国有单位中从事公务的人员和国有公司、企业或者其他国有单位委派到非国有公司、企业以及其他单位从事公务的人员有前款行为的，依照本法第三百八十二条、第三百八十三条的规定定罪处罚。

第二百七十二条　公司、企业或者其他单位的工作人员，利用职务上的便利，挪用本单位资金归个人使用或者借贷给他人，数额较大、超过三个月未还的，或者虽未超过三个月，但数额较大、进行营利活动的，或者进行非法活动的，处三年以下有期徒刑或者拘役；挪用本单位资金数额巨大的，或者数额较大不退还的，处三年以上十年以下有期徒刑。

国有公司、企业或者其他国有单位中从事公务的人员和国有公司、企业或者其他国有单位委派到非国有公司、企业以及其他单位从事公务的人员有前款行为的，依照本法第三百八十四条的规定定罪处罚。

第二百七十三条　挪用用于救灾、抢险、

防汛、优抚、扶贫、移民、救济款物,情节严重,致使国家和人民群众利益遭受重大损害的,对直接责任人员,处三年以下有期徒刑或者拘役;情节特别严重的,处三年以上七年以下有期徒刑。

第二百七十四条 敲诈勒索公私财物,数额较大或者多次敲诈勒索的,处三年以下有期徒刑、拘役或者管制,并处或者单处罚金;数额巨大或者有其他严重情节的,处三年以上十年以下有期徒刑,并处罚金;数额特别巨大或者有其他特别严重情节的,处十年以上有期徒刑,并处罚金。

第二百七十五条 故意毁坏公私财物,数额较大或者有其他严重情节的,处三年以下有期徒刑、拘役或者罚金;数额巨大或者有其他特别严重情节的,处三年以上七年以下有期徒刑。

第二百七十六条 由于泄愤报复或者其他个人目的,毁坏机器设备、残害耕畜或者以其他方法破坏生产经营的,处三年以下有期徒刑、拘役或者管制;情节严重的,处三年以上七年以下有期徒刑。

第二百七十六条之一 以转移财产、逃匿等方法逃避支付劳动者的劳动报酬或者有能力支付而不支付劳动者的劳动报酬,数额较大,经政府有关部门责令支付仍不支付的,处三年以下有期徒刑或者拘役,并处或者单处罚金;造成严重后果的,处三年以上七年以下有期徒刑,并处罚金。

单位犯前款罪的,对单位判处罚金,并对其直接负责的主管人员和其他直接责任人员,依照前款的规定处罚。

有前两款行为,尚未造成严重后果,在提起公诉前支付劳动者的劳动报酬,并依法承担相应赔偿责任的,可以减轻或者免除处罚。

第六章 妨害社会管理秩序罪

第一节 扰乱公共秩序罪

第二百七十七条 以暴力、威胁方法阻碍国家机关工作人员依法执行职务的,处三年以下有期徒刑、拘役、管制或者罚金。

以暴力、威胁方法阻碍全国人民代表大会和地方各级人民代表大会代表依法执行代表职务的,依照前款的规定处罚。

在自然灾害和突发事件中,以暴力、威胁方法阻碍红十字会工作人员依法履行职责的,依照第一款的规定处罚。

故意阻碍国家安全机关、公安机关依法执行国家安全工作任务,未使用暴力、威胁方法,造成严重后果的,依照第一款的规定处罚。

暴力袭击正在依法执行职务的人民警察的,依照第一款的规定从重处罚。

第二百七十八条 煽动群众暴力抗拒国家法律、行政法规实施的,处三年以下有期徒刑、拘役、管制或者剥夺政治权利;造成严重后果的,处三年以上七年以下有期徒刑。

第二百七十九条 冒充国家机关工作人员招摇撞骗的,处三年以下有期徒刑、拘役、管制或者剥夺政治权利;情节严重的,处三年以上十年以下有期徒刑。

冒充人民警察招摇撞骗的,依照前款的规定从重处罚。

第二百八十条 伪造、变造、买卖或者盗窃、抢夺、毁灭国家机关的公文、证件、印章的,处三年以下有期徒刑、拘役、管制或者剥夺政治权利,并处罚金;情节严重的,处三年以上十年以下有期徒刑,并处罚金。

伪造公司、企业、事业单位、人民团体的印章的,处三年以下有期徒刑、拘役、管制或者剥夺政治权利,并处罚金。

伪造、变造、买卖居民身份证、护照、社会保障卡、驾驶证等依法可以用于证明身份的证件的,处三年以下有期徒刑、拘役、管制或者剥夺政治权利,并处罚金;情节严重的,处三年以上七年以下有期徒刑,并处罚金。

第二百八十条之一 在依照国家规定应当提供身份证明的活动中,使用伪造、变造的或者盗用他人的居民身份证、护照、社会保障卡、驾驶证等依法可以用于证明身份的证件,情节严重的,处拘役或者管制,并处或者单处罚金。

有前款行为，同时构成其他犯罪的，依照处罚较重的规定定罪处罚。

第二百八十一条 非法生产、买卖人民警察制式服装、车辆号牌等专用标志、警械，情节严重的，处三年以下有期徒刑、拘役或者管制，并处或者单处罚金。

单位犯前款罪的，对单位判处罚金，并对其直接负责的主管人员和其他直接责任人员，依照前款的规定处罚。

第二百八十二条 以窃取、刺探、收买方法，非法获取国家秘密的，处三年以下有期徒刑、拘役、管制或者剥夺政治权利；情节严重的，处三年以上七年以下有期徒刑。

非法持有属于国家绝密、机密的文件、资料或者其他物品，拒不说明来源与用途的，处三年以下有期徒刑、拘役或者管制。

第二百八十三条 非法生产、销售专用间谍器材或者窃听、窃照专用器材的，处三年以下有期徒刑、拘役或者管制，并处或者单处罚金；情节严重的，处三年以上七年以下有期徒刑，并处罚金。

单位犯前款罪的，对单位判处罚金，并对其直接负责的主管人员和其他直接责任人员，依照前款的规定处罚。

第二百八十四条 非法使用窃听、窃照专用器材，造成严重后果的，处二年以下有期徒刑、拘役或者管制。

第二百八十四条之一 在法律规定的国家考试中，组织作弊的，处三年以下有期徒刑或者拘役，并处或者单处罚金；情节严重的，处三年以上七年以下有期徒刑，并处罚金。

为他人实施前款犯罪提供作弊器材或者其他帮助的，依照前款的规定处罚。

为实施考试作弊行为，向他人非法出售或者提供第一款规定的考试的试题、答案的，依照第一款的规定处罚。

代替他人或者让他人代替自己参加第一款规定的考试的，处拘役或者管制，并处或者单处罚金。

第二百八十五条 违反国家规定，侵入国家事务、国防建设、尖端科学技术领域的计算机信息系统的，处三年以下有期徒刑或者拘役。

违反国家规定，侵入前款规定以外的计算机信息系统或者采用其他技术手段，获取该计算机信息系统中存储、处理或者传输的数据，或者对该计算机信息系统实施非法控制，情节严重的，处三年以下有期徒刑或者拘役，并处或者单处罚金；情节特别严重的，处三年以上七年以下有期徒刑，并处罚金。

提供专门用于侵入、非法控制计算机信息系统的程序、工具，或者明知他人实施侵入、非法控制计算机信息系统的违法犯罪行为而为其提供程序、工具，情节严重的，依照前款的规定处罚。

单位犯前三款罪的，对单位判处罚金，并对其直接负责的主管人员和其他直接责任人员，依照各该款的规定处罚。

第二百八十六条 违反国家规定，对计算机信息系统功能进行删除、修改、增加、干扰，造成计算机信息系统不能正常运行，后果严重的，处五年以下有期徒刑或者拘役；后果特别严重的，处五年以上有期徒刑。

违反国家规定，对计算机信息系统中存储、处理或者传输的数据和应用程序进行删除、修改、增加的操作，后果严重的，依照前款的规定处罚。

故意制作、传播计算机病毒等破坏性程序，影响计算机系统正常运行，后果严重的，依照第一款的规定处罚。

单位犯前三款罪的，对单位判处罚金，并对其直接负责的主管人员和其他直接责任人员，依照第一款的规定处罚。

第二百八十六条之一 网络服务提供者不履行法律、行政法规规定的信息网络安全管理义务，经监管部门责令采取改正措施而拒不改正，有下列情形之一的，处三年以下有期徒刑、拘役或者管制，并处或者单处罚金：

（一）致使违法信息大量传播的；

（二）致使用户信息泄露，造成严重后果的；

（三）致使刑事案件证据灭失，情节严重的；

（四）有其他严重情节的。

单位犯前款罪的，对单位判处罚金，并对

其直接负责的主管人员和其他直接责任人员，依照前款的规定处罚。

有前两款行为，同时构成其他犯罪的，依照处罚较重的规定定罪处罚。

第二百八十七条 利用计算机实施金融诈骗、盗窃、贪污、挪用公款、窃取国家秘密或者其他犯罪的，依照本法有关规定定罪处罚。

第二百八十七条之一 利用信息网络实施下列行为之一，情节严重的，处三年以下有期徒刑或者拘役，并处或者单处罚金：

（一）设立用于实施诈骗、传授犯罪方法、制作或者销售违禁物品、管制物品等违法犯罪活动的网站、通讯群组的；

（二）发布有关制作或者销售毒品、枪支、淫秽物品等违禁物品、管制物品或者其他违法犯罪信息的；

（三）为实施诈骗等违法犯罪活动发布信息的。

单位犯前款罪的，对单位判处罚金，并对其直接负责的主管人员和其他直接责任人员，依照第一款的规定处罚。

有前两款行为，同时构成其他犯罪的，依照处罚较重的规定定罪处罚。

第二百八十七条之二 明知他人利用信息网络实施犯罪，为其犯罪提供互联网接入、服务器托管、网络存储、通讯传输等技术支持，或者提供广告推广、支付结算等帮助，情节严重的，处三年以下有期徒刑或者拘役，并处或者单处罚金。

单位犯前款罪的，对单位判处罚金，并对其直接负责的主管人员和其他直接责任人员，依照第一款的规定处罚。

有前两款行为，同时构成其他犯罪的，依照处罚较重的规定定罪处罚。

第二百八十八条 违反国家规定，擅自设置、使用无线电台（站），或者擅自使用无线电频率，干扰无线电通讯秩序，情节严重的，处三年以下有期徒刑、拘役或者管制，并处或者单处罚金；情节特别严重的，处三年以上七年以下有期徒刑，并处罚金。

单位犯前款罪的，对单位判处罚金，并对其直接负责的主管人员和其他直接责任人员，依照前款的规定处罚。

第二百八十九条 聚众"打砸抢"，致人伤残、死亡的，依照本法第二百三十四条、第二百三十二条的规定定罪处罚。毁坏或者抢走公私财物的，除判令退赔外，对首要分子，依照本法第二百六十三条的规定定罪处罚。

第二百九十条 聚众扰乱社会秩序，情节严重，致使工作、生产、营业和教学、科研、医疗无法进行，造成严重损失的，对首要分子，处三年以上七年以下有期徒刑；对其他积极参加的，处三年以下有期徒刑、拘役、管制或者剥夺政治权利。

聚众冲击国家机关，致使国家机关工作无法进行，造成严重损失的，对首要分子，处五年以上十年以下有期徒刑；对其他积极参加的，处五年以下有期徒刑、拘役、管制或者剥夺政治权利。

多次扰乱国家机关工作秩序，经行政处罚后仍不改正，造成严重后果的，处三年以下有期徒刑、拘役或者管制。

多次组织、资助他人非法聚集，扰乱社会秩序，情节严重的，依照前款的规定处罚。

第二百九十一条 聚众扰乱车站、码头、民用航空站、商场、公园、影剧院、展览会、运动场或者其他公共场所秩序，聚众堵塞交通或者破坏交通秩序，抗拒、阻碍国家治安管理工作人员依法执行职务，情节严重的，对首要分子，处五年以下有期徒刑、拘役或者管制。

第二百九十一条之一 投放虚假的爆炸性、毒害性、放射性、传染病病原体等物质，或者编造爆炸威胁、生化威胁、放射威胁等恐怖信息，或者明知是编造的恐怖信息而故意传播，严重扰乱社会秩序的，处五年以下有期徒刑、拘役或者管制；造成严重后果的，处五年以上有期徒刑。

编造虚假的险情、疫情、灾情、警情，在信息网络或者其他媒体上传播，或者明知是上述虚假信息，故意在信息网络或者其他媒体上传播，严重扰乱社会秩序的，处三年以下有期徒刑、拘役或者管制；造成严重后果的，处三年以上七年以下有期徒刑。

第二百九十二条 聚众斗殴的，对首要分子和其他积极参加的,处三年以下有期徒刑、拘役或者管制;有下列情形之一的,对首要分子和其他积极参加的,处三年以上十年以下有期徒刑:

(一)多次聚众斗殴的;

(二)聚众斗殴人数多,规模大,社会影响恶劣的;

(三)在公共场所或者交通要道聚众斗殴,造成社会秩序严重混乱的;

(四)持械聚众斗殴的。

聚众斗殴,致人重伤、死亡的,依照本法第二百三十四条、第二百三十二条的规定定罪处罚。

第二百九十三条 有下列寻衅滋事行为之一,破坏社会秩序的,处五年以下有期徒刑、拘役或者管制:

(一)随意殴打他人,情节恶劣的;

(二)追逐、拦截、辱骂、恐吓他人,情节恶劣的;

(三)强拿硬要或者任意损毁、占用公私财物,情节严重的;

(四)在公共场所起哄闹事,造成公共场所秩序严重混乱的。

纠集他人多次实施前款行为,严重破坏社会秩序的,处五年以上十年以下有期徒刑,可以并处罚金。

第二百九十四条 组织、领导黑社会性质的组织的,处七年以上有期徒刑,并处没收财产;积极参加的,处三年以上七年以下有期徒刑,可以并处罚金或者没收财产;其他参加的,处三年以下有期徒刑、拘役、管制或者剥夺政治权利,可以并处罚金。

境外的黑社会组织的人员到中华人民共和国境内发展组织成员的,处三年以上十年以下有期徒刑。

国家机关工作人员包庇黑社会性质的组织,或者纵容黑社会性质的组织进行违法犯罪活动的,处五年以下有期徒刑;情节严重的,处五年以上有期徒刑。

犯前三款罪又有其他犯罪行为的,依照数罪并罚的规定处罚。

黑社会性质的组织应当同时具备以下特征:

(一)形成较稳定的犯罪组织,人数较多,有明确的组织者、领导者,骨干成员基本固定;

(二)有组织地通过违法犯罪活动或者其他手段获取经济利益,具有一定的经济实力,以支持该组织的活动;

(三)以暴力、威胁或者其他手段,有组织地多次进行违法犯罪活动,为非作恶,欺压、残害群众;

(四)通过实施违法犯罪活动,或者利用国家工作人员的包庇或者纵容,称霸一方,在一定区域或者行业内,形成非法控制或者重大影响,严重破坏经济、社会生活秩序。

第二百九十五条 传授犯罪方法的,处五年以下有期徒刑、拘役或者管制;情节严重的,处五年以上十年以下有期徒刑;情节特别严重的,处十年以上有期徒刑或者无期徒刑。

第二百九十六条 举行集会、游行、示威,未依照法律规定申请或者申请未获许可,或者未按照主管机关许可的起止时间、地点、路线进行,又拒不服从解散命令,严重破坏社会秩序的,对集会、游行、示威的负责人和直接责任人员,处五年以下有期徒刑、拘役、管制或者剥夺政治权利。

第二百九十七条 违反法律规定,携带武器、管制刀具或者爆炸物参加集会、游行、示威的,处三年以下有期徒刑、拘役、管制或者剥夺政治权利。

第二百九十八条 扰乱、冲击或者以其他方法破坏依法举行的集会、游行、示威,造成公共秩序混乱的,处五年以下有期徒刑、拘役、管制或者剥夺政治权利。

第二百九十九条 在公共场合,故意以焚烧、毁损、涂划、玷污、践踏等方式侮辱中华人民共和国国旗、国徽的,处三年以下有期徒刑、拘役、管制或者剥夺政治权利。

在公共场合,故意篡改中华人民共和国国歌歌词、曲谱,以歪曲、贬损方式奏唱国歌,或者以其他方式侮辱国歌,情节严重的,依照前款的规定处罚。

第三百条 组织、利用会道门、邪教组织或者利用迷信破坏国家法律、行政法规实施的，处三年以上七年以下有期徒刑，并处罚金；情节特别严重的，处七年以上有期徒刑或者无期徒刑，并处罚金或者没收财产；情节较轻的，处三年以下有期徒刑、拘役、管制或者剥夺政治权利，并处或者单处罚金。

组织、利用会道门、邪教组织或者利用迷信蒙骗他人，致人重伤、死亡的，依照前款的规定处罚。

犯第一款罪又有奸淫妇女、诈骗财物等犯罪行为的，依照数罪并罚的规定处罚。

第三百零一条 聚众进行淫乱活动的，对首要分子或者多次参加的，处五年以下有期徒刑、拘役或者管制。

引诱未成年人参加聚众淫乱活动的，依照前款的规定从重处罚。

第三百零二条 盗窃、侮辱、故意毁坏尸体、尸骨、骨灰的，处三年以下有期徒刑、拘役或者管制。

第三百零三条 以营利为目的，聚众赌博或者以赌博为业的，处三年以下有期徒刑、拘役或者管制，并处罚金。

开设赌场的，处三年以下有期徒刑、拘役或者管制，并处罚金；情节严重的，处三年以上十年以下有期徒刑，并处罚金。

第三百零四条 邮政工作人员严重不负责任，故意延误投递邮件，致使公共财产、国家和人民利益遭受重大损失的，处二年以下有期徒刑或者拘役。

第二节 妨害司法罪

第三百零五条 在刑事诉讼中，证人、鉴定人、记录人、翻译人对与案件有重要关系的情节，故意作虚假证明、鉴定、记录、翻译，意图陷害他人或者隐匿罪证的，处三年以下有期徒刑或者拘役；情节严重的，处三年以上七年以下有期徒刑。

第三百零六条 在刑事诉讼中，辩护人、诉讼代理人毁灭、伪造证据，帮助当事人毁灭、伪造证据，威胁、引诱证人违背事实改变证言或者作伪证的，处三年以下有期徒刑或者拘役；情节严重的，处三年以上七年以下有期徒刑。

辩护人、诉讼代理人提供、出示、引用的证人证言或者其他证据失实，不是有意伪造的，不属于伪造证据。

第三百零七条 以暴力、威胁、贿买等方法阻止证人作证或者指使他人作伪证的，处三年以下有期徒刑或者拘役；情节严重的，处三年以上七年以下有期徒刑。

帮助当事人毁灭、伪造证据，情节严重的，处三年以下有期徒刑或者拘役。

司法工作人员犯前两款罪的，从重处罚。

第三百零七条之一 以捏造的事实提起民事诉讼，妨害司法秩序或者严重侵害他人合法权益的，处三年以下有期徒刑、拘役或者管制，并处或者单处罚金；情节严重的，处三年以上七年以下有期徒刑，并处罚金。

单位犯前款罪的，对单位判处罚金，并对其直接负责的主管人员和其他直接责任人员，依照前款的规定处罚。

有第一款行为，非法占有他人财产或者逃避合法债务，又构成其他犯罪的，依照处罚较重的规定定罪从重处罚。

司法工作人员利用职权，与他人共同实施前三款行为的，从重处罚；同时构成其他犯罪的，依照处罚较重的规定定罪从重处罚。

第三百零八条 对证人进行打击报复的，处三年以下有期徒刑或者拘役；情节严重的，处三年以上七年以下有期徒刑。

第三百零八条之一 司法工作人员、辩护人、诉讼代理人或者其他诉讼参与人，泄露依法不公开审理的案件中不应当公开的信息，造成信息公开传播或者其他严重后果的，处三年以下有期徒刑、拘役或者管制，并处或者单处罚金。

有前款行为，泄露国家秘密的，依照本法第三百九十八条的规定定罪处罚。

公开披露、报道第一款规定的案件信息，情节严重的，依照第一款的规定处罚。

单位犯前款罪的，对单位判处罚金，并对其直接负责的主管人员和其他直接责任人员，依照第一款的规定处罚。

第三百零九条 有下列扰乱法庭秩序情形

之一的，处三年以下有期徒刑、拘役、管制或者罚金：

（一）聚众哄闹、冲击法庭的；

（二）殴打司法工作人员或者诉讼参与人的；

（三）侮辱、诽谤、威胁司法工作人员或者诉讼参与人，不听法庭制止，严重扰乱法庭秩序的；

（四）有毁坏法庭设施，抢夺、损毁诉讼文书、证据等扰乱法庭秩序行为，情节严重的。

第三百一十条　明知是犯罪的人而为其提供隐藏处所、财物，帮助其逃匿或者作假证明包庇的，处三年以下有期徒刑、拘役或者管制；情节严重的，处三年以上十年以下有期徒刑。

犯前款罪，事前通谋的，以共同犯罪论处。

第三百一十一条　明知他人有间谍犯罪或者恐怖主义、极端主义犯罪行为，在司法机关向其调查有关情况、收集有关证据时，拒绝提供，情节严重的，处三年以下有期徒刑、拘役或者管制。

第三百一十二条　明知是犯罪所得及其产生的收益而予以窝藏、转移、收购、代为销售或者以其他方法掩饰、隐瞒的，处三年以下有期徒刑、拘役或者管制，并处或者单处罚金；情节严重的，处三年以上七年以下有期徒刑，并处罚金。

单位犯前款罪的，对单位判处罚金，并对其直接负责的主管人员和其他直接责任人员，依照前款的规定处罚。

第三百一十三条　对人民法院的判决、裁定有能力执行而拒不执行，情节严重的，处三年以下有期徒刑、拘役或者罚金；情节特别严重的，处三年以上七年以下有期徒刑，并处罚金。

单位犯前款罪的，对单位判处罚金，并对其直接负责的主管人员和其他直接责任人员，依照前款的规定处罚。

第三百一十四条　隐藏、转移、变卖、故意毁损已被司法机关查封、扣押、冻结的财产，情节严重的，处三年以下有期徒刑、拘役或者罚金。

第三百一十五条　依法被关押的罪犯，有下列破坏监管秩序行为之一，情节严重的，处三年以下有期徒刑：

（一）殴打监管人员的；

（二）组织其他被监管人破坏监管秩序的；

（三）聚众闹事，扰乱正常监管秩序的；

（四）殴打、体罚或者指使他人殴打、体罚其他被监管人的。

第三百一十六条　依法被关押的罪犯、被告人、犯罪嫌疑人脱逃的，处五年以下有期徒刑或者拘役。

劫夺押解途中的罪犯、被告人、犯罪嫌疑人的，处三年以上七年以下有期徒刑；情节严重的，处七年以上有期徒刑。

第三百一十七条　组织越狱的首要分子和积极参加的，处五年以上有期徒刑；其他参加的，处五年以下有期徒刑或者拘役。

暴动越狱或者聚众持械劫狱的首要分子和积极参加的，处十年以上有期徒刑或者无期徒刑；情节特别严重的，处死刑；其他参加的，处三年以上十年以下有期徒刑。

第三节　妨害国（边）境管理罪

第三百一十八条　组织他人偷越国（边）境的，处二年以上七年以下有期徒刑，并处罚金；有下列情形之一的，处七年以上有期徒刑或者无期徒刑，并处罚金或者没收财产：

（一）组织他人偷越国（边）境集团的首要分子；

（二）多次组织他人偷越国（边）境或者组织他人偷越国（边）境人数众多的；

（三）造成被组织人重伤、死亡的；

（四）剥夺或者限制被组织人人身自由的；

（五）以暴力、威胁方法抗拒检查的；

（六）违法所得数额巨大的；

（七）有其他特别严重情节的。

犯前款罪，对被组织人有杀害、伤害、强奸、拐卖等犯罪行为，或者对检查人员有杀害、伤害等犯罪行为的，依照数罪并罚的规定

— 719 —

处罚。

第三百一十九条 以劳务输出、经贸往来或者其他名义，弄虚作假，骗取护照、签证等出境证件，为组织他人偷越国（边）境使用的，处三年以下有期徒刑，并处罚金；情节严重的，处三年以上十年以下有期徒刑，并处罚金。

单位犯前款罪的，对单位判处罚金，并对其直接负责的主管人员和其他直接责任人员，依照前款的规定处罚。

第三百二十条 为他人提供伪造、变造的护照、签证等出入境证件，或者出售护照、签证等出入境证件的，处五年以下有期徒刑，并处罚金；情节严重的，处五年以上有期徒刑，并处罚金。

第三百二十一条 运送他人偷越国（边）境的，处五年以下有期徒刑、拘役或者管制，并处罚金；有下列情形之一的，处五年以上十年以下有期徒刑，并处罚金：

（一）多次实施运送行为或者运送人数众多的；

（二）所使用的船只、车辆等交通工具不具备必要的安全条件，足以造成严重后果的；

（三）违法所得数额巨大的；

（四）有其他特别严重情节的。

在运送他人偷越国（边）境中造成被运送人重伤、死亡，或者以暴力、威胁方法抗拒检查的，处七年以上有期徒刑，并处罚金。

犯前两款罪，对被运送人有杀害、伤害、强奸、拐卖等犯罪行为的，或者对检查人员有杀害、伤害等犯罪行为的，依照数罪并罚的规定处罚。

第三百二十二条 违反国（边）境管理法规，偷越国（边）境，情节严重的，处一年以下有期徒刑、拘役或者管制，并处罚金；为参加恐怖活动组织、接受恐怖活动培训或者实施恐怖活动，偷越国（边）境的，处一年以上三年以下有期徒刑，并处罚金。

第三百二十三条 故意破坏国家边境的界碑、界桩或者永久性测量标志的，处三年以下有期徒刑或者拘役。

第四节　妨害文物管理罪

第三百二十四条 故意损毁国家保护的珍贵文物或者被确定为全国重点文物保护单位、省级文物保护单位的文物的，处三年以下有期徒刑或者拘役，并处或者单处罚金；情节严重的，处三年以上十年以下有期徒刑，并处罚金。

故意损毁国家保护的名胜古迹，情节严重的，处五年以下有期徒刑或者拘役，并处或者单处罚金。

过失损毁国家保护的珍贵文物或者被确定为全国重点文物保护单位、省级文物保护单位的文物，造成严重后果的，处三年以下有期徒刑或者拘役。

第三百二十五条 违反文物保护法规，将收藏的国家禁止出口的珍贵文物私自出售或者私自赠送给外国人的，处五年以下有期徒刑或者拘役，可以并处罚金。

单位犯前款罪的，对单位判处罚金，并对其直接负责的主管人员和其他直接责任人员，依照前款的规定处罚。

第三百二十六条 以牟利为目的，倒卖国家禁止经营的文物，情节严重的，处五年以下有期徒刑或者拘役，并处罚金；情节特别严重的，处五年以上十年以下有期徒刑，并处罚金。

单位犯前款罪的，对单位判处罚金，并对其直接负责的主管人员和其他直接责任人员，依照前款的规定处罚。

第三百二十七条 违反文物保护法规，国有博物馆、图书馆等单位将国家保护的文物藏品出售或者私自送给非国有单位或者个人的，对单位判处罚金，并对其直接负责的主管人员和其他直接责任人员，处三年以下有期徒刑或者拘役。

第三百二十八条 盗掘具有历史、艺术、科学价值的古文化遗址、古墓葬的，处三年以上十年以下有期徒刑，并处罚金；情节较轻的，处三年以下有期徒刑、拘役或者管制，并处罚金；有下列情形之一的，处十年以上有期徒刑或者无期徒刑，并处罚金或者没收财产：

（一）盗掘确定为全国重点文物保护单位和省级文物保护单位的古文化遗址、古墓葬的；

（二）盗掘古文化遗址、古墓葬集团的首要分子；

（三）多次盗掘古文化遗址、古墓葬的；

（四）盗掘古文化遗址、古墓葬，并盗窃珍贵文物或者造成珍贵文物严重破坏的。

盗掘国家保护的具有科学价值的古人类化石和古脊椎动物化石的，依照前款的规定处罚。

第三百二十九条 抢夺、窃取国家所有的档案的，处五年以下有期徒刑或者拘役。

违反档案法的规定，擅自出卖、转让国家所有的档案，情节严重的，处三年以下有期徒刑或者拘役。

有前两款行为，同时又构成本法规定的其他犯罪的，依照处罚较重的规定定罪处罚。

第五节 危害公共卫生罪

第三百三十条 违反传染病防治法的规定，有下列情形之一，引起甲类传染病传播或者有传播严重危险的，处三年以下有期徒刑或者拘役；后果特别严重的，处三年以上七年以下有期徒刑：

（一）供水单位供应的饮用水不符合国家规定的卫生标准的；

（二）拒绝按照卫生防疫机构提出的卫生要求，对传染病病原体污染的污水、污物、粪便进行消毒处理的；

（三）准许或者纵容传染病病人、病原携带者和疑似传染病病人从事国务院卫生行政部门规定禁止从事的易使该传染病扩散的工作的；

（四）拒绝执行卫生防疫机构依照传染病防治法提出的预防、控制措施的。

单位犯前款罪的，对单位判处罚金，并对其直接负责的主管人员和其他直接责任人员，依照前款的规定处罚。

甲类传染病的范围，依照《中华人民共和国传染病防治法》和国务院有关规定确定。

第三百三十一条 从事实验、保藏、携带、运输传染病菌种、毒种的人员，违反国务院卫生行政部门的有关规定，造成传染病菌种、毒种扩散，后果严重的，处三年以下有期徒刑或者拘役；后果特别严重的，处三年以上七年以下有期徒刑。

第三百三十二条 违反国境卫生检疫规定，引起检疫传染病传播或者有传播严重危险的，处三年以下有期徒刑或者拘役，并处或者单处罚金。

单位犯前款罪的，对单位判处罚金，并对其直接负责的主管人员和其他直接责任人员，依照前款的规定处罚。

第三百三十三条 非法组织他人出卖血液的，处五年以下有期徒刑，并处罚金；以暴力、威胁方法强迫他人出卖血液的，处五年以上十年以下有期徒刑，并处罚金。

有前款行为，对他人造成伤害的，依照本法第二百三十四条的规定定罪处罚。

第三百三十四条 非法采集、供应血液或者制作、供应血液制品，不符合国家规定的标准，足以危害人体健康的，处五年以下有期徒刑或者拘役，并处罚金；对人体健康造成严重危害的，处五年以上十年以下有期徒刑，并处罚金；造成特别严重后果的，处十年以上有期徒刑或者无期徒刑，并处罚金或者没收财产。

经国家主管部门批准采集、供应血液或者制作、供应血液制品的部门，不依照规定进行检测或者违背其他操作规定，造成危害他人身体健康后果的，对单位判处罚金，并对其直接负责的主管人员和其他直接责任人员，处五年以下有期徒刑或者拘役。

第三百三十五条 医务人员由于严重不负责任，造成就诊人死亡或者严重损害就诊人身体健康的，处三年以下有期徒刑或者拘役。

第三百三十六条 未取得医生执业资格的人非法行医，情节严重的，处三年以下有期徒刑、拘役或者管制，并处或者单处罚金；严重损害就诊人身体健康的，处三年以上十年以下有期徒刑，并处罚金；造成就诊人死亡的，处十年以上有期徒刑，并处罚金。

未取得医生执业资格的人擅自为他人进行节育复通手术、假节育手术、终止妊娠手术或者摘取宫内节育器，情节严重的，处三年以下有期徒刑、拘役或者管制，并处或者单处罚金；严重损害就诊人身体健康的，处三年以上十年以下有期徒刑，并处罚金；造成就诊人死亡的，处十年以上有期徒刑，并处罚金。

第三百三十七条　违反有关动植物防疫、检疫的国家规定，引起重大动植物疫情的，或者有引起重大动植物疫情危险，情节严重的，处三年以下有期徒刑或者拘役，并处或者单处罚金。

单位犯前款罪的，对单位判处罚金，并对其直接负责的主管人员和其他直接责任人员，依照前款的规定处罚。

第六节　破坏环境资源保护罪

第三百三十八条　违反国家规定，排放、倾倒或者处置有放射性的废物、含传染病病原体的废物、有毒物质或者其他有害物质，严重污染环境的，处三年以下有期徒刑或者拘役，并处或者单处罚金；后果特别严重的，处三年以上七年以下有期徒刑，并处罚金。

第三百三十九条　违反国家规定，将境外的固体废物进境倾倒、堆放、处置的，处五年以下有期徒刑或者拘役，并处罚金；造成重大环境污染事故，致使公私财产遭受重大损失或者严重危害人体健康的，处五年以上十年以下有期徒刑，并处罚金；后果特别严重的，处十年以上有期徒刑，并处罚金。

未经国务院有关主管部门许可，擅自进口固体废物用作原料，造成重大环境污染事故，致使公私财产遭受重大损失或者严重危害人体健康的，处五年以下有期徒刑或者拘役，并处罚金；后果特别严重的，处五年以上十年以下有期徒刑，并处罚金。

以原料利用为名，进口不能用作原料的固体废物、液态废物和气态废物的，依照本法第一百五十二条第二款、第三款的规定定罪处罚。

第三百四十条　违反保护水产资源法规，在禁渔区、禁渔期或者使用禁用的工具、方法捕捞水产品，情节严重的，处三年以下有期徒刑、拘役、管制或者罚金。

第三百四十一条　非法猎捕、杀害国家重点保护的珍贵、濒危野生动物的，或者非法收购、运输、出售国家重点保护的珍贵、濒危野生动物及其制品的，处五年以下有期徒刑或者拘役，并处罚金；情节严重的，处五年以上十年以下有期徒刑，并处罚金；情节特别严重的，处十年以上有期徒刑，并处罚金或者没收财产。

违反狩猎法规，在禁猎区、禁猎期或者使用禁用的工具、方法进行狩猎，破坏野生动物资源，情节严重的，处三年以下有期徒刑、拘役、管制或者罚金。

第三百四十二条　违反土地管理法规，非法占用耕地、林地等农用地，改变被占用土地用途，数量较大，造成耕地、林地等农用地大量毁坏的，处五年以下有期徒刑或者拘役，并处或者单处罚金。

第三百四十三条　违反矿产资源法的规定，未取得采矿许可证擅自采矿，擅自进入国家规划矿区、对国民经济具有重要价值的矿区和他人矿区范围采矿，或者擅自开采国家规定实行保护性开采的特定矿种，情节严重的，处三年以下有期徒刑、拘役或者管制，并处或者单处罚金；情节特别严重的，处三年以上七年以下有期徒刑，并处罚金。

违反矿产资源法的规定，采取破坏性的开采方法开采矿产资源，造成矿产资源严重破坏的，处五年以下有期徒刑或者拘役，并处罚金。

第三百四十四条　违反国家规定，非法采伐、毁坏珍贵树木或者国家重点保护的其他植物的，或者非法收购、运输、加工、出售珍贵树木或者国家重点保护的其他植物及其制品的，处三年以下有期徒刑、拘役或者管制，并处罚金；情节严重的，处三年以上七年以下有期徒刑，并处罚金。

第三百四十五条　盗伐森林或者其他林木，数量较大的，处三年以下有期徒刑、拘役或者管制，并处或者单处罚金；数量巨大的，处三年以上七年以下有期徒刑，并处罚金；数量特别巨大的，处七年以上有期徒刑，并处罚金。

违反森林法的规定，滥伐森林或者其他林木，数量较大的，处三年以下有期徒刑、拘役或者管制，并处或者单处罚金；数量巨大的，处三年以上七年以下有期徒刑，并处罚金。

非法收购、运输明知是盗伐、滥伐的林木，情节严重的，处三年以下有期徒刑、拘役或者管制，并处或者单处罚金；情节特别严重的，处三年以上七年以下有期徒刑，并处罚金。

盗伐、滥伐国家级自然保护区内的森林或者其他林木的，从重处罚。

第三百四十六条 单位犯本节第三百三十八条至第三百四十五条规定之罪的，对单位判处罚金，并对其直接负责的主管人员和其他直接责任人员，依照本节各该条的规定处罚。

第七节 走私、贩卖、运输、制造毒品罪

第三百四十七条 走私、贩卖、运输、制造毒品，无论数量多少，都应当追究刑事责任，予以刑事处罚。

走私、贩卖、运输、制造毒品，有下列情形之一的，处十五年有期徒刑、无期徒刑或者死刑，并处没收财产：

（一）走私、贩卖、运输、制造鸦片一千克以上、海洛因或者甲基苯丙胺五十克以上或者其他毒品数量大的；

（二）走私、贩卖、运输、制造毒品集团的首要分子；

（三）武装掩护走私、贩卖、运输、制造毒品的；

（四）以暴力抗拒检查、拘留、逮捕，情节严重的；

（五）参与有组织的国际贩毒活动的。

走私、贩卖、运输、制造鸦片二百克以上不满一千克、海洛因或者甲基苯丙胺十克以上不满五十克或者其他毒品数量较大的，处七年以上有期徒刑，并处罚金。

走私、贩卖、运输、制造鸦片不满二百克、海洛因或者甲基苯丙胺不满十克或者其他少量毒品的，处三年以下有期徒刑、拘役或者管制，并处罚金；情节严重的，处三年以上七年以下有期徒刑，并处罚金。

单位犯第二款、第三款、第四款罪的，对单位判处罚金，并对其直接负责的主管人员和其他直接责任人员，依照各该款的规定处罚。

利用、教唆未成年人走私、贩卖、运输、制造毒品，或者向未成年人出售毒品的，从重处罚。

对多次走私、贩卖、运输、制造毒品，未经处理的，毒品数量累计计算。

第三百四十八条 非法持有鸦片一千克以上、海洛因或者甲基苯丙胺五十克以上或者其他毒品数量大的，处七年以上有期徒刑或者无期徒刑，并处罚金；非法持有鸦片二百克以上不满一千克、海洛因或者甲基苯丙胺十克以上不满五十克或者其他毒品数量较大的，处三年以下有期徒刑、拘役或者管制，并处罚金；情节严重的，处三年以上七年以下有期徒刑，并处罚金。

第三百四十九条 包庇走私、贩卖、运输、制造毒品的犯罪分子的，为犯罪分子窝藏、转移、隐瞒毒品或者犯罪所得的财物的，处三年以下有期徒刑、拘役或者管制；情节严重的，处三年以上十年以下有期徒刑。

缉毒人员或者其他国家机关工作人员掩护、包庇走私、贩卖、运输、制造毒品的犯罪分子的，依照前款的规定从重处罚。

犯前两款罪，事先通谋的，以走私、贩卖、运输、制造毒品罪的共犯论处。

第三百五十条 违反国家规定，非法生产、买卖、运输醋酸酐、乙醚、三氯甲烷或者其他用于制造毒品的原料、配剂，或者携带上述物品进出境，情节较重的，处三年以下有期徒刑、拘役或者管制，并处罚金；情节严重的，处三年以上七年以下有期徒刑，并处罚金；情节特别严重的，处七年以上有期徒刑，并处罚金或者没收财产。

明知他人制造毒品而为其生产、买卖、运输前款规定的物品的，以制造毒品罪的共犯论处。

单位犯前两款罪的，对单位判处罚金，并对其直接负责的主管人员和其他直接责任人员，依照前两款的规定处罚。

第三百五十一条 非法种植罂粟、大麻等

毒品原植物的，一律强制铲除。有下列情形之一的，处五年以下有期徒刑、拘役或者管制，并处罚金：

（一）种植罂粟五百株以上不满三千株或者其他毒品原植物数量较大的；

（二）经公安机关处理后又种植的；

（三）抗拒铲除的。

非法种植罂粟三千株以上或者其他毒品原植物数量大的，处五年以上有期徒刑，并处罚金或者没收财产。

非法种植罂粟或者其他毒品原植物，在收获前自动铲除的，可以免除处罚。

第三百五十二条 非法买卖、运输、携带、持有未经灭活的罂粟等毒品原植物种子或者幼苗，数量较大的，处三年以下有期徒刑、拘役或者管制，并处或者单处罚金。

第三百五十三条 引诱、教唆、欺骗他人吸食、注射毒品的，处三年以下有期徒刑、拘役或者管制，并处罚金；情节严重的，处三年以上七年以下有期徒刑，并处罚金。

强迫他人吸食、注射毒品的，处三年以上十年以下有期徒刑，并处罚金。

引诱、教唆、欺骗或者强迫未成年人吸食、注射毒品的，从重处罚。

第三百五十四条 容留他人吸食、注射毒品的，处三年以下有期徒刑、拘役或者管制，并处罚金。

第三百五十五条 依法从事生产、运输、管理、使用国家管制的麻醉药品、精神药品的人员，违反国家规定，向吸食、注射毒品的人提供国家规定管制的能够使人形成瘾癖的麻醉药品、精神药品的，处三年以下有期徒刑或者拘役，并处罚金；情节严重的，处三年以上七年以下有期徒刑，并处罚金。向走私、贩卖毒品的犯罪分子或者以牟利为目的，向吸食、注射毒品的人提供国家规定管制的能够使人形成瘾癖的麻醉药品、精神药品的，依照本法第三百四十七条的规定定罪处罚。

单位犯前款罪的，对单位判处罚金，并对其直接负责的主管人员和其他直接责任人员，依照前款的规定处罚。

第三百五十六条 因走私、贩卖、运输、制造、非法持有毒品罪被判过刑，又犯本节规定之罪的，从重处罚。

第三百五十七条 本法所称的毒品，是指鸦片、海洛因、甲基苯丙胺（冰毒）、吗啡、大麻、可卡因以及国家规定管制的其他能够使人形成瘾癖的麻醉药品和精神药品。

毒品的数量以查证属实的走私、贩卖、运输、制造、非法持有毒品的数量计算，不以纯度折算。

第八节 组织、强迫、引诱、容留、介绍卖淫罪

第三百五十八条 组织、强迫他人卖淫的，处五年以上十年以下有期徒刑，并处罚金；情节严重的，处十年以上有期徒刑或者无期徒刑，并处罚金或者没收财产。

组织、强迫未成年人卖淫的，依照前款的规定从重处罚。

犯前两款罪，并有杀害、伤害、强奸、绑架等犯罪行为的，依照数罪并罚的规定处罚。

为组织卖淫的人招募、运送人员或者有其他协助组织他人卖淫行为的，处五年以下有期徒刑，并处罚金；情节严重的，处五年以上十年以下有期徒刑，并处罚金。

第三百五十九条 引诱、容留、介绍他人卖淫的，处五年以下有期徒刑、拘役或者管制，并处罚金；情节严重的，处五年以上有期徒刑，并处罚金。

引诱不满十四周岁的幼女卖淫的，处五年以上有期徒刑，并处罚金。

第三百六十条 明知自己患有梅毒、淋病等严重性病卖淫、嫖娼的，处五年以下有期徒刑、拘役或者管制，并处罚金。

第三百六十一条 旅馆业、饮食服务业、文化娱乐业、出租汽车业等单位的人员，利用本单位的条件，组织、强迫、引诱、容留、介绍他人卖淫的，依照本法第三百五十八条、第三百五十九条的规定定罪处罚。

前款所列单位的主要负责人，犯前款罪的，从重处罚。

第三百六十二条 旅馆业、饮食服务业、文化娱乐业、出租汽车业等单位的人员，在公

安机关查处卖淫、嫖娼活动时，为违法犯罪分子通风报信，情节严重的，依照本法第三百一十条的规定定罪处罚。

第九节　制作、贩卖、传播淫秽物品罪

第三百六十三条　以牟利为目的，制作、复制、出版、贩卖、传播淫秽物品的，处三年以下有期徒刑、拘役或者管制，并处罚金；情节严重的，处三年以上十年以下有期徒刑，并处罚金；情节特别严重的，处十年以上有期徒刑或者无期徒刑，并处罚金或者没收财产。

为他人提供书号，出版淫秽书刊的，处三年以下有期徒刑、拘役或者管制，并处或者单处罚金；明知他人用于出版淫秽书刊而提供书号的，依照前款的规定处罚。

第三百六十四条　传播淫秽的书刊、影片、音像、图片或者其他淫秽物品，情节严重的，处二年以下有期徒刑、拘役或者管制。

组织播放淫秽的电影、录像等音像制品的，处三年以下有期徒刑、拘役或者管制，并处罚金；情节严重的，处三年以上十年以下有期徒刑，并处罚金。

制作、复制淫秽的电影、录像等音像制品组织播放的，依照第二款的规定从重处罚。

向不满十八周岁的未成年人传播淫秽物品的，从重处罚。

第三百六十五条　组织进行淫秽表演的，处三年以下有期徒刑、拘役或者管制，并处罚金；情节严重的，处三年以上十年以下有期徒刑，并处罚金。

第三百六十六条　单位犯本节第三百六十三条、第三百六十四条、第三百六十五条规定之罪的，对单位判处罚金，并对其直接负责的主管人员和其他直接责任人员，依照各该条的规定处罚。

第三百六十七条　本法所称淫秽物品，是指具体描绘性行为或者露骨宣扬色情的诲淫性的书刊、影片、录像带、录音带、图片及其他淫秽物品。

有关人体生理、医学知识的科学著作不是淫秽物品。

包含有色情内容的有艺术价值的文学、艺术作品不视为淫秽物品。

第七章　危害国防利益罪

第三百六十八条　以暴力、威胁方法阻碍军人依法执行职务的，处三年以下有期徒刑、拘役、管制或者罚金。

故意阻碍武装部队军事行动，造成严重后果的，处五年以下有期徒刑或者拘役。

第三百六十九条　破坏武器装备、军事设施、军事通信的，处三年以下有期徒刑、拘役或者管制；破坏重要武器装备、军事设施、军事通信的，处三年以上十年以下有期徒刑；情节特别严重的，处十年以上有期徒刑、无期徒刑或者死刑。

过失犯前款罪，造成严重后果的，处三年以下有期徒刑或者拘役；造成特别严重后果的，处三年以上七年以下有期徒刑。

战时犯前两款罪的，从重处罚。

第三百七十条　明知是不合格的武器装备、军事设施而提供给武装部队的，处五年以下有期徒刑或者拘役；情节严重的，处五年以上十年以下有期徒刑；情节特别严重的，处十年以上有期徒刑、无期徒刑或者死刑。

过失犯前款罪，造成严重后果的，处三年以下有期徒刑或者拘役；造成特别严重后果的，处三年以上七年以下有期徒刑。

单位犯第一款罪的，对单位判处罚金，并对其直接负责的主管人员和其他直接责任人员，依照第一款的规定处罚。

第三百七十一条　聚众冲击军事禁区，严重扰乱军事禁区秩序的，对首要分子，处五年以上十年以下有期徒刑；对其他积极参加的，处五年以下有期徒刑、拘役、管制或者剥夺政治权利。

聚众扰乱军事管理区秩序，情节严重，致使军事管理区工作无法进行，造成严重损失的，对首要分子，处三年以上七年以下有期徒刑；对其他积极参加的，处三年以下有期徒刑、拘役、管制或者剥夺政治权利。

第三百七十二条　冒充军人招摇撞骗的，处三年以下有期徒刑、拘役、管制或者剥夺政治权利；情节严重的，处三年以上十年以下有

期徒刑。

第三百七十三条　煽动军人逃离部队或者明知是逃离部队的军人而雇用，情节严重的，处三年以下有期徒刑、拘役或者管制。

第三百七十四条　在征兵工作中徇私舞弊，接送不合格兵员，情节严重的，处三年以下有期徒刑或者拘役；造成特别严重后果的，处三年以上七年以下有期徒刑。

第三百七十五条　伪造、变造、买卖或者盗窃、抢夺武装部队公文、证件、印章的，处三年以下有期徒刑、拘役、管制或者剥夺政治权利；情节严重的，处三年以上十年以下有期徒刑。

非法生产、买卖武装部队制式服装，情节严重的，处三年以下有期徒刑、拘役或者管制，并处或者单处罚金。

伪造、盗窃、买卖或者非法提供、使用武装部队车辆号牌等专用标志，情节严重的，处三年以下有期徒刑、拘役或者管制，并处或者单处罚金；情节特别严重的，处三年以上七年以下有期徒刑，并处罚金。

单位犯第二款、第三款罪的，对单位判处罚金，并对其直接负责的主管人员和其他直接责任人员，依照各该款的规定处罚。

第三百七十六条　预备役人员战时拒绝、逃避征召或者军事训练，情节严重的，处三年以下有期徒刑或者拘役。

公民战时拒绝、逃避服役，情节严重的，处二年以下有期徒刑或者拘役。

第三百七十七条　战时故意向武装部队提供虚假敌情，造成严重后果的，处三年以上十年以下有期徒刑；造成特别严重后果的，处十年以上有期徒刑或者无期徒刑。

第三百七十八条　战时造谣惑众，扰乱军心的，处三年以下有期徒刑、拘役或者管制；情节严重的，处三年以上十年以下有期徒刑。

第三百七十九条　战时明知是逃离部队的军人而为其提供隐蔽处所、财物，情节严重的，处三年以下有期徒刑或者拘役。

第三百八十条　战时拒绝或者故意延误军事订货，情节严重的，对单位判处罚金，并对其直接负责的主管人员和其他直接责任人员，处五年以下有期徒刑或者拘役；造成严重后果的，处五年以上有期徒刑。

第三百八十一条　战时拒绝军事征用，情节严重的，处三年以下有期徒刑或者拘役。

第八章　贪污贿赂罪

第三百八十二条　国家工作人员利用职务上的便利，侵吞、窃取、骗取或者以其他手段非法占有公共财物的，是贪污罪。

受国家机关、国有公司、企业、事业单位、人民团体委托管理、经营国有财产的人员，利用职务上的便利，侵吞、窃取、骗取或者以其他手段非法占有国有财物的，以贪污论。

与前两款所列人员勾结，伙同贪污的，以共犯论处。

第三百八十三条　对犯贪污罪的，根据情节轻重，分别依照下列规定处罚：

（一）贪污数额较大或者有其他较重情节的，处三年以下有期徒刑或者拘役，并处罚金。

（二）贪污数额巨大或者有其他严重情节的，处三年以上十年以下有期徒刑，并处罚金或者没收财产。

（三）贪污数额特别巨大或者有其他特别严重情节的，处十年以上有期徒刑或者无期徒刑，并处罚金或者没收财产；数额特别巨大，并使国家和人民利益遭受特别重大损失的，处无期徒刑或者死刑，并处没收财产。

对多次贪污未经处理的，按照累计贪污数额处罚。

犯第一款罪，在提起公诉前如实供述自己罪行、真诚悔罪、积极退赃，避免、减少损害结果的发生，有第一项规定情形的，可以从轻、减轻或者免除处罚；有第二项、第三项规定情形的，可以从轻处罚。

犯第一款罪，有第三项规定情形被判处死刑缓期执行的，人民法院根据犯罪情节等情况可以同时决定在其死刑缓期执行二年期满依法减为无期徒刑后，终身监禁，不得减刑、假释。

第三百八十四条　国家工作人员利用职务

上的便利，挪用公款归个人使用，进行非法活动的，或者挪用公款数额较大、进行营利活动的，或者挪用公款数额较大、超过三个月未还的，是挪用公款罪，处五年以下有期徒刑或者拘役；情节严重的，处五年以上有期徒刑。挪用公款数额巨大不退还的，处十年以上有期徒刑或者无期徒刑。

挪用用于救灾、抢险、防汛、优抚、扶贫、移民、救济款物归个人使用的，从重处罚。

第三百八十五条 国家工作人员利用职务上的便利，索取他人财物的，或者非法收受他人财物，为他人谋取利益的，是受贿罪。

国家工作人员在经济往来中，违反国家规定，收受各种名义的回扣、手续费，归个人所有的，以受贿论处。

第三百八十六条 对犯受贿罪的，根据受贿所得数额及情节，依照本法第三百八十三条的规定处罚。索贿的从重处罚。

第三百八十七条 国家机关、国有公司、企业、事业单位、人民团体，索取、非法收受他人财物，为他人谋取利益，情节严重的，对单位判处罚金，并对其直接负责的主管人员和其他直接责任人员，处五年以下有期徒刑或者拘役。

前款所列单位，在经济往来中，在账外暗中收受各种名义的回扣、手续费的，以受贿论，依照前款的规定处罚。

第三百八十八条 国家工作人员利用本人职权或者地位形成的便利条件，通过其他国家工作人员职务上的行为，为请托人谋取不正当利益，索取请托人财物或者收受请托人财物的，以受贿论处。

第三百八十八条之一 国家工作人员的近亲属或者其他与该国家工作人员关系密切的人，通过该国家工作人员职务上的行为，或者利用该国家工作人员职权或者地位形成的便利条件，通过其他国家工作人员职务上的行为，为请托人谋取不正当利益，索取请托人财物或者收受请托人财物，数额较大或者有其他较重情节的，处三年以下有期徒刑或者拘役，并处罚金；数额巨大或者有其他严重情节的，处三年以上七年以下有期徒刑，并处罚金；数额特别巨大或者有其他特别严重情节的，处七年以上有期徒刑，并处罚金或者没收财产。

离职的国家工作人员或者其近亲属以及其他与其关系密切的人，利用该离职的国家工作人员原职权或者地位形成的便利条件实施前款行为的，依照前款的规定定罪处罚。

第三百八十九条 为谋取不正当利益，给予国家工作人员以财物的，是行贿罪。

在经济往来中，违反国家规定，给予国家工作人员以财物，数额较大的，或者违反国家规定，给予国家工作人员以各种名义的回扣、手续费的，以行贿论处。

因被勒索给予国家工作人员以财物，没有获得不正当利益的，不是行贿。

第三百九十条 对犯行贿罪的，处五年以下有期徒刑或者拘役，并处罚金；因行贿谋取不正当利益，情节严重的，或者使国家利益遭受重大损失的，处五年以上十年以下有期徒刑，并处罚金；情节特别严重的，或者使国家利益遭受特别重大损失的，处十年以上有期徒刑或者无期徒刑，并处罚金或者没收财产。

行贿人在被追诉前主动交待行贿行为的，可以从轻或者减轻处罚。其中，犯罪较轻的，对侦破重大案件起关键作用的，或者有重大立功表现的，可以减轻或者免除处罚。

第三百九十条之一 为谋取不正当利益，向国家工作人员的近亲属或者其他与该国家工作人员关系密切的人，或者向离职的国家工作人员或者其近亲属以及其他与其关系密切的人行贿的，处三年以下有期徒刑或者拘役，并处罚金；情节严重的，或者使国家利益遭受重大损失的，处三年以上七年以下有期徒刑，并处罚金；情节特别严重的，或者使国家利益遭受特别重大损失的，处七年以上十年以下有期徒刑，并处罚金。

单位犯前款罪的，对单位判处罚金，并对其直接负责的主管人员和其他直接责任人员，处三年以下有期徒刑或者拘役，并处罚金。

第三百九十一条 为谋取不正当利益，给予国家机关、国有公司、企业、事业单位、人民团体以财物的，或者在经济往来中，违反国家规定，给予各种名义的回扣、手续费的，处三年以下有期徒刑或者拘役，并处罚金。

单位犯前款罪的，对单位判处罚金，并对其直接负责的主管人员和其他直接责任人员，依照前款的规定处罚。

第三百九十二条 向国家工作人员介绍贿赂，情节严重的，处三年以下有期徒刑或者拘役，并处罚金。

介绍贿赂人在被追诉前主动交待介绍贿赂行为的，可以减轻处罚或者免除处罚。

第三百九十三条 单位为谋取不正当利益而行贿，或者违反国家规定，给予国家工作人员以回扣、手续费，情节严重的，对单位判处罚金，并对其直接负责的主管人员和其他直接责任人员，处五年以下有期徒刑或者拘役，并处罚金。因行贿取得的违法所得归个人所有的，依照本法第三百八十九条、第三百九十条的规定定罪处罚。

第三百九十四条 国家工作人员在国内公务活动或者对外交往中接受礼物，依照国家规定应当交公而不交公，数额较大的，依照本法第三百八十二条、第三百八十三条的规定定罪处罚。

第三百九十五条 国家工作人员的财产、支出明显超过合法收入，差额巨大的，可以责令该国家工作人员说明来源，不能说明来源的，差额部分以非法所得论，处五年以下有期徒刑或者拘役；差额特别巨大的，处五年以上十年以下有期徒刑。财产的差额部分予以追缴。

国家工作人员在境外的存款，应当依照国家规定申报。数额较大、隐瞒不报的，处二年以下有期徒刑或者拘役；情节较轻的，由其所在单位或者上级主管机关酌情给予行政处分。

第三百九十六条 国家机关、国有公司、企业、事业单位、人民团体，违反国家规定，以单位名义将国有资产集体私分给个人，数额较大的，对其直接负责的主管人员和其他直接责任人员，处三年以下有期徒刑或者拘役，并处或者单处罚金；数额巨大的，处三年以上七年以下有期徒刑，并处罚金。

司法机关、行政执法机关违反国家规定，将应当上缴国家的罚没财物，以单位名义集体私分给个人的，依照前款的规定处罚。

第九章 渎职罪

第三百九十七条 国家机关工作人员滥用职权或者玩忽职守，致使公共财产、国家和人民利益遭受重大损失的，处三年以下有期徒刑或者拘役；情节特别严重的，处三年以上七年以下有期徒刑。本法另有规定的，依照规定。

国家机关工作人员徇私舞弊，犯前款罪的，处五年以下有期徒刑或者拘役；情节特别严重的，处五年以上十年以下有期徒刑。本法另有规定的，依照规定。

第三百九十八条 国家机关工作人员违反保守国家秘密法的规定，故意或者过失泄露国家秘密，情节严重的，处三年以下有期徒刑或者拘役；情节特别严重的，处三年以上七年以下有期徒刑。

非国家机关工作人员犯前款罪的，依照前款的规定酌情处罚。

第三百九十九条 司法工作人员徇私枉法、徇情枉法，对明知是无罪的人而使他受追诉、对明知是有罪的人而故意包庇不使他受追诉，或者在刑事审判活动中故意违背事实和法律作枉法裁判的，处五年以下有期徒刑或者拘役；情节严重的，处五年以上十年以下有期徒刑；情节特别严重的，处十年以上有期徒刑。

在民事、行政审判活动中故意违背事实和法律作枉法裁判，情节严重的，处五年以下有期徒刑或者拘役；情节特别严重的，处五年以上十年以下有期徒刑。

在执行判决、裁定活动中，严重不负责任或者滥用职权，不依法采取诉讼保全措施、不履行法定执行职责，或者违法采取诉讼保全措施、强制执行措施，致使当事人或者其他人的利益遭受重大损失的，处五年以下有期徒刑或者拘役；致使当事人或者其他人的利益遭受特别重大损失的，处五年以上十年以下有期徒刑。

司法工作人员收受贿赂，有前三款行为的，同时又构成本法第三百八十五条规定之罪的，依照处罚较重的规定定罪处罚。

第四百条 司法工作人员私放在押的犯罪嫌疑人、被告人或者罪犯的，处五年以下有期徒刑或者拘役；情节严重的，处五年以上十年以下有期徒刑；情节特别严重的，处十年以上有期徒刑。

司法工作人员由于严重不负责任，致使在押的犯罪嫌疑人、被告人或者罪犯脱逃，造成严重后果的，处三年以下有期徒刑或者拘役；造成特别严重后果的，处三年以上十年以下有期徒刑。

第四百零一条 司法工作人员徇私舞弊，对不符合减刑、假释、暂予监外执行条件的罪犯，予以减刑、假释或者暂予监外执行的，处三年以下有期徒刑或者拘役；情节严重的，处三年以上七年以下有期徒刑。

第四百零二条 行政执法人员徇私舞弊，对依法应当移交司法机关追究刑事责任的不移交，情节严重的，处三年以下有期徒刑或者拘役；造成严重后果的，处三年以上七年以下有期徒刑。

第四百零三条 国家有关主管部门的国家机关工作人员，徇私舞弊，滥用职权，对不符合法律规定条件的公司设立、登记申请或者股票、债券发行、上市申请，予以批准或者登记，致使公共财产、国家和人民利益遭受重大损失的，处五年以下有期徒刑或者拘役。

上级部门强令登记机关及其工作人员实施前款行为的，对其直接负责的主管人员，依照前款的规定处罚。

第四百零四条 税务机关的工作人员徇私舞弊，不征或者少征应征税款，致使国家税收遭受重大损失的，处五年以下有期徒刑或者拘役；造成特别重大损失的，处五年以上有期徒刑。

第四百零五条 税务机关的工作人员违反法律、行政法规的规定，在办理发售发票、抵扣税款、出口退税工作中，徇私舞弊，致使国家利益遭受重大损失的，处五年以下有期徒刑或者拘役；致使国家利益遭受特别重大损失的，处五年以上有期徒刑。

其他国家机关工作人员违反国家规定，在提供出口货物报关单、出口收汇核销单等出口退税凭证的工作中，徇私舞弊，致使国家利益遭受重大损失的，依照前款的规定处罚。

第四百零六条 国家机关工作人员在签订、履行合同过程中，因严重不负责任被诈骗，致使国家利益遭受重大损失的，处三年以下有期徒刑或者拘役；致使国家利益遭受特别重大损失的，处三年以上七年以下有期徒刑。

第四百零七条 林业主管部门的工作人员违反森林法的规定，超过批准的年采伐限额发放林木采伐许可证或者违反规定滥发林木采伐许可证，情节严重，致使森林遭受严重破坏的，处三年以下有期徒刑或者拘役。

第四百零八条 负有环境保护监督管理职责的国家机关工作人员严重不负责任，导致发生重大环境污染事故，致使公私财产遭受重大损失或者造成人身伤亡的严重后果的，处三年以下有期徒刑或者拘役。

第四百零八条之一 负有食品安全监督管理职责的国家机关工作人员，滥用职权或者玩忽职守，导致发生重大食品安全事故或者造成其他严重后果的，处五年以下有期徒刑或者拘役；造成特别严重后果的，处五年以上十年以下有期徒刑。

徇私舞弊犯前款罪的，从重处罚。

第四百零九条 从事传染病防治的政府卫生行政部门的工作人员严重不负责任，导致传染病传播或者流行，情节严重的，处三年以下有期徒刑或者拘役。

第四百一十条 国家机关工作人员徇私舞弊，违反土地管理法规，滥用职权，非法批准征用、占用土地，或者非法低价出让国有土地使用权，情节严重的，处三年以下有期徒刑或者拘役；致使国家或者集体利益遭受特别重大损失的，处三年以上七年以下有期徒刑。

第四百一十一条 海关工作人员徇私舞弊，放纵走私，情节严重的，处五年以下有期徒刑或者拘役；情节特别严重的，处五年以上有期徒刑。

第四百一十二条 国家商检部门、商检机构的工作人员徇私舞弊，伪造检验结果的，处五年以下有期徒刑或者拘役；造成严重后果的，处五年以上十年以下有期徒刑。

前款所列人员严重不负责任，对应当检验的物品不检验，或者延误检验出证、错误出证，致使国家利益遭受重大损失的，处三年以下有期徒刑或者拘役。

第四百一十三条 动植物检疫机关的检疫人员徇私舞弊，伪造检疫结果的，处五年以下有期徒刑或者拘役；造成严重后果的，处五年以上十年以下有期徒刑。

前款所列人员严重不负责任，对应当检疫的检疫物不检疫，或者延误检疫出证、错误出证，致使国家利益遭受重大损失的，处三年以下有期徒刑或者拘役。

第四百一十四条 对生产、销售伪劣商品犯罪行为负有追究责任的国家机关工作人员，徇私舞弊，不履行法律规定的追究职责，情节严重的，处五年以下有期徒刑或者拘役。

第四百一十五条 负责办理护照、签证以及其他出入境证件的国家机关工作人员，对明知是企图偷越国（边）境的人员，予以办理出入境证件的，或者边防、海关等国家机关工作人员，对明知是偷越国（边）境的人员，予以放行的，处三年以下有期徒刑或者拘役；情节严重的，处三年以上七年以下有期徒刑。

第四百一十六条 对被拐卖、绑架的妇女、儿童负有解救职责的国家机关工作人员，接到被拐卖、绑架的妇女、儿童及其家属的解救要求或者接到其他人的举报，而对被拐卖、绑架的妇女、儿童不进行解救，造成严重后果的，处五年以下有期徒刑或者拘役。

负有解救职责的国家机关工作人员利用职务阻碍解救的，处二年以上七年以下有期徒刑；情节较轻的，处二年以下有期徒刑或者拘役。

第四百一十七条 有查禁犯罪活动职责的国家机关工作人员，向犯罪分子通风报信、提供便利，帮助犯罪分子逃避处罚的，处三年以下有期徒刑或者拘役；情节严重的，处三年以上十年以下有期徒刑。

第四百一十八条 国家机关工作人员在招收公务员、学生工作中徇私舞弊，情节严重的，处三年以下有期徒刑或者拘役。

第四百一十九条 国家机关工作人员严重不负责任，造成珍贵文物损毁或者流失，后果严重的，处三年以下有期徒刑或者拘役。

第十章　军人违反职责罪

第四百二十条 军人违反职责，危害国家军事利益，依照法律应当受刑罚处罚的行为，是军人违反职责罪。

第四百二十一条 战时违抗命令，对作战造成危害的，处三年以上十年以下有期徒刑；致使战斗、战役遭受重大损失的，处十年以上有期徒刑、无期徒刑或者死刑。

第四百二十二条 故意隐瞒、谎报军情或者拒传、假传军令，对作战造成危害的，处三年以上十年以下有期徒刑；致使战斗、战役遭受重大损失的，处十年以上有期徒刑、无期徒刑或者死刑。

第四百二十三条 在战场上贪生怕死，自动放下武器投降敌人的，处三年以上十年以下有期徒刑；情节严重的，处十年以上有期徒刑或者无期徒刑。

投降后为敌人效劳的，处十年以上有期徒刑、无期徒刑或者死刑。

第四百二十四条 战时临阵脱逃的，处三年以下有期徒刑；情节严重的，处三年以上十年以下有期徒刑；致使战斗、战役遭受重大损失的，处十年以上有期徒刑、无期徒刑或者死刑。

第四百二十五条 指挥人员和值班、值勤人员擅离职守或者玩忽职守，造成严重后果的，处三年以下有期徒刑或者拘役；造成特别严重后果的，处三年以上七年以下有期徒刑。

战时犯前款罪的，处五年以上有期徒刑。

第四百二十六条 以暴力、威胁方法，阻碍指挥人员或者值班、值勤人员执行职务的，处五年以下有期徒刑或者拘役；情节严重的，处五年以上十年以下有期徒刑；情节特别严重的，处十年以上有期徒刑或者无期徒刑。战时从重处罚。

第四百二十七条 滥用职权，指使部属进行违反职责的活动，造成严重后果的，处五年以下有期徒刑或者拘役；情节特别严重的，处五年以上十年以下有期徒刑。

第四百二十八条 指挥人员违抗命令，临阵畏缩，作战消极，造成严重后果的，处五年以下有期徒刑；致使战斗、战役遭受重大损失或者有其他特别严重情节的,处五年以上有期徒刑。

第四百二十九条 在战场上明知友邻部队处境危急请求救援,能救援而不救援,致使友邻部队遭受重大损失的,对指挥人员,处五年以下有期徒刑。

第四百三十条 在履行公务期间,擅离岗位,叛逃境外或者在境外叛逃,危害国家军事利益的,处五年以下有期徒刑或者拘役;情节严重的,处五年以上有期徒刑。

驾驶航空器、舰船叛逃的,或者有其他特别严重情节的,处十年以上有期徒刑、无期徒刑或者死刑。

第四百三十一条 以窃取、刺探、收买方法,非法获取军事秘密的,处五年以下有期徒刑;情节严重的,处五年以上十年以下有期徒刑;情节特别严重的,处十年以上有期徒刑。

为境外的机构、组织、人员窃取、刺探、收买、非法提供军事秘密的,处十年以上有期徒刑、无期徒刑或者死刑。

第四百三十二条 违反保守国家秘密法规,故意或者过失泄露军事秘密,情节严重的,处五年以下有期徒刑或者拘役;情节特别严重的,处五年以上十年以下有期徒刑。

战时犯前款罪的,处五年以上十年以下有期徒刑;情节特别严重的,处十年以上有期徒刑或者无期徒刑。

第四百三十三条 战时造谣惑众,动摇军心的,处三年以下有期徒刑;情节严重的,处三年以上十年以下有期徒刑;情节特别严重的,处十年以上有期徒刑或者无期徒刑。

第四百三十四条 战时自伤身体,逃避军事义务的,处三年以下有期徒刑;情节严重的,处三年以上七年以下有期徒刑。

第四百三十五条 违反兵役法规,逃离部队,情节严重的,处三年以下有期徒刑或者拘役。

战时犯前款罪的,处三年以上七年以下有期徒刑。

第四百三十六条 违反武器装备使用规定,情节严重,因而发生责任事故,致人重伤、死亡或者造成其他严重后果的,处三年以下有期徒刑或者拘役;后果特别严重的,处三年以上七年以下有期徒刑。

第四百三十七条 违反武器装备管理规定,擅自改变武器装备的编配用途,造成严重后果的,处三年以下有期徒刑或者拘役;造成特别严重后果的,处三年以上七年以下有期徒刑。

第四百三十八条 盗窃、抢夺武器装备或者军用物资的,处五年以下有期徒刑或者拘役;情节严重的,处五年以上十年以下有期徒刑;情节特别严重的,处十年以上有期徒刑、无期徒刑或者死刑。

盗窃、抢夺枪支、弹药、爆炸物的,依照本法第一百二十七条的规定处罚。

第四百三十九条 非法出卖、转让军队武器装备的,处三年以上十年以下有期徒刑;出卖、转让大量武器装备或者有其他特别严重情节的,处十年以上有期徒刑、无期徒刑或者死刑。

第四百四十条 违抗命令,遗弃武器装备的,处五年以下有期徒刑或者拘役;遗弃重要或者大量武器装备的,或者有其他严重情节的,处五年以上有期徒刑。

第四百四十一条 遗失武器装备,不及时报告或者有其他严重情节的,处三年以下有期徒刑或者拘役。

第四百四十二条 违反规定,擅自出卖、转让军队房地产,情节严重的,对直接责任人员,处三年以下有期徒刑或者拘役;情节特别严重的,处三年以上十年以下有期徒刑。

第四百四十三条 滥用职权,虐待部属,情节恶劣,致人重伤或者造成其他严重后果的,处五年以下有期徒刑或者拘役;致人死亡的,处五年以上有期徒刑。

第四百四十四条 在战场上故意遗弃伤病军人,情节恶劣的,对直接责任人员,处五年以下有期徒刑。

第四百四十五条 战时在救护治疗职位上,有条件救治而拒不救治危重伤病军人的,处五年以下有期徒刑或者拘役;造成伤病军人重残、死亡或者有其他严重情节的,处五年以上十年以下有期徒刑。

第四百四十六条 战时在军事行动地区,残害无辜居民或者掠夺无辜居民财物的,处五年以下有期徒刑；情节严重的，处五年以上十年以下有期徒刑；情节特别严重的，处十年以上有期徒刑、无期徒刑或者死刑。

第四百四十七条　私放俘虏的，处五年以下有期徒刑；私放重要俘虏、私放俘虏多人或者有其他严重情节的，处五年以上有期徒刑。

第四百四十八条　虐待俘虏，情节恶劣的，处三年以下有期徒刑。

第四百四十九条　在战时，对被判处三年以下有期徒刑没有现实危险宣告缓刑的犯罪军人，允许其戴罪立功，确有立功表现时，可以撤销原判刑罚，不以犯罪论处。

第四百五十条　本章适用于中国人民解放军的现役军官、文职干部、士兵及具有军籍的学员和中国人民武装警察部队的现役警官、文职干部、士兵及具有军籍的学员以及执行军事任务的预备役人员和其他人员。

第四百五十一条　本章所称战时，是指国家宣布进入战争状态、部队受领作战任务或者遭敌突然袭击时。

部队执行戒严任务或者处置突发性暴力事件时，以战时论。

附　则

第四百五十二条　本法自1997年10月1日起施行。

最高人民法院、最高人民检察院关于办理侵犯知识产权刑事案件具体应用法律若干问题的解释

（2004年11月2日最高人民法院审判委员会第1331次会议、2004年11月11日最高人民检察院第十届检察委员会第28次会议通过　2004年12月8日公布　自2004年12月22日起施行）

法释〔2004〕19号

为依法惩治侵犯知识产权犯罪活动，维护社会主义市场经济秩序，根据刑法有关规定，现就办理侵犯知识产权刑事案件具体应用法律的若干问题解释如下：

第一条　未经注册商标所有人许可，在同一种商品上使用与其注册商标相同的商标，具有下列情形之一的，属于刑法第二百一十三条规定的"情节严重"，应当以假冒注册商标罪判处三年以下有期徒刑或者拘役，并处或者单处罚金：

（一）非法经营数额在五万元以上或者违法所得数额在三万元以上的；

（二）假冒两种以上注册商标，非法经营数额在三万元以上或者违法所得数额在二万元以上的；

（三）其他情节严重的情形。

具有下列情形之一的，属于刑法第二百一十三条规定的"情节特别严重"，应当以假冒注册商标罪判处三年以上七年以下有期徒刑，并处罚金：

（一）非法经营数额在二十五万元以上或者违法所得数额在十五万元以上的；

（二）假冒两种以上注册商标，非法经营数额在十五万元以上或者违法所得数额在十万元以上的；

（三）其他情节特别严重的情形。

第二条　销售明知是假冒注册商标的商品，销售金额在五万元以上的，属于刑法第二百一十四条规定的"数额较大"，应当以销售假冒注册商标的商品罪判处三年以下有期徒刑或者拘役，并处或者单处罚金。

销售金额在二十五万元以上的，属于刑法第二百一十四条规定的"数额巨大"，应当以销售假冒注册商标的商品罪判处三年以上七年以下有期徒刑，并处罚金。

第三条　伪造、擅自制造他人注册商标标识或者销售伪造、擅自制造的注册商标标识，具有下列情形之一的，属于刑法第二百一十五

条规定的"情节严重",应当以非法制造、销售非法制造的注册商标标识罪判处三年以下有期徒刑、拘役或者管制,并处或者单处罚金:

(一)伪造、擅自制造或者销售伪造、擅自制造的注册商标标识数量在二万件以上,或者非法经营数额在五万元以上,或者违法所得数额在三万元以上的;

(二)伪造、擅自制造或者销售伪造、擅自制造两种以上注册商标标识数量在一万件以上,或者非法经营数额在三万元以上,或者违法所得数额在二万元以上的;

(三)其他情节严重的情形。

具有下列情形之一的,属于刑法第二百一十五条规定的"情节特别严重",应当以非法制造、销售非法制造的注册商标标识罪判处三年以上七年以下有期徒刑,并处罚金:

(一)伪造、擅自制造或者销售伪造、擅自制造的注册商标标识数量在十万件以上,或者非法经营数额在二十五万元以上,或者违法所得数额在十五万元以上的;

(二)伪造、擅自制造或者销售伪造、擅自制造两种以上注册商标标识数量在五万件以上,或者非法经营数额在十五万元以上,或者违法所得数额在十万元以上的;

(三)其他情节特别严重的情形。

第四条 假冒他人专利,具有下列情形之一的,属于刑法第二百一十六条规定的"情节严重",应当以假冒专利罪判处三年以下有期徒刑或者拘役,并处或者单处罚金:

(一)非法经营数额在二十万元以上或者违法所得数额在十万元以上的;

(二)给专利权人造成直接经济损失五十万元以上的;

(三)假冒两项以上他人专利,非法经营数额在十万元以上或者违法所得数额在五万元以上的;

(四)其他情节严重的情形。

第五条 以营利为目的,实施刑法第二百一十七条所列侵犯著作权行为之一,违法所得数额在三万元以上的,属于"违法所得数额较大";具有下列情形之一的,属于"有其他严重情节",应当以侵犯著作权罪判处三年以下有期徒刑或者拘役,并处或者单处罚金:

(一)非法经营数额在五万元以上的;

(二)未经著作权人许可,复制发行其文字作品、音乐、电影、电视、录像作品、计算机软件及其他作品,复制品数量合计在一千张(份)以上的;

(三)其他严重情节的情形。

以营利为目的,实施刑法第二百一十七条所列侵犯著作权行为之一,违法所得数额在十五万元以上的,属于"违法所得数额巨大";具有下列情形之一的,属于"有其他特别严重情节",应当以侵犯著作权罪判处三年以上七年以下有期徒刑,并处罚金:

(一)非法经营数额在二十五万元以上的;

(二)未经著作权人许可,复制发行其文字作品、音乐、电影、电视、录像作品、计算机软件及其他作品,复制品数量合计在五千张(份)以上的;

(三)其他特别严重情节的情形。

第六条 以营利为目的,实施刑法第二百一十八条规定的行为,违法所得数额在十万元以上的,属于"违法所得数额巨大",应当以销售侵权复制品罪判处三年以下有期徒刑或者拘役,并处或者单处罚金。

第七条 实施刑法第二百一十九条规定的行为之一,给商业秘密的权利人造成损失数额在五十万元以上的,属于"给商业秘密的权利人造成重大损失",应当以侵犯商业秘密罪判处三年以下有期徒刑或者拘役,并处或者单处罚金。

给商业秘密的权利人造成损失数额在二百五十万元以上的,属于刑法第二百一十九条规定的"造成特别严重后果",应当以侵犯商业秘密罪判处三年以上七年以下有期徒刑,并处罚金。

第八条 刑法第二百一十三条规定的"相同的商标",是指与被假冒的注册商标完全相同,或者与被假冒的注册商标在视觉上基本无差别、足以对公众产生误导的商标。

刑法第二百一十三条规定的"使用",是指将注册商标或者假冒的注册商标用于商品、商品包装或者容器以及产品说明书、商品交易文书，或者将注册商标或者假冒的注册商标用于广告宣传、展览以及其他商业活动等行为。

第九条 刑法第二百一十四条规定的"销售金额"，是指销售假冒注册商标的商品后所得和应得的全部违法收入。

具有下列情形之一的，应当认定为属于刑法第二百一十四条规定的"明知"：

（一）知道自己销售的商品上的注册商标被涂改、调换或者覆盖的；

（二）因销售假冒注册商标的商品受到过行政处罚或者承担过民事责任、又销售同一种假冒注册商标的商品的；

（三）伪造、涂改商标注册人授权文件或者知道该文件被伪造、涂改的；

（四）其他知道或者应当知道是假冒注册商标的商品的情形。

第十条 实施下列行为之一的，属于刑法第二百一十六条规定的"假冒他人专利"的行为：

（一）未经许可，在其制造或者销售的产品、产品的包装上标注他人专利号的；

（二）未经许可，在广告或者其他宣传材料中使用他人的专利号，使人将所涉及的技术误认为是他人专利技术的；

（三）未经许可，在合同中使用他人的专利号，使人将合同涉及的技术误认为是他人专利技术的；

（四）伪造或者变造他人的专利证书、专利文件或者专利申请文件的。

第十一条 以刊登收费广告等方式直接或者间接收取费用的情形，属于刑法第二百一十七条规定的"以营利为目的"。

刑法第二百一十七条规定的"未经著作权人许可"，是指没有得到著作权人授权或者伪造、涂改著作权人授权许可文件或者超出授权许可范围的情形。

通过信息网络向公众传播他人文字作品、音乐、电影、电视、录像作品、计算机软件及其他作品的行为，应当视为刑法第二百一十七条规定的"复制发行"。

第十二条 本解释所称"非法经营数额"，是指行为人在实施侵犯知识产权行为过程中，制造、储存、运输、销售侵权产品的价值。已销售的侵权产品的价值，按照实际销售的价格计算。制造、储存、运输和未销售的侵权产品的价值，按照标价或者已经查清的侵权产品的实际销售平均价格计算。侵权产品没有标价或者无法查清其实际销售价格的，按照被侵权产品的市场中间价格计算。

多次实施侵犯知识产权行为，未经行政处理或者刑事处罚的，非法经营数额、违法所得数额或者销售金额累计计算。

本解释第三条所规定的"件"，是指标有完整商标图样的一份标识。

第十三条 实施刑法第二百一十三条规定的假冒注册商标犯罪，又销售该假冒注册商标的商品，构成犯罪的，应当依照刑法第二百一十三条的规定，以假冒注册商标罪定罪处罚。

实施刑法第二百一十三条规定的假冒注册商标犯罪，又销售明知是他人的假冒注册商标的商品，构成犯罪的，应当实行数罪并罚。

第十四条 实施刑法第二百一十七条规定的侵犯著作权犯罪，又销售该侵权复制品，构成犯罪的，应当依照刑法第二百一十七条的规定，以侵犯著作权罪定罪处罚。

实施刑法第二百一十七条规定的侵犯著作权犯罪，又销售明知是他人的侵权复制品，构成犯罪的，应当实行数罪并罚。

第十五条 单位实施刑法第二百一十三条至第二百一十九条规定的行为，按照本解释规定的相应个人犯罪的定罪量刑标准的三倍定罪量刑。

第十六条 明知他人实施侵犯知识产权犯罪，而为其提供贷款、资金、账号、发票、证明、许可证件，或者提供生产、经营场所或者运输、储存、代理进出口等便利条件、帮助的，以侵犯知识产权犯罪的共犯论处。

第十七条 以前发布的有关侵犯知识产权犯罪的司法解释，与本解释相抵触的，自本解释施行后不再适用。

最高人民法院、最高人民检察院关于办理侵犯知识产权刑事案件具体应用法律若干问题的解释（二）

（2007年4月4日最高人民法院审判委员会第1422次会议、最高人民检察院第十届检察委员会第75次会议通过 自2007年4月5日起公布施行）法释〔2007〕6号

为维护社会主义市场经济秩序，依法惩治侵犯知识产权犯罪活动，根据刑法、刑事诉讼法有关规定，现就办理侵犯知识产权刑事案件具体应用法律的若干问题解释如下：

第一条 以营利为目的，未经著作权人许可，复制发行其文字作品、音乐、电影、电视、录像作品、计算机软件及其他作品，复制品数量合计在五百张（份）以上的，属于刑法第二百一十七条规定的"有其他严重情节"；复制品数量在二千五百张（份）以上的，属于刑法第二百一十七条规定的"有其他特别严重情节"。

第二条 刑法第二百一十七条侵犯著作权罪中的"复制发行"，包括复制、发行或者既复制又发行的行为。

侵权产品的持有人通过广告、征订等方式推销侵权产品的，属于刑法第二百一十七条规定的"发行"。

非法出版、复制、发行他人作品，侵犯著作权构成犯罪的，按照侵犯著作权罪定罪处罚。

第三条 侵犯知识产权犯罪，符合刑法规定的缓刑条件的，依法适用缓刑。有下列情形之一的，一般不适用缓刑：

（一）因侵犯知识产权被刑事处罚或者行政处罚后，再次侵犯知识产权构成犯罪的；

（二）不具有悔罪表现的；

（三）拒不交出违法所得的；

（四）其他不宜适用缓刑的情形。

第四条 对于侵犯知识产权犯罪的，人民法院应当综合考虑犯罪的违法所得、非法经营数额、给权利人造成的损失、社会危害性等情节，依法判处罚金。罚金数额一般在违法所得的一倍以上五倍以下，或者按照非法经营数额的50%以上一倍以下确定。

第五条 被害人有证据证明的侵犯知识产权刑事案件，直接向人民法院起诉的，人民法院应当依法受理；严重危害社会秩序和国家利益的侵犯知识产权刑事案件，由人民检察院依法提起公诉。

第六条 单位实施刑法第二百一十三条至第二百一十九条规定的行为，按照《最高人民法院、最高人民检察院关于办理侵犯知识产权刑事案件具体应用法律若干问题的解释》和本解释规定的相应个人犯罪的定罪量刑标准定罪处罚。

第七条 以前发布的司法解释与本解释不一致的，以本解释为准。

中华人民共和国著作权法

（1990年9月7日第七届全国人民代表大会常务委员会第十五次会议通过 根据2001年10月27日第九届全国人民代表大会常务委员会第二十四次会议《关于修改〈中华人民共和国著作权法〉的决定》第一次修正 根据2010年2月26日第十一届全国人民代表大会常务委员会第十三次会议《关于修改〈中华人民共和国著作权法〉的决定》第二次修正）

第一章 总 则

第一条 为保护文学、艺术和科学作品作者的著作权，以及与著作权有关的权益，鼓励有益于社会主义精神文明、物质文明建设的作品的创作和传播，促进社会主义文化和科学事

业的发展与繁荣，根据宪法制定本法。

第二条 中国公民、法人或者其他组织的作品，不论是否发表，依照本法享有著作权。

外国人、无国籍人的作品根据其作者所属国或者经常居住地国同中国签订的协议或者共同参加的国际条约享有的著作权，受本法保护。

外国人、无国籍人的作品首先在中国境内出版的，依照本法享有著作权。

未与中国签订协议或者共同参加国际条约的国家的作者以及无国籍人的作品首次在中国参加的国际条约的成员国出版的，或者在成员国和非成员国同时出版的，受本法保护。

第三条 本法所称的作品，包括以下列形式创作的文学、艺术和自然科学、社会科学、工程技术等作品：

（一）文字作品；

（二）口述作品；

（三）音乐、戏剧、曲艺、舞蹈、杂技艺术作品；

（四）美术、建筑作品；

（五）摄影作品；

（六）电影作品和以类似摄制电影的方法创作的作品；

（七）工程设计图、产品设计图、地图、示意图等图形作品和模型作品；

（八）计算机软件；

（九）法律、行政法规规定的其他作品。

第四条 著作权人行使著作权，不得违反宪法和法律，不得损害公共利益。国家对作品的出版、传播依法进行监督管理。

第五条 本法不适用于：

（一）法律、法规，国家机关的决议、决定、命令和其他具有立法、行政、司法性质的文件，及其官方正式译文；

（二）时事新闻；

（三）历法、通用数表、通用表格和公式。

第六条 民间文学艺术作品的著作权保护办法由国务院另行规定。

第七条 国务院著作权行政管理部门主管全国的著作权管理工作；各省、自治区、直辖市人民政府的著作权行政管理部门主管本行政区域的著作权管理工作。

第八条 著作权人和与著作权有关的权利人可以授权著作权集体管理组织行使著作权或者与著作权有关的权利。著作权集体管理组织被授权后，可以以自己的名义为著作权人和与著作权有关的权利人主张权利，并可以作为当事人进行涉及著作权或者与著作权有关的权利的诉讼、仲裁活动。

著作权集体管理组织是非营利性组织，其设立方式、权利义务、著作权许可使用费的收取和分配，以及对其监督和管理等由国务院另行规定。

第二章 著作权

第一节 著作权人及其权利

第九条 著作权人包括：

（一）作者；

（二）其他依照本法享有著作权的公民、法人或者其他组织。

第十条 著作权包括下列人身权和财产权：

（一）发表权，即决定作品是否公之于众的权利；

（二）署名权，即表明作者身份，在作品上署名的权利；

（三）修改权，即修改或者授权他人修改作品的权利；

（四）保护作品完整权，即保护作品不受歪曲、篡改的权利；

（五）复制权，即以印刷、复印、拓印、录音、录像、翻录、翻拍等方式将作品制作一份或者多份的权利；

（六）发行权，即以出售或者赠与方式向公众提供作品的原件或者复制件的权利；

（七）出租权，即有偿许可他人临时使用电影作品和以类似摄制电影的方法创作的作品、计算机软件的权利，计算机软件不是出租的主要标的的除外；

（八）展览权，即公开陈列美术作品、摄影作品的原件或者复制件的权利；

（九）表演权，即公开表演作品，以及用

各种手段公开播送作品的表演的权利;

(十)放映权,即通过放映机、幻灯机等技术设备公开再现美术、摄影、电影和以类似摄制电影的方法创作的作品等的权利;

(十一)广播权,即以无线方式公开广播或者传播作品,以有线传播或者转播的方式向公众传播广播的作品,以及通过扩音器或者其他传送符号、声音、图像的类似工具向公众传播广播的作品的权利;

(十二)信息网络传播权,即以有线或者无线方式向公众提供作品,使公众可以在其个人选定的时间和地点获得作品的权利;

(十三)摄制权,即以摄制电影或者以类似摄制电影的方法将作品固定在载体上的权利;

(十四)改编权,即改变作品,创作出具有独创性的新作品的权利;

(十五)翻译权,即将作品从一种语言文字转换成另一种语言文字的权利;

(十六)汇编权,即将作品或者作品的片段通过选择或者编排,汇集成新作品的权利;

(十七)应当由著作权人享有的其他权利。

著作权人可以许可他人行使前款第(五)项至第(十七)项规定的权利,并依照约定或者本法有关规定获得报酬。

著作权人可以全部或者部分转让本条第一款第(五)项至第(十七)项规定的权利,并依照约定或者本法有关规定获得报酬。

第二节 著作权归属

第十一条 著作权属于作者,本法另有规定的除外。

创作作品的公民是作者。

由法人或者其他组织主持,代表法人或者其他组织意志创作,并由法人或者其他组织承担责任的作品,法人或者其他组织视为作者。

如无相反证明,在作品上署名的公民、法人或者其他组织为作者。

第十二条 改编、翻译、注释、整理已有作品而产生的作品,其著作权由改编、翻译、注释、整理人享有,但行使著作权时不得侵犯原作品的著作权。

第十三条 两人以上合作创作的作品,著作权由合作作者共同享有。没有参加创作的人,不能成为合作作者。

合作作品可以分割使用的,作者对各自创作的部分可以单独享有著作权,但行使著作权时不得侵犯合作作品整体的著作权。

第十四条 汇编若干作品、作品的片段或者不构成作品的数据或者其他材料,对其内容的选择或者编排体现独创性的作品,为汇编作品,其著作权由汇编人享有,但行使著作权时,不得侵犯原作品的著作权。

第十五条 电影作品和以类似摄制电影的方法创作的作品的著作权由制片者享有,但编剧、导演、摄影、作词、作曲等作者享有署名权,并有权按照与制片者签订的合同获得报酬。

电影作品和以类似摄制电影的方法创作的作品中的剧本、音乐等可以单独使用的作品的作者有权单独行使其著作权。

第十六条 公民为完成法人或者其他组织工作任务所创作的作品是职务作品,除本条第二款的规定以外,著作权由作者享有,但法人或者其他组织有权在其业务范围内优先使用。作品完成两年内,未经单位同意,作者不得许可第三人以与单位使用的相同方式使用该作品。

有下列情形之一的职务作品,作者享有署名权,著作权的其他权利由法人或者其他组织享有,法人或者其他组织可以给予作者奖励:

(一)主要是利用法人或者其他组织的物质技术条件创作,并由法人或者其他组织承担责任的工程设计图、产品设计图、地图、计算机软件等职务作品;

(二)法律、行政法规规定或者合同约定著作权由法人或者其他组织享有的职务作品。

第十七条 受委托创作的作品,著作权的归属由委托人和受托人通过合同约定。合同未作明确约定或者没有订立合同的,著作权属于受托人。

第十八条 美术等作品原件所有权的转移,不视为作品著作权的转移,但美术作品原件的展览权由原件所有人享有。

第十九条 著作权属于公民的，公民死亡后，其本法第十条第一款第（五）项至第（十七）项规定的权利在本法规定的保护期内，依照继承法的规定转移。

著作权属于法人或者其他组织的，法人或者其他组织变更、终止后，其本法第十条第一款第（五）项至第（十七）项规定的权利在本法规定的保护期内，由承受其权利义务的法人或者其他组织享有；没有承受其权利义务的法人或者其他组织的，由国家享有。

第三节 权利的保护期

第二十条 作者的署名权、修改权、保护作品完整权的保护期不受限制。

第二十一条 公民的作品，其发表权、本法第十条第一款第（五）项至第（十七）项规定的权利的保护期为作者终生及其死亡后五十年，截止于作者死亡后第五十年的12月31日；如果是合作作品，截止于最后死亡的作者死亡后第五十年的12月31日。

法人或者其他组织的作品、著作权（署名权除外）由法人或者其他组织享有的职务作品，其发表权、本法第十条第一款第（五）项至第（十七）项规定的权利的保护期为五十年，截止于作品首次发表后第五十年的12月31日，但作品自创作完成后五十年内未发表的，本法不再保护。

电影作品和以类似摄制电影的方法创作的作品、摄影作品，其发表权、本法第十条第一款第（五）项至第（十七）项规定的权利的保护期为五十年，截止于作品首次发表后第五十年的12月31日，但作品自创作完成后五十年内未发表的，本法不再保护。

第四节 权利的限制

第二十二条 在下列情况下使用作品，可以不经著作权人许可，不向其支付报酬，但应当指明作者姓名、作品名称，并且不得侵犯著作权人依照本法享有的其他权利：

（一）为个人学习、研究或者欣赏，使用他人已经发表的作品；

（二）为介绍、评论某一作品或者说明某一问题，在作品中适当引用他人已经发表的作品；

（三）为报道时事新闻，在报纸、期刊、广播电台、电视台等媒体中不可避免地再现或者引用已经发表的作品；

（四）报纸、期刊、广播电台、电视台等媒体刊登或者播放其他报纸、期刊、广播电台、电视台等媒体已经发表的关于政治、经济、宗教问题的时事性文章，但作者声明不许刊登、播放的除外；

（五）报纸、期刊、广播电台、电视台等媒体刊登或者播放在公众集会上发表的讲话，但作者声明不许刊登、播放的除外；

（六）为学校课堂教学或者科学研究，翻译或者少量复制已经发表的作品，供教学或者科研人员使用，但不得出版发行；

（七）国家机关为执行公务在合理范围内使用已经发表的作品；

（八）图书馆、档案馆、纪念馆、博物馆、美术馆等为陈列或者保存版本的需要，复制本馆收藏的作品；

（九）免费表演已经发表的作品，该表演未向公众收取费用，也未向表演者支付报酬；

（十）对设置或者陈列在室外公共场所的艺术作品进行临摹、绘画、摄影、录像；

（十一）将中国公民、法人或者其他组织已经发表的以汉语言文字创作的作品翻译成少数民族语言文字作品在国内出版发行；

（十二）将已经发表的作品改成盲文出版。

前款规定适用于对出版者、表演者、录音录像制作者、广播电台、电视台的权利的限制。

第二十三条 为实施九年制义务教育和国家教育规划而编写出版教科书，除作者事先声明不许使用的外，可以不经著作权人许可，在教科书中汇编已经发表的作品片段或者短小的文字作品、音乐作品或者单幅的美术作品、摄影作品，但应当按照规定支付报酬，指明作者姓名、作品名称，并且不得侵犯著作权人依照本法享有的其他权利。

前款规定适用于对出版者、表演者、录音录像制作者、广播电台、电视台的权利的限制。

第三章 著作权许可使用和转让合同

第二十四条 使用他人作品应当同著作权人订立许可使用合同，本法规定可以不经许可的除外。

许可使用合同包括下列主要内容：

（一）许可使用的权利种类；

（二）许可使用的权利是专有使用权或者非专有使用权；

（三）许可使用的地域范围、期间；

（四）付酬标准和办法；

（五）违约责任；

（六）双方认为需要约定的其他内容。

第二十五条 转让本法第十条第一款第（五）项至第（十七）项规定的权利，应当订立书面合同。

权利转让合同包括下列主要内容：

（一）作品的名称；

（二）转让的权利种类、地域范围；

（三）转让价金；

（四）交付转让价金的日期和方式；

（五）违约责任；

（六）双方认为需要约定的其他内容。

第二十六条 以著作权出质的，由出质人和质权人向国务院著作权行政管理部门办理出质登记。

第二十七条 许可使用合同和转让合同中著作权人未明确许可、转让的权利，未经著作权人同意，另一方当事人不得行使。

第二十八条 使用作品的付酬标准可以由当事人约定，也可以按照国务院著作权行政管理部门会同有关部门制定的付酬标准支付报酬。当事人约定不明确的，按照国务院著作权行政管理部门会同有关部门制定的付酬标准支付报酬。

第二十九条 出版者、表演者、录音录像制作者、广播电台、电视台等依照本法有关规定使用他人作品的，不得侵犯作者的署名权、修改权、保护作品完整权和获得报酬的权利。

第四章 出版、表演、录音录像、播放

第一节 图书、报刊的出版

第三十条 图书出版者出版图书应当和著作权人订立出版合同，并支付报酬。

第三十一条 图书出版者对著作权人交付出版的作品，按照合同约定享有的专有出版权受法律保护，他人不得出版该作品。

第三十二条 著作权人应当按照合同约定期限交付作品。图书出版者应当按照合同约定的出版质量、期限出版图书。

图书出版者不按照合同约定期限出版，应当依照本法第五十四条的规定承担民事责任。

图书出版者重印、再版作品的，应当通知著作权人，并支付报酬。图书脱销后，图书出版者拒绝重印、再版的，著作权人有权终止合同。

第三十三条 著作权人向报社、期刊社投稿的，自稿件发出之日起十五日内未收到报社通知决定刊登的，或者自稿件发出之日起三十日内未收到期刊社通知决定刊登的，可以将同一作品向其他报社、期刊社投稿。双方另有约定的除外。

作品刊登后，除著作权人声明不得转载、摘编的外，其他报刊可以转载或者作为文摘、资料刊登，但应当按照规定向著作权人支付报酬。

第三十四条 图书出版者经作者许可，可以对作品修改、删节。

报社、期刊社可以对作品作文字性修改、删节。对内容的修改，应当经作者许可。

第三十五条 出版改编、翻译、注释、整理、汇编已有作品而产生的作品，应当取得改编、翻译、注释、整理、汇编作品的著作权人和原作品的著作权人许可，并支付报酬。

第三十六条 出版者有权许可或者禁止他人使用其出版的图书、期刊的版式设计。

前款规定的权利的保护期为十年，截止于使用该版式设计的图书、期刊首次出版后第十年的12月31日。

第二节 表 演

第三十七条 使用他人作品演出，表演者（演员、演出单位）应当取得著作权人许可，并支付报酬。演出组织者组织演出，由该组织者取得著作权人许可，并支付报酬。

使用改编、翻译、注释、整理已有作品而产生的作品进行演出，应当取得改编、翻译、注释、整理作品的著作权人和原作品的著作权人许可，并支付报酬。

第三十八条 表演者对其表演享有下列权利：

（一）表明表演者身份；
（二）保护表演形象不受歪曲；
（三）许可他人从现场直播和公开传送其现场表演，并获得报酬；
（四）许可他人录音录像，并获得报酬；
（五）许可他人复制、发行录有其表演的录音录像制品，并获得报酬；
（六）许可他人通过信息网络向公众传播其表演，并获得报酬。

被许可人以前款第（三）项至第（六）项规定的方式使用作品，还应当取得著作权人许可，并支付报酬。

第三十九条 本法第三十八条第一款第（一）项、第（二）项规定的权利的保护期不受限制。

本法第三十八条第一款第（三）项至第（六）项规定的权利的保护期为五十年，截止于该表演发生后第五十年的12月31日。

第三节 录音录像

第四十条 录音录像制作者使用他人作品制作录音录像制品，应当取得著作权人许可，并支付报酬。

录音录像制作者使用改编、翻译、注释、整理已有作品而产生的作品，应当取得改编、翻译、注释、整理作品的著作权人和原作品著作权人许可，并支付报酬。

录音制作者使用他人已经合法录制为录音制品的音乐作品制作录音制品，可以不经著作权人许可，但应当按照规定支付报酬；著作权人声明不许使用的不得使用。

第四十一条 录音录像制作者制作录音录像制品，应当同表演者订立合同，并支付报酬。

第四十二条 录音录像制作者对其制作的录音录像制品，享有许可他人复制、发行、出租、通过信息网络向公众传播并获得报酬的权利；权利的保护期为五十年，截止于该制品首次制作完成后第五十年的12月31日。

被许可人复制、发行、通过信息网络向公众传播录音录像制品，还应当取得著作权人、表演者许可，并支付报酬。

第四节 广播电台、电视台播放

第四十三条 广播电台、电视台播放他人未发表的作品，应当取得著作权人许可，并支付报酬。

广播电台、电视台播放他人已发表的作品，可以不经著作权人许可，但应当支付报酬。

第四十四条 广播电台、电视台播放已经出版的录音制品，可以不经著作权人许可，但应当支付报酬。当事人另有约定的除外。具体办法由国务院规定。

第四十五条 广播电台、电视台有权禁止未经其许可的下列行为：

（一）将其播放的广播、电视转播；
（二）将其播放的广播、电视录制在音像载体上以及复制音像载体。

前款规定的权利的保护期为五十年，截止于该广播、电视首次播放后第五十年的12月31日。

第四十六条 电视台播放他人的电影作品和以类似摄制电影的方法创作的作品、录像制品，应当取得制片者或者录像制作者许可，并支付报酬；播放他人的录像制品，还应当取得著作权人许可，并支付报酬。

第五章 法律责任和执法措施

第四十七条 有下列侵权行为的，应当根据情况，承担停止侵害、消除影响、赔礼道歉、赔偿损失等民事责任：

（一）未经著作权人许可，发表其作品的；
（二）未经合作作者许可，将与他人合作

创作的作品当作自己单独创作的作品发表的；

（三）没有参加创作，为谋取个人名利，在他人作品上署名的；

（四）歪曲、篡改他人作品的；

（五）剽窃他人作品的；

（六）未经著作权人许可，以展览、摄制电影和以类似摄制电影的方法使用作品，或者以改编、翻译、注释等方式使用作品的，本法另有规定的除外；

（七）使用他人作品，应当支付报酬而未支付的；

（八）未经电影作品和以类似摄制电影的方法创作的作品、计算机软件、录音录像制品的著作权人或者与著作权有关的权利人许可，出租其作品或者录音录像制品的，本法另有规定的除外；

（九）未经出版者许可，使用其出版的图书、期刊的版式设计的；

（十）未经表演者许可，从现场直播或者公开传送其现场表演，或者录制其表演的；

（十一）其他侵犯著作权以及与著作权有关的权益的行为。

第四十八条 有下列侵权行为的，应当根据情况，承担停止侵害、消除影响、赔礼道歉、赔偿损失等民事责任；同时损害公共利益的，可以由著作权行政管理部门责令停止侵权行为，没收违法所得，没收、销毁侵权复制品，并可处以罚款；情节严重的，著作权行政管理部门还可以没收主要用于制作侵权复制品的材料、工具、设备等；构成犯罪的，依法追究刑事责任：

（一）未经著作权人许可，复制、发行、表演、放映、广播、汇编、通过信息网络向公众传播其作品的，本法另有规定的除外；

（二）出版他人享有专有出版权的图书的；

（三）未经表演者许可，复制、发行录有其表演的录音录像制品，或者通过信息网络向公众传播其表演的，本法另有规定的除外；

（四）未经录音录像制作者许可，复制、发行、通过信息网络向公众传播其制作的录音录像制品的，本法另有规定的除外；

（五）未经许可，播放或者复制广播、电视的，本法另有规定的除外；

（六）未经著作权人或者与著作权有关的权利人许可，故意避开或者破坏权利人为其作品、录音录像制品等采取的保护著作权或者与著作权有关的权利的技术措施的，法律、行政法规另有规定的除外；

（七）未经著作权人或者与著作权有关的权利人许可，故意删除或者改变作品、录音录像制品等的权利管理电子信息的，法律、行政法规另有规定的除外；

（八）制作、出售假冒他人署名的作品的。

第四十九条 侵犯著作权或者与著作权有关的权利的，侵权人应当按照权利人的实际损失给予赔偿；实际损失难以计算的，可以按照侵权人的违法所得给予赔偿。赔偿数额还应当包括权利人为制止侵权行为所支付的合理开支。

权利人的实际损失或者侵权人的违法所得不能确定的，由人民法院根据侵权行为的情节，判决给予五十万元以下的赔偿。

第五十条 著作权人或者与著作权有关的权利人有证据证明他人正在实施或者即将实施侵犯其权利的行为，如不及时制止将会使其合法权益受到难以弥补的损害的，可以在起诉前向人民法院申请采取责令停止有关行为和财产保全的措施。

人民法院处理前款申请，适用《中华人民共和国民事诉讼法》第九十三条至第九十六条和第九十九条的规定。

第五十一条 为制止侵权行为，在证据可能灭失或者以后难以取得的情况下，著作权人或者与著作权有关的权利人可以在起诉前向人民法院申请保全证据。

人民法院接受申请后，必须在四十八小时内作出裁定；裁定采取保全措施的，应当立即开始执行。

人民法院可以责令申请人提供担保，申请人不提供担保的，驳回申请。

申请人在人民法院采取保全措施后十五日内不起诉的，人民法院应当解除保全措施。

第五十二条 人民法院审理案件，对于侵犯著作权或者与著作权有关的权利的，可以没收违法所得、侵权复制品以及进行违法活动的财物。

第五十三条 复制品的出版者、制作者不

能证明其出版、制作有合法授权的，复制品的发行者或者电影作品或者以类似摄制电影的方法创作的作品、计算机软件、录音录像制品的复制品的出租者不能证明其发行、出租的复制品有合法来源的，应当承担法律责任。

第五十四条 当事人不履行合同义务或者履行合同义务不符合约定条件的，应当依照《中华人民共和国民法通则》、《中华人民共和国合同法》等有关法律规定承担民事责任。

第五十五条 著作权纠纷可以调解，也可以根据当事人达成的书面仲裁协议或者著作权合同中的仲裁条款，向仲裁机构申请仲裁。

当事人没有书面仲裁协议，也没有在著作权合同中订立仲裁条款的，可以直接向人民法院起诉。

第五十六条 当事人对行政处罚不服的，可以自收到行政处罚决定书之日起三个月内向人民法院起诉，期满不起诉又不履行的，著作权行政管理部门可以申请人民法院执行。

第六章 附 则

第五十七条 本法所称的著作权即版权。

第五十八条 本法第二条所称的出版，指作品的复制、发行。

第五十九条 计算机软件、信息网络传播权的保护办法由国务院另行规定。

第六十条 本法规定的著作权人和出版者、表演者、录音录像制作者、广播电台、电视台的权利，在本法施行之日尚未超过本法规定的保护期的，依照本法予以保护。

本法施行前发生的侵权或者违约行为，依照侵权或者违约行为发生时的有关规定和政策处理。

第六十一条 本法自 1991 年 6 月 1 日起施行。

中华人民共和国著作权法实施条例

（2002 年 8 月 2 日国务院令第 359 号公布　根据 2011 年 1 月 8 日《国务院关于废止和修改部分行政法规的决定》第一次修订　根据 2013 年 1 月 30 日《国务院关于修改〈中华人民共和国著作权法实施条例〉的决定》第二次修订）

第一条 根据《中华人民共和国著作权法》（以下简称著作权法），制定本条例。

第二条 著作权法所称作品，是指文学、艺术和科学领域内具有独创性并能以某种有形形式复制的智力成果。

第三条 著作权法所称创作，是指直接产生文学、艺术和科学作品的智力活动。

为他人创作进行组织工作，提供咨询意见、物质条件，或者进行其他辅助工作，均不视为创作。

第四条 著作权法和本条例中下列作品的含义：

（一）文字作品，是指小说、诗词、散文、论文等以文字形式表现的作品；

（二）口述作品，是指即兴的演说、授课、法庭辩论等以口头语言形式表现的作品；

（三）音乐作品，是指歌曲、交响乐等能够演唱或者演奏的带词或者不带词的作品；

（四）戏剧作品，是指话剧、歌剧、地方戏等供舞台演出的作品；

（五）曲艺作品，是指相声、快书、大鼓、评书等以说唱为主要形式表演的作品；

（六）舞蹈作品，是指通过连续的动作、姿势、表情等表现思想情感的作品；

（七）杂技艺术作品，是指杂技、魔术、马戏等通过形体动作和技巧表现的作品；

（八）美术作品，是指绘画、书法、雕塑等以线条、色彩或者其他方式构成的有审美意义的平面或者立体的造型艺术作品；

（九）建筑作品，是指以建筑物或者构筑物形式表现的有审美意义的作品；

（十）摄影作品，是指借助器械在感光材

料或者其他介质上记录客观物体形象的艺术作品；

（十一）电影作品和以类似摄制电影的方法创作的作品，是指摄制在一定介质上，由一系列有伴音或者无伴音的画面组成，并且借助适当装置放映或者以其他方式传播的作品；

（十二）图形作品，是指为施工、生产绘制的工程设计图、产品设计图，以及反映地理现象、说明事物原理或者结构的地图、示意图等作品；

（十三）模型作品，是指为展示、试验或者观测等用途，根据物体的形状和结构，按照一定比例制成的立体作品。

第五条 著作权法和本条例中下列用语的含义：

（一）时事新闻，是指通过报纸、期刊、广播电台、电视台等媒体报道的单纯事实消息；

（二）录音制品，是指任何对表演的声音和其他声音的录制品；

（三）录像制品，是指电影作品和以类似摄制电影的方法创作的作品以外的任何有伴音或者无伴音的连续相关形象、图像的录制品；

（四）录音制作者，是指录音制品的首次制作人；

（五）录像制作者，是指录像制品的首次制作人；

（六）表演者，是指演员、演出单位或者其他表演文学、艺术作品的人。

第六条 著作权自作品创作完成之日起产生。

第七条 著作权法第二条第三款规定的首先在中国境内出版的外国人、无国籍人的作品，其著作权自首次出版之日起受保护。

第八条 外国人、无国籍人的作品在中国境外首先出版后，30日内在中国境内出版的，视为该作品同时在中国境内出版。

第九条 合作作品不可以分割使用的，其著作权由各合作作者共同享有，通过协商一致行使；不能协商一致，又无正当理由的，任何一方不得阻止他方行使除转让以外的其他权利，但是所得收益应当合理分配给所有合作作者。

第十条 著作权人许可他人将其作品摄制成电影作品和以类似摄制电影的方法创作的作品的，视为已同意对其作品进行必要的改动，但是这种改动不得歪曲篡改原作品。

第十一条 著作权法第十六条第一款关于职务作品的规定中的"工作任务"，是指公民在该法人或者该组织中应当履行的职责。

著作权法第十六条第二款关于职务作品的规定中的"物质技术条件"，是指该法人或者该组织为公民完成创作专门提供的资金、设备或者资料。

第十二条 职务作品完成两年内，经单位同意，作者许可第三人以与单位使用的相同方式使用作品所获报酬，由作者与单位按约定的比例分配。

作品完成两年的期限，自作者向单位交付作品之日起计算。

第十三条 作者身份不明的作品，由作品原件的所有人行使除署名权以外的著作权。作者身份确定后，由作者或者其继承人行使著作权。

第十四条 合作作者之一死亡后，其对合作作品享有的著作权法第十条第一款第五项至第十七项规定的权利无人继承又无人受遗赠的，由其他合作作者享有。

第十五条 作者死亡后，其著作权中的署名权、修改权和保护作品完整权由作者的继承人或者受遗赠人保护。

著作权无人继承又无人受遗赠的，其署名权、修改权和保护作品完整权由著作权行政管理部门保护。

第十六条 国家享有著作权的作品的使用，由国务院著作权行政管理部门管理。

第十七条 作者生前未发表的作品，如果作者未明确表示不发表，作者死亡后50年内，其发表权可由继承人或者受遗赠人行使；没有继承人又无人受遗赠的，由作品原件的所有人行使。

第十八条 作者身份不明的作品，其著作权法第十条第一款第五项至第十七项规定的权利的保护期截止于作品首次发表后第50年的12月31日。作者身份确定后，适用著作权法第二十一条的规定。

第十九条　使用他人作品的，应当指明作者姓名、作品名称；但是，当事人另有约定或者由于作品使用方式的特性无法指明的除外。

第二十条　著作权法所称已经发表的作品，是指著作权人自行或者许可他人公之于众的作品。

第二十一条　依照著作权法有关规定，使用可以不经著作权人许可的已经发表的作品的，不得影响该作品的正常使用，也不得不合理地损害著作权人的合法利益。

第二十二条　依照著作权法第二十三条、第三十三条第二款、第四十条第三款的规定使用作品的付酬标准，由国务院著作权行政管理部门会同国务院价格主管部门制定、公布。

第二十三条　使用他人作品应当同著作权人订立许可使用合同，许可使用的权利是专有使用权的，应当采取书面形式，但是报社、期刊社刊登作品除外。

第二十四条　著作权法第二十四条规定的专有使用权的内容由合同约定，合同没有约定或者约定不明的，视为被许可人有权排除包括著作权人在内的任何人以同样的方式使用作品；除合同另有约定外，被许可人许可第三人行使同一权利，必须取得著作权人的许可。

第二十五条　与著作权人订立专有许可使用合同、转让合同的，可以向著作权行政管理部门备案。

第二十六条　著作权法和本条例所称与著作权有关的权益，是指出版者对其出版的图书和期刊的版式设计享有的权利，表演者对其表演享有的权利，录音录像制作者对其制作的录音录像制品享有的权利，广播电台、电视台对其播放的广播、电视节目享有的权利。

第二十七条　出版者、表演者、录音录像制作者、广播电台、电视台行使权利，不得损害被使用作品和原作品著作权人的权利。

第二十八条　图书出版合同中约定图书出版者享有专有出版权但没有明确其具体内容的，视为图书出版者享有在合同有效期限内和在合同约定的地域范围内以同种文字的原版、修订版出版图书的专有权利。

第二十九条　著作权人寄给图书出版者的两份订单在 6 个月内未能得到履行，视为著作权法第三十二条所称图书脱销。

第三十条　著作权人依照著作权法第三十三条第二款声明不得转载、摘编其作品的，应当在报纸、期刊刊登该作品时附带声明。

第三十一条　著作权人依照著作权法第四十条第三款声明不得对其作品制作录音制品的，应当在该作品合法录制为录音制品时声明。

第三十二条　依照著作权法第二十三条、第三十三条第二款、第四十条第三款的规定，使用他人作品的，应当自使用该作品之日起 2 个月内向著作权人支付报酬。

第三十三条　外国人、无国籍人在中国境内的表演，受著作权法保护。

外国人、无国籍人根据中国参加的国际条约对其表演享有的权利，受著作权法保护。

第三十四条　外国人、无国籍人在中国境内制作、发行的录音制品，受著作权法保护。

外国人、无国籍人根据中国参加的国际条约对其制作、发行的录音制品享有的权利，受著作权法保护。

第三十五条　外国的广播电台、电视台根据中国参加的国际条约对其播放的广播、电视节目享有的权利，受著作权法保护。

第三十六条　有著作权法第四十八条所列侵权行为，同时损害社会公共利益，非法经营额 5 万元以上的，著作权行政管理部门可处非法经营额 1 倍以上 5 倍以下的罚款；没有非法经营额或者非法经营额 5 万元以下的，著作权行政管理部门根据情节轻重，可处 25 万元以下的罚款。

第三十七条　有著作权法第四十八条所列侵权行为，同时损害社会公共利益的，由地方人民政府著作权行政管理部门负责查处。

国务院著作权行政管理部门可以查处在全国有重大影响的侵权行为。

第三十八条　本条例自 2002 年 9 月 15 日起施行。1991 年 5 月 24 日国务院批准、1991 年 5 月 30 日国家版权局发布的《中华人民共和国著作权法实施条例》同时废止。

计算机软件保护条例

(2001年12月20日中华人民共和国国务院令第339号公布 根据2011年1月8日《国务院关于废止和修改部分行政法规的决定》第一次修订 根据2013年1月30日《国务院关于修改〈计算机软件保护条例〉的决定》第二次修订)

第一章 总 则

第一条 为了保护计算机软件著作权人的权益，调整计算机软件在开发、传播和使用中发生的利益关系，鼓励计算机软件的开发与应用，促进软件产业和国民经济信息化的发展，根据《中华人民共和国著作权法》，制定本条例。

第二条 本条例所称计算机软件（以下简称软件），是指计算机程序及其有关文档。

第三条 本条例下列用语的含义：

（一）计算机程序，是指为了得到某种结果而可以由计算机等具有信息处理能力的装置执行的代码化指令序列，或者可以被自动转换成代码化指令序列的符号化指令序列或者符号化语句序列。同一计算机程序的源程序和目标程序为同一作品。

（二）文档，是指用来描述程序的内容、组成、设计、功能规格、开发情况、测试结果及使用方法的文字资料和图表等，如程序设计说明书、流程图、用户手册等。

（三）软件开发者，是指实际组织开发、直接进行开发，并对开发完成的软件承担责任的法人或者其他组织；或者依靠自己具有的条件独立完成软件开发，并对软件承担责任的自然人。

（四）软件著作权人，是指依照本条例的规定，对软件享有著作权的自然人、法人或者其他组织。

第四条 受本条例保护的软件必须由开发者独立开发，并已固定在某种有形物体上。

第五条 中国公民、法人或者其他组织对其所开发的软件，不论是否发表，依照本条例享有著作权。

外国人、无国籍人的软件首先在中国境内发行的，依照本条例享有著作权。

外国人、无国籍人的软件，依照其开发者所属国或者经常居住地国同中国签订的协议或者依照中国参加的国际条约享有的著作权，受本条例保护。

第六条 本条例对软件著作权的保护不延及开发软件所用的思想、处理过程、操作方法或者数学概念等。

第七条 软件著作权人可以向国务院著作权行政管理部门认定的软件登记机构办理登记。软件登记机构发放的登记证明文件是登记事项的初步证明。

办理软件登记应当缴纳费用。软件登记的收费标准由国务院著作权行政管理部门会同国务院价格主管部门规定。

第二章 软件著作权

第八条 软件著作权人享有下列各项权利：

（一）发表权，即决定软件是否公之于众的权利；

（二）署名权，即表明开发者身份，在软件上署名的权利；

（三）修改权，即对软件进行增补、删节，或者改变指令、语句顺序的权利；

（四）复制权，即将软件制作一份或者多份的权利；

（五）发行权，即以出售或者赠与方式向公众提供软件的原件或者复制件的权利；

（六）出租权，即有偿许可他人临时使用软件的权利，但是软件不是出租的主要标的的除外；

（七）信息网络传播权，即以有线或者无线方式向公众提供软件，使公众可以在其个人选定的时间和地点获得软件的权利；

（八）翻译权，即将原软件从一种自然语

言文字转换成另一种自然语言文字的权利;

(九)应当由软件著作权人享有的其他权利。

软件著作权人可以许可他人行使其软件著作权,并有权获得报酬。

软件著作权人可以全部或者部分转让其软件著作权,并有权获得报酬。

第九条 软件著作权属于软件开发者,本条例另有规定的除外。

如无相反证明,在软件上署名的自然人、法人或者其他组织为开发者。

第十条 由两个以上的自然人、法人或者其他组织合作开发的软件,其著作权的归属由合作开发者签订书面合同约定。无书面合同或者合同未作明确约定,合作开发的软件可以分割使用的,开发者对各自开发的部分可以单独享有著作权;但是,行使著作权时,不得扩展到合作开发的软件整体的著作权。合作开发的软件不能分割使用的,其著作权由各合作开发者共同享有,通过协商一致行使;不能协商一致,又无正当理由的,任何一方不得阻止他方行使除转让权以外的其他权利,但是所得收益应当合理分配给所有合作开发者。

第十一条 接受他人委托开发的软件,其著作权的归属由委托人与受托人签订书面合同约定;无书面合同或者合同未作明确约定的,其著作权由受托人享有。

第十二条 由国家机关下达任务开发的软件,著作权的归属与行使由项目任务书或者合同规定;项目任务书或者合同中未作明确规定的,软件著作权由接受任务的法人或者其他组织享有。

第十三条 自然人在法人或者其他组织中任职期间所开发的软件有下列情形之一的,该软件著作权由该法人或者其他组织享有,该法人或者其他组织可以对开发软件的自然人进行奖励:

(一)针对本职工作中明确指定的开发目标所开发的软件;

(二)开发的软件是从事本职工作活动所预见的结果或者自然的结果;

(三)主要使用了法人或者其他组织的资金、专用设备、未公开的专门信息等物质技术条件所开发并由法人或者其他组织承担责任的软件。

第十四条 软件著作权自软件开发完成之日起产生。

自然人的软件著作权,保护期为自然人终生及其死亡后50年,截止于自然人死亡后第50年的12月31日;软件是合作开发的,截止于最后死亡的自然人死亡后第50年的12月31日。

法人或者其他组织的软件著作权,保护期为50年,截止于软件首次发表后第50年的12月31日,但软件自开发完成之日起50年内未发表的,本条例不再保护。

第十五条 软件著作权属于自然人的,该自然人死亡后,在软件著作权的保护期内,软件著作权的继承人可以依照《中华人民共和国继承法》的有关规定,继承本条例第八条规定的除署名权以外的其他权利。

软件著作权属于法人或者其他组织的,法人或者其他组织变更、终止后,其著作权在本条例规定的保护期内由承受其权利义务的法人或者其他组织享有;没有承受其权利义务的法人或者其他组织的,由国家享有。

第十六条 软件的合法复制品所有人享有下列权利:

(一)根据使用的需要把该软件装入计算机等具有信息处理能力的装置内;

(二)为了防止复制品损坏而制作备份复制品。这些备份复制品不得通过任何方式提供给他人使用,并在所有人丧失该合法复制品的所有权时,负责将备份复制品销毁;

(三)为了把该软件用于实际的计算机应用环境或者改进其功能、性能而进行必要的修改;但是,除合同另有约定外,未经该软件著作权人许可,不得向任何第三方提供修改后的软件。

第十七条 为了学习和研究软件内含的设计思想和原理,通过安装、显示、传输或者存储软件等方式使用软件的,可以不经软件著作权人许可,不向其支付报酬。

第三章 软件著作权的许可使用和转让

第十八条 许可他人行使软件著作权的,应当订立许可使用合同。

许可使用合同中软件著作权人未明确许可的权利,被许可人不得行使。

第十九条 许可他人专有行使软件著作权的,当事人应当订立书面合同。

没有订立书面合同或者合同中未明确约定为专有许可的,被许可行使的权利应当视为非专有权利。

第二十条 转让软件著作权的,当事人应当订立书面合同。

第二十一条 订立许可他人专有行使软件著作权的许可合同,或者订立转让软件著作权合同,可以向国务院著作权行政管理部门认定的软件登记机构登记。

第二十二条 中国公民、法人或者其他组织向外国人许可或者转让软件著作权的,应当遵守《中华人民共和国技术进出口管理条例》的有关规定。

第四章 法律责任

第二十三条 除《中华人民共和国著作权法》或者本条例另有规定外,有下列侵权行为的,应当根据情况,承担停止侵害、消除影响、赔礼道歉、赔偿损失等民事责任:

(一)未经软件著作权人许可,发表或者登记其软件的;

(二)将他人软件作为自己的软件发表或者登记的;

(三)未经合作者许可,将与他人合作开发的软件作为自己单独完成的软件发表或者登记的;

(四)在他人软件上署名或者更改他人软件上的署名的;

(五)未经软件著作权人许可,修改、翻译其软件的;

(六)其他侵犯软件著作权的行为。

第二十四条 除《中华人民共和国著作权法》、本条例或者其他法律、行政法规另有规定外,未经软件著作权人许可,有下列侵权行为的,应当根据情况,承担停止侵害、消除影响、赔礼道歉、赔偿损失等民事责任;同时损害社会公共利益的,由著作权行政管理部门责令停止侵权行为,没收违法所得,没收、销毁侵权复制品,可以并处罚款;情节严重的,著作权行政管理部门并可以没收主要用于制作侵权复制品的材料、工具、设备等;触犯刑律的,依照刑法关于侵犯著作权罪、销售侵权复制品罪的规定,依法追究刑事责任:

(一)复制或者部分复制著作权人的软件的;

(二)向公众发行、出租、通过信息网络传播著作权人的软件的;

(三)故意避开或者破坏著作权人为保护其软件著作权而采取的技术措施的;

(四)故意删除或者改变软件权利管理电子信息的;

(五)转让或者许可他人行使著作权人的软件著作权的。

有前款第一项或者第二项行为的,可以并处每件100元或者货值金额1倍以上5倍以下的罚款;有前款第三项、第四项或者第五项行为的,可以并处20万元以下的罚款。

第二十五条 侵犯软件著作权的赔偿数额,依照《中华人民共和国著作权法》第四十九条的规定确定。

第二十六条 软件著作权人有证据证明他人正在实施或者即将实施侵犯其权利的行为,如不及时制止,将会使其合法权益受到难以弥补的损害的,可以依照《中华人民共和国著作权法》第五十条的规定,在提起诉讼前向人民法院申请采取责令停止有关行为和财产保全的措施。

第二十七条 为了制止侵权行为,在证据可能灭失或者以后难以取得的情况下,软件著作权人可以依照《中华人民共和国著作权法》第五十一条的规定,在提起诉讼前向人民法院申请保全证据。

第二十八条 软件复制品的出版者、制作者不能证明其出版、制作有合法授权的,或者软件复制品的发行者、出租者不能证明其发行、出租的复制品有合法来源的,应当承担法律责任。

第二十九条 软件开发者开发的软件,由于可供选用的表达方式有限而与已经存在的软件相似的，不构成对已经存在的软件的著作权的侵犯。

第三十条 软件的复制品持有人不知道也没有合理理由应当知道该软件是侵权复制品的，不承担赔偿责任；但是，应当停止使用、销毁该侵权复制品。如果停止使用并销毁该侵权复制品将给复制品使用人造成重大损失的，复制品使用人可以在向软件著作权人支付合理费用后继续使用。

第三十一条 软件著作权侵权纠纷可以调解。

软件著作权合同纠纷可以依据合同中的仲裁条款或者事后达成的书面仲裁协议，向仲裁机构申请仲裁。

当事人没有在合同中订立仲裁条款，事后又没有书面仲裁协议的，可以直接向人民法院提起诉讼。

第五章 附 则

第三十二条 本条例施行前发生的侵权行为，依照侵权行为发生时的国家有关规定处理。

第三十三条 本条例自 2002 年 1 月 1 日起施行。1991 年 6 月 4 日国务院发布的《计算机软件保护条例》同时废止。

信息网络传播权保护条例

（2006 年 5 月 10 日国务院第 135 次常务会议通过　2006 年 5 月 18 日国务院令第 468 号公布　根据 2013 年 1 月 30 日《国务院关于修改〈信息网络传播权保护条例〉的决定》修订）

第一条 为保护著作权人、表演者、录音录像制作者（以下统称权利人）的信息网络传播权，鼓励有益于社会主义精神文明、物质文明建设的作品的创作和传播，根据《中华人民共和国著作权法》（以下简称著作权法），制定本条例。

第二条 权利人享有的信息网络传播权受著作权法和本条例保护。除法律、行政法规另有规定的外，任何组织或者个人将他人的作品、表演、录音录像制品通过信息网络向公众提供，应当取得权利人许可，并支付报酬。

第三条 依法禁止提供的作品、表演、录音录像制品，不受本条例保护。

权利人行使信息网络传播权，不得违反宪法和法律、行政法规，不得损害公共利益。

第四条 为了保护信息网络传播权，权利人可以采取技术措施。

任何组织或者个人不得故意避开或者破坏技术措施，不得故意制造、进口或者向公众提供主要用于避开或者破坏技术措施的装置或者部件，不得故意为他人避开或者破坏技术措施提供技术服务。但是，法律、行政法规规定可以避开的除外。

第五条 未经权利人许可，任何组织或者个人不得进行下列行为：

（一）故意删除或者改变通过信息网络向公众提供的作品、表演、录音录像制品的权利管理电子信息，但由于技术上的原因无法避免删除或者改变的除外；

（二）通过信息网络向公众提供明知或者应知未经权利人许可被删除或者改变权利管理电子信息的作品、表演、录音录像制品。

第六条 通过信息网络提供他人作品，属于下列情形的，可以不经著作权人许可，不向其支付报酬：

（一）为介绍、评论某一作品或者说明某一问题，在向公众提供的作品中适当引用已经发表的作品；

（二）为报道时事新闻，在向公众提供的作品中不可避免地再现或者引用已经发表的作品；

（三）为学校课堂教学或者科学研究，向少数教学、科研人员提供少量已经发表的作品；

（四）国家机关为执行公务，在合理范围内向公众提供已经发表的作品；

（五）将中国公民、法人或者其他组织已经发表的、以汉语言文字创作的作品翻译成的少数民族语言文字作品，向中国境内少数民族提供；

（六）不以营利为目的，以盲人能够感知的独特方式向盲人提供已经发表的文字作品；

（七）向公众提供在信息网络上已经发表的关于政治、经济问题的时事性文章；

（八）向公众提供在公众集会上发表的讲话。

第七条 图书馆、档案馆、纪念馆、博物馆、美术馆等可以不经著作权人许可，通过信息网络向本馆馆舍内服务对象提供本馆收藏的合法出版的数字作品和依法为陈列或者保存版本的需要以数字化形式复制的作品，不向其支付报酬，但不得直接或者间接获得经济利益。当事人另有约定的除外。

前款规定的为陈列或者保存版本需要以数字化形式复制的作品，应当是已经损毁或者濒临损毁、丢失或者失窃，或者其存储格式已经过时，并且在市场上无法购买或者只能以明显高于标定的价格购买的作品。

第八条 为通过信息网络实施九年制义务教育或者国家教育规划，可以不经著作权人许可，使用其已经发表作品的片断或者短小的文字作品、音乐作品或者单幅的美术作品、摄影作品制作课件，由制作课件或者依法取得课件的远程教育机构通过信息网络向注册学生提供，但应当向著作权人支付报酬。

第九条 为扶助贫困，通过信息网络向农村地区的公众免费提供中国公民、法人或者其他组织已经发表的种植养殖、防病治病、防灾减灾等与扶助贫困有关的作品和适应基本文化需求的作品，网络服务提供者应当在提供前公告拟提供的作品及其作者、拟支付报酬的标准。自公告之日起 30 日内，著作权人不同意提供的，网络服务提供者不得提供其作品；自公告之日起满 30 日，著作权人没有异议的，网络服务提供者可以提供其作品，并按照公告的标准向著作权人支付报酬。网络服务提供者提供著作权人的作品后，著作权人不同意提供的，网络服务提供者应当立即删除著作权人的作品，并按照公告的标准向著作权人支付提供作品期间的报酬。

依照前款规定提供作品的，不得直接或者间接获得经济利益。

第十条 依照本条例规定不经著作权人许可、通过信息网络向公众提供其作品的，还应当遵守下列规定：

（一）除本条例第六条第一项至第六项、第七条规定的情形外，不得提供作者事先声明不许提供的作品；

（二）指明作品的名称和作者的姓名（名称）；

（三）依照本条例规定支付报酬；

（四）采取技术措施，防止本条例第七条、第八条、第九条规定的服务对象以外的其他人获得著作权人的作品，并防止本条例第七条规定的服务对象的复制行为对著作权人利益造成实质性损害；

（五）不得侵犯著作权人依法享有的其他权利。

第十一条 通过信息网络提供他人表演、录音录像制品的，应当遵守本条例第六条至第十条的规定。

第十二条 属于下列情形的，可以避开技术措施，但不得向他人提供避开技术措施的技术、装置或者部件，不得侵犯权利人依法享有的其他权利：

（一）为学校课堂教学或者科学研究，通过信息网络向少数教学、科研人员提供已经发表的作品、表演、录音录像制品，而该作品、表演、录音录像制品只能通过信息网络获取；

（二）不以营利为目的，通过信息网络以盲人能够感知的独特方式向盲人提供已经发表的文字作品，而该作品只能通过信息网络获取；

（三）国家机关依照行政、司法程序执行公务；

（四）在信息网络上对计算机及其系统或者网络的安全性能进行测试。

第十三条 著作权行政管理部门为了查处侵犯信息网络传播权的行为，可以要求网络服务提供者提供涉嫌侵权的服务对象的姓名（名称）、联系方式、网络地址等资料。

第十四条 对提供信息存储空间或者提供搜索、链接服务的网络服务提供者，权利人认为其服务所涉及的作品、表演、录音录像制品，侵犯自己的信息网络传播权或者被删除、改变了自己的权利管理电子信息的，可以向该网络服务提供者提交书面通知，要求网络服务提供者删除该作品、表演、录音录像制品，或者断开与该作品、表演、录音录像制品的链接。通知书应当包含下列内容：

（一）权利人的姓名（名称）、联系方式和地址；

（二）要求删除或者断开链接的侵权作品、表演、录音录像制品的名称和网络地址；

（三）构成侵权的初步证明材料。

权利人应当对通知书的真实性负责。

第十五条 网络服务提供者接到权利人的通知书后，应当立即删除涉嫌侵权的作品、表演、录音录像制品，或者断开与涉嫌侵权的作品、表演、录音录像制品的链接，并同时将通知书转送提供作品、表演、录音录像制品的服务对象；服务对象网络地址不明、无法转送的，应当将通知书的内容同时在信息网络上公告。

第十六条 服务对象接到网络服务提供者转送的通知书后，认为其提供的作品、表演、录音录像制品未侵犯他人权利的，可以向网络服务提供者提交书面说明，要求恢复被删除的作品、表演、录音录像制品，或者恢复与被断开的作品、表演、录音录像制品的链接。书面说明应当包含下列内容：

（一）服务对象的姓名（名称）、联系方式和地址；

（二）要求恢复的作品、表演、录音录像制品的名称和网络地址；

（三）不构成侵权的初步证明材料。

服务对象应当对书面说明的真实性负责。

第十七条 网络服务提供者接到服务对象的书面说明后，应当立即恢复被删除的作品、表演、录音录像制品，或者可以恢复与被断开的作品、表演、录音录像制品的链接，同时将服务对象的书面说明转送权利人。权利人不得再通知网络服务提供者删除该作品、表演、录音录像制品，或者断开与该作品、表演、录音录像制品的链接。

第十八条 违反本条例规定，有下列侵权行为之一的，根据情况承担停止侵害、消除影响、赔礼道歉、赔偿损失等民事责任；同时损害公共利益的，可以由著作权行政管理部门责令停止侵权行为，没收违法所得，非法经营额5万元以上的，可处非法经营额1倍以上5倍以下的罚款；没有非法经营额或者非法经营额5万元以下的，根据情节轻重，可处25万元以下的罚款；情节严重的，著作权行政管理部门可以没收主要用于提供网络服务的计算机等设备；构成犯罪的，依法追究刑事责任：

（一）通过信息网络擅自向公众提供他人的作品、表演、录音录像制品的；

（二）故意避开或者破坏技术措施的；

（三）故意删除或者改变通过信息网络向公众提供的作品、表演、录音录像制品的权利管理电子信息，或者通过信息网络向公众提供明知或者应知未经权利人许可而被删除或者改变权利管理电子信息的作品、表演、录音录像制品的；

（四）为扶助贫困通过信息网络向农村地区提供作品、表演、录音录像制品超过规定范围，或者未按照公告的标准支付报酬，或者在权利人不同意提供其作品、表演、录音录像制品后未立即删除的；

（五）通过信息网络提供他人的作品、表演、录音录像制品，未指明作品、表演、录音录像制品的名称或者作者、表演者、录音录像制作者的姓名（名称），或者未支付报酬，或者未依照本条例规定采取技术措施防止服务对象以外的其他人获得他人的作品、表演、录音录像制品，或者未防止服务对象的复制行为对权利人利益造成实质性损害的。

第十九条 违反本条例规定，有下列行为之一的，由著作权行政管理部门予以警告，没收违法所得，没收主要用于避开、破坏技术措施的装置或者部件；情节严重的，可以没收主要用于提供网络服务的计算机等设备；非法经营额5万元以上的，可处非法经营额1倍以上5倍以下的罚款；没有非法经营额或者非法经营额5万元以下的，根据情节轻重，可处25万元以下的罚款；构成犯罪的，依法追究刑事责任：

（一）故意制造、进口或者向他人提供主要用于避开、破坏技术措施的装置或者部件，或者故意为他人避开或者破坏技术措施提供技术服务的；

（二）通过信息网络提供他人的作品、表演、录音录像制品，获得经济利益的；

（三）为扶助贫困通过信息网络向农村地区提供作品、表演、录音录像制品，未在提供前公告作品、表演、录音录像制品的名称和作者、表演者、录音录像制作者的姓名（名称）以及报酬标准的。

第二十条 网络服务提供者根据服务对象的指令提供网络自动接入服务，或者对服务对象提供的作品、表演、录音录像制品提供自动传输服务，并具备下列条件的，不承担赔偿责任：

（一）未选择并且未改变所传输的作品、表演、录音录像制品；

（二）向指定的服务对象提供该作品、表演、录音录像制品，并防止指定的服务对象以外的其他人获得。

第二十一条 网络服务提供者为提高网络传输效率，自动存储从其他网络服务提供者获得的作品、表演、录音录像制品，根据技术安排自动向服务对象提供，并具备下列条件的，不承担赔偿责任：

（一）未改变自动存储的作品、表演、录音录像制品；

（二）不影响提供作品、表演、录音录像制品的原网络服务提供者掌握服务对象获取该作品、表演、录音录像制品的情况；

（三）在原网络服务提供者修改、删除或者屏蔽该作品、表演、录音录像制品时，根据技术安排自动予以修改、删除或者屏蔽。

第二十二条 网络服务提供者为服务对象提供信息存储空间，供服务对象通过信息网络向公众提供作品、表演、录音录像制品，并具备下列条件的，不承担赔偿责任：

（一）明确标示该信息存储空间是为服务对象所提供，并公开网络服务提供者的名称、联系人、网络地址；

（二）未改变服务对象所提供的作品、表演、录音录像制品；

（三）不知道也没有合理的理由应当知道服务对象提供的作品、表演、录音录像制品侵权；

（四）未从服务对象提供作品、表演、录音录像制品中直接获得经济利益；

（五）在接到权利人的通知书后，根据本条例规定删除权利人认为侵权的作品、表演、录音录像制品。

第二十三条 网络服务提供者为服务对象提供搜索或者链接服务，在接到权利人的通知书后，根据本条例规定断开与侵权的作品、表演、录音录像制品的链接的，不承担赔偿责任；但是，明知或者应知所链接的作品、表演、录音录像制品侵权的，应当承担共同侵权责任。

第二十四条 因权利人的通知导致网络服务提供者错误删除作品、表演、录音录像制品，或者错误断开与作品、表演、录音录像制品的链接，给服务对象造成损失的，权利人应当承担赔偿责任。

第二十五条 网络服务提供者无正当理由拒绝提供或者拖延提供涉嫌侵权的服务对象的姓名（名称）、联系方式、网络地址等资料的，由著作权行政管理部门予以警告；情节严重的，没收主要用于提供网络服务的计算机等设备。

第二十六条 本条例下列用语的含义：

信息网络传播权，是指以有线或者无线方式向公众提供作品、表演或者录音录像制品，使公众可以在其个人选定的时间和地点获得作品、表演或者录音录像制品的权利。

技术措施，是指用于防止、限制未经权利人许可浏览、欣赏作品、表演、录音录像制品的或者通过信息网络向公众提供作品、表演、录音录像制品的有效技术、装置或者部件。

权利管理电子信息，是指说明作品及其作者、表演及其表演者、录音录像制品及其制作者的信息，作品、表演、录音录像制品权利人

— 751 —

的信息和使用条件的信息，以及表示上述信息的数字或者代码。

第二十七条 本条例自 2006 年 7 月 1 日起施行。

最高人民法院关于审理著作权民事纠纷案件适用法律若干问题的解释

(2002 年 10 月 12 日最高人民法院审判委员会第 1246 次会议通过 2002 年 10 月 12 日公布 自 2002 年 10 月 15 日起施行) 法释〔2002〕31 号

为了正确审理著作权民事纠纷案件，根据《中华人民共和国民法通则》、《中华人民共和国合同法》、《中华人民共和国著作权法》、《中华人民共和国民事诉讼法》等法律的规定，就适用法律若干问题解释如下：

第一条 人民法院受理以下著作权民事纠纷案件：

（一）著作权及与著作权有关权益权属、侵权、合同纠纷案件；

（二）申请诉前停止侵犯著作权、与著作权有关权益行为，申请诉前财产保全、诉前证据保全案件；

（三）其他著作权、与著作权有关权益纠纷案件。

第二条 著作权民事纠纷案件，由中级以上人民法院管辖。

各高级人民法院根据本辖区的实际情况，可以确定若干基层人民法院管辖第一审著作权民事纠纷案件。

第三条 对著作权行政管理部门查处的侵犯著作权行为，当事人向人民法院提起诉讼追究该行为人民事责任的，人民法院应当受理。

人民法院审理已经过著作权行政管理部门处理的侵犯著作权行为的民事纠纷案件，应当对案件事实进行全面审查。

第四条 因侵犯著作权行为提起的民事诉讼，由著作权法第四十六条、第四十七条所规定侵权行为的实施地、侵权复制品储藏地或者查封扣押地、被告住所地人民法院管辖。

前款规定的侵权复制品储藏地，是指大量或者经常性储存、隐匿侵权复制品所在地；查封扣押地，是指海关、版权、工商等行政机关依法查封、扣押侵权复制品所在地。

第五条 对涉及不同侵权行为实施地的多个被告提起的共同诉讼，原告可以选择其中一个被告的侵权行为实施地人民法院管辖；仅对其中某一被告提起的诉讼，该被告侵权行为实施地的人民法院有管辖权。

第六条 依法成立的著作权集体管理组织，根据著作权人的书面授权，以自己的名义提起诉讼，人民法院应当受理。

第七条 当事人提供的涉及著作权的底稿、原件、合法出版物、著作权登记证书、认证机构出具的证明、取得权利的合同等，可以作为证据。

在作品或者制品上署名的自然人、法人或者其他组织视为著作权、与著作权有关权益的权利人，但有相反证明的除外。

第八条 当事人自行或者委托他人以定购、现场交易等方式购买侵权复制品而取得的实物、发票等，可以作为证据。

公证人员在未向涉嫌侵权的一方当事人表明身份的情况下，如实对另一方当事人按照前款规定的方式取得的证据和取证过程出具的公证书，应当作为证据使用，但有相反证据的除外。

第九条 著作权法第十条第（一）项规定的"公之于众"，是指著作权人自行或者经著作权人许可将作品向不特定的人公开，但不以公众知晓为构成条件。

第十条 著作权法第十五条第二款所指的作品，著作权人是自然人的，其保护期适用著作权法第二十一条第一款的规定；著作权人是法人或其他组织的,其保护期适用著作权法第二十一条第二款的规定。

第十一条 因作品署名顺序发生的纠纷,人民法院按照下列原则处理:有约定的按约定确定署名顺序;没有约定的,可以按照创作作品付出的劳动、作品排列、作者姓氏笔划等确定署名顺序。

第十二条 按照著作权法第十七条规定委托作品著作权属于受托人的情形,委托人在约定的使用范围内享有使用作品的权利;双方没有约定使用作品范围的,委托人可以在委托创作的特定目的范围内免费使用该作品。

第十三条 除著作权法第十一条第三款规定的情形外,由他人执笔,本人审阅定稿并以本人名义发表的报告、讲话等作品,著作权归报告人或者讲话人享有。著作权人可以支付执笔人适当的报酬。

第十四条 当事人合意以特定人物经历为题材完成的自传体作品,当事人对著作权权属有约定的,依其约定;没有约定的,著作权归该特定人物享有,执笔人或整理人对作品完成付出劳动的,著作权人可以向其支付适当的报酬。

第十五条 由不同作者就同一题材创作的作品,作品的表达系独立完成并且有创作性的,应当认定作者各自享有独立著作权。

第十六条 通过大众传播媒介传播的单纯事实消息属于著作权法第五条第(二)项规定的时事新闻。传播报道他人采编的时事新闻,应当注明出处。

第十七条 著作权法第三十二条第二款规定的转载,是指报纸、期刊登载其他报刊已发表作品的行为。转载未注明被转载作品的作者和最初登载的报刊出处的,应当承担消除影响、赔礼道歉等民事责任。

第十八条 著作权法第二十二条第(十)项规定的室外公共场所的艺术作品,是指设置或者陈列在室外社会公众活动处所的雕塑、绘画、书法等艺术作品。

对前款规定艺术作品的临摹、绘画、摄影、录像人,可以对其成果以合理的方式和范围再行使用,不构成侵权。

第十九条 出版者、制作者应当对其出版、制作有合法授权承担举证责任,发行者、出租者应当对其发行或者出租的复制品有合法来源承担举证责任。举证不能的,依据著作权法第四十六条、第四十七条的相应规定承担法律责任。

第二十条 出版物侵犯他人著作权的,出版者应当根据其过错、侵权程度及损害后果等承担民事赔偿责任。

出版者对其出版行为的授权、稿件来源和署名、所编辑出版物的内容等未尽到合理注意义务的,依据著作权法第四十八条的规定,承担赔偿责任。

出版者尽了合理注意义务,著作权人也无证据证明出版者应当知道其出版涉及侵权的,依据民法通则第一百一十七条第一款的规定,出版者承担停止侵权、返还其侵权所得利润的民事责任。

出版者所尽合理注意义务情况,由出版者承担举证责任。

第二十一条 计算机软件用户未经许可或者超过许可范围商业使用计算机软件的,依据著作权法第四十七条第(一)项、《计算机软件保护条例》第二十四条第(一)项的规定承担民事责任。

第二十二条 著作权转让合同未采取书面形式的,人民法院依据合同法第三十六条、第三十七条的规定审查合同是否成立。

第二十三条 出版者将著作权人交付出版的作品丢失、毁损致使出版合同不能履行的,依据著作权法第五十三条、民法通则第一百一十七条以及合同法第一百二十二条的规定追究出版者的民事责任。

第二十四条 权利人的实际损失,可以根据权利人因侵权所造成复制品发行减少量或者侵权复制品销售量与权利人发行该复制品单位利润乘积计算。发行减少量难以确定的,按照侵权复制品市场销售量确定。

第二十五条 权利人的实际损失或者侵权人的违法所得无法确定的,人民法院根据当事人的请求或者依职权适用著作权法第四十八条第二款的规定确定赔偿数额。

人民法院在确定赔偿数额时,应当考虑作

品类型、合理使用费、侵权行为性质、后果等情节综合确定。

当事人按照本条第一款的规定就赔偿数额达成协议的，应当准许。

第二十六条 著作权法第四十八条第一款规定的制止侵权行为所支付的合理开支，包括权利人或者委托代理人对侵权行为进行调查、取证的合理费用。

人民法院根据当事人的诉讼请求和具体案情，可以将符合国家有关部门规定的律师费用计算在赔偿范围内。

第二十七条 在著作权法修改决定施行前发生的侵犯著作权行为起诉的案件，人民法院于该决定施行后做出判决的，可以参照适用著作权法第四十八条的规定。

第二十八条 侵犯著作权的诉讼时效为二年，自著作权人知道或者应当知道侵权行为之日起计算。权利人超过二年起诉的，如果侵权行为在起诉时仍在持续，在该著作权保护期内，人民法院应当判决被告停止侵权行为；侵权损害赔偿数额应当自权利人向人民法院起诉之日起向前推算二年计算。

第二十九条 对著作权法第四十七条规定的侵权行为，人民法院根据当事人的请求除追究行为人民事责任外，还可以依据民法通则第一百三十四条第三款的规定给予民事制裁，罚款数额可以参照《中华人民共和国著作权法实施条例》的有关规定确定。

著作权行政管理部门对相同的侵权行为已经给予行政处罚的，人民法院不再予以民事制裁。

第三十条 对2001年10月27日前发生的侵犯著作权行为，当事人于2001年10月27日后向人民法院提出申请采取责令停止侵权行为或者证据保全措施的，适用著作权法第四十九条、第五十条的规定。

人民法院采取诉前措施，参照《最高人民法院关于诉前停止侵犯注册商标专用权行为和保全证据适用法律问题的解释》的规定办理。

第三十一条 除本解释另行规定外，2001年10月27日以后人民法院受理的著作权民事纠纷案件，涉及2001年10月27日前发生的民事行为的，适用修改前著作权法的规定；涉及该日期以后发生的民事行为的，适用修改后著作权法的规定；涉及该日期前发生，持续到该日期后的民事行为的，适用修改后著作权法的规定。

第三十二条 以前的有关规定与本解释不一致的，以本解释为准。

最高人民法院关于审理侵害信息网络传播权民事纠纷案件适用法律若干问题的规定

(2012年11月26日最高人民法院审判委员会第1561次会议通过 2012年12月17日公布 自2013年1月1日起施行) 法释〔2012〕20号

为正确审理侵害信息网络传播权民事纠纷案件，依法保护信息网络传播权，促进信息网络产业健康发展，维护公共利益，根据《中华人民共和国民法通则》《中华人民共和国侵权责任法》《中华人民共和国著作权法》《中华人民共和国民事诉讼法》等有关法律规定，结合审判实际，制定本规定。

第一条 人民法院审理侵害信息网络传播权民事纠纷案件，在依法行使裁量权时，应当兼顾权利人、网络服务提供者和社会公众的利益。

第二条 本规定所称信息网络，包括以计算机、电视机、固定电话机、移动电话机等电子设备为终端的计算机互联网、广播电视网、固定通信网、移动通信网等信息网络，以及向公众开放的局域网络。

第三条　网络用户、网络服务提供者未经许可，通过信息网络提供权利人享有信息网络传播权的作品、表演、录音录像制品，除法律、行政法规另有规定外，人民法院应当认定其构成侵害信息网络传播权行为。

通过上传到网络服务器、设置共享文件或者利用文件分享软件等方式，将作品、表演、录音录像制品置于信息网络中，使公众能够在个人选定的时间和地点以下载、浏览或者其他方式获得的，人民法院应当认定其实施了前款规定的提供行为。

第四条　有证据证明网络服务提供者与他人以分工合作等方式共同提供作品、表演、录音录像制品，构成共同侵权行为的，人民法院应当判令其承担连带责任。网络服务提供者能够证明其仅提供自动接入、自动传输、信息存储空间、搜索、链接、文件分享技术等网络服务，主张其不构成共同侵权行为的，人民法院应予支持。

第五条　网络服务提供者以提供网页快照、缩略图等方式实质替代其他网络服务提供者向公众提供相关作品的，人民法院应当认定其构成提供行为。

前款规定的提供行为不影响相关作品的正常使用，且未不合理损害权利人对该作品的合法权益，网络服务提供者主张其未侵害信息网络传播权的，人民法院应予支持。

第六条　原告有初步证据证明网络服务提供者提供了相关作品、表演、录音录像制品，但网络服务提供者能够证明其仅提供网络服务，且无过错的，人民法院不应认定为构成侵权。

第七条　网络服务提供者在提供网络服务时教唆或者帮助网络用户实施侵害信息网络传播权行为的，人民法院应当判令其承担侵权责任。

网络服务提供者以言语、推介技术支持、奖励积分等方式诱导、鼓励网络用户实施侵害信息网络传播权行为的，人民法院应当认定其构成教唆侵权行为。

网络服务提供者明知或者应知网络用户利用网络服务侵害信息网络传播权，未采取删除、屏蔽、断开链接等必要措施，或者提供技术支持等帮助行为的，人民法院应当认定其构成帮助侵权行为。

第八条　人民法院应当根据网络服务提供者的过错，确定其是否承担教唆、帮助侵权责任。网络服务提供者的过错包括对于网络用户侵害信息网络传播权行为的明知或者应知。

网络服务提供者未对网络用户侵害信息网络传播权的行为主动进行审查的，人民法院不应据此认定其具有过错。

网络服务提供者能够证明已采取合理、有效的技术措施，仍难以发现网络用户侵害信息网络传播权行为的，人民法院应当认定其不具有过错。

第九条　人民法院应当根据网络用户侵害信息网络传播权的具体事实是否明显，综合考虑以下因素，认定网络服务提供者是否构成应知：

（一）基于网络服务提供者提供服务的性质、方式及其引发侵权的可能性大小，应当具备的管理信息的能力；

（二）传播的作品、表演、录音录像制品的类型、知名度及侵权信息的明显程度；

（三）网络服务提供者是否主动对作品、表演、录音录像制品进行了选择、编辑、修改、推荐等；

（四）网络服务提供者是否积极采取了预防侵权的合理措施；

（五）网络服务提供者是否设置便捷程序接收侵权通知并及时对侵权通知作出合理的反应；

（六）网络服务提供者是否针对同一网络用户的重复侵权行为采取了相应的合理措施；

（七）其他相关因素。

第十条　网络服务提供者在提供网络服务时，对热播影视作品等以设置榜单、目录、索引、描述性段落、内容简介等方式进行推荐，且公众可以在其网页上直接下载、浏览或者其他方式获得的，人民法院可以认定其应知网络用户侵害信息网络传播权。

第十一条　网络服务提供者从网络用户提供的作品、表演、录音录像制品中直接获得经济利益的，人民法院应当认定其对该网络用户侵害信息网络传播权的行为负有较高的注意义务。

网络服务提供者针对特定作品、表演、录音录像制品投放广告获取收益，或者获取与其传播的作品、表演、录音录像制品存在其他特定联系的经济利益，应当认定为前款规定的直接获得经济利益。网络服务提供者因提供网络服务而收取一般性广告费、服务费等，不属于本款规定的情形。

第十二条 有下列情形之一的，人民法院可以根据案件具体情况，认定提供信息存储空间服务的网络服务提供者应知网络用户侵害信息网络传播权：

（一）将热播影视作品等置于首页或者其他主要页面等能够为网络服务提供者明显感知的位置的；

（二）对热播影视作品等的主题、内容主动进行选择、编辑、整理、推荐，或者为其设立专门的排行榜的；

（三）其他可以明显感知相关作品、表演、录音录像制品为未经许可提供，仍未采取合理措施的情形。

第十三条 网络服务提供者接到权利人以书信、传真、电子邮件等方式提交的通知，未及时采取删除、屏蔽、断开链接等必要措施的，人民法院应当认定其明知相关侵害信息网络传播权行为。

第十四条 人民法院认定网络服务提供者采取的删除、屏蔽、断开链接等必要措施是否及时，应当根据权利人提交通知的形式，通知的准确程度，采取措施的难易程度，网络服务的性质，所涉作品、表演、录音录像制品的类型、知名度、数量等因素综合判断。

第十五条 侵害信息网络传播权民事纠纷案件由侵权行为地或者被告住所地人民法院管辖。侵权行为地包括实施被诉侵权行为的网络服务器、计算机终端等设备所在地。侵权行为地和被告住所地均难以确定或者在境外的，原告发现侵权内容的计算机终端等设备所在地可以视为侵权行为地。

第十六条 本规定施行之日起，《最高人民法院关于审理涉及计算机网络著作权纠纷案件适用法律若干问题的解释》（法释〔2006〕11号）同时废止。

本规定施行之后尚未终审的侵害信息网络传播权民事纠纷案件，适用本规定。本规定施行前已经终审，当事人申请再审或者按照审判监督程序决定再审的，不适用本规定。

最高人民法院关于互联网法院审理案件若干问题的规定

（2018年9月3日最高人民法院审判委员会第1747次会议通过　2018年9月6日公布　自2018年9月7日起施行）法释〔2018〕16号

为规范互联网法院诉讼活动，保护当事人及其他诉讼参与人合法权益，确保公正高效审理案件，根据《中华人民共和国民事诉讼法》《中华人民共和国行政诉讼法》等法律，结合人民法院审判工作实际，就互联网法院审理案件相关问题规定如下。

第一条 互联网法院采取在线方式审理案件，案件的受理、送达、调解、证据交换、庭前准备、庭审、宣判等诉讼环节一般应当在线上完成。

根据当事人申请或者案件审理需要，互联网法院可以决定在线下完成部分诉讼环节。

第二条 北京、广州、杭州互联网法院集中管辖所在市的辖区内应当由基层人民法院受理的下列第一审案件：

（一）通过电子商务平台签订或者履行网络购物合同而产生的纠纷；

（二）签订、履行行为均在互联网上完成

的网络服务合同纠纷；

（三）签订、履行行为均在互联网上完成的金融借款合同纠纷、小额借款合同纠纷；

（四）在互联网上首次发表作品的著作权或者邻接权权属纠纷；

（五）在互联网上侵害在线发表或者传播作品的著作权或者邻接权而产生的纠纷；

（六）互联网域名权属、侵权及合同纠纷；

（七）在互联网上侵害他人人身权、财产权等民事权益而产生的纠纷；

（八）通过电子商务平台购买的产品，因存在产品缺陷，侵害他人人身、财产权益而产生的产品责任纠纷；

（九）检察机关提起的互联网公益诉讼案件；

（十）因行政机关作出互联网信息服务管理、互联网商品交易及有关服务管理等行政行为而产生的行政纠纷；

（十一）上级人民法院指定管辖的其他互联网民事、行政案件。

第三条 当事人可以在本规定第二条确定的合同及其他财产权益纠纷范围内，依法协议约定与争议有实际联系地点的互联网法院管辖。

电子商务经营者、网络服务提供商等采取格式条款形式与用户订立管辖协议的，应当符合法律及司法解释关于格式条款的规定。

第四条 当事人对北京互联网法院作出的判决、裁定提起上诉的案件，由北京市第四中级人民法院审理，但互联网著作权权属纠纷和侵权纠纷、互联网域名纠纷的上诉案件，由北京知识产权法院审理。

当事人对广州互联网法院作出的判决、裁定提起上诉的案件，由广州市中级人民法院审理，但互联网著作权权属纠纷和侵权纠纷、互联网域名纠纷的上诉案件，由广州知识产权法院审理。

当事人对杭州互联网法院作出的判决、裁定提起上诉的案件，由杭州市中级人民法院审理。

第五条 互联网法院应当建设互联网诉讼平台（以下简称诉讼平台），作为法院办理案件和当事人及其他诉讼参与人实施诉讼行为的专用平台。通过诉讼平台作出的诉讼行为，具有法律效力。

互联网法院审理案件所需涉案数据，电子商务平台经营者、网络服务提供商、相关国家机关应当提供，并有序接入诉讼平台，由互联网法院在线核实、实时固定、安全管理。诉讼平台对涉案数据的存储和使用，应当符合《中华人民共和国网络安全法》等法律法规的规定。

第六条 当事人及其他诉讼参与人使用诉讼平台实施诉讼行为的，应当通过证件证照比对、生物特征识别或者国家统一身份认证平台认证等在线方式完成身份认证，并取得登录诉讼平台的专用账号。

使用专用账号登录诉讼平台所作出的行为，视为被认证人本人行为，但因诉讼平台技术原因导致系统错误，或者被认证人能够证明诉讼平台账号被盗用的除外。

第七条 互联网法院在线接收原告提交的起诉材料，并于收到材料后七日内，在线作出以下处理：

（一）符合起诉条件的，登记立案并送达案件受理通知书、诉讼费交纳通知书、举证通知书等诉讼文书。

（二）提交材料不符合要求的，及时发出补正通知，并于收到补正材料后次日重新起算受理时间；原告未在指定期限内按要求补正的，起诉材料作退回处理。

（三）不符合起诉条件的，经释明后，原告无异议的，起诉材料作退回处理；原告坚持继续起诉的，依法作出不予受理裁定。

第八条 互联网法院受理案件后，可以通过原告提供的手机号码、传真、电子邮箱、即时通讯账号等，通知被告、第三人通过诉讼平台进行案件关联和身份验证。

被告、第三人应当通过诉讼平台了解案件信息，接收和提交诉讼材料，实施诉讼行为。

第九条 互联网法院组织在线证据交换的，当事人应当将在线电子数据上传、导入诉讼平台，或者将线下证据通过扫描、翻拍、转录等方式进行电子化处理后上传至诉讼平台进行举证，也可以运用已经导入诉讼平台的电子数据证明自己的主张。

第十条 当事人及其他诉讼参与人通过技术手段将身份证明、营业执照副本、授权委托书、法定代表人身份证明等诉讼材料，以及书证、鉴定意见、勘验笔录等证据材料进行电子化处理后提交的，经互联网法院审核通过后，视为符合原件形式要求。对方当事人对上述材料真实性提出异议且有合理理由的，互联网法院应当要求当事人提供原件。

第十一条 当事人对电子数据真实性提出异议的，互联网法院应当结合质证情况，审查判断电子数据生成、收集、存储、传输过程的真实性，并着重审查以下内容：

（一）电子数据生成、收集、存储、传输所依赖的计算机系统等硬件、软件环境是否安全、可靠；

（二）电子数据的生成主体和时间是否明确，表现内容是否清晰、客观、准确；

（三）电子数据的存储、保管介质是否明确，保管方式和手段是否妥当；

（四）电子数据提取和固定的主体、工具和方式是否可靠，提取过程是否可以重现；

（五）电子数据的内容是否存在增加、删除、修改及不完整等情形；

（六）电子数据是否可以通过特定形式得到验证。

当事人提交的电子数据，通过电子签名、可信时间戳、哈希值校验、区块链等证据收集、固定和防篡改的技术手段或者通过电子取证存证平台认证，能够证明其真实性的，互联网法院应当确认。

当事人可以申请具有专门知识的人就电子数据技术问题提出意见。互联网法院可以根据当事人申请或者依职权，委托鉴定电子数据的真实性或者调取其他相关证据进行核对。

第十二条 互联网法院采取在线视频方式开庭。存在确需当庭查明身份、核对原件、查验实物等特殊情形的，互联网法院可以决定在线下开庭，但其他诉讼环节仍应当在线完成。

第十三条 互联网法院可以视情决定采取下列方式简化庭审程序：

（一）开庭前已经在线完成当事人身份核实、权利义务告知、庭审纪律宣示的，开庭时可以不再重复进行；

（二）当事人已经在线完成证据交换的，对于无争议的证据，法官在庭审中说明后，可以不再举证、质证；

（三）经征得当事人同意，可以将当事人陈述、法庭调查、法庭辩论等庭审环节合并进行。对于简单民事案件，庭审可以直接围绕诉讼请求或者案件要素进行。

第十四条 互联网法院根据在线庭审特点，适用《中华人民共和国人民法院法庭规则》的有关规定。除经查明确属网络故障、设备损坏、电力中断或者不可抗力等原因外，当事人不按时参加在线庭审的，视为"拒不到庭"，庭审中擅自退出的，视为"中途退庭"，分别按照《中华人民共和国民事诉讼法》《中华人民共和国行政诉讼法》及相关司法解释的规定处理。

第十五条 经当事人同意，互联网法院应当通过中国审判流程信息公开网、诉讼平台、手机短信、传真、电子邮件、即时通讯账号等电子方式送达诉讼文书及当事人提交的证据材料等。

当事人未明确表示同意，但已经约定发生纠纷时在诉讼中适用电子送达的，或者通过回复收悉、作出相应诉讼行为等方式接受已经完成的电子送达，并且未明确表示不同意电子送达的，可以视为同意电子送达。

经告知当事人权利义务，并征得其同意，互联网法院可以电子送达裁判文书。当事人提出需要纸质版裁判文书的，互联网法院应当提供。

第十六条 互联网法院进行电子送达，应当向当事人确认电子送达的具体方式和地址，并告知电子送达的适用范围、效力、送达地址变更方式以及其他需告知的送达事项。

受送达人未提供有效电子送达地址的，互联网法院可以将能够确认为受送达人本人的近三个月内处于日常活跃状态的手机号码、电子邮箱、即时通讯账号等常用电子地址作为优先送达地址。

第十七条 互联网法院向受送达人主动提供或者确认的电子地址进行送达的,送达信息到达受送达人特定系统时,即为送达。

互联网法院向受送达人常用电子地址或者能够获取的其他电子地址进行送达的,根据下列情形确定是否完成送达:

(一)受送达人回复已收到送达材料,或者根据送达内容作出相应诉讼行为的,视为完成有效送达。

(二)受送达人的媒介系统反馈受送达人已阅知,或者有其他证据可以证明受送达人已经收悉的,推定完成有效送达,但受送达人能够证明存在媒介系统错误、送达地址非本人所有或者使用、非本人阅知等未收悉送达内容的情形除外。

完成有效送达的,互联网法院应当制作电子送达凭证。电子送达凭证具有送达回证效力。

第十八条 对需要进行公告送达的事实清楚、权利义务关系明确的简单民事案件,互联网法院可以适用简易程序审理。

第十九条 互联网法院在线审理的案件,审判人员、法官助理、书记员、当事人及其他诉讼参与人等通过在线确认、电子签章等在线方式对调解协议、笔录、电子送达凭证及其他诉讼材料予以确认的,视为符合《中华人民共和国民事诉讼法》有关"签名"的要求。

第二十条 互联网法院在线审理的案件,可以在调解、证据交换、庭审、合议等诉讼环节运用语音识别技术同步生成电子笔录。电子笔录以在线方式核对确认后,与书面笔录具有同等法律效力。

第二十一条 互联网法院应当利用诉讼平台随案同步生成电子卷宗,形成电子档案。案件纸质档案已经全部转化为电子档案的,可以以电子档案代替纸质档案进行上诉移送和案卷归档。

第二十二条 当事人对互联网法院审理的案件提起上诉的,第二审法院原则上采取在线方式审理。第二审法院在线审理规则参照适用本规定。

第二十三条 本规定自 2018 年 9 月 7 日起施行。最高人民法院之前发布的司法解释与本规定不一致的,以本规定为准。

中华人民共和国商标法

(1982 年 8 月 23 日第五届全国人民代表大会常务委员会第二十四次会议通过 根据 1993 年 2 月 22 日第七届全国人民代表大会常务委员会第三十次会议《关于修改〈中华人民共和国商标法〉的决定》第一次修正 根据 2001 年 10 月 27 日第九届全国人民代表大会常务委员会第二十四次会议《关于修改〈中华人民共和国商标法〉的决定》第二次修正 根据 2013 年 8 月 30 日第十二届全国人民代表大会常务委员会第四次会议《关于修改〈中华人民共和国商标法〉的决定》第三次修正 根据 2019 年 4 月 23 日第十三届全国人民代表大会常务委员会第十次会议《关于修改〈中华人民共和国建筑法〉等八部法律的决定》第四次修正)

第一章 总 则

第一条 为了加强商标管理,保护商标专用权,促使生产、经营者保证商品和服务质量,维护商标信誉,以保障消费者和生产、经营者的利益,促进社会主义市场经济的发展,特制定本法。

第二条 国务院工商行政管理部门商标局主管全国商标注册和管理的工作。

国务院工商行政管理部门设立商标评审委员会,负责处理商标争议事宜。

第三条 经商标局核准注册的商标为注册商标,包括商品商标、服务商标和集体商标、证明商标;商标注册人享有商标专用权,受法律保护。

本法所称集体商标,是指以团体、协会或者其他组织名义注册,供该组织成员在商事活动中使用,以表明使用者在该组织中的成员资格的标志。

本法所称证明商标,是指由对某种商品或者服务具有监督能力的组织所控制,而由该组织以外的单位或者个人使用于其商品或者服务,用以证明该商品或者服务的原产地、原料、制造方法、质量或者其他特定品质的标志。

集体商标、证明商标注册和管理的特殊事项,由国务院工商行政管理部门规定。

第四条 自然人、法人或者其他组织在生产经营活动中,对其商品或者服务需要取得商标专用权的,应当向商标局申请商标注册。不以使用为目的的恶意商标注册申请,应当予以驳回。

本法有关商品商标的规定,适用于服务商标。

第五条 两个以上的自然人、法人或者其他组织可以共同向商标局申请注册同一商标,共同享有和行使该商标专用权。

第六条 法律、行政法规规定必须使用注册商标的商品,必须申请商标注册,未经核准注册的,不得在市场销售。

第七条 申请注册和使用商标,应当遵循诚实信用原则。

商标使用人应当对其使用商标的商品质量负责。各级工商行政管理部门应当通过商标管理,制止欺骗消费者的行为。

第八条 任何能够将自然人、法人或者其他组织的商品与他人的商品区别开的标志,包括文字、图形、字母、数字、三维标志、颜色组合和声音等,以及上述要素的组合,均可以作为商标申请注册。

第九条 申请注册的商标,应当有显著特征,便于识别,并不得与他人在先取得的合法权利相冲突。

商标注册人有权标明"注册商标"或者注册标记。

第十条 下列标志不得作为商标使用:

(一)同中华人民共和国的国家名称、国旗、国徽、国歌、军旗、军徽、军歌、勋章等相同或者近似的,以及同中央国家机关的名称、标志、所在地特定地点的名称或者标志性建筑物的名称、图形相同的;

(二)同外国的国家名称、国旗、国徽、军旗等相同或者近似的,但经该国政府同意的除外;

(三)同政府间国际组织的名称、旗帜、徽记等相同或者近似的,但经该组织同意或者不易误导公众的除外;

(四)与表明实施控制、予以保证的官方标志、检验印记相同或者近似的,但经授权的除外;

(五)同"红十字"、"红新月"的名称、标志相同或者近似的;

(六)带有民族歧视性的;

(七)带有欺骗性,容易使公众对商品的质量等特点或者产地产生误认的;

(八)有害于社会主义道德风尚或者有其他不良影响的。

县级以上行政区划的地名或者公众知晓的外国地名,不得作为商标。但是,地名具有其他含义或者作为集体商标、证明商标组成部分的除外;已经注册的使用地名的商标继续有效。

第十一条 下列标志不得作为商标注册:

(一)仅有本商品的通用名称、图形、型号的;

(二)仅直接表示商品的质量、主要原料、功能、用途、重量、数量及其他特点的;

(三)其他缺乏显著特征的。

前款所列标志经过使用取得显著特征,并便于识别的,可以作为商标注册。

第十二条 以三维标志申请注册商标的,仅由商品自身的性质产生的形状、为获得技术效果而需有的商品形状或者使商品具有实质性价值的形状,不得注册。

第十三条 为相关公众所熟知的商标,持有人认为其权利受到侵害时,可以依照本法规定请求驰名商标保护。

就相同或者类似商品申请注册的商标是复制、摹仿或者翻译他人未在中国注册的驰名商标,容易导致混淆的,不予注册并禁止使用。

就不相同或者不相类似商品申请注册的商标是复制、摹仿或者翻译他人已经在中国注册的驰名商标，误导公众，致使该驰名商标注册人的利益可能受到损害的，不予注册并禁止使用。

第十四条　驰名商标应当根据当事人的请求，作为处理涉及商标案件需要认定的事实进行认定。认定驰名商标应当考虑下列因素：

（一）相关公众对该商标的知晓程度；

（二）该商标使用的持续时间；

（三）该商标的任何宣传工作的持续时间、程度和地理范围；

（四）该商标作为驰名商标受保护的记录；

（五）该商标驰名的其他因素。

在商标注册审查、工商行政管理部门查处商标违法案件过程中，当事人依照本法第十三条规定主张权利的，商标局根据审查、处理案件的需要，可以对商标驰名情况作出认定。

在商标争议处理过程中，当事人依照本法第十三条规定主张权利的，商标评审委员会根据处理案件的需要，可以对商标驰名情况作出认定。

在商标民事、行政案件审理过程中，当事人依照本法第十三条规定主张权利的，最高人民法院指定的人民法院根据审理案件的需要，可以对商标驰名情况作出认定。

生产、经营者不得将"驰名商标"字样用于商品、商品包装或者容器上，或者用于广告宣传、展览以及其他商业活动中。

第十五条　未经授权，代理人或者代表人以自己的名义将被代理人或者被代表人的商标进行注册，被代理人或者被代表人提出异议的，不予注册并禁止使用。

就同一种商品或者类似商品申请注册的商标与他人在先使用的未注册商标相同或者近似，申请人与该他人具有前款规定以外的合同、业务往来关系或者其他关系而明知该他人商标存在，该他人提出异议的，不予注册。

第十六条　商标中有商品的地理标志，而该商品并非来源于该标志所标示的地区，误导公众的，不予注册并禁止使用；但是，已经善意取得注册的继续有效。

前款所称地理标志，是指标示某商品来源于某地区，该商品的特定质量、信誉或者其他特征，主要由该地区的自然因素或者人文因素所决定的标志。

第十七条　外国人或者外国企业在中国申请商标注册的，应当按其所属国和中华人民共和国签订的协议或者共同参加的国际条约办理，或者按对等原则办理。

第十八条　申请商标注册或者办理其他商标事宜，可以自行办理，也可以委托依法设立的商标代理机构办理。

外国人或者外国企业在中国申请商标注册和办理其他商标事宜的，应当委托依法设立的商标代理机构办理。

第十九条　商标代理机构应当遵循诚实信用原则，遵守法律、行政法规，按照被代理人的委托办理商标注册申请或者其他商标事宜；对在代理过程中知悉的被代理人的商业秘密，负有保密义务。

委托人申请注册的商标可能存在本法规定不得注册情形的，商标代理机构应当明确告知委托人。

商标代理机构知道或者应当知道委托人申请注册的商标属于本法第四条、第十五条和第三十二条规定情形的，不得接受其委托。

商标代理机构除对其代理服务申请商标注册外，不得申请注册其他商标。

第二十条　商标代理行业组织应当按照章程规定，严格执行吸纳会员的条件，对违反行业自律规范的会员实行惩戒。商标代理行业组织对其吸纳的会员和对会员的惩戒情况，应当及时向社会公布。

第二十一条　商标国际注册遵循中华人民共和国缔结或者参加的有关国际条约确立的制度，具体办法由国务院规定。

第二章　商标注册的申请

第二十二条　商标注册申请人应当按规定的商品分类表填报使用商标的商品类别和商品名称，提出注册申请。

商标注册申请人可以通过一份申请就多个类别的商品申请注册同一商标。

商标注册申请等有关文件，可以以书面方式或者数据电文方式提出。

第二十三条　注册商标需要在核定使用范围之外的商品上取得商标专用权的，应当另行提出注册申请。

第二十四条　注册商标需要改变其标志的，应当重新提出注册申请。

第二十五条　商标注册申请人自其商标在外国第一次提出商标注册申请之日起六个月内，又在中国就相同商品以同一商标提出商标注册申请的，依照该外国同中国签订的协议或者共同参加的国际条约，或者按照相互承认优先权的原则，可以享有优先权。

依照前款要求优先权的，应当在提出商标注册申请的时候提出书面声明，并且在三个月内提交第一次提出的商标注册申请文件的副本；未提出书面声明或者逾期未提交商标注册申请文件副本的，视为未要求优先权。

第二十六条　商标在中国政府主办的或者承认的国际展览会展出的商品上首次使用的，自该商品展出之日起六个月内，该商标的注册申请人可以享有优先权。

依照前款要求优先权的，应当在提出商标注册申请的时候提出书面声明，并且在三个月内提交展出其商品的展览会名称、在展出商品上使用该商标的证据、展出日期等证明文件；未提出书面声明或者逾期未提交证明文件的，视为未要求优先权。

第二十七条　为申请商标注册所申报的事项和所提供的材料应当真实、准确、完整。

第三章　商标注册的审查和核准

第二十八条　对申请注册的商标，商标局应当自收到商标注册申请文件之日起九个月内审查完毕，符合本法有关规定的，予以初步审定公告。

第二十九条　在审查过程中，商标局认为商标注册申请内容需要说明或者修正的，可以要求申请人做出说明或者修正。申请人未做出说明或者修正的，不影响商标局做出审查决定。

第三十条　申请注册的商标，凡不符合本法有关规定或者同他人在同一种商品或者类似商品上已经注册的或者初步审定的商标相同或者近似的，由商标局驳回申请，不予公告。

第三十一条　两个或者两个以上的商标注册申请人，在同一种商品或者类似商品上，以相同或者近似的商标申请注册的，初步审定并公告申请在先的商标；同一天申请的，初步审定并公告使用在先的商标，驳回其他人的申请，不予公告。

第三十二条　申请商标注册不得损害他人现有的在先权利，也不得以不正当手段抢先注册他人已经使用并有一定影响的商标。

第三十三条　对初步审定公告的商标，自公告之日起三个月内，在先权利人、利害关系人认为违反本法第十三条第二款和第三款、第十五条、第十六条第一款、第三十条、第三十一条、第三十二条规定的，或者任何人认为违反本法第四条、第十条、第十一条、第十二条、第十九条第四款规定的，可以向商标局提出异议。公告期满无异议的，予以核准注册，发给商标注册证，并予公告。

第三十四条　对驳回申请、不予公告的商标，商标局应当书面通知商标注册申请人。商标注册申请人不服的，可以自收到通知之日起十五日内向商标评审委员会申请复审。商标评审委员会应当自收到申请之日起九个月内做出决定，并书面通知申请人。有特殊情况需要延长的，经国务院工商行政管理部门批准，可以延长三个月。当事人对商标评审委员会的决定不服的，可以自收到通知之日起三十日内向人民法院起诉。

第三十五条　对初步审定公告的商标提出异议的，商标局应当听取异议人和被异议人陈述事实和理由，经调查核实后，自公告期满之日起十二个月内做出是否准予注册的决定，并书面通知异议人和被异议人。有特殊情况需要延长的，经国务院工商行政管理部门批准，可以延长六个月。

商标局做出准予注册决定的，发给商标注册证，并予公告。异议人不服的，可以依照本法第四十四条、第四十五条的规定向商标评审委员会请求宣告该注册商标无效。

商标局做出不予注册决定，被异议人不服

的,可以自收到通知之日起十五日内向商标评审委员会申请复审。商标评审委员会应当自收到申请之日起十二个月内做出复审决定,并书面通知异议人和被异议人。有特殊情况需要延长的,经国务院工商行政管理部门批准,可以延长六个月。被异议人对商标评审委员会的决定不服的,可以自收到通知之日起三十日内向人民法院起诉。人民法院应当通知异议人作为第三人参加诉讼。

商标评审委员会在依照前款规定进行复审的过程中,所涉及的在先权利的确定必须以人民法院正在审理或者行政机关正在处理的另一案件的结果为依据的,可以中止审查。中止原因消除后,应当恢复审查程序。

第三十六条 法定期限届满,当事人对商标局做出的驳回申请决定、不予注册决定不申请复审或者对商标评审委员会做出的复审决定不向人民法院起诉的,驳回申请决定、不予注册决定或者复审决定生效。

经审查异议不成立而准予注册的商标,商标注册申请人取得商标专用权的时间自初步审定公告三个月期满之日起计算。自该商标公告期满之日起至准予注册决定做出前,对他人在同一种或者类似商品上使用与该商标相同或者近似的标志的行为不具有追溯力;但是,因该使用人的恶意给商标注册人造成的损失,应当给予赔偿。

第三十七条 对商标注册申请和商标复审申请应当及时进行审查。

第三十八条 商标注册申请人或者注册人发现商标申请文件或者注册文件有明显错误的,可以申请更正。商标局依法在其职权范围内作出更正,并通知当事人。

前款所称更正错误不涉及商标申请文件或者注册文件的实质性内容。

第四章 注册商标的续展、变更、转让和使用许可

第三十九条 注册商标的有效期为十年,自核准注册之日起计算。

第四十条 注册商标有效期满,需要继续使用的,商标注册人应当在期满前十二个月内按照规定办理续展手续;在此期间未能办理的,可以给予六个月的宽展期。每次续展注册的有效期为十年,自该商标上一届有效期满次日起计算。期满未办理续展手续的,注销其注册商标。

商标局应当对续展注册的商标予以公告。

第四十一条 注册商标需要变更注册人的名义、地址或者其他注册事项的,应当提出变更申请。

第四十二条 转让注册商标的,转让人和受让人应当签订转让协议,并共同向商标局提出申请。受让人应当保证使用该注册商标的商品质量。

转让注册商标的,商标注册人对其在同一种商品上注册的近似的商标,或者在类似商品上注册的相同或者近似的商标,应当一并转让。

对容易导致混淆或者有其他不良影响的转让,商标局不予核准,书面通知申请人并说明理由。

转让注册商标经核准后,予以公告。受让人自公告之日起享有商标专用权。

第四十三条 商标注册人可以通过签订商标使用许可合同,许可他人使用其注册商标。许可人应当监督被许可人使用其注册商标的商品质量。被许可人应当保证使用该注册商标的商品质量。

经许可使用他人注册商标的,必须在使用该注册商标的商品上标明被许可人的名称和商品产地。

许可他人使用其注册商标的,许可人应当将其商标使用许可报商标局备案,由商标局公告。商标使用许可未经备案不得对抗善意第三人。

第五章 注册商标的无效宣告

第四十四条 已经注册的商标,违反本法第四条、第十条、第十一条、第十二条、第十九条第四款规定的,或者是以欺骗手段或者其他不正当手段取得注册的,由商标局宣告该注册商标无效;其他单位或者个人可以请求商标评审委员会宣告该注册商标无效。

商标局做出宣告注册商标无效的决定，应当书面通知当事人。当事人对商标局的决定不服的，可以自收到通知之日起十五日内向商标评审委员会申请复审。商标评审委员会应当自收到申请之日起九个月内做出决定，并书面通知当事人。有特殊情况需要延长的，经国务院工商行政管理部门批准，可以延长三个月。当事人对商标评审委员会的决定不服的，可以自收到通知之日三十日内向人民法院起诉。

其他单位或者个人请求商标评审委员会宣告注册商标无效的，商标评审委员会收到申请后，应当书面通知有关当事人，并限期提出答辩。商标评审委员会应当自收到申请之日起九个月内做出维持注册商标或者宣告注册商标无效的裁定，并书面通知当事人。有特殊情况需要延长的，经国务院工商行政管理部门批准，可以延长三个月。当事人对商标评审委员会的裁定不服的，可以自收到通知之日起三十日内向人民法院起诉。人民法院应当通知商标裁定程序的对方当事人作为第三人参加诉讼。

第四十五条 已经注册的商标，违反本法第十三条第二款和第三款、第十五条、第十六条第一款、第三十条、第三十一条、第三十二条规定的，自商标注册之日起五年内，在先权利人或者利害关系人可以请求商标评审委员会宣告该注册商标无效。对恶意注册的，驰名商标所有人不受五年的时间限制。

商标评审委员会收到宣告注册商标无效的申请后，应当书面通知有关当事人，并限期提出答辩。商标评审委员会应当自收到申请之日起十二个月内做出维持注册商标或者宣告注册商标无效的裁定，并书面通知当事人。有特殊情况需要延长的，经国务院工商行政管理部门批准，可以延长六个月。当事人对商标评审委员会的裁定不服的，可以自收到通知之日起三十日内向人民法院起诉。人民法院应当通知商标裁定程序的对方当事人作为第三人参加诉讼。

商标评审委员会在依照前款规定对无效宣告请求进行审查的过程中，所涉及的在先权利的确定必须以人民法院正在审理或者行政机关正在处理的另一案件的结果为依据的，可以中止审查。中止原因消除后，应当恢复审查程序。

第四十六条 法定期限届满，当事人对商标局宣告注册商标无效的决定不申请复审或者对商标评审委员会的复审决定、维持注册商标或者宣告注册商标无效的裁定不向人民法院起诉的，商标局的决定或者商标评审委员会的复审决定、裁定生效。

第四十七条 依照本法第四十四条、第四十五条的规定宣告无效的注册商标，由商标局予以公告，该注册商标专用权视为自始即不存在。

宣告注册商标无效的决定或者裁定，对宣告无效前人民法院做出并已执行的商标侵权案件的判决、裁定、调解书和工商行政管理部门做出并已执行的商标侵权案件的处理决定以及已经履行的商标转让或者使用许可合同不具有追溯力。但是，因商标注册人的恶意给他人造成的损失，应当给予赔偿。

依照前款规定不返还商标侵权赔偿金、商标转让费、商标使用费，明显违反公平原则的，应当全部或者部分返还。

第六章 商标使用的管理

第四十八条 本法所称商标的使用，是指将商标用于商品、商品包装或者容器以及商品交易文书上，或者将商标用于广告宣传、展览以及其他商业活动中，用于识别商品来源的行为。

第四十九条 商标注册人在使用注册商标的过程中，自行改变注册商标、注册人名义、地址或者其他注册事项的，由地方工商行政管理部门责令限期改正；期满不改正的，由商标局撤销其注册商标。

注册商标成为其核定使用的商品的通用名称或者没有正当理由连续三年不使用的，任何单位或者个人可以向商标局申请撤销该注册商标。商标局应当自收到申请之日起九个月内做出决定。有特殊情况需要延长的，经国务院工商行政管理部门批准，可以延长三个月。

第五十条 注册商标被撤销、被宣告无效或者期满不再续展的，自撤销、宣告无效或者注销之日起一年内，商标局对与该商标相同或者近似的商标注册申请，不予核准。

第五十一条　违反本法第六条规定的，由地方工商行政管理部门责令限期申请注册，违法经营额五万元以上的，可以处违法经营额百分之二十以下的罚款，没有违法经营额或者违法经营额不足五万元的，可以处一万元以下的罚款。

第五十二条　将未注册商标冒充注册商标使用的，或者使用未注册商标违反本法第十条规定的，由地方工商行政管理部门予以制止，限期改正，并可以予以通报，违法经营额五万元以上的，可以处违法经营额百分之二十以下的罚款，没有违法经营额或者违法经营额不足五万元的，可以处一万元以下的罚款。

第五十三条　违反本法第十四条第五款规定的，由地方工商行政管理部门责令改正，处十万元罚款。

第五十四条　对商标局撤销或者不予撤销注册商标的决定，当事人不服的，可以自收到通知之日起十五日内向商标评审委员会申请复审。商标评审委员会应当自收到申请之日起九个月内做出决定，并书面通知当事人。有特殊情况需要延长的，经国务院工商行政管理部门批准，可以延长三个月。当事人对商标评审委员会的决定不服的，可以自收到通知之日起三十日内向人民法院起诉。

第五十五条　法定期限届满，当事人对商标局做出的撤销注册商标的决定不申请复审或者对商标评审委员会做出的复审决定不向人民法院起诉的，撤销注册商标的决定、复审决定生效。

被撤销的注册商标，由商标局予以公告，该注册商标专用权自公告之日起终止。

第七章　注册商标专用权的保护

第五十六条　注册商标的专用权，以核准注册的商标和核定使用的商品为限。

第五十七条　有下列行为之一的，均属侵犯注册商标专用权：

（一）未经商标注册人的许可，在同一种商品上使用与其注册商标相同的商标的；

（二）未经商标注册人的许可，在同一种商品上使用与其注册商标近似的商标，或者在类似商品上使用与其注册商标相同或者近似的商标，容易导致混淆的；

（三）销售侵犯注册商标专用权的商品的；

（四）伪造、擅自制造他人注册商标标识或者销售伪造、擅自制造的注册商标标识的；

（五）未经商标注册人同意，更换其注册商标并将该更换商标的商品又投入市场的；

（六）故意为侵犯他人商标专用权行为提供便利条件，帮助他人实施侵犯商标专用权行为的；

（七）给他人的注册商标专用权造成其他损害的。

第五十八条　将他人注册商标、未注册的驰名商标作为企业名称中的字号使用，误导公众，构成不正当竞争行为的，依照《中华人民共和国反不正当竞争法》处理。

第五十九条　注册商标中含有的本商品的通用名称、图形、型号，或者直接表示商品的质量、主要原料、功能、用途、重量、数量及其他特点，或者含有的地名，注册商标专用权人无权禁止他人正当使用。

三维标志注册商标中含有的商品自身的性质产生的形状、为获得技术效果而需有的商品形状或者使商品具有实质性价值的形状，注册商标专用权人无权禁止他人正当使用。

商标注册人申请商标注册前，他人已经在同一种商品或者类似商品上先于商标注册人使用与注册商标相同或者近似并有一定影响的商标的，注册商标专用权人无权禁止该使用人在原使用范围内继续使用该商标，但可以要求其附加适当区别标识。

第六十条　有本法第五十七条所列侵犯注册商标专用权行为之一，引起纠纷的，由当事人协商解决；不愿协商或者协商不成的，商标注册人或者利害关系人可以向人民法院起诉，也可以请求工商行政管理部门处理。

工商行政管理部门处理时，认定侵权行为成立的，责令立即停止侵权行为，没收、销毁侵权商品和主要用于制造侵权商品、伪造注册商标标识的工具，违法经营额五万元以上的，可以处违法经营额五倍以下的罚款，没有违法经营额或者违法经营额不足五万元的，可以处二十五万元以下的罚款。对五年内实施两次以上商标侵权行为或者有其他严重情节的，应当从重处罚。销售不知道是侵犯注册商标专用权的商品，能证明该商品是自己合法取得并说明提供者的，由工商行政管理部门责令停止销售。

对侵犯商标专用权的赔偿数额的争议，当事人可以请求进行处理的工商行政管理部门调解，也可以依照《中华人民共和国民事诉讼法》向人民法院起诉。经工商行政管理部门调解，当事人未达成协议或者调解书生效后不履行的，当事人可以依照《中华人民共和国民事诉讼法》向人民法院起诉。

第六十一条 对侵犯注册商标专用权的行为，工商行政管理部门有权依法查处；涉嫌犯罪的，应当及时移送司法机关依法处理。

第六十二条 县级以上工商行政管理部门根据已经取得的违法嫌疑证据或者举报，对涉嫌侵犯他人注册商标专用权的行为进行查处时，可以行使下列职权：

（一）询问有关当事人，调查与侵犯他人注册商标专用权有关的情况；

（二）查阅、复制当事人与侵权活动有关的合同、发票、账簿以及其他有关资料；

（三）对当事人涉嫌从事侵犯他人注册商标专用权活动的场所实施现场检查；

（四）检查与侵权活动有关的物品；对有证据证明是侵犯他人注册商标专用权的物品，可以查封或者扣押。

工商行政管理部门依法行使前款规定的职权时，当事人应当予以协助、配合，不得拒绝、阻挠。

在查处商标侵权案件过程中，对商标权属存在争议或者权利人同时向人民法院提起商标侵权诉讼的，工商行政管理部门可以中止案件的查处。中止原因消除后，应当恢复或者终结案件查处程序。

第六十三条 侵犯商标专用权的赔偿数额，按照权利人因被侵权所受到的实际损失确定；实际损失难以确定的，可以按照侵权人因侵权所获得的利益确定；权利人的损失或者侵权人获得的利益难以确定的，参照该商标许可使用费的倍数合理确定。对恶意侵犯商标专用权，情节严重的，可以在按照上述方法确定数额的一倍以上五倍以下确定赔偿数额。赔偿数额应当包括权利人为制止侵权行为所支付的合理开支。

人民法院为确定赔偿数额，在权利人已经尽力举证，而与侵权行为相关的账簿、资料主要由侵权人掌握的情况下，可以责令侵权人提供与侵权行为相关的账簿、资料；侵权人不提供或者提供虚假的账簿、资料的，人民法院可以参考权利人的主张和提供的证据判定赔偿数额。

权利人因被侵权所受到的实际损失、侵权人因侵权所获得的利益、注册商标许可使用费难以确定的，由人民法院根据侵权行为的情节判决给予五百万元以下的赔偿。

人民法院审理商标纠纷案件，应权利人请求，对属于假冒注册商标的商品，除特殊情况外，责令销毁；对主要用于制造假冒注册商标的商品的材料、工具，责令销毁，且不予补偿；或者在特殊情况下，责令禁止前述材料、工具进入商业渠道，且不予补偿。

假冒注册商标的商品不得在仅去除假冒注册商标后进入商业渠道。

第六十四条 注册商标专用权人请求赔偿，被控侵权人以注册商标专用权人未使用注册商标提出抗辩的，人民法院可以要求注册商标专用权人提供此前三年内实际使用该注册商标的证据。注册商标专用权人不能证明此前三年内实际使用过该注册商标，也不能证明因侵权行为受到其他损失的，被控侵权人不承担赔偿责任。

销售不知道是侵犯注册商标专用权的商品，能证明该商品是自己合法取得并说明提供者的，不承担赔偿责任。

第六十五条 商标注册人或者利害关系人有证据证明他人正在实施或者即将实施侵犯其注册商标专用权的行为，如不及时制止将会使其合法权益受到难以弥补的损害的，可以依法在起诉前向人民法院申请采取责令停止有关行为和财产保全的措施。

第六十六条 为制止侵权行为，在证据可能灭失或者以后难以取得的情况下，商标注册人或者利害关系人可以依法在起诉前向人民法院申请保全证据。

第六十七条 未经商标注册人许可，在同一种商品上使用与其注册商标相同的商标，构成犯罪的，除赔偿被侵权人的损失外，依法追究刑事责任。

伪造、擅自制造他人注册商标标识或者销售伪造、擅自制造的注册商标标识，构成犯罪的，除赔偿被侵权人的损失外，依法追究刑事责任。

销售明知是假冒注册商标的商品，构成犯罪的，除赔偿被侵权人的损失外，依法追究刑事责任。

第六十八条 商标代理机构有下列行为之一的，由工商行政管理部门责令限期改正，给予警告，处一万元以上十万元以下的罚款；对直接负责的主管人员和其他直接责任人员给予警告，处五千元以上五万元以下的罚款；构成犯罪的，依法追究刑事责任：

（一）办理商标事宜过程中，伪造、变造或者使用伪造、变造的法律文件、印章、签名的；

（二）以诋毁其他商标代理机构等手段招徕商标代理业务或者以其他不正当手段扰乱商标代理市场秩序的；

（三）违反本法第四条、第十九条第三款和第四款规定的。

商标代理机构有前款规定行为的，由工商行政管理部门记入信用档案；情节严重的，商标局、商标评审委员会并可以决定停止受理其办理商标代理业务，予以公告。

商标代理机构违反诚实信用原则，侵害委托人合法利益的，应当依法承担民事责任，并由商标代理行业组织按照章程规定予以惩戒。

对恶意申请商标注册的，根据情节给予警告、罚款等行政处罚；对恶意提起商标诉讼的，由人民法院依法给予处罚。

第六十九条 从事商标注册、管理和复审工作的国家机关工作人员必须秉公执法，廉洁自律，忠于职守，文明服务。

商标局、商标评审委员会以及从事商标注册、管理和复审工作的国家机关工作人员不得从事商标代理业务和商品生产经营活动。

第七十条 工商行政管理部门应当建立健全内部监督制度，对负责商标注册、管理和复审工作的国家机关工作人员执行法律、行政法规和遵守纪律的情况，进行监督检查。

第七十一条 从事商标注册、管理和复审工作的国家机关工作人员玩忽职守、滥用职权、徇私舞弊，违法办理商标注册、管理和复审事项，收受当事人财物，牟取不正当利益，构成犯罪的，依法追究刑事责任；尚不构成犯罪的，依法给予处分。

第八章 附 则

第七十二条 申请商标注册和办理其他商标事宜的，应当缴纳费用，具体收费标准另定。

第七十三条 本法自1983年3月1日起施行。1963年4月10日国务院公布的《商标管理条例》同时废止；其他有关商标管理的规定，凡与本法抵触的，同时失效。

本法施行前已经注册的商标继续有效。

中华人民共和国商标法实施条例

（2002年8月3日中华人民共和国国务院令第358号公布　2014年4月29日中华人民共和国国务院令第651号修订）

第一章 总 则

第一条 根据《中华人民共和国商标法》（以下简称商标法），制定本条例。

第二条 本条例有关商品商标的规定，适用于服务商标。

第三条 商标持有人依照商标法第十三条规定请求驰名商标保护的,应当提交其商标构成驰名商标的证据材料。商标局、商标评审委员会应当依照商标法第十四条的规定,根据审查、处理案件的需要以及当事人提交的证据材料,对其商标驰名情况作出认定。

第四条 商标法第十六条规定的地理标志,可以依照商标法和本条例的规定,作为证明商标或者集体商标申请注册。

以地理标志作为证明商标注册的,其商品符合使用该地理标志条件的自然人、法人或者其他组织可以要求使用该证明商标,控制该证明商标的组织应当允许。以地理标志作为集体商标注册的,其商品符合使用该地理标志条件的自然人、法人或者其他组织,可以要求参加以该地理标志作为集体商标注册的团体、协会或者其他组织,该团体、协会或者其他组织应当依据其章程接纳为会员;不要求参加以该地理标志作为集体商标注册的团体、协会或者其他组织的,也可以正当使用该地理标志,该团体、协会或者其他组织无权禁止。

第五条 当事人委托商标代理机构申请商标注册或者办理其他商标事宜,应当提交代理委托书。代理委托书应当载明代理内容及权限;外国人或者外国企业的代理委托书还应当载明委托人的国籍。

外国人或者外国企业的代理委托书及与其有关的证明文件的公证、认证手续,按照对等原则办理。

申请商标注册或者转让商标,商标注册申请人或者商标转让受让人为外国人或者外国企业的,应当在申请书中指定中国境内接收人负责接收商标局、商标评审委员会后继商标业务的法律文件。商标局、商标评审委员会后继商标业务的法律文件向中国境内接收人送达。

商标法第十八条所称外国人或者外国企业,是指在中国没有经常居所或者营业所的外国人或者外国企业。

第六条 申请商标注册或者办理其他商标事宜,应当使用中文。

依照商标法和本条例规定提交的各种证件、证明文件和证据材料是外文的,应当附送中文译文;未附送的,视为未提交该证件、证明文件或者证据材料。

第七条 商标局、商标评审委员会工作人员有下列情形之一的,应当回避,当事人或者利害关系人可以要求其回避:

(一)是当事人或者当事人、代理人的近亲属的;

(二)与当事人、代理人有其他关系,可能影响公正的;

(三)与申请商标注册或者办理其他商标事宜有利害关系的。

第八条 以商标法第二十二条规定的数据电文方式提交商标注册申请等有关文件,应当按照商标局或者商标评审委员会的规定通过互联网提交。

第九条 除本条例第十八条规定的情形外,当事人向商标局或者商标评审委员会提交文件或者材料的日期,直接递交的,以递交日为准;邮寄的,以寄出的邮戳日为准;邮戳日不清晰或者没有邮戳的,以商标局或者商标评审委员会实际收到日为准,但是当事人能够提出实际邮戳日证据的除外。通过邮政企业以外的快递企业递交的,以快递企业收寄日为准;收寄日不明确的,以商标局或者商标评审委员会实际收到日为准,但是当事人能够提出实际收寄日证据的除外。以数据电文方式提交的,以进入商标局或者商标评审委员会电子系统的日期为准。

当事人向商标局或者商标评审委员会邮寄文件,应当使用给据邮件。

当事人向商标局或者商标评审委员会提交文件,以书面方式提交的,以商标局或者商标评审委员会所存档案记录为准;以数据电文方式提交的,以商标局或者商标评审委员会数据库记录为准,但是当事人确有证据证明商标局或者商标评审委员会档案、数据库记录有错误的除外。

第十条 商标局或者商标评审委员会的各种文件,可以通过邮寄、直接递交、数据电文或者其他方式送达当事人;以数据电文方式送达当事人的,应当经当事人同意。当事人委托商标代理机构的,文件送达商标代理机构视为送达当事人。

商标局或者商标评审委员会向当事人送达各种文件的日期，邮寄的，以当事人收到的邮戳日为准；邮戳日不清晰或者没有邮戳的，自文件发出之日起满 15 日视为送达当事人，但是当事人能够证明实际收到日的除外；直接递交的，以递交日为准；以数据电文方式送达的，自文件发出之日起满 15 日视为送达当事人，但是当事人能够证明文件进入其电子系统日期的除外。文件通过上述方式无法送达的，可以通过公告方式送达，自公告发布之日起满 30 日，该文件视为送达当事人。

第十一条 下列期间不计入商标审查、审理期限：

（一）商标局、商标评审委员会文件公告送达的期间；

（二）当事人需要补充证据或者补正文件的期间以及因当事人更换需要重新答辩的期间；

（三）同日申请提交使用证据及协商、抽签需要的期间；

（四）需要等待优先权确定的期间；

（五）审查、审理过程中，依案件申请人的请求等待在先权利案件审理结果的期间。

第十二条 除本条第二款规定的情形外，商标法和本条例规定的各种期限开始的当日不计算在期限内。期限以年或者月计算的，以期限最后一月的相应日为期限届满日；该月无相应日的，以该月最后一日为期限届满日；期限届满日是节假日的，以节假日后的第一个工作日为期限届满日。

商标法第三十九条、第四十条规定的注册商标有效期从法定日开始起算，期限最后一月相应日的前一日为期限届满日，该月无相应日的，以该月最后一日为期限届满日。

第二章 商标注册的申请

第十三条 申请商标注册，应当按照公布的商品和服务分类表填报。每一件商标注册申请应当向商标局提交《商标注册申请书》1 份、商标图样 1 份；以颜色组合或者着色图样申请商标注册的，应当提交着色图样，并提交黑白稿 1 份；不指定颜色的，应当提交黑白图样。

商标图样应当清晰，便于粘贴，用光洁耐用的纸张印制或者用照片代替，长和宽应当不大于 10 厘米，不小于 5 厘米。

以三维标志申请商标注册的，应当在申请书中予以声明，说明商标的使用方式，并提交能够确定三维形状的图样，提交的商标图样应当至少包含三面视图。

以颜色组合申请商标注册的，应当在申请书中予以声明，说明商标的使用方式。

以声音标志申请商标注册的，应当在申请书中予以声明，提交符合要求的声音样本，对申请注册的声音商标进行描述，说明商标的使用方式。对声音商标进行描述，应当以五线谱或者简谱对申请用作商标的声音加以描述并附加文字说明；无法以五线谱或者简谱描述的，应当以文字加以描述；商标描述与声音样本应当一致。

申请注册集体商标、证明商标的，应当在申请书中予以声明，并提交主体资格证明文件和使用管理规则。

商标为外文或者包含外文的，应当说明含义。

第十四条 申请商标注册的，申请人应当提交其身份证明文件。商标注册申请人的名义与所提交的证明文件应当一致。

前款关于申请人提交其身份证明文件的规定适用于向商标局提出的办理变更、转让、续展、异议、撤销等其他商标事宜。

第十五条 商品或者服务项目名称应当按照商品和服务分类表中的类别号、名称填写；商品或者服务项目名称未列入商品和服务分类表的，应当附送对该商品或者服务的说明。

商标注册申请等有关文件以纸质方式提出的，应当打字或者印刷。

本条第二款规定适用于办理其他商标事宜。

第十六条 共同申请注册同一商标或者办理其他共有商标事宜的，应当在申请书中指定一个代表人；没有指定代表人的，以申请书中顺序排列的第一人为代表人。

商标局和商标评审委员会的文件应当送达代表人。

第十七条 申请人变更其名义、地址、代理人、文件接收人或者删减指定的商品的,应当向商标局办理变更手续。

申请人转让其商标注册申请的,应当向商标局办理转让手续。

第十八条 商标注册的申请日期以商标局收到申请文件的日期为准。

商标注册申请手续齐备、按照规定填写申请文件并缴纳费用的,商标局予以受理并书面通知申请人;申请手续不齐备、未按照规定填写申请文件或者未缴纳费用的,商标局不予受理,书面通知申请人并说明理由。申请手续基本齐备或者申请文件基本符合规定,但是需要补正的,商标局通知申请人予以补正,限其自收到通知之日起30日内,按照指定内容补正并交回商标局。在规定期限内补正并交回商标局的,保留申请日期;期满未补正的或者不按照要求进行补正的,商标局不予受理并书面通知申请人。

本条第二款关于受理条件的规定适用于办理其他商标事宜。

第十九条 两个或者两个以上的申请人,在同一种商品或者类似商品上,分别以相同或者近似的商标在同一天申请注册的,各申请人应当自收到商标局通知之日起30日内提交其申请注册前在先使用该商标的证据。同日使用或者均未使用的,各申请人可以自收到商标局通知之日起30日内自行协商,并将书面协议报送商标局;不愿协商或者协商不成的,商标局通知各申请人以抽签的方式确定一个申请人,驳回其他人的注册申请。商标局已经通知但申请人未参加抽签的,视为放弃申请,商标局应当书面通知未参加抽签的申请人。

第二十条 依照商标法第二十五条规定要求优先权的,申请人提交的第一次提出商标注册申请文件的副本应当经受理该申请的商标主管机关证明,并注明申请日期和申请号。

第三章 商标注册申请的审查

第二十一条 商标局对受理的商标注册申请,依照商标法及本条例的有关规定进行审查,对符合规定或者在部分指定商品上使用商标的注册申请符合规定的,予以初步审定,并予以公告;对不符合规定或者在部分指定商品上使用商标的注册申请不符合规定的,予以驳回或者驳回在部分指定商品上使用商标的注册申请,书面通知申请人并说明理由。

第二十二条 商标局对一件商标注册申请在部分指定商品上予以驳回的,申请人可以将该申请中初步审定的部分申请分割成另一件申请,分割后的申请保留原申请的申请日期。

需要分割的,申请人应当自收到商标局《商标注册申请部分驳回通知书》之日起15日内,向商标局提出分割申请。

商标局收到分割申请后,应当将原申请分割为两件,对分割出来的初步审定申请生成新的申请号,并予以公告。

第二十三条 依照商标法第二十九条规定,商标局认为对商标注册申请内容需要说明或者修正的,申请人应当自收到商标局通知之日起15日内作出说明或者修正。

第二十四条 对商标局初步审定予以公告的商标提出异议的,异议人应当向商标局提交下列商标异议材料一式两份并标明正、副本:

(一)商标异议申请书;

(二)异议人的身份证明;

(三)以违反商标法第十三条第二款和第三款、第十五条、第十六条第一款、第三十条、第三十一条、第三十二条规定为由提出异议的,异议人作为在先权利人或者利害关系人的证明。

商标异议申请书应当有明确的请求和事实依据,并附送有关证据材料。

第二十五条 商标局收到商标异议申请书后,经审查,符合受理条件的,予以受理,向申请人发出受理通知书。

第二十六条 商标异议申请有下列情形的,商标局不予受理,书面通知申请人并说明理由:

(一)未在法定期限内提出的;

(二)申请人主体资格、异议理由不符合商标法第三十三条规定的;

（三）无明确的异议理由、事实和法律依据的；

（四）同一异议人以相同的理由、事实和法律依据针对同一商标再次提出异议申请的。

第二十七条 商标局应当将商标异议材料副本及时送交被异议人，限其自收到商标异议材料副本之日起30日内答辩。被异议人不答辩的，不影响商标局作出决定。

当事人需要在提出异议申请或者答辩后补充有关证据材料的，应当在商标异议申请书或者答辩书中声明，并自提交商标异议申请书或者答辩书之日起3个月内提交；期满未提交的，视为当事人放弃补充有关证据材料。但是，在期满后生成或者当事人有其他正当理由未能在期满前提交的证据，在期满后提交的，商标局将证据交对方当事人并质证后可以采信。

第二十八条 商标法第三十五条第三款和第三十六条第一款所称不予注册决定，包括在部分指定商品上不予注册决定。

被异议商标在商标局作出准予注册决定或者不予注册决定前已经刊发注册公告的，撤销该注册公告。经审查异议不成立而准予注册的，在准予注册决定生效后重新公告。

第二十九条 商标注册申请人或者商标注册人依照商标法第三十八条规定提出更正申请的，应当向商标局提交更正申请书。符合更正条件的，商标局核准后更正相关内容；不符合更正条件的，商标局不予核准，书面通知申请人并说明理由。

已经刊发初步审定公告或者注册公告的商标经更正的，刊发更正公告。

第四章 注册商标的变更、转让、续展

第三十条 变更商标注册人名义、地址或者其他注册事项的，应当向商标局提交变更申请书。变更商标注册人名义的，还应当提交有关登记机关出具的变更证明文件。商标局核准的，发给商标注册人相应证明，并予以公告；不予核准的，应当书面通知申请人并说明理由。

变更商标注册人名义或者地址的，商标注册人应当将其全部注册商标一并变更；未一并变更的，由商标局通知其限期改正；期满未改正的，视为放弃变更申请，商标局应当书面通知申请人。

第三十一条 转让注册商标的，转让人和受让人应当向商标局提交转让注册商标申请书。转让注册商标申请手续应当由转让人和受让人共同办理。商标局核准转让注册商标申请的，发给受让人相应证明，并予以公告。

转让注册商标，商标注册人对其在同一种或者类似商品上注册的相同或者近似的商标未一并转让的，由商标局通知其限期改正；期满未改正的，视为放弃转让该注册商标的申请，商标局应当书面通知申请人。

第三十二条 注册商标专用权因转让以外的继承等其他事由发生移转的，接受该注册商标专用权的当事人应当凭有关证明文件或者法律文书到商标局办理注册商标专用权移转手续。

注册商标专用权移转的，注册商标专用权人在同一种或者类似商品上注册的相同或者近似的商标，应当一并移转；未一并移转的，由商标局通知其限期改正；期满未改正的，视为放弃该移转注册商标的申请，商标局应当书面通知申请人。

商标移转申请经核准的，予以公告。接受该注册商标专用权移转的当事人自公告之日起享有商标专用权。

第三十三条 注册商标需要续展注册的，应当向商标局提交商标续展注册申请书。商标局核准商标注册续展申请的，发给相应证明并予以公告。

第五章 商标国际注册

第三十四条 商标法第二十一条规定的商标国际注册，是指根据《商标国际注册马德里协定》（以下简称马德里协定）、《商标国际注册马德里协定有关议定书》（以下简称马德里议定书）及《商标国际注册马德里协定及该协定有关议定书的共同实施细则》的规定办理的马德里商标国际注册。

马德里商标国际注册申请包括以中国为原

属国的商标国际注册申请、指定中国的领土延伸申请及其他有关的申请。

第三十五条 以中国为原属国申请商标国际注册的，应当在中国设有真实有效的营业所，或者在中国有住所，或者拥有中国国籍。

第三十六条 符合本条例第三十五条规定的申请人，其商标已在商标局获得注册的，可以根据马德里协定申请办理该商标的国际注册。

符合本条例第三十五条规定的申请人，其商标已在商标局获得注册，或者已向商标局提出商标注册申请并被受理的，可以根据马德里议定书申请办理该商标的国际注册。

第三十七条 以中国为原属国申请商标国际注册的，应当通过商标局向世界知识产权组织国际局（以下简称国际局）申请办理。

以中国为原属国的，与马德里协定有关的商标国际注册的后期指定、放弃、注销，应当通过商标局向国际局申请办理；与马德里协定有关的商标国际注册的转让、删减、变更、续展，可以通过商标局向国际局申请办理，也可以直接向国际局申请办理。

以中国为原属国的，与马德里议定书有关的商标国际注册的后期指定、转让、删减、放弃、注销、变更、续展，可以通过商标局向国际局申请办理，也可以直接向国际局申请办理。

第三十八条 通过商标局向国际局申请商标国际注册及办理其他有关申请的，应当提交符合国际局和商标局要求的申请书和相关材料。

第三十九条 商标国际注册申请指定的商品或者服务不得超出国内基础申请或者基础注册的商品或者服务的范围。

第四十条 商标国际注册申请手续不齐备或者未按照规定填写申请书的，商标局不予受理，申请日不予保留。

申请手续基本齐备或者申请书基本符合规定，但需要补正的，申请人应当自收到补正通知书之日起30日内予以补正，逾期未补正的，商标局不予受理，书面通知申请人。

第四十一条 通过商标局向国际局申请商标国际注册及办理其他有关申请的，应当按照规定缴纳费用。

申请人应当自收到商标局缴费通知单之日起15日内，向商标局缴纳费用。期满未缴纳的，商标局不受理其申请，书面通知申请人。

第四十二条 商标局在马德里协定或者马德里议定书规定的驳回期限（以下简称驳回期限）内，依照商标法和本条例的有关规定对指定中国的领土延伸申请进行审查，作出决定，并通知国际局。商标局在驳回期限内未发出驳回或者部分驳回通知的，该领土延伸申请视为核准。

第四十三条 指定中国的领土延伸申请人，要求将三维标志、颜色组合、声音标志作为商标保护或者要求保护集体商标、证明商标的，自该商标在国际局国际注册簿登记之日起3个月内，应当通过依法设立的商标代理机构，向商标局提交本条例第十三条规定的相关材料。未在上述期限内提交相关材料的，商标局驳回该领土延伸申请。

第四十四条 世界知识产权组织对商标国际注册有关事项进行公告，商标局不再另行公告。

第四十五条 对指定中国的领土延伸申请，自世界知识产权组织《国际商标公告》出版的次月1日起3个月内，符合商标法第三十三条规定条件的异议人可以向商标局提出异议申请。

商标局在驳回期限内将异议申请的有关情况以驳回决定的形式通知国际局。

被异议人可以自收到国际局转发的驳回通知书之日起30日内进行答辩，答辩书及相关证据材料应当通过依法设立的商标代理机构向商标局提交。

第四十六条 在中国获得保护的国际注册商标，有效期自国际注册日或者后期指定日起算。在有效期届满前，注册人可以向国际局申请续展，在有效期内未申请续展的，可以给予6个月的宽展期。商标局收到国际局的续展通知后，依法进行审查。国际局通知未续展的，注销该国际注册商标。

第四十七条 指定中国的领土延伸申请办

理转让的，受让人应当在缔约方境内有真实有效的营业所，或者在缔约方境内有住所，或者是缔约方国民。

转让人未将其在相同或者类似商品或者服务上的相同或者近似商标一并转让的，商标局通知注册人自发出通知之日起3个月内改正；期满未改正或者转让容易引起混淆或者有其他不良影响的，商标局作出该转让在中国无效的决定，并向国际局作出声明。

第四十八条 指定中国的领土延伸申请办理删减，删减后的商品或者服务不符合中国有关商品或者服务分类要求或者超出原指定商品或者服务范围的，商标局作出该删减在中国无效的决定，并向国际局作出声明。

第四十九条 依照商标法第四十九条第二款规定申请撤销国际注册商标，应当自该商标国际注册申请的驳回期限届满之日起满3年后向商标局提出申请；驳回期限届满时仍处在驳回复审或者异议相关程序的，应当自商标局或者商标评审委员会作出的准予注册决定生效之日起满3年后向商标局提出申请。

依照商标法第四十四条第一款规定申请宣告国际注册商标无效的，应当自该商标国际注册申请的驳回期限届满后向商标评审委员会提出申请；驳回期限届满时仍处在驳回复审或者异议相关程序的，应当自商标局或者商标评审委员会作出的准予注册决定生效后向商标评审委员会提出申请。

依照商标法第四十五条第一款规定申请宣告国际注册商标无效的，应当自该商标国际注册申请的驳回期限届满之日起5年内向商标评审委员会提出申请；驳回期限届满时仍处在驳回复审或者异议相关程序的，应当自商标局或者商标评审委员会作出的准予注册决定生效之日起5年内向商标评审委员会提出申请。对恶意注册的，驰名商标所有人不受5年的时间限制。

第五十条 商标法和本条例下列条款的规定不适用于办理商标国际注册相关事宜：

（一）商标法第二十八条、第三十五条第一款关于审查和审理期限的规定；

（二）本条例第二十二条、第三十条第二款；

（三）商标法第四十二条及本条例第三十一条关于商标转让由转让人和受让人共同申请并办理手续的规定。

第六章 商标评审

第五十一条 商标评审是指商标评审委员会依照商标法第三十四条、第三十五条、第四十四条、第四十五条、第五十四条的规定审理有关商标争议事宜。当事人向商标评审委员会提出商标评审申请，应当有明确的请求、事实、理由和法律依据，并提供相应证据。

商标评审委员会根据事实，依法进行评审。

第五十二条 商标评审委员会审理不服商标局驳回商标注册申请决定的复审案件，应当针对商标局的驳回决定和申请人申请复审的事实、理由、请求及评审时的事实状态进行审理。

商标评审委员会审理不服商标局驳回商标注册申请决定的复审案件，发现申请注册的商标有违反商标法第十条、第十一条、第十二条和第十六条第一款规定情形，商标局并未依据上述条款作出驳回决定的，可以依据上述条款作出驳回申请的复审决定。商标评审委员会作出复审决定前应当听取申请人的意见。

第五十三条 商标评审委员会审理不服商标局不予注册决定的复审案件，应当针对商标局的不予注册决定和申请人申请复审的事实、理由、请求及原异议人提出的意见进行审理。

商标评审委员会审理不服商标局不予注册决定的复审案件，应当通知原异议人参加并提出意见。原异议人的意见对案件审理结果有实质影响的，可以作为评审的依据；原异议人不参加或者不提出意见的，不影响案件的审理。

第五十四条 商标评审委员会审理依照商标法第四十四条、第四十五条规定请求宣告注册商标无效的案件，应当针对当事人申请和答辩的事实、理由及请求进行审理。

第五十五条 商标评审委员会审理不服商标局依照商标法第四十四条第一款规定作出宣告注册商标无效决定的复审案件，应当针对商标局的决定和申请人申请复审的事实、理由及请求进行审理。

第五十六条　商标评审委员会审理不服商标局依照商标法第四十九条规定作出撤销或者维持注册商标决定的复审案件，应当针对商标局作出撤销或者维持注册商标决定和当事人申请复审时所依据的事实、理由及请求进行审理。

第五十七条　申请商标评审，应当向商标评审委员会提交申请书，并按照对方当事人的数量提交相应份数的副本；基于商标局的决定书申请复审的，还应当同时附送商标局的决定书副本。

商标评审委员会收到申请书后，经审查，符合受理条件的，予以受理；不符合受理条件的，不予受理，书面通知申请人并说明理由；需要补正的，通知申请人自收到通知之日起30日内补正。经补正仍不符合规定的，商标评审委员会不予受理，书面通知申请人并说明理由；期满未补正的，视为撤回申请，商标评审委员会应当书面通知申请人。

商标评审委员会受理商标评审申请后，发现不符合受理条件的，予以驳回，书面通知申请人并说明理由。

第五十八条　商标评审委员会受理商标评审申请后应当及时将申请书副本送交对方当事人，限其自收到申请书副本之日起30日内答辩；期满未答辩的，不影响商标评审委员会的评审。

第五十九条　当事人需要在提出评审申请或者答辩后补充有关证据材料的，应当在申请书或者答辩书中声明，并自提交申请书或者答辩书之日起3个月内提交；期满未提交的，视为放弃补充有关证据材料。但是，在期满后生成或者当事人有其他正当理由未能在期满前提交的证据，在期满后提交的，商标评审委员会将证据交对方当事人并质证后可以采信。

第六十条　商标评审委员会根据当事人的请求或者实际需要，可以决定对评审申请进行口头审理。

商标评审委员会决定对评审申请进行口头审理的，应当在口头审理15日前书面通知当事人，告知口头审理的日期、地点和评审人员。当事人应当在通知书指定的期限内作出答复。

申请人不答复也不参加口头审理的，其评审申请视为撤回，商标评审委员会应当书面通知申请人；被申请人不答复也不参加口头审理的，商标评审委员会可以缺席评审。

第六十一条　申请人在商标评审委员会作出决定、裁定前，可以书面向商标评审委员会要求撤回申请并说明理由，商标评审委员会认为可以撤回的，评审程序终止。

第六十二条　申请人撤回商标评审申请的，不得以相同的事实和理由再次提出评审申请。商标评审委员会对商标评审申请已经作出裁定或者决定的，任何人不得以相同的事实和理由再次提出评审申请。但是，经不予注册复审程序予以核准注册后向商标评审委员会提起宣告注册商标无效的除外。

第七章　商标使用的管理

第六十三条　使用注册商标，可以在商品、商品包装、说明书或者其他附着物上标明"注册商标"或者注册标记。

注册标记包括ⓝ和®。使用注册标记，应当标注在商标的右上角或者右下角。

第六十四条　《商标注册证》遗失或者破损的，应当向商标局提交补发《商标注册证》申请书。《商标注册证》遗失的，应当在《商标公告》上刊登遗失声明。破损的《商标注册证》，应当在提交补发申请时交回商标局。

商标注册人需要商标局补发商标变更、转让、续展证明，出具商标注册证明，或者商标申请人需要商标局出具优先权证明文件的，应当向商标局提交相应申请书。符合要求的，商标局发给相应证明；不符合要求的，商标局不予办理，通知申请人并告知理由。

伪造或者变造《商标注册证》或者其他商标证明文件的，依照刑法关于伪造、变造国家机关证件罪或者其他罪的规定，依法追究刑事责任。

第六十五条　有商标法第四十九条规定的注册商标成为其核定使用的商品通用名称情形

的，任何单位或者个人可以向商标局申请撤销该注册商标，提交申请时应当附送证据材料。商标局受理后应当通知商标注册人，限其自收到通知之日起2个月内答辩；期满未答辩的，不影响商标局作出决定。

第六十六条 有商标法第四十九条规定的注册商标无正当理由连续3年不使用情形的，任何单位或者个人可以向商标局申请撤销该注册商标，提交申请时应当说明有关情况。商标局受理后应当通知商标注册人，限其自收到通知之日起2个月内提交该商标在撤销申请提出前使用的证据材料或者说明不使用的正当理由；期满未提供使用的证据材料或者证据材料无效并没有正当理由的，由商标局撤销其注册商标。

前款所称使用的证据材料，包括商标注册人使用注册商标的证据材料和商标注册人许可他人使用注册商标的证据材料。

以无正当理由连续3年不使用为由申请撤销注册商标的，应当自该注册商标注册公告之日起满3年后提出申请。

第六十七条 下列情形属于商标法第四十九条规定的正当理由：

（一）不可抗力；

（二）政府政策性限制；

（三）破产清算；

（四）其他不可归责于商标注册人的正当事由。

第六十八条 商标局、商标评审委员会撤销注册商标或者宣告商标无效，撤销或者宣告无效的理由仅及于部分指定商品的，对在该部分指定商品上使用的商标注册予以撤销或者宣告无效。

第六十九条 许可他人使用其注册商标的，许可人应当在许可合同有效期内向商标局备案并报送备案材料。备案材料应当说明注册商标使用许可人、被许可人、许可期限、许可使用的商品或者服务范围等事项。

第七十条 以注册商标专用权出质的，出质人与质权人应当签订书面质权合同，并共同向商标局提出质权登记申请，由商标局公告。

第七十一条 违反商标法第四十三条第二款规定的，由工商行政管理部门责令限期改正；逾期不改正的，责令停止销售，拒不停止销售的，处10万元以下的罚款。

第七十二条 商标持有人依照商标法第十三条规定请求驰名商标保护的，可以向工商行政管理部门提出请求。经商标局依照商标法第十四条规定认定为驰名商标的，由工商行政管理部门责令停止违反商标法第十三条规定使用商标的行为，收缴、销毁违法使用的商标标识；商标标识与商品难以分离的，一并收缴、销毁。

第七十三条 商标注册人申请注销其注册商标或者注销其商标在部分指定商品上的注册的，应当向商标局提交商标注销申请书，并交回原《商标注册证》。

商标注册人申请注销其注册商标或者注销其商标在部分指定商品上的注册，经商标局核准注销的，该注册商标专用权或者该注册商标专用权在该部分指定商品上的效力自商标局收到其注销申请之日起终止。

第七十四条 注册商标被撤销或者依照本条例第七十三条的规定被注销的，原《商标注册证》作废，并予以公告；撤销该商标在部分指定商品上的注册的，或者商标注册人申请注销其商标在部分指定商品上的注册的，重新核发《商标注册证》，并予以公告。

第八章 注册商标专用权的保护

第七十五条 为侵犯他人商标专用权提供仓储、运输、邮寄、印制、隐匿、经营场所、网络商品交易平台等，属于商标法第五十七条第六项规定的提供便利条件。

第七十六条 在同一种商品或者类似商品上将与他人注册商标相同或者近似的标志作为商品名称或者商品装潢使用，误导公众的，属于商标法第五十七条第二项规定的侵犯注册商标专用权的行为。

第七十七条 对侵犯注册商标专用权的行为，任何人可以向工商行政管理部门投诉或者举报。

第七十八条 计算商标法第六十条规定的违法经营额，可以考虑下列因素：

（一）侵权商品的销售价格；

（二）未销售侵权商品的标价；

（三）已查清侵权商品实际销售的平均价格；

（四）被侵权商品的市场中间价格；

（五）侵权人因侵权所产生的营业收入；

（六）其他能够合理计算侵权商品价值的因素。

第七十九条 下列情形属于商标法第六十条规定的能证明该商品是自己合法取得的情形：

（一）有供货单位合法签章的供货清单和货款收据且经查证属实或者供货单位认可的；

（二）有供销双方签订的进货合同且经查证已真实履行的；

（三）有合法进货发票且发票记载事项与涉案商品对应的；

（四）其他能够证明合法取得涉案商品的情形。

第八十条 销售不知道是侵犯注册商标专用权的商品，能证明该商品是自己合法取得并说明提供者的，由工商行政管理部门责令停止销售，并将案件情况通报侵权商品提供者所在地工商行政管理部门。

第八十一条 涉案注册商标权属正在商标局、商标评审委员会审理或者人民法院诉讼中，案件结果可能影响案件定性的，属于商标法第六十二条第三款规定的商标权属存在争议。

第八十二条 在查处商标侵权案件过程中，工商行政管理部门可以要求权利人对涉案商品是否为权利人生产或者其许可生产的产品进行辨认。

第九章 商标代理

第八十三条 商标法所称商标代理，是指接受委托人的委托，以委托人的名义办理商标注册申请、商标评审或者其他商标事宜。

第八十四条 商标法所称商标代理机构，包括经工商行政管理部门登记从事商标代理业务的服务机构和从事商标代理业务的律师事务所。

商标代理机构从事商标局、商标评审委员会主管的商标事宜代理业务的，应当按照下列规定向商标局备案：

（一）交验工商行政管理部门的登记证明文件或者司法行政部门批准设立律师事务所的证明文件并留存复印件；

（二）报送商标代理机构的名称、住所、负责人、联系方式等基本信息；

（三）报送商标代理从业人员名单及联系方式。

工商行政管理部门应当建立商标代理机构信用档案。商标代理机构违反商标法或者本条例规定的，由商标局或者商标评审委员会予以公开通报，并记入其信用档案。

第八十五条 商标法所称商标代理从业人员，是指在商标代理机构中从事商标代理业务的工作人员。

商标代理从业人员不得以个人名义自行接受委托。

第八十六条 商标代理机构向商标局、商标评审委员会提交的有关申请文件，应当加盖该代理机构公章并由相关商标代理从业人员签字。

第八十七条 商标代理机构申请注册或者受让其代理服务以外的其他商标，商标局不予受理。

第八十八条 下列行为属于商标法第六十八条第一款第二项规定的以其他不正当手段扰乱商标代理市场秩序的行为：

（一）以欺诈、虚假宣传、引人误解或者商业贿赂等方式招徕业务的；

（二）隐瞒事实，提供虚假证据，或者威胁、诱导他人隐瞒事实，提供虚假证据的；

（三）在同一商标案件中接受有利益冲突的双方当事人委托的。

第八十九条 商标代理机构有商标法第六十八条规定行为的，由行为人所在地或者违法行为发生地县级以上工商行政管理部门进行查处并将查处情况通报商标局。

第九十条 商标局、商标评审委员会依照商标法第六十八条规定停止受理商标代理机构办理商标代理业务的，可以作出停止受理该商标代理机构商标代理业务6个月以上直至永久停止受理的决定。停止受理商标代理业务的期间届满，商标局、商标评审委员会应当恢复受理。

商标局、商标评审委员会作出停止受理或者恢复受理商标代理的决定应当在其网站予以公告。

第九十一条 工商行政管理部门应当加强对商标代理行业组织的监督和指导。

第十章 附 则

第九十二条 连续使用至1993年7月1日的服务商标，与他人在相同或者类似的服务上已注册的服务商标相同或者近似的，可以继续使用；但是，1993年7月1日后中断使用3年以上的，不得继续使用。

已连续使用至商标局首次受理新放开商品或者服务项目之日的商标，与他人在新放开商品或者服务项目相同或者类似的商品或者服务上已注册的商标相同或者近似的，可以继续使用；但是，首次受理之日后中断使用3年以上的，不得继续使用。

第九十三条 商标注册用商品和服务分类表，由商标局制定并公布。

申请商标注册或者办理其他商标事宜的文件格式，由商标局、商标评审委员会制定并公布。

商标评审委员会的评审规则由国务院工商行政管理部门制定并公布。

第九十四条 商标局设置《商标注册簿》，记载注册商标及有关注册事项。

第九十五条 《商标注册证》及相关证明是权利人享有注册商标专用权的凭证。《商标注册证》记载的注册事项，应当与《商标注册簿》一致；记载不一致的，除有证据证明《商标注册簿》确有错误外，以《商标注册簿》为准。

第九十六条 商标局发布《商标公告》，刊发商标注册及其他有关事项。

《商标公告》采用纸质或者电子形式发布。

除送达公告外，公告内容自发布之日起视为社会公众已经知道或者应当知道。

第九十七条 申请商标注册或者办理其他商标事宜，应当缴纳费用。缴纳费用的项目和标准，由国务院财政部门、国务院价格主管部门分别制定。

第九十八条 本条例自2014年5月1日起施行。

最高人民法院关于审理商标案件有关管辖和法律适用范围问题的解释

(2001年12月25日最高人民法院审判委员会第1203次会议通过 2002年1月9日公布 自2002年1月21日起施行）法释〔2002〕1号

第一条 人民法院受理以下商标案件：

1. 不服国务院工商行政管理部门商标评审委员会（以下简称商标评审委员会）作出的复审决定或者裁定的案件；
2. 不服工商行政管理部门作出的有关商标的具体行政行为的案件；
3. 商标专用权权属纠纷案件；
4. 侵犯商标专用权纠纷案件；
5. 商标专用权转让合同纠纷案件；
6. 商标许可使用合同纠纷案件；
7. 申请诉前停止侵犯商标专用权案件；
8. 申请诉前财产保全案件；
9. 申请诉前证据保全案件；
10. 其他商标案件。

第二条 本解释第一条所列第1项第一审案件，由北京市高级人民法院根据最高人民法院的授权确定其辖区内有关中级人民法院管辖。

本解释第一条所列第2项第一审案件，根

据行政诉讼法的有关规定确定管辖。

商标民事纠纷第一审案件，由中级以上人民法院管辖。

各高级人民法院根据本辖区的实际情况，经最高人民法院批准，可以在较大城市确定1～2个基层人民法院受理第一审商标民事纠纷案件。

第三条 商标注册人或者利害关系人向工商行政管理部门就侵犯商标专用权行为请求处理，又向人民法院提起侵犯商标专用权诉讼请求损害赔偿的，人民法院应当受理。

第四条 商标评审委员会在商标法修改决定施行前受理的案件，于该决定施行后作出复审决定或裁定，当事人对复审决定或裁定不服向人民法院起诉的，人民法院应当受理。

第五条 除本解释另行规定外，对商标法修改决定施行前发生，属于修改后商标法第四条、第五条、第八条、第九条第一款、第十条第一款第（二）、（三）、（四）项、第十条第二款、第十一条、第十二条、第十三条、第十五条、第十六条、第二十四条、第二十五条、第三十一条所列举的情形，商标评审委员会于商标法修改决定施行后作出复审决定或者裁定，当事人不服向人民法院起诉的行政案件，适用修改后商标法的相应规定进行审查；属于其他情形的，适用修改前商标法的相应规定进行审查。

第六条 当事人就商标法修改决定施行时已满一年的注册商标发生争议，不服商标评审委员会作出的裁定向人民法院起诉的，适用修改前商标法第二十七条第二款规定的提出申请的期限处理；商标法修改决定施行时商标注册不满一年的，适用修改后商标法第四十一条第二款、第三款规定的提出申请的期限处理。

第七条 对商标法修改决定施行前发生的侵犯商标专用权行为，商标注册人或者利害关系人于该决定施行后在起诉前向人民法院提出申请采取责令停止侵权行为或者保全证据措施的，适用修改后商标法第五十七条、第五十八条的规定。

第八条 对商标法修改决定施行前发生的侵犯商标专用权行为起诉的案件，人民法院于该决定施行时尚未作出生效判决的，参照修改后商标法第五十六条的规定处理。

第九条 除本解释另行规定外，商标法修改决定施行后人民法院受理的商标民事纠纷案件，涉及该决定施行前发生的民事行为的，适用修改前商标法的规定；涉及该决定施行后发生的民事行为的，适用修改后商标法的规定；涉及该决定施行前发生，持续到该决定施行后的民事行为的，分别适用修改前、后商标法的规定。

第十条 人民法院受理的侵犯商标专用权纠纷案件，已经过工商行政管理部门处理的，人民法院仍应当就当事人民事争议的事实进行审查。

最高人民法院关于审理商标授权确权行政案件若干问题的规定

（2016年12月12日最高人民法院审判委员会第1703次会议通过 2017年1月10日公布 自2017年3月1日起施行）法释〔2017〕2号

为正确审理商标授权确权行政案件，根据《中华人民共和国商标法》《中华人民共和国行政诉讼法》等法律规定，结合审判实践，制定本规定。

第一条 本规定所称商标授权确权行政案件，是指相对人或者利害关系人因不服国务院工商行政管理部门商标评审委员会（以下简称商标评审委员会）作出的商标驳回复审、商标不予注册复审、商标撤销复审、商标无效宣告及无效宣告复审等行政行为，向人民法院提起诉讼的案件。

第二条 人民法院对商标授权确权行政行

为进行审查的范围，一般应根据原告的诉讼请求及理由确定。原告在诉讼中未提出主张，但商标评审委员会相关认定存在明显不当的，人民法院在各方当事人陈述意见后，可以对相关事由进行审查并做出裁判。

第三条 商标法第十条第一款第（一）项规定的同中华人民共和国的国家名称等"相同或者近似"，是指商标标志整体上与国家名称等相同或者近似。

对于含有中华人民共和国的国家名称等，但整体上并不相同或者不相近似的标志，如果该标志作为商标注册可能导致损害国家尊严的，人民法院可以认定属于商标法第十条第一款第（八）项规定的情形。

第四条 商标标志或者其构成要素带有欺骗性，容易使公众对商品的质量等特点或者产地产生误认，商标评审委员会认定其属于2001年修正的商标法第十条第一款第（七）项规定情形的，人民法院予以支持。

第五条 商标标志或者其构成要素可能对我国社会公共利益和公共秩序产生消极、负面影响的，人民法院可以认定其属于商标法第十条第一款第（八）项规定的"其他不良影响"。

将政治、经济、文化、宗教、民族等领域公众人物姓名等申请注册为商标，属于前款所指的"其他不良影响"。

第六条 商标标志由县级以上行政区划的地名或者公众知晓的外国地名和其他要素组成，如果整体上具有区别于地名的含义，人民法院应当认定其不属于商标法第十条第二款所指情形。

第七条 人民法院审查诉争商标是否具有显著特征，应当根据商标所指定使用商品的相关公众的通常认识，判断该商标整体上是否具有显著特征。商标标志中含有描述性要素，但不影响其整体具有显著特征的；或者描述性标志以独特方式加以表现，相关公众能够以其识别商品来源的，应当认定其具有显著特征。

第八条 诉争商标为外文标志时，人民法院应当根据中国境内相关公众的通常认识，对该外文商标是否具有显著特征进行审查判断。标志中外文的固有含义可能影响其在指定使用商品上的显著特征，但相关公众对该固有含义的认知程度较低，能够以该标志识别商品来源的，可以认定其具有显著特征。

第九条 仅以商品自身形状或者自身形状的一部分作为三维标志申请注册商标，相关公众一般情况下不易将其识别为指示商品来源标志的，该三维标志不具有作为商标的显著特征。

该形状系申请人所独创或者最早使用并不能当然导致其具有作为商标的显著特征。

第一款所称标志经过长期或者广泛使用，相关公众能够通过该标志识别商品来源的，可以认定该标志具有显著特征。

第十条 诉争商标属于法定的商品名称或者约定俗成的商品名称的，人民法院应当认定其属于商标法第十一条第一款第（一）项所指的通用名称。依据法律规定或者国家标准、行业标准属于商品通用名称的，应当认定为通用名称。相关公众普遍认为某一名称能够指代一类商品的，应当认定为约定俗成的通用名称。被专业工具书、辞典等列为商品名称的，可以作为认定约定俗成的通用名称的参考。

约定俗成的通用名称一般以全国范围内相关公众的通常认识为判断标准。对于由于历史传统、风土人情、地理环境等原因形成的相关市场固定的商品，在该相关市场内通用的称谓，人民法院可以认定为通用名称。

诉争商标申请人明知或者应知其申请注册的商标为部分区域内约定俗成的商品名称的，人民法院可以视其申请注册的商标为通用名称。

人民法院审查判断诉争商标是否属于通用名称，一般以商标申请日时的事实状态为准。核准注册时事实状态发生变化的，以核准注册时的事实状态判断其是否属于通用名称。

第十一条 商标标志只是或者主要是描述、说明所使用商品的质量、主要原料、功能、用途、重量、数量、产地等的，人民法院应当认定其属于商标法第十一条第一款第（二）项规定的情形。商标标志或者其构成要素暗示商品的特点，但不影响其识别商品来源功能的，不属于该项所规定的情形。

— 779 —

第十二条 当事人依据商标法第十三条第二款主张诉争商标构成对其未注册的驰名商标的复制、摹仿或者翻译而不应予以注册或者应予无效的，人民法院应当综合考量如下因素以及因素之间的相互影响，认定是否容易导致混淆：

（一）商标标志的近似程度；
（二）商品的类似程度；
（三）请求保护商标的显著性和知名程度；
（四）相关公众的注意程度；
（五）其他相关因素。

商标申请人的主观意图以及实际混淆的证据可以作为判断混淆可能性的参考因素。

第十三条 当事人依据商标法第十三条第三款主张诉争商标构成对其已注册的驰名商标的复制、摹仿或者翻译而不应予以注册或者应予无效的，人民法院应当综合考虑如下因素，以认定诉争商标的使用是否足以使相关公众认为其与驰名商标具有相当程度的联系，从而误导公众，致使驰名商标注册人的利益可能受到损害：

（一）引证商标的显著性和知名程度；
（二）商标标志是否足够近似；
（三）指定使用的商品情况；
（四）相关公众的重合程度及注意程度；
（五）与引证商标近似的标志被其他市场主体合法使用的情况或者其他相关因素。

第十四条 当事人主张诉争商标构成对其已注册的驰名商标的复制、摹仿或者翻译而不应予以注册或者应予无效，商标评审委员会依据商标法第三十条规定裁决支持其主张的，如果诉争商标注册未满五年，人民法院在当事人陈述意见之后，可以按照商标法第三十条规定进行审理；如果诉争商标注册已满五年，应当适用商标法第十三条第三款进行审理。

第十五条 商标代理人、代表人或者经销、代理等销售代理关系意义上的代理人、代表人未经授权，以自己的名义将与被代理人或者被代表人的商标相同或者近似的商标在相同或者类似商品上申请注册的，人民法院适用商标法第十五条第一款的规定进行审理。

在为建立代理或者代表关系的磋商阶段，前款规定的代理人或者代表人将被代理人或者被代表人的商标申请注册的，人民法院适用商标法第十五条第一款的规定进行审理。

商标申请人与代理人或者代表人之间存在亲属关系等特定身份关系的，可以推定其商标注册行为系与该代理人或者代表人恶意串通，人民法院适用商标法第十五条第一款的规定进行审理。

第十六条 以下情形可以认定为商标法第十五条第二款中规定的"其他关系"：

（一）商标申请人与在先使用人之间具有亲属关系；
（二）商标申请人与在先使用人之间具有劳动关系；
（三）商标申请人与在先使用人营业地址邻近；
（四）商标申请人与在先使用人曾就达成代理、代表关系进行过磋商，但未形成代理、代表关系；
（五）商标申请人与在先使用人曾就达成合同、业务往来关系进行过磋商，但未达成合同、业务往来关系。

第十七条 地理标志利害关系人依据商标法第十六条主张他人商标不应予以注册或者应予无效，如果诉争商标指定使用的商品与地理标志产品并非相同商品，而地理标志利害关系人能够证明诉争商标使用在该产品上仍然容易导致相关公众误认为该产品来源于该地区并因此具有特定的质量、信誉或者其他特征的，人民法院予以支持。

如果该地理标志已经注册为集体商标或者证明商标，集体商标或者证明商标的权利人或者利害关系人可选择依据该条或者另行依据商标法第十三条、第三十条等主张权利。

第十八条 商标法第三十二条规定的在先权利，包括当事人在诉争商标申请日之前享有的民事权利或者其他应予保护的合法权益。诉争商标核准注册时在先权利已不存在的，不影响诉争商标的注册。

第十九条 当事人主张诉争商标损害其在先著作权的，人民法院应当依照著作权法等相关规定，对所主张的客体是否构成作品、当事人是否为著作权人或者其他有权主张著作权的利害关系人以及诉争商标是否构成对著作权的侵害等进行审查。

商标标志构成受著作权法保护的作品的,当事人提供的涉及商标标志的设计底稿、原件、取得权利的合同、诉争商标申请日之前的著作权登记证书等,均可以作为证明著作权归属的初步证据。

商标公告、商标注册证等可以作为确定商标申请人为有权主张商标标志著作权的利害关系人的初步证据。

第二十条 当事人主张诉争商标损害其姓名权,如果相关公众认为该商标标志指代了该自然人,容易认为标记有该商标的商品系经过该自然人许可或者与该自然人存在特定联系的,人民法院应当认定该商标损害了该自然人的姓名权。

当事人以其笔名、艺名、译名等特定名称主张姓名权,该特定名称具有一定的知名度,与该自然人建立了稳定的对应关系,相关公众以其指代该自然人的,人民法院予以支持。

第二十一条 当事人主张的字号具有一定的市场知名度,他人未经许可申请注册与该字号相同或者近似的商标,容易导致相关公众对商品来源产生混淆,当事人以此主张构成在先权益的,人民法院予以支持。

当事人以具有一定市场知名度并已与企业建立稳定对应关系的企业名称的简称为依据提出主张的,适用前款规定。

第二十二条 当事人主张诉争商标损害角色形象著作权的,人民法院按照本规定第十九条进行审查。

对于著作权保护期限内的作品,如果作品名称、作品中的角色名称等具有较高知名度,将其作为商标使用在相关商品上容易导致相关公众误认为其经过权利人的许可或者与权利人存在特定联系,当事人以此主张构成在先权益的,人民法院予以支持。

第二十三条 在先使用人主张商标申请人以不正当手段抢先注册其在先使用并有一定影响的商标的,如果在先使用商标已经有一定影响,而商标申请人明知或者应知该商标,即可推定其构成"以不正当手段抢先注册"。但商标申请人举证证明其没有利用在先使用商标商誉的恶意的除外。

在先使用人举证证明其在先商标有一定的持续使用时间、区域、销售量或者广告宣传的,人民法院可以认定为有一定影响。

在先使用人主张商标申请人在与其不相类似的商品上申请注册其在先使用并有一定影响的商标,违反商标法第三十二条规定的,人民法院不予支持。

第二十四条 以欺骗手段以外的其他方式扰乱商标注册秩序、损害公共利益、不正当占用公共资源或者谋取不正当利益的,人民法院可以认定其属于商标法第四十四条第一款规定的"其他不正当手段"。

第二十五条 人民法院判断诉争商标申请人是否"恶意注册"他人驰名商标,应综合考虑引证商标的知名度、诉争商标申请人申请诉争商标的理由以及使用诉争商标的具体情形来判断其主观意图。引证商标知名度高、诉争商标申请人没有正当理由的,人民法院可以推定其注册构成商标法第四十五条第一款所指的"恶意注册"。

第二十六条 商标权人自行使用、他人经许可使用以及其他不违背商标权人意志的使用,均可认定为商标法第四十九条第二款所称的使用。

实际使用的商标标志与核准注册的商标标志有细微差别,但未改变其显著特征的,可以视为注册商标的使用。

没有实际使用注册商标,仅有转让或者许可行为;或者仅是公布商标注册信息、声明享有注册商标专用权的,不认定为商标使用。

商标权人有真实使用商标的意图,并且有实际使用的必要准备,但因其他客观原因尚未实际使用注册商标的,人民法院可以认定其有正当理由。

第二十七条 当事人主张商标评审委员会下列情形属于行政诉讼法第七十条第(三)项规定的"违反法定程序"的,人民法院予以支持:

(一)遗漏当事人提出的评审理由,对当

事人权利产生实际影响的；

（二）评审程序中未告知合议组成员，经审查确有应当回避事由而未回避的；

（三）未通知适格当事人参加评审，该方当事人明确提出异议的；

（四）其他违反法定程序的情形。

第二十八条 人民法院审理商标授权确权行政案件的过程中，商标评审委员会对诉争商标予以驳回、不予核准注册或者予以无效宣告的事由不复存在的，人民法院可以依据新的事实撤销商标评审委员会相关裁决，并判令其根据变更后的事实重新作出裁决。

第二十九条 当事人依据在原行政行为之后新发现的证据，或者在原行政程序中因客观原因无法取得或在规定的期限内不能提供的证据，或者新的法律依据提出的评审申请，不属于以"相同的事实和理由"再次提出评审申请。

在商标驳回复审程序中，商标评审委员会以申请商标与引证商标不构成使用在同一种或者类似商品上的相同或者近似商标为由准予申请商标初步审定公告后，以下情形不视为"以相同的事实和理由"再次提出评审申请：

（一）引证商标所有人或者利害关系人依据该引证商标提出异议，国务院工商行政管理部门商标局予以支持，被异议商标申请人申请复审的；

（二）引证商标所有人或者利害关系人在申请商标获准注册后依据该引证商标申请宣告其无效的。

第三十条 人民法院生效裁判对于相关事实和法律适用已作出明确认定，相对人或者利害关系人对于商标评审委员会依据该生效裁判重新作出的裁决提起诉讼的，人民法院依法裁定不予受理；已经受理的，裁定驳回起诉。

第三十一条 本规定自2017年3月1日起施行。人民法院依据2001年修正的商标法审理的商标授权确权行政案件可参照适用本规定。

最高人民法院关于审理商标授权确权行政案件若干问题的意见

法发〔2010〕12号

自2001年12月1日《全国人民代表大会常务委员会关于修改〈中华人民共和国商标法〉的决定》施行以来，人民法院开始依法受理和审理利害关系人诉国家工商行政管理总局商标评审委员会作出的商标驳回复审、商标异议复审、商标争议、商标撤销复审等具体行政行为的商标授权确权行政案件，对相关法律适用问题进行了积极探索，积累了较为丰富的审判经验。为了更好地审理商标授权确权行政案件，进一步总结审判经验，明确和统一审理标准，最高人民法院先后召开多次专题会议和进行专题调研，广泛听取相关法院、相关部门和专家学者的意见，对于审理商标授权确权行政案件中的法律适用问题进行了研究和总结。在此基础上，根据《中华人民共和国商标法》、《中华人民共和国行政诉讼法》等法律规定，结合审判实际，对审理此类案件提出如下意见：

1. 人民法院在审理商标授权确权行政案件时，对于尚未大量投入使用的诉争商标，在审查判断商标近似和商品类似等授权确权条件及处理与在先商业标志冲突上，可依法适当从严掌握商标授权确权的标准，充分考虑消费者和同业经营者的利益，有效遏制不正当抢注行为，注重对于他人具有较高知名度和较强显著性的在先商标、企业名称等商业标志权益的保护，尽可能消除商业标志混淆的可能性；对于使用时间较长、已建立较高市场声誉和形成相关公众群体的诉争商标，应当准确把握商标法有关保护在先商业标志权益与维护市场秩序相协调的立法精神，充分尊重相关公众已在客观上将相关商业标志区别开来的市场实际，注重维护已经形成和稳定的市场秩序。

2. 实践中，有些标志或者其构成要素虽有夸大成分，但根据日常生活经验或者相关公众的通常认识等并不足以引人误解。对于这种情形，人民法院不宜将其认定为夸大宣传并带有欺骗性的标志。

3. 人民法院在审查判断有关标志是否构成具有其他不良影响的情形时，应当考虑该标志或者其构成要素是否可能对我国政治、经济、文化、宗教、民族等社会公共利益和公共秩序产生消极、负面影响。如果有关标志的注册仅损害特定民事权益，由于商标法已经另行规定了救济方式和相应程序，不宜认定其属于具有其他不良影响的情形。

4. 根据商标法的规定，县级以上行政区划的地名或者公众知晓的外国地名一般不得作为商标注册和使用。实践中，有些商标由地名和其他要素组成，在这种情形下，如果商标因有其他要素的加入，在整体上具有显著特征，而不再具有地名含义或者不以地名为主要含义的，就不宜因其含有县级以上行政区划的地名或者公众知晓的外国地名，而认定其属于不得注册的商标。

5. 人民法院在审理商标授权确权行政案件时，应当根据诉争商标指定使用商品的相关公众的通常认识，从整体上对商标是否具有显著特征进行审查判断。标志中含有的描述性要素不影响商标整体上具有显著特征的，或者描述性标志是以独特方式进行表现，相关公众能够以其识别商品来源的，应当认定其具有显著特征。

6. 人民法院在审理商标授权确权行政案件时，应当根据中国境内相关公众的通常认识，审查判断诉争外文商标是否具有显著特征。诉争标志中的外文虽有固有含义，但相关公众能够以该标志识别商品来源的，不影响对其显著特征的认定。

7. 人民法院在判断诉争商标是否为通用名称时，应当审查其是否属于法定的或者约定俗成的商品名称。依据法律规定或者国家标准、行业标准属于商品通用名称的，应当认定为通用名称。相关公众普遍认为某一名称能够指代一类商品的，应当认定该名称为约定俗成的通用名称。被专业工具书、辞典列为商品名称的，可以作为认定约定俗成的通用名称的参考。

约定俗成的通用名称一般以全国范围内相关公众的通常认识为判断标准。对于由于历史传统、风土人情、地理环境等原因形成的相关市场较为固定的商品，在该相关市场内通用的称谓，可以认定为通用名称。

申请人明知或者应知其申请注册的商标为部分区域内约定俗成的商品名称的，应视其申请注册的商标为通用名称。

8. 人民法院审查判断诉争商标是否属于通用名称，一般以提出商标注册申请时的事实状态为准。如果申请时不属于通用名称，但在核准注册时诉争商标已经成为通用名称的，仍应认定其属于本商品的通用名称；虽在申请时属于本商品的通用名称，但在核准注册时已经不是通用名称的，则不妨碍其取得注册。

9. 如果某标志只是或者主要是描述、说明所使用商品的质量、主要原料、功能、用途、重量、数量、产地等特点，应当认定其不具有显著特征。标志或者其构成要素暗示商品的特点，但不影响其识别商品来源功能的，不属于上述情形。

10. 人民法院审理涉及驰名商标保护的商标授权确权行政案件，可以参照《最高人民法院关于审理涉及驰名商标保护的民事纠纷案件应用法律若干问题的解释》第五条、第九条、第十条等相关规定。

11. 对于已经在中国注册的驰名商标，在不相类似商品上确定其保护范围时，要注意与其驰名程度相适应。对于社会公众广为知晓的已经在中国注册的驰名商标，在不相类似商品上确定其保护范围时，要给予与其驰名程度相适应的较宽范围的保护。

12. 商标代理人、代表人或者经销、代理等销售代理关系意义上的代理人、代表人未经授权，以自己的名义将被代理人或者被代表人商标进行注册的，人民法院应当认定属于代理人、代表人抢注被代理人、被代表人商标的行为。审判实践中，有些抢注行为发生在代理、代表关系尚在磋商的阶段，即抢注在先，代

— 783 —

理、代表关系形成在后，此时应将其视为代理人、代表人的抢注行为。与上述代理人或者代表人有串通合谋抢注行为的商标注册申请人，可以视其为代理人或者代表人。对于串通合谋抢注行为，可以视情况根据商标注册申请人与上述代理人或者代表人之间的特定身份关系等进行推定。

13. 代理人或者代表人不得申请注册的商标标志，不仅包括与被代理人或者被代表人商标相同的标志，也包括相近似的标志；不得申请注册的商品既包括与被代理人或者被代表人商标所使用的商品相同的商品，也包括类似的商品。

14. 人民法院在审理商标授权确权行政案件中判断商品类似和商标近似，可以参照《最高人民法院关于审理商标民事纠纷案件适用法律若干问题的解释》的相关规定。

15. 人民法院审查判断相关商品或者服务是否类似，应当考虑商品的功能、用途、生产部门、销售渠道、消费群体等是否相同或者具有较大的关联性；服务的目的、内容、方式、对象等是否相同或者具有较大的关联性；商品和服务之间是否具有较大的关联性，是否容易使相关公众认为商品或者服务是同一主体提供的，或者其提供者之间存在特定联系。《商标注册用商品和服务国际分类表》《类似商品和服务区分表》可以作为判断类似商品或者服务的参考。

16. 人民法院认定商标是否近似，既要考虑商标标志构成要素及其整体的近似程度，也要考虑相关商标的显著性和知名度、所使用商品的关联程度等因素，以是否容易导致混淆作为判断标准。

17. 要正确理解和适用商标法第三十一条关于"申请商标注册不得损害他人现有的在先权利"的概括性规定。人民法院审查判断诉争商标是否损害他人现有的在先权利时，对于商标法已有特别规定的在先权利，按照商标法的特别规定予以保护；商标法虽无特别规定，但根据民法通则和其他法律的规定属于应予保护的合法权益的，应当根据该概括性规定给予保护。

人民法院审查判断诉争商标是否损害他人现有的在先权利，一般以诉争商标申请日为准。如果在先权利在诉争商标核准注册时已不存在的，则不影响诉争商标的注册。

18. 根据商标法的规定，申请人不得以不正当手段抢先注册他人已经使用并有一定影响的商标。如果申请人明知或者应知他人已经使用并有一定影响的商标而予以抢注，即可认定其采用了不正当手段。

在中国境内实际使用并为一定范围的相关公众所知晓的商标，即应认定属于已经使用并有一定影响的商标。有证据证明在先商标有一定的持续使用时间、区域、销售量或者广告宣传等的，可以认定其有一定影响。

对于已经使用并有一定影响的商标，不宜在不相类似商品上给予保护。

19. 人民法院在审理涉及撤销注册商标的行政案件时，审查判断诉争商标是否属于以其他不正当手段取得注册，要考虑其是否属于欺骗手段以外的扰乱商标注册秩序、损害公共利益、不正当占用公共资源或者以其他方式谋取不正当利益的手段。对于只是损害特定民事权益的情形，则要适用商标法第四十一条第二款、第三款及商标法的其他相应规定进行审查判断。

20. 人民法院审理涉及撤销连续三年停止使用的注册商标的行政案件时，应当根据商标法有关规定的立法精神，正确判断所涉行为是否构成实际使用。

商标权人自行使用、许可他人使用以及其他不违背商标权人意志的使用，均可认定属于实际使用的行为。实际使用的商标与核准注册的商标虽有细微差别，但未改变其显著特征的，可以视为注册商标的使用。没有实际使用注册商标，仅有转让或许可行为，或者仅有商标注册信息的公布或者对其注册商标享有专有权的声明等的，不宜认定为商标使用。

如果商标权人因不可抗力、政策性限制、破产清算等客观事由，未能实际使用注册商标或者停止使用，或者商标权人有真实使用商标的意图，并且有实际使用的必要准备，但因其他客观事由尚未实际使用注册商标的，均可认定有正当理由。

最高人民法院关于诉前停止侵犯注册商标专用权行为和保全证据适用法律问题的解释

(2001年12月25日最高人民法院审判委员会第1203次会议通过 2002年1月9日公布 自2002年1月22日起施行) 法释〔2002〕2号

为切实保护商标注册人和利害关系人的合法权益，根据《中华人民共和国民法通则》、《中华人民共和国商标法》(以下简称商标法)、《中华人民共和国民事诉讼法》(以下简称民事诉讼法)的有关规定，现就有关诉前停止侵犯注册商标专用权行为和保全证据适用法律问题解释如下：

第一条 根据商标法第五十七条、第五十八条的规定，商标注册人或者利害关系人可以向人民法院提出诉前责令停止侵犯注册商标专用权行为或者保全证据的申请。

提出申请的利害关系人，包括商标使用许可合同的被许可人、注册商标财产权利的合法继承人。注册商标使用许可合同被许可人中，独占使用许可合同的被许可人可以单独向人民法院提出申请；排他使用许可合同的被许可人在商标注册人不申请的情况下，可以提出申请。

第二条 诉前责令停止侵犯注册商标专用权行为或者保全证据的申请，应当向侵权行为地或者被申请人住所地对商标案件有管辖权的人民法院提出。

第三条 商标注册人或者利害关系人向人民法院提出诉前停止侵犯注册商标专用权行为的申请，应当递交书面申请状。申请状应当载明：

(一) 当事人及其基本情况；
(二) 申请的具体内容、范围；
(三) 申请的理由，包括有关行为如不及时制止，将会使商标注册人或者利害关系人的合法权益受到难以弥补的损害的具体说明。

商标注册人或者利害关系人向人民法院提出诉前保全证据的申请，应当递交书面申请状。申请状应当载明：

(一) 当事人及其基本情况；
(二) 申请保全证据的具体内容、范围、所在地点；
(三) 请求保全的证据能够证明的对象；
(四) 申请的理由，包括证据可能灭失或者以后难以取得，且当事人及其诉讼代理人因客观原因不能自行收集的具体说明。

第四条 申请人提出诉前停止侵犯注册商标专用权行为的申请时，应当提交下列证据：

(一) 商标注册人应当提交商标注册证，利害关系人应当提交商标使用许可合同、在商标局备案的材料及商标注册证复印件；排他使用许可合同的被许可人单独提出申请的，应当提交商标注册人放弃申请的证据材料；注册商标财产权利的继承人应当提交已经继承或者正在继承的证据材料。

(二) 证明被申请人正在实施或者即将实施侵犯注册商标专用权的行为的证据，包括被控侵权商品。

第五条 人民法院作出诉前停止侵犯注册商标专用权行为或者保全证据的裁定事项，应当限于商标注册人或者利害关系人申请的范围。

第六条 申请人提出诉前停止侵犯注册商标专用权行为的申请时应当提供担保。

申请人申请诉前保全证据可能涉及被申请人财产损失的，人民法院可以责令申请人提供相应的担保。

申请人提供保证、抵押等形式的担保合理、有效的，人民法院应当准许。

申请人不提供担保的，驳回申请。

人民法院确定担保的范围时，应当考虑责令停止有关行为所涉及的商品销售收益，以及合理的仓储、保管等费用，停止有关行为可能造成的合理损失等。

第七条 在执行停止有关行为裁定过程中，被申请人可能因采取该项措施造成更大损失的，人民法院可以责令申请人追加相应的担保。申请人不追加担保的，可以解除有关停止措施。

第八条 停止侵犯注册商标专用权行为裁定所采取的措施，不因被申请人提供担保而解除，但申请人同意的除外。

第九条 人民法院接受商标注册人或者利害关系人提出责令停止侵犯注册商标专用权行为的申请后，经审查符合本规定第四条的，应当在四十八小时内作出书面裁定；裁定责令被申请人停止侵犯注册商标专用权行为的，应当立即开始执行。

人民法院作出诉前责令停止有关行为的裁定，应当及时通知被申请人，至迟不得超过五日。

第十条 当事人对诉前责令停止侵犯注册商标专用权行为裁定不服的，可以在收到裁定之日起十日内申请复议一次。复议期间不停止裁定的执行。

第十一条 人民法院对当事人提出的复议申请应当从以下方面进行审查：

（一）被申请人正在实施或者即将实施的行为是否侵犯注册商标专用权；

（二）不采取有关措施，是否会给申请人合法权益造成难以弥补的损害；

（三）申请人提供担保的情况；

（四）责令被申请人停止有关行为是否损害社会公共利益。

第十二条 商标注册人或者利害关系人在人民法院采取停止有关行为或者保全证据的措施后十五日内不起诉的，人民法院应当解除裁定采取的措施。

第十三条 申请人不起诉或者申请错误造成被申请人损失的，被申请人可以向有管辖权的人民法院起诉请求申请人赔偿，也可以在商标注册人或者利害关系人提起的侵犯注册商标专用权的诉讼中提出损害赔偿请求，人民法院可以一并处理。

第十四条 停止侵犯注册商标专用权行为裁定的效力，一般应维持到终审法律文书生效时止。

人民法院也可以根据案情，确定停止有关行为的具体期限；期限届满时，根据当事人的请求及追加担保的情况，可以作出继续停止有关行为的裁定。

第十五条 被申请人违反人民法院责令停止侵犯注册商标专用权行为或者保全证据裁定的，依照民事诉讼法第一百零二条规定处理。

第十六条 商标注册人或者利害关系人向人民法院提起商标侵权诉讼时或者诉讼中，提出先行停止侵犯注册商标专用权请求的，人民法院可以先行作出裁定。前款规定涉及的有关申请、证据提交、担保的确定、裁定的执行和复议等事项，参照本司法解释有关规定办理。

第十七条 诉前停止侵犯注册商标专用权行为和保全证据的案件，申请人应当按照《人民法院诉讼收费办法》及其补充规定缴纳费用。

最高人民法院关于审理商标民事纠纷案件适用法律若干问题的解释

（2002年10月12日最高人民法院审判委员会第1246次会议通过 2002年10月12日公布 自2002年10月16日起施行）法释〔2002〕32号

为了正确审理商标纠纷案件，根据《中华人民共和国民法通则》、《中华人民共和国合同法》、《中华人民共和国商标法》、《中华人民共和国民事诉讼法》等法律的规定，就适用法律若干问题解释如下：

第一条 下列行为属于商标法第五十二条第（五）项规定的给他人注册商标专用权造成其他损害的行为：

（一）将与他人注册商标相同或者相近似的文字作为企业的字号在相同或者类似商品上突出使用，容易使相关公众产生误认的；

（二）复制、摹仿、翻译他人注册的驰名商标或其主要部分在不相同或者不相类似商品上作为商标使用，误导公众，致使该驰名商标注册人的利益可能受到损害的；

（三）将与他人注册商标相同或者相近似的文字注册为域名，并且通过该域名进行相关商品交易的电子商务，容易使相关公众产生误认的。

第二条 依据商标法第十三条第一款的规定，复制、摹仿、翻译他人未在中国注册的驰名商标或其主要部分，在相同或者类似商品上作为商标使用，容易导致混淆的，应当承担停止侵害的民事法律责任。

第三条 商标法第四十条规定的商标使用许可包括以下三类：

（一）独占使用许可，是指商标注册人在约定的期间、地域和以约定的方式，将该注册商标仅许可一个被许可人使用，商标注册人依约定不得使用该注册商标；

（二）排他使用许可，是指商标注册人在约定的期间、地域和以约定的方式，将该注册商标仅许可一个被许可人使用，商标注册人依约定可以使用该注册商标但不得另行许可他人使用该注册商标；

（三）普通使用许可，是指商标注册人在约定的期间、地域和以约定的方式，许可他人使用其注册商标，并可自行使用该注册商标和许可他人使用其注册商标。

第四条 商标法第五十三条规定的利害关系人，包括注册商标使用许可合同的被许可人、注册商标财产权利的合法继承人等。

在发生注册商标专用权被侵害时，独占使用许可合同的被许可人可以向人民法院提起诉讼；排他使用许可合同的被许可人可以和商标注册人共同起诉，也可以在商标注册人不起诉的情况下，自行提起诉讼；普通使用许可合同的被许可人经商标注册人明确授权，可以提起诉讼。

第五条 商标注册人或者利害关系人在注册商标续展宽展期内提出续展申请，未获核准前，以他人侵犯其注册商标专用权提起诉讼的，人民法院应当受理。

第六条 因侵犯注册商标专用权行为提起的民事诉讼，由商标法第十三条、第五十二条所规定侵权行为的实施地、侵权商品的储藏地或者查封扣押地、被告住所地人民法院管辖。

前款规定的侵权商品的储藏地，是指大量或者经常性储存、隐匿侵权商品所在地；查封扣押地，是指海关、工商等行政机关依法查封、扣押侵权商品所在地。

第七条 对涉及不同侵权行为实施地的多个被告提起的共同诉讼，原告可以选择其中一个被告的侵权行为实施地人民法院管辖；仅对其中某一被告提起的诉讼，该被告侵权行为实施地的人民法院有管辖权。

第八条 商标法所称相关公众，是指与商标所标识的某类商品或者服务有关的消费者和与前述商品或者服务的营销有密切关系的其他经营者。

第九条 商标法第五十二条第（一）项规定的商标相同，是指被控侵权的商标与原告的注册商标相比较，二者在视觉上基本无差别。

商标法第五十二条第（一）项规定的商标近似，是指被控侵权的商标与原告的注册商标相比较，其文字的字形、读音、含义或者图形的构图及颜色，或者其各要素组合后的整体结构相似，或者其立体形状、颜色组合近似，易使相关公众对商品的来源产生误认或者认为其来源与原告注册商标的商品有特定的联系。

第十条 人民法院依据商标法第五十二条第（一）项的规定，认定商标相同或者近似按照以下原则进行：

（一）以相关公众的一般注意力为标准；

（二）既要进行对商标的整体比对，又要进行对商标主要部分的比对，比对应当在比对对象隔离的状态下分别进行；

（三）判断商标是否近似，应当考虑请求保护注册商标的显著性和知名度。

第十一条 商标法第五十二条第（一）项规定的类似商品，是指在功能、用途、生产部门、销售渠道、消费对象等方面相同，或者相

— 787 —

关公众一般认为其存在特定联系、容易造成混淆的商品。

类似服务，是指在服务的目的、内容、方式、对象等方面相同，或者相关公众一般认为存在特定联系、容易造成混淆的服务。

商品与服务类似，是指商品和服务之间存在特定联系，容易使相关公众混淆。

第十二条 人民法院依据商标法第五十二条第（一）项的规定，认定商品或者服务是否类似，应当以相关公众对商品或者服务的一般认识综合判断；《商标注册用商品和服务国际分类表》、《类似商品和服务区分表》可以作为判断类似商品或者服务的参考。

第十三条 人民法院依据商标法第五十六条第一款的规定确定侵权人的赔偿责任时，可以根据权利人选择的计算方法计算赔偿数额。

第十四条 商标法第五十六条第一款规定的侵权所获得的利益，可以根据侵权商品销售量与该商品单位利润乘积计算；该商品单位利润无法查明的，按照注册商标商品的单位利润计算。

第十五条 商标法第五十六条第一款规定的因被侵权所受到的损失，可以根据权利人因侵权所造成商品销售减少量或者侵权商品销售量与该注册商标商品的单位利润乘积计算。

第十六条 侵权人因侵权所获得的利益或者被侵权人因被侵权所受到的损失均难以确定的，人民法院可以根据当事人的请求或者依职权适用商标法第五十六条第二款的规定确定赔偿数额。

人民法院在确定赔偿数额时，应当考虑侵权行为的性质、期间、后果，商标的声誉，商标使用许可费的数额，商标使用许可的种类、时间、范围及制止侵权行为的合理开支等因素综合确定。

当事人按照本条第一款的规定就赔偿数额达成协议的，应当准许。

第十七条 商标法第五十六条第一款规定的制止侵权行为所支付的合理开支，包括权利人或者委托代理人对侵权行为进行调查、取证的合理费用。

人民法院根据当事人的诉讼请求和案件具体情况，可以将符合国家有关部门规定的律师费用计算在赔偿范围内。

第十八条 侵犯注册商标专用权的诉讼时效为二年，自商标注册人或者利害权利人知道或者应当知道侵权行为之日起计算。商标注册人或者利害关系人超过二年起诉的，如果侵权行为在起诉时仍在持续，在该注册商标专用权有效期限内，人民法院应当判决被告停止侵权行为，侵权损害赔偿数额应当自权利人向人民法院起诉之日起向前推算二年计算。

第十九条 商标使用许可合同未经备案的，不影响该许可合同的效力，但当事人另有约定的除外。

商标使用许可合同未在商标局备案的，不得对抗善意第三人。

第二十条 注册商标的转让不影响转让前已经生效的商标使用许可合同的效力，但商标使用许可合同另有约定的除外。

第二十一条 人民法院在审理侵犯注册商标专用权纠纷案件中，依据民法通则第一百三十四条、商标法第五十三条的规定和案件具体情况，可以判决侵权人承担停止侵害、排除妨碍、消除危险、赔偿损失、消除影响等民事责任，还可以作出罚款，收缴侵权商品、伪造的商标标识和专门用于生产侵权商品的材料、工具、设备等财物的民事制裁决定。罚款数额可以参照《中华人民共和国商标法实施条例》的有关规定确定。

工商行政管理部门对同一侵犯注册商标专用权行为已经给予行政处罚的，人民法院不再予以民事制裁。

第二十二条 人民法院在审理商标纠纷案件中，根据当事人的请求和案件的具体情况，可以对涉及的注册商标是否驰名依法作出认定。

认定驰名商标，应当依照商标法第十四条的规定进行。

当事人对曾经被行政主管机关或者人民法院认定的驰名商标请求保护的，对方当事人对涉及的商标驰名不持异议，人民法院不再审查。提出异议的，人民法院依照商标法第十四条的规定审查。

第二十三条 本解释有关商品商标的规定，适用于服务商标。

第二十四条 以前的有关规定与本解释不一致的，以本解释为准。

规范商标申请注册行为若干规定

(2019年10月11日国家市场监督管理总局令第17号公布)

第一条 为了规范商标申请注册行为，规制恶意商标申请，维护商标注册管理秩序，保护社会公共利益，根据《中华人民共和国商标法》（以下简称商标法）和《中华人民共和国商标法实施条例》（以下简称商标法实施条例），制定本规定。

第二条 申请商标注册，应当遵守法律、行政法规和部门规章的规定，具有取得商标专用权的实际需要。

第三条 申请商标注册应当遵循诚实信用原则。不得有下列行为：

（一）属于商标法第四条规定的不以使用为目的恶意申请商标注册的；

（二）属于商标法第十三条规定，复制、摹仿或者翻译他人驰名商标的；

（三）属于商标法第十五条规定，代理人、代表人未经授权申请注册被代理人或者被代表人商标的；基于合同、业务往来关系或者其他关系明知他人在先使用的商标存在而申请注册该商标的；

（四）属于商标法第三十二条规定，损害他人现有的在先权利或者以不正当手段抢先注册他人已经使用并有一定影响的商标的；

（五）以欺骗或者其他不正当手段申请商标注册的；

（六）其他违反诚实信用原则，违背公序良俗，或者有其他不良影响的。

第四条 商标代理机构应当遵循诚实信用原则。知道或者应当知道委托人申请商标注册属于下列情形之一的，不得接受其委托：

（一）属于商标法第四条规定的不以使用为目的恶意申请商标注册的；

（二）属于商标法第十五条规定的；

（三）属于商标法第三十二条规定的。

商标代理机构除对其代理服务申请商标注册外，不得申请注册其他商标，不得以不正当手段扰乱商标代理市场秩序。

第五条 对申请注册的商标，商标注册部门发现属于违反商标法第四条规定的不以使用为目的的恶意商标注册申请，应当依法驳回，不予公告。

具体审查规程由商标注册部门根据商标法和商标法实施条例另行制定。

第六条 对初步审定公告的商标，在公告期内，因违反本规定的理由被提出异议的，商标注册部门经审查认为异议理由成立，应当依法作出不予注册决定。

对申请驳回复审和不予注册复审的商标，商标注册部门经审理认为属于违反本规定情形的，应当依法作出驳回或者不予注册的决定。

第七条 对已注册的商标，因违反本规定的理由，在法定期限内被提出宣告注册商标无效申请的，商标注册部门经审理认为宣告无效理由成立，应当依法作出宣告注册商标无效的裁定。

对已注册的商标，商标注册部门发现属于违反本规定情形的，应当依据商标法第四十四条规定，宣告该注册商标无效。

第八条 商标注册部门在判断商标注册申请是否属于违反商标法第四条规定时，可以综合考虑以下因素：

（一）申请人或者与其存在关联关系的自然人、法人、其他组织申请注册商标数量、指定使用的类别、商标交易情况等；

（二）申请人所在行业、经营状况等；

（三）申请人被已生效的行政决定或者裁定、司法判决认定曾从事商标恶意注册行为、侵犯他人注册商标专用权行为的情况；

（四）申请注册的商标与他人有一定知名度的商标相同或者近似的情况；

（五）申请注册的商标与知名人物姓名、企业字号、企业名称简称或者其他商业标识等相同或者近似的情况；

（六）商标注册部门认为应当考虑的其他因素。

第九条 商标转让情况不影响商标注册部门对违反本规定第三条情形的认定。

第十条 注册商标没有正当理由连续三年不使用的，任何单位或者个人可以向商标注册部门申请撤销该注册商标。商标注册部门受理后应当通知商标注册人，限其自收到通知之日起两个月内提交该商标在撤销申请提出前使用的证据材料或者说明不使用的正当理由；期满未提供使用的证据材料或者证据材料无效并没有正当理由的，由商标注册部门撤销其注册商标。

第十一条 商标注册部门作出本规定第五条、第六条、第七条所述决定或者裁定后，予以公布。

第十二条 对违反本规定第三条恶意申请商标注册的申请人，依据商标法第六十八条第四款的规定，由申请人所在地或者违法行为发生地县级以上市场监督管理部门根据情节给予警告、罚款等行政处罚。有违法所得的，可以处违法所得三倍最高不超过三万元的罚款；没有违法所得的，可以处一万元以下的罚款。

第十三条 对违反本规定第四条的商标代理机构，依据商标法第六十八条的规定，由行为人所在地或者违法行为发生地县级以上市场监督管理部门责令限期改正，给予警告，处一万元以上十万元以下的罚款；对直接负责的主管人员和其他直接责任人员给予警告，处五千元以上五万元以下的罚款；构成犯罪的，依法追究刑事责任。情节严重的，知识产权管理部门可以决定停止受理该商标代理机构办理商标代理业务，予以公告。

第十四条 作出行政处罚决定的政府部门应当依法将处罚信息通过国家企业信用信息公示系统向社会公示。

第十五条 对违反本规定第四条的商标代理机构，由知识产权管理部门对其负责人进行整改约谈。

第十六条 知识产权管理部门、市场监督管理部门应当积极引导申请人依法申请商标注册、商标代理机构依法从事商标代理业务，规范生产经营活动中使用注册商标的行为。

知识产权管理部门应当进一步畅通商标申请渠道、优化商标注册流程，提升商标公共服务水平，为申请人直接申请注册商标提供便利化服务。

第十七条 知识产权管理部门应当健全内部监督制度，对从事商标注册工作的国家机关工作人员执行法律、行政法规和遵守纪律的情况加强监督检查。

从事商标注册工作的国家机关工作人员玩忽职守、滥用职权、徇私舞弊，违法办理商标注册事项，收受当事人财物，牟取不正当利益的，应当依法给予处分；构成犯罪的，依法追究刑事责任。

第十八条 商标代理行业组织应当完善行业自律规范，加强行业自律，对违反行业自律规范的会员实行惩戒，并及时向社会公布。

第十九条 本规定自 2019 年 12 月 1 日起施行。

关于商标电子申请的规定

（2019 年 8 月 27 日国家知识产权局公告第三二三号公布）

第一条 为规范商标电子申请行为，根据《中华人民共和国商标法》及《中华人民共和国商标法实施条例》，制定本规定。

第二条 本规定适用于在国家知识产权局商标网上服务系统开通的各类商标电子申请业务。

第三条 本规定所称商标电子申请是指当事人将商标申请文件以符合规定的电子文件形式通过商标网上服务系统向国家知识产权局提出的商标申请。

商标文件电子送达是指国家知识产权局通过商标网上服务系统以电子文件形式向当事人送达商标文件。

第四条 当事人提交商标电子申请或者接受商标文件电子送达的，应当依照本规定与国家知识产权局签订《商标网上服务系统用户使用协议》（以下简称用户协议），通过商标网上服务系统进行用户注册，按要求填写的用户信息应当真实有效。

第五条 当事人可以自行办理商标电子申请事宜，也可以委托依法设立的商标代理机构办理。

委托商标代理机构办理的，代理机构应当与国家知识产权局签订用户协议。

未委托商标代理机构办理共同申请注册同一商标或者办理其他共有商标事宜的，由商标法实施条例第十六条所述的代表人提交商标电子申请。

第六条 提交商标电子申请文件或者材料的，应当遵守规定的文件格式、数据标准、操作规范和传输方式。

第七条 提交商标电子申请文件或者材料的日期以国家知识产权局商标网上服务系统收到商标电子申请文件或材料的时间为准，商标网上服务系统未能正常接收的，视为未提交。

第八条 提交商标电子申请文件或者材料的内容以国家知识产权局档案、数据库记录为准，但是当事人确有证据证明记录有错误的除外。

第九条 当事人提交商标电子申请后，国家知识产权局不再接受以纸件形式提交的与本次申请相关的后续材料，但是必要时，可以要求当事人在指定期限内提交对应的纸件材料、实物证据等。

第十条 国家知识产权局电子送达商标文件的日期，以文件发出之日起满15日视为送达当事人。

第十一条 对于国家知识产权局电子送达的商标文件，当事人应当及时登录国家知识产权局商标网上服务系统查看；未登录或者未查看的，不属于商标法实施条例第十条规定的无法送达的情形，不再通过公告方式送达。

第十二条 商标法及其实施条例中关于商标申请和商标文件的所有规定，除专门针对以纸件形式提交的商标申请和商标文件的规定之外，均适用于商标电子申请。

第十三条 本规定自2019年9月1日起施行。

中华人民共和国反不正当竞争法

（1993年9月2日第八届全国人民代表大会常务委员会第三次会议通过　2017年11月4日第十二届全国人民代表大会常务委员会第三十次会议修订　根据2019年4月23日第十三届全国人民代表大会常务委员会第十次会议《关于修改〈中华人民共和国建筑法〉等八部法律的决定》修正）

第一章　总　则

第一条 为了促进社会主义市场经济健康发展，鼓励和保护公平竞争，制止不正当竞争行为，保护经营者和消费者的合法权益，制定本法。

第二条 经营者在生产经营活动中，应当遵循自愿、平等、公平、诚信的原则，遵守法律和商业道德。

本法所称的不正当竞争行为，是指经营者

在生产经营活动中，违反本法规定，扰乱市场竞争秩序，损害其他经营者或者消费者的合法权益的行为。

本法所称的经营者，是指从事商品生产、经营或者提供服务（以下所称商品包括服务）的自然人、法人和非法人组织。

第三条 各级人民政府应当采取措施，制止不正当竞争行为，为公平竞争创造良好的环境和条件。

国务院建立反不正当竞争工作协调机制，研究决定反不正当竞争重大政策，协调处理维护市场竞争秩序的重大问题。

第四条 县级以上人民政府履行工商行政管理职责的部门对不正当竞争行为进行查处；法律、行政法规规定由其他部门查处的，依照其规定。

第五条 国家鼓励、支持和保护一切组织和个人对不正当竞争行为进行社会监督。

国家机关及其工作人员不得支持、包庇不正当竞争行为。

行业组织应当加强行业自律，引导、规范会员依法竞争，维护市场竞争秩序。

第二章 不正当竞争行为

第六条 经营者不得实施下列混淆行为，引人误认为是他人商品或者与他人存在特定联系：

（一）擅自使用与他人有一定影响的商品名称、包装、装潢等相同或者近似的标识；

（二）擅自使用他人有一定影响的企业名称（包括简称、字号等）、社会组织名称（包括简称等）、姓名（包括笔名、艺名、译名等）；

（三）擅自使用他人有一定影响的域名主体部分、网站名称、网页等；

（四）其他足以引人误认为是他人商品或者与他人存在特定联系的混淆行为。

第七条 经营者不得采用财物或者其他手段贿赂下列单位或者个人，以谋取交易机会或者竞争优势：

（一）交易相对方的工作人员；

（二）受交易相对方委托办理相关事务的单位或者个人；

（三）利用职权或者影响力影响交易的单位或者个人。

经营者在交易活动中，可以以明示方式向交易相对方支付折扣，或者向中间人支付佣金。经营者向交易相对方支付折扣、向中间人支付佣金的，应当如实入账。接受折扣、佣金的经营者也应当如实入账。

经营者的工作人员进行贿赂的，应当认定为经营者的行为；但是，经营者有证据证明该工作人员的行为与为经营者谋取交易机会或者竞争优势无关的除外。

第八条 经营者不得对其商品的性能、功能、质量、销售状况、用户评价、曾获荣誉等作虚假或者引人误解的商业宣传，欺骗、误导消费者。

经营者不得通过组织虚假交易等方式，帮助其他经营者进行虚假或者引人误解的商业宣传。

第九条 经营者不得实施下列侵犯商业秘密的行为：

（一）以盗窃、贿赂、欺诈、胁迫、电子侵入或者其他不正当手段获取权利人的商业秘密；

（二）披露、使用或者允许他人使用以前项手段获取的权利人的商业秘密；

（三）违反保密义务或者违反权利人有关保守商业秘密的要求，披露、使用或者允许他人使用其所掌握的商业秘密；

（四）教唆、引诱、帮助他人违反保密义务或者违反权利人有关保守商业秘密的要求，获取、披露、使用或者允许他人使用权利人的商业秘密。

经营者以外的其他自然人、法人和非法人组织实施前款所列违法行为的，视为侵犯商业秘密。

第三人明知或者应知商业秘密权利人的员工、前员工或者其他单位、个人实施本条第一款所列违法行为，仍获取、披露、使用或者允许他人使用该商业秘密的，视为侵犯商业秘密。

本法所称的商业秘密，是指不为公众所知悉、具有商业价值并经权利人采取相应保密措施的技术信息、经营信息等商业信息。

第十条 经营者进行有奖销售不得存在下列情形：

（一）所设奖的种类、兑奖条件、奖金金额或者奖品等有奖销售信息不明确，影响兑奖；

（二）采用谎称有奖或者故意让内定人员中奖的欺骗方式进行有奖销售；

（三）抽奖式的有奖销售，最高奖的金额超过五万元。

第十一条 经营者不得编造、传播虚假信息或者误导性信息，损害竞争对手的商业信誉、商品声誉。

第十二条 经营者利用网络从事生产经营活动，应当遵守本法的各项规定。

经营者不得利用技术手段，通过影响用户选择或者其他方式，实施下列妨碍、破坏其他经营者合法提供的网络产品或者服务正常运行的行为：

（一）未经其他经营者同意，在其合法提供的网络产品或者服务中，插入链接、强制进行目标跳转；

（二）误导、欺骗、强迫用户修改、关闭、卸载其他经营者合法提供的网络产品或者服务；

（三）恶意对其他经营者合法提供的网络产品或者服务实施不兼容；

（四）其他妨碍、破坏其他经营者合法提供的网络产品或者服务正常运行的行为。

第三章　对涉嫌不正当竞争行为的调查

第十三条 监督检查部门调查涉嫌不正当竞争行为，可以采取下列措施：

（一）进入涉嫌不正当竞争行为的经营场所进行检查；

（二）询问被调查的经营者、利害关系人及其他有关单位、个人，要求其说明有关情况或者提供与被调查行为有关的其他资料；

（三）查询、复制与涉嫌不正当竞争行为有关的协议、账簿、单据、文件、记录、业务函电和其他资料；

（四）查封、扣押与涉嫌不正当竞争行为有关的财物；

（五）查询涉嫌不正当竞争行为的经营者的银行账户。

采取前款规定的措施，应当向监督检查部门主要负责人书面报告，并经批准。采取前款第四项、第五项规定的措施，应当向设区的市级以上人民政府监督检查部门主要负责人书面报告，并经批准。

监督检查部门调查涉嫌不正当竞争行为，应当遵守《中华人民共和国行政强制法》和其他有关法律、行政法规的规定，并应当将查处结果及时向社会公开。

第十四条 监督检查部门调查涉嫌不正当竞争行为，被调查的经营者、利害关系人及其他有关单位、个人应当如实提供有关资料或者情况。

第十五条 监督检查部门及其工作人员对调查过程中知悉的商业秘密负有保密义务。

第十六条 对涉嫌不正当竞争行为，任何单位和个人有权向监督检查部门举报，监督检查部门接到举报后应当依法及时处理。

监督检查部门应当向社会公开受理举报的电话、信箱或者电子邮件地址，并为举报人保密。对实名举报并提供相关事实和证据的，监督检查部门应当将处理结果告知举报人。

第四章　法律责任

第十七条 经营者违反本法规定，给他人造成损害的，应当依法承担民事责任。

经营者的合法权益受到不正当竞争行为损害的，可以向人民法院提起诉讼。

因不正当竞争行为受到损害的经营者的赔偿数额，按照其因被侵权所受到的实际损失确定；实际损失难以计算的，按照侵权人因侵权所获得的利益确定。经营者恶意实施侵犯商业秘密行为，情节严重的，可以在按照上述方法确定数额的一倍以上五倍以下确定赔偿数额。赔偿数额还应当包括经营者为制止侵权行为所支付的合理开支。

经营者违反本法第六条、第九条规定，权利人因被侵权所受到的实际损失、侵权人因侵权所获得的利益难以确定的，由人民法院根据侵权行为的情节判决给予权利人五百万元以下的赔偿。

第十八条　经营者违反本法第六条规定实施混淆行为的，由监督检查部门责令停止违法行为，没收违法商品。违法经营额五万元以上的，可以并处违法经营额五倍以下的罚款；没有违法经营额或者违法经营额不足五万元的，可以并处二十五万元以下的罚款。情节严重的，吊销营业执照。

经营者登记的企业名称违反本法第六条规定的，应当及时办理名称变更登记；名称变更前，由原企业登记机关以统一社会信用代码代替其名称。

第十九条　经营者违反本法第七条规定贿赂他人的，由监督检查部门没收违法所得，处十万元以上三百万元以下的罚款。情节严重的，吊销营业执照。

第二十条　经营者违反本法第八条规定对其商品作虚假或者引人误解的商业宣传，或者通过组织虚假交易等方式帮助其他经营者进行虚假或者引人误解的商业宣传的，由监督检查部门责令停止违法行为，处二十万元以上一百万元以下的罚款；情节严重的，处一百万元以上二百万元以下的罚款，可以吊销营业执照。

经营者违反本法第八条规定，属于发布虚假广告的，依照《中华人民共和国广告法》的规定处罚。

第二十一条　经营者以及其他自然人、法人和非法人组织违反本法第九条规定侵犯商业秘密的，由监督检查部门责令停止违法行为，没收违法所得，处十万元以上一百万元以下的罚款；情节严重的，处五十万元以上五百万元以下的罚款。

第二十二条　经营者违反本法第十条规定进行有奖销售的，由监督检查部门责令停止违法行为，处五万元以上五十万元以下的罚款。

第二十三条　经营者违反本法第十一条规定损害竞争对手商业信誉、商品声誉的，由监督检查部门责令停止违法行为、消除影响，处十万元以上五十万元以下的罚款；情节严重的，处五十万元以上三百万元以下的罚款。

第二十四条　经营者违反本法第十二条规定妨碍、破坏其他经营者合法提供的网络产品或者服务正常运行的，由监督检查部门责令停止违法行为，处十万元以上五十万元以下的罚款；情节严重的，处五十万元以上三百万元以下的罚款。

第二十五条　经营者违反本法规定从事不正当竞争，有主动消除或者减轻违法行为危害后果等法定情形的，依法从轻或者减轻行政处罚；违法行为轻微并及时纠正，没有造成危害后果的，不予行政处罚。

第二十六条　经营者违反本法规定从事不正当竞争，受到行政处罚的，由监督检查部门记入信用记录，并依照有关法律、行政法规的规定予以公示。

第二十七条　经营者违反本法规定，应当承担民事责任、行政责任和刑事责任，其财产不足以支付的，优先用于承担民事责任。

第二十八条　妨害监督检查部门依照本法履行职责，拒绝、阻碍调查的，由监督检查部门责令改正，对个人可以处五千元以下的罚款，对单位可以处五万元以下的罚款，并可以由公安机关依法给予治安管理处罚。

第二十九条　当事人对监督检查部门作出的决定不服的，可以依法申请行政复议或者提起行政诉讼。

第三十条　监督检查部门的工作人员滥用职权、玩忽职守、徇私舞弊或者泄露调查过程中知悉的商业秘密的，依法给予处分。

第三十一条　违反本法规定，构成犯罪的，依法追究刑事责任。

第三十二条　在侵犯商业秘密的民事审判程序中，商业秘密权利人提供初步证据，证明其已经对所主张的商业秘密采取保密措施，且合理表明商业秘密被侵犯，涉嫌侵权人应当证明权利人所主张的商业秘密不属于本法规定的商业秘密。

商业秘密权利人提供初步证据合理表明商业秘密被侵犯，且提供以下证据之一的，涉嫌侵权人应当证明其不存在侵犯商业秘密的行为：

（一）有证据表明涉嫌侵权人有渠道或者机会获取商业秘密，且其使用的信息与该商业秘密实质上相同；

（二）有证据表明商业秘密已经被涉嫌侵权人披露、使用或者有被披露、使用的风险；

（三）有其他证据表明商业秘密被涉嫌侵权人侵犯。

第五章 附 则

第三十三条 本法自 2018 年 1 月 1 日起施行。

最高人民法院关于审理不正当竞争民事案件应用法律若干问题的解释

(2006 年 12 月 30 日最高人民法院审判委员会第 1412 次会议通过 2007 年 1 月 12 日公布 自 2007 年 2 月 1 日起施行）法释〔2007〕2 号

为了正确审理不正当竞争民事案件，依法保护经营者的合法权益，维护市场竞争秩序，依照《中华人民共和国民法通则》、《中华人民共和国反不正当竞争法》、《中华人民共和国民事诉讼法》等法律的有关规定，结合审判实践经验和实际情况，制定本解释。

第一条 在中国境内具有一定的市场知名度，为相关公众所知悉的商品，应当认定为反不正当竞争法第五条第（二）项规定的"知名商品"。人民法院认定知名商品，应当考虑该商品的销售时间、销售区域、销售额和销售对象，进行任何宣传的持续时间、程度和地域范围，作为知名商品受保护的情况等因素，进行综合判断。原告应当对其商品的市场知名度负举证责任。

在不同地域范围内使用相同或者近似的知名商品特有的名称、包装、装潢，在后使用者能够证明其善意使用的，不构成反不正当竞争法第五条第（二）项规定的不正当竞争行为。因后来的经营活动进入相同地域范围而使其商品来源足以产生混淆，在先使用者请求责令在后使用者附加足以区别商品来源的其他标识的，人民法院应当予以支持。

第二条 具有区别商品来源的显著特征的商品的名称、包装、装潢，应当认定为反不正当竞争法第五条第（二）项规定的"特有的名称、包装、装潢"。有下列情形之一的，人民法院不认定为知名商品特有的名称、包装、装潢：

（一）商品的通用名称、图形、型号；

（二）仅仅直接表示商品的质量、主要原料、功能、用途、重量、数量及其他特点的商品名称；

（三）仅由商品自身的性质产生的形状，为获得技术效果而需有的商品形状以及使商品具有实质性价值的形状；

（四）其他缺乏显著特征的商品名称、包装、装潢。

前款第（一）、（二）、（四）项规定的情形经过使用取得显著特征的，可以认定为特有的名称、包装、装潢。

知名商品特有的名称、包装、装潢中含有本商品的通用名称、图形、型号，或者直接表示商品的质量、主要原料、功能、用途、重量、数量以及其他特点，或者含有地名，他人因客观叙述商品而正当使用的，不构成不正当竞争行为。

第三条 由经营者营业场所的装饰、营业用具的式样、营业人员的服饰等构成的具有独特风格的整体营业形象，可以认定为反不正当竞争法第五条第（二）项规定的"装潢"。

第四条 足以使相关公众对商品的来源产生误认，包括误认为与知名商品的经营者具有许可使用、关联企业关系等特定联系的，应当认定为反不正当竞争法第五条第（二）项规定的"造成和他人的知名商品相混淆，使购买者误认为是该知名商品"。

在相同商品上使用相同或者视觉上基本无差别的商品名称、包装、装潢，应当视为足以造成和他人知名商品相混淆。

认定与知名商品特有名称、包装、装潢相同或者近似，可以参照商标相同或者近似的判断原则和方法。

第五条 商品的名称、包装、装潢属于商标法第十条第一款规定的不得作为商标使用的标志，当事人请求依照反不正当竞争法第五条第（二）项规定予以保护的，人民法院不予支持。

第六条 企业登记主管机关依法登记注册的企业名称，以及在中国境内进行商业使用的外国（地区）企业名称，应当认定为反不正当竞争法第五条第（三）项规定的"企业名称"。具有一定的市场知名度、为相关公众所知悉的企业名称中的字号，可以认定为反不正当竞争法第五条第（三）项规定的"企业名称"。

在商品经营中使用的自然人的姓名，应当认定为反不正当竞争法第五条第（三）项规定的"姓名"。具有一定的市场知名度、为相关公众所知悉的自然人的笔名、艺名等，可以认定为反不正当竞争法第五条第（三）项规定的"姓名"。

第七条 在中国境内进行商业使用，包括将知名商品特有的名称、包装、装潢或者企业名称、姓名用于商品、商品包装以及商品交易文书上，或者用于广告宣传、展览以及其他商业活动中，应当认定为反不正当竞争法第五条第（二）项、第（三）项规定的"使用"。

第八条 经营者具有下列行为之一，足以造成相关公众误解的，可以认定为反不正当竞争法第九条第一款规定的引人误解的虚假宣传行为：

（一）对商品作片面的宣传或者对比的；

（二）将科学上未定论的观点、现象等当作定论的事实用于商品宣传的；

（三）以歧义性语言或者其他引人误解的方式进行商品宣传的。

以明显的夸张方式宣传商品，不足以造成相关公众误解的，不属于引人误解的虚假宣传行为。

人民法院应当根据日常生活经验、相关公众一般注意力、发生误解的事实和被宣传对象的实际情况等因素，对引人误解的虚假宣传行为进行认定。

第九条 有关信息不为其所属领域的相关人员普遍知悉和容易获得，应当认定为反不正当竞争法第十条第三款规定的"不为公众所知悉"。

具有下列情形之一的，可以认定有关信息不构成不为公众所知悉：

（一）该信息为其所属技术或者经济领域的人的一般常识或者行业惯例；

（二）该信息仅涉及产品的尺寸、结构、材料、部件的简单组合等内容，进入市场后相关公众通过观察产品即可直接获得；

（三）该信息已经在公开出版物或者其他媒体上公开披露；

（四）该信息已通过公开的报告会、展览等方式公开；

（五）该信息从其他公开渠道可以获得；

（六）该信息无需付出一定的代价而容易获得。

第十条 有关信息具有现实的或者潜在的商业价值，能为权利人带来竞争优势的，应当认定为反不正当竞争法第十条第三款规定的"能为权利人带来经济利益、具有实用性"。

第十一条 权利人为防止信息泄漏所采取的与其商业价值等具体情况相适应的合理保护措施，应当认定为反不正当竞争法第十条第三款规定的"保密措施"。

人民法院应当根据所涉信息载体的特性、权利人保密的意愿、保密措施的可识别程度、他人通过正当方式获得的难易程度等因素，认定权利人是否采取了保密措施。

具有下列情形之一，在正常情况下足以防止涉密信息泄漏的，应当认定权利人采取了保密措施：

（一）限定涉密信息的知悉范围，只对必

须知悉的相关人员告知其内容；

（二）对于涉密信息载体采取加锁等防范措施；

（三）在涉密信息的载体上标有保密标志；

（四）对于涉密信息采用密码或者代码等；

（五）签订保密协议；

（六）对于涉密的机器、厂房、车间等场所限制来访者或者提出保密要求；

（七）确保信息秘密的其他合理措施。

第十二条 通过自行开发研制或者反向工程等方式获得的商业秘密，不认定为反不正当竞争法第十条第（一）、（二）项规定的侵犯商业秘密行为。

前款所称"反向工程"，是指通过技术手段对从公开渠道取得的产品进行拆卸、测绘、分析等而获得该产品的有关技术信息。当事人以不正当手段知悉了他人的商业秘密之后，又以反向工程为由主张获取行为合法的，不予支持。

第十三条 商业秘密中的客户名单，一般是指客户的名称、地址、联系方式以及交易的习惯、意向、内容等构成的区别于相关公知信息的特殊客户信息，包括汇集众多客户的客户名册，以及保持长期稳定交易关系的特定客户。

客户基于对职工个人的信赖而与职工所在单位进行市场交易，该职工离职后，能够证明客户自愿选择与自己或者其新单位进行市场交易的，应当认定没有采用不正当手段，但职工与原单位另有约定的除外。

第十四条 当事人指称他人侵犯其商业秘密的，应当对其拥有的商业秘密符合法定条件、对方当事人的信息与其商业秘密相同或者实质相同以及对方当事人采取不正当手段的事实负举证责任。其中，商业秘密符合法定条件的证据，包括商业秘密的载体、具体内容、商业价值和对该项商业秘密所采取的具体保密措施等。

第十五条 对于侵犯商业秘密行为，商业秘密独占使用许可合同的被许可人提起诉讼的，人民法院应当依法受理。

排他使用许可合同的被许可人和权利人共同提起诉讼，或者在权利人不起诉的情况下，自行提起诉讼，人民法院应当依法受理。

普通使用许可合同的被许可人和权利人共同提起诉讼，或者经权利人书面授权，单独提起诉讼的，人民法院应当依法受理。

第十六条 人民法院对于侵犯商业秘密行为判决停止侵害的民事责任时，停止侵害的时间一般持续到该项商业秘密已为公众知悉时为止。

依据前款规定判决停止侵害的时间如果明显不合理的，可以在依法保护权利人该项商业秘密竞争优势的情况下，判决侵权人在一定期限或者范围内停止使用该项商业秘密。

第十七条 确定反不正当竞争法第十条规定的侵犯商业秘密行为的损害赔偿额，可以参照确定侵犯专利权的损害赔偿额的方法进行；确定反不正当竞争法第五条、第九条、第十四条规定的不正当竞争行为的损害赔偿额，可以参照确定侵犯注册商标专用权的损害赔偿额的方法进行。

因侵权行为导致商业秘密已为公众所知悉的，应当根据该项商业秘密的商业价值确定损害赔偿额。商业秘密的商业价值，根据其研究开发成本、实施该项商业秘密的收益、可得利益、可保持竞争优势的时间等因素确定。

第十八条 反不正当竞争法第五条、第九条、第十条、第十四条规定的不正当竞争民事第一审案件，一般由中级人民法院管辖。

各高级人民法院根据本辖区的实际情况，经最高人民法院批准，可以确定若干基层人民法院受理不正当竞争民事第一审案件，已经批准可以审理知识产权民事案件的基层人民法院，可以继续受理。

第十九条 本解释自二〇〇七年二月一日起施行。

中华人民共和国植物新品种保护条例

(1997年3月20日国务院令第213号公布 根据2013年1月31日国务院《关于修改〈中华人民共和国植物新品种保护条例〉的决定》第一次修订 根据2014年7月29日《国务院关于修改部分行政法规的决定》第二次修订)

第一章 总 则

第一条 为了保护植物新品种权,鼓励培育和使用植物新品种,促进农业、林业的发展,制定本条例。

第二条 本条例所称植物新品种,是指经过人工培育的或者对发现的野生植物加以开发,具备新颖性、特异性、一致性和稳定性并有适当命名的植物品种。

第三条 国务院农业、林业行政部门(以下统称审批机关)按照职责分工共同负责植物新品种权申请的受理和审查并对符合本条例规定的植物新品种授予植物新品种权(以下称品种权)。

第四条 完成关系国家利益或者公共利益并有重大应用价值的植物新品种育种的单位或者个人,由县级以上人民政府或者有关部门给予奖励。

第五条 生产、销售和推广被授予品种权的植物新品种(以下称授权品种),应当按照国家有关种子的法律、法规的规定审定。

第二章 品种权的内容和归属

第六条 完成育种的单位或者个人对其授权品种,享有排他的独占权。任何单位或者个人未经品种权所有人(以下称品种权人)许可,不得为商业目的生产或者销售该授权品种的繁殖材料,不得为商业目的将该授权品种的繁殖材料重复使用于生产另一品种的繁殖材料;但是,本条例另有规定的除外。

第七条 执行本单位的任务或者主要是利用本单位的物质条件所完成的职务育种,植物新品种的申请权属于该单位;非职务育种,植物新品种的申请权属于完成育种的个人。申请被批准后,品种权属于申请人。

委托育种或者合作育种,品种权的归属由当事人在合同中约定;没有合同约定的,品种权属于受委托完成或者共同完成育种的单位或者个人。

第八条 一个植物新品种只能授予一项品种权。两个以上的申请人分别就同一个植物新品种申请品种权的,品种权授予最先申请的人;同时申请的,品种权授予最先完成该植物新品种育种的人。

第九条 植物新品种的申请权和品种权可以依法转让。

中国的单位或者个人就其在国内培育的植物新品种向外国人转让申请权或者品种权的,应当经审批机关批准。

国有单位在国内转让申请权或者品种权的,应当按照国家有关规定报经有关行政主管部门批准。

转让申请权或者品种权的,当事人应当订立书面合同,并向审批机关登记,由审批机关予以公告。

第十条 在下列情况下使用授权品种的,可以不经品种权人许可,不向其支付使用费,但是不得侵犯品种权人依照本条例享有的其他权利:

(一)利用授权品种进行育种及其他科研活动;

(二)农民自繁自用授权品种的繁殖材料。

第十一条 为了国家利益或者公共利益,审批机关可以作出实施植物新品种强制许可的决定,并予以登记和公告。

取得实施强制许可的单位或者个人应当付给品种权人合理的使用费,其数额由双方商定;双方不能达成协议的,由审批机关裁决。

品种权人对强制许可决定或者强制许可使

用费的裁决不服的，可以自收到通知之日起 3 个月内向人民法院提起诉讼。

第十二条　不论授权品种的保护期是否届满，销售该授权品种应当使用其注册登记的名称。

第三章　授予品种权的条件

第十三条　申请品种权的植物新品种应当属于国家植物品种保护名录中列举的植物的属或者种。植物品种保护名录由审批机关确定和公布。

第十四条　授予品种权的植物新品种应当具备新颖性。新颖性，是指申请品种权的植物新品种在申请日前该品种繁殖材料未被销售，或者经育种者许可，在中国境内销售该品种繁殖材料未超过 1 年；在中国境外销售藤本植物、林木、果树和观赏树木品种繁殖材料未超过 6 年，销售其他植物品种繁殖材料未超过 4 年。

第十五条　授予品种权的植物新品种应当具备特异性。特异性，是指申请品种权的植物新品种应当明显区别于在递交申请以前已知的植物品种。

第十六条　授予品种权的植物新品种应当具备一致性。一致性，是指申请品种权的植物新品种经过繁殖，除可以预见的变异外，其相关的特征或者特性一致。

第十七条　授予品种权的植物新品种应当具备稳定性。稳定性，是指申请品种权的植物新品种经过反复繁殖后或者在特定繁殖周期结束时，其相关的特征或者特性保持不变。

第十八条　授予品种权的植物新品种应当具备适当的名称，并与相同或者相近的植物属或者种中已知品种的名称相区别。该名称经注册登记后即为该植物新品种的通用名称。

下列名称不得用于品种命名：

（一）仅以数字组成的；

（二）违反社会公德的；

（三）对植物新品种的特征、特性或者育种者的身份等容易引起误解的。

第四章　品种权的申请和受理

第十九条　中国的单位和个人申请品种权的，可以直接或者委托代理机构向审批机关提出申请。

中国的单位和个人申请品种权的植物新品种涉及国家安全或者重大利益需要保密的，应当按照国家有关规定办理。

第二十条　外国人、外国企业或者外国其他组织在中国申请品种权的，应当按其所属国和中华人民共和国签订的协议或者共同参加的国际条约办理，或者根据互惠原则，依照本条例办理。

第二十一条　申请品种权的，应当向审批机关提交符合规定格式要求的请求书、说明书和该品种的照片。

申请文件应当使用中文书写。

第二十二条　审批机关收到品种权申请文件之日为申请日；申请文件是邮寄的，以寄出的邮戳日为申请日。

第二十三条　申请人自在外国第一次提出品种权申请之日起 12 个月内，又在中国就该植物新品种提出品种权申请的，依照该外国同中华人民共和国签订的协议或者共同参加的国际条约，或者根据相互承认优先权的原则，可以享有优先权。

申请人要求优先权的，应当在申请时提出书面说明，并在 3 个月内提交经原受理机关确认的第一次提出的品种权申请文件的副本；未依照本条例规定提出书面说明或者提交申请文件副本的，视为未要求优先权。

第二十四条　对符合本条例第二十一条规定的品种权申请，审批机关应当予以受理，明确申请日、给予申请号，并自收到申请之日起 1 个月内通知申请人缴纳申请费。

对不符合或者经修改仍不符合本条例第二十一条规定的品种权申请，审批机关不予受理，并通知申请人。

第二十五条　申请人可以在品种权授予前修改或者撤回品种权申请。

第二十六条　中国的单位或者个人将国内培育的植物新品种向国外申请品种权的，应当按照职责分工向省级人民政府农业、林业行政部门登记。

第五章　品种权的审查与批准

第二十七条　申请人缴纳申请费后，审批机关对品种权申请的下列内容进行初步审查：

（一）是否属于植物品种保护名录列举的植物属或者种的范围；

（二）是否符合本条例第二十条的规定；

（三）是否符合新颖性的规定；

（四）植物新品种的命名是否适当。

第二十八条 审批机关应当自受理品种权申请之日起 6 个月内完成初步审查。对经初步审查合格的品种权申请，审批机关予以公告，并通知申请人在 3 个月内缴纳审查费。

对经初步审查不合格的品种权申请，审批机关应当通知申请人在 3 个月内陈述意见或者予以修正；逾期未答复或者修正后仍然不合格的，驳回申请。

第二十九条 申请人按照规定缴纳审查费后，审批机关对品种权申请的特异性、一致性和稳定性进行实质审查。

申请人未按照规定缴纳审查费的，品种权申请视为撤回。

第三十条 审批机关主要依据申请文件和其他有关书面材料进行实质审查。审批机关认为必要时，可以委托指定的测试机构进行测试或者考察业已完成的种植或者其他试验的结果。

因审查需要，申请人应当根据审批机关的要求提供必要的资料和该植物新品种的繁殖材料。

第三十一条 对经实质审查符合本条例规定的品种权申请，审批机关应当作出授予品种权的决定，颁发品种权证书，并予以登记和公告。

对经实质审查不符合本条例规定的品种权申请，审批机关予以驳回，并通知申请人。

第三十二条 审批机关设立植物新品种复审委员会。

对审批机关驳回品种权申请的决定不服的，申请人可以自收到通知之日起 3 个月内，向植物新品种复审委员会请求复审。植物新品种复审委员会应当自收到复审请求书之日起 6 个月内作出决定，并通知申请人。

申请人对植物新品种复审委员会的决定不服的，可以自接到通知之日起 15 日内向人民法院提起诉讼。

第三十三条 品种权被授予后，在自初步审查合格公告之日起至被授予品种权之日止的期间，对未经申请人许可，为商业目的生产或者销售该授权品种的繁殖材料的单位和个人，品种权人享有追偿的权利。

第六章 期限、终止和无效

第三十四条 品种权的保护期限，自授权之日起，藤本植物、林木、果树和观赏树木为 20 年，其他植物为 15 年。

第三十五条 品种权人应当自被授予品种权的当年开始缴纳年费，并且按照审批机关的要求提供用于检测的该授权品种的繁殖材料。

第三十六条 有下列情形之一的，品种权在其保护期限届满前终止：

（一）品种权人以书面声明放弃品种权的；

（二）品种权人未按照规定缴纳年费的；

（三）品种权人未按照审批机关的要求提供检测所需的该授权品种的繁殖材料的；

（四）经检测该授权品种不再符合被授予品种权时的特征和特性的。

品种权的终止，由审批机关登记和公告。

第三十七条 自审批机关公告授予品种权之日起，植物新品种复审委员会可以依据职权或者依据任何单位或者个人的书面请求，对不符合本条例第十四条、第十五条、第十六条和第十七条规定的，宣告品种权无效；对不符合本条例第十八条规定的，予以更名。宣告品种权无效或者更名的决定，由审批机关登记和公告，并通知当事人。

对植物新品种复审委员会的决定不服的，可以自收到通知之日起 3 个月内向人民法院提起诉讼。

第三十八条 被宣告无效的品种权视为自始不存在。

宣告品种权无效的决定，对在宣告前人民法院作出并已执行的植物新品种侵权的判决、裁定，省级以上人民政府农业、林业行政部门作出并已执行的植物新品种侵权处理决定，以及已经履行的植物新品种实施许可合同和植物新品种权转让合同，不具有追溯力；但是，因品种权人的恶意给他人造成损失的，应当给予合理赔偿。

依照前款规定，品种权人或者品种权转让人不向被许可实施人或者受让人返还使用费或者转让费，明显违反公平原则的，品种权人或者品种权转让人应当向被许可实施人或者受让人返还全部或者部分使用费或者转让费。

第七章 罚 则

第三十九条 未经品种权人许可，以商业目的生产或者销售授权品种的繁殖材料的，品种权人或者利害关系人可以请求省级以上人民政府农业、林业行政部门依据各自的职权进行处理，也可以直接向人民法院提起诉讼。

省级以上人民政府农业、林业行政部门依据各自的职权，根据当事人自愿的原则，对侵权所造成的损害赔偿可以进行调解。调解达成协议的，当事人应当履行；调解未达成协议的，品种权人或者利害关系人可以依照民事诉讼程序向人民法院提起诉讼。

省级以上人民政府农业、林业行政部门依据各自的职权处理品种权侵权案件时，为维护社会公共利益，可以责令侵权人停止侵权行为，没收违法所得和植物品种繁殖材料；货值金额5万元以上的，可处货值金额1倍以上5倍以下的罚款；没有货值金额或者货值金额5万元以下的，根据情节轻重，可处25万元以下的罚款。

第四十条 假冒授权品种的，由县级以上人民政府农业、林业行政部门依据各自的职权责令停止假冒行为，没收违法所得和植物品种繁殖材料；货值金额5万元以上的，处货值金额1倍以上5倍以下的罚款；没有货值金额或者货值金额5万元以下的，根据情节轻重，处25万元以下的罚款；情节严重，构成犯罪的，依法追究刑事责任。

第四十一条 省级以上人民政府农业、林业行政部门依据各自的职权在查处品种权侵权案件和县级以上人民政府农业、林业行政部门依据各自的职权在查处假冒授权品种案件时，根据需要，可以封存或者扣押与案件有关的植物品种的繁殖材料，查阅、复制或者封存与案件有关的合同、账册及有关文件。

第四十二条 销售授权品种未使用其注册登记的名称的，由县级以上人民政府农业、林业行政部门依据各自的职权责令限期改正，可以处1000元以下的罚款。

第四十三条 当事人就植物新品种的申请权和品种权的权属发生争议的，可以向人民法院提起诉讼。

第四十四条 县级以上人民政府农业、林业行政部门的及有关部门的工作人员滥用职权、玩忽职守、徇私舞弊、索贿受贿，构成犯罪的，依法追究刑事责任；尚不构成犯罪的，依法给予行政处分。

第八章 附 则

第四十五条 审批机关可以对本条例施行前首批列入植物品种保护名录的和本条例施行后新列入植物品种保护名录的植物属或者种的新颖性要求作出变通性规定。

第四十六条 本条例自1997年10月1日起施行。

中华人民共和国植物新品种保护条例实施细则（农业部分）

（2007年8月25日农业部第12次常务会议修订通过 2007年9月19日农业部令第5号公布 根据2011年12月31日农业部令2011年第4号《农业部关于修订部分规章和规范性文件的决定》第一次修正、2014年4月25日农业部令2014年第3号《农业部关于修订部分规章的决定》第二次修正）

第一章 总 则

第一条 根据《中华人民共和国植物新品种保护条例》（以下简称《条例》），制定本细则。

第二条 农业植物新品种包括粮食、棉花、油料、麻类、糖料、蔬菜（含西甜瓜）、烟草、桑树、茶树、果树（干果除外）、观赏植物（木本除外）、草类、绿肥、草本药材、食用菌、藻类和橡胶树等植物的新品种。

第三条 依据《条例》第三条的规定，农业部为农业植物新品种权的审批机关，依照《条例》规定授予农业植物新品种权（以下简称品种权）。

农业部植物新品种保护办公室（以下简称品种保护办公室），承担品种权申请的受理、审查等事务，负责植物新品种测试和繁殖材料保藏的组织工作。

第四条 对危害公共利益、生态环境的植物新品种不授予品种权。

第二章 品种权的内容和归属

第五条 《条例》所称繁殖材料是指可繁殖植物的种植材料或植物体的其他部分，包括籽粒、果实和根、茎、苗、芽、叶等。

第六条 申请品种权的单位或者个人统称为品种权申请人；获得品种权的单位或者个人统称为品种权人。

第七条 《条例》第七条所称执行本单位任务所完成的职务育种是指下列情形之一：

（一）在本职工作中完成的育种；

（二）履行本单位交付的本职工作之外的任务所完成的育种；

（三）退职、退休或者调动工作后，3年内完成的与其在原单位承担的工作或者原单位分配的任务有关的育种。

《条例》第七条所称本单位的物质条件是指本单位的资金、仪器设备、试验场地以及单位所有的尚未允许公开的育种材料和技术资料等。

第八条 《条例》第八条所称完成新品种育种的人是指完成新品种育种的单位或者个人（以下简称育种者）。

第九条 完成新品种培育的人员（以下简称培育人）是指对新品种培育作出创造性贡献的人。仅负责组织管理工作、为物质条件的利用提供方便或者从事其他辅助工作的人不能被视为培育人。

第十条 一个植物新品种只能被授予一项品种权。

一个植物新品种由两个以上申请人分别于同一日内提出品种权申请的，由申请人自行协商确定申请权的归属；协商不能达成一致意见的，品种保护办公室可以要求申请人在指定期限内提供证据，证明自己是最先完成该新品种育种的人。逾期未提供证据的，视为撤回申请；所提供证据不足以作为判定依据的，品种保护办公室驳回申请。

第十一条 中国的单位或者个人就其在国内培育的新品种向外国人转让申请权或者品种权的，应当向农业部申请审批。

转让申请权或者品种权的，当事人应当订立书面合同，向农业部登记，由农业部予以公告，并自公告之日起生效。

第十二条 有下列情形之一的，农业部可以作出实施品种权的强制许可决定：

（一）为了国家利益或者公共利益的需要；

（二）品种权人无正当理由自己不实施，又不许可他人以合理条件实施的；

（三）对重要农作物品种，品种权人虽已实施，但明显不能满足国内市场需求，又不许可他人以合理条件实施的。

申请强制许可的，应当向农业部提交强制许可请求书，说明理由并附具有关证明文件各一式两份。

农业部自收到请求书之日起20个工作日内作出决定。需要组织专家调查论证的，调查论证时间不得超过3个月。同意强制许可请求的，由农业部通知品种权人和强制许可请求人，并予以公告；不同意强制许可请求的，通知请求人并说明理由。

第十三条 依照《条例》第十一条第二款规定，申请农业部裁决使用费数额的，当事人应当提交裁决申请书，并附具未能达成协议的证明文件。农业部自收到申请书之日起3个月内作出裁决并通知当事人。

第三章 授予品种权的条件

第十四条 依照《条例》第四十五条的规定，列入植物新品种保护名录的植物属或者种，从名录公布之日起1年内提出的品种权申请，凡经过育种者许可，申请日前在中国境内销售该品种的繁殖材料未超过4年，符合《条例》规定的特异性、一致性和稳定性及命名要求的，农业部可以授予品种权。

第十五条 具有下列情形之一的，属于《条例》第十四条规定的销售：

（一）以买卖方式将申请品种的繁殖材料转移他人；

（二）以易货方式将申请品种的繁殖材料转移他人；

（三）以入股方式将申请品种的繁殖材料转移他人；

（四）以申请品种的繁殖材料签订生产协议；

（五）以其他方式销售的情形。

具有下列情形之一的，视为《条例》第十四条规定的育种者许可销售：

（一）育种者自己销售；

（二）育种者内部机构销售；

（三）育种者的全资或者参股企业销售；

（四）农业部规定的其他情形。

第十六条 《条例》第十五条所称"已知的植物品种"，包括品种权申请初审合格公告、通过品种审定或者已推广应用的品种。

第十七条 《条例》第十六条、第十七条所称"相关的特征或者特性"是指至少包括用于特异性、一致性和稳定性测试的性状或者授权时进行品种描述的性状。

第十八条 有下列情形之一的，不得用于新品种命名：

（一）仅以数字组成的；

（二）违反国家法律或者社会公德或者带有民族歧视性的；

（三）以国家名称命名的；

（四）以县级以上行政区划的地名或者公众知晓的外国地名命名的；

（五）同政府间国际组织或者其他国际国内知名组织及标识名称相同或者近似的；

（六）对植物新品种的特征、特性或者育种者的身份等容易引起误解的；

（七）属于相同或相近植物属或者种的已知名称的；

（八）夸大宣传的。

已通过品种审定的品种，或获得《农业转基因生物安全证书（生产应用）》的转基因植物品种，如品种名称符合植物新品种命名规定，申请品种权的品种名称应当与品种审定或农业转基因生物安全审批的品种名称一致。

第四章 品种权的申请和受理

第十九条 中国的单位和个人申请品种权的，可以直接或者委托代理机构向品种保护办公室提出申请。

在中国没有经常居所的外国人、外国企业或其他外国组织，向品种保护办公室提出品种权申请的，应当委托代理机构办理。

申请人委托代理机构办理品种权申请等相关事务时，应当与代理机构签订委托书，明确委托办理事项与权责。代理机构在向品种保护办公室提交申请时，应当同时提交申请人委托书。品种保护办公室在上述申请的受理与审查程序中，直接与代理机构联系。

第二十条 申请品种权的，申请人应当向品种保护办公室提交请求书、说明书和品种照片各一式两份，同时提交相应的请求书和说明书的电子文档。

请求书、说明书按照品种保护办公室规定的统一格式填写。

第二十一条 申请人提交的说明书应当包括下列内容：

（一）申请品种的暂定名称，该名称应当与请求书的名称一致；

（二）申请品种所属的属或者种的中文名称和拉丁文名称；

（三）育种过程和育种方法，包括系谱、培育过程和所使用的亲本或者其他繁殖材料来源与名称的详细说明；

（四）有关销售情况的说明；

（五）选择的近似品种及理由；

（六）申请品种特异性、一致性和稳定性的详细说明；

（七）适于生长的区域或者环境以及栽培技术的说明；

（八）申请品种与近似品种的性状对比表。

前款第（五）、（八）项所称近似品种是指

在所有已知植物品种中，相关特征或者特性与申请品种最为相似的品种。

第二十二条 申请人提交的照片应当符合以下要求：

（一）照片有利于说明申请品种的特异性；

（二）申请品种与近似品种的同一种性状对比应在同一张照片上；

（三）照片应为彩色，必要时，品种保护办公室可以要求申请人提供黑白照片；

（四）照片规格为 8.5 厘米×12.5 厘米或者 10 厘米×15 厘米；

（五）关于照片的简要文字说明。

第二十三条 品种权申请文件有下列情形之一的，品种保护办公室不予受理：

（一）未使用中文的；

（二）缺少请求书、说明书或者照片之一的；

（三）请求书、说明书和照片不符合本细则规定格式的；

（四）文件未打印的；

（五）字迹不清或者有涂改的；

（六）缺少申请人和联系人姓名（名称）、地址、邮政编码的或者不详的；

（七）委托代理但缺少代理委托书的。

第二十四条 中国的单位或者个人将国内培育的植物新品种向国外申请品种权的，应当向所在地省级人民政府农业行政主管部门申请登记。

第二十五条 申请人依照《条例》第二十三条的规定要求优先权的，应当在申请中写明第一次提出品种权申请的申请日、申请号和受理该申请的国家或组织；未写明的，视为未要求优先权。申请人提交的第一次品种权申请文件副本应当经原受理机关确认。

第二十六条 在中国没有经常居所或者营业所的外国人、外国企业和外国其他组织，申请品种权或者要求优先权的，品种保护办公室认为必要时，可以要求其提供下列文件：

（一）申请人是个人的，其国籍证明；

（二）申请人是企业或者其他组织的，其营业所或者总部所在地的证明；

（三）外国人、外国企业、外国其他组织的所属国，承认中国单位和个人可以按照该国国民的同等条件，在该国享有品种申请权、优先权和其他与品种权有关的权利的证明文件。

第二十七条 申请人在向品种保护办公室提出品种权申请 12 个月内，又向国外申请品种权的，依照该国或组织同中华人民共和国签订的协议或者共同参加的国际条约，或者根据相互承认优先权的原则，可以请求品种保护办公室出具优先权证明文件。

第二十八条 依照《条例》第十九条第二款规定，中国的单位和个人申请品种权的植物新品种涉及国家安全或者重大利益需要保密的，申请人应当在申请文件中说明，品种保护办公室经过审查后作出是否按保密申请处理的决定，并通知申请人；品种保护办公室认为需要保密而申请人未注明的，仍按保密申请处理，并通知申请人。

第二十九条 申请人送交的申请品种繁殖材料应当与品种权申请文件中所描述的繁殖材料相一致，并符合下列要求：

（一）未遭受意外损害；

（二）未经过药物处理；

（三）无检疫性的有害生物；

（四）送交的繁殖材料为籽粒或果实的，籽粒或果实应当是最近收获的。

第三十条 品种保护办公室认为必要的，申请人应当送交申请品种和近似品种的繁殖材料，用于申请品种的审查和检测。申请品种属于转基因品种的，应当附具生产性试验阶段的《农业转基因生物安全审批书》或《农业转基因生物安全证书（生产应用）》复印件。

申请人应当自收到品种保护办公室通知之日起 3 个月内送交繁殖材料。送交繁殖材料为籽粒或果实的，应当送至品种保护办公室植物新品种保藏中心（以下简称保藏中心）；送交种苗、种球、块茎、块根等无性繁殖材料的，应当送至品种保护办公室指定的测试机构。

申请人送交的繁殖材料数量少于品种保护办公室规定的，保藏中心或者测试机构应当通知申请人，申请人应自收到通知之日起 1 个月内补足。特殊情况下，申请人送交了规定数量的繁殖材料后仍不能满足测试或者检测需要时，品种保护办公室有权要求申请人补交。

第三十一条　繁殖材料应当依照有关规定实施植物检疫。检疫不合格或者未经检疫的，保藏中心或者测试机构不予接收。

保藏中心或者测试机构收到申请人送交的繁殖材料后应当出具书面证明，并在收到繁殖材料之日起20个工作日内（有休眠期的植物除外）完成生活力等内容的检测。检测合格的，应当向申请人出具书面检测合格证明；检测不合格的，应当通知申请人自收到通知之日起1个月内重新送交繁殖材料并取回检测不合格的繁殖材料，申请人到期不取回的，保藏中心或者测试机构应当销毁。

申请人未按规定送交繁殖材料的，视为撤回申请。

第三十二条　保藏中心和测试机构对申请品种的繁殖材料负有保密的责任，应当防止繁殖材料丢失、被盗等事故的发生，任何人不得更换检验合格的繁殖材料。发生繁殖材料丢失、被盗、更换的，依法追究有关人员的责任。

第五章　品种权的审查与批准

第三十三条　在初步审查、实质审查、复审和无效宣告程序中进行审查和复审人员有下列情形之一的，应当自行回避，当事人或者其他利害关系人可以要求其回避：

（一）是当事人或者其代理人近亲属的；

（二）与品种权申请或者品种权有直接利害关系的；

（三）与当事人或者其代理人有其他关系，可能影响公正审查和审理的。

审查人员的回避由品种保护办公室决定，复审人员的回避由植物新品种复审委员会主任决定。

第三十四条　一件植物品种权申请包括两个以上新品种的，品种保护办公室应当要求申请人提出分案申请。申请人在指定期限内对其申请未进行分案修正或者期满未答复的，视为撤回申请。

申请人按照品种保护办公室要求提出的分案申请，可以保留原申请日；享有优先权的，可保留优先权日。但不得超出原申请文件已有内容的范围。

分案申请应当依照《条例》及本细则的规定办理相关手续。

分案申请的请求书中应当写明原申请的申请号和申请日。原申请享有优先权的，应当提交原申请的优先权文件副本。

第三十五条　品种保护办公室对品种权申请的下列内容进行初步审查：

（一）是否符合《条例》第二十七条规定；

（二）选择的近似品种是否适当；申请品种的亲本或其他繁殖材料来源是否公开。

品种保护办公室应当将审查意见通知申请人。品种保护办公室有疑问的，可要求申请人在指定期限内陈述意见或者补正；申请人期满未答复的，视为撤回申请。申请人陈述意见或者补正后，品种保护办公室认为仍然不符合规定的，应当驳回其申请。

第三十六条　除品种权申请文件外，任何人向品种保护办公室提交的与品种权申请有关的材料，有下列情形之一的，视为未提出：

（一）未使用规定的格式或者填写不符合要求的；

（二）未按照规定提交证明材料的。

当事人当面提交材料的，受理人员应当当面说明材料存在的缺陷后直接退回；通过邮局提交的，品种保护办公室应当将视为未提出的审查意见和原材料一起退回；邮寄地址不清的，采用公告方式退回。

第三十七条　自品种权申请之日起至授予品种权之日前，任何人均可以对不符合《条例》第八条、第十三条至第十八条以及本细则第四条规定的品种权申请，向品种保护办公室提出异议，并提供相关证据和说明理由。未提供相关证据的，品种保护办公室不予受理。

第三十八条　未经品种保护办公室批准，申请人在品种权授予前不得修改申请文件的下列内容：

（一）申请品种的名称、申请品种的亲本或其他繁殖材料名称、来源以及申请品种的育种方法；

（二）申请品种的最早销售时间；

（三）申请品种的特异性、一致性和稳定

性内容。

品种权申请文件的修改部分，除个别文字修改或者增删外，应当按照规定格式提交替换页。

第三十九条 品种保护办公室负责对品种权申请进行实质审查，并将审查意见通知申请人。品种保护办公室可以根据审查的需要，要求申请人在指定期限内陈述意见或者补正。申请人期满未答复的，视为撤回申请。

第四十条 依照《条例》和本细则的规定，品种权申请经实质审查应当予以驳回的情形是指：

（一）不符合《条例》第八条、第十三条至第十七条规定之一的；

（二）属于本细则第四条规定的；

（三）不符合命名规定，申请人又不按照品种保护办公室要求修改的；

（四）申请人陈述意见或者补正后，品种保护办公室认为仍不符合规定的。

第四十一条 品种保护办公室发出办理授予品种权手续的通知后，申请人应当自收到通知之日起2个月内办理相关手续和缴纳第1年年费。对按期办理的，农业部授予品种权，颁发品种权证书，并予以公告。品种权自授权公告之日起生效。

期满未办理的，视为放弃取得品种权的权利。

第四十二条 农业部植物新品种复审委员会，负责审理驳回品种权申请的复审案件、品种权无效宣告案件和授权品种更名案件。具体规定由农业部另行制定。

第六章 文件的提交、送达和期限

第四十三条 依照《条例》和本细则规定提交的各种文件应当使用中文，并采用国家统一规定的科学技术术语和规范词。外国人名、地名和科学技术术语没有统一中文译文的，应当注明原文。

依照《条例》和本细则规定提交的各种证件和证明文件是外文的，应当附送中文译文；未附送的，视为未提交该证明文件。

第四十四条 当事人向品种保护办公室提交的各种文件应当打印或者印刷，字迹呈黑色，并整齐清晰。申请文件的文字部分应当横向书写，纸张只限单面使用。

第四十五条 当事人提交的各种文件和办理的其他手续，应当由申请人、品种权人、其他利害关系人或者其代表人签字或者盖章；委托代理机构的，由代理机构盖章。请求变更培育人姓名、品种权申请人和品种权人的姓名或者名称、国籍、地址、代理机构的名称和代理人姓名的，应当向品种保护办公室办理著录事项变更手续，并附具变更理由的证明材料。

第四十六条 当事人提交各种材料时，可以直接提交，也可以邮寄。邮寄时，应当使用挂号信函，不得使用包裹，一件信函中应当只包含同一申请的相关材料。邮寄的，以寄出的邮戳日为提交日。信封上寄出的邮戳日不清晰的，除当事人能够提供证明外，以品种保护办公室的收到日期为提交日。

品种保护办公室的各种文件，可以通过邮寄、直接送交或者以公告的方式送达当事人。当事人委托代理机构的，文件送交代理机构；未委托代理机构的，文件送交请求书中收件人地址及收件人或者第一署名人或者代表人。当事人拒绝接收文件的，该文件视为已经送达。

品种保护办公室邮寄的各种文件，自文件发出之日起满15日，视为当事人收到文件之日。

根据规定应当直接送交的文件，以交付日为送达日。文件送达地址不清，无法邮寄的，可以通过公告的方式送达当事人。自公告之日起满2个月，该文件视为已经送达。

第四十七条 《条例》和本细则规定的各种期限的第一日不计算在期限内。期限以年或者月计算的，以其最后一月的相应日为期限届满日；该月无相应日的，以该月最后一日为期限届满日。期限届满日是法定节假日的，以节假日后的第一个工作日为期限届满日。

第四十八条 当事人因不可抗力而耽误《条例》或者本细则规定的期限或者品种保护办公室指定的期限，导致其权利丧失的，自障碍消除之日起2个月内，最迟自期限届满之日起2年内，可以向品种保护办公室说明理由并附具有关证明文件，请求恢复其权利。

当事人因正当理由而耽误《条例》或者本细则规定的期限或者品种保护办公室指定的期限，造成其权利丧失的，可以自收到通知之日起 2 个月内向品种保护办公室说明理由，请求恢复其权利。

当事人请求延长品种保护办公室指定期限的，应当在期限届满前，向品种保护办公室说明理由并办理有关手续。

本条第一款和第二款的规定不适用《条例》第十四条、第二十三条、第三十二条第二、三款、第三十四条、第三十七条第二款规定的期限。

第四十九条 除《条例》第二十二条的规定外，《条例》所称申请日，有优先权的，指优先权日。

第七章 费用和公报

第五十条 申请品种权和办理其他手续时，应当按照国家有关规定向农业部缴纳申请费、审查费、年费。

第五十一条 《条例》和本细则规定的各种费用，可以直接缴纳，也可以通过邮局或者银行汇付。

通过邮局或者银行汇付的，应当注明品种名称，同时将汇款凭证的复印件传真或者邮寄至品种保护办公室，并说明该费用的申请号或者品种权号、申请人或者品种权人的姓名或名称、费用名称。

通过邮局或者银行汇付的，以汇出日为缴费日。

第五十二条 依照《条例》第二十四条的规定，申请人可以在提交品种权申请的同时缴纳申请费，但最迟自申请之日起 1 个月内缴纳申请费，期满未缴纳或者未缴足的，视为撤回申请。

第五十三条 经初步审查合格的品种权申请，申请人应当按照品种保护办公室的通知，在规定的期限内缴纳审查费。期满未缴纳或者未缴足的，视为撤回申请。

第五十四条 申请人在领取品种权证书前，应当缴纳授予品种权第 1 年的年费。以后的年费应当在前 1 年度期满前 1 个月内预缴。

第五十五条 品种权人未按时缴纳授予品种权第 1 年以后的年费，或者缴纳的数额不足的，品种保护办公室应当通知申请人自应当缴纳年费期满之日起 6 个月内补缴；期满未缴纳的，自应当缴纳年费期满之日起，品种权终止。

第五十六条 品种保护办公室定期发布植物新品种保护公报，公告品种权有关内容。

第八章 附 则

第五十七条 《条例》第四十条、第四十一条所称的假冒授权品种行为是指下列情形之一：

（一）印制或者使用伪造的品种权证书、品种权申请号、品种权号或者其他品种权申请标记、品种权标记；

（二）印制或者使用已经被驳回、视为撤回或者撤回的品种权申请的申请号或者其他品种权申请标记；

（三）印制或者使用已经被终止或者被宣告无效的品种权的品种权证书、品种权号或者其他品种权标记；

（四）生产或者销售本条第（一）项、第（二）项和第（三）项所标记的品种；

（五）生产或销售冒充品种权申请或者授权品种名称的品种；

（六）其他足以使他人将非品种权申请或者非授权品种误认为品种权申请或者授权品种的行为。

第五十八条 农业行政部门根据《条例》第四十一条的规定对封存或者扣押的植物品种繁殖材料，应当在三十日内做出处理；情况复杂的，经农业行政部门负责人批准可以延长，延长期限不超过三十日。

第五十九条 当事人因品种申请权或者品种权发生纠纷，向人民法院提起诉讼并且人民法院已受理的，可以向品种保护办公室请求中止有关程序。

依照前款规定申请中止有关程序的，应当向品种保护办公室提交申请书，并附具人民法院的有关受理文件副本。

在人民法院作出的判决生效后，当事人应当向品种保护办公室请求恢复有关程序。自请求中止之日起 1 年内，有关品种申请权或者品种权归属的纠纷未能结案，需要继续中止有关程序的，请求人应当在该期限内请求延长中止。期满未请求延长的，品种保护办公室可以自行恢复有关程序。

第六十条 已被视为撤回、驳回和主动撤回的品种权申请的案卷，自该品种权申请失效之日起满 2 年后不予保存。

已被宣告无效的品种权案卷自该品种权无效宣告之日起，终止的品种权案卷自该品种权失效之日起满 3 年后不予保存。

第六十一条 本细则自 2008 年 1 月 1 日起施行。1999 年 6 月 16 日农业部发布的《中华人民共和国植物新品种保护条例实施细则（农业部分）》同时废止。

中华人民共和国植物新品种保护条例实施细则（林业部分）

（1999 年 8 月 10 日国家林业局令第 3 号发布　2011 年 1 月 25 日国家林业局令第 26 号修改）

第一章　总　则

第一条 根据《中华人民共和国植物新品种保护条例》（以下简称《条例》），制定本细则。

第二条 本细则所称植物新品种，是指符合《条例》第二条规定的林木、竹、木质藤本、木本观赏植物（包括木本花卉）、果树（干果部分）及木本油料、饮料、调料、木本药材等植物品种。

植物品种保护名录由国家林业局确定和公布。

第三条 国家林业局依照《条例》和本细则规定受理、审查植物新品种权的申请并授予植物新品种权（以下简称品种权）。

国家林业局植物新品种保护办公室（以下简称植物新品种保护办公室），负责受理和审查本细则第二条规定的植物新品种的品种权申请，组织与植物新品种保护有关的测试、保藏等业务，按国家有关规定承办与植物新品种保护有关的国际事务等具体工作。

第二章　品种权的内容和归属

第四条 《条例》所称的繁殖材料，是指整株植物（包括苗木）、种子（包括根、茎、叶、花、果实等）以及构成植物体的任何部分（包括组织、细胞）。

第五条 《条例》第七条所称的职务育种是指：

（一）在本职工作中完成的育种；

（二）履行本单位分配的本职工作之外的任务所完成的育种；

（三）离开原单位后 3 年内完成的与其在原单位承担的本职工作或者分配的任务有关的育种；

（四）利用本单位的资金、仪器设备、试验场地、育种资源和其他繁殖材料及不对外公开的技术资料等所完成的育种。

除前款规定情形之外的，为非职务育种。

第六条 《条例》所称完成植物新品种育种的人、品种权申请人、品种权人，均包括单位或者个人。

第七条 两个以上申请人就同一个植物新品种在同一日分别提出品种权申请的，植物新品种保护办公室可以要求申请人自行协商确定申请权的归属；协商达不成一致意见的，植物新品种保护办公室可以要求申请人在规定的期限内提供证明自己是最先完成该植物新品种育种的证据；逾期不提供证据的，视为放弃申请。

第八条 中国的单位或者个人就其在国内培育的植物新品种向外国人转让申请权或者品种权的，应当报国家林业局批准。

转让申请权或者品种权的，当事人应当订立书面合同，向国家林业局登记，并由国家林业局予以公告。

转让申请权或者品种权的，自登记之日起生效。

第九条 依照《条例》第十一条规定，有下列情形之一的，国家林业局可以作出或者依当事人的请求作出实施植物新品种强制许可的决定：

（一）为满足国家利益或者公共利益等特殊需要；

（二）品种权人无正当理由自己不实施或者实施不完全，又不许可他人以合理条件实施的。

请求植物新品种强制许可的单位或者个人，应当向国家林业局提出强制许可请求书，说明理由并附具有关证明材料各一式两份。

第十条 按照《条例》第十一条第二款规定，请求国家林业局裁决植物新品种强制许可使用费数额的，当事人应当提交裁决请求书，并附具不能达成协议的有关材料。国家林业局自收到裁决请求书之日起 3 个月内作出裁决并通知有关当事人。

第三章 授予品种权的条件

第十一条 授予品种权的，应当符合《条例》第十三条、第十四条、第十五条、第十六条、第十七条、第十八条和本细则第二条的规定。

第十二条 依照《条例》第四十五条的规定，对《条例》施行前首批列入植物品种保护名录的和《条例》施行后新列入植物品种保护名录的属或者种的植物品种，自名录公布之日起一年内提出的品种权申请，经育种人许可，在中国境内销售该品种的繁殖材料不超过 4 年的，视为具有新颖性。

第十三条 除《条例》第十八条规定的以外，有下列情形之一的，不得用于植物新品种命名：

（一）违反国家法律、行政法规规定或者带有民族歧视性的；

（二）以国家名称命名的；

（三）以县级以上行政区划的地名或者公众知晓的外国地名命名的；

（四）同政府间国际组织或者其他国际知名组织的标识名称相同或者近似的；

（五）属于相同或者相近植物属或者种的已知名称的。

第四章 品种权的申请和受理

第十四条 中国的单位和个人申请品种权的，可以直接或者委托代理机构向国家林业局提出申请。

第十五条 中国的单位和个人申请品种权的植物品种，如涉及国家安全或者重大利益需要保密的，申请人应当在请求书中注明，植物新品种保护办公室应当按国家有关保密的规定办理，并通知申请人；植物新品种保护办公室认为需要保密而申请人未注明的，按保密申请办理，并通知有关当事人。

第十六条 外国人、外国企业或者其他外国组织向国家林业局提出品种权申请和办理其他品种权事务的，应当委托代理机构办理。

第十七条 申请人委托代理机构向国家林业局申请品种权或者办理其他有关事务的，应当提交委托书，写明委托权限。

申请人为两个以上而未委托代理机构代理的，应当书面确定一方为代表人。

第十八条 申请人申请品种权时，应当向植物新品种保护办公室提交国家林业局规定格式的请求书、说明书以及符合本细则第十九条规定的照片各一式两份。

第十九条 《条例》第二十一条所称的照片，应当符合以下要求：

（一）有利于说明申请品种极的植物品种的特异性；

（二）一种性状的对比应在同一张照片上；

（三）照片应为彩色；

（四）照片规格为 8.5 厘米×12.5 厘米或者 10 厘米×15 厘米。

照片应当附有简要文字说明；必要时，植物新品种保护办公室可以要求申请人提供黑白照片。

第二十条 品种权的申请文件有下列情形之一的，植物新品种保护办公室不予受理：

（一）内容不全或者不符合规定格式的；

（二）字迹不清或者有严重涂改的；

（三）未使用中文的。

第二十一条 植物新品种保护办公室可以要求申请人送交申请品种权的植物品种和对照

品种的繁殖材料，用于审查和检测。

第二十二条 申请人应当自收到植物新品种保护办公室通知之日起3个月内送交繁殖材料。送交种子的，申请人应当送至植物新品种保护办公室指定的保藏机构；送交无性繁殖材料的，申请人应当送至植物新品种办公室指定的测试机构。

申请人逾期不送交繁殖材料的，视为放弃申请。

第二十三条 申请人送交的繁殖材料应当依照国家有关规定进行检疫；应检疫而未检疫或者检疫不合格的，保藏机构或者测试机构不予接收。

第二十四条 申请人送交的繁殖材料不能满足测试或者检测需要以及不符合要求的，植物新品种保护办公室可以要求申请人补交。

申请人三次补交繁殖材料仍不符合规定的，视为放弃申请。

第二十五条 申请人送交的繁殖材料应当符合下列要求：

（一）与品种权申请文件中所描述的该植物品种的繁殖材料相一致；

（二）最新收获或者采集的；

（三）无病虫害；

（四）未进行药物处理。

申请人送交的繁殖材料已经进行了药物处理，应当附有使用药物的名称、使用的方法和目的。

第二十六条 保藏机构或者测试机构收到申请人送交的繁殖材料的，应当向申请人出具收据。

保藏机构或者测试机构对申请人送交的繁殖材料经检测合格的，应当出具检验合格证明，并报告植物新品种保护办公室；经检测不合格的，应当报告植物新品种保护办公室，由其按照有关规定处理。

第二十七条 保藏机构或者测试机构对申请人送交的繁殖材料，在品种权申请的审查期间和品种权的有效期限内，应当保密和妥善保管。

第二十八条 在中国没有经常居所或者营业所的外国人、外国企业或者其他外国组织申请品种权或者要求优先权的，植物新品种保护办公室可以要求其提供下列文件：

（一）国籍证明；

（二）申请人是企业或者其他组织的，其营业所或者总部所在地的证明文件；

（三）外国人、外国企业、外国其他组织的所属国承认中国的单位和个人可以按照该国国民的同等条件，在该国享有植物新品种的申请权、优先权和其他与品种权有关的证明文件。

第二十九条 申请人向国家林业局提出品种权申请之后，又向外国申请品种权的，可以请求植物新品种保护办公室出具优先权证明文件；符合条件的，植物新品种保护办公室应当出具优先权证明文件。

第三十条 申请人撤回品种权申请的，应当向国家林业局提出撤回申请，写明植物品种名称、申请号和申请日。

第三十一条 中国的单位和个人将在国内培育的植物新品种向国外申请品种权的，应当向国家林业局登记。

第五章 品种权的审查批准

第三十二条 国家林业局对品种权申请进行初步审查时，可以要求申请人就有关问题在规定的期限内提出陈述意见或者予以修正。

第三十三条 一件品种权申请包括二个以上品种权申请的，在实质审查前，植物新品种保护办公室应当要求申请人在规定购期限内提出分案申请；申请人在规定的期限内对其申请未进行分案修正或者期满未答复的，该申请视为放弃。

第三十四条 依照本细则第三十三条规定提出的分案申请，可以保留原申请日；享有优先权的，可保留优先权日，但不得超出原申请的范围。

分案申请应当依照《条例》及本细则的有关规定办理各种手续。

分案申请的请求书中应当写明原申请的申请号和申请日。原申请享有优先权的，应当提交原申请的优先权文件副本。

第三十五条 经初步审查符合《条例》和本细则规定条件的品种权申请，由国家林业局予以公告。

自品种权申请公告之日起至授予品种权之日前,任何人均可以对不符合《条例》和本细则规定的品种权申请向国家林业局提出异议,并说明理由。

第三十六条 品种权申请文件的修改部分,除个别文字修改或者增删外,应当按照规定格式提交替换页。

第三十七条 经实质审查后,符合《条例》规定的品种权申请,由国家林业局作出授予品种权的决定,向品种权申请人颁发品种权证书,予以登记和公告。

品种权人应当自收到领取品种权证书通知之日起3个月内领取品种权证书,并按照国家有关规定缴纳第一年年费。逾期未领取品种权证书并未缴纳年费的,视为放弃品种权,有正当理由的除外。

品种权自作出授予品种权的决定之日起生效。

第三十八条 国家林业局植物新品种复审委员会(以下简称复审委员会)由植物育种专家、栽培专家、法律专家和有关行政管理人员组成。

复审委员会主任委员由国家林业局主要负责人指定。

植物新品种保护办公室根据复审委员会的决定办理复审的有关事宜。

第三十九条 依照《条例》第三十二条第二款的规定向复审委员会请求复审的,应当提交符合国家林业局规定格式的复审请求书,并附具有关的证明材料。复审请求书和证明材料应当各一式两份。

申请人请求复审时,可以修改被驳回的品种权申请文件,但修改仅限于驳回申请的决定所涉及的部分。

第四十条 复审请求不符合规定要求的,复审请求人可以在复审委员会指定的期限内补正;期满未补正或者补正后仍不符合规定要求的,该复审请求视为放弃。

第四十一条 复审请求人在复审委员会作出决定前,可以撤回其复审请求。

第六章 品种权的终止和无效

第四十二条 依照《条例》第三十六条规定,品种权在其保护期限届满前终止的,其终止日期为:

(一)品种权人以书面声明放弃品种权的,自声明之日起终止;

(二)品种权人未按照有关规定缴纳年费的,自补缴年费期限届满之日起终止;

(三)品种权人未按照要求提供检测所需的该授权品种的繁殖材料或者送交的繁殖材料不符合要求的,国家林业局予以登记,其品种权自登记之日起终止;

(四)经检测该授权品种不再符合被授予品种权时的特征和特性的,自国家林业局登记之日起终止。

第四十三条 依照《条例》第三十七条第一款的规定,任何单位或者个人请求宣告品种权无效的,应当向复审委员会提交国家林业局规定格式的品种权无效宣告请求书和有关材料各一式两份,并说明所依据的事实和理由。

第四十四条 已授予的品种权不符合《条例》第十四条、第十五条、第十六条和第十七条规定的,由复审委员会依据职权或者任何单位或者个人的书面请求宣告品种权无效。

宣告品种权无效,由国家林业局登记和公告,并由植物新品种保护办公室通知当事人。

第四十五条 品种权无效宣告请求书中未说明所依据的事实和理由,或者复审委员会就一项品种权无效宣告请求已审理并决定仍维持品种权的,请求人又以同一事实和理由请求无效宣告的,复审委员会不予受理。

第四十六条 复审委员会应当自收到无效宣告请求书之日起15日内将品种权无效宣告请求书副本和有关材料送达品种权人。品种权人应当在收到后3个月内提出陈述意见;逾期未提出的,不影响复审委员会审理。

第四十七条 复审委员会对授权品种作出更名决定的,由国家林业局登记和公告,并由植物新品种保护办公室通知品种权人,更换品种权证书。

授权品种更名后,不得再使用原授权品种

名称。

第四十八条 复审委员会对无效宣告的请求作出决定前，无效宣告请求人可以撤回其请求。

第七章 文件的递交、送达和期限

第四十九条 《条例》和本细则规定的各种事项，应当以书面形式办理。

第五十条 按照《条例》和本细则规定提交的各种文件应当使用中文，并采用国家统一规定的科技术语。

外国人名、地名和没有统一中文译文的科技术语，应当注明原文。

依照《条例》和本细则规定提交的证明文件是外文的，应当附送中文译文；未附送的，视为未提交证明文件。

第五十一条 当事人提交的各种文件可以打印，也可以使用钢笔或者毛笔书写，但要整齐清晰，纸张只限单面使用。

第五十二条 依照《条例》和本细则规定，提交各种文件和有关材料的，当事人可以直接提交，也可以邮寄。邮寄时，以寄出的邮戳日为提交日。寄出的邮戳不清晰的，除当事人能够提供证明外，以收到日为提交日。

依照《条例》和本细则规定，向当事人送达的各种文件和有关材料的，可以直接送交、邮寄或者以公告的方式送达。当事人委托代理机构的，送达代理机构；未委托代理机构的，送达当事人。

依本条第二款规定直接送达的，以交付日为送达日；邮寄送达的，自寄出之日起满15日，视为送达；公告送达的，自公告之日起满2个月，视为送达。

第五十三条 《条例》和本细则规定的各种期限，以年或者月计算的，以其最后一月的相应日为期限届满日；该月无相应日的，以该月最后一日为期限届满日；期限届满日是法定节假日的，以节假日后的第一个工作日为期限届满日。

第五十四条 当事人因不可抗力或者特殊情况耽误《条例》和本细则规定的期限，造成其权利丧失的，自障碍消除之日起2个月内，但是最多不得超过自期限届满之日起2年，可以向国家林业局说明理由并附具有关证明材料，请求恢复其权利。

第五十五条 《条例》和本细则所称申请日，有优先权的，指优先权日。

第八章 费用和公报

第五十六条 申请品种权的，应当按照规定缴纳申请费、审查费；需要测试的，应当缴纳测试费。授予品种权的，应当缴纳年费。

第五十七条 当事人缴纳本细则第五十六条规定费用的，可以向植物新品种保护办公室直接缴纳，也可以通过邮局或者银行汇付，但不得使用电汇。

通过邮局或者银行汇付的，应当注明申请号或者品种权证书号、申请人或者品种权人的姓名或者名称、费用名称以及授权品种名称。

通过邮局或者银行汇付时，以汇出日为缴费日。

第五十八条 依照《条例》第二十四条的规定，申请人可以在提交品种权申请的同时缴纳申请费，也可以在收到缴费通知之日起1个月内缴纳；期满未缴纳或者未缴足的，其申请视为撤回。

按照规定应当缴纳测试费的，自收到缴费通知之日起1个月内缴纳；期满未缴纳或者未缴足的，其申请视为放弃。

第五十九条 第一次年费应当于领取品种权证书时缴纳，以后的年费应当在前一年度期满前1个月内预缴。

第六十条 品种权人未按时缴纳第一年以后的年费或者缴纳数额不足的，植物新品种保护办公室应当通知品种权人自应当缴纳年费期满之日起6个月内补缴，同时缴纳金额为年费的25%的滞纳金。

第六十一条 自本细则施行之日起3年内，当事人缴纳本细则第五十六条规定的费用确有困难的，经申请并由国家林业局批准，可以减缴或者缓缴。

第六十二条 国家林业局定期出版植物新品种保护公报，公告品种权申请、授予、转让、继承、终止等有关事项。

植物新品种保护办公室设置品种权登记簿，登记品种权申请、授予、转让、继承、终止等有关事项。

第九章 附 则

第六十三条 县级以上林业主管部门查处《条例》规定的行政处罚案件时，适用林业行政处罚程序的规定。

第六十四条 《条例》所称的假冒授权品种，是指：

（一）使用伪造的品种权证书、品种权号的；

（二）使用已经被终止或者被宣告无效品种权的品种权证书、品种权号的；

（三）以非授权品种冒充授权品种的；

（四）以此种授权品种冒充他种授权品种的；

（五）其他足以使他人将非授权品种误认为授权品种的。

第六十五条 当事人因植物新品种的申请权或者品种权发生纠纷，已向人民法院提起诉讼并受理的，应当向国家林业局报告并附具人民法院已受理的证明材料。国家林业局按照有关规定作出中止或者终止的决定。

第六十六条 在初步审查、实质审查、复审和无效宣告程序中进行审查和复审的人员，有下列情形之一的，应当申请回避；当事人或者其他有利害关系人也可以要求其回避：

（一）是当事人或者其代理人近亲属的；

（二）与品种权申请或者品种权有直接利害关系的；

（三）与当事人或者其他代理人有其他可能影响公正审查和审理关系的。

审查人员的回避，由植物新品种保护办公室决定；复审委员会人员的回避，由国家林业局决定。在回避申请未被批准前，审查和复审人员不得终止履行职责。

第六十七条 任何人经植物新品种保护办公室同意，可以查阅或者复制已经公告的品种权申请的案卷和品种权登记簿。

依照《条例》和本细则的规定，已被驳回、撤回或者视为放弃品种权申请的材料和已被放弃、无效宣告或者终止品种权的材料，由植物新品种保护办公室予以销毁。

第六十八条 请求变更品种权申请人和品种权人的，应当向植物新品种保护办公室办理著录事项变更手续，并提出变更理由和证明材料。

第六十九条 本细则由国家林业局负责解释。

第七十条 本细则自发布之日起施行。

最高人民法院关于审理侵犯植物新品种权纠纷案件具体应用法律问题的若干规定

（2006年12月25日由最高人民法院审判委员会第1411次会议通过 2007年1月12日公布 自2007年2月1日起施行）法释〔2007〕1号

为正确处理侵犯植物新品种权纠纷案件，根据《中华人民共和国民法通则》《中华人民共和国民事诉讼法》等有关规定，结合侵犯植物新品种权纠纷案件的审判经验和实际情况，就具体应用法律的若干问题规定如下：

第一条 植物新品种权所有人（以下称品种权人）或者利害关系人认为植物新品种权受到侵犯的，可以依法向人民法院提起诉讼。

前款所称利害关系人，包括植物新品种实施许可合同的被许可人、品种权财产权利的合法继承人等。

独占实施许可合同的被许可人可以单独向人民法院提起诉讼；排他实施许可合同的被许可人可以和品种权人共同起诉，也可以在品种权人不起诉时，自行提起诉讼；普通实施许可合同的被许可人经品种权人明确授权，可以提起诉讼。

第二条 未经品种权人许可，为商业目的生产或销售授权品种的繁殖材料，或者为商业目的将授权品种的繁殖材料重复使用于生产另一品种的繁殖材料的,人民法院应当认定为侵犯植物新品种权。

被控侵权物的特征、特性与授权品种的特征、特性相同,或者特征、特性的不同是因非遗传变异所致的,人民法院一般应当认定被控侵权物属于商业目的生产或者销售授权品种的繁殖材料。

被控侵权人重复以授权品种的繁殖材料为亲本与其他亲本另行繁殖的,人民法院一般应当认定属于商业目的将授权品种的繁殖材料重复使用于生产另一品种的繁殖材料。

第三条 侵犯植物新品种权纠纷案件涉及的专门性问题需要鉴定的,由双方当事人协商确定的有鉴定资格的鉴定机构、鉴定人鉴定;协商不成的,由人民法院指定的有鉴定资格的鉴定机构、鉴定人鉴定。

没有前款规定的鉴定机构、鉴定人的,由具有相应品种检测技术水平的专业机构、专业人员鉴定。

第四条 对于侵犯植物新品种权纠纷案件涉及的专门性问题可以采取田间观察检测、基因指纹图谱检测等方法鉴定。

对采取前款规定方法作出的鉴定结论,人民法院应当依法质证,认定其证明力。

第五条 品种权人或者利害关系人向人民法院提起侵犯植物新品种权诉讼时,同时提出先行停止侵犯植物新品种权行为或者保全证据请求的,人民法院经审查可以先行作出裁定。

人民法院采取证据保全措施时,可以根据案件具体情况,邀请有关专业技术人员按照相应的技术规程协助取证。

第六条 人民法院审理侵犯植物新品种权纠纷案件,应当依照民法通则第一百三十四条的规定,结合案件具体情况,判决侵权人承担停止侵害、赔偿损失等民事责任。

人民法院可以根据被侵权人的请求,按照被侵权人因侵权所受损失或者侵权人因侵权所得利益确定赔偿数额。被侵权人请求按照植物新品种实施许可费确定赔偿数额的,人民法院可以根据植物新品种实施许可的种类、时间、范围等因素,参照该植物新品种实施许可费合理确定赔偿数额。

依照前款规定难以确定赔偿数额的,人民法院可以综合考虑侵权的性质、期间、后果,植物新品种实施许可费的数额,植物新品种实施许可的种类、时间、范围及被侵权人调查、制止侵权所支付的合理费用等因素,在50万元以下确定赔偿数额。

第七条 被侵权人和侵权人均同意将侵权物折价抵扣被侵权人所受损失的,人民法院应当准许。被侵权人或者侵权人不同意折价抵扣的,人民法院依照当事人的请求,责令侵权人对侵权物作消灭活性等使其不能再被用作繁殖材料的处理。

侵权物正处于生长期或者销毁侵权物将导致重大不利后果的,人民法院可以不采取责令销毁侵权物的方法,但法律、行政法规另有规定的除外。

第八条 以农业或者林业种植为业的个人、农村承包经营户接受他人委托代为繁殖侵犯品种权的繁殖材料,不知道代繁物是侵犯品种权的繁殖材料并说明委托人的,不承担赔偿责任。

集成电路布图设计保护条例

(2001年3月28日国务院第36次常务会议通过 2001年4月2日国务院令第300号公布)

第一章 总 则

第一条 为了保护集成电路布图设计专有权,鼓励集成电路技术的创新,促进科学技术的发展,制定本条例。

第二条 本条例下列用语的含义:

（一）集成电路，是指半导体集成电路，即以半导体材料为基片，将至少有一个是有源元件的两个以上元件和部分或者全部互连线路集成在基片之中或者基片之上，以执行某种电子功能的中间产品或者最终产品；

（二）集成电路布图设计（以下简称布图设计），是指集成电路中至少有一个是有源元件的两个以上元件和部分或者全部互连线路的三维配置，或者为制造集成电路而准备的上述三维配置；

（三）布图设计权利人，是指依照本条例的规定，对布图设计享有专有权的自然人、法人或者其他组织；

（四）复制，是指重复制作布图设计或者含有该布图设计的集成电路的行为；

（五）商业利用，是指为商业目的进口、销售或者以其他方式提供受保护的布图设计、含有该布图设计的集成电路或者含有该集成电路的物品的行为。

第三条 中国自然人、法人或者其他组织创作的布图设计，依照本条例享有布图设计专有权。

外国人创作的布图设计首先在中国境内投入商业利用的，依照本条例享有布图设计专有权。

外国人创作的布图设计，其创作者所属国同中国签订有关布图设计保护协议或者与中国共同参加有关布图设计保护国际条约的，依照本条例享有布图设计专有权。

第四条 受保护的布图设计应当具有独创性，即该布图设计是创作者自己的智力劳动成果，并且在其创作时该布图设计在布图设计创作者和集成电路制造者中不是公认的常规设计。

受保护的由常规设计组成的布图设计，其组合作为整体应当符合前款规定的条件。

第五条 本条例对布图设计的保护，不延及思想、处理过程、操作方法或者数学概念等。

第六条 国务院知识产权行政部门依照本条例的规定，负责布图设计专有权的有关管理工作。

第二章 布图设计专有权

第七条 布图设计权利人享有下列专有权：

（一）对受保护的布图设计的全部或者其中任何具有独创性的部分进行复制；

（二）将受保护的布图设计、含有该布图设计的集成电路或者含有该集成电路的物品投入商业利用。

第八条 布图设计专有权经国务院知识产权行政部门登记产生。

未经登记的布图设计不受本条例保护。

第九条 布图设计专有权属于布图设计创作者，本条例另有规定的除外。

由法人或者其他组织主持，依据法人或者其他组织的意志而创作，并由法人或者其他组织承担责任的布图设计，该法人或者其他组织是创作者。

由自然人创作的布图设计，该自然人是创作者。

第十条 两个以上自然人、法人或者其他组织合作创作的布图设计，其专有权的归属由合作者约定；未作约定或者约定不明的，其专有权由合作者共同享有。

第十一条 受委托创作的布图设计，其专有权的归属由委托人和受托人双方约定；未作约定或者约定不明的，其专有权由受托人享有。

第十二条 布图设计专有权的保护期为10年，自布图设计登记申请之日或者在世界任何地方首次投入商业利用之日起计算，以较前日期为准。但是，无论是否登记或者投入商业利用，布图设计自创作完成之日起15年后，不再受本条例保护。

第十三条 布图设计专有权属于自然人的，该自然人死亡后，其专有权在本条例规定的保护期内依照继承法的规定转移。

布图设计专有权属于法人或者其他组织的，法人或者其他组织变更、终止后，其专有权在本条例规定的保护期内由承继其权利、义务的法人或者其他组织享有；没有承继其权利、义务的法人或者其他组织的，该布图设计进入公有领域。

第三章 布图设计的登记

第十四条 国务院知识产权行政部门负责布图设计登记工作，受理布图设计登记申请。

第十五条 申请登记的布图设计涉及国家安全或者重大利益，需要保密的，按照国家有关规定办理。

第十六条 申请布图设计登记，应当提交：

（一）布图设计登记申请表；

（二）布图设计的复制件或者图样；

（三）布图设计已投入商业利用的，提交含有该布图设计的集成电路样品；

（四）国务院知识产权行政部门规定的其他材料。

第十七条 布图设计自其在世界任何地方首次商业利用之日起 2 年内，未向国务院知识产权行政部门提出登记申请的，国务院知识产权行政部门不再予以登记。

第十八条 布图设计登记申请经初步审查，未发现驳回理由的，由国务院知识产权行政部门予以登记，发给登记证明文件，并予以公告。

第十九条 布图设计登记申请人对国务院知识产权行政部门驳回其登记申请的决定不服的，可以自收到通知之日起 3 个月内，向国务院知识产权行政部门请求复审。国务院知识产权行政部门复审后，作出决定，并通知布图设计登记申请人。布图设计登记申请人对国务院知识产权行政部门的复审决定仍不服的，可以自收到通知之日起 3 个月内向人民法院起诉。

第二十条 布图设计获准登记后，国务院知识产权行政部门发现该登记不符合本条例规定的，应当予以撤销，通知布图设计权利人，并予以公告。布图设计权利人对国务院知识产权行政部门撤销布图设计登记的决定不服的，可以自收到通知之日起 3 个月内向人民法院起诉。

第二十一条 在布图设计登记公告前，国务院知识产权行政部门的工作人员对其内容负有保密义务。

第四章 布图设计专有权的行使

第二十二条 布图设计权利人可以将其专有权转让或者许可他人使用其布图设计。

转让布图设计专有权的，当事人应当订立书面合同，并向国务院知识产权行政部门登记，由国务院知识产权行政部门予以公告。布图设计专有权的转让自登记之日起生效。

许可他人使用其布图设计的，当事人应当订立书面合同。

第二十三条 下列行为可以不经布图设计权利人许可，不向其支付报酬：

（一）为个人目的或者单纯为评价、分析、研究、教学等目的而复制受保护的布图设计的；

（二）在依据前项评价、分析受保护的布图设计的基础上，创作出具有独创性的布图设计的；

（三）对自己独立创作的与他人相同的布图设计进行复制或者将其投入商业利用的。

第二十四条 受保护的布图设计、含有该布图设计的集成电路或者含有该集成电路的物品，由布图设计权利人或者经其许可投放市场后，他人再次商业利用的，可以不经布图设计权利人许可，并不向其支付报酬。

第二十五条 在国家出现紧急状态或者非常情况时，或者为了公共利益的目的，或者经人民法院、不正当竞争行为监督检查部门依法认定布图设计权利人有不正当竞争行为而需要给予补救时，国务院知识产权行政部门可以给予使用其布图设计的非自愿许可。

第二十六条 国务院知识产权行政部门作出给予使用布图设计非自愿许可的决定，应当及时通知布图设计权利人。

给予使用布图设计非自愿许可的决定，应当根据非自愿许可的理由，规定使用的范围和时间，其范围应当限于为公共目的非商业性使用，或者限于经人民法院、不正当竞争行为监督检查部门依法认定布图设计权利人有不正当竞争行为而需要给予的补救。

非自愿许可的理由消除并不再发生时，国务院知识产权行政部门应当根据布图设计权利人的请求，经审查后作出终止使用布图设计非自愿许可的决定。

第二十七条 取得使用布图设计非自愿许可的自然人、法人或者其他组织不享有独占的使用权，并且无权允许他人使用。

第二十八条 取得使用布图设计非自愿许可的自然人、法人或者其他组织应当向布图设计权利人支付合理的报酬，其数额由双方协商；双方不能达成协议的，由国务院知识产权行政部门裁决。

第二十九条 布图设计权利人对国务院知识产权行政部门关于使用布图设计非自愿许可的决定不服的，布图设计权利人和取得非自愿许可的自然人、法人或者其他组织对国务院知识产权行政部门关于使用布图设计非自愿许可的报酬的裁决不服的，可以自收到通知之日起3个月内向人民法院起诉。

第五章 法律责任

第三十条 除本条例另有规定的外，未经布图设计权利人许可，有下列行为之一的，行为人必须立即停止侵权行为，并承担赔偿责任：

（一）复制受保护的布图设计的全部或者其中任何具有独创性的部分的；

（二）为商业目的进口、销售或者以其他方式提供受保护的布图设计、含有该布图设计的集成电路或者含有该集成电路的物品的。

侵犯布图设计专有权的赔偿数额，为侵权人所获得的利益或者被侵权人所受到的损失，包括被侵权人为制止侵权行为所支付的合理开支。

第三十一条 未经布图设计权利人许可，使用其布图设计，即侵犯其布图设计专有权，引起纠纷的，由当事人协商解决；不愿协商或者协商不成的，布图设计权利人或者利害关系人可以向人民法院起诉，也可以请求国务院知识产权行政部门处理。国务院知识产权行政部门处理时，认定侵权行为成立的，可以责令侵权人立即停止侵权行为，没收、销毁侵权产品或者物品。当事人不服的，可以自收到处理通知之日起15日内依照《中华人民共和国行政诉讼法》向人民法院起诉；侵权人期满不起诉又不停止侵权行为的，国务院知识产权行政部门可以请求人民法院强制执行。应当事人的请求，国务院知识产权行政部门可以就侵犯布图设计专有权的赔偿数额进行调解；调解不成的，当事人可以依照《中华人民共和国民事诉讼法》向人民法院起诉。

第三十二条 布图设计权利人或者利害关系人有证据证明他人正在实施或者即将实施侵犯其专有权的行为，如不及时制止将会使其合法权益受到难以弥补的损害的，可以在起诉前依法向人民法院申请采取责令停止有关行为和财产保全的措施。

第三十三条 在获得含有受保护的布图设计的集成电路或者含有该集成电路的物品时，不知道也没有合理理由应当知道其中含有非法复制的布图设计，而将其投入商业利用的，不视为侵权。

前款行为人得到其中含有非法复制的布图设计的明确通知后，可以继续将现有的存货或者此前的订货投入商业利用，但应当向布图设计权利人支付合理的报酬。

第三十四条 国务院知识产权行政部门的工作人员在布图设计管理工作中玩忽职守、滥用职权、徇私舞弊，构成犯罪的，依法追究刑事责任；尚不构成犯罪的，依法给予行政处分。

第六章 附 则

第三十五条 申请布图设计登记和办理其他手续，应当按照规定缴纳费用。缴费标准由国务院物价主管部门、国务院知识产权行政部门制定，并由国务院知识产权行政部门公告。

第三十六条 本条例自2001年10月1日起施行。

集成电路布图设计保护条例实施细则

(2001年9月18日国家知识产权局局长令第十一号发布)

第一章 总 则

第一条 宗 旨

为了保护集成电路布图设计（以下简称布图设计）专有权，促进我国集成电路技术的进步与创新，根据《集成电路布图设计保护条例》（以下简称条例），制定本实施细则（以下简称本细则）。

第二条 登记机构

条例所称的国务院知识产权行政部门是指国家知识产权局。

第三条 办理手续需用的形式

条例和本细则规定的各种文件，应当以书面形式或者以国家知识产权局规定的其他形式办理。

第四条 代理机构

中国单位或者个人在国内申请布图设计登记和办理其他与布图设计有关的事务的，可以委托专利代理机构办理。

在中国没有经常居所或者营业所的外国人、外国企业或者外国其他组织在中国申请布图设计登记和办理其他与布图设计有关的事务的，应当委托国家知识产权局指定的专利代理机构办理。

第五条 申请文件和申请日的确定

向国家知识产权局申请布图设计登记的，应当提交布图设计登记申请表和该布图设计的复制件或者图样；布图设计在申请日以前已投入商业利用的，还应当提交含有该布图设计的集成电路样品。

国家知识产权局收到前款所述布图设计申请文件之日为申请日。如果申请文件是邮寄的，以寄出的邮戳日为申请日。

第六条 文件的语言

依照条例和本细则规定提交的各种文件应当使用中文。国家有统一规定的科技术语的，应当采用规范词；外国人名、地名和科技术语没有统一中文译文的，应当注明原文。

依照条例和本细则规定提交的各种证件和证明文件是外文的，国家知识产权局认为必要时，可以要求当事人在指定期限内附送中文译文；期满未附送的，视为未提交该证件和证明文件。

第七条 文件的递交和送达

向国家知识产权局邮寄的各种文件，以寄出的邮戳日为递交日。邮戳日不清晰的，除当事人能够提出证明外，以国家知识产权局收到文件之日为递交日。

国家知识产权局的各种文件，可以通过邮寄、直接送交或者其他方式送达当事人。当事人委托专利代理机构的，文件送交专利代理机构；未委托专利代理机构的，文件送交申请表中指明的联系人。

国家知识产权局邮寄的各种文件，自文件发出之日起满15日，推定为当事人收到文件之日。

根据国家知识产权局规定应当直接送交的文件，以交付日为送达日。

文件送交地址不清，无法邮寄的，可以通过公告的方式送达当事人。自公告之日起满1个月，该文件视为已经送达。

第八条 期限的计算

条例和本细则规定的各种期限的第一日不计算在期限内。期限以年或者月计算的，以其最后一月的相应日为期限届满日；该月无相应日的，以该月最后一日为期限届满日。

期限届满日是法定节假日的，以节假日后的第一个工作日为期限届满日。

第九条 权利的恢复和期限的延长

当事人因不可抗拒的事由而耽误本细则规定的期限或者国家知识产权局指定的期限，造成其权利丧失的，自障碍消除之日起2个月内，但是最迟自期限届满之日起2年内，可以向国家知识产权局说明理由并附具有关证明文件，请求恢复其权利。

当事人因正当理由而耽误本细则规定的期限或者国家知识产权局指定的期限，造成其权利丧失的，可以自收到国家知识产权局的通知之日起2个月内向国家知识产权局说明理由，请求恢复其权利。

当事人请求延长国家知识产权局指定的期限的，应当在期限届满前，向国家知识产权局说明理由并办理有关手续。

条例规定的期限不得请求延长。

第十条　共　有

布图设计是2个以上单位或者个人合作创作的，创作者应当共同申请布图设计登记；有合同约定的，从其约定。

涉及共有的布图设计专有权的，每一个共同布图设计权利人在没有征得其他共同布图设计权利人同意的情况下，不得将其所持有的那一部分权利进行转让、出质或者与他人订立独占许可合同或者排他许可合同。

第十一条　向外国人转让专有权

中国单位或者个人向外国人转让布图设计专有权的，在向国家知识产权局办理转让登记时应当提交国务院有关主管部门允许其转让的证明文件。

布图设计专有权发生转移的，当事人应当凭有关证明文件或者法律文书向国家知识产权局办理著录项目变更手续。

第二章　布图设计登记的申请和审查

第十二条　申请文件

以书面形式申请布图设计登记的，应当向国家知识产权局提交布图设计登记申请表一式两份以及一份布图设计的复制件或者图样。

以国家知识产权局规定的其他形式申请布图设计登记的，应当符合规定的要求。

申请人委托专利代理机构向国家知识产权局申请布图设计登记和办理其他手续的，应当同时提交委托书，写明委托权限。

申请人有2个以上且未委托专利代理机构的，除申请表中另有声明外，以申请表中指明的第一申请人为代表人。

第十三条　申请表

布图设计登记申请表应当写明下列各项：

（一）申请人的姓名或者名称、地址或者居住地；

（二）申请人的国籍；

（三）布图设计的名称；

（四）布图设计创作者的姓名或者名称；

（五）布图设计的创作完成日期；

（六）该布图设计所用于的集成电路的分类；

（七）申请人委托专利代理机构的，应当注明的有关事项；申请人未委托专利代理机构的，其联系人的姓名、地址、邮政编码及联系电话；

（八）布图设计有条例第十七条所述商业利用行为的，该行为的发生日；

（九）布图设计登记申请有保密信息的，含有该保密信息的图层的复制件或者图样页码编号及总页数；

（十）申请人或者专利代理机构的签字或者盖章；

（十一）申请文件清单；

（十二）附加文件及样品清单；

（十三）其他需要注明的事项。

第十四条　复制件或者图样

按照条例第十六条规定提交的布图设计的复制件或者图样应当符合下列要求：

（一）复制件或者图样的纸件应当至少放大到用该布图设计生产的集成电路的20倍以上；申请人可以同时提供该复制件或者图样的电子版本；提交电子版本的复制件或者图样的，应当包含该布图设计的全部信息，并注明文件的数据格式；

（二）复制件或者图样有多张纸件的，应当顺序编号并附具目录；

（三）复制件或者图样的纸件应当使用A4纸格式；如果大于A4纸的，应当折叠成A4纸格式；

（四）复制件或者图样可以附具简单的文字说明，说明该集成电路布图设计的结构、技术、功能和其他需要说明的事项。

第十五条　涉及保密信息的申请

布图设计在申请日之前没有投入商业利用的，该布图设计登记申请可以有保密信息，其比例最多不得超过该集成电路布图设计总面积的50%。含有保密信息的图层的复制件或者图样页码编号及总页数应当与布图设计登记申请表中所填写的一致。

布图设计登记申请有保密信息的，含有该保密信息的图层的复制件或者图样纸件应当置于在另一个保密文档袋中提交。除侵权诉讼或者行政处理程序需要外，任何人不得查阅或者复制该保密信息。

第十六条 集成电路样品

布图设计在申请日之前已投入商业利用的，申请登记时应当提交4件含有该布图设计的集成电路样品，并应当符合下列要求：

（一）所提交的4件集成电路样品应当置于能保证其不受损坏的专用器具中，并附具填写好的国家知识产权局统一编制的表格；

（二）器具表面应当写明申请人的姓名、申请号和集成电路名称；

（三）器具中的集成电路样品应当采用适当的方式固定，不得有损坏，并能够在干燥器中至少存放十年。

第十七条 不予受理

布图设计登记申请有下列情形的，国家知识产权局不予受理，并通知申请人：

（一）未提交布图设计登记申请表或者布图设计的复制件或者图样的，已投入商业利用而未提交集成电路样品的，或者提交的上述各项不一致的；

（二）外国申请人的所属国未与中国签订有关布图设计保护协议或者与中国共同参加有关国际条约；

（三）所涉及的布图设计属于条例第十二条规定不予保护的；

（四）所涉及的布图设计属于条例第十七条规定不予登记的；

（五）申请文件未使用中文的；

（六）申请类别不明确或者难以确定其属于布图设计的；

（七）未按规定委托代理机构的；

（八）布图设计登记申请表填写不完整的。

第十八条 文件的补正和修改

除本细则第十七条规定不予受理的外，申请文件不符合条例和本细则规定的条件的，申请人应当在收到国家知识产权局的审查意见通知之日起2个月内进行补正。补正应当按照审查意见通知书的要求进行。逾期未答复的，该申请视为撤回。

申请人按照国家知识产权局的审查意见补正后，申请文件仍不符合条例和本细则的规定的，国家知识产权局应当作出驳回决定。

国家知识产权局可以自行修改布图设计申请文件中文字和符号的明显错误。国家知识产权局自行修改的，应当通知申请人。

第十九条 申请的驳回

除本细则第十八条第二款另有规定的外，申请登记的布图设计有下列各项之一的，国家知识产权局应当作出驳回决定，写明所依据的理由：

（一）明显不符合条例第二条第（一）、（二）项规定的；

（二）明显不符合条例第五条规定的。

第二十条 布图设计专有权的生效

布图设计登记申请经初步审查没有发现驳回理由的，国家知识产权局应当颁发布图设计登记证书，并在国家知识产权局互联网站和中国知识产权报上予以公告。布图设计专有权自申请日起生效。

第二十一条 登记证书

国家知识产权局颁发的布图设计登记证书应当包括下列各项：

（一）布图设计权利人的姓名或者名称和地址；

（二）布图设计的名称；

（三）布图设计在申请日之前已经投入商业利用的，其首次商业利用的时间；

（四）布图设计的申请日及创作完成日；

（五）布图设计的颁证日期；

（六）布图设计的登记号；

（七）国家知识产权局的印章及负责人签字。

第二十二条 更 正

国家知识产权局对布图设计公告中出现的错误，一经发现，应当及时更正，并对所作更正予以公告。

第三章 布图设计登记申请的复审、复议和专有权的撤销

第二十三条 复审和撤销机构

国家知识产权局专利复审委员会（以下简

称专利复审委员会）负责对国家知识产权局驳回布图设计登记申请决定不服而提出的复审请求的审查，以及负责对布图设计专有权撤销案件的审查。

第二十四条 复审的请求

向专利复审委员会请求复审的，应当提交复审请求书，说明理由，必要时还应当附具有关证据。复审请求书不符合条例第十九条有关规定的，专利复审委员会不予受理。

复审请求不符合规定格式的，复审请求人应当在专利复审委员会指定的期限内补正；期满未补正的，该复审请求视为未提出。

第二十五条 复审程序中文件的修改

复审请求人在提出复审请求或者在对专利复审委员会的复审通知书作出答复时，可以修改布图设计申请文件；但是修改应当仅限于消除驳回决定或者复审通知书指出的缺陷。

修改的申请文件应当提交一式两份。

第二十六条 复审决定

专利复审委员会进行审查后，认为布图设计登记申请的复审请求不符合条例或者本细则有关规定的，应当通知复审请求人，要求其在指定期限内陈述意见。期满未答复的，该复审请求视为撤回；经陈述意见或者进行修改后，专利复审委员会认为该申请仍不符条例和本细则有关规定的，应当作出维持原驳回决定的复审决定。

专利复审委员会进行复审后，认为原驳回决定不符合条例和本细则有关规定的，或者认为经过修改的申请文件消除了原驳回决定指出的缺陷的，应当撤销原驳回决定，通知原审查部门对该申请予以登记和公告。

专利复审委员会的复审决定，应当写明复审决定的理由，并通知布图设计登记申请人。

第二十七条 复审请求的撤回

复审请求人在专利复审委员会作出决定前，可以撤回其复审请求。

复审请求人在专利复审委员会作出决定前撤回其复审请求的，复审程序终止。

第二十八条 复议请求

当事人对国家知识产权局作出的下列具体行政行为不服或者有争议的，可以向国家知识产权局行政复议部门申请复议：

（一）不予受理布图设计申请的；

（二）将布图设计申请视为撤回的；

（三）不允许恢复有关权利的请求的；

（四）其他侵犯当事人合法权益的具体行政行为。

第二十九条 撤销程序

布图设计登记公告后，发现登记的布图设计专有权不符合集成电路布图设计保护条例第二条第（一）、（二）项、第三条、第四条、第五条、第十二条或者第十七条规定的，由专利复审委员会撤销该布图设计专有权。

撤销布图设计专有权的，应当首先通知该布图设计权利人，要求其在指定期限内陈述意见。期满未答复的，不影响专利复审委员会作出撤销布图设计专有权的决定。

专利复审委员会撤销布图设计专有权的决定应当写明所依据的理由，并通知该布图设计权利人。

第三十条 撤销决定的公告

对专利复审委员会撤销布图设计专有权的决定未在规定期限内向人民法院起诉，或者在人民法院维持专利复审委员会撤销布图设计专有权决定的判决生效后，国家知识产权局应当将撤销该布图设计专有权的决定在国家知识产权局互联网站和中国知识产权报上公告。

被撤销的布图设计专有权视为自始即不存在。

第四章 布图设计专有权的保护

第三十一条 布图设计专有权的放弃

布图设计权利人在其布图设计专有权保护期届满之前，可以向国家知识产权局提交书面声明放弃该专有权。

布图设计专有权已许可他人实施或者已经出质的，该布图设计专有权的放弃应当征得被许可人或质权人的同意。

布图设计专有权的放弃应当由国家知识产权局登记和公告。

第三十二条 国家知识产权局受理侵权纠纷案件的条件

根据条例第三十一条的规定请求国家知识产权局处理布图设计专有权侵权纠纷的，应当符合下列条件：

（一）该布图设计已登记、公告；

（二）请求人是布图设计权利人或者与该侵权纠纷有直接利害关系的单位或者个人；

（三）有明确的被请求人；

（四）有明确的请求事项和具体的事实、理由；

（五）当事人任何一方均未就该侵权纠纷向人民法院起诉。

第三十三条　有关程序的中止和恢复

当事人因布图设计申请权或者布图设计专有权的归属发生纠纷，已经向人民法院起诉的，可以请求国家知识产权局中止有关程序。

依照前款规定请求中止有关程序的，应当向国家知识产权局提交请求书，并附具人民法院的有关受理文件副本。

在人民法院作出的判决生效后，当事人应当向国家知识产权局办理恢复有关程序的手续。自请求中止之日起一年内，有关布图设计申请权或者布图设计专有权归属的纠纷未能结案，需要继续中止有关程序的，请求人应当在该期限内请求延长中止。期满未请求延长的，国家知识产权局自行恢复有关程序。

人民法院在审理民事案件中裁定对布图设计专有权采取保全措施的，国家知识产权局在协助执行时中止被保全的布图设计专有权的有关程序。保全期限届满，人民法院没有裁定继续采取保全措施的，国家知识产权局自行恢复有关程序。

第五章　费　用

第三十四条　应缴纳的费用

向国家知识产权局申请布图设计登记和办理其他手续时，应当缴纳下列费用：

（一）布图设计登记费；

（二）著录事项变更手续费、延长期限请求费、恢复权利请求费；

（三）复审请求费；

（四）非自愿许可请求费、非自愿许可使用费的裁决请求费。

前款所列各种费用的数额，由国务院价格管理部门会同国家知识产权局另行规定。

第三十五条　缴费手续

条例和本细则规定的各种费用，可以直接向国家知识产权局缴纳，也可以通过邮局或者银行汇付，或者以国家知识产权局规定的其他方式缴纳。

通过邮局或者银行汇付的，应当在送交国家知识产权局的汇单上至少写明正确的申请号以及缴纳的费用名称。不符合本款规定的，视为未办理缴费手续。

直接向国家知识产权局缴纳费用的，以缴纳当日为缴费日；以邮局汇付方式缴纳费用的，以邮局汇出的邮戳日为缴费日；以银行汇付方式缴纳费用的，以银行实际汇出日为缴费日。但是自汇出日至国家知识产权局收到日超过15日的，除邮局或者银行出具证明外，以国家知识产权局收到日为缴费日。

多缴、重缴、错缴布图设计登记费用的，当事人可以向国家知识产权局提出退款请求，但是该请求应当自缴费日起一年内提出。

第三十六条　缴费期限

申请人应当在收到受理通知书后2个月内缴纳布图设计登记费；期满未缴纳或者未缴足的，其申请视为撤回。

当事人请求恢复权利或者复审的，应当在条例及本细则规定的相关期限内缴纳费用；期满未缴纳或者未缴足的，视为未提出请求。

著录事项变更手续费、非自愿许可请求费、非自愿许可使用费的裁决请求费应当自提出请求之日起1个月内缴纳；延长期限请求费应当在相应期限届满前缴纳；期满未缴纳或者未缴足的，视为未提出请求。

第六章　附　则

第三十七条　布图设计登记簿

国家知识产权局设置布图设计登记簿，登记下列事项：

（一）布图设计权利人的姓名或者名称、国籍和地址及其变更；

（二）布图设计的登记；

（三）布图设计专有权的转移和继承；

（四）布图设计专有权的放弃；

（五）布图设计专有权的质押、保全及其

解除；

（六）布图设计专有权的撤销；

（七）布图设计专有权的终止；

（八）布图设计专有权的恢复；

（九）布图设计专有权实施的非自愿许可。

第三十八条 布图设计公告

国家知识产权局定期在国家知识产权局互联网站和中国知识产权报上登载布图设计登记公报，公布或者公告下列内容：

（一）布图设计登记簿记载的著录事项；

（二）对地址不明的当事人的通知；

（三）国家知识产权局作出的更正；

（四）其他有关事项。

第三十九条 公众查阅和复制

布图设计登记公告后，公众可以请求查阅该布图设计登记簿或者请求国家知识产权局提供该登记簿的副本。公众也可以请求查阅该布图设计的复制件或者图样的纸件。

本细则第十四条所述的电子版本的复制件或者图样，除侵权诉讼或者行政处理程序需要外，任何人不得查阅或者复制。

第四十条 失效案卷的处理

布图设计登记申请被撤回、视为撤回或者驳回的，以及布图设计专有权被声明放弃、撤销或者终止的，与该布图设计申请或者布图设计专有权有关的案卷，自该申请失效或者该专有权失效之日起满3年后不予保存。

第四十一条 文件的邮寄

向国家知识产权局邮寄有关申请或者布图设计专有权的文件，应当使用挂号信函，一件信函应当只包含同一申请文件。电子版本的复制件或者图样和集成电路样品的邮寄方式应当保证其在邮寄过程中不受损坏。

第四十二条 本细则的解释

本细则由国家知识产权局负责解释。

第四十三条 本细则的实施日期

本细则自2001年10月1日起施行。

集成电路布图设计行政执法办法

（2001年11月28日国家知识产权局局长令第十七号发布施行）

第一章 总 则

第一条 为了保护集成电路布图设计（以下简称布图设计）专有权，维护社会主义市场经济秩序，根据《集成电路布图设计保护条例》（以下简称条例）以及有关法律法规制定本办法。

第二条 条例第三十一条所称国务院知识产权行政部门是指国家知识产权局。

国家知识产权局设立集成电路布图设计行政执法委员会（以下简称行政执法委员会），负责处理侵犯布图设计专有权的纠纷，调解侵犯布图设计专有权的赔偿数额。

各省、自治区、直辖市的知识产权局应当协助、配合国家知识产权局开展集成电路布图设计行政执法工作。

第三条 行政执法委员会处理侵犯布图设计专有权的纠纷应当以事实为依据、以法律为准绳，遵循公正、及时的原则。

行政执法委员会调解侵犯布图设计专有权的赔偿数额应当按照法律规定，在查明事实、分清是非的基础上，促使当事人相互谅解，达成协议。

第二章 处理和调解程序

第四条 请求行政执法委员会处理布图设计专有权侵权纠纷的，应当符合下列条件：

（一）该布图设计已登记、公告；

（二）请求人是布图设计专有权的权利人或者与该侵权纠纷有直接利害关系的单位或者个人；

（三）有明确的被请求人；

（四）有明确的请求事项和具体事实、理由；

（五）当事人任何一方均未就该侵权纠纷向人民法院起诉。

第五条 请求人提出请求，应当向行政执法委员会提交请求书以及所涉及的布图设计登记证书副本。请求人应当按照被请求人的数量提供相应数量的请求书副本。

第六条 请求书应当记载以下内容：

（一）请求人的姓名或者名称、地址，法定代表人或者主要负责人的姓名、职务，委托代理人的，代理人的姓名和代理机构的名称、地址；

（二）被请求人的姓名或者名称、地址；

（三）请求处理的事项和具体事实、理由。

有关证据和证明材料可以请求书附件的形式提交。

请求书应当由请求人签名或盖章。

第七条 请求人应当提供证据，证明被请求人采用的布图设计与受保护的布图设计全部相同或者与受保护的布图设计中任何具有独创性的部分相同。

受保护的布图设计尚未投入商业利用的，请求人应当提供证据，证明被请求人有获知该布图设计的实际可能性。

第八条 请求不符合本办法第五条规定的，行政执法委员会应当在收到请求之日起的 7 日内通知请求人不予受理。

请求不符合本办法第六条、第七条、第八条规定的，行政执法委员会应当在收到请求之日起的 7 日内通知请求人在指定期限内予以补正。逾期未补正或者经补正仍不符合规定的，请求被视为未提出。

请求符合本办法第五条、第六条、第七条、第八条规定的，行政执法委员会应当及时立案并通知请求人，同时，应指定 3 名或 3 名以上单数承办人员组成合议组处理该侵权纠纷。

第九条 立案后，行政执法委员会应当及时将请求书及其附件的副本以寄交、直接送交或者其他方式送达被请求人，要求其在收到请求书副本之日起 15 日内提交答辩书一式 2 份。被请求人逾期不提交答辩书的，不影响行政执法委员会进行处理。

被请求人提交答辩书的，行政执法委员会应当在收到答辩书之日起的 7 日内将答辩书副本以寄交、直接送交或者其他方式送达请求人。

第十条 侵犯布图设计专有权纠纷涉及复杂技术问题，需要进行鉴定的，行政执法委员会可以委托有关单位进行专业技术鉴定。鉴定意见或者结论需经当事人质证方能作为定案的依据。

鉴定费用由当事人承担。

第十一条 在侵犯布图设计专用权纠纷的处理过程中，专利复审委员会对该布图设计专用权启动撤销程序的，行政执法委员会可以根据情况需要决定是否中止处理程序。

第十二条 行政执法委员会处理侵犯布图设计设计专有权的纠纷，可以根据案情需要决定是否进行口头审理。行政执法委员会决定进行口头审理的，应当至少在口头审理 3 日前让当事人得知进行口头审理的时间和地点。无正当理由拒不参加或者未经允许中途退出口头审理的，对请求人按撤回请求处理，对被请求人按缺席处理。

第十三条 行政执法委员会举行口头审理的，应当将口头审理的参加人和审理要点记入笔录，经核对无误后，由案件承办人员和参加人签名或盖章。

第十四条 除当事人达成调解和解协议，或者请求人撤回请求之外，行政执法委员会处理侵犯布图设计专用权的纠纷应当作出处理决定书，写明以下内容：

（一）当事人的名称或姓名、地址；

（二）当事人陈述的事实和理由；

（三）认定侵权行为是否成立的理由和依据；

（四）处理决定，认定侵权行为成立的，应当明确写明责令被请求人立即停止的侵权行为的类型、对象和范围；认定侵权行为不成立的，应当驳回请求人的请求；

（五）不服处理决定向人民法院提起行政诉讼的途径和期限。

处理决定书应当由案件承办人员署名，加盖行政执法委员会的业务专用章。

第十五条 对行政执法委员会作出的处理

决定不服，向人民法院提起行政诉讼的，由行政执法委员会主任委托合议组出庭应诉。

第十六条 在行政执法委员会或者人民法院作出认定侵权成立的处理决定或者判决之后，被请求人就同一布图设计专用权再次作出相同类型的侵权行为，布图设计专有权的权利人或者利害关系人请求处理的，行政执法委员会可以直接作出责令立即停止侵权行为的处理决定。

第十七条 当事人请求行政执法委员会就侵犯布图设计专有权的赔偿数额进行调解的，应当提交请求书。

请求书应当记载以下内容：

（一）请求人的姓名或者名称、地址、法定代表人或主要负责人的姓名、职务；

（二）被请求人的姓名或名称、地址；

（三）请求调解的具体事项和理由。

第十八条 行政执法委员会收到请求书后，应当及时将请求书副本通过寄交、直接送交或者其他方式送达被请求人，要求其在收到请求书副本之日起的15日内提交意见陈述书。

第十九条 被请求人提交意见陈述书并同意进行调解的，行政执法委员会应当及时立案，并通知请求人和被请求人进行调解的时间和地点。

被请求人逾期未提交意见陈述书，或者在意见陈述书中表示不接受调解的，行政执法委员会不予立案，并通知请求人。

第二十条 当事人经调解达成协议的，应当制作调解协议书，由双方当事人签名或者盖章，并交行政执法委员会备案；未达成协议的，行政执法委员会以撤销案件的方式结案，并通知双方当事人。

第三章 调查取证

第二十一条 行政执法委员会处理侵犯布图设计专用权的纠纷，可以根据案情需要，在处理过程中依职权调查收集有关证据。

第二十二条 行政执法委员会调查收集证据可以采用拍照、摄像等方式进行现场勘验；查阅、复制与案件有关的合同、账册等有关文件；询问当事人和证人。

行政执法委员会调查收集证据应当制作笔录。笔录应当由案件承办人员、被调查的单位或者个人签名或者盖章。被调查的单位或者个人拒绝签名或者盖章的，应当在笔录上注明。

第二十三条 行政执法委员会调查收集证据可以采取抽样取证的方式，从涉嫌侵权的产品中抽取一部分作为样品。被抽取样品的数量应当以能够证明事实为限。

行政执法委员会进行抽样取证应当制作笔录，写明被抽取样品的名称、特征、数量。笔录应当由案件承办人员、被调查单位或个人签字或盖章。

第二十四条 在证据可能灭失或者以后难以取得，又无法进行抽样取证的情况下，行政执法委员会可以进行登记保存，并在七日内作出决定。

经登记保存的证据，被调查的单位或个人不得销毁或转移。

行政执法委员会进行登记保存应当制作笔录，写明被登记保存证据的名称、特征、数量以及保存地点。笔录应当由案件承办人员、被调查的单位或个人签名或盖章。

第二十五条 行政执法委员会调查收集证据、核实证据材料的，有关单位或者个人应当如实提供，协助调查。

第二十六条 行政执法委员会委托有关省、自治区、直辖市人民政府的知识产权管理部门协助调查收集证据，应当提出明确的要求。接受委托的部门应当及时、认真地协助调查收集证据，并尽快回复。

第四章 法律责任

第二十七条 行政执法委员会认定侵权行为成立，作出处理决定书的，应当采取下列措施制止侵权行为：

（一）被请求人复制受保护的布图设计的，责令其立即停止复制行为，没收、销毁复制的图样、掩膜、专用设备以及含有该布图设计的集成电路；

（二）被请求人为商业目的进口、销售或者以其他方式提供受保护的布图设计的，责令其立即停止进口、销售或者提供行为，没收、销毁有关图样、掩膜；

（三）被请求人为商业目的进口、销售或者以其他方式提供含有受保护的布图设计的集成电路，并且知道或者有合理理由应当知道其中含有非法复制的布图设计的，责令其立即停止进口、销售或者提供行为，没收、销毁该集成电路；

（四）被请求人为商业目的进口、销售或者以其他方式提供含有侵权集成电路的物品，并且知道或者有合理理由应当知道其中含有非法复制的布图设计的，责令其立即停止进口、销售或者提供行为，从尚未销售、提供的物品中拆除该集成电路，没收、销毁该集成电路；被请求人拒不拆除的，没收、销毁该物品；

（五）停止侵权行为的其他必要措施。

第二十八条 行政执法委员会作出认定侵权行为成立的处理决定后，被请求人向人民法院提起行政诉讼的，在诉讼期间不停止决定的执行。

被请求人对行政执法委员会作出的认定侵权行为成立的处理决定期满不起诉又不停止侵权行为的，国家知识产权局可以请求人民法院强制执行。

第五章 附 则

第二十九条 本办法由国家知识产权局负责解释。

第三十条 本办法自颁布之日起施行。

集成电路布图设计登记收费项目和标准

（2003年5月16日国家知识产权局公告第八十八号发布）

根据《集成电路布图设计保护条例》的规定，向国家知识产权局申请集成电路布图设计登记和办理有关手续，应当缴纳费用。按照国家发展和改革委员会、财政部2003年4月15日发布的《国家发展和改革委、财政部关于集成电路布图设计登记费等收费标准及有关事项的通知》（发改价格〔2003〕85号）的规定，现将集成电路布图设计登记收费项目和标准公布如下：

集成电路布图设计收费项目和收费标准（金额单位：人民币）

一、布图设计登记费，每件2000元

二、布图设计登记复审请求费，每件300元

三、著录事项变更手续费，每件每次100元

四、延长期限请求费，每件每次300元

五、恢复布图设计登记权利请求费，每件1000元

六、非自愿许可使用布图设计请求费，每件300元

七、非自愿许可使用布图设计支付报酬裁决费，每件300元

本公告自4月15日起执行。

中华人民共和国知识产权海关保护条例

（2003年12月2日中华人民共和国国务院令第395号公布 根据2010年3月24日《国务院关于修改〈中华人民共和国知识产权海关保护条例〉的决定》修订 根据2018年3月19日《国务院关于修改和废止部分行政法规的决定》修订）

第一章 总 则

第一条 为了实施知识产权海关保护，促进对外经济贸易和科技文化交往，维护公共利益，根据《中华人民共和国海关法》，制定本条例。

第二条 本条例所称知识产权海关保护,是指海关对与进出口货物有关并受中华人民共和国法律、行政法规保护的商标专用权、著作权和与著作权有关的权利、专利权(以下统称知识产权)实施的保护。

第三条 国家禁止侵犯知识产权的货物进出口。

海关依照有关法律和本条例的规定实施知识产权保护,行使《中华人民共和国海关法》规定的有关权力。

第四条 知识产权权利人请求海关实施知识产权保护的,应当向海关提出采取保护措施的申请。

第五条 进口货物的收货人或者其代理人、出口货物的发货人或者其代理人应当按照国家规定,向海关如实申报与进出口货物有关的知识产权状况,并提交有关证明文件。

第六条 海关实施知识产权保护时,应当保守有关当事人的商业秘密。

第二章 知识产权的备案

第七条 知识产权权利人可以依照本条例的规定,将其知识产权向海关总署申请备案;申请备案的,应当提交申请书。申请书应当包括下列内容:

(一)知识产权权利人的名称或者姓名、注册地或者国籍等;

(二)知识产权的名称、内容及其相关信息;

(三)知识产权许可行使状况;

(四)知识产权权利人合法行使知识产权的货物的名称、产地、进出境地海关、进出口商、主要特征、价格等;

(五)已知的侵犯知识产权货物的制造商、进出口商、进出境地海关、主要特征、价格等。

前款规定的申请书内容有证明文件的,知识产权权利人应当附送证明文件。

第八条 海关总署应当自收到全部申请文件之日起30个工作日内作出是否准予备案的决定,并书面通知申请人;不予备案的,应当说明理由。

有下列情形之一的,海关总署不予备案:

(一)申请文件不齐全或者无效的;

(二)申请人不是知识产权权利人的;

(三)知识产权不再受法律、行政法规保护的。

第九条 海关发现知识产权权利人申请知识产权备案未如实提供有关情况或者文件的,海关总署可以撤销其备案。

第十条 知识产权海关保护备案自海关总署准予备案之日起生效,有效期为10年。

知识产权有效的,知识产权权利人可以在知识产权海关保护备案有效期届满前6个月内,向海关总署申请续展备案。每次续展备案的有效期为10年。

知识产权海关保护备案有效期届满而不申请续展或者知识产权不再受法律、行政法规保护的,知识产权海关保护备案随即失效。

第十一条 知识产权备案情况发生改变的,知识产权权利人应当自发生改变之日起30个工作日内,向海关总署办理备案变更或者注销手续。

知识产权权利人未依照前款规定办理变更或者注销手续,给他人合法进出口或者海关依法履行监管职责造成严重影响的,海关总署可以根据有关利害关系人的申请撤销有关备案,也可以主动撤销有关备案。

第三章 扣留侵权嫌疑货物的申请及其处理

第十二条 知识产权权利人发现侵权嫌疑货物即将进出口的,可以向货物进出境地海关提出扣留侵权嫌疑货物的申请。

第十三条 知识产权权利人请求海关扣留侵权嫌疑货物的,应当提交申请书及相关证明文件,并提供足以证明侵权事实明显存在的证据。

申请书应当包括下列主要内容:

(一)知识产权权利人的名称或者姓名、注册地或者国籍等;

(二)知识产权的名称、内容及其相关信息;

(三)侵权嫌疑货物收货人和发货人的

名称；

（四）侵权嫌疑货物名称、规格等；

（五）侵权嫌疑货物可能进出境的口岸、时间、运输工具等。

侵权嫌疑货物涉嫌侵犯备案知识产权的，申请书还应当包括海关备案号。

第十四条 知识产权权利人请求海关扣留侵权嫌疑货物的，应当向海关提供不超过货物等值的担保，用于赔偿可能因申请不当给收货人、发货人造成的损失，以及支付货物由海关扣留后的仓储、保管和处置等费用；知识产权权利人直接向仓储商支付仓储、保管费用的，从担保中扣除。具体办法由海关总署制定。

第十五条 知识产权权利人申请扣留侵权嫌疑货物，符合本条例第十三条的规定，并依照本条例第十四条的规定提供担保的，海关应当扣留侵权嫌疑货物，书面通知知识产权权利人，并将海关扣留凭单送达收货人或者发货人。

知识产权权利人申请扣留侵权嫌疑货物，不符合本条例第十三条的规定，或者未依照本条例第十四条的规定提供担保的，海关应当驳回申请，并书面通知知识产权权利人。

第十六条 海关发现进出口货物有侵犯备案知识产权嫌疑的，应当立即书面通知知识产权权利人。知识产权权利人自通知送达之日起3个工作日内依照本条例第十三条的规定提出申请，并依照本条例第十四条的规定提供担保的，海关应当扣留侵权嫌疑货物，书面通知知识产权权利人，并将海关扣留凭单送达收货人或者发货人。知识产权权利人逾期未提出申请或者未提供担保的，海关不得扣留货物。

第十七条 经海关同意，知识产权权利人和收货人或者发货人可以查看有关货物。

第十八条 收货人或者发货人认为其货物未侵犯知识产权权利人的知识产权的，应当向海关提出书面说明并附送相关证据。

第十九条 涉嫌侵犯专利权货物的收货人或者发货人认为其进出口货物未侵犯专利权的，可以在向海关提供货物等值的担保金后，请求海关放行其货物。知识产权权利人未能在合理期限内向人民法院起诉的，海关应当退还担保金。

第二十条 海关发现进出口货物有侵犯备案知识产权嫌疑并通知知识产权权利人后，知识产权权利人请求海关扣留侵权嫌疑货物的，海关应当自扣留之日起30个工作日内对被扣留的侵权嫌疑货物是否侵犯知识产权进行调查、认定；不能认定的，应当立即书面通知知识产权权利人。

第二十一条 海关对被扣留的侵权嫌疑货物进行调查，请求知识产权主管部门提供协助的，有关知识产权主管部门应当予以协助。

知识产权主管部门处理涉及进出口货物的侵权案件请求海关提供协助的，海关应当予以协助。

第二十二条 海关对被扣留的侵权嫌疑货物及有关情况进行调查时，知识产权权利人和收货人或者发货人应当予以配合。

第二十三条 知识产权权利人在向海关提出采取保护措施的申请后，可以依照《中华人民共和国商标法》、《中华人民共和国著作权法》、《中华人民共和国专利法》或者其他有关法律的规定，就被扣留的侵权嫌疑货物向人民法院申请采取责令停止侵权行为或者财产保全的措施。

海关收到人民法院有关责令停止侵权行为或者财产保全的协助执行通知的，应当予以协助。

第二十四条 有下列情形之一的，海关应当放行被扣留的侵权嫌疑货物：

（一）海关依照本条例第十五条的规定扣留侵权嫌疑货物，自扣留之日起20个工作日内未收到人民法院协助执行通知的；

（二）海关依照本条例第十六条的规定扣留侵权嫌疑货物，自扣留之日起50个工作日内未收到人民法院协助执行通知，并且经调查不能认定被扣留的侵权嫌疑货物侵犯知识产权的；

（三）涉嫌侵犯专利权货物的收货人或者发货人在向海关提供与货物等值的担保金后，请求海关放行其货物的；

（四）海关认为收货人或者发货人有充分的证据证明其货物未侵犯知识产权权利人的知

识产权的；

（五）在海关认定被扣留的侵权嫌疑货物为侵权货物之前，知识产权权利人撤回扣留侵权嫌疑货物的申请的。

第二十五条 海关依照本条例的规定扣留侵权嫌疑货物，知识产权权利人应当支付有关仓储、保管和处置等费用。知识产权权利人未支付有关费用的，海关可以从其向海关提供的担保金中予以扣除，或者要求担保人履行有关担保责任。

侵权嫌疑货物被认定为侵犯知识产权的，知识产权权利人可以将其支付的有关仓储、保管和处置等费用计入其为制止侵权行为所支付的合理开支。

第二十六条 海关实施知识产权保护发现涉嫌犯罪案件的，应当将案件依法移送公安机关处理。

第四章 法律责任

第二十七条 被扣留的侵权嫌疑货物，经海关调查后认定侵犯知识产权的，由海关予以没收。

海关没收侵犯知识产权货物后，应当将侵犯知识产权货物的有关情况书面通知知识产权权利人。

被没收的侵犯知识产权货物可以用于社会公益事业的，海关应当转交给有关公益机构用于社会公益事业；知识产权权利人有收购意愿的，海关可以有偿转让给知识产权权利人。被没收的侵犯知识产权货物无法用于社会公益事业且知识产权权利人无收购意愿的，海关可以在消除侵权特征后依法拍卖，但对进口假冒商标货物，除特殊情况外，不能仅清除货物上的商标标识即允许其进入商业渠道；侵权特征无法消除的，海关应当予以销毁。

第二十八条 海关接受知识产权保护备案和采取知识产权保护措施的申请后，因知识产权权利人未提供确切情况而未能发现侵权货物、未能及时采取保护措施或者采取保护措施不力的，由知识产权权利人自行承担责任。

知识产权权利人请求海关扣留侵权嫌疑货物后，海关不能认定被扣留的侵权嫌疑货物侵犯知识产权权利人的知识产权，或者人民法院判定不侵犯知识产权权利人的知识产权的，知识产权权利人应当依法承担赔偿责任。

第二十九条 进口或者出口侵犯知识产权货物，构成犯罪的，依法追究刑事责任。

第三十条 海关工作人员在实施知识产权保护时，玩忽职守、滥用职权、徇私舞弊，构成犯罪的，依法追究刑事责任；尚不构成犯罪的，依法给予行政处分。

第五章 附 则

第三十一条 个人携带或者邮寄进出境的物品，超出自用、合理数量，并侵犯本条例第二条规定的知识产权的，按照侵权货物处理。

第三十二条 本条例自2004年3月1日起施行。1995年7月5日国务院发布的《中华人民共和国知识产权海关保护条例》同时废止。

中华人民共和国海关关于《中华人民共和国知识产权海关保护条例》的实施办法

（2009年2月17日海关总署署务会议审议通过 2009年3月3日海关总署令第183号公布 根据2018年5月29日《海关总署关于修改部分规章的决定》修改）

第一章 总 则

第一条 为了有效实施《中华人民共和国知识产权海关保护条例》（以下简称《条例》），根据《中华人民共和国海关法》以及其他法律、行政法规，制定本办法。

第二条　知识产权权利人请求海关采取知识产权保护措施或者向海关总署办理知识产权海关保护备案的，境内知识产权权利人可以直接或者委托境内代理人提出申请，境外知识产权权利人应当由其在境内设立的办事机构或者委托境内代理人提出申请。

知识产权权利人按照前款规定委托境内代理人提出申请的，应当出具规定格式的授权委托书。

第三条　知识产权权利人及其代理人（以下统称知识产权权利人）请求海关扣留即将进出口的侵权嫌疑货物的，应当根据本办法的有关规定向海关提出扣留侵权嫌疑货物的申请。

第四条　进出口货物的收发货人或者其代理人（以下统称收发货人）应当在合理的范围内了解其进出口货物的知识产权状况。海关要求申报进出口货物知识产权状况的，收发货人应当在海关规定的期限内向海关如实申报并提交有关证明文件。

第五条　知识产权权利人或者收发货人向海关提交的有关文件或者证据涉及商业秘密的，知识产权权利人或者收发货人应当向海关书面说明。

海关实施知识产权保护，应当保守有关当事人的商业秘密，但海关应当依法公开的信息除外。

第二章　知识产权备案

第六条　知识产权权利人向海关总署申请知识产权海关保护备案的，应当向海关总署提交申请书。申请书应当包括以下内容：

（一）知识产权权利人的名称或者姓名、注册地或者国籍、通信地址、联系人姓名、电话和传真号码、电子邮箱地址等。

（二）注册商标的名称、核定使用商品的类别和商品名称、商标图形、注册有效期、注册商标的转让、变更、续展情况等；作品的名称、创作完成的时间、作品的类别、作品图片、作品转让、变更情况等；专利权的名称、类型、申请日期、专利权转让、变更情况等。

（三）被许可人的名称、许可使用商品、许可期限等。

（四）知识产权权利人合法行使知识产权的货物的名称、产地、进出境地海关、进出口商、主要特征、价格等。

（五）已知的侵犯知识产权货物的制造商、进出口商、进出境地海关、主要特征、价格等。

知识产权权利人应当就其申请备案的每一项知识产权单独提交一份申请书。知识产权权利人申请国际注册商标备案的，应当就其申请的每一类商品单独提交一份申请书。

第七条　知识产权权利人向海关总署提交备案申请书，应当随附以下文件、证据：

（一）知识产权权利人的身份证明文件的复印件、工商营业执照的复印件或者其他注册登记文件的复印件。

（二）国务院工商行政管理部门签发的《商标注册证》的复印件。申请人经核准变更商标注册事项、续展商标注册、转让注册商标或者申请国际注册商标备案的，还应当提交国务院工商行政管理部门出具的有关商标注册的证明；著作权登记部门签发的著作权自愿登记证明的复印件和经著作权登记部门认证的作品照片。申请人未进行著作权自愿登记的，提交可以证明申请人为著作权人的作品样品以及其他有关著作权的证据；国务院专利行政部门签发的专利证书的复印件。专利授权自公告之日起超过 1 年的，还应当提交国务院专利行政部门在申请人提出备案申请前 6 个月内出具的专利登记簿副本；申请实用新型专利或者外观设计专利备案的，还应当提交由国务院专利行政部门作出的专利权评价报告。

（三）知识产权权利人许可他人使用注册商标、作品或者实施专利，签订许可合同的，提供许可合同的复印件；未签订许可合同的，提交有关被许可人、许可范围和许可期间等情况的书面说明。

（四）知识产权权利人合法行使知识产权的货物及其包装的照片。

（五）已知的侵权货物进出口的证据。知识产权权利人与他人之间的侵权纠纷已经人民法院或者知识产权主管部门处理的，还应当提交有关法律文书的复印件。

知识产权权利人根据前款规定向海关总署提交的文件和证据应当齐全、真实和有效。有关文件和证据为外文的，应当另附中文译本。海关总署认为必要时，可以要求知识产权权利人提交有关文件或者证据的公证、认证文书。

第八条 知识产权权利人向海关总署申请办理知识产权海关保护备案或者在备案失效后重新向海关总署申请备案的，应当缴纳备案费。知识产权权利人应当将备案费通过银行汇至海关总署指定账号。海关总署收取备案费的，应当出具收据。备案费的收取标准由海关总署会同国家有关部门另行制定并予以公布。

知识产权权利人申请备案续展或者变更的，无需再缴纳备案费。

知识产权权利人在海关总署核准前撤回备案申请或者其备案申请被驳回的，海关总署应当退还备案费。已经海关总署核准的备案被海关总署注销、撤销或者因其他原因失效的，已缴纳的备案费不予退还。

第九条 知识产权海关保护备案自海关总署核准备案之日起生效，有效期为10年。自备案生效之日起知识产权的有效期不足10年的，备案的有效期以知识产权的有效期为准。

《条例》施行前经海关总署核准的备案或者核准续展的备案的有效期仍按原有效期计算。

第十条 在知识产权海关保护备案有效期届满前6个月内，知识产权权利人可以向海关总署提出续展备案的书面申请并随附有关文件。海关总署应当自收到全部续展申请文件之日起10个工作日内作出是否准予续展的决定，并书面通知知识产权权利人；不予续展的，应当说明理由。

续展备案的有效期自上一届备案有效期满次日起算，有效期为10年。知识产权的有效期自上一届备案有效期满次日起不足10年的，续展备案的有效期以知识产权的有效期为准。

第十一条 知识产权海关保护备案经海关总署核准后，按照本办法第六条向海关提交的申请书内容发生改变的，知识产权权利人应当自发生改变之日起30个工作日内向海关总署提出变更备案的申请并随附有关文件。

第十二条 知识产权在备案有效期届满前不再受法律、行政法规保护或者备案的知识产权发生转让的，原知识产权权利人应当自备案的知识产权不再受法律、行政法规保护或转让生效之日起30个工作日内向海关总署提出注销知识产权海关保护备案的申请并随附有关文件。知识产权权利人在备案有效期内放弃备案的，可以向海关总署申请注销备案。

未依据本办法第十一条和本条前款规定向海关总署申请变更或者注销备案，给他人合法进出口造成严重影响的，海关总署可以主动或者根据有关利害关系人的申请注销有关知识产权的备案。

海关总署注销备案，应当书面通知有关知识产权权利人，知识产权海关保护备案自海关总署注销之日起失效。

第十三条 海关总署根据《条例》第九条的规定撤销知识产权海关保护备案的，应当书面通知知识产权权利人。

海关总署撤销备案的，知识产权权利人自备案被撤销之日起1年内就被撤销备案的知识产权再次申请备案的，海关总署可以不予受理。

第三章 依申请扣留

第十四条 知识产权权利人发现侵权嫌疑货物即将进出口并要求海关予以扣留的，应当根据《条例》第十三条的规定向货物进出境地海关提交申请书。有关知识产权未在海关总署备案的，知识产权权利人还应当随附本办法第七条第一款第（一）、（二）项规定的文件、证据。

知识产权权利人请求海关扣留侵权嫌疑货物，还应当向海关提交足以证明侵权事实明显存在的证据。知识产权权利人提交的证据，应当能够证明以下事实：

（一）请求海关扣留的货物即将进出口；

（二）在货物上未经许可使用了侵犯其商标专用权的商标标识、作品或者实施了其专利。

第十五条　知识产权权利人请求海关扣留侵权嫌疑货物，应当在海关规定的期限内向海关提供相当于货物价值的担保。

第十六条　知识产权权利人提出的申请不符合本办法第十四条的规定或者未按照本办法第十五条的规定提供担保的，海关应当驳回其申请并书面通知知识产权权利人。

第十七条　海关扣留侵权嫌疑货物的，应当将货物的名称、数量、价值、收发货人名称、申报进出口日期、海关扣留日期等情况书面通知知识产权权利人。

经海关同意，知识产权权利人可以查看海关扣留的货物。

第十八条　海关自扣留侵权嫌疑货物之日起20个工作日内，收到人民法院协助扣押有关货物书面通知的，应当予以协助；未收到人民法院协助扣押通知或者知识产权权利人要求海关放行有关货物的，海关应当放行货物。

第十九条　海关扣留侵权嫌疑货物的，应当将扣留侵权嫌疑货物的扣留凭单送达收发货人。

经海关同意，收发货人可以查看海关扣留的货物。

第二十条　收发货人根据《条例》第十九条的规定请求放行其被海关扣留的涉嫌侵犯专利权货物的，应当向海关提出书面申请并提供与货物等值的担保金。

收发货人请求海关放行涉嫌侵犯专利权货物，符合前款规定的，海关应当放行货物并书面通知知识产权权利人。

知识产权权利人就有关专利侵权纠纷向人民法院起诉的，应当在前款规定的海关书面通知送达之日起30个工作日内向海关提交人民法院受理案件通知书的复印件。

第四章　依职权调查处理

第二十一条　海关对进出口货物实施监管，发现进出口货物涉及在海关总署备案的知识产权且进出口商或者制造商使用有关知识产权的情况未在海关总署备案的，可以要求收发货人在规定期限内申报货物的知识产权状况和提交相关证明文件。

收发货人未按照前款规定申报货物知识产权状况、提交相关证明文件或者海关有理由认为货物涉嫌侵犯在海关总署备案的知识产权的，海关应当中止放行货物并书面通知知识产权权利人。

第二十二条　知识产权权利人应当在本办法第二十一条规定的海关书面通知送达之日起3个工作日内按照下列规定予以回复：

（一）认为有关货物侵犯其在海关总署备案的知识产权并要求海关予以扣留的，向海关提出扣留侵权嫌疑货物的书面申请并按照本办法第二十三条或者第二十四条的规定提供担保；

（二）认为有关货物未侵犯其在海关总署备案的知识产权或者不要求海关扣留侵权嫌疑货物的，向海关书面说明理由。

经海关同意，知识产权权利人可以查看有关货物。

第二十三条　知识产权权利人根据本办法第二十二条第一款第（一）项的规定请求海关扣留侵权嫌疑货物的，应当按照以下规定向海关提供担保：

（一）货物价值不足人民币2万元的，提供相当于货物价值的担保；

（二）货物价值为人民币2万至20万元的，提供相当于货物价值50%的担保，但担保金额不得少于人民币2万元；

（三）货物价值超过人民币20万元的，提供人民币10万元的担保。

知识产权权利人根据本办法第二十二条第一款第（一）项的规定请求海关扣留涉嫌侵犯商标专用权货物的，可以依据本办法第二十四条的规定向海关总署提供总担保。

第二十四条　在海关总署备案的商标专用权的知识产权权利人，经海关总署核准可以向海关总署提交银行或者非银行金融机构出具的保函，为其向海关申请商标专用权海关保护措施提供总担保。

总担保的担保金额应当相当于知识产权权利人上一年度向海关申请扣留侵权嫌疑货物后发生的仓储、保管和处置等费用之和；知识产权权利人上一年度未向海关申请扣留侵权嫌疑

— 832 —

货物或者仓储、保管和处置等费用不足人民币20万元的，总担保的担保金额为人民币20万元。

自海关总署核准其使用总担保之日至当年12月31日，知识产权权利人根据《条例》第十六条的规定请求海关扣留涉嫌侵犯其已在海关总署备案的商标专用权的进出口货物的，无需另行提供担保，但知识产权权利人未按照《条例》第二十五条的规定支付有关费用或者未按照《条例》第二十九条的规定承担赔偿责任，海关总署向担保人发出履行担保责任通知的除外。

第二十五条 知识产权权利人根据本办法第二十二条第一款第（一）项的规定提出申请并根据本办法第二十三条、第二十四条的规定提供担保的，海关应当扣留侵权嫌疑货物并书面通知知识产权权利人；知识产权权利人未提出申请或者未提供担保的，海关应当放行货物。

第二十六条 海关扣留侵权嫌疑货物的，应当将扣留侵权嫌疑货物的扣留凭单送达收发货人。

经海关同意，收发货人可以查看海关扣留的货物。

第二十七条 海关扣留侵权嫌疑货物后，应当依法对侵权嫌疑货物以及其他有关情况进行调查。收发货人和知识产权权利人应当对海关调查予以配合，如实提供有关情况和证据。

海关对侵权嫌疑货物进行调查，可以请求有关知识产权主管部门提供咨询意见。

知识产权权利人与收发货人就海关扣留的侵权嫌疑货物达成协议，向海关提出书面申请并随附相关协议，要求海关解除扣留侵权嫌疑货物的，海关除认为涉嫌构成犯罪外，可以终止调查。

第二十八条 海关对扣留的侵权嫌疑货物进行调查，不能认定货物是否侵犯有关知识产权的，应当自扣留侵权嫌疑货物之日起30个工作日内书面通知知识产权权利人和收发货人。

海关不能认定货物是否侵犯有关专利权的，收发货人向海关提供相当于货物价值的担保后，可以请求海关放行货物。海关同意放行货物的，按照本办法第二十条第二款和第三款的规定办理。

第二十九条 对海关不能认定有关货物是否侵犯其知识产权的，知识产权权利人可以根据《条例》第二十三条的规定向人民法院申请采取责令停止侵权行为或者财产保全的措施。

海关自扣留侵权嫌疑货物之日起50个工作日内收到人民法院协助扣押有关货物书面通知的，应当予以协助；未收到人民法院协助扣押通知或者知识产权权利人要求海关放行有关货物的，海关应当放行货物。

第三十条 海关作出没收侵权货物决定的，应当将下列已知的情况书面通知知识产权权利人：

（一）侵权货物的名称和数量；
（二）收发货人名称；
（三）侵权货物申报进出口日期、海关扣留日期和处罚决定生效日期；
（四）侵权货物的启运地和指运地；
（五）海关可以提供的其他与侵权货物有关的情况。

人民法院或者知识产权主管部门处理有关当事人之间的侵权纠纷，需要海关协助调取与进出口货物有关的证据的，海关应当予以协助。

第三十一条 海关发现个人携带或者邮寄进出境的物品，涉嫌侵犯《条例》第二条规定的知识产权并超出自用、合理数量的，应当予以扣留，但旅客或者收寄件人向海关声明放弃并经海关同意的除外。

海关对侵权物品进行调查，知识产权权利人应当予以协助。进出境旅客或者进出境邮件的收寄件人认为海关扣留的物品未侵犯有关知识产权或者属于自用的，可以向海关书面说明有关情况并提供相关证据。

第三十二条 进出口货物或者进出境物品经海关调查认定侵犯知识产权，根据《条例》第二十七条第一款和第二十八条的规定应当由海关予以没收，但当事人无法查清的，自海关制发有关公告之日起满3个月后可由海关予以收缴。

进出口侵权行为有犯罪嫌疑的，海关应当依法移送公安机关。

第五章 货物处置和费用

第三十三条 对没收的侵权货物，海关应当按照下列规定处置：

（一）有关货物可以直接用于社会公益事业或者知识产权权利人有收购意愿的，将货物转交给有关公益机构用于社会公益事业或有偿转让给知识产权权利人；

（二）有关货物不能按照第（一）项的规定处置且侵权特征能够消除的，在消除侵权特征后依法拍卖。拍卖货物所得款项上交国库；

（三）有关货物不能按照第（一）、（二）项规定处置的，应当予以销毁。

海关拍卖侵权货物，应当事先征求有关知识产权权利人的意见。海关销毁侵权货物，知识产权权利人应当提供必要的协助。有关公益机构将海关没收的侵权货物用于社会公益事业以及知识产权权利人接受海关委托销毁侵权货物的，海关应当进行必要的监督。

第三十四条 海关协助人民法院扣押侵权嫌疑货物或者放行被扣留货物的，知识产权权利人应当支付货物在海关扣留期间的仓储、保管和处置等费用。

海关没收侵权货物的，知识产权权利人应当按照货物在海关扣留后的实际存储时间支付仓储、保管和处置等费用。但海关自没收侵权货物的决定送达收发货人之日起3个月内不能完成货物处置，且非因收发货人申请行政复议、提起行政诉讼或者货物处置方面的其他特殊原因导致的，知识产权权利人不需支付3个月后的有关费用。

海关按照本办法第三十三条第一款第（二）项的规定拍卖侵权货物的，拍卖费用的支出按照有关规定办理。

第三十五条 知识产权权利人未按照本办法第三十四条的规定支付有关费用的，海关可以从知识产权权利人提交的担保金中扣除有关费用或者要求担保人履行担保义务。

海关没收侵权货物的，应当在货物处置完毕并结清有关费用后向知识产权权利人退还担保金或者解除担保人的担保责任。

海关协助人民法院扣押侵权嫌疑货物或者根据《条例》第二十四条第（一）、（二）、（四）项的规定放行被扣留货物的，收发货人可以就知识产权权利人提供的担保向人民法院申请财产保全。海关自协助人民法院扣押侵权嫌疑货物或者放行货物之日起20个工作日内，未收到人民法院就知识产权权利人提供的担保采取财产保全措施的协助执行通知的，海关应当向知识产权权利人退还担保金或者解除担保人的担保责任；收到人民法院协助执行通知的，海关应当协助执行。

第三十六条 海关根据《条例》第十九条的规定放行被扣留的涉嫌侵犯专利权的货物后，知识产权权利人按照本办法第二十条第三款的规定向海关提交人民法院受理案件通知书复印件的，海关应当根据人民法院的判决结果处理收发货人提交的担保金；知识产权权利人未提交人民法院受理案件通知书复印件的，海关应当退还收发货人提交的担保金。对知识产权权利人向海关提供的担保，收发货人可以向人民法院申请财产保全，海关未收到人民法院对知识产权权利人提供的担保采取财产保全措施的协助执行通知的，应当自处理收发货人提交的担保金之日起20个工作日后，向知识产权权利人退还担保金或者解除担保人的担保责任；收到人民法院协助执行通知的，海关应当协助执行。

第六章 附 则

第三十七条 海关参照本办法对奥林匹克标志和世界博览会标志实施保护。

第三十八条 在本办法中，"担保"指担保金、银行或者非银行金融机构保函。

第三十九条 本办法中货物的价值由海关以该货物的成交价格为基础审查确定。成交价格不能确定的，货物价值由海关依法估定。

第四十条 本办法第十七条、二十一条、二十八条规定的海关书面通知可以采取直接、邮寄、传真或者其他方式送达。

第四十一条 本办法第二十条第三款和第二十二条第一款规定的期限自海关书面通知送

达之日的次日起计算。期限的截止按照以下规定确定：

（一）知识产权权利人通过邮局或者银行向海关提交文件或者提供担保的，以期限到期日 24 时止；

（二）知识产权权利人当面向海关提交文件或者提供担保的，以期限到期日海关正常工作时间结束止。

第四十二条 知识产权权利人和收发货人根据本办法向海关提交有关文件复印件的，应当将复印件与文件原件进行核对。经核对无误后，应当在复印件上加注"与原件核对无误"字样并予以签章确认。

第四十三条 本办法自 2009 年 7 月 1 日起施行。2004 年 5 月 25 日海关总署令第 114 号公布的《中华人民共和国海关关于〈中华人民共和国知识产权海关保护条例〉的实施办法》同时废止。

展会知识产权保护办法

（商务部、国家工商总局、国家版权局、国家知识产权局令 2006 年第 1 号 2006 年 1 月 10 日公布 自 2006 年 3 月 1 日起施行）

第一章 总 则

第一条 为加强展会期间知识产权保护，维护会展业秩序，推动会展业的健康发展，根据《中华人民共和国对外贸易法》、《中华人民共和国专利法》、《中华人民共和国商标法》和《中华人民共和国著作权法》及相关行政法规等制定本办法。

第二条 本办法适用于在中华人民共和国境内举办的各类经济技术贸易展览会、展销会、博览会、交易会、展示会等活动中有关专利、商标、版权的保护。

第三条 展会管理部门应加强对展会期间知识产权保护的协调、监督、检查，维护展会的正常交易秩序。

第四条 展会主办方应当依法维护知识产权权利人的合法权益。展会主办方在招商招展时，应加强对参展方有关知识产权的保护和对参展项目（包括展品、展板及相关宣传资料等）的知识产权状况的审查。在展会期间，展会主办方应当积极配合知识产权行政管理部门的知识产权保护工作。

展会主办方可通过与参展方签订参展期间知识产权保护条款或合同的形式，加强展会知识产权保护工作。

第五条 参展方应当合法参展，不得侵犯他人知识产权，并应对知识产权行政管理部门或司法部门的调查予以配合。

第二章 投诉处理

第六条 展会时间在三天以上（含三天），展会管理部门认为有必要的，展会主办方应在展会期间设立知识产权投诉机构。设立投诉机构的，展会举办地知识产权行政管理部门应当派员进驻，并依法对侵权案件进行处理。

未设立投诉机构的，展会举办地知识产权行政管理部门应当加强对展会知识产权保护的指导、监督和有关案件的处理，展会主办方应当将展会举办地的相关知识产权行政管理部门的联系人、联系方式等在展会场馆的显著位置予以公示。

第七条 展会知识产权投诉机构应由展会主办方、展会管理部门、专利、商标、版权等知识产权行政管理部门的人员组成，其职责包括：

（一）接受知识产权权利人的投诉，暂停涉嫌侵犯知识产权的展品在展会期间展出；

（二）将有关投诉材料移交相关知识产权行政管理部门；

（三）协调和督促投诉的处理；

（四）对展会知识产权保护信息进行统计和分析；

（五）其他相关事项。

第八条 知识产权权利人可以向展会知识产权投诉机构投诉也可直接向知识产权行政管理部门投诉。权利人向投诉机构投诉的，应当提交以下材料：

（一）合法有效的知识产权权属证明：涉及专利的，应当提交专利证书、专利公告文本、专利权人的身份证明、专利法律状态证明；涉及商标的，应当提交商标注册证明文件，并由投诉人签章确认，商标权利人身份证明；涉及著作权的，应当提交著作权权利证明、著作权人身份证明；

（二）涉嫌侵权当事人的基本信息；

（三）涉嫌侵权的理由和证据；

（四）委托代理人投诉的，应提交授权委托书。

第九条 不符合本办法第八条规定的，展会知识产权投诉机构应当及时通知投诉人或者请求人补充有关材料。未予补充的，不予接受。

第十条 投诉人提交虚假投诉材料或其他因投诉不实给被投诉人带来损失的，应当承担相应法律责任。

第十一条 展会知识产权投诉机构在收到符合本办法第八条规定的投诉材料后，应于24小时内将其移交有关知识产权行政管理部门。

第十二条 地方知识产权行政管理部门受理投诉或者处理请求的，应当通知展会主办方，并及时通知被投诉人或者被请求人。

第十三条 在处理侵犯知识产权的投诉或者请求程序中，地方知识产权行政管理部门可以根据展会的展期指定被投诉人或者被请求人的答辩期限。

第十四条 被投诉人或者被请求人提交答辩书后，除非有必要作进一步调查，地方知识产权行政管理部门应当及时作出决定并送交双方当事人。

被投诉人或者被请求人逾期未提交答辩书的，不影响地方知识产权行政管理部门作出决定。

第十五条 展会结束后，相关知识产权行政管理部门应当及时将有关处理结果通告展会主办方。展会主办方应当做好展会知识产权保护的统计分析工作，并将有关情况及时报展会管理部门。

第三章 展会期间专利保护

第十六条 展会投诉机构需要地方知识产权局协助的，地方知识产权局应当积极配合，参与展会知识产权保护工作。地方知识产权局在展会期间的工作可以包括：

（一）接受展会投诉机构移交的关于涉嫌侵犯专利权的投诉，依照专利法律法规的有关规定进行处理；

（二）受理展出项目涉嫌侵犯专利权的专利侵权纠纷处理请求，依照专利法第五十七条的规定进行处理；

（三）受理展出项目涉嫌假冒他人专利和冒充专利的举报，或者依职权查处展出项目中假冒他人专利和冒充专利的行为，依据专利法第五十八条和第五十九条的规定进行处罚。

第十七条 有下列情形之一的，地方知识产权局对侵犯专利权的投诉或者处理请求不予受理：

（一）投诉人或者请求人已经向人民法院提起专利侵权诉讼的；

（二）专利权正处于无效宣告请求程序之中的；

（三）专利权存在权属纠纷，正处于人民法院的审理程序或者管理专利工作的部门的调解程序之中的；

（四）专利权已经终止，专利权人正在办理权利恢复的。

第十八条 地方知识产权局在通知被投诉人或者被请求人时，可以即行调查取证，查阅、复制与案件有关的文件，询问当事人，采用拍照、摄像等方式进行现场勘验，也可以抽样取证。

地方知识产权局收集证据应当制作笔录，由承办人员、被调查取证的当事人签名盖章。被调查取证的当事人拒绝签名盖章的，应当在笔录上注明原因；有其他人在现场的，也可同时由其他人签名。

第四章 展会期间商标保护

第十九条 展会投诉机构需要地方工商行

政管理部门协助的,地方工商行政管理部门应当积极配合,参与展会知识产权保护工作。地方工商行政管理部门在展会期间的工作可以包括:

(一)接受展会投诉机构移交的关于涉嫌侵犯商标权的投诉,依照商标法律法规的有关规定进行处理;

(二)受理符合商标法第五十二条规定的侵犯商标专用权的投诉;

(三)依职权查处商标违法案件。

第二十条 有下列情形之一的,地方工商行政管理部门对侵犯商标专用权的投诉或者处理请求不予受理:

(一)投诉人或者请求人已经向人民法院提起商标侵权诉讼的;

(二)商标权已经无效或者被撤销的。

第二十一条 地方工商行政管理部门决定受理后,可以根据商标法律法规等相关规定进行调查和处理。

第五章 展会期间著作权保护

第二十二条 展会投诉机构需要地方著作权行政管理部门协助的,地方著作权行政管理部门应当积极配合,参与展会知识产权保护工作。地方著作权行政管理部门在展会期间的工作可以包括:

(一)接受展会投诉机构移交的关于涉嫌侵犯著作权的投诉,依照著作权法律法规的有关规定进行处理;

(二)受理符合著作权法第四十七条规定的侵犯著作权的投诉,根据著作权法的有关规定进行处罚。

第二十三条 地方著作权行政管理部门在受理投诉或请求后,可以采取以下手段收集证据:

(一)查阅、复制与涉嫌侵权行为有关的文件档案、账簿和其他书面材料;

(二)对涉嫌侵权复制品进行抽样取证;

(三)对涉嫌侵权复制品进行登记保存。

第六章 法律责任

第二十四条 对涉嫌侵犯知识产权的投诉,地方知识产权行政管理部门认定侵权成立的,应会同会展管理部门依法对参展方进行处理。

第二十五条 对涉嫌侵犯发明或者实用新型专利权的处理请求,地方知识产权局认定侵权成立的,应当依据专利法第十一条第一款关于禁止许诺销售行为的规定以及专利法第五十七条关于责令侵权人立即停止侵权行为的规定作出处理决定,责令被请求人从展会上撤出侵权展品,销毁介绍侵权展品的宣传材料,更换介绍侵权项目的展板。

对涉嫌侵犯外观设计专利权的处理请求,被请求人在展会上销售其展品,地方知识产权局认定侵权成立的,应当依据专利法第十一条第二款关于禁止销售行为的规定以及第五十七条关于责令侵权人立即停止侵权行为的规定作出处理决定,责令被请求人从展会上撤出侵权展品。

第二十六条 在展会期间假冒他人专利或以非专利产品冒充专利产品,以非专利方法冒充专利方法的,地方知识产权局应当依据专利法第五十八条和第五十九条规定进行处罚。

第二十七条 对有关商标案件的处理请求,地方工商行政管理部门认定侵权成立的,应当根据《商标法》、《商标法实施条例》等相关规定进行处罚。

第二十八条 对侵犯著作权及相关权利的处理请求,地方著作权行政管理部门认定侵权成立的,应当根据著作权法第四十七条的规定进行处罚,没收、销毁侵权展品及介绍侵权展品的宣传材料,更换介绍展出项目的展板。

第二十九条 经调查,被投诉或者被请求的展出项目已经由人民法院或者知识产权行政管理部门作出判定侵权成立的判决或者决定并发生法律效力的,地方知识产权行政管理部门可以直接作出第二十六条、第二十七条、第二十八条和第二十九条所述的处理决定。

第三十条 请求人除请求制止被请求人的侵权展出行为之外,还请求制止同一被请求人的其他侵犯知识产权行为的,地方知识产权行政管理部门对发生在其管辖地域之内的涉嫌侵权行为,可以依照相关知识产权法律法规以及规章的规定进行处理。

第三十一条 参展方侵权成立的,展会管理部门可依法对有关参展方予以公告;参展方连续两次以上侵权行为成立的,展会主办方应禁止有关参展方参加下一届展会。

第三十二条 主办方对展会知识产权保护不力的，展会管理部门应对主办方给予警告，并视情节依法对其再次举办相关展会的申请不予批准。

第七章 附 则

第三十三条 展会结束时案件尚未处理完毕的，案件的有关事实和证据可经展会主办方确认，由展会举办地知识产权行政管理部门在15个工作日内移交有管辖权的知识产权行政管理部门依法处理。

第三十四条 本办法中的知识产权行政管理部门是指专利、商标和版权行政管理部门；本办法中的展会管理部门是指展会的审批或者登记部门。

第三十五条 本办法自2006年3月1日起实施。

(二)

相关国际条约

保护工业产权巴黎公约

(1883年3月20日在巴黎签订，1884年7月7日生效；1900年12月14日在布鲁塞尔修订；1911年6月2日在华盛顿修订；1925年11月6日在海牙修订；1934年6月2日在伦敦修订；1958年10月31日在里斯本修订；1967年7月14日在斯德哥尔摩修订；1979年10月2日修正)

第一条 【本联盟的建立；工业产权的范围】[1]

(1) 适用本公约的国家组成联盟，以保护工业产权。

(2) 工业产权的保护对象有专利、实用新型、工业品外观设计、商标、服务标记、厂商名称、货源标记或原产地名称，和制止不正当竞争。

(3) 对工业产权应作最广义的理解，它不仅应适用于工业和商业本身，而且也应同样适用于农业和采掘业，适用于一切制成品或天然产品，例如：酒类、谷物、烟叶、水果、牲畜、矿产品、矿泉水、啤酒、花卉和谷类的粉。

(4) 专利应包括本联盟国家的法律所承认的各种工业专利，如输入专利、改进专利、增补专利和增补证书等。

第二条 【本联盟各国国民的国民待遇】

(1) 本联盟任何国家的国民，在保护工业产权方面，在本联盟所有其他国家内应享有各该国法律现在授予或今后可能授予国民的各种利益；一切都不应损害本公约特别规定的权利。因此，他们应和国民享有同样的保护，对侵犯他们的权利享有同样的法律上的救济手段，但是他们遵守对国民规定的条件和手续为限。

(2) 但是，对于本联盟国家的国民不得规定在其要求保护的国家须有住所或营业所才能享有工业产权。

(3) 本联盟每一国家法律中关于司法和行政程序管辖权、以及指定送达地址或委派代理人的规定，工业产权法律中可能有要求的，均明确地予以保留。

第三条 【某类人与本联盟国家的国民同样待遇】

本联盟以外各国的国民，在本联盟一个国家的领土内设有住所或有真实和有效的工商业营业所的，应享有与本联盟国家国民同样的待遇。

第四条 【A. 至 I. 专利、实用新型、外观设计、商标、发明人证书：优先权。—— G. 专利：申请的分案】

A. ——(1) 已经在本联盟的一个国家正式提出专利、实用新型注册、外观设计注册或商标注册的申请的任何人，或其权利继受人，为了在其他国家提出申请，在以下规定的期间内应享有优先权。

(2) 依照本联盟任何国家的本国立法，或依照本联盟各国之间缔结的双边或多边条约，与正规的国家申请相当的任何申请，应被承认为产生优先权。

(3) 正规的国家申请是指在有关国家中足以确定提出申请日期的任何申请，而不问该申请以后的结局如何。

B. ——因此，在上述期间届满前在本联盟的任何其他国家后来提出的任何申请，不应由于在这期间完成的任何行为，特别是另外一项申请的提出、发明的公布或利用、外观设计复制品的出售、或商标的使用而成为无效，而且这些行为不能产生任何第三人的权利或个人占有的任何权利。第三人在作为优先权基础的第一次申请的日期以前所取得的权利，依照本联盟每一国家的国内法予以保留。

C. ——(1) 上述优先权的期间，对于专利和实用新型应为十二个月，对于外观设计和

---

[1] 为了便于识别各条的内容，特增加了标题。(法语)签字本中无此标题。——编者注

商标应为六个月。

（2）这些期间应自第一次申请的申请日开始；申请日不应计入期间之内。

（3）如果期间的最后一日在请求保护地国家是法定假日或者是主管局不接受申请的日子，期间应延至其后的第一个工作日。

（4）在本联盟同一国家内就第（2）项所称的以前第一次申请同样的主题所提出的后一申请，如果在提出该申请时前一申请已被撤回、放弃或拒绝，没有提供公众阅览，也没有遗留任何权利，而且如果前一申请还没有成为要求优先权的基础，应认为是第一次申请，其申请日应为优先权期间的开始日。在这以后，前一申请不得作为要求优先权的基础。

D.——（1）任何人希望利用以前提出的一项申请的优先权的，需要作出声明，说明提出该申请的日期和受理该申请的国家。每一国家应确定必须作出该项声明的最后日期。

（2）这些事项应在主管机关的出版物中，特别是应在专利和有关专利的说明书中予以载明。

（3）本联盟国家可以要求作出优先权声明的任何人提交以前提出的申请（说明书、附图等）的副本。该副本应经原受理申请的机关证实无误，不需要任何认证，并且无论如何可以在提出后一申请后三个月内随时提交，不需缴纳费用。本联盟国家可以要求该副本附有上述机关出具的载明申请日的证明书和译文。

（4）对提出申请时要求优先权的声明不得规定其他的手续。本联盟每一国家应确定不遵守本条约规定的手续的后果，但这种后果决不能超过优先权的丧失。

（5）以后，可以要求提供进一步的证明。

任何人利用以前提出的一项申请的优先权的，必须写明该申请的号码；该号码应依照上述第（2）项的规定予以公布。

E.——（1）依靠以实用新型申请为基础的优先权而在一个国家提出工业品外观设计申请的，优先权的期间应与对工业品外观设计规定的优先权期间一样。

（2）而且，依靠以专利申请为基础的优先权而在一个国家提出实用新型的申请是许可

的，反之亦一样。

F.——本联盟的任何国家不得由于申请人要求多项优先权（即使这些优先权产生于不同的国家），或者由于要求一项或几项优先权的申请中有一个或几个要素没有包括在作为优先权基础的申请中，而拒绝给予优先权或拒绝专利申请，但以在上述两种情况都有该国法律所规定的发明单一性为限。

关于作为优先权基础的申请中所没有包括的要素，以后提出的申请应该按照通常条件产生优先权。

G.——（1）如果审查发现一项专利申请包含一个以上的发明，申请人可以将该申请分成若干分案申请，保留第一次申请的日期为各该分案申请的日期，如果有优先权，并保有优先权的利益。

（2）申请人也可以主动将一项专利申请分案，保留第一次申请的日期为各该分案申请的日期，如果有优先权，并保有优先权的利益。本联盟各国有权决定允许这种分案的条件。

H.——不得以要求优先权的发明中的某些要素没有包含在原属国申请列举的权利要求中为理由，而拒绝给予优先权，但以申请文件从全体看来已经明确地写明这些要素为限。

I.——（1）在申请人有权自行选择申请专利或发明人证书的国家提出发明人证书的申请，应产生本条规定的优先权，其条件和效力与专利的申请一样。

（2）在申请人有权自行选择申请专利或发明人证书的国家，发明人证书的申请人，根据本条关于专利申请的规定，应享有以专利、实用新型或发明人证书的申请为基础的优先权。

第四条之二 【专利：在不同国家就同一发明取得的专利是相互独立的】

（1）本联盟国家的国民向本联盟各国申请的专利，与在其他国家，不论是否本联盟的成员国，就同一发明所取得的专利是相互独立的。

（2）上述规定，应从不受限制的意义来理解，特别是指在优先权期间内申请的各项专利，就其无效和丧失权利的理由以及其正常的期间而言，是相互独立的。

（3）本规定应适用于在其开始生效时已经存在的一切专利。

（4）在有新国家加入的情况下，本规定应同样适用于加入时两方面已经存在的专利。

（5）在本联盟各国，因享有优先权的利益而取得的专利的期限，与没有优先权的利益而申请或授予的专利的期限相同。

第四条之三　【专利：在专利上记载发明人】

发明人有在专利中被记载为发明人的权利。

第四条之四　【专利：在法律禁止销售情况下的专利性】

不得以专利产品的销售或依专利方法制造的产品的销售受到本国法律的禁止或限制为理由，而拒绝授予专利或使专利无效。

第五条　【A. 专利：物品的进口；不实施或不充分实施；强制许可。——B. 工业品外观设计：不实施；物品的进口。——C. 商标：不使用；不同的形式；共有人的使用。——D. 专利、实用新型、商标、工业品外观设计：标记】

A.——（1）专利权人将在本联盟任何国家内制造的物品进口到对该物品授予专利的国家的，不应导致该项专利的取消。

（2）本联盟各国都有权采取立法措施规定授予强制许可，以防止由于行使专利所赋予的专有权而可能产生的滥用，例如：不实施。

（3）除强制许可的授予不足以防止上述滥用外，不应规定专利的取消。自授予第一个强制许可之日起两年届满前不得提起取消或撤销专利的诉讼。

（4）自提出专利申请之日起四年届满以前，或自授予专利之日起三年届满以前，以后满期的期间为准，不得以不实施或不充分实施为理由申请强制许可；如果专利权人的不作为有正当理由，应拒绝强制许可。这种强制许可是非独占性的，而且除与利用该许可的部分企业或商誉一起转让外，不得转让，甚至以授予分许可证的形式也在内。

（5）上述各项规定准用于实用新型。

B.——对工业品外观设计的保护，在任何情况下，都不得以不实施或以进口物品与受保护的外观设计相同为理由而予以取消。

C.——（1）如果在任何国家，注册商标的使用是强制的，只有经过适当的期间，而且只有当事人不能证明其不使用有正当理由，才可以撤销注册。

（2）商标所有人使用的商标，在形式上与其在本联盟国家之一所注册的商标形式只有一些要素不同，而并未改变其显著性的，不应导致注册无效，也不应减少对商标所给予的保护。

（3）根据请求保护地国家的本国法认为商标共同所有人的几个工商企业，在相同或类似商品上同时使用同一商标，在本联盟任何国家内不应拒绝注册，也不应以任何方式减少对该商标所给予的保护，但以这种使用并未导致公众产生误解，而且不违反公共利益为限。

D.——不应要求在商品上标志或载明专利、实用新型、商标注册或工业品外观设计保存，作为承认取得保护权利的条件。

第五条之二　【一切工业产权：缴纳权利维持费的宽限期；专利：恢复】

（1）关于规定的工业产权维持费的缴纳，应给予不少于六个月的宽限期，但是如果本国法律有规定，应缴纳附加费。

（2）本联盟各国对因未缴费而终止的专利有权规定予以恢复。

第五条之三　【专利：构成船舶、飞机或陆上车辆一部分的专利器械】

在本联盟任何国家内，下列情况不应认为是侵犯专利权人的权利：

1. 本联盟其他国家的船舶暂时或偶然地进入上述国家的领水时，在该船的船身、机器、船具、装备及其他附件上使用构成专利对象的器械，但以专为该船的需要而使用这些器械为限；

2. 本联盟其他国家的飞机或陆上车辆暂时或偶然地进入上述国家时，在该飞机或陆上车辆的构造或操作中，或者在该飞机或陆上车辆附件的构造或操作中使用构成专利对象的器械。

第五条之四　【专利：利用进口国的专利

方法制造产品的进口】

一种产品进口到对该产品的制造方法有专利保护的本联盟国家时,专利权人对该进口产品,应享有按照进口国法律,他对在该国依照专利方法制造的产品所享有的一切权利。

第五条之五　【工业品外观设计】

外观设计在本联盟所有国家均应受到保护。

第六条　【商标：注册条件；同一商标在不同国家所受保护的独立性】

(1) 商标的申请和注册条件,在本联盟各国由其本国法律决定。

(2) 但本联盟任何国家对本联盟国家的国民提出的商标注册申请,不得跟未在原属国申请、注册或续展为理由而予以拒绝,也不得使注册无效。

(3) 在本联盟一个国家正式注册的商标,与在联盟其他国家注册的商标,包括在原属国注册的商标在内,应认为是相互独立的。

第六条之二　【商标：驰名商标】

(1) 本联盟各国承诺,如本国法律允许,应依职权,或依利害关系人的请求,对商标注册国或使用国主管机关认为在该国已经驰名,属于有权享受本公约利益的人所有、并且用于相同或类似商品的商标构成复制、仿制或翻译,易于产生混淆的商标,拒绝或撤销注册,并禁止使用。这些规定,在商标的主要部分构成对上述驰名商标的复制或仿制,易于产生混淆时,也应适用。

(2) 自注册之日起至少五年的期间内,应允许提出撤销这种商标的请求。本联盟各国可以规定一个期间,在这期间内必须提出禁止使用的请求。

(3) 对于依恶意取得注册或使用的商标提出撤销注册或禁止使用的请求,不应规定时间限制。

第六条之三　【商标：关于国徽、官方检验印章和政府间组织徽记的禁例】

(1)(a) 本联盟各国同意,对未经主管机关许可,而将本联盟国家的国徽、国旗和其他的国家徽记、各该国用以表明监督和保证的官方符号和检验印章以及从徽章学的观点看来的任何仿制用作商标或商标的组成部分,拒绝注册或使其注册无效,并采取适当措施禁止使用。

(b) 上述(a)项规定应同样适用于本联盟一个或一个以上国家参加的政府间国际组织的徽章、旗帜、其他徽记、缩写和名称,但已成为保证予以保护的现行国际协定的对象的徽章、旗帜、其他徽记、缩写和名称除外。

(c) 本联盟任何国家无须适用上述(b)项规定,而损害本公约在该国生效前善意取得的权利的所有人。在上述(a)项所指的商标的使用或注册性上不会使公众理解为有关组织与这种徽章、旗帜、徽记、缩写和名称有联系时,或者如果这种使用或注册性质上大概不会使公众误解为使用人与该组织有联系时,本联盟国家无须适用该项规定。

(2) 关于禁止使用表明监督、保证的官方符号和检验印章的规定,应该只适用于在相同或类似商品上使用包含该符号或印章的商标的情况。

(3)(a) 为了实施这些规定,本联盟国家同意,将它们希望或今后可能希望完全或在一定限度内受本条保护的国家徽记与表明监督保证的官方符号和检验印章清单,以及以后对该项清单的一切修改,经由国际局相互通知。本联盟各国应在适当的时候使公众可以得到用这样方法通知的清单。

但是,就国旗而言,这种相互通知并不是强制性的。

(b) 本条第(1)款(b)项的规定,仅适用于政府间国际组织经由国际局通过本联盟国家的徽章、旗帜、其他徽记、缩写和名称。

(4) 本联盟任何国家如有异议,可以在收到通知后十二个月内经由国际局向有关国家或政府间国际组织提出。

(5) 关于国旗,上述第(1)款规定的措施仅适用于1925年11月6日以后注册的商标。

(6) 关于本联盟国家以外的国家徽记、官方符号和申检验印章,以及关于政府间国际组织的徽章、旗帜、其他徽记、缩写和名称,这些规定仅适用于接到上面第(3)款规定的通知超过两个月后所注册的商标。

（7）在有恶意的情况下，各国有权撤销即使是在1925年11月6日以前注册的含有国家徽记、符号和检验印章的商标。

（8）任何国家的国民经批准使用其本国的国家徽记、符号和检验印章者，即使与其他国家的国家徽记、符号和检验印章相类似，仍可使用。

（9）本联盟各国承诺，如有人未经批准而在商业中使用本联盟其他国家的国徽，具有使人对商品的原产地产生误解的性质时，应禁止其使用。

（10）上述各项规定不应妨碍各国行使第六条之五B款第（3）项所规定的权利，即对未经批准而含有本联盟国家所采用的国徽、国旗、其他国家徽记，或官方符号和检验印章，以及上述第（1）款所述的政府间国际组织显著符号的商标，拒绝予以注册或使其注册无效。

第六条之四　【商标：商标的转让】

（1）根据本联盟国家的法律，商标的转让只有在与其所属工农业或商誉同时移转方为有效时，如该工农业或商誉坐落在该国的部分，连同在该国制造或销售标有被转让商标的商品的专有权一起移予受让人，即足以承认其转让为有效。

（2）如果受让人使用受让的商标事实上会具有使公众对使用该商标的商品的原产地、性质或基本品质发生误解的性质，上述规定并不使联盟国家负有承认该项商标转让为有效的义务。

第六条之五　【商标：在本联盟一个国家注册的商标在本联盟其他国家所受的保护】

A.（1）在原属国正规注册的每一商标，除有本条规定的约束外，本联盟其他国家应与在原属国注册那样接受申请和给予保护。各该国家在确定注册前可以要求提供原属国主管机关发给的注册证书。该项证书无需认证。

（2）原属国系指申请人设有真实、有效的工商业营业所的本联盟国家；或者如果申请人在本联盟内没有这样的营业所，则指他设有住所的本联盟国家；或者如果申请人在本联盟内没有住所，但是他是本联盟国家的国民，则指他有国籍的国家。

B. 除下列情况外，对本条所适用的商标既不得拒绝注册也不得使注册无效：

1．在其要求保护的国家，商标具有侵犯第三人的既得权利的性质的；

2．商标缺乏显著特征，或者完全是由商业中用以表示商品的种类、质量、数量、用途、价值、原产地或生产时间的符号或标记所组成，或者在要求给予保护的国家的现代语言中或在善意和公认的商务实践中已经成为惯用的；

3．商标违反道德或公共秩序，尤其是具有欺骗公众的性质。这一点应理解为不得仅仅因为商标不符合商标立法的规定，即认为该商标违反公共秩序，除非该规定本身同公共秩序有关。

然而，本规定在符合适用第十条之二的条件下，也可以适用。

C.（1）决定一个商标是否符合受保护的条件，必须考虑一切实际情况，特别是商标已经使用时间的长短。

（2）商标中有些要素与在原属国受保护的商标有所不同，但并未改变其显著特征，亦不影响其与原属国注册的商标形式上的同一性的，本联盟其他国家不得仅仅以此为理由而予以拒绝。

D. 任何人要求保护的商标，如果未在原属国注册，不得享受本条各规定的利益。

E. 但商标注册在原属国续展，在任何情况下决不包含在该商标已经注册的本联盟其他国家续展注册的义务。

F. 在第四条规定的期间内提出商标注册的申请，即使原属国在该期间届满后才进行注册，其优先权利益也不受影响。

第六条之六　【商标：服务标记】

本联盟各国承诺保护服务标记不应要求它们对该项标记的注册作出规定。

第六条之七　【商标：未经所有人授权而以代理人或代表人名义注册】

（1）如果本联盟一个国家的商标所有人的代理人或代表人，未经该所有人授权而以自己的名义向本联盟一个或一个以上的国家申请该商标的注册,该所有人有权反对所申请的注册或要求取消注册,或者,如该国法律允许,该所有人可以要求将该项注册转让给自己,除非该代理人或代表人证明其行为是正当的。

(2)商标所有人如未授权使用,以符合上述和(1)款的规定为条件,有权反对其代理人或代表人使用其商标。

(3)各国立法可以规定商标所有人行使本条规定的权利的合理期限。

第七条 【商标:使用商标的商品的性质】

使用商标的商品的性质决不应成为该商标注册的障碍。

第七条之二 【商标:集体商标】

(1)如果社团的存在不违反其原属国的法律,即使该社团没有工商业营业所,本联盟各国也承诺受理申请,并保护属于该社团的集体商标。

(2)各国应自行审定关于保护集体商标的特别条件,如果商标违反公共利益,可以拒绝给予保护。

(3)如果社团的存在不违反原属国的法律,不得以该社团在其要求保护的国家没有营业所,或不是根据该国的法律所组成为理由,拒绝对该社团的这些商标给予保护。

第八条 【厂商名称】

厂商名称应在本联盟一切国家内受到保护,没有申请或注册的义务,也不论其是否为商标的一部分。

第九条 【商标、厂商名称:对非法标有商标或厂商名称的商品在进口时予以扣押】

(1)一切非法标有商标或厂商名称的商品,在进口到该项商标或厂商名称有权受到法律保护的本联盟国家时,应予以扣押。

(2)在发生非法粘附上述标记的国家或在该商品已进口进去的国家,扣押应同样予以执行。

(3)扣押应依检察官或其他主管机关或利害关系人(无论为自然人或法人)的请求,按照各国本国法的规定进行。

(4)各机关对于过境商品没有执行扣押的义务。

(5)如果一国法律不准许在进口时扣押,应代之以禁止进口或在国内扣押。

(6)如果一国法律既不准许在进口时扣押,也不准许禁止进口或在国内扣押,则在法律作出相应修改以前,应代之以该国国民在此种情况下按该国法律可以采取的诉讼和救济手段。

第十条 【虚伪标记:对标有虚伪的原产地或生产者标记的商品在进口时予以扣押】

(1)前条各款规定应适用于直接或间接使用虚伪的商品原产地、生产者、制造者或商人的标记的情况。

(2)凡从事此项商品的生产、制造或销售的生产者,制造者或商人,无论为自然人或法人,其营业所设在被虚伪标为商品原产的地方、该地所在的地区,或在虚伪标为原产的国家、或在使用该虚伪原产地标记的国家者,无论如何均应视为利害关系人。

第十条之二 【不正当竞争】

(1)本联盟国家有义务对各该国国民保证给予制止不正当竞争的有效保护。

(2)凡在工商业事务中违反诚实的习惯做法的竞争行为构成不正当竞争的行为。

(3)下列各项特别应予以禁止:

1.具有采用任何手段对竞争者的营业所、商品或工商业活动产生混淆性质的一切行为;

2.在经营商业中,具有损害竞争者的营业所、商品或工商业活动的信用性质的虚伪说法;

3.在经营商业中使用会使公众对商品的性质、制造方法、特点、用途或数量易于产生误解的表示或说法。

第十条之三 【商标、厂商名称、虚伪标记、不正当竞争:救济手段,起诉权】

(1)本联盟国家承诺保证本联盟其他国家的国民获得有效地制止第九条、第十条和第十条之二所述一切行为的适当的法律上救济手段。

(2)本联盟国家并承诺规则措施,准许不违反其本国法律而存在的联合会和社团,代表有利害关系的工业家、生产者或商人,在其要求保护的国家法律允许该国的联合会和社团提出控诉的范围内，为了制止第九条、第十条和第十条之二所述的行为，向法院或行政机关提出控诉。

第十一条　【发明、实用新型、工业品外观设计、商标：在某些国际展览会中的临时保护】

（1）本联盟国家应按其本国法律对在本联盟任何国家领土内举办的官方的或经官方承认的国际展览会展出的商品中可以取得专利的发明、实用新型、工业品外观设计和商标，给予临时保护。

（2）该项临时保护不应延展第四条规定的期间。如以后要求优先权，任何国家的主管机关可以规定其期间应自该商品在展览会展出之日开始。

（3）每一个国家认为必要时可以要求提供证明文件，证实展出的物品及其在展览会展出的日期。

第十二条　【国家工业产权专门机构】

（1）本联盟各国承诺设立工业产权专门机构和向公众传递专利、实用新型、外观设计和商标的中央机构。

（2）该专门机构定期出版公报，按时公布：

（a）被授予专利的人的姓名和取得专利的发明的概要；

（b）注册商标的复制品。

第十三条　【本联盟大会】

（1）（a）本联盟设大会，由本联盟中受第十三条至第十七条约束的国家组成。

（b）每一国政府应有一名代表，该代表可以由若干副代表、顾问和专家辅助。

（c）各代表团的费用由委派该代表团的政府负担。

（2）（a）大会的职权如下：

（i）处理有关维持和发展本联盟及执行本公约的一切事项；

（ii）对建立世界知识产权组织（以下简称"本组织"）公约中所述的知识产权国际局（以下简称"国际局"）作关于筹备修订会议的指示，但应当考虑本联盟国家中不受第十三条至第十七条约束的国家所提的意见；

（iii）审查和批准本组织总干事有关本联盟的报告和活动，并就本联盟权限内的事项对总干事作一切必要的指示；

（iv）选举大会执行委员会的委员；

（v）审查和批准执行委员会的报告和活动，并对该委员会作指示；

（vi）决定本联盟计划和通过三年预算，并批准决算；

（vii）通过本联盟的财务规则；

（viii）为实现本联盟的目的，成立适当的专家委员会和工作组；

（ix）决定接受哪些非本联盟成员国的国家以及哪些政府间组织和非政府间国际组织以观察员身份参加本联盟会议；

（x）通过第十三条至第十七条的修改；

（xi）采取旨在促进实现本联盟目标的任何其他的适当行动；

（xii）履行按照本公约是适当的其他职责；

（xiii）行使建立本组织公约中授予并经本联盟接受的权利。

（b）关于对本组织管理的其他联盟也有利害关系的事项，大会在听取本组织协调委员会的意见后作出决议。

（3）（a）除适用（b）项规定的情况外，一名代表仅仅能代表一个国家。

（b）本联盟一些国家根据一项专门协定的条款组成一个共同的、对各该国家具有第十二条所述的国家工业产权专门机构性质的机构的，在讨论时，可以由这些国家中的一国作为共同代表。

（4）（a）大会每一成员国应有一个投票权。

（b）大会成员国的半数构成开会的法定人数。

（c）尽管有（b）项的规定，如任何一次会议出席的国家不足大会成员国的半数，但达到三分之一或三分之一以上时，大会可以作出决议，但是，除有关其本身的议事程序的决议外，所有其他决议只有符合下述条件才能生效。国际局应将这些决议通知未出席的大会成员国，请其在通知之日起三个月的期间内以书面表示其投票或弃权。在该期间届满时，如这些表示投票或弃权的国家数目，达到会议本身开会的法定人数所缺少的国家数目，只要同时也取得了规定的多数票，这些决议应有效。

（d）除适用第十七条第（2）款规定的情况外，大会决议需有所投票数的三分之二票。

（e）弃权不应认为是投票。

（5）（a）除适用（b）项规定的情况外，一名代表只能以一国名义投票。

（b）第（3）款（b）项所指的本联盟国家，一般应尽量派遣本国的代表团出席大会的会议。然而，如其中任何国家由于特殊原因不能派出本国代表团时，可以授权上述国家由于特殊原因不能派出本国代表团时，可以授权上述国家中其他国家代表团以其名义投票，但每一代表团只能为一个国家代理投票。代理投票的权限应由国家元首或主管部长签署的文件授予。

（6）非大会成员国的本联盟国家应被允许作为观察员出席大会的会议。

（7）（a）大会通常会议每二历年召开一次，由总干事召集，如无特殊情况，和本组织的大会同时间同地点召开。

（b）大会临时会议由总干事应执行委员会或占四分之一的大会成员国的要求召开。

（8）大会应通过其本身的议事规程。

第十四条　【执行委员会】

（1）大会设执行委员会。

（2）（a）执行委员会由大会成员国中选出的国家组成。此外，本组织总部所在地国家，除适用第十六条第（7）款（b）项规定的情况外，在该委员会中应有当然的席位。

（b）执行委员会各成员国政府应有一名代表，该代表可以由副代表、顾问和专家辅助。

（c）各代表团的费用应由委派该代表团的政府负担。

（3）执行委员会成员国的数目应相当于大会成员国的四分之一。在确定席位数目时，用四除后余数不计。

（4）选举执行委员会委员时，大会应适当注意公平的地理分配，以及组成执行委员会的国家中有与本联盟有关系的专门协定的缔约国的必要性。

（5）（a）执行委员会委员的任期，应自选出委员会的大会会期终了开始，直到下届通常会议会期终了为止。

（b）执行委员会委员可以连选连任，但其数目最多不得超过委员的三分之二。

（c）大会应制定有关执行委员会委员选举和可能连选的详细规则。

（6）（a）执行委员会的职权如下：

（i）拟订大会议事日程草案；

（ii）就总干事拟订的本联盟计划草案和二年预算向大会提出建议；

（iii）将总干事的定期报告和年度会计检查报告，附具适当的意见，提交大会；

（iv）根据大会决议，并考虑大会两届通常会议中间发生的情况，采取一切必要措施保证总干事执行本联盟的计划；

（v）执行本公约所规定的其他职责。

（b）关于对本组织管理的其他联盟也有利害关系的事项，执行委员会应在听取本组织协调委员会的意见后作出决议。

（7）（a）执行委员会每年举行一次通常会议，由总干事召集，最好和本组织协调委员会同时间同地点召开。

（b）执行委员会临时会议应由总干事依其本人倡议或应委员会主席或四分之一委员的要求而召开。

（8）（a）执行委员会每一成员国应有一个投票权。

（b）执行委员会委员的半数构成开会的法定人数。

（c）决议需有所投票数的简单多数。

（d）弃权不应认为是投票。

（e）一名代表仅能代表一个国家，并以一个国家名义投票。

（9）非执行委员会委员的本联盟国家可以派观察员出席执行委员会的会议。

（10）执行委员会应通过其本身的议事规程。

第十五条　【国际局】

（1）（a）有关本联盟的行政工作应由国际局执行。国际局是由本联盟的局和保护文学艺术作品国际公约所建立的联盟的局联合的继续。

（b）国际局特别应执行本联盟各机构的秘书处的职务。

（c）本组织总干事为本联盟最高行政官员，并代表本联盟。

（2）国际局汇集有关工业产权的情报并予以公布。本联盟各成员国应迅速将一切有关保护工业产权的新法律和正式文本送交国际局；此外，还应向国际局提供其工业产权机构发表的保护工业产权直接有关并对国际局工作有用的出版物。

（3）国际局应出版月刊。

（4）国际局应依请求向本联盟任何国家提供有关保护工业产权问题的情报。

（5）国际局应进行研究，并提供服务，以促进对工业产权的保护。

（6）总干事及其指定的职员应参加大会、执行委员会以及任何其他专家委员会或工作组的一切会议，但无投票权。总干事或其指定职员为这些机构的当然秘书。

（7）（a）国际局应按照大会的指示，与执行委员会合作，筹备对本公约第十三条至第十七条以外的其他条款的修订会议。

（b）国际局可以就修订会议的筹备工作与政府间组织和非政府间国际组织协商。

（c）总干事及其指定的人员应参加这些会议的讨论，但无投票权。

（8）国际局应执行指定由其执行的任何其他任务。

第十六条　【财务】

（1）（a）本联盟应制定预算。

（b）本联盟的预算应包括本联盟本身的收入和支出，对各联盟共同经费预算的摊款，以及需要时对本组织成员国会议预算提供的款项。

（c）不是专属于本联盟、而且也属于本组织所管理的其他一个或一个以上联盟的经费，应认为各联盟的共同经费。本联盟在该项共同经费中的摊款应与本联盟在其中所享的利益成比例。

（2）本联盟预算的制定应适当考虑到与本组织管理的其他联盟预算相协调的需要。

（3）本联盟预算的财政来源如下：

（i）本联盟国家的会费；

（ii）国际局提供有关联盟的服务所得到的费用或收款；

（iii）国际局有关本联盟出版物的售款或版税；

（iv）赠款、遗赠和补助金；

（v）租金、利息和其他杂项收入。

（4）（a）为了确定对预算应缴的会费，本联盟每一个国家应属于下列的一个等级，并以所属等级的单位数为基础缴纳年度会费：

等级Ⅰ ·····················25
等级Ⅱ ·····················20
等级Ⅲ ·····················15
等级Ⅳ ·····················10
等级Ⅴ ····················· 5
等级Ⅵ ····················· 3
等级Ⅶ ····················· 1

（b）除已经指定等级外，每一国家应在交存批准书或加入书的同时，表明自己愿属哪一等级。任何国家都可以改变其等级。如果选择较低的等级，必须在大会的一届通常会议上声明。这种改变应在该届会议的下一历年开始时生效。

（c）每一国家的年度会费的数额在所有国家向本联盟预算缴纳的会费总额中所占的比例，应与该国的单位数额在所有缴纳会费国家的单位总数中所占的比例相同。

（d）会费应于每年一月一日缴纳。

（e）一个国家欠缴的会费数额等于或超过其前两个整年的会费数额的，不得在本联盟的任何机构（该国为其成员）内行使投票权。但是如果证实该国延迟缴费系由于特殊的和不可避免的情况，则在这样的期间内本联盟的任何机构可以允许该国在该机构继续行使其投票权。

（f）如预算在新的财政年度开始前尚未通过，按财务规则的规定，预算应与上一年度预算的水平相同。

（5）国际局提供有关本联盟的服务应得的费用或收款的数额由总干事确定，并报告大会和执行委员会。

(6)(a)本联盟应设工作基金,由本联盟每一国家一次缴纳的款项组成,如基金不足,大会应决定予以增加。

(b)每一国家向上述基金初次缴纳的数额或在基金增加时分担的数额,应与建立基金或决定增加基金的一年该国缴纳的会费成比例。

(c)缴款的比例和条件应由大会根据总干事的建议,并听取本组织协调委员会的建议后规定。

(7)(a)在本组织与其总部所在地国家缔结的总部协定中应规定,工作基金不足时该国应给予垫款。每次垫款的数额和条件应由本组织和该国签订单独的协定。该国在承担垫款义务期间,应在执行委员会中有当然席位。

(b)(a)项所指的国家和本组织都各自有权以书面通知废除垫款的义务。废除应于发出通知当年年底起三年后生效。

(8)账目的会计检查工作应按财务规则的规定,由本联盟一个或一个以上国家或由外界审计师进行。他们应由大会在征得其同意后予以指定。

第十七条 【第十三条至第十七条的修正】

(1)修正第十三、十四、十五、十六条和本条的提案,可以由大会任何一个成员国、执行委员会或总干事提出。这类提案应由总干事至少在提交大会审议六个月前通知大会成员国。

(2)对第(1)款所述各条的修正案须由大会通过。通过需要有所投票数的四分之三票,但第十三条和本款的修正案需要有所投票数的五分之四票。

(3)第(1)款所述各条的修正案,在总干事收到大会通过修正案时四分之三的大会成员国依照各该国宪法程序接受修正案的书面通知一个月后发生效力。各该条的修正案在经接受后,对修正案生效时大会成员国以及以后成为大会成员国的所有国家都有约束力,但有关增加本联盟国家的财政义务的修正案,仅对通知接受该修正案的国家有约束力。

第十八条 【第一条至第十二条和第十八条至第三十条的修订】

(1)本公约应交付修订,以便采用一些旨在改善本联盟制度的修正案。

(2)为此目的,将陆续在本联盟国家之一举行本联盟国家代表会议。

(3)对第十三条至第十七条的修正应按照第十七条的规定办理。

第十九条 【专门协定】

不言而喻,本联盟国家在与本公约的规定不相抵触的范围内,保留有相互间分别签订关于保护工业产权的专门协定的权利。

第二十条 【本联盟国家的批准或加入;生效】

(1)(a)本联盟任何国家已在本议定书上签字者,可以批准本议定书,未签字者可以加入本议定书。批准书和加入书应递交总干事保存。

(b)本联盟任何国家可以在其批准书或加入书中声明其批准或加入不适用于:

(i)第一条至第十二条,或

(ii)第十三条至第十七条。

(c)本联盟任何国家根据(b)项的规定声明其批准或加入的效力不适用于该项所述的两组条文之一者,以后可以随时声明将其批准或加入的效力扩大至该组条文。该项声明书应递交总干事保存。

(2)(a)第一条至第十二条,对于最早递交批准书或加入书而未作上述第(1)款(b)项第(i)目所允许的声明的本联盟十个国家,在递交第十份批准书或加入书三个月后,发生效力。

(b)第十三条至第十七条,对于最早递交批准书或加入书而未作上述第(1)款(b)项第(ii)目所允许的声明的本联盟十个国家,在递交第十份批准书或加入书三个月后,发生效力。

(c)以第(1)款(b)项第(i)目和第(ii)目所述的两组条文按照(a)项和(b)项的规定每一组开始生效为条件,以及以适用第(1)款(b)项规定为条件,第一条至第十七条,对于(a)项和(b)项所述的递交批准书或加入书的国家以外的、或按第(1)款(c)项递交声明的任何国家以外的本联盟任何国家，在总干事就该项递交发出通知之日起三个月后发生效力，除非所递交的批准书、加入书或声明已经指定以后的日期。在后一情况下，本议定书对该国应在其指定的日期发生效力。

（3）第十八条至第三十条，对递交批准书或加入书的本联盟任何国家，应在第（1）款（b）项所述的两组条文中任何一组条文，按照第（2）款（a）、（b）或（c）项对该国生效的日期中比较早的那一日发生效力。

第二十一条 【本联盟以外国家的加入；生效】

（1）本联盟以外的任何国家都可以加入本议定书，成为本联盟的成员国。加入书递交总干事保存。

（2）（a）本联盟以外的任何国家在议定书的任何规定发生效力前一个月或一个月以上递交加入书的，本议定书应在该规定按照第二十条第（2）款（a）项或（b）项最先发生效力之日对该国发生效力，除非该加入书已经指定以后的日期；但应遵守下列条件：

（i）如第一条至第十二条在上述日期尚未发生效力，在这些规定发生效力以前的过渡期间，作为代替，该国应受里斯本议定书第一条至第十二条的约束；

（ii）如第十三条至第十七条在上述日期尚未发生效力，在这些规定发生效力以前的过渡期间，作为代替，该国应受里斯本议定书第十三条、第十四条第（3）款、第（4）款和第（5）款的约束。

如果该国在其加入书中指定了以后的日期，本议定书应在其指定的日期对该国发生效力。

（b）本联盟以外的任何国家递交加入书的日期是在本议定书的一组条文发生效力之后，或发生效力前一个月内的，除适用（a）项规定的情况外，本议定书应在总干事就该国加入发出通知之日起三个月后对该国发生效力，除非该加入书已经指定以后的日期。在后一情况下，本议定书应在其指定的日期对该国发生效力。

（3）本联盟以外的任何国家在本议定书全部发生效力后或发生效力前一个月内递交加入书的，本议定书应在总干事就该国加入发出通知之日起三个月后对该国发生效力，除非该加入书已经指定以后的日期。在后一种情况下，本议定书应在其指定的日期对该国发生效力。

第二十二条 【批准或加入的后果】

除适用第二十条第（1）款（b）项和第二十八第（2）款的规定可能有例外外，批准或加入应自动导致接受本议定书的全部条款并享受本议定书的全部利益。

第二十三条 【加入以前的议定书】

在本议定书全部发生效力以后，各国不得加入本公约以前的议定书。

第二十四条 【领地】

（1）任何国家可以在其批准书或加入书中声明，或在以后任何时候以书面通知总干事，本公约适用于该国的声明或通知中所指定的由该国负责其对外关系的全部或部分领地。

（2）任何国家已经作出上述声明或提出上述通知的，可以在任何时候通知总干事，本公约停止适用于上述的全部或部分领地。

（3）（a）根据（1）款提出的声明，应与包括该项声明的批准书或加入书同时发生效力；根据该款提出的通知应在总干事通知此事后三个月发生效力。

（b）根据第（2）款提出的通知，应在总干事收到此项通知十二个月后发生效力。

第二十五条 【在国内执行本公约】

（1）本公约的缔约国承诺，根据其宪法，采取保证本公约适用的必要措施。

（2）不言而喻，各国在递交其批准书或加入书时将能根据其本国法律实施本公约的规定。

第二十六条 【退出】

（1）本公约无限期地有效。

（2）任何国家可以通知总干事退出本议定书。该项退出也构成退出本公约以前的一切议定书。退出仅对通知退出的国家发生效力，本公约对本联盟其他国家仍完全有效。

（3）自总干事收到退出通知之日起一年后，退出发生效力。

（4）任何国家在成为本联盟成员国之日起五年届满以前，不得行使本条所规定的退出权利。

第二十七条 【以前议定书的适用】

（1）关于适用本议定书的国家之间的关系，并且在其适用的范围内，本议定书取代1883年3月20日的《巴黎公约》和以后修订的议定书。

（2）（a）对于不适用或不全部适用本议定书，但适用1958年10月31日的里斯本议定书的国家，里斯本议定书仍全部有效，或在按第（1）款的规定本议定书并未取代该议定书的范围内有效。

（b）同样，对于既不适用本议定书或其一部分，也不适用里斯本议定书的国家，1934年6月2日的伦敦议定书仍全部有效，或在按第（1）款的规定本议定书并未取代该议定书的范围内有效。

（c）同样，对于既不适用本议定书或其一部分，也不适用里斯本议定书，也不适用伦敦议定书的国家，1925年11月6日的海牙议定书仍全部有效，或在按第（1）款的规定本议定书并未取代该议定书的范围内有效。

（3）本联盟以外的各国成为本议定书的缔约国的，对非本议定书的缔约国或者虽然是本议定书的缔约国但按照第二十条第（1）款（b）项第（i）目提出声明的本联盟任何国家，应适用本议定书。各该国承认，上述本联盟国家在其与各该国的关系中，可以适用该联盟国家所参加的最近议定书的规定。

第二十八条 【争议】

（1）本联盟两个或两个以上国家之间对本公约的解释或适用有争议不能靠谈判解决时，有关国家之一可以按照国际法院规约将争议提交该法院，除非有关国家就某一其他解决办法达成协议。将争议提交该法院的国家应通知国际局；国际局应将此事提请本联盟其他国家注意。

（2）每一国家在本议定书上签字或递交批准书或加入书时，可以声明它认为自己不受第（1）款规定的约束。关于该国与本联盟任何其他国家之间的任何争议，上述第（1）款的规定概不适用。

（3）根据上述第（2）款提出声明的任何国家可以在任何时候通知总干事撤回其声明。

第二十九条 【签字、语言、保存职责】

（1）（a）本议定书的签字本为一份，用法语写成，由瑞典政府保存。

（b）总干事与有关政府协商后，应制定英语、德语、意大利语、葡萄牙语、俄罗斯语、西班牙语以及大会指定的其他语言的正式文本。

（c）如对各种文本的解释有不同意见，应以法语本为准。

（2）本议定书在1968年1月13日以前在斯德哥尔摩开放签字。

（3）总干事应将经瑞典政府证明的本议定书签字文本二份分送本联盟所有国家政府，并根据请求，送给任何其他国家政府。

（4）总干事应将本议定书交联合国秘书处登记。

（5）总干事应将签字、批准书或加入书的交存和各该文件中包括的或按第二十条（1）款（c）项提出的声明，本议定书任何规定的生效、退出的通知以及按照第二十四条提出的通知等，通知本联盟所有国家政府。

第三十条 【过渡条款】

（1）直至第一任总干事就职为止，本议定书所指本组织国际局或总干事应分别视为指本联盟的局或其局长。

（2）凡不受第十三条至第十七条约束的本联盟国家，直到建立本组织公约生效以后的五年期间内，可以随其自愿行使本议定书第十三条至第十七条规定的权利，如同各该国受这些条文约束一样。愿意行使该项权利的国家应以书面通知总干事；该通知自其收到之日起发生效力。直至该项期间届满为止，这些国家应视为大会的成员国。

（3）只要本联盟所有国家没有完全成为本组织的成员国，本组织国际局也应行使本联盟的局的职责，总干事也应行使该局局长的职责。

（4）本联盟所有国家一旦都成为本组织成员国以后，本联盟的局的权利、义务和财产均应移交给本组织国际局。

— 851 —

与贸易（包括假冒商品贸易在内）有关的知识产权协定[1]

（1994年4月15日于摩洛哥签订　1995年1月1日起生效）

各成员，

渴望减少国际贸易中的扭曲和障碍，考虑到需要促进对知识产权的有效和充分的保护，并需要保证知识产权执法的措施和程序本身不致成为合法贸易的障碍；

承认，为达到此目的，需要制订新的有关下列内容的规则和纪律：

（a）1994年关税与贸易总协定的基本原则以及有关知识产权国际协定或公约的基本原则的可适用程度；

（b）规定与贸易有关的知识产权的备有、范围和使用的适当的标准和原则；

（c）规定有效和适当的方法，以执行与贸易有关的知识产权，但应顾及各国[2]法律制度的差异；

（d）规定有效和迅速的程序，以多边的方法防止和解决政府间的争议；以及

（e）规定过渡安排，目的在于使各成员尽可能地接受谈判的结果；

承认，为处理国际上假冒货物的贸易，需要建立一个包含原则、规则和纪律的多边框架；

承认知识产权是私权；

承认各国保护知识产权制度中作为基础的公共政策目标，包括发展和技术的目标；

承认最不发达国家[3]成员在其境内实施法律和规章时，特别需要有最高度的灵活性，以便使它们能建立健全和有活力的技术基础；

强调达成有力的承诺，通过多边程序解决与贸易有关的知识产权争端，以缓和紧张局势的重要性；

渴望在世界贸易组织和世界知识产权组织以及其他有关国际组织之间建立相互支持的关系；

兹协定如下：

第一部分　总则和基本原则

第1条　义务的性质和范围

1. 各成员应当实施本协定的规定。各成员可以，但没有义务，在其法律中规定比本协定的要求更为广泛的保护，但以这种保护并不违反本协定的规定为限。各成员有自由在其法律制度和实践中确定实施本协定规定的适当方法。

2. 为本协定的目的，"知识产权"一词是指第二部分第1节至第7节所述的一切类别的知识产权。

3. 各成员应当将本协定规定的待遇给予其他成员的国民[4]。就有关的知识产权而言，其他成员的国民应当理解为符合《巴黎公约》（1967

---

[1]　本协定根据世界知识产权组织1996年出版的英文本（No.223（E））译出，除协定原法和WIPO附注外，译者也加了注。［WIPO注］本协定是《建立世界贸易组织马拉卡什协定》（以下简称"世界贸易组织协定"）的附件IC，签订于1994年4月15日，自1995年1月1日起生效。本协定是世界贸易组织协定的组成部分，对于世界贸易组织的所有成员都有约束力（见世界贸易组织协定第Ⅱ.2条）。

[2]　［WIPO注］在世界贸易组织协定的末尾有一段解释性说明："在世界贸易组织的成员是单独关税区的情形，本协定和多边贸易协定中的用语前有修饰词'national'（国家的、国民的）时，除另有规定外，这种用语应理解为与该单独关税区有关。"这一段适用于与贸易有关的知识产权协定，因为它是一个多边贸易协定。

[3]　［WIPO注］在世界贸易组织协定的末尾有一段解释性说明："本协定和多边贸易协定中所用的'country'或'countries'（国家或若干国家）二词应理解为包括世界贸易组织的单独关税区在内。"

[4]　［本协定原注①］本协定提到"国民"时，在世界贸易组织的成员是单独关税区的情形，是指在该关税区内有住所或者有真实有效的工商业营业所的自然人或法人。

年)、伯尔尼公约（1971年)、罗马公约和关于集成电路的知识产权条约规定有资格享受保护的标准的自然人和法人，犹似世界贸易组织的所有成员均为各该公约❶的成员一样。任何成员欲利用罗马公约第5条第3款或者第6条第2款所规定的可能性的❷，应当向与贸易有关的知识产权理事会（"TRIPS理事会"）作出各该条款所规定的通知。

第2条　知识产权公约

1. 就本协定第二、第三和第四部分而言，各成员应当遵守《巴黎公约》（1967年）第1条至第12条和第19条的规定。

2. 本协定第一至第四部分的任何规定均不应减损各成员之间根据《巴黎公约》、伯尔尼公约、罗马公约和关于集成电路的知识产权条约可能已经相互承担的义务。

第3条　国民待遇

1. 在知识产权的保护❸方面，除《巴黎公约》（1967年）、伯尔尼公约（1971年)、罗马公约或者关于集成电路的知识产权条约已经分别规定的例外以外，每一成员给予其他成员国民的待遇不应比其给予本国国民的待遇较为不利。就表演者、录音制品制作者和广播组织而言，这一义务只适用于本协定规定的权利。任何成员欲利用伯尔尼公约（1971年）第6条❹或者罗马公约第16条第1款（b）项❺的规定的，应当向与贸易有关的知识产权理事会作出各该条款所规定的通知。

2. 各成员可以利用本条第1款所允许的司法和行政程序方面的例外，包括在成员管辖范围以内指定送达文件的地址或者委派代理人，只要这些例外是为确保遵守与本协定不相抵触的法律和规章所必要，而且这些做法的实施方式对贸易不会构成变相的限制。

第4条　最惠国待遇

关于知识产权的保护，一成员对任何其他国家的国民授予的任何利益、优惠、特权或豁免，应当立即无条件地给予所有其他成员的国民。但一成员按照下述情形授予的任何利益、优惠、特权或者豁免，不受这个义务的限制：

（a）根据一般性的司法协助或法律实施的国际协定而来，并且不是特别限于知识产权保护的；

（b）根据伯尔尼公约（1971年）或者罗马公约规定允许给予的待遇，其作用不属于国民待遇，而系对应另一国给予的待遇的；

（c）有关本协定未规定的表演者、录音制品制作者和广播组织的权利的；

（d）在世界贸易组织协定生效❻以前，根据有关知识产权保护的国际协定而来的，但是以这些协定已通知与贸易有关的知识产权理事会，并且对其他成员的国民并不构成任意或者不正当的歧视为限。

第5条　关于获得或者维持保护的多边协定

第3条和第4条规定的义务不适用于在世界知识产权组织主持下缔结的有关获得或者维持知识产权多边协定中规定的程序。

---

❶ [本协定原注②] 在本协定中，"巴黎公约"是指保护工业产权巴黎公约；"巴黎公约（1967年）"是指该公约1967年7月14日的斯德哥尔摩文本。"伯尔尼公约"是指保护文学艺术作品伯尔尼公约；"伯尔尼公约（1971年）"是指该公约1971年7月24日的巴黎文本。"罗马公约"是指1961年10月26日在罗马通过的保护表演者、录音制品制作者和广播组织国际公约。"关于集成电路的知识产权条约"（IPIC条约）是指1989年5月26日在华盛顿通过的关于集成电路的知识产权条约。"世界贸易组织协定"是指建立世界贸易组织的协定。

❷ [译者注] 罗马公约第5条第3款规定，缔约国对录音制品制作者可以不执行发行标准或者不执行录制标准；第6条第2款规定，缔约国可以声明只保护其总部设在另一缔约国并从设在该同一缔约国的发射台播放的广播组织的广播节目。

❸ [本协定原注③] 就第3条和第4条而言，"保护"一词既包括影响本协定特别述及的知识产权的使用事项，也包括影响知识产权的备有、获得、范围、维持和执法的事项。

❹ [译者注] 伯尔尼公约（1971年）第6条规定，缔约国可以对非缔约国国民首次出版作品的保护加以限制。

❺ [译者注] 罗马公约第16条第1款（b）项规定，缔约国在加入该公约时，可以声明它不执行有关广播组织有权许可或禁止向公共场所的公众传播电视节目的条款。

❻ [WIPO注] 世界贸易组织协定于1995年1月1日生效。

第6条 权利用尽

为了根据本协定解决争端的目的，在符合第3条和第4条规定的前提下，本协定的任何规定不得用以处理知识产权的用尽问题。

第7条 目 标

知识产权的保护和执法应当有助于促进技术的革新以及技术的转让和传播，有助于使技术知识的创作者和使用者互相受益而且是以增进社会和经济福利的方式，以及有助于权利和义务的平衡。

第8条 原 则

1. 各成员在制订或者修正其法律和规章时，可以采取必要的措施，以保护公共卫生和营养，以及促进对其社会经济和技术发展极关重要的部分的公共利益，但是以这些措施符合本协定的规定为限。

2. 为了防止权利持有人滥用知识产权，或者采用不合理地限制贸易或不利于国际技术转让的做法，可以采取适当措施，但是以这些措施符合本协定的规定为限。

第二部分　关于知识产权的备有、范围和使用的标准

第一节　版权和有关权利

第9条 与伯尔尼公约的关系

1. 各成员应当遵守伯尔尼公约（1971年）第1条至第21条，和该公约的附录。然而，就该公约第6条之二❶授予的权利和由该条得来的权利而言，各成员根据本协定既不享有权利，也不负担义务。

2. 版权的保护应当及于表达，而不及于构思、程序、操作方法或者数学概念本身。

第10条 计算机程序和数据汇编

1. 计算机程序，不论是以源代码还是以目标代码表达，应当根据伯尔尼公约（1971年）作为文字作品加以保护。

2. 数据或者其他资料的汇编，不论是用机器可读形式还是其他形式，由于对其内容的选择或者安排而构成智力创作，应当加以保护。这种保护不涉及数据或者资料本身，不应损害存在于数据或者资料本身的任何版权。

第11条 出租权

至少就计算机程序和电影作品而言，成员应当向作者及其权利继受人提供许可或者禁止将其享有版权作品的原件或者复制品向公众商业性出租的权利。对于电影作品，成员应当免除这一义务，除非这种出租已经导致这种作品的广泛复制，大大地损害了该成员授予作者及其权利继受人的复制排他权。对于计算机程序，如果程序本身不是出租的主要客体，这一义务不适用于程序的出租。

第12条 保护期间

除摄影作品或者实用艺术作品外，如果作品的保护期间不是以自然人的一生作为计算的基础，该期间应当自授权出版的历年年终起不得少于50年，或者，如果自作品完成起50年内没有授权出版，则自作品完成之年年终起不得少于50年。

第13条 限制和例外

各成员应当将对各种排他权的限制或例外局限于某些特殊情形，而且这些情形是与作品的正常利用不相冲突，不会不合理地损害权利持有人的合法利益的。

第14条 对表演者、录音制品制作者和广播组织的保护

1. 就将其表演固定于录音制品而言，表演者应当有可能制止未经其许可而为下列行为：对其未曾固定过的表演加以固定，和复制这种固定品。表演者还应当有可能制止未经其许可而为下列行为：以无线方法将其现场表演广播，和向公众传播。

2. 录音制品制作者应当享有许可或者禁止直接或间接复制其录音制品的权利。

3. 广播组织应当有权禁止未经其许可而为下列行为：将广播予以固定，复制固定品，以无线方法转播广播，以及将广播组织的电视广播向公众传播。如果成员未将这些权利授予广播组织，则应在符合伯尔尼公约（1971年）规定的前提下，对广播题材的版权所有人提供制止上述行为的可能性。

---

❶ [译者注] 伯尔尼公约（1971年）第6条之二规定，作者对其作品享有精神权利。

4. 第 11 条关于计算机程序的规定应当比照适用于录音制品制作者以及成员法律规定的录音制品的任何其他权利持有人。如果在 1994 年 4 月 15 日，成员在录音制品的出租方面已经实施对权利持有人给予公平报酬的制度，该成员可以维持这种制度，但以录音制品的商业性出租对权利持有人的复制排他权并未造成重大的损害为限。

5. 表演者和录音制品制作者根据本协定可以享有的保护期间，至少应当持续至 50 年期间之末，自固定品制作或表演举行的历年年终起计算。依照本条第 3 款授予的保护期间，自广播播出的历年年终起至少应当持续 20 年。

6. 任何成员可以在罗马公约允许的限度内，对本条第 1 款、第 2 款和第 3 款授予的权利规定条件、限制、例外和保留。然而，伯尔尼公约（1971 年）第 18 条❶的规定也应比照适用于表演者和录音制品制作者就录音制品所享有的权利。

第二节　商　标

第 15 条　可保护的主题

1. 任何标记或标记的组合，能将一企业的商品或服务与其他企业的商品或服务区别开来的，就能构成商标。这类标记，尤其是文字（包括人名）、字母、数字、图形要素、和色彩的组合，以及这类标记的任何组合，均适合于作为商标予以注册。如果标记缺乏区别有关商品或服务的固有能力，各成员可以将该标记可否注册取决于使用后所获得的显著性。各成员可以要求将视觉可以感知的标记作为注册的条件。

2. 本条第 1 款不应理解为阻止成员依据其他理由拒绝商标的注册，但以这些理由并未减损《巴黎公约》（1967 年）的规定为限。

3. 各成员可以将可否注册取决于使用。然而，不应将商标的实际使用作为提交注册申请的条件。一项申请不应仅仅由于商标的意图使用在申请日起 3 年期间届满以前没有实现而予以拒绝。

4. 预期使用商标的商品或服务的性质，在任何情况下均不应成为商标注册的障碍。

5. 各成员应当在商标注册以前或者在注册以后迅速将每一商标公布，并应当提供请求取消注册的合理机会。此外，各成员可以提供对商标的注册提出异议的机会。

第 16 条　授予的权利

1. 注册商标所有人应当享有排他权，以制止所有第三方未得所有人同意而在贸易中将与注册商标相同或类似的标记使用于与该商标所注册的商品或服务相同或类似的商品或服务，而这种使用是有造成混淆的可能的。在使用相同的标记于相同的商品或服务的情形，应当推定有混淆的可能。上述权利不应损害任何现有的在先权利，也不应当影响各成员根据使用授予权利的可能性。

2. 《巴黎公约》（1967 年）第 6 条之二❷应当比照适用于服务。在确定一项商标是否驰名时，各成员应当考虑有关部分公众对该商标的知晓程度，包括该商标因宣传结果而在有关成员获得公众知晓的程度。

3. 《巴黎公约》（1967 年）第 6 条之二应当比照适用于与商标注册的商品或服务不相类似的商品或服务，但是以该商标使用于各该商品或服务会暗示各该商品或服务与该注册商标所有人之间存在联系，而且以注册商标所有人的利益很可能因这种使用而受到损害为限。

第 17 条　例　外

各成员可以对商标所授予的权利规定有限的例外，诸如说明性词语的合理使用，但是以这些例外考虑了商标所有人和第三方的合法利益为限。

第 18 条　保护期间

商标的首次注册和注册的每次续展的期间不应少于 7 年。商标的注册可以无限制地续展。

第 19 条　使用的要求

1. 如果使用是维持注册的必要条件，只有在至少连续 3 年不使用以后，才可以取消其

---

❶ ［译者注］伯尔尼公约（1971 年）第 18 条规定公约的追溯效力。

❷ ［译者注］《巴黎公约》第 6 条之二规定对驰名商标的保护。

注册，除非商标所有人表明有妨碍这种使用的正当理由。某些并非出于商标所有人的意愿而构成商标使用障碍的情况，诸如对商标所保护的商品或服务施加进口限制或者政府的其他要求，应当承认是不使用的正当理由。

2. 他人在商标所有人的控制下使用商标，应当承认是为维持注册目的而使用商标。

第20条 其他要求

商标在贸易中使用时不应不合理地受到一些特殊要求的干扰，诸如与其他商标一起使用，以特殊形式使用，或者使用的方式有损于其将一企业的商品或服务与其他企业的商品或服务区别开来的能力。但这一规定并不妨碍这样的要求，即规定在使用商标以识别生产商品或服务的企业时，要求与另一没有联系的商标一起使用，以区别该企业有关的特定商品或服务。

第21条 许可和转让

各成员可以规定商标的许可和转让的条件。这应理解为，商标的强制许可是不允许的，并且注册商标所有人有权将商标连同或不连同其所属的企业一起转让。

第三节 地理标志

第22条 地理标志的保护

1. 为本协定的目的，地理标志是指表明一种商品来源于某一成员的领土内、或者该领土内的一个地区或地方的标志，而且该商品的特定品质、信誉或其他特征主要是由于其地理来源所致。

2. 在地理标志方面，各成员应当为有利害关系的各方提供法律手段，以制止下列行为：

（a）在商品的名称或外表上使用任何方法，以明示或暗示有关商品来源于真实原产地以外的一个地理区域，在某种意义上对商品的地理来源误导公众；

（b）构成《巴黎公约》（1967年）第10条之二❶所称的不正当竞争行为的任何使用。

3. 如果一项商标含有商品的地理标志，或由商品的地理标志所组成，而该商品并非来源于该标志所表明的领土，而且如果在成员内这种商品的商标中使用这种标志具有对其真实产地误导公众的性质，则该成员如其法律允许应当依职权，或者依利害关系方的请求，拒绝该商标的注册或者使该注册无效。

4. 根据本条第1款、第2款和第3款的保护，应当适用于这样的地理标志，即虽然在字面上真实地表明商品来源的领土、地区或地方，但是却向公众虚假地表明该商品来源于另一领土的地理标志。

第23条 对葡萄酒和烈酒地理标志的附加保护

1. 每一成员应当为有利害关系的各方提供法律手段，以制止将识别葡萄酒的地理标志用于标示不是来源于该地理标志所指明地方的葡萄酒，或者将识别烈酒的地理标志用于标示不是来源于该地理标志所指明地方的烈酒，即使同时标示了商品的真实来源地，或者该地理标志使用的是翻译文字，或者伴有诸如"类"、"式"、"仿"或类似的表述，也一样❷。

2. 如果葡萄酒商标中包含或组合有识别葡萄酒的地理标志，或者烈酒商标中包含或组合有识别烈酒的地理标志，而该葡萄酒或烈酒并非来源于该地，成员如其法律允许应当依职权，或者依利害关系方的请求，拒绝该商标的注册或者使其注册无效。

3. 在葡萄酒有多个同音或同形的地理标志的情形，在符合第22条第4款规定的前提下，应当对每一个标志给予保护。每一成员应当在顾及需要确保对有关生产者给予公平待遇，并使消费者不致受到误导的情况下，确定实际可行的条件，以便各该同音或同形的标志能够相互区别。

4. 为了便利对葡萄酒地理标志的保护，与贸易有关的知识产权理事会应就建立一种多边制度举行谈判，使参加该制度的成员中有资

---

❶ ［译者注］《巴黎公约》（1967年）第10条之二规定缔约国应当制止不正当竞争，并规定了不正当竞争的定义。

❷ ［本协定原注④］尽管有本协定第42条第一句的规定，就这些义务而言，各成员仍可依行政行为执法。

格获得保护的葡萄酒地理标志进行通知和登记。

第 24 条　国际谈判；例外

1. 各成员同意进行谈判，以便根据第 23 条加强对各个地理标志的保护。成员不应援用下述第 4 款至第 8 款的规定拒绝参加谈判，或者拒绝签订双边或多边的协议。在这些谈判中，各成员将愿意考虑这几款规定是否继续适用于各个地理标志，因为各个地理标志的使用曾经是这些谈判的主题。

2. 与贸易有关的知识产权理事会应当继续对本节各规定的适用进行审查；第一次审查应当在建立世界贸易组织协定生效后两年内举行。凡是影响履行这些规定所产生的义务的任何事项均可提请理事会注意。如果有关成员之间对此类事项通过双边或多边协商未能找到令人满意的解决办法，理事会应当根据成员的请求，就该事项与任何一个或几个成员进行协商。理事会应当采取各方同意的行动，以便利本节的实施和促进本节的目标。

3. 成员在实施本节规定时，不应减少在临近世界贸易组织协定生效日之前该成员对地理标志已有的保护。

4. 如果一成员的国民或居民在该成员的领土内，在商品或服务方面连续使用另一成员用以识别葡萄酒或烈酒的某一地理标志，(a) 在 1994 年 4 月 15 日以前至少已有 10 年，或者（b）在该日以前的使用是善意的，则本节的任何规定并不要求该成员制止其国民或居民在相同或有关的商品或服务方面继续以同样方式使用该地理标志。

5. 如果（a）在某一成员按照第六部分规定适用这些规定以前，或者（b）在地理标志在其来源国获得保护以前，某一商标已经善意地提出申请或者获得注册，或者商标权利已经通过善意使用而获得，则为实施本节规定而采取的措施不应因该商标与某一地理标志相同或类似，而损害商标的注册资格或商标注册的有效性，或者损害使用该商标的权利。

6. 如果任何其他成员适用于商品或服务的某一地理标志，与某一成员在其领土内以普通语言中惯用的词语作为此类商品或服务的普通名称相同，则本节的任何规定并不要求该成员适用本节的规定。如果在世界贸易组织协定生效之日，任何其他成员关于葡萄树产品的某一地理标志，与某一成员在其领土内存在的一种葡萄品种的惯用名称相同，本节的任何规定也不要求该成员适用本节的规定。

7. 成员可以规定，根据本节提出的与商标的使用或注册有关的请求，必须在受保护的地理标志未经许可的使用在该成员内为一般公众所知以后 5 年内提出，或者，如果商标在该成员的注册日期早于上述未经许可的使用在该成员内为一般公众所知的日期，并且该商标在其注册之日已经公布，则必须在商标在该成员注册日期以后 5 年内提出，但是以该地理标志没有被恶意地使用或注册为限。

8. 本节规定决不应损害任何人在贸易中使用其姓名或者其业务上前任的姓名的权利，但如以误导公众的方式使用这种姓名，则应除外。

9. 在其来源国不受保护或者已经停止保护的地理标志，或者在该国已经不再使用的地理标志，根据本协定没有保护的义务。

第四节　工业品外观设计

第 25 条　保护的要求

1. 各成员应当规定保护独立创作而且是新颖的或者原创的工业品外观设计。各成员可以规定，外观设计如果与已知的外观设计或者已知的外观设计特征的组合没有显著区别的，即不是新颖的或者原创的外观设计。各成员可以规定，这种保护不应延及主要是根据技术或功能的考虑而作出的外观设计。

2. 每一成员应当保证其为保护纺织品外观设计而规定的要求，尤其是关于费用、审查或公布的要求，不应不合理地损害寻求和获得这种保护的机会。各成员有自由通过外观设计法或者通过版权法履行这一义务。

第 26 条　保　护

1. 受保护的工业品外观设计的所有人，应当有权制止第三方未得所有人同意而为商业目的的制造、销售或者进口载有或体现受保护的外观设计的复制品或者实质上是复制品的物品。

2. 各成员可以对工业品外观设计的保护规定有限的例外，但是这些例外，在顾及第三方合法利益的情况下，以并未与受保护的工业品外观设计的正常利用不合理地相冲突，而且也并未不合理地损害受保护的外观设计所有人的合法利益为限。

3. 可享有的保护期间至少为 10 年。

第五节 专 利

第 27 条 可享专利的主题

1. 在符合本条第 2 款和第 3 款规定的前提下，所有技术领域的任何发明，不论是产品还是方法，只要是新颖的，包含创造性，并且能在产业上应用的，都可以获得专利❶。在符合第 65 条第 4 款、第 70 条第 8 款和本条第 3 款规定的前提下，专利的获得和专利权的享有，不应因发明地点、技术领域以及产品是进口还是本国生产的不同而受到歧视。

2. 各成员为了保护公共秩序或道德，包括保护人、动物或植物的生命或健康，或者为了避免对环境造成严重损害，有必要制止某些发明在其领土内进行商业上实施的，可以将这些发明排除在可享专利性以外，但是以这种除外并非仅仅因为法律禁止实施为限。

3. 各成员还可以将下列各项排除在可享专利性以外：

（a）医治人或动物的诊断、治疗和手术方法；

（b）植物和动物（微生物除外），和生产植物或动物的主要是生物学的方法（非生物学方法和微生物学方法除外）。但是，各成员应当规定依专利或依有效的特别制度，或依二者的结合，保护植物的品种。本项规定在世界贸易组织协定生效之日以后 4 年应予以审查。

第 28 条 授予的权利

1. 专利应当授予其所有人以下列排他权：

（a）在专利的主题是产品的情形，制止第三方未得所有人的同意而进行下列行为：制造、使用、为销售而作出要约、销售或者为这些目的而进口❷该产品；

（b）在专利的主题是方法的情形，制止第三方未得所有人的同意而使用该方法的行为，和制止下列行为：使用、为销售而作出要约、销售、或者为这些目的而进口依照该方法直接所获得的产品。

2. 专利所有人还应有权转让或者依继承而转移该专利，和缔结许可合同。

第 29 条 对专利申请人规定的条件

1. 各成员应当要求专利申请人以足够清楚和完整的方式公开发明，使熟悉有关技术的人能实施该发明，并且可以要求申请人说明在申请的提交日，或者，如果要求享有优先权，在申请的优先权日，发明人所知的实施该发明的最好方式。

2. 各成员可以要求专利申请人提供关于其相应的外国申请和授予专利的信息。

第 30 条 授予权利的例外

各成员可以对专利所授予的排他权规定有限的例外，但是，在顾及第三方合法利益的情况下，这些例外以并未与专利的正常利用不合理地相冲突，而且也并未不合理地损害专利所有人的合法利益为限。

第 31 条 未经权利持有人许可的其他使用

如果成员的法律允许，未经权利持有人许可即可对专利的主题作其他的使用❸，包括政府使用或经政府许可的第三方使用，则应当尊重下列规定：

（a）这种使用的许可应当根据个案情况予以考虑；

（b）这种使用，只有在使用前，意图使用的人曾经努力按合理的商业条款和条件请求权利持有人给予许可，但在合理的期间内这种努力没有成功的，才能允许。在国家处于紧急

---

❶ ［本协定原注⑤］为本条的目的，成员可以认为，"创造性"和"能在产业上应用"两个术语，分别与"非显而易见性"和"实用性"两个术语是同义的。

❷ ［本协定原注⑥］这一权利，与根据本协定授予的关于货物的使用、销售、进口或分销的所有其他权利一样，均应受第 6 条规定的限制。

❸ ［本协定原注⑦］"其他的使用"指第 30 条允许的使用以外的使用。

状态或有其他极端紧急的情形,或者在公共的非商业性使用的情形,成员可以放弃这一要求。然而,在国家处于紧急状态或有其他极端紧急的情况,只要合理可行,仍应尽快通知权利持有人。在公共的非商业性使用的情形,如果政府或订约人未经专利检索,即知悉或有明显的理由应知政府或者为政府使用或者将使用某有效专利,则应迅速通知权利持有人;

(c) 这种使用的范围和期间应受许可使用的目的的限制,并且在半导体技术的情形,只能限于为公共的非商业性使用,或者用于经司法或行政程序确定为反竞争行为而给予的补救;

(d) 这种使用应当是非独占性的;

(e) 这种使用不得转让,但与享有这种使用的企业或者商誉一起转让的不在此限;

(f) 这种使用的许可应当主要是为了供应给予许可的成员的本国市场;

(g) 在对被许可人的合法利益给予足够保护的前提下,如果以及在导致这种许可的情况已不存在,并且不大可能再发生时,这种使用的许可应即终止。主管机关接到怀有此种动机的请求后,有权对这些情况是否继续存在进行审查;

(h) 应当根据每一案的情况,并考虑许可的经济价值,向权利持有人支付足够的报酬;

(i) 有关这种使用的许可决定的法律有效性,应当受到司法审查,或者受到该成员内明显更高一级机关的其他独立审查;

(j) 有关对这种使用支付报酬的决定应当受到司法审查,或者受到该成员内明显更高一级机关的其他独立审查;

(k) 如果允许这种使用是对经过司法或行政程序确定为反竞争行为给予的补救,各成员没有义务适用(b)项和(f)项规定的条件。在这种情形,在确定报酬的数额时可以将纠正反竞争行为的需要考虑在内。如果以及在导致这种许可的情况可能再发生时,主管机关有权拒绝终止这种许可;

(l) 如果这种使用的许可是为了允许利用一项专利(第二专利),因为利用该项专利就不能不侵犯另一项专利(第一专利),则应适用以下的附加条件:

(i) 与第一专利的权利要求中声称的发明相比,第二专利的权利要求中声称的发明应当包含具有相当大的经济意义的重要技术进步;

(ii) 第一专利的所有人应有权以合理的条件依交叉许可使用第二专利的权利要求中声称的发明;以及

(iii) 除与第二专利一起转让外,就第一专利许可的使用是不可转让的。

第 31 条之二

1. 出口成员在第 31 条(f)项下的义务不适用以下情形:在为生产并出口药品到有资格进口的成员之目的的必要范围内,根据本协定附件第 2 项中所列的条件,授予强制许可。

2. 当出口成员根据本条与本协定附件建立的体制授予强制许可的时候,应参考出口成员所授权的使用对进口成员产生的经济价值,在出口成员内根据第 31 条(h)项给予充分的补偿。当对有资格进口的成员就相同产品授予强制许可时,该成员对该相关产品不承担第 31 条(h)项下的义务,因为根据本项第一句的内容,已在出口成员内支付了补偿。

3. 为了利用规模经济以增强药品的购买力并促进药品的本地生产:发展中国家或最不发达国家 WTO 成员是 GATT1994 第 24 条以及 1979 年 11 月 28 日《关于发展中国家的差异化和更优惠待遇、互惠和更加全面参与的决定》(L/4903) 意义下的区域贸易协定的成员,该区域贸易协定至少一半以上的现有成员属于联合国最不发达国家名单上的国家,在确保所述成员在一项强制许可下生产或者进口的药品能够出口到相关贸易协定下其他遭受共同健康问题的发展中或最不发达成员市场的必要限度内,所述成员在第 31 条(f)项下的义务不再适用。此规定不影响相关专利权的地域属性。

4. 各成员不得根据 GATT1994 第 23 条第 1 款(b)项及(c)项,对任何与本条及本协定附件的规定相一致的措施提出质疑。

5. 本条及本协定附件并不影响成员在本协定下除第 31 条（f）、(h) 项外的，包括经《关于〈TRIPS 协定〉与公共健康宣言》(WT/MIN (01) /DEC/2) 重申的权利、义务和灵活性，也不影响对其的解释。本条及本协定附件也不影响根据第 31 条（f）项通过强制许可所生产的药品可以出口的限度。

第 32 条 撤销或取消

对撤销或取消专利的任何决定，均应提供司法审查的机会。

第 33 条 保护期间

可享有的保护期间，自申请提交之日起计算❶20 年期间届满以前不应终止。

第 34 条 方法专利：举证责任

1. 就侵犯第 28 条第 1 款（b）项所述的所有人权利的民事诉讼而言，如果一项专利的主题是获得一种产品的方法，司法当局应当有权责令被告证明其获得相同产品的方法不同于该专利方法。因此，各成员应当规定，至少在遇有下列情形之一时，任何未经专利所有人同意而生产的相同产品，如无相反证明，应当视为是依专利方法所获得：

（a）如果依专利方法所获得的产品是新产品；

（b）如果相同产品有相当大的可能性是依该方法所制造，而专利所有人经过适当的努力仍未能确定其实际使用的方法。

2. 任何成员有自由规定，只有符合（a）项所述的条件，或者只有符合（b）项所述的条件的，本条第 1 款所述的举证责任才应当由被指控的侵权人承担。

3. 在引用相反证明时，应当顾及被告在保护其制造和商业秘密方面的合法利益。

第六节 集成电路的布图设计（拓扑图）

第 35 条 与集成电路知识产权条约的关系

各成员同意，按照关于集成电路的知识产权条约第 2 条至第 7 条（第 6 条第 3 款除外）、第 12 条和第 16 条第 3 款对集成电路的布图设计（拓扑图）(本协定中称为"布图设计"）提供保护，此外，还同意遵守以下的规定。

第 36 条 保护的范围

在符合第 37 条第 1 款规定的前提下，各成员应当认为，未得权利持有人❷的许可而进行的下列行为是非法的：为商业目的进口、销售或者以其他方式发行受保护的布图设计、包含受保护的布图设计的集成电路、或者包含这样的集成电路的物品（在该物品继续包含非法复制的布图设计的限度内）。

第 37 条 无需权利持有人许可的行为

1. 尽管有第 36 条的规定，如果从事或者命令从事该条所述行为的人在获得该集成电路或获得包含这种集成电路的物品时，不知并且也没有合理的根据应知其包含非法复制的布图设计的，任何成员均不应认为该条所述的从事包含非法复制的布图设计的集成电路或包含这种电路的任何物品的行为为非法。各成员应当规定，在上述行为人接到该布图设计是非法复制品的明确通知后，仍可以就库存物品或在此以前的订货从事上述的行为，但是应当向权利持有人支付一笔费用，其数额应当与就该布图设计按照自由谈判的许可所应支付的使用费相当。

2. 布图设计遇有任何非自愿许可，或者未经权利持有人许可而由政府使用或者为政府使用时，应当比照适用第 31 条（a）项至（k）项规定的条件。

第 38 条 保护期间

1. 在以登记作为保护条件的成员中，布图设计的保护期间自登记申请提交之日算起，或者自其在世界上任何地方第一次商业利用算起 10 年期间届满前不应终止。

2. 在不以登记作为保护条件的成员中，布图设计的保护期间自其在世界上任何地方第一次商业利用之日算起不少于 10 年。

3. 尽管有本条第 1 款和第 2 款，成员可

---

❶ ［本协定原注⑧］不言而喻，凡是没有原始授予专利制度的成员可以规定，保护期间自原始授予专利制度的申请提交日起计算。

❷ ［本协定原注⑨］在本节中，"权利持有人"一词的含义应理解为与关于集成电路知识产权条约中"权利的持有人"一词的含义相同。

以规定，布图设计自创作以后 15 年，保护应当终止。

第七节　未公开信息的保护

第 39 条

1. 各成员在保证依照《巴黎公约》第 10 条之二的规定❶提供反不正当竞争的有效保护中，应当根据本条第 2 款保护未公开的信息，根据本条第 3 款保护向政府或政府机构提交的数据。

2. 自然人和法人应当有可能制止他人未得其同意，以违反诚实的商业做法的方式❷，将其合法控制下的信息向他人公开，或者获得或使用此种信息，只要这种信息符合下列条件：

（a）符合这样意义的保密，即该信息的整体或其各部分的确切排列和组合，并不是通常从事有关这类信息的人所普遍了解或容易获得的；

（b）由于是保密信息而具有商业上的价值；和

（c）合法控制该信息的人已经根据情况采取了合理措施予以保密。

3. 各成员在要求提交未公开的试验数据或其他数据作为批准利用新化学成分的药品或农业化学产品上市销售的条件时，如果该数据的创作包含了相当的努力，则该成员应当保护该数据，以防止不正当的商业使用。此外，除为了保护公众有必要外，或者除非已采取措施保证该数据受到保护以免不正当的商业使用，各成员应当保护这种数据以防止公开。

第八节　对协议许可中反竞争
　　　　　　行为的控制

第 40 条

1. 各成员同意，在有关知识产权的许可中的某些限制竞争的做法或条件，对贸易可能有不利影响，并且可能阻碍技术的转让和传播。

2. 本协定的任何规定并不阻止成员在其立法中明确规定，在特定情况下可能构成对知识产权的滥用、在有关市场上对竞争有不利影响的许可做法或条件。如上文所规定，成员可以在与本协定其他规定相符的情况下，依据该成员的有关法律和规章，采取适当措施制止或控制这类做法，其中可以包括，例如，排他性的返授条件、制止对知识产权有效性提出质疑的条件以及强迫性的一揽子授予许可。

3. 如果一成员（第一成员）有理由相信，作为另一成员（第二成员）的国民或居民的知识产权所有人正在采取的做法违反其有关本节主题的法律和规章，第一成员希望确保其有关立法得到该知识产权所有人的遵守，而不损害其根据法律的任何行动，也不损害其自己或者第二成员作出最终决定的完全自由，则该第二成员应根据第一成员的请求，与第一成员进行协商。第二成员对于与第一成员的协商应当给予充分的和同情的考虑，提供足够的机会与其进行协商，并且在符合本国法律规定，以及就第一成员保障机密问题缔结双方满意的协议的前提下，通过提供公开可以得到的与事项有关的非机密信息，以及该成员能得到的其他信息，给予合作。

4. 成员的国民或居民因在另一成员内有违反其有关本节内容的法律和规章而受到起诉的，该另一成员应当根据请求，按照本条第 3 款规定的同样条件，给予与前一成员协商的机会。

第三部分　知识产权执法

第一节　一般义务

第 41 条

1. 各成员应当保证在其法律中提供本部分所规定的执法程序，以便能采取有效行动，制止任何侵犯本协定所规定的知识产权的行

---

❶ ［译者注］《巴黎公约》第 10 条之二规定，各缔约国应制止不正当竞争，并规定了不正当竞争的。

❷ ［本协定原注⑩］就本规定而言，"以违反诚实的商业做法的方式"一语的意思，至少指违反合同、破坏信任（泄密）以及引诱他人违反合同、泄密，并且包括通过第三方获得未公开的信息，而该第三方是明知或者因重大过失而不知该信息是使用这样的做法获得的。

为，包括迅速制止侵权的救济以及对阻碍进一步侵权构成威慑的救济。这些程序适用的方式应当避免对合法贸易造成障碍，并应当提供保障以防止其滥用。

2. 知识产权的执法程序应当公平和公正。这些程序不应不必要地复杂或花费高昂，也不应规定不合理的期限或导致不应有的拖延。

3. 就案件的是非作出的决定最好应写成书面，并说明理由。这些决定至少应向程序的双方当事人提供，而且不得无故拖延。就案件的是非作出的裁决只应根据证据而定，并且曾向当事人提供机会，使其就该证据陈述意见。

4. 程序的双方当事人应当有机会要求司法机关对终局的行政决定进行审查，并且，在符合成员法律中关于案件重要性的管辖规定的前提下，至少对案件的是非所作初审司法决定的法律方面应有机会要求司法机关进行复审。但是，对刑事案件中的无罪释放判决没有义务提供复审的机会。

5. 不言而喻，本部分并没有为各成员规定任何义务，建立一种与一般法律执行的司法制度不同的知识产权执法的司法制度，也不影响各成员执行其一般法律的能力。就知识产权执法和一般法律执行之间的资源分配而言，本部分的规定也没有为任何成员规定任何义务。

第二节 民事和行政程序及救济

第42条 公平和公正的程序

各成员应当向权利持有人❶提供有关本协定所规定的知识产权执法的民事司法程序。被告应当有权得到及时的和足够详细的书面通知，包括诉讼主张的依据。应当允许当事人聘请独立的法律顾问代表出庭，程序中不应有强制当事人本人出庭的难于负担的要求。参与程序的所有当事人都应有权证明其主张，提出一切有关的证据。程序应当提供鉴别和保护机密信息的方法，除非这违反现行宪法的要求。

第43条 证 据

1. 如果一方当事人已经提供可以合理地得到并且足以支持其主张的证据，并表明有关证实其主张的证据在对方控制之下的，司法机关应当有权责令对方提交该证据，但在适当情形下必须确保机密信息受到保护。

2. 如果诉讼的一方当事人自动而且毫无正当理由地拒绝接受必要的信息，或者在合理期间内不提供必要的信息，或者明显地阻碍与执法的诉讼有关的程序，成员可以授权司法机关在向其提供的信息的基础上，包括由于拒绝接受信息而受到不利影响的当事人所提出的申诉或陈述，作出肯定的或否定的、初步的和最终的决定，但必须向双方当事人提供机会，使其对主张或证据陈述意见。

第44条 强制令

1. 司法机关应当有权命令当事人停止侵权，除其他外，有权在海关放行后立即阻止那些涉及侵犯知识产权的进口货物进入其管辖范围内的商业渠道。对于有关的人在知悉或者有合理的根据应当知悉从事这些主题的交易会导致侵犯知识产权之前所获得或订购的此类主题，各成员没有义务授予司法机关这样的权力。

2. 尽管本部分有其他的规定，只要符合第二部分关于未经权利持有人许可而由政府使用或者经政府许可的第三方使用的规定，各成员可以将针对这种使用可以得到的救济局限于按照第31条（h）项支付报酬。在其他情形，应适用本部分所规定的救济，或者，如果这些救济与成员的法律不一致，则可以采用宣示性的判决并给予足够的补偿。

第45条 损害赔偿

1. 如果侵权人明知或有合理的根据应知其从事了侵权活动，司法机关应当有权责令侵权人向权利持有人支付足以补偿权利持有人由于侵权人侵犯其知识产权而所受损失的损害赔偿金。

2. 司法机关还应当有权责令侵权人向权利持有人支付费用，其中可以包括适当的律师费用。在适当情形下，即使侵权人并非明知或有合理的根据应知其从事了侵权活动，各成员仍可以授权司法机关责令返还利润，和/或支

---

❶ ［本协定原注⑪］就本部分而言，"权利持有人"一语包括具有主张这类权利的法律地位的联合会和协会在内。

付法律预先规定的损害赔偿金。

第46条 其他救济

为了对侵权产生有效的威慑力量，司法机关应当有权在不给予任何补偿的情况下，责令将已经发现正处于侵权状态的货物，以避免对权利持有人造成任何损害的方式，处理出商业渠道，或者，除非违反现行宪法的要求，责令予以销毁。司法机关还应当有权在不给予任何补偿的情况下，责令将其主要用途是制作侵权产品的材料和工具，以尽可能减少进一步侵权的危险的方式，处理出商业渠道。在考虑这类请求时，应当顾及第三方的利益，以及侵权的严重程度与所采取的救济应当相称的需要。除开例外情况，仅仅除去非法缀附在货物上的商标尚不足以允许将货物放行，使其进入商业渠道。

第47条 信息权

各成员可以规定，司法机关应当有权，除非这样做与侵权的严重程度不相称，责令侵权人将参与生产和销售侵权货物或服务的第三方的身份及其销售渠道告知权利持有人。

第48条 对被告的赔偿

1. 如果应一方当事人的请求采取了措施而该当事人滥用了执法程序，司法机关应当有权责令该当事人向受到错误禁止或限制的另一方当事人由于这种滥用而遭受的损害提供足够的补偿。司法机关还应当有权责令申请人向被告支付费用，其中可以包括适当的律师费用。

2. 就任何有关知识产权的保护或执法的法律执行而言，只有在该法的执行中采取或拟采取的行动是出于善意的，各成员才应当免除政府机关和官员由于采取适当的救济措施而应当承担的责任。

第49条 行政程序

依行政程序处理案件的是非，其结果能命令采取任何民事救济的，在此范围内，该程序应当符合与本节规定实质上相同的原则。

第三节 临时措施

第50条

1. 司法机关应当有权命令采取迅速而有效的临时措施，以便

（a）制止任何侵犯知识产权行为的发生，尤其是制止有关货物包括刚由海关放行的进口货物，进入其管辖下的商业渠道；

（b）保存被指控侵权的有关证据。

2. 司法机关应当有权在适当情况下，尤其是在任何迟延可能对权利持有人造成不可弥补损害的情况下，或者在证据显然有被毁灭危险的情况下，不听取另一方的意见而即采取临时措施。

3. 司法机关应当有权要求申请人提供可以合理地获得的任何证据，以便该机关足以确认申请人是权利持有人，并且申请人的权利正在受到侵犯或者这种侵犯即将发生，并有权要求申请人提供足以保护被告和防止滥用此种措施的保证金或相当的担保。

4. 如果临时措施是在没有听取另一方意见的情况下采取的，最迟应在执行该措施后毫不迟延地通知受到影响的各方。根据被告的请求，应当对这些措施进行审查，包括给被告以陈述权，以便在通知这些措施后的合理期间内决定这些措施是否应予以修正、撤销或确认。

5. 执行临时措施的机关可以要求申请人提供其他必要的信息，以辨认有关的货物。

6. 在不妨碍本条第4款的情况下，如果在合理的期间内没有提起判决案件是非的诉讼，应依被告的请求撤销根据本条第1款和第2款所采取的措施，或依其他方式使其停止生效。上述的合理期间，如成员的法律允许，由命令采取临时措施的司法机关确定，或者，如该机关没有确定，为不超过20个工作日或31个日历日，以较长者为准。

7. 如果临时措施被撤销或者由于申请人的任何作为或不作为而失效，或者如果嗣后发现知识产权并没有受到侵犯或侵犯的威胁，则司法机关根据被告的请求，应当有权命令申请人向由于这些措施而受到损害的被告提供适当的补偿。

8. 如果依行政程序进行处理，其结果能采取任何临时措施的，在此范围内该程序应当符合与本节规定实质上相同的原则。

第四节 有关边境措施的特别要求❶

第51条 海关当局中止放行

各成员应当遵照下述规定制订程序❷，以便权利持有人在有确实根据的理由怀疑有假冒商标货物或盗版货物❸可能进口时，能向行政或司法主管机关提出书面申请，要求海关当局对这种货物中止放行，以免进入自由流通。各成员可以允许对涉及其他侵犯知识产权的货物提出这样的申请，但是以遵守本节规定的要求为限。各成员也可以规定相应的程序，对预定从其境内出口的侵权货物由海关当局中止放行。

第52条 申　请

援用第51条所定程序的权利持有人，应当提供足够的证据使主管机关确信，根据进口国的法律，权利持有人的知识产权初步看来已经受到侵犯，并应提交有关货物的足够详细的说明，以便海关当局容易辨认。主管机关应当在合理期间内将申请是否已经受理告知申请人，如果采取行动的期间由主管机关决定，并应告知海关当局将采取行动的期间。

第53条 保证金或相当的担保

1. 主管机关应当有权要求申请人提供足够的保证金或相当的担保，以保护被告和主管机关，并防止程序的滥用。这类保证金或相当的担保不应不合理地阻碍上述程序的采用。

2. 如果依据本节提出的申请，海关根据非司法机关或其他非独立机关的决定，中止了对含有工业品外观设计、专利、布图设计或未公开信息的货物放行，以免其进入自由流通，而第55条规定的期间已经届满，享有正式授权的机关并未给予临时救济，则只要进口所需的其他条件均已符合，货物的所有人、进口人或收货人在提交足以保护权利持有人可能受到的任何侵犯的保证金以后，有权获得货物的放行。这种保证金的支付不应损害权利持有人可以得到的任何其他救济，而且，不言而喻，如果权利持有人未能在合理期间内行使其诉讼权利，该保证金应当予以发还。

第54条 中止放行的通知

根据第54条的规定中止对货物的放行的，应当迅速通知进口人和申请人。

第55条 中止放行的期间

如果在向申请人送达中止放行的通知后不超过10个工作日的期间内，海关当局未被告知除被告以外的一方当事人已经就案件的是非提起诉讼，也未被告知享有正式授权的机关已经采取临时措施延长中止放行的期间，则该货物应当予以放行，但以进口或出口所需的其他一切条件均已符合为限。在适当情形，这一期间可以再延长10个工作日。如果已经提起诉讼以决定案件的是非，则根据被告的请求，应当进行审查，包括给被告以陈述权，以便在合理的期间内决定这些措施是否应当予以修改、撤销或确认。尽管有上述的规定，如果货物的中止放行是根据临时司法措施执行或继续执行的，则应适用第50条第6款的规定。

第56条 对进口人和货物所有人的赔偿

如果货物由于被错误地扣留或者由于依据第55条放行的货物被扣留而使进口人、收货人和货物所有人受到损害的，有关当局应当有权命令申请人向他们支付适当的赔偿。

第57条 检查和信息权

在不妨碍对机密信息给予保护的情况下，各成员应当对主管机关授予权力，使其能向权利持有人提供足够的机会，请人检查海关扣留

---

❶ [本协定原注⑫]如果任何成员与另一成员均已成为关税同盟的一部分，在其与该另一成员的边境之间已经基本上取消对货物流通的一切控制，则不要求该成员在该边境上适用本节的规定。

❷ [本协定原注⑬]不言而喻，对权利持有人或者经其同意投放另一国家市场上的货物的进口，或者对转运中的货物，均无义务适用这些程序。

❸ [本协定原注⑭]为本协定的目的：

（a）"假冒商标货物"是指这样的货物（包括包装），它们未经授权而载有与这种货物有效注册的商标相同的商标，或者载有与这样的注册商标的主要方面不能区别的商标，因此根据进口国的法律该商标侵犯了有关商标所有人的权利；

（b）"盗版货物"是指这样的货物，它们是未经权利持有人同意或者在生产国未经权利持有人正式授权的人同意而制作的复制品，以及直接或间接由一物品制成的货物，而该物品的复制根据进口国的法律将会构成对版权或有关权利的侵犯。

的任何货物,以便证实权利持有人的权利主张。主管机关还应当有权向进口人提供同等的机会,使其能请人对这类货物进行检查。如果对案件的是非已经作出正面的决定,各成员可以授权主管机关将发货人、进口人和收货人的姓名和地址以及有关货物的数量告知权利持有人。

第58条 依职权的行为

如果各成员要求主管机关在获得初步证据证明知识产权正受到有关货物的侵犯时,即应主动采取行动中止该货物的放行,则

(a) 主管机关可以在任何时候向权利持有人索取有助于其行使这些权力的任何信息;

(b) 应当将中止放行迅速通知进口人和权利持有人。如果进口人已就中止放行一事向主管机关提出申诉,该中止放行必须比照适用第55条规定的条件;

(c) 只有在政府机关和官员采取或意图采取的行动是出于善意的情况下,成员才能免除其由于采取适当的救济措施而应承担的责任。

第59条 救济

在不妨碍权利持有人可以采取的其他诉讼权利、并在被告有权寻求司法机关进行审查的前提下,主管机关有权根据第46条规定的原则,命令将侵权货物予以销毁或处理。关于假冒商标货物,除例外情况外,主管机关不应允许侵权货物在未加改变的状态下重行出口,或者使其依不同的海关程序进行处理。

第60条 细微的进口

对旅客个人行李中携带或托运小件中运送的少量非商业性货物,各成员可以不适用上述各项规定。

第五节 刑事程序

第61条

各成员应当规定刑事程序和刑罚,至少适用于故意的具有商业规模的假冒商标或盗版案件。可以采用的救济应包括足以起威慑作用的监禁和/或罚金,其处罚水准应当与同样严重的犯罪所适用的处罚水准相一致。在适当情形,可以采用的救济还应当包括对侵权货物以及主要用于犯罪的任何材料和工具的扣押、没收和销毁。各成员可以规定,刑事程序和刑罚应当适用于其他侵犯知识产权的案件,尤其是故意侵权并且具有商业规模的案件。

第四部分 知识产权的获得和维持及有关的当事人间程序

第62条

1. 各成员可以要求遵守合理的程序和履行合理的手续,作为获得或维持第二部分第2节至第7节所规定的知识产权的条件。这种程序和手续应当与本协定的规定相一致。

2. 如果知识产权的获得是以该权利的授予或注册为前提,各成员应当保证其授予或注册的程序,在符合获得该权利的实质条件的前提下,能够在合理的期间内获得权利的授予或注册,以免不合情理地缩短保护的期间。

3. 《巴黎公约》(1967年)第4条的规定❶应当比照适用于服务商标。

4. 关于知识产权的获得和维持的程序,以及如果成员的国内法有规定的行政撤销和当事人间的程序,诸如异议、撤销和取消,均应遵守第41条第2款和第3款规定的一般原则。

5. 本条第4款所述的任何一项程序中作出的终局行政决定应当受司法机关或准司法机关的审查。然而,在异议或行政撤销不成立的情形,只要提出这些程序的理由能成为无效程序的内容,成员对这些程序中作出的决定没有提供审查机会的义务。

第五部分 争端的防止和解决

第63条 透明度

1. 任何成员已经生效的与本协定内容(即知识产权的备有、范围、获得、执法和防止滥用)有关的法律和规章,以及普遍适用的终局司法判决和终局行政决定,均应以本国语文公布,如果公布实际上不可行,则应以本国语文向公众提供,以便各成员政府和权利持有人能够知悉。任何成员的政府或政府机构和另一成员的政府或政府机构之间有关本协定内容

---

❶ [译者注]《巴黎公约》(1967年)第4条规定对专利、实用新型、商标和工业品外观设计的优先权。

的有效协定，也应予以公布。

2. 各成员应当将本条第 1 款所述的法律和规章通知与贸易有关的知识产权理事会，以便协助理事会审查本协定的实施情况。理事会应当尽量设法减轻各成员履行这一义务的负担。如果与世界知识产权组织关于建立这类法律和规章共同登记制度的磋商获得成功❶，则可能决定放弃要求成员直接向理事会通知此类法律和规章的义务。在这方面，理事会还应当考虑关于依照《巴黎公约》（1967 年）第 6 条之三❷的规定在本协定下产生的通知义务所应采取的任何行动。

3. 每一成员应当响应另一成员的书面请求，提供本条第 1 款所述的信息。成员如果有理由相信另一成员在知识产权领域有一特殊的司法判决、行政决定或双边协定影响其在本协定下的权利，也可以以书面请求该另一成员提供查阅或告知该司法判决、行政决定或双边协定的足够详细的内容。

4. 本条第 1 款、第 2 款和第 3 款的规定不要求各成员公开那些会妨碍法律执行或违反公共利益的机密信息，或者损害特定的公有或私有企业的合法商业利益的机密信息。

第 64 条　争端的解决

1. 就 1994 年关税与贸易总协定第 XXII 条和第 XXIII 条所作解释和适用而达成的"争端解决谅解"❸，应当适用于按照本协定的磋商和争端的解决，但本协定另有特别规定的除外。

2. 1994 年关税与贸易总协定第 XXIII 条第 1 款（b）项和（c）项的规定，在自世界贸易组织协定生效之日起的 5 年内，不适用于本协定下争端的解决。

3. 在本条第 2 款所述的期间内，与贸易有关的知识产权理事会应当审查依本协定提出的、属于 1994 年关税与贸易总协定第 XXIII 条第 1 款（b）项和（c）项规定类型的申诉的范围和模式，并将其建议提交部长会议批准。部长会议批准这些建议或延展本条第 2 款所述期间的任何决定均应一致通过，批准的建议应对所有成员生效，无需其他正式的接受手续。

第六部分　过渡安排

第 65 条　过渡安排

1. 在符合本条第 2 款、第 3 款和第 4 款规定的前提下，任何成员在世界贸易组织协定生效之日❹后一年的期间届满以前均无适用本协定规定的义务。

2. 任何发展中国家成员有权将本条第 1 款所定的本协定的适用日期再推迟 4 年，但第 3 条、第 4 条和第 5 条的规定除外。

3. 正在从中央计划经济向市场、自由企业经济转变过程中的任何其他成员，以及正在进行知识产权制度的结构改革、在制订和实施知识产权法律和规章中面临特殊困难的任何其他成员，也可以享受本条第 2 款规定的延迟期间的利益。

4. 如果发展中国家成员，在按本协定有义务在本条第 2 款规定该成员适用本协定的一般日期，将产品专利保护延伸至在其领土内尚未受保护的技术领域，该成员可以再推迟 5 年期间将第二部分第 5 节关于产品专利的规定适用于这样的技术领域。

---

❶ ［译者注］世界知识产权组织和世界贸易组织已于 1995 年 12 月 22 日缔结协定，其第 2 条规定，WTO 成员及其国民，和 WTO 秘书处都可以按照规定的条件向 WIPO 索取后者所收集的此类法律、规章和译文，以及利用 WIPO 国际局关于法律和规章的计算机化数据库；反之，WTO 秘书处则应将其收到成员送交的法律和规章送交 WIPO。

❷ ［译者注］《巴黎公约》（1967 年）第 6 条之三规定，未经许可不得将缔约国的国徽、国旗和其他国家徽记、各该国用以表明监督和保证的官方符号和检验印章以及其各种仿制用作商标或商标的组成部分，并规定缔约国应将希望得到保护的国家徽记和官方符号、印章的清单经由国际局相互通知。各缔约国如有异议，也经由国际局转送有关国家办理。前注所述的 WIPO 和 WTO 协定第 3 条规定，根据 TRIPS 协定关于徽记等的通知和异议的转送由 WIPO 国际局按照《巴黎公约》第 6 条之三适用的程序执行。

❸ ［译者注］正式名称是"关于争端解决规则和程序的谅解"，也是乌拉圭回合多边贸易谈判的最后文件之一。

❹ ［WIPO 注］1995 年 1 月 1 日。

5. 成员利用本条第 1 款、第 2 款、第 3 款或第 4 款所定的过渡期间的,应当保证在此期间内对其法律、规章和做法上的改变不会导致其与本协定的规定更大程度的不一致。

第 66 条 最不发达国家成员

1. 鉴于最不发达国家成员的特殊需要和要求,它们在经济、财政和管理方面的压力,及其为创立有活力的技术基础而对灵活性的需要,不应要求此类成员在第 65 条第 1 款所定的本协定适用之日起的 10 年期间内适用本协定的规定,但第 3 条、第 4 条和第 5 条除外。与贸易有关的知识产权理事会应当根据最不发达国家成员提出的正当请求,延展这一期间。

2. 发达国家成员应当采取鼓励措施,促进和鼓励其境内的企业和机构向最不发达国家成员转让技术,使这些国家能创立健全和有活力的技术基础。

第 67 条 技术合作

为了便利本协定的实施,发达国家成员应当根据请求并依照双方同意的条款和条件,提供有利于发展中国家和最不发达国家成员的技术和资金合作。这种合作应当包括帮助拟订有关知识产权的保护和执法,以及防止知识产权滥用的法律和规章,并且应当包括支持建立或加强与这些事项有关的国内机关和机构,包括人员的培训。

第七部分 机构安排;最后条款

第 68 条 与贸易有关的知识产权理事会

与贸易有关的知识产权理事会应当监督本协定的实施,尤其应当监督各成员履行本协定所定义务的情况,并向各成员提供机会,就与贸易有关的知识产权事项提供协商。理事会应当执行各成员指定其履行的其他职责,尤其应当在争端解决程序方面向各成员提供其所请求的任何协助。理事会在执行其职责时,可以与其认为合适的任何方面进行协商,并向其求得信息。在与世界知识产权组织的协商中,理事会应当谋求在其第一次会议❶后的一年内与该组织的机构建立适当的合作安排。

第 69 条 国际合作

各成员同意互相合作,以消除国际上侵犯知识产权货物的贸易。为此目的,各成员应当在其行政机关中设立联络点并互相通知,随时交流有关侵权货物贸易的信息。各成员尤其应当促进海关当局之间对假冒商标货物和盗版货物贸易信息的交换和合作。

第 70 条 对现有主题的保护

1. 本协定对有关成员适用本协定之日以前发生的行为,不产生任何义务。

2. 除本协定另有规定外,在有关成员适用本协定之日已经存在的一切主题,如该主题在该日即受该成员保护,或者根据本协定的条款符合或以后符合保护的标准,本协定对该主题均产生义务。就本款及本条第 3 款和第 4 款而言,对现有作品的版权保护义务应完全根据伯尔尼公约(1971 年)第 18 条❷予以确定,对现有录音制品中的录音制品制作者权和表演者权的保护义务,应当根据本协定第 14 条第 6 款规定而完全适用伯尔尼公约(1971 年)第 18 条予以确定。

3. 有关成员对在其适用本协定之日已经落入公用领域的主题,没有恢复保护的义务。

4. 对含有受保护主题的特定物进行的行为,如果按照与本协定相符的立法条款构成侵权,而且该行为在有关成员接受世界贸易组织协定的日期以前已经开始,或者已经就该行为作了重大投资,则任何成员可以对权利持有人在该成员适用本协定之日以后继续实施的就这类行为可以获得的救济加以限制。然而,在这类情形,该成员至少应当规定向权利持有人支付合理的报酬。

5. 对任何人在有关成员适用本协定的日期以前购买的原件或复制件,该成员没有义务适用第 11 条和第 14 条第 4 款的规定。

6. 对于在本协定成为公知以前,未经权利持有人许可但曾经政府许可的任何使用,各成员无须适用第 31 条,或者第 27 条第 1 款关于专利权的享有不应因技术领域而受歧视的

---

❶ [WIPO 注] 与贸易有关的知识产权理事会的第一次会议于 1995 年 3 月 9 日举行。

❷ [译者注] 伯尔尼公约(1971 年)第 18 条规定公约的追溯效力。

要求。

7. 在知识产权的保护是以注册为条件的情形，如果保护的申请在该成员适用本协定之日仍在审理之中，应允许申请人对该申请加以修改，以要求本协定规定的提高了的任何保护。但这种修改不应包括新的内容。

8. 如果一成员在世界贸易组织协定生效之日，尚未按照本协定第27条规定的义务对药品和农业化学产品提供专利保护，则该成员应当：

（a）尽管有第六部分的规定，自世界贸易组织协定生效之日起规定办法，使发明人对这类发明能提交专利申请；

（b）在该成员适用本协定之日，将本协定规定的可获得专利的标准适用于这些申请，好像这些标准在该成员的申请提交日即已适用那样，或者，如果有优先权而且申请人要求享受优先权，就好像这些标准在申请的优先权日即已适用那样；以及

（c）对于符合上述（b）项所述的保护标准的申请，自授予专利起，在根据本协定第33条自申请提交之日起计算的剩余专利期间内，根据本协定提供专利保护。

9. 如果某一产品是依照本条第8款（a）项在一成员提交的专利申请的内容，则尽管有第六部分的规定，该成员应授予独占的销售权，期间为在该成员获得销售许可后5年，或者直至该成员授予或驳回产品专利为止，以期间较短者为准，但是以世界贸易组织协定生效后，申请人已就该产品向另一成员提交专利申请，已获得该产品专利，而且已在该另一成员获得销售许可为限。

第71条 审查和修正

1. 与贸易有关的知识产权理事会应当在第65条第2款所述的过渡期间届满以后，对本协定实施情况进行审查。在那一日期之后两年，理事会应当根据本协定实施所获得的经验，对本协定进行审查，并且应当在那以后，每隔两年审查一次。理事会还可以根据任何可能使本协定有值得改进或修正的有关新发展，进行审查。

2. 仅仅是为了调整至较高的知识产权保护水平的修正，而这些修正已经其他多边协定已经达成并已生效，而且世界贸易组织的所有成员在那些协定中都已经接受的，则可以依照世界贸易组织协定第10条第6款❶，在与贸易有关的知识产权理事会一致同意的建议的基础上，提交部长会议采取行动。

第72条 保 留

未得其他成员的同意，不得对本协定的任何规定提出保留。

第73条 为了安全的例外

本协定的任何规定不应作如下的解释：

（a）要求一成员提供它认为一旦公开将违反其基本安全利益的任何信息；

（b）制止成员采取其认为对保护其基本安全利益有必要的下列行动：

（i）有关可裂变物质或从这种物质衍生的物质的行动；

（ii）有关武器、弹药和战争工具交易的行为以及直接或间接以向军事设施供应为目的的其他货物和材料交易的行动；

（iii）在战时或国际关系中其他紧急状态时采取的行动；

（c）制止成员为履行联合国宪章下为维护国际和平和安全的义务而采取的任何行动。

---

❶ ［WIPO注］世界贸易组织协定第10条第6款规定，"尽管有本条的其他规定，对与贸易有关的知识产权协定的修正，只要符合该协定第71条第2款的要求，可以由部长会议通过，无需经过进一步的正式接受程序。"

《与贸易有关的知识产权协定》附件

1. 在第 31 条之二和本附件中：

(a)"药品"是指，为了解决《关于〈TRIPS 协定〉与公共健康的宣言》(WT/MIN（01）/DEC/2) 第 1 段中确认的公共健康问题所需的医药行业的专利产品或通过专利方法生产的产品。各方理解该产品生产所必需的活性成分及其使用所需的配套诊断器具亦包括在内❶；

(b)"有资格进口的成员"是指，任何最不发达成员及任何已向 TRIPS 理事会通报❷意图作为进口成员利用依第 31 条之二及本附件建立的体制（以下称体制）的其他成员。各方理解成员可以在任何时间通报其将完全或者在一定限度内利用这一体制，例如仅在国家紧急状态下或者其他极端紧迫情形或者非商业性的公共使用的情况下。各方注意到，部分成员将不作为进口成员❸使用本体制，同时，另外部分成员声明，使用该体制的情况将不超出国家紧急状态或者其他极端紧迫的情形；

(c)"出口成员"是指，利用本体制，为有资格进口的成员生产及向其出口药品的成员。

2. 第 31 条之二第 1 款中所提及的条件包括：

(a) 有资格进口的成员❹已向 TRIPS 理事会通报（各方理解，为了使用这一体制，此项通报不必获得某个 WTO 机构的批准）：

(i) 列明所需产品的名称和预计数量❺；

(ii) 确认该有资格进口的成员，除最不发达成员以外，已通过一种本附件附录所列方法证明其医药行业没有或者没有足够的有关产品的生产能力；并且

(iii) 确认，若一药品在其地域内被授予专利，其已经或者计划根据本协定第 31 条、第 31 条之二及本附件的规定授予一项强制许可❻。

(b) 出口成员在本体制下授予的强制许可将包括以下条件：

(i) 在该许可下可生产的数量仅以满足有资格进口成员的需求为限，并且该生产的全部产品将出口至已将其需求通报至 TRIPS 理事会的成员；

(ii) 在该许可项下生产的产品将通过特定标签或标记明确注明该产品是在本体制下生产的。供应商应当通过特殊的包装和/或产品本身特殊的颜色/形状对此类产品加以区别，只要这样的区别是切实可行的并且不会对价格产生显著的影响；和

(iii) 装运前，被许可人须在网站❼发布如下信息：

— 供给至在上述第（i）项中所列的每一个目的地的数量；以及

— 在上述第（ii）项中所涉及产品的区别特征；

(c) 出口成员将向 TRIPS 理事会通报许可授权❽，包括与之相关的条件❾。所提供的信息包括：被许可人的名称和地址，被授予许

---

❶ 本款不影响本段第二款的内容。

❷ 各方理解，为了使用这一体制，此项通报不必获得某个 WTO 机构的批准。

❸ 澳大利亚、加拿大、欧共体及其就第 31 条之二及本附件而言的成员、冰岛、日本、新西兰、挪威、瑞士和美国。

❹ 第 31 条之二第 3 款规定的区域组织，可以代表其成员中使用本体制的有资格进口成员，在其同意的情况下，作出联合通报，以提供本款所要求信息。

❺ 此通报将由 WTO 秘书处通过 WTO 网站上专为本体制设立的网页予以公开。

❻ 本项不影响本协定第 66 条第 1 款。

❼ 出于此目的，本许可人可以使用自己的网站，或者在 WTO 秘书处的帮助下，使用 WTO 网站专为本体制设立的网页。

❽ 需要理解的是，为使用本体制，该通报无需获得某个 WTO 机构的批准。

❾ 该通报将由 WTO 秘书处通过 WTO 网站上专为本体制设立的网页予以公开。

可的产品，产品数量，产品供应的目的国，和许可期限。通报中还将指明上述（b）（iii）项所涉及网站的网址。

3. 为了确保根据本体制进口的有关产品在其进口后被用于公共健康目的，有资格进口的成员将在其手段范围内，采取与其行政能力和贸易转移风险相适应的合理措施，以防止本体制下其实际进口入境产品的再出口。当有资格进口的成员是发展中成员或者最不发达成员，且在执行本条存在困难时，发达成员将基于请求且在双方同意的条件下，提供技术和资金合作来促使本条的执行。

4. 各成员将运用在本协定要求具备的法律手段，确保适用有效的法律措施来防止在本体制下生产的产品以不符合其规定的方式进口至各成员境内和在其境内销售，以及向其市场转移。如果任何成员认为这样的措施被证明不足以实现此目的，则该成员可以就该事项提请 TRIPS 理事会审议。

5. 为了利用规模经济以增强药品的购买力，并促进药品的本地生产，第 31 条之二第 3 款所述成员间达成共识，一致确认应促进授予区域专利体制的发展。为此，发达国家成员承诺根据本协定第 67 条，包括与其他相关政府间组织联合，提供技术合作。

6. 为了解决医药行业成员没有生产能力或生产能力不足的问题，各成员一致确认，有必要在医药行业推动技术转让和能力建设。为此，鼓励有进出口资质的成员以促进上述目标实现的方式使用本体制。各成员承诺，在开展本协定第 66 条第 2 款、《关于〈TRIPS 协定〉与公共健康的宣言》第 7 段及 TRIPS 理事会的任何其他相关工作时，将特别关注医药行业技术转让和能力建设，并就相关事宜进行合作。

7. 为了确保本体制的有效运行，TRIPS 理事会须对其运行状况进行年度审议，并每年向总理事会报告其运行情况。

《〈与贸易有关的知识产权协定〉附件》的附录

医药行业生产能力的评估

最不发达国家成员被认为在医药行业没有生产能力或生产能力不足。

对于其他有资格进口的成员，可以通过下列方式之一确定其没有有关药品的生产能力或有关药品的生产能力不足：

（i）该成员已经证明其在医药行业没有生产能力；

或者

（ii）该成员在此行业具有部分生产能力的情况下，除专利所有者拥有或控制的生产能力之外，该部分生产能力目前不足以满足该成员自身需要。当证明该部分生产能力已经可以充分满足该成员需要时，本体制不得再适用于该成员。

商标国际注册马德里协定

（1891 年 4 月 14 日签订，1900 年 12 月 14 日修订于布鲁塞尔，1911 年 6 月 2 日修订于华盛顿，1925 年 11 月 6 日修订于海牙，1934 年 6 月 2 日修订于伦敦，1957 年 6 月 15 日修订于尼斯，1967 年 7 月 14 日修订于斯德哥尔摩，并于 1979 年 9 月 28 日修改。）

第一条　［成立特别联盟；向国际局申请商标注册；原属国的定义］

（1）本协定所适用的国家组成商标国际注册特别联盟。

（2）各缔约国的国民，可通过其原属国主管机关，向《成立世界知识产权组织（以下称"本组织"）公约》所指的知识产权国际局（以下称"国际局"）申请商标注册，以在本协定所有其他成员国取得对其已在原属国注册用于商品或服务的商标的保护。

（3）原属国是指申请人设有真实有效的工商营业所的特别联盟国家；在特别联盟国家中

没有此类营业所的,系指其住所所在的特别联盟国家;在特别联盟境内没有住所,但为特别联盟国家国民的,则指其国籍所在的国家。

第二条 [关于《巴黎公约》第三条(给予某类人以本联盟国民的同等待遇)]

未加入本协定的国家的国民,在依照本协定组成的特别联盟领土内,符合《保护工业产权巴黎公约》第三条规定的条件的,与缔约国国民同等对待。

第三条 [国际注册申请的内容]

(1) 国际注册申请应按实施细则所规定的格式提出,商标原属国的主管机关应证明该申请的内容与国家注册簿中的内容相符,并注明该商标在原属国的申请和注册的日期和号码以及国际注册的申请日期。

(2) 申请人应指明为之申请商标保护的商品或服务,如果可能,还应根据《商标注册用商品和服务国际分类尼斯协定》制定的分类,指明相应的类别。申请人未指明类别的,国际局应将有关商品或服务划分到该分类的相应类别。申请人指出的分类须经国际局会同该国家主管机关审查。国家主管机关和国际局意见有分歧的,以国际局的意见为准。

(3) 申请人要求将颜色作为其商标显著成分保护的,应当

1. 声明要求该项保护,并在申请书中注明要求保护的颜色或颜色组合;

2. 在申请中附送该商标的彩色图样,该图样应附在国际局发出的通知中。图样的份数由实施细则规定。

(4) 国际局应立即注册根据第一条申请注册的商标。注册日期为在原属国申请国际注册的日期,条件是国际局于此日起两个月期限内收到该申请;未在此期限内收到的申请,国际局则以其收到申请的日期登记该申请。国际局应立即将该项注册通知有关主管机关。注册商标应按注册申请的内容在国际局出版的期刊上公告。对于含有图形要素和特殊字体的商标,由实施细则规定申请人是否应提供底片一份。

(5) 为了在所有的缔约国公告注册商标,根据《保护工业产权巴黎公约》第十六条第(4)款(a)段规定的单位数和实施细则规定的条件,每个主管机关应从国际局按比例收到一定数量的赠阅本及减价本刊物。在所有缔约国内该公告应被视为是完全充分的,而且申请人不得要求任何其他公告。

第三条之二 [领土限制]

(1) 各缔约国可随时书面通知本组织总干事(以下称:"总干事"),通过国际注册取得的保护只有经商标注册人专门请求,才能延伸至该国。

(2) 该通知只能于总干事将之通告其他缔约国之日起六个月后生效。

第三条之三 [领土延伸申请]

(1) 申请将通过国际注册取得的保护延伸至某个享有第三条之二规定的权利的国家的,应在第三条第(1)款所指的申请中特别注明。

(2) 在国际注册后提出的领土延伸申请,应按实施细则规定的格式,通过原属国主管机关提出。国际局应立即注册领土延伸申请,随即将之通知有关主管机关。领土延伸在国际局出版的期刊上公告。领土延伸于在国际注册簿登记之日起生效,于有关商标国际注册期满时失效。

第四条 [国际注册的效力]

(1) 自按照第三条及第三条之三的规定在国际局进行注册起,商标在各有关缔约国的保护,应与此商标在该国直接注册相同。第三条规定的商品和服务的分类,不在确定商标保护范围方面约束缔约国。

(2) 每个申请国际注册的商标,享有《保护工业产权巴黎公约》第四条规定的优先权,不需履行该条第四款规定的各项手续。

第四条之二 [以国际注册代替在先国家注册]

(1) 当一个已在某个或多个缔约国申请注册的商标,而后又以同一注册人或其权利继承人的名义由国际局注册时,该国际注册应视为代替在先的国家注册,并不影响通过在先的国家注册取得的权利。

(2) 国家主管机关应依请求在其注册簿中登记该国际注册。

第五条 ［国家主管机关的驳回］

（1）在本国法律允许的国家内，被国际局通知商标注册或根据第三条之三提出的延伸保护申请的国家主管机关有权声明，在其领土内不能给予该商标以保护。根据《保护工业产权巴黎公约》的规定，只能以适用于申请国家注册商标的条件提出此类驳回。但是，不得仅以国家法只准许在一定数目的类别或者一定数量的商品或服务上注册为唯一理由，驳回保护，即便是部分驳回保护。

（2）欲行使这项权利的主管机关，应在国家法规定的期限内，并最迟于自商标国际注册或根据第三条之三提出延伸保护申请起一年结束之前，将其驳回通知国际局，同时说明全部理由。

（3）国际局应立即将收到的驳回声明一份转给原属国主管机关和商标注册人，如该主管机关已向国际局指明商标注册人的代理人的，或者转给其代理人。如同当事人向驳回保护的国家直接申请商标注册那样，他应具有同样的申诉手段。

（4）国际局应依任何当事人的请求，向其通告某商标的驳回理由。

（5）在上述一年最宽期限内，主管机关未将关于商标注册或延伸保护申请的任何临时或最终驳回决定通知国际局的，即丧失有关商标享有本条第（1）款规定的权利。

（6）未能使商标注册人及时行使其权利的，主管机关不得宣布国际商标无效。无效应通知国际局。

第五条之二 ［合法使用商标某些成份的证明文件］

各缔约国主管机关可能要求就商标的某些成份，如纹章、徽章、肖像、勋章、称号、厂商名称或非申请人姓氏或者类似说明，所提供的合法性使用的证明文件，除原属国主管机关确认之外，应免除一切认证和证明。

第五条之三 ［国际注册簿登记事项的副本；预先查询；国际注册簿摘录］

（1）国际局应依任何人请求并征收实施细则规定的费用，向其提供某商标在注册簿登记事项的副本。

（2）国际局亦可收费办理国际商标的预先查询。

（3）为在某缔约国复制之需而索要的国际注册簿摘录应免除一切认证。

第六条 ［国际注册的有效期；国际注册的独立性；原属国保护的中止］

（1）在国际局注册商标以二十年为期进行，并可以第七条规定的条件续展。

（2）自国际注册之日起五年期满后，国际注册即与原属国在先注册的国家商标相独立，下款的规定除外。

（3）自国际注册之日起五年内，根据第一条在原属国在先注册的国家商标在该国已全部或部分不再享受法律保护的，那么，无论国际注册是否已经转让，都不得再全部或部分要求国际注册给予的保护。对于因在五年期限届满前提起的诉讼而后中止法律保护的，情形亦是如此。

（4）自愿或自行注销的，原属国主管机关应向国际局申请注销商标，国际局应予注销商标。遇法律诉讼时，上述主管机关应自行或经原告请求，将起诉书或其他证明起诉的文件副本以及终审判决寄交国际局，国际局将之在国际注册簿上登记。

第七条 ［国际注册的续展］

（1）注册可自上一期届满起以二十年为一期不断地续展，仅需缴纳基本费，必要时缴纳第八条第（2）款规定的附加费和补充费。

（2）续展不得对上一期注册的最后状况进行任何更改。

（3）根据一九五七年六月十五日尼斯文本或本文本规定进行的首次续展，应指明与该注册相关的国际分类类别。

（4）保护期满前六个月，国际局通过寄送非正式通知，提醒商标注册人和其代理人期满的确切日期。

（5）缴纳实施细则规定的额外费的，应给予国际注册续展一个六个月的宽展期。

第八条 ［国家规费；国际规费；收入盈余；附加费和补充费的分配］

（1）原属国主管机关有权自行规定并向申

请国际注册或续展的商标注册人收取国家规费。

（2）在国际局注册商标应预交国际规费，包括：

（a）基本费；

（b）商标适用的商品或服务所属的类别超过国际分类三类的，每超过一类的附加费；

（c）用于每项符合第三条之三延伸保护申请的补充费。

（3）但是，商品或服务类别数目是由国际局确定或提出过不同意见的，应于实施细则规定的期限内缴纳第（2）款（b）段规定的附加费，并不影响注册日期。在上述期限届满时，申请人尚未缴纳附加费或未对商品或服务表进行必要的删减的，国际注册申请则视同被放弃。

（4）国际注册各项收费的年收入，除第（2）款（b）和（c）段规定的以外，经扣除执行本文本所需的各项费用开支，应由国际局负责在本文本参加国之间平均分配。在本文本生效时尚未批准或加入本文本的国家，在批准或加入生效之前，有权分得按其适用的先前文本计算的一份收入盈余。

（5）第（2）款（b）段规定的附加费的收入，于每年年终时，根据上年度在各国申请保护的商标的数目，按比例在本文本参加国或一九五七年六月十五日尼斯文本参加国之间分配；对进行预先审查的国家，该数目受实施细则规定的系数的影响。在本议定书生效时尚未批准或加入本文本的国家，在其批准或加入生效之前，有权分得按尼斯文本计算的份额。

（6）第（2）款（c）段规定的补充费的收入，应根据第（5）款在采用第三条之二规定权利的国家间进行分配。本文本生效时尚未批准或加入本文本的国家，在其批准或加入生效之前，有权分得按尼斯文本计算的份额。

第八条之二　［在一国或多国放弃保护］

国际注册注册人，可通过本国主管机关向国际局递交一份声明，随时放弃在一个或多个缔约国的保护。国际局将该声明通知放弃保护所涉及的国家。放弃保护不需要任何费用。

第九条　［影响国际注册的国家注册簿变更；删减、增加、替换国际注册簿中在录的商品和服务］

（1）变更影响国际注册的，商标注册人本国主管机关亦应将对本国注册簿中商标登记所作的注销、撤销、放弃、转让和其他变更通知国际局。

（2）国际局应将这些变更在国际注册簿中登记，通知各缔约国主管机关，并在其刊物上公告。

（3）国际注册注册人申请删减该项注册适用的商品或服务的，可比照办理。

（4）办理此类事宜可能要缴纳实施细则规定的费用。

（5）注册后增加新商品或服务的，可通过按第三条的规定提出的新的注册申请取得。

（6）以一项商品或服务替换另一项的，视同增加一项。

第九条之二　［国际商标转让引起的注册人国家变更］

（1）将国际注册簿中登记的商标转让给一个设立在国际注册注册人国家以外的某缔约国的人的，这个国家的主管机关应将该转让通知国际局。国际局将该转让登记，通知其他主管机关，并在其刊物上公告。转让在国际注册起五年内进行的，国际局应征得新注册人国家主管机关的同意，并且如可能的话，公告该商标在新注册人国家的注册日期和注册号。

（2）将国际注册簿中登记的商标转让给无权申请国际商标的人的，不予登记。

（3）由于新注册人国家拒绝同意，或因转让由一个无权申请国际注册的人提出，而不能在国际注册簿上登记转让的，原注册人国家主管机关有权要求国际局在其注册簿上注销该商标。

第九条之三　［仅就部分注册商标或服务或仅就部分缔约国转让国际商标；关于《巴黎公约》第六条之四（商标的转让）］

（1）国际局收到仅就部分注册商品或服务转让国际商标的通知时，应在注册簿中予以登记。所转让部分包含的商品或服务与仍以转让

— 873 —

人名义注册的商标的商品和服务相类似的,各缔约国均有权拒绝承认该转让的效力。

（2）国际局同样登记只就一个或多个缔约国进行的国际商标转让。

（3）在上述情况中,发生注册人国家变更的,并且国际商标是在自国际注册起五年内被转让的,新注册人国家的主管机关应根据第九条之二予以同意。

（4）上述各款的规定仅在保留《保护工业产权巴黎公约》第六条之四的条件下适用。

第九条之四　[几个缔约国的共同主管机关；几个缔约国要求按一个国家对待]

（1）如果本特别联盟的几个国家同意统一其国家商标法的,可以通知总干事。

（a）以共同的主管机关代替其各自的国家主管机关。

（b）在完全或部分适用本条以前各项规定方面,其各国领土的总合视为一个国家。

（2）此项通知只能在总干事通告其他缔约国之日起六个月后生效。

第十条　[本特别联盟大会]

（1）（a）本特别联盟设立由批准或加入本文本国家所组成的大会。

（b）各国政府应有一名代表,该代表可由若干副代表、顾问及专家辅助。

（c）各代表团的费用,除各成员国一位代表的旅费及生活津贴由本特别联盟负担外,均由委派该代表团的政府负担。

（2）（a）大会：

（i）处理有关维持和发展本特别联盟以及实施本协定的一切事宜；

（ii）在适当考虑未批准或未加入本文本的本特别联盟成员国的意见后,就修订会议的筹备工作向国际局作出指示；

（iii）修改实施细则和确定第八条第（2）款提到的规费以及国际注册其他费用的数额；

（iv）审查和批准总干事关于本特别联盟的报告和活动,并就关于本特别联盟的权限问题向总干事作出各种必要的指示；

（v）制定计划,通过本特别联盟两年一度的预算,并批准其决算；

（vi）通过本特别联盟的财务规则；

（vii）为了实现本特别联盟的宗旨,成立大会认为必要的专家委员会和工作组；

（viii）决定接纳哪些非本特别联盟成员的国家以及政府间组织和非政府间国际组织,作为观察员参加会议；

（ix）通过对第十条至第十三条的修改；

（x）为实现本特别联盟的宗旨,进行其他任何适当的活动；

（xi）履行本协定规定的其他职责。

（b）对于也涉及本组织所辖其他联盟的问题,大会应在听取本组织协调委员会的意见后作出决定。

（3）（a）大会各成员国享有一票表决权。

（b）大会成员国的半数构成法定人数。

（c）除（b）段的规定外,在任何一次会议上,出席会议的国家数目不及大会成员国一半,但达到或超过三分之一时,大会可以作出决议。然而,除涉及其自身程序的决议外,大会的决议只有符合下列条件才能生效。国际局应将所述决议通告未出席的大会成员国,请其于所述通告之日起三个月内以书面形式表决或弃权。在该期限届满时,如此类表决或弃权的国家的数目至少等于会议自身所需法定人数的差额,只有同时达到必要的多数,所述决议才能生效。

（d）除第十三条第（2）款的规定外,大会决议需要三分之二的多数表决才能作出。

（e）弃权不视为表决。

（f）一位代表只能代表一个国家并只能以该国的名义表决。

（g）非大会成员的本特别联盟国家应作为观察员出席大会的会议。

（4）（a）大会每两年由总干事召集举行一次例会,除特殊情况外与本组织大会同期、同地举行。

（b）大会经四分之一大会成员国的请求,由总干事召集举行特别会议。

（c）每次会议的日程由总干事制定。

（5）大会通过自己的内部规则。

第十一条　[国际局]

（1）（a）国际局办理国际注册并处理本特

别联盟担负的其他行政工作。

（b）国际局特别应筹备大会的会议，并为大会以及可能成立的专家委员会和工作组提供秘书处。

（c）总干事是特别联盟的最高官员，并代表本特别联盟。

（2）总干事及其指定的任何职员应参加大会及大会设立的专家委员会和工作组的所有会议，但没有表决权。总干事或其指定的职员为这些机构的当然秘书。

（3）（a）国际局应按照大会的指示，筹备修订本协定除第十至第十三条以外其他条款的会议。

（b）国际局可就修订会议的筹备工作与政府间组织和非政府间国际组织进行协商。

（c）总干事及其指定的人员应参加这些会议的讨论，但没有表决权。

（4）国际局应执行交给他的任何其他任务。

第十二条　[财务]

（1）（a）本特别联盟应有预算。

（b）本特别联盟的预算包括本特别联盟本身的收入和开支，各联盟共同支出预算的摊款以及必要时用作本组织成员国会议预算的款项。

（c）对于不属专门拨给本特别联盟，同时也拨给本组织所辖一个或多个其他联盟的支出，视为各联盟的共同支出。本特别联盟在该共同支出中的摊款，与该项支出给其带来的利益成比例。

（2）根据与本组织所辖其他联盟预算相协调的需要，制定本特别联盟的预算。

（3）本特别联盟预算的资金来源如下：

（i）国际注册的规费和其他收费以及国际局以本特别联盟的名义提供其他服务收取的费用和款项；

（ii）与本特别联盟有关的国际局出版物售款或其版税；

（iii）赠款、遗赠和补助金；

（iv）房租、利息和其他收入；

（4）（a）第八条第（2）款所指的规费及其他有关国际注册的收费数额经总干事提议，由大会确定。

（b）除第八条第（2）款（b）和（c）段所指的附加费和补充费之外，确定的规费数额，应至少能使本特别联盟规费、收费和其他来源资金的总收入与国际局有关本特别联盟的支出收支相抵。

（c）预算在新的财政年度开始前尚未通过的，应按财务规则规定的方式继续执行上年度预算。

（5）国际局以本特别联盟名义提供其他服务收取的费用和款项的数额，除第（4）款（a）段规定的以外，由总干事确定并报告大会。

（6）（a）本特别联盟设有周转基金，由本特别联盟各国一次付款组成。基金不足时，大会应决定增加基金。

（b）各国对上述基金首次付款或其在基金增加时摊款的数额，应与该国作为保护工业产权巴黎联盟成员国于设立基金或决定增加基金的当年对巴黎联盟预算付款的份额成比例。

（c）付款的比例和形式由大会根据总干事的提议并听取本组织协调委员会的意见后确定。

（d）只要大会批准使用本特别联盟的储备金作为周转基金，大会就可以暂缓执行（a）、（b）和（c）段的规定。

（7）（a）在与本组织所在地国家达成的总部协议中规定，当周转基金不足时，该国家应予贷款。提供贷款的数额与条件由该国和本组织间逐次分别签署协议。

（b）（a）段所指的国家及本组织均有权以书面通知废止提供贷款的承诺。该废止应于发出通知当年年底起三年后生效。

（8）帐目的审核应按照财务规则规定的形式，由本特别联盟一国或多国或者由外部的审计师进行。审计师由大会在征得本人同意后指定。

第十三条　[对第十条至第十三条的修改]

（1）修改第十条、第十一条、第十二条及本条的提案，可由大会的任何成员国或总干事提出。此类提议至少应于提交大会审议前六个月由总干事转交大会成员国。

（2）对第（1）款所述条文的任何修改，须经大会通过。通过需要表决票数的四分之三。但对第十条及本款的修改，则需表决票数的五分之四。

（3）对第（1）款所述条文的任何修改，应于总干事收到通过该修改之时的四分之三的大会成员国根据各自宪法的规定提出的书面接受通知起一个月后生效。由此通过的对所述条文的任何修改，对于修改生效之时或此后加入的所有成员国具有约束力。

第十四条　〔批准和加入；生效；加入在先文本；关于《巴黎公约》第二十四条（领土）〕

（1）本特别联盟成员国已签署本文本的，可批准本文本；尚未签署的，可加入本文本。

（2）（a）非本特别联盟的国家，若为《保护工业产权巴黎公约》成员的，均可加入本文本，并由此成为本特别联盟的成员。

（b）国际局一旦接到某此类国家已加入本文本的通知，应根据第三条规定向该国主管机关寄送此时享受国际保护的商标的汇总通知。

（c）该通知本身应保证这些商标在所述国家的领土内享受先前规定的利益，并开始一年的期限。有关主管机关可以在此期间提出第五条所规定的声明。

（d）然而，上述国家在加入本文本时可以声明，除非在此之前国际商标已在该国在先进行了相同的国家注册并且依然有效，经有关当事人请求即可得到承认之外，本文本仅适用于该国加入生效之日起注册的商标。

（e）此项声明应使国际局免发上述汇总通知。在新国家加入起一年内，国际局仅就其收到的要求适用（d）段中例外规定并附有必要说明的申请所涉及的商标发出通知。

（f）对在加入本文本时声明请求适用第三条之二所规定权利的国家，国际局不发汇总通知。另外，此类国家亦可同时声明，本文本仅适用于自其加入生效之日起注册的商标；但这种限制不得影响已先在此类国家取得相同国家注册并可导致根据第三条之三、第八条第（2）款（c）段进行和通知领土延伸申请的国际商标。

（g）本款规定的通知中的商标注册，应视为代替在新缔约国加入生效日之前在该国的直接注册。

（3）批准书和加入书应递交总干事保存。

（4）（a）对于五个最初递交批准书或加入书的国家，本文本自第五份文件交存起三个月后生效。

（b）对于其他任何国家，本文本自总干事就该国的批准或加入发出通知之日起三个月后生效，除非在批准书或加入书中指定了一个之后的日期。对于后一种情况，本文本自该指定之日起在该国生效。

（5）批准或加入即当然接受本文本的所有条款并享受本文本的所有利益。

（6）本文本生效后，一个国家只有同时批准或加入本文本，才可以参加一九五七年六月十五日的尼斯文本。即使是同时批准或加入本文本，也不允许加入尼斯文本以前的文本。

（7）《保护工业产权巴黎公约》第二十四条的规定适用于本协定。

第十五条　〔退约〕

（1）本协定无限期地有效。

（2）任何国家均可通知总干事声明退出本文本。这种退约亦指退出所有在先的文本，并仅对退约国有效，协定对本特别联盟的其他国家继续有效和适用。

（3）退约于总干事收到通知之日起一年后生效。

（4）一个国家在其成为本特别联盟成员之日起五年期限届满前，不得行使本条所规定的退约权。

（5）在退约生效之日前注册的国际商标，并且在第五条所规定的一年内未被驳回的，应在国际保护期内如同在该退约国直接注册的商标，继续享有同等的保护。

第十六条　〔先前文本的适用〕

（1）（a）在已经批准或加入本文本的特别联盟成员国家间，本文本自对之生效之日起，即代替一八九一年《马德里协定》在本文本之前的其他文本。

(b) 但已批准或加入本文本的特别联盟各国，如未根据一九五七年六月十五日尼斯文本第十二条第（4）款的规定退出先前文本，在其与未批准或加入本文本国家的关系中，应继续适用先前文本。

（2）非本特别联盟成员国加入本文本的，通过未加入本文本的任一本特别联盟国家的主管机关向国际局办理国际注册的，应适用本文本，条件是对于所述国家该注册符合本文本规定的条件。通过已加入本文本的非本特别联盟成员国的国家主管机关向国际局办理国际注册的，这些国家应同意上述国家可要求该申请符合其加入的最新文本规定的条件。

第十七条　［签字；语言；保存人职责］

（1）（a）本文本用法文签署一份文本，交存于瑞典政府。

（b）大会所指定其他语种的正式文本，由总干事经与有关政府协商后制定。

（2）本文本直至一九六八年一月十三日止在斯德哥尔摩开放签字。

（3）总干事将经瑞典政府认证的本文本签字本副本两份交与本特别联盟所有国家的政府，并应请求交与任何国家的政府。

（4）总干事将本文本在联合国秘书处登记。

（5）总干事应将签字、批准书或加入书及其中的声明的交存、本文本各条款的生效、退约通知、以及按照第三条之二、第九条之四、第十三条、第十四条第（7）款、第十五条第（2）款所作的通知，通告本特别联盟所有国家的政府。

第十八条　［过渡条款］

（1）直至第一任总干事就职为止，本文本所指的本组织国际局或总干事应分别视为《保护工业产权巴黎公约》所成立的联盟局或其干事。

（2）在成立本组织的公约生效后五年内，未批准或加入本文本的本特别联盟国家，如果愿意，可以行使本文本第十至十三条所规定的权利的，视同他们已接受这些条款的约束。任何国家希望行使这种权利，应就此书面通知总干事。该通知于其接到之日起生效。直到所述期限届满为止，这类国家被视为大会成员国。

商标国际注册马德里协定有关议定书

（1989年6月27日于马德里通过并于2006年10月3日和2007年11月12日修正）

第一条　属于马德里联盟

参加本议定书的国家（以下称"缔约国"），即便未加入一九六七年修订于斯德哥尔摩并于一九七九年修改的《商标国际注册马德里协定》（以下称《马德里协定》（斯德哥尔摩）），以及本议定书第十四条（1）（b）所指的参加本议定书的组织（以下称"缔约组织"），与加入《马德里协定》（斯德哥尔摩）的国家均属同一联盟的成员。在本议定书中，"缔约方"一词既指缔约国，亦指缔约组织。

第二条　通过国际注册取得的保护

（1）当一项商标注册申请已提交某缔约方局，或一个商标已在某缔约方局注册簿注册时，该项申请（以下称"基础申请"）的申请人或该项注册（以下称"基础注册"）的注册人，可依照本议定书的规定通过在世界知识产权组织国际局的注册簿（以下分别称"国际注册"，"国际注册簿"，"国际局"和"组织"）获准注册该商标，以取得其商标在缔约方领土内的保护，条件是

（i）当基础申请已向某缔约国局提出或基础注册已在该局进行时，该申请的申请人或该注册的注册人系该缔约国的国民，或者在该缔约国内居住或设有真实有效的工业或商业营业所；

（ii）当基础申请已向某缔约组织局提出

或基础注册已在该局进行时，该申请的申请人或该注册的注册人系该缔约组织一成员国的国民或居民，或者在该缔约组织领土内设有真实有效的工业或商业营业所；

（2）国际注册申请（以下称"国际申请"）应根据情况通过向其提出基础申请的局或进行基础注册的局（以下称"原属局"）向国际局提出。

（3）在本议定书中，"局"或"缔约方局"系指负责为某缔约方注册商标的局；"商标"一词既指商品商标，亦指服务商标。

（4）在本议定书中，当缔约方为一个国家时，"缔约方领土"系指该国领土；当缔约方为一政府间组织时，缔约方领土系指缔结该政府间组织条约所适用的领土。

第三条　国际申请

（1）凡依照本议定书提出的国际申请，均应以实施细则规定的格式提交。原属局应证明国际申请中的内容于证明之时分别与基础申请或基础注册中的内容相符合。此外，所述局应指明，

（i）属基础申请的，该申请的日期和号码，

（ii）属基础注册的，该注册的日期和号码以及该基础注册的申请日期和号码。

原属局亦应指出国际申请的日期。

（2）申请人应指明要求保护商标的商品和服务，可能的话，并根据依照《商标注册用商品和服务尼斯协定》制定的分类指明相应的类别。申请人未指明类别的，国际局应将商品和服务划分到所述分类的相应类别。国际局应会同原属局对申请人提出的类别进行审核。该局与国际局意见分歧时，应以国际局的意见为准。

（3）申请人请求将颜色作为其商标的显著成分予以保护的，应当

（i）声明该请求并在其国际注册申请中注明要求予以保护的颜色或颜色的组合；

（ii）在其国际申请中附上若干彩色商标，用以附在国际局发出的通告中；商标的份数应由实施细则确定。

（4）国际局应立即注册依照本议定书第二条申请的商标。国际注册的日期应为原属国收到国际申请的日期，条件是国际局在该日起两个月内收到国际申请。在此期限内未收到国际申请的，国际注册的日期应为国际局收到所述国际申请的日期。国际局应随即将国际注册通告有关局。在国际注册簿注册的商标应根据其国际申请所包含的内容，在一份国际局出版的定期公告上公告。

（5）为了公告在国际注册簿注册的商标，按照第十条所指大会（以下称"大会"）确定的条件，各局应从国际局收到一定数量的免费公告和减价公告。对于一切缔约方，该公告应被视为是充分的，并且国际注册的注册人不得要求任何其他公告。

第三条之二　领土效力

通过国际注册取得的保护只有经过提出国际申请的人或国际注册的注册人的请求，才可延伸至某缔约方。然而，这种请求不得向其局为原属局的缔约方提出。

第三条之三　"领土延伸"请求

（1）所有将通过国际注册取得的保护延伸至某一缔约方的请求，应当在国际申请中特别说明。

（2）领土延伸请求亦可于国际注册之后提出。此项请求应以实施细则规定的书式提出。国际局应即刻将之登记，随即应将该登记通告某个或一切有关局。该登记应在国际局的定期公告上公告。此种领土延伸应于在国际注册簿登记之日起生效；该领土延伸应于其相关国际注册期满时失效。

第四条　国际注册的效力

（1）（a）自根据第三条和第三条之三之规定所进行的注册或登记之日起，商标在各有关缔约方的保护与在该缔约方直接提交此商标申请所取得的保护应是相同的。如果没有根据第五条（1）和（2）将任何驳回通知寄到国际局或根据该条所通知的驳回于后被撤回的，自所述之日起，商标在有关缔约方的保护与该商标为该缔约国所注册的保护应是相同的。

（b）第三条规定的对商品和服务类别的指定不得在确定商标保护范围方面约束缔

约方。

（2）凡国际注册均应享有《保护工业产权巴黎公约》第四条规定的优先权，无须履行该条（d）规定的手续。

第四条之二 以一项国际注册代替一项国家或地区注册

（1）当一个在某缔约方局进行了国家或地区注册的商标也进行了国际注册并且两项注册均以同一人的名义登记时，国际注册则视为代替国家或地区注册，并不影响国家或地区注册的既得权利，条件是

（i）根据第三条之三（1）或（2）通过国际注册取得的保护延伸到所述缔约方，

（ii）国家或地区注册中所列的所有商品和服务同样就所述缔约方列在国际注册中，

（iii）上述延伸于国家或地区注册之日后生效。

（2）第（1）款所指的局应依请求在其注册簿中记录国际注册。

第五条 对于某些缔约方驳回国际注册及宣布其无效

（1）如果所适用的法律允许，国际局根据第三条之三（1）或（2）通知在该缔约方延伸一项国际注册的保护的缔约方局有权在一份驳回通知中声明，不能给予该延伸商标在所述缔约方以保护。依照《保护工业产权巴黎公约》的规定，只能以对于在通知驳回的局直接申请的商标所适用的理由，提出此类驳回。但是，不得以所适用的法律只准许在一定数量类别的商品或一定类别的服务范围内进行注册为唯一理由，而驳回保护，即便是部分驳回保护。

（2）（a）凡欲行使此权利的局应在所适用的法律规定的期限内并最迟于国际局通知其第（1）款规定的延伸之日起一年期限届满前，将其驳回通知国际局，并说明全部理由，第（b）和（c）段另有规定的除外。

（b）尽管第（a）段有所规定，任何缔约方可以声明，对于根据议定书进行的国际注册，第（a）段规定的一年期限由十八个月代替。

（c）此外，该声明还可明确指出，当对给予保护而提出的异议可以导致驳回时，驳回可以由该缔约方局于十八个月期限届满后通知国际局。对于某项国际注册，此类局可在十八个月期限届满后通知驳回，只要

（i）已在十八个月期满前通知国际局有可能在十八个月期满后提出异议，并且

（ii）基于异议的驳回通知，是在异议期届满起一个月期限内，以及在任何情况下不晚于异议期开始之日起七个月之内发出的。

（d）根据第（b）和（c）段所作的任何声明，可以用第十四条（2）规定的书式提出，并且声明的生效日期应为议定书对于所作声明的国家或组织生效的同一日期。对于与声明生效日期相同或此日之后的国际注册，此类声明也可以在以后提出。在此情况下，声明应于组织总干事（以下称总干事）收到声明三个月后或于声明中指定的任何后日期生效。

（e）自本议定书生效起十年期限届满时，大会应对根据第（a）至（d）段所建立的体系的运转进行审核。此后，可由大会一致决定修改前述第（a）至（d）段。❶

（3）国际局应随即将驳回通知一份转给国际注册注册人。就象其直接向通知驳回的局申请注册商标一样，该注册人应具有同样的救济手段。国际局收到第（2）款（c）（i）所规定的通知后，应随即将该通知转给国际注册注册人。

（4）国际局应依请求将驳回某商标的理由提供给有关人士。

（5）任何局凡未按照第（1）和第（2）款的规定将对某项国际注册的临时或最终驳回通知国际局的，对此项国际注册而言，则丧失享用第（1）款规定的权利。

（6）未及时给国际注册注册人提供机会行使其权利的，缔约方的主管机关不得宣布某项国际注册在该缔约方领土内无效。无效应通知

---

❶ 马德里联盟大会通过的解释性说明：

"议定书第5条第（2）款（e）项应理解为允许大会对第（a）至（d）段所建立的体系的运转进行审核，但不言而喻，对各该段规定作出任何修改应需要大会作出协商一致的决定。"

— 879 —

国际局。

第五条之二 合法使用商标某些成分的证明文件

各缔约方局可能要求就商标的某些成分，如纹章、徽章、肖像、勋章、称号、厂商名称或非申请人的姓氏、或者其他类似说明，所提供的合法性使用的证明文件，除原属局确认之外，应免除一切认证和证明。

第五条之三 国际注册簿登记事项的副本；预先查询；国际注册簿摘录

（1）国际局应依任何人请求并征收实施细则规定的费用，向其提供某商标在国际注册簿登记事项的副本。

（2）国际局亦可收费办理国际注册商标间的预先查询。

（3）为在某缔约国复制之需而索要的国际注册簿摘录应免除一切认证。

第六条 国际注册的有效期；国际注册的依附和独立

（1）在国际局注册商标以十年为期进行，并可以第七条规定的条件续展。

（2）自国际注册之日起五年期满后，国际注册即分别与基础申请或由之产生的注册，或者基础注册相独立。如下另有规定的除外。

（3）在注册之日起五年期满前，如果基础申请或由之产生的注册或者基础注册分别就全部或部分国际注册中所列的商品和服务被撤回、过期、被放弃、最终驳回、注销或被宣布无效，无论其是否已被转让，都不得再要求国际注册给予的保护。情形亦是如此，如果

（i）一项对驳回基础申请的决定提起的上诉，

（ii）一项旨在撤回基础申请或注销、撤销由基础申请产生的注册或基础注册，或者宣布此类注册无效的诉讼，或

（iii）一项对基础申请提出的异议

于五年期限届满后，导致驳回、撤销或宣布无效的终局决定，或者分别要求撤销基础申请或由之产生的注册或者基础注册，条件是有关上诉、诉讼或异议于该期限届满前开始。这同样适用于在五年期满后被撤回的基础申请或被撤销的由基础申请产生的注册，条件是撤回或放弃时，所述申请或注册正处于第（i）、（ii）或（iii）点提及的程序中，并且该程序开始于所述期限届满前。

（4）如实施细则所规定的，原属局将符合第（3）款的相应事实和决定通知国际局。国际局按照实施细则的规定通知一切有关方面，进行相应的公告。必要时，原属局应向国际局申请适当地撤销国际注册，国际局则对该申请进行相应的处理。

第七条 国际注册的续展

（1）任何国际注册可自上期届满起以十年为一期续展，只需缴纳基本费和第八条（2）规定的附加费和补充费。第八条（7）另有规定的除外。

（2）续展不得对国际注册的最后状况进行任何更改。

（3）保护期满前六个月，国际局应通过寄送非正式通知，提醒国际注册的注册人期满的确切日期，必要时也提醒其代理人。

（4）缴纳实施细则规定
的额外费的，应给予国际注册续展一个六个月的宽展期。

第八条 国际申请费和国际注册费

（1）原属局有权自行规定于提交国际申请或续展国际注册之时，向申请人或国际注册的注册人收取自己的规费。

（2）除第（7）款（a）的规定外，在国际局注册商标应预交国际规费，这包括

（i）基本费；

（ii）商标适用的商品或服务所属的类别超过国际分类三类的，所超每一类的附加费；

（iii）用于每项符合第三条之三的延伸保护申请的补充费。

（3）但是，商品或服务类别的数目是由国际局确定或提出过不同意见的，应于实施细则规定的期限内缴纳第（2）款（ii）规定的附加费，并不影响国际注册的日期。在上述期限届满时，申请人尚未缴纳附加费或未对商品或服务表进行必要的删减，国际申请则视同被放弃。

（4）国际注册各项收费的年收入，除来源于第（2）款（ii）和（iii）所指的费用收入外，经扣除执行本议定书所需的各项费用开支，应由国际局负责在本议定书参加方之间平均分配。

（5）第（2）款（ii）规定的附加费所得款项，应于每年年终时，根据上年度在各方申请保护的商标的数目，按比例在有关缔约国之间分配；对于进行审查的缔约方，该数目受实施细则规定的系数的影响。

（6）第（2）款（iii）规定的补充费的收入，应根据第（5）款规定的同等原则进行分配。

（7）（a）各缔约方可以声明，对于根据第三条之三指定它的每项国际注册以及此类国际注册的续展，要收取声明中所指数额的规费（以下称"单独规费"）以代替来源于附加费和补充费的一份收入。该规费的数额可于以后的声明中调整，但不得超过该缔约方局有权向申请人在该局注册簿中进行十年期商标注册，或向注册人在该局注册簿中进行十年期注册续展，所收取费用的同等数额，其中应扣除因国际程序而节省的开支。应缴纳单独规费的，

（i）当只有按本段作出声明的缔约方根据第三条之三被指定时，无须缴纳第（2）款（ii）规定的任何附加费，并且

（ii）无须就按本段作出声明的缔约方缴纳第（2）款（iii）规定的任何补充费。

（b）（a）段所规定的声明可以第十四条（2）规定的书件提出。声明的生效日期应为本议定书就声明的国家或政府间组织生效的同一日期。此声明还可以在以后提出。对此，就声明生效日期同日或此日之后的国际注册而言，声明应于总干事收到此声明三个月后，或于声明中指定的以后的任何日期生效。

第九条 登记国际注册注册人的变更

经以其名义登记国际注册的人士申请或有关局自行或应一当事人的请求提出的申请，国际局应就在其领土内有效的全部或部分缔约方，并就该项注册中所列的全部或部分商品和服务，在国际注册簿登记该注册注册人的任何变更，条件是按照第二条（1）的规定新的注册人是具有提出国际申请的资格的人。

第九条之二 有关国际注册的某些登记

国际局应在国际注册簿中登记

（i）有关国际注册注册人姓名或地址的任何变更，

（ii）设立国际注册注册人的代理人以及与该代理人直接有关的其他情况，

（iii）就全部或部分缔约方对国际注册中所列商品和服务的任何删减，

（iv）就全部或部分缔约方对国际注册的任何放弃、撤销或宣布无效。

（v）实施细则中规定的与国际注册商标权直接有关的任何其他内容。

第九条之三 某些登记的费用

凡根据第九条或第九条之二进行的登记可能需要缴纳费用。

第九条之四 一些缔约国的共同局

（1）如果几个缔约国同意统一其国家商标法的，可以通知总干事

（i）以一个共同局代替其各自的国家局，并且

（ii）在完全或部分适用本条以前各项规定以及第九条之五和第九条之六的规定方面，其各国领土的总合视为一个国家。

（2）此项通知只能在总干事通告其他缔约方之日起三个月后生效。

第九条之五 将一项国际注册转变为若干国家或地区申请

应原属局根据第六条（4）提出的请求，当一项国际注册就其中所列的全部或部分商品和服务被撤销时，曾为国际注册的注册人的人向其国际注册曾有效的领土所属的某缔约方局提交同一商标的注册申请时，该申请应作为在符合第三条（4）的国际注册之日或按照第三条之三（2）登记领土伸延之日提交的申请处理，并且如果该项国际注册曾享有优先权，此申请亦应享有同样的优先权，条件是

（i）此申请于国际注册被撤销之日起三个月内提交，

（ii）对于有关缔约方而言，申请中所列的商品和服务实际包括在国际注册的商品和服

务表中,并且

(iii) 所述申请符合所适用法律的一切规定,包括费用的规定。

第九条之六 既参加本议定书又参加《马德里协定》(斯德哥尔摩)的各国之间的相互关系

(1)(a) 既参加本议定书又参加《马德里协定》(斯德哥尔摩)的各国,在其相互关系中只适用本议定书。

(b) 尽管有本款(a)项的规定,既参加本议定书又参加《马德里协定》(斯德哥尔摩)的一国依本议定书第5条第(2)款(b)项、第5条第(2)款(c)项或第8条第(7)款所作的声明,对其与另一个既参加本议定书又参加《马德里协定》(斯德哥尔摩)的国家之间的关系不产生任何效力。

(2) 大会应自2008年9月1日起三年期满后,对本条第(1)款(b)项的适用情况进行审议,并可以在随后任何时间,以四分之三的多数废止该条规定或缩小其范围。在大会表决中,只有既参加《马德里协定》(斯德哥尔摩)又参加本议定书的国家才有权参加。

第十条 大 会

(1)(a) 缔约方和《马德里协定》(斯德哥尔摩)成员国属于同一大会的成员。

(b) 在大会中,各缔约方应有一名代表,该代表可由若干副代表、顾问及专家辅助。

(c) 各代表团的费用,除各缔约方一位代表的旅费及生活津贴由联盟负担外,均由委派该代表团的缔约方负担。

(2) 除《马德里协定》(斯德哥尔摩)赋与的职责外,大会还

(i) 处理实施本议定书的一切事宜;

(ii) 在适当考虑未参加本议定书的本联盟成员国的意见后,就修订本议定书会议的筹备工作向国际局作出指示;

(iii) 通过和修改关于执行本议定书实施细则的一切条款;

(iv) 履行本议定书规定的其他职责。

(3)(a) 各缔约方在大会享有一票表决权。对于仅涉及《马德里协定》(斯德哥尔摩)成员国的问题,未参加所述协定的缔约方没有表决权。至于仅涉及缔约方的问题,只有这些缔约方有权表决。

(b) 有权就某一问题表决的大会成员的半数构成表决这个议题的法定人数。

(c) 除第(b)段的规定外,在任何一次会议上,有权表决某议题的大会成员的出席数目不足有表决权的大会成员国的半数,但达到或超过三分之一时,大会可以作出决议。然而,除涉及其自身程序的决议外,大会的决议只有符合下列条件才能生效。国际局应将所述决议通告未出席会议的有表决权的大会成员,请其于自所述通告之日起三个月内以书面形式表决或弃权。在该期限届满时,如此表决或弃权的成员的数目至少等于会议自身所需法定人数的差额,只有同时达到必要的多数,所述决议才能生效。

(d) 除第五条(2)(c)、第九条之六(2)、第十二条和第十三条(2)的规定外,大会决议需要三分之二的多数表决才能作出。

(e) 弃权不视为表决。

(f) 一名代表只能代表大会的一个成员并只能以该成员的名义表决。

(4) 在根据《马德里协定》(斯德哥尔摩)召集的一般会议和特别会议之外,大会经对会议议事日程的内容有表决权的四分之一大会成员的请求,由总干事召集举行特别会议。由总干事制定此特别会议的议事日程。

第十一条 国际局

(1) 国际局根据本议定书办理国际注册并处理有关本议定书的其他行政工作。

(2)(a) 国际局根据大会的指示,筹备修订本议定书的会议。

(b) 国际局可就所述修订会议的筹备工作与政府间组织和非政府间国际组织进行协商。

(c) 总干事及其指定的人员参加所述修订会议的辩论,但没有表决权。

(3) 国际局执行本议定书赋予的其他任何任务。

第十二条 财 务

对于缔约方而言,联盟的财务应遵照与

《马德里协定》(斯德哥尔摩)第十二条相同的规定办理。任何援引所述协定第八条同样视为援引本议定书第八条。此外,为所述协定第十二条(6)(b)之需要,缔约组织视为属于《保护工业产权巴黎公约》会费第一等级,大会有一致相反决议的除外。

第十三条 议定书某些条款的修改

(1) 修改第十条、第十一条、第十二条及本条的提案,可由任何缔约方或总干事提出。此类提案至少于提交大会审议前六个月由总干事转交所有缔约方。

(2) 对第(1)款所述条文的任何修改,须经大会通过。通过需要表决票数的四分之三。但对第十条及本款的任何修改,则需表决票数的五分之四。

(3) 对第(1)款所述条文的任何修改于总干事收到来自修改通过之时有表决权的大会成员中四分之三的国家和政府间组织,依照各自宪法的原则所作出的书面接受通知起一个月后生效。由此通过的对所述条文的任何修改,对于修改生效之时或此后是缔约方的所有国家和政府间组织具有约束力。

第十四条 成为议定书成员的形式;生效

(1) (a) 凡《保护工业产权巴黎公约》的成员国均可加入本议定书。

(b) 此外,当符合下述条件时,政府间组织也可加入本议定书:

(i) 至少该组织有一个成员国是《保护工业产权巴黎公约》的成员;

(ii) 所述组织设有以注册在其领土内有效的商标为目的的地方局,除非该局不在按第九条之四的通知之列。

(2) 凡第(1)款规定的国家或组织可签署本议定书。凡第(1)款规定的国家或组织已签署本议定书的,可递交本议定书批准书、接受书或同意书或者,未签署本议定书的,可以递交本议定书的加入书。

(3) 第(2)款提及的书件递交总干事保存。

(4) (a) 本议定书于递交四份批准书、接受书、同意书或加入书三个月后生效,条件是至少其中一份书件由一《马德里协定》(斯德哥尔摩)成员国递交,并且至少其中有另一份由一非《马德里协定》(斯德哥尔摩)成员国或第(1)款(b)段提及的组织之一递交。

(b) 对于第(1)款所指的任何其他国家或组织,本议定书于总干事通告其批准、接受、同意或加入之日起三个月后生效。

(5) 凡第(1)款所述的国家或组织,在递交本议定书的批准书、接受书或同意书,或者本议定书的加入书时,可以声明在本议定书对其生效之日以前根据本议定书进行国际注册取得的保护不得向其延伸。

第十五条 退约

(1) 本议定书无限期地有效。

(2) 任何缔约方均可通知总干事退出本议定书。

(3) 退约于总干事收到通知之日起一年后生效。

(4) 缔约方在自本议定书对其生效之日起五年内不得行使本条规定的退约权。

(5) (a) 一个在退出本议定书的国家或政府间组织内有效的国际注册商标,在退约生效之日,该注册的注册人可在所述国家或组织局提出同一商标的注册申请。该申请视同在按第三条(4)的规定进行国际注册之日或者按第三条之三(2)的规定登记领土延伸之日提交的申请,并且该注册曾享有优先权的,此申请亦应享有同样的优先权,条件是

(i) 此申请于退约实际生效之日起两年内提交,

(ii) 对于退出本议定书的国家或政府间组织而言,申请中所列的商品和服务实际包括在国际注册的商品和服务表中,并且

(iii) 所述申请符合所适用法律的一切规定,包括费用的规定。

(b) 第(a)段的规定同样适用于退约生效之日在退出本议定书的国家或政府间组织以外任何缔约方内有效的任何国际注册商标,并且由于退约该注册的注册人不再有权按照第二条(1)提出国际申请。

第十六条 签字;语言;存放人的职责

(1) (a) 本议定书以法文、英文和西班牙

文签署一份，于不再在马德里开放签字之时，交总干事存放。三种文本具有同等效力。

（b）本议定书的其他正式文本，由总干事与有关政府和组织协商，以德文、阿拉伯文、中文、意大利文、日文、葡萄牙文和俄文，以及大会可能指定的其他文字制定。

（2）本议定书直至一九八九年十二月三十一日在马德里开放签字。

（3）总干事将经西班牙政府认证的本议定书签字本副本两份交与可以成为本议定书成员的所有国家和政府间组织。

（4）总干事将本议定书在联合国秘书处登记。

（5）总干事将批准书、接受书、同意书或加入书的签署和递交，以及本议定书及其任何修改的生效、本议定书中规定的任何退约通知和声明，通告所有可以成为或已成为本议定书成员的国家和国际组织。

商标国际注册马德里协定及该协定有关议定书的共同实施细则

（于 2019 年 2 月 1 日生效）

第一章 总 则

第 1 条 缩略语

在本实施细则中，

（i）"协定"指于 1891 年 4 月 14 日签订、于 1967 年 7 月 14 日在斯德哥尔摩修订并于 1979 年 9 月 28 日修正的《商标国际注册马德里协定》；

（ii）"议定书"指于 1989 年 6 月 27 日在马德里通过的《商标国际注册马德里协定有关议定书》；

（iii）"缔约方"指协定的任何成员国、或议定书的任何成员国或政府间组织；

（iv）"缔约国"指系国家的缔约方；

（v）"缔约组织"指系政府间组织的缔约方；

（vi）"国际注册"指视具体情况，依协定或依议定书或依二者，进行的商标注册；

（vii）"国际申请"指视具体情况，依协定或依议定书或依二者，提交的国际注册申请；

（viii）"专属协定的国际申请"指国际申请的原属局为

— 受协定约束、而不受议定书约束国家的主管局者，或为

— 既受协定约束、又受议定书约束国家的主管局者，而该国际申请只指定国家，且所有指定的国家均受协定约束、而不受议定书约束；

（ix）"专属议定书的国际申请"指国际申请的原属局为

— 受议定书约束、而不受协定约束国家的主管局者，或为

— 缔约组织的主管局者，或为

— 既受协定约束、又受议定书约束国家的主管局者，而该国际申请未指定任何受协定约束、而不受议定书约束的国家；

（x）"同属协定和议定书的国际申请"指国际申请的原属局为既受协定约束、又受议定书约束国家的主管局者，而且该国际申请以注册为基础，并

— 至少指定一个受协定约束、而不受议定书约束的国家，且

— 至少指定一个受议定书约束的国家，无论该国是否亦受协定的约束，或至少指定一个缔约组织；

（xi）"申请人"指以其名义提交国际申请的自然人或法人；

（xii）"法人"指依据其可适用的法律，可以享有权利、履行义务并可在法庭上起诉和应诉的公司、协会或其他团体或组织；

（xiii）"基础申请"指已向缔约方主管局提交并构成该商标注册国际申请基础的商标注

册申请；

（xiv）"基础注册"指已由缔约方主管局完成并构成该商标注册国际申请基础的商标注册；

（xv）"指定"指视具体情况，依协定第3条之三第（1）或（2）款，或者依议定书第3条之三第（1）或（2）款，提出的延伸保护（"领土延伸"）请求；"指定"亦指在国际注册簿登记的此种延伸；

（xvi）"被指定缔约方"指视具体情况，依协定第3条之三第（1）或（2）款，或者依议定第3条之三第（1）或（2）款，已对其请求给予延伸保护（"领土延伸"）、或对其请求的此种延伸已在国际注册簿登记的缔约方；

（xvii）"依协定指定的缔约方"指依协定第3条之三第（1）或（2）款对其请求给予延伸保护（"领土延伸"）的缔约方；

（xviii）"依议定书指定的缔约方"指依议定书第3条之三第（1）或（2）款对其请求给予的延伸保护（"领土延伸"）的缔约方；

（xix）"临时驳回通知"指某被指定缔约方的主管局根据协定第5条第（1）款或议定书第5条第（1）款所作出的声明；

（xix之二）"无效"指被指定缔约方的主管机关（无论是行政机关还是司法机关）的一项对指定该缔约方所涉的全部或部分商品或服务所作出的注销或撤销某国际注册在该缔约方领土上的效力的决定；

（xx）"公告"为第32条所述的定期公告；

（xxi）"注册人"指以其名义在国际注册簿登记国际注册的自然人或法人；

（xxii）"图形要素国际分类"指根据1973年6月12日签订的《建立商标图形要素国际分类维也纳协定》所制定的分类；

（xxiii）"商品和服务国际分类"指根据1957年6月15日签订并于1967年7月14日在斯德哥尔摩和1977年5月13日在日内瓦修订的《商标注册用商品和服务国际分类尼斯协定》所制定的分类；

（xxiv）"国际注册簿"指由国际局保存的关于国际注册数据的正式汇编，该数据系协定、议定书或本实施细则要求登记或允许登记的，而无论存储此种数据的媒介如何；

（xxv）"主管局"，视具体情况，指缔约方中负责商标注册的主管局，或指协定第9条之四或议定书第9条之四所述的共同局，或指二者；

（xxvi）"原属局"，视具体情况，指协定第1条第（3）款中所界定的原属国的主管局，或指议定书第2条第（2）款中所界定的原属局，或指二者；

（xxvi之二）"注册人缔约方"：

—指主管局为原属局的缔约方，或

—如果已登记所有权变更，或在发生国家继承的情况下，指注册人依协定第1条第（2）款和第2条或议定书第2条符合其成为国际注册注册人条件的缔约方或缔约方之一；

（xxvii）"正式表格"指国际局制定的表格或任何具有同样内容和形式的表格；

（xxviii）"规费"指规费表中所规定的可适用的费用；

（xxix）"总干事"指世界知识产权组织总干事；

（xxx）"国际局"指世界知识产权组织国际局；

（xxxi）"行政规程"指第41条所述的行政规程。

第1条之二 属于协定的指定和属于议定书的指定

（1）［总则与例外］对缔约方的指定，应根据该缔约方是依协定还是依议定书被指定的，而属于协定或属于议定书。但是，

（i）对于某一具体的国际注册，凡协定不再适用于注册人缔约方与其指定属于协定的缔约方之间关系的，对后一缔约方的指定应自协定不再适用于这一关系之日起属于议定书，但条件是注册人缔约方与被指定的缔约方在该日期均为议定书的缔约方，以及

（ii）对于某一具体的国际注册，凡议定书不再适用于注册人缔约方与其指定属于议定书的缔约方之间关系的，对后一缔约方的指定应自议定书不再适用于这一关系之日起属于协定，但条件是注册人缔约方与被指定的缔约方

在该日期均为协定的缔约方。

（2）[登记] 国际局应在国际注册簿中进行登记，指明每一项指定所属的条约。

第 2 条　与国际局的通信

与国际局的通信应按行政规程的规定进行。

第 3 条　对国际局的代理

（1）[代理人；代理人数目]（a）申请人或注册人可对国际局指定一个代理人。

（b）申请人或注册人只能指定一个代理人。若代理人文件中有数个代理人，只有最先指明的代理人应被视为代理人，并被登记为代理人。

（c）若向国际局指定律师事务所或由律师、专利代理人或商标代理人组成的事务所为代理人，上述机构应被视为一个代理人。

（2）[代理人的指定]（a）可在国际申请中指定代理人，或者在后期指定或第 25 条所规定的申请中指定代理人。

（b）亦可在与同一个申请人或注册人的一项或多项具体国际申请或国际注册相关的另函通信中指定代理人。该通信应由下列任何一方交由国际局：

（i）申请人、注册人或被指定的代理人，或

（ii）注册人缔约方的主管局。

该通信应由申请人或注册人或负责递交的主管局签字。

（3）[不规范指定]（a）国际局如果认为依据本条第（2）款对代理人的指定不规范，应就此通知申请人或注册人、该被指定的代理人，以及如果递交人或传送人系主管局，还应通知该局。

（b）只要不符合本条第（2）款规定的有关要求，国际局应将所有有关通信寄给申请人或注册人本人。

（4）[指定代理人的登记和通知；指定生效日期]（a）若国际局认为代理人的指定符合可适用的要求，国际局应在国际注册簿上对申请人或注册人有代理人的事实及代理人名称和地址予以登记。在此种情况下，指定生效日期应为国际局收到指定代理人的国际申请、后期指定、申请或另函通信的日期。

（b）国际局应将本款（a）项所述登记一并通知申请人或注册人，在后一种情况下，并通知被指定缔约方的主管局以及代理人。如果代理人系由主管局递交的另函通信指定，国际局亦应将登记通知该局。

（5）[代理人指定的效力]（a）除本实施细则另有明确规定外，应由依本条第（4）款（a）项登记的代理人的签字取代申请人或注册人的签字。

（b）除本实施细则明确规定邀请书、通知书或其他通信须一并寄给申请人或注册人和代理人之外，国际局应将任何若无代理人本应寄给申请人或注册人的邀请书、通知书或其他通信寄给依本条第（4）款（a）项登记的代理人；任何如此寄给所述代理人的邀请书、通知书或其他通信应具有如同其本应寄给申请人或注册人的同等效力。

（c）任何由依本条第（4）款（a）项登记的代理人寄给国际局的通信应具有如同其本应由申请人或注册人寄给该局的通信同等效力。

（6）[登记的撤销；撤销生效日期]（a）任何依本条第（4）款（a）项的登记，如由申请人、注册人或代理人签字的通信要求撤销，均应予以撤销。如果已指定新代理人，或者已登记注册所有权变更但国际注册的新注册人未指定代理人，国际局应依职权撤销原代理人登记。

（b）除本款（c）项外，代理人撤销应自国际局收到相应函件之日起生效。

（c）若由代理人提出撤销请求，撤销应于下列情况中在先的日期生效：

（i）国际局收到指定新代理人的通信之日；

（ii）自收到代理人提出撤销登记的请求时算起两个月期限届满之日。

在撤销生效日期之前，国际局应将本条第（5）款（b）项所述全部通信一并寄给申请人或注册人和代理人。

（d）国际局收到由代理人提出的撤销请求后，应就此通知申请人或注册人，并在通知

中附上通知日前6个月内国际局寄给代理人的或国际局收到代理人的所有通信的复制件。

（e）一俟撤销生效日期公布，国际局应将撤销及撤销生效日期通知已被撤销登记的代理人、申请人或注册人，如果代理人的指定系通过主管局提出，还应通知该局。

（f）根据注册人或注册人代理人的请求进行的撤销，也应通知被指定缔约方的主管局。

第4条 时限的计算

（1）［以年计的期限］凡以年计的期限，应于继后的有关年度中与该期限所起始的行为发生的日、月份名称相同的当月和日期相同的当日届满；但是，如果行为发生于2月29日，而在继后的有关年度2月只有28天，则期限应于2月28日届满。

（2）［以月计的期限］凡以月计的期限，应于继后的有关月份中与该期限所起始的行为发生之日的日期相同的当日届满；但是，继后的有关月份没有相同日期的，期限应于该月最后一日届满。

（3）［以日计的期限］凡以日计的期限，应自有关行为发生之日次日起算，并于相应的日期届满。

（4）［届满日为国际局或主管局不办公之日］如果期限于国际局或有关主管局不办公之日届满，尽管有本条第（1）款至第（3）款的规定，该期限应于国际局或有关主管局办公后的第一天届满。

（5）［指明届满日期］国际局在函告时限的所有情况下均应指明所述时限按本条第（1）款至第（3）款的规定届满的日期。

第5条 邮递服务和通过电子方式发送的通信出现非正常情况

（1）［通过邮局寄送的通信］有关方通过邮局寄送给国际局的通信未能在时限内寄达的，如果该有关方提供下列能使国际局满意的证据，应予以宽限：

（i）证明通信至少在时限届满前5天寄发，或当邮局在时限届满日前10天内的任何一天因战争、革命、内乱、罢工、自然灾害或其他类似原因而中断服务，证明通信不迟于邮局恢复服务后5天内寄发，

（ii）证明通信寄送时已由邮局挂号或已由邮局登记有寄送的详细情况，并且

（iii）在并非所有等级的邮件通常在寄出两天后能到达国际局的情况下，证明该邮件系以通常在寄出两天后能到达国际局的邮寄等级或以航空方式邮寄。

（2）［通过投递公司递送的通信］有关方通过投递公司递送给国际局的通信未能在时限内递达的，如果该有关方提供下列能使国际局满意的证据，应予以宽限：

（i）证明通信至少在时限届满前5天发出，或当投递公司在时限届满日前10天内的任何一天因战争、革命、内乱、罢工、自然灾害或其他类似原因而中断服务，证明通信不迟于投递公司恢复服务后5天内发出，并且

（ii）证明通信递送时，投递公司对函件递送的详细情况已作登记。

（3）［通过电子方式发送的通信］有关方通过电子方式递送给国际局的通信未能在时限内递达的，如果该有关方提供下列能使国际局满意的证据，应予以宽限：未能在时限内递达的原因是与国际局的电子通信出现故障，或者是该有关方无法控制的非常情况造成影响到该有关方所在地的故障，并且通信不迟于电子通信服务恢复后5天内发出。

（4）［对宽限的限制］只有当国际局在不迟于时限届满后的6个月内收到本条第（1）、（2）或（3）款所述证据和通信或在可适用的情况下，其复印件时，方可依本条对未能在时限内寄达的情况予以宽限。

（5）［国际申请和后期指定］如果国际局收到国际申请或后期指定时已超过协定第3条第（4）款、议定书第3条第（4）款和本细则第24条第（6）款（b）项规定的两个月期限，而且有关主管局表明晚于规定时限收到系因本条第（1）、（2）或（3）款所述情况所致，则应适用本条第（1）、（2）或（3）款和第（4）款的规定。

第5条之二 继续处理

（1）［申请］（a）申请人或注册人未遵守第11条第（2）款和第（3）款、第20条之二

第（2）款、第 24 条第（5）款（b）项、第 26 条第（2）款、第 34 条第（3）款（c）项第（iii）目和第 39 条第（1）款规定或所述的任何时限，符合下列条件的，国际局仍应继续处理有关的国际申请、后期指定、缴费或申请：

（i）以正式表格向国际局提出由申请人或注册人签字的继续处理申请；并且

（ii）在有关时限届满之日起两个月内申请被收到，规费表中规定的规费被缴纳，而且该时限所适用的所有要求在申请的同时得到符合。

（b）申请不符合本款（a）项第（i）目和第（ii）目的，不得被视为申请，并应就此通知申请人或注册人。

（2）［登记和通知］国际局应将任何继续处理登记在国际注册簿上，并应就此通知申请人或注册人。

第 6 条 语　言

（1）［国际申请］国际申请应根据原属局的规定使用英语、法语或西班牙语，不言而喻，原属局可以允许申请人在英语、法语和西班牙语中任选其一。

（2）［除国际申请以外的通信］任何与国际申请或国际注册有关的通信，除第 17 条第（2）款第（v）项和第（3）款的规定外，均应：

（i）当此种通信由申请人或注册人或由主管局致国际局时，使用英语、法语或西班牙语；

（ii）当该通信为依第 9 条第（5）款（f）项附在国际申请上的声明，或为依第 24 条第（3）款（b）项第（i）目附在后期指定上的意欲使用商标的声明时，使用依第 7 条第（2）款可适用的语言；

（iii）当通信系国际局致有关主管局的通知书时，使用国际申请所用的语言，除非该局已通知国际局，所有此种通知书均应使用英语、法语或西班牙语；如果国际局发出的通知书涉及在国际注册簿上登记国际注册，通知书应指明国际局收到的有关国际申请所用的语言；

（iv）当通信系国际局致申请人或注册人的通知书时，使用国际申请所用的语言，除非申请人或注册人表示希望所有此种通知书均使用英语、法语或西班牙语。

（3）［登记和公告］（a）在国际注册簿上登记和在公告上公告国际注册，以及登记和公告依本实施细则必须进行登记和公告的该国际注册的任何数据，均应使用英语、法语和西班牙语。登记和公告国际注册，应指明国际局收到国际申请时所用的语言。

（b）如果第一次后期指定涉及依本细则过去版本仅以法语或仅以英语和法语公告的国际注册，国际局应在公告上公告该后期指定的同时，视具体情况，要么用英语和西班牙语公告该国际注册，并用法语再行公告该国际注册，要么用西班牙语公告该国际注册，并用英语和法语再行公告。该后期指定应以英语、法语和西班牙语登记在国际注册簿上。

（4）［翻译］（a）依本条第（2）款第（iii）和（iv）项进行通知及依第（3）款进行登记和公告所需的翻译工作应由国际局承担。申请人或注册人视具体情况，可在国际申请中，或在后期指定登记申请或变更登记申请中，附上一份对该国际申请或该登记申请中的任何主要内容的拟议译文。如果国际局认为该拟议译文不正确，国际局应加以修改，并事先邀请申请人或注册人自邀请日起一个月内就拟议的修改提出意见。

（b）尽管有本款（a）项的规定，国际局不对商标进行翻译。如果申请人或注册人根据第 9 条第（4）款（b）项第（iii）目或第 24 条第（3）款（c）项提供商标的一种或多种译文，国际局不对任何此种译文的正确性进行审核。

第 7 条 某些特殊要求的通知

（1）［删除］

（2）［意欲使用商标］若任何缔约方作为依议定书指定的缔约方，要求对意欲使用商标作出声明，该缔约方应将此要求通知总干事。若该缔约方要求，该声明须由申请人本人签字，并须填写一份单独的正式表格，附于国际申请之后，通知中应载有关于此种要求的说明，并应对所要求的这一声明的确切用语加以明确。若缔约方还要求该声明使用英语、法语或西班牙语，则该通知中还应明确所要求的语言。

（3）［通知］（a）本条第（2）款规定的任何通知均可在缔约方交存对议定书的批准书、接受书、同意书或加入书时作出。该通知生效的日期应与议定书对作出通知的缔约方生效的日期相同。通知亦可在以后作出，在这种情况下，该通知应于总干事收到通知后的3个月生效，或者对于注册日与通知生效日相同或在其后的国际注册，于通知中指定的任何更晚的日期生效。

（b）凡按第（2）款规定作出的任何通知均可随时撤回，撤回通知应向总干事作出。撤回在总干事收到撤回通知时或于通知中所指定的任何更晚的日期生效。

第二章 国际申请

第8条 数个申请人

（1）［两个或多个申请人提出专属协定的申请或提出同属协定和议定书的申请］两个或多个申请人可共同提交一项专属协定或同属协定和议定书的国际申请，条件是基础注册为其共同所有，且协定第1条第（3）款所定义的原属国对每个申请人都相同。

（2）［两个或多个申请人提出专属议定书的申请］两个或多个申请人可共同提交一项专属议定书的国际申请，条件是基础申请为其所共同提交，或基础注册为其共同所有，且对于主管局为原属局的缔约方，他们每个人均有资格依议定书第2条第（1）款提交国际申请。

第9条 国际申请的要求

（1）［提交］国际申请应由原属局提交给国际局。

（2）［表格和签字］（a）国际申请应以正式表格提交一份。

（b）国际申请应由原属局签字，如果原属局要求申请人签字，亦应由申请人签字。如果原属局不要求但允许申请人亦在国际申请上签字，申请人可在国际申请上签字。

（3）［规费］可适用于国际申请的规费应按第10、34和35条的规定缴纳。

（4）［国际申请的内容］（a）国际申请中应包括或指明：

（i）根据行政规程所注明的申请人名称，

（ii）根据行政规程所注明的申请人地址，

（iii）根据行政规程所注明的代理人（如有代理人的话）的名称和地址，

（iv）申请人希望依《保护工业产权巴黎公约》享有在先申请的优先权的，应作出该在先申请优先权的声明，并同时指明受理在先申请的主管局的名称和申请日，如有申请号，还应指明该申请号；若在先申请不涉及国际申请中所列的全部商品和服务，应指明在先申请所涉及的商品和服务，

（v）商标图样应粘贴于正式表格所留方框内；该图样必须清晰，图样是采用黑白还是彩色的，应根据基础申请或基础注册中的图样是黑白还是彩色的而定，

（vi）若注册人希望商标被视为使用标准字体的商标，就此内容所作的声明，

（vii）若基础申请或基础注册中要求将颜色作为商标的显著部分，或若申请人要求将颜色作为商标的显著部分且基础申请或基础注册中所包含的商标是彩色的，就对颜色提出要求这一事实所作的说明，以及对所要求的颜色或颜色组合的文字说明，若依本项第（v）目提供的商标图样为黑白颜色，该商标的一张彩色图样，

（vii之二）若基础申请或基础注册的商标是由一种颜色或几种颜色组合本身构成，就这一情况所作的说明，

（viii）若基础申请或基础注册涉及立体商标，"立体商标"的说明，

（ix）若基础申请或基础注册涉及音响商标，"音响商标"的说明，

（x）若基础申请或基础注册涉及集体商标或证明商标或保证商标，对此内容的说明，

（xi）若基础申请或基础注册包含对商标的文字说明，而原属局要求包括这一说明，该说明本身；若该说明使用的语言为非国际申请所用的语言，应使用国际申请所用的语言作出

说明，

（xii）若商标由非拉丁字母的内容或由以非阿拉伯或罗马数字表达的数字构成，或者包含非拉丁字母的内容或包含以非阿拉伯或罗马数字表达的数字，将该内容音译成拉丁字母的形式和阿拉伯数字；拉丁字母的音译应按照国际申请所用语言的发音方法进行，

（xiii）申请商标国际注册的商品和服务的名称，应按商品和服务国际分类的适当类别分组排列，每一组前应冠以类别序号，并按该国际分类的类别顺序排列；商品和服务应用准确的词语表达，最好使用前述分类的字母排列表中的用词；国际申请中可包含就一个或多个被指定缔约方对商品和服务清单的删减；该删减对各缔约方均可不同，

（xiv）须缴纳的规费数额和付款方式，或从在国际局开设的帐户中支取所需规费数额的指令，以及付款方或发出付款指令当事方的身份，以及

（xv）被指定缔约方。

（b）国际申请还可包括以下内容：

（i）若申请人为自然人，指明申请人系国民的国家；

（ii）若申请人为法人，指明该法人的法律性质和所属国家，并在可适用的情况下指明该法人系依其法律而成立的该国域内单位；

（iii）若商标为一个或几个可翻译的词或者包含一个或几个可翻译的词，应将该词或该几个词译成英语、法语和西班牙语，或者译成这些语言中的任何一种或两种；

（iv）若申请人要求将颜色作为商标的显著部分，对于每一种颜色均用文字说明着该颜色的商标主要部分；

（v）若申请人希望放弃对商标的任何要素的保护，就该事实所作的说明，以及就放弃保护的一个或几个要素所作的说明；

（vi）对商标的任何文字说明，或如果申请人希望，基础申请或基础注册中包含的对商标的文字说明，条件是该说明尚未依本条第（4）款（a）项第（xi）目提供。

（5）［国际申请的补充内容］（a）专属协定或同属协定和议定书的国际申请应包括基础注册的注册号和日期，并应指明下列一种情况：

（i）申请人在主管局为原属局的缔约国的领土上设有真实有效的工商营业所，或

（ii）如果申请人在协定的任何缔约国中均无此种营业所，他在主管局为原属局的国家的领土上有住所，或

（iii）如果申请人在协定的任何缔约国的领土上既无此种营业所又无住所，他是主管局为原属局的国家的国民。

（b）专属议定书的国际申请应包括基础申请或基础注册的申请号或注册号和日期，并应指明下列一种或多种情况：

（i）如果主管局为原属局的缔约方是国家，申请人是该国的国民；

（ii）如果主管局为原属局的缔约方是组织，申请人系国民的该组织成员国的名称；

（iii）申请人在主管局为原属局的缔约方的领土上有住所；

（iv）申请人在主管局为原属局的缔约方的领土上有真实有效的工商营业所。

（c）如果根据本条第（4）款（a）项第（ii）目所注明的地址不在主管局为原属局的缔约方的领土上，而且已根据本款（a）项第（i）目或第（ii）目或（b）项第（iii）目或第（iv）目指明，申请人在该缔约方的领土上有住所或营业所，应在国际申请中注明该住所或该营业所的地址。

（d）国际申请中应包含一份原属局的声明，证明：

（i）原属局收到、或按第11条第（1）款规定被视为收到申请人提出的关于向国际局提交国际申请的请求的日期，

（ii）国际申请中所列的申请人，视具体情况，系与基础申请中所列的申请人，或与基础注册中所列的注册人相同，

（iii）本条第（4）款（a）项第（vii之二）目至第（xi）目所述并出现在国际申请中的任何指明内容，视具体情况，也在基础申请中，或在基础注册中出现，

（iv）国际申请中的商标，视具体情况，系与基础申请中，或与基础注册中的商标

相同，

(v) 如果基础申请或基础注册中要求将颜色作为商标的显著部分，国际申请中已包括该要求本身，或者如果国际申请中要求将颜色作为商标的显著部分，但基础申请或基础注册中并未要求，基础申请或基础注册中的商标实际上已在所要求的一种颜色或几种颜色的组合中，以及

(vi) 国际申请中指明的商品和服务，视具体情况，为基础申请中，或为基础注册中出现的商品和服务清单所包括。

(e) 如果国际申请以两项或多项基础申请或基础注册为依据，本款(d)项所述声明应被视为适用于所有这些基础申请或基础注册。

(f) 如果国际申请中包括对已依第7条第(2)款规定作出通知的缔约方的指定，该国际申请中还应包括在该缔约方领土上意欲使用商标的声明；该声明应被视为构成对要求作此声明的缔约方的指定的一部分，并根据该缔约方的要求应：

(i) 由申请人本人签字，并填写一份单独的正式表格，附于国际申请之后，或

(ii) 包括在国际申请之中。

(g) 如果国际申请中包括对缔约组织的指定，该国际申请中亦可包括如下说明：

(i) 申请人希望依该缔约组织的法律，就在该组织某成员国注册的或对该组织某成员国注册的一件或多件在先商标提出先有权要求的，一份关于该先有权要求的声明，并指明：该在先商标是在哪一个或哪几个成员国或者对哪一个或哪几个成员国注册的、该相关注册生效的时间、该相关注册的注册号以及该在先商标注册所涉的商品和服务。此种说明应以正式表格作出，并附于国际申请之后；

(ii) 该缔约组织的法律要求，申请人须指明除国际申请的语言以外还可对该缔约组织的主管局使用另一种工作语言的，关于该另一种语言的说明。

第 10 条 国际申请的规费

(1) [专属协定的国际申请] 专属协定的国际申请应缴纳基本费和补充费，在可适用的情况下，还应缴纳规费表第1项规定的附加费。这些费用应以10年为一期分两期支付。第二期的支付应适用第30条的规定。

(2) [专属议定书的国际申请] 专属议定书的国际申请应缴纳基本费、补充费和/或单独规费，在可适用的情况下，还应缴纳规费表第2项规定的附加费。这些费用应以10年为一期支付。

(3) [同属协定和议定书的国际申请] 同属协定和议定书的国际申请应缴纳基本费和补充费，在可适用的情况下，还应缴纳规费表第3项规定的单独规费和附加费。依协定指定的缔约方应适用本条第(1)款。依议定书指定的缔约方应适用本条第(2)款。

第 11 条 除涉及商品和服务分类或其名称之外的不规范

(1) [过早向原属局提出请求] (a) 如果原属局收到一项要求向国际局提交专属协定的国际申请的请求，而该请求涉及的商标尚未在该原属局注册簿上注册，就协定第3条第(4)款而言，该请求应被视为由原属局于该商标在该局注册簿上注册之日收到。

(b) 除本款(c)项规定外，如果原属局收到一项要求向国际局提交同属协定和议定书的国际申请的请求，而该请求涉及的商标尚未在该原属局注册簿上注册，该国际申请应被作为专属议定书的国际申请处理，并且原属局应删除对任何受协定约束但不受议定书约束的缔约方的指定。

(c) 如果本款(b)项所述请求附有明确要求，则一俟商标在原属局注册簿上注册，该国际申请即被作为同属协定和议定书的国际申请，该原属局不得删除对任何受协定约束但不受议定书约束的缔约方的指定，并且就协定第3条第(4)款和议定书第3条第(4)款而言，该请求应被视为由原属局于该商标在该局注册簿上注册之日收到。

(2) [需由申请人纠正的不规范] (a) 国际局如果认为国际申请中包括非本条第(3)、(4)和(6)款以及第12和13条所述的不规范，应将该不规范通知申请人，并同时通告原属局。

(b) 此种不规范可由申请人在国际局发

— 891 —

出关于不规范的通知之日起 3 个月内予以纠正。如果在国际局发出关于不规范的通知之日起 3 个月内该不规范未予纠正，该国际申请应被视为放弃，国际局应就此同时通知申请人和原属局。

（3）[需由申请人或原属局纠正的不规范]（a）尽管有本条第（2）款的规定，如果原属局已依第 10 条向国际局缴纳应缴规费，而国际局认为收到的规费数额少于应缴数额，国际局应同时通知原属局和申请人。通知中应指明所欠款额。

（b）所欠款额可由原属局或由申请人在国际局通知之日起 3 个月内补缴。如果在国际局发出关于不规范通知之日起 3 个月内未补缴所欠款额，该国际申请应被视为放弃，国际局应就此同时通知原属局和申请人。

（4）[需由原属局纠正的不规范]（a）如果国际局：

（i）发现国际申请不符合第 2 条的要求，或未使用第 9 条第（2）款（a）项规定的正式表格提交，

（ii）发现国际申请中含有第 15 条第（1）款所述的任何不规范，

（iii）认为国际申请中含有与申请人提出国际申请资格有关的不规范，

（iv）认为国际申请中含有与第 9 条第（5）款（d）项所述原属局声明有关的不规范，

（v）[删除]

（vi）发现国际申请没有原属局的签字，或

（vii）发现国际申请中，视具体情况，没有包含基础申请的日期和申请号，或没有包含基础注册的日期和注册号，国际局应通知原属局，并同时通告申请人。

（b）此种不规范可由原属局在国际局发出关于不规范通知之日起 3 个月内予以纠正。如果在国际局发出关于不规范的通知之日起 3 个月内该不规范未予纠正，该国际申请应被视为放弃，国际局应就此同时通知原属局和申请人。

（5）[规费的退还]如果根据本条第（2）款（b）项、第（3）款或第（4）款（b）项

的规定，国际申请被视为放弃，国际局应在扣除相当于规费表第 1.1.1 项、第 2.1.1 项或第 3.1.1 项所述基本费的一半的款额之后，将对该申请所支付的任何费用退还给付款方。

（6）[关于指定属议定书缔约方的其他不规范]（a）如果根据议定书第 3 条第（4）款的规定，国际局在申请人向原属局提交国际申请之日起两个月内收到该国际申请，并且国际局认为，根据第 9 条第（5）款（f）项的规定，应该附有意欲使用商标的声明，但该声明却遗漏或不符合可适用的要求，国际局应立即就此同时通知申请人和原属局。

（b）如果国际局在本款（a）项所述两个月期限之内收到所遗漏的或经改正的声明，意欲使用商标声明应被视为与该国际申请一道寄达国际局。

（c）如果在本款（b）项所述两个月期限之后收到所遗漏的或经改正的声明，国际申请应被视为不包括对需要意欲使用商标声明的缔约方的指定。国际局应就此同时通知申请人和原属局，退还就指定该缔约方已支付的任何指定费，并指明对该缔约方的指定只要附有所需的声明，即可依第 24 条规定作为后期指定提出。

（7）[不被视为国际申请的国际申请]如果国际申请系由申请人直接提交国际局，或不符合依第 6 条第（1）款可适用的要求，该国际申请不得被视为国际申请，并应退还给提交人。

第 12 条 关于商品和服务分类的不规范

（1）[分类建议]（a）国际局如果认为不符合第 9 条第（4）款（a）项第（xiii）目规定的要求，应就分类和组合提出自己的建议，并应将建议通知书寄给原属局，并同时通告申请人。

（b）必要时，建议通知书也应说明因建议的分类和组合所需缴纳的规费数额。

（2）[对建议的意见分歧]原属局可在建议通知之日起 3 个月之内向国际局提出对分类和组合的意见。

（3）[提醒对建议的注意]如果原属局在本条第（1）款（a）项所述通知之日起两个月

内未就建议的分类和组合向国际局提出意见，国际局应函告原属局及申请人，重申该建议。发出此种函告不影响本条第（2）款中所述的 3 个月限期。

（4）［撤回建议］国际局如果按照依本条第（2）款所提出的意见撤回其建议，应就此通知原属局，并同时通告申请人。

（5）［修改建议］国际局如果按照依本条第（2）款所提出的意见修改其建议，应将此种修改和因此而致使本条第（1）款（b）项所指明的款额发生的任何变动通知原属局，并同时通告申请人。

（6）［确认建议］如果尽管有本条第（2）款所述意见，但国际局仍确认其建议，国际局应就此通知原属局，并同时通告申请人。

（7）［规费］（a）如果未依本条第（2）款规定向国际局提出任何意见，本条第（1）款（b）项所述款额应在本条第（1）款（a）项所述通知之日起 4 个月内缴纳，否则，国际申请应被视为放弃，国际局应就此通知原属局，并同时通告申请人。

（b）如果已依本条第（2）款规定向国际局提出意见，本条第（1）款（b）项所述款额或在可适用的情况下本条第（5）款所述款额，应视具体情况，在国际局依本条第（5）款或第（6）款函告修改或确认其建议之日起 3 个月内支付，否则，国际申请应被视为放弃，国际局应就此通知原属局，并同时通告申请人。

（c）如果已依本条第（2）款规定向国际局提出意见，而且如果国际局按该意见根据本条第（4）款撤回其建议，则不需缴纳本条第（1）款（b）项所述款额。

（8）［规费的退还］如果根据本条第（7）款的规定，国际申请被视为放弃，国际局应在扣除相当于规费表第 1.1.1 项、第 2.1.1 项或第 3.1.1 项所述基本费的一半的款额之后，将对该申请所支付的任何费用退还给付款方。

（8之二）［删减的审查］国际局应比照适用本条第 1 款（a）项和第 2 款至第 6 款，对国际申请中的删减进行审查。删减中所列的商品和服务，视具体情况，依本条第 1 款至第 6 款补正后，国际局不能将其归入有关国际申请中所列的商品和服务国际分类类别的，应发出不规范。如果在发出关于不规范的通知之日起 3 个月内该不规范未予纠正，该删减应被视为不包括有关的商品和服务。

（9）［注册中的分类］只要国际申请符合其他可适用的要求，商标应按国际局认为正确的分类和组合进行注册。

第 13 条　关于商品和服务名称的不规范

（1）［国际局将不规范函告原属局］国际局如果认为国际申请中指称任何商品和服务所用的词语过于含混不便分类、费解、或用词不正确，应就此通知原属局，并同时通告申请人。在该通知书中，国际局可建议使用某替代词或建议删去该词。

（2）［允许纠正不规范的期限］（a）原属局可在本条第（1）款所述通知之日起 3 个月内提出纠正不规范的建议。

（b）如果在本款（a）项所述期限内未提出国际局可接受的任何纠正不规范建议，只要原属局已明确国际申请中出现的用词应归入的类别，国际局应将该词列入国际注册中；国际注册中应包括一段说明，表示国际局认为，视具体情况，所明确的用词过于含混不便分类、费解、或用词不正确。如果原属局未明确任何类别，国际局应依职权删除该词，应就此通知原属局，并同时通告申请人。

第三章　国际注册

第 14 条　在国际注册簿上注册商标

（1）［在国际注册簿上注册商标］如果国际局认为国际申请符合可适用的要求，国际局应在国际注册簿上注册该商标，将该国际注册通知被指定缔约方的主管局，就此通告原属局，并将注册证寄交注册人。如果原属局愿意而且已将此愿望通告国际局，注册证应通过原属局寄交注册人。

（2）［注册内容］国际注册应包括：

（i）国际申请中所包含的全部数据，但在先申请日期比国际注册日期早 6 个月以上的，依第 9 条第（4）款（a）项第（vi）目提出的

— 893 —

任何优先权要求除外，

（ii）国际注册日期，

（iii）国际注册号，

（iv）如果商标可以按图形要素国际分类划分，由国际局确定的该分类的相应编号代码，除非国际申请中包含一段声明，表示申请人希望该商标被视为是标准字体的商标，

（v）对每一个被指定缔约方的说明：其系依协定指定的缔约方或系依议定书指定的缔约方，

（vi）根据第9条第（5）款（g）项第（i）目附于国际申请之后的，有关要求先有权的在先商标是在哪一个或哪几个成员国或者对哪一个或哪几个成员国注册的、该在先商标注册生效的日期以及相关注册的注册号的说明。

第 15 条 国际注册日期

（1）［影响国际申请日期的不规范］如果国际局收到的国际申请未包括下列所有内容：

（i）能够确定申请人身份并足以与申请人或其代理人（如有代理人的话）进行联系的说明，

（ii）被指定的各缔约方，

（iii）商标图样，

（iv）申请商标注册的商品和服务的说明，

则国际注册的日期应为最后一项遗漏内容送达国际局的日期，但条件是如果该最后一项遗漏内容在协定第3条第（4）款和议定书第3条第（4）款所述两个月的时限内送达国际局，国际注册的日期应为原属局收到、或按第11条第（1）款规定被视为收到不完全的国际申请的日期。

（2）［其他情况下的国际注册日期］在任何其他情况下，国际注册的日期应为根据协定第3条第（4）款和议定书第3条第（4）款确定的日期。

第四章 缔约方中影响国际注册的事实

第 16 条 就依据议定书第 5 条第（2）款（c）项规定的异议所作临时驳回发出通知的可能性

（1）［关于可能异议的信息以及就依据异议所作临时驳回发出通知的期限］（a）除议定书第9条之六第（1）款（b）项规定的情况以外，如果缔约方已按议定书第5条第（2）款（b）项和（c）项第一句的规定作出声明，该缔约方的主管局在对于指定该缔约方的某具体国际注册而言，由于异议期限届满时间太晚，显然依据异议的任何临时驳回无法在第5条第（2）款（b）项所述18个月时限之内通知国际局的情况下，应将该国际注册的注册号及注册人名称通告国际局。

（b）如果在函告本款（a）项所述信息时已知道异议期的起止日期，应在函件中指明这些日期；如果当时尚不知起止日期，应在知道该日期之后，立即函告国际局。❶

（c）如果适用本款（a）项的规定，并且该项中所述主管局已在同一项中所述的18个月时限届满前通告国际局：异议时限将于该18个月时限届满前的30天内届满，但在此30天期间仍有可能提出异议，则依据在该30天期间提出的异议作出的临时驳回，可在异议提出之日起的一个月内通知国际局。

（2）［信息的登记和传送］国际局应将依本条第（1）款收到的信息登记在国际注册簿上，并应向注册人传送该信息。

第 17 条 临时驳回

（1）［临时驳回通知］（a）临时驳回通知中可包括一份声明，说明发出通知的主管局认为该有关缔约方不能给予保护（依职权的临时驳回）所依据的理由，或包括一份关于因有异议而该有关缔约方不能给予保护（依据异议的临时驳回）的声明，或同时包括该两份声明。

（b）临时驳回通知应仅涉及一项国际注册，应加注日期并应由发出通知的主管局签字。

（2）［通知的内容］临时驳回通知应包括或指明：

（i）发出通知的主管局，

（ii）国际注册号，最好附有能确认该国际注册特征的其他说明，诸如商标的言语成分

---

❶ 在通过本条规定时，马德里联盟大会达成谅解：如果异议期可以延期，主管局仅函告异议期的起始日即可。

或基础申请号或基础注册号,

(iii)［删除］

(iv) 临时驳回所依据的全部理由及所引证的相应的主要法律条款,

(v) 如果临时驳回所依据的理由涉及某个申请或注册的商标,并且国际注册商标将与上述商标发生冲突,指明上述商标的申请日期和申请号、优先权日期（如有优先权日期的话）、注册日期和注册号（如有注册号的话）、商标注册人的名称和地址、商标的图样、以及全部或有关商品和服务的清单,不言而喻,该清单可以使用该申请或注册所用的语言,

(vi) 要么指明临时驳回所依据的理由影响全部商品和服务,要么指明临时驳回所影响的商品和服务或临时驳回所不影响的商品和服务,

(vii) 对依职权的临时驳回或依据异议的临时驳回,提出复审请求或上诉,以及视具体情况,对异议作出答辩的在一定情况下合理的时限；最好指明该时限届满的日期,以及受理此种复审请求、上诉或答辩的主管机关；并在可适用的情况下指明,该复审请求或上诉必须经由在宣布驳回的主管局的缔约方领土内有住址的代理人提出。

(3)［关于依据异议的临时驳回的补充要求］如果对保护的临时驳回系依据异议或依据异议及其他理由作出,通知除必须符合本条第(2)款所述要求外,还应包括对这一事实的说明并包括异议人的名称和地址；但尽管有本条第(2)款第(v)项的规定,如果异议是依申请或注册中的商标提出的,则发出通知的主管局必须函告异议所依据的商品和服务的清单,此外还可函告该在先申请或在先注册的完整商品和服务清单,不言而喻,所述清单均可使用在先申请或在先注册所用的语言。

(4)［登记；通知复制件的传送］国际局应将临时驳回连同驳回通知中所载的数据一起登记在国际注册簿上,并指明向国际局发送、或按第18条第(1)款(c)项规定被视为已发送该驳回通知的日期；如果原属局通告国际局其希望收到该通知的复制件,应向该局传送此种复制件,并同时传送给注册人。

(5)［关于可能须审查的声明］(a)［删除］

(b)［删除］

(c)［删除］

(d) 缔约方的主管局可作出声明,通知总干事,根据该缔约方的法律,

(i) 已通知国际局的任何临时驳回,须经该局审查,而无论注册人是否要求进行此种审查,以及

(ii) 对于在审查之后所作的决定,可以在主管局进行复审或提出上诉。

如果适用该声明,而主管局尚不能直接将该决定函告所涉国际注册的注册人,则尽管在该局办理的有关商标保护的所有程序可能尚未全部办完,该局仍应在该决定作出之后立即向国际局作出本细则第18条之三第(2)款或第(3)款所述的说明。任何影响商标保护的进一步决定,均应根据本细则第18条之三第(4)款发送给国际局。

(e) 缔约方的主管局可作出声明,通知总干事,根据该缔约方的法律,对于已通知国际局的任何依职权的临时驳回,不在该局进行复审。如果适用该声明,该局依职权作出的任何临时驳回通知应被视为包括根据本细则第18条之三第(2)款第(ii)目或第(3)款作出的说明。

(6)［删除］

第18条 临时驳回的不规范通知

(1)［依协定指定的缔约方］(a) 在下列情况下,国际局不得将依协定指定的缔约方的主管局所作出的临时驳回通知视为临时驳回通知：

(i) 临时驳回通知中未包含任何国际注册号的,除非根据该通知中指明的其他内容可以辨别临时驳回所涉的国际注册,

(ii) 临时驳回通知中未指明任何驳回理由的,或

(iii) 向国际局寄发临时驳回通知为时过晚的,即如果在进行国际注册登记或国际注册后期指定登记之日起一年期限届满后才寄发的,不言而喻,该日期与寄发国际注册通知或后期指定通知的日期为同一日期。

（b）如果适用本款（a）项的规定，国际局仍应将通知的复制件传送给注册人，应同时通告注册人和作出通知的主管局：该临时驳回通知未被国际局视为驳回通知，并应说明其理由。

（c）如果该通知：

（i）未以作出通知的主管局名义签字，或者在其他方面不符合第2条规定的要求或不符合依第6条第（2）款可适用的要求，

（ii）在可适用的情况下，未包含似与国际注册的商标发生冲突的商标的详细情况（第17条第（2）款第（v）项和第（3）款），

（iii）不符合第17条第（2）款第（vi）项的要求，

（iv）不符合第17条第（2）款第（vii）项的要求，或

（v）〔删除〕

（vi）在可适用的情况下，未包含异议人的名称和地址及关于异议所依据的商品和服务的说明（第17条第（3）款），国际局除本款（d）项适用的情况外，仍应将临时驳回登记在国际注册簿上。国际局应邀请作出临时驳回通知的主管局，在发出该邀请起两个月内作出修正通知，并应向注册人传送该不规范通知的复制件和该有关主管局收到的邀请书的复制件。

（d）如果通知不符合第17条第（2）款第（vii）项的要求，不得将临时驳回登记在国际注册簿上。但如果在本款（c）项所述的时限内作出经修正的通知，为协定第5条的目的，应将该经修正的通知视为于不完全的通知发送国际局之日作出。该通知如果未经此种修正，不得被视为临时驳回通知。在这一情况下，国际局应同时通告注册人和作出通知的主管局：该临时驳回通知未被国际局视为临时驳回通知，并应说明其理由。

（e）在可适用的法律允许的情况下，任何经修正的通知均应指明对依职权的临时驳回或依据异议的临时驳回，提出复审请求或上诉，以及视具体情况，对异议作出答辩的在一定情况下合理的时限，并最好指明该时限届满的日期。

（f）国际局应将任何经修正的通知的复制件传送给注册人。

（2）〔依议定书指定的缔约方〕（a）本条第（1）款的规定亦应适用于依议定书指定的缔约方的主管局函告临时驳回通知的情况，不言而喻，本条第（1）款（a）项第（iii）目所述的时限应为依议定书第5条第（2）款（a）项可适用的时限，或为依议定书第5条第（2）款（b）项或（c）项第（ii）目可适用的时限，但议定书第9条之六第（1）款（b）项规定的情况除外。

（b）在确定有关缔约方的主管局必须向国际局提供议定书第5条第（2）款（c）项第（i）目所述信息所截止的时限是否得到遵守时，应适用本条第（1）款（a）项的规定。该信息如果是在时限届满之后才提供，应被视为未曾作出，国际局应就此通告有关主管局。

（c）如果依据异议的临时驳回通知虽然系依议定书第5条第（2）款（c）项第（ii）目作出，但不符合议定书第5条第（2）款（c）项第（i）目的要求，则不得视其为临时驳回通知。在此种情况下，国际局仍应将通知的复制件传送给注册人，同时通告注册人和发出通知的主管局：该临时驳回通知未被国际局视为临时驳回通知，并应说明其理由。

第18条之二 商标在被指定缔约方中的临时地位

（1）〔依职权进行的审查业已完成但第三方仍可提出异议或意见〕（a）未发出临时驳回通知的主管局，可以在依协定第5条第（2）款或议定书第5条第（2）款（a）项或（b）项可适用的期限内，向国际局发送一份说明，指明依职权进行的审查业已完成，而且主管局认为没有理由予以驳回，但第三方仍可对该商标保护提出异议或意见，并同时指明提出此种异议或意见的截止日期。❶

（b）已发出临时驳回通知的主管局，可以向国际局发送一份说明，指明依职权进行的

---

❶ 经马德里联盟大会核准的解释性声明：
"细则第18条之二提及第三方提出意见的情况，仅适用于立法规定可以提出此种意见的缔约方。"

审查业已完成，但第三方仍可对该商标保护提出异议或意见，并同时指明提出此种异议或意见的截止日期。

（2）[登记，通知注册人和传送复制件] 国际局应将依本条细则收到的任何说明登记在国际注册簿上，应就此通知注册人，并应在该说明系以某种具体文件通知的或能复制的情况下，向注册人传送一份该文件的复制件。

第18条之三 商标在被指定缔约方中地位的最终处理

（1）[未发出临时驳回通知时给予保护的说明]❶ 在依协定第5条第（2）款或议定书第5条第（2）款（a）项、（b）项或（c）项可适用的期限届满之前，凡在主管局办理的所有程序已全部办完，而该局没有理由驳回保护的，该局应在上述期限届满前，尽快向国际局发送一份说明，指明已在有关缔约方对该国际注册商标给予保护。❷

（2）[临时驳回之后给予保护的说明] 除依本条第（3）款发送说明的情况外，凡已发出临时驳回通知的主管局，一俟在该局办理的有关商标保护的所有程序全部办完，即应向国际局发送以下任何一份说明：

（i）关于临时驳回已经撤回，而且在该有关缔约方已在所要求的全部商品和服务上对该商标给予保护的说明，或

（ii）关于在该有关缔约方的哪些商品和服务上对该商标给予保护的说明。

（3）[全部临时驳回的确认] 已向国际局发出全部临时驳回通知的主管局，一俟在该局办理的有关商标保护的所有程序全部办完，而该局决定确认在该有关缔约方的全部商品和服务上驳回对该商标的保护的，即应向国际局发送一份说明，指明这一情况。

（4）[进一步决定] 如果在依协定或议定书第五条第（2）款所适用的时限内，未作出临时驳回通知，或者，在依本条第（1）、（2）或（3）款作出说明之后，主管局或其他主管机关作出的另一项决定对商标的保护产生影响，主管局在知悉该决定的情况下，在不损害第19条的前提下，应向国际局作出进一步说明，指明商标的状态，并在适用时，指明该有关缔约方在哪些商品和服务上对该商标给予保护❸。

（5）[登记，通知注册人和传送复制件] 国际局应将依本条细则收到的任何说明登记在国际注册簿上，应就此通知注册人，并应在该说明系以某种具体文件函告或能复制的情况下，向注册人传送一份该文件的复制件。

第19条 在被指定缔约方中的无效

（1）[无效通知中的内容] 如果国际注册的效力依协定第5条第（6）款和议定书第5条第（6）款规定，在被指定缔约方中被宣布无效，并且对该无效不得再提出上诉，则宣布无效的主管机关所在的缔约方的主管局应就此通知国际局。该通知中应包括或指明：

（i）宣布无效的主管机关，

（ii）对该无效不得再提出上诉的事实，

（iii）国际注册号，

（iv）注册人名称，

（v）如果无效不涉及全部商品和服务，指明被宣布无效的商品和服务，或未被宣布无效的商品和服务，和

（vi）宣布无效的日期以及，如有可能，该无效生效的日期。

（2）[对无效的登记及向注册人和有关主管局通告]（a）国际局应将无效连同无效通知中所载的数据一起登记在国际注册簿上，并应就此通告注册人。如果函告无效通知的主管局提出要求，国际局亦应向该局通告该无效在国际注册簿上登记的日期。

（b）对无效的登记，应于国际局收到与

---

❶ 在通过本条规定时，马德里联盟大会达成谅解：给予保护的说明可以涉及多项国际注册，各该国际注册可以列于一清单中，并通过电子手段或以纸件形式予以函告，以便查阅。

❷ 在通过本细则第（1）款和第（2）款时，马德里联盟大会达成谅解：如果适用细则第34条第（3）款，给予保护须以缴纳第二部分规费为条件。

❸ 经马德里联盟大会核准的解释性声明："细则第18条之三第（4）款提及对商标保护产生影响的另一项决定，亦包括尽管有主管局已作出关于主管局的程序已办完的说明这一事实，主管局又作出另一决定的情况，例如'回复原状'的情况。"

可适用的要求相符合的通知之日起进行。

第20条　对注册人处置权的限制

（1）［函告信息］（a）国际注册的注册人或注册人缔约方的主管局可通告国际局，该注册人对国际注册的处置权已受到限制，并可酌情指明有关的缔约方。

（b）任何被指定缔约方的主管局均可通告国际局，注册人对国际注册的处置权在该缔约方领土内已受到限制。

（c）在根据本款（a）项或（b）项所提供的信息中，应对有关该项限制的主要事实作出简要说明。

（2）［部分或全部取消限制］如果国际局得到根据本条第（1）款作出的关于注册人的处置权受到限制的通告，函告该信息的当事方亦应将该项限制被部分或全部取消的任何情况通告国际局。

（3）［登记］（a）国际局应将依本条第（1）款和第（2）款函告的信息登记在国际注册簿上，并应就此通告注册人、注册人缔约方的主管局和有关的被指定缔约方。

（b）依本条第（1）款和第（2）款函告的信息，只要函告与可适用的要求相符合，应于国际局收到函告信息之日起进行登记。

第20条之二　使用许可

（1）［使用许可登记申请］（a）使用许可登记申请应以有关正式表格，由注册人向国际局提出，或如果主管局允许，由注册人缔约方的主管局或被授予使用许可的缔约方的主管局提出。

（b）申请中应指明：

（i）有关国际注册的注册号，

（ii）注册人的名称，

（iii）根据行政规程所注明的被许可人的姓名和地址，

（iv）被授予使用许可的被指定缔约方，

（v）所授予的使用许可适用于国际注册所涉的全部商品和服务，或所授予的使用许可所适用的商品和服务（须按商品和服务国际分类的适当类别排列）。

（c）申请中还可指明：

（i）如果被许可人是自然人，被许可人系国民的国家，

（ii）如果被许可人是法人，该法人的法律性质和所属国家，并在可适用的情况下，指明该法人依其法律而成立的该国域内单位，

（iii）使用许可仅涉及某具体的被指定国家的部分领土，

（iv）如果被许可人有代理人，根据行政规程所注明的该代理人的名称和地址，

（v）如果使用许可是独占使用许可或唯一使用许可，这一事实，❶

（vi）在适用的情况下，使用许可的期限。

（d）申请应由注册人或由负责递交申请的主管局签字。

（2）［不规范申请］（a）如果使用许可登记申请不符合本条第（1）款（a）项、（b）项和（d）项的要求，国际局应将该事实通知注册人，如果申请系由主管局递交，还应通知该局。

（b）如果在国际局发出关于不规范的通知之日起3个月内未对不规范予以纠正，该申请应被视为放弃，国际局应就此通知注册人，如果申请系由主管局递交，还应同时通知该局，并且国际局应在扣除相当于规费表第7项所述相关规费的一半的款额之后，将已支付的任何费用退还给付款方。

（3）［登记和通知］（a）如果申请符合本条第（1）款（a）项、（b）项和（d）项的要求，国际局应将使用许可连同申请中所载的信息一起登记在国际注册簿上，应就此通知被授予使用许可的被指定缔约方的主管局，并应通告注册人，如果申请系由主管局递交，还应通告该局。

（b）对使用许可的登记，应于国际局收到与可适用的要求相符合的申请之日起进行。

（c）尽管有本款（b）项的规定，但如果

---

❶ 经马德里联盟大会核准的解释性声明："使用许可登记申请中未包括细则第20条之二第（1）款（c）项第（v）目规定的关于该使用许可是独占或唯一使用许可的说明的，可认为该使用许可是非独占使用许可。"

已依第 5 条之二登记了继续处理,对使用许可的登记,应于第(2)款规定的时限届满之日起在国际注册簿上进行。

(4)[使用许可登记的修正或撤销]本条第(1)款至第(3)款应比照适用于使用许可登记的修正或撤销申请。

(5)[关于某具体使用许可登记无效的声明](a)被指定缔约方的主管局接到国际局关于对该缔约方授予的使用许可已予登记的通知时,可声明此种登记在该缔约方中无效。

(b)本款(a)项所述的声明中应指明:

(i)使用许可登记无效的理由,

(ii)如果声明不影响使用许可所涉的全部商品和服务,受声明影响的或不受声明影响的商品和服务,

(iii)主要的相应法律规定,以及

(iv)可否对此种声明进行复审或提出上诉。

(c)本款(a)项所述的声明,应在本条第(3)款所述通知发送给有关主管局之日起的 18 个月期满之前,发送给国际局。

(d)国际局应将根据本款(c)项所作出的任何声明登记在国际注册簿上,并应就此通知递交使用许可登记申请的当事方(注册人或主管局)。对声明的登记,应于国际局收到与可适用的要求相符合的通知之日起进行。

(e)任何与根据本款(c)项所作的声明有关的终局决定,均应通知国际局,国际局应将该决定登记在国际注册簿上,并应就此通知递交使用许可登记申请的当事方(注册人或主管局)。

(6)[关于国际注册簿中的使用许可登记在缔约方中无效的声明](a)法律上未规定须对商标使用许可进行登记的缔约方的主管局可通知总干事,国际注册簿中的使用许可登记在该缔约方中无效。

(b)法律上规定须对商标使用许可进行登记的缔约方的主管局可在本条规定生效之日前或该缔约方受协定或议定书约束之日前,通知总干事,国际注册簿中的使用许可登记在该缔约方中无效。此种通知可随时撤回。❶

第 21 条 由国际注册代替国家注册或地区注册

(1)[通知]如果根据协定第 4 条之二第(2)款或议定书第 4 条之二第(2)款,被指定缔约方的主管局依注册人向该局直接提出的请求已在其注册簿中记录:某一国家注册或地区注册已由国际注册所代替,则该局应就此通知国际局。此种通知中应指明:

(i)有关的国际注册号,

(ii)如果该代替仅涉及国际注册中列举的某个或某些商品和服务,这些商品和服务,以及

(iii)由国际注册代替的国家注册或地区注册的申请日期和申请号、注册日期和注册号、及优先权日期(如有优先权日的话)。

通知中还可包括有关因该国家注册或地区注册而获得的任何其他权利的信息,具体形式由国际局与有关的主管局商定。

(2)[登记](a)国际局应将依本条第(1)款通知的内容登记在国际注册簿上,并应就此通告注册人。

(b)依本条第(1)款通知的内容,应于国际局收到与可适用的要求相符合的通知之日起进行登记。

第 21 条之二 有关先有权要求的其他事实

(1)[先有权要求的最终驳回]如果就某缔约组织的指定提出的先有权要求已在国际注册簿中登记,该组织的主管局应将部分或全部驳回该要求的有效性的任何终局决定通知国际局。

(2)[在国际注册之后提出的先有权要求]如果对某缔约组织作出指定的国际注册的注册人,依据该缔约组织的法律,直接向该组织的主管局提出在该组织的某成员国或对该组织的

---

❶ 经马德里联盟大会核准的解释性声明:

"细则第 20 条之二第(6)款(a)项涉及法律上未规定须对商标使用许可进行登记的缔约方所作通知的情况;此种通知可在任何时候作出;而该款(b)项却涉及法律上已规定须对商标使用许可进行登记但目前无法使国际注册簿上登记的使用许可生效的缔约方所作通知的情况;该后一通知只能在本条细则生效之前或在缔约方受协定或议定书约束之前作出,并可在任何时候撤回。"

某成员国注册的一件或多件在先商标的先有权要求，而该有关主管局已接受这一要求，则该主管局应将这一事实通知国际局。通知中应指明：

(i) 有关国际注册的注册号，以及

(ii) 该在先商标是在哪一个或哪几个成员国或者对哪一个或哪几个成员国注册的，以及该在先商标注册生效的日期和相关注册的注册号。

(3) [对先有权要求产生影响的其他决定] 缔约组织的主管局应将任何对国际注册簿中登记的先有权要求产生影响的其他终局决定，其中包括撤回和撤销，通知国际局。

(4) [国际注册簿上的登记] 国际局应将依本条第（1）款至第（3）款通知的信息登记在国际注册簿上。

第22条　基础申请效力、源于基础申请的注册效力或基础注册效力的终止

(1) [关于基础申请效力、源于基础申请的注册效力或基础注册效力终止的通知] (a) 如果适用协定第6条第（3）款和第（4）款或议定书第6条第（3）款或第（4）款，或同时适用该两条规定，原属局应就此通知国际局并应指明：

(i) 国际注册号，

(ii) 注册人名称，

(iii) 影响基础注册的事实和决定；或如果有关的国际注册所依据的是未予注册的基础申请，指明影响基础申请的事实和决定；或如果国际注册所依据的是已予注册的基础申请，指明影响该注册的事实和决定，并指明这些事实和决定生效的日期，以及

(iv) 如果上述事实和决定仅在部分商品和服务上影响国际注册，受该事实和决定影响的商品和服务、或不受该事实和决定影响的商品和服务。

(b) 如果协定第6条第（4）款所述司法行为、或议定书第6条第（3）款第（i）、（ii）或（iii）项所述程序于5年期限届满之前已开始，但在该期限届满之前尚未作出协定第6条第（4）款所述终局裁决，或未作出议定书第6条第（3）款第二句所述终局裁决，或未提出议定书第6条第（3）款第三句所述撤回或放弃，原属局如果了解这一情况，应在上述期限届满之后尽快就此通知国际局。

(c) 一旦本款（b）项所述司法行为或程序已作出协定第6条第（4）款所述终局裁决，或已作出议定书第6条第（3）款第二句所述终局裁决，或已提出议定书第6条第（3）款第三句所述撤回或放弃，原属局如果了解这一情况，应尽快就此通知国际局，并应作出本款（a）项第（i）目至第（iv）目所述说明。如果本款（b）项所述司法行为或程序已经完成，而且未作出任何前述终局裁决、撤回或放弃，原属局如果了解这一情况，或者根据注册人的请求，应尽快就此通知国际局。

(2) [通知的登记和传送；国际注册的撤销] (a) 国际局应将本条第（1）款所述的任何通知登记在国际注册簿上，并应将通知的复制件传送给被指定缔约方的主管局和注册人。

(b) 如果本条第（1）款（a）项或（c）项所述的任何通知提出撤销国际注册请求，并且符合该款要求，国际局应在可适用的范围内，将该国际注册从国际注册簿中撤销。国际局还应在可适用的范围内，在上述通知后撤销在已撤销国际注册下登记的源于所有权部分变更或分割的各项国际注册，以及源于这些国际注册合并的各项国际注册。

(c) 如果已根据本款（b）项将国际注册从国际注册簿中撤销，国际局应将下列内容通知被指定缔约方的主管局和注册人：

(i) 国际注册在国际注册簿中被撤销的日期，

(ii) 撤销涉及全部商品和服务的，通知这一事实，

(iii) 撤销仅涉及部分商品和服务的，通知依本条第（1）款（a）项第（iv）目所指明的商品和服务。

第23条　基础申请、源于基础申请的注册或基础注册的分割或合并

(1) [基础申请分割或基础申请合并的通知] 如果在议定书第6条第（3）款所述5年期限内基础申请被分割为两项或多项申请，或数项基础申请合并为一项单一申请，原属局应

就此通知国际局,并应指明:
(i) 国际注册号,或尚未进行国际注册的,指明基础申请号,
(ii) 注册人或申请人的名称,
(iii) 分割后每个申请的申请号或合并后申请的申请号。

(2)〔国际局的登记和通知〕国际局应将本条第(1)款所述通知登记在国际注册簿上,并应同时通知被指定缔约方的主管局和注册人。

(3)〔源于基础申请的注册或基础注册的分割或合并〕本条第(1)款和第(2)款应比照适用于议定书第6条第(3)款所述5年期限内源于基础申请或申请的任何注册的分割或任何注册的合并,以及协定第6条第(3)款和议定书第6条第(3)款所述5年期限内的基础注册的分割或基础注册的合并。

第23条之二 被指定缔约方的主管局通过国际局发送的通信

(1)〔本实施细则未涵盖的被指定缔约方的主管局发出的通信〕如果被指定缔约方的法律不允许主管局直接向注册人传送有关国际注册的通信,该主管局可以请求国际局代其向注册人传送该通信。

(2)〔通信的格式〕国际局应规定有关主管局应发送的本条第(1)款所述通信的格式。

(3)〔向注册人的传送〕国际局应以国际局规定的格式,向注册人传递本条第(1)款所述的通信,而不审查其内容或在国际注册簿中进行登记。

第五章 后期指定;变更

第24条 国际注册后期指定

(1)〔应享权利〕(a)缔约方可在国际注册后被予指定(以下称为"后期指定"),但条件是在作出该指定时,注册人依协定第1条第(2)款和第2条或议定书第2条规定符合成为国际注册的注册人的条件。

(b)如果注册人缔约方受协定约束,注册人可依协定指定受协定约束的任何缔约方,但条件是所述两缔约方不同时受议定书的

约束。

(c)如果注册人缔约方受议定书约束,注册人可依议定书指定受议定书约束的任何缔约方,不论所述两缔约方是否同时受协定的约束。

(2)〔提交;表格和签字〕(a)后期指定应由注册人或由注册人缔约方的主管局提交国际局;但是,

(i)〔删除〕

(ii)如果依协定指定任何缔约方,后期指定必须由注册人缔约方的主管局提交。

(iii)如果适用本条第(7)款的规定,源于转换的后期指定必须由缔约组织的主管局提交。

(b)后期指定应以正式表格提交一份。如果由注册人提交,应由注册人签字。如果由主管局提交,应由该局签字;如果主管局要求注册人签字,注册人亦应签字。如果由主管局提交,而该局虽不要求但允许注册人亦签字的,注册人可在后期指定上签字。

(3)〔内容〕(a)除本条第(7)款(b)项规定的情况以外,后期指定应包括或指明:

(i)有关的国际注册号,
(ii)注册人名称和地址,
(iii)被指定缔约方,
(iv)后期指定适用于有关国际注册中所列的全部商品和服务的,指明这一事实;后期指定仅适用于有关国际注册中所列的部分商品和服务的,指明这些商品和服务,
(v)已缴纳的规费数额和付款方式,或从在国际局开设的帐户中支取所需规费数额的指令,以及付款方或发出付款指令的当事方的身份,以及
(vi)后期指定由主管局提交的,指明该局的收文日期。

(b)如果后期指定涉及依第7条第(2)款作出通知的缔约方,该后期指定亦应包括在该缔约方领土上意欲使用商标的声明;该声明根据该缔约方的要求应:

(i)由注册人本人签字,并填写一份单独的正式表格,附于后期指定之后,或
(ii)包括在后期指定之中。

(c) 后期指定还可包括：

(i) 视具体情况，第 9 条第（4）款（b）项所述的说明，以及一种或若干种译文。

(ii) 关于后期指定在有关国际注册的变更或撤销登记之后，或在该国际注册续展之后生效的申请。

(iii) 后期指定涉及缔约组织的，可包括第 9 条第（5）款（g）项第（i）目所述的应以一份单独的正式表格作出并附于后期指定之后的说明，以及第 9 条第（5）款（g）项第（ii）目所述的说明。

(d) 如果国际注册以基础申请为依据，依协定作出的后期指定中应附有原属局签署的声明，证明该申请已经注册，并说明该注册的日期和注册号，除非国际局已经收到此种声明。

(4)［规费］后期指定应缴纳规费表第 5 项规定或所述规费。

(5)［不规范］(a) 如果后期指定不符合可适用的要求，除本条第（10）款外，国际局应将该事实通知注册人，如果后期指定由主管局提出，通知该局。

(b) 如果在国际局发出关于不规范的通知之日起 3 个月内该不规范未予纠正，该后期指定应被视为放弃，国际局应就此通知注册人，如果后期指定系由主管局提交，应同时通知该局，并在扣除规费表第 5.1 项所述基本费的一半的款额之后，将已支付的任何费用退还给付款方。

(c) 尽管有本款（a）项和（b）项的规定，但如果对于被指定的一个或多个缔约方来说，所作的后期指定不符合本条第（1）款（b）项或（c）项或者本条第（3）款（b）项第（i）目规定的要求，则应将该后期指定视为不包括对这些缔约方的指定，并应退回已就这些缔约方缴纳的补充费或单独规费。如果对于任何被指定缔约方来说，所作的后期指定均不符合本条第（1）款（b）项或（c）项或者本条第（3）款（b）项第（i）目规定的要求，则应适用本款（b）项的规定。

(6)［后期指定的日期］(a) 由注册人直接向国际局提交的后期指定，除本款（c）项第（i）目、（d）项和（e）项的规定外，其日期应为国际局收到该指定的日期。

(b) 由主管局向国际局提交的后期指定，除本款（c）项第（i）目、（d）项和（e）项外，其日期应为该局收到该指定的日期，条件是国际局在该日期起两个月内收到该后期指定。如果国际局在该期限内未收到后期指定，除本款（c）项第（i）目、（d）项和（e）项规定的情况外，该后期指定的日期应为国际局收到该指定的日期。

(c) 如果后期指定不符合可适用的要求，但该不规范在本条第（5）款（a）项所述通知之日起 3 个月内被予纠正：

(i) 如果该不规范涉及本条第（3）款（a）项第（i）、（iii）和（iv）目及（b）项第（i）目所述任何要求，后期指定的日期应为修改该指定的日期，除非所述指定系由主管局向国际局提交，而且该不规范已在本款（b）项所述两个月期限之内被予纠正；在后一种情况下，后期指定的日期应为该局收到该指定的日期；

(ii) 视具体情况，依本款（a）项或（b）项可适用的日期不得受到涉及除本条第（3）款（a）项第（i）、（iii）和（iv）目及（b）项第（i）目所述以外的任何要求的不规范的影响。

(d) 尽管有本款（a）、（b）和（c）项的规定，但如果后期指定中包括根据本条第（3）款（c）项第（ii）目提出的申请，该后期指定的日期可以晚于本款（a）、（b）或（c）项所规定的日期。

(e) 如果后期指定源于根据本条第（7）款进行的转换，该后期指定的日期应为对该缔约组织的指定在国际注册簿上登记的日期。

(7)［源于转换的后期指定］(a) 如果对某缔约组织的指定已在国际注册簿上登记，在该指定已被撤回、驳回或依该组织的法律不再有效的情况下，有关国际注册的注册人可请求将对所述缔约组织的指定转换为对该组织中参加协定和/或议定书的任何成员国的指定。

(b) 依本款（a）项提出的转换申请，应指明本条第（3）款（a）项第（i）目至第

（iii）目和第（v）目所述的内容，并指明：
（i）转换指定所涉的缔约组织，以及
（ii）源于转换而对某缔约国作出的后期指定适用于对缔约组织的指定中所列的全部商品和服务的，指明这一事实；对该缔约国的指定仅适用于对该缔约组织的指定中所列的部分商品和服务的，指明这些商品和服务。

（8）［登记和通知］国际局如果认为后期指定符合可适用的要求，应将其登记在国际注册簿上，应就此通知后期指定中被指定缔约方的主管局，并应同时通告注册人，如果后期指定系由主管局提交，还应通告该局。

（9）［驳回］应比照适用第16条至第18条之三的规定。

（10）［不被视为后期指定的后期指定］如果不符合本条第（2）款（a）项的要求，后期指定不得被视为后期指定，国际局应就此通告寄送人。

第25条 登记申请

（1）［提出申请］（a）涉及以下任何内容的登记申请，应以相关正式表格向国际局提交一份：
（i）就全部或部分商品和服务、及对全部或部分被指定缔约方进行的国际注册变更所有权；
（ii）对全部或部分被指定缔约方删减商品和服务清单；
（iii）对部分被指定缔约方放弃全部商品和服务；
（iv）变更注册人的名称或地址，或者，注册人系法人的，增加或变更注册人的法律性质和该法人系依其法律而成立的国家，以及在可适用的情况下，该法人系依其法律而成立的该国的域内单位的有关说明；
（v）撤销对全部被指定缔约方就全部或部分商品和服务进行的国际注册；
（vi）变更代理人的名称或地址。

（b）除本款（c）项规定的情况外，申请应由注册人或由注册人缔约方的主管局提交，但所有权变更登记申请可通过该申请中根据本条第（2）款（a）项第（iv）目指明的缔约方或缔约方之一的主管局提交。

（c）如果在国际局收到放弃或撤销登记申请之日，放弃或撤销影响到其指定属于协定的缔约方，则该申请不得由注册人直接提出。

（d）申请如果由注册人提交，应由注册人签字。如果由主管局提交，应由该局签字；如果该局要求注册人签字，注册人亦应签字。如果申请由主管局提出，而该局虽不要求但允许注册人亦签字的，注册人可在申请上签字。

（2）［申请书的内容］（a）依本条第（1）款（a）项的申请书，除所申请的登记外，还应包括或指明：
（i）有关的国际注册号，
（ii）注册人名称，变更涉及代理人的名称或地址的，代理人名称，
（iii）变更国际注册所有权的，根据行政规程所注明的成为国际注册新注册人（下称"新注册人"）的自然人或法人的名称和地址，
（iv）变更国际注册所有权的，新注册人依协定第1条第（2）款和第2条或议定书第2条符合其成为国际注册注册人条件的缔约方或各缔约方，
（v）在变更国际注册所有权的，如果根据本项第（iii）目所注明的新注册人地址不在根据本项第（iv）目注明的缔约方或缔约方之一的领土内，指明新注册人在符合其成为国际注册注册人条件的缔约方或缔约方之一中的营业所或住所的地址，除非新注册人已指明其系缔约国国民或缔约组织成员国国民，
（vi）变更一项并不涉及全部商品、服务和全部被指定缔约方的国际注册的所有权的，所有权变更所涉及的商品、服务和被指定缔约方，以及
（vii）缴纳的规费数额和付款方式，或从在国际局开设的帐户中支取所需规费数额的指令，以及付款方或发出付款指令当事方的身份。

（b）国际注册所有权变更登记申请书中亦可包括以下内容：
（i）若新注册人为自然人，指明新注册人系国民的国家；
（ii）若新注册人为法人，指明该法人的法律性质和所属国家，并在可适用的情况下指

明该法人依其法律而成立的该国域内单位。

（c）变更或撤销登记申请书中亦可提出关于其在有关该国际注册的另一项变更或撤销或后期指定登记之前或之后、或在该国际注册续展之后进行登记的申请。

（d）删减登记申请书应仅将删减的商品和服务归入国际注册中出现的相应的商品和服务国际分类的类号，或者，删减影响一个或多个类中所有商品和服务的，说明待删除的类。

（3）［不予受理的申请］如果某具体的被指定缔约方属于下列情况，就该缔约方提出的国际注册所有权变更不得予以登记：

（i）受协定约束而不受议定书约束，且依本条第（2）款（a）项第（iv）目指明的缔约方不受协定约束，或该款所指明的任何缔约方均不受协定约束；

（ii）受议定书约束而不受协定约束，且依本条第（2）款（a）项第（iv）目指明的缔约方不受议定书约束，或该款所指明的任何缔约方均不受议定书约束。

（4）［数个新注册人］国际注册所有权变更登记申请书中提及数个新注册人的，如果其中任何一个新注册人不符合某具体被指定缔约方的成为国际注册注册人的条件，不得对该被指定缔约方登记该变更。

第26条 第25条所述的变更登记申请书中的不规范

（1）［不规范申请］如果第25条第（1）款（a）项所述的申请不符合可适用的要求，但不属于本条第（3）款的情况，国际局应将该事实通知注册人，如果申请系由主管局提出，还应通知该局。为本条之目的，申请涉及删减登记的，国际局应仅审查删减中指明的类号是否出现在有关的国际注册中。

（2）［不规范纠正时限］不规范可在国际局发出关于不规范通知之日起3个月内予以纠正。如果在国际局发出关于不规范的通知之日起3个月内该不规范未予纠正，该申请应被视为放弃，国际局应就此通知注册人，如果第25条第（1）款（a）项所述的申请系由主管局提出，还应同时通知该局，并且国际局应在扣除相当于规费表第7项所述相关规费的一半的款额之后，将已支付的任何费用退还给付款方。

（3）［不被视为申请的申请］如果不符合第25条第（1）款（b）项或（c）项的要求，不得将申请视为申请，国际局应就此通告寄送人。

第27条 关于第25条的登记和通知；宣布所有权变更或限制无效的声明

（1）［登记和通知］（a）只要第25条第（1）款（a）项所述申请符合规定程序，国际局应立即将说明、变更或撤销登记在国际注册簿上，应就此通知该登记发生效力的各缔约方的主管局，或若系撤销，通知所有被指定缔约方的主管局，并应同时通告注册人，如果申请系由主管局提交，还应通告该局。如果登记涉及所有权变更，国际局还应在所有权全部变更的情况下，通告原注册人，并在所有权部分变更的情况下，通告被转让或被以其他方式移转的部分国际注册的注册人。如果撤销登记申请系由注册人或非原属局的主管局在协定第6条第（3）款和议定书第6条第（3）款所述5年期限内提交，国际局亦应通告原属局。

（b）说明、变更或撤销应按国际局收到符合可适用的要求的申请之日期登记，但是，申请系根据第25条第（2）款（c）项提出的，可按更晚的日期进行登记。

（c）尽管有本款（b）项的规定，但如果已依第5条之二登记了继续处理，变更或撤销应按第26条第（2）款规定的时限届满之日在国际注册簿上登记，但是，申请系根据第25条第（2）款（c）项提出的，可按更晚的日期进行登记。

（2）［所有权部分变更的登记］（a）仅就部分商品和服务或仅对部分被指定缔约方进行的国际注册的所有权变更，应以所有权部分变更所涉及的国际注册的注册号登记在国际注册簿上。

（b）国际注册已登记所有权变更的部分应从有关国际注册中删除，并作为单独的国际注册予以登记。

（3）［删除］

（4）［宣布所有权变更无效的声明］（a）

受所有权变更影响的缔约方的主管局在收到国际局关于所有权变更通知后可声明所有权变更对该缔约方无效。此种声明的效力应是，对于该缔约方，有关的国际注册的名义应仍为转让人。

(b) 本款（a）项所述声明中应指明：

(i) 所有权变更无效的理由，

(ii) 相应的主要法律规定，以及

(iii) 对此种声明可否进行复审或提出上诉。

(c) 本款（a）项所述声明应于该项所述通知发送给有关主管局之日起的18个月期满之前，发送给国际局。

(d) 国际局应将根据本款（c）项作出的任何声明登记在国际注册簿上，并视具体情况，将该声明所涉及的国际注册的部分作为单独的国际注册予以登记，而且还应就此通知提交所有权变更登记申请的当事方（注册人或主管局）及新注册人。

(e) 任何与根据本款（c）项作出的声明有关的终局决定均应通知国际局，国际局应将这一决定登记在国际注册簿上，并视具体情况，相应地修改国际注册簿，而且还应就此通知提交所有权变更登记申请的当事方（注册人或主管局）及新注册人。

(5)［关于删减无效的声明］(a) 被指定缔约方的主管局，在收到国际局关于对该缔约方产生影响的删减商品和服务清单的通知后，可声明该删减对该缔约方无效。此种声明的效力应是，对于该缔约方，该删减不适用于受该声明影响的商品和服务。

(b) 本款（a）项所述声明中应指明：

(i) 该删减无效的理由，

(ii) 如果声明并不影响该删减所涉的全部商品和服务，受该声明影响的或不受该声明影响的商品和服务，

(iii) 相应的主要法律规定，以及

(iv) 对此种声明可否进行复审或提出上诉。

(c) 本款（a）项所述声明应于本款（a）项所述通知发送给有关主管局之日起的18个月期满之前，发送给国际局。

(d) 国际局应将根据本款（c）项作出的任何声明登记在国际注册簿上，并应就此通知提交删减登记申请的当事方（注册人或主管局）。

(e) 任何与根据本款（c）项所作的声明有关的终局决定均应通知国际局，国际局应将这一决定登记在国际注册簿上，并应就此通知提交删减登记申请的当事方（注册人或主管局）。

第27条之二　国际注册的分割

(1)［分割国际注册的申请］(a) 注册人仅就部分商品和服务对被指定缔约方提出的分割国际注册的申请，一俟该被指定缔约方的主管局认为申请登记的分割满足其可适用的法律的要求，包括与规费有关的要求，应由该主管局以相关正式表格提交给国际局。

(b) 申请中应指明

(i) 提交申请的主管局的缔约方，

(ii) 提交申请的主管局的名称，

(iii) 国际注册号，

(iv) 注册人名称，

(v) 待分离的商品和服务的名称，应按商品和服务国际分类的适当类别分组排列，

(vi) 缴纳的规费数额和付款方式，或从在国际局开设的帐户中支取所需数额的指令，以及付款方或发出付款指令当事方的身份。

(c) 申请应由提交申请的主管局签字，如果该局要求注册人签字，注册人亦应签字。

(d) 依本款提交的申请，可包括或附有依细则第18条之二或第18条之三发送的对申请中所列商品和服务的说明。

(2)［规费］国际注册的分割应缴纳规费表第7.7项规定的费用。

(3)［不规范申请］(a) 如果申请不符合可适用的要求，国际局应邀请提交申请的主管局对不规范予以纠正，并应同时通告注册人。

(b) 如果在依本款（a）项发出邀请书之日起3个月内，主管局未对不规范予以纠正，该申请应被视为放弃，国际局应就此通知提交申请的主管局，同时通告注册人，并在扣除相当于依本条第（2）款缴纳的规费的一半款额之后，将已支付的任何费用退还。

(4)［登记和通知］（a）如果申请符合可适用的要求，国际局应将分割登记，在国际注册簿上创建分割后的国际注册，就此通知提交申请的主管局，并应同时通告注册人。

（b）国际注册的分割应以国际局收到申请之日登记，或在适用的情况下，以本条第（3）款所述的不规范得到纠正之日登记。

（5）［不被视为申请的申请］就被指定缔约方提出的分割国际注册的申请，如果在申请中所注明的商品和服务国际分类的类别上，该缔约方没有或不再被指定，则该申请将不被视为申请。

（6）［关于缔约方将不提交分割申请的声明］法律上未规定商标注册申请的分割或商标注册的分割的缔约方，可在本条细则生效之日前，或该缔约方受协定或议定书约束之日前，通知总干事，它将不向国际局提交本条第（1）款中所述的申请。此声明可随时撤回。

第27条之三 国际注册的合并

（1）［源于所有权部分变更登记的多项国际注册的合并］如果同一自然人或法人已被登记为因所有权部分变更而产生的两项或多项国际注册的注册人，各该项注册应根据该自然人或法人直接或通过注册人缔约方的主管局提出的申请予以合并。该申请应以相关正式表格向国际局提交。国际局应将合并进行登记，就此通知受该变更影响的各缔约方的主管局，并应同时通告注册人，如果请求系由主管局提交，还应通告该局。

（2）［源于国际注册分割登记的多项国际注册的合并］（a）因分割而产生的国际注册，应根据注册人提出的申请予以合并，并入其从中分割而来的国际注册，条件是申请通过提交第27条之二第（1）款所述申请的主管局提交，而且同一自然人或法人是前述两项国际注册的登记注册人，并且有关主管局认为申请求满足其可适用的法律的要求，包括与规费有关的要求。该申请应以相关正式表格提交给国际局。国际局应将合并进行登记，就此通知该申请的主管局，并应同时通告注册人。

（b）法律上未规定商标注册合并的缔约方的主管局，可在本条细则生效之日前，或该缔约方受协定或议定书约束之日前，通知总干事，它将不向国际局提交本款（a）项所述的申请。此声明可随时撤回。

第28条 国际注册簿内容的更正

（1）［更正］如果国际局依职权或根据注册人或主管局的请求，认为国际注册簿中的国际注册有误，国际局应相应地修改注册簿。

（2）［通知］国际局应就此通知注册人，并同时通知该更正发生效力的被指定缔约方的主管局。此外，如果请求更正的主管局不是该更正发生效力的被指定缔约方的主管局，国际局还应通告该主管局。

（3）［更正后的驳回］本条第（2）款所述的任何主管局应有权在向国际局作出的临时驳回通知中声明，对更正后的国际注册不给予或不再给予保护。应比照适用协定第5条或议定书第5条和本细则第16条至第18条之三的规定，不言而喻，允许作出所述通知的期限应自关于更正的通知发送给有关主管局之日算起。

（4）［更正的时限］尽管有本条第（1）款的规定，任何错误如可归咎于主管局，而且对其加以更正便会影响由国际注册所产生的权利的，只有当国际局在国际注册簿中的该项需要更正的条目被公告之日起的9个月之内收到更正申请时，才能予以更正。

第六章 续 展

第29条 期满的非正式通知

未收到协定第7条第（4）款和议定书第7条第（3）款所述非正式通知的事实不得构成对不符合第30条规定的任何时限的理由。

第30条 有关续展的细节

（1）［规费］（a）在最迟于国际注册应当续展之日缴纳规费表第6项中所规定或提及的下列费用后，国际注册应予续展：

（i）基本费，

（ii）在可适用的情况下，附加费，以及

（iii）视具体情况，对未在国际注册簿上就全部有关商品和服务登记依第18条之三的任何驳回说明或无效的每一个被指定缔约方所缴纳的补充费或单独规费。但是，此种费用可在国际注册应当续展之日起6个月内缴纳，条件是须同时缴纳规费表第6.5项规定的额外费。

(b) 如果为续展所缴纳的任何费用由国际局在早于国际注册应当续展之日前3个月收到，该费用应被视同在应当续展之日前3个月收到。

(2) [补充细节] (a) 如果注册人不希望对未在国际注册簿上就全部有关商品和服务登记依第18条之三的任何驳回说明的某被指定缔约方续展国际注册，在缴纳所需规费时应附一份注册人的声明，表示不在国际注册簿上登记对该缔约方的国际注册续展。

(b) 如果尽管国际注册簿上已登记对某被指定缔约方就全部有关商品和服务的依第18条之三的驳回说明，注册人仍希望对该缔约方续展国际注册，则在对该缔约方缴纳包括（视具体情况）补充费或单独规费在内的所需规费时，应附一份注册人的声明，表示在国际注册簿上登记对该缔约方的国际注册续展。

(c) 对于已依第19条第（2）款就全部商品和服务作出无效登记或依第27条第（1）款（a）项作出放弃登记的任何被指定缔约方，不得续展国际注册。对于已依第19条第（2）款就部分商品和服务的国际注册作出无效登记或依据第27条第（1）款（a）项就其作出删减登记的任何被指定缔约方，不得续展国际注册。

(d) 如果国际注册簿上已登记依第18条之三第（2）款第（ii）项或第（4）款的说明，对于有关被指定缔约方，不得在该声明中未包括的商品和服务上续展国际注册，除非在缴纳所需规费时附有一份注册人的声明，表示国际注册也在这些商品和服务上续展。

(e) 依本款（d）项未对全部有关商品和服务续展国际注册，不得被视为构成协定第7条第（2）款或议定书第7条第（2）款中的变更。未对全部被指定缔约方续展国际注册，不得被视为构成协定第7条第（2）款或议定书第7条第（2）款中的变更。

(3) [缴费不足] (a) 如果收到的规费数额少于需缴纳的续展规费数额，国际局应立即就此同时通知注册人和代理人（如有代理人的话）。通知中应注明所欠款额。

(b) 如果在本条第（1）款（a）项所述6个月期限届满时收到的规费数额少于依本条第（1）款所需缴纳的款额，国际局除本款（c）项规定的情况外，不得登记该续展，应将收到的款额退还给付款方，并通知注册人及代理人（如有代理人的话）。

(c) 如果在本条第（1）款（a）项所述6个月期限届满前3个月期间发出本款（a）项所述通知，并且如果在该6个月期限届满时所收到的规费数额少于依本条第（1）款所需缴纳的款额，但又至少达到应缴款额的70%，国际局应根据第31条第（1）和（3）款的规定办理。如果自上述通知发出起3个月内未付清所需缴纳的全部款额，国际局应撤销该续展，通知注册人、代理人（如有代理人的话）和已被通知续展的主管局，并将款额退还给付款方。

(4) [续展规费支付的期限] 无论国际注册在被指定缔约方的清单中所包含的仅是其指定属于协定的缔约方、或仅是其指定属于议定书的缔约方、或一并包含其指定属于协定的缔约方和其指定属于议定书的缔约方，每次续展需缴纳的规费应以10年为期支付。就依协定的付款而言，支付10年的款额应被视为以10年为一期付款。

第31条 续展登记；通知和注册证

(1) [续展登记和续展生效日期] 即使续展所需的规费在协定第7条第（5）款和议定书第7条第（4）款所规定的宽展期内缴纳，续展应以其应当续展之日在国际注册簿上登记。

(2) [后期指定时的续展日期] 无论国际注册簿中登记的此种指定日期如何，续展的生效日期对于国际注册中包含的所有指定均应相同。

(3) [通知和注册证] 国际局应将续展通知有关被指定缔约方的主管局，并应将注册证寄给注册人。

(4) [未予续展时的通知] (a) 如果国际注册未予续展，国际局应就此通知注册人、代理人（如有代理人的话）和国际注册中指定的所有缔约方的主管局。

（b）如果国际注册对某被指定缔约方未予续展，国际局应就此通知注册人、代理人（如有代理人的话）和该缔约方的主管局。

第七章 公告和数据库

第32条 公　告

（1）[有关国际注册的信息]（a）国际局应在公告中公布有关下列内容的数据：

(i) 依第14条进行的国际注册；

(ii) 依第16条第（1）款函告的信息；

(iii) 依第17条第（4）款登记的临时驳回，并指明该驳回是涉及全部商品和服务，还是仅涉及部分商品和服务，但不需指明有关的商品和服务，亦不公布驳回理由，以及依第18条之二第（2）款和第18条之三第（5）款登记的说明和信息；

(iv) 依第31条第（1）款登记的续展；

(v) 依第24条第（8）款登记的后期指定；

(vi) 依第39条国际注册效力的延续；

(vii) 依第27条的登记；

(viii) 依第22条第（2）款作出的撤销和依第27条第（1）款或第34条第（3）款（d）项登记的撤销；

(viii之二) 依第27条之二第（4）款登记的分割和依第27条之三登记的合并；

(ix) 依第28条作出的更正；

(x) 依第19条第（2）款登记的无效；

(xi) 依第20条、第20条之二、第21条、第21条之二、第22条第（2）款（a）项、第23条、第27条第（4）款以及第40条第（3）款登记的信息；

(xii) 未予续展的国际注册；

(xiii) 依第3条第（2）款（b）项函告的指定注册人代理人的登记和依第3条第（6）款（a）项由注册人或注册人代理人提出的撤销。

（b）商标的图样应以其在国际申请中出现的形式予以公布。如果申请人作出第9条第（4）款（a）项第（vi）目所述声明，应如实予以公布。

（c）如果依第9条第（4）款（a）项第（v）或（vii）目提供了商标的彩色图样，公告中应一并刊登该商品黑白和彩色两种形式的图样。

（2）[有关缔约方的特殊要求和若干声明的信息，以及其他一般信息]国际局应在公告中公布：

(i) 依第7条、第20条之二第（6）款、第27条之二第（6）款、第27条之三第（2）款（b）项或第40条第（6）款所作的任何通知以及依第17条第（5）款（d）项或（e）项所作的任何声明；

(ii) 依议定书第5条第（2）款（b）项或第5条第（2）款（b）项和（c）项第一句所作的任何声明；

(iii) 依议定书第8条第（7）款所作的任何声明；

(iv) 依第34条第（2）款（b）项或第（3）款（a）项所作的任何通知；

(v) 当年及下一年国际局不对外办公日期的清单。

（3）本条第（1）款和第（2）款所述的公布，应由国际局在世界知识产权组织的网站上进行。

第33条 电子数据库

（1）[数据库内容]一并在国际注册簿上登记和依第32条在公告上公布的数据均应录入电子数据库。

（2）[有关未决国际注册申请和后期指定的数据]如果国际申请或依第24条作出的指定在国际局收到该国际申请或指定后3个工作日内未在国际注册簿上登记，尽管该国际申请或指定在收到时可能有不规范之处，国际局应将该国际申请或该指定中所包括的全部数据录入电子数据库。

（3）[电子数据库的使用]各缔约方的主管局以及在缴纳需缴的规费后的公众，应可通过联机或国际局确定的其他的适当方式使用电子数据库。进入电子数据库使用的费用由用户负担。依本条第（2）款录入的数据应附提示，表明国际局尚未就该国际申请或就依第24条的指定作出决定。

第八章 规 费

第 34 条 规费的数额与缴纳

(1)〔规费的数额〕依协定、议定书或本细则应缴的规费数额,除单独规费外,均由附于本实施细则并作为本实施细则组成部分的规费表作出规定。

(2)〔缴费〕(a) 规费表中所列的规费可由申请人或注册人向国际局缴纳,或者如果注册人缔约方的主管局同意代收并转交此种规费,而且申请人或注册人愿意,可由该局向国际局缴纳。

(b) 主管局同意代收并转交规费的任何缔约方应将该事实通知总干事。

(3)〔可分两部分缴纳的单独规费〕(a) 依议定书第8条第(7)款作出或已经作出声明的缔约方,可通知总干事:因指定该缔约方而须缴纳的单独规费由两部分构成,第一部分须在提交国际申请时或对该缔约方作出后期指定时缴纳,第二部分须于根据该缔约方的法律所确定的更晚的日期缴纳。

(b) 如果适用本款(a)项,规费表第2项、第3项和第5项所述的单独规费应理解为提及第一部分单独规费。

(c) 如果适用本款(a)项,有关的被指定缔约方的主管局应将必须缴纳第二部分单独规费的时间通知国际局。通知中应指明:

(i) 有关的国际注册号,

(ii) 注册人的名称,

(iii) 必须缴纳第二部分单独规费的截止日期,

(iv) 如果第二部分单独规费数额的多少取决于有关被指定缔约方在多少类别的商品和服务上保护该商标,此种类别的数目。

(d) 国际局应将通知传送给注册人。如果在可适用的期限内缴纳第二部分单独规费,国际局应将缴付情况登记在国际注册簿上,并就此通知有关缔约方的主管局。如果在可适用的期限内未缴纳第二部分单独规费,国际局应通知有关缔约方的主管局,应从国际注册簿中撤销对有关缔约方的国际注册,并应就此通知注册人。

(4)〔向国际局缴付规费的方式〕规费应以行政规程中所规定的方式向国际局缴付。

(5)〔付款说明〕向国际局缴付任何规费时须说明:

(i) 国际注册前:申请人名称,有关的商标及付款用途;

(ii) 国际注册后:注册人名称,有关的国际注册号及付款用途。

(6)〔付款日期〕(a) 除第30条第(1)款(b)项和本款(b)项规定的情况外,任何规费均应被视为于国际局收到所需款额之日向国际局缴付。

(b) 如果在国际局开设的帐户中有所需款额,并且国际局得到帐户户主的提款指令,规费应被视为于国际局收到国际申请、后期指定、提款支付第二部分单独规费的指令、变更登记申请或国际注册续展通知之日向国际局缴付。

(7)〔规费数额的变动〕(a) 如果就提交国际申请所应缴纳的规费数额在下述两个日期之间变动:一是原属局收到、或依第11条第(1)款(a)项或(c)项被认为收到要求向国际局提交国际申请之请求的日期,二是国际局收到该国际申请的日期,应适用在先日期实行的规费。

(b) 如果依第24条的指定系由注册人缔约方的主管局作出,而就该指定所应缴纳的规费数额在下述两个日期之间变动:一是主管局收到注册人要求作出上述指定之请求的日期,二是国际局收到该指定的日期,应适用在先日期实行的规费。

(c) 如果适用本条第(3)款(a)项,应适用在该款所述更晚的日期所实行的第二部分单独规费数额。

(d) 如果就国际注册续展所应缴纳的规费数额在付款日期和应当续展之日之间变动,应适用付款日期、或依第30条第(1)款(b)项被视为付款日期之日实行的规费。在应当续展之日之后付款的,应适用应当续展之日实行的规费。

(e) 如果除本款(a)、(b)、(c)和(d)

项所述规费以外的任何规费数额有所变动,应适用国际局收到规费之日实行的规费数额。

第35条 缴费币种

(1)〔必须使用瑞士货币〕所有依本实施细则应缴费用均应以瑞士货币缴与国际局,而无论在由主管局缴纳规费时,该局代收的规费是否可能为另一种货币。

(2)〔以瑞士货币确定单独规费数额〕(a)如果缔约方依议定书第8条第(7)款(a)项作出声明要求收取单独规费,向国际局说明该单独规费数额时应使用其主管局所用的币种。

(b)如果本款(a)项所述声明中说明规费的币种不是瑞士货币,总干事应在与该有关缔约方的主管局协商后,依据联合国官方汇率以瑞士货币确定单独规费数额。

(c)如果连续3个月以上,瑞士货币与缔约方指明单独规费数额的另一币种之间的联合国官方汇率,比最后一次以瑞士货币确定该单独规费数额时所适用的汇率高于或低于至少5%时,该缔约方的主管局可要求总干事按提出请求日期的前一天实行的联合国官方汇率以瑞士货币确定新的单独规费数额。总干事应照此办理。新的规费数额应自总干事确定的日期起适用,但条件是该日期须为上述款额在公告上公布日期之后一个月以后及两个月以内的某一日期。

(d)如果连续3个月以上,瑞士货币与缔约方指明单独规费数额的另一币种之间的联合国官方汇率,比最后一次以瑞士货币确定该单独规费数额时所适用的汇率低于至少10%时,总干事应按现行的联合国官方汇率以瑞士货币确定新的单独规费数额。新的规费数额应自总干事确定的日期起适用,但条件是该日期须为上述款额在公告上公布日期之后一个月以后及两个月以内的某一日期。

第36条 免除规费

登记下列事项应免除规费:

(i)代理人的指定,涉及代理人的任何变更及代理人登记的撤销,

(ii)涉及申请人或注册人电话号码及传真号码、通讯地址、电子邮件地址或行政规程规定的任何其他通信方式的任何变更,

(iii)国际注册的撤销,

(iv)依第25条第(1)款(a)项第(iii)目的任何放弃,

(v)依第9条第(4)款(a)项第(xiii)目国际申请本身或依第24条第(3)款(a)项第(iv)目的后期指定中作出的任何删减,

(vi)依协定第6条第(4)款第一句或议定书第6条第(4)款第一句由主管局提出的任何申请,

(vii)影响基础申请、或由该基础申请产生的注册、或基础注册的司法程序或终局裁决,

(viii)依第17条、第24条第(9)款或第28条第(3)款的任何驳回、依第18条之二或第18条之三的任何说明或依第20条之二第(5)款或第27条第(4)款或第(5)款的任何声明,

(ix)国际注册的无效,

(x)依第20条函告的信息,

(xi)依第21条或第23条发出的任何通知,

(xii)国际注册簿中的任何更正。

第37条 补充费和附加费的分配

(1)协定第8条第(5)和(6)款以及议定书第8条第(5)和(6)款所述系数如下:

对于仅进行驳回绝对理由审查的
　缔约方……………………………… 2
对于亦进行在先权审查的缔约方:
(a)因第三方提出异议…………… 3
(b)依职权进行 …………………… 4

(2)系数4应亦适用于依职权进行在先权检索并作出最重要的在先权说明的缔约方。

第38条 记入有关缔约方帐户的单独规费

向国际局就依议定书第8条第(7)款(a)项作出声明的缔约方缴纳的任何单独规费,应于对已缴纳该单独规费的国际注册、后期指定或续展进行登记或对缴纳第二部分单独规费进行登记的月份的下月之内,记入该缔约方在国际局开设的帐户。

第九章 其他条款

第39条 国际注册在某些继承国家中的延续效力

(1) 如果任何国家("继承国家")在该国独立前其领土属于某缔约方("先前缔约方")领土的一部分,向总干事交存了延续效力声明,表示协定或议定书或者协定和议定书二者适用于该继承国家,则任何自依本条第(2)款所确定日期之前的日期有效的、在先前缔约方有领土延伸的国际注册在继承国家的效力应符合下列条件:

(i) 在国际局为此目的向有关国际注册的注册人发出通知之日起6个月内,须向国际局提出要求该国际注册在继承国家继续有效的请求,及

(ii) 在同一时限内须向国际局缴纳41瑞士法郎的规费,由国际局转交继承国家的主管局,并须向国际局缴纳23瑞士法郎的规费。

(2) 本条第(1)款所述日期应为继承国家为本条目的通知国际局的日期,但条件是该日期不得早于继承国家独立的日期。

(3) 国际局在收到本条第(1)款所述请求和规费后,应通知继承国家的主管局,并在国际注册簿上进行相应登记。

(4) 对于继承国家主管局接到依本条第(3)款的通知所涉及的任何国际注册,该局只有在协定第5条第(2)款或者议定书第5条第(2)款(a)项、(b)项或(c)项提及的可适用于先前缔约方的领土延伸的期限尚未届满、且国际局在该时限内收到驳回通知的情况下,才能驳回保护。

(5) 本条不适用于俄罗斯联邦,亦不适用于任何向总干事交存声明,表示其继续某一缔约方的法人地位的国家。

第40条 生效;过渡条款

(1) [生效] 本实施细则应于1996年4月1日生效,并应自即日起取代截止到1996年3月31日有效的协定实施细则(以下称为"协定实施细则")。

(2) [过渡条款总则] (a) 尽管有本条第(1)款的规定,但是:

(i) 原属局于1996年4月1日前收到、或依第11条第(1)款(a)项或(c)项被视为收到的请求向国际局提交的国际申请,只要符合协定实施细则所规定的要求,应被视为符合第14条中可适用的要求;

(ii) 原属局或另一有关主管局于1996年4月1日前寄给国际局的、或者若该日期能被确定由原属局或另一有关主管局收到要求向国际局提交的日期早于1996年4月1日的、依协定实施细则第20条的变更登记申请,只要符合协定实施细则所规定的要求,应被视为符合第24条第(7)款中可适用的要求或符合第27条中的规定程序;

(iii) 1996年4月1日之前由国际局依协定实施细则第11、12、13或21条进行处理的国际申请或依协定实施细则第20条的变更登记申请,应由国际局继续依所述条款办理;所产生的国际注册或在国际注册簿上登记的日期应按协定实施细则第15条或第22条办理;

(iv) 被指定缔约方的主管局于1996年4月1日前发出的驳回通知或无效通知,只要符合协定实施细则所规定的要求,应被视为符合第17条第(4)或(5)款中或第19条第(2)款中可适用的要求。

(b) 为第34条第(7)款的目的,于1996年4月1日之前任何日期所实行的规费,均应为协定实施细则第32条规定的规费。

(c) 尽管有第10条第(1)款的规定,但如果根据第34条第(7)款(a)项,就提出国际申请所缴纳的规费为协定实施细则第32条所规定的按20年缴纳的规费,不须缴纳第二期费用。

(d) 如果根据第34条第(7)款(b)项,就后期指定所缴纳的规费为协定实施细则第32条所规定的规费,不适用本条第(3)款的规定。

(3) [按20年缴纳规费的国际注册可适用的过渡条款] (a) 如果依第24条就按20年缴纳所需规费的国际注册进行后期指定,并且如果该国际注册的现行保护期在根据第24条第(6)款所确定的后期指定生效日期之后10年以上才届满,应适用本款(b)项和(c)项的

规定。

（b）在国际注册的现行保护期首期10年届满前6个月，国际局应向注册人及其代理人（如有代理人的话）发出通知，指明首期10年届满的确切日期和本款（a）项所述后期指定涉及的缔约方。应比照适用第29条的规定。

（c）就本款（a）项所述后期指定，应为第二期10年缴纳相当于第30条第（1）款第（iii）目所述规费的补充费和单独规费。应比照适用第30条第（1）款和第（3）款的规定。

（d）国际局应将已向国际局缴付第二期10年款项的事实在国际注册簿上登记。即使所需规费在协定第7条第（5）款和议定书第7条第（4）款规定的宽限期内支付，登记日期亦应为首期10年届满之日。

（e）国际局应将第二期10年的款项是否已缴付的事实通知有关被指定缔约方的主管局，并应同时通告注册人。

（4）［有关语言的过渡规定］（a）2004年4月1日之前有效的第6条，应继续适用于在该日期之前提出的任何国际申请，并应适用于该日期至2008年8月31日（含该日）期间提出的任何专属《协定》的国际申请、与之相关的任何通信以及与源于该申请的任何国际注册相关的任何通信、国际注册簿上的登记或《公告》上的公告；但以下情况除外：

（i）有关国际注册已于2004年4月1日至2008年8月31日期间依《议定书》作出后期指定的；或

（ii）有关国际注册已于2008年9月1日或该日期之后作出后期指定的；以及

（iii）后期指定已在国际注册簿上登记的。

（b）为本款的目的，国际申请被视为于原属局收到或根据第11条第（1）款（a）项或（c）项被视为收到关于向国际局提交国际申请的请求之日提出；国际注册的后期指定被视为于以下日期作出：如果后期指定直接系由注册人提交的，于该后期指定向国际局提交之日作出，或者如果后期指定系通过注册人缔约方的主管局提交的，于向该局提出关于提交该后期指定的请求之日作出。

（5）［删除］

（6）［与国内法不符］如果在本条细则生效之日或缔约方受协定或议定书的约束之日，细则第27条之二第（1）款或第27条之三第（2）款（a）项与该缔约方的国内法不符，只要所述缔约方在本条细则生效之日前，或所述缔约方受协定或议定书约束之日前，就此通知国际局，有关条款视具体情况，即不适用于该缔约方，直至这些条款与国内法相符。此通知可随时撤回。

第41条　行政规程

（1）［行政规程的制定；所涉事项］（a）总干事应制定行政规程。总干事可对其进行修改。总干事在制定或修改行政规程之前，应与对拟议的行政规程或对行政规程进行的拟议修改有直接利害关系的主管局协商。

（b）行政规程应处理本实施细则中明确规定由行政规程处理的事项，并处理适用本实施细则方面的具体事项。

（2）［大会的监督］大会可请总干事对行政规程的任何规定作出修改，总干事应照此办理。

（3）［公布和生效日期］（a）行政规程以及对行政规程的任何修改应在公告上公布。

（b）每项公布中应指明所公布的规定生效的日期。不同规定的生效日期可以不同，但条件是，任何规定均不得在其在公告上公布之前生效。

（4）［与协定、议定书或本实施细则相抵触］如果行政规程的任何规定与协定、议定书或本实施细则的任何规定之间发生抵触，应以后者规定为准。

（三）

重要补充[*]

---

[*] 关于大纲第一部分第六章第四节的相关内容参见知识产权出版社出版的相关图书；关于大纲第二部分第三章第三节国外主要国家和地区专利、商标法律参见知识产权出版社出版的《美国专利法》《美国商标法》《日本商标法》《韩国商标法》《外国专利法选译》等图书。

商标评审规则

(1995年11月2日国家工商行政管理局第37号令公布　根据2002年9月17日国家工商行政管理总局令第3号第一次修订　根据2005年9月26日国家工商行政管理总局令第20号第二次修订　根据2014年5月28日国家工商行政管理总局令第65号第三次修订)

第一章　总　则

第一条　为规范商标评审程序，根据《中华人民共和国商标法》(以下简称商标法)和《中华人民共和国商标法实施条例》(以下简称实施条例)，制定本规则。

第二条　根据商标法及实施条例的规定，国家工商行政管理总局商标评审委员会(以下简称商标评审委员会)负责处理下列商标评审案件：

(一)不服国家工商行政管理总局商标局(以下简称商标局)驳回商标注册申请决定，依照商标法第三十四条规定申请复审的案件；

(二)不服商标局不予注册决定，依照商标法第三十五条第三款规定申请复审的案件；

(三)对已经注册的商标，依照商标法第四十四条第一款、第四十五条第一款规定请求无效宣告的案件；

(四)不服商标局宣告注册商标无效决定，依照商标法第四十四条第二款规定申请复审的案件；

(五)不服商标局撤销或者不予撤销注册商标决定，依照商标法第五十四条规定申请复审的案件。

在商标评审程序中，前款第(一)项所指请求复审的商标统称为申请商标，第(二)项所指请求复审的商标统称为被异议商标，第(三)项所指请求无效宣告的商标统称为争议商标，第(四)、(五)项所指请求复审的商标统称为复审商标。本规则中，前述商标统称为评审商标。

第三条　当事人参加商标评审活动，可以以书面方式或者数据电文方式办理。

数据电文方式办理的具体办法由商标评审委员会另行制定。

第四条　商标评审委员会审理商标评审案件实行书面审理，但依照实施条例第六十条规定决定进行口头审理的除外。

口头审理的具体办法由商标评审委员会另行制定。

第五条　商标评审委员会根据商标法、实施条例和本规则做出的决定和裁定，应当以书面方式或者数据电文方式送达有关当事人，并说明理由。

第六条　除本规则另有规定外，商标评审委员会审理商标评审案件实行合议制度，由三名以上的单数商标评审人员组成合议组进行审理。

合议组审理案件，实行少数服从多数的原则。

第七条　当事人或者利害关系人依照实施条例第七条的规定申请商标评审人员回避的，应当以书面方式办理，并说明理由。

第八条　在商标评审期间，当事人有权依法处分自己的商标权和与商标评审有关的权利。在不损害社会公共利益、第三方权利的前提下，当事人之间可以自行或者经调解以书面方式达成和解。

对于当事人达成和解的案件，商标评审委员会可以结案，也可以做出决定或者裁定。

第九条　商标评审案件的共同申请人和共有商标的当事人办理商标评审事宜，应当依照实施条例第十六条第一款的规定确定一个代表人。

代表人参与评审的行为对其所代表的当事人发生效力，但代表人变更、放弃评审请求或者承认对方当事人评审请求的，应当有被代表的当事人书面授权。

商标评审委员会的文件应当送达代表人。

第十条 外国人或者外国企业办理商标评审事宜,在中国有经常居所或者营业所的,可以委托依法设立的商标代理机构办理,也可以直接办理;在中国没有经常居所或者营业所的,应当委托依法设立的商标代理机构办理。

第十一条 代理权限发生变更、代理关系解除或者变更代理人的,当事人应当及时书面告知商标评审委员会。

第十二条 当事人及其代理人可以申请查阅本案有关材料。

第二章 申请与受理

第十三条 申请商标评审,应当符合下列条件:

(一)申请人须有合法的主体资格;

(二)在法定期限内提出;

(三)属于商标评审委员会的评审范围;

(四)依法提交符合规定的申请书及有关材料;

(五)有明确的评审请求、事实、理由和法律依据;

(六)依法缴纳评审费用。

第十四条 申请商标评审,应当向商标评审委员会提交申请书;有被申请人的,应当按照被申请人的数量提交相应份数的副本;评审商标发生转让、移转、变更,已向商标局提出申请但是尚未核准公告的,当事人应当提供相应的证明文件;基于商标局的决定书申请复审的,还应当同时附送商标局的决定书。

第十五条 申请书应当载明下列事项:

(一)申请人的名称、通信地址、联系人和联系电话。评审申请有被申请人的,应当载明被申请人的名称和地址。委托商标代理机构办理商标评审事宜的,还应当载明商标代理机构的名称、地址、联系人和联系电话;

(二)评审商标及其申请号或者初步审定号、注册号和刊登该商标的《商标公告》的期号;

(三)明确的评审请求和所依据的事实、理由及法律依据。

第十六条 商标评审申请不符合本规则第十三条第(一)、(二)、(三)、(六)项规定条件之一的,商标评审委员会不予受理,书面通知申请人,并说明理由。

第十七条 商标评审申请不符合本规则第十三条第(四)、(五)项规定条件之一的,或者未按照实施条例和本规则规定提交有关证明文件的,或者有其他需要补正情形的,商标评审委员会应当向申请人发出补正通知,申请人应当自收到补正通知之日起三十日内补正。

经补正仍不符合规定的,商标评审委员会不予受理,书面通知申请人,并说明理由。未在规定期限内补正的,依照实施条例第五十七条规定,视为申请人撤回评审申请,商标评审委员会应当书面通知申请人。

第十八条 商标评审申请经审查符合受理条件的,商标评审委员会应当在三十日内向申请人发出《受理通知书》。

第十九条 商标评审委员会已经受理的商标评审申请,有下列情形之一的,属于不符合受理条件,应当依照实施条例第五十七条规定予以驳回:

(一)违反实施条例第六十二条规定,申请人撤回商标评审申请后,又以相同的事实和理由再次提出评审申请的;

(二)违反实施条例第六十二条规定,对商标评审委员会已经做出的裁定或者决定,以相同的事实和理由再次提出评审申请的;

(三)其他不符合受理条件的情形。

对经不予注册复审程序予以核准注册的商标提起宣告注册商标无效的,不受前款第(二)项规定限制。

商标评审委员会驳回商标评审申请,应当书面通知申请人,并说明理由。

第二十条 当事人参加评审活动,应当按照对方当事人的数量,提交相应份数的申请书、答辩书、意见书、质证意见及证据材料副本,副本内容应当与正本内容相同。不符合前述要求且经补正仍不符合要求的,依照本规则第十七条第二款的规定,不予受理评审申请,或者视为未提交相关材料。

第二十一条 评审申请有被申请人的,商标评审委员会受理后,应当及时将申请书副本及有关证据材料送达被申请人。被申请人应当自收到申请材料之日起三十日内向商标评审委员会提交答辩书及其副本；未在规定期限内答辩的，不影响商标评审委员会的评审。

商标评审委员会审理不服商标局不予注册决定的复审案件，应当通知原异议人参加并提出意见。原异议人应当在收到申请材料之日起三十日内向商标评审委员会提交意见书及其副本；未在规定期限内提出意见的，不影响案件审理。

第二十二条　被申请人参加答辩和原异议人参加不予注册复审程序应当有合法的主体资格。

商标评审答辩书、意见书及有关证据材料应当按照规定的格式和要求填写、提供。

不符合第二款规定或者有其他需要补正情形的，商标评审委员会向被申请人或者原异议人发出补正通知，被申请人或者原异议人应当自收到补正通知之日起三十日内补正。经补正仍不符合规定或者未在法定期限内补正的，视为未答辩或者未提出意见，不影响商标评审委员会的评审。

第二十三条　当事人需要在提出评审申请或者答辩后补充有关证据材料的，应当在申请书或者答辩书中声明，并自提交申请书或者答辩书之日起三个月内一次性提交；未在申请书或者答辩书中声明或者期满未提交的，视为放弃补充证据材料。但是，在期满后生成或者当事人有其他正当理由未能在期满前提交的证据，在期满后提交的，商标评审委员会将证据交对方当事人并质证后可以采信。

对当事人在法定期限内提供的证据材料，有对方当事人的，商标评审委员会应当将该证据材料副本送达给对方当事人。当事人应当在收到证据材料副本之日起三十日内进行质证。

第二十四条　当事人应当对其提交的证据材料逐一分类编号和制作目录清单，对证据材料的来源、待证的具体事实作简要说明，并签名盖章。

商标评审委员会收到当事人提交的证据材料后，应当按目录清单核对证据材料，并由经办人员在回执上签收，注明提交日期。

第二十五条　当事人名称或者通信地址等事项发生变更的，应当及时通知商标评审委员会，并依需要提供相应的证明文件。

第二十六条　在商标评审程序中，当事人的商标发生转让、移转的，受让人或者承继人应当及时以书面方式声明承受相关主体地位，参加后续评审程序并承担相应的评审后果。

未书面声明且不影响评审案件审理的，商标评审委员会可以将受让人或者承继人列为当事人做出决定或者裁定。

第三章　审　理

第二十七条　商标评审委员会审理商标评审案件实行合议制度。但有下列情形之一的案件，可以由商标评审人员一人独任评审：

（一）仅涉及商标法第三十条和第三十一条所指的先商标权利冲突的案件中，评审时权利冲突已消除的；

（二）被请求撤销或者无效宣告的商标已经丧失专用权的；

（三）依照本规则第三十二条规定应当予以结案的；

（四）其他可以独任评审的案件。

第二十八条　当事人或者利害关系人依照实施条例第七条和本规则第七条的规定对商标评审人员提出回避申请的，被申请回避的商标评审人员在商标评审委员会做出是否回避的决定前，应当暂停参与本案的审理工作。

商标评审委员会在做出决定、裁定后收到当事人或者利害关系人提出的回避申请的，不影响评审决定、裁定的有效性。但评审人员确实存在需要回避的情形的，商标评审委员会应当依法做出处理。

第二十九条　商标评审委员会审理商标评审案件，应当依照实施条例第五十二条、第五十三条、第五十四条、第五十五条、第五十六条的规定予以审理。

第三十条　经不予注册复审程序予以核准注册的商标，原异议人向商标评审委员会请求无效宣告的，商标评审委员会应当另行组成合议组进行审理。

第三十一条　依照商标法第三十五条第四

款、第四十五条第三款和实施条例第十一条第（五）项的规定，需要等待在先权利案件审理结果的，商标评审委员会可以决定暂缓审理该商标评审案件。

第三十二条 有下列情形之一的，终止评审，予以结案：

（一）申请人死亡或者终止后没有继承人或者继承人放弃评审权利的；

（二）申请人撤回评审申请的；

（三）当事人自行或者经调解达成和解协议，可以结案的；

（四）其他应当终止评审的情形。

商标评审委员会予以结案，应当书面通知有关当事人，并说明理由。

第三十三条 合议组审理案件应当制作合议笔录，并由合议组成员签名。合议组成员有不同意见的，应当如实记入合议笔录。

经审理终结的案件，商标评审委员会依法做出决定、裁定。

第三十四条 商标评审委员会做出的决定、裁定应当载明下列内容：

（一）当事人的评审请求、争议的事实、理由和证据；

（二）决定或者裁定认定的事实、理由和适用的法律依据；

（三）决定或者裁定结论；

（四）可以供当事人选用的后续程序和时限；

（五）决定或者裁定做出的日期。

决定、裁定由合议组成员署名，加盖商标评审委员会印章。

第三十五条 对商标评审委员会做出的决定、裁定，当事人不服向人民法院起诉的，应当在向人民法院递交起诉状的同时或者迟至十五日内将该起诉状副本抄送或者另行将起诉信息书面告知商标评审委员会。

除商标评审委员会做出的准予初步审定或者予以核准注册的决定外，商标评审委员会自发出决定、裁定之日起四个月内未收到来自人民法院应诉通知或者当事人提交的起诉状副本、书面起诉通知的，该决定、裁定移送商标局执行。

商标评审委员会自收到当事人提交的起诉状副本或者书面起诉通知之日起四个月内未收到来自人民法院应诉通知的，相关决定、裁定移送商标局执行。

第三十六条 在一审行政诉讼程序中，若因商标评审决定、裁定所引证的商标已经丧失在先权利导致决定、裁定事实认定、法律适用发生变化的，在原告撤诉的情况下，商标评审委员会可以撤回原决定或者裁定，并依据新的事实，重新做出商标评审决定或者裁定。

商标评审决定、裁定送达当事人后，商标评审委员会发现存在文字错误等非实质性错误的，可以向评审当事人发送更正通知书对错误内容进行更正。

第三十七条 商标评审决定、裁定经人民法院生效判决撤销的，商标评审委员会应当重新组成合议组，及时审理，并做出重审决定、裁定。

重审程序中，商标评审委员会对当事人新提出的评审请求和法律依据不列入重审范围；对当事人补充提交的足以影响案件审理结果的证据可以予以采信，有对方当事人的，应当送达对方当事人予以质证。

第四章　证据规则

第三十八条 当事人对自己提出的评审请求所依据的事实或者反驳对方评审请求所依据的事实有责任提供证据加以证明。

证据包括书证、物证、视听资料、电子数据、证人证言、鉴定意见、当事人的陈述等。

没有证据或者证据不足以证明当事人的事实主张的，由负有举证责任的当事人承担不利后果。

一方当事人对另一方当事人陈述的案件事实明确表示承认的，另一方当事人无需举证，但商标评审委员会认为确有必要举证的除外。

当事人委托代理人参加评审的，代理人的承认视为当事人的承认。但未经特别授权的代理人对事实的承认直接导致承认对方评审请求的除外；当事人在场但对其代理人的承认不作否认表示的，视为当事人的承认。

第三十九条 下列事实，当事人无需举证

证明：

（一）众所周知的事实；

（二）自然规律及定理；

（三）根据法律规定或者已知事实和日常生活经验法则，能推定出的另一事实；

（四）已为人民法院发生法律效力的裁判所确认的事实；

（五）已为仲裁机构的生效裁决所确认的事实；

（六）已为有效公证文书所证明的事实。

前款（一）、（三）、（四）、（五）、（六）项，有相反证据足以推翻的除外。

第四十条 当事人向商标评审委员会提供书证的，应当提供原件，包括原本、正本和副本。提供原件有困难的，可以提供相应的复印件、照片、节录本；提供由有关部门保管的书证原件的复制件、影印件或者抄录件的，应当注明出处，经该部门核对无异后加盖其印章。

当事人向商标评审委员会提供物证的，应当提供原物。提供原物有困难的，可以提供相应的复制件或者证明该物证的照片、录像等其他证据；原物为数量较多的种类物的，可以提供其中的一部分。

一方当事人对另一方当事人所提书证、物证的复制件、照片、录像等存在怀疑并有相应证据支持的，或者商标评审委员会认为有必要的，被质疑的当事人应当提供或者出示有关证据的原件或者经公证的复印件。

第四十一条 当事人向商标评审委员会提供的证据系在中华人民共和国领域外形成，或者在香港、澳门、台湾地区形成，对方当事人对该证据的真实性存在怀疑并有相应证据支持的，或者商标评审委员会认为必要的，应当依照有关规定办理相应的公证认证手续。

第四十二条 当事人向商标评审委员会提供外文书证或者外文说明资料，应当附有中文译文。未提交中文译文的，该外文证据视为未提交。

对方当事人对译文具体内容有异议的，应当对有异议的部分提交中文译文。必要时，可以委托双方当事人认可的单位对全文，或者所使用或者有异议的部分进行翻译。

双方当事人对委托翻译达不成协议的，商标评审委员会可以指定专业翻译单位对全文，或者所使用的或者有异议的部分进行翻译。委托翻译所需费用由双方当事人各承担 50%；拒绝支付翻译费用的，视为其承认对方提交的译文。

第四十三条 对单一证据有无证明力和证明力大小可以从下列方面进行审核认定：

（一）证据是否原件、原物，复印件、复制品与原件、原物是否相符；

（二）证据与本案事实是否相关；

（三）证据的形式、来源是否符合法律规定；

（四）证据的内容是否真实；

（五）证人或者提供证据的人，与当事人有无利害关系。

第四十四条 评审人员对案件的全部证据，应当从各证据与案件事实的关联程度、各证据之间的联系等方面进行综合审查判断。

有对方当事人的，未经交换质证的证据不应当予以采信。

第四十五条 下列证据不能单独作为认定案件事实的依据：

（一）未成年人所作的与其年龄和智力状况不相适应的证言；

（二）与一方当事人有亲属关系、隶属关系或者其他密切关系的证人所作的对该当事人有利的证言，或者与一方当事人有不利关系的证人所作的对该当事人不利的证言；

（三）应当参加口头审理作证而无正当理由不参加的证人证言；

（四）难以识别是否经过修改的视听资料；

（五）无法与原件、原物核对的复制件或者复制品；

（六）经一方当事人或者他人改动，对方当事人不予认可的证据材料；

（七）其他不能单独作为认定案件事实依据的证据材料。

第四十六条 一方当事人提出的下列证据，对方当事人提出异议但没有足以反驳的相反证据的，商标评审委员会应当确认其证明力：

（一）书证原件或者与书证原件核对无误的复印件、照片、副本、节录本；

（二）物证原物或者与物证原物核对无误的复制件、照片、录像资料等；

（三）有其他证据佐证并以合法手段取得的、无疑点的视听资料或者与视听资料核对无误的复制件。

第四十七条　一方当事人委托鉴定部门做出的鉴定结论，另一方当事人没有足以反驳的相反证据和理由的，可以确认其证明力。

第四十八条　一方当事人提出的证据，另一方当事人认可或者提出的相反证据不足以反驳的，商标评审委员会可以确认其证明力。

一方当事人提出的证据，另一方当事人有异议并提出反驳证据，对方当事人对反驳证据认可的，可以确认反驳证据的证明力。

第四十九条　双方当事人对同一事实分别举出相反的证据，但都没有足够的依据否定对方证据的，商标评审委员会应当结合案件情况，判断一方提供证据的证明力是否明显大于另一方提供证据的证明力，并对证明力较大的证据予以确认。

因证据的证明力无法判断导致争议事实难以认定的，商标评审委员会应当依据举证责任分配原则做出判断。

第五十条　评审程序中，当事人在申请书、答辩书、陈述及其委托代理人的代理词中承认的对己方不利的事实和认可的证据，商标评审委员会应当予以确认，但当事人反悔并有相反证据足以推翻的除外。

第五十一条　商标评审委员会就数个证据对同一事实的证明力，可以依照下列原则认定：

（一）国家机关以及其他职能部门依职权制作的公文文书优于其他书证；

（二）鉴定结论、档案材料以及经过公证或者登记的书证优于其他书证、视听资料和证人证言；

（三）原件、原物优于复制件、复制品；

（四）法定鉴定部门的鉴定结论优于其他鉴定部门的鉴定结论；

（五）原始证据优于传来证据；

（六）其他证人证言优于与当事人有亲属关系或者其他密切关系的证人提供的对该当事人有利的证言；

（七）参加口头审理作证的证人证言优于未参加口头审理作证的证人证言；

（八）数个种类不同、内容一致的证据优于一个孤立的证据。

第五章　期间、送达

第五十二条　期间包括法定期间和商标评审委员会指定的期间。期间应当依照实施条例第十二条的规定计算。

第五十三条　当事人向商标评审委员会提交的文件或者材料的日期，直接递交的，以递交日为准；邮寄的，以寄出的邮戳日为准；邮戳日不清晰或者没有邮戳的，以商标评审委员会实际收到日为准，但是当事人能够提出实际邮戳日证据的除外。通过邮政企业以外的快递企业递交的，以快递企业收寄日为准；收寄日不明确的，以商标评审委员会实际收到日为准，但是当事人能够提出实际收寄日证据的除外。以数据电文方式提交的，以进入商标评审委员会电子系统的日期为准。

当事人向商标评审委员会邮寄文件，应当使用给据邮件。

当事人向商标评审委员会提交文件，应当在文件中标明商标申请号或者注册号、申请人名称。提交的文件内容，以书面方式提交的，以商标评审委员会所存档案记录为准；以数据电文方式提交的，以商标评审委员会数据库记录为准，但是当事人确有证据证明商标评审委员会档案、数据库记录有错误的除外。

第五十四条　商标评审委员会的各种文件，可以通过邮寄、直接递交、数据电文或者其他方式送达当事人；以数据电文方式送达当事人的，应当经当事人同意。当事人委托商标代理机构的，文件送达商标代理机构视为送达当事人。

商标评审委员会向当事人送达各种文件的日期，邮寄的，以当事人收到的邮戳日为准；邮戳日不清晰或者没有邮戳的，自文件发出之日起满十五日，视为送达当事人，但当事人能够证明实际收到日的除外；直接递交的，以递交日为准。以数据电文方式送达的，自文件发出之日满十五日，视为送达当事人；文件通过上述方式无法送达的，可以通过公告方式送达当事人，自公告发布之日起满三十日，该文件视为已经送达。

商标评审委员会向当事人邮寄送达文件被退回后通过公告送达的，后续文件均采取公告送达方式，但当事人在公告送达后明确告知通信地址的除外。

第五十五条 依照实施条例第五条第三款的规定，商标评审案件的被申请人或者原异议人是在中国没有经常居所或者营业所的外国人或者外国企业的，由该评审商标注册申请书中载明的国内接收人负责接收商标评审程序的有关法律文件；商标评审委员会将有关法律文件送达该国内接收人，视为送达当事人。

依照前款规定无法确定国内接收人的，由商标局原审程序中的或者最后一个申请办理该商标相关事宜的商标代理机构承担商标评审程序中有关法律文件的签收及转达义务；商标评审委员会将有关法律文件送达该商标代理机构。商标代理机构在有关法律文件送达之前已经与国外当事人解除商标代理关系的，应当以书面形式向商标评审委员会说明有关情况，并自收到文件之日起十日内将有关法律文件交回商标评审委员会，由商标评审委员会另行送达。

马德里国际注册商标涉及国际局转发相关书件的，应当提交相应的送达证据。未提交的，应当书面说明原因，自国际局发文之日起满十五日视为送达。

上述方式无法送达的，公告送达。

第六章 附 则

第五十六条 从事商标评审工作的国家机关工作人员玩忽职守、滥用职权、徇私舞弊，违法办理商标评审事项，收受当事人财物，牟取不正当利益的，依法给予处分。

第五十七条 对于当事人不服商标局做出的驳回商标注册申请决定在2014年5月1日以前向商标评审委员会提出复审申请，商标评审委员会于2014年5月1日以后（含5月1日，下同）审理的案件，适用修改后的商标法。

对于当事人不服商标局做出的异议裁定在2014年5月1日以前向商标评审委员会提出复审申请，商标评审委员会于2014年5月1日以后审理的案件，当事人提出异议和复审的主体资格适用修改前的商标法，其他程序问题和实体问题适用修改后的商标法。

对于已经注册的商标，当事人在2014年5月1日以前向商标评审委员会提出争议和撤销复审申请，商标评审委员会于2014年5月1日以后审理的案件，相关程序问题适用修改后的商标法，实体问题适用修改前的商标法。

对于当事人在2014年5月1日以前向商标评审委员会提出申请的商标评审案件，应当自2014年5月1日起开始计算审理期限。

第五十八条 办理商标评审事宜的文书格式，由商标评审委员会制定并公布。

第五十九条 本规则由国家工商行政管理总局负责解释。

第六十条 本规则自2014年6月1日起施行。

集体商标、证明商标注册和管理办法

第一条 根据《中华人民共和国商标法》（以下简称商标法）第三条的规定，制定本办法。

第二条 集体商标、证明商标的注册和管理，依照商标法、《中华人民共和国商标法实施条例》（以下简称实施条例）和本办法的有关规定进行。

第三条 本办法有关商品的规定，适用于服务。

第四条 申请集体商标注册的，应当附送主体资格证明文件并应当详细说明该集体组织成员的名称和地址；以地理标志作为集体商标申请注册的，应当附送主体资格证明文件并应当详细说明其所具有的或者其委托的机构具有的专业技术人员、专业检测设备等情况，以表明其具有监督使用该地理标志商品的特定品质的能力。

申请以地理标志作为集体商标注册的团体、协会或者其他组织，应当由来自该地理标志标示的地区范围内的成员组成。

第五条 申请证明商标注册的，应当附送主体资格证明文件并应当详细说明其所具有的或者其委托的机构具有的专业技术人员、专业检测设备等情况，以表明其具有监督该证明商标所证明的特定商品品质的能力。

第六条 申请以地理标志作为集体商标、证明商标注册的，还应当附送管辖该地理标志所标示地区的人民政府或者行业主管部门的批准文件。

外国人或者外国企业申请以地理标志作为集体商标、证明商标注册的，申请人应当提供该地理标志以其名义在其原属国受法律保护的证明。

第七条 以地理标志作为集体商标、证明商标注册的，应当在申请书件中说明下列内容：

（一）该地理标志所标示的商品的特定质量、信誉或者其他特征；

（二）该商品的特定质量、信誉或者其他特征与该地理标志所标示的地区的自然因素和人文因素的关系；

（三）该地理标志所标示的地区的范围。

第八条 作为集体商标、证明商标申请注册的地理标志，可以是该地理标志标示地区的名称，也可以是能够标示某商品来源于该地区的其他可视性标志。

前款所称地区无需与该地区的现行行政区划名称、范围完全一致。

第九条 多个葡萄酒地理标志构成同音字或者同形字的，在这些地理标志能够彼此区分且不误导公众的情况下，每个地理标志都可以作为集体商标或者证明商标申请注册。

第十条 集体商标的使用管理规则应当包括：

（一）使用集体商标的宗旨；
（二）使用该集体商标的商品的品质；
（三）使用该集体商标的手续；
（四）使用该集体商标的权利、义务；
（五）成员违反其使用管理规则应当承担的责任；
（六）注册人对使用该集体商标商品的检验监督制度。

第十一条 证明商标的使用管理规则应当包括：

（一）使用证明商标的宗旨；
（二）该证明商标证明的商品的特定品质；
（三）使用该证明商标的条件；
（四）使用该证明商标的手续；
（五）使用该证明商标的权利、义务；
（六）使用人违反该使用管理规则应当承担的责任；
（七）注册人对使用该证明商标商品的检验监督制度。

第十二条 使用他人作为集体商标、证明商标注册的葡萄酒、烈性酒地理标志标示并非来源于该地理标志所标示地区的葡萄酒、烈性酒，即使同时标出了商品的真正来源地，或者使用的是翻译文字，或者伴有诸如某某"种"、某某"型"、某某"式"、某某"类"等表述的，适用商标法第十六条的规定。

第十三条 集体商标、证明商标的初步审定公告的内容，应当包括该商标的使用管理规则的全文或者摘要。

集体商标、证明商标注册人对使用管理规则的任何修改，应报经商标局审查核准，并自公告之日起生效。

第十四条 集体商标注册人的成员发生变化的，注册人应当向商标局申请变更注册事项，由商标局公告。

第十五条 证明商标注册人准许他人使用其商标的，注册人应当在一年内报商标局备案，由商标局公告。

第十六条 申请转让集体商标、证明商标的，受让人应当具备相应的主体资格，并符合商标法、实施条例和本办法的规定。

集体商标、证明商标发生移转的，权利继受人应当具备相应的主体资格，并符合商标法、实施条例和本办法的规定。

第十七条 集体商标注册人的集体成员，在履行该集体商标使用管理规则规定的手续后，可以使用该集体商标。

集体商标不得许可非集体成员使用。

第十八条 凡符合证明商标使用管理规则规定条件的，在履行该证明商标使用管理规则规定的手续后，可以使用该证明商标，注册人不得拒绝办理手续。

实施条例第六条第二款中的正当使用该地理标志是指正当使用该地理标志中的地名。

第十九条 使用集体商标的，注册人应发给使用人《集体商标使用证》；使用证明商标的，注册人应发给使用人《证明商标使用证》。

第二十条 证明商标的注册人不得在自己提供的商品上使用该证明商标。

第二十一条 集体商标、证明商标注册人没有对该商标的使用进行有效管理或者控制，致使该商标使用的商品达不到其使用管理规则的要求，对消费者造成损害的，由工商行政管理部门责令限期改正；拒不改正的，处以违法所得三倍以下的罚款，但最高不超过三万元；没有违法所得的，处以一万元以下的罚款。

第二十二条 违反实施条例第六条、本办法第十四条、第十五条、第十七条、第十八条、第二十条规定的，由工商行政管理部门责令限期改正；拒不改正的，处以违法所得三倍以下的罚款，但最高不超过三万元；没有违法所得的，处以一万元以下的罚款。

第二十三条 本办法自2003年6月1日起施行。国家工商行政管理局1994年12月30日发布的《集体商标、证明商标注册和管理办法》同时废止。

驰名商标认定和保护规定

(2014年7月3日国家工商行政管理总局令第66号公布)

第一条 为规范驰名商标认定工作，保护驰名商标持有人的合法权益，根据《中华人民共和国商标法》（以下简称商标法）、《中华人民共和国商标法实施条例》（以下简称实施条例），制定本规定。

第二条 驰名商标是在中国为相关公众所熟知的商标。

相关公众包括与使用商标所标示的某类商品或者服务有关的消费者，生产前述商品或者提供服务的其他经营者以及经销渠道中所涉及的销售者和相关人员等。

第三条 商标局、商标评审委员会根据当事人请求和审查、处理案件的需要，负责在商标注册审查、商标争议处理和工商行政管理部门查处商标违法案件过程中认定和保护驰名商标。

第四条 驰名商标认定遵循个案认定、被动保护的原则。

第五条 当事人依照商标法第三十三条规定向商标局提出异议，并依照商标法第十三条规定请求驰名商标保护的，可以向商标局提出驰名商标保护的书面请求并提交其商标构成驰名商标的证据材料。

第六条 当事人在商标不予注册复审案件和请求无效宣告案件中，依照商标法第十三条规定请求驰名商标保护的，可以向商标评审委员会提出驰名商标保护的书面请求并提交其商标构成驰名商标的证据材料。

第七条 涉及驰名商标保护的商标违法案件由市（地、州）级以上工商行政管理部门管辖。当事人请求工商行政管理部门查处商标违法行为，并依照商标法第十三条规定请求驰名商标保护的，可以向违法行为发生地的市（地、州）级以上工商行政管理部门进行投诉，并提出驰名商标保护的书面请求，提交证明其商标构成驰名商标的证据材料。

第八条 当事人请求驰名商标保护应当遵循诚实信用原则，并对事实及所提交的证据材料的真实性负责。

第九条 以下材料可以作为证明符合商标法第十四条第一款规定的证据材料：

（一）证明相关公众对该商标知晓程度的材料。

（二）证明该商标使用持续时间的材料，如该商标使用、注册的历史和范围的材料。该商标为未注册商标的，应当提供证明其使用持续时间不少于5年的材料。该商标为注册商标的，应当提供证明其注册时间不少于3年或者持续使用时间不少于5年的材料。

（三）证明该商标的任何宣传工作的持续时间、程度和地理范围的材料，如近3年广告宣传和促销活动的方式、地域范围、宣传媒体的种类以及广告投放量等材料。

（四）证明该商标曾在中国或者其他国家和地区作为驰名商标受保护的材料。

（五）证明该商标驰名的其他证据材料，如使用该商标的主要商品在近3年的销售收入、市场占有率、净利润、纳税额、销售区域等材料。

前款所称"3年"、"5年"，是指被提出异议的商标注册申请日期、被提出无效宣告请求的商标注册申请日期之前的3年、5年，以及在查处商标违法案件中提出驰名商标保护请求日期之前的3年、5年。

第十条 当事人依照本规定第五条、第六条规定提出驰名商标保护请求的，商标局、商标评审委员会应当在商标法第三十五条、第三十七条、第四十五条规定的期限内及时作出处理。

第十一条 当事人依照本规定第七条规定请求工商行政管理部门查处商标违法行为的，工商行政管理部门应当对投诉材料予以核查，依照《工商行政管理机关行政处罚程序规定》的有关规定决定是否立案。决定立案的，工商行政管理部门应当对当事人提交的驰名商标保护请求及相关证据材料是否符合商标法第十三条、第十四条、实施条例第三条和本规定第九条规定进行初步核实和审查。经初步核查符合规定的，应当自立案之日起30日内将驰名商标认定请示、案件材料副本一并报送上级工商行政管理部门。经审查不符合规定的，应当依照《工商行政管理机关行政处罚程序规定》的规定及时作出处理。

第十二条 省（自治区、直辖市）工商行政管理部门应当对本辖区内市（地、州）级工商行政管理部门报送的驰名商标认定相关材料是否符合商标法第十三条、第十四条、实施条例第三条和本规定第九条规定进行核实和审查。经核查符合规定的，应当自收到驰名商标认定相关材料之日起30日内，将驰名商标认定请示、案件材料副本一并报送商标局。经审查不符合规定的，应当将有关材料退回原立案机关，由其依照《工商行政管理机关行政处罚程序规定》的规定及时作出处理。

第十三条 商标局、商标评审委员会在认定驰名商标时，应当综合考虑商标法第十四条第一款和本规定第九条所列各项因素，但不以满足全部因素为前提。

商标局、商标评审委员会在认定驰名商标时，需要地方工商行政管理部门核实有关情况的，相关地方工商行政管理部门应当予以协助。

第十四条 商标局经对省（自治区、直辖市）工商行政管理部门报送的驰名商标认定相关材料进行审查，认定构成驰名商标的，应当向报送请示的省（自治区、直辖市）工商行政管理部门作出批复。

立案的工商行政管理部门应当自商标局作出认定批复后60日内依法予以处理，并将行政处罚决定书抄报所在省（自治区、直辖市）工商行政管理部门。省（自治区、直辖市）工商行政管理部门应当自收到抄报的行政处罚决定书之日起30日内将案件处理情况及行政处罚决定书副本报送商标局。

第十五条 各级工商行政管理部门在商标注册和管理工作中应当加强对驰名商标的保护，维护权利人和消费者合法权益。商标违法行为涉嫌犯罪的，应当将案件及时移送司法机关。

第十六条 商标注册审查、商标争议处理和工商行政管理部门查处商标违法案件过程中，当事人依照商标法第十三条规定请求驰名商标保护时，可以提供该商标曾在我国作为驰名商标受保护的记录。

当事人请求驰名商标保护的范围与已被作为驰名商标予以保护的范围基本相同，且对方当事人对该商标驰名无异议，或者虽有异议，但异议理由和提供的证据明显不足以支持该异议的，商标局、商标评审委员会、商标违法案件立案部门可以根据该保护记录，结合相关证据，给予该商标驰名商标保护。

第十七条 在商标违法案件中，当事人通过弄虚作假或者提供虚假证据材料等不正当手段骗取驰名商标保护的，由商标局撤销对涉案商标已作出的认定，并通知报送驰名商标认定请示的省（自治区、直辖市）工商行政管理部门。

第十八条 地方工商行政管理部门违反本规定第十一条、第十二条规定未履行对驰名商标认定相关材料进行核实和审查职责，或者违反本规定第十三条第二款规定未予以协助或者未履行核实职责，或者违反本规定第十四条第二款规定逾期未对商标违法案件作出处理或者逾期未报送处理情况的，由上一级工商行政管理部门予以通报，并责令其整改。

第十九条 各级工商行政管理部门应当建立健全驰名商标认定工作监督检查制度。

第二十条 参与驰名商标认定与保护相关工作的人员，玩忽职守、滥用职权、徇私舞弊，违法办理驰名商标认定有关事项，收受当事人财物，牟取不正当利益的，依照有关规定予以处理。

第二十一条 本规定自公布之日起30日后施行。2003年4月17日国家工商行政管理总局公布的《驰名商标认定和保护规定》同时废止。

企业知识产权管理规范

（2013年2月7日发布　自2013年3月1日起实施　GB/T 29490—2013）

1 范围

本标准规定了企业策划、实施、检查、改进知识产权管理体系的要求。

本标准适用于有下列愿望的企业：

a) 建立知识产权管理体系；

b) 运行并持续改进知识产权管理体系；

c) 寻求外部组织对其知识产权管理体系的评价。

事业单位、社会团体等其他组织，可参照本标准相关要求执行。

2 规范性引用文件

下列文件对于本文件的应用是必不可少的。凡是标注日期的引用文件，仅注日期的版本适用于本文件。凡是未注日期的引用文件，其最新版本（包括所有的修改单）适用于本文件。

GB/T 19000—2008　质量管理体系　基础和术语

GB/T 21374—2008　知识产权文献与信息　基本词汇

3 术语和定义

GB/T 19000—2008和GB/T 21374—2008界定的以及下列术语和定义适用于本文件。

3.1 知识产权　intellectual property

在科学技术、文学艺术等领域中，发明者、创造者等对自己的创造性劳动成果依法享有的专有权，其范围包括专利、商标、著作权及相关权、集成电路布图设计、地理标志、植物新品种、商业秘密、传统知识、遗传资源以及民间文艺等。

[GB/T 21374—2008，术语和定义3.1.1]

3.2 过程　process

将输入转化为输出的相互关联或相互作用的一组活动。

[GB/T 19000—2008，定义3.4.1]

3.3 产品 product
过程的结果。

注1：有下列四种通用的产品类别：
——服务（如运输）；
——软件（如计算机程序、字典）；
——硬件（如发动机机械零件）；
——流程性材料（如润滑油）。

许多产品由分属于不同产品类别的成分构成，其属性是服务、软件、硬件或流程性材料取决于产品的主导成分。例如：产品"汽车"是由硬件（如轮胎）、流程性材料（如：燃料、冷却液）、软件（如发动机控制软件、驾驶员手册）和服务（如销售人员所做的操作说明）所组成。

注2：服务通常是无形的，并且是在供方和顾客接触面上需要完成至少一项活动的结果。服务的提供可涉及，例如：
——在顾客提供的有形产品（如需要维修的汽车）上所完成的活动；
——在顾客提供的无形产品（如为准备纳税申报单所需的损益表）上所完成的活动；
——无形产品的交付（如知识传授方面的信息提供）；
——为顾客创造氛围（如在宾馆和饭店）。

软件由信息组成，通常是无形产品，并可以方法、报告或程序的形式存在。

硬件通常是有形产品，其量具有计数的特性。流程性材料通常是有形产品，其量具有连续的特性。硬件和流程性材料经常被称为货物。

[GB/T 19000—2008，定义3.4.2]

3.4 体系 system
相互关联或相互作用的一组要素。

[GB/T 19000—2008，定义3.2.1]

3.5 管理体系 management system
建立方针和目标并实现这些目标的体系。

注：一个组织的管理体系可包括若干个不同的管理体系，如质量管理体系、财务管理体系或环境管理体系。

[GB/T 19000—2008，定义3.2.2]

3.6 知识产权方针 intellectual property policy
知识产权工作的宗旨和方向。

3.7 知识产权手册 intellectual property manual
规定知识产权管理体系的文件。

4 知识产权管理体系

4.1 总体要求
企业应按本标准的要求建立知识产权管理体系，实施、运行并持续改进，保持其有效性，并形成文件。

4.2 文件要求

4.2.1 总则
知识产权管理体系文件应包括：
a) 知识产权方针和目标；
b) 知识产权手册；
c) 本标准要求形成文件的程序和记录。

注：本标准出现的"形成文件的程序"，是指建立该程序，形成文件，并实施和保持。一个文件可以包括一个或多个程序的要求；一个形成文件的程序的要求可以被包含在多个文件中。

4.2.2 文件控制
知识产权管理体系文件是企业实施知识产权管理的依据，应确保：
a) 发布前经过审核和批准，修订后再发布前重新审核和批准；
b) 文件中的相关要求明确；
c) 按文件类别、秘密级别进行管理；
d) 易于识别、取用和阅读；
e) 对因特定目的需要保留的失效文件予以标记。

4.2.3 知识产权手册
编制知识产权手册并保持其有效性，具体内容包括：
a) 知识产权机构设置、职责和权限的相关文件；
b) 知识产权管理体系的程序文件或对程序文件的引用；
c) 知识产权管理体系过程之间相互关系的表述。

4.2.4 外来文件与记录文件
编制形成文件的程序，规定记录的标识、贮存、保护、检索、保存和处置所需的控制。对外来文件和知识产权管理体系记录文件应予以控制并确保：

a) 对行政决定、司法判决、律师函件等外来文件进行有效管理，确保其来源与取得时间可识别；

b) 建立、保持和维护记录文件，以证实知识产权管理体系符合本标准要求，并有效运行；

c) 外来文件与记录文件完整，明确保管方式和保管期限。

5 管理职责

5.1 管理承诺

最高管理者是企业知识产权管理的第一责任人，应通过以下活动实现知识产权管理体系的有效性：

a) 制定知识产权方针；

b) 制定知识产权目标；

c) 明确知识产权管理职责和权限，确保有效沟通；

d) 确保资源的配备；

e) 组织管理评审。

5.2 知识产权方针

最高管理者应批准、发布企业知识产权方针，并确保方针：

a) 符合相关法律和政策的要求；

b) 与企业的经营发展相适应；

c) 在企业内部得到有效运行；

d) 在持续适宜性方面得到评审；

e) 形成文件，付诸实施，并予以保持；

f) 得到全体员工的理解。

5.3 策划

5.3.1 知识产权管理体系策划

最高管理者应确保：

a) 理解相关方的需求，对知识产权管理体系进行策划，满足知识产权方针的要求；

b) 知识产权获取、维护、运用和保护活动得到有效运行和控制；

c) 知识产权管理体系得到持续改进。

5.3.2 知识产权目标

最高管理者应针对企业内部有关职能和层次，建立并保持知识产权目标，并确保：

a) 形成文件并且可考核；

b) 与知识产权方针保持一致，内容包括对持续改进的承诺。

5.3.3 法律和其他要求

最高管理者应批准建立、实施并保持形成文件的程序，以便：

a) 识别和获取适用的法律和其他要求，并建立获取渠道；

b) 及时更新有关法律和其他要求的信息，并传达给员工。

5.4 职责、权限和沟通

5.4.1 管理者代表

最高管理者应在企业最高管理层中指定专人作为管理者代表，授权其承担以下职责：

a) 确保知识产权管理体系的建立、实施和保持；

b) 向最高管理者报告知识产权管理绩效和改进需求；

c) 确保全体员工对知识产权方针和目标的理解；

d) 落实知识产权管理体系运行和改进需要的各项资源；

e) 确保知识产权外部沟通的有效性。

5.4.2 机构

建立知识产权管理机构并配备专业的专职或兼职工作人员，或委托专业的服务机构代为管理，承担以下职责：

a) 制定企业知识产权发展规划；

b) 建立知识产权管理绩效评价体系；

c) 参与监督和考核其他相关管理机构；

d) 负责企业知识产权的日常管理工作。

其他管理机构负责落实与本机构相关的知识产权工作。

5.4.3 内部沟通

建立沟通渠道，确保知识产权管理体系有效运行。

5.5 管理评审

5.5.1 评审要求

最高管理者应定期评审知识产权管理体系的适宜性和有效性。

5.5.2 评审输入

评审输入应包括：

a) 知识产权方针、目标；

b) 企业经营目标、策略及新产品、新业务规划；

c) 企业知识产权基本情况及风险评估信息；

d) 技术、标准发展趋势；

e) 前期审核结果。

5.5.3 评审输出

评审输出应包括：

a) 知识产权方针、目标改进建议；

b) 知识产权管理程序改进建议；

c) 资源需求。

6 资源管理

6.1 人力资源

6.1.1 知识产权工作人员

明确知识产权工作人员的任职条件，并采取适当措施，确保从事知识产权工作的人员满足相应的条件。

6.1.2 教育与培训

组织开展知识产权教育培训，包括以下内容：

a) 规定知识产权工作人员的教育培训要求，制定计划并执行；

b) 组织对全体员工按业务领域和岗位要求进行知识产权培训，并形成记录；

c) 组织对中、高层管理人员进行知识产权培训，并形成记录；

d) 组织对研究开发等与知识产权关系密切的岗位人员进行知识产权培训，并形成记录。

6.1.3 人事合同

通过劳动合同、劳务合同等方式对员工进行管理，约定知识产权权属、保密条款；明确发明创造人员享有的权利和负有的义务；必要时应约定竞业限制和补偿条款。

6.1.4 入职

对新入职员工进行适当的知识产权背景调查，以避免侵犯他人知识产权；对于研究开发等与知识产权关系密切的岗位，应要求新入职员工签署知识产权声明文件。

6.1.5 离职

对离职的员工进行相应的知识产权事项提醒；涉及核心知识产权的员工离职时，应签署离职知识产权协议或执行竞业限制协议。

6.1.6 激励

明确员工知识产权创造、保护和运用的奖励和报酬；明确员工造成知识产权损失的责任。

6.2 基础设施

根据需要配备相关资源，以确保知识产权管理体系的运行：

a) 软硬件设备，如知识产权管理软件、数据库、计算机和网络设施等；

b) 办公场所。

6.3 财务资源

应设立知识产权经常性预算费用，以确保知识产权管理体系的运行：

a) 用于知识产权申请、注册、登记、维持、检索、分析、评估、诉讼和培训等事项；

b) 用于知识产权管理机构运行；

c) 用于知识产权激励；

d) 有条件的企业可设立知识产权风险准备金。

6.4 信息资源

应编制形成文件的程序，以规定以下方面所需的控制：

a) 建立信息收集渠道，及时获取所属领域、竞争对手的知识产权信息；

b) 对信息进行分类筛选和分析加工，并加以有效利用；

c) 在对外信息发布之前进行相应审批；

d) 有条件的企业可建立知识产权信息数据库，并有效维护和及时更新。

7 基础管理

7.1 获取

应编制形成文件的程序，以规定以下方面所需的控制：

a) 根据知识产权目标，制定知识产权获取的工作计划，明确获取的方式和途径；

b) 在获取知识产权前进行必要的检索和

分析；

c) 保持知识产权获取记录；

d) 保障发明创造人员的署名权。

7.2 维护

应编制形成文件的程序，以规定以下方面所需的控制：

a) 建立知识产权分类管理档案，进行日常维护；

b) 知识产权评估；

c) 知识产权权属变更；

d) 知识产权权属放弃；

e) 有条件的企业可对知识产权进行分级管理。

7.3 运用

7.3.1 实施、许可和转让

应编制形成文件的程序，以规定以下方面所需的控制：

a) 促进和监控知识产权的实施，有条件的企业可评估知识产权对企业的贡献；

b) 知识产权实施、许可或转让前，应分别制定调查方案，并进行评估。

7.3.2 投融资

投融资活动前，应对相关知识产权开展尽职调查，进行风险和价值评估。在境外投资前，应针对目的地的知识产权法律、政策及其执行情况，进行风险分析。

7.3.3 企业重组

企业重组工作应满足以下要求：

a) 企业合并或并购前，应开展知识产权尽职调查，根据合并或并购的目的设定对目标企业知识产权状况的调查内容；有条件的企业可进行知识产权评估。

b) 企业出售或剥离资产前，应对相关知识产权开展调查和评估，分析出售或剥离的知识产权对本企业未来竞争力的影响。

7.3.4 标准化

参与标准化工作应满足以下要求：

a) 参与标准化组织前，了解标准化组织的知识产权政策；将包含专利和专利申请的技术方案向标准化组织提案时，应按照知识产权政策要求披露并作出许可承诺；

b) 牵头制定标准时，应组织制定标准工作组的知识产权政策和工作程序。

7.3.5 联盟及相关组织

参与或组建知识产权联盟及相关组织应满足以下要求：

a) 参与知识产权联盟或其他组织前，应了解其知识产权政策，并进行评估；

b) 组建知识产权联盟时，应遵循公平、合理且无歧视的原则，制定联盟知识产权政策；主要涉及专利合作的联盟可围绕核心技术建立专利池。

7.4 保护

7.4.1 风险管理

应编制形成文件的程序，以规定以下方面所需的控制：

a) 采取措施，避免或降低生产、办公设备及软件侵犯他人知识产权的风险；

b) 定期监控产品可能涉及他人知识产权的状况，分析可能发生的纠纷及其对企业的损害程度，提出防范预案；

c) 有条件的企业可将知识产权纳入企业风险管理体系，对知识产权风险进行识别和评测，并采取相应风险控制措施。

7.4.2 争议处理

应编制形成文件的程序，以规定以下方面所需的控制：

a) 及时发现和监控知识产权被侵犯的情况，适时运用行政和司法途径保护知识产权；

b) 在处理知识产权纠纷时，评估通过诉讼、仲裁、和解等不同处理方式对企业的影响，选取适宜的争议解决方式。

7.4.3 涉外贸易

涉外贸易过程中的知识产权工作包括：

a) 向境外销售产品前，应调查目的地的知识产权法律、政策及其执行情况，了解行业相关诉讼，分析可能涉及的知识产权风险；

b) 向境外销售产品前，应适时在目的地进行知识产权申请、注册和登记；

c) 对向境外销售的涉及知识产权的产品

可采取相应的边境保护措施。

7.5 合同管理

加强合同中知识产权管理：

a）应对合同中有关知识产权条款进行审查，并形成记录；

b）对检索与分析、预警、申请、诉讼、侵权调查与鉴定、管理咨询等知识产权对外委托业务应签订书面合同，并约定知识产权权属、保密等内容；

c）在进行委托开发或合作开发时，应签订书面合同，约定知识产权权属、许可及利益分配、后续改进的权属和使用等；

d）承担涉及国家重大专项等政府支持项目时，应了解项目相关的知识产权管理规定，并按照要求进行管理。

7.6 保密

应编制形成文件的程序，以规定以下方面所需的控制：

a）明确涉密人员，设定保密等级和接触权限；

b）明确可能造成知识产权流失的设备，规定使用目的、人员和方式；

c）明确涉密信息，规定保密等级、期限和传递、保存及销毁的要求；

d）明确涉密区域，规定客户及参访人员活动范围等。

8 实施和运行

8.1 立项

立项阶段的知识产权管理包括：

a）分析该项目所涉及的知识产权信息，包括各关键技术的专利数量、地域分布和专利权人信息等；

b）通过知识产权分析及市场调研相结合，明确该产品潜在的合作伙伴和竞争对手；

c）进行知识产权风险评估，并将评估结果、防范预案作为项目立项与整体预算的依据。

8.2 研究开发

研究开发阶段的知识产权管理包括：

a）对该领域的知识产权信息、相关文献及其他公开信息进行检索，对项目的技术发展状况、知识产权状况和竞争对手状况等进行分析；

b）在检索分析的基础上，制定知识产权规划；

c）跟踪与监控研究开发活动中的知识产权，适时调整研究开发策略和内容，避免或降低知识产权侵权风险；

d）督促研究人员及时报告研究开发成果；

e）及时对研究开发成果进行评估和确认，明确保护方式和权益归属，适时形成知识产权；

f）保留研究开发活动中形成的记录，并实施有效的管理。

8.3 采购

采购阶段的知识产权管理包括：

a）在采购涉及知识产权的产品过程中，收集相关知识产权信息，以避免采购知识产权侵权产品，必要时应要求供方提供知识产权权属证明；

b）做好供方信息、进货渠道、进价策略等信息资料的管理和保密工作；

c）在采购合同中应明确知识产权权属、许可使用范围、侵权责任承担等。

8.4 生产

生产阶段的知识产权管理包括：

a）及时评估、确认生产过程中涉及产品与工艺方法的技术改进与创新，明确保护方式，适时形成知识产权；

b）在委托加工、来料加工、贴牌生产等对外协作的过程中，应在生产合同中明确知识产权权属、许可使用范围、侵权责任承担等，必要时应要求供方提供知识产权许可证明；

c）保留生产活动中形成的记录，并实施有效的管理。

8.5 销售和售后

销售和售后阶段的知识产权管理包括：

a）产品销售前，对产品所涉及的知识产权状况进行全面审查和分析，制定知识产权保护和风险规避方案；

b）在产品宣传、销售、会展等商业活动前制定知识产权保护或风险规避方案；

c）建立产品销售市场监控程序，采取保

护措施，及时跟踪和调查相关知识产权被侵权情况，建立和保持相关记录；

d）产品升级或市场环境发生变化时，及时进行跟踪调查，调整知识产权策略和风险规避方案，适时形成新的知识产权。

9 审核和改进

9.1 总则

策划并实施以下方面所需的监控、审查和改进过程：

a）确保产品、软硬件设施设备符合知识产权有关要求；

b）确保知识产权管理体系的适宜性；

c）持续改进知识产权管理体系，确保其有效性。

9.2 内部审核

应编制形成文件的程序，确定期对知识产权管理体系进行内部审核，满足本标准的要求。

9.3 分析与改进

根据知识产权方针、目标以及检查、分析的结果，制定和落实改进措施。

高等学校知识产权管理规范

(2016年12月13日发布　自2017年1月1日起实施　GB/T 33251—2016)

1 范围

本标准规定了高等学校开展知识产权的文件管理、组织管理、资源管理、获取、运用、保护、检查和改进等要求。

本标准适用于我国各类高等学校的知识产权管理，其他教育组织可参照执行。

2 规范性引用文件

下列文件对于本文件的应用是必不可少的。凡是注日期的引用文件，仅注日期的版本适用于本文件。凡是不注日期的引用文件，其最新版本（包括所有的修改单）适用于本文件。

GB/T 19000 质量管理体系　基础和术语

3 术语和定义

GB/T 19000 界定的以及下列术语和定义适用于本文件。

3.1 知识产权　intellectual property

自然人或法人对其智力活动创造的成果依法享有的权利，主要包括专利权、商标权、著作权、集成电路布图设计权、地理标志权、植物新品种权、未披露的信息专有权等。

3.2 教职员工　faculty and staff

高等学校任职的教师、职员、临时聘用人员、实习人员，以高等学校名义从事科研活动的博士后、访问学者和进修人员等。

3.3 学生　student

被学校依法录取、具有学籍的受教育者。

3.4 科研项目　research project

由高等学校及相关组织承担，在一定时间周期内进行科学与技术研究开发活动所实施的项目。

3.5 项目组　project team

完成科研项目的组织形式，是隶属于高等学校的、相对独立地开展研究开发活动的科研单元。

3.6 知识产权专员　intellectual property specialist

具有一定知识产权专业能力，在科研项目中承担知识产权工作的人员。

3.7 专利导航　patent-based navigation

在科技研发、产业规划和专利运营等活动中，通过利用专利信息等数据资源，分析产业发展格局和技术创新方向，明晰产业发展和技术研发路径，提高决策科学性的一种模式。

4 文件管理

4.1 文件类型

知识产权文件包括：

a) 知识产权组织管理相关文件；

b) 人力资源、财务资源、基础设施、信息资源管理过程中的知识产权文件；

c) 知识产权获取、运用、保护等文件；

d) 知识产权相关的记录文件、外来文件。

注1：上述各类文件可以是纸质文档，也可以是电子文档或音像资料。

注2：外来文件包括法律法规、行政决定、司法判决、律师函件等。

4.2 文件控制

知识产权文件是高等学校实施知识产权管理的依据，应确保：

a) 发布前经过审核和批准；

b) 文件内容表述明确、完整；

c) 保管方式和保管期限明确；

d) 按文件类别、秘密级别进行管理，易于识别、取用和阅读；

e) 对因特定目的需要保留的失效文件予以标记。

5 管理职责

5.1 校长

校长（或院长）是高等学校知识产权工作的第一责任人，承担以下职责：

a) 批准和发布高等学校知识产权目标；

b) 批准和发布知识产权政策、规划；

c) 审核或在其职责范围内决定知识产权重大事务；

d) 明确知识产权管理职责和权限，确保有效沟通；

e) 确保知识产权管理的保障条件和资源配备。

5.2 管理委员会

成立有最高管理层参与的知识产权管理委员会，全面负责知识产权管理事务，承担以下职责：

a) 拟定与高等学校科学研究、社会服务、人才培养、文化传承创新相适应的知识产权长期、中期和短期目标；

b) 审核知识产权政策、规划，并监督执行情况；

c) 建立知识产权绩效评价体系，将知识产权作为高等学校绩效考评的评价指标之一；

d) 提出知识产权重大事务决策议案；

e) 审核知识产权重大资产处置方案；

f) 统筹协调知识产权管理事务。

5.3 管理机构

建立知识产权管理机构，配备专职工作人员，并承担以下职责：

a) 拟定知识产权工作规划并组织实施；

b) 拟定知识产权政策文件并组织实施，包括知识产权质量控制，知识产权运用的策划与管理等；

c) 提出知识产权绩效评价体系的方案；

d) 建立专利导航工作机制，参与重大科研项目的知识产权布局；

e) 建立知识产权资产清单和知识产权资产评价及统计分析体系，提出知识产权重大资产处置方案；

f) 审查合同中的知识产权条款，防范知识产权风险；

g) 培养、指导和评价知识产权专员；

h) 负责知识产权日常管理，包括知识产权培训，知识产权信息备案，知识产权外部服务机构遴选、协调、评价工作等。

注：重大科研项目由高等学校自行确定。

5.4 服务支撑机构

建立知识产权服务支撑机构，可设在图书馆等高等学校负责信息服务的部门，或聘请外部服务机构，承担以下职责：

a) 受知识产权管理机构委托，提供知识产权管理工作的服务支撑；

b) 为知识产权重大事务、重大决策提供服务支撑；

c) 开展重大科研项目专利导航工作，依需为科研项目提供知识产权服务支持；

d) 受知识产权管理机构委托，建设、维护知识产权信息管理平台，承担知识产权信息利用培训和推广工作；

e) 承担知识产权信息及其他数据文献情报收集、整理、分析工作。

5.5 学院（系）

各校属学院（系）、直属机构应配备知识产权管理人员，协助院系、科研机构负责人承担本部门以下职责：

a) 知识产权计划拟订和组织实施；

b) 知识产权日常管理，包括统计知识产权信息并报送知识产权管理机构备案等。

注：科研机构包括重点实验室、工程中心、工程实验室以及校设研究中心等。

5.6 项目组

5.6.1 项目组长

项目组长负责所承担科研项目的知识产权管理，包括：

a) 根据科研项目要求，确定知识产权管理目标并组织实施；

b) 管理科研项目知识产权信息；

c) 定期报告科研项目的知识产权工作情况；

d) 组织项目组人员参加知识产权培训。

5.6.2 知识产权专员

重大科研项目应配备知识产权专员，负责：

a) 科研项目专利导航工作；

b) 协助项目组长开展知识产权管理工作。

5.7 知识产权顾问

根据知识产权管理需要，可聘请有关专家为学校知识产权顾问，为知识产权重大事务提供决策咨询意见。

6 资源管理

6.1 人力资源

6.1.1 人事合同

人事合同中应明确知识产权内容，包括：

a) 在劳动合同、聘用合同、劳务合同等各类合同中约定知识产权权属、奖励报酬、保密义务等；明确发明创造人员享有的权利和承担的义务，保障发明创造人员的署名权；明确教职员工造成知识产权损失的责任；

b) 对新入职教职员工进行适当的知识产权背景调查，形成记录；对于与知识产权关系密切的岗位，应要求新入职教职员工签署知识产权声明文件；

c) 对离职、退休的教职员工进行知识产权事项提醒，明确有关职务发明的权利和义务；涉及核心知识产权的教职员工离职、退休时，应签署知识产权协议，进一步明确约定知识产权归属和保密责任。

6.1.2 培训

组织开展知识产权培训，包括以下内容：

a) 制定知识产权培训计划；

b) 组织对知识产权管理人员、知识产权服务支撑机构人员、知识产权专员等进行培训；

c) 对承担重大科研项目的科研人员进行知识产权培训；

d) 组织对教职员工进行知识产权培训。

6.1.3 激励与评价

建立激励与评价机制，包括：

a) 建立符合知识产权工作特点的职称评定、岗位管理、考核评价制度，将知识产权工作状况作为对相关院系、科研机构及教职员工进行评价、科研资金支持的重要内容和依据之一；

b) 建立职务发明奖励报酬制度，依法对发明人给予奖励和报酬，对为知识产权运用做出重要贡献的人员给予奖励。

6.1.4 学生管理

加强学生的知识产权管理，包括：

a) 组织对学生进行知识产权培训，提升知识产权意识；

b) 学生进入项目组，应对其进行知识产权提醒；

c) 学生因毕业等原因离开高等学校时，可签署知识产权协议或保密协议；

d) 根据需要面向学生开设知识产权课程。

6.2 财务资源

设立经常性预算费用，可用于：

a) 知识产权申请、注册、登记、维持；

b) 知识产权检索、分析、评估、运营、诉讼；
c) 知识产权管理机构运行；
d) 知识产权管理信息化；
e) 知识产权信息资源；
f) 知识产权激励；
g) 知识产权培训；
h) 其他知识产权工作。

6.3 资源保障
加强知识产权管理的资源保障，包括：
a) 建立知识产权管理信息化系统；
b) 根据需要配备软硬件设备、教室、办公场所相关资源，保障知识产权工作的运行。

6.4 基础设施
加强基础设施的知识产权管理，包括：
a) 采购实验设备、软件、用品、耗材时明确知识产权条款，处理实验用过物品时进行相应的知识产权检查，避免侵犯知识产权；
b) 国家重大科研基础设施和大型科研仪器向社会开放时，应保护用户身份信息以及在使用过程中形成的知识产权和科学数据，要求用户在发表著作、论文等成果时标注利用科研设施仪器的情况；
c) 明确可能造成泄密的设备，规定使用目的、人员和方式；明确涉密区域，规定参访人员的活动范围等。

6.5 信息资源
加强信息资源的知识产权管理：
a) 建立信息收集渠道，及时获取知识产权信息；
b) 对知识产权信息进行分类筛选和分析加工，并加以有效利用；
c) 明确涉密信息，规定保密等级、期限和传递、保存、销毁的要求；
d) 建立信息披露的知识产权审查机制，避免出现侵犯知识产权情况或造成知识产权流失。

7 知识产权获取

7.1 自然科学类科研项目

7.1.1 选题
选题阶段的知识产权管理包括：
a) 建立信息收集渠道，获取拟研究选题的知识产权信息；
b) 对信息进行分类筛选和分析加工，把握技术发展趋势，确定研究方向和重点。

7.1.2 立项
立项阶段的知识产权管理包括：
a) 进行专利信息、文献情报分析，确定研究技术路线，提高科研项目立项起点；
b) 识别科研项目知识产权需求，进行知识产权风险评估，确定知识产权目标；
c) 在签订科研项目合同时，明确知识产权归属、使用、处置、收益分配等条款；
d) 对项目组人员进行培训，必要时可与项目组人员签订知识产权协议，明确保密条款；
e) 重大科研项目应明确专人负责专利信息、文献情报分析工作。

7.1.3 实施
实施阶段的知识产权管理包括：
a) 跟踪科研项目研究领域的专利信息、文献情报，适时调整研究方向和技术路线；
b) 及时建立、保持和维护科研过程中的知识产权记录文件；
c) 项目组成员在发布与本科研项目有关的信息之前，应经项目组负责人审查；
d) 使用其他单位管理的国家重大科研基础设施和大型科研仪器时，应约定保护身份信息以及在使用过程中形成的知识产权和科学数据等内容；
e) 及时评估研究成果，确定保护方式，适时形成知识产权；对于有重大市场前景的科研项目，应以运用为导向，做好专利布局、商业秘密保护等。

7.1.4 结题
结题阶段的知识产权管理包括：
a) 提交科研项目成果的知识产权清单，包括但不限于专利、文字作品、图形作品和模型作品、植物新品种、计算机软件、商业秘密、集成电路布图设计等；
b) 依据科研项目知识产权需求和目标，形成科研项目知识产权评价报告；

c) 提出知识产权运用建议。

7.2 人文社会科学项目类科研项目

加强人文社会科学类科研项目管理，特别是创作过程中产生的职务作品的著作权管理，包括：

a) 在签订科研项目合同时，应签订著作权归属协议或在合同中专设著作权部分，明确约定作品著作权的归属，署名，著作权的行使，对作品的使用与处置、收益分配，涉及著作权侵权时的诉讼、仲裁解决途径等；

b) 对项目组人员进行培训，并与项目组人员签订职务作品著作权协议，约定作品的权利归属；必要时应采取保密措施，避免擅自先期发表、许可、转让等；

c) 创作完成时提交科研项目成果，包括但不限于论文、著作、教材、课件、剧本、视听作品、计算机程序等。

注：自然科学一般包括理学、工学、农学和医学；人文社会科学一般包括哲学、经济学、法学、教育学、文学、历史学、军事学、管理学和艺术学。

7.3 其他

加强其他方面的知识产权管理，包括：

a) 规范校名、校标、校徽、域名及服务标记的使用，需要商标保护的应及时申请注册；

b) 建立非职务发明专利申请前登记工作机制；

c) 规范著作权的使用和管理，加强学位论文和毕业设计的查重检测工作，明确教职员工和学生在发表论文时标注主要参考文献、利用国家重大科研基础设施和大型科研仪器情况的要求。

8 知识产权运用

8.1 分级管理

加强知识产权分级管理，包括：

a) 基于知识产权价值分析，建立分级管理机制；

b) 结合项目组建议，从法律、技术、市场维度对知识产权进行价值分析，形成知识产权分级清单；

c) 根据分级清单，确定不同级别知识产权的处置方式与状态控制措施。

8.2 策划推广

加强知识产权策划推广，包括：

a) 基于分级清单，对于有转化前景的知识产权，评估其应用前景，包括潜在用户、市场价值、投资规模等；评估转化过程中的风险，包括权利稳定性、市场风险等；

b) 根据应用前景和风险的评估结果，综合考虑投资主体、权利人的利益，制定转化策略；

c) 通过展示、推介、谈判等建立与潜在用户的合作关系；

d) 结合市场需求，进行知识产权组合并推广；

e) 鼓励利用知识产权创业。

8.3 许可和转让

在知识产权许可或转让时，应遵循下列要求：

a) 许可或转让前确认知识产权的法律状态及权利归属，确保相关知识产权的有效性；

b) 调查被许可方或受让方的实施意愿，防止恶意申请许可与购买行为；

c) 许可或转让应签订书面合同，明确双方的权利和义务；

d) 监控许可或转让过程，包括合同的签署、备案、变更、执行、中止与终止，以及知识产权权属的变更等，预防与控制交易风险。

8.4 作价投资

在利用知识产权作价投资时，应遵循下列要求：

a) 调查合作方的经济实力、管理水平、生产能力、技术能力、营销能力等实施能力；

b) 对知识产权进行价值评估；

c) 明确受益方式和分配比例。

9 知识产权保护

9.1 合同管理

加强合同中的知识产权管理，包括：

a) 对合同中有关知识产权的条款进行审查；

b) 检索与分析、申请、诉讼、管理咨询等知识产权对外委托业务应签订书面合同，并约定知识产权权属、保密等内容；

c) 明确参与知识产权联盟、协同创新组织等情况下的知识产权归属、许可转让及利益分配、后续改进的权益归属等事项。

9.2 风险管理

规避知识产权风险，主动维护自身权益，包括：

a) 及时发现和监控知识产权风险，制定有效的风险规避方案，避免侵犯他人知识产权；

b) 及时跟踪和调查相关知识产权被侵权的情况，建立知识产权纠纷应对机制；

c) 在应对知识产权纠纷时，评估通过行政处理、司法诉讼、仲裁、调解等不同处理方式对高等学校产生的影响，选取适宜的争议解决方式，适时通过行政和司法途径主动维权；

d) 加强学术交流中的知识产权管理，避免知识产权流失。

10 检查和改进

10.1 检查监督

定期开展检查监督，确保知识产权管理活动的有效性。

10.2 绩效评价

根据高等学校的知识产权绩效评价体系要求，定期对校属部门、学院（系）、直属机构等进行绩效评价。

10.3 改进提高

根据检查、监督和绩效评价的结果，对照知识产权目标，制定和落实改进措施。

科研组织知识产权管理规范

（2016年12月13日发布　自2017年1月1日起实施　GB/T 33250—2016）

1 范围

本标准规定了科研组织策划、实施和运用、检查、改进知识产权管理体系的要求。

本标准适用于中央或地方政府建立或出资设立的科研组织的知识产权管理。其他性质科研组织可参照执行。

2 规范性引用文件

下列文件对于本文件的应用是必不可少的。凡是注日期的引用文件，仅所注日期的版本适用于本文件。凡是不注日期的引用文件，其最新版本（包括所有的修改单）适用于本文件。

GB/T 19000—2008　质量管理体系　基础和术语

GB/T 29490—2013　企业知识产权管理规范

3 术语和定义

GB/T 19000—2008、GB/T 29490—2013 界定的以及下列术语和定义适用于本文件。为了便于使用，以下重复列出了 GB/T 19000—2008、GB/T 29490—2013 中的某些术语和定义。

3.1 科研组织　research and development organization

有明确的任务和研究方向，有一定学术水平的业务骨干和一定数量的研究人员，具有开展研究、开发等学术工作的基本条件，主要进行科学研究与技术开发活动，并且在行政上有独立的组织形式，财务上独立核算盈亏，有权与其他单位签订合同，在银行有独立账户的单位。

3.2 知识产权　intellectual property

自然人或法人对其智力活动创造的成果依法享有的权利，主要包括专利权、商标权、著作权、集成电路布图设计权、地理标志权、植物新品种权、未披露的信息专有权等。

[GB/T 21374—2008，术语和定义 3.1.1]

3.3 管理体系　management system

建立方针和目标并实现这些目标的体系。

注：一个组织的管理体系可包括若干个不

同的管理体系，如质量管理体系、财务管理体系或环境管理体系。

[GB/T 19000—2008，定义 3.2.2]

3.4 知识产权方针 intellectual property policy

知识产权工作的宗旨和方向。

[GB/T 29490—2013，定义 3.6]

3.5 知识产权手册 intellectual property manual

规定知识产权管理体系的文件。

[GB/T 29490—2013，定义 3.7]

3.6 员工 staff

在科研组织任职的人员、临时聘用人员、实习人员，以科研组织名义从事科研活动的博士后、访问学者和进修人员等。

3.7 知识产权记录文件 intellectual property recording documents

记录组织知识产权管理活动、行为和工作等的文件，是知识产权管理情况的原始记录。

3.8 科研项目 science and technology research project

由科研组织或其直属机构承担，在一定时间周期内进行科学技术研究活动所实施的项目。

3.9 项目组 project team

完成科研项目的组织形式，是隶属于科研组织的、相对独立地开展研究开发活动的科研单元。

3.10 专利导航 patent-based navigation

在科技研发、产业规划和专利运营等活动中，通过利用专利信息等数据资源，分析产业发展格局和技术创新方向，明晰产业发展和技术研发路径，提高决策科学性的一种模式。

3.11 知识产权专员 intellectual property specialist

具有一定知识产权专业能力，在科研项目中承担知识产权工作的人员。

4 总体要求

4.1 总则

应按本标准的要求建立、实施、运行知识产权管理体系，持续改进保持其有效性。并形成知识产权管理体系文件，包括：

a) 知识产权方针和目标；

b) 知识产权手册；

c) 本标准要求形成文件的程序和记录。

注1：本标准出现的"形成文件的程序"，是指建立该程序，形成文件，并实施和保持。一个文件可以包括一个或多个程序的要求；一个形成文件的程序的要求可以被包含在多个文件中。

注2：上述各类文件的存在媒介可以是纸质文档，也可以是电子文档或声像资料。

4.2 知识产权方针和目标

应制定知识产权方针和目标，形成文件，由最高管理者发布并确保：

a) 符合法律法规和政策的要求；

b) 与科研组织的使命定位和发展战略相适应；

c) 知识产权目标可考核并与知识产权方针保持一致；

d) 在持续适宜性方面得到评审；

e) 得到全体科研组织员工、学生的理解和有效执行。

4.3 知识产权手册

编制知识产权手册并保持其有效性，包括：

a) 知识产权组织管理的相关文件；

b) 人力资源、科研设施、合同、信息管理和资源保障的知识产权相关文件；

c) 知识产权获取、运用、保护的相关文件；

d) 知识产权外来文件和知识产权记录文件；

e) 知识产权管理体系过程之间相互关系的表述。

4.4 文件管理

知识产权管理体系文件应满足以下要求：

a) 文件内容完整、表述明确，发布前需经过审核和批准；文件更新后再发布前，要重新审核、批准；

b) 建立、保持和维护知识产权记录文件，以证实知识产权管理体系符合本标准要求；

c) 按文件类别、秘密级别进行管理，易于识别、取用和阅读，保管方式和保管期限明确；

d) 对行政决定、司法判决、律师函件等外来文件进行有效管理；

e) 因特定目的需要保留的失效文件，应予以标记。

5 组织管理

5.1 最高管理者

最高管理者是科研组织知识产权管理第一责任人，负责：

a) 制定、批准发布知识产权方针；

b) 策划并批准知识产权中长期和近期目标；

c) 决定重大知识产权事项；

d) 定期评审并改进知识产权管理体系；

e) 确保资源配备。

5.2 管理者代表

最高管理者可在最高管理层中指定专人作为管理者代表，总体负责知识产权管理事务：

a) 统筹规划知识产权工作，审议知识产权规划，指导监督执行；

b) 审核知识产权资产处置方案；

c) 批准发布对外公开或提交重要知识产权文件；

d) 协调涉及知识产权管理各部门之间的关系；

e) 确保知识产权管理体系的建立、实施和保持。

5.3 知识产权管理机构

建立知识产权管理机构，并配备专职工作人员，承担以下职责：

a) 拟定知识产权工作规划并组织实施；

b) 拟定知识产权政策文件并组织实施，包括知识产权质量控制，知识产权运用的策划与管理等；

c) 建立、实施和运行知识产权管理体系，向最高管理者或管理者代表提出知识产权管理体系的改进需求建议；

d) 组织开展与知识产权相关的产学研合作和技术转移活动；

e) 建立专利导航工作机制，参与重大科研项目的知识产权布局；

f) 建立知识产权资产清单，建立知识产权资产评价及统计分析体系，提出知识产权重大资产处置方案；

g) 审查合同中的知识产权条款，防范知识产权风险；

h) 培养、指导和评价知识产权专员；

i) 负责知识产权日常管理工作，包括知识产权培训，知识产权信息备案，知识产权外部服务机构遴选、协调、评价工作等。

注：重大科研项目由科研组织自行认定。

5.4 知识产权服务支撑机构

建立知识产权服务支撑机构，可设在科研组织中负责信息文献的部门，或聘请外部服务机构，承担以下职责：

a) 受知识产权管理机构委托，为建立、实施和运行知识产权管理体系提供服务支撑；

b) 为知识产权管理机构提供服务支撑；

c) 为科研项目提供专利导航服务；

d) 负责知识产权信息及其他数据文献情报收集、整理、分析工作。

5.5 研究中心

研究中心应配备知识产权管理人员，协助研究中心负责人，承担本机构知识产权管理工作，具体包括以下职责：

a) 拟订知识产权计划并组织实施；

b) 统筹承担科研项目的知识产权工作；

c) 知识产权日常管理，包括统计知识产权信息并报送知识产权管理机构备案等。

d) 确保与知识产权管理机构的有效沟通，定期向其报告知识产权工作情况。

注：研究中心是指科研组织直接管理的实验室、研究室等机构。

5.6 项目组

5.6.1 项目组长

项目组长负责所承担科研项目的知识产权管理，包括：

a) 根据科研项目要求，确定知识产权管理目标并组织实施；

b) 确保科研项目验收时达到知识产权考核的要求；

c) 设立项目组知识产权专员。

5.6.2 知识产权专员

协助项目组长进行科研项目知识产权管理，负责：

a) 专利导航工作；

b) 知识产权信息管理，并定期向研究中心报告科研项目的知识产权情况；

c) 组织项目组人员参加知识产权培训；

d) 项目组知识产权事务沟通。

6 基础管理

6.1 人力资源管理

6.1.1 员工权责

通过人事合同明确员工的知识产权权利与义务，包括：

a) 与员工约定知识产权权属、奖励报酬、保密义务等；

b) 建立职务发明报酬奖励制度，依法对发明人给予奖励和报酬，对为知识产权运用做出重要贡献的人员给予奖励；

c) 明确员工造成知识产权损失的责任。

6.1.2 入职和离职

加强入职、离职人员的知识产权管理，包括：

a) 对新入职员工进行适当的知识产权背景调查，形成记录；

b) 对于与知识产权关系密切岗位，应要求新入职员工签署知识产权声明文件；

c) 对离职、退休的员工进行知识产权事项提醒，明确有关职务发明的权利和义务；

d) 涉及核心知识产权的员工离职时，应签署离职知识产权协议或竞业限制协议。

6.1.3 培训

组织开展知识产权培训，包括：

a) 制定知识产权培训计划；

b) 组织对中、高层管理人员进行知识产权培训；

c) 组织知识产权管理人员的知识产权培训；

d) 组织项目组长、知识产权专员的专项培训；

e) 组织员工的知识产权培训。

6.1.4 项目组人员管理

加强项目组人员的知识产权管理，包括：

a) 针对重大科研项目进行项目组人员知识产权背景调查；必要时签署保密协议；

b) 在论文发表、学位答辩、学术交流等学术事务前，应进行信息披露审查；

c) 在项目组人员退出科研项目时，应进行知识产权提醒。

6.1.5 学生管理

加强学生的知识产权管理，包括：

a) 组织对学生进行知识产权培训，提升知识产权意识；

b) 学生进入项目组，应进行知识产权提醒；

c) 在学生发表论文、进行学位答辩、学术交流等学术事务前，应进行信息披露审查；

d) 学生因毕业等原因离开科研组织时，可签署知识产权协议或保密协议。

6.2 科研设施管理

加强科研设施的知识产权管理，包括：

a) 采购实验用品、耗材、软件时进行知识产权审查；

b) 处理实验用过物品时应进行相应的知识产权检查；

c) 在仪器设备管理办法中明确知识产权要求，对外租借仪器设备时，应在租借合同中约定知识产权事务；

d) 国家重大科研基础设施和大型科研仪器向社会开放时，应保护用户身份信息以及在使用过程中形成的知识产权和科学数据，要求用户在发表著作、论文等成果时标注利用科研设施仪器的情况。

6.3 合同管理

加强合同中的知识产权管理，包括：

a) 对合同中知识产权条款进行审查，并形成记录；

b) 检索与分析、预警、申请、诉讼、侵权调查与鉴定、管理咨询等知识产权委外业务应签订书面合同，并约定知识产权权属、保密等内容；

c) 在进行委托开发或合作开发时，应签订书面合同，明确约定知识产权权属、许可及利益分配、后续改进的权属和使用、发明人的奖励和报酬、保密义务等；

d) 承担涉及国家重大专项等政府项目时，应理解该项目的知识产权管理规定，并按照要求进行管理。

6.4 信息管理

加强知识产权信息管理，包括：

a) 建立信息收集渠道，及时获取所属领域、产业发展、有关主体的知识产权信息；

b) 建立专利信息分析利用机制，对信息进行分类筛选和分析加工，形成产业发展、技术领域、专利布局等有关情报分析报告，并加以有效利用；

c) 建立信息披露的知识产权审查机制。

7 科研项目管理

7.1 分类

根据科研项目来源和重要程度等对科研项目进行分类管理；科研项目应实行立项、执行、结题验收全过程知识产权管理，重大科研项目应配备知识产权专员。

7.2 立项

立项阶段的知识产权管理包括：

a) 确认科研项目委托方的知识产权要求，制定知识产权工作方案，并确保相关人员知悉；

b) 分析该科研项目所属领域的发展现状和趋势、知识产权保护状况和竞争态势，进行知识产权风险评估；

c) 根据分析成果，优化科研项目研发方向，确定知识产权策略。

7.3 执行

执行阶段的知识产权管理包括：

a) 搜集和分析与科研项目相关的产业市场情报及知识产权信息等资料，跟踪与监控研发活动中的知识产权动态，适时调整研发策略和知识产权策略，持续优化科研项目研发方向；

b) 定期做好研发记录，及时总结和报告研发成果；

c) 及时对研发成果进行评估和确认，明确保护方式和权益归属，适时形成知识产权；

d) 对研发成果适时进行专利挖掘，形成有效的专利布局；

e) 研发成果对外发布前，进行知识产权审查，确保发布的内容、形式和时间符合要求；

f) 根据知识产权市场化前景初步确立知识产权运营模式。

7.4 结题验收

结题验收阶段的知识产权管理包括：

a) 分析总结知识产权完成情况，确认科研项目符合委托方要求；

b) 提交科研项目成果的知识产权清单，成果包括但不限于专利、文字作品、图形作品和模型作品、植物新品种、计算机软件、商业秘密、集成电路布图设计等；

c) 整理科研项目知识产权成果并归档；

d) 开展科研项目产出知识产权的分析，提出知识产权维护、开发、运营的方案建议。

8 知识产权运用

8.1 评估与分级管理

评估与分级管理中应满足以下要求：

a) 构建知识产权价值评估体系和分级管理制度，建立知识产权权属放弃程序；

b) 建立国家科研项目知识产权处置流程，使其符合国家相关法律法规的要求；

c) 组成评估专家组，定期从法律、技术、市场维度对知识产权进行价值评估和分级；

d) 对于有产业化前景的知识产权，建立转化策略，适时启动转化程序，需要二次开发的，应保护二次开发的技术成果，适时形成知识产权；

e) 评估知识产权转移转化过程中的风险，综合考虑投资主体、共同权利人的利益；

f) 建立知识产权转化后发明人、知识产权管理和转移人员的激励方案；

g) 科研组织在对科研项目知识产权进行后续管理时，可邀请项目组选派代表参与。

8.2 实施和运营

实施和运营过程中应满足以下要求：

a) 制定知识产权实施和运营策略与规划；

b) 建立知识产权实施和运营控制流程；

— 939 —

c) 明确权利人和发明人和运营主体间的收益关系。

8.3 许可和转让

许可和转让过程中应满足以下要求：

a) 许可和转让前进行知识产权尽职调查，确保相关知识产权的有效性；

b) 知识产权许可和转让应签订书面合同，明确双方的权利和义务。其中许可合同应当明确规定许可方式、范围、期限等；

c) 监控许可和转让流程，预防与控制许可和转让风险，包括合同的签署、备案、变更、中止与终止，以及知识产权权属的变更等。

8.4 作价投资

作价投资过程中应满足以下要求：

a) 调查技术需求方以及合作方的经济实力、管理水平、所处行业、生产能力、技术能力、营销能力等；

b) 根据需要选择有资质的第三方进行知识产权价值评估；

c) 签订书面合同，明确受益方式和比例。

9 知识产权保护

应做好知识产权的保护工作，防止被侵权和知识产权流失：

a) 规范科研组织的名称、标志、徽章、域名及服务标记的使用，需要商标保护的及时申请注册；

b) 规范著作权的使用和管理，建立在核心期刊上发表学术论文的统计工作机制，明确员工和学生在发表论文时标注主要参考文献，利用国家重大科研基础设施和大型科研仪器情况的要求；

c) 加强未披露的信息专有权的保密管理，规定涉密信息的保密等级、期限和传递、保存及销毁的要求，明确涉密人员、设备、区域；

d) 明确职务发明创造、委托开发、合作开发以及参与知识产权联盟、协同创新组织等情况下的知识产权归属、许可及利益分配、后续改进的权属等事项；

e) 建立知识产权纠纷应对机制，制定有效的风险规避方案；及时发现和监控知识产权风险，避免侵犯他人知识产权；及时跟踪和调查相关知识产权被侵犯的情况，适时通过行政和司法途径主动维权，有效保护自身知识产权。

10 资源保障

10.1 条件保障

根据需要配备相关资源，支持知识产权管理体系的运行，包括：

a) 软硬件设备，如知识产权管理软件、计算机和网络设施等；

b) 办公场所。

10.2 财务保障

设立经常性预算费用，用于：

a) 知识产权申请、注册、登记、维持；

b) 知识产权检索、分析、评估、运营、诉讼；

c) 知识产权管理机构和服务支撑机构运行；

d) 知识产权管理信息化；

e) 知识产权信息资源；

f) 知识产权激励；

g) 知识产权培训；

h) 其他知识产权工作。

11 检查和改进

11.1 检查监督

定期开展检察监督，根据监督检查的结果，对照知识产权方针、目标，制定和落实改进措施，确保知识产权管理体系的适宜性和有效性。

11.2 评审改进

最该管理者应定期评审知识产权管理体系的适宜性和有效性，制定落实改进措施，确保与科研组织的战略方向一致。

专利代理师资格考试大纲

(2020)

第一部分 专利法律知识

第一章 专利制度概论

基本要求

了解专利制度的产生与发展历史；熟悉各种专利体系及特点；熟悉中国专利制度的发展历史及其特点；掌握专利代理的概念和相关的规定；掌握与申请专利的权利和专利权的归属相关的概念和规定。

第一节 专利基础知识

一、专利制度概要

1. 专利制度的产生与发展

2. 专利体系及特点

专利权的概念　专利权的性质　先申请制　先发明制　登记制　初步审查制　实质审查制

3. 专利制度的作用

二、中国专利制度

1. 中国专利制度的发展历史

中国《专利法》的制定　中国《专利法》及其实施细则的第一次修改　中国《专利法》及其实施细则的第二次修改　中国《专利法》及其实施细则的第三次修改及其过渡适用　相关法律法规的制定与完善

2. 中国专利制度的主要特点

先申请原则　三种专利类型　三种专利的审查制度　行政保护与司法保护双轨制

3. 中国专利制度行政与司法机构

中国专利制度行政部门的设置　国务院专利行政部门及其主要职能　国防专利机构及其主要职能　地方管理专利工作的部门及其主要职能　审理专利案件的人民法院及其管辖权

第二节 申请专利的权利和专利权的归属

一、相关概念

1. 发明人或设计人的概念

发明人或设计人的定义　发明人或设计人的判断规则　发明人或设计人的署名权

2. 申请人的概念

中国内地申请人　中国港澳台申请人　外国申请人　共同申请人　申请专利的权利　不同种类申请人的法律适用及其区别

3. 专利权人的概念

4. 共有权利的行使

二、权利的归属

1. 职务发明创造

职务发明创造的概念　职务发明创造的判断　职务发明创造申请专利的权利及所取得的专利权的归属　职务发明创造的发明人或设计人获得奖酬的权利及相关规定

2. 非职务发明创造

非职务发明创造的概念　非职务发明创造的判断　非职务发明创造申请专利的权利及所取得

的专利权的归属

3. 合作完成的发明创造
合作完成的发明创造的概念　合作完成的发明创造申请专利权利及所取得的专利权的归属相关规定的适用范围

4. 委托开发完成的发明创造
委托完成的发明创造的概念　委托完成的发明创造申请专利权利及所取得的专利权的归属相关规定的适用范围

第三节　专利代理制度

一、专利代理
专利代理的概念　专利代理的作用

二、专利代理机构和专利代理师

1. 专利代理机构
专利代理机构的组织形式　申请办理专利代理机构执业许可证的条件和程序　专利代理机构合伙人或者股东应当满足的条件　专利代理机构执业许可审批　专利代理机构的事项变更　专利代理机构的解散、注销　专利代理机构设立分支机构的条件　分支机构的备案、变更和注销

2. 专利代理师
专利代理师资格考试　申请专利代理师资格的条件　专利代理师执业条件　专利代理师执业备案的条件和程序　专利代理师执业备案变更　专利代理师的执业规范、执业纪律和职业道德

三、专利代理执业和监管
专利代理机构的业务范围　专利代理机构接受委托的方式　避免利益冲突的要求　保密义务　专利代理机构年度报告　专利代理机构经营异常名录和严重违法失信名单　专利代理机构和专利代理师的信息公示　对专利代理机构和专利代理师执业活动的检查和监督

四、专利代理违法行为的处理和法律责任

1. 专利代理违法行为的处理
举报投诉的情形和层级　专利代理违法行为的处理

2. 列入经营异常名录和严重违法失信名单的情形

3. 撤销专利代理机构执业许可证和专利代理师资格证的情形

4. 对专利代理机构和专利代理师的行政处罚
专利代理行政处罚的种类　专利代理行政处罚的实施机关　专利代理违法行为的调查取证　专利代理机构违法行为及法律责任　专利代理师违法行为及法律责任　专利代理师签名责任

5. 擅自开展专利代理业务的法律责任
擅自开展专利代理业务的情形　擅自开展专利代理业务的法律责任

6. 对知识产权（专利）领域严重失信主体联合惩戒
联合惩戒对象　知识产权（专利）领域严重失信行为类型

五、专利代理行业组织
专利代理行业组织　专利代理行业组织的职责　专利代理行业自律规范　对于专利代理行业组织的监管

第二章　授予专利权的实质条件

基本要求

掌握三种专利的保护对象和可以授予专利权的主题；掌握发明、实用新型和外观设计专利授

予专利权的各项实质条件。

第一节 专利保护的对象和主题

一、三种专利的保护对象

1. 发明

产品发明　方法发明　对产品或方法的改进　新的技术方案

2. 实用新型

产品的含义　产品的形状　产品的构造　产品的形状与构造的结合　适于实用　新的技术方案　不属于实用新型专利保护的客体

3. 外观设计

外观设计的载体　产品的形状、图案或者其结合　色彩与形状、图案的结合　富有美感并适于工业应用的新设计　不授予外观设计专利权的情形

二、不授予专利权的主题

1. 违反法律的发明创造

"法律"的含义　违反法律的发明创造的定义

2. 违反社会公德的发明创造

"社会公德"的含义　违反社会公德的发明创造的定义

3. 妨害公共利益的发明创造

"妨害公共利益"的含义　妨害公共利益的发明创造的定义

4. 违反法律、行政法规的规定获取或者利用遗传资源，并依赖该遗传资源完成的发明创造

"遗传资源"的含义　依赖遗传资源完成的发明创造的定义　违反法律、行政法规的规定获取或者利用遗传资源的定义

5. 科学发现

科学发现的定义　科学理论的定义　科学发现、科学理论与发明的区别　首次从自然界分离或提取出来的物质

6. 智力活动的规则和方法

智力活动的定义　判断涉及智力活动的规则和方法的申请主题能否授予专利权的原则

7. 疾病的诊断和治疗方法

疾病诊断方法的定义　属于诊断方法的判断规则　不属于诊断方法的判断规则　疾病治疗方法的定义　属于治疗方法的判断规则　不属于治疗方法的判断规则　外科手术方法的定义　以治疗为目的的外科手术方法

8. 动物和植物品种

动物的定义　植物的定义　植物新品种的法律保护方式　动物和植物品种的生产方法　生物学方法　非生物学方法　可授予专利权的动物和植物生产方法

9. 原子核变换方法和用该方法获得的物质

原子核变换方法的定义　用原子核变换方法所获得的物质　可以授予专利权的原子核技术发明

10. 对平面印刷品的图案、色彩或者二者的结合作出的主要起标识作用的设计

平面印刷品的定义　针对图案、色彩或者二者的结合而作出的外观设计　标识作用

第二节 发明和实用新型专利申请的授权条件

一、现有技术

现有技术的定义　现有技术的时间界限　出版物公开　使用公开　以其他方式公开

二、新颖性

1. 新颖性的概念
新颖性的定义

2. 抵触申请
抵触申请的定义　构成抵触申请的条件　抵触申请的效力

3. 判断新颖性的原则和基准
同样的发明或者实用新型的含义　单独对比原则　具体（下位）概念与一般（上位）概念　惯用手段的直接置换　数值和数值范围　包含性能、参数、用途、制备方法等特征的产品权利要求的新颖性审查原则　化学领域发明新颖性判断的其他若干规定　包含算法特征或商业规则和方法特征的发明专利的新颖性审查规定

4. 不丧失新颖性的宽限期
宽限期的定义　宽限期的效力　宽限期的期限　适用宽限期的情形　主张适用宽限期的时间限制　有权主张适用宽限期的人　主张适用宽限期的条件　二次公开适用宽限期的条件　适用宽限期的国际展览会　适用宽限期的学术会议或技术会议　首次发表的含义　首次展出的含义　他人未经申请人同意而泄露其发明创造内容的含义　证明材料

5. 对同样的发明创造的处理
同样的发明创造的判断原则　同一申请人就同样的发明创造提出两件专利申请　不同申请人就同样的发明创造在同一日分别提出专利申请　对一件专利申请和一项专利权的处理

三、创造性

1. 发明创造性的概念
发明的创造性的定义　所属技术领域的技术人员　突出的实质性特点　显著的进步

2. 发明判断创造性的原则和基准
判断创造性的方法和步骤　技术效果对创造性判断的影响　开拓性发明的创造性判断　组合发明的创造性判断　选择发明的创造性判断　转用发明的创造性判断　已知产品新用途发明的创造性判断　要素变更发明的创造性判断　判断创造性时需考虑的其他因素　化学领域发明创造性判断的其他若干规定　包含算法特征或商业规则和方法特征的发明专利的创造性审查规定

3. 实用新型创造性的判断
判断实用新型创造性时应当考虑的技术特征　判断实用新型创造性的标准

四、实用性

1. 实用性的概念
实用性的定义　实用性涉及的产业范畴　"能够制造或者使用"的含义　"能够解决技术问题"的含义　"积极效果"的含义

2. 判断实用性的原则和基准
实用性的审查原则　无再现性　违背自然规律　利用独一无二的自然条件的产品　人体或者动物体的非治疗目的的外科手术方法　测量人体或者动物体在极限情况下的生理参数的方法　无积极效果

第三节　外观设计专利申请的授权条件

一、现有设计
现有设计的定义和范围　"惯常设计"的含义　判断客体　判断主体

二、不属于现有设计

1. 判断基准
外观设计相同　外观设计实质相同　相同或者相近种类

2. 判断方式
单独对比　直接观察　仅以产品的外观作为判断的对象　整体观察、综合判断设计要素的判断

三、不存在抵触申请
抵触申请的定义　构成抵触申请的条件　抵触申请的判断依据

四、与现有设计或者现有设计特征的组合相比具有明显区别
不具有明显区别的情形　与相同或者相近种类产品现有设计对比　现有设计的转用　现有设计及其特征的组合　转用或组合手法的启示　独特视觉效果

五、不与在先权利相冲突
与他人在先取得的合法权利相冲突的含义　"合法权利"的主要类型　与在先权利相冲突的判断

第三章　对专利申请文件要求

基本要求

掌握发明、实用新型和外观设计专利申请文件应当满足的各项要求。

第一节　发明和实用新型专利申请文件

一、请求书
发明和实用新型专利申请请求书的法律效力　请求书应当包含的主要内容及其应当满足的要求　应当随同请求书提交的各类证明文件及其主要内容

二、权利要求书
1. 权利要求书
权利要求书的法律效力　权利要求的类型　"权利要求书应当以说明书为依据"的含义　权利要求书没有得到说明书支持的主要情形　"权利要求书应当清楚、简要地限定要求专利保护的范围"的含义　权利要求书中不得采用的用语　权利要求书的编号规则　对权利要求书中使用的科技术语的要求　权利要求书中采用附图标记的规则

2. 独立权利要求
独立权利要求的撰写要求　"记载解决技术问题的必要技术特征"的含义　独立权利要求的前序部分应当记载的内容　独立权利要求的特征部分应当记载的内容　划分独立权利要求的前序部分和特征部分的原则和方式　允许不采用两部分方式撰写独立权利要求的情形

3. 从属权利要求
从属权利要求的撰写要求　从属权利要求的引用部分应当记载的内容　从属权利要求的限定部分应当记载的内容　多项从属权利要求的含义　对多项从属权利要求的引用关系的限制

三、说明书及说明书附图
1. 说明书
说明书的法律效力　说明书应当充分公开发明、实用新型的含义　说明书应当包含的主要内容　说明书的整体撰写要求　说明书各部分应当满足的撰写要求

2. 说明书附图
说明书附图的法律效力　说明书附图与说明书文字部分的关系　实用新型说明书的附图

四、说明书摘要及摘要附图
说明书摘要的法律效力　说明书摘要文字部分的撰写要求　说明书摘要附图的选择

五、发明和实用新型专利申请的单一性
1. 单一性的概念
单一性要求　总的发明构思的含义　特定技术特征的含义

2. 判断单一性的原则和方法

检索前单一性的判断　　检索后单一性的判断　　同类独立权利要求的单一性判断　　不同类独立权利要求的单一性判断　　从属权利要求的单一性判断

六、对于涉及生物材料申请的特殊要求

涉及生物材料申请的请求书应当满足的要求　　涉及生物材料申请的说明书应当满足的要求　　生物材料样品国际保藏单位　　保藏证明　　存活证明　　提供保藏要求的法律意义　　提交生物材料样品保藏的期限　　提交保藏证明和存活证明的期限

七、对于涉及遗传资源申请的特殊要求

遗传资源的直接来源　　遗传资源的原始来源　　遗传资源来源披露登记表的填写

第二节　外观设计专利申请文件

一、请求书

外观设计专利申请请求书的法律效力　　请求书应当包含的主要内容及其应当满足的要求　　应当随同请求书提交的各类证明文件及其主要内容

二、图片或者照片

1. 外观设计图片或者照片的法律效力

2. 图片或者照片的提交要求

立体产品的视图要求　　平面产品的视图要求　　色彩的要求　　视图名称及其标注　　图片的绘制　　照片的拍摄　　图片或者照片的缺陷

三、简要说明

简要说明的法律效力　　简要说明应当包括的内容　　应当在简要说明中写明的情形

四、外观设计专利申请的单一性

1. 同一产品的两项以上的相似外观设计

相似外观设计的定义　　相似外观设计的判断方式　　相似外观设计的项数　　同一产品的认定

2. 成套产品的外观设计

成套产品的外观设计的定义　　同一类别　　成套出售或者使用　　各产品的设计构思相同

3. 成套产品中不应包含相似外观设计

4. 合案申请的外观设计应当分别具备授权条件

第四章　申请获得专利权的程序及手续

基本要求

熟悉专利申请程序中的基本概念；熟悉发明、实用新型和外观设计专利的申请及审查流程；掌握关于专利申请及审查程序的规定和原则；熟悉与专利申请有关的手续及其文件。

第一节　基本概念

一、申请日

申请日的确定　　申请日的作用

二、优先权

优先权的定义　　优先权日　　优先权的期限　　优先权的种类　　优先权的效力　　多项优先权

三、申请号

申请号的组成　　申请号的含义　　申请号的给出　　申请号的作用

四、期　限

1. 期限的种类

法定期限　指定期限

2. 期限的计算

期限的起算日　期限的届满日　期限的计算

3. 期限的延长

允许延长的期限种类　请求延长期限的理由　请求延长期限的手续

4. 耽误期限的处分

处分的种类　补救措施

五、费　用

1. 费用的类别

2. 费用的减缓

允许请求收费减缴的费用种类　请求减缓的手续及其审批

3. 费用的缴纳期限

4. 费用的缴纳方式

银行或邮局汇付　现金、支票或移动终端面付　网上支付　缴费日　缴费信息的补充

5. 专利费用的退款、暂存和查询

暂存　退款的原则　退款的请求　退款的效力　查询费用的范围和方式

6. 费用种类的转换

第二节　专利的申请及审查流程

一、专利的申请及受理

1. 申请发明、实用新型和外观设计专利应提交的文件及形式

书面形式　电子文件形式　标准表格　证明文件　签字或者盖章

2. 专利申请的受理

（1）专利局代办处

（2）受理地点

（3）专利申请的受理

受理条件　不受理的情形　受理程序

（4）其他文件的接收

（5）申请日的更正

（6）受理程序中错误的更正

（7）查询

3. 文件的递交和送达

递交日的确定　文件递交的方式　其他有关文件的提交　文件统一格式　文件送达方式　文件送达的确定　送达日的确定

4. 申请在香港特别行政区获得专利保护

5. 国务院专利行政部门处理专利申请和请求的原则

6. 委托专利代理

委托专利代理机构　委托书　解除委托和辞去委托

7. 指定代表人

代表人的指定　代表人的权利

8. 优先权请求

要求外国优先权　要求本国优先权

二、保密专利申请与向外申请专利的保密审查

1. 保密的范围

涉及国家安全的发明创造　涉及重大利益的发明创造

2. 保密专利申请的审查

专利申请的保密确定　保密专利申请的审批流程　保密专利申请（或专利）的解密程序

3. 向外申请专利的保密审查

"在中国完成的发明或者实用新型"的含义　保密审查请求的提出　保密审查的程序　擅自向外申请专利的法律后果

三、发明专利申请的初步审查程序

1. 发明专利申请初步审查的范围

2. 发明专利申请初步审查的原则

3. 文件的形式审查

4. 手续合法性审查

5. 明显实质性缺陷审查

6. 涉及生物材料申请的审查

7. 提前公布声明

四、发明专利申请的实质审查程序

1. 实质审查请求

实质审查请求的期限　请求实质审查的人　实质审查请求手续

2. 实质审查程序中的基本原则

请求原则　听证原则　程序节约原则

3. 实质审查

审查的文本　检索　对缺乏单一性申请的处理　优先权的核实　全面审查　不全面审查的情况　对公众意见的处理　审查意见通知书　继续审查　会晤　电话讨论及其他方式　取证和现场调查

4. 驳回决定和授权通知

驳回申请的条件　驳回的种类　驳回决定的组成　发出授权通知的条件

5. 实质审查程序的终止、中止和恢复

五、实用新型专利申请的初步审查

1. 实用新型专利申请初步审查的范围

2. 实用新型专利申请初步审查的审查原则

3. 文件的形式审查

4. 手续合法性审查

5. 明显实质性缺陷审查

6. 授权通知或驳回决定

六、外观设计专利申请的初步审查

1. 外观设计专利申请初步审查的范围

2. 文件的形式审查

3. 手续合法性审查

4. 明显实质性缺陷的审查

5. 授权通知或驳回决定

七、答复和修改

1. 涉及发明专利申请的答复和修改

答复的期限　答复的方式　答复的签署　修改的时机　修改的要求　允许的修改　不允许的修改　修改的方式

2. 涉及实用新型专利申请的答复和修改

通知书的答复　允许的修改　不允许的修改　申请人主动修改　针对通知书指出的缺陷进行修改　审查员依职权修改的内容

3. 涉及外观设计专利申请的答复和修改

通知书的答复　修改超出原图片或者照片表示的范围　申请人主动修改　针对通知书指出的缺陷进行修改　审查员依职权修改的内容

八、分案申请

分案的情形　分案申请请求书　分案申请的申请人　分案申请的发明人　分案申请的时间　按审查意见再次提出分案申请的递交时间　分案申请的类别　分案申请的文本　分案申请的内容　发明和实用新型分案申请的说明书和权利要求书　外观设计分案申请的特殊规定

九、审查的顺序

一般原则　优先审查　延迟审查　专利局自行启动

十、专利权的授予及授权后的程序

1. 专利权的授予

（1）授权程序

授予专利权通知　办理登记手续通知　登记手续　颁发专利证书　登记和公告授权决定　视为放弃取得专利权的权利　避免重复授权的处理

（2）专利证书

专利证书的格式　专利证书副本　专利证书的更换　专利证书打印错误的更正　电子专利证书

（3）专利登记簿

专利登记簿的格式　专利登记簿的效力　专利登记簿副本

2. 专利权的终止

年费　滞纳金　期满终止　欠费终止　主动放弃专利权

十一、其他手续

1. 撤回专利申请声明

撤回专利申请的时间　撤回专利申请的程序　提出撤回专利申请声明后的效力

2. 著录项目变更

著录项目变更申报书　著录项目变更手续费　著录项目变更手续费缴纳期限　办理著录项目变更手续的人　著录项目变更证明文件　著录项目变更手续的审批　著录项目变更的生效

3. 权利的恢复

适用范围　恢复权利请求手续的办理　恢复权利请求的审批

4. 中止程序

中止的定义　请求中止的条件　请求中止的手续和审批　权属纠纷的当事人请求的中止　因人民法院要求协助执行财产保全的中止　中止的范围　中止的期限　中止程序的结束

5. 案卷及登记簿的查阅、复制和保存

允许查阅和复制的内容　查阅和复制程序　保存期限　销毁

6. 请求作出实用新型和外观设计专利权评价报告

评价报告的主体　评价报告的客体　请求的受理条件　作出评价报告的部门　评价报告的作出　评价报告的内容　评价报告的查阅与复制　评价报告的更正　评价报告的法律效力

7. 关于电子申请的若干规定

电子申请用户　电子申请用户注册　电子申请的接收和受理　电子申请的特殊审查规定　电子发文

十一、国家知识产权局的行政复议

1. 国家知识产权局行政复议基本概念与手续

复议参加人　复议机构及其职责　申请与受理　审理与决定　期间与送达

2. 申请复议的范围

可以申请复议的情形　不能申请复议的情形

第五章　专利申请的复审与专利权的无效宣告

基本要求

熟悉复审请求与无效宣告请求的审查制度和程序；掌握复审请求与无效宣告请求的审查原则及规定；掌握关于口头审理的规定。

第一节　概　要

一、专利复审和无效部门的任务
二、审查原则
合法原则　公正执法原则　请求原则　依职权调查原则　听证原则　公开原则
三、合议审查
四、独任审查
五、回避制度
应当自行回避的情形　回避请求的提出　回避请求的处理
六、审查决定
审查决定的构成　审查决定的出版
七、更正及驳回请求
八、对专利复审和无效的决定不服的司法救济
可以请求司法救济的情形　诉讼时效　管辖法院　对法院生效判决的执行

第二节　专利申请的复审

一、复审程序的性质
二、复审请求的形式审查
1. 形式审查的内容

复审请求客体　复审请求人资格　期限　文件形式　费用　委托手续

2. 形式审查通知书

三、复审请求的前置审查
四、复审请求的合议审查
理由和证据的审查　修改文本的审查　审查方式
五、复审决定
复审决定的类型　复审决定的送交　复审决定的效力

六、复审程序的中止（参见本大纲第四章相关部分）

七、复审程序的终止

第三节 专利权的无效宣告请求

一、无效宣告程序的性质

二、无效宣告请求应当遵循的其他审查原则

一事不再理原则　当事人处置原则　保密原则

三、无效宣告请求的形式审查

1. 形式审查的内容

无效宣告请求客体　无效宣告请求人资格　无效宣告请求范围以及理由和证据　文件形式　费用　委托手续

2. 形式审查通知书

四、无效宣告请求的合议审查

审查范围　无效宣告理由的增加　举证期限　审查方式　案件的合并审理　无效宣告程序中专利文件的修改

五、无效宣告程序的中止（参见本大纲第四章相关部分）

六、无效宣告请求审查决定

无效宣告请求审查决定的类型　无效宣告请求审查决定的效力　无效宣告请求审查决定的送交、登记和公告

七、无效宣告程序中对于同样发明创造的处理

专利权人相同　专利权人不同

八、无效宣告程序的终止

无效宣告程序终止的情形　无效宣告程序不终止的情形

第四节 口头审理

一、口头审理的性质

二、口头审理的确定

请求口头审理的理由　口头审理请求的提出　合议组依职权确定　再次口头审理的确定　巡回口头审理的确定

三、口头审理的通知

口头审理通知书　口头审理通知书回执　当事人不参加口头审理的法律后果　口头审理参加人

四、口头审理前的准备

五、口头审理的进行

口头审理的第一阶段　口头审理的第二阶段　口头审理的第三阶段　口头审理的第四阶段

六、口头审理的中止

七、口头审理的终止

八、口头审理的其他事项

当事人的缺席　当事人中途退庭　证人出庭作证　记录　旁听　当事人的权利和义务

第五节 无效宣告程序中有关证据问题的规定

一、无效宣告程序中有关证据问题的法律适用

二、当事人举证

举证责任的分配　证据的提交

三、对证据的调查收集
四、证据的质证和审核认定
证据的质证　证据的审核　证据的认定　证人证言　认可和承认　公知常识　公证文书
五、其　他
互联网证据的公开时间　申请日后记载的使用公开或者口头公开　技术内容和问题的咨询、鉴定　当事人提交的不作为证据的物品的处理

第六章　专利权的实施与保护

基本要求

熟悉专利权人的权利、专利权的期限及专利权保护范围；掌握专利侵权判断原则及救济方法；掌握其他专利纠纷与救济方法；掌握有关专利的推广应用和强制许可的规定；掌握有关专利管理和运用的知识技能。

第一节　专利权

一、专利权人的权利
1. 禁止他人未经许可实施专利的权利

"未经专利权人许可"的含义　"为生产经营目的"的含义　"制造、使用、许诺销售、销售、进口专利产品"的含义　"使用"专利方法的含义　"依照该专利方法直接获得的产品"的含义　"使用、许诺销售、销售、进口依照专利方法直接获得的产品"的含义　"制造、许诺销售、销售、进口外观设计专利产品"的含义

2. 放弃专利权的权利

放弃专利权的法律效力　放弃专利权的方式

3. 标明专利标识的权利

允许标注专利标识的期限　标注专利标识的载体　专利标识的标注方式　标注专利标识不当的法律后果

二、专利权的期限
1. 专利权的生效

专利权生效的条件　专利权生效的时间　发明专利申请公布后的临时保护

2. 专利权的保护期限

发明专利权的保护期限　实用新型专利权的保护期限　外观设计专利权的保护期限　专利权保护期限的含义　专利权保护期限的计算方式

第二节　专利侵权行为与救济方法

一、专利侵权行为
1. 专利侵权行为的类型

侵犯产品发明或实用新型专利权的行为　侵犯方法发明专利权的行为　侵犯外观设计专利权的行为

2. 专利侵权的判定

（1）专利权的保护范围的确定

发明和实用新型专利的保护范围　外观设计专利的保护范围　权利要求书的作用　说明书及其附图的作用　外观设计专利产品照片或图片的作用　外观设计简要说明的作用

— 953 —

（2）发明和实用新型专利侵权的判定原则

全面覆盖原则相同侵权的含义　等同侵权的含义　以权利要求的内容为准的含义　等同特征的概念

（3）不视为侵犯专利权的情形

权利用尽　先用权　为临时过境外国运输工具自身需要而使用　为科学研究和实验而使用　药品和医疗器械的行政审批例外

3. 实施现有技术或者现有设计的行为不构成专利侵权

二、救济方法

1. 协商

2. 请求管理专利工作的部门调解和处理

（1）处理

处理的事项　请求处理的条件　处理的管辖　处理请求的提出　处理的程序　处理的口头审理　处理决定的执行　对处理决定不服的法律救济途径

（2）赔偿数额的调解

（3）调查取证

证据收集　抽样取证　证据的登记保存

3. 诉讼

（1）诉讼时效

（2）诉前证据保全

申请诉前证据保全的主体　诉前证据保全申请的提出　人民法院作出裁定的期限　诉前证据保全的解除　诉前证据保全的执行

（3）专利侵权行为的诉前停止

申请诉前停止侵权的主体　诉前停止侵权行为申请的提出　人民法院作出裁定的期限　诉前停止侵权措施的解除　诉前停止侵权的裁定及对裁定不服的救济　裁定诉前停止侵权的执行　裁定执行中的证据保全　申请诉前停止侵权的担保

（4）诉讼管辖

级别管辖　地域管辖

（5）侵权纠纷的审理

方法发明专利侵权的举证责任　诉讼中止

三、侵犯专利权的法律责任

停止侵权　制止侵权的措施　赔偿损失　赔偿责任的免除情形　赔偿数额的计算

第三节　其他专利纠纷与违反专利法的行为

一、其他专利纠纷

专利申请权纠纷　专利权权属纠纷　发明人或设计人资格纠纷　职务发明创造的发明人或设计人奖励、报酬纠纷　各类纠纷的解决途径

二、假冒专利的行为

1. 假冒专利的行为

属于假冒专利的行为　不属于假冒专利的行为　假冒专利行为的法律责任

2. 假冒专利行为的查处

查处的管辖　调查取证的手段　当事人的权利和义务　查处的程序　处罚决定的执行　对处罚决定不服的法律救济途径

三、其他违反《专利法》的行为及其法律责任

擅自向外国申请专利泄露国家秘密及其法律责任　专利行政部门人员渎职行为及其法律责任　管理专利工作的部门参与经营活动及其法律责任

第四节　专利管理和运用

一、专利管理

1. 专利管理的含义
2. 专利管理的主体
3. 专利管理的主要内容
4. 知识产权管理体系贯标认证

《企业知识产权管理规范》《高等学校知识产权管理规范》《科研组织知识产权管理规范》的主要内容和贯标认证

二、专利运用

1. 专利运用的含义
2. 专利许可
3. 专利转让
4. 专利保险
5. 专利质押融资
6. 专利导航

专利导航的特征　专利导航的应用　专利导航的实施流程　专利导航的实施要求

7. 专利的推广应用

《专利法》对于专利推广应用的规定　专利被推广应用的条件、程序　使用费的支付

第五节　专利实施的强制许可

一、强制许可的种类

因专利权人未实施或者未充分实施专利而给予的强制许可　为消除或者减少垄断行为对竞争产生的不利影响而给予的强制许可　为公共利益目的而给予的强制许可　为公共健康目的而给予的强制许可　从属专利的强制许可

二、强制许可的申请和审批

1. 强制许可请求

强制许可请求的提出　强制许可请求不予受理的情形　强制许可请求的补正　强制许可请求的视为未提出　强制许可请求的撤回

2. 强制许可请求的审批

强制许可请求的听证　给予强制许可的决定　强制许可请求的驳回　对给予强制许可的决定不服的救济

三、对强制许可的给予和实施的限制

四、强制许可使用费的裁决

强制许可使用费裁决请求的提出　强制许可使用费裁决请求的不予受理　强制许可使用费裁决决定　对强制许可使用费的裁决决定不服的救济

五、强制许可的终止

强制许可自动终止　终止强制许可请求的提出　终止强制许可请求的不予受理情形　终止强制许可请求的审批　终止强制许可决定　对终止强制许可决定不服的救济

第七章 专利合作条约及其他与专利相关的国际条约

基本要求

了解《专利合作条约》的目的；掌握条约及其实施细则中关于国际申请程序、国际检索、国际公布和国际初步审查的规定；掌握国际申请进入中国国家阶段的特别规定；了解中国参加的与专利相关的其他国际条约，熟悉其签署目的和适用范围。

第一节 专利合作条约

一、条约的基本知识
条约规定的定义

二、国际申请

1. 国际申请的提出
国际申请的申请人　国际申请的指定国　国际申请的主管受理局　国际申请的语言　国际申请的请求书和申请文件　国际申请的费用　国际申请的撤回

2. 优先权
优先权要求　优先权文件　优先权要求的改正或增加　优先权的恢复

3. 国际申请日
确定国际申请日的条件　国际申请日的效力　国际申请中缺陷的改正　遗漏项目或部分　错误提交的项目或部分　确认援引加入

三、国际检索

1. 国际检索
国际检索的目的　主管的国际检索单位　与国际检索有关的现有技术　最低限度文献　国际检索单位的程序

2. 国际检索报告
国际检索的期限　国际检索报告的内容　国际检索单位的书面意见　发明的单一性　无需进行国际检索的主题　国际检索单位的专利性国际初步报告

3. 根据条约第 19 条的修改
提出修改的期限　修改的要求　修改的形式

四、国际公布
国际公布的期限　国际公布的内容　国际公布的语言　不予公布和提前公布　国际公布的效力

五、国际初步审查

1. 国际初步审查的提出
国际初步审查要求书　提交要求书的期限　国际初步审查的语言　主管的国际初步审查单位　国际初步审查的费用

2. 国际初步审查
国际初步审查的目的　国际初步审查的启动　与国际初步审查有关的现有技术　国际初步审查单位的程序

3. 国际初步审查报告
国际初步审查的期限　国际初步审查报告的内容　发明的单一性　无需进行国际初步审查的主题　国际初步审查报告或国际检索单位书面意见的送达

4. 根据条约第 34 条的修改

提出修改的期限　修改的要求　修改的形式

第二节　国际申请进入中国国家阶段的特殊要求

一、进入中国国家阶段的期限

二、进入中国国家阶段的手续

进入声明　缴纳费用　费用的减免　提交中文译文　文件的形式要求　进入日的确　国际申请的效力　提前进入中国国家阶段

三、生物材料样品的保藏

国际阶段保藏说明的效力　进入声明的补正　保藏证明和存活证明的提交

四、涉及遗传资源的国际申请

五、优先权

国际阶段优先权要求的效力　优先权要求的改正　在先申请文件副本的提交　优先权要求的恢复　优先权要求费　援引加入的保留

六、专利申请文件的主动修改

七、改正译文错误

八、国家公布

公布的时间　公布的语言　公布的效力

九、分案申请

十、中国国家阶段对国际阶段不予受理和视为撤回的复查

十一、译文有误时专利权保护范围的确定

第三节　相关专利国际条约

一、《国际承认用于专利程序的微生物保存布达佩斯条约》

中国参加条约的时间　签订条约的目的　条约适用的范围　国际保藏单位　微生物国际保存的承认与效力

二、《国际专利分类斯特拉斯堡协定》

中国参加条约的时间　签订条约的目的　条约适用的范围　国际专利分类法的语言　国际专利分类法的使用　专家委员会

三、《建立工业品外观设计国际分类洛迦诺协定》

中国参加条约的时间　签订条约的目的　条约适用的范围　工业品外观设计国际分类法包括的内容　工业品外观设计国际分类法的语言　国际分类法的使用和法定范围　专家委员会

第八章　专利文献与专利分类

基本要求

了解专利文献基本知识；熟悉主要国家或组织专利文献种类；了解专利分类知识，熟悉国际专利分类的应用；掌握专利信息检索技术与方法。

第一节　专利文献基本知识

一、专利文献概述

专利文献特点　专利文献作用　同族专利　专利文献的出版及载体

二、专利说明书类文献组成部分

扉页　权利要求书　说明书及附图　检索报告

三、专利说明书种类

专利说明书种类相关标准　国别代码相关标准

四、专利文献著录项目及其代码

五、专利文献编号

六、中国专利文献

七、其他主要国家、组织专利文献

第二节　专利分类

一、发明和实用新型的国际专利分类（IPC）

国际专利分类八个部的类名　完整的分类号与分类表的等级结构　IPC号在专利文献中的表达形式　技术主题所涉及的发明信息　技术主题所涉及的附加信息　发明的技术主题

二、外观设计的洛迦诺分类

《国际外观设计分类表》的编排、等级结构　分类号的表示

第三节　专利信息检索

一、专利信息检索概述

专利信息检索概念　专利信息检索工具

二、专利信息检索种类

三、专利信息检索技术与方法

专利检索要素　检索策略

四、主要互联网专利信息检索系统

第二部分 相关法律知识

第一章 相关基本法律法规

第一节 民法总则和民法通则

基本要求

了解民法的基本概念和基本原则；了解涉外民事关系的法律适用。

掌握民事法律行为、民事主体、民事权利、民事责任、诉讼时效的规定。

本节内容主要涉及《中华人民共和国民法总则》《中华人民共和国民法通则》和《最高人民法院关于贯彻执行〈中华人民共和国民法通则〉若干问题的意见（试行）》的规定。

一、民法的基本概念和原则

1. **民法的调整对象**

2. **民法的基本原则**

平等原则　自愿原则　公平原则　诚信原则　不得违反法律、不得违背公序良俗　有利于节约资源、保护生态环境

3. **民事法律关系的概念和要素**

民事法律关系　民事法律关系的客体　民事法律关系的主体　民事权利和民事义务

二、民事主体

1. **自然人**

民事权利能力　民事行为能力　监护　宣告失踪和宣告死亡　自然人的住所　经常居住地

2. **法人**

法人的概念　法人应具备的条件　法人的能力和责任　法定代表人　法人的住所　企业法人的变更和终止　营利法人　非营利法人　特别法人　法律禁止的企业法人行为及其责任承担

3. **非法人组织**

三、民事权利

1. **财产所有权和与财产所有权有关的财产权**

财产所有权的概念和种类　财产权的转移　财产继承权　共有

2. **债权**

债的概念和种类　合同之债　侵权之债　不当得利　无因管理　债权人　债务人　债权　债务　债的发生　债的履行　债的担保　债的消灭

3. **知识产权的客体**

作品　发明、实用新型、外观设计　商标　地理标志　商业秘密　集成电路布图设计　植物新品种　法律规定的其他客体

4. **人身权的种类和内容**

生命权　身体权　健康权　姓名权　名称权　肖像权　名誉权　荣誉权　隐私权　婚姻自主权

四、民事法律行为

1. **民事法律行为的概念**

2. **意思表示**

3. **民事法律行为的有效要件**

4. **民事法律行为的形式和效力**

口头形式、书面形式和其他形式　民事法律行为的效力　民事法律行为的附条件和附期限

5. 代理

代理的概念、种类　委托代理　委托人和代理人的权利和义务　不当代理及其法律后果　无权代理及其法律后果　代理关系的消灭

五、民事责任

1. 民事责任的概念和构成要件

2. 民事责任的分类

违反合同的民事责任　侵权的民事责任

3. 共同侵权

共同侵权的民事责任　教唆、帮助他人实施侵权的民事责任

4. 承担民事责任的方式

民事责任的承担方式及其适用

5. 侵权责任的归责原则

过错责任原则　无过错责任原则　公平责任原则

6. 减轻或免除民事责任的情形

不可抗力　正当防卫　紧急避险

六、诉讼时效

1. 诉讼时效的期间

一般诉讼时效的期间　特殊诉讼时效的期间　诉讼时效期间届满的法律后果　期间的起算点

2. 诉讼时效的中止

3. 诉讼时效的中断

七、涉外民事关系的法律适用

涉外民事关系法律适用的原则　定居国外的公民的民事行为能力的法律适用　涉外不动产所有权的法律适用　涉外合同争议的法律适用　涉外侵权纠纷的法律适用　涉外婚姻的法律适用　涉外抚养的法律适用　涉外继承的法律适用

第二节　合同法

基本要求

了解合同的概念以及《合同法》的基本原则。

熟悉《合同法》中关于合同订立、变更、终止的基本规定。

掌握合同的履行以及违约责任的规定；掌握技术合同和委托合同的基本规定。

本节内容主要涉及《中华人民共和国合同法》及其相关司法解释的规定。

一、《合同法》的适用范围和基本原则

1.《合同法》的适用范围

合同的含义　《合同法》的适用范围

2.《合同法》的基本原则

平等原则　自愿原则　公平原则　诚实信用原则　遵守公益原则　效力原则

二、合同的订立

1. 合同的形式

书面形式　口头形式　其他形式

2. 合同的一般条款

3. 要约和承诺

要约邀请的含义及其效力　要约的含义　要约的要件　要约效力、撤销、撤回　承诺的含义　承诺的要件　承诺的效力　承诺的撤回和延迟

4. 合同的成立
合同成立的要件　合同成立的时间和地点

5. 格式条款合同
格式条款合同的含义　格式条款合同的订立规则　格式条款的效力　格式条款的解释

6. 订立合同过程中的责任
订立合同过程中的缔约过失赔偿责任　订立合同过程中的保密责任

三、合同的效力

1. 合同的生效
一般合同的生效　特殊合同的生效

2. 合同的效力
无效合同　可变更、可撤销的合同　无权代理或超越代理权订立合同的效力　效力待定的合同　无效免责条款　合同中争议解决条款的效力　合同无效或撤销的效力

四、合同的履行

1. 合同履行的原则

2. 合同的解释
合同的补充协议　合同的解释规则

3. 合同履行的抗辩权
同时履行抗辩权　不安抗辩权　顺序履行抗辩权

4. 合同履行的保全
代位权　撤销权

五、合同的变更和转让

1. 合同的变更
合同变更的条件　变更内容约定不明的处理

2. 合同的转让
合同转让的含义　合同权利的转让　合同义务的转让　合同权利和义务的一并转让

六、合同的终止
合同终止的法定事由　合同终止后当事人的义务　合同解除　抵销　提存　混同　债务的免除

七、违约责任
违约行为　违约责任的概念及特征　违约责任的归责原则　违约责任的承担方式

八、技术合同

1. 技术合同的概念
订立技术合同的原则　技术合同的一般条款

2. 职务技术成果和非职务技术成果
职务技术成果的使用权和转让权的归属　非职务技术成果的使用权和转让权的归属

3. 无效的技术合同

4. 技术合同的种类
（1）技术开发合同
技术开发合同的概念、法定形式和种类　合同当事人的权利和义务　风险负担和权利分配　违约责任

(2) 技术转让合同

技术转让合同的概念、法定形式和种类　合同当事人的权利和义务　违约责任

(3) 技术咨询和技术服务合同

技术咨询和技术服务合同的概念　合同当事人的权利和义务　违约责任

九、委托合同

委托合同的概念　特别委托　概括委托　委托人和受托人的权利和义务　违约责任

第三节　民事诉讼法

基本要求

了解民事诉讼的效力范围、基本原则和基本的诉讼制度。

理解《民事诉讼法》中关于管辖、证据、诉讼当事人、财产保全以及证据的规定。

掌握关于一般民事审判程序和执行程序的基本规定；了解关于涉外民事诉讼的规定。

本节内容主要涉及《中华人民共和国民事诉讼法》《最高人民法院关于适用〈中华人民共和国民事诉讼法〉的解释》和《最高人民法院关于民事诉讼证据的若干规定》的规定。

一、《民事诉讼法》的基本知识

1.《民事诉讼法》的效力

适用范围　对人的效力　空间效力　时间效力

2.《民事诉讼法》的基本原则

独立行使审判权　以事实为依据，以法律为准绳的原则　平等原则　调解原则　辩论原则　诚实信用原则　处分原则　监督原则

3. 民事诉讼的基本制度

合议制度　回避制度　两审终审制度　公开审判制度

二、民事诉讼的管辖

1. 级别管辖

各级人民法院管辖的一审民事案件

2. 地域管辖

一般地域管辖　特殊地域管辖　专属管辖　协议管辖　共同管辖和选择管辖

3. 移送管辖和指定管辖

三、审判组织和诉讼参加人

1. 审判组织

合议庭　案件评议

2. 诉讼当事人

诉讼当事人的权利和义务　共同诉讼　代表人诉讼　公益诉讼　第三人

3. 诉讼代理人

法定代理人　委托代理人　授权委托书　诉讼代理人的权利

四、民事诉讼证据

1. 证据的种类

证据的种类　对各种证据的原则要求

2. 当事人举证

当事人的举证责任　特殊侵权诉讼的举证责任　当事人对事实的承认　无需举证的事实　境外证据的规定　当事人提交证据的形式要求

3. 人民法院调查收集证据

人民法院自行收集证据　当事人申请人民法院收集证据　调查人员调查收集证据的规定

4. 举证时限与证据交换
举证期限及其效力　举证期限的延长　逾期举证　证据交换的期限　当事人可以在当庭提出的新证据及其要求

5. 证据的质证
质证的效力　对各类证据质证的基本要求

6. 鉴定
对专门性问题的鉴定　鉴定人　有专门知识的人出庭

7. 证据保全
诉讼中的证据保全　诉前证据保全　当事人申请证据保全的条件　人民法院采取证据保全的方法

8. 对当事人权益的保护

五、保全
诉讼中的保全　诉前保全　保全的范围、方式　申请人提供的担保　被申请人的反担保　申请错误的损害赔偿

六、民事审判程序

1. 第一审普通程序
起诉及其条件　先行调解　受理和立案　审理前的准备　管辖权异议　开庭审理　审理期限　诉讼中止　诉讼终结　判决　裁定

2. 第二审程序
上诉期间　上诉审理的范围　上诉审理的方式　上诉案件的裁判　审理期限　第二审判决、裁定的法律效力

七、审判监督程序

1. 基于审判监督权的再审

2. 基于当事人诉权的申请再审

3. 基于检察监督权的抗诉、检察建议和再审

八、执行程序

1. 一般规定
执行根据　执行管辖　执行异议　执行委托　执行和解　执行担保　执行承担　执行回转　执行的法律监督

2. 执行的申请和移送
执行申请　不予执行的情况　申请执行的期限　强制执行

3. 执行措施
对被执行人财产、收入的强制执行　对被执行人行为的强制执行

4. 执行中止和执行终结
执行中止　执行终结　中止和终结执行裁定的生效

九、涉外民事诉讼程序

1. 涉外民事诉讼的一般原则
适用我国诉讼法的原则　国际条约优先原则　司法豁免原则　委托中国律师代理诉讼的原则　使用我国通用语言文字的原则

2. 涉外民事诉讼管辖
最紧密联系管辖　专属管辖

第四节　行政复议法

基本要求

了解行政复议的概念和基本原则。

掌握行政复议参加人及其权利、义务；掌握行政复议程序和决定的规定。

本节内容主要涉及《中华人民共和国行政复议法》以及《中华人民共和国行政复议法实施条例》的规定。

一、行政复议的概念和基本原则

1. 行政复议的概念

2. 行政复议的基本原则

合法、公正、公开、及时、便民的原则　有错必纠的原则　合法性与合理性审查原则

二、行政复议机关和行政复议参加人

行政复议申请人　行政复议被申请人　行政复议第三人　行政复议机关　行政复议的代理人

三、行政复议程序

1. 行政复议的受案范围

行政复议的受案范围　行政复议的排除范围　对部分抽象行政行为的附带审查

2. 行政复议的申请

提出申请的期限　申请的形式

3. 行政复议的受理

行政复议的受理机关　行政复议的受理期限　复议申请的转送　具体行政行为在行政复议期间的执行力

4. 行政复议的审理

行政复议的审查方式　举证责任　对被申请人的限制　复议申请的撤回审理期限

四、行政复议决定

1. 行政复议决定种类和效力

维持　责令履行职责　撤销　变更　确认违法　驳回行政复议申请　责令重新作出具体行政行为　附带赔偿请求　复议决定的生效　行政复议决定的执行

2. 行政复议决定不服的救济

向人民法院提起行政诉讼　对国务院部门或者省、自治区、直辖市人民政府的复议决定不服的救济

第五节　行政诉讼法

基本要求

了解行政诉讼的概念、基本原则。

理解行政诉讼的受案范围、管辖、诉讼参加人的有关规定；掌握行政诉讼的程序和判决的规定；理解行政赔偿基本制度和程序。

本节内容主要涉及《中华人民共和国行政诉讼法》《中华人民共和国国家赔偿法》《最高人民法院关于适用〈中华人民共和国行政诉讼法〉的解释》和《最高人民法院关于行政诉讼证据若干问题的规定》的规定。

一、行政诉讼的基本知识

1. 行政诉讼的概念

行政诉讼的概念和特征　行政诉讼与行政复议的区别　行政诉讼与民事诉讼的区别　《行政诉讼法》的效力

2. 行政诉讼的受案范围
行政诉讼的受案范围　行政诉讼的排除范围

3.《行政诉讼法》的基本原则和制度
独立审判原则　以事实为依据，以法律为准绳的原则　平等原则　合法性审查原则　辩论的原则　不适用调解的原则　使用民族语言文字的原则　监督原则　合议制度　回避制度　公开审判制度　两审终审制度

二、行政诉讼的管辖

1. 级别管辖
各级人民法院管辖的一审案件

2. 地域管辖
一般地域管辖　特殊地域管辖　共同管辖

3. 移送管辖和指定管辖

4. 管辖权的转移

5. 管辖权异议

三、行政诉讼参加人
原告　被告　第三人　代表人　诉讼代理人

四、行政诉讼的证据

1. 证据的种类

2. 举证责任和举证期限
被告的举证责任　被告的举证期限　被告证据的收集和补充　原告的初步举证责任　原告或第三人举证的期限

3. 提供证据的要求
各种类型的证据的要求　对境外证据的要求

4. 调查取证
当事人申请人民法院调查取证　人民法院的调查取证

5. 证据保全
申请证据保全的条件　证据保全措施　鉴定和勘验

6. 证据的质证
质证的原则　各种证据的质证　二审程序和审判监督程序中证据的质证

7. 对当事人权益的保护

五、行政诉讼的审理和判决

1. 起诉与受理
起诉的期限、方式和条件　受理　立案　起诉不停止具体行为的执行

2. 第一审程序
审理前的准备　庭审程序　妨害行政诉讼行为的排除　案件的移送和司法建议　财产保全审理的期限　法律适用

3. 第一审判决和裁定
驳回原告诉讼请求的判决　撤销判决　履行判决　变更判决　确认判决　决定　裁定

4. 第二审程序
上诉的期限　上诉的受理　上诉案件的审理　审理的期限

5. 第二审判决和裁定
驳回上诉　维持原判　发回重审　依法改判　决定　裁定

6. 行政诉讼的审判监督程序
审判监督程序的提起　案件的再审

六、国家赔偿
1.《国家赔偿法》适用的范围
2. 行政赔偿的含义
对侵犯人身权的行政赔偿　对侵犯财产权的行政赔偿　国家不予赔偿的范围
3. 行政赔偿请求的当事人
赔偿请求人　赔偿义务机关
4. 赔偿程序
赔偿请求的单独提出　赔偿请求在行政复议和行政诉讼中一并提出　处理期限

第六节　其他相关法律

基本要求

掌握技术进出口的管理规定以及与对外贸易有关的知识产权的保护；了解犯罪的概念和犯罪的一般构成要件；掌握侵犯知识产权犯罪的概念、构成要件和有关司法解释的规定。

本节内容主要涉及《中华人民共和国对外贸易法》《中华人民共和国技术进出口管理条例》《中华人民共和国刑法》和《最高人民法院、最高人民检察院关于办理侵犯知识产权刑事案件具体应用法律若干问题的解释》《最高人民法院、最高人民检察院关于办理侵犯知识产权刑事案件具体应用法律若干问题的解释（二）》的规定。

一、《对外贸易法》
1.《对外贸易法》适用的范围
对外贸易的含义　《对外贸易法》适用的范围
2. 技术进出口
（1）技术进出口的基本概念
技术进出口的含义及其范围　可以限制或者禁止进出口的原因
（2）技术进出口管理
禁止进出口技术的管理　限制进出口技术的管理　自由进出口技术的管理　技术进出口应当办理的手续
3. 与对外贸易有关的知识产权的保护
对进口货物中知识产权的保护　对许可合同中滥用知识产权行为的防止　对我国国民在国外的知识产权的保护

二、《刑法》
1.《刑法》的基本知识
（1）犯罪的概念
犯罪的概念　故意犯罪　过失犯罪
（2）犯罪的构成要件
犯罪的客体　犯罪的客观要件　犯罪的主体　犯罪的主观要件
2. 侵犯知识产权犯罪
假冒注册商标罪　销售假冒注册商标的商品罪　非法制造、销售非法制造的注册商标标识罪　假冒专利罪　侵犯著作权罪　销售侵权复制品罪　侵犯商业秘密罪

第二章 相关知识产权法律法规

第一节 著作权法

基本要求

了解《著作权法》的一般原理和主要内容；熟悉著作权的主体、客体和内容；熟悉著作权的保护期限和限制。

掌握著作权的保护；了解计算机软件著作权的归属和特殊保护。

本节内容主要涉及《中华人民共和国著作权法》《中华人民共和国著作权法实施条例》《计算机软件保护条例》《信息网络传播权保护条例》《最高人民法院关于审理著作权民事纠纷案件适用法律若干问题的解释》和《最高人民法院关于审理侵害信息网络传播权民事纠纷案件适用法律若干问题的规定》的规定。

一、著作权的客体

1. 作品的含义
2. 作品的种类

文字作品　口述作品　音乐、戏剧、曲艺、舞蹈、杂技艺术作品　美术、建筑作品　摄影作品　电影作品和以类似摄制电影的方法创作的作品　工程设计图、产品设计图、地图、示意图等图形作品和模型作品　计算机软件

3. 《著作权法》不予保护的客体

二、著作权的主体

1. 主体范围

（1）中国公民、法人或其他组织

（2）外国人、无国籍人及其受保护的条件

2. 著作权人的确定

（1）一般作品的著作权人

作者　作者的认定　著作权集体管理组织　其他依法享有著作权的自然人、法人和其他组织

（2）特殊作品的著作权人

演绎作品的著作权人　合作作品的著作权人　汇编作品的著作权人　影视作品的著作权人　职务作品的著作权人　委托作品的著作权人　原件所有权转移的作品著作权归属　作者身份不明的作品著作权归属

三、著作权及与著作权有关的权利的内容

1. 著作权的内容

（1）著作人身权

发表权　署名权　修改权　保护作品完整权

（2）著作财产权

复制权　发行权　出租权　展览权　表演权　放映权　广播权　信息网络传播权　摄制权　改编权　翻译权

（3）著作权的保护期

著作人身权保护期　著作财产权保护期　自然人著作权的财产权保护期　合作作品著作权的财产权保护期　由单位享有的著作权的保护期　电影类作品、摄影作品著作权的保护期

（4）著作权的限制

不视为侵权的使用情形　教科书的编写出版

(5) 著作权的许可和转让
许可使用合同的主要内容　转让合同的主要内容　付酬标准的确定

2. 与著作权有关的权利

(1) 出版者的权利和义务

(2) 表演者的权利和义务

(3) 录音录像制作者的权利和义务

(4) 广播电台、电视台播放者的权利和义务

四、著作权及与著作权有关的权利的保护

1. 侵犯著作权及其相关权利的行为
损害著作权人利益的侵权行为　损害著作权人利益和社会公共利益的侵权行为

2. 侵权纠纷的解决途径
调解　仲裁　诉讼　诉前责令停止侵权行为、财产保全和证据保全

3. 侵权责任

(1) 民事责任
停止侵害　消除影响　赔礼道歉　赔偿损失　赔偿数额的计算

(2) 行政责任
没收违法所得　没收、销毁侵权复制品　罚款　没收制作设施

(3) 刑事责任（参见本大纲刑法部分）

五、计算机软件著作权的特殊规定

1. 软件著作权的客体
计算机程序　计算机程序文档

2. 软件著作权人的确定
软件开发者　合作开发软件　委托开发软件　国家项目开发软件　职务开发软件

3. 软件著作权的内容

(1) 软件著作权的人身权

(2) 软件著作权的财产权

(3) 软件著作权的保护范围

(4) 对软件著作权的限制
软件的合法复制品所有人的权利　为学习、研究目的的使用　相似软件　不承担赔偿责任的使用情形

4. 软件登记的效力

5. 侵犯软件著作权行为
损害著作权人利益的侵权行为　损害著作权人利益和社会公共利益的侵权行为

六、信息网络传播权的保护

第二节　商标法

基本要求

了解《商标法》的一般原理和主要内容；掌握商标的概念；熟悉商标注册申请的条件与程序；熟悉注册商标的续展、变更、转让和使用许可。

了解注册商标争议的处理与注册商标的使用管理；掌握商标专用权的保护和驰名商标的特殊保护。

本节内容主要涉及《中华人民共和国商标法》《中华人民共和国商标法实施条例》《商标评审

规则》《集体商标、证明商标注册和管理办法》《驰名商标认定和保护规定》《规范商标申请注册行为若干规定》《最高人民法院关于审理商标案件有关管辖和法律适用范围问题的解释》《最高人民法院关于审理商标民事纠纷案件适用法律若干问题的解释》《最高人民法院关于审理商标授权确权行政案件若干问题的规定》《最高人民法院关于诉前停止侵犯注册商标专用权行为和保全证据适用法律问题的解释》，以及《商标国际注册马德里协定》《商标国际注册马德里协定有关议定书》《商标国际注册马德里协定及该协定有关议定书的共同实施细则》的规定。

一、注册商标专用权的客体

1. 注册商标的概念和组成要素

2. 不得作为商标使用的标志和不得作为商标注册的标志

3. 注册商标的类型

商品商标　服务商标　集体商标　证明商标

4. 商标注册的条件

二、注册商标专用权的主体

自然人　法人　其他组织　外国人或外国企业

三、注册商标专用权的取得

1. 商标注册的申请

优先权　商标注册申请文件、证明文件

2. 商标注册的审查和核准

（1）初步审定和公告

（2）驳回申请

先申请原则　驳回申请的情形

（3）注册申请的复审

复审机构　复审期限　对复审决定不服的救济

（4）商标异议期限　主体　理由　救济

3. 恶意商标注册申请的规制

4. 商标国际注册

商标国际注册　马德里商标国际注册申请人资格　申请条件　申请程序　国际注册商标的领土延伸

5. 集体商标和证明商标

申请主体　注册特殊要求　作为集体商标、证明商标注册的地理标志的申请要求

四、注册商标专用权的内容

1. 注册商标专用权的内容

专用权　标明"注册商标"或者注册标记的权利　转让商标的权利　许可使用商标的权利

2. 注册商标的有效期和期限起算日

3. 注册商标的续展、变更、转让和使用许可

（1）续展的期限　宽展期　注销

（2）变更

（3）转让

签订转让协议　申请　核准公告　受让人义务

（4）使用许可

商标使用许可合同　备案　许可人和被许可人的义务

五、注册商标的无效宣告

1. 商标局依职权宣告注册商标无效

事由　程序　救济

2. 当事人请求宣告注册商标无效

事由　无效机构　程序　救济

3. 商标无效的法律效力

六、商标使用的管理

1. 注册商标的使用

（1）注册商标的使用规定及违反规定的法律后果

（2）注册商标的撤销

事由　程序　救济　法律效力

2. 违反强制注册规定的法律责任

3. 未注册商标的使用

使用规定　违反规定的法律责任

七、注册商标专用权的保护

1. 侵犯注册商标专用权的行为

2. 注册商标专用权的限制

3. 侵权纠纷的解决途径

协商　请求工商行政管理部门处理　诉讼　诉前的责令停止侵权行为、财产保全和证据保全

4. 侵犯注册商标专用权的法律责任

（1）民事责任

损害赔偿　赔偿数额的确定　赔偿数额的行政调解　销毁假冒注册商标的商品及其制造材料、工具

（2）行政责任

责令停止侵权行为　没收、销毁侵权商品和侵权工具　罚款

（3）刑事责任（参见本大纲刑法部分）

八、驰名商标

1. 驰名商标的认定

2. 对驰名商标的特殊保护

3. 对"驰名商标"字样的使用限制

九、商标代理

1. 商标代理的概念

商标代理的原则　商标代理的业务范围　商标代理机构　商标代理从业人员　商标代理的作用

2. 商标代理机构的行为规范

商标代理机构的保密义务　商标代理机构的告知义务　商标代理机构不得接受委托的情形　商标代理机构申请商标注册的限制性规定

3. 商标代理从业人员的行为规范

4. 商标代理机构备案的条件和程序

5. 商标代理违法行为的处理

商标代理行政处罚的种类　商标代理违法行为及法律责任　整改约谈

6. 商标代理行业组织

商标代理行业组织的职责　商标代理行业自律规范

第三节 反不正当竞争法

基本要求

了解《反不正当竞争法》的基本概念和原则；掌握商业秘密的概念和构成要件；了解侵犯商业秘密的法律责任。

本节内容主要涉及《中华人民共和国反不正当竞争法》《最高人民法院关于审理不正当竞争民事案件应用法律若干问题的解释》的规定。

一、适用范围和基本原则

不正当竞争的概念和种类　经营者的概念　《反不正当竞争法》的基本原则

二、商业秘密

1. **商业秘密的概念**
2. **侵犯商业秘密的行为**
3. **侵犯商业秘密的法律责任**

（1）民事责任

损害赔偿　赔偿数额的确定　举证责任分配

（2）行政责任

（3）刑事责任

第四节 植物新品种保护条例

基本要求

了解《植物新品种保护条例》的主要内容。

掌握植物新品种的概念，植物新品种权的取得、保护期限、终止和无效以及植物新品种的保护。

本节内容主要涉及《植物新品种保护条例》及其实施细则、《最高人民法院关于审理侵犯植物新品种纠纷案件具体应用法律问题的若干规定》的内容。

一、品种权的保护客体

1. **植物新品种**
2. **授予品种权的条件**

国家植物品种保护名录　新颖性　特异性　一致性　稳定性　适当的名称

二、品种权的主体

1. **一般主体**

中国单位或个人　外国人、外国企业或者外国其他组织

2. **职务育种和非职务育种的品种权归属**
3. **委托育种和合作育种的品种权归属**

三、获得品种权的程序

1. **品种权的申请和受理**

申请文件　申请语言　申请日的确定　优先权　向国外申请品种权　申请的修改和撤回

2. **品种权的审查和批准**

初步审查内容　审查期限　实质审查　申请的驳回　品种权的授予

3. **复审**

复审机构　复审期限　对复审决定不服的救济

四、品种权的内容

1. 排他的独占权

2. 不需要经品种权人许可的使用

育种及其他科研活动　农民自繁自用

3. 强制许可

4. 品种权的转让

5. 品种权的保护期限

6. 品种权的终止

期限届满终止　期限届满前终止

五、品种权的无效

无效请求人　宣告品种权无效的机构　无效理由　无效决定　对无效决定不服的救济　无效决定的效力

六、品种权的保护

1. 对申请期间植物新品种的临时保护

2. 侵犯品种权的行为

未经授权的生产、销售　销售授权品种未使用其注册登记的名称

3. 侵权纠纷的解决途径

请求行政机关处理　诉讼　损害赔偿的行政调解

4. 侵权的法律责任

责令停止侵权行为　没收违法所得和植物品种繁殖材料　罚款　损害赔偿

第五节　集成电路布图设计保护条例

基本要求

了解《集成电路布图设计保护条例》的主要内容。

熟悉《集成电路布图设计保护条例》的基本概念。

掌握申请保护的条件和程序；掌握布图设计专有权的内容、保护和保护期限。

本节内容主要涉及《集成电路布图设计保护条例》及其实施细则、《集成电路布图设计行政执法办法》的规定。

一、集成电路布图设计专有权的客体

1. 集成电路　布图设计

集成电路　集成电路布图设计

2. 其他相关概念

布图设计权利人　复制　商业利用

3. 申请保护的实质性条件

独创性　非常规设计

二、集成电路布图设计专有权的主体

1. 主体范围

中国自然人、法人或其他组织　外国人

2. 专有权人的确定

职务布图设计　合作布图设计　委托布图设计

三、集成电路布图设计专有权的取得

1. 登记申请

申请应提交的材料　保密信息的处理　申请文件的语言　提出申请的时间　代理　申请日的

确定　不予受理的情形　文件的补正和修改

2. 申请的审查和登记

审查的内容　权利的恢复和期限的延长　申请的驳回　申请的登记　登记证书　更正　复议

3. 查阅和复制

登记簿的查阅　登记簿的副本　复制件或者图样的查阅

4. 费用

登记申请程序中的费用　复审程序中的费用　撤销程序中的费用　缴纳费用的期限

四、集成电路布图设计专有权的内容

1. 复制权的内容及其范围

2. 商业利用权的内容及其范围

3. 权利的行使

专有权的转让　专有权的许可

4. 专有权的保护期限和放弃

保护期限　期限的起算点　专有权的放弃

5. 对布图设计专有权的限制

合理使用　反向工程　独创布图设计的使用　权利用尽　善意商业利用　非自愿许可

五、布图设计登记申请的复审、复议和专有权的撤销

1. 复审

复审机构　复审请求　请求的撤回　复审程序中文件的修改　复审决定

2. 复议范围

3. 撤销

撤销机构　撤销程序的启动　撤销程序　撤销决定及其效力

六、集成电路布图设计专有权的保护

1. 侵权行为

2. 侵权纠纷的解决

途径协商　请求国务院知识产权行政部门处理　诉讼　赔偿数额的调解

3. 侵权责任及其承担方式

第六节　其他知识产权法规、规章

基本要求

了解《知识产权海关保护条例》和《展会知识产权保护办法》的主要内容；熟悉知识产权的备案、扣留侵权嫌疑货物的申请及其处理；了解海关对申请的调查和处理以及相关的法律责任。

了解展会知识产权保护办法的主要内容；展会知识产权侵权案件的投诉处理；展会知识产权的保护及侵权的法律责任。

本节内容主要涉及《中华人民共和国知识产权海关保护条例》《中华人民共和国海关关于〈中华人民共和国知识产权海关保护条例〉的实施办法》以及《展会知识产权保护办法》的规定。

一、知识产权的备案

1. 备案申请

申请书的主要内容　申请文件附件　不予备案的情形　备案的撤销

2. 备案的有效期及其续展

3. 备案的变更和失效

二、侵权嫌疑货物的扣留及其处理

1. 扣留
扣留申请书的主要内容　扣留担保　扣留物品的放行条件

2. 调查和认定

三、法律责任

1. 收货人或发货人的责任
（1）没收侵权产品
（2）对没收的侵权产品的处理
销毁　拍卖　用于公益事业　有偿转让

2. 知识产权权利人的责任
承担责任的情形　承担责任的方式

四、展会知识产权的保护
投诉机构　展会知识产权保护　侵犯知识产权行为的法律责任

第三章　相关国际条约及国外专利、商标制度

第一节　保护工业产权巴黎公约

基本要求

了解《巴黎公约》的基本背景知识；了解《巴黎公约》确定的工业产权的概念。
掌握《巴黎公约》确立的专利国际保护的基本原则和基本制度。
本节内容主要涉及《保护工业产权巴黎公约》的规定。

一、《巴黎公约》基本知识
《巴黎公约》的签署　我国加入《巴黎公约》的时间、版本　工业产权的范围

二、《巴黎公约》确立的核心原则和内容

1. 国民待遇原则
国民待遇的含义　享有国民待遇的条件

2. 专利的独立性

3. 优先权
享受优先权的条件　享受优先权的手续　优先权的期限　优先权的效力

4. 国际展览会的临时保护

5. 对专利权的限制
强制许可　临时过境交通工具的使用

6. 成员国签订专门协定的权利

第二节　与贸易有关的知识产权协定

基本要求

　　了解协定签署的背景；了解协定确定的知识产权保护客体的范围；掌握协定确立的基本原则以及关于专利、工业品外观设计和集成电路布图设计的保护规定；理解协定关于知识产权执法的规定和争端解决机制。
　　本节内容主要涉及《与贸易有关的知识产权协定》的规定。

一、协定的基本知识
协定的签署　知识产权的性质　协定的目标和基本原则　与贸易有关的知识产权的范围

二、知识产权保护的基本要求

1. 版权和有关权利

协定与《伯尔尼公约》的关系　计算机程序和数据汇编　出租权　保护期　对权利的限制和例外　对表演者、录音制品制作者和广播组织的保护

2. 商标

可保护的客体　权利的范围　权利的例外　保护期限　使用的要求　许可和转让

3. 地理标志

地理标志的保护　对葡萄酒和烈酒地理标志的补充保护　保护的例外

4. 工业品外观设计

保护的条件　权利人的权利　保护期限　保护的例外

5. 专利

可获得专利的客体　授予专利权的条件　可以不给予专利保护的客体　专利申请应满足的条件　权利人的权利　专利权的例外　专利的强制许可的条件　专利权的撤销或丧失　专利的保护期限　侵犯方法专利权的举证责任

6. 集成电路布图设计

集成电路布图设计的保护范围　非自愿许可　集成电路布图设计的保护期限

7. 未公开信息的保护

获得保护的条件　权利的内容　实验数据的保护

三、对协定许可中限制竞争行为的控制

协定列举的限制竞争的行为　成员之间的协商

四、知识产权执法

成员的总义务　民事和行政程序及救济　临时措施　有关边境措施的专门要求　刑事程序

五、争端的防止和解决

透明度　争端的解决

第三节　国外主要国家和地区专利、商标制度基础

基本要求

了解国外主要国家和地区专利、商标制度基础知识；掌握美国、欧洲、日本、韩国等国家和地区专利和商标的申请、授权或注册流程、条件；掌握美国、欧洲、日本、韩国等国家和地区专利权和注册商标专用权的保护。

本节内容主要涉及相关国家和地区的专利法、商标法相关规定。

一、国外主要国家和地区专利制度基础知识

专利保护的对象和主题　专利申请及审查流程　专利授权条件　专利权的保护

二、国外主要国家和地区商标制度基础知识

商标保护客体　商标注册流程　商标注册条件　注册商标专用权的保护

第三部分 专利代理实务

基本要求

能够准确掌握并综合运用《专利法》《专利法实施细则》《专利审查指南》以及其他有关规定，撰写能有效而又合理地保护发明创造的说明书和权利要求书，撰写能够依法充分维护委托人利益的答复审查意见的意见陈述书、无效宣告请求书和针对无效宣告请求的意见陈述书，并且根据委托人的具体要求，提出相应的咨询意见。

第一章 专利申请文件的撰写

第一节 说明书及其摘要的撰写

一、撰写说明书的基本要求

1. 正确理解发明创造

一个合格的专利代理师应当能够正确、全面地理解委托人所提供的发明创造（包括委托人所提供的背景技术），撰写出正确反映发明创造内容的说明书。为此，专利代理师应当具备必要的技术知识，在正确理解的基础上能够对有关的技术资料进行有效整理和归纳，不应当仅仅借用委托人提供的材料，生搬硬套地写出说明书的各个组成部分。

2. 确定能够获得专利权的申请主题

一个合格的专利代理师应当熟练地掌握《专利法》《专利法实施细则》和《专利审查指南》的规定，能够依据委托人提供的发明创造、有关背景技术以及自己的专业技术知识，准确地把握委托人的发明构思，为委托人确定属于能够被授予专利权主题范围且具备新颖性、创造性和实用性的申请主题。确定能够获得专利权的申请主题，是正确撰写专利说明书的前提条件。说明书中对背景技术、发明所要解决的技术问题、发明的技术方案、发明的有益效果等部分的描述，均应当围绕所确定的能够获得专利权的申请主题来展开。

3. 充分发掘发明构思的各种实现方案

一个合格的专利代理师应当有能力弥补委托人所提供素材的不足之处，凭借自己的专业知识帮助委托人补充思考实现其发明创造构思的各种可能的实施方式，将这些实施方式反映在说明书中，使委托人获得一份能够有效防止他人既利用委托人的发明构思，又能够轻易绕过专利保护范围的有价值的专利权（如果专利代理师资格考试的试卷明确指明，作为考试不要求应试人员作上述发掘，则应当遵从试卷的要求）。

4. 正确撰写说明书的各个部分

在上述工作的基础上，除非发明创造的性质需要采用特殊的表达方式，专利代理师应当按照《专利法实施细则》第十七条的规定撰写说明书的各个部分。发明创造涉及化学、计算机程序领域的技术方案的，说明书的撰写应当遵从《专利审查指南》相应部分的专门规定。

5. 清楚、完整，能够实现

说明书的内容应当清楚，用词应当准确，内容应当完整，使所属领域的技术人员按照说明书记载的内容，就能够实现发明或者实用新型的技术方案，解决其技术问题，产生预期的技术效果。

6. 说明书的表述方式

一个合格的专利代理师应当具有足够的文字表达能力，能够清楚、准确地表述说明书的各个部分，使所属领域的技术人员容易理解说明书的内容。说明书既要具有足够的技术信息，又要避免文字重复冗长，出现含糊不清或者前后矛盾之处。撰写说明书应当尽量采用国家统一规定的技术术语，避免出现错别字。

7. 协调说明书和权利要求书的内容

无论是先撰写说明书还是先撰写权利要求书，在撰写完说明书和权利要求书之后，都应当核对两者的内容，进行适当调整，使说明书和权利要求书在内容和表达方式上不存在彼此矛盾或者不协调之处。

二、撰写说明书摘要的基本要求

说明书摘要应当写明发明或者实用新型的名称和所属技术领域，清楚地反映所要解决的技术问题、解决该问题的技术方案的要点以及主要用途。有附图的专利申请，应当提供一幅最能反映该发明或者实用新型技术方案主要技术特征的附图作为摘要附图。说明书摘要文字部分（包括标点符号）不得超过300个字，并且不得使用商业性宣传用语。说明书摘要文字部分出现的附图标记应当加括号。

第二节　权利要求书的撰写

一、撰写权利要求书的基本要求

1. 要求保护能够被授予专利权的主题

专利代理师为委托人撰写的每项权利要求所要求保护的主题，均应当属于能够获得专利保护的主题且具备新颖性、创造性和实用性。

2. 以说明书为依据

权利要求书应当得到说明书的支持，即每项权利要求所要求保护的技术方案应当是所属领域的技术人员能够从说明书充分公开的内容中得到或概括得出的技术方案，并且不得超出说明书公开的范围。

3. 清楚、简要

权利要求书应当清楚。首先，每项权利要求的类型应当清楚。产品权利要求适用于产品发明或实用新型，可以用产品的结构特征来描述；方法权利要求适用于方法发明，可以用工艺过程、操作条件、步骤或者流程等技术特征来描述。其次，每项权利要求所确定的保护范围应当清楚，不得采用含义不确定的用语。另外，权利要求之间的引用关系应当清楚。

权利要求书应当简要。首先，每项权利要求的表述应当简要，除记载技术特征之外，不得对原因或者理由作不必要的描述，也不得使用商业性宣传用语。其次，所有各项权利要求作为一个整体应当简要，权利要求的数目应当合理，一件专利申请中不得出现两项以上保护范围实质上相同的同类权利要求。

4. 满足单一性要求

当一件专利申请的权利要求书所要求保护的主题包含两项以上发明或者实用新型时，这些发明或者实用新型应当属于一个总的发明构思，即在技术上相互关联，包含一个或者多个相同或者相应的特定技术特征。化学领域中的马库什权利要求应当满足《专利审查指南》的有关规定。

5. 其他要求

权利要求书包含几项权利要求的，应当用阿拉伯数字顺序编号。有两项以上独立权利要求的，直接或间接从属于每一项独立权利要求的从属权利要求应当顺序排在该独立权利要求之后。权利要求中可以有化学式或者数学式，但不得有插图。权利要求中采用的附图标记应当置于括号之中，除此之外应当尽量避免采用括号。每一项权利要求只允许在其结尾处使用句号。

二、独立权利要求和从属权利要求的撰写

1. 独立权利要求

（1）独立权利要求的保护范围

独立权利要求应当从整体上反映发明或实用新型的技术方案，记载解决技术问题的必要技术特征。撰写独立权利要求应当在符合《专利法》及《专利法实施细则》有关规定的前提条件下，依据有关现有技术，为委托人谋求尽可能大的保护范围。为此，应当选用适当的权利要求类型、表达方式及限定方式，独立权利要求记载的技术特征只要能够定义一个完整的，具备新颖性、创造性和实用性的技术方案即可，不应包含除此之外的可有可无的技术特征。当发明创造涉及多种具体实施方式时，应当首先考虑撰写一项能够涵盖所有实施方式的独立权利要求；如果存在困难，再考虑撰写两项以上的独立权利要求，独立权利要求的数目既要充分，分别涵盖各种实施方式，也要避免内容重复。

（2）前序部分和特征部分

独立权利要求的前序部分应当写明要求保护的发明或者实用新型的主题名称，以及发明或者实用新型与最接近的现有技术所共有的必要技术特征（除非发明创造的性质不适合采用这种表达方式）。独立权利要求的特征部分应当以"其特征是……"或者类似的用语开头，写明发明或者实用新型区别于最接近的现有技术的必要技术特征。

2. 从属权利要求

从属权利要求应当包括引用部分和限定部分。引用部分应当写明其引用的在前权利要求的编号及其主题名称；限定部分应当写明发明或者实用新型附加的技术特征。多项从属权利要求应当以择一方式引用在前的权利要求，并且不得被编号在后的另一项多项从属权利要求引用。从属权利要求的数量应当合理，不同的从属权利要求之间应当有明显的区别，不应堆砌过多的彼此十分接近的从属权利要求。

第二章 其他专利代理实务

第一节 审查意见陈述书及专利申请文件的修改

一、针对审查意见通知书的意见陈述书

1. 维护委托人的利益

一个合格的专利代理师应当能够依照《专利法》《专利法实施细则》以及《专利审查指南》的有关规定，通过陈述意见和修改专利申请文件，为委托人谋求尽可能有利的审查结果，充分维护委托人的利益。

2. 全面、准确地理解审查意见

专利代理师应当认真阅读国家知识产权局发出的审查意见通知书，对照专利申请文件，全面、准确地理解审查意见通知书的内容及其所引用的对比文件的技术内容，针对具体情形作出正确的前景判断，在此基础上确定答复审查意见通知书的策略。

3. 正确撰写意见陈述书和提供咨询意见

如果专利代理师认为专利申请还存在被批准为专利的前景，意见陈述书应当全面答复审查意见通知书表达的所有审查意见、提出的问题和要求。专利代理师应当区分审查意见通知书指出的缺陷是形式缺陷，还是实质性缺陷。对于前者，应当尽量配合审查员，通过修改专利申请文件来克服或者消除缺陷。对于后者，认为有必要对专利申请文件进行修改的，应当有理有据地阐述所作修改能够克服审查意见通知书所指出缺陷的理由，并对所作修改加以说明；认为审查意见存在不当之处的，应当依据《专利法》《专利法实施细则》以及《专利审查指南》的有关规定，合情

合理地陈述反驳意见。审查意见通知书提出有关疑问，要求申请人予以回答、解释的，专利代理师应当给予充分答复，必要时辅以有关证据和辅助资料。与此同时，专利代理师必须注意陈述的分寸，避免日后在专利侵权诉讼中因为适用禁止反悔原则而使委托人蒙受不应有的损失。根据委托人的要求，专利代理师可以提出供委托人参考的咨询意见。

4. 意见陈述书的表述方式

意见陈述书应当词语规范，有理有据，层次清楚，表述准确，有逻辑性，有针对性，充分阐述委托人的立场。意见陈述书应当避免强词夺理，避免仅仅罗列不着边际的套话。

二、申请文件的修改

在答复审查意见通知书时，如果同意或者部分同意审查员的意见，应当对专利申请文件进行必要的修改。进行修改时，应当符合专利申请文件撰写的各项要求，也必须遵循《专利法》第三十三条规定的修改不得超出原说明书和权利要求书记载的范围这一基本原则。另外，还必须注意对整个申请文件进行全面的适应性修改，以避免顾此失彼，使局部修改的部分出现与专利申请文件其他部分不一致、不协调的现象。此外，答复审查意见通知书时对申请文件的修改要注意《专利法实施细则》第五十一条第三款的要求，应当针对通知书指出的缺陷进行修改。

第二节 无效宣告请求书与意见陈述书

一、无效宣告请求书和提供咨询意见

1. 正确选择请求宣告专利权无效的法律依据

请求宣告专利权无效的理由应当属于《专利法实施细则》第六十五条第二款规定的范围。即使专利权存在其他不符合《专利法》及《专利法实施细则》规定的缺陷，只要不属于上述条款规定的范围，均不应当作为请求宣告专利权无效的理由。无效宣告请求应当将《专利法》及《专利法实施细则》中有关的条、款、项作为独立的理由提出。一项专利权存在多种属于上述条款规定范围的无效理由的，专利代理师应当认真权衡分析，选择其中最有说服力、请求无效成功可能性最大的理由，突出予以阐述，避免平均使用笔墨，缺乏重点。

2. 有针对性地进行论述

无效宣告请求书应当针对专利文件进行准确、具体的分析，具体指明其存在何种不符合《专利法》及《专利法实施细则》有关规定的缺陷，详细论述为什么认为不符合有关规定的理由。以专利权不具备新颖性、创造性为理由请求宣告无效的，应当充分、合理地运用有关证据，通过专利文件与有关证据公开的技术方案的对比，论述专利权利要求保护的发明创造不具备新颖性、创造性的理由。运用两项以上现有技术，以专利权利要求保护的发明创造不具备创造性为理由请求宣告无效的，除了论证现有技术的结合能够覆盖专利权利要求记载的技术特征之外，还应当着重论证为什么其结合得到专利权利要求保护的发明创造对于所属领域的技术人员来说是显而易见的理由。根据委托人的要求，专利代理师可以提出供委托人参考的咨询意见。

3. 无效宣告请求书的表述方式

无效宣告请求书应当词语规范，有理有据，条理清楚，逻辑清晰。无效宣告请求书应当避免强词夺理，避免仅仅提出请求无效的主张而缺乏有针对性的事实和证据，或者罗列有关证据而没有具体分析说理。

二、针对无效宣告请求的意见陈述书

1. 正确分析无效宣告请求书和提供咨询意见

撰写针对无效宣告请求的意见陈述书和提供咨询意见，应当认真阅读理解无效宣告请求书，全面了解请求宣告专利权无效的理由，准确判断其是否属于《专利法实施细则》第六十五条第二款规定的范围，核实请求人提供的支持其无效主张的所有证据，对其是否属实或者成立，及其与无效请求理由之间是否存在因果关系作出正确判断。

2. 确定适当的应对策略

在上述工作的基础上，专利代理师应当确定应对无效宣告请求的适当的策略。请求人提供的证据存在问题的，应当针对证据进行论述。提供反证的，应当对有关反证作出说明。认为请求人提出的无效宣告理由不成立的，应当依照《专利法》《专利法实施细则》以及《专利审查指南》的有关规定，据理进行充分反驳。意欲维持专利权有效或者部分有效的，意见陈述书应当对无效宣告请求提出的所有无效理由和证据均予以回答。

3. 对专利文件的修改

认为无效宣告请求的理由成立或者部分成立的，应当对权利要求书进行适当的修改，以达到部分维持专利权的目的。修改不得超出原说明书和权利要求书记载的范围，应当仅限于权利要求书，并且不得改变原权利要求的主题名称，与授权权利要求相比不得扩大原专利的保护范围，一般不得增加未包含在授权权利要求书中的技术特征。此外，修改方式还应当符合《专利审查指南》的有关规定。

4. 意见陈述书的表述方式

针对无效宣告请求的意见陈述书应当词语规范，有理有据，条理清楚，逻辑清晰。意见陈述书应当避免强词夺理，避免仅仅陈述缺乏针对性的套话。